Legislación Laboral y de Seguridad Social

Colección Códigos Básicos

Legislación Laboral y de Seguridad Social

15ª Edición

Edición preparada por

Jesús Mª GALIANA MORENO
Catedrático de Derecho del Trabajo y de la Seguridad Social
Universidad de Murcia

y

Antonio V. SEMPERE NAVARRO
Catedrático de Derecho del Trabajo y de la Seguridad Social
Universidad Rey Juan Carlos

THOMSON
ARANZADI

2007

Editorial Aranzadi, SA
Camino de Galar, 15
31190 Cizur Menor (Navarra)

Imprime: Rodona Industria Gráfica, SL
Polígono Agustinos, Calle A, Nave D-11
31013 - Pamplona

Depósito Legal: NA 2446/2007

ISBN 978-84-8355-358-9

SUMARIO

Página

Página

Página

Página

ABREVIATURAS

ap.	apartado
art.	artículo
ASEC	Acuerdo sobre Solución Extrajudicial de Conflictos Laborales
BOCAN	Boletín Oficial de Canarias
BOCM	Boletín Oficial de la Comunidad de Madrid
BOE	Boletín Oficial del Estado
BOJA	Boletín Oficial de la Junta de Andalucía
BOPV	Boletín Oficial del País Vasco
BOR	Boletín Oficial de La Rioja
Cap.	Capítulo
CC	Código Civil
CCom	Código de Comercio
CE	Constitución Española o Comunidad Europea (según contexto)
CEE	Comunidad Económica Europea (antes de noviembre de 1993)
CEN	Centro Europeo de Normalización
CEOE	Confederación Española de Organizaciones Empresariales
CEPYME	Confederación Española de Pequeña y Mediana Empresa
CES	Consejo Económico y Social
CNAE	Clasificación Nacional de Actividades Económicas
CP	Código Penal
D.	Decreto
Dec.	Decisión
DG	Dirección General
DGT	Dirección General de Trabajo
DGTGSS	Dirección General de la Tesorería General de la Seguridad Social
Dir.	Directiva
disp. adic.	disposición adicional
disp. derog.	disposición derogatoria
disp. final	disposición final
disp. transit.	disposición transitoria
DLeg	Decreto Legislativo
Dley	Decreto-ley
DO	Diario Oficial
DOC	Diario Oficial de las Comunidades Europeas «Serie C»
DOG	Diario Oficial de Galicia
DOGC	Diario Oficial de la Generalitat de Cataluña
DOGV	Diario Oficial de la Generalitat Valenciana
DOL	Diario Oficial de las Comunidades Europeas «Serie L»
ET	Estatuto de los Trabajadores
ETT	Empresas de Trabajo Temporal
Exp. Motivos	Exposición de Motivos
F.	Fundamento Jurídico o de Derecho
FGS	Fondo de Garantía Salarial
IMAC	Instituto de Mediación, Arbitraje y Conciliación
INEM	Instituto Nacional de Empleo
Instr.	Instrucción
IPREM	Indicador público de renta de efectos múltiples
ISFAS	Instituto Social de las Fuerzas Armadas
LAN	Legislación de Andalucía (Aranzadi)
LBPL	Ley de Bases de Procedimiento Laboral de 1989
LCAN	Legislación de Canarias (Aranzadi)
LCAT	Legislación de Cataluña (Aranzadi)
LCEur	Legislación de las Comunidades Europeas (Aranzadi)

ABREVIATURAS

LCM	Legislación de la Comunidad de Madrid (Aranzadi)
LCT	Ley de Contrato de Trabajo
LCV	Legislación de la Comunidad Valenciana (Aranzadi)
LECiv	Ley de Enjuiciamiento Civil
LECrim	Ley de Enjuiciamiento Criminal
LG	Legislación de Galicia (Aranzadi)
LGS	Ley General de Sanidad
LGSS/1974	Ley General de Seguridad Social de 1974
LGSS/1994	Texto Refundido de la Ley General de la Seguridad Social de 1994
LISMI	Ley de Integración Social de los Minusválidos
LLR	Legislación de La Rioja (Aranzadi)
LO	Ley Orgánica
LOGP	Ley Orgánica General Presupuestaria
LOLS	Ley Orgánica 11/1985, de 2 de agosto, de Libertad Sindical
LPA	Ley de Procedimiento Administrativo
LPGE	Ley de Presupuestos Generales del Estado
LPI	Ley de Propiedad Intelectual
LPL	Ley de Procedimiento Laboral
LPL/1990	Ley de Procedimiento Laboral de 1990
LPRL	Ley de Prevención de Riesgos Laborales
LPV	Legislación del País Vasco (Aranzadi)
LRJ-PAC	Ley de Régimen Jurídico de las Administraciones Públicas y del Procedimiento Administrativo Común
núm.	número
O.	Orden
OIT	Organización Internacional del Trabajo
OM	Orden Ministerial
PGE	Presupuestos Generales del Estado
PPO	Programa de Promoción Obrera
PRECO	Procedimiento Voluntario de Resolución de Conflictos
RCD	Reglamento del Congreso de los Diputados
RCL	Repertorio Cronológico de Legislación Aranzadi
RD	Real Decreto
RDLeg	Real Decreto Legislativo
RDley	Real Decreto-ley
rect.	rectificación
Res.	Resolución
RGRSS	Reglamento General de Recaudación del Sistema de la Seguridad Social
RJ	Repertorio de Jurisprudencia Aranzadi
RP	Reglamento Penitenciario
RS	Reglamento del Senado
RSP	Reglamento de Servicios de Prevención
RTC	Repertorio Tribunal Constitucional Aranzadi
SAF	Servicio de Acción Formativa
SEAF	Servicio de Empleo y Acción Formativa
Secc.	Sección
ss.	siguientes
STC	Sentencia del Tribunal Constitucional
STJCE	Sentencia del Tribunal de Justicia de las Comunidades Europeas
Subsecc.	Subsección
TA	Texto Articulado
TALGSS	Texto Articulado de la Ley General de la Seguridad Social
TC	Tribunal Constitucional
TGSS	Tesorería General de la Seguridad Social
Tít.	Título
TJCE	Tribunal de Justicia de las Comunidades Europeas
TR	Texto Refundido
TRLCAP	Texto Refundido de la Ley de Contratos de las Administraciones Públicas
TRLISOS	Texto Refundido de la Ley sobre Infracciones y Sanciones en el Orden Social
TS	Tribunal Supremo
V.	Véase
✐	Nota
⇒	Concordancia

PRÓLOGO

La presente recopilación de normas laborales y de Seguridad Social, como venimos diciendo desde su primera edición, constituye una aportación más a la pluralidad de compilaciones existentes, todas ellas de inestimable valor, en orden a la finalidad perseguida de facilitar al alumno de Facultades o Escuelas Universitarias, al profesional o, en general, a cualquier persona interesada, la consulta de las disposiciones y la búsqueda de soluciones legales en este cambiante sector del Ordenamiento jurídico. En todo caso, y como es obvio, los autores hemos configurado la propia de acuerdo con nuestros personales criterios y a la medida de las que pensamos son necesidades mayoritarias del estudioso o práctico de la rama social del Derecho.

Aunque sea de manera muy breve, parece razonable decir algo a propósito de las notas básicas que caracterizan este libro desde un punto de vista formal:

a) Se ofrece una *selección de normas* Estatales, internacionales y Comunitarias, o, en su caso, provenientes de acuerdos generales de los interlocutores sociales (en lo que afecta al importante tema de la solución extrajudicial de conflictos: §42.3; o a la estructura y contenidos de la negociación colectiva: §19.1) sobre los tópicos más relevantes y usuales del Derecho del Trabajo y de la Seguridad Social; no se pretende, por tanto, abarcar el Ordenamiento laboral en su complitud, pero sí se aspira a mostrar su parte principal, la que se considera de uso más frecuente, tanto en el marco académico como en el profesional. Por descontado, como en toda selección normativa, los criterios adoptados pueden ser discutidos; huelga decir que no sólo aceptamos, sino que agradecemos de antemano, las observaciones, críticas o sugerencias que se formulen, al tiempo que renunciamos a cansar al lector con la justificación en detalle de la opción efectuada.

Pese al carácter básico de la recopilación, la constante evolución normativa en materia laboral ha obligado a incorporar nuevas e importantísimas normas. Lugar muy destacado merecen, en este orden de novedades la

Ley 43/2006, de 29 de diciembre, para la mejora del crecimiento y del empleo (§10 y §27.2, amén de múltiples reformas en normas preexistentes); el RD 1331/2006, de 17 noviembre, por el que se regula la relación laboral de carácter especial de los abogados que prestan servicios en despachos de abogados, individuales o colectivos (§16.14) y el RD 696/2007, de 1 de junio, por el que se regula la relación laboral de los profesores de religión prevista en la disposición adicional tercera de la Ley Orgánica 2/2006, de 3 de mayo, de Educación (§16.15); la Ley 31/2006, de 18 de octubre, sobre implicación de los trabajadores en las sociedades anónimas y cooperativas europeas (§21.3); la Ley 32/2006, de 18 de octubre, reguladora de la subcontratación en el Sector de la Construcción (§24.6); la Ley 7/2007, de 12 de abril, del Estatuto Básico del Empleado Público (§25); la Ley 20/2007, de 11 de julio, del Estatuto del trabajo autónomo (§26); el RD 870/2007, de 2 de julio, por el que se regula el programa de empleo con apoyo como medida de fomento del empleo de personas con discapacidad en el mercado ordinario de trabajo (§28.4); el RD 395/2007, de 23 de marzo, por el que se regula el subsistema de Formación Profesional para el empleo (§30.4); la mayor parte de la LO 3/2007, de 22 de marzo, para la Igualdad Efectiva de mujeres y hombres; o el RD 240/2007, de 16 de febrero, sobre libre circulación y residencia en España de nacionales de Estados Miembros de la Unión Europea y de otros Estados parte en el Acuerdo sobre el Espacio Económico Europeo (§39.3)

Igualmente, se han renovado las normas sobre salario mínimo interprofesional (§12), las disciplinadoras de la cotización para el año en curso (§33.1 y 33.2) o la concerniente a la revalorización de las pensiones (§35.2). Naturalmente, las diversas leyes aparecen en versión vigente, recogiendo las modificaciones derivadas de cuantas normas se han publicado hasta agosto de 2007; el final del índice cronológico de preceptos citados da buena cuenta de ello.

b) Como se desprende del propio título de la obra, los autores hemos optado por no circunscribirnos a la parte estrictamente «laboral» del Derecho del Trabajo, sino que incluimos una selección, que estimamos básica, de normas de Seguridad Social. Se trata de una opción pragmática, justificada sobre todo en atención a las necesidades de la docencia en diversos Centros y Titulaciones, pero también de una implícita toma de posición acerca de la conveniencia de interrelacionar continuamente uno y otro bloque normativo.

La sensibilidad hacia esta parcela no sólo se evidencia con la reproducción de las correspondientes normas sino también con las numerosas anotaciones «cruzadas» que desde las estrictamente laborales se realizan hacia ellas, y viceversa.

c) La *ordenación sistemática* adoptada persigue únicamente facilitar la rápida localización topográfica de los preceptos. De ahí los núcleos, quizá poco habituales pero a nuestro entender gráficos, en que se agrupan las normas seleccionadas:

• El Apartado I recoge la Constitución.

• El apartado II acoge el Estatuto de los Trabajadores y otras importantes normas sobre contratación laboral, en materia de acceso al empleo y contratación (ETTs, Agencias y Servicios de Empleo, Información sobre el contrato de trabajo), modalidades de contratos (temporales estructurales, formativos, a tiempo parcial, de fomento del empleo), salario (garantías documentales, SMI e IPREM, FOGASA), tiempo de trabajo, modificación, suspensión y extinción del contrato (regulación de empleo, salarios de tramitación, prestaciones transnacionales, supuestos concursales) y relaciones laborales especiales o análogas (Altos cargos, Servidores domésticos, Penados y menores internados, Deportistas, Artistas, Mediadores mercantiles, Personas con discapacidad, Estibadores portuarios, Residentes sanitarios, Abogados en despachos profesionales, Profesores de Religión).

• En la Parte III aparecen las materias prototípicamente colectivas tales como la negociación y los convenios colectivos (Cuestiones formales y organizativas, Extensión de convenios, Acuerdos Interconfederales), los aspectos sindicales, o la participación en la empresa (Elecciones, Empresas comunitarias) y los conflictos colectivos.

• El IV núcleo está dedicado a los temas de salud laboral, conteniéndose junto a la Ley de Prevención de Riesgos laborales otros ámbitos temáticos sobre Servicios de Prevención, reglas aplicables a la Administración del Estado y Coordinación de actividades empresariales.

• El V bloque está exclusivamente a los empleados públicos, recogiendo la Ley 7/2007.

• La parte VI se ocupa del Estatuto del Trabajo Autónomo.

• La VII Parte aparece nucleada alrededor de los temas de empleo, formación profesional e igualdad: Ley de Empleo y Programa de fomento del Empleo; Empleo de personas con discapacidad; empleo femenino; anticipación de la edad de jubilación; trabajos de colaboración social; Formación Profesional; Igualdad y No discriminación.

• El apartado VIII afronta una selección de materias sobre Seguridad Social: Normas generales (incluyendo la LGSS), Cotización, Acción Protectora (Asistencia Sanitaria; Pensiones; Desempleo; Trabajadores a tiempo parcial; Prestaciones familiares).

• El IX de los ámbito examinados tiene que ver con aspectos administrativos y penales: la Administración Laboral (estatal; Inspección de Trabajo; Administración Consultiva; Procedimiento); Trabajo de quienes no son nacionales; Infracciones y sanciones (administrativas; penales).

• La Parte X está dedicada a las normas procesales y de solución de conflictos, tanto en vía jurisdiccional cuanto no jurisdiccional.

• En fin, el apartado XI versa sobre normas internacionales y comunitarias, con aperturas a las Normas Internacional genéricas; al Derecho Comunitario originario; y al Derecho Comunitario Derivados (Igualdad; Condiciones de trabajo; modalidades contractuales; vicisitudes empresariales; información y participación; seguridad y salud; libre circulación).

Quienes nos distinguen con su confianza comprobarán también que hemos procurado mejorar la estructura del sumario general a fin de facilitar la búsqueda temática de las distintas normas, a cuyo efecto se han abierto numerosos nuevos apartados y subapartados.

En general, hemos evitado el fraccionamiento de las normas que abarcan materias incluidas en varios de los apartados generados; conocemos los inconvenientes de esta opción, pero es la que consideramos «menos mala» y rogamos a quien consulte la obra que si busca una norma que no aparece en el lugar idóneo, a su criterio, la persiga también en otros; por lo demás, tanto el índice sistemático cuanto el cronológico constituyen eficaces auxilios en esa tarea indagatoria.

d) Las *concordancias* o anotaciones que acompañan al texto normativo desean alcanzar la difícil meta de la utilidad, sin llegar a provocar el hastío. Por ello, se omiten tediosas advertencias sobre determinadas remisiones a órganos extintos o sustituidos que aparecen continuamente en algunas de las disposiciones reproducidas. En tales casos no ha parecido necesario recordar vez por vez la desaparición o sustitución de la figura de referencia, lo que no impide –como es de rigor– que se haya hecho la correspondiente advertencia general en el momento oportuno o la llamada cómplice al lector mediante letras cursivas.

El mantenimiento de la presente recopilación dentro de unas proporciones aceptables para su manejo nos obliga a dosificar al máximo las referencias a pronunciamientos emanados de los altos Tribunales (Comunitario, Constitucional y Supremo), pero sin renunciar a las que consideramos imprescindibles.

e) Especial cuidado se ha puesto en ofrecer no sólo la versión auténtica, sino también íntegra de las normas transcritas. En particular, y salvo los contados casos de disposiciones que se reproducen sólo fragmentariamente, ha parecido muy ilustrativo el acompañar siempre los preámbulos o exposiciones de motivos que las preceden.

Renunciamos una vez más a realizar en el Prólogo consideraciones de tipo general sobre la panorámica del Ordenamiento jurídico del trabajo y sus líneas de tendencia. Somos conscientes, sin embargo, de la necesidad que la vida real plantea de descender a otros planos normativos (normas sectoriales, autonómicas, internacionales o Comunitarias) que, por razones fácilmente comprensibles, quedan fuera de nuestro punto de mira.

Jesús Mª Galiana Moreno y Antonio V. Sempere Navarro
Murcia/Madrid, agosto de 2007

I

CONSTITUCIÓN ESPAÑOLA

§ 1 27 DICIEMBRE 1978. CONSTITUCIÓN ESPAÑOLA

(BOE núm. 311, de 29 diciembre [RCL 1978, 2836])

PREÁMBULO

La Nación española, deseando establecer la justicia, la libertad y la seguridad y promover el bien de cuantos la integran, en uso de su soberanía, proclama su voluntad de:

Garantizar la convivencia democrática dentro de la Constitución y de las leyes conforme a un orden económico y social justo.

Consolidar un Estado de Derecho que asegure el imperio de la ley como expresión de la voluntad popular.

Proteger a todos los españoles y pueblos de España con el ejercicio de los derechos humanos, sus culturas y tradiciones, lenguas e instituciones.

Promover el progreso de la cultura y de la economía para asegurar a todos una digna calidad de vida.

Establecer una sociedad democrática avanzada; y

Colaborar en el fortalecimiento de unas relaciones pacíficas y de eficaz cooperación entre todos los pueblos de la Tierra.

En consecuencia, las Cortes aprueban y el Pueblo español ratifica la siguiente

CONSTITUCIÓN

TÍTULO PRELIMINAR

Artículo 1.

1. España se constituye en un Estado social y democrático de Derecho, que propugna como valores superiores de su ordenamiento jurídico la libertad, la justicia, la igualdad y el pluralismo político.

⇒ La STC 210/1990, de 20 diciembre (RTC 1990, 210), advierte que la Constitución no diseñó un modelo de relaciones laborales concreto, sino que establece premisas a partir de las cuales pueden configurarse varios.

2. La soberanía nacional reside en el pueblo español, del que emanan los poderes del Estado.

3. La forma política del Estado español es la Monarquía parlamentaria.

Artículo 2.

La Constitución se fundamenta en la indisoluble unidad de la Nación española, patria común e indivisible de todos los españoles, y reconoce y garantiza el derecho a la autonomía de las nacionalidades y regiones que la integran y la solidaridad entre todas ellas.

Artículo 3.

1. El castellano es la lengua española oficial del Estado. Todos los españoles tienen el deber de conocerla y el derecho a usarla.

2. Las demás lenguas españolas serán también oficiales en las respectivas Comunidades Autónomas de acuerdo con sus Estatutos.

3. La riqueza de las distintas modalidades lingüísticas de España es un patrimonio cultural que será objeto de especial respeto y protección.

⇒ V. el RD 489/1997, de 14 abril, sobre posible publicación de las Leyes en las lenguas cooficiales de las Comunidades Autónomas.

Artículo 4.

1. La bandera de España está formada por tres franjas horizontales, roja, amarilla y roja, siendo la amarilla de doble anchura que cada una de las rojas.

2. Los Estatutos podrán reconocer banderas y enseñas propias de las Comunidades Autónomas. Estas se utilizarán junto a la bandera de España en sus edificios públicos y en sus actos oficiales.

Artículo 5.

La capital del Estado es la villa de Madrid.

Artículo 6.

Los partidos políticos expresan el pluralismo político, concurren a la formación y manifestación de la voluntad popular y son instrumento fundamental para la participación política. Su creación y el ejercicio de su actividad son libres dentro del respeto a la Constitución y a la Ley. Su estructura interna y funcionamiento deberán ser democráticos.

Artículo 7.

Los sindicatos de trabajadores y las asociaciones empresariales contribuyen a la defensa y promoción de los intereses económicos y sociales que les son propios. Su creación y el ejercicio de su actividad son libres dentro del respeto a la Constitución y a la Ley. Su estructura interna y funcionamiento deberán ser democráticos.

⇒ V. los arts. 28 y 37 de la propia Constitución, así como la LOLS.
Las SSTC 118/1983 (RTC 1983, 118) y 74/1996 (RTC 1996, 74) subrayan que el art. 7 constitucionaliza al sindicato, pero no al Comité de empresa.
Respecto de las asociaciones empresariales STC 75/1992 (RTC 1992, 75).

Artículo 8.

1. Las Fuerzas Armadas, constituidas por el Ejército de Tierra, la Armada y el Ejército del Aire, tienen como misión garantizar la soberanía e independencia de España, defender su integridad territorial y el ordenamiento constitucional.

2. Una ley orgánica regulará las bases de la organización militar conforme a los principios de la presente Constitución.

Artículo 9.

1. Los ciudadanos y los poderes públicos están sujetos a la Constitución y al resto del ordenamiento jurídico.

2. Corresponde a los poderes públicos promover las condiciones para que la libertad y la igualdad del individuo y de los grupos en que se integra sean reales y efectivas; remover los obstáculos que impidan o dificulten su plenitud y facilitar la participación de todos los ciudadanos en la vida política, económica, cultural y social.

⇒ V. Ley 6/1996, de 15 enero, del Voluntariado.

3. La Constitución garantiza el principio de legalidad, la jerarquía normativa, la publicidad de las normas, la irretroactividad de las disposiciones sancionadoras no favorables o restrictivas de derechos individuales, la seguridad jurídica, la responsabilidad y la interdicción de la arbitrariedad de los poderes públicos.

⇒ Respecto de la eficacia temporal de las normas, nótese que no hay retroactividad cuando una Ley regula de manera diferente y pro futuro situaciones jurídicas creadas con anterioridad a su entrada en vigor y cuyos efectos no se han consumado (STC 210/1990, de 20 diciembre [RTC 1990, 210]).
La STC 307/2006, de 23 octubre (RTC 2006, 307), advierte que la seguridad jurídica no puede conducir a que sea imposible revisar una base reguladora por el hecho de que estuviera fijada en sentencia firme, pese a que con posterioridad se adopta un criterio general coincidente con el que había postulado (infructuosamente) el beneficiario.

TÍTULO I

DE LOS DERECHOS Y DEBERES FUNDAMENTALES

Artículo 10.

1. La dignidad de la persona, los derechos inviolables que le son inherentes, el libre desarrollo de la personalidad, el respeto a la ley y a los derechos de los demás son fundamento del orden político y de la paz social.

2. Las normas relativas a los derechos fundamentales y a las libertades que la Constitución reconoce se interpretarán de conformidad con la Declaración Universal de Derechos Humanos y los tratados y acuerdos internacionales sobre las mismas materias ratificados por España.

⇒ Sobre la virtualidad hermenéutica del precepto v., entre otras, SSTC 78/1982 (RTC 1982, 78); 84/1989 (RTC 1989, 84) y 139/1989 (RTC 1989, 139).
V. Declaración Universal de los Derechos Humanos (ONU, 10 diciembre 1948); Pacto Internacional de Derechos Civiles y Políticos (ONU, 19 diciembre 1966); Pacto Internacional de Derechos Económicos, Sociales y Culturales

(ONU, 19 diciembre 1966), y Convenio para la Protección de los Derechos Humanos y de las Libertades Fundamentales (Consejo de Europa, 4 noviembre 1950, refundido por la Res. 5 abril 1999).

CAPÍTULO I
De los españoles y los extranjeros

Artículo 11.

1. La nacionalidad española se adquiere, se conserva y se pierde de acuerdo con lo establecido por la ley.

2. Ningún español de origen podrá ser privado de su nacionalidad.

3. El Estado podrá concertar tratados de doble nacionalidad con los países iberoamericanos o con aquellos que hayan tenido o tengan una particular vinculación con España. En estos mismos países, aun cuando no reconozcan a sus ciudadanos un derecho recíproco, podrán naturalizarse los españoles sin perder su nacionalidad de origen.

Artículo 12.

Los españoles son mayores de edad a los dieciocho años.

⇒ Cfr. arts. 6 y 7 del ET (§2).
V. art. 15 del CC.

Artículo 13.

1. Los extranjeros gozarán en España de las libertades públicas que garantiza el presente Título en los términos que establezcan los tratados y la ley.

⇒ V. las normas reproducidas en §39.1 a §39.3.
Mediante RD 344/2001, de 4 abril, se crea el Consejo Superior de Política de Inmigración.
Mediante RD 345/2001, de 4 abril, se regula el Observatorio Permanente de la Inmigración. El RD 367/2001, de 4 abril, regula su composición, competencias y régimen de funcionamiento.
La doctrina constitucional ha distinguido dos tipos de derechos titularizados por los extranjeros, según que su configuración legal pueda introducir o no diferencias respecto de los españoles; por todas, STC 107/1984, de 23 noviembre (RTC 1984, 107).
Esa tipología se proyecta a la hora de resolver los problemas particulares en temas de tutela judicial efectiva (STC 99/1985, de 30 septiembre [RTC 1985, 99]), libre circulación (STC 94/1993, de 22 marzo [RTC 1993, 94]), asistencia sanitaria pública (STC 95/2000 [RTC 2000, 95]), no discriminación (STC 13/2001, de 29 enero [RTC 2001, 13]), etc.

2. Solamente los españoles serán titulares de los derechos reconocidos en el artículo 23 salvo lo que, atendiendo a criterios de reciprocidad, pueda establecerse por tratado o ley para el derecho de sufragio activo y pasivo en las elecciones municipales.

✐ Apartado redactado conforme a la reforma constitucional 27 agosto 1992.

3. La extradición sólo se concederá en cumplimiento de un tratado o de la ley, atendiendo al principio de reciprocidad. Quedan excluidos de la extradición los delitos políticos, no considerándose como tales los actos de terrorismo.

⇒ V. la Ley 4/1985, de 21 marzo, Reguladora de la Extradición Pasiva.

4. La ley establecerá los términos en que los ciudadanos de otros países y los apátridas podrán gozar del derecho de asilo en España.

⇒ V. la Ley 5/1984, de 26 marzo, reguladora del derecho de asilo y de la condición de refugiado.

CAPÍTULO II
Derechos y libertades

Artículo 14.

Los españoles son iguales ante la ley, sin que pueda prevalecer discriminación alguna por razón de nacimiento, raza, sexo, religión, opinión o cualquier otra condición o circunstancia personal o social.

⇒ Cfr. art. 17 ET (§2) y preceptos en él anotados, especialmente las Directivas reproducidas en el §45.2 y §45.1.
La STC 41/2006, de 13 febrero (RTC 2006, 41) (caso *Alitalia*) explica que la discriminación por razón de orientación sexual está comprendida en el último inciso del precepto y resume la doctrina constitucional sobre el particular, especialmente cuando existen indicios de que el despido disciplinario obedece a tal circunstancia.
La STC 5/2007, de 15 enero (RTC 2007, 5), (caso de la *Escuela Italiana*) considera aprecia discriminación indirecta por razón de nacionalidad entre trabajadores españoles con contratos indefinidos (peor pagados) y funcionarios italianos con vinculación temporal, al no aparecer suficientemente justificado ese trato retributivo diferenciado.
La STC 69/2007, de 16 abril (RTC 2007, 69), niega que exista discriminación por razones étnicas (o religiosas) cuando se deniega la pensión de viudedad a quien se ha casado por el rito gitano, pero sin inscribir el matrimonio.
V. la Ley 30/2003, de 13 octubre, sobre medidas para incorporar la valoración del impacto de género en las disposiciones normativas que elabore el Gobierno.

V. la LO 3/2007, de 22 marzo, para la Igualdad Efectiva de mujeres y hombres (§31.1) y el Capítulo III de la Ley 62/2003, de 30 diciembre, de Medidas Fiscales, Administrativas y de Orden Social (§31.2).

Sección 1ª De los derechos fundamentales y de las libertades públicas

Artículo 15.

Todos tienen derecho a la vida y a la integridad física y moral, sin que, en ningún caso, puedan ser sometidos a torturas ni a penas o tratos inhumanos o degradantes. Queda abolida la pena de muerte, salvo lo que puedan disponer las leyes penales militares para tiempos de guerra.

⇒ A propósito de una baja laboral, la STC 220/2005, de 12 septiembre (RTC 2005, 220), advierte que el derecho a que no se dañe o perjudique la salud personal queda comprendido en el derecho a la integridad personal, si bien no todo supuesto de riesgo a daño para aquélla implica vulneración del derecho fundamental, sino sólo aquél que genere un peligro grave y cierto.

La STC 62/2007, de 27 marzo (RTC 2007, 62) (veterinaria gestante que es destinada a matadero, con riesgo grave de contraer enfermedades perniciosas para el feto) advierte que el precepto no proporciona cobertura constitucional frente a toda actuación empresarial contraria para la salud de la trabajadora; pero sí entra en juego el derecho fundamental «cuando se generara con la orden de trabajo un riesgo o peligro grave para la salud», como *in casu*.

Artículo 16.

1. Se garantiza la libertad ideológica, religiosa y de culto de los individuos y las comunidades sin más limitación, en sus manifestaciones, que la necesaria para el mantenimiento del orden público protegido por la ley.

2. Nadie podrá ser obligado a declarar sobre su ideología, religión o creencias.

3. Ninguna confesión tendrá carácter estatal. Los poderes públicos tendrán en cuenta las creencias religiosas de la sociedad española y mantendrán las consiguientes relaciones de cooperación con la Iglesia Católica y las demás confesiones.

⇒ V. Acuerdos entre el Estado español y la Santa Sede, de 3 enero 1979. También, las Leyes 24/1992, 25/1992 y 26/1992, de 10 noviembre, por las que se aprueban los Acuerdos de cooperación del Estado con la Federación de Entidades Religiosas Evangélicas de España, la Federación de las Comunidades Israelitas de España y la Comisión Islámica de España.

V. la LO 7/1980, de 5 julio, de Libertad Religiosa.

La STC 38/2007, de 15 febrero (RTC 2007, 38), considera constitucional que los profesores de Religión hayan de recibir la declaración eclesiástica de idoneidad para ser contratados cada año, así como que la Iglesia pueda denegarla por razones estrictamente religiosas, inclusive las derivadas de la discordancia entre la vida privada y los valores transmitidos; caso de la profesora separada de su esposo y que convive con otro hombre.

Artículo 17.

1. Toda persona tiene derecho a la libertad y a la seguridad. Nadie puede ser privado de su libertad, sino con la observancia de lo establecido en este artículo y en los casos y en la forma previstos en la ley.

2. La detención preventiva no podrá durar más del tiempo estrictamente necesario para la realización de las averiguaciones tendentes al esclarecimiento de los hechos, y, en todo caso, en el plazo máximo de setenta y dos horas, el detenido deberá ser puesto en libertad o a disposición de la autoridad judicial.

3. Toda persona detenida debe ser informada de forma inmediata, y de modo que le sea comprensible, de sus derechos y de las razones de su detención, no pudiendo ser obligada a declarar. Se garantiza la asistencia de abogado al detenido en las diligencias policiales y judiciales en los términos que la ley establezca.

4. La ley regulará un procedimiento de «habeas corpus» para producir la inmediata puesta a disposición judicial de toda persona detenida ilegalmente. Asimismo, por la ley se determinará el plazo máximo de duración de la prisión provisional.

⇒ V. la LO 6/1984, de 24 mayo, reguladora de tal procedimiento.

V. la LO 1/1992, de 21 febrero, sobre Protección de la Seguridad Ciudadana.

Artículo 18.

1. Se garantiza el derecho al honor, a la intimidad personal y familiar y a la propia imagen.

⇒ La STC 139/1995, de 26 septiembre (RTC 1995, 139), reconoce a las personas jurídicas su derecho al honor.

V. el art. 4.2 e) del ET (§2).

2. El domicilio es inviolable. Ninguna entrada o registro podrá hacerse en él sin consentimiento del titular o resolución judicial salvo en caso de flagrante delito.

3. Se garantiza el secreto de las comunicaciones y, en especial, de las postales, telegráficas y telefónicas, salvo resolución judicial.

4. La ley limitará el uso de la informática para garantizar el honor y la intimidad personal y familiar de los ciudadanos y el pleno ejercicio de sus derechos.

⇒ V. la LO 1/1982, de 5 mayo, de protección civil del derecho al honor, a la intimidad personal y familiar y a la propia imagen.

V. también la LO 15/1999, de 13 diciembre, de Protección de Datos de Carácter Personal.

Artículo 19.

Los españoles tienen derecho a elegir libremente su residencia y a circular por el territorio nacional.

Asimismo tienen derecho a entrar y salir libremente de España en los términos que la ley establezca. Este derecho no podrá ser limitado por motivos políticos o ideológicos.

⇒ V. la LO 1/1992, de 21 febrero, sobre Protección de la Seguridad Ciudadana.

Artículo 20.

1. Se reconocen y protegen los derechos:

a) A expresar y difundir libremente los pensamientos, ideas y opiniones mediante la palabra, el escrito o cualquier otro medio de reproducción.

⇒ En STC 213/2002, de 11 noviembre (RTC 2002, 213), puede verse un resumen de la doctrina constitucional sobre libertad de expresión de los representantes de los trabajadores.

b) A la producción y creación literaria artística, científica y técnica.

c) A la libertad de cátedra.

d) A comunicar o recibir libremente información veraz por cualquier medio de difusión. La ley regulará el derecho a la cláusula de conciencia y al secreto profesional en el ejercicio de estas libertades.

⇒ La LO 2/1984, de 26 marzo, reguló el derecho de rectificación.

Mediante LO 2/1997, de 19 junio, se reguló la cláusula de conciencia.

La STC 126/2003, de 30 junio (RTC 2003, 126) desestima el amparo al Ingeniero de fábrica de explosivos que, en vísperas de un expediente de regulación de empleo que probablemente le afectaría, formula ante los medios de comunicación graves denuncias sobre inseguridades y deficiencias del proceso productivo de su empresa (*caso Unión Española de Explosivos de Galdácano*).

2. El ejercicio de estos derechos no puede restringirse mediante ningún tipo de censura previa.

3. La ley regulará la organización y el control parlamentario de los medios de comunicación social dependientes del Estado o de cualquier ente público y garantizará el acceso a dichos medios de los grupos sociales y políticos significativos, respetando el pluralismo de la sociedad y de las diversas lenguas de España.

4. Estas libertades tienen su límite en el respeto a los derechos reconocidos en este Título, en los preceptos de las leyes que lo desarrollen y, especialmente, en el derecho al honor, a la intimidad, a la propia imagen y a la protección de la juventud y de la infancia.

5. Sólo podrá acordarse el secuestro de publicaciones, grabaciones y otros medios de información en virtud de resolución judicial.

Artículo 21.

1. Se reconoce el derecho de reunión pacífica y sin armas.

El ejercicio de este derecho no necesitará autorización previa.

2. En los casos de reuniones en lugares de tránsito público y manifestaciones se dará comunicación previa a la autoridad, que sólo podrá prohibirlas cuando existan razones fundadas de alteración del orden público, con peligro para personas o bienes.

⇒ V. la LO 9/1983, de 15 julio, reguladora del derecho de reunión.

V. también la LO 1/1992, de 21 febrero, sobre protección de la seguridad ciudadana.

Artículo 22.

1. Se reconoce el derecho de asociación.

⇒ V. la LO 1/2002, de 22 marzo, reguladora del Derecho de Asociación.

2. Las asociaciones que persigan fines o utilicen medios tipificados como delito son ilegales.

3. Las asociaciones constituidas al amparo de este artículo deberán inscribirse en un registro a los solos efectos de publicidad.

4. Las asociaciones sólo podrán ser disueltas o suspendidas en sus actividades en virtud de resolución judicial motivada.

5. Se prohíben las asociaciones secretas y las de carácter paramilitar.

Artículo 23.

1. Los ciudadanos tienen el derecho a participar en los asuntos públicos, directamente o por medio de representantes, libremente elegidos en elecciones periódicas por sufragio universal.

2. Asimismo tienen derecho a acceder en condiciones de igualdad a las funciones y cargos públicos con los requisitos que señalen las leyes.

Artículo 24.

1. Todas las personas tienen derecho a obtener la tutela efectiva de los Jueces y Tribunales en el ejercicio de sus derechos e intereses legítimos sin que, en ningún caso, pueda producirse indefensión.

⇒ Cfr. art. 4.2 g) del ET (§2) y LPL (§41).

La STC 38/2005, de 28 febrero (RTC 2005, 38) (cese Secretaria del Consejo Social de una Universidad) condensa y aplica la doctrina constitucional sobre derecho a la indemnidad, en cuanto manifestación de la tutela judicial efectiva; nótese el deslazamiento de la carga probatoria a partir de la aportación de indicios de represalia por haber realizado actuaciones judiciales (o preparatorias) tendentes al reconocimiento de un derecho.

2. Asimismo, todos tienen derecho al Juez ordinario predeterminado por la ley, a la defensa y a la asistencia de letrado, a ser informados de la acusación formulada contra ellos, a un proceso público sin dilaciones indebidas y con todas las garantías, a utilizar los medios de prueba pertinentes para su defensa, a no declarar contra sí mismos, a no confesarse culpables y a la presunción de inocencia.

La ley regulará los casos en que, por razón de parentesco o de secreto profesional, no se estará obligado a declarar sobre hechos presuntamente delictivos.

Artículo 25.

1. Nadie puede ser condenado o sancionado por acciones u omisiones que en el momento de producirse no constituyan delito, falta o infracción administrativa, según la legislación vigente en aquel momento.

2. Las penas privativas de libertad y las medidas de seguridad estarán orientadas hacia la reeducación y reinserción social y no podrán consistir en trabajos forzados. El condenado a pena de prisión que estuviere cumpliendo la misma gozará de los derechos fundamentales de este Capítulo, a excepción de los que se vean expresamente limitados por el contenido del fallo condenatorio, el sentido de la pena y la ley penitenciaria. En todo caso, tendrá derecho a un trabajo remunerado y a los beneficios correspondientes de la Seguridad Social, así como al acceso a la cultura y al desarrollo integral de su personalidad.

⇒ Cfr. LO 1/1979, de 26 septiembre, General Penitenciaria (§16.3) y su Reglamento aprobado por RD 190/1996, de 9 febrero, así como el RD 782/2001, de 6 julio (§16.4).

Las SSTC 127/1989, de 13 julio (RTC 1989, 127) y 17/1993, de 18 enero (RTC 1993, 17), señalan que el derecho al trabajo y a la Seguridad Social no es exigible de manera inmediata y general, aunque la Administración Penitenciaria sí viene obligada a crear y ofertar cuantos puestos de trabajo permitan sus disponibilidades presupuestarias.

3. La Administración civil no podrá imponer sanciones que, directa o subsidiariamente, impliquen privación de libertad.

Artículo 26.

Se prohíben los Tribunales de Honor en el ámbito de la Administración civil y de las organizaciones profesionales.

Artículo 27.

1. Todos tienen el derecho a la educación. Se reconoce la libertad de enseñanza.

⇒ V. la LO 8/1985, de 3 julio, Reguladora del Derecho a la Educación.

Cfr. la LO 2/2006, de 3 mayo, de Educación.

2. La educación tendrá por objeto el pleno desarrollo de la personalidad humana en el respeto a los principios democráticos de convivencia y a los derechos y libertades fundamentales.

3. Los poderes públicos garantizan el derecho que asiste a los padres para que sus hijos reciban la formación religiosa y moral que esté de acuerdo con sus propias convicciones.

4. La enseñanza básica es obligatoria y gratuita.

5. Los poderes públicos garantizan el derecho de todos a la educación mediante una programación general de la enseñanza, con participación efectiva de todos los sectores afectados y la creación de centros docentes.

6. Se reconoce a las personas físicas y jurídicas la libertad de creación de centros docentes, dentro del respeto a los principios constitucionales.

7. Los profesores, los padres y, en su caso, los alumnos intervendrán en el control y gestión de

todos los centros sostenidos por la Administración con fondos públicos, en los términos que la ley establezca.

8. Los poderes públicos inspeccionarán y homologarán el sistema educativo para garantizar el cumplimiento de las leyes.

9. Los poderes públicos ayudarán a los centros docentes que reúnan los requisitos que la ley establezca.

10. Se reconoce la autonomía de las Universidades, en los términos que la ley establezca.

⇒ V. la LO 6/2001, de 21 diciembre, de Universidades.

Artículo 28.

1. Todos tienen derecho a sindicarse libremente. La ley podrá limitar o exceptuar el ejercicio de este derecho a las Fuerzas o Institutos armados o a los demás Cuerpos sometidos a disciplina militar y regulará las peculiaridades de su ejercicio para los funcionarios públicos. La libertad sindical comprende el derecho a fundar sindicatos y a afiliarse al de su elección, así como el derecho de los sindicatos a formar confederaciones y a fundar organizaciones sindicales internacionales o afiliarse a las mismas. Nadie podrá ser obligado a afiliarse a un sindicato.

⇒ Sobre conexión entre libertad sindical y derecho de huelga, en ciertos casos, v. STC 74/1996, de 30 abril (RTC 1996, 74).

La discriminación por móviles sindicales se subsume en este precepto, salvo que conciernan a alguna de las causas especificadas por el art. 14 de la propia Constitución, conforme SSTC 55/1983, de 22 junio (RTC 1983, 55) y 202/1997, de 30 diciembre (RTC 1997, 202).

La STC 171/2003 (RTC 2003, 171) es un magnífico ejemplo sobre el juego de los indicios discriminatorios: un trabajador que desempeña cargo de confianza es elegido presidente del Comité de empresa y a los cuatro días cesado en aquel desempeño, con base en sus carencias idiomáticas (*caso Jefe de estrategia de Iberia*).

2. Se reconoce el derecho a la huelga de los trabajadores para la defensa de sus intereses. La ley que regule el ejercicio de este derecho establecerá las garantías precisas para asegurar el mantenimiento de los servicios esenciales de la comunidad.

⇒ Cfr. el RDley 17/1977, de 4 marzo, de Relaciones de Trabajo (§22) y la STC 11/1981, de 8 abril (RTC 1981, 11).

Artículo 29.

1. Todos los españoles tendrán el derecho de petición individual y colectiva por escrito, en la forma y con los efectos que determine la ley.

⇒ V. la LO 4/2001, de 12 noviembre, reguladora del Derecho de Petición.

2. Los miembros de las Fuerzas o Institutos armados o de los Cuerpos sometidos a disciplina militar podrán ejercer este derecho sólo individualmente y con arreglo a lo dispuesto en su legislación específica.

Sección 2ª De los derechos y deberes de los ciudadanos

Artículo 30.

1. Los españoles tienen el derecho y el deber de defender a España.

⇒ V. la LO 5/2005, de 17 noviembre, Ley de la Defensa Nacional.

2. La ley fijará las obligaciones militares de los españoles y regulará, con las debidas garantías, la objeción de conciencia, así como las demás causas de exención del servicio militar obligatorio, pudiendo imponer, en su caso, una prestación social sustitutoria.

3. Podrá establecerse un servicio civil para el cumplimiento de fines de interés general.

4. Mediante ley podrán regularse los deberes de los ciudadanos en los casos de grave riesgo, catástrofe o calamidad pública.

⇒ Cfr. la Ley 4/1981, de 1 junio, reguladora de los estados de alarma, excepción y sitio; también la Ley 2/1985, de 21 enero, de Protección Civil.

Artículo 31.

1. Todos contribuirán al sostenimiento de los gastos públicos de acuerdo con su capacidad económica mediante un sistema tributario justo inspirado en los principios de igualdad y progresividad que, en ningún caso, tendrá alcance confiscatorio.

⇒ V. la Ley 1/1998, de 26 febrero, de derechos y garantías de los contribuyentes.

2. El gasto público realizará una asignación equitativa de los recursos públicos, y su programación y ejecución responderán a los criterios de eficiencia y economía.

3. Sólo podrán establecerse prestaciones personales o patrimoniales de carácter público con arreglo a la ley.

⇒ Cfr. art. 1.3 b) del ET (§2) y sus notas.

Artículo 32.

1. El hombre y la mujer tienen derecho a contraer matrimonio con plena igualdad jurídica.

2. La ley regulará las formas de matrimonio, la edad y capacidad para contraerlo, los derechos y deberes de los cónyuges, las causas de separación y disolución y sus efectos.

Artículo 33.

1. Se reconoce el derecho a la propiedad privada y a la herencia.

2. La función social de estos derechos delimitará su contenido, de acuerdo con las leyes.

3. Nadie podrá ser privado de sus bienes y derechos sino por causa justificada de utilidad pública o interés social, mediante la correspondiente indemnización y de conformidad con lo dispuesto por las leyes.

Artículo 34.

1. Se reconoce el derecho de fundación para fines de interés general, con arreglo a la ley.

⇒ V. la Ley 30/1994, de 24 noviembre, de Fundaciones y de Incentivos Fiscales a la Participación Privada en Actividades de Interés General.

2. Regirá también para las fundaciones lo dispuesto en los apartados 2 y 4 del artículo 22.

Artículo 35.

1. Todos los españoles tienen el deber de trabajar y el derecho al trabajo, a la libre elección de profesión y oficio, a la promoción a través del trabajo y a una remuneración suficiente para satisfacer sus necesidades y las de su familia, sin que en ningún caso pueda hacerse discriminación por razón de sexo.

⇒ V. art. 4.2 del ET (§2), así como sus notas.
La STC 20/1994, de 27 enero (RTC 1994, 20), explica que el derecho al trabajo incluye la posibilidad de reaccionar frente a la decisión unilateral de despido. Sobre condiciones de la jubilación forzosa pactada en convenio colectivo para respetar este derecho al trabajo puede verse STC 95/1985, de 29 julio (RTC 1985, 95).
Sobre promoción en el trabajo sin discriminación por razón de sexo, STC 81/1982, de 21 diciembre (RTC 1982, 81).
V. las normas sobre salarios mínimos en los y §12.2.

2. La ley regulará un estatuto de los trabajadores.

⇒ V. el RDLeg 1/1995, de 24 marzo, reproducido en §2.
V. la STC 187/2001, de 19 septiembre (RTC 2001, 187).

Artículo 36.

La ley regulará las peculiaridades propias del régimen jurídico de los Colegios Profesionales y el ejercicio de las profesiones tituladas. La estructura interna y el funcionamiento de los Colegios deberán ser democráticos.

⇒ Cfr. STC 89/1989, de 11 mayo (RTC 1989, 89), sobre exigencias constitucionales de la colegiación forzosa.

Artículo 37.

1. La ley garantizará el derecho a la negociación colectiva laboral entre los representantes de los trabajadores y empresarios, así como la fuerza vinculante de los convenios.

⇒ Cfr. el Tít. III del ET (§2).
V. la jurisprudencia constitucional citada en los arts. 82 y ss. ET (§2), así como STC 74/1996, 30 abril (RTC 1996, 74), en cuanto a la implicación de la libertad sindical cuando la negociación colectiva es llevada a cabo por los sindicatos.

2. Se reconoce el derecho de los trabajadores y empresarios a adoptar medidas de conflicto colectivo. La ley que regule el ejercicio de este derecho, sin perjuicio de las limitaciones que pueda establecer, incluirá las garantías precisas para asegurar el funcionamiento de los servicios esenciales de la comunidad.

⇒ V. el RDley 17/1977, de 4 marzo, reproducido en §22.

Artículo 38.

Se reconoce la libertad de empresa en el marco de la economía de mercado. Los poderes públicos garantizan y protegen su ejercicio y la defensa de la productividad, de acuerdo con las exigencias de la economía general y, en su caso, de la planificación.

⇒ El RD 943/2005, de 29 julio, regula el Observatorio de la Pequeña y Mediana Empresa.

CAPÍTULO III
De los principios rectores de la política social y económica

Artículo 39.

1. Los poderes públicos aseguran la protección social, económica y jurídica de la familia.

⇒ Cfr. la Ley 40/2003, de 18 noviembre, de Protección a las Familias Numerosas.

2. Los poderes públicos aseguran, asimismo, la protección integral de los hijos, iguales éstos ante la ley con independencia de su filiación, y de las madres, cualquiera que sea su estado civil. La ley posibilitará la investigación de la paternidad.

3. Los padres deben prestar asistencia de todo orden a los hijos habidos dentro o fuera del matrimonio, durante su minoría de edad y en los demás casos en que legalmente proceda.

4. Los niños gozarán de la protección prevista en los acuerdos internacionales que velan por sus derechos.

⇒ Cfr. art. 6 del ET (§2) y sus notas, así como la LO 1/1996, de 15 enero, de Protección Jurídica del Menor.

Artículo 40.

1. Los poderes públicos promoverán las condiciones favorables para el progreso social y económico y para una distribución de la renta regional y personal más equitativa, en el marco de una política de estabilidad económica. De manera especial realizarán una política orientada al pleno empleo.

⇒ V. la Ley 56/2003, de Empleo, reproducida en §27.1, así como las normas complementarias (§42 a §48).

2. Asimismo los poderes públicos fomentarán una política que garantice la formación y readaptación profesionales; velarán por la seguridad e higiene en el trabajo y garantizarán el descanso necesario, mediante la limitación de la jornada laboral, las vacaciones periódicas retribuidas y la promoción de centros adecuados.

⇒ Sobre formación profesional, v. la Ley 1/1986, de 7 enero, modificada por Ley 19/1997, de 9 junio, regulando el Consejo General de Formación Profesional.
V. asimismo la LO 5/2002, de 19 junio, de las Cualificaciones y de la Formación Profesional.
Sobre seguridad e higiene en el trabajo, cfr. art. 19 del ET (§2) y sus notas, así como la LPRL (§23).
En materia de tiempo de trabajo, cfr. arts. 34, 35, 36, 37 y 38 del ET (§2) y sus notas.

Artículo 41.

Los poderes públicos mantendrán un régimen público de Seguridad Social para todos los ciudadanos, que garantice la asistencia y prestaciones sociales suficientes ante situaciones de necesidad, especialmente en caso de desempleo. La asistencia y prestaciones complementarias serán libres.

⇒ Cfr. la LGSS/1994 (§32.1) y normas concordantes.
La garantía institucional del sistema de Seguridad Social es compatible con la admisión constitucional de varios posibles modelos de protección (STC 206/1997, de 27 noviembre [RTC 1997, 206]).
Las SSTC 37 (RTC 1994, 37) y 129/1994 (RTC 1994, 129) resaltan que el carácter público del sistema de Seguridad Social no queda cuestionado por la incidencia en él de fórmulas de gestión o responsabilidad privadas, de importancia relativa en su conjunto.
Reflexionando sobre el margen de maniobra del legislador ordinario, las SSTC 38 (RTC 1998, 38) y 77/1995 (RTC 1995, 77) explican que la identidad en el nivel de protección de todos los ciudadanos podrá constituir algo deseable desde el punto de vista social, pero cuando las prestaciones derivan de distintos sistemas o regímenes, cada uno con su propia normativa, no constituye un imperativo jurídico, ni vulnera el principio de igualdad.
Sobre el encaje de las prestaciones complementarias en el modelo constitucional de Seguridad Social, cf. STC 208/1998, de 10 noviembre (RTC 1998, 208).

Artículo 42.

El Estado velará especialmente por la salvaguardia de los derechos económicos y sociales de los trabajadores españoles en el extranjero y orientará su política hacia su retorno.

⇒ V. la Ley 40/2006, de 14 diciembre, del Estatuto de la ciudadanía española en el exterior.

Artículo 43.

1. Se reconoce el derecho a la protección de la salud.

⇒ V. la LO 3/1986, de 14 abril, de medidas especiales en materia de salud pública. Asimismo, la Ley 14/1986, de 25 abril, General de Sanidad, y la Ley 31/1995, de 8 noviembre, de Prevención de Riesgos Laborales (§23).
Cfr. la Ley 16/2003, de 28 mayo, de cohesión y calidad del Sistema Nacional de Salud.

2. Compete a los poderes públicos organizar y tutelar la salud pública a través de medidas preventivas y de las prestaciones y servicios necesarios. La ley establecerá los derechos y deberes de todos al respecto.

⇒ Téngase muy en cuenta el contenido del RD 1030/2006, de 15 septiembre, por el que se establece la cartera de servicios comunes del Sistema Nacional de Salud y el procedimiento para su actualización.

3. Los poderes públicos fomentarán la educación sanitaria, la educación física y el deporte. Asimismo facilitarán la adecuada utilización del ocio.

Artículo 44.

1. Los poderes públicos promoverán y tutelarán el acceso a la cultura, a la que todos tienen derecho.

2. Los poderes públicos promoverán la ciencia y la investigación científica y técnica en beneficio del interés general.

Artículo 45.

1. Todos tienen el derecho a disfrutar de un medio ambiente adecuado para el desarrollo de la persona, así como el deber de conservarlo.

2. Los poderes públicos velarán por la utilización racional de todos los recursos naturales, con el fin de proteger y mejorar la calidad de la vida y defender y restaurar el medio ambiente, apoyándose en la indispensable solidaridad colectiva.

3. Para quienes violen lo dispuesto en el apartado anterior, en los términos que la ley fije se establecerán sanciones penales o, en su caso, administrativas, así como la obligación de reparar el daño causado.

Artículo 46.

Los poderes públicos garantizarán la conservación y promoverán el enriquecimiento del patrimonio histórico, cultural y artístico de los pueblos de España y de los bienes que lo integran, cualquiera que sea su régimen jurídico y su titularidad. La ley penal sancionará los atentados contra este patrimonio.

Artículo 47.

Todos los españoles tienen derecho a disfrutar de una vivienda digna y adecuada. Los poderes públicos promoverán las condiciones necesarias y establecerán las normas pertinentes para hacer efectivo este derecho, regulando la utilización del suelo de acuerdo con el interés general para impedir la especulación.

La comunidad participará en las plusvalías que genere la acción urbanística de los entes públicos.

Artículo 48.

Los poderes públicos promoverán las condiciones para la participación libre y eficaz de la juventud en el desarrollo político, social, económico y cultural.

Artículo 49.

Los poderes públicos realizarán una política de previsión, tratamiento, rehabilitación e integración de los disminuidos físicos, sensoriales y psíquicos, a los que prestarán la atención especializada que requieran y los ampararán especialmente para el disfrute de los derechos que este Título otorga a todos los ciudadanos.

⇒ V. la Ley 41/2003, de 18 noviembre, de protección patrimonial de las personas con discapacidad y de modificación del Código Civil y de la Normativa Tributaria con esta misma finalidad.

V. la Ley 51/2003, de 2 de diciembre, de igualdad de oportunidades, no discriminación y accesibilidad universal de las personas con discapacidad.

V. la Ley 53/2003, de 10 de diciembre, sobre empleo público de discapacitados.

V. también, en un plano particular, la Ley 35/1995, de 11 diciembre, de ayudas y asistencia a las víctimas de delitos violentos y contra la libertad sexual.

La Ley 62/2003, de 30 diciembre, de medidas fiscales, administrativas y del orden social, dedica el Capítulo III de su Título II a las «Medidas para la aplicación del principio de igualdad de trato» y en su artículo 43 («Fomento de planes de igualdad») dispone que «los poderes públicos fomentarán la adopción por las empresas y por las organizaciones sindicales y empresariales de planes de igualdad a favor de las personas con discapacidad, mediante los incentivos y medidas de apoyo establecidos para ello».

V. la Ley 39/2006, de 14 diciembre, de Promoción de la Autonomía Personal y Atención a las personas en situación de dependencia.

Artículo 50.

Los poderes públicos garantizarán, mediante pensiones adecuadas y periódicamente actualizadas, la suficiencia económica a los ciudadanos durante la tercera edad. Asimismo, y con independencia de las obligaciones familiares, promoverán su bienestar mediante un sistema de servicios sociales que atenderán sus problemas específicos de salud, vivienda, cultura y ocio.

⇒ Cfr. arts. 47 a 52 de la LGSS/1994 (§32.1) y sus notas.

Las Naciones Unidas declararon 1999 como año internacional de las Personas Mayores y en BOE 20 noviembre 1998, se publicó la composición del Comité Español constituido al efecto.

V. también la regulación del Consejo Estatal de las Personas Mayores contenida en los RR DD 2171/1994, de 4 noviembre y 428/1999, de 12 marzo.

Reflexionando sobre la existencia de un tope máximo de pensiones, la STC 100/1990, de 30 mayo (RTC 1990, 100), subraya que el concepto de «pensión adecuada» no puede considerarse aisladamente, atendiendo a cada pensión singular, sino que debe tener en cuenta el sistema de pensiones en su conjunto, sin que pueda prescindirse de las circunstancias sociales y económicas de cada momento y sin que quepa olvidar que se trata de administrar medios económicos limitados para un gran número de necesidades sociales.

V. la Ley 39/2006, de 14 diciembre, de Promoción de la Autonomía Personal y Atención a las personas en situación de dependencia.

Artículo 51.

1. Los poderes públicos garantizarán la defensa de los consumidores y usuarios, protegiendo, mediante procedimientos eficaces, la seguridad, la salud y los legítimos intereses económicos de los mismos.

2. Los poderes públicos promoverán la información y la educación de los consumidores y usuarios, fomentarán sus organizaciones y oirán a éstas en las cuestiones que puedan afectar a aquéllos, en los términos que la ley establezca.

3. En el marco de lo dispuesto por los apartados anteriores, la ley regulará el comercio interior y el régimen de autorización de productos comerciales.

Artículo 52.

La ley regulará las organizaciones profesionales que contribuyan a la defensa de los intereses económicos que les sean propios. Su estructura interna y funcionamiento deberán ser democráticos.

CAPÍTULO IV
De las garantías de las libertades y derechos fundamentales

Artículo 53.

1. Los derechos y libertades reconocidos en el Capítulo segundo del presente Título vinculan a todos los poderes públicos. Sólo por ley, que en todo caso deberá respetar su contenido esencial, podrá regularse el ejercicio de tales derechos y libertades, que se tutelarán de acuerdo con lo previsto en el artículo 161.1 a).

2. Cualquier ciudadano podrá recabar la tutela de las libertades y derechos reconocidos en el artículo 14 y la Sección primera del Capítulo segundo ante los Tribunales ordinarios por un procedimiento basado en los principios de preferencia y sumariedad y, en su caso, a través del recurso de amparo ante el Tribunal Constitucional. Este último recurso será aplicable a la objeción de conciencia reconocida en el artículo 30.

⇒ V. Ley 62/1978, de 26 diciembre, de Protección Jurisdiccional de los Derechos Fundamentales de la Persona, así como el RD 342/1979, de 20 febrero, de ampliación de su ámbito.
Desde la óptica laboral, cfr. arts. 175 a 182 de la LPL (§41).

3. El reconocimiento, el respeto y la protección de los principios reconocidos en el Capítulo tercero informarán la legislación positiva, la práctica judicial y la actuación de los poderes públicos. Sólo podrán ser alegados ante la Jurisdicción ordinaria de acuerdo con lo que dispongan las leyes que los desarrollen.

Artículo 54.

Una ley orgánica regulará la institución del Defensor del Pueblo, como alto comisionado de las Cortes Generales, designado por éstas para la defensa de los derechos comprendidos en este Título, a cuyo efecto podrá supervisar la actividad de la Administración, dando cuenta a las Cortes Generales.

⇒ V. la LO 3/1981, de 6 abril, del Defensor del Pueblo, modificada por LO 2/1992, de 5 marzo.

CAPÍTULO V
De la suspensión de los derechos y libertades

Artículo 55.

1. Los derechos reconocidos en los artículos 17, 18, apartados 2 y 3, artículos 19, 20, apartados 1, a) y d), y 5, artículos 21, 28, apartado 2, y artículo 37, apartado 2, podrán ser suspendidos cuando se acuerde la declaración del estado de excepción o de sitio en los términos previstos en la Constitución. Se exceptúa de lo establecido anteriormente el apartado 3 del artículo 17 para el supuesto de declaración de estado de excepción.

⇒ V. LO 4/1981, de 1 junio, sobre los estados de alarma, excepción y sitio.

2. Una ley orgánica podrá determinar la forma y los casos en los que, de forma individual y con la necesaria intervención judicial y el adecuado control parlamentario, los derechos reconocidos en los ar-

tículos 17, apartado 2, y 18, apartados 2 y 3, pueden ser suspendidos para personas determinadas, en relación con las investigaciones correspondientes a la actuación de bandas armadas o elementos terroristas.

La utilización injustificada o abusiva de las facultades reconocidas en dicha ley orgánica producirá responsabilidad penal, como violación de los derechos y libertades reconocidos por las leyes.

TÍTULO II
DE LA CORONA

Artículo 56.

1. El Rey es el Jefe del Estado símbolo de su unidad y permanencia, arbitra y modera el funcionamiento regular de las instituciones, asume la más alta representación del Estado español en las relaciones internacionales, especialmente con las naciones de su comunidad histórica, y ejerce las funciones que le atribuyen expresamente la Constitución y las leyes.

2. Su título es el de Rey de España y podrá utilizar los demás que correspondan a la Corona.

3. La persona del Rey es inviolable y no está sujeta a responsabilidad. Sus actos estarán siempre refrendados en la forma establecida en el artículo 64, careciendo de validez sin dicho refrendo, salvo lo dispuesto en el artículo 65.2.

Artículo 57.

1. La Corona de España es hereditaria en los sucesores de SM Don Juan Carlos I de Borbón, legítimo heredero de la dinastía histórica. La sucesión en el trono seguirá el orden regular de primogenitura y representación, siendo preferida siempre la línea anterior a las posteriores; en la misma línea, el grado más próximo al más remoto; en el mismo grado, el varón a la mujer, y en el mismo sexo, la persona de más edad a la de menos.

2. El Príncipe heredero, desde su nacimiento o desde que se produzca el hecho que origine el llamamiento, tendrá la dignidad de Príncipe de Asturias y los demás títulos vinculados tradicionalmente al sucesor de la Corona de España.

3. Extinguidas todas las líneas llamadas en Derecho, las Cortes Generales proveerán a la sucesión en la Corona en la forma que más convenga a los intereses de España.

4. Aquellas personas que teniendo derecho a la sucesión en el trono contrajeren matrimonio contra la expresa prohibición del Rey y de las Cortes Generales, quedarán excluidas en la sucesión a la Corona por sí y sus descendientes.

5. Las abdicaciones y renuncias y cualquier duda de hecho o de derecho que ocurra en el orden de sucesión a la Corona se resolverán por una ley orgánica.

Artículo 58.

La Reina consorte o el consorte de la Reina no podrán asumir funciones constitucionales, salvo lo dispuesto para la Regencia.

Artículo 59.

1. Cuando el Rey fuere menor de edad, el padre o la madre del Rey, y, en su defecto, el pariente mayor de edad más próximo a suceder en la Corona, según el orden establecido en la Constitución, entrará a ejercer inmediatamente la Regencia y la ejercerá durante el tiempo de la minoría de edad del Rey.

2. Si el Rey se inhabilitare para el ejercicio de su autoridad y la imposibilidad fuere reconocida por las Cortes Generales, entrará a ejercer inmediatamente la Regencia el Príncipe heredero de la Corona, si fuere mayor de edad. Si no lo fuere, se procederá de la manera prevista en el apartado anterior, hasta que el Príncipe heredero alcance la mayoría de edad.

3. Si no hubiere ninguna persona a quien corresponda la Regencia, ésta será nombrada por las Cortes Generales, y se compondrá de una, tres o cinco personas.

4. Para ejercer la Regencia es preciso ser español y mayor de edad.

5. La Regencia se ejercerá por mandato constitucional y siempre en nombre del Rey.

Artículo 60.

1. Será tutor del Rey menor la persona que en su testamento hubiese nombrado el Rey difunto, siempre que sea mayor de edad y español de nacimiento, si no lo hubiese nombrado, será tutor el padre o la madre, mientras permanezcan viudos. En su defecto, lo nombrarán las Cortes Generales,

pero no podrán acumularse los cargos de Regente y de tutor sino en el padre, madre o ascendientes directos del Rey.

2. El ejercicio de la tutela es también incompatible con el de todo cargo o representación política.

Artículo 61.

1. El Rey, al ser proclamado ante las Cortes Generales, prestará juramento de desempeñar fielmente sus funciones, guardar y hacer guardar la Constitución y las leyes y respetar los derechos de los ciudadanos y de las Comunidades Autónomas.

2. El Príncipe heredero, al alcanzar la mayoría de edad, y el Regente o Regentes al hacerse cargo de sus funciones, prestarán el mismo juramento, así como el de fidelidad al Rey.

Artículo 62.

Corresponde al Rey:

a) Sancionar y promulgar las leyes.

b) Convocar y disolver las Cortes Generales y convocar elecciones en los términos previstos en la Constitución.

c) Convocar a referéndum en los casos previstos en la Constitución.

d) Proponer el candidato a Presidente del Gobierno y, en su caso, nombrarlo, así como poner fin a sus funciones en los términos previstos en la Constitución.

e) Nombrar y separar a los miembros del Gobierno, a propuesta de su Presidente.

f) Expedir los decretos acordados en el Consejo de Ministros, conferir los empleos civiles y militares y conceder honores y distinciones con arreglo a las leyes.

g) Ser informado de los asuntos de Estado y presidir, a estos efectos, las sesiones del Consejo de Ministros, cuando lo estime oportuno, a petición del Presidente del Gobierno.

h) El mando supremo de las Fuerzas Armadas.

i) Ejercer el derecho de gracia con arreglo a la ley, que no podrá autorizar indultos generales.

j) El Alto Patronazgo de las Reales Academias.

Artículo 63.

1. El Rey acredita a los embajadores y otros representantes diplomáticos. Los representantes extranjeros en España están acreditados ante él.

2. Al Rey corresponde manifestar el consentimiento del Estado para obligarse internacionalmente por medio de tratados, de conformidad con la Constitución y las leyes.

3. Al Rey corresponde, previa autorización de las Cortes Generales, declarar la guerra y hacer la paz.

Artículo 64.

1. Los actos del Rey serán refrendados por el Presidente del Gobierno y en su caso, por los Ministros competentes. La propuesta y el nombramiento del Presidente del Gobierno, y la disolución prevista en el artículo 99, serán refrendados por el Presidente del Congreso.

2. De los actos del Rey serán responsables las personas que los refrenden.

Artículo 65.

1. El Rey recibe de los Presupuestos del Estado una cantidad global para el sostenimiento de su Familia y Casa, y distribuye libremente la misma.

2. El Rey nombra y releva libremente a los miembros civiles y militares de su Casa.

TÍTULO III

DE LAS CORTES GENERALES

CAPÍTULO I

De las Cámaras

⇒ V. RCD, aprobado el 10 febrero 1982 y RS aprobado el 3 mayo 1994.

Artículo 66.

1. Las Cortes Generales representan al pueblo español y están formadas por el Congreso de los Diputados y el Senado.

2. Las Cortes Generales ejercen la potestad legislativa del Estado, aprueban sus Presupuestos, controlan la acción del Gobierno y tienen las demás competencias que les atribuya la Constitución.

3. Las Cortes Generales son inviolables.

Artículo 67.

1. Nadie podrá ser miembro de las dos Cámaras simultáneamente, ni acumular el acta de una Asamblea de Comunidad Autónoma con la de Diputado al Congreso.

2. Los miembros de las Cortes Generales no están ligados por mandato imperativo.

3. Las reuniones de Parlamentarios que se celebren sin convocatoria reglamentaria no vincularán a las Cámaras, y no podrán ejercer sus funciones ni ostentar sus privilegios.

Artículo 68.

1. El Congreso se compone de un mínimo de 300 y un máximo de 400 Diputados, elegidos por sufragio universal, libre, igual, directo y secreto, en los términos que establezca la ley.

2. La circunscripción electoral es la provincia. Las poblaciones de Ceuta y Melilla estarán representadas cada una de ellas por un Diputado. La ley distribuirá el número total de Diputados, asignando una representación mínima inicial a cada circunscripción y distribuyendo los demás en proporción a la población.

3. La elección se verificará en cada circunscripción atendiendo a criterios de representación proporcional.

4. El Congreso es elegido por cuatro años. El mandato de los Diputados termina cuatro años después de su elección o el día de la disolución de la Cámara.

5. Son electores y elegibles todos los españoles que estén en pleno uso de sus derechos políticos.

La ley reconocerá y el Estado facilitará el ejercicio del derecho de sufragio a los españoles que se encuentren fuera del territorio de España.

6. Las elecciones tendrán lugar entre los treinta días y sesenta días desde la terminación del mandato. El Congreso electo deberá ser convocado dentro de los veinticinco días siguientes a la celebración de las elecciones.

⇒ V. la LO 5/1985, de 19 junio, de Régimen Electoral General.

Artículo 69.

1. El Senado es la Cámara de representación territorial.

2. En cada provincia se elegirán cuatro Senadores por sufragio universal, libre, igual, directo y secreto por los votantes de cada una de ellas, en los términos que señale una ley orgánica.

3. En las provincias insulares, cada isla o agrupación de ellas, con Cabildo o Consejo Insular, constituirá una circunscripción a efectos de elección de Senadores correspondiendo tres a cada una de las islas mayores –Gran Canaria, Mallorca y Tenerife– y uno a cada una de las siguientes islas o agrupaciones: Ibiza-Formentera, Menorca, Fuerteventura, Gomera, Hierro, Lanzarote y La Palma.

4. Las poblaciones de Ceuta y Melilla elegirán cada una de ellas dos Senadores.

5. Las Comunidades Autónomas designarán además un Senador y otro más por cada millón de habitantes de su respectivo territorio. La designación corresponderá a la Asamblea legislativa o, en su defecto, al órgano colegiado superior de la Comunidad Autónoma, de acuerdo con lo que establezcan los Estatutos, que asegurarán, en todo caso, la adecuada representación proporcional.

6. El Senado es elegido por cuatro años. El mandato de los Senadores termina cuatro años después de su elección o el día de la disolución de la Cámara.

Artículo 70.

1. La ley electoral determinará las causas de inelegibilidad e incompatibilidad de los Diputados y Senadores, que comprenderán, en todo caso:

a) A los componentes del Tribunal Constitucional.

b) A los altos cargos de la Administración del Estado que determine la ley, con la excepción de los miembros del Gobierno.

c) Al Defensor del Pueblo.

d) A los Magistrados, Jueces y Fiscales en activo.

e) A los militares profesionales y miembros de las Fuerzas y Cuerpos de Seguridad y Policía en activo.

f) A los miembros de las Juntas Electorales.

2. La validez de las actas y credenciales de los miembros de ambas Cámaras estará sometida al control judicial en los términos que establezca la ley electoral.

Artículo 71.

1. Los Diputados y Senadores gozarán de inviolabilidad por las opiniones manifestadas en el ejercicio de sus funciones.

2. Durante el período de su mandato los Diputados y Senadores gozarán asimismo de inmunidad y sólo podrán ser detenidos en caso de flagrante delito. No podrán ser inculpados ni procesados sin la previa autorización de la Cámara respectiva.

3. En las causas contra Diputados y Senadores será competente la Sala de lo Penal del Tribunal Supremo.

4. Los Diputados y Senadores percibirán una asignación que será fijada por las respectivas Cámaras.

Artículo 72.

1. Las Cámaras establecen sus propios Reglamentos, aprueban autónomamente sus presupuestos y, de común acuerdo, regulan el Estatuto del Personal de las Cortes Generales. Los Reglamentos y su reforma serán sometidos a una votación final sobre su totalidad, que requerirá la mayoría absoluta.

2. Las Cámaras eligen sus respectivos Presidentes y los demás miembros de sus Mesas. Las sesiones conjuntas serán presididas por el Presidente del Congreso y se regirán por un Reglamento de las Cortes Generales aprobado por mayoría absoluta de cada Cámara.

3. Los Presidentes de las Cámaras ejercen en nombre de las mismas todos los poderes administrativos y facultades de policía en el interior de sus respectivas sedes.

Artículo 73.

1. Las Cámaras se reunirán anualmente en dos períodos ordinarios de sesiones: el primero, de septiembre a diciembre, y el segundo, de febrero a junio.

2. Las Cámaras podrán reunirse en sesiones extraordinarias, a petición del Gobierno, de la Diputación Permanente o de la mayoría absoluta de los miembros de cualquiera de las Cámaras. Las sesiones extraordinarias deberán convocarse sobre un orden del día determinado y serán clausuradas una vez que éste haya sido agotado.

Artículo 74.

1. Las Cámaras se reunirán en sesión conjunta para ejercer las competencias no legislativas que el Título II atribuye expresamente a las Cortes Generales.

2. Las decisiones de las Cortes Generales previstas en los artículos 94.1, 145.2 y 158.2, se adoptarán por mayoría de cada una de las Cámaras. En el primer caso, el procedimiento se iniciará por el Congreso, y en los otros dos, por el Senado. En ambos casos, si no hubiera acuerdo entre Senado y Congreso, se intentará obtener por una Comisión Mixta compuesta de igual número de Diputados y Senadores. La Comisión presentará un texto que será votado por ambas Cámaras. Si no se aprueba en la forma establecida, decidirá el Congreso por mayoría absoluta.

Artículo 75.

1. Las Cámaras funcionarán en Pleno y por Comisiones.

2. Las Cámaras podrán delegar en las Comisiones Legislativas Permanentes la aprobación de proyectos o proposiciones de ley. El Pleno podrá no obstante, recabar en cualquier momento el debate y votación de cualquier proyecto o proposición de ley que haya sido objeto de esa delegación.

3. Quedan exceptuados de lo dispuesto en el apartado anterior la reforma constitucional, las cuestiones internacionales, las leyes orgánicas y de bases y los Presupuestos Generales del Estado.

Artículo 76.

1. El Congreso y el Senado, y, en su caso, ambas Cámaras conjuntamente, podrán nombrar Comisiones de investigación sobre cualquier asunto de interés público. Sus conclusiones no serán vinculantes para los Tribunales, ni afectarán a las resoluciones judiciales, sin perjuicio de que el resultado de la investigación sea comunicado al Ministerio Fiscal para el ejercicio, cuando proceda, de las acciones oportunas.

2. Será obligatorio comparecer a requerimiento de las Cámaras. La ley regulará las sanciones que puedan imponerse por incumplimiento de esta obligación.

Artículo 77.

1. Las Cámaras pueden recibir peticiones individuales y colectivas, siempre por escrito, quedando prohibida la presentación directa por manifestaciones ciudadanas.

2. Las Cámaras pueden remitir al Gobierno las peticiones que reciban. El Gobierno está obligado a explicarse sobre su contenido, siempre que las Cámaras lo exijan.

Artículo 78.

1. En cada Cámara habrá una Diputación Permanente compuesta por un mínimo de veintiún miembros, que representarán a los grupos parlamentarios, en proporción a su importancia numérica.

2. Las Diputaciones Permanentes estarán presididas por el Presidente de la Cámara respectiva y tendrán como funciones la prevista en el artículo 73, la de asumir las facultades que correspondan a las Cámaras, de acuerdo con los artículos 86 y 116, en caso de que éstas hubieren sido disueltas o hubiere expirado su mandato y la de velar por los poderes de las Cámaras, cuando éstas no estén reunidas.

3. Expirado el mandato o en caso de disolución, las Diputaciones Permanentes seguirán ejerciendo sus funciones hasta la constitución de las nuevas Cortes Generales.

4. Reunida la Cámara correspondiente, la Diputación Permanente dará cuenta de los asuntos tratados y de sus decisiones.

Artículo 79.

1. Para adoptar acuerdos, las Cámaras deben estar reunidas reglamentariamente y con asistencia de la mayoría de sus miembros.

2. Dichos acuerdos, para ser válidos, deberán ser aprobados por la mayoría de los miembros presentes, sin perjuicio de las mayorías especiales que establezcan la Constitución o las leyes orgánicas y las que para elección de personas establezcan los Reglamentos de las Cámaras.

3. El voto de Senadores y Diputados es personal e indelegable.

Artículo 80.

Las sesiones plenarias de las Cámaras serán públicas, salvo acuerdo en contrario de cada Cámara, adoptado por mayoría absoluta o con arreglo al Reglamento.

CAPÍTULO II

De elaboración de las leyes

Artículo 81.

1. Son leyes orgánicas las relativas al desarrollo de los derechos fundamentales y de las libertades públicas, las que aprueben los Estatutos de Autonomía y el régimen electoral general y las demás previstas en la Constitución.

2. La aprobación, modificación o derogación de las leyes orgánicas exigirá mayoría absoluta del Congreso, en una votación final sobre el conjunto del proyecto.

Artículo 82.

1. Las Cortes Generales podrán delegar en el Gobierno la potestad de dictar normas con rango de ley sobre materias determinadas no incluidas en el artículo anterior.

2. La delegación legislativa deberá otorgarse mediante una ley de bases cuando su objeto sea la formación de textos articulados o por una ley ordinaria cuando se trate de refundir varios textos legales en uno solo.

3. La delegación legislativa habrá de otorgarse al Gobierno de forma expresa para materia concreta y con fijación del plazo para su ejercicio. La delegación se agota por el uso que de ella haga el Gobierno mediante la publicación de la norma correspondiente. No podrá entenderse concedida de modo implícito o por tiempo indeterminado. Tampoco podrá permitir la subdelegación a autoridades distintas del propio Gobierno.

4. Las leyes de bases delimitarán con precisión el objeto y alcance de la delegación legislativa y los principios y criterios que han de seguirse en su ejercicio.

5. La autorización para refundir textos legales determinará el ámbito normativo a que se refiere el contenido de la delegación, especificando si se circunscribe a la mera formulación de un texto único o si se incluye la de regularizar, aclarar y armonizar los textos legales que han de ser refundidos.

6. Sin perjuicio de la competencia propia de los Tribunales, las leyes de delegación podrán establecer en cada caso fórmulas adicionales de control.

Artículo 83.

Las leyes de bases no podrán en ningún caso:

a) Autorizar la modificación de la propia ley de bases.

b) Facultar para dictar normas con carácter retroactivo.

Artículo 84.

Cuando una proposición de ley o una enmienda fuere contraria a una delegación legislativa en vigor, el Gobierno está facultado para oponerse a su tramitación. En tal supuesto, podrá presentarse una proposición de ley para la derogación total o parcial de la ley de delegación.

Artículo 85.

Las disposiciones del Gobierno que contengan legislación delegada recibirán el título de Decretos Legislativos.

Artículo 86.

1. En caso de extraordinaria y urgente necesidad, el Gobierno podrá dictar disposiciones legislativas provisionales que tomarán la forma de Decretos-leyes y que no podrán afectar al ordenamiento de las instituciones básicas del Estado, a los derechos, deberes y libertades de los ciudadanos regulados en el Título primero, al régimen de las Comunidades Autónomas, ni al Derecho electoral general.

⇒ La STC 68/2007, de 28 marzo (RTC 2007, 68), declara la inconstitucionalidad del RDley 5/2002, de 24 mayo, de Medidas Urgentes para la reforma del sistema de protección por desempleo y mejora de la ocupabilidad. En ella hay una síntesis de la doctrina sobre los presupuestos habilitantes de estas normas, a fin de controlar su «uso abusivo o arbitrario»: son precisos motivos serios, puestos en evidencia en el Preámbulo y debate parlamentario, pero también concordancia entre la situación de urgencia y las concretas medidas adoptadas para afrontarla.

2. Los Decretos-leyes deberán ser inmediatamente sometidos a debate y votación de totalidad al Congreso de los Diputados, convocado al efecto si no estuviere reunido, en el plazo de los treinta días siguientes a su promulgación. El Congreso habrá de pronunciarse expresamente dentro de dicho plazo sobre su convalidación o derogación, para lo cual el Reglamento establecerá un procedimiento especial y sumario.

3. Durante el plazo establecido en el apartado anterior, las Cortes podrán tramitarlos como proyectos de ley por el procedimiento de urgencia.

Artículo 87.

1. La iniciativa legislativa corresponde al Gobierno, al Congreso y al Senado, de acuerdo con la Constitución y los Reglamentos de las Cámaras.

2. Las Asambleas de las Comunidades Autónomas podrán solicitar del Gobierno la adopción de un proyecto de ley o remitir a la Mesa del Congreso una proposición de ley delegando ante dicha Cámara un máximo de tres miembros de la Asamblea encargados de su defensa.

3. Una ley orgánica regulará las formas de ejercicio y requisitos de la iniciativa popular para la presentación de proposiciones de ley. En todo caso se exigirán no menos de 500.000 firmas acreditadas. No procederá dicha iniciativa en materias propias de ley orgánica, tributarias o de carácter internacional, ni en lo relativo a la prerrogativa de gracia.

Artículo 88.

Los proyectos de ley serán aprobados en Consejo de Ministros, que lo someterá al Congreso, acompañados de una exposición de motivos y de los antecedentes necesarios para pronunciarse sobre ellos.

Artículo 89.

1. La tramitación de las proposiciones de ley se regulará por los Reglamentos de las Cámaras, sin que la prioridad debida a los proyectos de ley impida el ejercicio de la iniciativa legislativa en los términos regulados por el artículo 87.

2. Las proposiciones de ley que, de acuerdo con el artículo 87, tome en consideración el Senado, se remitirán al Congreso para su trámite en éste como tal proposición.

Artículo 90.

1. Aprobado un proyecto de ley ordinaria u orgánica por el Congreso de los Diputados, su Presidente dará inmediata cuenta del mismo al Presidente del Senado, el cual lo someterá a la deliberación de éste.

2. El Senado en el plazo de dos meses, a partir del día de la recepción del texto, puede, mediante mensaje motivado, oponer su veto o introducir enmiendas al mismo. El veto deberá ser aprobado por mayoría absoluta. El proyecto no podrá ser sometido al Rey para sanción sin que el Congreso ratifique por mayoría absoluta, en caso de veto, el texto inicial o por mayoría simple, una vez transcurridos dos meses desde la interposición del mismo o se pronuncie sobre las enmiendas, aceptándolas o no por mayoría simple.

3. El plazo de dos meses de que el Senado dispone para vetar o enmendar el proyecto se reducirá al de veinte días naturales en los proyectos declarados urgentes por el Gobierno o por el Congreso de los Diputados.

Artículo 91.

El Rey sancionará en el plazo de quince días las leyes aprobadas por las Cortes Generales, y las promulgará y ordenará su inmediata publicación.

Artículo 92.

1. Las decisiones políticas de especial trascendencia podrán ser sometidas a referéndum consultivo de todos los ciudadanos.

2. El referéndum será convocado por el Rey mediante propuesta del Presidente del Gobierno, previamente autorizada por el Congreso de los Diputados.

3. Una ley orgánica regulará las condiciones y el procedimiento de las distintas modalidades de referéndum previstas en esta Constitución.

CAPÍTULO III
De los Tratados Internacionales

Artículo 93.

Mediante ley orgánica se podrá autorizar la celebración de tratados por los que se atribuya a una organización o institución internacional el ejercicio de competencias derivadas de la Constitución. Corresponde a las Cortes Generales o al Gobierno, según los casos, la garantía del cumplimiento de estos tratados y de las resoluciones emanadas de los organismos internacionales o supranacionales titulares de la cesión.

Artículo 94.

1. La prestación del consentimiento del Estado para obligarse por medio de tratados o convenios requerirá la previa autorización de las Cortes Generales, en los siguientes casos:

a) Tratados de carácter político.

b) Tratados o convenios de carácter militar.

c) Tratados o convenios que afecten a la integridad territorial del Estado o a los derechos y deberes fundamentales establecidos en el Título I.

d) Tratados o convenios que impliquen obligaciones financieras para la Hacienda Pública.

e) Tratados o convenios que supongan modificación o derogación de alguna ley o exijan medidas legislativas para su ejecución.

2. El Congreso y el Senado serán inmediatamente informados de la conclusión de los restantes tratados o convenios.

Artículo 95.

1. La celebración de un tratado internacional que contenga estipulaciones contrarias a la Constitución exigirá la previa revisión constitucional.

2. El Gobierno o cualquiera de las Cámaras puede requerir al Tribunal Constitucional para que declare si existe o no esa contradicción.

Artículo 96.

1. Los tratados internacionales válidamente celebrados, una vez publicados oficialmente en España, formarán parte del ordenamiento interno. Sus disposiciones sólo podrán ser derogadas, modificadas o suspendidas en la forma prevista en los propios tratados o de acuerdo con las normas generales del Derecho internacional.

2. Para la denuncia de los tratados y convenios internacionales se utilizará el mismo procedimiento previsto para su aprobación en el artículo 94.

TÍTULO IV

DEL GOBIERNO Y DE LA ADMINISTRACIÓN

Artículo 97.

El Gobierno dirige la política interior y exterior, la Administración civil y militar y la defensa del Estado. Ejerce la función ejecutiva y la potestad reglamentaria de acuerdo con la Constitución y las leyes.

Artículo 98.

1. El Gobierno se compone del Presidente, de los Vicepresidentes, en su caso, de los Ministros y de los demás miembros que establezca la ley.

2. El Presidente dirige la acción del Gobierno y coordina las funciones de los demás miembros del mismo, sin perjuicio de la competencia y responsabilidad directa de éstos en su gestión.

3. Los miembros del Gobierno no podrán ejercer otras funciones representativas que las propias del mandato parlamentario, ni cualquier otra función pública que no derive de su cargo, ni actividad profesional o mercantil alguna.

4. La ley regulará el estatuto e incompatibilidades de los miembros del Gobierno.

⇒ V. la Ley 50/1997, de 27 noviembre, del Gobierno.

Artículo 99.

1. Después de cada renovación del Congreso de los Diputados, y en los demás supuestos constitucionales en que así proceda, el Rey, previa consulta con los representantes designados por los Grupos políticos con representación parlamentaria, y a través del Presidente del Congreso, propondrá un candidato a la Presidencia del Gobierno.

2. El candidato propuesto conforme a lo previsto en el apartado anterior expondrá ante el Congreso de los Diputados el programa político del Gobierno que pretenda formar y solicitará la confianza de la Cámara.

3. Si el Congreso de los Diputados, por el voto de la mayoría absoluta de sus miembros otorgare su confianza a dicho candidato, el Rey le nombrará Presidente. De no alcanzarse dicha mayoría, se someterá la misma propuesta a nueva votación cuarenta y ocho horas después de la anterior, y la confianza se entenderá otorgada si obtuviere la mayoría simple.

4. Si efectuadas las citadas votaciones no se otorgare la confianza para la investidura, se tramitarán sucesivas propuestas en la forma prevista en los apartados anteriores.

5. Si transcurrido el plazo de dos meses a partir de la primera votación de investidura, ningún candidato hubiere obtenido la confianza del Congreso, el Rey disolverá ambas Cámaras y convocará nuevas elecciones con el refrendo del Presidente del Congreso.

Artículo 100.

Los demás miembros del Gobierno serán nombrados y separados por el Rey, a propuesta de su Presidente.

Artículo 101.

1. El Gobierno cesa tras la celebración de elecciones generales, en los casos de pérdida de la confianza parlamentaria previstos en la Constitución, o por dimisión o fallecimiento de su Presidente.

2. El Gobierno cesante continuará en funciones hasta la toma de posesión del nuevo Gobierno.

Artículo 102.

1. La responsabilidad criminal del Presidente y los demás miembros del Gobierno será exigible, en su caso, ante la Sala de lo Penal del Tribunal Supremo.

2. Si la acusación fuere por traición o por cualquier delito contra la seguridad del Estado en el ejercicio de sus funciones, sólo podrá ser planteada por iniciativa de la cuarta parte de los miembros del Congreso, y con la aprobación de la mayoría absoluta del mismo.

3. La prerrogativa real de gracia no será aplicable a ninguno de los supuestos del presente artículo.

Artículo 103.

1. La Administración Pública sirve con objetividad los intereses generales y actúa de acuerdo

con los principios de eficacia, jerarquía, descentralización, desconcentración y coordinación con sometimiento pleno a la Ley y al Derecho.

⇒ V. la Ley 6/1997, de 14 abril, de Organización y Funcionamiento de la Administración General del Estado.
V. la Ley 52/1997, de 27 noviembre, de Asistencia Jurídica al Estado e Instituciones Públicas.

2. Los órganos de la Administración del Estado son creados, regidos y coordinados de acuerdo con la ley.

3. La ley regulará el estatuto de los funcionarios públicos, el acceso a la función pública de acuerdo con los principios de mérito y capacidad, las peculiaridades del ejercicio de su derecho a sindicación, el sistema de incompatibilidades y las garantías para la imparcialidad en el ejercicio de sus funciones.

Artículo 104.

1. Las Fuerzas y Cuerpos de Seguridad, bajo la dependencia del Gobierno, tendrán como misión proteger el libre ejercicio de los derechos y libertades y garantizar la seguridad ciudadana.

2. Una ley orgánica determinará las funciones, principios básicos de actuación y estatutos de las Fuerzas y Cuerpos de Seguridad.

Artículo 105.

La ley regulará:

a) La audiencia de los ciudadanos, directamente o a través de las organizaciones y asociaciones reconocidas por la ley, en el procedimiento de elaboración de las disposiciones administrativas que les afecten.

b) El acceso de los ciudadanos a los archivos y registros administrativos, salvo en lo que afecte a la seguridad y defensa del Estado, la averiguación de los delitos y la intimidad de las personas.

c) El procedimiento a través del cual deben producirse los actos administrativos, garantizando, cuando proceda, la audiencia del interesado.

Artículo 106.

1. Los Tribunales controlan la potestad reglamentaria y la legalidad de la actuación administrativa, así como el sometimiento de ésta a los fines que la justifican.

2. Los particulares, en los términos establecidos por la ley, tendrán derecho a ser indemnizados por toda lesión que sufran en cualquiera de sus bienes y derechos, salvo en los casos de fuerza mayor, siempre que la lesión sea consecuencia del funcionamiento de los servicios públicos.

Artículo 107.

El Consejo de Estado es el supremo órgano consultivo del Gobierno. Una ley orgánica regulará su composición y competencia.

TÍTULO V

DE LAS RELACIONES ENTRE EL GOBIERNO Y LAS CORTES GENERALES

Artículo 108.

El Gobierno responde solidariamente en su gestión política ante el Congreso de los Diputados.

Artículo 109.

Las Cámaras y sus Comisiones podrán recabar a través de los Presidentes de aquéllas, la información y ayuda que precisen del Gobierno y de sus Departamentos y de cualesquiera autoridades del Estado y de las Comunidades Autónomas.

Artículo 110.

1. Las Cámaras y sus Comisiones pueden reclamar la presencia de los miembros del Gobierno.

2. Los miembros del Gobierno tienen acceso a las sesiones de las Cámaras y a sus Comisiones y la facultad de hacerse oír en ellas y podrán solicitar que informen ante las mismas funcionarios de sus Departamentos.

Artículo 111.

1. El Gobierno y cada uno de sus miembros están sometidos a las interpelaciones y preguntas

que se le formulen en las Cámaras. Para esta clase de debate los Reglamentos establecerán un tiempo mínimo semanal.

2. Toda interpelación podrá dar lugar a una moción en la que la Cámara manifieste su posición.

Artículo 112.

El Presidente del Gobierno, previa deliberación del Consejo de Ministros puede plantear ante el Congreso de los Diputados la cuestión de confianza sobre su programa o sobre una declaración de política general. La confianza se entenderá otorgada cuando vote a favor de la misma la mayoría simple de los Diputados.

Artículo 113.

1. El Congreso de los Diputados puede exigir la responsabilidad política del Gobierno mediante la adopción por mayoría absoluta de la moción de censura.

2. La moción de censura deberá ser propuesta al menos por la décima parte de los Diputados, y habrá de incluir un candidato a la Presidencia del Gobierno.

3. La moción de censura no podrá ser votada hasta que transcurran cinco días desde su presentación. En los dos primeros días de dicho plazo podrán presentarse mociones alternativas.

4. Si la moción de censura no fuere aprobada por el Congreso, sus signatarios no podrán presentar otra durante el mismo período de sesiones.

Artículo 114.

1. Si el Congreso niega su confianza al Gobierno, éste presentará su dimisión al Rey, procediéndose a continuación a la designación del Presidente del Gobierno según lo dispuesto en el artículo 99.

2. Si el Congreso adopta una moción de censura, el Gobierno presentará su dimisión al Rey y el candidato incluido en aquélla se entenderá investido de la confianza de la Cámara a los efectos previstos en el artículo 99. El Rey le nombrará Presidente del Gobierno.

Artículo 115.

1. El Presidente del Gobierno previa deliberación del Consejo de Ministros, y bajo su exclusiva responsabilidad, podrá proponer la disolución del Congreso, del Senado o de las Cortes Generales, que será decretada por el Rey. El decreto de disolución fijará la fecha de las elecciones.

2. La propuesta de disolución no podrá presentarse cuando esté en trámite una moción de censura.

3. No procederá nueva disolución antes de que transcurra un año desde la anterior salvo lo dispuesto en el artículo 99 apartado 5.

Artículo 116.

1. Una ley orgánica regulará los estados de alarma, de excepción y de sitio y las competencias y limitaciones correspondientes.

2. El estado de alarma será declarado por el Gobierno mediante decreto acordado en Consejo de Ministros por un plazo máximo de quince días, dando cuenta al Congreso de los Diputados, reunido inmediatamente al efecto y sin cuya autorización no podrá ser prorrogado dicho plazo. El decreto determinará el ámbito territorial a que se extienden los efectos de la declaración.

3. El estado de excepción será declarado por el Gobierno mediante decreto acordado en Consejo de Ministros, previa autorización del Congreso de los Diputados. La autorización y proclamación del estado de excepción deberá determinar expresamente los efectos del mismo, el ámbito territorial a que se extiende y su duración, que no podrá exceder de treinta días, prorrogables por otro plazo igual, con los mismos requisitos.

4. El estado de sitio será declarado por la mayoría absoluta del Congreso de los Diputados, a propuesta exclusiva del Gobierno. El Congreso determinará su ámbito territorial, duración y condiciones.

5. No podrá procederse a la disolución del Congreso mientras estén declarados algunos de los estados comprendidos en el presente artículo, quedando automáticamente convocadas las Cámaras si no estuvieren en período de sesiones. Su funcionamiento, así como el de los demás poderes constitucionales del Estado, no podrán interrumpirse durante la vigencia de estos estados.

Disuelto el Congreso o expirado su mandato, si se produjere alguna de las situaciones que dan lugar a cualquiera de dichos estados, las competencias del Congreso serán asumidas por su Diputación Permanente.

6. La declaración de los estados de alarma, de excepción y de sitio no modificará el principio de responsabilidad del Gobierno y de sus agentes reconocidos en la Constitución y en las leyes.

TÍTULO VI

DEL PODER JUDICIAL

⇒ V. la LO 6/1985, de 1 julio, del Poder Judicial.

Artículo 117.

1. La justicia emana del pueblo y se administra en nombre del Rey por Jueces y Magistrados integrantes del poder judicial, independientes, inamovibles, responsables y sometidos únicamente al imperio de la ley.

2. Los Jueces y Magistrados no podrán ser separados, suspendidos, trasladados ni jubilados, sino por alguna de las causas y con las garantías previstas en la ley.

3. El ejercicio de la potestad jurisdiccional en todo tipo de procesos, juzgando y haciendo ejecutar lo juzgado, corresponde exclusivamente a los Juzgados y Tribunales determinados por las leyes, según las normas de competencia y procedimiento que las mismas establezcan.

4. Los Juzgados y Tribunales no ejercerán más funciones que las señaladas en el apartado anterior y las que expresamente les sean atribuidas por ley en garantía de cualquier derecho.

5. El principio de unidad jurisdiccional es la base de la organización y funcionamiento de los Tribunales. La ley regulará el ejercicio de la jurisdicción militar en el ámbito estrictamente castrense y en los supuestos de estado de sitio, de acuerdo con los principios de la Constitución.

6. Se prohíben los Tribunales de excepción.

Artículo 118.

Es obligado cumplir las sentencias y demás resoluciones firmes de los Jueces y Tribunales, así como prestar la colaboración requerida por éstos en el curso del proceso y en la ejecución de lo resuelto.

Artículo 119.

La justicia será gratuita cuando así lo disponga la ley y, en todo caso, respecto de quienes acrediten insuficiencia de recursos para litigar.

⇒ V. la Ley 1/1996, de 10 enero, de Asistencia Jurídica Gratuita.

Artículo 120.

1. Las actuaciones judiciales serán públicas, con las excepciones que prevean las leyes de procedimiento.

2. El procedimiento será predominantemente oral, sobre todo en materia criminal.

3. Las sentencias serán siempre motivadas y se pronunciarán en audiencia pública.

Artículo 121.

Los daños causados por error judicial, así como los que sean consecuencia del funcionamiento anormal de la Administración de Justicia, darán derecho a una indemnización a cargo del Estado, conforme a la ley.

⇒ V. arts. 292 y ss. LOPJ, así como las SSTC 179/1999, de 11 octubre (RTC 1999, 179) y 177/2000, de 26 junio 2000 (RTC 2000, 177).

Artículo 122.

1. La Ley Orgánica del Poder Judicial determinará la constitución, funcionamiento y gobierno de los Juzgados y Tribunales, así como el estatuto jurídico de los Jueces y Magistrados de carrera, que formarán un Cuerpo único, y del personal al servicio de la Administración de Justicia.

2. El Consejo General del Poder Judicial es el órgano de gobierno del mismo. La ley orgánica establecerá su estatuto y el régimen de incompatibilidades de sus miembros y sus funciones, en particular en materia de nombramientos, ascensos, inspección y régimen disciplinario.

3. El Consejo General del Poder Judicial estará integrado por el Presidente del Tribunal Supremo, que lo presidirá, y por veinte miembros nombrados por el Rey por un período de cinco años. De éstos, doce entre Jueces y Magistrados de todas las categorías judiciales, en los términos que establezca la ley orgánica; cuatro a propuesta del Congreso de los Diputados y cuatro a propuesta del Senado, elegidos en ambos casos por mayoría de tres quintos de sus miembros entre abogados y otros juristas, todos ellos de reconocida competencia y con más de quince años de ejercicio en su profesión.

Artículo 123.

1. El Tribunal Supremo, con jurisdicción en toda España, es el órgano jurisdiccional superior en todos los órdenes, salvo lo dispuesto en materia de garantías constitucionales.

2. El Presidente del Tribunal Supremo será nombrado por el Rey, a propuesta del Consejo General del Poder Judicial, en la forma que determine la ley.

Artículo 124.

1. El Ministerio Fiscal sin perjuicio de las funciones encomendadas a otros órganos, tiene por misión promover la acción de la justicia en defensa de la legalidad, de los derechos de los ciudadanos y del interés público tutelado por la ley, de oficio o a petición de los interesados, así como velar por la independencia de los Tribunales y procurar ante éstos la satisfacción del interés social.

2. El Ministerio Fiscal ejerce sus funciones por medio de órganos propios conforme a los principios de unidad de actuación y dependencia jerárquica y con sujeción, en todo caso, a los de legalidad e imparcialidad.

3. La ley regulará el estatuto orgánico del Ministerio Fiscal.

4. El Fiscal general del Estado será nombrado por el Rey, a propuesta del Gobierno, oído el Consejo General del Poder Judicial.

Artículo 125.

Los ciudadanos podrán ejercer la acción popular y participar en la Administración de Justicia mediante la institución del Jurado, en la forma y con respecto a aquellos procesos penales que la ley determine, así como en los Tribunales consuetudinarios y tradicionales.

Artículo 126.

La policía judicial depende de los Jueces, de los Tribunales y del Ministerio Fiscal en sus funciones de averiguación del delito y descubrimiento y aseguramiento del delincuente, en los términos que la ley establezca.

Artículo 127.

1. Los Jueces y Magistrados así como los Fiscales, mientras se hallen en activo, no podrán desempeñar otros cargos públicos, ni pertenecer a partidos políticos o sindicatos. La ley establecerá el sistema y modalidades de asociación profesional de los Jueces, Magistrados y Fiscales.

2. La ley establecerá el régimen de incompatibilidades de los miembros del poder judicial, que deberá asegurar la total independencia de los mismos.

TÍTULO VII
ECONOMÍA Y HACIENDA

Artículo 128.

1. Toda la riqueza del país en sus distintas formas y sea cual fuere su titularidad está subordinada al interés general.

2. Se reconoce la iniciativa pública en la actividad económica. Mediante ley se podrá reservar al sector público recursos o servicios esenciales, especialmente en caso de monopolio y asimismo acordar la intervención de empresas cuando así lo exigiere el interés general.

Artículo 129.

1. La ley establecerá las formas de participación de los interesados en la Seguridad Social y en la actividad de los organismos públicos cuya función afecte directamente a la calidad de la vida o al bienestar general.

2. Los poderes públicos promoverán eficazmente las diversas formas de participación en la empresa y fomentarán, mediante una legislación adecuada, las sociedades cooperativas. También establecerán los medios que faciliten el acceso de los trabajadores a la propiedad de los medios de producción.

⇒ V. la Ley 4/1997, de 24 marzo, de Sociedades Laborales, así como el RD 2114/1998, de 2 octubre, que regula su Registro Administrativo.

Sobre participación de los trabajadores en la empresa, cfr. arts. 61 y ss ET (§2); sobre el doble «canal» de representación, STC 95/1996, de 29 mayo (RTC 1996, 95).

Artículo 130.

1. Los poderes públicos atenderán a la modernización y desarrollo de todos los sectores económi-

cos y, en particular de la agricultura, de la ganadería, de la pesca y de la artesanía, a fin de equiparar el nivel de vida de todos los españoles.

2. Con el mismo fin se dispensará un tratamiento especial a las zonas de montaña.

Artículo 131.

1. El Estado, mediante ley, podrá planificar la actividad económica general para atender a las necesidades colectivas, equilibrar y armonizar el desarrollo regional y sectorial y estimular el crecimiento de la renta y de la riqueza y su más justa distribución.

2. El Gobierno elaborará los proyectos de planificación, de acuerdo con las previsiones que le sean suministradas por las Comunidades Autónomas y el asesoramiento y colaboración de los sindicatos y otras organizaciones profesionales, empresariales y económicas. A tal fin se constituirá un Consejo, cuya composición y funciones se desarrollarán por ley.

Artículo 132.

1. La ley regulará el régimen jurídico de los bienes de dominio público y de los comunales, inspirándose en los principios de inalienabilidad, imprescriptibilidad e inembargabilidad, así como su desafectación.

2. Son bienes de dominio público estatal los que determine la ley y, en todo caso, la zona marítimo-terrestre, las playas, el mar territorial y los recursos naturales de la zona económica y la plataforma continental.

3. Por ley se regularán el Patrimonio del Estado y el Patrimonio Nacional, su administración, defensa y conservación.

Artículo 133.

1. La potestad originaria para establecer los tributos corresponde exclusivamente al Estado, mediante ley.

2. Las Comunidades Autónomas y las Corporaciones locales podrán establecer y exigir tributos, de acuerdo con la Constitución y las leyes.

3. Todo beneficio fiscal que afecte a los tributos del Estado deberá establecerse en virtud de ley.

4. Las administraciones públicas sólo podrán contraer obligaciones financieras y realizar gastos de acuerdo con las leyes.

Artículo 134.

1. Corresponde al Gobierno la elaboración de los Presupuestos Generales del Estado y a las Cortes Generales su examen, enmienda y aprobación.

2. Los Presupuestos Generales del Estado tendrán carácter anual, incluirán la totalidad de los gastos e ingresos del sector público estatal y en ellos se consignará el importe de los beneficios fiscales que afecten a los tributos del Estado.

3. El Gobierno deberá presentar ante el Congreso de los Diputados los Presupuestos Generales del Estado al menos tres meses antes de la expiración de los del año anterior.

4. Si la Ley de Presupuestos no se aprobara antes del primer día del ejercicio económico correspondiente, se considerarán automáticamente prorrogados los Presupuestos del ejercicio anterior hasta la aprobación de los nuevos.

5. Aprobados los Presupuestos Generales del Estado, el Gobierno podrá presentar proyectos de ley que impliquen aumento del gasto público o disminución de los ingresos correspondientes al mismo ejercicio presupuestario.

6. Toda proposición o enmienda que suponga aumento de los créditos o disminución de los ingresos presupuestarios requerirá la conformidad del Gobierno para su tramitación.

7. La Ley de Presupuestos no puede crear tributos. Podrá modificarlos cuando una ley tributaria sustantiva así lo prevea.

Artículo 135.

1. El Gobierno habrá de estar autorizado por ley para emitir Deuda Pública o contraer crédito.

2. Los créditos para satisfacer el pago de intereses y capital de la Deuda Pública del Estado se entenderán siempre incluidos en el estado de gastos de los presupuestos y no podrán ser objeto de enmienda o modificación, mientras se ajusten a las condiciones de la ley de emisión.

Artículo 136.

1. El Tribunal de Cuentas es el supremo órgano fiscalizador de las cuentas y de la gestión económica de Estado, así como del sector público.

Dependerá directamente de las Cortes Generales y ejercerá sus funciones por delegación de ellas en el examen y comprobación de la Cuenta General del Estado.

2. Las cuentas del Estado y del sector público estatal se rendirán al Tribunal de Cuentas y serán censuradas por éste.

El Tribunal de Cuentas, sin perjuicio de su propia jurisdicción, remitirá a las Cortes Generales un informe anual en el que, cuando proceda, comunicará las infracciones o responsabilidades en que, a su juicio, se hubiere incurrido.

3. Los miembros del Tribunal de Cuentas gozarán de la misma independencia e inamovilidad y estarán sometidos a las mismas incompatibilidades que los Jueces.

4. Una ley orgánica regulará la composición, organización y funciones del Tribunal de Cuentas.

TÍTULO VIII
DE LA ORGANIZACIÓN TERRITORIAL DEL ESTADO

CAPÍTULO I
Principios generales

Artículo 137.

El Estado se organiza territorialmente en municipios, en provincias y en las Comunidades Autónomas que se constituyan. Todas estas entidades gozan de autonomía para la gestión de sus respectivos intereses.

Artículo 138.

1. El Estado garantiza la realización efectiva del principio de solidaridad consagrado en el artículo 2 de la Constitución velando por el establecimiento de un equilibrio económico, adecuado y justo entre las diversas partes del territorio español, y atendiendo en particular a las circunstancias del hecho insular.

2. Las diferencias entre los Estatutos de las distintas Comunidades Autónomas no podrán implicar, en ningún caso, privilegios económicos o sociales.

Artículo 139.

1. Todos los españoles tienen los mismos derechos y obligaciones en cualquier parte del territorio del Estado.

2. Ninguna autoridad podrá adoptar medidas que directa o indirectamente obstaculicen la libertad de circulación y establecimiento de las personas y la libre circulación de bienes en todo el territorio español.

CAPÍTULO II
De la administración local

Artículo 140.

La Constitución garantiza la autonomía de los municipios. Estos gozarán de personalidad jurídica plena. Su gobierno y administración corresponde a sus respectivos Ayuntamientos, integrados por los Alcaldes y los Concejales. Los Concejales serán elegidos por los vecinos del municipio mediante sufragio universal, igual, libre, directo y secreto en la forma establecida por la ley. Los Alcaldes serán elegidos por los Concejales o por los vecinos. La ley regulará las condiciones en las que proceda el régimen del concejo abierto.

Artículo 141.

1. La provincia es una entidad local con personalidad jurídica propia, determinada por la agrupación de municipios y división territorial para el cumplimiento de las actividades del Estado. Cualquier alteración de los límites provinciales habrá de ser aprobada por las Cortes Generales mediante ley orgánica.

2. El gobierno y la administración autónoma de las provincias estarán encomendados a Diputaciones u otras Corporaciones de carácter representativo.

3. Se podrán crear agrupaciones de municipios diferentes de la provincia.

4. En los archipiélagos, las islas tendrán además su administración propia en forma de Cabildos o Consejos.

Artículo 142.

Las Haciendas locales deberán disponer de los medios suficientes para el desempeño de las funciones que la ley atribuye a las Corporaciones respectivas y se nutrirán fundamentalmente de tributos propios y de participación en los del Estado y de las Comunidades Autónomas.

CAPÍTULO III
De las Comunidades Autónomas

Artículo 143.

1. En el ejercicio del derecho a la autonomía reconocido en el artículo 2 de la Constitución, las provincias limítrofes con características históricas, culturales y económicas comunes, los territorios insulares y las provincias con entidad regional histórica podrán acceder a su autogobierno y constituirse en Comunidades Autónomas con arreglo a lo previsto en este Título y en los respectivos Estatutos.

2. La iniciativa del proceso autonómico corresponde a todas las Diputaciones interesadas o al órgano interinsular correspondiente y a las dos terceras partes de los municipios cuya población represente, al menos, la mayoría del censo electoral de cada provincia o isla. Estos requisitos deberán ser cumplidos en el plazo de seis meses desde el primer acuerdo adoptado al respecto por alguna de las Corporaciones locales interesadas.

3. La iniciativa, en caso de no prosperar, solamente podrá reiterarse pasados cinco años.

Artículo 144.

Las Cortes Generales, mediante ley orgánica, podrán, por motivos de interés nacional:

a) Autorizar la constitución de una Comunidad Autónoma cuando su ámbito territorial no supere el de una provincia y no reúna las condiciones del apartado 1 del artículo 143.

b) Autorizar o acordar, en su caso, un Estatuto de Autonomía para territorios que no estén integrados en la organización provincial.

c) Sustituir la iniciativa de las Corporaciones locales a que se refiere el apartado 2 del artículo 143.

Artículo 145.

1. En ningún caso se admitirá la federación de Comunidades Autónomas.

2. Los Estatutos podrán prever los supuestos, requisitos y términos en que las Comunidades Autónomas podrán celebrar convenios entre sí para la gestión y prestación de servicios propios de las mismas, así como el carácter y efectos de la correspondiente comunicación a las Cortes Generales. En los demás supuestos, los acuerdos de cooperación entre las Comunidades Autónomas necesitarán la autorización de las Cortes Generales.

Artículo 146.

El proyecto de Estatuto será elaborado por una asamblea compuesta por los miembros de la Diputación u órgano interinsular de las provincias afectadas y por los Diputados y Senadores elegidos en ellas y será elevado a las Cortes Generales para su tramitación como ley.

Artículo 147.

1. Dentro de los términos de la presente Constitución, los Estatutos serán la norma institucional básica de cada Comunidad Autónoma y el Estado los reconocerá y amparará como parte integrante de su ordenamiento jurídico.

2. Los Estatutos de Autonomía deberán contener:

a) La denominación de la Comunidad que mejor corresponda a su identidad histórica.

b) La delimitación de su territorio.

c) La denominación, organización y sede de las instituciones autónomas propias.

d) Las competencias asumidas dentro del marco establecido en la Constitución y las bases para el traspaso de los servicios correspondientes a las mismas.

3. La reforma de los Estatutos se ajustará al procedimiento establecido en los mismos y requerirá, en todo caso, la aprobación por las Cortes Generales, mediante ley orgánica.

Artículo 148.

1. Las Comunidades Autónomas podrán asumir competencias en las siguientes materias:

1ª Organización de sus instituciones de autogobierno.

2ª Las alteraciones de los términos municipales comprendidos en su territorio y, en general, las funciones que correspondan a la Administración del Estado sobre las Corporaciones locales y cuya transferencia autorice la legislación sobre Régimen Local.

3ª Ordenación del territorio, urbanismo y vivienda.

4ª Las obras públicas de interés de la Comunidad Autónoma en su propio territorio.

5ª Los ferrocarriles y carreteras cuyo itinerario se desarrolle íntegramente en el territorio de la Comunidad Autónoma y, en los mismos términos, el transporte desarrollado por estos medios o por cable.

6ª Los puertos de refugio, los puertos y aeropuertos deportivos y, en general, los que no desarrollen actividades comerciales.

7ª La agricultura y ganadería, de acuerdo con la ordenación general de la economía.

8ª Los montes y aprovechamientos forestales.

9ª La gestión en materia de protección del medio ambiente.

10ª Los proyectos, construcción y explotación de los aprovechamientos hidráulicos, canales y regadíos de interés de la Comunidad Autónoma; las aguas minerales y termales.

11ª La pesca en aguas interiores, el marisqueo y la acuicultura, la caza y la pesca fluvial.

12ª Ferias interiores.

13ª El fomento del desarrollo económico de la Comunidad Autónoma dentro de los objetivos marcados por la política económica nacional.

14ª La artesanía.

15ª Museos, bibliotecas y conservatorios de música de interés para la Comunidad Autónoma.

16ª Patrimonio monumental de interés de la Comunidad Autónoma.

17ª El fomento de la cultura, de la investigación y, en su caso, de la enseñanza de la lengua de la Comunidad Autónoma.

18ª Promoción y ordenación del turismo en su ámbito territorial.

19ª Promoción del deporte y de la adecuada utilización del ocio.

20ª Asistencia social.

21ª Sanidad e higiene.

22ª La vigilancia y protección de sus edificios e instalaciones. La coordinación y demás facultades en relación con las policías locales en los términos que establezca una ley orgánica.

2. Transcurridos cinco años, y mediante la reforma de sus Estatutos, las Comunidades Autónomas podrán ampliar sucesivamente sus competencias dentro del marco establecido en el artículo 149.

Artículo 149.

1. El Estado tiene competencia exclusiva sobre las siguientes materias:

1ª La regulación de las condiciones básicas que garanticen la igualdad de todos los españoles en el ejercicio de los derechos y en el cumplimiento de los deberes constitucionales.

2ª Nacionalidad, inmigración, emigración, extranjería y derecho de asilo.

3ª Relaciones internacionales.

4ª Defensa y Fuerzas Armadas.

5ª Administración de Justicia.

6ª Legislación mercantil, penal y penitenciaria, legislación procesal, sin perjuicio de las necesarias especialidades que en este orden se deriven de las particularidades del derecho sustantivo de las Comunidades Autónomas.

⇒ El RD 160/1997, de 7 febrero, aprobó los Estatutos de la Comisión General de Codificación.

7ª Legislación laboral, sin perjuicio de su ejecución por los órganos de las Comunidades Autónomas.

⇒ Entre otras muchas, cfr. las SSTC 18/1982, de 4 mayo (RTC 1982, 18); 35/1982, de 14 junio (RTC 1982, 35); 39/1982, de 30 junio (RTC 1982, 39); 7/1985, de 25 enero (RTC 1985, 7); 17/1986, de 4 febrero (RTC 1986, 17); 249/1988, de 20 diciembre (RTC 1988, 249); 86/1991, de 25 abril (RTC 1991, 86) y 360/1993, de 3 diciembre (RTC 1993, 360).

Sobre competencias en materia de formación profesional ocupacional SSTC 95/2002, de 25 abril (RTC 2002, 95) y 190/2002, de 17 octubre (RCT 2002, 190) y 230/2003, de 18 diciembre (RTC 2003, 230).

8ª Legislación civil; sin perjuicio de la conservación, modificación y desarrollo por las Comunidades Autónomas de los derechos civiles, forales o especiales, allí donde existan. En todo caso, las reglas relativas a la aplicación y eficacia de las normas jurídicas, relaciones jurídico-civiles relativas a las formas de matrimonio, ordenación de los registros e instrumentos públicos, bases de las obligaciones contractuales, normas para resolver los conflictos de leyes y determinación de las fuentes del Derecho, con respeto, en este último caso, a las normas de derecho foral o especial.

9ª Legislación sobre propiedad intelectual e industrial.

10ª Régimen aduanero y arancelario; comercio exterior.

11ª Sistema monetario: divisas, cambio y convertibilidad; bases de la ordenación de crédito, banca y seguros.

12ª Legislación sobre pesas y medidas, determinación de la hora oficial.

13ª Bases y coordinación de la planificación general de la actividad económica.

14ª Hacienda general y Deuda del Estado.

15ª Fomento y coordinación general de la investigación científica y técnica.

16ª Sanidad exterior. Bases y coordinación general de la sanidad. Legislación sobre productos farmacéuticos.

17ª Legislación básica y régimen económico de la Seguridad Social, sin perjuicio de la ejecución de sus servicios por las Comunidades Autónomas.

⇒ La STC 239/2002, de 11 diciembre (RTC 2002, 239) *(subida pensiones no contributivas por la Junta de Andalucía)* compendia la doctrina constitucional sobre la delimitación competencial entre este título y la asistencia social.

V. también la STC 195/1996, de 28 noviembre (RTC 1996, 195).

18ª Las bases del régimen jurídico de las Administraciones públicas y del régimen estatutario de sus funcionarios que, en todo caso garantizarán a los administrados un tratamiento común ante ellas, el procedimiento administrativo común, sin perjuicio de las especialidades derivadas de la organización propia de las Comunidades Autónomas; legislación sobre expropiación forzosa; legislación básica sobre contratos y concesiones administrativas y el sistema de responsabilidad de todas las Administraciones públicas.

19ª Pesca marítima, sin perjuicio de las competencias que en la ordenación del sector se atribuyan a las Comunidades Autónomas.

20ª Marina mercante y abanderamiento de buques, iluminación de costas y señales marítimas; puertos de interés general; aeropuertos de interés general; control del espacio aéreo, tránsito y transporte aéreo, servicio meteorológico y matriculación de aeronaves.

21ª Ferrocarriles y transportes terrestres que transcurran por el territorio de más de una Comunidad Autónoma, régimen general de comunicaciones; tráfico y circulación de vehículos a motor; correos y telecomunicaciones; cables aéreos, submarinos y radiocomunicación.

22ª La legislación, ordenación y concesión de recursos y aprovechamientos hidráulicos cuando las aguas discurran por más de una Comunidad Autónoma, y la autorización de las instalaciones eléctricas cuando su aprovechamiento afecte a otra Comunidad o el transporte de energía salga de su ámbito territorial.

23ª Legislación básica sobre protección del medio ambiente, sin perjuicio de las facultades de las Comunidades Autónomas de establecer normas adicionales de protección. La legislación básica sobre montes, aprovechamientos forestales y vías pecuarias.

24ª Obras públicas de interés general o cuya realización afecte a más de una Comunidad Autónoma.

25ª Bases del régimen minero y energético.

26ª Régimen de producción, comercio, tenencia y uso de armas y explosivos.

27ª Normas básicas del régimen de prensa, radio y televisión y, en general, de todos los medios de comunicación social sin perjuicio de las facultades que en su desarrollo y ejecución correspondan a las Comunidades Autónomas.

28ª Defensa del patrimonio cultural, artístico y monumental español contra la exportación y la expoliación; museos, bibliotecas y archivos de titularidad estatal, sin perjuicio de su gestión por parte de las Comunidades Autónomas.

29ª Seguridad pública, sin perjuicio de la posibilidad de creación de policías por las Comunidades Autónomas en la forma que se establezca en los respectivos Estatutos en el marco de lo que disponga una ley orgánica.

30ª Regulación de las condiciones de obtención, expedición y homologación de títulos académicos y profesionales y normas básicas para el desarrollo del artículo 27 de la Constitución, a fin de garantizar el cumplimiento de las obligaciones de los poderes públicos en esta materia.

31ª Estadística para fines estatales.

32ª Autorización para la convocatoria de consultas populares por vía de referéndum.

2. Sin perjuicio de las competencias que podrán asumir las Comunidades Autónomas, el Estado considerará el servicio de la cultura como deber y atribución esencial y facilitará la comunicación cultural entre las Comunidades Autónomas, de acuerdo con ellas.

3. Las materias no atribuidas expresamente al Estado por esta Constitución podrán corresponder a las Comunidades Autónomas en virtud de sus respectivos Estatutos. La competencia sobre las materias que no se hayan asumido por los Estatutos de Autonomía corresponderá al Estado, cuyas normas prevalecerán, en caso de conflicto, sobre las de las Comunidades Autónomas en todo lo que no esté atribuido a la exclusiva competencia de éstas. El derecho estatal será, en todo caso supletorio del derecho de las Comunidades Autónomas.

Artículo 150.

1. Las Cortes Generales, en materias de competencia estatal, podrán atribuir a todas o a alguna de las Comunidades Autónomas la facultad de dictar, para sí mismas, normas legislativas en el marco de los principios, bases y directrices fijados por una ley estatal. Sin perjuicio de la competencia de los Tribunales, en cada ley marco se establecerá la modalidad del control de las Cortes Generales sobre estas normas legislativas de las Comunidades Autónomas.

2. El Estado podrá transferir o delegar en las Comunidades Autónomas, mediante ley orgánica, facultades correspondientes a materia de titularidad estatal que por su propia naturaleza sean susceptibles de transferencia o delegación. La ley preverá en cada caso la correspondiente transferencia de medios financieros, así como las formas de control que se reserve el Estado.

3. El Estado podrá dictar leyes que establezcan los principios necesarios para armonizar las disposiciones normativas de las Comunidades Autónomas, aun en el caso de materias atribuidas a la competencia de éstas cuando así lo exija el interés general. Corresponde a las Cortes Generales, por mayoría absoluta de cada Cámara, la apreciación de esta necesidad.

Artículo 151.

1. No será preciso dejar transcurrir el plazo de cinco años, a que se refiere el apartado 2 del artículo 148, cuando la iniciativa del proceso autonómico sea acordada dentro del plazo del artículo 143.2, además de por las Diputaciones o los órganos interinsulares correspondientes, por las tres cuartas partes de los municipios de cada una de las provincias afectadas que representen, al menos, la mayoría del censo electoral de cada una de ellas y dicha iniciativa sea ratificada mediante referéndum por el voto afirmativo de la mayoría absoluta de los electores de cada provincia en los términos que establezca una ley orgánica.

2. En el supuesto previsto en el apartado anterior, el procedimiento para la elaboración del Estatuto será el siguiente:

1º El Gobierno convocará a todos los Diputados y Senadores elegidos en las circunscripciones comprendidas en el ámbito territorial que pretenda acceder al autogobierno, para que se constituyan en Asamblea, a los solos efectos de elaborar el correspondiente proyecto de Estatuto de Autonomía, mediante el acuerdo de la mayoría absoluta de sus miembros.

2º Aprobado el proyecto de Estatuto por la Asamblea de Parlamentarios, se remitirá a la Comisión Constitucional del Congreso, la cual, dentro del plazo de dos meses, lo examinará con el concurso y asistencia de una delegación de la Asamblea proponente para determinar de común acuerdo su formulación definitiva.

3º Si se alcanzare dicho acuerdo, el texto resultante será sometido a referéndum del cuerpo electoral de las provincias comprendidas en el ámbito territorial del proyectado Estatuto.

4º Si el proyecto de Estatuto es aprobado en cada provincia por la mayoría de los votos válidamente emitidos, será elevado a las Cortes Generales. Los Plenos de ambas Cámaras decidirán sobre el texto mediante un voto de ratificación. Aprobado el Estatuto el Rey lo sancionará y lo promulgará como ley.

5º De no alcanzarse el acuerdo a que se refiere el apartado 2 de este número, el proyecto de Estatuto será tramitado como proyecto de ley ante las Cortes Generales. El texto aprobado por éstas será sometido a referéndum del cuerpo electoral de las provincias comprendidas en el ámbito territorial del proyectado Estatuto. En caso de ser aprobado por la mayoría de los votos válidamente emitidos en cada provincia, procederá su promulgación en los términos del párrafo anterior.

3. En los casos de los párrafos 4 y 5 del apartado anterior, la no aprobación del proyecto de Estatuto por una o varias provincias no impedirá la constitución entre las restantes de la Comunidad Autónoma proyectada, en la forma que establezca la ley orgánica prevista en el apartado 1 de este artículo.

Artículo 152.

1. En los Estatutos aprobados por el procedimiento a que se refiere el artículo anterior, la organización institucional autonómica se basará en una Asamblea Legislativa, elegida por sufragio universal, con arreglo a un sistema de representación proporcional que asegure, además, la representación de las diversas zonas del territorio; un Consejo de Gobierno con funciones ejecutivas y administrativas y un Presidente, elegido por la Asamblea, de entre sus miembros, y nombrado por el Rey, al que corresponde la dirección del Consejo de Gobierno, la suprema representación de la respectiva Comunidad y la ordinaria del Estado en aquélla. El Presidente y los miembros del Consejo de Gobierno serán políticamente responsables ante la Asamblea.

Un Tribunal Superior de Justicia, sin perjuicio de la jurisdicción que corresponde al Tribunal Supremo culminará la organización judicial en el ámbito territorial de la Comunidad Autónoma. En los Estatutos de las Comunidades Autónomas podrán establecerse los supuestos y las formas de participación de aquéllas en la organización de las demarcaciones judiciales del territorio. Todo ello de conformidad con lo previsto en la Ley Orgánica del Poder Judicial y dentro de la unidad e independencia de éste.

Sin perjuicio de lo dispuesto en el artículo 123, las sucesivas instancias procesales, en su caso, se agotarán ante órganos judiciales radicados en el mismo territorio de la Comunidad Autónoma en que esté el órgano competente en primera instancia.

2. Una vez sancionados y promulgados los respectivos Estatutos, solamente podrán ser modificados mediante los procedimientos en ellos establecidos y con referéndum entre los electores inscritos en los censos correspondientes.

3. Mediante la agrupación de municipios limítrofes, los Estatutos podrán establecer circunscripciones territoriales propias, que gozarán de plena personalidad jurídica.

Artículo 153.

El control de la actividad de los órganos de las Comunidades Autónomas se ejercerá:

a) Por el Tribunal Constitucional, el relativo a la constitucionalidad de sus disposiciones normativas con fuerza de ley.

b) Por el Gobierno, previo dictamen del Consejo de Estado, el del ejercicio de funciones delegadas a que se refiere el apartado 2 del artículo 150.

c) Por la jurisdicción contencioso-administrativa, el de la administración autónoma y sus normas reglamentarias.

d) Por el Tribunal de Cuentas, el económico y presupuestario.

Artículo 154.

Un Delegado nombrado por el Gobierno dirigirá la Administración del Estado en el territorio de la Comunidad Autónoma y la coordinará, cuando proceda, con la administración propia de la Comunidad.

Artículo 155.

1. Si una Comunidad Autónoma no cumpliere las obligaciones que la Constitución u otras leyes le impongan, o actuare de forma que atente gravemente al interés general de España, el Gobierno, previo requerimiento al Presidente de la Comunidad Autónoma y, en el caso de no ser atendido, con la aprobación por mayoría absoluta del Senado, podrá adoptar las medidas necesarias para obligar a

aquélla al cumplimiento forzoso de dichas obligaciones o para la protección del mencionado interés general.

2. Para la ejecución de las medidas previstas en el apartado anterior, el Gobierno podrá dar instrucciones a todas las autoridades de las Comunidades Autónomas.

Artículo 156.

1. Las Comunidades Autónomas gozarán de autonomía financiera para el desarrollo y ejecución de sus competencias con arreglo a los principios de coordinación con la Hacienda estatal y de solidaridad entre todos los españoles.

2. Las Comunidades Autónomas podrán actuar como delegados o colaboradores del Estado para la recaudación, la gestión y la liquidación de los recursos tributarios de aquél, de acuerdo con las Leyes y los Estatutos.

Artículo 157.

1. Los recursos de las Comunidades Autónomas estarán constituidos por:

a) Impuestos cedidos total o parcialmente por el Estado, recargos sobre impuestos estatales y otras participaciones en los ingresos del Estado.

b) Sus propios impuestos, tasas y contribuciones especiales.

c) Transferencias de un Fondo de Compensación Inter-territorial y otras asignaciones con cargo a los Presupuestos Generales del Estado.

d) Rendimientos procedentes de su patrimonio e ingresos de derecho privado.

e) El producto de las operaciones de crédito.

2. Las Comunidades Autónomas no podrán en ningún caso adoptar medidas tributarias sobre bienes situados fuera de su territorio o que supongan obstáculo para la libre circulación de mercancías o servicios.

3. Mediante ley orgánica podrá regularse el ejercicio de las competencias financieras enumeradas en el precedente apartado 1, las normas para resolver los conflictos que pudieran surgir y las posibles formas de colaboración financiera entre las Comunidades Autónomas y el Estado.

Artículo 158.

1. En los Presupuestos Generales del Estado podrá establecerse una asignación a las Comunidades Autónomas en función del volumen de los servicios y actividades estatales que hayan asumido y de la garantía de un nivel mínimo en la prestación de los servicios públicos fundamentales en todo el territorio español.

2. Con el fin de corregir desequilibrios económicos interterritoriales y hacer efectivo el principio de solidaridad, se constituirá un Fondo de Compensación con destino a gastos de inversión, cuyos recursos serán distribuidos por las Cortes Generales entre las Comunidades Autónomas y provincias, en su caso.

TÍTULO IX

DEL TRIBUNAL CONSTITUCIONAL

⇒ V. la LO 2/1979, de 3 octubre, del Tribunal Constitucional, reformada por LL OO 8/1984, de 26 diciembre; 4/1985, de 7 junio; 6/1988, de 9 junio; 7/1999, de 21 abril; 1/2000, de 7 enero y 6/2007, de 24 mayo.

Artículo 159.

1. El Tribunal Constitucional se compone de 12 miembros nombrados por el Rey; de ellos, cuatro a propuesta del Congreso por mayoría de tres quintos de sus miembros, cuatro a propuesta del Senado, con idéntica mayoría; dos a propuesta del Gobierno, y dos a propuesta del Consejo General del Poder Judicial.

2. Los miembros del Tribunal Constitucional deberán ser nombrados entre Magistrados y Fiscales, Profesores de Universidad, funcionarios públicos y Abogados, todos ellos juristas de reconocida competencia con más de quince años de ejercicio profesional.

3. Los miembros del Tribunal Constitucional serán designados por un período de nueve años y se renovarán por terceras partes cada tres.

4. La condición de miembro del Tribunal Constitucional es incompatible: con todo mandato representativo; con los cargos políticos o administrativos; con el desempeño de funciones directivas

en un partido político o en un sindicato y con el empleo al servicio de los mismos; con el ejercicio de las carreras judicial y fiscal, y con cualquier actividad profesional o mercantil.

En lo demás, los miembros del Tribunal Constitucional tendrán las incompatibilidades propias de los miembros del poder judicial.

5. Los miembros del Tribunal Constitucional serán independientes e inamovibles en el ejercicio de su mandato.

Artículo 160.

El Presidente del Tribunal Constitucional será nombrado entre sus miembros por el Rey, a propuesta del mismo Tribunal en pleno y por un período de tres años.

Artículo 161.

1. El Tribunal Constitucional tiene jurisdicción en todo el territorio español y es competente para conocer:

a) Del recurso de inconstitucionalidad contra leyes y disposiciones normativas con fuerza de ley. La declaración de inconstitucionalidad de una norma jurídica con rango de ley, interpretada por la jurisprudencia, afectará a ésta, si bien la sentencia o sentencias recaídas no perderán el valor de cosa juzgada.

b) Del recurso de amparo por violación de los derechos y libertades referidos en el artículo 53.2, de esta Constitución, en los casos y formas que la ley establezca.

c) De los conflictos de competencia entre el Estado y las Comunidades Autónomas o de los de éstas entre sí.

d) De las demás materias que le atribuyan la Constitución o las leyes orgánicas.

2. El Gobierno podrá impugnar ante el Tribunal Constitucional las disposiciones y resoluciones adoptadas por los órganos de las Comunidades Autónomas. La impugnación producirá la suspensión de la disposición o resolución recurrida, pero el Tribunal, en su caso, deberá ratificarla o levantarla en un plazo no superior a cinco meses.

Artículo 162.

1. Están legitimados:

a) Para interponer el recurso de inconstitucionalidad, el Presidente del Gobierno, el Defensor del Pueblo, 50 Diputados, 50 Senadores, los órganos colegiados ejecutivos de las Comunidades Autónomas y, en su caso, las Asambleas de las mismas.

b) Para interponer el recurso de amparo, toda persona natural o jurídica que invoque un interés legítimo, así como el Defensor del Pueblo y el Ministerio Fiscal.

2. En los demás casos, la ley orgánica determinará las personas y órganos legitimados.

Artículo 163.

Cuando un órgano judicial considere, en algún proceso, que una norma con rango de ley, aplicable al caso, de cuya validez dependa el fallo, pueda ser contraria a la Constitución, planteará la cuestión ante el Tribunal Constitucional en los supuestos, en la forma y con los efectos que establezca la ley, que en ningún caso serán suspensivos.

Artículo 164.

1. Las sentencias del Tribunal Constitucional se publicarán en el «Boletín Oficial del Estado» con los votos particulares, si los hubiere. Tienen el valor de cosa juzgada a partir del día siguiente de su publicación y no cabe recurso alguno contra ellas. Las que declaren la inconstitucionalidad de una ley o de una norma con fuerza de ley y todas las que no se limiten a la estimación subjetiva de un derecho, tienen plenos efectos frente a todos.

2. Salvo que en el fallo se disponga otra cosa, subsistirá la vigencia de la ley en la parte no afectada por la inconstitucionalidad.

Artículo 165.

Una ley orgánica regulará el funcionamiento del Tribunal Constitucional, el estatuto de sus miembros, el procedimiento ante el mismo y las condiciones para el ejercicio de las acciones.

TÍTULO X
DE LA REFORMA CONSTITUCIONAL

Artículo 166.

La iniciativa de reforma constitucional se ejercerá en los términos previstos en los apartados 1 y 2 del artículo 87.

Artículo 167.

1. Los proyectos de reforma constitucional deberán ser aprobados por una mayoría de tres quintos de cada una de las Cámaras. Si no hubiera acuerdo entre ambas, se intentará obtenerlo mediante la creación de una Comisión de composición paritaria de Diputados y Senadores, que presentará un texto que será votado por el Congreso y el Senado.

2. De no lograrse la aprobación mediante el procedimiento del apartado anterior, y siempre que el texto hubiere obtenido el voto favorable de la mayoría absoluta del Senado, el Congreso, por mayoría de dos tercios, podrá aprobar la reforma.

3. Aprobada la reforma por las Cortes Generales, será sometida a referéndum para su ratificación cuando así lo soliciten, dentro de los quince días siguientes a su aprobación, una décima parte de los miembros de cualquiera de las Cámaras.

Artículo 168.

1. Cuando se propusiere la revisión total de la Constitución o una parcial que afecte al Título preliminar, al Capítulo segundo, Sección primera del Título I, o al Título II, se procederá a la aprobación del principio por mayoría de dos tercios de cada Cámara, y a la disolución inmediata de las Cortes.

2. Las Cámaras elegidas deberán ratificar la decisión y proceder al estudio del nuevo texto constitucional, que deberá ser aprobado por mayoría de dos tercios de ambas Cámaras.

3. Aprobada la reforma por las Cortes Generales, será sometida a referéndum para su ratificación.

Artículo 169.

No podrá iniciarse la reforma constitucional en tiempo de guerra o de vigencia de alguno de los estados previstos en el artículo 116.

DISPOSICIONES ADICIONALES

Primera.

La Constitución ampara y respeta los derechos históricos de los territorios forales.

La actualización general de dicho régimen foral se llevará a cabo, en su caso, en el marco de la Constitución y de los Estatutos de Autonomía.

Segunda.

La declaración de mayoría de edad contenida en el artículo 12 de esta Constitución no perjudica las situaciones amparadas por los derechos forales en el ámbito del Derecho privado.

Tercera.

La modificación del régimen económico y fiscal del archipiélago canario requerirá informe previo de la Comunidad Autónoma o, en su caso, del órgano provisional autonómico.

Cuarta.

En las Comunidades Autónomas donde tengan su sede más de una Audiencia Territorial, los Estatutos de Autonomía respectivos podrán mantener las existentes, distribuyendo las competencias entre ellas, siempre de conformidad con lo previsto en la Ley Orgánica del Poder Judicial y dentro de la unidad e independencia de éste.

DISPOSICIONES TRANSITORIAS

Primera.

En los territorios dotados de un régimen provisional de autonomía, sus órganos colegiados superiores, mediante acuerdo adoptado por la mayoría absoluta de sus miembros, podrán sustituir la iniciativa que el apartado 2 del artículo 143 atribuye a las Diputaciones Provinciales o a los órganos interinsulares correspondientes.

Segunda.

Los territorios que en el pasado hubiesen plebiscitado afirmativamente proyectos del Estatuto de Autonomía y cuenten, al tiempo de promulgarse esta Constitución, con regímenes provisionales de autonomía podrán proceder inmediatamente en la forma que se prevé en el apartado 2 del artículo 148, cuando así lo acordaren, por mayoría absoluta, sus órganos preautonómicos colegiados superiores, comunicándolo al Gobierno. El proyecto de Estatuto será elaborado de acuerdo con lo establecido en el artículo 151, número 2, a convocatoria del órgano colegiado preautonómico.

Tercera.

La iniciativa del proceso autonómico por parte de las Corporaciones locales o de sus miembros, prevista en el apartado 2 del artículo 143, se entiende diferida, con todos sus efectos, hasta la celebración de las primeras elecciones locales una vez vigente la Constitución.

Cuarta.

1. En el caso de Navarra, y a efectos de su incorporación al Consejo General Vasco o al régimen autonómico vasco que le sustituya, en lugar de lo que establece el artículo 143 de la Constitución, la iniciativa corresponde al Organo Foral competente, el cual adoptará su decisión por mayoría de los miembros que lo componen. Para la validez de dicha iniciativa será preciso, además, que la decisión del Organo Foral competente sea ratificada por referéndum expresamente convocado al efecto, y aprobado por mayoría de los votos válidos emitidos.

2. Si la iniciativa no prosperase, solamente se podrá reproducir la misma en distinto período del mandato del Organo Foral competente, y en todo caso, cuando haya transcurrido el plazo mínimo que establece el artículo 143.

Quinta.

Las ciudades de Ceuta y Melilla podrán constituirse en Comunidades Autónomas si así lo deciden sus respectivos Ayuntamientos, mediante acuerdo adoptado por la mayoría absoluta de sus miembros y así lo autorizan las Cortes Generales, mediante una ley orgánica, en los términos previstos en el artículo 144.

Sexta.

Cuando se remitieran a la Comisión Constitucional del Congreso varios proyectos de estatuto, se dictaminarán por el orden de entrada en aquélla, y el plazo de dos meses a que se refiere el artículo 151 empezará a contar desde que la Comisión termine el estudio del proyecto o proyectos de que sucesivamente haya conocido.

Séptima.

Los organismos provisionales autonómicos se consideran disueltos en los siguientes casos:

a) Una vez constituidos los órganos que establezcan los Estatutos de Autonomía aprobados conforme a esta Constitución.

b) En el supuesto de que la iniciativa del proceso autonómico no llegara a prosperar por no cumplir los requisitos previstos en el artículo 143.

c) Si el organismo no hubiera ejercido el derecho que le reconoce la disposición transitoria primera en el plazo de tres años.

Octava.

1. Las Cámaras que han aprobado la presente Constitución asumirán, tras la entrada en vigor de la misma, las funciones y competencias que en ella se señalan, respectivamente, para el Congreso y el Senado, sin que en ningún caso su mandato se extienda más allá del 15 de junio de 1981.

2. A los efectos de lo establecido en el artículo 99, la promulgación de la Constitución se considerará como supuesto constitucional en el que procede su aplicación. A tal efecto a partir de la citada promulgación se abrirá un período de treinta días para la aplicación de lo dispuesto en dicho artículo.

Durante este período, el actual Presidente del Gobierno, que asumirá las funciones y competencias que para dicho cargo establece la Constitución, podrá optar por utilizar la facultad que le reconoce el artículo 115 o dar paso, mediante la dimisión, a la aplicación de lo establecido en el artículo 99, quedando en este último caso en la situación prevista en el apartado 2 del artículo 101.

3. En caso de disolución, de acuerdo con lo previsto en el artículo 115, y si no se hubiera desarrollado legalmente lo previsto en los artículos 68 y 69, serán de aplicación en las elecciones las normas vigentes con anterioridad, con las solas excepciones de que en lo referente a inelegibilidades e incompatibilidades se aplicará directamente lo previsto en el inciso segundo de la letra b) del apartado

1 del artículo 70 de la Constitución, así como lo dispuesto en la misma respecto a la edad para el voto y lo establecido en el artículo 69.3.

Novena.

A los tres años de la elección por vez primera de los miembros del Tribunal Constitucional se procederá por sorteo para la designación de un grupo de cuatro miembros de la misma procedencia electiva que haya de cesar y renovarse. A estos solos efectos se entenderán agrupados como miembros de la misma procedencia a los dos designados a propuesta del Gobierno y a los dos que proceden de la formulada por el Consejo General del Poder Judicial. Del mismo modo se procederá transcurridos otros tres años entre los dos grupos no afectados por el sorteo anterior. A partir de entonces se estará a lo establecido en el número 3 del artículo 159.

DISPOSICIÓN DEROGATORIA

1. Queda derogada la Ley 1/1977, de 4 de enero, para la Reforma Política, así como, en tanto en cuanto no estuvieran ya derogadas por la anteriormente mencionada Ley, la de Principios del Movimiento Nacional, de 17 de mayo de 1958, el Fuero de los Españoles, de 17 de julio de 1945, el del Trabajo, de 9 de marzo de 1938, la Ley Constitutiva de las Cortes, de 17 de julio de 1942, la Ley de Sucesión en la Jefatura del Estado, de 26 de julio de 1947, todas ellas modificadas por la Ley Orgánica del Estado, de 10 de enero de 1967, y en los mismos términos esta última y la de Referéndum Nacional de 22 de octubre de 1945.

2. En tanto en cuanto pudiera conservar alguna vigencia, se considera definitivamente derogada la Ley de 25 de octubre de 1839 en lo que pudiera afectar a las provincias de Álava, Guipúzcoa y Vizcaya.

En los mismos términos se considera definitivamente derogada la Ley de 21 de julio de 1876.

3. Asimismo quedan derogadas cuantas disposiciones se opongan a lo establecido en esta Constitución.

DISPOSICIÓN FINAL

Esta Constitución entrará en vigor el mismo día de la publicación de su texto oficial en el «Boletín Oficial del Estado». Se publicará también en las demás lenguas de España.

Por tanto,

Mando a todos los españoles, particulares y autoridades, que guarden y hagan guardar esta Constitución como norma fundamental del Estado.

II

ESTATUTO DE LOS TRABAJADORES Y NORMAS SOBRE CONTRATACIÓN LABORAL

A) Estatuto de los Trabajadores

§ 2 REAL DECRETO LEGISLATIVO 1/1995, DE 24 MARZO. APRUEBA EL TEXTO REFUNDIDO DE LA LEY DEL ESTATUTO DE LOS TRABAJADORES

(BOE núm. 75, de 29 marzo [RCL 1995, 997])

⇒ Véase el tenor del artículo 35.2 CE, cuyo mandato viene a cumplir la presente norma.

La disposición final séptima de la Ley 42/1994, de 30 de diciembre, de medidas fiscales, administrativas, y de orden social, autoriza al Gobierno para elaborar, en el plazo de tres meses desde la entrada en vigor de la Ley, un texto refundido de la Ley 8/1980, de 10 de marzo, del Estatuto de los Trabajadores, incorporando las modificaciones introducidas por la misma así como las efectuadas por las disposiciones legales que enumera.

⇒ El texto de la referida disposición estableció lo siguiente:

«1. Se autoriza al Gobierno para que, en el plazo de tres meses desde la entrada en vigor de la presente Ley, elabore un texto refundido de la Ley 8/1980, de 10 marzo, del Estatuto de los Trabajadores, incorporando, además de las modificaciones introducidas por la presente Ley, las efectuadas por las siguientes disposiciones legales:

a) Ley 4/1983, de 29 junio, de fijación de la jornada máxima legal en cuarenta horas, y de las vacaciones anuales en treinta días.

b) Ley 32/1984, de 2 agosto, sobre modificación de determinados artículos de la Ley 8/1980, de 10 de marzo, del Estatuto de los Trabajadores.

c) Ley 3/1989, de 3 marzo, por la que se amplía a dieciséis semanas el permiso por maternidad y se establecen medidas para favorecer la igualdad de trato de la mujer en el trabajo.

d) Ley 8/1992, de 30 abril, de modificación del régimen de permisos concedidos por las Leyes 8/1980, del Estatuto de los Trabajadores, y 30/1984, de medidas para la reforma de la Función Pública, a los adoptantes de un menor de cinco años.

e) Ley 36/1992, de 28 diciembre, sobre modificación del Estatuto de los Trabajadores en materia de indemnización en los supuestos de extinción contractual por jubilación del empresario.

f) Ley 11/1994, de 19 mayo, por la que se modifican determinados artículos del Estatuto de los Trabajadores, del texto articulado de la Ley de Procedimiento Laboral y de la Ley sobre Infracciones y Sanciones en el Orden Social.

2. El texto refundido a que se refiere el número anterior incorporará además, dándoles la ubicación que les corresponda, los cambios derivados de las siguientes disposiciones:

a) Ley 13/1982, de 7 abril, de Integración Social de los Minusválidos (artículo 41.1), por lo que se refiere a la relación laboral especial de los trabajadores minusválidos que presten sus servicios en centros especiales de empleo.

b) Ley 8/1988, de 7 abril, sobre Infracciones y Sanciones en el Orden Social, disposición final primera, por lo que se refiere a las infracciones en materia laboral de los artículos 6, 7 y 8.

c) Ley 4/1990, de 29 junio, de Presupuestos Generales del Estado para el año 1990 (disposición adicional segunda).

d) Ley 2/1991, de 7 enero, sobre derechos de información de los representantes de los trabajadores en materia de contratación.

e) Ley 10/1994, de 19 mayo, sobre medidas urgentes de fomento de la ocupación.

3. Asimismo se procederá a las actualizaciones que resulten procedentes como consecuencia de los cambios producidos en la organización de la Administración General del Estado desde la promulgación de la Ley 8/1980, de 10 marzo».

Asimismo, la disposición final de la Ley 4/1995, de 23 de marzo, de regulación del permiso parental y por maternidad, ordena incluir en el texto refundido las modificaciones por ella producidas en el Estatuto de los Trabajadores.

⇒ El ap. 2 de la citada disp. final única, estableció lo siguiente:

«Las modificaciones introducidas por esta Ley en la Ley 8/1980, de 10 de marzo, del Estatuto de los Trabajadores, deberán ser incorporadas, en su caso al texto refundido de dicha norma a que se refiere la disposición final séptima de la Ley 42/1994, de 30 de diciembre».

En su virtud, a propuesta del Ministro de Trabajo y Seguridad Social, previo dictamen del Consejo Económico y Social e informe del Consejo General del Poder Judicial, de acuerdo con el Consejo de Estado y previa deliberación del Consejo de Ministros en su reunión del día 24 de marzo de 1995, dispongo:

Artículo único. Se aprueba el texto refundido de la Ley del Estatuto de los Trabajadores que se inserta a continuación.

⇒ En el texto que sigue se incorporan los cambios introducidos por las siguientes normas:

1) Ley 31/1995, de 8 noviembre, de Prevención de Riesgos Laborales (§23).
2) Ley 13/1996, de 30 diciembre, de Medidas Fiscales, Administrativas y del Orden Social.
3) RDley 8/1997, de 16 mayo, de medidas urgentes para la mejora del mercado de trabajo y el fomento de la contratación indefinida.
4) Ley 60/1997, de 19 diciembre, de modificación del Estatuto de los Trabajadores en materia de cobertura del Fondo de Garantía Salarial.
5) Ley 63/1997, de 26 diciembre, de Medidas Urgentes para la mejora del mercado de trabajo y fomento de la contratación indefinida.
6) RDley 15/1998, de 27 noviembre, de Medidas urgentes para la mejora del Mercado de Trabajo en relación con el trabajo a tiempo parcial y el fomento de su estabilidad (§8.1).
7) Ley 50/1998, de 30 diciembre, de Medidas Fiscales, Administrativas y de Orden Social.
8) Ley 24/1999, de 6 julio, por la que se modifica el art. 92.2 del Texto Refundido de la Ley del Estatuto de los Trabajadores, aprobado por RDLeg 1/1995, de 24 marzo, referido a la expresión de convenios colectivos.
9) Ley 39/1999, de 5 noviembre, para promover la conciliación de la vida familiar y laboral de las personas trabajadoras.
10) Ley 55/1999, de 29 diciembre, de medidas fiscales, administrativas y del orden social.
11) RDLeg 5/2000, de 4 agosto, por el que se aprueba el Texto Refundido de la Ley sobre Infracciones y Sanciones en el Orden Social (§40.1).
12) Ley 14/2000, de 29 diciembre, de Medidas Fiscales, Administrativas y del Orden Social.
13) RDley 5/2001, de 2 de marzo, de Medidas urgentes para el incremento del Empleo y la mejora de su calidad.
14) Ley 12/2001, de 9 julio, de Medidas Urgentes de Reforma del Mercado de Trabajo para el incremento del empleo y la mejora de su calidad (§9).
15) RDley 16/2001, de 27 diciembre, de medidas para el establecimiento de un sistema de jubilación gradual y flexible.
16) RDley 5/2002, de 24 mayo, de medidas urgentes para la reforma del sistema de protección para desempleo y mejora de la ocupabilidad (§36.2).
17) Ley 33/2002, de 5 enero, de modificación del art. 28.
18) Ley 35/2002, de 12 julio, de medidas para el establecimiento de un sistema de jubilación gradual y flexible.
19) Ley 45/2002, de 12 diciembre, de medidas urgentes para la reforma del sistema de protección por desempleo y mejora de la ocupabilidad (§36.2).
20) Ley 22/2003, de 9 julio, Concursal.
21) Ley 40/2003, de 18 noviembre, de protección a las Familias Numerosas.
22) Ley 51/2003, de 2 diciembre, sobre igualdad de oportunidades, no discriminación y accesibilidad universal de las personas con discapacidad.
23) Ley 62/2003, de 30 diciembre, de medidas fiscales, administrativas y de orden social.
24) Ley Orgánica 1/2004, de 28 diciembre, de Medidas de Protección Integral contra la violencia de género.
25) Ley 14/2005, de 1 julio, sobre las Cláusulas de los convenios colectivos de trabajo referidas al cumplimiento de la edad de jubilación.
26) RDley 5/2006, de 9 junio, para la mejora del crecimiento y del empleo.
27) LO 3/2007, de 22 marzo, para la igualdad efectiva de mujeres y hombres.

DISPOSICIÓN FINAL

Única.

El presente Real Decreto Legislativo y el texto refundido que aprueba entrarán en vigor el día 1 de mayo de 1995.

ANEXO

Texto refundido de la Ley del Estatuto de los Trabajadores

ÍNDICE SISTEMÁTICO

TÍTULO I
DE LA RELACIÓN INDIVIDUAL DE TRABAJO

CAPÍTULO I
Disposiciones generales

Sección 1ª Ámbito y fuentes

Artículo 1. Ámbito de aplicación.

1. La presente Ley será de aplicación a los trabajadores que voluntariamente presten sus servicios retribuidos por cuenta ajena y dentro del ámbito de organización y dirección de otra persona, física o jurídica, denominada empleador o empresario.

⇒ Cfr. con lo dispuesto en arts. 1583 y ss. del CC sobre arrendamiento de servicios; también con arts. 28 y ss. de la Ley 49/2003, de 25 noviembre, de Arrendamientos Rústicos, en materia de aparcerías.
V. arts. 6.1 y 15.1 de la Ley 14/1994, de 1 junio, sobre Empresas de Trabajo Temporal (§3.1).
El artículo 6 bis de la Ley 13/1994, de autonomía del Banco de España, añadido mediante Ley 62/2003, de 30 diciembre, establece que «el personal del Banco de España está vinculado al mismo por una relación de Derecho laboral».
Sobre posible extensión de normas y construcciones laborales a los trabajadores autónomos, véase la disp. final primera del propio ET y sus notas.

2. A los efectos de esta Ley, serán empresarios todas las personas, físicas o jurídicas, o comunida-

des de bienes que reciban la prestación de servicios de las personas referidas en el apartado anterior, así como de las personas contratadas para ser cedidas a empresas usuarias por empresas de trabajo temporal legalmente constituidas.

⇒ V. Ley 14/1994, de 1 junio (§3.1) y RD 4/1995, de 13 enero (§3.2), regulando las Empresas de Trabajo Temporal.
Cfr. con art. 99.3 de la LGSS/1994 (§32.1).
Sobre el concepto de comunidad de bienes, v. arts. 392 y ss. del CC.
Sobre grupos de empresas, v. la Ley 10/1997, de 24 abril (§21.2), especialmente los arts. 3 y 4.
Conforme al art. 3.1 a) de la TRLCAP (Texto Refundido aprobado por RDLeg 2/2000, de 16 junio), fuera de su ámbito aplicativo queda «la relación de servicio de los funcionarios públicos y los contratos regulados en la legislación laboral».

3. Se excluyen del ámbito regulado por la presente ley:

⇒ Sobre requisitos para que pueda considerarse legítima esta exclusión, cf. STC 170/1988, de 29 septiembre (RTC 1988, 170) y las en ella citadas.

a) La relación de servicio de los funcionarios públicos, que se regulará por el Estatuto de la Función Pública, así como la del personal al servicio del Estado, las Corporaciones locales y las Entidades públicas autónomas, cuando, al amparo de una Ley, dicha relación se regule por normas administrativas o estatutarias.

⇒ V. art. 103.3 CE (§1), desarrollado por D. 315/1964, aprobando texto articulado de la Ley de Funcionarios Civiles del Estado; asimismo, Ley 30/1984, de 2 agosto, de Medidas para la Reforma de la Función Pública, modificada por Leyes 23/1988, de 28 julio y 42/1994, de 30 diciembre. Asimismo cfr. Ley 7/1985, de 2 abril, de Bases de Régimen Local.
Sobre la posibilidad de canalizar trabajos mediante contratos administrativos, cfr. disp. adic. 4ª de la Ley 30/1984, de Medidas para la Reforma de la Función Pública.
El art. 3.1 a) de la Ley de Contratos de las Administraciones Públicas (Texto Refundido aprobado por RDLeg 2/2000, de 16 junio, excluye de su ámbito aplicativo «los contratos regulados en la legislación laboral». En sus arts. 196 a 201 se regulan los contratos de consultoría y asistencia (para informes, investigación, asesoramiento, redacción de proyectos, etc.) o de servicios (de carácter técnico, industrial, comercial, de mantenimiento, realización de encuestas, etc.). Mediante RD 1098/2001, se aprobó el Reglamento General de la Ley de Contratos de las Administraciones Públicas.
Para un supuesto confuso véase la disp. transit. 8ª de la Ley 3/1993, de 22 marzo, Básica de las Cámaras Oficiales de Comercio, Industria y Navegación.
V. la Ley 55/2003, de 16 diciembre, del Estatuto Marco del personal estatutario de los servicios de salud, que establece las bases reguladoras de esta «relación funcionarial especial» (art. 1º).

b) Las prestaciones personales obligatorias.

⇒ V. arts. 30 y 31.3 CE, desarrollados en art. 4 de la Ley 2/1985, de 21 enero, sobre Protección Civil y arts. 391 y ss. del Texto Refundido de Régimen Local, aprobado por DLeg 781/1986, de 18 abril. Asimismo arts. 128 y 129 del RDLeg 2/2004, de 5 marzo, texto refundido de la Ley de Haciendas Locales.
V. también lo dicho en nota a los arts. 37.3 d) y 45.1 e) de la presente Ley.
El art. 27 de la LO 5/1985, de 19 junio, de Régimen General de las Elecciones, establece que «los cargos de Presidente y Vocal de las Mesas Electorales son obligatorios».
El RD 690/1996, de 26 abril, regula «las circunstancias de ejecución de las penas de trabajo en beneficio de la comunidad y arresto de fin de semana».
Sobre el aseguramiento frente a enfermedades profesionales o accidentes de trabajo con ocasión de estas prestaciones, v. D. 2765/1976, de 12 noviembre.

c) La actividad que se limite, pura y simplemente, al mero desempeño del cargo de consejero o miembro de los órganos de administración en las empresas que revistan la forma jurídica de sociedad y siempre que su actividad en la empresa sólo comporte la realización de cometidos inherentes a tal cargo.

⇒ V. art. 76.4 de esta Ley, así como su disp. adic. tercera.
Cfr. con art. 2.1 a) del propio Estatuto y RD 1382/1985, de 1 agosto (§16.1).

d) Los trabajos realizados a título de amistad, benevolencia o buena vecindad.

⇒ V. STC 63/1994, de 28 febrero (RTC 1994, 63), sobre el vínculo (no laboral) que discurre entre Comunidad religiosa y una de sus componentes.
La Ley 6/1996, de 15 enero, del Voluntariado, regula el «conjunto de actividades de interés general, desarrolladas por personas físicas, siempre que las mismas no se realicen en virtud de una relación laboral, funcionarial, mercantil o cualquier otra retribuida» (art. 3) y que cumplan una serie de requisitos en ella enumerados.
V. también el art. 98 a) de la LGSS/1994 (§32.1).
No se confunda el supuesto con el de los cooperantes, cuyo Estatuto fue aprobado mediante RD 519/2006, de 28 abril.

e) Los trabajos familiares, salvo que se demuestre la condición de asalariados de quienes los llevan a cabo. Se considerarán familiares, a estos efectos, siempre que convivan con el empresario, el cónyuge, los descendientes, ascendientes y demás parientes por consanguinidad o afinidad, hasta el segundo grado inclusive y, en su caso, por adopción.

⇒ El cómputo del parentesco en arts. 915 y ss. del CC.
Previsiones normativas al respecto en art. 7.2 de la LGSS/1994 (§32.1).
Doctrina constitucional, entre otras, en SSTC 109/1988, de 2 junio (RTC 1988, 109); 2/1992, de 13 enero (RTC 1992, 2) y 59/1992, de 23 abril (RTC 1992, 59).

f) La actividad de las personas que intervengan en operaciones mercantiles por cuenta de uno o más empresarios, siempre que queden personalmente obligados a responder del buen fin de la operación, asumiendo el riesgo y ventura de la misma.

⇒ Cfr. art. 2.1 f) de la presente Ley, así como el art. 1.2 del RD 1438/1985, de 1 agosto (§16.7) y sus notas.
Cfr. también el art. 1º de la Ley 12/1992, de 27 mayo, sobre Contrato de Agencia.

g) En general, todo trabajo que se efectúe en desarrollo de relación distinta de la que define el apartado 1 de este artículo.

⇒ V. la disp. final 1ª de la presente norma.
Conforme al art. 80.1 de la Ley 27/1999, de 16 julio, de Cooperativas, en la de trabajo asociado, «la relación de los socios trabajadores con la cooperativa es societaria».
El RD 1326/2003, de 24 octubre, aprueba el Estatuto del becario de investigación que «no será de aplicación a las relaciones laborales existentes entre las entidades y centros de investigación que concedan las becas y los trabajadores que presten servicios en ellos» (art. 1.3).
Sobre el trabajo en régimen de Voluntariado, véase la nota al anterior apartado d) respecto de la Ley 6/1996, de 15 enero, secundada por numerosas réplicas autonómicas.

A tales efectos se entenderá excluida del ámbito laboral la actividad de las personas prestadoras del servicio de transporte al amparo de autorizaciones administrativas de las que sean titulares, realizada, mediante el correspondiente precio, con vehículos comerciales de servicio público cuya propiedad o poder directo de disposición ostenten, aun cuando dichos servicios se realicen de forma continuada para un mismo cargador o comercializador.

⇒ V. la Ley 16/1987, de 30 de julio, sobre Ordenación de Transportes Terrestres, así como su Reglamento, aprobado por RD 1211/1990, de 28 septiembre, especialmente su art. 41, que, entre otros supuestos, exime de la preceptiva autorización administrativa a los transportes con vehículos de hasta 2 toneladas métricas de peso máximo autorizado.
La STC 227/1998, de 26 noviembre (RTC 1998, 227), desestima dos cuestiones de inconstitucionalidad contra este precepto.
V. también SSTC 5 y 9/1999, de 8 febrero (RTC 1999, 5 y 9); 47/1999, de 22 marzo (RTC 1999, 47) y 203/1999, de 8 noviembre (RTC 1999, 203), así como las en ellas citadas.

4. La legislación laboral española será de aplicación al trabajo que presten los trabajadores españoles contratados en España, al servicio de empresas españolas en el extranjero, sin perjuicio de las normas de orden público aplicables en el lugar de trabajo. Dichos trabajadores tendrán, al menos, los derechos económicos que les corresponderían de trabajar en territorio español.

⇒ Cfr. arts. 8.1 y 10.6 del CC, reproducidos en nota al Convenio sobre la Ley aplicable a las Obligaciones Contractuales, así como el artículo 6º del mismo (§43.2).
V. art. 3 del RD 1659/1998 (§5.1).
Téngase en cuenta el contenido de la Ley 45/1999, de 29 noviembre (§15.3), sobre desplazamiento de trabajadores en el marco de una prestación de servicios transnacional.

5. A efectos de esta Ley se considera centro de trabajo la unidad productiva con organización específica, que sea dada de alta, como tal, ante la autoridad laboral.

En la actividad de trabajo en el mar se considerará como centro de trabajo el buque, entendiéndose situado en la provincia donde radique su puerto de base.

⇒ El art. 6 del RDley 1/1986, de 14 marzo, suprime la autorización previa a la apertura del centro de trabajo y exige una comunicación previa, cuyos requisitos aparecen regulados en la O. 6 mayo 1988 modificada por la O. 29 abril 1999. Sobre la constitucionalidad del citado Real Decreto-ley v. STC 23/1993, de 21 enero (RTC 1993, 23).
En materia de Seguridad Social, cfr. el art. 99 de la LGSS/1994 (§32.1).
V. art. 4.1 de la Ley 42/1997, de 14 noviembre, Ordenadora de la Inspección de Trabajo (§38.2).
La referencia a la Autoridad Laboral puede entenderse realizada:
a) A la central del Ministerio de Trabajo y Asuntos Sociales, cuya estructura orgánica básica se encuentra regulada en el RD 839/1996, de 10 mayo y desarrollada en el RD 1600/2004, de 2 julio (§38.1).
Las OO. 21 mayo y 25 junio 1996 disponen la delegación del ejercicio de competencias en tal Ministerio.
b) A la periférica de dicho Ministerio. Respecto de las Direcciones Provinciales de Trabajo véanse RR DD 3316/1981, de 29 diciembre y 2124/1993, de 3 diciembre, mediante RD 2725/1998, de 18 diciembre se llevó a cabo la integración de las Direcciones Provinciales en las Delegaciones de Gobierno.
c) A la autonómica. A través de múltiples Reales Decretos se ha ido transfiriendo un cúmulo de competencias a las diversas Comunidades Autónomas las cuales, a su vez, han organizado diversamente su Administración Laboral.

Artículo 2. Relaciones laborales de carácter especial.

⇒ La STC 49/1983, de 1 junio (RTC 1983, 49), advirtió que la configuración como especial no significa sólo diferencia frente al contrato de trabajo común, sino también frente a los demás especiales.

1. Se considerarán relaciones laborales de carácter especial:

a) La del personal de alta dirección no incluido en el artículo 1.3 c).

⇒ V. el RD 1382/1985 (§16.1) así como las SSTC 49/1983, de 1 junio (RTC 1983, 49); 79/1983, de 5 octubre (RTC 1983, 79); 103/1990, de 4 junio (RTC 1990, 103) y 20/1994, de 27 enero (RTC 1994, 20).

b) La del servicio del hogar familiar.

⇒ V. el RD 1424/1985 (§16.2), así como las SSTC 26/1984, de 24 febrero (RTC 1984, 26); 12/1988, de 3 febrero (RTC 1988, 12); 268/1993, de 20 septiembre (RTC 1993, 268) y 377/1993, de 20 diciembre (RTC 1993, 377).

c) La de los penados en las instituciones penitenciarias.

⇒ V. la LO 1/1979 (§16.3) y el RD 782/2001, de 6 julio (§16.4), así como, entre otras, las SSTC 172/1989, de 19 octubre (RTC 1989, 172) y 17/1993, de 18 enero (RTC 1993, 17).

d) La de los deportistas profesionales.

⇒ V. el RD 1006/1985 (§16.5), así como la STC 6/1995, de 10 enero (RTC 1995, 6).

e) La de los artistas en espectáculos públicos.

⇒ V. el RD 1435/1985 (§16.6).

f) La de las personas que intervengan en operaciones mercantiles por cuenta de uno o más empresarios sin asumir el riesgo y ventura de aquéllas.

⇒ V. el RD 1438/1985 (§16.7) y cfr. con art. 1.3 f) de la presente Ley.

g) La de los trabajadores minusválidos que presten sus servicios en los centros especiales de empleo.

⇒ Supuesto procedente del art. 41 de la Ley 13/1982, de 7 abril, de Integración Social de los Minusválidos y desarrollado por el RD 1368/1985 (§16.8).

h) La de los estibadores portuarios que presten servicios a través de sociedades estatales o de los sujetos que desempeñen las mismas funciones que éstas en los puertos gestionados por las Comunidades Autónomas.

⇒ Supuesto procedente de la disp. adic. 1ª de la Ley 32/1984, de 2 agosto y regulado en RDley 2/1986 (§16.9), modificado por diversas normas allí anotadas, así como por el RD 371/1987, de 13 marzo (§16.10).
Véanse las notas introductorias al Título I del RDLey 2/1986 (§16.9), en particular la que advierte que las referencias a las sociedades estatales de estiba y desestiba se entenderán hechas a las agrupaciones portuarias de interés económico contempladas en la Ley 48/2003.

i) Cualquier otro trabajo que sea expresamente declarado como relación laboral de carácter especial por una Ley.

⇒ El artículo 39 de la Ley 53/2002 crea la «relación laboral de carácter especial de los menores internados» (§16.4 bis).
Asimismo, la Ley 37/1988, de 28 diciembre, de Presupuestos Generales del Estado para 1989, en su disp. adic. 21ª establece que el «Gobierno regulará el régimen jurídico de la relación laboral de carácter especial de los jóvenes que colaboren en el trabajo para su inserción profesional considerándose la misma incluida entre las previstas en el art. 2, núm. 1, de la Ley 8/1980, del Estatuto de los Trabajadores». En la actualidad, v. art. 11 de la presente Ley sobre contratos formativos.
La originaria disp. final 7ª del propio ET estableció que «el Gobierno, en el plazo de tres meses y a propuesta de los Ministerios de Defensa y Trabajo, regulará la prestación de trabajo del personal civil no funcionario dependiente de Establecimientos militares, de modo que se incorporen a su texto cuantas normas y disposiciones de la presente Ley sean compatibles con la debida salvaguarda de los intereses de la defensa nacional». A su amparo se dictó el RD 2205/1980, de 13 junio, cumplimentado por O. 6 marzo 1985 respecto de la formalización de los contratos. V. también el RD 144/1981, de 23 enero, respecto del personal español destinado en las Bases de utilización conjunta con los Estados Unidos de América, respecto del que también debe tenerse en cuenta el Anejo núm. 8 del Convenio entre ambos países, de 1 diciembre 1988.
Aunque no se califique como relación laboral especial, v. la Ley 23/1992, de 30 julio, de Seguridad Privada, sobre el trabajo de guardas y vigilantes de seguridad.
La Ley 44/2003, de 21 noviembre, de ordenación de las Profesiones Sanitarias contempla en su Disposición adicional primera la «Relación laboral especial de residencia» (§16.11), regulada por el RD 1146/2006, de 6 octubre (§16.12).
Por su lado, el RD 370/2004, de 5 marzo, aprueba el Estatuto del personal de la Sociedad Estatal «Correos y Telégrafos, S. A.», que «será de aplicación a todo el personal funcionario que preste servicios en la Sociedad Estatal Correos y Telégrafos (en adelante, Sociedad Estatal). También se aplicará al personal laboral en lo que específicamente se refiera a éste» (art. 1º).
Por su lado, mediante Ley 22/2005, de 18 noviembre, se creó la relación laboral especial de Abogacía en despachos individuales o colectivos (§16.13), desarrollada por RD 1331/2006, de 17 noviembre, que regula la relación laboral de carácter especial de los abogados que prestan servicios en despachos de abogados, individuales o colectivos (§16.14).

2. En todos los supuestos señalados en el apartado anterior la regulación de dichas relaciones laborales respetará los derechos básicos reconocidos por la Constitución.

⇒ La originaria disp. adic. 2ª del ET (1980) se limitó a decir lo siguiente: «el Gobierno, en el plazo de dieciocho meses, regulará el régimen jurídico de las relaciones laborales de carácter especial enumeradas en el art. 2 de esta Ley».
Sobre la técnica seguida para la regulación de las relaciones laborales especiales, cf. la STC 26/1984, de 24 febrero (RTC 1984, 26).
Acerca de la situación transitoria, en tanto el Gobierno no cumplimentó el encargo legislativo de regular estas relaciones especiales, STC 79/1983, de 5 octubre (RTC 1983, 79).
Sobre el salario mínimo aplicable en estas relaciones, v. el art. 1.2 a) del RDley 3/2004 (§12.2).

Artículo 3. Fuentes de la relación laboral.

1. Los derechos y obligaciones concernientes a la relación laboral se regulan:

⇒ Cfr. arts. 9 de la CE (§1) y 1 del CC.

a) Por las disposiciones legales y reglamentarias del Estado.

⇒ V. arts. 81 y ss. y 149.1.7ª de la CE (§1), así como ap. 2 de este artículo.

b) Por los convenios colectivos.

⇒ V. art. 37.1 CE (§1) y Tít. III de esta Ley.

La sujeción del convenio a las normas de rango superior puede verse, entre otras, en SSTC 58/1985, de 30 abril (RTC 1985, 58), 92/1994, de 21 marzo (RTC 1994, 92) y 225/2001, de 26 noviembre (RTC 2001, 225).

c) Por la voluntad de las partes, manifestada en el contrato de trabajo, siendo su objeto lícito y sin que en ningún caso puedan establecerse en perjuicio del trabajador condiciones menos favorables o contrarias a las disposiciones legales y convenios colectivos antes expresados.

⇒ V. arts. 9 y 41 de esta Ley, así como las SSTC 105/1992, de 1 julio (RTC 1992, 105) y 208/1993, de 28 junio (RTC 1993, 208).

En STC 238/2005, de 26 septiembre (RTC 2005, 238), puede verse un resumen de la doctrina constitucional sobre los *pactos individuales en masa*, tenidos por contrarios al derecho a la libertad sindical (negociación colectiva) aunque sean libremente aceptados por cada trabajador; en el supuesto se variaba el horario contemplado el convenio a cambio de diversos beneficios económicos y de tiempo de trabajo.

La Ley 7/1998, de 13 abril, sobre condiciones generales de la contratación, dispone lo siguiente:

«Artículo 1. Ámbito objetivo.

1. Son condiciones generales de la contratación las cláusulas predispuestas cuya incorporación al contrato sea impuesta por una de las partes con independencia de la autoría material de las mismas, de su apariencia externa, de su extensión y de cualesquiera otras circunstancias, habiendo sido redactadas con la finalidad de ser incorporadas a una pluralidad de contratos.

2. El hecho de que ciertos elementos de una cláusula o que una o varias cláusulas aisladas se hayan negociado individualmente no excluirá la aplicación de esta Ley al resto del contrato si la apreciación global lleva a la conclusión de que se trata de un contrato de adhesión.

[...]

Artículo 4. Contratos excluidos.

La presente Ley no se aplicará a los contratos administrativos, a los contratos de trabajo, a los de constitución de sociedades, a los que regulan relaciones familiares y a los contratos sucesorios.

Tampoco será de aplicación esta Ley a las condiciones generales que reflejen las disposiciones o los principios de los Convenios internacionales en que el Reino de España sea parte, ni las que vengan reguladas específicamente por una disposición legal o administrativa de carácter general y que sean de aplicación obligatoria para los contratantes».

d) Por los usos y costumbres locales y profesionales.

⇒ Cfr. el ap. 4 de este mismo artículo.

2. Las disposiciones legales y reglamentarias se aplicarán con sujeción estricta al principio de jerarquía normativa. Las disposiciones reglamentarias desarrollarán los preceptos que establecen las normas de rango superior, pero no podrán establecer condiciones de trabajo distintas a las establecidas por las leyes a desarrollar.

⇒ V. art. 9.3 de la CE (§1).

3. Los conflictos originados entre los preceptos de dos o más normas laborales, tanto estatales como pactadas, que deberán respetar en todo caso los mínimos de derecho necesario, se resolverán mediante la aplicación de lo más favorable para el trabajador apreciado en su conjunto, y en cómputo anual, respecto de los conceptos cuantificables.

⇒ Cfr. arts. 83.2 y 84 del presente Estatuto.

4. Los usos y costumbres sólo se aplicarán en defecto de disposiciones legales, convencionales o contractuales, a no ser que cuenten con una recepción o remisión expresa.

⇒ Cfr., entre otros, los arts. 20.2; 29.1 y 54.2 e) de la presente Ley.

5. Los trabajadores no podrán disponer válidamente, antes o después de su adquisición, de los derechos que tengan reconocidos por disposiciones legales de derecho necesario. Tampoco podrán disponer válidamente de los derechos reconocidos como indisponibles por convenio colectivo.

⇒ Cfr. art. 7.10 del TRLISOS (§40.1); también, arts. 84.1 y 245 de la LPL (§41).

V. asimismo art. 311.1 del CP (§40.4).

En materia de Seguridad Social, v. arts. 3 y 105 de la LGSS/1994 (§32.1).

Sección 2ª Derechos y deberes laborales básicos

Artículo 4. Derechos laborales.

⇒ Cfr. su tutela administrativa en art. 70.10 del TRLISOS (§40.1).

1. Los trabajadores tienen como derechos básicos, con el contenido y alcance que para cada uno de los mismos disponga su específica normativa, los de:

⇒ Para los trabajadores de empresas de trabajo temporal, v. arts. 11 y 17 de la Ley 14/1994 (§3.1).

a) Trabajo y libre elección de profesión u oficio.

⇒ V. art. 35.1 de la CE (§1), así como arts. 39 b) y concordantes del CP (§40.4).

b) Libre sindicación.

⇒ Cfr. arts. 7; 28.1; 103.3 y 127 de la CE (§1). Asimismo v. LOLS (§20.1), Ley 19/1977 (§20.2) y art. 315 del CP (§40.4).

c) Negociación colectiva.

⇒ V. art. 37.1 CE (§1) y Tít. III de la presente Ley.

d) Adopción de medidas de conflicto colectivo.

⇒ V. art. 37.2 CE (§1) y RDley de Relaciones de Trabajo (§22). Cfr. asimismo los arts. 40, 41, 85, 91 y disp. adic. 13ª del presente Estatuto.

e) Huelga.

⇒ V. art. 28.2 CE (§1) y RDley de Relaciones de Trabajo (§22), así como art. 315 del CP (§40.4).

f) Reunión.

⇒ V. art. 21.1 CE (§1); arts. 77 y ss. de la presente Ley y LO 9/1983, de 15 julio, reguladora del derecho de reunión.

g) Participación en la empresa.

⇒ V. art. 129.2 CE (§1), así como arts. 61 y ss. de la presente Ley.
Para empresas de dimensión comunitaria. V. Ley 10/1997, de 24 abril (§21.2) y Ley 31/2006 (§21.3).

2. En la relación de trabajo, los trabajadores tienen derecho:

a) A la ocupación efectiva.

⇒ V. arts. 30 y 50.1 c) del presente Estatuto.

b) A la promoción y formación profesional en el trabajo.

⇒ V. arts. 35.1 de la CE (§1) y 23 a 25 de la presente Ley.

c) A no ser discriminados directa o indirectamente para el empleo, o una vez empleados, por razones de sexo, estado civil, edad dentro de los límites marcados por esta Ley, origen racial o étnico, condición social, religión o convicciones, ideas políticas, orientación sexual, afiliación o no a un sindicato, así como por razón de lengua, dentro del Estado español.

⇒ V. arts. 14 y 35 CE (§1); asimismo arts. 16.2; 17; 22.4; 24.2 y 28 de la presente Ley y Convenio 111 de la OIT, ratificado por España el 26 octubre 1967.
Sobre aspectos singulares, cfr. art. 12 de la LOLS (§20.1), así como las Directivas Comunitarias 2006/54/CE (§45.3) y 2000/78/CE (§45.1).

Tampoco podrán ser discriminados por razón de discapacidad, siempre que se hallasen en condiciones de aptitud para desempeñar el trabajo o empleo de que se trate.

✐ Letra c) modificada por ap. Uno del art. 37 de la Ley 62/2003, de 30 diciembre.

⇒ V. art. 49 de la CE (§1), así como la Ley 13/1982, de 7 abril, de Integración Social de los Minusválidos; el RD 1451/1983, de 11 mayo (§28.2); también el art. 20.3 de la presente Ley y art. 25.1 de la LPRL (§23).

d) A su integridad física y a una adecuada política de seguridad e higiene.

⇒ V. arts. 15 y 40.2 de la CE (§1), así como art. 19 del propio Estatuto.
Amplio desarrollo de este derecho en Ley 31/1995, de 8 noviembre (§23) y en normas comunitarias reproducidas en §47.

e) Al respeto de su intimidad y a la consideración debida a su dignidad, comprendida la protección frente al acoso por razón de origen racial o étnico, religión o convicciones, discapacidad, edad u orientación sexual, y frente al acoso sexual y al acoso por razón de sexo.

✐ Letra e) modificada por disp. adic. 11ª.1 de la LO 3/2007, de 22 marzo, para la igualdad efectiva de mujeres y hombres.

⇒ V. arts. 10 y 18 de la CE (§1); 8.3, 18, 20.3, 39.3 y 50 de la presente Ley. También LO 1/1982, de 5 mayo, de protección civil del derecho al honor, a la intimidad personal y familiar y a la propia imagen; LO 15/1999, de 13 diciembre, de Protección de Datos de Carácter Personal.
Sobre derecho a la propia imagen del trabajador, véanse las SSTC 170/1987, de 30 octubre (RTC 1987, 170) y la 99/1994, de 11 abril (RTC 1994, 99).
Doctrina constitucional acerca de los requisitos para que el derecho a la intimidad del trabajador pueda limitarse como consecuencia de su actividad, en SSTC 180/1987, de 30 octubre (RTC 1987, 180); 204/1997, de 25 noviembre (RTC 1997, 204) y las en ambas citadas.
Caracterización del acoso sexual constitucionalmente recusable en STC 136/2001, de 18 junio (RTC 2001, 136).
Véase el concepto de acoso suministrado por la Ley 62/2003, de 30 diciembre (§31.2). Su tutela administrativa en art. 8.11 del TRLISOS (§40.1).
Véase al artículo 54.2.g) de la presente Ley, configurando como causa de despido la vulneración de este derecho.

f) A la percepción puntual de la remuneración pactada o legalmente establecida.

⇒ Cfr. art. 35.1 de la CE (§1); arts. 29 y 50.1 b) de esta Ley; asimismo art. 8.1 del TRLISOS (§40.1) sobre su tutela administrativa y art. 8.11 del TRLISOS (§40.1).

g) Al ejercicio individual de las acciones derivadas de su contrato de trabajo.

⇒ V. art. 24 de la CE, así como LPL (§41) y restantes disposiciones procedimentales (Capítulo VIII de esta recopilación).

h) A cuantos otros se deriven específicamente del contrato de trabajo.

⇒ Sobre «Invenciones laborales» la Ley 11/1986, de 20 marzo, de Patentes, establece lo siguiente:

«Art. 15.

1. Las invenciones, realizadas por el trabajador durante la vigencia de su contrato o relación de trabajo o de servicios con la empresa, que sean fruto de una actividad de investigación explícita o implícitamente constitutiva del objeto de su contrato, pertenecen al empresario.

2. El trabajador, autor de la invención, no tendrá derecho a una remuneración suplementaria por su realización, excepto si su aportación personal a la invención y la importancia de la misma para la empresa exceden de manera evidente del contenido explícito o implícito de su contrato o relación de trabajo.

Art. 16.

Las invenciones en cuya realización no concurran las circunstancias previstas en el artículo 15.1 pertenecen al trabajador, autor de las mismas.

Art. 17.

1. No obstante lo dispuesto en el artículo 16, cuando el trabajador realizase una invención en relación con su actividad profesional en la empresa y en su obtención hubieran influido predominantemente conocimientos adquiridos dentro de la empresa o la utilización de medios proporcionados por ésta, el empresario tendrá derecho a asumir la titularidad de la invención o a reservarse un derecho de utilización de la misma.

2. Cuando el empresario asuma la titularidad de una invención o se reserve un derecho de utilización de la misma, el trabajador tendrá derecho a una compensación económica justa, fijada en atención a la importancia industrial y comercial del invento y teniendo en cuenta el valor de los medios o conocimientos facilitados por la empresa y las aportaciones propias del trabajador.

Art. 18.

1. El trabajador que realice alguna de las invenciones a que se refieren los artículos 15 y 17, deberá informar de ello al empresario, mediante comunicación escrita, con los datos e informes necesarios para que aquél pueda ejercitar los derechos que le corresponden en el plazo de tres meses. El incumplimiento de esta obligación llevará consigo la pérdida de los derechos que se reconocen al trabajador de este Título.

2. Tanto el empresario como el trabajador deberán prestar su colaboración en la medida necesaria para la efectividad de los derechos reconocidos en el presente Título, absteniéndose de cualquier actuación que pueda redundar en detrimento de tales derechos.

Art. 19.

1. Las invenciones para las que se presente una solicitud de patente o de otro título de protección exclusiva dentro del año siguiente a la extinción de la relación de trabajos o de servicios podrán ser reclamadas por el empresario.

2. Será nula toda renuncia anticipada del trabajador a los derechos que la Ley le otorga en este Título».

Por su lado, el art. 51 del RDLeg 1/1996, de 12 abril, por el que se aprueba el texto refundido de la Ley de Propiedad Intelectual, regularizando, aclarando y armonizando las disposiciones legales vigentes sobre la materia dispone:

«1. La transmisión al empresario de los derechos de explotación de la obra creada en virtud de una relación laboral se regirá por lo pactado en contrato, debiendo éste realizarse por escrito.

2. A falta de pacto escrito, se presumirá que los derechos de explotación han sido cedidos en exclusiva y con el alcance necesario para el ejercicio de la actividad habitual del empresario en el momento de la entrega de la obra realizada en virtud de dicha relación laboral.

3. En ningún caso podrá el empresario utilizar la obra o disponer de ella para un sentido o fines diferentes de los que se derivan de lo establecido en los dos apartados anteriores.

4. Las demás disposiciones de esta Ley serán, en lo pertinente, de aplicación a estas transmisiones, siempre que así se derive de la finalidad y objeto del contrato.

5. La titularidad de los derechos sobre un programa de ordenador creado por un trabajador asalariado en el ejercicio de sus funciones o siguiendo las instrucciones de su empresario se regirá por lo previsto en el apartado 4 del artículo 97 de esta Ley».

Artículo 5. Deberes laborales.

Los trabajadores tienen como deberes básicos:

a) Cumplir con las obligaciones concretas de su puesto de trabajo, de conformidad a las reglas de la buena fe y diligencia.

⇒ V. arts. 20, 22.5, 39 y 54.2 e) de esta Ley.

Téngase en cuenta lo prevenido en el art. 25.1 de la LPRL (§23).

b) Observar las medidas de seguridad e higiene que se adopten.

⇒ V. art. 19 de esta Ley, así como el contenido de la LPRL (§23), esp. su art. 29.

c) Cumplir las órdenes e instrucciones del empresario en el ejercicio regular de sus facultades directivas.

⇒ V. arts. 20 y 54.2 b) de esta Ley.

Para un supuesto concreto y extremo, v. art. 21.2 y 4 de la LPRL (§23).

d) No concurrir con la actividad de la empresa, en los términos fijados en esta Ley.

⇒ V. arts. 21 y 54.2 d) de esta Ley.

e) Contribuir a la mejora de la productividad.

⇒ V. art. 38 CE (§1); y también art. 82.2 de esta Ley.

f) Cuantos se deriven, en su caso, de los respectivos contratos de trabajo.

⇒ Especialmente, véase el Tít. I de esta Ley y el art. 29 de la Ley de Prevención de Riesgos Laborales (§23).

Cfr. arts. 199 y 279 del CP (§40.4).

Sección 3ª Elementos y eficacia del contrato de trabajo

Artículo 6. Trabajo de los menores.

⇒ V. la Dir. 94/33/CEE, de 22 junio 1994, del Consejo, relativa a la protección de los jóvenes en el trabajo.
La protección administrativo-sancionadora de estas previsiones puede verse en arts 8.4 y 13.2 del TRLISOS (§40.1).
A ciertos efectos, v. también la LO 5/2000, de 12 enero, reguladora de la responsabilidad penal de los menores.

1. Se prohíbe la admisión al trabajo a los menores de dieciséis años.

⇒ Cfr. Convenio OIT núm. 138 (1972), relativo a la edad mínima de admisión al trabajo de los menores, ratificado por España el 13 de abril de 1977.
V. la excepción contenida en el núm. 4 del presente artículo.

2. Los trabajadores menores de dieciocho años no podrán realizar trabajos nocturnos ni aquellas actividades o puestos de trabajo que el Gobierno, a propuesta del Ministerio de Trabajo y Seguridad Social, previa consulta con las organizaciones sindicales más representativas, declare insalubres, penosos, nocivos o peligrosos, tanto para su salud como para su formación profesional y humana.

⇒ V. el D. 26 julio 1957, aprobando el Reglamento de trabajos prohibidos a mujeres y menores por peligrosos e insalubres, en relación con el art. 27 y la disp. derog. [ap. b)] de la LPRL (§23).
El concepto de trabajo nocturno en art. 36.1 de esta Ley; v. también aps. 3 y 4 del art. 34 sobre jornada diaria y descansos, así como art. 37.1 sobre descanso semanal.
Cfr. también Convenios OIT núm. 79 (1946) relativo al trabajo nocturno de los menores en actividades no industriales, ratificado por España el 16 febrero 1971 y núm. 90 (1948) sobre idéntico tema en actividades industriales, ratificado por España en igual fecha que el anterior.
El Convenio núm. 182, de 17 junio 1999, de la OIT, ratificado por España, prohíbe «las peores formas de trabajo infantil», englobando en tal colectivo a «toda persona menor de dieciocho años» (art. 2).
V. asimismo art. 27 de la Ley 31/1995, de 8 noviembre (§23).
V. asimismo la LO 1/1996, de 15 enero, de Protección Jurídica del Menor.

3. Se prohíbe realizar horas extraordinarias a los menores de dieciocho años.

⇒ V. aps. 1 y 3 del art. 35 sobre régimen de horas extraordinarias, así como el tercer párrafo del art. 34.3 sobre el cómputo de jornada.

4. La intervención de los menores de dieciséis años en espectáculos públicos sólo se autorizará en casos excepcionales por la autoridad laboral, siempre que no suponga peligro para su salud física ni para su formación profesional y humana; el permiso deberá constar por escrito y para actos determinados.

⇒ Cfr. art. 2 del RD 1435/1985 (§16.6). Asimismo, sobre el concepto de Autoridad laboral, v. la nota al art. 1.5 del presente Estatuto.

Artículo 7. Capacidad para contratar.

Podrán contratar la prestación de su trabajo:

a) Quienes tengan plena capacidad de obrar conforme a lo dispuesto en el Código Civil.

⇒ Cfr. art. 12 CE (§1) así como los arts. 314 y ss. y 1263 del CC.

b) Los menores de dieciocho y mayores de dieciséis años, que vivan de forma independiente, con consentimiento de sus padres o tutores, o con autorización de la persona o institución que les tenga a su cargo.

⇒ Cfr. arts. 319 y 162 del CC.
Téngase en cuenta el art. 27.1 de la LPRL (§23).

Si el representante legal de una persona de capacidad limitada la autoriza expresa o tácitamente para realizar un trabajo, queda ésta también autorizada para ejercitar los derechos y cumplir los deberes que se derivan de su contrato y para su cesación.

⇒ V. arts. 158, 162 y 164 del CC; también art. 16.2 de la LPL (§41).

c) Los extranjeros, de acuerdo con lo dispuesto en la legislación específica sobre la materia.

⇒ V. art. 13 de la CE (§1) así como las normas incluidas en §39.1 a §39.3.

Artículo 8. Forma del contrato.

1. El contrato de trabajo se podrá celebrar por escrito o de palabra. Se presumirá existente entre todo el que presta un servicio por cuenta y dentro del ámbito de organización y dirección de otro y el que lo recibe a cambio de una retribución a aquél.

⇒ Cfr. art. 1.1 de esta misma Ley.

2. Deberán constar por escrito los contratos de trabajo cuando así lo exija una disposición legal y, en todo caso, los de prácticas y para la formación, los contratos a tiempo parcial, fijo-discontinuo y de relevo, los contratos de trabajo a domicilio, los contratos para la realización de una obra o servicio determinado, *los contratos de inserción*, así como los de los trabajadores contratados en España al servicio de empresas españolas en el extranjero. Igualmente constarán por escrito los contratos por tiempo determinado cuya duración sea superior a cuatro semanas. De no observarse tal exigencia, el

contrato se presumirá celebrado por tiempo indefinido y a jornada completa, salvo prueba en contrario que acredite su naturaleza temporal o el carácter a tiempo parcial de los servicios.

✐ Ap. 2 redactado por el art. 1.1 de la Ley 12/2001, de 9 julio (§9).

La referencia a los contratos de inserción fue derogada por disp. derog. única.1 a) de la Ley 43/2006, de 29 diciembre (§27.2).

⇒ En desarrollo o concordancia con tal previsión pueden verse las atinentes a las siguientes modalidades contractuales:

Auxiliar asociado: art. 10.3 del propio ET.

Contratos de prácticas y formación: art. 11 del ET, así como arts. 3, 11 y 17 del RD 488/1998 (§7.1).

Contratos a tiempo parcial: arts. 12 del ET y 18.1 del RD 2317/1993 (§8.2).

Contrato de relevo: art. 12.6 del ET.

Contrato de trabajo a domicilio: art. 13.2 del ET.

Contrato sujeto a pueba: art. 14.1 del ET.

Contrato para obra o servicio determinado y de interinidad: arts. 15 ET y 6 del RD 2720/1998 (§6.1).

Relaciones especiales de trabajo: art. 4 del RD 1382/1985 para altos cargos (§16.1); art. 3 del RD 1006/1985 para deportistas profesionales (§16.5); art. 3 del RD 1435/1985 para artistas (§16.6); art. 2 del RD 1438/1985 para mediadores mercantiles (§16.7); art. 5 del RD 1368/1985 para minusválidos en Centros Especiales (§16.8); art. 15 del RDley 2/1986 para estibadores portuarios (§16.9).

Trabajadores Mineros: art. 2 del RD 3255/1983, de 21 diciembre.

Personal Civil no Funcionario dependiente del Ministerio de Defensa: O. 6 marzo 1985.

Personal contratado por la Administración del Estado o sus empresas contratistas: Convenio OIT núm. 94 (1949), ratificado por España el 29 de marzo de 1971.

Trabajadores cedidos por empresas de trabajo temporal a empresas usuarias: arts. 10.1 de la Ley 14/1994 (§3.1) y 15 del RD 4/1995 (§3.2).

Contratos temporales para el fomento del empleo de minusválidos: art. 44.Uno.1 de la Ley 42/1994.

Contratos indefinidos para fomento del empleo acogidos al programa estatal: disp. adic. 1ª de la Ley 12/2001, de 9 julio, de Medidas urgentes de Reforma del Mercado de Trabajo para el incremento del empleo y la mejora de su calidad (§9).

Trabajadores que sustituyen a quienes se jubilan anticipadamente como medida de fomento del empleo: art. 3.2 del RD 1194/1985 (§30.1).

Contrato de los cooperantes: art. 4 del Estatuto aprobado por RD 519/2006, de 28 abril.

Cf. artículo 64.1.6 del presente Estatuto sobre control de estas formalidades por parte de los representantes de los trabajadores.

Cf. artículo 7.1 de la LISOS (§40.1) sobre tutela administrativa de la forma contractual escrita.

Respecto del proceso de colocación, v. art. 16 de la presente Ley y sus notas.

3. a) El empresario entregará a la representación legal de los trabajadores una copia básica de todos los contratos que deban celebrarse por escrito, a excepción de los contratos de relación laboral especial de alta dirección sobre los que se establece el deber de notificación a la representación legal de los trabajadores.

✐ Letra a) modificada por el art. 32 de la Ley 14/2000, de 29 diciembre.

⇒ Cfr. art. 15.4 de la presente Ley, así como nota al apartado anterior.

Téngase presente el art. 10.3 de la LOLS (§20.1).

V. art. 9 de la Ley 14/1994 (§3.1) sobre contratos de trabajo canalizados a través de ETT.

Con el fin de comprobar la adecuación del contenido del contrato a la legalidad vigente, esta copia básica contendrá todos los datos del contrato a excepción del número del documento nacional de identidad, el domicilio, el estado civil, y cualquier otro que, de acuerdo con la Ley Orgánica 1/1982, de 5 de mayo, pudiera afectar a la intimidad personal.

⇒ Sobre la constitucionalidad de este apartado y otros conexos véase la STC 142/1993, de 22 abril (RTC 1993, 142).

La copia básica se entregará por el empresario, en plazo no superior a diez días desde la formalización del contrato, a los representantes legales de los trabajadores, quienes la firmarán a efectos de acreditar que se ha producido la entrega.

⇒ V. el Tít. II de la presente Ley así como el art. 10.1 de la LOLS (§20.1).

Posteriormente, dicha copia básica se enviará a la oficina de empleo. Cuando no exista representación legal de los trabajadores también deberá formalizarse copia básica y remitirse a la oficina de empleo.

⇒ V. arts. 15.4 y 16.1 del presente ET.

Cfr. las previsiones del RD 1424/2002, de 27 diciembre (§5.2), acerca del modo de cumplimentar esta remisión y de la OM TAS/770/2003, de 14 marzo (§5.3).

b) Los representantes de la Administración, así como los de las organizaciones sindicales y de las asociaciones empresariales, que tengan acceso a la copia básica de los contratos en virtud de su pertenencia a los órganos de participación institucional que reglamentariamente tengan tales facultades, observarán sigilo profesional, no pudiendo utilizar dicha documentación para fines distintos de los que motivaron su conocimiento.

⇒ Cfr. arts. 62.2 y 65.2 del presente ET, así como el art. 10.3.1 de la LOLS (§20.1).

4. Cualquiera de las partes podrá exigir que el contrato se formalice por escrito, incluso durante el transcurso de la relación laboral.

⇒ V. art. 7.1 del TRLISOS (§40.1).
Téngase presente la Ley 59/2003, de 19 diciembre, sobre firma electrónica.

5. Cuando la relación laboral sea de duración superior a cuatro semanas, el empresario deberá informar por escrito al trabajador, en los términos y plazos que se establezcan reglamentariamente, sobre los elementos esenciales del contrato y las principales condiciones de ejecución de la prestación laboral, siempre que tales elementos y condiciones no figuren en el contrato de trabajo formalizado por escrito.

⇒ Respecto de trabajadores empleados en contratas y subcontratas, v. art. 42.3 del propio ET.
El desarrollo reglamentario se encuentra en RD 1659/1998, de 24 julio (§5.1).
V. art. 6.4 del TRLISOS (§40.1), así como la Dir. 91/533/CEE (§49.1).

Artículo 9. Validez del contrato.

1. Si resultase nula sólo una parte del contrato de trabajo, éste permanecerá válido en lo restante, y se entenderá completado con los preceptos jurídicos adecuados conforme a lo dispuesto en el número 1 del artículo 3 de esta Ley.

⇒ Cfr. arts. 1, 2 a) y concordantes de la LPL (§41).

Si el trabajador tuviera asignadas condiciones o retribuciones especiales en virtud de contraprestaciones establecidas en la parte no válida del contrato, la jurisdicción competente que a instancia de parte declare la nulidad hará el debido pronunciamiento sobre la subsistencia o supresión en todo o en parte de dichas condiciones o retribuciones.

⇒ V. art. 3.1 del presente Estatuto.

2. En caso de que el contrato resultase nulo, el trabajador podrá exigir, por el trabajo que ya hubiese prestado, la remuneración consiguiente a un contrato válido.

⇒ Cfr. el art. 36.4 de la LO 4/2000 (§39.1) repecto de contratación irregular de extranjeros. V. los arts. 1300 y ss. del CC.

Sección 4ª Modalidades del contrato de trabajo

⇒ Cfr. arts. 84 párr. 3 de la presente Ley y 7.2 del TRLISOS (§40.1).

Artículo 10. Trabajo en común y contrato de grupo.

1. Si el empresario diera un trabajo en común a un grupo de sus trabajadores, conservará respecto de cada uno, individualmente, sus derechos y deberes.

⇒ V. art. 20 del propio ET.

2. Si el empresario hubiese celebrado un contrato con un grupo de trabajadores considerado en su totalidad, no tendrá frente a cada uno de sus miembros los derechos y deberes que como tal le competen. El jefe del grupo ostentará la representación de los que lo integren, respondiendo de las obligaciones inherentes a dicha representación.

⇒ V. art. 1.1 del presente Estatuto.

3. Si el trabajador, conforme a lo pactado por escrito, asociare a su trabajo un auxiliar o ayudante, el empresario de aquél lo será también de éste.

⇒ V. art. 8.2 de la presente Ley.

Artículo 11. Contratos formativos.

✐ Artículo redactado por Ley 63/1997, de 26 diciembre, de medidas urgentes para la mejora del mercado de trabajo y el fomento de la contratación indefinida, salvo la letra a) del ap. 2 que fue redactada por el art. 1.2 de la Ley 12/2001, de 9 julio (§9).

⇒ Respecto de estos contratos véase el RD 488/1998, de 27 marzo (§7.1) y sus notas.

1. El contrato de trabajo en prácticas podrá concertarse con quienes estuvieren en posesión de título universitario o de formación profesional de grado medio o superior o títulos oficialmente reconocidos como equivalentes, que habiliten para el ejercicio profesional, dentro de los cuatro años, o de seis años cuando el contrato se concierte con un trabajador minusválido, siguientes a la terminación de los correspondientes estudios, de acuerdo con las siguientes reglas:

⇒ V. art. 1 del RD 488/1998, de 27 marzo (§7.1).
La exigencia de forma escrita en arts. 8.2 ET y 17 del RD 488/1998 (§7.1).
La disp. adic. 6ª de la Ley 24/2001, de 27 diciembre, fija en el 33% el grado mínimo de minusvalía requerido «para que el minusválido pueda ser contratado en prácticas o para la formación con aplicación de las peculiaridades previstas para este colectivo».

a) El puesto de trabajo deberá permitir la obtención de la práctica profesional adecuada al nivel de estudios cursados. Mediante convenio colectivo de ámbito sectorial estatal o, en su defecto, en los convenios colectivos sectoriales de ámbito inferior, se podrán determinar los puestos de trabajo, grupos, niveles o categorías profesionales objeto de este contrato.

b) La duración del contrato no podrá ser inferior a seis meses ni exceder de dos años, dentro de cuyos límites los convenios colectivos de ámbito sectorial estatal, o, en su defecto, los convenios colectivos sectoriales de ámbito inferior podrán determinar la duración del contrato, atendiendo a las características del sector y de las prácticas a realizar.

⇒ Cfr. art. 49.1 c) del presente Estatuto y arts. 1 y 19, 20 y 21 del RD 488/1998, de 27 marzo (§7.1).

El art. 17 de la Ley 13/1986, de 14 de abril, de Fomento y Coordinación General de la Investigación Científica y Técnica, dispone que los Organismos a que se refiere el artículo 13, dentro de sus disponibilidades presupuestarias y en las condiciones que se fijen en el reglamento de organización, funcionamiento y personal de cada uno de ellos, podrán contratar en régimen laboral: «Personal para su formación científica y técnica, en la modalidad de trabajo en prácticas regulada en el número 1 del artículo 11 del Estatuto de los Trabajadores, sin que sea de aplicación el límite de los cuatro años a que se refiere el citado precepto, y con una duración máxima, incluidas, en su caso, las prórrogas, de cinco años».

c) Ningún trabajador podrá estar contratado en prácticas en la misma o distinta empresa por tiempo superior a dos años en virtud de la misma titulación.

d) Salvo lo dispuesto en convenio colectivo, el período de prueba no podrá ser superior a un mes para los contratos en prácticas celebrados con trabajadores que estén en posesión de título de grado medio, ni a dos meses para los contratos en prácticas celebrados con trabajadores que están en posesión de título de grado superior.

⇒ V. art. 18 del RD 488/1998, de 27 marzo (§7.1).

e) La retribución del trabajador será la fijada en convenio colectivo para los trabajadores en prácticas, sin que, en su defecto, pueda ser inferior al 60 o al 75 por 100 durante el primero o el segundo año de vigencia del contrato, respectivamente, del salario fijado en convenio para un trabajador que desempeñe el mismo o equivalente puesto de trabajo.

⇒ V. art. 2 del RD 488/1998, de 27 marzo (§7.1).

Sobre cotización por minusválidos en prácticas, cfr. disp. adic. 2ª.1 del propio ET.

f) Si al término del contrato el trabajador continuase en la empresa no podrá concertarse un nuevo período de prueba, computándose la duración de las prácticas a efecto de antigüedad en la empresa.

⇒ V. art. 14.1 párr. 3 de la presente Ley y art. 18.2 del RD 488/1998, de 27 marzo (§7.1).

Sobre certificación empresarial de las prácticas, v. art. 4 del RD 488/1998 (§7.1).

2. El contrato para la formación tendrá por objeto la adquisición de la formación teórica y práctica necesaria para el desempeño adecuado de un oficio o de un puesto de trabajo que requiera un determinado nivel de cualificación, y se regirá por las siguientes reglas:

⇒ V. art. 5 del RD 488/1998, de 27 marzo (§7.1).

a) Se podrá celebrar con trabajadores mayores de dieciséis años y menores de veintiún años que carezcan de la titulación requerida para realizar un contrato en prácticas.

El límite máximo de edad será de veinticuatro años cuando el contrato se concierte con desempleados que se incorporen como alumnos-trabajadores a los programas de escuelas taller y casas de oficios.

El límite máximo de edad no será de aplicación cuando el contrato se concierte con desempleados que se incorporen como alumnos-trabajadores a los programas de talleres de empleo o se trate de personas con discapacidad.

✐ Letra a) modificada por art. 12.Uno de la Ley 43/2006, de 29 diciembre (§27.2).

⇒ La disp. adic. 6ª de la Ley 24/2001, de 27 diciembre, fija en el 33% el grado mínimo de minusvalía requerido «para que el minusválido pueda ser contratado en prácticas o para la formación con aplicación de las peculiaridades previstas para este colectivo».

Téngase también en cuenta la prohibición del art. 10.2 de la Ley 14/1994 (§3.1).

V. art. 6.1 de la presente Ley. Sobre contratos de Minusválidos en Centros Especiales véase el art. 7.2 del RD 1368/1985 (§16.8).

V. art. 6 del RD 488/1998 (§7.1).

b) Mediante convenio colectivo de ámbito sectorial estatal o, en su defecto, en los convenios colectivos sectoriales de ámbito inferior, se podrá establecer, en función del tamaño de la plantilla, el número máximo de contratos a realizar, así como los puestos de trabajo objeto de este contrato.

Asimismo, los convenios colectivos de empresa podrán establecer el número máximo de contratos a realizar en función del tamaño de la plantilla, en el supuesto de que exista un plan formativo de empresa.

Si los convenios colectivos a que se refieren los párrafos anteriores no determinasen el número máximo de contratos que cada empresa puede realizar en función de su plantilla, dicho número será el determinado reglamentariamente.

⇒ V. art. 7 del RD 488/1998, de 27 marzo (§7.1).
Cfr. asimismo el núm. 2 de la disp. adic. 2ª del presente Estatuto sobre contratos de minusválidos.

c) La duración mínima del contrato será de seis meses y la máxima de dos años. Mediante convenio colectivo de ámbito sectorial estatal o, en su defecto, en los convenios colectivos sectoriales de ámbito inferior, se podrá establecer otras duraciones atendiendo a las características del oficio o puesto de trabajo a desempeñar y a los requerimientos formativos del mismo, sin que, en ningún caso, la duración mínima pueda ser inferior a seis meses ni la máxima superior a tres años, o a cuatro años cuando el contrato se concierte con una persona minusválida, teniendo en cuenta el tipo o grado de minusvalía y las características del proceso formativo a realizar.

⇒ V. arts. 19, 20 y 21 del RD 488/1998, de 27 marzo (§7.1).

d) Expirada la duración máxima del contrato para la formación, el trabajador no podrá ser contratado bajo esta modalidad por la misma o distinta empresa.

⇒ V. art. 23 del RD 488/1998, de 27 marzo (§7.1).

No se podrán celebrar contratos para la formación que tengan por objeto la cualificación para un puesto de trabajo que haya sido desempeñado con anterioridad por el trabajador en la misma empresa por tiempo superior a doce meses.

⇒ V. la disp. transit. 1ª de la Ley 63/1997, de 26 diciembre.

e) El tiempo dedicado a la formación teórica dependerá de las características del oficio o puesto de trabajo a desempeñar y del número de horas establecido para el módulo formativo adecuado a dicho puesto u oficio, sin que, en ningún caso, pueda ser inferior al 15 por 100 de la jornada máxima prevista en el convenio colectivo o, en su defecto, de la jornada máxima legal.

⇒ V. art. 10 del RD 488/1998, de 27 marzo (§7.1).

Respetando el límite anterior, los convenios colectivos podrán establecer el tiempo dedicado a la formación teórica y su distribución, estableciendo, en su caso, el régimen de alternancia o concentración del mismo respecto del tiempo de trabajo efectivo.

Cuando el trabajador contratado para la formación no haya finalizado los ciclos educativos comprendidos en la escolaridad obligatoria, la formación teórica tendrá por objeto inmediato completar dicha educación.

Se entenderá cumplido el requisito de formación teórica cuando el trabajador acredite, mediante certificación de la Administración pública competente, que ha realizado un curso de formación profesional ocupacional adecuado al oficio o puesto de trabajo objeto del contrato. En este caso, la retribución del trabajador se incrementará proporcionalmente al tiempo no dedicado a la formación teórica.

Cuando el trabajador contratado para la formación sea una persona con discapacidad psíquica, la formación teórica podrá sustituirse, total o parcialmente, previo informe de los equipos multiprofesionales de valoración correspondientes, por la realización de procedimientos de rehabilitación o de ajuste personal y social en un centro psicosocial o de rehabilitación sociolaboral.

✐ Párr. añadido por la disp. adic. 10ª de la Ley 45/2002, de 12 diciembre.

f) El trabajo efectivo que preste el trabajador en la empresa deberá estar relacionado con las tareas propias del nivel ocupacional, oficio o puesto de trabajo objeto del contrato.

⇒ V. arts. 8 y 9 del RD 488/1998, de 27 marzo (§7.1).

g) A la finalización del contrato, el empresario deberá entregar al trabajador un certificado en el que conste la duración de la formación teórica y el nivel de la formación práctica adquirida. El trabajador podrá solicitar de la Administración Pública competente que, previas las pruebas necesarias, le expida el correspondiente certificado de profesionalidad.

h) La retribución del trabajador contratado para la formación será la fijada en convenio colectivo, sin que, en su defecto, pueda ser inferior al salario mínimo interprofesional en proporción al tiempo de trabajo efectivo.

⇒ Cfr. el art. 1.2.b del RDLey 3/2004 (§12 bis).

i) La acción protectora de la Seguridad Social del trabajador contratado para la formación comprenderá, como contingencias, situaciones protegibles y prestaciones, las derivadas de accidentes de trabajo y enfermedades profesionales, la asistencia sanitaria en los casos de enfermedad común, accidente no laboral y maternidad, las prestaciones económicas por incapacidad temporal derivadas de riesgos comunes y por maternidad, y las pensiones. Asimismo, se tendrá derecho a la cobertura del Fondo de Garantía Salarial.

⇒ V. arts. 13 y ss. del RD 488/1998, de 27 marzo (§7.1).

j) En el supuesto de que el trabajador continuase en la empresa al término del contrato se estará a lo establecido en el apartado 1, párrafo f), de este artículo.

⇒ Sobre certificación de la formación por parte de la empresa, v. art. 12 del RD 488/1998, de 27 marzo (§7.1).

k) El contrato para la formación se presumirá de carácter común u ordinario cuando el empresario incumpla en su totalidad sus obligaciones en materia de formación teórica.

3. En la negociación colectiva se podrán establecer compromisos de conversión de los contratos formativos en contratos por tiempo indefinido.

Artículo 12. Contrato a tiempo parcial y contrato de relevo.

✐ Rúbrica modificada por el art. 1.3 de la Ley 12/2001, de 9 julio (§9).

1. El contrato de trabajo se entenderá celebrado a tiempo parcial cuando se haya acordado la prestación de servicios durante un número de horas al día, a la semana, al mes o al año, inferior a la jornada de trabajo de un trabajador a tiempo completo comparable.

A efectos de lo dispuesto en el párrafo anterior, se entenderá por «trabajador a tiempo completo comparable» a un trabajador a tiempo completo de la misma empresa y centro de trabajo, con el mismo tipo de contrato de trabajo y que realice un trabajo idéntico o similar. Si en la empresa no hubiera ningún trabajador comparable a tiempo completo, se considerará la jornada a tiempo completo prevista en el convenio colectivo de aplicación o, en su defecto, la jornada máxima legal.

✐ Ap. 1 redactado por el art. 1.3 de la Ley 12/2001, de 9 julio (§9).

2. El contrato a tiempo parcial podrá concertarse por tiempo indefinido o por duración determinada en los supuestos en los que legalmente se permita la utilización de esta modalidad de contratación, excepto en el contrato para la formación.

⇒ V. las restricciones a la contratación interina a tiempo parcial en art. 5.2 del RD 2720/1998, de 18 diciembre (§6.1).

3. Sin perjuicio de lo señalado en el apartado anterior, el contrato a tiempo parcial se entenderá celebrado por tiempo indefinido cuando se concierte para realizar trabajos fijos y periódicos dentro del volumen normal de actividad de la empresa.

✐ Ap. 3 redactado por el art. 1.4 de la Ley 12/2001, de 9 julio (§9).

⇒ V. art. 15.8 del presente Estatuto.

4. El contrato a tiempo parcial se regirá por las siguientes reglas:

a) El contrato, conforme a lo dispuesto en el apartado 2 del artículo 8 de esta Ley, se deberá formalizar necesariamente por escrito, en el modelo que se establezca. En el contrato deberán figurar el número de horas ordinarias de trabajo al día, a la semana, al mes o al año contratadas y su distribución.

⇒ Interpretando la Directiva 93/104, la STJCE 12 octubre 2004 (TJCE 2004, 288) (C-313/02, *Wippel*), explica que aun en el supuesto de que todos los contratos de trabajo del resto de los trabajadores de una empresa determinen previamente la duración de la jornada semanal y la distribución del tiempo de trabajo, es posible que exista un contrato de trabajo a tiempo parcial para ciertos trabajadores en el que la duración de la jornada semanal y su distribución no están establecidas, sino que dependen de la carga de trabajo y se determine caso por caso, siendo el interesado libre de aceptar o rechazar cada actividad que se les proponga.

De no observarse estas exigencias, el contrato se presumirá celebrado a jornada completa, salvo prueba en contrario que acredite el carácter parcial de los servicios.

✐ Letra a) redactada por el art. 1.5 de la Ley 12/2001, de 9 julio (§9).

b) La jornada diaria en el trabajo a tiempo parcial podrá realizarse de forma continuada o partida. Cuando el contrato a tiempo parcial conlleve la ejecución de una jornada diaria inferior a la de los trabajadores a tiempo completo y ésta se realice de forma partida, sólo será posible efectuar una única interrupción en dicha jornada diaria, salvo que se disponga otra cosa mediante Convenio Colectivo sectorial o, en su defecto, de ámbito inferior.

c) Los trabajadores a tiempo parcial no podrán realizar horas extraordinarias, salvo en los supuestos a los que se refiere el apartado 3 del artículo 35. La realización de horas complementarias se regirá por lo dispuesto en el apartado 5 de este artículo.

d) Los trabajadores a tiempo parcial tendrán los mismos derechos que los trabajadores a tiempo completo. Cuando corresponda en atención a su naturaleza, tales derechos serán reconocidos en las disposiciones legales y reglamentarias y en los Convenios Colectivos de manera proporcional, en función del tiempo trabajado.

e) La conversión de un trabajo a tiempo completo en un trabajo a tiempo parcial y viceversa tendrá siempre carácter voluntario para el trabajador y no se podrá imponer de forma unilateral o como consecuencia de una modificación sustancial de condiciones de trabajo al amparo de lo dispuesto en la letra a) del apartado 1 del artículo 41. El trabajador no podrá ser despedido ni sufrir ningún otro tipo de sanción o efecto perjudicial por el hecho de rechazar esta conversión, sin perjuicio de las medidas que, de conformidad con lo dispuesto en los artículos 51 y 52 c), de esta Ley, puedan adoptarse por causas económicas, técnicas, organizativas o de producción.

A fin de posibilitar la movilidad voluntaria en el trabajo a tiempo parcial, el empresario deberá informar a los trabajadores de la empresa sobre la existencia de puestos de trabajo vacantes, de manera que aquéllos puedan formular solicitudes de conversión voluntaria de un trabajo a tiempo completo en un trabajo a tiempo parcial y viceversa, o para el incremento del tiempo de trabajo de los trabajadores a tiempo parcial, todo ello de conformidad con los procedimientos que se establezcan en los Convenios Colectivos sectoriales o, en su defecto, de ámbito inferior.

Los trabajadores que hubieran acordado la conversión voluntaria de un contrato de trabajo a tiempo completo en otro a tiempo parcial o viceversa y que, en virtud de las informaciones a las que se refiere el párrafo precedente, soliciten el retorno a la situación anterior, tendrán preferencia para el acceso a un puesto de trabajo vacante de dicha naturaleza que exista en la empresa correspondiente a su mismo grupo profesional o categoría equivalente, de acuerdo con los requisitos y procedimientos que se establezcan en los Convenios Colectivos sectoriales o, en su defecto, de ámbito inferior. Igual preferencia tendrán los trabajadores que, habiendo sido contratados inicialmente a tiempo parcial, hubieran prestado servicios como tales en la empresa durante tres o más años, para la cobertura de aquellas vacantes a tiempo completo correspondientes a su mismo grupo profesional o categoría equivalente que existan en la empresa.

Con carácter general, las solicitudes a que se refieren los párrafos anteriores deberán ser tomadas en consideración, en la medida de lo posible, por el empresario. La denegación de la solicitud deberá ser notificada por el empresario al trabajador por escrito y de manera motivada.

f) Los Convenios Colectivos establecerán medidas para facilitar el acceso efectivo de los trabajadores a tiempo parcial a la formación profesional continua, a fin de favorecer su progresión y movilidad profesionales.

g) Los Convenios Colectivos sectoriales y, en su defecto, de ámbito inferior, podrán establecer, en su caso, requisitos y especialidades para la conversión de contratos a tiempo completo en contratos a tiempo parcial, cuando ello esté motivado principalmente por razones familiares o formativas.

5. Se consideran horas complementarias aquellas cuya posibilidad de realización haya sido acordada, como adición a las horas ordinarias pactadas en el contrato a tiempo parcial, conforme al régimen jurídico establecido en el presente apartado y, en su caso, en los convenios colectivos sectoriales o, en su defecto, de ámbito inferior.

La realización de horas complementarias está sujeta a las siguientes reglas:

a) El empresario sólo podrá exigir la realización de horas complementarias cuando así lo hubiera pactado expresamente con el trabajador. El pacto sobre horas complementarias podrá acordarse en el momento de la celebración del contrato a tiempo parcial o con posterioridad al mismo, pero constituirá, en todo caso, un pacto específico respecto al contrato. El pacto se formalizará necesariamente por escrito, en el modelo oficial que al efecto será establecido.

b) Sólo se podrá formalizar un pacto de horas complementarias en el caso de contratos a tiempo parcial de duración indefinida.

c) El pacto de horas complementarias deberá recoger el número de horas complementarias cuya realización podrá ser requerida por el empresario.

El número de horas complementarias no podrá exceder del 15 por 100 de las horas ordinarias de trabajo objeto del contrato. Los convenios colectivos de ámbito sectorial o, en su defecto, de ámbito inferior podrán establecer otro porcentaje máximo, que en ningún caso podrá exceder del 60 por 100 de las horas ordinarias contratadas. En todo caso, la suma de las horas ordinarias y de las horas complementarias no podrá exceder del límite legal del trabajo a tiempo parcial definido en el apartado 1 de este artículo.

d) La distribución y forma de realización de las horas complementarias pactadas deberá atenerse a lo establecido al respecto en el convenio colectivo de aplicación y en el pacto de horas complementarias. Salvo que otra cosa se establezca en convenio, el trabajador deberá conocer el día y hora de realización de las horas complementarias con un preaviso de siete días.

e) La realización de horas complementarias habrá de respetar en todo caso los límites en materia de jornada y descansos establecidos en los artículos 34, apartados 3 y 4; 36, apartado 1, y 37, apartado 1, de esta Ley.

f) Las horas complementarias efectivamente realizadas se retribuirán como ordinarias, computándose a efectos de bases de cotización a la Seguridad Social y períodos de carencia y bases reguladoras de las prestaciones. A tal efecto, el número y retribución de las horas complementarias realizadas se deberá recoger en el recibo individual de salarios y en los documentos de cotización a la Seguridad Social.

g) El pacto de horas complementarias podrá quedar sin efecto por renuncia del trabajador, mediante un preaviso de quince días, una vez cumplido un año desde su celebración, cuando concurran las siguientes circunstancias:

La atención de las responsabilidades familiares enunciadas en el artículo 37.5 de esta Ley.

Por necesidades formativas, en la forma que reglamentariamente se determine, siempre que se acredite la incompatibilidad horaria.

Por incompatibilidad con otro contrato a tiempo parcial.

h) El pacto de horas complementarias y las condiciones de realización de las mismas estarán sujetas al cumplimiento de los requisitos establecidos en las letras anteriores y, en su caso, al régimen previsto en los convenios colectivos de aplicación. En caso de incumplimiento de tales requisitos y régimen jurídico, la negativa del trabajador a la realización de las horas complementarias, pese a haber sido pactadas, no constituirá conducta laboral sancionable.

✐ Ap. 5 redactado por el art. 1.6 de la Ley 12/2001, de 9 julio (§9).

6. Asimismo, se entenderá como contrato a tiempo parcial el celebrado por el trabajador que concierte con su empresa, en las condiciones establecidas en el presente artículo, una reducción de su jornada de trabajo y de su salario de entre un mínimo de un 25 por 100 y un máximo de un 85 por 100 de aquéllos, cuando reúna las condiciones generales exigidas para tener derecho a la pensión contributiva de jubilación de la Seguridad Social con excepción de la edad, que habrá de ser inferior en, como máximo, cinco años a la exigida, o cuando, reuniendo igualmente las citadas condiciones generales, haya cumplido ya dicha edad. La ejecución de este contrato de trabajo a tiempo parcial, y su retribución, serán compatibles con la pensión que la Seguridad Social reconozca al trabajador en concepto de jubilación parcial, extinguiéndose la relación laboral al producirse la jubilación total.

Para poder realizar este contrato en el caso de trabajadores que no hayan alcanzado aún la edad de jubilación, la empresa deberá celebrar simultáneamente un contrato de trabajo con un trabajador en situación de desempleo o que tuviese concertado con la empresa un contrato de duración determinada, con objeto de sustituir la jornada de trabajo dejada vacante por el trabajador que se jubila parcialmente. Este contrato de trabajo, que se podrá celebrar también para sustituir a los trabajadores que se hayan jubilado parcialmente después de haber cumplido la edad de jubilación, se denominará contrato de relevo y tendrá las siguientes particularidades:

a) La duración del contrato será indefinida o igual a la del tiempo que falte al trabajador sustituido para alcanzar la edad de jubilación a la que se refiere el primer párrafo de este apartado. Si, al cumplir dicha edad, el trabajador jubilado parcialmente continuase en la empresa, el contrato de relevo que se hubiera celebrado por duración determinada podrá prorrogarse mediante acuerdo de las partes por períodos anuales, extinguiéndose, en todo caso, al finalizar el período correspondiente al año en el que se produzca la jubilación total del trabajador relevado.

En el caso del trabajador jubilado parcialmente después de haber alcanzado la edad de jubilación, la duración del contrato de relevo que podrá celebrar la empresa para sustituir la parte de jornada dejada vacante por el mismo podrá ser indefinida o anual. En este segundo caso, el contrato se prorrogará automáticamente por períodos anuales, extinguiéndose en la forma señalada en el párrafo anterior.

b) El contrato de relevo podrá celebrarse a jornada completa o a tiempo parcial. En todo caso, la duración de la jornada deberá ser, como mínimo, igual a la reducción de jornada acordada por el trabajador sustituido. El horario de trabajo del trabajador relevista podrá completar el del trabajador sustituido o simultanearse con él.

c) El puesto de trabajo del trabajador relevista podrá ser el mismo del trabajador sustituido o uno similar, entendiendo por tal el desempeño de tareas correspondientes al mismo grupo profesional o categoría equivalente.

d) En la negociación colectiva se podrán establecer medidas para impulsar la celebración de contratos de relevo.

✐ Ap. 6 redactado por el art. 1.7 de la Ley 12/2001, de 9 julio (§9).

⇒ Ténganse en cuenta las previsiones que sobre compatibilidad entre trabajo y jubilación introdujo la Ley 35/2002, de 12 julio, de medidas para el establecimiento de un sistema de jubilación gradual y flexible.

V. asimismo el RD 1131/2002, que regula la Seguridad Social de los trabajadores contratados a tiempo parcial, así como la jubilación parcial (§37).

Artículo 13. Contrato de trabajo a domicilio.

1. Tendrá la consideración de contrato de trabajo a domicilio aquel en que la prestación de la

actividad laboral se realice en el domicilio del trabajador o en el lugar libremente elegido por éste y sin vigilancia del empresario.

2. El contrato se formalizará por escrito con el visado de la oficina de empleo, donde quedará depositado un ejemplar, en el que conste el lugar en el que se realice la prestación laboral, a fin de que puedan exigirse las necesarias medidas de higiene y seguridad que se determinen.

⇒ V. arts. 8.2 y 16 de la presente Ley.

3. El salario, cualquiera que sea la forma de su fijación, será, como mínimo, igual al de un trabajador de categoría profesional equivalente en el sector económico de que se trate.

⇒ Respecto de la equivalencia de categorías, v. art. 22.3 del propio Estatuto.

4. Todo empresario que ocupe trabajadores a domicilio deberá poner a disposición de éstos un documento de control de la actividad laboral que realicen, en el que debe consignarse el nombre del trabajador, la clase y cantidad de trabajo, cantidad de materias primas entregadas, tarifas acordadas para la fijación del salario, entrega y recepción de objetos elaborados y cuantos otros aspectos de la relación laboral interesen a las partes.

⇒ V. art. 6.3 del TRLISOS (§40.1).

5. Los trabajadores a domicilio podrán ejercer los derechos de representación colectiva conforme a lo previsto en la presente Ley, salvo que se trate de un grupo familiar.

CAPÍTULO II

Contenido del contrato de trabajo

Sección 1ª Duración del contrato

Artículo 14. Período de prueba.

1. Podrá concertarse por escrito un período de prueba, con sujeción a los límites de duración que, en su caso, se establezcan en los Convenios Colectivos. En defecto de pacto en Convenio, la duración del período de prueba no podrá exceder de seis meses para los técnicos titulados, ni de dos meses para los demás trabajadores. En las empresas de menos de veinticinco trabajadores el período de prueba no podrá exceder de tres meses para los trabajadores que no sean técnicos titulados.

⇒ Téngase en cuenta lo dispuesto por el art. 84 párr. 3 de la presente Ley.

Sobre viabilidad del período de prueba en las distintas modalidades contractuales, véase art. 11.1 d) y 2 del presente Estatuto así como el art. 18 del RD 488/1998, de 27 marzo (§7.1), para prácticas y formación, así como las normas reguladoras de las distintas relaciones laborales especiales.

V. la STC 71/1993, de 1 marzo (RTC 1993, 71), sobre duración máxima del período de prueba.

El empresario y el trabajador están, respectivamente, obligados a realizar las experiencias que constituyan el objeto de la prueba.

Será nulo el pacto que establezca un período de prueba cuando el trabajador haya ya desempeñado las mismas funciones con anterioridad en la empresa, bajo cualquier modalidad de contratación.

⇒ V. art. 9.1 de la presente Ley.

2. Durante el período de prueba, el trabajador tendrá los derechos y obligaciones correspondientes al puesto de trabajo que desempeñe como si fuera de plantilla, excepto los derivados de la resolución de la relación laboral, que podrá producirse a instancia de cualquiera de las partes durante su transcurso.

⇒ V. art. 49.1 d) del propio Estatuto.

V. SSTC 94/1984, de 16 octubre (RTC 1984, 94) y 166/1988, de 26 septiembre (RTC 1988, 166) en las cuales se advierte que la facultad empresarial de desistir no debe comportar la vulneración de derechos fundamentales.

En STC 17/2007 (RTC 2007, 17) hay un buen ejemplo sobre inversión de la carga de la prueba a partir de indicios suministrados por trabajadora embarazada (no supera un segundo período de prueba, mediando numerosas bajas laborales por su gestación): si la empresa no los destruye estaremos ante un despido nulo.

3. Transcurrido el período de prueba sin que se haya producido el desistimiento, el contrato producirá plenos efectos, computándose el tiempo de los servicios prestados en la antigüedad del trabajador en la empresa.

Las situaciones de incapacidad temporal, maternidad, y adopción o acogimiento, que afecten al trabajador durante el período de pruebas interrumpen el cómputo del mismo siempre que se produzca acuerdo entre ambas partes.

⇒ Cfr. arts. 45 y 48 de la presente Ley; asimismo v. arts. 128 y ss. de la LGSS/1994 (§32.1).

Artículo 15. Duración del contrato.

⇒ Téngase presente el contenido de la Dir. 99/70/CE, de 28 junio, sobre el trabajo de duración determinada (§47.1).

1. El contrato de trabajo podrá concertarse por tiempo indefinido o por una duración determinada.

✐ Ap. 1 redactado por Ley 63/1997, de 29 diciembre.

Podrán celebrarse contratos de duración determinada en los siguientes supuestos:

⇒ V. la regulación de estas modalidades contenida en el RD 2720/1998 (§6.1), así como los arts. 8.2 y 49.1 c) del propio ET.

V. el art. 13 de la Ley 13/1986, de 14 abril, de Fomento y Coordinación General de la Investigación Científica y Técnica, redactado por Ley 12/2001, de 9 julio (§9).

Cfr. art. 6.2 de la Ley 14/1994, sobre Empresas de Trabajo Temporal (§3.1).

V. también art. 28.1 de la Ley de Prevención de Riesgos Laborales (§23).

En la disp. adic. 1ª de la Ley 12/2001, de 9 julio (§9) puede verse una regulación del contrato para el fomento de la contratación indefinida.

El art. 35 de la Ley 61/2003, de 30 diciembre (LPGE para 2004) regula la contratación de personal laboral con cargo a los créditos de inversiones.

V. la disp. adic. 3ª de la LO 2/2006, de 3 mayo, de educación, sobre Profesores de Religión, y su desarrollo mediante RD 696/2007, de 1 junio (§16.15).

a) Cuando se contrate al trabajador para la realización de una obra o servicio determinados, con autonomía y sustantividad propia dentro de la actividad de la empresa y cuya ejecución, aunque limitada en el tiempo, sea en principio de duración incierta. Los convenios colectivos sectoriales estatales y de ámbito inferior, incluidos los convenios de empresa, podrán identificar aquellos trabajos o tareas con sustantividad propia dentro de la actividad normal de la empresa que puedan cubrirse con contratos de esta naturaleza.

⇒ V. arts. 2 y concordantes del RD 2720/1998 (§6.1).

b) Cuando las circunstancias del mercado, acumulación de tareas o exceso de pedidos así lo exigieran, aun tratándose de la actividad normal de la empresa. En tales casos, los contratos podrán tener una duración máxima de seis meses, dentro de un período de doce meses, contados a partir del momento en que se produzcan dichas causas. Por convenio colectivo de ámbito sectorial estatal o, en su defecto, por convenio colectivo sectorial de ámbito inferior, podrá modificarse la duración máxima de estos contratos y el período dentro del cual se puedan realizar en atención al carácter estacional de la actividad en que dichas circunstancias se puedan producir. En tal supuesto, el período máximo dentro del cual se podrán realizar será de dieciocho meses, no pudiendo superar la duración del contrato las tres cuartas partes del período de referencia establecido ni, como máximo, doce meses.

En caso de que el contrato se hubiera concertado por una duración inferior a la máxima legal o convencionalmente establecida, podrá prorrogarse mediante acuerdo de las partes, por una única vez, sin que la duración total del contrato pueda exceder de dicha duración máxima.

Por convenio colectivo se podrán determinar las actividades en las que puedan contratarse trabajadores eventuales, así como fijar criterios generales relativos a la adecuada relación entre el volumen de esta modalidad contractual y la plantilla total de la empresa.

⇒ V. arts. 3 y concordantes del RD 2720/1998, de 18 diciembre (§6.1).

c) Cuando se trate de sustituir a trabajadores con derecho a reserva del puesto de trabajo, siempre que en el contrato de trabajo se especifique el nombre del sustituido y la causa de sustitución.

⇒ Cfr. arts. 4 y concordantes del RD 2720/1998, de 18 diciembre (§6.1). También véase la disp. adic. 14ª del propio Estatuto.

d) ...

✐ Letra d) derogada por disp. derog. única.1 a) de la Ley 43/2006, de 29 diciembre (§27.2).

⇒ V. las disps. transits. 1ª y 3ª del RD-ley 5/2006, de 9 junio.

2. Adquirirán la condición de trabajadores fijos, cualquiera que haya sido la modalidad de su contratación, los que no hubieran sido dados de alta en la Seguridad Social, una vez transcurrido un plazo igual al que legalmente hubiera podido fijar para el período de prueba, salvo que de la propia naturaleza de las actividades o de los servicios contratados se deduzca claramente la duración temporal de los mismos, todo ello sin perjuicio de las demás responsabilidades a que hubiere lugar en derecho.

⇒ Cfr. art. 22 del RD 488/1998, de 27 marzo, para los contratos formativos (§7.1).

V. el art. 14.1 de la presente Ley; los arts. 12, 100, 102 y 126 de la LGSS/1994 (§32.1); y el art. 22.2 del TRLISOS (§40.1).

V. también art. 32.3 del RD 84/1996, de 26 enero, aprobando el Reglamento sobre inscripción de empresas y afiliación, altas, bajas y variaciones de datos de trabajadores en la Seguridad Social.

3. Se presumirán por tiempo indefinido los contratos temporales celebrados en fraude de ley.

⇒ V. arts. 7.2 y 14.17 del TRLISOS (§40.1).

Téngase en cuenta lo dispuesto en el art. 145 bis LPL (§41).

4. Los empresarios habrán de notificar a la representación legal de los trabajadores en las empre-

sas los contratos realizados de acuerdo con las modalidades de contratación por tiempo determinado previstas en este artículo cuando no exista obligación legal de entregar copia básica de los mismos.

⇒ V. art. 8.3 de la presente Ley, así como el art. 10 del RD 2720/1998, de 18 diciembre (§6.1).
En el ámbito de contrataciones celebradas por empresas del trabajo temporal, art. 9 de la Ley 14/1994 (§3.1).

5. Sin perjuicio de lo dispuesto en los apartados 2 y 3 de este artículo, los trabajadores que en un período de treinta meses hubieran estado contratados durante un plazo superior a veinticuatro meses, con o sin solución de continuidad, para el mismo puesto de trabajo con la misma empresa, mediante dos o más contratos temporales, sea directamente o a través de su puesta a disposición por empresas de trabajo temporal, con las mismas o diferentes modalidades contractuales de duración determinada, adquirirán la condición de trabajadores fijos.

Atendiendo a las peculiaridades de cada actividad y a las características del puesto de trabajo, la negociación colectiva establecerá requisitos dirigidos a prevenir la utilización abusiva de contratos de duración determinada con distintos trabajadores para desempeñar el mismo puesto de trabajo cubierto anteriormente con contratos de ese carácter, con o sin solución de continuidad, incluidos los contratos de puesta a disposición realizados con empresas de trabajo temporal.

Lo dispuesto en este apartado no será de aplicación a la utilización de los contratos formativos, de relevo e interinidad.

✐ Ap. 5 modificado por art. 12.Dos de la Ley 43/2006, de 29 diciembre (§27.2).

⇒ V. el RD 2720/1998, de 18 diciembre (§6.1).
Cfr. art. 3.2 del propio Estatuto de los Trabajadores, así como su disp. final 5ª.
V. Directiva 99/70/CE, del Consejo, de 28 junio 1999, relativa al acuerdo marco CES-UNICE-CEEP, sobre trabajo de duración determinada (§45.2).
Conforme a la disp. adic. 15ª del presente Estatuto, se fijan criterios sobre aplicación del precepto a las Administraciones Públicas.
V. la disp. transit. 2ª de la Ley 43/2006, sobre eficacia temporal del precepto (§27.2).

6. Los trabajadores con contratos temporales y de duración determinada tendrán los mismos derechos que los trabajadores con contratos de duración indefinida, sin perjuicio de las particularidades específicas de cada una de las modalidades contractuales en materia de extinción del contrato y de aquellas expresamente previstas en la Ley en relación con los contratos formativos y con el *contrato de inserción*. Cuando corresponda en atención a su naturaleza, tales derechos serán reconocidos en las disposiciones legales y reglamentarias y en los convenios colectivos de manera proporcional, en función del tiempo trabajado.

✐ La referencia al contrato de inserción fue derogada por disp. derog. única.1 a) de la Ley 43/2006, de 29 diciembre (§27.2).

Cuando un determinado derecho o condición de trabajo esté atribuido en las disposiciones legales o reglamentarias y en los convenios colectivos en función de una previa antigüedad del trabajador, ésta deberá computarse según los mismos criterios para todos los trabajadores, cualquiera que sea su modalidad de contratación.

✐ Ap. 6 añadido por la Ley 12/2001, de 9 julio (§9) e inspirado en la Directiva 99/70/CE, de 28 junio (§47.1).

7. El empresario deberá informar a los trabajadores de la empresa con contratos de duración determinada o temporales, incluidos los contratos formativos, sobre la existencia de puestos de trabajo vacantes, a fin de garantizarles las mismas oportunidades de acceder a puestos permanentes que los demás trabajadores. Esta información podrá facilitarse mediante un anuncio público en un lugar adecuado de la empresa o centro de trabajo, o mediante otros medios previstos en la negociación colectiva que aseguren la tansmisión de la información.

Los convenios podrán establecer criterios objetivos y compromisos de conversión de los contratos de duración determinada o temporales en indefinidos.

Los convenios colectivos establecerán medidas para facilitar el acceso efectivo de estos trabajadores a la formación profesional continua, a fin de mejorar su cualificación y favorecer su progresión y movilidad profesionales.

✐ Ap. 7 añadido por la Ley 12/2001, de 9 julio (§9) e inspirado en la Directiva 99/70/CE, de 28 junio (§47.1).

8. El contrato por tiempo indefinido de fijos-discontinuos se concertará para realizar trabajos que tengan el carácter de fijos-discontinuos y no se repitan en fechas ciertas, dentro del volumen normal de actividad de la empresa. A los supuestos de trabajos discontinuos que se repitan en fechas ciertas les será de aplicación la regulación del contrato a tiempo parcial celebrado por tiempo indefinido. Los trabajadores fijos-discontinuos serán llamados en el orden y la forma que se determine en los respectivos convenios colectivos, pudiendo el trabajador, en caso de incumplimiento, reclamar en procedimiento de despido ante la jurisdicción competente, iniciándose el plazo para ello desde el momento en que tuviese conocimiento de la falta de convocatoria.

Este contrato se deberá formalizar necesariamente por escrito en el modelo que se establezca, y en él deberá figurar una indicación sobre la duración estimada de la actividad, así como sobre la forma y orden de llamamiento que establezca el convenio colectivo aplicable, haciendo constar igualmente, de manera orientativa, la jornada laboral estimada y su distribución horaria.

Los convenios colectivos de ámbito sectorial podrán acordar, cuando las peculiaridades de la actividad del sector así lo justifiquen, la utilización en los contratos de fijos-discontinuos de la modalidad de tiempo parcial, así como los requisitos y especialidades para la conversión de contratos temporales en contratos de fijos-discontinuos.

✐ Ap. 8 añadido por la Ley 12/2001, de 9 julio (§9).

9. Se autoriza al Gobierno para desarrollar reglamentariamente lo previsto en este artículo.

✐ El anterior ap. 5 ha pasado a ser el nuevo ap. 9 por Ley 12/2001, de 9 julio (§9).
Cf. el RD 2720/1998, de 18 diciembre, sobre contratos de duración determinada (§6.1).

Artículo 16. Ingreso al trabajo.

⇒ Véase la Ley 56/2003, de Empleo (§27.1), esp. sus artículos 20 y siguientes.

1. Los empresarios están obligados a comunicar a la oficina pública de empleo, en el plazo de los diez días siguientes a su concertación y en los términos que reglamentariamente se determinen, el contenido de los contratos de trabajo que celebren o las prórrogas de los mismos, deban o no formalizarse por escrito.

✐ Ap. 1 modificado por el art. 32 de la Ley 14/2000, de 29 diciembre.

⇒ Cfr. RD 1424/2002, de 27 diciembre, por el que se regula la comunicación del contenido de los contratos de trabajo y de sus copias básicas a los Servicios Públicos de Empleo, y el uso de medios telemáticos en relación con aquélla (§5.2) y su desarrollo en OM TAS/770/2003, de 14 marzo (§5.3).
Cfr. art. 8 de la presente Ley, así como los arts. 14, 15 y 16 del TRLISOS (§40.1) sobre tutela administrativa en materia de empleo.
V. también STC 23/1993, de 21 enero (RTC 1993, 23).

2. Se prohíbe la existencia de agencias de colocación con fines lucrativos. El servicio público de empleo podrá autorizar, en las condiciones que se determinen en el correspondiente convenio de colaboración y previo informe del Consejo General del Instituto Nacional de Empleo, la existencia de agencias de colocación sin fines lucrativos, siempre que la remuneración que reciban del empresario o del trabajador se limite exclusivamente a los gastos ocasionados por los servicios prestados. Dichas agencias deberán garantizar, en su ámbito de actuación, el principio de igualdad en el acceso al empleo, no pudiendo establecer discriminación alguna basada en motivos de origen, incluido el racial o étnico, sexo, edad, estado civil, religión o convicciones, opinión política, orientación sexual, afiliación sindical, condición social, lengua dentro del Estado y discapacidad, siempre que los trabajadores se hallasen en condiciones de aptitud para desempeñar el trabajo o empleo de que se trate.

✐ Apartado modificado por el ap. Tres del art. 37 de la Ley 62/2003, de 30 diciembre.

⇒ V. Convenio OIT núm. 96, sobre prohibición de Agencias retribuidas de Colocación, ratificado por España el 29 de abril de 1971 y Convenio OIT núm. 181, sobre las Agencias de Empleo Privadas, que revisa al anterior, asimismo ratificado por España el 19 de mayo de 1999.
El desarrollo reglamentario del precepto en RD 735/1995, de 5 mayo (§4.1).
Cfr. art. 312.2 del CP (§40.4).

Sección 2ª Derechos y deberes derivados del contrato

Artículo 17. No discriminación en las relaciones laborales.

1. Se entenderán nulos y sin efecto los preceptos reglamentarios, las cláusulas de los convenios colectivos, los pactos individuales y las decisiones unilaterales del empresario que contengan discriminaciones directas o indirectas desfavorables por razón de edad o discapacidad o favorables o adversas en el empleo, así como en materia de retribuciones, jornada y demás condiciones de trabajo por circunstancias de sexo, origen, incluido el racial o étnico, estado civil, condición social, religión o convicciones, ideas políticas, orientación sexual, adhesión o no a sindicatos y a sus acuerdos, vínculos de parentesco con otros trabajadores en la empresa y lengua dentro del Estado español.

⇒ V. arts. 14 y 35 CE (§1), así como arts. 4.2 c), 22.4, 24.2, 28 de la presente Ley. Sumamente ilustrativo es el Convenio núm. 111 de la OIT, relativo a la discriminación en materia de empleo y ocupación (ratificado por España el 26 de octubre de 1967); consultar también las normas comunitarias sobre el particular (§45.3, §45.2 y §45.1).
El RD 1686/2000, de 6 octubre, procedió a crear el Observatorio de la Igualdad de Oportunidades entre hombres y mujeres.
Téngase presente el art. 7 y concordantes de la LO 15/1999, de 13 diciembre, de Protección de Datos de Carácter Personal.
Sobre discriminación por razón de edad, la STJCE 22 noviembre 2005 (TJCE 2005, 341) (caso *Mangold*) considera inadmisible la contratación temporal de mayores de 52 años, como medida de fomento del empleo y permitida por el mero hecho de haber cumplido cierta edad, porque a ese colectivo de edad madura se le aleja del beneficio de la estabilidad en el empleo.
Sobre no discriminación en función de la duración del contrato, v. las SSTC 52/1987, de 7 mayo (RTC 1987, 52); 136/1987, de 22 julio (RTC 1987, 136) y 177/1993, de 31 mayo (RTC 1993, 177).

Sobre no discriminación en la prórroga del contrato, STC 173/1994, de 7 junio (RTC 1994, 173).
En STC 17/2003, de 30 enero (RTC 2003, 17), puede verse una síntesis de la doctrina constitucional y comunitaria sobre no discriminación de la trabajadora embarazada en el momento del despido y/o de la extinción de su contrato temporal.
Sobre no discriminación por razones sindicales v. arts. 12 y ss. de la LOLS (§20.1).
La tutela jurisdiccional del derecho en arts. 175 a 182 de la LPL (§41).
Posibles sanciones a los incumplimientos del precepto, en arts. 8.12 y 16.2 del TRLISOS (§40.1) y en el art. 314 del CP (§40.4).

Serán igualmente nulas las órdenes de discriminar y las decisiones del empresario que supongan un trato desfavorable de los trabajadores como reacción ante una reclamación efectuada en la empresa o ante una acción administrativa o judicial destinada a exigir el cumplimiento del principio de igualdad de trato y no discriminación.

✐ Apartado modificado por ap. Cuatro del art. 37 de la Ley 62/2003, de 30 diciembre.
Párr. 2 modificado disp. adic. 11ª.2 de la LO 3/2007, de 22 marzo, para la igualdad efectiva de mujeres y hombres (RCL 2007, 586).

⇒ Sobre derecho a la indemnidad SSTC 7 y 14/1993, 54/1995, 197/1998 y 198/2001; la protección se extiende a las reacciones frente a actos preparatorios (preprocesales) de la tutela judicial, conforme explican las SSTC 140 y 168/1999; la STC 55/2003 también protege frente a represalias por reclamaciones (reclamación escrita enviada por el Abogado del trabajador) extrajudiciales que están encaminadas al ejercicio de la tutela judicial.

2. Podrán establecerse por Ley las exclusiones, reservas y preferencias para ser contratado libremente.

⇒ V. art. 38.1 de la Ley 13/1982, de Integración Social de Minusválidos, desarrollado por arts. 4, 5 y 6 del RD 1451/1983 (§28.2), sobre empleo de minusválidos.
Cfr. art. 16.4 del TRLISOS (§40.1).

3. No obstante lo dispuesto en el apartado anterior, el Gobierno podrá regular medidas de reserva, duración o preferencia en el empleo que tengan por objeto facilitar la colocación de trabajadores demandantes de empleo.

Asimismo, el Gobierno podrá otorgar subvenciones, desgravaciones y otras medidas para fomentar el empleo de grupos específicos de trabajadores que encuentren dificultades especiales para acceder al empleo. La regulación de las mismas se hará previa consulta a las organizaciones sindicales y asociaciones empresariales más representativas.

⇒ V. en la Ley 43/2006, de 29 diciembre, de mejora del crecimiento y del empleo, la regulación de los contratos temporales de fomento del empleo para discapacitados (§10), disp. adic. 1ª.

Las medidas a las que se refieren los párrafos anteriores se orientarán prioritariamente a fomentar el empleo estable de los trabajadores desempleados y la conversión de contratos temporales en contratos por tiempo indefinido.

✐ Apartado redactado por Ley 63/1997, de 26 diciembre, de medidas urgentes para la mejora del mercado de trabajo y el fomento de la contratación indefinida.

⇒ Cf. el artículo 14 CE (§1) y sus notas.
V. las normas reproducidas en el Cap. V de la presente legislación.
V. el RD 870/2007, de 2 julio, por el que se regula el programa de empleo con apoyo como medida de fomento del empleo de personas con discapacidad en el mercado ordinario de trabajo (§28.4).

4. Sin perjuicio de lo dispuesto en los apartados anteriores, la negociación colectiva podrá establecer medidas de acción positiva para favorecer el acceso de las mujeres a todas las profesiones. A tal efecto podrá establecer reservas y preferencias en las condiciones de contratación de modo que, en igualdad de condiciones de idoneidad, tengan preferencia para ser contratadas las personas del sexo menos representado en el grupo o categoría profesional de que se trate.

Asimismo, la negociación colectiva podrá establecer este tipo de medidas en las condiciones de clasificación profesional, promoción y formación, de modo que, en igualdad de condiciones de idoneidad, tengan preferencia las personas del sexo menos representado para favorecer su acceso en el grupo, categoría profesional o puesto de trabajo de que se trate.

✐ Ap. 4 añadido disp. adic. 11ª.2 de la LO 3/2007, de 22 marzo, para la igualdad efectiva de mujeres y hombres (§31.1).

5. El establecimiento de planes de igualdad en las empresas se ajustará a lo dispuesto en esta Ley y en la Ley Orgánica para la igualdad efectiva de mujeres y hombres.

✐ Ap. 5 añadido disp. adic. 11ª.2 de la LO 3/2007, de 22 marzo, para la igualdad efectiva de mujeres y hombres (§31.1).

Artículo 18. Inviolabilidad de la persona del trabajador.

Sólo podrán realizarse registros sobre la persona del trabajador, en sus taquillas y efectos particulares, cuando sean necesarios para la protección del patrimonio empresarial y del de los demás trabajadores de la empresa, dentro del centro de trabajo y en horas de trabajo. En su realización se respetará al máximo la dignidad e intimidad del trabajador y se contará con la asistencia de un representante legal de los trabajadores o, en su ausencia del centro de trabajo, de otro trabajador de la empresa, siempre que ello fuera posible.

⇒ V. arts. 18 de la CE (§1) y 4.2 e) de la presente Ley.

V. la STC 272/1994, de 17 octubre (RTC 1994, 272).

Artículo 19. Seguridad e higiene.

1. El trabajador, en la prestación de sus servicios, tendrá derecho a una protección eficaz en materia de seguridad e higiene.

⇒ V. arts. 40.2 de la CE (§1) y 4.2 d) del presente Estatuto así como, en especial, Ley 31/1995, de Prevención de Riesgos Laborales (§23), los Reglamentos citados en nota a su art. 6 y los arts. 195 y ss. de la LGSS (§32.1).

Posibles sanciones a los incumplimientos del precepto en arts. 45 y ss. de la LPRL (§23) y en arts. 316, 317 y 318 del CP (§40.4).

2. El trabajador está obligado a observar en su trabajo las medidas legales y reglamentarias de seguridad e higiene.

⇒ V. art. 5 b) del propio ET y art. 29 de la Ley 31/1995, de 8 noviembre (§23).

3. En la inspección y control de dichas medidas que sean de observación obligada por el empresario, el trabajador tiene derecho a participar por medio de sus representantes legales en el centro de trabajo, si no se cuenta con órganos o centros especializados competentes en la materia a tenor de la legislación vigente.

⇒ Cfr. art. 64.1.7 y 64.1.8 de la presente Ley así como arts. 30 a 40 de la LPRL (§23).

4. El empresario está obligado a facilitar una formación práctica y adecuada en materia de seguridad e higiene a los trabajadores que contrata, o cuando cambien de puesto de trabajo o tengan que aplicar una nueva técnica que pueda ocasionar riesgos graves para el propio trabajador o para sus compañeros o terceros, ya sea con servicios propios, ya sea con la intervención de los servicios oficiales correspondientes. El trabajador está obligado a seguir dichas enseñanzas y a realizar las prácticas cuando se celebren dentro de la jornada de trabajo o en otras horas, pero con el descuento en aquélla del tiempo invertido en las mismas.

⇒ Cfr. arts. 15 y concordantes de la Ley 31/1995 (§23).

En el campo de las empresas de trabajo temporal, v. art. 16 de la Ley 14/1994 (§3.1) y RD 216/1999, de 5 febrero (§3.3).

5. Los órganos internos de la empresa competentes en materia de seguridad y, en su defecto, los representantes legales de los trabajadores en el centro de trabajo, que aprecien una probabilidad seria y grave de accidente por la inobservancia de la legislación aplicable en la materia, requerirán al empresario por escrito para que adopte las medidas oportunas que hagan desaparecer el estado de riesgo; si la petición no fuese atendida en un plazo de cuatro días, se dirigirán a la autoridad competente; ésta, si apreciase las circunstancias alegadas, mediante resolución fundada, requerirá al empresario para que adopte las medidas de seguridad apropiadas o que suspenda sus actividades en la zona o local de trabajo o con el material en peligro. También podrá ordenar, con los informes técnicos precisos, la paralización inmediata del trabajo si se estima un riesgo grave de accidente.

Si el riesgo de accidente fuera inminente, la paralización de las actividades podrá ser acordada por decisión de los órganos competentes de la empresa en materia de seguridad o por el 75 por 100 de los representantes de los trabajadores en empresas con procesos discontinuos y de la totalidad de los mismos en aquellas cuyo proceso sea continuo; tal acuerdo será comunicado de inmediato a la empresa y a la autoridad laboral, la cual, en veinticuatro horas, anulará o ratificará la paralización acordada.

⇒ V. arts. 123 y 127.3 de la LGSS/1994 (§32.1) y art. 21 de la LPRL (§23), que no deroga de forma expresa el presente artículo.

Cfr. con art. 26 de la Ley 14/1986, de 25 abril, General de Sanidad.

Artículo 20. Dirección y control de la actividad laboral.

⇒ La STC 90/1997 (RTC 1997, 90) y las por ella citadas recalcan que los poderes empresariales vienen limitados por los derechos fundamentales del trabajador.

1. El trabajador estará obligado a realizar el trabajo convenido bajo la dirección del empresario o persona en quien éste delegue.

⇒ V. arts. 1.1, 5 a) y c), 22 y 39 de la presente Ley. Respecto de trabajadores cedidos por Empresa de Trabajo Temporal, cfr. art. 15 de su Ley reguladora (§3.1).

En materia de riesgos laborales, v. art. 16.2 de la Ley 31/1995 (§23).

2. En el cumplimiento de la obligación de trabajar asumida en el contrato, el trabajador debe al empresario la diligencia y la colaboración en el trabajo que marquen las disposiciones legales, los convenios colectivos y las órdenes o instrucciones adoptadas por aquél en el ejercicio regular de sus

facultades de dirección y, en su defecto, por los usos y costumbres. En cualquier caso, el trabajador y el empresario se someterán en sus prestaciones recíprocas a las exigencias de la buena fe.

⇒ Cfr. arts. 3.1, 39 y 54.2 del propio Estatuto. Sobre poder de dirección en temas silenciados por el convenio colectivo, STC 208/1993, de 28 junio (RTC 1993, 208).

En STC 170/1987, de 30 octubre (RTC 1987, 170), se reflexiona sobre ejercicio del poder de dirección amparado en usos y costumbres, sin contrariar derechos fundamentales o libertades públicas.

Téngase en cuenta el condicionante impuesto por el art. 15.2 de la Ley 31/1995, de 8 noviembre (§23).

El art. 3 de la LO 2/1997, de 19 junio, reguladora de la cláusula de conciencia de los profesionales de la información, admite que éstos «podrán negarse, motivadamente, a participar en la elaboración de informaciones contrarias a los principios éticos de la comunicación, sin que ello pueda suponer sanción o perjuicio».

3. El empresario podrá adoptar las medidas que estime más oportunas de vigilancia y control para verificar el cumplimiento por el trabajador de sus obligaciones y deberes laborales, guardando en su adopción y aplicación la consideración debida a su dignidad humana y teniendo en cuenta la capacidad real de los trabajadores disminuidos, en su caso.

⇒ V. arts. 4.2 e) y 5 a) de la presente Ley. Asimismo, cfr. las previsiones de la LO 1/1982, de 5 mayo, de protección civil del derecho al honor, a la intimidad personal y familiar y a la propia imagen.

V. art. 25.1 de la LPRL (§23).

Téngase en cuenta el art. 90.1 de la LPL (§41).

La doctrina constitucional viene explicando que toda restricción a los derechos fundamentales de los trabajadores, que se adopte en virtud del poder de vigilancia empresarial, ha de superar el juicio de justificación, idoneidad, necesidad y proporcionalidad; por ejemplo, v. STC 186/2000, de 10 julio (RTC 2000, 186).

4. El empresario podrá verificar el estado de enfermedad o accidente del trabajador que sea alegado por éste para justificar sus faltas de asistencia al trabajo, mediante reconocimiento a cargo de personal médico. La negativa del trabajador a dichos reconocimientos podrá determinar la suspensión de los derechos económicos que pudieran existir a cargo del empresario por dichas situaciones.

⇒ Cfr. con las previsiones del art. 131.1 de la LGSS/1994 (§32.1), así como con las del art. 22 de la LPRL (§23).

Artículo 21. Pacto de no concurrencia y de permanencia en la empresa.

⇒ Estas figuras resultan modalizadas en diversas relaciones especiales; señaladamente la de altos directivos (§16.1), mediadores mercantiles (§16.7), así como deportistas profesionales (§16.5).

1. No podrá efectuarse la prestación laboral de un trabajador para diversos empresarios cuando se estime concurrencia desleal o cuando se pacte la plena dedicación mediante compensación económica expresa, en los términos que al efecto se convengan.

⇒ V. arts. 5 d) y 54.2 d) de la presente Ley.

2. El pacto de no competencia para después de extinguido el contrato de trabajo, que no podrá tener una duración superior a dos años para los técnicos y de seis meses para los demás trabajadores, sólo será válido si concurren los requisitos siguientes:

⇒ Cfr. con art. 10.4 del RD 1438/1985 (§16.7).

a) Que el empresario tenga un efectivo interés industrial o comercial en ello, y

b) Que se satisfaga al trabajador una compensación económica adecuada.

3. En el supuesto de compensación económica por la plena dedicación, el trabajador podrá rescindir el acuerdo y recuperar su libertad de trabajo en otro empleo, comunicándolo por escrito al empresario con un preaviso de treinta días, perdiéndose en este caso la compensación económica u otros derechos vinculados a la plena dedicación.

4. Cuando el trabajador haya recibido una especialización profesional con cargo al empresario para poner en marcha proyectos determinados o realizar un trabajo específico, podrá pactarse entre ambos la permanencia en dicha empresa durante cierto tiempo. El acuerdo no será de duración superior a dos años y se formalizará siempre por escrito. Si el trabajador abandona el trabajo antes del plazo, el empresario tendrá derecho a una indemnización de daños y perjuicios.

Sección 3ª Clasificación profesional y promoción en el trabajo

Artículo 22. Sistema de clasificación profesional.

1. Mediante la negociación colectiva, o en su defecto, acuerdo entre la empresa y los representantes de los trabajadores, se establecerá el sistema de clasificación profesional de los trabajadores, por medio de categorías o grupos profesionales.

⇒ Cfr. arts. 24, 39 y 84 del presente Estatuto.

2. Se entenderá por grupo profesional el que agrupe unitariamente las aptitudes profesionales, titulaciones y contenido general de la prestación, y podrá incluir tanto diversas categorías profesionales como distintas funciones o especialidades profesionales.

⇒ V. art. 39 del propio Estatuto.

3. Se entenderá que una categoría profesional es equivalente de otra cuando la aptitud profesional necesaria para el desempeño de las funciones propias de la primera permita desarrollar las prestaciones laborales básicas de la segunda, previa la realización, si ello es necesario, de procesos simples de formación o adaptación.

⇒ V. lo dispuesto en el art. 39.

4. Los criterios de definición de las categorías y grupos se acomodarán a reglas comunes para los trabajadores de uno y otro sexo.

⇒ V. arts. 14 y 35 CE (§1); arts. 4.2 c), 17.1, 24.2 y 28 del presente Estatuto. Cfr. también art. 1 de la Dir. 2006/54/CE, de 5 julio 2006 (§45.3).

La doctrina constitucional viene recalcando que «el imperativo constitucional y legal («ex» arts. 14 CE y 22.4 ET) de acomodar la definición de las categorías y grupos profesionales a reglas comunes para los trabajadores de uno y otro sexo, así como de la utilización de criterios neutros, con exclusión de los sexualmente caracterizados, por corresponder a los rasgos medios de la capacidad del varón» (STC 250/2000, de 30 octubre [RTC 2000, 250]).

5. Por acuerdo entre el trabajador y el empresario se establecerá el contenido de la prestación laboral objeto del contrato de trabajo, así como su equiparación a la categoría, grupo profesional o nivel retributivo previsto en el convenio colectivo o, en su defecto, de aplicación en la empresa, que se corresponda con dicha prestación.

⇒ Cfr. arts. 24, 39, 41 y 84 del propio Estatuto.

Cuando se acuerde la polivalencia funcional o la realización de funciones propias de dos o más categorías, grupos o niveles, la equiparación se realizará en virtud de las funciones que resulten prevalentes.

Artículo 23. Promoción y formación profesional en el trabajo.

⇒ V. Convenio 140 de la OIT, sobre licencia pagada de estudios, ratificado por España el 16 de agosto de 1978; también el RD 631/1993, de 3 mayo, por el que se regula el Plan Nacional de Formación e Inserción Profesional. V. asimismo los arts. 35.1 y 40.2 de la CE (§1) y art. 4.2 b) de la presente Ley.

1. El trabajador tendrá derecho:

a) Al disfrute de los permisos necesarios para concurrir a exámenes, así como a una preferencia a elegir turno de trabajo, si tal es el régimen instaurado en la empresa, cuando curse con regularidad estudios para la obtención de un título académico o profesional.

⇒ V. art. 36.3 de la propia Ley.

Reflexiones constitucionales al respecto en la STC 129/1989, de 17 julio (RTC 1989, 129), subrayando la necesidad de compatibilizar el derecho a la educación con la organización del proceso productivo.

b) A la adaptación de la jornada ordinaria de trabajo para la asistencia a cursos de formación profesional o a la concesión del permiso oportuno de formación o perfeccionamiento profesional con reserva del puesto de trabajo.

⇒ Cfr. art. 34 del presente Estatuto.

Sobre formación relacionada con prevención de riesgos laborales, v. art. 19.2 de la Ley 31/1995, de 8 noviembre (§23).

2. En los Convenios Colectivos se pactarán los términos del ejercicio de estos derechos.

⇒ V. art. 85.1 del propio Estatuto.

Artículo 24. Ascensos.

1. Los ascensos dentro del sistema de clasificación profesional se producirán conforme a lo que se establezca en convenio, o, en su defecto, en acuerdo colectivo entre la empresa y los representantes de los trabajadores.

⇒ Cfr. arts. 22 y 39 de la presente Ley.

En todo caso los ascensos se producirán teniendo en cuenta la formación, méritos, antigüedad del trabajador, así como las facultades organizativas del empresario.

2. Los criterios de ascenso en la empresa se acomodarán a reglas comunes para los trabajadores de uno y otro sexo.

⇒ Cfr. arts. 14 y 35 de la CE (§1), así como arts. 4.2 c), 22.4, 17 y 28 del presente Estatuto; también arts. 3 y 4 de la Dir. 76/207/CEE, de 9 febrero.

Artículo 25. Promoción económica.

1. El trabajador, en función del trabajo desarrollado, podrá tener derecho a una promoción económica en los términos fijados en Convenio Colectivo o contrato individual.

⇒ V. el art. 26.3 del propio ET.

2. Lo dispuesto en el número anterior se entiende sin perjuicio de los derechos adquiridos o en curso de adquisición en el tramo temporal correspondiente.

⇒ Originariamente, los aps. 2 y 3 del ET/1980 disponían lo siguiente:

«2. La acumulación de los incrementos por antigüedad no podrá, en ningún caso, suponer más del 10 por 100 a los cinco años, del 25 por 100 a los quince años, del 40 por 100 a los veinte años y del 60 por 100, como máximo, a los veinticinco o más años.

Los incrementos se calcularán sobre el salario base.

3. Lo dispuesto en el número anterior se entiende sin perjuicio de los derechos adquiridos o en trance de adquisición en el tramo temporal correspondiente».

Sección 4ª Salarios y garantías salariales

⇒ V. Convenio núm. 95 de la OIT, relativo a la protección del salario, ratificado por España el 12 de junio de 1958, así como los arts. 6.2, 7.3 y 8.1 del TRLISOS (§40.1).

Artículo 26. Del salario.

1. Se considerará salario la totalidad de las percepciones económicas de los trabajadores, en dinero o en especie, por la prestación profesional de los servicios laborales por cuenta ajena, ya retribuyan el trabajo efectivo, cualquiera que sea la forma de remuneración, o los períodos de descanso computables como de trabajo. En ningún caso el salario en especie podrá superar el 30 por 100 de las percepciones salariales del trabajador.

⇒ V. arts. 1.1, 1.3 d) y 8.1 de la presente Ley sobre la esencialidad de la remuneración.

Cfr. arts. 37 y 38 sobre períodos de inactividad retribuidos.

Cfr. el tope sobre salario en especie con el previsto por el art. 6.2 del RD 1424/1985, de 1 agosto (§16.2).

Sobre vivienda como salario en especie, cfr. art. 5 a) de la Ley 29/1994, de 24 noviembre, de Arrendamientos Urbanos.

Véase en art. 109.1 LGSS (§32.1) la importante conexión que hay entre salario y base de cotización.

2. No tendrán la consideración de salario las cantidades percibidas por el trabajador en concepto de indemnizaciones o suplidos por los gastos realizados como consecuencia de su actividad laboral, las prestaciones e indemnizaciones de la Seguridad Social y las indemnizaciones correspondientes a traslados, suspensiones o despidos.

⇒ V. arts. 38, 39 y 109.2 de la LGSS/1994 (§32.1).

3. Mediante la negociación colectiva o, en su defecto, el contrato individual, se determinará la estructura del salario, que deberá comprender el salario base, como retribución fijada por unidad de tiempo o de obra y, en su caso, complementos salariales fijados en función de circunstancias relativas a las condiciones personales del trabajador, al trabajo realizado o a la situación y resultados de la empresa, que se calcularán conforme a los criterios que a tal efecto se pacten. Igualmente se pactará el carácter consolidable o no de dichos complementos salariales, no teniendo el carácter de consolidables, salvo acuerdo en contrario, los que estén vinculados al puesto de trabajo o a la situación y resultados de la empresa.

⇒ V. la disp. adic. 4ª de la presente Ley.

4. Todas las cargas fiscales y de Seguridad Social a cargo del trabajador serán satisfechas por el mismo, siendo nulo todo pacto en contrario.

⇒ Cfr. art. 105 de la LGSS/1994 (§32.1), así como las SSTC 171/1989, de 19 octubre (RTC 1989, 171) y 210/1991, de 11 noviembre (RTC 1991, 210).

Sobre retenciones de salarios en el IRPF, v. RD 1775/2004, de 30 julio.

5. Operará la compensación y absorción cuando los salarios realmente abonados, en su conjunto y cómputo anual, sean más favorables para los trabajadores que los fijados en el orden normativo o convencional de referencia.

⇒ V. arts. 3 y 4 del Real Decreto por el que se fija el salario mínimo interprofesional.

Téngase en cuenta también el art. 3.3 del propio Estatuto.

Artículo 27. Salario mínimo interprofesional.

⇒ Cfr. art. 35.1 de la CE (§1) y el Real Decreto sobre salario mínimo para el presente año (§12.1).

Téngase muy en cuenta el RDLey 3/2004, de 25 junio, para la racionalización de la regulación del salario mínimo interprofesional, para el incremento de su cuantía (§12.2).

1. El Gobierno fijará, previa consulta con las organizaciones sindicales y asociaciones empresariales más representativas, anualmente, el salario mínimo interprofesional, teniendo en cuenta:

a) El índice de precios al consumo.

b) La productividad media nacional alcanzada.

c) El incremento de la participación del trabajo en la renta nacional.

d) La coyuntura económica general.

Igualmente se fijará una revisión semestral para el caso de que no se cumplan las previsiones sobre el índice de precios citado.

La revisión del salario mínimo interprofesional no afectará a la estructura ni a la cuantía de los salarios profesionales cuando éstos, en su conjunto y cómputo anual, fueran superiores a aquél.

⇒ Cfr. art. 3.1 del Real Decreto sobre Salario Mínimo Interprofesional.

2. El salario mínimo interprofesional, en su cuantía, es inembargable.

⇒ La Ley 1/2000, de 7 enero, de Enjuiciamiento Civil, dispone en su art. 607 («Embargo de sueldos y pensiones») lo siguiente:

«1. Es inembargable el salario, sueldo, pensión, retribución o su equivalente, que no exceda de la cuantía señalada para el salario mínimo interprofesional.

2. Los salarios, sueldos, jornales, retribuciones o pensiones que sean superiores al salario mínimo interprofesional se embargarán conforme a esta escala:

1° Para la primera cuantía adicional hasta la que suponga el importe del doble del salario mínimo interprofesional, el 30 por 100.

2° Para la cuantía adicional hasta el importe equivalente a un tercer salario mínimo interprofesional, el 50 por 100.

3° Para la cuantía adicional hasta el importe equivalente a un cuarto salario mínimo interprofesional, el 60 por 100.

4° Para la cuantía adicional hasta el importe equivalente a un quinto salario mínimo interprofesional, el 75 por 100.

5° Para cualquier cantidad que exceda de la anterior cuantía, el 90 por 100.

3. Si el ejecutado es beneficiario de más de una percepción, se acumularán todas ellas para deducir una sola vez la parte inembargable. Igualmente serán acumulables los salarios, sueldos y pensiones, retribuciones o equivalentes de los cónyuges cuando el régimen económico que les rija no sea el de separación de bienes y rentas de toda clase, circunstancia que habrán de acreditar al tribunal.

4. En atención a las cargas familiares del ejecutado, el tribunal podrá aplicar una rebaja de entre un 10 a un 15 por 100 en los porcentajes establecidos en los números 1, 2, 3 y 4 del apartado 2 del presente artículo.

5. Si los salarios, sueldos, pensiones o retribuciones estuvieron gravados con descuentos permanentes o transitorios de carácter público, en razón de la legislación fiscal, tributaria o de Seguridad Social, la cantidad líquida que percibiera el ejecutado, deducidos éstos, será la que sirva de tipo para regular el embargo.

6. Los anteriores apartados de este artículo serán de aplicación a los ingresos procedentes de actividades profesionales y mercantiles autónomas».

Artículo 28. Igualdad de remuneración por razón de sexo.

⇒ El precepto enlaza con las previsiones generales sobre discriminación, como las de los artículos 14 CE (§1), así como 4.2.c) y 17 de la presente norma, cuyas anotaciones deben consultarse.

El empresario está obligado a pagar por la prestación de un trabajo de igual valor la misma retribución, satisfecha directa o indirectamente, y cualquiera que sea la ntauraleza de la misma, salarial o extrasalarial, sin que pueda producirse discriminación alguna por razón de sexo en ninguno de los elementos o condiciones de aquélla.

✐ Modificado por Ley 33/2002, de 5 julio.

⇒ Cfr. art. 35.1 de la CE (§1), así como Convenio núm. 100 de la OIT sobre igualdad de remuneración entre la mano de obra masculina y la mano de obra femenina por un trabajo de igual valor (ratificado por España el 26 de octubre de 1967). También la Dir. 2006/54/CE, de 5 julio 2006 (§45.3).

Clara aplicación de esta regla en SSTC 58/1994, de 28 febrero (RTC 1994, 58) y 286/1994, de 27 octubre (RTC 1994, 286).

En STJCE de 26 junio 2001 (TJCE 2001, 178) puede verse compendio de la doctrina comunitaria sobre el particular.

Artículo 29. Liquidación y pago.

1. La liquidación y el pago del salario se harán puntual y documentalmente en la fecha y lugar convenidos o conforme a los usos y costumbres. El período de tiempo a que se refiere el abono de las retribuciones periódicas y regulares no podrá exceder de un mes.

⇒ V. arts. 4.2 f), 49.2 y 50.1 b) del propio Estatuto. Como preceptos sancionadores, arts. 6.2, 7.3 y 8.1 del TRLISOS (§40.1).

El trabajador y, con su autorización, sus representantes legales, tendrán derecho a percibir, sin que llegue el día señalado para el pago, anticipos a cuenta del trabajo ya realizado.

⇒ V. el D. 3084/1974, de 11 octubre, sobre anticipos para inducir a aceptar un empleo.

La documentación del salario se realizará mediante la entrega al trabajador de un recibo individual y justificativo del pago del mismo. El recibo de salarios se ajustará al modelo que apruebe el Ministerio de Trabajo y Seguridad Social, salvo que por Convenio Colectivo, o, en su defecto, por acuerdo entre la empresa y los representantes de los trabajadores, se establezca otro modelo que contenga con la debida claridad y separación las diferentes percepciones del trabajador, así como las deducciones que legalmente procedan.

⇒ V. la OM 27 diciembre 1994 (§11).

La liquidación de los salarios que correspondan a quienes presten servicios en trabajos que tengan el carácter de fijos discontinuos, en los supuestos de conclusión de cada período de actividad, se llevará a cabo con sujeción a los trámites y garantías establecidos en el apartado 2 del artículo 49.

2. El derecho al salario a comisión nacerá en el momento de realizarse y pagarse el negocio, la

colocación o venta en que hubiera intervenido el trabajador, liquidándose y pagándose, salvo que se hubiese pactado otra cosa, al finalizar el año.

⇒ Cfr. con art. 8.3 del RD 1438/1985, de 1 agosto (§16.7).

El trabajador y sus representantes legales pueden pedir en cualquier momento comunicaciones de la parte de los libros referentes a tales devengos.

⇒ V. art. 77 de la LPL (§41).

La STC 292/2006, de 10 octubre (RTC 2006, 292), ampara al trabajador a quien la sentencia de suplicación priva del derecho a comisiones derivadas de operaciones que intentó acreditar, sin que el Juzgado le permitiera practicar la prueba pertinente; el Juzgado estimó probado lo que convenía al trabajador, pero la sentencia de suplicación revocó ese criterio, precisamente, por no haberse acreditado los hechos en cuestión.

3. El interés por mora en el pago del salario será el 10 por 100 de lo adeudado.

⇒ Pero téngase en cuenta lo previsto en el art. 59 de la Ley Concursal (§15.4).

4. El salario, así como el pago delegado de las prestaciones de la Seguridad Social, podrá efectuarlo el empresario en moneda de curso legal o mediante talón u otra modalidad de pago similar a través de entidades de crédito, previo informe al comité de empresa o delegados de personal.

⇒ V. arts. 1170 y concordantes del CC.

Artículo 30. Imposibilidad de la prestación.

Si el trabajador no pudiera prestar sus servicios una vez vigente el contrato porque el empresario se retrasare en darle trabajo por impedimentos imputables al mismo y no al trabajador, éste conservará el derecho a su salario, sin que pueda hacérsele compensar el que perdió con otro trabajo realizado en otro tiempo.

⇒ Cfr. arts. 1.1 y 47 de la presente Ley.

V. también art. 53 de la LPRL (§23).

Artículo 31. Gratificaciones extraordinarias.

El trabajador tiene derecho a dos gratificaciones extraordinarias al año, una de ellas con ocasión de las fiestas de Navidad y la otra en el mes que se fije por convenio colectivo o por acuerdo entre el empresario y los representantes legales de los trabajadores. Igualmente se fijará por convenio colectivo la cuantía de tales gratificaciones.

⇒ Cfr. art. 4.1 del Real Decreto de Salario Mínimo Interprofesional.

Sobre pagas extras y trabajadores temporales v. la STC 177/1993, de 31 mayo (RTC 1993, 177), considerando discriminatorias las diferencias peyorativas respecto de los trabajadores fijos.

Previsiones sobre pagas extras para servidores domésticos en el art. 6.4 del RD 1424/1985 (§16.2); para penados en instituciones penitenciarias en el art. 15 del RD 782/2001 (§16.4); para minusválidos en Centros Especiales de Empleo en art. 12.b) del RD 1368/1985 (§16.8).

No obstante, podrá acordarse en convenio colectivo que las gratificaciones extraordinarias se prorrateen en las doce mensualidades.

Artículo 32. Garantías del salario.

⇒ Ténganse en cuenta las previsiones de la Parte II del Convenio núm. 173 de la OIT (1992), sobre la protección de los créditos laborales en caso de insolvencia del empleador (ratificado por España el 16 mayo 1995).

Cfr. lo dispuesto en el art. 257 del CP (§40.4).

1. Los créditos salariales por los últimos treinta días de trabajo y en cuantía que no supere el doble del salario mínimo interprofesional gozarán de preferencia sobre cualquier otro crédito, aunque éste se encuentre garantizado por prenda o hipoteca.

⇒ Sobre el salario mínimo de referencia, v. el art. 1.2.c del RDley 3/2004 (§12.2).

2. Los créditos salariales gozarán de preferencia sobre cualquier otro crédito respecto de los objetos elaborados por los trabajadores mientras sean propiedad o estén en posesión del empresario.

3. Los créditos por salarios no protegidos en los apartados anteriores tendrán la condición de singularmente privilegiados en la cuantía que resulte de multiplicar el triple del salario mínimo interprofesional por el número de días del salario pendientes de pago, gozando de preferencia sobre cualquier otro crédito, excepto los créditos con derecho real, en los supuestos en los que éstos, con arreglo a la Ley, sean preferentes. La misma consideración tendrán las indemnizaciones por despido en la cuantía correspondiente al mínimo legal calculada sobre una base que no supere el triple del salario mínimo.

4. El plazo para ejercitar los derechos de preferencia del crédito salarial es de un año, a contar desde el momento en que debió percibirse el salario, transcurrido el cual prescribirán tales derechos.

5. Las preferencias reconocidas en los apartados precedentes serán de aplicación en todos los supuestos en los que, no hallándose el empresario declarado en concurso, los correspondientes créditos

concurran con otro u otros sobre bienes de aquél. En caso de concurso, serán de aplicación las disposiciones de la Ley Concursal relativas a la clasificación de los créditos y a las ejecuciones y apremios.

✐ Artículo modificado por la disp. final 14ª de la Ley 22/2003, de 9 julio, Concursal (§15.4).

Artículo 33. El Fondo de Garantía Salarial.

⇒ Sobre la organización y funcionamiento del Fondo v. RD 505/1985 (§13.1), así como la O. 20 agosto 1985 relativa a devolución de cantidades satisfechas por el mismo (§13.2).

El FGS está adscrito al Ministerio de Trabajo y Asuntos Sociales a través de la Secretaría General de Empleo, conforme dispone el RD 1600/2004, de 2 julio (§38.1).

En el ámbito comunitario, v. la Directiva 80/987/CEE, de 20 octubre 1980, del Consejo (§48.2).

V. asimismo el Convenio núm. 173 de la OIT (1992), sobre la protección de los créditos laborales en caso de insolvencia del empleador (ratificado con fecha 16 mayo 1995), especialmente su Parte III.

Sobre garantías para los altos cargos, v. la disp. adic. 5ª de la presente Ley.

Sobre el salario mínimo de referencia, v. el art. 1.2.d del RDley 3/2004 (§12.2).

1. El Fondo de Garantía Salarial, Organismo autónomo dependiente del Ministerio de Trabajo y Asuntos Sociales, con personalidad jurídica y capacidad de obrar para el cumplimiento de sus fines, abonará a los trabajadores el importe de los salarios pendientes de pago a causa de insolvencia, suspensión de pagos, quiebra o concurso de acreedores de los empresarios.

A los anteriores efectos, se considerará salario la cantidad reconocida como tal en acto de conciliación o en resolución judicial por todos los conceptos a que se refiere el artículo 26.1, así como los salarios de tramitación en los supuestos en que legalmente procedan, sin que pueda el Fondo abonar, por uno u otro concepto, conjunta o separadamente, un importe superior a la cantidad resultante de multiplicar el triple del salario mínimo interprofesional diario, incluyendo la parte proporcional de las pagas extraordinarias, por el número de días de salario pendiente de pago, con un máximo de ciento cincuenta días.

✐ Párr. 2º modificado por art. 12.Tres de la Ley 43/2006, de 29 diciembre (§27.2).

⇒ El RD 432/1999, de 12 marzo, explicita la condición de organismo autónomo que el Fondo posee, así como su sujeción a la Ley 6/1997, de 14 abril (LOFAGE).

Téngase en cuenta lo dispuesto en el art. 257 del CP (§40.4).

Cfr. SSTC 171/1991, de 16 septiembre (RTC 1991, 171) y 233/1991, de 10 diciembre (RTC 1991, 233).

2. El Fondo de Garantía Salarial, en los casos del apartado anterior, abonará indemnizaciones reconocidas como consecuencia de sentencia, auto, acto de conciliación judicial o resolución administrativa a favor de los trabajadores a causa de despido o extinción de los contratos conforme a los artículos 50, 51 y 52 de esta Ley, y de extinción de contratos conforme al artículo 64 de la Ley 22/2003, de 9 de julio, Concursal, así como las indemnizaciones por extinción de contratos temporales o de duración determinada en los casos que legalmente procedan. En todos los casos con el límite máximo de una anualidad, sin que el salario diario, base del cálculo, pueda exceder del triple del salario mínimo interprofesional, incluyendo la parte proporcional de las pagas extraordinarias.

El importe de la indemnización, a los solos efectos de abono por el Fondo de Garantía Salarial para los casos de despido o extinción de los contratos conforme al artículo 50 de esta Ley, se calculará sobre la base de treinta días por año de servicio, con el límite fijado en el párrafo anterior.

✐ Ap. 2 modificado por art. 12.Cuatro de la Ley 43/2006, de 29 diciembre (§27.2).

⇒ Cfr. art. 23.3 de la LPL (§41) y STC 90/1994, de 17 marzo (RTC 1994, 90).

3. En los procedimientos concursales, desde el momento en que se tenga conocimiento de la existencia de créditos laborales o se presuma la posibilidad de su existencia, el Juez, de oficio o a instancia de parte, citará al Fondo de Garantía Salarial, sin cuyo requisito no asumirá éste las obligaciones señaladas en los apartados anteriores. El Fondo se personará en el expediente como responsable legal subsidiario del pago de los citados créditos, pudiendo instar lo que a su derecho convenga y sin perjuicio de que, una vez realizado, continúe como acreedor en el expediente.

⇒ V. arts. 23 y 24 de la LPL (§41).

4. El Fondo asumirá las obligaciones especificadas en los números anteriores, previa instrucción de expediente para la comprobación de su procedencia.

Para el reembolso de las cantidades satisfechas, el Fondo de Garantía Salarial se subrogará obligatoriamente en los derechos y acciones de los trabajadores, conservando el carácter de créditos privilegiados que les confiere el artículo 32 de esta Ley. Si dichos créditos concurriesen con los que puedan conservar los trabajadores por la parte no satisfecha por el Fondo, unos y otros se abonarán a prorrata de sus respectivos importes.

⇒ V. STC 90/1994, de 17 marzo (RTC 1994, 90).

Cfr. con la regla que establece el art. 1213 del CC.

5. El Fondo de Garantía Salarial se financiará con las aportaciones efectuadas por todos los

empresarios a que se refiere el apartado 2 del artículo 1 de esta Ley, tanto si son públicos como privados.

El tipo de cotización se fijará por el Gobierno sobre los salarios que sirvan de base para el cálculo de la cotización para atender las contingencias derivadas de accidentes de trabajo, enfermedad profesional y desempleo en el Sistema de la Seguridad Social.

⇒ V. la disp. adic. 21 a) de la LGSS/1994 (§32.1).
V. la disp. adic. 4ª de Ley 43/2006, de 29 diciembre (§27.2).

6. A los efectos de este artículo se entiende que existe insolvencia del empresario cuando, instada la ejecución en la forma establecida por la Ley de Procedimiento Laboral, no se consiga satisfacción de los créditos laborales. La resolución en que conste la declaración de insolvencia será dictada previa audiencia del Fondo de Garantía Salarial.

⇒ V. arts. 274 y ss. de la LPL (§41).

7. El derecho a solicitar del Fondo de Garantía Salarial el pago de las prestaciones que resultan de los apartados anteriores prescribirá al año de la fecha del acto de conciliación, sentencia, auto o resolución de la Autoridad Laboral en que se reconozca la deuda por salarios o se fijen las indemnizaciones.

✐ Ap. 7 modificado por art. 12.Cinco de la Ley 43/2006, de 29 diciembre (§27.2).

⇒ Cfr. SSTC 40/1993, de 8 febrero (RTC 1993, 40) y 95/1993, de 22 marzo (RTC 1993, 95).

8. En las empresas de menos de veinticinco trabajadores, el Fondo de Garantía Salarial abonará el 40 por 100 de la indemnización legal que corresponda a los trabajadores cuya relación laboral se haya extinguido como consecuencia del expediente instruido en aplicación del artículo 51 de esta Ley o por la causa prevista en el párrafo c) del artículo 52, o conforme al artículo 64 de la Ley 22/2003, de 9 de julio, Concursal.

✐ Ap. 8 párr. 1º modificado por art. 12.Seis de la Ley 43/2006, de 29 diciembre (§27.2).

El cálculo del importe de este abono se realizará sobre las indemnizaciones ajustadas a los límites previstos en el apartado 2 de este artículo.

9. El Fondo de Garantía Salarial tendrá la consideración de parte en la tramitación de los procedimientos arbitrales, a efectos de asumir las obligaciones previstas en este artículo.

⇒ Cfr. arts. 85.1 y 91 de la presente Ley.

Sección 5ª Tiempo de trabajo

⇒ Respecto de toda la sección téngase presente el contenido del RD 1561/1995, de 21 septiembre, sobre jornadas especiales de trabajo (§14.1).
V. la disp. transit. 5ª de la presente Ley.
En el plano constitucional, v. el art. 40.2 de la Ley Fundamental (§1).
V. el art. 7.5 del TRLISOS (§40.1).

Artículo 34. Jornada.

1. La duración de la jornada de trabajo será la pactada en los convenios colectivos o contratos de trabajo.

La duración máxima de la jornada ordinaria de trabajo será de cuarenta horas semanales de trabajo efectivo de promedio en cómputo anual.

⇒ Cfr. arts. 3.1 c) y 85.1 de esta Ley, así como art. 6 de la Directiva 2003/88/CEE (§50.2).

2. Mediante convenio colectivo, o, en su defecto, por acuerdo entre la empresa y los representantes de los trabajadores se podrá establecer la distribución irregular de la jornada a lo largo del año. Dicha distribución deberá respetar en todo caso los períodos mínimos de descanso diario y semanal previstos en esta Ley.

⇒ Cfr. el apartado siguiente de este mismo artículo y el art. 37.1.

3. Entre el final de una jornada y el comienzo de la siguiente mediarán, como mínimo, doce horas.

⇒ V. art. 2 del RD 1561/1995, de 21 septiembre (§14.1).

El número de horas ordinarias de trabajo efectivo no podrá ser superior a nueve diarias, salvo que por convenio colectivo o, en su defecto, acuerdo entre la empresa y los representantes de los trabajadores, se establezca otra distribución del tiempo de trabajo diario, respetando en todo caso el descanso entre jornadas.

⇒ V. apartado anterior de este mismo artículo.

Los trabajadores menores de dieciocho años no podrán realizar más de ocho horas diarias de trabajo efectivo, incluyendo, en su caso, el tiempo dedicado a la formación y, si trabajasen para varios empleadores, las horas realizadas con cada uno de ellos.

⇒ Cfr. arts. 6 y 11.2 e) del propio Estatuto.

4. Siempre que la duración de la jornada diaria continuada exceda de seis horas, deberá establecerse un período de descanso durante la misma de duración no inferior a quince minutos. Este período de descanso se considerará tiempo de trabajo efectivo cuando así esté establecido o se establezca por convenio colectivo o contrato de trabajo.

En el caso de los trabajadores menores de dieciocho años, el período de descanso tendrá una duración mínima de treinta minutos, y deberá establecerse siempre que la duración de la jornada diaria continuada exceda de cuatro horas y media.

⇒ V. lo dispuesto en el art. 6 de esta Ley.

5. El tiempo de trabajo se computará de modo que tanto al comienzo como al final de la jornada diaria el trabajador se encuentre en su puesto de trabajo.

6. Anualmente se elaborará por la empresa el calendario laboral, debiendo exponerse un ejemplar del mismo en un lugar visible de cada centro de trabajo.

⇒ Respecto de su elaboración, v. la disp. adic. 3ª, ap. a), del RD 1561/1995, de 26 septiembre, sobre jornadas especiales de trabajo (§14.1).
Cfr. art. 6.1 del TRLISOS (§40.1).

7. El Gobierno, a propuesta del Ministro de Trabajo y Seguridad Social y previa consulta a las Organizaciones Sindicales y Empresariales más representativas, podrá establecer ampliaciones o limitaciones en la ordenación y duración de la jornada de trabajo y de los descansos, para aquellos sectores y trabajos, que por sus peculiaridades así lo requieran.

⇒ Mediante RD 1561/1995, de 21 septiembre (§14.1) se dio cumplimiento a tal encargo.
V. también arts. 36.1 (4 párr.), 37.1 (2 párr.) y disp. transit. 5ª del presente Estatuto.
V. asimismo Convenio núm. 172 de la OIT sobre condiciones de trabajo en la hostelería (ratificado el 7 de julio de 1993).

8. El trabajador tendrá derecho a adaptar la duración y distribución de la jornada de trabajo para hacer efectivo su derecho a la conciliación de la vida personal, familiar y laboral en los términos que se establezcan en la negociación colectiva o en el acuerdo a que llegue con el empresario respetando, en su caso, lo previsto en aquélla.

✐ Ap. 8 añadido disp. adic. 11ª.3 de la LO 3/2007, de 22 marzo, para la igualdad efectiva de mujeres y hombres (§31.1).

Artículo 35. Horas extraordinarias.

⇒ Para el trabajo a tiempo parcial téngase muy en cuenta la prohibición del art. 12.4.c), así como la posibilidad de realizar horas complementarias (art. 12.5).

1. Tendrán la consideración de horas extraordinarias aquellas horas de trabajo que se realicen sobre la duración máxima de la jornada ordinaria de trabajo, fijada de acuerdo con el artículo anterior. Mediante convenio colectivo o, en su defecto, contrato individual, se optará entre abonar las horas extraordinarias en la cuantía que se fije, que en ningún caso podrá ser inferior al valor de la hora ordinaria, o compensarlas por tiempos equivalentes de descanso retribuido. En ausencia de pacto al respecto, se entenderá que las horas extraordinarias realizadas deberán ser compensadas mediante descanso dentro de los cuatro meses siguientes a su realización.

✐ La STJCE 27 mayo 2004, *caso Elsner-Lakeberg,* entiende indirectamente discriminatorio (para las mujeres, mayoritarias en el sector) que los trabajadores a tiempo parcial deban de desempeñar el mismo número de horas extras que los de jornada completa a efectos de conseguir que se les abonen.

2. El número de horas extraordinarias no podrá ser superior a ochenta al año, salvo lo previsto en el apartado 3 de este artículo. Para los trabajadores que por la modalidad o duración de su contrato realizasen una jornada en cómputo anual inferior a la jornada general en la empresa, el número máximo anual de horas extraordinarias se reducirá en la misma proporción que exista entre tales jornadas.

⇒ V. art. 12 del propio Estatuto sobre trabajo a tiempo parcial.
Cfr. con el art. 111 de la LGSS/1994 (§32.1).
El art. 35.2 no se aplica a quienes trabajan a bordo de ciertos buques; cfr. art. 15 del RD 1561/1995 (§14.1) y su nota.

A los efectos de lo dispuesto en el párrafo anterior, no se computarán las horas extraordinarias que hayan sido compensadas mediante descanso dentro de los cuatro meses siguientes a su realización.

El Gobierno podrá suprimir o reducir el número máximo de horas extraordinarias por tiempo determinado, con carácter general o para ciertas ramas de actividad o ámbitos territoriales, para incrementar las oportunidades de colocación de los trabajadores en paro forzoso.

⇒ Ténganse en cuenta las previsiones del RD 1561/1995 (§14.1), sobre jornadas especiales de trabajo, en particular respecto del trabajo en interior de minas (art. 28).

3. No se tendrá en cuenta, a efectos de la duración máxima de la jornada ordinaria laboral, ni para el cómputo del número máximo de las horas extraordinarias autorizadas, el exceso de las trabajadas para prevenir o reparar siniestros y otros daños extraordinarios y urgentes, sin perjuicio de su compensación como horas extraordinarias.

4. La prestación de trabajo en horas extraordinarias será voluntaria, salvo que su realización se haya pactado en convenio colectivo o contrato individual de trabajo, dentro de los límites del apartado 2 de este artículo.

5. A efectos del cómputo de horas extraordinarias, la jornada de cada trabajador se registrará día a día y se totalizará en el período fijado para el abono de las retribuciones, entregando copia del resumen al trabajador en el recibo correspondiente.

⇒ V. art. 29.1 de la presente Ley y O. 27 diciembre 1994 (§11).
V. el ap. b) de la disp. adic. 3ª del RD 1561/1995 (§14.1), sobre información a los representantes de los trabajadores.

Artículo 36. Trabajo nocturno, trabajo a turnos y ritmo de trabajo.

1. A los efectos de lo dispuesto en la presente Ley, se considera trabajo nocturno el realizado entre las diez de la noche y las seis de la mañana. El empresario que recurra regularmente a la realización de trabajo nocturno deberá informar de ello a la autoridad laboral.

⇒ V. art. 6.2 de la presente Ley, así como el Convenio núm. 79 de la OIT relativo a la limitación del trabajo nocturno de los menores en trabajos no industriales (ratificado por España el 8 de abril de 1971) y el núm. 90 relativo al trabajo nocturno de los menores en la industria (ratificado por España el 8 de abril de 1971).
V. art. 11 de la Dir. ?.

La jornada de trabajo de los trabajadores nocturnos no podrá exceder de ocho horas diarias de promedio, en un período de referencia de quince días. Dichos trabajadores no podrán realizar horas extraordinarias.

⇒ Cfr. art. 35.1 de esta Ley y art. 8 de la Dir. 2003/88/CE (§50.2).
V. las excepciones a estos límites en art. 32 del RD 1561/1995 (§14.1).

Para la aplicación de lo dispuesto en el párrafo anterior, se considerará trabajador nocturno a aquel que realice normalmente en período nocturno una parte no inferior a tres horas de su jornada diaria de trabajo, así como a aquel que se prevea que puede realizar en tal período una parte no inferior a un tercio de su jornada de trabajo anual.

Resultará de aplicación a lo establecido en el párrafo segundo lo dispuesto en el apartado 7 del artículo 34 de esta Ley. Igualmente, el Gobierno podrá establecer limitaciones y garantías adicionales a las previstas en el presente artículo para la realización de trabajo nocturno en ciertas actividades o por determinada categoría de trabajadores, en función de los riesgos que comporten para su salud y seguridad.

⇒ V. el RD 1561/1995, de 21 septiembre, sobre jornadas especiales de trabajo (§14.1).

2. El trabajo nocturno tendrá una retribución específica que se determinará en la negociación colectiva, salvo que el salario se haya establecido atendiendo a que el trabajo sea nocturno por su propia naturaleza o se haya acordado la compensación de este trabajo por descansos.

⇒ Cfr. art. 26.1 del propio Estatuto.

3. Se considera trabajo a turnos toda forma de organización del trabajo en equipo según la cual los trabajadores ocupan sucesivamente los mismos puestos de trabajo, según un cierto ritmo, continuo o discontinuo, implicando para el trabajador la necesidad de prestar sus servicios en horas diferentes en un período determinado de días o de semanas.

En las empresas con procesos productivos continuos durante las veinticuatro horas del día, en la organización del trabajo de los turnos se tendrá en cuenta la rotación de los mismos y que ningún trabajador estará en el de noche más de dos semanas consecutivas, salvo adscripción voluntaria.

Las empresas que por la naturaleza de su actividad realicen el trabajo en régimen de turnos, incluidos los domingos y días festivos, podrán efectuarlo bien por equipos de trabajadores que desarrollen su actividad por semanas completas, o contratando personal para completar los equipos necesarios durante uno o más días a la semana.

⇒ V. art. 12 sobre trabajo a tiempo parcial.
V. el art. 19 del RD 1561/1995 (§14.1), sobre régimen de jornada y descanso en el trabajo a turnos.

4. Los trabajadores nocturnos y quienes trabajen a turnos deberán gozar en todo momento de un nivel de protección en materia de salud y seguridad adaptado a la naturaleza de su trabajo, incluyendo unos servicios de protección y prevención apropiados, y equivalentes a los de los restantes trabajadores de la empresa.

⇒ V. lo dispuesto en los arts. 22 y 26.1 de la LPRL (§23).

El empresario deberá garantizar que los trabajadores nocturnos que ocupe dispongan de una evaluación gratuita de su salud, antes de su afectación a un trabajo nocturno y, posteriormente, a intervalos regulares, en los términos que se establezca en la normativa específica en la materia. Los trabajadores nocturnos a los que se reconozcan problemas de salud ligados al hecho de su trabajo nocturno tendrán derecho a ser destinados a un puesto de trabajo diurno que exista en la empresa y para el que sean profesionalmente aptos. El cambio de puesto de trabajo se llevará a cabo de conformidad con lo dispuesto en los artículos 39 y 41, en su caso, de la presente Ley.

⇒ Cfr. arts. 8, 9, 10, 11 y 12 de la Dir. 2003/88/CEE (§50.2).

5. El empresario que organice el trabajo en la empresa según un cierto ritmo deberá tener en cuenta el principio general de adaptación del trabajo a la persona, especialmente de cara a atenuar el trabajo monótono y repetitivo en función del tipo de actividad y de las exigencias en materia de seguridad y salud de los trabajadores. Dichas exigencias deberán ser tenidas particularmente en cuenta a la hora de determinar los períodos de descanso durante la jornada de trabajo.

⇒ Cfr. art. 13 de la Dir. 2003/88/CEE (§50.2).
V. asimismo el art. 15.1 d) de la Ley 31/1995, de 8 noviembre (§23).

Artículo 37. Descanso semanal, fiestas y permisos.

⇒ V. art. 40.2 de la CE (§1).

1. Los trabajadores tendrán derecho a un descanso mínimo semanal, acumulable por períodos de hasta catorce días, de día y medio ininterrumpido que, como regla general, comprenderá la tarde del sábado o, en su caso, la mañana del lunes y el día completo del domingo. La duración del descanso semanal de los menores de dieciocho años será, como mínimo, de dos días ininterrumpidos.

⇒ Para supuestos en régimen de turnos, v. el art. 19 del RD 1561/1995 (§14.1).
V. también STC 19/1985, de 13 febrero (RTC 1985, 19), así como las Leyes 24, 25 y 26/1992, de 10 noviembre, sobre posible descanso alternativo para las Comunidades Israelitas, Iglesias Evangélicas y Comunidades Islámicas.

Resultará de aplicación al descanso semanal lo dispuesto en el apartado 7 del artículo 34 en cuanto a ampliaciones y reducciones, así como para la fijación de regímenes de descanso alternativos, para actividades concretas.

⇒ V. el RD 1561/1995, de 21 septiembre, sobre jornadas especiales de trabajo (§14.1), en particular su art. 2.

2. Las fiestas laborales, que tendrán carácter retribuido y no recuperable, no podrán exceder de catorce al año, de las cuales dos serán locales. En cualquier caso se respetarán como fiestas de ámbito nacional las de la Natividad del Señor, Año Nuevo, 1 de mayo, como Fiesta del Trabajo, y 12 de octubre, como Fiesta Nacional de España.

⇒ V. arts. 45, 46 y 47 del RD 2001/1983, de 28 julio (§14.2), y sus notas.
Téngase en cuenta la posibilidad apuntada por las Leyes 24, 25 y 26/1992, de 10 noviembre, sobre descansos en fechas diversas para miembros de las Comunidades Islámicas e Israelitas, así como de las Iglesias Evangélicas.

Respetando las expresadas en el párrafo anterior, el Gobierno podrá trasladar a los lunes todas las fiestas de ámbito nacional que tengan lugar entre semana, siendo, en todo caso, objeto de traslado al lunes inmediatamente posterior el descanso laboral correspondiente a las fiestas que coincidan con domingo.

Las Comunidades Autónomas, dentro del límite anual de catorce días festivos, podrán señalar aquellas fiestas que por tradición les sean propias, sustituyendo para ello las de ámbito nacional que se determinen reglamentariamente y, en todo caso, las que se trasladen a lunes. Asimismo, podrán hacer uso de la facultad de traslado a lunes prevista en el párrafo anterior.

Si alguna Comunidad Autónoma no pudiera establecer una de sus fiestas tradicionales por no coincidir con domingo un suficiente número de fiestas nacionales podrá, en el año que así ocurra, añadir una fiesta más, con carácter de recuperable, al máximo de catorce.

⇒ Cfr. STC 7/1985, de 25 enero (RTC 1985, 7).

3. El trabajador, previo aviso y justificación, podrá ausentarse del trabajo con derecho a remuneración, por alguno de los motivos y por el tiempo siguiente:

⇒ V. también arts. 23.1 a) y 53.2 del presente Estatuto.
El art. 69.1 del RD 2064/1995, de 22 diciembre, por el que se aprueba el Reglamento General sobre cotización y liquidación de otros derechos a la Seguridad Social, dispone que en estos «permisos y licencias» subsista tanto el alta cuanto la obligación de cotizar.

a) Quince días naturales en caso de matrimonio.

b) Dos días por el nacimiento de hijo y por el fallecimiento, accidente o enfermedad graves, hospitalización o intervención quirúrgica sin hospitalización que precise reposo domiciliario, de parientes hasta el segundo grado de consanguinidad o afinidad. Cuando con tal motivo el trabajador necesite hacer un desplazamiento al efecto, el plazo será de cuatro días.

✐ Letra b) modificada disp. adic. 11ª.4 de la LO 3/2007, de 22 marzo, para la igualdad efectiva de mujeres y hombres (§31.1).

c) Un día por traslado del domicilio habitual.

d) Por el tiempo indispensable, para el cumplimiento de un deber inexcusable de carácter público y personal, comprendido el ejercicio del sufragio activo. Cuando conste en una norma legal o convencional un período determinado, se estará a lo que ésta disponga en cuanto a duración de la ausencia y a su compensación económica.

⇒ V. LO 5/1995, del Tribunal del Jurado, conforme a cuyo art. 7.2 «el desempeño de la función de jurado tendrá, a los efectos del ordenamiento laboral y funcionarial, la consideración de cumplimiento de un deber inexcusable de carácter público y personal».

Conforme al art. 28.1 de la LO 5/1985, de 19 junio, de Régimen General de las Elecciones, «los trabajadores por cuenta ajena [...] nombrados Presidentes o Vocales de las Mesas Electorales tienen derecho a un permiso retribuido de jornada completa durante el día de la votación, si es laboral. En todo caso, tienen derecho a una reducción de su jornada de trabajo de cinco horas el día inmediato posterior».

Conforme a la LO 2/1980, las mismas normas que a las elecciones se aplican al referéndum; véase el RD 5/2005, de 14 enero, por el que se convoca respecto de la ratificación de la Constitución para Europa.

V. también el art. 1.3 b) del presente Estatuto y sus notas.

V. los arts. 92 LPL (§41); 292.1 LECiv y 420 y 716 LECrim.

Cuando el cumplimiento del deber antes referido suponga la imposibilidad de la prestación del trabajo debido en más del 20 por 100 de las horas laborables en un período de tres meses, podrá la empresa pasar al trabajador afectado a la situación de excedencia regulada en el apartado 1 del artículo 46 de esta Ley.

En el supuesto de que el trabajador, por cumplimiento del deber o desempeño del cargo, perciba una indemnización, se descontará el importe de la misma del salario a que tuviera derecho en la empresa.

⇒ Por ejemplo, v. art. 28.2 de la LO 5/1985, de 19 junio, respecto de compensación a miembros de Mesas Electorales; también el RD 385/1996, de 1 marzo, por el que se establece el régimen retributivo e indemnizatorio del desempeño de las funciones del jurado.

e) Para realizar funciones sindicales o de representación del personal en los términos establecidos legal o convencionalmente.

⇒ V. art. 68 e) de la presente Ley, así como arts. 9.1 a), 9.2 y 10.3 de la LOLS (§20.1).

Téngase en cuenta el art. 37.1, párr. 3, de la LPRL (§23).

f) Por el tiempo indispensable para la realización de exámenes prenatales y técnicas de preparación al parto que deban realizarse dentro de la jornada de trabajo.

✐ Letra añadida por la disp. adic. 11ª de la LPRL (§23), cuyo art. 26.4 reitera lo aquí previsto.

4. Las trabajadoras, por lactancia de un hijo menor de nueve meses, tendrán derecho a una hora de ausencia del trabajo, que podrán dividir en dos fracciones. La duración del permiso se incrementará proporcionalmente en los casos de parto múltiple.

La mujer, por su voluntad, podrá sustituir este derecho por una reducción de su jornada en media hora con la misma finalidad o acumularlo en jornadas completas en los términos previstos en la negociación colectiva o en el acuerdo a que llegue con el empresario respetando, en su caso, lo establecido en aquélla.

Este permiso podrá ser disfrutado indistintamente por la madre o el padre en caso de que ambos trabajen.

✐ Ap. 4 modificado disp. adic. 11ª.5 de la LO 3/2007, de 22 marzo, para la igualdad efectiva de mujeres y hombres (§31.1).

⇒ Téngase presente lo dispuesto en el número 6 del propio artículo.

4 bis. En los casos de nacimientos de hijos prematuros o que, por cualquier causa, deban permanecer hospitalizados a continuación del parto, la madre o el padre tendrán derecho a ausentarse del trabajo durante una hora. Asimismo tendrán derecho a reducir su jornada de trabajo hasta un máximo de dos horas, con la disminución proporcional del salario. Para el disfrute de este permiso se estará a lo previsto en el apartado 6 de este artículo.

✐ Ap. 4 bis añadido por la disp. adic. 8ª 1 de la Ley 12/2001, de 9 julio (§9).

⇒ El art. 5.2 b) del RD 2720/1998 (§6.1) contempla la posibilidad de interinidades a tiempo parcial en estos casos.

El art. 7.4 del RD 1251/2001, de 16 noviembre, sobre prestaciones por maternidad y riesgo durante el embarazo, dispone que:

«4. En los casos de parto prematuro y en aquellos en que, por cualquier otra causa, el neonato deba permanecer hospitalizado a continuación del parto, la percepción del subsidio por maternidad podrá interrumpirse, a petición del padre o de la madre, según cuál sea el beneficiario, una vez contemplado el período de descanso obligatorio para la madre de seis semanas posteriores al parto, y se reanudará a partir de la fecha del alta hospitalaria del menor, por el período que reste por disfrutar. A tal efecto, se tendrá en cuenta lo siguiente:

a) Si el descanso se ha iniciado a partir de la fecha del parto, la interrupción en el percibo del subsidio por maternidad podrá comprender el período de las diez semanas posteriores al descanso obligatorio o de las que correspondan por parto múltiple.

b) Si el descanso por maternidad se ha iniciado antes del parto, la interrupción afectará únicamente al período que, en su caso, reste por disfrutar tras el período de seis semanas de descanso obligatorio.

En los casos mencionados en este apartado, si durante la percepción del subsidio por maternidad, se extingue el contrato de trabajo del beneficiario o se produce el cese de la actividad, no podrá interrumpirse dicho subsidio».

5. Quien por razones de guarda legal tenga a su cuidado directo algún menor de ocho años o una persona con discapacidad física, psíquica o sensorial, que no desempeñe una actividad retribuida, tendrá derecho a una reducción de la jornada de trabajo, con la disminución proporcional del salario entre, al menos, un octavo y un máximo de la mitad de la duración de aquélla.

✐ Ap. 5 párr. 1 modificado disp. adic. 11ª.5 de la LO 3/2007, de 22 marzo, para la igualdad efectiva de mujeres y hombres (§31.1).

Tendrá el mismo derecho quien precise encargarse del cuidado directo de un familiar, hasta el segundo grado de consanguinidad o afinidad, que por razones de edad, accidente o enfermedad no pueda valerse por sí mismo, y que no desempeñe actividad retribuida.

La reducción de jornada contemplada en el presente apartado constituye un derecho individual de los trabajadores, hombres o mujeres. No obstante, si dos o más trabajadores de la misma empresa generasen este derecho por el mismo sujeto causante, el empresario podrá limitar su ejercicio simultáneo por razones justificadas de funcionamiento de la empresa.

✐ Redactado por el art. 2.2 de la Ley 39/1999, de 5 noviembre, de conciliación de la vida familiar y laboral de las personas trabajadoras.

⇒ Téngase presente lo dispuesto en el número 6 del propio artículo.

El art. 5.2 b) del RD 2720/1998 (§6.1) contempló la posibilidad de contratación interina para cubrir esta reducción de jornada.

6. La concreción horaria y la determinación del período de disfrute del permiso de lactancia y de la reducción de jornada, previstos en los apartados 4 y 5 de este artículo, corresponderá al trabajador, dentro de su jornada ordinaria. El trabajador deberá preavisar al empresario con quince días de antelación la fecha en que se reincorporará a su jornada ordinaria.

Las discrepancias surgidas entre empresario y trabajador sobre la concreción horaria y la determinación de los períodos de disfrute previstos en los apartados 4 y 5 de este artículo serán resueltas por la jurisdicción competente a través del procedimiento establecido en el artículo 138 bis de la Ley de Procedimiento Laboral.

✐ Añadido por el art. 2.3 de la Ley 39/1999, de 5 noviembre, de conciliación de la vida familiar y laboral de las personas trabajadoras.

⇒ Cfr. el precepto remitido en el §41.

7. La trabajadora víctima de violencia de género tendrá derecho, para hacer efectiva su protección o su derecho a la asistencia social integral, a la reducción de la jornada de trabajo con disminución proporcional del salario o a la reordenación del tiempo de trabajo, a través de la adaptación del horario, de la aplicación del horario flexible o de otras formas de ordenación del tiempo de trabajo que se utilicen en la empresa.

Estos derechos se podrán ejercitar en los términos que para estos supuestos concretos se establezcan en los convenios colectivos o en los acuerdos entre la empresa y los representantes de los trabajadores, o conforme al acuerdo entre la empresa y la trabajadora afectada. En su defecto, la concreción de estos derechos corresponderá a la trabajadora, siendo de aplicación las reglas establecidas en el apartado anterior, incluidas las relativas a la resolución de discrepancias.

✐ Ap. 7 añadido por disp. adic. 7ª.1 de Ley Orgánica 1/2004, de 28 diciembre.

Artículo 38. Vacaciones anuales.

⇒ La STC 192/2003, de 27 octubre (RTC 2003, 192) (*caso del peón agrícola de Murcia*) ampara al trabajador despedido por haber realizado trabajos durante sus vacaciones, entendiendo que la libertad, dignidad y respeto a la vida privada quedan malparadas; la identificación de las vacaciones como tiempo principalmente dedicado a la recuperación «supone reducir la persona a un mero factor de producción» y «resulta incompatible con los principios constitucionales que enuncia el art. 10.1 CE».

1. El período de vacaciones anuales retribuidas, no sustituible por compensación económica, será el pactado en convenio colectivo o contrato individual. En ningún caso la duración será inferior a treinta días naturales.

⇒ Como normas complementarias del presente artículo véanse Convenio 132 OIT, relativo a las vacaciones anuales pagadas (ratificado por España el 16 junio 1972), así como el 146, relativo a las vacaciones anuales pagadas de la gente del mar (ratificado por España el 16 de febrero de 1979). Asimismo, art. 7.1 de la Dir. 2003/88/CEE (§50.2). Cfr. también art. 58.3 de la presente Ley y art. 40.2 de la CE (§1).

La STJCE 16 marzo 2006, C-131/04 (TJCE 2006, 81), sostiene que va contra el Derecho Comunitario la retribución global en la que la parte correspondiente a las vacaciones carece de autonomía.

La STJCE 16 marzo 2006, C-131/04, sostiene que el momento del pago de la vacación ha de guardar inmediatez con el de su disfrute, no pudiendo prorratearse a lo largo del año.

La STJCE 6 abril 2006, C-124/05 (TJCE 2006, 114), censura la norma permisiva de que los períodos vacacionales no disfrutados en el año y transferidos al siguiente puedan compensarse por su equivalente económico.

2. El período o períodos de su disfrute se fijará de común acuerdo entre el empresario y el trabajador, de conformidad con lo establecido en su caso en los Convenios Colectivos sobre planificación anual de las vacaciones.

⇒ La STJCE 18 marzo 2004 (TJCE 2004, 69) (C-342-01), caso Merino Gómez, proclama que cuando el permiso de maternidad se superpone con la época vacacional de la empresa la trabajadora tiene derecho a que se le fije un período individualizado para su disfrute.

En caso de desacuerdo entre las partes, la jurisdicción competente fijará la fecha que para el disfrute corresponda y su decisión será irrecurrible. El procedimiento será sumario y preferente.

⇒ V. arts. 125 y 126 de la LPL (§41).

3. El calendario de vacaciones se fijará en cada empresa. El trabajador conocerá las fechas que le correspondan dos meses antes, al menos, del comienzo del disfrute.

Cuando el período de vacaciones fijado en el calendario de vacaciones de la empresa al que se refiere el párrafo anterior coincida en el tiempo con una incapacidad temporal derivada del embarazo, el parto o la lactancia natural o con el período de suspensión del contrato de trabajo previsto en el artículo 48.4 de esta Ley, se tendrá derecho a disfrutar las vacaciones en fecha distinta a la de la incapacidad temporal o a la del disfrute del permiso que por aplicación de dicho precepto le correspondiera, al finalizar el período de suspensión, aunque haya terminado el año natural a que correspondan.

✐ Ap. 3 párr. 2 añadido por disp. adic. 11ª.6 de la LO 3/2007, de 22 marzo, para la igualdad efectiva de mujeres y hombres (§31.1).

CAPÍTULO III

Modificación, suspensión y extinción del contrato de trabajo

Sección 1ª Movilidad funcional y geográfica

Artículo 39. Movilidad funcional.

1. La movilidad funcional en el seno de la empresa no tendrá otras limitaciones que las exigidas por las titulaciones académicas o profesionales precisas para ejercer la prestación laboral y por la pertenencia al grupo profesional. A falta de definición de grupos profesionales, la movilidad funcional podrá efectuarse entre categorías profesionales equivalentes.

⇒ Cfr. lo dispuesto en el art. 22.

2. La movilidad funcional para la realización de funciones no correspondientes al grupo profesional o categorías equivalentes sólo será posible si existiesen razones técnicas u organizativas que la justificasen y por el tiempo imprescindible para su atención. En el caso de encomienda de funciones inferiores ésta deberá estar justificada por necesidades perentorias o imprevisibles de la actividad productiva. El empresario deberá comunicar esta situación a los representantes de los trabajadores.

⇒ V. art. 64.1 de esta Ley.
Cfr. el art. 26.2 de la LPRL (§23) respecto de la trabajadora embarazada o lactante.

3. La movilidad funcional se efectuará sin menoscabo de la dignidad del trabajador y sin perjuicio de su formación y promoción profesional, teniendo derecho a la retribución correspondiente a las funciones que efectivamente realice, salvo en los casos de encomienda de funciones inferiores, en los que mantendrá la retribución de origen. No cabrá invocar las causas de despido objetivo de ineptitud sobrevenida o de falta de adaptación en los supuestos de realización de funciones distintas de las habituales como consecuencia de la movilidad funcional.

⇒ Cfr. arts. 4.2 b), 22, 26 y 52 a) del presente Estatuto.
A tenor de la STC 87/1998 (RTC 1998, 87), si el trabajador aporta indicios de discriminación la empresa ha de probar la seriedad de sus motivaciones, incluso en el ejercicio de esta facultad discrecional.

4. Si como consecuencia de la movilidad funcional se realizasen funciones superiores a las del grupo profesional o a las de categorías equivalentes por un período superior a seis meses durante un año o a ocho durante dos años, el trabajador podrá reclamar el ascenso, si a ello no obsta lo dispuesto en Convenio Colectivo o, en todo caso, la cobertura de la vacante correspondiente a las funciones por él realizadas conforme a las reglas en materia de ascensos aplicables en la empresa, sin perjuicio de reclamar la diferencia salarial correspondiente. Estas acciones serán acumulables. Contra la negativa de la empresa, y previo informe del Comité o, en su caso, de los delegados de personal, el trabajador podrá reclamar ante la jurisdicción competente.

⇒ V. art. 24 de la presente Ley, así como art. 137 de la LPL (§41).
También STC 20/1993, de 18 enero (RTC 1993, 20).
Aunque a propósito de funcionarios, la STC 298/2005, de 21 noviembre (RTC 2005, 298), entiende que si tras la sentencia que reconoce el derecho a las diferencias retributivas por desempeño de categoría superior, el empleador ordena que se realice un trabajo acorde con la propia categoría, lejos de existir vulneración del derecho a la indemnidad, lo que sucede es que se pone término a una situación irregular.

Mediante la negociación colectiva se podrán establecer períodos distintos de los expresados en este artículo a efectos de reclamar la cobertura de las vacantes.

5. El cambio de funciones distintas de las pactadas no incluido en los supuestos previstos en este artículo requerirá el acuerdo de las partes o, en su defecto, el sometimiento a las reglas previstas para las modificaciones sustanciales de condiciones de trabajo o a las que a tal fin se hubieran establecido en Convenio Colectivo.

⇒ Cfr. arts. 41, 85.1 y concordantes de la presente Ley.
Asimismo, para la movilidad que trae su causa de la maternidad de la trabajadora, v. art. 26 de la LPRL (§23).

Artículo 40. Movilidad geográfica.

⇒ Téngase presente lo dispuesto en el RD 43/1996, de 19 enero (§15.1).
V. la Dir. 96/71/CE, de 16 diciembre 1996, del Parlamento Europeo y del Consejo, sobre desplazamiento de trabajadores (§46.2), traspuesta a nuestro ordenamiento por Ley 45/1999, de 29 noviembre (§15.3).

1. El traslado de trabajadores que no hayan sido contratados específicamente para prestar sus servicios en empresas con centros de trabajo móviles o itinerantes a un centro de trabajo distinto de la misma empresa que exija cambios de residencia requerirá la existencia de razones económicas, técnicas, organizativas o de producción que lo justifiquen, o bien contrataciones referidas a la actividad empresarial.

Se entenderá que concurren las causas a que se refiere este artículo cuando la adopción de las medidas propuestas contribuya a mejorar la situación de la empresa a través de una más adecuada organización de sus recursos, que favorezca su posición competitiva en el mercado o una mejor respuesta a las exigencias de la demanda.

La decisión de traslado deberá ser notificada por el empresario al trabajador, así como a sus representantes legales, con una antelación mínima de treinta días a la fecha de su efectividad.

Notificada la decisión de traslado, el trabajador tendrá derecho a optar entre el traslado, percibiendo una compensación por gastos, o la extinción de su contrato, percibiendo una indemnización de veinte días de salario por año de servicio, prorrateándose por meses los períodos de tiempo inferiores a un año y con un máximo de doce mensualidades. La compensación a que se refiere el primer supuesto comprenderá tanto los gastos propios como los de los familiares a su cargo, en los términos que se convengan entre las partes, que nunca será inferior a los límites mínimos establecidos en los Convenios Colectivos.

⇒ V. arts. 1 y 21.4 del RD 625/1985, de 2 abril, sobre Protección por Desempleo (§36.1).

Sin perjuicio de la ejecutividad del traslado en el plazo de incorporación citado, el trabajador que no habiendo optado por la extinción de su contrato se muestre disconforme con la decisión empresarial podrá impugnarla ante la jurisdicción competente. La sentencia declarará el traslado justificado o injustificado y, en este último caso, reconocerá el derecho del trabajador a ser reincorporado al centro de trabajo de origen.

⇒ V. arts. 59.4 del propio Estatuto y 138 de la LPL (§41).

Cuando, con objeto de eludir las previsiones contenidas en el apartado siguiente de este artículo, la empresa realice traslados en períodos sucesivos de noventa días en número inferior a los umbrales allí señalados, sin que concurran causas nuevas que justifiquen tal actuación, dichos nuevos traslados se considerarán efectuados en fraude de ley y serán declarados nulos y sin efecto.

⇒ Téngase en cuenta lo preceptuado en el art. 138.5 de la LPL (§41).

2. El traslado a que se refiere el número anterior deberá ir precedido de un período de consultas con los representantes legales de los trabajadores, de duración no inferior a quince días, cuando afecte a la totalidad del centro de trabajo, siempre que éste ocupe a más de cinco trabajadores, o, cuando, sin afectar a la totalidad del centro de trabajo, en un período de noventa días comprenda a un número de trabajadores de, al menos:

a) Diez trabajadores, en las empresas que ocupen menos de cien trabajadores.

b) El diez por ciento del número de trabajadores de la empresa en aquellas que ocupen entre cien y trescientos trabajadores.

c) Treinta trabajadores en las empresas que ocupen trescientos o más trabajadores.

Dicho período de consultas deberá versar sobre las causas motivadoras de la decisión empresarial y la posibilidad de evitar o reducir sus efectos, así como sobre las medidas necesarias para atenuar sus consecuencias para los trabajadores afectados.

La apertura del período de consultas y las posiciones de las partes tras su conclusión deberán ser notificadas a la autoridad laboral para su conocimiento. Durante el período de consultas, las partes deberán negociar de buena fe, con vistas a la consecución de un acuerdo.

Dicho acuerdo requerirá la conformidad de la mayoría de los miembros del Comité o Comités de Empresa, de los delegados de personal, en su caso, o de representaciones sindicales, si las hubiere, que, en su conjunto, representen a la mayoría de aquéllos.

Tras la finalización del período de consultas, el empresario notificará a los trabajadores su decisión sobre el traslado, que se regirá a todos los efectos por lo dispuesto en el apartado 1 de este artículo.

⇒ Sobre resolución de discrepancias en este trámite, v. el art. 85.1 del propio Estatuto.
V. también el art. 4.1 d) del ASEC.

No obstante lo señalado en el párrafo anterior, la autoridad laboral, a la vista de las posiciones de las partes y siempre que las consecuencias económicas o sociales de la medida así lo justifiquen, podrá ordenar la ampliación del plazo de incorporación a que se refiere al apartado 1 de este artículo y la consiguiente paralización de la efectividad del traslado por un período de tiempo que, en ningún caso, podrá ser superior a seis meses.

⇒ El procedimiento de actuación administrativa en este supuesto puede verse en arts. 22, 23, 24, 25 y 26 del RD 43/1996, de 19 enero (§15.1).
En artículo 8.14 de la LISOS (§40.1) se tipifica como infracción muy grave el incumplimiento de la orden administrativa de paralización del traslado.
V. art. 3.2 b) de la LPL (§41).

Contra las decisiones a que se refiere el presente apartado se podrá reclamar en conflicto colectivo, sin perjuicio de la acción individual prevista en el apartado 1 de este artículo. La interposición del conflicto paralizará la tramitación de las acciones individuales iniciadas, hasta su resolución.

⇒ V. los arts. 151 y ss. de la LPL (§41).

El acuerdo con los representantes legales de los trabajadores en el período de consultas se entenderá sin perjuicio del derecho de los trabajadores afectados al ejercicio de la opción prevista en el párrafo 4 del apartado 1 de este artículo.

3. Si por traslado uno de los cónyuges cambia de residencia, el otro, si fuera trabajador de la misma empresa, tendrá derecho al traslado a la misma localidad, si hubiera puesto de trabajo.

⇒ Sobre tema parecido v. STC 192/1991, de 14 octubre (RTC 1991, 192).

3 bis. La trabajadora víctima de violencia de género que se vea obligada a abandonar el puesto de trabajo en la localidad donde venía prestando sus servicios, para hacer efectiva su protección o su derecho a la asistencia social integral, tendrá derecho preferente a ocupar otro puesto de trabajo, del mismo grupo profesional o categoría equivalente, que la empresa tenga vacante en cualquier otro de sus centros de trabajo.

En tales supuestos, la empresa estará obligada a comunicar a la trabajadora las vacantes existentes en dicho momento o las que se pudieran producir en el futuro.

El traslado o el cambio de centro de trabajo tendrán un duración inicial de seis meses, durante los cuales la empresa tendrá la obligación de reservar el puesto de trabajo que anteriormente ocupaba la trabajadora.

Terminado este período, la trabajadora podrá optar entre el regreso a su puesto de trabajo anterior o la continuidad en el nuevo. En este último caso, decaerá la mencionada obligación de reserva.

✐ Ap. 3 bis añadido por disp. adic. 7ª.2 de LO 1/2004, de 28 diciembre.

4. Por razones económicas, técnicas, organizativas o de producción, o bien por contrataciones referidas a la actividad empresarial, la empresa podrá efectuar desplazamientos temporales de sus trabajadores que exijan que éstos residan en población distinta de la de su domicilio habitual, abonando, además de los salarios, los gastos de viaje y las dietas.

El trabajador deberá ser informado del desplazamiento con una antelación suficiente a la fecha de su efectividad, que no podrá ser inferior a cinco días laborables en el caso de desplazamientos de duración superior a tres meses; en este último supuesto, el trabajador tendrá derecho a un permiso de cuatro días laborables en su domicilio de origen por cada tres meses de desplazamiento, sin computar como tales los de viajes, cuyos gastos correrán a cargo del empresario.

Contra la orden de desplazamiento, sin perjuicio de su ejecutividad, podrá recurrir el trabajador en los mismos términos previstos en el apartado 1 de este artículo para los traslados.

Los desplazamientos cuya duración en un período de tres años exceda de doce meses tendrán, a todos los efectos, el tratamiento previsto en esta Ley para los traslados.

5. Los representantes legales de los trabajadores tendrán prioridad de permanencia en los puestos de trabajo a que se refiere este artículo.

⇒ Cfr. lo dispuesto en el art. 68 b) de la presente Ley y en el art. 10.3 de la LOLS (§20.1).
Cfr. las previsiones de la Ley 40/2003, de 18 noviembre, de Protección a las Familias Numerosas, transcritas en nota al artículo 85.1 de la presente norma.

Artículo 41. Modificaciones sustanciales de las condiciones de trabajo.

⇒ V. art. 7.6 del TRLISOS (§40.1).

1. La dirección de la empresa, cuando existan probadas razones económicas, técnicas, organizativas o de producción podrá acordar modificaciones sustanciales de las condiciones de trabajo. Tendrán la consideración de modificaciones sustanciales de las condiciones de trabajo, entre otras, las que afecten a las siguientes materias:

a) Jornada de trabajo.

⇒ Pero cfr. lo dispuesto en el art. 12.4 e) del presente Estatuto respecto del trabajo a tiempo parcial.

b) Horario.

c) Régimen de trabajo a turnos.

d) Sistema de remuneración.

e) Sistema de trabajo y rendimiento.

f) Funciones, cuando excedan de los límites que para la movilidad funcional prevé el artículo 39 de esta Ley.

Se entenderá que concurren las causas a que se refiere este artículo cuando la adopción de las medidas propuestas contribuya a mejorar la situación de la empresa a través de una más adecuada organización de sus recursos, que favorezca su posición competitiva en el mercado o una mejor respuesta a las exigencias de la demanda.

2. Las modificaciones sustanciales de las condiciones de trabajo podrán ser de carácter individual o colectivo.

Se considera de carácter individual la modificación de aquellas condiciones de trabajo de que disfrutan los trabajadores a título individual.

Se considera de carácter colectivo la modificación de aquellas condiciones reconocidas a los trabajadores en virtud de acuerdo o pacto colectivo o disfrutadas por éstos en virtud de una decisión unilateral del empresario de efectos colectivos. La modificación de las condiciones establecidas en los convenios colectivos regulados en el Título III de la presente Ley sólo podrá producirse por acuerdo entre la empresa y los representantes de los trabajadores y respecto de las materias a las que se refieren los párrafos b), c), d) y e) del apartado anterior.

⇒ V. la doctrina de las SSTC 92/1992, de 11 junio (RTC 1992, 92); 105/1992, de 1 julio (RTC 1992, 105) y 208/1993, de 28 junio (RTC 1993, 208).

La STC 225/2001, de 26 noviembre (RTC 2001, 225), compendia esa doctrina y reacciona frente a la utilización masiva de pactos individuales que provoca «una alteración cualitativa del régimen colectivamente convenido, operada sin intervención de los representantes de los trabajadores, elemento éste que desvirtúa el (...) pretendido mayor favor de las condiciones individualmente convenidas».

No obstante lo dispuesto en el párrafo anterior, no se considerarán en ningún caso de carácter colectivo a los efectos de lo dispuesto en el apartado 4 de este artículo, las modificaciones funcionales y de horario de trabajo que afecten, en un período de noventa días, a un número de trabajadores inferior a:

a) Diez trabajadores, en las empresas que ocupen menos de cien trabajadores.

b) El diez por ciento del número de trabajadores de la empresa en aquellas que ocupen entre cien y trescientos trabajadores.

c) Treinta trabajadores, en las empresas que ocupen trescientos o más trabajadores.

3. La decisión de la modificación sustancial de condiciones de trabajo de carácter individual deberá ser notificada por el empresario al trabajador afectado y a sus representantes legales con una antelación mínima de treinta días a la fecha de su efectividad.

En los supuestos previstos en los párrafos a), b) y c) del apartado 1 de este artículo, y sin perjuicio de lo dispuesto en el artículo 50, apartado 1 a), si el trabajador resultase perjudicado por la modificación sustancial tendrá derecho a rescindir su contrato y percibir una indemnización de veinte días de salario por año de servicio prorrateándose por meses los períodos inferiores a un año y con un máximo de nueve meses.

⇒ V. arts. 1 y 21.4 del RD 625/1985, de 2 abril, sobre Desempleo (§36.1).

Sin perjuicio de la ejecutividad de la modificación en el plazo de efectividad anteriormente citado, el trabajador que no habiendo optado por la rescisión de su contrato se muestre disconforme con la decisión empresarial podrá impugnarla ante la jurisdicción competente. La sentencia declarará la modificación justificada o injustificada y, en este último caso, reconocerá el derecho del trabajador a ser repuesto en sus anteriores condiciones.

⇒ V. arts. 59.4 de la presente Ley y 138 de la LPL (§41).

Cuando con objeto de eludir las previsiones contenidas en el apartado siguiente de este artículo, la empresa realice modificaciones sustanciales de las condiciones de trabajo en períodos sucesivos de noventa días en número inferior a los umbrales a que se refiere el último párrafo del apartado 2, sin que concurran causas nuevas que justifiquen tal actuación, dichas nuevas modificaciones se considerarán efectuadas en fraude de ley y serán declaradas nulas y sin efecto.

⇒ Téngase presente lo previsto en el art. 138.5 de la LPL (§41).

4. La decisión de modificación sustancial de condiciones de trabajo de carácter colectivo deberá ir precedida de un período de consultas con los representantes legales de los trabajadores de duración no inferior a quince días. Dicho período de consultas deberá versar sobre las causas motivadoras de la decisión empresarial y la posibilidad de evitar o reducir sus efectos, así como sobre las medidas necesarias para atenuar sus consecuencias para los trabajadores afectados.

Durante el período de consultas, las partes deberán negociar de buena fe, con vistas a la consecución de un acuerdo.

Dicho acuerdo requerirá la conformidad de la mayoría de los miembros del comité o comités de empresa, de los delegados de personal, en su caso, o de representaciones sindicales, si las hubiere, que, en su conjunto, representen a la mayoría de aquéllos.

⇒ Cfr. art. 85.1 del presente Estatuto.

Tras la finalización del período de consultas el empresario notificará a los trabajadores su decisión sobre la modificación, que surtirá efectos una vez transcurrido el plazo a que se refiere el apartado 3 de este artículo.

Contra las decisiones a que se refiere el presente apartado se podrá reclamar en conflicto colectivo, sin perjuicio de la acción individual prevista en el apartado 3 de este artículo. La interposición del conflicto paralizará la tramitación de las acciones individuales iniciadas hasta su resolución.

⇒ Téngase en cuenta el plazo señalado en el art. 59.4 del propio Estatuto.
Cfr. arts. 151 a 160 de la LPL (§41).
V. también el art. 4.1.d) del ASEC.

El acuerdo con los representantes legales de los trabajadores en el período de consultas se entenderá sin perjuicio del derecho de los trabajadores afectados a ejercitar la opción prevista en el párrafo segundo del apartado 3 de este artículo.

5. En materia de traslados se estará a lo dispuesto en las normas específicas establecidas en el artículo 40 de esta Ley.

Sección 2ª Garantías por cambio de empresario

Artículo 42. Subcontratación de obras y servicios.

✐ Rúbrica modificada por la Ley 12/2001, de 9 julio (§9).

⇒ Se trata de artículo aplicable a los «enclaves laborales» que regula el RD 290/2004 (§28.3), conforme a su artículo 1.4.
Para el sector de la Construcción, v. la Ley 32/2006 (§24.6).

1. Los empresarios que contraten o subcontraten con otros la realización de obras o servicios correspondientes a la propia actividad de aquéllos deberán comprobar que dichos contratistas están al corriente en el pago de las cuotas de la Seguridad Social. Al efecto, recabarán por escrito, con identificación de la empresa afectada, certificación negativa por descubiertos en la Tesorería General de la Seguridad Social, que deberá librar inexcusablemente dicha certificación en el término de treinta días improrrogables y en los términos que reglamentariamente se establezcan. Transcurrido este plazo, quedará exonerado de responsabilidad el empresario solicitante.

⇒ V. art. 64.1.1 del propio Estatuto.
El art. 1 del RD 1627/1997, de 24 octubre, por el que se establecen disposiciones mínimas de seguridad y de salud en las obras de construcción define al contratista como «la persona física o jurídica que asume contractualmente ante el promotor, con medios humanos y materiales, propios o ajenos, el compromiso de ejecutar la totalidad o parte de las obras con sujeción al proyecto y al contrato». Asimismo, se identifica al subcontratista como «la persona física o jurídica que asume contractualmente ante el contratista, empresario principal, el compromiso de realizar determinadas partes o instalaciones de la obra, con sujeción al proyecto por el que se rige su ejecución».
Sobre el modo de exigir estas responsabilidades en materia de Seguridad Social, cf. los artículos 12 y 13 del Reglamento General de Recaudación, aprobado por RD 1415/2004, de 11 junio.

2. El empresario principal, salvo el transcurso del plazo antes señalado respecto a la Seguridad Social, y durante el año siguiente a la terminación de su encargo, responderá solidariamente de las

obligaciones de naturaleza salarial contraídas por los contratistas y subcontratistas con sus trabajadores y de las referidas a la Seguridad Social durante el período de vigencia de la contrata.

No habrá responsabilidad por los actos del contratista cuando la actividad contratada se refiera exclusivamente a la construcción o reparación que pueda contratar un cabeza de familia respecto de su vivienda, así como cuando el propietario de la obra o industria no contrate su realización por razón de una actividad empresarial.

⇒ V. arts. 104.1 y 127 de la LGSS/1994 (§32.1), así como arts. 23.1 g) y 42.1 del TRLISOS (§40.1).
En materia de prevención de Riesgos Laborales, v. arts. 24 y 42.2 de la Ley 31/1995 (§23). Esas previsiones legales fueron desarrolladas mediante los arts. 10 y concordantes del RD 171/2004, de 30 enero (§24.5).
Consúltense asimismo los arts. 1597 y concordantes del CC.

3. Los trabajadores del contratista o subcontratista deberán ser informados por escrito por su empresario de la identidad de la empresa principal para la cual estén prestando servicios en cada momento. Dicha información deberá facilitarse antes del inicio de la respectiva prestación de servicios e incluirá el nombre o razón social del empresario principal, su domicilio social y su número de identificación fiscal. Asimismo, el contratista o subcontratista deberán informar de la identidad de la empresa principal a la Tesorería General de la Seguridad Social en los términos que reglamentariamente se determinen.

4. Sin perjuicio de la información sobre previsiones en materia de subcontratación a la que se refiere el artículo 64 de esta Ley, cuando la empresa concierte un contrato de prestación de obras o servicios con una empresa contratista o subcontratista, deberá informar a los representantes legales de sus trabajadores sobre los siguientes extremos:

a) Nombre o razón social, domicilio y número de identificación fiscal de la empresa contratista o subcontratista.

b) Objeto y duración de la contrata.

c) Lugar de ejecución de la contrata.

d) En su caso, número de trabajadores que serán ocupados por la contrata o subcontrata en el centro de trabajo de la empresa principal.

e) Medidas previstas para la coordinación de actividades desde el punto de vista de la prevención de riesgos laborales.

Cuando las empresas principal, contratista o subcontratista compartan de forma continuada un mismo centro de trabajo, la primera deberá disponer de un libro registro en el que se refleje la información anterior respecto de todas las empresas citadas. Dicho libro estará a disposición de los representantes legales de los trabajadores.

⇒ Ap. 4 modificado por art. 12.Siete de la Ley 43/2006, de 29 diciembre (§27.2).

5. La empresa contratista o subcontratista deberá informar igualmente a los representantes legales de sus trabajadores, antes del inicio de la ejecución de la contrata, sobre los mismos extremos a que se refieren el apartado 3 anterior y las letras b) a e) del apartado 4.

6. Los trabajadores de las empresas contratistas y subcontratistas, cuando no tengan representación legal, tendrán derecho a formular a los representantes de los trabajadores de la empresa principal cuestiones relativas a las condiciones de ejecución de la actividad laboral, mientras compartan centro de trabajo y carezcan de representación.

Lo dispuesto en el párrafo anterior no será de aplicación a las reclamaciones del trabajador respecto de la empresa de la que depende.

✐ Ap. 6 modificado por art. 12.Ocho de la Ley 43/2006, de 29 diciembre (§27.2).

7. Los representantes legales de los trabajadores de la empresa principal y de las empresas contratistas y subcontratistas, cuando compartan de forma continuada centro de trabajo, podrán reunirse a efectos de coordinación entre ellos y en relación con las condiciones de ejecución de la actividad laboral en los términos previstos en el artículo 81 de esta Ley.

La capacidad de representación y ámbito de actuación de los representantes de los trabajadores, así como su crédito horario, vendrán determinados por la legislación vigente y, en su caso, por los convenios colectivos de aplicación.

✐ Ap. 7 modificado por art. 12.Nueve de la Ley 43/2006, de 29 diciembre (§27.2).
Este artículo fue modificado por el art. 2 de la Ley 12/2001, de 9 julio (§9).

Artículo 43. Cesión de trabajadores.

1. La contratación de trabajadores para cederlos temporalmente a otra empresa sólo podrá efec-

tuarse a través de empresas de trabajo temporal debidamente autorizadas en los términos que legalmente se establezcan.

⇒ V. la Ley 14/1994, de 1 junio (§3.1) así como su desarrollo reglamentario en RD 4/1995 (§3.2).

El Convenio 181 OIT, sobre las Agencias de Empleo Privadas, de 19 junio 1997, incluye entre éstas a las prestadoras de «servicios consistentes en emplear trabajadores con el fin de ponerlos a disposición de una tercera persona física o jurídica que determine sus tareas y supervise su ejecución [art. 1 b)].

2. En todo caso, se entiende que se incurre en la cesión ilegal de trabajadores contemplada en el presente artículo cuando se produzca alguna de las siguientes circunstancias: que el objeto de los contratos de servicios entre las empresas se limite a una mera puesta a disposición de los trabajadores de la empresa cedente a la empresa cesionaria, o que la empresa cedente carezca de una actividad o de una organización propia y estable, o no cuente con los medios necesarios para el desarrollo de su actividad, o no ejerza las funciones inherentes a su condición de empresario.

3. Los empresarios, cedente y cesionario, que infrinjan lo señalado en los apartados anteriores responderán solidariamente de las obligaciones contraídas con los trabajadores y con la Seguridad Social, sin perjuicio de las demás responsabilidades, incluso penales, que procedan por dichos actos.

⇒ V. arts. 127 de la LGSS/1994 (§32.1) y 8.2 del TRLISOS (§40.1).

Sobre el modo de exigir estas responsabilidades en materia de Seguridad Social, cf. los artículos 12 y 13 del Reglamento General de Recaudación, aprobado por RD 1415/2004, de 11 junio.

V. art. 24 de la LPRL (§23).

Cfr. también art. 312 del CP (§40.4).

4. Los trabajadores sometidos al tráfico prohibido tendrán derecho a adquirir la condición de fijos, a su elección, en la empresa cedente o cesionaria. Los derechos y obligaciones del trabajador en la empresa cesionaria serán los que correspondan en condiciones ordinarias a un trabajador que preste servicios en el mismo o equivalente puesto de trabajo, si bien la antigüedad se computará desde el inicio de la cesión ilegal.

✐ Art. modificado por art. 12.Diez de la Ley 43/2006, de 29 diciembre (§27.2).

⇒ Cfr. con lo dispuesto en el art. 44 del propio Estatuto.

Artículo 44. La sucesión de empresa.

1. El cambio de titularidad de una empresa, de un centro de trabajo o de una unidad productiva autónoma no extinguirá por sí mismo la relación laboral, quedando el nuevo empresario subrogado en los derechos y obligaciones laborales y de Seguridad Social del anterior, incluyendo los compromisos de pensiones, en los términos previstos en su normativa específica, y, en general, cuantas obligaciones en materia de protección social complementaria hubiere adquirido el cedente.

⇒ V. STC 66/1987, de 21 mayo (RTC 1987, 66), así como los arts. 104.1 y 127.2 de la LGSS/1994 (§32.1) y la Dir. 2001/23/CE, de 12 marzo 2001, del Consejo (§48.1) sobre mantenimiento de los derechos de los trabajadores en caso de traspaso de empresas o partes de las mismas.

Sobre el modo de exigir estas responsabilidades en materia de Seguridad Social, cf. los artículos 12 a 14 del Reglamento General de Recaudación, aprobado por RD 1415/2004, de 11 junio.

Cfr. también art. 51.11 de la presente Ley.

Para un supuesto singular, véase RD 2308/1994, de 2 diciembre, sobre régimen y destino del Patrimonio y Personal de las Cámaras Oficiales de la Propiedad Urbana y su Consejo Superior.

Cfr. art. 311.2 del CP (§40.4).

La disp. adic. 24ª de la Ley 55/1999, de 29 diciembre, de medidas fiscales, administrativas y de orden social dispuso la integración de Notarios y corredores de comercio en un «cuerpo único de Notarios», así como la función de los respectivos colegios profesionales, prescribiendo que «a los efectos de lo previsto en el artículo 44 del Estatuto de los Trabajadores, se entenderá producida sucesión de empresas en las integraciones a que se refiere esta disposición.

2. A los efectos de lo previsto en el presente artículo, se considerará que existe sucesión de empresa cuando la transmisión afecte a una entidad económica que mantenga su identidad, entendida como un conjunto de medios organizados a fin de llevar a cabo una actividad económica, esencial o accesoria.

⇒ La STJCE 20 noviembre 2003 (TJCE 2003, 386), C-340/01, *caso Sodexho*, entiende que hay subrogación en supuesto de traspaso del servicio de restauración colectiva de un hospital cuando se transmiten elementos materiales (infraestructura) relevantes.

La STJCE 15 diciembre 2005 (TJCE 2005, 406), C-233/04, caso *Aeropuerto de Düsseldorf*, explica que la transmisión existe aunque los medios materiales transmitidos (para control de acceso de los pasajeros a la terminal) permanezcan al servicio de la explotación contratada por el titular (público) del Aeropuerto a una empresa (privada) y aunque ésta no pueda integrarlos en su patrimonio con libertad de disposición.

3. Sin perjuicio de lo establecido en la legislación de Seguridad Social, el cedente y el cesionario, en las transmisiones que tengan lugar por actos intervivos, responderán solidariamente durante tres años de las obligaciones laborales nacidas con anterioridad a la transmisión y que no hubieran sido satisfechas.

El cedente y el cesionario también responderán solidariamente de las obligaciones nacidas con posterioridad a la transmisión, cuando la cesión fuese declarada delito.

⇒ Cfr. art. 43.2 de la presente Ley y arts. 311.1 y concordantes del CP (§40.4).

4. Salvo pacto en contrario, establecido una vez consumada la sucesión mediante acuerdo de empresa entre el cesionario y los representantes de los trabajadores, las relaciones laborales de los trabajadores afectados por la sucesión seguirán rigiéndose por el convenio colectivo que en el momento de la transmisión fuere de aplicación en la empresa, centro de trabajo o unidad productiva autónoma transferida.

Esta aplicación se mantendrá hasta la fecha de expiración del convenio colectivo de origen o hasta la entrada en vigor de otro convenio colectivo nuevo que resulte aplicable a la entidad económica transmitida.

⇒ La STJCE de 9 marzo 2006 (TJCE 2006, 66), C-499/04, subraya que el Derecho Comunitario no se opone a que, transcurrido el tiempo de vigencia del convenio, la relación laboral quede al margen del convenio colectivo sectorial que venía aplicándose; ello aunque el contrato escrito se remitiera expresamente a tal convenio para su regulación, y atendiendo a que la empresa nueva no pertenece a la patronal firmante.

5. Cuando la empresa, el centro de trabajo o la unidad productiva objeto de la transmisión conserve su autonomía, el cambio de titularidad del empresario no extinguirá por sí mismo el mandato de los representantes legales de los trabajadores, que seguirán ejerciendo sus funciones en los mismo términos y bajo las mismas condiciones que regían con anterioridad.

⇒ Sobre la duración cuatrienal del mandato representativo, art. 67.3 y concordantes del propio ET.

6. El cedente y el cesionario deberán informar a los representantes legales de su trabajadores respectivos afectados por el cambio de titularidad de los siguientes extremos:

a) Fecha prevista de la transmisión;

b) Motivos de la transmisión;

c) Consecuencias jurídicas, económicas y sociales, para los trabajadores, de la transmisión, y

d) Medidas previstas respecto de los trabajadores.

7. De no haber representantes legales de los trabajadores, el cedente y el cesionario deberán facilitar la información mencionada en el apartado anterior a los trabajadores que pudieren resultar afectados por la transmisión.

8. El cedente vendrá obligado a facilitar la información mencionada en los apartados anteriores con la suficiente antelación, antes de la realización de la transmisión. El cesionario estará obligado a comunicar estas informaciones con la suficiente antelación y, en todo caso, antes de que sus trabajadores se vean afectados en sus condiciones de empleo y de trabajo por la transmisión.

En los supuestos de fusión y escisión de sociedades, el cedente y el cesionario habrán de proporcionar la indicada información, en todo caso, al tiempo de publicarse la convocatoria de las juntas generales que han de adoptar los respectivos acuerdos.

9. El cedente o el cesionario que previere adoptar, con motivo de la transmisión, medidas laborales en relación con sus trabajadores vendrá obligado a iniciar un período de consultas con los representantes legales de los trabajadores sobre las medidas previstas y sus consecuencias para los trabajadores. Dicho período de consultas habrá de celebrarse con la suficiente antelación, antes de que las medidas se lleven a efecto. Durante el período de consultas, las partes deberán negociar de buena fe, con vistas a la consecución de un acuerdo. Cuando las medidas previstas consistieren en traslados colectivos o en modificaciones sustanciales de las condiciones de trabajo de carácter colectivo, el procedimiento del período de consultas al que se refiere el párrafo anterior se ajustará a lo establecido en los artículos 40.2 y 41.4 de la presente Ley.

10. Las obligaciones de información y consulta establecidas en el presente artículo se aplicarán con independencia de que la decisión relativa a la transmisión haya sido adoptada por los empresarios cedente y cesionario o por las empresas que ejerzan el control sobre ellos. Cualquier justificación de aquéllos basada en el hecho de que la empresa que tomó la decisión no les ha facilitado la información necesaria no podrá ser tomada en consideración a tal efecto.

✐ Artículo redactado por el art. 2 de la Ley 12/2001, de 9 julio (§9).

Sección 3ª Suspensión del contrato

Artículo 45. Causas y efectos de la suspensión.

1. El contrato de trabajo podrá suspenderse por las siguientes causas:

a) Mutuo acuerdo de la partes.

⇒ V. arts. 14.3 y 48.1 de esta Ley. También art. 9 del RD 1382/1985 (§16.1) sobre altos cargos.

b) Las consignadas válidamente en el contrato.

⇒ Cfr. art. 48.1 del propio Estatuto.

c) Incapacidad temporal de los trabajadores.

⇒ V. art. 48.2 del propio Estatuto.
El concepto de esta situación en art. 128 de la LGSS/1994 (§32.1).

d) Maternidad, paternidad, riesgo durante el embarazo, riesgo durante la lactancia natural de un menor de nueve meses y adopción o acogimiento, tanto preadoptivo como permanente o simple, de conformidad con el Código Civil o las leyes civiles de las Comunidades Autónomas que lo regulen, siempre que su duración no sea inferior a un año, aunque éstos sean provisionales, de menores de seis años o de menores de edad que sean mayores de seis años cuando se trate de menores discapacitados o que por sus circunstancias y experiencias personales o por provenir del extranjero, tengan especiales dificultades de inserción social y familiar debidamente acreditadas por los servicios sociales competentes.

✐ Letra d) modificada por disp. adic. 11ª.7 de la LO 3/2007, de 22 marzo, para la igualdad efectiva de mujeres y hombres (§31.1).

⇒ V. art. 48.4 y 5 del propio Estatuto, así como sus notas.
V. el RD 1251/2001, de 16 noviembre, sobre prestaciones económicas por maternidad y riesgo durante el embarazo, así como los arts. 133.bis y siguientes de la LGSS (§32.1).

e) Cumplimiento del servicio militar o de la prestación social sustitutoria.

⇒ V. art. 48.3 de la presente Ley. V. LO 5/2005, de 17 noviembre, Ley de la Defensa Nacional.
Cfr. también art. 30 de la CE (§1).

f) Ejercicio de cargo público representativo.

⇒ V. arts. 37.3 d) y 48.3 del propio ET.

g) Privación de libertad del trabajador, mientras no exista sentencia condenatoria.

⇒ V. art. 25.1 de la CE (§1).

h) Suspensión de sueldo y empleo, por razones disciplinarias.

⇒ V. art. 58 del propio Estatuto.

i) Fuerza mayor temporal.

⇒ V. art. 47.2 de la presente Ley, así como arts. 17, 18 y 19 del RD 43/1996, de 19 enero (§15.1).

j) Causas económicas, técnicas, organizativas o de producción.

⇒ Cfr. arts. 47.1 y concordantes del presente Estatuto, así como art. 20 del RD 43/1996, de 19 enero (§15.1).

k) Excedencia forzosa.

⇒ V. art. 46 de la presente Ley.

l) Por el ejercicio del derecho de huelga.

⇒ Cfr. art. 4.1 e) del propio Estatuto y la regulación contenida en el Real Decreto-ley de Relaciones de Trabajo (§22), especialmente art. 6.2.

m) Cierre legal de la empresa.

⇒ V. el Real Decreto-ley de Relaciones de Trabajo (§22), especialmente el art. 12.2.

n) Por decisión de la trabajadora que se vea obligada a abandonar su puesto de trabajo como consecuencia de ser víctima de violencia de género.

✐ Letra n) añadida por disp. adic. 7ª.3 de LO 1/2004, de 28 diciembre.

⇒ Véase el artículo 48.6 de la presente Ley.

2. La suspensión exonera de las obligaciones recíprocas de trabajar y remunerar el trabajo.

⇒ V. arts. 48.1 y 55.6 del presente Estatuto.

Artículo 46. Excedencias.

1. La excedencia podrá ser voluntaria o forzosa. La forzosa, que dará derecho a la conservación del puesto y al cómputo de la antigüedad de su vigencia, se concederá por la designación o elección para un cargo público que imposibilite la asistencia al trabajo. El reingreso deberá ser solicitado dentro del mes siguiente al cese en el cargo público.

⇒ Respecto de la excedencia de Diputados y Senadores, v. art. 157 de la LO 5/1985, de 19 junio, de Régimen Electoral General.
V. también arts. 37.3 d) y 48.3 de la presente Ley. Sobre el reingreso en un supuesto particular, STC 56/1988, de 24 marzo (RTC 1988, 56).

2. El trabajador con al menos una antigüedad en la empresa de un año tiene derecho a que se le

reconozca la posibilidad de situarse en excedencia voluntaria por un plazo no menor a cuatro meses y no mayor a cinco años. Este derecho sólo podrá ser ejercitado otra vez por el mismo trabajador si han transcurrido cuatro años desde el final de la anterior excedencia.

✐ Ap. 2 modificado por disp. adic. 11ª.8 de la LO 3/2007, de 22 marzo, para la igualdad efectiva de mujeres y hombres (§31.1).

3. Los trabajadores tendrán derecho a un período de excedencia de duración no superior a tres años para atender al cuidado de cada hijo, tanto cuando lo sea por naturaleza, como por adopción, o en los supuestos de acogimiento, tanto permanente como preadoptivo, aunque éstos sean provisionales, a contar desde la fecha de nacimiento o, en su caso, de la resolución judicial o administrativa.

⇒ Conforme a la Disposición adicional quinta de la Ley 39/1999, de 5 noviembre, de conciliación de la vida familiar y laboral, «se considerarán jurídicamente equiparables a la adopción y acogimiento preadoptivo o permanente, aquellas instituciones jurídicas declaradas por resoluciones judiciales o administrativas extranjeras, cuya finalidad y efectos jurídicos sean los previstos para la adopción y acogimiento preadoptivo o permanente, cualquiera que sea su denominación».

También tendrán derecho a un período de excedencia, de duración no superior a dos años, salvo que se establezca una duración mayor por negociación colectiva, los trabajadores para atender al cuidado de un familiar hasta el segundo grado de consanguinidad o afinidad, que por razones de edad, accidente, enfermedad o discapacidad no pueda valerse por sí mismo, y no desempeñe actividad retribuida.

La excedencia contemplada en el presente apartado, cuyo período de duración podrá disfrutarse de forma fraccionada, constituye un derecho individual de los trabajadores, hombres o mujeres. No obstante, si dos o más trabajadores de la misma empresa generasen este derecho por el mismo sujeto causante, el empresario podrá limitar su ejercicio simultáneo por razones justificadas de funcionamiento de la empresa.

✐ Ap. 3 párrs. 1, 2 y 3 modificados por disp. adic. 11ª.9 de la LO 3/2007, de 22 marzo, para la igualdad efectiva de mujeres y hombres (§31.1).

Cuando un nuevo sujeto causante diera derecho a un nuevo período de excedencia, el inicio de la misma dará fin al que, en su caso, se viniera disfrutando.

El período en que el trabajador permanezca en situación de excedencia conforme a lo establecido en este artículo será computable a efectos de antigüedad y el trabajador tendrá derecho a la asistencia a cursos de formación profesional, a cuya participación deberá ser convocado por el empresario, especialmente con ocasión de su reincorporación. Durante el primer año tendrá derecho a la reserva de su puesto de trabajo. Transcurrido dicho plazo, la reserva quedará referida a un puesto de trabajo del mismo grupo profesional o categoría equivalente.

✐ Redactado por el art. 4 de la Ley 39/1999, de 5 noviembre, de conciliación de la vida familiar y laboral de las personas trabajadoras.

⇒ Véase el artículo 22 del propio ET, sobre clasificación profesional.

No obstante, cuando el trabajador forme parte de una familia que tenga reconocida oficialmente la condición de familia numerosa, la reserva de su puesto de trabajo se extenderá hasta un máximo de 15 meses cuando se trate de una familia numerosa de categoría general, y hasta un máximo de 18 meses si se trata de categoría especial.

✐ Añadido por la disp. adic. 1ª.Tres de la Ley 40/2003, de 18 noviembre.

4. Asimismo podrán solicitar su paso a la situación de excedencia en la empresa los trabajadores que ejerzan funciones sindicales de ámbito provincial o superior mientras dure el ejercicio de su cargo representativo.

⇒ Téngase presente la doctrina contenida en las SSTC 99/1987, de 11 junio (RTC 1987, 99) y 263/1994, de 3 octubre (RTC 1994, 263).
V. art. 48.3 de la presente Ley y art. 9.1 b) de la LOLS (§20.1).

5. El trabajador excedente conserva sólo un derecho preferente al reingreso en las vacantes de igual o similar categoría a la suya que hubiera o se produjeran en la empresa.

⇒ V. la STC 33/1986, de 21 febrero (RTC 1986, 33).

6. La situación de excedencia podrá extenderse a otros supuestos colectivamente acordados, con el régimen y los efectos que allí se prevean.

⇒ Acerca de un supuesto discriminatorio (matrimonio de la mujer) pueden verse, entre otras, SSTC 67/1982, de 15 noviembre (RTC 1982, 67); 59/1993, de 15 febrero (RTC 1993, 59) y 66/1993, de 1 marzo (RTC 1993, 66).

Artículo 47. Suspensión del contrato por causas económicas, técnicas, organizativas o de producción o derivadas de fuerza mayor.

⇒ Téngase presente la posibilidad contemplada en el art. 146 b) de la LPL (§41).
En general, consúltese el RD 43/1996, de 19 enero (§15.1), especialmente su art. 20.

Sobre cotización por contingencias profesionales en estos supuestos, v. la disp. adic. 3ª de la Orden TAS/29/2006, de 18 enero.

1. El contrato de trabajo podrá ser suspendido, a iniciativa del empresario, por causas económicas, técnicas, organizativas o de producción, con arreglo al procedimiento establecido en el artículo 51 de esta Ley y en sus normas de desarrollo, excepto en lo referente a las indemnizaciones, que no procederán.

⇒ V. el art. 4.1 d) del ASEC.

La autorización de esta medida procederá cuando de la documentación obrante en el expediente se desprenda razonablemente que tal medida temporal es necesaria para la superación de una situación de carácter coyuntural de la actividad de la empresa.

⇒ V. art. 3.2 b) de la LPL (§41).

En este supuesto, el plazo a que se refiere el apartado 4 del artículo 51 de esta Ley, relativo a la duración del período de consultas, se reducirá a la mitad y la documentación justificativa será la estrictamente necesaria en los términos que reglamentariamente se determinen.

⇒ V. art. 20 del RD 43/1996, de 19 enero (§15.1).

2. Igualmente, el contrato de trabajo podrá ser suspendido por causa derivada de fuerza mayor con arreglo al procedimiento establecido en el artículo 51.12 de esta Ley y normas reglamentarias de desarrollo.

⇒ V. arts. 17, 18 y 19 del RD 43/1996, de 19 enero (§15.1).
V. art. 3.2 b) de la LPL (§41).

Artículo 48. Suspensión con reserva de puesto de trabajo.

1. Al cesar las causas legales de suspensión, el trabajador tendrá derecho a la reincorporación al puesto de trabajo reservado, en todos los supuestos a que se refiere el apartado 1 del artículo 45 excepto en los señalados en los párrafos a) y b) del mismo apartado y artículo, en que se estará a lo pactado.

2. En el supuesto de incapacidad temporal, producida la extinción de esta situación con declaración de *invalidez* permanente en los grados de incapacidad permanente total para la profesión habitual, absoluta para todo trabajo o gran invalidez, cuando, a juicio del órgano de calificación, la situación de incapacidad del trabajador vaya a ser previsiblemente objeto de revisión por mejoría que permita su reincorporación al puesto de trabajo, subsistirá la suspensión de la relación laboral, con reserva del puesto de trabajo, durante un período de dos años a contar desde la fecha de la resolución por la que se declare la *invalidez* permanente.

⇒ Cfr. arts. 128, 134 y 143 de la LGSS/1994 (§32.1).
V. el RD 1300/1995, de 21 julio, por el que se desarrolla, en materia de incapacidades laborales del sistema de la Seguridad Social, la Ley 42/1994, de 30 diciembre, de medidas fiscales, administrativas y de orden social, en especial su artículo séptimo:

«Artículo 7. Supuestos de declaración de invalidez permanente con reserva de puesto de trabajo.

1. La subsistencia de la suspensión de la relación laboral, con reserva de puesto de trabajo, que se regula en el apartado 2 del artículo 48 del texto refundido de la Ley del Estatuto de los Trabajadores, sólo procederá cuando en la correspondiente resolución inicial de reconocimiento de invalidez, a tenor de lo previsto en el párrafo primero del apartado 2 del artículo 143 de la Ley General de la Seguridad Social, se haga constar un plazo para poder instar la revisión por previsible mejoría del estado invalidante del interesado, igual o inferior a dos años.

2. En el supuesto al que se refiere el apartado anterior, se dará traslado al empresario afectado de la resolución dictada al efecto por la correspondiente Dirección Provincial del Instituto Nacional de la Seguridad Social».

V. también la O. 18 enero 1996, dictada para la aplicación del citado RD 1300/1995, de 21 julio.

3. En los supuestos de suspensión por prestación del servicio militar o prestación social sustitutoria, ejercicio de cargo público representativo o funciones sindicales de ámbito provincial o superior, el trabajador deberá reincorporarse en el plazo máximo de treinta días naturales a partir de la cesación en el servicio, cargo o función.

4. En el supuesto de parto, la suspensión tendrá una duración de dieciséis semanas ininterrumpidas, ampliables en el supuesto de parto múltiple en dos semanas más por cada hijo a partir del segundo. El período de suspensión se distribuirá a opción de la interesada siempre que seis semanas sean inmediatamente posteriores al parto. En caso de fallecimiento de la madre, con independencia de que ésta realizara o no algún trabajo, el otro progenitor podrá hacer uso de la totalidad o, en su caso, de la parte que reste del período de suspensión, computado desde la fecha del parto, y sin que se descuente del mismo la parte que la madre hubiera podido disfrutar con anterioridad al parto. En el supuesto de fallecimiento del hijo, el período de suspensión no se verá reducido, salvo que, una vez finalizadas las seis semanas de descanso obligatorio, la madre solicitara reincorporarse a su puesto de trabajo.

No obstante lo anterior, y sin perjuicio de las seis semanas inmediatamente posteriores al parto de descanso obligatorio para la madre, en el caso de que ambos progenitores trabajen, la madre, al iniciarse el período de descanso por maternidad, podrá optar por que el otro progenitor disfrute de una parte determinada e ininterrumpida del período de descanso posterior al parto bien de forma simultánea o sucesiva con el de la madre. El otro progenitor podrá seguir haciendo uso del período de suspensión por maternidad inicialmente cedido, aunque en el momento previsto para la reincorporación de la madre al trabajo ésta se encuentre en situación de incapacidad temporal.

En el caso de que la madre no tuviese derecho a suspender su actividad profesional con derecho a prestaciones de acuerdo con las normas que regulen dicha actividad, el otro progenitor tendrá derecho a suspender su contrato de trabajo por el período que hubiera correspondido a la madre, lo que será compatible con el ejercicio del derecho reconocido en el artículo siguiente.

En los casos de parto prematuro y en aquellos en que, por cualquier otra causa, el neonato deba permanecer hospitalizado a continuación del parto, el período de suspensión podrá computarse, a instancia de la madre, o en su defecto, del otro progenitor, a partir de la fecha del alta hospitalaria. Se excluyen de dicho cómputo las seis semanas posteriores al parto, de suspensión obligatoria del contrato de la madre.

En los casos de partos prematuros con falta de peso y aquellos otros en que el neonato precise, por alguna condición clínica, hospitalización a continuación del parto, por un período superior a siete días, el período de suspensión se ampliará en tantos días como el nacido se encuentre hospitalizado, con un máximo de trece semanas adicionales, y en los términos en que reglamentariamente se desarrolle.

En los supuestos de adopción y de acogimiento, de acuerdo con el artículo 45.1.d) de esta Ley, la suspensión tendrá una duración de dieciséis semanas ininterrumpidas, ampliable en el supuesto de adopción o acogimiento múltiples en dos semanas por cada menor a partir del segundo. Dicha suspensión producirá sus efectos, a elección del trabajador, bien a partir de la resolución judicial por la que se constituye la adopción, bien a partir de la decisión administrativa o judicial de acogimiento, provisional o definitivo, sin que en ningún caso un mismo menor pueda dar derecho a varios períodos de suspensión.

En caso de que ambos progenitores trabajen, el período de suspensión se distribuirá a opción de los interesados, que podrán disfrutarlo de forma simultánea o sucesiva, siempre con períodos ininterrumpidos y con los límites señalados.

En los casos de disfrute simultáneo de períodos de descanso, la suma de los mismos no podrá exceder de las dieciséis semanas previstas en los párrafos anteriores o de las que correspondan en caso de parto, adopción o acogimiento múltiples.

En el supuesto de discapacidad del hijo o del menor adoptado o acogido, la suspensión del contrato a que se refiere este apartado tendrá una duración adicional de dos semanas. En caso de que ambos progenitores trabajen, este período adicional se distribuirá a opción de los interesados, que podrán disfrutarlo de forma simultánea o sucesiva y siempre de forma ininterrumpida.

Los períodos a los que se refiere el presente apartado podrán disfrutarse en régimen de jornada completa o a tiempo parcial, previo acuerdo entre los empresarios y los trabajadores afectados, en los términos que reglamentariamente se determinen.

En los supuestos de adopción internacional, cuando sea necesario el desplazamiento previo de los progenitores al país de origen del adoptado, el período de suspensión, previsto para cada caso en el presente apartado, podrá iniciarse hasta cuatro semanas antes de la resolución por la que se constituye la adopción.

Los trabajadores se beneficiarán de cualquier mejora en las condiciones de trabajo a la que hubieran podido tener derecho durante la suspensión del contrato en los supuestos a que se refiere este apartado, así como en los previstos en el siguiente apartado y en el artículo 48 bis.

✐ Ap. 4 modificado por disp. adic. 11ª.10 de la LO 3/2007, de 22 marzo, para la igualdad efectiva de mujeres y hombres (§31.1).

⇒ El art. 8 del RD 1251/2001, de 16 noviembre, sobre maternidad y riesgo durante el embarazo, dispone:

«La opción ejercitada por la madre al iniciarse el período de descanso por maternidad en favor del padre, a fin de que éste disfrute de parte del permiso y, por consiguiente, perciba una parte determinada e ininterrumpida del subsidio, correspondiente al descanso posterior al parto, en los términos establecidos en las normas legales mencionadas en el artículo 2 de este Real Decreto, podrá ser revocada por la madre si sobrevinieren hechos que hagan inviable la aplicación de la misma, tales como ausencia, enfermedad o accidente del padre, abandono de familia, separación u otras causas análogas».

Sobre bonificaciones en la cotización a la Seguridad Social de estos trabajadores y de sus sustitutos cfr. el RDley 11/1998 (§6.2) y la disp. adic. 2ª de la Ley 12/2001, de 9 julio (§9).

La disp. adic. 1ª del RD 1251/2001, de 16 noviembre, rubricada como «suspensión del contrato de trabajo por maternidad a tiempo parcial», establece:

«1. De acuerdo con lo establecido en el párrafo sexto del apartado 4 del artículo 48 de la Ley del Estatuto de los Trabajadores, Texto Refundido aprobado por Real Decreto Legislativo 1/1995, de 24 de marzo, los períodos de descanso por maternidad, adopción o acogimiento, preadoptivo o permanente, a que se refiere dicho apartado podrán disfrutarse en régimen de jornada completa o a tiempo parcial, en los términos regulados en el presente Real Decreto y de conformidad, en su caso, con lo que establezcan los Convenios Colectivos.

2. Para que pueda disfrutarse a tiempo parcial el permiso de maternidad será imprescindible el acuerdo previo entre el empresario y el trabajador afectado.

El acuerdo podrá celebrarse tanto al inicio del descanso correspondiente como en un momento posterior y podrá extenderse a todo el período de descanso o a parte del mismo, sin perjuicio de lo dispuesto en el párrafo a) del apartado siguiente.

3. El disfrute a tiempo parcial del permiso de maternidad se ajustará a las siguientes reglas:

a) Este derecho podrá ser ejercido tanto por la madre como por el padre y en cualquiera de los supuestos de disfrute simultáneo o sucesivo del período de descanso.

En el caso de parto, la madre no podrá hacer uso de esta modalidad de permiso durante las seis semanas inmediatas posteriores al mismo, que serán de descanso obligatorio.

b) El período durante el que se disfrute el permiso se ampliará proporcionalmente en función de la jornada de trabajo que se realice.

c) El disfrute del permiso en esta modalidad será ininterrumpido. Una vez acordado, sólo podrá modificarse el régimen pactado mediante nuevo acuerdo entre el empresario y el trabajador afectado, por iniciativa de éste y debido a causas relacionadas con su salud o la del menor.

d) Durante el período de disfrute del permiso de maternidad a tiempo parcial, los trabajadores no podrán realizar horas extraordinarias, salvo las necesarias para prevenir o reparar siniestros y otros daños extraordinarios y urgentes.

4. El tiempo en el que el trabajador preste servicios parcialmente tendrá la consideración de tiempo de trabajo efectivo, manteniéndose suspendida la relación laboral durante el tiempo restante.

No serán de aplicación a este supuesto las reglas establecidas para el contrato a tiempo parcial en el artículo 12 del Estatuto de los Trabajadores y sus normas de desarrollo.

5. El permiso de maternidad a tiempo parcial será incompatible con el disfrute simultáneo por el mismo trabajador de los derechos previstos en los apartados 4 y 4.bis del artículo 37 del Estatuto de los Trabajadores y de la reducción de jornada por guarda legal prevista en el apartado 5 del mismo artículo. Será asimismo incompatible con el ejercicio del derecho a la excedencia por cuidado de familiares regulado en el apartado 3 del artículo 46 de la citada Ley».

La posibilidad de interinidades a tiempo parcial puede verse en el art. 5.2 b) del RD 2720/1998 (§6.1).

5. En el supuesto de riesgo durante el embarazo o de riesgo durante la lactancia natural, en los términos previstos en el artículo 26 de la Ley 31/1995, de 8 de noviembre, de Prevención de Riesgos Laborales, la suspensión del contrato finalizará el día en que se inicie la suspensión del contrato por maternidad biológica o el lactante cumpla nueve meses, respectivamente, o, en ambos casos, cuando desaparezca la imposibilidad de la trabajadora de reincorporarse a su puesto anterior o a otro compatible con su estado.

✐ Ap. 5 modificado por disp. adic. 11ª.10 de la LO 3/2007, de 22 marzo, para la igualdad efectiva de mujeres y hombres (§31.1).

6. En el supuesto previsto en la letra n) del apartado 1 del artículo 45, el período de suspensión tendrá una duración inicial que no podrá exceder de seis meses, salvo que de las actuaciones de tutela judicial resultase que la efectividad del derecho de protección de la víctima requiriese la continuidad de la suspensión. En este caso, el juez podrá prorrogar la suspensión por períodos de tres meses, con un máximo de dieciocho meses.

✐ Ap. 6 añadido por disp. adic. 7ª.4 de LO 1/2004, de 28 diciembre.

Artículo 48 bis. Suspensión del contrato de trabajo por paternidad.

En los supuestos de nacimiento de hijo, adopción o acogimiento de acuerdo con el artículo 45.1.d) de esta Ley, el trabajador tendrá derecho a la suspensión del contrato durante trece días ininterrumpidos, ampliables en el supuesto de parto, adopción o acogimiento múltiples en dos días más por cada hijo a partir del segundo. Esta suspensión es independiente del disfrute compartido de los períodos de descanso por maternidad regulados en el artículo 48.4.

En el supuesto de parto, la suspensión corresponde en exclusiva al otro progenitor. En los supuestos de adopción o acogimiento, este derecho corresponderá sólo a uno de los progenitores, a elección de los interesados; no obstante, cuando el período de descanso regulado en el artículo 48.4 sea disfrutado en su totalidad por uno de los progenitores, el derecho a la suspensión por paternidad únicamente podrá ser ejercido por el otro.

El trabajador que ejerza este derecho podrá hacerlo durante el período comprendido desde la finalización del permiso por nacimiento de hijo, previsto legal o convencionalmente, o desde la resolución judicial por la que se constituye la adopción o a partir de la decisión administrativa o judicial de acogimiento, hasta que finalice la suspensión del contrato regulada en el artículo 48.4 o inmediatamente después de la finalización de dicha suspensión.

La suspensión del contrato a que se refiere este artículo podrá disfrutarse en régimen de jornada completa o en régimen de jornada parcial de un mínimo del 50 por 100, previo acuerdo entre el empresario y el trabajador, y conforme se determine reglamentariamente.

El trabajador deberá comunicar al empresario, con la debida antelación, el ejercicio de este derecho en los términos establecidos, en su caso, en los convenios colectivos.

✐ Artículo añadido por disp. adic. 11ª.11 de la LO 3/2007, de 22 marzo, para la igualdad efectiva de mujeres y hombres (§31.1).

Sección 4ª Extinción del contrato

⇒ Un ejemplo de posibilidad de subsistencia de obligaciones empresariales tras la extinción del contrato, en art. 22.5 de la LPRL (§23). En art. 21.2 del propio Estatuto, un supuesto de obligaciones a cargo del trabajador.

Artículo 49. Extinción del contrato.

⇒ La STC 37/1986, de 20 marzo (RTC 1986, 37), subrayó el carácter meramente enumerativo que respecto de algunas causas posee el presente artículo.

1. El contrato de trabajo se extinguirá:

a) Por mutuo acuerdo de las partes.

⇒ V. el art. 3.1 c) de la presente Ley.

b) Por las causas consignadas válidamente en el contrato salvo que las mismas constituyan abuso de derecho manifiesto por parte del empresario.

⇒ Sobre incompetencia de las Comunidades Autónomas para regular causas extintivas aquí incardinables, véase STC 360/1993, de 3 diciembre (RTC 1993, 360).

c) Por expiración del tiempo convenido o realización de la obra o servicio objeto del contrato. A la finalización del contrato, excepto en los casos del contrato de interinidad, del *contrato de inserción* y de los contratos formativos, el trabajador tendrá derecho a recibir una indemnización económica de cuantía equivalente a la parte proporcional de la cantidad que resultaría de abonar ocho días de salario por cada año de servicio o la establecida, en su caso, en la normativa específica que sea de aplicación.

✐ La referencia al contrato de inserción fue derogada por RDley 5/2006, de 9 junio.

Los contratos de duración determinada que tengan establecido plazo máximo de duración, incluidos los contratos en prácticas y para la formación, concertados por una duración inferior a la máxima legalmente establecida, se entenderán prorrogados automáticamente hasta dicho plazo cuando no medie denuncia o prórroga expresa y el trabajador continúe prestando servicios.

Expirada dicha duración máxima o realizada la obra o servicio objeto del contrato, si no hubiera denuncia y se continuara en la prestación laboral el contrato se considerará prorrogado tácitamente por tiempo indefinido, salvo prueba en contrario que acredite la naturaleza temporal de la prestación.

⇒ El art. 21.Dos de la Ley 23/2001, de 27 diciembre, de Presupuestos Generales del Estado para el año 2002, dispuso respecto de las contrataciones temporales «para cubrir necesidades estacionales de las Administraciones Públicas que finalizarán automáticamente al vencer su plazo temporal».
El art. 20 bis de la Ley 61/2003, omite esa extinción automática en los contratos temporales de referencia, pese a que la Exposición de Motivos apunta lo contrario.

Si el contrato de trabajo de duración determinada es superior a un año, la parte del contrato que formule la denuncia está obligada a notificar a la otra la terminación del mismo con una antelación mínima de quince días.

✐ Letra c) redactada por el art. 3 de la Ley 12/2001, de 9 julio (§9).

⇒ V. arts. 11, 12 y 15 de la presente Ley. También art. 8 del RD 2720/1998, de 18 diciembre (§6.1) y art. 19 del RD 488/1998, sobre contratos formativos (§7.1).

d) Por dimisión del trabajador, debiendo mediar el preaviso que señalen los convenios colectivos o la costumbre del lugar.

⇒ V. arts. 3.1 d), 3.4 y 21.4 del propio Estatuto.
Recuérdese que conforme al viejo art. 1583 del CC «el arrendamiento hecho por toda la vida es nulo».

e) Por muerte, gran invalidez o *invalidez* permanente total o absoluta del trabajador, sin perjuicio de lo dispuesto en el artículo 48.2.

⇒ Las definiciones conceptuales sobre incapacidades en arts. 134 y 137 de la LGSS/1994 (§32.1).
Cfr. asimismo lo establecido en el RD 1451/1983, sobre fomento de empleo de minusválidos (§28.2).
Téngase muy presente la cautela contenida en el citado art. 48.2 del presente Estatuto.
El D. 2 marzo 1944 y la O. 16 febrero 1946, dictada para su desarrollo, establecieron la obligación empresarial (no derogada expresamente) de indemnizar con 15 días de salario, a los herederos del trabajador, en caso de extinguirse el contrato por muerte «natural».

f) Por jubilación del trabajador.

⇒ V. disp. adic. 10ª de la presente Ley así como arts. 160 y ss. de la LGSS/1994 (§32.1), con especial atención a la jubilación gradual y flexible allí contemplada.

g) Por muerte, jubilación en los casos previstos en el régimen correspondiente de la Seguridad Social, o incapacidad del empresario, sin perjuicio de lo dispuesto en el artículo 44, o por extinción de la personalidad jurídica del contratante.

En los casos de muerte, jubilación o incapacidad del empresario, el trabajador tendrá derecho al abono de una cantidad equivalente a un mes de salario.

⇒ La STC 304/1993, de 25 octubre (RTC 1993, 304) no consideró inconstitucional la indemnización contemplada en este apartado, pese a que su cuantía es mucho más baja que la del despido colectivo.

En los casos de extinción de la personalidad jurídica del contratante deberán seguirse los trámites del artículo 51 de esta Ley.

⇒ Sobre la constitucionalidad de esta causa respecto del empresario individual, STC 37/1986, de 20 marzo (RTC 1986, 37).

Las referencias a la jubilación o incapacidad del empresario se entienden hechas a la correspondiente norma de Seguridad Social: a) D. 2530/1970, de 20 agosto, para Trabajadores Autónomos; b) D. 2123/1971, de 23 julio, sobre Régimen Especial Agrario y c) D. 2864/1974, de 30 agosto, para Trabajadores del Mar, así como sus diversas normas complementarias.

Respecto del empresario que es persona jurídica v. art. 124 de la LPL (§41), así como arts. 21 y concordantes del RD 43/1996, de 19 enero (§15.1).

h) Por fuerza mayor que imposibilite definitivamente la prestación de trabajo siempre que su existencia haya sido debidamente constatada conforme a lo dispuesto en el apartado 12 del artículo 51 de esta Ley.

⇒ Cfr. lo dispuesto en el art. 1105 del CC.

V. arts. 18 y concordantes del RD 43/1996, de 19 enero (§15.1).

i) Por despido colectivo fundado en causas económicas, técnicas, organizativas o de producción, siempre que aquél haya sido debidamente autorizado conforme a lo dispuesto en esta Ley.

⇒ V. art. 51 del presente Estatuto y RD 43/1996, de 19 enero (§15.1).

j) Por voluntad del trabajador fundamentada en un incumplimiento contractual del empresario.

⇒ V. art. 50 de la presente Ley.

k) Por despido del trabajador.

⇒ V. arts. 54, 55, 56 y 57 del propio ET.

l) Por causas objetivas legalmente procedentes.

⇒ V. arts. 52 y 53 del presente Estatuto.

m) Por decisión de la trabajadora que se vea obligada a abandonar definitivamente su puesto de trabajo como consecuencia de ser víctima de violencia de género.

✐ Letra m) añadida por disp. adic. 7ª.5 de Ley Orgánica 1/2004, de 28 diciembre.

⇒ Véanse los artículos 21 y siguientes de la LO 1/2004, de 28 diciembre, de Medidas de Protección Integral contra la Violencia de Género.

Cfr. el RD 1452/2005, de 2 diciembre, que regula la ayuda económica a que tienen derecho las mujeres víctimas de violencia de género con especiales dificultades para acceder a un empleo.

2. El empresario, con ocasión de la extinción del contrato, al comunicar a los trabajadores la denuncia, o, en su caso, el preaviso de la extinción del mismo, deberá acompañar una propuesta del documento de liquidación de las cantidades adeudadas.

⇒ Cfr. art. 29.1 de la presente Ley.

El trabajador podrá solicitar la presencia de un representante legal de los trabajadores en el momento de proceder a la firma del recibo del finiquito, haciéndose constar en el mismo el hecho de su firma en presencia de un representante legal de los trabajadores, o bien que el trabajador no ha hecho uso de esta posibilidad. Si el empresario impidiese la presencia del representante en el momento de la firma, el trabajador podrá hacerlo constar en el propio recibo, a los efectos oportunos.

⇒ V. arts. 62 y 63 de la presente Ley así como el art. 10.3 de la LOLS (§20.1).

La tutela administrativa de la obligación en art. 7.4 del TRLISOS (§40.1).

Artículo 50. Extinción por voluntad del trabajador.

1. Serán causas justas para que el trabajador pueda solicitar la extinción del contrato:

⇒ V. arts. 27 y 138 de la LPL (§41).

La STC 225/2002, de 9 diciembre (RTC 2002, 225) recoge el derecho del trabajador a paralizar inmediatamente su actividad (y luego accionar) en el específico supuesto de periodista *(caso del diario «Ya»)* cuya empresa cambia radicalmente de línea ideológica, a fin de evitar el padecimiento del derecho fundamental recogido en el art. 20.1.d) CE.

a) Las modificaciones sustanciales en las condiciones de trabajo que redunden en perjuicio de su formación profesional o en menoscabo de su dignidad.

⇒ V. arts. 40 y 41 del propio ET.

V. la tutela administrativa brindada por el art. 8.11 del TRLISOS (§40.1).

Conforme al art. 2 de la LO 2/1997, de 19 junio:

«1. En virtud de la cláusula de conciencia los profesionales de la información tienen derecho a solicitar la rescisión de su relación jurídica con la empresa de comunicación en que trabajen:

a) Cuando en el medio de comunicación con el que estén vinculados laboralmente se produzca un cambio sustancial de orientación informativa o línea ideológica.

b) Cuando la empresa les traslade a otro medio del mismo grupo que por su género o línea suponga una ruptura patente con la orientación profesional del informador.

2. El ejercicio de este derecho dará lugar a una indemnización, que no será inferior a la pactada contractualmente o, en su defecto, a la establecida por la Ley para el despido improcedente».

b) La falta de pago o retrasos continuados en el abono del salario pactado.

⇒ V. arts. 4.2 f) y 29 de la presente Ley.
Cfr. el art. 8.1 del TRLISOS (§40.1).

c) Cualquier otro incumplimiento grave de sus obligaciones por parte del empresario, salvo los supuestos de fuerza mayor, así como la negativa del mismo a reintegrar al trabajador en sus anteriores condiciones de trabajo en los supuestos previstos en los artículos 40 y 41 de la presente Ley, cuando una sentencia judicial haya declarado los mismos injustificados.

⇒ V. arts. 4 y concordantes del propio ET así como art. 138 de la LPL (§41).

2. En tales casos, el trabajador tendrá derecho a las indemnizaciones señaladas para el despido improcedente.

⇒ Cfr. lo dispuesto en art. 56.1 a) del presente Estatuto.

Artículo 51. Despido colectivo.

⇒ Téngase muy en cuenta el RD 43/1996, de 19 enero, por el que se aprueba el Reglamento de los procedimientos de regulación de empleo y de actuación administrativa en materia de traslados colectivos (§15.1).
Cfr. lo dispuesto en la Dir. 98/59/CE, de 20 julio (§48.3).
En el plano procesal, v. art. 124 de la LPL (§41).
Sanción administrativa del incumplimiento en art. 8.3 del TRLISOS (§40.1).

1. A efectos de lo dispuesto en la presente Ley, se entenderá por despido colectivo la extinción de contratos de trabajo fundada en causas económicas, técnicas, organizativas o de producción, cuando, en un período de noventa días, la extinción afecte al menos a:

a) Diez trabajadores, en las empresas que ocupen menos de cien trabajadores.

b) El 10 por 100 del número de trabajadores de la empresa en aquellas que ocupen entre cien y trescientos trabajadores.

c) Treinta trabajadores en las empresas que ocupen trescientos o más trabajadores.

⇒ La STJCE de 18 enero 2007 (TJCE 2007, 14) entendió contraria al Derecho Comunitario la Ley francesa que excluía (aunque temporalmente) del cómputo de trabajadores empleados a una determinada categoría de ellos (los menores de 26 años).

Se entenderá que concurren las causas a que se refiere el presente artículo cuando la adopción de las medidas propuestas contribuya, si las aducidas son económicas, a superar una situación económica negativa de la empresa o, si son técnicas, organizativas o de producción, a garantizar la viabilidad futura de la empresa y del empleo en la misma a través de una más adecuada organización de los recursos.

Se entenderá igualmente como despido colectivo la extinción de los contratos de trabajo que afecten a la totalidad de la plantilla de la empresa, siempre que el número de trabajadores afectados sea superior a cinco, cuando aquél se produzca como consecuencia de la cesación total de su actividad empresarial fundada en las mismas causas anteriormente señaladas.

⇒ V. art. 1 del RD 43/1996, de 19 enero (§15.1).

Para el cómputo del número de extinciones de contratos a que se refiere el párrafo primero de este artículo, se tendrán en cuenta asimismo cualesquiera otras producidas en el período de referencia por iniciativa del empresario en virtud de otros motivos no inherentes a la persona del trabajador distintos de los previstos en el párrafo c) del apartado 1 del artículo 49 de esta Ley, siempre que su número sea, al menos, de cinco.

Cuando en períodos sucesivos de noventa días y con el objeto de eludir las previsiones contenidas en el presente artículo, la empresa realice extinciones de contratos al amparo de lo dispuesto en el artículo 52 c) de esta Ley en un número inferior a los umbrales señalados, y sin que concurran causas nuevas que justifiquen tal actuación, dichas nuevas extinciones se considerarán efectuadas en fraude de ley, y serán declaradas nulas y sin efecto.

⇒ V. art. 122.2 d) de la LPL (§41).

2. El empresario que tenga la intención de efectuar un despido colectivo deberá solicitar autorización para la extinción de los contratos de trabajo conforme al procedimiento de regulación de empleo previsto en esta Ley y en sus normas de desarrollo reglamentario. El procedimiento se iniciará mediante la solicitud a la autoridad laboral competente y la apertura simultánea de un período de consultas con los representantes legales de los trabajadores.

⇒ Sobre la identidad de la Autoridad Laboral, v. nota al art. 1.5 de la presente Ley y el art. 2 del RD 43/1996, de 19 enero (§15.1).

La comunicación a la autoridad laboral y a los representantes legales de los trabajadores deberá ir acompañada de toda la documentación necesaria para acreditar las causas motivadoras del expediente y la justificación de las medidas a adoptar, en los términos que reglamentariamente se determinen.

⇒ Cfr. lo dispuesto en el ap. 9, así como los arts. 5 y 6 del RD 43/1996, de 19 enero (§15.1).

La comunicación de la apertura del período de consultas se realizará mediante escrito dirigido por el empresario a los representantes legales de los trabajadores, una copia del cual se hará llegar, junto con la solicitud, a la autoridad laboral.

3. Recibida la solicitud, la autoridad laboral comprobará que la misma reúne los requisitos exigidos, requiriendo, en caso contrario, su subsanación por el empresario en un plazo de diez días, con advertencia de que, si así no lo hiciere, se le tendrá por desistido de su petición, con archivo de las actuaciones.

La autoridad laboral comunicará la iniciación del expediente a la Entidad Gestora de la prestación por desempleo y recabará, con carácter preceptivo, informe de la Inspección de Trabajo y Seguridad Social sobre las causas motivadoras del expediente y cuantos otros resulten necesarios para resolver fundadamente. Los informes habrán de ser evacuados en el improrrogable plazo de diez días y deberán obrar en poder de la autoridad laboral antes de la finalización del período de consultas a que se refieren los apartados 2 y 4 del presente artículo, quien los incorporará al expediente una vez concluido aquél.

Si, durante la tramitación del expediente, la autoridad laboral tuviera conocimiento de que por parte del empresario se están adoptando medidas que pudieran hacer ineficaz el resultado de cualquier pronunciamiento, aquélla podrá recabar del empresario y de las autoridades competentes la inmediata paralización de las mismas.

Cuando la extinción afectase a más del 50 por 100 de los trabajadores, se dará cuenta por el empresario de la venta de los bienes de la empresa, excepto de aquellos que constituyen el tráfico normal de la misma, a los representantes legales de los trabajadores y, asimismo, a la autoridad competente.

4. La consulta con los representantes legales de los trabajadores, quienes ostentarán la condición de parte interesada en la tramitación del expediente de regulación de empleo, tendrá una duración no inferior a treinta días naturales, o de quince en el caso de empresas de menos de cincuenta trabajadores, y deberá versar sobre las causas motivadoras del expediente y la posibilidad de evitar o reducir sus efectos, así como sobre las medidas necesarias para atenuar sus consecuencias para los trabajadores afectados y para posibilitar la continuidad y viabilidad del proyecto empresarial.

⇒ V. arts. 3 y 4 del RD 43/1996, de 19 enero (§15.1).

En todo caso, en las empresas de cincuenta o más trabajadores, se deberá acompañar a la documentación iniciadora del expediente un plan que contemple las medidas anteriormente señaladas.

Durante el período de consultas, las partes deberán negociar de buena fe con vistas a la consecución de un acuerdo.

⇒ V. art. 85.1 del presente Estatuto.

Sobre las características y exigencias formales de este período de consultas, art. 8 del RD 43/1996, de 19 enero (§15.1).

Dicho acuerdo requerirá la conformidad de la mayoría de los miembros del Comité o Comités de Empresa, de los delegados de personal en su caso, o de representaciones sindicales, si las hubiere, que, en su conjunto, representen a la mayoría de aquéllos.

⇒ Cfr. arts. 88.1 y 89.3 del propio Estatuto.

A la finalización del período de consultas el empresario comunicará a la autoridad laboral el resultado del mismo.

5. Cuando el período de consultas concluya con acuerdo entre las partes, la autoridad laboral procederá a dictar resolución en el plazo de quince días naturales autorizando la extinción de las relaciones laborales. Si transcurrido dicho plazo no hubiera recaído pronunciamiento expreso, se entenderá autorizada la medida extintiva en los términos contemplados en el acuerdo.

No obstante lo dispuesto en el párrafo anterior, si la autoridad laboral apreciase, de oficio o a instancia de parte, la existencia de fraude, dolo, coacción o abuso de derecho en la conclusión del acuerdo, lo remitirá, con suspensión de plazo para dictar resolución, a la autoridad judicial, a efectos de su posible declaración de nulidad. Del mismo modo actuará cuando, de oficio o a petición de la Entidad Gestora de la prestación por desempleo, estimase que el acuerdo pudiera tener por objeto la obtención indebida de las prestaciones por parte de los trabajadores afectados, por inexistencia de la causa motivadora de la situación legal de desempleo.

⇒ V. arts. 145 y ss. de la LPL (§41), así como art. 11 del RD 43/1996 (§15.1).

6. Cuando el período de consultas concluya sin acuerdo la autoridad laboral dictará resolución

estimando o desestimando, en todo o en parte, la solicitud empresarial. La resolución se dictará en el plazo de quince días naturales a partir de la comunicación a la autoridad laboral de la conclusión del período de consultas; si transcurrido dicho plazo no hubiera recaído pronunciamiento expreso, se entenderá autorizada la medida extintiva en los términos de la solicitud.

⇒ V. art. 85.1 y disp. adic. 13ª de la propia Ley sobre resolución de conflictos en este trámite, así como el art. 4.1 d) del ASEC.

Sobre ordenación del procedimiento previo al dictado de la resolución, arts. 9 y 10 del RD 43/1996, de 19 de enero (§15.1); sobre requisitos para dictar la propia resolución, art. 12 del mismo reglamento.

La resolución de la autoridad laboral será motivada y congruente con la solicitud empresarial. La autorización procederá cuando de la documentación obrante en el expediente se desprenda razonablemente que las medidas propuestas por la empresa son necesarias a los fines previstos en el apartado 1 de este artículo.

⇒ Sobre el carácter ejecutivo de las resoluciones administrativas recaídas y los recursos posibles, v. núm. 13 del presente artículo, así como los arts. 15 y 16 del RD 43/1996, de 19 enero (§15.1).

7. Los representantes legales de los trabajadores tendrán prioridad de permanencia en la empresa en los supuestos a que se refiere este artículo.

⇒ V. art. 68 b) de la presente Ley.

La STC 191/1996, de 26 noviembre (RTC 1996, 191), sostiene que dentro del sistema actual de protección y garantía de los derechos de los trabajadores, y en función del mismo, la prioridad de permanencia de los representantes de los trabajadores se integra en el derecho de libertad sindical.

8. Los trabajadores cuyos contratos se extingan de conformidad con lo dispuesto en el presente artículo tendrán derecho a una indemnización de veinte días de salario por año de servicio, prorrateándose por meses los períodos de tiempo inferiores a un año, con un máximo de doce mensualidades.

⇒ V. arts. 33.8 del presente Estatuto y 14 del RD 43/1996, de 19 enero (§15.1).

La STC 100/2001, de 23 abril (RTC 2001, 100), viene a admitir la validez del pacto mediante el cual ha de reintegrarse una indemnización por extinción contractual producida al amparo del artículo 51 ET en el supuesto en que se produzca, en determinadas condiciones, la recolocación en otra empresa del grupo.

9. Los trabajadores, a través de sus representantes, podrán solicitar igualmente la incoación del expediente a que se refiere el presente artículo, si racionalmente se presumiera que la no incoación del mismo por el empresario pudiera ocasionarles perjuicios de imposible o difícil reparación.

En tal caso, la autoridad laboral competente determinará las actuaciones y los informes que sean precisos para la resolución del expediente, respetando los plazos previstos en el presente artículo.

⇒ V. art. 7 del RD 43/1996, de 19 enero (§15.1).

10. El expediente de regulación de empleo para los supuestos de declaración de quiebra, cuando los síndicos hubieran acordado la no continuidad de la actividad empresarial, o en otros supuestos de cese de la actividad de la empresa en virtud de decisión judicial, se tramitará a los solos efectos del acceso de los trabajadores afectados a la situación legal de desempleo. Todo ello sin perjuicio de lo dispuesto en los apartados 2 y 4 del presente artículo en materia de período de consultas y del derecho a la indemnización a que se refiere el apartado 8.

✐ Ap. 10 derogado por la disp. derog. única.2.11 de la Ley 22/2003, de 9 julio, Concursal (§15.4).

11. En el supuesto de venta judicial de la totalidad de la empresa o de parte de la misma únicamente será aplicable lo dispuesto en el artículo 44 de esta Ley cuando lo vendido comprenda los elementos necesarios y por sí mismos suficientes para continuar la actividad empresarial.

Si, no obstante la concurrencia del supuesto anterior, el nuevo empresario decide no continuar o suspende la actividad del anterior, deberá fundamentarlo en expediente de regulación de empleo incoado al efecto.

12. La existencia de fuerza mayor, como causa motivadora de la extinción de los contratos de trabajo, deberá ser constatada por la autoridad laboral, cualquiera que sea el número de los trabajadores afectados, previo expediente tramitado conforme a lo dispuesto en este apartado.

⇒ V. art. 17 del RD 43/1996 (§15.1).

El expediente se iniciará mediante solicitud de la empresa, acompañada de los medios de prueba que estime necesarios y simultánea comunicación a los representantes legales de los trabajadores, quienes ostentarán la condición de parte interesada en la totalidad de la tramitación del expediente.

⇒ V. art. 18 del RD 43/1996, de 19 enero (§15.1).

La resolución de la autoridad laboral se dictará, previas las actuaciones e informes indispensables, en el plazo de cinco días desde la solicitud, y surtirá efectos desde la fecha del hecho causante de la fuerza mayor.

La autoridad laboral que constate la fuerza mayor podrá acordar que la totalidad o una parte de la indemnización que corresponda a los trabajadores afectados por la extinción de sus contratos sea satisfecha por el Fondo de Garantía Salarial, sin perjuicio del derecho de éste a resarcirse del empresario.

⇒ V. arts. 33.2 del presente Estatuto y 19 del RD 43/1996, de 19 enero (§15.1).

13. En lo no previsto en el presente artículo será de aplicación lo dispuesto en la Ley 30/1992, de 26 de noviembre, de Régimen Jurídico de las Administraciones Públicas y del Procedimiento Administrativo Común, en particular en materia de recursos.

Todas las actuaciones a seguir y las notificaciones que deban efectuarse a los trabajadores se practicarán con los representantes legales de los mismos.

⇒ Cfr. STC 70/1994, de 28 febrero (RTC 1994, 70).
V. art. 3.2 b) de la LPL (§41).

14. Las obligaciones de información y documentación previstas en el presente artículo se aplicarán con independencia de que la decisión relativa a los despidos colectivos haya sido tomada por el empresario o por la empresa que ejerza el control sobre él. Cualquier justificación del empresario basada en el hecho de que la empresa que tomó la decisión no le ha facilitado la información necesaria no podrá ser tomada en consideración a tal efecto.

15. Cuando se trate de expedientes de regulación de empleo de empresas no incursas en procedimiento concursal, que incluyan trabajadores con cincuenta y cinco o más años de edad que no tuvieren la condición de mutualistas el 1 de enero de 1967, existirá la obligación de abonar las cuotas destinadas a la financiación de un convenio especial respecto de los trabajadores anteriormente señalados en los términos previstos en la Ley General de la Seguridad Social.

✐ Ap. 15 añadido por el art. 6 de la Ley 35/2002, de 12 julio, aplicable sólo a los expedientes de regulación de empleo iniciados a partir del 1 de enero de 2002 conforme con disp. transit. única.

⇒ V. la disp. adic. 31ª LGSS (§32.1) y la Orden TAS/2865/2003, de 13 octubre.

Artículo 52. Extinción del contrato por causas objetivas.

El contrato podrá extinguirse:

a) Por ineptitud del trabajador conocida o sobrevenida con posterioridad a su colocación efectiva en la empresa. La ineptitud existente con anterioridad al cumplimiento de un período de prueba no podrá alegarse con posterioridad a dicho cumplimiento.

⇒ V. arts. 14 y 39.3 del presente Estatuto.

b) Por falta de adaptación del trabajador a las modificaciones técnicas operadas en su puesto de trabajo, cuando dichos cambios sean razonables y hayan transcurrido como mínimo dos meses desde que se introdujo la modificación. El contrato quedará en suspenso por el tiempo necesario y hasta el máximo de tres meses, cuando la empresa ofrezca un curso de reconversión o de perfeccionamiento profesional a cargo del organismo oficial o propio competente, que le capacite para la adaptación requerida. Durante el curso se abonará al trabajador el equivalente al salario medio que viniera percibiendo.

⇒ V. arts. 19.4 y 39.3 del presente Estatuto.

c) Cuando exista la necesidad objetivamente acreditada de amortizar puestos de trabajo por alguna de las causas previstas en el artículo 51.1 de esta Ley y en número inferior al establecido en el mismo. A tal efecto, el empresario acreditará la decisión extintiva en causas económicas, con el fin de contribuir a la superación de situaciones económicas negativas, o en causas técnicas, organizativas o de producción, para superar las dificultades que impidan el buen funcionamiento de la empresa, ya sea por su posición competitiva en el mercado o por exigencias de la demanda, a través de una mejor organización de los recursos.

⇒ La STC 121/2004, de 12 julio (RTC 2004, 121), entiende que hay que permitir la práctica de prueba decisiva para acreditar existencia de grupo empresarial (caja única, trasvase de activos) cuando se impugna un despido basado en esta causa.

Los representantes de los trabajadores tendrán prioridad de permanencia en la empresa en el supuesto al que se refiere este apartado.

✐ Apartado redactado por Ley 63/1997, de 26 diciembre, de medidas urgentes para la mejora del mercado de trabajo y el fomento de la contratación indefinida, cuya disp. transit. 2ª ha de consultarse.

⇒ V. arts. 33.8, 64.1.4, 68 b) y 85.2 de la presente Ley; nótese la peculiaridad contenida en el art. 53.1 b).
La STC 49/2003, de 17 marzo (RTC 2003, 49), advierte que cuando existen indicios de discriminación, para su exclusión, no basta con demostrar la existencia de la causa legal de amortización de empleo.

d) Por faltas de asistencia al trabajo, aun justificadas pero intermitentes, que alcancen el 20 por 100 de las jornadas hábiles en dos meses consecutivos, o el 25 por 100 en cuatro meses discontinuos dentro de un período de doce meses, siempre que el índice de absentismo total de la plantilla del centro de trabajo supere el 5 por 100 en los mismos períodos de tiempo.

No se computarán como faltas de asistencia, a los efectos del párrafo anterior, las ausencias debidas a huelga legal por el tiempo de duración de la misma, el ejercicio de actividades de representación legal de los trabajadores, accidente de trabajo, maternidad, riesgo durante el embarazo, enfermedades causadas por embarazo, parto o lactancia, licencias y vacaciones, enfermedad o accidente no laboral, cuando la baja haya sido acordada por los servicios sanitarios oficiales y tenga una duración de más de veinte días consecutivos, ni las motivadas por la situación física o psicológica derivada de violencia de género, acreditada por los servicios sociales de atención o servicios de salud, según proceda.

✐ Letra d) redactada por el art. 7.1 de la Ley 39/1999, de 5 noviembre, de conciliación de la vida familiar y laboral de las personas trabajadoras.
Párr. 2° modificado por disp. adic. 7ª.6 de Ley Orgánica 1/2004, de 28 diciembre.

e) En el caso de contratos por tiempo indefinido concertados directamente por las Administraciones públicas o por entidades sin ánimo de lucro para la ejecución de planes y programas públicos determinados, sin dotación económica estable y financiados mediante consignaciones presupuestarias o extrapresupuestarias anuales consecuencia de ingresos externos de carácter finalista, por la insuficiencia de la correspondiente consignación para el mantenimiento del contrato de trabajo de que se trate.

Cuando la extinción afecte a un número de trabajadores igual o superior al establecido en el artículo 51.1 de esta Ley se deberá seguir el procedimiento previsto en dicho artículo.

✐ Letra e) añadida por el art. 3 de la Ley 12/2001, de 9 julio (§9).

Artículo 53. Forma y efectos de la extinción por causas objetivas.

1. La adopción del acuerdo de extinción al amparo de lo prevenido en el artículo anterior exige la observancia de los requisitos siguientes:

a) Comunicación escrita al trabajador expresando la causa.

⇒ Cfr. con el primer párrafo del art. 55.1.

b) Poner a disposición del trabajador, simultáneamente a la entrega de la comunicación escrita, la indemnización de veinte días por año de servicio, prorrateándose por meses los períodos de tiempo inferiores a un año y con un máximo de doce mensualidades.

⇒ V. art. 33.8 del propio Estatuto.

Cuando la decisión extintiva se fundare en el artículo 52 c), de esta Ley, con alegación de causa económica, y como consecuencia de tal situación económica no se pudiera poner a disposición del trabajador la indemnización a que se refiere el párrafo anterior, el empresario, haciéndolo constar en la comunicación escrita, podrá dejar de hacerlo, sin perjuicio del derecho del trabajador de exigir de aquél su abono cuando tenga efectividad la decisión extintiva.

c) Concesión de un plazo de preaviso de treinta días, computado desde la entrega de la comunicación personal al trabajador hasta la extinción del contrato de trabajo. En el supuesto contemplado en el artículo 52 c), del escrito de preaviso se dará copia a la representación legal de los trabajadores para su conocimiento.

⇒ Cfr. el último párrafo del art. 51.1.

2. Durante el período de preaviso el trabajador, o su representante legal si se trata de un disminuido que lo tuviera, tendrá derecho, sin pérdida de su retribución, a una licencia de seis horas semanales con el fin de buscar nuevo empleo.

⇒ Cfr. con los supuestos del art. 37.3.

3. Contra la decisión extintiva podrá recurrir como si se tratare de despido disciplinario.

⇒ V. arts. 27 y 120, 121, 122 y 123 de la LPL (§41).

4. Cuando el empresario no cumpliese los requisitos establecidos en el apartado 1 de este artículo o la decisión extintiva del empresario tuviera como móvil algunas de las causas de discriminación prohibidas en la Constitución o en la Ley o bien se hubiera producido con violación de derechos fundamentales y libertades públicas del trabajador, la decisión extintiva será nula, debiendo la autoridad judicial hacer tal declaración de oficio. La no concesión del preaviso no anulará la extinción, si bien el empresario, con independencia de los demás efectos que procedan, estará obligado a abonar los salarios correspondientes a dicho período. La posterior observancia por el empresario de los requisitos incumplidos no constituirá, en ningún caso, subsanación del primitivo acto extintivo, sino un nuevo acuerdo de extinción con efectos desde su fecha.

Será también nula la decisión extintiva en los siguientes supuestos:

a) La de los trabajadores durante el período de suspensión del contrato de trabajo por maternidad, riesgo durante el embarazo, riesgo durante la lactancia natural, enfermedades causadas por embarazo, parto o lactancia natural, adopción o acogimiento o paternidad al que se refiere la letra d) del apartado

1 del artículo 45, o el notificado en una fecha tal que el plazo de preaviso concedido finalice dentro de dicho período.

b) La de las trabajadoras embarazadas, desde la fecha de inicio del embarazo hasta el comienzo del período de suspensión a que se refiere la letra a), y la de los trabajadores que hayan solicitado uno de los permisos a los que se refieren los apartados 4, 4 bis y 5 del artículo 37, o estén disfrutando de ellos, o hayan solicitado o estén disfrutando la excedencia prevista en el apartado 3 del artículo 46; y la de las trabajadoras víctimas de violencia de género por el ejercicio de los derechos de reducción o reordenación de su tiempo de trabajo, de movilidad geográfica, de cambio de centro de trabajo o de suspensión de la relación laboral en los términos y condiciones reconocidos en esta Ley.

c) La de los trabajadores después de haberse reintegrado al trabajo al finalizar los períodos de suspensión del contrato por maternidad, adopción o acogimiento o paternidad, siempre que no hubieran transcurrido más de nueve meses desde la fecha de nacimiento, adopción o acogimiento del hijo.

Lo establecido en las letras anteriores será de aplicación, salvo que, en esos casos, se declare la procedencia de la decisión extintiva por motivos no relacionados con el embarazo o con el ejercicio del derecho a los permisos y excedencia señalados.

✐ Ap. 4 modificado por disp. adic. 11ª.12 de la LO 3/2007, de 22 marzo, para la igualdad efectiva de mujeres y hombres (§31.1).

5. La calificación por la autoridad judicial de la nulidad, procedencia o improcedencia de la decisión extintiva producirá iguales efectos que los indicados para el despido disciplinario, con las siguientes modificaciones:

⇒ V. art. 123 de la LPL (§41).

a) En caso de procedencia, el trabajador tendrá derecho a la indemnización prevista en el apartado 1 de este artículo, consolidándola de haberla recibido, y se entenderá en situación de desempleo por causa a él no imputable.

b) Si la extinción se declara improcedente y el empresario procede a la readmisión, el trabajador habrá de reintegrarle la indemnización percibida. En caso de sustitución de la readmisión por compensación económica, se deducirá de ésta el importe de dicha indemnización.

Artículo 54. Despido disciplinario.

1. El contrato de trabajo podrá extinguirse por decisión del empresario, mediante despido basado en un incumplimiento grave y culpable del trabajador.

⇒ La principal doctrina constitucional al respecto se encuentra en las SSTC 24/1984, de 23 febrero (RTC 1984, 24); 62/1984, de 21 mayo (RTC 1984, 62) y 36/1985, de 8 marzo (RTC 1985, 36), todas ellas sobre interconexión del despido con procesos penales por idénticos hechos.
Por su parte, las SSTC 37/1985, de 8 marzo (RTC 1985, 37) y 81/1988, de 28 abril (RTC 1988, 81), reflexionan sobre la aplicación o no de la presunción de inocencia. En STC 27/1993, de 25 enero (RTC 1993, 27), se descarta con claridad; v. así mismo la STC 53/1995, de 23 febrero (RTC 1995, 53).

2. Se considerarán incumplimientos contractuales:

⇒ V. también arts. 16 y 33 del Real Decreto-ley de Relaciones de Trabajo (§22).

a) Las faltas repetidas e injustificadas de asistencia o puntualidad al trabajo.

⇒ V. la STC 21/1992, de 14 febrero (RTC 1992, 21).

b) La indisciplina o desobediencia en el trabajo.

⇒ El art. 21.4 de la LPRL (§23) reconoce un excepcional «ius resistentiae» en supuestos de grave emergencia.

c) Las ofensas verbales o físicas al empresario o a las personas que trabajan en la empresa o a los familiares que convivan con ellos.

⇒ V. la STC 126/1990, de 5 julio (RTC 1990, 126).

d) La transgresión de la buena fe contractual, así como el abuso de confianza en el desempeño del trabajo.

⇒ En conexión con los límites de la libertad de expresión, v. SSTC 114/1984, de 29 noviembre (RTC 1984, 114); 88/1985, de 19 julio (RTC 1985, 88) y 6/1988, de 21 enero (RTC 1988, 6).

e) La disminución continuada y voluntaria en el rendimiento de trabajo normal o pactado.

⇒ V. arts. 5, 20, 22 y 39 del propio Estatuto.

f) La embriaguez habitual o toxicomanía si repercuten negativamente en el trabajo.

g) El acoso por razón de origen racial o étnico, religión o convicciones, discapacidad, edad u orientación sexual y el acoso sexual o por razón de sexo al empresario o a las personas que trabajan en la empresa.

✐ Letra g) modificada por disp. adic. 11ª.13 de la LO 3/2007, de 22 marzo, para la igualdad efectiva de mujeres y hombres (§31.1).

⇒ El concepto de este acoso discriminatorio puede verse en el artículo 28 de la Ley 62/2003 (§31.2).

Artículo 55. Forma y efectos del despido disciplinario.

⇒ Cfr. Convenio núm. 158 de la OIT (ratificado por España el 18 de febrero de 1985), relativo a la terminación del contrato de trabajo por iniciativa del empleador.

1. El despido deberá ser notificado por escrito al trabajador, haciendo figurar los hechos que lo motivan y la fecha en que tendrá efectos.

Por convenio colectivo podrán establecerse otras exigencias formales para el despido.

⇒ V. art. 85.1 del propio Estatuto.

Cuando el trabajador fuera representante legal de los trabajadores o delegado sindical procederá la apertura de expediente contradictorio, en el que serán oídos, además del interesado, los restantes miembros de la representación a que perteneciere, si los hubiese.

⇒ V. arts. 68 a) y 64.1.6 de la presente Ley, así como el art. 10.3 de la LOLS (§20.1).

Si el trabajador estuviera afiliado a un sindicato y al empresario le constare, deberá dar audiencia previa a los delegados sindicales de la sección sindical correspondiente a dicho sindicato.

⇒ Cfr. art. 10.3.3ª de la LOLS (§20.1); también art. 104 d) de la LPL (§41).

2. Si el despido se realizara inobservando lo establecido en el apartado anterior, el empresario podrá realizar un nuevo despido en el que cumpliese los requisitos omitidos en el precedente. Dicho nuevo despido, que sólo surtirá efectos desde su fecha, sólo cabrá efectuarlo en el plazo de veinte días, a contar desde el siguiente al del primer despido. Al realizarlo, el empresario pondrá a disposición del trabajador los salarios devengados en los días intermedios, manteniéndole durante los mismos en alta en la Seguridad Social.

⇒ La STC 265/2006, de 11 septiembre (RTC 2006, 265), advierte que las consecuencias de una segunda carta de despido, que sea defectuosa, nunca pueden desembocar en la privación de la acción por despido, como sucedería si en tal caso se entendiera iniciado el plazo de caducidad con la primera carta.
Cfr. con el supuesto contemplado en el art. 110.4 de la LPL (§41).

3. El despido será calificado como procedente, improcedente o nulo.

⇒ V. art. 108 de la LPL (§41).

4. El despido se considerará procedente cuando quede acreditado el incumplimiento alegado por el empresario en su escrito de comunicación. Será improcedente en caso contrario o cuando en su forma no se ajustara a lo establecido en el apartado 1 de este artículo.

⇒ V. arts. 108.1 y 109 de la LPL (§41).

5. Será nulo el despido que tenga por móvil alguna de las causas de discriminación prohibidas en la Constitución o en la Ley, o bien se produzca con violación de derechos fundamentales y libertades públicas del trabajador.

Será también nulo el despido en los siguientes supuestos:

a) El de los trabajadores durante el período de suspensión del contrato de trabajo por maternidad, riesgo durante el embarazo, riesgo durante la lactancia natural, enfermedades causadas por embarazo, parto o lactancia natural, adopción o acogimiento o paternidad al que se refiere la letra d) del apartado 1 del artículo 45, o el notificado en una fecha tal que el plazo de preaviso concedido finalice dentro de dicho período.

b) El de las trabajadoras embarazadas, desde la fecha de inicio del embarazo hasta el comienzo del período de suspensión a que se refiere la letra a), y el de los trabajadores que hayan solicitado uno de los permisos a los que se refieren los apartados 4, 4 bis y 5 del artículo 37, o estén disfrutando de ellos, o hayan solicitado o estén disfrutando la excedencia prevista en el apartado 3 del artículo 46; y el de las trabajadoras víctimas de violencia de género por el ejercicio de los derechos de reducción o reordenación de su tiempo de trabajo, de movilidad geográfica, de cambio de centro de trabajo o de suspensión de la relación laboral, en los términos y condiciones reconocidos en esta Ley.

⇒ Respecto de la trabajadora víctima de violencia de género véanse los artículos 37.7; 40.3.bis y 48.6 del propio ET.

c) El de los trabajadores después de haberse reintegrado al trabajo al finalizar los períodos de suspensión del contrato por maternidad, adopción o acogimiento o paternidad, siempre que no hubieran transcurrido más de nueve meses desde la fecha de nacimiento, adopción o acogimiento del hijo.

Lo establecido en las letras anteriores será de aplicación, salvo que, en esos casos, se declare la procedencia del despido por motivos no relacionados con el embarazo o con el ejercicio del derecho a los permisos y excedencia señalados.

✐ Ap. 5 modificado por disp. adic. 11ª.14 de la LO 3/2007, de 22 marzo, para la igualdad efectiva de mujeres y hombres (§31.1).

⇒ V. art. 108.2 de la LPL (§41).
Respecto de la trabajadora victima de violencia de género véanse los artículos 37.7; 40.3.bis y 48.6 del propio ET.

6. El despido nulo tendrá el efecto de la readmisión inmediata del trabajador, con abono de los salarios dejados de percibir.

✐ Ap. 6 modificado por el art. 2.2 de la Ley 45/2002, de 12 diciembre (§36.2).

⇒ V. arts. 113 y 277 de la LPL (§41).

7. El despido procedente convalidará la extinción del contrato de trabajo que con aquél se produjo, sin derecho a indemnización ni a salarios de tramitación.

✐ Ap. 7 modificado por el art. 2.2 de la Ley 45/2002, de 12 diciembre (§36.2).

⇒ V. art. 109 de la LPL (§41).

Artículo 56. Despido improcedente.

1. Cuando el despido sea declarado improcedente, el empresario, en el plazo de cinco días desde la notificación de la sentencia, podrá optar entre la readmisión del trabajador, con abono de los salarios de tramitación previstos en el párrafo b) de este apartado 1, o el abono de las siguientes percepciones económicas que deberán ser fijadas en aquélla:

a) Una indemnización de cuarenta y cinco días de salario, por año de servicio, prorrateándose por meses los períodos de tiempo inferiores a un año hasta un máximo de cuarenta y dos mensualidades.

b) Una cantidad igual a la suma de los salarios dejados de percibir desde la fecha de despido hasta la notificación de la sentencia que declarase la improcedencia o hasta que hubiera encontrado otro empleo, si tal colocación fuera anterior a dicha sentencia y se probase por el empresario lo percibido, para su descuento de los salarios de tramitación.

✐ Ap. 1 modificado por el art. 2.3 de la Ley 45/2002, de 12 diciembre (§36.2).

2. En el supuesto de que la opción entre readmisión o indemnización correspondiera al empresario, el contrato de trabajo se entenderá extinguido en la fecha del despido, cuando el empresario reconociera la improcedencia del mismo y ofreciese la indemnización prevista en el párrafo a) del apartado anterior, depositándola en el Juzgado de lo Social a disposición del trabajador y poniéndolo en conocimiento de éste.

⇒ El RD 467/72006, de 21 abril, regula los depósitos y consignaciones judiciales en metálico, de efectos o valores; su artículo 11 establece que «los depósitos y consignaciones que se realicen en el ámbito del orden jurisdiccional social sin existencia previa de un procedimiento incoado, al amparo de lo dispuesto en el artículo 56.2 del Estatuto de los Trabajadores, se ingresarán en la Cuenta de Depósitos y Consignaciones del Juzgado Decano o en aquella que sea facilitada por el Juzgado de lo Social territorialmente competente. La persona o entidad consignante, inmediatamente después de efectuada la consignación deberá poner la misma en conocimiento del Juzgado de lo Social, salvo que lo hubiera hecho con anterioridad».

Cuando el trabajador acepte la indemnización o cuando no la acepte y el despido sea declarado improcedente, la cantidad a que se refiere el párrafo b) del apartado anterior quedará limitada a los salarios devengados desde la fecha del despido hasta la del depósito, salvo cuando el depósito se realice en las cuarenta y ocho horas siguientes al despido, en cuyo caso no se devengará cantidad alguna.

A estos efectos, el reconocimiento de la improcedencia podrá ser realizado por el empresario desde la fecha del despido hasta la de la conciliación.

✐ Ap. 2 modificado por la Ley 45/2002, de 12 diciembre (§36.2).

3. En el supuesto de no optar el empresario por la readmisión o la indemnización, se entiende que procede la primera.

4. Si el despedido fuera un representante legal de los trabajadores o un delegado sindical, la opción corresponderá siempre a éste. De no efectuar la opción, se entenderá que lo hace por la readmisión. Cuando la opción, expresa o presunta, sea en favor de la readmisión, ésta será obligada.

⇒ Cfr. arts. 110.2 y 112 de la LPL (§41). Sobre ejecución de sentencias, v. los arts. 280.1 a), 282 c) y 300 de la LPL (§41).
Sobre el tema v. también STC 142/1985, de 23 octubre (RTC 1985, 142).
El art. 30.4 de la Ley 31/1995, de 8 noviembre (§23), extiende esta garantía a los trabajadores designados por el empleador para realizar tareas preventivas.

Artículo 57. Pago por el Estado.

⇒ Cfr. el artículo 121 de la Constitución (§1).

1. Cuando la sentencia que declare la improcedencia del despido se dicte transcurridos más de sesenta días hábiles desde la fecha en que se presentó la demanda, el empresario podrá reclamar del Estado el abono de la percepción económica a que se refiere el párrafo b) del apartado 1 del artículo 56 satisfecha al trabajador, correspondiente al tiempo que exceda de dichos sesenta días.

⇒ Véanse los arts. 116 y ss. de la LPL (§41) y el RD 924/1982, de 17 abril.

2. En los casos de despido en que, con arreglo al presente artículo, sean por cuenta del Estado los

salarios de tramitación, serán con cargo al mismo las cuotas de la Seguridad Social correspondientes a dichos salarios.

✐ Artículo modificado por el art. 2.4 de la Ley 45/2002, de 12 diciembre (§36.2).

Sección 5ª Procedimiento concursal

Artículo 57 bis. Procedimiento concursal.

En caso de concurso, a los supuestos de modificación, suspensión y extinción colectivas de los contratos de trabajo y de sucesión de empresa, se aplicarán las especialidades previstas en la Ley Concursal.

✐ Artículo añadido por la disp. final 14ª de la Ley 22/2003, de 9 julio, Concursal (§15.4).

⇒ Véase el artículo 64 de la Ley Concursal (§15.4).

CAPÍTULO IV

Faltas y sanciones de los trabajadores

Artículo 58. Faltas y sanciones de los trabajadores.

1. Los trabajadores podrán ser sancionados por la dirección de las empresas en virtud de incumplimientos laborales, de acuerdo con la graduación de faltas y sanciones que se establezcan en las disposiciones legales o en el convenio colectivo que sea aplicable.

2. La valoración de las faltas y las correspondientes sanciones impuestas por la dirección de la empresa serán siempre revisables ante la jurisdicción competente. La sanción de las faltas graves y muy graves requerirá comunicación escrita al trabajador, haciendo constar la fecha y los hechos que la motivan.

⇒ V. art. 68 a) de esta Ley; asimismo y desde otra perspectiva, arts. 64.1.6 de este Estatuto y 10.3 de la LOLS (§20.1).
Para los aspectos jurisdiccionales, base 21ª de la LBPL y preceptos concordantes de la LPL (§41), especialmente arts. 114 y 115.
Sobre la diversa posición procesal de trabajador y empresario en tales procesos, v. STC 125/1995, de 24 julio (RTC 1995, 125).

3. No se podrán imponer sanciones que consistan en la reducción de la duración de las vacaciones u otra minoración de los derechos al descanso del trabajador o multa de haber.

⇒ V. art. 38 de la presente Ley y art. 115.2 de la LPL (§41).

CAPÍTULO V

Plazos de prescripción

Sección 1ª Prescripción de acciones derivadas del contrato

Artículo 59. Prescripción y caducidad.

1. Las acciones derivadas del contrato de trabajo que no tengan señalado plazo especial prescribirán al año de su terminación.

⇒ Doctrina constitucional sobre esta cuestión puede verse en las SSTC 21/1982, de 12 mayo (RTC 1982, 21); 7/1983, de 14 febrero (RTC 1983, 7); 8/1983, de 18 febrero (RTC 1983, 8); 13/1983, de 23 febrero (RTC 1983, 13); 15/1983, de 4 marzo (RTC 1983, 15); 86/1983, de 26 octubre (RTC 1983, 86) y 15/1985, de 5 febrero (RTC 1985, 15).
Concreción de las reglas generales la constituye el art. 177.2 de la LPL (§41).
La STC 93/2004, de 24 mayo (RTC 2004, 93), considera imposible que comience a correr el plazo de prescripción para exigir responsabilidad indemnizatoria derivada de accidente laboral si no se ha notificado la providencia de archivo de la causa penal, cuando el perjudicado no ha renunciado a la acción civil.

A estos efectos, se considerará terminado el contrato:

a) El día en que expire el tiempo de duración convenido o fijado por disposición legal o convenio colectivo.

b) El día en que termine la prestación de servicios continuados, cuando se haya dado esta continuidad por virtud de prórroga expresa o tácita.

2. Si la acción se ejercita para exigir percepciones económicas o para el cumplimiento de obligaciones de tracto único, que no puedan tener lugar después de extinguido el contrato, el plazo de un año se computará desde el día en que la acción pudiera ejercitarse.

⇒ V. SSTC 60/1990, de 29 marzo (RTC 1990, 60); 225 y 226/1991, de 28 noviembre (RTC 1991, 225 y 226) y 32/1992, de 18 marzo (RTC 1992, 32).

3. El ejercicio de la acción contra el despido o resolución de contratos temporales caducará a los

veinte días siguientes de aquel en que se hubiera producido. Los días serán hábiles y el plazo de caducidad a todos los efectos.

⇒ Base 21ª.1 de la LBPL y preceptos concordantes de la LPL (§41), especialmente art. 103.

La STC 61/1996, de 15 abril (RTC 1996, 61), compatibiliza el derecho a la tutela judicial efectiva con la necesidad de aplicar el calendario de fiestas propio de la sede del Tribunal a la hora de computar el plazo.

La STC 265/2006, de 11 septiembre (RTC 2006, 265), considera vulnerado el derecho a la tutela judicial efectiva cuando la sentencia declara caducada la acción por despido por computar el plazo desde la fecha del primero y defectuoso, luego dejado sin efecto por la propia empresa al despedir por segunda vez.

El plazo de caducidad quedará interrumpido por la presentación de la solicitud de conciliación ante el órgano público de mediación, arbitraje y conciliación competente.

⇒ V. al respecto la base 14ª de la LBPL y su desarrollo en la LPL (§41), especialmente arts. 63 a 68.

La STC 12/2003, de 28 enero (RTC 2003, 12), advierte que el art. 24 CE exige que, en ciertos supuestos (ausencia de mala fe, razonabilidad de la actuación), el intento (erróneo) de conciliación administrativa tenga los mismos efectos que la reclamación previa (procedente y preceptiva, pero no interpuesta).

4. Lo previsto en el apartado anterior será de aplicación a las acciones contra las decisiones empresariales en materia de movilidad geográfica y modificación sustancial de condiciones de trabajo. El plazo se computará desde el día siguiente a la fecha de notificación de la decisión empresarial, tras la finalización, en su caso, del período de consultas.

⇒ V. art. 138 de la LPL (§41).

La STC 126/2004, de 19 julio (RTC 2004, 126), entiende que cuando la modificación sustancial no se presenta externamente como tal por la empresa, tampoco puede jugar el excepcional plazo de caducidad previsto para su impugnación.

Sección 2ª Prescripción de las infracciones y faltas

Artículo 60. Prescripción.

1. Las infracciones cometidas por el empresario prescribirán a los tres años, salvo en materia de Seguridad Social.

⇒ V. arts. 21, 43 y ss. de la LGSS/1994 (§32.1), así como art. 4 del TRLISOS (§40.1).

2. Respecto de los trabajadores, las faltas leves prescribirán a los diez días; las graves, a los veinte días, y las muy graves, a los sesenta días a partir de la fecha en que la empresa tuvo conocimiento de su comisión y, en todo caso, a los seis meses de haberse cometido.

TÍTULO II

DE LOS DERECHOS DE REPRESENTACIÓN COLECTIVA Y DE REUNIÓN DE LOS TRABAJADORES EN LA EMPRESA

CAPÍTULO I

Del derecho de representación colectiva

Artículo 61. Participación.

De conformidad con lo dispuesto en el artículo 4 de esta Ley, y sin perjuicio de otras formas de participación, los trabajadores tienen derecho a participar en la empresa a través de los órganos de representación regulados en este título.

⇒ V. arts. 129 de la CE (§1) y 4.1 g) de la presente Ley; en todo el Cap. I de este Tít. II del Estatuto ha de tenerse presente el RD 1844/1994, sobre elecciones a órganos de representación de los trabajadores en la empresa (§21.1).

Respecto de la participación de los funcionarios públicos, Convenio núm. 151 de la OIT (ratificado por España el 22 de junio de 1984), así como el RD 1846/1994, de 9 septiembre, aprobando el Reglamento sobre procedimiento de las correspondientes elecciones.

Por otra parte, es inexcusable traer a colación las previsiones de la LOLS (§20.1) en el ámbito de la empresa. Sobre los dos «canales de representación», unitario y sindical, así como su interconexión, STC 95/1996, de 29 mayo (RTC 1996, 95).

Respecto a la participación y representación de los trabajadores en materia de prevención de riesgos en el trabajo, cfr. arts. 33 y ss. de la Ley 31/1995 (§23).

Téngase también presente la Ley 10/1997, de 24 abril, para las empresas de dimensión comunitaria allí definidas (§21.2).

Consúltese la Dir. 2001/86/CE, de 8 octubre, completando el Estatuto de la Sociedad Anónima Europea en lo que respecta a la implicación de los trabajadores (§49.3).

V. asimismo la Dir. 2002/14/CE, de 11 marzo, estableciendo un marco general sobre información y consulta de los trabajadores (§49.4).

V. al respecto STC 118/1983, de 13 diciembre (RTC 1983, 118). La STC 74/1996, de 30 abril (RTC 1996, 74), subraya que se está ante órganos de creación legal y no constitucional.

Sección 1ª Órganos de representación.

Artículo 62. Delegados de Personal.

1. La representación de los trabajadores en la empresa o centro de trabajo que tenga menos de cincuenta y más de diez trabajadores corresponde a los delegados de personal. Igualmente podrá haber un delegado de personal en aquellas empresas o centros que cuenten entre seis y diez trabajadores, si así lo decidieran éstos por mayoría.

⇒ La conexión con la facultad de promover las elecciones (art. 67.1 ET y su nota) desemboca en la posibilidad que tienen los sindicatos más representativos de convocar las elecciones, pudiendo contar con la decisión mayoritaria de los trabajadores antes o después (incluso de manera implícita, a través de la propia votación), de modo que «esa decisión opera como condición de eficacia y no como presupuesto de admisibilidad» (STC 36/2004, de 8 marzo [RTC 2004, 36] y otras muchas posteriores).
Véanse las competencias del comité de empresa en art. 64 del propio ET.

Los trabajadores elegirán, mediante sufragio libre, personal, secreto y directo a los delegados de personal en la cuantía siguiente: hasta treinta trabajadores, uno; de treinta y uno a cuarenta y nueve, tres.

⇒ V. art. 13 del RD 1844/1994 (§21.1) sobre adecuación de la representatividad a las variaciones de la plantilla.

2. Los delegados de personal ejercerán mancomunadamente ante el empresario la representación para la que fueron elegidos, y tendrán las mismas competencias establecidas para los Comités de Empresa.

⇒ Véanse las competencias del comité de empresa en art. 64 del propio ET.

Los delegados de personal observarán las normas que sobre sigilo profesional están establecidas para los miembros de Comités de Empresa en el artículo 65 de esta Ley.

Artículo 63. Comités de Empresa.

⇒ Recuérdense las previsiones de la Dir. 94/45/CE, de 22 septiembre (§49.2) y de la Ley 10/1997, de 24 abril (§21.2), para empresas de ámbito comunitario.

1. El Comité de Empresa es el órgano representativo y colegiado del conjunto de los trabajadores en la empresa o centro de trabajo para la defensa de sus intereses, constituyéndose en cada centro de trabajo cuyo censo sea de cincuenta o más trabajadores.

⇒ Sobre el concepto de centro de trabajo, v. art. 1.5 de la presente Ley.
Sobre la diversa naturaleza de las representaciones sindical y unitaria, v. SSTC 118/1983, de 13 diciembre (RTC 1983, 118) y 95/1996, de 29 mayo (RTC 1996, 95).
Las SSTC 45/1984 (RTC 1984, 45), 134/1994 (RTC 1994, 134) y 74/1996 (RTC 1996, 74) advierten que el Comité de Empresa no es titular del derecho a la libertad sindical.
Cfr. con la composición y competencias del Comité de Seguridad y Salud regulado en el art. 38 de la LPRL (§23).

2. En la empresa que tenga en la misma provincia, o en municipios limítrofes, dos o más centros de trabajo cuyos censos no alcancen los cincuenta trabajadores, pero que en su conjunto los sumen, se constituirá un Comité de Empresa conjunto. Cuando unos centros tengan cincuenta trabajadores y otros de la misma provincia no, en los primeros se constituirán Comités de Empresa propios y con todos los segundos se constituirá otro.

⇒ V. art. 7 del RD 1844/1994, de 9 septiembre (§21.1).

3. Sólo por convenio colectivo podrá pactarse la constitución y funcionamiento de un Comité Intercentros con un máximo de trece miembros que serán designados de entre los componentes de los distintos Comités de Centro.

En la constitución del Comité Intercentros se guardará la proporcionalidad de los sindicatos, según los resultados electorales considerados globalmente.

Tales Comités Intercentros no podrán arrogarse otras funciones que las que expresamente se les conceda en el convenio colectivo en que se acuerde su creación.

Artículo 64. Competencias.

1. El comité de empresa tendrá las siguientes competencias:

⇒ La tutela administrativa de estas previsiones en arts. 7, 8 y 9 del TRLISOS (§40.1).
A lo largo del articulado del Estatuto aparecen múltiples referencias competenciales al Comité, como en los arts. 8.3; 15.4; 18; 19.3 y 19.5; 22.1; 24.1; 29; 31; 36.1; 38.2; 39.3 y 39.4; 41; 43.2; 44; 51; 68 a) y 87.
Recuérdese la obligación de guardar sigilo establecida en art. 65.2 del propio Estatuto.
Por su parte, el RDley 17/1977, de 4 marzo, de Relaciones de Trabajo (§22) alude a la representación unitaria en sus arts. 3.2 a) y 18.1 a).
Para los Comités de ámbito comunitario, v. art. 18 de la Ley 10/1997, de 24 abril (§21.2).

1º Recibir información, que le será facilitada trimestralmente, al menos, sobre la evolución general del sector económico al que pertenece la empresa, sobre la situación de la producción y ventas de la entidad, sobre su programa de producción y evolución probable del empleo en la empresa, así como acerca de las previsiones del empresario sobre celebración de nuevos contratos, con indicación del número de éstos y de las modalidades y tipos de contratos que serán utilizados, incluidos los contratos a tiempo parcial, de la realización de horas complementarias por los trabajadores contratados a tiempo parcial y de los supuestos de subcontratación.

También tendrá derecho a recibir información, al menos anualmente, relativa a la aplicación en la empresa del derecho de igualdad de trato y de oportunidades entre mujeres y hombres, entre la que se incluirán datos sobre la proporción de mujeres y hombres en los diferentes niveles profesionales, así como, en su caso, sobre las medidas que se hubieran adoptado para fomentar la igualdad entre mujeres y hombres en la empresa y, de haberse establecido un plan de igualdad, sobre la aplicación del mismo.

✐ Ap. 1 redactado por el art. 1.dos del RDley 15/1998, de 27 noviembre (§8.1).

Párr. 2 añadido por disp. adic. 11ª.15 de la LO 3/2007, de 22 marzo, para la igualdad efectiva de mujeres y hombres (§31.1).

⇒ Véanse los diversos apartados del art. 42 ET sobre contratas y subcontratas.

2º Recibir la copia básica de los contratos a que se refiere el párrafo a) del apartado 3 del artículo 8 y la notificación de las prórrogas y de las denuncias correspondientes a los mismos, en el plazo de los diez días siguientes a que tuvieran lugar.

⇒ Cfr. art. 15.4 del propio Estatuto.

En el ámbito de las empresas de trabajo temporal, v. art. 9 de la Ley 14/1994 (§3.1).

3º Conocer el balance, la cuenta de resultados, la memoria y, en el caso de que la empresa revista la forma de sociedad por acciones o participaciones, de los demás documentos que se den a conocer a los socios, y en las mismas condiciones que a éstos.

⇒ V. arts. 44 y ss. del CCom.

4º Emitir informe con carácter previo a la ejecución por parte del empresario de las decisiones adoptadas por éste sobre las siguientes cuestiones:

a) Reestructuraciones de plantilla y ceses totales o parciales, definitivos o temporales de aquélla.

⇒ V. art. 51 de la presente Ley, así como su desarrollo reglamentario en el RD 43/1996, de 19 enero (§15.1), especialmente el art. 6.1 d).

b) Reducciones de jornada, así como traslado total o parcial de las instalaciones.

⇒ V. art. 6.1 d) del RD 43/1996, de 19 enero (§15.1).

c) Planes de formación profesional de la empresa.

d) Implantación o revisión de sistemas de organización y control del trabajo.

⇒ V. arts. 20.3 y 36.1 del presente Estatuto.

e) Estudio de tiempos, establecimiento de sistemas de primas o incentivos y valoración de puestos de trabajo.

⇒ Cfr. el ap. a) de la disp. adic. 3ª del RD 1561/1995, sobre jornadas especiales de trabajo (§14.1), respecto de elaboración del calendario de trabajo.

Téngase presente lo dispuesto en el art. 44 del presente Estatuto.

5º Emitir informe cuando la fusión, absorción o modificación del «status» jurídico de la empresa suponga cualquier incidencia que afecte al volumen de empleo.

⇒ Cfr. el art. 44 del Estatuto y la Dir. 2001/23/CE, de 12 marzo 2001 (§48.1).

6º Conocer los modelos de contrato de trabajo escrito que se utilicen en la empresa, así como de los documentos relativos a la terminación de la relación laboral.

⇒ V. arts. 8 y 49.2 de la presente Ley.

7º Ser informado de todas las sanciones impuestas por faltas muy graves.

8º Conocer, trimestralmente al menos, las estadísticas sobre el índice de absentismo y sus causas, los accidentes de trabajo y enfermedades profesionales y sus consecuencias, los índices de siniestralidad, los estudios periódicos o especiales del medio ambiente laboral y los mecanismos de prevención que se utilizan.

⇒ V. disp. adic. 3ª, ap. a), del RD 1561/1995, de 21 septiembre (§14.1), acerca de información en materia de horas extraordinarias.

V. el art. 18.1 de la LPRL (§23).

9º Ejercer una labor:

a) De vigilancia en el cumplimiento de las normas vigentes en materia laboral, de Seguridad Social y empleo, así como el resto de los pactos, condiciones y usos de empresa en vigor, formulando, en su caso, las acciones legales oportunas ante el empresario y los organismos o Tribunales competentes.

b) De vigilancia y control de las condiciones de seguridad e higiene en el desarrollo del trabajo en la empresa, con las particularidades previstas en este orden por el artículo 19 de esta Ley.

⇒ V. art. 19 de la presente Ley y notas al mismo. También arts. 33 y ss. de la Ley 31/1995, de Prevención de Riesgos Laborales (§23), especialmente art. 36.1 d).

c) De vigilancia del respeto y aplicación del principio de igualdad de trato y de oportunidades entre mujeres y hombres.

✐ Letra c) añadida por disp. adic. 11ª.16 de la LO 3/2007, de 22 marzo, para la igualdad efectiva de mujeres y hombres (§31.1).

10. Participar, como se determine por convenio colectivo, en la gestión de obras sociales establecidas en la empresa en beneficio de los trabajadores o de sus familiares.

11. Colaborar con la dirección de la empresa para conseguir el establecimiento de cuantas medidas procuren el mantenimiento y el incremento de la productividad, de acuerdo con lo pactado en los convenios colectivos.

12. Informar a sus representados en todos los temas y cuestiones señalados en este número 1 en cuanto directa o indirectamente tengan o puedan tener repercusión en las relaciones laborales.

13. Colaborar con la dirección de la empresa en el establecimiento y puesta en marcha de medidas de conciliación.

✐ Núm. 13 añadido por disp. adic. 11ª.16 de la LO 3/2007, de 22 marzo, para la igualdad efectiva de mujeres y hombres (§31.1).

2. Los informes que deba emitir el Comité, a tenor de las competencias reconocidas en los apartados 4 y 5 del número 1 anterior, deben elaborarse en el plazo de quince días.

Artículo 65. Capacidad y sigilo profesional.

1. Se reconoce al Comité de Empresa capacidad, como órgano colegiado, para ejercer acciones administrativas o judiciales en todo lo relativo al ámbito de sus competencias, por decisión mayoritaria de sus miembros.

⇒ V. LBPL, especialmente bases 6ª.3 y 27ª, así como los artículos concordantes de la LPL (§41), especialmente arts. 17.1, 127, 152 y 171.

Doctrina constitucional al respecto en las SSTC 59/1983, de 6 julio (RTC 1983, 59); 74/1983, de 30 julio (RTC 1983, 74) y 118/1983, de 13 diciembre (RTC 1983, 118).

2. Los miembros del Comité de Empresa, y éste en su conjunto, observarán sigilo profesional en todo lo referente a los párrafos 1, 2, 3, 4 y 5 del apartado 1 del artículo anterior, aun después de dejar de pertenecer al Comité de Empresa, y en especial en todas aquellas materias sobre las que la dirección señale expresamente el carácter reservado. En todo caso, ningún tipo de documento entregado por la empresa al Comité podrá ser utilizado fuera del estricto ámbito de aquélla y para distintos fines de los que motivaron su entrega.

⇒ Cfr. arts. 30.4 y 37.3 de la LPRL (§23), que extienden la obligación de sigilo a los Delegados de Prevención y trabajadores encargados de los Servicios de Prevención.

Para miembros de Comités con dimensión comunitaria, v. art. 22 de la Ley 10/1997, de 24 abril (§21.2).

Artículo 66. Composición.

1. El número de miembros del Comité de Empresa se determinará de acuerdo con la siguiente escala:

⇒ V. art. 13 del RD 1844/1994 (§21.1) sobre adecuación de la representatividad en caso de aumento o disminución de la plantilla.

a) De cincuenta a cien trabajadores, cinco.

b) De ciento uno a doscientos cincuenta trabajadores, nueve.

c) De doscientos cincuenta y uno a quinientos trabajadores, trece.

d) De quinientos uno a setecientos cincuenta trabajadores, diecisiete.

e) De setecientos cincuenta y uno a mil trabajadores, veintiuno.

f) De mil en adelante, dos por cada mil o fracción, con el máximo de setenta y cinco.

2. Los Comités de Empresa o centro de trabajo elegirán de entre sus miembros un presidente y un secretario del comité, y elaborarán su propio reglamento de procedimiento, que no podrá contravenir lo dispuesto en la ley, remitiendo copia del mismo a la autoridad laboral, a efectos de registro, y a la empresa.

Los Comités deberán reunirse cada dos meses o siempre que lo solicite un tercio de sus miembros o un tercio de los trabajadores representados.

⇒ V. art. 10.3.2 de la LOLS (§20.1) sobre asistencia a tales reuniones de los delegados sindicales.

Artículo 67. Promoción de elecciones y mandato electoral.

⇒ V. la disp. transit. 8ª del presente Estatuto.

1. Podrán promover elecciones a delegados de personal y miembros de Comités de Empresa las organizaciones sindicales más representativas, las que cuenten con un mínimo de un diez por ciento de representantes en la empresa o los trabajadores del centro de trabajo por acuerdo mayoritario. Los sindicatos con capacidad de promoción de elecciones tendrán derecho a acceder a los registros de las Administraciones públicas que contengan datos relativos a la inscripción de empresas y altas de trabajadores, en la medida necesaria para llevar a cabo tal promoción en sus respectivos ámbitos.

⇒ V. arts. 6.3 e) y 7.1 y 2 de la LOLS (§20.1).

La constitucionalidad de esta delimitación legal de los promotores en STC 57/1989, de 16 marzo (RTC 1989, 57).

Ténganse muy en cuenta los arts. 1 y 2 del RD 1844/1994, de 9 septiembre (§21.1).

Los promotores comunicarán a la empresa y a la oficina pública dependiente de la autoridad laboral su propósito de celebrar elecciones con un plazo mínimo de, al menos, un mes de antelación al inicio del proceso electoral. En dicha comunicación los promotores deberán identificar con precisión la empresa y el centro de trabajo de ésta en que se desea celebrar el proceso electoral y la fecha de inicio de éste, que será la de constitución de la mesa electoral y que, en todo caso, no podrá comenzar antes de un mes ni más allá de tres meses contabilizados a partir del registro de la comunicación en la oficina pública dependiente de la autoridad laboral. Esta oficina pública, dentro del siguiente día hábil, expondrá en el tablón de anuncios los preavisos presentados, facilitando copia de los mismos a los sindicatos que así lo soliciten.

⇒ Cfr. la disp. adic. 12ª de la presente Ley.

V. también el art. 4 del RD 1844/1994, de 9 septiembre (§21.1).

Sólo previo acuerdo mayoritario entre los sindicatos más representativos o representativos de conformidad con la Ley Orgánica 11/1985, de 2 de agosto, de Libertad Sindical, podrá promoverse la celebración de elecciones de manera generalizada en uno o varios ámbitos funcionales o territoriales. Dichos acuerdos deberán comunicarse a la oficina pública dependiente de la autoridad laboral para su depósito y publicidad.

⇒ V. el art. 3 del RD 1844/1994, de 9 septiembre (§21.1).

Cuando se promuevan elecciones para renovar la representación por conclusión de la duración del mandato, tal promoción sólo podrá efectuarse a partir de la fecha en que falten tres meses para el vencimiento del mandato.

Podrán promoverse elecciones parciales por dimisiones, revocaciones o ajustes de la representación por incremento de plantilla. Los Convenios Colectivos podrán prever lo necesario para acomodar la representación de los trabajadores a las disminuciones significativas de plantilla que puedan tener lugar en la empresa. En su defecto, dicha acomodación deberá realizarse por acuerdo entre la empresa y los representantes de los trabajadores.

⇒ V. el art. 1 del RD 1844/1994, de 9 septiembre (§21.1).

2. El incumplimiento de cualquiera de los requisitos establecidos en este artículo para la promoción de elecciones determinará la falta de validez del correspondiente proceso electoral; ello no obstante, la omisión de la comunicación a la empresa podrá suplirse por medio del traslado a la misma de una copia de la comunicación presentada a la oficina pública dependiente de la autoridad laboral, siempre que ésta se produzca con una anterioridad mínima de veinte días respecto de la fecha de iniciación del proceso electoral fijado en el escrito de promoción.

La renuncia a la promoción con posterioridad a la comunicación de la oficina pública dependiente de la autoridad laboral no impedirá el desarrollo del proceso electoral, siempre que se cumplan todos los requisitos que permitan la validez del mismo.

En caso de concurrencia de promotores para la realización de elecciones en una empresa o centro de trabajo se considerará válida, a efectos de iniciación del proceso electoral, la primera convocatoria registrada, excepto en los supuestos en los que la mayoría sindical de la empresa o centro de trabajo con Comité de Empresa haya presentado otra fecha distinta, en cuyo caso prevalecerá esta última, siempre y cuando dichas convocatorias cumplan con los requisitos establecidos. En este último supuesto la promoción deberá acompañarse de una comunicación fehaciente de dicha promoción de elecciones a los que hubieran realizado otra u otras con anterioridad.

⇒ V. la disp. transit. 8ª del presente Estatuto.

3. La duración del mandato de los delegados de personal y de los miembros del Comité de Empresa será de cuatro años, entendiéndose que se mantendrán en funciones en el ejercicio de sus competencias y de sus garantías hasta tanto no se hubiesen promovido y celebrado nuevas elecciones.

⇒ Téngase en cuenta lo previsto en el art. 44.5 ET para los supuestos de transmisión de empresas.

Solamente podrán ser revocados los delegados de personal y miembros del Comité durante su mandato, por decisión de los trabajadores que los hayan elegido, mediante asamblea convocada al efecto a instancia de un tercio, como mínimo, de sus electores y por mayoría absoluta de éstos, mediante sufragio personal, libre, directo y secreto. No obstante, esta revocación no podrá efectuarse durante la tramitación de un convenio colectivo, ni replantearse hasta transcurridos, por lo menos, seis meses.

⇒ En orden a la revocación, v. las exigencias del art. 1.1 c) del RD 1844/1994, de 6 septiembre (§21.1).

4. En el caso de producirse vacante por cualquier causa en los Comités de Empresa o de centros de trabajo, aquélla se cubrirá automáticamente por el trabajador siguiente en la lista a la que pertenezca el sustituido. Cuando la vacante se refiera a los delegados de personal, se cubrirá automáticamente por el trabajador que hubiera obtenido en la votación un número de votos inmediatamente inferior al último de los elegidos. El sustituto lo será por el tiempo que reste del mandato.

⇒ Sobre posibles elecciones parciales, v. art. 1.2 del RD 1844/1994, de 9 septiembre (§21.1).

5. Las sustituciones, revocaciones, dimisiones y extinciones de mandato se comunicarán a la oficina pública dependiente de la autoridad laboral y al empresario, publicándose asimismo, en el tablón de anuncios.

⇒ Cfr. art. 14 del RD 1844/1994 (§21.1).

Artículo 68. Garantías.

Los miembros del Comité de Empresa y los delegados de personal, como representantes legales de los trabajadores, tendrán, a salvo de lo que se disponga en los convenios colectivos, las siguientes garantías:

⇒ V. Convenio núm. 135 de la OIT (ratificado por España el de 8 noviembre de 1972), relativo a la protección y facilidades que deben otorgarse a los representantes de los trabajadores en la empresa, así como los arts. 9, 10 y 13 de la LOLS (§20.1).

V. asimismo arts. 30.4 y 37 de la Ley 31/1995, de 8 noviembre, de Prevención de Riesgos Laborales (§23), sobre garantías de los trabajadores designados para ocuparse de dichas funciones y de los Delegados de Prevención.

Respecto de los miembros de Comités de dimensión comunitaria, v. arts. 21 y 28 de la Ley 10/1997, de 24 abril (§21.2).

La doctrina constitucional extiende las garantías defensivas a los candidatos electorales; por todas, SSTC 38/1981, de 23 noviembre (RTC 1981, 38) y 55/1983, de 22 junio (RTC 1983, 55).

a) Apertura de expediente contradictorio en el supuesto de sanciones por faltas graves o muy graves, en el que serán oídos, aparte del interesado, el Comité de Empresa o restantes delegados de personal.

⇒ Téngase presente el tenor del artículo 55.1 del presente ET.

V. base 21ª.6 de la LBPL y su desarrollo en la LPL (§41), especialmente arts. 106.2, 114.2 y 115.2.

b) Prioridad de permanencia en la empresa o centro de trabajo respecto de los demás trabajadores, en los supuestos de suspensión o extinción por causas tecnológicas o económicas.

⇒ V. arts. 40.5, 51.7 y 52 c) del presente Estatuto.

c) No ser despedido ni sancionado durante el ejercicio de sus funciones ni dentro del año siguiente a la expiración de su mandato, salvo en caso de que ésta se produzca por revocación o dimisión, siempre que el despido o sanción se base en la acción del trabajador en el ejercicio de su representación, sin perjuicio, por tanto, de lo establecido en el artículo 54. Asimismo no podrá ser discriminado en su promoción económica o profesional en razón, precisamente, del desempeño de su representación.

⇒ V. SSTC 38/1981, de 23 noviembre (RTC 1981, 38); 78/1982, de 20 diciembre (RTC 1982, 78), 83/1982, de 22 diciembre (RTC 1982, 83) y 191/1998, de 29 septiembre (RTC 1998, 191).

La STC 229/2002 (RTC 2002, 229) descarta que, a estos efectos, pueda equipararse la revocación de un representante unitario (excepcional, en el ámbito de un mandato temporal) con la «destitución» de un delegado sindical (método ordinario de cambiar a quien ostenta tal condición de manera indefinida).

Cfr. asimismo base 21ª.6 de la LBPL y su desarrollo en la LPL (§41), especialmente arts. 106.2; 108.2 b); 110.2 y 112.

d) Expresar, colegiadamente si se trata del comité, con libertad sus opiniones en las materias concernientes a la esfera de su representación, pudiendo publicar y distribuir, sin perturbar el normal desenvolvimiento del trabajo, las publicaciones de interés laboral o social, comunicándolo a la empresa.

⇒ V. STC 120/1983, de 15 diciembre (RTC 1983, 120).

e) Disponer de un crédito de horas mensuales retribuidas cada uno de los miembros del comité o delegado de personal en cada centro de trabajo, para el ejercicio de sus funciones de representación, de acuerdo con la siguiente escala: delegados de personal o miembros del Comité de Empresa:

⇒ La tutela administrativa del precepto en el art. 7.8 de la TRLISOS (§40.1).

V. la STC 40/1985, de 13 marzo (RTC 1985, 40), enlazando este crédito horario con el contenido esencial de la libertad sindical.

Téngase presente lo establecido en art. 37.1 de la LPRL (§23).

1º Hasta cien trabajadores, quince horas.

2º De ciento uno a doscientos cincuenta trabajadores, veinte horas.

3º De doscientos cincuenta y uno a quinientos trabajadores, treinta horas.

4º De quinientos uno a setecientos cincuenta trabajadores, treinta y cinco horas.

5º De setecientos cincuenta y uno en adelante, cuarenta horas.

Podrá pactarse en convenio colectivo la acumulación de horas de los distintos miembros del Comité de Empresa y, en su caso, de los delegados de personal, en uno o varios de sus componentes, sin rebasar el máximo total, pudiendo quedar relevado o relevados del trabajo, sin perjuicio de su remuneración.

Sección 2ª Procedimiento electoral

⇒ Respecto de toda esta Sección resulta imprescindible la continua consulta del RD 1844/1994, de 9 septiembre (§21.1).

Artículo 69. Elección.

1. Los delegados de personal y los miembros del Comité de Empresa se elegirán por todos los trabajadores mediante sufragio personal, directo, libre y secreto, que podrá emitirse por correo en la forma que establezcan las disposiciones de desarrollo de esta Ley.

⇒ Cfr. con lo previsto en el art. 35.2 de la LPRL (§23).

2. Serán electores todos los trabajadores de la empresa o centro de trabajo mayores de dieciséis años y con una antigüedad en la empresa de, al menos, un mes, y elegibles los trabajadores que tengan dieciocho años cumplidos y una antigüedad en la empresa de, al menos, seis meses, salvo en aquellas actividades en que, por movilidad de personal, se pacte en Convenio Colectivo un plazo inferior, con el límite mínimo de tres meses de antigüedad.

⇒ V. art. 6 del citado RD 1844/1994 (§21.1), en conexión con su art. 1.1 d).
Pero téngase presente el art. 16.4 del RD 1382/1985 (§16.1), sobre altos directivos.

Los trabajadores extranjeros podrán ser electores y elegibles cuando reúnan las condiciones a que se refiere el párrafo anterior.

⇒ V. las referencias contenidas en las normas sobre trabajo de extranjeros reproducidas en los §§39.1 y 39.3.

3. Se podrán presentar candidatos para las elecciones de delegados de personal y miembros del Comité de Empresa por los Sindicatos de trabajadores legalmente constituidos o por las coaliciones formadas por dos o más de ellos, que deberán tener una denominación concreta, atribuyéndose sus resultados a la coalición. Igualmente podrán presentarse los trabajadores que avalen su candidatura con un número de firmas de electores de su mismo centro y colegio, en su caso, equivalente al menos a tres veces el número de puestos a cubrir.

⇒ Sobre requisitos de cada candidatura v. STC 51/1988, de 22 marzo (RTC 1988, 51).
La STC 1/1994, de 17 enero (RTC 1994, 1), se refiere a la presentación de tales candidaturas.
V. también art. 8 del RD 1844/1994 (§21.1).

Artículo 70. Votación para delegados.

En la elección para delegados de personal, cada elector podrá dar su voto a un número máximo de aspirantes equivalente al de puestos a cubrir entre los candidatos proclamados. Resultarán elegidos los que obtengan el mayor número de votos. En caso de empate, resultará elegido el trabajador de mayor antigüedad en la empresa.

⇒ Cfr. el art. 9 del RD 1844/1994 (§21.1).

Artículo 71. Elección para el Comité de Empresa.

1. En las empresas de más de cincuenta trabajadores, el censo de electores y elegibles se distribuirá en dos colegios: uno integrado por los técnicos y administrativos y otro por los trabajadores especialistas y no cualificados.

⇒ V. arts. 5 y 9.3 del RD 1844/1994 (§21.1).

Por convenio colectivo, y en función de la composición profesional del sector de actividad productiva o de la empresa, podrá establecerse un nuevo colegio que se adapte a dicha composición. En tal caso, las normas electorales del presente Título se adaptarán a dicho número de colegios. Los puestos del Comité serán repartidos proporcionalmente en cada empresa según el número de trabajadores que formen los colegios electorales mencionados. Si en la división resultaren cocientes con fracciones, se adjudicará la unidad fraccionaria al grupo al que correspondería la fracción más alta; si fueran iguales, la adjudicación será por sorteo.

2. En las elecciones a miembros del Comité de Empresa la elección se ajustará a las siguientes reglas:

a) Cada elector podrá dar su voto a una sola de las listas presentadas para los del Comité que corresponda a su colegio. Estas listas deberán contener, como mínimo, tantos nombres como puestos a cubrir. No obstante, la renuncia de cualquier candidato presentado en algunas de las listas para las elecciones antes de la fecha de la votación no implicará la suspensión del proceso electoral, ni la anulación de dicha candidatura aun cuando sea incompleta, siempre y cuando la lista afectada permanezca con un número de candidatos, al menos, del sesenta por ciento de los puestos a cubrir. En cada lista deberán figurar las siglas del sindicato o grupo de trabajadores que la presenten.

⇒ Cfr. SSTC 51/1988, de 22 marzo (RTC 1988, 51); 185/1992, de 16 de diciembre (RTC 1992, 185) y 272/1993, de 20 septiembre (RTC 1993, 272).

La STC 13/1997, de 27 enero (RTC 1997, 13), postula que se permita subsanar la insuficiencia de la lista en el plazo que media desde la presentación hasta la proclamación, debiendo requerirlo así la Mesa electoral.

b) No tendrán derecho a la atribución de representantes en el Comité de Empresa aquellas listas que no hayan obtenido como mínimo el 5 por 100 de los votos por cada colegio.

⇒ V. art. 12 del RD 1844/1994 (§21.1).

Mediante el sistema de representación proporcional se atribuirá a cada lista el número de puestos que le corresponda, de conformidad con el cociente que resulte de dividir el número de votos válidos por el de puestos a cubrir. Si hubiese puesto o puestos sobrantes, se atribuirán a la lista o listas que tengan un mayor resto de votos.

c) Dentro de cada lista resultarán elegidos los candidatos por el orden en que figuren en la candidatura.

3. La inobservancia de cualquiera de las reglas anteriores determinará la anulabilidad de la elección del candidato o candidatos afectados.

Artículo 72. Representantes de quienes presten servicios en trabajos fijos discontinuos y de trabajadores no fijos.

⇒ Véanse los artículos 12 y 15 del presente ET.

1. Quienes presten servicios en trabajos fijos discontinuos y los trabajadores vinculados por contrato de duración determinada estarán representados por los órganos que se establecen en este Título conjuntamente con los trabajadores fijos de plantilla.

2. Por tanto, a efectos de determinar el número de representantes, se estará a lo siguiente:

⇒ Criterios similares pueden verse en art. 35.3 de la LPRL (§23).

a) Quienes presten servicios en trabajos fijos discontinuos y los trabajadores vinculados por contrato de duración determinada superior a un año se computarán como trabajadores fijos de plantilla.

b) Los contratados por término de hasta un año se computarán según el número de días trabajados en el período de un año anterior a la convocatoria de la elección. Cada doscientos días trabajados o fracción se computará como un trabajador más.

⇒ V. art. 9.4 del RD 1844/1994 (§21.1).

Artículo 73. Mesa electoral.

⇒ V. los arts. 5 y 7 del RD 1844/1994 (§21.1).

1. En la empresa o centro de trabajo se constituirá una mesa por cada colegio de 250 trabajadores electores o fracción.

2. La mesa será la encargada de vigilar todo el proceso electoral, presidir la votación, realizar el escrutinio, levantar el acta correspondiente y resolver cualquier reclamación que se presente.

3. La mesa estará formada por el presidente, que será el trabajador de más antigüedad en la empresa, y dos vocales, que serán los electores de mayor y menor edad. Este último actuará de secretario. Se designarán suplentes a aquellos trabajadores que sigan a los titulares de la mesa en el orden indicado de antigüedad o edad.

4. Ninguno de los componentes de la mesa podrá ser candidato, y de serlo le sustituirá en ella su suplente.

⇒ La STC 51/1988, de 22 marzo (RTC 1988, 51), considera justificada la regla para evitar los riesgos de una situación contraria.

5. Cada candidato o candidatura, en su caso, podrá nombrar un interventor por mesa. Asimismo, el empresario podrá designar un representante suyo que asista a la votación y al escrutinio.

Artículo 74. Funciones de la Mesa.

⇒ Cfr. el art. 5 del RD 1844/1994 (§21.1).

1. Comunicado a la empresa el propósito de celebrar elecciones, ésta, en el término de siete días, dará traslado de la misma a los trabajadores que deban constituir la Mesa, así como a los representantes de los trabajadores, poniéndolo simultáneamente en conocimiento de los promotores.

La Mesa electoral se constituirá formalmente, mediante acta otorgada al efecto, en la fecha fijada por los promotores en su comunicación del propósito de celebrar elecciones, que será la fecha de iniciación del proceso electoral.

2. Cuando se trate de elecciones a delegados de personal, el empresario, en el mismo término, remitirá a los componentes de la Mesa electoral el censo laboral, que se ajustará, a estos efectos, a modelo normalizado.

La Mesa electoral cumplirá las siguientes funciones:

a) Hará público entre los trabajadores el censo laboral con indicación de quiénes son electores.

b) Fijará el número de representantes y la fecha tope para la presentación de candidaturas.

c) Recibirá y proclamará las candidaturas que se presenten.

d) Señalará la fecha de votación.

e) Redactará el acta de escrutinio en un plazo no superior a tres días naturales.

Los plazos para cada uno de los actos serán señalados por la Mesa con criterios de razonabilidad y según lo aconsejan las circunstancias, pero, en todo caso, entre su constitución y la fecha de las elecciones no mediarán más de diez días.

En el caso de elecciones en centros de trabajo de hasta treinta trabajadores en los que se elige un solo delegado de personal, desde la constitución de la Mesa hasta los actos de votación y proclamación de candidatos electos habrán de transcurrir veinticuatro horas, debiendo en todo caso la Mesa hacer pública con la suficiente antelación la hora de celebración de la votación. Si se hubiera presentado alguna reclamación se hará constar en el acta, así como la resolución que haya tomado la Mesa.

3. Cuando se trate de elecciones a miembros del Comité de Empresa, constituida la Mesa electoral, se solicitará al empresario el censo laboral y confeccionará, con los medios que le habrá de facilitar éste, la lista de electores. Esta se hará pública en los tablones de anuncios mediante su exposición durante un tiempo no inferior a setenta y dos horas.

La Mesa resolverá cualquier incidencia o reclamación relativa a inclusiones, exclusiones o correcciones que se presenten hasta veinticuatro horas después de haber finalizado el plazo de exposición de la lista. Publicará la lista definitiva dentro de las veinticuatro horas siguientes. A continuación, la Mesa, o el conjunto de ellas, determinará el número de miembros del Comité que hayan de ser elegidos en aplicación de lo dispuesto en el artículo 66.

Las candidaturas se presentarán durante los nueve días siguientes a la publicación de la lista definitiva de electores. La proclamación se hará en los dos días laborales después de concluido dicho plazo, publicándose en los tablones referidos. Contra el acuerdo de proclamación se podrá reclamar dentro del día laborable siguiente, resolviendo la Mesa en el posterior día hábil.

Entre la proclamación de candidatos y la votación mediarán al menos cinco días.

Artículo 75. Votación para delegados y comités de empresa.

1. El acto de la votación se efectuará en el centro o lugar de trabajo y durante la jornada laboral, teniéndose en cuenta las normas que regulen el voto por correo.

⇒ V. art. 10 del RD 1844/1994 (§21.1).

El empresario facilitará los medios precisos para el normal desarrollo de la votación y de todo el proceso electoral.

⇒ Para el supuesto de mesa electoral «itinerante», v. art. 7 del RD 1844/1994, de 9 septiembre (§21.1).
V. art. 8.7 del TRLISOS (§40.1).

2. El voto será libre, secreto, personal y directo, depositándose las papeletas, que en tamaño, color, impresión y calidad del papel serán de iguales características, en urnas cerradas.

3. Inmediatamente después de celebrada la votación, la Mesa Electoral procederá públicamente al recuento de votos mediante la lectura por el Presidente en voz alta de las papeletas.

4. Del resultado del escrutinio se levantará acta según modelo normalizado en la que se incluirán las incidencias y protestas habidas en su caso. Una vez redactada el acta será firmada por los componentes de la Mesa, los interventores y el representante del empresario, si lo hubiere. Acto seguido, las Mesas electorales de una misma empresa o centro, en reunión conjunta, extenderán el acta del resultado global de la votación.

5. El presidente de la Mesa remitirá copias del acta de escrutinio al empresario y a los interventores de las candidaturas, así como a los representantes electos.

El resultado de la votación se publicará en los tablones de anuncios.

6. El original del acta, junto con las papeletas de votos nulos o impugnados por los interventores y el acta de constitución de la Mesa, serán presentadas en el plazo de tres días a la oficina pública dependiente de la autoridad laboral por el Presidente de la Mesa, quien podrá delegar por escrito en algún miembro de la Mesa. La oficina pública dependiente de la autoridad laboral procederá en el inmediato día hábil, a la publicación en los tablones de anuncios de una copia del acta, entregando copia a los sindicatos que así se lo soliciten y dará traslado a la empresa de la presentación en dicha oficina pública del acta correspondiente al proceso electoral que ha tenido lugar en aquélla, con indicación de la fecha en que finaliza el plazo para impugnarla, y mantendrá el depósito de las papeletas hasta cumplirse los plazos de impugnación. La oficina pública dependiente de la autoridad laboral, transcurridos los diez días hábiles desde la publicación, procederá o no al registro de las actas electorales.

⇒ Cfr. arts. 21 y ss. del RD 1844/1994 (§21.1).
V. también STC 228/1992, de 14 diciembre (RTC 1992, 228).

7. Corresponde a la oficina pública dependiente de la autoridad laboral el registro de las actas, así como la expedición de copias auténticas de las mismas y, a requerimiento del sindicato interesado, de las certificaciones acreditativas de su capacidad representativa a los efectos de los artículos 6 y 7 de la Ley Orgánica 11/1985, de 2 de agosto, de Libertad Sindical. Dichas certificaciones consignarán si el sindicato tiene o no la condición de más representativo o representativo, salvo que el ejercicio de las funciones o facultades correspondientes requiera la precisión de la concreta representatividad ostentada. Asimismo, y a los efectos que procedan, la oficina pública dependiente de la autoridad laboral podrá extender certificaciones de los resultados electorales a las organizaciones sindicales que las soliciten.

⇒ V. art. 25 del RD 1844/1994, de 9 septiembre (§21.1).
Téngase presente la disp. adic. 11ª del propio Estatuto.
V. STC 23/1983, de 25 marzo (RTC 1983, 23).

La denegación del registro de un acta por la oficina pública dependiente de la autoridad laboral sólo podrá hacerse cuando se trate de actas que no vayan extendidas en el modelo oficial normalizado, falta de comunicación de la promoción electoral a la oficina pública, falta de la firma del Presidente de la Mesa electoral y omisión o ilegibilidad en las actas de alguno de los datos que impida el cómputo electoral.

⇒ V. art. 26 del RD 1844/1994, de 9 septiembre (§21.1).

En estos supuestos, la oficina pública dependiente de la autoridad laboral requerirá, dentro del siguiente día hábil, al Presidente de la Mesa electoral para que en el plazo de diez días hábiles proceda a la subsanación correspondiente. Dicho requerimiento será comunicado a los sindicatos que hayan obtenido representación y al resto de las candidaturas. Una vez efectuada la subsanación, esta oficina pública procederá al registro del acta electoral correspondiente. Transcurrido dicho plazo sin que se haya efectuado la subsanación o no realizada ésta en forma, la oficina pública dependiente de la autoridad laboral procederá, en el plazo de diez días hábiles, a denegar el registro, comunicándolo a los sindicatos que hayan obtenido representación y al presidente de la Mesa. En el caso de que la denegación del registro se deba a la ausencia de comunicación de la promoción electoral a la oficina pública dependiente de la autoridad laboral no cabrá requerimiento de subsanación, por lo que, comprobada la falta por dicha oficina pública, ésta procederá sin más trámite a la denegación del registro, comunicándolo al presidente de la Mesa electoral, a los sindicatos que hayan obtenido representación y al resto de las candidaturas.

La resolución denegatoria del registro podrá ser impugnada ante el orden jurisdiccional social.

⇒ V. arts. 133 y ss. de la LPL (§41).

Artículo 76. Reclamaciones en materia electoral.

⇒ Cfr. arts. 28 y ss. del RD 1844/1994 (§21.1).

1. Las impugnaciones en materia electoral se tramitarán conforme al procedimiento arbitral regulado en este artículo, con excepción de las denegaciones de inscripción, cuyas reclamaciones podrán plantearse directamente ante la jurisdicción competente.

⇒ V. arts. 2 n) y 127 a 136 de la LPL (§41).

2. Todos los que tengan interés legítimo, incluida la empresa, cuando en ella concurra dicho interés, podrán impugnar la elección, las decisiones que adopte la Mesa, así como cualquier otra actuación de la misma a lo largo del proceso electoral, fundándose para ello en la existencia de vicios graves que pudieran afectar a las garantías del proceso electoral y que alteren su resultado, en la falta de capacidad o legitimidad de los candidatos elegidos, en la discordancia entre el acta y el desarrollo del proceso electoral y en la falta de correlación entre el número de trabajadores que figuran en el acta de elecciones y el número de representantes elegidos. La impugnación de actos de la Mesa electoral requerirá haber efectuado reclamación dentro del día laborable siguiente al acto y deberá ser resuelta por la Mesa en el posterior día hábil, salvo lo previsto en el último párrafo del artículo 74.2 de la presente Ley.

⇒ V. arts. 29 y 30 del RD 1844/1994, de 9 septiembre (§21.1).

3. Serán árbitros los designados conforme al procedimiento que se regula en este apartado, salvo en el caso de que las partes de un procedimiento arbitral se pusieran de acuerdo en la designación de un árbitro distinto.

El árbitro o árbitros serán designados, con arreglo a los principios de neutralidad y profesionalidad, entre licenciados en Derecho, graduados sociales, así como titulados equivalentes, por acuerdo unánime de los sindicatos más representativos, a nivel estatal o de Comunidades Autónomas según proceda, y de los que ostenten el diez por ciento o más de los delegados y de los miembros de los Comités de Empresa en el ámbito provincial, funcional o de empresa correspondiente. Si no existiera acuerdo unánime entre los sindicatos señalados anteriormente, la autoridad laboral competente establecerá la forma de designación, atendiendo a los principios de imparcialidad de los árbitros, posibilidad de ser recusados y participación de los sindicatos en su nombramiento.

⇒ V. arts. 31 y 32 del RD 1844/1994 (§21.1).

La duración del mandato de los árbitros será de cinco años, siendo susceptible de renovación.

⇒ V. art. 33 del RD 1844/1994, de 9 septiembre (§21.1).

La Administración laboral facilitará la utilización de sus medios personales y materiales por los árbitros, en la medida necesaria para que éstos desarrollen sus funciones.

⇒ V. OM 18 enero 1995, sobre establecimiento de compensaciones económicas en favor de tales árbitros.

4. Los árbitros deberán abstenerse y, en su defecto, ser recusados, en los casos siguientes:

⇒ V. art. 35 del RD 1844/1994, de 9 septiembre (§21.1).

a) Tener interés personal en el asunto de que se trate.

b) Ser administrador de sociedad o entidad interesada, o tener cuestión litigiosa con alguna de las partes.

c) Tener parentesco de consanguinidad dentro del cuarto grado o de afinidad dentro del segundo, con cualquiera de los interesados, con los administradores de entidades o sociedades interesadas y también con los asesores, representantes legales o mandatarios que intervengan en el arbitraje, así como compartir despacho profesional o estar asociado con éstos para el asesoramiento, la representación o el mandato.

d) Tener amistad íntima o enemistad manifiesta con alguna de las personas mencionadas en el apartado anterior.

e) Tener relación de servicio con persona natural o jurídica interesada directamente en el asunto o haberle prestado en los últimos dos años servicios profesionales de cualquier tipo y en cualquier circunstancia o lugar.

5. El procedimiento arbitral se iniciará mediante escrito dirigido a la oficina pública dependiente de la autoridad laboral a quien promovió las elecciones y, en su caso, a quienes hayan presentado candidatos a las elecciones objeto de impugnación. Este escrito, en el que figurarán los hechos que se tratan de impugnar, deberá presentarse en un plazo de tres días hábiles, contados desde el siguiente a aquel en que se hubieran producido los hechos o resuelto la reclamación por la Mesa; en el caso de impugnaciones promovidas por sindicatos que no hubieran presentado candidaturas en el centro de trabajo en el que se hubiera celebrado la elección, los tres días se computarán desde el día en que se conozca el hecho impugnable. Si se impugnasen actos del día de la votación o posteriores al mismo, el plazo será de diez días hábiles, contados a partir de la entrada de las actas en la oficina pública dependiente de la autoridad laboral.

⇒ La STC 176/1996, de 11 noviembre (RTC 1996, 176), subraya que el TC carece de competencia para enjuiciar el laudo en sí mismo.

Hasta que no finalice el procedimiento arbitral y, en su caso, la posterior impugnación judicial, quedará paralizada la tramitación de un nuevo procedimiento arbitral. El planteamiento del arbitraje interrumpirá los plazos de prescripción.

⇒ V. arts. 36, 37, 38 y 39 del RD 1844/1994, de 9 septiembre (§21.1).

6. La oficina pública dependiente de la autoridad laboral dará traslado al árbitro del escrito en el día hábil posterior a su recepción así como de una copia del expediente electoral administrativo. Si se hubieran presentado actas electorales para registro, se suspenderá su tramitación.

A las veinticuatro horas siguientes, el árbitro convocará a las partes interesadas de comparecencia ante él, lo que habrá de tener lugar en los tres días hábiles siguientes. Si las partes, antes de comparecer ante el árbitro designado de conformidad a lo establecido en el número tres de este artículo, se pusieran de acuerdo y designaren uno distinto, lo notificarán a la oficina pública dependiente de la autoridad laboral para que dé traslado a este árbitro del expediente administrativo electoral, continuando con el mismo el resto del procedimiento.

⇒ Sobre la necesidad de que sean traídos al eventual procedimiento judicial quienes promovieron las elecciones impugnadas, v. art. 130 de la LPL (§41) y la STC 52/1997, de 17 marzo (RTC 1997, 52).

El árbitro, dentro de los tres días hábiles siguientes a la comparecencia y previa práctica de las pruebas procedentes o conformes a derecho, que podrán incluir la personación en el centro de trabajo y la solicitud de la colaboración necesaria del empresario y las Administraciones públicas, dictará laudo. El laudo será escrito y razonado, resolviendo en derecho sobre la impugnación del proceso electoral y, en su caso, sobre el registro del acta, y se notificará a los interesados y a la oficina pública dependiente de la autoridad laboral. Si se hubiese impugnado la votación, la oficina procederá al registro del acta o a su denegación, según el contenido del laudo.

⇒ V. arts. 40, 41 y 42 del RD 1844/1994, de 9 septiembre (§21.1).

El laudo arbitral podrá impugnarse ante el orden jurisdiccional social a través de la modalidad procesal correspondiente.

⇒ V. arts. 127 y ss. de la LPL (§41).

La STC 164/2003, de 29 septiembre (RTC 2003, 164), admite la legitimación de un sindicato para impugnar laudo arbitral, pese a estar referido a reclamación ajena pues el sentido de la decisión (aunque afecte sólo a otros sindicatos) incide en la composición del comité y en las estrategias sindicales (*caso de USO en Ayuntamiento de Santander*).

CAPÍTULO II
Del derecho de reunión

Artículo 77. Las asambleas de trabajadores.

1. De conformidad con lo dispuesto en el artículo 4 de esta Ley, los trabajadores de una misma empresa o centro de trabajo tienen derecho a reunirse en asamblea.

⇒ V. art. 4.1 f) y 4.1 g) del presente Estatuto, así como el art. 8 de la LOLS (§20.1).

El encaje constitucional de este peculiar derecho de reunión puede verse en STC 18/1981, de 8 junio (RTC 1981, 18), en conexión con el art. 21 de la Ley Fundamental (§1).

La asamblea podrá ser convocada por los delegados de personal, el Comité de Empresa o centro de trabajo, o por un número de trabajadores no inferior al 33 por 100 de la plantilla. La asamblea será presidida, en todo caso, por el Comité de Empresa o por los delegados de personal mancomunadamente, que serán responsables del normal desarrollo de la misma, así como de la presencia en la asamblea de personas no pertenecientes a la empresa. Sólo podrá tratarse en ella de asuntos que figuren previamente incluidos en el orden del día. La presidencia comunicará al empresario la convocatoria y los nombres de las personas no pertenecientes a la empresa que vayan a asistir a la asamblea y acordará con éste las medidas oportunas para evitar perjuicios en la actividad normal de la empresa.

⇒ Cfr. con art. 9.1 c) de la LOLS (§20.1).

2. Cuando por trabajarse en turnos, por insuficiencia de los locales o por cualquier otra circunstancia no pueda reunirse simultáneamente toda la plantilla sin perjuicio o alteración en el normal desarrollo de la producción, las diversas reuniones parciales que hayan de celebrarse se considerarán como una sola y fechadas en el día de la primera.

⇒ La tutela administrativa del derecho puede verse en el art. 96.5 del propio ET.

Artículo 78. Lugar de reunión.

1. El lugar de reunión será el centro de trabajo, si las condiciones del mismo lo permiten, y la misma tendrá lugar fuera de las horas de trabajo, salvo acuerdo con el empresario.

⇒ Sobre desarrollo de la asamblea, véase la STC 126/1990, de 5 julio.

2. El empresario deberá facilitar el centro de trabajo para la celebración de la asamblea, salvo en los siguientes casos:

a) Si no se cumplen las disposiciones de esta Ley.

b) Si hubiesen transcurrido menos de dos meses desde la última reunión celebrada.

c) Si aún no se hubiese resarcido o afianzado el resarcimiento por los daños producidos en alteraciones ocurridas en alguna reunión anterior.

d) Cierre legal de la empresa.

⇒ V. lo dispuesto en el RDley 17/1977, de 4 marzo, de Relaciones de Trabajo (§22) al respecto, especialmente art. 12.

Las reuniones informativas sobre convenios colectivos que les sean de aplicación no estarán afectadas por el párrafo b).

Artículo 79. Convocatoria.

La convocatoria, con expresión del orden del día propuesto por los convocantes, se comunicará al empresario con cuarenta y ocho horas de antelación, como mínimo, debiendo éste acusar recibo.

Artículo 80. Votaciones.

Cuando se someta a la asamblea por parte de los convocantes la adopción de acuerdos que afecten al conjunto de los trabajadores, se requerirá para la validez de aquéllos el voto favorable personal, libre, directo y secreto, incluido el voto por correo, de la mitad más uno de los trabajadores de la empresa o centro de trabajo.

⇒ Cfr. lo dispuesto en art. 67.3 del propio Estatuto o en el art. 3.2 b) del RDley 17/1977, de 4 marzo, de Relaciones de Trabajo (§22).

Artículo 81. Locales y tablón de anuncios.

En las empresas o centros de trabajo, siempre que sus características lo permitan, se pondrá a disposición de los delegados de personal o del comité de empresa un local adecuado en el que puedan desarrollar sus actividades y comunicarse con los trabajadores, así como uno o varios tablones de anuncios. La representación legal de los trabajadores de las empresas contratistas y subcontratistas que compartan de forma continuada centro de trabajo podrán hacer uso de dichos locales en los términos que acuerden con la empresa. Las posibles discrepancias se resolverán por la autoridad laboral, previo informe de la Inspección de Trabajo.

✐ Art. modificado por art. 12.Once de la Ley 43/2006, de 29 diciembre (§27.2).

⇒ Respecto de locales y tablones para uso de secciones sindicales, v. art. 8.2 a) y c) de la LOLS (§20.1); la tutela administrativa de ambos preceptos en el art. 7.8 de la LISOS (§40.1).

La STC 308/2000, de 18 diciembre (RTC 2000, 308), niega que haya vulneración de la libertad sindical por la mera circunstancia de que el empresario inserte un comunicado propio en tal tablón.

TÍTULO III
DE LA NEGOCIACIÓN Y DE LOS CONVENIOS COLECTIVOS

CAPÍTULO I
Disposiciones generales

⇒ V. arts. 37.1 de la CE (§1) y 4.1 c) de la presente Ley.

Sección 1ª Naturaleza y efectos de los Convenios

Artículo 82. Concepto y eficacia.

1. Los convenios colectivos, como resultado de la negociación desarrollada por los representantes de los trabajadores y de los empresarios, constituyen la expresión del acuerdo libremente adoptado por ellos en virtud de su autonomía colectiva.

⇒ V. Convenio núm. 154 de la OIT (ratificado por España el 26 julio 1985) sobre el fomento de la negociación colectiva.

Sobre la implicación de la libertad sindical cuando la negociación colectiva la llevan a cabo los sindicatos, pero no en otros casos, STC 74/1996, de 30 abril (RTC 1996, 74).

2. Mediante los convenios colectivos y en su ámbito correspondiente, los trabajadores y empresarios regulan las condiciones de trabajo y de productividad; igualmente podrán regular la paz laboral a través de las obligaciones que se pacten.

⇒ Cfr. arts. 38 de la CE (§1) y 85 del presente Estatuto.

Respecto de la paz laboral cfr. arts. 8 y 11 c) del Real Decreto-ley de Relaciones de Trabajo (§22), así como STC 189/1993, de 14 junio (RTC 1993, 189).

3. Los convenios colectivos regulados por esta Ley obligan a todos los empresarios y trabajadores incluidos dentro de su ámbito de aplicación y durante todo el tiempo de su vigencia.

⇒ Cfr. STC 108/1989, de 8 junio (RTC 1989, 108), sobre posibles convenios extraestatutarios.

Sobre la integración de los convenios en el sistema formal de fuentes, v. la STC 58/1985, de 30 abril (RTC 1985, 58).

Sobre la eficacia jurídica de los convenios colectivos, ver también las SSTC 177/1988, de 10 octubre (RTC 1988, 177) y 105/1992, de 1 julio (RTC 1992, 105).

Sin perjuicio de lo anterior, los Convenios Colectivos de ámbito superior a la empresa establecerán las condiciones y procedimientos por los que podría no aplicarse el régimen salarial del mismo a las empresas cuya estabilidad económica pudiera verse dañada como consecuencia de tal aplicación.

Si dichos Convenios Colectivos no contienen la citada cláusula de inaplicación, esta última sólo podrá producirse por acuerdo entre el empresario y los representantes de los trabajadores cuando así lo requiera la situación económica de la empresa. De no existir acuerdo, la discrepancia será solventada por la Comisión Paritaria del Convenio. La determinación de las nuevas condiciones salariales se producirá mediante acuerdo entre la empresa y los representantes de los trabajadores y, en su defecto, podrán encomendarla a la Comisión Paritaria del Convenio.

⇒ Cfr. el art. 85.2 c) de la presente Ley.

4. El Convenio Colectivo que sucede a uno anterior puede disponer sobre los derechos reconocidos en aquél. En dicho supuesto se aplicará, íntegramente, lo regulado en el nuevo Convenio.

⇒ Cfr. lo dispuesto en el art. 86.4 del propio Estatuto.

Artículo 83. Unidades de negociación.

1. Los convenios colectivos tendrán el ámbito de aplicación que las partes acuerden.

⇒ V. la disp. final 2ª del presente Estatuto.
V. la STC 136/1987, de 22 julio (RTC 1987, 136).

2. Mediante acuerdos interprofesionales o por convenios colectivos las organizaciones sindicales y asociaciones patronales más representativas, de carácter estatal o de Comunidad Autónoma, podrán establecer la estructura de la negociación colectiva, así como fijar las reglas que han de resolver los conflictos de concurrencia entre convenios de distinto ámbito y los principios de complementariedad de las diversas unidades de contratación, fijándose siempre en este último supuesto las materias que no podrán ser objeto de negociación en ámbitos inferiores.

⇒ Póngase en conexión con lo establecido en los arts. 3.3 y 84 del propio Estatuto.

3. Dichas organizaciones de trabajadores y empresarios podrán igualmente elaborar acuerdos sobre materias concretas. Estos acuerdos, así como los acuerdos interprofesionales a los que se refiere el apartado 2 de este artículo, tendrán el tratamiento de esta Ley para los convenios colectivos.

⇒ V. en este sentido, art. 2 c) del RD 1040/1981 (§17.1), sobre registro y depósito de convenios.
V. Res. 14 enero 1997, de la Dirección General de Trabajo y Migraciones, que aprueba el Acuerdo Nacional sobre Formación Profesional Continua, la Res. 3 febrero 1997, de la Dirección General de Trabajo y Migraciones, que aprueba el II Acuerdo Nacional de Formación Continua y la Res. 1 febrero 2001, de la Dirección General de Trabajo, que aprueba el III Acuerdo Nacional de Formación Continua.
V. también el Acuerdo sobre Solución Extrajudicial de Conflictos Laborales (§42.3).

Artículo 84. Concurrencia.

Un convenio colectivo, durante su vigencia, no podrá ser afectado por lo dispuesto en convenios de ámbito distinto, salvo pacto en contrario, conforme a lo dispuesto en el apartado 2 del artículo 83 y salvo lo previsto en el apartado siguiente.

⇒ Además de lo previsto en esta norma, recuérdese la regla contenida en el art. 3.3 del presente Estatuto.

En todo caso, a pesar de lo establecido en el artículo anterior, los Sindicatos y las Asociaciones Empresariales que reúnan los requisitos de legitimación de los artículos 87 y 88 de esta Ley podrán, en un ámbito determinado que sea superior al de empresa, negociar acuerdos o convenios que afecten a lo dispuesto en los de ámbito superior siempre que dicha decisión obtenga el respaldo de las mayorías exigidas para constituir la Comisión Negociadora en la correspondiente unidad de negociación.

En el supuesto previsto en el párrafo anterior se considerarán materias no negociables en ámbitos inferiores el período de prueba, las modalidades de contratación, excepto en los aspectos de adaptación al ámbito de la empresa, los grupos profesionales, el régimen disciplinario y las normas mínimas en materia de seguridad e higiene en el trabajo y movilidad geográfica.

⇒ Sobre estas cuestiones v. el articulado del propio Estatuto y sus correspondientes notas respecto del período de prueba (art. 14), modalidades de contratación (arts. 10, 11, 12, 13 y 15), grupos profesionales (art. 39), régimen disciplinario (art. 58), seguridad e higiene (art. 19) y movilidad geográfica (art. 40).

Artículo 85. Contenido.

1. Dentro del respeto a las Leyes, los Convenios Colectivos podrán regular materias de índole económica, laboral, sindical y, en general, cuantas otras afecten a las condiciones de empleo y al ámbito de relaciones de los trabajadores y sus organizaciones representativas con el empresario y las asociaciones empresariales, incluidos procedimientos para resolver las discrepancias surgidas en los períodos de consulta previstos en los artículos 40, 41, 47 y 51 de esta Ley; los laudos arbitrales que a estos efectos puedan dictarse tendrán la misma eficacia y tramitación que los acuerdos en el período de consultas, siendo susceptibles de impugnación en los mismos términos que los laudos dictados para la solución de las controversias derivadas de la aplicación de los convenios.

⇒ Conforme al artículo 10 de la Ley 40/2003, de 18 noviembre, de Protección a las Familias Numerosas «los convenios colectivos podrán incluir medidas para la protección de los trabajadores cuya familia tenga la consideración legal de familia numerosa, en particular en materia de derechos de los trabajadores, acción social, movilidad geográfica, modificaciones sustanciales de las condiciones de trabajo y extinción del contrato de trabajo», si bien tales beneficios «se entenderán sin perjuicio de las demás preferencias establecidas por la legislación que se encuentre en vigor en cada momento».

La Ley 62/2003, de 30 diciembre, de medidas fiscales, administrativas y del orden social, dedica el Capítulo III de su Título II a las «Medidas para la aplicación del principio de igualdad de trato» y en su artículo 42 («Fomento de la igualdad en la negociación colectiva») dispone que «los convenios colectivos podrán incluir medidas dirigidas a combatir todo tipo de discriminación en el trabajo, a favorecer la igualdad de oportunidades y a prevenir el acoso por razón de origen racial o étnico, religión o convicciones, discapacidad, edad u orientación sexual».

V. las SSTC 58/1985, de 30 abril (RTC 1985, 58); 177/1988, de 10 octubre (RTC 1988, 177) y 208/1993, de 28 junio (RTC 1993, 208).

Respecto del canon por negociación colectiva, v. art. 11 de la LOLS (§20.1).

La correspondiente Ley de PGE viene limitando la negociación del personal laboral del sector público estatal; cfr. arts. 22 y concordantes de la Ley 61/2003, de 30 diciembre.

El propio Estatuto contiene múltiples referencias a la regulación convencional; véanse, por ejemplo, los arts. 3, 11, 12, 14, 15, 17.1, 20.2, 22, 23, 24, 25, 26, 29, 31, 34, 35, 36, 37, 38, 39, 40, 41, 46.6, 49.1 d), 55.1, 58.1, 63.3, 64, 68 e), 69.2, 71.1, 93, 94, 95 y 96, disp. adic. 4ª, disp. adic. 10ª, disp. adic. 13ª, etcétera.

V. en art. 6.1 del RD 1451/1983, de 11 mayo (§28.2) la posibilidad de especificar los puestos reservados a minusválidos.

Téngase presente el contenido del RD 1588/1999, de 15 octubre, que aprueba el Reglamento sobre la instrumentación de los compromisos por pensiones de las empresas con los trabajadores y beneficiarios.

Sin perjuicio de la libertad de las partes para determinar el contenido de los convenios colectivos, en la negociación de los mismos existirá, en todo caso, el deber de negociar medidas dirigidas a promover la igualdad de trato y de oportunidades entre mujeres y hombres en el ámbito laboral o, en su caso, planes de igualdad con el alcance y contenido previsto en el capítulo III del Título IV de la Ley Orgánica para la igualdad efectiva de mujeres y hombres.

✐ Párr. 2 añadido por disp. adic. 11ª.17 de la LO 3/2007, de 22 marzo, para la igualdad efectiva de mujeres y hombres (§31.1).

2. A través de la negociación colectiva se podrán articular procedimientos de información y seguimiento de los despidos objetivos, en el ámbito correspondiente.

Asimismo, sin perjuicio de la libertad de contratación que se reconoce a las partes, a través de la negociación colectiva se articulará el deber de negociar planes de igualdad en las empresas de más de doscientos cincuenta trabajadores de la siguiente forma:

a) En los convenios colectivos de ámbito empresarial, el deber de negociar se formalizará en el marco de la negociación de dichos convenios.

b) En los convenios colectivos de ámbito superior a la empresa, el deber de negociar se formalizará a través de la negociación colectiva que se desarrolle en la empresa en los términos y condiciones que se hubieran establecido en los indicados convenios para cumplimentar dicho deber de negociar a través de las oportunas reglas de complementariedad.

✐ Apartado redactado por Ley 63/1997, de 26 diciembre, de medidas urgentes para la mejora del Mercado de trabajo y el fomento de la contratación indefinida.

Párr. 2 añadido por disp. adic. 11ª.18 de la LO 3/2007, de 22 marzo, para la igualdad efectiva de mujeres y hombres (§31.1).

3. Sin perjuicio de la libertad de contratación a que se refiere el párrafo anterior, los Convenios Colectivos habrán de expresar como contenido mínimo lo siguiente:

a) Determinación de las partes que lo conciertan.

b) Ambito personal, funcional, territorial y temporal.

c) Condiciones y procedimientos para la no aplicación del régimen salarial que establezca el mismo, respecto de las empresas incluidas en el ámbito del convenio cuando éste sea superior al de empresa, de conformidad con lo establecido en el artículo 82.3.

d) Forma y condiciones de denuncia del Convenio, así como plazo de preaviso para dicha denuncia.

e) Designación de una comisión paritaria de la representación de las partes negociadoras para entender de cuantas cuestiones le sean atribuidas, y determinación de los procedimientos para solventar las discrepancias en el seno de dicha Comisión.

✐ El antiguo ap. 2 pasa a ser 3 en virtud de la Ley 63/1997, de 26 diciembre, de Medidas urgentes para la mejora del mercado de trabajo y el fomento de la contratación indefinida (§9).

⇒ Sobre composición de estas Comisiones, v. las SSTC 184/1991, de 30 de septiembre (RTC 1991, 184) y 213/1991, de 11 noviembre (RTC 1991, 213).

Sobre competencias e intervención en solución de litigios, cfr. SSTC 162/1989, de 16 octubre (RTC 1989, 162) y 217/1991, de 14 noviembre (RTC 1991, 217), razonando la compatibilidad de estas competencias con el derecho a la tutela judicial efectiva.

Artículo 86. Vigencia.

1. Corresponde a las partes negociadoras establecer la duración de los convenios, pudiendo even-

tualmente pactarse distintos períodos de vigencia para cada materia o grupo homogéneo de materias dentro del mismo convenio.

⇒ V. arts. 85.2 d) y 90.4 del presente Estatuto.

2. Salvo pacto en contrario, los convenios colectivos se prorrogarán de año en año si no mediara denuncia expresa de las partes.

3. Denunciado un Convenio y hasta tanto no se logre acuerdo expreso, perderán vigencia sus cláusulas obligacionales.

La vigencia del contenido normativo del Convenio, una vez concluida la duración pactada, se producirá en los términos que se hubieren establecido en el propio Convenio. En defecto de pacto se mantendrá en vigor el contenido normativo del Convenio.

4. El Convenio que sucede a uno anterior deroga en su integridad a este último, salvo los aspectos que expresamente se mantengan.

⇒ Cfr. art. 82.4 del propio Estatuto.

Sección 2ª Legitimación

Artículo 87. Legitimación.

Estarán legitimados para negociar:

1. En los convenios de empresa o ámbito inferior: el Comité de Empresa, delegados de personal, en su caso, o las representaciones sindicales si las hubiere.

⇒ V. art. 8.1 a) de la LOLS (§20.1), así como SSTC 45/1984, de 27 marzo (RTC 1984, 45) y 37/1991, de 20 junio (RTC 1991, 37).

En los Convenios que afecten a la totalidad de los trabajadores de la empresa será necesario que tales representaciones sindicales, en su conjunto, sumen la mayoría de los miembros del comité. En los demás convenios será necesario que los trabajadores incluidos en su ámbito hubiesen adoptado un acuerdo expreso, con los requisitos del artículo 80 de esta Ley, de designación, a efectos de negociación, de las representaciones sindicales con implantación en tal ámbito.

⇒ V. la restricción de sujetos legitimados llevada a cabo en art. 8.2 de la LOLS (§20.1).
Para el caso de las empresas de trabajo temporal, v. art. 13 de la Ley 14/1994, de 1 junio (§3.1).
Respecto de las empresas de dimensión comunitaria, v. arts. 7 y ss. de la Ley 10/1997, de 24 abril (§21.2).

En todos los casos será necesario que ambas partes se reconozcan como interlocutores.

2. En los convenios de ámbito superior a los anteriores:

⇒ Sobre la constitucionalidad de la siguiente selección, v. SSTC 4/1983, de 28 enero (RTC 1983, 4); 12/1983, de 22 febrero (RTC 1983, 12); 73/1984, de 27 junio (RTC 1984, 73) y 57/1989, de 16 marzo (RTC 1989, 57).

a) Los sindicatos que tengan la consideración de más representativos a nivel estatal, así como en sus respectivos ámbitos, los entes sindicales afiliados, federados o confederados a los mismos.

⇒ V. también el art. 13 de la Ley reguladora de las empresas de trabajo temporal (§3.1).

b) Los sindicatos que tengan la consideración de más representativos a nivel de Comunidad Autónoma respecto de los convenios que no trasciendan de dicho ámbito territorial, así como, y en sus respectivos ámbitos, los entes sindicales afiliados, federados o confederados a los mismos.

c) Los sindicatos que cuenten con un mínimo del 10 por 100 de los miembros de los Comités de Empresa o delegados de personal en el ámbito geográfico y funcional al que se refiera el convenio.

⇒ Sobre las anteriores categorías de sindicatos, v. arts. 6 y 7 de la LOLS (§20.1).

3. En los Convenios a que se hace referencia en el número anterior, las asociaciones empresariales que en el ámbito geográfico y funcional del convenio cuenten con el diez por cien, de los empresarios, en el sentido del artículo 1.2 de esta Ley, y siempre que éstas den ocupación a igual porcentaje de los trabajadores afectados.

4. Asimismo estarán legitimados en los Convenios de ámbito estatal: los sindicatos de Comunidad Autónoma que tengan la consideración de más representativos conforme a lo previsto en el apartado 1 del artículo 7 de la Ley Orgánica de Libertad Sindical y las asociaciones empresariales de la Comunidad Autónoma que reúnan los requisitos señalados en la disposición adicional sexta de esta Ley.

5. Todo sindicato, federación o confederación sindical, y toda asociación empresarial que reúna el requisito de legitimación, tendrá derecho a formar parte de la Comisión negociadora.

⇒ Cfr. STC 171/1993, de 27 mayo (RTC 1993, 171), sobre derecho del sindicato a participar en la revisión de Convenio que no firmó.

Artículo 88. Comisión negociadora.

1. En los convenios de ámbito empresarial, o inferior, la comisión negociadora se constituirá por el empresario o sus representantes, de un lado, y de otro, por los representantes de los trabajadores, según lo dispuesto en el artículo 87, apartado 1.

En los de ámbito superior a la empresa, la comisión negociadora quedará válidamente constituida, sin perjuicio del derecho de todos los sujetos legitimados a participar en ella en proporción a su representatividad, cuando los sindicatos, federaciones o confederaciones y las asociaciones empresariales a que se refiere el artículo anterior representen como mínimo, respectivamente, a la mayoría absoluta de los miembros de los Comités de Empresa y delegados de personal, en su caso, y a empresarios que ocupen a la mayoría de los trabajadores afectados por el Convenio.

⇒ Cfr. art. 13 de la Ley reguladora de las empresas de trabajo temporal (§3.1).

2. La designación de los componentes de la comisión corresponderá a las partes negociadoras, quienes de mutuo acuerdo podrán designar un presidente y contar con la asistencia en las deliberaciones de asesores, que intervendrán con voz, pero sin voto.

⇒ V. la STC 187/1987, de 24 noviembre (RTC 1987, 187).

3. En los Convenios de ámbito empresarial, ninguna de las partes superará el número de doce miembros; en los de ámbito superior, el número de representantes de cada parte no excederá de quince.

⇒ V. la STC 137/1991, de 20 junio (RTC 1991, 137).

4. La comisión negociadora podrá tener un presidente con voz, pero sin voto, designado libremente por aquélla. En el supuesto de que se optara por la no elección, las partes deberán consignar en el acta de la sesión constitutiva de la comisión los procedimientos a emplear para moderar las sesiones y signar las actas que correspondan a las mismas un representante de cada una de ellas, junto con el secretario.

CAPÍTULO II
Procedimiento

Sección 1ª Tramitación, aplicación e interpretación

Artículo 89. Tramitación.

⇒ Respecto del personal laboral al servicio de las Administraciones Públicas v. art. 3.2 c) de la Ley 30/1984, de 2 agosto, de Medidas para la Reforma de la Función Pública.

1. La representación de los trabajadores, o de los empresarios, que promueva la negociación, lo comunicará a la otra parte, expresando detalladamente en la comunicación, que deberá hacerse por escrito, la legitimación que ostenta de conformidad con los artículos anteriores, los ámbitos del Convenio y las materias objeto de negociación. De esta comunicación se enviará copia, a efectos de registro, a la autoridad laboral correspondiente en función del ámbito territorial del Convenio.

⇒ Sobre la identificación de la Autoridad Laboral, v. la nota al art. 1.5 del presente Estatuto.

La parte receptora de la comunicación sólo podrá negarse a la iniciación de las negociaciones por causa legal o convencionalmente establecida, o cuando no se trate de revisar un Convenio ya vencido, sin perjuicio de lo establecido en los artículos 83 y 84; en cualquier caso se deberá contestar por escrito y motivadamente.

Ambas partes estarán obligadas a negociar bajo el principio de la buena fe.

En los supuestos de que se produjeran violencias, tanto sobre las personas como sobre los bienes y ambas partes comprobaran su existencia, quedará suspendida de inmediato la negociación en curso hasta la desaparición de aquéllas.

2. En el plazo máximo de un mes a partir de la recepción de la comunicación se procederá a constituir la comisión negociadora; la parte receptora de la comunicación deberá responder a la propuesta de negociación y ambas partes podrán ya establecer un calendario o plan de negociación.

3. Los acuerdos de la Comisión requerirán, en cualquier caso, el voto favorable de la mayoría de cada una de las dos representaciones.

⇒ V. la STC 137/1991, de 29 junio (RTC 1991, 137).

4. En cualquier momento de las deliberaciones, las partes podrán acordar la intervención de un mediador, designado por ellas.

⇒ Cfr. art. 6 del RDley 5/1979 (§42.1), creando el IMAC, y art. 2 del RD 2756/1979 (§42.2), que lo desarrolla.

Artículo 90. Validez.

1. Los convenios colectivos a que se refiere esta Ley han de efectuarse por escrito, bajo sanción de nulidad.

2. Los convenios deberán ser presentados ante la autoridad laboral competente, a los solos efectos de registro, dentro del plazo de quince días a partir del momento en que las partes negociadoras lo firmen. Una vez registrado, será remitido al Organo Público de Mediación, Arbitraje y Conciliación competente para su depósito.

⇒ V. el desarrollo reglamentario en materia de registro y depósito de convenios: RD 1040/1981 (§17.1).

Doctrina constitucional sobre el tema, especialmente sobre las competencias de las Comunidades Autónomas, en SSTC 18/1982, de 4 mayo (RTC 1982, 18); 48/1982, de 12 julio (RTC 1982, 48) y 85/1982, de 23 diciembre (RTC 1982, 85).

3. En el plazo máximo de diez días desde la presentación del convenio en el registro se dispondrá por la autoridad laboral su publicación obligatoria y gratuita en el «Boletín Oficial del Estado» o, en función del ámbito territorial del mismo, en el «Boletín Oficial de la Comunidad Autónoma» o en el «Boletín Oficial» de la provincia correspondiente.

4. El convenio entrará en vigor en la fecha en que acuerden las partes.

⇒ V. art. 86.1 de la presente Ley.

5. Si la autoridad laboral estimase que algún convenio conculca la legalidad vigente, o lesiona gravemente el interés de terceros, se dirigirá de oficio a la jurisdicción competente, la cual adoptará las medidas que procedan al objeto de subsanar supuestas anomalías, previa audiencia de las partes.

⇒ V. arts. 161 y ss. de la LPL (§41).

Doctrina constitucional sobre el tenor del fallo judicial puede verse en STC 189/1993, de 14 junio (RTC 1993, 189).

Sobre aspectos relacionados con la impugnación de los convenios cfr. SSTC 47/1988, de 21 marzo (RTC 1988, 47); 124/1988, de 23 junio (RTC 1988, 124); 162/1988, de 22 septiembre (RTC 1988, 162) y 81/1990, de 4 mayo (RTC 1990, 81).

6. Sin perjuicio de lo establecido en el apartado anterior, la autoridad laboral velará por el respeto al principio de igualdad en los convenios colectivos que pudieran contener discriminaciones, directas o indirectas, por razón de sexo.

A tales efectos, podrá recabar el asesoramiento del Instituto de la Mujer o de los Organismos de Igualdad de las Comunidades Autónomas, según proceda por su ámbito territorial. Cuando la autoridad laboral se haya dirigido a la jurisdicción competente por entender que el convenio colectivo pudiera contener cláusulas discriminatorias, lo pondrá en conocimiento del Instituto de la Mujer o de los Organismos de Igualdad de las Comunidades Autónomas, según su ámbito territorial, sin perjuicio de lo establecido en el apartado 3 del artículo 95 de la Ley de Procedimiento Laboral.

✐ Ap. 6 añadido por disp. adic. 11ª.19 de la LO 3/2007, de 22 marzo, para la igualdad efectiva de mujeres y hombres (§31.1).

Artículo 91. Aplicación e interpretación.

Con independencia de las atribuciones fijadas por las partes a las comisiones paritarias, de conocimiento y resolución de los conflictos derivados de la aplicación e interpretación con carácter general de los convenios colectivos, se resolverá por la jurisdicción competente.

⇒ En conexión con la similar competencia de las Comisiones Paritarias, SSTC 73/1984, de 27 junio (RTC 1984, 73) y 217/1991, de 14 noviembre (RTC 1991, 217).

V. también base 27ª de la LBPL, desarrollada por la LPL (§41), arts. 151 y ss.

No obstante lo anterior en los Convenios Colectivos y en los acuerdos a que se refiere el artículo 83.2 y 3, de esta Ley, se podrán establecer procedimientos, como la mediación y el arbitraje, para la solución de las controversias colectivas derivadas de la aplicación e interpretación de los Convenios Colectivos.

⇒ V. el Acuerdo sobre Solución Extrajudicial de Conflictos Laborales (§42.3), así como sus notas.

V. también la disp. adic. 13 del propio Estatuto.

El acuerdo logrado a través de la mediación y el laudo arbitral tendrán la eficacia jurídica y tramitación de los Convenios Colectivos regulados en la presente Ley, siempre que quienes hubiesen adoptado el acuerdo o suscrito el compromiso arbitral tuviesen la legitimación que les permita acordar, en el ámbito del conflicto, un Convenio Colectivo conforme a lo previsto en los artículos 87, 88 y 89 de esta Ley.

Estos acuerdos y laudos serán susceptibles de impugnación por los motivos y conforme a los procedimientos previstos para los Convenios Colectivos. Específicamente, cabrá el recurso contra el laudo arbitral en el caso de que no se hubiesen observado en el desarrollo de la actuación arbitral los requisitos y formalidades establecidos al efecto, o cuando el laudo hubiese resuelto sobre puntos no sometidos a su decisión.

⇒ V. art. 65.3 y disp. adic. 7ª de la LPL (§41).

Estos procedimientos serán, asimismo, utilizables en las controversias de carácter individual, cuando las partes expresamente se sometan a ellos.

Sección 2ª Adhesión y extensión

Artículo 92. Adhesión y extensión.

1. En las respectivas unidades de negociación, las partes legitimadas para negociar podrán adherirse, de común acuerdo, a la totalidad de un convenio colectivo en vigor, siempre que no estuvieran afectadas por otro, comunicándolo a la autoridad laboral competente a efectos de registro.

⇒ V. art. 2.1 b) del RD 2976/1983, de 9 noviembre (§17.2).

2. El Ministerio de Trabajo y Asuntos Sociales, o el órgano correspondiente de las Comunidades Autónomas con competencia en la materia, podrán extender, con los efectos previstos en el artículo 82.3 de esta Ley, las disposiciones de un convenio colectivo en vigor a una pluralidad de empresas y trabajadores o a un sector o subsector de actividad, por los perjuicios derivados para los mismos de la imposibilidad de suscribir en dicho ámbito un convenio colectivo de los previstos en este Título III, debida a la ausencia de partes legitimadas para ello.

⇒ Sobre competencia autonómica al respecto SSTC 86/1991, de 25 abril (RTC 1991, 86) y 102/1991, de 13 mayo (RTC 1991, 102).

La decisión de extensión se adoptará siempre a instancia de parte y mediante la tramitación del procedimiento que reglamentariamente se determine, cuya duración no podrá exceder de tres meses, teniendo la ausencia de resolución expresa en el plazo establecido efectos desestimatorios de la solicitud.

⇒ V. el desarrollo reglamentario del precepto en RD 718/2005 (§18). Téngase también presente la disp. adic. séptima del propio Estatuto.

La STC 35/1982, de 14 junio (RTC 1982, 35), descartó que una Comunidad Autónoma pueda disponer la emisión de informes por otros órganos, como los Consejos de Relaciones Laborales.

Tendrán capacidad para iniciar el procedimiento de extensión quienes se hallen legitimados para promover la negociación colectiva en el ámbito correspondiente conforme a lo dispuesto en el artículo 87.2 y 3 de esta Ley.

✐ Ap. 2 redactado por el art. único de la Ley 24/1999, de 6 julio.

TÍTULO IV

INFRACCIONES LABORALES

✐ Derogado por la disp. derog. única del RDLeg 5/2000, de 4 agosto (§40.1). Téngase en cuenta que la entrada en vigor del citado Real Decreto Legislativo fue el 1 de enero de 2001.

⇒ V. art. 3.1.1 de la Ley 42/1997, Ordenadora de la Inspección de Trabajo (§38.2).

CAPÍTULO I

Disposiciones generales

✐ Derogado por la disp. derog. única del RDLeg 5/2000, de 4 agosto (§40.1).

Artículos 93 a 96. ...

CAPÍTULO II

Derecho supletorio

[...]

✐ Capítulo derogado por la disp. derog. única del RDLeg 5/2000, de 4 agosto (§40.1). Téngase en cuenta que la entrada en vigor del citado Real Decreto Legislativo fue el 1 de enero de 2001.

DISPOSICIONES ADICIONALES

Primera. *Fomento de la contratación indefinida de los Contratos en prácticas y de aprendizaje.*

Los beneficios y condiciones establecidos en la Ley 22/1992, de 30 de julio, de medidas urgentes sobre fomento de empleo y protección por desempleo, para transformación en indefinidos de los contratos en prácticas y para la formación se aplicarán a la conversión en indefinidos de los contratos formativos regulados en el artículo 11 de esta Ley.

✐ Disposición derogada por Ley 63/1997, de 26 diciembre, de Medidas urgentes para la mejora del mercado de trabajo y el fomento de la contratación indefinida.

Segunda. Contratos formativos celebrados con trabajadores minusválidos.

1. Las empresas que celebren contratos en prácticas con trabajadores con discapacidad tendrán derecho a una reducción, durante la vigencia del contrato, del 50 por 100 de la cuota empresarial de la Seguridad Social correspondiente a contingencias comunes.

✐ Ap. 1 modificado por art. 12.Doce de la Ley 43/2006, de 29 diciembre (§27.2).

2. Los trabajadores minusválidos contratados para la formación no se computarán para determinar el número máximo de estos contratos que las empresas pueden realizar en función de su plantilla.

3. Las empresas que celebren contratos para la formación con trabajadores minusválidos tendrán derecho a una reducción del 50 por 100 en las cuotas empresariales a la Seguridad Social previstas para los contratos para la formación.

4. Continuarán siendo de aplicación a los contratos para la formación que se celebren con trabajadores minusválidos que trabajen en Centros Especiales de Empleo las peculiaridades que para dichos contratos se prevén en el artículo 7 del Real Decreto 1368/1985, de 17 de julio, por el que se regula la relación laboral de carácter especial de los minusválidos que trabajen en los Centros Especiales de Empleo.

✐ Aps. 2, 3 y 4 redactados por Ley 63/1997, de 26 diciembre, de Medidas urgentes para la mejora del mercado de trabajo y el fomento de la contratación indefinida.

⇒ El citado Real Decreto puede verse en §16.8.

Tercera. *Programas de fomento del empleo.*

Se establecerán programas que fomenten la contratación por pequeñas empresas de trabajadores perceptores de prestaciones por desempleo. Anualmente, la Ley de Presupuestos Generales del Estado determinará los programas y colectivos de perceptores por desempleo a que aquéllos se destinen.

Quedan expresamente excluidas las contrataciones llevadas a cabo por el cónyuge o familiares por consanguinidad o afinidad, hasta el segundo grado inclusive, del empresario o de quienes ostenten cargos de dirección o sean miembros de los órganos de administración de las empresas que revistan la forma jurídica de sociedad, así como las que se produzcan con estos últimos.

✐ Disposición derogada por Ley 63/1997, de 26 diciembre, de Medidas urgentes para la mejora del mercado de trabajo y el fomento de la contratación indefinida.

Cuarta. Conceptos retributivos.

Las modificaciones introducidas por la presente Ley en la regulación legal del salario no afectarán a los conceptos retributivos que tuvieran reconocidos los trabajadores hasta el 12 de junio de 1994, fecha de entrada en vigor de la Ley 11/1994, de 19 de mayo, que se mantendrán en los mismos términos que rigieren en ese momento hasta que por convenio colectivo se establezca un régimen salarial que conlleve la desaparición o modificación de dichos conceptos.

Quinta. Personal de alta dirección.

Las retribuciones del personal de alta dirección gozarán de las garantías del salario establecidas en los artículos 27.2, 29, 32 y 33 de esta Ley.

⇒ Cfr. el art. 15.1 del RD 1382/1985, regulador de esta relación especial, en §16.1.

Sexta. Representación institucional de los empresarios.

A efectos de ostentar representación institucional en defensa de intereses generales de los empresarios ante las Administraciones Públicas y otras entidades y organismos de carácter estatal o de Comunidad Autónoma que la tengan prevista, se entenderá que gozan de esta capacidad representativa las asociaciones empresariales que cuenten con el 10 por 100 o más de las empresas y trabajadores en el ámbito estatal.

⇒ V. la disp. adic. 1ª.2 de la LO 11/1985, de 2 agosto (§20.1) y cfr. con sus arts. 6.3 a) y 7.2.

Asimismo, podrán también estar representadas las asociaciones empresariales de Comunidad Autónoma que cuenten en ésta con un mínimo del 15 por 100 de los empresarios y trabajadores. No estarán comprendidas en este supuesto las asociaciones empresariales que estén integradas en federaciones o confederaciones de ámbito estatal.

Las organizaciones empresariales que tengan la condición de más representativas con arreglo a esta disposición adicional gozarán de capacidad para obtener cesiones temporales del uso de inmuebles patrimoniales públicos en los términos que se establezcan legalmente.

⇒ V. al respecto la STC 57/1989, de 16 marzo (RTC 1989, 57).

V. la Ley 4/1986 (§20.4) y el RD 1671/1986, en su desarrollo, sobre cesión de bienes del Patrimonio Sindical Acumulado.

V. también la disp. adic. 1ª.2 de la LOLS (§20.1).

Séptima. Regulación de condiciones por rama de actividad.

La regulación de condiciones de trabajo por rama de actividad para los sectores económicos de la producción y demarcaciones territoriales en que no exista convenio colectivo podrá realizarse por el Gobierno, a propuesta del Ministerio de Trabajo y Seguridad Social, previas las consultas que considere oportunas a las asociaciones empresariales y organizaciones sindicales, sin perjuicio de lo dispuesto en el artículo 92 de esta Ley, que será siempre procedimiento prioritario.

Octava. Código de Trabajo.

El Gobierno, a propuesta del Ministerio de Trabajo y Seguridad Social, recogerá en un texto único denominado Código de Trabajo, las distintas leyes orgánicas y ordinarias que, junto con la presente, regulan las materias laborales, ordenándolas en Títulos separados, uno por Ley, con numeración correlativa, respetando íntegramente su texto literal.

Asimismo se incorporarán sucesiva y periódicamente a dicho Código de Trabajo todas las disposiciones generales laborales mediante el procedimiento que se fije por el Gobierno en cuanto a la técnica de incorporación, según el rango de las normas incorporadas.

Novena. Anticipos reintegrables.

Los anticipos reintegrables sobre sentencias recurridas, establecidos en la Ley de 10 de noviembre de 1942, podrán alcanzar hasta el 50 por 100 del importe de la cantidad reconocida en la sentencia en favor del trabajador.

⇒ V. art. 287 de la LPL (§41).

Décima. Cláusulas de los convenios colectivos referidas al cumplimiento de la edad ordinaria de jubilación.

En los convenios colectivos podrán establecerse cláusulas que posibiliten la extinción del contrato de trabajo por el cumplimiento por parte del trabajador de la edad ordinaria de jubilación fijada en la normativa de Seguridad Social, siempre que se cumplan los siguientes requisitos:

a) Esta medida deberá vincularse a objetivos coherentes con la política de empleo expresados en el convenio colectivo, tales como la mejora de la estabilidad en el empleo, la transformación de contratos temporales en indefinidos, el sostenimiento del empleo, la contratación de nuevos trabajadores o cualesquiera otros que se dirijan a favorecer la calidad del empleo.

b) El trabajador afectado por la extinción del contrato de trabajo deberá tener cubierto el período mínimo de cotización o uno mayor si así se hubiera pactado en el convenio colectivo, y cumplir los demás requisitos exigidos por la legislación de Seguridad Social para tener derecho a la pensión de jubilación en su modalidad contributiva.

✐ Añadida, en cuanto que había sido derogada con anterioridad por art. único de Ley 14/2005, de 1 julio, cuya disp. transit. única establece lo siguiente:

«Las cláusulas de los convenios colectivos celebrados con anterioridad a la entrada en vigor de esta Ley en las que se hubiera pactado la extinción del contrato de trabajo por el cumplimiento por parte del trabajador de la edad ordinaria de jubilación se considerarán válidas siempre que se garantice que el trabajador afectado tenga cubierto el período mínimo de cotización y que cumpla los demás requisitos exigidos por la legislación de Seguridad Social para tener derecho a la pensión de jubilación en su modalidad contributiva. Lo dispuesto en el párrafo anterior no afectará a las situaciones jurídicas que hubieran alcanzado firmeza antes de la citada entrada en vigor».

⇒ Conforme a la STC 22/1981, de 2 julio (RTC 1981, 22), «es inconstitucional la disposición adicional quinta [sede originaria del precepto] del Estatuto de los Trabajadores, interpretada como norma que establece la incapacitación para trabajar a los sesenta y nueve años y de forma directa e incondicionada la extinción de la relación laboral a esa edad».

V. SSTC 58/1985, de 30 abril (RTC 1985, 58) y 95/1985, de 29 julio (RTC 1985, 95); complementadas con las 111 a 136/1985, de 11 octubre (RTC 1985, 136) y la 207/1987, de 22 diciembre (RTC 1987, 207).

La STC 280/2006, de 9 octubre (RTC 2006, 280), considera válida la jubilación forzosa (incluso anticipada) pese a que el convenio colectivo no era claro en las contraprestaciones de empleo, porque de hecho la empresa había procedido a una nueva contratación. Resumiendo las sentencias constitucionales precedentes se afirma que «la jubilación forzosa en convenio colectivo [...] no se consideró habilitada por el legislador a los agentes sociales negociadores, sino que se calificó como una expresión o manifestación propia derivada del ejercicio del derecho constitucional a la negociación colectiva (art. 37.1 CE)».

Undécima. Acreditación de la capacidad representativa.

A los efectos de expedición de las certificaciones acreditativas de la capacidad representativa en el ámbito estatal prevista en el artículo 75.7 de esta Ley, las Comunidades Autónomas a las que haya sido transferida la ejecución de funciones en materia de depósito de actas relativas a las elecciones de órganos representativos de los trabajadores deberán remitir mensualmente copia de las actas electorales registradas a la oficina pública estatal.

Duodécima. Preavisos.

El Gobierno podrá reducir el plazo mínimo de preaviso de un mes previsto en el párrafo segundo del artículo 67.1 de esta Ley, en los sectores de actividad con alta movilidad del personal, previa consulta con las organizaciones sindicales que en ese ámbito funcional ostenten, al menos, el 10 por 100 de los representantes de los trabajadores, y con las asociaciones empresariales que cuenten con el 10 por 100 de los empresarios y de los trabajadores afectados por el mismo ámbito funcional.

Decimotercera. Solución no judicial de conflictos.

En el supuesto de que, aun no habiéndose pactado en el convenio colectivo aplicable un procedimiento para resolver discrepancias en los períodos de consultas, se hubieran establecido conforme el artículo 83 de esta Ley, órganos o procedimientos no judiciales de solución de conflictos en el ámbito territorial correspondiente, quienes sean parte en dichos períodos de consulta podrán someter de común acuerdo su controversia a dichos órganos.

⇒ V. arts. 83.2 y 91 de la presente Ley, así como el Acuerdo sobre Solución Extrajudicial de Conflictos Laborales.

Decimocuarta. Sustitución de trabajadores excedentes por cuidado de familiares.

✐ Rúbrica redactada por el art. 17 de la Ley 39/1999, de 5 noviembre, de conciliación de la vida familiar y laboral de las personas trabajadoras.

Los contratos de interinidad que se celebren para sustituir al trabajador que esté en la situación de excedencia a que se refiere el artículo 46.3 de esta Ley, tendrán derecho a una reducción en las cotizaciones empresariales a la Seguridad Social por contingencias comunes en las cuantías que se especifican a continuación, cuando dichos contratos se celebren con beneficiarios de prestaciones por desempleo, de nivel contributivo o asistencial, que lleven más de un año como perceptores:

a) 95 por 100 durante el primer año de excedencia del trabajador que se sustituye.

b) 60 por 100 durante el segundo año de excedencia del trabajador que se sustituye.

c) 50 por 100 durante el tercer año de excedencia del trabajador que se sustituye.

Los citados beneficios no serán de aplicación a las contrataciones que afecten al cónyuge, ascendientes, descendientes y demás parientes por consanguinidad o afinidad, hasta el segundo grado inclusive, del empresario o de quienes ostenten cargos de dirección o sean miembros de los órganos de administración de las empresas que revistan la forma jurídica de sociedad y las que se produzcan con estos últimos.

Las contrataciones realizadas al amparo de lo establecido en esta disposición se regirán por lo dispuesto en el artículo 15.1 c) de esta Ley y sus normas de desarrollo.

Decimoquinta. Aplicación de los límites al encadenamiento de contratos en las Administraciones públicas.

Lo dispuesto en el artículo 15.5 de esta Ley surtirá efectos en el ámbito de las Administraciones públicas y sus organismos autónomos, sin perjuicio de la aplicación de los principios constitucionales de igualdad, mérito y capacidad en el acceso al empleo público, por lo que no será obstáculo para la obligación de proceder a la cobertura de los puestos de trabajo de que se trate a través de los procedimientos ordinarios, de acuerdo con lo establecido en la normativa aplicable.

✐ Disp. adic. 15ª modificada por art. 12.Trece de la Ley 43/2006, de 29 diciembre (§27.2).

Decimosexta. ...

✐ Disposición derogada por disp. derog. única.1 a) de la Ley 43/2006, de 29 diciembre (§27.2).

Decimoséptima. Discrepancias en materia de conciliación.

Las discrepancias que surjan entre empresarios y trabajadores en relación con el ejercicio de los derechos de conciliación de la vida personal, familiar y laboral reconocidos legal o convencionalmente se resolverán por la jurisdicción competente a través del procedimiento establecido en el artículo 138 bis de la Ley de Procedimiento Laboral.

✐ Disposición añadida por disp. adic. 11ª.20 de la LO 3/2007, de 22 marzo, para la igualdad efectiva de mujeres y hombres (§31.1).

Decimoctava. Cálculo de indemnizaciones en determinados supuestos de jornada reducida.

1. En los supuestos de reducción de jornada contemplados en el artículo 37, apartados 4 bis, 5 y 7 el salario a tener en cuenta a efectos del cálculo de las indemnizaciones previstas en esta Ley, será

el que hubiera correspondido al trabajador sin considerar la reducción de jornada efectuada, siempre y cuando no hubiera transcurrido el plazo máximo legalmente establecido para dicha reducción.

2. Igualmente, será de aplicación lo dispuesto en el párrafo anterior en los supuestos de ejercicio a tiempo parcial de los derechos establecidos en el párrafo décimo del artículo 48.4 y en el artículo 48 bis.

✐ Disposición añadida por disp. adic. 11ª.21 de la LO 3/2007, de 22 marzo, para la igualdad efectiva de mujeres y hombres (§31.1).

DISPOSICIONES TRANSITORIAS

Primera. Contratos de aprendizaje.

No obstante lo dispuesto en el artículo 11.2, párrafo d), los trabajadores que hubieran estado vinculados a la empresa por un contrato para la formación que no hubiera agotado el plazo máximo de tres años sólo podrán ser contratados nuevamente por la misma empresa con un contrato de aprendizaje por el tiempo que reste hasta los tres años, computándose la duración del contrato de formación a efectos de determinar la retribución que corresponde al aprendiz.

⇒ El precepto invocado se corresponde con la versión del Estatuto modificada por RDley 8/1997, de 16 mayo, que derogó el contrato de aprendizaje, en términos muy similares a la posterior Ley 63/1997, de 26 diciembre.

Segunda. Contratos celebrados antes del 8 de diciembre de 1993.

Los contratos en prácticas, para la formación, a tiempo parcial y de trabajadores fijos discontinuos, celebrados con anterioridad al día 8 de diciembre de 1993, fecha de entrada en vigor del Real Decreto-ley 18/1993, de 3 de diciembre, continuarán rigiéndose por la normativa a cuyo amparo se concertaron.

Será de aplicación lo dispuesto en la presente Ley a los contratos celebrados al amparo del Real Decreto-ley 18/1993, de 3 de diciembre, excepto lo dispuesto en el segundo párrafo d) del apartado 2 del artículo 11.

Tercera. Contratos celebrados antes del 24 de mayo de 1994.

Los contratos temporales de fomento del empleo celebrados al amparo del Real Decreto 1989/1984, de 17 de octubre, concertados con anterioridad al 24 de mayo de 1994, fecha de entrada en vigor de la Ley 10/1994, de 19 de mayo, sobre medidas urgentes de fomento de la ocupación, continuarán rigiéndose por la normativa cuyo amparo se concertaron.

Los contratos temporales cuya duración máxima de tres años hubiese expirado entre el 1 de enero y el 31 de diciembre de 1994 y que hayan sido objeto de una prórroga inferior a dieciocho meses, podrán ser objeto de una segunda prórroga hasta completar dicho plazo.

Cuarta. Vigencia de disposiciones reglamentarias.

En todo lo que no se oponga a lo establecido en la presente Ley, el contrato de relevo y la jubilación parcial continuarán rigiéndose por lo dispuesto en los artículos 7 a 9 y 11 a 14 del Real Decreto 1991/1984, de 31 de octubre, por el que se regulan el contrato a tiempo parcial, el contrato de relevo y la jubilación parcial.

⇒ El citado Real Decreto ha sido derogado por el RD 1131/2002, de 31 octubre (§37).

Quinta. Vigencia de normas sobre jornadas y descansos.

Quedan vigentes hasta el 12 de junio de 1995 las normas sobre jornadas y descansos contenidas en Real Decreto 2001/1983, sin perjuicio de su adecuación por el Gobierno, previa consulta a las organizaciones empresariales y sindicales afectadas, a las previsiones contenidas en los artículos 34 al 38.

⇒ Cfr. con la disp. derog. única del RD 1561/1995, de 21 septiembre (§14.1).

Sexta. Ordenanzas de Trabajo.

Las Ordenanzas de Trabajo actualmente en vigor, salvo que por un acuerdo de los previstos en el artículo 83.2 y 3 de esta Ley se establezca otra cosa en cuanto a su vigencia, continuarán siendo de aplicación como derecho dispositivo, en tanto no se sustituyan por convenio colectivo, hasta el 31 de diciembre de 1994.

Sin perjuicio de lo dispuesto en el párrafo anterior se autoriza al Ministerio de Trabajo y Seguridad Social para derogar total o parcialmente, de forma anticipada, las Reglamentaciones de Trabajo y Ordenanzas Laborales, o para prorrogar hasta el 31 de diciembre de 1995 la vigencia de las Ordenanzas correspondientes a sectores que presenten problemas de cobertura, con arreglo al procedimiento previsto en el párrafo siguiente.

⇒ V. la O. 28 diciembre 1994, por la que, en aplicación de estas previsiones, se prorrogó la vigencia de determinadas Ordenanzas Laborales y Reglamentaciones de Trabajo.

La derogación se llevará a cabo por el Ministerio de Trabajo y Seguridad Social, previo informe de la Comisión Consultiva Nacional de Convenios Colectivos relativo a la cobertura del contenido de la Ordenanza por la negociación colectiva. A tales efectos se valorará si en el ámbito de la correspondiente Ordenanza existe negociación colectiva que proporcione una regulación suficiente sobre las materias en las que la presente Ley se remita a la negociación colectiva.

Si la comisión informase negativamente sobre la cobertura, y existiesen partes legitimadas para la negociación colectiva en el ámbito de la Ordenanza, la comisión podrá convocarlas para negociar un convenio colectivo o acuerdo sobre materias concretas que elimine los defectos de cobertura. En caso de falta de acuerdo en dicha negociación, la comisión podrá acordar someter la solución de la controversia a un arbitraje.

La concurrencia de los convenios o acuerdos de sustitución de las Ordenanzas con los convenios colectivos que estuvieran vigentes en los correspondientes ámbitos, se regirá por lo dispuesto en el artículo 84 de esta Ley.

Séptima. Extinciones anteriores a 12 de junio de 1994.

Toda extinción de la relación laboral producida con anterioridad al 12 de junio de 1994, fecha de entrada en vigor de la Ley 11/1994, de 19 de mayo, se regirá en sus aspectos sustantivo y procesal por las normas vigentes en la fecha en que aquélla hubiera tenido lugar.

⇒ Cfr. la disp. transit. 2ª de la LPL (§41).

Para las modificaciones por él introducidas, v. el RDley 8/1997, de 16 mayo, en su disp. transit. 2ª; igualmente respecto de la transitoria segunda de la Ley 63/1997.

A los procedimientos iniciados con anterioridad al 12 de junio de 1994 al amparo de lo dispuesto en los artículos 40, 41 y 51 de esta Ley según la anterior redacción, les será de aplicación la normativa vigente en la fecha de su iniciación.

Octava. Elecciones a representantes de los trabajadores.

1. Las elecciones para renovar la representación de los trabajadores, elegida en el último período de cómputo anterior a la entrada en vigor de esta Ley, podrán celebrarse durante quince meses contados a partir del 15 de septiembre de 1994, prorrogándose los correspondientes mandatos hasta la celebración de las nuevas elecciones a todos los efectos, sin que sea aplicable durante este período lo establecido en el artículo 12 de la Ley 9/1987, de 12 de junio, de órganos de representación, determinación de las condiciones de trabajo y participación del personal al servicio de las Administraciones Públicas.

2. Por acuerdo mayoritario de los sindicatos más representativos podrá establecerse un calendario de celebración de elecciones a lo largo del período indicado en el párrafo anterior en los correspondientes ámbitos funcionales y territoriales.

Estos calendarios serán comunicados a la oficina pública con una antelación mínima de dos meses a la iniciación de los respectivos procesos electorales. La oficina pública dará publicidad a los calendarios, sin perjuicio de la tramitación conforme al artículo 67.1 de la presente Ley de los escritos de promoción de elecciones correspondientes a aquéllos. La comunicación de estos calendarios no estará sujeta a lo dispuesto en el párrafo cuarto del artículo 67.1 de esta Ley.

Las elecciones se celebrarán en los distintos centros de trabajo conforme a las previsiones del calendario y sus correspondientes preavisos, salvo en aquellos centros en los que los trabajadores hubiesen optado, mediante acuerdo mayoritario, por promover las elecciones en fecha distinta, siempre que el correspondiente escrito de promoción se hubiese remitido a la oficina pública en los quince días siguientes al depósito del calendario.

Las elecciones promovidas con anterioridad al depósito del calendario prevalecerán sobre el mismo en el caso de que hubieran sido promovidas con posterioridad al 12 de junio de 1994 siempre que hubieran sido formuladas por los trabajadores del correspondiente centro de trabajo o por acuerdo de los sindicatos que ostenten la mayoría de los representantes en el centro de trabajo o, en su caso, en la empresa. Esta misma regla se aplicará a las elecciones promovidas con anterioridad al día indicado, en el caso de que en dicha fecha no hubiera concluido el proceso electoral.

3. La prórroga de las funciones de los delegados de personal y miembros de comités de empresa, así como los efectos de la misma, se aplicará plenamente cuando haya transcurrido en su totalidad el plazo señalado en el número 1 de esta disposición transitoria.

Novena. Participación institucional.

El plazo de tres años para solicitar la presencia de un sindicato o de una organización empresarial en un órgano de participación institucional, al que se refiere la disposición adicional primera de la Ley Orgánica de Libertad Sindical, empezará a contarse a partir del día 1 de enero de 1995.

Décima. Incapacidad laboral transitoria e invalidez provisional.

A quienes en 1 de enero de 1995 se hallaren en las situaciones de incapacidad laboral transitoria o invalidez provisional, cualquiera que fuera la contingencia de la que derivaran, les será de aplicación la legislación precedente hasta que se produzca la extinción de aquéllas.

Undécima. Excedencias por cuidado de hijos anteriores al día 13 de abril de 1995.

Las situaciones de excedencia por cuidado de hijos, vigentes el 13 de abril de 1995, fecha de entrada en vigor de la Ley 4/1995, de 23 de marzo, al amparo de lo dispuesto en la Ley 3/1989, de 3 de marzo, se regirán por lo dispuesto en esta Ley, siempre que en la citada fecha de entrada en vigor el trabajador excedente se encuentre dentro del primer año del período de excedencia o de aquel período superior al año al que se hubiera extendido, por pacto colectivo o individual, el derecho a la reserva del puesto de trabajo y al cómputo de la antigüedad.

En caso contrario la excedencia se regirá por las normas vigentes en el momento del comienzo de su disfrute, hasta su terminación.

DISPOSICIÓN DEROGATORIA

Única.

Quedan derogadas cuantas disposiciones se opongan a lo dispuesto en esta Ley, y expresamente:

a) Ley 8/1980, de 10 de marzo, del Estatuto de los Trabajadores.

b) Ley 4/1983, de 29 de junio, de fijación de la jornada máxima legal en cuarenta horas, y de las vacaciones anuales mínimas en treinta días.

c) Ley 32/1984, de 2 de agosto, sobre modificación de determinados artículos de la Ley 8/1980, de 10 de marzo, del Estatuto de los Trabajadores.

d) De la Ley 8/1988, de 7 de abril, sobre infracciones y sanciones en el orden social, los artículos 6, 7 y 8.

e) De la Ley 3/1989, de 3 de marzo, por la que se amplía a dieciséis semanas el permiso por maternidad y se establecen medidas para favorecer la igualdad de trato de la mujer en el trabajo, el artículo primero.

f) De la Ley 4/1990, de 29 de junio, de Presupuestos Generales del Estado para el año 1990, la disposición adicional segunda.

g) Ley 2/1991, de 7 de enero, sobre Derechos de Información de los representantes de los trabajadores en materia de contratación.

h) De la Ley 8/1992, de 30 de abril, modificación del régimen de permisos concedidos por las Leyes 8/1980, del Estatuto de los Trabajadores, y 30/1984, de medidas para la reforma de la función pública, a los adoptantes de un menor de cinco años, el artículo 1.

i) Ley 36/1992, de 28 de diciembre, sobre modificación del Estatuto de los Trabajadores en materia de indemnización en los supuestos de extinción contractual por jubilación del empresario.

j) Ley 10/1994, de 19 de mayo, sobre medidas urgentes de fomento de la ocupación, excepto las disposiciones adicionales cuarta, quinta, sexta y séptima.

k) De la Ley 11/1994, de 19 de mayo, por la que se modifican determinados artículos del Estatuto de los Trabajadores, del texto articulado de la Ley de Procedimiento Laboral y de la Ley sobre Infracciones y Sanciones en el Orden Social, el Capítulo I, los artículos vigésimo y vigésimo primero del Capítulo III, las disposiciones adicionales primera, segunda y tercera, las disposiciones transitorias primera, segunda y tercera, y las disposiciones finales tercera, cuarta y séptima.

l) De la Ley 42/1994, de 30 de diciembre, de medidas fiscales, administrativas y de orden social, los artículos 36, 40, 41, 42 y 43 y la disposición adicional decimosexta.

m) De la Ley 4/1995, de 23 de marzo, de regulación del permiso parental y por maternidad, los artículos 1 y 3, la disposición adicional única y el párrafo primero y el inciso primero del párrafo segundo de la disposición transitoria única.

DISPOSICIONES FINALES

Primera. Trabajo por cuenta propia.

El trabajo realizado por cuenta propia no estará sometido a la legislación laboral, excepto en aquellos aspectos que por precepto legal se disponga expresamente.

⇒ Cfr. art. 3.1 de la LOLS (§20.1) y art. 3.1 de la LPRL (§23).

Asimismo, v. arts. 28 y ss. de la Ley 49/2005, de 26 noviembre, de Arrendamientos Rústicos.
La STJCE 13 enero 2004, caso *Debra Allonby*, admite que cuando la independencia de un autónomo sea sólo ficticia se lleve a cabo una comparación de las condiciones de trabajo entre asalariados y autónomos dependientes de la misma empresa a fin de evitar discriminaciones (*in casu*, por razón de sexo).

Segunda. Comisión Consultiva Nacional de Convenios Colectivos.

Se crea una comisión consultiva nacional, que tendrá por función el asesoramiento y consulta a las partes de las negociaciones colectivas de trabajo en orden al planteamiento y determinación de los ámbitos funcionales de los convenios. El Ministerio de Trabajo y Seguridad Social dictará las disposiciones oportunas para su constitución y funcionamiento, autónomo o conectado con alguna otra Institución ya existente de análogas funciones. Dicha comisión funcionará siempre a nivel tripartito y procederá a elaborar y mantener al día un catálogo de actividades que pueda servir de indicador para las determinaciones de los ámbitos funcionales de la negociación colectiva. El funcionamiento y las decisiones de esta comisión se entenderán siempre sin perjuicio de las atribuciones que correspondan a la jurisdicción y la autoridad laboral en los términos establecidos por las leyes.

⇒ El RD 2976/1983 regula la Comisión Consultiva Nacional de Convenios Colectivos (§17.2); por OM 28 mayo 1984 se desarrolló. Conforme al RD 1600/2004, de 2 julio (§38.1), dicha Comisión viene adscrita a la Dirección General de Trabajo del Ministerio de Trabajo y Asuntos Sociales.
V. sobre el tema la STC 17/1986, de 4 febrero (RTC 1986, 17).
V. la disp. adic. 7ª de Ley 43/2006, de 29 diciembre (§27.2).

Tercera. Normas de aplicación del Título II.

El Gobierno, previas consultas que considere oportunas a las asociaciones empresariales y organizaciones sindicales, dictará las normas necesarias para la aplicación del Título II de la presente Ley en aquellas empresas pertenecientes a sectores de actividad en las que sea relevante el número de trabajadores no fijos o el de trabajadores menores de dieciocho años, así como a los colectivos en los que, por la naturaleza de sus actividades, se ocasione una movilidad permanente, una acusada dispersión o unos desplazamientos de localidad, ligados al ejercicio normal de sus actividades, y en los que concurran otras circunstancias que hagan aconsejable su inclusión en el ámbito de aplicación del Título II citado. En todo caso, dichas normas respetarán el contenido básico de esos procedimientos de representación en la empresa.

⇒ Cfr. el RD 1844/1994, de 9 septiembre (§21.1).

Con arreglo a las directrices que fije el órgano estatal de mediación, arbitraje y conciliación, al que corresponderá también su custodia, el Instituto Nacional de Estadística elaborará, mantendrá al día y hará público el censo de empresas y de población activa ocupada.

Cuarta. Tipo de cotización del Fondo de Garantía Salarial.

El tipo de cotización para la financiación del Fondo de Garantía Salarial podrá revisarse por el Gobierno en función de las necesidades del fondo.

⇒ Ver disp. adic. 4ª de la Ley 43/2006, de 29 diciembre (§27.2).

Quinta. Disposiciones de desarrollo.

El Gobierno dictará las disposiciones que sean precisas para el desarrollo de esta Ley.

⇒ V. el RD 735/1995, de 5 mayo, sobre agencias de colocación (§4.1).
V. RD 43/1996, de 19 enero (§15.1), sobre procedimientos de regulación de empleo y de actuación administrativa en materia de traslados colectivos.

B) Acceso al empleo y contratación

a) Empresas de trabajo temporal

§ 3.1 LEY 14/1994, DE 1 JUNIO. REGULA LAS EMPRESAS DE TRABAJO TEMPORAL

(BOE núm. 131, de 2 junio [RCL 1994, 1555])

EXPOSICIÓN DE MOTIVOS

⇒ V. la Exp. Motivos de la Ley 29/1999, de 16 julio, por la que se modifica la presente Ley, reproducida como Anexo.

1

La contratación de trabajadores con la finalidad de cederlos con carácter temporal a otras empresas para hacer frente a necesidades coyunturales ha sido tradicionalmente prohibida por los ordenamientos laborales y considerada como tráfico ilegal de mano de obra, asimilándola a la actividad de intermediación en el mercado de trabajo con fines lucrativos, por estimar que ambas figuras podían atentar contra derechos fundamentales de los trabajadores.

Sin embargo, desde finales de la década de los sesenta, los países centrales de la Unión Europea, teniendo ratificado, al igual que España, el Convenio 96 de la OIT han venido regulando la actividad de las empresas de trabajo temporal por entender que su actuación, cuando se desarrolla de forma debidamente controlada, lejos de perjudicar a los trabajadores por ellas contratados pueden canalizar un volumen muy importante de empleo cuya especialización e inmediatez en la respuesta, sobre todo en el sector servicios, no puede ofrecerse a través de los mecanismos tradicionales.

Por otra parte, para los trabajadores constituye un mecanismo importante para acceder a la actividad laboral y familiarizarse con la vida de la empresa, posibilitando además una cierta diversificación profesional y formación polivalente, a la vez que, en determinados casos, facilita a ciertos colectivos un sistema de trabajo que les permite compaginar la actividad laboral con otras ocupaciones no productivas o responsabilidades familiares.

2

Nuestro país se ha mantenido ajeno a todo el proceso expuesto, al prohibir en el artículo 43 del Estatuto de los Trabajadores el reclutamiento y la contratación de trabajadores para prestarlos o cederlos temporalmente a un empresario, cualesquiera que sean los títulos de dicho tráfico de mano de obra, así como la utilización de los servicios de dichos trabajadores sin incorporarlos al personal de la empresa en que trabajan, pese a admitir otras fórmulas de descentralización de la actividad laboral y del concepto clásico de empresa como son las contratas o subcontratas, a que hace referencia el artículo 42 de dicho texto legal.

Sin embargo, no puede olvidarse que el mercado de trabajo español no debe, ni puede, funcionar sin tener en cuenta las reglas de juego existentes en la Unión Europea, porque la lógica de funcionamiento del mercado único europeo, como espacio sin fronteras interiores en el que la libre circulación de mercancías, personas, servicios y capitales, queda garantizada, sólo nos permitirá converger realmente con Europa en la medida en que, entre otros requisitos, nuestras instituciones sean homologables.

Desde el convencimiento de que los riesgos que se han imputado a las empresas de trabajo temporal no derivan necesariamente de la actividad que realizan sino, en todo caso, de una actuación clandestina que permite la aparición de intermediarios en el mercado de trabajo capaces de eludir sus obligaciones laborales y de Seguridad Social, se hace necesario, teniendo en cuenta lo previsto sobre cesión de trabajadores en el artículo 2 de la Ley 10/1994, de 19 de mayo, de Medidas Urgentes de Fomento de la Ocupación, establecer ahora su régimen jurídico, garantizando mediante los adecuados requisitos, limitaciones y controles, el mantenimiento, en todo caso, de los derechos laborales y de protección social.

CAPÍTULO I

Empresas de trabajo temporal

Artículo 1. Concepto.

Se denomina empresa de trabajo temporal aquella cuya actividad consiste en poner a disposición de otra empresa usuaria, con carácter temporal, trabajadores por ella contratados. La contratación de trabajadores para cederlos temporalmente a otra empresa sólo podrá efectuarse a través de empresas de trabajo temporal debidamente autorizadas en los términos previstos en esta Ley.

⇒ Cfr. arts. 1.2 y 43.1 del ET (§2).

El art. 1 b) del Convenio 181 OIT (ratificado por España el 19 de mayo 1999) sobre Agencias de Empleo Privadas incluye entre éstas a las que prestan servicios consistentes en emplear trabajadores con el fin de ponerlos a disposición de una tercera persona, física o jurídica (en adelante, «empresa usuaria»), que determine sus tareas y supervise su ejecución.

Artículo 2. Autorización administrativa.

✐ Los párrs. 2º y 3º del ap. 1 proceden de la Ley 29/1999, de 16 julio. Igual procedencia tienen el tercer párrafo del ap. 4 y todo el núm. 5.

1. Las personas físicas o jurídicas que pretendan realizar la actividad a que se refiere el artículo anterior deberán obtener autorización administrativa previa, justificando ante el órgano administrativo competente el cumplimiento de los requisitos siguientes:

⇒ Amplíense con lo dispuesto en el art. 1 del RD 4/1995, de 13 enero (§3.2).

a) Disponer de una estructura organizativa que le permita cumplir las obligaciones que asume como empleador en relación con el objeto social.

b) Dedicarse exclusivamente a la actividad constitutiva de empresa de trabajo temporal.

⇒ Cfr. el artículo 18.3.c) de la LISOS (§40.1).

c) Carecer de obligaciones pendientes de carácter fiscal o de Seguridad Social.

d) Garantizar, de forma especial, en los términos previstos en el artículo siguiente, el cumplimiento de las obligaciones salariales y para con la Seguridad Social.

e) No haber sido sancionada con suspensión de actividad en dos o más ocasiones.

f) Incluir en su denominación los términos «empresa de trabajo temporal».

⇒ Cfr. el artículo 18.1.b) de la LISOS (§40.1).

A efectos de apreciar el cumplimiento del requisito relativo a la estructura organizativa, se valorarán la adecuación y suficiencia de los elementos de la empresa para desarrollar la actividad planteada como objeto de la misma, particularmente en lo que se refiere a la selección de los trabajadores, su formación y las restantes obligaciones laborales. Para esta valoración se tendrán en cuenta factores tales como la dimensión, equipamiento y régimen de titularidad de los centros de trabajo; el número, dedicación, cualificación profesional y estabilidad en el empleo de los trabajadores contratados para prestar servicios bajo la dirección de la empresa de trabajo temporal; y, el sistema organizativo y los procesos tecnológicos utilizados para la selección y formación de los trabajadores contratados para su puesta a disposición en empresas usuarias.

En todo caso, la empresa de trabajo temporal deberá contar con un número mínimo de doce trabajadores contratados para prestar servicios bajo su dirección con contratos estables o de duración indefinida, a tiempo completo o parcial, por cada mil trabajadores o fracción contratados en el año inmediatamente anterior, computados teniendo en cuenta el número de días totales de puesta a disposición del conjunto de los trabajadores cedidos, dividido por trescientos sesenta y cinco. Este requisito mínimo deberá acreditarse para la concesión de la primera prórroga anual, y mantenerse en lo sucesivo adaptándolo anualmente a la evolución del número de contratos gestionados.

2. La autorización administrativa se concederá por la Dirección Provincial de Trabajo y Seguridad Social de la provincia en que se encuentre el centro de trabajo de la empresa o por el órgano equivalente de las Comunidades Autónomas con competencia de ejecución de la legislación laboral.

Si la empresa de trabajo temporal posee centros de trabajo en varias provincias, la autorización se concederá por la Dirección General de Empleo o por el órgano equivalente de la Comunidad Autónoma competente, si el ámbito de actuación de dicha empresa coincide con el de la Comunidad Autónoma.

Cuando la apertura de nuevos centros de trabajo suponga una alteración del ámbito geográfico de actuación, la autoridad laboral que resulte competente por el nuevo ámbito, conforme a lo previsto en el párrafo anterior, concederá nueva autorización administrativa, quedando sin efecto la anterior.

⇒ V. el art. 2 del RD 4/1995, de 13 enero (§3.2).

3. La autorización tendrá una validez de un año, y se prorrogará por dos períodos sucesivos iguales, siempre que se solicite con una antelación mínima de tres meses a la expiración de cada uno de dichos períodos y la empresa haya cumplido las obligaciones legalmente establecidas.

La autorización se concederá sin límite de duración cuando la empresa de trabajo temporal haya realizado su actividad durante tres años, en base a las autorizaciones correspondientes, expirando cuando se deje de realizar la actividad durante un año ininterrumpido.

⇒ V. arts. 3 y 4 del citado RD 4/1995, de 13 enero (§3.2).

4. La solicitud de autorización presentada conforme a lo previsto en este artículo se resolverá en el plazo de tres meses siguientes a su presentación.

Transcurrido dicho plazo sin que haya recaído resolución expresa dicha solicitud se entenderá desestimada cuando se trate de la primera autorización de funcionamiento de empresa de trabajo temporal y estimada cuando se trate de prórrogas de autorización sucesivas.

En los expedientes de primera autorización y prórroga, la autoridad laboral recabará con carácter preceptivo y no vinculante informe de la Inspección de Trabajo y Seguridad Social.

⇒ V. arts. 2.3 y 4.3 del RD 4/1995 (§3.2).

5. La empresa de trabajo temporal estará obligada a mantener una estructura organizativa que responda a las características que se valoraron para conceder la autorización. Si como consecuencia de la vigilancia del cumplimiento de la normativa laboral, la autoridad laboral que concedió la autorización apreciase el incumplimiento de esta obligación, procederá a iniciar de oficio el oportuno procedimiento de extinción total o parcial de la autorización.

La apertura de este procedimiento se notificará a la empresa de trabajo temporal, a fin de que pueda efectuar las alegaciones que considere oportunas, recabándose informe preceptivo y no vinculante de la Inspección de Trabajo y Seguridad Social, e informe de los representantes de los trabajadores de la empresa de trabajo temporal.

Si en el expediente quedase acreditado el incumplimiento de la obligación de mantenimiento de la estructura organizativa de la empresa, la resolución procederá a declarar la extinción total o parcial de la autorización, especificando las carencias o deficiencias que la justifican y el ámbito territorial afectado. La reanudación de la actividad de la empresa requerirá de una nueva autorización.

Artículo 3. Garantía financiera.

⇒ Cfr. arts. 7, 8, 9 y 10 del RD 4/1995 (§3.2).

1. Las empresas de trabajo temporal deberán constituir una garantía, a disposición de la autoridad laboral que conceda la autorización administrativa, que podrá consistir en:

a) Depósito en dinero efectivo o en valores públicos en la Caja General de Depósitos o en sus sucursales.

b) Aval o fianza de carácter solidario prestado por un Banco, Caja de Ahorros, Cooperativa de Crédito, Sociedad de Garantía Recíproca o mediante póliza de seguros contratada al efecto.

2. La garantía, prevista en el número anterior, debe alcanzar, para obtener la primera autorización, un importe igual a veinticinco veces el salario mínimo interprofesional, en cómputo anual. Para obtener las autorizaciones administrativas subsiguientes, esta garantía debe alcanzar un importe igual al 10 por 100 de la masa salarial del ejercicio económico inmediato anterior, sin que, en ningún caso, pueda ser inferior al importe de la garantía exigido para el primer año de actividad.

⇒ Sobre el salario mínimo de referencia, v. el artículo 1.2.g del RDley 3/2004 (§12.2).
V. art. 8 del RD 4/1995, de 13 enero (§3.2).

3. Cuando se haya concedido la autorización sin límite de duración, la empresa deberá actualizar anualmente la garantía financiera en los términos previstos en el número anterior.

⇒ Cfr. art. 18.3.a) de la LISOS (§40.1).

4. Si la apertura de nuevos centros de trabajo exige solicitar nueva autorización administrativa, conforme a lo previsto en el artículo 2, la autoridad laboral que resulte competente por el nuevo ámbito de actuación se subrogará en la titularidad de la garantía anteriormente constituida.

5. La garantía constituida responderá, en la forma prevista reglamentariamente, de las deudas por indemnizaciones salariales y de Seguridad Social.

⇒ V. art. 9 del RD 4/1995, de 13 enero (§3.2).

6. La garantía constituida será devuelta cuando la empresa de trabajo temporal haya cesado en su actividad y no tengan obligaciones indemnizatorias, salariales o de Seguridad Social pendientes, extremos que deberán acreditarse ante la autoridad laboral que conceda la autorización administrativa.

⇒ V. art. 10 del RD 4/1995 (§3.2).

Artículo 4. Registro.

⇒ Cfr. arts. 11, 12 y 13 del RD 4/1995 (§3.2).

1. La autoridad laboral que, de conformidad con lo establecido en el artículo 2 de esta Ley, conceda la autorización, llevará un Registro de las Empresas de Trabajo Temporal, en el que se inscribirán las empresas autorizadas, haciendo constar los datos relativos a la identificación de la empresa, nombre de quienes ostenten cargos de dirección o sean miembros de los órganos de administración de las empresas que revistan la forma jurídica de sociedad, domicilio, ámbito profesional y geográfico de actuación, número de autorización administrativa y vigencia de la misma. Asimismo serán objeto de inscripción la suspensión de actividades que se acuerde por la autoridad laboral conforme a lo previsto en esta Ley así como el cese en la condición de empresa de trabajo temporal.

Reglamentariamente se determinarán las conexiones que deben existir entre los Registros de Empresas de Trabajo Temporal de los diferentes ámbitos territoriales.

⇒ V. art. 12.4 del RD 4/1995, de 13 enero (§3.2).

2. La empresa de trabajo temporal deberá hacer constar su identificación como tal empresa y el número de autorización administrativa y autoridad que la ha concedido en la publicidad y ofertas de empleo que efectúe.

Artículo 5. Obligaciones de información a la autoridad laboral.

✐ Artículo redactado por el art. único.Cuatro de la Ley 29/1999, de 16 julio.

1. La empresa de trabajo temporal deberá remitir a la autoridad laboral que haya concedido la autorización administrativa una relación de los contratos de puesta a disposición celebrados, en los términos que reglamentariamente se establezcan. Dicha relación será remitida por la autoridad laboral a los órganos de participación institucional a los que se refiere la letra b) del apartado 3 del artículo 8 del Estatuto de los Trabajadores, resultando igualmente de aplicación lo dispuesto en el mismo en materia de sigilo profesional.

⇒ V. art. 16 del RD 4/1995, de 13 enero (§3.2).

2. Igualmente, la empresa de trabajo temporal deberá informar a dicha autoridad laboral sobre todo cambio de titularidad, apertura y cierre de nuevos centros de trabajo y ceses de la actividad.

3. Si el lugar de ejecución del contrato de trabajo, o de la orden de servicio en su caso, se encontrase situado en un territorio no incluido en el ámbito geográfico de actuación autorizado de la empresa de trabajo temporal, ésta deberá notificar a la autoridad laboral de dicho territorio la prestación de estos servicios, con carácter previo a su inicio, adjuntando una copia del contrato de trabajo y de su autorización administrativa.

⇒ Cfr. art. 18.2.b) de la LISOS (§40.1).

CAPÍTULO II
Contrato de puesta a disposición

Artículo 6. Supuestos de utilización.

✐ El núm. 2 de este art. fue redactado por la Ley 29/1999, de 16 julio.

⇒ V. art. 14 del RD 4/1995, de 13 enero (§3.2).

1. El contrato de puesta a disposición es el celebrado entre la empresa de trabajo temporal y la empresa usuaria teniendo por objeto la cesión del trabajador para prestar servicios en la empresa usuaria, a cuyo poder de dirección quedará sometido aquél.

2. Podrán celebrarse contratos de puesta a disposición entre una empresa de trabajo temporal y una empresa usuaria en los mismos supuestos y bajo las mismas condiciones y requisitos en que la empresa usuaria podría celebrar un contrato de duración determinada conforme a lo dispuesto en el artículo 15 del Estatuto de los Trabajadores.

⇒ Cfr. art. 15 del ET (§2) y art. 1 del RD 2720/1998, de 18 diciembre (§6.1).

El art. 196.3 de la Ley de Contratos de las Administraciones Públicas (aprobada por RDLeg 2/2000, de 16 junio) establece que «no podrán celebrarse contratos de servicios con empresas de trabajo temporal», salvo para la realización de encuestas, tomas de datos o similares; además, en este supuesto únicamente cabe la contratación de personal eventual y al mismo no le será de aplicación lo dispuesto en el art. 7.2 de la Ley 14/1994.

Cfr. arts. 18.2.c), 19.1.a) y 19.2.b) de la LISOS (§40.1).

3. El contrato de puesta a disposición se formalizará por escrito en los términos que reglamentariamente se establezcan.

⇒ V. art. 14 del RD 4/1995 (§3.2).
V. las exigencias previas a su celebración contenida en el art. 2 del RD 216/1999, de 5 febrero (§3.3).
Cfr. arts. 18.2.a) y 19.2.a) de la LISOS (§40.1).

Artículo 7. Duración.

✐ El ap. 1 de este artículo fue redactado por Ley 29/1999, de 16 julio.

1. En materia de duración del contrato de puesta a disposición, se estará a lo dispuesto en el artículo 15 del Estatuto de los Trabajadores y en sus disposiciones de desarrollo para la modalidad de contratación correspondiente al supuesto del contrato de puesta a disposición, sin perjuicio de lo dispuesto en el artículo 12.3 de esta Ley en cuanto a los eventuales períodos de formación previos a la prestación efectiva de servicios.

⇒ V. art. 15 del ET (§2) y preceptos concordantes del RD 2720/1998, de 18 diciembre (§6.1).

2. Si a la finalización del plazo de puesta a disposición el trabajador continuara prestando servicios en la empresa usuaria, se le considerará vinculado a la misma por un contrato indefinido.

⇒ V. la nota al art. 6.2 sobre inaplicabilidad del presente apartado en ciertos supuestos donde la empresa usuaria es una Administración Pública.

3. Será nula la cláusula del contrato de puesta a disposición que prohíba la contratación del trabajador por la empresa usuaria a la finalización del contrato de puesta a disposición.

Artículo 8. Exclusiones.

Las empresas no podrán celebrar contratos de puesta a disposición en los siguientes casos:

a) Para sustituir a trabajadores en huelga en la empresa usuaria.

⇒ V. art. 6.5 del Real Decreto-ley 17/1977, de 4 marzo (§22) y sus notas.
Cfr. art. 19.3.a) de la LISOS (§40.1).

b) Para la realización de las actividades y trabajos que, por su especial peligrosidad para la seguridad o la salud, se determinen reglamentariamente.

⇒ Téngase en cuenta lo previsto en el art. 28 de la LPRL (§23), así como el RD 216/1999, de 5 febrero (§3.3), en especial su art. 8.
Cfr. art. 18.3.b) y 19.3.b) de la LISOS (§40.1).

c) Cuando en los doce meses inmediatamente anteriores a la contratación la empresa haya amortizado los puestos de trabajo que se pretendan cubrir por despido improcedente o por las causas previstas en los artículos 50, 51 y 52, apartado c), del Estatuto de los Trabajadores, excepto en los supuestos de fuerza mayor.

✐ Letra c) modificada por art. 13 de la Ley 43/2006, de 29 diciembre (§27.2).

⇒ Cfr. art. 19.2.e) de la LISOS (§40.1).

d) Para ceder trabajadores a otras empresas de trabajo temporal.

⇒ Cfr. art. 18.3.e) de la LISOS (§40.1).

Artículo 9. Información a los representantes de los trabajadores en la empresa.

✐ Artículo redactado por el art. único.Ocho de la Ley 29/1999, de 16 julio.

La empresa usuaria deberá informar a los representantes de los trabajadores sobre cada contrato de puesta a disposición y motivo de utilización, dentro de los diez días siguientes a la celebración. En el mismo plazo deberá entregarles una copia básica del contrato de trabajo o de la orden de servicio, en su caso, del trabajador puesto a disposición, que le deberá haber facilitado la empresa de trabajo temporal.

⇒ V. la disp. adic. 2ª de la Ley de Empleo (§27.1).

CAPÍTULO III

Relaciones laborales en la empresa de trabajo temporal

Artículo 10. Forma y duración.

1. El contrato de trabajo celebrado entre la empresa de trabajo temporal y el trabajador para prestar servicios en empresas usuarias podrá concertarse por tiempo indefinido o por duración determinada coincidente con la del contrato de puesta a disposición.

Dichos contratos se deberán formalizar por escrito de acuerdo a lo establecido para cada modalidad. Asimismo, la empresa de trabajo temporal deberá de comunicar su contenido a la oficina pública de empleo, en los términos que reglamentariamente se determinen, en el plazo de los diez días siguientes a su celebración.

✐ Ap. 1 modificado por el art. 33 de la Ley 14/2000, de 29 diciembre.

⇒ Cfr. art. 15 del RD 4/1995, de 13 enero (§3.2).
V. el RD 1424/2002, de 27 diciembre (§5.2) y su OM TAS/770/2003, que lo desarrolla (§5.3).

2. Las empresas de trabajo temporal no podrán celebrar contratos *de aprendizaje* con los trabajadores contratados para ser puestos a disposición de las empresas usuarias.

⇒ Entiéndase hecha la referencia al contrato para la formación, conforme a lo dispuesto en la disp. transit. 1ª.2, de la Ley 63/1997, de 26 diciembre (§9.1).

3. La empresa de trabajo temporal podrá celebrar también con el trabajador un contrato de trabajo para la cobertura de varios contratos de puesta a disposición sucesivos con empresas usuarias diferentes, siempre que tales contratos de puesta a disposición estén plenamente determinados en el momento de la firma del contrato de trabajo y respondan en todos los casos a un supuesto de contratación eventual de los contemplados en la letra b) del apartado 1 del artículo 15 del Estatuto de los Trabajadores, debiendo formalizarse en el contrato de trabajo cada puesta a disposición con los mismos requisitos previstos en el apartado 1 de este artículo y en sus normas de desarrollo reglamentario.

✐ Ap. 3 añadido por el art. 13 de la Ley 12/2001, de 9 julio (§9).

Artículo 11. Derechos de los trabajadores.

✐ Artículo redactado por el art. único.Nueve de la Ley 29/1999, de 16 julio.

⇒ En temas de salud laboral, v. art. 28 de la Ley 31/1995, de 8 noviembre (§23).

1. Los trabajadores contratados para ser cedidos a empresas usuarias tendrán derecho durante los períodos de prestación de servicios en las mismas a percibir, como mínimo, la retribución total establecida para el puesto de trabajo a desarrollar en el convenio colectivo aplicable a la empresa usuaria, calculada por unidad de tiempo. Dicha remuneración deberá incluir, en su caso, la parte proporcional correspondiente al descanso semanal, las pagas extraordinarias, los festivos y las vacaciones, siendo responsabilidad de la empresa usuaria la cuantificación de las percepciones finales del trabajador. A tal efecto, la empresa usuaria deberá consignar dicho salario en el contrato de puesta a disposición del trabajador.

⇒ V. art. 12 del Convenio 181 OIT, de 19 junio 1997.
Cfr. art. 19.1.b) de la LISOS (§40.1).

2. Sin perjuicio de lo establecido en el Estatuto de los Trabajadores, cuando el contrato se haya concertado por tiempo determinado el trabajador tendrá derecho, además, a recibir una indemnización económica a la finalización del contrato de puesta a disposición equivalente a la parte proporcional de la cantidad que resultaría de abonar doce días de salario por cada año de servicio.

⇒ V. arts. 7.5 y 9.1 del RD 4/1995, de 13 enero (§3.2).
Cfr. con la indemnización prevista en el art. 49.1.c) ET.

Artículo 12. Obligaciones de la empresa.

✐ Los aps. 2, 3 y 4 proceden de la Ley 29/1999, de 16 julio.

1. Corresponde a la empresa de trabajo temporal el cumplimiento de las obligaciones salariales y de Seguridad Social en relación con los trabajadores contratados para ser puestos a disposición de la empresa usuaria.

2. Las empresas de trabajo temporal estarán obligadas a destinar anualmente el 1 por 100 de la masa salarial a la formación de los trabajadores contratados para ser cedidos a empresas usuarias, sin perjuicio de la obligación legal de cotizar por formación profesional.

⇒ V. art. 8 del RD 4/1995 (§3.2).
Cfr. art. 18.2.d) de la LISOS (§40.1).

3. La empresa de trabajo temporal deberá asegurarse de que el trabajador, previamente a su puesta a disposición de la empresa usuaria, posee la formación teórica y práctica en materia de prevención de riesgos laborales necesaria para el puesto de trabajo a desempeñar, teniendo en cuenta su cualificación y experiencia profesional y los riesgos a los que vaya a estar expuesto. En caso contrario, deberá facilitar dicha formación al trabajador, con medios propios o concertados, y durante el tiempo necesario, que formará parte de la duración del contrato de puesta a disposición, pero será en todo caso previo a la prestación efectiva de los servicios. A tal efecto, la celebración de un contrato de puesta a disposición sólo será posible para la cobertura de un puesto de trabajo respecto del que se haya realizado previamente la preceptiva evaluación de riesgos laborales, conforme a lo dispuesto en los artículos 15.1 b) y 16 de la Ley 31/1995, de 8 noviembre, de Prevención de Riesgos Laborales.

⇒ V. art. 28.5 de la LPRL (§23) y arts. 2 y 3 del RD 216/1999, de 5 febrero (§3.3).
Cfr. también lo previsto en el art. 16.2 de la presente Ley.

El gasto de formación en materia preventiva será computado a efectos de lo dispuesto en el apartado 2 anterior, pero el montante establecido en dicho apartado no constituye en ningún caso un límite a las necesidades de formación en materia preventiva.

4. Será nula toda cláusula del contrato de trabajo que obligue al trabajador a pagar a la empresa de trabajo temporal cualquier cantidad a título de gasto de selección, formación o contratación.

⇒ V. art. 3.5 del ET (§2).
Cfr. art. 18.2.e) de la LISOS (§40.1).

Artículo 13. Negociación colectiva.

En ausencia de órganos de representación legal de los trabajadores, estarán legitimadas para negociar los convenios colectivos que afecten a las empresas de trabajo temporal las Organizaciones sindicales más representativas, entendiéndose válidamente constituida la representación de los trabajadores en la Comisión negociadora cuando de ella formen parte tales Organizaciones.

⇒ V. arts. 6 y 7 de la LO 11/1985, de Libertad Sindical (§20.1).

Artículo 14. Aplicación de la normativa laboral común.

Lo previsto en el presente capítulo, excepto en el artículo 13, no será de aplicación a los trabajadores contratados por la empresa de trabajo temporal para prestar servicios exclusivamente bajo su dirección y control.

CAPÍTULO IV
Relación del trabajador con la empresa usuaria

Artículo 15. Dirección y control de la actividad laboral.

1. Cuando los trabajadores desarrollen tareas en el ámbito de la empresa usuaria, de acuerdo con lo previsto en esta norma, las facultades de dirección y control de la actividad laboral serán ejercidas por aquélla durante el tiempo de prestación de servicios en su ámbito.

2. En tales supuestos, y sin perjuicio del ejercicio por la empresa de trabajo temporal de la facultad disciplinaria atribuida por el artículo 58 del Estatuto de los Trabajadores, cuando una empresa usuaria considere que por parte del trabajador se hubiere producido un incumplimiento contractual lo pondrá en conocimiento de la empresa de trabajo temporal a fin de que por ésta se adopten las medidas sancionadoras correspondientes.

Artículo 16. Obligaciones de la empresa usuaria.

1. Con carácter previo al inicio de la prestación de servicios, la empresa usuaria deberá informar al trabajador sobre los riesgos derivados de su puesto de trabajo así como las medidas de protección y prevención contra los mismos.

⇒ V. arts. 28, 42.2 y 47.17 de la Ley 31/1995, de 8 noviembre (§23), así como el art. 4 del RD 216/1999, de 5 febrero (§3.3).
Cfr. art. 19.2.c) de la LISOS (§40.1).

2. La empresa usuaria es responsable de la protección en materia de seguridad e higiene en el trabajo así como del recargo de prestaciones de Seguridad Social a que se refiere el artículo 93 del Decreto 2065/1974, de 30 de mayo, por el que se aprueba el texto refundido de la Ley General de la Seguridad Social, en caso de accidente de trabajo o enfermedad profesional que tenga lugar en su centro de trabajo durante la vigencia del contrato de puesta a disposición y traigan su causa de falta de medidas de seguridad e higiene.

⇒ Entiéndase hecha la referencia al art. 123 de la vigente LGSS/1994 (§32.1).
Cfr. arts. 28, 42.2 de la LPRL (§23) y art. 12.18 del TRLISOS (§40.1).

3. La empresa usuaria responderá subsidiariamente de las obligaciones salariales y de Seguridad Social contraídas con el trabajador durante la vigencia del contrato de puesta a disposición. Dicha responsabilidad será solidaria en el caso de que el referido contrato se haya realizado incumpliendo lo dispuesto en los artículos 6 y 8 de la presente Ley.

Reglamentariamente se determinará la información que la empresa de trabajo temporal debe suministrar a la empresa usuaria.

⇒ V. art. 17 del RD 4/1995, de 13 enero (§3.2).

Artículo 17. Derechos de los trabajadores en la empresa usuaria.

1. Los trabajadores puestos a disposición tendrán derecho a presentar a través de los representan-

tes de los trabajadores de la empresa usuaria reclamaciones en relación con las condiciones de ejecución de su actividad laboral.

⇒ El art. 4 del Convenio 181 OIT pide que se respeten los derechos de libertad sindical y negociación colectiva de estos trabajadores.

Los representantes de los trabajadores de la empresa usuaria tendrán atribuida la representación de los trabajadores en misión, mientras ésta dure, a efectos de formular cualquier reclamación en relación con las condiciones de ejecución de la actividad laboral, en todo aquello que atañe a la prestación de sus servicios en éstas, sin que ello pueda suponer una ampliación del crédito de horas mensuales retribuidas a que tengan derecho dichos representantes, conforme a lo dispuesto en el apartado e) del artículo 68 del Estatuto de los Trabajadores.

Lo dispuesto en los párrafos anteriores no será de aplicación a las reclamaciones del trabajador respecto de la empresa de trabajo temporal de la cual depende.

✐ Ap. 1 redactado conforme a la Ley 63/1997, de 26 diciembre, de medidas urgentes para la mejora del mercado de trabajo y el fomento de la contratación indefinida.

2. Igualmente, tendrán derecho a la utilización de transporte e instalaciones colectivas de la empresa usuaria durante el plazo de duración del contrato de puesta a disposición.

CAPÍTULO V

Infracciones y sanciones

✐ Derogado por la disp. derog. única del RDLeg 5/2000, de 4 agosto (§40.1).

Artículo 18. *Sujetos responsables de la infracción.*

...

✐ Derogado por la disp. derog. única del RDLeg 5/2000, de 4 agosto (§40.1).

Artículo 19. *Infracciones de las empresas de trabajo temporal.*

...

✐ Artículo derogado por la disp. derog. única del RDLeg 5/2000, de 4 agosto (§40.1).

Artículo 20. *Infracciones de las empresas usuarias.*

...

✐ Artículo derogado por la disp. derog. única del RDLeg 5/2000, de 4 agosto (§40.1).

Artículo 21. *Sanciones.*

...

✐ Artículo derogado por la disp. derog. única del RDLeg 5/2000, de 4 agosto (§40.1).

CAPÍTULO VI

Actividad transnacional de las empresas de trabajo temporal

✐ Capítulo añadido por la disp. final 1ª de la Ley 45/1999, de 29 noviembre (§15.3).

Sección 1ª Actividad en España de empresas de trabajo temporal de la Unión Europea y del Espacio Económico Europeo

✐ Sección añadida por la disp. final 1ª de la Ley 45/1999, de 29 noviembre (§15.3).

Artículo 22. Requisitos de la actividad en España de empresas de trabajo temporal de la Unión Europea y del Espacio Económico Europeo.

1. Las empresas de trabajo temporal establecidas en otros Estados miembros de la Unión Europea o en Estados signatarios del Acuerdo sobre el Espacio Económico Europeo podrán desplazar temporalmente a sus trabajadores para su puesta a disposición de empresas usuarias establecidas o que ejerzan su actividad en España cuando se cumplan los siguientes requisitos:

a) La empresa de trabajo temporal deberá, de conformidad con la legislación de su Estado de establecimiento, estar válidamente constituida y reunir los requisitos para poner a disposición de empresas usuarias, con carácter temporal, trabajadores por ella contratados, no siendo de aplicación el Capítulo I de la presente Ley.

b) El contrato de puesta a disposición entre la empresa de trabajo temporal y la empresa usuaria, sin perjuicio de la legislación aplicable al mismo, deberá formalizarse por escrito y adecuarse a lo dispuesto en el Capítulo II de la presente Ley, a excepción de la obligación de formalización en el modelo reglamentariamente establecido.

c) La empresa de trabajo temporal estará sujeta a lo establecido en la Ley sobre el Desplazamiento de Trabajadores en el Marco de una Prestación de Servicios Transnacional y deberá garantizar a sus trabajadores desplazados las condiciones de trabajo previstas en la misma, no siendo de aplicación el Capítulo III de la presente Ley a excepción de lo dispuesto en el apartado 1 de su artículo 11.

2. Lo dispuesto en el presente artículo se entiende sin perjuicio del cumplimiento de la normativa sobre entrada, permanencia, trabajo y establecimiento de los extranjeros en España y de las obligaciones tributarias de las empresas a que se refiere el apartado 1.

✐ Artículo añadido por la disp. final 1ª de la Ley 45/1999, de 29 noviembre (§15.3).

Artículo 23. Disposiciones aplicables a las empresas usuarias españolas.

Las empresas usuarias establecidas o que ejerzan su actividad en España podrán celebrar contratos de puesta a disposición con las empresas de trabajo temporal a que se refiere el artículo 22 cuando éstas, de conformidad con la legislación de su Estado de establecimiento, estén válidamente constituidas y reúnan los requisitos para poner a disposición de empresas usuarias, con carácter temporal, trabajadores por ellas contratados.

En los supuestos a que se refiere el párrafo anterior, la relación entre el trabajador desplazado a España y la empresa usuaria se ajustará a lo establecido en el Capítulo IV de la presente Ley.

✐ Artículo añadido por la disp. final 1ª de la Ley 45/1999, de 29 noviembre (§15.3).

Artículo 24. Infracciones.

1. Las infracciones administrativas de las empresas de trabajo temporal y de las empresas usuarias en los supuestos a que se refiere esta sección serán las establecidas en los apartados siguientes de este artículo.

2. Constituyen infracciones graves de las empresas de trabajo temporal:

a) No formalizar por escrito el contrato de puesta a disposición.

b) Formalizar contratos de puesta a disposición para supuestos no previstos en el artículo 6.2 de esta Ley.

3. Constituyen infracciones muy graves de las empresas de trabajo temporal:

a) Formalizar contratos de puesta a disposición sin estar válidamente constituidas como empresa de trabajo temporal según la legislación del Estado de establecimiento o sin reunir los requisitos exigidos por la citada legislación para poner a disposición de empresas usuarias, con carácter temporal, trabajadores por ellas contratados.

b) Formalizar contratos de puesta a disposición para la realización de actividades y trabajos que por su especial peligrosidad para la seguridad o la salud se determinen reglamentariamente.

c) Ceder trabajadores con contrato temporal a otra empresa de trabajo temporal o a otras empresas para su posterior cesión a terceros.

4. Constituye infracción administrativa leve de las empresas usuarias la prevista en el artículo 20.1 b) de la presente Ley.

5. Constituyen infracciones administrativas graves de las empresas usuarias las previstas en el artículo 20.2 de la presente Ley.

6. Constituyen infracciones muy graves de las empresas usuarias:

a) Formalizar contratos de puesta a disposición con empresas de trabajo temporal que no estén válidamente constituidas como tales según la legislación del Estado de establecimiento o que no reúnan los requisitos exigidos por la citada legislación para poner a disposición de empresas usuarias, con carácter temporal, trabajadores por ellas contratados.

b) Las previstas en el artículo 20.3 de la presente Ley.

✐ Artículo añadido por la disp. final 1ª de la Ley 45/1999, de 29 noviembre (§15.3).

Artículo 25. Sanciones.

1. Las infracciones tipificadas y calificadas conforme a lo dispuesto en esta sección serán sancionadas según lo establecido en la Ley 8/1988, de 7 de abril, de Infracciones y Sanciones en el Orden Social.

2. Sin perjuicio de lo establecido en el artículo 38 de la Ley de Infracciones y Sanciones de Orden Social, la reincidencia de las empresas de trabajo temporal establecidas en otros Estados miembros de la Unión Europea o en Estados signatarios del Acuerdo sobre el Espacio Económico Europeo en la comisión de infracciones tipificadas como muy graves en el artículo 24.3 de la presente Ley podrá dar lugar a la prohibición durante un año de la puesta a disposición de trabajadores a

empresas usuarias establecidas o que ejerzan su actividad en España o, si dicha sanción se impone en dos ocasiones, por tiempo indefinido.

Cuando el expediente sancionador lleve aparejada la propuesta de prohibición a que se refiere el párrafo anterior será competente para resolver el Ministro de Trabajo y Asuntos Sociales o la autoridad equivalente de las Comunidades Autónomas con competencia de ejecución de la legislación laboral.

✐ Artículo añadido por la disp. final 1ª de la Ley 45/1999, de 29 noviembre (§15.3).

Sección 2ª Actividad en la Unión Europea o en el Espacio Económico Europeo de empresas de trabajo temporal españolas

✐ Sección añadida por la disp. final 1ª de la Ley 45/1999, de 29 noviembre (§15.3).

Artículo 26. Disposiciones aplicables a la actividad transnacional de empresas de trabajo temporal españolas.

1. Las empresas de trabajo temporal que dispongan de autorización administrativa de acuerdo con lo dispuesto en la presente Ley podrán poner a sus trabajadores a disposición de empresas usuarias establecidas o que ejerzan su actividad en otros Estados miembros de la Unión Europea o en Estados signatarios del Acuerdo sobre el Espacio Económico Europeo en los términos previstos en la legislación de tales Estados y en la presente Ley.

El contrato de puesta a disposición entre la empresa de trabajo temporal y la empresa usuaria se regirá por lo dispuesto en el Capítulo II, a excepción de lo dispuesto en los artículos 8 c) y 9, que no serán de aplicación.

2. En los supuestos a que se refiere el apartado anterior, las relaciones laborales en la empresa de trabajo temporal se regirán por lo dispuesto en el Capítulo III de la presente Ley. En todo caso, las empresas de trabajo temporal españolas deberán garantizar a sus trabajadores las condiciones de trabajo previstas en el país de desplazamiento por las normas nacionales de transposición de la Directiva 96/71/CE, del Parlamento Europeo y del Consejo, de 16 de diciembre, sobre el desplazamiento de trabajadores efectuado en el marco de una prestación de servicios, quedando sujetas a lo dispuesto en la disposición adicional primera de la Ley sobre el desplazamiento de trabajadores en el marco de una prestación de servicios.

✐ Artículo añadido por la disp. final 1ª de la Ley 45/1999, de 29 noviembre (§15.3).

Artículo 27. Infracciones y sanciones.

1. Las infracciones y sanciones de las empresas de trabajo temporal en los supuestos a que se refiere esta sección serán las establecidas en el Capítulo V de la presente Ley y, en su caso, en el apartado 3 de la disposición adicional primera de la Ley sobre el desplazamiento de trabajadores en el marco de una prestación de servicios transnacional.

2. Lo dispuesto en el apartado anterior no podrá dar lugar a que se sancionen las acciones u omisiones de las empresas de trabajo temporal que hayan sido ya sancionadas penal o administrativamente por los Estados cuya legislación sea aplicable a la actividad transnacional de las empresas de trabajo temporal españolas en los casos en que se aprecie identidad de sujeto, hecho y fundamento.

✐ Artículo añadido por la disp. final 1ª de la Ley 45/1999, de 29 noviembre (§15.3).

DISPOSICIONES ADICIONALES

Primera.

En todo lo no previsto en la presente Ley se aplicará la legislación laboral y de Seguridad Social a las relaciones existentes entre la empresa de trabajo temporal y el trabajador, y entre éste y la empresa usuaria, y la legislación civil y mercantil a las relaciones entre la empresa de trabajo temporal y la empresa usuaria.

Segunda. ...

✐ Disposición derogada por el RDLeg 2/1995, mediante el que se aprueba la Ley de Procedimiento Laboral (§41), cuyo art. 2 o) recoge el supuesto.

Tercera.

1. Las cooperativas, debidamente constituidas e inscritas de acuerdo con su legislación específica, podrán obtener la correspondiente autorización administrativa para operar como empresas de trabajo temporal, en los términos establecidos en la presente Ley.

A tal efecto, las cooperativas de trabajo asociado podrán contratar a cuantos trabajadores precisen para ponerlos a disposición de las empresas usuarias de conformidad con lo establecido en los artículos

6, 8 y 10 de esta Ley, aunque el número de asalariados con contrato por tiempo indefinido supere el 10 por 100 del total de sus socios.

2. Las relaciones entre la cooperativa que actúe como empresa de trabajo temporal y sus socios trabajadores o socios de trabajo cuya actividad consista en prestar servicios en empresas usuarias, así como las correspondientes obligaciones de Seguridad Social, se regirán por lo previsto en la legislación aplicable a dicho tipo de sociedades.

DISPOSICIÓN FINAL

Única.

Se faculta al Gobierno para dictar cuantas disposiciones sean necesarias para la aplicación y desarrollo de esta Ley.

⇒ V. el desarrollo reglamentario llevado a cabo por RD 4/1995, de 13 enero (§3.2).

§ 3.2 REAL DECRETO 4/1995, DE 13 ENERO. DESARROLLA LA LEY 14/1994, DE 1 JUNIO, QUE REGULA LAS EMPRESAS DE TRABAJO TEMPORAL

(BOE núm. 27, de 1 febrero; rect. BOE núm. 87, de 13 abril [RCL 1995, 308 y 1179])

El régimen jurídico de la actividad de las empresas de trabajo temporal ha quedado definitivamente configurado en sus aspectos fundamentales mediante la promulgación de la Ley 14/1994, de 1 de junio, por la que se regulan las empresas de trabajo temporal.

Uno de los principios esenciales que se han tenido en cuenta a la hora de regular la actividad de las empresas de trabajo temporal ha sido el establecimiento de un conjunto de requisitos que las empresas que pretendan realizar la actividad de trabajo temporal deben reunir, con el fin de asegurar tanto el mantenimiento de los derechos de los trabajadores contratados para ser cedidos a las empresas usuarias como la transparencia en el funcionamiento de las empresas que ejerzan dicho objeto social, muchos de los cuales deben ser objeto de desarrollo reglamentario por imperativo de la propia Ley 14/1994, de 1 de junio.

Por ello, y a efectos de permitir, con la máxima seguridad jurídica, no sólo la concesión de la correspondiente autorización administrativa para ejercer la actividad de empresa de trabajo temporal, sino también el desarrollo de las relaciones jurídicas necesarias para llevarla a cabo, resulta imprescindible establecer, en garantía de todos los posibles sujetos implicados, tanto los aspectos de forma como de fondo que deben regir las relaciones entre la empresa de trabajo temporal debidamente autorizada, las empresas usuarias y los trabajadores contratados para ser cedidos a estas últimas, así como el seguimiento que de tal actividad deben realizar las Administraciones laborales.

En su virtud, haciendo uso de la autorización prevista en la disposición final única de la Ley 14/1994, de 1 de junio, a propuesta del Ministro de Trabajo y Seguridad Social, consultadas las organizaciones sindicales y asociaciones empresariales más representantivas, las Comunidades Autónomas que han recibido los correspondientes traspasos de servicios, previa aprobación del Ministro para las Administraciones Públicas, de acuerdo con el Consejo de Estado, y previa deliberación del Consejo de Ministros en su reunión del día 13 de enero de 1995, dispongo:

CAPÍTULO I

Autorizaciones administrativas

Artículo 1. Solicitud de autorización administrativa para el inicio de actividades.

1. Las personas físicas o jurídicas que pretendan realizar la actividad de empresa de trabajo temporal deberán solicitar autorización previa haciendo constar, en todo caso, los siguientes datos:

a) Identificación del solicitante.

b) Denominación de la empresa, en la que se deberá incluir necesariamente los términos de «empresa de trabajo temporal» o su abreviatura «ETT».

c) Domicilio de la empresa.

d) Número de identificación fiscal y código de cuenta de cotización a la Seguridad Social.

e) Ámbito territorial y profesional en que se prentende actuar.

2. A dicha solicitud se acompañará la siguiente documentación:

a) Fotocopia del documento nacional de identidad, pasaporte o permiso de trabajo y residencia del solicitante.

b) Poder suficiente en derecho, si el solicitante actúa en representación de una persona jurídica.

c) Certificación acreditativa de la inscripción del empresario individual o de las personas jurídicas, cualquiera que sea la forma que éstas revistan, en el Registro Mercantil o en el correspondiente Registro de Cooperativas.

Cuando la solicitud se formule por personas jurídicas, se deberá aportar además copia auténtica de la escritura pública de constitución y, en su caso, estatutos de la sociedad.

d) Documentación acreditativa de hallarse al corriente en el cumplimiento de sus obligaciones fiscales y frente a la Seguridad Social o de carecer de las mismas.

e) Documentación acreditativa de haber constituido la garantía a que se refiere el artículo 3 de la Ley 14/1994, de 1 de junio, por la que se regulan las empresas de trabajo temporal, conforme a lo dispuesto en el artículo 7 de este Real Decreto.

f) Memoria de la estructura organizativa con la que cuenta la empresa, detallada por centros de trabajo.

3. La solicitud deberá formularse en el modelo que figura como anexo 1 de este Real Decreto.

Los solicitantes podrán acompañar los elementos que estimen conveniente para precisar o completar los datos del modelo, los cuales deberán ser admitidos y tenidos en cuenta por el órgano al que se dirijan.

Artículo 2. Procedimiento para la autorización de inicio de actividades.

1. Las solicitudes de autorización, junto con la documentación requerida, se dirigirán a la autoridad laboral competente que, a tenor de lo previsto en el artículo 2.2 de la Ley 14/1994, de 1 de junio, será:

a) La Dirección Provincial de Trabajo, Seguridad Social y Asuntos Sociales de la provincia en que se encuentre el centro de trabajo de la empresa de trabajo temporal o, en su caso, el órgano equivalente de las Comunidades Autónomas que hayan recibido los correspondientes traspasos de servicios.

b) La Dirección General de Empleo, si la empresa de trabajo temporal posee centros de trabajo en varias provincias o Comunidades Autónomas o, en su caso, el órgano equivalente de la Comunidad Autónoma, si el ámbito de actuación de dicha empresa se extiende a dos o más provincias de la Comunidad Autónoma que haya recibido los correspondientes traspasos de servicios.

2. Cuando la apertura de nuevos centros de trabajo suponga una alteración del ámbito geográfico de actuación, la autoridad laboral que resulte competente por el nuevo ámbito, conforme a lo previsto en el párrafo b) del apartado 1 de este artículo, concederá nueva autorización administrativa, quedando sin efecto la anterior.

3. La autoridad laboral resolverá, en el plazo de tres meses, contados desde la entrada de la solicitud en el registro del órgano administrativo competente, estimando o desestimando la solicitud formulada. Transcurrido dicho plazo sin que haya recaído resolución expresa, la solicitud podrá entenderse desestimada.

4. Contra la resolución desestimatoria o la desestimación presunta de la solicitud de autorización podrá interponerse recurso ordinario en el plazo de un mes, ante el órgano superior jerárquico correspondiente.

Artículo 3. Vigencia inicial e identificación de la autorización administrativa.

1. La autorización tendrá una validez de un año para la primera solicitud de inicio de actividad, contado a partir de la fecha de la notificación de dicha autorización.

2. Las autorizaciones administrativas se numerarán correlativamente utilizando ocho dígitos, correspondiendo los dos primeros al código de identificación señalado en el anexo 2 de este Real Decreto, según el ámbito de actuación territorial de la empresa de trabajo temporal; los cuatro dígitos siguientes se reservarán, comenzando por el número 1, para indicar el orden secuencial de las autorizaciones, y los dos últimos dígitos expresarán el año en que se concede la primera autorización administrativa. Dicho número se conservará en caso de autorización de las correspondientes prórrogas y sólo se procederá a dar nueva numeración por reinicio de actividades, en los supuestos previstos en el artículo 5.

Artículo 4. Procedimiento para la prórroga de la autorización administrativa.

1. Expirada la duración inicial de un año, la autorización se prorrogará por dos períodos sucesivos iguales, siempre que se solicite con una antelación mínima de tres meses a la finalización de cada uno de dichos períodos y la empresa haya cumplido las obligaciones legalmente establecidas, concediéndose sin límite de duración cuando la empresa de trabajo temporal haya realizado su actividad durante tres años en base a las autorizaciones correspondientes.

2. Las solicitudes de prórroga se dirigirán a la autoridad laboral competente, conforme a lo dispuesto en el artículo 2 de este Real Decreto, debiendo acompañar:

a) Documentación acreditativa de hallarse al corriente en el cumplimiento de las obligaciones fiscales y de Seguridad Social.

b) Documentación acreditativa de haber actualizado la garantía financiera.

c) Justificación de haber destinado en el ejercicio económico inmediatamente anterior al que se formula la solicitud de prórroga el 1 por 100 de la masa salarial a la formación de los trabajadores contratados para ser cedidos a empresas usuarias.

d) Declaración de los gastos de personal reflejados en la cuenta de pérdidas y ganancias del ejercicio económico inmediatamente anterior a formular la solicitud de prórroga, desglosados según la estructura exigida por el Plan General de Contabilidad.

3. La autoridad laboral competente resolverá, en el plazo de tres meses, contados desde la entrada de la solicitud en el registro del órgano competente, estimando o desestimando la solicitud formulada. Transcurrido dicho plazo sin que haya recaído resolución expresa, la solicitud podrá entenderse estimada.

4. Contra la resolución desestimatoria de la solicitud de prórroga podrá interponerse recurso ordinario en el plazo de un mes, ante el órgano superior jerárquico correspondiente.

Artículo 5. Procedimiento para la autorización administrativa por reinicio de actividades.

1. La empresa de trabajo temporal deberá solicitar nueva autorización administrativa en los siguientes casos:

a) Cuando, de conformidad con lo previsto en el artículo 21.2 de la Ley 14/1994, de 1 de junio, haya sido sancionada con la suspensión de actividades por haber incurrido en reincidencia en la comisión de infracciones tipificadas como muy graves en el artículo 19.3 de la Ley 14/1994, de 1 de junio.

b) Cuando, por no haber realizado la actividad durante un año ininterrumpido, se haya extinguido la autorización administrativa previa.

c) Cuando, expirado el plazo de vigencia de la autorización, no se hubiese solicitado la correspondiente prórroga en el plazo previsto en el artículo 4 del presente Real Decreto, o cuando solicitada dicha prórroga la misma no se hubiese concedido.

2. El procedimiento de autorización se ajustará a lo previsto en los artículos 1 y 2 de esta norma, debiendo la empresa facilitar toda la información y aportar aquellos documentos que no se encuentren en poder de la autoridad laboral competente. A la solicitud se acompañará, además, justificación de haber destinado el 1 por 100 de la masa salarial a la formación de los trabajadores contratados para ser cedidos a empresas usuarias y declaración de los gastos de personal en los términos previstos en el artículo 4, apartado 2, párrafo d), todo ello correspondiente al último ejercicio económico de actividad.

Artículo 6. Informe de la Inspección de Trabajo y Seguridad Social.

En los supuestos previstos en los anteriores artículos 2, 4 y 5, con carácter previo a dictar resolución, la autoridad laboral podrá solicitar informe a la Inspección de Trabajo y Seguridad Social, indicando los extremos que deben ser objeto de comprobación. Dicho informe deberá ser emitido en el improrrogable plazo de quince días contados desde el siguiente al de recepción de dicha solicitud.

CAPÍTULO II
Garantía financiera

Artículo 7. Garantía financiera.

1. Las empresas de trabajo temporal deberán constituir, a disposición de la autoridad laboral que conceda la autorización administrativa, una garantía financiera que podrá consistir en:

a) Depósito en dinero efectivo o en valores públicos en la Caja General de Depósitos o en sus sucursales.

b) Aval o fianza de carácter solidario prestado por un banco, caja de ahorros, cooperativa de crédito, sociedad de garantía recíproca o póliza de seguros contratada al efecto.

Dichas garantías se constituirán conforme a las normas por las que se rigen y surtirán los efectos que le son propios según las mismas.

2. La cuantía de la garantía financiera necesaria para obtener la primera autorización será igual a veinticinco veces, en cómputo anual, el salario mínimo interprofesional para los trabajadores desde dieciocho años, vigente en el momento de presentar la solicitud.

Para obtener las autorizaciones administrativas subsiguientes, esta garantía deberá alcanzar un importe igual al 10 por 100 de la masa salarial del ejercicio económico inmediato anterior al que se solicita la prórroga o al que se hubiera acordado la suspensión de actividades por reincidencia en la comisión de infracciones tipificadas como muy graves en la Ley 14/1994, de 1 de junio, o de la masa salarial del último ejercicio en que tuvo actividad la empresa. En ningún caso dicha cantidad podrá ser inferior a veinticinco veces el salario mínimo interprofesional para los trabajadores desde dieciocho años, vigente en el momento de presentar la solicitud.

3. Si la apertura de nuevos centros de trabajo exige solicitar nueva autorización administrativa, conforme a lo previsto en el artículo 2 de este Real Decreto, la autoridad laboral que resulte competente por el nuevo ámbito de actuación se subrogará en la titularidad de la garantía anteriormente constituida.

4. Cuando se haya concedido la autorización sin límite de duración, la empresa deberá actualizar anualmente la garantía financiera en los términos previstos en el apartado 2 de este artículo y acreditarlo, dentro de los tres primeros meses de cada año, ante la autoridad laboral que hubiere concedido dicha autorización.

5. La garantía constituida responderá, en la forma prevista en el artículo 9 de este Real Decreto, de las deudas salariales y de Seguridad Social, así como de las deudas por indemnizaciones económicas derivadas de la finalización del contrato de puesta a disposición conforme a lo previsto en el artículo 11.1, b) de la Ley 14/1994, de 1 de junio. A tal fin, cuando dicha garantía se haya ejecutado total o parcialmente, la empresa de trabajo temporal, en el plazo de los quince días siguientes a su ejecución, deberá reponer la citada garantía en la cuantía que corresponda y comunicarlo a la autoridad laboral competente, quedando, en caso contrario, sin efecto la autorización.

Artículo 8. Masa salarial.

1. A los efectos previstos en los artículos 3 y 12.2 de la Ley 14/1994, de 1 de junio, se entiende por masa salarial el conjunto de retribuciones salariales y extrasalariales devengadas por todos los trabajadores contratados por la empresa de trabajo temporal para ser cedidos a las empresas usuarias, exceptuándose los conceptos siguientes:

a) Las cotizaciones a la Seguridad Social y demás conceptos de recaudación conjunta a cargo del empleador.

b) Las prestaciones e indemnizaciones de la Seguridad Social.

c) Las indemnizaciones correspondientes a traslados, suspensiones y extinciones de contratos.

d) Las indemnizaciones o suplidos por gastos que hubieran realizado los trabajadores.

2. Cuando la empresa que pretenda ejercer la actividad sea una cooperativa de trabajo asociado, la masa salarial se entenderá constituida por las retribuciones salariales y extrasalariales devengadas por los trabajadores contratados para ser cedidos, calculada conforme al apartado 1 de este artículo, así como los anticipos laborales percibidos por los socios cedidos a empresas usuarias.

Artículo 9. Ejecución de la garantía financiera.

1. La garantía constituida por la empresa de trabajo temporal responderá de las deudas salariales, de las deudas por indemnizaciones económicas derivadas de la finalización del contrato de puesta a disposición establecidas en el artículo 11.1, b), de la Ley 14/1994, de 1 de junio, y de las deudas de Seguridad Social contraídas con los trabajadores contratados para ser cedidos a empresas usuarias, cuando las citadas deudas estén pendientes de pago a causa de insolvencia, suspensión de pagos, quiebra o concurso de acreedores de los empresarios, una vez que las mismas hayan sido reconocidas o fijadas en acto de conciliación, resolución judicial firme o mediante certificación de descubierto expedida por la Dirección Provincial de la Tesorería General de la Seguridad Social.

2. El trabajador podrá solicitar de la autoridad laboral competente la ejecución de la garantía financiera cuando concurran las circunstancias previstas en el apartado anterior.

La solicitud de ejecución debe ir acompañada de los siguientes documentos:

a) Fotocopia del documento nacional de identidad, pasaporte o permiso de trabajo y residencia del solicitante.

b) Documentos acreditativos de la existencia de las deudas salariales o indemnizatorias reconocidas, según lo previsto en el apartado 1 de este artículo.

c) Documentos acreditativos de la relación laboral del solicitante con la empresa de trabajo temporal, cuya garantía financiera se exige que responda de las deudas pendientes de pago.

3. El plazo para solicitar la ejecución de la garantía financiera será de un año, a contar desde la fecha del acto de conciliación, resolución judicial firme en que se reconozca la deuda por salarios o indemnizaciones.

Dicho plazo se interrumpirá por el ejercicio de las acciones ejecutivas o de reconocimiento del crédito en procedimiento concursal y por las demás formas legales de interrupción de la prescripción.

4. Cuando la garantía financiera resulte insuficiente para satisfacer la totalidad de los créditos existentes, se procederá a su ejecución de acuerdo con el siguiente orden:

a) En primer lugar gozarán de preferencia absoluta sobre cualquier otro crédito los salarios correspondientes a los últimos treinta días de trabajo en cuantía que no supere el doble del salario mínimo interprofesional.

El remanente de la garantía financiera, después de abonados los salarios en la cuantía establecida en el párrafo anterior, se aplicará al pago de las restantes deudas salariales. A tal fin la prelación entre todos los acreedores se determinará por el orden de fechas de presentación de solicitud de ejecución de dicha garantía.

b) En segundo lugar tendrán preferencia los créditos por indemnizaciones económicas derivadas de la finalización de contratos de puesta a disposición hasta una cuantía máxima de doce días de salario.

Si existiere remanente de la garantía financiera una vez saldados los créditos por indemnizaciones referidos en el párrafo anterior se aplicará al pago de las restantes deudas indemnizatorias la prelación prevista en el último párrafo del apartado a) de este número.

c) Por último los créditos por cuota de la Seguridad Social y demás conceptos de recaudación conjunta.

5. Si la garantía financiera fuere insuficiente responderán subsidiariamente las empresas usuarias, conforme a lo previsto en el artículo 16.3, de la Ley 14/1994, de 1 de junio, todo ello sin perjuicio de los supuestos en los que, de acuerdo con el citado artículo, las empresas usuarias deban responder solidariamente de las obligaciones salariales y de Seguridad Social contraídas con el trabajador durante la vigencia del contrato de puesta a disposición.

Artículo 10. Liberación de la garantía.

1. Conforme a lo previsto en el artículo 3.6 de la Ley 14/1994, de 1 de junio, la garantía financiera será liberada cuando la empresa de trabajo temporal haya cesado en su actividad y acredite ante la autoridad laboral que otorgó la autorización administrativa que carece de obligaciones salariales y de Seguridad Social, habiendo satisfecho igualmente todas las indemnizaciones económicas derivadas de la finalización de los contratos de puesta a disposición a que se refiere el artículo 11.1, b), de la Ley 14/1994, de 1 de junio.

A tal fin la empresa de trabajo temporal presentará partes de baja en la Seguridad Social de la totalidad de la plantilla acompañados de los correspondientes finiquitos debidamente firmados por los trabajadores, así como documentación acreditativa de carecer de obligaciones pendientes con la Seguridad Social.

2. A efectos de lo previsto en el apartado anterior, la autoridad laboral podrá dirigirse a los órganos jurisdiccionales del orden social, del ámbito territorial de actuación de la empresa de trabajo temporal, para que determinen si existe algún procedimiento pendiente en relación con la empresa que pudiera hacer necesaria la retención de la garantía financiera.

3. Cuando la empresa haya cesado en su actividad y tuviera obligaciones pendientes, de las previstas en el apartado 1 de este artículo, la garantía se ejecutará conforme a lo previsto en el artículo 9 de este Real Decreto.

CAPÍTULO III
Registro de Empresas de Trabajo Temporal

Artículo 11. Registro de las Empresas de Trabajo Temporal.

1. De acuerdo con lo establecido en el artículo 4 de la Ley 14/1994, de 1 de junio, la actividad laboral que conceda la autorización administrativa llevará un Registro de Empresas de Trabajo Temporal, que tendrán carácter público.

2. La publicidad de los registros se hará efectiva mediante la manifestación o la certificación de los asientos registrales.

Artículo 12. Organización y funciones del Registro de Empresas de Trabajo Temporal.

1. El Registro de Empresas de Trabajo Temporal dependerá de la Administración General del Estado o, en su caso, de las Comunidades Autónomas que hayan recibido los correspondientes traspasos de servicios.

2. El Registro de Empresas de Trabajo Temporal dependiente de la Administración General del Estado se estructura en una Sección Central y Secciones Provinciales con sede en la Dirección General de Empleo y en las Direcciones Provinciales de Trabajo, Seguridad Social y Asuntos Sociales, respectivamente.

3. Las Secciones Provinciales del Registro de Empresas de Trabajo Temporal deberán comunicar a la Sección Central, en el plazo de cinco días desde su práctica, las inscripciones y asientos registrales que hayan realizado.

4. La Sección Central del Registro de Empresas de Trabajo Temporal comunicará por escrito a los correspondientes Registros de las Comunidades Autónomas, en el plazo de los cinco días siguientes a su práctica, las inscripciones relativas a autorización inicial, prórrogas, suspensión o cese de actividades de las empresas de trabajo temporal autorizadas por la Administración General del Estado.

De igual forma, los Registros de las Comunidades Autónomas remitirán a la Sección Central del Registro de Empresas de Trabajo Temporal de la Administración General del Estado, en los mismos plazos, idéntica información sobre las empresas autorizadas en su ámbito territorial.

Artículo 13. Asientos registrales.

1. La primera inscripción registral se practicará de oficio por la autoridad laboral en el plazo de los cinco días siguientes a la concesión de la autorización administrativa, haciendo constar los siguientes datos:

a) Identificación de la empresa de trabajo temporal.

b) Identificación del empresario individual o de la persona jurídica, así como de quienes ostenten cargos de dirección o sean miembros de los órganos de administración en ésta, ámbito geográfico y profesional de actuación, número de autorización administrativa y vigencia de la misma.

c) Domicilio de la empresa y de los centros de trabajo.

d) Garantía financiera, expresando su importe y la forma en que ha quedado constituida.

2. La autoridad laboral, en el plazo de los cinco días siguientes a aquel en que la empresa comunique los cambios que afecten a los párrafos a) y b) del artículo 16.2 de esta norma, practicará el correspondiente asiento registral, a cuyo efecto la empresa aportará en su caso certificación de inscripción del Registro Mercantil o del correspondiente Registro de Cooperativas.

Asimismo, se practicarán los asientos registrales relativos a los cambios en la cuantía y forma de constitución de la garantía financiera y el cese en la actividad de empresa de trabajo temporal.

3. El Ministro de Trabajo y Seguridad Social o la autoridad equivalente de las Comunidades Autónomas que, de conformidad con lo previsto en el artículo 21.2 de la Ley 14/1994, de 1 de junio, haya acordado la suspensión de actividades por haber incurrido la empresa en reincidencia en la comisión de infracciones tipificadas como muy graves en el artículo 19.3 de dicha Ley, lo pondrá en conocimiento de la autoridad laboral que haya concedido la autorización administrativa, que practicará el correspondiente asiento registral.

CAPÍTULO IV

Contrato de puesta a disposición

Artículo 14. Contrato de puesta a disposición.

⇒ V. la tutela administrativa del precepto que brinda el art. 18.1 a) del TRLISOS (§40.1).

El contrato se formalizará siempre por escrito, en el modelo oficial que se establece en el anexo número 3 de este Real Decreto, por duplicado, debiendo contener, como mínimo, la siguiente información:

a) Datos identificativos de la empresa de trabajo temporal, haciendo constar el número de autorización y su vigencia temporal, número de identificación fiscal y código de cuenta de cotización a la Seguridad Social.

b) Datos identificativos de la empresa usuaria, indicando, expresamente, número de identificación fiscal y código de cuenta de cotización a la Seguridad Social.

c) Supuesto de celebración, con expresión concreta de la causa que lo justifica, según lo previsto en el artículo 6.2 de la Ley 14/1994, de 1 de junio.

d) Contenido de la prestación laboral y cualificación requerida.

e) Riesgos profesionales del puesto de trabajo a cubrir.

⇒ Téngase presente el contenido que ha de incorporarse respecto de la evaluación del puesto de trabajo, a efectos de riesgos laborales, conforme al art. 2 del RD 216/1999, de 5 febrero (§3.3).

f) Duración estimada del contrato de puesta a disposición.

g) Lugar y horario de trabajo.

h) Precio convenido.

CAPÍTULO V

Contrato de trabajo

Artículo 15. Contrato entre la empresa de trabajo temporal y el trabajador contratado para prestar servicios en empresas usuarias.

1. El contrato celebrado entre la empresa de trabajo temporal y el trabajador para ser puesto a disposición de empresas usuarias se formalizará siempre por escrito, por triplicado, debiendo registrarse en la oficina de empleo dentro de los diez días siguientes a su celebración.

2. El contrato de trabajo de duración determinada, coincidente con la del contrato de puesta a disposición, contendrá, como mínimo, los siguientes datos:

a) Identificación de las partes contratantes, haciendo constar en el caso de la empresa de trabajo temporal el número de autorización administrativa, y su vigencia temporal, número de identificación fiscal y código de cuenta de cotización a la Seguridad Social.

b) Identificación de la empresa usuaria, especificando el número de identificación fiscal y código de cuenta de cotización a la Seguridad Social.

c) Causa del contrato de puesta a disposición.

d) Contenido de la prestación laboral.

e) Riesgos profesionales del puesto de trabajo.

f) Duración estimada del contrato de trabajo.

g) Lugar y horario de trabajo.

h) Remuneración convenida.

3. Cuando el trabajador haya sido contratado por tiempo indefinido se le deberá entregar, cada vez que preste servicios en una empresa usuaria, la correspondiente orden de servicio, en la que se indicará:

a) Identificación de la empresa usuaria en la que ha de prestar servicios.

b) Causa del contrato de puesta a disposición.

c) Contenido de la prestación laboral.

d) Riesgos profesionales del puesto de trabajo a desempeñar.

e) Lugar y horario de trabajo.

CAPÍTULO VI

Obligaciones de información

Artículo 16. Obligaciones de información a la Administración.

1. El empresario está obligado a remitir, dentro de los primeros diez días de cada mes, a la autoridad laboral que haya concedido la autorización y en el modelo que figura en el anexo número 4 de este Real Decreto, una relación de los contratos de puesta a disposición celebrados en el mes anterior, en la que consten:

a) Nombre, número de identificación fiscal y código de cuenta de cotización a la Seguridad Social de las empresas usuarias.

b) Número de contratos celebrados con cada una de ellas, desglosado por supuestos de celebración, de conformidad con lo previsto en el artículo 6.2 de la Ley 14/1994, de 1 de junio.

c) Número total de trabajadores puestos a disposición de las empresas usuarias, con independencia del número de contratos de puesta a disposición celebrados con cada uno de ellos.

Dicha documentación se remitirá igualmente en el caso de que la empresa no haya formalizado contratos de puesta a disposición, haciendo constar tal circunstancia.

2. Igualmente está obligado a comunicar a la autoridad laboral, dentro de los quince días siguientes a su producción o, en su caso, notificación de su inscripción en el correspondiente Registro Mercantil o Registro de Cooperativas, los siguientes actos:

a) Los cambios de titularidad y de domicilio de la empresa.

b) El cambio de las personas que ostenten cargos de dirección o sean miembros de los órganos de administración en las empresas que revistan la forma jurídica de sociedad, indicando sus datos identificativos.

c) La apertura de nuevos centros de trabajo.

d) El cese en la actividad como empresa de trabajo temporal.

Artículo 17. Obligaciones de información a la empresa usuaria.

La empresa de trabajo temporal deberá suministrar a la empresa usuaria la siguiente documentación en relación con los trabajadores que haya cedido:

a) Copia del contrato de trabajo o de la correspondiente orden de servicio.

b) Documentación acreditativa de haber cumplido las obligaciones salariales y de Seguridad Social contraídas con dichos trabajadores.

DISPOSICIONES ADICIONALES

Primera. Aplicación de la Ley de Régimen Jurídico de las Administraciones Públicas y del Procedimiento Administrativo Común.

Sin perjuicio de las peculiaridades previstas en la Ley 14/1994, de 1 de junio, por la que se regulan las empresas de trabajo temporal, y en el presente Real Decreto, se estará a lo dispuesto con carácter general en la Ley 30/1992, de 26 de noviembre, de Régimen Jurídico de las Administraciones Públicas y del Procedimiento Administrativo Común, y en sus normas de desarrollo, salvo en cuanto al procedimiento sancionador en que se aplicará la Ley 8/1988, de 7 de abril, de Infracciones y Sanciones de Orden Social, y subsidiariamente, la Ley 30/1992, de 26 de noviembre.

⇒ La referencia a la Ley 8/1988, de 7 abril, ha de entenderse sustituida por la correspondiente a la vigente LISOS (§40.1).

Segunda. Modelos de solicitud de autorización.

Los modelos contenidos en el anexo del presente Real Decreto son de obligada utilización en el territorio de las Comunidades Autónomas que no hayan recibido traspasos en la materia.

Corresponde a las Comunidades Autónomas que hayan recibido dichos traspasos la elaboración de sus propios modelos, que deberán recoger, al menos, la información a que hace referencia el articulado y que se incluye en los que figuran como anexo de esta norma.

DISPOSICIONES FINALES

Primera. Autorización al Ministro de Trabajo y Seguridad Social.

Se autoriza al Ministro de Trabajo y Seguridad Social para dictar cuantas disposiciones sean necesarias para la aplicación de lo establecido en el presente Real Decreto.

Segunda. Entrada en vigor.

El presente Real Decreto entrará en vigor el día siguiente al de su publicación en el «Boletín Oficial del Estado».

ANEXO I

Solicitud de autorización para la actividad de empresa de trabajo temporal

Datos de identificación del solicitante:

Don/doña	DNI	En calidad de[1]

1 Director, Gerente, etcétera.

Datos de identificación de la empresa:

Domicilio social	
Localidad	Provincia
Ambito territorial de actuación	
Denominación de la empresa de trabajo temporal[1]	
NIF	C. Cta. cotización

Declaro que la entidad a la que represento:

a) Dispone de una estructura organizativa que le permite cumplir las obligaciones que asume como empleador en relación con el objeto social.

b) Va a dedicarse exclusivamente a la actividad de empresa de trabajo temporal.

c) Carece de obligaciones pendientes de carácter fiscal o de Seguridad Social.

Documentación que se acompaña:

- ❑ Fotocopia del DNI, pasaporte o permiso de trabajo y residencia del solicitante.
- ❑ Inscripción en el Registro Mercantil/Registro de cooperativas[2].
- ❑ Escritura de constitución y estatutos sociales.
- ❑ Certificación de la Agencia Tributaria de hallarse al corriente en el cumplimiento de las obligaciones tributarias.
- ❑ Certificación de la Tesorería General de la Seguridad Social de hallarse al corriente en el cumplimiento de las obligaciones frente a la Seguridad Social.
- ❑ Documentación justificativa de la constitución o actualización de la garantía financiera.
- ❑ Memoria de la estructura organizativa con la que cuenta la empresa[3].
- ❑ Declaración de los gastos de personal del ejercicio económico anterior a formular la solicitud de prórroga o de nueva autorización por reinicio de actividades, desglosados según la estructura exigida por el Plan General de Contabilidad.

Solicito autorización para actuar como empresa de trabajo temporal, conforme a lo previsto en el artículo 2 de la Ley 14/1994, de 1 de junio.

En .... a .... de .... de 19......

Fdo.:

....[4]

1 La denominación deberá incluir en todo caso los términos «empresa de trabajo temporal» o su abreviatura «ETT».

2 Táchese lo que no proceda.

3 Dicha información se detallará por centros de trabajo.

4 Indíquese la autoridad a la que se dirige la solicitud.

ANEXO II

Códigos de identificación de las empresas de trabajo temporal

I. Códigos Provinciales (ámbito de actuación limitado a la provincia).

Código	Provincia	Código	Provincia
1	Álava.	27	Lugo.
2	Albacete.	28	Madrid.
3	Alicante.	29	Málaga.
4	Almería.	30	Murcia.
5	Ávila.	31	Navarra.
6	Badajoz.	32	Orense.
7	Baleares.	33	Asturias.
8	Barcelona.	34	Palencia.
9	Burgos.	35	Las Palmas.
10	Cáceres.	36	Pontevedra.
11	Cádiz.	37	Salamanca.
12	Castellón.	38	Sta. Cruz de Tenerife.
13	Ciudad Real.	39	Cantabria.
14	Córdoba.	40	Segovia.
15	La Coruña.	41	Sevilla.
16	Cuenca.	42	Soria.
17	Girona.	43	Tarragona.
18	Granada.	44	Teruel.
19	Guadalajara.	45	Toledo.
20	Guipúzcoa.	46	Valencia.
21	Huelva.	47	Valladolid.
22	Huesca.	48	Vizcaya.
23	Jaén.	49	Zamora.
24	León.	50	Zaragoza.
25	Lleida.	51	Ceuta.
26	La Rioja.	52	Melilla.

II. Códigos de las Comunidades Autónomas (ámbito de actuación en toda la Comunidad Autónoma o varias provincias de la Comunidad Autónoma).

Código	Comunidad Autónoma	Código	Comunidad Autónoma
61	Andalucía.	75	Navarra.
65	Canarias.	76	País Vasco.
69	Cataluña.	70	Comunidad Valenciana.
72	Galicia.		

III. Código nacional (ámbito de actuación en todo el territorio nacional o en más de una Comunidad Autónoma).

Código	Dirección General de Empleo
79	Dirección General de Empleo

ANEXO III

Contrato de puesta a disposición*

Empresa de trabajo temporal:

Don/doña	DNI	En concepto de[1]
Nombre o razón social	NIF	C. Cta. cotización
Domicilio	Localidad	
Número de autorización	Vigencia temporal	

Empresa usuaria:

Don/doña	DNI	En concepto de[1]
Nombre o razón social	NIF	C. Cta. cotización
Domicilio	Localidad	Provincia
Domicilio del centro de trabajo	Localidad	Provincia

Supuesto de celebración[2]:

Características del puesto de trabajo:

Cualificación requerida	
Funciones	
Riesgos del puesto	
Equipos de protección individual	Instalaciones colectivas
Horario de trabajo	

Duración del contrato[4]:

* Se cumplimentará un contrato de puesta a disposición por cada trabajador cedido.

1 Director, Gerente, etcétera.

2 Deberá indicarse el supuesto de celebración, con expresión concreta de la causa que lo justifica, según lo previsto en el art. 6.2 de la Ley 14/1994, de 1 junio.

4 Deberá indicarse la duración estimada del contrato de puesta a disposición.

Precio convenido:

Cláusulas adicionales[1]:

En .... a .... de .... de 19 ....

Por la empresa de trabajo temporal (firma y sello) Por la empresa usuaria (firma y sello)

ANEXO IV

Relación de contratos de puesta a disposición

Identificación de la empresa de trabajo temporal ..... celebrados en el mes de ..... de .....

Nombre	Número autorizado	NIF	Cuenta cotización	Número de trabajadores puestos a disposición *

Identificación de la/s empresa/s usuaria/s:

Nombre de la empresa usuaria	Actividad **	NIF	Código cuenta cotización	Número total de contratos de puesta a disposición celebrados	1	2	3	4
Total contratos								

En .... a .... de .... de 19 ....

Firma y sello de la empresa

* Si un trabajador ha sido cedido en más de una ocasión, se computará una sola vez.

** Se consignarán los dos dígitos correspondientes a la Clasificación Nacional de Actividades Económicas, establecida en el Real Decreto 1580/1992, de 18 de diciembre («Boletín Oficial del Estado» del 22).

1. Número de contratos realizados de acuerdo con el art. 6.2 a) de la Ley 14/1994, de 1 junio.
2. Número de contratos realizados de acuerdo con el art. 6.2 b) de la Ley 14/1994, de 1 junio.
3. Número de contratos realizados de acuerdo con el art. 6.2 c) de la Ley 14/1994, de 1 junio.
4. Número de contratos realizados de acuerdo con el art. 6.2 d) de la Ley 14/1994, de 1 junio.

1 Será nula la cláusula del contrato que prohíba la contratación del trabajador por la empresa usuaria a la finalización del contrato de puesta a disposición.

§ 3.3 REAL DECRETO 216/1999, DE 5 FEBRERO. ESTABLECE LAS DISPOSICIONES MÍNIMAS DE SEGURIDAD Y SALUD EN EL TRABAJO EN EL ÁMBITO DE LAS EMPRESAS DE TRABAJO TEMPORAL

(BOE núm. 47, de 24 febrero [RCL 1999, 508])

El artículo 28 de la Ley 31/1995, de 8 de noviembre, de Prevención de Riesgos Laborales, relativo a las relaciones de trabajo temporales, de duración determinada y en empresas de trabajo temporal, establece que los trabajadores con estas relaciones de trabajo deberán disfrutar del mismo nivel de protección en materia de seguridad y salud que los restantes trabajadores de la empresa en la que prestan sus servicios. A tal efecto, en el citado artículo se establecen los deberes y obligaciones de carácter preventivo que corresponden a la empresa en la que se prestan los servicios requeridos y, en su caso, los que debe asumir la empresa de trabajo temporal.

La Directiva 91/383/CEE, del Consejo, de 25 de junio, por la que se completan las medidas tendentes a promover la mejora de la seguridad y salud de los trabajadores con una relación laboral de duración determinada o de empresas de trabajo temporal, señala que, según las investigaciones llevadas a cabo, se concluye que en general los trabajadores en empresas de trabajo temporal están más expuestos que los demás trabajadores, en determinados sectores, a riesgos de accidentes de trabajo o de enfermedades profesionales, añadiendo que los riesgos suplementarios citados están relacionados en parte con determinados modos específicos de integración en la empresa, y que dichos riesgos pueden disminuirse mediante la información y formación adecuadas desde el comienzo de la relación laboral.

En el caso de las empresas de trabajo temporal la referencia en la Directiva a los modos específicos de integración en la empresa supone valorar la peculiar relación triangular que genera el contrato de puesta a disposición previsto en la Ley 14/1994, de 1 de junio, por el que se regulan las empresas de trabajo temporal, de forma que el trabajador contratado por una empresa de trabajo temporal presta sus servicios en el ámbito organizativo de una empresa distinta, la empresa usuaria, con sus consiguientes efectos en cuanto a su presencia en un ámbito de condiciones de trabajo, y con ello de riesgos laborales, que no es el de su empresario laboral. Es esta circunstancia la que motiva que deban tratarse de forma especial las obligaciones de estos dos empresarios, reforzando particularmente las referidas a información y formación, cuando con ello se favorezca la disminución de riesgos, y estableciendo medidas limitativas de la realización de determinados trabajos en los que, por su especial peligrosidad, la adopción de medidas preventivas de otra índole no garantice los adecuados niveles de seguridad.

En esta línea, la Ley 14/1994, de 1 de junio, estableció unas obligaciones concretas de formación a cargo de la empresa de trabajo temporal y unas obligaciones de la empresa usuaria en materia de protección de la seguridad y la salud de los trabajadores, así como de información a éstos sobre los riesgos del puesto de trabajo a desarrollar y sobre las medidas de prevención y protección a aplicar. Por su parte, el Real Decreto 4/1995, de 13 de enero, por el que se desarrolla la Ley anteriormente citada, formalizó las obligaciones de información como parte integrante del contenido de los contratos de puesta a disposición y de los propios contratos de trabajo temporales y órdenes de servicio de los trabajadores contratados. Finalmente, el artículo 8 de la Ley 14/1994 citada estableció la imposibilidad de celebrar contratos de puesta a disposición para la realización de aquellas actividades y trabajos en que así se determinara reglamentariamente, en razón de su especial peligrosidad.

Con objeto de integrar y desarrollar los principios legales citados, teniendo en cuenta igualmente el contenido de la indicada Directiva 91/383/CEE, resulta necesario concretar, mediante el presente Real Decreto, las medidas necesarias para la ejecución de los deberes y obligaciones específicos de las empresas de trabajo temporal y de las empresas usuarias en la contratación y desarrollo de este tipo de trabajo, con objeto de garantizar el derecho de los trabajadores al mismo nivel de protección de su seguridad y su salud que los restantes trabajadores de la empresa en la que prestan sus servicios, así como establecer la relación de actividades y trabajos que, en razón de su especial peligrosidad, deben quedar excluidos de la celebración de contratos de puesta a disposición.

En su virtud, de conformidad con lo dispuesto en el artículo 6.1 f) de la Ley 31/1995, de 8 de noviembre, de Prevención de Riesgos Laborales, y en el artículo 8 b) de la Ley 14/1994, de 1 de junio, por la que se regulan las empresas de trabajo temporal, a propuesta del Ministro de Trabajo y

Asuntos Sociales, consultadas las organizaciones empresariales y sindicales más representativas, oída la Comisión Nacional de Seguridad y Salud en el Trabajo, de acuerdo con el Consejo de Estado y previa deliberación del Consejo de Ministros en su reunión del día 5 de febrero de 1999, dispongo:

Artículo 1. Objeto y ámbito de aplicación.

1. El presente Real Decreto establece, en el marco de la Ley 31/1995, de 8 de noviembre, de Prevención de Riesgos Laborales, las disposiciones específicas mínimas de protección de la seguridad y la salud de los trabajadores contratados por las empresas de trabajo temporal reguladas por la Ley 14/1994, de 1 de junio, para ser puestos a disposición de empresas usuarias, con objeto de garantizar a estos trabajadores, cualquiera que sea su modalidad de contratación, el mismo nivel de protección que los restantes trabajadores de la empresa en la que prestan sus servicios, así como determinar las actividades y trabajos en los que, en razón de su especial peligrosidad, no podrán celebrarse contratos de puesta a disposición.

2. Las disposiciones del Real Decreto 39/1997, de 17 de enero, por el que se aprueba el Reglamento de los Servicios de Prevención, se aplicarán plenamente en el ámbito al que se refiere el apartado anterior, sin perjuicio de las disposiciones específicas previstas en este Real Decreto.

Artículo 2. Disposiciones relativas a la celebración del contrato de puesta a disposición.

1. Con carácter previo a la celebración del contrato de puesta a disposición, la empresa usuaria deberá informar a la empresa de trabajo temporal sobre las características propias del puesto de trabajo y de las tareas a desarrollar, sobre sus riesgos profesionales y sobre las aptitudes, capacidades y cualificaciones profesionales requeridas, todo ello desde el punto de vista de la protección de la salud y la seguridad del trabajador que vaya a ser contratado y de los restantes trabajadores de la empresa usuaria. A tal efecto, la celebración de un contrato de puesta a disposición sólo será posible para la cobertura de un puesto de trabajo respecto del que se haya realizado previamente la preceptiva evaluación de riesgos laborales, conforme a lo dispuesto en los artículos 15.1 b) y 16 de la Ley de Prevención de Riesgos Laborales y en el Capítulo II del Reglamento de los Servicios de Prevención.

⇒ V. también el art. 12.3 de la Ley 14/1994, de 1 junio (§3.1).

2. La información a la que se refiere el apartado anterior deberá incluir necesariamente los resultados de la evaluación de riesgos del puesto de trabajo a cubrir, con especificación de los datos relativos a:

a) Riesgos laborales de carácter general existentes en el centro de trabajo y que pudieran afectar al trabajador, así como los específicos del puesto de trabajo a cubrir.

b) Medidas de prevención a adoptar en relación con los riesgos generales y específicos que pudieran afectar al trabajador, con inclusión de la referencia a los equipos de protección individual que haya de utilizar y que serán puestos a su disposición.

c) Formación en materia de prevención de riesgos laborales que debe poseer el trabajador.

d) Medidas de vigilancia de la salud que deben adoptarse en relación con el puesto de trabajo a desempeñar, especificando si, de conformidad con la normativa aplicable, tales medidas tienen carácter obligatorio o voluntario para el trabajador y su periodicidad.

3. Las informaciones previstas en los apartados 1 y 2 de este artículo deberán incorporarse en todo caso al contrato de puesta a disposición.

⇒ V. art. 14 del RD 4/1995, de 13 enero (§3.2).

Artículo 3. Disposiciones relativas a la celebración del contrato de trabajo.

1. Para la ejecución del contrato de puesta de disposición, la empresa de trabajo temporal deberá contratar o asignar el servicio a un trabajador que reúna, o pueda reunir, en su caso, previa la formación a la que se refiere el apartado 3 de este artículo, los requisitos previstos en el mismo en materia de prevención de riesgos laborales, asegurándose de su idoneidad al respecto.

⇒ V. art. 12.3 de la Ley 14/1994, de 1 junio (§3.1).

2. Los trabajadores a que se refiere el apartado anterior deberán ser informados previamente por la empresa de trabajo temporal de toda información recibida de la empresa usuaria en cumplimiento del artículo 2. Dichas informaciones se incorporarán igualmente al contrato de trabajo de duración determinada u orden de servicio, en su caso.

⇒ Cf. el artículo 19.2.f de la LISOS (§40.1), tipificando el incumplimiento de estas obligaciones.

3. La empresa de trabajo temporal deberá asegurarse de que el trabajador, previamente a su puesta a disposición de la empresa usuaria, posee la formación teórica y práctica en materia preventiva necesaria para el puesto de trabajo a desempeñar.

A tal fin, comprobará fehacientemente que la formación del trabajador es la requerida y que se encuentra actualizada y adaptada a la evolución de los equipos y métodos de trabajo y al progreso de los conocimientos técnicos. En caso contrario, deberá facilitar previamente dicha formación al trabajador, con medios propios o concertados, durante el tiempo necesario, que formará parte de la duración del contrato de puesta a disposición pero será previo, en todo caso, a la prestación efectiva de los servicios.

Si resultase necesario un especial adiestramiento en materia preventiva en el puesto de trabajo, esta parte de la formación podrá realizarse por la empresa de trabajo temporal en la propia empresa usuaria, antes del comienzo efectivo del trabajo. Esta formación podrá también ser impartida por la empresa usuaria, con cargo a la empresa de trabajo temporal, previo acuerdo escrito entre ambas empresas.

⇒ V. art. 12.3 de la Ley 14/1994, de 1 junio (§3.1).

4. Los trabajadores puestos a disposición tienen derecho a la vigilancia periódica de su salud a cargo de la empresa de trabajo temporal en los términos previstos en el artículo 22 de la Ley de Prevención de Riesgos Laborales y en el artículo 37.3 del Reglamento de los Servicios de Prevención, teniendo en cuenta las características del puesto de trabajo a desempeñar, los resultados de la evaluación de riesgos realizada por la empresa usuaria y cuanta información complementaria sea requerida por el médico responsable.

5. La empresa de trabajo temporal deberá acreditar documentalmente a la empresa usuaria que el trabajador puesto a su disposición ha recibido las informaciones relativas a los riesgos y medidas preventivas, posee la formación específica necesaria y cuenta con un estado de salud compatible con el puesto de trabajo a desempeñar.

Esta documentación estará igualmente a disposición de los delegados de prevención o, en su defecto, de los representantes legales de los trabajadores en la empresa de trabajo temporal, y de las personas u órganos con competencia en materia preventiva en la misma.

Artículo 4. Obligaciones de la empresa usuaria previas al inicio de la prestación de servicios del trabajador.

⇒ V. art. 16.1 del RD 4/1995, de 13 enero (§3.2).

1. La empresa usuaria deberá recabar la información necesaria de la empresa de trabajo temporal para asegurarse de que el trabajador puesto a su disposición reúne las siguientes condiciones:

a) Ha sido considerado apto a través de un adecuado reconocimiento de su estado de salud para la realización de los servicios que deba prestar en las condiciones en que hayan de ser efectuados, de conformidad con lo dispuesto en el artículo 22 de la Ley de Prevención de Riesgos Laborales y en el artículo 37.3 del Reglamento de los Servicios de Prevención.

b) Posee las cualificaciones y capacidades requeridas para el desempeño de las tareas que se le encomienden en las condiciones en que vayan a efectuarse y cuenta con la formación necesaria, todo ello en relación con la prevención de los riesgos a los que pueda estar expuesto, en los términos previstos en el artículo 19 de la Ley de Prevención de Riesgos Laborales y en sus disposiciones de desarrollo.

c) Ha recibido las informaciones relativas a las características propias del puesto de trabajo y de las tareas a desarrollar, a las cualificaciones y aptitudes requeridas y a los resultados de la evaluación de riesgos a las que hace referencia el artículo 2 de este Real Decreto.

Igualmente, la empresa usuaria informará al trabajador puesto a su disposición de los riesgos existentes para su salud y seguridad, tanto de aquellos que concurran de manera general en la empresa como de los específicos del puesto de trabajo y tareas a desarrollar, y de las correspondientes medidas y actividades de prevención y protección, en especial en lo relativo a las posibles situaciones de emergencia.

2. La empresa usuaria no permitirá el inicio de la prestación de servicios en la misma de un trabajador puesto a su disposición hasta que no tenga constancia del cumplimiento de las obligaciones del apartado 1 anterior.

3. La empresa usuaria informará a los delegados de prevención o, en su defecto, a los representantes legales de sus trabajadores, de la incorporación de todo trabajador puesto a disposición por una empresa de trabajo temporal, especificando el puesto de trabajo a desarrollar, sus riesgos y medidas preventivas y la información y formación recibidas por el trabajador. El trabajador podrá dirigirse a estos representantes en el ejercicio de sus derechos reconocidos en el presente Real Decreto y, en general, en el conjunto de la legislación sobre prevención de riesgos laborales.

⇒ V. art. 37.2 de la LPRL (§23).

La información a la que se refiere el párrafo anterior será igualmente facilitada por la empresa usuaria a su servicio de prevención o, en su caso, a los trabajadores designados para el desarrollo de las actividades preventivas.

Artículo 5. Obligaciones de la empresa usuaria desde el inicio de la prestación de servicios del trabajador.

1. La empresa usuaria será responsable de las condiciones de ejecución del trabajo de los trabajadores puestos a su disposición por una empresa de trabajo temporal en todo lo relacionado con la protección de su salud y seguridad, asegurándoles el mismo nivel de protección que a los restantes trabajadores de la empresa.

2. En los supuestos de coordinación de actividades empresariales a los que se refiere el artículo 24 de la Ley de Prevención de Riesgos Laborales, se deberá tener en cuenta la incorporación en cualquiera de las empresas concurrentes de trabajadores puestos a disposición por una empresa de trabajo temporal.

3. A fin de que la empresa de trabajo temporal pueda cumplir adecuadamente sus obligaciones en materia de vigilancia periódica de la salud de los trabajadores puestos a disposición, la empresa usuaria informará a la misma de los resultados de toda evaluación de los riesgos a que estén expuestos dichos trabajadores, con la periodicidad requerida. Dicha información deberá comprender, en todo caso, la determinación de la naturaleza, el grado y la duración de la exposición de los trabajadores a agentes, procedimientos o condiciones de trabajo que puedan influir negativamente en su salud, o que puedan ser relevantes de cara a valorar posteriores incorporaciones del trabajador a la misma o diferente empresa usuaria.

Artículo 6. Disposiciones relativas a la organización de las actividades preventivas en la empresa de trabajo temporal y en la empresa usuaria.

1. Las empresas de trabajo temporal deberán organizar sus recursos para el desarrollo de las actividades preventivas en relación con sus trabajadores, incluidos los trabajadores contratados para ser puestos a disposición de empresas usuarias, conforme a las disposiciones del Capítulo III del Real Decreto 39/1997, de 17 de enero, por el que se aprueba el Reglamento de los Servicios de Prevención. Para determinar la modalidad de organización que deba utilizarse y los medios y recursos necesarios para dicha actividad, los trabajadores contratados con carácter temporal para ser puestos a disposición de empresas usuarias se computarán por el promedio mensual de trabajadores en alta durante los últimos doce meses.

2. Las empresas usuarias contabilizarán el promedio mensual de trabajadores puestos a su disposición por empresas de trabajo temporal en los últimos doce meses, con el fin de determinar los medios, recursos y modalidades de organización de sus actividades de prevención conforme a lo dispuesto en el Capítulo III del Reglamento de los Servicios de Prevención.

3. Sin perjuicio de las funciones y responsabilidades de la empresa de trabajo temporal en la organización de las actividades preventivas, los trabajadores puestos a disposición de una empresa usuaria podrán dirigirse en todo momento a los trabajadores designados o a los servicios de prevención existentes en la empresa usuaria, en igualdad de condiciones que los restantes trabajadores de la misma.

Los trabajadores designados o, en su caso, los servicios de prevención de la empresa de trabajo temporal y de la empresa usuaria deberán coordinar sus actividades a fin de garantizar una protección adecuada de la salud y seguridad de los trabajadores puestos a disposición. En particular, deberá transmitirse cualquier información relevante para la protección de la salud y la seguridad de estos trabajadores, sin perjuicio del respeto a la confidencialidad de la información médica de carácter personal a la que se refiere el artículo 22 de la Ley de Prevención de Riesgos Laborales.

Artículo 7. Documentación.

1. La documentación relativa a las informaciones y datos a los que se refiere el presente Real Decreto será registrada y conservada tanto por la empresa de trabajo temporal como por la empresa usuaria, en los términos y a los fines previstos en el artículo 23 de la Ley de Prevención de Riesgos Laborales.

2. La empresa usuaria estará obligada a informar por escrito a la empresa de trabajo temporal de todo daño para la salud del trabajador puesto a su disposición que se hubiera producido con motivo del desarrollo de su trabajo, a fin de que aquélla pueda cumplir, en los plazos y términos establecidos, con la obligación de notificación a la que se refiere el apartado 3 del artículo 23 de la Ley de Prevención de Riesgos Laborales. En caso de incumplimiento por parte de la empresa usuaria de esta obligación de información, dicha empresa será la responsable de los efectos que se deriven del incumplimiento por la empresa de trabajo temporal de su obligación de notificación.

3. En la notificación por la empresa de trabajo temporal a la autoridad laboral de los daños producidos en la salud de los trabajadores puestos a disposición se deberá hacer constar, en todo caso, el nombre o razón social de la empresa usuaria, su sector de actividad y la dirección del centro o lugar de trabajo en que se hubiere producido el daño.

Artículo 8. Actividades y trabajos de especial peligrosidad.

De conformidad con lo dispuesto en el artículo 8, párrafo b), de la Ley 14/1994, de 1 de junio, por la que se regulan las empresas de trabajo temporal, no se podrán celebrar contratos de puesta a disposición para la realización de los siguientes trabajos en actividades de especial peligrosidad:

a) Trabajos en obras de construcción a los que se refiere el Anexo II del Real Decreto 1627/1997, de 24 de octubre, por el que se establecen disposiciones mínimas de seguridad y salud en las obras de construcción.

b) Trabajos de minería a cielo abierto y de interior a los que se refiere el artículo 2 del Real Decreto 1389/1997, de 5 de septiembre, por el que se aprueban las disposiciones mínimas destinadas a proteger la seguridad y la salud de los trabajadores en las actividades mineras, que requieran el uso de técnica minera.

c) Trabajos propios de las industrias extractivas por sondeos en superficie terrestre a las que se refiere el artículo 109 del Reglamento General de Normas Básicas de Seguridad Minera, modificado por el Real Decreto 150/1996, de 2 de febrero.

d) Trabajos en plataformas marinas.

e) Trabajos directamente relacionados con la fabricación, manipulación y utilización de explosivos, incluidos los artículos pirotécnicos y otros objetos o instrumentos que contengan explosivos, regulados por el Reglamento de explosivos, aprobado por el Real Decreto 230/1998, de 16 de febrero.

f) Trabajos que impliquen la exposición a radiaciones ionizantes en zonas controladas según el Real Decreto 53/1992, de 24 de enero, sobre protección sanitaria contra radiaciones ionizantes.

g) Trabajos que impliquen la exposición a agentes cancerígenos, mutagénicos o tóxicos para la reproducción, de primera y segunda categoría, según el Real Decreto 363/1995, de 10 de marzo, que aprueba el Reglamento sobre notificación de sustancias nuevas y clasificación, envasado y etiquetado de sustancias peligrosas, y el Real Decreto 1078/1993, de 2 de julio, sobre clasificación, envasado y etiquetado de preparados peligrosos, y sus respectivas normas de desarrollo y de adaptación al progreso técnico.

h) Trabajos que impliquen la exposición a agentes biológicos de los grupos 3 y 4, según el Real Decreto 664/1997, de 12 de mayo, sobre protección de los trabajadores contra los riesgos relacionados con la exposición a agentes biológicos durante el trabajo, así como sus normas de modificación, desarrollo y adaptación al progreso técnico.

i) Trabajos con riesgos eléctricos en alta tensión.

DISPOSICIÓN FINAL

Única. Facultades de aplicación y desarrollo y entrada en vigor.

Se autoriza al Ministro de Trabajo y Asuntos Sociales a dictar, previo informe de la Comisión Nacional de Seguridad y Salud en el Trabajo, cuantas disposiciones sean necesarias para la aplicación y desarrollo de este Real Decreto.

b) Agencias de Colocación y Servicios de Empleo

§ 4.1 REAL DECRETO 735/1995, DE 5 MAYO. REGULA LAS AGENCIAS DE COLOCACIÓN SIN FINES LUCRATIVOS Y LOS SERVICIOS INTEGRADOS PARA EL EMPLEO

(BOE núm. 109, de 8 mayo [RCL 1995, 1380])

El Texto Refundido de la Ley del Estatuto de los Trabajadores, aprobado por Real Decreto Legislativo 1/1995, de 24 de marzo, permite, en su artículo 16.2, la existencia de agencias de colocación sin fines lucrativos, siempre que la remuneración que reciban del empresario o del trabajador se limite, exclusivamente, a los gastos ocasionados por los servicios prestados. Su autorización queda condicionada a los términos que fije el correspondiente convenio de colaboración, previo informe del Consejo General del Instituto Nacional de Empleo (INEM).

⇒ V. el citado precepto en §2.

La presente disposición desarrolla el citado artículo 16.2 de la Ley del Estatuto de los Trabajadores. Se persigue, entre otros objetivos, optimizar las posibilidades de colocación existentes, primando la eficacia sobre las cargas burocráticas, y garantizar la igualdad de oportunidades en el derecho de acceso al trabajo. Ello se hace desde el convencimiento de que los servicios públicos de empleo no pueden abarcar la totalidad de las cada vez más complejas y diversificadas ofertas de empleo, cuya respuesta adecuada requiere la máxima especialización y proximidad a las fuentes de empleo.

La norma contempla los requisitos y condiciones que deberán cumplir quienes se propongan colaborar con el Instituto Nacional de Empleo en la intermediación en el mercado de trabajo; el procedimiento de autorización, que se basa en la Ley 30/1992, de 26 de noviembre, de Régimen Jurídico de las Administraciones Públicas y del Procedimiento Administrativo Común, y en el Real Decreto 1778/1994, de 5 de agosto, por el que se adecua a la Ley 30/1992; las normas reguladoras de los procedimientos de otorgamiento, modificación y extinción de autorizaciones, así como las relaciones entre los sujetos de la intermediación laboral.

La lucha contra el desempleo obliga, como actuación prioritaria, a potenciar la organización e instrumentación y desarrollo de políticas activas de empleo, así como la optimización de los recursos del Instituto Nacional de Empleo, con el fin de primar su eficacia y evitar una excesiva burocratización.

En la búsqueda de soluciones al problema del desempleo desempeña un papel importante la sociedad; su corresponsabilización permite aprovechar en mayor medida las capacidades existentes en la misma y en el propio colectivo de demandantes. La positiva experiencia adquirida por el Instituto Nacional de Empleo en colaboración con entidades públicas y privadas para la consecución de algunos de sus objetivos avala la iniciativa de hacer extensiva esa colaboración a todo un conjunto de acciones encaminadas a la inserción de los demandantes en el mercado laboral.

En consecuencia, otra de las finalidades que persigue la presente disposición es el establecimiento de un Plan de Servicios Integrados para el Empleo. Se pretende que, mediante la suscripción de convenios, las entidades públicas o privadas sin ánimo de lucro participen en la realización de estudios del mercado de trabajo y en el establecimiento de itinerarios ocupacionales que incluyan la información y orientación profesional, las técnicas de búsqueda de empleo, el fomento de la creación de actividad y todas aquellas acciones de carácter innovador tendentes a la mejora de la ocupabilidad de los trabajadores desempleados, que constituyen los fines de la política de colocación a que hace referencia el artículo 39 de la Ley 51/1980, de 8 de octubre, Básica de Empleo.

⇒ V. el precepto de referencia en (§27.1).

En su virtud, haciendo uso de la autorización prevista en la disposición final quinta de la Ley del Estatuto de los Trabajadores, y en la disposición final primera de la Ley 51/1980, de 8 de octubre, a propuesta del Ministro de Trabajo y Seguridad Social, consultadas las organizaciones sindicales y asociaciones empresariales más representativas, previa aprobación del Ministro para las Administraciones Públicas, de acuerdo con el Consejo de Estado y previa deliberación del Consejo de Ministros en su reunión del día 5 de mayo de 1995, dispongo:

TÍTULO I
DE LAS AGENCIAS DE COLOCACIÓN

CAPÍTULO I
Disposiciones generales

Artículo 1. Definición.

Las agencias de colocación se configuran como entidades que colaboran con el Instituto Nacional de Empleo en la intermediación en el mercado de trabajo y tienen como finalidad ayudar a los trabajadores a encontrar un empleo y a los empleadores a la contratación de los trabajadores apropiados para satisfacer sus necesidades. En relación con sus usuarios, las agencias de colocación deberán cumplir las condiciones de actuación previstas en esta norma y las específicas que figuren en el correspondiente convenio.

Podrán tener la condición de agencias de colocación las personas físicas o jurídicas, cualquiera que sea su naturaleza, que actúen sin fines lucrativos.

El Instituto Nacional de Empleo podrá autorizar la existencia de agencias de colocación en las condiciones que se determinen en el correspondiente convenio de colaboración y de acuerdo con el procedimiento previsto en el capítulo III del presente título.

⇒ V. el Convenio núm. 96 de la OIT, relativo a las Agencias retribuidas de Colocación (1949), ratificado por España el 29 de abril de 1971, cuyo art. 1 b) se refiere a las agencias de colocación sin fines lucrativos como aquellos «servicios de colocación de las sociedades, instituciones, agencias u otras organizaciones que, sin buscar un beneficio material, perciban del empleador o del trabajador, por dichos servicios, un derecho de entrada, una cotización o una remuneración cualquiera».
El Convenio OIT núm. 181, sobre Agencias de Empleo Privadas, identifica como tales a las personas, independientes de las autoridades públicas, que prestan servicios destinados a vincular ofertas y demandas de empleo, sin que la agencia de empleo privada pase a ser parte en las relaciones laborales que pudieran derivarse.

Artículo 2. Condiciones de actuación de las agencias de colocación.

Las agencias de colocación, para actuar como tales, deberán cumplir las siguientes condiciones:

1. Carecer de fines lucrativos: La remuneración que reciban del empresario o del trabajador se limitará exclusivamente a los gastos ocasionados por los servicios prestados. A tal fin, se consideran servicios prestados la oferta o presentación a los empleadores de los trabajadores solicitados por los mismos, siempre que dichos trabajadores se adecuen al perfil profesional de los puestos de trabajo a cubrir existentes en las empresas.

⇒ Téngase en cuenta lo previsto por el art. 12.2 «in fine» de la Ley reguladora de empresas de trabajo temporal (§3.1).

2. Garantizar, en su ámbito de actuación, el principio de igualdad en el acceso al empleo, en los términos establecidos en el artículo 16.2 del texto refundido de la Ley del Estatuto de los Trabajadores.

⇒ Conforme al art. 5.1 del Convenio núm. 181 OIT todo miembro velará por que las agencias de empleo privadas traten a los trabajadores sin discriminación alguna por razones de raza, color, sexo, religión, opinión política, ascendencia nacional, origen social o cualquier otra forma de discriminación cubierta en la legislación y la práctica nacionales, tales como la edad o la discapacidad.

3. Estar previamente autorizadas por el Instituto Nacional de Empleo.

4. Circunscribir su ámbito territorial o funcional de actuación a lo que se determine en el correspondiente convenio de colaboración.

5. No subcontratar con terceros la realización de los servicios objeto de la autorización concedida.

Artículo 3. Autorización.

El procedimiento de autorización y la duración de ésta se regirán por lo dispuesto en el capítulo III de este Título.

Artículo 4. Control financiero.

La agencia de colocación deberá llevar una contabilidad separada y con arreglo a la normativa establecida, así como tener una cuenta bancaria independiente y exclusiva para todos los gastos e ingresos derivados de su actividad.

La agencia de colocación presentará al Instituto Nacional de Empleo auditorías de cada ejercicio anual, realizadas por entidades independientes, en las que se dictamine expresamente sobre la idoneidad, racionalidad de las cuantías y el equilibrio de gastos e ingresos.

⇒ Conforme al art. 71 de la Ley 13/1996, de 30 diciembre, de Medidas Fiscales, Administrativas y del Orden Social, a estas auditorías «les será de aplicación la normativa vigente, especialmente contenida en la Ley 19/1988, de 12 julio, y su Reglamento de desarrollo aprobado por RD 1636/1990, de 20 diciembre». Asimismo, dicha norma dispone que el INEM «una vez recibidos los informes de auditoría realizados por personas físicas o jurídicas inscritas en el Registro Oficial de Auditores de Cuentas, informará de los mismos al Consejo General del INEM».

Artículo 5. Registro.

En el Instituto Nacional de Empleo funcionará un registro de agencias de colocación en el que serán inscritas aquellas a las que les haya sido concedida la autorización.

CAPÍTULO II

De las relaciones entre los sujetos de la intermediación laboral

Artículo 6. Regulación general.

En virtud de lo dispuesto en el artículo 16.2 del texto refundido de la Ley del Estatuto de los Trabajadores, el marco general de actuación de las agencias de colocación será el que, para cada caso, establezcan los convenios de colaboración que se formalicen con el Instituto Nacional de Empleo, los cuales se adecuarán a lo dispuesto en este capítulo II.

Artículo 7. Obligaciones de las agencias de colocación en relación con el Instituto Nacional de Empleo.

Las agencias de colocación estarán obligadas a:

1. Remitir al Instituto Nacional de Empleo los datos de los solicitantes de empleo que hayan requerido sus servicios, a efectos del cumplimiento, por parte de los mismos, de la obligación de inscripción en dicho Instituto.

2. Comunicar al Instituto Nacional de Empleo las bajas que se vayan produciendo entre sus usuarios solicitantes de empleo.

3. Poner en conocimiento del Instituto Nacional de Empleo las ofertas de trabajo que hayan recibido de los empleadores, indicando las altas, las que están en proceso y las finalizadas. Respecto a los solicitantes de empleo, en relación con las ofertas que se gestionen, las agencias comunicarán la siguiente información:

a) Trabajadores enviados a las empresas.

b) Trabajadores que hayan declinado presentarse a las empresas, con vacantes no cubiertas.

c) Trabajadores que hayan rechazado los puestos de trabajo vacantes, con exposición de los motivos de rechazo.

d) Trabajadores rechazados por las empresas, con exposición de los motivos del rechazo.

e) Trabajadores contratados.

4. Comunicar al Instituto Nacional de Empleo los rechazos de ofertas de los solicitantes y perceptores de prestaciones y subsidios por desempleo, con información sobre el empleo ofrecido y las causas de su no aceptación.

5. Hacer constar, en los términos que se indiquen por el Instituto Nacional de Empleo, la condición de autorizada y número de autorización en todo lugar donde figure su nombre.

Artículo 8. Forma de llevar a cabo la comunicación.

La comunicación de los datos recogidos en el artículo 7 de este Real Decreto se efectuará a través de medios informáticos, en los plazos y con las especificaciones que se establezcan en el convenio de colaboración.

Artículo 9. Derecho de información.

El Instituto Nacional de Empleo informará a los solicitantes de empleo sobre la existencia de las agencias de colocación de las que podrían ser usuarios, así como de que éstas pueden exigirle remuneración por los gastos ocasionados en su gestión.

Artículo 10. Obligaciones de los trabajadores con el Instituto Nacional de Empleo.

1. La obligación de los trabajadores de inscribirse en las Oficinas de Empleo del Instituto Nacional de Empleo cuando hayan de solicitar ocupación, prevista en el apartado 2 del artículo 42 de la Ley 51/1980, de 8 de octubre, se considerará cumplida, salvo por los solicitantes de prestaciones y subsidios por desempleo, si se inscriben en las agencias de colocación autorizadas conforme a lo establecido en el texto refundido de la Ley del Estatuto de los Trabajadores y en este Real Decreto.

2. Los solicitantes y perceptores de prestaciones y subsidios por desempleo deberán inscribirse y mantener la inscripción como demandantes de empleo en las Oficinas de Empleo del Instituto Nacional de Empleo, cumpliendo las obligaciones establecidas en las normas reguladoras de la protec-

ción por desempleo con dicho Instituto Nacional de Empleo. No obstante, una vez inscritos, y sin perjuicio de seguir manteniendo dicha inscripción y cumpliendo con sus obligaciones conforme a lo ya establecido en este apartado, los solicitantes y perceptores de prestaciones y subsidios por desempleo que lo deseen podrán requerir, además, los servicios de las agencias de colocación.

CAPÍTULO III

Procedimiento para la concesión, renovación y extinción de la autorización

Artículo 11. Iniciación de procedimiento.

1. El procedimiento para la concesión de la autorización como agencia de colocación se iniciará con la solicitud de autorización presentada por la persona física o jurídica correspondiente haciendo constar los siguientes datos:

a) Identificación del solicitante.

b) Denominación de la entidad.

c) Domicilio de la entidad.

d) Número de identificación fiscal y código de cuenta de cotización a la Seguridad Social.

e) Ámbito territorial y profesional en el que se pretende actuar.

2. Los solicitantes aportarán la documentación que en cada caso proceda, conforme a su naturaleza, acreditativa de la ausencia de ánimo de lucro y de su finalidad de intermediación en el mercado de trabajo con el fin de colaborar en la colocación.

3. A la solicitud se acompañará memoria-proyecto técnico y de gestión para el ámbito solicitado, la cual contendrá los siguientes apartados:

a) Ubicación y descripción del local o locales donde vaya a desarrollarse su actuación.

b) Previsión del volumen de usuarios a atender y servicios a prestar.

c) Instalaciones, mobiliario y recursos materiales.

d) Previsiones de dotación de personal.

e) Métodos e instrumentos de trabajo.

f) Presupuesto de gastos e ingresos con especificación de la remuneración a percibir del empleador o de los trabajadores por cada servicio prestado.

g) Documentación acreditativa de hallarse al corriente en el cumplimiento de sus obligaciones fiscales y frente a la Seguridad Social o de carecer de las mismas.

4. La solicitud se cumplimentará de acuerdo con lo previsto en el artículo 70 de la Ley 30/1992, de 26 de noviembre, de Régimen Jurídico de las Administraciones Públicas y del Procedimiento Administrativo Común, en el modelo que figura como anexo a este Real Decreto.

Artículo 12. Tramitación del procedimiento.

1. La solicitud, que podrá presentarse en cualquiera de los Registros y oficinas previstos en el artículo 38.4 de la Ley 30/1992, de 26 de noviembre, de Régimen Jurídico de las Administraciones Públicas y del Procedimiento Administrativo Común, irá dirigida al Director general del Instituto Nacional de Empleo.

En el Instituto Nacional de Empleo funcionará un Registro de solicitudes con el fin de conocer en cada momento las fases de tramitación del procedimiento.

Cuando la solicitud no cumpliese los requisitos exigidos en el artículo 70 de la Ley 30/1992, de 26 de noviembre, de Régimen Jurídico de las Administraciones Públicas y del Procedimiento Administrativo Común, o no se acompañasen los documentos citados en los apartados 2 y 3 del artículo 11 de este Real Decreto, se requerirá a la entidad o institución para que proceda a la subsanación de la falta o a la aportación de los documentos en cuestión, en un plazo de diez días, indicándole que, de no hacerlo así, se le tendrá por desistido de su solicitud, que será archivada sin más trámite.

En cualquier momento del procedimiento, la entidad o institución solicitante podrá conocer el estado de tramitación del mismo, pudiendo formular las alegaciones y aportar los documentos que estime convenientes, de acuerdo con las previsiones contenidas en los artículos 35, a) y 79.1 de la Ley 30/1992, de 26 de noviembre, de Régimen Jurídico de las Administraciones Públicas y del Procedimiento Administrativo Común.

2. El Consejo General del Instituto Nacional de Empleo emitirá el preceptivo informe sobre la solicitud de autorización como agencia de colocación.

Artículo 13. Terminación del procedimiento.

1. El procedimiento de autorización finalizará con la firma de un convenio de colaboración, de acuerdo con lo dispuesto en el artículo 16.2 del texto refundido de la Ley del Estatuto de los Trabajadores y en el artículo 88 de la Ley 30/1992, de 26 de noviembre, de Régimen Jurídico de las Administraciones Públicas y del Procedimiento Administrativo Común, o con la resolución denegatoria de la solicitud dictada por el Director general del Instituto Nacional de Empleo, en el plazo máximo, en ambos casos, de seis meses, a contar desde que la solicitud haya tenido entrada en cualquiera de los Registros del Instituto Nacional de Empleo.

2. Transcurrido el plazo para resolver el procedimiento de autorización, señalado en el apartado anterior, sin que haya recaído resolución o se haya suscrito el oportuno convenio de colaboración, se podrá entender desestimada la solicitud.

3. Contra la resolución o la firma del convenio de colaboración que ponga fin al procedimiento de autorización, podrá interponerse recurso ordinario ante el Ministro de Trabajo y Seguridad Social, en los términos establecidos en la Ley 30/1992, de 26 de noviembre.

Artículo 14. Duración y renovación de la autorización.

1. La duración de la autorización inicial será de un año, a partir de la firma del convenio de colaboración, al término del cual, previa solicitud por escrito por parte de la agencia de colocación, con una antelación mínima de dos meses y máxima de tres, podrá ser prorrogado por un año más.

A la solicitud de renovación de la autorización, la agencia de colocación unirá Balance de gastos e ingresos y Memoria de la actividad desarrollada, presupuesto y previsión de actividades del período que se prorroga, así como cualquier otro documento o información que, por estar contemplados en el convenio de colaboración, pueda solicitar el Instituto Nacional de Empleo.

2. El Instituto Nacional de Empleo, a la vista de la documentación señalada en el apartado anterior, y si subsisten las condiciones y requisitos que dieron lugar a la autorización, se manifestará de forma expresa sobre la concesión de la prórroga solicitada, con un mes de antelación a la fecha de terminación del plazo concedido en la misma, mediante Resolución motivada del Director general.

Transcurrido el plazo establecido sin que se haya dictado resolución, podrá entenderse desestimada la solicitud de renovación.

Contra esta resolución se podrá interponer recurso ordinario ante el Ministro de Trabajo y Seguridad Social.

3. Al término del segundo año, y mediante el procedimiento establecido en este artículo, la autorización podrá convertirse en indefinida, estando, en todo caso, sujeta al cumplimiento de los requisitos y condiciones establecidos en el presente Real Decreto.

Artículo 15. Memoria y previsión de actividades.

La agencia de colocación estará obligada a presentar al Instituto Nacional de Empleo, con periodicidad anual y dentro del primer mes de cada ejercicio, una Memoria de actividades y una previsión de aquéllas a realizar el año siguiente, cuyos contenidos serán los establecidos en el convenio de colaboración.

Artículo 16. Modificación del convenio de colaboración.

1. Cualquiera de los signatarios del convenio de colaboración podrá proponer su modificación en los términos establecidos en este artículo.

2. La solicitud de modificación se iniciará con una propuesta que deberá cumplir los siguientes trámites:

a) Quien inste la modificación comunicará por escrito al otro las cláusulas del convenio de colaboración afectadas con un razonamiento detallado de las causas que lo aconsejan.

b) Una vez notificada dicha propuesta, el receptor dispondrá del plazo de quince días para su análisis. Si aquélla fuera aceptada, se pondrá en conocimiento del otro interviniente y se redactará nuevo convenio de colaboración en el que se recojan las modificaciones en cuestión.

c) La modificación propuesta se entenderá desestimada si el receptor no contesta en el plazo citado en el apartado anterior, entendiéndose en este caso subsistente en todo su contenido el convenio de colaboración vigente hasta ese momento.

La modificación, en ningún caso, podrá afectar a los fines y funciones de la agencia de colocación, ni contravenir lo establecido en el presente Real Decreto.

3. La firma del nuevo convenio no supondrá alteración de las obligaciones de la agencia en relación a la fecha de presentación de la Memoria anual de actividades.

Artículo 17. Extinción de la autorización.

1. La autorización se extinguirá:

a) Por terminación del plazo concedido en la misma.

b) A instancia de la agencia de colocación, por incumplimiento del Instituto Nacional de Empleo de las estipulaciones contenidas en el convenio de colaboración.

c) Por incumplimiento por parte de la agencia de colocación de cualquiera de los requisitos y obligaciones recogidos en este Real Decreto o de las condiciones establecidas en el convenio de colaboración, así como por vulneración del principio de igualdad en el acceso al empleo establecido en el artículo 16.2 del texto refundido de la Ley del Estatuto de los Trabajadores.

d) Por mutuo acuerdo de las partes.

e) Por aquellas causas que se establezcan expresamente en el convenio de colaboración.

2. La declaración de extinción se efectuará por resolución motivada del Director general del Instituto Nacional de Empleo. Contra dicha resolución podrá interponerse recurso ordinario ante el Ministro de Trabajo y Seguridad Social, en los términos previstos legalmente.

La agencia de colocación asumirá las responsabilidades que se pudieran derivar, en su caso, frente a sus usuarios, a consecuencia de dicha extinción.

TÍTULO II

PLANES DE SERVICIOS INTEGRADOS PARA EL EMPLEO

⇒ Téngase muy en cuenta respecto de este Título el desarrollo llevado a cabo por la O. 10 octubre 1995 (§4.2).

CAPÍTULO I

Disposiciones generales

Artículo 18. Planes de Servicios Integrados para el Empleo.

Los Planes de los Servicios Integrados para el Empleo (SIPEs) comprenden la organización y articulación de las políticas activas de empleo relativas al proceso completo de acompañamiento del demandante en su búsqueda de empleo a través de entidades asociadas.

Artículo 19. Concepto y requisitos de las entidades asociadas de los Servicios Integrados para el Empleo.

Las entidades asociadas de los servicios integrados para el empleo son entidades públicas o privadas sin ánimo de lucro, dotadas de personalidad jurídica y capacidad de obrar para el cumplimiento de sus fines, que, a través de la suscripción del oportuno convenio con el Instituto Nacional de Empleo, participan en las actuaciones tendentes al incremento de la capacidad de ocupación de los demandantes de empleo.

Las entidades asociadas deberán disponer de los medios propios adecuados para la realización de las actividades objeto del convenio.

CAPÍTULO II

De los convenios

Artículo 20. Convenios: Objeto, duración y contenido.

1. Para la consecución de los objetivos previstos en el presente título se suscribirán convenios entre el Instituto Nacional de Empleo y las respectivas entidades asociadas.

La competencia para la firma de estos convenios, por parte del Instituto Nacional de Empleo, recaerá en su Director general.

2. Las materias objeto de convenio se agruparán en los siguientes bloques, independientemente de las acciones concretas que acuerde realizar la entidad asociada:

A) Análisis del mercado de trabajo.

B) Establecimiento de procesos para el incremento de la capacidad de ocupación de los demandantes de empleo, dependiendo de las necesidades concretas de los mismos, que comprenderán todas o algunas de las siguientes acciones:

a) Entrevista ocupacional.

b) Calificación profesional.

c) Plan personal de empleo y formación.

d) Información profesional para el empleo.

e) Desarrollo de los aspectos personales para la ocupación.

f) Búsqueda activa de empleo.

g) Programas mixtos de empleo-formación profesional ocupacional.

h) Planes específicos para la adquisición de experiencia profesional.

i) Información y asesoramiento para el autoempleo u otro tipo de iniciativas empresariales.

j) Otro tipo de nuevas iniciativas que tiendan a aumentar las posibilidades de inserción del demandante en el mercado de trabajo.

3. La duración de los convenios será la correspondiente al ejercicio presupuestario salvo que, por mutuo acuerdo, se pacte una mayor duración, si bien, en este caso, la financiación deberá vincularse a cada ejercicio presupuestario.

4. El convenio contendrá como mínimo los siguientes extremos:

a) Ámbito de aplicación.

b) Las acciones concretas objeto de convenio de las comprendidas en el apartado 2 de este artículo.

c) La forma de financiación de las acciones objeto de convenio.

d) El colectivo de demandantes a los que se dirigen los servicios integrados para el empleo.

e) Seguimiento y evaluación.

Artículo 21. Iniciativa para la suscripción de convenios.

1. Las entidades que pretendan concertar actuaciones de las contenidas en los servicios integrados para el empleo, se dirigirán al Instituto Nacional de Empleo, aportando un proyecto-memoria en el que se especifique:

a) El compromiso de concertación con el Instituto Nacional de Empleo en materias concretas de las enumeradas en el artículo 20.2 del presente Real Decreto.

b) Ámbito territorial o sectorial del convenio.

c) Los medios materiales y humanos con los que cuenta para acometer las acciones previstas.

d) Plan de financiación del proyecto.

2. El Instituto Nacional de Empleo examinará el proyecto-memoria y la documentación aportada y emitirá informe sobre su viabilidad. En su caso, se iniciarán los trámites de elaboración y suscripción del convenio.

3. Los convenios a suscribir entre el Instituto Nacional de Empleo y las entidades asociadas serán informados, con carácter previo y preceptivo, por la Comisión Ejecutiva del Instituto Nacional de Empleo, de cuyos acuerdos se dará traslado al Consejo General del INEM.

Artículo 22. Financiación de los convenios.

La financiación, que corresponda al Instituto Nacional de Empleo, de las acciones objeto del convenio, se realizará a través de las subvenciones previstas en los distintos programas de empleo y formación, regulados por su correspondiente normativa.

Artículo 23. Seguimiento y evaluación.

1. El Instituto Nacional de Empleo realizará cuantas acciones sean necesarias para el seguimiento y evaluación de las actuaciones objeto del convenio, tanto en su aspecto cualitativo como cuantitativo.

Las entidades asociadas facilitarán cuantos datos, documentación e información sean necesarios, en los soportes informáticos o medios que se establezcan, para evaluar el resultado de las acciones concertadas.

2. Las subvenciones otorgadas para la ejecución de las acciones objeto de convenio se ajustarán a lo establecido en cada una de las Órdenes Ministeriales que las regulan y se someterán al control previsto en la Ley General Presupuestaria.

CAPÍTULO III

Derechos y obligaciones

Artículo 24. Derechos de las entidades asociadas.

Las entidades asociadas podrán proponer al Instituto Nacional de Empleo, para su consideración y, en su caso, aceptación, la modificación del convenio. El procedimiento será el mismo que para la firma del convenio inicial. De ser aceptada la modificación, se incluirá como anexo del convenio que se modifica e irá suscrita por las partes concertantes de aquél.

Las entidades asociadas tendrán derecho a percibir subvenciones para la realización de estas acciones en la cuantía y condiciones establecidas.

Artículo 25. Derechos del Instituto Nacional de Empleo.

El Instituto Nacional de Empleo podrá seleccionar a los demandantes concretos, a incluir en cada una de las acciones programadas en el correspondiente proceso de inserción laboral, y podrá fijar acciones o planes específicos de actuación cuando lo considere oportuno.

Artículo 26. Obligaciones de las entidades asociadas.

Las entidades asociadas, en virtud del convenio suscrito, quedarán obligadas a:

1. Realizar las acciones objeto del convenio en los términos y condiciones señaladas por él.

2. Comunicar al Instituto Nacional de Empleo, por los medios que se determinen, la iniciación de dichas acciones, los resultados en cada una de sus fases y su finalización, así como, identificación de los trabajadores afectados y las incidencias respecto de los mismos que se produzcan durante el proceso.

3. Aportar, finalizado el plazo de duración del convenio, un informe en el que se especifique el número de demandantes atendidos, la ejecución de las acciones objeto de subvenciones y la justificación de la aplicación de los fondos percibidos.

4. Someterse a las actuaciones de fiscalización a efectuar por el Instituto Nacional de Empleo, a las de control financiero que corresponden a la Intervención General de la Administración del Estado y a las previstas en la legislación del Tribunal de Cuentas.

Artículo 27. Obligaciones del Instituto Nacional de Empleo.

El Instituto Nacional de Empleo quedará obligado a:

1. Facilitar la información disponible sobre el mercado de trabajo, con objeto de completar los estudios que se efectúen, bien a nivel territorial o sectorial.

2. Financiar las acciones objeto de convenio, en los términos señalados en el artículo 22 de este Real Decreto.

DISPOSICIÓN ADICIONAL

Única. Oferta de empleo comunitaria.

La oferta de empleo procedente de otros países de la Unión Europea, a través de sus servicios públicos de empleo será tramitada por el Instituto Nacional de Empleo, en los términos previstos en la Decisión de la Comisión de las Comunidades Europeas, de 22 de octubre de 1993, relativa a la aplicación del Reglamento (CEE) número 1612/68, del Consejo, relativo a la libre circulación de los trabajadores dentro de la Comunidad, en lo que respecta, en particular, a una red creada bajo la denominación EURES. Dichas ofertas incluyen las procedentes de los países signatarios del Acuerdo sobre el Espacio Económico Europeo, suscrito en Oporto el 2 de mayo de 1992, adaptado por el Protocolo de 17 de marzo de 1993 y ratificado el 26 de noviembre de 1993.

DISPOSICIONES FINALES

Primera. Derecho supletorio.

En lo no regulado expresamente en el presente Real Decreto, resultará de aplicación lo dispuesto en la Ley 30/1992, de 26 de noviembre, sobre Régimen Jurídico de las Administraciones Públicas y del Procedimiento Administrativo Común; artículos 81 y 82 del texto refundido de la Ley General Presupuestaria; Real Decreto 2225/1993, de 17 de diciembre, por el que se aprueba el Reglamento de Procedimiento para la concesión de subvenciones públicas, y Real Decreto 1778/1994, de 5 de agosto, por el que se adecua a la Ley 30/1992, de 26 de diciembre, las normas reguladoras de los procedimientos de otorgamiento, modificación y extinción de autorizaciones.

Segunda. Ejecución y desarrollo.

Se autoriza al Ministro de Trabajo y Seguridad Social para dictar cuantas normas sean precisas para la ejecución de lo dispuesto en el presente Real Decreto.

⇒ V. la O. 10 octubre 1995 (§4.2).

Tercera. Entrada en vigor.

El presente Real Decreto entrará en vigor el día siguiente al de su publicación en el «Boletín Oficial del Estado».

ANEXO

Solicitud para la autorización de agencias de colocación sin fines lucrativos

1. Datos de identificación

Nombre de la entidad, si procede — NIF o CIF

Titular Jurídico o representante — Cuenta cotización S.S.

Calle (Cl), Plaza (Pz) o Avenida (Av) del domicilio social — Nº — Escalera — Piso — Pta

Municipio — Provincia — Código Post. — Teléfono

2. Ámbito territorial y profesional de actuación

3. Nº de demandantes a atender

La Entidad declara que cumple con todos los requisitos que se especifican el Real Decreto 735/1995 de 5 de mayo (BOE de 8 de mayo) y aporta la documentación probatoria pertinente.

.... de .... de 199 ......

(Cargo, firma y sello)

Fdo.:

SR. DIRECTOR GENERAL DEL INEM

§ 4.2 ORDEN 10 OCTUBRE 1995. REGULA LOS PLANES DE SERVICIOS INTEGRADOS PARA EL EMPLEO Y LOS CONVENIOS CON LAS ENTIDADES ASOCIADAS DE DICHOS SERVICIOS

(BOE núm. 249, de 18 octubre; rect. BB OO del Estado núms. 258, 267 y 278, de 28 octubre y 8 y 21 noviembre [RCL 1995, 2833, 2963, 3040 y 3149])

El Real Decreto 735/1995, de 5 de mayo, estableció una serie de principios generales de colaboración entre el INEM y entidades públicas y privadas tendentes a optimizar recursos que coadyuvan a la inserción de los demandantes de empleo en el mercado laboral.

La evolución del mercado de trabajo, el incremento de la población activa y la persistencia del desempleo hacen necesaria la atención especializada y constante a colectivos con especiales dificultades de inserción en la ocupación, como los jóvenes, las mujeres, los minusválidos y los parados de larga duración.

La implantación de Planes de Servicios Integrados para el Empleo tiene por objeto la organización y articulación de políticas activas de empleo, coherentes y complementarias entre sí, de manera que su integración signifique una distribución equitativa de los recursos disponibles, en aras de la revitalización del mercado de trabajo.

Con estos Planes se pretende que, mediante la suscripción de convenios, las entidades públicas o privadas sin ánimo de lucro participen en las distintas fases y actuaciones de la política de colocación, a que hace referencia el artículo 39 de la Ley 51/1980, de 8 de octubre, Básica de Empleo.

Por último se ha considerado necesario adecuar las normas que regulan las subvenciones de los distintos Programas de Empleo y Formación a las previsiones concretas contenidas en el Real Decreto 735/1995, citado, que esta Orden desarrolla.

En su virtud, en uso de la autorización contenida en la disposición final segunda del Real Decreto 735/1995, de 5 de mayo, y de conformidad con lo establecido en el apartado 6 del artículo 81 del texto refundido de la Ley General Presupuestaria, en relación con aquellos preceptos relativos a la concesión o denegación de subvenciones y ayudas públicas, previo informe del Servicio Jurídico del Estado, dispongo:

CAPÍTULO I

Disposiciones generales

Artículo 1. Objetivos de los Planes de Servicios Integrados para el Empleo.

En consonancia con lo establecido en el artículo 18 del Real Decreto 735/1995, los Planes de Servicios Integrados para el Empleo consistirán en actuaciones de carácter personalizado y sistemático que integran el proceso completo de acompañamiento del demandante de empleo para su inserción laboral, los cuales pueden ser realizados por entidades públicas o privadas sin ánimo de lucro, mediante la suscripción del correspondiente convenio de colaboración con el Instituto Nacional de Empleo.

Artículo 2. Requisitos que deben reunir las entidades.

Las entidades que estén interesadas en colaborar en los Planes de Servicios Integrados para el Empleo deberán, de acuerdo con lo previsto en el artículo 19 del Real Decreto 735/1995, cumplir los requisitos siguientes:

a) Tener personalidad jurídica, que se acreditará en alguna de las formas previstas con arreglo a derecho.

b) Tener capacidad de obrar, en los términos previstos en el Código Civil.

c) Carecer de fines lucrativos, que se demostrará aportando la documentación que en cada caso proceda, conforme a su naturaleza jurídica.

d) Disponer de los medios propios adecuados para el cumplimiento de las acciones objeto del convenio a suscribir, ya sean recursos materiales como medios humanos, de acuerdo con las especificaciones señaladas en la normativa reguladora de aquéllas y con las previsiones contenidas en capítulo siguiente.

En el caso de que se trate de una Administración o entidad pública, los requisitos señalados en los tres primeros puntos se considerarán acreditados sin necesidad de presentación de los documentos requeridos en los mismos.

CAPÍTULO II
Convenios de colaboración

Artículo 3. Objeto.

Los convenios de colaboración que se suscriban entre el INEM y las entidades interesadas tendrán como finalidad la consecución de los objetivos previstos en los distintos Planes de Servicios Integrados para el Empleo.

Artículo 4. Iniciación para la suscripción de convenios.

La entidad que pretenda suscribir un convenio con el Instituto Nacional de Empleo deberá solicitarlo ante el mismo en el modelo de solicitud que figura como anexo de la presente disposición, acompañando la documentación relacionada en el artículo 21.1 del Real Decreto 735/1995, de 9 de mayo, rigiéndose su tramitación por lo dispuesto en los apartados 2 y 3 del citado artículo 21.

Artículo 5. Enumeración y definición de las acciones.

Las materias contenidas en el artículo 20.2 del Real Decreto se concretarán en la realización de las siguientes acciones:

A) Análisis del mercado de trabajo.

Consiste en la realización de estudios en el ámbito territorial o sectorial de aplicación del convenio, con el fin de conocer las características y las variaciones que se producen en dicho ámbito de cara a la identificación de sus potencialidades, a la planificación de las políticas activas de empleo y un adecuado apoyo a los usuarios a la hora de definir su itinerario de búsqueda de empleo.

Dicho análisis se realizará por el Observatorio Permanente del Comportamiento de las Ocupaciones Provincial y podrá ser cumplimentado por la entidad asociada cuando a juicio del INEM se considere necesario.

Los resultados del análisis del mercado de trabajo servirán de base para el desarrollo del resto de las acciones de información, orientación y búsqueda activa de empleo.

B) Establecimiento de procesos para el incremento de la capacidad de ocupación de los demandantes de empleo, dependiendo de las necesidades concretas de los mismos, que comprenderán todas o algunas de las siguientes acciones:

⇒ Mediante Res. 23 julio 1996, del INEM, se detallan los gastos imputables por las entidades asociadas a las acciones contempladas en diversas letras de este apartado.

a) Entrevista ocupacional.

Se configura como una entrevista personal en profundidad a fin de identificar el perfil de los demandantes de empleo y, en consecuencia, determinar qué acciones son las más adecuadas para su acompañamiento en la búsqueda de empleo.

La entrevista ocupacional, dado su carácter universal, será realizada por el Instituto Nacional de Empleo, para posibilitar la unidad de criterio en los datos e historiales de los demandantes, como medio de clasificación profesional; no obstante, la entidad realizará la entrevista personal previamente al inicio de acciones.

b) Calificación profesional.

Son acciones encaminadas a la comprobación individual de la profesionalidad de los trabajadores demandantes de empleo para una ocupación determinada, y consistirán en la evaluación de pruebas profesionales prácticas y de conocimientos técnicos al objeto de definir su perfil profesional.

La aplicación de pruebas de comprobación de la profesionalidad de aquellos colectivos que así lo requieran, será realizada por el Instituto Nacional de Empleo o sus centros colaboradores.

c) Plan personal de empleo y formación.

Se configuran como actuaciones individualizadas dirigidas a demandantes de empleo que carezcan de un proyecto personal y no tengan definidas las acciones a realizar para mejorar sus posibilidades de empleo, con el fin de facilitarles la elaboración de su proyecto de inserción laboral.

d) Información profesional para el empleo.

Son acciones dirigidas a facilitar, a los demandantes de empleo que desconozcan las posibilidades y/o requisitos de entrada en el mercado de trabajo y las opciones disponibles, los datos necesarios y suficientes sobre el ámbito territorial y ocupacional en que se desarrolla su búsqueda de empleo.

e) Desarrollo de los aspectos personales para la ocupación.

Estas actuaciones van dirigidas a demandantes de empleo que tengan especiales dificultades para su inserción profesional, debido a barreras personales que han asumido o desarrollado y que muestran: Desánimo para la búsqueda de empleo, falta de confianza en sus posibilidades para encontrar un empleo, trabas en la toma de decisiones y en la búsqueda de soluciones a su situación de desempleo y que se sienten incapaces de responsabilizarse de su propio proyecto personal de empleo y formación; tienen como finalidad su inserción profesional.

f) Búsqueda activa de empleo.

Se configuran como actividades encaminadas al conocimiento, entrenamiento y aplicación de aquellas habilidades y técnicas facilitadoras del proceso de búsqueda de empleo, dirigidas a demandantes con una cualificación e intereses profesionales ajustados al empleo existente en su ámbito de búsqueda, para que acorten su tiempo de búsqueda de empleo al efectuar ésta de forma activa, con organización y técnicas adecuadas.

g) Programas mixtos de empleo-formación profesional.

Estas acciones se encuentran definidas en la Orden de 3 de agosto de 1994, reguladora de los Programas de Escuelas Taller y Casas de Oficio, las unidades de promoción y desarrollo y los centros de iniciativa empresarial, y la Orden de 13 de abril de 1994 por la que se establecen las normas de desarrollo del Plan Nacional de Formación e Inserción Profesional, así como de acuerdo con lo dispuesto en la Orden de 2 de marzo de 1994, por la que se establecen las bases para la concesión de subvenciones por el Instituto Nacional de Empleo en el ámbito de colaboración con las Corporaciones Locales para la contratación de trabajadores desempleados en la realización de obras y servicios de interés general y social, y Orden de 13 de abril de 1994 por la que se regula la concesión de subvenciones por el Instituto Nacional de Empleo en el ámbito de la colaboración con órganos de la Administración del Estado y sus organismos autónomos, Comunidades Autónomas, universidades e instituciones sin ánimo de lucro, que contraten trabajadores desempleados para la realización de obras y servicios de interés general y social.

⇒ V. art. 6 de la Ley de Empleo y su nota (§27.1).
Sobre contratos de formación en Escuelas-Taller y Casas de Oficios, v. la disp. adic. 2ª de la Ley 63/1997, de 26 diciembre.

h) Planes específicos para la adquisición de experiencia profesional.

Estas acciones están definidas de forma general en las Ordenes de 2 de marzo y 13 de abril de 1994, mencionadas en la letra anterior.

i) Información y asesoramiento para el autoempleo u otro tipo de iniciativas empresariales.

Estas acciones tienen como finalidad facilitar la información, la motivación, el asesoramiento y el seguimiento de aquellos demandantes de empleo que, o bien por tener dificultades de inserción en el mercado de trabajo por cuenta ajena, o bien por vocación e inclinación personal, muestren su interés en desarrollar un proyecto empresarial.

Estas acciones, así como las descritas en las letras c), d), e) y f), son las previstas en el artículo 1, b), de la Orden de 9 de marzo de 1994, por las que se establecen las bases reguladoras de la concesión de ayudas por el Instituto Nacional de Empleo para la realización de acciones de comprobación de la profesionalidad, información profesional, orientación profesional y búsqueda activa de empleo, por entidades e instituciones colaboradoras sin ánimo de lucro.

La instrumentación de estas acciones y su metodología se desarrollarán de forma específica en los respectivos convenios de colaboración.

Artículo 6. Recursos materiales y humanos.

Los recursos materiales y humanos mínimos que deberán poseer las entidades asociadas, de acuerdo con lo establecido en el artículo 2, apartado d), de la presente Orden, dependerán, en parte, del tipo de acción a desarrollar, pero en todo caso deberán ajustarse a las siguientes condiciones:

Todos los espacios destinados al desarrollo de estas acciones deben reunir las condiciones higiénicas, acústicas, de habilitabilidad y seguridad exigidas por la legislación vigente. El mobiliario y equipo con que deben estar equipados se determinará en el propio convenio.

El personal técnico que realice las acciones contempladas en el convenio se determinará conjuntamente por el INEM y la entidad asociada con el fin de procurar la mayor adaptación de los seleccionados a las acciones a desarrollar.

La concreción de los perfiles profesionales se recogerá en los respectivos convenios de colaboración.

Artículo 7. Contenido de los convenios.

Los convenios que den lugar a la articulación de Planes de Servicios Integrados para el Empleo, de acuerdo con lo establecido en el artículo 20.4 del Real Decreto 735/1995, contendrán los siguientes extremos:

a) Ambito territorial o sectorial de aplicación.

b) Determinación de las acciones estableciendo su cuantificación, prescripciones técnicas, especificando a los colectivos a los que van dirigidas, preferentemente aquellos con mayores dificultades de inserción en el mercado laboral.

Asimismo se determinarán las actuaciones a realizar por el INEM.

c) La forma de financiación de las acciones objeto de convenio.

d) Duración del propio convenio en los términos establecidos en el artículo 20.3 del Real Decreto 735/1995 y posibilidad de prórroga.

e) Establecimiento de una Comisión Mixta para el seguimiento del convenio que, en todo caso, será presidida por un representante del Instituto Nacional de Empleo.

f) Especificación y cuantificación de los recursos materiales y humanos aportados por la entidad asociada.

CAPÍTULO III

Régimen de las subvenciones y financiación, seguimiento y evaluación de los convenios

...

✐ Capítulo derogado por O. 20 enero 1998, mediante la que se regulan las bases para la concesión de subvenciones para la realización de acciones de orientación profesional para el empleo y asistencia para el autoempleo.

DISPOSICIONES ADICIONALES

Primera.

La financiación de los convenios de colaboración entre el Instituto Nacional de Empleo y las entidades asociadas para la realización de acciones de Servicios Integrados para el Empleo se llevará a cabo de acuerdo con las normas que regulan las subvenciones de los distintos programas de empleo y formación, que, a estos efectos, sufrirán las siguientes modificaciones:

1. Subvenciones Instituto Nacional de Empleo-Corporaciones Locales reguladas en la Orden de 2 de marzo de 1994.

El Director provincial del Instituto Nacional de Empleo resolverá sobre las mismas sin que sean preceptivos los informes de la Comisión Ejecutiva Provincial y de la Comisión de Planificación y Coordinación de Inversiones o, en su caso, de la Comisión Regional de Calificación, Coordinación y Seguimiento. A dichas Comisiones se dará cuenta de las obras o servicios objeto de subvención.

Las obras o servicios objeto de subvención podrán tener una duración superior al año natural en que se inicien.

2. Subvenciones del Instituto Nacional de Empleo a entidades públicas o privadas sin ánimo de lucro, reguladas en la Orden de 13 de abril de 1994.

Las subvenciones podrán solicitarse con una antelación de dos meses al vencimiento del ejercicio presupuestario correspondiente.

Las obras o servicios objeto de subvenciones podrán tener una duración superior al año natural en que se inicien.

3. Subvenciones al amparo del Plan de Formación e Inserción Profesional.

El plazo para presentar acciones formativas al amparo del Plan Nacional de Formación e Inserción Profesional será de un mes a partir de la firma del convenio en el supuesto que tengan centros homologados o de un mes a partir de dicha homologación.

4. Subvenciones al amparo de la Orden de 9 de marzo de 1994.

a) Se delega por el Director general del Instituto Nacional de Empleo en sus Directores provinciales la competencia de resolución de concesión de las subvenciones a que se refiere este apartado, la autorización del gasto, la ordenación del pago, así como la competencia para exigir, en los casos que proceda, el reintegro de las mismas.

b) En relación con el artículo 5.1 de la Orden de 9 de marzo de 1994 el módulo económico a aplicar a cada una de las acciones contempladas en el artículo 1, b), será como máximo de 4.000 pesetas/hora por acción impartida.

✐ El ap. 4 b) está redactado conforme a la O. 30 julio 1997 (derogada por la O. 20 enero 1998).

Segunda.

El artículo 11 de la Orden de 9 de marzo de 1994 queda redactado de la siguiente forma:

«Artículo 11. Pago y justificación de las ayudas.

1. El Instituto Nacional de Empleo abonará el importe de las subvenciones, previa justificación de la realización de las acciones.

2. No obstante lo dispuesto en el número anterior, el Instituto Nacional de Empleo podrá anticipar hasta el 75 por 100 de la subvención, una vez dictada Resolución concesoria, debiéndose garantizar el importe de la cantidad anticipada, en la forma establecida en la Orden de Trabajo y Seguridad Social de 7 de septiembre de 1994 («Boletín Oficial del Estado» del 26).

3. Finalizado el plazo de ejecución, en el mes siguiente, la entidad o institución subvencionada presentará memoria explicativa del desarrollo de las acciones en la que se incluirá necesariamente:

Número de trabajadores demandantes de empleo atendidos.

Liquidación de gastos e ingresos.

Declaración de si se han recibido o se han solicitado o no, ayudas para la misma finalidad de otras Administraciones o entidades públicas o privadas, nacionales o extranjeras, y la cuantía de las mismas.

Justificantes originales o debidamente compulsados de los gastos realizados.

Certificación expedida por la persona responsable de la exactitud contable y de la certeza de los hechos justificados.

A dicha memoria se acompañará solicitud de pago de la subvención pendiente de recibir o justificante del ingreso en la cuenta corriente del Instituto Nacional de Empleo de las cantidades percibidas en exceso.

4. Se delega por el Director general del INEM en sus Directores provinciales la competencia de resolución de concesión de las subvenciones, contempladas en el artículo 1, a), previo dictamen vinculante de aquél, así como la autorización del gasto y ordenación del pago y la competencia para exigir, en los casos que proceda, el reintegro de las mismas».

DISPOSICIÓN TRANSITORIA

Única.

Durante el ejercicio presupuestario 1995 las acciones contempladas en los apartados c), d), e), f) e i) del artículo 5 de esta Orden serán financiados con el mismo crédito autorizado para la Orden de 9 de marzo de 1994.

DISPOSICIONES FINALES

Primera. Ejecución y desarrollo.

Se autoriza al Director general del Instituto Nacional de Empleo para dictar cuantas instrucciones y resoluciones fueran precisas para el desarrollo y ejecución de esta Orden.

Segunda. Entrada en vigor.

La presente Orden entrará en vigor el día siguiente al de su publicación en el «Boletín Oficial del Estado».

ANEXO

Solicitud de suscripción de convenio de colaboración para el desarrollo de Planes de Servicios Integrados para el Empleo

Don/doña ....., como ..... de la entidad ....., domiciliada en ....., número ....., localidad ....., código postal ....., teléfono ....., fax ....., provincia ....., CIF ....., de acuerdo con el Real Decreto 735/1995, de 5 de mayo, por el que se regulan las agencias de colocación sin fines lucrativos y los Servicios

Integrados para el Empleo, y la Orden del Ministerio de Trabajo y Seguridad Social de fecha ....., que desarrolla el título II del Real Decreto mencionado,

Solicita la suscripción de convenio de colaboración con el Instituto Nacional de Empleo para el desarrollo de un Plan de Servicios Integrados para el Empleo, en el ámbito (territorial/ocupacional/sectorial) de ....., conforme a las especificaciones técnicas que figuran en el proyecto memoria que se adjunta.

En ..... a ..... de ..... de 199 .....

Firmado: .....

c) *Información sobre el contrato de trabajo*

§ 5.1 REAL DECRETO 1659/1998, DE 24 JULIO. DESARROLLA EL ARTÍCULO 8, APARTADO 5, DE LA LEY DEL ESTATUTO DE LOS TRABAJADORES, TEXTO REFUNDIDO APROBADO POR EL REAL DECRETO LEGISLATIVO 1/1995, DE 24 MARZO, EN MATERIA DE INFORMACIÓN AL TRABAJADOR SOBRE ELEMENTOS ESENCIALES DEL CONTRATO DE TRABAJO

(BOE núm. 192, de 12 agosto [RCL 1998, 2062])

El artículo 8, apartado 5, de la Ley del Estatuto de los Trabajadores, texto refundido aprobado por el Real Decreto Legislativo 1/1995, de 24 de marzo, establece que cuando la relación laboral sea de duración superior a cuatro semanas el empresario deberá informar por escrito al trabajador sobre los elementos esenciales del contrato y las principales condiciones de ejecución de la prestación laboral, siempre que tales elementos y condiciones no figuren en el contrato de trabajo formalizado por escrito.

Este precepto, cuya redacción procede de las modificaciones introducidas en el Estatuto de los Trabajadores por la Ley 11/1994, de 19 de mayo, incorporó en su momento al Derecho español la Directiva del Consejo 91/533/CEE, de 14 de octubre, relativa a la obligación del empresario de informar al trabajador acerca de las condiciones aplicables al contrato de trabajo o a la relación laboral.

El mismo precepto dispone que reglamentariamente se establecerán los términos y plazos en que el empresario deberá informar al trabajador, lo que constituye el objeto del presente Real Decreto. De esta forma se posibilita una mejor información al trabajador sobre los derechos y obligaciones asumidos en el contrato de trabajo, a la vez que se introduce una mayor claridad en el desarrollo de la relación laboral.

En su virtud, de conformidad con el artículo 8, apartado 5, de la Ley del Estatuto de los Trabajadores, a propuesta del Ministro de Trabajo y Asuntos Sociales, consultadas las organizaciones empresariales y sindicales más representativas, de acuerdo con el Consejo de Estado y previa deliberación del Consejo de Ministros en su reunión del día 24 de julio de 1998, dispongo:

Artículo 1. Objeto y ámbito de aplicación.

1. La información sobre los elementos esenciales del contrato de trabajo y las principales condiciones de ejecución de la prestación laboral que el empresario debe facilitar al trabajador de conformidad con lo previsto en el artículo 8, apartado 5, del texto refundido de la Ley del Estatuto de los Trabajadores, aprobado por el Real Decreto Legislativo 1/1995, de 24 de marzo, se ajustará a los términos y plazos establecidos en el presente Real Decreto.

2. Lo previsto en el presente Real Decreto será de aplicación a las relaciones laborales reguladas por la Ley del Estatuto de los Trabajadores cuya duración sea superior a cuatro semanas, con exclusión de las relaciones laborales especiales del servicio del hogar familiar, y de los penados en las instituciones penitenciarias.

Artículo 2. Información general.

1. En las relaciones laborales incluidas en el ámbito de aplicación del presente Real Decreto, el empresario deberá informar por escrito al trabajador sobre los elementos esenciales del contrato de trabajo y las principales condiciones de ejecución de la prestación laboral.

Tal obligación se entenderá cumplida cuando tales elementos y condiciones figuren ya en el contrato de trabajo formalizado por escrito que obre en poder del trabajador. Cuando el contrato de trabajo formalizado por escrito contenga solo parcialmente la información relativa a los citados elementos y condiciones, el empresario deberá facilitar por escrito al trabajador la información restante, en los términos y plazos establecidos en el presente Real Decreto.

2. La información a que se refiere el apartado anterior incluirá, al menos, los siguientes extremos:

a) La identidad de las partes del contrato de trabajo.

b) La fecha de comienzo de la relación laboral y, en caso de que se trate de una relación laboral temporal, la duración previsible de la misma.

c) El domicilio social de la empresa o, en su caso, el domicilio del empresario y el centro de trabajo donde el trabajador preste sus servicios habitualmente. Cuando el trabajador preste sus servicios de forma habitual en diferentes centros de trabajo o en centros de trabajo móviles o itinerantes se harán constar estas circunstancias.

d) La categoría o el grupo profesional del puesto de trabajo que desempeñe el trabajador o la caracterización o la descripción resumida del mismo, en términos que permitan conocer con suficiente precisión el contenido específico del trabajo.

e) La cuantía del salario base inicial y de los complementos salariales, así como la periodicidad de su pago.

f) La duración y la distribución de la jornada ordinaria de trabajo.

g) La duración de las vacaciones y, en su caso, las modalidades de atribución y de determinación de dichas vacaciones.

h) Los plazos de preaviso que, en su caso, estén obligados a respetar el empresario y el trabajador en el supuesto de extinción del contrato o, si no es posible facilitar este dato en el momento de la entrega de la información, las modalidades de determinación de dichos plazos de preaviso.

i) El convenio colectivo aplicable a la relación laboral, precisando los datos concretos que permitan su identificación.

3. La información sobre los extremos a que se refieren los párrafos e), f), g) y h) del apartado anterior podrá derivarse de una referencia a las disposiciones legales o reglamentarias o a los convenios colectivos de aplicación que regulen dichos extremos, siempre que tal referencia sea precisa y concreta para permitir al trabajador el acceso a la información correspondiente.

Artículo 3. Información adicional en los supuestos de prestación de servicios en el extranjero.

1. Cuando un trabajador tenga que prestar normalmente sus servicios en el extranjero la información a que se refiere el artículo 2 de este Real Decreto deberá ser completada con los siguientes extremos:

a) La duración del trabajo que vaya a prestarse en el extranjero.

b) La moneda en que se pagará el salario.

c) Las retribuciones en dinero o en especie, tales como dietas, compensaciones por gastos o gastos de viaje, y las ventajas vinculadas a la circunstancia de la prestación de servicios en el extranjero.

d) En su caso, las condiciones de repatriación del trabajador.

2. La información sobre los extremos a que se refieren los párrafos b) y c) del apartado anterior podrá derivarse de una referencia a las disposiciones legales o reglamentarias o a los convenios colectivos de aplicación que regulen dichos extremos, siempre que tal referencia sea precisa y concreta para permitir al trabajador el acceso a la información correspondiente.

3. Lo dispuesto en los apartados anteriores no será de aplicación en caso de que la duración del trabajo en el extranjero no rebase las cuatro semanas.

Artículo 4. Información sobre la modificación de las condiciones de la relación laboral.

El empresario deberá informar por escrito al trabajador sobre cualquier modificación de los elementos y condiciones a los que se refieren los artículos 2.2 y 3.1 del presente Real Decreto.

Dicha información por escrito no será necesaria cuando, de acuerdo con los artículos 2.3 y 3.2 la información se derive de una referencia a las disposiciones legales o reglamentarias o a los convenios colectivos que sean de aplicación y se produzca una modificación de los mismos.

Artículo 5. Medios de información.

La información sobre los extremos a que se refieren los artículos 2, 3 y 4 del presente Real Decreto deberá facilitarse por el empresario al trabajador, cuando no conste en el contrato de trabajo formalizado por escrito que obre en poder de éste, a través de cualquiera de estos medios:

a) Una declaración escrita firmada por el empresario, o

b) Uno o más documentos escritos siempre que alguno de dichos documentos incluya al menos el conjunto de los extremos a que se refieren los párrafos a), b), c), d), e) y f) del artículo 2.2 del presente Real Decreto.

Artículo 6. Plazos de información.

1. La información general a que se refiere el artículo 2 deberá ser facilitada por el empresario al trabajador en el plazo de dos meses a contar desde la fecha de comienzo de la relación laboral.

2. La información adicional a que se refiere el artículo 3 deberá ser facilitada por el empresario al trabajador antes de su partida al extranjero.

3. La información sobre las modificaciones a que se refiere el artículo 4 deberá ser entregada por el empresario al trabajador en el plazo de un mes a contar desde la fecha en que la modificación sea efectiva.

4. No obstante lo dispuesto en los apartados anteriores, si la relación laboral se extinguiera antes del transcurso de los plazos indicados, el empresario deberá facilitar la información al trabajador antes de la fecha de extinción del contrato de trabajo.

Artículo 7. No afectación de otras disposiciones de la Ley del Estatuto de los Trabajadores.

Lo dispuesto en el presente Real Decreto se entiende sin perjuicio de las obligaciones en materia de formalización por escrito del contrato de trabajo y de los derechos de información de los representantes de los trabajadores en materia de contratación establecidos en el artículo 8 de la Ley del Estatuto de los Trabajadores, así como del cumplimiento de las obligaciones, requisitos y procedimientos establecidos en la Ley citada en materia de modificación del contrato de trabajo.

Del mismo modo, el cumplimiento de las obligaciones establecidas en el Estatuto de los Trabajadores a que se refiere el párrafo anterior no exime del deber de informar al trabajador sobre los elementos esenciales del contrato de trabajo y las principales condiciones de ejecución de la prestación laboral en los términos y plazos establecidos en el presente Real Decreto.

DISPOSICIÓN TRANSITORIA

Única. Información sobre las relaciones laborales en vigor.

En las relaciones laborales incluidas en el ámbito de aplicación del presente Real Decreto, vigentes en la fecha de su entrada en vigor, el empresario deberá facilitar al trabajador que lo solicite, en el plazo de dos meses a partir de la recepción de la solicitud, la información a que se refiere el presente Real Decreto, siempre que la misma no obrara ya en poder del trabajador.

DISPOSICIÓN FINAL

Única. Facultades de aplicación y desarrollo y entrada en vigor.

Se autoriza al Ministro de Trabajo y Asuntos Sociales a dictar cuantas disposiciones sean necesarias para la aplicación y desarrollo de lo dispuesto en el presente Real Decreto, que entrará en vigor a los veinte días de su publicación en el «Boletín Oficial del Estado».

§ 5.2 REAL DECRETO 1424/2002, DE 27 DICIEMBRE. REGULA LA COMUNICACIÓN DEL CONTENIDO DE LOS CONTRATOS DE TRABAJO Y DE SUS COPIAS BÁSICAS A LOS SERVICIOS PÚBLICOS DE EMPLEO, Y EL USO DE MEDIOS TELEMÁTICOS EN RELACIÓN CON AQUÉLLA

(BOE núm. 43, de 19 febrero [RCL 2003, 492])

La Ley 14/2000, de 29 de diciembre, de Medidas Fiscales, Administrativas y del Orden Social, vino a modificar, en sus artículos 32 y 33, las obligaciones en materia de comunicación de los contratos de trabajo establecidas en el texto refundido de la Ley del Estatuto de los Trabajadores, aprobado por Real Decreto Legislativo 1/1995, de 24 de marzo, y en la Ley 14/1994, de 1 de junio, por la que se regulan las empresas de trabajo temporal, respectivamente.

Así, se han modificado los artículos 8.3. a) y 16.1 del Estatuto de los Trabajadores para suprimir la obligación de registrar en las oficinas públicas de empleo la copia firmada de los contratos de trabajo y sus prórrogas, sustituyéndolo por comunicaciones fehacientes del contenido de los contratos de trabajo.

En el mismo sentido se ha adecuado la Ley 14/1994, de 1 de junio, que regula las empresas de trabajo temporal, modificando el artículo 10.1, para sustituir la obligación de registro de los contratos de trabajo en la oficina pública de empleo por comunicaciones de su contenido.

Dichas modificaciones se han abordado en aras a la necesidad de modernizar los Servicios Públicos de Empleo y acercarlos al ciudadano.

Estos procesos de simplificación administrativa han sido recomendados, por otra parte, en el ámbito comunitario desde la propia Comisión Europea y el Estado español se comprometió en el Plan Nacional de Acción para el Empleo del Reino de España a poner en marcha sistemas alternativos para el registro de los contratos de trabajo que supusieran verdaderos avances en la eliminación de trámites burocráticos, simplificando las relaciones de la Administración con los ciudadanos.

Por otro lado, la Ley 30/1992, de 26 de noviembre, de Régimen Jurídico de las Administraciones Públicas y del Procedimiento Administrativo Común, en su exposición de motivos, propugna la tecnificación y la modernización de la actuación administrativa, así como la adaptación permanente al ritmo de las innovaciones tecnológicas. Concretamente, el artículo 45 de dicho cuerpo legal incorpora el impulso que las Administraciones públicas han de dar al empleo y aplicación de las técnicas y medios electrónicos, informáticos y telemáticos, para el desarrollo de su actividad y el ejercicio de sus competencias. Por último, recientemente el artículo 68 de la Ley 24/2001, de 27 de diciembre, de Medidas Fiscales, Administrativas y del Orden Social, ha venido a establecer modificaciones en los artículos 38 y 59 de la citada Ley 30/1992, añadiendo, además, una nueva disposición adicional decimoctava, para impulsar la administración electrónica.

Con el fin de dar cumplimiento a la previsión de desarrollo reglamentario del artículo 16.1 de la Ley del Estatuto de los Trabajadores, en su redacción dada por la Ley 14/2000, de 29 de diciembre, de Medidas Fiscales, Administrativas y del Orden Social, dentro del referido marco previsto en la Ley 30/1992, de 26 de noviembre, de Régimen Jurídico de las Administraciones Públicas y del Procedimiento Administrativo Común, y de lo dispuesto en el Real Decreto 263/1996, de 16 de febrero, por el que se regula la utilización de técnicas electrónicas, informáticas y telemáticas por la Administración General del Estado, y con el fin de cumplir las recomendaciones de la Comisión Europea, se hace necesario la aprobación de un Real Decreto que ofrezca una regulación unitaria y completa sobre la obligación de la comunicación de la contratación, así como sobre el uso de los medios telemáticos en relación con la comunicación del contenido de los contratos de trabajo y de las copias básicas de aquéllos en el ámbito de los Servicios Públicos de Empleo.

En su virtud, a propuesta del Ministro de Trabajo y Asuntos Sociales, consultadas las organizaciones sindicales y empresariales más representativas, con la aprobación del Ministro de Administraciones Públicas, de acuerdo con el Consejo de Estado y previa deliberación del Consejo de Ministros en su reunión del día 27 de diciembre de 2002, dispongo:

CAPÍTULO I

Comunicaciones del contenido de los contratos de trabajo y de las copias básicas

Artículo 1. Sujetos obligados, plazo y alcance de la obligación.

1. Los empresarios están obligados a comunicar a los Servicios Públicos de Empleo, en el plazo de los diez días hábiles siguientes a su concertación, el contenido de los contratos de trabajo que celebren o las prórrogas de los mismos, deban o no formalizarse por escrito.

2. Los empresarios deberán enviar o remitir a los Servicios Públicos de Empleo la copia básica de los contratos de trabajo, previamente entregada a la representación legal de los trabajadores, si la hubiere.

Artículo 2. Procedimientos para realizar la comunicación del contenido de los contratos de trabajo o sus prórrogas y el envío o remisión de las copias básicas.

La comunicación del contenido de los contratos de trabajo o de sus prórrogas y el envío o remisión de las copias básicas a las que se refiere el artículo anterior podrá efectuarse, bien a través del procedimiento que se regula en el capítulo II de la presente norma, o bien mediante la presentación en los Servicios Públicos de Empleo de copia de los contratos de trabajo o de sus prórrogas o mediante la comunicación de los datos a los que se hace referencia en la disposición final segunda de este Real Decreto y de las propias copias básicas.

Artículo 3. Contenido de las comunicaciones.

1. Las comunicaciones del contenido de los contratos de trabajo o de sus prórrogas a las que se alude en el artículo anterior contendrán los datos que se definan como obligatorios por el Ministerio de Trabajo y Asuntos Sociales.

2. Tales datos se referirán a la identificación del trabajador, de la empresa, a los requisitos específicos de cada modalidad contractual, de las transformaciones o conversiones de los contratos de trabajo temporales en indefinidos, de los llamamientos de los trabajadores fijos discontinuos y de los pactos de horas complementarias en los contratos a tiempo parcial indefinido, así como a los datos de las certificaciones expedidas por la Administración pública o entidad encargada de gestionar la formación de trabajadores sustituidos durante dichos períodos por trabajadores desempleados beneficiarios de prestaciones por desempleo y a los de las comunicaciones que legal o reglamentariamente se establezcan según lo dispuesto en su respectiva normativa reguladora.

Artículo 4. Obligaciones de los Servicios Públicos de Empleo.

1. Los Servicios Públicos de Empleo están obligados a incorporar a la base de datos del Servicio Público de Empleo Estatal, compartida con dichos Servicios Públicos, todos los datos definidos como obligatorios por el Ministerio de Trabajo y Asuntos Sociales respecto de las comunicaciones a las que se hace referencia en el apartado 1 del artículo 1 y en el artículo 3 del presente Real Decreto.

2. Los Servicios Públicos de Empleo incorporarán a sus bases de datos la información procedente de las copias básicas de los contratos de trabajo, enviadas o remitidas por los empresarios o por quienes legalmente les representen, cuando éstos utilicen la modalidad de transmisión prevista en el capítulo II del presente Real Decreto.

3. A los efectos de lo dispuesto en la presente norma, el Servicio Público de Empleo Estatal creará los oportunos registros telemáticos para la recepción o salida de comunicaciones, con sujeción a los requisitos establecidos en el artículo 38 de la Ley 30/1992, de 26 de noviembre, de Régimen Jurídico de las Administraciones Públicas y del Procedimiento Administrativo Común, y en su normativa de desarrollo, en particular a los requisitos y garantías establecidos en el Real Decreto 263/1996, de 16 de febrero, por el que se regula la utilización de técnicas electrónicas, informáticas y telemáticas por la Administración General del Estado, en lo relativo a criterios de seguridad, normalización y conservación a los que se refiere el mismo.

4. Los Servicios Públicos de Empleo están obligados a facilitar la información a que se refiere el artículo siguiente a solicitud de los trabajadores o de sus representantes legales.

Artículo 5. Derechos de información de los trabajadores y de sus representantes legales.

1. Los trabajadores podrán en cualquier momento solicitar de los Servicios Públicos de Empleo información del contenido de las comunicaciones a las que se refieren los artículos 1 y 3 en las que aquéllos sean parte.

2. La información relativa a los datos de los contratos de trabajo provenientes de las copias básicas de los mismos, a la que se hace referencia en el apartado 2 del artículo anterior, estará a disposición de los representantes legales de los trabajadores, a través de los órganos de participación institucional de los mismos en los correspondientes Servicios Públicos de Empleo.

CAPÍTULO II

Uso de medios telemáticos en relación con la comunicación del contenido de los contratos de trabajo y de las copias básicas

Artículo 6. Uso de medios telemáticos.

Las actuaciones relativas a las comunicaciones de los contratos de trabajo y de las copias básicas de aquéllos, a las que se refiere el artículo 1 del presente Real Decreto, podrán realizarse a través de medios telemáticos en la forma que reglamentariamente determine el Ministerio de Trabajo y Asuntos Sociales, en el marco de lo previsto por el Real Decreto 263/1996 y en los citados criterios de seguridad, normalización y conservación a los que se refiere el mismo.

Artículo 7. Autorizaciones.

La utilización de los medios telemáticos a que hace referencia el artículo anterior deberá ser autorizada por los Servicios Públicos de Empleo dentro del marco normativo establecido por el Ministerio de Trabajo y Asuntos Sociales, según lo dispuesto en el Real Decreto 263/1996, de 16 de febrero. Esta autorización podrá solicitarse en cualquier Servicio Público de Empleo, tendrá validez en todo el territorio estatal y permitirá a los empresarios o personas o entidades que legalmente les representen efectuar las comunicaciones a que hacen referencia los artículos 1 y 3 de este Real Decreto.

Artículo 8. Transmisión de datos por medios telemáticos y efectos de la transmisión.

1. La transmisión de los datos que se efectúe utilizando los medios telemáticos desarrollados en previsión de lo establecido en los artículos anteriores por quienes hayan sido autorizados para ello supondrá el cumplimiento por parte del empresario responsable de la obligación de comunicación de la contratación, así como de la obligación de enviar o remitir la copia básica del contrato a los Servicios Públicos de Empleo.

2. El carácter telemático de la transmisión no obstará a la plena validez y eficacia de los actos administrativos realizados por los Servicios Públicos de Empleo que deriven de aquella transmisión.

Artículo 9. Información.

Si a los autorizados por los Servicios Públicos de Empleo les fuera necesario obtener información escrita en soporte papel, relativa a las actuaciones realizadas y aceptadas a través de estos medios, para surtir efectos ante terceros, podrán utilizar los métodos de impresión que se establezcan por el Ministerio de Trabajo y Asuntos Sociales, facultándoseles para certificar con sello y firma la impresión de la información recibida desde el correspondiente Servicio Público de Empleo.

DISPOSICIÓN ADICIONAL

Única. Servicios Públicos de Empleo.

Las referencias efectuadas en el presente Real Decreto a los Servicios Públicos de Empleo se entenderán realizadas al Instituto Nacional de Empleo y a los correspondientes Servicios Públicos de Empleo de las Comunidades Autónomas que hayan asumido el traspaso de la gestión realizada por el Instituto Nacional de Empleo en el ámbito del trabajo, el empleo y la formación. Las referencias al Servicio Público de Empleo Estatal se entenderán realizadas al Instituto Nacional de Empleo.

DISPOSICIONES FINALES

Primera. Aprobación de los programas.

El Ministerio de Trabajo y Asuntos Sociales aprobará, en el ámbito de la Administración General del Estado, los programas, aplicaciones, diseños y estructuras de datos e impresión que vayan a ser utilizados en las comunicaciones de la contratación por vía telemática y difundirá públicamente sus características.

✐ Modificada por art. único.1 del Real Decreto 1715/2004, de 23 julio.

Segunda. Comunidades Autónomas.

El procedimiento de comunicación del contenido de los contratos mediante el uso de medios telemáticos, establecido en este Real Decreto y en las normas que lo desarrollen, podrá ser de aplicación en las Comunidades Autónomas que hayan asumido el traspaso de la gestión realizada por el Instituto Nacional de Empleo en el ámbito del trabajo, el empleo y la formación, mientras no hayan aprobado sus propios programas, aplicaciones, diseños y estructuras de datos e impresión a utilizar en dichas comunicaciones que, en todo caso, garantizarán la comunicación al Servicio Público de Empleo Estatal de los datos definidos como obligatorios en este Real Decreto.

✐ Modificada por art. único.2 del Real Decreto 1715/2004, de 23 julio.

Tercera. Desarrollo normativo.

Se autoriza al Ministro de Trabajo y Asuntos Sociales a dictar cuantas disposiciones sean necesarias para el desarrollo y ejecución de lo dispuesto en el presente Real Decreto y, en particular, a definir los datos que obligatoriamente deberán comunicarse a los Servicios Públicos de Empleo.

✐ Renumerada por art. único.3 del RD 1715/2004, de 23 julio.

Cuarta. Entrada en vigor.

El presente Real Decreto entrará en vigor a los treinta días siguientes al de su publicación en el «Boletín Oficial del Estado».

✐ Renumerada por art. único.3 del RD 1715/2004, de 23 julio.

§ 5.3 ORDEN TAS/770/2003, DE 14 MARZO. DESARROLLA EL REAL DECRETO 1424/2002, DE 27 DICIEMBRE, POR EL QUE SE REGULA LA COMUNICACIÓN DEL CONTENIDO DE LOS CONTRATOS DE TRABAJO Y DE SUS COPIAS BÁSICAS A LOS SERVICIOS PÚBLICOS DE EMPLEO, Y EL USO DE MEDIOS TELEMÁTICOS EN RELACIÓN CON AQUÉLLA

(BOE núm. 82, de 5 abril [RCL 2003, 949])

La Ley 14/2000, de 29 de diciembre, de Medidas Fiscales, Administrativas y del Orden Social, modificó determinados artículos del texto refundido de la Ley del Estatuto de los Trabajadores, aprobado por Real Decreto Legislativo 1/1995, de 24 de marzo, para suprimir la obligación de registrar en las Oficinas Públicas de Empleo la copia firmada de los contratos de trabajo y sus prórrogas, sustituyéndolo por comunicaciones del contenido del contrato de trabajo.

El Real Decreto 1424/2002, de 27 de diciembre, por el que se regula la comunicación del contenido de los contratos de trabajo y de sus copias básicas a los Servicios Públicos de Empleo, y el uso de medios telemáticos en relación con aquélla, faculta en su disposición final segunda al Ministro de Trabajo y Asuntos Sociales a dictar cuantas disposiciones sean necesarias para el desarrollo y ejecución de lo dispuesto en el mismo.

Por otro lado, la Ley 30/1992, de 26 de noviembre, de Régimen Jurídico de las Administraciones Públicas y del Procedimiento Administrativo Común, propugna una modernización y adaptación permanente de las actuaciones administrativas al ritmo de las innovaciones tecnológicas. La Ley 24/2001, de 27 de diciembre, de Medidas Fiscales, Administrativas y del Orden Social, modifica la Ley 30/1992, estableciendo además una nueva disposición adicional para impulsar la administración electrónica.

Por tanto, estas modificaciones normativas se han abordado en aras a la necesidad de modernizar los Servicios Públicos de Empleo y acercarlos al ciudadano, así como cumplir con los compromisos del Estado español en el Plan Nacional de Acción para el Empleo del Reino de España de poner en marcha sistemas alternativos para el registro de la contratación que supusieran verdaderos avances en la eliminación de trámites burocráticos.

A dicha finalidad responde la presente Orden, mediante la cual se desarrolla el citado Real Decreto 1424/2002, que regula la comunicación del contenido de los contratos de trabajo y de sus copias básicas a los Servicios Públicos de Empleo y el uso de medios telemáticos en relación con estas comunicaciones.

En su virtud, y en uso de las atribuciones concedidas en las disposiciones finales primera y segunda del mencionado Real Decreto 1424/2002, de 27 de diciembre, previa consulta a los Interlocutores Sociales, Comunidades Autónomas, y con la aprobación del Ministro de Administraciones Públicas, dispongo:

CAPÍTULO I

Normas generales

Artículo 1. Objeto.

1. La presente Orden Ministerial tiene por objeto definir los datos que obligatoriamente deberán comunicarse a los Servicios Públicos de Empleo respecto de las comunicaciones a las que se refiere el artículo tercero del Real Decreto 1424/2002, de 27 de diciembre, por el que se regula la comunicación del contenido de los contratos de trabajo y de sus copias básicas a los Servicios Públicos de Empleo, y el uso de medios telemáticos en relación con aquélla, por cualquiera de los procedimientos que se establecen en el artículo segundo de la citada norma.

2. Igualmente, tiene por objeto la regulación del uso de medios telemáticos en relación con dichas comunicaciones, así como la aprobación de una aplicación informática por parte del Servicio Público de Empleo Estatal, según lo que se dispone en los Capítulos II y III de la presente Orden Ministerial, respectivamente.

Artículo 2. Contenido de las comunicaciones.

Los datos que contendrán las comunicaciones a las que se hace referencia en el apartado uno del artículo anterior son los que se relacionan en el anexo I «Relación de datos obligatorios a comunicar».

CAPÍTULO II

Uso de medios telemáticos en relación con la comunicación del contenido de los contratos de trabajo y de sus copias básicas

Artículo 3. Autorización para el uso de medios telemáticos.

1. Los sujetos obligados a comunicar el contenido de la contratación laboral a los Servicios Públicos de Empleo podrán realizarla, previa autorización de éstos, a través de medios telemáticos.

2. La autorización para el uso de medios telemáticos podrá ser también concedida a empresas y profesionales colegiados que en el ejercicio de su actividad profesional realicen las comunicaciones a las que se refiere esta Orden y ostenten en los términos establecidos en el ordenamiento jurídico, la representación de las empresas en cuyo nombre actúen.

Artículo 4. Procedimiento para llevar a cabo la solicitud de autorización administrativa y contenido de la misma.

1. Los Servicios Públicos de Empleo establecerán los documentos en los que se formalizará la solicitud de autorización para el uso de medios telemáticos en relación con la comunicación del contenido de la contratación laboral. En dicho documento se harán constar las cláusulas y condiciones que los solicitantes deben aceptar para ser autorizados.

2. El documento de solicitud de autorización que los Servicios Públicos de Empleo establezcan podrá ser facilitado a los interesados por medios telemáticos.

3. Los Servicios Públicos de Empleo establecerán el procedimiento que permita la identificación del solicitante y, en su caso, el título jurídico y profesional en virtud del cual actúa, ya sea mediante aportación de documentación o el uso de medios telemáticos con utilización de la firma electrónica.

Artículo 5. Contenido de la solicitud de autorización administrativa para el uso de medios telemáticos.

La solicitud de autorización administrativa contendrá como mínimo los siguientes datos:

1. Datos personales del representante de la empresa o del profesional colegiado que va a realizar la solicitud:

Nombre y apellidos.

NIF/NIE.

2. Datos de la empresa o del profesional colegiado para el que se solicita la autorización:

CIF/NIF.

Código cuenta de cotización.

Dirección postal: vía, municipio y código postal.

Dirección de correo electrónico.

Si se trata de un profesional colegiado que carezca de CIF/NIF y de código de cuenta de cotización se aportará en su lugar el dato de número de afiliación a la Seguridad Social.

3. Datos que permitan identificar si la solicitud se realiza para llevar a cabo comunicaciones en nombre propio o de terceros.

Artículo 6. Requisitos de los solicitantes de autorización administrativa.

1. Las empresas que actúen en nombre propio, así como las empresas y profesionales colegiados que actúen en nombre de terceros para poder ser autorizados, deberán tener asignado a su CIF o NIF una cuenta de cotización por la Tesorería General de la Seguridad Social que deberá existir previamente a la autorización en la Base de Datos del Servicio Público de Empleo Estatal.

2. No obstante lo anterior, los Servicios Públicos de Empleo podrán autorizar a los profesionales colegiados que no cumplan el requisito indicado anteriormente siempre que estén afiliados a la Seguridad Social y aporten el número de afiliación.

3. Las empresas cuyas comunicaciones sean efectuadas por las empresas o profesionales colegiados que les representen, deberán tener asignado a su CIF o NIF, una cuenta de cotización por la Tesorería General de la Seguridad Social que deberá existir previamente a la autorización en la Base de Datos del Servicio Público de Empleo Estatal.

Artículo 7. Resolución de la solicitud de autorización por los Servicios Públicos de Empleo.

1. Los Servicios Públicos de Empleo procederán a resolver las solicitudes de autorización y notificarlas en el plazo máximo de quince días.

2. La concesión de la autorización para realizar las comunicaciones a las que se refiere la presente Orden permitirá al autorizado realizar dichas comunicaciones sea cual fuere la ubicación de los puestos de trabajo.

3. La autorización concedida se mantendrá mientras se cumplan las condiciones fijadas en la resolución de concesión.

Artículo 8. Impresión de documentos.

Los Servicios Públicos de Empleo permitirán la impresión de todos los documentos y certificarán la validez de los datos mediante una huella electrónica de seguridad al objeto de que puedan surtir efectos ante terceros.

CAPÍTULO III

Aplicación telemática del Servicio Público de Empleo Estatal

Artículo 9. Aplicación Web del Servicio Público de Empleo Estatal.

1. Se crea en el Servicio Público de Empleo Estatal un registro telemático para el intercambio de información relativa a la comunicación del contenido de la contratación laboral, a la que se refiere el artículo primero de esta Orden.

2. A través de la aplicación Web creada a tales efectos, denominada «Comunicación de la Contratación Laboral a través de Internet», los usuarios podrán solicitar las autorizaciones de uso a las que se refiere esta norma, así como realizar las comunicaciones antes mencionadas mediante conexión con la dirección www.inem.es o con cualquiera de las direcciones conectadas con ésta que se habiliten al efecto por los Servicios Públicos de Empleo de las Comunidades Autónomas.

3. La aplicación mencionada en los puntos anteriores cumplirá con los requisitos necesarios para asegurar la autenticidad, confidencialiad, integridad, disponibilidad, conservación y demás condiciones establecidas en el Real Decreto 263/1996, de 16 de febrero, por el que se regula la utilización de técnicas electrónicas, informáticas y telemáticas por la Administración General del Estado.

Artículo 10. Funcionalidad de la Aplicación.

La funcionalidad de esta aplicación se concreta en las siguientes utilidades:

1. Solicitud y concesión de autorizaciones de uso.

2. Transmisión del contenido de las comunicaciones a las que se refiere el artículo primero de esta Orden.

3. Consultas relativas a la gestión de autorizaciones y comunicaciones realizadas por los usuarios.

Artículo 11. Solicitud y concesión de las autorizaciones.

1. Las empresas y colegiados profesionales que vayan a utilizar esta aplicación deberán solicitar a los Servicios Públicos de Empleo una autorización de uso de la misma mediante la cumplimentación telemática del «Formulario de Solicitud de Autorización» que figura como anexo II de esta Orden Ministerial y de la confirmación por la misma vía de dicho formulario.

2. El trámite de solicitud finaliza con la presentación ante el Servicio Público de Empleo al que se solicita la autorización, en el plazo de los treinta días siguientes a la cumplimentación y confirmación telemática indicada en el apartado anterior, del documento impreso de solicitud de autorización que figura en la presente Orden Ministerial como anexo III: «Solicitud de autorización administrativa a empresas», para las empresas que actúan en su propio nombre, y como Anexo IV: «Solicitud de autorización administrativa a empresas y profesionales colegiados que ostentan la representación de empresas en cuyo nombre actúan», para empresas y profesionales colegiados que actúan en nombre de terceros, a los que se deberá de acompañar la documentación indicada en los referidos anexos.

3. El Servicio Público de Empleo procederá a resolver la solicitud y notificarla en el plazo de los quince días siguientes a la recepción de aquélla.

4. La concesión de dicha autorización será comunicada por el Servicio Público de Empleo a la dirección de correo electrónico que haya indicado el usuario.

Artículo 12. Comunicación del contenido de la contratación laboral y de las copias básicas de la misma.

1. Los usuarios autorizados podrán comunicar el contenido de la contratación laboral de forma individualizada o múltiple.

2. La Comunicación individualizada podrá llevarse a cabo de dos formas:

a) Comunicando los datos obligatorios del contenido del contrato que previamente haya sido suscrito por las partes.

b) Cumplimentando el modelo de contrato y comunicando provisionalmente el contenido de los datos que obligatoriamente han de reseñarse y confirmando, con posterioridad a la firma del mismo por las partes, dicha comunicación.

3. La comunicación múltiple permite la transmisión de ficheros al Servicio Público de Empleo de los contratos previamente suscritos por las partes. De la información contenida en los contratos sólo se enviará aquella que contenga los datos obligatorios de la comunicación, de acuerdo a las «Instrucciones Técnicas» que se aprueben mediante Resolución de la Dirección General del Instituto Nacional de Empleo, según se establece en la Disposición Final Primera de la presente Orden Ministerial.

4. Cuando se utilice la aplicación regulada en este Capítulo para comunicar el contenido de la contratación laboral, podrá utilizarse también para la comunicación de la copia básica de la misma por cualquiera de las alternativas de los apartados 2 y 3 de este artículo. En este caso, la aplicación permitirá la cumplimentación de los datos de la copia básica que no se incluyen en el anexo I como obligatorios respecto del contenido de la contratación.

DISPOSICIONES ADICIONALES

Primera. Coste Económico.

El registro telemático que se crea en el Servicio Público de Empleo Estatal al que se hace referencia en el artículo 9.1 de esta Orden, se atenderá con los medios personales y materiales del Instituto Nacional de Empleo.

DISPOSICIÓN DEROGATORIA

Única. Derogación de disposiciones.

Quedan derogadas todas las disposiciones de igual o inferior rango en tanto que contradigan o se opongan a lo establecido en esta norma y expresamente la Orden de 2 de enero de 2001, por la que dictan normas para la aplicación de lo dispuesto en los artículos 32 y 33 de la Ley 14/2000, de 29 de diciembre, de Medidas Fiscales, Administrativas y del Orden Social.

DISPOSICIONES FINALES

Primera. Desarrollo Informático.

Se autoriza a la Dirección General del Instituto Nacional de Empleo a dictar las Resoluciones oportunas para desarrollar la aplicación telemática del Servicio Público de Empleo Estatal, de acuerdo con las necesidades derivadas de las modificaciones normativas y con las oportunidades que ofrezcan los avances tecnológicos en cada momento.

Segunda. Entrada en vigor.

La presente Orden Ministerial entrará en vigor el día siguiente al de su publicación en el «Boletín Oficial del Estado».

ANEXO III

Cláusulas y condiciones

La solicitud de autorización supone la aceptación de las siguientes cláusulas y condiciones desde el momento en que los Servicios Públicos de Empleo conceden la autorización:

1. Se conocen y aceptan las condiciones a que habrá de ajustarse el uso de la Aplicación de Comunicaciones de la Contratación Laboral a través de Internet.

2. Las empresas y colegiados profesionales velarán por la protección de los datos que gestionen, con sujeción a las leyes y, en particular, a la Ley Orgánica 15/1999, de 13 de diciembre, de regulación y tratamiento automatizado de datos de carácter personal y a sus disposiciones de aplicación y desarrollo.

3. Los colegiados profesionales autorizados deberán ostentar la representación de las empresas en cuyo nombre actúen, en los términos establecidos en la Ley y los Servicios Públicos de Empleo podrán instar de los mismos, en cualquier momento, la acreditación de dicha representación.

4. A fin de identificar a la empresa autorizada, ésta tendrá una o varias claves de acceso, formada por el usuario y una clave personal. Esta clave es confidencial, personal e intransferible, y el usuario principal o asociado se hace responsable del uso correcto de ella; en otro caso, se podrán exigir las responsabilidades de todo tipo en que se pudiera haber incurrido por tales incumplimientos, a través del procedimiento correspondiente. Estas claves de acceso forman los elementos de seguridad que permiten autentificar y proteger el acceso al sistema. Al realizar cualquier proceso de la aplicación, las claves hacen de firma de dicho envío.

5. Esta autorización queda referida no sólo para el Código de Cuenta de Cotización para el que se solicite la autorización, sino también para todas las Cuentas de Cotización que estén relacionadas con ese CIF/NIF.

6. A partir de la concesión de la autorización, dispone del plazo de tres meses para comenzar a realizar comunicaciones de la contratación.

7. La autorización concedida se mantendrá mientras se cumplan las condiciones fijadas en la resolución de concesión.

8. El plazo para realizar las comunicaciones de los contratos laborales será el de los 10 días siguientes a la concertación del contrato de trabajo, según se establece en los artículos 32.1 y 33 de la Ley 14/2000, de 20 diciembre, de Medidas Fiscales, Administrativas y del Orden Social.

9. El sistema informático del Servicio Público de Empleo dejará constancia a través de la clave de acceso de todos los procesos realizados por las empresas y colegios profesionales.

10. A las comunicaciones confirmadas por los Servicios Públicos de Empleo se les asignará una «huella electrónica» que permite garantizar a que los datos del proceso no han sido alterados.

11. La normativa legal que regula el uso de la Aplicación de Comunicación de la Contratación Laboral a través de Internet es el Real Decreto 1424/2002, de 27 de diciembre, por el que se regula la comunicación del contenido de los contratos de trabajo y de sus copias básicas a los Servicios Públicos de Empleo y el uso de medio telemáticos en relación con aquélla y la Orden Ministerial de desarrollo.

ANEXO IV

Cláusulas y condiciones

La solicitud de autorización supone la aceptación de las siguientes cláusulas y condiciones desde el momento en que los Servicios Públicos de Empleo conceden la autorización:

1. Se conocen y aceptan las condiciones a que habrá de ajustarse el uso de la Aplicación de Comunicaciones de la Contratación Laboral a través de Internet.

2. Las empresas y colegiados profesionales velarán por la protección de los datos que gestionen, con sujeción a las leyes y, en particular, a la Ley Orgánica 15/1999, de 13 de diciembre (BOE de 14 diciembre), de Regulación y Tratamiento Automatizado de Datos de Carácter Personal y a sus disposiciones de aplicación y desarrollo.

3. Los colegiados profesionales autorizados deberán ostentar la representación de las empresas en cuyo nombre actúen, en los términos establecidos en la Ley y los Servicios Públicos de Empleo podrán instar de los mismos, en cualquier momento, la acreditación de dicha representación.

4. A fin de identificar a la empresa autorizada, ésta tendrá una o varias claves de acceso, formada por el usuario y una clave personal. Esta clave es confidencial, personal e intransferible, y el usuario principal o asociado se hace responsable del uso correcto de ella; en otro caso, se podrán exigir las responsabilidades de todo tipo en que se pudiera haber incurrido por tales incumplimientos, a través del procedimiento correspondiente. Estas claves de acceso forman los elementos de seguridad que permiten autentificar y proteger el acceso al sistema. Al realizar cualquier proceso de la aplicación, las claves hacen de firma de dicho envío.

5. Esta autorización queda referida no sólo para el Código de Cuenta de Cotización para el que se solicite la autorización, sino también para todas las Cuentas de Cotización que estén relacionadas con ese CIF/NIF.

A partir de la concesión de la autorización, dispone del plazo de tres meses para comenzar a realizar comunicaciones de la contratación.

La autorización concedida se mantendrá mientras se cumplan las condiciones fijadas en la resolución de concesión.

8. El plazo para realizar las comunicaciones de los contratos laborales será el de los 10 días siguientes a la concertación del contrato de trabajo, según se establece en los artículos 32.1 y 33 de la Ley 14/2000 de 20 diciembre de Medidas Fiscales, Administrativas y del Orden Social.

9. El sistema informático del Servicio Público de Empleo dejará constancia a través de la clave de acceso de todos los procesos realizados por las empresas y colegios profesionales.

10. A las comunicaciones confirmadas por los Servicios Públicos de Empleo se les asignará una «huella electrónica» que permite garantizar a que los datos del proceso no han sido alterados.

La normativa legal que regula el uso de la Aplicación de Comunicación de la Contratación Laboral a través de Internet es el Real Decreto 1424/2002, de 27 de diciembre, por el que se regula la comunicación del contenido de los contratos de trabajo y de sus copias básicas a los Servicios Públicos de Empleo y el uso de medios telemáticos en relación con aquélla y la Orden Ministerial de desarrollo.

C) Modalidades de contratos

a) Temporales estructurales

§ 6.1 REAL DECRETO 2720/1998, DE 18 DICIEMBRE. DESARROLLA EL ARTÍCULO 15 DEL TEXTO REFUNDIDO DE LA LEY DEL ESTATUTO DE LOS TRABAJADORES, EN MATERIA DE CONTRATOS DE DURACIÓN DETERMINADA

(BOE núm. 7, de 8 enero 1999 [RCL 1999, 45])

⇒ Téngase en cuenta que la Ley 12/2001 (§9) modificó algunos aspectos del art. 15 ET (§2), y que en su disp. final 1ª habilitaba al Gobierno para dictar normas de aplicación y desarrollo de la mencionada Ley; en consecuencia, y en tanto no se produzca dicho desarrollo, el presente RD ha de entenderse vigente en todo aquello que no contradiga el nuevo texto del ET.

La Ley 63/1997, de 26 de diciembre, de Medidas urgentes para la mejora del mercado de trabajo y el fomento de la contratación indefinida, ha modificado, entre otros, el artículo 15 de la Ley del Estatuto de los Trabajadores, Texto Refundido aprobado por Real Decreto Legislativo 1/1995, de 24 de marzo, donde se determinan legalmente los supuestos en que podrán celebrarse contratos de duración determinada.

La redacción actual del artículo 15 del Estatuto de los Trabajadores, cuyo origen se encuentra en el Real Decreto-ley 8/1997, de 16 de mayo, y aun antes en el Acuerdo Interconfederal para la Estabilidad en el Empleo, firmado por las organizaciones empresariales y sindicales más representativas en el ámbito estatal, tiene como objetivo especificar y delimitar los supuestos de utilización de estas modalidades de contratación, especialmente de los contratos para obra o servicio y eventual por circunstancias de la producción. Objetivo al que, lógicamente, pretende igualmente servir el presente Real Decreto.

Aunque las novedades legales anteriormente apuntadas no han afectado al contrato de interinidad, razones de seguridad jurídica hacen aconsejable la aprobación de un nuevo Real Decreto que ofrezca una regulación unitaria y completa de todas las modalidades de contratación de duración determinada que admite nuestro Derecho, lo que debe facilitar una adecuada y correcta utilización de las mismas.

En su virtud, de conformidad con el artículo 15, apartado 5, de Estatuto de los Trabajadores y con la disposición final primera de la Ley 63/1997, de 26 de diciembre, a propuesta del Ministro de Trabajo y Asuntos Sociales, consultadas las organizaciones empresariales y sindicales más representativas, de acuerdo con el Consejo de Estado y previa deliberación del Consejo de Ministros en su reunión del día 18 de diciembre de 1998, dispongo:

⇒ V. el citado art. 15.5 del ET (§2), así como su disp. final 5ª. Sobre los términos en que está vigente el presente Real Decreto, v. su disp. transit. única.
Téngase presente la Dir. 99/70/CE, de 28 junio (§47.1).

CAPÍTULO I

Contratos de duración determinada

Artículo 1. Supuestos de contratos de duración determinada.

De conformidad con lo establecido en el apartado 1 del artículo 15 de la Ley del Estatuto de los Trabajadores, Texto Refundido aprobado por Real Decreto Legislativo 1/1995, de 24 de marzo, se podrán celebrar contratos de duración determinada en los siguientes supuestos:

a) Para realizar una obra o servicio determinados.

b) Para atender circunstancias del mercado, acumulación de tareas o exceso de pedidos.

c) Para sustituir a trabajadores con derecho a la reserva del puesto de trabajo.

⇒ V. en art. 15.1 d) ET (§2) la regulación legal del contrato de inserción.

Artículo 2. Contrato para obra o servicio determinados.

⇒ V. art. 15.1 a) del ET (§2).

1. El contrato para obra o servicio determinados es el que se concierta para la realización de una obra o la prestación de un servicio determinados, con autonomía y sustantividad propia dentro de la actividad de la empresa y cuya ejecución, aunque limitada en el tiempo, es en principio de duración incierta.

Cuando el convenio colectivo que resulte de aplicación haya identificado los trabajos o tareas con sustantividad propia dentro de la actividad normal de la empresa que puedan cubrirse con esta modalidad contractual, se estará a lo establecido en el mismo a efectos de su utilización.

2. El contrato para obra o servicio determinados tendrá el siguiente régimen jurídico:

a) El contrato deberá especificar e identificar suficientemente, con precisión y claridad, la obra o el servicio que constituya su objeto.

b) La duración del contrato será la del tiempo exigido para la realización de la obra o servicio.

Si el contrato fijara una duración o un término, éstos deberán considerarse de carácter orientativo en función de lo establecido en el párrafo anterior.

Artículo 3. Contrato eventual por circunstancias de la producción.

1. El contrato eventual es el que se concierta para atender exigencias circunstanciales del mercado, acumulación de tareas o exceso de pedidos, aun tratándose de la actividad normal de la empresa.

⇒ Cfr. los términos del art. 8.1 del ET (§2), reproducidos en el art. 6.1 del presente Real Decreto.

Cuando el convenio colectivo que resulte de aplicación haya determinado las actividades en las que pueden contratarse trabajadores eventuales o haya fijado criterios generales relativos a la adecuada relación entre el número de contratos a realizar y la plantilla total de la empresa, se estará a lo establecido en el mismo para la utilización de esta modalidad contractual.

2. El contrato eventual por circunstancias de la producción tendrá el siguiente régimen jurídico:

a) El contrato deberá identificar con precisión y claridad la causa o la circunstancia que lo justifique y determinar la duración del mismo.

b) La duración máxima de este contrato será de seis meses dentro de un período de doce meses.

En atención al carácter estacional de la actividad en la que se pueden producir las circunstancias señaladas en el apartado 1 de este artículo, los convenios colectivos de ámbito sectorial estatal o, en su defecto, los convenios colectivos sectoriales de ámbito inferior podrán modificar indistintamente:

1º La duración máxima del contrato.

2º El período dentro del cual puede celebrarse.

3º La duración máxima del contrato y el período dentro del cual puede celebrarse.

En cualquier caso, los convenios colectivos señalados en el párrafo anterior no podrán establecer un período de referencia que exceda de dieciocho meses ni una duración máxima del contrato que exceda de las tres cuartas partes del período de referencia legal o convencionalmente establecido.

c) El período de referencia legal o convencionalmente establecido se computará desde que se produzca la causa o circunstancia que justifique la utilización del contrato eventual.

d) En caso de que el contrato eventual se concierte por un plazo inferior a la duración máxima legal o convencionalmente establecida, podrá prorrogarse mediante acuerdo de las partes, por una única vez, sin que la duración total del contrato pueda exceder de dicha duración máxima.

Artículo 4. Contrato de interinidad.

⇒ V. art. 15.1 c) del ET (§2).

1. El contrato de interinidad es el celebrado para sustituir a un trabajador de la empresa con derecho a la reserva del puesto de trabajo en virtud de norma, convenio colectivo o acuerdo individual.

El contrato de interinidad se podrá celebrar, asimismo, para cubrir temporalmente un puesto de trabajo durante el proceso de selección o promoción para su cobertura definitiva.

2. El contrato de interinidad tendrá el siguiente régimen jurídico:

a) El contrato deberá identificar al trabajador sustituido y la causa de la sustitución, indicando si el puesto de trabajo a desempeñar será el del trabajador sustituido o el de otro trabajador de la empresa que pase a desempeñar el puesto de aquél.

En el supuesto previsto en el segundo párrafo del apartado 1, el contrato deberá identificar el puesto de trabajo cuya cobertura definitiva se producirá tras el proceso de selección externa o promoción interna.

b) La duración del contrato de interinidad será la del tiempo que dure la ausencia del trabajador sustituido con derecho a la reserva del puesto de trabajo.

En el supuesto previsto en el segundo párrafo del apartado 1, la duración será la del tiempo que dure el proceso de selección o promoción para la cobertura definitiva del puesto, sin que pueda ser superior a tres meses, ni celebrarse un nuevo contrato con el mismo objeto una vez superada dicha duración máxima.

En los procesos de selección llevados a cabo por las Administraciones públicas para la provisión de puestos de trabajo, la duración de los contratos coincidirá con el tiempo que duren dichos procesos conforme a lo previsto en su normativa específica.

3. También se regirá por las disposiciones establecidas para el contrato de interinidad el celebrado para sustituir a un trabajador autónomo, a un socio trabajador o a un socio de trabajo de una sociedad cooperativa en el supuesto de riesgo durante el embarazo o en los períodos de descanso por maternidad, adopción o acogimiento, preadoptivo o permanente.

✐ Ap. 3 añadido por la disp. final 1ª del RD 1251/2001, de 16 noviembre.

Sobre bonificación de cotizaciones a la Seguridad Social en ciertas contrataciones interinas, puede verse la disp. adic. 14ª del ET (§2) y el RDley 11/1998 (§6.2), así como la disp. adic. 9ª de la Ley 45/2002 (§36.2).

CAPÍTULO II
Disposiciones comunes

Artículo 5. Disposiciones en materia de jornada.

1. El contrato para obra o servicio determinados y el contrato eventual por circunstancias de la producción podrán celebrarse a jornada completa o a tiempo parcial.

2. El contrato de interinidad deberá celebrarse a jornada completa excepto en los dos supuestos siguientes:

⇒ V. art. 12.2 del ET (§2).

a) Cuando el trabajador sustituido estuviera contratado a tiempo parcial o se trate de cubrir temporalmente un puesto de trabajo cuya cobertura definitiva se vaya a realizar a tiempo parcial.

b) Cuando el contrato se realice para complementar la jornada reducida de los trabajadores que ejerciten los derechos reconocidos en el artículo 37, apartados 4 bis y 5, del Estatuto de los Trabajadores, o en aquellos otros supuestos en que, de conformidad con lo establecido legal o convencionalmente, se haya acordado una reducción temporal de la jornada del trabajador sustituido, incluidos los supuestos en que los trabajadores disfruten a tiempo parcial del permiso de maternidad, adopción o acogimiento, preadoptivo o permanente, de acuerdo con lo establecido en el párrafo sexto del apartado 4 del artículo 48, del Estatuto de los Trabajadores.

✐ Ap. 2 b) modificado por la disp. final 1ª del RD 1251/2001, de 16 noviembre.

Artículo 6. Formalización y registro de los contratos.

1. Los contratos para obra o servicio determinados y de interinidad deberán formalizarse siempre por escrito. Los contratos eventuales por circunstancias de la producción deberán formalizarse por escrito cuando su duración sea superior a cuatro semanas o se concierten a tiempo parcial.

⇒ Téngase en cuenta lo previsto en los distintos apartados del art. 8 del ET (§2).

2. Cuando los contratos de duración determinada se formalicen por escrito, se deberá hacer constar en los mismos, entre otros extremos, la especificación de la modalidad contractual de que se trate, la duración del contrato o la identificación de la circunstancia que determina su duración, así como el trabajo a desarrollar.

3. Los contratos que hayan de formalizarse por escrito y, en su caso, las prórrogas que las partes acuerden expresamente se registrarán por el empresario, en el plazo de los diez días siguientes a su concertación, en la correspondiente Oficina de Empleo, donde quedará depositado un ejemplar.

⇒ Cfr. art. 16.1 del ET (§2).

Artículo 7. Suspensión de los contratos.

La suspensión de los contratos de duración determinada en virtud de las causas previstas en los artículos 45 y 46 del Estatuto de los Trabajadores no comportará la ampliación de su duración, salvo pacto en contrario.

Artículo 8. Extinción y denuncia de los contratos.

⇒ V. art. 49.1 c) y 49.2 del ET (§2).

1. Los contratos de duración determinada se extinguirán, previa denuncia de cualquiera de las partes, por las siguientes causas:

a) El contrato para obra o servicio determinados se extinguirá por la realización de la obra o servicio objeto del contrato.

b) El contrato eventual por circunstancias de la producción se extinguirá por la expiración del tiempo convenido.

c) El contrato de interinidad se extinguirá cuando se produzca cualquiera de las siguientes causas:

1ª La reincorporación del trabajador sustituido.

2ª El vencimiento del plazo legal o convencionalmente establecido para la reincorporación.

3ª La extinción de la causa que dio lugar a la reserva del puesto de trabajo.

4ª El transcurso del plazo de tres meses en los procesos de selección o promoción para la provisión definitiva de puestos de trabajo o del plazo que resulte de aplicación en los procesos de selección en las Administraciones públicas.

2. Los contratos de duración determinada que tengan establecida legal o convencionalmente una duración máxima y que se hubiesen concertado por una duración inferior a la misma, se entenderán prorrogados tácitamente, hasta la correspondiente duración máxima, cuando no hubiese mediado denuncia o prórroga expresa antes de su vencimiento y el trabajador continúe prestando servicios.

Expirada dicha duración máxima o la de la prórroga expresa del contrato eventual, ejecutada la obra o servicio, o producida la causa de extinción del contrato de interinidad, si no hubiera denuncia expresa y el trabajador continuara prestando sus servicios, el contrato se considerará prorrogado tácitamente por tiempo indefinido, salvo prueba en contrario que acredite la naturaleza temporal de la prestación.

3. Siempre que el contrato tenga una duración superior a un año, la parte que formule la denuncia está obligada a notificar a la otra la terminación del contrato con una antelación mínima de quince días, excepto en el contrato de interinidad en el que se estará a lo pactado.

El incumplimiento por el empresario del plazo señalado en el párrafo anterior dará lugar a una indemnización equivalente al salario correspondiente a los días en que dicho plazo se haya incumplido.

Artículo 9. Presunciones.

1. Se presumirán celebrados por tiempo indefinido los contratos de duración determinada cuando no se hubiesen observado las exigencias de formalización escrita, salvo prueba en contrario que acredite su naturaleza temporal. En el supuesto de contratos a tiempo parcial, la falta de forma escrita determinará asimismo que el contrato se presuma celebrado a jornada completa, salvo prueba en contrario que acredite el carácter a tiempo parcial de los servicios.

⇒ V. art. 8.2 del ET (§2).

2. Adquirirán la condición de trabajadores fijos, cualquiera que haya sido la modalidad de su contratación, los que no hubieran sido dados de alta en la Seguridad Social, una vez transcurrido un plazo igual al que legalmente hubieran podido fijar para el período de prueba, salvo que de la propia naturaleza de las actividades o de los servicios contratados se deduzca claramente la duración temporal de los mismos.

⇒ Cfr. art. 15.2 del ET (§2).

3. Se presumirán por tiempo indefinido los contratos de duración determinada celebrados en fraude de ley.

⇒ Cfr. art. 15.3 del ET (§2).

Artículo 10. Notificación a los representantes de los trabajadores.

Los empresarios, en un plazo no superior a diez días a partir de la contratación, deberán notificar a la representación legal de los trabajadores en la empresa los contratos de duración determinada que se regulan en este Real Decreto cuando no exista obligación legal de entregar copia básica de los mismos.

⇒ V. arts. 8.3 a) y 15.4 del ET (§2).

DISPOSICIÓN TRANSITORIA

Única. Ámbito de aplicación temporal.

1. Los contratos de duración determinada concertados con anterioridad a la entrada en vigor del presente Real Decreto, seguirán rigiéndose por las disposiciones vigentes en el momento de su celebración.

⇒ V. la disp. final 2ª de la presente norma y téngase presente que se publicó en el BOE de 8 enero 1999.

2. La aplicación de lo dispuesto sobre los contratos eventuales por circunstancias de la producción en el artículo 3 del presente Real Decreto se entiende sin perjuicio de lo dispuesto en el segundo párrafo del apartado 1 de la disposición transitoria primera de la Ley 63/1997, de 26 de diciembre.

DISPOSICIÓN DEROGATORIA

Única. Alcance de la derogación normativa.

Quedan derogadas cuantas disposiciones de igual o inferior rango se opongan a lo establecido en el presente Real Decreto y expresamente el Real Decreto 2546/1994, de 29 de diciembre, por el que se desarrolla el artículo 15 del Estatuto de los Trabajadores en materia de contratación.

DISPOSICIONES FINALES

Primera. Facultades de aplicación y desarrollo.

Se autoriza al Ministro de Trabajo y Asuntos Sociales a dictar cuantas disposiciones sean necesarias para la aplicación y desarrollo de lo dispuesto en el presente Real Decreto.

Segunda. Entrada en vigor.

El presente Real Decreto entrará en vigor el día siguiente al de su publicación en el «Boletín Oficial del Estado».

⇒ Cfr. la disp. transit. única del propio Real Decreto.

§ 6.2 REAL DECRETO-LEY 11/1998, DE 4 SEPTIEMBRE. REGULA LAS BONIFICACIONES DE CUOTAS A LA SEGURIDAD SOCIAL DE LOS CONTRATOS DE INTERINIDAD CELEBRADOS CON PERSONAS DESEMPLEADAS PARA SUSTITUIR A TRABAJADORES DURANTE LOS PERÍODOS DE DESCANSO POR MATERNIDAD, ADOPCIÓN Y ACOGIMIENTO

(BOE núm. 213, de 5 septiembre [RCL 1998, 2242])

Las Directrices aprobadas por la cumbre de Jefes de Estado celebrada en Luxemburgo el 15 de diciembre de 1997 obligan a los Estados miembros de la Unión Europea a fomentar la igualdad de oportunidades entre hombres y mujeres en el acceso al empleo. En la actualidad, más de la mitad de los demandantes de empleo de nuestro país pertenecen al género femenino, pero sólo el 38 por 100 de los contratos se realizan con mujeres. No cabe duda de que uno de los motivos que pueden frenar la contratación de las mujeres son los costes adicionales que para la empresa puede tener si, contratada una mujer, ésta queda embarazada. Consecuencia de lo anterior, el Plan Nacional de Acción para el Empleo del Reino de España para 1998 establece para fomentar la igualdad entre hombres y mujeres, entre las medidas a poner en marcha de forma inmediata, asumir los costes de la Seguridad Social a cargo del empresario derivados de las situaciones de maternidad o, en su caso, paternidad, cuando los trabajadores se encuentren en períodos de descanso por tal causa, por adopción o por acogimiento de menores.

En su virtud, siendo urgente la adopción de las medidas anteriormente expuestas y haciendo uso de la autorización contenida en el artículo 86 de la Constitución, a propuesta del Ministro de Trabajo y Asuntos Sociales y previa deliberación del Consejo de Ministros en su reunión del día 4 de septiembre de 1998, dispongo:

Artículo 1.

Darán derecho a una bonificación del 100 por 100 en las cuotas empresariales de la Seguridad Social, incluidas las de accidentes de trabajo y enfermedades profesionales, y en las aportaciones empresariales de las cuotas de recaudación conjunta:

a) Los contratos de interinidad que se celebren con personas desempleadas para sustituir a trabajadoras que tengan suspendido su contrato de trabajo por riesgo durante el embarazo o por riesgo durante la lactancia natural y hasta tanto se inicie la correspondiente suspensión del contrato por maternidad biológica o el lactante cumpla nueve meses, respectivamente, o, en ambos casos, cuando desaparezca la imposibilidad de la trabajadora de reincorporarse a su puesto anterior o a otro compatible con su estado.

b) Los contratos de interinidad que se celebren con personas desempleadas para sustituir a trabajadores y trabajadoras que tengan suspendido su contrato de trabajo durante los períodos de descanso por maternidad, adopción y acogimiento preadoptivo o permanente o que disfruten de la suspensión por paternidad en los términos establecidos en los artículos 48.4 y 48 bis del Estatuto de los Trabajadores.

La duración máxima de las bonificaciones prevista en este apartado b) coincidirá con la de las respectivas suspensiones de los contratos a que se refieren los artículos citados en el párrafo anterior.

En el caso de que el trabajador no agote el período de descanso o permiso a que tuviese derecho, los beneficios se extinguirán en el momento de su incorporación a la empresa.

c) Los contratos de interinidad que se celebren con personas desempleadas para sustituir a trabajadores autónomos, socios trabajadores o socios de trabajo de las sociedades cooperativas, en los supuestos de riesgo durante el embarazo o riesgo durante la lactancia natural, períodos de descanso por maternidad, adopción y acogimiento o suspensión por paternidad, en los términos establecidos en los párrafos anteriores.

✐ Modificado por disp. adic. 15ª de la LO 3/2007, de 20 marzo, para la igualdad efectiva de mujeres y hombres.

⇒ Téngase en cuenta el tenor de la disp. adic. 2ª de la Ley 12/2001, de 9 julio (§9).

Artículo 2.

Los beneficios que se establecen en el artículo anterior no serán de aplicación en los siguientes casos:

a) Contrataciones de interinidad que se suscriban con el cónyuge, ascendientes, descendientes y demás parientes por consanguinidad o afinidad hasta el segundo grado inclusive del empresario, o de aquellos que sean miembros de los órganos de administración de las empresas que revistan la forma jurídica de sociedad.

b) Contratos celebrados por las Administraciones públicas y sus organismos autónomos.

c) ...

✐ Letra c) derogada por la disp. derog. única d) de la Ley 12/2001, de 9 julio (§9).

Artículo 3.

Las contrataciones realizadas al amparo de lo establecido en esta disposición se regirán por lo dispuesto en el artículo 15.1 c) del Estatuto de los Trabajadores y sus normas de desarrollo.

DISPOSICIÓN ADICIONAL

Única.

Las bonificaciones previstas en la presente norma se financiarán con cargo al presupuesto del INEM, programa 322-A, concepto presupuestario 487.03, salvo las relativas a la aportación al Fondo de Garantía Salarial, que se financiarán con cargo al presupuesto de dicho organismo, programa 315-B.

DISPOSICIÓN TRANSITORIA

Única.

Lo dispuesto en el presente Real Decreto-ley será de aplicación solamente a los contratos de interinidad celebrados con personas desempleadas para sustituir a trabajadores que inicien los períodos de descanso a partir de la entrada en vigor de este Real Decreto-ley.

DISPOSICIÓN FINAL

Única.

El presente Real Decreto-ley entrará en vigor el día siguiente al de su publicación en el «Boletín Oficial del Estado».

b) *Formativos*

§ 7.1 REAL DECRETO 488/1998, DE 27 MARZO. DESARROLLA EL ARTÍCULO 11 DEL ESTATUTO DE LOS TRABAJADORES, APROBADO POR REAL DECRETO LEGISLATIVO 1/1995, DE 24 MARZO, EN MATERIA DE CONTRATOS FORMATIVOS

(BOE núm. 85, de 9 abril [RCL 1998, 943])

La Ley 63/1997, de 26 de diciembre, de Medidas Urgentes para la Mejora del Mercado de Trabajo y el fomento de la Contratación Indefinida, ha modificado determinados aspectos de la legislación laboral, en especial en lo relativo a la forma, duración y modalidades del contrato de trabajo. Entre dichas modificaciones, poseen especial relevancia las que afectan al artículo 11 de la Ley del Estatuto de los Trabajadores, texto refundido aprobado por Real Decreto Legislativo 1/1995, de 24 de marzo, que regula los denominados «contratos formativos», en prácticas y para la formación, en cuanto instrumentos destinados a favorecer la inserción laboral y la formación teórico-práctica de los jóvenes.

La nueva regulación de estos contratos, que tiene su origen en el Acuerdo Interconfederal para la Estabilidad del Empleo suscrito por las organizaciones empresariales y sindicales más representativas en el ámbito estatal el 28 de abril de 1997, persigue como objetivo básico la mejora de su régimen jurídico, reforzando su vinculación con las finalidades formativas y de inserción profesional a las que sirven y facilitando un mayor protagonismo de la negociación colectiva en la definición de los supuestos y condiciones de su utilización.

A dicho objetivo contribuye igualmente el presente Real Decreto, que sustituye a las disposiciones relativas a los contratos en prácticas y de aprendizaje contenidas en el Real Decreto 2317/1993, de 29 de diciembre, incorporando las modificaciones derivadas de la citada reforma legal en relación con aquellos aspectos de la Ley que requieren de un desarrollo reglamentario y sin reiteración, por tanto, de aquellos otros que tienen en la Ley un tratamiento concreto y suficiente.

Junto a ello el presente Real Decreto desarrolla la nueva regulación relativa al alcance de la acción protectora de la Seguridad Social en los contratos para la formación, haciendo efectiva la ampliación incorporada por la Ley 63/1997 y de acuerdo con lo previsto en su disposición transitoria cuarta, contemplando determinadas particularidades en el ámbito de las prestaciones económicas por incapacidad temporal cuando la misma deriva de una contingencia común.

En su virtud, haciendo uso de la autorización prevista en la disposición final quinta del Estatuto de los Trabajadores y en las disposiciones transitoria cuarta y final primera de la Ley 63/1997, a propuesta del Ministro de Trabajo y Asuntos Sociales, previa consulta a las organizaciones empresariales y sindicales más representativas, de acuerdo con el Consejo de Estado y previa deliberación del Consejo de Ministros en su reunión del día 27 de marzo de 1998, dispongo:

CAPÍTULO I
Contrato en prácticas

⇒ Cfr. art. 11.1 ET (§2).

Artículo 1. Títulos profesionales habilitantes.

1. Son títulos profesionales habilitantes para celebrar el contrato en prácticas los de Diplomado Universitario, Ingeniero Técnico, Arquitecto Técnico, Licenciado Universitario, Ingeniero, Arquitecto, y Técnico o Técnico Superior de la formación profesional específica, así como los títulos oficialmente reconocidos como equivalentes que habiliten para el ejercicio profesional.

2. El contrato en prácticas podrá celebrarse dentro de los cuatro años inmediatamente siguientes a la terminación de los correspondientes estudios. En el caso de los contratos en prácticas celebrados con trabajadores minusválidos, dicho plazo será de seis años.

En el caso de personas que hayan realizado sus estudios en el extranjero, dicho cómputo se efectuará desde la fecha del reconocimiento u homologación del título en España, cuando tal requisito sea exigible para el ejercicio profesional.

3. El cómputo del período a que se refiere el apartado anterior se interrumpirá cuando, durante el mismo, el trabajador cumpla el servicio militar obligatorio o la prestación social sustitutoria.

4. El trabajador deberá entregar al empresario fotocopia compulsada del correspondiente título o, en su defecto, certificado de terminación de los estudios que dan derecho a la obtención del mismo.

Artículo 2. Salario.

1. La retribución de los trabajadores en prácticas, fijada conforme a lo dispuesto en el artículo 11, apartado 1, párrafo e), del Estatuto de los Trabajadores, no podrá ser, en ningún caso, inferior al salario mínimo interprofesional.

2. En el caso de trabajadores en prácticas contratados a tiempo parcial, el salario se aplicará proporcionalmente en función de la jornada pactada.

Artículo 3. Forma del contrato.

El contrato de trabajo en prácticas deberá formalizarse siempre por escrito, haciendo constar expresamente la titulación del trabajador, la duración del contrato y el puesto o puestos de trabajo a desempeñar durante las prácticas.

Artículo 4. Certificación de las prácticas.

A la terminación del contrato el empresario deberá entregar al trabajador un certificado en el que conste la duración de las prácticas, el puesto o puestos de trabajo desempeñados y las principales tareas realizadas en cada uno de ellos.

CAPÍTULO II

Contrato para la formación

⇒ Cfr. art. 11.2 ET (§2).

Sección 1ª Normas laborales

Artículo 5. Nivel de cualificación.

A efectos de lo dispuesto en el artículo 11, apartado 2, primer párrafo, del Estatuto de los Trabajadores, se entenderá por nivel de cualificación cuya adquisición puede ser objeto del contrato para la formación un nivel susceptible de acreditación formal o, en su defecto, el nivel de cualificación de base de cada ocupación en el sistema de clasificación de la empresa.

Artículo 6. Requisitos subjetivos.

El contrato para la formación se podrá celebrar con trabajadores que, reuniendo los requisitos de edad establecidos en el artículo 11, apartado 2, párrafo a), del Estatuto de los Trabajadores, no tengan la titulación requerida para formalizar un contrato en prácticas en el oficio o puesto de trabajo correspondiente.

Artículo 7. Número máximo de contratos para la formación.

1. Los convenios colectivos de ámbito sectorial estatal o, en su defecto, los convenios sectoriales de ámbito inferior, así como los convenios colectivos de las empresas que cuenten con un plan formativo, podrán establecer el número máximo de contratos para la formación que las empresas pueden celebrar en función del tamaño de su plantilla.

A efectos de lo previsto en el párrafo anterior, se entenderá por plan formativo un conjunto estructurado de acciones formativas coherentes con la actividad empresarial que incluya acciones específicamente dirigidas a trabajadores para la formación y que contemple, como mínimo, los objetivos y contenidos formativos de dichas acciones, así como los recursos necesarios para su financiación.

2. Si los convenios a que se refiere el apartado anterior no lo determinasen, el número máximo de trabajadores para la formación por centro de trabajo que las empresas pueden contratar no será superior al fijado en la siguiente escala, ajustándose las fracciones por defecto:

a) Hasta cinco trabajadores: uno.

b) De seis a 10 trabajadores: dos.

c) De 11 a 25 trabajadores: tres.

d) De 26 a 40 trabajadores: cuatro.

e) De 41 a 50 trabajadores: cinco.

f) De 51 a 100 trabajadores: ocho.

g) De 101 a 250 trabajadores: 10 o el 8 por 100 de la plantilla.

h) De 251 a 500 trabajadores: 20 o el 6 por 100 de la plantilla.

i) Más de 500 trabajadores: 30 o el 4 por 100 de la plantilla.

Para determinar la plantilla de trabajadores no se computará a los vinculados a la empresa por un contrato para la formación.

3. Los trabajadores minusválidos contratados para la formación no serán computados a efectos de los límites a que se refiere este artículo.

Artículo 8. Obligaciones del empresario.

1. El empresario estará obligado a proporcionar al trabajador la formación y el trabajo efectivo adecuado al objeto del contrato, de conformidad con lo previsto en el artículo 11, apartado 2, párrafo f), del Estatuto de los Trabajadores.

2. El empresario deberá impartir o concertar la formación teórica conforme al artículo 10 del presente Real Decreto. Asimismo, deberá conceder al trabajador los permisos necesarios para recibir dicha formación.

3. El empresario deberá igualmente tutelar el desarrollo del proceso formativo, ya sea asumiendo personalmente dicha función cuando desarrolle su actividad profesional en la empresa, ya sea designando como tutor a un trabajador de ésta, siempre que en ambos casos la persona que ejerza la función de tutoría posea la cualificación o experiencia profesional adecuada.

Cada tutor no podrá tener asignados más de tres trabajadores contratados para la formación, salvo que se determine un número distinto en los convenios colectivos a los que se refiere el artículo 7, apartado 1, del presente Real Decreto.

Artículo 9. Obligaciones del trabajador.

1. El trabajador contratado para la formación estará obligado a prestar el trabajo efectivo y a recibir la formación.

2. Las faltas de puntualidad o de asistencia del trabajador a las enseñanzas teóricas serán calificadas como faltas al trabajo a los efectos legales oportunos.

Artículo 10. ...

✐ Artículo derogado por disp. derog. única 2 c) del RD 395/2007, de 23 marzo (§30.4).

Artículo 11. Forma del contrato.

El contrato para la formación deberá formalizarse siempre por escrito, haciendo constar expresamente en el mismo el nivel ocupacional, oficio o puesto de trabajo para el que se concierta, el tiempo dedicado a la formación teórica y su distribución horaria, la duración del contrato, y el nombre y cualificación profesional de la persona designada como tutor. Los cambios que se produzcan sobre los anteriores elementos deberán formalizarse igualmente por escrito.

⇒ Mediante Res. 26 octubre 1998, de la Dirección General del Instituto Nacional de Empleo, se aprobó el correspondiente modelo de contrato.

Artículo 12. ...

✐ Artículo derogado por disp. derog. única 2 c) del RD 395/2007, de 23 marzo (§30.4).

Sección 2ª Normas de Seguridad Social

Artículo 13. Alcance de la protección social.

De conformidad con lo establecido en el artículo 11, apartado 2, párrafo i), del Estatuto de los Trabajadores, la acción protectora del trabajador contratado para la formación comprenderá, como contingencias, situaciones protegidas y prestaciones, las derivadas de accidente de trabajo y enfermedad profesional, la asistencia sanitaria en los casos de enfermedad común, accidente no laboral y maternidad, las prestaciones económicas por incapacidad temporal derivadas de riesgos comunes y maternidad y las pensiones. Asimismo, el trabajador tendrá derecho a la cobertura del Fondo de Garantía Salarial.

Artículo 14. Cotización a la Seguridad Social y otros conceptos de recaudación conjunta.

1. La cotización a la Seguridad Social, Fondo de Garantía Salarial y formación profesional en los contratos para la formación se efectuará en la forma y cuantía que se determine en la Ley de Presupuestos Generales del Estado.

2. Las retribuciones que perciban los trabajadores contratados para la formación en concepto de horas extraordinarias estarán sujetas a la cotización adicional correspondiente.

Artículo 15. Prestación económica por incapacidad temporal.

⇒ Cfr. arts. 128 a 133 RDLeg 1/1994, de 20 junio, por el que se aprueba el Texto Refundido de la Ley General de la Seguridad Social (§32.1).

1. Tendrán derecho a la prestación económica de la Seguridad Social por incapacidad temporal los trabajadores contratados para la formación que estén incluidos en el Régimen General y en el Régimen Especial de la Minería del Carbón y los que, siendo trabajadores por cuenta ajena, estén incluidos en los Regímenes Especiales de la Seguridad Social Agrario y de Trabajadores del Mar.

La prestación económica por incapacidad temporal se concederá en igual extensión, términos y condiciones que en el Régimen General, con las particularidades que se indican en el apartado siguiente.

2. El subsidio de incapacidad temporal en caso de enfermedad común o accidente no laboral se abonará mientras el beneficiario se encuentre en esa situación. Si transcurridos treinta días desde la finalización del contrato persistiese la situación de incapacidad y, por ello, la percepción de la prestación económica correspondiente, el beneficiario será objeto de un examen médico para dictaminar sobre la persistencia de la causa incapacitante. Si, como consecuencia de dicho reconocimiento, el trabajador continuara percibiendo la prestación por incapacidad temporal, a los tres meses contados desde la finalización del contrato se procederá a un nuevo examen médico con el objeto de dictaminar sobre la procedencia de la continuación del proceso de incapacidad temporal.

Igualmente, se procederá a realizar el correspondiente examen médico en el supuesto de que, dado de alta el trabajador en el proceso de incapacidad temporal, se produjese una recaída.

Estos exámenes médicos serán realizados por médicos adscritos al Instituto Nacional de la Seguridad Social.

3. La incomparecencia injustificada a cualquiera de las convocatorias para los exámenes y reconocimientos médicos a que se refiere el apartado anterior supondrá la extinción automática de la prestación económica por incapacidad temporal.

Artículo 16. Determinación de la base reguladora de las prestaciones económicas.

A efectos de determinar la base reguladora de las prestaciones económicas de la Seguridad Social, se tomará como base de cotización el 75 por 100 de la base mínima de cotización que corresponda.

CAPÍTULO III

Disposiciones comunes

Artículo 17. Formalización y registro de los contratos.

1. Los contratos en prácticas y para la formación se formalizarán en los modelos oficiales que se facilitarán por las Oficinas de Empleo.

2. Los contratos y, en su caso, las prórrogas de los mismos, se registrarán por el empresario, en el plazo de los diez días siguientes a su celebración, en la correspondiente Oficina de Empleo, donde quedará depositado un ejemplar.

3. El empresario estará obligado a comunicar a la Oficina de Empleo la terminación de los contratos a los que se refiere el presente Real Decreto, en el plazo de los diez días siguientes a dicha terminación.

Artículo 18. Período de prueba.

1. Salvo lo dispuesto en convenio colectivo, el período de prueba no podrá ser superior a un mes para los contratos en prácticas celebrados con trabajadores que estén en posesión de título de grado medio, ni a dos meses para los contratos en prácticas celebrados con trabajadores que estén en posesión de título de grado superior.

Respecto a los contratos para la formación, se estará a lo dispuesto con carácter general en el artículo 14 del Estatuto de los Trabajadores.

2. Si al término del contrato en prácticas o para la formación el trabajador continuase en la empresa, no podrá concertarse un nuevo período de prueba, computándose la duración del contrato a efectos de antigüedad en la empresa.

Artículo 19. Duración y prórroga de los contratos.

1. Si los contratos en prácticas y para la formación se hubieran concertado por una duración

inferior a la máxima establecida, de conformidad con lo dispuesto en el artículo 11, apartados 1, párrafo b), y 2, párrafo c), respectivamente, del Estatuto de los Trabajadores, las partes podrán acordar hasta dos prórrogas, salvo disposición en contrario de los convenios a que se refieren dichos apartados, sin que la duración total del contrato pueda exceder de la citada duración máxima.

En ningún caso la duración de cada prórroga podrá ser inferior a la duración mínima del contrato establecida legal o convencionalmente.

2. La suspensión de los contratos en virtud de las causas previstas en los artículos 45 y 46 del Estatuto de los Trabajadores no comportará la ampliación de su duración, salvo pacto en contrario.

Artículo 20. Prórroga de los contratos que hubiesen agotado su duración máxima.

Los contratos en prácticas y para la formación se considerarán prorrogados tácitamente como contratos ordinarios por tiempo indefinido, salvo prueba en contrario que acredite la naturaleza temporal de la prestación, si el trabajador continuara prestando servicios tras haberse agotado la duración máxima del contrato y no hubiera mediado denuncia expresa.

Artículo 21. Denuncia de los contratos.

Cuando los contratos en prácticas y para la formación tengan una duración superior a un año, la parte que formule la denuncia está obligada a notificar a la otra su terminación con una antelación mínima de quince días.

El incumplimiento por el empresario del plazo señalado en el párrafo anterior dará lugar a una indemnización equivalente al salario correspondiente a los días en que dicho plazo se haya incumplido.

Artículo 22. Presunciones.

1. Se presumirán celebrados por tiempo indefinido los contratos en prácticas o para la formación cuando no se hubiesen observado las exigencias de formalización escrita, salvo prueba en contrario que acredite su naturaleza temporal. En el supuesto de contratos en prácticas a tiempo parcial, la falta de forma escrita determinará asimismo que el contrato se presuma celebrado a jornada completa, salvo prueba en contrario que acredite el carácter a tiempo parcial de los servicios.

2. Adquirirán la condición de trabajadores fijos los trabajadores en prácticas o para la formación que no hubieran sido dados de alta en la Seguridad Social, una vez transcurrido un plazo igual al que legalmente hubieran podido fijar para el período de prueba, salvo que de la propia naturaleza de las actividades o de los servicios contratados se deduzca claramente la duración temporal de los mismos.

3. Se presumirán por tiempo indefinido los contratos en prácticas y para la formación celebrados en fraude de ley.

4. El contrato para la formación se considerará de carácter común u ordinario cuando el empresario incumpla en su totalidad sus obligaciones en materia de formación teórica.

Artículo 23. Contratos formativos previos.

El empresario podrá recabar por escrito, antes de celebrar los contratos regulados en el presente Real Decreto una certificación del Instituto Nacional de Empleo en la que conste el tiempo que el trabajador ha estado contratado en prácticas, para la formación o en aprendizaje con anterioridad a la contratación que se pretende realizar. El Instituto Nacional de Empleo emitirá la correspondiente certificación en el plazo de diez días. En caso de que en el transcurso de dicho plazo no se hubiera emitido la referida certificación, el empresario quedará exento de responsabilidad por la celebración del contrato incumpliendo los requisitos de duración máxima establecidos en el artículo 11 apartados 1 párrafo c), y 2 párrafo d), del Estatuto de los Trabajadores y, en su caso, en la disposición transitoria primera, apartado 2, de la Ley 63/1997, de 26 de diciembre, de Medidas Urgentes para la Mejora del Mercado de Trabajo y el Fomento de la Contratación Indefinida.

DISPOSICIONES ADICIONALES

Primera. Exclusión de las prácticas profesionales de los estudiantes.

Quedan expresamente excluidas del ámbito de aplicación del presente Real Decreto las prácticas profesionales realizadas por estudiantes como parte integrante de sus estudios académicos o de los cursos de formación profesional. Los contratos sobre prácticas y enseñanzas sanitarias especializadas se regirán por lo dispuesto en la Ley 24/1982, de 16 de junio.

⇒ V., en desarrollo de la citada Ley 24/1982, RD 1277/1984, de 11 enero, por el que se regula la Formación Médica especializada y la obtención del título de Médico Especialista, y RD 1497/1999, de 24 septiembre, por el que se regula un procedimiento excepcional de acceso al título de Médico Especialista.

Segunda. Contratos para la formación en escuelas-taller y casas de oficios y programas de garantía social.

Los contratos para la formación celebrados en el marco de los programas de escuelas-taller y casas de oficios y de los programas de garantía social dependientes de las Administraciones públicas educativas se ajustarán a lo dispuesto en el presente Real Decreto con las siguientes particularidades:

⇒ Sobre talleres de empleo, v. la OM. 14 noviembre 2001.

La OM. 14 noviembre 2001 regula el Programa de Escuelas Taller y Casos de Oficio y las Unidades de Promoción y Desarrollo.

a) Los contratos se podrán celebrar con trabajadores menores de veinticuatro años.

b) No serán de aplicación los límites establecidos en los artículos 7 y 8 en cuanto al número máximo de contratos para la formación y de trabajadores asignados a cada tutor.

c) La financiación de las acciones formativas correspondientes a estos contratos se regirá por lo establecido en las disposiciones reguladoras de estos programas.

Tercera. Acuerdo Tripartito de Formación Continua.

Lo dispuesto en el apartado 5 del artículo 10 del presente Real Decreto se entenderá sin perjuicio de las funciones en materia de gestión, seguimiento y control técnicos de las iniciativas de formación atribuidas a la Fundación para la Formación Continua (FORCEM) en el punto cuarto, apartado 1, del Acuerdo Tripartito de Formación Continua, publicado por Resolución de 28 de abril de 1997, de la Subsecretaría de Trabajo y Asuntos Sociales («Boletín Oficial del Estado» de 16 de mayo).

Cuarta. Cotización en los contratos para la formación durante 1998.

En los contratos para la formación la cotización, a partir de la entrada en vigor del presente Real Decreto y durante 1998, se llevará a cabo de acuerdo con lo establecido en el artículo 36 de la Orden de 26 de enero de 1998, por la que se desarrollan las normas de cotización a la Seguridad Social, desempleo, Fondo de Garantía Salarial y formación profesional, contenidas en la Ley 65/1997, de 30 de diciembre, de Presupuestos Generales del Estado para 1998.

DISPOSICIONES TRANSITORIAS

Primera. Régimen jurídico de los contratos en vigor.

Los contratos en prácticas y para la formación, así como, en su caso, los contratos de aprendizaje celebrados con anterioridad al 17 de mayo de 1997, vigentes en el momento de la entrada en vigor del presente Real Decreto, seguirán rigiéndose por las normas con arreglo a las cuales se concertaron.

No obstante lo establecido en el párrafo anterior, a los contratos para la formación celebrados entre el 17 de mayo de 1997 y la fecha de entrada en vigor del presente Real Decreto les serán de aplicación las disposiciones de la sección 2ª del Capítulo II a partir de la citada fecha de entrada en vigor.

Segunda. Cómputo de los trabajadores con contrato de aprendizaje.

A fin de determinar el número máximo de trabajadores contratados para la formación a efectos de lo dispuesto en los artículos 7 y 8 de este Real Decreto, se computarán igualmente los trabajadores con contratos de aprendizaje celebrados con anterioridad al 17 de mayo de 1997 y vigentes en el momento de efectuarse el cómputo.

DISPOSICIÓN DEROGATORIA

Única. Alcance de la derogación normativa.

Quedan derogadas cuantas disposiciones de igual o inferior rango se opongan a lo establecido en el presente Real Decreto, y expresamente el capítulo I y la disposición adicional primera del Real Decreto 2317/1993, de 29 de diciembre, por el que se desarrollan los contratos en prácticas y de aprendizaje y los contratos a tiempo parcial.

DISPOSICIONES FINALES

Primera. Determinación de los módulos formativos de los certificados de profesionalidad.

El Ministerio de Trabajo y Asuntos Sociales determinará y aprobará, previa consulta al Consejo General de Formación Profesional, los contenidos integrantes de los módulos formativos de los certificados de profesionalidad que serán impartidos a efectos de la formación teórica del contrato para la formación.

En tanto se lleva a cabo lo dispuesto en el párrafo anterior, continuarán vigentes los contenidos fijados de conformidad con lo establecido en el artículo 11, apartado 3, de la Orden de 19 de septiembre de 1994, por la que se regulan determinados aspectos formativos de los contratos de aprendizaje.

Segunda. Facultades de aplicación y desarrollo.

1. Se autoriza al Ministro de Trabajo y Asuntos Sociales para dictar cuantas normas sean precisas para la ejecución de lo dispuesto en el presente Real Decreto.

⇒ V. O. 14 julio 1998, sobre aspectos formativos del contrato para la formación.

2. Se autoriza al Director general del Instituto Nacional de Empleo para aprobar los modelos de contratos a que se refiere el artículo 17, apartado 1, del presente Real Decreto.

⇒ Mediante Res. 26 octubre 1998, de la Dirección General del INEM, se efectuó dicha aprobación.

Tercera. Entrada en vigor.

El presente Real Decreto entrará en vigor el día siguiente al de su publicación en el «Boletín Oficial del Estado».

c) *Tiempo parcial*

§ 8.1 REAL DECRETO-LEY 15/1998, DE 27 NOVIEMBRE. MEDIDAS URGENTES PARA LA MEJORA DEL MERCADO DE TRABAJO, EN RELACIÓN CON EL TRABAJO A TIEMPO PARCIAL Y FOMENTO DE SU ESTABILIDAD

(BOE núm. 285, de 28 noviembre [RCL 1998, 2781])

La nueva regulación del contrato de trabajo a tiempo parcial objeto de esta disposición constituye el resultado del proceso de reflexión y diálogo desarrollado por el Gobierno con las organizaciones empresariales y sindicales desde el mes de julio del presente año, dirigido a seguir profundizando en el análisis del funcionamiento del mercado de trabajo y en la búsqueda de medidas para su mejora. Fruto de dicho proceso es el Acuerdo sobre Trabajo a Tiempo Parcial y Fomento de su Estabilidad concluido el 13 de noviembre entre el Gobierno y las organizaciones sindicales más representativas en el ámbito estatal, cuyo contenido incorpora la presente disposición.

Esta nueva regulación se acomodó a los compromisos establecidos a escala europea en el Acuerdo Marco sobre el Trabajo a Tiempo Parcial, concluido el 6 de junio de 1997 por la UNICE, el CEEP y la CES y posteriormente incorporado, para su aplicación, a la Directiva 97/81/CE, del Consejo, de 15 de diciembre. Asimismo, responde a los compromisos contenidos tanto en el Acuerdo de Racionalización y Consolidación del Sistema de la Seguridad Social como en el Acuerdo Interconfederal para la Estabilidad en el Empleo.

Se ha tenido igualmente en cuenta la evolución de esta modalidad contractual en España, su reducida utilización en comparación con el conjunto de la Unión Europea y la alta temporalidad que afecta en nuestro país a este segmento del mercado de trabajo.

La mejora de la calidad del trabajo a tiempo parcial, de acuerdo con lo establecido en el Acuerdo Marco europeo y en la Directiva comunitaria citada, requiere del establecimiento de una regulación que, permitiendo una adecuada flexibilidad en este tipo de trabajo, garantice al mismo tiempo determinados principios básicos: La igualdad de trato y no discriminación de los trabajadores a tiempo parcial en relación con los trabajadores a tiempo completo, sin perjuicio de la aplicación del principio de proporcionalidad cuando resulte adecuado; el principio de voluntariedad en el acceso al trabajo a tiempo parcial, que incorpora el derecho del trabajador a no ser despedido por negarse a ser transferido desde un empleo a tiempo completo a otro a tiempo parcial, sin perjuicio de las medidas que, de conformidad con la legislación y los Convenios Colectivos, puedan derivarse de las necesidades de funcionamiento del establecimiento considerado, y el acceso efectivo a la protección social de los trabajadores contratados a tiempo parcial, introduciendo para ello los elementos de corrección necesarios para adaptar el funcionamiento de las normas generales del sistema a las características específicas de este tipo de trabajo.

El desarrollo y la plasmación de estos principios comportan un conjunto de modificaciones legales en la regulación del contrato de trabajo a tiempo parcial, básicamente contenida en el artículo 12 del Estatuto de los Trabajadores, al que por razones sistemáticas y de claridad y seguridad jurídicas se da íntegramente nueva redacción en esta disposición. Junto a ello, se procede a reordenar los criterios básicos que deben regir en materia de protección social para este tipo de contratos, con objeto de hacer compatibles el principio de contributividad propio del sistema de Seguridad Social con los de igualdad de trato y proporcionalidad en el trabajo a tiempo parcial. Tales criterios básicos –que se incorporan íntegramente a la Ley General de la Seguridad Social eliminando por asistemática la anterior mención relativa a los mismos, contenida en el propio artículo 12 del Estatuto de los Trabajadores– serán posteriormente desarrollados, a partir de la presente disposición, en las correspondientes normas reglamentarias, del mismo modo que aquellos otros aspectos del Acuerdo, tales como, en particular, el relativo a los trabajos fijos de carácter discontinuo, de alcance meramente reglamentario y no abordados en esta disposición.

Con todo ello, se atiende a la configuración de un marco jurídico del trabajo a tiempo parcial que no sólo sea sensible a las necesidades de mejora del funcionamiento del mercado de trabajo, sino que, en plena coherencia y conforme a lo previsto sobre fomento de la estabilidad en el empleo en las Leyes 63/1997 y 64/1997, se ofrezcan también nuevas respuestas a las cada vez más diversificadas necesidades de carácter personal, familiar, formativo y profesional de los trabajadores y trabajadoras, además de atender de forma adecuada a las exigencias de adaptabilidad de las empresas.

Partiendo del reconocimiento de las especificidades del contrato de trabajo fijo-discontinuo, es evidente la necesidad de contar con un régimen jurídico dotado de la singularidad necesaria. En consecuencia, la normativa de aplicación habrá de ser sensible a las características derivadas de las actividades estacionales, en particular a través de los Convenios Colectivos de ámbito sectorial.

En su virtud, siendo urgente la adopción de las anteriores medidas, tanto para permitir su inmediata efectividad como para evitar distorsiones en el funcionamiento del mercado de trabajo, haciendo uso de la autorización contenida en el artículo 86 de la Constitución, consultadas las organizaciones empresariales y sindicales más representativas, previo dictamen del Consejo Económico y Social, de acuerdo con el Consejo de Estado, a propuesta del Ministro de Trabajo y Asuntos Sociales y previa deliberación del Consejo de Ministros en su reunión del día 27 de noviembre de 1998, dispongo:

Artículo 1. Regulación del contrato de trabajo a tiempo parcial.

Los artículos de la Ley del Estatuto de los Trabajadores, Texto Refundido aprobado por Real Decreto Legislativo 1/1995, de 24 de marzo, que se relacionan a continuación, quedan modificados en los términos siguientes:

Uno. El artículo 12 queda redactado en la forma siguiente:

[...]

⇒ El texto queda incorporado en el propio ET (§2), aunque con las posteriores modificaciones habidas.

Dos. El punto 1 del apartado 1 del artículo 64 queda redactado en la forma siguiente:

[...]

⇒ El texto de este apartado aparece incorporado en el propio ET (§2).

Artículo 2. Protección social de los trabajadores contratados a tiempo parcial.

Se modifican el apartado 1 del artículo 166 y la disposición adicional séptima del Texto Refundido de la Ley General de la Seguridad Social, aprobado por Real Decreto Legislativo 1/1994, de 20 de junio, en los siguientes términos:

Uno. El apartado 1 del artículo 166 queda redactado en la forma siguiente:

[...]

⇒ El texto de este apartado aparece incorporado en la propia LGSS/1994 (§32.1).

Dos. La disposición adicional séptima queda redactada en la forma siguiente:

[...]

⇒ El texto de esta disposición aparece incorporado en la propia LGSS/1994 (§32.1).

DISPOSICIONES TRANSITORIAS

Primera. Régimen jurídico de los contratos en vigor.

1. Los contratos celebrados antes de la entrada en vigor del presente Real Decreto-ley continuarán rigiéndose por la normativa legal o convencional conforme a la que se celebraron.

No obstante lo anterior, serán de aplicación desde la entrada en vigor de este Real Decreto-ley a todos los contratos, cualquiera que sea la fecha de su celebración, las disposiciones contenidas en las letras d), e) y f) del apartado 4 del artículo 12 del Estatuto de los Trabajadores, en la redacción dada por el artículo primero del presente Real Decreto-ley.

2. En aquellos contratos de duración indefinida a tiempo parcial celebrados antes de la entrada en vigor de este Real Decreto-ley en que la jornada de trabajo sea inferior al nuevo límite legal del trabajo a tiempo parcial, se podrá realizar pacto de horas complementarias, que se regirá a todos los efectos por lo dispuesto en el apartado 5 del artículo 12 del Estatuto de los Trabajadores, en la redacción dada por el presente Real Decreto-ley, quedando en tal caso excluida la posibilidad de realización de horas extraordinarias, salvo en los supuestos a los que se refiere el apartado 3 del artículo 35 del Estatuto de los Trabajadores.

Segunda. Normas relativas a los Convenios Colectivos vigentes.

Las modificaciones introducidas por el presente Real Decreto-ley en el régimen jurídico de los contratos a tiempo parcial y de relevo no afectarán a la vigencia de las disposiciones relativas a dichos contratos contenidas en los Convenios Colectivos vigentes en la fecha de entrada en vigor de esta disposición, que continuarán siendo de aplicación.

Tercera. Régimen de Protección Social aplicable a los contratos en vigor.

Las disposiciones contenidas en el artículo segundo serán de aplicación a todos los contratos a tiempo parcial, cualquiera que sea la fecha de su celebración, a partir de la entrada en vigor de este Real Decreto-ley, de conformidad con lo previsto en su disposición final segunda.

DISPOSICIÓN ADICIONAL

Única. ...

✐ Disposición derogada por la disp. derog. única b) de la Ley 12/2001, de 9 julio (§9).

DISPOSICIÓN DEROGATORIA

Única. Alcance de la derogación normativa.

Quedan derogadas cuantas disposiciones de igual o inferior rango se opongan a lo dispuesto en este Real Decreto-ley.

DISPOSICIONES FINALES

Primera. Facultades de desarrollo.

1. El Gobierno dictará las disposiciones que sean precisas para el desarrollo de este Real Decreto-ley.

⇒ V. el RD 1131/2002, de 31 octubre (§37), relativo a la acción protectora en materia de Seguridad Social.

2. Se autoriza al Director general del Instituto Nacional de Empleo para aprobar los modelos de contrato a tiempo parcial y de pacto de horas complementarias a que se refieren respectivamente la letra a) del apartado 4 y la letra a) del apartado 5 del artículo 12 del Estatuto de los Trabajadores, en la redacción dada por este Real Decreto-ley.

Segunda. Entrada en vigor.

Este Real Decreto-ley entrará en vigor el día siguiente al de su publicación en el «Boletín Oficial del Estado», excepto las disposiciones contenidas en las reglas segunda y tercera de la disposición adicional séptima de la Ley General de la Seguridad Social, en la redacción dada a la misma por el artículo segundo del presente Real Decreto-ley, que comenzarán a surtir efecto a partir de la entrada en vigor de las disposiciones reglamentarias previstas en la disposición final primera que las desarrollen, que deberán dictarse en el plazo máximo de tres meses.

§ 8.2 REAL DECRETO 2317/1993, DE 29 DICIEMBRE. DESARROLLA LOS CONTRATOS EN PRÁCTICAS Y DE APRENDIZAJE Y LOS CONTRATOS A TIEMPO PARCIAL

(BOE núm. 313, de 31 diciembre [RCL 1993, 3611])

⇒ El presente Real Decreto se dictó como desarrollo del RDley 18/1993, de 3 diciembre, de Medidas Urgentes de Fomento de la Ocupación, a su vez sustituido por la Ley 10/1994, de 19 mayo, con igual denominación.
Sólo transcribimos los preceptos referidos al trabajo a tiempo parcial, que no han sido expresamente derogados.
Téngase muy en cuenta el contenido del RDley 15/1998, de 27 noviembre (§8.1) y su disp. derog. única.

El Real Decreto-ley 18/1993, de 3 de diciembre, de Medidas Urgentes de Fomento de la Ocupación, ha establecido el nuevo régimen jurídico de los contratos en prácticas y de aprendizaje, así como modificaciones importantes en el contrato de trabajo a tiempo parcial.

Resulta necesario, en consecuencia, llevar a cabo, con la celeridad que las circunstancias requieren, el correspondiente desarrollo reglamentario que haga posible aplicar con carácter inmediato las fórmulas contractuales citadas para favorecer la inserción profesional de los jóvenes sin experiencia laboral o sin la adecuada formación profesional, o posibilitar el trabajo de un mayor número de personas mediante el trabajo a tiempo parcial.

En su virtud, haciendo uso de la autorización prevista en la disposición final primera del Real Decreto-ley 18/1993, de 3 de diciembre, a propuesta del Ministro de Trabajo y Seguridad Social, consultadas las organizaciones sindicales y asociaciones empresariales más representativas, de acuerdo con el Consejo de Estado y previa deliberación del Consejo de Ministros en su reunión del día 29 de diciembre de 1993, dispongo:

CAPÍTULO I
Contratos formativos

...

✐ Cap. I derogado por RD 488/1998, de 27 marzo (§7.1).

CAPÍTULO II
Contrato a tiempo parcial

⇒ Las remisiones que se efectúan al RDley 18/1993 han de entenderse hechas al art. 12 del ET (§2).

Artículo 18.

1. Los contratos a tiempo parcial celebrados según lo dispuesto en el artículo 4 del Real Decreto-ley 18/1993, de 3 de diciembre, sobre Medidas Urgentes de Fomento de la Ocupación, se formalizarán por escrito, *en el modelo oficial que figura en el anexo de este Real Decreto,* en el que deberá constar, entre otros elementos, si el contrato se celebra por tiempo indefinido o por duración determinada, identificando, en este último caso, el supuesto previsto en el artículo 15 del Estatuto de los Trabajadores que justifica tal duración, así como el número y distribución de horas al día, a la semana, al mes o al año durante las que el trabajador va a prestar servicios.

⇒ V. la disp. final 1ª del RDley 15/1998 (§8.1), acerca del modelo de contrato a utilizar.

2. Los contratos se registrarán en la correspondiente Oficina de Empleo, en los términos establecidos en el artículo 1 del Real Decreto-ley 18/1993, de 3 de diciembre, donde quedará depositado un ejemplar.

⇒ V. art. 16.1 del ET (§2) y sus normas de desarrollo.

3. La inobservancia de la forma escrita determinará que el contrato se presuma celebrado por tiempo indefinido y a jornada completa, salvo prueba en contrario que acredite su naturaleza temporal o el carácter a tiempo parcial de los servicios.

⇒ V. arts. 8.2 «in fine» y 12.4 a) del ET (§2).

Artículo 19.

Los trabajadores a tiempo parcial tendrán los mismos derechos que los trabajadores a tiempo completo, salvo las peculiaridades que, en función del tiempo trabajado, estén establecidas por ley o pueden determinarse por la negociación colectiva.

⇒ V. art. 12.4 d) del ET (§2).

Artículo 20.

La afiliación, las altas o bajas de los trabajadores contratados a tiempo parcial, cuya prestación de servicios sea inferior a doce horas a la semana o cuarenta y ocho al mes, a que se refiere el apartado 3 del artículo 4 del Real Decreto-ley 18/1993, de 3 de diciembre, de Medidas Urgentes de Fomento de la Ocupación, podrá formalizarse bien mediante la presentación en las Direcciones Provinciales de la Tesorería General de la Seguridad Social o Administraciones de las mismas en los plazos y a través de los documentos establecidos en cada momento, bien suministrando los correspondientes datos a través de fax o por cualquier otro procedimiento informático, telemático o electrónico.

⇒ Cfr. la disp. transit. 3ª del RDley 15/1998, de 27 noviembre (§8.1), así como la disp. adic. 7ª de la LGSS/1994 (§32.1).

DISPOSICIONES ADICIONALES

Primera. ...

Disp. adic. 1ª derogada por RD 488/1998, de 27 marzo (§7.1).

Segunda.

Por las Administraciones Públicas podrán adaptarse los modelos de contratos a las peculiaridades de las mismas respetándose, en todo caso, sus cláusulas.

DISPOSICIÓN TRANSITORIA

Única.

Los contratos en prácticas y para la formación, a tiempo parcial, así como los celebrados para la realización de trabajos fijos y periódicos de carácter discontinuo, vigentes en el momento de la entrada en vigor de la presente disposición, seguirán rigiéndose por las normas con arreglo a las cuales se concertaron.

⇒ Cfr. la disp. derog. única.

DISPOSICIÓN DEROGATORIA

Única.

Quedan derogadas cuantas disposiciones se opongan a lo establecido en el presente Real Decreto y expresamente:

1. El Real Decreto 1992/1984, de 31 de octubre, por el que se regulan los contratos de trabajo en prácticas y para la formación.

2. Los artículos 1 al 6 y 10 del Real Decreto 1991/1984, de 31 de octubre, por el que se regula el contrato a tiempo parcial, el contrato de relevo y la jubilación parcial.

3. Los artículos 11 al 14 del Real Decreto 2104/1984, de 21 de noviembre, por el que se regulan diversos contratos de duración determinada y el contrato de trabajadores fijos discontinuos.

DISPOSICIONES FINALES

Primera.

Se autoriza al Ministro de Trabajo y Seguridad Social para dictar cuantas normas sean precisas para la ejecución de lo dispuesto en el presente Real Decreto.

Segunda.

El presente Real Decreto entrará en vigor el día siguiente al de su publicación en el «Boletín Oficial del Estado».

d) Duración indefinida para el Fomento del Empleo

§ 9 LEY 12/2001, DE 9 JULIO. MEDIDAS URGENTES DE REFORMA DEL MERCADO DE TRABAJO PARA EL INCREMENTO DEL EMPLEO Y LA MEJORA DE SU CALIDAD

(BOE núm. 164, de 10 julio [RCL 2001, 1674]) (fragmento)

[...]

DISPOSICIONES ADICIONALES

Primera. Contrato para el fomento de la contratación indefinida.

1. Con objeto de facilitar la colocación estable de trabajadores desempleados y de empleados sujetos a contratos temporales, podrá concertarse a partir del 4 de marzo de 2001 el contrato de trabajo para el fomento de la contratación indefinida que se regula en esta disposición, en las condiciones previstas en la misma.

2. El contrato podrá concertarse con trabajadores incluidos en uno de los grupos siguientes:

a) Trabajadores desempleados inscritos en la oficina de empleo en quienes concurra alguna de las siguientes condiciones:

Jóvenes desde dieciséis hasta treinta años de edad, ambos inclusive.

Mujeres desempleadas cuando se contraten para prestar servicios en profesiones u ocupaciones con menor índice de empleo femenino.

Mayores de cuarenta y cinco años de edad.

Parados que lleven, al menos, seis meses inscritos ininterrumpidamente como demandantes de empleo.

Minusválidos.

b) Trabajadores que, en la fecha de celebración del nuevo contrato de fomento de la contratación indefinida, estuvieran empleados en la misma empresa mediante un contrato de duración determinada o temporal, incluidos los contratos formativos, celebrado con anterioridad al 31 de diciembre de 2007.

✐ Letra b) modificada por art. 10.Uno de la Ley 43/2006, de 29 diciembre (§27.2).

3. El contrato se concertará por tiempo indefinido y se formalizará por escrito, en el modelo que se establezca.

El régimen jurídico del contrato y los derechos y obligaciones que de él se deriven se regirán, con carácter general, por lo dispuesto en la Ley y en los convenios colectivos para los contratos por tiempo indefinido, con la única excepción de lo dispuesto en los apartados siguientes.

4. Cuando el contrato se extinga por causas objetivas y la extinción sea declarada improcedente, la cuantía de la indemnización a la que se refiere el artículo 53.5 del Estatuto de los Trabajadores, en su remisión a los efectos del despido disciplinario previstos en el artículo 56 del mismo texto legal, será de treinta y tres días de salario por año de servicio, prorrateándose por meses los períodos de tiempo inferiores a un año y hasta un máximo de veinticuatro mensualidades.

Si se procediera según lo dispuesto en el artículo 56.2 del Estatuto de los Trabajadores, el empresario deberá depositar en el Juzgado de lo Social la diferencia entre la indemnización ya percibida por el trabajador según el artículo 53.1 b) de la misma Ley y la señalada en el párrafo anterior.

✐ Párr. 2º añadido por art. 10.Dos de la Ley 43/2006, de 29 diciembre (§27.2).

5. No podrá concertar el contrato para el fomento de la contratación indefinida al que se refiere la presente disposición la empresa que en los seis meses anteriores a la celebración del contrato, hubiera realizado extinciones de contratos de trabajo por causas objetivas declaradas improcedentes por sentencia judicial o hubiera procedido a un despido colectivo. En ambos supuestos, la limitación

afectará únicamente a la cobertura de aquellos puestos de trabajo de la misma categoría o grupo profesional que los afectados por la extinción o despido y para el mismo centro o centros de trabajo.

Esta limitación no será de aplicación en el supuesto de despido colectivo cuando la realización de los contratos a los que se refiere la presente disposición haya sido acordada con los representantes de los trabajadores en el período de consultas previsto en el apartado 4 del artículo 51 del Estatuto de los Trabajadores.

6. En el marco del diseño de los planes y programas de política de empleo y del análisis del funcionamiento del mercado de trabajo, el Gobierno procederá a evaluar los efectos de esta medida para el fomento de la contratación indefinida, a fin de determinar la necesidad o no del mantenimiento de la misma y proponer, en su caso, las modificaciones que procedan.

Segunda. Bonificaciones de cuotas de Seguridad Social para los trabajadores en período de descanso por maternidad, adopción, acogimiento, riesgo durante el embarazo, riesgo durante la lactancia natural o suspensión por paternidad.

A la cotización de los trabajadores o de los socios trabajadores o socios de trabajo de las sociedades cooperativas, o trabajadores por cuenta propia o autónomos, sustituidos durante los períodos de descanso por maternidad, adopción, acogimiento, paternidad, riesgo durante el embarazo o riesgo durante la lactancia natural, mediante los contratos de interinidad bonificados, celebrados con desempleados a que se refiere el Real Decreto-ley 11/1998, de 4 de septiembre, les será de aplicación:

a) Una bonificación del 100 por 100 en las cuotas empresariales de la Seguridad Social, incluidas las de accidentes de trabajo y enfermedades profesionales y en las aportaciones empresariales de las cuotas de recaudación conjunta para el caso de los trabajadores encuadrados en un régimen de Seguridad Social propio de trabajadores por cuenta ajena.

b) Una bonificación del 100 por 100 de la cuota que resulte de aplicar sobre la base mínima o fija que corresponda el tipo de cotización establecido como obligatorio para trabajadores incluidos en un régimen de Seguridad Social propio de trabajadores autónomos.

Sólo será de aplicación esta bonificación mientras coincidan en el tiempo la suspensión de actividad por dichas causas y el contrato de interinidad del sustituto y, en todo caso, con el límite máximo del período de suspensión.

✐ Disposición modificada por disp. adic. 16ª de la LO 3/2007, de 22 marzo, para la igualdad efectiva de mujeres y hombres (§31.1).

[...]

Novena.

La contratación de personas en riesgo de exclusión en los supuestos a que se refiere el artículo 4.1.3 de la presente Ley podrá realizarse por empresas específicamente dedicadas a la promoción e inserción laboral de personas en situación de exclusión social, conforme a los números siguientes y a lo que reglamentariamente se determine.

Se considerarán empresas de promoción e inserción laboral de personas en situación de exclusión social, cualquiera que sea su forma jurídica y actividad económica, aquellas que dediquen habitualmente no menos del 30 por 100 de sus puestos de trabajo al empleo de personas que estén en alguno de los supuestos a los que se refiere el párrafo anterior, para formarles y adiestrarles en el ejercicio normalizado de una actividad laboral; tendrán como fin primordial de su objeto social la plena integración laboral y el acceso al empleo ordinario de las indicadas personas. Dichas empresas podrán inscribirse voluntariamente en el registro público que a tal efecto se determine reglamentariamente.

Las empresas de promoción e inserción laboral de personas en situación de exclusión social, además de acceder a las bonificaciones previstas en el artículo 6.4 de la presente Ley podrán desarrollar los programas que se determinen en colaboración con las Administraciones y entidades públicas con competencias en la inserción laboral de las personas en situación de exclusión social. Específicamente, los servicios públicos de empleo podrán establecer convenios con las empresas de inserción.

Décima.

[...]

DISPOSICIONES TRANSITORIAS

Primera. Contratos celebrados antes de la entrada en vigor de esta Ley.

Los contratos celebrados antes de la entrada en vigor de esta Ley, incluidos los contratos para el fomento de la contratación indefinida celebrados al amparo de lo previsto en la disposición adicional primera del Real Decreto-ley 8/1997, de 16 de mayo, o en la disposición adicional primera de la Ley

63/1997, de 26 de diciembre, continuarán rigiéndose por la normativa legal o convencional vigente en la fecha en que se celebraron.

Segunda. Extinciones de contratos.

La indemnización por finalización del contrato a la que se refiere el primer párrafo de la letra c) del apartado uno del artículo 49 del Estatuto de los Trabajadores en la redacción dada por esta Ley, no será de aplicación a las extinciones de contratos celebrados con anterioridad al 4 de marzo de 2001, cualquiera que sea la fecha de su extinción.

Las extinciones de contratos producidas antes del 4 de marzo de 2001, se regirán por las disposiciones vigentes en la fecha en que hubieran tenido lugar.

e) Temporales por Fomento del Empleo

§ 10 LEY 43/2006, DE 29 DICIEMBRE. MEJORA DEL CRECIMIENTO Y DEL EMPLEO

(BOE núm. 213, de 30 diciembre [RCL 2006, 2338]) (disp. adic. 1ª)

[...]

DISPOSICIONES ADICIONALES

Primera. Contrato temporal de fomento del empleo para personas con discapacidad.

1. Las empresas podrán contratar temporalmente para la realización de sus actividades, cualquiera que fuere la naturaleza de las mismas, a trabajadores con discapacidad desempleados inscritos en la Oficina de Empleo, con un grado de minusvalía igual o superior al 33 por 100 o a pensionistas de la Seguridad Social que tengan reconocida una pensión de incapacidad permanente en el grado de total, absoluta o gran invalidez y a pensionistas de clases pasivas que tengan reconocida una pensión de jubilación o de retiro por incapacidad permanente para el servicio o inutilidad.

2. La duración de estos contratos no podrá ser inferior a doce meses ni superior a tres años. Cuando se concierten por un plazo inferior al máximo establecido podrán prorrogarse antes de su terminación por períodos no inferiores a doce meses.

3. A la terminación del contrato el trabajador tendrá derecho a percibir una compensación económica equivalente a doce días de salario por año de servicio.

4. No podrán contratar temporalmente al amparo de la presente disposición las empresas que en los doce meses anteriores a la contratación hayan extinguido contratos indefinidos por despido reconocido o declarado improcedente o por despido colectivo.

El período de exclusión se contará a partir del reconocimiento o de la declaración de improcedencia del despido o de la extinción derivada del despido colectivo.

5. A estos contratos les será de aplicación la subvención establecida en el artículo 12 del Real Decreto 1451/1983, de 11 de mayo, por el que, en cumplimiento de lo previsto en Ley 13/1982, de 7 de abril, se regula el empleo selectivo y las medidas de fomento del empleo de los trabajadores minusválidos.

6. La transformación de los contratos de duración determinada regulados en esta disposición en contratos indefinidos dará derecho a la obtención de las subvenciones establecidas en el Real Decreto 1451/1983, de 11 de mayo.

7. Los empresarios deberán contratar a los trabajadores a través de la Oficina de Empleo y formalizar los contratos por escrito en el modelo oficial que se facilite por el Servicio Público de Empleo Estatal.

8. El Gobierno podrá modificar lo establecido en esta disposición, de acuerdo con el artículo 17.3 del Estatuto de los Trabajadores, previa consulta a las Organizaciones Empresariales y Sindicales más representativas.

[...]

D) Salario

a) Garantías documentales

§ 11 ORDEN 27 DICIEMBRE 1994. APRUEBA EL MODELO DE RECIBO INDIVIDUAL DE SALARIOS

(BOE núm. 11, de 13 enero 1995 [RCL 1995, 108])

El apartado 1 del artículo 29 del Estatuto de los Trabajadores, en la redacción dada al mismo por la Ley 11/1994, de 19 de mayo, establece que los recibos de salarios se deberán ajustar al modelo que apruebe el Ministerio de Trabajo y Seguridad Social, salvo que por Convenio Colectivo o, en su defecto, por acuerdo entre la empresa y los representantes de los trabajadores, se establezca otro modelo que contenga con la debida claridad y separación las diferentes percepciones del trabajador, así como las deducciones que legalmente procedan.

⇒ Tal versión del art. 29.1 del ET es la que aparece incorporada al texto aprobado por RDLeg 1/1995, de 24 marzo (§2).

De acuerdo con ello, y sin perjuicio de las facultades que a la negociación colectiva otorga el artículo citado, resulta necesario establecer el modelo de recibo de salarios al que deberán ajustarse las empresas en defecto de acuerdo en contrario, de manera que se garantice, además de la constancia de la percepción por el trabajador de las cantidades liquidadas, la debida transparencia en el conocimiento por el mismo de los diferentes conceptos de abono y descuento que conforman tal liquidación.

El modelo de recibo de salarios que establece la presente Orden pretende hacer compatibles tales objetivos con la necesaria flexibilidad en su formulación, de manera que pueda adaptarse a las diferentes estructuras salariales vigentes en las empresas, teniendo en cuenta al mismo tiempo la simplificación introducida por la propia Ley 11/1994 en la regulación legal del salario. Junto a ello, la Orden contiene las normas básicas sobre elaboración, conservación y firma por el trabajador de los recibos, y posibilita, a través de un amplio período transitorio, la progresiva sustitución de los modelos que hasta la fecha venían siendo utilizados por las empresas.

En su virtud, en uso de la autorización contenida en el apartado 1 del artículo 29 del Estatuto de los Trabajadores y previo informe de las organizaciones empresariales y sindicales más representativas, dispongo:

Artículo 1. Modelo de recibo de salarios.

1. El recibo individual de salarios al que se refiere el apartado 1 del artículo 29 del Estatuto de los Trabajadores, en la redacción dada al mismo por la Ley 11/1994, de 19 de mayo, se ajustará al modelo que se inserta como anexo a la presente Orden o al que, en su sustitución, se establezca por Convenio Colectivo o, en su defecto, mediante acuerdo entre la empresa y los representantes de los trabajadores, en los términos previstos en la Ley citada.

Los recibos de salarios que, sin eliminar ninguno de los conceptos contenidos en el modelo anexo a la presente Orden ni alterar su denominación, contengan modificaciones de carácter puramente formal o incluyan elementos adicionales de información al trabajador sobre la retribución percibida se considerarán ajustados al citado modelo.

⇒ V. en art. 6.2 de la LISOS (§40.1) la tutela administrativa de tales previsiones.

2. El recibo de salarios se referirá a meses naturales. Las empresas que abonen a los trabajadores salarios por períodos inferiores deberán documentar dichos abonos como anticipos a cuenta de la liquidación definitiva, que se extenderá en el recibo mensual de salarios.

⇒ Cfr. art. 29.1 del ET (§2) sobre período máximo de abono de las retribuciones.

Artículo 2. Firma del trabajador.

1. El recibo de salarios será firmado por el trabajador al hacerle entrega del duplicado del mismo y abonarle, en moneda de curso legal o mediante cheque o talón bancario, las cantidades resultantes de la liquidación. La firma del recibo dará fe de la percepción por el trabajador de dichas cantidades, sin que suponga su conformidad con las mismas.

2. Cuando el abono se realice mediante transferencia bancaria, el empresario entregará al trabajador el duplicado del recibo sin recabar su firma, que se entenderá sustituida, a los efectos previstos en el apartado anterior, por el comprobante del abono expedido por la entidad bancaria.

⇒ Téngase en cuenta lo previsto por el art. 29.4 del ET (§2).

Artículo 3. Conservación de los recibos de salarios.

Los recibos de salarios expedidos se archivarán y conservarán por las empresas, junto con los boletines de cotización a la Seguridad Social, durante un período mínimo de cinco años, a fin de permitir las comprobaciones oportunas.

⇒ Cfr. arts. 59.2 y 60.1 del ET (§2), así como los preceptos allí anotados.

DISPOSICIÓN TRANSITORIA

Las empresas que en la fecha de entrada en vigor de la presente Orden vinieran utilizando el modelo de recibo de salarios anexo a la Orden de 22 de noviembre de 1973 («Boletín Oficial del Estado» de 11 de diciembre), u otro modelo debidamente autorizado conforme a lo dispuesto en el artículo 9 de la misma Orden, podrán seguirlo utilizando durante un período de cinco años a contar desde la citada entrada en vigor.

⇒ Cfr. el tenor de la disp. final contenida en la presente Orden.

DISPOSICIÓN FINAL

La presente Orden entrará en vigor el día 1 de marzo de 1995.

ANEXO

RECIBO INDIVIDUAL JUSTIFICATIVO DEL PAGO DE SALARIOS

Empresa: Domicilio: CIF: Código de cuenta de cotización a la Seguridad Social	Trabajador: NIF: Número Libro de Matrícula: Número de afiliación a la Seguridad Social: Categoría o grupo profesional: Grupo de cotización:

Período de liquidación: del .... de .... al ..... de .... de 199... Total días ☐

I. DEVENGOS — TOTALES

1. Percepciones salariales

Salario base ____________

Complementos salariales

____________ ____________

____________ ____________

____________ ____________

Horas extraordinarias ____________

Gratificaciones extraordinarias ____________

Salario en especie ____________

2. Percepciones no salariales

Indemnizaciones o suplidos

____

Prestaciones e indemnizaciones de la Seguridad Social

____

Indemnizaciones por traslados, suspensiones o despidos

____

Otras percepciones no salariales

____

A. TOTAL DEVENGADO .... ____________

II. DEDUCCIONES

1. Aportación del trabajador a las cotizaciones a la Seguridad Social y conceptos de recaudación conjunta

Contingencias comunes ____________

Desempleo ____________

Formación Profesional ____________

Horas extraordinarias

Fuerza mayor o estructurales ____________

No estructurales ____________

TOTAL APORTACIONES ____________

2. Impuesto sobre la Renta de las Personas Físicas ____________
3. Anticipos ____________
4. Valor de los productos recibidos en especie ____________
5. Otras deducciones ____________

B. TOTAL A DEDUCIR .... ____________

LÍQUIDO TOTAL A PERCIBIR (A-B)......... ____________

de .... de 199 .

Firma y sello
de la Empresa

RECIBI

DETERMINACIÓN DE LAS BASES DE COTIZACIÓN A LA SEGURIDAD SOCIAL Y CONCEPTOS DE RECAUDACIÓN CONJUNTA Y DE LA BASE SUJETA A RETENCIÓN DEL IRPF

1. Base de cotización por contingencias comunes
   Remuneración mensual ____________________
   Prorrata pagas extraordinarias ____________________
   TOTAL .... ____________________
2. Base de cotización por contingencias profesionales (AT y EP) y conceptos de recaudación conjunta (Desempleo Formación Profesional. Fondo de Garantía Salarial) .... ____________________
3. Base de cotización adicional por horas extraordinarias .... ____________________
4. Base sujeta a retención del IRPF ____________________

b) *Salario mínimo e IPREM*

§ 12.1 REAL DECRETO 1632/2006, DE 29 DICIEMBRE. FIJA EL SALARIO MÍNIMO INTERPROFESIONAL PARA 2007

(BOE núm. 312, de 30 diciembre [RCL 2006, 2348])

En cumplimiento del mandato al Gobierno para fijar anualmente el salario mínimo interprofesional, contenido en el artículo 27.1 de la Ley del Estatuto de los Trabajadores, Texto Refundido aprobado por Real Decreto Legislativo 1/1995, de 24 de marzo, se procede mediante este Real Decreto a establecer las nuevas cuantías que deberán regir a partir del 1 de enero de 2007, tanto para los trabajadores fijos como para los eventuales o temporeros, así como para el personal al servicio del hogar familiar.

Las nuevas cuantías, que representan un incremento del 5,50 por 100 respecto de las vigentes entre el 1 de enero y el 31 de diciembre de 2006, son el resultado de tomar en consideración de forma conjunta todos los factores contemplados en el citado artículo 27.1 del Estatuto de los Trabajadores y suponen avanzar en el desarrollo de la estrategia de dignificación del salario mínimo interprofesional que viene impulsando el Gobierno con el consenso de los interlocutores sociales, cuyo primer paso fue la aprobación del Real Decreto-ley 3/2004, de 25 de junio, para la racionalización de la regulación del salario mínimo interprofesional y para el incremento de su cuantía, y que ha permitido que el salario mínimo interprofesional recupere el poder adquisitivo perdido en los últimos años y avance en la estrategia de reducción de las diferencias de su cuantía con el 60 por ciento del salario medio que existe en nuestro país. Esta tendencia prosigue con el aumento que se establece en el presente Real Decreto para el salario mínimo interprofesional en 2007.

Este Real Decreto ha sido consultado a las organizaciones sindicales y asociaciones empresariales más representativas.

En su virtud, a propuesta del Ministro de Trabajo y Asuntos Sociales y previa deliberación del Consejo de Ministros en su reunión del día 29 de diciembre de 2006, dispongo:

Artículo 1. Cuantía del salario mínimo interprofesional.

El salario mínimo para cualesquiera actividades en la agricultura, en la industria y en los servicios, sin distinción de sexo ni edad de los trabajadores, queda fijado en 19,02 euros/día o 570,60 euros/mes, según que el salario esté fijado por días o por meses.

En el salario mínimo se computan tanto la retribución en dinero como en especie. Este salario se entiende referido a la jornada legal de trabajo en cada actividad, sin incluir en el caso del salario diario la parte proporcional de los domingos y festivos. Si se realizase jornada inferior se percibirá a prorrata.

Para la aplicación en cómputo anual del salario mínimo se tendrán en cuenta las reglas sobre compensación que se establecen en los artículos siguientes.

Artículo 2. Complementos salariales.

Al salario mínimo consignado en el artículo 1 se adicionarán, sirviendo el mismo como módulo, en su caso, y según lo establecido en los convenios colectivos y contratos de trabajo, los complementos salariales a que se refiere el apartado 3 del artículo 26 del Estatuto de los Trabajadores, así como el importe correspondiente al incremento garantizado sobre el salario a tiempo en la remuneración a prima o con incentivo a la producción.

Artículo 3. Compensación y absorción.

A efectos de aplicar el último párrafo del artículo 27.1 del Estatuto de los Trabajadores en cuanto a compensación y absorción en cómputo anual por los salarios profesionales del incremento del salario mínimo interprofesional se procederá de la forma siguiente:

1. La revisión del salario mínimo interprofesional establecida en este Real Decreto no afectará a la estructura ni a la cuantía de los salarios profesionales que viniesen percibiendo los trabajadores cuando tales salarios en su conjunto y en cómputo anual fuesen superiores a dicho salario mínimo.

A tales efectos, el salario mínimo en cómputo anual que se tomará como término de comparación será el resultado de adicionar al salario mínimo fijado en el artículo 1 de este Real Decreto los devengos a que se refiere el artículo 2, sin que en ningún caso pueda considerarse una cuantía anual inferior a 7.988,40 euros.

2. Estas percepciones son compensables con los ingresos que por todos los conceptos viniesen percibiendo los trabajadores en cómputo anual y jornada completa con arreglo a normas legales o convencionales, laudos arbitrales y contratos individuales de trabajo en vigor en la fecha de promulgación de este Real Decreto.

3. Las normas legales o convencionales y los laudos arbitrales que se encuentren en vigor en la fecha de promulgación de este Real Decreto subsistirán en sus propios términos, sin más modificación que la que fuese necesaria para asegurar la percepción de las cantidades en cómputo anual que resulten de la aplicación del apartado 1 de este artículo, debiendo, en consecuencia, ser incrementados los salarios profesionales inferiores al indicado total anual en la cuantía necesaria para equipararse a éste.

Artículo 4. Trabajadores eventuales y temporeros y empleados de hogar.

1. Los trabajadores eventuales y temporeros cuyos servicios a una misma empresa no excedan de ciento veinte días percibirán, conjuntamente con el salario mínimo a que se refiere el artículo 1, la parte proporcional de la retribución de los domingos y festivos, así como de las dos gratificaciones extraordinarias a que, como mínimo, tiene derecho todo trabajador, correspondientes al salario de treinta días en cada una de ellas, sin que en ningún caso la cuantía del salario profesional pueda resultar inferior a 27,02 euros por jornada legal en la actividad.

En lo que respecta a la retribución de las vacaciones de los trabajadores a que se refiere este artículo, dichos trabajadores percibirán, conjuntamente con el salario mínimo interprofesional fijado en el artículo 1, la parte proporcional de éste correspondiente a las vacaciones legales mínimas en los supuestos en que no existiera coincidencia entre el período de disfrute de las vacaciones y el tiempo de vigencia del contrato. En los demás casos, la retribución del período de vacaciones se efectuará de acuerdo con el artículo 38 del Estatuto de los Trabajadores y demás normas de aplicación.

2. De acuerdo con el artículo 6.5 del Real Decreto 1424/1985, de 1 de agosto, que toma como referencia para la determinación del salario mínimo de los empleados de hogar que trabajen por horas el fijado para los trabajadores eventuales y temporeros, el salario mínimo de dichos empleados de hogar será de 4,47 euros por hora efectivamente trabajada.

DISPOSICIÓN TRANSITORIA

Única. Regla de aplicación a determinados convenios colectivos.

1. De conformidad con lo dispuesto en la disposición transitoria primera del Real Decreto-ley 3/2004, de 25 de junio, para la racionalización de la regulación del salario mínimo interprofesional y para el incremento de su cuantía, en los convenios colectivos vigentes el 1 de julio de 2004 cuya vigencia continúe durante 2007, que utilicen el salario mínimo interprofesional como referencia para determinar la cuantía o el incremento del salario base o de complementos salariales, las cuantías del salario mínimo interprofesional se entenderán referidas durante 2007 a las vigentes durante 2006 por aplicación de los criterios establecidos en la disposición transitoria única del Real Decreto 1613/2005, de 30 de diciembre, por el que se fija el salario mínimo interprofesional para 2006, incrementadas en un dos por ciento, previsión u objetivo de inflación utilizado en la Ley de Presupuestos Generales del Estado para 2007, salvo que las partes legitimadas acuerden otra cosa.

2. Lo dispuesto en el apartado anterior se entiende sin perjuicio de que deban ser modificados los salarios establecidos en convenios colectivos inferiores en su conjunto y en cómputo anual a las cuantías del salario mínimo interprofesional que se establecen para 2007 en el presente Real Decreto en la cuantía necesaria para asegurar la percepción de dichas cuantías, siendo de aplicación las reglas sobre compensación y absorción que se establecen en el artículo 3 de este Real Decreto.

DISPOSICIONES FINALES

Primera. Entrada en vigor y período de vigencia.

Este Real Decreto entrará en vigor el día siguiente de su publicación en el «Boletín Oficial del Estado» y surtirá efectos durante el período comprendido entre el 1 de enero y el 31 de diciembre de 2007, procediendo, en consecuencia, el abono del salario mínimo en el mismo establecido con efectos del 1 de enero de 2007.

Segunda. Habitación para la aplicación y desarrollo.

Se autoriza al Ministro de Trabajo y Asuntos Sociales para dictar las disposiciones de aplicación y desarrollo de este Real Decreto.

§ 12.2 REAL DECRETO-LEY 3/2004, DE 25 JUNIO. RACIONALIZACIÓN DE LA REGULACIÓN DEL SALARIO MÍNIMO INTERPROFESIONAL Y PARA EL INCREMENTO DE SU CUANTÍA

(BOE núm. 154, de 26 junio [RCL 2004, 1466])

I

El artículo 35 de la Constitución Española, además de afirmar que todos los españoles tienen el deber de trabajar y el derecho al trabajo, reconoce a los trabajadores el derecho a una remuneración suficiente para satisfacer sus necesidades y las de su familia.

De acuerdo con dicha previsión, el artículo 27 del Texto Refundido de la Ley del Estatuto de los Trabajadores, aprobado por el Real Decreto Legislativo 1/1995, de 24 de marzo, señala que corresponde al Gobierno determinar anualmente el salario mínimo interprofesional (SMI) y establece los factores a tener en cuenta para ello.

La disposición citada constituye la normativa básica en materia de SMI, en cuyo desarrollo se dicta anualmente el correspondiente Real Decreto por el que se fija su cuantía para cada ejercicio.

II

El SMI en España tradicionalmente ha estado revestido de unas características especiales, lo que le diferencia de los salarios mínimos vigentes en los países de nuestro entorno y lo hacen difícilmente comparable con ellos. Estas peculiaridades son fundamentalmente el doble efecto que se le ha atribuido al SMI.

Así, el SMI tiene, en primer lugar, un efecto directo o estrictamente laboral, atribuido por el artículo 27 del Texto Refundido de la Ley del Estatuto de los Trabajadores de servir de suelo o garantía salarial mínima de los trabajadores, ninguno de los cuales puede percibir por su trabajo en cualquier actividad un salario por debajo de la cuantía del SMI, actuando como garantía mínima de retribución suficiente.

En este aspecto, la incidencia del SMI es limitada, dado que se aplica a un número reducido de trabajadores, los que no estén cubiertos por la negociación colectiva; ahora bien, para estos trabajadores, el SMI constituye su retribución efectiva y la única garantía de derecho que reconoce nuestra Constitución a una retribución suficiente.

Dentro de este efecto directo o laboral, se incluyen, lógicamente, los supuestos en que el SMI se utiliza como referente para determinar el salario o retribución de los trabajadores como es el caso, entre otros, de los empleados de hogar, de los penados que realizan actividades laborales en talleres penitenciarios y de los trabajadores con contratos para la formación, o aquellos otros en que sirve para concretar aspectos que están íntimamente vinculados al salario de los trabajadores, tales como la determinación de las garantías, privilegios y preferencias del salario, los límites de responsabilidad del Fondo de Garantía Salarial, la garantía financiera que deben constituir las empresas de trabajo temporal, las bases mínimas de cotización a la Seguridad Social, el concepto de colocación adecuada del sistema de protección por desempleo o la cuantía de la subvención de los costes salariales correspondientes a los puestos de trabajo ocupados por los trabajadores con discapacidad en los centros especiales de empleo y a los referidos a los alumnos trabajadores en los programas de escuelas taller, casas de oficio y talleres de empleo.

Ahora bien, además del indicado efecto directo o laboral, el SMI tiene múltiples efectos indirectos que se le han venido atribuyendo en muy diversas normas legales o convencionales, siendo precisamente estos efectos los que han impedido que el SMI haya tenido una evolución más acorde con la exigencia de suficiencia que se recoge en el artículo 35 de la Constitución. En contraste con la limitada incidencia del SMI en su función de garantía salarial mínima, los efectos indirectos del SMI son muy amplios.

Así, en primer lugar, el SMI se viene utilizando como indicador de nivel de renta que permite el acceso a determinados beneficios o la aplicación de determinadas medidas. Por ejemplo, en la normativa educativa, para la percepción de becas y el pago de tasas; en el ámbito procesal, para el acceso a los beneficios de la justicia gratuita o la determinación de los anticipos reintegrables; en la normativa de la vivienda, para el acceso a las viviendas de protección oficial y la revisión de alquileres, o en la normativa fiscal, para la determinación de los mínimos exentos fiscales, ingresos de hijos con derecho a deducción, tasas, impuesto de transmisiones o determinados tributos locales, entre otros.

Dentro de esta función como indicador del nivel de renta, el SMI se utiliza en el ámbito sociolaboral como referencia para la determinación de los requisitos de acceso al subsidio por desempleo, al subsidio agrario, a la renta agraria y a la renta activa de inserción, entre otros mecanismos de protección.

Además, en segundo lugar, el SMI se utiliza como parámetro de referencia para la cuantificación de determinadas prestaciones sociales tales como el subsidio por desempleo, el subsidio agrario, la renta agraria o la renta activa de inserción, así como la fijación de los topes mínimos y máximos de la prestación por desempleo de nivel contributivo.

En todos estos casos la repercusión sobre el gasto público es plena, dado que las citadas prestaciones aumentan sistemáticamente en la misma cuantía que el salario mínimo interprofesional.

III

La fijación del SMI corresponde al Gobierno, de conformidad con lo establecido en el artículo 27 del Texto Refundido de la Ley del Estatuto de los Trabajadores. De acuerdo con dicho precepto legal, el Gobierno fijará cada año el SMI, previa consulta a las organizaciones sindicales y empresariales más representativas y teniendo en cuenta, para ello, el Índice de Precios de Consumo (IPC), la productividad media nacional alcanzada, el incremento de la participación del trabajo en la renta nacional y la coyuntura económica general. Asimismo, dicho precepto legal contempla la revisión semestral del SMI en el caso de que no se cumplan las previsiones del índice de precios.

Pues bien, no obstante dichas previsiones legales, el Gobierno ha venido utilizando en los últimos años como elemento exclusivo para la actualización del SMI la previsión oficial del Índice de Precios de Consumo, y no ha procedido a su revisión a pesar de que sistemáticamente la mayoría de los años se ha venido produciendo una desviación del índice real de precios de consumo respecto al previsto por el Gobierno.

Como consecuencia de ello, el crecimiento del SMI durante los últimos años ha sido inferior al que realmente ha tenido el Índice de Precios de Consumo, y los trabajadores perceptores del SMI han visto reducida su capacidad adquisitiva. En concreto, la pérdida del poder adquisitivo que han tenido los perceptores del SMI en el período comprendido entre 1996 y 2004 se estima en torno al 6,6 por 100.

En el Debate de Investidura celebrado los pasados días 15 y 16 de abril de 2004, el Presidente del Gobierno señaló que uno de los ejes de la acción del Gobierno serían las políticas sociales dirigidas a reforzar la cohesión de la sociedad y, en este marco, anunció el compromiso del Gobierno de elevar progresivamente el SMI, con el fin de recuperar la capacidad adquisitiva que se ha perdido en los últimos años.

Para ello, se incrementa en este momento la cuantía del SMI, fijada en el Real Decreto 1793/2003, de 26 de diciembre, en un 6,6 por 100, que es en lo que se estima la pérdida del poder adquisitivo en el período 1996-2004, quedando por tanto establecida la nueva cuantía en 16,36 euros/día, 490,80 euros/mes o 6.871,20 euros en cómputo anual.

La fijación de una nueva cuantía del SMI se acompaña del establecimiento de las nuevas bases mínimas de cotización en los diferentes regímenes de la Seguridad Social.

IV

Este incremento del SMI se enmarca, además, dentro de una estrategia que está orientada a dignificar su cuantía, a recuperar su función estrictamente laboral y a desvincularlo de otros efectos o finalidades distintas. Por ello, el incremento de la cuantía del SMI debe ir acompañado necesariamente de una racionalización de su regulación. Ello hace necesario adoptar dos tipos de medidas.

Por una parte, es necesario determinar los supuestos en que se seguirá manteniendo la vinculación con el SMI; esta tarea de determinación se hace en el artículo 1 de este Real Decreto-ley, en el que se establecen los supuestos, que antes se indicaron en este preámbulo, en los que el SMI actúa como garantía salarial mínima de los trabajadores o como referente para determinar la retribución de algunos de ellos o para concretar determinados aspectos que estén íntimamente vinculados con el salario; además, para evitar que se produzcan efectos indeseados, se mantienen vinculados al SMI los requisitos para el acceso y mantenimiento de las prestaciones por desempleo, los requisitos de acceso y, en su caso, mantenimiento de las pensiones de viudedad, orfandad, prestaciones en favor de familiares, prestaciones familiares y por nacimiento o adopción del tercer o sucesivos hijos, así como el importe de la prestación económica por parto o adopción múltiples.

Por otra parte, para evitar que en el futuro se siga desvirtuando la finalidad esencial del SMI como garantía salarial mínima de los trabajadores, es necesario desvincular del SMI de manera efectiva los efectos o finalidades distintas a la indicada anteriormente. Esta tarea también se lleva a cabo en el artículo 1.

Conviene señalar que, por razones de seguridad jurídica y para evitar que se produzcan efectos perturbadores en la economía en general y en la de las Administraciones públicas, simultáneamente a la desvinculación de los indicados efectos se crea un indicador público de renta de efectos múltiples (IPREM) para su utilización como indicador o referencia del nivel de renta que sirva para determinar la cuantía de determinadas prestaciones o para acceder a determinados beneficios, prestaciones o servicios públicos, que sustituirá al SMI en esta función, de forma obligatoria para el caso de las normas del Estado y de forma potestativa para el caso de las Comunidades Autónomas, de las Ciudades de Ceuta y Melilla y de las entidades que integran la Administración local.

Mención diferenciada merece el tratamiento especial que se da al sistema de protección por desempleo que se traduce en que, con independencia de que las cuantías de las prestaciones por desempleo, a partir del 1 de julio de 2004, se desvinculan del SMI y, en consecuencia, pasan a estar referenciadas al IPREM, ello se hace de tal forma que permite que el incremento del SMI que se establece en este Real Decreto-ley se extienda también a los perceptores de prestaciones por desempleo, en particular a los que perciben las cuantías mínimas.

V

Las medidas incluidas en este Real Decreto-ley son el resultado del proceso de consultas desarrollado en el último mes entre el Gobierno y las organizaciones empresariales y sindicales más representativas en el ámbito estatal: la Confederación Española de Organizaciones Empresariales, la Confederación Española de la Pequeña y la Mediana Empresa, la Unión General de Trabajadores y Comisiones Obreras.

Debe señalarse, con todo, que la estrategia para dignificar la cuantía del SMI y para recuperar su función como garantía salarial mínima de los trabajadores no se agota con las medidas que se incluyen en este Real Decreto-ley. El Gobierno y los agentes sociales habrán de concretar, en el marco del diálogo social, cuestiones tales como la evolución que vaya a tener el SMI a lo largo de esta legislatura, los criterios que podrían tenerse en cuenta para la revisión del IPREM y la reforma del artículo 27 del Texto Refundido de la Ley del Estatuto de los Trabajadores para asentar sobre nuevas bases la determinación anual del SMI por el Gobierno y para evitar que se produzcan pérdidas de su poder adquisitivo. Igualmente, deberá analizarse a medio plazo la incidencia que puedan tener en el sistema de protección por desempleo las modificaciones introducidas en dicho sistema por este Real Decreto-ley con vistas a la adopción, en su caso, de las medidas correctoras que puedan resultar oportunas.

VI

La importante pérdida del poder adquisitivo del SMI en el período comprendido entre 1996 y 2004, que se valora en un 6,6 por 100, precisa ser corregida con urgencia, para restituir a los trabajadores perceptores del SMI la mencionada pérdida y situar su cuantía en un nivel más digno y más acorde con la evolución que ha tenido el IPC en los últimos años.

La contribución a la efectividad del derecho constitucional del trabajador a una remuneración suficiente para satisfacer sus necesidades y las de su familia, la reparación de la pérdida de poder adquisitivo del SMI, su aproximación a una cuantía más cercana al 60 por 100 del salario medio de los trabajadores tal y como recomienda la Carta Social Europea del Consejo de Europa y, en fin, razones de justicia social constituyen el objetivo principal de las medidas incluidas en este Real Decreto-ley, entendiendo el Gobierno que todas ellas deben ser puestas en práctica con carácter inmediato y que responden a las circunstancias de extraordinaria y urgente necesidad que exige el artículo 86 de la Constitución para la utilización del Real Decreto-ley.

En su virtud, haciendo uso de la autorización contenida en el artículo 86 de la Constitución, a propuesta del Ministro de Trabajo y Asuntos Sociales y previa deliberación del Consejo de Ministros en su reunión del día 25 de junio de 2004, dispongo:

CAPÍTULO I

Racionalización de la regulación del salario mínimo interprofesional

Artículo 1. Desvinculación del salario mínimo interprofesional de otros efectos distintos de los laborales.

1. Con el fin de garantizar la función del salario mínimo interprofesional como garantía salarial mínima de los trabajadores por cuenta ajena establecida en el artículo 27 del Texto Refundido de la Ley del Estatuto de los Trabajadores, aprobado por el Real Decreto Legislativo 1/1995, de 24 de

marzo, y de limitar sus efectos a los estrictamente laborales, a partir de la fecha de entrada en vigor de este Real Decreto-ley dicho salario se desvinculará de otros efectos o finalidades distintas de la indicada anteriormente.

2. De acuerdo en el apartado anterior, se mantendrá la vinculación con el salario mínimo interprofesional en los supuestos que se indican a continuación para determinar:

a) El salario del trabajador en los términos y condiciones establecidos en las normas reguladoras de las relaciones laborales de carácter especial a que se refiere el artículo 2 del Texto Refundido de la Ley del Estatuto de los Trabajadores.

b) La retribución del trabajador contratado para la formación, en los términos del artículo 11.2 del Texto Refundido de la Ley del Estatuto de los Trabajadores.

c) Las garantías, privilegios y preferencias del salario establecidas en el artículo 32 del Texto Refundido de la Ley del Estatuto de los Trabajadores, así como en la legislación procesal civil y en la legislación concursal.

d) Los límites de la responsabilidad del Fondo de Garantía Salarial, en los términos del artículo 33 del Texto Refundido de la Ley del Estatuto de los Trabajadores.

e) El salario correspondiente a una colocación para que ésta sea considerada adecuada a los efectos de la protección por desempleo, según lo dispuesto en el último párrafo del artículo 231.3 del Texto Refundido de la Ley General de la Seguridad Social, aprobado por el Real Decreto Legislativo 1/1994, de 20 de junio.

f) La cuantía máxima del anticipo al que tiene derecho el trabajador que haya obtenido a su favor una sentencia en la que se condene al empresario al pago de una cantidad y contra la que se haya interpuesto recurso, conforme al artículo 287.3 del Texto Refundido de la Ley de Procedimiento Laboral, aprobado por el Real Decreto Legislativo 2/1995, de 7 de abril.

g) El importe de la garantía financiera que deben constituir las empresas de trabajo temporal, en los términos establecidos en el artículo 3 de la Ley 14/1994, de 1 de junio, por la que se regulan las empresas de trabajo temporal.

h) Los límites de referencia de las compensaciones mínimas que corresponden a los socios de trabajo y a los socios de las cooperativas de explotación comunitaria de la tierra, en los términos establecidos, respectivamente, en los artículos 13.4 y 97.5 de la Ley 27/1999, de 16 de julio, de Cooperativas.

i) La retribución de los trabajadores declarados en situación de incapacidad permanente parcial que se reincorporen a la empresa, en los términos establecidos en el artículo 1 del Real Decreto 1451/1983, de 11 de mayo, por el que, en cumplimiento de lo previsto en la Ley 13/1982, de 7 de abril, se regula el empleo selectivo y las medidas de fomento del empleo de los trabajadores minusválidos.

j) La cuantía de la subvención de los costes salariales correspondientes a los puestos de trabajo ocupados por los trabajadores con discapacidad que presten servicios en los centros especiales de empleo, conforme a lo previsto en la Orden del Ministro de Trabajo y Asuntos Sociales, de 16 de octubre de 1998, por la que se establecen las bases reguladoras para la concesión de las ayudas y subvenciones públicas destinadas al fomento de la integración laboral de los minusválidos en centros especiales de empleo y trabajo autónomo.

k) La cuantía de la subvención de los costes salariales derivados de los contratos que se suscriban con los alumnos trabajadores establecida en las siguientes normas:

1ª La Orden del Ministro de Trabajo y Asuntos Sociales, de 14 de noviembre de 2001, por la que se regulan el programa de escuelas taller y casas de oficios y las unidades de promoción y desarrollo y se establecen las bases reguladoras de la concesión de subvenciones públicas a dichos programas.

2ª La Orden del Ministro de Trabajo y Asuntos Sociales, de 14 de noviembre de 2001, por la que se desarrolla el Real Decreto 282/1999, de 22 de febrero, por el que se establece el programa de talleres de empleo, y se establecen las bases reguladoras de la concesión de subvenciones públicas a dicho programa.

3. Asimismo, se mantendrá la vinculación con el salario mínimo interprofesional para determinar:

a) Las bases mínimas de cotización en los regímenes de la Seguridad Social, según lo dispuesto en el artículo 16 del Texto Refundido de la Ley General de la Seguridad Social.

b) Los requisitos de acceso y, en su caso, mantenimiento de las pensiones de viudedad, orfandad, prestaciones en favor de familiares, prestaciones familiares y por nacimiento o adopción del tercer o sucesivos hijos, así como el importe de la prestación económica por parto o adopción múltiples, establecida en el artículo 188 del Texto Refundido de la Ley General de la Seguridad Social.

c) Los requisitos para el acceso y mantenimiento de las prestaciones que integran el sistema de protección por desempleo, en los términos que se determinan en el artículo 3.1 de este Real Decreto-ley.

Artículo 2. Establecimiento de un indicador público de renta de efectos múltiples.

1. Para que pueda utilizarse como indicador o referencia del nivel de renta que sirva para determinar la cuantía de determinadas prestaciones o para acceder a determinadas prestaciones, beneficios o servicios públicos, y pueda sustituir en esta función al salario mínimo interprofesional, se crea el indicador público de renta de efectos múltiples (IPREM).

2. Anualmente, en la Ley de Presupuestos Generales del Estado, se determinará la cuantía del citado indicador teniendo en cuenta, al menos, la previsión u objetivo de inflación utilizados en ella. Con anterioridad a la aprobación del proyecto de Ley anual de Presupuestos Generales del Estado, el Gobierno consultará a las organizaciones empresariales y sindicales más representativas sobre la cuantía del IPREM.

No obstante lo anterior, entre el 1 de julio y el 31 de diciembre de 2004, el IPREM tendrá las siguientes cuantías:

a) El IPREM diario, 15,35 euros.

b) El IPREM mensual, 460,50 euros.

c) El IPREM anual, 5.526 euros.

d) La cuantía anual del IPREM será de 6.447 euros cuando las correspondientes normas se refieran al salario mínimo interprofesional en cómputo anual, salvo que expresamente excluyeran las pagas extraordinarias; en este caso, la cuantía será de 5.526 euros.

3. A partir de la entrada en vigor de este Real Decreto-ley, las referencias al salario mínimo interprofesional contenidas en normas vigentes del Estado, cualquiera que sea su rango, se entenderán referidas al IPREM, salvo las señaladas en el artículo 1 de este Real Decreto-ley y en sus normas de desarrollo.

4. Las Comunidades Autónomas, las Ciudades de Ceuta y Melilla y las entidades que integran la Administración local podrán utilizar como índice o referencia de renta el IPREM, sin perjuicio de su potestad para fijar indicadores propios en el ejercicio de las competencias que constitucionalmente les correspondan.

⇒ Téngase en cuenta que el ap. 2 ha sido actualizado por la disp. adic. 31ª de la Ley de Presupuestos Generales del Estado para el año 2007, que dice:

«Disposición adicional trigésima primera. Determinación del indicador público de renta de efectos múltiples (IPREM) para 2007.

El Indicador público de rentas de efectos múltiples (IPREM) al que se refiere el Real Decreto-ley 3/2004, de 25 de junio, para la racionalización de la regulación del salario mínimo interprofesional y para el incremento de su cuantía, tendrá, durante 2007, las siguientes cuantías:

a) El IPREM diario, 16,64 euros.

b) El IPREM mensual, 499,20 euros.

c) El IPREM anual, 5.990,40 euros.

d) En los supuestos en que la referencia al salario mínimo interprofesional ha sido sustituida por la referencia al IPREM en aplicación de lo establecido en el Real Decreto-ley 3/2004, de 25 de junio, la cuantía anual del IPREM será de 6.988,80 euros cuando las correspondientes normas se refieran al salario mínimo interprofesional en cómputo anual, salvo que expresamente excluyeran las pagas extraordinarias; en este caso, la cuantía será de 5.990,40 euros.»

Artículo 3. Sistema de protección por desempleo.

1. De acuerdo con lo establecido en el artículo 1, se seguirán entendiendo referidos al salario mínimo interprofesional, sin modificación del régimen establecido en la normativa correspondiente, los requisitos de rentas y, en su caso, de responsabilidades familiares para el acceso y mantenimiento de las siguientes prestaciones:

a) La prestación por desempleo del nivel contributivo a que se refiere el artículo 206.1.1.a) del Texto Refundido de la Ley General de la Seguridad Social, en relación con el cómputo de las rentas de los hijos para fijar las cuantías máxima y mínima de la citada prestación, así como en relación con la estimación de responsabilidades familiares a efectos de lo previsto en el artículo 212.1.b) y c) de dicha Ley.

b) El subsidio por desempleo a que se refiere el artículo 206.1.2.a) del Texto Refundido de la Ley General de la Seguridad Social.

c) La renta activa de inserción, establecida en la disposición final quinta.4 del Texto Refundido de la Ley General de la Seguridad Social y en sus normas de desarrollo.

d) El subsidio por desempleo establecido en el Real Decreto 5/1997, de 10 de enero, por el que se regula el subsidio por desempleo en favor de los trabajadores eventuales incluidos en el Régimen Especial Agrario de la Seguridad Social.

e) La renta agraria establecida en el Real Decreto 426/2003, de 11 de abril, por el que se regula la renta agraria para los trabajadores eventuales incluidos en el Régimen Especial Agrario de la Seguridad Social residentes en las Comunidades Autónomas de Andalucía y Extremadura.

2. Se entenderán referidas al IPREM las cuantías de las prestaciones señaladas en el apartado anterior, en los siguientes términos:

a) Las cuantías máxima y mínima de la prestación por desempleo del nivel contributivo, según lo establecido en el artículo 211.3 del Texto Refundido de la Ley General de la Seguridad Social, en la redacción dada por la disposición final primera de este Real Decreto-ley.

b) La cuantía del subsidio por desempleo, según lo establecido en el artículo 217.1 y 2 del Texto Refundido de la Ley General de la Seguridad Social, en la redacción dada por la disposición final primera de este Real Decreto-ley.

c) La cuantía de la renta activa de inserción, establecida en la disposición final quinta.4 del Texto Refundido de la Ley General de la Seguridad Social y en sus normas de desarrollo, será igual al 80 por 100 del IPREM mensual vigente en cada momento.

d) La cuantía del subsidio por desempleo establecido en el Real Decreto 5/1997, de 10 de enero, por el que se regula el subsidio por desempleo en favor de los trabajadores eventuales incluidos en el Régimen Especial Agrario de la Seguridad Social, será igual al 80 por 100 del IPREM mensual vigente en cada momento.

e) La cuantía de la renta agraria establecida en el Real Decreto 426/2003, de 11 de abril, por el que se regula la renta agraria para los trabajadores eventuales incluidos en el Régimen Especial Agrario de la Seguridad Social residentes en las Comunidades Autónomas de Andalucía y Extremadura, será igual al porcentaje siguiente del IPREM mensual vigente en cada momento:

Número de jornadas reales	Porcentaje sobre el IPREM
Desde 35 hasta 64	80
Desde 65 hasta 94	85
Desde 95 hasta 124	91
Desde 125 hasta 154	96
Desde 155 hasta 179	101
Desde 180	107

3. La referencia al IPREM no supondrá modificación alguna del régimen establecido en las normas reguladoras de las prestaciones, salvo las derivadas de lo establecido en el apartado anterior.

4. Se mantendrá la vinculación con el salario mínimo interprofesional de la cuantía de las percepciones que, de acuerdo con el artículo 38.4 del Real Decreto 1445/1982, de 25 de junio, modificado por el Real Decreto 1809/1986, de 28 junio, deben garantizarse a los perceptores de prestaciones por desempleo en relación con los trabajos de colaboración social que realicen conforme a lo previsto en el artículo 213.3 del Texto Refundido de la Ley General de la Seguridad Social.

CAPÍTULO II

Incremento de la cuantía del salario mínimo interprofesional

Artículo 4. Nueva cuantía del salario mínimo interprofesional.

1. Las cuantías del salario mínimo interprofesional establecidas en el Real Decreto 1793/2003, de 26 de diciembre, por el que se fija el salario mínimo interprofesional para 2004, quedan modificadas en los siguientes términos:

a) El salario mínimo para cualesquiera actividades en la agricultura, en la industria y en los servicios, sin distinción de sexo ni edad de los trabajadores, queda fijado en 16,36 euros/día, 490,80 euros/mes o 6.871,20 euros en cómputo anual.

b) La cuantía del salario profesional de los trabajadores eventuales y temporeros cuyos servicios a una misma empresa no excedan de 120 días en ningún caso podrá resultar inferior a 23,24 euros por jornada legal en la actividad.

c) De acuerdo con el artículo 6.5 del Real Decreto 1424/1985, de 1 de agosto, que toma como referencia para la determinación del salario mínimo de los empleados de hogar que trabajen por horas el fijado para los trabajadores eventuales y temporeros, el salario mínimo de dichos empleados de hogar será de 3,83 euros por hora efectivamente trabajada.

2. Sin perjuicio de la aplicación de las cuantías a que se refiere el apartado anterior, la regulación del salario mínimo interprofesional será la establecida en el Real Decreto 1793/2003, de 26 de diciembre, por el que se fija el salario mínimo interprofesional para 2004.

3. Las cuantías del salario mínimo interprofesional que se establecen en el apartado 1 se aplicarán desde el 1 de julio hasta el 31 de diciembre de 2004 y se revisarán, para 2005 y años sucesivos, conforme a lo dispuesto en el artículo 27 del Texto Refundido de la Ley del Estatuto de los Trabajadores.

Artículo 5. Bases mínimas de cotización de los regímenes de la Seguridad Social.

A partir de la entrada en vigor de este Real Decreto-ley, las bases mínimas o fijas de los regímenes de la Seguridad Social que a continuación se indican serán las siguientes:

[...]

⇒ Véase las normas sobre cotización contenidas en el §33.2.

DISPOSICIONES TRANSITORIAS

Primera. Reglas de afectación de la nueva cuantía del salario mínimo interprofesional en los convenios colectivos.

1. Las cuantías del salario mínimo interprofesional establecidas en el Real Decreto 1793/2003, de 26 de diciembre, salvo que las partes legitimadas acuerden la aplicación de las nuevas cuantías del salario mínimo interprofesional y dado el carácter excepcional del incremento establecido por este Real Decreto-ley, continuarán siendo de aplicación durante 2004 a los convenios colectivos vigentes a la fecha de entrada en vigor de este Real Decreto-ley que utilicen el salario mínimo interprofesional como referencia para determinar la cuantía o el incremento del salario base o de complementos salariales.

2. Cuando la vigencia de dichos convenios exceda de 2004, salvo acuerdo en contrario, la cuantía del salario mínimo interprofesional se entenderá referida, para los años siguientes, a la que estaba vigente en la fecha de entrada en vigor de este Real Decreto-ley incrementada según la previsión u objetivo de inflación utilizados en la correspondiente Ley de Presupuestos Generales del Estado.

3. Lo dispuesto en los apartados anteriores se entiende sin perjuicio de que deban ser modificados los salarios establecidos en convenio colectivo inferiores en su conjunto y en cómputo anual a las cuantías del salario mínimo interprofesional vigente en cada momento en la cuantía necesaria para asegurar la percepción de dichas cuantías, siendo de aplicación las reglas sobre compensación y absorción que se establecen en los reales decretos por los que anualmente se fija el salario mínimo.

Segunda. No afectación de la nueva cuantía del salario mínimo interprofesional en las referencias contenidas en normas no estatales y relaciones privadas.

1. Dado el carácter excepcional del incremento establecido por este Real Decreto-ley, las nuevas cuantías del salario mínimo interprofesional que se establecen no serán de aplicación:

a) A las normas vigentes a la fecha de entrada en vigor de este Real Decreto-ley de las Comunidades Autónomas, de las Ciudades de Ceuta y Melilla y de las entidades que integran la Administración local que utilicen el salario mínimo interprofesional como indicador o referencia del nivel de renta para determinar la cuantía de determinadas prestaciones o para acceder a determinadas prestaciones, beneficios o servicios públicos, salvo disposición expresa en contrario de las propias Comunidades Autónomas, de las Ciudades de Ceuta y Melilla o de las entidades que integran la Administración local.

b) A cualesquiera contratos y pactos de naturaleza privada vigentes a la fecha de entrada en vigor de este Real Decreto-ley que utilicen el salario mínimo interprofesional como referencia a cualquier efecto, salvo que las partes acuerden la aplicación de las nuevas cuantías del salario mínimo interprofesional.

2. En los supuestos a que se refiere el apartado anterior, salvo disposición o acuerdo en contrario, la cuantía del salario mínimo interprofesional se entenderá referida durante 2004 a la que estaba vigente en la fecha de entrada en vigor de este Real Decreto-ley, incrementada para los años siguientes en el mismo porcentaje en que se incremente el IPREM.

3. Lo dispuesto en los apartados anteriores se entiende sin perjuicio de que deban ser modificados

los salarios establecidos en contratos o pactos de naturaleza privada inferiores en su conjunto y en cómputo anual a las cuantías del salario mínimo interprofesional vigente en cada momento en la cuantía necesaria para asegurar la percepción de dichas cuantías, siendo de aplicación las reglas sobre compensación y absorción que se establecen en los reales decretos por los que anualmente se fija el salario mínimo.

DISPOSICIONES FINALES

Primera. Modificación del Texto Refundido de la Ley General de la Seguridad Social, aprobado por el Real Decreto Legislativo 1/1994, de 20 de junio.

✐ El texto puede verse en el precepto correspondiente (§32.1).

Segunda. Fundamento constitucional.

Este Real Decreto-ley se dicta al amparo del artículo 149.1.7ª, 13ª y 17ª de la Constitución, que establece la competencia exclusiva del Estado en materia de legislación laboral, bases y planificación general de la actividad económica y legislación básica y régimen económico de la Seguridad Social.

Tercera. Desarrollo reglamentario.

1. Se autoriza al Gobierno para dictar cuantas disposiciones sean necesarias para el desarrollo y ejecución de este Real Decreto-ley.

2. Las referencias a reales decretos y órdenes ministeriales incluidas en este Real Decreto-ley se entienden sin perjuicio de la facultad del Gobierno y de los titulares de los departamentos ministeriales de proceder a su modificación o derogación en el ejercicio de la potestad reglamentaria.

Cuarta Entrada en vigor.

El presente Real Decreto-ley entrará en vigor el 1 de julio de 2004.

c) *Fondo de Garantía Salarial*

§ 13.1 REAL DECRETO 505/1985, DE 6 MARZO. ORGANIZACIÓN Y FUNCIONAMIENTO DEL FONDO DE GARANTÍA SALARIAL

(BOE núm. 92, de 17 abril; rect. BB OO del Estado núms. 126 y 146 de 27 mayo y 19 junio [RCL 1985, 894, 1212 y 1457])

La existencia de un fondo público para garantizar la percepción de salarios adeudados e indemnizaciones insatisfechas por causas derivadas del desequilibrio patrimonial de las Empresas se ha revelado, hasta el momento, como el mecanismo más eficaz y de más frecuente utilización en coyunturas como la presente, en que las situaciones de crisis propician la aparición de deudas laborales que exigen el debido amparo, para evitar notorios perjuicios a los trabajadores que, en otro caso, se verían forzados no ya sólo a seguir largos procedimientos, muchas veces con total ineficacia en sus resultados, sino, incluso, a no poder atender adecuadamente necesidades, en ocasiones de carácter perentorio.

Reconocida explícitamente la protección de garantía salarial en la Ley 16/1976, de 8 de abril, de Relaciones Laborales, el Fondo de Garantía Salarial ha experimentado un proceso de desarrollo que se consagra en la Ley 8/1980, de 10 de marzo, del Estatuto de los Trabajadores, en la que ya aparece definido como Organismo autónomo, dotado de personalidad jurídica y de capacidad de obrar.

Para recoger las experiencias adquiridas, colmar lagunas que la realidad diaria venía poniendo de manifiesto y corregir determinadas situaciones que contribuían decisivamente al desequilibrio financiero del Fondo de Garantía Salarial, se planteó la reforma que ha culminado en la Ley 32/1984, de 2 de agosto, en virtud de la cual, se da una nueva redacción al artículo 33 del Estatuto de los Trabajadores y a cuyo desarrollo reglamentario atiende el presente Real Decreto.

Presidida por criterios de rigor, objetividad y rapidez, son entre otros, aspectos destacados de esta norma reglamentaria los de: Acentuación del carácter de fondo de solidaridad, alejándose del esquema del seguro privado; extensión de la protección salarial a determinados colectivos de trabajadores vinculados a sus Empresas por relaciones laborales de carácter especial, ya debidamente reguladas; reducción de las diferencias en la cuantía de las prestaciones, que respondían exclusivamente a la causa o procedimiento seguido para la extinción del contrato de trabajo; establecimiento de un procedimiento ágil, con el fin de atender con premura presumibles situaciones de necesidad; procurar una pronta y eficaz acción subrogatoria e institucionalizar la participación de las Organizaciones sindicales y empresariales en la gestión del Fondo de Garantía Salarial.

Se establecen, además, diversas medidas orientadas a garantizar el correcto destino de los fondos públicos que se administran y la unicidad de criterios en la concesión de las prestaciones.

En su virtud, a propuesta del Ministro de Trabajo y Seguridad Social, con aprobación del Ministerio de la Presidencia, oído el Consejo de Estado, y previa deliberación del Consejo de Ministros en su reunión del día 6 de marzo de 1985, dispongo:

CAPÍTULO I

Naturaleza y organización

Artículo 1. Naturaleza.

1. El Fondo de Garantía Salarial es un Organismo autónomo de carácter administrativo, adscrito al Ministerio de Trabajo y Seguridad Social, con personalidad jurídica y capacidad de obrar, para el cumplimiento de los fines establecidos en el artículo 33 de la Ley 8/1980, de 10 de marzo, del Estatuto de los Trabajadores, modificado por la Ley 32/1984, de 2 de agosto.

⇒ Entiéndase hecha la referencia a similar artículo del vigente Estatuto (§2).
Acerca de su adscripción actual al Ministerio de Trabajo y Asuntos Sociales, v. el RD 1600/2004, de 2 julio (§38.1).

2. En su actuación se regirá por las leyes y disposiciones generales que le sean de aplicación y, especialmente, por el mencionado Estatuto de los Trabajadores, *por la Ley de Régimen Jurídico de*

las Entidades Estatales Autónomas, de 26 de diciembre de 1958; por la Ley 11/1977, de 4 de enero, General Presupuestaria, y por el presente Real Decreto.

⇒ El RD 432/1999, de 12 marzo, a la vista de los cambios normativos habidos, dispone en su art. 1.3 que el Fondo se rige «por la Ley 6/1997, de 14 de abril, de Organización y Funcionamiento de la Administración General del Estado; por su normativa de creación, en lo que no se oponga a la citada Ley 6/1997; por la Ley 30/1992, de 26 de noviembre, de Régimen Jurídico de las Administraciones Públicas y del Procedimiento Administrativo Común; por el Real Decreto Legislativo 1091/1998, de 23 de septiembre, por el que se aprueba el Texto Refundido de la Ley General Presupuestaria; por el presente Real Decreto, y demás disposiciones de aplicación a los organismos autónomos de la Administración General del Estado».

Artículo 2. Fines.

1. Corresponde al Fondo de Garantía Salarial hacer efectivos, previa instrucción de expediente para la comprobación de su procedencia, los salarios, incluidos los de tramitación, pendientes de pago a causa de insolvencia, suspensión de pagos, quiebra o concurso de acreedores de los empresarios, en la cuantía, forma y con los límites previstos en el artículo 33 del Estatuto de los Trabajadores.

En los casos del párrafo anterior, el Fondo de Garantía Salarial abonará indemnizaciones reconocidas como consecuencia de sentencia o resolución administrativa a favor de los trabajadores a causa de despido o extinción de los contratos conforme a los artículos 50 y 51 del Estatuto de los Trabajadores.

2. En Empresas de menos de 25 trabajadores, el Fondo de Garantía Salarial hará efectivo el 40 por 100 de la indemnización legal que corresponde a los trabajadores cuya relación laboral se haya extinguido como consecuencia del expediente instruido en aplicación del artículo 51 del Estatuto de los Trabajadores, sin necesidad de acreditar situación de insolvencia, suspensión de pagos, quiebra o concurso de acreedores del empresario.

⇒ Téngase en cuenta la actual redacción del art. 33.8 del ET (§2).

3. En los supuestos de extinción de los contratos de trabajo por fuerza mayor, el Fondo de Garantía Salarial abonará las indemnizaciones legales, siempre que se haya acordado por la autoridad laboral la exoneración del empresario.

⇒ Cfr. el último párrafo del vigente art. 51.12 del ET (§2).

4. Para el reembolso de las cantidades satisfechas conforme a los números 1 y 3 de este artículo, el Fondo de Garantía Salarial se subrogará obligatoriamente en los derechos y acciones de los trabajadores frente a los empresarios deudores, de acuerdo con lo establecido en el artículo 33.4 del Estatuto de los Trabajadores.

5. No obstante lo anterior, cuando los beneficiarios de las prestaciones del Fondo de Garantía Salarial fueran trabajadores que, tras cesar en la empresa en la que prestaban servicios, constituyan una sociedad laboral, una cooperativa de trabajo asociado u otro tipo de cooperativa, a cuyos socios trabajadores les sea de aplicación las normas establecidas para los socios trabajadores de las mencionadas cooperativas de trabajo asociado, no procederá la devolución de las prestaciones recibidas, si éstas han sido íntegramente aportadas a la sociedad o cooperativa constituida, como capital social.

✐ Ap. 5 añadido por el art. único del RD 372/2001, de 6 abril.

6. Si la sociedad, por cualquier causa, perdiera su calificación de laboral en un plazo de quince años a contar desde su constitución, deberá restituir al Fondo de Garantía Salarial las cantidades que les fueron abonadas por dicho Organismo a sus socios trabajadores en concepto de salarios o indemnizaciones adecuadas por la empresa precedente.

Esto mismo será de aplicación si en dicho plazo causa baja como socio de la sociedad laboral o cooperativa de las referidas en el apartado anterior, cualquiera de los socios trabajadores que hubieran percibido las prestaciones del Fondo de Garantía Salarial y que fueron aportadas a la constitución de la propia sociedad laboral o cooperativa, en cuanto a la parte correspondiente al socio que causa baja.

✐ Ap. 6 añadido por el art. único del RD 372/2001, de 6 abril.

Artículo 3. Recursos económicos.

Para el cumplimiento de sus fines, el Fondo de Garantía Salarial dispondrá de los siguientes recursos:

1. Las cotizaciones efectuadas por los empresarios, tanto públicos como privados, que empleen trabajadores por cuenta ajena.

⇒ V. disp. final 4ª del ET (§2).
V. Dir. 80/987/CEE (§48.2).

2. Las cantidades obtenidas por subrogación.

3. Las rentas o frutos de su patrimonio o del patrimonio del Estado adscrito al Fondo.

4. La venta de sus publicaciones.

5. Las consignaciones o transferencias que puedan fijarse en los Presupuestos Generales del Estado, y

6. Cualesquiera otros previstos en las leyes.

Artículo 4. Estructura organizativa.

1. La dirección y gobierno del Fondo de Garantía Salarial, corresponde al Consejo Rector y a la Secretaría General.

2. Para la instrucción de los correspondientes expedientes y para la realización de las oportunas actuaciones subrogatorias, se constituirán unidades administrativas periféricas integradas en las Direcciones Provinciales de Trabajo y Seguridad Social.

Artículo 5. El Consejo Rector.

1. El Consejo Rector, órgano superior colegiado de dirección, estará integrado por su Presidente, cuatro representantes de la Administración Pública, cinco representantes de las Organizaciones sindicales y cinco representantes de las Organizaciones empresariales más representativas con arreglo a la Ley, designados de acuerdo con sus Estatutos, y un Secretario.

2. La Presidencia del Consejo Rector corresponderá al Subsecretario de Trabajo y Seguridad Social, siendo designados los restantes Vocales representantes de la Administración Pública libremente por el Ministro de Trabajo y Seguridad Social, de entre los Directores y Subdirectores generales del Departamento con competencias relacionadas con los fines del Organismo.

3. Como Secretario del Consejo Rector actuará, con voz y sin voto, el Secretario general del Fondo de Garantía Salarial.

Artículo 6. Funciones del Consejo Rector.

1. Son funciones del Consejo Rector:

a) Elaborar los criterios de actuación del Fondo de Garantía Salarial.

b) Conocer la evolución económica del Organismo y proponer al Gobierno, a través del Ministro de Trabajo y Seguridad Social, las medidas oportunas para el cumplimiento de sus fines.

c) Aprobar el anteproyecto de presupuestos y de su liquidación anual.

d) Aprobar la Memoria anual de actividades del Organismo.

2. El Consejo Rector se reunirá, previa convocatoria de su Presidente, al menos dos veces al año, y a propuesta de la representación sindical o empresarial.

Artículo 7. Secretaría General.

1. La Secretaría General es el órgano permanente de dirección y gestión del Fondo de Garantía Salarial. Su titular, con nivel orgánico de Subdirector general, será nombrado por el Ministro de Trabajo y Seguridad Social de entre funcionarios del Estado con titulación superior.

2. El Secretario general ostentará la representación del Fondo y la Jefatura de todos sus servicios y de personal.

Artículo 8. Funciones de la Secretaría General.

Son funciones de la Secretaría General:

⇒ Pero v. la delegación de competencias en favor de los Directores Provinciales de Trabajo y Seguridad Social acordada por la Res. 30 abril 1985, del FGS.

a) Ejecutar los acuerdos del Consejo Rector.

b) Ejercer y desarrollar las funciones directivas, administrativas, de gestión y cualesquiera otras no reservadas al Consejo Rector.

c) Elaborar y elevar al Consejo Rector, para su aprobación, el anteproyecto de presupuestos, de su liquidación anual y la Memoria anual de actividades.

d) Autorizar los gastos y ordenar los pagos.

e) Resolver, en primera instancia, los expedientes administrativos de solicitud de prestaciones que puedan afectar a los fines o intereses del Fondo de Garantía Salarial.

f) Ejercitar los derechos y acciones judiciales y extrajudiciales conducentes a una eficaz subrogación de los créditos laborales satisfechos y a su seguimiento.

g) Informar periódicamente de su gestión al Consejo Rector.

Artículo 9. Las unidades administrativas periféricas.

1. Las unidades administrativas periféricas del Fondo de Garantía Salarial, sin perjuicio de su dependencia funcional de la Secretaría General, se integrarán en la estructura orgánica de las respectivas Direcciones Provinciales de Trabajo y Seguridad Social en las condiciones que se establezcan.

✐ Ap. 1 derogado por el RD 2725/1998, de 18 diciembre, cuya disp. adic. 1ª establece que:

«Las unidades administrativas periféricas del Fondo de Garantía Salarial (FOGASA) dependerán orgánica y funcionalmente de la Secretaría General del Organismo. Dichas unidades mantendrán con las áreas y dependencias provinciales de Trabajo y Asuntos Sociales las relaciones funcionales que actualmente sostienen con las Direcciones Provinciales de Trabajo, Seguridad Social y Asuntos Sociales.

Los titulares de dichas áreas y dependencias ejercerán la Presidencia de la Comisión de Seguimiento del Fondo de Garantía Salarial a que se refiere el artículo 9.4 del Real Decreto 505/1985, de 6 de marzo, sobre Organización y Funcionamiento del Fondo de Garantía Salarial».

2. Al frente de cada unidad administrativa periférica se nombrará un funcionario, con el nivel administrativo que se determine, encargado de coordinar las actividades del Fondo de Garantía Salarial y ejecutar las directrices de los órganos rectores del mismo.

3. A las unidades administrativas periféricas se adscribirá el personal necesario para el desarrollo de sus funciones; en particular, funcionarios licenciados en Derecho, habilitados para dar cumplimiento a los trámites de audiencia y ejercer con eficacia las acciones subrogatorias y de seguimiento.

4. En cada provincia se constituirá una Comisión de Seguimiento del Fondo de Garantía Salarial.

⇒ V. O. 24 octubre 1985, que procedió a ello y que fue modificada por O. 5 octubre 1999.

La Comisión, presidida por el Director provincial de Trabajo y Seguridad Social, estará integrada por tres representantes de la Administración del Estado, tres de las Organizaciones sindicales y tres de las empresariales más representativas con arreglo a la Ley.

Artículo 10. Funciones de las unidades administrativas periféricas.

Son funciones de las unidades administrativas periféricas:

a) Instruir los expedientes administrativos de solicitud de prestaciones, elevando, a través de los respectivos Directores provinciales de Trabajo y Seguridad Social, a la Secretaría General, la correspondiente propuesta de resolución.

b) Informar periódicamente a la Secretaría General de la situación y funcionamiento del Fondo de Garantía Salarial en el ámbito de su competencia.

c) Los Letrados adscritos a las unidades administrativas periféricas del Fondo de Garantía Salarial ejercerán la representación de éste en cuantas actuaciones judiciales y extrajudiciales resulten necesarias para una eficaz personación en los trámites de audiencia a que sea llamado el Fondo de Garantía Salarial por imperativo legal o acuerdo judicial.

d) Los Letrados representantes del Fondo de Garantía Salarial ejercitarán, en el ámbito territorial correspondiente a la unidad administrativa periférica a que estuvieren adscritos, los derechos y acciones en que haya quedado subrogado el Fondo de Garantía Salarial, realizando las actuaciones conducentes al más eficaz reembolso de las cantidades satisfechas.

CAPÍTULO II

Cotización y régimen de prestaciones

Sección 1ª Cotización

Artículo 11. Obligación de cotización.

1. Están obligados a cotizar al Fondo de Garantía Salarial:

a) Todos los empresarios a que se refiere el número 2 del artículo 1 del Estatuto de los Trabajadores, tanto si son públicos como privados, por los trabajadores por cuenta ajena que tengan a su servicio, vinculados por relación laboral ordinaria.

b) Los clubes o Entidades deportivas, por los deportistas profesionales vinculados a los mismos en virtud de relación laboral de carácter especial.

c) Los empresarios que ocupen trabajadores cuya actividad sea la de intervención en operaciones mercantiles sin asumir el riesgo y ventura de aquéllas, por dichos trabajadores, con las particularidades que se señalan en el párrafo tercero del número 2 del artículo siguiente.

2. Los empresarios que tengan a su servicio trabajadores vinculados por cualquiera de las relaciones laborales de carácter especial a que se refiere el artículo 2 de la Ley 8/1980, de 10 de marzo, del Estatuto de los Trabajadores, distintas de las mencionadas en los apartados b) y c) del número anterior,

vendrán obligados a cotizar desde el momento en que así lo dispongan las normas reguladoras de aquéllas.

⇒ Cfr. disp. adic. 5ª del ET (§2), respecto del personal de alta dirección.

Artículo 12. Base de cotización e ingresos.

1. La base de cotización será la misma que la establecida para el cálculo de la cotización correspondiente a las contingencias de accidentes de trabajo, enfermedad profesional y desempleo en el sistema de la Seguridad Social.

2. El ingreso de las aportaciones se efectuará conjuntamente con las cuotas que corresponda abonar al Régimen de la Seguridad Social y en la misma forma prevista para aquéllas.

Los empresarios agrícolas ingresarán las aportaciones al Fondo de Garantía Salarial por sus trabajadores fijos o eventuales, al tiempo de realizar la cotización por jornadas reales.

Cuando la actividad del trabajador sea la de intervención en operaciones mercantiles por cuenta de uno o más empresarios sin asumir el riesgo y ventura de aquéllas, el propio trabajador será el sujeto responsable del cumplimiento de las obligaciones de cotizar, ingresando en su totalidad el importe de la aportación que corresponda al empresario o, en su caso, empresarios, sin perjuicio de su derecho a repercutir en los mismos la cantidad ingresada, previa su justificación.

Sección 2ª Régimen de prestaciones; presupuestos básicos

Artículo 13. Titulares del derecho.

Podrán percibir las prestaciones del Fondo de Garantía Salarial todos los trabajadores vinculados por relación laboral a alguno de los empresarios enumerados en el artículo 11, cuando sean titulares de un crédito por salarios o indemnizaciones y en la forma que para cada caso se especifica en los artículos siguientes.

⇒ Respecto al personal de alta dirección, v. la disp. adic. 5ª ET (§2) y el art. 15.1 RD 1382/1985 (§16.1).

Artículo 14. Créditos por salarios e indemnización.

1. A los efectos del presente Real Decreto se considerarán créditos salariales protegidos la totalidad de las percepciones económicas a que tengan derecho los trabajadores siempre que retribuyan:

a) El trabajo efectivamente realizado.

b) Los períodos de descanso computables como de trabajo.

c) Las percepciones económicas derivadas del artículo 56.1, apartado b), del Estatuto de los Trabajadores, y del 211, párrafo final, de la Ley de Procedimiento Laboral.

⇒ V. el art. 279.2 c) de la vigente LPL (§41), así como el artículo citado del ET (§2).

Cuando se trate de deportistas profesionales el salario vendrá determinado por los conceptos a que se refiere el número 2 del artículo 8 del Real Decreto 318/1981, de 5 de febrero.

⇒ Entiéndase hecha la referencia al mismo artículo del RD 1006/1985 (§16.5), que derogó y sustituyó al citado en la presente norma.

2. Se considerará crédito por indemnización la cantidad reconocida a favor de los trabajadores en sentencia, resolución de la autoridad laboral o resolución judicial complementaria de éstas, a causa de despido o extinción de los contratos de trabajo, conforme a los artículos 50 y 51 del Estatuto de los Trabajadores.

Artículo 15. Insolvencia.

1. Se entenderá que existe insolvencia del empresario cuando, instada la ejecución en la forma establecida en la Ley de Procedimiento Laboral, no se consiga satisfacción de los créditos laborales. La resolución en que conste la declaración de insolvencia será dictada previa audiencia del Fondo de Garantía Salarial.

⇒ V. Base 8ª.3 de la LBPL, desarrollada por arts. 274 y 275 de la LPL (§41).

2. Durante el plazo concedido para cumplimentar el trámite de audiencia, el Fondo de Garantía Salarial realizará cuantas gestiones estime necesarias en orden a la verificación de la real situación económica de la Empresa, especialmente la citación a ésta y a los trabajadores.

Artículo 16. Procedimiento concursal.

1. Desde el momento en que en el procedimiento concursal se tenga conocimiento de la existencia de créditos laborales o se presuma la posibilidad de su existencia, se emplazará al Fondo de Garantía Salarial, que comparecerá en el expediente en concepto de responsable legal subsidiario, pudiendo instar lo que a su derecho convenga.

2. La solicitud de concesión de prestaciones del Fondo de Garantía Salarial con fundamento en hallarse la Empresa sometida a procedimiento concursal, podrá presentarse en cualquier momento de su tramitación, desde que exista resolución judicial teniendo por solicitada la declaración del estado de suspensión de pagos, o declarando la quiebra o el concurso de acreedores y aun cuando ya hubiese sido aprobado convenio con los acreedores.

3. En cualquier caso, el reconocimiento del derecho a la prestación exigirá que los créditos de los trabajadores aparezcan incluidos en la lista de acreedores o, en su caso, reconocidos como deudas de la masa por el órgano del concurso competente para ello, en cuantía igual o superior a la que se solicita del Fondo de Garantía Salarial, sin perjuicio de la obligación de aquéllos de reducir su solicitud o de reembolsar al Fondo de Garantía Salarial la cantidad que corresponda cuando la cuantía reconocida en la lista definitiva fuese inferior a la solicitada o a la percibida.

4. Si la solicitud se formulase una vez firmado el convenio con los acreedores, deberá justificarse que éste se encuentre en fase de cumplimiento, acreditándose, en su caso, las cantidades percibidas por los trabajadores y que éstas son las que correspondan de acuerdo con el carácter reconocido al crédito laboral de que se trate.

5. Si durante la tramitación del procedimiento administrativo se produjese el desistimiento de la Empresa o recayese resolución judicial denegando la solicitud de concurso o acordando el sobreseimiento, se procederá al archivo del expediente, comunicándolo a los interesados y advirtiéndoles de su derecho a replantearlo en la forma prevista en el artículo anterior.

Artículo 17. Fuerza mayor.

⇒ V. art. 51.12 del ET (§2).

En los supuestos de indemnizaciones reconocidas a los trabajadores por la extinción de sus contratos de trabajo a causa de fuerza mayor, ya sean aquéllas normales o reducidas, el Fondo de Garantía Salarial abonará las prestaciones correspondientes, sin necesidad de previa declaración de insolvencia, suspensión de pagos, quiebra o concurso, siempre que la resolución de la autoridad laboral acuerde expresamente la exoneración del empresario.

Cuando la resolución administrativa que autoriza la extinción de los contratos de trabajo no acuerde expresamente la exoneración del empresario, para que el Fondo de Garantía Salarial abone las prestaciones correspondientes será necesario acreditar la situación de insolvencia, suspensión de pagos, quiebra o concurso del mismo.

En ambos casos, el Fondo de Garantía Salarial se subroga frente al empresario por el importe de las prestaciones satisfechas.

Artículo 18. Prestaciones por salarios pendientes de pago.

El Fondo de Garantía Salarial abonará en concepto de salarios pendientes de pago una cantidad equivalente a multiplicar el salario correspondiente al trabajador en el momento del devengo o el duplo del salario mínimo interprofesional cuando aquél rebase esta cifra, por el número de días trabajados, de descanso computable como de trabajo o de tramitación, según los casos, con el límite máximo de ciento veinte días. Cuando se soliciten salarios de tramitación se tendrá en cuenta la limitación establecida en el artículo 56.5 del Estatuto de los Trabajadores.

⇒ La remisión normativa ha de entenderse realizada al actual art. 57.1 del ET (§2).

Artículo 19. Prestaciones indemnizatorias.

1. El Fondo de Garantía Salarial abonará indemnizaciones reconocidas por la extinción de los contratos de trabajo por causas económicas, tecnológicas o de fuerza mayor, cuya cuantía se calculará a razón de veinte días de salario por año de servicio, prorrateándose por meses los períodos de tiempo inferiores a un año, con el límite máximo de una anualidad.

El salario que servirá como base de cálculo de las indemnizaciones a satisfacer por el Fondo de Garantía Salarial será el que acredite percibir el trabajador, excepto cuando sea superior al duplo del salario mínimo interprofesional, en cuyo caso se tomará esta última cifra.

A los solos efectos del cálculo de las prestaciones a que se refiere este artículo, y salvo que el trabajador acredite un período superior de vigencia de la relación laboral, los años de servicio serán los que resulten de la certificación de la Tesorería General de la Seguridad Social relativa al período de alta en la Empresa deudora.

2. Cuando se trate de indemnizaciones derivadas de despido o de extinción del contrato por voluntad del trabajador, el importe de las prestaciones se calculará a razón de veinticinco días de salario por año de servicio, con aplicación de la misma base de cálculo y del mismo límite fijado en el número anterior.

3. El importe de las prestaciones por el 40 por 100 de la indemnización derivada de la extinción del contrato de trabajo por causas económicas, tecnológicas o de fuerza mayor, en Empresas de menos de 25 trabajadores, se abonará con aplicación de las mismas bases y dentro del límite del número 1 anterior.

En el supuesto de que los trabajadores perceptores de estas prestaciones soliciten, posteriormente, del Fondo de Garantía Salarial el abono de la parte de indemnización no satisfecha por el empresario, por encontrarse éste en situación de insolvencia, suspensión de pagos, quiebra o concurso de acreedores, el límite de la prestación indemnizatoria a cargo del Fondo se reducirá en la cantidad ya percibida por aquéllos.

4. Cuando la actividad del trabajador sea la de intervención en operaciones mercantiles por cuenta de uno o más empresarios, sin asumir el riesgo y ventura de aquéllas, las referencias al duplo del salario mínimo interprofesional contenidas en los apartados precedentes se entenderán hechas a la unidad de salario mínimo interprofesional, salvo que se justifique haber venido cotizando al Régimen Especial de la Seguridad Social de los Representantes de Comercio por una base mejorada equivalente, al menos, al indicado duplo, durante los últimos doce meses.

5. Si el trabajador interviniese en operaciones mercantiles por cuenta de dos o más empresarios, el límite máximo de la prestación a abonar por el Fondo de Garantía Salarial será la cantidad que resulte de dividir el importe total que correspondería según los números anteriores, por el número de empresarios por cuenta de los cuales realice su actividad.

La prestación así recibida no priva del derecho a recibir nueva prestación, con idéntico límite, en el caso de concurrir cualquiera de las causas que la motivan en otro u otros empresarios.

CAPÍTULO III

Procedimiento

Artículo 20. Interesados en el procedimiento.

1. En cualquier caso, se considerará que tienen interés suficiente para promover expediente para reconocimiento de las prestaciones:

a) Los trabajadores titulares de créditos laborales protegidos por la garantía salarial.

b) Los órganos de administración de la Empresa sometida a un procedimiento concursal.

⇒ Conforme a la Instr. 29 junio 1994, del FOGASA: «Se considera que tienen interés suficiente para promover expediente para el reconocimiento de las prestaciones, además de los previstos en el art. 20 del RD 505/1985, la empresa o empresario/a que acredite haber llevado a cabo la extinción del contrato de trabajo en la forma prevista en el art. 53 del Estatuto de los Trabajadores».

2. Podrán intervenir en el procedimiento, para la defensa de los intereses colectivos, las Organizaciones sindicales y empresariales representativas en el sector económico a que pertenezca la Empresa.

Artículo 21. Plazo.

El plazo para solicitar las prestaciones del Fondo de Garantía Salarial será de un año, contado desde la fecha del acto de conciliación, sentencia, resolución de la autoridad laboral o resolución judicial complementaria de éstas en que se reconozca la deuda por salarios o se fijen las indemnizaciones.

Dicho plazo se interrumpirá por el ejercicio de las acciones ejecutivas o de reconocimiento de los créditos en el procedimiento concursal así como por las demás formas admitidas en derecho.

Artículo 22. Iniciación del procedimiento.

1. El procedimiento de solicitud de prestaciones al Fondo de Garantía Salarial podrá iniciarse de oficio por acuerdo de la Secretaría General o de la unidad administrativa periférica correspondiente, o a instancia de los interesados.

⇒ Conforme a la citada Instr. 29 junio 1994, del FOGASA: «El procedimiento de solicitud de prestaciones al Fondo de Garantía Salarial se iniciará, en cuanto a los supuestos de los artículos 52 c) y 53 del Estatuto de los Trabajadores, siempre, a instancia de la empresa o empresario/a».

2. En los supuestos de prestaciones indemnizatorias derivadas de la aplicación del artículo 33.8 del Estatuto de los Trabajadores, así como en los casos de fuerza mayor con exoneración, a que se refiere el artículo 51.10, párrafo segundo, de la misma Ley, la resolución firme de la autoridad laboral que autorice la extinción de los contratos de trabajo provocará el acuerdo que determine la iniciación de oficio del expediente.

⇒ Entiéndase hecha la referencia al último párrafo del actual art. 51.12.

3. A los anteriores efectos, la autoridad laboral remitirá a la unidad administrativa periférica del

Fondo de Garantía Salarial correspondiente al domicilio del Centro de trabajo donde presten sus servicios los trabajadores, certificación de la resolución dictada, en el plazo de tres días hábiles siguientes a aquel en que se produzca la firmeza de la misma. En dicha resolución se hará constar el número de trabajadores de la Empresa.

4. Si el procedimiento se iniciase a instancia de los interesados, la solicitud deberá formalizarse en el modelo que apruebe la Secretaría General del Fondo de Garantía Salarial y que será publicado en el «Boletín Oficial del Estado», pudiendo presentarse directamente en la unidad administrativa periférica del Fondo de Garantía Salarial correspondiente al domicilio del Centro de trabajo en que prestan su servicio los trabajadores o en cualquier otra dependencia a que se refiere el artículo 66 de la Ley de Procedimiento Administrativo.

⇒ Por Res. 5 julio 2001, de la Secretaría General del Fondo de Garantía Salarial, se aprueba el modelo de impreso de solicitud de prestaciones.
La referencia a la LPA cuadra con el vigente art. 38 de la Ley 30/1992, de 26 noviembre (§38.5).

Artículo 23. Acumulación de solicitudes.

Cuando la petición se fundamente en la existencia de procedimiento concursal, los interesados podrán instar del Secretario general del Fondo de Garantía Salarial, o éste acordar de oficio, la acumulación de las solicitudes referentes a los trabajadores que presten sus servicios en Centros de trabajo de la misma Empresa ubicados en diferentes provincias. Acordada la acumulación, el expediente se tramitará por la unidad administrativa periférica del Fondo de Garantía Salarial correspondiente a la capital de provincia del Juzgado que estuviera entendiendo del procedimiento concursal, haciéndose los pagos que, en su caso, pudieran proceder, por la Tesorería Territorial de la Seguridad Social de la misma capital y provincia.

La orden de acumulación será comunicada en el plazo de tres días a la unidad administrativa periférica del Organismo correspondiente al domicilio de cada uno de los distintos Centros de trabajo de la Empresa, a fin de que se abstengan de conocer de las solicitudes que ante las mismas pudieran presentarse, remitiendo a la unidad administrativa periférica competente, por razón de la acumulación, los expedientes que pudieran encontrarse en trámite de instrucción, con inmediata notificación a sus promotores.

Artículo 24. Consentimiento de los trabajadores y alegaciones.

1. Si el expediente se promoviese por los órganos de administración del concurso, deberá justificarse el consentimiento de los trabajadores mediante declaración firmada por los mismos que se unirá a la solicitud. El expediente se entenderá promovido solamente con respecto a aquellos trabajadores que hubiesen prestado tal consentimiento.

2. Si la solicitud se formulase por los trabajadores y no apareciese suscrita también por la Empresa y, en su caso, por el órgano competente del concurso, el Fondo de Garantía Salarial dará traslado de la misma, dentro del plazo máximo de diez días, a contar desde la fecha de la presentación de la solicitud, a la Empresa y al Juzgado donde se tramite el procedimiento concursal, a fin de que manifiesten lo procedente.

Transcurridos diez días sin recibirse contestación, se presumirá su conformidad con el contenido íntegro de la solicitud, continuándose la instrucción del expediente.

Artículo 25. Documentación de la solicitud.

La solicitud deberá venir acompañada de los siguientes documentos:

a) En todo caso:

1. Fotocopia del documento nacional de identidad de cada uno de los trabajadores.

2. Fotocopia de documentos de afiliación a la Seguridad Social o declaración de su situación respecto a la misma, sin perjuicio de lo dispuesto en el artículo 27.

b) Cuando se solicite prestación por salarios adeudados:

1. Certificación del acto de conciliación o testimonio de la sentencia en que se reconozca la deuda, en este último caso con la debida diligencia de firmeza.

2. Cuando la deuda salarial se refiera a diferencias existentes entre la retribución percibida por el trabajador y la legalmente correspondiente, deberá especificarse en el acuerdo conciliatorio las normas legales o convencionales en que se fundamenta la reclamación salarial y los períodos a que se refieren las diferencias.

3. Cuando se solicite prestación por insolvencia, resolución en la que conste la insolvencia del

empresario, subsiguiente a la iniciación del procedimiento ejecutivo regulado por la Ley de Procedimiento Laboral.

⇒ V. art. 274 de la LPL (§41).

4. En el supuesto de procedimiento concursal, testimonio de la resolución judicial por la que se tiene por solicitada la declaración del estado de suspensión de pagos, quiebra o concurso de acreedores, acompañado de certificación de inclusión de los créditos de los trabajadores en la lista de acreedores por un importe igual o superior al que se solicite al Fondo de Garantía Salarial.

c) Cuando se solicite prestación por indemnizaciones no abonadas:

1. Testimonio de la resolución judicial o certificación de la resolución administrativa en la que se declare o autorice la extinción del contrato de trabajo, en ambos casos, con diligencia de firmeza.

2. Los mismos documentos que con carácter alternativo se señalan en los números 3 y 4 de la letra b) anterior, salvo cuando la extinción del contrato de trabajo se haya producido por causa de fuerza mayor o lo solicitado sea el abono del 40 por 100 de la indemnización derivada de extinción del contrato por causas económicas o tecnológicas.

⇒ Conforme a la citada Instr. 29 junio 1994, del FOGASA: «A los efectos del reconocimiento de las prestaciones derivadas de la aplicación del art. 53 del Estatuto de los Trabajadores, se deberá acompañar, a la solicitud formulada en modelo oficial, los siguientes documentos:

Comunicación escrita al trabajador, expresando la causa.

Documento del recibí que acredite que el trabajador ha percibido la indemnización recogida en la letra b) del citado art. 53 del Estatuto de los Trabajadores.

Certificado de la vida laboral del trabajador o trabajadores.

Documentos acreditativos del salario percibido por el trabajador o trabajadores, al menos, durante los últimos tres meses.

La documentación requerida, junto con la solicitud, deberá presentarse en la unidad administrativa periférica correspondiente al domicilio social de la empresa o del empresario/a; o bien, en cualquiera de las formas previstas en el art. 38 de la Ley de Régimen Jurídico de las Administraciones Públicas y del Procedimiento Administrativo Común».

Artículo 26. Ordenación.

1. Iniciado el expediente, el procedimiento se impulsará de oficio en todos sus trámites.

2. Las solicitudes defectuosas o carentes de alguno de los preceptivos documentos, dará lugar al requerimiento al promotor o primer firmante para que en el plazo de diez días subsane la falta observada o acompañe los preceptivos documentos, con apercibimiento de que si así no lo hiciese se archivará sin más trámite, sin perjuicio del derecho de los interesados a volver a replantearla, previo desglose y devolución de la documentación aportada.

3. Si el defecto no subsanado ha afectado sólo a alguno o algunos de los trabajadores incluidos en la petición, la orden de archivo se referirá exclusivamente a éstos, continuándose la tramitación del expediente respecto a los demás.

Artículo 27. Instrucción.

1. Dentro del plazo mínimo de diez días, a contar desde la presentación de la solicitud en firme, o desde la adopción, del oportuno acuerdo, el Fondo de Garantía Salarial se dirigirá a la Tesorería Territorial de la Seguridad Social a fin de que por la misma se expida, dentro de igual plazo, certificación de inscripción de la Empresa y de afiliación del trabajador, con expresión de las fechas de alta y baja y base por la que viniese cotizando al Fondo de Garantía Salarial.

2. En el supuesto de existir discrepancias entre los datos certificados por la Tesorería Territorial de la Seguridad Social y los contenidos en la solicitud, aun cuando éstos resulten de la documentación acompañada a la misma, la unidad administrativa periférica del Fondo de Garantía Salarial realizará las actuaciones conducentes a su clarificación, abriéndose el correspondiente período de prueba por un plazo máximo de veinte días.

3. Al tiempo de remitir el oficio a que se refiere el número 1 anterior, el Fondo de Garantía Salarial cumplimentará el trámite de traslado de la solicitud en los casos previstos en el número 2 del artículo 24 de este Real Decreto.

4. Si por el empresario o por el órgano de administración del concurso se expusieren hechos o circunstancias que de algún modo contradijesen los contenidos en la solicitud, se procederá en la misma forma establecida en el número 2 anterior.

5. Con independencia de lo dispuesto en el artículo anterior, las unidades administrativas periféricas del Fondo de Garantía Salarial desarrollarán de oficio, o a instancia de los interesados o intervinientes en el procedimiento, cuantos actos de instrucción consideren necesarios para la determinación, conocimiento y comprobación de la procedencia de la prestación solicitada. De manera particular se comprobará la efectiva existencia de créditos laborales pendientes de pago en el momento que haya

de dictarse la resolución y la continuidad del estado de insolvencia, suspensión, quiebra o concurso de acreedores del empresario en el citado momento.

Artículo 28. Terminación.

1. Concluida la instrucción por la unidad administrativa periférica competente, se remitirá a la Secretaría General el expediente completo, acompañándose propuesta de resolución, en el plazo de diez días.

2. A la vista del expediente y de la propuesta de la resolución, el Secretario General del Fondo de Garantía Salarial podrá acordar la apertura de un período extraordinario para práctica de prueba, señalando los puntos concretos sobre los que habrá de versar y el plazo para su ejecución, que en ningún caso podrá exceder de quince días.

Las actuaciones consiguientes podrán ser realizadas por la propia Secretaría General o encomendarse por ésta a la unidad administrativa periférica instructora, o a aquella que estime conveniente por razones de mayor facilidad para su práctica.

3. Concluido, en su caso, el período de prueba a que se refiere el número anterior, el Secretario general dictará resolución en el plazo de cinco días, en la que se estimarán total o parcialmente, o se desestimarán, las peticiones deducidas. Deberán desestimarse aquellas solicitudes de prestaciones en que se aprecie la existencia de abuso de derecho o fraude de ley y cuando no se justifique su abono por haberse acreditado la existencia de un interés común de trabajadores y empresarios en la formalización de una apariencia de estado legal de insolvencia, con la finalidad de obtener las prestaciones del Fondo de Garantía Salarial.

4. Una vez fiscalizado el gasto por la Intervención Delegada en el Organismo, el Secretario general ordenará el pago a la Tesorería Territorial de la Seguridad Social correspondiente, dentro del plazo de los tres días siguientes a la fecha de la intervención.

5. Al tiempo de remitir la orden de pago, la Secretaría General enviará copia de la resolución y de sus anexos a la unidad administrativa periférica instructora del expediente.

6. Al mismo tiempo, la resolución será notificada directamente por la Secretaría General del Fondo de Garantía Salarial a los interesados, mediante traslado del texto íntegro de aquélla y de sus anexos.

7. El plazo máximo para dictar resolución en primera instancia será de tres meses, contados a partir de la presentación en forma de la solicitud.

Artículo 29. Recursos.

1. Las resoluciones del Secretario general del Fondo de Garantía Salarial podrán ser objeto de recurso de alzada ante el Ministro de Trabajo y Seguridad Social, que deberá interponerse en el plazo de quince días, contados desde el siguiente al de recibo de la notificación.

⇒ Conforme al art. 82 de la Ley 50/1998, de Medidas Fiscales, Administrativas y de Orden Social, los actos y resoluciones de los máximos órganos unipersonales o colegiados de ciertos organismos (el FOGASA, entre otros) «no ponen fin a la vía administrativa, pudiendo interponerse contra las mismas el correspondiente recurso ordinario ante el Ministro».

2. Las resoluciones dictadas en alzada por el Ministro de Trabajo y Seguridad Social agotarán la vía administrativa y podrán ser objeto de recurso ante la jurisdicción contencioso-administrativa.

⇒ Cfr. Bases 1ª.1 d) y 8ª.4 de la LBPL y arts. 2 f); 23 y 24 LPL (§41), que atribuyen la competencia a la Jurisdicción Social.

CAPÍTULO IV

Acciones por subrogación

Artículo 30. Iniciación de la subrogación.

1. Dictada la resolución y ordenado el pago, el Fondo de Garantía Salarial remitirá copia de la misma al Organo de administración de la suspensión de pagos, quiebra o concurso de acreedores.

De la recepción de dicha copia se acusará recibo y desde tal momento habrán de ser notificados al Fondo de Garantía Salarial cuantas acciones se practiquen o se promuevan por los trabajadores, en orden a la efectividad de sus créditos.

2. Realizado el pago, la subrogación del Fondo de Garantía Salarial en los derechos y acciones de los trabajadores se acreditará mediante la presentación ante el Organo jurisdiccional competente de los correspondientes recibos o de certificación sustitutiva de los mismos. Análoga certificación se remitirá también, en su caso, al órgano de administración del concurso.

3. Los créditos adquiridos por el Fondo de Garantía Salarial en virtud de la subrogación conserva-

rán el carácter de privilegiados que les confiere el artículo 32 del Estatuto de los Trabajadores y el que pueda corresponderle por aplicación de la legislación civil y mercantil. Cuando tales créditos concurran con los que puedan conservar los trabajadores por la parte no abonada por el Fondo de Garantía Salarial, uno y otros se satisfarán a prorrata de sus respectivos importes.

4. En cualquier caso, las garantías especiales y los embargos que hubieran podido establecerse para asegurar a los trabajadores el cobro de sus créditos, aprovecharán al Fondo de Garantía Salarial en la proporción que corresponda a la parte del crédito por el mismo satisfecha.

Artículo 31. Requerimiento de pago.

1. Con independencia de la obligación de ejercitar cuantas acciones judiciales se consideren convenientes para el más rápido y eficaz reembolso de las cantidades abonadas, el Fondo de Garantía Salarial requerirá a las Empresas deudoras para la devolución de las mismas, pudiendo, si a sus intereses conviene, señalar día y hora para su comparecencia ante la Secretaría General o la unidad administrativa periférica que instruyó el expediente.

2. La incomparecencia de la Empresa, sin causa que lo justifique, será considerada infracción laboral, sancionable con arreglo a lo dispuesto en el artículo 57 de la Ley 8/1980, de 10 de marzo, del Estatuto de los Trabajadores, y al Decreto 1860/1975, de 10 de julio.

⇒ Entiéndase hecha la referencia al TRLISOS (§40.1), aunque la tipificación no es clara.

Artículo 32. Acuerdo de devolución de cantidades.

1. Con objeto de facilitar el reintegro de las cantidades adeudadas, el Fondo de Garantía Salarial podrá concluir acuerdos de devolución en los que se determinarán los aspectos relativos a forma, plazos y garantías, conjugando la eficacia de la acción subrogatoria con las exigencias de continuidad empresarial y la salvaguardia del empleo.

Las cantidades aplazadas devengarán el interés legal del dinero.

2. La conclusión de un acuerdo de devolución en forma aplazada será comunicada al Organo judicial que viniese entendiendo del procedimiento instado para la realización de los créditos.

3. El incumplimiento de lo convenido determinará la resolución del acuerdo, ejercitándose por el Fondo de Garantía Salarial cuantas acciones le competen, pudiendo solicitar la reapertura de las actuaciones si quedaron en suspenso.

4. Los acuerdos de devolución, en todo caso, habrán de observar el procedimiento legalmente establecido para las transacciones si en dicho acuerdo existen cláusulas que configuren el mismo como una transacción y no como un simple aplazamiento de pago.

⇒ El desarrollo del precepto en O. 20 agosto 1985 (§13.2).

Artículo 33. Adjudicación de bienes.

1. En su concepto de acreedor, el Fondo de Garantía Salarial podrá ser adjudicatario de toda clase de bienes en pago de la deuda, bien mediante cesión por parte del deudor o de tercera persona.

2. Los bienes adjudicados conforme a lo dispuesto en el número anterior serán devueltos de la forma más inmediata posible al tráfico jurídico patrimonial, a fin de destinar su importe al cumplimiento de los fines del Organismo, de acuerdo con lo establecido en el artículo 85 de la Ley del Patrimonio del Estado.

3. Atendiendo a la indicada finalidad y a la naturaleza más comercial que patrimonial de los bienes adquiridos, el Fondo de Garantía Salarial podrá proceder a su enajenación directa, previo informe que con respecto a las condiciones de la enajenación deberán emitir la Abogacía del Estado y la Intervención Delegada de Hacienda, siempre que el valor de tasación no exceda de cincuenta millones de pesetas.

Si excediere de dicha cuantía, además de los indicados informes, se requerirá autorización del Ministerio de Trabajo y Seguridad Social.

DISPOSICIONES ADICIONALES

Primera.

No será necesaria la previa autorización de la Dirección General de lo Contencioso del Estado para el ejercicio de las acciones que puedan entablarse en orden al reembolso de las cantidades satisfechas por el Fondo de Garantía Salarial, sin perjuicio de la obligación de aquéllos de comunicar periódicamente a dicho Centro Directivo las actuaciones practicadas, a cuya vista podrán adoptarse las medidas de cualquier índole que se estimen procedentes.

Segunda.

El Secretario general del Fondo de Garantía Salarial podrá delegar en los Directores provinciales de Trabajo y Seguridad Social las facultades que al mismo corresponden para dictar resolución de reconocimiento de prestaciones y para concluir acuerdos de devolución de cantidades a que se refiere el artículo 32, así como para la enajenación de bienes conforme al número 3 del artículo 33 del presente Real Decreto.

DISPOSICIÓN TRANSITORIA

Las solicitudes de prestaciones presentadas con anterioridad a la entrada en vigor de la Ley 32/1984, de 2 de agosto, serán resueltas conforme a la legislación anterior.

DISPOSICIÓN DEROGATORIA

Quedan derogadas cuantas disposiciones de igual o inferior rango se opongan a lo establecido en este Real Decreto, especialmente el Real Decreto 317/1977, de 4 de marzo; el Real Decreto 2077/1979, de 14 de agosto, y el Real Decreto 652/1982, de 2 de abril.

DISPOSICIÓN FINAL

Se faculta al Ministro de Trabajo y Seguridad Social para dictar las disposiciones necesarias para el desarrollo del presente Real Decreto, que entrará en vigor a los veinte días de su publicación en el «Boletín Oficial del Estado».

⇒ V. la O. 20 agosto 1985 (§13.2).

§ 13.2 ORDEN 20 AGOSTO 1985. DESARROLLA EL REAL DECRETO 505/1985, DE 6 MARZO, EN MATERIA DE DEVOLUCIÓN DE CANTIDADES SATISFECHAS POR EL FONDO DE GARANTÍA SALARIAL

(BOE núm. 206, de 28 agosto [RCL 1985, 2105])

El artículo 33.cuatro, de la Ley 8/1980, de 10 de marzo, del Estatuto de los Trabajadores, en la redacción dada al mismo por la Ley 32/1984, de 2 de agosto, impone la subrogación del Fondo de Garantía Salarial en los derechos y acciones de los trabajadores frente a las Empresas, por las cantidades por él mismo satisfechas.

A su vez, el artículo 32 del Real Decreto 505/1985, de 6 de marzo, dictado en desarrollo del mencionado precepto estatutario, con la finalidad de conjugar la eficacia de la acción subrogatoria, con las exigencias de continuidad empresarial y la salvaguarda del empleo, autoriza al Fondo de Garantía Salarial para concluir acuerdos de devolución en forma aplazada de las cantidades satisfechas, evitando, en la medida de lo posible, el ejercicio inmediato e indiscriminado de las correspondientes acciones ejecutivas.

La igualdad de trato que debe presidir la actuación de la Administración frente a los administrados y la necesidad de disponer del adecuado marco que concrete los límites de dicha actuación, impone establecer unos criterios objetivos a los que deben ajustarse los mencionados acuerdos, dentro del exigible margen de flexibilidad que permita contemplar las particularidades propias de cada supuesto concreto.

A tal fin, en uso de la facultad concedida en la disposición final del Real Decreto 505/1985, de 6 de marzo, dispongo:

Artículo 1. Disposición general.

1. Al objeto de facilitar el reintegro de los créditos de que el Fondo de Garantía Salarial sea titular frente a las Empresas, por subrogación en los derechos y acciones de los trabajadores beneficiarios de sus prestaciones, dicho organismo autónomo podrá convenir el aplazamiento y fraccionamiento de la deuda, con sujeción a las normas que se establecen en la presente Orden.

2. Si dicho aplazamiento o fraccionamiento se conviniese con anterioridad al pago de las prestaciones, el acuerdo quedará sometido a la condición suspensiva de que en el correspondiente procedimiento administrativo se acredite ante el Fondo de Garantía Salarial el íntegro cumplimiento de los requisitos exigidos para la concesión de aquéllas.

Artículo 2. Plazos.

1. Los plazos máximos que podrán acordarse son los siguientes:

a) Si se trata de aplazamiento del importe íntegro de la cantidad debida, sin fraccionamiento de la misma, dos años.

b) Si se trata de fraccionamiento del importe adeudado, ocho años, sin que puedan convenirse períodos de carencia superiores a seis meses.

2. En la determinación de los plazos se tendrá en cuenta, esencialmente, el montante total de la deuda, las previsiones de evolución productiva, de mercado y viabilidad de la Empresa, el número de trabajadores que la misma ocupe y se proponga ocupar, las cargas a que deba atender, procurándose, en todo caso, la aplicación de un criterio semejante ante supuestos similares.

3. El cómputo de los plazos a que se refiere el apartado anterior comenzará el día en que se formalice el correspondiente acuerdo o, en su caso, el de cumplimiento de la condición suspensiva.

Artículo 3. Garantías.

La formalización de cualquier acuerdo de aplazamiento o fraccionamiento de la deuda exigirá la prestación bien por la propia Empresa, bien por tercera persona presentada por ella de garantía que se estime suficiente.

Artículo 4. Intereses.

Las cantidades aplazadas y pendientes de pago devengarán el interés legal del dinero vigente en cada ejercicio económico, según lo establecido en cada Ley de Presupuestos Generales del Estado.

Se entiende por tipo de interés legal del dinero vigente en cada ejercicio también el que fije el Gobierno al revisar el establecimiento en el ejercicio por la Ley de Presupuestos Generales del Estado, al amparo del párrafo segundo del artículo 1 de la Ley 24/1984, de 29 junio, en la redacción dada al mismo por la disposición adicional sexta de la Ley 65/1997, de 30 de diciembre, de Presupuestos Generales del Estado para el año 1998.

✐ Artículo redactado por la O. 20 enero 1999, que entró en vigor el 31 enero 1999 (disp. final única) y es aplicable a los acuerdos suscritos a partir de ese momento (disposición transitoria). Los precedentes siguen sujetos al precedente criterio: interés legal del dinero vigente el día que comience el devengo de intereses.

⇒ V. la nota al art. 29.3 del ET (§2).

Artículo 5. Solicitud de aplazamiento o fraccionamiento.

1. Las Empresas interesadas, por propia iniciativa o en respuesta al requerimiento previsto en el artículo 31 del Real Decreto 505/1985, de 6 de marzo, comparecerán mediante escrito ante la Secretaría General del Fondo de Garantía Salarial o ante la unidad administrativa periférica competente, solicitando el aplazamiento o fraccionamiento de la deuda. Si tal deuda resultase de expedientes instruidos por unidades administrativas periféricas distintas, la comparecencia se realizará ante la Secretaría General.

2. En el escrito de solicitud se harán constar, además de los datos identificadores de la solicitante, la fórmula de pago que se propone, la garantía que se ofrece y cuantas circunstancias deban ser consideradas a los efectos de lo dispuesto en el apartado 2, del artículo 2 de la presente Orden, esencialmente el número de puestos de trabajo que se propone mantener y, en su caso, crear, durante el plazo de vigencia del acuerdo.

3. Al mencionado escrito se deberán acompañar los estudios y la documentación justificativa de la situación económica de la empresa, de sus perspectivas de evolución y la relación de sus bienes muebles e inmuebles, créditos y derechos de que sea titular la Empresa o persona garante de la misma.

Artículo 6. Tramitación por el Fondo de Garantía Salarial.

1. Presentada la solicitud, la Secretaría General o la unidad administrativa del Fondo de Garantía Salarial, procederá a la comprobación de los datos contenidos en la misma, pudiendo, a tales efectos, recabar de la solicitante las aclaraciones y justificaciones que estime convenientes.

2. Si la solicitud se formulase ante la Secretaría General y ésta lo estimase preciso, trasladará copia de la misma a las unidades administrativas periféricas instructoras de los expedientes de concesión de las prestaciones, al objeto de que emitan informe respecto de los datos y circunstancias de hecho consignados en aquélla.

3. Unidos, en su caso, a la solicitud los anteriores informes y el resultado de las comprobaciones practicadas, la Secretaría General o la unidad administrativa periférica correspondiente comunicará a la solicitante los términos en que su propuesta puede ser aceptada o la absoluta desestimación de la misma, sin perjuicio de lo que dispone el apartado 2 del artículo siguiente.

Artículo 7. Formalización del acuerdo.

1. Concretados y aceptados los términos del acuerdo, se consignarán en documento administrativo, que se extenderá por triplicado ejemplar, levantándose, además, acta de compromiso, que para el Fondo de Garantía Salarial se entenderá condicionado a cuanto se dispone en el apartado siguiente.

2. Los tres ejemplares, antes de su firma, se remitirán a la Secretaría General, para su fiscalización por la Intervención Delegada y toma de razón en el libro correspondiente, con devolución de los mismos en el plazo de diez días. Entre tanto, la unidad administrativa interviniente y la Empresa interesada conservarán el acta de compromiso a que alude el apartado anterior.

En dicho plazo la Secretaría General podrá formular los reparos que estime procedentes, en cuyo caso devolverá el documento sin fiscalizar, para su reconsideración.

Artículo 8. Suspensión del ejercicio de acciones.

1. La entrada en vigor del acuerdo determinará la suspensión de las acciones que el Fondo de Garantía Salarial, directamente o por subrogación de las iniciadas por los trabajadores, pudiere estar ejercitando para la realización de su crédito.

2. A los anteriores efectos, el acuerdo será comunicado al órgano judicial que estuviere entendiendo del procedimiento mediante la remisión del mismo, por la unidad administrativa periférica que

corresponda, de copia debidamente compulsada, solicitando, al propio tiempo, el archivo provisional de las actuaciones, en cuanto afecten al Fondo de Garantía Salarial.

Artículo 9. Modificación de los términos del acuerdo.

1. Excepcionalmente, a solicitud fundada de la Empresa firmante, el Fondo de Garantía Salarial podrá aceptar modificaciones de lo inicialmente convenido que, cuando afecten al plazo pactado, no podrán suponer ampliación superior a los seis meses en los casos de aplazamiento y de dos años en los de fraccionamiento.

2. La solicitud de modificación y su aceptación por el Fondo de Garantía Salarial se atendrán, en cuanto sea posible, a los requisitos y al procedimiento establecidos para la suscripción del acuerdo inicial.

Artículo 10. Efectos del incumplimiento.

El incumplimiento de lo convenido implicará la resolución del acuerdo, quedando en libertad el Fondo de Garantía Salarial para ejercitar cuantas acciones le competen en orden a la realización de su crédito, sin necesidad de sujetarse a las derivadas de la garantía constituida.

Artículo 11. Seguimiento del cumplimiento de las previsiones básicas del acuerdo.

1. En cualquier momento de la vigencia del acuerdo, el Fondo de Garantía Salarial podrá recabar de la Empresa información y justificación acerca del cumplimiento de las previsiones a que se refieren los artículos 2, apartado 2, y 5, apartado 3, y esencialmente de cuanto afecta al mantenimiento y creación de puestos de trabajo.

2. Si la empresa no facilitase dicha información o si de su justificación resultasen notorias desviaciones imputables a la gestión empresarial, el Fondo de Garantía Salarial podrá resolver el acuerdo con los efectos establecidos en el artículo anterior.

DISPOSICIÓN ADICIONAL

En el plazo de treinta días, contados desde la entrada en vigor de la presente Orden, la Secretaría General del Fondo de Garantía Salarial redactará y remitirá a las unidades administrativas periféricas modelos de acuerdo comprensivos de sus cláusulas básicas, a los que, con las obligadas adaptaciones, se sujetarán los que en el futuro puedan suscribirse.

DISPOSICIÓN TRANSITORIA

Durante el plazo de sesenta días hábiles siguientes a la entrada en vigor de esta Orden, las empresas, que en la actualidad sean deudoras del Fondo de Garantía Salarial, podrán solicitar el aplazamiento o fraccionamiento de su deuda en los términos previstos en la presente disposición, a cuyo efecto deberán presentar escrito en la forma establecida en el artículo quinto.

DISPOSICIÓN FINAL

La presente Orden entrará en vigor al día siguiente de su publicación en el «Boletín Oficial del Estado».

E) Tiempo de trabajo

§ 14.1 REAL DECRETO 1561/1995, DE 21 SEPTIEMBRE. REGULA LAS JORNADAS ESPECIALES DE TRABAJO

(BOE núm. 230, de 26 septiembre [RCL 1995, 2650])

El apartado 7 del artículo 34 de la Ley del Estatuto de los Trabajadores, texto refundido aprobado por Real Decreto Legislativo 1/1995, de 24 de marzo, autoriza al Gobierno para establecer, a propuesta del Ministro de Trabajo y Seguridad Social y previa consulta a las organizaciones sindicales y empresariales más representativas, ampliaciones o limitaciones en la ordenación y duración de la jornada de trabajo y de los descansos para aquellos sectores y trabajos que por sus peculiaridades así lo requieran. En el mismo sentido, el apartado 1 del artículo 36 y el apartado 1 del artículo 37 de la Ley citada otorgan al Gobierno idéntica facultad en relación con la duración de la jornada de trabajo de los trabajadores nocturnos y con el descanso semanal, así como para la fijación de regímenes de descanso alternativos para actividades concretas.

La regulación de jornadas especiales de trabajo, entendiendo por tales aquellas que difieren en uno u otro aspecto de la normativa laboral común en materia de jornada, constituye una tradición en nuestro Derecho, derivada de la necesidad de adaptar las normas generales a las características y necesidades específicas de determinados sectores y trabajos, bien para permitir una ampliación o una utilización más flexible de dichas normas en función de las exigencias organizativas de tales actividades o de las peculiaridades del tipo de trabajo o del lugar en que se presta, bien para establecer limitaciones adicionales tendentes a reforzar la protección de la salud y seguridad de los trabajadores en aquellos casos en que la prolongación en el tiempo por encima de ciertos límites de unas determinadas condiciones de prestación del trabajo pudiera entrañar un riesgo para aquéllos.

El Real Decreto 2001/1983, de 28 de julio, sobre Regulación de la Jornada de Trabajo, Jornadas Especiales y Descansos, procedió en su momento a tal ordenación, refundiendo y sistematizando en su Título III la hasta entonces dispersa normativa sectorial en la materia. La pérdida de vigencia de las normas sobre jornada y descansos de este Real Decreto a partir del 12 de junio de 1995, de conformidad con la previsión de la disposición transitoria quinta del Estatuto de los Trabajadores, aconseja la aprobación de una nueva norma que mantenga los aspectos tradicionales de la ordenación de la jornada y de los descansos en los sectores y actividades afectados, adecuándolos tanto a las modificaciones experimentadas en la normativa legal general y en las formas y modalidades de prestación de los trabajos, como a la aparición de nuevas realidades laborales necesitadas de un tratamiento específico, así como en general a una valoración creciente de la importancia de las normas en materia de jornada para una adecuada protección de la salud y la seguridad de los trabajadores.

A tales fines responde la presente norma, que teniendo especialmente en cuenta las prescripciones contenidas en la Directiva 93/104/CE, del Consejo, de 23 de noviembre, relativa a determinados aspectos de la ordenación del tiempo de trabajo, persigue hacer compatibles las necesidades específicas a que se ha hecho referencia con el respeto del derecho de los trabajadores al descanso y a la limitación de la jornada laboral, de forma que, a través de un régimen de descansos alternativos, las peculiaridades que la norma regula no redunden tanto en una real ampliación de la jornada o en una reducción de los descansos, como en una posibilidad de ordenación más flexible de los mismos de manera adecuada a las características de cada actividad. En dicha adecuación, la norma otorga un valor primordial al papel de la negociación colectiva, en coherencia con el propio tratamiento que la Ley 11/1994, modificadora del Estatuto de los Trabajadores, dio a las normas de jornada y, en general, con las nuevas dimensiones abiertas a dicha negociación tras la reciente reforma de nuestra normativa laboral.

⇒ V. la Directiva referida en §50.2.

En su virtud, consultadas las organizaciones sindicales y empresariales más representativas, a propuesta del Ministro de Trabajo y Seguridad Social, de acuerdo con el Consejo de Estado y previa deliberación del Consejo de Ministros en su reunión del día 21 de septiembre de 1995, dispongo:

CAPÍTULO I
Disposiciones generales

Artículo 1. Objeto y ámbito de aplicación.

1. El presente Real Decreto tiene por objeto la regulación de ampliaciones y limitaciones en la ordenación y duración de la jornada de trabajo y de los descansos en determinados sectores de actividad y trabajos específicos cuyas peculiaridades lo requieren, de conformidad con lo previsto en los artículos 34, apartado 7, 36, apartado 1, y 37, apartado 1, de la Ley del Estatuto de los Trabajadores, texto refundido aprobado por Real Decreto Legislativo 1/1995, de 24 de marzo.

2. Lo previsto en el presente Real Decreto será de aplicación, en las actividades y trabajos que en el mismo se contemplan, a las relaciones laborales reguladas por la Ley del Estatuto de los Trabajadores, con exclusión de las de carácter especial contempladas en su artículo 2 en las que se estará a lo dispuesto en su normativa específica.

Las disposiciones generales del Estatuto de los Trabajadores serán aplicables en cuanto no se opongan a las especiales que en este Real Decreto se establecen.

3. Las disposiciones de los Capítulos I, II y IV de este Real Decreto sólo serán de aplicación a los trabajadores mayores de dieciocho años de edad.

⇒ Cfr. art. 7.5 del TRLISOS (§40.1) sobre transgresión de normas reguladoras del tiempo de trabajo, así como el art. 6 del propio ET (§2) y sus notas.

Artículo 2. Regímenes de descanso alternativos.

1. Las reducciones contempladas en este Real Decreto de los descansos entre jornadas y semanal previstos en los artículos 34, apartado 3, y 37, apartado 1, del Estatuto de los Trabajadores deberán ser compensadas mediante descansos alternativos, de duración no inferior a la reducción experimentada, a disfrutar dentro de los períodos de referencia que en cada caso se señalan, en la forma que se determine mediante acuerdo o pacto.

No obstante lo dispuesto en el párrafo anterior, en los convenios colectivos se podrá autorizar que, previo acuerdo entre la empresa y el trabajador afectado, la totalidad o parte de los descansos compensatorios debidos por las reducciones contempladas en este Real Decreto para los descansos entre jornadas pueda acumularse para su disfrute conjuntamente con las vacaciones anuales. Del mismo modo se podrán acumular las compensaciones contempladas para el medio día del descanso semanal.

Cuando en este Real Decreto se autorice un descanso entre jornadas de duración inferior a diez horas, la posibilidad prevista en el párrafo anterior quedará en todo caso limitada a la acumulación de aquellas horas que resten tras garantizar el disfrute, en los períodos de referencia indicados en cada caso, de un descanso mínimo de diez horas.

2. El disfrute de los descansos compensatorios previstos en este Real Decreto no podrá ser sustituido por compensación económica, salvo en caso de finalización de la relación laboral por causas distintas a las derivadas de la duración del contrato o en el previsto en el párrafo c) del artículo 18.

A tal fin, la aplicación de los regímenes especiales de jornada previstos en este Real Decreto a los trabajadores con contratos de duración determinada o temporal o a los contratados a tiempo parcial para prestar servicios en trabajos fijos discontinuos, estará condicionada a la posibilidad de disfrute de los descansos compensatorios, dentro de los períodos de referencia establecidos en cada caso, antes de la finalización del contrato o período de actividad.

⇒ V. arts. 11, 12, 15 y 17.3 del ET (§2), así como sus respectivas normas de desarrollo.

CAPÍTULO II
Ampliaciones de jornada

⇒ Diversas sentencias comunitarias, como la STJCE de 3 octubre 2000 (TJCE 2000, 234), han declarado que los médicos de Equipos de Atención Primaria están comprendidos en ámbito aplicativo de las Directivas 89/391/CEE y 93/104/CE del Consejo y que el tiempo dedicado a atención continuada (en régimen de presencia física en el centro sanitario) debe considerarse tiempo de trabajo en su totalidad y, en su caso, horas extraordinarias.

Por su lado, la STJCE de 1 diciembre 2005 (TJCE 2005, 361), censura la norma nacional que admite la catalogación de esos períodos como tiempo de trabajo pero, sin embargo, realiza una equivalencia reductora (tres por una) de los períodos inactivos o de mera presencia física.

Sección 1ª Empleados de fincas urbanas, guardas y vigilantes no ferroviarios

Artículo 3. Tiempo de trabajo y descanso de los empleados de fincas urbanas.

1. El tiempo de trabajo de los empleados de fincas urbanas con plena dedicación estará comprendido entre las horas establecidas para la apertura y cierre de los portales. Dichos trabajadores deberán

disfrutar cada día de trabajo, y dentro de las horas de servicio, de uno o varios períodos de descanso, en la forma que se determine por convenio colectivo o, en su defecto, mediante acuerdo con el titular del inmueble, de manera que el tiempo de trabajo efectivo no exceda de la duración máxima de la jornada ordinaria de trabajo establecida con carácter general en el artículo 34 del Estatuto de los Trabajadores.

2. Los trabajadores a que se refiere el apartado anterior deberán disfrutar de un mínimo de diez horas consecutivas de descanso entre jornadas, compensándose la diferencia hasta las doce horas establecidas con carácter general en el apartado 3 del artículo 34 del Estatuto de los Trabajadores por períodos de hasta cuatro semanas. Del mismo modo, podrá acumularse por períodos de hasta cuatro semanas el medio día del descanso semanal previsto en el apartado 1 del artículo 37 de la Ley citada, o separarse respecto del correspondiente al día completo para su disfrute en otro día de la semana.

Artículo 4. Tiempo de trabajo y descanso de los guardas y vigilantes no ferroviarios.

1. El tiempo de trabajo de los guardas o vigilantes no ferroviarios que, sin exigírseles una vigilancia constante, tengan asignado el cuidado de una zona limitada en la que exista un lugar destinado a que puedan descansar en condiciones adecuadas, podrá extenderse durante un período de tiempo diario de duración no superior a doce horas.

2. Resultarán de aplicación a los trabajadores a que se refiere este artículo las disposiciones especiales en materia de descansos durante la jornada laboral, entre jornadas y semanal previstas en el artículo anterior.

Sección 2ª Trabajo en el campo

Artículo 5. Tiempo de trabajo y descanso en las labores agrícolas, forestales y pecuarias.

1. La distribución y modalidades de cómputo de la jornada de trabajo en las labores agrícolas, forestales y pecuarias, serán las establecidas en los convenios colectivos o, en su defecto, las determinadas por la costumbre local, salvo en lo que resulte incompatible de estas últimas con las peculiaridades y la organización del trabajo en la explotación.

2. En las labores agrícolas, cuando las circunstancias estacionales determinen la necesidad de intensificar el trabajo o concentrarlo en determinadas fechas o períodos así como en los trabajos de ganadería y guardería rural, podrá ampliarse la jornada hasta un máximo de veinte horas semanales, sin que la jornada diaria pueda exceder de doce horas de trabajo efectivo.

Las horas de exceso que se realicen sobre la jornada ordinaria pactada conforme a lo dispuesto en el artículo 34 del Estatuto de los Trabajadores se compensarán o abonarán según lo establecido en el apartado 1 del artículo 35 de dicha Ley.

3. Los trabajadores a que se refieren los apartados anteriores deberán disfrutar de un mínimo de diez horas consecutivas de descanso entre jornadas, compensándose la diferencia hasta las doce horas establecidas con carácter general en el apartado 3 del artículo 34 del Estatuto de los Trabajadores por períodos de hasta cuatro semanas. Del mismo modo, podrá acumularse por períodos de hasta cuatro semanas el medio día del descanso semanal previsto en el apartado 1 del artículo 37 de la Ley citada, o separarse respecto del correspondiente al día completo para su disfrute en otro día de la semana.

Sección 3ª Comercio y hostelería

Artículo 6. Descanso semanal en el comercio y la hostelería.

Mediante convenio colectivo o, en su defecto, por acuerdo entre la empresa y los representantes legales de los trabajadores podrá establecerse en las actividades de comercio y hostelería la acumulación del medio día del descanso semanal previsto en el apartado 1 del artículo 37 del Estatuto de los Trabajadores por períodos de hasta cuatro semanas, o su separación respecto del correspondiente al día completo para su disfrute en otro día de la semana.

Artículo 7. Reglas especiales para actividades de temporada en la hostelería.

1. Mediante convenio colectivo o, en su defecto, por acuerdo entre la empresa y los representantes legales de los trabajadores podrá acordarse la acumulación del medio día de descanso a que se refiere el artículo anterior en períodos más amplios, que en ningún caso podrán exceder de cuatro meses, a fin de adecuarlo a las necesidades específicas de las actividades estacionales de la hostelería, en particular en las zonas de alta afluencia turística, o para facilitar que el descanso se disfrute en el lugar de residencia del trabajador cuando el centro de trabajo se encuentre alejado de éste.

2. En los mismos supuestos y en iguales términos a los del apartado anterior, se podrá acordar

la reducción a diez horas del descanso entre jornadas previsto en el apartado 3 del artículo 34 del Estatuto de los Trabajadores y su compensación de forma acumulada.

Sección 4ª Transportes y trabajo en el mar

⇒ La Disposición adicional cuarta («Jornada laboral de los trabajadores en los servicios técnico-náuticos») de la Ley 48/2003, de 26 noviembre, sobre Puertos de interés general, establece que «se considerarán aplicables a los servicios técnico-náuticos por lo que se refiere a los trabajadores que intervengan en ellos, y en especial a efectos del régimen de jornada de trabajo, las reglas que, en cuanto a prolongación de trabajo efectivo con tiempo de permanencia o disponibilidad se contienen en la sección IV del capítulo II del Real Decreto 1561/1995, de 21 septiembre. Corresponde a la Administración marítima determinar los tiempos máximos de trabajo efectivo de los prácticos y sus períodos mínimos de descanso, por razones de seguridad marítima».

Subsección 1ª Disposiciones comunes

Artículo 8. Tiempo de trabajo efectivo y tiempo de presencia.

1. Para el cómputo de la jornada en los diferentes sectores del transporte y en el trabajo en el mar se distinguirá entre tiempo de trabajo efectivo y tiempo de presencia.

Se considerará en todo caso tiempo de trabajo efectivo aquel en el que el trabajador se encuentre a disposición del empresario y en el ejercicio de su actividad, realizando las funciones propias de la conducción del vehículo o medio de transporte u otros trabajos durante el tiempo de circulación de los mismos, o trabajos auxiliares que se efectúen en relación con el vehículo o medio de transporte, sus pasajeros o su carga.

Se considerará tiempo de presencia aquel en el que el trabajador se encuentre a disposición del empresario sin prestar trabajo efectivo, por razones de espera, expectativas, servicios de guardia, viajes sin servicio, averías, comidas en ruta u otras similares.

En los convenios colectivos se determinarán en cada caso los supuestos concretos conceptuables como tiempo de presencia.

2. Serán de aplicación al tiempo de trabajo efectivo la duración máxima de la jornada ordinaria de trabajo prevista en el artículo 34 del Estatuto de los Trabajadores y los límites establecidos para las horas extraordinarias en su artículo 35.

Los trabajadores no podrán realizar una jornada diaria total superior a doce horas, incluidas, en su caso, las horas extraordinarias.

3. Los tiempos de presencia no podrán exceder en ningún caso de veinte horas semanales de promedio en un período de referencia de un mes y se distribuirán con arreglo a los criterios que se pacten colectivamente y respetando los períodos de descanso entre jornadas y semanal propios de cada actividad.

Las horas de presencia no computarán a efectos de la duración máxima de la jornada ordinaria de trabajo, ni para el límite máximo de las horas extraordinarias. Salvo que se acuerde su compensación con períodos equivalentes de descanso retribuido, se abonarán con un salario de cuantía no inferior al correspondiente a las horas ordinarias.

Artículo 9. Descanso entre jornadas y semanal.

Salvo disposiciones específicas aplicables de conformidad con lo dispuesto en las subsecciones correspondientes de esta sección, se deberá respetar en todo caso un descanso mínimo entre jornadas de diez horas, pudiéndose compensar las diferencias hasta las doce horas establecidas con carácter general, así como computar el descanso semanal de día y medio, en períodos de hasta cuatro semanas.

Subsección 2ª Transportes por carretera

⇒ V. Convenio núm. 153 de la OIT, ratificado el 7 diciembre 1984.
Res. 19 abril 2007, de la Dirección General de Transportes por Carretera, por la que se establecen los controles mínimos sobre las jornadas de trabajo de los conductores en el transporte por carretera.

Artículo 10. Tiempo de trabajo en los transportes por carretera.

1. Serán de aplicación en el transporte por carretera las disposiciones comunes contenidas en el artículo 8 de este real decreto, con las particularidades que se contemplan en este artículo y en los siguientes.

2. Las disposiciones del artículo 8 sobre tiempos de trabajo efectivo y de presencia serán de aplicación en el transporte por carretera a los trabajadores móviles, entendiendo por éstos a cualquier trabajador que forma parte del personal que se desplaza y que está al servicio de una empresa que efectúa servicios de transporte.

A tal efecto, serán trabajadores móviles en el transporte por carretera los conductores, ayudantes, cobradores y demás personal auxiliar de viaje en el vehículo que realice trabajos en relación con el mismo, sus pasajeros o su carga, tanto en las empresas del sector de transporte por carretera, ya sean urbanos o interurbanos y de viajeros o mercancías, como en las integradas en otros sectores que realicen tales actividades de transporte o alguna de las auxiliares anteriormente citadas.

3. Sin perjuicio de lo establecido en el artículo 8.1, se entienden comprendidos dentro del tiempo de trabajo efectivo los períodos durante los que el trabajador móvil no puede disponer libremente de su tiempo y tiene que permanecer en el lugar de trabajo dispuesto a realizar su trabajo normal, realizando las tareas relacionadas con el servicio, incluidos, en particular, los períodos de espera de carga y descarga cuando no se conozca de antemano su duración previsible.

4. Se entienden comprendidos dentro del tiempo de presencia, sin perjuicio de lo establecido en el artículo 8.1, los períodos distintos de las pausas y de los descansos, durante los que el trabajador móvil no lleva a cabo ninguna actividad de conducción u otros trabajos y no está obligado a permanecer en su lugar de trabajo, pero tiene que estar disponible para responder a posibles instrucciones que le ordenen emprender o reanudar la conducción o realizar otros trabajos.

En particular, siempre que concurran las circunstancias anteriores y, conforme a lo señalado, no constituyan una pausa o un descanso, serán considerados tiempo de presencia los siguientes períodos:

a) Los períodos durante los cuales el trabajador acompañe a un vehículo transportado en transbordador o tren.

b) Los períodos de espera en fronteras o los causados por las prohibiciones de circular. El trabajador móvil deberá conocer de antemano los períodos señalados en los párrafos a) y b) y su previsible duración. A tal fin, salvo que en los convenios colectivos sectoriales de ámbito estatal se acuerden otros términos y condiciones, el empresario comunicará al trabajador por cualquier medio admitido en derecho la existencia y duración previsible de los indicados períodos con anterioridad a la partida. En caso contrario, esos períodos serán considerados como de tiempo de trabajo efectivo.

c) Las dos primeras horas de cada período de espera de carga o de descarga. La tercera hora y siguientes se considerarán tiempo de trabajo efectivo, salvo que se conozca de antemano su duración previsible en las condiciones pactadas en los convenios colectivos de ámbito estatal o, en su defecto, de ámbito inferior.

d) Los períodos de tiempo en los que un trabajador móvil que conduce en equipo permanezca sentado o acostado en una litera durante la circulación en el vehículo.

5. Los períodos de tiempo de presencia indicados en el apartado 4 de este artículo se computarán para determinar el límite de horas semanales que se establece en el artículo 8.3.

No obstante, el período de un mes que se toma como referencia en el indicado artículo 8.3, podrá ampliarse hasta un máximo de dos meses mediante convenio colectivo sectorial de ámbito estatal, siempre que dicha ampliación se fundamente en la existencia de razones objetivas o técnicas o de organización del trabajo, tales como el carácter internacional de los servicios de transporte.

6. Los trabajadores móviles deberán ser informados por los empresarios de la normativa legal, reglamentaria o convencional, de los posibles acuerdos entre la empresa y los representantes de los trabajadores, así como de las demás reglas aplicables en la empresa que afecten a la regulación de su tiempo de trabajo. A tal efecto, deberán tener a disposición de los mismos un ejemplar de la indicada regulación.

✐ Artículo modificado por art. único.1 del RD 902/2007, de 6 julio.

Artículo 10 bis. Límites del tiempo de trabajo de los trabajadores móviles.

1. Sin perjuicio del respeto a la duración máxima de la jornada ordinaria de trabajo prevista en el artículo 34 del Estatuto de los Trabajadores y a los períodos mínimos de descanso diario y semanal, previstos en este real decreto con el fin de proteger la salud y la seguridad de los trabajadores móviles y la seguridad vial, cuando mediante convenio colectivo o, en su defecto, acuerdo entre la empresa y los representantes de los trabajadores, se hubiera establecido la distribución irregular de la jornada a lo largo del año, la duración del tiempo de trabajo efectivo de los trabajadores móviles no podrá superar las cuarenta y ocho horas semanales de promedio en cómputo cuatrimestral ni exceder en ningún caso de las sesenta horas semanales.

El período de referencia de cuatro meses establecido en el párrafo anterior podrá ser ampliado hasta un máximo de seis meses mediante convenio colectivo sectorial de ámbito estatal, siempre que dicha ampliación se fundamente en la existencia de razones objetivas o técnicas o de organización del trabajo.

2. Cuando, sin tener la calificación de trabajador nocturno conforme a lo previsto en el artículo

36.1 del Estatuto de los Trabajadores, un trabajador realice trabajo nocturno, su jornada de trabajo diaria no podrá exceder de diez horas por cada período de veinticuatro.

En ningún caso la retribución específica del trabajo nocturno, determinada conforme a lo previsto en el artículo 36.2 del Estatuto de los Trabajadores, podrá poner en peligro la seguridad vial.

3. En el tiempo de trabajo de los trabajadores móviles se incluirán todas las horas trabajadas para uno o más empresarios en el período considerado. A tal efecto el empresario solicitará por escrito al trabajador el cómputo de tiempo de trabajo efectuado para otros empresarios. El trabajador facilitará estos datos por escrito.

Sin perjuicio de lo que se establezca en la negociación colectiva, en los contratos de trabajo podrá determinarse la forma de cumplimiento de las obligaciones previstas en este apartado.

4. Sin perjuicio de lo dispuesto en el artículo 11, los trabajadores móviles interrumpirán con un período de descanso la jornada continuada que exceda de seis horas consecutivas. La pausa será de duración no inferior a treinta minutos. Cuando el tiempo total de trabajo sea superior a nueve horas diarias, la pausa será, como mínimo, de cuarenta y cinco minutos.

Las fracciones en que, en su caso, se dividan estos períodos no podrán tener una duración inferior a quince minutos, salvo en aquellas rutas de transporte regular de viajeros cuyo recorrido no exceda de cincuenta kilómetros.

5. El empresario será responsable de llevar un registro del tiempo de trabajo de los trabajadores móviles. Este registro se conservará, al menos, durante tres años después de que finalice el período considerado. El empresario estará obligado a facilitar a los trabajadores móviles que así lo soliciten una copia del registro de las horas trabajadas.»

✐ Artículo añadido por art. único.2 del RD 902/2007, de 6 julio.

Artículo 11. Límites del tiempo de conducción en los transportes por carretera.

Los períodos máximos de conducción diarios y semanales y los descansos mínimos entre jornadas y semanal de los conductores de transportes interurbanos deberán respetar los límites establecidos en el Reglamento (CE) núm. 561/2006, del Parlamento Europeo y del Consejo, de 15 de marzo de 2006, relativo a la armonización de determinadas disposiciones en materia social en el sector de los transportes por carretera y por el que se modifican los Reglamentos (CEE) núm. 3821/85 y (CE) núm. 2135/98 del Consejo y se deroga el Reglamento (CEE) 3820/85 del Consejo.

✐ Artículo modificado por art. único.3 del RD 902/2007, de 6 julio.

⇒ V. el Reglamento (CE) núm. 561/2006, de 15 marzo 2006, del Parlamento y del Consejo, sobre armonización de determinadas disposiciones en materia social en el sector de los transportes por carretera.

Artículo 12. Cómputo de la jornada de trabajo en los transportes urbanos.

La jornada de trabajo en los transportes urbanos podrá iniciarse o finalizarse, tanto en los centros de trabajo como en alguna de las paradas efectuadas por los servicios.

✐ Artículo modificado por art. único.4 del RD 902/2007, de 6 julio.

Subsección 3ª Transporte ferroviario

⇒ La disp. adic. 12ª del RD 2387/2004, de 30 de diciembre, por el que se aprueba el Reglamento del Sector Ferroviario, establece lo siguiente:

«1. A efectos de lo dispuesto en el artículo 92.3 de la Ley del Sector Ferroviario, se establecen los siguientes límites de tiempos de conducción para el personal de circulación o conducción en el transporte ferroviario:

El tiempo máximo de conducción continuada será de seis horas.

El tiempo máximo de conducción diaria será de nueve horas.

2. El cómputo diario del tiempo de conducción se realizará por períodos de 24 horas, con independencia de la hora en la que se produzca su inicio. Asimismo, la conducción continuada se considerará interrumpida cuando se disfrute de una pausa de 45 minutos.

3. Lo establecido en los apartados anteriores se entiende sin perjuicio de las facultades de vigilancia y control del cumplimiento de la normativa laboral referida a tiempo de trabajo atribuidas a la Inspección de Trabajo y Seguridad Social, así como de las competencias en materia laboral propias de las autoridades laborales de las Comunidades Autónomas.

4. Esta disposición no afecta a las prescripciones relativas al transporte ferroviario contenidas en la Subsección 3ª de la Sección 4ª del Capítulo II del Real Decreto 1561/1995, de 21 de septiembre, sobre jornadas especiales de trabajo».

Artículo 13. Tiempo de trabajo y descanso en el transporte ferroviario.

1. Serán de aplicación en el transporte ferroviario las disposiciones comunes contenidas en los artículos 8 y 9 de este Real Decreto, con las particularidades que se contemplan en este artículo.

2. Las disposiciones del artículo 8 sobre tiempos de trabajo efectivo y de presencia serán de aplicación en el transporte ferroviario a los conductores y demás personas que presten sus servicios a

bordo de los trenes durante el trayecto de los mismos, pertenezcan o no a empresas dedicadas al transporte ferroviario.

Dichas disposiciones serán igualmente de aplicación, en las empresas de transporte ferroviario, en los servicios siguientes:

a) En las estaciones de tráfico reducido, apeaderos, apartaderos y apeaderos-cargaderos, directamente relacionados con la circulación, y el de estaciones comprendidas en el control de tráfico centralizado.

b) Vigilancia y custodia, incluida la vigilancia en un punto fijo.

Los convenios colectivos identificarán, en su caso, los servicios señalados en las letras anteriores, adaptándolos a las modificaciones derivadas de las innovaciones tecnológicas en el transporte ferroviario.

3. El límite de nueve horas ordinarias de trabajo efectivo previsto en el apartado 3 del artículo 34 del Estatuto de los Trabajadores se podrá superar excepcionalmente, sin perjuicio de lo dispuesto en los convenios o acuerdos que se contemplan en el artículo citado, en los trenes de largo recorrido por razones de fuerza mayor o necesidades de la explotación que incidan en la seguridad y regularidad de la circulación del tráfico ferroviario, por el tiempo imprescindible para rendir viaje en el lugar de destino.

4. El descanso entre jornadas fuera de la residencia de los conductores y demás personas que presten sus servicios a bordo de los trenes durante el trayecto de los mismos podrá reducirse, a salvo de lo dispuesto en convenio colectivo, a ocho horas para los primeros y seis para los segundos, compensándose la diferencia en la forma establecida en el artículo 9.

Subsección 4ª Transporte y trabajos aéreos

✐ Rúbrica modificada por el ap. 1 del art. único del RD 294/2004, de 20 febrero.

Artículo 14. Tiempo de trabajo y descanso del personal de vuelo.

⇒ V. la Dir. 2000/79/CE, de 27 noviembre 2000, del Consejo, relativa a la aplicación del Acuerdo europeo sobre la ordenación del tiempo de trabajo del personal de vuelo en la aviación civil.

1. Las disposiciones comunes contenidas en los artículos 8 y 9 de este Real Decreto serán de aplicación al personal de vuelo en la aviación civil conforme a lo dispuesto en este artículo y en la forma que determinen los convenios colectivos y la normativa en vigor en materia de seguridad aérea.

2. A los efectos de lo dispuesto en este artículo, se entenderá por:

a) Personal de vuelo: todos los miembros de la tripulación de una aeronave civil.

b) Tiempo de trabajo: todo período durante el cual el personal de vuelo permanece en el trabajo, a disposición del empresario y en ejercicio de su actividad o de sus funciones.

c) Tiempo de vuelo: el tiempo total transcurrido desde que una aeronave comienza a moverse desde el lugar donde estaba estacionada con el propósito de despegar hasta que se detiene al finalizar el vuelo en el lugar de estacionamiento y para todos los motores.

3. El tiempo máximo de trabajo anual del personal de vuelo será de 2.000 horas, de las cuales el tiempo de vuelo no podrá exceder de 900 horas.

Se incluirán en ese tiempo máximo aquellos supuestos que, de conformidad con el artículo 8, sean conceptuables como tiempo de presencia y que se determinen en los convenios colectivos.

En defecto de convenio colectivo, sólo se incluirán aquellos supuestos en que el personal de vuelo esté a la inmediata disposición del empresario, sin realizar función alguna y en lugar señalado por éste, a la espera de la asignación de cualquier actividad.

Lo establecido en los párrafos anteriores se entiende sin perjuicio de lo dispuesto en el artículo 8.

4. El personal de vuelo a que se refiere este artículo disfrutará de un mínimo de 96 días libres al año, como descanso semanal y fiestas laborales, de los cuales al menos siete habrán de disfrutarse cada mes. Durante esos días libres, que le serán notificados por anticipado, el personal de vuelo no podrá ser requerido para ningún servicio o actividad. Dichos días libres no computarán a efectos de lo previsto en el artículo 38 del Texto Refundido de la Ley del Estatuto de los Trabajadores.

5. Mediante convenio colectivo o, en su defecto, por acuerdo entre la empresa y los representantes de los trabajadores, el tiempo máximo de trabajo anual deberá repartirse a lo largo del año de la forma más uniforme posible.

6. Siempre que así lo soliciten, las autoridades aeronáuticas y los órganos competentes en materia de aviación civil serán informados de las actividades programadas del personal de vuelo.

7. El personal de vuelo disfrutará de una evaluación gratuita de su salud con carácter previo a su incorporación al trabajo y, posteriormente, a intervalos regulares, en los términos del artículo 22 de la Ley 31/1995, de 8 de noviembre, de Prevención de Riesgos Laborales, y del artículo 37.3 del Reglamento de los Servicios de Prevención, aprobado por el Real Decreto 39/1997, de 17 de enero.

En su caso, lo dispuesto en el párrafo anterior se entenderá cumplido con la realización de los reconocimientos médicos periódicos exigidos al personal de vuelo de las aeronaves civiles para la obtención y mantenimiento de la validez de sus licencias, habilitaciones, autorizaciones o certificados, de conformidad con lo establecido en las normas de aviación civil reguladoras de tales reconocimientos.

✐ Artículo modificado por el ap. 1 del art. único del RD 294/2004, de 20 febrero.

Artículo 14 bis. Tiempo de trabajo y descanso del personal aeronáutico de tierra.

Las disposiciones comunes contenidas en los artículos 8 y 9 de este Real Decreto serán de aplicación al personal aeronáutico de tierra en la forma que determinen los convenios colectivos y la normativa en vigor.

De esta forma se determinará la actividad laboral del personal aeronáutico de tierra y el régimen de descansos, con respeto en todo caso a lo dispuesto en la normativa en vigor en materia de seguridad aérea.

✐ Artículo añadido por el ap. 1 del art. único del RD 294/2004, de 20 febrero.

Subsección 5ª Trabajo en el mar

Artículo 15. Ambito de aplicación personal de las disposiciones sobre tiempo de trabajo y descanso en el trabajo en la mar.

⇒ Tras su modificación mediante Ley 24/2001, de 27 diciembre, la disp. adic. 15.8 de la Ley 27/1992, de 24 noviembre, de Puertos del Estado, establece que:

«En materia de jornada laboral y descansos, los buques inscritos en el Registro Especial se regirán por lo dispuesto en la Ley del Estatuto de los Trabajadores, texto refundido aprobado por Real Decreto Legislativo 1/1995, de 24 marzo, y en la normativa sectorial específica, constituida por el Real Decreto 1561/1995, de 21 septiembre, sobre jornadas especiales de trabajo, o la norma que lo sustituya, con excepción de lo dispuesto en el apartado 2 del artículo 35 del Estatuto de los Trabajadores, que no será de aplicación».

1. Las disposiciones contenidas en esta subsección serán de aplicación en el trabajo en la mar a los trabajadores que presten servicios a bordo de los buques y embarcaciones.

2. No obstante lo dispuesto en el apartado anterior, no quedará sometido a las normas sobre jornadas previstas en este Real Decreto el capitán o persona que ejerza el mando de la nave, siempre que no venga obligado a montar guardia, que se regirá a estos efectos por las cláusulas de su contrato en cuanto no configuren prestaciones que excedan notoriamente de las que sean usuales en el trabajo en la mar.

✐ Artículo modificado por el art. único del RD 285/2002, de 22 marzo. Téngase en cuenta que la entrada en vigor del citado Real Decreto, es el 30 de junio de 2002.

Artículo 16. Tiempo de trabajo en la mar.

1. Los trabajadores no podrán realizar una jornada total diaria superior a doce horas, incluidas, en su caso, las horas extraordinarias, tanto si el buque se halla en puerto como en la mar, salvo en los siguientes supuestos:

a) En los casos de fuerza mayor en que sea necesario para garantizar la seguridad inmediata del buque o de las personas o la carga a bordo, o para socorrer a otros buques o personas que corran peligro en alta mar.

b) Cuando se trate de proveer al buque de víveres, combustible o material lubricante en casos de apremiante necesidad, de la descarga urgente por deterioro de la mercancía transportada o de la atención debida por maniobras de entrada y salida a puerto, atraque, desatraque y fondeo.

Salvo en los supuestos de fuerza mayor a los que se refiere el párrafo a) anterior, en los que la jornada se podrá prolongar por el tiempo que resulte necesario, la jornada total resultante no podrá exceder en ningún caso de catorce horas por cada período de veinticuatro horas, ni de setenta y dos horas por cada período de siete días.

2. Las horas de exceso que se realicen sobre la jornada ordinaria pactada conforme a lo dispuesto en el artículo 34 del Estatuto de los Trabajadores se compensarán o abonarán según lo establecido en el apartado 1 del artículo 35.

En las embarcaciones dedicadas a la pesca, podrá acordarse entre empresas y tripulantes el establecimiento de un concierto o forma supletoria para la liquidación de las horas extraordinarias, a salvo siempre de lo pactado en convenio colectivo.

✐ Artículo modificado por el art. único del RD 285/2002, de 22 marzo. Téngase en cuenta que la entrada en vigor del citado Real Decreto, es el 30 de junio de 2002.

Artículo 17. Descanso entre jornadas.

1. Se considerará tiempo de descanso en la mar aquel en que el trabajador esté libre de todo servicio.

2. En la marina mercante, el descanso entre jornadas se adecuará a las siguientes normas:

a) Entre el final de una jornada y el comienzo de la siguiente los trabajadores tendrán derecho a un descanso mínimo de ocho horas. Este descanso será de doce horas cuando el buque se halle en puerto, considerando como tal el tiempo en que el personal permanezca en tierra o a bordo por su propia voluntad, excepto en caso de necesidad de realización de operaciones de carga y descarga durante escalas de corta duración o de trabajos para la seguridad y mantenimiento del buque en que podrá reducirse a un mínimo, salvo fuerza mayor, de ocho horas.

b) Al organizarse los turnos de guardia en la mar, deberá tenerse presente que los mismos no podrán tener una duración superior a cuatro horas y que a cada guardia sucederá un descanso de ocho horas ininterrumpidas.

c) En los convenios colectivos se podrá acordar la distribución de las horas de descanso en un máximo de dos períodos, uno de los cuales deberá ser de, al menos, seis horas ininterrumpidas. En este supuesto, el intervalo entre dos períodos consecutivos de descanso no excederá de catorce horas.

Esta posibilidad no será en ningún caso de aplicación al personal sometido a guardias de mar, para el que se estará siempre a lo dispuesto en el párrafo b) anterior.

3. En las embarcaciones dedicadas a la pesca, el descanso entre jornadas se adecuará a las siguientes normas:

a) Entre el final de una jornada y el comienzo de la siguiente los trabajadores tendrán derecho a un descanso mínimo de seis horas.

b) Respetando lo establecido en el párrafo anterior, en los convenios colectivos se podrá acordar la distribución de las horas de descanso en un máximo de dos períodos. En este supuesto, el intervalo entre dos períodos consecutivos de descanso no excederá de catorce horas.

4. Las diferencias entre los descansos entre jornadas previstos en este artículo y las doce horas establecidas con carácter general se compensarán en la forma establecida en el artículo 9. En los convenios colectivos podrá acordarse la ampliación del período de referencia previsto en dicho artículo hasta un máximo de ciento ochenta días.

5. Los ejercicios periódicos tales como lucha contra incendios y abandono que impongan las normas nacionales e internacionales deberán realizarse de forma que perturben lo menos posible los tiempos de descanso y no provoquen fatiga.

✐ Artículo modificado por el art. único del RD 285/2002, de 22 marzo. Téngase en cuenta que la entrada en vigor del citado Real Decreto, es el 30 de junio de 2002.

Artículo 18. Descanso semanal.

El descanso semanal de día y medio, que podrá computarse en la forma prevista en el artículo 9, se disfrutará teniendo en cuenta las siguientes normas:

a) El descanso será obligatorio para la totalidad del personal, incluido el capitán o quien ejerza el mando de la nave no sometido al régimen de jornada.

b) Si al finalizar cada período de embarque no se hubieran disfrutado la totalidad de los días de descanso que correspondan, se acumularán para ser disfrutados cuando el buque tenga que efectuar una permanencia prolongada en puerto, por reparación u otras causas, o para su disfrute unido al período de vacaciones, de acuerdo con lo que se pacte en convenio colectivo.

c) No obstante y siempre que se garantice en todo caso el disfrute de un día de descanso semanal en los términos previstos en los apartados anteriores, si así se acordara en convenio colectivo, los interesados podrán optar por la compensación en metálico, como horas extraordinarias, de hasta un máximo de la mitad de los restantes días de descanso no disfrutados. Del mismo modo se compensarán aquellos días de descanso no disfrutados cuya acumulación en la forma prevista en el párrafo b) pudiera originar graves perjuicios no dimanantes de escasez de plantilla.

✐ Artículo modificado por el art. único del RD 285/2002, de 22 marzo. Téngase en cuenta que la entrada en vigor del citado Real Decreto, es el 30 de junio de 2002.

Artículo 18 bis. Control del tiempo de trabajo en la marina mercante.

⇒ V. la RD 525/2002, de 14 junio, sobre el control de cumplimiento del Acuerdo Comunitario relativo a la ordención del tiempo de trabajo de la gente de mar.

1. En los buques dedicados a la marina mercante, deberá colocarse en un lugar fácilmente accesible del buque un cuadro, en el que figuren los datos contenidos en el modelo normalizado que se incluye en el anexo 1 del presente Real Decreto, redactado en el idioma común de trabajo a bordo y en inglés, en el que se especifique la organización del trabajo a bordo y en el que figuren para cada cargo, al menos:

a) El programa de servicio en la mar y en puerto.

b) El número máximo de horas de trabajo o el número mínimo de horas de descanso de conformidad con lo establecido en el presente Real Decreto y, en su caso, en el convenio colectivo que resulte de aplicación al buque.

Los datos contenidos en el cuadro deberán actualizarse cuando los cambios en la organización del trabajo a bordo lo hicieran necesario.

2. Deberán llevarse abordo registros individuales para cada trabajador de las horas diarias de trabajo o de las horas diarias de descanso, en los que figuren los datos contenidos en el modelo que se incluye en el anexo II del presente Real Decreto, redactados en el idioma común de trabajo a bordo y en inglés. Los modelos de registros le serán facilitados al trabajador por el capitán o por una persona autorizada por éste.

Los registros serán cumplimentados diariamente por el trabajador y firmados semanalmente por el capitán, o por una persona autorizada por éste, y por el propio trabajador, a quien se entregará mensualmente una copia de su registro.

Los registros estarán sujetos a las funciones de vigilancia y exigencia del cumplimiento de la legislación laboral que corresponden a la Inspección de Trabajo y Seguridad Social.

3. El naviero deberá conservar a disposición de la autoridad laboral el cuadro y los registros de los tres últimos años.

4. Deberá llevarse a bordo, en un lugar fácilmente accesible para la tripulación, un ejemplar de las disposiciones legales y reglamentarias y de los convenios colectivos aplicables al tiempo de trabajo en el buque.

✐ Artículo añadido por el art. único del RD 285/2002, de 22 marzo. Téngase en cuenta que la entrada en vigor del citado Real Decreto, es el 30 de junio de 2002.

Sección 5ª Trabajos en determinadas condiciones específicas

Artículo 19. Trabajo a turnos.

1. En las empresas en que se realicen actividades laborales por equipos de trabajadores en régimen de turnos, y cuando así lo requiera la organización del trabajo, se podrá acumular por períodos de hasta cuatro semanas el medio día del descanso semanal previsto en el apartado 1 del artículo 37 del Estatuto de los Trabajadores, o separarlo del correspondiente al día completo para su disfrute en otro día de la semana.

2. En dichas empresas, cuando al cambiar el trabajador de turno de trabajo no pueda disfrutar del descanso mínimo entre jornadas establecido en el apartado 3 del artículo 34 del citado Estatuto, se podrá reducir el mismo, en el día en que así ocurra, hasta un mínimo de siete horas compensándose la diferencia hasta las doce horas establecidas con carácter general en los días inmediatamente siguientes.

Artículo 20. Trabajos de puesta en marcha y cierre de los demás.

La jornada de los trabajadores cuya acción pone en marcha o cierra el trabajo de los demás, siempre que el servicio no pueda realizarse turnándose con otros trabajadores dentro de las horas de la jornada ordinaria, podrá ampliarse por el tiempo estrictamente necesario para ello, en la forma y mediante la compensación que se establezca por acuerdo o pacto, y con respeto en todo caso de los períodos de descanso entre jornadas y semanal previstos en los artículos 34.3 y 37.1 del Estatuto de los Trabajadores.

El tiempo de trabajo prolongado no se tendrá en cuenta a efectos de la duración máxima de la jornada ordinaria laboral, ni para el cómputo del número máximo de horas extraordinarias.

Artículo 21. Trabajos en condiciones especiales de aislamiento o lejanía.

Mediante convenio colectivo o, en su defecto, por acuerdo entre la empresa y los representantes legales de los trabajadores se podrán adaptar las disposiciones generales del Estatuto de los Trabajadores a las necesidades específicas de aquellas actividades no relacionadas en otras secciones de este capítulo caracterizadas, bien por el alejamiento entre el lugar de trabajo y el de residencia del trabajador, bien por el aislamiento del centro de trabajo por razones de emplazamiento o climatología, computándose los descansos entre jornadas y semanal por períodos que no excedan de ocho semanas.

Salvo situaciones excepcionales relacionadas con la necesidad de garantizar el servicio o la producción, se deberá respetar en todo caso un descanso entre jornadas de diez horas.

Artículo 22. Trabajos en actividades con jornadas fraccionadas.

1. A efectos de lo dispuesto en este artículo, se consideran actividades con jornadas fraccionadas aquellas del sector de servicios que, no excediendo en su duración total de la de la jornada ordinaria pactada, deban, por su propia naturaleza, extenderse de forma discontinua a lo largo de un período de tiempo superior a doce horas al día, de manera que no resulte posible el disfrute por el trabajador que las realiza de un descanso ininterrumpido de doce horas entre el fin de una jornada y el comienzo de la siguiente.

2. Mediante convenio colectivo o, en su defecto, por acuerdo entre la empresa y los representantes legales de los trabajadores podrá establecerse para las actividades a que se refiere este artículo un descanso mínimo entre jornadas de hasta nueve horas, siempre que el trabajador pueda disfrutar durante la jornada, en concepto de descanso alternativo compensatorio, de un período de descanso ininterrumpido de duración no inferior a cinco horas.

CAPÍTULO III
Limitaciones de jornada

Sección 1ª Trabajos expuestos a riesgos ambientales

Artículo 23. Limitación de los tiempos de exposición al riesgo.

1. Procederá la limitación o reducción de los tiempos de exposición a riesgos ambientales especialmente nocivos en aquellos casos en que, pese a la observancia de la normativa legal aplicable, la realización de la jornada ordinaria de trabajo entrañe un riesgo especial para la salud de los trabajadores debido a la existencia de circunstancias excepcionales de penosidad, peligrosidad, insalubridad o toxicidad, sin que resulte posible la eliminación o reducción del riesgo mediante la adopción de otras medidas de protección o prevención adecuadas.

2. Sin perjuicio de lo dispuesto en los convenios colectivos, en caso de desacuerdo entre la empresa y los trabajadores o sus representantes en cuanto a la aplicación de lo dispuesto en el artículo anterior, la autoridad laboral podrá, previo informe de la Inspección de Trabajo y Seguridad Social y con el asesoramiento, en su caso, de los organismos técnicos en materia de prevención de riesgos laborales, acordar la procedencia y el alcance de la limitación o reducción de los tiempos de exposición.

3. La limitación o reducción de los tiempos de exposición se circunscribirá a los puestos de trabajo, lugares o secciones en que se concrete el riesgo y por el tiempo en que subsista la causa que la motiva, sin que proceda reducir el salario de los trabajadores afectados por esta medida.

Sección 2ª Trabajo en el campo

Artículo 24. Limitaciones de jornada en el trabajo en el campo.

En aquellas faenas que exijan para su realización extraordinario esfuerzo físico o en las que concurran circunstancias de especial penosidad derivadas de condiciones anormales de temperatura o humedad, la jornada ordinaria no podrá exceder de seis horas y veinte minutos diarios y treinta y ocho horas semanales de trabajo efectivo.

En las faenas que hayan de realizarse teniendo el trabajador los pies en agua o fango y en las de cava abierta, entendiendo por tales las que se realicen en terrenos que no estén previamente alzados, la jornada ordinaria no podrá exceder de seis horas diarias y treinta y seis semanales de trabajo efectivo.

En los convenios colectivos se podrá acordar la determinación de tales faenas en zonas concretas, sin perjuicio de lo dispuesto en el apartado 2 del artículo 23 de este Real Decreto.

Sección 3ª Trabajo de interior en minas

⇒ V. RD 3255/1983, de 21 diciembre, por el que se aprueba el Estatuto del Minero.

Artículo 25. Jornada de trabajo en el interior de las minas.

1. En los trabajos de interior en minas, la duración de la jornada será de treinta y cinco horas de

trabajo efectivo semanal, sin perjuicio de que en la negociación colectiva puedan establecerse módulos para la determinación de la jornada distintos del semanal. Tal jornada máxima empezará a computarse desde la entrada de los primeros trabajadores en el pozo o galería y concluirá con la llegada a bocamina de los primeros que salgan, salvo que a través de la negociación colectiva se estableciere otro sistema de cómputo.

El cómputo del descanso intermedio en jornadas continuadas se regirá por lo previsto en el artículo 34.4 del Estatuto de los Trabajadores.

2. La jornada de trabajo subterránea se verá reducida a seis horas diarias cuando concurran circunstancias de especial penosidad, derivadas de condiciones anormales de temperatura o humedad o como consecuencia del esfuerzo suplementario derivado de la posición inhabitual del cuerpo al trabajar.

3. En las labores de interior en que el personal haya de realizar el trabajo completamente mojado desde el principio de la jornada, ésta será de cinco horas como máximo. Si la situación comenzase con posterioridad a las dos horas del inicio de la jornada, la duración de ésta no excederá de seis horas. En tales casos, el sistema de trabajo en régimen de incentivos deberá considerar esta circunstancia, de forma que se valore un rendimiento equivalente al que el trabajador lograría en circunstancias normales.

4. Cuando las aludidas circunstancias de temperatura y humedad u otras igualmente penosas o peligrosas se presenten de forma extrema y continuada o se hagan de forma simultánea dos o más de ellas (agua a baja temperatura o cayendo directamente sobre el cuerpo del trabajador, etc.), la Administración de minas determinará la reducción de los tiempos máximos de exposición, caso de que en el seno del Comité de Seguridad e Higiene no se hubiere llegado a acuerdo al respecto.

Artículo 26. Normas aplicables en caso de movilidad entre el interior y el exterior de las minas.

El trabajador que habitualmente no preste sus servicios en el interior de las minas acomodará su jornada diaria a la de interior cuando trabaje en labores subterráneas.

Si por razones organizativas un trabajador de interior fuese destinado ocasionalmente a realizar trabajos en el exterior deberá serle respetada la jornada y las percepciones económicas de su puesto anterior.

Artículo 27. Descanso semanal.

Los trabajadores que presten servicios en puestos de trabajo subterráneo, así como aquellos trabajadores de exterior cuya actividad sólo pueda producirse simultáneamente a la de los primeros, tendrán derecho a un descanso semanal de dos días.

En función de las características técnicas de las empresas y mediante la negociación colectiva podrá disfrutarse el descanso semanal en forma ininterrumpida, fraccionarse de modo que el segundo día de descanso pueda ser disfrutado en períodos de hasta cuatro semanas, aisladamente o acumulado a otros descansos, o disfrutarse en cualquiera de las formas previstas en el artículo 37.1 del Estatuto de los Trabajadores.

Artículo 28. Horas extraordinarias.

La realización de horas extraordinarias sólo podrá darse por alguno de los siguientes supuestos: reparación o prevención de siniestros u otros daños extraordinarios y urgentes, riesgo grave de pérdida o deterioro importante de materias primas, o por circunstancias de carácter estructural derivadas de la naturaleza de la actividad en los términos que en convenio colectivo se definan.

Sección 4ª Trabajos de construcción y obras públicas

Artículo 29. Trabajos subterráneos.

Cuando en las actividades a que se refiere esta sección se realicen trabajos subterráneos en los que concurran idénticas circunstancias que las previstas en el artículo 25 de este Real Decreto, serán de aplicación las mismas jornadas máximas establecidas en dicho artículo.

Artículo 30. Trabajo en «cajones de aire comprimido».

Los trabajos en los denominados «cajones de aire comprimido» tendrán la duración máxima que se establece en la Orden Ministerial de 20 de enero de 1956, por la que se aprueba el «Reglamento de Higiene y Seguridad en los trabajos realizados en cajones con aire comprimido».

Sección 5ª Trabajo en cámaras frigoríficas y de congelación

Artículo 31. Jornada de trabajo en cámaras frigoríficas y de congelación.

1. La jornada máxima del personal que trabaje en cámaras frigoríficas y de congelación será la siguiente:

a) La normal, en cámaras de cero hasta cinco grados bajo cero, debiendo concederse un descanso de recuperación de diez minutos cada tres horas de trabajo ininterrumpido en el interior de las cámaras.

b) En las cámaras de más de cinco hasta dieciocho grados bajo cero, la permanencia máxima en el interior de las mismas será de seis horas, debiendo concederse un descanso de recuperación de quince minutos por cada hora de trabajo ininterrumpido en el interior de las cámaras.

c) En las cámaras de dieciocho grados bajo cero o más, con una oscilación de más o menos tres, la permanencia máxima en el interior de las mismas será de seis horas, debiendo concederse un descanso de recuperación de quince minutos por cada cuarenta y cinco minutos de trabajo ininterrumpido en el interior de las cámaras.

2. La diferencia entre la jornada normal y las seis horas de permanencia máxima en el interior de las cámaras establecida en los párrafos b) y c) del apartado 1 de este artículo podrá completarse con trabajo realizado en el exterior de las mismas.

CAPÍTULO IV
Trabajo nocturno

Artículo 32. Excepciones a los límites de jornada de los trabajadores nocturnos.

1. La jornada de trabajo máxima de los trabajadores nocturnos establecida en el párrafo segundo del apartado 1 del artículo 36 del Estatuto de los Trabajadores sólo podrá superarse, mediante la realización de horas extraordinarias o la ampliación del período de referencia de quince días previsto en el mismo, con sujeción a las condiciones y límites que se establecen en el presente artículo, en los siguientes casos:

a) En los supuestos de ampliaciones de jornada previstos en el Capítulo II de este Real Decreto.

b) Cuando resulte necesario para prevenir y reparar siniestros u otros daños extraordinarios y urgentes.

c) En el trabajo a turnos, en caso de irregularidades en el relevo de los turnos por causas no imputables a la empresa.

2. Las excepciones a los límites de jornada de los trabajadores nocturnos a que se refiere el número anterior no podrán tener por efecto la superación de una jornada de ocho horas diarias de trabajo efectivo de promedio en un período de referencia de cuatro meses en los supuestos previstos en el párrafo a) del apartado anterior, o de cuatro semanas en los restantes supuestos.

Para el cumplimiento de lo dispuesto en el párrafo anterior, cuando la ampliación de la jornada se materialice mediante la realización de horas extraordinarias, sea cual fuere la forma de compensación de las mismas acordada por las partes conforme a lo dispuesto en el artículo 35.1 del Estatuto de los Trabajadores y sin perjuicio del respeto de ésta, deberá reducirse la jornada de trabajo de los trabajadores afectados en los días subsiguientes hasta alcanzar el referido promedio en el período de referencia correspondiente.

3. En los convenios colectivos podrá acordarse la ampliación del período de referencia previsto en el apartado anterior para los supuestos a que se refiere el párrafo a) del apartado 1 de este artículo hasta un máximo de seis meses.

DISPOSICIONES ADICIONALES

Primera. Mantenimiento de condiciones más beneficiosas.

Las normas en materia de jornada establecidas por disposiciones legales y reglamentarias del Estado, por convenios colectivos y contratos de trabajo o por usos y costumbres locales y profesionales que fueran más favorables para los trabajadores que las establecidas en esta norma no se entenderán modificadas por lo dispuesto en la misma, subsistiendo en sus propios términos sin perjuicio de su ulterior modificación en la forma que en cada caso proceda.

Segunda. Régimen de jornada en el establecimiento minero de Almadén.

El régimen de jornada en el interior del establecimiento minero de Almadén continuará siendo el establecido en el Convenio Colectivo de la empresa «Minas de Almadén y Arrayanes, Sociedad Anónima», sin que le resulte de aplicación lo dispuesto en la Sección 3ª del Capítulo III de este Real Decreto.

Tercera. Competencia de los representantes de los trabajadores en materia de jornada.

Sin perjuicio de las competencias reconocidas a los representantes de los trabajadores en materia de jornada en el Estatuto de los Trabajadores y en el presente Real Decreto, éstos tendrán derecho a:

a) Ser consultados por el empresario y emitir informe con carácter previo a la elaboración del calendario laboral a que se refiere el apartado 6 del artículo 34 del Estatuto de los Trabajadores.

b) Ser informados mensualmente por el empresario de las horas extraordinarias realizadas por los trabajadores, cualquiera que sea su forma de compensación, recibiendo a tal efecto copia de los resúmenes a que se refiere el apartado 5 del artículo 35 del Estatuto de los Trabajadores.

⇒ Específicamente, v. art. 64.1.4 b) y 9 del ET (§2).

Cuarta. Prohibición del trabajo nocturno en la marina mercante de los trabajadores menores de dieciocho años.

A efectos de la prohibición del trabajo nocturno de los trabajadores menores de dieciocho años prevista en el apartado 2 del artículo 6 del Estatuto de los Trabajadores, en el trabajo a bordo de los buques en la marina mercante se considerará trabajo nocturno el realizado entre las diez de la noche y las siete de la mañana.

✐ Disposición añadida por el art. único del RD 285/2002, de 22 marzo. Téngase en cuenta que la entrada en vigor del citado Real Decreto, es el 30 de junio de 2002.

Quinta. Tripulaciones mínimas de seguridad.

1. De conformidad con lo dispuesto en el artículo 77.1º de la Ley 27/1992, de 24 de noviembre, de Puertos del Estado y de la Marina Mercante, la tripulación mínima de seguridad de los buques, determinada por la Dirección General de la Marina Mercante mediante Resolución administrativa, deberá ajustarse a criterios de seguridad, suficiencia y eficiencia.

2. A efectos de lo establecido en el artículo citado en el apartado anterior, la Dirección General de la Marina Mercante, al fijar o revisar la tripulación mínima de seguridad, tendrá en cuenta la necesidad de evitar o reducir al mínimo, en la medida de lo posible, el exceso de horas de trabajo, así como garantizar un período de descanso suficiente y limitar la fatiga.

3. Cuando la Inspección de Trabajo y Seguridad Social en el ejercicio de sus funciones detecte, al comprobar los registros individuales a los que se hace referencia en el nuevo artículo 18 bis 2 del presente Real Decreto, que se han producido incumplimientos de las disposiciones relativas a las horas de trabajo o de descanso, que pudieran afectar directamente a la seguridad marítima o de la navegación, o en su caso poner de manifiesto la conveniencia de revisar la tripulación mínima de seguridad del buque, lo pondrá en conocimiento de la Dirección General de la Marina Mercante a los efectos oportunos.

✐ Disposición añadida por el art. único del RD 285/2002, de 22 marzo. Téngase en cuenta que la entrada en vigor del citado Real Decreto, es el 30 de junio de 2002.

Sexta. Incumplimiento del tiempo de trabajo y descanso del personal aeronáutico.

Cuando la Inspección de Trabajo y Seguridad Social en el ejercicio de sus funciones detecte que se han producido incumplimientos de las disposiciones relativas a las horas de trabajo o descanso del personal aeronáutico que pudieran afectar directamente a la seguridad de las operaciones de vuelo o de la navegación aérea, lo pondrá en conocimiento de la Dirección General de Aviación Civil a los efectos oportunos.

✐ Disposición añadida por el ap. 1 del art. único del RD 294/2004, de 20 febrero.

DISPOSICIÓN TRANSITORIA

Única. Mantenimiento de convenios colectivos en vigor.

El régimen de ordenación global de las jornadas especiales previstas en este Real Decreto establecido en los convenios colectivos vigentes en la fecha de su entrada en vigor se mantendrá, con carácter transitorio, hasta la finalización de los efectos temporales de tales convenios.

DISPOSICIÓN DEROGATORIA

Única. Alcance de la derogación normativa.

Queda derogado el Real Decreto 2001/1983, de 28 de julio, sobre Regulación de la Jornada de Trabajo, Jornadas Especiales y Descansos, excepto lo dispuesto en sus artículos 45, 46 y 47 en materia de fiestas laborales, y cuantas normas de igual o inferior rango se opongan a lo dispuesto en este Real Decreto.

⇒ Cfr., sin embargo, disp. transit. 5ª del ET (§2).

DISPOSICIONES FINALES

Primera. Habilitación reglamentaria.

Se autoriza al Ministro de Trabajo y Seguridad Social para dictar cuantas disposiciones sean necesarias para la aplicación de lo dispuesto en este Real Decreto.

Segunda. Entrada en vigor.

El presente Real Decreto entrará en vigor el día siguiente al de su publicación en el «Boletín Oficial del Estado».

ANEXO I

MODELO DE CUADRO EN EL QUE SE INDICA LA ORGANIZACIÓN DEL TRABAJO A BORDO[1]

Model format for table of shipboard working arrangements[1]

Nombre del buque / Name of ship: .... Pabellón / Flag of ship: ....
Número OMI (si lo hay) / IMO number (if any): ....

Última versión del cuadro / Latest update of table: .... página ( ) de ( ) / ( ) of ( ) pages.

El número máximo de horas de trabajo o número mínimo de horas de descanso se determinará según lo dispuesto en el Real Decreto 1561/1995, de 21 de septiembre, sobre jornadas especiales de trabajo, modificado por el Real Decreto 285/2002, de 22 de marzo, promulgado con arreglo a la previsto en el Convenio sobre las horas de trabajo a bordo y a la dotación de los buques de la OIT, 1996 (Convenio 180) y en todo convenio colectivo registrado o autorizado conforme a dicho Convenio y el Convenio Internacional sobre normas de formación, titulación y guardia para la gente de mar, 1978, modificado (Convenio de Formación)[2] / The maximum hours of work or minimum hours of rest are applicable in accordance with Royal Decree 1561/1995, of 21 september, on special working hours, as amended by Royal Decree 285/2002, of 22 march, issued in conformity with ILO's Seafarer's Hours of Work and the Manning of Ships Convention 1996 (No. 180) and with any applicable collective agreement registered or authorised in accordance with that Convention and with the International Convention on standards of training, certification and watchkeeping for seafarers, 1978, as amended (STCW Convention)[2].

Número máximo de horas de trabajo o número mínimo de horas de descanso[3] / Maximum hours of work or minimum hours of rest[3] ....

Otras prescripciones / Other requirements: ....

Puesto/cargo[4] Position/rank[4]	Horas diarias de trabajo previstas en la mar Scheduled daily work hours at sea		Horas diarias de trabajo previstas en puerto Scheduled daily work hours in port		Observaciones Comments	Número total de horas diarias de trabajo/descanso[5] Total daily work/rest hours	
	Guardia (de-a) Watchkeeping (from-to)	Cometidos distintos de la guardia (de-a)[5] Non-Watchkeeping duties (from-to)[5]	Guardia (de-a) Watchkeeping (from-to)	Cometidos distintos de la guardia (de-a) Non-Watchkeeping duties (from-to)[5]	En la mar At sea	En puerto In port	

Firma del capitán / Signature of the master: ....

1. Los términos utilizados en el presente modelo figurarán en el idioma común de trabajo del buque y en inglés / The termins used in this model table are to appear in the common working language of the ship and in English.
2. Véanse al dorso extractos del Convenio 180 de la OIT y del Convenio de Formación / See overleaf for selected extracts from ILO Convention No. 180 and the STCW Convention.
3. Táchese lo que no proceda / Delete as applicable.
4. Para los puestos/cargos que figuran también en el documento relativo a la tripulación mínima de seguridad del buque,

utilícese la misma terminología que en dicho documento / For those positions/ranks that are also histed on the ship's safe maning document the terminology used should be the same as in that document.

5. Para el personal de guardia, la sección de observaciones puede utilizarse para indicar el número de horas que se prevé dedicar a tareas no programadas, las cuales se harán constar en la columna del número total de horas de trabajo diarias correspondiente / For watchkeeping personnel, the comment section may be used to indicate the anticipated number of hours to be devoted to uncheduled work and any such hours should be included in the appropriate total daily work hours.

EXTRACTOS DEL CONVENIO 180 DE LA OIT Y DEL CONVENIO PARA LA FORMACIÓN, TITULACIÓN Y GUARDIA DE LA GENTE DE MAR

SELECTED TEXTS FROM ILO CONVENTION No. 180 AND THE STCW CONVENTIONS

Convenio 180 de la OIT / ILO Convention No. 180

Apartado 1 del artículo 5 / Article 5.1

Los límites en relación con las horas de trabajo o de descanso serán los siguientes a) el número máximo de horas de trabajo no excederá de: i) 14 horas por cada período de 24 horas, ni ii) 72 horas por cada período de siete días; o bien b) el número mínimo de horas de descanso no será inferior a: i) diez horas por cada período de 24 horas, ni ii) 77 horas por cada período de siete días. / The limits on hours of work or rest shall be as follows: (a) maximun hours of work shall not exceed: (i) 14 hours in any 24-hour period; and (ii) 72 hours in any seven-day period, or (b) minimun hours of rest shall not be less than: (i) 10 hours in any 24-hour period, and (ii) 77 hours in any seven-day period.

Apartado 2 del artículo 5 / Article 5.2

Las horas de descanso podrán agruparse en dos períodos como máximo, uno de los cuales deberá ser de al menos seis horas ininterrumpidas, y el intervalo entre dos períodos consecutivos de descanso no excederá de 14 horas. / Hours of rest may be divided into no more than two periods, one of which shall be at least six hours in length, and the interval between consecutive periods of rest shall not execed 14 hours.

Apartado 6 del artículo 5 / Article 5.6

Las disposiciones de los apartados 1 y 2 del presente artículo no impedirán que un Miembro cuente con medidas en la legislación nacional o con procedimientos que faculten a la autoridad competente a autorizar o registrar convenios colectivos que permitan excepciones a los límites establecidos. Tales excepciones deberán ajustarse en la medida de lo posible a las normas establecidas, pero podrán tomarse en cuenta la mayor frecuencia o duración de los períodos de licencia o el otorgamiento de licencias compensatorias a la gente de mar que realiza guardias o que trabaja a bordo de buques dedicados a travesías de corta duración. / Nothing in paragraphs 1 and 2 shall prevent the Member from having national laws or regulations or a procedure for the competent authority to authorise or register collective agreements permitting exceptions to the limits set out. Such exceptions shall, as far as possible, follow the standards set out but may take account of more frequent or longer leave periods or the granting of compensatory leave for watchkeeping seafarers or seafarers working on board ships on short voyages.

Apartado 1 del artículo 7 / Article 7.1

Ninguna disposición del presente Convenio se interpretará en menoscabo del derecho del capitán de un buque a exigir que un marino efectúe las horas de trabajo necesarias para garantizar la seguridad inmediata del buque, de las personas a bordo o la carga, o para socorrer a otros buques o personas que corran peligro en el mar. / Nothing in this Convention shall be deemed to impair the right of the master of a ship to require a seafarer to perform any hours of work necesary for the immediate safety of the ship, persons on board or cargo, or for the purpose of giving assistance to other ships or persons in distress at sea.

Apartado 3 del artículo 7 / Article 7.3

Tan pronto como sea posible después de restablecida la normalidad, el capitán deberá velar por que se conceda a todo marino que haya trabajado durante su horario normal de descanso un período adecuado de descanso. / As soon as practicable after the normal situation has been restored, the master shall ensure that any seafarers who have performed work in a scheduled rest period are provided with an adequate period of rest.

Convenio de Formación / STCW Convention

Sección A-VIII/1 del Código de Formación (obligatoria) / Section A-VIII/1 of the STCW Code (Mandatory)

1. Toda persona a la que se hayan asignado tareas como oficial encargado de una guardia o como

marinero que forme parte de la misma tendrá, como mínimo, 10 horas de descanso en todo período de 24 horas. / All persons who are assigned duty as officer in charge of a watch or seafarer on watch shall be provided with a minimum of 10 hours's rest in any 24-hour period.

2. Los descansos podrán agruparse en dos períodos como máximo, uno de los cuales habrá de tener un mínimo de seis horas de duración. / The hours of rest may be divided into no more than two periods, one of which shall be at least six hours in length.

3. Las prescripciones relativas a los períodos de descanso que se indican en los apartados 1 y 2 no habrán de mantenerse durante una emergencia, un ejercicio o en otra situación operacional imperativa. / The requirements for rest periods laid down in paragraphs 1 and 2 need not be maintained in the case of an emergency or drill or in other overriding operational conditions.

4. Sin perjuicio de lo dispuesto en los apartados 1 y 2, el período mínimo de diez horas puede reducirse a seis horas, a condición de que tal reducción no se aplique durante más de dos días y que se concedan al menos setenta horas de descanso en cada período de siete días. / Notwithstanding the provisions of paragraphs 1 and 2, the minimum period of 10 hours may be reduced to non less than 6 consecutive hours provided that any such reduction shall not extend beyond two days and not less than 70 hours of rest are provided each seven-day period.

5. Las administraciones exigirán que los avisos correspondientes a los períodos de guardia se coloquen en lugares fácilmente accesibles. / Administrations shall require that watch schedules be posted where they are easily accessible.

Sección B-VIII/1 del Código de Formación (orientación) / Section B-VIII/1 of the STCW Code (Guidance)

3. Al aplicar las prescripciones de la regla VIII/1, se tendrá en cuenta los puntos siguientes: / In applying Regulation VIII/1, the following should be taken into account:

1) las disposiciones para evitar la fatiga garantizarán que el total de horas trabajadas no sea excesivo o irrazonable. En particular, los períodos de descanso mínimo especificados en la sección A-VIII/1 no deberán entenderse en el sentido de que las demás horas se puedan dedicar a la guardia o a otros servicios; / provisions made to prevent fatigue should ensure that excessive or unreasonable overall working hours are not undertaken. In particular, the minimum rest periods specified in Section A-VIII/1 should not be interpreted as implying that all other hours may be devoted to watchkeeping or other duties;

2) la frecuencia y la duración de los períodos de vacaciones, y la concesión compensatoria de días libres son factores concretos que contribuyen a evitar que se acumule la fatiga; / that the frequency and length of leave periods, and the granting of compensatory leave, are material factors in preventing fatigue from building up over a period of time;

3) las disposiciones podrán alterarse en el caso de buques dedicados a viajes cortos a condición de que se establezcan procedimientos especiales de seguridad. / the provision may be varied for ships on short sea voyages, provided special safety arrangements are put in place.

✐ Anexo I añadido por el art. único del RD 285/2002, de 22 marzo. Téngase en cuenta que la entrada en vigor del citado Real Decreto es el 30 de junio de 2002.

ANEXO II

MODELO DE REGISTRO DE LAS HORAS DE TRABAJO O DESCANSO DE LOS TRABAJADORES A BORDO DE BUQUES DEDICADOS A LA MARINA MERCANTE (¹)
MODEL FORMAT FOR RECORD OF HOURS OF WORK OR HOURS OF REST OF SEAFARERS WORKING ON BOARD SHIPS ENGAGED IN COMMERCIAL MARITIME OPERATIONS (¹)

Página 1 de 2 / Pag. 1 of 2

Nombre del buque / Name of ship: ______ Número OMI (si lo hay) / IMO number (if any): ______ Pabellón del buque / Flag of ship: ______

Marino (nombre y apellidos) / Seafarer (full name): ______ Puesto/cargo / Position/rank (²): ______

Mes y año / Month and year: ______ Personal de guardia / Watchkeeper(³): sí / yes ☐ no / no ☐

Registro de las horas de trabajo/descanso / Record of hours of work/rest (⁴)
Indíquense los períodos de trabajo o descanso, según proceda, mediante una "X", o una línea o flecha continua. / Please mark periods of work or rest, as applicable, with X, or using a continuous line or arrow

RELLÉNESE EL CUADRO QUE FIGURA AL DORSO
COMPLETE THE TABLE ON THE REVERSE SIDE

Este buque está sujeto a las siguientes leyes, reglamentaciones y convenios colectivos nacionales relativos a los límites de las horas de trabajo o períodos de descanso / The following national laws, regulations and/or collective agreements governing limitations on working hours or minimum rest periods apply to this ship: ______

Certifico que el presente documento registra de forma fidedigna las horas de trabajo o de descanso del interesado / I agree that this record is an accurate reflection of the hours of work or rest of the seafarer concerned.

Nombre y apellidos del capitán o de la persona autorizada a firmar el registro / Name of master or person authorised by master to sign this record ______

El presente registro se firmará semanalmente / This record will be signed weekly.

Firma del capitán o persona autorizada / Signature of master or authorised person:

Semana (de-a): Week (from-to) ______

Semana (de-a): Week (from-to) ______

Semana (de-a): Week (from-to) ______

Semana (de-a): Week (from-to) ______

Semana (de-a): Week (from-to) ______

Firma del marino / Signature of seafarer:

Semana (de-a): Week (from-to) ______

Semana (de-a): Week (from-to) ______

Semana (de-a): Week (from-to) ______

Semana (de-a): Week (from-to) ______

Semana (de-a): Week (from-to) ______

El marino recibirá mensualmente una copia del presente registro / A copy of this record is to be given to the seafarer monthly.

El presente documento estará sujeto a las funciones de vigilancia y exigencia del cumplimiento de la legislación laboral que corresponden en España a la Inspección de Trabajo y Seguridad Social respecto a los buques españoles y a la Administración Marítima española respecto a los buques extranjeros. / In Spain this form is subject to examination and endorsement under procedures established by the Spanish Labour and Social Security Inspectorate with regard to the Spanish ships and by the Spanish Maritim Administration with regard to the foreing ships.

(¹) Los términos utilizados en el presente modelo figurarán en el idioma común de trabajo del buque y en inglés / The terms used in this model table are to appear in the common working language of the ship and in English.
(²) Para los puestos/cargos que figuran también en el documento relativo a la tripulación mínima de seguridad del buque, utilícese la misma terminología que en dicho documento / For those positions/ranks that are also listed in the ship's safe manning document, the terminology used should be the same as in that document.
(³) Márquese ✓ en la casilla correspondiente / Tick as appropriate.
(⁴) Táchese lo que no proceda / Delete as appropriate.

Indíquense los periodos de trabajo o descanso, según proceda, con una "X" o una línea o flecha continua. / Please mark periods of work or rest, as applicable, with an X, or using a continuous line or arrow																									Número de horas de descanso en un periodo de 24 horas / Hours of rest in 24 hour period	Observaciones / Comments	El marino no debe rellenar esta parte (1) / Not to be completed by the seafarer (1)	
Hora 0 / Hour 0	00	01	02	03	04	05	06	07	08	09	10	11	12	13	14	15	16	17	18	19	20	21	22	23				
Fecha / Date																											Número de horas de trabajo o de descanso, según proceda, en un periodo de 24 horas(2) / Hours of work or rest, as applicable, in any 24-hour period (2)	Número de horas de trabajo o de descanso, según proceda, en un periodo de 7 días (2) / Hours of work or rest, as applicable, in any 7-day period (2)
Hora 0 / Hour 0	00	01	02	03	04	05	06	07	08	09	10	11	12	13	14	15	16	17	18	19	20	21	22	23				

(1) Rellénese y utilícese con arreglo a los procedimientos previstos por la autoridad competente respetando los correspondientes requisitos del Convenio 180 de la OIT sobre la ordenación del tiempo de trabajo de la gente de mar y la dotación de los buques, de 1996 / For completion and use in accordance with the procedures established by the competent authority in compliance with the relevant requirements of ILO Convention No 180 on Seafarers' Hours of Work and the Manning of Ships Convention, 1996.

(2) Podrán exigirse cálculos y verificaciones suplementarias para cerciorarse del cumplimiento de los requisitos correspondientes del Convenio 180 de la OIT sobre la ordenación del tiempo de trabajo de la gente de mar y la dotación de los buques, de 1996, y del Convenio internacional sobre la normas de formación, titulación y guardia para la gente de mar, de 1978 / Additional calculations or verifications may be necessary to ensure compliance with the relevant requirements of ILO Convention No 180 on Seafarers' Hours of Work and the Manning of Ships Convention, 1996 and the International Convention on Standards of Training, Certification and Watchkeeping, 1978 as amended.

Anexo II añadido por el art. único del RD 285/2002, de 22 marzo. Téngase en cuenta que la entrada en vigor del citado Real Decreto fue el 30 de junio de 2002.

§ 14.2 REAL DECRETO 2001/1983, DE 28 JULIO. REGULACIÓN DE JORNADAS DE TRABAJO, JORNADAS ESPECIALES Y DESCANSOS

(BOE núm. 180, de 29 julio; rect. BOE núm. 184, de 3 agosto [RCL 1983, 1620]) (fragmento)

En aplicación de la disp. transit. 5ª del RDLeg 1/1995, de 24 marzo, por el que se aprueba el Texto Refundido de la Ley del Estatuto de los Trabajadores (§2), el presente Real Decreto perdió su vigencia el 13 de junio de 1995. Sin embargo, la disp. derog. única del RD 1561/1995 (§14.1), asumiendo la derogación «ope legis» del RD 2001/1983, matiza, inopinadamente, que la misma no afecta a lo «dispuesto en sus arts. 45, 46 y 47 en materia de fiestas laborales».

En consecuencia, y con las cautelas que impone esta extraña forma de devolver parcialmente la vigencia a una norma reglamentaria derogada por norma de rango superior, a continuación se inserta el texto de los artículos de referencia. Su redacción procede del RD 1346/1989, de 3 noviembre, por el que se modificó en este punto el RD 2001/1983.

⇒ Téngase presente lo dispuesto en el art. 37.2 del ET (§2), así como que mediante Res. 2 noviembre 2006, de la DGT, se ordenó la publicación del calendario de fiestas laborales, por Comunidades Autónomas, para el año 2007.

[...]

Artículo 45.

1. Las fiestas laborales de ámbito nacional, de carácter retribuido y no recuperable, serán las siguientes:

a) De carácter cívico:

12 de octubre, Fiesta Nacional de España.

6 de diciembre, Día de la Constitución Española.

b) De acuerdo con el Estatuto de los Trabajadores:

1 de enero, Año Nuevo.

1 de mayo, Fiesta del Trabajo.

25 de diciembre, Natividad del Señor.

c) En cumplimiento del artículo III del Acuerdo con la Santa Sede de 3 de enero de 1979:

15 de agosto, Asunción de la Virgen.

1 de noviembre, Todos los Santos.

8 de diciembre, Inmaculada Concepción.

Viernes Santo.

d) En cumplimiento del artículo III del Acuerdo con la Santa Sede de 3 de enero de 1979:

Jueves Santo.

6 de enero, Epifanía del Señor.

19 de marzo, San José, o 25 de julio, Santiago Apóstol.

2. Cuando alguna de las fiestas comprendidas en el número anterior coincida con domingo el descanso laboral correspondiente a la misma se disfrutará el lunes inmediatamente posterior.

3. Corresponde a las Comunidades Autónomas la opción entre la celebración de la Fiesta de San José o la de Santiago Apóstol en su correspondiente territorio. De no ejercerse esta opción antes de la fecha indicada en el número 4 de este artículo, corresponderá la celebración de la primera de dichas fiestas.

Además de lo anterior, las Comunidades Autónomas podrán sustituir las fiestas señaladas en el apartado d) del número 1 de este artículo por otras que, por tradición, les sean propias. Asimismo, las Comunidades Autónomas podrán también sustituir el descanso del lunes de las fiestas nacionales que coincidan con domingo por la incorporación a la relación de fiestas de la Comunidad Autónoma de otras que les sean tradicionales.

4. La relación de las fiestas tradicionales de las Comunidades Autónomas, así como la opción prevista en el número 3, deberán ser remitidas por éstas cada año al Ministerio de Trabajo y Seguri-

dad Social con anterioridad al día 30 de septiembre, a fin de que por dicho Departamento se proceda a dar publicidad a las mismas a través del «Boletín Oficial del Estado» y al cumplimiento de las obligaciones en esta materia derivadas del Reglamento del Consejo de las Comunidades Europeas 1182/71, de 3 de junio. No obstante lo anterior, las Comunidades Autónomas cuya relación de fiestas tradicionales que sustituyen a las de ámbito nacional sea adoptada con carácter permanente, no deberán reiterar anualmente el envío de esta relación.

5. Lo dispuesto en esta norma para el descanso semanal en cuanto a régimen retributivo, sistema de descansos alternativos y otras condiciones de disfrute será asimismo de aplicación a las fiestas laborales.

Artículo 46.

Serán también inhábiles para el trabajo, retribuidos y no recuperables, hasta dos días de cada año natural con carácter de fiestas locales que por tradición le sean propias en cada municipio, determinándose por la autoridad laboral competente –a propuesta del Pleno del Ayuntamiento correspondiente– y publicándose en el «Boletín Oficial de la Comunidad Autónoma» y, en su caso, en el «Boletín Oficial» de la provincia.

Artículo 47.

Cuando, excepcionalmente y por razones técnicas u organizativas, no se pudiera disfrutar el día de fiesta correspondiente o, en su caso, de descanso semanal, la Empresa vendrá obligada a abonar al trabajador, además de los salarios correspondientes a la semana, el importe de las horas trabajadas en el día festivo o en el período de descanso semanal, incrementadas en un 75 por 100, como mínimo, salvo descanso compensatorio.

⇒ Cfr. con lo dispuesto en el vigente art. 35.1 del ET (§2).

[...]

F) Modificación, suspensión y extinción del contrato de trabajo

a) Regulación de empleo

§ 15.1 REAL DECRETO 43/1996, DE 19 ENERO. APRUEBA EL REGLAMENTO DE LOS PROCEDIMIENTOS DE REGULACIÓN DE EMPLEO Y DE ACTUACIÓN ADMINISTRATIVA EN MATERIA DE TRASLADOS COLECTIVOS

(BOE núm. 44, de 20 febrero; rect. BOE núm. 79, de 1 de abril [RCL 1996, 573 y 1174])

El artículo 51.2 del Texto Refundido de la Ley del Estatuto de los Trabajadores, aprobado por Real Decreto Legislativo 1/1995, de 24 de marzo, prevé expresamente la necesidad de desarrollo reglamentario del procedimiento administrativo de regulación de empleo recogido en sus líneas más generales en dicho precepto.

Hasta la fecha, la materia se encontraba recogida en el Real Decreto 696/1980, de 14 de abril, modificado parcialmente por el Real Decreto 2732/1981, de 30 de octubre, donde residía también el desarrollo del procedimiento administrativo relativo a modificación sustancial de las condiciones de trabajo, hoy en día inexistentes tras la entrada en vigor de la Ley 11/1994, de 19 de mayo, de modificación de determinados artículos del Estatuto de los Trabajadores, del Texto Articulado de la Ley de Procedimiento Laboral y de la Ley de Infracciones y Sanciones en el Orden Social.

Asimismo, la propia fecha de promulgación del reglamento de desarrollo de los procedimientos para la extinción y suspensión de las relaciones laborales y su falta de actualización posterior, ha supuesto su desfase en determinadas materias como, por ejemplo, el reconocimiento de la intervención de las Administraciones públicas autonómicas en materia de regulación de empleo, cuya competencia fue asumida en fechas posteriores a 1980.

El presente Reglamento viene así, tanto a actualizar el procedimiento administrativo de regulación de empleo a las reales circunstancias existentes en el momento presente, como a establecer una ordenación expresiva de los distintos supuestos que pueden darse en el desenvolvimiento ordinario de las relaciones laborales, y que encuentran su cauce en el anteriormente aludido procedimiento de regulación de empleo. De esta forma, se deslindan los supuestos de extinción colectiva de relaciones de trabajo, de los de suspensión de las mismas, que a su vez no requieren el carácter de colectivas, aunque conforme al artículo 47 del Estatuto de los Trabajadores, el procedimiento salvo determinadas especialidades en el recogido en el artículo 51 de la norma estatutaria. Por otra parte, coherentemente con la actualización que se lleva a cabo, se procede a dar nueva redacción, en sintonía con las modificaciones introducidas por la Ley 11/1994, de 19 de mayo, al artículo 1.1 a), 1.3 y 1.4 del Real Decreto 625/1985, de 2 de abril, por el que se desarrolla la Ley 31/1984, de 2 de agosto, de Protección por Desempleo, derogada en la actualidad en virtud del Real Decreto Legislativo 1/1994, de 20 de junio, por el que se aprueba el Texto Refundido de la Ley General de la Seguridad Social, que la incluyó en su articulado (Título III).

Asimismo, se lleva a cabo la regulación, mucho más sencilla desde el punto de vista procedimental, de los supuestos en que la causa habilitante de la extinción o suspensión de los contratos de trabajo sean la fuerza mayor, la cual no guarda demasiada relación salvo los efectos de su concurrencia, por el procedimiento de extinción colectiva de relaciones laborales o de suspensión de las mismas.

Por otra parte, con ocasión del desarrollo reglamentario del artículo 51 del Estatuto de los Trabajadores, se ha considerado conveniente introducir la peculiar regulación administrativa del supuesto contemplado en el artículo 40 de la misma norma, sobre intervención administrativa en materia de traslados colectivos para la posible ampliación del plazo de incorporación de los trabajadores a sus nuevos puestos de trabajo, ante la concurrencia de consecuencias económicas o sociales que lo justifiquen.

Finalmente, la Ley 30/1992, de 26 de noviembre, de Régimen Jurídico de las Administraciones Públicas y del Procedimiento Administrativo Común, ha venido a modificar sustancialmente algunos aspectos, de gran trascendencia en este procedimiento, referentes a las relaciones entre los ciudadanos y las Administraciones públicas, que deben de ser tomadas en consideración a la hora de regular el cauce formal a través del cual se procede a la suspensión o extinción de las relaciones laborales.

En su virtud, a propuesta del Ministro de Trabajo y Seguridad Social, con aprobación del Ministro para las Administraciones Públicas, de acuerdo con el Consejo de Estado y previa deliberación del Consejo de Ministros, en su reunión del día 19 de enero de 1996, dispongo:

Artículo único.

Se aprueba, en aplicación de la disposición final 5ª del Texto Refundido de la Ley del Estatuto de los Trabajadores, aprobado por Real Decreto Legislativo 1/1995, de 24 de marzo, el Reglamento de los Procedimientos de Regulación de Empleo y de Actuación Administrativa en Materia de Traslados Colectivos que se inserta a continuación.

DISPOSICIÓN ADICIONAL

Única.

I. 1. Se da nueva redacción al artículo 1.1 a) del Real Decreto 625/1985, de 2 de abril, por el que se desarrolla la Ley 31/1984, de 2 de agosto, de Protección por Desempleo:

«a) En virtud de la autorización conferida al empresario para extinguir las relaciones laborales de sus trabajadores en resolución dictada por la autoridad laboral competente en expediente de regulación de empleo».

2. Se da nueva redacción al artículo 1.3 del Real Decreto 625/1985, de 2 de abril, por el que se desarrolla la Ley 31/1984, de 2 de agosto, de Protección por Desempleo:

«3. Cuando se suspenda el contrato de trabajo, en virtud de la autorización conferida al empresario para suspender las relaciones laborales de sus trabajadores en resolución dictada por la autoridad laboral competente en expediente de regulación de empleo».

3. Se da nueva redacción al artículo 1.4 del Real Decreto 625/1985, de 2 de abril, por el que se desarrolla la Ley 31/1984, de 2 de agosto, de Protección por Desempleo:

«4. Cuando se reduzca temporalmente la jornada ordinaria de trabajo en, al menos, una tercera parte, en virtud de la autorización conferida al empresario para reducir la jornada de trabajo de sus trabajadores por resolución dictada por la autoridad laboral competente en expediente de regulación de empleo».

II. Las relaciones laborales en el ámbito del Ministerio de Defensa continuarán rigiéndose por su normativa específica en los aspectos contemplados en el Reglamento que se aprueba por el presente Real Decreto.

⇒ V. RD 2205/1980, de 13 junio, por el que se regula la relación del personal civil no funcionario al servicio de establecimientos militares.

DISPOSICIÓN TRANSITORIA

Única.

Los procedimientos incluidos en el ámbito de aplicación del Reglamento que se aprueba por el presente Real Decreto, iniciados con anterioridad a su entrada en vigor, se resolverán de acuerdo con lo previsto en el Real Decreto 696/1980, de 14 de abril, en todo lo que esta última norma no se oponga al Real Decreto Legislativo 1/1995, de 24 de marzo, y a la Ley 30/1992, de 26 de noviembre, de Régimen Jurídico de las Administraciones Públicas y del Procedimiento Administrativo Común.

DISPOSICIÓN DEROGATORIA

Única.

1. A partir de la entrada en vigor de este Real Decreto y el Reglamento que aprueba, quedan derogadas todas las normas de igual o inferior rango en lo que contradigan o se opongan a lo dispuesto en el mismo.

2. Queda derogado expresamente el Real Decreto 696/1980, de 14 de abril, para la aplicación del Estatuto de los Trabajadores a los expedientes de modificaciones sustanciales de las condiciones de trabajo, de suspensión y extinción de las relaciones de trabajo.

DISPOSICIÓN FINAL

Única.

El presente Real Decreto y el Reglamento que aprueba entrarán en vigor el día siguiente al de su publicación en el «Boletín Oficial del Estado».

TÍTULO I

DEL PROCEDIMIENTO ADMINISTRATIVO DE REGULACIÓN DE EMPLEO

CAPÍTULO I

Disposiciones Generales

Artículo 1. Objeto y ámbito de aplicación.

1. La extinción de contratos de trabajo fundada en causas económicas, técnicas, organizativas o de producción, se llevará a efecto mediante el procedimiento establecido en este Reglamento, en los supuestos en que en un período de noventa días, tal extinción afecte al menos a:

⇒ Téngase en cuenta el juego combinado de los arts. 51.1 y 52.1, c) del ET (§2).

a) Diez trabajadores, en las empresas que ocupen menos de cien trabajadores.

b) El 10 por 100 del número de trabajadores de la empresa en aquellas que ocupen entre cien y trescientos trabajadores.

c) Treinta trabajadores en las empresas que ocupen trescientos o más trabajadores.

2. Asimismo, se entenderá como despido colectivo la extinción de los contratos de trabajo que afecten a la totalidad de la plantilla de la empresa, siempre que el número de trabajadores afectados sea superior a cinco, cuando aquél se produzca como consecuencia de la cesación total de su actividad empresarial fundado en las mismas causas anteriormente señaladas.

⇒ V. arts. 49.1 i), 51 y 8.3 del TRLISOS (§40.1).

También, Dir. 98/59/CE, de 20 julio, relativa a la aproximación de las legislaciones de los Estados miembros que se refieren a los despidos colectivos (§48.3).

Para los aspectos procesales, art. 124 de la LPL (§41).

Artículo 2. Autoridad laboral competente.

⇒ Cfr. lo dicho en nota al art. 1.5 del ET (§2).

1. En el ámbito de la Administración General del Estado y a los efectos del artículo 51 del Texto Refundido de la Ley del Estatuto de los Trabajadores, la autorización para extinguir las relaciones de trabajo fundada en causas económicas, técnicas, organizativas, de producción y existencia de fuerza mayor, corresponde:

a) En las empresas, cualquiera que sea su plantilla, siempre que la medida no afecte a más de doscientos trabajadores, al Director provincial de Trabajo, Seguridad Social y Asuntos Sociales, dentro del ámbito de su provincia, sin perjuicio de lo dispuesto en el párrafo c) de este artículo.

b) Si la empresa tuviera varios centros de trabajo afectados por el expediente en distintas provincias y ubicados en una Comunidad Autónoma donde no se haya producido el traspaso de funciones y servicios del Estado a la misma en materia de regulación de empleo o, en todo caso, cuando la autorización afecte a los centros de trabajo o trabajadores radicados en dos o más Comunidades Autónomas, conocerá del mismo la Dirección General del Trabajo del Ministerio de Trabajo y Seguridad Social, salvo delegación expresa en alguno de los Directores provinciales de Trabajo, Seguridad Social y Asuntos Sociales competentes por razón del territorio.

c) Cuando la resolución que haya de dictarse pueda afectar a más de doscientos trabajadores o la medida tenga especial trascendencia social, la Dirección General de Trabajo del Ministerio de Trabajo y Seguridad Social podrá recabar la competencia para tramitar y resolver el procedimiento.

2. En el ámbito de las Comunidades Autónomas que hayan recibido el traspaso de los servicios del Estado en materia de regulación de empleo, tendrá la consideración de autoridad laboral competente para la resolución de aquellos procedimientos, el órgano que determine la Comunidad Autónoma respectiva.

Artículo 3. Interesados.

A efectos de este Reglamento y de acuerdo con el artículo 51.4 del Texto Refundido de la Ley del Estatuto de los Trabajadores, ostentarán, en todo caso, la condición de parte interesada, la empresa y los trabajadores a través de sus respectivos representantes legales.

Artículo 4. Legitimación.

Estarán legitimados para intervenir en el procedimiento de regulación de empleo, los sujetos señalados en el artículo anterior. En caso de no existir representación colectiva de los trabajadores en el centro o centros de trabajo, éstos podrán intervenir en la tramitación del procedimiento, debiendo, si su número es igual o superior a diez, designar hasta un máximo de cinco representantes, con los que la autoridad laboral entenderá las sucesivas actuaciones.

CAPÍTULO II
Procedimiento de regulación de empleo fundado en causas económicas, técnicas, organizativas o de producción

Sección 1ª Iniciación del procedimiento

Artículo 5. Forma de iniciación.

El procedimiento de regulación de empleo se iniciará mediante solicitud del empresario dirigida a la autoridad laboral competente, procediendo simultáneamente mediante comunicación escrita, a la apertura de un período de consultas con los representantes de los trabajadores conforme a los términos del artículo 3 de este Reglamento, sin perjuicio de lo dispuesto en el artículo 7.

Artículo 6. Iniciación.

1. La solicitud de iniciación se formalizará con el contenido mínimo siguiente:

a) Memoria explicativa de las causas o motivos del proyecto de despido colectivo, acompañando a estos efectos toda la documentación que a su derecho convenga y particularmente, si la causa aducida por la empresa es de índole económica, la documentación debidamente auditada acreditativa del estado y evolución de su situación económica, financiera y patrimonial en los tres últimos años, y si son de índole técnica, organizativa o de producción, los planes, proyectos e informes técnicos justificativos de la causa o causas alegadas como motivadoras del despido, medidas a adoptar y sus expectativas de repercusión en cuanto a la viabilidad futura de la empresa.

b) Número y categorías de los trabajadores empleados habitualmente durante el último año, así como de los trabajadores que vayan a ser afectados, criterios tenidos en cuenta para designar los trabajadores que vayan a ser afectados y período a lo largo del cual está previsto efectuar las extinciones de los contratos de trabajo.

c) En empresas de cincuenta o más trabajadores, plan de acompañamiento social que contemple las medidas adoptadas o previstas por la empresa en orden a evitar o reducir los efectos del despido colectivo, así como atenuar sus consecuencias para los trabajadores que finalmente resulten afectados, tales como, entre otras, aquellas dirigidas especialmente a la readaptación o a la reconversión de los trabajadores y su posible integración en otros puestos de trabajo en el seno de la empresa o grupo de empresas, así como aquellas que favorezcan el mantenimiento de puestos de trabajo de carácter indefinido o la redistribución de la jornada de trabajo entre los trabajadores empleados y otras de análoga naturaleza.

d) Escrito de solicitud del informe a que se refiere el artículo 64.1.4 a) y b), del Texto Refundido de la Ley del Estatuto de los Trabajadores, a los representantes legales de los trabajadores.

⇒ Recuérdese lo establecido en el art. 7.7 del TRLISOS (§40.1).

2. A los efectos del artículo 51.3 del Texto Refundido del Estatuto de los Trabajadores, si la solicitud de iniciación del expediente de regulación de empleo por causas económicas, técnicas, organizativas o de producción no reuniese los requisitos exigidos, la autoridad laboral, en el término de diez días, se dirigirá al peticionario para que subsane el defecto observado en el término de otros diez días, con la advertencia de que, si así no lo hiciere, se le tendrá por desistido de su petición, con archivo de las actuaciones; una vez subsanado, comenzarán a computar los plazos a que se refiere el artículo 51.4 de la referida Ley. Copia la subsanación que se lleva a efecto habrá de remitirse en igual plazo a la representación legal de los trabajadores.

⇒ Cfr. lo dicho en el art. 13 del presente Reglamento.

Artículo 7. Iniciación por los trabajadores.

Los trabajadores, a través de sus representantes, podrán solicitar igualmente la iniciación del procedimiento de regulación de empleo, si racionalmente se presumiera que la no incoación del mismo por el empresario pudiera ocasionarles perjuicios de imposible o difícil reparación. En este supuesto, sólo se requiere que se acompañe la memoria explicativa de las razones por las que se inicia el procedimiento y las pruebas que se estimen oportunas para acreditar los perjuicios antes referidos y, en su caso, la comunicación efectuada al empresario, y la contestación y documentación que en tal sentido les haya trasladado el mismo. La autoridad laboral, en cualquier momento del procedimiento, podrá recabar de ambas partes cuanta documentación considere necesaria para dictar resolución.

⇒ V. art. 51.9 del ET (§2).

Artículo 8. Período de consultas.

1. El período de consultas entre las partes interesadas tendrá una duración no inferior a treinta días naturales o de quince en el caso de empresas de menos de cincuenta trabajadores. Dicho período podrá entenderse finalizado, cualquiera que sea el tiempo transcurrido, en el supuesto señalado en el artículo 11 de este Reglamento. Durante este período las partes deberán negociar de buena fe sobre las causas motivadoras del expediente y la posibilidad de evitar o reducir sus efectos, aportando para ello cuantas soluciones procedan para atenuar las consecuencias para los trabajadores afectados y posibilitar la continuidad y viabilidad del proyecto empresarial.

2. Las consultas realizadas con las representaciones de los trabajadores y la posición de las partes interesadas en las mismas deberán reflejarse en una o más actas y, en todo caso, en un acta final comprensiva del contenido de las negociaciones mantenidas, con reseña suficiente de la documentación y de los informes que hubieran sido examinados.

3. A la finalización del período de consultas, el empresario comunicará a la autoridad laboral competente el resultado del mismo, acompañado del acta o actas a que se refiere el apartado anterior y, en su caso, el informe, a que se refiere el artículo 6.1 d) de este Reglamento.

Sección 2ª Ordenación del procedimiento

Artículo 9. Instrucción.

1. Una vez recibida la comunicación de iniciación del procedimiento, la autoridad laboral dará traslado de la misma, junto con la documentación que obre en su poder, a la Entidad Gestora de la prestación por desempleo a efectos de la posible emisión de informe. Asimismo, recabará, con carácter preceptivo, informe de la Inspección de Trabajo y Seguridad Social, en el plazo máximo de diez días naturales, en aquellas empresas que cuenten con cincuenta o más trabajadores, o de cinco, en caso contrario.

2. El contenido del informe de la Inspección de Trabajo y Seguridad Social deberá, en todo caso, ser comprensivo de las causas motivadoras del expediente de regulación de empleo en los términos previstos en el artículo 51.1 del Texto Refundido de la Ley del Estatuto de los Trabajadores, y de cuantos otros extremos resulten necesarios para resolver fundamentadamente debiendo ser evacuado en el plazo de diez días a partir de la solicitud, y obrar en poder de la autoridad laboral antes de la finalización del período de consultas, momento en el cual será incorporado al expediente.

Asimismo, la autoridad laboral podrá solicitar cuantos otros informes juzgue necesarios, fundamentando la conveniencia de reclamarlos.

En las peticiones de informes se concretarán el extremo o extremos acerca de los que se solicita, debiendo ser emitidos en el plazo de diez días, salvo que el cumplimiento del resto de los plazos del procedimiento permita o exija otro plazo mayor o menor.

3. Si durante la tramitación del expediente, la autoridad laboral tuviera conocimiento de que por parte del empresario se están adoptando medidas que pudieran hacer ineficaz el resultado de cualquier pronunciamiento, aquélla podrá recabar del empresario y de las autoridades competentes la inmediata paralización de las mismas.

Artículo 10. Audiencia.

En el plazo de tres días, a contar desde la finalización del período de consultas, la autoridad laboral procederá a dar audiencia del expediente a las partes, en el caso de que figuren en el procedimiento y puedan ser tenidos en cuenta en la resolución otros hechos, alegaciones y pruebas distintos de los aducidos por las mismas en los términos del artículo 84.4 de la Ley de Régimen Jurídico de las Administraciones Públicas y del Procedimiento Administrativo Común.

Sección 3ª Finalización del procedimiento

Artículo 11. Acuerdo en el período de consultas.

1. Alcanzado el acuerdo conforme a lo previsto en el artículo 51.4 del Texto Refundido de la Ley del Estatuto de los Trabajadores, la autoridad laboral competente procederá a dictar resolución en el plazo de quince días naturales, autorizando a la empresa para proceder a la extinción de las relaciones laborales.

No obstante lo dispuesto en el párrafo anterior, si la autoridad laboral apreciase, de oficio o a solicitud de parte interesada, la existencia de fraude, dolo, coacción o abuso de derecho en la conclusión del acuerdo, lo remitirá, con suspensión del plazo para dictar resolución, a la autoridad judicial, a efectos de su posible declaración de nulidad. Del mismo modo actuará cuando, de oficio o a petición de la Entidad Gestora de la prestación por desempleo, estimase que el acuerdo pudiera tener por objeto la obtención indebida de las prestaciones por parte de los trabajadores afectados, por inexistencia de la causa motivadora de la situación legal de desempleo.

⇒ V. arts. 146 y ss. de la LPL (§41).

2. Si transcurrido el plazo de resolución, no hubiera recaído pronunciamiento expreso, se entenderá autorizada la medida extintiva en los términos contemplados en el acuerdo.

Artículo 12. Desacuerdo en el período de consultas.

Cuando el período de consultas concluya sin acuerdo, la autoridad laboral dictará resolución estimando o desestimando, en todo o en parte, la solicitud empresarial. Dicha resolución, en todo caso, deberá ser motivada y congruente con la solicitud deducida.

El plazo de resolución será de quince días naturales a partir de la comunicación a la autoridad laboral de la conclusión del período de consultas; si transcurrido dicho plazo no hubiera recaído pronunciamiento expreso, se entenderá autorizada la medida extintiva propuesta en la solicitud, previo cumplimiento de lo dispuesto en el artículo 44 de la Ley de Régimen Jurídico de las Administraciones Públicas y del Procedimiento Administrativo Común.

Artículo 13. Declaración de improcedencia del procedimiento.

Si del examen de la solicitud completa, y cumplido en su caso el trámite de subsanación a que se refiere el apartado 2 del artículo 6 de este Reglamento, se dedujera que la solicitud no reúne los requisitos establecidos en el artículo 51.1 del Texto Refundido de la Ley del Estatuto de los Trabajadores, la autoridad laboral declarará la improcedencia de la misma.

Contra las resoluciones que declaren la improcedencia de la solicitud de despido colectivo podrá interponerse recurso ordinario ante el superior jerárquico del órgano que las dictó, versando éste exclusivamente sobre la inadmisión o no del procedimiento seguido.

Artículo 14. Indemnizaciones.

1. El empresario, simultáneamente a la adopción de la decisión extintiva a que le autorice la resolución administrativa, deberá abonar a los trabajadores afectados la indemnización que se establece en el artículo 51.8 del Texto Refundido de la Ley del Estatuto de los Trabajadores, salvo que, en virtud de pacto individual o colectivo, se haya fijado una cuantía superior.

2. En el caso de que el empresario no abonara la referida indemnización o existiese disconformidad respecto de su cuantía, el trabajador podrá, de acuerdo con lo dispuesto en el artículo 4.2 g) del Estatuto de los Trabajadores, demandar ante el Juzgado de lo Social competente al pago de la misma o, en su caso, el abono de las diferencias que a su juicio pudieran existir, mediante acción cuyo ejercicio seguirá las normas del proceso laboral ordinario, y en el que las afirmaciones de hecho de la resolución de la autoridad administrativa gozarán de presunción de certeza, salvo prueba en contrario.

⇒ V. art. 208.1 a) de la LGSS/1994 (§32.1). Por su parte, el RD 825/1993, de 28 mayo, determina las medidas laborales y de Seguridad Social de que pueden ser beneficiarios aquellos trabajadores que cesen en sus empresas en virtud de un expediente administrativo de regulación de empleo, al amparo de los Programas de modernización y competitividad industrial regulados en la Ley 21/1992, de 16 julio, de Industria.

Artículo 15. Ejecutividad.

Las resoluciones administrativas expresas recaídas en el procedimiento de regulación de empleo se presumen válidas y producirán efectos desde la fecha en que se dicten salvo que en ellas se disponga otra posterior.

Finalizado el plazo de resolución, sin haber recaído resolución expresa, la ejecutividad de la misma quedará diferida al cumplimiento de lo establecido en el artículo 44 de la Ley 30/1992, de 26 de noviembre.

⇒ Dispone el precepto remitido que para la eficacia de los actos presuntos los interesados o la propia Administración deberán acreditarlos «mediante certificación emitida por el órgano competente que debió resolver expresamente el procedimiento, que deberá extenderla inexcusablemente en el plazo de veinte días desde que le fue solicitada salvo que en dicho plazo haya dictado resolución expresa, sin que se pueda delegar esta competencia específica».

Artículo 16. Recursos.

1. Contra las resoluciones de los procedimientos administrativos de regulación de empleo podrá interponerse por los interesados recurso ordinario en el plazo de un mes ante el órgano superior jerárquico del que las dictó.

2. En la tramitación del procedimiento de recurso se estará a lo dispuesto en la Sección II del Capítulo II del Título VII de la Ley de Régimen Jurídico de las Administraciones Públicas y del Procedimiento Administrativo Común.

Las resoluciones de los recursos administrativos serán susceptibles de impugnación ante la Jurisdicción Contencioso-Administrativa.

⇒ Cfr. art. 3.2 b) de la LPL (§41).

CAPÍTULO III

Extinción y suspensión de relaciones de trabajo por fuerza mayor

Artículo 17.

La existencia de fuerza mayor, como causa motivadora de la extinción y suspensión de los contratos de trabajo, deberá ser constatada por la autoridad laboral, cualquiera que sea el número de trabajadores afectados, previo procedimiento tramitado conforme a lo dispuesto en este capítulo.

⇒ V. arts. 45.1 i), 47, 49.1 h) y 51.12 del ET (§2).

Artículo 18. Iniciación.

El procedimiento se iniciará mediante solicitud de la empresa, acompañada de los medios de prueba que estime necesarios, y simultánea comunicación a los representantes legales de los trabajadores.

Artículo 19. Instrucción y resolución.

La autoridad laboral competente realizará cuantas actuaciones y solicitará todos los informes que considere indispensables, dictando resolución en el plazo de cinco días a contar desde la fecha de entrada de la solicitud.

En el caso de que figuren en el procedimiento y puedan ser tenidos en cuenta en la resolución otros hechos, alegaciones y pruebas distintos de los aportados por la empresa en su solicitud, se dará a los representantes legales de los trabajadores el oportuno trámite de audiencia, que deberá realizarse en el término de un día.

La resolución surtirá efectos desde la fecha del hecho causante.

Contra la resolución de la autoridad laboral, se podrá interponer recurso ordinario en los términos previstos en el artículo 16 de este Reglamento.

⇒ V. art. 17 RD 505/1985, sobre Fondo de Garantía Salarial (§13.1).

CAPÍTULO IV

Suspensión de las relaciones de trabajo por causas económicas, técnicas, organizativas o de producción

Artículo 20.

El procedimiento para solicitar autorización para suspender contratos de trabajo, en virtud de causas económicas, técnicas, organizativas o de producción recogidas en el artículo 47.1 del Texto Refundido de la Ley del Estatuto de los Trabajadores, será el establecido en el artículo 51 de aquella norma y en el Capítulo II de este Reglamento, excepto en lo referente a las indemnizaciones con las siguientes especialidades:

⇒ Cfr. arts. 45.1 j) y 47.1 del referido ET (§2).

a) La duración del período de consultas será, en todo caso, de quince días naturales.

b) La documentación justificativa de la concurrencia de la causa alegada requerirá necesariamente la acreditación de que se trata de una situación coyuntural de la empresa.

⇒ V. art. 208.1.2 de la LGSS/1994 (§32.1).

CAPÍTULO V

Extinción de relaciones de trabajo por desaparición de la personalidad jurídica del contratante

Artículo 21. Extinción de la personalidad jurídica del contratante.

Según lo previsto en el artículo 49.1 g) del Texto Refundido del Estatuto de los Trabajadores, la extinción de relaciones de trabajo por extinción de la personalidad jurídica del contratante se regirá por el procedimiento establecido en el presente Reglamento.

TÍTULO II

DEL PROCEDIMIENTO DE ACTUACIÓN ADMINISTRATIVA EN MATERIA DE TRASLADOS COLECTIVOS

Artículo 22. Objeto.

Es objeto del presente Título la regulación del procedimiento a que se refiere el apartado 2 del artículo 40 del Texto Refundido de la Ley del Estatuto de los Trabajadores, en virtud de la cual la autoridad laboral, decidido un traslado colectivo de trabajadores, a la vista de las posiciones de las partes y teniendo en cuenta las consecuencias económicas y sociales de la medida, podrá ordenar la ampliación del plazo de incorporación de los trabajadores al nuevo puesto de trabajo y la consiguiente paralización del traslado por un período de tiempo no superior a seis meses.

Artículo 23. Autoridad laboral competente.

Será autoridad laboral competente para conocer del presente procedimiento la determinada conforme a lo dispuesto en el artículo 2 de este Reglamento. En el supuesto contemplado en el apartado 1 a) del artículo precitado, la autoridad laboral será la correspondiente al domicilio del centro de trabajo afectado.

Artículo 24. Iniciación.

El procedimiento se iniciará a solicitud de parte interesada, determinada conforme a lo dispuesto en los artículos 3 y 4 de este Reglamento, dirigida a la autoridad laboral competente en el improrrogable plazo de los tres días siguientes a la notificación de la decisión empresarial de traslado, tras la finalización sin acuerdo del período de quince días establecido para consultas a que se refiere el apartado 2 del artículo 40 del Texto Refundido de la Ley del Estatuto de los Trabajadores.

La solicitud habrá de expresar con claridad y precisión los motivos en que se fundamenta la petición y contendrá, en particular, la exposición de los efectos económicos o sociales negativos que, a juicio del solicitante, se derivarían de la ejecución de la decisión de traslado en el plazo legalmente establecido.

Artículo 25. Instrucción del procedimiento.

Iniciado el procedimiento, la autoridad laboral requerirá a las partes en el plazo de tres días para la aportación, en el término de cinco días, de cuantas alegaciones estimen convenientes.

Asimismo, y en los mismos plazos del párrafo anterior, recabará informe preceptivo de la Inspección de Trabajo y Seguridad Social, y cuantos otros estime necesarios para resolver fundadamente.

Artículo 26. Resolución.

Recibidas las alegaciones de las partes y los informes solicitados, o transcurrido el término establecido para ello, la autoridad laboral dictará resolución en el improrrogable plazo de cinco días, la cual pondrá fin a la vía administrativa.

En el caso de que figuren en el procedimiento y puedan ser tenidos en cuenta en la resolución otros hechos, alegaciones y pruebas distintos de los aportados por las partes, se dará el oportuno trámite de audiencia, que deberá realizarse en el término de un día.

La resolución decidirá sobre la existencia o inexistencia de consecuencias económicas o sociales que justifique la ampliación del plazo de incorporación y determinará, en su caso, la duración de dicha ampliación, dentro del límite máximo de seis meses.

En ningún caso podrá ser objeto de la resolución el pronunciamiento de la autoridad laboral sobre las razones existentes para la adopción de la decisión empresarial de traslado, ni sobre su justificación.

Transcurrido el plazo para la finalización del procedimiento sin que hubiera recaído resolución expresa podrá entenderse desestimada la solicitud previo cumplimiento de lo establecido en el artículo 44 de la Ley 30/1992.

b) *Salarios de tramitación*

§ 15.2 REAL DECRETO 924/1982, DE 17 ABRIL. RECLAMACIONES AL ESTADO POR SALARIOS DE TRAMITACIÓN EN JUICIOS POR DESPIDO

(BOE núm. 114, de 13 mayo [RCL 1982, 1189])

La regulación del derecho de cobro de una cantidad equivalente a la del importe de los salarios que hubiere dejado de percibir el trabajador como consecuencia de un juicio de despido declarado improcedente requiere para su debida efectividad, y en evitación de dilaciones perjudiciales, se concrete cómo y ante quién ha de ejercitarse tal derecho, cuando la obligación recae sobre el Estado, según establece el artículo 56, apartado 5, de la Ley 8/1980, del Estatuto de los Trabajadores, así como en el supuesto establecido en el apartado último del artículo 227 del texto refundido de la Ley de Procedimiento Laboral.

⇒ Cfr. el vigente art. 57 del ET (§2), así como los preceptos allí anotados.

En su virtud, de acuerdo con el Consejo de Estado, a propuesta de los Ministerios de Hacienda y Trabajo y Seguridad Social y previa deliberación del Consejo de Ministros en su reunión del día 16 de abril de 1982, dispongo:

Artículo 1.

Lo dispuesto en el presente Real Decreto será de aplicación en los siguientes supuestos:

a) Cuando la sentencia de la Magistratura de Trabajo que declare el despido improcedente hubiera sido dictada transcurridos más de sesenta días hábiles desde la fecha en que se tuvo por presentada la demanda por despido, supuesto en el que el trabajador, una vez firme la sentencia que obtuvo a su favor, podrá reclamar al Estado el pago de los salarios que excedan de esos sesenta días.

⇒ Conforme al art. 10 de la LPL (§41), el órgano jurisdiccional de referencia es el Juzgado de lo Social.

b) Cuando la sentencia que por primera vez declare el despido improcedente fuera la del Tribunal superior que conoció del recurso, supuesto en el que los salarios que excedan de sesenta días desde que se tenga por presentada la demanda, serán por cuenta del Estado.

c) Cuando la sentencia del Tribunal superior declare procedente el despido, siendo el empresario el recurrente y habiéndose optado por la indemnización, supuesto en el que el empresario tendrá derecho a ser resarcido por el Estado de los salarios abonados durante la tramitación del recurso, si no hubiere utilizado los servicios del trabajador, siempre que tales salarios se hayan pagado puntualmente y con los requisitos legales.

⇒ Téngase en cuenta lo dispuesto en el art. 295 de la LPL (§41).

Artículo 2.

Los trabajadores en los supuestos a) y b) y los empresarios en el supuesto c) del artículo anterior, podrán reclamar las cantidades correspondientes ante la Dirección de Trabajo y Seguridad Social de la provincia en que hubiera tenido lugar el juicio por despido, en el plazo de treinta días hábiles desde la firmeza de la sentencia.

⇒ Completar con lo dispuesto por el art. 116.1 de la LPL (§41), así como con el art. 57 del ET (§2).
Pero téngase presente la regla contenida en el art. 59.2 del ET (§2).

Artículo 3.

Al escrito de reclamación deberá acompañarse certificación de la Secretaría de la Magistratura de Trabajo, testimoniando la sentencia declaratoria del despido, y haciendo constar su firmeza y las fechas de las actuaciones del procedimiento ante la Magistratura y, en su caso, ante el Tribunal superior, así como los períodos a que se refiere el artículo 115 del texto refundido de la Ley de Procedimiento Laboral.

⇒ Entiéndase hecha la referencia al art. 119 de la LPL (§41).

Artículo 4.

En todos los casos en que no exista constancia suficiente en la documentación presentada o cuando el Director provincial de Trabajo y Seguridad Social lo considere conveniente, se unirá al expediente informe de la Inspección de Trabajo sobre la cuantía del salario en vigor durante la tramitación del juicio.

Artículo 5.

La Dirección Provincial de Trabajo y Seguridad Social resolverá la reclamación dentro de los treinta días siguientes al de la fecha de su presentación o, en su caso, desde que se hubiese completado la documentación que señala el artículo 3 Dicha resolución no será recurrible en la vía administrativa.

⇒ Conforme al RD 2725/1998, de 18 diciembre, de Integración de las Direcciones Provinciales de Trabajo, Seguridad Social y Asuntos Sociales, la competencia para resolver compete a los Delegados del Gobierno.

Artículo 6.

En el caso de que la reclamación sea desestimada por el Director provincial de Trabajo y Seguridad Social, o transcurrido el plazo de treinta días señalado sin que se dicte resolución, en el que se entenderá igualmente desestimada aquélla, podrá el interesado entablar demanda ante la Magistratura de Trabajo que hubiese conocido del juicio por despido, dentro del plazo y con arreglo a las normas procesales que señala el artículo 114 del Real Decreto Legislativo 1568/1980, de 13 de junio, que aprueba el Texto Refundido de la Ley de Procedimiento Laboral.

⇒ V. Base 22ª de la LBPL y su desarrollo en la LPL (§41), especialmente arts. 116 a 119.
Sobre competencia para resolver, v. la nota anterior.

Artículo 7.

Los expedientes que se tramiten por las Direcciones Provinciales de Trabajo y Seguridad Social como consecuencia de las reclamaciones a que se refiere el presente Real Decreto tendrán naturaleza de urgentes a todos los efectos.

DISPOSICIÓN ADICIONAL

Las obligaciones a que se refiere la presente disposición serán atendidas con cargo a los créditos consignados en los Presupuestos Generales del Estado.

DISPOSICIÓN TRANSITORIA

Quienes tengan derecho a ejercitar las reclamaciones a que se refiere el presente Real Decreto por extinciones de la relación laboral acaecidas entre la entrada en vigor de la Ley 8/1980, de 10 de marzo, del Estatuto de los Trabajadores, y la de la presente disposición, podrán presentarlas en el plazo de dos meses desde la entrada en vigor del presente Real Decreto.

DISPOSICIÓN FINAL

Se faculta a los Ministerios de Hacienda y Trabajo y Seguridad Social para que dicten las disposiciones necesarias para la debida aplicación de este Real Decreto, que entrará en vigor al siguiente día de su publicación en el «Boletín Oficial del Estado».

c) Prestaciones transnacionales

§ 15.3 LEY 45/1999, DE 29 NOVIEMBRE. DESPLAZAMIENTO DE TRABAJADORES EN EL MARCO DE UNA PRESTACIÓN DE SERVICIOS TRANSNACIONAL

(BOE núm. 286, de 30 noviembre [RCL 1999, 2950])

EXPOSICIÓN DE MOTIVOS

1

La libre prestación de servicios es una de las libertades fundamentales presente en el Tratado de la, entonces, Comunidad Económica Europea, desde su aprobación hace ya más de cuarenta años. Sin embargo, ha sido a partir de la consecución del mercado único, realidad jurídica alcanzada el 1 de enero de 1993 y propiciada por el Acta Única Europea de 1986, cuando se ha producido un notable incremento de las prestaciones de servicios transnacionales dentro de la Unión Europea.

En efecto, la actuación en el gran mercado interior comunitario de numerosas empresas que se han beneficiado de la apertura de los mercados, públicos y privados, de contratación de obras y servicios, así como la creciente actividad de grupos de empresas y empresas de trabajo temporal de carácter transnacional, son fenómenos que se han acentuado en los últimos años y que se multiplicarán en el futuro gracias a la introducción de la moneda única y al cada vez mayor grado de integración e interdependencia económica existente entre los Estados miembros.

El auge de las prestaciones de servicios de carácter transnacional en el interior de la Unión Europea ha incidido también en otra de las libertades fundamentales comunitarias, la libre circulación de trabajadores. La concepción originaria de la libertad de circulación de trabajadores tenía como finalidad que los trabajadores de un determinado Estado miembro se desplazaran a otro Estado para acceder a un empleo. Sin embargo, las prestaciones de servicios transnacionales han dado lugar a una circulación de trabajadores nueva: los desplazamientos temporales de trabajadores. Así, cuando una empresa comunitaria ha tenido que desplazarse en el marco de una prestación de servicios a un Estado miembro distinto de su país de establecimiento lo ha hecho acompañada de sus propios trabajadores, desplazándolos al territorio del país donde debían prestarse los servicios por el tiempo de duración, por definición limitada y temporal, de dicha prestación.

2

Las instituciones comunitarias no se han mantenido al margen de la realidad antes apuntada. Teniendo en cuenta el carácter transnacional de este tipo de actividades y su relación con las libertades comunitarias fundamentales, las instituciones comunitarias repararon pronto en el hecho de que la desigualdad de condiciones de trabajo entre los Estados miembros, pese a la aproximación alcanzada gracias a la política social comunitaria, podía dar lugar a la indeseada existencia de situaciones de discriminación entre los trabajadores de un determinado Estado miembro y los trabajadores desplazados temporalmente a tal Estado y, por extensión, a situaciones de competencia desleal entre las empresas que funcionaran en el mercado interior.

Se explica así que la necesidad de aprobar una norma comunitaria en la materia figurara ya en el ograma de acción de la Comisión para la aplicación de la Carta comunitaria de los derechos sociales damentales de los trabajadores de 1989. Esa necesidad se acentuó con la Sentencia del Tribunal de icia de las Comunidades Europeas de 27 de marzo de 1990 en el asunto «Rush Portuguesa», en el el Tribunal afirmó que los antiguos artículos 59 y 60 del Tratado de la Comunidad Europea vos artículos 49 y 50 del TCE tras el Tratado de Amsterdam), referidos a la libre prestación de cios, «se oponen a que un Estado miembro prohíba a un prestador de servicios establecido en Estado miembro desplazarse libremente por su territorio con todo su personal». El Tribunal de burgo señaló igualmente que «el derecho comunitario no se opone a que los Estados miembros lan su legislación, o los convenios colectivos de trabajo celebrados por los interlocutores sociaoda persona que realice un trabajo por cuenta ajena, aunque sea de carácter temporal, en su territorio, con independencia de cuál sea el país de establecimiento del empresario; el derecho comunitario no prohíbe tampoco a los Estados miembros que impongan el cumplimiento de dichas normas por medios adecuados al efecto».

Así, con la base jurídica de los antiguos artículos 57.2 y 66 del Tratado de la Comunidad Europea (nuevos artículos 47 y 55 TCE tras el Tratado de Amsterdam), referidos a la libre prestación de servicios, fue aprobada la Directiva 96/71/CE, del Parlamento Europeo y del Consejo, de 16 de diciembre, sobre el desplazamiento de trabajadores efectuado en el marco de una prestación de servicios.

La Directiva parte de que el fomento de la prestación transnacional de servicios requiere un clima de competencia leal y medidas que garanticen el respeto de los derechos de los trabajadores. Para ello, teniendo presentes el Convenio de Roma, de 19 de enero de 1980, sobre la ley aplicable a las obligaciones contractuales, y la antes citada jurisprudencia del Tribunal de Justicia, la Directiva establece que los empresarios que desplacen temporalmente trabajadores a un Estado miembro distinto de su país de establecimiento en el marco de una prestación de servicios transnacional deberán respetar un núcleo de disposiciones imperativas de protección mínima de los trabajadores establecidas por el Estado de desplazamiento, y ello con independencia de la legislación aplicable al contrato de trabajo.

3

La presente Ley incorpora al ordenamiento jurídico español la Directiva 96/71/CE. Antes de explicar su contenido debe justificarse por qué se hace necesario aprobar una nueva norma y, además, con rango de ley.

Si se examina la variada legislación aplicable en España que guarda relación con esta materia (el Código Civil, el Estatuto de los Trabajadores, las normas comunitarias sobre la libre circulación de trabajadores y la libre prestación de servicios, las normas sobre extranjería, el Convenio de Roma sobre ley aplicable a las obligaciones contractuales) se llega a la conclusión que no existe precepto en el derecho español vigente que de forma inequívoca y explícita asegure en nuestro país el objetivo pretendido por la Directiva: que a aquellos trabajadores desplazados temporalmente a España por empresas establecidas en otros Estados miembros en el marco de una prestación de servicios les serán aplicables determinadas condiciones de trabajo establecidas por la legislación española.

El Tribunal de Justicia de las Comunidades Europeas viene exigiendo, a la hora de la transposición de Directivas, que el rango normativo de la disposición que se elija para incorporar el derecho comunitario coincida con el rango normativo de las disposiciones que regulan las mismas cuestiones a nivel nacional. Por ello, la opción por la elaboración de una Ley está justificada: lo que hace la norma de transposición es precisar los derechos de los trabajadores desplazados temporalmente a España por empresas no establecidas en nuestro país, identificando cuáles deben ser sus condiciones de trabajo, materias que están reservadas en nuestro derecho a normas con rango de ley.

4

El texto de la Ley pretende, como es habitual en cualquier transposición de una Directiva comunitaria, la consecución de los objetivos pretendidos con su aprobación, a la vez que su integración correct
en el derecho laboral español. Para ello, se unen en su articulado la transposición literal de determin
dos aspectos de la Directiva junto a la aparición de instituciones propias de nuestro derecho. La L
se estructura en cuatro capítulos, de los cuales el último se divide, además, en secciones.

El Capítulo I de la Ley tiene carácter horizontal, en el sentido de que se aplica al rest
articulado, incluyendo, como es habitual en la transposición de Directivas comunitarias, su ob
ámbito de aplicación, así como las definiciones a efectos de la Ley. Debe destacarse que la L
de aplicación a las empresas que desplacen temporalmente a sus trabajadores a España en e
de una prestación de servicios transnacional (sin afectar, por tanto, a otras actividades distir
como las formativas) establecidas en un Estado miembro de la Unión Europea, pero tam
empresas establecidas en el resto de Estados signatarios del Acuerdo sobre el Espacio
Europeo, esto es, Noruega, Islandia y Liechtenstein, pues también tales Estados son des
la Directiva 96/71/CE. El Capítulo I incluye también las dos definiciones clave a efecto
ción de la Ley: la definición de desplazamiento efectuado en el marco de una prestaci
y la definición de trabajador desplazado temporalmente.

El Capítulo II establece el principio básico de la Ley: los empresarios incluidos
aplicación que desplacen temporalmente a España a sus trabajadores en el marco de
servicios transnacional deberán garantizar a éstos, cualquiera que sea la legislación
de trabajo, determinadas condiciones de trabajo previstas por la legislación españo
cuantía mínima del salario, no discriminación de los trabajadores temporales y
vención de riesgos laborales, etc. Condiciones de trabajo que, dado el sistema
laboral español, deberán buscarse en las disposiciones legales y reglamenta
colectivos que resulten de aplicación. Se establece así el núcleo duro de dis

protección mínima de los trabajadores que exige la Directiva. La Ley no altera ni modifica, por lo demás, las normas tributarias nacionales que sean de aplicación a los trabajadores desplazados ni a las empresas en las que prestan sus servicios.

A efectos de asegurar el cumplimiento de la Ley, incluye este Capítulo II la obligación de que los empresarios comuniquen el desplazamiento a la autoridad laboral, así como la obligación de comparecer ante la Inspección de Trabajo y Seguridad Social y de aportar la documentación que les sea requerida.

El Capítulo III incluye diversas competencias administrativas. En primer lugar, la autoridad laboral del territorio donde se vayan a prestar los servicios en España deberá informar a los interesados en un desplazamiento sobre las condiciones de trabajo que deben ser garantizadas. Asimismo, se señala que corresponde a la Inspección de Trabajo y Seguridad Social la vigilancia y exigencia del cumplimiento de la presente Ley, desarrollando las funciones establecidas en la Ley 42/1997, de 14 de noviembre, ordenadora de la Inspección de Trabajo y Seguridad Social. Por último, se establece un principio de cooperación con las Administraciones públicas de otros Estados en materia de información e inspección.

El Capítulo IV establece los mecanismos de tutela administrativa y judicial propios de nuestro derecho laboral, tipificando infracciones y sanciones administrativas y estableciendo unas normas sobre procedimientos judiciales que, básicamente, remiten a la Ley Orgánica del Poder Judicial y a la Ley de Procedimiento Laboral.

Algunas de las disposiciones de la parte final son dignas de comentario. Dado que la Ley se dirige a las empresas comunitarias no españolas que desplacen temporalmente a sus trabajadores a España, parecía oportuno recordar, lo que hace la disposición adicional primera, que las empresas establecidas en España que desplacen temporalmente a sus trabajadores al territorio de Estados del Acuerdo sobre el Espacio Económico Europeo deberán garantizar a éstos las condiciones de trabajo previstas en el lugar de desplazamiento por las normas de transposición en tales Estados de la Directiva 96/71/CE.

La disposición adicional cuarta dispone que la Ley será de aplicación a las empresas establecidas en Estados que no pertenezcan a la Unión Europea o al Espacio Económico Europeo en la medida en que tales empresas puedan prestar servicios en España en virtud de lo establecido en los Convenios internacionales que sean de aplicación.

Debe destacarse, en último lugar, la disposición final primera de la ley, que introduce modificaciones en la Ley 14/1994, de 1 de junio, por la que se regulan las empresas de trabajo temporal. Dado que la Ley incluye los desplazamientos efectuados a España de un trabajador por parte de una empresa de trabajo temporal de un Estado miembro de la Unión Europea o de un Estado del Espacio Económico Europeo para su puesta a disposición de una empresa usuaria española, se modifica la Ley de Empresas de Trabajo Temporal para tener oportunamente en cuenta esa posibilidad, a la vez que, con las cautelas necesarias, se permite a las empresas de trabajo temporal españolas desarrollar su actividad en el resto de Estados miembros de la Unión Europea o de Estados del Espacio Económico Europeo.

5

El proyecto, cumpliendo las prescripciones legales sobre la materia, ha sido sometido a la consideración del Consejo Económico y Social, del Consejo General del Poder Judicial y del Consejo de Estado.

CAPÍTULO I
Objeto, ámbito de aplicación y definiciones

⇒ La Directiva 2006/123/CE, del Parlamento Europeo y del Consejo, de 12 diciembre 2006, relativa a los servicios de mercado interior establece su objeto en el artículo 1°, en los siguientes términos:

«Artículo 1. Objeto.

1. En la presente Directiva se establecen las disposiciones generales necesarias para facilitar el ejercicio de la libertad de establecimiento de los prestadores de servicios y la libre circulación de los servicios, manteniendo, al mismo tiempo, un nivel elevado de calidad en los servicios.

2. La presente Directiva no trata la liberalización de servicios de interés económico general reservados a las entidades públicas o privadas ni la privatización de entidades públicas prestadoras de servicios.

3. La presente Directiva no trata la abolición de monopolios prestadores de servicios ni las ayudas concedidas por los Estados miembros amparadas por normas comunitarias sobre competencia.

La presente Directiva no afecta a la libertad de los Estados miembros de definir, de conformidad con la legislación comunitaria, lo que consideran servicios de interés económico general, cómo deben organizarse y financiarse dichos servicios con arreglo a las normas sobre las ayudas públicas y a qué obligaciones específicas deben supeditarse.

4. La presente Directiva no afecta a las medidas adoptadas a escala comunitaria o nacional, respetando el Derecho comunitario, para fomentar la diversidad cultural y lingüística y garantizar la defensa del pluralismo de los medios de comunicación.

5. La presente Directiva no afecta a la normativa de los Estados miembros en materia de Derecho penal. Sin embargo, los Estados miembros no podrán restringir la libertad de prestar servicios mediante la aplicación de

disposiciones de Derecho penal que regulen o afecten específicamente al acceso o ejercicio de una actividad de servicios eludiendo las normas establecidas en la presente Directiva.

6. La presente Directiva no afecta al Derecho laboral, es decir, a cualquier disposición legal o contractual relativa a las condiciones de empleo o de trabajo, incluida la salud y seguridad en el trabajo, o las relaciones entre empleadores y trabajadores, que los Estados miembros apliquen de acuerdo con la legislación nacional conforme al Derecho comunitario. Tampoco afecta a la legislación nacional en materia de seguridad social de los Estados miembros.

7. La presente Directiva no afecta al ejercicio de los derechos fundamentales tal y como se reconocen en los Estados miembros y en el Derecho comunitario. Tampoco afecta al derecho a negociar, celebrar y aplicar convenios colectivos y a emprender acciones sindicales de acuerdo con la legislación y las prácticas nacionales conformes al Derecho comunitario.»

Artículo 1. Objeto y ámbito de aplicación.

1. La presente Ley tiene por objeto establecer las condiciones mínimas de trabajo que los empresarios deben garantizar a sus trabajadores desplazados temporalmente a España en el marco de una prestación de servicios transnacional, cualquiera que sea la legislación aplicable al contrato de trabajo.

2. Esta Ley será de aplicación a las empresas establecidas en un Estado miembro de la Unión Europea o en un Estado signatario del Acuerdo sobre el Espacio Económico Europeo que desplacen temporalmente a sus trabajadores a España en el marco de una prestación de servicios transnacional, con exclusión de las empresas de la marina mercante respecto de su personal navegante.

3. Esta Ley no será de aplicación a los desplazamientos realizados con motivo del desarrollo de actividades formativas que no respondan a una prestación de servicios de carácter transnacional.

Artículo 2. Definiciones.

1. A los efectos de esta Ley se entiende por:

1º «Desplazamiento en el marco de una prestación de servicios transnacional», el efectuado a España por las empresas incluidas en el ámbito de aplicación de la presente Ley durante un período limitado de tiempo en cualquiera de los siguientes supuestos:

a) El desplazamiento de un trabajador por cuenta y bajo la dirección de su empresa en ejecución de un contrato celebrado entre la misma y el destinatario de la prestación de servicios, que esté establecido o que ejerza su actividad en España.

b) El desplazamiento de un trabajador a un centro de trabajo de la propia empresa o de otra empresa del grupo del que forme parte.

A los efectos del párrafo anterior, se entiende por grupo de empresas el formado por una empresa que ejerce el control y las empresas controladas en los términos del artículo 4 de la Ley 10/1997, de 24 de abril, sobre derechos de información y consulta de los trabajadores en las empresas y grupos de empresas de dimensión comunitaria.

c) El desplazamiento de un trabajador por parte de una empresa de trabajo temporal para su puesta a disposición de una empresa usuaria que esté establecida o que ejerza su actividad en España.

2º «Trabajador desplazado», el trabajador, cualquiera que sea su nacionalidad, de las empresas incluidas en el ámbito de aplicación de la presente Ley desplazado a España durante un período limitado de tiempo en el marco de una prestación de servicios transnacional, siempre que exista una relación laboral entre tales empresas y el trabajador durante el período de desplazamiento.

2. A efectos de las definiciones del apartado anterior, se entiende incluido el trabajador de una empresa de trabajo temporal puesto a disposición de una empresa usuaria en el extranjero y desplazado temporalmente por ésta a España en el marco de una prestación de servicios transnacional.

CAPÍTULO II

Obligaciones de los empresarios que desplacen a España a sus trabajadores en el marco de una prestación de servicios transnacional

Artículo 3. Condiciones de trabajo de los trabajadores desplazados.

1. Los empresarios incluidos en el ámbito de aplicación de la presente Ley que desplacen a España a sus trabajadores en el marco de una prestación de servicios transnacional deberán garantizar a éstos, cualquiera que sea la legislación aplicable al contrato de trabajo, las condiciones de trabajo previstas por la legislación laboral española relativas a:

a) El tiempo de trabajo, en los términos previstos en los artículos 34 a 38 de la Ley del Estatuto de los Trabajadores, texto refundido aprobado por Real Decreto Legislativo 1/1995, de 24 de marzo.

b) La cuantía del salario, en los términos a que se refiere el artículo 4 de esta Ley.

c) La igualdad de trato y la no discriminación directa o indirecta por razón de sexo, origen, incluido el racial o étnico, estado civil, edad dentro de los límites legalmente marcados, condición social, religión o convicciones, ideas políticas, orientación sexual, afiliación o no a un sindicato y a sus acuerdos, vínculos de parentesco con otros trabajadores en la empresa, lengua o discapacidad, siempre que los trabajadores se hallasen en condiciones de aptitud para desempeñar el trabajo o empleo de que se trate.

✐ Párrafo modificado por art. 39 de la Ley 62/2003, de 30 diciembre.

d) El trabajo de menores, de acuerdo con lo establecido en el artículo 6 del Estatuto de los Trabajadores.

e) La prevención de riesgos laborales, incluidas las normas sobre protección de la maternidad y de los menores.

f) La no discriminación de los trabajadores temporales y a tiempo parcial.

g) El respeto de la intimidad y la consideración debida a la dignidad de los trabajadores, comprendida la protección frente a ofensas verbales o físicas de naturaleza sexual.

h) La libre sindicación y los derechos de huelga y de reunión.

2. En los desplazamientos definidos en la letra c) del artículo 2.1.1, las empresas de trabajo temporal, además de garantizar a sus trabajadores desplazados, cualquiera que sea la legislación aplicable al contrato de trabajo, las condiciones de trabajo a que se refiere el apartado anterior previstas por la legislación laboral española, deberán cumplir las condiciones que establece la Ley 14/1994, de 1 de junio, por la que se regulan las empresas de trabajo temporal, para la cesión de trabajadores a empresas usuarias.

3. Las condiciones de trabajo establecidas en la legislación laboral española relativas a las vacaciones anuales retribuidas y a la cuantía del salario no serán de aplicación en los desplazamientos definidos en las letras a) y b) del artículo 2.1.1 cuya duración no exceda de ocho días.

4. A los efectos de esta Ley, las condiciones de trabajo previstas en la legislación laboral española serán las contenidas en las disposiciones legales o reglamentarias del Estado y en los convenios colectivos y laudos arbitrales aplicables en el lugar y en el sector o rama de actividad de que se trate.

5. Lo dispuesto en este artículo se entiende sin perjuicio de la aplicación a los trabajadores desplazados de condiciones de trabajo más favorables derivadas de lo dispuesto en la legislación aplicable a su contrato de trabajo, en los convenios colectivos o en los contratos individuales de trabajo.

6. A efectos de lo dispuesto en este artículo, la duración del desplazamiento se calculará en un período de referencia de un año a contar desde su comienzo, incluyendo, en su caso, la duración del desplazamiento de otro trabajador desplazado anteriormente al que se hubiera sustituido.

Artículo 4. Cuantía mínima del salario de los trabajadores desplazados.

1. Los empresarios que desplacen trabajadores a España deberán garantizar a éstos la cuantía mínima del salario prevista en las disposiciones legales o reglamentarias o en los convenios colectivos a que se refiere el artículo 3.4 para el grupo profesional o la categoría profesional correspondiente a la prestación del trabajador desplazado.

A efectos de lo dispuesto en el párrafo anterior, se entiende por cuantía mínima del salario la constituida, en cómputo anual y sin el descuento de los tributos, de sus pagos a cuenta y de las cotizaciones de Seguridad Social a cargo del trabajador, por el salario base y los complementos salariales, las gratificaciones extraordinarias y, en su caso, la retribución correspondiente a horas extraordinarias y complementarias y trabajo nocturno. En ningún caso se incluirán en la cuantía mínima del salario cualesquiera mejoras voluntarias de la acción protectora de la Seguridad Social.

2. Los trabajadores contratados para ser cedidos a empresas usuarias tendrán derecho durante los períodos de prestación de servicios en las mismas a percibir, como mínimo, la retribución total establecida para el puesto de trabajo a desarrollar en el convenio colectivo aplicable a la empresa usuaria, calculada por unidad de tiempo. Dicha remuneración deberá incluir, en su caso, la parte proporcional correspondiente al descanso semanal, las pagas extraordinarias, los festivos y las vacaciones, siendo responsabilidad de la empresa usuaria la cuantificación de las percepciones finales del trabajador. A tal efecto, la empresa usuaria deberá consignar dicho salario en el contrato de puesta a disposición del trabajador.

3. Para realizar la comparación entre la cuantía del salario que al trabajador desplazado le corresponda conforme a la legislación aplicable a su contrato de trabajo y la garantizada según lo dispuesto en los apartados anteriores, serán tomados en consideración los complementos correspondientes al desplazamiento, en la medida en que no se abonen como reembolso de los gastos efectivamente originados por el mismo, tales como gastos de viaje, alojamiento o manutención.

Artículo 5. Comunicación de desplazamiento.

1. A efectos de asegurar el cumplimiento de la presente Ley, el empresario que desplace trabajadores a España en el marco de una prestación de servicios transnacional deberá comunicar el desplazamiento, antes de su inicio y con independencia de su duración, a la autoridad laboral española competente por razón del territorio donde se vayan a prestar los servicios.

2. La comunicación de desplazamiento contendrá los datos e informaciones siguientes:

a) La identificación de la empresa que desplaza al trabajador.

b) El domicilio fiscal de dicha empresa y su número de identificación a efectos del Impuesto sobre el Valor Añadido.

c) Los datos personales y profesionales de los trabajadores desplazados.

d) La identificación de la empresa o empresas y, en su caso, del centro o centros de trabajo donde los trabajadores desplazados prestarán sus servicios.

e) La fecha de inicio y la duración previstas del desplazamiento.

f) La determinación de la prestación de servicios que los trabajadores desplazados van a desarrollar en España con indicación del supuesto que corresponda de los previstos en el artículo 2.1.1.

3. No será exigible la comunicación a que se refieren los apartados anteriores en el caso de los desplazamientos definidos en las letras a) y b) del artículo 2.1.1 cuya duración no exceda de ocho días.

4. Cuando la empresa que desplaza a los trabajadores a España sea una empresa de trabajo temporal, la comunicación de desplazamiento deberá incluir, además de lo dispuesto en el apartado 2:

a) La acreditación de que reúne los requisitos exigidos por la legislación de su Estado de establecimiento para poner a disposición de otra empresa usuaria, con carácter temporal, trabajadores por ella contratados.

b) Sin perjuicio de lo señalado en la letra f) del apartado 2, la precisión de las necesidades temporales de la empresa usuaria que se traten de satisfacer con el contrato de puesta a disposición, con indicación del supuesto que corresponda de los previstos en el artículo 6 de la Ley 14/1994, de 1 de junio, por la que se regulan las empresas de trabajo temporal.

5. La autoridad laboral pondrá en conocimiento de la Inspección de Trabajo y Seguridad Social y de la Agencia Estatal de Administración Tributaria, a los efectos oportunos, las comunicaciones de desplazamiento que hubiera recibido, en los términos que se establecerán reglamentariamente.

6. Lo dispuesto en este artículo se entiende sin perjuicio del cumplimiento de cualesquiera otras obligaciones en materia de comunicación, información o declaración de actividades que deban efectuar a las Administraciones públicas los empresarios a que se refiere el apartado 1 de este artículo en virtud de otras disposiciones.

Artículo 6. Obligación de comparecencia y de aportar documentación.

Los empresarios incluidos en el ámbito de aplicación de esta Ley deberán comparecer, a requerimiento de la Inspección de Trabajo y Seguridad Social, en la oficina pública designada al efecto y aportar cuanta documentación les sea requerida para justificar el cumplimiento de la presente Ley, incluida la documentación acreditativa de la válida constitución de la empresa.

CAPÍTULO III
Competencias administrativas

Artículo 7. Órgano competente en materia de información.

1. La autoridad laboral del territorio donde se vayan a prestar los servicios en España es el órgano competente para informar sobre las condiciones de trabajo que, de acuerdo con lo dispuesto en el artículo 3, deben garantizar las empresas que desplacen a sus trabajadores a España en el marco de una prestación de servicios transnacional.

2. La autoridad laboral atenderá las peticiones de información a que se refiere el apartado anterior que sean formuladas por los órganos de información de otros Estados miembros de la Unión Europea o de Estados signatarios del Acuerdo sobre el Espacio Económico Europeo, por las empresas incluidas en el ámbito de aplicación de esta Ley que vayan a desplazar trabajadores a España o por las asociaciones empresariales que representen los intereses de tales empresas, por los destinatarios de la prestación de servicios transnacional o por las asociaciones que los representen y por los trabajadores desplazados a España o que vayan a serlo o por los sindicatos u otros órganos de representación de tales trabajadores.

3. La información podrá requerirse y suministrarse por cualquier medio, incluidos los electrónicos, informáticos y telemáticos, siempre que permita la adecuada identificación del solicitante de la información, del lugar o lugares del desplazamiento dentro del territorio español y de la prestación de servicios que se va a realizar en España.

Artículo 8. Funciones en materia de inspección.

Corresponde a la Inspección de Trabajo y Seguridad Social la vigilancia y exigencia del cumplimiento de la presente Ley, desarrollando las funciones establecidas en la Ley 42/1997, de 14 de noviembre, ordenadora de la Inspección de Trabajo y Seguridad Social.

Artículo 9. Cooperación con las Administraciones públicas de otros Estados en materia de información e inspección.

1. La autoridad laboral y la Inspección de Trabajo y Seguridad Social podrán dirigirse, recabando la cooperación y asistencia que pudieran necesitar para el eficaz ejercicio de sus competencias, a las Administraciones públicas de otros Estados miembros de la Unión Europea o de Estados signatarios del Acuerdo sobre el Espacio Económico Europeo a las que corresponda la información y la vigilancia del cumplimiento de las condiciones de trabajo previstas en el artículo 3 de la presente Ley o en las normas nacionales de transposición de la Directiva 96/71/CE del Parlamento Europeo y del Consejo, de 16 de diciembre, sobre el desplazamiento de trabajadores efectuado en el marco de una prestación de servicios.

Asimismo, la autoridad laboral y la Inspección de Trabajo y Seguridad Social prestarán la cooperación y asistencia que pudieran recabar para el eficaz ejercicio de sus competencias a las Administraciones públicas de tales Estados a las que corresponda la información y la vigilancia del cumplimiento de las condiciones de trabajo.

2. La cooperación y asistencia consistirán, en particular, en formular y en responder a peticiones justificadas de información respecto al desplazamiento de trabajadores en el marco de prestaciones de servicios transnacionales, incluidos los casos de abuso manifiesto y de actividades transnacionales presuntamente ilegales.

La autoridad laboral, sin perjuicio de las funciones que le correspondan según la legislación española, pondrá en conocimiento de los órganos competentes de las Administraciones públicas de otros Estados miembros de la Unión Europea o de Estados signatarios del Acuerdo sobre el Espacio Económico Europeo las infracciones administrativas cometidas en España por las empresas establecidas en tales Estados con ocasión del desplazamiento de sus trabajadores en el marco de una prestación de servicios transnacional.

3. La cooperación y asistencia administrativa se prestarán gratuitamente.

4. El tratamiento automatizado de datos personales a que pudiera dar lugar la aplicación de la presente Ley se realizará en los términos previstos en la Ley Orgánica 5/1992, de 29 de octubre, de Regulación del Tratamiento Automatizado de los Datos de Carácter Personal.

CAPÍTULO IV
Tutela administrativa y judicial

Sección 1ª Infracciones y sanciones administrativas

Artículo 10. *Concepto de infracción.*

...

✐ Artículo derogado por la disp. derog. única del RDLeg 5/2000, de 4 agosto (§40.1).

⇒ V. su art. 10.

Artículo 11. *Sujetos responsables de la infracción.*

...

✐ Artículo derogado por la disp. derog. única del RDLeg 5/2000, de 4 agosto (§40.1).

⇒ V. su art. 20.

Artículo 12. *Infracción de las obligaciones relativas a las condiciones de trabajo.*

...

✐ Artículo derogado por la disp. derog. única del RDLeg 5/2000, de 4 agosto (§40.1).

⇒ V. su art. 18.

Artículo 13. *Infracción de otras obligaciones previstas en la presente Ley.*

...

✐ Artículo derogado por la disp. derog. única del RDLeg 5/2000, de 4 agosto (§40.1).

⇒ V. su art. 18.

Artículo 14. Limitaciones a la facultad de contratar con la Administración.

Las limitaciones a la facultad de contratar con la Administración por la comisión de infracciones administrativas muy graves de acuerdo con lo previsto en la presente Ley se regirán por lo establecido en la Ley 13/1995, de 18 de mayo, de Contratos de las Administraciones Públicas.

⇒ Entiéndase hecha la referencia al art. 20 y concordantes del TRLCAP, aprobado por RDLeg 2/2000, de 16 junio.

Sección 2ª Procedimientos judiciales

Artículo 15. Ejercicio de la potestad jurisdiccional.

Los órganos jurisdiccionales del orden social conocerán de cuantas cuestiones litigiosas se susciten en aplicación de la presente Ley, de conformidad con lo establecido en los artículos 2 p) y 3.2 del texto refundido de la Ley de Procedimiento Laboral, aprobado por Real Decreto Legislativo 2/1995, de 7 de abril.

Artículo 16. Competencia.

1. Los órganos jurisdiccionales españoles del orden social serán competentes para conocer de los litigios a los que se refiere el artículo anterior cuando el trabajador esté o haya estado desplazado temporalmente en España, de acuerdo con el artículo 25 de la Ley Orgánica 6/1985, de 1 de julio, del Poder Judicial, y sin perjuicio de la plena vigencia de los criterios de competencia que establecen el artículo 5.1 del Convenio relativo a la competencia judicial y a la ejecución de resoluciones judiciales en materia civil y mercantil, firmado en Bruselas el 27 de septiembre de 1968, y el artículo 5.1 del Convenio relativo a la competencia judicial y a la ejecución de resoluciones judiciales en materia civil y mercantil, firmado en Lugano el 16 de septiembre de 1988.

2. La competencia de los órganos jurisdiccionales españoles del orden social se determinará de acuerdo con las reglas contenidas en los artículos 6 a 10 de la Ley de Procedimiento Laboral.

Artículo 17. Derecho supletorio.

En todo lo no previsto en esta Sección regirá, como derecho supletorio, la Ley de Procedimiento Laboral.

DISPOSICIONES ADICIONALES

Primera. Desplazamientos de trabajadores en el marco de una prestación de servicios transnacional efectuados por empresas establecidas en España.

1. Las empresas establecidas en España que desplacen temporalmente a sus trabajadores al territorio de Estados miembros de la Unión Europea o de Estados signatarios del Acuerdo sobre el Espacio Económico Europeo en el marco de una prestación de servicios transnacional deberán garantizar a éstos las condiciones de trabajo previstas en el lugar de desplazamiento por las normas nacionales de transposición de la Directiva 96/71/CE, del Parlamento Europeo y del Consejo, de 16 de diciembre, sobre el desplazamiento de trabajadores efectuado en el marco de una prestación de servicios, sin perjuicio de la aplicación a los mismos de condiciones de trabajo más favorables derivadas de lo dispuesto en la legislación aplicable a su contrato de trabajo, en los convenios colectivos o en los contratos individuales.

2. Los interesados en un desplazamiento temporal de trabajadores a uno de los Estados a que se refiere el apartado anterior podrán informarse de las condiciones de trabajo que deben garantizarse en el mismo dirigiéndose bien a los órganos competentes en materia de información de tales Estados, bien a los de la Administración laboral española, que dará traslado a tales órganos de las peticiones de información recibidas, informando de ello al solicitante. Cuando la Administración laboral reciba esta información directamente de los órganos competentes de otros Estados la pondrá, asimismo, en conocimiento de los solicitantes.

3. Son infracciones administrativas las acciones u omisiones de los empresarios a que se refiere el apartado 1 por las que se incumplan las condiciones de trabajo previstas en el lugar de desplazamiento por las normas nacionales de transposición de la Directiva 96/71/CE, del Parlamento Europeo y del Consejo, de 16 de diciembre, sobre el desplazamiento de trabajadores efectuado en el marco de una prestación de servicios, tipificadas y sancionadas según la legislación laboral española.

4. Lo dispuesto en el apartado anterior no podrá dar lugar a que se sancionen las acciones u omisiones de los sujetos responsables que hayan sido ya sancionadas penal o administrativamente en el país de desplazamiento en los casos en que se aprecie identidad de sujeto, hecho y fundamento.

5. A efectos de lo dispuesto en el artículo 13 de la Ley 42/1997, de 14 de noviembre, ordenadora de la Inspección de Trabajo y Seguridad Social, la Inspección de Trabajo y Seguridad Social podrá también iniciar de oficio el procedimiento sancionador en los supuestos previstos en los apartados anteriores en virtud de comunicación de las Administraciones públicas a las que corresponda en el lugar de desplazamiento la vigilancia del cumplimiento de las condiciones de trabajo.

6. De acuerdo con la Ley Orgánica 6/1985, de 1 de julio, del Poder Judicial, los órganos jurisdiccionales españoles del orden social serán competentes para conocer de los litigios a que se refiere esta disposición adicional producidos con ocasión del desplazamiento, sin perjuicio de la posibilidad de entablar una acción judicial en el territorio del Estado miembro en el que esté o haya estado desplazado el trabajador, de conformidad con lo que dispongan al respecto las legislaciones nacionales por las que se dé aplicación a lo establecido en el artículo 6 de la Directiva 96/71/CE, del Parlamento Europeo y del Consejo de 16 de diciembre, sobre el desplazamiento de trabajadores efectuado en el marco de una prestación de servicios.

Segunda. Obligaciones y responsabilidades de las empresas usuarias y de las empresas que reciban en España la prestación de servicios de los trabajadores desplazados.

Las empresas usuarias y las empresas que reciban en España la prestación de servicios de los trabajadores desplazados al amparo de lo dispuesto en la presente Ley asumirán respecto de dichos trabajadores las obligaciones y responsabilidades previstas en la legislación española para tales supuestos, con independencia del lugar en que radique la empresa de trabajo temporal o la empresa prestataria de los servicios.

Tercera. Representantes de los trabajadores desplazados.

1. Los representantes de los trabajadores desplazados a España, que ostenten tal condición de conformidad con las legislaciones o prácticas nacionales, podrán ejercer acciones administrativas o judiciales en los términos reconocidos a los representantes de los trabajadores por la legislación española.

2. Los representantes de los trabajadores de las empresas usuarias y de las empresas que reciban en España la prestación de servicios de los trabajadores desplazados al amparo de lo dispuesto en la presente Ley tendrán respecto de dichos trabajadores las competencias que les reconoce la legislación española, con independencia del lugar en que radique la empresa de trabajo temporal o la empresa prestataria de los servicios.

Cuarta. Aplicación a empresas de otros Estados.

Las disposiciones de la presente Ley serán de aplicación a las empresas establecidas en Estados distintos de los previstos en el artículo 1.2 de la presente Ley en la medida en que tales empresas puedan prestar servicios en España en virtud de lo establecido en los Convenios internacionales que sean de aplicación.

Quinta. No afectación de la legislación de extranjería.

Lo dispuesto en la presente Ley se entiende sin perjuicio del cumplimiento de la normativa sobre entrada, permanencia, trabajo y establecimiento de los extranjeros en España.

DISPOSICIONES FINALES

Primera. Modificaciones de la Ley 14/1994, de 1 de junio, por la que se regulan las empresas de trabajo temporal.

Se añade a la Ley 14/1994, de 1 de junio, por la que se regulan las empresas de trabajo temporal, un nuevo Capítulo VI, con el Título «Actividad transnacional de las empresas de trabajo temporal», que incluirá los artículos 22 a 27, con la siguiente redacción:

[...]

⇒ V. el texto de los nuevos artículos en la propia Ley 14/1994, de 1 junio (§3.1).

Segunda. Facultades de aplicación y desarrollo.

El Gobierno dictará las disposiciones que sean precisas para la aplicación y desarrollo de esta Ley.

Tercera. Entrada en vigor.

Esta Ley entrará en vigor el día siguiente al de su publicación en el «Boletín Oficial del Estado».

d) *Supuestos concursales*

§ 15.4 LEY 22/2003, DE 9 JULIO. LEY CONCURSAL

(BOE núm. 164, de 10 julio [RCL 2003, 1748]) (fragmento)

EXPOSICIÓN DE MOTIVOS

[...]

V

La regulación de esta materia de clasificación de los créditos constituye una de las innovaciones más importantes que introduce la Ley, porque reduce drásticamente los privilegios y preferencias a efectos del concurso, sin perjuicio de que puedan subsistir en ejecuciones singulares, por virtud de las tercerías de mejor derecho. Se considera que el principio de igualdad de tratamiento de los acreedores ha de constituir la regla general del concurso, y que sus excepciones han de ser muy contadas y siempre justificadas.

Las excepciones que la Ley admite son positivas o negativas, en relación con los créditos ordinarios. Las primeras se concretan en los privilegios, especiales o generales, por razón de las garantías de que gocen los créditos o de la causa o naturaleza de éstos. A los acreedores privilegiados, en principio, sólo afectará el convenio con su conformidad y, en caso de liquidación, se les pagará con prioridad respecto de los ordinarios. Pero esos privilegios se reducen en número e incluso se limitan en su cuantía a algunos de los tradicionalmente reconocidos, como los tributarios y los de cuotas de la Seguridad Social (hasta el 50 por 100 de su importe en cada caso). Por su parte, los salarios de los últimos 30 días de trabajo anteriores a la declaración del concurso y en cuantía que no supere el doble del salario mínimo interprofesional, y los devengados con posterioridad a la declaración de concurso, así como los de indemnización por extinción del contrato de trabajo, acordada por el juez del concurso, tendrán la consideración de créditos contra la masa y serán satisfechos con preferencia respecto de los créditos concursales; los salarios del artículo 32.1 del Estatuto de los Trabajadores serán satisfechos con anterioridad al resto de créditos concursales; y los salariales del artículo 32.3 del mismo texto gozarán de privilegio general, al igual que las indemnizaciones derivadas de accidente de trabajo y los recargos sobre las prestaciones por incumplimiento de las obligaciones en materia de salud laboral devengadas con anterioridad a la declaración del concurso. Se pretende así evitar que el concurso se consuma con el pago de algunos créditos, y, sin desconocer el interés general de la satisfacción de éstos, conjugarlo con el de la masa pasiva en su conjunto, a la vez que se fomentan soluciones de convenio que estén apoyadas por los trabajadores y la Administración pública en la parte en que sus créditos no gozan de privilegio.

Las excepciones negativas son las de los créditos subordinados, una nueva categoría que introduce la Ley para clasificar aquellos que merecen quedar postergados tras los ordinarios, por razón de su tardía comunicación, por pacto contractual, por su carácter accesorio (intereses), por su naturaleza sancionadora (multas) o por la condición personal de sus titulares (personas especialmente relacionadas con el concursado o partes de mala fe en actos perjudiciales para el concurso). A estos efectos, conviene precisar que la categoría de créditos subordinados incluye los intereses devengados y sanciones impuestas con ocasión de la exacción de los créditos públicos, tanto tributarios como de la Seguridad Social. Los titulares de estos créditos subordinados carecen de derecho de voto en la junta de acreedores y, en caso de liquidación, no podrán ser pagados hasta que hayan quedado íntegramente satisfechos los ordinarios.

La subordinación por motivo de especiales relaciones personales con el concursado no sólo se basa en las de parentesco o de convivencia de hecho, sino que, en caso de persona jurídica, se extiende a los socios con responsabilidad por las deudas sociales o con una participación significativa en el capital social, así como a los administradores de derecho o de hecho, a los liquidadores y a las sociedades del mismo grupo. En todo caso, la clasificación afecta también a los cesionarios o adjudicatarios de créditos pertenecientes a personas especialmente relacionadas con el concursado si la adquisición se produce dentro de los dos años anteriores a la declaración de concurso.

[...]

TÍTULO I

DE LA DECLARACIÓN DE CONCURSO

CAPÍTULO I

De los presupuestos del concurso

Artículo 1. Presupuesto subjetivo.

1. La declaración de concurso procederá respecto de cualquier deudor, sea persona natural o jurídica.

2. El concurso de la herencia podrá declararse en tanto no haya sido aceptada pura y simplemente.

3. No podrán ser declaradas en concurso las entidades que integran la organización territorial del Estado, los organismos públicos y demás entes de derecho público.

Artículo 2. Presupuesto objetivo.

1. La declaración de concurso procederá en caso de insolvencia del deudor común.

2. Se encuentra en estado de insolvencia el deudor que no puede cumplir regularmente sus obligaciones exigibles.

3. Si la solicitud de declaración de concurso la presenta el deudor, deberá justificar su endeudamiento y su estado de insolvencia, que podrá ser actual o inminente. Se encuentra en estado de insolvencia inminente el deudor que prevea que no podrá cumplir regular y puntualmente sus obligaciones.

4. Si la solicitud de declaración de concurso la presenta un acreedor, deberá fundarla en título por el cual se haya despachado ejecución o apremio sin que del embargo resultasen bienes libres bastantes para el pago, o en la existencia de alguno de los siguientes hechos:

1º El sobreseimiento general en el pago corriente de las obligaciones del deudor.

2º La existencia de embargos por ejecuciones pendientes que afecten de una manera general al patrimonio del deudor.

3º El alzamiento o la liquidación apresurada o ruinosa de sus bienes por el deudor.

4º El incumplimiento generalizado de obligaciones de alguna de las clases siguientes: las de pago de obligaciones tributarias exigibles durante los tres meses anteriores a la solicitud de concurso; las de pago de cuotas de la Seguridad Social, y demás conceptos de recaudación conjunta durante el mismo período; las de pago de salarios e indemnizaciones y demás retribuciones derivadas de las relaciones de trabajo correspondientes a las tres últimas mensualidades.

Artículo 3. Legitimación.

1. Para solicitar la declaración de concurso están legitimados el deudor y cualquiera de sus acreedores.

Si el deudor fuera persona jurídica, será competente para decidir sobre la solicitud el órgano de administración o de liquidación.

2. Por excepción a lo dispuesto en el apartado anterior, no está legitimado el acreedor que, dentro de los seis meses anteriores a la presentación de la solicitud, hubiera adquirido el crédito por actos inter vivos y a título singular, después de su vencimiento.

3. Para solicitar la declaración de concurso de una persona jurídica, están también legitimados los socios, miembros o integrantes que sean personalmente responsables, conforme a la legislación vigente, de las deudas de aquélla.

4. Los acreedores del deudor fallecido, los herederos de éste y el administrador de la herencia podrán solicitar la declaración de concurso de la herencia no aceptada pura y simplemente. La solicitud formulada por un heredero producirá los efectos de la aceptación de la herencia a beneficio de inventario.

5. El acreedor podrá instar la declaración judicial conjunta de concurso de varios de sus deudores

cuando exista confusión de patrimonios entre éstos, o, siendo éstos personas jurídicas, formen parte del mismo grupo, con identidad sustancial de sus miembros y unidad en la toma de decisiones.

Artículo 4. De la intervención del Ministerio Fiscal.

Cuando en actuaciones por delitos contra el patrimonio y contra el orden socioeconómico se pongan de manifiesto indicios de estado de insolvencia de algún presunto responsable penal y de la existencia de una pluralidad de acreedores, el Ministerio Fiscal instará del juez que esté conociendo de la causa la comunicación de los hechos al juez de lo mercantil con competencia territorial para conocer del concurso del deudor, a los efectos pertinentes, por si respecto de éste se encontrase en tramitación un procedimiento concursal.

Asimismo, instará el Ministerio Fiscal del juez que conozca de la causa la comunicación de aquellos hechos a los acreedores cuya identidad resulte de las actuaciones penales en curso, a fin de que, en su caso, puedan solicitar la declaración de concurso o ejercitar las acciones que les correspondan.

Artículo 5. Deber de solicitar la declaración de concurso.

1. El deudor deberá solicitar la declaración de concurso dentro de los dos meses siguientes a la fecha en que hubiera conocido o debido conocer su estado de insolvencia.

2. Salvo prueba en contrario, se presumirá que el deudor ha conocido su estado de insolvencia cuando haya acaecido alguno de los hechos que pueden servir de fundamento a una solicitud de concurso necesario conforme al apartado 4 del artículo 2 y, si se trata de alguno de los previstos en su párrafo 4º, haya transcurrido el plazo correspondiente.

Artículo 6. Solicitud del deudor.

1. En el escrito de solicitud de declaración de concurso, el deudor expresará si su estado de insolvencia es actual o si lo prevé como inminente.

2. A la solicitud se acompañarán los documentos siguientes:

1º Poder especial para solicitar el concurso. Este documento podrá ser sustituido mediante la realización de apoderamiento «apud acta».

2º La memoria expresiva de la historia económica y jurídica del deudor, de la actividad o actividades a que se haya dedicado durante los tres últimos años y de los establecimientos, oficinas y explotaciones de que sea titular, de las causas del estado en que se encuentre y de las valoraciones y propuestas sobre la viabilidad patrimonial.

Si el deudor fuera persona casada, indicará en la memoria la identidad del cónyuge, con expresión del régimen económico del matrimonio.

Si el deudor fuera persona jurídica, indicará en la memoria la identidad de los socios o asociados de que tenga constancia, de los administradores o de los liquidadores y, en su caso, del auditor de cuentas, así como si forma parte de un grupo de empresas, enumerando las entidades integradas en éste, y si tiene admitidos valores a cotización en mercado secundario oficial.

Si se tratase de una herencia, se indicarán en la memoria los datos del causante.

3º Un inventario de bienes y derechos, con expresión de su naturaleza, lugar en que se encuentren, datos de identificación registral en su caso, valor de adquisición, correcciones valorativas que procedan y estimación del valor real actual. Se indicarán también los gravámenes, trabas y cargas que afecten a estos bienes y derechos, con expresión de su naturaleza y los datos de identificación.

4º Relación de acreedores, por orden alfabético, con expresión de la identidad de cada uno de ellos, así como de la cuantía y el vencimiento de los respectivos créditos y las garantías personales o reales constituidas. Si algún acreedor hubiera reclamado judicialmente el pago, se identificará el procedimiento correspondiente y se indicará el estado de las actuaciones.

3. Si el deudor estuviera legalmente obligado a llevar contabilidad, acompañará además:

1º Cuentas anuales y, en su caso, informes de gestión o informes de auditoría correspondientes a los tres últimos ejercicios.

2º Memoria de los cambios significativos operados en el patrimonio con posterioridad a las últimas cuentas anuales formuladas y depositadas y de las operaciones que por su naturaleza, objeto o cuantía excedan del giro o tráfico ordinario del deudor.

3º Estados financieros intermedios elaborados con posterioridad a las últimas cuentas anuales presentadas, en el caso de que el deudor estuviese obligado a comunicarlos o remitirlos a autoridades supervisoras.

4º En el caso de que el deudor forme parte de un grupo de empresas, como sociedad dominante o como sociedad dominada, acompañará también las cuentas anuales y el informe de gestión consolidados correspondientes a los tres últimos ejercicios sociales y el informe de auditoría emitido en relación con dichas cuentas, así como una memoria expresiva de las operaciones realizadas con otras sociedades del grupo durante ese mismo período.

4. En el supuesto previsto en el artículo 142.1.1º deberá acompañarse propuesta de plan de liquidación.

5. Cuando no se acompañe alguno de los documentos mencionados en este artículo o faltara en ellos alguno de los requisitos o datos exigidos, el deudor deberá expresar en su solicitud la causa que lo motivara.

Artículo 7. Solicitud del acreedor y de los demás legitimados.

1. El acreedor que inste la declaración de concurso deberá expresar en la solicitud el origen, naturaleza, importe, fechas de adquisición y vencimiento y situación actual del crédito, del que acompañará documento acreditativo.

Los demás legitimados deberán expresar en la solicitud el carácter en el que la formulan, acompañando el documento del que resulte su legitimación o proponiendo la prueba para acreditarla.

2. En todo caso, se expresarán en la solicitud los medios de prueba de que se valga o pretenda valerse el solicitante para acreditar los hechos en que la fundamente. La prueba testifical no será bastante por sí sola.

CAPÍTULO II

Del procedimiento de declaración

Sección 1ª Jurisdicción y competencia

Artículo 8. Juez del concurso.

Son competentes para conocer del concurso los jueces de lo mercantil. La jurisdicción del juez del concurso es exclusiva y excluyente en las siguientes materias:

1º Las acciones civiles con trascendencia patrimonial que se dirijan contra el patrimonio del concursado con excepción de las que se ejerciten en los procesos sobre capacidad, filiación, matrimonio y menores a las que se refiere el título I del libro IV de la Ley de Enjuiciamiento Civil. También conocerá de la acción a que se refiere el artículo 17.1 de esta Ley.

2º Las acciones sociales que tengan por objeto la extinción, modificación o suspensión colectivas de los contratos de trabajo en los que sea empleador el concursado, así como la suspensión o extinción de contratos de alta dirección, sin perjuicio de que cuando estas medidas supongan modificar las condiciones establecidas en convenio colectivo aplicable a estos contratos se requerirá el acuerdo de los representantes de los trabajadores. En el enjuiciamiento de estas materias, y sin perjuicio de la aplicación de las normas específicas de esta Ley, deberán tenerse en cuenta los principios inspiradores de la ordenación normativa estatutaria y del proceso laboral.

3º Toda ejecución frente a los bienes y derechos de contenido patrimonial del concursado, cualquiera que sea el órgano que la hubiera ordenado.

4º Toda medida cautelar que afecte al patrimonio del concursado excepto las que se adopten en los procesos civiles que quedan excluidos de su jurisdicción en el párrafo 1º.

5º Las que en el procedimiento concursal debe adoptar en relación con la asistencia jurídica gratuita y, en concreto, las que le atribuye la Ley 1/1996, de 10 de enero, de Asistencia Jurídica Gratuita.

6º Las acciones tendentes a exigir responsabilidad civil a los administradores sociales, a los auditores o, en su caso, a los liquidadores, por los perjuicios causados al concursado durante el procedimiento.

Artículo 9. Extensión de la jurisdicción.

La jurisdicción del juez se extiende a todas las cuestiones prejudiciales administrativas o sociales directamente relacionadas con el concurso o cuya resolución sea necesaria para el buen desarrollo del procedimiento concursal.

Artículo 10. Competencia internacional y territorial.

1. La competencia para declarar y tramitar el concurso corresponde al juez de lo mercantil en cuyo territorio tenga el deudor el centro de sus intereses principales. Si el deudor tuviese además en España su domicilio y el lugar de éste no coincidiese con el centro de sus intereses principales, será

también competente, a elección del acreedor solicitante, el juez de lo mercantil en cuyo territorio radique aquél.

Por centro de los intereses principales se entenderá el lugar donde el deudor ejerce de modo habitual y reconocible por terceros la administración de tales intereses. En caso de deudor persona jurídica, se presume que el centro de sus intereses principales se halla en el lugar del domicilio social. Será ineficaz a estos efectos el cambio de domicilio efectuado en los seis meses anteriores a la solicitud del concurso.

Los efectos de este concurso, que en el ámbito internacional se considerará «concurso principal», tendrán alcance universal, comprendiendo todos los bienes del deudor, estén situados dentro o fuera de España. En el caso de que sobre los bienes situados en un Estado extranjero se abra un procedimiento de insolvencia, se tendrán en cuenta las reglas de coordinación previstas en el capítulo III del título IX de esta Ley.

2. Si se hubieran presentado solicitudes de declaración del concurso ante dos o más juzgados competentes, será preferente aquel ante el que se hubiera presentado la primera solicitud.

3. Si el centro de los intereses principales no se hallase en territorio español, pero el deudor tuviese en éste un establecimiento, será competente el juez de lo mercantil en cuyo territorio radique y, de existir varios, donde se encuentre cualquiera de ellos, a elección del solicitante.

Por establecimiento se entenderá todo lugar de operaciones en el que el deudor ejerza de forma no transitoria una actividad económica con medios humanos y bienes.

Los efectos de este concurso, que en el ámbito internacional se considerará «concurso territorial», se limitarán a los bienes del deudor, afectos o no a su actividad, que estén situados en España. En el caso de que en el Estado donde el deudor tiene el centro de sus intereses principales se abra un procedimiento de insolvencia, se tendrán en cuenta las reglas de coordinación previstas en el capítulo IV del título IX de esta Ley.

4. En los casos de solicitud de declaración conjunta de concurso de varios deudores, será juez competente para declararlo el del lugar donde tenga el centro de sus intereses principales el deudor con mayor pasivo, y si se trata de un grupo de sociedades, el de la sociedad dominante.

La misma regla se aplicará para determinar el juez competente para la tramitación de concursos acumulados.

5. El juez examinará de oficio su competencia y determinará si ésta se basa en el apartado 1 o en el apartado 3 de este artículo.

Artículo 11. Alcance internacional de la jurisdicción.

En el ámbito internacional, la jurisdicción del juez del concurso comprende únicamente el conocimiento de aquellas acciones que tengan su fundamento jurídico en la legislación concursal y guarden una relación inmediata con el concurso.

Artículo 12. Declinatoria.

1. El deudor podrá plantear cuestión de competencia territorial por declinatoria dentro de los cinco días siguientes a aquel en que se le hubiera emplazado. También podrán plantearla los demás legitimados para solicitar la declaración de concurso, en el plazo de 10 días desde la última de las publicaciones ordenadas en el apartado 1 del artículo 23.

2. La interposición de declinatoria, en la que el promotor estará obligado a indicar cuál es el órgano competente para conocer el concurso, no suspenderá el procedimiento concursal. En ningún caso se pronunciará el juez sobre la oposición del concursado sin que previa audiencia del Ministerio Fiscal haya resuelto la cuestión de competencia planteada. En caso de que estime la cuestión de competencia, deberá inhibirse a favor del órgano al que corresponda la competencia, con emplazamiento de las partes y remisión de lo actuado.

3. Todo lo actuado en el concurso será válido aunque se estime la declinatoria.

[...]

Artículo 20. Resolución sobre la solicitud y recursos.

1. Practicadas las pruebas declaradas pertinentes o transcurrido el plazo fijado para ello, el juez, dentro de los tres días siguientes, dictará auto declarando el concurso o desestimando la solicitud. En el primer caso, las costas tendrán la consideración de créditos contra la masa; en el segundo, serán impuestas al solicitante, salvo que el juez aprecie, y así lo razone, que el caso presentaba serias dudas de hecho o de derecho. En caso de desestimación de la solicitud de concurso, una vez firme el auto, se procederá, a petición del deudor y por los trámites de los artículos 712 y siguientes de la Ley de Enjuiciamiento Civil, a la determinación de los daños y perjuicios que, en su caso, se le hubieran

ocasionado como consecuencia de la solicitud de concurso, y, una vez determinados, se requerirá de pago al solicitante del concurso, procediéndose de inmediato, si no los pagase, a su exacción forzosa.

2. Contra el pronunciamiento del auto sobre la estimación o desestimación de la solicitud de concurso cabrá, en todo caso, recurso de apelación, que no tendrá efecto suspensivo salvo que, excepcionalmente, el juez acuerde lo contrario; en tal caso habrá de pronunciarse sobre el mantenimiento, total o parcial, de las medidas cautelares que se hubiesen adoptado. Si se trata de recurrir únicamente alguno de los demás pronunciamientos contenidos en el auto de declaración del concurso, las partes podrán oponerse a las concretas medidas adoptadas mediante recurso de reposición.

3. Estarán legitimados para recurrir el auto de declaración de concurso el deudor que no la hubiese solicitado y cualquier persona que acredite interés legítimo, aunque no hubiera comparecido con anterioridad.

Para recurrir el auto desestimatorio sólo estará legitimada la parte solicitante del concurso.

4. El plazo para interponer el recurso de reposición y para preparar el recurso de apelación contará, respecto de las partes que hubieran comparecido, desde la notificación del auto, y, respecto de los demás legitimados, desde la última de las publicaciones ordenadas en el párrafo segundo del apartado 1 del artículo 23.

5. La desestimación de los recursos determinará la condena en costas del recurrente.

Sección 3ª De la declaración de concurso

Artículo 21. Auto de declaración de concurso.

1. El auto de declaración de concurso contendrá los siguientes pronunciamientos:

1º El carácter necesario o voluntario del concurso, con indicación, en su caso, de que el deudor ha solicitado la liquidación.

2º Los efectos sobre las facultades de administración y disposición del deudor respecto de su patrimonio, así como el nombramiento y las facultades de los administradores concursales.

3º En caso de concurso necesario, el requerimiento al deudor para que presente, en el plazo de 10 días a contar desde la notificación del auto, los documentos enumerados en el artículo 6.

4º En su caso, las medidas cautelares que el juez considere necesarias para asegurar la integridad, la conservación o la administración del patrimonio del deudor hasta que los administradores concursales acepten el cargo.

5º El llamamiento a los acreedores para que pongan en conocimiento de la administración concursal la existencia de sus créditos, en el plazo de un mes a contar desde la última de las publicaciones acordadas en el auto, dentro de las que con carácter obligatorio establece el apartado 1 del artículo 23.

6º La publicidad que haya de darse a la declaración de concurso.

7º En su caso, la decisión sobre la formación de pieza separada, conforme a lo dispuesto en el artículo 77.2 en relación con la disolución de la sociedad de gananciales.

8º En su caso, la decisión sobre la procedencia de aplicar el procedimiento especialmente simplificado a que se refiere el capítulo II del título VIII de esta Ley.

2. El auto producirá sus efectos de inmediato, abrirá la fase común de tramitación del concurso, que comprenderá las actuaciones previstas en los cuatro primeros títulos de esta Ley, y será ejecutivo aunque no sea firme.

3. Declarado el concurso, se ordenará la formación de las secciones segunda, tercera y cuarta. Cada una de estas secciones se encabezará por el auto o, en su caso, la sentencia que hubiera ordenado su formación.

4. La administración concursal realizará sin demora una comunicación individualizada a cada uno de los acreedores cuya identidad y domicilio consten en el concurso, informándoles de la declaración de éste y del deber de comunicar sus créditos en la forma establecida en el artículo 85.

5. El auto se notificará a las partes que hubiesen comparecido. Si el deudor no hubiera comparecido, la publicación de los edictos a que se refiere el artículo 23 producirá, respecto de él, los efectos de notificación del auto.

Si el concursado fuera una entidad de crédito o una empresa de servicios de inversión participante en un sistema de pagos y de liquidación de valores o instrumentos financieros derivados, el auto se notificará, en el mismo día de su fecha, al Banco de España, a la Comisión Nacional del Mercado de

Valores y al gestor de los sistemas a los que pertenezca la entidad afectada, en los términos previstos en la legislación especial a que se refiere la disposición adicional segunda.

Asimismo, se notificará el auto a la Comisión Nacional del Mercado de Valores cuando el concursado sea una sociedad que hubiera emitido valores admitidos a cotización en un mercado oficial.

Si el concursado fuera una entidad aseguradora, el auto se notificará, con la misma celeridad, a la Dirección General de Seguros y Fondos de Pensiones, y si fuera una mutua de accidentes de trabajo y enfermedades profesionales, se notificará en los mismos términos al Ministerio de Trabajo y Asuntos Sociales.

Artículo 22. Concurso voluntario y concurso necesario.

1. El concurso de acreedores tendrá la consideración de voluntario cuando la primera de las solicitudes presentadas hubiera sido la del propio deudor. En los demás casos, el concurso se considerará necesario.

2. Por excepción a lo dispuesto en el apartado anterior, el concurso de acreedores tendrá la consideración de necesario cuando, en los tres meses anteriores a la fecha de la solicitud del deudor, se hubiera presentado y admitido a trámite otra por cualquier legitimado, aunque éste hubiera desistido, no hubiera comparecido o no se hubiese ratificado.

Artículo 23. Publicidad.

1. La publicidad de la declaración de concurso, así como de las restantes notificaciones, comunicaciones y trámites del procedimiento, podrá realizarse por medios telemáticos, informáticos y electrónicos, en la forma que reglamentariamente se determine, garantizando la seguridad y la integridad de las comunicaciones.

No obstante lo anterior, la declaración del concurso se anunciará en el «Boletín Oficial del Estado» y en un diario de los de mayor difusión en la provincia donde el deudor tenga el centro de sus principales intereses, así como en uno de los de mayor difusión en la provincia donde radique su domicilio. Estos anuncios contendrán los datos suficientes para identificar el proceso y las formas de personarse en él.

La publicación en el «Boletín Oficial del Estado» y, en su caso, en otros periódicos oficiales del edicto se insertará con la mayor urgencia.

2. En el mismo auto de declaración del concurso o en resolución posterior, el juez, de oficio o a instancia de interesado, podrá acordar cualquier publicidad complementaria que considere oportuna, en medios oficiales o privados.

3. Los oficios con los edictos serán entregados al procurador del solicitante del concurso, quien deberá remitirlos de inmediato a los medios de publicidad correspondientes.

Si el solicitante del concurso fuese una Administración pública que actuase representada y defendida por sus servicios jurídicos, el traslado del oficio se realizará directamente por el juzgado a los medios de publicidad.

4. Las demás resoluciones que, conforme a esta Ley, deban ser publicadas por medio de edictos lo serán en la forma que establece el párrafo segundo del apartado 1 del artículo 236 de la Ley Orgánica del Poder Judicial.

Artículo 24. Publicidad registral.

1. Si el deudor fuera persona natural, se inscribirán en el Registro Civil la declaración de concurso, la intervención o, en su caso, la suspensión de sus facultades de administración y disposición, así como el nombramiento de los administradores concursales.

2. Si el deudor fuera sujeto inscribible en el Registro Mercantil, se inscribirán en éste las mismas circunstancias expresadas en el apartado anterior, practicándose previamente la inscripción del sujeto cuando ésta no constase.

3. Si se tratase de personas jurídicas no inscribibles en el Registro Mercantil y que consten en otro registro público, el juez mandará inscribir en éste las mismas circunstancias.

4. Si el deudor tuviera bienes o derechos inscritos en registros públicos, se anotarán preventivamente en el folio correspondiente a cada uno de ellos la intervención o, en su caso, la suspensión de sus facultades de administración y disposición, con expresión de su fecha, así como el nombramiento de los administradores concursales. Practicada la anotación preventiva, no podrán anotarse respecto de aquellos bienes o derechos más embargos o secuestros posteriores a la declaración de concurso que los acordados por el juez de éste, salvo lo establecido en el apartado 1 del artículo 55 de esta Ley.

5. El juez acordará expedir y entregar al procurador del solicitante del concurso los mandamientos

necesarios para la práctica inmediata de los asientos registrales previstos en este artículo. En tanto no sea firme, el auto de declaración de concurso será objeto de anotación preventiva en los correspondientes registros.

Si el solicitante del concurso fuese una Administración pública que actuase representada y defendida por sus servicios jurídicos, el traslado del oficio se realizará directamente por el juzgado a los correspondientes registros.

Artículo 25. Acumulación de concursos.

1. En los casos de concurso de deudor persona jurídica o de sociedad dominante de un grupo, la administración concursal, mediante escrito razonado, podrá solicitar del juez la acumulación al procedimiento de los concursos ya declarados de los socios, miembros o integrantes personalmente responsables de las deudas de la persona jurídica o de las sociedades dominadas pertenecientes al mismo grupo.

2. También podrán acumularse, a solicitud de la administración concursal de cualquiera de ellos, los concursos de quienes sean miembros o integrantes de una entidad sin personalidad jurídica y respondan personalmente de las deudas contraídas en el tráfico en nombre de ésta.

3. Declarados los concursos de ambos cónyuges, la administración concursal de cualquiera de ellos podrá solicitar del juez, mediante escrito razonado, la acumulación al procedimiento del concurso del otro cónyuge.

4. La acumulación prevista en este artículo procederá aunque los concursos hayan sido declarados por diferentes juzgados, sin perjuicio del condicionamiento recíproco de los convenios, conforme a lo previsto en el artículo 101.

TÍTULO II
DE LA ADMINISTRACIÓN CONCURSAL

Artículo 26. Formación de la sección segunda.

Declarado el concurso conforme a lo dispuesto en los artículos anteriores, el juez ordenará la formación de la sección segunda, que comprenderá todo lo relativo a la administración concursal del concurso, al nombramiento y al estatuto de los administradores concursales, a la determinación de sus facultades y a su ejercicio, a la rendición de cuentas y, en su caso, a la responsabilidad de los administradores concursales.

[...]

TÍTULO III
DE LOS EFECTOS DE LA DECLARACIÓN DE CONCURSO

CAPÍTULO I
De los efectos sobre el deudor

Artículo 40. Facultades patrimoniales del deudor.

1. En caso de concurso voluntario, el deudor conservará las facultades de administración y disposición sobre su patrimonio, quedando sometido el ejercicio de éstas a la intervención de los administradores concursales, mediante su autorización o conformidad.

2. En caso de concurso necesario, se suspenderá el ejercicio por el deudor de las facultades de administración y disposición sobre su patrimonio, siendo sustituido por los administradores concursales.

3. No obstante lo dispuesto en los apartados anteriores, el juez podrá acordar la suspensión en caso de concurso voluntario o la mera intervención cuando se trate de concurso necesario. En ambos casos, deberá motivarse el acuerdo señalando los riesgos que se pretendan evitar y las ventajas que se quieran obtener.

4. A solicitud de la administración concursal y oído el concursado, el juez, mediante auto, podrá acordar en cualquier momento el cambio de las situaciones de intervención o de suspensión de las facultades del deudor sobre su patrimonio.

Al cambio de las situaciones de intervención o de suspensión y a la consiguiente modificación de las facultades de la administración concursal se dará la misma publicidad que, conforme a los artículos 23 y 24, se hubiera dado a la declaración de concurso.

5. En caso de concurso de la herencia, corresponderá a la administración concursal el ejercicio de las facultades patrimoniales de administración y disposición sobre el caudal relicto, sin que pueda cambiarse esta situación.

6. La intervención y la suspensión se referirán a las facultades de administración y disposición sobre los bienes, derechos y obligaciones que hayan de integrarse en el concurso y, en su caso, a las que correspondan al deudor de la sociedad o comunidad conyugal.

El deudor conservará la facultad de testar, sin perjuicio de los efectos del concurso sobre la herencia.

7. Los actos del deudor que infrinjan las limitaciones establecidas en este artículo sólo podrán ser anulados a instancia de la administración concursal y cuando ésta no los hubiese convalidado o confirmado. Cualquier acreedor y quien haya sido parte en la relación contractual afectada por la infracción podrá requerir de la administración concursal que se pronuncie acerca del ejercicio de la correspondiente acción o de la convalidación o confirmación del acto. La acción de anulación se tramitará, en su caso, por los cauces del incidente concursal y caducará, de haberse formulado el requerimiento, al cumplirse un mes desde la fecha de éste. En otro caso, caducará con el cumplimiento del convenio por el deudor o, en el supuesto de liquidación, con la finalización de ésta.

Los referidos actos no podrán ser inscritos en registros públicos mientras no sean confirmados o convalidados, o se acredite la caducidad de la acción de anulación o su desestimación firme.

Artículo 41. Efectos sobre las comunicaciones, residencia y libre circulación del deudor.

Los efectos de la declaración de concurso sobre los derechos y libertades fundamentales del deudor en materia de correspondencia, residencia y libre circulación serán los establecidos en la Ley Orgánica para la Reforma Concursal.

Artículo 42. Colaboración e información del deudor.

1. El deudor tiene el deber de comparecer personalmente ante el juzgado de lo mercantil y ante la administración concursal cuantas veces sea requerido y el de colaborar e informar en todo lo necesario o conveniente para el interés del concurso. Cuando el deudor sea persona jurídica, estos deberes incumbirán a sus administradores o liquidadores y a quienes hayan desempeñado estos cargos dentro de los dos años anteriores a la declaración del concurso.

2. Los deberes a que se refiere el apartado anterior alcanzarán también a los apoderados del deudor y a quienes lo hayan sido dentro del período señalado.

Artículo 43. Conservación y administración de la masa activa.

1. En el ejercicio de las facultades de administración y disposición sobre la masa activa, se atenderá a su conservación del modo más conveniente para los intereses del concurso. A tal fin, los administradores concursales podrán solicitar del juzgado el auxilio que estimen necesario.

2. Hasta la aprobación judicial del convenio o la apertura de la liquidación, no se podrán enajenar o gravar los bienes y derechos que integran la masa activa sin autorización del juez.

3. Se exceptúan de lo dispuesto en el apartado anterior los actos de disposición inherentes a la continuación de la actividad profesional o empresarial del deudor, en los términos establecidos en el artículo siguiente.

Artículo 44. Continuación del ejercicio de la actividad profesional o empresarial.

1. La declaración de concurso no interrumpirá la continuación de la actividad profesional o empresarial que viniera ejerciendo el deudor.

2. En caso de intervención, y con el fin de facilitar la continuación de la actividad profesional o empresarial del deudor, la administración concursal podrá determinar los actos u operaciones propios del giro o tráfico de aquella actividad que, por razón de su naturaleza o cuantía, quedan autorizados con carácter general.

No obstante lo establecido en el apartado anterior, y sin perjuicio de las medidas cautelares que hubiera adoptado el juez al declarar el concurso, hasta la aceptación de los administradores concursales el deudor podrá realizar los actos propios de su giro o tráfico que sean imprescindibles para la continuación de su actividad, siempre que se ajusten a las condiciones normales del mercado.

3. En caso de suspensión de las facultades de administración y disposición del deudor, corresponderá a la administración concursal adoptar las medidas necesarias para la continuación de la actividad profesional o empresarial.

4. Como excepción a lo dispuesto en los apartados anteriores, el juez, a solicitud de la administración concursal y previa audiencia del deudor y de los representantes de los trabajadores de la empresa, podrá acordar mediante auto el cierre de la totalidad o de parte de las oficinas, establecimientos o explotaciones de que fuera titular el deudor, así como, cuando ejerciera una actividad empresarial, el cese o la suspensión, total o parcial, de ésta.

Cuando estas medidas supongan la extinción, suspensión o modificación colectivas de los contratos de trabajo, el juez actuará conforme a lo establecido en el párrafo 2º del artículo 8 y en el artículo 64.

Artículo 45. Libros y documentos del deudor.

1. El deudor pondrá a disposición de la administración concursal los libros de llevanza obligatoria y cualesquiera otros libros, documentos y registros relativos a los aspectos patrimoniales de su actividad profesional o empresarial.

2. A solicitud de la administración concursal, el juez acordará las medidas que estime necesarias para la efectividad de lo dispuesto en el apartado anterior.

Artículo 46. Cuentas anuales del deudor.

1. Declarado el concurso, subsistirá la obligación de formular y la de auditar las cuentas anuales.

No obstante, se exime a la sociedad concursada de realizar la auditoría de las primeras cuentas anuales que se preparen mientras esté en funciones la administración concursal, excepto que esta sociedad tenga sus valores admitidos a negociación en mercados secundarios de valores o esté sometida a supervisión pública por el Banco de España, la Dirección General de Seguros y Fondos de Pensiones o la Comisión Nacional del Mercado de Valores.

2. La formulación de las cuentas anuales durante la tramitación del concurso corresponderá al deudor bajo la supervisión de los administradores concursales, en caso de intervención, y a estos últimos en caso de suspensión.

Artículo 47. Derecho a alimentos.

1. Durante la tramitación del concurso, el deudor persona natural tendrá derecho a alimentos con cargo a la masa activa, salvo lo dispuesto para el caso de liquidación.

Su cuantía y periodicidad serán, en caso de intervención, las que acuerde la administración concursal y, en caso de suspensión, las que autorice el juez, oídos el concursado y la administración concursal. En este último caso, el juez, con audiencia del concursado o de la administración concursal y previa solicitud de cualquiera de ellas, podrá modificar la cuantía y la periodicidad de los alimentos.

2. La obligación de prestar alimentos impuesta al concursado por resolución judicial dictada en alguno de los procesos sobre capacidad, filiación, matrimonio y menores a que se refiere el título I de libro IV de la Ley de Enjuiciamiento Civil, se satisfará con cargo a la masa activa.

3. En el supuesto previsto en el apartado anterior, las personas respecto de las cuales el concursado tuviese deber legal de alimentos sólo podrán obtenerlos con cargo a la masa si no pudieren percibirlos de otras personas legalmente obligadas a prestárselos, previa autorización del juez del concurso, que resolverá por auto sobre su procedencia y cuantía.

Artículo 48. Efectos sobre el deudor persona jurídica.

1. Durante la tramitación del concurso, se mantendrán los órganos de la persona jurídica deudora, sin perjuicio de los efectos que sobre su funcionamiento produzca la intervención o la suspensión de sus facultades de administración y disposición y salvo el supuesto en que, a consecuencia de la apertura de la fase de liquidación, se declare el cese de los administradores o liquidadores. Los administradores concursales tendrán derecho de asistencia y de voz en las sesiones de los órganos colegiados.

2. Sin perjuicio del ejercicio de las acciones de responsabilidad que, conforme a lo establecido en otras leyes, asistan a la persona jurídica deudora contra sus administradores, auditores o liquidadores, estarán también legitimados para ejercitar esas acciones los administradores concursales sin necesidad de previo acuerdo de la junta o asamblea de socios.

Corresponderá al juez del concurso la competencia para conocer de las acciones a que se refiere el párrafo anterior.

La formación de la sección de calificación no afectará a las acciones de responsabilidad que se hubieran ejercitado.

3. Desde la declaración de concurso de persona jurídica, el juez del concurso, de oficio o a

solicitud razonada de la administración concursal, podrá ordenar el embargo de bienes y derechos de sus administradores o liquidadores de derecho o de hecho, y de quienes hubieran tenido esta condición dentro de los dos años anteriores a la fecha de aquella declaración, cuando de lo actuado resulte fundada la posibilidad de que el concurso se califique como culpable y de que la masa activa sea insuficiente para satisfacer todas las deudas. El embargo se acordará por la cuantía que el juez estime bastante y podrá ser sustituida, a solicitud del interesado, por aval de entidad de crédito.

4. Corresponderá exclusivamente a la administración concursal la reclamación, en el momento y cuantía que estime conveniente, del desembolso de las aportaciones sociales que hubiesen sido diferidas, cualquiera que fuera el plazo fijado en la escritura o en los estatutos, y de las prestaciones accesorias pendientes de cumplimiento.

5. De igual manera, durante la tramitación del concurso de la sociedad, la acción contra el socio o los socios subsidiariamente responsables de las deudas de ésta anteriores a la declaración de concurso corresponderá a la administración concursal y, subsidiariamente, en el supuesto previsto en el apartado 4 del artículo 54, a los acreedores, no pudiendo ejercitarla hasta la aprobación del convenio o la liquidación del patrimonio social. El juez, de oficio o a instancia de la administración concursal, podrá ordenar el embargo de bienes y derechos de los referidos socios en la cuantía que estime bastante, cuando de lo actuado resulte fundada la posibilidad de que la masa activa sea insuficiente para satisfacer todas las deudas, pudiendo, a solicitud del interesado, acordarse la sustitución del embargo por aval de entidad de crédito.

CAPÍTULO II
De los efectos sobre los acreedores

Sección 1ª De la integración de los acreedores en la masa pasiva

Artículo 49. Integración de la masa pasiva.

Declarado el concurso, todos los acreedores del deudor, ordinarios o no, cualesquiera que sean su nacionalidad y domicilio, quedarán de derecho integrados en la masa pasiva del concurso, sin más excepciones que las establecidas en las leyes.

Sección 2ª De los efectos sobre las acciones individuales

Artículo 50. Nuevos juicios declarativos.

1. Los jueces del orden civil y del orden social ante quienes se interponga demanda de la que deba conocer el juez del concurso de conformidad con lo previsto en esta Ley se abstendrán de conocer, previniendo a las partes que usen de su derecho ante el juez del concurso. De admitirse a trámite las demandas, se ordenará el archivo de todo lo actuado, careciendo de validez las actuaciones que se hayan practicado.

2. Los jueces o tribunales de los órdenes contencioso-administrativo, social o penal ante los que se ejerciten, con posterioridad a la declaración del concurso, acciones que pudieran tener trascendencia para el patrimonio del deudor emplazarán a la administración concursal y la tendrán como parte en defensa de la masa, si se personase.

Artículo 51. Continuación y acumulación de juicios declarativos pendientes.

1. Los juicios declarativos en que el deudor sea parte y que se encuentren en tramitación al momento de la declaración de concurso se continuarán hasta la firmeza de la sentencia. No obstante, se acumularán aquellos que, siendo competencia del juez del concurso según lo previsto en el artículo 8, se estén tramitando en primera instancia y respecto de los que el juez del concurso estime que su resolución tiene trascendencia sustancial para la formación del inventario o de la lista de acreedores.

La acumulación podrá solicitarse por la administración concursal, antes de emitir su informe, o por cualquier parte personada, antes de la finalización del plazo de impugnación del inventario y de la lista de acreedores.

2. En caso de suspensión de las facultades de administración y disposición del deudor, la administración concursal, en el ámbito de sus competencias, sustituirá a éste en los procedimientos judiciales en trámite, a cuyo efecto se le concederá, una vez personada, un plazo de cinco días para que se instruya en las actuaciones, pero necesitará la autorización del juez del concurso para desistir, allanarse, total o parcialmente, y transigir litigios. De la solicitud presentada por la administración concursal dará el juez traslado al deudor en todo caso y a aquellas partes personadas en el concurso que estime deban ser oídas respecto de su objeto. Las costas impuestas a consecuencia del allanamiento o del

desistimiento autorizados tendrán la consideración de crédito concursal; en caso de transacción, se estará a lo pactado en materia de costas.

No obstante, la sustitución no impedirá que el deudor mantenga su representación y defensa separada por medio de sus propios procurador y abogado, siempre que garantice, de forma suficiente ante el juez del concurso, que los gastos de su actuación procesal y, en su caso, la efectividad de la condena en costas no recaerán sobre la masa del concurso, sin que en ningún caso pueda realizar las actuaciones procesales que, conforme al párrafo anterior, corresponden a la administración concursal con autorización del juez.

3. En caso de intervención, el deudor conservará la capacidad para actuar en juicio, pero necesitará la autorización de la administración concursal, para desistir, allanarse, total o parcialmente, y transigir litigios cuando la materia litigiosa pueda afectar a su patrimonio. En cuanto a las costas, se estará a lo dispuesto en el párrafo primero del apartado anterior.

Artículo 52. Procedimientos arbitrales.

1. Los convenios arbitrales en que sea parte el deudor quedarán sin valor ni efecto durante la tramitación del concurso, sin perjuicio de lo dispuesto en los tratados internacionales.

2. Los procedimientos arbitrales en tramitación al momento de la declaración de concurso se continuarán hasta la firmeza del laudo, siendo de aplicación las normas contenidas en los apartados 2 y 3 del artículo anterior.

Artículo 53. Sentencias y laudos firmes.

1. Las sentencias y los laudos firmes dictados antes o después de la declaración de concurso vinculan al juez de éste, el cual dará a las resoluciones pronunciadas el tratamiento concursal que corresponda.

2. Lo dispuesto en este artículo se entiende sin perjuicio de la acción que asiste a la administración concursal para impugnar los convenios y procedimientos arbitrales en caso de fraude.

Artículo 54. Ejercicio de acciones del concursado.

1. En caso de suspensión de las facultades de administración y disposición del deudor, corresponderá a la administración concursal la legitimación para el ejercicio de las acciones de índole no personal. Para el ejercicio de las demás acciones comparecerá en juicio el propio deudor, quien precisará la conformidad de los administradores concursales para interponer demandas o recursos, allanarse, transigir o desistir cuando la materia litigiosa pueda afectar a su patrimonio.

2. En caso de intervención, el deudor conservará la capacidad para actuar en juicio, pero necesitará la conformidad de la administración concursal para interponer demandas o recursos que puedan afectar a su patrimonio. Si la administración concursal estimara conveniente a los intereses del concurso la interposición de una demanda y el deudor se negara a formularla, el juez del concurso podrá autorizar a aquélla para interponerla.

3. El deudor podrá personarse y defenderse de forma separada en los juicios que la administración concursal haya promovido. Las costas que se impusieran al deudor que hubiera actuado de forma separada no tendrán la consideración de deudas de la masa.

4. Los acreedores que hayan instado por escrito a la administración concursal el ejercicio de una acción del concursado de carácter patrimonial, señalando las pretensiones concretas en que consista y su fundamentación jurídica, estarán legitimados para ejercitarla si ni el concursado, en su caso, ni la administración concursal lo hiciesen dentro de los dos meses siguientes al requerimiento.

En ejercicio de esta acción subsidiaria, los acreedores litigarán a su costa en interés de la masa. En caso de que la demanda fuese total o parcialmente estimada, tendrán derecho a reembolsarse con cargo a la masa activa de los gastos y costas en que hubieran incurrido, hasta el límite de lo obtenido como consecuencia de la sentencia, una vez que ésta sea firme.

Las acciones ejercitadas conforme al párrafo anterior se notificarán a la administración concursal.

Artículo 55. Ejecuciones y apremios.

1. Declarado el concurso, no podrán iniciarse ejecuciones singulares, judiciales o extrajudiciales, ni seguirse apremios administrativos o tributarios contra el patrimonio del deudor.

Podrán continuarse aquellos procedimientos administrativos de ejecución en los que se hubiera dictado providencia de apremio y las ejecuciones laborales en las que se hubieran embargado bienes del concursado, todo ello con anterioridad a la fecha de declaración del concurso, siempre que los bienes objeto de embargo no resulten necesarios para la continuidad de la actividad profesional o empresarial del deudor.

2. Las actuaciones que se hallaran en tramitación quedarán en suspenso desde la fecha de declaración de concurso, sin perjuicio del tratamiento concursal que corresponda dar a los respectivos créditos.

3. Las actuaciones que se practiquen en contravención de lo establecido en los apartados 1 y 2 anteriores serán nulas de pleno derecho.

4. Se exceptúa de las normas contenidas en los apartados anteriores lo establecido en esta Ley para los acreedores con garantía real.

Artículo 56. Paralización de ejecuciones de garantías reales.

1. Los acreedores con garantía real sobre bienes del concursado afectos a su actividad profesional o empresarial o a una unidad productiva de su titularidad no podrán iniciar la ejecución o realización forzosa de la garantía hasta que se apruebe un convenio cuyo contenido no afecte al ejercicio de este derecho o transcurra un año desde la declaración de concurso sin que se hubiera producido la apertura de la liquidación.

Tampoco podrán ejercitarse durante ese tiempo, cuando se refieran a los bienes indicados en el párrafo anterior, las acciones tendentes a recuperar los bienes vendidos en virtud de contratos inscritos en el Registro de bienes muebles o los cedidos en arrendamientos financieros formalizados en documento que lleve aparejada ejecución o haya sido inscrito en el referido registro, ni las resolutorias de ventas de inmuebles por falta de pago del precio aplazado, aunque deriven de condiciones explícitas inscritas en el Registro de la Propiedad.

2. Las actuaciones ya iniciadas en ejercicio de las acciones a que se refiere el apartado anterior se suspenderán desde que la declaración del concurso conste en el correspondiente procedimiento y podrán reanudarse en los términos previstos en ese apartado. Se exceptúa el caso en que al tiempo de la declaración de concurso ya estuvieran publicados los anuncios de subasta del bien o derecho afecto y la ejecución no recaiga sobre bienes o derechos necesarios para la continuidad de la actividad profesional o empresarial del deudor.

3. Durante la paralización de las acciones o la suspensión de las actuaciones y cualquiera que sea el estado de tramitación del concurso, la administración concursal podrá ejercitar la opción prevista en el apartado 2 del artículo 155.

4. La declaración de concurso no afectará a la ejecución de la garantía cuando el concursado tenga la condición de tercer poseedor del bien objeto de ésta.

Artículo 57. Inicio o reanudación de ejecuciones de garantías reales.

1. El ejercicio de acciones que se inicie o se reanude conforme a lo previsto en el artículo anterior durante la tramitación del concurso se someterá a la jurisdicción del juez de éste, quien a instancia de parte decidirá sobre su procedencia y, en su caso, acordará su tramitación en pieza separada, acomodando las actuaciones a las normas propias del procedimiento judicial o extrajudicial que corresponda.

2. Iniciadas o reanudadas las actuaciones, no podrán ser suspendidas por razón de vicisitudes propias del concurso.

3. Abierta la fase de liquidación, los acreedores que antes de la declaración de concurso no hubieran ejercitado estas acciones perderán el derecho de hacerlo en procedimiento separado. Las actuaciones que hubieran quedado suspendidas como consecuencia de la declaración de concurso se reanudarán, acumulándose al procedimiento de ejecución colectiva como pieza separada.

Sección 3ª De los efectos sobre los créditos en particular

Artículo 58. Prohibición de compensación.

Sin perjuicio de lo previsto en el artículo 205, declarado el concurso, no procederá la compensación de los créditos y deudas del concursado, pero producirá sus efectos la compensación cuyos requisitos hubieran existido con anterioridad a la declaración.

En caso de controversia en cuanto a este extremo, ésta se resolverá a través de los cauces del incidente concursal.

Artículo 59. Suspensión del devengo de intereses

1. Desde la declaración de concurso quedará suspendido el devengo de los intereses, legales o convencionales, salvo los correspondientes a los créditos con garantía real, que serán exigibles hasta donde alcance la respectiva garantía. Los créditos salariales que resulten reconocidos devengarán intereses conforme al interés legal del dinero fijado en la correspondiente Ley de Presupuestos. Los créditos derivados de los intereses tendrán la consideración de subordinados a los efectos de lo previsto en el artículo 92.3º de esta Ley.

2. No obstante, cuando en el concurso se llegue a una solución de convenio que no implique quita, podrá pactarse en él el cobro, total o parcial, de los intereses cuyo devengo hubiese resultado suspendido, calculados al tipo legal o al convencional si fuera menor. En caso de liquidación, si resultara remanente después del pago de la totalidad de los créditos concursales, se satisfarán los referidos intereses calculados al tipo convencional.

Artículo 60. Interrupción de la prescripción.

1. Desde la declaración hasta la conclusión del concurso quedará interrumpida la prescripción de las acciones contra el deudor por los créditos anteriores a la declaración.

2. Desde la declaración hasta la conclusión del concurso quedará interrumpida la prescripción de las acciones contra socios y contra administradores, liquidadores y auditores de la persona jurídica deudora.

3. En el supuesto previsto en los apartados anteriores, el cómputo del plazo para la prescripción se iniciará nuevamente, en su caso, en el momento de la conclusión del concurso.

CAPÍTULO III
De los efectos sobre los contratos

Artículo 61. Vigencia de los contratos con obligaciones recíprocas.

1. En los contratos celebrados por el deudor, cuando al momento de la declaración del concurso una de las partes hubiera cumplido íntegramente sus obligaciones y la otra tuviese pendiente el cumplimiento total o parcial de las recíprocas a su cargo, el crédito o la deuda que corresponda al deudor se incluirá, según proceda, en la masa activa o en la pasiva del concurso.

2. La declaración de concurso, por sí sola, no afectará a la vigencia de los contratos con obligaciones recíprocas pendientes de cumplimiento tanto a cargo del concursado como de la otra parte. Las prestaciones a que esté obligado el concursado se realizarán con cargo a la masa.

No obstante lo dispuesto en el párrafo anterior, la administración concursal, en caso de suspensión, o el concursado, en caso de intervención, podrán solicitar la resolución del contrato si lo estimaran conveniente al interés del concurso. El juez citará a comparecencia al concursado, a la administración concursal y a la otra parte en el contrato y, de existir acuerdo en cuanto a la resolución y sus efectos, dictará auto declarando resuelto el contrato de conformidad con lo acordado. En otro caso, las diferencias se sustanciarán por los trámites del incidente concursal y el juez decidirá acerca de la resolución, acordando, en su caso, las restituciones que procedan y la indemnización que haya de satisfacerse con cargo a la masa.

3. Se tendrán por no puestas las cláusulas que establezcan la facultad de resolución o la extinción del contrato por la sola causa de la declaración de concurso de cualquiera de las partes.

Artículo 62. Resolución por incumplimiento.

1. La declaración de concurso no afectará a la facultad de resolución de los contratos a que se refiere el apartado 2 del artículo precedente por incumplimiento posterior de cualquiera de las partes. Si se tratara de contratos de tracto sucesivo, la facultad de resolución podrá ejercitarse también cuando el incumplimiento hubiera sido anterior a la declaración de concurso.

2. La acción resolutoria se ejercitará ante el juez del concurso y se sustanciará por los trámites del incidente concursal.

3. Aunque exista causa de resolución, el juez, atendiendo al interés del concurso, podrá acordar el cumplimiento del contrato, siendo a cargo de la masa las prestaciones debidas o que deba realizar el concursado.

4. Acordada la resolución del contrato, quedarán extinguidas las obligaciones pendientes de vencimiento. En cuanto a las vencidas, se incluirá en el concurso el crédito que corresponda al acreedor que hubiera cumplido sus obligaciones contractuales, si el incumplimiento del concursado fuera anterior a la declaración de concurso; si fuera posterior, el crédito de la parte cumplidora se satisfará con cargo a la masa. En todo caso, el crédito comprenderá el resarcimiento de los daños y perjuicios que proceda.

Artículo 63. Supuestos especiales.

1. Lo establecido en los artículos anteriores no afectará al ejercicio de la facultad de denuncia unilateral del contrato que proceda conforme a la Ley.

2. Tampoco afectará a la aplicación de las leyes que dispongan o expresamente permitan pactar

la extinción del contrato en los casos de situaciones concursales o de liquidación administrativa de alguna de las partes.

Artículo 64. Contratos de trabajo.

1. Los expedientes de modificación sustancial de las condiciones de trabajo y de suspensión o extinción colectiva de las relaciones laborales, una vez presentada ante el juez de lo mercantil la solicitud de declaración de concurso, se tramitarán ante éste por las reglas establecidas en el presente artículo.

2. La administración concursal, el deudor o los trabajadores de la empresa concursada a través de sus representantes legales, podrán solicitar del juez del concurso la modificación sustancial de las condiciones de trabajo y la extinción o suspensión colectivas de los contratos de trabajo en que sea empleador el concursado.

3. La adopción de las medidas previstas en el apartado anterior sólo podrá solicitarse del Juez del concurso una vez emitido por la administración concursal el informe a que se refiere el capítulo I del título IV de esta Ley, salvo que se estime que la demora en la aplicación de las medidas colectivas pretendidas puede comprometer gravemente la viabilidad futura de la empresa, en cuyo caso, y con acreditación de esta circunstancia, podrá realizarse la petición al juez en cualquier momento procesal desde la presentación de la solicitud de declaración de concurso.

4. La solicitud deberá exponer y justificar, en su caso, las causas motivadoras de las medidas colectivas pretendidas y los objetivos que se proponen alcanzar con éstas para asegurar, en su caso, la viabilidad futura de la empresa y del empleo, acompañando los documentos necesarios para su acreditación.

5. Recibida la solicitud, el juez convocará a los representantes de los trabajadores y a la administración concursal a un período de consultas, cuya duración no será superior a treinta días naturales, o a quince, también naturales, en el supuesto de empresas que cuenten con menos de cincuenta trabajadores.

Si la medida afecta a empresas de más de 50 trabajadores, deberá acompañarse a la solicitud un plan que contemple la incidencia de las medidas laborales propuestas en la viabilidad futura de la empresa y del empleo.

En los casos en que la solicitud haya sido formulada por el empresario o por la administración concursal, la comunicación a los representantes legales de los trabajadores del inicio del período de consultas deberá incluir copia de la solicitud prevista en el apartado 4 de este artículo y de los documentos que en su caso se acompañen.

6. Durante el período de consultas, los representantes de los trabajadores y la administración concursal deberán negociar de buena fe para la consecución de un acuerdo. El acuerdo requerirá la conformidad de la mayoría de los miembros del comité o comités de empresa, de los delegados de personal, en su caso, o de las representaciones sindicales, si las hubiere, siempre que representen a la mayoría de aquéllos.

Al finalizar el plazo señalado o en el momento en que se consiga un acuerdo, la administración concursal y los representantes de los trabajadores comunicarán al juez del concurso el resultado del período de consultas. Recibida dicha comunicación el juez del concurso recabará un informe de la Autoridad Laboral sobre las medidas propuestas o el acuerdo alcanzado, que deberá ser emitido en el plazo de quince días, pudiendo ésta oír a la administración concursal y a los representantes de los trabajadores antes de su emisión. Recibido el informe por el juez del concurso o transcurrido el plazo de emisión, seguirá el curso de las actuaciones. Si el informe es emitido fuera de plazo, podrá no obstante ser tenido en cuenta por el juez del concurso al adoptar la correspondiente resolución.

7. Cumplidos los trámites ordenados en los apartados anteriores, el juez resolverá en un plazo máximo de cinco días, mediante auto, sobre las medidas propuestas aceptando, de existir, el acuerdo alcanzado, salvo que en la conclusión del mismo aprecie la existencia de fraude, dolo, coacción o abuso de derecho. En este caso, así como en el supuesto de no existir acuerdo, el Juez determinará lo que proceda conforme a la legislación laboral.

El auto, en caso de acordarse la suspensión o extinción colectiva de los contratos de trabajo, producirá las mismas consecuencias que la resolución administrativa de la Autoridad Laboral recaída en un expediente de regulación de empleo, a efectos del acceso de los trabajadores a la situación legal de desempleo.

8. Contra el auto a que se refiere el apartado anterior cabrá la interposición de recurso de suplicación, así como del resto de recursos previstos en la Ley de Procedimiento Laboral, que se tramitarán y resolverán ante los órganos jurisdiccionales del orden social, sin que ninguno de ellos tenga efectos suspensivos sobre la tramitación del concurso ni de los incidentes concursales.

Las acciones que los trabajadores puedan ejercer contra el auto, en cuestiones que se refieran estrictamente a la relación jurídica individual, se sustanciarán por el procedimiento del incidente concursal. La sentencia que recaiga será recurrible en suplicación.

9. En el supuesto de acordarse una modificación sustancial de carácter colectivo de las previstas en el artículo 41 del Estatuto de los Trabajadores, el derecho de rescisión de contrato con indemnización que, para tal supuesto reconoce dicha norma legal, quedará en suspenso durante la tramitación del concurso y con el límite máximo de un año desde que se hubiere dictado el auto judicial que autorizó dicha modificación.

La suspensión prevista en el párrafo anterior también será de aplicación cuando se acordare un traslado colectivo que suponga movilidad geográfica, siempre que el nuevo centro de trabajo se encuentre en la misma provincia que el centro de trabajo de origen y a menos de 60 kilómetros de éste, salvo que se acredite que el tiempo mínimo de desplazamiento, de ida y vuelta, supera el veinticinco por ciento de la duración de la jornada diaria de trabajo.

Tanto en este caso como en los demás supuestos de modificación sustancial de las condiciones de trabajo, la improcedencia del ejercicio de la acción de rescisión derivada de la modificación colectiva de las condiciones de trabajo no podrá prolongarse por un período superior a doce meses, a contar desde la fecha en que se hubiere dictado el auto judicial que autorizó dicha modificación.

10. Las acciones individuales interpuestas al amparo de lo previsto en el artículo 50.1.b) del Estatuto de los Trabajadores tendrán la consideración de extinciones de carácter colectivo a los efectos de su tramitación ante el juez del concurso por el procedimiento previsto en el presente artículo, cuando la extinción afecte a un número de trabajadores que supere, desde la declaración del concurso, los límites siguientes:

Para las empresas que cuenten con una plantilla de hasta 100 trabajadores, diez trabajadores. Se entenderá en todo caso que son colectivas las acciones ejercidas por la totalidad de la plantilla de la empresa.

Para las empresas que cuenten con una plantilla de 100 a 300, el diez por ciento de los trabajadores.

Para las empresas que cuenten con una plantilla de más de 300, el veinticinco por ciento de los trabajadores.

11. En todo lo no previsto en este artículo se aplicará la legislación laboral y, especialmente, mantendrán los representantes de los trabajadores cuantas competencias les atribuye la misma.

Artículo 65. Contratos del personal de alta dirección.

1. Durante la tramitación del concurso, la administración concursal, por propia iniciativa o a instancia del deudor, podrá extinguir o suspender los contratos de éste con el personal de alta dirección.

2. En caso de suspensión del contrato, éste podrá extinguirse por voluntad del alto directivo, con preaviso de un mes, conservando el derecho a la indemnización en los términos del apartado siguiente.

3. En caso de extinción del contrato de trabajo, el juez del concurso podrá moderar la indemnización que corresponda al alto directivo, quedando en dicho supuesto sin efecto la que se hubiera pactado en el contrato, con el límite de la indemnización establecida en la legislación laboral para el despido colectivo.

4. La administración concursal podrá solicitar del juez que el pago de este crédito se aplace hasta que sea firme la sentencia de calificación.

Artículo 66. Convenios colectivos.

La modificación de las condiciones establecidas en los convenios regulados en el título III del Estatuto de los Trabajadores sólo podrá afectar a aquellas materias en las que sea admisible con arreglo a la legislación laboral, y, en todo caso, requerirá el acuerdo de los representantes legales de los trabajadores.

Artículo 67. Contratos con Administraciones públicas.

1. Los efectos de la declaración de concurso sobre los contratos de carácter administrativo celebrados por el deudor con Administraciones públicas se regirán por lo establecido en su legislación especial.

2. Los efectos de la declaración de concurso sobre los contratos de carácter privado celebrados por el deudor con Administraciones públicas se regirán en cuanto a sus efectos y extinción, por lo establecido en esta Ley.

Artículo 68. Rehabilitación de créditos.

1. La administración concursal, por propia iniciativa o a instancia del concursado, podrá rehabili-

tar los contratos de préstamo y demás de crédito a favor de éste cuyo vencimiento anticipado por impago de cuotas de amortización o de intereses devengados se haya producido dentro de los tres meses precedentes a la declaración de concurso, siempre que, antes de que finalice el plazo para presentar la comunicación de créditos, notifique la rehabilitación al acreedor, satisfaga o consigne la totalidad de las cantidades debidas al momento de la rehabilitación y asuma los pagos futuros con cargo a la masa.

2. No procederá la rehabilitación cuando el acreedor se oponga y con anterioridad a la apertura del concurso, hubiese iniciado el ejercicio de las acciones en reclamación del pago contra el propio deudor, contra algún codeudor solidario o contra cualquier garante.

Artículo 69. Rehabilitación de contratos de adquisición de bienes con precio aplazado.

1. La administración concursal, por propia iniciativa o a instancia del concursado, podrá rehabilitar los contratos de adquisición de bienes muebles o inmuebles con contraprestación o precio aplazado cuya resolución se haya producido dentro de los tres meses precedentes a la declaración de concurso, siempre que, antes de que finalice el plazo para la comunicación de créditos, notifique la rehabilitación al transmitente, satisfaga o consigne la totalidad de las cantidades debidas en el momento de la rehabilitación y asuma los pagos futuros con cargo a la masa. El incumplimiento del contrato que hubiera sido rehabilitado conferirá al acreedor el derecho a resolverlo sin posibilidad de ulterior rehabilitación.

2. El transmitente podrá oponerse a la rehabilitación cuando, con anterioridad a la declaración de concurso, hubiese iniciado el ejercicio de las acciones de resolución del contrato o de restitución del bien transmitido, o cuando, con la misma antelación, hubiese recuperado la posesión material del bien por cauces legítimos y devuelto o consignado en lo procedente la contraprestación recibida o hubiese realizado actos dispositivos sobre el mismo en favor de tercero, lo que habrá de acreditar suficientemente si no constare a la administración concursal.

Artículo 70. Enervación del desahucio en arrendamientos urbanos.

La administración concursal podrá enervar la acción de desahucio ejercitada contra el deudor con anterioridad a la declaración del concurso, así como rehabilitar la vigencia del contrato hasta el momento mismo de practicarse el efectivo lanzamiento. En tales casos, deberán pagarse con cargo a la masa todas las rentas y conceptos pendientes, así como las posibles costas procesales causadas hasta ese momento.

No será de aplicación en estos casos la limitación que establece el último párrafo del artículo 22 de la Ley de Enjuiciamiento Civil.

CAPÍTULO IV

De los efectos sobre los actos perjudiciales para la masa activa

Artículo 71. Acciones de reintegración.

1. Declarado el concurso, serán rescindibles los actos perjudiciales para la masa activa realizados por el deudor dentro de los dos años anteriores a la fecha de la declaración, aunque no hubiere existido intención fraudulenta.

2. El perjuicio patrimonial se presume, sin admitir prueba en contrario, cuando se trate de actos de disposición a título gratuito, salvo las liberalidades de uso, y de pagos u otros actos de extinción de obligaciones cuyo vencimiento fuere posterior a la declaración del concurso.

3. Salvo prueba en contrario, el perjuicio patrimonial se presume cuando se trate de los siguientes actos:

1º Los dispositivos a título oneroso realizados a favor de alguna de las personas especialmente relacionadas con el concursado.

2º La constitución de garantías reales a favor de obligaciones preexistentes o de las nuevas contraídas en sustitución de aquéllas.

4. Cuando se trate de actos no comprendidos en los dos supuestos previstos en el apartado anterior, el perjuicio patrimonial deberá ser probado por quien ejercite la acción rescisoria.

5. En ningún caso podrán ser objeto de rescisión los actos ordinarios de la actividad profesional o empresarial del deudor realizados en condiciones normales, ni los actos comprendidos en el ámbito de leyes especiales reguladoras de los sistemas de pagos y compensación y liquidación de valores e instrumentos derivados.

6. El ejercicio de las acciones rescisorias no impedirá el de otras acciones de impugnación de actos del deudor que procedan conforme a Derecho, las cuales podrán ejercitarse ante el Juez del

concurso, conforme a las normas de legitimación y procedimiento que para aquéllas contiene el artículo siguiente.

Artículo 72. Legitimación y procedimiento.

1. La legitimación activa para el ejercicio de las acciones rescisorias y demás de impugnación corresponderá a la administración concursal. Los acreedores que hayan instado por escrito de la administración concursal el ejercicio de alguna acción, señalando el acto concreto que se trate de rescindir o impugnar y el fundamento para ello, estarán legitimados para ejercitarla si la administración concursal no lo hiciere dentro de los dos meses siguientes al requerimiento. En este caso, en cuanto a los gastos y costas de los legitimados subsidiarios se aplicará la norma prevista en el apartado 4 del artículo 54.

2. Las demandas de rescisión deberán dirigirse contra el deudor y contra quienes hayan sido parte en el acto impugnado. Si el bien que se pretenda reintegrar hubiera sido transmitido a un tercero, la demanda también deberá dirigirse contra éste cuando el actor pretenda desvirtuar la presunción de buena fe del adquirente o atacar la irreivindicabilidad de que goce o la protección derivada de la publicidad registral.

3. Las acciones rescisorias y demás de impugnación se tramitarán por el cauce del incidente concursal. Las demandas interpuestas por los legitimados subsidiarios se notificarán a la administración concursal.

Artículo 73. Efectos de la rescisión.

1. La sentencia que estime la acción declarará la ineficacia del acto impugnado y condenará a la restitución de las prestaciones objeto de aquél, con sus frutos e intereses.

2. Si los bienes y derechos salidos del patrimonio del deudor no pudieran reintegrarse a la masa por pertenecer a tercero no demandado o que, conforme a la sentencia, hubiera procedido de buena fe o gozase de irreivindicabilidad o de protección registral, se condenará a quien hubiera sido parte en el acto rescindido a entregar el valor que tuvieran cuando salieron del patrimonio del deudor concursado, más el interés legal; si la sentencia apreciase mala fe en quien contrató con el concursado, se le condenará a indemnizar la totalidad de los daños y perjuicios causados a la masa activa.

3. El derecho a la prestación que resulte a favor de cualquiera de los demandados como consecuencia de la rescisión tendrá la consideración de crédito contra la masa, que habrá de satisfacerse simultáneamente a la reintegración de los bienes y derechos objeto del acto rescindido, salvo que la sentencia apreciare mala fe en el acreedor, en cuyo caso se considerará crédito concursal subordinado.

TÍTULO IV

DEL INFORME DE LA ADMINISTRACIÓN CONCURSAL Y DE LA DETERMINACIÓN DE LAS MASAS ACTIVA Y PASIVA DEL CONCURSO

CAPÍTULO I

De la presentación del informe de la administración concursal

Artículo 74. Plazo de presentación.

1. El plazo para la presentación del informe de los administradores concursales será de dos meses, contados a partir de la fecha en que se produzca la aceptación de dos de ellos.

2. Este plazo podrá ser prorrogado por el juez, por tiempo no superior a un mes, a solicitud de la administración concursal, presentada antes de su expiración y fundada en circunstancias extraordinarias.

3. Además de la responsabilidad y de la causa de separación en que hubieren podido incurrir conforme a los artículos 36 y 37, los administradores concursales que no presenten el informe dentro del plazo perderán el derecho a la remuneración fijada por el juez del concurso y deberán devolver a la masa las cantidades percibidas. Contra la resolución judicial que acuerde imponer esta sanción cabrá recurso de apelación.

Artículo 75. Estructura del informe.

1. El informe de la administración concursal contendrá:

1º Análisis de los datos y circunstancias del deudor expresados en la memoria a que se refiere el número 2º del apartado 2 del artículo 6.

2º Estado de la contabilidad del deudor y, en su caso, juicio sobre las cuentas, estados financieros, informes y memoria a que se refiere el apartado 3 del artículo 6.

Si el deudor no hubiese presentado las cuentas anuales correspondientes al ejercicio anterior a la declaración de concurso, serán formuladas por la administración concursal, con los datos que pueda obtener de los libros y documentos del deudor, de la información que éste le facilite y de cuanta otra obtenga en un plazo no superior a quince días.

3º Memoria de las principales decisiones y actuaciones de la administración concursal.

2. Al informe se unirán los documentos siguientes:

1º Inventario de la masa activa.

2º Lista de acreedores.

3º En su caso, el escrito de evaluación de las propuestas de convenio que se hubiesen presentado.

3. El informe concluirá con la exposición motivada de los administradores concursales acerca de la situación patrimonial del deudor y de cuantos datos y circunstancias pudieran ser relevantes para la ulterior tramitación del concurso.

CAPÍTULO II
De la determinación de la masa activa

Sección 1ª De la composición de la masa activa y formación de la sección tercera

Artículo 76. Principio de universalidad.

1. Constituyen la masa activa del concurso los bienes y derechos integrados en el patrimonio del deudor a la fecha de la declaración de concurso y los que se reintegren al mismo o adquiera hasta la conclusión del procedimiento.

2. Se exceptúan de lo dispuesto en el apartado anterior aquellos bienes y derechos que, aun teniendo carácter patrimonial, sean legalmente inembargables.

3. Los titulares de créditos con privilegios sobre los buques y las aeronaves podrán separar estos bienes de la masa activa del concurso mediante el ejercicio, por el procedimiento correspondiente, de las acciones que tengan reconocidas en su legislación específica. Si de la ejecución resultara remanente a favor del concursado, se integrará en la masa activa.

Artículo 77. Bienes conyugales.

1. En caso de concurso de persona casada, la masa activa comprenderá los bienes y derechos propios o privativos del concursado.

2. Si el régimen económico del matrimonio fuese el de sociedad de gananciales o cualquier otro de comunidad de bienes, se incluirán en la masa, además, los bienes gananciales o comunes cuando deban responder de obligaciones del concursado. En este caso, el cónyuge del concursado podrá pedir la disolución de la sociedad o comunidad conyugal y el juez acordará la liquidación o división del patrimonio que se llevará a cabo de forma coordinada con lo que resulte del convenio o de la liquidación del concurso.

Artículo 78. Presunción de donaciones y pacto de sobre vivencia entre los cónyuges. Vivienda habitual del matrimonio.

1. Declarado el concurso de persona casada en régimen de separación de bienes, se presumirá en beneficio de la masa, salvo prueba en contrario, que donó a su cónyuge la contraprestación satisfecha por éste para la adquisición de bienes a título oneroso cuando esta contraprestación proceda del patrimonio del concursado. De no poderse probar la procedencia de la contraprestación se presumirá, salvo prueba en contrario, que la mitad de ella fue donada por el concursado a su cónyuge, siempre que la adquisición de los bienes se haya realizado en el año anterior a la declaración de concurso.

2. Las presunciones a que se refiere este artículo no regirán cuando los cónyuges estuvieran separados judicialmente o de hecho.

3. Los bienes adquiridos por ambos cónyuges con pacto de sobrevivencia se considerarán divisibles en el concurso de cualquiera de ellos, integrándose en la masa activa la mitad correspondiente al concursado.

El cónyuge del concursado tendrá derecho a adquirir la totalidad de cada uno de los bienes satisfaciendo a la masa la mitad de su valor. Si se tratare de la vivienda habitual del matrimonio, el valor será el del precio de adquisición actualizado conforme al índice de precios al consumo específico, sin que pueda superar el de su valor de mercado. En los demás casos, será el que de común acuerdo determinen el cónyuge del concursado y la administración concursal o, en su defecto, el que como valor de mercado determine el juez, oídas las partes y previo informe de experto cuando lo estime oportuno.

4. Cuando la vivienda habitual del matrimonio tuviese carácter ganancial o les perteneciese en comunidad conyugal y procediere la liquidación de la sociedad de gananciales o la disolución de la comunidad, el cónyuge del concursado tendrá derecho a que aquélla se incluya con preferencia en su haber, hasta donde éste alcance o abonando el exceso.

Artículo 79. Cuentas indistintas.

1. Los saldos acreedores de cuentas en las que el concursado figure como titular indistinto se integrarán en la masa activa, salvo prueba en contrario apreciada como suficiente por la administración concursal.

2. Contra la decisión que se adopte podrá plantearse incidente concursal.

Artículo 80. Separación.

1. Los bienes de propiedad ajena que se encuentren en poder del concursado y sobre los cuales éste no tenga derecho de uso, garantía o retención serán entregados por la administración concursal a sus legítimos titulares, a solicitud de éstos.

2. Contra la decisión denegatoria de la administración concursal podrá plantearse incidente concursal.

Artículo 81. Imposibilidad de separación.

1. Si los bienes y derechos susceptibles de separación hubieran sido enajenados por el deudor antes de la declaración de concurso a tercero de quien no puedan reivindicarse, el titular perjudicado podrá optar entre exigir la cesión del derecho a recibir la contraprestación si todavía el adquirente no la hubiera realizado, o comunicar a la administración concursal, para su reconocimiento en el concurso, el crédito correspondiente al valor que tuvieran los bienes y derechos en el momento de la enajenación o en otro posterior, a elección del solicitante, más el interés legal.

2. El crédito que resulte a favor del titular perjudicado tendrá la consideración de crédito concursal ordinario. Los efectos de la falta de comunicación oportuna del crédito se producirán transcurrido un mes desde la aceptación por la administración concursal o desde la firmeza de la resolución judicial que hubiere reconocido los derechos del titular perjudicado.

Sección 2ª. Del inventario de la masa activa

Artículo 82. Formación del inventario.

1. La administración concursal elaborará a la mayor brevedad posible un inventario que contendrá la relación y el avalúo de los bienes y derechos del deudor integrados en la masa activa a la fecha de cierre, que será el día anterior al de emisión de su informe. En caso de concurso de persona casada en régimen de gananciales o cualquier otro de comunidad de bienes, se incluirán en el inventario la relación y el avalúo de los bienes y derechos privativos del deudor concursado, así como las de los bienes y derechos gananciales o comunes, con expresa indicación de su carácter.

2. De cada uno de los bienes y derechos relacionados en el inventario se expresará su naturaleza, características, lugar en que se encuentre y, en su caso, datos de identificación registral. Se indicarán también los gravámenes, trabas y cargas que afecten a estos bienes y derechos, con expresión de su naturaleza y los datos de identificación.

3. El avalúo de cada uno de los bienes y derechos se realizará con arreglo a su valor de mercado, teniendo en cuenta los derechos, gravámenes o cargas de naturaleza perpetua, temporal o redimible que directamente les afecten e influyan en su valor, así como las garantías reales y las trabas o embargos que garanticen o aseguren deudas no incluidas en la masa pasiva.

4. Al inventario se añadirá una relación de todos los litigios cuyo resultado pueda afectar a su contenido y otra comprensiva de cuantas acciones debieran promoverse, a juicio de la administración concursal, para la reintegración de la masa activa. En ambas relaciones se informará sobre viabilidad, riesgos, costes y posibilidades de financiación de las correspondientes actuaciones judiciales.

Artículo 83. Asesoramiento de expertos independientes.

1. Si la administración concursal considera necesario el asesoramiento de expertos independientes para la estimación de los valores de bienes y derechos o de la viabilidad de las acciones a que se

refiere el artículo anterior, propondrá al Juez su nombramiento y los términos del encargo. Contra la decisión del Juez no cabrá recurso alguno.

2. Los informes emitidos por los expertos y el detalle de los honorarios devengados con cargo a la masa se unirán al inventario.

CAPÍTULO III

De la determinación de la masa pasiva

Sección 1ª De la composición de la masa pasiva y formación de la sección cuarta

Artículo 84. Créditos concursales y créditos contra la masa.

1. Constituyen la masa pasiva los créditos contra el deudor común que conforme a esta Ley no tengan la consideración de créditos contra la masa. En caso de concurso de persona casada en régimen de gananciales o cualquier otro de comunidad de bienes, no se integrarán en la masa pasiva los créditos contra el cónyuge del concursado, aunque sean, además, créditos a cargo de la sociedad o comunidad conyugal.

2. Tienen la consideración de créditos contra la masa, y serán satisfechos conforme a lo dispuesto en el artículo 154:

1º Los créditos por salarios por los últimos treinta días de trabajo anteriores a la declaración de concurso y en cuantía que no supere el doble del salario mínimo interprofesional.

2º Los de costas y gastos judiciales ocasionados por la solicitud y la declaración de concurso, la adopción de medidas cautelares, la publicación de las resoluciones judiciales previstas en esta Ley, y la asistencia y representación del concursado y de la administración concursal durante toda la tramitación del procedimiento y sus incidentes, hasta la eficacia del convenio o, en otro caso, hasta la conclusión del concurso, con excepción de los ocasionados por los recursos que interpongan contra resoluciones del juez cuando fueren total o parcialmente desestimados con expresa condena en costas.

3º Los de costas y gastos judiciales ocasionados por la asistencia y representación del deudor, de la administración concursal o de acreedores legitimados en los juicios que, en interés de la masa, continúen o inicien conforme a lo dispuesto en esta Ley, salvo lo previsto para los casos de desistimiento, allanamiento, transacción y defensa separada del deudor y, en su caso, hasta los límites cuantitativos en ella establecidos.

4º Los de alimentos del deudor y de las personas respecto de las cuales tuviera el deber legal de prestarlos, conforme a lo dispuesto en esta Ley sobre su procedencia y cuantía así como, en toda la extensión que se fije en la correspondiente resolución judicial posterior a la declaración del concurso, los de los alimentos a cargo del concursado acordados por el Juez de Primera Instancia en alguno de los procesos a que se refiere el título I del Libro IV de la Ley de Enjuiciamiento Civil.

5º Los generados por el ejercicio de la actividad profesional o empresarial del deudor tras la declaración del concurso, incluyendo los créditos laborales, comprendidas en ellos las indemnizaciones debidas en caso de despido o extinción de los contratos de trabajo, así como los recargos sobre las prestaciones por incumplimiento de las obligaciones en materia de salud laboral, hasta que el juez acuerde el cese de la actividad profesional o empresarial, apruebe un convenio o, en otro caso, declare la conclusión del concurso.

Los créditos por indemnizaciones derivadas de extinciones colectivas de contratos de trabajo ordenados por el juez del concurso se entenderán comunicados y reconocidos por la propia resolución que los apruebe, sea cual sea el momento.

6º Los que, conforme a esta Ley, resulten de prestaciones a cargo del concursado en los contratos con obligaciones recíprocas pendientes de cumplimiento que continúen en vigor tras la declaración de concurso, y de obligaciones de restitución e indemnización en caso de resolución voluntaria o por incumplimiento del concursado.

7º Los que, en los casos de pago de créditos con privilegio especial sin realización de los bienes o derechos afectos, en los de rehabilitación de contratos o de enervación de desahucio y en los demás previstos en esta Ley, correspondan por las cantidades debidas y las de vencimiento futuro a cargo del concursado.

8º Los que, en los casos de rescisión concursal de actos realizados por el deudor, correspondan a la devolución de contraprestaciones recibidas por éste, salvo que la sentencia apreciare mala fe en el titular de este crédito.

9º Los que resulten de obligaciones válidamente contraídas durante el procedimiento por la administración concursal o, con la autorización o conformidad de ésta, por el concursado sometido a intervención.

10º Los que resulten de obligaciones nacidas de la Ley o de responsabilidad extracontractual del concursado con posterioridad a la declaración de concurso y hasta la eficacia del convenio o, en su caso, hasta la conclusión del concurso.

11º Cualesquiera otros créditos a los que esta Ley atribuya expresamente tal consideración.

Sección 2ª De la comunicación y del reconocimiento de créditos

Artículo 85. Comunicación de créditos.

1. Dentro del plazo señalado en el número 5º del apartado 1 del artículo 21, los acreedores del concursado comunicarán a la administración concursal la existencia de sus créditos.

2. La comunicación se formulará por escrito firmado por el acreedor, por cualquier otro interesado en el crédito o por quien acredite representación suficiente de ellos, y se presentará en el juzgado.

3. El escrito expresará nombre, domicilio y demás datos de identidad del acreedor, así como los relativos al crédito, su concepto, cuantía, fechas de adquisición y vencimiento, características y calificación que se pretenda. Si se invocare un privilegio especial, se indicarán, además, los bienes o derechos a que afecte y, en su caso, los datos registrales.

4. Se acompañarán los originales o copias autenticadas del título o de los documentos relativos al crédito. Si se solicitare la devolución de los títulos, documentos o escrituras de poder acompañados, quedarán en las actuaciones testimonios bastantes autorizados por el secretario.

No obstante, cuando los originales de los títulos o documentos hayan sido aportados o consten en otro procedimiento judicial o administrativo, podrán acompañarse copias no autenticadas de los mismos siempre que se justifique la solicitud efectuada ante el juzgado u organismo correspondiente para la obtención de testimonio o la devolución de originales.

5. En caso de concursos simultáneos de deudores solidarios, el acreedor o el interesado podrán comunicar la existencia de los créditos a la administración concursal de cada uno de los concursos. El escrito presentado en cada concurso expresará si se ha efectuado o se va a efectuar la comunicación en los demás, acompañándose, en su caso, copia del escrito o de los escritos presentados y de los que se hubieren recibido.

Artículo 86. Reconocimiento de créditos.

1. Corresponderá a la administración concursal determinar la inclusión o exclusión en la lista de acreedores de los créditos puestos de manifiesto en el procedimiento. Esta decisión se adoptará respecto de cada uno de los créditos, tanto de los que se hayan comunicado expresamente como de los que resultaren de los libros y documentos del deudor o por cualquier otra razón constaren en el concurso.

Todas las cuestiones que se susciten en materia de reconocimiento de créditos serán tramitadas y resueltas por medio del incidente concursal.

2. Se incluirán necesariamente en la lista de acreedores aquellos créditos que hayan sido reconocidos por laudo o por sentencia, aunque no fueran firmes, los que consten en documento con fuerza ejecutiva, los reconocidos por certificación administrativa, los asegurados con garantía real inscrita en registro público, y los créditos de los trabajadores cuya existencia y cuantía resulten de los libros y documentos del deudor o por cualquier otra razón consten en el concurso. No obstante, la administración concursal podrá impugnar en juicio ordinario y dentro del plazo para emitir su informe, los convenios o procedimientos arbitrales en caso de fraude, conforme a lo previsto en el apartado 2 del artículo 53, y la existencia y validez de los créditos consignados en título ejecutivo o asegurados con garantía real, así como, a través de los cauces admitidos al efecto por su legislación específica, los actos administrativos.

3. Cuando el concursado fuere persona casada en régimen de gananciales o cualquier otro de comunidad de bienes, la administración concursal expresará, respecto de cada uno de los créditos incluidos en la lista, si sólo pueden hacerse efectivos sobre su patrimonio privativo o también sobre el patrimonio común.

Artículo 87. Supuestos especiales de reconocimiento.

1. Los créditos sometidos a condición resolutoria se reconocerán como condicionales y disfrutarán de los derechos concursales que correspondan a su cuantía y calificación, en tanto no se cumpla la condición. Cumplida ésta, podrán anularse, a petición de parte, las actuaciones y decisiones en las que el acto, la adhesión o el voto del acreedor condicional hubiere sido decisivo. Todas las demás actuaciones se mantendrán, sin perjuicio del deber de devolución a la masa, en su caso, de las cantida-

des cobradas por el acreedor condicional, y de la responsabilidad en que dicho acreedor hubiere podido incurrir frente a la masa o frente a los acreedores.

2. A los créditos de derecho público de las Administraciones públicas y sus organismos públicos recurridos en vía administrativa o jurisdiccional les será de aplicación lo dispuesto en el apartado anterior.

3. Los créditos sometidos a condición suspensiva y los litigiosos serán reconocidos en el concurso como créditos contingentes sin cuantía propia y con la calificación que corresponda, admitiéndose a sus titulares como acreedores legitimados en el juicio sin más limitaciones que la suspensión de los derechos de adhesión, de voto y de cobro. En todo caso, la confirmación del crédito contingente o su reconocimiento en sentencia firme o susceptible de ejecución provisional, otorgará a su titular la totalidad de los derechos concursales que correspondan a su cuantía y calificación.

4. Cuando el juez del concurso estime probable el cumplimiento de la condición resolutoria o la confirmación del crédito contingente, podrá, a petición de parte, adoptar las medidas cautelares de constitución de provisiones con cargo a la masa, de prestación de fianzas por las partes y cualesquiera otras que considere oportunas en cada caso.

5. Los créditos que no puedan ser hechos efectivos contra el concursado sin la previa excusión del patrimonio del deudor principal se reconocerán como créditos contingentes mientras el acreedor no justifique cumplidamente a la administración concursal haber agotado la excusión, confirmándose, en tal caso, el reconocimiento del crédito en el concurso por el saldo subsistente.

6. Los créditos en los que el acreedor disfrute de fianza de tercero se reconocerán por su importe sin limitación alguna y sin perjuicio de la sustitución del titular del crédito en caso de pago por el fiador. En la calificación de estos créditos se optará, en todo caso, por la que resulte menos gravosa para el concurso entre las que correspondan al acreedor y al fiador.

7. A solicitud del acreedor que hubiese cobrado parte de su crédito de un avalista, fiador o deudor solidario del concursado, podrán incluirse a su favor en la lista de acreedores tanto el resto de su crédito no satisfecho como la totalidad del que, por reembolso o por cuota de solidaridad, corresponda a quien hubiere hecho el pago parcial, aunque éste no hubiere comunicado su crédito o hubiere hecho remisión de la deuda.

Artículo 88. Cómputo de los créditos en dinero.

1. A los solos efectos de la cuantificación del pasivo, todos los créditos se computarán en dinero y se expresarán en moneda de curso legal, sin que ello suponga su conversión ni modificación.

2. Los créditos expresados en otra moneda se computarán en la de curso legal según el tipo de cambio oficial en la fecha de la declaración de concurso.

3. Los créditos que tuvieran por objeto prestaciones no dinerarias o prestaciones dinerarias determinadas por referencia a un bien distinto del dinero se computarán por el valor de las prestaciones o del bien en la fecha de la declaración de concurso.

4. Los créditos que tuvieran por objeto prestaciones dinerarias futuras se computarán por su valor a la fecha de la declaración de concurso, efectuándose la actualización conforme al tipo de interés legal vigente en ese momento.

Sección 3ª De la clasificación de los créditos

Artículo 89. Clases de créditos.

1. Los créditos incluidos en la lista de acreedores se clasificarán, a efectos del concurso, en privilegiados, ordinarios y subordinados.

2. Los créditos privilegiados se clasificarán, a su vez, en créditos con privilegio especial, si afectan a determinados bienes o derechos, y créditos con privilegio general, si afectan a la totalidad del patrimonio del deudor. No se admitirá en el concurso ningún privilegio o preferencia que no esté reconocido en esta Ley.

3. Se entenderán clasificados como créditos ordinarios aquellos que no se encuentren calificados en esta Ley como privilegiados ni como subordinados.

Artículo 90. Créditos con privilegio especial.

1. Son créditos con privilegio especial:

1º Los créditos garantizados con hipoteca voluntaria o legal, inmobiliaria o mobiliaria, o con prenda sin desplazamiento, sobre los bienes hipotecados o pignorados.

2º Los créditos garantizados con anticresis, sobre los frutos del inmueble gravado.

3º Los créditos refaccionarios, sobre los bienes refaccionados, incluidos los de los trabajadores sobre los objetos por ellos elaborados mientras sean propiedad o estén en posesión del concursado.

4º Los créditos por cuotas de arrendamiento financiero o plazos de compraventa con precio aplazado de bienes muebles o inmuebles, a favor de los arrendadores o vendedores y, en su caso, de los financiadores, sobre los bienes arrendados con reserva de dominio, con prohibición de disponer o con condición resolutoria en caso de falta de pago.

5º Los créditos con garantía de valores representados mediante anotaciones en cuenta, sobre los valores gravados.

6º Los créditos garantizados con prenda constituida en documento público, sobre los bienes o derechos pignorados que estén en posesión del acreedor o de un tercero. Si se tratare de prenda de créditos, bastará con que conste en documento con fecha fehaciente para gozar de privilegio sobre los créditos pignorados.

2. Para que los créditos mencionados en los números 1º a 5º del apartado anterior puedan ser clasificados con privilegio especial, la respectiva garantía deberá estar constituida con los requisitos y formalidades previstos en su legislación específica para su oponibilidad a terceros, salvo que se trate de hipoteca legal tácita o de los refaccionarios de los trabajadores.

Artículo 91. Créditos con privilegio general.

Son créditos con privilegio general:

1º Los créditos por salarios que no tengan reconocido privilegio especial, en la cuantía que resulte de multiplicar el triple del salario mínimo interprofesional por el número de días de salario pendientes de pago, las indemnizaciones derivadas de la extinción de los contratos, en la cuantía correspondiente al mínimo legal calculada sobre una base que no supere el triple del salario mínimo interprofesional, las indemnizaciones derivadas de accidente de trabajo y enfermedad profesional, y los recargos sobre las prestaciones por incumplimiento de las obligaciones en materia de salud laboral devengados con anterioridad a la declaración de concurso.

2º Las cantidades correspondientes a retenciones tributarias y de Seguridad Social debidas por el concursado en cumplimiento de una obligación legal.

3º Los créditos por trabajo personal no dependiente y los que correspondan al propio autor por la cesión de los derechos de explotación de la obra objeto de propiedad intelectual, devengados durante los seis meses anteriores a la declaración del concurso.

4º Los créditos tributarios y demás de Derecho público, así como los créditos de la Seguridad Social que no gocen de privilegio especial conforme al apartado 1 del artículo 90, ni del privilegio general del número 2º de este artículo. Este privilegio podrá ejercerse para el conjunto de los créditos de la Hacienda Pública y para el conjunto de los créditos de la Seguridad Social, respectivamente, hasta el cincuenta por ciento de su importe.

5º Los créditos por responsabilidad civil extracontractual. No obstante, los daños personales no asegurados se tramitarán en concurrencia con los créditos recogidos en el número 4º de este artículo.

6º Los créditos de que fuera titular el acreedor que hubiere solicitado la declaración de concurso y que no tuvieren el carácter de subordinados, hasta la cuarta parte de su importe.

Artículo 92. Créditos subordinados.

Son créditos subordinados:

1º Los créditos que, habiendo sido comunicados tardíamente, sean incluidos por la administración concursal en la lista de acreedores o que, no habiendo sido comunicados oportunamente, sean incluidos en dicha lista por el Juez al resolver sobre la impugnación de ésta, salvo que se trate de créditos cuya existencia resultare de la documentación del deudor, constaren de otro modo en el concurso o en otro procedimiento judicial, o que para su determinación sea precisa la actuación inspectora de las Administraciones públicas, teniendo en todos estos casos el carácter que les corresponda según su naturaleza.

2º Los créditos que por pacto contractual tengan el carácter de subordinados respecto de todos los demás créditos contra el deudor.

3º Los créditos por intereses de cualquier clase, incluidos los moratorios, salvo los correspondientes a créditos con garantía real hasta donde alcance la respectiva garantía.

4º Los créditos por multas y demás sanciones pecuniarias.

5º Los créditos de que fuera titular alguna de las personas especialmente relacionadas con el deudor a las que se refiere el artículo siguiente, excepto los comprendidos en el número 1º del artículo 91 cuando el concursado sea persona natural.

6º Los créditos que como consecuencia de rescisión concursal resulten a favor de quien en la sentencia haya sido declarado parte de mala fe en el acto impugnado.

Artículo 93. Personas especialmente relacionadas con el concursado.

1. Se consideran personas especialmente relacionadas con el concursado persona natural:

1º El cónyuge del concursado o quien lo hubiera sido dentro de los dos años anteriores a la declaración de concurso, o las personas que convivan con análoga relación de afectividad o hubieran convivido habitualmente con él dentro de los dos años anteriores a la declaración de concurso.

2º Los ascendientes, descendientes y hermanos del concursado o de cualquiera de las personas a que se refiere el número anterior.

3º Los cónyuges de los ascendientes, de los descendientes y de los hermanos del concursado.

2. Se consideran personas especialmente relacionadas con el concursado persona jurídica:

1º Los socios que conforme a la Ley sean personal e ilimitadamente responsables de las deudas sociales y aquellos otros que sean titulares de, al menos, un cinco por ciento del capital social, si la sociedad declarada en concurso tuviera valores admitidos a negociación en mercado secundario oficial, o un diez por ciento si no los tuviera.

2º Los administradores, de derecho o de hecho, los liquidadores del concursado persona jurídica y los apoderados con poderes generales de la empresa, así como quienes lo hubieren sido dentro de los dos años anteriores a la declaración de concurso.

3º Las sociedades que formen parte del mismo grupo que la sociedad declarada en concurso y sus socios.

3. Salvo prueba en contrario, se presumen personas especialmente relacionadas con el concursado los cesionarios o adjudicatarios de créditos pertenecientes a cualquiera de las personas mencionadas en los apartados anteriores, siempre que la adquisición se hubiere producido dentro de los dos años anteriores a la declaración de concurso.

Sección 4ª De la lista de acreedores

Artículo 94. Estructura y contenido.

1. Al informe de la administración concursal se acompañará la lista de acreedores, referida a la fecha de solicitud del concurso, que comprenderá una relación de los incluidos y otra de los excluidos, ambas ordenadas alfabéticamente.

2. La relación de los acreedores incluidos expresará la identidad de cada uno de ellos, la causa, la cuantía por principal y por intereses, fechas de origen y vencimiento de los créditos reconocidos de que fuere titular, sus garantías personales o reales y su calificación jurídica, indicándose, en su caso, su carácter de litigiosos, condicionales o pendientes de la previa excusión del patrimonio del deudor principal. Se harán constar expresamente, si las hubiere, las diferencias entre la comunicación y el reconocimiento y las consecuencias de la falta de comunicación oportuna.

Cuando el concursado fuere persona casada en régimen de gananciales o cualquier otro de comunidad de bienes, se relacionarán separadamente los créditos que sólo pueden hacerse efectivos sobre su patrimonio privativo y los que pueden hacerse efectivos también sobre el patrimonio común.

3. La relación de los excluidos expresará la identidad de cada uno de ellos y los motivos de la exclusión.

4. En relación separada, se detallarán y cuantificarán los créditos contra la masa devengados y pendientes de pago.

[...]

TÍTULO V
DE LAS FASES DE CONVENIO O DE LIQUIDACIÓN

CAPÍTULO I
De la fase de convenio

Sección 1ª De la finalización de la fase común del concurso

Artículo 98. Resolución judicial.

Transcurrido el plazo de impugnación del inventario y de la lista de acreedores sin que se hubieren presentado impugnaciones o, de haberse presentado, una vez puestos de manifiesto en la secretaría del juzgado los textos definitivos de aquellos documentos, el Juez dictará la resolución que proceda de conformidad con lo dispuesto en este título.

[...]

CAPÍTULO II
De la fase de liquidación

Sección 1ª De la apertura de la fase de liquidación

Artículo 142. Apertura de la liquidación a solicitud del deudor o de acreedor.

1. El deudor podrá pedir la liquidación:

1º Con la solicitud de concurso voluntario.

2º Desde que se dicte el auto de declaración de concurso y hasta la expiración del plazo de impugnación del inventario y de la lista de acreedores si no se hubiesen presentado impugnaciones o, de haberse presentado, hasta la fecha en que se pongan de manifiesto en la secretaría del juzgado los textos definitivos de aquellos documentos, siempre que al momento de la solicitud no hubiera presentado propuesta de convenio o, de haber presentado una anticipada, se hubiese denegado su admisión a trámite.

3º Si no mantuviese la propuesta anticipada de convenio, de conformidad con lo previsto en el apartado 1 del artículo 110.

4º Dentro de los cinco días siguientes a aquel en que los acreedores hayan presentado propuesta de convenio conforme al apartado 1 del artículo 113, salvo que el propio deudor hubiere presentado una suya.

2. Dentro de los quince días siguientes a la expiración del plazo de impugnación del inventario y de la lista de acreedores si no se hubiesen presentado impugnaciones o, de haberse presentado, a la fecha en que se pongan de manifiesto en la secretaría del juzgado los textos definitivos de aquellos documentos, si el deudor así lo hubiese pedido conforme al apartado anterior, el juez dictará auto poniendo fin a la fase común del concurso, abriendo la fase de liquidación.

3. El deudor deberá pedir la liquidación cuando, durante la vigencia del convenio, conozca la imposibilidad de cumplir los pagos comprometidos y las obligaciones contraídas con posterioridad a la aprobación de aquél. Presentada la solicitud, el juez dictará auto abriendo la fase de liquidación.

4. Si el deudor no solicitara la liquidación durante la vigencia del convenio, podrá hacerlo cualquier acreedor que acredite la existencia de alguno de los hechos que pueden fundamentar una declaración de concurso según lo dispuesto en el apartado 4 del artículo 2 de esta Ley. El juez dará a la solicitud el trámite previsto en los artículos 15 y 19 de esta Ley y resolverá mediante auto si procede o no abrir la liquidación.

Artículo 143. Apertura de oficio de la liquidación.

1. Procederá de oficio la apertura de la fase de liquidación en los siguientes casos:

1º No haberse presentado dentro de plazo legal ninguna de las propuestas de convenio a que se refiere el artículo 113 o no haber sido admitidas a trámite las que hubieren sido presentadas.

2º No haberse aceptado en junta de acreedores ninguna propuesta de convenio.

3º Haberse rechazado por resolución judicial firme el convenio aceptado en junta de acreedores sin que proceda acordar nueva convocatoria.

4º Haberse declarado por resolución judicial firme la nulidad del convenio aprobado por el juez.

5º Haberse declarado por resolución judicial firme el incumplimiento del convenio.

2. En los casos 1º y 2º del apartado anterior, la apertura de la fase de liquidación se acordará por el juez sin más trámites, en el momento en que proceda, mediante auto que se notificará al concursado, a la administración concursal y a todas las partes personadas en el procedimiento.

En cualquiera de los demás casos, la apertura de la fase de liquidación se acordará en la propia resolución judicial que la motive.

[...]

Artículo 153. Separación de los administradores concursales por prolongación indebida de la liquidación.

1. Transcurrido un año desde la apertura de la fase de liquidación sin que hubiera finalizado ésta, cualquier interesado podrá solicitar al juez del concurso la separación de los administradores concursales y el nombramiento de otros nuevos.

2. El juez, previa audiencia de los administradores concursales, acordará la separación si no existiere causa que justifique la dilación y procederá al nombramiento de quienes hayan de sustituirlos.

3. Los administradores concursales separados por prolongación indebida de la liquidación perderán el derecho a percibir las retribuciones devengadas, debiendo reintegrar a la masa activa las cantidades que en ese concepto hubieran percibido desde la apertura de la fase de liquidación.

4. Del contenido del auto por el que se acuerde la separación a que se refieren los apartados anteriores, se dará conocimiento al registro público mencionado en el artículo 198.

Sección 4ª Del pago a los acreedores

Artículo 154. Pago de créditos contra la masa.

1. Antes de proceder al pago de los créditos concursales, la administración concursal deducirá de la masa activa los bienes y derechos necesarios para satisfacer los créditos contra ésta.

2. Los créditos contra la masa, cualquiera que sea su naturaleza, habrán de satisfacerse a sus respectivos vencimientos, cualquiera que sea el estado del concurso. Los créditos del artículo 84.2.1º se pagarán de forma inmediata. Las acciones relativas a la calificación o al pago de estos créditos se ejercitarán ante el juez del concurso por los trámites del incidente concursal, pero no podrán iniciarse ejecuciones para hacerlos efectivos hasta que se apruebe un convenio, se abra la liquidación o transcurra un año desde la declaración de concurso sin que se hubiere producido ninguno de estos actos.

3. Las deducciones para atender al pago de los créditos contra la masa se harán con cargo a los bienes y derechos no afectos al pago de créditos con privilegio especial. En caso de resultar insuficientes, lo obtenido se distribuirá entre todos los acreedores de la masa por el orden de sus vencimientos.

Artículo 155. Pago de créditos con privilegio especial.

1. El pago de los créditos con privilegio especial se hará con cargo a los bienes y derechos afectos, ya sean objeto de ejecución separada o colectiva.

2. No obstante lo dispuesto en el apartado anterior, en tanto no transcurran los plazos señalados en el apartado 1 del artículo 56 o subsista la suspensión de la ejecución iniciada antes de la declaración de concurso, conforme al apartado 2 del mismo artículo, la administración concursal podrá comunicar a los titulares de estos créditos con privilegio especial que opta por atender su pago con cargo a la masa y sin realización de los bienes y derechos afectos. Comunicada esta opción, la administración concursal habrá de satisfacer de inmediato la totalidad de los plazos de amortización e intereses vencidos y asumirá la obligación de atender los sucesivos como créditos contra la masa. En caso de incumplimiento, se realizarán los bienes y derechos afectos para satisfacer los créditos con privilegio especial.

3. Cuando haya de procederse dentro del concurso, incluso antes de la fase de liquidación, a la enajenación de bienes y derechos afectos a créditos con privilegio especial, el juez, a solicitud de la administración concursal y previa audiencia de los interesados, podrá autorizarla con subsistencia del gravamen y con subrogación del adquirente en la obligación del deudor, que quedará excluida de la masa pasiva. De no autorizarla en estos términos, el precio obtenido en la enajenación se destinará al pago del crédito con privilegio especial y, de quedar remanente, al pago de los demás créditos.

Si un mismo bien o derecho se encontrase afecto a más de un crédito con privilegio especial, los pagos se realizarán conforme a la prioridad temporal que para cada crédito resulte del cumplimiento de los requisitos y formalidades previstos en su legislación específica para su oponibilidad a terceros. La prioridad para el pago de los créditos con hipoteca legal tácita será la que resulte de la regulación de ésta.

4. La realización en cualquier estado del concurso de los bienes y derechos afectos a créditos

con privilegio especial se hará en subasta, salvo que, a solicitud de la administración concursal, oídos el concursado y el acreedor titular del privilegio, el juez autorice la venta directa al oferente de un precio superior al mínimo que se hubiese pactado y con pago al contado. La autorización judicial y sus condiciones se anunciarán con la misma publicidad que corresponda a la subasta del bien y derecho afecto y si dentro de los diez días siguientes al último de los anuncios se presentare mejor postor, el juez abrirá licitación entre todos los oferentes y acordará la fianza que hayan de prestar.

Artículo 156. Pago de créditos con privilegio general.

Deducidos de la masa activa los bienes y derechos necesarios para satisfacer los créditos contra la masa y con cargo a los bienes no afectos a privilegio especial o al remanente que de ellos quedase una vez pagados estos créditos, se atenderá al pago de aquellos que gozan de privilegio general, por el orden establecido en el artículo 91 y, en su caso, a prorrata dentro de cada número.

Artículo 157. Pago de créditos ordinarios.

1. El pago de los créditos ordinarios se efectuará con cargo a los bienes y derechos de la masa activa que resten una vez satisfechos los créditos contra la masa y los privilegiados. El juez, a solicitud de la administración concursal, en casos excepcionales podrá motivadamente autorizar la realización de pagos de créditos ordinarios con antelación cuando estime suficientemente cubierto el pago de los créditos contra la masa y de los privilegiados.

2. Los créditos ordinarios serán satisfechos a prorrata, conjuntamente con los créditos con privilegio especial en la parte en que éstos no hubieren sido satisfechos con cargo a los bienes y derechos afectos.

3. La administración concursal atenderá al pago de estos créditos en función de la liquidez de la masa activa y podrá disponer de entregas de cuotas cuyo importe no sea inferior al cinco por ciento del nominal de cada crédito.

Artículo 158. Pago de créditos subordinados.

1. El pago de los créditos subordinados no se realizará hasta que hayan quedado íntegramente satisfechos los créditos ordinarios.

2. El pago de estos créditos se realizará por el orden establecido en el artículo 92 y, en su caso, a prorrata dentro de cada número.

Artículo 159. Pago anticipado.

Si el pago de un crédito se realizare antes del vencimiento que tuviere a la fecha de apertura de la liquidación, se hará con el descuento correspondiente, calculado al tipo de interés legal.

Artículo 160. Derecho del acreedor a la cuota del deudor solidario.

El acreedor que, antes de la declaración de concurso, hubiera cobrado parte del crédito de un fiador o avalista o de un deudor solidario tendrá derecho a obtener en el concurso del deudor los pagos correspondientes a aquéllos hasta que, sumados a los que perciba por su crédito, cubran, el importe total de éste.

Artículo 161. Pago de crédito reconocido en dos o más concursos de deudores solidarios.

1. En el caso de que el crédito hubiera sido reconocido en dos o más concursos de deudores solidarios, la suma de lo percibido en todos los concursos no podrá exceder del importe del crédito.

2. La administración concursal podrá retener el pago hasta que el acreedor presente certificación acreditativa de lo percibido en los concursos de los demás deudores solidarios. Una vez efectuado el pago, lo pondrá en conocimiento de los administradores de los demás concursos.

3. El deudor solidario concursado que haya efectuado pago parcial al acreedor no podrá obtener el pago en los concursos de los codeudores mientras el acreedor no haya sido íntegramente satisfecho.

Artículo 162. Coordinación con pagos anteriores en fase de convenio.

1. Si a la liquidación hubiese precedido el cumplimiento parcial de un convenio, se presumirán legítimos los pagos realizados en él, salvo que se probara la existencia de fraude, contravención al convenio o alteración de la igualdad de trato a los acreedores.

2. Quienes hubieran recibido pagos parciales cuya presunción de legitimidad no resultara desvirtuada por sentencia firme de revocación, los retendrán en su poder, pero no podrán participar en los cobros de las operaciones de liquidación hasta que el resto de los acreedores de su misma clasificación hubiera recibido pagos en un porcentaje equivalente.

TÍTULO VI
DE LA CALIFICACIÓN DEL CONCURSO

CAPÍTULO I
Disposiciones generales

Artículo 163. Calificación del concurso y formación de la sección sexta.

1. Procederá la formación de la sección de calificación del concurso:

1º Cuando tenga lugar la aprobación judicial de un convenio en el que se establezca, para todos los acreedores o para los de una o varias clases, una quita superior a un tercio del importe de sus créditos o una espera superior a tres años.

2º En todos los supuestos de apertura de la fase de liquidación.

2. El concurso se calificará como fortuito o como culpable. La calificación no vinculará a los jueces y tribunales del orden jurisdiccional penal que, en su caso, entiendan de actuaciones del deudor que pudieran ser constitutivas de delito.

Artículo 164. Concurso culpable.

1. El concurso se calificará como culpable cuando en la generación o agravación del estado de insolvencia hubiera mediado dolo o culpa grave del deudor o, si los tuviere, de sus representantes legales y, en caso de persona jurídica, de sus administradores o liquidadores, de derecho o de hecho.

2. En todo caso, el concurso se calificará como culpable cuando concurra cualquiera de los siguientes supuestos:

1º Cuando el deudor legalmente obligado a la llevanza de contabilidad incumpliera sustancialmente esta obligación, llevara doble contabilidad o hubiera cometido irregularidad relevante para la comprensión de su situación patrimonial o financiera en la que llevara.

2º Cuando el deudor hubiera cometido inexactitud grave en cualquiera de los documentos acompañados a la solicitud de declaración de concurso o presentados durante la tramitación del procedimiento, o hubiera acompañado o presentado documentos falsos.

3º Cuando la apertura de la liquidación haya sido acordada de oficio por incumplimiento del convenio debido a causa imputable al concursado.

4º Cuando el deudor se hubiera alzado con la totalidad o parte de sus bienes en perjuicio de sus acreedores o hubiera realizado cualquier acto que retrase, dificulte o impida la eficacia de un embargo en cualquier clase de ejecución iniciada o de previsible iniciación.

5º Cuando durante los dos años anteriores a la fecha de la declaración de concurso hubieran salido fraudulentamente del patrimonio del deudor bienes o derechos.

6º Cuando antes de la fecha de la declaración de concurso el deudor hubiese realizado cualquier acto jurídico dirigido a simular una situación patrimonial ficticia.

3. Del contenido de la sentencia de calificación del concurso como culpable se dará conocimiento al registro público mencionado en el artículo 198.

Artículo 165. Presunciones de dolo o culpa grave.

Se presume la existencia de dolo o culpa grave, salvo prueba en contrario, cuando el deudor o, en su caso, sus representantes legales, administradores o liquidadores:

1º Hubieran incumplido el deber de solicitar la declaración del concurso.

2º Hubieran incumplido el deber de colaboración con el juez del concurso y la administración concursal, no les hubieran facilitado la información necesaria o conveniente para el interés del concurso o no hubiesen asistido, por sí o por medio de apoderado, a la junta de acreedores.

3º Si el deudor obligado legalmente a la llevanza de contabilidad, no hubiera formulado las cuentas anuales, no las hubiera sometido a auditoría, debiendo hacerlo, o, una vez aprobadas, no las hubiera depositado en el Registro Mercantil en alguno de los tres últimos ejercicios anteriores a la declaración de concurso.

Artículo 166. Cómplices.

Se consideran cómplices las personas que, con dolo o culpa grave, hubieran cooperado con el deudor o, si los tuviere, con sus representantes legales y, en caso de persona jurídica, con sus administradores o liquidadores, tanto de derecho como de hecho, o con sus apoderados generales, a la realización de cualquier acto que haya fundado la calificación del concurso como culpable.

[...]

TÍTULO VIII
DE LAS NORMAS PROCESALES GENERALES Y DEL SISTEMA DE RECURSOS

CAPÍTULO I
De la tramitación del procedimiento

Artículo 183. Secciones.

El procedimiento de concurso se dividirá en las siguientes secciones, ordenándose las actuaciones de cada una de ellas en cuantas piezas separadas sean necesarias o convenientes:

1º La sección primera comprenderá lo relativo a la declaración de concurso, a las medidas cautelares, a la resolución final de la fase común, a la conclusión y, en su caso, a la reapertura del concurso.

2º La sección segunda comprenderá todo lo relativo a la administración concursal del concurso, al nombramiento y al estatuto de los administradores concursales, a la determinación de sus facultades y a su ejercicio, a la rendición de cuentas y, en su caso, a la responsabilidad de los administradores concursales.

3º La sección tercera comprenderá lo relativo a la determinación de la masa activa, a la sustanciación, decisión y ejecución de las acciones de reintegración y de reducción, a la realización de los bienes y derechos que integran la masa activa, al pago de los acreedores y a las deudas de la masa.

4º La sección cuarta comprenderá lo relativo a la determinación de la masa pasiva, a la comunicación, reconocimiento, graduación y clasificación de créditos. En esta sección se incluirán también, en pieza separada los juicios declarativos contra el deudor que se hubieran acumulado al concurso de acreedores y las ejecuciones que se inicien o reanuden contra el concursado.

5º La sección quinta comprenderá lo relativo al convenio o, en su caso, a la liquidación.

6º La sección sexta comprenderá lo relativo a la calificación del concurso y a sus efectos.

Artículo 184. Representación y defensa procesales. Emplazamiento y averiguación de domicilio del deudor.

1. En todas las secciones serán reconocidos como parte, sin necesidad de comparecencia en forma, el deudor y los administradores concursales. El Fondo de Garantía Salarial deberá ser citado como parte cuando del proceso pudiera derivarse su responsabilidad para el abono de salarios o indemnizaciones de los trabajadores. En la sección sexta será parte, además, el Ministerio Fiscal.

2. El deudor actuará siempre representado por procurador y asistido de letrado sin perjuicio de lo establecido en el apartado 6 de este artículo.

3. Para solicitar la declaración de concurso, comparecer en el procedimiento, interponer recursos, plantear incidentes o impugnar actos de administración, los acreedores y los demás legitimados actuarán representados por procurador y asistidos de letrado. Sin necesidad de comparecer en forma, podrán, en su caso, comunicar créditos y formular alegaciones, así como asistir e intervenir en la junta.

4. Cualesquiera otros que tengan interés legítimo en el concurso podrán comparecer siempre que lo hagan representados por procurador y asistidos de letrado.

5. Los administradores concursales serán oídos siempre sin necesidad de comparecencia en forma, pero cuando intervengan en recursos o incidentes deberán hacerlo asistidos de letrado. Como regla general, la dirección técnica de estos recursos se entenderá incluida en las funciones del letrado miembro de la administración concursal.

6. Lo dispuesto en este artículo se entiende sin perjuicio de lo establecido para la representación y defensa de los trabajadores en la Ley de Procedimiento Laboral, incluidas las facultades atribuidas a los graduados sociales y a los sindicatos, y de las Administraciones públicas en la normativa procesal específica.

7. Si no se conociera el domicilio del deudor o el resultado del emplazamiento fuera negativo, el juez, de oficio o a instancia de parte, podrá realizar las averiguaciones de domicilio previstas en el artículo 156 de la Ley de Enjuiciamiento Civil. Si el deudor fuera persona física y hubiera fallecido se aplicarán las normas sobre sucesión previstas en la Ley de Enjuiciamiento Civil. Cuando se trate de persona jurídica que se encontrara en paradero desconocido el juez podrá dirigirse a los registros

públicos para determinar quiénes eran los administradores o apoderados de la entidad al objeto de emplazarla a través de dichas personas. Cuando el juez agotara todas las vías para emplazar al deudor podrá dictar el auto de admisión del concurso con base en los documentos y alegaciones aportadas por los acreedores y las averiguaciones que se hubieran realizado en esta fase de admisión.

Artículo 185. Derecho al examen de los autos.

Los acreedores no comparecidos en forma podrán solicitar del juzgado el examen de aquellos documentos o informes que consten en autos sobre sus respectivos créditos, acudiendo para ello a la secretaría del juzgado personalmente o por medio de letrado o procurador que los represente, quienes para dicho trámite no estarán obligados a personarse.

Artículo 186. Sustanciación de oficio.

1. Declarado el concurso, el impulso procesal será de oficio.

2. El juez resolverá sobre el desistimiento o la renuncia del solicitante del concurso, previa audiencia de los demás acreedores reconocidos en la lista definitiva. Durante la tramitación del procedimiento, los incidentes no tendrán carácter suspensivo, salvo que el juez, de forma excepcional, así lo acuerde motivadamente.

3. Cuando la Ley no fije plazo para dictar una resolución judicial, deberá dictarse sin dilación.

Artículo 187. Extensión de facultades del juez del concurso.

1. El juez podrá habilitar los días y horas necesarios para la práctica de las diligencias que considere urgentes en beneficio del concurso.

2. El juez podrá realizar actuaciones de prueba fuera del ámbito de su competencia territorial, poniéndolo previamente en conocimiento del juez competente, cuando no se perjudique la competencia del juez correspondiente y venga justificado por razones de economía procesal.

Artículo 188. Autorizaciones judiciales.

1. En los casos en que la Ley establezca la necesidad de obtener autorización del juez o los administradores concursales la consideren conveniente, la solicitud se formulará por escrito.

2. De la solicitud presentada se dará traslado a todas las partes que deban ser oídas respecto de su objeto, concediéndoles para alegaciones plazo de igual duración no inferior a tres días ni superior a 10, atendidas la complejidad e importancia de la cuestión. El juez resolverá sobre la solicitud mediante auto dentro de los cinco días siguientes al último vencimiento.

3. Contra el auto que conceda o deniegue la autorización solicitada no cabrá más recurso que el de reposición, sin perjuicio del derecho de las partes a plantear la cuestión a través del incidente concursal.

Artículo 189. Prejudicialidad penal.

1. La incoación de procedimientos criminales relacionados con el concurso no provocará la suspensión de la tramitación de éste.

2. Admitida a trámite querella o denuncia criminal sobre hechos que tengan relación o influencia en el concurso, será de competencia del juez de éste adoptar las medidas de retención de pagos a los acreedores inculpados u otras análogas que permitan continuar la tramitación del procedimiento concursal, siempre que no hagan imposible la ejecución de los pronunciamientos patrimoniales de la eventual condena penal.

CAPÍTULO II

Del procedimiento abreviado

Artículo 190. Ámbito de aplicación.

1. El juez podrá aplicar un procedimiento especialmente simplificado cuando el deudor sea una persona natural o persona jurídica que, conforme a la legislación mercantil, esté autorizada a presentar balance abreviado y, en ambos casos, la estimación inicial de su pasivo no supere 1.000.000 de euros.

2. En cualquier momento de la tramitación de un concurso ordinario en el que quede de manifiesto la concurrencia de los requisitos mencionados en el apartado anterior, el juez del concurso podrá, de oficio o a instancia de parte, ordenar la conversión al procedimiento abreviado sin retrotraer las actuaciones practicadas hasta entonces. También podrá, con idénticos presupuestos y efectos, ordenar la conversión inversa cuando quede de manifiesto que en un procedimiento abreviado no concurre alguno de los requisitos exigidos.

Artículo 191. Contenido.

1. Con carácter general, acordado el procedimiento abreviado, los plazos previstos en esta Ley se reducirán a la mitad, redondeada al alza si no es un número entero, salvo aquellos que, por razones especiales, el juez acuerde mantener para el mejor desarrollo del procedimiento.

En todo caso, el plazo para la presentación del informe por la administración concursal será de un mes a contar desde la aceptación del cargo y sólo podrá autorizarse una prórroga por el juez del concurso no superior a quince días.

2. En el procedimiento abreviado la administración concursal estará integrada por un único miembro de entre los previstos en el punto 3º del apartado 2 del artículo 27, salvo que el juez, apreciando en el caso motivos especiales que lo justifiquen, resolviera expresamente lo contrario.

CAPÍTULO III

Del incidente concursal

Artículo 192. Ámbito y carácter del incidente concursal.

1. Todas las cuestiones que se susciten durante el concurso y no tengan señalada en esta Ley otra tramitación se ventilarán por el cauce del incidente concursal.

También se tramitarán por este cauce las acciones que deban ser ejercitadas ante el juez del concurso conforme a lo dispuesto en el apartado 1 del artículo 50 y los juicios que se acumulen en virtud de lo previsto en el apartado 1 del artículo 51.

En este último caso, el juez del concurso dispondrá lo necesario para que se continúe el juicio sin repetir actuaciones y permitiendo la intervención, desde ese momento, de las partes del concurso que no lo hubieran sido en el juicio acumulado.

2. Los incidentes concursales no suspenderán el procedimiento de concurso, sin perjuicio de que el juez, de oficio o a instancia de parte, acuerde la suspensión de aquellas actuaciones que estime puedan verse afectadas por la resolución que se dicte.

3. No se admitirán los incidentes que tengan por objeto solicitar actos de administración o impugnarlos por razones de oportunidad.

Artículo 193. Partes en el incidente.

1. En el incidente concursal se considerarán partes demandadas aquellas contra las que se dirija la demanda y cualesquiera otras que sostengan posiciones contrarias a lo pedido por la actora.

2. Cualquier persona comparecida en forma en el concurso podrá intervenir con plena autonomía en el incidente concursal coadyuvando con la parte que lo hubiese promovido o con la contraria.

3. Cuando en un incidente se acumulen demandas cuyos pedimentos no resulten coincidentes, todas las partes que intervengan tendrán que contestar a las demandas a cuyas pretensiones se opongan, si el momento de su intervención lo permitiese, y expresar con claridad y precisión la tutela concreta que soliciten. De no hacerlo así, el juez rechazará de plano su intervención, sin que contra su resolución quepa recurso alguno.

Artículo 194. Demanda incidental y admisión a trámite.

1. La demanda se presentará en la forma prevista en el artículo 399 de la Ley de Enjuiciamiento Civil.

2. Si el juez estima que la cuestión planteada es impertinente o carece de entidad necesaria para tramitarla por la vía incidental, resolverá, mediante auto, su inadmisión dando a la cuestión planteada la tramitación que corresponda. Contra este auto cabrá recurso de apelación en los términos establecidos en el apartado 1 del artículo 197.

3. En otro caso, dictará providencia admitiendo a trámite el incidente y emplazando a las demás partes personadas, con entrega de copia de la demanda o demandas, para que en el plazo común de 10 días contesten en la forma prevenida en el artículo 405 de la Ley de Enjuiciamiento Civil.

4. Contestada la demanda o transcurrido el plazo para ello, el proceso continuará conforme a los trámites del juicio verbal de la Ley de Enjuiciamiento Civil.

Artículo 195. Incidente concursal en materia laboral.

1. Si se plantea el incidente concursal a que se refiere el artículo 64.8 de esta Ley, la demanda se formulará de acuerdo a lo establecido en el artículo 437 de la Ley de Enjuiciamiento Civil; el juez advertirá, en su caso, a la parte de los defectos, omisiones o imprecisiones en que haya incurrido al redactar la demanda, a fin de que los subsane dentro del plazo de cuatro días, con apercibimiento de

que, si no lo efectuase, se ordenará su archivo. En este incidente no será de aplicación el apartado 2 del artículo anterior.

2. Si la demanda fuera admitida, el juez señalará dentro de los 10 días siguientes el día y hora en que habrá de tener lugar el acto del juicio, citando a los demandados con entrega de copia de la demanda y demás documentos, debiendo mediar en todo caso un mínimo de cuatro días entre la citación y la efectiva celebración del juicio, que comenzará con el intento de conciliación o avenencia sobre el objeto del incidente. De no lograrse ésta se ratificará el actor en su demanda o la ampliará sin alterar sustancialmente sus pretensiones, contestando oralmente el demandado, y proponiendo las partes a continuación las pruebas sobre los hechos en los que no hubiera conformidad, continuando el procedimiento conforme a los trámites del juicio verbal de la Ley de Enjuiciamiento Civil, si bien tras la práctica de la prueba se otorgará a las partes un trámite de conclusiones.

Artículo 196. Sentencia.

1. Terminado el juicio, el juez dictará sentencia en el plazo de diez días resolviendo el incidente.

2. La sentencia que recaiga en el incidente a que se refiere el artículo 194 se regirá en materia de costas por lo dispuesto en la Ley de Enjuiciamiento Civil, tanto en cuanto a su imposición como en lo relativo a su exacción, y serán inmediatamente exigibles, una vez firme la sentencia, con independencia del estado en que se encuentre el concurso.

3. La sentencia que recaiga en el incidente a que se refiere el artículo 195 se regirá en materia de costas por lo dispuesto en la Ley de Procedimiento Laboral.

4. Una vez firmes, las sentencias que pongan fin a los incidentes concursales producirán efectos de cosa juzgada.

CAPÍTULO IV

De los recursos

Artículo 197. Recursos procedentes y tramitación.

1. Los recursos contra las resoluciones dictadas en el concurso se sustanciarán en la forma prevista por la Ley de Enjuiciamiento Civil, con las modificaciones que se indican a continuación y sin perjuicio de lo previsto en el artículo 64 de esta Ley.

2. Contra las providencias y autos que dicte el juez del concurso sólo cabrá el recurso de reposición, salvo que en esta Ley se excluya todo recurso o se otorgue otro distinto.

3. Contra los autos resolutorios de recursos de reposición y contra las sentencias dictadas en incidentes concursales promovidos en la fase común o en la de convenio no cabrá recurso alguno, pero las partes podrán reproducir la cuestión en la apelación más próxima siempre que hubieren formulado protesta en el plazo de cinco días.

4. Contra las sentencias que aprueben el convenio, o las que resuelvan incidentes concursales planteados con posterioridad o durante la fase de liquidación cabrá recurso de apelación que se tramitará con carácter preferente, y en la forma prevista para las apelaciones de sentencias dictadas en juicio ordinario.

5. El juez del concurso, de oficio o a instancia de parte, podrá acordar motivadamente al admitir el recurso de apelación la suspensión de aquellas actuaciones que puedan verse afectadas por su resolución. Su decisión podrá ser revisada por la Audiencia Provincial a solicitud de parte formulada en el escrito de interposición de la apelación u oposición a la misma, en cuyo caso esta cuestión habrá de ser resuelta con carácter previo al examen del fondo del recurso y dentro de los 10 días siguientes a la recepción de los autos por el tribunal, sin que contra el auto que se dicte pueda interponerse recurso alguno.

6. Cabrá recurso de casación y extraordinario por infracción procesal, de acuerdo con los criterios de admisión previstos en la Ley de Enjuiciamiento Civil, contra las sentencias dictadas por las audiencias relativas a la aprobación o cumplimiento del convenio, a la calificación o conclusión del concurso, o que resuelvan acciones de las comprendidas en las secciones tercera y cuarta.

7. Contra la sentencia que resuelva incidentes concursales relativos a acciones sociales cuyo conocimiento corresponda al juez del concurso, cabrá el recurso de suplicación y los demás recursos previstos en la Ley de Procedimiento Laboral, sin que ninguno de ellos tenga efectos suspensivos sobre la tramitación del concurso ni de ninguna de sus piezas.

[...]

TÍTULO IX

DE LAS NORMAS DE DERECHO INTERNACIONAL PRIVADO

CAPÍTULO II

De la Ley aplicable

Sección 1ª Del procedimiento principal

[...]

Artículo 207. Contratos de trabajo.

Los efectos del concurso sobre el contrato de trabajo y sobre las relaciones laborales se regirán exclusivamente por la Ley del Estado aplicable al contrato.

[...]

G) Relaciones laborales especiales

a) Altos cargos

§ 16.1 REAL DECRETO 1382/1985, DE 1 AGOSTO. REGULA LA RELACIÓN LABORAL DE CARÁCTER ESPECIAL DEL PERSONAL DE ALTA DIRECCIÓN

(BOE núm. 192, de 12 agosto; rect. BOE núm. 211, de 3 septiembre [RCL 1985, 2011 y 2156])

El artículo segundo.uno a), del Estatuto de los Trabajadores considera relación laboral de carácter especial la del personal de alta dirección no incluido en el artículo primero, tres, c) de la propia norma, estableciéndose en la disposición adicional primera de la Ley 32/1984, de 2 de agosto, sobre modificación de determinados artículos del Estatuto de los Trabajadores, cómo el Gobierno, en el plazo máximo de doce meses contados a partir de la entrada en vigor de la referenciada Ley, había de regular el régimen jurídico de las relaciones laborales de carácter especial en el Estatuto de los Trabajadores.

Mediante la presente norma se da cumplimiento a tal mandato, teniéndose en cuenta fundamentalmente para fijar su contenido el que la relación establecida entre el alto directivo y la Empresa contratante se caracteriza por la recíproca confianza que debe existir entre ambas partes, derivada de la singular posición que el directivo asume en el ámbito de la Empresa en cuanto a facultades y poderes. Estas características se reflejan en el régimen jurídico que establece la presente norma, que en primer lugar determina el concepto del personal de alta dirección, para delimitar el ámbito de la norma, eliminándose así situaciones de indefinición jurídica, e incluso vacío de regulación, que se habían venido produciendo por esta falta de tratamiento normativo.

Precisamente por estas características de la relación que une al directivo con la Empresa se ha optado por proporcionar un amplio margen al pacto entre las partes de esta relación, como elemento de configuración del contenido de la misma, correspondiendo a la norma por su parte fijar el esquema básico de la materia a tratar en el contrato, profundizando más en cuestiones como, por ejemplo, las relativas a las causas y efectos de extinción de contrato, respecto de las que se ha considerado debía existir un tratamiento normativo más completo, al ser menos susceptibles de acuerdo entre partes.

⇒ Sobre el tema, v. las SSTC 49/1983, de 1 junio (RTC 1983, 49) y 79/1983, de 5 octubre (RTC 1983, 79).

En su virtud, consultadas las Organizaciones Sindicales y Patronales más representativas, de acuerdo con el Consejo de Estado, a propuesta del Ministro de Trabajo y Seguridad Social, y previa deliberación del Consejo de Ministros en su reunión del día 31 de julio de 1985, dispongo:

Artículo 1. Ámbito de aplicación.

1. El presente Real Decreto, de acuerdo con el artículo 2.1 a) de la Ley 8/1980, de 10 de marzo, del Estatuto de los Trabajadores, y al amparo de la disposición adicional primera de la Ley 32/1984, de 2 de agosto, regula la relación laboral de carácter especial del personal de alta dirección.

2. Se considera personal de alta dirección a aquellos trabajadores que ejercitan poderes inherentes a la titularidad jurídica de la Empresa, y relativos a los objetivos generales de la misma, con autonomía y plena responsabilidad sólo limitadas por los criterios e instrucciones directas emanadas de la persona o de los órganos superiores de gobierno y administración de la Entidad que respectivamente ocupe aquella titularidad.

⇒ Sobre el Capitán de buque, cfr. la STC 20/1994, de 27 enero (RTC 1994, 20).

3. Se excluye del ámbito de este Real Decreto la actividad delimitada en el artículo 1.3 c) del Estatuto de los Trabajadores.

Artículo 2. Fundamento.

La relación laboral especial del personal de alta dirección se basa en la recíproca confianza de las partes, las cuales acomodarán el ejercicio de sus derechos y obligaciones a las exigencias de la buena fe.

⇒ V. arts. 7.1 y 1258 del CC.

Artículo 3. Fuentes y criterios reguladores.

1. Los derechos y obligaciones concernientes a la relación laboral del personal de alta dirección se regularán por la voluntad de las partes, con sujeción a las normas de este Real Decreto y a las demás que sean de aplicación.

2. Las demás normas de la legislación laboral común, incluido el Estatuto de los Trabajadores, sólo serán aplicables en los casos en que se produzca remisión expresa en este Real Decreto, o así se haga constar específicamente en el contrato.

3. En lo no regulado por este Real Decreto o por pacto entre las partes, se estará a lo dispuesto en la legislación civil o mercantil y a sus principios generales.

Artículo 4. Forma y contenido del contrato.

1. El contrato especial del trabajo del personal de alta dirección se formalizará por escrito, en ejemplar duplicado, uno para cada parte contratante. En ausencia de pacto escrito, se entenderá que el empleado es personal de alta dirección cuando se den los supuestos del artículo 8.1 del Estatuto de los Trabajadores y la prestación profesional se corresponda con la que define el artículo 1.2 del presente Real Decreto.

2. Dicho contrato deberá contener como mínimo:

a) La identificación de las partes.

b) El objeto del contrato.

c) La retribución convenida, con especificación de sus distintas partidas, en metálico o especie.

d) La duración del contrato.

e) Las demás cláusulas que se exigen en este Real Decreto.

Artículo 5. Período de prueba.

1. En el contrato especial de trabajo del personal de alta dirección podrá concertarse un período de prueba que en ningún caso podrá exceder de nueve meses, si su duración es indefinida.

2. Transcurrido el período de prueba sin que se haya producido desistimiento, el contrato producirá plenos efectos, computándose el tiempo de los servicios prestados en la antigüedad del trabajador de alta dirección de la Empresa.

Artículo 6. Duración del contrato.

El contrato especial de trabajo tendrá la duración que las partes acuerden. A falta de pacto escrito se presume celebrado por tiempo indefinido.

Artículo 7. Tiempo de trabajo.

El tiempo de trabajo en cuanto a jornada, horarios, fiestas y permisos, así como para vacaciones, será el fijado en las cláusulas del contrato, en cuanto no configuren prestaciones a cargo del empleado que excedan notoriamente de las que sean usuales en el ámbito profesional correspondiente.

Artículo 8. Pacto de no concurrencia y de permanencia en la Empresa.

1. El trabajador de alta dirección no podrá celebrar otros contratos de trabajo con otras Empresas, salvo autorización del empresario o pacto escrito en contrario. La autorización del empresario se presume cuando la vinculación a otra Entidad fuese pública y no se hubiese hecho exclusión de ella en el contrato especial de trabajo.

⇒ Téngase en cuenta su incidencia respecto de lo previsto en el art. 21.1 del ET (§2).

2. Cuando el alto directivo haya recibido una especialización profesional con cargo a la Empresa durante un período de duración determinada, podrá pactarse que el empresario tenga derecho a una indemnización por daños y perjuicios si aquél abandona el trabajo antes del término fijado.

3. El pacto de no concurrencia para después de extinguido el contrato especial de trabajo, que no podrá tener una duración superior a dos años, sólo será válido si concurren los requisitos siguientes:

a) Que el empresario tenga un efectivo interés industrial o comercial en ello.

b) Que se satisfaga al alto directivo una compensación económica adecuada.

Artículo 9. Promoción interna.

1. Deberá formalizarse el contrato escrito regulado en el artículo 4 de este Real Decreto en los supuestos en que un trabajador vinculado a una Empresa por una relación laboral común proporcionase el ejercicio de actividades de alta dirección en esa misma Empresa o en otra que mantuviese con ella relaciones de grupo u otra forma asociativa similar.

2. En tales supuestos en el contrato se especificará si la nueva relación especial sustituye a la común anterior, o si esta última se suspende. Caso de no existir en el contrato especificación expresa al respecto se entenderá que la relación laboral común queda suspendida. Si se optase por la sustitución de la relación laboral común por la especial, tal renovación sólo producirá efectos una vez transcurridos dos años desde el correspondiente acuerdo novatorio.

3. En caso de simple suspensión de la relación laboral común anterior, al extinguirse la relación laboral especial, el trabajador tendrá la opción de reanudar la relación laboral de origen, sin perjuicio de las indemnizaciones a que pueda tener derecho a resultas de dicha extinción. Se exceptúa de esta regla el supuesto de la extinción del contrato especial de alta dirección por despido disciplinario declarado procedente.

Artículo 10. Extinción por voluntad del alto directivo.

1. El contrato especial de trabajo se extinguirá por voluntad del alto directivo, debiendo mediar un preaviso mínimo de tres meses. No obstante dicho período podrá ser de hasta seis meses, si así se establece por escrito en los contratos celebrados por tiempo indefinido o de duración superior a cinco años. No será preciso respetar el preaviso en el supuesto de incumplimiento contractual grave del empresario.

2. El empresario tendrá derecho, en caso de incumplimiento total o parcial del deber de preaviso, a una indemnización equivalente a los salarios correspondientes a la duración del período incumplido.

3. El alto directivo podrá extinguir el contrato especial de trabajo con derecho a las indemnizaciones pactadas, y en su defecto fijadas en esta norma para el caso de extinción por desistimiento del empresario, fundándose en las causas siguientes:

a) Las modificaciones sustanciales en las condiciones de trabajo que redunden notoriamente en perjuicio de su formación profesional, en menoscabo de su dignidad, o sean decididas con grave transgresión de la buena fe, por parte del empresario.

b) La falta de pago o retraso continuado en el abono de salario pactado.

c) Cualquier otro incumplimiento grave de sus obligaciones contractuales, por parte del empresario, salvo los supuestos de fuerza mayor, en los que no procederá el abono de las indemnizaciones a las que se refiere este número.

d) La sucesión de Empresa o cambio importante en la titularidad de la misma, que tenga por efecto una renovación de sus órganos rectores o en el contenido y planteamiento de su actividad principal, siempre que la extinción se produzca dentro de los tres meses siguientes a la producción de tales cambios.

Artículo 11. Extinción del contrato por voluntad del empresario.

1. El contrato de trabajo podrá extinguirse por desistimiento del empresario, comunicado por escrito, debiendo mediar un preaviso en los términos fijados en el artículo 10.1. El alto directivo tendrá derecho en estos casos a las indemnizaciones pactadas en el contrato; a falta de pacto la indemnización será equivalente a siete días del salario en metálico por año de servicio con el límite de seis mensualidades.

⇒ La STC 190/2001, de 1 octubre (RTC 2001, 190), no considera discriminatorio el desistimiento empresarial (coincidente con el cambio en la Dirección General de RTVE) respecto de una Asesora Informativa contratada como alto cargo.

En los supuestos de incumplimiento total o parcial del preaviso, el alto directivo tendrá derecho a una indemnización equivalente a los salarios correspondientes a la duración del período incumplido.

2. El contrato podrá extinguirse por decisión del empresario mediante despido basado en el incumplimiento grave y culpable del alto directivo, en la forma y con los efectos establecidos en el artículo 55 del Estatuto de los Trabajadores; respecto a las indemnizaciones, en el supuesto de despido declarado improcedente se estará a las cuantías que se hubiesen pactado en el contrato, siendo en su defecto de veinte días de salario en metálico por año de servicio y hasta un máximo de doce mensualidades.

3. Cuando el despido sea declarado improcedente o nulo, el empresario y el alto directivo acordarán si se produce la readmisión o el abono de las indemnizaciones económicas previstas en el párrafo dos de este artículo, entendiéndose, en caso de desacuerdo, que se opta por el abono de las percepciones

económicas. Si el despedido se reintegrase al empleo anterior en la Empresa, se estará a lo dispuesto en el artículo 9.3 de este Real Decreto.

Artículo 12. Otras causas de extinción.

Dejando a salvo las especialidades consignadas en los artículos anteriores, esta relación laboral especial podrá extinguirse por las causas y mediante los procedimientos previstos en el Estatuto de los Trabajadores.

⇒ V. arts. 49 y ss. de tal ET (§2).

Artículo 13. Faltas y sanciones.

El alto directivo podrá ser sancionado en virtud de incumplimiento de las obligaciones derivadas de esta relación especial, en los términos que se pacten en el contrato. Las faltas y correspondientes sanciones serán revisables ante el orden jurisdiccional social. Tales faltas, cualquiera que sea su naturaleza, prescribirán a los doce meses desde su comisión, o desde que el empresario tuviese conocimiento de ellas.

⇒ Cfr. arts. 114 y ss. de la LPL (§41).

Por lo que se refiere a las infracciones laborales de los empresarios, será de aplicación el artículo 57 del Estatuto de los Trabajadores.

⇒ Entiéndase hecha la remisión al TRLISOS (§40.1).

Artículo 14. Jurisdicción competente.

Los conflictos que surjan entre el personal de alta dirección y las Empresas como consecuencia de la aplicación de lo dispuesto en este Real Decreto serán de la competencia de los Jueces y Magistrados del Oden Jurisdiccional Social.

Artículo 15. *Otras disposiciones.*

1. *Las retribuciones del personal de alta dirección gozarán de las garantías del salario establecidas en los artículos 27.2, 29 y 32 del Estatuto de los Trabajadores.*

✐ Derogado por Ley 11/1994, de 19 mayo, cuya disp. adic. 2ª estableció que «las retribuciones del personal de alta dirección gozarán de las garantías de salarios establecidas en los artículos 27.2, 29, 32 y 33 del Estatuto de los Trabajadores». En tales términos se manifiesta la vigente disp. adic. 5ª del ET (§2).

⇒ V. la STJCE 16 diciembre 1993 (Wagner-Miret) (TJCE 1993, 206) sobre incumplimiento por el Estado español de la Dir. 80/987/CEE (§48.2) con anterioridad a la promulgación de la Ley 11/1994, ya citada.

2. Este contrato podrá suspenderse, con los efectos y para los casos previstos en el artículo 45 del Estatuto de los Trabajadores.

3. A efectos de prescripción de acciones derivadas del contrato especial, así como en cuanto a la caducidad de la acción por despido, se aplicará, en cuanto proceda, el artículo 59 del Estatuto de los Trabajadores.

Artículo 16. Derechos de representación.

Sin perjuicio de otras formas de representación, el personal de alta dirección no participará como elector ni como elegible en los órganos de representación regulados en el Título II del Estatuto de los Trabajadores.

DISPOSICIÓN ADICIONAL

El personal excluido del ámbito subjetivo de las Ordenanzas Laborales actualmente en vigor, o de algunos de sus preceptos, que reúnan las características y requisitos contenidos en el artículo 1 de este Real Decreto, se regirá por él.

DISPOSICIÓN FINAL

El presente Real Decreto entrará en vigor el día 1 de enero de 1986.

b) *Servidores domésticos*

§ 16.2 REAL DECRETO 1424/1985, DE 1 AGOSTO. REGULA LA RELACIÓN LABORAL DE CARÁCTER ESPECIAL DEL SERVICIO DEL HOGAR FAMILIAR

(BOE núm. 193, de 13 agosto; rect. BOE núm. 212, de 4 septiembre [RCL 1985, 2017 y 2163])

El artículo 2.1 b) del Estatuto de los Trabajadores considera relación laboral de carácter especial la del Servicio del Hogar Familiar, estableciéndose en la disposición adicional primera de la Ley 32/1984, de 2 de agosto, sobre modificación de determinados artículos de la Ley 8/1980, de 10 de marzo, del Estatuto de los Trabajadores, cómo el Gobierno, en el plazo máximo de doce meses, contados a partir de la entrada en vigor de la referenciada Ley, había de regular el régimen jurídico de las relaciones laborales de carácter especial previstas en el Estatuto de los Trabajadores.

Mediante la presente norma se da cumplimiento a tal mandato, teniendo en cuenta la necesidad de conciliar la equiparación de las condiciones de trabajo de los trabajadores domésticos al resto de los trabajadores y la consideración de las peculiaridades que se derivan de una actividad prestada en el ámbito del hogar familiar; es precisamente el ámbito de la prestación de servicios, es decir el hogar familiar, el factor determinante de las especialidades que con respecto a la legislación común se prevén en esta norma, ya que ello determina la necesidad de que esta relación se base en la mutua confianza de las partes, equilibrando el respeto a los deberes laborales básicos de los trabajadores con la necesaria flexibilidad que debe concederse a que el empleador y el trabajador determinen las condiciones de prestación de servicios por mutuo acuerdo, no cabiendo tampoco olvidar que en el ámbito familiar en el que se desarrolla el trabajo se proyectan derechos constitucionales, relativos a la intimidad personal y familiar.

En su virtud, consultadas las Organizaciones Sindicales y Patronales más representativas, de acuerdo con el Consejo de Estado, a propuesta del Ministro de Trabajo y Seguridad Social y previa deliberación del Consejo de Ministros en su reunión del día 31 de julio de 1985, dispongo:

Artículo 1. Ámbito de aplicación.

1. El presente Real Decreto regula la relación laboral especial del Servicio del Hogar Familiar, a la que se refiere el artículo 2, número uno, apartado b), del Estatuto de los Trabajadores.

2. Se considera relación laboral especial del Servicio del Hogar Familiar la que conciertan el titular del mismo, como empleador, y la persona que, dependientemente y por cuenta de aquél, presta servicios retribuidos en el ámbito del hogar familiar.

3. Por titular del hogar familiar se entiende tanto el que lo sea efectivamente como el simple titular del domicilio, o lugar de residencia, en el que se presta el servicio doméstico.

⇒ V. los incentivos que a la contratación de «cuidadores en familias numerosas» establece el artículo 9 de la Ley 40/2003, de 18 noviembre, así como el artículo 5 de su Reglamento, aprobado mediante RD 1621/2005, de 30 diciembre.

4. El objeto de esta relación laboral especial son los servicios o actividades prestados en o para la casa en cuyo seno se realizan, pudiendo revestir cualquiera de las modalidades de las tareas domésticas, así como la dirección o cuidado del hogar en su conjunto o de alguna de sus partes, el cuidado o atención de los miembros de la familia o de quienes convivan en el domicilio, así como los trabajos de guardería, jardinería, conducción de vehículos y otros análogos, en los supuestos en que se desarrollen formando parte del conjunto de tareas domésticas.

Artículo 2. Exclusiones.

1. Quedan fuera del ámbito de la relación laboral especial del Servicio del Hogar Familiar:

⇒ Cfr. con las exclusiones contenidas en el art. 1.3 del ET (§2).

a) Las relaciones concertadas por personas jurídicas, aun si su objeto es la prestación de servicios o tareas domésticas, quedando éstas sometidas a la normativa laboral común.

b) Las relaciones concertadas entre familiares para la prestación de servicios domésticos, cuando la parte que preste el servicio no tenga la condición de asalariado en los términos del artículo 1.tres e), del Estatuto de los Trabajadores.

c) Los trabajos realizados a título de amistad, benevolencia o buena vecindad.

d) Respecto de las relaciones concertadas por un titular del hogar familiar con la persona que además de prestar servicios domésticos en aquél deba realizar, con cualquier periodicidad, otros servicios ajenos al hogar familiar en actividades o Empresas de cualquier carácter del empleador, se presumirá la existencia de una única relación laboral de carácter común. Dicha presunción admite prueba en contrario mediante la que se acredite que la realización de estos servicios no domésticos tiene un carácter marginal o esporádico con respecto al servicio puramente doméstico.

2. Con carácter general quedan excluidas del ámbito de esta relación laboral especial las relaciones de trabajo en las que falta alguno de los presupuestos configuradores de su naturaleza jurídico-laboral, como la remunerabilidad, la dependencia y la ajenidad.

Se presumirá, salvo prueba en contrario, que las notas señaladas no concurren en las relaciones de colaboración y convivencia familiar, como las denominadas «a la par», mediante las que se prestan algunos servicios como cuidados de niños, la enseñanza de idiomas u otros de los comprendidos en el artículo 1.cuatro, siempre y cuando estos últimos tengan carácter marginal, a cambio de comidas, alojamiento o simples compensaciones de gastos.

⇒ España ratificó el 24 junio 1988 el Acuerdo Europeo sobre colocación «Au pair».
Cfr. art. 33.5 de la LO 4/2000, de 11 enero (§39.1).

Artículo 3. Capacidad para contratar por razón de la nacionalidad.

En materia de nacionalidad se estará a lo que se disponga en la legislación vigente para los trabajadores extranjeros en España.

⇒ Cfr. normas en §39.1 y §39.3.

Artículo 4. Modalidades y duración del contrato de trabajo doméstico.

1. El contrato de trabajo podrá celebrarse, cualesquiera sean su modalidad o duración, por escrito o de palabra.

2. En defecto de pacto escrito en el que se optase por alguna de las modalidades o duraciones previstas en el Estatuto de los Trabajadores, el contrato de trabajo de este ámbito se presumirá concertado por tiempo determinado de un año, prorrogable tácitamente por períodos igualmente anuales, de no mediar denuncia con anterioridad a su vencimiento, que deberá notificarse al trabajador con una antelación de al menos siete días.

⇒ Cfr. con lo establecido en el art. 8.2 del ET (§2), desarrollado por RD 735/1995 (§4.1).

3. La relación se presumirá celebrada a prueba durante quince días, computándose a estos efectos aquellos días en que se da prestación de servicios efectiva.

⇒ Cfr. con lo establecido en el art. 14.1 del ET (§2), desarrollado por RD 735/1995 (§4.1).

Artículo 5. Contratación.

No será de aplicación en el ámbito de esta relación laboral especial lo dispuesto en el artículo 16.1 del Estatuto de los Trabajadores, sin perjuicio de la prohibición de agencias privadas de colocación.

⇒ Cfr. con lo establecido en el vigente art. 16.2 del ET (§2).
Tratándose de trabajadores extranjeros, cfr. art. 70.1.1b) RD 864/2001, que no excluye del trámite de la gestión de la oferta de empleo por parte del servicio público de empleo los servicios del hogar familiar.

Artículo 6. Retribuciones.

1. El Salario Mínimo Interprofesional, fijado anualmente por el Gobierno, es aplicable en el ámbito de esta relación, de acuerdo con los términos y condiciones establecidos en el ordenamiento laboral común; dicho salario mínimo se entiende referido a la jornada de trabajo completa a la que se refiere el artículo 7.uno, de este Real Decreto, percibiéndose a prorrata si se realizare una jornada inferior.

Este salario podrá ser objeto de mejora a través de pacto individual o colectivo.

2. En los casos de prestación de servicios domésticos con derecho a prestaciones en especie, como alojamiento o manutención, se podrá descontar por tales conceptos el porcentaje que las partes acuerden, sin que de la suma de los diversos conceptos pueda resultar un porcentaje de descuento superior al 45 por 100 del salario total.

⇒ Cfr. con lo establecido en el art. 26.1 del ET (§2).

3. El empleado del hogar tiene derecho a un incremento en metálico de un 3 por 100 del mismo por cada tres años naturales de vinculación con un empleador, con un máximo de cinco trienios.

4. El empleado del hogar tiene derecho a dos gratificaciones extraordinarias al año que se percibirán, salvo pacto en contrario, al finalizar cada uno de los semestres del año y en proporción al tiempo trabajado durante el mismo. Su cuantía será, como mínimo, igual al salario en metálico correspondiente a quince días naturales.

5. Para la retribución de los empleados del hogar que trabajen por horas, en régimen externo, el salario mínimo de referencia será el que se fije en la normativa correspondiente con carácter general para los trabajadores eventuales y temporeros, que incluye todos los conceptos retributivos; este salario mínimo se abonará en proporción a las horas efectivamente trabajadas.

⇒ V. art. 4.2 del Real Decreto sobre Salario Mínimo Interprofesional.

Artículo 7. Tiempo de trabajo.

1. La jornada máxima semanal de carácter ordinario será de cuarenta horas de trabajo efectivo, sin perjuicio de los tiempos de presencia, a disposición del empleador, que pudieran acordarse entre las partes. El horario será fijado libremente por el titular del hogar familiar, sin que en ningún caso las horas ordinarias de trabajo efectivo al día puedan exceder de nueve. Entre una y otra jornada deberá mediar un mínimo de diez horas, si el empleado de hogar no pernocta en el domicilio, y de ocho horas, en caso contrario. El empleado interno dispondrá de al menos dos horas para las comidas principales, y este tiempo no se computará como trabajo.

Una vez concluida la jornada de trabajo diaria, y, en su caso, el tiempo de presencia pactado, el empleado no estará obligado a permanecer en el hogar familiar.

2. El régimen de las horas extraordinarias será el establecido en el Estatuto de los Trabajadores.

⇒ V. art. 35 del ET (§2).

3. Los empleados de hogar tienen derecho a un descanso semanal de treinta y seis horas de las que, al menos, veinticuatro horas serán consecutivas y preferentemente coincidiendo con el día del domingo. Mediante acuerdos entre las partes se determinará el sistema de disfrute del resto de horas de descanso. Con independencia de lo anterior podrán pactarse modalidades de disfrute del descanso a que se refiere este párrafo, respetando en todo caso la cuantía mínima del mismo, cualquiera que sea el período de cómputo que a estos efectos se utilice.

Cuando el empleado de hogar no preste servicios en régimen de jornada completa, con la duración máxima establecida en el número 1 de este artículo, la retribución correspondiente al período de descanso se reducirá en proporción a las horas efectivamente trabajadas.

4. El disfrute de las fiestas laborales previstas en el artículo 37.2 del Estatuto de los Trabajadores se ajustará a las especialidades previstas en el número anterior para el descanso semanal.

5. El empleado de hogar tendrá derecho al disfrute de los permisos previstos en el artículo 37.3 del Estatuto de los Trabajadores.

6. El período de vacaciones anuales será de treinta días naturales; de ellos, al menos quince días se disfrutarán de forma continuada, siendo el resto susceptible de fraccionamiento en la forma que se acuerde entre las partes.

Artículo 8. Conservación del contrato de trabajo doméstico.

1. La subrogación contractual por cambio de la persona del empleador sólo procederá previo acuerdo de las partes, presumiéndose éste cuando el empleado de hogar siga prestando servicios al menos durante siete días en el mismo domicilio, pese a haber variado la titularidad de éste o la del hogar familiar.

⇒ Cfr. art. 44 del ET (§2).

2. En los supuestos de cambio del hogar familiar por traslado de éste a localidad distinta se aplicará respecto a la conservación del contrato el mismo régimen establecido para los supuestos de cambio de la persona del empleador en el número 1 de este artículo, presumiéndose por tanto la conservación del contrato de trabajo cuando se continuase prestando servicios durante siete días en el nuevo domicilio. Cuando el traslado sea de carácter temporal podrá acordarse la suspensión del contrato.

⇒ Cfr. lo establecido en el art. 40 del ET (§2).

3. En el supuesto de suspensión del contrato de trabajo doméstico por incapacidad temporal del empleado de hogar, debido a enfermedad o accidente, si aquél fuera interno tendrá derecho a permanecer alojado en el domicilio un mínimo de treinta días, salvo que por prescripción facultativa se recomiende su hospitalización.

Artículo 9. Extinción del contrato.

La relación laboral de carácter especial del Servicio del Hogar Familiar se extinguirá:

1. Por mutuo acuerdo de las partes.

2. Por las causas consignadas válidamente en el contrato, salvo que las mismas constituyan abuso de derecho manifiesto por parte del empleador.

3. Por expiración del tiempo convenido, en los términos previstos en el artículo 4.uno de este Real Decreto. En el supuesto previsto en este número, simultáneamente a la notificación de la extinción, el empleador, deberá poner a disposición del trabajador una indemnización cuya cuantía será equivalente al salario en metálico correspondiente a siete días naturales multiplicado por el número de años naturales de duración del contrato, incluidas las prórrogas, con el límite de seis mensualidades.

⇒ La referencia al tiempo convenido casa mejor con el núm. 2 que con el 1 del art. 4.

4. Por dimisión del trabajador, debiendo mediar un preaviso de al menos siete días.

5. Por muerte, gran invalidez o invalidez permanente, total o absoluta, del trabajador.

6. Por jubilación del trabajador.

7. Por muerte o incapacidad del empleador.

8. Por fuerza mayor que imposibilite definitivamente la prestación del trabajo.

9. Por voluntad del trabajador fundamentada en un incumplimiento contractual del empleador.

10. Por despido del trabajador.

11. Por desistimiento del empleador.

Artículo 10. Despido disciplinario y desistimiento del empleador.

1. El despido disciplinario del trabajador se producirá, mediante notificación escrita, por las causas previstas en el Estatuto de los Trabajadores. Ello no obstante, y para el caso de que la jurisdicción competente declare el despido improcedente, las indemnizaciones serán equivalentes al salario en metálico correspondiente a veinte días naturales multiplicados por el número de años naturales de duración del contrato, incluidas las prórrogas, con el límite de doce mensualidades. Los supuestos de incumplimiento por el empleador de los requisitos previstos para formalizar el despido producirán los mismos efectos descritos en el párrafo anterior para los casos de despido improcedente.

2. El contrato podrá extinguirse con anterioridad a la extinción del tiempo convenido por desistimiento del empleador. En el caso de que la prestación de servicios hubiera superado la duración de un año, el empleador deberá conceder un plazo de preaviso cuya duración, computada desde que se comunique al trabajador la decisión de extinción, habrá de ser, como mínimo, de veinte días. En los demás supuestos el preaviso será de siete días.

Simultáneamente a la comunicación de la extinción el empleador deberá poner a disposición del trabajador la indemnización prevista en el artículo 9.tres de este Real Decreto.

Durante el período de preaviso el trabajador tendrá derecho, sin pérdida de su retribución, a una licencia de seis horas semanales con el fin de buscar nuevo empleo.

El empleador podrá sustituir el preaviso por una indemnización equivalente a los salarios en metálico de dicho período.

Las indemnizaciones previstas en este número serán de aplicación en los supuestos en que el contrato se extinguiese por cambio del hogar familiar si tal situación derivase de la voluntad del empleador de que no se produzca continuidad del contrato de trabajo, según lo previsto en el artículo 8.dos.

3. En los supuestos previstos en este artículo el derecho a la residencia del personal interno no podrá quedar sin efecto entre las diecisiete horas y las ocho horas del día siguiente, salvo que la extinción del contrato esté motivada por falta muy grave a los deberes de lealtad y confianza.

Artículo 11. Comprobación de infracciones.

La acción de control de cumplimiento de la legislación laboral relativa al contrato de trabajo doméstico, a cargo de la Inspección de Trabajo y Seguridad Social, sólo podrá realizarse salvaguardando los derechos a la inviolabilidad del domicilio y al debido respeto a la intimidad personal y familiar.

Artículo 12. Jurisdicción competente.

Los conflictos que surjan como consecuencia de la aplicación de la normativa reguladora de la relación de carácter especial del Servicio del Hogar Familiar corresponderán a los Jueces y Tribunales del Orden Jurisdiccional Social.

⇒ V. arts. 4.1 y 5.1 de la Ley 42/1997 (§38.2).

Artículo 13. Otras obligaciones del titular del hogar familiar.

El titular del hogar familiar está obligado a cuidar de que el trabajo de sus empleados se realice en las debidas condiciones de seguridad e higiene. La deficiencia grave de estas obligaciones será justa causa de dimisión del empleado.

⇒ V. art. 3.4 de la Ley 31/1995, de Prevención de Riesgos Laborales (§23).

DISPOSICIÓN ADICIONAL

En lo no previsto en la presente norma será de aplicación la normativa laboral común, en lo que resulte compatible con las peculiaridades derivadas del carácter especial de esta relación; expresamente no será de aplicación el artículo 33 del Estatuto de los Trabajadores.

⇒ Cfr. art. 11.2 del RD 505/1985 (§13.1), Regulador del Fondo de Garantía Salarial y el Anexo de la Dir. 80/987/CEE (§48.2).
V. art. 1.2 RD 1659/1998 (§5.1), que excluye expresamente la relación laboral especial del servicio del hogar familiar de las obligaciones en materia de información al trabajador sobre los elementos esenciales del contrato de trabajo.

DISPOSICIÓN DEROGATORIA

Quedan derogadas todas las disposiciones que se opongan a lo dispuesto en el presente Real Decreto.

DISPOSICIÓN FINAL

El presente Real Decreto entrará en vigor el día 1 de enero de 1986, iniciándose el cómputo del devengo de los efectos económicos derivados del mismo a partir de dicha fecha de vigencia.

Ello no obstante, y a los solos efectos del cómputo de antigüedad previsto en el artículo 9.3 de este Real Decreto se tendrán en cuenta los períodos trabajados con anterioridad en actividades o servicios definidos en su artículo primero.

c) *Penados y menores internados*

§ 16.3 LEY ORGÁNICA 1/1979, DE 26 SEPTIEMBRE. GENERAL PENITENCIARIA

(BOE núm. 239, de 5 octubre [RCL 1979, 2382]) (fragmento)

[...]

⇒ Se reproducen seguidamente los preceptos de contenido netamente laboral de la LOGP, con las modificaciones introducidas por LO 13/1995, de 18 diciembre.

CAPÍTULO II

Trabajo

Artículo 26.

El trabajo será considerado como un derecho y como un deber del interno, siendo un elemento fundamental del tratamiento.

Sus condiciones serán:

a) No tendrá carácter aflictivo ni será aplicado como medida de corrección.

b) No atentará a la dignidad del interno.

c) Tendrá carácter formativo, creador o conservador de hábitos laborales, productivo o terapéutico, con el fin de preparar a los internos para las condiciones normales del trabajo libre.

d) Se organizará y planificará, atendiendo a las aptitudes y cualificación profesional, de manera que satisfaga las aspiraciones laborales de los recluidos en cuanto sean compatibles con la organización y seguridad del establecimiento.

e) Será facilitado por la Administración.

f) Gozará de la protección dispensada por la legislación vigente en materia de Seguridad Social.

⇒ Conforme a la disp. adic. 32ª de la Ley 50/1998, de 30 diciembre, «El Gobierno, en el plazo de seis meses, presentará ante la Comisión de Justicia e Interior del Congreso de los Diputados, un informe sobre los problemas derivados de la aplicación del Régimen de Seguridad Social a los trabajos penitenciarios, así como sobre las posibles soluciones a los mismos».

g) No se supeditará al logro de intereses económicos por la Administración.

⇒ V. art. 25.2 del Texto Constitucional (§1) y la importante doctrina constitucional sobre el mismo, compendiada por la STC 17/1993, de 18 enero (RTC 1993, 17).

Artículo 27.

1. El trabajo que realicen los internos, dentro o fuera de los establecimientos, estará comprendido en alguna de las siguientes modalidades:

a) Las de formación profesional, a las que la Administración dará carácter preferente.

b) Las dedicadas al estudio y formación académica.

c) Las de producción de régimen laboral o mediante fórmulas cooperativas o similares de acuerdo con la legislación vigente.

d) Las ocupacionales que formen parte de un tratamiento.

e) Las prestaciones personales en servicios auxiliares comunes del establecimiento.

f) Las artesanales, intelectuales y artísticas.

2. Todo trabajo directamente productivo que realicen los internos será remunerado y se desarrollará en las condiciones de seguridad e higiene establecidas en la legislación vigente.

Artículo 28.

El trabajo será compatible con las sesiones de tratamiento y con las necesidades de enseñanza en los niveles obligatorios. A tal fin, la Administración adoptará las medidas que reglamentariamente se determinen para asegurar la satisfacción de aquellos fines y garantizar la efectividad del resultado.

Artículo 29.

1. Todos los penados tendrán obligación de trabajar conforme a sus aptitudes físicas y mentales.

Quedarán exceptuados de esta obligación, sin perjuicio de poder disfrutar, en su caso, de los beneficios penitenciarios:

a) Los sometidos a tratamiento médico por causa de accidente o enfermedad, hasta que sean dados de alta.

b) Los que padezcan incapacidad permanente para toda clase de trabajos.

c) Los mayores de sesenta y cinco años.

d) Los perceptores de prestaciones por jubilación.

e) Las mujeres embarazadas, durante las dieciséis semanas ininterrumpidas ampliables por parto múltiple hasta dieciocho semanas. El período de excepción se distribuirá a opción de la interesada siempre que seis semanas sean inmediatamente posteriores al parto.

✐ Apartado redactado por la LO 13/1995, de 18 diciembre, sobre modificación de la Ley Orgánica General Penitenciaria.

f) Los internos que no puedan trabajar por razón de fuerza mayor.

2. Los sometidos a prisión preventiva podrán trabajar conforme a sus aptitudes e inclinaciones. La Administración del establecimiento les facilitará los medios de ocupación de que disponga, permitiendo al interno procurarse a sus expensas otros, siempre que sean compatibles con las garantías procesales y la seguridad y el buen orden de aquél. Los que voluntariamente realicen cualquiera de los trabajos expresados en el artículo 27 lo harán en las condiciones y con los efectos y beneficios previstos en esta Ley. Todo interno deberá contribuir al buen orden, limpieza e higiene del establecimiento, siendo reglamentariamente determinados los trabajos organizados a dichos fines.

Artículo 30.

Los bienes, productos o servicios obtenidos por el trabajo de los internos tendrán, en igualdad de condiciones, carácter preferente en las adjudicaciones de suministros y obras de las Administraciones públicas.

Artículo 31.

1. La dirección y el control de las actividades desarrolladas en régimen laboral dentro de los establecimientos corresponderá a la Administración penitenciaria.

⇒ Cfr. arts. 20 y concordantes del ET (§2).

2. La Administración estimulará la participación de los internos en la organización y planificación del trabajo.

Artículo 32.

Los internos podrán formar parte del Consejo Rector y de la Dirección o Gerencia de las cooperativas que se constituyan. La Administración adquirirá la cualidad de socio de aquéllas, contribuyendo a la consecución del correspondiente objeto social de conformidad con la legislación vigente.

Artículo 33.

1. La Administración organizará y planificará el trabajo de carácter productivo en las condiciones siguientes:

a) Proporcionará trabajo suficiente para ocupar en días laborables a los internos, garantizando el descanso semanal.

⇒ V. arts. 37 y concordantes del ET (§2).

b) La jornada de trabajo no podrá exceder de la máxima legal y se cuidará de que los horarios laborales permitan disponer de tiempo suficiente para la aplicación de los medios de tratamiento.

⇒ V. arts. 34 y concordantes del ET (§2).

c) Velará porque la retribución sea conforme al rendimiento, categoría profesional y clase de actividad desempeñada.

d) Cuidará de que los internos contribuyan al sostenimiento de sus cargas familiares y al cumplimiento de sus restantes obligaciones, disponiendo el recluso de la cantidad sobrante en las condiciones que se establezcan reglamentariamente.

2. La retribución del trabajo de los internos sólo será embargable en las condiciones y con los requisitos establecidos para el salario del trabajador libre.

⇒ V. art. 27.2 del ET (§2) y nota al mismo.

Artículo 34.

Los internos, en cuanto trabajadores por cuenta ajena o socios cooperadores, asumirán individualmente la defensa de sus derechos e intereses laborales o cooperativos, que ejercitarán ante los Organismos y Tribunales competentes, previa reclamación o conciliación en vía administrativa y en la forma que reglamentariamente se determine.

Artículo 35.

Los liberados que se hayan inscrito en la Oficina de Empleo dentro de los quince días siguientes a su excarcelación y no hayan recibido una oferta de trabajo adecuada tendrán derecho a la prestación por desempleo en las condiciones que reglamentariamente se establezcan.

⇒ V. art. 215.1.1 d) de la LGSS/1994 (§32.1) y preceptos concordantes, especialmente el art. 12 del RD 625/1985, de 2 abril (§36.1).

[...]

§ 16.4 REAL DECRETO 782/2001, DE 6 JULIO. REGULA LA RELACIÓN LABORAL DE CARÁCTER ESPECIAL DE LOS PENADOS QUE REALICEN ACTIVIDADES LABORALES EN TALLERES PENITENCIARIOS Y LA PROTECCIÓN DE LA SEGURIDAD SOCIAL DE LOS SOMETIDOS A PENAS DE TRABAJO EN BENEFICIO DE LA COMUNIDAD

(BOE núm. 162, de 7 julio [RCL 2001, 1663])

La Ley 55/1999, de 29 de diciembre, de Medidas Fiscales, Administrativas y del Orden Social, en su artículo 21, encomienda al Gobierno la regulación de dos aspectos diferenciados en relación con los penados: por un lado, le habilita para articular la relación laboral de carácter especial de los penados que realicen actividades laborales en talleres penitenciarios, contemplando, además, un marco de protección de Seguridad Social de este colectivo acorde con sus especiales características. Y así mismo, determina que a las cotizaciones a la Seguridad Social que hayan de efectuarse por las contingencias cuya cobertura se establezca, se les aplicarán las bonificaciones generales que se otorguen a favor de los trabajadores con especiales dificultades de inserción laboral o las que específicamente se fijen para este colectivo. Por otro lado, le habilita para regular la protección de Seguridad Social de los sometidos a penas de trabajo en beneficio de la comunidad.

Así mismo, la Ley 14/2000, de 29 de diciembre, de Medidas Fiscales, Administrativas y del Orden Social, en su artículo 24, apartado cuarto, introduce una nueva disposición adicional trigésima en el Texto Refundido de la Ley General de la Seguridad Social, aprobado por Real Decreto Legislativo 1/1994, de 20 de junio, por la que se establecen determinadas bonificaciones en las cotizaciones a la Seguridad Social por los conceptos de recaudación conjunta, respecto de los penados que realicen actividades laborales en instituciones penitenciarias, y declara aplicables a las cuotas empresariales por contingencias comunes las bonificaciones generales que se otorguen a la contratación de trabajadores con especiales dificultades de inserción laboral. Por otro lado, la citada Ley 14/2000, en su disposición adicional trigésima primera (actualmente derogada), declaró aplicable el Programa de Fomento del Empleo al colectivo anteriormente mencionado, y prorrogó el Programa para el año 2000 establecido en el artículo 28 de la Ley 55/1999, hasta el 17 de mayo de 2001. El Real Decreto-ley 5/2001, de 2 de marzo, de Medidas Urgentes de Reforma del Mercado de Trabajo para el Incremento del Empleo y Mejora de su Calidad, incluye nuevamente al colectivo citado en el Programa de Fomento de Empleo para el año 2001, derogando el anterior.

El primer aspecto, es decir, la relación laboral especial de los internos en los centros penitenciarios tiene como antecedentes próximos el artículo 25.2 de la Constitución, en cuanto que establece el derecho de los condenados a penas de prisión a un trabajo remunerado y a los beneficios correspondientes de la Seguridad Social, el capítulo II del Título II, y en particular el artículo 27.2, de la Ley Orgánica 1/1979, de 26 de septiembre, General Penitenciaria, que establece que el trabajo directamente productivo que realicen los internos será remunerado y, por otro lado, el párrafo c) del apartado primero, del artículo 2 del Texto Refundido de la Ley del Estatuto de los Trabajadores, aprobado por Real Decreto Legislativo 1/1995, de 24 de marzo, que enuncia como relación laboral de carácter especial la de los penados en las instituciones penitenciarias.

Estas previsiones fueron desarrolladas en el capítulo IV del Título V del Reglamento Penitenciario, aprobado por Real Decreto 190/1996, de 9 de febrero.

En virtud del Real Decreto citado anteriormente y del Real Decreto 326/1995, de 3 de marzo, de regulación del Organismo Autónomo Trabajo y Prestaciones Penitenciarias, éste y el organismo autonómico equivalente tiene atribuidas, entre otras funciones, la gestión del trabajo de los internos.

Dentro de este marco el artículo 28 de la Ley 55/1999, regula el Programa de Fomento del Empleo para el año 2000, incluyendo, entre los colectivos beneficiarios de los incentivos previstos, a las empresas y entidades sin ánimo de lucro que contraten, indefinida o temporalmente, trabajadores desempleados en situación de exclusión social figurando entre ellos los internos de centros penitenciarios cuya situación penitenciaria les permita acceder a un empleo, así como los liberados condicionales y ex-reclusos.

Estos tres aspectos destacados anteriormente suponen un gran avance en el fomento de las políticas de inserción laboral del colectivo de reclusos, liberados condicionales y ex-reclusos, que es uno de los que presenta un mayor riesgo de exclusión social.

Por lo que respecta a los internos en régimen abierto que accedan a un empleo en el exterior del centro penitenciario, a los liberados condicionales y a los ex-reclusos, su relación laboral se somete a la normativa común. Sin embargo, en el caso de los demás internos los principios básicos de la misma se contemplan actualmente en el Reglamento Penitenciario.

La habilitación que el artículo 21 de la Ley 55/1999 hace al Gobierno, las modificaciones que en la normativa laboral común se han producido en los últimos años, las medidas citadas en materia de fomento del empleo que afectan en particular a este colectivo y los propios cambios introducidos por la política penitenciaria para acomodarse a las nuevas tendencias en materia de formación integral de la persona adulta o de formación profesional ocupacional justifican su desarrollo reglamentario.

Esta norma está presidida por una concepción del trabajo de los internos que conjuga aspectos de formación y de ejercicio de una actividad laboral que tienen como finalidad última facilitar su futura inserción laboral.

Entre las novedades más relevantes que este Real Decreto incorpora destacan las siguientes: su propia filosofía general, combinando formación y actividad laboral; la incorporación de un catálogo de oferta de los puestos de trabajo existentes por actividades que, en la medida de lo posible, han de seguir la tendencia del sector laboral, con el fin de que la tarea de inserción laboral sea lo más fácil posible; la posibilidad de que la labor de preparación para la inserción no se vea interrumpida con motivo de traslados entre centros penitenciarios, en determinadas condiciones; una mayor concreción en la regulación de aquellas situaciones en que la organización del trabajo se lleva a cabo en colaboración con personas físicas o jurídicas del exterior, que contribuyen así al objetivo de reinserción, proporcionando puestos de trabajo en el interior de los centros penitenciarios y constituyendo auténticas unidades productivas en los mismos; y por último, se establece el marco normativo de protección de Seguridad Social de este colectivo, acorde con sus especiales características, tal como dispone el artículo 21 de la Ley 55/1999.

En cuanto al segundo aspecto, esto es, la regulación de la protección de la Seguridad Social de los sometidos a penas de trabajo en beneficio de la comunidad, se debe tener presente que una de las novedades más importantes del sistema de penas de la Ley Orgánica 10/1995, de 23 de noviembre, del Código Penal, es la pena de trabajo en beneficio de la comunidad. Con ella se evita alguno de los inconvenientes de las penas privativas de libertad, como la separación del delincuente de la sociedad, y, al mismo tiempo, se le hace partícipe de intereses públicos, al tener que cooperar con actividades que tienen ese carácter.

Según el artículo 49 del Código Penal «Los trabajos en beneficio de la comunidad, que no podrán imponerse sin consentimiento del penado, le obligan a prestar su cooperación no retribuida en determinadas actividades de utilidad pública». Consiste, por lo tanto, en una obligación asumida voluntariamente por el penado para prestar su cooperación en ciertas actividades de utilidad pública.

El Real Decreto 690/1996, de 26 de abril, por el que se establecen las circunstancias de ejecución de las penas de trabajo en beneficio de la comunidad y de arresto de fin de semana, además de establecer las circunstancias de ejecución de esta pena, aporta a la definición de la misma, por una parte, que la actividad de utilidad pública a la que se preste la colaboración personal tenga «interés social» y «valor educativo», haciendo énfasis en la prevención especial, y, por otra parte, que «sirva de reparación para la comunidad perjudicada», es decir, que sirva como retribución por el delito cometido.

Tanto el Código Penal como el Real Decreto citado disponen que los sentenciados a la pena de trabajo en beneficio de la comunidad gozarán de la protección dispensada a los penados por la legislación penitenciaria en materia de Seguridad Social. No obstante, el artículo 132 y siguientes del Reglamento Penitenciario regula el trabajo de los internos en los centros penitenciarios, como una actividad productiva y remunerada, características que no concurren en la pena de trabajo en beneficio de la comunidad por no tratarse de una relación laboral. La protección que en este caso se les dispensa es, al modo como se protegen las prestaciones personales obligatorias, la derivada de su inclusión en la acción protectora del sistema de la Seguridad Social en los casos de accidente de trabajo y enfermedad profesional.

En su virtud, a propuesta conjunta del Vicepresidente Primero del Gobierno y Ministro del Interior y del de Trabajo y Asuntos Sociales, previo informe del Consejo General del Poder Judicial y del Consejo Económico y Social, de acuerdo con el Consejo de Estado y previa deliberación del Consejo de Ministros en su reunión del día 6 de julio de 2001, dispongo:

CAPÍTULO I

Disposiciones generales

Artículo 1. Ámbito de aplicación y exclusiones.

1. El presente Real Decreto regula la relación laboral de carácter especial existente entre el Organismo Autónomo Trabajo y Prestaciones Penitenciarias u organismo autonómico equivalente y los internos que desarrollen una actividad laboral en los talleres productivos de los centros penitenciarios, así como la de quienes cumplen penas de trabajo en beneficio de la comunidad.

⇒ V. art. 2.1.c) ET.

2. Queda excluida de su ámbito de aplicación la relación laboral de los internos en régimen abierto, sometidos a un sistema de contratación ordinaria con empresarios, que se regulará por la legislación laboral común, sin perjuicio de la tutela que en la ejecución de estos contratos pueda realizarse por la autoridad penitenciaria.

3. También quedan excluidas de esta regulación las diferentes modalidades de ocupación no productiva que se desarrollen en los establecimientos penitenciarios, tales como la formación profesional ocupacional, el estudio y la formación académica, las ocupacionales que formen parte de un tratamiento, las prestaciones personales en servicios auxiliares comunes del establecimiento, las artesanales, intelectuales y artísticas y, en general, todas aquellas ocupaciones que no tengan naturaleza productiva.

⇒ Conforme al art. 153 del RP, aprobado por RD 190/1996, de 9 febrero:

«1. En los Establecimientos penitenciarios podrán existir talleres ocupacionales donde trabajen los reclusos, de acuerdo con los programas que se establezcan por la Administración Penitenciaria competente o por la Junta de Tratamiento del Centro.

2. Los reclusos que desarrollen trabajos ocupacionales podrán recibir incentivos, recompensas o beneficios penitenciarios por la realización de su trabajo.

3. Los beneficios económicos que pudieran existir por la venta de los productos elaborados en los talleres ocupacionales se destinarán a la reposición de los materiales necesarios para la elaboración de los productos, así como al pago de incentivos a los internos.

4. Los trabajos desarrollados en los talleres ocupacionales no se encuadran en la relación laboral de carácter especial regulada en el capítulo anterior, ni gozan de la acción protectora de la Seguridad Social».

4. La relación laboral especial penitenciaria se regula por lo dispuesto en este Real Decreto. Las demás normas de la legislación laboral común, incluido el Texto Refundido de la Ley del Estatuto de los Trabajadores, aprobado por Real Decreto Legislativo 1/1995, de 24 de marzo, sólo serán aplicables en los casos en que se produzca una remisión expresa desde este Real Decreto o la normativa de desarrollo.

5. Las cuestiones litigiosas derivadas de los conflictos individuales que se promuevan por los internos trabajadores encuadrados en la relación laboral especial penitenciaria se regirán por el Texto Refundido de la Ley de Procedimiento Laboral, aprobado por Real Decreto Legislativo 2/1995, de 7 de abril. Para demandar al Organismo Autónomo Trabajo y Prestaciones Penitenciarias u órgano autonómico equivalente, será requisito previo haber reclamado en vía administrativa en la forma establecida en el artículo 69 y siguientes del Texto Refundido de la Ley de Procedimiento Laboral y en el artículo 125 de la Ley 30/1992, de 26 de noviembre, de Régimen Jurídico de las Administraciones Públicas y del Procedimiento Administrativo Común.

Artículo 2. Sujetos de la relación laboral.

1. A los efectos del presente Real Decreto son trabajadores los internos que desarrollen actividades laborales de producción por cuenta ajena en los talleres productivos de los centros penitenciarios.

2. También a dichos efectos el empleador será en todos los casos el Organismo Autónomo Trabajo y Prestaciones Penitenciarias u órgano autonómico equivalente.

⇒ Mediante RD 868/2005, de 15 julio, se aprobó el Estatuto del Organismo autónomo Trabajo Penitenciario y Formación para el Empleo.

Artículo 3. Acceso a los puestos de trabajo.

1. El Organismo Autónomo Trabajo y Prestaciones Penitenciarias u órgano autonómico equivalente mantendrá una oferta de puestos de trabajo acorde con las disponibilidades económicas, ordenada en un catálogo y clasificada por actividades, especificando la formación requerida y las características de cada puesto.

2. El Organismo Autónomo Trabajo y Prestaciones Penitenciarias elaborará periódicamente la lista de puestos vacantes en los talleres productivos, detallando sus características. La Junta de Tratamiento, como órgano administrativo competente, adjudicará los puestos a los internos, siguiendo el siguiente orden de prelación:

1º Los internos en cuyo programa individualizado de tratamiento se contemple el desarrollo de una actividad laboral.

2º Los internos penados sobre los preventivos.

3º La aptitud laboral del interno en relación con las características del puesto de trabajo.

4º La conducta penitenciaria.

5º El tiempo de permanencia en el establecimiento penitenciario.

6º Las cargas familiares.

7º La situación prevista en el artículo 14.1 de este Real Decreto.

Artículo 4. Objeto y finalidad de la relación laboral.

1. La finalidad esencial del trabajo es la preparación para la futura inserción laboral del interno, por cuya razón ha de conectarse con los programas de formación profesional ocupacional que se desarrollen en los centros penitenciarios, tanto a efectos de mejorar las capacidades de los mismos para el posterior desempeño de un puesto de trabajo en los talleres productivos como para su futura incorporación laboral cuando accedan a la libertad.

⇒ Conforme al art. 132 del RP, aprobado por RD 190/1996, de 9 febrero: «El trabajo penitenciario de carácter productivo por cuenta ajena no realizado mediante fórmulas cooperativas o similares, a que se refiere la letra c) del artículo 27.1 de la Ley Orgánica General Penitenciaria, es un derecho y un deber del interno, constituye un elemento fundamental del tratamiento cuando así resulte de la formulación de un programa individualizado y tiene, además, la finalidad de preparar a los internos para su acceso al mercado laboral cuando alcancen la libertad».

2. El trabajo que realice el penado objeto de relación laboral, deberá ser productivo y remunerado.

3. Con el fin de propiciar que la oferta de puestos de trabajo siga la evolución de la demanda del sector productivo, se revisará la misma, cuando las circunstancias así lo aconsejen.

CAPÍTULO II

Derechos y deberes laborales

Artículo 5. Derechos laborales.

1. Los internos trabajadores tendrán los siguientes derechos laborales básicos:

a) A no ser discriminados para el empleo o una vez empleados, por razones de nacionalidad, sexo, estado civil, por la edad, dentro de los límites marcados por la legislación laboral penitenciaria, raza, condición social, ideas religiosas o políticas, así como por el idioma.

b) A su integridad física y a una adecuada política de prevención de riesgos laborales, de acuerdo con lo dispuesto en la legislación vigente sobre dicha materia.

c) Al trabajo productivo y remunerado que pudiere ofertar la Administración penitenciaria, así como a la percepción puntual de la remuneración establecida por la legislación penitenciaria, al descanso semanal y a las vacaciones anuales.

d) Al respeto a su intimidad, con las limitaciones exigidas por la ordenada vida en prisión, y a la consideración debida a su dignidad, comprendida la protección frente a ofensas verbales o físicas de naturaleza sexual.

e) A participar en la organización y planificación del trabajo en la forma y con las condiciones establecidas en la legislación penitenciaria.

f) A la formación para el desempeño del puesto, así como a la promoción en el trabajo.

2. Asimismo, tendrán derecho a que se valore el trabajo productivo realizado y la laboriosidad del interno en orden al régimen y tratamiento penitenciario, así como para la concesión de beneficios penitenciarios cuando se cumplan los requisitos establecidos por la legislación.

Artículo 6. Deberes laborales.

Los internos trabajadores tendrán los siguientes deberes laborales básicos:

a) Cumplir con las obligaciones concretas de su puesto de trabajo, con arreglo a las reglas de la buena fe, diligencia y disciplina, así como con las que se deriven de la actividad laboral comprendida en su programa individualizado de tratamiento.

b) Observar las medidas de prevención de riesgos laborales que se adopten.

c) Cumplir las órdenes e instrucciones del personal responsable de la organización y gestión de los talleres, en el ejercicio regular de sus funciones.

d) Contribuir a conseguir el cumplimiento de los fines de la relación laboral, tanto desde el punto de vista de su preparación para la inserción laboral, como en relación con el cumplimiento de los objetivos de la actividad laboral que se le encomienda.

CAPÍTULO III
Duración de la relación laboral

Artículo 7. Inicio y duración de la relación laboral.

1. La relación laboral especial penitenciaria se formalizará con la inscripción del interno en el correspondiente Libro de Matrícula, con efectos desde la fecha en que se produzca el alta efectiva en el puesto de trabajo. También se anotará en dicho Libro la extinción de la relación laboral, así como su suspensión por causa de traslado del interno a otro centro penitenciario por tiempo no superior a dos meses.

2. La duración de la relación laboral coincidirá con la de la obra o servicio que se le encomiende.

⇒ Cfr. art. 15.1 a) ET (§2) y RD 2720/1998, de 18 diciembre (§6.1).

CAPÍTULO IV
Promoción

Artículo 8. Promoción en el trabajo.

⇒ Cfr. art. 22 ET (§2).

1. Los internos trabajadores, atendiendo a su nivel de conocimientos, capacidad laboral y funciones desempeñadas, serán clasificados en las siguientes categorías:

a) Operario base: los que desempeñen el conjunto de tareas necesarias para el funcionamiento de los talleres productivos.

b) Operario superior: los que, además de desempeñar las tareas necesarias para el funcionamiento de los talleres productivos, colaboran en su organización y su desarrollo.

2. Esta distinción se tendrá en cuenta en la fijación del módulo retributivo.

CAPÍTULO V
Causas de suspensión y de extinción de la relación laboral

Artículo 9. Suspensión de la relación laboral.

⇒ Cfr. arts. 45 y 47 ET (§2).

1. La relación laboral especial penitenciaria podrá suspenderse por las siguientes causas:

a) Mutuo acuerdo de las partes.

b) Incapacidad temporal de los trabajadores penitenciarios.

c) Maternidad y riesgo durante el embarazo. En el supuesto de parto la suspensión tendrá una duración de dieciséis semanas ininterrumpidas, ampliables en el supuesto de parto múltiple en dos semanas más por cada hijo a partir del segundo, distribuidas antes o después del parto a opción de la interesada, siempre que seis semanas sean inmediatamente posteriores al mismo.

d) Fuerza mayor temporal.

2. Asimismo, la relación laboral especial penitenciaria podrá suspenderse por las siguientes causas:

a) Suspensión de empleo y sueldo por el cumplimiento de sanciones disciplinarias penitenciarias de aislamiento.

b) Razones de tratamiento apreciadas por la Junta de Tratamiento.

c) Por traslados de los internos siempre que la ausencia no sea superior a dos meses, así como durante el disfrute de los permisos o salidas autorizadas.

d) Razones de disciplina y seguridad penitenciaria.

3. La suspensión de la relación laboral exonerará de las obligaciones recíprocas de trabajar y de remunerar el trabajo. En estos supuestos, el Director del centro penitenciario podrá designar a otro interno trabajador para el desempeño del puesto de trabajo mientras dure la suspensión.

Artículo 10. Extinción de la relación laboral.

1. La relación laboral especial penitenciaria se extinguirá:

a) Por mutuo acuerdo de las partes.

b) Por la terminación de la obra o servicio.

c) Por ineptitud del interno trabajador conocida o sobrevenida con posterioridad al desempeño del puesto de trabajo adjudicado.

d) Por muerte, gran invalidez o invalidez permanente total o absoluta del trabajador penitenciario.

e) Por jubilación del interno trabajador.

f) Por fuerza mayor que imposibilite definitivamente la prestación del trabajo.

g) Por renuncia del interno trabajador.

h) Por falta de adaptación del trabajador a las modificaciones técnicas operadas en su puesto de trabajo, siempre que hayan transcurrido, como mínimo, dos meses desde que se introdujo la modificación.

2. Asimismo, la relación laboral especial penitenciaria se extinguirá:

a) Por la excarcelación del trabajador penitenciario.

b) Por contratación con empresas del exterior en el caso de internos clasificados en tercer grado.

c) Por razones de tratamiento apreciadas por la Junta de Tratamiento.

d) Por traslado del interno trabajador a otro establecimiento penitenciario por un período superior a dos meses.

e) Por razones de disciplina y seguridad penitenciaria.

f) Por incumplimiento de los deberes laborales básicos en la relación laboral especial penitenciaria.

3. La extinción de la relación laboral penitenciaria se acordará, previa valoración de las circunstancias de cada caso, por el Director del centro penitenciario en su calidad de delegado del Organismo Autónomo Trabajo y Prestaciones Penitenciarias u organismo autonómico equivalente.

CAPÍTULO VI

Organización del trabajo

Artículo 11. Organización y dirección del trabajo.

1. Corresponde al Organismo Autónomo Trabajo y Prestaciones Penitenciarias u órgano autonómico equivalente la planificación, organización y control del trabajo desarrollado por los internos en los talleres penitenciarios.

2. El trabajo de los internos en los talleres penitenciarios podrá organizarse directamente por el Organismo Autónomo Trabajo y Prestaciones Penitenciarias u órgano autonómico equivalente o en colaboración con personas físicas o jurídicas del exterior. En todo caso, el Organismo autónomo u órgano autonómico equivalente no perderá su condición de empleador en relación con los internos trabajadores.

3. La organización y los métodos de trabajo que se apliquen en los talleres penitenciarios tratarán de asemejarse lo más posible a los de las empresas del exterior, con el fin de favorecer su futura inserción laboral.

4. La actividad desarrollada en los talleres penitenciarios estará sometida a la normativa correspondiente en materia de prevención de riegos laborales, sin perjuicio de las adaptaciones que fueren necesarias en función de las especifidades del medio penitenciario.

5. Sin perjuicio de lo previsto en el apartado segundo de este artículo, en el caso de que el trabajo se organice en colaboración con personas físicas o jurídicas del exterior, éstas vendrán obligadas a asegurar que se cumplan las obligaciones, de evaluación de riesgos y planificación de su prevención en el trabajo, de formación preventiva y de cumplimiento de las medidas preventivas que correspondan en función de la actividad desarrollada, de acuerdo con lo establecido en la Ley 31/1995, de 8 de noviembre, de Prevención de Riesgos Laborales. Asimismo estarán obligadas a respetar la intimidad y dignidad del interno trabajador, a conservar adecuadamente las instalaciones que ocupe, a colaborar con el Organismo Autónomo Trabajo y Prestaciones Penitenciarias u órgano autonómico equivalente en cuantos aspectos e informaciones le sean requeridas y, en general, a cumplir los compromisos acordados en el acuerdo de colaboración suscrito por ambas partes.

6. La dirección y control de la actividad concreta de los internos corresponde al Director del establecimiento penitenciario y al personal encargado de realizar las funciones de dirección y gestión de los talleres.

7. En sus relaciones recíprocas, el Organismo Autónomo Trabajo y Prestaciones Penitenciarias u órgano autonómico equivalente y los trabajadores penitenciarios se someterán a las exigencias de la buena fe.

Artículo 12. Control de la actividad laboral.

El Organismo Autónomo Trabajo y Prestaciones Penitenciarias u órgano autonómico equivalente podrá adoptar las medidas que estime más oportunas de vigilancia y control para verificar el cumplimiento por el trabajador de sus obligaciones y deberes laborales.

⇒ Cfr. arts. 18, 20.2 y 20.4 ET (§2).

Artículo 13. Participación.

Para la mejora de los resultados, los internos que realicen trabajos productivos podrán participar, siempre que no interfieran los planes productivos establecidos por el organismo autónomo u órgano equivalente autonómico, en la organización y planificación del trabajo, con arreglo a los siguientes criterios:

a) Aportando ideas, individual o colectivamente, sobre los planes de trabajo y los sistemas laborales.

b) Participando en la evaluación y análisis de los sistemas de producción y formulando, a través de las comisiones sectoriales correspondientes, propuestas para la fijación anual del módulo retributivo por el Consejo de Administración del Organismo Autónomo Trabajo y Prestaciones Penitenciarias u órgano autonómico equivalente.

c) Formando parte de los equipos encargados del control y mantenimiento de los sistemas de seguridad y prevención de riesgos laborales.

Artículo 14. Movilidad.

1. Con el fin de propiciar que la preparación para la inserción laboral no se vea interrumpida con ocasión de traslados entre centros penitenciarios motivados por razones de arraigo familiar u otras que redunden en beneficio del interno, los internos que hubiesen desempeñado un puesto de trabajo en un centro penitenciario por un período superior a un año, siempre que este desempeño haya sido valorado positivamente por el centro de procedencia, tendrán prioridad a la hora de acceder a puestos de trabajo vacantes del centro penitenciario de destino.

2. En caso de traslado del interno a otro centro penitenciario se le expedirá certificación acreditativa de todas sus circunstancias laborales.

CAPÍTULO VII
Salarios y calendario laboral

Artículo 15. Régimen retributivo.

1. La retribución que reciban los internos trabajadores se determinará en función del rendimiento normal de la actividad de que se trate y del horario de trabajo efectivamente cumplido.

2. Para la determinación de la retribución, se aplicarán los parámetros señalados en el apartado anterior a un módulo, para cuyo cálculo se tomará como referencia el salario mínimo interprofesional vigente en cada momento, de tal manera que el salario resultante se fijará proporcionalmente al número de horas realmente trabajadas y al rendimiento conseguido por el trabajador.

⇒ Cfr. art. 1.2.a del RDley 3/2004 (§12.2).

3. El módulo retributivo a que se refiere el apartado anterior, que se determinará anualmente por el Consejo de Administración del Organismo Autónomo Trabajo y Prestaciones Penitenciarias u órgano autonómico equivalente, incluirá la parte proporcional de la retribución de los días de descanso semanal y de vacaciones anuales retribuidas, así como las gratificaciones extraordinarias, en su caso.

4. Las retribuciones podrán calcularse por producto o servicio realizado, por tiempo o por cualquier otro sistema, aplicando lo señalado en los apartados anteriores. Si el sistema aplicado es el de producto, y en el caso de que la organización del trabajo se lleve acabo en colaboración con personas físicas o jurídicas del exterior, el Organismo Autónomo Trabajo y Prestaciones Penitenciarias u órgano autonómico competente se reserva el derecho a establecer los métodos y tiempos aplicables en la elaboración de los distintos productos.

5. El Organismo Autónomo Trabajo y Prestaciones Penitenciarias u órgano autonómico equivalente podrá establecer primas a la producción, en función de la mejora de la calidad del trabajo, de la superación de determinados niveles de producción o de cualquier otra variable que se determine.

Artículo 16. Pago de las retribuciones.

1. El Organismo Autónomo Trabajo y Prestaciones Penitenciarias u órgano autonómico equivalente efectuará el pago de las retribuciones mediante su ingreso mensual en la cuenta de peculio del interno.

2. Las retribuciones del trabajo de los internos sólo serán embargables en las condiciones y con los requisitos establecidos para el salario en el Texto Refundido de la Ley del Estatuto de los Trabajadores.

⇒ Cfr. arts. 26 y ss. ET (§2).

Artículo 17. Tiempo de trabajo.

⇒ Cfr. arts. 34, 36, 37.1 y 2 y 38 ET (§2).

1. El Director del centro penitenciario, en su calidad de delegado del Organismo Autónomo Trabajo y Prestaciones Penitenciarias u organismo autonómico equivalente, establecerá el calendario laboral que regirá a lo largo del año, incorporando, en su caso, las especifidades que proceda, sistemas de jornada continua, partida, nocturna o por turnos.

2. Los internos trabajadores tendrán derecho a un descanso semanal de día y medio ininterrumpido que se disfrutará, con carácter general, la tarde del sábado y el día completo del domingo, excepto en el sistema por turnos que se estará a lo establecido para la actividad de que se trate. También serán días de descanso las fiestas laborales de la localidad donde radique el centro penitenciario.

3. El horario de trabajo, dentro de los límites establecidos legalmente para la jornada de trabajo, será el necesario para el correcto desarrollo de la actividad productiva.

4. Previo acuerdo con los trabajadores, el Director del centro penitenciario podrá modificar, cuando las circunstancias excepcionales de producción lo exijan, el calendario laboral aprobado o la jornada habitual.

5. Las vacaciones anuales de los internos trabajadores tendrán una duración de treinta días naturales o la parte proporcional que corresponda en su caso. El momento de disfrute se condicionará a las orientaciones del tratamiento y a las necesidades de trabajo en los sectores laborales.

Artículo 18. Permisos e interrupciones.

El trabajador, previo aviso y justificación, podrá ausentarse del trabajo durante cualquier clase de permiso o salida autorizada. Las ausencias del trabajo no serán retribuidas.

⇒ Cfr. art. 37.3 ET (§2).

CAPÍTULO VIII

Protección de Seguridad Social de los internos que trabajen en talleres penitenciarios

Artículo 19. Acción protectora de la Seguridad Social.

Los internos trabajadores sujetos a la relación laboral especial penitenciaria quedarán incluidos en el Régimen General de la Seguridad Social y gozarán de la prestación de asistencia sanitaria, así como de la acción protectora del mismo en las situaciones de maternidad, riesgo durante el embarazo, incapacidad permanente, muerte y supervivencia derivadas de enfermedad común y accidente no laboral, jubilación y situaciones derivadas de las contingencias de accidente de trabajo y enfermedad profesional. Asimismo, estarán protegidos por la contingencia de desempleo cuando sean liberados de prisión, en los términos establecidos en el Título III del Texto Refundido de la Ley General de la Seguridad Social, aprobado por Real Decreto Legislativo 1/1994, de 20 de junio.

⇒ Cfr. los preceptos incluidos en el Título II LGSS (§32.1); respecto de la contingencia de desempleo, v., en especial art. 215.1 d) LGSS.

Artículo 20. Afiliación, altas, bajas y cotización.

1. El Organismo Autónomo Trabajo y Prestaciones Penitenciarias o el órgano autonómico equivalente competente asumirá, respecto de estos trabajadores, las obligaciones de afiliación, alta, baja y cotización, que las normas de Seguridad Social imponen al empresario.

2. Con carácter general, la cotización se realizará conforme a las normas siguientes:

a) El tipo de cotización será el correspondiente a las situaciones por contingencias comunes incluidas en la acción protectora de estos internos.

b) La cotización por las contingencias profesionales se efectuará aplicando la tarifa de primas vigente a las retribuciones efectivamente percibidas en función de las horas trabajadas, sin que, con carácter general, dicha base sea inferior a las bases mínimas de cotización por contingencias profesionales aplicables a los contratos a tiempo parcial.

c) En la cotización por la contingencia de desempleo se aplicará el tipo de cotización establecido para la contratación indefinida vigente en cada momento.

Artículo 21. Obligación de cotizar.

1. La obligación de cotizar se mantendrá mientras dure la relación laboral.

2. En los casos de suspensión de la relación laboral únicamente continuará la obligación de cotizar en las situaciones de maternidad y riesgo durante el embarazo.

⇒ Cfr. arts. 15, 16, 17 y 103 y ss. LGSS (§32.1).

CAPÍTULO IX

Protección de Seguridad Social de los sentenciados a la pena de trabajo en beneficio de la comunidad

Artículo 22. Protección de la Seguridad Social.

Los sentenciados a la pena de trabajo en beneficio de la comunidad que estén cumpliendo la misma, únicamente estarán incluidos en la acción protectora del Régimen General de la Seguridad Social a efectos de las contingencias de accidente de trabajo y enfermedad profesional.

Artículo 23. Cotización y relaciones jurídicas de Seguridad Social.

Las personas jurídicas, en cuyo ámbito de organización y dirección dichos penados realicen el trabajo, cotizarán por las contingencias de accidentes de trabajo y enfermedades profesionales aplicando la tarifa de primas vigente al tope mínimo de cotización, y cumplirán las demás obligaciones para con la Seguridad Social.

⇒ El RD 690/1996, de 26 abril, regula las circunstancias de ejecución de las penas de trabajo beneficio de la comunidad y arresto de fin de semana. Sobre el aseguramiento frente a enfermedades profesionales o accidentes de trabajo con ocasión de estas prestaciones, v. D. 2765/1976, de 12 noviembre.

DISPOSICIÓN DEROGATORIA

Única. Derogación normativa.

1. Quedan derogadas todas las normas de igual o inferior rango en lo que contradigan o se opongan a lo dispuesto en el presente Real Decreto.

2. Quedan derogadas expresamente las siguientes disposiciones:

a) El Decreto 573/1967, de 16 de marzo, por el que se asimilan a trabajadores por cuenta ajena, a efectos de su inclusión en el Régimen General de la Seguridad Social, a los reclusos que realicen trabajos penitenciarios retribuidos.

b) Los artículos 134 a 152, ambos inclusive, del Reglamento Penitenciario, aprobado por Real Decreto 190/1996, de 9 de febrero.

DISPOSICIONES FINALES

Primera. Desarrollo normativo.

Se autoriza a los Ministros del Interior y de Trabajo y Asuntos Sociales a dictar, en el ámbito de sus respectivas competencias, cuantas disposiciones sean necesarias para el desarrollo y ejecución de lo dispuesto en este Real Decreto, sin perjuicio de las habilitaciones específicas de desarrollo conferidas al Organismo Autónomo Trabajo y Prestaciones Penitenciarias u órgano autonómico equivalente en otros preceptos del mismo.

Segunda. Entrada en vigor.

El presente Real Decreto entrará en vigor el día siguiente al de su publicación en el «Boletín Oficial del Estado». No obstante lo anterior, respecto de las cotizaciones a la Seguridad Social y demás conceptos de recaudación conjunta se aplicará con efectos desde el día 1 de enero de 2001.

§ 16.4 BIS LEY 53/2002, DE 30 DICIEMBRE. MEDIDAS FISCALES, ADMINISTRATIVAS Y DEL ORDEN SOCIAL

(BOE núm. 313, de 31 diciembre; rect. BOE núm. 81, de 4 abril 2003 [RCL 2002, 3081 y RCL 2003, 933]) (artículo 39)

TÍTULO II

DE LO SOCIAL

CAPÍTULO I

Normas laborales

Artículo 39. Relación laboral de carácter especial de los menores internados.

Se considerará relación laboral de carácter especial la de los menores incluidos en el ámbito de aplicación de la Ley Orgánica 5/2000, de 12 de enero, Reguladora de la Responsabilidad Penal de los Menores, sometidos a la ejecución de medidas de internamiento.

Con respecto a la relación laboral de carácter especial a que se refiere la presente disposición, tendrá la consideración de empleador la entidad pública correspondiente o la persona física o jurídica con la que tenga establecido el oportuno concierto, sin perjuicio de la responsabilidad solidaria de la entidad pública respecto de los incumplimientos en materia salarial y de Seguridad Social.

Se autoriza al Gobierno para establecer un marco de protección de Seguridad Social para los menores a que se refiere la presente disposición, que tenga en cuenta las especiales características y necesidades del colectivo.

[...]

d) *Deportistas*

§ 16.5 REAL DECRETO 1006/1985, DE 26 JUNIO. REGULA LA RELACIÓN LABORAL ESPECIAL DE LOS DEPORTISTAS PROFESIONALES

(BOE núm. 153, de 27 junio; rect. BB OO del Estado núms. 154 y 159, de 28 junio y 4 julio [RCL 1985, 1533])

El artículo 2.1 d) del Estatuto de los Trabajadores considera relación laboral de carácter especial la de los deportistas profesionales, estableciéndose en la disposición adicional primera de la Ley 32/1984, de 2 de agosto, sobre modificación de determinados artículos de la Ley 8/1980, de 10 de marzo, del Estatuto de los Trabajadores, cómo el Gobierno, en el plazo máximo de doce meses contados a partir de la entrada en vigor de la referenciada Ley, había de regular el régimen jurídico de las relaciones laborales de carácter especial previstas en la Ley del Estatuto de los Trabajadores.

Mediante la presente norma se da cumplimiento a tal mandato, valorando en primer lugar la procedencia de una nueva regulación de esta relación laboral especial, que sustituya a la hasta ahora vigente contenida en el Real Decreto 318/1981, de 5 de febrero; a estos efectos se ha tenido en cuenta la experiencia de aplicación del referenciado Real Decreto, buscándose en la actualidad, mediante esta nueva norma, resolver aquellas cuestiones que la experiencia aplicativa de la normativa anterior ha mostrado necesitadas de una regulación más completa o adecuada a las peculiaridades de una relación de este tipo.

A este respecto, el objetivo básico ha sido trasladar el mayor número posible de la normativa laboral común al ámbito de esta relación especial, sin olvidar las peculiaridades que se derivan de la práctica deportiva; en este sentido se ha entendido la norma como un instrumento jurídico que para tener su más plena virtualidad deberá ser completado mediante la negociación colectiva, como fuente característica del derecho laboral.

En su virtud, consultadas las Organizaciones sindicales y patronales más representativas, así como las Entidades representativas del sector deportivo, a propuesta del Ministro de Trabajo y Seguridad Social, de acuerdo con el Consejo de Estado y previa deliberación del Consejo de Ministros en su reunión del día 26 de junio de 1985, dispongo:

Artículo 1. Ámbito de aplicación.

1. El presente Real Decreto regula la relación especial de trabajo de los deportistas profesionales, a la que se refiere el artículo 2.1 d) del Estatuto de los Trabajadores.

⇒ Sobre integración en el RGSS de estos deportistas profesionales, v. el RD 287/2003, de 7 marzo.

2. Son deportistas profesionales quienes, en virtud de una relación establecida con carácter regular, se dediquen voluntariamente a la práctica del deporte por cuenta y dentro del ámbito de organización y dirección de un club o entidad deportiva a cambio de una retribución.

⇒ V. arts. 1.1 y 8.1 del ET (§2).
V. RD 1251/1999, de 16 julio, sobre Sociedades Anónimas Deportivas.

Quedan excluidos del ámbito de esta norma aquellas personas que se dediquen a la práctica del deporte dentro del ámbito de un club percibiendo de éste solamente la compensación de los gastos derivados de su práctica deportiva.

⇒ Cfr. art. 1.3 d) del ET (§2).

3. Quedan incluidas en el ámbito de aplicación del presente Real Decreto las relaciones con carácter regular establecidas entre deportistas profesionales y empresas cuyo objeto social consista en la organización de espectáculos deportivos profesionales por empresarios o firmas comerciales, para el desarrollo, en uno y otro caso, de las actividades deportivas en los términos previstos en el número anterior.

4. Las actuaciones aisladas para un empresario u organizador de espectáculos públicos, de deportistas profesionales a que se refiere este Real Decreto, estarán excluidas de la presente regulación, sin

perjuicio del carácter laboral común o especial que pueda corresponder a la contratación y de la competencia de la jurisdicción laboral para conocer de los conflictos que surjan en relación con la misma.

5. Los actos, situación y relaciones que afectan a los deportistas profesionales propios del régimen jurídico deportivo se regirán por su normativa específica. Se entienden por tales, la determinación de la forma, clase y naturaleza de las competiciones, su organización, el señalamiento de las reglas del juego y el régimen disciplinario aplicable a los infractores de tales reglas.

6. Las presentes normas no serán de aplicación a las relaciones entre los deportistas profesionales y las Federaciones Nacionales cuando aquéllos se integren en equipos, representaciones o secciones organizadas por las mismas.

Artículo 2. Capacidad para contratar por razón de nacionalidad.

En materia de nacionalidad se estará a lo que disponga la legislación vigente para los trabajadores extranjeros en España, sin perjuicio de la aplicación de las normas específicas sobre participación en competiciones oficiales y las especialidades previstas en el artículo 14 de este Real Decreto.

⇒ V. normas reproducidas en §39.1 y §39.3.

Artículo 3. Forma del contrato y contenido.

1. El contrato se formalizará por escrito en triplicado ejemplar. Un ejemplar será para cada una de las partes contratantes, y el tercero se registrará en el INEM. Las entidades sindicales y deportivas a las que en su caso pertenezcan jugador y club podrán solicitar del INEM las certificaciones correspondientes de la documentación presentada.

⇒ V. art. 8.3 del ET (§2).

2. Dicho contrato deberá hacer constar, como mínimo:

a) La identificación de las partes.

b) El objeto del contrato.

c) La retribución acordada, con expresión de los distintos conceptos, y en su caso de las correspondientes cláusulas de revisión y de los días, plazos y lugar en que dichas cantidades deban ser pagadas.

d) La duración del contrato.

3. No será de aplicación a la relación laboral especial de los deportistas profesionales lo dispuesto en el artículo 16.1 del Estatuto de los Trabajadores, sin perjuicio de la prohibición de agencias privadas de colocación.

⇒ La referencia se hace al derogado art. 16.1 sobre obligación de contratar a través del INEM; respecto de agencias de colocación, cfr. art. 16.2 del ET (§2) y RD 735/1995 (§4.1).

Artículo 4. Modalidades del contrato de trabajo.

1. El contrato para la formación se regirá por lo dispuesto en el Estatuto de los Trabajadores y demás normativa laboral común; de acuerdo con ella la situación de incapacidad laboral transitoria y el cumplimiento del servicio militar o de la prestación social sustitutoria interrumpirá el cómputo de la duración del contrato, salvo que se acuerde expresamente lo contrario.

2. Para la celebración de contratos de trabajo a tiempo parcial será aplicable lo dispuesto en el artículo 12.1, 2, 3 y 4 del Estatuto de los Trabajadores.

⇒ Entiéndase hecha la remisión a los aps. 1, 2 y 3 del mismo (§2).

Artículo 5. Período de prueba.

Podrá concertarse por escrito un período de prueba, cuya duración no podrá exceder de tres meses y que se regirá por lo dispuesto en el Estatuto de los Trabajadores.

⇒ V. su art. 14 (§2).

Artículo 6. Duración del contrato.

La relación laboral especial de los deportistas profesionales será siempre de duración determinada, pudiendo producirse la contratación por tiempo cierto o para la realización de un número de actuaciones deportivas que constituyan en conjunto una unidad claramente determinable o identificable en el ámbito de la correspondiente práctica deportiva.

Podrán producirse prórrogas del contrato, igualmente para una duración determinada, mediante sucesivos acuerdos al vencimiento del término originalmente pactado.

Solamente si un convenio colectivo así lo estableciere podrá acordarse en los contratos individuales un sistema de prórrogas diferente del anterior, que en todo se ajustará a las condiciones establecidas en el convenio.

Artículo 7. Derechos y obligaciones de las partes.

1. El deportista profesional está obligado a realizar la actividad deportiva para la que se le contrató en las fechas señaladas, aplicando la diligencia específica que corresponda a sus personales condiciones físicas y técnicas, y de acuerdo con las reglas del juego aplicables y las instrucciones de los representantes del club o entidad deportiva.

⇒ V. arts. 5 a) y 20 del ET (§2).

2. Los deportistas profesionales tendrán derecho a manifestar libremente sus opiniones sobre los temas relacionados con su profesión, con respeto de la ley y de las exigencias de su situación contractual, y sin perjuicio de las limitaciones que puedan establecerse en convenio colectivo, siempre que estén debidamente justificadas por razones deportivas.

⇒ V. la polémica e importante STC 6/1995, de 10 enero (RTC 1995, 6).

3. En lo relativo a la participación en los beneficios que se deriven de la explotación comercial de la imagen de los deportistas se estará a lo que en su caso pudiera determinarse por convenio colectivo o pacto individual, salvo en el supuesto de contratación por empresas o firmas comerciales previsto en el número 3 del artículo 1 del presente Real Decreto.

4. Los deportistas profesionales tienen derecho a la ocupación efectiva, no pudiendo, salvo en caso de sanción o lesión, ser excluidos de los entrenamientos y demás actividades instrumentales o preparatorias para el ejercicio de la actividad deportiva.

5. Serán aplicables a esta relación laboral especial los derechos y deberes básicos previstos en los artículos 4 y 5 del Estatuto de los Trabajadores.

⇒ La disp. adic. 26ª de la Ley 55/1999, de 29 diciembre, instó al Gobierno en un plazo de seis meses, a estudiar los sistemas de previsión social complementarios de los deportistas profesionales.

Artículo 8. Retribuciones.

1. La retribución de los deportistas profesionales será la pactada en convenio colectivo o contrato individual.

2. Tendrán la consideración legal de salario todas las percepciones que el deportista reciba del club o entidad deportiva, bien sean en metálico o en especie, como retribución por la prestación de sus servicios profesionales.

Quedan excluidas aquellas cantidades que con arreglo a la legislación laboral vigente no tengan carácter salarial.

⇒ Cfr. art. 26 del ET (§2) y disposiciones concordantes.

Artículo 9. Jornada.

1. La jornada del deportista profesional comprenderá la prestación efectiva de sus servicios ante el público y el tiempo en que esté bajo las órdenes directas del club o entidad deportiva a efectos de entrenamiento o preparación física y técnica para la misma.

2. La duración de la jornada laboral será la fijada en convenio o contrato individual, con respeto en todo caso de los límites vigentes, que podrán aplicarse en cómputo anual.

3. No se computarán a efectos de duración máxima de la jornada los tiempos de concentración previos a la celebración de competiciones deportivas, ni los empleados en los desplazamientos hasta el lugar de la celebración de las mismas, sin perjuicio de que a través de la negociación colectiva se regule el tratamiento y duración máxima de tales tiempos.

⇒ V. art. 34 del ET (§2).

Artículo 10. Descansos y vacaciones.

1. Los deportistas profesionales disfrutarán de un descanso mínimo semanal de día y medio, que será fijado de mutuo acuerdo, y que no coincidirá con los días en que haya de realizarse ante el público la prestación profesional del deporte de que se trate. Si el descanso semanal no pudiera disfrutarse ininterrumpidamente, por exigencias deportivas del club o entidad deportiva, la parte no disfrutada será trasladada a otro día de la semana. En los supuestos en que existiesen compromisos de inmediatas actuaciones deportivas, el descanso semanal mínimo podrá computarse como equivalente a treinta y seis horas.

2. Cuando no puedan disfrutarse las fiestas incluidas en el calendario oficial, por exigencias deportivas del club o entidad deportiva, se trasladará el descanso a otro día de la semana.

3. Los deportistas profesionales tendrán derecho a unas vacaciones anuales retribuidas de treinta

días naturales, cuya época de disfrute, así como su posible fraccionamiento, se acordarán por convenio colectivo.

⇒ Cfr. arts. 37 y 38 del ET (§2).

Artículo 11. Cesiones temporales.

1. Durante la vigencia de un contrato los clubes o entidades deportivas podrán ceder temporalmente a otros los servicios de un deportista profesional, con el consentimiento expreso de éste.

⇒ Cfr. lo dispuesto en el art. 43 del ET (§2).

2. El club o entidad deportiva deberá consentir la cesión temporal del deportista a otro club o entidad deportiva cuando a lo largo de toda una temporada no hayan sido utilizados sus servicios para participar en competición oficial ante el público.

3. En el acuerdo de cesión se indicará expresamente la duración de la misma, que no podrá exceder del tiempo que reste del contrato profesional con el club o entidad de procedencia. El cesionario quedará subrogado en los derechos y obligaciones del cedente, respondiendo ambos solidariamente del cumplimiento de las obligaciones laborales y de Seguridad Social.

4. Si la cesión tuviera lugar mediante contraprestación económica, el deportista tendrá derecho a percibir la cantidad acordada en pacto individual o colectivo, que no podrá ser inferior al 15 por 100 bruto de la cantidad estipulada. En el supuesto de cesión recíproca de deportistas, cada uno de ellos tendrá derecho, como mínimo, frente al club de procedencia, a una cantidad equivalente a una mensualidad de sus retribuciones periódicas, más una doceava parte de los complementos de calidad y cantidad de trabajo percibidos durante el último año.

Artículo 12. Suspensión del contrato.

El contrato de trabajo podrá suspenderse por las causas y con los efectos previstos en el Estatuto de los Trabajadores.

⇒ V. sus arts. 45, 46, 47 y 48 (§2).

Artículo 13. Extinción del contrato.

La relación laboral se extinguirá por las siguientes causas:

a) Por mutuo acuerdo de las partes. Si la extinción por mutuo acuerdo tuviese por objeto la cesión definitiva del deportista a otro club o entidad deportiva, se estará a lo que las partes pacten sobre condiciones económicas de conclusión del contrato; en ausencia de pacto la indemnización para el deportista no podrá ser inferior al 15 por 100 bruto de la cantidad estipulada.

b) Por expiración del tiempo convenido.

c) Por el total cumplimiento del contrato.

d) Por muerte o lesión que produzca en el deportista incapacidad permanente total o absoluta o gran invalidez. El deportista o sus beneficiarios tendrán, en estos casos, derecho a percibir una indemnización, cuando menos de seis mensualidades si la muerte o lesión tuvieran su causa en el ejercicio del deporte. Todo ello sin perjuicio de las prestaciones de Seguridad Social a que tuvieran derecho.

e) Por disolución o liquidación del club o de la entidad deportiva correspondiente, por acuerdo de la Asamblea General de Socios. En estos casos se seguirá el procedimiento previsto en el artículo 51 del Estatuto de los Trabajadores.

f) Por crisis económica del club o entidad deportiva que justifique una reestructuración de la plantilla de deportistas, de acuerdo con el procedimiento mencionado en el apartado precedente. Asimismo, por crisis de otro tipo que impida el normal desarrollo de la actividad del club o entidad deportiva mediante el mismo procedimiento administrativo.

g) Por las causas, válidamente consignadas en el contrato, salvo que las mismas constituyan manifiesto abuso de derecho por parte del club o entidad deportiva.

h) Por despido del deportista.

i) Por voluntad del deportista profesional.

Artículo 14. Extinción del contrato por expiración del tiempo convenido.

1. Para el caso de que tras la extinción del contrato por expiración del tiempo convenido el deportista estipulase un nuevo contrato con otro club o entidad deportiva, mediante convenio colectivo se podrá pactar la existencia de una compensación por preparación o formación, correspondiendo al nuevo club su abono al de procedencia.

2. Cuando a la contratación por clubes españoles de deportistas extranjeros les sean de aplicación reglas distintas de las anteriores, de acuerdo con el régimen jurídico del país de procedencia del

deportista, se aplicarán criterios de reciprocidad en la contratación por clubes o entidades deportivas extranjeras de deportistas vinculados a clubes españoles.

3. A los sucesivos contratos que puedan formalizarse con otros clubes españoles por los deportistas extranjeros contratados de acuerdo con lo previsto en el párrafo anterior les podrá seguir siendo de aplicación el régimen jurídico del primer contrato a estos efectos.

4. Los pagos en moneda extranjera que pudieran realizarse como consecuencia de lo previsto en los párrafos anteriores deberán ajustarse a las disposiciones del Real Decreto 2402/1980, de 10 de octubre, u otra normativa que resulte aplicable en materia de control de cambios, debiendo en consecuencia ir precedidos de la correspondiente autorización de la Dirección General de Transacciones Exteriores.

Artículo 15. Efectos de la extinción del contrato por despido del deportista.

1. En caso de despido improcedente, sin readmisión, el deportista profesional tendrá derecho a una indemnización, que a falta de pacto se fijará judicialmente, de al menos dos mensualidades de sus retribuciones periódicas, más la parte proporcional correspondiente de los complementos de calidad y cantidad de trabajo percibidos durante el último año, prorrateándose por meses los períodos de tiempo inferiores a un año, por año de servicio. Para su fijación se ponderarán las circunstancias concurrentes, especialmente la relativa a la remuneración dejada de percibir por el deportista a causa de la extinción anticipada de su contrato.

2. El despido fundado en incumplimiento contractual grave del deportista no dará derecho de indemnización alguna a favor del mismo. A falta de pacto al respecto la Jurisdicción Laboral podrá acordar, en su caso, indemnizaciones a favor del club o entidad deportiva, en función de los perjuicios económicos ocasionados al mismo.

Artículo 16. Efectos de la extinción del contrato por voluntad del deportista.

1. La extinción del contrato profesional, sin causa imputable al club, dará a éste derecho, en su caso, a una indemnización que en ausencia de pacto al respecto fijará la Jurisdicción Laboral en función de las circunstancias de orden deportivo, perjuicio que se haya causado a la entidad, motivos de ruptura y demás elementos que el juzgador considere estimable.

En el supuesto de que el deportista en el plazo de un año desde la fecha de extinción, contratase sus servicios con otro club o entidad deportiva, éstos serán responsables subsidiarios del pago de las obligaciones pecuniarias señaladas.

2. La resolución del contrato solicitada por el deportista profesional, fundada en alguna de las causas señaladas en el artículo 50 del Estatuto de los Trabajadores, producirá los mismos efectos que el despido improcedente sin readmisión.

Artículo 17. Faltas y sanciones.

1. Los incumplimientos contractuales del deportista podrán ser sancionados por el club o entidad deportiva según su gravedad. Todas las sanciones impuestas serán recurribles ante la Jurisdicción Laboral. Mediante los convenios colectivos se establecerá la graduación de faltas y sanciones, que podrá comprender sanciones pecuniarias como consecuencia de incumplimientos contractuales del trabajador.

2. En ningún caso podrán imponerse sanciones por actuaciones o conductas extradeportivas, salvo que repercutan grave y negativamente en el rendimiento profesional del deportista o menoscaben de forma notoria la imagen del club o entidad deportiva. No podrán tampoco imponerse sanciones que consistan en la reducción de la duración de las vacaciones o cualquier otra minoración del derecho al descanso del deportista.

⇒ Cfr. con lo establecido en el art. 58 del ET (§2).

Artículo 18. Derechos colectivos.

1. Los deportistas profesionales tendrán los derechos colectivos reconocidos con carácter general en la legislación vigente, en la forma y condiciones que se pacten en los convenios.

2. No obstante, no procederá la suspensión del contrato por razones de representación sindical, salvo acuerdo entre el deportista afectado y el club o entidad deportiva.

Artículo 19. Jurisdicción competente.

Los conflictos que surjan entre los deportistas profesionales y sus clubes o entidades deportivas, como consecuencia del contrato de trabajo, serán competencia de la Jurisdicción Laboral.

Artículo 20. Competencias administrativas.

La administración laboral ejercerá las competencias que le son propias en cuantas de las cuestiones reguladas en la presente Norma se dé una intervención administrativa en las que les sean homólogas en las relaciones laborales comunes.

Artículo 21. Derecho supletorio.

En lo no regulado por el presente Real Decreto serán de aplicación el Estatuto de los Trabajadores y las demás normas laborales de general aplicación, en cuanto no sean incompatibles con la naturaleza especial de la relación laboral de los deportistas profesionales.

⇒ V. art. 11.1 b) del RD 505/1985 sobre Fondo de Garantía Salarial (§13.1).

DISPOSICIÓN TRANSITORIA

Las condiciones de trabajo pactadas en contratos o convenios colectivos formalizados con anterioridad a la vigencia de este Real Decreto, y cuyo tratamiento de acuerdo con el mismo correspondiese a pactos individuales o colectivos, se mantendrán, en lo que no se opongan a normas de derecho necesario, hasta tanto se proceda a su sustitución por nuevos pactos.

DISPOSICIÓN DEROGATORIA

Quedan derogadas todas las disposiciones reglamentarias o estatutarias que, en el ámbito laboral, se opongan a la presente Ley y, expresamente, el Real Decreto 318/1981, de 5 de febrero.

DISPOSICIÓN FINAL

El presente Real Decreto entrará en vigor el día siguiente al de su publicación en el «Boletín Oficial del Estado».

e) *Artistas*

§ 16.6 REAL DECRETO 1435/1985, DE 1 AGOSTO. REGULA LA RELACIÓN LABORAL ESPECIAL DE LOS ARTISTAS EN ESPECTÁCULOS PÚBLICOS

(BOE núm. 194, de 14 agosto [RCL 1985, 2023])

El artículo segundo, uno, e) del Estatuto de los Trabajadores considera relación laboral de carácter especial la de los artistas en espectáculos públicos, estableciéndose en la disposición adicional primera de la Ley 32/1984, de 2 de agosto, sobre modificación de determinados artículos del Estatuto de los Trabajadores, cómo el Gobierno, en el plazo máximo de doce meses, contados a partir de la entrada en vigor de la referenciada Ley, había de regular el régimen jurídico de las relaciones laborales de carácter especial previstas en el Estatuto de los Trabajadores.

Mediante la presente norma se da cumplimiento al tal mandato, habiéndose tenido en cuenta en primer lugar para fijar su contenido, tanto el ámbito amplio que el concepto de actividad artística tiene, como la diversidad de situaciones que en los distintos sectores artísticos pueden presentarse.

Asimismo se ha tenido en cuenta que, al contrario que en otras relaciones laborales de carácter especial, en las actividades artísticas se han venido aplicando reglamentaciones y ordenanzas laborales e, incluso, convenios colectivos. Por ello, se ha optado por una regulación no exhaustiva del contenido de la relación laboral, contemplándose sólo aquellos aspectos susceptibles de un tratamiento unitario en todos los sectores de la actividad artística, y dejando así a la negociación colectiva la concreción y desarrollo de este esquema básico de derechos y deberes de las partes de esta relación especial.

En su virtud, consultadas las Organizaciones sindicales y patronales más representativas, de acuerdo con el Consejo de Estado, a propuesta del Ministerio de Trabajo y Seguridad Social, y previa deliberación del Consejo de Ministros, en su reunión del día 31 de julio de 1985, dispongo:

Artículo 1. Ámbito de aplicación.

1. El presente Real Decreto regula la relación especial de trabajo de los artistas en espectáculos públicos, a la que se refiere el artículo segundo, número uno, apartado e), del Estatuto de los Trabajadores.

2. Se entiende por relación especial de trabajo de los artistas en espectáculos públicos la establecida entre un organizador de espectáculos públicos o empresario y quienes se dediquen voluntariamente a la prestación de una actividad artística por cuenta, y dentro del ámbito de organización y dirección de aquéllos, a cambio de una retribución.

⇒ V. arts. 1.1 y 8.1 del ET (§2).

3. Quedan incluidas en el ámbito de aplicación del presente Real Decreto todas las relaciones establecidas para la ejecución de actividades artísticas, en los términos descritos en el apartado anterior, desarrolladas directamente ante el público o destinadas a la grabación de cualquier tipo para su difusión entre el mismo, en medios como el teatro, cine, radiodifusión, televisión, plazas de toros, instalaciones deportivas, circo, salas de fiestas, discotecas, y, en general, cualquier local destinado habitual o accidentalmente a espectáculos públicos, o a actuaciones de tipo artístico o de exhibición.

4. Las actuaciones artísticas en un ámbito privado estarán excluidas de la presente regulación, sin perjuicio del carácter laboral que pueda corresponder a la contratación y a la competencia, en su caso, del orden jurisdiccional social para conocer de los conflictos que surjan en relación con la misma.

5. Las presentes normas no serán de aplicación a las relaciones laborales del personal técnico y auxiliar que colabore en la producción de espectáculos.

6. Los aspectos administrativos de la organización y participación en espectáculos públicos se regirán por su normativa específica.

Artículo 2. Capacidad para contratar.

1. La autoridad laboral podrá autorizar excepcionalmente la participación de menores de dieciséis

años en espectáculos públicos, siempre que dicha participación no suponga peligro para su salud física ni para su formación profesional y humana. La autorización habrá de solicitarse por los representantes legales del menor, acompañando el consentimiento de éste, si tuviera suficiente juicio, y la concesión de la misma deberá constar por escrito, especificando el espectáculo o la actuación para la que se concede. Concedida la autorización, corresponde al padre o tutor la celebración del correspondiente contrato, requiriéndose también el previo consentimiento del menor, si tuviere suficiente juicio; asimismo, corresponde al padre o tutor el ejercicio de las acciones derivadas del contrato.

⇒ V. art. 6.4 del ET (§2) y art. 16 de la LPL (§41).

2. En materia de nacionalidad se estará a lo que disponga la legislación vigente para los trabajadores extranjeros en España.

⇒ V. las normas reproducidas en §39.1 y §39.3.

Artículo 3. Forma de contrato.

1. El contrato se formalizará por escrito, y en ejemplar triplicado. Un ejemplar será para cada una de las partes contratantes y el tercero se registrará en el INEM. Las Entidades sindicales y patronales a las que, en su caso, pertenezcan el artista y el empresario podrán solicitar del INEM las certificaciones correspondientes de la documentación presentada.

⇒ Cfr. art. 16.1 del ET (§2).

2. En el documento contractual se hará constar como mínimo:

a) La identificación de las partes.

b) El objeto del contrato.

c) La retribución acordada, con expresión de los distintos conceptos que integren la misma.

d) La duración del contrato y del período de prueba, en su caso.

Artículo 4. Período de prueba.

Podrá concertarse por escrito un período de prueba en los contratos de duración superior a diez días. La duración del período de prueba no podrá exceder de cinco días en los contratos de duración no superior a dos meses; de diez días en los de duración no superior a seis meses, y de quince días en los restantes. En todo lo demás, el período de prueba se regirá por lo dispuesto en el Estatuto de los Trabajadores.

⇒ V. su art. 14 (§2).

Artículo 5. Duración y modalidades del contrato de trabajo.

1. El contrato de trabajo de los artistas en espectáculos públicos podrá celebrarse para una duración indefinida o determinada. El contrato de duración determinada podrá ser para una o varias actuaciones, por un tiempo cierto, por una temporada o por el tiempo que una obra permanezca en cartel. Podrán acordarse prórrogas sucesivas de los contratos de duración determinada, salvo que se incurriese en fraude de ley.

2. Los contratos de los trabajadores fijos de carácter discontinuo y las modalidades del contrato de trabajo se regirán por lo dispuesto en el Estatuto de los Trabajadores.

⇒ V. sus arts. 10, 11, 12 y 15 (§2).

Artículo 6. Derechos y deberes de las partes.

1. En la relación especial de trabajo de los artistas en espectáculos públicos, son de aplicación los derechos y deberes laborales básicos a los que se refiere la Sección segunda del Capítulo primero del Título I del Estatuto de los Trabajadores.

2. El artista está obligado a realizar la actividad artística para la que se le contrató, en las fechas señaladas, aplicando la diligencia específica que corresponda a sus personales aptitudes artísticas, y siguiendo las instrucciones de la Empresa en lo que afecte a la organización del espectáculo.

⇒ Cfr. con los arts. 5 a) y 20 del ET (§2).

3. Los artistas contratados para la participación en espectáculos públicos tienen derecho a la ocupación efectiva, no pudiendo, salvo en caso de sanción, ser excluidos de los ensayos ni demás actividades preparatorias para el ejercicio de su respectiva actividad artística.

⇒ V. art. 4.2 a) del ET (§2).

4. El pacto de plena dedicación, del que debe quedar expresa constancia en el contrato, no podrá ser rescindido unilateralmente por el artista durante su vigencia. La compensación económica por el mismo podrá ser expresa o quedar englobada en la retribución a percibir por el artista. En los supuestos de ruptura de este pacto por el artista, el empresario tendrá derecho a una indemnización por daños y

perjuicios, cuya cuantía, salvo expresa previsión en el contrato, será fijada por el órgano judicial competente, valorando factores como el tiempo de duración previsto para el pacto, la cuantía de la compensación percibida por el artista, y, en general, la lesión producida por el incumplimiento contractual; ello, no obstante, el órgano judicial podrá moderar la cuantía de la indemnización cuando se den las circunstancias previstas en el artículo 1154 del Código Civil.

⇒ Cfr. con art. 21.3 del ET (§2).

Artículo 7. Retribuciones.

1. La retribución de los artistas en espectáculos públicos será, en sus modalidades y cuantía, la pactada en convenio colectivo o contrato individual de trabajo, con respeto, en todo caso, de la normativa sobre salarios mínimos.

⇒ V. art. 27 del ET (§2) y el Real Decreto que fija el Salario Mínimo Interprofesional para el presente año.

2. Tendrán la consideración de salario todas las percepciones que el artista tenga reconocidas frente a la Empresa por la prestación de su actividad artística, sin más exclusiones que las que deriven de la legislación vigente.

⇒ Cfr. art. 26 del ET (§2) y sus disposiciones concordantes.

3. Mediante la negociación colectiva se regulará, en su caso, el tratamiento retributivo de aquellos tiempos en los que, sin estar comprendidos en la noción de jornada de trabajo del artículo siguiente, el trabajador se encuentre en situación de disponibilidad respecto del empresario.

Artículo 8. Jornada.

1. La jornada del artista comprenderá la prestación efectiva de su actividad artística ante el público y el tiempo en que está bajo las órdenes de la Empresa, a efectos de ensayo o de grabación de actuaciones. Quedará excluida, en todo caso, la obligatoriedad de realización de ensayos gratuitos.

2. En materia de duración y distribución de la jornada se estará a lo que se disponga en el convenio colectivo o pacto individual, con respeto, en todo caso, de la normativa del Estatuto de los Trabajadores en lo referente a la duración máxima de la jornada.

⇒ V. art. 34 y normas de desarrollo del mencionado Estatuto (§2), especialmente el RD 1561/1995, de 21 septiembre (§14.1).

3. Por convenio colectivo o pacto individual se regulará, en su caso, el régimen de los desplazamientos y giras.

Artículo 9. Descansos y vacaciones.

1. Los artistas de espectáculos públicos disfrutarán de un descanso mínimo semanal de día y medio, que será fijado de mutuo acuerdo, y que no coincidirá con los días en que haya de realizarse ante el público la actividad artística de que se trate. Si no es posible el disfrute ininterrumpido del descanso semanal, podrá fraccionarse, respetando, en todo caso, un descanso mínimo ininterrumpido de veinticuatro horas, salvo que, mediante pacto individual o colectivo, se estableciera la acumulación por períodos de hasta cuatro semanas del disfrute del descanso semanal.

2. Cuando no puedan disfrutarse las fiestas incluidas en el calendario laboral por desarrollarse en ellas la actividad artística ante el público, se trasladará el descanso a otro día dentro de la semana, o del período más amplio que se acuerde.

⇒ V. art. 37 del ET (§2).

3. Los artistas en espectáculos públicos tendrán derecho a unas vacaciones anuales retribuidas, cuya duración mínima será de treinta días naturales. Cuando el artista no preste servicios en todos los días que en el conjunto del año tienen la consideración de laborales, la retribución de los descansos se reducirá proporcionalmente, pudiendo incluirse la misma en la retribución global correspondiente a los días de trabajo efectivo, particularmente cuando se pacten tales retribuciones como correspondientes a unidades específicas del trabajo artístico, como actuaciones, giras, rodajes y similares.

Artículo 10. Extinción del contrato.

1. La extinción del contrato de duración determinada se producirá por el total cumplimiento del mismo, o por la expiración del tiempo convenido, o, en su caso, de la prórroga o prórrogas acordadas.

2. Cuando la duración del contrato, incluidas en su caso las prórrogas, sea superior a un año, el artista tendrá derecho a una indemnización, cuya cuantía habrá de fijarse en convenio colectivo o pacto individual. En ausencia de tal acuerdo la indemnización será de siete días de salario por año de servicio, prorrateándose por meses los períodos de tiempo inferiores.

3. La extinción del contrato habrá de ser preanunciada al artista con diez días de antelación, si su duración ha sido superior a tres meses; con quince días si ha sido superior a seis meses, y con un mes

si ha sido superior a un año. La falta de preaviso dará lugar al abono de los salarios correspondientes al número de días con los que debería haber sido preanunciada la extinción del contrato.

4. El incumplimiento del contrato por el empresario o por el artista, que conlleve la inejecución total de la prestación artística, se regirá por lo establecido al respecto en el Código Civil. Por inejecución total se entenderán aquellos supuestos en los que ni siquiera hubiera empezado a realizarse el trabajo que constituye la prestación pactada.

5. Las distintas modalidades de extinción del contrato de trabajo y sus efectos, en lo no previsto en este artículo, se regirán por lo dispuesto en el Estatuto de los Trabajadores.

⇒ V. arts. 49 y ss. (§2).

Artículo 11. Jurisdicción competente.

Los conflictos que surjan entre los artistas en espectáculos públicos y las Empresas, como consecuencia del contrato de trabajo, serán competencia de los Jueces y Tribunales del Orden Jurisdiccional Social.

Artículo 12.

1. En lo no regulado por el presente Real Decreto será de aplicación el Estatuto de los Trabajadores y las demás normas laborales de general aplicación, en cuanto sean compatibles con la naturaleza especial de la relación laboral de los artistas en espectáculos públicos.

2. Para los sujetos comprendidos en el ámbito de esta relación laboral especial, en tanto no sean sustituidas por convenio colectivo, y en lo que se opongan a lo dispuesto en el presente Real Decreto y al resto de la normativa laboral general aplicable, según lo establecido en el número 1 de este artículo, continuarán siendo aplicables:

⇒ Cfr. la disp. transit. 6ª del ET (§2) y el Acuerdo sobre Cobertura de Vacíos Normativos.

–La Reglamentación Nacional de Trabajo para el Espectáculo Taurino, aprobada por Orden de 17 de junio de 1943.

–La Reglamentación Nacional de Trabajo en la Industria Cinematográfica, aprobada por Orden de 31 de diciembre de 1948.

–La Ordenanza de Trabajo de Teatro, Circo, Variedades y Folclore, aprobada por Orden de 28 de julio de 1972.

–La Ordenanza Laboral para la actividad de profesionales de la música, aprobada por Orden de 2 de mayo de 1977.

DISPOSICIÓN FINAL

El presente Real Decreto entrará en vigor el día 1 de enero de 1986.

f) Mediadores mercantiles

§ 16.7 REAL DECRETO 1438/1985, DE 1 AGOSTO. REGULA LA RELACIÓN LABORAL DE CARÁCTER ESPECIAL DE LAS PERSONAS QUE INTERVENGAN EN OPERACIONES MERCANTILES POR CUENTA DE UNO O MÁS EMPRESARIOS, SIN ASUMIR EL RIESGO Y VENTURA DE AQUÉLLAS

(BOE núm. 195, de 15 agosto [RCL 1985, 2035])

El artículo 2.1 f), del Estatuto de los Trabajadores considera relación laboral de carácter especial la de las personas que intervengan en operaciones mercantiles por cuenta de uno o más empresarios, sin asumir el riesgo y ventura de aquéllas, estableciéndose en la disposición adicional primera de la Ley 32/1984, de 2 de agosto, sobre modificación de determinados artículos de la Ley 8/1980, de 10 de marzo, del Estatuto de los Trabajadores, cómo el Gobierno, en el plazo máximo de doce meses, contados a partir de la entrada en vigor de la referenciada Ley, había de regular el régimen jurídico de las relaciones laborales de carácter especial previstas en el Estatuto de los Trabajadores.

Mediante la presente norma se da cumplimiento a tal mandato, teniendo en cuenta, fundamentalmente, la procedencia de una nueva regulación de esta relación laboral especial, que sustituya a la hasta ahora vigente contenida en el Real Decreto 2033/1981, de 4 de septiembre, según redacción derivada del Real Decreto 1195/1982, de 14 de mayo. Se ha tenido en cuenta a este respecto la experiencia de la aplicación de la referida normativa, buscándose mediante esta nueva norma resolver las cuestiones que la experiencia de los últimos años ha mostrado necesitadas de una regulación más completa o adecuada tanto a las peculiaridades de esta relación como a la evolución de la situación laboral y económica que sobre ellas ha incidido, haciendo que en la actualidad la relación laboral especial deba abarcar desde las fórmulas más tradicionales como las que en la práctica se han venido denominando representantes de comercio, hasta situaciones que han venido surgiendo en los últimos años en las que junto a la actividad principal de promoción o concertación de operaciones mercantiles se llevan a cabo por el trabajador la distribución o reparto de los productos objeto de la transacción.

En su virtud, consultadas las Organizaciones sindicales y patronales más representativas, de acuerdo con el Consejo de Estado, a propuesta del Ministro de Trabajo y Seguridad Social, y previa deliberación del Consejo de Ministros en su reunión del día 31 de julio de 1985, dispongo:

Artículo 1. Ámbito de aplicación.

1. El presente Real Decreto será de aplicación a las relaciones en virtud de las cuales una persona natural, actuando bajo la denominación de representante, mediador o cualquiera otra con la que se le identifique en el ámbito laboral, se obliga con uno o más empresarios, a cambio de una retribución, a promover o concertar personalmente operaciones mercantiles por cuenta de los mismos, sin asumir el riesgo y ventura de tales operaciones. Dicha actividad principal puede o no ir acompañada de la distribución o reparto de los bienes objeto de la operación.

⇒ Cfr. arts. 1.3 f) y 2.1 f) del ET (§2).

2. Quedan excluidos de su ámbito de aplicación:

a) Los trabajadores de la Empresa que aun dedicándose a promover o concertar operaciones mercantiles para la misma lo hagan en sus locales o teniendo en ellos su puesto de trabajo y sujetos al horario laboral de la Empresa.

b) Quienes se dediquen a promover o concertar operaciones mercantiles de forma continuada por cuenta de uno o más empresarios, como titulares de una organización empresarial autónoma, entendiendo por tal aquella que cuenta con instalaciones y personal propio. Se presumirá que no existe esta organización empresarial autónoma cuando quienes se dediquen a promover o concertar operaciones mercantiles actúen conforme a las instrucciones de su empresario con respecto a materias como horarios de trabajo, itinerarios, criterios de distribución, precios o forma de realizar los pedidos y contrato.

⇒ V. disp. final 1ª del ET (§2).

V. las previsiones de la Ley 12/1992, de 27 mayo, sobre Régimen Jurídico del Contrato de Agencia Mercantil; también las de la Ley 26/2006, de 17 julio, sobre Mediación de Seguros y Reaseguros Privados.

El art. 1 de la citada Ley 12/1992 dispone que «por el contrato de agencia una persona natural o jurídica, denominada agente, se obliga frente a otra de manera continuada o estable a cambio de una remuneración, a promover actos u operaciones de comercio por cuenta ajena, o a promoverlos y concluirlos por cuenta y en nombre ajenos, como intermediario independiente, sin asumir, salvo pacto en contrario, el riesgo y ventura de tales operaciones».

Por su lado el art. 2 de la misma Ley 12/1992 establece lo siguiente:

«1. No se considerarán agentes los representantes y viajantes de comercio dependientes ni, en general, las personas que se encuentren vinculadas por una relación laboral, sea común o especial, con el empresario por cuya cuenta actúan.

2. Se presumirá que existe dependencia cuando quien se dedique a promover actos u operaciones de comercio por cuenta ajena, o a promoverlos y concluirlos por cuenta y en nombre ajenos, no pueda organizar su actividad profesional ni el tiempo dedicado a la misma conforme a sus propios criterios».

c) Las personas naturales incluidas en el ámbito de la normativa específica sobre producción de seguros y corresponsales no banqueros siempre que, de acuerdo con dicha normativa, se configuren como sujetos de una relación mercantil.

⇒ La Ley 26/2006, de 17 julio, de mediación de seguros y reaseguros privados disciplina, en régimen mercantil, las actividades consistentes en la presentación, propuesta o realización de trabajos previos a la celebración de un contrato de seguro o de reaseguro, o de celebración de estos contratos, así como la asistencia en la gestión y ejecución de dichos contratos, en particular en caso de siniestro (art. 2.1); bajo su ámbito quedan los agentes (exclusivos o vinculados) y los corredores. Conforme al artículo 8.1 tales mediadores de seguros «podrán celebrar *contratos mercantiles con auxiliares externos* que colaboren con ellos en la distribución de productos de seguros actuando por cuenta de dichos mediadores y podrán realizar trabajos de captación de la clientela, así como funciones auxiliares de tramitación administrativa, sin que dichas operaciones impliquen la asunción de obligaciones».

Artículo 2. Forma del contrato.

1. Los empresarios y los trabajadores deberán formalizar por escrito y triplicado su contrato de trabajo. Un ejemplar quedará en poder de cada parte. El tercero se registrará obligatoriamente por la Empresa, en la Oficina de Empleo que corresponda por razón del domicilio del trabajador, pudiendo a este efecto ser presentado en dicha Oficina, o también en la correspondiente al domicilio de la Empresa, que deberá remitirlo a aquella en que se haya de quedar inscrito. Caso de discrepancia se presumirá la validez del contenido del contrato registrado en la Oficina de Empleo.

⇒ V. art. 16.1 del ET (§2).

2. En el contrato deberán constar, como mínimo, las menciones siguientes: Identificación de las partes, el tipo de operaciones mercantiles que deberá promover o concertar el trabajador con expresión de los productos o servicios a los que se refieran; las facultades atribuidas al trabajador, en especial si puede concertar o no operaciones en nombre del empresario; si el trabajador se obliga o no a trabajar en exclusiva para el empresario; la delimitación de la zona, demarcación o categoría de clientes con relación a los cuales haya de prestar sus servicios el trabajador, señalando en su caso si el empresario le otorga o no la exclusiva para ese ámbito de actuación; el tipo de retribución acordada y la duración del contrato.

En anexos al mismo se reseñarán, en su caso, el inventario y valor que se atribuye al muestrario o relación de productos y a los restantes instrumentos de trabajo que se faciliten por el empresario y la relación de medios que el trabajador aporte para el desarrollo de su labor.

Artículo 3. Duración del contrato y período de prueba.

1. La duración del contrato será la que se prevea en el mismo. Si no se fijara una duración determinada, se entenderá que el contrato se pacta por tiempo indefinido.

2. Los contratos por tiempo determinado no podrán tener una duración superior a tres años.

Cuando se concierten por un plazo inferior al máximo establecido podrán prorrogarse antes de su término por acuerdo entre las partes, una o más veces, por períodos no inferiores a seis meses, sin que en ningún caso el tiempo acumulado, incluido el de las prórrogas, pueda exceder del referido plazo máximo.

Cuando se hubieren concertado por un plazo inferior al máximo establecido y llegado su término no se hubiese denunciado por ninguna de las partes con una antelación mínima de un mes al término de su vigencia, ni existiera acuerdo expreso de prórroga, pero se continuara realizando la prestación laboral, los contratos se prorrogarán automáticamente hasta dicho plazo máximo.

⇒ V. art. 49.1 c) del ET (§2).

3. El período de prueba se regulará por lo dispuesto en el Estatuto de los Trabajadores.

⇒ V. art. 14 del ET (§2).

Artículo 4. Jornada de trabajo y vacaciones.

1. La relación laboral a la que está sujeto el trabajador no implicará sujeción a jornada u horario concreto, sin perjuicio de las previsiones contenidas en los pactos colectivos o individuales.

⇒ V. art. 1.2 del RD 1561/1995, de 21 septiembre, sobre jornadas especiales de trabajo (§14.1).

2. Los trabajadores tienen derecho al disfrute de vacaciones anuales retribuidas cuya duración, criterios de orden económico y fechas de disfrute, serán los establecidos en los pactos colectivos o en el propio contrato, cuando éste sea más beneficioso. A falta de pacto colectivo o individual, regirán las normas laborales de carácter general.

⇒ Cfr. art. 38 del ET (§2) y normas concordantes.

3. Los trabajadores tienen derecho a los permisos pagados previstos en el artículo 37, apartado 3, del Estatuto de los Trabajadores.

Artículo 5. Clientela.

1. Los trabajadores comprendidos en el ámbito de aplicación del presente Real Decreto tendrán derecho a que se reconozca por su Empresa la clientela que hayan conseguido como consecuencia de su trabajo, y la que aquélla asignase al inicio de su gestión.

2. Exigiéndolo alguna de las partes, la relación única de clientes que la Empresa facilitase al trabajador se hará constar en un anexo al contrato. Este se actualizará anualmente y al término de la relación laboral, mediante la inclusión de los captados por el trabajador en el curso de su actividad, y haciendo constar, en su caso, la variación en el volumen de las operaciones realizadas durante el año. En la relación correspondiente al término de la relación laboral sólo se incluirán los clientes que hayan hecho operaciones en los últimos años.

3. A los efectos de inclusión en la relación de clientes a que se refiere el número anterior, sólo se considerarán tales los que hayan llevado a término con la Empresa alguna operación mercantil en los dos años anteriores a la fecha de contratación del trabajador.

4. Ninguna de las partes podrá variar unilateralmente la zona o demarcación territorial ni la relación de clientes asignados en el contrato, aplicándose, de producirse alguno de estos hechos, lo dispuesto en el número cinco de este artículo.

5. La asignación, por parte del empresario, de una zona ya atribuida a un trabajador, a otro u otros en perjuicio del primero, llevará aparejada la adecuada compensación económica, que será fijada, si no hay acuerdo entre las partes, por la jurisdicción competente. En todo caso, el trabajador podrá solicitar la extinción del contrato de trabajo con la indemnización señalada en el artículo 41.3 del Estatuto de los Trabajadores, que podrá ser incrementada en el porcentaje y condiciones que se determinan en el artículo 11 del presente Real Decreto.

Artículo 6. Muestrario e instrumentos de trabajo.

1. En los casos en que para el desarrollo de su actividad la Empresa proporcione al trabajador muestrarios de artículos, relación de productos o instrumentos de trabajo, deberá hacerse un inventario de su contenido en anexo al contrato, si lo requiere su valor o lo exige alguna de las partes.

2. Los trabajadores a que se refiere la presente normativa serán responsables de las pérdidas o deterioros que, en todo o en parte, sufra el muestrario o instrumentos de trabajo por su culpa o negligencia, y de aquellas otras que no haya puesto en conocimiento de la Empresa en los diez días siguientes a su acaecimiento.

3. Si otra cosa no se hubiera pactado, al término del contrato de trabajo deberá devolverse a la Empresa el material que recibiera como muestrario o instrumentos de trabajo, y no siendo posible, su valor actualizado y según el estado en que se encuentre.

4. Los empresarios no podrán retener más de quince días los muestrarios o instrumentos, cuando los requieran los trabajadores para su actualización o modificación.

5. La Empresa vendrá obligada a facilitar los muestrarios o instrumentos de trabajo con antelación tal que permita desarrollar normalmente su actividad al trabajador. El incumplimiento de esta obligación por el empresario dará derecho al trabajador a la indemnización por los daños y perjuicios que pudiera causar dicha demora.

6. El empresario facilitará en tiempo oportuno las tarifas y restantes condiciones para la contratación con los terceros, así como el momento en que las nuevas tarifas y condiciones se apliquen a las operaciones ya obtenidas por el trabajador, y que le han sido cursadas al empresario o están a punto de serlo.

Artículo 7. Obligaciones del empresario.

El empresario ha de cumplir frente al trabajador las siguientes obligaciones:

a) Pagar la retribución pactada, haciendo las correspondientes liquidaciones en los plazos establecidos. También deberá, en su caso, compensarle los gastos de desplazamiento.

b) Poner a su disposición con la adecuada antelación los documentos y materiales necesarios para el desarrollo de su actividad.

c) Proporcionarle noticia inmediata de la aceptación o rechazo de las operaciones propuestas y de cuantas circunstancias se refieran a una operación ya aceptada. Cuando se rechace una operación deberán justificarse los motivos en los que se basa esa decisión.

d) Cumplir en los términos pactados las operaciones concertadas en firme con los clientes en los plazos y términos pactados y mantener con éstos una relación correcta.

e) Comunicarle las circunstancias de la actividad de la Empresa que puedan incidir en la relación con los clientes, en especial cuando se programen cambios en los productos o servicios ofrecidos, en los precios u otras condiciones de contratación, y en el volumen de las operaciones que podrían ejecutarse, así como la relación completa de representantes y clientes en todo el ámbito de actuación comercial de la Empresa.

f) Comunicarle los pedidos recibidos directamente de clientes atribuidos al trabajador en virtud del contrato.

g) Cualesquiera otras que se hubieran fijado en el contrato o que resultasen de la aplicación de este Real Decreto.

Artículo 8. Retribuciones.

1. Las retribuciones de los trabajadores comprendidos en el ámbito del presente Real Decreto estarán constituidas por comisiones sobre las operaciones en que hubiesen intervenido y fuesen aceptadas por el empresario, siempre que en el contrato se haya establecido la necesidad de aprobación, o por una parte fija y otra por comisiones sobre dichas operaciones, más los incentivos y compensaciones que hubieran pactado en el contrato. Por último, la retribución también podrá consistir exclusivamente en una cantidad fija.

2. Cuando se haya pactado retribución por comisiones, éstas se devengarán a favor del trabajador por todas las operaciones que se realicen en su zona, o con la clientela a él asignada, y que se perfeccionen por su mediación. También tendrá derecho a comisiones por las operaciones realizadas directamente por las Empresas, si así se hubiese estipulado. Las Empresas vendrán obligadas a dar a conocer a los trabajadores el importe de las mercancías o servicios que se hayan proporcionado directamente a los clientes.

3. Salvo pacto en contrario, el derecho a la comisión nacerá en el momento del pago por el cliente en ejecución del contrato celebrado con la Empresa. Esta liquidará y pagará al trabajador las comisiones a que éste tenga derecho, en el plazo de un mes, que podrá ampliarse hasta tres meses mediante pacto expreso.

⇒ Cfr. el régimen general del art. 29.2 del ET (§2).

La STC 292/2006, de 10 octubre (RTC 2006, 292), considera vulnerado el derecho a la defensa del trabajador al que se le impide (sin argumentación especial) la práctica de la prueba mediante la que intenta demostrar que la operación en que intervino llegó a buen fin pues, al cabo y tras el recurso de suplicación, eso comportó la desestimación de su demanda por no haber acreditado la realidad del hecho constitutivo alegado.

Si el negocio no llegase a buen fin, por culpa probada del empresario, el trabajador tendrá derecho a la comisión como si el cliente hubiera realizado el pago correspondiente.

4. En todo caso, la Empresa deberá entregar a los trabajadores recibo de pago sellado y firmado, en el que aparezcan detalladas las operaciones y, correlativamente, las cuantías de las comisiones que se comprendan en dicho pago.

5. Podrá pactarse que las indemnizaciones por gastos realizados como consecuencia de la actividad laboral del trabajador puedan ser asumidas por éste, siempre que tal circunstancia sea tenida en cuenta en la determinación de la retribución finalmente percibida.

Cuando el trabajador preste servicios en exclusiva para un solo empresario tendrá derecho a percibir, con carácter inmediato, la compensación de los gastos de desplazamiento, tanto en lo referente a kilometraje como a dietas, en la cuantía fijada en los contratos individuales o Convenios Colectivos.

Artículo 9. Obligaciones del trabajador.

El trabajador ha de cumplir las siguientes obligaciones:

a) Desarrollar la actividad necesaria para promocionar la realización de operaciones mercantiles a favor del empresario, defendiendo los legítimos intereses de éste y siguiendo sus instrucciones.

b) Desarrollar su actividad de promoción de manera correcta, evitando cualquier actuación que pueda suponer competencia desleal con otras Empresas o que pueda perjudicar al prestigio o a los intereses del empresario, circunstancias éstas cuya prueba corresponde al empresario.

c) Suministrar al empresario noticias inmediatas sobre la realización de las operaciones y sobre las circunstancias que puedan afectar su ejecución.

d) Gestionar el cobro de las operaciones mercantiles en que directa o indirectamente hubiesen intervenido, si así se determina en el contrato. Abonar al empresario, inmediatamente, las cantidades cobradas a los clientes cuando le está encomendada la gestión de cobro. En ningún caso de la gestión de cobro podrá derivarse responsabilidad patrimonial para los trabajadores, salvo que haya habido negligencia grave o dolosa.

e) Mantener informado al empresario sobre su actividad dirigida a la promoción de operaciones, así como sobre las circunstancias que puedan afectar a la clientela y a la situación de la Empresa en el mercado.

f) No prestar servicios a Empresas competidoras.

g) Dar a conocer al empresario las otras Empresas a las que preste sus servicios y obtener la autorización de aquél para asumir nuevos compromisos con otras Empresas, si así se hubiere pactado.

h) Cualesquiera otras que se hubieren fijado en el contrato.

Artículo 10. Suspensión y extinción del contrato.

1. Las normas contenidas en el Estatuto de los Trabajadores en materia de suspensión y extinción de la relación laboral serán de aplicación a los trabajadores, en cuanto no contradigan lo establecido en el presente Real Decreto.

⇒ V. arts. 45, 46 y 57 del referido texto legal (§2).

2. En caso de dimisión del trabajador, éste deberá notificarla con una antelación mínima de tres meses.

3. En relación con las posibles indemnizaciones por despido improcedente o casos asimilados, éstas serán fijadas de acuerdo con lo previsto en el Estatuto de los Trabajadores, calculándose el salario mensual en base al promedio de ingresos obtenidos los dos años anteriores al despido o resolución del contrato o período inferior, en su caso.

4. Será válido el pacto en virtud del cual el trabajador se obligue a no competir con el empresario, ni a prestar sus servicios a otro empresario competidor del mismo, para después de extinguida la relación laboral, si concurriesen los siguientes requisitos:

a) Que la extinción del contrato no sea debida al incumplimiento por el empresario de las obligaciones que le corresponden.

b) Que éste tenga un efectivo interés industrial o comercial en ello, y

c) Que se satisfaga al trabajador una compensación económica adecuada. Se entenderá que se ha satisfecho esta compensación cuando se hubiera indemnizado al trabajador por la clientela conseguida por él.

Este pacto no podrá tener una duración superior a dos años.

Artículo 11. Indemnización por la clientela.

1. El trabajador tendrá derecho a una indemnización especial distinta de la que pudiera corresponderle por despido improcedente, en consideración al incremento de clientela conseguido por él cuando concurran las siguientes circunstancias:

a) Que la extinción del contrato no se hubiere debido al incumplimiento por el trabajador de las obligaciones que le corresponden.

b) Que una vez extinguido el contrato, el trabajador esté obligado a no competir con el empresario o a no prestar sus servicios para otro empresario competidor del mismo.

2. Para calcular la indemnización por la clientela se compararán las listas de clientes establecidas conforme a lo dispuesto en el artículo 5, al iniciarse y extinguirse la relación laboral, tomando, en su caso, en consideración el incremento del volumen de las operaciones.

3. A falta de acuerdo entre las partes, la indemnización por la clientela se fijará por el Magistrado de Trabajo, sin que pueda exceder del importe total de las comisiones correspondientes a un año,

calculado por el importe medio del total de las comisiones percibidas durante los últimos tres años, o período inferior que hubiere durado la relación laboral, en su caso.

Artículo 12.

Son aplicables en el ámbito de esta relación laboral de carácter especial los derechos y deberes laborales básicos reconocidos en el Estatuto de los Trabajadores.

⇒ V. arts. 11.1 c) y 12.2 del RD 505/1985, de 6 marzo (§ 3.1).
Cfr. arts. 4 y 5 del ET (§2).

DISPOSICIÓN TRANSITORIA

En el plazo de seis meses, a partir de la entrada en vigor del presente Real Decreto, los empresarios y trabajadores comprendidos en su ámbito de aplicación deberán adaptar sus contratos a las previsiones en él contenidas.

DISPOSICIÓN FINAL

Quedan derogadas cuantas disposiciones se opongan a lo dispuesto en el presente Real Decreto, que entrará en vigor el día 1 de enero de 1986, y, específicamente el Real Decreto 2033/1981, de 4 de septiembre, y el Real Decreto 1195/1982, de 14 de mayo.

g) *Personas con discapacidad*

§ 16.8 REAL DECRETO 1368/1985, DE 17 JULIO. REGULA LA RELACIÓN LABORAL DE CARÁCTER ESPECIAL DE LOS MINUSVÁLIDOS QUE TRABAJEN EN LOS CENTROS ESPECIALES DE EMPLEO

(BOE núm. 189, de 8 agosto; rect. BOE núm. 211, de 3 septiembre [RCL 1985, 1982 y 2155])

⇒ Conforme al núm. 2 de la disp. adic. 26ª de la Ley 66/1997, de 30 diciembre, de Medidas Fiscales, Administrativas y del Orden Social «Se habilita al Gobierno para que, en el plazo de un año establezca una nueva regulación de la relación especial de minusválidos que trabajen en Centros Especiales de Empleo».

Cf. el RD 290/2004, de 20 febrero, por el que se regulan los «enclaves laborales» como medida de fomento del empleo para los discapacitados (§28.2).

V. el RD 469/2006, de 21 abril, por el que se regulan las unidades de apoyo a la actividad profesional en el marco de los servicios de ajuste personal y social de los Centros Especiales de Empleo.

El artículo 41 de la Ley 13/1982, de 7 de abril, de integración social de los minusválidos, dispone que los minusválidos que por razón de la naturaleza o de las consecuencias de sus minusvalías no puedan, provisional o definitivamente, ejercer una actividad laboral en las condiciones habituales, deberán ser empleados en Centros Especiales de Empleo, cuando su capacidad de trabajo sea igual o superior a un porcentaje de la capacidad habitual, que se fijará por la correspondiente norma reguladora de la relación laboral de carácter especial de los trabajadores minusválidos que presten sus servicios en Centros Especiales de Empleo.

Esta configuración en una norma con rango de ley de la relación laboral de los minusválidos que trabajen en Centros Especiales de Empleo como relación laboral de carácter especial es coherente con el contenido del artículo 2 de la Ley 8/1980, de 10 de marzo, del Estatuto de los Trabajadores, que establece la consideración como relación laboral de carácter especial de los trabajos que sean expresamente declarados por una Ley como relaciones laborales de tal carácter. Por su parte, la disposición adicional primera de la Ley 32/1984, de 2 de agosto, sobre modificación de determinados artículos de la Ley del Estatuto de los Trabajadores, estableció cómo el Gobierno, en el plazo máximo de doce meses, contados a partir de la entrada en vigor de la propia Ley 32/1984, regularía el régimen jurídico de las relaciones laborales de carácter especial previstas en el artículo 2.1 de la Ley 8/1980, de 10 de marzo, del Estatuto de los Trabajadores.

En cumplimiento de dicho mandato y haciendo uso de la habilitación contenida en las normas de referencia, el presente Real Decreto regula la relación de carácter especial de los minusválidos que trabajen en Centros Especiales de Empleo, norma ésta que se ha elaborado con el criterio básico de recoger un esquema de derechos y deberes laborales, lo más aproximado posible al de las relaciones laborales comunes, junto a las cuales se ha establecido una serie de peculiaridades derivadas de las específicas condiciones de los minusválidos, de forma que se cumpla el objetivo de integración laboral de los trabajadores minusválidos, propio de estos Centros Especiales.

En su virtud, consultadas las Entidades interesadas y las Organizaciones Sindicales y Empresariales más representativas, de acuerdo con el Consejo de Estado y previa deliberación del Consejo de Ministros en su reunión del día 17 de julio de 1985, dispongo:

CAPÍTULO I

Disposiciones generales

⇒ V. también el Convenio núm. 159 de la OIT (1983), sobre la readaptación profesional y el empleo de personas minusválidas, ratificado por España el 17 julio 1990.

Artículo 1. Ámbito de aplicación y exclusiones.

1. El presente Real Decreto regula la relación laboral de carácter especial existente entre los

trabajadores minusválidos y los Centros Especiales de Empleo, prevista en el artículo 41 de la Ley 13/1982, de 7 de abril, de Integración Social de los Minusválidos.

⇒ Cfr. el vigente art. 2.1 g) del ET (§2).
V. también los arts. 41, 42, 44 y disp. final 6ª de la Ley 13/1982, de 7 abril, de Integración Social de Minusválidos.

2. Quedan excluidas de su ámbito de aplicación las relaciones laborales existentes entre los Centros Especiales de Empleo y el personal no minusválido que preste sus servicios en dichos centros y la de los trabajadores minusválidos que presten sus servicios en otro tipo de Empresas.

⇒ Téngase presente lo dispuesto por el RD 1451/1983 (§28.2) sobre empleo de minusválidos.

Artículo 2. Sujetos de la relación laboral.

1. A los efectos del presente Real Decreto son trabajadores las personas que, teniendo reconocida una minusvalía en grado igual o superior al 33 por 100 y, como consecuencia de ello, una disminución de su capacidad de trabajo al menos igual o superior a dicho porcentaje, presten sus servicios laborales por cuenta y dentro de la organización de los Centros Especiales de Empleo definidos en el artículo 42 de la Ley de Integración Social de los Minusválidos.

⇒ Cfr. art. 1.1 del ET (§2).

La disminución de la capacidad de trabajo se apreciará poniéndose ésta en relación con la capacidad normal de trabajo de una persona de similar cualificación profesional.

La determinación del grado de minusvalía se llevará a cabo por los Equipos Multiprofesionales en resolución motivada, aplicándose los correspondientes baremos establecidos en la Orden de 8 de marzo de 1984, o en la correspondiente norma reglamentaria que pueda sustituirla.

2. También a dichos efectos son empresarios las personas físicas, jurídicas o comunidades de bienes que, como titulares de un Centro Especial de Empleo, reciben prestación de servicios de los trabajadores a que se refiere el número anterior.

⇒ El Reglamento de los Centros Especiales de Empleo se aprobó mediante RD 2273/1985, de 4 diciembre.
Por otra parte, mediante RD 2274/1985, de 4 diciembre, se regularon los Centros Ocupacionales para Minusválidos.
Cfr. art. 1.2 del ET (§2).

Artículo 3. Capacidad para contratar.

Podrán concertar este tipo de contratos por sí mismos, de conformidad con lo establecido en los artículos 6 y 7 del Estatuto de los Trabajadores, las personas que tengan plena capacidad de obrar conforme a lo dispuesto en el Código Civil, o las que, aun teniendo capacidad de obrar limitada, hubieran obtenido la correspondiente autorización, expresa o tácita, de quien ostentara su representación legal.

⇒ V. especialmente los arts. 162 y 315 y ss. del CC, así como el art. 16 de la LPL (§41).

Artículo 4. Acceso al empleo.

1. Los minusválidos que deseen acceder a un empleo en un Centro Especial de Empleo, deberán inscribirse en las correspondientes Oficinas de Empleo. Estas Oficinas clasificarán los demandantes de empleo protegidos en razón al tipo y grado de minusvalía de que estuvieran afectados y al grado de capacidad de trabajo que se les hubiera reconocido por los Equipos Multiprofesionales.

2. Los titulares de los Centros Especiales de Empleo deberán solicitar de la correspondiente Oficina de Empleo los trabajadores minusválidos que pretendan emplear, describiendo detalladamente en las ofertas que formulen los puestos de trabajo que vayan a cubrir, las características técnicas de los mismos y las circunstancias personales y/o profesionales que deben reunir los trabajadores. Recibidas las ofertas, la Oficina de Empleo recabará de los Equipos Multiprofesionales informes sobre los trabajadores que, encontrándose inscritos como demandantes de Empleo, se adecuen a las características del puesto de trabajo. La Oficina de Empleo facilitará a las Empresas los trabajadores que estén en condiciones de aptitud para desempeñar el trabajo de que se trate.

Artículo 5. Forma de contrato.

El contrato deberá formalizarse por escrito en el modelo que se establezca y se presentará para su registro en la Oficina de Empleo en el plazo de los diez días siguientes a su celebración. Un ejemplar del contrato se remitirá por la Oficina de Empleo al equipo multiprofesional correspondiente.

✐ Artículo redactado por el RD 427/1999, de 12 marzo.

Artículo 6. Objeto del contrato.

1. El trabajo que realice el trabajador minusválido en los Centros Especiales de Empleo deberá ser productivo y remunerado, adecuado a las características individuales, en orden a favorecer su adaptación personal y social, y facilitar, en su caso, su posterior integración laboral en el mercado ordinario de trabajo.

2. Con el fin de garantizar que el trabajo se adecue en todo momento a las características personales y profesionales del trabajador minusválido y valorar el grado de adaptación profesional alcanzado, los Equipos Multiprofesionales les someterán a revisión, al menos con una periodicidad de dos años. Si como consecuencia de la revisión los Equipos Multiprofesionales observaran que el trabajo que realiza el trabajador supone un grave riesgo para su salud, deberán declarar la inadecuación del mismo, debiendo pasar en ese caso el trabajador a ocupar otro puesto adecuado a sus características dentro del propio Centro y de no ser ello posible cesarán en la prestación de servicios, en las condiciones previstas en el artículo 16.

En el supuesto de que el riesgo quedase constatado con anterioridad a la revisión periódica del Equipo Multiprofesional, se procederá de la misma forma, dando cuenta de ello inmediatamente al Equipo Multiprofesional.

Artículo 7. Modalidades del contrato.

1. Los contratos que concierten los centros especiales de empleo podrán ajustarse a cualquiera de las modalidades del contrato de trabajo previstas en el Estatuto de los Trabajadores.

⇒ Téngase presente que cuando se dictó el presente Real Decreto, en el Estatuto de los Trabajadores se aludía al contrato temporal como medida de fomento del empleo, actualmente residenciado en la Ley 42/1994.

2. El contrato para la formación se ajustará a lo previsto en el artículo 11 del Estatuto de los Trabajadores y en sus normas de desarrollo, con las peculiaridades siguientes:

⇒ Cfr. lo previsto en la disp. adic. 2ª ET (§2).

a) La duración máxima del contrato podrá ampliarse previo informe favorable del equipo multiprofesional cuando, debido al grado de minusvalía y demás circunstancias personales y profesionales del trabajador, éste no hubiese alcanzado el nivel mínimo de conocimientos requeridos para desempeñar el puesto de trabajo, sin que, en ningún caso, pueda exceder de cuatro años.

b) Los contenidos formativos deberán ser informados favorablemente por el equipo multiprofesional.

c) El tiempo dedicado a la formación teórica podrá alcanzar hasta un límite máximo de dos tercios. No se requerirá la fijación de tiempo dedicado a la formación teórica cuando el contrato se concierte con un minusválido psíquico cuyo grado de minusvalía no le permita desarrollar aquélla.

d) Respecto de las cotizaciones a la Seguridad Social, se aplicará el régimen de bonificaciones o exenciones de cuotas que, con carácter general o específico, resulte más beneficioso.

3. El contrato de trabajo a domicilio se ajustará a lo previsto en el artículo 13 del Estatuto de los Trabajadores, sin perjuicio de las peculiaridades siguientes:

a) No se podrá utilizar esta modalidad para la contratación de minusválidos psíquicos.

b) El equipo multiprofesional deberá informar previamente a la formalización del contrato sobre la adecuación del trabajo concreto a las características personales y profesionales del trabajador, en los términos recogidos en el artículo 6 de este Real Decreto, especificando las repercusiones sobre la citada adecuación de la realización del trabajo a domicilio.

Asimismo, anualmente el equipo multiprofesional realizará el seguimiento sobre la adecuación del trabajo a las características del trabajador y su contribución a la mejora de la adaptación personal y social en vistas a su integración en el mercado ordinario de trabajo.

c) En el contrato se harán constar expresamente las adaptaciones técnicas que resulten necesarias para la realización de la actividad laboral, así como los servicios de ajuste personal y social que el centro especial de empleo pone a disposición del trabajador discapacitado contratado a domicilio.

✐ Artículo redactado por el RD 427/1999, de 12 marzo.

CAPÍTULO II

Contenido de la relación laboral

Artículo 8. Principios generales de la organización del trabajo.

1. El titular del Centro Especial de Empleo, sus representantes legales y, en general, el personal directivo del Centro están obligados a tratar en todo momento al trabajador minusválido con el respeto y consideración debidos a su dignidad personal y profesional.

2. La organización y los métodos de trabajo que se apliquen en los Centros de Empleo tratarán de asemejarse lo más posible a los de la Empresa ordinaria, si las condiciones personales y profesionales lo permiten, con el fin de favorecer su futura ocupación de un empleo ordinario.

3. En los centros especiales de empleo será de aplicación, con carácter general la normativa

vigente en materia de salud y seguridad en el trabajo y en especial la Ley de Prevención de Riesgos Laborales y sus disposiciones de desarrollo».

✐ Ap. 3 redactado por el RD 427/1999, de 12 marzo.

Artículo 9. Derechos y deberes laborales.

Los trabajadores minusválidos tendrán los derechos y deberes básicos previstos en el Estatuto de los Trabajadores.

⇒ V. arts. 4, 5 y concordantes (§2).

Artículo 10. Duración del contrato.

1. El contrato de trabajo podrá concertarse por tiempo indefinido o por una duración determinada en los supuestos previstos en el artículo 15 del Estatuto de los Trabajadores.

2. Con el fin de facilitar la adaptación profesional del trabajador minusválido para el desempeño de las tareas que constituyen el contenido de su puesto de trabajo o, en su caso, completar la formación necesaria para el mismo, podrá establecerse en el contrato un período de adaptación al trabajo que, a su vez, tendrá el carácter de período de prueba, con sujeción a los límites de duración que, en su caso, se establezcan en los convenios colectivos, no pudiendo exceder en ningún caso de seis meses.

La necesidad de que el trabajador minusválido pase por un período de adaptación al trabajo y las condiciones de éste serán determinadas por el equipo multiprofesional.

✐ Artículo redactado por el RD 427/1999, de 12 marzo.

Artículo 11. Promoción en el trabajo.

Se estará a lo dispuesto en la Sección Tercera del Capítulo Segundo del Título I del Estatuto de los Trabajadores, si bien en lo relativo a ascensos se requerirá el informe previo del equipo multiprofesional.

✐ Artículo redactado por el RD 427/1999, de 12 marzo.

⇒ Cfr. arts. 22, 23, 24 y 25 del ET (§2) y 137 de la LPL (§41).

Artículo 12. Salario y garantías salariales.

Se estará a lo dispuesto en la Sección Cuarta del Capítulo Segundo del Título I del Estatuto de los Trabajadores, sin perjuicio de las peculiaridades siguientes:

a) En el caso de que se utilicen incentivos para estimular el rendimiento en el trabajo, no podrán establecerse aquellos que puedan suponer, a juicio de los equipos multiprofesionales, un riesgo para la salud del trabajador o su integridad física o moral.

b) El trabajador tendrá derecho a dos gratificaciones extraordinarias al año, cuya cuantía será, como mínimo, para cada una de ellas, de treinta días de salario.

c) Cuando las circunstancias personales del minusválido lo requieran podrá celebrarse el contrato a bajo rendimiento, entendiendo como tal aquel en que el trabajador minusválido, aun prestando sus servicios durante una jornada de trabajo normal, lo hace con un rendimiento inferior al normal en un 25 por 100, siempre que tal circunstancia la haya constatado el equipo multiprofesional correspondiente. La disminución del salario no podrá exceder del porcentaje citado.

✐ Artículo redactado por el RD 427/1999, de 12 marzo.

Artículo 13. Tiempo de trabajo.

En materia de jornada de trabajo, descansos, fiestas, vacaciones y permisos se estará a lo dispuesto en la Sección Quinta del Capítulo Segundo del Título I del Estatuto de los Trabajadores, sin perjuicio de las peculiaridades siguientes:

a) Se prohíbe la realización de horas extraordinarias, salvo las necesarias para prevenir o reparar siniestros y otros daños extraordinarios.

b) El trabajador, previo aviso y justificación, podrá ausentarse del trabajo para asistir a tratamientos de rehabilitación médico-funcionales y para participar en acciones de orientación, formación y readaptación profesional, con derecho a remuneración siempre que tales ausencias no excedan de diez días en un semestre.

✐ Artículo redactado por el RD 427/1999, de 12 marzo.

⇒ Cfr. arts. 34 a 38 ET (§2).

CAPÍTULO III

Modificación, suspensión y extinción del contrato de trabajo

Artículo 14. Movilidad funcional y geográfica.

1. La movilidad funcional en el seno de las Empresas, que se efectuará sin perjuicio de los derechos económicos y profesionales del trabajador, no tendrá otras limitaciones que las previstas en el artículo 39 del Estatuto de los Trabajadores, así como la correspondiente aptitud del trabajador al nuevo puesto de trabajo. Respecto a la movilidad geográfica se estará a lo dispuesto en el artículo 40 del citado texto legal.

2. En ambos casos se requerirá el informe del Equipo Multiprofesional.

Artículo 15. Modificación de condiciones de trabajo.

Se estará a lo dispuesto en el artículo 41 de Estatuto de los Trabajadores, siendo necesario en todo caso el informe del Equipo Multiprofesional.

Artículo 16. Extinción del contrato de trabajo.

1. Será de aplicación lo establecido en la sección cuarta del capítulo III, del título I del Estatuto de los Trabajadores, salvo en cuanto a lo dispuesto en el artículo 52, sobre extinción del contrato por causas objetivas, respecto de las que serán de aplicación las normas contenidas en el apartado siguiente.

2. El contrato podrá extinguirse:

a) Por ineptitud del trabajador, conocida o sobrevenida con posterioridad a su colocación efectiva en la empresa, y que deberá ser constatada por el equipo multiprofesional. La ineptitud existente con anterioridad al cumplimiento del período de adaptación o de prueba, previsto en el artículo 10, apartado dos, no podrá alegarse con posterioridad a dicho cumplimiento.

b) Por falta de adaptación del trabajador a las modificaciones técnicas operadas en su puesto de trabajo, constatadas por el equipo multiprofesional, cuando dichos cambios sean razonables y hayan transcurrido, como mínimo, tres meses desde que se introdujo la modificación. El contrato quedará en suspenso por el tiempo necesario y hasta el máximo de tres meses, cuando la empresa ofrezca un curso de reconversión o de perfeccionamiento profesional a cargo del Organismo oficial o propio competente, que le capacite para la adaptación requerida. Durante el curso se abonará al trabajador el equivalente al salario medio que viniera percibiendo.

c) Cuando exista la necesidad objetivamente acreditada de amortizar puestos de trabajo por alguna de las causas previstas en el artículo 51.1 de la Ley del Estatuto de los Trabajadores y en número inferior al establecido en el mismo, siendo necesario en todo caso el informe del equipo multiprofesional. A tal efecto, el empresario acreditará la decisión extintiva en causas económicas, con el fin de contribuir a la superación de situaciones económicas negativas, o en causas técnicas, organizativas o de producción, para superar las dificultades que impidan el buen funcionamiento de la empresa, ya sea por su posesión competitiva en el mercado o por exigencias de la demanda, a través de una mejor organización de los recursos. Los representantes de los trabajadores tendrán prioridad de permanencia en la empresa en este supuesto.

d) Por faltas de asistencia al trabajo, aun justificadas, pero intermitentes, que alcancen el 25 por 100 de las jornadas hábiles en dos meses consecutivos o el 30 por 100 en cuatro meses discontinuos, dentro de un período de doce meses, siempre que el índice de absentismo del total de la plantilla del centro de trabajo supere el 5 por 100 en los mismos períodos de tiempo.

No se computará como faltas de asistencia, a los efectos del párrafo anterior, las ausencias debidas a huelga legal, por el tiempo de duración de la misma, al ejercicio de actividades de representación legal de los trabajadores, accidentes de trabajo, maternidad, licencias y vacaciones, ni enfermedad o accidente no laboral, cuando la baja haya sido acordada por los servicios sanitarios oficiales y tenga una duración de más de veinte días consecutivos.

✐ Ap. 2 redactado por el RD 427/1999, de 12 marzo.

Artículo 17. Suspensión del Contrato de Trabajo.

El Contrato de Trabajo podrá suspenderse en los supuestos previstos en los artículos 45 y siguientes del Estatuto de los Trabajadores.

Artículo 18. Infracciones y sanciones.

En esta materia se estará a lo dispuesto en los artículos 58 y 93 y siguientes del Estatuto de los Trabajadores.

✐ Artículo redactado por el RD 427/1999, de 12 marzo.

⇒ Derogados los arts. 93 y ss. del ET por la LISOS (§40.1), entiéndase hecha la referencia a esta norma.

Artículo 19. Plazos de prescripción.

En la materia relativa a la prescripción de acciones derivadas del contrato y de las infracciones y faltas, se estará a lo dispuesto en los artículos 59 y 60 del Estatuto de los Trabajadores.

CAPÍTULO IV
De la representación de los trabajadores en la Empresa y de la negociación colectiva

Artículo 20. De los derechos de representación colectiva y de reunión.

El ejercicio de los derechos de representación colectiva y reunión de los trabajadores minusválidos que presten servicios en los Centros Especiales de Empleo, se ajustará a lo previsto en la normativa laboral común.

⇒ Cfr. el Tít. II del ET (§2).

Artículo 21. De la negociación colectiva.

En materia de negociación colectiva se estará a lo dispuesto en el Título III del Estatuto de los Trabajadores, con la única salvedad de que en los Convenios de ámbito superior a la Empresa, estarán legitimadas para la negociación las asociaciones que pudieran contar con idéntico grado de representación en el sector correspondiente al exigido en el ámbito laboral común por el artículo 87 del Estatuto de los Trabajadores.

DISPOSICIONES ADICIONALES

Primera.

La Administración Laboral ejercerá en el ámbito de la presente relación laboral de carácter especial cuantas competencias le vienen atribuidas por la legislación laboral común.

Segunda.

Los trabajadores minusválidos comprendidos en el ámbito de aplicación definido en el artículo 1 serán beneficiarios de las prestaciones del Fondo de Garantía Salarial.

⇒ V. art. 11.2 del RD 505/1985 sobre Fondo de Garantía Salarial (§13.1).

Tercera.

Los conflictos que surjan entre los trabajadores y empresas, comprendidos en el ámbito de aplicación del presente Real Decreto, como consecuencia del contrato de trabajo, serán competencia del orden jurisdiccional social.

DISPOSICIÓN TRANSITORIA

En tanto se regule la constitución y funcionamiento de los Equipos Multiprofesionales, serán las actuales Unidades de Valoración las que asuman las funciones que en el presente Real Decreto se encomiendan a aquéllos.

DISPOSICIÓN FINAL

Se faculta al Ministerio de Trabajo y Seguridad Social para dictar cuantas disposiciones sean necesarias para el desarrollo del presente Real Decreto, que entrará en vigor el día 1 de octubre de 1985.

h) *Estibadores portuarios*

§ 16.9 REAL DECRETO-LEY 2/1986, DE 23 MAYO. SERVICIO PÚBLICO DE ESTIBA Y DESESTIBA DE BUQUES

(BOE núm. 126, de 27 mayo; rect. BOE núm. 146, de 19 junio [RCL 1986, 1666 y 1991])

⇒ Conforme al ap. 3 de la disp. adic. 13ª de la Ley 27/1992, de 24 noviembre, de Puertos del Estado y de la Marina Mercante «El Gobierno, teniendo en cuenta las circunstancias económicas concretas en las que se desarrolla el servicio público de estiba, en cada puerto, y su repercusión negativa sobre cada uno de los sectores económicos afectados por dicho servicio, podrá suspender temporalmente la aplicación de cualquiera de las previsiones contenidas en el Real Decreto-ley 2/1986, mientras se mantengan las circunstancias y condiciones que justificaron dicha suspensión, con objeto de garantizar una adecuada ordenación de la actividad económica en el sector afectado».

El RD 2541/1994, de 29 diciembre, suspendió temporalmente la aplicación del RDley 2/1986 a las labores y actividades de carga, descarga, desestiba y transbordo de pesca fresca, congelada o de bacalao; dicha suspensión, en las condiciones contempladas por la norma (cfr. art. 2), se extiende inicialmente hasta el 1 de noviembre de 1998 (art. 1).

Por su lado, el RD 2222/1998, de 16 octubre, prorrogó dicha suspensión «por un período de seis años» contados a partir del propio 1 de noviembre de 1998.

La indudable importancia que las actividades portuarias de carga, descarga, estiba y desestiba de mercancías tienen para la economía española, habida cuenta el importante volumen de tráfico de mercancías que a través de los puertos se produce en nuestro país, justifica el tratamiento de dichas actividades en una norma con rango de ley que contemple, mediante una regulación global y completa, los distintos aspectos de esta actividad, a partir de la consideración de la misma como un servicio público esencial de titularidad estatal.

Esta nueva regulación permite superar la normativa hasta ahora vigente, que tanto por su dispersión y distinto origen temporal, como por su falta de adecuación en varios aspectos al marco jurídico constitucional precisa de una importante revisión. Por otra parte, el marco jurídico hasta ahora vigente no se corresponde con el entorno institucional propio de la evolución de la economía española en general, ni con los cambios producidos en la propia estructura del tráfico portuario. La renovación de este entorno institucional se ve urgida especialmente a partir del momento de la incorporación de España a la Comunidad Económica Europea, puesto que en esta nueva situación se hace cada vez más necesario contar con un marco jurídico apropiado que permita la flexibilidad y eficacia requeridas para el desarrollo en el ámbito europeo de las actividades vinculadas al tráfico portuario. Junto con estas consideraciones de carácter general debe hacerse especial hincapié en un aspecto de este marco jurídico, como es el laboral, necesitado de una adaptación plena al sistema de relaciones laborales derivado no sólo de la Constitución Española sino de la propia dinámica de dicho sistema en los últimos años, clarificando las posiciones de Empresas y trabajadores y dotando a ambos del régimen jurídico que permita el pleno desarrollo de este sistema de relaciones laborales en el ámbito portuario.

De acuerdo con estos criterios genéricos la norma, tras declarar las actividades portuarias como servicio público de titularidad estatal, permite el acceso a las mismas de las Empresas mediante el sistema de contratación administrativa, sistema que combina la garantía para el interés público derivada del control de la actuación de particulares a través del contrato, con la flexibilidad de la actuación empresarial en este ámbito. Precisamente el interés público concurrente en estas actividades determina la posibilidad de establecer requisitos para el acceso a las mismas, y no sólo desde el punto de vista de la solvencia y eficacia empresarial, sino también desde el de la profesionalidad de los trabajadores que desarrollen estas tareas. De ahí la regulación de las Sociedades estatales que contratan a los trabajadores portuarios para dotarles de la formación profesional práctica adecuada y ponerlos a disposición de las Empresas con carácter temporal para aquellos supuestos en los que la plantilla propia de las mismas es insuficiente para el desarrollo de las tareas portuarias.

El tratamiento laboral del trabajo portuario se completa con reglas sobre colocación y contratación de los trabajadores portuarios, en línea con los criterios del Convenio número 137 de la OIT, ratificado por España, y junto con ello se fija el régimen jurídico de la relación laboral de carácter especial de los trabajadores portuarios vinculados a las Sociedades estatales prevista en el Estatuto de los Trabajadores, régimen jurídico que, adecuando a las descritas peculiaridades del trabajo portuario las reglas generales del derecho laboral, permite que sean los mecanismos de la negociación colectiva los que posibiliten el desarrollo del régimen laboral en este tipo de actividades, a partir de los derechos y deberes básicos reconocidos en esta propia norma y en el Estatuto de los Trabajadores.

De esta forma se establece un nuevo régimen laboral en el ámbito portuario, pasando de una prestación de servicios por cuenta de varios empresarios, con carácter irregular y no permanente, con sus lógicos efectos en cuanto a la existencia de amplios períodos de desempleo a lo largo del año, a un régimen jurídico caracterizado por la definición clara del sujeto empresarial, con el que se establece un contrato de trabajo de carácter indefinido. Con ello se adopta una medida positiva de política de empleo, al sustituir empleo precario por empleo estable, que permite poner en marcha, al cumplirse los requisitos exigidos por el Tribunal Constitucional en sus Sentencias de 2 de julio de 1981 y 30 de abril de 1985, el mecanismo de jubilación forzosa, previsto en la disposición adicional quinta del Estatuto de los Trabajadores como facultad del Gobierno. De esta manera se garantiza la racionalización de la estructura y volumen actuales de las plantillas de trabajadores portuarios, exigida por los importantes cambios producidos en los últimos años en los sistemas de trabajo portuario como consecuencia de la aplicación de nuevas tecnologías.

La norma se completa con una serie de disposiciones de derecho transitorio que permiten que el tránsito del actual sistema de ordenación de actividad portuaria al nuevo se produzca sin merma de los derechos de los administrados, significadamente en lo referente a la estabilidad en el empleo y demás derechos básicos de los trabajadores.

En el momento presente la urgencia de la necesidad de dotar a las actividades portuarias de un marco jurídico apropiado y actualizado se ve reforzada por una circunstancia de gran importancia, efectivamente, la Sentencia de la Sala del Tribunal Supremo de 23 de septiembre de 1985 declaró la nulidad del Real Decreto 2302/1980, de 24 de octubre, y de la Orden del Ministerio de Trabajo, Sanidad y Seguridad Social de 16 de junio de 1981, normas laborales y empresariales en los puertos de interés general. En el momento en que dicha sentencia fuera publicada y resultase ejecutiva, sin disponer de una norma que la sustituyese, se produciría una situación de vacío normativo de indudables efectos negativos para el desarrollo de las actividades portuarias. De esta situación se deriva la urgencia en establecer un nuevo régimen jurídico para esta actividad.

Precisamente como consecuencia de dicha sentencia el Gobierno aceleró la preparación del correspondiente proyecto de Ley del servicio público de estiba y desestiba, al requerirse una norma con rango de ley para establecer la ordenación de este servicio de acuerdo con los criterios expresados; sin embargo, la disolución de las Cámaras ha impedido la prevista tramitación del proyecto dentro de la legislatura, por lo que resulta procedente el que mediante un Real Decreto-ley se lleve a cabo esta nueva regulación, ya que, al ser ésta la única posibilidad de regular mediante una norma con rango de ley la actividad portuaria una vez disueltas las Cámaras, se cumplen las exigencias contenidas en el artículo 86 de la Constitución Española para poder hacer uso de este instrumento jurídico extraordinario, al quedar justificada la extraordinaria y urgente necesidad de proceder a la nueva regulación de la actividad portuaria.

En su virtud, previa deliberación del Consejo de Ministros en su reunión del día 23 de mayo de 1986, en uso de la autorización contenida en el artículo 86 de la Constitución, dispongo:

TÍTULO I

EL SERVICIO PÚBLICO DE ESTIBA Y DESESTIBA DE BUQUES: DEFINICIÓN Y ÁMBITO

⇒ V. también los Convenios de la OIT núm. 137 (1973), sobre las repercusiones sociales de los nuevos métodos de manipulación de las cargas en los puertos, ratificado por España el 22 de marzo de 1975 y núm. 152 (1979), sobre seguridad e higiene en los trabajos portuarios, ratificado por España el 13 febrero 1982.

La Ley 48/2003, de 26 noviembre, regula el régimen económico y de prestación de servicios en los Puertos de interés general y deroga buena parte de la presente norma. En ella se regula el régimen de personal de los organismos públicos portuarios (art. 51, que habla de una «relación sujeta a las normas de Derecho laboral que le sean de aplicación»), de las retribuciones (art. 52), de la estructura de personal (art. 53) y de su selección (art. 54, el cual exige el respeto a «los principios de igualdad, mérito y capacidad y mediante convocatoria pública»).

La Disposición Adicional Séptima de dicha Ley 48/2003 regla el Régimen laboral aplicable al personal que realice las actividades que constituyen el servicio de carga, estiba, desestiba, descarga y transbordo de mercancías en los siguientes términos:

«1. El régimen laboral aplicable a los estibadores portuarios de las agrupaciones portuarias de interés económico que realice las actividades que constituyen el servicio de carga, estiba, desestiba, descarga y transbordo de mercancías será el establecido en los títulos IV y V del Real Decreto-ley 2/1986, de 23 de mayo, sobre el Servicio de Estiba y Desestiba de Buques y normativa que lo desarrolla, en lo que no se oponga a las disposiciones de esta Ley.

No obstante lo anterior, no será de aplicación el régimen previsto en dicha norma a las actividades de carga, estiba, desestiba, descarga y transbordo de mercancías siguientes:

a) Las que se realicen en instalaciones portuarias otorgadas en régimen de concesión al titular de una planta de transformación o instalación industrial o a una empresa de su mismo grupo empresarial, no abierta al tráfico comercial general, en la que se manipulen mercancías directa y exclusivamente vinculadas con la referida planta o instalación de procesamiento industrial y esté expresamente identificada en el título concesional. Las mencionadas terminales habrán de disponer de atraque otorgado en concesión o autorización, y la planta o instalación estar ubicada en el interior de la zona de servicio del puerto, o bien conectada con los espacios concesionados mediante instalaciones de transporte fijas, específicas y exclusivas, esto es, tubería, cinta o infraestructuras ferroviarias de utilización exclusiva de origen a destino. El concesionario deberá atender la totalidad de sus actividades de carga, estiba, desestiba, descarga y transbordo con trabajadores que cumplan los requisitos exigidos por la disposición adicional quinta.

b) Las que se realicen en régimen de autoprestación.

2. En las licencias se determinará el número mínimo de trabajadores que deben ser contratados por las empresas prestadoras, en función de la regularidad de la actividad de la empresa en el servicio de carga, estiba, desestiba, descarga y transbordo de mercancías, de acuerdo con los criterios establecidos en el pliego regulador y en las prescripciones particulares del servicio.

En todo caso, el número de trabajadores contratados en relación laboral común deberá cubrir, al menos, una cuarta parte de la actividad total de la empresa en este servicio, incluso en las terminales dedicadas, con la excepción de las reguladas en el apartado 1 de esta disposición. La Autoridad Portuaria podrá incluir en la licencia la excepción total o parcial de este requisito para aquellas empresas que operen tráficos que en su mayoría sean muy irregulares o estacionales.

3. Las referencias a las sociedades estatales de estiba y desestiba contenidas en el Real Decreto-ley 2/1986, de 23 de mayo, sobre el Servicio de Estiba y Desestiba de Buques, en el Reglamento de ejecución aprobado por el Real Decreto 371/1987, de 23 marzo y en el Real Decreto Legislativo 1/1995, de 24 de marzo, por el que se aprueba el Texto Refundido de la Ley del Estatuto de los Trabajadores, se entenderán hechas a las agrupaciones portuarias de interés económico».

Artículo 1. ...

✐ Artículo derogado por la disp. derog. única.1 párr. 2º de la Ley 48/2003, de 26 noviembre.

Artículo 2. ...

✐ Artículo derogado por la disp. derog. única.1 párr. 2º de la Ley 48/2003, de 26 noviembre.

Artículo 3. ...

✐ Artículo derogado por la disp. derog. única.1 párr. 2º de la Ley 48/2003, de 26 noviembre.

TÍTULO II
GESTIÓN DEL SERVICIO PÚBLICO

Artículo 4. ...

✐ Artículo derogado por la disp. derog. única.1 párr. 2º de la Ley 48/2003, de 26 noviembre.

Artículo 5. ...

✐ Artículo derogado por la disp. derog. única.1 párr. 2º de la Ley 48/2003, de 26 noviembre.

Artículo 6. ...

✐ Artículo derogado por la disp. derog. única.1 párr. 2º de la Ley 48/2003, de 26 noviembre.

TÍTULO III
SOCIEDADES ESTATALES

Artículo 7. ...

✐ Artículo derogado por la disp. derog. única.1 párr. 2º de la Ley 48/2003, de 26 noviembre.

Artículo 8. ...

✐ Artículo derogado por la disp. derog. única.1 párr. 2º de la Ley 48/2003, de 26 noviembre.

TÍTULO IV
COLOCACIÓN Y CONTRATACIÓN DE LOS TRABAJADORES PORTUARIOS

⇒ V. su desarrollo en arts. 11 a 17 del RD 371/1987, de 13 marzo (§16.10).

Artículo 9.

Solamente podrán ser contratados aquellos trabajadores que figuren inscritos en el registro especial de trabajadores portuarios que existirá en las Oficinas de Empleo; la inscripción en dicho registro se producirá respecto de los trabajadores que hubiesen superado las correspondientes pruebas de aptitud y seguido los oportunos cursos de perfeccionamiento portuario. Los trabajadores portuarios registrados deberán manifestar que están disponibles para el trabajo en cualquiera de las modalidades contractuales previstas en el artículo 10.

✐ Párrafo derogado por la disp. derog. única.1 párr. 2º de la Ley 48/2003, de 26 noviembre.

⇒ Los registros especiales de referencia fueron suprimidos por la disp. adic. 7ª de la Ley 10/1994, de 19 mayo, sobre Medidas Urgentes de Fomento de la Ocupación, conforme a la cual:

«1. Quedan suprimidos los registros especiales de trabajadores portuarios creados al amparo de lo dispuesto en el Real Decreto-ley 2/1986, de 23 de mayo, sobre el servicio público de estiba y desestiba de buques.

Específicamente se entenderán suprimidas las referencias normativas a dichos registros recogidas en los artículos 9, 10 y 12 del citado Real Decreto-ley 2/1986, con las modificaciones introducidas por la Disp. Adic. Decimotercera de la Ley 27/1992, de 24 diciembre, de Puertos del Estado y de la Marina Mercante.

2. El Instituto Nacional de Empleo expedirá a favor de los trabajadores inscritos en los registros suprimidos el certificado acreditativo de la profesionalidad que tuvieran reconocida».

Una vez contratados los trabajadores por la correspondiente Sociedad estatal, ésta deberá proporcionales la adecuada formación profesional permanente de carácter práctico que garantice la profesionalidad en el desarrollo de las tareas portuarias.

De acuerdo con lo previsto en el párrafo anterior, y salvo que se den las circunstancias previstas en el artículo 12, sólo los trabajadores que por su vinculación a una Sociedad estatal tengan acreditada su competencia profesional podrán prestar servicios en las tareas portuarias.

Sin perjuicio de lo dispuesto en el párrafo primero, los trabajadores de las Sociedades estatales, siempre que cumplan con los requisitos físicos y de capacitación exigidos para cubrir las vacantes que se convoquen, tendrán preferencia por orden de antigüedad, para cubrir las ofertas de empleo que se produzcan en cualquiera de las Sociedades estatales, sobre los trabajadores que figuren inscritos en el Registro Especial de Trabajadores Portuarios del Instituto Nacional de Empleo correspondiente al puerto donde se haya producido la oferta de empleo.

✐ Párrafo derogado por la disp. derog. única.1 párr. 2º de la Ley 48/2003, de 26 noviembre.

Artículo 10.

La relación laboral de los trabajadores podrá establecerse tanto con las Sociedades estatales como con las Empresas estibadoras, teniendo dicha relación en el primer supuesto la consideración de relación laboral de carácter especial. En el segundo supuesto la contratación sólo podrá tener lugar, salvo que se den las circunstancias previstas en el artículo 12, respecto de los trabajadores con profesionalidad acreditada en los términos del artículo 9 en cuyo caso, la relación laboral establecida tendrá la consideración de común.

⇒ Téngase presente la disp. adic. 7ª de la Ley 10/1994, de 19 mayo, reproducida en nota al art. 9.

Cuando un trabajador establezca relación laboral común con una Empresa estibadora, de acuerdo con lo previsto en el párrafo anterior, la relación laboral especial con la Sociedad quedará suspendida, teniendo el trabajador la opción de reanudar esta relación especial de origen cuando se extinguiere la relación laboral común. Se exceptúa de esta regla el supuesto de extinción de la relación laboral común por mutuo acuerdo de las partes, por dimisión del trabajador o despido disciplinario declarado procedente. En los supuestos en que la relación laboral común establecida con una Empresa estibadora lo sea bajo la modalidad de contrato a tiempo parcial no se producirá la suspensión regulada en el párrafo anterior, continuando produciendo efectos la relación laboral especial, que quedará renovada en la modalidad de contrato a tiempo parcial.

⇒ V. art. 12 del ET (§2), y las normas reproducidas en (§8.2).

Artículo 11.

Con la finalidad de mantener el adecuado nivel de profesionalidad en la prestación del servicio, las Sociedades estatales deberán proporcionar con carácter temporal a las Empresas estibadoras los trabajadores pertenecientes a su plantilla que sean necesarios para el desarrollo de las tareas que no puedan ser cubiertas por el personal propio de cada Empresa; los trabajadores que pasen a realizar estas tareas lo harán mediante el sistema de rotación.

En tales supuestos la Sociedad conservará el carácter de empresario respecto de estos trabajadores, con los derechos y obligaciones específicos en materia de organización del trabajo y condiciones de desarrollo del mismo que a las Empresas estibadoras se atribuye en el título regulador de la relación laboral especial. Los respectivos derechos y obligaciones derivados de la relación establecida entre la Sociedad y la Empresa estibadora se determinan en el acuerdo que al efecto se suscriba.

Artículo 12.

Cuando las Sociedades estatales no pudiesen proporcionar los trabajadores solicitados, por no disponer de ellos en número suficiente y así lo manifestasen documentalmente a las Empresas, éstas podrán contratar directamente, sin que exceda de un turno de trabajo, a los trabajadores inscritos en el registro especial a los que se refiere el artículo 9.

La inscripción en dicho Registro se producirá, no sólo a efectos de acreditación de profesionalidad básica, sino también a los efectos de colocación previstos en la Ley Básica de Empleo.

⇒ Téngase presente lo establecido en la disp. adic. 7ª de la Ley 10/1994, de 19 mayo, reproducida en nota al art. 9.

Se exceptúa el supuesto de los puertos que determine Puertos del Estado, en los que la Sociedad estatal correspondiente deberá trasladar la oferta de trabajo no cubierta a la Sociedad estatal de otro puerto próximo. En este caso, los trabajadores deberán aceptar las ofertas de trabajo en las condiciones laborales establecidas en el puerto donde la oferta se produce. La compensación por gastos de desplazamiento se producirá en los términos que fijen mediante negociación colectiva.

Sólo cuando la segunda Sociedad estatal no pudiese proporcionar los trabajadores solicitados, podrá contratarse a los inscritos en el citado Registro especial.

✐ Párrs. 3 y 4 añadidos por la disp. adic. 13ª de la Ley 27/1992, de 24 noviembre.

Solamente en el supuesto de que en este Registro no existiesen trabajadores con la capacitación exigida para el desempeño de las funciones requeridas por una Empresa estibadora, podrá ésta contratar trabajadores no inscritos en él.

TÍTULO V
RELACIÓN LABORAL ESPECIAL DE LOS ESTIBADORES PORTUARIOS

⇒ Su desarrollo en arts. 18, 19, 20, 21 y 22 del RD 371/1987, de 13 marzo (§16.10).

Artículo 13. Ámbito de aplicación.

1. El presente título regula la relación laboral de los Estibadores portuarios a la que se refiere la disposición adicional primera de la Ley 32/1984, de 2 de agosto, sobre modificación de determinados artículos de la Ley 8/1980, de 10 de marzo, del Estatuto de los Trabajadores, en relación con el artículo 2.1 g) de dicho Estatuto.

2. Se considera relación laboral especial de los Estibadores portuarios la establecida, de una parte, por las Sociedades estatales reguladas en el Título III de esta norma, y de otra, por los trabajadores portuarios.

3. A efectos de la presente norma, se consideran trabajadores portuarios los contratados por las Sociedades estatales a las que se refiere el párrafo anterior para desarrollar los trabajos correspondientes a las actividades definidas como integrantes del servicio público de estiba y desestiba en el artículo 2 de este Real Decreto-ley.

Quedan fuera del ámbito de esta relación especial las relaciones laborales establecidas entre las Sociedades estatales y el personal contratado por ellas para desempeñar funciones que no tengan la consideración de portuarias.

Artículo 14. Duración del contrato de trabajo.

El contrato de trabajo en el ámbito de esta relación laboral especial sólo podrá concertarse por tiempo indefinido.

La relación laboral especial se extinguirá, además de por las causas previstas en el artículo 49 del Estatuto de los Trabajadores, por voluntad de la Sociedad estatal cuando el trabajador rechazase reiteradas ofertas de empleo adecuadas a su categoría profesional provenientes de Empresas estibadoras que deseasen establecer con él una relación laboral común en los términos del artículo 10.

Artículo 15. Contratación.

1. El contrato se formalizará por escrito y en ejemplar triplicado. Un ejemplar será para cada una de las partes contratantes y el tercero se registrará en la Oficina de Empleo. El contrato se adaptará al modelo oficial que apruebe el Ministerio de Trabajo y Seguridad Social.

⇒ La O. 13 marzo 1987 cumplimentó tal mandato.

2. Serán nulos los pactos que prohíban o tengan como consecuencia impedir la celebración de un contrato de trabajo entre el estibador portuario y la Empresa estibadora, de acuerdo con lo previsto en esta norma.

Artículo 16. Retribuciones.

La retribución de los Estibadores portuarios será, en sus modalidades y cuantía, la pactada en Convenio Colectivo o contrato individual de trabajo, con respeto, en todo caso, de la normativa sobre salarios mínimos.

⇒ Cfr. art. 27 del ET (§2) y su desarrollo para el presente año.

Cuando los Estibadores portuarios pasen a prestar servicios en el ámbito de las Empresas estibadoras tendrán derecho a percibir los correspondientes complementos salariales, de acuerdo con lo pactado en Convenio Colectivo o contrato individual.

Artículo 17. Dirección y control de la actividad laboral.

Cuando los Estibadores portuarios desarrollen tareas en el ámbito de las Empresas estibadoras de acuerdo con lo previsto en esta norma, las facultades de dirección y control de la actividad laboral serán ejercidas por la correspondiente Empresa durante el tiempo de prestación de servicios en su ámbito.

En tales supuestos, y sin perjuicio del ejercicio por la Sociedad estatal de la facultad disciplinaria atribuida por el artículo 58 del Estatuto de los Trabajadores, cuando una Empresa considere que por parte de un Estibador portuario se hubiera producido un incumplimiento contractual, lo pondrá en conocimiento de la Sociedad estatal a cuya plantilla pertenezca dicho trabajador, a fin de que por dicha Sociedad se adopten las medidas sancionadoras correspondientes. La Empresa podrá además efectuar una concreta propuesta de sanción, que tendrá carácter vinculante para la Sociedad estatal.

Artículo 18. Condiciones de trabajo.

Cuando los Estibadores portuarios desarrollen tareas en el ámbito de las Empresas estibadoras, de acuerdo con lo previsto en esta norma, corresponderá a tales Empresas garantizar la efectividad del derecho de los trabajadores a la protección en materia de seguridad e higiene en el trabajo, así como el cumplimiento de la normativa legal o convencional referida a tiempo de trabajo y movilidad funcional. En tales supuestos las Empresas serán responsables por los incumplimientos e infracciones de la normativa de aplicación, derivadas de sus acciones u omisiones, pudiendo en tales casos formularse contra ellas las acciones administrativas o jurisdiccionales correspondientes, en los mismos términos previstos en la normativa laboral común respecto de los empresarios.

Artículo 19.

En lo no regulado por la presente norma será de aplicación el Estatuto de los Trabajadores y las demás normas laborales de general aplicación, en cuanto sean compatibles con la naturaleza especial de la relación laboral de los Estibadores portuarios.

DISPOSICIONES ADICIONALES

Primera.

La designación de los representantes del capital del Estado en las Sociedades estatales se realizará de forma conjunta por los Ministerios de Economía y Hacienda, Trabajo y Seguridad Social, Obras Públicas y Urbanismo y Transportes, Turismo y Comunicaciones.

✐ Disposición derogada por la disp. derog. única.1 párr. 2º de la Ley 48/2003, de 26 noviembre.

Segunda.

Las Sociedades estatales reguladas en la presente norma se constituirán en el plazo máximo de doce meses siguientes a la entrada en vigor de la misma.

✐ Disposición derogada por la disp. derog. única.1 párr. 2º de la Ley 48/2003, de 26 noviembre.

Tercera.

Se autoriza al Gobierno para dictar las disposiciones necesarias para el desarrollo y ejecución del presente Real Decreto-ley.

✐ Disposición derogada por la disp. derog. única.1 párr. 2º de la Ley 48/2003, de 26 noviembre.

⇒ En particular, v. el RD 371/1987, de 13 marzo (§16.10).

DISPOSICIONES TRANSITORIAS

Primera.

1. Queda suprimido el Organismo autónomo, Organización de Trabajos Portuarios, el cual en el plazo máximo de doce meses, procederá a liquidar su Activo y su Pasivo, determinando el patrimonio neto resultante, el cual será aportado por el Estado a las correspondientes Sociedades estatales, extinguiéndose la personalidad jurídica de la Organización de Trabajos Portuarios una vez se constituyan dichas Sociedades estatales.

2. Reglamentariamente se determinará la forma en que el personal de la Organización de Trabajos Portuarios quedará integrado, bien en otros Cuerpos o Escalas de las Administraciones Públicas, bien en la plantilla de las Sociedades estatales, según se trate de funcionarios o de personal laboral, respectivamente.

Segunda.

1. Las Empresas que, a la entrada en vigor del presente Real Decreto-ley, se encuentren realizando las labores portuarias descritas en el artículo 2, y que deseen seguir actuando como tales, deberán integrarse necesariamente en las Sociedades estatales.

2. Los trabajadores que a la entrada en vigor de la presente norma se encuentren incluidos en los censos gestionados por la Organización de Trabajos Portuarios, pasarán a integrarse en las plantillas de las correspondientes Sociedades estatales, que se subrogarán en todos los derechos y obligaciones laborales que respecto de aquéllos se encuentren legalmente reconocidas. La integración se producirá mediante la suscripción del correspondiente contrato en los términos previstos en los artículos 9, 10 y 15 de este Real Decreto-ley.

⇒ Conforme a la disp. transit. 12ª de la Ley 27/1992, de 24 noviembre, «Los trabajadores que, con anterioridad a la fecha de entrada en vigor de la presente Ley, estuvieran incluidos con el carácter de eventuales en los censos gestionados por la Organización de Trabajos Portuarios, reconocida dicha condición por sentencia judicial firme, y se encuentren en la actualidad inscritos en algún Registro especial de trabajadores portuarios, podrán ser contratados por las Sociedades estatales para cubrir las vacantes que se convoquen por éstas, con preferencia sobre los demás trabajadores que figuren inscritos en dichos Registros especiales, siempre que cumplan con los requisitos físicos y de capacitación exigidos para cubrir dichas vacantes, y sin perjuicio del régimen de preferencia a que se refiere la disposición adicional decimotercera, apartado 1».

Los trabajadores que, a la entrada en vigor de esta norma, pertenezcan a las plantillas de las Empresas portuarias y en el momento de establecerse su contrato figuraran inscritos en los censos gestionados por la Organización de Trabajos Portuarios, continuarán desarrollando el mismo en los términos pactados, si bien serán aplicables los efectos previstos para la suspensión del contrato con la Sociedad estatal en el segundo párrafo del artículo 10, pudiendo pasar, en los términos previstos en tal concepto, a la plantilla de la Sociedad estatal correspondiente en el supuesto de extinción de su contrato con la Empresa portuaria.

Cuando los trabajadores a los que se refiere el párrafo anterior no hubiesen figurado inscritos en el momento de su contratación en los censos gestionados por la Organización de Trabajos Portuarios se mantendrá la vigencia del contrato, pero no se producirá la indicada asimilación de los efectos del artículo 10 de esta norma.

Tercera.

De acuerdo con lo previsto en la disposición adicional quinta del Estatuto de los Trabajadores la fecha de límite de la capacidad para trabajar de quienes se encuentren inscritos en los censos gestionados por la Organización de Trabajos Portuarios en la fecha de entrada en vigor de este Real Decreto-ley será aquélla en que estos trabajadores cumplan la edad de jubilación que les corresponda de acuerdo con el régimen de Seguridad Social aplicable. Esta jubilación forzosa sólo podrá tener lugar si el trabajador hubiese completado los períodos de carencia necesarios para percibir la correspondiente pensión de jubilación.

Cuando como consecuencia de la aplicación de lo dispuesto en el párrafo anterior pudiera derivarse la inexistencia de trabajadores portuarios con la calificación adecuada para el mantenimiento de la regular actividad en un puerto la Organización de Trabajos Portuarios lo pondrá en conocimiento de la Dirección Provincial de Trabajo y Seguridad Social. Dicha autoridad, a la vista de los informes pertinentes, podrá acordar la suspensión de la aplicación de la jubilación forzosa para estos concretos casos. Lo anterior se entiende sin perjuicio del derecho de los trabajadores comprendidos en los supuestos antes regulados para solicitar su jubilación con carácter voluntario.

Igualmente, de acuerdo con la finalidad de adecuar el tamaño de los censos actualmente gestionados por la Organización de Trabajos Portuarios a las necesidades de funcionamiento operativo de las Sociedades estatales a las que se refiere este Real Decreto-ley podrá establecerse por vía reglamentaria el procedimiento y criterios a aplicar para la determinación de las plantillas operativas en el momento de su creación, la forma de determinación de los excedentes laborales y los instrumentos para mejorar la intensidad de la protección por desempleo de los trabajadores actualmente inscritos en los censos de la Organización de Trabajos Portuarios que deberán causar baja en los mismos para alcanzar la adecuada dimensión de las plantillas iniciales de las Sociedades estatales.

Lo previsto en esta disposición será de aplicación a partir de la entrada en vigor de este Real Decreto-ley y por un período máximo de cinco años.

⇒ Conforme a la disp. transit. 8ª de la Ley 31/1991, de 30 diciembre, Presupuestos Generales para el año 1992 «el plazo para la aplicación de las medidas previstas en la disp. transit. 3ª del Real Decreto-ley 2/1986, de 23 mayo, tendentes al ajuste de las plantillas operativas en cada Sociedad estatal de Estiba y Desestiba, se extenderá a un período de diez años, computándose para cada una de ellas a partir del momento de su constitución».

Curiosamente, la anterior previsión fue reiterada por el ap. tres de la disp. transit. 3ª de la Ley 27/1992, de 24 noviembre.

El coste de las medidas previstas en esta disposición se financiará con cargo a los recursos que a este efecto se establezcan.

DISPOSICIÓN DEROGATORIA

Quedan derogadas cuantas disposiciones de igual o inferior rango se opongan a lo dispuesto en el presente Real Decreto-ley. Específicamente queda derogada la Ordenanza de Trabajo de los Estibadores Portuarios aprobada por Orden de 29 de marzo de 1974, produciendo efectos tal derogación en la fecha de extinción definitiva de la Organización de Trabajos Portuarios.

DISPOSICIÓN FINAL

El presente Real Decreto-ley entrará en vigor el día siguiente a su publicación en el «Boletín Oficial del Estado».

§ 16.10 REAL DECRETO 371/1987, DE 13 MARZO. APRUEBA EL REGLAMENTO PARA LA EJECUCIÓN DEL REAL DECRETO-LEY 2/1986, DE 23 MAYO, DE ESTIBA Y DESESTIBA DE BUQUES

(BOE núm. 64, de 16 marzo [RCL 1987, 734]) (fragmento)

⇒ Reproducimos únicamente los preceptos dirigidos a disciplinar la relación laboral especial a que se refiere el art. 2.1 h) del ET (§2).

[...]

TÍTULO V

RELACIÓN LABORAL ESPECIAL DE LOS ESTIBADORES PORTUARIOS

Artículo 18.

La relación laboral especial se extinguirá, además de por las causas previstas en el artículo 49 del Estatuto de los Trabajadores, por voluntad de la Sociedad estatal cuando el trabajador rechazase reiteradas ofertas de empleo adecuadas a su categoría profesional provenientes de Empresas estibadoras que deseasen establecer con él una relación laboral común en los términos del art. 10 del Real Decreto-ley 2/1986 (art. 14 del Real Decreto-ley).

Para considerar como adecuada una oferta de empleo, la misma deberá garantizar unos ingresos en cómputo anual y en condiciones homogéneas, al menos iguales a los que el trabajador percibiría de seguir vinculado a la Sociedad estatal.

Para calificar como reiterado el rechazo de oferta adecuada será necesario rechazar dos ofertas en un período de dos años, comenzando a contarse este período a partir del día siguiente a aquel en que se haya rechazado la primera oferta.

A estos efectos, si las ofertas provienen de la misma Empresa deberá haber transcurrido un plazo mínimo de tres meses entre ambas.

Los trabajadores que ostenten la condición de representantes del personal de la Sociedad estatal podrán optar, dentro de su grupo profesional, por ser los últimos a los que se dirija una oferta de empleo, nominada o innominada, por parte de las Empresas estibadoras, de acuerdo con lo previsto en este artículo.

Artículo 19.

Cuando los estibadores portuarios desarrollen tareas en el ámbito de las Empresas estibadoras de acuerdo con lo previsto en el Real Decreto-ley 2/1986, las facultades de dirección y control de la actividad laboral serán ejercidas por la correspondiente Empresa durante el tiempo de prestación de servicios en su ámbito. En tales supuestos, y sin perjuicio del ejercicio por la Sociedad estatal de la facultad disciplinaria atribuida por el artículo 58 del Estatuto de los Trabajadores, cuando una Empresa considere que por parte de un estibador portuario se hubiera producido un incumplimiento contractual, lo pondrá en conocimiento de la Sociedad estatal a cuya plantilla pertenezca dicho trabajador a fin de que por dicha Sociedad se adopten las medidas sancionadoras correspondientes. La Empresa podrá además efectuar una concreta propuesta de sanción, que tendrá carácter vinculante para la Sociedad estatal (artículo 17 del Real Decreto-ley).

El ejercicio por las Empresas estibadoras de estas facultades no supone, en ningún caso, la asunción por parte de dichas Empresas de la condición de empresario respecto de los trabajadores en relación laboral de carácter especial. Esta condición corresponde en exclusividad a la Sociedad estatal correspondiente.

Artículo 20.

En la jornada de los estibadores vinculados por relación laboral especial se distinguirá entre tiempo de trabajo efectivo y tiempo de presencia.

Se considerará tiempo de trabajo efectivo aquel en el que el estibador desarrolla tareas en el ámbito de Empresas estibadoras, de acuerdo con lo previsto en los artículos 11, 17 y 18 del Real Decreto-ley

2/1986, siendo de aplicación al mismo los límites en cuanto a jornada y horas extraordinarias previstas en los artículos 34 y 35 del Estatuto de los Trabajadores, y en su caso la negociación colectiva, computándose a tales efectos el conjunto de tiempo de trabajo para todas las Empresas a las que hubiera sido proporcionado el trabajador.

Artículo 21.

Los trabajadores que a la entrada en vigor del Real Decreto-ley 2/1986 se encontrasen incluidos en los censos gestionados por la Organización de Trabajos Portuarios pasarán a integrarse en las plantillas de las correspondientes Sociedades estatales, que se subrogarán en todos los derechos y obligaciones laborales qe respecto de aquéllos se encuentren legalmente reconocidos. La integración se producirá mediante la suscripción del correspondiente contrato en los términos previstos en los artículos 9, 10 y 15 del Real Decreto-ley 2/1986.

Los trabajadores que a la entrada en vigor del Real Decreto-ley 2/1986 perteneciesen a las plantillas de las Empresas portuarias y en el momento de establecerse su contrato figuraran inscritos en los censos gestionados por la Organización de Trabajos Portuarios continuarán desarrollando el mismo en los términos pactados, si bien les serán aplicables los efectos previstos para la suspensión del contrato con la Sociedad estatal en el segundo párrafo del artículo 10 del Real Decreto-ley 2/1986, pudiendo pasar, en los términos previstos en tal precepto, a la plantilla de la Sociedad estatal correspondiente en el supuesto de extinción de su contrato con la empresa portuaria.

Cuando los trabajadores a que se refiere el párrafo anterior no hubiesen figurado inscritos en el momento de su contratación en los censos gestionados por la Organización de Trabajos Portuarios, se mantendrá la vigencia del contrato, pero no se producirá la indicada asimilación de los efectos del artículo 10 del Real Decreto-ley 2/1986 (disposición transitoria segunda.2 del Real Decreto-ley).

Una vez constituidas las Sociedades estatales, éstas darán cumplimiento a lo previsto en la disposición transitoria segunda.2, del Real Decreto-ley 2/1986, respecto de la integración en las mismas de los trabajadores que a la entrada en vigor de dicho Real Decreto-ley se encontrasen incluidos en los censos gestionados por la Organización de Trabajos Portuarios, con la excepción de lo que resulte de la aplicación del sistema de jubilaciones forzosas previsto en su disposición transitoria tercera; a tal fin la Sociedad estatal convocará a cada trabajador que cumpla las condiciones expresadas para proceder a la suscripción del correspondiente contrato mediante el cual se producirá la integración de aquél en su plantilla, iniciándose a continuación la prestación de servicios por parte de éste, salvo, que concurra alguna de las causas de suspensión previstas en el Estatuto de los Trabajadores.

Excepto en los supuestos de fuerza mayor u otros ajenos a la voluntad de los trabajadores, la falta de suscripción del contrato por el trabajador hará decaer el derecho de éste a su integración en la plantilla de la Sociedad estatal, sin perjuicio de su inscripción en el Registro Especial de Trabajadores Portuarios.

Artículo 22.

Los trabajadores cuya relación laboral común se hubiera extinguido por mutuo acuerdo, dimisión o despido declarado procedente se integrarán en el Registro Especial de Trabajadores Portuarios previsto en el artículo 11 del presente Reglamento.

Aquellos trabajadores integrados en el Registro Especial, en caso de despido declarado procedente, no podrán prestar servicios, en los términos del artículo 11 del Real Decreto-ley 2/1986, en la Empresa con la que hubieran estado vinculados al tiempo del indicado despido, sin perjuicio de su derecho a prestar servicios en cualquier otra Empresa en aplicación del orden establecido a que se refiere el apartado a) del artículo 11 del presente Reglamento.

[...]

i) Residentes sanitarios

§ 16.11 LEY 44/2003, DE 21 NOVIEMBRE. ORDENACIÓN DE LAS PROFESIONES SANITARIAS

(BOE núm. 280, de 22 noviembre [RCL 2003, 2724] (disp. adic. 1ª))

[...]

DISPOSICIÓN ADICIONAL

Primera. Relación laboral especial de residencia.

1. La relación laboral especial de residencia es aplicable a quienes reciban formación dirigida a la obtención de un título de especialista en Ciencias de la Salud, siempre que tal formación se realice por el sistema de residencia previsto en el artículo 20 de esta Ley, en centros, públicos o privados, acreditados para impartir dicha formación.

Los residentes tendrán la consideración de personal laboral temporal del servicio de salud o centro en que reciban la formación, y deberán desarrollar el ejercicio profesional y las actividades asistenciales y formativas que de los programas de formación se deriven.

2. El Gobierno regulará, mediante real decreto, la relación laboral especial de residencia, de acuerdo con las normas de la Comunidad Europea que resulten aplicables y estableciendo, además de las peculiaridades de su jornada de trabajo y régimen de descansos, los supuestos de resolución de los contratos cuando no se superen las evaluaciones establecidas, los procedimientos para la revisión de las evaluaciones otorgadas, la duración máxima de los contratos en función de la duración de cada uno de los correspondientes programas formativos, y los supuestos excepcionales para su posible prórroga cuando se produzcan casos, no imputables al interesado, de suspensión de la relación laboral.

3. La relación laboral especial de residencia se aplicará también en aquellos supuestos de formación en Áreas de Capacitación Específica que, conforme a lo establecido en el artículo 25, se desarrollen por el sistema de residencia previsto en el artículo 20 de esta Ley.

[...]

§ 16.12 REAL DECRETO 1146/2006, DE 6 OCTUBRE. REGULA LA RELACIÓN LABORAL ESPECIAL DE RESIDENCIA PARA LA FORMACIÓN DE ESPECIALISTAS EN CIENCIAS DE LA SALUD

(BOE núm. 240, de 7 octubre [RCL 2006, 1829])

A pesar de la especial importancia que para el avance y consolidación de nuestro sistema público sanitario ha tenido la formación de especialistas mediante el sistema de residencia, la relación de trabajo de los residentes ha carecido en España de regulación específica desde que las Órdenes Ministeriales de 3 de septiembre de 1969 y 28 de julio de 1971 crearan las figuras de médicos internos y residentes, estableciendo una vinculación contractual de carácter laboral con las instituciones sanitarias de la Seguridad Social.

La Ley 44/2003, de 21 de noviembre, de Ordenación de las Profesiones Sanitarias, constata que la regulación de la relación entre el residente y las entidades titulares docentes en su vertiente laboral se asienta básicamente sobre el contrato individual de trabajo y, tanto en su artículo 20.3.f) como en su disposición adicional primera, ordena al Gobierno la aprobación de un real decreto que regule la relación laboral de carácter especial de este personal, estableciendo por primera vez un marco general y homogéneo para todo el personal con independencia del centro que se responsabiliza de su formación. Ello asegurará que la realización y cumplimiento de los programas formativos en similares términos en todo el Estado se corresponde con un lógico régimen de derechos y deberes comunes a todos los residentes. Igualmente se ha tenido en cuenta el marco normativo comunitario, especialmente la Directiva 93/16/CEE, del Consejo, de 5 de abril de 1993, destinada a facilitar la libre circulación de los médicos y el reconocimiento mutuo de sus diplomas, certificados y otros títulos, y la Directiva 2003/88/CE, del Parlamento Europeo y del Consejo, de 4 de noviembre de 2003, relativa a determinados aspectos de la ordenación del tiempo de trabajo.

A tal efecto, conforme a las previsiones contenidas en el artículo 11.4 de la Ley 55/2003, de 16 de diciembre, del Estatuto Marco del Personal Estatutario de los Servicios de Salud, por el Ministerio de Sanidad y Consumo se constituyó el correspondiente ámbito de negociación con participación de las organizaciones sindicales presentes en el Foro Marco para el Diálogo Social, con la finalidad de abordar los aspectos relacionados con la relación laboral especial de residencia que constituye el objeto de este Real Decreto, habiéndose producido una amplia participación que ha permitido la incorporación a la regulación de una buena parte de las propuestas efectuadas por dichas organizaciones sindicales específicas del ámbito sanitario.

Paralelamente, en la elaboración de este Real Decreto han participado ampliamente las administraciones sanitarias de las Comunidades Autónomas, destacando a este respecto el Acuerdo que de forma unánime se adoptó en el Pleno de la Comisión de Recursos Humanos celebrado el 21 de noviembre de 2005, por el que se aprobó un marco retributivo común para todos los residentes, permitiendo no obstante que en los servicios de salud y demás entidades titulares, dentro de sus competencias, y de acuerdo con las fuentes reguladoras de la relación laboral de carácter especial, puedan establecerse diferencias específicas más adecuadas a sus propias políticas sanitarias. Asimismo han participado también las organizaciones colegiales de aquellos ámbitos cuyos profesionales se forman mediante el procedimiento de residencia.

El presente Real Decreto se estructura en tres capítulos, siete disposiciones adicionales, cuatro transitorias, una derogatoria única y dos finales.

El capítulo I determina su objeto y ámbito de aplicación, así como el sistema de fuentes.

El capítulo II, relativo al contrato, fija, entre otras materias, la duración de éste, los derechos y deberes de las partes, entre los que cabe destacar las disposiciones relativas a la jornada laboral, al sistema retributivo, así como a la suspensión y extinción del contrato.

El capítulo III, finalmente, contiene las previsiones relativas al régimen disciplinario.

Las disposiciones adicionales regulan de forma novedosa aspectos relativos al personal con discapacidad, así como condiciones especiales para la protección integral contra la violencia de género.

Igualmente, al considerar que el objetivo de esta relación laboral es la obtención del título de especialista mediante la superación de un programa de formación, también se prevé una especial organización del tiempo de trabajo que, en algunos casos, permitirá al personal residente la conciliación de la vida familiar y laboral sin hacer uso de la reducción de jornada o de la suspensión del contrato, ya que estas situaciones imposibilitan realizar un curso formativo completo en período anual.

Por último, se incluyen normas específicas para determinadas especialidades médicas y se regula el procedimiento para la revisión de las evaluaciones anuales y finales.

En las disposiciones transitorias se prevé la aplicación progresiva del régimen de jornada y del nuevo sistema retributivo, se establecen normas específicas para las especialidades de enfermería y se recoge el mantenimiento de las condiciones más beneficiosas que pudieran venir disfrutándose.

En la elaboración de este Real Decreto han sido consultadas las organizaciones sindicales y asociaciones empresariales más representativas, así como el Consejo Nacional de Especialidades Médicas, el Comité Asesor de Especialidades de Enfermería y el Consejo Nacional de Especializaciones Farmacéuticas.

Este Real Decreto se dicta de conformidad con la disposición adicional primera.2 de la Ley 44/2003, de 21 de noviembre, en relación con el artículo 2.1.i) de la Ley del Estatuto de los Trabajadores, Texto Refundido aprobado por Real Decreto Legislativo 1/1995, de 24 de marzo.

En su virtud, a propuesta conjunta de los Ministros de Trabajo y Asuntos Sociales y de Sanidad y Consumo, de acuerdo con el Consejo de Estado y previa deliberación del Consejo de Ministros en su reunión del día 6 de octubre de 2006, dispongo:

CAPÍTULO I

Disposiciones generales

Artículo 1. Objeto, ámbito de aplicación y fuentes.

1. Este Real Decreto tiene por objeto regular la relación laboral de carácter especial de residencia para la formación de especialistas en Ciencias de la Salud, de conformidad con lo previsto en el artículo 20.3 f) y en la disposición adicional primera de la Ley 44/2003, de 21 de noviembre, de Ordenación de las Profesiones Sanitarias.

2. Será de aplicación a los titulados universitarios que, previa participación en la convocatoria anual de carácter nacional de pruebas selectivas, hayan accedido a una plaza en un centro o unidad docente acreditada, para el desarrollo de un programa de formación especializada en Ciencias de la Salud, mediante el sistema de residencia, previsto en el artículo 20 de la Ley 44/2003, de 21 noviembre, a efectos de la obtención del título de especialista, y por cuyos servicios como trabajadores percibirán las retribuciones legalmente establecidas.

También será de aplicación a los especialistas en Ciencias de la Salud que, conforme a lo establecido en el artículo 23 de la citada Ley, cursen una nueva especialidad, y a los que según el artículo 25 accedan a la formación para la obtención del Diploma de Área de Capacitación Específica, por el sistema de residencia.

3. Se aplicará en todo el territorio del Estado, cualquiera que sea la titularidad, pública o privada, de los establecimientos sanitarios donde se encuentren ubicadas los centros o unidades docentes acreditados para la formación de especialistas en Ciencias de la Salud.

4. Los derechos y obligaciones concernientes a la relación laboral de carácter especial de residencia se regularán por este Real Decreto y, con carácter supletorio, por el Texto Refundido de la Ley del Estatuto de los Trabajadores, aprobado por Real Decreto Legislativo 1/1995, de 24 de marzo, por la demás legislación laboral que le sea de aplicación, por los convenios colectivos y por la voluntad de las partes manifestada en los contratos de trabajo, sin que en ningún caso se puedan establecer en ellos condiciones menos favorables al trabajador o contrarias a las previstas en las disposiciones legales y convenios colectivos antes referidos.

CAPÍTULO II

Del contrato

Artículo 2. Forma, contenido y eficacia del contrato.

1. El contrato de trabajo se celebrará por escrito entre el residente, en su condición de trabajador, y la entidad titular de la unidad docente acreditada para impartir la formación, en su condición de empleador o empresario.

2. En el contrato, que se formalizará por cuadruplicado, se incluirán, al menos, los siguientes extremos:

a) La identidad de las partes que lo suscriben.

b) El domicilio social de la empresa.

c) La unidad docente donde se desarrollará el programa de formación y centro al que pertenece o, en su caso, los dispositivos que la integran. Si en la acreditación de la misma se prevé la rotación por más de un centro se hará constar esta circunstancia.

d) La convocatoria en la que el residente ha obtenido la plaza.

e) La fecha del comienzo de la relación laboral y su duración.

f) El título universitario del residente y el programa de formación que va a cursar.

g) Las cuantías de sus retribuciones.

h) La jornada laboral.

i) La duración de las vacaciones y la modalidad para su atribución y determinación.

j) El convenio colectivo que, en su caso, resulte aplicable.

3. Al contrato se incorporarán las diligencias de las renovaciones que en cada caso correspondan según la duración del programa formativo de la especialidad.

4. Antes de la formalización del contrato, cada residente se someterá a un examen médico para comprobar que no padece enfermedad ni está afectado por alguna limitación, física o psíquica, que sea incompatible con las actividades profesionales que exige el correspondiente programa formativo. El contrato quedará sin efecto si, cumplido el procedimiento previsto en la convocatoria por la que el residente obtuvo la plaza, se resolviese la no superación de dicho examen médico.

Artículo 3. Duración del contrato.

1. La duración del contrato será de un año, renovable por períodos iguales durante el tiempo que dure su programa de formación, siempre que, al final de cada año, el residente haya sido evaluado positivamente por el Comité de evaluación de la especialidad correspondiente.

2. En los supuestos previstos en el artículo 11.2, la duración del nuevo contrato podrá ser inferior al año, celebrándose por el tiempo necesario para finalizar el curso que fue interrumpido.

3. Cuando el residente obtenga una evaluación anual negativa por no alcanzar los objetivos formativos fijados, pero el Comité de evaluación considere que puede alcanzarlos mediante un plan de recuperación específica y programada, el contrato se prorrogará por el período de duración de dicho plan, que deberá realizarse dentro de los tres primeros meses del siguiente año lectivo conjuntamente con las actividades propias de éste, quedando supeditada la prórroga por los restantes nueve meses al resultado de la evaluación de la recuperación.

Esta prórroga de recuperación será también autorizada, finalizado el último año de residencia, si el Comité de evaluación considera posible la recuperación mediante dicho plan.

4. Cuando la evaluación negativa se deba a la imposibilidad de la prestación de servicios superior al 25 por 100 de la jornada anual como consecuencia de la suspensión del contrato o de otras causas legales, se autorizará la prórroga del contrato por el tiempo necesario para completar el período formativo o su repetición completa, previo informe de la Comisión de docencia correspondiente. La propuesta de repetición será resuelta por el Ministerio de Sanidad y Consumo.

5. En esta relación laboral de carácter especial de residencia no podrá establecerse período de prueba.

Artículo 4. Derechos y deberes.

Además de los establecidos con carácter general en el Estatuto de los Trabajadores, los residentes tendrán los siguientes derechos y deberes específicos:

1. Derechos:

a) A conocer el programa de formación de la especialidad a cuyo título aspira, así como, en su caso, las adaptaciones individuales.

b) A la designación de un tutor que le asistirá durante el desarrollo de las actividades previstas en el programa de formación.

c) A recibir, a través de una práctica profesional programada, tutelada y evaluada, una formación teórico-práctica que le permita alcanzar progresivamente los conocimientos y la responsabilidad profesional necesarios para el ejercicio autónomo de la especialidad, mediante su integración en la actividad asistencial, ordinaria y de urgencias del centro.

d) A ser informado de las funciones, tareas, cometidos, programación funcional y objetivos asignados a su unidad, centro o institución, y de los sistemas establecidos para la evaluación del cumplimiento.

e) A ejercer su profesión y desarrollar las actividades propias de la especialidad con un nivel progresivo de responsabilidad a medida que se avance en el programa formativo.

f) A conocer qué profesionales de la plantilla están presentes en la unidad en la que el residente está prestando servicios y a consultarles y pedir su apoyo cuando lo considere necesario, sin que ello pueda suponer la denegación de asistencia o el abandono de su puesto.

g) A participar en actividades docentes, investigadoras, asistenciales y de gestión clínica en las que intervenga la unidad acreditada.

h) Al registro de sus actividades en el libro del residente.

i) A que la evaluación continuada, anual y final de su aprendizaje se realice con la máxima objetividad.

j) A la prórroga de la formación durante el tiempo y en las condiciones fijadas en los apartados 3 y 4 del artículo anterior.

k) A la revisión de las evaluaciones anuales y finales realizada según el procedimiento que se regula en este Real Decreto.

l) A estar representado, en los términos que establezca la legislación vigente, en la Comisión Nacional de la Especialidad y en las comisiones de docencia de los centros.

m) A evaluar la adecuación de la organización y funcionamiento del centro a la actividad docente, con la garantía de la confidencialidad de dicha información.

n) A recibir asistencia y protección de la entidad docente o servicios de salud en el ejercicio de su profesión o en el desempeño de sus funciones.

ñ) A contar con la misma protección en materia de salud laboral que el resto de los trabajadores de la entidad en que preste servicios.

o) A no ser desposeído de su plaza si no es por alguna de las causas de extinción previstas en este Real Decreto o de otras causas previstas legalmente.

2. Deberes:

a) Realizar todo el programa de formación con dedicación a tiempo completo, sin compatibilizarlo con cualquier otra actividad en los términos establecidos en el artículo 20.3.a) de la Ley 44/2003.

b) Formarse siguiendo las instrucciones de su tutor y del personal sanitario y de los órganos unipersonales y colegiados de dirección y docentes que, coordinadamente, se encargan del buen funcionamiento del centro y del desarrollo del programa de formación de la especialidad correspondiente.

c) Conocer y cumplir los reglamentos y normas de funcionamiento aplicables en las instituciones que integran la unidad docente, especialmente en lo que se refiere a los derechos del paciente.

d) Prestar personalmente los servicios y realizar las tareas asistenciales que establezca el correspondiente programa de formación y la organización funcional del centro, para adquirir la competencia profesional relativa a la especialidad y también contribuir a los fines propios de la institución sanitaria.

e) Utilizar racionalmente los recursos en beneficio del paciente y evitar su uso ilegítimo para su propio provecho o de terceras personas.

Artículo 5. Jornada laboral y descansos.

1. El tiempo de trabajo y régimen de descansos del personal residente serán los establecidos en el ámbito de los respectivos servicios de salud, con las siguientes peculiaridades:

a) La jornada ordinaria de trabajo se determinará mediante convenio colectivo. En su defecto, será la establecida, mediante normas, pactos o acuerdos, para el personal estatutario de la especialidad que el residente esté cursando en cada servicio de salud.

En todo caso, la duración máxima de la jornada ordinaria no podrá exceder las 37,5 horas semanales de promedio en cómputo semestral, salvo que mediante acuerdo, pacto o convenio se establezca otro cómputo.

b) Entre el final de una jornada y el comienzo de la siguiente deberá mediar, como mínimo, un período de descanso continuo de 12 horas.

En todo caso, después de 24 horas de trabajo ininterrumpido, bien sea de jornada ordinaria que se hubiera establecido excepcionalmente, bien sea de jornada complementaria, bien sea de tiempos conjuntos de ambas, el residente tendrá un descanso continuo de 12 horas, salvo en casos de especial interés formativo según criterio de su tutor o en casos de problemas organizativos insuperables. En estos supuestos, se aplicará el régimen de descansos alternativos previstos en la Ley 55/2003, de 16 de diciembre, del Estatuto Marco del Personal Estatutario de los Servicios de Salud.

c) El residente estará obligado exclusivamente a realizar las horas de jornada complementaria que el programa formativo establezca para el curso correspondiente. En todo caso, no podrá realizar más de siete guardias al mes.

2. La jornada laboral asegurará el cumplimiento de los programas formativos.

Dentro de las posibilidades organizativas y funcionales de cada centro, se procurará disponer la jornada de los residentes de forma que la ordenación del tiempo de trabajo no perjudique su formación.

3. No podrán celebrarse contratos de trabajo del personal residente con jornada a tiempo parcial.

Artículo 6. Fiestas, permisos y vacaciones.

1. El personal residente disfrutará de las fiestas, permisos y vacaciones conforme a lo regulado en el artículo 37, apartados 2, 3, 4, 4 bis, 5, 6 y 7 y 38 del Estatuto de los Trabajadores.

2. Los residentes que presten servicios en las entidades titulares docentes dependientes del Sistema Nacional de Salud disfrutarán además, de los mismos días de libre disposición que el personal estatutario de cada servicio de salud.

3. El disfrute de las vacaciones anuales retribuidas y fiestas de los residentes se fijarán atendiendo al cumplimiento de los programas de docencia y a las necesidades asistenciales, de acuerdo con la programación funcional del centro.

Artículo 7. Retribuciones.

1. La retribución de los residentes que presten servicios en las entidades titulares docentes dependientes del Sistema Nacional de Salud, de acuerdo con lo que se determine en las respectivas leyes de presupuestos, comprenderá los siguientes conceptos:

a) Sueldo, cuya cuantía será equivalente a la asignada, en concepto de sueldo base, al personal estatutario de los servicios de salud en función del título universitario exigido para el desempeño de su profesión, atendiendo, en el caso de los residentes, al exigido para el ingreso en el correspondiente programa de formación.

b) Complemento de grado de formación, cuya percepción se devengará a partir del segundo curso de formación.

Estará destinado a retribuir el nivel de conocimientos así como la progresiva adquisición de responsabilidades en el ejercicio de las tareas asistenciales.

Su cuantía será porcentual respecto al sueldo. Los porcentajes serán los siguientes:

1º Residentes de segundo curso: ocho por 100.

2º Residentes de tercer curso: 18 por 100.

3º Residentes de cuarto curso: 28 por 100.

4º Residentes de quinto curso: 38 por 100.

c) Complemento de atención continuada, destinado a remunerar la atención a los usuarios de los servicios sanitarios de manera permanente y continuada.

d) Se percibirá un plus de residencia en aquellos territorios en los que esté establecido.

2. Los residentes percibirán dos pagas extraordinarias que se devengarán semestralmente, en los meses de junio y diciembre, abonándose junto al salario correspondiente a dichos meses. El importe de cada una de ellas será, como mínimo, de una mensualidad del sueldo y del complemento de grado de formación.

3. Las retribuciones aquí establecidas corresponden al tiempo de trabajo efectivo, no computándose como tal los períodos de descanso entre jornadas.

4. Los residentes contratados por entidades privadas titulares de unidades docentes Acreditadas para impartir la formación percibirán su retribución conforme a lo establecido en el convenio colectivo que resulte aplicable. En ningún caso la remuneración correspondiente a la jornada ordinaria podrá ser inferior a la establecida en los apartados 1.a) y b) y 2 de este artículo.

Artículo 8. Rotaciones.

1. Se considerarán rotaciones externas los períodos formativos en centros no previstos en el programa de formación ni en la acreditación otorgada al centro o unidad docente en los que se desarrolla. Los residentes podrán realizar rotaciones externas siempre que se cumplan los siguientes requisitos:

a) Que la rotación externa sea propuesta y autorizada por los órganos competentes, especificando los objetivos que se pretenden, que deben referirse a la ampliación de conocimientos o al aprendizaje de técnicas no practicadas en el centro y que, según el programa de formación, son necesarias o complementarias a éste.

b) Que se realicen preferentemente en centros acreditados para la docencia o en centros nacionales o extranjeros de reconocido prestigio.

c) Que no superen los cuatro meses continuados dentro de cada período de evaluación anual.

d) Que la gerencia del centro de origen se comprometa expresamente a continuar abonando al residente la totalidad de sus retribuciones, incluidas las derivadas de la atención continuada que realice durante la rotación externa.

2. Las rotaciones externas darán derecho a gastos de viaje, conforme a las normas y acuerdos que resulten de aplicación a las entidades titulares de la correspondiente unidad docente.

3. Cada rotación externa figurará, debidamente visada, en el libro del especialista en formación, y el centro o unidad donde se haya realizado emitirá el correspondiente informe de evaluación.

4. Las rotaciones por centros que estén previstas en el programa de formación o en la acreditación otorgada al centro o unidad docente en el que se desarrolla serán internas y no conllevarán derecho económico alguno.

Artículo 9. Suspensión del contrato.

1. El contrato se suspenderá por las causas establecidas en el artículo 45.1 del Estatuto de los Trabajadores, excepto por mutuo acuerdo de las partes y por causas consignadas en el contrato.

2. Dado el carácter esencialmente formativo de esta relación laboral y los rápidos avances de las ciencias de la salud, si el tiempo de la suspensión del contrato resultara superior a dos años, el residente se incorporará en la parte del programa de formación que acuerde la comisión de docencia de la especialidad, aunque ello suponga la repetición de algún período evaluado ya positivamente.

Artículo 10. Excedencias.

1. Se estará a lo regulado en el artículo 46 del Estatuto de los Trabajadores, con exclusión de la causa prevista en el apartado 2 que no podrá reconocerse en ningún caso.

2. Si el tiempo de excedencia superara los dos años se estará a lo dispuesto en el apartado 2 del artículo anterior.

Artículo 11. Extinción del contrato.

1. El contrato se extinguirá por las siguientes causas:

a) Por haber obtenido una evaluación anual positiva en el último año de formación y por lo tanto, finalizar el programa de la especialidad correspondiente, sin que proceda indemnización por fin de contrato.

b) Por haber obtenido una evaluación anual negativa, sin que proceda indemnización por fin de contrato.

c) Por haber obtenido una evaluación final negativa, con independencia de que el residente solicite su revisión, sin que proceda indemnización por fin de contrato.

d) Por renuncia voluntaria del residente, de forma explícita o tácita, entendiéndose así cuando se haya autorizado la repetición completa del período formativo y el residente no se incorporara a su inicio o cuando no se incorporara al plan específico de recuperación acordado por el comité de evaluación, sin causa justificada en ambos casos.

e) Por las causas previstas en el artículo 49.1.g), h), i) y j) del Estatuto de los Trabajadores, o porque la autoridad competente retire a la unidad docente la acreditación para la formación de especialistas.

f) Por superación de un período de seis meses de suspensión del contrato motivada por fuerza mayor temporal o causas económicas, técnicas, organizativas o de producción.

g) Por despido disciplinario, de acuerdo con lo establecido en el artículo 14.3 de este Real Decreto.

h) Por jubilación del trabajador.

i) Por muerte, gran invalidez o invalidez permanente total o absoluta del residente, sin perjuicio de lo dispuesto en el artículo 48.2 del Estatuto de los Trabajadores.

j) Por decisión de la trabajadora que se vea obligada a abandonar definitivamente su puesto de trabajo como consecuencia de ser víctima de violencia de género.

2. Cuando la extinción se produzca por las causas previstas en los apartados 1.e), f) y j), la Administración sanitaria ofertará a los residentes afectados la posibilidad de continuar su formación como especialistas en otras unidades docentes, suscribiendo nuevos contratos con las entidades titulares de las mismas que darán por válidos los períodos de formación ya realizados y evaluados positivamente en la unidad docente de procedencia.

3. En el supuesto de extinción por despido disciplinario, si éste fuera declarado improcedente por sentencia firme, el residente tendrá derecho a optar entre la readmisión o la indemnización. Si optara por la readmisión, dependiendo del tiempo transcurrido desde que fue despedido y la ejecución de la sentencia, se procederá en la forma prevista en el artículo 9.2 respecto a la incorporación tras la suspensión del contrato.

4. La extinción del contrato supondrá también la de los derechos derivados de la superación de la correspondiente prueba nacional selectiva, por lo que, para acceder a un programa de formación de la misma especialidad o de otra diferente, se exigirá la superación de una nueva prueba, salvo cuando la causa de la extinción no sea imputable al residente.

CAPÍTULO III
Régimen disciplinario

Artículo 12. Responsabilidad disciplinaria.

El personal en formación por el sistema de residencia incurrirá en responsabilidad disciplinaria por las faltas que cometa.

Artículo 13. Clases de faltas.

1. Las faltas disciplinarias pueden ser leves, graves o muy graves.

2. Dadas las características especiales de esta relación laboral, la tipificación de las faltas será la establecida para el personal estatutario sanitario de los servicios de salud en el artículo 72.2, 3, 4 y 5 de la Ley 55/2003, de 16 de diciembre, salvo que los convenios colectivos determinen otra cosa.

Lo dispuesto en el párrafo anterior será de aplicación a los residentes que ocupen plazas en unidades docentes acreditadas de centros de titularidad privada, en defecto de regulación en el convenio colectivo aplicable.

3. A efectos disciplinarios no se computarán como faltas de asistencia las citadas en el párrafo segundo del artículo 52.d) del Estatuto de los Trabajadores.

Artículo 14. Sanciones.

Salvo que los convenios colectivos establezcan otra cosa, las sanciones correspondientes a las faltas disciplinarias cometidas serán las siguientes:

1. Por faltas leves: apercibimiento.
2. Por faltas graves: suspensión de empleo y sueldo hasta un máximo de dos meses.
3. Por faltas muy graves: despido.

Artículo 15. Procedimiento disciplinario.

1. La competencia para la imposición de sanciones disciplinarias corresponde al órgano competente de la institución sanitaria de la que dependa la unidad de docencia.

2. Con carácter previo a la imposición de la sanción, el responsable de la gestión de personal del centro comunicará por escrito al residente la fecha y los hechos que se consideran incluidos en alguno de los supuestos de incumplimiento previstos en las normas de aplicación y su posible calificación, para que en el plazo de diez días alegue lo que a su defensa convenga.

Cuando se trate de faltas graves o muy graves dará también traslado de este escrito a la comisión de docencia, para que en el plazo de diez días, manifieste su criterio.

3. Recibidas las alegaciones o transcurrido el plazo sin que éstas se produzcan, el órgano competente notificará por escrito al interesado la sanción, la fecha y hechos que la motivaron y su calificación o, en su caso, el sobreseimiento con que ha concluido el procedimiento.

4. El comité de empresa será informado de las sanciones impuestas a los residentes por faltas muy graves.

Artículo 16. Prescripción de las faltas.

1. Las faltas leves prescribirán a los diez días; las graves a los veinte días y las muy graves a los sesenta días a partir de la fecha en que el centro tuvo conocimiento de su comisión y, en todo caso, a los seis meses de haberse cometido.

2. La prescripción se interrumpirá con las notificaciones previstas en el apartado 2 del artículo anterior, reanudándose el cómputo pasado el período de diez días establecido para hacer alegaciones.

DISPOSICIONES ADICIONALES

Primera. Retribuciones en la Comunidad Foral de Navarra.

A efectos de lo dispuesto en el artículo 7.1.a) de este Real Decreto, en la Comunidad Foral de Navarra se tomará como referencia del sueldo base el establecido en el artículo 42.1.a) de la Ley 55/2003, de 16 de diciembre, del Estatuto Marco del Personal Estatutario de los Servicios de Salud, sin considerar a estos efectos lo previsto en la disposición adicional primera de dicha Norma.

Segunda. Personal en formación por el sistema de residencia con discapacidad.

1. Con arreglo a lo dispuesto en los artículos 37 y 37 bis de la Ley 13/1982, de 7 de abril, de Integración Social de los Minusválidos, las personas con discapacidad serán admitidas y participarán en condiciones que garanticen el principio de igualdad de trato en los procesos de formación por el sistema de residencia.

2. En el supuesto de que se adjudicara una plaza de residente en formación a una persona con discapacidad, el centro del que dependa la unidad docente correspondiente estará obligado a hacer las obras, adaptaciones y demás ajustes razonables que se precisen para lograr la accesibilidad a todas las actividades del programa formativo, así como a facilitarle las ayudas técnicas necesarias, para lo que podrá solicitar asesoramiento y apoyo al Centro de Autonomía Personal y Ayudas Técnicas (CEAPAT) o a otra entidad pública o privada especializada.

3. Si por motivos arquitectónicos insalvables o graves problemas presupuestarios u otras razones análogas que pudieran suponer una carga excesiva esto no se hiciera, y por lo tanto, la imposibilidad de realizar las actividades a las que obliga el programa formativo se debiera a las condiciones del centro y no a las limitaciones funcionales del residente, no se le podrá declarar no apto en el examen médico preceptivo, y la Administración sanitaria donde se ubique la unidad docente estará obligada a ofertarle otra plaza en una unidad docente que reúna las cualidades que permitan su formación y su integración en las actividades asistenciales en situación de igualdad respecto a los demás residentes de la misma especialidad.

4. Si la discapacidad impide al residente realizar jornadas de trabajo prolongadas, no se disminuirá el número de horas que determina el programa formativo, pero sí se organizarán de forma que tenga los descansos necesarios y apropiados a sus capacidades funcionales.

5. A los efectos de la relación laboral especial regulada en este Real Decreto, se entiende por personas con discapacidad aquellas a quienes se les haya reconocido un grado de minusvalía igual o superior al 33 por 100. En todo caso, se considerarán afectados por una minusvalía en grado igual o superior al 33 por 100 los pensionistas de la Seguridad Social que tengan reconocida una pensión de incapacidad permanente en el grado de total, absoluta o gran invalidez, y a los pensionistas de clases pasivas que tengan reconocida una pensión de jubilación o de retiro por incapacidad permanente para el servicio o inutilidad.

Tercera. Condiciones especiales de la jornada laboral.

El residente tendrá derecho a una organización de su horario de trabajo que, sin suponer una disminución del número anual de horas establecido, le permita realizar jornadas diarias no superiores a doce horas en los siguientes casos:

a) Durante el embarazo.

b) Por razones de guarda legal, el residente que tenga a su cuidado directo algún menor de la edad establecida en el artículo 37.5 del Estatuto de los Trabajadores o a una persona con discapacidad física, psíquica o sensorial que no desempeñe una actividad retribuida.

c) Cuando le sea necesario encargarse del cuidado directo de un familiar, hasta el segundo grado de consaguinidad o afinidad que, por razones de edad, accidente, enfermedad o discapacidad, no pueda valerse por sí mismo, y que no desempeñe actividad retribuida.

d) Cuando el residente tenga la guardia y custodia no compartida de un hijo menor de edad.

Cuarta. Especialidades para la protección integral contra la violencia de género.

En el supuesto previsto en el artículo 40.3.bis) del Estatuto de los Trabajadores, cuando la residente víctima de violencia de género se vea obligada a abandonar el puesto de trabajo en la localidad donde venía prestando sus servicios, tendrá derecho preferente a que se le asigne otra plaza de residente en formación de la misma titulación y especialidad que esté vacante en otra unidad docente de otra localidad, incluso, de otra Comunidad Autónoma.

En tales supuestos, la Administración sanitaria estará obligada a comunicar a la residente las vacantes existentes en dicho momento o las que se pudieran producir en el futuro.

Este cambio de unidad docente tendrá una duración inicial de seis meses, durante los cuales el centro de origen tendrá la obligación de reservar la plaza que anteriormente ocupaba la residente trasladada.

Terminado este período, la residente podrá optar entre el regreso a su centro de origen o a la continuidad en el nuevo. En este último caso, decaerá la obligación de reserva.

Quinta. Procedimiento de revisión de las evaluaciones.

Cuando las evaluaciones anuales o la evaluación final sean negativas y el comité de evaluación considere que no procede recuperación y, por lo tanto, sólo quepa la extinción del contrato, los afectados podrán solicitar su revisión. También podrán solicitar la revisión de la evaluación final si es positiva pero consideran que la calificación obtenida es desfavorable. Estas revisiones se realizarán mediante los siguientes procedimientos.

1. Revisión de la evaluación anual negativa: Dentro de los diez días siguientes a la publicación de la evaluación, el residente podrá solicitar por escrito su revisión ante la comisión de docencia, que previa citación del interesado, se reunirá dentro de los quince días posteriores a la recepción de la solicitud.

Al acto de revisión el residente podrá acudir acompañado por su tutor. Los miembros de la comisión formularán las preguntas que consideren convenientes y la calificación, que resultará definitiva, se decidirá por mayoría absoluta de sus miembros.

En el caso de que la comisión acuerde una evaluación positiva, se procederá a su publicación en el plazo de cinco días contados desde la fecha de la revisión.

Si el acuerdo fuera mantener la evaluación negativa, en el mismo plazo, la comisión se lo notificará al residente mediante resolución motivada y al gerente del centro para que se proceda a la extinción de la relación laboral.

2. Revisión de la evaluación final negativa: En el supuesto de que la evaluación final sea negativa, en el plazo de diez días desde su publicación, el interesado podrá solicitar su revisión ante la comisión nacional de la especialidad correspondiente. Recibida la solicitud, la comisión fijará una fecha para la realización de una prueba dentro de los treinta días posteriores a la recepción de la solicitud, tras la cual decidirá la calificación por mayoría absoluta de sus miembros.

Si se mantuviera la evaluación negativa, el interesado tendrá derecho a realizar una prueba extraordinaria ante la misma comisión, entre los seis meses como mínimo y un año como máximo a contar desde la prueba anterior. La comisión estará obligada a notificar al interesado la fecha de la prueba con un mes de antelación. La calificación se decidirá también por mayoría absoluta y será definitiva.

3. Revisión de la calificación de la evaluación final positiva: En el supuesto de que la evaluación final sea positiva pero el interesado considere que la calificación le es desfavorable, tendrá derecho a realizar una prueba ante la comisión nacional de la especialidad correspondiente, con la finalidad de mejorar dicha calificación. El procedimiento será el mismo que el previsto para la primera prueba de la revisión de la evaluación final negativa. La decisión de la comisión será definitiva, sin posibilidad de prueba extraordinaria.

Sexta. Normas específicas para determinadas especialidades médicas.

Las referencias hechas a las comisiones de docencia se entenderán referidas a las correspondientes comisiones asesoras cuando se traten de especialidades con formación dentro y fuera de los hospitales.

Séptima. Aplicación de pactos y acuerdos.

Cuando así se acuerde en la negociación colectiva correspondiente a los ámbitos de representación del personal incluido en este Real Decreto, los pactos y acuerdos referentes al personal estatutario les serán de aplicación, siempre que sean compatibles con la normativa específica aplicable al personal residente, sin perjuicio de lo que se establezca en la legislación de representación del personal al servicio de las administraciones públicas.

Octava. Especialistas en formación miembros de las Fuerzas Armadas.

Este Real Decreto no será de aplicación a los especialistas en formación miembros de las Fuerzas Armadas, que se formen tanto en plazas de la red sanitaria militar como del resto de la red sanitaria, a los que les seguirá siendo de aplicación su normativa específica.

DISPOSICIONES TRANSITORIAS

Primera. Aplicación progresiva de la jornada máxima.

De acuerdo con lo establecido en la disposición transitoria primera de la Ley 55/2003, de 16 de diciembre, la limitación del tiempo de trabajo legalmente establecida para el personal sanitario estatutario de los servicios de salud, sumando la jornada ordinaria y la jornada complementaria, se aplicará progresivamente al personal residente, tanto de los centros públicos como de los privados acreditados para la docencia, en los siguientes períodos:

a) Jornada máxima de 58 horas semanales de promedio en cómputo anual hasta el 31 de julio de 2007.

b) Jornada máxima de 56 horas semanales de promedio en cómputo semestral, entre el 1 de agosto de 2007 y el 31 de julio de 2008.

c) A partir del 1 de agosto de 2008 la jornada máxima será de 48 horas semanales de promedio en cómputo semestral.

Segunda. Aplicación gradual del sistema retributivo.

1. La aplicación de lo dispuesto en el artículo 7.1 y 2 se efectuará, por parte de los servicios de salud de las Comunidades Autónomas, de manera gradual, teniendo en cuenta la diferencia existente entre las cuantías que perciban los residentes y las establecidas en dicho artículo.

Esta aplicación gradual se llevará a cabo de la siguiente forma:

a) Un 25 por 100 de la indicada diferencia a partir de la entrada en vigor de este Real Decreto, con efectos retroactivos desde el 1 de enero de 2006.

b) Un 25 por 100 a partir del 1 de enero de 2007.

c) El 50 por 100 restante a partir del 1 de enero de 2008.

2. La aplicación progresiva, a la que se refiere el apartado anterior, no podrá implicar, en ningún caso, una retribución inferior a la que el residente viniera percibiendo actualmente.

A estos efectos, las Comunidades Autónomas podrán modificar los porcentajes previstos en el apartado anterior.

3. Si las retribuciones percibidas por los residentes contratados por entidades privadas titulares de unidades docentes acreditadas para impartir formación fueran inferiores a las establecidas en el artículo 7.4, podrán aplicarse gradualmente las nuevas cuantías en la forma indicada en los apartados anteriores de esta disposición transitoria, sin perjuicio de lo establecido en el convenio colectivo aplicable.

Tercera. Normas específicas para las especialidades de enfermería.

Hasta tanto se desarrollen las previsiones contenidas en el artículo 1.2.c) y en la disposición adicional cuarta del Real Decreto 450/2005, de 22 de abril, sobre especialidades de enfermería, se aplicarán las siguientes normas:

1. Las referencias hechas a las comisiones de docencia, en el caso de las especialidades de enfermería, se entenderán realizadas al comité de evaluación, en tanto en cuanto no se creen las citadas comisiones de docencia.

2. El comité de evaluación estará integrado por el coordinador de la unidad docente, el tutor del residente y un enfermero especialista que preste servicios en la correspondiente unidad.

3. La evaluación se efectuará utilizando las calificaciones de suficiente, destacado o de excelente, cuando la evaluación sea positiva o de no apto cuando fuera negativa.

4. La prórroga de recuperación que se prevé en el artículo 3.3 será de un mes en las especialidades cuya duración sean de un año y de dos meses en aquéllas cuyo programa formativo sea de duración superior.

5. La revisión de las evaluaciones anuales negativas no recuperables a la que se refiere el apartado primero de la disposición adicional quinta, se llevará a cabo ante la comisión nacional de la especialidad. A estos efectos se incrementará a un mes el plazo de quince días previsto en el párrafo primero del citado apartado.

Cuarta. Principio de condición más beneficiosa

Se mantendrán aquellos derechos adquiridos por los residentes que hubieran accedido a la formación especializada por el sistema de residencia con anterioridad a la entrada en vigor de este Real Decreto, siempre que para ellos supongan condiciones más beneficiosas.

DISPOSICIÓN DEROGATORIA

Única. Derogación normativa.

1. Quedan derogadas cuantas disposiciones de igual o inferior rango se opongan a lo dispuesto en este Real Decreto y, en particular, el artículo 9.5 y 6 de la Orden de 24 de junio de 1998, por la que se desarrolla el Real Decreto 992/1987, de 3 de julio, sobre la obtención del título de enfermero especialista.

3. A la entrada en vigor de este Real Decreto, será efectiva la derogación de la Ley 24/1982, de 16 de junio, sobre prácticas y enseñanzas sanitarias especializadas, de conformidad con lo establecido en el apartado 2 de la disposición derogatoria única de la Ley 44/2003, de 21 de noviembre.

DISPOSICIONES FINALES

Primera. Habilitación competencial.

Este Real Decreto se dicta al amparo de lo establecido en el artículo 149.1.7ª, de la Constitución, que atribuye al Estado la competencia exclusiva en legislación laboral, sin perjuicio de la ejecución por los órganos de las Comunidades Autónomas.

Segunda. Entrada en vigor.

El presente Real Decreto entrará en vigor el día siguiente al de su publicación en el «Boletín Oficial del Estado».

§ 16.13 LEY 22/2005, DE 18 NOVIEMBRE. INCORPORA AL ORDENAMIENTO JURÍDICO ESPAÑOL DIVERSAS DIRECTIVAS COMUNITARIAS EN MATERIA DE FISCALIDAD DE PRODUCTOS ENERGÉTICOS Y ELECTRICIDAD Y DEL RÉGIMEN FISCAL COMÚN APLICABLE A LAS SOCIEDADES MATRICES Y FILIALES DE ESTADOS MIEMBROS DIFERENTES, Y SE REGULA EL RÉGIMEN FISCAL DE LAS APORTACIONES TRANSFRONTERIZAS A FONDOS DE PENSIONES EN EL ÁMBITO DE LA UNIÓN EUROPEA

(BOE núm. 277, de 19 noviembre [RCL 2005, 2253] [disp. adic. 1ª])

[...]

DISPOSICIONES ADICIONALES

Primera. Relación laboral de carácter especial de los abogados que prestan servicios en despachos, individuales o colectivos.

1. La actividad profesional de los abogados que prestan servicios retribuidos, por cuenta ajena y dentro del ámbito de organización y dirección del titular de un despacho de abogados, individual o colectivo, tendrá la consideración de relación laboral de carácter especial, y ello sin perjuicio de la libertad e independencia que para el ejercicio de dicha actividad profesional reconocen las leyes o las normas éticas o deontológicas que resulten de aplicación.

No se considerarán incluidos en el ámbito de la relación laboral que se establece en esta disposición, los abogados que ejerzan la profesión por cuenta propia, individualmente o asociados con otros. Asimismo, tampoco estarán incluidas las colaboraciones que se concierten entre abogados cuando se mantenga la independencia de los respectivos despachos.

En los términos establecidos en el artículo 11 del Estatuto de los Trabajadores, Texto Refundido aprobado por Real Decreto Legislativo 1/1995, de 24 de marzo, se podrán concertar contratos de trabajo en prácticas.

2. El Gobierno, en el plazo de doce meses, regulará mediante Real Decreto, la relación laboral a que se refiere el primer párrafo del apartado anterior.

3. Los abogados que estén incluidos en el ámbito de la relación laboral de carácter especial que se establece en el apartado 1 de esta disposición serán dados de alta en el Régimen General de la Seguridad Social el día primero del tercer mes siguiente a la entrada en vigor de la presente Ley.

Los procedimientos sancionadores y de liquidación de cuotas a la Seguridad Social, que afecten a los abogados señalados en el párrafo anterior y se encuentren en trámite a la entrada en vigor de la presente Ley, se resolverán de acuerdo con lo establecido en el citado párrafo.

No obstante lo anterior, se considerarán válidas a todos los efectos las cotizaciones que se hubieran realizado a la Seguridad Social por los referidos abogados con anterioridad a la fecha que se indica en el párrafo primero de este apartado.

[...]

§ 16.14 REAL DECRETO 1331/2006, DE 17 NOVIEMBRE. REGULA LA RELACIÓN LABORAL DE CARÁCTER ESPECIAL DE LOS ABOGADOS QUE PRESTAN SERVICIOS EN DESPACHOS DE ABOGADOS, INDIVIDUALES O COLECTIVOS

(BOE núm. 276, de 18 noviembre [RCL 2006, 2075])

La disposición adicional primera, apartado 1, de la Ley 22/2005, de 18 de noviembre, por la que se incorporan al ordenamiento jurídico español diversas directivas comunitarias en materia de fiscalidad de productos energéticos y del régimen fiscal común aplicable a las sociedades matrices y filiales de Estados miembros diferentes y regula el régimen fiscal de las aportaciones transfronterizas a fondos de pensiones en el ámbito de la Unión Europea, reconoce el carácter especial de la relación laboral de los abogados que prestan servicios retribuidos por cuenta ajena y dentro del ámbito de organización y dirección del titular de un despacho, individual o colectivo, y habilita al Gobierno para que regule dicha relación laboral especial.

Haciendo uso de dicha habilitación, a través de este Real Decreto se procede a regular la indicada relación laboral de carácter especial.

La regulación de una relación laboral de carácter especial implica el que, para una relación de trabajo en la que concurren las notas definitorias de las relaciones de trabajo por cuenta ajena –voluntariedad, ajenidad, retribución e inclusión en el ámbito de organización y dirección de otra persona que hace suyos los frutos del trabajo– se establezca una regulación específica y diferenciada de la regulación de la relación laboral común que se recoge en el Estatuto de los Trabajadores y sus normas de desarrollo en razón a que en aquélla se dan determinadas peculiaridades o especialidades que se concilian o avienen mal con la regulación que de la relación laboral común se contiene en la indicada norma estatutaria.

En este sentido, en el caso de la relación laboral que se establece entre los abogados y los despachos de abogados se pueden identificar como peculiaridades o especialidades que justifican una regulación específica, distinta a la prevista para la relación laboral común, las siguientes:

a) El ámbito en que se desarrolla la relación laboral, los despachos de abogados, en el que aparece una relación triangular, titular del despacho, cliente y abogado que, sin duda, condiciona el desarrollo de la relación laboral entre los abogados y los despachos.

b) Las condiciones en que los abogados tienen que desarrollar su actividad laboral en los despachos, en la medida en que además de las normas laborales que resulten de aplicación, a los abogados se les aplicarán las normas que rigen la profesión, incluidas las estatutarias y las éticas y deontológicas.

El sometimiento de los abogados a la normativa que rige la profesión condiciona el desarrollo de la relación laboral con los despachos en la medida en que la aplicación de dicha normativa implica:

El reconocimiento a los abogados de un mayor grado de autonomía, independencia técnica y flexibilidad en la organización y dirección de su trabajo.

La limitación de las facultades de dirección y control del trabajo de los titulares de los despachos en su condición de empleadores de los abogados.

Mayores exigencias a los abogados en la ejecución de su actividad laboral en cuanto al cumplimiento de los deberes específicos de diligencia y confidencialidad y de los plazos que se establecen en las normas procesales.

Un más estricto respeto entre los titulares de los despachos y los abogados de los principios de buena fe y recíproca confianza.

La imposición a los abogados de un régimen de incompatibilidades y de prohibiciones en el ejercicio de su actividad profesional que impide a los abogados actuar en caso de existir un conflicto de intereses y defender intereses en conflicto.

Y, en fin, el sometimiento estricto de los abogados, cualquiera que sea la forma en que ejerzan la profesión, a las normas y usos de la deontología profesional de la abogacía, a las normas colegiales, y al consiguiente régimen disciplinario colegial.

En definitiva, a los abogados se les reconocen derechos y se les imponen obligaciones en normas o por poderes no estrictamente laborales, que deben ejercitar o cumplir al mismo tiempo que los derechos y deberes laborales, y cuyos incumplimientos están sometidos a sanción por parte de poderes asimismo ajenos a los del empleador.

Además, en el ejercicio de su profesión la función de los abogados trasciende o va más allá de los intereses concretos de los clientes y de los despachos, en la medida en que son un instrumento básico para garantizar sus derechos, pero también para hacer efectiva la tutela judicial en la medida en que participan en la función pública de la administración de justicia.

Las peculiaridades antes indicadas, que son inherentes al ejercicio de la profesión de abogado, proyectadas en el ámbito de los despachos de abogados en los que el cliente difiere de la persona del empleador, son las que hacen inviable la total o completa aplicación de la regulación laboral común contenida en el Estatuto de los Trabajadores a la relación laboral que se establece entre los abogados y los despachos.

Por todo ello se hace necesario modular o adaptar determinados aspectos de la relación laboral común que se regula en el Estatuto de los Trabajadores; en concreto, los siguientes:

El poder de dirección que las normas laborales reconocen a los titulares de los despachos, en su condición de empleadores, en la medida en que las facultades inherentes al mismo aparecen en este caso condicionadas o limitadas.

Los derechos y deberes que se reconocen a los abogados en su condición de trabajadores en la medida en que unos y otros están condicionados, en mayor o menor grado, por las normas que rigen la profesión, incluidas las éticas y deontológicas.

Especial modulación debe hacerse del deber de obediencia que las normas laborales imponen a los trabajadores, pues en el caso de los abogados este deber, al tener que compatibilizarse con otras obligaciones y deberes que le imponen las normas que rigen la profesión, aparece debilitado o limitado.

La regulación del tiempo de trabajo, en la medida en que la realización de la actividad profesional de los abogados requiere, por parte de éstos, disponer de un mayor margen de flexibilidad en la utilización y distribución del mismo.

La regulación de las consecuencias que se puedan derivar de la falta de diligencia en el ejercicio de la actividad profesional por parte de los abogados o de los incumplimientos de los deberes de buena fe y confianza mutua, en la medida en que los indicados deberes y obligaciones aparecen reforzados en esta relación laboral.

A todo ello habría que añadir, además, que al hacer la regulación de la relación laboral especial de los abogados en los despachos es necesario aclarar o profundizar en determinadas cuestiones.

La primera es que, por la variedad de modalidades en que se puede ejercer la profesión de abogado, es necesario delimitar, con absoluta precisión, el ámbito de aplicación de la relación laboral especial que se regula en este Real Decreto.

La segunda es que, dado el carácter especial de la relación laboral que se regula, es necesario modular el régimen de fuentes de la misma, con el fin de adaptarlo a las exigencias derivadas de dicho carácter especial de la relación laboral.

Y la tercera es que, con el fin de garantizar la adquisición del aprendizaje práctico y la experiencia necesaria para ejercer la profesión, es necesario modular en este Real Decreto el contrato de trabajo en prácticas, que se regula en el artículo 11 del Estatuto de los Trabajadores.

En la dirección indicada se mueve este Real Decreto; en efecto, la regulación que se recoge en el mismo está orientada y se circunscribe, precisamente, a modular o adaptar la regulación de los aspectos que de la relación laboral común resultan incompatibles o se concilian mal con la naturaleza y peculiaridades que concurren en la relación laboral especial de los abogados con los despachos.

En la elaboración de este Real Decreto han sido consultadas las organizaciones sindicales y las asociaciones empresariales más representativas, así como el Consejo General de la Abogacía Española.

En su virtud, de conformidad con lo establecido en la disposición adicional primera, apartados 1 y 2, de la Ley 22/2005, de 18 de noviembre, antes citada, a propuesta conjunta de los Ministros de Trabajo y Asuntos Sociales y de Justicia, de acuerdo con el Consejo de Estado y previa deliberación del Consejo de Ministros en su reunión del día 17 de noviembre de 2006, dispongo:

CAPÍTULO I
Disposiciones generales

Artículo 1. Objeto y ámbito de aplicación.

1. El presente Real Decreto, de acuerdo con lo previsto en la disposición adicional primera, apartado 1, de la Ley 22/2005, de 18 de noviembre, por la que se incorporan al ordenamiento jurídico español diversas directivas comunitarias en materia de fiscalidad de productos energéticos y de electricidad y del régimen fiscal común aplicable a las sociedades matrices y filiales de estados miembros diferentes, y se regula el régimen fiscal de las aportaciones transfronterizas a fondos de pensiones en el ámbito de la Unión Europea, regula la relación laboral de carácter especial de los abogados que prestan servicios retribuidos, por cuenta ajena y dentro del ámbito de organización y dirección del titular de un despacho de abogados, individual o colectivo.

No están incluidos en el ámbito de aplicación de la relación laboral especial que se regula en este Real Decreto:

a) Los abogados que ejerzan la profesión por cuenta propia, individualmente o agrupados con otros, como socios en régimen societario o bajo cualquier otra forma admitida en derecho.

b) Las colaboraciones profesionales que se concierten entre abogados cuando se mantenga la independencia de los respectivos despachos.

2. De conformidad con lo previsto en el apartado anterior no están incluidos en el ámbito de aplicación de la relación laboral que se regula en este Real Decreto específicamente:

a) El ejercicio en común de la profesión de abogado como socio a través de sociedades profesionales constituidas de acuerdo con lo previsto en el ordenamiento jurídico.

⇒ Conforme a la Ley 2/2007, de 15 marzo, las sociedades que tengan por objeto social el ejercicio en común de una actividad profesional deberán constituirse con arreglo a sus términos.

b) Las relaciones que concierten los abogados con empresas o entidades, públicas o privadas, que no tengan el carácter de despachos de abogados.

c) Las relaciones que se establezcan entre abogados que se limiten a compartir locales, instalaciones u otros medios o servicios de cualquier naturaleza, siempre que se mantenga la independencia entre ellos, no se identifiquen de forma conjunta ante los clientes y no se atribuyan a la sociedad que eventualmente pudieran constituir los derechos y obligaciones inherentes a la relación establecida con los clientes.

d) Las relaciones que se establezcan entre los despachos y los abogados cuando la actividad profesional concertada a favor de los despachos se realice con criterios organizativos propios de los abogados y la contraprestación económica percibida por éstos por dicha actividad profesional esté vinculada enteramente a la obtención de un resultado o a los honorarios que se generen para el despacho por la misma. Se exceptúan de este supuesto las relaciones en las que se garantice a los abogados por la actividad profesional concertada, periódicamente, unos ingresos mínimos.

e) Las actividades profesionales que desarrollen los abogados contratados por un despacho, con autorización de éste, a favor de sus propios clientes cuando cobren los honorarios devengados por tales actividades profesionales directamente de los mismos.

f) Las actividades profesionales que realicen los abogados contratados por un despacho derivadas del turno de oficio, sin perjuicio de lo dispuesto en el apartado 3 del artículo 10 de este Real Decreto.

3. Asimismo, de conformidad con lo previsto en el apartado 1 de este artículo, no estarán incluidos en el ámbito de aplicación de la relación laboral que se regula en este Real Decreto, los abogados que prestan servicios en un despacho con cuyo titular tengan una relación familiar y convivan con él, salvo que se demuestre la condición de asalariados de los mismos.

A estos efectos se considerarán familiares el cónyuge, los descendientes, ascendientes y demás parientes por consanguinidad o afinidad hasta el segundo grado inclusive y, en su caso, por adopción.

Artículo 2. Fuentes de la relación laboral especial.

Los derechos y obligaciones concernientes a la relación laboral de carácter especial que se establece entre los abogados y los despachos de abogados para los que trabajan se regulan:

a) Por las disposiciones de este Real Decreto.

b) Por los convenios colectivos específicos y de aplicación exclusiva a los despachos de abogados.

c) Por la voluntad de las partes, expresada en el contrato de trabajo, que habrá de respetar lo dispuesto en las disposiciones y convenios colectivos antes citados.

d) Por los usos y costumbres profesionales.

CAPÍTULO II
Elementos básicos de la relación laboral especial

Artículo 3. Objeto de la relación laboral especial.

El objeto de la relación laboral especial que se regula en este Real Decreto es la prestación de la actividad profesional de abogado en despachos de abogados.

Artículo 4. Sujetos de la relación laboral especial.

1. Podrán ser sujetos de la relación laboral de carácter especial que se regula en este Real Decreto, en concepto de trabajador, quienes, de acuerdo con la normativa que resulte de aplicación, estén habilitados para ejercer la profesión de abogado.

2. Podrán ser sujetos de la relación laboral de carácter especial que se regula en este Real Decreto, en concepto de empleadores, quienes sean titulares de despachos de abogados, individuales o colectivos.

A efectos de lo previsto en este Real Decreto, se entenderá por despacho colectivo aquel cuya titularidad corresponda conjuntamente a dos o más abogados agrupados, en régimen societario o bajo cualquier otra forma admitida en derecho, para el ejercicio profesional de la abogacía de forma conjunta, siempre que así aparezcan identificados ante los clientes y se atribuyan a la sociedad que eventualmente pudieran constituir los derechos y obligaciones inherentes a la relación establecida con los clientes.

3. A efectos de lo previsto en el apartado anterior, tendrán la consideración de despachos de abogados los despachos multiprofesionales legalmente constituidos que incluyan entre los servicios profesionales que ofrezcan a sus clientes, los correspondientes al ejercicio profesional de la abogacía, siempre que se cumplan las condiciones establecidas para esta forma de ejercer la profesión de abogados en las normas que regulan la misma.

Artículo 5. Derechos y deberes de los abogados.

1. Los abogados, en su condición de trabajadores de la relación laboral especial que se regula en este Real Decreto, tendrán los derechos que se establecen en el artículo 4.1 y 2 de la Ley del Estatuto de los Trabajadores, con el contenido y alcance que, para cada uno de ellos, se establecen en la presente Norma.

2. Además de los indicados derechos, los abogados tendrán, en la relación de trabajo concertada con los despachos, los siguientes:

a) Poder actuar, en todo momento, de acuerdo con los principios, valores, obligaciones y responsabilidades que imponen a los mismos las normas que rigen la profesión de abogado, incluidas las éticas y deontológicas.

b) Recibir durante el desarrollo de la relación laboral la formación necesaria para mantener un nivel adecuado de capacitación técnica y profesional, en los términos previstos en este Real Decreto, en el convenio colectivo de aplicación o en el contrato de trabajo.

c) Participar en las actividades docentes e investigadoras que desarrolle el despacho, en los términos que se acuerde en los convenios colectivos que resulten de aplicación o en el contrato de trabajo que se concierte.

d) Poder asesorar y defender al cónyuge y demás familiares por consanguinidad o afinidad hasta el segundo grado inclusive, y en su caso por adopción, sin perjuicio del régimen de exclusividad que se concierte.

3. Los abogados, en el ejercicio de su actividad profesional, asumen respecto de los despachos los siguientes deberes:

a) Cumplir las obligaciones inherentes a los servicios profesionales contratados correspondientes a la profesión de abogado, de conformidad con las reglas de la buena fe y con la diligencia exigida en las normas que rigen la indicada profesión.

b) Cumplir las obligaciones impuestas a los trabajadores en la normativa de prevención de riesgos laborales y observar las medidas de prevención que se adopten para proteger su seguridad y salud en el trabajo y la de aquellas otras personas a que pueda afectar su actividad profesional.

c) Cumplir las órdenes e instrucciones del titular del despacho, salvo que contravengan los principios y valores de la abogacía o las obligaciones que imponen a los abogados las normas que rigen la profesión.

d) No concurrir profesionalmente con la actividad del despacho, en los términos previstos en este Real Decreto, en el convenio colectivo o en el contrato.

e) Contribuir a la mejora del funcionamiento del despacho mediante la mejora de la calidad de los servicios prestados por el mismo.

f) Completar y perfeccionar su formación y capacitación profesional siguiendo las directrices del titular del despacho.

Artículo 6. El ejercicio del poder de dirección de los titulares de los despachos.

1. A los titulares de los despachos de abogados, en el ejercicio de su poder de dirección, les corresponde:

a) La organización, planificación y dirección del trabajo de los abogados que trabajen para el despacho, y ello sin perjuicio de la participación que en tales cometidos se reconozca a los mismos, que se determinará, en su caso, en los convenios colectivos o en los acuerdos alcanzados entre los despachos y los representantes de los abogados.

b) Distribuir los clientes y los asuntos del despacho entre todos los abogados que trabajan en el mismo así como dar las órdenes o instrucciones oportunas sobre la forma en que se hayan de prestar los servicios profesionales de los mismos.

c) Verificar el cumplimiento por parte de los abogados que trabajan en los despachos de las obligaciones laborales que hubieran asumido en el contrato, así como controlar la actividad profesional que desarrollen, respetando en todo caso lo establecido en el apartado siguiente.

2. Los titulares de los despachos deberán ejercer el poder de dirección que se les reconoce respetando, en todo caso, los principios y valores que son inherentes al ejercicio profesional de la abogacía y preservando en todo momento el cumplimiento de las obligaciones y responsabilidades que imponen a los abogados las normas que rigen el ejercicio de la profesión de abogado. En particular, los titulares de los despachos deberán respetar la libertad y la independencia profesional de los abogados en el ejercicio de la profesión.

Asimismo, los titulares de los despachos, en el ejercicio de su poder de dirección, no podrán dar órdenes o instrucciones ni encomendar asuntos a los abogados que trabajan en los despachos que impliquen la realización de actividades que sean legalmente incompatibles, o que vulneren las obligaciones que legalmente tienen los abogados de no actuar en defensa de intereses en conflicto o de guardar el secreto profesional.

CAPÍTULO III

El contrato de trabajo

Artículo 7. Forma y contenido del contrato.

1. Los contratos de trabajo que se concierten al amparo de lo previsto en este Real Decreto deberán formalizarse por escrito y podrán concertarse bajo cualquiera de las modalidades previstas legalmente, siempre que se cumplan los requisitos y condiciones establecidos para la modalidad elegida en la normativa común o en la presente Norma.

De los indicados contratos se extenderán dos copias firmadas por las partes contratantes, entregándose una a cada una de ellas. Una copia básica del contrato se remitirá al servicio público de empleo correspondiente y otra a los representantes legales de los abogados.

2. En los referidos contratos deberán constar, como mínimo, las siguientes especificaciones:

a) La identidad de las partes contratantes, incluyendo el domicilio del despacho.

b) El objeto y la modalidad del contrato.

c) La duración del contrato y del período de prueba, en su caso.

d) El régimen de jornada, horarios de trabajo, vacaciones y descansos.

e) La retribución convenida.

f) El régimen de la prestación de los servicios.

g) El pacto de no competencia postcontractual, en caso de que se acuerde.

Artículo 8. Duración del contrato y período de prueba.

1. Los contratos de trabajo que se concierten al amparo de lo establecido en este Real Decreto podrán celebrarse por tiempo indefinido o por duración determinada en los términos que están previstos en el Estatuto de los Trabajadores y sus normas de desarrollo, con las peculiaridades que se establecen en esta Norma.

2. Los contratos que concierten los abogados y los despachos podrán someterse a un período de prueba que en todo caso deberá constar por escrito.

En defecto de pacto en convenio colectivo, el período de prueba no podrá exceder de seis meses en el caso de contratos de carácter indefinido y de dos meses en el caso de contratos de duración determinada, si su duración es superior a dicho período de tiempo.

Artículo 9. El contrato en prácticas.

1. Podrán celebrarse contratos de trabajo en prácticas con quienes estando habilitados para ejercer la profesión de abogado deseen iniciarse en el ejercicio profesional de la abogacía y adquirir el aprendizaje práctico de dicha profesión, colaborando o participando para ello en la actividad profesional del despacho.

2. Las condiciones en que habrán de realizarse los indicados contratos en prácticas serán las previstas en el artículo 11 del Estatuto de los Trabajadores, con las siguientes peculiaridades:

a) El plazo de cuatro años a que se refiere el citado precepto legal se empezará a contar desde la fecha en que se hubiera obtenido el título que habilite para el ejercicio de la profesión de abogado.

b) La actividad laboral que el trabajador desarrolle en el despacho deberá permitir adquirir el aprendizaje práctico de la profesión de abogado.

c) Al trabajador se le asignará como tutor de las prácticas que realice a un abogado del despacho, que deberá tener más de 5 años de antigüedad en el ejercicio de la profesión.

d) El trabajador tendrá derecho a adaptar su jornada y horario de trabajo para asistir a actividades formativas externas que tengan la misma finalidad, en los términos previstos en el convenio colectivo o en el contrato de trabajo.

e) Si el trabajador continúa prestando servicios después de agotar la duración máxima del contrato, éste se transformará en indefinido y se seguirá rigiendo por lo dispuesto en este Real Decreto.

3. En todo caso, no podrá celebrarse el contrato en prácticas a que se refieren los apartados anteriores:

a) Con quienes hubieran estado vinculados con el mismo u otro despacho con otro contrato de trabajo en prácticas que haya agotado su duración máxima.

b) Con quienes hubieran estado vinculados con el mismo u otro despacho con el contrato de trabajo que se regula en este Real Decreto, por un período superior a dos años.

c) Con quienes hubieran ejercido con anterioridad la profesión de abogado por cuenta propia o en virtud de un contrato suscrito con empresas o entidades, públicas o privadas, que no tengan el carácter de despachos, por un período superior a dos años.

4. El titular del despacho en que se hubieran realizado las prácticas a que se refiere este artículo, deberá entregar al trabajador a la finalización del contrato un certificado en el que conste la naturaleza de las actividades realizadas, el grado de prácticas alcanzado y la duración de las prácticas.

CAPÍTULO IV

La organización del trabajo y el régimen de prestación de la actividad laboral

Artículo 10. Régimen de exclusividad.

1. Los abogados prestarán sus servicios a los despachos en régimen de dedicación exclusiva, salvo que el contrato de trabajo concertado lo sea a tiempo parcial o establezca lo contrario.

2. Cuando los abogados presten sus servicios profesionales para un único despacho en régimen de exclusividad:

a) No podrán ejercer la profesión de abogado por cuenta propia ni podrán celebrar otros contratos de trabajo con otros despachos o con otras entidades, públicas o privadas, para ejercer la profesión de abogado y, si así se hubiera pactado, para ejercer cualquier otra actividad profesional.

b) Tendrán derecho a percibir una compensación económica adecuada por la exclusividad, que se determinará en el convenio colectivo o, en su caso, en el contrato de trabajo.

3. En todo caso, será compatible con el régimen de exclusividad, la prestación de asistencia

letrada y defensa jurídica derivada del turno de oficio o la que afecte a los familiares a que se refiere el párrafo d) del apartado 2 del artículo 5 de este Real Decreto, u otras obligaciones que por imperativo legal debieran realizar los abogados.

Asimismo será compatible con el indicado régimen, la realización de actividades compatibles con la abogacía y complementarias de ésta tales como las docentes, las representativas u otras de similar naturaleza.

Las condiciones en que se podrán prestar las indicadas actividades se determinarán en los convenios colectivos o en su caso en el contrato de trabajo.

4. Los abogados que prestan servicios profesionales en los despachos podrán asesorar o defender a sus propios clientes y cobrar los honorarios directamente de los mismos cuando así se hubiera pactado expresamente en el contrato de trabajo, en el que se establecerán las condiciones en que se compatibilizarán las actividades por cuenta ajena y por cuenta propia.

En todo caso, la compatibilidad de las indicadas actividades no puede dar lugar a conflictos de intereses o interferir el cumplimiento de las obligaciones asumidas con el despacho.

Artículo 11. El pacto de permanencia.

1. Las partes de la relación laboral que se regula en este Real Decreto podrán establecer el pacto de permanencia a que se refiere el apartado 4 del artículo 21 del Estatuto de los Trabajadores y en consecuencia pactar que los abogados deban permanecer en los despachos durante un cierto tiempo, cuando aquéllos hubieran recibido, con cargo a los mismos, una formación o especialización profesional durante un cierto tiempo y un determinado coste, en los términos que se establezcan en los convenios colectivos o en el contrato de trabajo.

2. El pacto de permanencia no podrá tener una duración superior a dos años, se formalizará siempre por escrito y sólo será válido cuando concurran los requisitos que se establezcan en el convenio colectivo o en su caso, en el contrato de trabajo.

3. Si el abogado abandona el despacho antes de terminar el plazo pactado de permanencia, el despacho tendrá derecho a la indemnización de daños y perjuicios que se hubiera pactado en el convenio colectivo o en el contrato de trabajo, que en ningún caso podrá ser superior a los gastos que hubiera soportado el despacho como consecuencia de la formación o especialización.

Artículo 12. El pacto de no competencia postcontractual.

1. Las partes de la relación laboral que se regula en este Real Decreto podrán acordar el pacto de no competencia postcontractual a que se refiere el apartado 2 del artículo 21 de la Ley del Estatuto de los Trabajadores.

En dicho pacto se podrán establecer restricciones o limitaciones respecto a futuras actuaciones de los abogados en relación con los clientes del despacho, o con asuntos en que hubieran intervenido durante su relación contractual; se exceptuarán de dichas limitaciones los clientes que el abogado hubiese aportado al despacho al inicio de la relación laboral, salvo pacto expreso en contrario.

En ningún caso, la no competencia postcontractual que se establezca puede actuar como limitación general del ejercicio de la profesión de abogado ni como limitación para actuar en los campos o especialidades del derecho a que se dedique el despacho.

2. En todo caso, el pacto de no competencia después de extinguido el contrato de trabajo no podrá exceder de un período máximo de dos años desde la finalización del contrato y sólo será válido si se pacta una indemnización adecuada para compensar económicamente las restricciones o limitaciones que se le impondrán a los abogados en el ejercicio de su profesión, incluidas las que se puedan establecer en relación con los clientes aportados al despacho al inicio de la relación laboral.

Artículo 13. La clientela.

Los abogados tendrán derecho a que se les reconozca, por parte de los despachos, la clientela que hayan aportado a los mismos al inicio de la relación laboral y que se les compense económicamente por la misma en los términos que se acuerde en los convenios colectivos o en el contrato de trabajo.

CAPÍTULO V

Tiempo de trabajo

Artículo 14. Jornada y horarios de trabajo.

1. La duración de la jornada de trabajo de los abogados será la que se pacte en convenio colectivo o, en su defecto, en el contrato de trabajo, no pudiéndose superar en ningún caso los límites de

duración de la jornada que se establecen en la Ley del Estatuto de los Trabajadores, calculados en cómputo anual.

A efectos de lo previsto en el párrafo anterior se considerará tiempo de trabajo el tiempo que los abogados permanezcan en el despacho realizando actividades propias de su profesión y el que dediquen fuera del despacho para la asistencia y defensa de los clientes.

No se computará a efectos de la duración máxima de la jornada de trabajo, sin perjuicio de su compensación económica, el tiempo que empleen los abogados en los desplazamientos o esperas, salvo que durante los mismos realicen actividades propias de su profesión. En los convenios colectivos se determinarán los supuestos concretos de desplazamientos y esperas que no se computarán a efectos de la duración máxima de la jornada.

2. La jornada de trabajo de los abogados se podrá distribuir de forma irregular a lo largo del año por convenio colectivo, acuerdo entre el despacho y los representantes de los abogados o acuerdo individual entre el despacho y el abogado.

En todo caso, la distribución de la jornada de trabajo deberá hacerse de tal manera que se asegure el servicio a los clientes y el cumplimiento de los plazos procesales.

Artículo 15. Descansos, vacaciones, fiestas y permisos.

Los abogados tendrán derecho a los descansos, vacaciones, fiestas y permisos que disfruten el resto de los trabajadores, si bien podrán establecerse fechas o momentos distintos de su disfrute en atención al carácter perentorio o improrrogable de los plazos o de las actuaciones profesionales que tengan que realizar y de los asuntos que tengan encomendados.

CAPÍTULO VI

Derechos y deberes derivados del contrato de trabajo

Artículo 16. Formación permanente.

1. Los abogados tienen el derecho y el deber de obtener la formación continua necesaria para mantener un nivel adecuado de capacitación técnica y profesional en el ejercicio de su profesión y con ello prestar un mejor servicio a los clientes, y los titulares de los despachos tienen la obligación de proporcionar o de facilitar la indicada formación a los abogados.

2. A efectos de lo previsto en el apartado anterior, los abogados tendrán derecho a:

a) Obtener permisos retribuidos para concurrir a actividades formativas para el reciclaje y perfeccionamiento profesional en las que tengan interés el despacho y el abogado.

b) Disfrutar de permisos no retribuidos con finalidades formativas distintas de las anteriores.

3. En los convenios colectivos o en el contrato de trabajo se pactarán los términos en que se podrán disfrutar los derechos indicados en los apartados anteriores.

Artículo 17. Promoción profesional y económica.

1. Los abogados que presten servicios en los despachos se integrarán en una única categoría profesional.

2. La promoción profesional y económica de los abogados se producirá dentro de la indicada categoría, mediante la progresión en los grados que se establezcan para la carrera profesional de los mismos, teniendo en cuenta para ello, entre otras circunstancias, el nivel de perfeccionamiento profesional y de rendimiento alcanzados, los puestos ocupados en los despachos y los cometidos o responsabilidades desempeñadas dentro de la estructura de los mismos.

3. Los términos en que se hará efectiva la promoción profesional y económica de los abogados se determinará en los convenios colectivos o en el contrato de trabajo.

Artículo 18. Retribuciones.

1. Los abogados, por los servicios prestados a los despachos, tendrán derecho a percibir de los mismos las retribuciones que se acuerden en el contrato de trabajo, que deberán respetar, en todo caso las cuantías mínimas y las garantías establecidas legalmente, o las acordadas en convenios colectivos.

Los titulares de los despachos deberán abonar las retribuciones acordadas a los abogados aunque los clientes no hubieren realizado pago alguno por las actividades realizadas por los mismos.

2. Tendrán la consideración de salario todas las percepciones que los abogados reciban de los despachos como contraprestación de sus servicios profesionales, incluidas las que puedan estar vinculadas a los ingresos obtenidos por los mismos.

3. Los abogados sometidos a la relación laboral que se regula en este Real Decreto no devengarán ni podrán facturar a los clientes del despacho honorarios por los servicios prestados a los mismos.

Artículo 19. Derechos colectivos.

1. Los abogados que trabajan en los despachos tienen los derechos colectivos reconocidos a los trabajadores en la legislación vigente.

2. Los convenios colectivos específicos de los despachos de abogados podrán establecer la forma y condiciones en que se podrán ejercer los indicados derechos colectivos teniendo en cuenta el carácter especial de la relación laboral que se establece entre los despachos y los abogados.

CAPÍTULO VII

Vicisitudes de la relación laboral especial

Artículo 20. La suspensión del contrato de trabajo.

1. El contrato de trabajo especial que se regula en este Real Decreto se suspenderá por las causas y con los efectos previstos en el artículo 45 y siguientes de la Ley del Estatuto de los Trabajadores. En caso de excedencia voluntaria, el abogado que durante la misma ejerza la profesión en otro despacho, sin la correspondiente autorización, perderá el derecho al reingreso, lo que determinará la extinción del contrato de trabajo.

2. Además de los supuestos previstos en el apartado anterior, el contrato de trabajo especial quedará suspendido, durante dos años, cuando el abogado pase a tener la condición de socio del despacho y, en consecuencia, pase a estar vinculado con el mismo con una relación de carácter no laboral. Si el abogado mantiene esta relación más de dos años, el contrato de trabajo especial se extinguirá sin derecho a obtener ninguna indemnización.

Artículo 21. La extinción del contrato de trabajo.

1. El contrato de trabajo especial que se regula en este Real Decreto podrá extinguirse por las causas y con los efectos previstos en los artículos 49 a 56 de la Ley del Estatuto de los Trabajadores, con las modulaciones o adaptaciones que se establecen en este Real Decreto.

2. En atención a la especial confianza que caracteriza a esta relación laboral especial, y dejando a salvo el acuerdo al que puedan llegar las partes, la readmisión del abogado será obligatoria en caso de despido de un representante legal o sindical de los abogados o cuando el despido se hubiera declarado nulo por ser discriminatorio o haberse vulnerado derechos fundamentales.

Artículo 22. La extinción del contrato por voluntad del abogado.

1. El abogado podrá solicitar la extinción del contrato de trabajo que tenga concertado con el despacho por las causas y con los efectos previstos en el artículo 50 de la Ley del Estatuto de los Trabajadores.

Asimismo, el abogado podrá extinguir el contrato de trabajo preavisando con una antelación suficiente para que el titular del despacho pueda adoptar las medidas que resulten necesarias para evitar perjuicios a los intereses de los clientes y a los del despacho.

La duración del preaviso se podrá acordar en convenio colectivo o, en su caso, en el contrato de trabajo, no pudiendo ser inferior a 45 días ni superior a tres meses.

2. En todo caso, el abogado que ejercite las acciones resolutoria y de desistimiento a que se refiere el apartado anterior deberá informar al titular del despacho sobre la situación en que se encuentran los asuntos que tuviera encomendados y poner a disposición del mismo la documentación correspondiente con el fin de que pueda encauzar los asuntos y dar continuidad al asesoramiento y defensa de los clientes por parte del despacho.

3. El titular del despacho podrá exigir al abogado el resarcimiento de daños y perjuicios en el caso de que éste no respete el plazo de preaviso o no cumpla con la obligación de informar de los asuntos que tenga encomendados, si de ello se derivan perjuicios para el despacho.

Artículo 23. Extinción del contrato por voluntad del titular del despacho.

1. El titular del despacho podrá extinguir el contrato de trabajo especial que se regula en este Real Decreto por las causas y con los efectos previstos en el artículo 49 y siguientes de la Ley del Estatuto de los Trabajadores.

2. Además de en los supuestos previstos en el apartado anterior el titular del despacho podrá extinguir el contrato de trabajo, en las condiciones previstas en el artículo 53 de la Ley del Estatuto de los Trabajadores, en los siguientes supuestos:

a) Cuando exista una manifiesta y grave quiebra de la confianza entre el abogado y el titular del despacho que tenga su origen en la actuación profesional del abogado o en su relación con los clientes y así se acredite por el titular del despacho.

b) Cuando se acredite asimismo, por el titular del despacho, que el abogado no mantiene un nivel profesional adecuado y, en consecuencia, no puede ejercer la profesión con plenas garantías para los intereses de los clientes.

3. En todo caso, para que el acuerdo de extinción del contrato de trabajo al amparo de lo previsto en el apartado anterior sea válido será necesario que en la comunicación que se haga al abogado consten con suficiente detalle las actuaciones profesionales o las relaciones con los clientes en que se base la pérdida de la confianza o el inadecuado nivel profesional y que el preaviso que se conceda al abogado tenga una duración de al menos 45 días.

4. El abogado, producido el preaviso, y con independencia de que impugne la decisión extintiva, deberá informar al titular del despacho de la situación de los asuntos que tuviera encomendados y poner a disposición del mismo la documentación correspondiente.

CAPÍTULO VIII
Régimen disciplinario

Artículo 24. La responsabilidad disciplinaria de los abogados.

1. Los abogados están sometidos a responsabilidad disciplinaria en la ejecución del contrato de trabajo que tengan concertado con los despachos al amparo de lo establecido en este Real Decreto, y ello con independencia de que pueda exigírseles otro tipo de responsabilidades.

2. Los abogados incurrirán en responsabilidad disciplinaria laboral en los supuestos previstos en el artículo 54 de la Ley del Estatuto de los Trabajadores y en caso de incumplimiento de las obligaciones que hubieran asumido en el contrato de trabajo.

Se consideran incluidas entre las infracciones laborales a que se refiere el párrafo anterior los siguientes comportamientos o conductas de los abogados:

a) El incumplimiento de los deberes de confidencialidad, secreto profesional y fidelidad.

b) La negativa infundada a asumir los asuntos encomendados por el titular del despacho.

c) La negativa a informar al titular del despacho de la situación de los asuntos que le hubiera encomendado.

d) Girar minutas de honorarios u otros gastos a los clientes por los asuntos en que hubieran intervenido.

3. Corresponderá a los titulares de los despachos, de conformidad con lo previsto en este Real Decreto y en los convenios colectivos o en el contrato de trabajo, exigir la responsabilidad disciplinaria laboral en que puedan incurrir los abogados.

Artículo 25. Procedimiento sancionador.

1. Los titulares de los despachos sancionarán los incumplimientos de las obligaciones laborales de los abogados atendiendo a la graduación de las faltas y sanciones que se establezcan en el convenio.

2. La sanción de las faltas requerirá la comunicación escrita al abogado en la que se haga constar la fecha y los hechos que la motivan. Antes de adoptar la decisión sancionadora, deberá darse el trámite de audiencia al abogado.

3. En todo caso, la valoración de las faltas y de las correspondientes sanciones impuestas por el titular del despacho serán recurribles ante la jurisdicción social.

DISPOSICIONES ADICIONALES

Primera. Régimen de aplicación de este Real Decreto y respeto de las condiciones más beneficiosas.

1. A partir de la entrada en vigor de este Real Decreto las relaciones celebradas entre los abogados y los despachos que reúnan los requisitos de esta relación laboral de carácter especial se regirán por lo dispuesto en esta Norma, con independencia de la fecha en que se hubieran concertado.

2. No obstante lo anterior, se respetarán las condiciones más beneficiosas que tuvieran pactadas con anterioridad.

Segunda. Prácticas profesionales y contrato en prácticas.

Las prácticas realizadas, en su caso, para acceder a la profesión de abogado conforme a lo previsto en la Ley 34/2006, de 30 de noviembre, sobre el acceso a las profesiones de abogado y procurador de los tribunales, no impedirán que obtenida esta habilitación legal se puedan concertar con el mismo trabajador y en los términos del presente Real Decreto contratos de trabajo en prácticas de cuya duración en todo caso se deducirá el tiempo de realización de aquéllas.

Tercera. Jurisdicción competente.

1. De conformidad con lo establecido en la Ley de Procedimiento Laboral, Texto Refundido aprobado por el Real Decreto Legislativo 2/1995, de 7 de abril, los conflictos que surjan entre las partes de la relación laboral que se regula en este Real Decreto, tanto individuales como colectivos, serán competencia de la jurisdicción social, salvo lo dispuesto en la Ley Concursal.

2. Sin perjuicio de lo dispuesto en los artículos 63 a 68 de la citada Ley de Procedimiento Laboral, por acuerdo entre los abogados y los titulares de los despachos, se podrá someter la resolución de sus discrepancias a la mediación o arbitraje a través de los procedimientos que se acuerden.

Cuarta. Derecho supletorio.

En lo no regulado en este Real Decreto será de aplicación lo dispuesto en la Ley del Estatuto de los Trabajadores y las demás normas laborales de general aplicación en cuanto no sean incompatibles con la naturaleza y características especiales que concurren en esta relación laboral.

DISPOSICIONES FINALES

Única. Entrada en vigor.

El presente Real Decreto entrará en vigor el mismo día de su publicación en el «Boletín Oficial del Estado».

k) *Profesores de Religión*

§ 16.15 REAL DECRETO 696/2007, DE 1 JUNIO. REGULA LA RELACIÓN LABORAL DE LOS PROFESORES DE RELIGIÓN PREVISTA EN LA DISPOSICIÓN ADICIONAL TERCERA DE LA LEY ORGÁNICA 2/2006, DE 3 MAYO, DE EDUCACIÓN

(BOE núm. 138, de 9 junio [RCL 2007, 1120])

⇒ La disp. adic. 3ª de la LO 2/2006, de 3 mayo, establece lo siguiente:

«1. Los profesores que impartan la enseñanza de las religiones deberán cumplir los requisitos de titulación establecidos para las distintas enseñanzas reguladas en la presente Ley, así como los establecidos en los acuerdos suscritos entre el Estado Español y las diferentes confesiones religiosas.

2. Los profesores que, no perteneciendo a los cuerpos de funcionarios docentes, impartan la enseñanza de las religiones en los centros públicos lo harán en régimen de contratación laboral, de conformidad con el Estatuto de los Trabajadores, con las respectivas Administraciones competentes. La regulación de su régimen laboral se hará con la participación de los representantes del profesorado. Se accederá al destino mediante criterios objetivos de igualdad, mérito y capacidad. Estos profesores percibirán las retribuciones que correspondan en el respectivo nivel educativo a los profesores interinos.

En todo caso, la propuesta para la docencia corresponderá a las entidades religiosas y se renovará automáticamente cada año. La determinación del contrato, a tiempo completo o a tiempo parcial según lo que requieran las necesidades de los centros, corresponderá a las Administraciones competentes. La remoción, en su caso, se ajustará a derecho».

La ordenación del régimen jurídico del profesorado de religión ha contado con una diferente regulación durante las últimas décadas. El Concordato de 1953 disponía que la religión católica se impartiría, en las escuelas primarias, por los propios maestros, salvo reparo motivado del Ordinario, y por profesores sacerdotes o religiosos y, subsidiariamente, por profesores seglares nombrados por la Autoridad civil competente a propuesta del Ordinario diocesano, en la enseñanza media.

El Acuerdo sobre Enseñanza y Asuntos Culturales de 3 de enero de 1979, suscrito entre el Estado Español y la Santa Sede, punto de partida del régimen laboral vigente de estos docentes, en su artículo III dispuso que dicha enseñanza sería impartida por las personas que fueran designadas por la autoridad académica entre aquellas que el Ordinario Diocesano propusiera para ejercer esta enseñanza y, en su artículo VII, que la situación económica de los profesores de religión, en los distintos niveles educativos que no perteneciesen a los Cuerpos docentes del Estado, se concertaría entre la Administración Central y la Conferencia Episcopal Española.

De igual modo, unos años más tarde, se suscribieron Acuerdos de Cooperación con las otras confesiones religiosas que, conforme a lo previsto en la Ley Orgánica de Libertad Religiosa, tienen un arraigo evidente o notorio en la sociedad española. En concreto, por Ley 24/1992, de 10 de noviembre, se aprueba el Acuerdo de Cooperación del Estado español con la Federación de Entidades Religiosas Evangélicas de España; por Ley 25/1992, de 10 de noviembre, se aprueba el Acuerdo de Cooperación del Estado español con la Federación de Comunidades Israelitas de España; y, finalmente, por Ley 26/1992, de 10 de noviembre, se aprueba el Acuerdo de Cooperación del Estado español con la Comisión Islámica de España (publicadas todas ellas en el BOE del 12 de noviembre). En dichos Acuerdos, entre otras cosas, se reconoce a las antecitadas confesiones religiosas la capacidad de designar a los profesores que deban impartir la enseñanza religiosa correspondiente.

El 20 de mayo de 1993, el Gobierno español y la Conferencia Episcopal Española suscribieron el primer Convenio, publicado mediante Orden de 9 de septiembre de 1993, sobre el Régimen Económico de las Personas encargadas de la Enseñanza de Religión Católica en Centros Públicos de Educación Primaria que, no siendo personal docente de la Administración, fueran propuestos cada año escolar por el Ordinario del lugar y designados por la autoridad académica, reflejando el compromiso de alcanzar la equiparación económica de estos docentes de religión con los profesores interinos del mismo nivel en un período de cinco ejercicios presupuestarios (1994-1998), además de la adopción por el Gobierno de las medidas oportunas para su inclusión en el régimen Especial de la Seguridad Social de trabajadores por cuenta propia o autónomos, dando cumplimiento a las distintas sentencias del Tribunal Supremo. Sin embargo, el contenido de este Acuerdo no daba total solución a la cuestión, al percibir dicho personal sus retribuciones con cargo a las subvenciones que, con ese fin, venía recibiendo anualmente la Conferencia Episcopal Española, lo que generaba una cierta indeterminación respecto de la naturaleza laboral de la relación que vinculaba a este colectivo.

La Ley 50/1998, de 30 de diciembre, de Medidas Fiscales, Administrativas y del Orden Social para 1999, trató de dar respuesta a la conflictividad subsiguiente, caracterizando dicha relación como laboral, de duración determinada y coincidente con el curso escolar.

En aplicación de esta disposición, y en cumplimiento de las sentencias de aquella época dictadas por diferentes Tribunales de Justicia, el 26 de febrero de 1999 se suscribió un nuevo Convenio entre el Estado y la Conferencia Episcopal Española, publicado por Orden de 9 de abril de 1999, sobre el régimen económico-laboral de este personal, en cuya virtud cada Administración educativa asumía el papel de empleador y venía obligada a darle de alta en el Régimen General de la Seguridad Social al inicio del curso académico 1998-1999, procediendo a contratarlo y retribuirlo a partir de 1 de enero de 1999, por lo que el sistema de pago, vigente desde 1982, mediante subvención a la Conferencia Episcopal Española, dejaba de surtir efectos.

De otra parte, la Directiva Comunitaria 1999/70/CE del Consejo, de 28 de junio de 1999, relativa al Acuerdo Marco de la CES, la UNICE y el CEEP sobre el trabajo de duración determinada reconociendo el carácter indefinido de la relación laboral que vincula a este profesorado –salvo para los supuestos expresamente tasados en la Ley– y sin perjuicio de la concurrencia de alguna de las causas previstas de extinción del contrato, vino a incidir en el referido régimen laboral y económico de este colectivo docente.

Por último, de especial aplicación al caso, la Directiva 2000/78/CE del Consejo, de 27 de noviembre de 2000, relativa al establecimiento de un marco general para la igualdad de trato en el empleo y la ocupación, contempla en su artículo 4 –en concordancia con la Declaración núm. 11 de la Unión Europea sobre el Estatuto de las Iglesias y las Organizaciones no Confesionales– el derecho de los Estados miembros a mantener o establecer requisitos profesionales esenciales y determinantes para las actividades basadas en la religión o en la ética religiosa.

La Ley Orgánica 2/2006, de 3 de mayo, de Educación (en adelante LOE), en su Disposición Adicional tercera, apartado 2, establece que «los profesores que, no perteneciendo a los cuerpos de funcionarios docentes, impartan la enseñanza de las religiones en centros públicos lo harán en régimen de contratación laboral, de conformidad con el Estatuto de los Trabajadores, con las respectivas Administraciones competentes» y que «la regulación de su régimen laboral se hará con la participación de los representantes del profesorado».

Lo establecido en la LOE sobre el profesorado de religión pretende articular la efectividad del mandato contenido en el artículo 27.3 de la Constitución Española por el que «los poderes públicos garantizan el derecho que asiste a los padres para que sus hijos reciban la formación religiosa y moral que esté de acuerdo con sus propias convicciones», con los derechos que nuestro ordenamiento atribuye a los trabajadores que realizan esas tareas y a la necesidad de respetar la singularidad de la relación de confianza y buena fe que mantienen con las distintas confesiones religiosas con las que existen relaciones de cooperación.

Se atiene la regulación a la doctrina del Tribunal Constitucional, reiterada a partir de la Sentencia 38/2007, de 15 de febrero (RTC 2007, 38), que considera válida la exigencia de la idoneidad eclesiástica como requisito de capacidad para el acceso a los puestos de trabajo de profesor de religión en los centros de enseñanza pública, al propio tiempo que exige que esa declaración de idoneidad, o su revocación, sea respetuosa con los derechos fundamentales del trabajador.

Con la finalidad de dar cumplimiento a lo regulado en la LOE, se dicta el presente Real Decreto, en cuyo proceso de elaboración han sido consultadas las Comunidades Autónomas, a través de la Comisión de Personal de la Conferencia Sectorial de Educación, así como los sindicatos más representativos en el sector docente, presentes en la Mesa Sectorial de Educación, habiendo dado su aprobación, tanto aquéllas como éstos, en reuniones celebradas el 14 de noviembre de 2006. Igualmente han sido consultadas las distintas confesiones religiosas, así como otros sindicatos y asociaciones con presencia en este colectivo.

En el proyecto de real decreto ha emitido informe el Consejo Escolar del Estado.

En su virtud, a iniciativa de la Ministra de Educación y Ciencia, a propuesta conjunta de los Ministros de Educación y Ciencia, de Administraciones Públicas, de Justicia y de Trabajo y Asuntos Sociales, de acuerdo con el Consejo de Estado, y previa deliberación del Consejo de Ministros en su reunión del día 1 de junio de 2007, dispongo:

Artículo 1. Objeto y Ámbito de aplicación.

El presente Real Decreto regula la relación laboral de los profesores de religión que no perteciendo a los Cuerpos de Funcionarios docentes impartan la enseñanza de las religiones en Centros Públicos prevista en la disposición adicional tercera de la Ley Orgánica 2/2006, de 3 de mayo, de Educación.

Artículo 2. Disposiciones Legales y Reglamentarias.

La contratación laboral de los profesores de religión se regirá por el Estatuto de los Trabajadores, Texto Refundido aprobado por el Real Decreto Legislativo 1/1995, de 24 de marzo, por la disposición adicional tercera de la Ley Orgánica de Educación, por el presente Real Decreto y sus normas de desarrollo, por el Acuerdo sobre Enseñanza y Asuntos Culturales, de 3 de enero de 1979, suscrito entre el Estado Español y la Santa Sede, así como por los Acuerdos de Cooperación con otras confesiones que tienen un arraigo evidente y notorio en la sociedad española.

Artículo 3. Requisitos exigibles.

1. Para impartir las enseñanzas de religión será necesario reunir los mismos requisitos de titulación exigibles, o equivalentes, en el respectivo nivel educativo, a los funcionarios docentes no universitarios conforme se enumeran en la Ley Orgánica 2/2006, de 3 de mayo, de Educación, haber sido propuestos por la Autoridad de la Confesión religiosa para impartir dicha enseñanza y haber obtenido la declaración de idoneidad o certificación equivalente de la confesión religiosa objeto de la materia educativa, todo ello con carácter previo a su contratación por la Administración competente.

2. Para ser contratado como profesor de religión, serán necesarios los siguientes requisitos:

a) Ser español o nacional de alguno de los Estados Miembros de la Unión Europea o nacional de algún Estado al que en virtud de los Tratados Internacionales celebrados por la Unión Europea y ratificados por España sea de aplicación la libre circulación de trabajadores, o ser extranjero con residencia legal en España y autorizado a trabajar o en disposición de obtener una autorización de trabajo por cuenta ajena.

b) Tener cumplidos 18 años de edad.

c) No padecer enfermedad ni estar afectado por limitación física o psíquica incompatible con el desempeño de las correspondientes funciones.

d) No haber sido separado, mediante expediente disciplinario, del servicio de cualquier Administración Pública, ni hallarse inhabilitado para el ejercicio de sus funciones. Los aspirantes cuya nacionalidad no sea la española deberán acreditar igualmente no estar sometidos a sanción disciplinaria o condena penal que impida en su Estado de origen el desempeño de sus funciones.

Artículo 4. Duración y modalidad de la contratación.

1. La contratación de los profesores de religión será por tiempo indefinido, salvo en los casos de sustitución del titular de la relación laboral que se realizará de conformidad con el artículo 15.1.c) del Estatuto de los Trabajadores y sin perjuicio de lo dispuesto en las causas de extinción del contrato que figuran en el presente Real Decreto.

2. La determinación de la modalidad del contrato a tiempo completo o parcial, según lo requieran las necesidades de los centros públicos, corresponderá a las Administraciones educativas competentes, sin perjuicio de las modificaciones que a lo largo de su duración y por razón de la planificación educativa, deban producirse respecto de la jornada de trabajo y/o Centro reflejados en contrato.

Artículo 5. Forma y contenido del contrato.

1. El contrato se formalizará por escrito con anterioridad al comienzo de la prestación laboral.

En todo caso, habrá que formalizar por escrito con anterioridad al comienzo del curso escolar aquellas modificaciones que se produjeran en el contrato precedente de acuerdo con lo que al respecto prevé el artículo 4.2 del presente Real Decreto.

2. El contenido del contrato, deberá especificar, como mínimo:

a) Identificación de las partes.

b) Objeto.

c) Lugar de trabajo.

d) Retribución.

e) Duración y/o renovación.

f) Jornada de trabajo.

g) Cuantos otros aspectos se consideren esenciales en la legislación laboral.

Artículo 6. Acceso al destino.

Se accederá al destino de conformidad con los criterios objetivos de valoración que se estimen adecuados por la Administración competente.

En todo caso deberá valorarse:

a) La experiencia docente como profesor de religión, de manera preferente en centros públicos y en el mismo nivel educativo de la plaza a la que se opta.

b) Las titulaciones académicas, de modo preferente las más afines, por su contenido, a la enseñanza de religión.

c) Los cursos de formación y perfeccionamiento realizados que estén relacionados con la didáctica, la organización escolar o análogos, de modo preferente, los más afines por su contenido a la enseñanza de religión.

Se respetará, en todo caso, los principios de igualdad, mérito, capacidad y publicidad.

Artículo 7. Extinción del contrato.

El contrato de trabajo se extinguirá:

a) Cuando la Administración competente adopte resolución en tal sentido, previa incoación de expediente disciplinario.

b) Por revocación ajustada a derecho de la acreditación o de la idoneidad para impartir clases de religión por parte de la Confesión religiosa que la otorgó.

c) Por las demás causas de extinción previstas en el Estatuto de los Trabajadores.

d) En el caso de trabajadores extranjeros, por la extinción o la no renovación de la autorización de residencia o de residencia y trabajo, como consecuencia de la concurrencia de alguno de los supuestos para dicha extinción o el incumplimiento de alguno de los requisitos para la renovación establecidos en la normativa de extranjería e inmigración.

DISPOSICIÓN ADICIONAL

Única. Profesores de religión contratados en el curso escolar 2006/2007.

Los profesores de religión no pertenecientes a los cuerpos de funcionarios docentes que a la entrada en vigor del presente Real Decreto estuviesen contratados pasarán automáticamente a tener una relación laboral por tiempo indefinido en los términos previstos en este Real Decreto, salvo que concurra alguna de las causas de extinción del contrato prevista en el artículo 7 o que el contrato se hubiere formalizado de conformidad con el artículo 15.1.c) del Estatuto de los Trabajadores, es decir, para sustituir al titular de la relación laboral.

DISPOSICIONES FINALES

Primera. Fundamento constitucional.

Este Real Decreto se dicta al amparo del artículo 149.1.7ª de la Constitución, que reserva al Estado la competencia en materia de legislación laboral.

Segunda. Entrada en vigor.

El presente Real Decreto entrará en vigor el día siguiente de su publicación en el «Boletín Oficial del Estado».

III

MATERIAS COLECTIVAS (NEGOCIACIÓN, SINDICATOS, PARTICIPACIÓN, CONFLICTOS)

A) Negociación y convenios colectivos

a) Cuestiones formales y organizativas

§ 17.1 REAL DECRETO 1040/1981, DE 22 MAYO. REGISTRO Y DEPÓSITO DE CONVENIOS COLECTIVOS DE TRABAJO

(BOE núm. 135, de 6 junio [RCL 1981, 1305])

Los artículos 89 y 90 del Estatuto de los Trabajadores, aprobado por Ley 8/1980, de 10 de marzo, establecen, respectivamente, en las fases de propuesta y terminación, el cumplimiento de determinados requisitos de registro y depósito de convenios colectivos de trabajo.

⇒ Similares referencias normativas han de entenderse realizadas al vigente texto de 1995 (§2).

Obvias razones de planificación y ejecución de la política económica y social, así como la obligación por parte del Estado español de cumplir los compromisos que en materia de estadística tiene contraídos con determinados Organismos internacionales –como la Organización Internacional de Trabajo, a través del Convenio 63–, hacen necesario establecer los mecanismos que permitan el conocimiento de los datos precisos para el seguimiento de la evolución de la negociación colectiva.

⇒ Tal Convenio de la OIT núm. 63 (ratificado el 29 abril 1971) es relativo a las estadísticas de salarios y horas de trabajo en las industrias principales mineras y manufactureras, en la edificación y la construcción y en la agricultura.

En su virtud, de acuerdo con el Consejo de Estado, a propuesta del Ministro de Trabajo, Sanidad y Seguridad Social y previa deliberación del Consejo de Ministros en su reunión del día 22 de mayo de 1981, dispongo:

Artículo 1.

1. Se crea un Registro Central de Convenios Colectivos de Trabajo en la Dirección General de Trabajo del Ministerio de Trabajo, Sanidad y Seguridad Social.

Igualmente, existirá un Registro de Convenios en cada una de las Delegaciones de Trabajo y en las sedes de las autoridades laborales de las Comunidades Autónomas que tengan atribuidas competencias en materia de convenios colectivos de trabajo.

⇒ Respecto de las competencias autonómicas, véanse SSTC 18/1982, de 4 mayo (RTC 1982, 18); 48/1982, de 12 julio (RTC 1982, 48) y 85/1982, de 23 diciembre (RTC 1982, 85).

2. Los asientos registrales se llevarán a cabo en libros habilitados a tal fin, visados por la autoridad laboral competente.

3. El depósito de los convenios, una vez registrados, queda encomendado al *Instituto de Mediación, Arbitraje y Conciliación*.

⇒ Téngase presente la supresión del IMAC y asunción de sus competencias por la Administración laboral.

4. Tanto los registros como el depósito de convenios tendrán el carácter de públicos.

Artículo 2.

Serán objeto de inscripción en los indicados Registros:

a) Las copias de las comunicaciones de iniciativa mencionadas en el artículo 89.1 del Estatuto de los Trabajadores, así como los escritos de denuncia, en su caso, de un convenio en vigor.

b) Los convenios elaborados conforme a lo establecido en el título III del referido Estatuto, sus revisiones, y los acuerdos de adhesión a un convenio en vigor.

c) Los acuerdos interprofesionales y los acuerdos sobre materias concretas a que se refiere el artículo 83 del mismo texto legal.

d) Las comunicaciones de la autoridad laboral a la jurisdicción competente en los supuestos del artículo 90.5 del repetido Estatuto, así como las sentencias firmes recaídas en dichos procedimientos.

e) Los acuerdos de las Comisiones Paritarias, en desarrollo de cláusulas determinadas, y las sentencias de la jurisdicción competente que interpreten normas convencionales o resuelvan definitivamente discrepancias planteadas en conflicto colectivo.

f) Las disposiciones sobre extensión de un convenio previstas en el artículo 92.2 del Estatuto y cualquier otro acuerdo, laudo arbitral o pacto que legalmente tenga reconocida eficacia de convenio.

⇒ V. el RD 718/2005 (§18), especialmente art. 12.

Artículo 3.

Los asientos de los registros de convenios a que se refieren los apartados b) y c) del artículo anterior expresarán con precisión la determinación de las partes que conciertan, la fecha del acuerdo y, separadamente, su ámbito personal, funcional, territorial y temporal.

⇒ Cfr. lo dispuesto en el art. 85.2 del ET (§2).

Los demás actos inscribibles, para su adecuada identificación, contendrán precisa remisión al convenio a que se refieren.

De todo asiento se dará comunicación a las partes.

Artículo 4.

En el supuesto de que la autoridad laboral efectuase la comunicación de oficio a que se refiere el apartado 5 del artículo 90 del Estatuto de los Trabajadores, al hacer constar tal hecho en el correspondiente asiento se hará mención expresa de las normas que se estimen conculcadas o los intereses de terceros presuntamente lesionados, debiendo constar estas circunstancias asimismo en la notificación que se practique a la Comisión Negociadora. En lo referente al registro definitivo y publicación del convenio, se estará a lo que disponga la sentencia del Organo judicial, cuyo contenido se reflejará asimismo en el Registro.

⇒ V. art. 164.3 de la LPL (§41).

Artículo 5.

Las Delegaciones de Trabajo y las autoridades laborales de las Comunidades Autónomas enviarán al Registro Central de Convenios de la Dirección General de Trabajo, en el plazo de ocho días hábiles, copia de todo asiento practicado en sus respectivos Registros.

Igualmente deberán enviar tres ejemplares del Boletín o Boletines Oficiales de la provincia o Comunidad Autónoma en que aparezca publicado el texto de los convenios, adhesiones a los mismos, revisiones salariales y cualesquiera otros documentos inscribibles, conforme al artículo 2.

La Dirección General de Trabajo realizará directamente en el Registro Central los asientos correspondientes a las materias del artículo 2 que le estén atribuidas en primera instancia.

Artículo 6.

A fin de iniciarse el trámite previsto en el artículo 90.2 del Estatuto de los Trabajadores y dentro del plazo de quince días a partir de la firma del convenio, o de la adhesión, en su caso, la Comisión Negociadora deberá presentar ante la autoridad laboral competente el texto del convenio colectivo acompañado de la documentación que procediera, según la naturaleza y características del mismo.

Como mínimo dicha documentación comprenderá:

1. Escrito de la Comisión Negociadora o de su Presidente, si lo hubiere, de presentación y solicitud de registro y publicación del convenio, con indicación de domicilio a efectos de notificaciones.

2. Texto original del convenio y cuatro copias, todas ellas firmadas por los componentes de la Comisión.

3. Actas de las distintas sesiones celebradas, incluyendo las referentes a las de constitución de la Comisión y firma del convenio, con expresión de las partes que lo suscriben.

4. Hojas estadísticas cumplimentadas conforme a los modelos anexos a este Real Decreto.

⇒ Téngase presente la modificación operada mediante RD 1451/1983, de 11 mayo (§28.2), conforme a lo dispuesto en su art. 6.2.
Asimismo, cfr. lo previsto en la disp. final 1ª del presente Real Decreto. Dichos modelos –por su extensión– no se reproducen en la presente recopilación.

Artículo 7.

Las Delegaciones de Trabajo y las autoridades laborales de las Comunidades Autónomas remitirán, en el plazo de quince días hábiles, las hojas estadísticas a la Dirección General de Trabajo que, en unión de las directamente recibidas, dará traslado de las mismas a la Secretaría General Técnica del Ministerio de Trabajo, Sanidad y Seguridad Social, a efectos estadísticos.

Artículo 8.

Lo dispuesto en este Real Decreto se entiende sin perjuicio de las atribuciones del Instituto Nacional de Estadística en las materias propias de su competencia.

Artículo 9.

Los errores u omisiones observados en los asientos e inscripciones se subsanarán de oficio o a petición de quien se considere interesado; contra la negativa a la misma podrá reclamarse ante la autoridad inmediata superior de quien dependa la que tuviere a su cargo el Registro, y su decisión será irrecurrible.

DISPOSICIONES FINALES

Primera.

Se faculta al Ministerio de Trabajo, Sanidad y Seguridad Social para modificar las hojas estadísticas anexas, así como para dictar cuantas disposiciones sean necesarias para la ejecución de lo dispuesto en este Real Decreto.

⇒ 1. A su virtud, la O. 24 febrero 1992 aprobó nuevos modelos y estableció lo siguiente:

«Artículo 1.

La obligación de presentación de las hojas estadísticas es aplicable a los Convenios acordados conforme a lo establecido en el título III del Estatuto de los Trabajadores, los acuerdos de adhesión a un Convenio en vigor, extensiones, laudos arbitrales y cualquier otro acuerdo o pacto que tenga eficacia de Convenio.

Artículo 2.

1. Los modelos oficiales establecidos en la presente Orden son los siguientes:

Hoja estadística de Convenios Colectivos de Empresa.

Hoja estadística de Convenios Colectivos del sector.

2. Las Comisiones negociadoras cumplimentarán las hojas estadísticas correspondientes a los convenios acordados conforme a lo establecido en el título III del Estatuto de los Trabajadores, a los acuerdos de adhesión a un Convenio en vigor, y a los laudos arbitrales, conforme a los nuevos modelos anexos a esta Orden, presentándolas a la autoridad laboral competente con la documentación y en los plazos que establece el artículo 6 del Real Decreto 1040/1981, de 22 mayo.

3. La autoridad laboral competente cumplimentará las hojas estadísticas correspondientes a las extensiones de Convenios Colectivos y las remitirá a la Dirección General de Trabajo del Ministerio de Trabajo y Seguridad Social en el plazo de quince días hábiles, a partir de la fecha en que tenga conocimientos de la declaración de extensión.

4. En los Convenios plurianuales, las Comisiones negociadoras deberán presentar la hoja estadística cuando se firme el Convenio, cumplimentando todos los datos que se hayan acordado para los sucesivos años de vigencia, debiendo, asimismo, presentar la hoja estadística en cada uno de los años de vigencia cuando algunas de las cláusulas relativas a los sucesivos períodos no se hubieran acordado definitivamente al suscribir el Convenio y sean objeto de negociación o concreción posteriormente.

Artículo 3.

La autoridad laboral cumplimentará en las hojas estadísticas de los Convenios Colectivos registrados en el ámbito de su competencia los apartados correspondientes al código de Convenio y a la fecha de registro por dicha autoridad laboral.

El código de Convenio deberá ser consignado, además, en toda documentación entregada por la Comisión negociadora a efectos de registro y depósito, y figurará como identificativo cuando se proceda a la publicación de Convenio en el "Boletín Oficial" correspondiente.

Artículo 4.

Las Direcciones Provinciales de Trabajo y Seguridad Social y las autoridades laborales de las Comunidades Autónomas con funciones transferidas remitirán, en el plazo de quince días hábiles, las hojas estadísticas a la Dirección General de Trabajo del Departamento que, en unión de las directamente recibidas, dará traslado inmediato de las mismas a la Dirección General de Informática y Estadística, unidad responsable de la elaboración de la estadística.

DISPOSICIÓN FINAL

Se faculta a la Subsecretaría del Ministerio de Trabajo y Seguridad Social para dictar las instrucciones necesarias para la aplicación de lo dispuesto en la presente Orden, que entrará en vigor al día siguiente de su publicación en el "Boletín Oficial del Estado"».

2. Por su lado, la O. 10 octubre 1996 procedió a ampliar el contenido de tales hojas estadísticas, pronunciándose en los siguientes términos:

«El artículo sexto del Real Decreto 1040/1981, de 22 mayo, sobre el registro y depósito de Convenios Colectivos de trabajo, determina el plazo y la documentación que, como mínimo, deberá presentar la Comisión Negociadora ante la autoridad laboral competente, estableciendo en el punto cuatro del citado artículo, como parte de esa documentación, las hojas estadísticas, cumplimentadas conforme a los modelos anexos al propio Real Decreto. Asimismo, la disposición final primera del citado Real Decreto faculta al Ministerio de Trabajo y Seguridad Social para modificar las hojas estadísticas anexas, así como para dictar cuantas disposiciones sean necesarias para la ejecución de lo dispuesto en el mismo.

Haciendo uso de lo anterior, la Orden de 24 febrero 1992 estableció los modelos de hojas estadísticas de Convenios Colectivos de trabajo vigentes en la actualidad.

No obstante, la inclusión de nuevas materias susceptibles de ser reguladas por la negociación colectiva, como consecuencia de las modificaciones introducidas por la reciente reforma laboral recogidas en el texto refundido de la Ley del Estatuto de los Trabajadores, aprobado por Real Decreto Legislativo 1/1995, de 24 marzo, y las posibilidades que otorga a la negociación colectiva la Ley 31/1995, de 8 noviembre, de Prevención de Riesgos Laborales, para mejorar y desarrollar las disposiciones de carácter laboral contenidas en la misma, hace insuficiente la información estadística recogida en las actuales hojas estadísticas de Convenios Colectivos, aconsejando, en consecuencia, su ampliación. Asimismo, con objeto de poder evaluar la incidencia económica derivada de la no aplicación del régimen salarial establecido en los Convenios de ámbito superior a la empresa, según lo previsto en el artículo 82.3 del Estatuto de los Trabajadores, por parte de las empresas incluidas en el ámbito de aplicación de esos Convenios, se hace necesario arbitrar un procedimiento que proporcione información sobre la cuantía de los incrementos salariales aplicados en cada una de las empresas que se acojan a la citada cláusula de inaplicación.

Por todo ello, consultadas las organizaciones sindicales y empresariales más representativas y las Comunidades Autónomas con funciones transferidas en materia de Convenios Colectivos de trabajo, se ha considerado conveniente ampliar el contenido de las hojas estadísticas de Convenios Colectivos actualmente en vigor.

En su virtud, he tenido a bien disponer:

Artículo 1.

Se establecen nuevos modelos oficiales de hojas estadísticas, uno para Convenios Colectivos de empresa y otro para Convenios Colectivos de sector, con la estructura y contenido que figura como anexo a esta Orden.

Artículo 2.

Se incorpora a la hoja estadística de Convenios Colectivos de sector el documento anexo I que deberá ser cumplimentado por la Comisión Paritaria del Convenio Colectivo anterior al que hace referencia dicha hoja y tramitado con el resto de la documentación cuando se registra el Convenio por la Comisión Negociadora. En el citado anexo I deberán consignarse los datos de las empresas que por su situación económica se hayan acogido a la cláusula de inaplicación del régimen salarial establecido en el mencionado Convenio anterior.

DISPOSICIÓN FINAL

Se faculta a la Subsecretaría del Ministerio de Trabajo y Asuntos Sociales para dictar las instrucciones necesarias para la aplicación de lo dispuesto en la presente Orden, que entrará en vigor el día 1 enero 1997».

Segunda.

Quedan derogadas cuantas disposiciones de igual o inferior rango se opongan a lo dispuesto en este Real Decreto, que será de aplicación en todo el territorio nacional y entrará en vigor el mismo día de su publicación en el «Boletín Oficial del Estado».

§ 17.2 REAL DECRETO 2976/1983, DE 9 NOVIEMBRE. REGULA LA COMISIÓN CONSULTIVA NACIONAL DE CONVENIOS COLECTIVOS

(BOE núm. 288, de 2 diciembre [RCL 1983, 2650])

[...]

Artículo 1.

1. La comisión consultiva nacional a que se refiere la disposición final octava de la Ley 8/1980, de 10 de marzo, se denominará «Comisión Consultiva Nacional de Convenios Colectivos» y tendrá por función el asesoramiento y consulta en orden al planteamiento y determinación del ámbito funcional de los convenios de acuerdo con lo establecido en el presente Real Decreto y en sus disposiciones de desarrollo.

⇒ Entiéndase hecha la referencia a la disp. final 2ª del vigente ET (§2).
V. la disp. adic. 7ª de Ley 43/2006, de 29 diciembre (§27.2).

2. La Comisión, adscrita orgánicamente al Instituto de Mediación, Arbitraje y Conciliación, ejercerá sus competencias con independencia y autonomía funcional plenas.

⇒ Actualmente se halla adscrita a la Dirección General de Trabajo del Ministerio de Trabajo y Asuntos Sociales, conforme al art. 9.2 del RD 1600/2004 (§38.1).

Artículo 2.

1. La Comisión Consultiva Nacional de Convenios Colectivos, en el ejercicio de su función consultiva, evacuará consultas mediante dictámenes e informes no vinculantes sobre el ámbito funcional de los convenios colectivos, cuando le sean solicitados de conformidad con lo establecido en el presente Real Decreto y sus disposiciones de desarrollo.

Las consultas se referirán a las siguientes y conexas materias:

a) Planteamiento adecuado del ámbito funcional de un convenio colectivo que se pretenda negociar.

b) La posibilidad de un acuerdo de adhesión a un convenio colectivo en vigor.

c) La interpretación de un convenio vigente en orden a determinar su ámbito funcional de aplicación.

2. La Comisión, en el ejercicio de su función de asesoramiento, elaborará y mantendrá al día un catálogo de actividades que pueda servir de indicador para la determinación de los ámbitos funcionales de la negociación colectiva.

3. La Comisión será preceptivamente consultada en el supuesto de extensión de un convenio colectivo regulado en el art. 92 de la Ley 8/1980, de 10 de marzo, y en el Real Decreto 572/1982, de 5 de marzo.

4. Los informes y dictámenes de la Comisión se entenderán siempre sin perjuicio de las atribuciones que corresponden a la jurisdicción competente y a la autoridad laboral en los términos establecidos por las Leyes.

Artículo 3.

Estarán legitimados para solicitar la actuación de la Comisión Consultiva Nacional de Convenios Colectivos:

1. Las Organizaciones Sindicales y Asociaciones Empresariales más representativas.

2. Cualquier Organo o Entidad sindical o empresarial que, en virtud de su representatividad, acredite un interés legítimo en la consulta que formule.

3. Cualquier autoridad laboral o jurisdiccional que tenga competencia en asuntos relacionados, directa o indirectamente, con la aplicación o interpretación de un convenio colectivo.

Artículo 4.

1. La Comisión Consultiva Nacional de Convenios Colectivos estará integrada por los siguientes miembros:

a) El Presidente, designado por el Ministro de Trabajo y Seguridad Social, previa consulta con las Asociaciones Empresariales y Sindicales más representativas, entre profesionales de reconocido prestigio en el campo de las relaciones laborales.

b) Seis representantes por la Administración del Estado, designados por el Ministro de Trabajo y Seguridad Social.

c) Seis representantes por las Organizaciones Sindicales más representativas, nombrados por el Ministro de Trabajo y Seguridad Social a propuesta vinculante de éstas.

d) Seis representantes por las Asociaciones Empresariales más representativas, nombrados por el Ministro de Trabajo y Seguridad Social, a propuesta vinculante de éstas.

2. Por cada una de las representaciones a que se refieren los apartados b), c) y d) del número 1 de este artículo, a su propuesta y de entre sus miembros, el Ministro de Trabajo y Seguridad Social nombrará un Vicepresidente.

3. Por el desempeño de sus funciones, el Presidente y los miembros representantes de las Asociaciones sindicales y Empresariales, tendrán derecho a la percepción de las compensaciones económicas que se establezcan.

4. Como Secretario de la Comisión actuará un funcionario adscrito al Instituto de Mediación, Arbitraje y Conciliación.

DISPOSICIÓN ADICIONAL

El Instituto de Mediación, Arbitraje y Conciliación incluirá en su presupuesto las dotaciones necesarias para el funcionamiento de la Comisión.

DISPOSICIONES FINALES

Primera.

1. Se autoriza al Ministerio de Trabajo y Seguridad Social a dictar las disposiciones que sean precisas para el desarrollo de este Real Decreto.

⇒ V. la O. 28 mayo 1984, que aprueba el Reglamento de la Comisión.

2. El Ministerio de Trabajo y Seguridad Social, a propuesta de la Comisión, aprobará su Reglamento de funcionamiento.

Segunda.

1. El presente Real Decreto entrará en vigor al día siguiente de su publicación en el «Boletín Oficial del Estado».

2. La constitución de la Comisión Consultiva Nacional de Convenios Colectivos deberá formalizarse en el plazo de sesenta días naturales desde la entrada en vigor de este Real Decreto, y en este plazo, a través de la Dirección General del Instituto de Mediación, Arbitraje y Conciliación, se adoptarán los acuerdos, trámites y diligencias que resulten precisos a tal objeto.

b) Extensión de convenios

§ 18 REAL DECRETO 718/2005, DE 20 JUNIO. APRUEBA EL PROCEDIMIENTO DE EXTENSIÓN DE CONVENIOS COLECTIVOS

(BOE núm. 157, de 2 julio [RCL 2005, 1414])

La Ley 24/1999, de 6 de julio, procedió a modificar el artículo 92.2 del Texto Refundido de la Ley del Estatuto de los Trabajadores, aprobado por el Real Decreto Legislativo 1/1995, de 24 de marzo, referido a la extensión de convenios colectivos, e introdujo cambios sustanciales en su regulación. Como consecuencia de ello, resulta necesario modificar, también sustancialmente, la norma reglamentaria que hasta ahora desarrollaba lo dispuesto en el indicado artículo 92.2 del Estatuto de los Trabajadores, que fue aprobada por el Real Decreto 572/1982, de 5 de marzo.

Razones de seguridad jurídica hacen aconsejable la aprobación de una norma que regule de manera completa el procedimiento de extensión de convenios colectivos, a la vista de la nueva redacción del citado artículo del Estatuto de los Trabajadores, lo que se lleva a cabo mediante este Real Decreto.

El procedimiento de extensión de convenios colectivos que se aprueba presenta como novedades respecto de la anterior regulación el reconocimiento de la competencia para resolver el procedimiento, según los casos, al Ministerio de Trabajo y Asuntos Sociales o al órgano correspondiente de las Comunidades Autónomas, así como la adecuación de los trámites del procedimiento al plazo máximo legalmente establecido de tres meses de duración.

En esta nueva regulación se ha tenido especialmente en cuenta lo acordado, en su momento, por la Confederación Española de Organizaciones Empresariales, la Confederación Española de la Pequeña y la Mediana Empresa, la Unión General de Trabajadores y la Confederación Sindical de Comisiones Obreras, en el marco de la Comisión de Aplicación e Interpretación del Acuerdo Interconfederal para la Cobertura de Vacíos de 1997. Estas organizaciones, dando cumplimiento a lo establecido en el Acuerdo Interconfederal de Negociación Colectiva de 2003, prorrogado para 2004, se dirigieron al Gobierno y le pusieron de manifiesto la inexistencia de una norma reglamentaria conforme con la nueva redacción del artículo 92.2 del Estatuto de los Trabajadores, para regular el procedimiento de extensión de convenios colectivos.

Por otra parte, el texto de este Real Decreto recoge el consenso alcanzado entre el Gobierno y las organizaciones empresariales y sindicales antes citadas en el marco del diálogo social abierto con la «Declaración para el diálogo social 2004: competitividad, empleo estable y cohesión social», suscrita el 8 de julio de 2004. Además, este Real Decreto ha sido consultado a todas las organizaciones sindicales y empresariales que tienen la consideración de más representativas.

Este Real Decreto se dicta de conformidad con la disposición final primera de la Ley 24/1999, de 6 de julio.

En su virtud, a propuesta del Ministro de Trabajo y Asuntos Sociales, con la aprobación previa del Ministro de Administraciones Públicas, de acuerdo con el Consejo de Estado y previa deliberación del Consejo de Ministros en su reunión del día 17 de junio de 2005, dispongo:

Artículo 1. Objeto del procedimiento.

1. El procedimiento regulado en este Real Decreto tiene por objeto la extensión de las disposiciones de un convenio colectivo en vigor en el supuesto y condiciones previstos en el artículo 92.2 del Texto Refundido de la Ley del Estatuto de los Trabajadores, aprobado por el Real Decreto Legislativo 1/1995, de 24 de marzo.

2. Con los efectos previstos en el artículo 82.3 del Texto Refundido de la Ley del Estatuto de los Trabajadores, se podrán extender las disposiciones de un convenio colectivo en vigor de ámbito superior al de empresa a una pluralidad de empresas y trabajadores o a un sector o subsector de actividad pertenecientes al mismo o a similar ámbito funcional o con características económico-laborales equiparables, teniendo en cuenta la actividad donde vaya a ser aplicado y que no estén vinculados por convenio colectivo, cualquiera que fuese su ámbito, por los perjuicios derivados para aquéllos de

la imposibilidad de suscribir en dicho ámbito un convenio colectivo de los previstos en el título III del Texto Refundido de la Ley del Estatuto de los Trabajadores, debida a la ausencia de partes legitimadas para ello.

En el caso de inexistencia de convenio colectivo que se pueda extender con ámbito de aplicación superior al de empresa, se podrá extender subsidiariamente, con carácter excepcional, un convenio de empresa a una pluralidad de empresas y de trabajadores o a un sector o subsector de actividad de análogas condiciones económicas y sociales.

Artículo 2. Competencia.

1. El Ministerio de Trabajo y Asuntos Sociales será competente para conocer y resolver los procedimientos de extensión de convenios colectivos cuando el ámbito de la extensión abarque todo el territorio nacional o el territorio de más de una Comunidad Autónoma.

2. Los órganos correspondientes de las Comunidades Autónomas serán competentes para conocer y resolver aquellos procedimientos de extensión de convenios colectivos cuando el ámbito de la extensión se circunscriba a su correspondiente territorio o a ámbitos inferiores de éste.

Artículo 3. Iniciación del procedimiento.

1. El procedimiento para la extensión de convenios colectivos se iniciará siempre a instancia de parte legitimada.

2. Estarán legitimados para solicitar la iniciación del procedimiento de extensión de convenios colectivos los sujetos que estén legitimados para promover la negociación colectiva en el correspondiente ámbito de la extensión, conforme a lo dispuesto en el artículo 87.2 y 3 del Texto Refundido de la Ley del Estatuto de los Trabajadores.

Artículo 4. Instrucción del procedimiento.

1. La solicitud, que se formulará por escrito, se dirigirá al Ministro de Trabajo y Asuntos Sociales o al órgano correspondiente de las Comunidades Autónomas y deberá ir acompañada de los siguientes documentos:

a) Una certificación del registro de convenios colectivos correspondiente justificativa de que no existe inscripción que acredite la vigencia de convenios colectivos en las empresas, sectores o subsectores para los que se solicite la extensión.

b) Un certificado expedido por la oficina pública competente, acreditativo de la concurrencia de los requisitos de legitimación señalados en el artículo 3.

c) La acreditación de que concurren los presupuestos legales necesarios para la extensión del convenio colectivo solicitado y una memoria descriptiva de los perjuicios que la ausencia de convenio colectivo ocasiona a las empresas y trabajadores afectados, así como sobre los elementos que permitan valorar lo dispuesto en el artículo 1.2 de este Real Decreto. En la memoria deberá constar el código que, según la Clasificación Nacional de Actividades Económicas aprobada por el Real Decreto 1560/1992, de 18 de diciembre, corresponde a los ámbitos afectados por la extensión solicitada o, en defecto de dicho código, los datos precisos que permitan a la Administración actuante su identificación.

De conformidad con el artículo 35.f) de la Ley 30/1992, de 26 de noviembre, de Régimen Jurídico de las Administraciones Públicas y del Procedimiento Administrativo Común, no se habrán de presentar aquellos documentos que ya se encuentren en poder de la Administración actuante.

Las solicitudes podrán presentarse en cualquiera de los lugares previstos en el artículo 38.4 de la Ley 30/1992, de 26 de noviembre.

2. La iniciación del procedimiento se anunciará en el «Boletín Oficial del Estado» o, en su caso, en el diario oficial de la Comunidad Autónoma y en uno de los diarios de mayor circulación en el ámbito territorial para el que se solicita la extensión, a los efectos de información pública y posible intervención de los interesados.

Artículo 5. Actos de subsanación y preparación del procedimiento.

1. En el caso de que se observen defectos en la solicitud presentada, el órgano instructor del procedimiento requerirá, en el plazo de tres días, su subsanación, que deberá ser realizada en el improrrogable plazo de 10 días, bajo apercibimiento de que si así no se hiciera se tendrá por desistida la solicitud, previa resolución que deberá dictarse en los términos previstos en el artículo 42 de la Ley 30/1992, de 26 de noviembre.

2. En el supuesto de que se hubiera alegado con la solicitud la existencia de documentos obrantes en poder de la Administración pública actuante, el órgano instructor del procedimiento requerirá en el

plazo de 48 horas la certificación de la oficina pública correspondiente o la emisión del correspondiente documento, que habrá de ser cumplimentado en el plazo de los dos días siguientes.

Artículo 6. Solicitud de informe a las organizaciones sindicales y asociaciones empresariales más representativas.

1. En el plazo de cinco días, computado desde el momento en que se cuente con toda la documentación exigida, el órgano instructor del procedimiento solicitará, con carácter preceptivo, el informe de las organizaciones empresariales y sindicales más representativas del siguiente modo:

a) Cuando el órgano competente fuera el Ministerio de Trabajo y Asuntos Sociales, dicho informe se solicitará a las organizaciones sindicales y asociaciones empresariales más representativas tanto en el nivel estatal como autonómico.

b) Cuando el órgano competente fuera de las Comunidades Autónomas, dicho informe se solicitará a las organizaciones sindicales y asociaciones empresariales más representativas en el nivel estatal y, en el caso de existir, a las del ámbito de la Comunidad Autónoma de que se trate.

2. El contenido de los informes versará sobre la necesidad de proceder a la extensión solicitada o, por el contrario, sobre la inexistencia de razones justificativas para proceder a ella.

Estos informes serán emitidos en el plazo de los 15 días naturales siguientes, contado desde la recepción de su solicitud.

Artículo 7. Solicitud de informe del órgano consultivo correspondiente.

1. Evacuados los informes de las organizaciones sindicales y asociaciones empresariales mencionadas en el artículo anterior, o transcurridos los plazos establecidos sin que dichos informes hayan sido emitidos, el órgano instructor del procedimiento solicitará con carácter preceptivo el informe del órgano consultivo correspondiente. Dicho informe tendrá la consideración de determinante a los efectos de lo previsto en el artículo 83.3 de la Ley 30/1992, de 26 de noviembre, con lo que interrumpirá el plazo de los trámites sucesivos, y ello sin perjuicio de lo dispuesto en el artículo 42.5.c) de la citada Ley.

El informe versará sobre la concurrencia de las circunstancias establecidas en el artículo 92.2 del Texto Refundido de la Ley del Estatuto de los Trabajadores, aprobado por el Real Decreto Legislativo 1/1995, de 24 de marzo, para la extensión de convenios colectivos, y en el artículo 1.2 de este Real Decreto.

2. La Comisión Consultiva Nacional de Convenios Colectivos será el órgano consultivo competente para emitir el informe preceptivo señalado en el apartado anterior en los procedimientos que sean de la competencia del Ministerio de Trabajo y Asuntos Sociales.

En los procedimientos que sean de la competencia de los órganos correspondientes de las Comunidades Autónomas, se podrá solicitar informe a dicha comisión a los efectos previstos en el apartado anterior, o al órgano consultivo similar.

3. El plazo de emisión del informe a que se refieren los apartados anteriores será de 30 días.

Artículo 8. Resolución.

1. Recibido el informe del órgano consultivo correspondiente, se dará por concluida la instrucción del procedimiento.

2. El Ministro de Trabajo y Asuntos Sociales o, en su caso, el órgano correspondiente de las Comunidades Autónomas dictarán la resolución y la notificarán en el plazo de tres meses computados desde la fecha en que la solicitud hubiera tenido entrada en el correspondiente registro o, en su caso, de su subsanación. Dicha resolución pondrá fin a la vía administrativa.

3. Transcurrido el plazo sin que hubiera recaído resolución expresa, se entenderá denegada la solicitud.

Artículo 9. Contenido de la resolución.

1. La resolución administrativa que se dicte decidirá motivadamente, en función de la concurrencia de las circunstancias establecidas en el artículo 92.2 del Texto Refundido de la Ley del Estatuto de los Trabajadores y en el artículo 1.2 de este Real Decreto, sobre la procedencia o no de la extensión de las disposiciones del convenio colectivo solicitado al ámbito requerido carente de regulación. La resolución podrá decidir, además, sobre aquellas disposiciones del convenio colectivo que resulten inaplicables, con especial consideración de las cláusulas obligacionales.

2. La aplicación del convenio colectivo extendido surtirá efectos desde la fecha de presentación de la solicitud hasta la finalización de la vigencia inicial o prorrogada del convenio colectivo extendido, sin perjuicio de lo establecido en los artículos siguientes.

Artículo 10. Renovación de la solicitud.

1. Sustituido un convenio extendido por un nuevo convenio colectivo, las partes legitimadas podrán solicitar del Ministro de Trabajo y Asuntos Sociales o del órgano correspondiente de las Comunidades Autónomas, en el plazo de un mes contado desde la publicación en el «Boletín Oficial del Estado» o en el diario oficial de la Comunidad Autónoma correspondiente del nuevo convenio colectivo, que se dicte una nueva resolución sobre la necesidad de extender el nuevo convenio publicado, por no haberse modificado las circunstancias que dieron lugar a la extensión inicial, y se acompañarán las consideraciones que se estimen oportunas sobre su necesidad.

2. La resolución administrativa que se dicte decidirá motivadamente, en función de la modificación o no de las circunstancias previstas en el artículo 92.2 del Texto Refundido de la Ley del Estatuto de los Trabajadores y en el artículo 1.2 de este Real Decreto que dieron lugar a la extensión inicial.

3. El plazo para dictar y notificar la resolución administrativa será de un mes computado desde la fecha en que la solicitud hubiera tenido entrada en el correspondiente registro y los plazos establecidos para los informes a que se refieren los artículos 6 y 7 se reducirán a la mitad.

4. Los efectos de la nueva resolución de extensión de convenio colectivo se retrotraerán a la fecha de inicio de efectos del convenio extendido.

Artículo 11. Situaciones posteriores a la extensión.

1. Si durante la vigencia de la extensión de un convenio colectivo se modificaran o desaparecieran las circunstancias que dieron lugar a la resolución de extensión por parte del órgano competente, cualquiera de las partes afectadas podrá promover la negociación de un convenio colectivo propio en los términos previstos en el Texto Refundido de la Ley del Estatuto de los Trabajadores, y comunicará tal decisión al órgano competente. Promovida la negociación de un convenio colectivo, a tenor de lo dispuesto en el artículo 89.1 del Texto Refundido de la Ley del Estatuto de los Trabajadores, la parte receptora de la comunicación de iniciación de las negociaciones no podrá negarse a ella por razón de la vigencia de la extensión. Si las partes alcanzaran un acuerdo que concluya en la suscripción de un convenio colectivo, lo comunicarán al órgano competente, que dictará una resolución que deje sin efecto la extensión.

2. Finalizada la vigencia inicial de un convenio colectivo que hubiera sido objeto de extensión, si las partes legitimadas para solicitar la extensión de convenios colectivos tuvieran conocimiento de la existencia de un convenio colectivo más acorde con la realidad sociolaboral de su ámbito, podrán solicitar del órgano competente la sustitución del convenio extendido por ese otro convenio colectivo, indicando la necesidad de dicha sustitución, e iniciarán el procedimiento de extensión regulado en este Real Decreto. Durante la tramitación de la nueva solicitud de extensión de convenio, se mantendrán vigentes los efectos del anterior convenio extendido hasta la nueva resolución del procedimiento.

La resolución administrativa que se dicte decidirá motivadamente sobre la procedencia o no de la indicada solicitud de extensión, en función de la concurrencia de las circunstancias establecidas en el artículo 92.2 del Texto Refundido de la Ley del Estatuto de los Trabajadores y en el artículo 1.2 de este Real Decreto, así como de la adecuación del convenio a la realidad sociolaboral del ámbito para el que se solicita la extensión.

Artículo 12. Registro, depósito y publicación.

La resolución administrativa que extienda un convenio colectivo deberá depositarse, registrarse y publicarse de conformidad con lo previsto en el artículo 90.2 y 3 del Texto Refundido de la Ley del Estatuto de los Trabajadores y en el Real Decreto 1040/1981, de 22 de mayo, sobre registro y depósito de convenios colectivos de trabajo.

DISPOSICIÓN ADICIONAL

Única. Información entre Administraciones públicas.

De conformidad con los principios que rigen las relaciones entre Administraciones públicas establecidos en el artículo 4 de la Ley 30/1992, de 26 de noviembre, de Régimen Jurídico de las Administraciones Públicas y del Procedimiento Administrativo Común, el Ministerio de Trabajo y Asuntos Sociales y los órganos correspondientes de las Comunidades Autónomas se informarán recíprocamente sobre las resoluciones administrativas por las que se extienda un convenio colectivo dictadas en el ejercicio de sus competencias.

DISPOSICIÓN TRANSITORIA

Única. Ámbito de aplicación temporal.

Las solicitudes de extensión formuladas con anterioridad a la entrada en vigor de este Real Decreto se regirán por lo dispuesto en el Real Decreto 572/1982, de 5 de marzo, en lo que no se oponga al artículo 92.2 del Texto Refundido de la Ley del Estatuto de los Trabajadores.

DISPOSICIÓN DEROGATORIA

Única. Alcance de la derogación normativa.

Quedan derogadas cuantas disposiciones de igual o inferior rango se opongan a lo establecido en este Real Decreto y expresamente el Real Decreto 572/1982, de 5 de marzo, por el que se desarrolla el artículo 92.2 del Estatuto de los Trabajadores, sobre extensión de convenios colectivos.

DISPOSICIONES FINALES

Primera. Facultades de aplicación y desarrollo.

Se autoriza al Ministro de Trabajo y Asuntos Sociales, en el marco de sus competencias, para dictar las disposiciones que sean precisas para la aplicación y el desarrollo de este Real Decreto.

Segunda. Entrada en vigor.

El presente Real Decreto entrará en vigor el día siguiente al de su publicación en el «Boletín Oficial del Estado».

c) Acuerdos Interconfederales

§ 19.1 RESOLUCIÓN 9 FEBRERO 2007, DE LA DIRECCIÓN GENERAL DE TRABAJO. REGISTRA Y PUBLICA EL ACUERDO INTERCONFEDERAL PARA LA NEGOCIACIÓN COLECTIVA 2007

(BOE núm. 48, de 24 febrero [RCL 2007, 381])

Visto el texto del Acuerdo Interconfederal para la negociación colectiva 2007 (ANC-2007), que fue suscrito con fecha 6 de febrero de 2007, de una parte por la Confederación Española de Organizaciones Empresariales (CEOE) y la Confederación Española de la Pequeña y Mediana Empresa (CEPYME), y de otra parte por la Confederación Sindical de Comisiones Obreras (CC OO) y la Unión General de Trabajadores (UGT), y de conformidad con lo dispuesto en el artículo 83.2 en relación con el artículo 90, apartados 2 y 3, del Real Decreto Legislativo 1/1995, de 24 de marzo, por el que se aprueba el Texto Refundido de la Ley del Estatuto de los Trabajadores y en el Real Decreto 1040/1981, de 22 de mayo, sobre registro y depósito de Convenios Colectivos de trabajo.

Esta Dirección General de Trabajo, resuelve:

Primero.

Ordenar la inscripción del citado Acuerdo Interconfederal en el correspondiente Registro de este Centro Directivo.

Segundo.

Disponer su publicación en el «Boletín Oficial del Estado».

ACUERDO INTERCONFEDERAL PARA LA NEGOCIACIÓN COLECTIVA 2007

CAPÍTULO I

Balance y consideraciones generales

La negociación colectiva es el espacio natural del ejercicio de la autonomía colectiva de las Organizaciones Empresariales y Sindicales y el ámbito apropiado para facilitar la capacidad de adaptación de las empresas, fijar las condiciones de trabajo y modelos que permitan mejorar la productividad, crear más riqueza, aumentar el empleo, mejorar su calidad y contribuir a la cohesión social.

El establecimiento de criterios y orientaciones para acometer los procesos de negociación colectiva ha contribuido a afrontar en mejores condiciones la situación de incertidumbre económica que se viene produciendo durante los últimos años y que posiblemente tendrá su continuidad en el año 2007. Con tal finalidad, desde 2002, las Organizaciones Sindicales, UGT y CC OO y Empresariales, CEOE y CEPYME, suscribimos sucesivos Acuerdos Interconfederales para la Negociación Colectiva.

Nuestro objetivo ha sido incidir sobre las materias que, en muchos casos, ya configuraban la negociación colectiva para conseguir afrontar los cambios y las diferentes coyunturas de la economía y el empleo. Dicho de otro modo, conscientes de la complejidad de la negociación colectiva y de la necesidad de adaptarse a un marco cambiante que tienen empresas y trabajadores, nuestro propósito fue orientar la negociación de los convenios colectivos en dichos ejercicios, partiendo del reconocimiento de la madurez alcanzada en los ámbitos sectoriales y en las empresas.

La confianza que ha generado la asunción de las responsabilidades contenidas en los Acuerdos ha contribuido a mantener el crecimiento de la economía española, a mejorar el poder adquisitivo de los salarios en un contexto de moderación y a mantener y crear empleo.

Los principales problemas registrados por la economía española en 2006 han sido la desfavorable evolución de la inflación, la aportación negativa del sector exterior, y la inestabilidad que implica el endeudamiento de las familias, sobre el que se sustenta el crecimiento del consumo y de la construcción.

No obstante, a lo largo del último tramo del año 2006 se ha producido una desaceleración de la inflación debida al descenso de los precios de los productos energéticos, así como un mejor comportamiento del sector exterior.

Frente a estos datos más alentadores, se mantienen algunos problemas para 2007: elementos de incertidumbre que pudieran dificultar el crecimiento económico y la creación de empleo, tales como una desaceleración del ritmo inversor del sector de construcción, un previsible aumento del precio del dinero y unas expectativas a la baja sobre el crecimiento económico del conjunto de la UE. En sentido positivo cabe esperar la consolidación de un mayor aporte al crecimiento del sector exterior y un mejor comportamiento de los precios de las materias primas, en particular los productos energéticos.

Por otra parte, en 2007 entrará en vigor el nuevo escenario de aplicación y distribución de los Fondos estructurales y de cohesión, en el nuevo contexto de la ampliación de la Unión Europea a 27 miembros.

La previsión u objetivo de inflación cifrada en el 2% por el Gobierno para 2007 contenida en los Presupuestos Generales del Estado constituye un referente necesario para homologar el crecimiento de los precios con los de nuestros socios comunitarios, para la competitividad de las empresas y para la mejora del poder adquisitivo de los salarios.

A la vista del escenario previsto para 2007 debemos persistir en los objetivos de Acuerdos anteriores, al tiempo que incorporamos al mismo los resultados del proceso de Diálogo Social desarrollado desde la Declaración de 2004, y dar continuidad a compromisos que incluyan seguridad para los trabajadores y flexibilidad para las empresas. Eso justifica la conveniencia de suscribir un nuevo Acuerdo Interconfederal para la Negociación Colectiva del año 2007.

Creemos que el Diálogo Social y la negociación colectiva son los métodos de trabajo más apropiados para el buen funcionamiento del sistema de relaciones laborales en todos los niveles y para abordar reformas, cambios y adaptaciones en los sectores productivos y empresas.

La Declaración para el Diálogo Social 2004 sobre Competitividad, Empleo Estable y Cohesión Social, suscrita entre el Gobierno y las Confederaciones Sindicales y Empresariales, recoge como objetivo común de los firmantes el que la sociedad española alcance unos mayores niveles de desarrollo económico, de calidad en el empleo, de bienestar social, de cohesión territorial y de sostenibilidad ambiental. Para el logro de este objetivo es preciso apostar por un modelo de crecimiento económico equilibrado y duradero basado en la mejora de la competitividad de las empresas y en el incremento de la productividad.

Con dicha Declaración se procedió a la apertura del proceso de Diálogo, que, desarrollado en diversos escenarios de negociación, incluye una amplia relación de materias, habiéndose alcanzado acuerdos en gran parte de ellas. Algunos de los mismos hacen remisiones a la negociación de los convenios colectivos.

También en el marco del diálogo social está previsto a lo largo de 2007 iniciar un proceso de diálogo tripartito sobre el conjunto de las políticas de inserción laboral de las personas con discapacidad.

Como en años anteriores, el principal objetivo del ANC 2007 es dar una visión compartida por las Organizaciones firmantes sobre la necesidad de impulsar la competitividad de la economía española, que le permita afrontar en mejores condiciones los cambios producidos por la ampliación europea, los procesos de liberalización del comercio mundial, la coyuntura económica y sus efectos en el empleo.

El ANC 2007, equilibrando los intereses en juego de los distintos actores que participan en la negociación colectiva, aborda un conjunto de cuestiones y criterios interrelacionados, que deben tener fiel reflejo en su traslación a los convenios colectivos.

Así, hemos establecido criterios en materia salarial que contribuyan al control de la inflación, al crecimiento del empleo, al aumento de las inversiones productivas, y a la mejora de la capacidad adquisitiva de los salarios y de la situación de las empresas. Al igual que en otros Acuerdos hemos dedicado un apartado a previsión social complementaria en el que se introducen algunos criterios y orientaciones al respecto.

Hemos articulado también criterios sobre mantenimiento y creación de empleo, así como sobre su estabilidad en correspondencia con los acuerdos alcanzados en el ámbito del Diálogo Social. El desarrollo de mecanismos de flexibilidad interna, siempre preferibles a la externa y a los ajustes de empleo; la formación permanente y la mejora de las competencias y cualificaciones, adecuándolas a los términos de los recientes acuerdos en esta materia; el impulso de la contratación indefinida, el uso adecuado de la contratación temporal, la transparencia en la subcontratación; la información, consulta y negociación con la representación de los trabajadores; y el fomento de la igualdad de trato y de oportunidades.

Todos ellos son elementos de respuesta a los requerimientos del cambio a tener en cuenta en la negociación colectiva.

Una vez más, las Organizaciones firmantes manifestamos nuestro compromiso para reducir la siniestralidad laboral en España también en el marco de la negociación colectiva, fomentando la cultura preventiva y el cumplimiento de las normas y llamando a la colaboración de todos los sujetos implicados en su ámbito de responsabilidad.

En los últimos años se ha venido produciendo un amplio debate en el ámbito internacional sobre la llamada responsabilidad social, como pone de manifiesto el Libro verde de la Comisión Europea titulado «Fomentar un marco europeo para la responsabilidad social de las empresas»[1] y las posteriores Comunicaciones[2] de la Comisión.

De un lado, las Organizaciones Sindicales y Empresariales queremos contribuir a despejar algunas confusiones que se vienen observando alrededor de este concepto y sobre el carácter voluntario de su ejercicio. De otro, queremos formular algunas aportaciones sobre una materia en la que reclamamos un protagonismo más intenso de las empresas, los trabajadores y sus organizaciones representativas, estando previsto abordarlo en el Diálogo Tripartito en 2007.

Este Acuerdo también incorpora unas consideraciones relacionadas con el desarrollo del teletrabajo y el Acuerdo Marco Europeo sobre teletrabajo resultado del diálogo social.

El desarrollo y aplicación de los compromisos y objetivos que acaban de señalarse no sería posible sin un procedimiento ágil de negociación de los convenios y de resolución de las posibles discrepancias; y sin una adecuada vertebración y articulación en los distintos ámbitos negociales.

Como conclusión, el ANC 2007 aborda el tratamiento de este conjunto de materias con el objetivo de orientar la negociación de los convenios colectivos durante la vigencia del mismo.

CAPÍTULO II
Naturaleza jurídica y ámbitos del Acuerdo Interconfederal

Naturaleza jurídica y ámbito funcional

Las Organizaciones signatarias asumen directamente los compromisos del presente Acuerdo y se obligan, por tanto, a ajustar su comportamiento y acciones a lo pactado, pudiendo cada una de ellas reclamar de la otra el cumplimiento de las tareas o cometidos acordados.

Asimismo, consideran que las materias del Acuerdo constituyen elementos interrelacionados y el tratamiento de las distintas materias en los convenios colectivos puede favorecer la actividad empresarial y el empleo.

Las Confederaciones firmantes, que tienen la condición de más representativas a nivel estatal, deberán intensificar los esfuerzos para establecer con sus respectivas Organizaciones en los sectores o ramas de actividad, sin menoscabo de la autonomía colectiva de las partes, los mecanismos y cauces más adecuados que les permitan asumir y ajustar sus comportamientos para la aplicación de los criterios, orientaciones y recomendaciones contenidas en este Acuerdo cuya naturaleza es obligacional.

Ámbito temporal

El Acuerdo estará vigente durante el año 2007.

En el supuesto de que se mantengan las principales variables de la economía en materia de crecimiento y empleo, las partes signatarias procederán a la prórroga del presente Acuerdo para 2008 en sus propios términos. Las Organizaciones firmantes se reunirán tres meses antes de la finalización del año 2007, al objeto de constatar la evolución de dichas variables.

Comisión de seguimiento

Se constituye una Comisión de Seguimiento integrada por tres representantes de cada una de las Organizaciones signatarias de este Acuerdo.

Dicha Comisión tendrá encomendada la interpretación, aplicación y seguimiento de lo pactado.

A requerimiento de parte, formulado a través de alguna de las Organizaciones signatarias, esta Comisión podrá interponer sus buenos oficios a fin de resolver cuantas discrepancias se manifiesten en la interpretación y aplicación de lo aquí previsto en la negociación de los convenios colectivos.

---

1. Libro Verde de la Comisión Europea. COM 2001/366.
2. Comunicación «Contribución empresarial a un desarrollo sostenible», COM 2002/397 final. Comunicación «Poner en práctica la asociación para el crecimiento y el empleo: hacer de Europa un polo de excelencia de Responsabilidad Social Empresarial. COM 2006/136 final.

Durante la vigencia del Acuerdo la Comisión de Seguimiento tendrá encomendadas las tareas que de común acuerdo estimen las partes.

La Comisión de Seguimiento aprobará sus normas de funcionamiento en la primera reunión que celebre.

CAPÍTULO III

Consideraciones sobre la competitividad y el empleo

Contexto internacional

En contra de las previsiones iniciales, el año 2006 se podría configurar como uno de los mejores ejercicios de esta década. El crecimiento mundial ha sido mayor de lo esperado y más homogéneo entre las diferentes áreas económicas. Además, a pesar del incremento del precio de las materias primas, en las principales economías de la OCDE la inflación se ha visto contenida, lo que, junto con cierta moderación salarial, ha permitido un importante repunte de la creación de empleo. No obstante, continúan agudizándose los desequilibrios mundiales, incrementando los riesgos a la baja para el crecimiento futuro.

Si la primera mitad del ejercicio se caracterizó por un fuerte crecimiento en términos de actividad y una aceleración de la inflación, durante los últimos meses se ha producido una contención del crecimiento de los precios, en parte por un efecto comparación con el año anterior, y una cierta desaceleración de la actividad en determinadas zonas económicas, que aunque de momento se concentra principalmente en los Estados Unidos, parece que será el preludio de un menor ritmo de avance en la práctica totalidad de las economías en 2007.

La ralentización sufrida en el tercer trimestre por la economía americana no se ha debido exclusivamente a la contracción registrada en el mercado residencial sino que ha sido reflejo de ciertas presiones inflacionistas y de la desaceleración del empleo, que han incidido sobre el ritmo de crecimiento del consumo privado. En 2007 continuará el deterioro de la inversión en vivienda lo que supondrá una significativa aportación negativa al crecimiento del país. Además, el retroceso en la inversión residencial incidirá negativamente en la producción de otros sectores, en el empleo generado durante la última expansión inmobiliaria y, sobre todo, en el efecto riqueza de las familias, limitando el crecimiento del consumo privado. Serán, entonces, la inversión productiva y las exportaciones, las que sostendrán el crecimiento de la economía americana a lo largo de 2007, para el que se estima un recorte de un punto porcentual.

Por su parte, en 2006 la economía de la UE ha dado signos de recuperación. El repunte de la actividad ha superado las previsiones iniciales, esperándose un crecimiento en la zona euro del 2,6% para el conjunto del ejercicio que, sin embargo, se vería suavemente desacelerado hasta el 2,1-2,2% en 2007, según las últimas previsiones de la OCDE y de la Comisión Europea. El crecimiento europeo en este ejercicio se ha fundamentado en la expansión de la demanda interna y en el considerable repunte de las exportaciones, que han venido acompañados de una favorable evolución del empleo y una mayor inflación. El mantenimiento del nivel de inflación por encima de su objetivo, unido a la mejora del crecimiento y a la elevada liquidez, ha llevado al Banco Central Europeo a seguir una política monetaria más restrictiva, elevando el tipo de interés de referencia de forma gradual a lo largo de 2006 y situándolo, tras la reunión del mes de diciembre, en el 3,5%.

En 2007, el endurecimiento de la política monetaria y fiscal (incremento del IVA en Alemania), a lo que previsiblemente se verá añadido un deterioro de las expectativas de los consumidores, puede pesar sobre el ritmo de avance de la demanda interna. Por otra parte, la apreciación del euro con respecto al dólar encarecerá las exportaciones europeas en un contexto de desaceleración de la demanda internacional, limitando el crecimiento de las economías europeas también desde el punto de vista del sector exterior.

El entorno internacional presenta para 2007 un marco de crecimiento favorable, si bien menos intenso que el registrado en el año previo. No obstante, permanecen ciertas dudas y riesgos de carácter estructural, destacando los que se podrían derivar de un ajuste abrupto de los dos principales desequilibrios de la economía norteamericana, el déficit de la balanza de pagos por cuenta corriente y el déficit fiscal. Asimismo, un nuevo repunte de los precios del petróleo desviaría la inflación al alza con respecto a las previsiones e impulsaría a las autoridades monetarias a endurecer de forma adicional su política monetaria. Por último, existen incertidumbres sobre la consolidación de la recuperación de las economías centrales de la UE.

La economía española

La economía española sigue inmersa desde hace más de una década en una etapa de crecimiento económico superior al registrado en las economías centrales de la Unión Europea, lo que ha permitido reducir la brecha entre los niveles de renta per cápita. El año 2005 se cerró con un crecimiento del 3,5% del PIB y, según el Ministerio de Economía, la previsión de resultados para 2006 es todavía mejor, con un crecimiento esperado del 3,8% para el conjunto del año.

Este largo ciclo de bonanza y el mayor crecimiento con respecto a Europa se explican por muchos factores. Entre ellos destacan algunos por novedosos para la economía española, aunque tradicionales para las economías centrales de la UE, de ahí el impulso diferencial que han generado.

Uno de estos elementos es la llegada de mano de obra de origen inmigrante que ha impulsado el aumento de la actividad por varias vías, pero sobre todo mediante el abastecimiento a los sectores intensivos en mano de obra que han sido protagonistas del crecimiento económico más reciente.

Otro elemento son las condiciones generadas por la unión monetaria que han permitido a la economía española disfrutar simultáneamente de financiación favorable (negativa incluso en términos reales) y un tipo de cambio estable y elevado para comprar en el exterior materias primas, energía y tecnología, a un precio competitivo.

La buena coyuntura que atraviesa la economía española está acompañada, sin embargo, de una serie de desequilibrios cuya corrección debe abordarse ahora que el ciclo es favorable y, en particular, vistas las perspectivas que dibujan los organismos internacionales para la economía española, donde el año 2006 aparece como techo de la actual etapa de crecimiento.

Se aprecia un modelo de crecimiento que va acompañado en buena medida de puestos de trabajo que generan un menor componente de valor añadido y un menor peso de las rentas del trabajo sobre el conjunto de la riqueza, y que, a su vez, manifiestan una mayor sensibilidad ante cambios que se produzcan en el ciclo de la actividad, lo que puede repercutir a medio plazo sobre la eficiencia económica y plantear incertidumbres sobre la sostenibilidad del crecimiento y la cohesión social.

En este sentido, y desde el punto de vista de la oferta, el incremento de la población procedente del exterior obedece a este proceso significativo de creación de empleo, especialmente en aquella estructura de la actividad sobre la que descansa en mayor medida el aumento de la demanda.

Estos puestos de trabajo han sido cubiertos en gran medida por la población inmigrante, un colectivo especialmente vulnerable a la economía sumergida y con mayor riesgo de exclusión del ámbito de protección del Estado de Bienestar en ausencia de rentas. Todo lo cual indica la necesidad de políticas y recursos públicos para ordenar los flujos migratorios y garantizar los derechos de estos trabajadores, contribuyendo a fomentar la regularidad de su empleo y los efectos positivos sobre la economía.

La deseada evolución de la economía española hacia un patrón de crecimiento más productivo, donde la demanda interna ceda protagonismo a la demanda externa, y donde los sectores intensivos en capital ganen peso frente a los sectores intensivos en mano de obra, parece condicionada por la evolución de las economías centrales de la UE, que este año dieron signos de recuperación, pero cuyas perspectivas para el año que viene están por confirmarse.

El elevado precio que ha alcanzado en España la vivienda en propiedad ha dificultado el acceso de muchas familias a este bien básico y elevado su endeudamiento, situándolo en un nivel que unido al previsible aumento de los tipos de interés, puede terminar afectando a las decisiones de consumo de las familias y en consecuencia al ciclo de crecimiento.

Otros de los desequilibrios más importantes de la economía española son sus problemas de competitividad, que se reflejan en su cada vez más abultado déficit comercial y en el permanente diferencial de crecimiento de los precios. La mejora de la productividad es el factor más relevante para el sostenimiento del crecimiento económico y del empleo en el medio y largo plazo.

Inflación y competitividad

Uno de los desequilibrios básicos que ha seguido registrando la economía española en 2006 ha sido una inflación elevada en términos relativos, que además de erosionar la capacidad de compra de la población, perjudica la capacidad competitiva de la economía española. La tasa anual media del IPC ha sido del 3,5%, lejos del entorno del 2% que establece el Banco Central Europeo como referencia de estabilidad de precios.

En línea con lo sucedido desde 2004, la incidencia de los precios del petróleo ha sido en buena medida causante de esas tensiones inflacionistas, reflejando también la elevada dependencia y exposición de nuestra economía ante las perturbaciones del mercado energético. Del mismo modo, la moderación del petróleo en el segundo semestre del año se ha traducido en una desaceleración de los precios de consumo en el último cuatrimestre, hasta situar la tasa anual en el mes de diciembre en el 2,7%.

No obstante, la evolución de los precios energéticos no explica totalmente los aumentos del nivel general de precios. Éstos tienen también su origen en el fuerte crecimiento de la demanda, así como en las disfunciones en la formación de precios de algunos mercados internos, que son en último término las responsables de la persistencia de los problemas de inflación en nuestra economía y del diferencial existente respecto a la media de los países de la eurozona.

Mientras los precios de los bienes industriales no energéticos, que sufren la competencia exterior, vienen creciendo a un ritmo inferior al 1,5% desde hace tres años, los aumentos de precios en otras actividades, que denotan un cierto poder de mercado y están menos expuestos a la concurrencia internacional, siguen siendo importantes. Así, los precios de los servicios, que ponderan un tercio en la cesta de la compra de las familias, crecen a un ritmo cercano al 4% que no se explica sólo por la fortaleza del consumo.

Por su parte, el deflactor del PIB, que incluye el precio de todos los bienes y servicios generados dentro de nuestras fronteras, continúa registrando aumentos cercanos al 4%, a pesar de que los costes laborales unitarios están creciendo a un ritmo inferior en más de un punto al propio deflactor.

Lo cierto es que, pese a la mejoría apuntada por el IPC a finales de 2006, la inflación sigue lastrando la competitividad de nuestra economía. La mayoría de los indicadores sobre la posición competitiva de nuestro país reflejan un continuo deterioro desde hace años, debido a la peor evolución relativa de los precios (agravada además, para el caso del comercio con los países de fuera del área del euro, por la fortaleza del euro respecto al dólar) y a la menor inversión en investigación, desarrollo, innovación y capital humano.

Estas carencias dificultan las exportaciones españolas y, sobre todo, impulsan las importaciones para satisfacer el vigoroso crecimiento de la demanda interna, lo que está provocando una pérdida de cuota de mercado nacional para las empresas españolas y un rápido aumento de la posición deudora de nuestro país respecto al resto del mundo.

El empeoramiento progresivo de la competitividad es, por tanto, el factor explicativo básico del elevado y creciente déficit comercial de la economía española, que supone ya el 8,7% del PIB, el nivel más elevado del mundo en términos relativos, y que plantea riesgos a medio plazo para las inversiones y la creación de empleo.

Las expectativas de inflación para 2007 apuntan a un mejor comportamiento que en el pasado año, gracias esencialmente a la moderación de los precios de la energía. Pero, para situar la tasa general de inflación en un nivel en el entorno del 2% de forma permanente no basta con la influencia favorable de factores externos, sino que será preciso un mayor compromiso por parte de todos.

En este sentido, cabe señalar que el moderado incremento de los salarios, que han propiciado los sucesivos ANC firmados por los interlocutores sociales, ha sido un factor coadyuvante en la consecución de las importantes tasas de creación de empleo que viene registrando la economía española.

Por ello, consideramos necesario insistir de nuevo en la importancia de contribuir, desde los sectores público y privado, a lograr la estabilidad de precios, eliminando comportamientos que aprovechen de cualquier forma la moderación general de costes que promueve el presente acuerdo para obtener aumentos adicionales de ingresos a través de la elevación de los precios, lo que provocaría un grave deterioro a empresas, a trabajadores y al conjunto del país.

Empleo y estabilidad

La evolución del empleo durante 2006 se ha caracterizado, en términos generales, por mantener un ritmo de crecimiento notable, aunque ligeramente inferior al registrado el año anterior. Esta evolución, unida al menor avance de la población activa, ha supuesto un descenso adicional del número de desempleados y de la tasa de paro en porcentaje de la población activa que se sitúa en el tercer trimestre en el 8,2%.

Al contrario que en 2005, la variación de la ocupación ha seguido durante 2006 una senda de desaceleración. A pesar de los avances registrados en términos de actividad en la práctica totalidad de las ramas económicas, el menor crecimiento de la ocupación ha tenido lugar en todas ellas a excepción de la construcción donde se registra una aceleración adicional a los ya notables incrementos registrados el año anterior. No obstante, el incremento acumulado de la ocupación hasta el tercer trimestre según la Contabilidad Nacional Trimestral se eleva hasta el 3,1%.

Los crecimientos más importantes de la ocupación continúan concentrándose en la construcción y en los servicios, en línea con el fuerte dinamismo mostrado por la actividad de estos sectores y con el mantenimiento de la demanda de consumo e inversión residencial.

En lo que respecta a la contratación, el número de contratos registrado en 2006 se incrementó en un 7,9% con relación al año anterior. De acuerdo con la duración del contrato cabe destacar el fuerte repunte de la contratación indefinida en la segunda parte del ejercicio que ha elevado su peso dentro de la contratación total en el mes de diciembre hasta el 17%, gracias al impulso del Acuerdo para la Mejora del Crecimiento y del Empleo suscrito por los interlocutores sociales.

No obstante, la tasa de temporalidad se mantiene elevada, y será difícil que flexione a la baja significativamente mientras los protagonistas de la creación de empleo sean los sectores intensivos en mano de obra, lo que reafirma la necesidad de transitar hacia un modelo productivo donde los sectores intensivos en capital y que requieren trabajo más cualificado ganen peso.

Asimismo, el crecimiento del empleo entre las mujeres está siendo más intenso que entre los hombres, reduciéndose gradualmente la brecha existente tanto en tasa de ocupación como en tasa de actividad entre hombres y mujeres.

En cuanto a la evolución del desempleo, éste ha mostrado una reducción adicional, si bien algo inferior, a la registrada en 2005, debido a la desaceleración de la ocupación al tiempo que el incremento de la actividad se mantenía.

Aunque la evolución de la actividad y la ocupación muestran una senda favorable a lo largo de 2006, sus niveles se encuentran aún lejos de los registrados en media en la UE-15, diferencias que se explican y concentran por entero en el grupo de las mujeres, mientras que la situación de los hombres parece ya homologada. Por ello, se hace necesario reforzar aún más las medidas realizadas estos últimos años de cara a incrementar la actividad y la ocupación con la vista puesta en alcanzar los objetivos marcados por la Estrategia de Lisboa.

En este sentido, el ANC 2007 contribuye a establecer un marco de referencia que ayuda a mejorar la situación del empleo en la economía española, reforzando su evolución tendencial frente a las características fluctuaciones de la actividad económica.

Inversión y productividad

En el año 2005 la inversión registró una alta tasa de crecimiento (7%), que se desacelera en 2006, pero manteniendo un ritmo vigoroso, por encima del 6% de aumento interanual. Este incremento de la inversión total ha venido acompañado en 2005 y 2006 por un intenso crecimiento de la inversión en bienes de equipo, que a finales de año aumentaba a un ritmo superior al 9% interanual.

La inversión asegura la sostenibilidad futura del crecimiento, en tanto que aumenta el potencial de crecimiento de la economía y mejora su competitividad mediante el cambio tecnológico que introducen los nuevos bienes de equipo.

Sin embargo, una parte cada vez más significativa de la inversión se ha ido concentrando en la construcción de viviendas en los últimos años, lo cual no aumenta la base productiva de la economía, aunque sí puede incrementar el bienestar social si supone una mejora en el acceso a este bien básico.

Si el peso de la inversión en vivienda sobre la inversión total se movía en el entorno del 22%, a partir del año 2001 su presencia empieza a aumentar hasta situarse en el 30% en el primer trimestre de 2006. De hecho, entre el año 2001 y 2005, el 44% de la inversión se ha destinado a la construcción de viviendas.

Paralelamente, la productividad ha tenido unos registros pobres a lo largo de los últimos años, aunque en 2006 se observa un ligero aumento (0,7% hasta el tercer trimestre del año) gracias al mejor registro del sector industrial, que se alcanza por el repunte de su actividad y, en parte, por el ajuste del empleo. El bajo crecimiento de la productividad se explica, entre otros factores, por un ciclo de crecimiento cuyo motor son sectores intensivos en mano de obra, donde muchos de los puestos de trabajo que crean son poco productivos, no requieren cualificación y su remuneración es baja.

No obstante, el ciclo también ha generado empleo de calidad que ha sido atendido con mano de obra cualificada, aunque su productividad no ha sido suficiente para compensar el peso que han ganado los trabajos no cualificados en la estructura del empleo.

Por otro lado, la evolución de la productividad no sólo está condicionada por el protagonismo de un determinado tipo de sectores sobre el crecimiento económico, sino por las características de los puestos de trabajo que se generan en cada sector y la capacidad de la oferta de empleo para atenderlos. Desde esta perspectiva, la sociedad española está avanzando –aunque con dificultades– en la mejora de su oferta educativa y formativa, mientras que una parte significativa del empleo generado en los últimos años requiere muy poca cualificación. Esta falta de sintonía entre lo que se ofrece y demanda en el mercado de trabajo es objeto de reflexión por los agentes sociales y debe serlo también para los poderes públicos.

Junto al esfuerzo permanente en materia de educación, formación y cualificación profesional, es imprescindible reforzar la inversión en aquellos factores capaces de propiciar un cambio en el modelo de competitividad que incida más en la mejora del valor añadido y menos en el ajuste permanente de los costes. Un progresivo cambio en el modelo de desarrollo sobre bases más equilibradas y sólidas, que pasa por redoblar los esfuerzos en nuevas tecnologías, calidad de productos y servicios, actividades investigadoras e innovadoras y difusión de la sociedad del conocimiento.

En este sentido, las políticas públicas tienen la capacidad de incidir de forma determinante sobre los grandes ejes que determinan las ganancias duraderas de competitividad y el incremento de la productividad, pero también los agentes sociales deben implicarse activamente para lograr que el esfuerzo colectivo que se precisa sea equilibrado.

CAPÍTULO IV

Criterios en materia salarial

Las Organizaciones firmantes del ANC 2007 declaramos la intención de llevar a cabo, durante la vigencia del presente Acuerdo, una política de crecimiento moderado de los salarios que permita adaptarse al contexto económico, apoyar el descenso de la inflación y la mejora de la competitividad, potenciar las inversiones productivas y favorecer el empleo estable y seguro.

El análisis de la situación económica y social española permite constatar la necesidad de mejorar la productividad. El incremento de ésta y la mejora de la competitividad son objetivos estrechamente vinculados, a los que han de coadyuvar tanto los trabajadores como las empresas, y a cuya consecución contribuirá, entre otros:

Inscribir nuestro aparato productivo en un modelo de competencia que se base en la mejora del valor añadido y no exclusivamente en el ajuste de los costes, así como contribuir a erradicar la economía sumergida.

Efectuar una llamada de atención a los poderes públicos, a las empresas, a los trabajadores y a la sociedad española en general sobre la necesidad de redoblar el esfuerzo en materia educativa, y en actividades de investigación, desarrollo e innovación. Sería deseable la generalización de nuevas tecnologías como instrumentos para mejorar la capacidad productiva.

Contribuir, desde los sectores públicos y privados, a lograr la estabilidad de precios, eliminando comportamientos que aprovechen la moderación general de costes para obtener aumentos de ingresos a través de la elevación de los precios.

Favorecer la estabilidad en el empleo y la cualificación profesional, sin perjuicio de mantener un marco de contratación temporal que permita responder a necesidades coyunturales.

Favorecer la adaptación de las empresas mediante cambios organizativos que permitan una mayor competitividad.

La mejora de la productividad general de la economía española y de los sectores y empresas ha de favorecer, entre otros factores, el incremento de las rentas salariales.

Las Organizaciones Sindicales y Empresariales consideramos que la credibilidad del objetivo o previsión de inflación es una base necesaria para el modelo de negociación salarial, evitando que éste se vea sometido a tensiones derivadas de una sustancial desviación entre el dato previsto y el dato real registrado, lo que perjudica a las rentas y genera también incertidumbre de costes para las empresas.

A partir de las consideraciones anteriores, y por lo que respecta a los criterios salariales, los negociadores de convenio deberán tener en cuenta lo siguiente:

Criterios para la determinación de los incrementos salariales

1) La negociación salarial debe tomar como primera referencia el objetivo o previsión de inflación del Gobierno, fijado para el año 2007 en el 2 por 100.

Consideramos oportuno recomendar que no se utilicen otras previsiones de inflación distintas de las oficiales, desaconsejándose, en consecuencia, la identificación de otros parámetros ya sea en un ámbito sectorial específico, ya sea en un ámbito territorial determinado.

2) En segundo lugar, puede haber incrementos superiores a la inflación prevista dentro de los límites derivados del incremento de la productividad. La negociación salarial debe tener en cuenta los criterios propuestos para apoyar el mantenimiento o, en su caso, el crecimiento del empleo en las empresas, favoreciendo sus inversiones productivas, y para sostener la mejora del poder adquisitivo de los salarios sobre el que, en buena medida, se soporta el crecimiento económico y del empleo a través del aumento del consumo.

Cláusula de revisión salarial

Los convenios colectivos así negociados incorporarán una cláusula de revisión salarial, sin que ello trunque el objetivo de moderación salarial. A tal fin, tomarán como referencia el objetivo o previsión de inflación, el IPC real y el incremento salarial pactado en el convenio colectivo.

La determinación de los salarios en la negociación colectiva basada en esta política de moderado crecimiento de los salarios, tomando como referencia la inflación prevista, la productividad y la cláusula de revisión salarial, en los términos señalados, constituye un modelo apropiado para evitar espirales inflacionistas nada deseables.

Otros aspectos a considerar

Debe tenerse en cuenta que el crecimiento de los salarios en convenio debería también tomar como referencia los costes laborales unitarios, de forma tal que la cifra resultante permita a las empresas, en particular las abiertas a la competencia internacional, mantener, al menos, su posición actual y no verse perjudicadas respecto a sus competidores.

En este sentido, es preciso señalar que la evolución de los costes laborales unitarios no depende en exclusiva de los salarios, sino que también se ve afectada por la incidencia de otros factores que los determinan y que tienen que ver con la evolución, tanto de los costes laborales no salariales (cotizaciones a la Seguridad Social, prestaciones sociales pagadas por la empresa, etc.), como de los aspectos que afectan al grado y forma de utilización del factor trabajo (distribución de la jornada, organización del trabajo, absentismo injustificado, inversión productiva, etc.).

En una economía abierta a la competencia internacional, se hace preciso afrontar cambios en las actuales estructuras salariales, avanzando en una mayor relación entre retribución y productividad.

En tal sentido, la negociación colectiva constituye un instrumento adecuado para establecer la definición y criterios de una estructura salarial (conceptos fijos y variables, salarios mínimos, complementos u otros) adecuada a la realidad sectorial y empresarial, teniendo en cuenta su directa relación con los nuevos sistemas de organización del trabajo y los incentivos a la producción, la calidad o los resultados, entre otros.

A tal fin, en la definición de los conceptos variables deberían tomarse en consideración criterios de objetividad y claridad en su implantación; la delimitación de porcentajes de retribución variable sobre la retribución total; los derechos de información y participación en la empresa de los representantes de los trabajadores y la consideración de las realidades específicas de cada sector o empresa.

Diversidad de situaciones

No pueden tratarse de manera uniforme las distintas situaciones, por lo que los negociadores deberán, en cada caso, tener en cuenta las circunstancias específicas de su ámbito para fijar las condiciones salariales, todo ello dentro de los criterios señalados anteriormente.

Cláusula de inaplicación salarial

La inclusión de la llamada cláusula de inaplicación del régimen salarial forma parte del contenido mínimo de los convenios colectivos de ámbito superior al de empresa.

En tal sentido, consideramos necesario que en dichos convenios se establezcan las condiciones y procedimientos por los que podría no aplicarse el régimen salarial a las empresas cuya estabilidad económica pudiera verse dañada como consecuencia de tal aplicación. La reincorporación, en su caso, al régimen salarial objeto del descuelgue se debería adoptar en el mismo ámbito que el del acuerdo correspondiente.

Previsión social complementaria

Las Organizaciones firmantes de este Acuerdo hemos compartido una valoración positiva sobre los sistemas de Previsión Social Complementaria y considerado conveniente analizar conjuntamente los problemas que dificultan el desarrollo de los mismos en el marco de la negociación colectiva, que es un ámbito adecuado para la promoción de nuevos compromisos por pensiones.

Este análisis deberá abordar la integridad de aspectos que afectan al desarrollo de sistemas de previsión social complementaria, incluido entre ellos el vigente marco regulador.

Por otra parte, hay que recordar que el Real Decreto 16/2005, de 30 de diciembre (BOE 31-12), aprobó una nueva y última prórroga del plazo inicialmente fijado para exteriorizar los compromisos por pensiones contemplados en convenios colectivos sectoriales de ámbito supraempresarial conocidos como premios de jubilación. Dicho plazo finalizó el día 31 de diciembre de 2006.

A efectos de la realización de dicho proceso, el BOE de 9 de noviembre de 2006, publicó la Orden EHA 3433/2006, de 2 de noviembre, sobre condiciones técnicas especiales aplicables a contratos de seguro y planes de pensiones que instrumenten determinados compromisos por pensiones vinculados a la jubilación. Esta Norma constituye una alternativa adicional de financiación del proceso de exteriorización ya que facilita la financiación a futuro de los compromisos por servicios pasados.

La finalización del plazo legal de exteriorización supone que aquellas empresas con compromisos por pensiones derivados de su convenio sectorial que, a la fecha referida, pudieran no haber concluido el proceso de exteriorización de los mismos, deberán hacerlo para hacer efectiva la obligación y evitar el riesgo del procedimiento sancionador que pudiera derivarse del incumplimiento de la obligación legal.

La normativa vigente regula los instrumentos para la exteriorización: plan de pensiones de empleo (de empresa o de promoción conjunta para el ámbito supraempresarial) y seguros colectivos de empresa.

CAPÍTULO V

Empleo. Formación. Flexibilidad y seguridad. Derechos de información y consulta

La negociación colectiva del año 2007 deberá tener en cuenta el conjunto de normas y de nuevos criterios derivados del amplio proceso de negociación desarrollado en los dos últimos años, en cumplimiento de la Declaración para el Diálogo Social 2004 suscrita por el Gobierno y los Interlocutores Sociales.

Algunos de los acuerdos tripartitos alcanzados afectan de manera significativa a las materias que se tratan en este Capítulo y, en particular: el Acuerdo para el nuevo Sistema de Formación para el Empleo que desarrolla nuevos aspectos de la formación de los trabajadores y trabajadoras; el Acuerdo sobre Medidas en materia de Seguridad Social que afecta, entre otras cuestiones, a la jubilación parcial y a los incentivos a la prolongación voluntaria de la vida laboral; la Ley 14/2005, de 1 de julio, sobre las cláusulas de los convenios colectivos referidas al cumplimiento de la edad ordinaria de jubilación que habilita a los convenios colectivos para establecer cláusulas que posibiliten la extinción del contrato de trabajo al cumplir el trabajador la edad ordinaria de jubilación; el Acuerdo para la Mejora del Crecimiento y del Empleo (AMCE), hoy recogido por la Ley 43/2006, de 29 de diciembre, que establece un nuevo programa de bonificaciones al empleo estable y nuevas normas en materia de contratación y de subcontratación.

Los contenidos del Acuerdo para la Mejora del Crecimiento y del Empleo, en tanto que plasmación del consenso entre las partes firmantes, constituye un punto de equilibrio que se orienta en la dirección de apoyar y sostener la creación de empleo, así como mejorar el funcionamiento del mercado de trabajo y la estabilidad del empleo.

El mencionado Acuerdo refleja el convencimiento de los firmantes de que la apuesta por la mejora de la productividad del trabajo y de la competitividad empresarial –que son dos de los grandes desafíos de futuro para la economía española– debe pasar por alcanzar un mayor nivel de estabilidad en el empleo.

Estos mismos objetivos han estado presentes en los criterios y recomendaciones que han conformado los sucesivos Acuerdos Interconfederales para la Negociación Colectiva suscritos entre las organizaciones sindicales y empresariales desde el año 2002.

La estabilidad del empleo debe seguir presente en la negociación colectiva, sin perjuicio de mantener un marco de contratación temporal que permita responder a las necesidades coyunturales de producción de bienes y servicios, y de articular instrumentos de flexibilidad, entre ellos las nuevas formas de organización del trabajo, y tener en cuenta que los mecanismos de adaptación internos son preferibles a los externos y a los ajustes de empleo. En este contexto se debe perseguir el adecuado equilibrio entre flexibilidad para las empresas y seguridad para los trabajadores.

Para contribuir al mejor tratamiento de todos estos aspectos consideramos que los convenios colectivos de 2007 deben tener en cuenta los siguientes criterios generales:

El mantenimiento del empleo y la promoción del mismo, especialmente entre quienes tienen mayor riesgo de desempleo.

El establecimiento de marcos que permitan a las empresas mejorar su posición en el mercado y su productividad, y adaptarse internamente ante circunstancias cambiantes, manteniendo el adecuado equilibrio entre flexibilidad y seguridad.

El fomento de la estabilidad del empleo como garantía de competitividad para las empresas y de seguridad para los trabajadores.

El desarrollo permanente de las competencias y la cualificación profesional.

El cumplimiento del principio de igualdad de trato y no discriminación en el empleo y en las condiciones de trabajo, así como la promoción de la igualdad de oportunidades entre mujeres y hombres.

El desarrollo de instrumentos de información y de análisis para favorecer la adecuada adaptación a los cambios productivos, así como para el seguimiento de lo pactado en la negociación colectiva.

La incidencia de las tecnologías de la información y de la comunicación en el desarrollo productivo general y en las relaciones laborales.

1. Empleo y contratación

Los convenios colectivos deberán seguir avanzando en la asunción de las competencias que la legislación laboral traslada a la negociación colectiva en materia de contratación, de acuerdo a los siguientes criterios:

a) La promoción de la contratación indefinida inicial, la transformación de contratos temporales en contratos fijos, el mantenimiento del empleo y la igualdad de oportunidades, teniendo para ello en cuenta las nuevas normas e instrumentos vigentes:

El nuevo programa de bonificaciones a la contratación indefinida de determinados grupos de trabajadores y trabajadoras con mayores dificultades de inserción laboral y personas desempleadas: las mujeres, los jóvenes, las personas mayores de 45 años, quienes llevan más de 6 meses en paro, las personas con discapacidad, las personas víctimas de violencia de género o doméstica, y los que se encuentren en situación de exclusión social.

Una vez finalizado el programa extraordinario de incentivos para la conversión de empleo temporal en fijo el día 31 de diciembre de 2006, las bonificaciones se destinarán a la contratación indefinida inicial.

La reducción de 0,25 puntos porcentuales en la cotización empresarial por la contingencia de desempleo a todos los contratos indefinidos desde el 1 de julio de 2006 y de otros 0,25 puntos adicionales a partir del 1 de julio de 2008.

La reducción del tipo de cotización empresarial al FOGASA, quedando establecido en el 0,20 desde el 1 de julio de 2006.

La posibilidad de transformar los contratos temporales, incluidos los formativos, celebrados antes del 31 de diciembre de 2007 en el contrato para el fomento de la contratación indefinida.

b) El fomento del uso adecuado de las modalidades contractuales de forma tal que las necesidades permanentes de la empresa se atiendan con contratos indefinidos y las necesidades coyunturales, cuando existan, puedan atenderse con contratos temporales causales, directamente o a través de ETT.

c) La adopción de fórmulas que eviten el encadenamiento injustificado de sucesivos contratos temporales, con el objetivo de prevenir abusos, teniendo en cuenta la nueva regulación:

Los trabajadores que en un período de 30 meses hubieran estado contratados durante un plazo superior a 24 meses, con o sin solución de continuidad, para el mismo puesto de trabajo con la misma empresa, mediante dos o más contratos temporales (de las modalidades de obra y servicio y eventual por circunstancias de la producción), sea directamente o a través de ETT, adquirirán la condición de trabajadores fijos.

Esta medida afecta a los contratos realizados con posterioridad al 15 de junio de 2006, y respecto a los contratos suscritos con anterioridad, a los efectos del cómputo del número de contratos y del período y plazo previsto, se tomará en consideración el contrato vigente el 15 de junio de 2006.

Además, la Norma prevé que, atendiendo a las peculiaridades de cada actividad y a las características del puesto de trabajo, la negociación colectiva establecerá requisitos dirigidos a prevenir la utilización abusiva de contratos de duración determinada con distintos trabajadores para desempeñar el mismo puesto de trabajo cubierto anteriormente con contratos de ese carácter, incluidos los de puesta a disposición realizados con ETT.

Este segundo supuesto ha sido remitido por la Ley a la negociación colectiva, dejando a ésta distintas posibilidades de actuación, dado que la pluralidad de situaciones no permite una solución homogénea, convirtiendo a la negociación colectiva en el cauce adecuado para instrumentar fórmulas y procedimientos dirigidos a evitar el encadenamiento injustificado de contratos temporales atendiendo a las peculiaridades de la actividad y de los puestos de trabajo a cubrir.

d) El fomento de los contratos formativos, como vía de inserción laboral y cualificación de los jóvenes. La incorporación definitiva en la empresa de estos trabajadores, una vez finalizado el contrato formativo, contribuye a la estabilidad del empleo.

La negociación colectiva deberá tener presente las modificaciones introducidas en los límites de edad de los trabajadores con los que se puede suscribir el contrato para la formación. Debe recordarse que el límite general –trabajadores mayores de 16 y menores de 21 años– ha sido repuesto para colectivos antes excluidos del mismo (extranjeros durante la vigencia de su primera autorización de trabajo, parados que lleven más de 3 años en situación de desempleo y personas en situación de exclusión social), quedando como únicas excepciones a dicho límite las personas con discapacidad y alumnos-trabajadores de escuelas-taller, casas de oficios y talleres de empleo.

e) La desaparición del contrato de inserción, cuya utilización estaba reservada a la gestión de programas públicos de empleo por parte de las Administraciones Públicas y entidades sin ánimo de lucro.

f) El fomento de los contratos a tiempo parcial indefinidos que pueden ser una alternativa a la contratación temporal o a la realización de horas extraordinarias en determinados supuestos, así como de los contratos fijos discontinuos en las actividades discontinuas o estacionales, teniendo en cuenta que ambas modalidades están bonificadas en las cuotas empresariales a la Seguridad Social proporcionalmente al volumen de jornada contratado.

g) La utilización de las posibilidades que para el mantenimiento del empleo y el rejuvenecimiento de plantillas presentan la jubilación parcial y el contrato de relevo.

A estos efectos, la negociación colectiva deberá tener en cuenta las modificaciones derivadas del Acuerdo tripartito sobre Medidas en materia de Seguridad Social, que tendrán traslación normativa a lo largo de 2007 y que afectan a la edad, los años de cotización, la antigüedad en la empresa y el volumen máximo de jornada reducida del trabajador relevado. Según el citado Acuerdo, de forma transitoria, los convenios y acuerdos colectivos que estén vigentes a la entrada en vigor de la disposición que apruebe las medidas pactadas sobre jubilación parcial, seguirán rigiéndose, en lo que se refiere a los compromisos sobre jubilación parcial y hasta la finalización de su vigencia y, en todo caso, hasta el 31 de diciembre de 2009, por las previsiones contenidas en el Real Decreto 1131/2002, de 31 de octubre, por el que se regula la Seguridad Social de los trabajadores contratados a tiempo parcial, así como la jubilación parcial.

También deberá tenerse en cuenta la Ley 14/2005, de 1 de julio, sobre las cláusulas de los convenios colectivos referidas al cumplimiento de la edad ordinaria de jubilación, que responde a un acuerdo alcanzado entre el Gobierno y las Organizaciones Empresariales y Sindicales en el marco de la Declaración para el Diálogo Social 2004.

Dicha Ley contempla la habilitación a los convenios para el establecimiento de cláusulas que posibiliten la extinción del contrato de trabajo al cumplir el trabajador la edad ordinaria de jubilación, siempre que se cumplan los supuestos y requisitos siguientes:

Podrá pactarse la jubilación obligatoria a partir del momento en que el trabajador alcance la edad ordinaria de jubilación, debiendo el trabajador afectado por la medida cumplir los requisitos exigidos para causar derecho a la pensión de jubilación en su modalidad contributiva.

Los objetivos de política de empleo que justificarán la utilización de la jubilación obligatoria deberán expresarse en el convenio colectivo, dado que la Ley recoge algunos de tales objetivos, como la mejora de la estabilidad en el empleo, la transformación de contratos temporales en indefinidos, el sostenimiento del empleo, la contratación de nuevos trabajadores o cualesquiera otros que se dirijan a favorecer la calidad del empleo.

2. Formación y cualificación profesional

La formación y el desarrollo de las competencias profesionales es un objetivo compartido por trabajadores y empresas para responder conjuntamente a las necesidades de mejorar la capacidad de adaptación y la empleabilidad, y constituye un objetivo estratégico para los firmantes de este Acuerdo.

En este sentido, resulta imprescindible intensificar el esfuerzo que iniciamos en 1992 para conseguir el objetivo común de actualizar y mejorar la cualificación de la población activa e incrementar la productividad y competitividad de las empresas, llegando a un mayor volumen de trabajadores e incrementando los niveles de inversión en formación, en coherencia con la Agenda de Lisboa.

En el año 2006, las Organizaciones Empresariales y Sindicales Europeas hemos evaluado conjuntamente el «Marco de acción para el desarrollo permanente de las competencias y cualificaciones»[3] que habíamos suscrito en 2002, comprometiéndonos a promover una serie de prioridades que siguen hoy vigentes:

La identificación y anticipación de las necesidades de competencias y cualificaciones.

El reconocimiento y validación de las competencias y cualificaciones.

La necesidad de informar, apoyar y orientar a empleados y empresas en todo el proceso de desarrollo de sus competencias.

La movilización de los recursos a este fin.

A este respecto, debemos tener presente también el marco previsto por la Ley Orgánica de Cualificaciones y Formación Profesional (Ley 5/2002) en cuanto establece el Sistema Nacional de Cualifica-

3. Suscrito por UNICE/UEAPME, CEEP y CES (incluyendo representantes del Comité de Enlace CEC/Eurocuadros).

ciones. El desarrollo de esta Ley ha continuado, en 2005, con el Real Decreto referido a la creación de Centros Integrados de Formación Profesional (RD 1558/2005) y, en 2006, con el de ordenación de la Formación Profesional en el Sistema Educativo (RD 1538/2006), al tiempo que se ha avanzado en la elaboración del Catálogo Nacional de Cualificaciones que constituye la base para una oferta integrada de formación. La Ley continuará desarrollándose en el presente año, durante el que se prevé la regulación de Centros de Referencia Nacional, que tendrán una especialización sectorial y contarán con un órgano de participación de los interlocutores sociales. Igualmente está previsto el desarrollo normativo en materia de evaluación y reconocimiento de los aprendizajes adquiridos mediante la experiencia laboral y otras vías no formales de formación.

Por otro lado, resulta importante facilitar la transición de los jóvenes al mercado de trabajo. A este fin, la legislación laboral contempla los contratos de trabajo en prácticas y para la formación. Además de los anteriores, en las empresas se realizan otras prácticas formativas que no revisten carácter laboral (con desempleados, y con estudiantes de FP y universitarios). Las Organizaciones Empresariales y Sindicales compartimos el objetivo de optimizar el carácter formativo de todos estos instrumentos.

En febrero de 2006, el Gobierno y las Organizaciones Empresariales y Sindicales suscribimos los Acuerdos de Formación Profesional para el Empleo, estableciendo los fines, principios y ejes para la reforma de los antiguos sistemas de formación continua y ocupacional.

Se configura, de este modo, un nuevo sistema de formación para el empleo dirigido a todos los trabajadores y empresas, que se verá recogido próximamente en un nuevo Real Decreto, y que mantiene entre sus principios la vinculación con el Diálogo Social y la negociación colectiva sectorial. El Acuerdo también prevé que la Administración articule un sistema integral de orientación que preste atención también a los trabajadores ocupados.

La nueva regulación introducirá novedades en la formación de los trabajadores y trabajadoras para responder más adecuadamente a sus necesidades y a los cambios del entorno productivo, y hacerlo de manera más efectiva al integrar la formación de ocupados y parados.

La negociación colectiva debe contribuir a facilitar el aprovechamiento de las oportunidades que ofrece este marco en el nivel que corresponda, sector o empresa.

En este sentido, debe recordarse que la norma, con algunas novedades, atribuye una serie de funciones en el ámbito de este sistema de formación a las Comisiones Paritarias que se constituyan por la negociación colectiva sectorial de ámbito estatal.

El Acuerdo de Formación señala que las Organizaciones Empresariales y Sindicales más representativas, y las representativas en los distintos sectores, desarrollarán con el impulso de los Órganos del Sistema las tareas necesarias para simplificar y racionalizar la actual ordenación y composición de dichas Comisiones Paritarias Sectoriales. El mapa sectorial resultante, que se aprobará en su momento por los órganos del Sistema, debe ser transparente para la estructura del Sistema de Cualificaciones.

La negociación colectiva, en el nivel que corresponda, contribuirá a alcanzar los objetivos de formación, mediante la definición de criterios y prioridades en cuestiones como:

Las iniciativas a desarrollar, en función de las necesidades de formación, y los colectivos prioritarios, en particular en lo referido a las acciones formativas, sobre todo las dirigidas a los colectivos con mayor riesgo de perder el empleo y los de menor nivel de cualificación.

El desarrollo de la formación teórica en los contratos para la formación.

Los derechos y obligaciones en relación con la formación.

Facilitar la aplicación de las bonificaciones de las empresas y los Permisos Individuales de Formación previstos en el Acuerdo de Formación.

La asistencia a la formación, su aprovechamiento y el tiempo en que se realiza.

La evaluación y, en su caso, la acreditación de la competencia profesional.

La orientación a los trabajadores y el desarrollo de itinerarios de formación coherentes con las necesidades de empresas y trabajadores, considerando los que puedan conducir a acreditaciones en el marco del Sistema Nacional de Cualificaciones u otros ámbitos de certificación.

Las referencias formativas en relación con la clasificación, movilidad, promoción y planificación de carreras.

La mejora de la calidad de las acciones formativas.

3. Flexibilidad y seguridad. Reestructuraciones. Observatorios. Absentismo

Flexibilidad y seguridad. Teletrabajo.–Potenciar un empleo más productivo, a través de la cualificación de los trabajadores, de la innovación y desarrollo tecnológico y del impulso de mecanismos de flexibilidad interna de la empresa, preferibles a los ajustes externos, así como de la identificación de instrumentos y dispositivos de análisis y diálogo, constituye un elemento esencial para responder a los requerimientos del cambio.

Los convenios colectivos permiten tratar un conjunto de aspectos que avanzan en dicha dirección, como son:

La clasificación profesional y las estructuras profesionales basadas en grupos y, cuando proceda dentro de éstos, en áreas funcionales, estableciendo los procedimientos adecuados de adaptación entre los sistemas tradicionales y los nuevos.

Sin perjuicio de la autonomía de las partes para determinar la estructura que mejor se adecue en cada ámbito, pueden servir como referentes orientadores a la hora de fijar la clasificación profesional los niveles de cualificación en que se articula el Sistema Nacional de Cualificaciones[4], los del Marco Europeo de Cualificaciones[5] o los grupos que fijaba el Acuerdo sobre Cobertura de Vacíos[6].

La movilidad funcional, como instrumento de adaptación interna, vinculada a la clasificación profesional y los procesos formativos correspondientes.

Las modificaciones en la organización del trabajo derivadas de procesos de innovación y de cambios tecnológicos.

La gestión del tiempo de trabajo; la duración y redistribución de la jornada, incluso su cómputo anual y su distribución flexible; la limitación de las horas extraordinarias que no sean estrictamente necesarias; la utilización de sistemas flexibles de jornada, acompañada de los correspondientes procesos de negociación y de las condiciones para su realización, con el objetivo compartido de conciliar las necesidades de las empresas con las de los trabajadores y trabajadoras.

La utilización de sistemas flexibles de jornada puede facilitar los desplazamientos al inicio y final de la jornada laboral, especialmente la movilidad en los grandes núcleos urbanos.

El desarrollo de la formación continua de los trabajadores y trabajadoras como mecanismo para hacer frente a los mayores requerimientos de cualificación y polivalencia.

Una de las formas innovadoras de organización y ejecución de la prestación laboral derivada del propio avance de las nuevas tecnologías es el teletrabajo, que permite la realización de la actividad laboral fuera de las instalaciones de la empresa.

Partiendo del reconocimiento por los interlocutores sociales del teletrabajo como un medio de modernizar la organización del trabajo para hacer compatible la flexibilidad para las empresas y la seguridad para los trabajadores, consideramos oportuno establecer algunos criterios que pueden ser utilizados por las empresas y por los trabajadores y sus representantes:

El carácter voluntario y reversible del teletrabajo, tanto para el trabajador como para la empresa.

La igualdad de derechos, legales y convencionales, de los teletrabajadores respecto a los trabajadores comparables que trabajan en las instalaciones de la empresa.

La conveniencia de que se regulen aspectos como la privacidad, la confidencialidad, la prevención de riesgos, las instalaciones, la formación, etcétera.

Más allá de esos criterios, las Organizaciones empresariales y sindicales vuelven a recordar el contenido del Acuerdo Marco Europeo sobre Teletrabajo, suscrito por los interlocutores sociales europeos en julio de 2002, en el que se recogen pautas que pueden resultar de utilidad en el desarrollo del teletrabajo.

Procesos de reestructuración.–Las situaciones de dificultad deben ser abordadas teniendo en cuenta, cuando sea posible, la anticipación y valoración de las consecuencias sociales.

En este sentido, cabe recordar la Declaración suscrita en el ámbito europeo por la Organización Sindical CES y las Organizaciones Empresariales UNICE/UEAPME y CEEP, el 16 de octubre de 2003, en la que se recogen una serie de orientaciones, extraídas del estudio de casos concretos, que pueden servir de referencia para los procesos de reestructuraciones y que en síntesis son, entre otras, las siguientes:

La explicación y justificación de los cambios. Una adecuada información a tiempo, explicando y

4. El RD 1128/2003 por el que se regula el Catálogo Nacional de Cualificaciones establece 5 niveles de cualificación (BOE 17-9-2003).

5. La propuesta de recomendación del Marco Europeo de Cualificaciones (aprobada el 5-9-2006, COM 2006 497 final), se estructura en 8 niveles.

6. El Acuerdo, suscrito por CEOE, CEPYME, CC OO y UGT el 28-4-1997 (BOE 9-6-1997), con una vigencia de 5 años, establecía 8 grupos profesionales.

justificando los cambios a los trabajadores y sus representantes favorece un clima de confianza para el proceso de discusión posterior.

El desarrollo de la empleabilidad favorece la movilidad interna y externa y asegura el éxito de la reestructuración.

La dimensión territorial, dadas las repercusiones que los cambios económicos y sociales tienen sobre el conjunto de una región o territorio.

La situación específica de las pequeñas y medianas empresas, tomando en consideración su especial situación en zonas o sectores en reestructuración.

La gestión de las reestructuraciones, teniendo en cuenta las consecuencias sociales relativas a los condicionantes de la empresa, el régimen fiscal, la legislación nacional, los convenios colectivos y las necesidades y elección de los trabajadores, y abordando posibles alternativas, tales como la reclasificación interna o externa, la formación, la reconversión, el apoyo a la creación de empresas, las jubilaciones, los planes personales para los trabajadores o los acuerdos para diversificar las formas de empleo y un acompañamiento personalizado de los asalariados.

Observatorios sectoriales.–Un análisis de la situación competitiva de la economía española en general, y en particular de los sectores concretos, debe permitir identificar los puntos fuertes, las debilidades, y las condiciones marco que deben mejorarse.

Los observatorios sectoriales son instrumentos en los que se puede desarrollar ese trabajo y pueden contribuir a definir las medidas que permitan anticiparse a los cambios estructurales.

Además de los observatorios sectoriales estatales de carácter tripartito constituidos vinculados a los Presupuestos Generales del Estado, CC OO, UGT, CEOE y CEPYME, consideramos necesario seguir manteniendo, como hemos hecho en los anteriores ANC, una apuesta decidida por el desarrollo de observatorios sectoriales bilaterales, especialmente en el ámbito sectorial estatal, que permita el análisis conjunto de las perspectivas futuras en materias tales como la posición de las empresas en el mercado, la ampliación de la Unión Europea, el desarrollo tecnológico, las cuestiones medioambientales, la evolución de la productividad y el empleo, las necesidades formativas, la igualdad de oportunidades, etc., con especial atención a las pequeñas y medianas empresas.

A su vez, la mejora de la gestión del medio ambiente en las empresas resulta cada vez más importante. En este marco se inscribe también la Declaración para el Diálogo Social 2004 a la hora de acometer los compromisos y las consecuencias que sobre la actividad productiva y el empleo puede tener el Protocolo de Kyoto y los compromisos adquiridos por la Unión Europea y nuestro país en esta materia. En este marco se inscribe también el establecimiento de las Mesa General y Sectoriales de los sectores industriales afectados por la Directiva de Comercio de Emisiones de CO_2 y los Planes Nacionales de Asignación.

El objetivo prioritario es prevenir, evitar o reducir los posibles efectos negativos que los retos medioambientales pudieran tener sobre la competitividad y el empleo.

Es preciso abordar las cuestiones relacionadas con el medio ambiente desde diversas perspectivas, entre ellas la mejora tecnológica de las empresas económicamente viable, lo que supone situarse en una posición más favorable de competitividad y superar los impactos que pudieran derivarse de la normativa medioambiental. La información a los representantes de los trabajadores sobre actuaciones medioambientales que tengan directa repercusión en el empleo, cooperará con la consecución de este objetivo.

Absentismo injustificado.–El absentismo injustificado conlleva una pérdida de productividad e incide de manera negativa en los costes laborales, perjudicando con ello la competitividad de las empresas y la posibilidad de mejorar los niveles de empleo y renta de los trabajadores.

La reducción del absentismo injustificado en el ámbito sectorial o de empresa debe ser un objetivo compartido por la representación sindical y empresarial, dado que se proyecta sobre las condiciones de trabajo, el clima laboral, la productividad y la salud de los trabajadores.

Para poder abordarlo, la empresa debe tener un conocimiento riguroso de su absentismo: sus causas, las circunstancias que lo rodean, su coste, etc. Cualquier solución requiere de un acertado diagnóstico compartido, así como el desarrollo de metodologías sencillas y adecuadas a la realidad.

A tal fin, los convenios colectivos deberían:

Identificar las causas del absentismo y sus efectos, y cuantificar su dimensión, analizando la situación así como su evolución en el ámbito correspondiente.

Establecer criterios para la reducción del absentismo injustificado, definir mecanismos de seguimiento y de información a los representantes de los trabajadores y, en su caso, medidas correctoras y de control posibilitando llevar a cabo planes concretos a nivel de empresa de acuerdo con sus circunstancias.

Difundir la información sobre la situación existente y las medidas adoptadas.

4. Derechos de información y consulta. Subcontratación de actividades

Información, consulta y participación.–Con carácter general, la regulación legal actual, y su concreción y desarrollo a través de la negociación colectiva, establecen un conjunto de materias que deben ser objeto de información y, en su caso, de consulta a los representantes de los trabajadores. Tales materias son las relativas a la situación económica del sector o ámbito negocial correspondiente; las previsiones sobre el volumen y tipo de empleo, así como la evolución prevista en el inmediato futuro; las modalidades de contratación, los contratos de puesta a disposición y los supuestos de subcontratación; los procesos de reconversión y reestructuración de empleo; los despidos objetivos y, en su caso, las medidas alternativas a los mismos.

A su vez puede ser útil posibilitar la interlocución, a efectos del desarrollo del convenio colectivo, de las federaciones de los sindicatos más representativos firmantes del mismo.

La incidencia de las tecnologías de la información y de la comunicación (TIC) en las relaciones laborales también debería ser objeto de tratamiento en los convenios colectivos para garantizar los derechos individuales y colectivos de los trabajadores.

Habrá, también, que tener en cuenta en su momento la regulación contenida en el Proyecto de Ley que modifica el Texto Refundido de la Ley del Estatuto de los Trabajadores, en materia de información y consulta a los trabajadores y en materia de protección de los trabajadores asalariados en caso de insolvencia del empresario, que transpone el contenido de la Directiva 2002/814/CE.

Con carácter específico, en los supuestos de Sociedades Anónimas Europeas o Cooperativas Europeas, deben tenerse en cuenta los mecanismos de información, consulta y participación que prevé la Ley 31/2006, de 18 de octubre, que regula la implicación de sus trabajadores.

Contratación y subcontratación de actividades.–La importancia y extensión de nuevas formas de organización productiva y societaria, en un contexto de externalización creciente de las actividades por parte de las empresas, ha dado lugar a regulaciones legales que establecen derechos de información para la representación de los trabajadores, siendo necesario:

Facilitar la información por parte de las empresas principal y contratista a sus trabajadores y a la representación legal de los mismos sobre los procesos de subcontratación, según lo establecido en el artículo 42 del Estatuto de los Trabajadores, lo que contribuirá a la seguridad del empleo y al cumplimiento de las condiciones laborales establecidas legal y convencionalmente.

Facilitar información por parte de la empresa usuaria a los representantes de los trabajadores sobre los contratos de puesta a disposición con las ETT, entregándoles una copia básica del contrato de trabajo o de la orden de servicio.

Informar a los trabajadores sobre los medios de coordinación fijados para proteger y prevenir los riesgos laborales en el centro de trabajo, en los términos previstos en el artículo 24 de la Ley de Prevención de Riesgos Laborales, desarrollado por el Real Decreto 171/2004.

Dichas regulaciones en el ámbito de la subcontratación de actividades han sido también objeto de tratamiento en el Acuerdo para la Mejora del Crecimiento y del Empleo (AMCE). La Ley 43/2006, de 29 de diciembre, para la mejora del crecimiento y del empleo incorpora algunas medidas nuevas en materia de información y de coordinación en las empresas principal y contratistas cuando comparten un mismo centro de trabajo. Así, es necesario tener en cuenta:

Cuando las empresas, principal, contratista y subcontratista, compartan de forma continuada un mismo centro de trabajo, la primera deberá disponer de un libro de registro en el que se refleje la información mencionada en el artículo 42.4 del Estatuto de los Trabajadores respecto de todas las empresas citadas. Dicho libro estará a disposición de los representantes legales de los trabajadores.

Los trabajadores de las empresas contratistas y subcontratistas tendrán derecho a formular a los representantes de los trabajadores de la empresa principal cuestiones relativas a las condiciones de ejecución de la actividad laboral, mientras compartan centro de trabajo y carezcan de representación legal.

Los representantes legales de los trabajadores de la empresa principal y de las empresas contratistas y subcontratistas, cuando compartan de forma continuada centro de trabajo, podrán reunirse a efectos de coordinación entre ellos y en relación con las condiciones de ejecución de la actividad laboral en los términos previstos en el artículo 81 del Estatuto de los Trabajadores.

La capacidad de representación y ámbito de actuación de los representantes de los trabajadores, así como su crédito horario, serán los establecidos en la legislación vigente y, en su caso, en los convenios colectivos de aplicación.

Las Organizaciones Empresariales y Sindicales compartimos que las nuevas modalidades de organización productiva y societaria, que en ocasiones revisten una notable complejidad, no deben suponer la inaplicación de la regulación convencional correspondiente, o cesión ilegal de trabajadores. La citada Ley 43/2006 incluye una nueva redacción del número 2 del artículo 43 del Estatuto de los Trabajadores referido a la cesión ilegal.

CAPÍTULO VI

Igualdad de trato y oportunidades

A pesar de los avances registrados en los últimos años, determinados colectivos, como las personas con discapacidad y los mayores de 45 años, encuentran aún dificultades para su incorporación al mercado de trabajo o para hacerlo en términos de igualdad con el resto de los trabajadores. A estos grupos se suma más recientemente la población trabajadora inmigrante.

Hay otros colectivos como las mujeres y los jóvenes que en los últimos años se han beneficiado mayoritariamente del proceso sostenido de creación de empleo. Sin embargo, su situación laboral en el mercado refleja todavía algunos de los problemas estructurales del mismo (menores tasas de actividad y empleo, mayor desempleo, mayores tasas de temporalidad).

Aunque algunas de las dificultades y problemas señalados para la incorporación y mantenimiento en el empleo de los colectivos citados proceden del ámbito familiar o sociocultural, carencias e ineficiencias del sistema formativo y de la intermediación laboral, etc., las Organizaciones firmantes creemos que la negociación colectiva puede contribuir a la corrección de posibles fenómenos de desigualdad, promoviendo asimismo actuaciones concretas dirigidas a eliminar discriminaciones directas e indirectas. Por ello, debe ser un criterio de la negociación colectiva reconocer la diversidad y facilitar la igualdad de trato y la no discriminación en las condiciones laborales.

En este sentido UGT, CC OO, CEOE Y CEPYME consideramos adecuados para su tratamiento por la negociación colectiva los siguientes aspectos:

La adopción de cláusulas declarativas antidiscriminatorias, que pueden incluirse como principio general o de manera específica en apartados concretos del convenio.

La adecuación del contenido de los convenios colectivos a la normativa vigente o, en su caso, la mejora de la misma, eliminando aquellas cláusulas que estén superadas por modificaciones normativas en materia de no discriminación y reconocimiento de igualdad de trato. Esta adecuación se extiende también a los contenidos en materia de prevención de riesgos laborales para la maternidad, la lactancia y la reproducción, así como el tratamiento del acoso sexual.

Contemplar la promoción de la estabilidad laboral de los jóvenes y una formación adecuada a su actividad.

Aplicar las mismas condiciones laborales para los inmigrantes que para el resto de los trabajadores en formas y tipos de contratación, retribuciones, prevención y seguridad, clasificación y promoción, formación y derecho a prestaciones sociales, teniendo en cuenta, con la suficiente flexibilidad, aquellas situaciones específicas y excepcionales que puedan surgir con ocasión de la aplicación del régimen de permisos por acontecimientos familiares, cuando éstos conlleven la necesidad de largos desplazamientos.

La igualdad de derechos de los trabajadores contratados a tiempo parcial y con contratos temporales con quienes son contratados a jornada completa y con contratos indefinidos, respectivamente.

Evitar la discriminación de los trabajadores de más edad en el acceso y mantenimiento del empleo.

Contribuir al establecimiento de un marco equitativo para el desarrollo de las condiciones de trabajo de hombres y mujeres, propiciando aquellas actuaciones que eliminen los obstáculos para tal equidad, y, en su caso, acudiendo a la inclusión de acciones positivas, cuando se constate la existencia de situaciones desiguales de partida vinculadas a las condiciones laborales.

Inserción laboral de personas con discapacidad.–Las Organizaciones Sindicales y Empresariales hemos venido trabajando, desde hace tiempo, en diversas direcciones con el fin de facilitar la incorporación al empleo de los trabajadores con discapacidad.

Una de las actuaciones llevadas a cabo es la promoción de la inserción laboral de dicho colectivo a través de la negociación colectiva, para lo cual se han incluido diversas recomendaciones en los sucesivos ANC.

Asimismo, el pasado 26 de enero de 2006 la Comisión de Seguimiento del ANC aprobó el Informe «Negociación Colectiva e Inserción Laboral de Personas con Discapacidad»[7].

En dicho Informe se recogen una serie de propuestas y buenas prácticas que tienen incidencia en la negociación colectiva.

De un lado, se propone promover la modificación de la normativa vigente de tal forma que se contemple la posibilidad de actuación de la negociación colectiva a través de la modulación de la cuota para aquellas empresas que por las características de su actividad tengan dificultades para su cumplimiento.

De otro, se recogen algunas propuestas específicas:

En relación al empleo ordinario: la cuota de reserva.–Promover en los procesos de negociación colectiva el cumplimiento de la cuota de reserva del 2% en las empresas de más de 50 trabajadores. Para facilitar este objetivo, debemos establecer cláusulas específicas de cumplimiento, identificando las actividades y los puestos de trabajo que pueden tener menos dificultades para su cobertura por personas con discapacidad.

En relación al empleo protegido.–La negociación colectiva debe ser un pilar básico en la regulación de las relaciones laborales en el empleo protegido.

Por lo que se refiere a los Centros Especiales de Empleo, la negociación colectiva facilitará la transición de los trabajadores desde este ámbito a la integración en el empleo ordinario.

En relación a los enclaves laborales.–Garantizar que las empresas colaboradoras que tengan un enclave laboral adecuan sus instalaciones y los puestos de trabajo a las necesidades de los trabajadores del Centro Especial de Empleo, en los términos señalados en la normativa de prevención de riesgos laborales.

Igualdad de oportunidades entre mujeres y hombres.–En los sucesivos Acuerdos sobre Negociación Colectiva desde el año 2002, las Organizaciones Empresariales y Sindicales hemos venido considerando adecuados para su tratamiento por la negociación colectiva criterios generales en materia de igualdad de oportunidades:

La inclusión de cláusulas de acción positiva para fomentar el acceso de las mujeres, en igualdad de condiciones, a sectores y ocupaciones en los que se encuentren subrepresentadas.

La fijación de criterios de conversión de contratos temporales a fijos que favorezcan a las mujeres cuando, en igualdad de condiciones y méritos, se encuentren afectadas en mayor medida que los hombres por el nivel de temporalidad.

El estudio y, en su caso, el establecimiento de sistemas de selección, clasificación, promoción y formación, sobre la base de criterios técnicos, objetivos y neutros por razón de género.

La eliminación de denominaciones sexistas en la clasificación profesional (categorías, funciones, tareas).

La subsanación de las diferencias retributivas que pudieran existir por una inadecuada aplicación del principio de igualdad de retribución por trabajos de igual valor.

A estos efectos, resultaría de utilidad el análisis y aplicación, en su caso, de sistemas de valoración de los puestos de trabajo que permitan evaluar periódicamente el encuadramiento profesional.

Un tratamiento de la jornada laboral, vacaciones, programación de la formación, etc. que permita conciliar las necesidades productivas y las de índole personal o familiar.

La evaluación de la aplicación del convenio desde la perspectiva de género, a través del seguimiento realizado por la Comisión Paritaria que se dotará, en su caso, del correspondiente asesoramiento. Si se considera oportuno, tal tarea se delegará en comisiones de trabajo específicas.

Estos criterios[8] mantienen su vigencia y actualidad y se adecuan a los contenidos previstos para la negociación colectiva en el Proyecto de Ley Orgánica para la Igualdad efectiva de Mujeres y Hombres, actualmente en fase de tramitación parlamentaria.

A este respecto, las Organizaciones firmantes se comprometen a analizar, en el seno de la Comisión de Seguimiento de este Acuerdo, la aplicación de los contenidos de dicha Ley.

Por otra parte, se considera adecuado recordar algunas de las disposiciones contenidas en la Ley

7. Publicado por la Comisión Consultiva Nacional de Convenios Colectivos (MTAS). Colección Informes y Estudios. Serie Relaciones Laborales núm. 75. http/publicaciones.administracion.es.

8. Ver el documento «Consideraciones generales y buenas prácticas sobre igualdad de oportunidades entre hombres y mujeres en la negociación colectiva», adoptado por las Organizaciones empresariales y sindicales en 2003.

Orgánica 1/2004, de 28 de diciembre, de Medidas de Protección Integral contra la Violencia de Género que tienen incidencia en las relaciones laborales.

En concreto, el artículo 21 contiene el núcleo de las disposiciones laborales de la Ley que incluyen, entre otros, el derecho de las trabajadoras a la reordenación de su tiempo de trabajo, a través de la adaptación del horario o de la aplicación del horario flexible, a la reducción de su jornada, con disminución proporcional del salario, a la movilidad geográfica, al cambio de centro de trabajo, a la suspensión de la relación laboral con reserva de puesto de trabajo y a la extinción del contrato de trabajo. Estas disposiciones se concretan en los nuevos términos en los que se recogen diferentes artículos del Estatuto de los Trabajadores que han sido modificados por la Disposición Adicional Séptima de la citada Ley.

Serán titulares de los nuevos derechos las mujeres trabajadoras que en su vida privada padezcan situaciones de violencia, acreditada conforme a lo dispuesto en esta Ley, ejercida por parte de quienes sean o hayan sido sus cónyuges o de quienes estén o hayan estado ligados a ellas por relaciones similares de afectividad, aun sin convivencia.

Las Organizaciones Empresariales y Sindicales consideramos que la negociación colectiva es un cauce adecuado para facilitar el ejercicio efectivo de estos derechos.

CAPÍTULO VII

Seguridad y salud en el trabajo

Como reiteradamente hemos puesto de manifiesto, CEOE, CEPYME, CC OO y UGT compartimos el compromiso de contribuir con mayor eficacia a la prevención de riesgos laborales y reducir la siniestralidad laboral en España.

A pesar de que en el año 2003 se inició una tendencia de reducción de los índices de siniestralidad laboral, que se ha consolidado en los últimos años, es imprescindible continuar realizando un esfuerzo conjunto de empresas, trabajadores, Administraciones Públicas, Organizaciones Sindicales y Empresariales para fomentar la cultura preventiva y favorecer la aplicación concreta de la normativa, sobre todo en las pequeñas y medianas empresas, en materia de integración de la prevención y vigilancia de la salud.

En el contexto concreto de la negociación colectiva, queremos reiterar algunos criterios sobre seguridad y salud en el trabajo:

Integración de la Prevención.–Hay que recordar que la actividad preventiva a desarrollar en la empresa debe estar integrada a través de la implantación de un Plan de Prevención de Riesgos Laborales documentado.

La actividad preventiva planificada podrá llevarse a cabo de forma programada, es decir, por fases, permitiendo iniciar, aplicar y mantener las actividades preventivas que sea necesario realizar a lo largo del tiempo conforme a la planificación preestablecida.

En materia de vigilancia de la salud:

Desde diciembre de 2002, fecha en la que finalizó la posibilidad de efectuar, con cargo a cuotas, reconocimientos médicos de carácter general o inespecíficos, venimos recomendando que en los convenios colectivos se avance en la paulatina sustitución de los mismos por exámenes de salud específicos dirigidos a un cumplimiento adecuado de la normativa. Esta recomendación mantiene plenamente su vigencia.

Las implicaciones preventivas de dichos reconocimientos específicos deben traducirse en medidas concretas en los puestos de trabajo que eviten nuevas enfermedades profesionales.

El efecto sobre la salud, derivada de la exposición a riesgos, debe tenerse en cuenta y servir para la revisión, ajuste y corrección de la evaluación de riesgos, y de las condiciones de trabajo.

La aplicación de la vigilancia específica de la salud de los trabajadores y trabajadoras en relación con su puesto de trabajo debe favorecer la detección de enfermedades profesionales.

El nuevo sistema de declaración de Enfermedades Profesionales queda establecido por el Real Decreto 1299/2006, de 10 de noviembre, que adecua la lista a la Recomendación Europea. Se modifica el sistema de notificación con la finalidad de mejorar la declaración, y se define la necesaria colaboración entre las administraciones sanitarias, Seguridad Social y los servicios de prevención.

La Ley 42/2006, de 28 de diciembre, de Presupuestos Generales del Estado para el año 2007 (BOE 29 de diciembre de 2006) contempla en su disposición adicional cuarta la nueva regulación de la tarifa de primas para la cotización a la Seguridad Social por accidentes de trabajo y enfermedades profesionales, dando con ello cumplimiento al compromiso adoptado en el Acuerdo sobre medidas en materia de Seguridad Social de 13 de julio de 2006. Los objetivos de esta nueva regulación son la adecuación de la tarifa a la realidad productiva actual, la simplificación de la tarificación y de la gestión, buscando una mayor aproximación de la cotización con el riesgo correspondiente a la actividad realizada.

En materia de formación:

La formación sobre los riesgos presentes en los puestos de trabajo se demuestra como una de las herramientas más adecuadas para fomentar la cultura preventiva y los cambios actitudinales. Por ello, en los convenios colectivos de ámbito sectorial o inferior es recomendable incluir, de forma orientativa, el contenido de la formación específica según los riesgos de cada puesto de trabajo o función, agrupando así los criterios formativos y el número de horas de formación o, en su caso, de adiestramiento, de manera homogénea por riesgos y puestos de trabajo de cada sector; y con independencia de la formación acorde con los factores de riesgo de cada puesto de trabajo concreto en cada empresa individualmente considerada.

En otro orden de cosas, en la negociación colectiva, de cualquier ámbito, pero preferentemente sectorial, se puede concretar el número de horas de formación de los Delegados de Prevención en función de la peligrosidad de la actividad.

Otras materias:

Igualmente es recomendable que el crédito horario de los Delegados de Prevención y la constitución en los convenios colectivos de Comisiones Paritarias que tengan como fin primordial el análisis, estudio y propuesta de soluciones en materia de prevención de riesgos laborales, se incluya en convenios colectivos del ámbito sectorial y territorial más amplio posible.

Respecto a la designación de los Delegados de Prevención, en los ámbitos sectoriales, podrá negociarse el establecimiento de procedimientos distintos de los previstos legalmente, siempre que se garantice que la facultad de designación corresponde a los representantes de los trabajadores o a los propios trabajadores.

También podrá negociarse la inclusión de los criterios y las formas en las que los Delegados de Prevención han de colaborar con la Dirección de la empresa en la mejora de la acción preventiva, a través de la formación e información para la aplicación, promoción y fomento de la cooperación de los trabajadores en la ejecución de las normas y medidas de prevención y protección de riesgos laborales adoptadas en las empresas.

Por otra parte, se considera que la negociación colectiva sectorial estatal constituye un ámbito adecuado para la promoción, desarrollo y aplicación del efectivo cumplimiento de las obligaciones y responsabilidades de empresarios y trabajadores en materia de Seguridad y Salud en el trabajo.

Asimismo, podrán abordarse en los convenios colectivos los procedimientos de información y consulta relativos a la elaboración de los planes de prevención, y a las evaluaciones de riesgos, incluyendo los riesgos para la reproducción y maternidad.

Igualmente, sería conveniente establecer procedimientos para analizar la incidencia y los efectos de la dependencia del alcohol y de otras sustancias sobre la salud y la seguridad en el trabajo, tanto individual como colectivo y, en su caso, adoptar medidas preventivas y de apoyo en el marco de las políticas sociosanitarias.

En consonancia con la coordinación de actividades empresariales marcada por el artículo 24 de la LPRL y desarrollada por el RD 171/2004 podrán incluirse, disposiciones relativas a los procedimientos de información y consulta, tanto sobre los riesgos derivados de la concurrencia de actividades empresariales como sobre los medios de coordinación establecidos en tales supuestos.

Estrés laboral.–El estrés laboral constituye una preocupación creciente de empresarios y trabajadores que ha tenido reflejo a nivel europeo con la suscripción por UNICE, UEAPME, CEEP y la Confederación Europea de Sindicatos (incluyendo representantes del Comité de Enlace CEC/Eurocuadros) de un Acuerdo Marco sobre esta materia[9].

Al igual que hicimos en el ANC 2003 en relación con el Acuerdo Marco Europeo sobre teletrabajo, las Organizaciones Empresariales y Sindicales firmantes compartimos el Acuerdo sobre estrés en el lugar de trabajo. Consideramos el Acuerdo Europeo un instrumento especialmente útil, ya que proporciona pautas de referencia y criterios de actuación que pueden resultar de utilidad tanto para crear una sensibilización y mayor comprensión de esta materia como para prevenir, eliminar o reducir el problema del estrés laboral.

CC OO, UGT, CEPYME y CEOE, en aplicación del Acuerdo Europeo, transmitimos a los negociadores y a los distintos representantes empresariales y sindicales su contenido, adaptándolo de esta

9. Acuerdo Marco Europeo sobre el estrés ligado al trabajo, de fecha 8 de octubre de 2004.

manera a la realidad española, de forma que sirva para favorecer la mejora de las condiciones de trabajo y el buen funcionamiento de las empresas.

CAPÍTULO VIII
Responsabilidad social de las empresas

La introducción de prácticas de responsabilidad social en las estrategias de las empresas constituye para las Organizaciones Empresariales y Sindicales un serio compromiso y un esfuerzo complejo que ha de contar con el mayor grado de implicación y de consenso.

Los compromisos y las prácticas que bajo la rúbrica de responsabilidad social se acometan deben contribuir a modernizar, favorecer y mejorar la eficiencia y la competitividad de nuestro tejido productivo sin cuestionar la función de la empresa de crear riqueza y empleo.

El objetivo común es alcanzar unos mayores niveles de desarrollo económico, de calidad en el empleo, de bienestar social, de cohesión territorial y de sostenibilidad ambiental, en línea con el Libro Verde sobre Responsabilidad Social de las Empresas y las Comunicaciones posteriores de la Comisión Europea.

Las Organizaciones sindicales y empresariales expresan su intención de desarrollar las tareas fijadas sobre este tema, en el marco del Diálogo Social con el Gobierno.

No obstante lo anterior, y dando continuidad a los compromisos contraídos en el pasado ANC, se considera necesario:

Identificar y promover ámbitos de interlocución entre las Organizaciones Empresariales y Sindicales en esta materia.

Compartir experiencias y difundir buenas prácticas.

Orientar contenidos esenciales susceptibles de integrarse en las prácticas de responsabilidad social de las empresas en el ámbito de las relaciones laborales.

Impulsar la cooperación y los compromisos sobre responsabilidad social.

CAPÍTULO IX
Estructura de la negociación colectiva y procedimiento negociador

Las Organizaciones firmantes consideramos oportuno recomendar, en relación con la articulación y vertebración de la negociación colectiva, que los negociadores en sus ámbitos y con pleno respeto a la autonomía de las partes procedan a:

Analizar la estructura de la negociación colectiva del sector correspondiente, estatal o de ámbito inferior, así como la articulación de materias entre los distintos ámbitos negociales.

Adoptar las decisiones que correspondan respecto al ámbito apropiado para el tratamiento de las materias que integran el convenio colectivo, de forma tal que una posible articulación de las mismas incida en una mejor aplicación y eficacia de lo pactado.

Por lo que respecta al procedimiento negociador, el presente Acuerdo debe contribuir a facilitar la negociación de los convenios colectivos, para lo cual consideramos necesario impulsar el deber de negociar en los términos legalmente previstos, así como la utilización de los diferentes procedimientos de autocomposición de conflictos.

A la vez manifestamos nuestra voluntad de favorecer una aplicación y administración de los convenios lo más fluida posible. Además, es conveniente favorecer la comunicación de las iniciativas destinadas a la creación de nuevos ámbitos de negociación, a través de la Comisión de Seguimiento del ANC 2007.

En relación con lo anterior, deben ser tenidas en cuenta determinadas recomendaciones, enmarcadas en el principio de buena fe, tales como:

Iniciar de inmediato los procesos de negociación una vez producida la denuncia de los convenios, e intercambiar la información que facilite la interlocución en el proceso de negociación y una mayor corresponsabilidad en la aplicación de lo pactado.

Mantener la negociación abierta por ambas partes hasta el límite de lo razonable.

Formular propuestas y alternativas por escrito, en especial ante situaciones de dificultad en la negociación.

De acuerdo con lo previsto en los sistemas de autocomposición de los conflictos de carácter estatal (Tercer Acuerdo sobre Solución Extrajudicial de Conflictos Laborales) o de Comunidad Autónoma, acudir a ellos sin dilación cuando existan diferencias sustanciales que conlleven el bloqueo de la negociación correspondiente.

De conformidad con lo previsto en el ASEC, fomentar la utilización de estos servicios para la solución de las discrepancias surgidas en los períodos de consultas regulados en los artículos 40, 41, 47 y 51 del ET (movilidad geográfica, modificación sustancial de condiciones de trabajo, suspensión y despidos colectivos).

Impulsar fórmulas y procedimientos que posibiliten un funcionamiento más eficaz de las Comisiones Paritarias o Mixtas de los convenios y una mejor y más completa regulación de las mismas con vistas al efectivo seguimiento y cumplimiento de los compromisos adquiridos.

Fomentar la adhesión de sectores y empresas a los acuerdos sobre solución extrajudicial de conflictos, para conseguir una mayor eficacia y utilización de los instrumentos de mediación y arbitraje y para reforzar la autonomía colectiva.

En este sentido es preciso señalar que con fecha 29 de diciembre de 2004 CEOE, CEPYME, CC OO y UGT firmamos el Tercer Acuerdo sobre Solución Extrajudicial de Conflictos Laborales en el que se ha procedido a unificar el texto del anterior Acuerdo y su Reglamento, con el fin de evitar duplicidades y al que se han incorporado algunas mejoras técnicas con el fin de hacerlo más operativo.

En relación con este Tercer Acuerdo debemos recordar que introduce la posibilidad de que los convenios sectoriales estatales prevean el sometimiento al ASEC de aquellos conflictos de empresa o centro de trabajo radicados en una Comunidad Autónoma e incluidos en el ámbito de aplicación de un convenio sectorial estatal, cuando de la resolución del conflicto puedan derivarse consecuencias para empresas y centros de trabajo radicados en otras Comunidades Autónomas.

Finalmente señalar que, en el marco del proceso de Diálogo Social abierto tras la firma de la Declaración para el Diálogo Social 2004, el Gobierno y las Organizaciones Empresariales y Sindicales consensuaron el texto del Reglamento del Procedimiento de Extensión de Convenios Colectivos, que desarrolla el artículo 92.2 del Estatuto de los Trabajadores.

B) Normas sindicales

§ 20.1 LEY ORGÁNICA 11/1985, DE 2 AGOSTO. LIBERTAD SINDICAL

(BOE núm. 189, de 8 agosto [RCL 1985, 1980])

⇒ La STC 98/1985, de 29 julio (RTC 1985, 98), desestimó los tres recursos previos de inconstitucionalidad promovidos contra la presente Ley.

EXPOSICIÓN DE MOTIVOS

Uno de los principios jurídicos fundamentales en que se basa el actual sistema de relaciones laborales en España es el contenido en el artículo 28.1 de la Constitución Española de 1978, el cual reconoce el derecho a la libertad sindical como un derecho fundamental de «todos a sindicarse libremente».

En nuestro ordenamiento constitucional, la facultad de actuar en tutela y en defensa de los intereses colectivos de los trabajadores se atribuye a los propios sujetos protagonistas del conflicto, como expresión de su posición de libertad y eligiendo, en ejercicio de su propia autonomía, los medios más congruentes a dicho fin.

Reconocido el derecho a la libre sindicación como derecho fundamental de los españoles, forzosa resulta su conexión con el reconocimiento expreso que efectúa el artículo 7 de la Constitución a los sindicatos de trabajadores y asociaciones empresariales como organizaciones que «contribuyen a la defensa y promoción de los intereses económicos y sociales que les son propios» y al imperativo constitucional de que «su creación y el ejercicio de su actividad son libres dentro del respeto a la Constitución y a la Ley», con la precisión de que «su estructura interna y su funcionamiento deberán ser democráticos».

El derecho a la libertad sindical, genéricamente expresado, para todos los españoles, tanto en su aspecto positivo –derecho a la libre sindicación–, como negativo –derecho a la no sindicación–, así como el expreso reconocimiento constitucional que de las organizaciones sindicales efectúa el artículo 7, exige un derecho legal que tiene su justificación y acogida en el artículo 9.2, de la Constitución, que establece que «corresponde a los Poderes públicos promover las condiciones para que la libertad y la igualdad del individuo y de los grupos en que se integra sea real y efectiva; remover los obstáculos que impidan o dificulten su plenitud y facilitar la participación de todos los ciudadanos en la vida política, económica, cultural y social». Desarrollo legislativo que debe efectuarse, siguiendo los propios preceptos constitucionales, a través de la aplicación de los artículos 53 y 81, que establecen que «sólo por Ley, que en todo caso deberá respetar su contenido esencial, podrá regularse el ejercicio de tales derechos y libertades», «reconocidos en el capítulo II del presente título» (artículo 53.1) y que «son Leyes Orgánicas las relativas al desarrollo de los derechos fundamentales y de las libertades públicas» (artículo 81.1).

Resulta así imperativo el desarrollo del artículo 28.1, de la Constitución mediante una Ley de carácter orgánico, cuyo alcance precisa la disposición final segunda, viniendo a cumplir este mandato la actual Ley Orgánica de Libertad Sindical.

La Ley Orgánica pretende unificar sistemáticamente los precedentes y posibilitar un desarrollo progresivo y progresista del contenido esencial del derecho de libre sindicación reconocido en la Constitución, dando un tratamiento unificado en un texto legal único que incluya el ejercicio del derecho de sindicación de los funcionarios públicos a que se refiere el artículo 103.3, de la Constitución y sin otros límites que los expresamente introducidos en ella.

No se ocupa el proyecto de Ley de desarrollar el derecho a la libre sindicación de los empresarios por entender que basta a ese respecto, en relación con el desarrollo legislativo del artículo 28.1, de la Constitución Española, constitucionalizar y mantener la plena vigencia de lo establecido en materia de asociacionismo empresarial por la Ley 19/1977, de 1 de abril.

El Título I, bajo el epígrafe «De la libertad sindical», regula los ámbitos subjetivos y objetivos de la Ley.

Se fija el ámbito subjetivo de la Ley, incluyendo a todos los trabajadores por cuenta ajena, lo sean o no de las Administraciones públicas. Únicamente quedan exceptuados del ejercicio del derecho los miembros de las Fuerzas e Institutos Armados de carácter militar, así como los Jueces, Magistrados y Fiscales, mientras se hallen en activo; excepción que se sigue en función de la literalidad del artículo 28.1, y el artículo 127.1, de la Constitución. Se remite a una norma específica la regulación del derecho de las Fuerzas de Seguridad e Institutos Armados de carácter civil.

El artículo 2 fija el contenido del derecho de libre sindicación sistematizado en dos niveles: el contenido de la libre sindicación de los trabajadores, positiva y negativa, y el contenido de la libertad sindical de las organizaciones sindicales o sindicatos de trabajadores en términos que la Ley utiliza como sinónimos. En este precepto se recoge exhaustivamente la doctrina internacional más progresista sobre contenido, independencia y libertad de actuación de los sindicatos.

El Título II, bajo el epígrafe de «Del régimen jurídico sindical», regula la adquisición de personalidad jurídica de los sindicatos y el régimen de responsabilidades.

Se regula el procedimiento para la adquisición de personalidad jurídica de las organizaciones y el control jurisdiccional de una posible no conformidad a derecho de los Estatutos. Los requisitos formales son mínimos y aceptados internacionalmente; el único control administrativo es el puramente formal y el de depósito estatutario a efectos de publicidad, debiendo engranarse este artículo con la disposición final primera en que la competencia para el depósito de Estatutos de los sindicatos corresponde al IMAC o a los Organos de Gobierno de las Comunidades Autonómas que tengan atribuida esta competencia.

Asimismo se regula el régimen de responsabilidades de los sindicatos, declarándose la inembargabilidad de las cuotas sindicales.

El Título III, bajo el epígrafe «De la representatividad sindical», regula el concepto de sindicato más representativo y la capacidad representativa de éstos.

Los artículos 6 y 7 delimitan el concepto de sindicato más representativo en base al criterio de la audiencia del sindicato, medida por los resultados electorales en los órganos de representación unitaria en los centros de trabajo, criterio tradicional ya en nuestro ordenamiento y que ha sido objeto de examen por el Tribunal Constitucional, que lo admite como reserva del legislador. El concepto conjuga el reconocimiento jurídico de la mayor representatividad con el respeto al artículo 14 de la Constitución, la objetividad y la razonabilidad del mínimo de audiencia exigible: el 10 por 100 a nivel estatal y el 15 por 100 a nivel de ámbito autonómico, introduciendo, en ese ámbito, un mínimo de 1.500 representantes, en aras al respeto del principio de igualdad que podría quebrarse con sólo la referencia porcentual, teniendo en cuenta la heterogeneidad y diferencias de población asalariada y funcional entre las distintas Comunidades Autónomas del Estado.

Tal vez el porcentaje establecido parezca reducido, pero la pretensión es abrir la legislación lo más posible al pluralismo sindical, fomentándolo, a través de los tres niveles de mayor representatividad que diseñan los artículos 6 y 7 de la Ley, primando el principio de igualdad sobre lo que podría ser un razonable criterio de reducir a través de la Ley la atomización sindical, evolución que se deja al libre juego de las fuerzas sindicales con presencia en las relaciones de trabajo.

El artículo 6.3, recoge con amplísimo criterio la capacidad representativa que en los distintos aspectos es necesario reconocer a los sindicatos más representativos como vehículo de democratización de las relaciones laborales en los centros de trabajo y fuera de él, desarrollando así los artículos 7, 9.2, y el 129 de la Constitución.

El Título IV, bajo el epígrafe «De la acción sindical», viene a recoger con carácter normativo las competencias, facultades y garantías que en esta materia se introdujeron en España por primera vez a través del Acuerdo Marco Interconfederal.

Interesa destacar sobre todo el contenido del artículo 11, que introduce con rango de ley orgánica en nuestro país lo que se ha dado en llamar «canon de negociación»; en principio se podría pensar que esta materia debía regularse sistemáticamente en el título III del Estatuto de los Trabajadores, teniendo en cuenta la remisión específica que se efectúa a la negociación colectiva; sin embargo, teniendo en cuenta la específica finalidad sindical del concepto, no parece dudoso que la introducción de esta medida normativa afecte al contenido del artículo 28.1, de la Constitución, y es, por tanto, materia de Ley Orgánica. La constitucionalidad del precepto, frecuente en los ordenamientos occidentales, no es dudosa en cuanto desarrollo del artículo 28.1 de la Constitución, en la medida que su objetivo es fortalecer el movimiento sindical y, por tanto, es concordante con el artículo 9.2, de la Constitución, sin que pueda sostenerse seriamente que la adopción de esta medida, por otra parte no imperativa y que en todo caso ha de ser resultado de una negociación libre y voluntaria, afecte o pueda afectar al contenido esencial de otros derechos fundamentales o cívicos reconocidos en la Constitución, puesto que en todo caso, se exige voluntariedad de los trabajadores.

El Título V, bajo el epígrafe «De la tutela de la Libertad Sindical y represión de las conductas antisindicales», regula la importante materia de garantías jurisdiccionales frente a posibles conductas lesivas o contrarias al derecho constitucionalmente protegido y al desarrollo legal que del mismo se efectúa en la Ley.

Previa la declaración de nulidad radical de cualquier conducta del empleador, sea empresario o de Administraciones públicas, la Ley recoge la más progresiva doctrina moderna y de nuestro Tribunal Constitucional en esta materia, que en síntesis consiste en establecer la legitimación sindical específica de los sindicatos frente a actos individuales de un empresario, incluso aunque no incidan directamente sobre la personalidad jurídica de aquél; posibilitar la acción judicial de los sindicatos como coadyuvantes y garantizar la eficacia de la protección mediante un mecanismo procesal preferente y sumario conectado con eventuales responsabilidades penales.

La disposición adicional primera recoge en dos puntos aspectos complementarios al Título III de la Ley, pero que por razones sistemáticas no deben figurar en el articulado propiamente dicho.

El punto 1 fija el período de cómputo de los resultados electorales que deban ser considerados a efectos de precisar los mínimos de representatividad y audiencia sindical recogidos en los artículos 6.2, y 7.1, de la Ley. Con ello se trata de cubrir el vacío legal actualmente existente respecto a la disposición adicional sexta del Estatuto de los Trabajadores y que ha producido notorias dificultades en el proceso electoral de los años 1981 y 1982. En la determinación imperativa de un período corto (tres meses), de una parte, se ha tendido a establecer una racionalidad en el proceso que acercase lo más posible los resultados globales al período de proyección de la representatividad que ha de surgir de esos resultados, y de otra parte, se ha tenido en cuenta que, en la práctica, el 90 por 100 de procesos electorales se concentran en un período de tres meses (así ocurrió en 1982), especialmente cuando la elección de representantes en los centros de trabajo se conecta con la representatividad de los sindicatos. Esta decisión va acompañada de una liberalización en la convocatoria concreta de cada período, que habrá de tomarse en el órgano representativo del Instituto de Mediación, Arbitraje y Conciliación «IMAC» (Consejo Superior) o, en su caso, en cualquier otro organismo en que estén representados los sindicatos para estos fines.

El punto 2 habilita al Gobierno para el desarrollo de la participación institucional de los sindicatos, haciéndose una referencia expresa a la disposición adicional sexta del Estatuto de los Trabajadores, que quedará derogada en parte por la entrada en vigor de la presente Ley Orgánica, pero que conserva su vigencia respecto a la participación institucional de las organizaciones empresariales. En este mismo punto se fija una duración mínima de cuatro años en el reconocimiento de la capacidad representativa de los sindicatos y organizaciones que la tengan reconocida, cubriéndose así otro importante vacío legal y en términos concordantes con la ampliación de los mandatos representativos de los Comités de Empresa y delegados de personal que se recoge en la disposición adicional segunda, y en el proyecto de Ley de reforma del Título II del Estatuto de los Trabajadores.

La disposición adicional segunda recoge en el punto 1 la duración del mandato representativo de los representantes de los trabajadores en los centros de trabajo, fijándola en cuatro años. Este precepto modifica, en tal sentido, el artículo 67 del Estatuto de los Trabajadores y es concordante con el proyecto de Ley de reforma de su título II, por cuya razón, podría parecer superfluo; sin embargo, es necesario introducirlo no ya tanto por el Estatuto de los Trabajadores, sino porque con esa sola norma no se cubre el período de duración de mandato de los representantes de los trabajadores en los centros de trabajo de las Administraciones públicas, siendo ésta la razón, asimismo, por la que en el punto 2 de esta disposición adicional, se autoriza al Gobierno a dictar cuantas disposiciones sean precisas en materia electoral, puesto que el Estatuto de los Trabajadores y sus normas de desarrollo no cubren la regulación del proceso electoral en los centros de trabajo administrativos y que es preciso establecer. Conviene recordar que la sustantividad de esta representación (órganos representativos, funciones de los representantes, garantías, etc.) no están contenidos en esta Ley, por entenderse que es materia del Estatuto de la Función Pública a tenor del artículo 103 de la Constitución.

La disposición final primera establece la convalidación de la personalidad jurídica de los actuales sindicatos, así como la continuidad del IMAC como Oficina Pública de Registro y Depósito de Estatutos.

TÍTULO I
DE LA LIBERTAD SINDICAL

Artículo 1.

1. Todos los trabajadores tienen derecho a sindicarse libremente para la promoción y defensa de sus intereses económicos y sociales.

⇒ Cfr. art. 28.1 de la CE (§1); Convenio núm. 87 de la OIT relativo a la libertad sindical y a la protección del derecho de sindicación (ratificado el 13 abril 1977); Convenio núm. 98 de la OIT sobre aplicación de los principios del derecho de sindicación y de negociación colectiva (ratificado el 13 abril 1977), y art. 4.1, b) del ET (§2).

Respecto de los extranjeros, cfr. art. 13 de la CE (§1); y art. 11 de la LO 4/2000, de 11 enero (§39.1).

2. A los efectos de esta Ley, se consideran trabajadores tanto aquellos que sean sujetos de una relación laboral como aquellos que lo sean de una relación de carácter administrativo o estatutario al servicio de las Administraciones públicas.

⇒ Téngase muy en cuenta lo dispuesto en el art. 3.1 de la presente Ley.

V. arts. 28.1 y 103.3 de la CE (§1). También art. 95 de la Ley 7/1985, de 2 abril, de Bases de Régimen Local.

Téngase también en cuenta el Convenio núm. 151 de la OIT (ratificado el 22 junio 1984) relativo a la protección del derecho de sindicación y los procedimientos para determinar las condiciones de empleo en la Administración pública.

3. Quedan exceptuados del ejercicio de este derecho los miembros de las Fuerzas Armadas y de los Institutos Armados de carácter militar.

⇒ V. arts. 181 y 182 de la Ley 85/1978, de 28 diciembre, aprobando las Reales Ordenanzas de las Fuerzas Armadas, así como art. 150 de la Ley 17/1999, de 18 mayo, de régimen de Personal de las Fuerzas Armadas.

La LO 8/1998, de 2 diciembre, de régimen disciplinario de las Fuerzas Armadas, tipifica como falta grave, en su art. 8.34 lo siguiente:

«Sin haber solicitado previamente el pase a la situación legalmente establecida, estar afiliado a alguna organización política o sindical, asistir de uniforme o haciendo uso de la condición militar a cualquier reunión pública o manifestación si tienen carácter político o sindical, ejercer cargos de carácter político o sindical o aceptar candidaturas para ellos con las excepciones establecidas por las leyes.

Los militares de reemplazo deberán cumplir su obligación de respetar el principio de neutralidad política en los términos señalados por la Ley, sin perjuicio de que, fuera de los recintos, acuartelamientos, buques, bases, aeronaves y demás establecimientos militares, sin vestir uniforme, y durante el tiempo en que no estén obligados a permanecer y pernoctar en los mismos, puedan realizar las actividades, políticas o sindicales, que deriven de su adscripción de una u otra índole, y siempre que las mismas no se lleven a cabo en relación, directa o indirecta, con sus compañeros o sus superiores, ni incidan directa o indirectamente, en actos relacionados con el servicio, ni con las Fuerzas Armadas, su organización, estructura y misiones».

4. De acuerdo con lo dispuesto en el artículo 127.1 de la Constitución, los Jueces, Magistrados y Fiscales no podrán pertenecer a sindicato alguno mientras se hallen en activo.

⇒ V. art. 401 de la LO 6/1985, del Poder Judicial, así como los arts. 54 y 59 de la Ley 50/1981, de 30 diciembre, sobre Estatuto Orgánico del Ministerio Fiscal.

5. El ejercicio del derecho de sindicación de los miembros de Cuerpos y Fuerzas de Seguridad que no tengan carácter militar, se regirá por su normativa específica, dado el carácter armado y la organización jerarquizada de estos Institutos.

⇒ V. arts. 3; 15.2; 18 a 27 y 52 de la LO 2/1986, de 13 marzo, sobre Fuerzas y Cuerpos de Seguridad del Estado.

Sobre actividad sindical de Policías Locales, v. STC 273/1994, de 17 octubre (RTC 1994, 273).

Sobre cese de Delegado Sindical de la Policía para cargo de libre designación y la distribución del «onus probandi», v. STC 17/1996, de 7 febrero (RTC 1996, 17).

Artículo 2.

1. La libertad sindical comprende:

⇒ V. arts. 7 y 28 de la CE (§1), así como los Convenios núms. 87 y 98 de la OIT, citados en nota al artículo 1.1.

El carácter abierto de la lista que sigue se advierte por STC 17/1996, de 7 febrero (RTC 1996, 17) y las en ella citadas.

Una síntesis de los contenidos esencial y adicional de la libertad sindical en STC 95/1996, de 29 mayo (RTC 1996, 95).

a) El derecho a fundar sindicatos sin autorización previa, así como el derecho a suspenderlos o a extinguirlos, por procedimientos democráticos.

b) El derecho del trabajador a afiliarse al sindicato de su elección con la sola condición de observar los estatutos del mismo o a separarse del que estuviese afiliado, no pudiendo nadie ser obligado a afiliarse a un sindicato.

c) El derecho de los afiliados a elegir libremente a sus representantes dentro de cada sindicato.

d) El derecho a la actividad sindical.

⇒ Pero téngase presente lo establecido en la disp. adic. 3ª de la Ley.

2. Las organizaciones sindicales en el ejercicio de la libertad sindical, tienen derecho a:

a) Redactar sus estatutos y reglamento, organizar su administración interna y sus actividades y formular su programa de acción.

b) Constituir federaciones, confederaciones y organizaciones internacionales, así como afiliarse a ellas y retirarse de las mismas.

c) No ser suspendidas ni disueltas sino mediante resolución firme de la Autoridad Judicial, fundada en incumplimiento grave de las Leyes.

d) El ejercicio de la actividad sindical en la empresa o fuera de ella, que comprenderá, en todo caso, el derecho a la negociación colectiva, al ejercicio del derecho de huelga, al planteamiento de conflictos individuales y colectivos y a la presentación de candidaturas para la elección de Comités de Empresa y Delegados de Personal, y de los correspondientes órganos de las Administraciones públicas, en los términos previstos en las normas correspondientes.

⇒ Respecto de tales manifestaciones v. fundamentalmente:
–Para la negociación colectiva: art. 37.1 de la CE (§1); art. 4.1, c) y Tít. III del ET (§2).
–Para el derecho de huelga: art. 28.2 de la CE (§1) y Real Decreto-ley de Relaciones de Trabajo (§22).
–Para la presentación de candidaturas: Tít. II (especialmente art. 69.2) del ET (§2).
La STC 13/1997, de 27 enero (RTC 1997, 13), indica en qué medida la libertad sindical queda afectada por obstaculizarse la presentación de candidaturas.
–Sobre el planteamiento de conflictos colectivos: art. 37.2 de la CE (§1); Tít. II del Real Decreto-ley de Relaciones de Trabajo (§22); Base 27ª de la LBPL y art. 151 de la LPL (§41).
–Sobre conflictos individuales: Base 7ª.4 de la LBPL y su desarrollo en la LPL (§41), especialmente art. 20. También la STC 210/1994, de 11 julio (RTC 1994, 210).
–Sobre derecho a difundir las actividades sindicales, v. STC 134/1994, de 9 mayo (RTC 1994, 134).
V. STC 185/2003, de 27 octubre (RTC 2003, 185), sobre libertad de información y de expresión de delegado sindical frente a presiones de la empresa; esta faceta de la libertad sindical no puede comportar consecuencias penales desfavorables.

Artículo 3.

1. No obstante lo dispuesto en el artículo 1.2, los trabajadores por cuenta propia que no tengan trabajadores a su servicio, los trabajadores en paro y los que hayan cesado en su actividad laboral, como consecuencia de su incapacidad o jubilación, podrán afiliarse a las organizaciones sindicales constituidas con arreglo a lo expuesto en la presente Ley, pero no fundar sindicatos que tengan precisamente por objeto la tutela de sus intereses singulares, sin perjuicio de su capacidad para constituir asociaciones al amparo de la legislación específica.

⇒ Cfr. art. 22 de la CE (§1) y disposiciones de desarrollo.

2. Quienes ostenten cargos directivos o de representación en el sindicato en que estén afiliados, no podrán desempeñar, simultáneamente, en las Administraciones públicas cargos de libre designación de categoría de Director General o asimilados, así como cualquier otro de rango superior.

TÍTULO II
DEL RÉGIMEN JURÍDICO SINDICAL

Artículo 4.

1. Los sindicatos constituidos al amparo de esta Ley, para adquirir la personalidad jurídica y plena capacidad de obrar, deberán depositar, por medio de sus promotores o dirigentes sus estatutos en la oficina pública establecida al efecto.

⇒ V. la disp. final 1ª.2 de la Ley, así como el art. 3 de la Ley 19/1977 (§20.2), reguladora del derecho de asociación sindical y el RD 873/1977 (§20.3) sobre depósito de Estatutos, ambos vigentes en cuanto no se opongan a la presente Ley (véase su disposición derogatoria).

2. Las normas estatutarias contendrán al menos:

a) La denominación de la organización que no podrá coincidir ni inducir a confusión con otra legalmente registrada.

⇒ La jurisprudencia viene aplicando, analógicamente, el art. 12.a) de la Ley 32/1988, de 10 noviembre, de Marcas, conforme al cual no pueden registrarse aquellas que «por su identidad o semejanza fonética, gráfica o conceptual con una» preexistente pudiera inducir a confusión o generar un riesgo de asociación. Téngase en cuenta que la citada Ley fue derogada por la Ley 17/2001, de 7 diciembre, de Marcas.

b) El domicilio y ámbito territorial y funcional de actuación del sindicato.

c) Los órganos de representación, gobierno y administración y su funcionamiento, así como el régimen de provisión electiva de sus cargos, que habrán de ajustarse a principios democráticos.

d) Los requisitos y procedimientos para la adquisición y pérdida de la condición de afiliados, así como el régimen de modificación de Estatutos, de fusión y disolución del sindicato.

e) El régimen económico de la organización que establezca el carácter, procedencia y destino de sus recursos, así como los medios que permitan a los afiliados conocer la situación económica.

3. La oficina pública dispondrá en el plazo de diez días, la publicidad del depósito, o el requerimiento a sus promotores, por una sola vez, para que en el plazo máximo de otros diez días subsanen los defectos observados. Transcurrido este plazo, la oficina pública dispondrá la publicidad o rechazará el depósito mediante resolución exclusivamente fundada en la carencia de alguno de los requisitos mínimos a que se refiere el número anterior.

⇒ V. arts. 165 y ss. de la LPL (§41).

4. La oficina pública dará publicidad al depósito en el tablón de anuncios de la misma, en el

«Boletín Oficial del Estado» y, en su caso, en el «Boletín Oficial» correspondiente indicando, al menos, la denominación, el ámbito territorial y funcional, la identificación de los promotores y firmantes del acta de constitución del sindicato.

La inserción en los respectivos «Boletines» será dispuesta por la oficina pública en el plazo de diez días y tendrá carácter gratuito.

5. Cualquier persona estará facultada para examinar los estatutos depositados, debiendo además la oficina facilitar a quien así lo solicite, copia autentificada de los mismos.

6. Tanto la Autoridad Pública, como quienes acrediten un interés directo, personal y legítimo, podrán promover ante la Autoridad Judicial la declaración de no conformidad a derecho de cualesquiera estatutos que hayan sido objeto de depósito y publicación.

⇒ V. Base 29ª de la LBPL y su desarrollo en LPL (§41), especialmente arts. 165 y ss.

7. El Sindicato adquirirá personalidad jurídica y plena capacidad de obrar, transcurridos veinte días hábiles desde el depósito de los estatutos.

8. La modificación de los estatutos de las organizaciones sindicales ya constituidas se ajustará al mismo procedimiento de depósito y publicidad regulado en este artículo.

Artículo 5.

1. Los Sindicatos constituidos al amparo de la presente Ley responderán por los actos o acuerdos adoptados por sus órganos estatutarios en la esfera de sus respectivas competencias.

⇒ V. art. 2 j) de la LPL (§41).

2. El Sindicato no responderá por actos individuales de sus afiliados, salvo que aquéllos se produzcan en el ejercicio regular de las funciones representativas o se pruebe que dichos afiliados actuaban por cuenta del sindicato.

3. Las cuotas sindicales no podrán ser objeto de embargo.

⇒ Conforme al art. 9 del Reglamento del IRPF, aprobado por RD 1775/2004, de 30 julio, tales cuotas son deducibles para determinar el rendimiento neto del trabajo en dicho impuesto.

4. Los sindicatos constituidos al amparo de esta Ley podrán beneficiarse de las exenciones y bonificaciones fiscales que legalmente se establezcan.

TÍTULO III
DE LA REPRESENTATIVIDAD SINDICAL

Artículo 6.

1. La mayor representatividad sindical reconocida a determinados sindicatos les confiere una singular posición jurídica a efectos, tanto de participación institucional como de acción sindical.

⇒ Sobre mayor representatividad sindical, entre otras, véanse las SSTC 53/1982, de 22 julio (RTC 1982, 53); 65/1982, de 10 noviembre (RTC 1982, 65); 20/1985, de 13 febrero (RTC 1985, 20); 72/1985, de 14 febrero (RTC 1985, 72); 99/1987, de 11 junio (RTC 1987, 99) y 187/1987, de 24 noviembre (RTC 1987, 187).

2. Tendrán la consideración de sindicatos más representativos a nivel estatal:

a) Los que acrediten una especial audiencia, expresada en la obtención, en dicho ámbito, del 10 por 100 o más del total de delegados de personal, de los miembros de los comités de empresa y de los correspondientes órganos de las Administraciones públicas.

⇒ V. nota al art. 75.7 del ET (§2).
Téngase en cuenta la regla contenida en la disp. adic. 4ª de la propia Ley.

b) Los sindicatos o entes sindicales, afiliados, federados o confederados a una organización sindical de ámbito estatal que tenga la consideración de más representativa de acuerdo con lo previsto en la letra a).

⇒ Cfr. el F. 13 de la STC 98/1985, de 29 julio (RTC 1985, 98), ya citada.

3. Las organizaciones que tengan la consideración de sindicato más representativo según el número anterior, gozarán de capacidad representativa a todos los niveles territoriales y funcionales para:

a) Ostentar representación institucional ante las Administraciones públicas u otras entidades y organismos de carácter estatal o de Comunidad Autónoma que la tengan prevista.

⇒ Sobre la posibilidad de completar esta previsión por las Comunidades Autónomas, v. el F. 16 de la STC 98/1985 (RTC 1985, 98).
En desarrollo de la Ley 12/1996, de 30 diciembre, la O. 26 marzo 1997 regula la concesión a las organizaciones sindicales y empresariales, de compensaciones económicas (por valor de 711 millones de pesetas aproximadamente) por su participación institucional en diversos órganos del Ministerio de Trabajo y Asuntos Sociales.
V. los arts. 12 y concordantes de la LPRL (§23).

b) La negociación colectiva, en los términos previstos en el Estatuto de los Trabajadores.

⇒ V. su Tít. III, en especial art. 87 (§2).
Respecto de las empresas de trabajo temporal, v. art. 13 de la Ley 14/1994 (§3.1).

c) Participar como interlocutores en la determinación de las condiciones de trabajo en las Administraciones públicas a través de los oportunos procedimientos de consulta o negociación.

d) Participar en los sistemas no jurisdiccionales de solución de conflictos de trabajo.

⇒ V. las previsiones del ASEC y de su Reglamento (§42.4).

e) Promover elecciones para delegados de personal y comités de empresa y órganos correspondientes de las Administraciones públicas.

⇒ V. art. 67.1 del ET (§2); art. 2 del RD 1844/1994, de 9 septiembre (§21.1) sobre elecciones de representantes.

f) Obtener cesiones temporales del uso de inmuebles patrimoniales públicos en los términos que se establezcan legalmente.

⇒ Cfr. Ley 4/1986 (§20.4) sobre cesión de bienes del Patrimonio Sindical Acumulado y su Reglamento.

g) Cualquier otra función representativa que se establezca.

⇒ V. art. 13 de la Ley 14/1994, sobre empresas de trabajo temporal (§3.1).

Artículo 7.

1. Tendrán la consideración de sindicatos más representativos a nivel de Comunidad Autónoma: a) Los sindicatos de dicho ámbito que acrediten en el mismo una especial audiencia expresada en la obtención de, al menos el 15 por 100 de los delegados de personal y de los representantes de los trabajadores en los comités de empresa, y en los órganos correspondientes de las Administraciones públicas, siempre que cuenten con un mínimo de 1.500 representantes y no estén federados o confederados con organizaciones sindicales de ámbito estatal; b) Los sindicatos o entes sindicales afiliados, federados o confederados a una organización sindical de ámbito de Comunidad Autónoma que tenga la consideración de más representativa de acuerdo con lo previsto en la letra a).

⇒ Sobre la constitucionalidad de estos requisitos, v. el F. 14 de la STC 98/1985, de 29 julio (RTC 1985, 98), ya citada.
Sobre la contitucionalidad de las normas que distribuyen subvenciones en función de la representatividad del sindicato en la Comunidad Autónoma, v. la STC 147/2001, de 27 junio (RTC 2001, 147).
Téngase presente la regla de cómputo incorporada por la disp. adic. 4ª de la presente Ley.

Estas organizaciones gozarán de capacidad representativa para ejercer en el ámbito específico de la Comunidad Autónoma las funciones y facultades enumeradas en el número 3 del artículo anterior, así como la capacidad para ostentar representación institucional ante las Administraciones públicas u otras entidades u organismos de carácter estatal.

2. Las organizaciones sindicales que aun no teniendo la consideración de más representativas hayan obtenido, en un ámbito territorial y funcional específico, el 10 por 100 o más de los delegados de personal y miembros de comité de empresa y de los correspondientes órganos de las Administraciones públicas, estarán legitimadas para ejercitar, en dicho ámbito funcional y territorial, las funciones y facultades a que se refieren los apartados b), c), d), e) y g) del número 3 del artículo 6, de acuerdo con la normativa aplicable a cada caso.

TÍTULO IV

DE LA ACCIÓN SINDICAL

Artículo 8.

1. Los trabajadores afiliados a un sindicato podrán, en el ámbito de la empresa o centro de trabajo:

a) Constituir Secciones Sindicales de conformidad con lo establecido en los Estatutos del Sindicato.

⇒ V. la STC 168/1996, de 29 octubre (RTC 1996, 168), y las en ella citadas.
Sobre derecho a no desvelar la identidad de sus componentes, v. la STC 292/1993, de 18 octubre (RTC 1993, 292).

b) Celebrar reuniones, previa notificación al empresario, recaudar cuotas y distribuir información sindical, fuera de las horas de trabajo y sin perturbar la actividad normal en la empresa.

⇒ Cfr. lo dispuesto por el ET (§2) en materia de asambleas (arts. 77 y ss.)
La STC 94/1995, de 19 junio (RTC 1995, 94), reflexiona sobre el alcance que posean los límites impuestos por este precepto.
V. también la STC 168/1996, de 29 octubre (RTC 1996, 168).

c) Recibir la información que le remita su sindicato.

⇒ La STC 281/2005, de 7 noviembre (RTC 2005, 281), reconoce el derecho de los sindicatos a enviar informaciones (a sus afiliados y a los demás trabajadores) aprovechando el sistema de correo electrónico ya implantado en la empresa, siempre que se haga un uso moderado de tal facultad, sin perturbar la actividad normal de la empresa, ni perjudicar el uso empresarial del mismo o propiciar mayores costes (caso *BBVA*).

2. Sin perjuicio de lo que se establezca mediante convenio colectivo, las Secciones Sindicales de los sindicatos más representativos y de los que tengan representación en los comités de empresa y en los órganos de representación que se establezcan en las Administraciones públicas o cuenten con delegados de personal, tendrán los siguientes derechos:

a) Con la finalidad de facilitar la difusión de aquellos avisos que puedan interesar a los afiliados al sindicato y a los trabajadores en general, la empresa pondrá a su disposición un tablón de anuncios que deberá situarse en el centro de trabajo y en lugar donde se garantice un adecuado acceso al mismo de los trabajadores.

⇒ Cfr. lo dispuesto en el art. 81 del ET (§2).

b) A la negociación colectiva, en los términos establecidos en su legislación específica.

⇒ V. art. 87.1 del ET (§2).

c) A la utilización de un local adecuado en el que puedan desarrollar sus actividades en aquellas empresas o centros de trabajo con más de 250 trabajadores.

⇒ Téngase presente lo establecido en el art. 2.6 de la LO 9/1983, de 15 julio, reguladora del Derecho de Reunión, respecto de estas reuniones.

V. art. 81 del ET (§2).

Artículo 9.

1. Quienes ostenten cargos electivos a nivel provincial, autonómico o estatal, en las organizaciones sindicales más representativas, tendrán derecho:

⇒ Estos derechos se integran en el contenido adicional de la libertad sindical, conforme a STC 18/2001, de 29 enero (RTC 2001, 18), y otras muchas.

Pero la STC 234/2005, de 26 septiembre (RTC 2005, 234), advierte que no forma parte del contenido de la libertad sindical el que se abran las prestaciones por desempleo al cargo sindical que cesa tras haber venido cotizando por tal contingencia, por más que estuviera formalmente vinculado al sindicato mediante relación laboral.

a) Al disfrute de los permisos no retribuidos necesarios para el desarrollo de las funciones sindicales propias de su cargo, pudiéndose establecer, por acuerdo, limitaciones al disfrute de los mismos en función de las necesidades del proceso productivo.

⇒ Cfr. con el art. 37.3 e) del ET (§2).

b) A la excedencia forzosa, o a la situación equivalente en el ámbito de la Función Pública, con derecho a reserva del puesto de trabajo y al cómputo de antigüedad mientras dure el ejercicio de su cargo representativo debiendo reincorporarse a su puesto de trabajo dentro del mes siguiente a la fecha del cese.

⇒ La STC 99/1987, de 11 junio (RTC 1987, 99), extendió tal situación a los restantes sindicatos en el ámbito de la función pública, mientras que la STC 263/1994, de 3 octubre (RTC 1994, 263), respalda la constitucionalidad del precepto en su aplicación a la esfera laboral; v. también arts. 46.4 y 48.3 del ET (§2).

La STC 18/2003, de 30 enero (RTC 2003, 18), considera que el derecho en cuestión ha de aplicarse aunque no se haya contemplado expresamente en las normas sobre función pública.

c) A la asistencia y el acceso a los centros de trabajo para participar en actividades propias de su sindicato o del conjunto de los trabajadores, previa comunicación al empresario, y sin que el ejercicio de ese derecho pueda interrumpir el desarrollo normal del proceso productivo.

⇒ Sobre asistencia a asambleas de trabajadores, cfr. art. 77.1 del ET (§2).

La tutela administrativa del precepto puede verse en el art. 96.6 del ET (§2).

2. Los representantes sindicales que participen en las Comisiones negociadoras de convenios colectivos, manteniendo su vinculación como trabajador en activo en alguna empresa, tendrán derecho a la concesión de los permisos retribuidos que sean necesarios para el adecuado ejercicio de su labor como negociadores, siempre que la empresa esté afectada por la negociación.

⇒ V. art. 37.3 e) del ET (§2) y sus notas.

Artículo 10.

1. En las empresas o, en su caso, en los centros de trabajo que ocupen a más de 250 trabajadores, cualquiera que sea la clase de su contrato, las Secciones Sindicales que puedan constituirse por los trabajadores afiliados a los sindicatos con presencia en los comités de empresa o en los órganos de representación que se establezcan en las Administraciones públicas estarán representadas, a todos los

efectos, por delegados sindicales elegidos por y entre sus afiliados en la empresa o en el centro de trabajo.

⇒ V. las SSTC 61/1989, de 3 abril (RTC 1989, 61) y 84/1989, de 10 mayo (RTC 1989, 84). La STC 173/1992, de 29 octubre (RTC 1992, 173) compendia la doctrina sobre constitucionalidad de las restricciones legislativas.
Sobre delegados sindicales internos o «portavoces» del sindicato, v. la STC 84/1989, de 10 mayo (RTC 1989, 84).

2. Bien por acuerdo, bien a través de la negociación colectiva, se podrá ampliar el número de delegados establecidos en la escala a la que hace referencia este apartado, que atendiendo a la plantilla de la empresa o, en su caso, de los centros de trabajo corresponden a cada uno de éstos.

A falta de acuerdos específicos al respecto, el número de delegados sindicales por cada sección sindical de los sindicatos que hayan obtenido el 10 por 100 de los votos en la elección al Comité de Empresa o al órgano de representación en las Administraciones públicas se determinará según la siguiente escala:

De 250 a 750 trabajadores 1.

De 751 a 2.000 trabajadores 2.

De 2.001 a 5.000 trabajadores 3.

De 5.001 en adelante 4.

Las secciones sindicales de aquellos sindicatos que no hayan obtenido el 10 por 100 de los votos estarán representadas por un solo delegado sindical.

3. Los delegados sindicales, en el supuesto de que no formen parte del comité de empresa, tendrán las mismas garantías que las establecidas legalmente para los miembros de los comités de empresa o de los órganos de representación que se establezcan en las Administraciones públicas, así como los siguientes derechos a salvo de lo que se pudiera establecer por convenio colectivo:

⇒ V. art. 68 del ET (§2).

1º Tener acceso a la misma información y documentación que la empresa ponga a disposición del comité de empresa, estando obligados los delegados sindicales a guardar sigilo profesional en aquellas materias en las que legalmente proceda.

⇒ Cfr. art. 64 del ET (§2).

2º Asistir a las reuniones de los comités de empresa y de los órganos internos de la empresa en materia de seguridad e higiene o de los órganos de representación que se establezcan en las Administraciones públicas, con voz pero sin voto.

⇒ V. art. 66.2 del ET (§2) sobre reuniones de los comités de empresa.
V. art. 38.2 de la LPRL (§23) sobre reuniones del comité de Seguridad y Salud de las empresas.

3º Ser oídos por la empresa previamente a la adopción de medidas de carácter colectivo que afecten a los trabajadores en general y a los afiliados a su sindicato en particular, y especialmente en los despidos y sanciones de estos últimos.

⇒ V. arts. 55.1 del ET (§2) y correlativos de la LPL (§41), especialmente arts. 108.1 y 104, d).
Sobre titularidad y fines de este derecho de audiencia, v. STC 30/1992, de 18 marzo (RTC 1992, 30).

Artículo 11.

1. En los convenios colectivos podrán establecerse cláusulas por las que los trabajadores incluidos en su ámbito de aplicación atiendan económicamente la gestión de los sindicatos representados en la comisión negociadora, fijando un canon económico y regulando las modalidades de su abono. En todo caso, se respetará la voluntad individual del trabajador, que deberá expresarse por escrito en la forma y plazos que se determinen en la negociación colectiva.

⇒ V. art. 85.1 del ET (§2) y F. 18 de la STC 98/1985 (RTC 1985, 98) sobre las exigencias para no colisionar con la Constitución.

2. El empresario procederá al descuento de la cuota sindical sobre los salarios y a la correspondiente transferencia a solicitud del sindicato del trabajador afiliado y previa conformidad, siempre, de éste.

TÍTULO V
DE LA TUTELA DE LA LIBERTAD SINDICAL Y REPRESIÓN DE LAS CONDUCTAS ANTISINDICALES

Artículo 12.

Serán nulos y sin efecto los preceptos reglamentarios, las cláusulas de los convenios colectivos, los pactos individuales y las decisiones unilaterales del empresario que contengan o supongan cualquier tipo de discriminación en el empleo o en las condiciones de trabajo, sean favorables o adversas, por razón de la adhesión o no a un sindicato, a sus acuerdos o al ejercicio, en general, de actividades sindicales.

⇒ V. arts. 4.2 c) y 17.1 del ET (§2).

El trabajador tiene derecho a no sufrir menoscabo alguno en su situación profesional o económica en la empresa como consecuencia de su afiliación a actividad sindical (STC 73/1998, de 31 marzo [RTC 1998, 73]).

La STC 185/2003, de 27 octubre (RTC 2003, 185), reitera la «garantía de indemnidad» frente a cualesquiera consecuencias negativas derivadas del ejercicio de la libertad sindical; la protección alcanza a las consecuencias penales derivadas del ejercicio de la libertad de expresión.

La STC 241/2005, de 10 octubre (RTC 2005, 241), considera vulnerado el derecho a la libertad sindical cuando no se adjudica determinado destino a trabajador «liberado sindical» porque había manifestado su intención de mantener esa condición, sin que el empleador (público) aportase justificación suficiente para ello.

La STC 336/2005, de 20 diciembre (RTC 2005, 336), ampara al funcionario a quien se le deniega la prórroga de su comisión de servicios como consecuencia de que ha accedido a la condición de *liberado* sindical por acumulación de crédito horario.

Artículo 13.

Cualquier trabajador o sindicato que considere lesionados los derechos de libertad sindical, por actuación del empleador, asociación patronal, Administraciones públicas, o cualquier otra persona, entidad o corporación pública o privada, podrá recabar la tutela del derecho ante la jurisdicción competente a través del proceso de protección jurisdiccional de los derechos fundamentales de la persona.

⇒ V. Base 30ª de la LBPL y su desarrollo en LPL (§41), arts. 175 a 182.

La STC 74/1996, de 30 abril (RTC 1996, 74), y las por ella citadas, advierte que los Comités de Empresa no son titulares de la libertad sindical.

En STC 216/2005, de 12 septiembre, se ampara a funcionario (policía en el País Vasco) cesado en puesto de confianza a las pocas semanas de notificar su condición de delegado sindical, actuando esa proximidad cronológica como indicio discriminatorio y resaltando que la contraprueba incumple al empleador incluso cuando se trata de decisiones discrecionales.

Expresamente serán consideradas lesiones a la libertad sindical los actos de injerencia consistentes en fomentar la constitución de sindicatos dominados o controlados por un empleador o una asociación empresarial, o en sostener económicamente o en otra forma sindicatos con el mismo propósito de control.

⇒ V. art. 2.2 del Convenio núm. 98 de la OIT (ratificado el 13 abril 1977), relativo a la aplicación de los principios del derecho de sindicación y de negociación colectiva.

Artículo 14.

El sindicato a que pertenezca el trabajador presuntamente lesionado, así como cualquier sindicato que ostente la condición de más representativo, podrá personarse como coadyuvante en el proceso incoado por aquél.

⇒ Base 30ª.2 de la LBPL y LPL (§41), art. 175.2.

Artículo 15.

Si el órgano judicial entendiese probada la violación del derecho de libertad sindical, decretará el cese inmediato del comportamiento antisindical, así como la reparación consiguiente de sus consecuencias ilícitas, remitiendo las actuaciones al Ministerio Fiscal, a los efectos de depuración de eventuales conductas delictivas.

⇒ Base 30ª.5 de la LBPL y LPL (§41), art. 180.

Cfr. art. 315 del CP (§40.4).

DISPOSICIONES ADICIONALES

Primera.

1. Conforme a lo previsto en los artículos 6 y 7 de esta Ley y 75.7 del Estatuto de los Trabajadores, la condición de más representantivo o representativo de un sindicato se comunicará en el momento de ejercer las funciones o facultades correspondientes, aportando el sindicato interesado la oportuna certificación expedida a su requerimiento por la oficina pública establecida al efecto.

En materia de participación institucional se entenderá por momento de ejercicio el de constitución del órgano y, en su caso, el de renovación de sus miembros. En el supuesto de que el órgano correspondiente no tenga prevista una renovación periódica de los representantes sindicales, el sindicato interesado podrá solicitar en el mes de enero, y cada tres años a partir de esa fecha, su participación en el órgano correspondiente, aportando certificación acreditativa de su capacidad representativa.

⇒ La disp. transit. 9ª del ET (§2) establece que «el plazo de tres años para solicitar la presencia de un sindicato o de una organización empresarial en un órgano de participación institucional, al que se refiere la disposición adicional primera de la Ley Orgánica de Libertad Sindical, empezará a contarse a partir del primer mes de enero posterior a la entrada en vigor de la presente Ley».

Cfr. la disp. final segunda de la presente Ley.

2. El Gobierno dictará las disposiciones que sean precisas para el desarrollo del apartado a) del artículo 6.3 y del artículo 7.1 de esta Ley y de lo previsto en la disposición adicional sexta del Estatuto de los Trabajadores, siendo de aplicación a su capacidad representativa lo previsto en el segundo párrafo del número anterior.

✐ Redactada conforme a la disp. final 1ª de la Ley 11/1994, de 19 mayo.

Segunda.

1. La duración del mandato de los delegados de personal, de los miembros de los comités de empresa y de quienes formen parte de los órganos de representación que se establezcan en las Administraciones públicas será de cuatro años, pudiendo ser reelegidos en sucesivos períodos electorales.

⇒ V. art. 67.3 del ET (§2).

2. En el plazo de un año y en desarrollo de lo previsto en el artículo 103.3, de la Constitución, el Gobierno remitirá a las Cortes un proyecto de Ley en el que se regulen los órganos de representación de los funcionarios de las Administraciones públicas.

⇒ V. la disp. final 2ª de la presente Ley.

Tercera.

El derecho reconocido en el apartado d) del número 1, artículo 2 no podrá ser ejercido en el interior de los establecimientos militares.

A tal efecto, se determinará reglamentariamente lo que haya de entenderse por establecimientos militares.

⇒ V. RD 2205/1980 sobre personal civil no funcionario en establecimientos militares. Sobre el alcance de la habilitación conferida v. STC 101/1991, de 13 mayo (RTC 1991, 101).

Cuarta.

Los delegados de personal y los miembros del Comité de Empresa con el mandato prorrogado no se computarán a efectos de determinar la capacidad representativa de los artículos 6 y 7 de la presente Ley.

✐ Disposición incorporada mediante LO 14/1994, de 19 mayo.

DISPOSICIÓN DEROGATORIA

Quedan derogados la Ley 19/1977, de 1 de abril, y el Real Decreto 873/1977, de 22 de abril, en todo cuanto se oponga a la presente Ley, permaneciendo vigente la regulación que contienen dichas normas referidas a las asociaciones profesionales y, en particular, a las asociaciones empresariales cuya libertad de sindicación se reconoce a efectos de lo dispuesto en el artículo 28.1, de la Constitución Española y de los convenios internacionales suscritos por España.

⇒ La Ley 19/1977, de 1 abril puede verse en el §20.2 y el RD 873/1977 en el §20.3.

DISPOSICIONES FINALES

Primera.

1. Las organizaciones sindicales constituidas en aplicación de la Ley 19/1977, de 1 de abril, y que gocen de personalidad jurídica en la fecha de entrada en vigor de esta Ley conservarán el derecho a la denominación sin que, en ningún caso, se produzca solución de continuidad en su personalidad quedando automáticamente convalidadas.

⇒ V. la referida Ley en §20.2.

2. La oficina pública a que se refiere el artículo 4 de esta Ley queda establecida orgánicamente en el Instituto de Mediación, Arbitraje y Conciliación y en los órganos correspondientes de las Comunidades Autónomas, en su respectivo ámbito territorial, cuando tengan atribuida esta competencia. En todo caso, éstas deberán remitir, en el plazo previsto en el artículo 4.4, un ejemplar de la documentación depositada al Instituto de Mediación, Arbitraje y Conciliación.

⇒ Cfr. la disp. final 2ª de la presente Ley.

Segunda.

Los preceptos contenidos en las disposiciones adicionales primera y segunda, en la disposición transitoria y en la disposición final primera, no tienen carácter de Ley Orgánica.

Tercera.

La presente Ley entrará en vigor al día siguiente de su publicación en el «Boletín Oficial del Estado».

§ 20.2 LEY 19/1977, DE 1 ABRIL. REGULA EL DERECHO DE ASOCIACIÓN SINDICAL

(BOE núm. 80, de 4 abril [RCL 1977, 727])

⇒ V. la disp. derog. de la LOLS (§20.1) sobre los términos en que está vigente la presente Ley.

La Ley Sindical, de 17 de febrero de 1971, regula en el Título II las diversas variedades del asociacionismo profesional, tanto el de carácter preferente institucional como el de promoción voluntaria.

La citada ordenación legal, llevada a cabo en desarrollo de la Declaración XIII del Fuero del Trabajo, no parece la única interpretación válida que permita dicha Ley Fundamental, que posibilita otras más congruentes con las exigencias actuales y la deseable expansión de las asociaciones profesionales de base voluntaria.

En consecuencia, se estima llegado el momento de proceder a la reforma de la Ley Sindical en este importante extremo, con toda la extensión y flexibilidad permitidas por el marco institucional. Esta reforma habrá de orientarse a la protección legal de la libertad de asociación sindical de los trabajadores y empresarios para la defensa de sus intereses peculiares, sin otros límites funcionales que los inherentes a la naturaleza profesional de sus fines estatutarios y al deber de acatamiento de la legalidad; todo ello en el ejercicio de las libertades propias de una sociedad democrática y teniendo en cuenta los convenios internacionales, especialmente los convenios números 87 y 98 de la Organización Internacional del Trabajo, así como el Pacto internacional de derechos económicos, sociales y culturales recientemente firmado por el Gobierno español.

En su virtud, y de conformidad con la Ley aprobada por las Cortes Españolas, vengo en sancionar:

Artículo 1.

1. Los trabajadores y los empresarios podrán constituir en cada rama de actividad, a escala territorial o nacional, las asociaciones profesionales que estimen convenientes para la defensa de sus intereses respectivos.

En la presente Ley, la referencia a los «trabajadores» comprende también, conjunta o separadamente, a los «técnicos».

2. A los efectos de esta Ley, se entiende por rama de actividad el ámbito de actuación económica, la profesión u otro concepto análogo que los trabajadores o los empresarios determinen en los estatutos.

3. Las asociaciones mencionadas en el apartado número 1 establecerán sus propios estatutos, se gobernarán con plena autonomía y gozarán de protección legal para garantizar su independencia respecto de la Administración Pública, así como todo acto de injerencia de unas respecto de las otras.

4. Las normas estatutarias contendrán, al menos, la denominación de la asociación, ámbito territorial y profesional, órganos de representación, gobierno y administración, recursos económicos y sistema de admisión de miembros, y regularán su funcionamiento de acuerdo con principios democráticos.

Artículo 2.

1. Los trabajadores y los empresarios tendrán derecho a afiliarse a las referidas asociaciones, con la sola condición de observar los estatutos de las mismas.

2. Los trabajadores y los empresarios gozarán de protección legal contra todo acto de discriminación tendente a menoscabar la libertad sindical en relación con su empleo o función.

Artículo 3.

Las asociaciones constituidas al amparo de la presente Ley deberán depositar sus estatutos en la oficina pública establecida al efecto. Adquirirán personalidad jurídica y plena capacidad de obrar transcurridos veinte días desde el depósito de los estatutos, salvo que dentro de dicho plazo se inste de la autoridad judicial competente la declaración de no ser conformes a derecho. La autoridad judicial dictará la resolución definitiva que proceda.

Artículo 4.

Las asociaciones profesionales podrán constituir Federaciones y Confederaciones, con los requisitos y efectos previstos en el artículo 3, así como afiliarse a las de igual carácter que se hallen constituidas.

Artículo 5.

Las organizaciones a que se refiere la presente Ley sólo podrán ser suspendidas o disueltas mediante resolución del órgano judicial basada en la realización de las actividades determinantes de la ilicitud o en otras causas previstas en las leyes o en los estatutos.

Artículo 6.

Las organizaciones de trabajadores y empresarios podrán participar en los Organismos de consulta y colaboración en los ámbitos sectorial y territorial.

DISPOSICIONES ADICIONALES

Primera.

Queda excluido de la presente Ley el personal militar.

Segunda.

El ejercicio del derecho de asociación sindical por los funcionarios públicos y por el personal civil al servicio de la Administración Militar se regulará por disposiciones específicas.

DISPOSICIONES FINALES

Primera.

El Gobierno, oídos el Consejo Nacional de Trabajadores y Técnicos y el Consejo Nacional de Empresarios, dictará las disposiciones necesarias para el desarrollo de la presente Ley, determinándose en ellas las autoridades judiciales, procedimientos y plazo para la resolución judicial en relación con lo establecido en los artículos 3 y 5, así como la publicidad que deba tener el depósito de los estatutos.

Segunda.

Esta Ley entrará en vigor el día siguiente a su publicación en el «Boletín Oficial del Estado».

DISPOSICIÓN TRANSITORIA

Las asociaciones sindicales constituidas al amparo de la legislación en vigor que así lo soliciten quedarán automáticamente acogidas al régimen jurídico de las asociaciones profesionales de la presente Ley, previa la adaptación, en su caso, de las normas estatutarias, en la forma que se establezca en las disposiciones de desarrollo.

DISPOSICIÓN DEROGATORIA

Quedan derogadas las disposiciones que se opongan a lo establecido en la presente Ley.

§ 20.3 REAL DECRETO 873/1977, DE 22 ABRIL. DEPÓSITO DE LOS ESTATUTOS DE LAS ORGANIZACIONES CONSTITUIDAS AL AMPARO DE LA LEY 19/1977, DE 1 ABRIL, REGULADORA DEL DERECHO DE ASOCIACIÓN SINDICAL

(BOE núm. 101, de 28 abril [RCL 1977, 877])

⇒ V. la disp. derog. de la LOLS (§20.1).

De conformidad con la disposición final de la Ley 19/1977, de 1 de abril, se hace necesario regular sin demora determinados extremos referentes a depósito y publicidad de los Estatutos, la Oficina competente y otros aspectos de obligada regulación para que pueda ejercerse en toda su extensión el derecho de asociación sindical reconocido en la Ley anteriormente citada.

En su virtud, cumplido el trámite de audiencia previsto en la disposición final de la Ley 19/1977, a propuesta del Ministro de Relaciones Sindicales, de conformidad con el dictamen del Consejo de Estado y previa deliberación del Consejo de Ministros en su reunión del día 22 de abril de 1977, dispongo:

Artículo 1.

1. Las organizaciones constituidas al amparo de la Ley 19/1977, de 1 de abril, por la que se regula el derecho de Asociación Sindical, depositarán sus Estatutos, conforme a lo prevenido en el artículo 3 de dicha Ley, en la Oficina pública que señala la disposición transitoria segunda de este Real Decreto. Cuando su ámbito territorial no rebase la provincia, lo efectuarán en la Oficina Delegada Provincial correspondiente al domicilio social de la organización.

⇒ V. el RD 2756/1979, de 23 noviembre (§42.2).

2. Los Estatutos y el acta de constitución de una asociación serán presentados por triplicado ejemplar, y esta última suscrita por sus otorgantes o, en su defecto, por los promotores y directivos, con expresión de los datos personales necesarios para su identificación.

Cuando se trate de Federaciones o Confederaciones se acompañará, además copia autorizada de los acuerdos de constitución, incorporación o afiliación adoptados por los órganos de gobierno de las asociaciones u organizaciones correspondientes.

3. En los supuestos de modificación de Estatutos de organizaciones ya constituidas, se acompañará la misma documentación, debiéndose reflejar en el acta el número de miembros y el de asistentes a la reunión del órgano de Gobierno que adoptó el acuerdo, así como el resultado de la votación alcanzada.

Artículo 2.

En el momento de presentación de los Estatutos, el encargado de la Oficina devolverá a los interesados un ejemplar, con la indicación de la fecha y hora en que se efectúa, con su firma y el sello de la Oficina.

Cuando el encargado de la Oficina advirtiera anomalías que fueran subsanables podrá requerir, por una sola vez, a los promotores o directivos, para que, si lo estiman oportuno, corrijan los defectos o errores observados.

Artículo 3.

Los Estatutos contendrán, al menos, los siguientes extremos:

1º Denominación de la organización, que no podrá coincidir ni inducir a confusión con otra legalmente inscrita.

2º Domicilio y ámbitos territorial y profesional, determinados para las asociaciones por el sector o rama de actuación económica, la profesión o cualquier otro concepto análogo que los trabajadores o los empresarios determinen libremente en los Estatutos.

3º Los órganos de representación, gobierno y administración.

4º El funcionamiento de la Entidad, que habrá de ajustarse en todo momento a principios democráticos.

5º Régimen electoral, que garantice el que los cargos directivos se provean mediante sufragio libre y secreto.

6º Régimen económico, de forma que se determine el carácter, procedencia, administración y destino de sus recursos, así como los medios que permitan conocer a sus miembros la situación económica de la Entidad.

7º Los requisitos y procedimientos para la adquisición y pérdida de la condición de miembro y sistema de constancia de los asociados componentes, en garantía de los mismos.

Artículo 4.

Del depósito de los Estatutos en la Oficina se dará publicidad en el tablón de anuncios de la misma, en el «Boletín Oficial» de la provincia y, en su caso, en el «Boletín Oficial del Estado», cuando el ámbito de la organización exceda del provincial, indicando, al menos, la denominación, el ámbito territorial y profesional y los firmantes del acta de constitución. Los interesados podrán alegar, por escrito, lo que estimen procedente, dentro del plazo de ocho días a partir de la publicación en el «Boletín».

La inserción en los respectivos «Boletines» será ordenada por la Oficina y tendrá carácter gratuito.

Artículo 5.

La Oficina será pública y los Estatutos depositados en ella podrán ser examinados por cualquier interesado. El encargado de la Oficina deberá librar certificación de los extremos que consten en la misma.

DISPOSICIÓN ADICIONAL

Conforme a lo establecido en la disposición adicional de la Ley 19/1977, de 1 de abril, el ejercicio del derecho de Asociación Sindical por los funcionarios públicos y por el personal civil al servicio de la Administración Militar, se regulará por disposiciones específicas.

DISPOSICIONES TRANSITORIAS

Primera.

Las asociaciones sindicales constituidas al amparo de la Ley 2/1971, de 17 de febrero, podrán acogerse a lo dispuesto en la Ley 19/1977, de 1 de abril, previo acuerdo de su Asamblea general y con los trámites previstos en sus Estatutos, en el plazo de seis meses, contados a partir de la entrada en vigor del presente Real Decreto.

Los Estatutos, una vez adaptados, si ello fuera preciso, en unión del acta en que conste el acuerdo y certificación del registro de Entidades Sindicales acreditativa de hallarse inscrita anteriormente en el mismo, se presentarán en la Oficina competente a los efectos del depósito regulado en el presente Real Decreto.

Durante el período antes señalado conservarán el derecho a la denominación y, en ningún caso, se producirá solución de continuidad en su personalidad.

Segunda.

En tanto no se disponga su adscripción definitiva, la Oficina prevista en el artículo 2 de la Ley dependerá directamente del Ministro de Relaciones Sindicales y contará con Oficinas Delegadas Provinciales.

DISPOSICIONES FINALES

Primera.

Se faculta al Ministro de Relaciones Sindicales para dictar las disposiciones de aplicación y desarrollo del presente Real Decreto.

⇒ Mediante Resolución de la Subsecretaría del Ministerio de 25 de marzo de 2003 (BOE 18 abril) se aprobó la Carta de servicios de la Oficina Pública de Depósito de Estatutos de Asociaciones Sindicales Empresariales.

Segunda.

Este Real Decreto entrará en vigor el día de su publicación en el «Boletín Oficial del Estado».

DISPOSICIÓN DEROGATORIA

Quedan derogados los preceptos relativos a las Asociaciones Sindicales contenidos en el Decreto 3095/1972, de 9 de noviembre, y, en general, cuantas otras disposiciones de igual o inferior rango se opongan a la presente.

§ 20.4 LEY 4/1986, DE 8 ENERO. CESIÓN DE BIENES DEL PATRIMONIO SINDICAL ACUMULADO

(BOE núm. 12, de 14 enero; rect. BOE núm. 37, de 12 febrero [RCL 1986, 91 y 451])

1. Dos son los problemas fundamentales cuya solución aborda el presente Proyecto de Ley; por una parte, el grave y complejo problema de la titularidad de los bienes y derechos procedentes de la Antigua Organización Sindical y de las demás Entidades Sindicales anteriores al nuevo sistema de libertad y pluralidad sindicales consagrado por la Constitución y por otra, el contenido histórico derivado de la incautación de los bienes de las Organizaciones Sindicales democráticas, como consecuencia de la guerra civil española, al tener que cumplir, hoy día, con las funciones que la propia Norma Fundamental les reconoce y garantiza.

⇒ Cfr. la Ley 43/1998, de 15 diciembre, de Restitución o Compensación a los Partidos Políticos de bienes y derechos incautados en aplicación de la normativa sobre responsabilidades políticas del período 1936-1939.

Y al abordar ambas cuestiones, se han tenido siempre presentes los principios de seguridad jurídica y de respeto a esa misma libertad sindical.

Con ello, el Gobierno al patrocinar esta norma mediante su iniciativa legislativa, cumple el compromiso que adquirió en el Acuerdo Económico y Social, elaborando el oportuno Proyecto de Ley, tras haber consultado a las Organizaciones Sindicales y Empresariales más representativas.

2. Se han venido realizando, desde la Administración, asignaciones particulares a los Sindicatos y Organizaciones Empresariales de concretos y determinados bienes, con el fin de permitirles cumplir mejor sus fines propios cerca de los trabajadores o empresarios respectivos. Sin embargo, estas cesiones tenían lugar fuera de un marco general normativo que las regulase adecuadamente y se hacía, consecuentemente, imprescindible llevar a cabo una normación específica que viniera a configurar de manera clara la posibilidad de asignar a los sujetos de las actividades sindicales el uso de aquellos bienes, en base a las funciones que la propia Constitución les asigna.

3. En primer término, se persigue dar un único y coherente tratamiento jurídico al actual estado de desconexión en que los originarios patrimonios de naturaleza sindical se encuentran y, para ello, bajo una rúbrica de Patrimonio Sindical Acumulado, consagrada por la continuada práctica sindical y reflejada, incluso, en textos internacionales, se integran dos grandes conjuntos patrimoniales que, al desaparecer la antigua Organización Sindical, por una parte, y los varios patrimonios de otros tantos variados Entes que, pese a depender jerárquica u organizativamente de aquélla, tenían, no obstante, un patrimonio separado, propio y exclusivo.

Por otro lado, una vez reunidos todos esos conjuntos patrimoniales, la cuestión de la atribución de la titularidad sobre ellos, con carácter único, aparece como obligado corolario en atención al principio de seguridad jurídica. La solución jurídica a los diferentes patrimonios sindicales, aunados en la categoría del Patrimonio Sindical Acumulado, exige atribuir su titularidad unitariamente a la Administración del Estado, mas no con el carácter global de bienes de dominio público por faltar en aquellos elementos patrimoniales la suficiente coherencia interna, cualitativa y teleológica para ello. El régimen jurídico uniforme de tales bienes ha de ser, por el contrario, el derivado de su inclusión dentro del Patrimonio del Estado.

De igual manera, el mismo principio de seguridad jurídica exigirá también dejar a salvo de la integración armonizadora que se establece por ministerio de la Ley para todos los patrimonios de origen o naturaleza sindical, a aquellas titularidades jurídicas que con anterioridad ya se hubieran consolidado legalmente en poder de terceras personas, tanto físicas como jurídicas, públicas o privadas.

4. El particular régimen del Patrimonio Sindical dentro del restante Patrimonio del Estado, habrá de estar delimitado por la finalidad de su posible cesión en uso a los sindicatos de trabajadores y a las Organizaciones Empresariales. La admisibilidad genérica de las cesiones gratuitas de bienes a los Sindicatos por parte de la Administración, ha sido admitida inequívocamente, por lo demás, por el Tribunal Constitucional, quien en su Sentencia, de la Sala Segunda, 99/1983, de 16 de noviembre, fundamento 2 señaló que «en sí misma considerada la cesión de locales a unas Centrales Sindicales para el ejercicio de las funciones que les son propias no puede considerarse atentatoria a la libertad sindical». Y, como correlato necesario de esta posibilidad genérica de cesión, será imprescindible definir el completo marco en el que estas especiales cesiones jurídico-administrativas habrían de tener cabida. Asimismo, parece conveniente enmarcar este Proyecto de Ley dentro de las directrices que

establece la Ley Orgánica de Libertad Sindical, como por la doctrina jurisprudencial mantenida por el Tribunal Constitucional en su Sentencia número 98/1985, de 29 de julio.

El criterio subjetivo desencadenante de las cesiones habría de ser el que con tal carácter figura en la correspondiente Ley Orgánica de Libertad Sindical. Los destinatarios de las cesiones del Patrimonio Sindical Acumulado serán, congruentemente, los Sindicatos y preferentemente los más representativos, en proporción a su representatividad. El criterio, por lo demás, se completará con la posterior referencia a las Organizaciones Empresariales.

En el ámbito formal, la Ley ha configurado un particular régimen jurídico-administrativo para estas cesiones, tildándolas de jurídicamente limitadas, gratuitas y, sobre todo, causales, sirviendo como pauta de definición jurídica el criterio teleológico o de la finalidad a la que los bienes y derechos constitutivos del Patrimonio Sindical Acumulado sirvieron en su momento, criterio éste destacado por el Comité de Libertad Sindical de la OIT, singularmente en el caso número 900. Por lo demás, la articulación formal de estas cesiones obliga, por un lado, a que se forme por la Administración un inventario fiel y exacto de todo el activo y pasivo del Patrimonio Sindical Acumulado, camino imprescindible para cualquier intento de solución adecuada; y, en segundo lugar, a que se constituya en el seno de la propia organización administrativa un órgano encargado de la gestión directa cerca de la Autoridad decisoria de todo el régimen de entregas limitadas que se prevé, contando con la participación institucional de los Sindicatos y Organizaciones Empresariales.

5. Por otra parte, utilizando el cauce formal que le ofrece la regulación del Patrimonio Sindical Acumulado, el legislador ha querido, sin embargo, regular aquellos bienes y derechos que en su día fueron incautados a los Sindicatos, de manera que se restituya a éstos en el presente lo que otrora se les incautó. Para ello, se exigirá, no obstante, un doble condicionamiento, subjetivo y objetivo. Subjetivamente, la restitución se hará a los sindicatos que acrediten ser los legítimos sucesores de los que en su momento existieron, dando a la expresión «sucesor» el sentido que le confieren los reiterados informes del propio Comité de Libertad Sindical de la OIT. Objetivamente, la restitución alcanzaría a los propios bienes que en su momento se incautaron, de ahí que si esta restitución no fuera ya posible, bien por haber pasado los bienes a poder de terceros, bien por haber aquéllos desaparecido o sufrido alteraciones sustanciales que impidan su concordancia íntegra con los bienes originarios, el Estado compensará su valor a los sindicatos en cuestión.

6. En definitiva, se ha tratado de solucionar, mediante el instrumento normativo del mayor rango, la cesión a las Organizaciones Sindicales y Empresariales de los bienes integrantes del denominado Patrimonio Sindical Acumulado y la devolución o, en su caso, compensación de los bienes del denominado Patrimonio Sindical Histórico, compatibilizando los principios, por una parte, de libertad y representatividad sindical y, por otra, de seguridad jurídica.

Artículo 1.

1. Constituyen el Patrimonio Sindical Acumulado, todos los bienes, derechos y obligaciones de contenido patrimonial, que habiendo pertenecido a la antigua Organización Sindical se transfirieron íntegramente al Organismo Autónomo Administración Institucional de Servicios Socio-Profesionales por virtud del Real Decreto-ley 19/1976, de 8 de octubre, así como todos aquellos que constituían los patrimonios privativos de los antiguos Sindicatos y demás Entidades Sindicales que, conforme a la Ley Sindical 2/1971, de 17 de febrero, tenían personalidad jurídica propia.

2. El Patrimonio Sindical Acumulado se integra en el Patrimonio del Estado, subrogándose la Administración del Estado en las titularidades activas y pasivas, referidas a tales patrimonios en los mismos términos que correspondieran a los anteriores Entes titulares.

3. La certificación administrativa expedida por el Ministerio de Trabajo y Seguridad Social será título suficiente para inmatricular en el Registro de la Propiedad a favor de la Administración del Estado los inmuebles que no estén inscritos a favor de persona alguna, con arreglo a lo que dispone la Ley Hipotecaria. Tratándose de bienes inscritos a nombre de personas distintas de la Administración del Estado que, con arreglo a la Ley, hayan pasado a pertenecer a ésta, bastará con la solicitud dirigida por el citado Ministerio al Registrador de la Propiedad para inscribirlos a nombre de la Administración del Estado.

Artículo 2.

De la integración establecida en el artículo anterior se exceptuarán únicamente los bienes y derechos cuya titularidad dominical con anterioridad a la entrada en vigor de la presente Ley, hubiera sido legítimamente adquirida por terceros o hubiese sido transferida, con arreglo a las disposiciones vigentes en cada caso.

Artículo 3.

Los bienes y derechos a que se refiere el artículo 1 de la presente Ley, serán objeto de cesión en uso en favor de los Sindicatos de Trabajadores y las Asociaciones Empresariales, con preferencia de quienes ostenten la condición de más representativos con arreglo a lo dispuesto en la Ley Orgánica 11/1985, de Libertad Sindical, y el resto del Ordenamiento Jurídico. Los bienes, derechos y obligaciones del Patrimonio Sindical Acumulado que no sean cedidos a los Sindicatos y Asociaciones Empresariales, ni retenidos para la finalidad a que se refiere el artículo 4.1 de la presente Ley, quedarán integrados en el Patrimonio del Estado y sujetos en todo a las disposiciones de su Ley reguladora, previa la realización del inventario a que hace referencia la disposición adicional primera de la presente Ley.

⇒ Sobre la constitucionalidad de la preferencia referida, v. STC 75/1992, de 14 mayo (RTC 1992, 75).

Artículo 4.

1. La distribución entre los distintos adjudicatarios de los bienes del Patrimonio Sindical Acumulado se hará conforme al criterio de finalidad a que estuvieron destinados dichos bienes en la antigua Organización Sindical y en los demás Entes Sindicales Personificados.

2. El objeto de las cesiones a los Sindicatos de Trabajadores y Organizaciones Empresariales es el de satisfacer directamente sus necesidades de funcionamiento y organización y, en especial, las de aquellos que, por su condición de más representativos, deban cumplir las funciones que les atribuye la Ley Orgánica de Libertad Sindical y el resto del Ordenamiento Jurídico.

Artículo 5.

El régimen jurídico de las cesiones de los bienes y derechos integrantes del Patrimonio Sindical Acumulado se ajustará a las reglas siguientes:

1. Las cesiones atribuirán a las entidades beneficiarias y a las federadas en ellas el derecho a utilizar los bienes conforme a su destino, con arreglo a las normas generales del Ordenamiento Jurídico administrativo, no pudiendo el cesionario transmitir o ceder a terceros, por ningún título, todo o parte de los bienes cedidos, ni alterar, en modo alguno, los requisitos y términos de la cesión. En cualquier caso, la propiedad seguirá perteneciendo al Patrimonio del Estado, y así se hará constar, en su caso, en el Registro de la Propiedad, al inscribir los títulos atributivos de las correspondientes cesiones.

2. La preferencia a que se refiere el artículo 3 y las cesiones efectuadas en virtud de la misma, estarán supeditadas siempre al mantenimiento de la condición de más representativa de la entidad beneficiaria correspondiente, caducando, en todo caso, por incumplimiento de los requisitos a los que se condicionó su otorgamiento.

3. Las cesiones tendrán carácter gratuito, debiendo reintegrarse los bienes en el mismo estado originario en el que fueron cedidos. Sin perjuicio de ello, el retorno de los bienes se hará con todas las accesiones y con todas las mejoras necesarias y útiles que hubiesen experimentado, quedando todo ello en favor del Patrimonio del Estado.

Todos los gastos derivados del uso y mantenimiento de los bienes cedidos serán a cargo de los respectivos cesionarios. Sin embargo, si se tratase de cargas o gravámenes de naturaleza tributaria, se estará a lo previsto en cada caso por las respectivas normas tributarias aplicables.

4. Las cesiones se efectuarán de acuerdo con criterios de distribución geográfica por Comunidades Autónomas, con las correcciones de carácter provincial o, en su caso, local, precisas para asegurar siempre la adecuada distribución entre las diferentes entidades beneficiarias, en atención a su representatividad global.

5. Si las cesiones comprendieran bienes inmuebles, se efectuarán en las condiciones técnicas y jurídicas que permitan la utilización adecuada de los bienes por los cesionarios conforme a la presente Ley.

Artículo 6.

El régimen jurídico de la gestión de los bienes y derechos integrantes del Patrimonio Sindical Acumulado, se ajustará a las reglas siguientes:

1. Los actos administrativos de gestión, cesión, alteración y revocación relativos a los bienes y derechos del Patrimonio Sindical Acumulado serán dictados por el Ministerio de Trabajo y Seguridad Social, oída en todo caso la Comisión Consultiva.

2. La Comisión Consultiva dependerá del Ministerio de Trabajo y Seguridad Social y se integrará por representaciones de la Administración del Estado y de las Organizaciones Sindicales y Empresariales *más representativas*.

✐ V. al respecto STC 52/1992, de 8 abril (RTC 1992, 52). La STC 183/1992, de 16 noviembre (RTC 1992, 183), acabó declarando la inconstitucionalidad del inciso: «más representativas», lo que obligó a modificar el Reglamento previsto en la disp. adic. 2ª de la Ley.

⇒ Mediante Res. 9 octubre 1996, de la Subsecretaría del Ministerio de Trabajo y Asuntos Sociales, se delegó la Presidencia de la Comisión Consultiva en el Subdirector General del Patrimonio Sindical.

3. Corresponde a la Comisión Consultiva:

a) Efectuar propuestas de cesiones de los bienes y derechos a que se refiere esta Ley.

b) Informar las solicitudes de cesiones de bienes y derechos que presenten los interesados.

c) Informar las alteraciones y revocaciones que hayan de experimentar los actos administrativos de cesión.

d) Conocer e informar de la gestión que las entidades beneficiarias efectúen, respecto de los bienes cedidos, proponiendo la adopción de las medidas que considere pertinentes.

e) Conocer de las sustituciones y permutas del patrimonio que se vayan a efectuar.

Artículo 7.

1. La adquisición a título oneroso de los bienes inmuebles para el cumplimiento de los fines previstos en esta Ley se efectuará por el Ministerio de Trabajo y Seguridad Social mediante concurso público, salvo que, en atención a las peculiaridades de las necesidades a satisfacer o la urgencia de la adquisición a efectuar, el Ministerio de Trabajo y Seguridad Social autorice la adquisición directa.

2. La enajenación de bienes inmuebles integrados en el Patrimonio Sindical Acumulado se realizará por el Ministerio de Trabajo y Seguridad Social cuando su valor, según tasación pericial, no exceda de 2.000 millones de pesetas, o por el Gobierno, cuando sobrepasando dicha cuantía no exceda de 4.000 millones de pesetas.

La enajenación de los bienes inmuebles, valorados en más de 4.000 millones de pesetas, deberá ser autorizada mediante Ley.

La enajenación de los bienes inmuebles se realizará mediante subasta pública, salvo cuando el Consejo de Ministros, a propuesta del Ministerio de Trabajo y Seguridad Social, autorice su enajenación directa. Cuando se trate de bienes de valor no superior a 1.000 millones de pesetas, la enajenación directa deberá ser autorizada por el Ministerio de Trabajo y Seguridad Social.

3. El importe de la enajenación de bienes integrados en el Patrimonio Sindical Acumulado se destinará a la adquisición de bienes de valor equivalente, obras de construcción, conservación, reforma, acondicionamiento y mejora de los bienes del Patrimonio Sindical Acumulado y, en general, a las finalidades previstas en esta Ley y en su Reglamento ejecutivo.

4. Asimismo podrán permutarse, mediante autorización del Ministro de Trabajo y Seguridad Social, bienes inmuebles integrados en el Patrimonio Sindical acumulado por bienes de valor equivalente pertenecientes a otras personas con igual finalidad que la expresada en el número anterior.

5. La Comisión Consultiva Tripartita será oída, en todo caso, en los actos de disposición a que se refiere el presente artículo.

✐ Artículo redactado conforme a la Ley 37/1988, de 28 diciembre, de Presupuestos Generales del Estado para 1989.

Artículo 8.

Todo acto contrario a lo dispuesto en la presente Ley para las cesiones patrimoniales referidas, será nulo de pleno Derecho, tanto si se trata de actos de la Administración, como de los cesionarios.

DISPOSICIÓN TRANSITORIA

Las cesiones del uso de bienes a los que se refiere la presente Ley, que hubiesen sido efectuadas con anterioridad a la entrada en vigor de la misma, deberán ser objeto de la correspondiente regularización mediante resolución dictada por el Ministro de Trabajo y Seguridad Social, previo informe de la Comisión Consultiva, prevista en el artículo 6.

DISPOSICIONES ADICIONALES

Primera.

En el plazo de dieciocho meses, la Administración confeccionará un Inventario actualizado de todos los bienes, derechos y obligaciones que componen el Patrimonio Sindical Acumulado, oída en todo caso la Comisión Consultiva del artículo 6.

Segunda.

Se autoriza al Gobierno para desarrollar reglamentariamente cuanto se establece en la presente Ley, pudiendo, incluso, determinar que las cesiones se refieran sólo a bienes de naturaleza inmobiliaria. En todo lo no previsto en esta Ley y en sus disposiciones reglamentarias de desarrollo, se aplicará supletoriamente la legislación reguladora del Patrimonio del Estado.

⇒ El Reglamento de la Ley se aprobó mediante RD 1671/1986, de 1 agosto, modificado por RD 930/1993, de 18 junio, a fin de acomodarlo a las exigencias de la STC 183/1992 (RTC 1992, 183), que incidió sobre el art. 6.2 de la presente Ley.

Tercera.

Sin perjuicio de lo dispuesto en la presente Ley, el Patrimonio de aquellas corporaciones de derecho público, creadas al amparo de la Disposición Adicional Segunda del Real Decreto-ley 31/1977, de 2 de junio, que con posterioridad a la entrada en vigor de la presente Ley, quedaren extinguidas en virtud de disposición legal, se incorporará al Patrimonio Sindical Acumulado una vez practicadas las operaciones que prevea la correspondiente ley extintiva, aplicándose, en todo caso, para su cesión en uso el criterio de finalidad, establecido en el artículo 4.1 de la presente Ley.

Cuarta.

1. Sin perjuicio de lo dispuesto en esta Ley, quedarán excluidos de ésta los bienes y derechos que a la entrada en vigor del Decreto de 13 de septiembre de 1936 pertenecían a las organizaciones sindicales o a personas jurídicas afiliadas, asociadas o vinculadas a aquéllas, ya entonces existentes.

Tales bienes y derechos serán reintegrados en pleno dominio a dichas organizaciones debidamente inscritos a su nombre por cuenta del Estado o, en su caso, a aquellos sindicatos de trabajadores que acrediten ser sus legítimos sucesores, previa solicitud de los beneficiarios antes del 31 de enero de 2006.

También serán reintegrados a las mencionadas organizaciones sindicales, con los mismos requisitos y en las mismas condiciones, aquellos bienes y derechos que, habiendo pertenecido a una organización sindical o a una persona jurídica de naturaleza mercantil, cooperativa o fundacional, que hubiera estado afiliada, asociada o vinculada a aquélla en el momento de la entrada en vigor del Decreto de 13 de septiembre de 1936, no se incorporaron al patrimonio de la antigua organización sindical por consecuencia o efecto de lo previsto en una disposición legal o reglamentaria.

2. Sin embargo, si los bienes o derechos pertenecientes a las organizaciones sindicales o a las personas jurídicas mencionadas en el apartado anterior no pudieran ser reintegrados, por cualquier causa, conforme a lo dispuesto en dicho apartado, el Estado compensará pecuniariamente su valor, considerando como tal el normal de mercado que a la entrada en vigor de esta Ley tendrían los citados bienes y derechos de haber seguido perteneciendo a aquéllas, aplicando a la cantidad resultante el interés legal del dinero desde dicha entrada en vigor hasta el último día del mes anterior al que se acuerde la compensación.

Los bienes muebles situados dentro de los inmuebles se valorarán en un tres por ciento del valor de compensación de estos últimos.

Dicho valor será fijado en cada caso por decisión del Consejo de Ministros, a propuesta del Ministro de Trabajo y Asuntos Sociales y previo informe del Ministro de Economía y Hacienda.

3. Los bienes y derechos cuya reintegración no se solicite en el plazo establecido se inscribirán a nombre del Estado y será de aplicación la Ley 33/2003, de 3 de noviembre, del Patrimonio de las Administraciones Públicas, y sus normas de desarrollo.

✐ Disp. adic. 4ª modificada por art. único del RDley 13/2005, de 28 octubre.

Quinta.

Todos los actos o negocios que hayan de efectuarse, por virtud de lo dispuesto en la presente Ley, estarán exentos de tributación. Los incrementos públicos y los asientos que, en su caso, se practiquen en el Registro de la Propiedad u otros Registros Públicos, gozarán de los mismos beneficios que los establecidos en favor del Estado en la legislación vigente respecto a los honorarios que hubieren de satisfacerse.

Sexta.

Queda suprimido el Organismo Autónomo Administrativo Institucional de Servicios Socio-Profesionales, subrogándose la Administración del Estado en todas las titularidades jurídicas activas y pasivas que con anterioridad correspondían a aquél.

Séptima.

Los cambios de titularidad que se produzcan en los contratos de arrendamiento, como consecuencia de lo dispuesto en la presente Ley, no darán por sí solos derecho al arrendador para extinguir o renovar el contrato.

Octava.

1. Corresponde al Ministro de Trabajo y Asuntos Sociales autorizar, previo informe de la Intervención Delegada en el Departamento, las generaciones de crédito contempladas en los apartados b) y c) del artículo 71 del texto refundido de la Ley General Presupuestaria, motivadas por ingresos

procedentes de la enajenación y de la explotación de los bienes y derechos integrantes del Patrimonio Sindical Acumulado, y las incorporaciones de los créditos generados por las operaciones anteriormente descritas.

2. Los remanentes incorporados según lo prevenido en el apartado anterior podrán ser aplicados dentro del ejercicio presupuestario en que la incorporación se acuerde o en los ejercicios subsiguientes.

✐ Disposición añadida por Ley 13/1996, de 30 diciembre, de medidas fiscales, administrativas y del orden social, art. 146.

DISPOSICIÓN FINAL

Quedan derogadas cuantas disposiciones de igual o inferior rango se opongan a lo establecido en la presente Ley, que entrará en vigor el mismo día de su publicación en el «Boletín Oficial del Estado».

C) Participación en la empresa

a) Elecciones

§ 21.1 REAL DECRETO 1844/1994, DE 9 SEPTIEMBRE. APRUEBA EL REGLAMENTO DE ELECCIONES A ÓRGANOS DE REPRESENTACIÓN DE LOS TRABAJADORES EN LA EMPRESA

(BOE núm. 219, de 13 septiembre [RCL 1994, 2585])

La Ley 8/1980, de 10 de marzo, del Estatuto de los Trabajadores, ha sido reformada por la Ley 11/1994, de 19 de mayo, por la que se modifican determinados artículos del Estatuto de los Trabajadores, del texto articulado de la Ley de Procedimiento Laboral y de la Ley sobre Infracciones y Sanciones en el Orden Social.

En el Título II del Estatuto de los Trabajadores se han introducido importantes novedades. Así, se da nueva redacción a los artículos dedicados a la promoción de elecciones, a la celebración de éstas o a las funciones de la mesa electoral, al mismo tiempo que se crean nuevas figuras e instituciones jurídicas, como la oficina pública de registro de actas o el procedimiento de reclamaciones en materia electoral, en el que se sustituye la actuación de órganos tripartitos por un sistema arbitral.

Por todo ello, y en virtud de la disposición final cuarta de la Ley 11/1994, de 19 de mayo, que habilita al Gobierno para elaborar un Reglamento para la celebración de elecciones a los órganos de representación de los trabajadores en las empresas, se dicta el presente Real Decreto de aprobación de dicho Reglamento.

El Reglamento contiene tres capítulos claramente diferenciados. El Capítulo I sustituye al anterior Real Decreto 1311/1986, de 13 de junio, sobre normas para la celebración de elecciones a los órganos de representación de los trabajadores en la empresa, introduciendo los nuevos elementos que configuran el procedimiento electoral. Asimismo, se mantiene la regulación de los sectores con procedimientos electorales específicos. El Capítulo II establece el régimen jurídico de la nueva oficina pública de registro, depósito y publicidad, dependiente de la autoridad laboral. Por último, el Capítulo III contiene las normas de desarrollo del procedimiento arbitral de impugnación de elecciones sindicales a representantes de los trabajadores en la empresa, creado en el artículo 76 del Estatuto de los Trabajadores.

En su virtud, a propuesta del Ministro de Trabajo y Seguridad Social, con aprobación del Ministro para las Administraciones Públicas, de acuerdo con el Consejo de Estado y previa deliberación del Consejo de Ministros en su reunión de 9 de septiembre de 1994, dispongo:

Artículo único. Aprobación del Reglamento.

Se aprueba, en aplicación de la disposición final cuarta de la Ley 11/1994, de 19 de mayo, por la que se modifican determinados artículos del Estatuto de los Trabajadores, del texto articulado de la Ley de Procedimiento Laboral y de la Ley sobre Infracciones y Sanciones en el Orden Social, el Reglamento de Elecciones en la Empresa, que se inserta a continuación del presente Real Decreto.

DISPOSICIÓN ADICIONAL

Única. Estructura de las oficinas públicas de registro.

La estructura de la oficina pública estatal y de las provinciales, que se regulan en el Capítulo II del Reglamento aprobado por el presente Real Decreto será la establecida en las correspondientes Relaciones de Puestos de Trabajo.

DISPOSICIONES TRANSITORIAS

Primera. Exposición de las actas de elecciones sindicales.

Las actas de elecciones sindicales que no hubieran sido examinadas y valoradas por las Comisiones Provinciales de Elecciones Sindicales a la entrada en vigor de la Ley 11/1994, de 19 de mayo, que modifica el Estatuto de los Trabajadores, la Ley de Procedimiento Laboral y la de Infracciones y Sanciones en el Orden Social, serán expuestas públicamente y se remitirá copia de dichas actas a cada uno de los sindicatos, coaliciones o grupos de trabajadores que hubiesen presentado candidaturas, con acuse de recibo, así como a aquellos sindicatos que lo soliciten, para que dentro de los plazos legales puedan ser impugnadas a través del procedimiento establecido en el Reglamento aprobado por este Real Decreto, aun cuando no se hubiera hecho la oportuna reclamación ante la mesa electoral.

Segunda. Revisión de actas de elecciones correspondientes al anterior proceso electoral.

1. Hasta que no haya transcurrido el período previsto en el apartado 1 de la disposición transitoria segunda de la Ley 11/1994, de 19 de mayo, las Direcciones Provinciales de Trabajo, Seguridad Social y Asuntos Sociales, y los órganos correspondientes de las Comunidades Autónomas que hayan recibido los traspasos de servicios, remitirán a la oficina pública estatal relación de las actas de elecciones correspondientes al anterior proceso electoral, celebrado entre el 15 de septiembre y el 15 de diciembre de 1990, cuyo cómputo no proceda al haber decaído el mandato electoral por haberse celebrado nuevas elecciones, expresando en aquella relación el número del acta, la empresa o centro de trabajo y el número de representantes que hubiera obtenido cada sindicato, coalición o grupo de trabajadores.

2. Igualmente, durante el mismo período, se autoriza en las Comunidades Autónomas que no hayan recibido los correspondientes traspasos en esta materia a utilizar, indistintamente, los modelos que figuran en el anexo del Reglamento, que ahora se aprueba, o los que figuraban en la Orden del 31 de julio de 1990, publicada en el «Boletín Oficial del Estado» de 13 de agosto de 1990.

3. La comunicación de los calendarios electorales correspondientes al período de desconcentración electoral contemplado en la disposición transitoria segunda de la Ley 11/1994, de 19 de mayo, deberá presentarse en la oficina pública correspondiente en función del ámbito electoral afectado por el calendario o ante el órgano competente de las Comunidades Autónomas que hayan recibido los correspondientes traspasos de servicios.

Tercera. Concurrencia de promotores o de calendarios electorales.

1. En caso de concurrencia de promotores durante el período de desconcentración electoral contemplado en la disposición transitoria segunda de la Ley 11/1994, de 19 de mayo, se estará a lo dispuesto en el apartado 2, tercer párrafo de dicha disposición que contempla la prevalencia del calendario y su posterior preaviso, salvo en aquellos supuestos en los que los trabajadores, por acuerdo mayoritario, hubiesen optado por promover las elecciones en fechas distintas al período de tiempo establecido en el calendario electoral.

2. Los preavisos de promoción de elecciones a celebrar en el período de tiempo establecido por el correspondiente calendario electoral harán constar el calendario de referencia en el cual se enmarca dicha promoción.

3. Los sindicatos más representativos que acuerden un calendario electoral deberán comunicarlo a la oficina pública correspondiente en función del ámbito electoral afectado por el calendario. La oficina pública dará traslado a aquellas otras oficinas que se vean afectadas por el calendario electoral.

4. En caso de concurrencia de calendarios electorales que fijen distintos períodos de celebración de elecciones para los mismos ámbitos territoriales y/o sectoriales, la oficina pública requerirá a los sindicatos que hayan comunicado a los respectivos calendarios al objeto de que determinen cuál de los mismos tiene validez. En caso de no producirse acuerdo o contestación al requerimiento en un plazo de tres días, la oficina pública considerará válido a todos los efectos el primer calendario comunicado, siempre que concurran en él los requisitos establecidos en el apartado 2 de la disposición transitoria segunda de la Ley 11/1994, de 19 de mayo.

DISPOSICIÓN DEROGATORIA

Derogación normativa.–Quedan derogadas cuantas disposiciones de igual o inferior rango se opongan a lo dispuesto en este Real Decreto y, expresamente, el Real Decreto 1311/1986, de 13 de junio, sobre normas para la celebración de elecciones a los órganos de representación de los trabajadores en la empresa, la Orden de 9 de diciembre de 1986 del Ministerio de Trabajo y Seguridad Social que desarrolla el anterior Real Decreto, en lo que se refiere a la tramitación de escritos relativos a las actas de elecciones sindicales y la Orden de 31 de julio de 1990 del Ministerio de Trabajo y Seguridad

Social por la que se da publicidad a los modelos de actas que han de utilizarse en las elecciones a órganos de representación de los trabajadores en las empresas.

DISPOSICIONES FINALES

Primera. Facultades de desarrollo.

Se autoriza al Ministerio de Trabajo y Seguridad Social para dictar las disposiciones necesarias en aplicación de este Real Decreto y del Reglamento que el mismo aprueba y para proceder a la modificación de los modelos que figuran como anexo del Reglamento.

⇒ V. la O. 18 enero 1995, sobre compensaciones económicas a los árbitros del proceso electoral.

Segunda. Entrada en vigor.

El presente Real Decreto entrará en vigor al día siguiente de su publicación en el «Boletín Oficial del Estado».

REGLAMENTO DE ELECCIONES A REPRESENTANTES DE LOS TRABAJADORES EN LA EMPRESA

CAPÍTULO I
De la relación de representantes de los trabajadores

Sección 1ª Proceso electoral

Artículo 1. Promoción de elecciones a Delegados de Personal y miembros del Comité de Empresa.

1. La promoción de elecciones para cubrir la totalidad de Delegados de Personal y miembros del Comité de Empresa podrá efectuarse en los siguientes casos:

a) Con ocasión de la conclusión del mandato de los representantes de los trabajadores, de acuerdo con lo establecido en el párrafo primero del artículo 67.3 del Estatuto de los Trabajadores.

b) Cuando se declare la nulidad del proceso electoral por el procedimiento arbitral o, en su caso, por el órgano jurisdiccional competente.

c) Cuando se revoque el mandato electoral de todos los representantes de una empresa o centro de trabajo, conforme a lo previsto en el párrafo segundo del artículo 67.3 del Estatuto de los Trabajadores.

Para la revocación de los representantes, sea total o parcial, el promotor o promotores de la misma deberán comunicar por escrito a la oficina pública correspondiente su voluntad de proceder a dicha revocación con una antelación mínima de diez días, adjuntando en dicha comunicación los nombres y apellidos, documento nacional de identidad y firmas de los trabajadores que convocan la asamblea, que debe contener, como mínimo, un tercio de los electores que los hayan elegido.

d) A partir de los seis meses de la iniciación de actividades en un centro de trabajo, sin perjuicio de que, por haberse así pactado, conforme al artículo 69.2 del Estatuto de los Trabajadores, existiera un límite inferior de antigüedad para los trabajadores elegibles, en cuyo caso éste será el período mínimo a partir del cual procederá la promoción de elecciones.

2. Podrán celebrarse elecciones parciales cuando existan vacantes producidas por dimisiones, revocaciones parciales, puestos sin cubrir, fallecimiento o cualquier otra causa, siempre que no hayan podido ser cubiertas por los trámites de sustitución automática previstos en el artículo 67.4 del Estatuto de los Trabajadores. El mandato de los representantes elegidos se extinguirá en la misma fecha que el de los demás representantes ya existentes.

Artículo 2. Iniciación de la promoción de elecciones.

1. Podrán promover elecciones las organizaciones sindicales o los propios trabajadores, conforme establece el artículo 67.1 del Estatuto de los Trabajadores.

Los promotores comunicarán a la oficina pública dependiente de la autoridad laboral y a la empresa su propósito de celebrar elecciones con un plazo mínimo de, al menos, un mes de antelación al inicio del proceso electoral, ajustando su comunicación al modelo número 1 del anexo.

2. Cuando la promoción de elecciones se efectúe por los trabajadores del centro de trabajo deberá hacerse por acuerdo mayoritario, que se acreditará mediante acta de la reunión celebrada al efecto, en la que conste la plantilla del centro de trabajo, número de convocados, número de asistentes y el resultado de la votación, que se adjuntará a la comunicación de promoción de elecciones.

Si la promoción de elecciones se efectuara por trabajadores de diversos centros de trabajo para la constitución de un Comité de Empresa conjunto, según lo previsto en el artículo 63.2 del Estatuto de los Trabajadores, el acuerdo mayoritario se acreditará mediante un acta de la reunión, en la que consten los datos consignados en el párrafo anterior, por cada centro de trabajo de menos de 50 trabajadores que vaya a constituir dicho Comité de Empresa conjunto.

En ambos casos, las reuniones se celebrarán observándose los requisitos establecidos en el Capítulo II del Título II del Estatuto de los Trabajadores.

3. Cuando se dé el supuesto contemplado en el artículo 67.2 párrafo tercero del Estatuto de los Trabajadores, a la comunicación de la promoción de elecciones se acompañará escrito que recoja el acuerdo firmado por un representante de cada uno de los sindicatos promotores, identificando con claridad la empresa o centro de trabajo y el domicilio de la misma. Copia de dicho escrito se trasladará a los sindicatos que hubieran promovido con anterioridad el proceso electoral.

4. En el caso de que se promueva la celebración de elecciones de manera generalizada, prevista en el párrafo tercero del artículo 67.1 del Estatuto de los Trabajadores, los promotores, cuya representatividad conjunta deberá superar el 50 por 100 de los representantes elegidos en los ámbitos en que se lleve a efecto la promoción, lo comunicarán a la oficina pública, o a la que corresponda de la Comunidad Autónoma que haya recibido los correspondientes traspasos de servicios, remitiendo la oficina pública que reciba la promoción dentro de los tres días siguientes a su presentación, una copia a cada una de las oficinas públicas que pudieran resultar afectadas por dicha promoción de elecciones.

5. En caso de concurrencia de promotores para la realización de elecciones en una misma empresa o centro de trabajo se actuará conforme a lo regulado en el párrafo tercero del artículo 67.2 del Estatuto de los Trabajadores.

Artículo 3. Acceso a los registros de las Administraciones Públicas.

Al objeto de hacer efectivo el derecho de acceso a los registros de las Administraciones Públicas que permita realizar la promoción electoral en un determinado ámbito territorial o funcional, se establece el siguiente procedimiento:

Los sindicatos con legitimación para promover elecciones conforme a los artículos 67.1 del Estatuto de los Trabajadores y 7.2 de la Ley Orgánica 11/1985, de 2 de agosto, de Libertad Sindical, podrán solicitar anualmente al Ministerio de Trabajo y Seguridad Social datos relativos al nombre de la empresa o razón social, domicilio (incluido en su caso el código postal), clasificación nacional de actividades económicas (CNAE), código de cuenta de cotización y número de trabajadores de la misma. Los datos expresados en el párrafo anterior serán facilitados según deseen las organizaciones sindicales interesadas en soporte documental, ya sea informático, telemático o papel, y se solicitarán a las Direcciones Provinciales de la Tesorería General de la Seguridad Social, cuando estén referidas a empresas y centros de trabajo de ámbito exclusivamente provincial o local, a los servicios centrales de la Tesorería General de la Seguridad Social, cuando se soliciten datos de empresa de ámbito estatal, o estén referidas a diversas provincias.

Artículo 4. Validez de la promoción de elecciones.

1. El incumplimiento de los requisitos establecidos en el artículo 67 del Estatuto de los Trabajadores y en los artículos 1 y 2 del presente Reglamento para la promoción de elecciones determinará la falta de validez del correspondiente proceso electoral; ello no obstante, la omisión de la comunicación a la empresa podrá suplirse por medio del traslado a la misma de una copia de la comunicación presentada a la oficina pública, siempre que ésta se produzca con una antelación mínima de veinte días respecto de la fecha de iniciación del proceso electoral fijado en el escrito de promoción.

2. La renuncia a la promoción con posterioridad a la comunicación a la oficina pública, no impedirá el desarrollo del proceso electoral, siempre que se cumplan todos los requisitos que permitan la validez del mismo.

Artículo 5. Constitución y funciones de las mesas electorales.

⇒ Cfr. art. 73 del ET (§2).

1. Se constituirá una mesa electoral por cada colegio de 250 trabajadores o fracción.

Se considera centro de trabajo la unidad productiva con organización específica, que sea dada de alta, como tal, ante la autoridad laboral.

Existirá una sola mesa electoral en los centros de trabajo de menos de 50 trabajadores y en las elecciones de colegio único.

2. Las mesas electorales, cuya composición y facultades se establecen en los artículos 73 y siguientes del Estatuto de los Trabajadores, iniciarán el proceso electoral a partir del momento de su

constitución, que será el determinado por los promotores en su comunicación del propósito de celebrar elecciones, levantando acta de la misma conforme al modelo número 3 del anexo a este Reglamento.

3. Los cargos de Presidente, Vocal y Secretario de la mesa electoral o mesas electorales de colegio son irrenunciables. Si cualquiera de los designados estuviera imposibilitado para concurrir al desempeño de su cargo, deberá comunicarlo a la mesa electoral con la suficiente antelación que permita su sustitución por el suplente.

4. Las mesas electorales fijarán la fecha de la votación, que se comunicará a la empresa en el plazo de veinticuatro horas, para que ponga a su disposición locales y medios que permitan su normal desarrollo, indicando las horas en que estarán abiertos los colegios electorales, dentro de la jornada laboral ordinaria, previendo las situaciones de aquellos que trabajen a turnos o en jornadas especiales.

5. Sólo por causa de fuerza mayor podrá suspenderse la votación o interrumpirse su desarrollo, bajo la responsabilidad de la mesa electoral o mesa de colegio, en su caso.

6. El derecho a votar se acreditará por la inclusión en la lista de electores publicada por la mesa electoral y por la justificación de la identidad del elector.

Una vez acreditada la identidad del elector y su inclusión en la lista de electores, aquél entregará la papeleta, introducida en un sobre de los que estarán disponibles con iguales características de tamaño, color, impresión y calidad de papel, al Presidente de la mesa electoral, quien la depositará en la urna.

7. Las mesas electorales de colegio estarán formadas por un Presidente, que será el trabajador de más antigüedad en su colegio, y dos Vocales, que serán los electores de mayor y menor edad del mismo colegio. Este último actuará como Secretario.

Los Presidentes y Vocales de las demás mesas electorales de cada colegio serán los que sigan en más antigüedad, mayor y menor edad, en su respectivo colegio. Asumirán las Secretarías de las mesas los Vocales de menor edad.

8. Se designarán suplentes en las mesas electorales de colegio a aquellos trabajadores que sigan a los titulares de la mesa en el orden de antigüedad o edad en el mismo colegio.

9. Las mesas electorales se constituirán en la fecha fijada por los promotores en su comunicación del propósito de celebrar elecciones, conforme al modelo número 4 del anexo a este Reglamento. Serán las encargadas de presidir la votación y de realizar el escrutinio respectivo, debiendo reflejar el resultado del mismo en los modelos 5 y 6 del anexo a este Reglamento, según proceda.

Todas las mesas electorales del centro de trabajo, en reunión conjunta, efectuarán el escrutinio global y la atribución de resultados a las listas debiendo cumplimentar a estos efectos el modelo 7 del anexo a este Reglamento. En el caso de una sola mesa, se cumplimentará el modelo 5 o el 7, según corresponda.

10. En los centros de trabajo de hasta 30 trabajadores, en los que se elige un solo delegado de personal, las reclamaciones que se presenten por los interesados respecto al proceso electoral serán resueltas conforme a lo previsto en el artículo 74.2 del Estatuto de los Trabajadores.

11. Cuando se trate de elecciones a Comités de Empresa las reclamaciones que se presenten por los interesados respecto al proceso electoral, al amparo del artículo 73.2 del Estatuto de los Trabajadores, serán resueltas por la mesa o mesas electorales en el plazo de veinticuatro horas.

12. Las mesas electorales adoptarán sus acuerdos por mayoría de votos.

13. El Presidente de la mesa electoral extenderá, a petición de los Interventores acreditados en la misma, un certificado donde figure la fecha de la votación y los resultados producidos en la misma, independientemente de lo contemplado en el artículo 75.5 del Estatuto de los Trabajadores, ajustándose al modelo 9 del anexo a este Reglamento.

El Presidente podrá remitir a la oficina pública a través de fax u otro tipo de reproducción telemática el acta de escrutinio, sin perjuicio del envío del orig nal del acta y los demás documentos a que se refiere el artículo 75.6 del Estatuto de los Trabajadores.

14. Cuando existan varias mesas electorales podrá constituirse, por acuerdo mayoritario de sus miembros, una mesa electoral central, integrada por cinco miembros elegidos entre los componentes de aquéllas, con las funciones que el acta de constitución les otorgue, que, como mínimo, serán las de fijar la fecha de la votación y levantar el acta global del proceso electoral, así como su remisión a la oficina pública. En estos casos, el acta de constitución de la mesa electoral central se remitirá junto con el acta global de escrutinio a la oficina pública.

Artículo 6. Censo laboral.

1. El censo laboral se ajustará al modelo número 2 del anexo a este Reglamento.

2. En las elecciones para Delegados de Personal y miembros del Comité de Empresa, comunicado a la empresa el propósito de celebrar elecciones por sus promotores, ésta, en el término de siete días, dará traslado de dicha comunicación a los trabajadores que deberán constituir la mesa y en el mismo término remitirá a los componentes de la mesa electoral el censo laboral, con indicación de los trabajadores que reúnen los requisitos de edad y antigüedad, en los términos del artículo 69.2 del Estatuto de los Trabajadores, precisos para ostentar la condición de electores y elegibles.

La mesa electoral hará público, entre los trabajadores, el censo laboral con indicación de quiénes son electores y elegibles de acuerdo con el artículo 69.2 del Estatuto de los Trabajadores, que se considerará a efectos de la votación como lista de electores.

Cuando se trate de elecciones para Comités de Empresa, la lista de electores y elegibles se hará pública en los tablones de anuncios durante un tiempo no inferior a setenta y dos horas.

3. Cuando se trate de empresas o centros de trabajo con 50 o más trabajadores, en el censo laboral se hará constar el nombre, dos apellidos, sexo, fecha de nacimiento, documento nacional de identidad, categoría o grupo profesional y antigüedad en la empresa de todos los trabajadores, distribuyéndose en un colegio de técnicos y administrativos y otro de especialistas y no cualificados, y un tercer colegio, si así se hubiese pactado en Convenio Colectivo, de acuerdo con lo previsto en el artículo 71.1 del Estatuto de los Trabajadores.

4. La empresa igualmente, facilitará en el listado del censo laboral la relación de aquellos trabajadores contratados por término de hasta un año, haciendo constar la duración del contrato pactado y el número de días trabajados hasta la fecha de la convocatoria de la elección.

5. A los efectos del cumplimiento de los requisitos de edad y antigüedad exigidos en el artículo 69.2 del Estatuto de los Trabajadores para ostentar la condición de elector y elegible, se entiende que los mismos habrán de cumplirse en el momento de la votación para el caso de los electores y en el momento de la presentación de la candidatura para el caso de los elegibles.

Artículo 7. Mesa electoral itinerante.

1. En aquellos centros de trabajo en que los trabajadores no presten su actividad en el mismo lugar con carácter habitual, el acto de la votación a que se refiere el artículo 75.1 del Estatuto de los Trabajadores, podrá efectuarse a través de una mesa electoral itinerante, que se desplazará a todos los lugares de trabajo de dicho centro el tiempo que sea necesario, a cuyo efecto la empresa facilitará los medios de transporte adecuados para los componentes de la mesa electoral y los Interventores y se hará cargo de todos los gastos que implique el proceso electoral.

2. El mismo sistema podrá utilizarse en los supuestos de agrupamiento de centros de trabajo de menos de 50 trabajadores previstos en el artículo 63.2 del Estatuto de los Trabajadores.

3. La mesa electoral, dada la naturaleza del sistema de votación contemplado en este artículo, velará especialmente por el mantenimiento del secreto electoral y la integridad de las urnas.

Artículo 8. Candidaturas.

1. La presentación de candidaturas deberá hacerse utilizando el modelo número 8 del anexo a este Reglamento y junto a cada candidato se indicará el orden en que se habrá de votar aquélla. La mesa, hasta la proclamación definitiva de los candidatos, podrá requerir la subsanación de los defectos observados o la ratificación de los candidatos, que deberá efectuarse por los propios interesados ante la mesa electoral.

En los casos de candidaturas presentadas por grupos de trabajadores se deberán adjuntar los datos de identificación y las firmas que avalan la candidatura.

2. Cuando el número de candidatos para Delegados de Personal sea inferior al de puestos a elegir, se celebrará la elección para la cobertura de los puestos correspondientes, quedando el resto vacante.

3. Las candidaturas a miembros de Comité de Empresa deberán contener, como mínimo, tantos nombres como puestos a cubrir. No obstante, la renuncia de cualquier candidato presentado en alguna de las listas para las elecciones a miembros de Comité de Empresa antes de la fecha de votación, no implicará la suspensión del proceso electoral, ni la anulación de dicha candidatura, aun cuando sea incompleta, siempre y cuando la lista afectada permanezca con un número de candidatos de, al menos, el 60 por 100 de los puestos a cubrir.

⇒ La concordancia de este precepto con el actual art. 71.2 a) del ET (§2) ha hecho desaparecer el exceso «ultra vires» de la anterior norma reglamentaria; cfr. STC 13/1997, de 27 enero (RTC 1997, 13).

4. Proclamados los candidatos definitivamente, los promotores de las elecciones, los presentadores de candidatos y los propios candidatos podrán efectuar desde el mismo día de tal proclamación, hasta las cero horas del día anterior al señalado para la votación, la propaganda electoral que consideren

oportuna, siempre y cuando no se altere la prestación normal del trabajo. Esta limitación no se aplicará a las empresas que tengan hasta 30 trabajadores.

Artículo 9. Elección para representantes de los trabajadores en la empresa o centro de trabajo.

1. En las empresas o centros de trabajo de menos de 50 trabajadores se establecerá una lista única de candidatos a Delegados de Personal ordenada alfabéticamente con expresión de las siglas del sindicato, coalición electoral o grupo de trabajadores que los presenten.

2. En las elecciones a miembros de Comité de Empresa en cada lista de candidatos deberán figurar las siglas del sindicato, coalición electoral o grupo de trabajadores que la presenten.

3. Cuando en la distribución proporcional de representantes en un Comité de Empresa a alguno de los colegios electorales le correspondiera un cociente inferior al 0,5 se constituirá colegio único, en el que todos los electores del centro de trabajo tendrán derecho de sufragio activo y pasivo, siempre que cumplan los requisitos establecidos en el artículo 69.2 del Estatuto de los Trabajadores.

4. A los efectos del cómputo de los doscientos días trabajados previstos en el artículo 72.2, b) del Estatuto de los Trabajadores, se contabilizarán tanto los días efectivamente trabajados como los días de descanso, incluyendo descanso semanal, festivos y vacaciones anuales.

El cómputo de los trabajadores fijos y no fijos previstos en el artículo 72 del Estatuto de los Trabajadores se tomará igualmente en consideración a efectos de determinar la superación del mínimo de 50 trabajadores para la elección de un Comité de Empresa y de 6 trabajadores para la elección de un Delegado de Personal en los términos del artículo 62.1 del Estatuto de los Trabajadores.

Cuando el cociente que resulta de dividir por 200 el número de días trabajados, en el período de un año anterior a la iniciación del proceso electoral, sea superior al número de trabajadores que se computan, se tendrá en cuenta, como máximo, el total de dichos trabajadores que presten servicio en la empresa en la fecha de iniciación del proceso electoral, a efectos de determinar el número de representantes.

Artículo 10. Votación por correo.

1. Cuando algún elector prevea que en la fecha de votación no se encontrará en el lugar que le corresponda ejercer el derecho de sufragio, podrá emitir su voto por correo, previa comunicación a la mesa electoral.

Esta comunicación habrá de deducirla a partir del día siguiente a la convocatoria electoral hasta cinco días antes de la fecha en que haya de efectuarse la votación.

2. La comunicación habrá de realizarse a través de las oficinas de Correos siempre que se presente en sobre abierto para ser fechada y sellada por el funcionario de Correos antes de ser certificada, exigiendo éste del interesado la exhibición del documento nacional de identidad, a fin de comprobar sus datos personales y la coincidencia de firma de ambos documentos.

La comunicación también podrá ser efectuada en nombre del elector por persona debidamente autorizada, acreditando ésta su identidad y representación bastante.

3. Comprobado por la mesa que el comunicante se encuentra incluido en la lista de electores, procederá a anotar en ella la petición y se le remitirán las papeletas electorales y el sobre en el que debe ser introducida la del voto.

4. El elector introducirá la papeleta que elija en el sobre remitido, que cerrará, y éste, a su vez, juntamente con la fotocopia del documento nacional de identidad, en otro de mayores dimensiones que remitirá a la mesa electoral por correo certificado.

Recibido el sobre certificado, se custodiará por el Secretario de la mesa hasta la votación, quien, al término de ésta y antes de comenzar el escrutinio, lo entregará al Presidente que procederá a su apertura, e identificado el elector con el documento nacional de identidad, introducirá la papeleta en la urna electoral y declarará expresamente haberse votado.

5. Si la correspondencia electoral fuese recibida con posterioridad a la terminación de la votación, no se computará el voto ni se tendrá como votante al elector, procediéndose a la incineración del sobre sin abrir, dejando constancia de tal hecho.

6. No obstante lo expuesto, si el trabajador que hubiese optado por el voto por correo se encontrase presente el día de la elección y decidiese votar personalmente, lo manifestará así ante la mesa, la cual, después de emitido el voto, procederá a entregarle el que hubiese enviado por correo si se hubiese recibido, y en caso contrario, cuando se reciba se incinerará.

Artículo 11. Publicación del acta de escrutinio.

El resultado de la votación se publicará en los tablones de anuncios dentro de las veinticuatro horas siguientes a la terminación de la redacción del acta de escrutinio.

Artículo 12. Atribución de resultados.

1. Sólo tendrán derecho a la atribución de representantes en el Comité de Empresa aquellas listas que tengan como mínimo el 5 por 100 de los votos válidos de su colegio respectivo.

A efectos de establecer la atribución de representantes a cada lista en el Comité de Empresa no se deben tener en cuenta ni los votos en blanco ni las candidaturas que no hubieran obtenido, al menos, el 5 por 100 de los votos válidos de su colegio respectivo.

En caso de empate de votos o de empate de enteros o de restos para la atribución del último puesto a cubrir, resultará elegido el candidato de mayor antigüedad en la empresa.

2. Los resultados electorales se atribuirán del siguiente modo:

a) Al sindicato cuando haya presentado candidatos con la denominación legal o siglas.

b) Al grupo de trabajadores, cuando la presentación de candidaturas se ha hecho por éstos de conformidad con el artículo 69.3 del Estatuto de los Trabajadores.

c) Al apartado de coaliciones electorales, cuando la presentación de candidatos se haya hecho por dos o más sindicatos distintos no federados ni confederados.

d) Al apartado de «no consta», cuando persista la falta de precisión de quien sea el presentador de candidatos, o la participación de candidatos se haya hecho por siglas o denominación no reconocida en el Depósito de Estatutos de Organizaciones Profesionales, o bien individualmente, o en coalición con otras siglas reconocidas.

No obstante, las anomalías de aquellas actas que contengan defectos señalados en el párrafo d) de este apartado, se comunicarán a la mesa electoral para su subsanación, la cual deberá efectuarlo en el plazo de diez días hábiles siguientes a su comunicación, ya que, en caso contrario, los resultados de tales actas se atribuirán a quienes correspondan, reflejándose en el apartado de «no consta» los relativos a las causantes de los defectos o anomalías advertidas.

3. El cambio de afiliación del representante de los trabajadores, producido durante la vigencia del mandato, no implicará la modificación de la atribución de resultados.

⇒ Sobre el tema, v. la STC 164/1993, de 18 mayo (RTC 1993, 164).

4. Cuando en un sindicato se produzca la integración o fusión de otro u otros sindicatos, con extinción de la personalidad jurídica de éstos, subrogándose aquél en todos los derechos y obligaciones de los integrados, los resultados electorales de los que se integran serán atribuidos al que acepta la integración.

Artículo 13. Adecuación de la representatividad en caso de aumento o disminución de la plantilla.

1. En el caso de que en un centro de trabajo se produzca un aumento de la plantilla por cualquier causa y cuando ello implique la adecuación del número de representantes de los trabajadores con arreglo a las escalas previstas en los artículos 62.1 y 66.1 del Estatuto de los Trabajadores, se podrá promover elección parcial para cubrir los puestos vacantes derivados de la nueva situación.

El mandato de los representantes elegidos finalizará al mismo tiempo que el de los otros ya existentes en el centro de trabajo.

2. En caso de disminución de plantilla se estará a lo dispuesto en el último párrafo del artículo 67.1 del Estatuto de los Trabajadores, debiendo expresar en la comunicación que habrá de dirigirse a la oficina pública la fecha de publicación en el «Boletín Oficial» que corresponda del Convenio Colectivo, o bien mediante la remisión del propio Convenio o, mediante su original o copia compulsada del acuerdo suscrito entre el empresario y los representantes de los trabajadores, debiéndose guardar la debida proporcionalidad por colegios electorales y por candidaturas y candidatos electos.

Artículo 14. Sustituciones, revocaciones, dimisiones y extinciones de mandato.

Las comunicaciones a que se refiere el artículo 67, apartado 5, del Estatuto de los Trabajadores, se efectuarán en el plazo de diez días hábiles siguientes a la fecha en que se produzcan por los Delegados de Personal que permanezcan en el desempeño de su cargo o por el Comité de Empresa, debiendo adaptarse la comunicación al modelo número 5, hoja 2, o al número 7, hoja 3, según proceda, del anexo a este Reglamento.

Sección 2ª Sectores con procesos electorales especiales

Artículo 15. Unidad de flota en la marina mercante.

Dadas las características de la actividad de trabajo en el mar y a los únicos efectos de elecciones para la constitución de los órganos de representación de los trabajadores en la empresa, se considera la flota como la única unidad electoral, con independencia del número de buques y su registro de matrícula, salvo que la empresa contase con buques de 50 o más trabajadores, en cuyo caso, en estos últimos, se elegirá a su propio Comité de Buque, de acuerdo con el artículo 63 del Estatuto de los Trabajadores, constituyéndose con el resto de los buques una sola unidad electoral, conforme a lo previsto en el artículo 17 de este Reglamento.

Artículo 16. Elecciones para Delegados de Personal en la marina mercante.

1. Las elecciones para Delegados de Personal en empresas de 10 a 49 trabajadores se efectuarán conforme al procedimiento establecido en el título II del Estatuto de los Trabajadores, sin perjuicio de lo establecido en el artículo 62.1 de dicho Estatuto.

2. Se constituirá una mesa electoral central en el domicilio de la empresa, formada por un Presidente y dos Vocales, designándose éstos y los suplentes de conformidad con lo previsto en el artículo 73 del Estatuto de los Trabajadores. Los miembros de esta mesa electoral deberán estar residiendo durante todo el período electoral en el municipio del domicilio social de la empresa.

3. Con la finalidad de facilitar la votación de los trabajadores embarcados, en cada buque, se constituirá una mesa auxiliar, formada con los mismos criterios que la mesa central.

Las mesas auxiliares levantarán acta de escrutinio y remitirán ésta a la mesa central, junto con las papeletas impugnadas, por el medio más rápido posible.

La mesa central, una vez recibidas todas las actas de escrutinio de las mesas auxiliares, en el día hábil siguiente, levantará el acta global del escrutinio.

4. El requisito de la firma de los candidatos a que hace referencia el artículo 8.1 de este Reglamento, podrá ser sustituido por un telegrama o télex enviado por conducto del Capitán a todos los buques.

Artículo 17. Comité de Flota de la marina mercante.

1. El Comité de Flota es el órgano representativo del conjunto de los trabajadores que prestan servicios en los buques de una misma empresa, siempre que entre todos los buques cuenten con 50 o más trabajadores, salvo lo dispuesto en el artículo 15 respecto al Comité de Buque.

El número de miembros se determinará de acuerdo con la escala prevista en el artículo 66.1 del Estatuto de los Trabajadores, ateniéndose todo el proceso electoral a lo previsto en dicha Ley con las peculiaridades reguladas en este Reglamento.

2. En cuanto al censo de electores y elegibles se estará a lo dispuesto en el artículo 71.1 del Estatuto de los Trabajadores.

3. En el domicilio social de la empresa se constituirá una sola mesa central del proceso electoral, con dos urnas, una para el colegio de técnicos y administrativos y otra para el de especialistas y no cualificados, formada por un Presidente, que será el trabajador de más antigüedad, y dos Vocales, que serán los electores de mayor y menor edad, actuando este último de Secretario, designados todos ellos entre el personal desembarcado por vacaciones.

En cada buque, y para los trabajadores embarcados, se constituirá una mesa auxiliar con dos urnas, una para técnicos y administrativos, y otra para especialistas y no cualificados, formada por un Presidente, que será el trabajador de más antigüedad en el buque, y dos Vocales, que serán los electores de mayor y menor edad en el mismo, actuando este último como Secretario. Los suplentes de la mesa central y de las mesas auxiliares se designarán con arreglo a lo dispuesto en el artículo 73.3 del Estatuto de los Trabajadores.

4. Las actas de escrutinio de las mesas auxiliares de cada buque se remitirán por el medio más rápido posible a la mesa central, la cual efectuará el cómputo global y realizará la atribución de resultados en el Comité de Flota.

5. El Comité de Flota tendrá las mismas competencias que los Comités de Empresa regulados en los artículos 64 y siguientes del Estatuto de los Trabajadores.

Artículo 18. Clases de flota pesquera.

1. Dadas las peculiaridades de este sector, y a efectos electorales, se distinguen tres tipos de flota.

a) Flota de altura y gran altura: Formada principalmente por los buques congeladores, cuyo régimen electoral será el previsto para la marina mercante.

b) Flota de media altura: Que es aquella en la que se precisa una media de veintiún días de embarque.

c) Flota de bajura: Que es la que comprende los embarques de uno a siete días.

2. La flota de media altura y bajura se regirá en cuanto al procedimiento electoral por lo dispuesto en los artículos siguientes.

Artículo 19. Elecciones para Delegados de Personal en la flota pesquera.

1. Las elecciones para Delegados de Personal de los trabajadores, que presten servicios en los buques pesqueros de una misma empresa, se celebrarán en el puerto base, o en el puerto en que los buques operen de forma habitual.

Los trabajadores que presten sus servicios en actividades auxiliares de los barcos en puerto, cuando por su escaso número no puedan elegir representación propia, participarán en el proceso electoral conjuntamente con los que presten servicios en los buques pesqueros.

2. La mesa electoral de cada empresa estará constituida por un Presidente, que será el trabajador de más antigüedad, y dos Vocales, que serán los electores de mayor y menor edad, actuando este último como Secretario. Serán suplentes de los anteriores aquellos que sigan a los titulares de la mesa en el orden indicado de antigüedad o edad, respectivamente.

3. El período de votación durará treinta días naturales, y la mesa electoral se reunirá cuantas veces sea necesario para controlar las votaciones que se vayan produciendo en este período. A tal efecto, la mesa señalará unos calendarios para la votación de los trabajadores de los diversos buques, con criterios de flexibilidad, teniendo en cuenta las dificultades que se producen de arribada a puerto, por las inclemencias del tiempo, sin que en ningún caso transcurra un plazo superior a siete días después de la arribada. De cada votación, la mesa electoral levantará un acta parcial de escrutinio. Al finalizar la votación del último de los barcos de la flota, la mesa electoral levantará acta global de escrutinio, de acuerdo con los resultados recogidos en las actas parciales.

Artículo 20. Comité de Flota Pesquera en media altura y bajura.

1. El Comité de Flota Pesquera es el órgano representativo del conjunto de los trabajadores que presten servicios en los buques pesqueros de una misma empresa, siempre que entre todos los buques cuenten con 50 o más trabajadores, aplicándose las reglas previstas en el artículo 15 respecto de los buques de más de 50 trabajadores.

Aquellos trabajadores que presten servicios auxiliares en puerto a los buques de una misma empresa pesquera, y que por su escaso número no puedan elegir representación propia, participarán en el proceso electoral junto con los que prestan sus servicios a bordo.

La elección del Comité de Flota se regirá por el procedimiento establecido para los Comités de Empresa en el Título II del Estatuto de los Trabajadores, con las peculiaridades previstas en este Reglamento.

2. El número de miembros del Comité de Flota se determinará de acuerdo con la escala establecida en el artículo 66.1 del Estatuto de los Trabajadores.

3. En los locales de cada empresa se constituirá una sola mesa electoral con dos urnas, una para el colegio de técnicos y administrativos y otra para el de especialistas y no cualificados, formada por un Presidente, que será el trabajador de más antigüedad, y dos Vocales, que serán los electores de mayor y menor edad, actuando este último como Secretario. Serán suplentes de los anteriores aquellos que sigan a los titulares de la mesa en el orden indicado de antigüedad y edad, respectivamente.

La mesa electoral podrá tener carácter itinerante si así lo deciden los miembros de la misma o lo solicitan los promotores de las elecciones rigiéndose a tal efecto por lo dispuesto en el artículo 7 de este Reglamento.

4. El período de votación durará treinta días naturales y se regirá por los mismos criterios establecidos en el apartado 3 del artículo anterior.

CAPÍTULO II

De la oficina pública de registro, depósito y publicidad, dependiente de la autoridad laboral

Artículo 21. Régimen jurídico.

1. La oficina pública de registro, depósito y publicidad dependiente de la autoridad laboral se ajustará a lo dispuesto en las leyes y en el presente Reglamento.

2. Será competente aquella oficina pública cuyo ámbito territorial coincida con el del proceso electoral correspondiente a las funciones a ejercer.

Artículo 22. Oficina pública estatal.

1. A la oficina pública estatal le corresponderán las funciones siguientes:

a) Recibir la comunicación de los acuerdos para la celebración de elecciones de manera generalizada en uno o varios ámbitos funcionales o territoriales para su depósito y publicidad, en el caso de que dichos acuerdos superen el ámbito provincial. En aquellas Comunidades Autónomas que hayan recibido los correspondientes traspasos de servicios, la oficina estatal recibirá la comunicación de aquellos acuerdos cuyo ámbito exceda del correspondiente a la Comunidad Autónoma.

b) Recibir, al menos mensualmente, de las oficinas públicas provinciales, copias o relación de las actas electorales registradas en dichas oficinas, así como copia auténtica o relación de las actas o comunicaciones de las sustituciones, revocaciones y extinciones de mandatos y de las desapariciones de los centros de trabajo en los términos previstos en el párrafo f) del artículo 25 de este Reglamento.

c) Recibir mensualmente de las Comunidades Autónomas, cuando hayan recibido los correspondientes traspasos de servicios, en los términos previstos por la disposición adicional octava del Estatuto de los Trabajadores, bien copia de las actas electorales que se hayan registrado, así como copia de las actas o comunicaciones de las sustituciones, revocaciones y extinciones de mandatos y de las desapariciones de los centros de trabajo en los términos previstos en el párrafo f) del artículo 25 de este Reglamento, bien una relación de las actas en la que conste, como mínimo, el número del acta, nombre de la empresa o centro de trabajo, domicilio, número de trabajadores, número de votos obtenidos por cada sindicato, coalición o grupo de trabajadores, así como número de representantes obtenidos por los mismos, con el código del sindicato, Convenio Colectivo aplicable y su código y los tres primeros dígitos de la clasificación nacional de actividades económicas.

d) Expedir certificación acreditativa de la capacidad representativa de las organizaciones sindicales, cuando el ámbito afectado supere el de una Comunidad Autónoma, agregando la información sobre resultados electorales registrados en los correspondientes ámbitos territoriales, remitida por las oficinas competentes conforme al procedimiento previsto en los anteriores apartados.

2. La oficina pública estatal queda adscrita orgánicamente a la Dirección General de Trabajo del Ministerio de Trabajo y Seguridad Social.

⇒ V. art. 9.3.1 del RD 1600/2004, de 2 julio (§38.1).

Artículo 23. Oficinas públicas provinciales.

1. Existirá una oficina pública en cada provincia de las Comunidades Autónomas, uniprovinciales o pluriprovinciales, que no hayan recibido los correspondientes traspasos de servicios.

Asimismo, existirá una oficina pública en Ceuta y otra en Melilla.

2. Tales oficinas públicas provinciales quedarán adscritas orgánicamente a las Direcciones Provinciales de Trabajo, Seguridad Social y Asuntos Sociales.

Artículo 24. Oficinas públicas de las Comunidades Autónomas.

Corresponderá a las Comunidades Autónomas que hayan recibido los correspondientes traspasos de servicios la organización en su respectivo ámbito territorial de las oficinas públicas u órganos correspondientes que asuman sus funciones.

⇒ Cfr. la STC 194/1994, de 28 junio (RTC 1994, 194).

Artículo 25. Funciones de las oficinas públicas.

Son funciones de las oficinas públicas previstas en los artículos 23 y 24, en sus correspondientes ámbitos de actuación, las reguladas en el artículo 75.7 del Estatuto de los Trabajadores y las siguientes:

a) Recibir la comunicación de los promotores de su propósito de celebrar elecciones en la empresa.

b) Recibir la comunicación de los acuerdos para la celebración de elecciones de manera generalizada en uno o varios ámbitos funcionales o territoriales para su depósito y publicidad.

c) Exponer públicamente los preavisos presentados y los calendarios electorales, dentro del siguiente día hábil a su comunicación.

d) Facilitar copia de los preavisos presentados a los sindicatos que así lo soliciten a través de las personas acreditadas por los mismos para recoger documentación electoral. La entrega se hará dentro de los dos días hábiles siguientes a la presentación de la solicitud.

e) Recibir la comunicación de las sustituciones, revocaciones, dimisiones y extinciones de mandato, dando la debida publicidad a las mismas.

La comunicación se efectuará en el plazo de diez días hábiles siguientes a la fecha en que se produzca por los Delegados de Personal que permanezcan en el desempeño de su cargo o por el Comité de Empresa, debiéndose adaptar la comunicación al modelo número 7 del anexo a este Reglamento.

f) Recibir la comunicación del representante legal de la empresa o, en su defecto, de los representantes legales de los trabajadores o los Delegados sindicales, si los hubiera, cuando se produzca la desaparición de cualquier centro de trabajo en que se hubieran celebrado elecciones a los órganos de representación de los trabajadores en la empresa y estuviese vigente el mandato electoral.

g) Recibir el original del acta de escrutinio, junto con las papeletas de votos nulos o impugnados por los Interventores, y el acta de constitución de la mesa o mesas electorales, por cualquiera de los medios previstos en derecho. El plazo de presentación será de tres días hábiles desde la redacción del acta de escrutinio.

h) Reclamar a la mesa electoral la presentación del acta correspondiente a una elección celebrada, a instancia de los representantes sindicales acreditados ante la oficina pública y previa exhibición del certificado de la mesa que pruebe que se han celebrado elecciones sindicales, cuando hayan transcurrido los plazos previstos en este Reglamento y no se haya efectuado el depósito del acta.

i) Proceder a la publicación de una copia del acta de escrutinio en los tablones de anuncios en el inmediato día hábil a su presentación.

j) Entregar copia del acta de escrutinio a los sindicatos que así se lo soliciten.

k) Dar traslado a la empresa de la presentación del acta de escrutinio correspondiente al proceso electoral que ha tenido lugar en aquélla, con indicación de la fecha en que finaliza el plazo para impugnarla.

l) Mantener el depósito de las papeletas de votos nulos o impugnados hasta cumplirse los plazos de impugnación.

ll) Registrar o denegar el registro de las actas electorales en los términos legalmente previstos.

m) Expedir copias auténticas de las actas electorales.

n) Recibir el escrito en el que se solicita la iniciación del procedimiento arbitral.

ñ) Dar traslado del escrito de iniciación del procedimiento arbitral a los árbitros por turno correlativo, así como de una copia del expediente electoral administrativo en el día hábil posterior a su recepción.

o) Recibir la notificación del laudo arbitral.

p) Cualesquiera otras que se le atribuyan mediante norma de rango legal o reglamentario.

Artículo 26. Registro de las actas electorales.

1. La oficina pública, transcurridos los diez días hábiles desde su publicación en el tablón de anuncios, procederá o no al registro de las actas electorales.

La denegación del registro de un acta por la oficina pública sólo podrá hacerse cuando concurran algunas de las siguientes circunstancias:

a) Actas que no vayan extendidas en los modelos oficiales.

b) Falta de comunicación de la promoción electoral a la oficina pública.

c) Falta de firma del Presidente de la mesa electoral.

d) Actas en las que se omita alguno de los datos de los modelos oficiales, que impida el cómputo electoral. En el caso de Comunidades Autónomas que no hayan recibido el correspondiente traspaso de servicios, se entenderá que impide el cómputo electoral la omisión de alguno de los datos de los modelos 3, 4, 5, 6 y 7 del Anexo a este Reglamento.

e) Actas ilegibles que impidan el cómputo electoral.

2. Excepto en el supuesto contemplado en el párrafo b) del apartado anterior, la oficina pública requerirá, dentro del siguiente día hábil, al Presidente de la mesa electoral para que en el plazo de diez días hábiles proceda a la subsanación correspondiente. Dicho requerimiento será comunicado a los sindicatos que hayan obtenido representación y al resto de candidaturas.

Entre tanto se efectúa la subsanación requerida y se procede, en su caso, al posterior registro del acta, los representantes elegidos conservarán a todos los efectos las garantías previstas en la ley.

Una vez efectuada la subsanación, esta oficina pública procederá al registro del acta electoral correspondiente. Transcurrido dicho plazo sin que se haya efectuado la subsanación, o no realizada ésta en forma, la oficina pública procederá en el plazo de diez días hábiles a denegar el registro comunicándolo a los sindicatos que hayan obtenido representación, al resto de candidaturas y al Presidente de la mesa.

3. En el caso de que la denegación del registro se deba a la falta de comunicación de la promoción electoral a la oficina pública no cabrá requerimiento de subsanación, por lo que comprobada la falta por dicha oficina pública, ésta procederá sin más trámites a la denegación del registro, comunicándolo

al Presidente de la mesa electoral, a los sindicatos que hayan obtenido representación, al resto de candidaturas y a la empresa.

4. La resolución denegatoria del registro podrá ser impugnada ante el orden jurisdiccional social, a través de la modalidad procesal correspondiente.

Artículo 27. Relaciones entre Oficinas Públicas.

1. Las relaciones entre las oficinas públicas dependientes de la Administración General del Estado y las oficinas públicas u órganos correspondientes dependientes de Comunidades Autónomas que hayan recibido los correspondientes traspasos de servicios en esta materia, se regirán por el principio de cooperación y de acuerdo con lo establecido en el artículo 4 de la Ley 30/1992, de 26 de noviembre, del Régimen Jurídico de las Administraciones Públicas y del Procedimiento Administrativo Común.

2. Las oficinas públicas u órganos correspondientes de las Comunidades Autónomas deberán remitir, al menos mensualmente a la oficina pública estatal, copia o relación de las actas de procesos electorales en los términos contemplados en el párrafo c) del artículo 22.1, a los efectos de expedición de las certificaciones acreditativas de la capacidad representativa en el ámbito estatal previsto en el artículo 75.7 del Estatuto de los Trabajadores.

CAPÍTULO III
De las reclamaciones en materia electoral

Sección 1ª Reclamaciones de elecciones de los representantes de los trabajadores en las empresas

Artículo 28. Impugnaciones electorales.

Las impugnaciones en materia electoral, de delegados de personal y miembros de Comités de Empresa, se tramitarán conforme al procedimiento arbitral previsto en el artículo 76 del Estatuto de los Trabajadores, con las normas de desarrollo reglamentario que concreta el presente Reglamento.

Las reclamaciones por denegación del registro de actas electorales se plantearán directamente ante la jurisdicción del orden social.

Artículo 29. Legitimación y causas de impugnación.

1. Están legitimados para interponer reclamaciones en materia electoral, por el procedimiento arbitral legalmente establecido, todos los que tengan interés legítimo en un determinado proceso electoral, incluida la empresa cuando en ella concurra dicho interés.

2. Quienes ostenten interés legítimo en una elección podrán impugnar la misma, así como las decisiones que adopte la mesa o cualquier actuación de la misma a lo largo del proceso electoral, en base a las siguientes causas que concreta el artículo 76.2 del Estatuto de los Trabajadores:

a) Existencia de vicios graves que pudieran afectar a las garantías del proceso electoral y que alteren su resultado.

b) Falta de capacidad o legitimidad de los candidatos elegidos.

c) Discordancia entre el acta y el desarrollo del proceso electoral.

d) Falta de correlación entre el número de trabajadores que figuran en el acta de elecciones y el número de representantes elegidos.

Artículo 30. Reclamación previa ante la mesa.

1. Se requiere para la impugnación de los actos de la mesa electoral haber efectuado previamente reclamación ante la misma, dentro del día laborable siguiente al acto que motiva la impugnación.

2. La reclamación previa deberá ser resuelta por la mesa electoral en el posterior día hábil, salvo en los casos previstos en el último párrafo del artículo 74.2 del Estatuto de los Trabajadores.

3. En el caso de que la mesa electoral no hubiera resuelto la reclamación dentro de los plazos establecidos en el número anterior, se entenderá que se trata de un acto presunto de carácter desestimatorio, a efectos de iniciar el procedimiento arbitral.

Sección 2ª Designación de árbitros en el procedimiento arbitral y condiciones de los mismos

Artículo 31. Designación de los árbitros.

1. Serán designados los árbitros conforme se establece en el artículo 76.3 del Estatuto de los

Trabajadores y en las normas de desarrollo del presente Reglamento, salvo en el caso de que las partes de un procedimiento arbitral se pusieran de acuerdo en la designación de un árbitro distinto.

2. Los árbitros serán designados, con arreglo a los principios de neutralidad y profesionalidad, entre licenciados en Derecho, graduados sociales, así como titulados equivalentes, por acuerdo unánime de los sindicatos más representativos, a nivel estatal o de Comunidad Autónoma, según proceda, y de los que ostenten el 10 por 100 o más de delegados y miembros de Comité de Empresa en el ámbito provincial, funcional o de empresa correspondiente.

3. Si no existiera acuerdo unánime entre los sindicatos legitimados para la designación de los árbitros, la autoridad laboral competente, atendiendo a los principios de imparcialidad y profesionalidad de los árbitros y posibilidad de ser recusados, ofrecerá en cada una de las diferentes demarcaciones geográficas una lista que contendrá el triple número de árbitros de los previstos en cada una de ellas según el artículo siguiente, para que las organizaciones sindicales enumeradas en el número anterior manifiesten sus preferencias por un número igual al de puestos a cubrir, siendo designados árbitros los que hayan sido propuestos por un mayor número de sindicatos. En el caso de que los árbitros hubieran sido propuestos por el mismo número de sindicatos, la autoridad laboral los designará en proporción al número de representantes de trabajadores con que cuente cada sindicato.

Artículo 32. Número de árbitros por ámbitos geográficos.

A efectos de un adecuado funcionamiento del procedimiento arbitral, los árbitros elegidos serán dos, como mínimo, en las provincias que cuenten con una población activa de hasta 200.000 trabajadores; tres en los que tengan más de 200.000 y menos de 600.000 y cinco, en las que rebasen 600.000 trabajadores de población activa.

Artículo 33. Mandato de los árbitros.

1. La duración del mandato de los árbitros será de cinco años, siendo susceptible de renovación.

Tal renovación se llevará a cabo de acuerdo con lo establecido en el artículo 31 de este Reglamento.

2. El mandato de los árbitros se extinguirá por cumplimiento del tiempo para el que fueron nombrados, por fallecimiento, por fijar su residencia fuera del ámbito territorial para el que fueron nombrados y por revocación, siempre que, en este último caso, exista acuerdo unánime de los sindicatos legitimados para su designación.

Artículo 34. Dotación de medios.

La Administración laboral competente facilitará la utilización de sus medios personales y materiales por los árbitros, en la medida necesaria para que éstos desarrollen sus funciones.

⇒ La O. 18 enero 1995, dispone la concesión de compensaciones económicas a los árbitros.

Artículo 35. Abstenciones y recusaciones de los árbitros.

1. Los árbitros deberán abstenerse y, en su defecto, ser recusados, de acuerdo con el artículo 76.4 del Estatuto de los Trabajadores por las siguientes causas:

a) Tener interés personal en el asunto de que se trate.

b) Ser administrador de sociedad o entidad interesada o tener cuestión litigiosa con alguna de las partes.

c) Tener parentesco de consanguinidad dentro del cuarto grado o de afinidad dentro del segundo, con cualquiera de los interesados, con los administradores de entidades o sociedades interesadas y también con los asesores, representantes legales o mandatarios que intervengan en el arbitraje, así como compartir despacho profesional o estar asociado con éstos para el asesoramiento, la representación o el mandato.

d) Tener amistad íntima o enemistad manifiesta con alguna de las personas mencionadas en el apartado anterior.

e) Tener relación de servicio con persona natural o jurídica interesada directamente en el asunto o haberle prestado en los dos últimos años servicios profesionales de cualquier tipo y en cualquier circunstancia o lugar.

2. El árbitro en quien concurra alguna de las causas expresadas en el apartado anterior se abstendrá del conocimiento del asunto sin esperar a que se le recuse. La abstención será motivada y se comunicará a la oficina pública de registro, a los efectos de que ésta proceda a la designación de otro árbitro de entre la lista correspondiente.

Cuando alguna de las partes proceda a la recusación de un árbitro, éste decidirá motivadamente lo que estime procedente, y, si rechaza la recusación, la parte que la haya presentado podrá alegarla ante el Juzgado de lo Social si recurre contra el laudo.

Sección 3ª Procedimiento arbitral

Artículo 36. Iniciación del procedimiento.

El procedimiento arbitral se iniciará mediante escrito dirigido a la oficina pública competente por el ámbito territorial del proceso electoral impugnado, por quien cuente con interés legítimo en el mismo, en los términos que se concretan en el artículo 29 del presente Reglamento.

El escrito, que podrá ser normalizado mediante modelo aprobado por la autoridad laboral se dirigirá también a quien promovió las elecciones y en su caso a quienes hayan presentado candidatos a las elecciones objeto de impugnación.

Artículo 37. Contenido del escrito de reclamación.

El escrito impugnatorio de un proceso electoral deberá contener como mínimo los siguientes datos:

a) Oficina pública competente a la que se presenta la impugnanción electoral.

El error en la determinación de la oficina pública competente no obstará para la tramitación del escrito impugnatorio.

b) Nombre y apellidos del promotor de la reclamación, documento nacional de identidad, así como acreditación de su representación cuando actúe en nombre de persona jurídica.

c) Domicilio, a efectos de citaciones, emplazamientos o notificaciones.

d) Partes afectadas por la impugnación del proceso electoral en relación con el artículo 36 del presente Reglamento, concretando su denominación y domicilio.

e) Hechos motivadores de la reclamación, en relación con los previstos en el artículo 29.2.

f) Acreditación de haberse efectuado la reclamación previa ante la mesa electoral, cuando se trate de impugnación de actos llevados a cabo por la misma, dentro del plazo previsto en el artículo 30.1.

g) Solicitud de acogerse al procedimiento arbitral previsto en el artículo 76 del Estatuto de los Trabajadores y del presente Reglamento que lo desarrolla.

h) Lugar, fecha y firma del promotor de la reclamación.

Artículo 38. Plazos de presentación del escrito impugnatorio.

1. El escrito de impugnación de un proceso electoral deberá presentarse en la oficina pública competente, en un plazo de tres días hábiles, contados desde el día siguiente a aquel en que se hubiesen producido los hechos o resuelto la reclamación por la mesa.

2. En el caso de impugnaciones promovidas por los sindicatos que no hubieran presentado candidatos en el centro de trabajo en el que se hubiese celebrado la elección, los tres días se computarán desde el día en que se conozca el hecho impugnable.

3. Si se impugnasen actos del día de la votación o posteriores al mismo, el plazo será de diez días hábiles, contados a partir de la entrada de las actas en la oficina pública competente.

Artículo 39. Supuestos de litispendencia e interrupción de los plazos de prescripción.

Hasta que no finalice el procedimiento arbitral y, en su caso, la posterior impugnación judicial, quedará paralizada la tramitación de un nuevo procedimiento arbitral.

El planteamiento del arbitraje interrumpirá los plazos de prescripción.

Artículo 40. Tramitación del escrito impugnatorio.

Recibido el escrito impugnatorio por la oficina pública dará traslado al árbitro del escrito en el día hábil posterior a su recepción, así como de una copia del expediente electoral administrativo. Si se hubiera presentado un acta electoral para registro, se suspenderá su tramitación.

Artículo 41. Actuación arbitral.

1. A las veinticuatro horas siguientes, el árbitro convocará a las partes interesadas de comparecencia ante él, lo que habrá de tener lugar en los tres días hábiles siguientes.

Si las partes, antes de comparecer ante el árbitro designado de conformidad a lo establecido en el artículo 76.3 del Estatuto de los Trabajadores, se pusieran de acuerdo y designaren uno distinto lo notificarán a la oficina pública para que dé traslado a este árbitro del expediente administrativo electoral continuando con el mismo el resto del procedimiento.

2. El árbitro, de oficio o a instancia de parte, practicará las pruebas procedentes o conformes a Derecho, que podrán incluir la personación en el centro de trabajo y la solicitud de la colaboración necesaria del empresario y las Administraciones Públicas.

Artículo 42. Laudo arbitral.

1. Dentro del plazo de los tres días hábiles siguientes a la comparecencia, el árbitro dictará el correspondiente laudo, que resuelva la materia o materias sometidas a arbitraje.

2. El laudo arbitral será escrito y razonado y resolverá en Derecho sobre la impugnación del proceso electoral y, en su caso, sobre el registro del acta.

3. El laudo emitido se notificará a los interesados y a la oficina pública competente.

Si se hubiera impugnado la votación, la oficina pública procederá al registro del acta o a su denegación, según el contenido del laudo.

4. El laudo arbitral podrá impugnarse ante la jurisdicción social a través de la modalidad procesal correspondiente.

⇒ V. arts. 127 y ss. de la LPL (§41).

DISPOSICIONES ADICIONALES

Primera. Legitimación para ser elector en las sociedades cooperativas.

En las sociedades cooperativas, sólo los trabajadores asalariados en los que no concurra la cualidad de socio cooperativista están legitimados para ser electores y/o elegibles en los procesos electorales para la designación de los órganos de representación de los trabajadores en la empresa.

Segunda. Utilización de los modelos reglamentarios.

1. Los modelos a que se refiere este Reglamento y que se contienen en el anexo son de obligada utilización en el territorio de las Comunidades Autónomas que no hayan recibido traspasos en la materia.

⇒ Tales modelos no se reproducen en la presente recopilación.

Corresponde a las Comunidades Autónomas que hayan recibido los correspondientes traspasos, la elaboración de sus propios modelos, que deberán recoger, al menos, la información contenida en los que figuran como anexo al presente Reglamento.

2. Las Administraciones Públicas competentes facilitarán los modelos para su cumplimentación.

Tercera. Centro de trabajo en las Administraciones Públicas.

En las Administraciones Públicas, conforme a lo que establece la disposición adicional quinta de la Ley 9/1987, de 12 de junio, constituirá un único centro de trabajo la totalidad de establecimientos dependientes del departamento u organismo de que se trate, que radiquen en una misma provincia, siempre que los trabajadores afectados se encuentren incluidos en el ámbito de aplicación de un mismo Convenio Colectivo.

ANEXO

1. Comunicación de los promotores para la celebración de elecciones.

2/1. Censo de trabajadores fijos o con contrato superior a un año.

2/2. Censo de trabajadores eventuales o con contrato inferior a un año.

3. Acta de constitución de la mesa electoral.

4. Acta de escrutinio de mesa electoral número... del colegio...

5/1. Acta de escrutinio de delegados de personal.

5/2. Acta de escrutinio de delegados de personal (conclusión).

6/1. Acta de escrutinio de miembros de Comités de Empresa.

6/2. Acta de escrutinio de miembros de Comités de Empresa (continuación).

6/3. Acta de escrutinio de miembros de Comités de Empresa (conclusión).

7/1. Acta global de escrutinio de miembros de Comités de Empresa.

7/2. Acta global de escrutinio de miembros de Comités de Empresa (continuación).

7/3. Acta global de escrutinios de miembros de Comités de Empresa (conclusión).

7/3 (anexo). Representantes elegidos en Comités de Empresa.

8. Presentación de candidaturas.

9. Certificación del Presidente de la mesa electoral en la que constan fecha de la votación y resultados.

OBSERVACIONES

1ª Los modelos irán en formato A.4.

2ª Los modelos 5.2, 7.3 y anexo al 7.3 tendrán las siguientes características:

a) Formato A.3.

b) Las casillas sombreadas o subrayadas indican que van en recuadro rojo.

c) Irán en papel autocopiativo, como mínimo, en cuatro ejemplares que tendrán los siguientes colores: blanco, para el cómputo del acta; rosa, para el Ministerio de Trabajo y Seguridad Social; blanco, para la/s mesa/s electoral/es, y amarillo, para la empresa.

b) *Empresas Comunitarias*

§ 21.2 LEY 10/1997, DE 24 ABRIL. REGULA LOS DERECHOS DE INFORMACIÓN Y CONSULTA DE LOS TRABAJADORES EN LAS EMPRESAS Y GRUPOS DE EMPRESAS DE DIMENSIÓN COMUNITARIA

(BOE núm. 99, de 25 abril [RCL 1997, 1006])

EXPOSICIÓN DE MOTIVOS

1

La mejora de los instrumentos de participación de los trabajadores en la empresa ha constituido, desde hace más de dos décadas, una de las aspiraciones fundamentales de las instituciones de la Comunidad Europea en el terreno de la política social. Por ello, cuando el 22 de septiembre de 1994, el Consejo de Ministros de la Unión Europea aprobaba la Directiva 94/45/CE sobre la constitución de un comité de empresa europeo o de un procedimiento de información y consulta a los trabajadores en las empresas y grupos de empresas de dimensión comunitaria, estaba cerrando un capítulo del devenir de la Europa social con una norma de extraordinaria importancia.

⇒ V. la citada Directiva en §49.2.
V. también las Directivas 2001/86/CE (§49.3) y 2002/14 (§49.4).

En el camino quedaban diversas iniciativas comunitarias dirigidas a facilitar la participación de los trabajadores en las empresas europeas, entre las que es obligada la cita del proyecto de 5ª Directiva relativa a la estructura de las sociedades anónimas y a los poderes y obligaciones de sus órganos, cuya primera formulación se remonta a 1972, así como del proyecto de Directiva sobre los procedimientos de información y consulta de los trabajadores de 1980, comúnmente conocida por el nombre de su inspirador como Directiva Vredeling. Igualmente, en estos años se han producido dos profundas modificaciones del Tratado originario de la Comunidad Económica Europea, a través del Acta Única Europea y del Tratado de la Unión Europea, Tratado este último donde se ha hecho patente, en materia de política social, la voluntad de entonces once de los Estados miembros de profundizar en la vía trazada por la Carta comunitaria de Derechos Sociales Fundamentales de los Trabajadores de 1989. De acuerdo con dicha voluntad, los Estados miembros firmaron, con la excepción del Reino Unido, un Acuerdo sobre la Política Social, anexo al Protocolo número 14 del mismo Título anexo al Tratado de la Unión Europea.

En el punto 17 de la Carta comunitaria se afirma que «la información, la consulta y la participación de los trabajadores deben desarrollarse según mecanismos adecuados y teniendo en cuenta las prácticas vigentes en los diferentes Estados miembros» y que «ello es especialmente aplicable en aquellas empresas o grupos de empresas que tengan establecimientos situados en varios Estados miembros». Por su parte, el artículo 1 del Acuerdo sobre la Política Social señala que constituye objetivo, entre otros, de la Comunidad y de los Estados miembros el diálogo social, mientras que su artículo 2 dispone que en la consecución de tal objetivo la Comunidad apoyará y completará la acción de los Estados miembros en el ámbito de la información y consulta de los trabajadores, para lo cual el Consejo podrá adoptar mediante Directivas, las disposiciones mínimas que habrán de aplicarse progresivamente.

Con la base jurídica de este artículo 2 del Acuerdo sobre Política Social, la Directiva 94/45/CE constituye la primera manifestación en el Derecho social comunitario del citado Acuerdo anexo al Protocolo número 14 del Tratado de Maastricht.

2

La Directiva sobre el comité de empresa europeo es una respuesta social al gran mercado interior, realidad jurídica alcanzada el 1 de enero de 1993 y propiciada por el Acta Única Europea de 1986. El mercado interior, el mercado único, ha dado y dará lugar a un complejo y creciente proceso de concentraciones de empresas, fusiones transfronterizas, absorciones, asociaciones, «joint-ventures», uniones temporales, etc., que ha provocado, entre otros efectos, una transnacionalización de las empresas y grupos de empresas. Ahora bien, el legislador comunitario ha sido consciente de que los procedimientos de información y consulta a los trabajadores previstos en las legislaciones y prácticas nacionales no se adaptan a esa estructura transnacional de las empresas. Por ello ha tratado de asegurar que las actividades económicas en el mercado interior se desarrollen de forma armoniosa, para lo que es, sin duda, preciso que las empresas y grupos con centros de trabajo en varios Estados miembros informen y consulten a los representantes de los trabajadores afectados por sus decisiones.

En un contexto de cambio económico, donde el gobierno de las empresas exige un enfoque más flexible a la vez que participativo, la Directiva trata de superar las insuficiencias de los mecanismos tradicionales de participación de los trabajadores a nivel nacional, mecanismos que, precisamente por su alcance exclusivamente nacional, son inadecuados para abordar los procesos de toma de decisiones al nivel central de las empresas o grupos, con implicaciones y consecuencias para el conjunto de los trabajadores de la Comunidad. La Directiva, cuyo objeto es mejorar los derechos de información y consulta de los trabajadores en las empresas y grupos de empresas de dimensión comunitaria, aborda con un enfoque flexible y pragmático la información y la consulta a los trabajadores a nivel europeo, como condición mínima indispensable para que las decisiones sean adoptadas y aplicadas en un contexto social aceptable. Para ello, se han tenido en cuenta en gran medida las experiencias y prácticas que en los últimos años se han venido desarrollando, de manera espontánea y voluntaria, en diversos grupos empresariales europeos, así como las opiniones expresadas por los interlocutores sociales europeos en el proceso de diálogo que precedió a la adopción de la Directiva.

3

La presente Ley transpone al ordenamiento jurídico español la Directiva 94/45/CE. Dada la peculiaridad del sistema de fuentes del Derecho laboral, debe justificarse por qué se ha optado por la elaboración de una norma de origen legal en vez de confiar la transposición a una iniciativa de carácter convencional. Se ha dicho, y es cierto, que la Directiva 94/45/CE constituye una clara muestra del principio de subsidiariedad en su doble dimensión, vertical y horizontal. Algo que se puede predicar también de esta Ley de transposición.

Por un lado, la Directiva es manifestación del principio de subsidiariedad en su forma más habitual, la vertical, porque no resulta de aplicación a las empresas de dimensión nacional, sino tan sólo a las empresas o grupos de empresas de dimensión comunitaria, esto es, a las empresas o grupos con, al menos, 1.000 trabajadores en el conjunto de la Comunidad y establecidos en, al menos, dos Estados miembros, dando ocupación, como mínimo, a 150 trabajadores en cada uno de ellos. Además la Directiva señala que la misma se aplica sin perjuicio de las disposiciones adoptadas con arreglo a las Directivas 77/187/CEE y 75/129/CEE (en nuestro Derecho, artículos 44 y 51 del Estatuto de los Trabajadores, básicamente) y que la Directiva no afectará a los derechos de información y consulta de los trabajadores existentes en su legislación nacional (derechos que en España se encuentran presentes, principalmente, en el Estatuto de los Trabajadores, a lo largo de su articulado). Todas estas disposiciones se reproducen de manera prácticamente literal en el texto de la Ley.

La Directiva permite igualmente la aplicación del principio de subsidiariedad en su dimensión horizontal. Así, dispone que los Estados miembros adoptarán las disposiciones legales, reglamentarias y administrativas necesarias para dar cumplimiento a la Directiva o garantizarán que los interlocutores sociales adopten las disposiciones necesarias por vía de acuerdo. Esto es, la Directiva posibilita que organizaciones empresariales y sindicales puedan, por vía de convenio colectivo, incorporar la Directiva a los Derechos nacionales. Es más, la Directiva privilegia los acuerdos a los que las partes puedan llegar para crear un comité de empresa europeo o establecer un procedimiento de información y consulta, de manera que sólo deberá procederse a crear un comité conforme a los requisitos subsidiarios previstos en su anexo en determinados supuestos tasados y agotadas las posibilidades de acuerdo. Tales privilegios se reconocen, en cierta medida, también a los acuerdos preexistentes a la entrada en vigor de las leyes nacionales de transposición.

Aplicando la concepción comunitaria al Derecho español, hubiera sido posible que a través de un acuerdo interprofesional para materias concretas de los previstos en el artículo 83.3 del Estatuto de los Trabajadores, las organizaciones sindicales y patronales más representativas hubieran procedido a incorporar la Directiva a nuestro ordenamiento, algo que no ha sucedido por el silencio de los interlocutores sociales al respecto. La transposición convencional de Directivas comunitarias, aunque deseable, no se ha producido nunca hasta el momento en nuestro Derecho, quizás por falta de hábito de nuestros interlocutores sociales. Desde luego, no debe descartarse, y sería muy aconsejable para el futuro.

Sin embargo, el que la transposición se produzca a través de una norma de origen legal, estatal, si se quiere, no supone que se haya inaplicado la subsidiariedad horizontal. Antes bien, al contrario. La opinión de los interlocutores sociales se ha tenido muy presente durante la elaboración del proyecto de ley, en especial la opinión «formalizada» que supone el dictamen del Consejo Económico y Social, órgano donde sindicatos y organizaciones empresariales son protagonistas. Pero, además, la Ley respeta de manera absoluta el juego de la voluntad de las partes, de la autonomía colectiva: basta la lectura de su Título I, principalmente aunque no sólo su artículo 12, así como de su disposición adicional primera para confirmar lo ajustado de esta apreciación. La consecución del acuerdo entre las partes para la constitución del comité de empresa europeo o el establecimiento de un procedimiento alternativo de información y consulta constituye principio básico de la norma. Y ello en consonancia con la configuración constitucional de nuestro sistema de relaciones laborales, que eleva a las organizaciones empresariales y sindicatos a la categoría de bases institucionales del sistema (artículo 7 de la Constitución) y reconoce la fuerza vinculante de los convenios colectivos (artículo 37).

4

El texto de la Ley pretende, como es habitual en cualquier transposición de una Directiva comunitaria, la consecución de los objetivos pretendidos con su aprobación, a la vez que su integración correcta en el sistema español de relaciones laborales. Para ello, se unen en su articulado la transposición literal de determinados aspectos de la Directiva junto a la aparición de instituciones propias del Derecho laboral español.

La Directiva 94/45/CE constituye un texto de aplicación compleja, dado que la consecución del objetivo de creación de un instrumento transnacional de información y consulta a los trabajadores obliga a la actuación conjunta y coordinada de tantas normas nacionales de transposición como países a los que se extienda la empresa o grupo de empresas afectado. En efecto, los Estados miembros deben regular en primer lugar, de la manera más uniforme posible, los principios que constituyen el cuerpo básico de la Directiva y que deben regir para la aplicación de la misma en relación con las empresas y grupos de empresas cuya dirección central se encuentre situada en su territorio; y, junto a ello, la Directiva remite determinados aspectos instrumentales a la regulación propia de cada una de las legislaciones de los Estados miembros en que se encuentren situados los centros de trabajo de la empresa o grupo, cualquiera que sea el lugar en que radique su dirección central y, por tanto, la legislación por la que aquélla se rija. Para facilitar su comprensión, esta dualidad de normas se ha querido reflejar en la propia estructura de la Ley, a través de sus Títulos I y II, que se inician en cada caso con un artículo dirigido a precisar su ámbito de aplicación.

Pero, al mismo tiempo, la Directiva no se limita a declarar el derecho de los trabajadores al establecimiento de los instrumentos de información y consulta que se contemplan, sino que se centra en regular, en ocasiones de manera precisa y otorgando en otras un amplio margen de apreciación aplicativa tanto a las normas nacionales de transposición como a las eventuales negociaciones y acuerdos entre las partes, las normas de procedimiento que deberán seguirse para hacer real y efectivo tal derecho.

Por todo ello, la Ley trata de combinar aspectos de transposición literal de la Directiva, especialmente apreciables en su Título preliminar y en su Título I, con otros en los que se abre a la recepción de instituciones propias, arraigadas en nuestro Derecho y que están presentes a lo largo de su articulado. Véanse en este sentido su artículo 14, sobre normas supletorias en materia de vigencia, prórroga, denuncia y renegociación del acuerdo, los artículos donde se reconoce la eficacia general de los acuerdos a los que hayan podido llegar las partes, el Título II, donde se puede reconocer el sistema dual de representación de los trabajadores, y todo el Título III sobre tutela de los derechos de información y consulta de los trabajadores en las empresas y grupos de empresa de dimensión comunitaria. La redacción de tales disposiciones es deudora de la del Estatuto de los Trabajadores, la Ley de Procedimiento Laboral y la Ley de Infracciones y Sanciones en el Orden Social.

5

La Ley se estructura en cuatro Títulos, un Título preliminar y otros tres Títulos, de los cuales el I y el III se dividen, además, en capítulos.

El Título preliminar tiene carácter horizontal, en el sentido de que se aplica al resto del articulado, y fija el objeto de la norma, su ámbito de aplicación y las definiciones a efectos de la Ley. Debe destacarse que la definición de Estados miembros incluye a los once inicialmente destinatarios de la Directiva, todos los que en ese momento formaban parte de la Unión Europea excepto el Reino Unido, a los que se han añadido los tres nuevos Estados miembros, Austria, Finlandia y Suecia, y los tres Estados firmantes del Acuerdo sobre el Espacio Económico Europeo que no son miembros de la Unión Europea: Noruega, Islandia y Liechtenstein. Igualmente debe resaltarse la importancia de la definición a efectos de esta Ley de la definición de «empresa que ejerce el control», que delimita qué se entiende por «grupo de empresa» y se convierte en destinataria de buena parte de las obligaciones que la Ley establece.

El Título I, «Disposiciones aplicables a las empresas y grupos de empresas de dimensión comunitaria con dirección central en España», consta de tres capítulos. Su Capítulo I, relativo a la constitución del comité de empresa europeo o el establecimiento de un procedimiento alternativo de información y consulta, regula el proceso negocial que deberá conducir a hacer efectivos los derechos de información y consulta de los trabajadores a través del acuerdo de las partes. El Capítulo II incluye las disposiciones subsidiarias que darán lugar, en su caso, a la constitución de un comité de empresa europeo «ex lege». El Capítulo III se refiere a la capacidad de las instancias de representación de los trabajadores, la protección de tales representantes y la confidencialidad de la información.

El Título II, con el enunciado «Disposiciones aplicables a los centros de trabajo y empresas situados en España de las empresas y grupos de empresas de dimensión comunitarias», regula las cuestiones que, en base al principio de subsidiariedad, deben ser precisadas por las legislaciones y prácticas nacionales y donde la presencia de las instituciones del Derecho laboral español se hace más patente: la forma de cálculo del número de trabajadores, quién ostenta la condición de representante de los trabajadores en España de acuerdo con el sistema dual de representación de los trabajadores previsto en el Estatuto de los Trabajadores y en la Ley Orgánica de Libertad Sindical, la forma de designación de los representantes españoles en los órganos de representación, su protección y garantías, y la eficacia en España de los acuerdos y disposiciones subsidiarias de otros Estados miembros.

El Título III, denominado «Tutela de los derechos de información y consulta de los trabajadores en las empresas y grupos de empresas de dimensión comunitaria», se estructura en dos capítulos. El Capítulo I tipifica infracciones y sanciones administrativas, mientras que el Capítulo II se ocupa de los procedimientos judiciales, con una llamada final a la posible solución extrajudicial de conflictos.

Debe recordarse, por último, que la Ley constituye legislación laboral dictada al amparo del artículo 149.1.7ª de la Constitución, salvo lo dispuesto en el Capítulo II del Título III que constituye legislación procesal dictada al amparo del artículo 149.1.6ª.

6

El proyecto de Ley, de acuerdo con las disposiciones legales vigentes, ha sido sometido a la consideración del Consejo Económico y Social, del Consejo General del Poder Judicial y del Consejo de Estado.

TÍTULO PRELIMINAR

OBJETO, ÁMBITO DE APLICACIÓN Y DEFINICIONES

Artículo 1. Objeto.

1. La presente Ley tiene por objeto regular los derechos de información y consulta de los trabajadores en las empresas y grupos de empresas de dimensión comunitaria.

A tal fin, en cada empresa de dimensión comunitaria y en cada grupo de empresas de dimensión comunitaria se deberá constituir un comité de empresa europeo o establecer un procedimiento alternativo de información y consulta a los trabajadores, en los términos previstos en esta Ley.

No obstante, cuando un grupo de empresas de dimensión comunitaria incluya una o más empresas o grupos de empresas que sean a su vez empresas o grupos de empresas de dimensión comunitaria, la constitución del comité de empresa europeo o el establecimiento del procedimiento alternativo de información y consulta deberá realizarse al nivel del citado grupo, salvo disposición en contrario del acuerdo al que se refiere el artículo 12.

2. La dirección central de las empresas y grupos de empresas de dimensión comunitaria y los miembros del comité de empresa europeo o, en su caso, los representantes de los trabajadores en el marco de un procedimiento alternativo de información y consulta colaborarán entre sí de buena fe para alcanzar los objetivos de esta Ley, respetando sus derechos y obligaciones recíprocos.

Artículo 2. Ámbito de aplicación.

1. La presente Ley será de aplicación, en los términos que en cada uno de sus Títulos se establecen, a las empresas de dimensión comunitaria y grupos de empresas de dimensión comunitaria, públicos o privados y de cualquier rama o sector de actividad.

2. Las competencias de los comités de empresa europeos y el alcance de los procedimientos alternativos de información y consulta constituidos o establecidos conforme a esta Ley abarcarán, en el caso de una empresa de dimensión comunitaria, a todos los centros de trabajo de la empresa situados en los Estados miembros y, en el caso de un grupo de empresas de dimensión comunitaria, a todas las empresas del grupo situadas en los Estados miembros.

No obstante, en el acuerdo al que se refiere el artículo 12 se podrá establecer un ámbito de aplicación más amplio.

Artículo 3. Definiciones.

1. A los efectos de esta Ley, se entenderá por:

1º «Estados miembros», los Estados miembros de la Unión Europea y el resto de los Estados signatarios del Acuerdo sobre el Espacio Económico Europeo.

Redactado por el art. único.Uno de la Ley 44/1999, de 29 noviembre, por el que se modifica la Ley 10/1997, de 24 abril, sobre derechos de información y consulta de los trabajadores en las empresas y grupos de empresas de dimensión comunitaria.

2º «Empresa de dimensión comunitaria», aquella en que concurran las siguientes condiciones:

a) Que emplee 1.000 trabajadores o más en el conjunto de los Estados miembros, y

b) Que emplee en, al menos, dos Estados miembros diferentes 150 trabajadores o más en cada uno de ellos.

3º «Grupo de empresas», el formado por una empresa que ejerce el control y las empresas controladas.

4º «Grupo de empresas de dimensión comunitaria», aquel en que concurran las siguientes condiciones:

a) Que emplee 1.000 trabajadores o más en el conjunto de los Estados miembros,

b) Que comprenda, al menos, dos empresas del grupo en Estados miembros diferentes, y

c) Que, al menos, una empresa del grupo emplee 150 trabajadores o más en un Estado miembro y que, al menos, otra de las empresas del grupo emplee 150 trabajadores o más en otro Estado miembro.

5º «Representantes de los trabajadores», los que ostenten tal condición de conformidad con las legislaciones o prácticas nacionales.

6º «Dirección central», la dirección central de la empresa de dimensión comunitaria o, en el caso de un grupo de empresas de dimensión comunitaria, la de la empresa que ejerza el control.

Cuando la dirección central de una empresa o grupo de empresas de dimensión comunitaria no esté situada en un Estado miembro, se considerará como «dirección central» a efectos de la presente Ley al representante de la misma en el Estado miembro que, en su caso, se designe por ella.

En defecto de designación de representante, se considerará como tal a la dirección del centro de trabajo de la empresa o a la dirección central de la empresa del grupo que emplee al mayor número de trabajadores en un Estado miembro.

7º «Consulta», el intercambio de opiniones y la apertura de un diálogo entre los representantes de los trabajadores y la dirección central o cualquier otro nivel de dirección más apropiado.

8º «Comité de empresa europeo», el órgano colegiado y representativo de los trabajadores constituido con arreglo a los artículos 12 ó 16 de la presente Ley para llevar a cabo la información y la consulta a los trabajadores.

9º «Comisión negociadora», el grupo de representantes de los trabajadores constituido con arreglo al artículo 8 para negociar con la dirección central la constitución de un comité de empresa europeo o el establecimiento de un procedimiento alternativo de información y consulta a los trabajadores.

2. A efectos de la presente Ley, el número de trabajadores se calculará con arreglo a la media de trabajadores de la empresa, incluidos los contratados a tiempo parcial, empleados durante los dos años anteriores a la fecha de inicio del procedimiento al que se refiere el artículo 7, de conformidad con las legislaciones o prácticas nacionales.

La información sobre el número de trabajadores, calculada conforme a lo dispuesto en el párrafo anterior, deberá ser facilitada por las empresas a petición de los interesados.

Artículo 4. Definición de «empresa que ejerce el control».

1. A efectos de la presente Ley se considerará «empresa que ejerce el control» a aquella que pueda ejercer una influencia dominante sobre otra, que se denominará «empresa controlada», por motivos de propiedad, participación financiera, estatutos sociales u otros.

2. Se presumirá, salvo prueba en contrario, que una empresa puede ejercer una influencia dominante sobre otra cuando dicha empresa, directa o indirectamente:

a) Posea la mayoría del capital suscrito de la empresa.

b) Posea la mayoría de los derechos de voto correspondientes a las acciones emitidas por la empresa.

c) Tenga la facultad de nombrar a la mayoría de los miembros del órgano de administración, de dirección o de control de la empresa.

Cuando dos o más empresas de un grupo cumplan uno o varios de los requisitos anteriores, tendrá la consideración de «empresa que ejerce el control» aquella que reúna el señalado en la letra c) o, en su defecto, el de la letra b), salvo que se pruebe que otra empresa puede ejercer una influencia dominante.

3. A efectos de lo dispuesto en el apartado anterior, los derechos de voto y de nombramiento que ostente la empresa que ejerce el control incluirán los de cualquier otra empresa controlada y los de toda persona u órgano que actúe en nombre propio pero por cuenta de la empresa que ejerce el control o de cualquier otra empresa controlada.

4. No obstante lo dispuesto en los apartados anteriores:

a) No se considerará que una empresa ejerce el control respecto de otra de la que posea participaciones cuando se trate de una de las sociedades contempladas en las letras a) o c) del apartado 5 del artículo 3 del Reglamento (CEE) 4064/89, del Consejo, de 21 de diciembre de 1989, sobre el control de las operaciones de concentración entre empresas.

b) No se presumirá que existe influencia dominante únicamente por el hecho de que un mandatario ejerza sus funciones en virtud de la legislación de un Estado miembro, relativa a la liquidación, la quiebra, la insolvencia, la suspensión de pagos, el concurso de acreedores u otro procedimiento análogo.

5. La legislación aplicable a fin de determinar si una empresa es una «empresa que ejerce el control» será la legislación del Estado miembro por la que se rija dicha empresa.

Cuando la legislación por la que se rige la empresa no sea la de un Estado miembro, la legislación aplicable será la del Estado miembro en el que esté establecido su representante o, a falta de tal representante, la del Estado miembro en que esté situada la dirección central de la empresa del grupo que emplee al mayor número de trabajadores.

TÍTULO I
DISPOSICIONES APLICABLES A LAS EMPRESAS Y GRUPOS DE EMPRESAS DE DIMENSIÓN COMUNITARIA CON DIRECCIÓN CENTRAL EN ESPAÑA

Artículo 5. Ámbito de aplicación de las disposiciones del Título I.

1. Las disposiciones contenidas en este Título serán de aplicación a las empresas y grupos de empresas de dimensión comunitaria que tengan su dirección central en España, así como a los centros de trabajo de las citadas empresas y a las empresas de los referidos grupos cualquiera que sea el Estado miembro en que se encuentren situados.

2. La aplicación del presente Título en los términos señalados en el apartado anterior excluye la de las disposiciones de cualquier otro Estado miembro o no miembro en que la empresa o el grupo cuenten con centros o empresas, salvo en los casos en que exista una remisión expresa en este Título.

CAPÍTULO I
Constitución del comité de empresa europeo o establecimiento de un procedimiento alternativo de información y consulta a los trabajadores

Artículo 6. Responsabilidad del procedimiento de negociación.

Incumbirá a la dirección central, en los términos previstos en la presente Ley, la responsabilidad de establecer las condiciones y medios necesarios para la constitución de un comité de empresa europeo o el establecimiento de un procedimiento alternativo de información y consulta a los trabajadores.

⇒ La STJCE 15 julio 2004 (TJCE 2004, 192) (C-349/01, caso *Anker*) explica que los Estados miembros están obligados a imponer a una empresa establecida en su territorio, que deba ser considerada la dirección central de un grupo o a la dirección central presunta, la obligación de facilitar a otra empresa del grupo establecida en otro Estado miembro la información que hayan solicitado a ésta los representantes de sus trabajadores, cuando esta última empresa no disponga de tal información y ésta sea imprescindible para el inicio de las negociaciones con objeto de constituir un comité de empresa europeo.

Artículo 7. Inicio del procedimiento.

1. El procedimiento de negociación para la constitución de un comité de empresa europeo o el establecimiento de un procedimiento alternativo de información y consulta se iniciará por la dirección central a petición escrita de un mínimo de 100 trabajadores, o de sus representantes, que pertenezcan,

por lo menos, a dos centros de trabajo o empresas de la empresa o el grupo situados en Estados miembros diferentes.

La petición podrá presentarse por los trabajadores o sus representantes de forma conjunta o separada y dirigirse a la dirección central o a las direcciones de los centros de trabajo o empresas en los Estados miembros donde presten sus servicios.

Las direcciones deberán trasladar las peticiones recibidas a la dirección central, informando a sus firmantes de dicho traslado. La dirección central no podrá negarse al inicio de las negociaciones basándose en la falta de traslado de las peticiones.

2. La dirección central sólo podrá negarse al inicio de las negociaciones en los siguientes casos:

a) Cuando la empresa o el grupo no reúnan el número de trabajadores exigido para la constitución de un comité de empresa europeo o el establecimiento de un procedimiento alternativo de información y consulta.

b) Cuando la petición no reúna el número de firmas exigido.

c) Cuando una comisión negociadora hubiera adoptado las decisiones a que se refiere el apartado 2 del artículo 10 y no hubiera transcurrido el plazo previsto en el mismo.

d) Cuando estuviera vigente un acuerdo celebrado al amparo de lo dispuesto en el artículo 12 de esta Ley.

3. La dirección central podrá igualmente iniciar el procedimiento para la constitución de un comité de empresa europeo o el establecimiento de un procedimiento alternativo de información y consulta por propia iniciativa.

Artículo 8. Constitución de la comisión negociadora.

1. Recibida una petición que reúna los requisitos establecidos en el artículo anterior o planteada la iniciativa de la dirección central de la empresa o grupo, ésta se dirigirá a sus direcciones en los Estados miembros, a fin de que pongan en marcha, de conformidad con las legislaciones o prácticas nacionales y según lo establecido en el artículo siguiente, el procedimiento de elección o designación de los miembros de la comisión negociadora.

2. Una vez constituida la comisión negociadora, la dirección central convocará a ésta a una primera reunión de negociación para la celebración del acuerdo al que se refiere el artículo 12, informando de ello a las direcciones locales.

Artículo 9. Composición de la comisión negociadora.

1. La comisión negociadora estará compuesta por los siguientes miembros:

a) Un miembro en representación de los trabajadores de cada Estado miembro en el que la empresa de dimensión comunitaria tenga uno o más centros de trabajo en el que se halle situada la empresa que ejerce el control de un grupo de empresas de dimensión comunitaria o una o más de las empresas controladas.

b) En su caso, un número de miembros suplementarios en representación de los trabajadores de aquellos Estados miembros donde se hallen empleados porcentajes significativos del total de trabajadores de la empresa o grupo, de acuerdo con las siguientes reglas:

Un miembro en representación de los trabajadores de cada Estado miembro en que se hallen empleados desde el 25 por 100 hasta el 50 por 100 del total de trabajadores de la empresa o grupo.

Dos miembros en representación de los trabajadores del Estado miembro en que se hallen empleados más del 50 por 100 y hasta el 75 por 100 del total de trabajadores de la empresa o grupo.

Tres miembros en representación de los trabajadores del Estado miembro en que se hallen empleados más del 75 por 100 del total de trabajadores de la empresa o grupo.

2. Cada Estado miembro determinará la forma de elegir o designar a los miembros de la comisión negociadora que hayan de ser elegidos o designados en su territorio.

3. En las reuniones de la comisión negociadora y en las que ésta celebre con la dirección central podrán participar, con voz pero sin voto, representantes elegidos por los trabajadores de Estados no miembros donde la empresa o el grupo tengan centros de trabajos o empresas, cuando así lo decidan de común acuerdo la dirección central y la comisión negociadora.

4. La comisión negociadora informará de su composición a la dirección central de la empresa o grupo, así como a las direcciones locales.

Artículo 10. Funciones de la comisión negociadora.

1. A la comisión negociadora corresponde negociar con la dirección central la constitución de

uno o varios comités de empresa europeos o el establecimiento de uno o varios procedimientos alternativos de información y consulta a los trabajadores.

La dirección central y la comisión negociadora deberán negociar de buena fe, con vistas a la obtención de un acuerdo.

2. No obstante lo señalado en el apartado anterior, la comisión negociadora podrá decidir, por mayoría de dos tercios de sus miembros:

a) No iniciar las negociaciones con la dirección central para la celebración del acuerdo al que se refiere el artículo 12.

b) Anular las negociaciones en curso con la dirección central.

Dichas decisiones pondrán fin al procedimiento para la constitución de un comité de empresa europeo o el establecimiento de un procedimiento alternativo de información y consulta a los trabajadores, sin que sean de aplicación las disposiciones subsidiarias previstas en el Capítulo II de este Título. Desde su adopción, deberá transcurrir un plazo mínimo de dos años hasta que pueda plantearse a la dirección central una nueva petición de negociación, salvo que las partes interesadas acuerden un plazo más corto a estos efectos.

3. La comisión negociadora y la dirección central decidirán, de común acuerdo, las reglas precisas sobre la presidencia de sus reuniones conjuntas. En defecto de pacto al respecto, deberán consignar en el acta de la primera reunión que celebren los procedimientos a emplear para moderar las sesiones.

Las actas de las reuniones entre la dirección central y la comisión negociadora serán firmadas por un representante en nombre de cada una de las partes.

4. Las funciones de la comisión negociadora finalizarán con la conclusión del acuerdo al que se refiere el apartado 1 o la adopción de las decisiones previstas en el apartado 2.

Artículo 11. Régimen de funcionamiento de la comisión negociadora.

1. La comisión negociadora adoptará sus acuerdos por mayoría de sus miembros, sin perjuicio de lo dispuesto en el apartado 2 del artículo anterior.

Podrá elegir a un presidente entre sus miembros y establecer un reglamento interno de funcionamiento.

2. La comisión negociadora tendrá derecho a reunirse con carácter previo a cualquier reunión que deba celebrar con la dirección central, sin la presencia de ésta.

3. Siempre que sea necesario para el correcto desempeño de sus funciones, la comisión negociadora podrá estar asistida por expertos de su elección.

4. Los gastos derivados del funcionamiento de la comisión negociadora serán sufragados por la dirección central, que deberá proporcionarle los recursos financieros y materiales necesarios para cumplir sus funciones adecuadamente.

En particular, la dirección central deberá sufragar los siguientes gastos:

a) Los derivados de la elección o designación de los miembros de la comisión negociadora.

b) Los de organización de las reuniones de la comisión negociadora, incluidos los gastos de interpretación, manutención, alojamiento y viaje de sus miembros.

c) Los derivados de un experto designado por la comisión negociadora para asistirle en sus funciones.

Artículo 12. Contenido del acuerdo.

1. Sin perjuicio de la autonomía de las partes, el acuerdo entre la dirección central y la comisión negociadora deberá contener:

a) La identificación de las partes que lo conciertan.

b) La determinación de los centros de trabajo de la empresa de dimensión comunitaria o de las empresas del grupo de empresas de dimensión comunitaria afectados por el acuerdo.

c) La composición del comité de empresa europeo, el número de sus miembros, su distribución y la duración de su mandato, así como los efectos que sobre ello se deriven de las modificaciones en la estructura de la empresa o grupo o en la composición de los órganos nacionales de representación de los trabajadores.

d) Las atribuciones del comité de empresa europeo y el procedimiento de información y consulta al mismo.

e) El lugar, la frecuencia y la duración de las reuniones del comité de empresa europeo.

f) Los recursos materiales y financieros asignados al comité de empresa europeo para el adecuado cumplimiento de sus funciones.

g) La duración del acuerdo y las condiciones de su denuncia, prórroga y renegociación.

2. No obstante lo dispuesto en el apartado anterior, la dirección central y la comisión negociadora podrán acordar, en vez de la constitución de un comité de empresa europeo, el establecimiento de uno o más procedimientos de información y consulta a los trabajadores sobre aquellas cuestiones transnacionales que puedan afectar considerablemente a sus intereses. En tal caso, el acuerdo deberá prever las modalidades con arreglo a las cuales los representantes de los trabajadores tendrán derecho a reunirse para deliberar acerca de la información que les sea comunicada.

3. El acuerdo entrará en vigor en la fecha que dispongan las partes.

Artículo 13. Eficacia jurídica del acuerdo.

1. El acuerdo concluido entre la dirección central y la comisión negociadora obliga a todos los centros de trabajo de la empresa de dimensión comunitaria y a todas las empresas del grupo de empresas de dimensión comunitaria incluidos dentro de su ámbito de aplicación, así como a sus trabajadores respectivos, durante todo el tiempo de su vigencia.

2. El acuerdo deberá formalizarse por escrito, bajo sanción de nulidad. Se presentará ante la autoridad laboral competente, para su registro, depósito y publicación oficial conforme a lo dispuesto en los apartados 2 y 3 del artículo 90 del texto refundido de la Ley del Estatuto de los Trabajadores, aprobado por Real Decreto Legislativo 1/1995, de 24 de marzo.

A los efectos señalados en el párrafo anterior, será autoridad laboral competente la que corresponda en función del ámbito del acuerdo dentro del territorio español.

Artículo 14. Normas supletorias sobre vigencia, prórroga, denuncia y renegociación del acuerdo.

En defecto de pacto en el acuerdo sobre su vigencia, prórroga, denuncia o renegociación, se aplicarán las reglas siguientes:

1ª El acuerdo se presumirá de vigencia indefinida.

2ª La dirección central y el comité de empresa europeo o, en su caso, los representantes de los trabajadores en el marco de un procedimiento alternativo de información y consulta podrán denunciar el acuerdo con una antelación mínima de seis meses a la fecha de su expiración, comunicándolo de forma fehaciente a la otra parte.

En caso de que el acuerdo tuviera una vigencia indefinida o no hubiera fijado período de vigencia, la denuncia podrá realizarse con una antelación mínima de seis meses a la fecha en que se cumpla cada período de cuatro años desde su vigencia inicial, entendiéndose en tal caso vencido el acuerdo al cumplimiento de dicho período.

3ª Si vencido el plazo de vigencia del acuerdo no hubiera mediado denuncia expresa de las partes, aquél se entenderá prorrogado por un nuevo período de duración igual a la de su vigencia inicial.

4ª Denunciado y vencido un acuerdo, éste se mantendrá en vigor hasta que se alcance un nuevo acuerdo o hasta que sean aplicables las disposiciones subsidiarias contenidas en el capítulo II de este Título, en virtud de lo dispuesto en el artículo 15.

5ª El comité de empresa europeo estará legitimado para renegociar, en sustitución de la comisión negociadora a la que se refiere el artículo 8, el acuerdo denunciado y vencido, pudiendo adoptar también las decisiones previstas en el apartado 2 del artículo 10.

Cuando se trate de la renegociación del acuerdo relativo al establecimiento de un procedimiento alternativo de información y consulta deberá procederse a la constitución de una nueva comisión negociadora, conforme a lo dispuesto en el artículo 8.

CAPÍTULO II

Disposiciones subsidiarias para la constitución del comité de empresa europeo

Artículo 15. Aplicación de las disposiciones subsidiarias.

1. Las disposiciones subsidiarias previstas en el presente capítulo para la consecución de los objetivos previstos en el artículo 1 de esta Ley serán de aplicación en los siguientes casos:

a) Cuando la dirección central y la comisión negociadora así lo decidan.

b) Cuando la dirección central rechace la apertura de negociaciones en un plazo de seis meses a partir de la presentación de una petición que reúna los requisitos establecidos en el artículo 7 de esta Ley.

c) Cuando en un plazo de tres años a partir de dicha petición o de la iniciativa de la dirección central para iniciar las negociaciones las partes no alcancen el acuerdo a que se refiere el artículo 12.

2. Serán también de aplicación las disposiciones subsidiarias de este capítulo una vez transcurrido un plazo de seis meses desde el inicio del procedimiento de negociación cuando la dirección central incumpla sus obligaciones en materia de constitución y convocatoria de la comisión negociadora previstas en el artículo 8 de esta Ley, o suspenda unilateralmente las negociaciones sin causa justificada, o se comporte en ellas con manifiesta mala fe, y así se declare en todos los casos por sentencia judicial firme.

3. Lo dispuesto en los apartados anteriores se aplicará igualmente al procedimiento de renegociación del acuerdo al que se refieren los artículos 12 y 14 de esta Ley, una vez finalizada su vigencia.

Artículo 16. Constitución del comité de empresa europeo.

1. En los casos previstos en el artículo anterior se creará un comité de empresa europeo con las competencias, composición y régimen de funcionamiento que se establecen en los artículos siguientes.

2. Para la constitución del comité de empresa europeo, la dirección central de la empresa o grupo se dirigirá a sus direcciones en los Estados miembros a fin de que éstas pongan en marcha, de conformidad con las legislaciones o prácticas nacionales, el procedimiento de elección o designación de los miembros del comité.

3. Transcurridos cuatro años desde la constitución de un comité de empresa europeo conforme a las disposiciones subsidiarias de este capítulo, el comité deberá decidir si desea entablar negociaciones para la conclusión del acuerdo a que se refiere el artículo 12, comunicándolo a la dirección central.

Las negociaciones que, en su caso, se desarrollen se regirán por lo dispuesto en el Capítulo I de este Título, asumiendo el propio comité las funciones que en el mismo se otorgan a la comisión negociadora. Durante el transcurso de las negociaciones y hasta su conclusión el comité continuará desarrollando sus funciones.

De no adoptarse la decisión de iniciar negociaciones conforme a lo dispuesto en el párrafo primero, continuarán siendo de aplicación durante otro período de cuatro años las disposiciones subsidiarias de este capítulo.

4. No obstante lo dispuesto en el apartado anterior, el comité de empresa europeo y la dirección central podrán decidir de común acuerdo, en cualquier momento la apertura de negociaciones.

Artículo 17. Composición del comité de empresa europeo.

1. El comité de empresa europeo estará compuesto por trabajadores de la empresa o grupo, elegidos o designados por y entre los representantes de los trabajadores o, en su defecto, por el conjunto de los trabajadores, de conformidad con las legislaciones y prácticas nacionales.

2. El comité de empresa europeo estará compuesto por los siguientes miembros:

a) Un miembro en representación de los trabajadores de cada Estado miembro en el que la empresa de dimensión comunitaria tenga uno o más centros de trabajo o en el que se halle situada la empresa que ejerce el control de un grupo de empresas de dimensión comunitaria o una o más de las empresas controladas.

b) En su caso, un número de miembros suplementarios en representación de los trabajadores de aquellos Estados miembros donde se hallen empleados porcentajes significativos del total de trabajadores de la empresa o grupo, de acuerdo con las siguientes reglas:

Un miembro en representación de los trabajadores de cada Estado miembro en que se hallen empleados desde el 25 por 100 hasta el 50 por 100 del total de trabajadores de la empresa o grupo.

Dos miembros en representación de los trabajadores del Estado miembro en que se hallen empleados más del 50 por 100 y hasta el 75 por 100 del total de trabajadores de la empresa o grupo.

Tres miembros en representación de los trabajadores del Estado miembro en que se hallen empleados más del 75 por 100 del total de trabajadores de la empresa o grupo.

3. En las reuniones del comité de empresa europeo y en las que éste celebre con la dirección central podrán participar, con voz pero sin voto, representantes elegidos por los trabajadores de Estados no miembros donde la empresa o el grupo tengan centros de trabajo o empresas, cuando así lo decidan de común acuerdo la dirección central y el comité de empresa europeo.

4. El comité de empresa europeo informará de su composición a la dirección central de la empresa o grupo, así como a cualquier otro nivel de dirección adecuado.

Artículo 18. Competencias del comité de empresa europeo.

1. El comité de empresa europeo tendrá derecho a ser informado y consultado sobre aquellas cuestiones que afecten al conjunto de la empresa o grupo de empresas de dimensión comunitaria o, al menos, a dos centros de trabajo o empresas del grupo situados en Estados miembros diferentes.

En el caso de las empresas o grupos de empresas cuya dirección central no esté situada en un Estado miembro, la competencia del comité de empresa europeo comprenderá aquellas cuestiones que afecten a todos los centros de trabajo o empresas del grupo situados en los Estados miembros o, al menos, a dos centros o empresas situados en Estados miembros diferentes.

2. A los fines previstos en el apartado anterior, el comité de empresa europeo tendrá derecho a mantener al menos una reunión anual con la dirección central. La reunión deberá ser convocada por la dirección central con una antelación mínima de un mes, acompañando a la convocatoria un informe sobre la evolución y perspectivas de las actividades de la empresa o grupo de empresas de dimensión comunitaria.

Sin perjuicio de otras cuestiones que puedan plantearse, en la reunión anual se analizarán aquellas relacionadas con la estructura de la empresa, su situación económica y financiera, la evolución probable de las actividades, la producción y las ventas, la situación y evolución probable del empleo, las inversiones, los cambios sustanciales que afecten a la organización, la introducción de nuevos métodos de trabajo o de producción, los traslados de producción, las fusiones, la reducción del tamaño o el cierre de empresas, centros de trabajo o partes importantes de éstos, y los despidos colectivos.

3. El comité de empresa europeo deberá ser informado con la debida antelación de aquellas circunstancias excepcionales que afecten considerablemente a los intereses de los trabajadores, especialmente en los casos de traslados de empresas, de cierres de centros de trabajo o empresas o de despidos colectivos. Además, tendrá derecho a reunirse, a petición propia, con la dirección central, o con cualquier otro nivel de dirección de la empresa o grupo más adecuado y con competencia para adoptar decisiones propias, al objeto de recibir la citada información y de ser consultado sobre ella. Esta reunión o reuniones serán, en su caso, adicionales a la reunión anual prevista en el apartado 2, salvo que, en función de los plazos existentes, puedan incorporarse al contenido de la citada reunión sin poner en peligro la efectividad de la consulta.

Las reuniones de información y consulta a que se refiere este apartado se efectuarán con la antelación necesaria para que el criterio del comité pueda ser tenido en cuenta a la hora de adoptar o de ejecutar las decisiones, sobre la base de un informe elaborado por la dirección central o por cualquier otro nivel de dirección adecuado de la empresa o grupo.

El comité de empresa europeo podrá emitir un dictamen al finalizar la reunión o en un plazo máximo de siete días. En caso de que el comité no estime necesaria la celebración de una reunión, el plazo para la emisión del dictamen se contará a partir de la recepción de la información a la que se refiere el primer párrafo de este apartado.

Esta reunión no afectará a las prerrogativas de la dirección central.

4. La dirección central y el comité de empresa europeo decidirán de común acuerdo las reglas precisas sobre la presidencia de sus reuniones conjuntas. En defecto de pacto al respecto, deberán consignar en el acta de la primera reunión que celebren los procedimientos a emplear para moderar las sesiones.

Las actas de las reuniones entre la dirección central y el comité de empresa europeo serán firmadas por un representante en nombre de cada una de las partes.

5. La dirección central informará a las direcciones de sus centros de trabajo o empresas en los Estados miembros de la convocatoria de las reuniones que vaya a mantener con el comité de empresa europeo.

Artículo 19. Régimen de funcionamiento del comité de empresa europeo.

1. El comité de empresa europeo adoptará sus acuerdos por mayoría de sus miembros. Elaborará su propio reglamento interno de funcionamiento y podrá elegir en su seno un presidente.

2. Si el número de miembros del comité de empresa europeo fuera superior a doce, deberá elegir en su seno un comité restringido compuesto por tres miembros. Este comité restringido será el encargado de recibir la información y de celebrar las reuniones a que se refiere el apartado 3 del artículo 18.

En las reuniones en que participe el comité restringido, tendrán derecho a participar igualmente aquellos otros miembros del comité de empresa europeo elegidos o designados en representación de las empresas o centros de trabajo directamente afectados por las medidas de que se trate.

El comité restringido deberá informar periódicamente de sus actuaciones y del resultado de las reuniones en que participe al comité de empresa europeo.

3. El comité de empresa europeo y el comité restringido, ampliado en su caso con los miembros a que se refiere el segundo párrafo del apartado anterior, tendrán derecho a reunirse con carácter previo a cualquier reunión que deban celebrar con la dirección central, sin la presencia de ésta.

4. Siempre que sea necesario para el correcto desempeño de sus funciones, el comité de empresa europeo y el comité restringido podrán estar asistidos por expertos de su elección.

5. Los gastos derivados del funcionamiento del comité de empresa europeo y del comité restringido serán sufragados por la dirección central, que deberá proporcionarles los recursos financieros y materiales necesarios para cumplir sus funciones adecuadamente.

En particular, la dirección central deberá sufragar los siguientes gastos:

a) Los derivados de la elección o designación de los miembros del comité de empresa europeo.

b) Los de organización de las reuniones del comité de empresa europeo y del comité restringido, incluidos los gastos de interpretación, manutención, alojamiento y viaje de sus miembros.

c) Los derivados de un experto designado por el comité de empresa europeo o por el comité restringido para asistirle en sus funciones.

6. Los miembros del comité de empresa europeo deberán informar a los representantes de los trabajadores de las empresas y centros de trabajo o, en su defecto, al conjunto de los trabajadores sobre el contenido y los resultados del procedimiento de información y consulta desarrollado conforme a las previsiones de este capítulo, sin perjuicio de lo dispuesto en el artículo 22.

CAPÍTULO III

Disposiciones comunes a los capítulos anteriores

Artículo 20. Capacidad de la comisión negociadora y del comité de empresa europeo.

La comisión negociadora a la que se refiere el artículo 8 de esta Ley, el comité de empresa europeo y los representantes de los trabajadores en el marco de un procedimiento alternativo de información y consulta gozan de capacidad jurídica para el ejercicio de los derechos que les reconoce la presente Ley o que se deriven del acuerdo al que se refiere el artículo 12, pudiendo ejercer acciones administrativas o judiciales en todo lo relativo al ámbito de sus competencias, por decisión mayoritaria de sus miembros.

Artículo 21. Protección de los representantes de los trabajadores.

Los miembros de la comisión negociadora y del comité de empresa europeo y los representantes de los trabajadores en el marco de un procedimiento alternativo de información y consulta gozan en el ejercicio de sus funciones de la misma protección y de garantías similares a las previstas para los representantes de los trabajadores a nivel nacional en el país en el que prestan sus servicios, de conformidad con lo dispuesto en las legislaciones o prácticas nacionales.

Artículo 22. Confidencialidad de la información.

1. Los miembros de la comisión negociadora y del comité de empresa europeo y los representantes de los trabajadores en el marco de un procedimiento alternativo de información y consulta, así como los expertos que les asistan, no estarán autorizados a revelar a terceros aquella información que les haya sido expresamente comunicada a título confidencial.

Esta obligación de confidencialidad subsistirá incluso tras la expiración de su mandato e independientemente del lugar en que se encuentren.

2. Excepcionalmente, la dirección central no estará obligada a comunicar aquellas informaciones específicas relacionadas con secretos industriales, financieros o comerciales cuya divulgación pudiera, según criterios objetivos, obstaculizar el funcionamiento de la empresa u ocasionar graves perjuicios en su estabilidad económica.

Esta excepción no abarca aquellos datos que tengan relación con el volumen de empleo en la empresa.

Artículo 23. Representatividad de la comisión negociadora y del comité de empresa europeo.

1. Las modificaciones en la estructura de la empresa o grupo de empresas de dimensión comunitaria o en la composición de los órganos nacionales de representación de los trabajadores podrán determinar la renovación total o parcial de la comisión negociadora o del comité de empresa europeo, conforme al procedimiento establecido en esta Ley, cuando tales modificaciones afecten significativamente

a la representatividad del órgano correspondiente y así se solicite por cualquiera de las partes o mediante una petición que reúna los requisitos previstos en el apartado 1 del artículo 7.

2. Lo dispuesto en el apartado anterior será aplicable al comité de empresa europeo constituido conforme al acuerdo previsto en el artículo 12 de esta Ley en defecto de disposiciones específicas contenidas en el propio acuerdo.

TÍTULO II

DISPOSICIONES APLICABLES A LOS CENTROS DE TRABAJO Y EMPRESAS SITUADOS EN ESPAÑA DE LAS EMPRESAS Y GRUPOS DE EMPRESAS DE DIMENSIÓN COMUNITARIA

Artículo 24. Ámbito de aplicación de las disposiciones del Título II.

Las disposiciones contenidas en este Título serán de aplicación exclusivamente a los centros de trabajo y empresas situados en España de las empresas y grupos de empresas de dimensión comunitaria cuya dirección central esté situada en cualquier Estado miembro, en lo relativo a las remisiones a las legislaciones y prácticas nacionales contenidas en la presente Ley y en las disposiciones de los Estados miembros por las que se da cumplimiento a la Directiva 94/45/CE, del Consejo, de 22 de septiembre, relativa a la constitución de un comité de empresa europeo o al establecimiento de un procedimiento de información y consulta a los trabajadores en las empresas y grupos de empresas de dimensión comunitaria, y a la Directiva 98/74/CE, del Consejo, de 15 de diciembre, por la que se amplía aquélla al Reino Unido de Gran Bretaña e Irlanda del Norte.

✐ Redactado por el art. único.Dos de la Ley 44/1999, de 29 noviembre, por el que se modifica la Ley 10/1997, de 24 abril 1997, sobre derechos de información y consulta de los trabajadores en las empresas y grupos de empresas de dimensión comunitaria.

Artículo 25. Forma de cálculo del número de trabajadores.

1. Para calcular el número de trabajadores de los centros de trabajo y empresas se tendrá en cuenta el promedio de trabajadores empleados, incluidos los contratados a tiempo parcial, durante los dos años anteriores a la fecha del inicio del procedimiento de negociación, de acuerdo con las siguientes reglas:

a) Los trabajadores vinculados por contratos de duración determinada superior a dos años se computarán como trabajadores fijos de plantilla.

b) Los contratados por término de hasta dos años se computarán según el número de días trabajados en el período de dos años anterior a la fecha de inicio del procedimiento de negociación. Cada cuatrocientos días trabajados o fracción se computarán como un trabajador más.

Cuando el cociente que resulte de dividir por 400 el número de días trabajados en el citado período de dos años sea superior al número de trabajadores que se computan, se tendrá en cuenta, como máximo, el total de dichos trabajadores.

2. A efectos del cómputo de los cuatrocientos días trabajados previsto en el apartado anterior, se contabilizarán tanto los días efectivamente trabajados como los de descanso semanal, los días festivos y las vacaciones anuales.

Artículo 26. Identificación de los representantes nacionales de los trabajadores.

La condición de representantes de los trabajadores corresponde a las representaciones sindicales, a los comités de empresa y a los delegados de personal, en los términos que respectivamente les reconocen la Ley Orgánica 11/1985, de 2 de agosto, de Libertad Sindical, y el texto refundido de la Ley del Estatuto de los Trabajadores, aprobado por Real Decreto Legislativo 1/1995, de 24 de marzo.

⇒ Cfr. art. 8.10 y concordantes de la LOLS (§20.1), así como arts. 62 y ss. ET (§2).

Artículo 27. Designación de los representantes de los trabajadores en la comisión negociadora y en el comité de empresa europeo.

1. Los representantes que deban formar parte de la comisión negociadora y del comité de empresa europeo serán designados por acuerdo de aquellas representaciones sindicales que en su conjunto sumen la mayoría de los miembros del comité o comités de empresa y delegados de personal en su caso, o por acuerdo mayoritario de dichos miembros y delegados.

Del mismo modo se procederá para la sustitución de los representantes designados en los supuestos de dimisión y revocación y en el de pérdida de la condición de representante nacional de los trabajadores.

2. En el caso del comité de empresa europeo, la designación a la que se refiere el apartado

anterior deberá recaer en un trabajador de la empresa o grupo que ostente la condición de delegado de personal, miembro del comité de empresa o delegado sindical.

3. Lo dispuesto en los apartados anteriores será aplicable al comité de empresa europeo constituido mediante acuerdo en defecto de disposiciones específicas contenidas en el mismo.

Artículo 28. Protección de los representantes de los trabajadores.

1. Los representantes de los trabajadores que sean miembros de las comisiones negociadoras y de los comités de empresa europeos o que participen en los procedimientos alternativos de información y consulta gozan en el ejercicio de sus funciones de la protección y de las garantías establecidas en el Estatuto de los Trabajadores, salvo en lo relativo al crédito horario previsto en la letra e) del artículo 68 del mismo, en que se estará a lo dispuesto en los apartados siguientes.

2. Los representantes de los trabajadores a que se refiere este artículo tendrán derecho a los permisos retribuidos necesarios para la asistencia a las reuniones que se celebren con la dirección central, así como a las que puedan realizarse por dichos órganos y representantes con carácter previo.

3. Con independencia de lo dispuesto en el apartado anterior, los miembros de la comisión negociadora y del comité de empresa europeo tendrán derecho a un crédito de sesenta horas anuales retribuidas para el ejercicio de sus funciones, adicionales, en su caso, a las que dispongan en su condición de representantes nacionales de los trabajadores.

Este derecho se reconocerá al comité de empresa europeo constituido mediante acuerdo en defecto de disposiciones específicas contenidas en el mismo.

Artículo 29. Eficacia jurídica en España de las disposiciones de otros Estados miembros.

Los acuerdos entre las direcciones centrales y las comisiones negociadoras concluidos conforme a las disposiciones de los Estados miembros y, en su defecto, las normas subsidiarias de las citadas disposiciones obligan a todos los centros de trabajo de la empresa de dimensión comunitaria y a todas las empresas del grupo de empresas de dimensión comunitaria incluidos dentro de su ámbito de aplicación y situados en territorio español, así como a sus trabajadores respectivos, durante todo el tiempo de su vigencia.

TÍTULO III

TUTELA DE LOS DERECHOS DE INFORMACIÓN Y CONSULTA DE LOS TRABAJADORES EN LAS EMPRESAS Y GRUPOS DE EMPRESAS DE DIMENSIÓN COMUNITARIA

CAPÍTULO I

Infracciones y sanciones

✐ Capítulo derogado por la disp. derog. única del RDLeg 5/2000, de 4 agosto (§40.1).

Artículo 30. *Concepto.*

...

✐ Artículo derogado por la disp. derog. única del RDLeg 5/2000, de 4 agosto (§40.1).

Artículo 31. *Sujetos responsables de la infracción.*

...

✐ Artículo derogado por la disp. derog. única del RDLeg 5/2000, de 4 agosto (§40.1).

Artículo 32. *Infracciones graves.*

...

✐ Artículo derogado por la disp. derog. única del RDLeg 5/2000, de 4 agosto (§40.1).

Artículo 33. *Infracciones muy graves.*

...

✐ Artículo derogado por la disp. derog. única del RDLeg 5/2000, de 4 agosto (§40.1).

Artículo 34. *Sanciones.*

...

✐ Artículo derogado por la disp. derog. única del RDLeg 5/2000, de 4 agosto (§40.1).

CAPÍTULO II

Procedimientos judiciales

Artículo 35. Ejercicio de la potestad jurisdiccional.

Los órganos jurisdiccionales del orden social conocerán de cuantas cuestiones litigiosas se susciten en aplicación de la presente Ley, de conformidad con lo establecido en el artículo 2 p) del texto refundido de la Ley de Procedimiento Laboral, aprobado por Real Decreto Legislativo 2/1995, de 7 de abril, con excepción de las pretensiones que versen sobre la impugnación de las sanciones administrativas a que se refiere el artículo 34.

⇒ Cfr. art. 3.2 a) de la propia LPL (§41).

Artículo 36. Competencia.

1. Los órganos jurisdiccionales españoles del orden social serán competentes para conocer de los litigios a que se refiere el artículo anterior cuando las partes se hayan sometido expresa o tácitamente a los mismos o, en su defecto, cuando el demandado tenga su domicilio en España o cuando la obligación que sirviese de base a la demanda hubiese sido o debiese ser cumplida en territorio español.

2. La competencia de los órganos jurisdiccionales españoles del orden social se determinará de acuerdo con las reglas contenidas en los artículos 6 a 10 de la Ley de Procedimiento Laboral. En su aplicación, en los procesos de conflictos colectivos, sobre impugnación de convenios colectivos y sobre tutela de los derechos de libertad sindical se atenderá a la extensión de sus efectos en territorio español.

3. A los efectos previstos en los apartados anteriores, y en ausencia de acuerdo o de determinación expresa al respecto, se entenderá que el domicilio de la comisión negociadora y del comité de empresa europeo es el de la dirección central.

Artículo 37. Legitimación procesal.

Estarán legitimados para promover los litigios a que refiere esta Ley los empresarios, los representantes de los trabajadores, la comisión negociadora y el comité de empresa europeo de conformidad con lo dispuesto en el artículo 20 de la presente Ley. Los sindicatos de trabajadores y las asociaciones empresariales tendrán legitimación para la defensa de sus derechos e intereses legítimos.

Artículo 38. Modalidades procesales.

1. Los litigios relativos a la negociación para la constitución de un comité de empresa europeo o el establecimiento de un procedimiento alternativo de información y consulta a los trabajadores, así como los relativos a la constitución y al funcionamiento de dichos órganos y procedimientos y los relacionados con los derechos y garantías de los representantes de los trabajadores en los mismos, se tramitarán conforme al proceso de conflictos colectivos regulado en el Capítulo VIII del Título II del Libro II de la Ley de Procedimiento Laboral.

2. Los acuerdos de la comisión negociadora a que se refiere el apartado 2 del artículo 10 y el acuerdo regulado en el artículo 12 de esta Ley, así como los demás acuerdos que con la dirección central puedan celebrar la comisión negociadora, el comité de empresa europeo y, en su caso, los representantes de los trabajadores en el marco de un procedimiento alternativo de información y consulta, serán susceptibles de impugnación conforme al proceso de impugnación de convenios colectivos regulado en el Capítulo IX del Título II del Libro II de la Ley de Procedimiento Laboral.

3. Las demandas por despido y sanciones y por las demás causas de extinción del contrato de trabajo se tramitarán con arreglo a su propia modalidad procesal regulada en los Capítulos II y IV del Título II del Libro II de la Ley de Procedimiento Laboral.

4. Las demandas en que se invoque lesión de la libertad sindical u otro derecho fundamental, incluida la prohibición de tratamiento discriminatorio, podrán tramitarse a través del proceso de tutela de los derechos de libertad sindical del Capítulo XI del Título II del Libro II de la Ley de Procedimiento Laboral.

5. Conforme al proceso de conflictos colectivos se tramitará también la impugnación de las decisiones de la dirección central de atribuir carácter confidencial o de no comunicar determinadas informaciones a los miembros de la comisión negociadora, del comité de empresa europeo y, en su caso, a los representantes de los trabajadores en el marco de un procedimiento alternativo de información y consulta. El Juez o Sala deberá adoptar las medidas necesarias para salvaguardar el carácter confidencial o secreto de la información de que se trate.

Asimismo se tramitarán conforme a este proceso los litigios relativos al cumplimiento por los representantes de los trabajadores y por los expertos que les asistan de su obligación de confidencialidad.

Artículo 39. Sentencia.

1. La sentencia dictada en los procesos de conflictos colectivos declarará la existencia o no de la vulneración denunciada. En su caso, ordenará el cese inmediato de la vulneración y la reposición de la situación al momento anterior a producirse, condenando al demandado a la reparación de las consecuencias derivadas de su conducta, incluida la indemnización de daños y perjuicios que procediera.

2. Sin perjuicio de lo dispuesto en el apartado anterior, en los supuestos a que se refiere el apartado 2 del artículo 15 de la presente Ley la sentencia ordenará la aplicación de las disposiciones subsidiarias del Capítulo II del Título I.

Artículo 40. Derecho supletorio.

En todo lo no previsto en este capítulo regirá, como derecho supletorio, la Ley de Procedimiento Laboral.

⇒ V. su texto en el §41.

Artículo 41. Procedimientos de solución extrajudicial de los conflictos.

Lo dispuesto en este capítulo se entiende sin perjuicio del derecho de las partes a acudir a los procedimientos de solución extrajudicial de los conflictos.

⇒ V. las normas reproducidas en §42.

DISPOSICIONES ADICIONALES

Primera. Mantenimiento de acuerdos en vigor.

1. No estarán sometidos a las obligaciones que se derivan de la presente Ley las empresas y grupos de dimensión comunitaria que tengan su dirección central en España en los que ya exista en la fecha de 22 de septiembre de 1996 un acuerdo concluido con los representantes de los trabajadores, aplicable al conjunto de los trabajadores de la empresa o grupo, que prevea la información y consulta transnacional de los trabajadores y reúna, como mínimo, los siguientes requisitos:

⇒ V. arts. 13 y 14 de la Dir. 94/45/CE, de 22 septiembre 1994, del Consejo (§49.2).

a) Que en representación de los trabajadores españoles haya sido negociado por quienes están legitimados para ello conforme a lo dispuesto en los artículos 87 y 88 del Estatuto de los Trabajadores, y

b) Que haya sido formalizado en los términos establecidos en el apartado 2 del artículo 13 de esta Ley.

2. El plazo previsto en el apartado anterior se extenderá hasta el 15 de diciembre de 1999 en las empresas y grupos de empresas que tengan su dirección central en España que queden incluidas en el ámbito de aplicación de la presente Ley como consecuencia de su extensión al Reino Unido de Gran Bretaña e Irlanda del Norte.

✐ Redactado por el art. único.Tres de la Ley 44/1999, de 29 noviembre, por el que se modifica la Ley 10/1997, de 24 abril, sobre derechos de información y consulta de los trabajadores en las empresas y grupos de empresas de dimensión comunitaria.

3. En el momento de expiración de la vigencia de los acuerdos que pudieran existir conforme a lo dispuesto en los apartados anteriores, las partes podrán acordar su prórroga, aplicándose en caso contrario las disposiciones de la presente Ley.

✐ Añadido por el art. único.Tres de la Ley 44/1999, de 29 noviembre, por el que se modifica la Ley 10/1997, de 24 abril, sobre derechos de información y consulta de los trabajadores en las empresas y grupos de empresas de dimensión comunitaria.

Segunda. No afectación de legislaciones y prácticas nacionales.

1. La presente Ley no afectará a las disposiciones de las legislaciones y prácticas nacionales en materia de derechos de información, consulta y participación de los trabajadores.

2. La presente Ley no afectará al cumplimiento de las obligaciones, requisitos y procedimientos establecidos en las legislaciones y prácticas nacionales para la adopción y ejecución de decisiones empresariales de despido, traspaso de empresas, modificación de condiciones de trabajo u otras.

DISPOSICIONES FINALES

Primera. Disposiciones de aplicación y desarrollo.

El Gobierno dictará las disposiciones que sean precisas para la aplicación y desarrollo de esta Ley.

Segunda. Entrada en vigor.

Esta Ley entrará en vigor el día siguiente al de su publicación en el «Boletín Oficial del Estado».

⇒ La disp. transit. única de la Ley 44/1999, de 29 noviembre, establece lo siguiente:

«1. En los comités de empresa europeos o procedimientos alternativos de información y consulta, constituidos o establecidos, de conformidad con la Ley 10/1997, de 24 de abril, con anterioridad a la entrada en vigor de la presente Ley, de las empresas y grupos de empresas de dimensión comunitaria con dirección central en España con centros de trabajo o empresas situados en el Reino Unido de Gran Bretaña e Irlanda del Norte, la dirección central de tales empresas o grupos y los representantes de los trabajadores en los citados comités o procedimientos deberán adoptar, en el ámbito de sus respectivas competencias, las medidas necesarias para asegurar la participación en los mismos como miembros de pleno derecho de los representantes de los trabajadores de los centros de trabajo o empresas situados en el Reino Unido de Gran Bretaña e Irlanda del Norte.

2. Lo dispuesto en el apartado anterior será de aplicación a las comisiones negociadoras que, en el momento de entrada en vigor de la presente Ley, estén negociando con la dirección central en España de empresas o grupos de dimensión comunitaria la constitución de un comité de empresa europeo o el establecimiento de un procedimiento alternativo de información y consulta».

§ 21.3 LEY 31/2006, DE 18 OCTUBRE. IMPLICACIÓN DE LOS TRABAJADORES EN LAS SOCIEDADES ANÓNIMAS Y COOPERATIVAS EUROPEAS

(BOE núm. 250, de 19 octubre [RCL 2006, 1893])

EXPOSICIÓN DE MOTIVOS

I

Para alcanzar los objetivos del Tratado de la Comunidad Europea y establecer un marco jurídico uniforme en el que las sociedades de los distintos Estados miembros puedan planear y llevar a cabo la organización de sus actividades a escala comunitaria, el Consejo de Ministros de la Unión Europea, tras más de treinta años de deliberaciones, adoptó el Reglamento (CE) núm. 2157/2001 del Consejo, de 8 de octubre de 2001, por el que se aprueba el Estatuto de la Sociedad Anónima Europea (SE).

Ese largo debate no se agotó con la aprobación del Reglamento (CE) núm. 2157/2001; junto a él y para fomentar los objetivos sociales de la Comunidad Europea, se entendían también necesarias determinadas disposiciones, sobre todo en el ámbito de la implicación de los trabajadores, encaminadas a garantizar que el establecimiento de las sociedades europeas viniera acompañado de normas sobre la implicación de los trabajadores en ellas, sin reducción de los derechos y prácticas existentes en las empresas participantes en su constitución. Las disposiciones adoptadas en este ámbito vinieron, por tanto, a completar las del reglamento y son las adoptadas mediante la Directiva 2001/86/CE del Consejo, de 8 de octubre de 2001, por la que se completa el Estatuto de la Sociedad Anónima Europea en lo que respecta a la implicación de los trabajadores.

La promulgación de estas dos disposiciones cierra el largo y complejo proceso de creación de un tipo societario de dimensión europea, vinculado a la integración comunitaria, capaz de facilitar las operaciones voluntarias de concentración transfronteriza de las empresas con un régimen jurídico propio y diferenciado del previsto para las sociedades de derecho interno existentes en cada Estado miembro.

En este proceso es obligada la cita del proyecto de 5ª directiva relativa a la estructura de las sociedades anónimas y a los poderes y obligaciones de sus órganos, así como del proyecto de directiva sobre los procedimientos de información y consulta de los trabajadores de 1980, comúnmente conocida como Directiva «Vredeling».

Posteriormente, la decisión de la Comisión Europea, entre los años 1989 y 1991, de separar la regulación jurídica del Estatuto de la Sociedad Anónima Europea, mediante reglamento, de la relativa a la implicación de los trabajadores, mediante directiva, sirvieron para asegurar una mayor libertad de acción de los Estados miembros y de las partes sociales en la configuración de los modelos de representación y participación de los trabajadores en los órganos de decisión de las sociedades y preservar, así, las tradiciones jurídicas de los diferentes Estados miembros.

Igualmente, la adopción de la Directiva 94/45/CE del Consejo, de 22 de septiembre de 1994, sobre la constitución de un comité de empresa europeo o de un procedimiento de información y consulta a los trabajadores en las empresas y grupos de empresas de dimensión comunitaria, marcó un hito en el devenir de la Europa social, con una norma de extraordinaria importancia en el ámbito de la mejora de los instrumentos de implicación de los trabajadores en la empresa. Esta experiencia ayudó también a hacer avanzar el proceso relativo a la sociedad anónima europea, al permitir proyectar sobre ella técnicas ya ensayadas en la organización de las fórmulas de información y consulta de los trabajadores en las empresas y grupos transnacionales.

Por último, ha de recordarse el trabajo del grupo de expertos, conocido por el nombre de su presidente como Grupo «Davignon», que sugirió una organización de los derechos de implicación de los trabajadores en la sociedad europea, incorporada finalmente a la Directiva 2001/86/CE, basada prioritariamente en la negociación colectiva y articulada sobre un principio de conservación de los derechos adquiridos (el principio «antes-después»), que garantiza el mantenimiento de los derechos de participación de los trabajadores adquiridos «antes» de la constitución de la sociedad europea, y que dispone el deber de sus fundadores de establecer «después», tras su constitución, sistemas de participación de los trabajadores en la gestión que, al menos, respeten los anteriores.

II

El Reglamento (CE) núm. 2157/2001 y la Directiva 2001/86/CE constituyen un conjunto inescindible y complejo por el que, junto a la regulación de un elemento clave del mercado interior, la sociedad anónima europea, se garantiza la implicación de los trabajadores en ella, entendida como la información, la consulta y la participación y cualquier otro mecanismo mediante el cual los representantes de los trabajadores pueden influir en las decisiones que se adopten en la empresa.

Efectivamente, la Directiva 2001/86/CE, sobre la base del acuerdo entre las partes, reconoce los derechos de información y consulta, así como el derecho de participación de los trabajadores en los órganos sociales de la sociedad anónima europea cuando existiera participación previa en las sociedades participantes en su constitución, tal y como sucede en países como Alemania, Austria y los países nórdicos. Además, en el caso de falta de acuerdo, prevé disposiciones subsidiarias de aplicación obligatoria en lo relativo a los derechos de información y consulta y, en determinadas circunstancias tasadas, también a los derechos de participación.

Prosiguiendo y ahondando en la senda ya abierta por la Directiva 94/45/CE, la Directiva 2001/86/CE ha hecho suyas con una notable ejemplaridad las diversas manifestaciones a través de las cuales toma cuerpo el principio de subsidiariedad propio del derecho comunitario en el ámbito de las competencias en materia laboral, con la salvaguarda de la diversidad y variedad de los sistemas nacionales.

Así, la Directiva 2001/86/CE es manifestación del principio de subsidiariedad en su forma más habitual, la vertical, porque, en el plano interno, no resulta de aplicación a todas las empresas españolas, sino tan sólo a las sociedades anónimas europeas que tengan o vayan a tener su domicilio en España, así como a los centros de trabajo situados en España de las sociedades anónimas europeas que tengan su domicilio en otro Estado miembro.

La Directiva permite, igualmente, la aplicación del principio de subsidiariedad en su dimensión horizontal. En este sentido, respeta de manera absoluta el juego de la voluntad de las partes, de la autonomía colectiva; destaca en este sentido la importancia del acuerdo entre los órganos competentes de las sociedades participantes y la comisión negociadora integrada por representantes de los trabajadores, como forma prioritaria de determinar las normas que han de regir la información, la consulta y la participación de los trabajadores en la sociedad anónima europea.

En este sentido, la Directiva 2001/86/CE y esta Ley que la incorpora al ordenamiento jurídico español están en consonancia con la configuración constitucional de nuestro sistema de relaciones laborales, que eleva a las organizaciones empresariales y a los sindicatos a la categoría de bases institucionales del sistema (artículo 7 de la Constitución Española), y reconoce la fuerza vinculante de los convenios colectivos (artículo 37 de la Constitución Española).

Debe señalarse, en fin, que la Directiva 2001/86/CE constituye un texto de aplicación compleja, dado que la consecución del objetivo de establecer la implicación de los trabajadores en la sociedad anónima europea, con trascendencia transnacional, obliga a la actuación conjunta y coordinada de tantas normas nacionales de transposición como Estados miembros de la Unión Europea y, como consecuencia de la Decisión núm. 89/2002 del Comité Mixto del Espacio Económico Europeo, de 25 de junio de 2002, también de las de los países del Espacio Económico Europeo a los que se extiende su aplicación (Noruega, Islandia y Liechtenstein).

Asimismo, debe resaltarse que la regulación de la Directiva 2001/86/CE, por su contenido normativo y la necesaria coordinación de las disposiciones adoptadas para la transposición a sus ordenamientos internos, se asemeja en sus efectos a los propios de un reglamento comunitario y, por otra parte, la regulación del Reglamento (CE) núm. 2157/2001, dado el amplio margen de complementación que abre a las legislaciones de los Estados miembros y las múltiples remisiones concretas de su articulado, se aleja de los caracteres propios de este tipo de norma para acercarse a los de las directivas.

En suma, el contenido de la Directiva conduce al establecimiento de los instrumentos de implicación de los trabajadores en las SE, con la finalidad de potenciar el diálogo social dentro de ellas en el contexto de una situación de constante transformación de las empresas en el seno de la Unión Europea y como fórmula adecuada para favorecer el éxito de tales cambios. Esta Ley procede a la transposición de la Directiva 2001/86/CE al ordenamiento jurídico español.

Dos años después de la adopción de la Directiva 2001/86/CE, el Consejo de Ministros de la Unión Europea adoptó el Reglamento (CE) núm. 1435/2003, de 22 de julio de 2003, relativo al Estatuto de la sociedad cooperativa europea (SCE), y la Directiva 2003/72/CE, de 22 de julio de 2003por la que se completa el Estatuto de la sociedad cooperativa europea en lo que respecta a la implicación de los trabajadores. La Directiva 2003/72/CE responde en su estructura y contenido a los de la Directiva 2001/86/CE, salvo en sus artículos 8 y 9 que contemplan peculiaridades de la sociedad cooperativa europea. Por ello, atendiendo a razones de economía legislativa, se ha incluido en esta Ley una disposición adicional, mediante la que se establece la regulación particular de la SCE, abordándose así conjuntamente la transposición de ambas directivas.

III

Así como la Ley 19/2005, de 14 de noviembre, sobre la sociedad anónima europea domiciliada en España, de la que ésta es complemento inescindible, viene a garantizar la efectividad de las normas mercantiles de aplicación directa contenidas en el Reglamento (CE) núm. 2157/2001, esta Ley persigue, como es habitual en cualquier transposición de una directiva comunitaria, la consecución de los objetivos pretendidos con su aprobación, a la vez que su integración correcta en el sistema español de relaciones laborales. Para ello, se unen en su articulado la transposición literal de determinados aspectos de la Directiva, junto a la aparición de instituciones propias del derecho laboral español.

La Ley se estructura en un título preliminar y tres títulos, de los que el título I se divide, a su vez, en capítulos. Consta, además, de dos disposiciones adicionales y de cinco disposiciones finales.

El título preliminar fija el objeto de la norma y las definiciones a los efectos del resto del articulado, lo que le dota de carácter horizontal. A estos efectos, la expresión «Estados miembros» incluye, según la definición recogida en la Ley, tanto a los Estados miembros de la Unión Europea como a los signatarios del Acuerdo sobre el Espacio Económico Europeo que no sean miembros de la Unión Europea y a cualquier otro Estado en el que resulten de aplicación el Reglamento (CE) núm. 2157/2001 y la Directiva 2001/86/CE.

El título I, «Disposiciones aplicables a las sociedades europeas con domicilio en España», consta de tres capítulos. El capítulo I regula el procedimiento de negociación que llevará a hacer efectivos los derechos de implicación de los trabajadores en la SE, y desarrolla todo lo relativo a la constitución y funcionamiento de la comisión negociadora; desarrollo y duración de las negociaciones; contenido del acuerdo y normas supletorias, en defecto de pacto, y sobre vigencia, prórroga, denuncia y renegociación del acuerdo. El capítulo II incluye las disposiciones subsidiarias en materia de implicación de los trabajadores en las SE y el capítulo III regula otras materias comunes a los otros capítulos tales como la forma de cálculo del número de trabajadores, la confidencialidad de la información o la protección de los representantes de los trabajadores.

El título II está dedicado a la regulación de las disposiciones aplicables a los centros de trabajo y empresas filiales situados en España de las sociedades anónimas europeas con domicilio en cualquier otro Estado miembro, y destaca lo referido a la identificación, designación, protección de los representantes nacionales de los trabajadores, de una parte, y la determinación de la eficacia jurídica en España de las disposiciones de otros Estados miembros, de otra.

El título III regula los procedimientos judiciales aplicables, la potestad jurisdiccional, la competencia, la legitimación de las partes y otros aspectos procesales, y reconoce, además, el derecho de las partes a acudir a procedimientos extrajudiciales de solución de conflictos.

Dentro de las disposiciones de la parte final, merece destacarse la que establece la relación entre la Ley y otras disposiciones, en particular la Ley 10/1997, de 24 de abril, sobre derechos de información y consulta de los trabajadores en las empresas y grupos de empresas de dimensión comunitaria, o las legislaciones de los restantes Estados miembros por las que se da aplicación a lo dispuesto en la Directiva 94/45/CE, cuando una sociedad europea sea una empresa de dimensión comunitaria o una empresa de control de un grupo de empresas de dimensión comunitaria.

Igualmente, se abordan las modificaciones del Texto Refundido de la Ley sobre infracciones y sanciones en el orden social, aprobado por el Real Decreto Legislativo 5/2000, de 4 de agosto, necesarias para incluir como sujetos responsables de las infracciones a las sociedades anónimas europeas registradas en España y para tipificar y sancionar las infracciones en materia de derechos de implicación de los trabajadores en las sociedades europeas.

Debe recordarse, por último, que la Ley constituye legislación laboral dictada al amparo del artículo 149.1.7ª de la Constitución, salvo lo dispuesto en el título III, que constituye legislación procesal dictada al amparo del artículo 149.1.6ª.

IV

De conformidad con la Declaración para el diálogo social 2004 «Competitividad, empleo estable y cohesión social» suscrita el 8 de julio de 2004 por el Gobierno, la Confederación Española de Organizaciones Empresariales, la Confederación Española de la Pequeña y la Mediana Empresa, la Unión General de Trabajadores y Comisiones Obreras, el contenido de esta norma de transposición de la Directiva 2001/86/CE del Consejo, de 8 de octubre de 2001, por la que se completa el Estatuto de la Sociedad Anónima Europea en lo que respecta a la implicación de los trabajadores, ha sido sometido a la consideración de las citadas organizaciones.

TÍTULO PRELIMINAR

OBJETO Y DEFINICIONES

Artículo 1. Objeto.

1. Esta Ley tiene por objeto regular la implicación de los trabajadores en la sociedad anónima europea (en lo sucesivo, SE) regulada por el Reglamento (CE) núm. 2157/2001 del Consejo, de 8 de octubre de 2001, por el que se aprueba el Estatuto de la Sociedad Anónima Europea (SE).

A tal fin, en cada SE se deberán establecer disposiciones sobre la implicación de los trabajadores, en los términos previstos en esta Ley.

2. Será de aplicación a las sociedades anónimas europeas que tengan su domicilio en España lo establecido en el capítulo XII del Texto Refundido de la Ley de Sociedades Anónimas, aprobado por el Real Decreto Legislativo 1564/1989, de 22 de diciembre.

Artículo 2. Definiciones.

A los efectos de esta Ley, se entenderá por:

a) Estados miembros: los Estados miembros de la Unión Europea, los Estados signatarios del Acuerdo sobre el Espacio Económico Europeo que no sean miembros de la Unión Europea y cualquier otro Estado en el que resulten de aplicación el Reglamento (CE) núm. 2157/2001 y la Directiva 2001/86/CE del Consejo, de 8 de octubre de 2001, por la que se completa el Estatuto de la Sociedad Anónima Europea en lo que respecta a la implicación de los trabajadores.

b) Sociedad europea (SE): toda sociedad constituida con arreglo al Reglamento (CE) núm. 2157/2001.

c) Sociedad participante: toda sociedad que participe directamente en la constitución de una SE. En el caso de constitución de una SE filial común, se entenderán incluidas en el concepto de sociedad participante, además de las sociedades en sentido estricto, las demás entidades jurídicas de derecho público o privado a las que se refiere el artículo 2.3 del Reglamento (CE) núm. 2157/2001.

d) Filial de una sociedad: una empresa sobre la cual dicha sociedad ejerce una influencia dominante, definida de conformidad con lo dispuesto en el artículo 4 de la Ley 10/1997, de 24 de abril, sobre derechos de información y consulta de los trabajadores en las empresas y grupos de empresas de dimensión comunitaria.

e) Filial o centro de trabajo afectados: una filial o un centro de trabajo de una sociedad participante que, de acuerdo con el proyecto, vaya a pasar a ser una filial o un centro de trabajo de la SE en el momento de su constitución.

f) Representantes de los trabajadores: los que tengan tal condición de conformidad con las legislaciones o prácticas nacionales.

g) Comisión negociadora: el grupo de representantes de los trabajadores constituido con arreglo al artículo 6 para negociar con el órgano competente de las sociedades participantes el establecimiento de las disposiciones relativas a la implicación de los trabajadores en la SE.

h) Órgano de representación: el órgano colegiado y representativo de los trabajadores constituido con arreglo a los artículos 11 ó 15 para llevar a cabo la información y la consulta a los trabajadores de la SE y de sus centros de trabajo y empresas filiales situados en los Estados miembros y, en su caso, para ejercer los derechos de participación de los trabajadores en la SE.

i) Implicación de los trabajadores: la información, la consulta, la participación y cualquier otro mecanismo mediante el cual los representantes de los trabajadores pueden influir en las decisiones que se adopten en las empresas.

j) Información: la transmisión, por el órgano competente de la SE al órgano de representación de los trabajadores, o a los representantes de los trabajadores, de las informaciones relativas a aquellas cuestiones que afecten a la propia SE y a cualquiera de sus centros de trabajo y empresas filiales situados en otro Estado miembro, o que excedan de las competencias de los órganos de decisión en un único Estado miembro, en un momento, de un modo y con un contenido que permitan a los representantes de los trabajadores evaluar en profundidad las posibles repercusiones y, en su caso, preparar la consulta con el órgano competente de la SE.

k) Consulta: la apertura de un diálogo y el intercambio de opiniones entre el órgano de representación de los trabajadores, o los representantes de los trabajadores, y el órgano competente de la SE, en un momento, de un modo y con un contenido que permitan a los representantes de los trabajadores, a partir de la información facilitada, expresar una opinión sobre las medidas previstas por el órgano competente que pueda ser tenida en cuenta a la hora de adoptar las decisiones.

l) Participación: la influencia del órgano de representación de los trabajadores o de los representantes de los trabajadores en una sociedad mediante:

1º El derecho a elegir o designar a determinados miembros del órgano de administración o de control de la sociedad; o

2º El derecho a recomendar u oponerse a la designación de una parte o de todos los miembros del órgano de administración o de control.

TÍTULO I

DISPOSICIONES APLICABLES A LAS SOCIEDADES EUROPEAS DOMICILIADAS EN ESPAÑA

Artículo 3. Ámbito de aplicación de las disposiciones del título I.

1. Las disposiciones contenidas en este título serán de aplicación a las SE que tengan, o que vayan a tener de acuerdo con el proyecto de constitución, su domicilio en España y a todos sus centros de trabajo y empresas filiales, así como a las sociedades participantes en el proceso de constitución de la SE y a sus filiales y centros de trabajo afectados, cualquiera que sea el Estado miembro en que se encuentren situados.

2. La aplicación de este título en los términos señalados en el apartado anterior excluye la de las disposiciones de cualquier otro Estado miembro en que la SE o las sociedades participantes cuenten con centros de trabajo o empresas filiales, salvo en los casos en los que exista una remisión expresa en este título.

CAPÍTULO I

Procedimiento de negociación de los derechos de implicación de los trabajadores en la SE

Artículo 4. Responsabilidad del procedimiento de negociación.

Incumbirá a los órganos competentes de las sociedades participantes, en los términos previstos en esta Ley, la responsabilidad de establecer las condiciones y medios necesarios para la negociación con los representantes de los trabajadores de las disposiciones que se apliquen en la SE en relación con los derechos de implicación de los trabajadores.

Artículo 5. Inicio del procedimiento.

El procedimiento de negociación para la determinación de los derechos de implicación de los trabajadores en la SE se iniciará a partir del momento en que los órganos de dirección o de administración de las sociedades participantes hayan establecido el proyecto de constitución de la SE.

A tal fin, una vez publicado el proyecto de fusión o el de constitución de una sociedad «holding», o después de adoptado el proyecto de creación de una filial común o el de transformación en una SE, los citados órganos llevarán a cabo, en el plazo máximo de los cuarenta y cinco días siguientes, las gestiones necesarias para entablar negociaciones con los representantes de los trabajadores de las sociedades participantes y de sus filiales y centros de trabajo afectados sobre las disposiciones relativas a la implicación de los trabajadores en la SE, incluida la comunicación a éstos de las informaciones relativas a la identidad de las sociedades participantes y de todos sus centros de trabajo y empresas filiales, con indicación de cuáles de ellos se verán afectados por el proyecto de constitución en el sentido del artículo 2.e), así como el número de sus trabajadores respectivos. Igualmente, deberán informar sobre el lugar del domicilio social propuesto.

Cuando en las sociedades participantes se aplique algún sistema de participación de los trabajadores en sus órganos de administración o de control, las informaciones a las que se refiere el párrafo anterior deberán especificar las características de tales sistemas, el número de trabajadores cubiertos por dichos sistemas, así como la proporción que éstos representan respecto del total de los trabajadores de las sociedades participantes.

Artículo 6. Constitución de la comisión negociadora.

1. Sobre la base de la iniciativa y de las informaciones facilitadas por los órganos competentes de las sociedades participantes, se procederá a la constitución de una comisión negociadora representativa de los trabajadores de las sociedades participantes y de sus filiales y centros de trabajo afectados, cuyos miembros serán elegidos o designados de conformidad con las legislaciones o prácticas nacionales y según lo establecido en el artículo siguiente.

2. Una vez constituida la comisión negociadora, los órganos competentes de las sociedades participantes convocarán a ésta a una primera reunión de negociación para la celebración del acuerdo al

que se refiere el artículo 11 e informarán de ello a las direcciones de sus centros de trabajo y empresas filiales en los Estados miembros. Asimismo, la comisión negociadora informará del inicio de la negociación a todas las organizaciones sindicales que, en cada Estado miembro, hayan participado en su elección o designación.

3. La reunión a que se refiere el apartado anterior podrá coincidir en fecha con la constitución de la comisión negociadora a que se refiere el apartado 1.

Artículo 7. Composición de la comisión negociadora.

1. Los miembros de la comisión negociadora serán elegidos o designados, de conformidad con las legislaciones y prácticas nacionales, en proporción al número de trabajadores empleados en cada Estado miembro por las sociedades participantes y por sus filiales y centros de trabajo afectados, a razón, en cada Estado miembro, de un puesto por cada 10 por 100 o fracción del total de trabajadores empleados en el conjunto de los Estados miembros.

Podrán ser designados como representantes de los trabajadores en la comisión negociadora representantes sindicales, sean o no trabajadores de una de las sociedades participantes o de sus centros de trabajo o empresas filiales afectados, en los términos previstos en las legislaciones o prácticas nacionales.

2. En el caso de las SE constituidas mediante fusión, deberán incorporarse a la comisión negociadora otros miembros adicionales en representación de cada Estado miembro en la medida necesaria para garantizar que la comisión negociadora incluye, al menos, un miembro representante de cada una de las sociedades participantes que están registradas y emplean a trabajadores en dicho Estado miembro y que vaya, según el proyecto, a dejar de existir como entidad jurídica diferenciada tras la inscripción de la SE, en los términos que se prevén en los apartados siguientes.

A los efectos de lo dispuesto en el párrafo anterior, se entenderá que una sociedad participante registrada y que emplea a trabajadores en un Estado miembro está representada en la comisión negociadora cuando forme parte de ella un trabajador de dicha sociedad elegido o designado en el Estado miembro en cuestión. En el caso de que entre los miembros elegidos o designados en dicho Estado miembro figure un representante que no sea trabajador de ninguna de las sociedades participantes, se presumirá que todas las sociedades participantes que emplean a trabajadores en dicho Estado miembro están representadas en la comisión negociadora a través de dicho representante, salvo que el acta de la elección o designación dispusiera otra cosa.

3. El número de miembros adicionales que se elijan o designen conforme a lo dispuesto en el apartado anterior no podrá ser superior al 20 por 100 del número de miembros ordinarios inicialmente elegidos o designados.

Si el número de sociedades en que concurren las circunstancias previstas en el apartado 2 es superior al número de puestos máximos que deben elegirse o designarse conforme a lo dispuesto en el párrafo anterior, estos puestos se atribuirán a sociedades de Estados miembros diferentes y por orden decreciente del número de trabajadores que empleen.

4. Para evitar la doble representación en la comisión negociadora de los trabajadores afectados por la designación de representantes adicionales, se deberá proceder a deducir dicho número de trabajadores del número total de trabajadores cuya representación se hubiera atribuido a los representantes ordinarios inicialmente elegidos o designados en el Estado miembro en cuestión.

5. La composición de la comisión negociadora deberá modificarse, y se procederá a una nueva elección o designación de todos o de parte de sus miembros, en los términos que en cada caso procedan, en los siguientes supuestos:

a) Cuando se haya producido una modificación en la dimensión, composición o estructura de las sociedades participantes o de las filiales y centros de trabajo afectados que implique, conforme a las disposiciones de esta Ley, una alteración del número de puestos que hay que cubrir en la comisión negociadora o de los criterios de distribución de aquéllos o de la representatividad de la comisión, y así se solicite por acuerdo de la propia comisión negociadora o mediante una petición escrita de un mínimo del 10 por 100 de los trabajadores de las sociedades participantes y de sus filiales y centros de trabajo afectados o de sus representantes, que pertenezcan, por lo menos, a dos centros de trabajo situados en Estados miembros diferentes.

b) Cuando se haya producido la pérdida del mandato representativo nacional de un miembro de la comisión negociadora o de los representantes nacionales de los trabajadores que procedieron a su elección o designación, y así lo solicite un 10 por 100 al menos de los trabajadores de las empresas y centros de trabajo en representación de los cuales fue elegido o designado el miembro en cuestión, o de sus representantes.

Artículo 8. Funciones de la comisión negociadora.

1. A la comisión negociadora corresponde negociar con los órganos competentes de las sociedades participantes el contenido de los derechos de implicación de los trabajadores en la SE.

Los órganos competentes de las sociedades participantes y la comisión negociadora deberán negociar de buena fe, con vistas a la obtención de un acuerdo.

2. No obstante lo señalado en el apartado anterior, la comisión negociadora podrá decidir, en las condiciones que se señalan a continuación, no iniciar las negociaciones con los órganos competentes de las sociedades participantes para la celebración del acuerdo o dar por terminadas las negociaciones Los órganos competentes de las sociedades participantes y la comisión negociadora deberán negovigentes en los Estados miembros en que la SE emplee a trabajadores.

La mayoría necesaria para la adopción de la decisión a la que se refiere el párrafo anterior será la de dos tercios de los miembros de la comisión negociadora, que representen a su vez, al menos, a dos tercios de los trabajadores e incluyan los votos de miembros que representen a trabajadores de, al menos, dos Estados miembros.

No obstante lo dispuesto en los párrafos anteriores, no podrá adoptarse ninguna de dichas decisiones en el caso de una SE constituida mediante transformación cuando en la sociedad que va a transformarse se aplique un sistema de participación de los trabajadores en sus órganos de administración o de control.

3. La adopción de cualquiera de las decisiones a las que se refiere el apartado 2 pondrá fin al procedimiento de negociación, sin que sean de aplicación las disposiciones subsidiarias previstas en el capítulo II de este título. Una vez adoptada la decisión, la comisión negociadora sólo volverá a ser convocada cuando así lo soliciten por escrito un 10 por 100, como mínimo, de los trabajadores de la SE y de sus filiales y centros de trabajo afectados, o de sus representantes, y siempre que hayan transcurrido, al menos, dos años desde la citada decisión, salvo que las partes acuerden iniciar las negociaciones con anterioridad. En el caso de que una vez iniciadas de nuevo las negociaciones no se logre alcanzar en ellas un acuerdo, seguirán sin ser de aplicación las disposiciones subsidiarias previstas en el capítulo II de este título.

4. La comisión negociadora y los órganos competentes de las sociedades participantes decidirán, de común acuerdo, las reglas precisas sobre la presidencia o, en su caso, otros procedimientos acordados para el desarrollo de las sesiones de sus reuniones conjuntas.

Las actas de las reuniones entre los órganos competentes de las sociedades participantes y la comisión negociadora serán firmadas por un representante en nombre de cada una de las partes.

5. Las funciones de la comisión negociadora finalizarán con la conclusión de un acuerdo o la adopción de las decisiones previstas en el apartado 2.

Artículo 9. Régimen de funcionamiento de la comisión negociadora.

1. Salvo en los casos en que en esta Ley se establece una mayoría específica diferente, la comisión negociadora adoptará sus acuerdos por una mayoría absoluta de sus miembros, que represente a una mayoría absoluta de los trabajadores. Cada miembro dispondrá de un voto.

2. Cuando el resultado de las negociaciones a las que se refiere el artículo 8.1 pueda determinar una reducción de los derechos de participación de los trabajadores existentes en las sociedades participantes, la mayoría necesaria para tomar tal acuerdo será, en los casos que se señalan a continuación, la de dos tercios de los miembros de la comisión negociadora, que representen a su vez, al menos, a dos tercios de los trabajadores e incluyan los votos de miembros que representen a trabajadores de, al menos, dos Estados miembros. Se entenderá por reducción de los derechos de participación, a estos efectos, el establecimiento de un número de miembros en los órganos de la SE, en el sentido señalado en la definición de «participación» contenida en el artículo 2, inferior al mayor número existente en cualquiera de las sociedades participantes.

Lo dispuesto en el párrafo anterior será de aplicación en los siguientes supuestos:

a) En el caso de una SE que se constituya por fusión, cuando se aplicará en alguna de las sociedades participantes un sistema de participación de los trabajadores en sus órganos de administración o de control que afectase al 25 por 100, al menos, del número total de trabajadores empleados en el conjunto de las sociedades participantes.

b) En el caso de una SE que se constituya mediante la creación de una sociedad «holding» o de una filial común, cuando se aplicara en alguna de las sociedades participantes un sistema de participación de los trabajadores en sus órganos de administración o de control que afectase al 50 por 100, al menos, del número total de trabajadores empleados en el conjunto de las sociedades participantes.

De conformidad con lo previsto en el artículo 11.2, lo dispuesto en este apartado no será de aplicación en el caso de una SE que se constituya mediante transformación.

3. La comisión negociadora podrá elegir a un presidente entre sus miembros y establecer un reglamento interno de funcionamiento.

4. La comisión negociadora tendrá derecho a reunirse con carácter previo a cualquier reunión que deba mantener con los órganos competentes de las sociedades participantes, sin la presencia de éstos.

5. Siempre que la comisión negociadora lo considere necesario para el correcto desempeño de sus funciones, podrá estar asistida por expertos de su elección, incluidos representantes de las organizaciones sindicales europeas correspondientes.

Dichos expertos podrán estar presentes en calidad de asesores en las reuniones de negociación con los órganos competentes de las sociedades participantes cuando así lo solicite la comisión negociadora, en particular para facilitar que las disposiciones que se negocien sean coherentes con el ámbito comunitario europeo en que se desenvuelven las actividades de la sociedad.

6. La comisión negociadora informará del proceso y de los resultados de la negociación a las organizaciones sindicales que, en cada Estado miembro, hayan participado en su elección o designación.

7. Los gastos derivados de la constitución y del funcionamiento de la comisión negociadora y, en general, del desarrollo de las negociaciones serán sufragados por las sociedades participantes, que deberán proporcionarle los recursos financieros y materiales suficientes para cumplir sus funciones adecuadamente.

En particular, las sociedades participantes deberán sufragar los siguientes gastos:

a) Los derivados de la elección o designación de los miembros de la comisión negociadora.

b) Los de organización de las reuniones de la comisión negociadora, incluidos los gastos de interpretación, manutención, alojamiento y viaje de sus miembros.

c) Los derivados de, al menos, un experto designado por la comisión negociadora para asistirle en sus funciones.

Artículo 10. Duración de las negociaciones.

1. Las negociaciones se iniciarán tan pronto como se haya constituido la comisión negociadora y podrán proseguir durante los seis meses siguientes. No obstante, las partes podrán acordar una prórroga del período de negociación mencionado, hasta un máximo de un año contado desde la fecha de constitución de la comisión negociadora.

2. Cumplidas por los órganos competentes de las sociedades participantes sus obligaciones para la constitución de la comisión negociadora, si ésta no se constituyera por causa imputable a los representantes de los trabajadores, el plazo de seis meses a que se refiere el apartado anterior comenzará a contar desde la fecha en que la comisión negociadora hubiera podido quedar válidamente constituida.

Artículo 11. Contenido del acuerdo.

1. Sin perjuicio de la autonomía de las partes, y respetando lo dispuesto en el apartado 2, el acuerdo entre la comisión negociadora y los órganos competentes de las sociedades participantes deberá contener:

a) La identificación de las partes que lo conciertan.

b) El ámbito de aplicación del acuerdo.

c) La composición, el número de miembros y la distribución de los puestos del órgano de representación de los trabajadores a través del cual se ejercerán los derechos de información y consulta de los trabajadores de la SE y de sus empresas filiales y que será el interlocutor a este respecto del órgano competente de la SE, la duración de su mandato y los efectos que sobre ello se pudieran derivar de las modificaciones en la dimensión, composición o estructura de la SE y de sus empresas filiales o en la composición de los órganos nacionales de representación de los trabajadores.

d) Las atribuciones del órgano de representación y el procedimiento de información y consulta previsto.

e) La frecuencia de las reuniones del órgano de representación.

f) Los recursos materiales y financieros asignados al órgano de representación para el adecuado cumplimiento de sus funciones.

g) En el caso de que las partes hayan acordado el establecimiento de uno o varios procedimientos de información y consulta, en lugar de la creación de un órgano de representación, las modalidades de aplicación de dichos procedimientos.

h) En el caso de que las partes hayan acordado el establecimiento de normas de participación, los elementos esenciales de dichas normas, incluida, en su caso, la determinación del número de miembros del órgano de administración o de control de la SE que los trabajadores tendrán derecho a elegir, designar o recomendar o a cuya designación tendrán derecho a oponerse, de los procedimientos a seguir para ello y de sus derechos.

i) La fecha de entrada en vigor del acuerdo, su duración y las condiciones de su denuncia, prórroga y renegociación.

2. Cuando la SE se constituya mediante transformación, el acuerdo al que se refiere el apartado anterior deberá reconocer unos derechos de implicación de los trabajadores que sean, como mínimo, equivalentes en todos sus elementos a los existentes en la sociedad que se transforma en SE.

3. En defecto de disposiciones específicas contenidas en el propio acuerdo, será de aplicación al órgano de representación lo dispuesto en el artículo 19.

Artículo 12. Eficacia jurídica del acuerdo.

1. El acuerdo concluido entre la comisión negociadora y los órganos competentes de las sociedades participantes obliga a todos los centros de trabajo de la SE y de sus filiales incluidos dentro de su ámbito de aplicación, así como a sus trabajadores respectivos, durante todo el tiempo de su vigencia.

2. El acuerdo deberá formalizarse por escrito, bajo sanción de nulidad. Se presentará ante la autoridad laboral competente, para su registro, depósito y publicación oficial conforme a lo dispuesto en los apartado s2 y 3 del artículo 90 del Texto Refundido de la Ley del Estatuto de los Trabajadores, aprobado por el Real Decreto Legislativo 1/1995, de 24 de marzo.

A los efectos señalados en el párrafo anterior, será autoridad laboral competente la que corresponda en función del ámbito del acuerdo dentro del territorio español.

3. Los estatutos de la SE en ningún caso podrán ser contrarios a las disposiciones sobre implicación de los trabajadores contenidas en el acuerdo.

Artículo 13. Normas supletorias sobre vigencia, prórroga, denuncia y renegociación del acuerdo.

En defecto de pacto en el acuerdo sobre su vigencia, prórroga, denuncia o renegociación, se aplicarán las reglas siguientes:

a) El acuerdo se presumirá de vigencia indefinida.

b) El órgano competente de la SE y el órgano de representación de los trabajadores o, en su caso, los representantes de los trabajadores en el marco de un procedimiento de información y consulta podrán denunciar el acuerdo con una antelación mínima de seis meses a la fecha de su expiración, y lo comunicarán fehacientemente a la otra parte.

En el caso de que el acuerdo tuviera una vigencia indefinida o no hubiera fijado período de vigencia, la denuncia podrá realizarse con una antelación mínima de seis meses a la fecha en que se cumpla cada período de cuatro años desde su vigencia inicial; en tal caso, se entenderá vencido el acuerdo al cumplimiento de dicho período.

c) Si vencido el plazo de vigencia del acuerdo no hubiera mediado denuncia expresa de las partes, aquél se entenderá prorrogado por un nuevo período de duración igual al de su vigencia inicial.

d) Denunciado y vencido un acuerdo, éste se mantendrá en vigor hasta que se alcance un nuevo acuerdo o hasta que sean aplicables las disposiciones subsidiarias contenidas en el capítulo II de este título en virtud de lo dispuesto en el artículo 14.

e) El órgano de representación de los trabajadores estará legitimado para renegociar, en sustitución de la comisión negociadora a la que se refiere el artículo 6, el acuerdo denunciado y vencido, y podrá adoptar también las decisiones previstas en el artículo 8.2.

Cuando se trate de la renegociación del acuerdo relativo al establecimiento de un procedimiento de información y consulta, deberá procederse a la constitución de una nueva comisión negociadora, conforme a lo dispuesto en el artículo 6.

CAPÍTULO II

Disposiciones subsidiarias

Artículo 14. Aplicación de las disposiciones subsidiarias.

1. Las disposiciones subsidiarias previstas en este capítulo en materia de implicación de los

trabajadores en las SE serán de aplicación, a partir de la fecha de su inscripción, en los siguientes casos:

a) Cuando las partes así lo decidan.

b) Cuando no se haya alcanzado ningún acuerdo en el plazo establecido en el artículo 10, siempre que:

1º La comisión negociadora no haya adoptado la decisión a la que se refiere el artículo 8.2.

2º Los órganos competentes de cada una de las sociedades participantes decidan aceptar la aplicación de las disposiciones subsidiarias, continuando con el proceso de registro de la SE.

2. No obstante lo señalado en la letra b) del apartado anterior, las disposiciones subsidiarias en materia de participación de los trabajadores previstas en el artículo 20 sólo se aplicarán cuando, además de cumplirse las condiciones previstas en dicha letra b), concurra la condición de que:

a) En el caso de una SE constituida por trasformación, se aplicará con anterioridad a la inscripción de la SE en la sociedad que va a transformarse un sistema de participación de los trabajadores en sus órganos de administración o de control.

b) En el caso de una SE constituida por fusión, se aplicará con anterioridad a la inscripción de la SE en alguna de las sociedades participantes un sistema de participación de los trabajadores en sus órganos de administración o de control que afectase:

1º Al 25 por 100, al menos, del número total de trabajadores empleados en el conjunto de las sociedades participantes.

2º A un número de trabajadores inferior al 25 por 100 del número total de trabajadores empleados en el conjunto de las sociedades participantes si la comisión negociadora así lo decide.

c) En el caso de una SE constituida mediante la creación de una sociedad «holding» o de una filial común, se aplicara con anterioridad a la inscripción de la SE en alguna de las sociedades participantes un sistema de participación de los trabajadores en sus órganos de administración o de control que afectase:

1º Al 50 por 100, al menos, del número total de trabajadores empleados en el conjunto de las sociedades participantes.

2º A un número de trabajadores inferior al 50 por 100 del número total de trabajadores empleados en el conjunto de las sociedades participantes, si la comisión negociadora así lo decide.

3. A los efectos de lo dispuesto en el apartado anterior, se tomarán en consideración todos aquellos sistemas de participación previos que respondan a lo establecido en el artículo 2.l), con independencia de su origen legal o convencional.

Si ninguna de las sociedades participantes estuviera regida por uno de tales sistemas de participación antes de la inscripción de la SE, ésta no estará obligada a establecer disposiciones en materia de participación de los trabajadores.

Cuando en el seno de las diferentes sociedades participantes hubiesen existido diferentes sistemas de participación de los trabajadores, corresponde a la comisión negociadora decidir cuál de dichos sistemas deberá aplicarse en la SE. La comisión negociadora deberá informar al órgano competente de las sociedades participantes sobre la decisión adoptada a este respecto.

Si en la fecha de inscripción de la SE la comisión negociadora no ha informado al órgano competente de las sociedades participantes sobre la existencia de una decisión adoptada conforme a lo señalado en el párrafo anterior, se aplicará a la SE el sistema de participación que hubiera afectado con anterioridad al mayor número de trabajadores de las sociedades participantes.

Artículo 15. Constitución del órgano de representación de los trabajadores.

1. En los casos previstos en el artículo anterior se creará un órgano de representación de los trabajadores con las competencias, composición y régimen de funcionamiento que se establecen en los artículos siguientes.

2. Para la constitución del órgano de representación de los trabajadores, el órgano competente de la SE se dirigirá a los de sus centros de trabajo y empresas filiales en los Estados miembros, para que estos pongan en marcha, de conformidad con las legislaciones o prácticas nacionales, el procedimiento de elección o designación de los miembros del órgano.

3. Transcurridos cuatro años desde la constitución del órgano de representación conforme a las disposiciones subsidiarias de este capítulo, el órgano deberá decidir si desea entablar negociaciones para la conclusión del acuerdo al que se refiere el artículo 11, y lo comunicará al órgano competente de la SE.

Las negociaciones que, en su caso, se desarrollen se regirán por lo dispuesto en el capítulo I de este título, y el propio órgano de representación asumirá las funciones que en él se otorgan a la comisión negociadora. Durante el transcurso de las negociaciones y hasta su conclusión el órgano de representación continuará desarrollando sus funciones.

De no adoptarse la decisión de iniciar negociaciones conforme a lo dispuesto en el párrafo primero, continuarán siendo de aplicación durante otro período de cuatro años las disposiciones subsidiarias de este capítulo. Lo mismo ocurrirá cuando, transcurrido el plazo en el cual las negociaciones deben terminar, no se haya llegado a un acuerdo.

No obstante lo señalado en los párrafos anteriores, en el caso al que se refiere el artículo 26 las nuevas negociaciones tendrán lugar en los supuestos, en el tiempo y en las condiciones previstas en dicho artículo.

4. Sin perjuicio de lo dispuesto en el apartado anterior, el órgano de representación de los trabajadores y el órgano competente de la SE podrán decidir de común acuerdo, en cualquier momento, la apertura de negociaciones.

Artículo 16. Composición del órgano de representación de los trabajadores.

1. El órgano de representación de los trabajadores estará compuesto por trabajadores de la SE y de sus centros de trabajo y empresas filiales, elegidos o designados por y entre los representantes de los trabajadores o, en su defecto, por el conjunto de los trabajadores, de conformidad con las legislaciones y prácticas nacionales.

2. Los miembros del órgano de representación de los trabajadores serán elegidos o designados en proporción al número de trabajadores empleados en cada Estado miembro por la SE y sus centros de trabajo y empresas filiales, a razón en cada Estado miembro de un puesto por cada 10 por 100 o fracción del total de trabajadores empleados por la SE y sus centros de trabajo y empresas filiales en el conjunto de los Estados miembros.

3. El órgano de representación de los trabajadores informará de su composición al órgano competente de la SE.

Artículo 17. Competencias del órgano de representación de los trabajadores.

1. El órgano de representación de los trabajadores de la SE tendrá derecho a ser informado y consultado sobre aquellas cuestiones que afecten a la SE en sí misma y a cualquiera de sus centros de trabajo y empresas filiales situados en otros Estados miembros o que excedan de la competencia de los órganos de decisión en un solo Estado miembro.

2. A los fines previstos en el apartado anterior, el órgano de representación tendrá derecho a mantener al menos una reunión anual con el órgano competente de la SE, sobre la base de informes periódicos elaborados por el órgano competente en relación con la evolución y las perspectivas de las actividades de la SE. El órgano competente de la SE deberá proporcionar también al órgano de representación el orden del día de las reuniones del órgano de administración o, cuando proceda, del órgano de dirección y control, así como copia de todos los documentos presentados a la junta general de accionistas.

La convocatoria, en unión de la documentación correspondiente, deberá ser remitida por el órgano competente de la SE al órgano de representación con una antelación mínima de un mes.

Sin perjuicio de otras cuestiones que puedan plantearse, en la reunión anual se analizarán aquellas relacionadas con la estructura de la empresa, su situación económica y financiera, la evolución probable de las actividades, la producción y las ventas, la situación y evolución probable del empleo, las inversiones, los cambios sustanciales que afecten a la organización, la introducción de nuevos métodos de trabajo o de producción, los traslados de producción, las fusiones, la reducción del tamaño o el cierre de empresas, centros de trabajo o partes importantes de éstos y los despidos colectivos.

3. El órgano de representación de los trabajadores deberá ser informado con la debida antelación de aquellas circunstancias excepcionales que afecten considerablemente a los intereses de los trabajadores, especialmente en los casos de traslado, venta o cierre de centros de trabajo o de empresas, o de despidos colectivos. Además, tendrán derecho a reunirse, a petición propia, con el órgano competente de la SE, o con cualquier otro nivel de dirección de la SE más adecuado y con competencia para adoptar decisiones propias, para recibir la citada información y ser consultado sobre ella. Esta reunión o reuniones serán, en su caso, adicionales a la reunión anual prevista en el apartado 2, salvo que, en función de los plazos existentes, puedan incorporarse al contenido de la citada reunión sin poner en peligro la efectividad de la consulta.

Las reuniones de información y consulta a que se refiere este apartado se efectuarán con la antelación necesaria para que el criterio del órgano de representación pueda ser tenido en cuenta a la hora de adoptar o de ejecutar las decisiones, sobre la base de un informe elaborado por el órgano competente o por cualquier otro nivel de dirección adecuado de la SE.

Cuando el órgano competente decida no seguir la opinión o el criterio manifestado por el órgano de representación, este último tendrá derecho a reunirse nuevamente con el órgano competente de la SE para intentar llegar a un acuerdo.

Las reuniones mencionadas no afectarán a las prerrogativas del órgano competente.

4. El órgano competente de la SE y el órgano de representación de los trabajadores decidirán de común acuerdo las reglas precisas sobre la presidencia o, en su caso, otros procedimientos acordados para el desarrollo de las sesiones de sus reuniones conjuntas.

Las actas de las reuniones entre el órgano competente de la SE y el órgano de representación de los trabajadores serán firmadas por un representante en nombre de cada una de las partes.

5. El órgano competente de la SE informará a las direcciones de sus centros de trabajo o empresas filiales en los Estados miembros de la convocatoria de las reuniones que vaya a mantener con el órgano de representación.

Artículo 18. Régimen de funcionamiento del órgano de representación de los trabajadores.

1. El órgano de representación de los trabajadores adoptará sus acuerdos por mayoría de sus miembros, salvo que en esta Ley se establezca otra cosa. Elaborará su propio reglamento interno de funcionamiento y podrá elegir en su seno un presidente.

2. Si el número de miembros del órgano de representación lo justificara, éste deberá elegir en su seno un comité restringido compuesto por un máximo de tres miembros. Salvo acuerdo en contrario del órgano de representación, este comité restringido será el encargado de recibir la información y de celebrar las reuniones a las que se refiere el artículo 17.3.

En las reuniones en que participe el comité restringido tendrán derecho a participar igualmente aquellos otros miembros del órgano de representación elegidos o designados en representación de los trabajadores directamente afectados por las medidas de que se trate.

El comité restringido deberá informar periódicamente de sus actuaciones y del resultado de las reuniones en que participe al órgano de representación.

3. El órgano de representación de los trabajadores y el comité restringido, ampliado en su caso con los miembros a los que se refiere el segundo párrafo del apartado anterior, tendrán derecho a reunirse con carácter previo a cualquier reunión que deban celebrar con el órgano competente de la SE, sin la presencia de los representantes de este.

4. El órgano de representación de los trabajadores y el comité restringido, siempre que lo consideren necesario para el correcto desempeño de sus funciones, podrán estar asistidos por expertos de su elección.

5. En la medida en que sea necesario para el desempeño de sus funciones, los miembros del órgano de representación tendrán derecho a un permiso de formación sin pérdida de salario.

6. Los gastos derivados de la constitución y del funcionamiento del órgano de representación y del comité restringido serán sufragados por la SE, que deberá proporcionarles los recursos financieros y materiales suficientes para cumplir sus funciones adecuadamente.

En particular, la SE deberá sufragar los siguientes gastos:

a) Los derivados de la elección o designación de los miembros del órgano de representación.

b) Los de organización de las reuniones del órgano de representación y del comité restringido, incluidos los gastos de interpretación, manutención, alojamiento y viaje de sus miembros.

c) Los derivados de, al menos, un experto designado por el órgano de representación o por el comité restringido para asistirle en sus funciones.

7. Los miembros del órgano de representación deberán informar a los representantes de los trabajadores de la SE y de sus centros de trabajo y empresas filiales o, en su defecto, al conjunto de los trabajadores sobre el contenido y los resultados de las actuaciones desarrolladas en el ejercicio de sus funciones, sin perjuicio de lo dispuesto en el artículo 22.

Artículo 19. Renovación del órgano de representación de los trabajadores.

La composición del órgano de representación deberá modificarse y se procederá a una nueva elección o designación de todos o de parte de sus miembros, en los términos que en cada caso procedan, en los siguientes supuestos:

a) Cuando se haya producido una modificación en la dimensión, composición o estructura de la

SE, sus centros de trabajo y empresas filiales que implique, conforme a las disposiciones de esta Ley, una alteración del número de puestos que se deben cubrir en el órgano de representación o de los criterios de distribución de aquéllos o de la representatividad del órgano, y así se solicite por acuerdo del propio órgano de representación o mediante una petición escrita de un mínimo del 10 por 100 de los trabajadores de la SE y sus centros de trabajo y empresas filiales o de sus representantes, que pertenezcan, por lo menos, a dos centros de trabajo situados en Estados miembros diferentes.

b) Cuando se haya producido la pérdida del mandato representativo nacional de un miembro del órgano de representación o de los representantes nacionales de los trabajadores que procedieron a su elección o designación, y así lo solicite un 10 por 100, al menos, de los trabajadores de las empresas y centros de trabajo en representación de las cuales fue elegido o designado el miembro en cuestión, o de sus representantes.

Artículo 20. Disposiciones subsidiarias en materia de participación de los trabajadores.

1. Cuando en la SE deba establecerse un sistema de participación de los trabajadores de conformidad con lo dispuesto en el artículo 14, este se regirá por las siguientes reglas:

a) En el caso de una SE constituida por transformación, todos los elementos de la participación de los trabajadores en el órgano de administración o de control aplicados antes de la inscripción de la SE continuarán siendo de aplicación en ella.

b) En los demás casos de constitución de una SE, los trabajadores de la SE y de sus centros de trabajo y empresas filiales, o sus órganos de representación, tendrán derecho a elegir, designar, recomendar u oponerse a la designación de un número de miembros del órgano de administración o de control de la SE igual a la mayor de las proporciones vigentes antes de la inscripción de la SE en las sociedades participantes.

2. Si ninguna de las sociedades participantes estuviera regida por normas de participación antes de la inscripción de la SE, ésta no estará obligada a establecer ninguna disposición en esta materia, salvo acuerdo en contrario.

3. En los casos a los que se refieren el artículo 15.3 y el artículo 26, serán de aplicación las reglas del apartado 1, aunque se sustituirán las referencias a las sociedades participantes por las relativas a la SE, sus centros de trabajo y empresas filiales, y las referencias relativas al momento anterior a la inscripción de la SE por las correspondientes al momento en que finalicen las negociaciones sin acuerdo.

4. El órgano de representación de los trabajadores de la SE decidirá sobre el reparto de los puestos que correspondan a los trabajadores en el órgano de administración o de control entre los representantes de los trabajadores de los diferentes Estados miembros, en función de la proporción de trabajadores empleados por la SE en cada uno de ellos. Del mismo modo decidirá, en su caso, sobre la forma en que los trabajadores de la SE pueden recomendar el nombramiento de miembros de estos órganos u oponerse a él.

Cuando la aplicación de este criterio proporcional determine que los trabajadores de uno o más Estados miembros no vayan a quedar cubiertos por él, mientras que los de otro u otros Estados miembros vayan a contar con más de un representante, el órgano de representación deberá proceder a una redistribución de los puestos existentes y atribuir uno de dichos puestos a uno de los Estados miembros inicialmente no representados, en particular al Estado miembro en el que se encuentre situada la sede de la SE, si éste no estaba ya representado, o en caso contrario, a aquel que emplee al mayor número de trabajadores dentro de los inicialmente no representados. Este miembro se detraerá del número adjudicado al Estado miembro que hubiera obtenido más representantes o, en caso de ser varios con idéntico número de representantes, al que de ellos ocupe el menor número de trabajadores.

La elección o designación de los representantes de los trabajadores que deban formar parte del órgano de administración o de control se realizará en la forma que determine el órgano de representación de los trabajadores, respetando, en su caso, lo que al respecto pudiera haberse establecido en la legislación nacional del Estado miembro correspondiente a cada uno de dichos representantes.

5. Todo miembro del órgano de administración o, en su caso, del órgano de control de la SE que haya sido elegido, designado o recomendado por el órgano de representación o, según los casos, por los propios trabajadores será miembro de pleno derecho del órgano correspondiente, con los mismos derechos y obligaciones que los miembros que representen a los accionistas, incluido el derecho de voto.

CAPÍTULO III
Disposiciones comunes a los capítulos anteriores

Artículo 21. Forma de cálculo del número de trabajadores.

1. La determinación del número de trabajadores empleados por cada una de las sociedades participantes en la constitución de la SE y por sus filiales y centros de trabajo afectados, así como por la propia SE y sus centros de trabajo y empresas filiales, a los diferentes efectos previstos en esta Ley, se realizará tomando en consideración la totalidad de los trabajadores empleados por dichas sociedades, empresas y centros de trabajo, incluidos los trabajadores con contratos temporales o de duración determinada y a tiempo parcial, en el momento al que se refiera el cálculo en cuestión.

2. No obstante lo señalado en el apartado anterior, el cómputo del número de trabajadores efectuado para la constitución de la comisión negociadora de conformidad con lo dispuesto en los artículos 6 y 7 se considerará vigente durante todo el tiempo de funcionamiento de dicha comisión y hasta la conclusión del acuerdo al que se refiere el artículo 11 o la finalización, sin acuerdo, del procedimiento de negociación, sin perjuicio de lo dispuesto en el apartado siguiente.

3. La referencia al momento de constitución de la comisión negociadora contenida en el apartado anterior se deberá entender sustituida por la del momento de nueva composición de la citada comisión cuando deba procederse, de conformidad con lo dispuesto en el artículo 7.5, a una modificación de su composición como consecuencia de cambios significativos experimentados en las plantillas de las sociedades, empresas y centros de trabajo considerados.

Artículo 22. Confidencialidad y reserva.

1. Los miembros de la comisión negociadora y del órgano de representación y los representantes de los trabajadores que ejerzan sus funciones en el marco de un procedimiento de información y consulta, así como los expertos que les asistan, no estarán autorizados a revelar a terceros aquella información que les haya sido expresamente comunicada a título confidencial.

Esta obligación de confidencialidad subsistirá incluso tras la expiración de su mandato e independientemente del lugar en que se encuentren.

La trasgresión de la obligación de confidencialidad podrá dar lugar a responsabilidad de conformidad con las legislaciones o prácticas nacionales.

2. Excepcionalmente, el órgano de control o de administración de la SE o de una sociedad participante establecida en España no estará obligado a comunicar aquellas informaciones específicas relacionadas con secretos industriales, financieros o comerciales cuya divulgación pudiera, según criterios objetivos, obstaculizar el funcionamiento de la SE o, en su caso, de la sociedad participante, o de sus respectivos centros de trabajo y empresas filiales, u ocasionar graves perjuicios en la estabilidad económica de éstos.

Esta excepción no abarcará aquellos datos que tengan relación con el volumen de empleo en la empresa.

Artículo 23. Protección de los representantes de los trabajadores.

Los miembros de la comisión negociadora y del órgano de representación y los representantes de los trabajadores que ejerzan sus funciones en el marco de un procedimiento de información y consulta que sean trabajadores de la SE, de sus centros de trabajo y empresas filiales o de una sociedad participante gozan, en el ejercicio de sus funciones, de la misma protección y garantías previstas para los representantes de los trabajadores en el nivel nacional en el país en que prestan sus servicios, de conformidad con lo dispuesto en las legislaciones o prácticas nacionales.

Esta misma protección y garantías tienen, en el ejercicio de sus funciones, los representantes de los trabajadores que formen parte del órgano de control o administración de la SE.

Artículo 24. Capacidad de la comisión negociadora y del órgano de representación de los trabajadores de la SE.

La comisión negociadora, el órgano de representación de los trabajadores y los representantes de los trabajadores que ejerzan sus funciones en el marco de un procedimiento de información y consulta gozan de capacidad jurídica para el ejercicio de los derechos que les reconoce esta Ley o que se deriven del acuerdo al que se refiere el artículo 11, y podrán ejercer acciones administrativas o judiciales en todo lo relativo al ámbito de sus competencias, por decisión mayoritaria de sus miembros.

Artículo 25. Espíritu de cooperación.

El órgano competente de la SE y los miembros del órgano de representación de los trabajadores y, en su caso, los representantes de los trabajadores en el marco de un procedimiento de información y consulta colaborarán entre sí de buena fe para alcanzar los objetivos de esta Ley, y respetarán sus derechos y obligaciones recíprocos.

Artículo 26. Efectos en el caso de constitución de la SE en perjuicio de los derechos de implicación de los trabajadores.

Cuando la operación de constitución de la SE hubiera sido intencionadamente configurada con el propósito de privar a los trabajadores de sus derechos de implicación o de perjudicarlos, o con posterioridad al registro de la SE se hubieran producido cambios sustanciales en el seno de esta o de sus empresas filiales con este mismo propósito, y así se declare por sentencia judicial, deberá procederse a una nueva negociación. Dicha negociación se regirá por las siguientes reglas:

a) Tendrá lugar a petición del órgano de representación de la SE o de los representantes de los trabajadores de los nuevos centros de trabajo o empresas filiales de la SE.

b) Se regirá por lo dispuesto en los artículos 4 a 13. A tales efectos, las referencias contenidas en los artículos correspondientes a las sociedades participantes se entenderán referidas a la SE y a sus centros de trabajo y empresas filiales; las referencias al momento anterior a la inscripción de la SE lo serán al momento de finalización sin acuerdo de las negociaciones, y las referencias a la comisión negociadora lo serán al órgano de representación.

TÍTULO II

DISPOSICIONES APLICABLES A LOS CENTROS DE TRABAJO Y EMPRESAS FILIALES SITUADOS EN ESPAÑA DE LAS SOCIEDADES EUROPEAS

Artículo 27. Ámbito de aplicación de las disposiciones del título II.

Las disposiciones contenidas en este título serán de aplicación exclusivamente a los centros de trabajo situados en España de las sociedades europeas y de sus empresas filiales o, en su caso, de las sociedades participantes en la constitución de la SE, con domicilio social en cualquier Estado miembro, en lo relativo a las remisiones a las legislaciones y prácticas nacionales contenidas en esta Ley y en las disposiciones de los Estados miembros por las que se da cumplimiento a la Directiva 2001/86/CE del Consejo, de 8 de octubre de 2001.

Artículo 28. Identificación de los representantes nacionales de los trabajadores.

La condición de representantes de los trabajadores corresponde a las representaciones sindicales, a los comités de empresa y a los delegados de personal, en los términos que respectivamente les reconocen la Ley Orgánica 11/1985, de 2 de agosto, de Libertad Sindical, y en el Texto Refundido de la Ley del Estatuto de los Trabajadores, aprobado por el Real Decreto Legislativo 1/1995, de 24 de marzo.

Artículo 29. Designación de los representantes de los trabajadores en la comisión negociadora y en el órgano de representación.

1. Los representantes que deban formar parte de la comisión negociadora y del órgano de representación serán designados por acuerdo de aquellas representaciones sindicales que en su conjunto sumen la mayoría de los miembros del comité o comités de empresa y delegados de personal, en su caso, o por acuerdo mayoritario de dichos miembros y delegados. En todo caso, esta designación deberá hacerse de forma proporcional a la representación obtenida por cada sindicato en las elecciones a representantes de los trabajadores en el conjunto de los centros de trabajo.

Del mismo modo se procederá para la sustitución de los representantes designados en los supuestos de dimisión y revocación y en el de pérdida de la condición de representante nacional de los trabajadores.

A los efectos de determinar la representatividad de los miembros de la comisión negociadora, se respetará la representatividad que cada uno tenga atribuida en el acta de designación. En el caso de no constar, se presumirá que todos los designados en representación de los trabajadores empleados en España representan al conjunto de dichos trabajadores.

2. En el caso de la comisión negociadora, la designación deberá recaer en un delegado de personal, miembro del comité de empresa o trabajador de cualquiera de las sociedades participantes y de sus centros de trabajo y empresas filiales afectados o en un representante sindical miembro de una organización sindical más representativa en el nivel estatal o representativa en el ámbito de las sociedades participantes.

En el caso del órgano de representación, la designación deberá recaer en un trabajador de la SE o de sus centros de trabajo o empresas filiales que tenga la condición de delegado de personal, miembro del comité de empresa o delegado sindical.

3. Cuando en representación de los trabajadores empleados en España deba designarse a más de un miembro de la comisión negociadora, se deberá procurar que, en la medida de lo posible y según lo permita el número de miembros que haya que designar, entre dichos miembros figure al menos un representante de cada una de las sociedades participantes que empleen a trabajadores en España.

Lo dispuesto en el párrafo anterior se entiende sin perjuicio de la regla de proporcionalidad a que se refiere el apartado 1.

4. La designación de los representantes adicionales que, en su caso, hubieran de incorporarse a la comisión negociadora en el supuesto previsto en el artículo 7.2, o en la disposición correspondiente de los Estados miembros, se realizará de la misma forma señalada en los apartados 1 y 2 anteriores, pero refiriendo el proceso exclusivamente al ámbito de la sociedad participante que vaya a desaparecer como entidad jurídica diferenciada tras la inscripción de la SE.

5. A los efectos de lo dispuesto en los apartados 3 y 4, se entenderá que los trabajadores empleados en España por una sociedad participante están representados en la comisión negociadora cuando forme parte de ella un trabajador de dicha sociedad designado en España. En el caso de que entre los representantes designados en España figure un representante sindical que no sea trabajador de ninguna de las sociedades participantes, tendrá la representatividad que le atribuya el acta de designación; en el caso de no constar, se presumirá que todos los trabajadores empleados en España por las sociedades participantes están representados en la comisión negociadora a través de dicho representante sindical.

6. Lo dispuesto en los apartados 1 y 2 será aplicable al órgano de representación constituido mediante acuerdo en defecto de disposiciones específicas contenidas en él.

Artículo 30. Designación de los representantes de los trabajadores que deban formar parte del órgano de administración o control de la SE.

Lo dispuesto en el artículo anterior será igualmente de aplicación al procedimiento de designación de los representantes de los trabajadores que deban formar parte del órgano de administración o de control de la SE cuando, en virtud de lo dispuesto en la legislación que resulte de aplicación, corresponda a cada Estado miembro determinar la forma de elección o designación de los miembros que le correspondan.

Artículo 31. Protección de los representantes de los trabajadores.

1. Los representantes de los trabajadores que sean miembros de la comisión negociadora y del órgano de representación o que participen en los procedimientos de información y consulta y los representantes de los trabajadores que formen parte del órgano de administración o de control de la SE gozan en el ejercicio de sus funciones de la protección y de las garantías establecidas en el Texto Refundido de la Ley del Estatuto de los Trabajadores, aprobado por el Real Decreto Legislativo 1/1995, de 24 de marzo, salvo en lo relativo al crédito horario previsto en su artículo 68.e), en que se estará a lo dispuesto en los apartados siguientes y, en su caso, en la Ley Orgánica 11/1985, de 2 de agosto, de Libertad Sindical.

2. Los representantes de los trabajadores a los que se refiere este artículo tendrán derecho a los permisos retribuidos necesarios para la asistencia a las reuniones de la comisión negociadora y del órgano de representación o a las reuniones que se celebren en el marco del procedimiento de información y consulta que en su caso se haya acordado, así como a las reuniones del órgano de administración o de control del que formen parte.

3. Con independencia de lo dispuesto en el apartado anterior, los miembros de la comisión negociadora y del órgano de representación, así como los representantes de los trabajadores que formen parte del órgano de administración o de control de la SE, tendrán derecho a un crédito de sesenta horas anuales retribuidas para el ejercicio de sus funciones, adicionales, en su caso, a las que dispongan en su condición de representantes nacionales de los trabajadores.

Este derecho se reconocerá a los miembros del órgano de representación constituido mediante acuerdo en defecto de disposiciones específicas contenidas en él.

Artículo 32. Eficacia jurídica en España de las disposiciones de otros Estados miembros.

Los acuerdos entre la comisión negociadora y el órgano competente de las sociedades participantes concluidos conforme a las disposiciones de los Estados miembros y, en su defecto, las normas subsidiarias de las citadas disposiciones obligan a todos los centros de trabajo de la SE y de sus empresas filiales incluidos dentro de su ámbito de aplicación y situados en territorio español, así como a sus trabajadores respectivos, durante todo el tiempo de su vigencia.

No obstante, la validez y eficacia de dichos acuerdos en ningún caso podrán menoscabar ni alterar las competencias de negociación, información y consulta que la legislación española otorga a los comités de empresa, delegados de personal y organizaciones sindicales, así como a cualquier otra instancia representativa creada por la negociación colectiva.

TÍTULO III

PROCEDIMIENTOS JUDICIALES

Artículo 33. Ejercicio de la potestad jurisdiccional.

Los órganos jurisdiccionales del orden social conocerán de cuantas cuestiones litigiosas se Refundido de la Ley de Procedimiento Laboral, aprobado por el Real Decreto Legislativo 2/1995, de 7 de abril, excepto las pretensiones que versen sobre la impugnación de las sanciones administrativas y las atribuidas al orden jurisdiccional civil en relación con la posición y actuación de los trabajadores que participen en el órgano de decisión y control de la SE.

Artículo 34. Competencia.

1. Los órganos jurisdiccionales españoles del orden social serán competentes para conocer de los litigios a los que se refiere el artículo anterior cuando las partes se hayan sometido expresa o tácitamente a ellos o, en su defecto, cuando el demandado tenga su domicilio en España o cuando la obligación que sirviese de base a la demanda hubiese sido o debiese ser cumplida en territorio español.

2. La competencia de los órganos jurisdiccionales españoles del orden social se determinará de acuerdo con las reglas contenidas en los artículos 6 a 11 del Texto Refundido de la Ley de Procedimiento Laboral, aprobado por el Real Decreto Legislativo 2/1995, de 7 de abril. En su aplicación, en los procesos de conflictos colectivos, sobre impugnación de convenios colectivos y sobre tutela de los derechos de libertad sindical se atenderá a la extensión de sus efectos en territorio español.

3. A los efectos previstos en los apartados anteriores, y en ausencia de acuerdo o de determinación expresa al respecto, se entenderá que el domicilio de la comisión negociadora y del órgano de representación es el de registro de la SE.

Artículo 35. Legitimación procesal.

Estarán legitimados para promover los litigios a que se refiere esta Ley los empresarios, los representantes de los trabajadores, la comisión negociadora y el órgano de representación de los trabajadores de la SE de conformidad con lo dispuesto en el artículo 24. Los sindicatos de trabajadores y las asociaciones empresariales tendrán legitimación para la defensa de sus derechos e intereses legítimos.

Artículo 36. Modalidades procesales.

1. Los litigios relativos a la negociación sobre las disposiciones relativas a la implicación de los trabajadores en la SE, incluidos los relativos a la constitución y funcionamiento de la comisión negociadora, así como los relativos a la constitución y funcionamiento del órgano de representación de los trabajadores o de los procedimientos de información y consulta y los relacionados con los derechos y garantías de los miembros de la comisión negociadora, de los miembros del órgano de representación, de los representantes de los trabajadores que ejerzan sus funciones en el marco de un procedimiento de información y consulta y de los representantes de los trabajadores que formen parte del órgano de control o de administración de una SE se tramitarán conforme al proceso de conflictos colectivos regulado en el capítulo VIII del título II del libro segundo del Texto Refundido de la Ley de Procedimiento Laboral, aprobado por el Real Decreto Legislativo 2/1995, de 7 de abril.

2. Los acuerdos de la comisión negociadora a que se refiere el artículo 8.2 y el acuerdo previsto en el artículo 11, así como los demás acuerdos que con el órgano competente puedan celebrar la comisión negociadora, el órgano de representación de los trabajadores y, en su caso, los representantes de los trabajadores que ejerzan sus funciones en el marco de un procedimiento de información y consulta, serán susceptibles de impugnación conforme al proceso de impugnación de convenios colectivos regulado en el capítulo IX del título II del libro segundo del Texto Refundido de la Ley de Procedimiento Laboral, aprobado por el Real Decreto Legislativo 2/1995, de 7 de abril.

3. Conforme al proceso de conflictos colectivos se tramitará también la impugnación de la decisión del órgano competente de atribuir carácter confidencial o de no comunicar determinadas informaciones a los miembros de la comisión negociadora, del órgano de representación de los trabajadores y, en su caso, a los representantes de los trabajadores que ejerzan sus funciones en el marco de un procedimiento de información y consulta. El juez o la sala deberán adoptar las medidas necesarias para salvaguardar el carácter confidencial o secreto de la información de que se trate.

Asimismo, se tramitarán conforme a este proceso los litigios relativos al cumplimiento por los representantes de los trabajadores y por los expertos que les asistan de su obligación de confidencialidad.

4. Las demás cuestiones litigiosas que se susciten en aplicación de esta Ley se tramitarán, según su naturaleza, por las disposiciones establecidas para el procedimiento ordinario o por la modalidad procesal que corresponda, de conformidad con lo establecido en el Texto Refundido de la Ley de Procedimiento Laboral, aprobado por el Real Decreto Legislativo 2/1995, de 7 de abril.

Artículo 37. Legislación procesal.

En todo lo no previsto en este título regirá el Texto Refundido de la Ley de Procedimiento Laboral, aprobado por el Real Decreto Legislativo 2/1995, de 7 de abril.

Artículo 38. Procedimientos de solución extrajudicial de los conflictos.

Lo dispuesto en este título se entiende sin perjuicio del derecho de las partes a acudir a los procedimientos de solución extrajudicial de los conflictos.

DISPOSICIONES ADICIONALES

Primera. Procedimientos de solución extrajudicial de los conflictos.

1. Cuando una SE sea una empresa de dimensión comunitaria o una empresa de control de un grupo de empresas de dimensión comunitaria, en el sentido previsto en la Ley 10/1997, de 24 de abril, sobre derechos de información y consulta de los trabajadores en las empresas y grupos de empresas de dimensión comunitaria, o en las legislaciones de los demás Estados miembros por las que se da aplicación a lo dispuesto en la Directiva 94/45/CE del Consejo, de 22 de septiembre de 1994, sobre la constitución de un comité de empresa europeo o de un procedimiento de información y consulta a los trabajadores en las empresas y grupos de empresas de dimensión comunitaria, no se le aplicarán, ni a ella ni a sus filiales, las disposiciones de dichas legislaciones, salvo en el caso de que la comisión negociadora haya adoptado, de conformidad con lo dispuesto en el artículo 8.2 de esta Ley el acuerdo de no iniciar negociaciones o de poner fin a las negociaciones ya iniciadas.

2. No se aplicarán a las SE incluidas en el ámbito de aplicación de esta Ley las disposiciones en materia de participación de los trabajadores en los órganos sociales previstas en las legislaciones o prácticas nacionales distintas de aquellas adoptadas para dar aplicación a lo dispuesto en la Directiva 2001/86/CE del Consejo, de 8 de octubre de 2001, por la que se completa el Estatuto de la Sociedad Anónima Europea en lo que respecta a la implicación de los trabajadores.

3. Esta Ley no afectará:

a) A los actuales derechos de implicación de los trabajadores distintos de los de participación en los órganos de la SE de que gocen los trabajadores de la SE y de sus centros de trabajo y empresas filiales de conformidad con las legislaciones y prácticas nacionales de los Estados miembros.

b) A los derechos en materia de participación en los órganos de que gocen los trabajadores de las filiales de la SE de conformidad con las legislaciones y prácticas nacionales.

4. Para salvaguardar los derechos mencionados en el apartado 3, el registro de la SE no extinguirá por sí mismo el mandato de los representantes legales de los trabajadores de las sociedades participantes que dejen de existir como entidades jurídicas diferenciadas, que seguirán ejerciendo sus funciones en los mismos términos y bajo las mismas condiciones que regían con anterioridad.

Segunda. Aplicación de esta Ley a la implicación de los trabajadores en las sociedades cooperativas europeas

1. Lo dispuesto en esta Ley será igualmente de aplicación a la implicación de los trabajadores en las sociedades cooperativas europeas (en lo sucesivo SCE), contempladas en el Reglamento (CE) núm. 1435/2003 del Consejo, de 22 de julio de 2003, relativo al Estatuto de la sociedad cooperativa europea, con las siguientes particularidades:

1ª Las referencias a una SE, a una sociedad participante o a una filial de una sociedad contenidas en esta Ley se entenderán hechas también a una SCE, a una entidad jurídica participante o a una filial de una entidad jurídica participante o de una SCE, respectivamente, excepto en lo referido a sociedad «holding» y filial común, que no es de aplicación a la SCE.

Asimismo las referencias a la junta general de accionistas se entenderán hechas a la asamblea general.

2ª A los efectos de esta Ley se entenderá por:

a) SCE: toda sociedad cooperativa constituida con arreglo al Reglamento (CE) núm. 1435/2003.

b) Entidades jurídicas participantes: las sociedades con arreglo al segundo párrafo del artículo 48 del Tratado de la Comunidad Europea, incluidas las cooperativas, así como las entidades jurídicas constituidas con arreglo a la legislación de un Estado miembro y regidas por ella, que participen directamente en la constitución de una SCE.

c) Filial de una entidad jurídica participante o de una SCE: una empresa sobre la cual dicha entidad jurídica o SCE ejerce una influencia dominante definida de conformidad con lo dispuesto en el artículo 4 de la Ley 10/1997, de 24 de abril, sobre derechos de información y consulta de los trabajadores en las empresas y grupos de dimensión comunitaria.

3ª El acuerdo a que se refiere el artículo 11, incluirá cuando sea necesario, además del contenido previsto en dicho artículo, los casos de cambios estructurales en la SCE y en sus filiales y centros de trabajo, ocurridos después de la creación de la SCE, que den lugar a la renegociación del acuerdo y el procedimiento para su renegociación.

El acuerdo podrá especificar las disposiciones para habilitar a los trabajadores a participar en las asambleas generales o en las asambleas de sección o sectoriales.

[illegible]nión anual a que se refiere el apartado 2 del artículo 17 de esta Ley, el órgano de represent[illegible] trabajadores tendrá también derecho a ser informado y consultado sobre las iniciativas referentes a [illegible]bilidad social de las empresas.

2. Cuando una SCE, sea constituida exclusivamente por personas físicas o por una sola entidad jurídica y por personas físicas que empleen, en su conjunto, a un mínimo de cincuenta trabajadores en, al menos dos Estados miembros, se aplicará a la implicación de los trabajadores en la SCE lo dispuesto en esta Ley.

3. Cuando una SCE, sea constituida exclusivamente por personas físicas o por una sola entidad jurídica y por personas físicas que empleen, en su conjunto, a un número de trabajadores inferior a cincuenta, en al menos dos Estados miembros, o a un número mayor pero en un solo Estado miembro, la implicación de los trabajadores en la SCE se regirá por las siguientes disposiciones:

a) En la propia SCE, por las disposiciones de aplicación a las sociedades cooperativas en el Estado miembro en que se encuentre su domicilio social.

b) En sus filiales o centros de trabajo, por las disposiciones de aplicación a las sociedades cooperativas en el Estado miembro en que estén situados.

En caso de traslado del domicilio social de una SCE en la que se aplique un sistema de participación, de un Estado miembro a otro, continuarán aplicándose, como mínimo, los derechos de participación que los trabajadores vinieran disfrutando antes del traslado.

No obstante lo anterior, después del registro de la SCE, la implicación de los trabajadores en la SCE se regirá por lo dispuesto en esta Ley, cuando así lo solicite, al menos, un tercio del número total de trabajadores de la SCE y de sus filiales y centros de trabajo, en al menos, dos Estados miembros, o cuando el número total de trabajadores alcance o supere el umbral de cincuenta trabajadores en, al menos, dos Estados miembros. A tal efecto las expresiones «entidades jurídicas participantes» y «filiales y centros de trabajo afectados» se sustituirán por «SCE» y «filiales y centros de trabajo de la SCE», respectivamente.

4. Dentro de los límites previstos en el apartado 4 del artículo59 del Reglamento (CE) núm. 1435/2003, los trabajadores de la SCE y sus representantes estarán habilitados para participar en las asambleas generales o, en caso de que existan, asambleas de sección o sectoriales, con derecho a voto en cualquiera de las siguientes circunstancias:

1ª Cuando las partes así lo decidan en el acuerdo a que se refiere el artículo 11.

2ª Cuando una sociedad cooperativa en la que se aplique un sistema de ese tipo se transforme en una SCE.

3ª En el caso de SCE no constituida por transformación, cuando en una de las sociedades cooperativas participantes se aplique un sistema de ese tipo, y concurran, además, las siguientes circunstancias:

a) Que las partes no logren alcanzar el acuerdo a que se refiere el artículo11, en el plazo establecido en el artículo 10.

b) Que sean de aplicación las disposiciones subsidiarias del artículo 20, conforme a lo previsto en la letra b) del apartado 1 del artículo 14.

c) Que la sociedad cooperativa participante en la que se aplique un sistema de este tipo tuviera, antes del registro de la SCE, el porcentaje de participación más elevado, en el sentido de la letra l) del artículo 2, entre las sociedades cooperativas participantes.

DISPOSICIONES FINALES

Primera. Modificación del Texto Refundido de la Ley sobre infracciones y sanciones en el orden social.

El Texto Refundido de la Ley sobre infracciones y sanciones en el orden social, aprobado por el Real Decreto Legislativo 5/2000, de 4 de agosto, se modifica en los siguientes términos:

Uno. Se añade un apartado 12 al artículo 2, con la siguiente redacción:

«12. Las sociedades europeas y las sociedades cooperativas europeas con domicilio social en España, las sociedades, entidades jurídicas y, en su caso, las personas físicas domiciliadas en España que participen directamente en la constitución de una sociedad europea o de una sociedad cooperativa europea, así como las personas físicas o jurídicas o comunidades de bienes titulares de los centros de trabajo situados en España de las sociedades europeas y de las sociedades cooperativas europeas y de sus empresas filiales y de las sociedades y entidades jurídicas participantes, cualquiera que sea el Estado miembro en que se encuentren domiciliadas, respecto de los derechos de información, consulta y participación de los trabajadores, en los términos establecidos en su legislación específica.»

Dos. Se añade un apartado 3 al artículo 5, con la siguiente redacción:

«3. Son infracciones laborales en materia de derech[illegible] de los trabajadores en las sociedades europeas las acciones u omisiones de los distintos sujetos responsables contrarias a la Ley sobre implicación de los trabajadores en las sociedades anónimas y cooperativas europeas, o a sus normas reglamentarias de desarrollo, a las disposiciones de otros Estados miembros con eficacia en España, a los acuerdos celebrados conforme a la Ley o a las disposiciones citadas, y a las cláusulas normativas de los convenios colectivos que complementan los derechos reconocidos en las mismas, tipificadas y sancionadas de conformidad con esta Ley».

Tres. Se añaden una subsección 4ª y un artículo 10 bis a la sección 1ª del capítulo II, con la siguiente redacción:

«Subsección 4ª Infracciones en materia de derechos de información, consulta y participación de los trabajadores en las sociedades anónimas y sociedades cooperativas europeas

Artículo 10 bis. Infracciones graves y muy graves

1. Son infracciones graves, salvo que proceda su calificación como muy graves de conformidad con lo dispuesto en el apartado siguiente:

a) No facilitar a los representantes de los trabajadores las informaciones necesarias para la adecuada constitución de la comisión negociadora, en particular en lo relativo a la identidad de las sociedades o entidades jurídicas y, en su caso, personas físicas, participantes y de sus centros de trabajo y empresas filiales, el número de sus trabajadores, el domicilio social propuesto, así como sobre los sistemas de participación existentes en las sociedades o entidades jurídicas participantes, en los términos legalmente establecidos.

b) La trasgresión de los derechos de reunión de la comisión negociadora, del órgano de representación de los trabajadores de la SE o de la SCE o de los representantes de los trabajadores en el marco de un procedimiento de información y consulta, así como de su derecho a ser asistido por expertos de su elección.

c) La trasgresión de los derechos de la comisión negociadora, del órgano de representación y, en su caso, de los representantes de los trabajadores en el marco de un procedimiento de información y consulta, en materia de recursos financieros y materiales para el adecuado funcionamiento y desarrollo de sus actividades.

d) La falta de convocatoria, en tiempo y forma, de la comisión negociadora y de las reuniones, ordinarias y extraordinarias, del órgano de representación de los trabajadores con el órgano competente de la sociedad europea o de la sociedad cooperativa europea.

e) La trasgresión de los derechos y garantías de los miembros de la comisión negociadora, de los miembros del órgano de representación, de los representantes de los trabajadores que ejerzan sus funciones en el marco de un procedimiento de información y consulta y de los representantes de los trabajadores que formen parte del órgano de control o de administración de una sociedad europea, o de una sociedad cooperativa europea, en los términos legal o convencionalmente establecidos.

2. Son infracciones muy graves:

a) Las acciones u omisiones que impidan el inicio y desarrollo de la negociación con los representantes de los trabajadores sobre las disposiciones relativas a la implicación de los trabajadores en la sociedad europea o en la sociedad cooperativa europea.

b) Las acciones u omisiones que impidan el funcionamiento de la comisión negociadora, del órgano de representación de los trabajadores o, en su caso, del procedimiento de información y consulta acordado, en los términos legal o convencionalmente establecidos.

c) Las acciones u omisiones que impidan el ejercicio efectivo de los derechos de información, consulta y participación de los trabajadores en la sociedad europea, o en la sociedad cooperativa europea, incluido el abuso en el establecimiento de la obligación de confidencialidad en la información proporcionada o en el recurso a la dispensa de la obligación de comunicar aquellas informaciones de carácter secreto.

d) Las decisiones adoptadas en aplicación de la Ley sobre implicación de los trabajadores en las sociedades anónimas y cooperativas europeas, que contengan o supongan cualquier tipo de discriminaciones directas o indirectas desfavorables por razón de edad o discapacidad o favorables o adversas por razón de sexo, nacionalidad, origen, incluido el racial o étnico, estado civil, religión o convicciones, ideas políticas, orientación sexual, adhesión o no a un sindicato, a sus acuerdos o al ejercicio, en general, de las actividades sindicales, o lengua.

e) El recurso indebido a la constitución de una sociedad europea o de una sociedad cooperativa europea con el propósito de privar a los trabajadores de los derechos de información, consulta y participación que tuviesen, o de hacerlos ineficaces.».

Segunda. Modificación de la Ley 31/1995, de 8 de noviembre, de Prevención de Riesgos Laborales.

La Ley 31/1995, de 8 de noviembre, de Prevención de Riesgos Laborales, queda modificada como sigue:

Uno. Los apartados 1 y 2 del artículo 3 quedan redactados del siguiente modo:

«1. Esta Ley y sus normas de desarrollo serán de aplicación tanto en el ámbito de las relaciones laborales reguladas en el Texto Refundido de la Ley del Estatuto de los Trabajadores, como en el de las relaciones de carácter administrativo o estatutario del personal al servicio de las Administraciones Públicas, con las peculiaridades que, en este caso, se contemplan en la presente Ley o en sus normas de desarrollo. Ello sin perjuicio del cumplimiento de las obligaciones específicas que se establecen para fabricantes, importadores y suministradores, y de los derechos y obligaciones que puedan derivarse para los trabajadores autónomos. Igualmente serán aplicables a las sociedades cooperativas, constituidas de acuerdo con la legislación que les sea de aplicación, en las que existan socios cuya actividad consista en la prestación de un trabajo personal, con las peculiaridades derivadas de su normativa específica.

Cuando en la presente Ley se haga referencia a trabajadores y empresarios, se entenderán también comprendidos en estos términos, respectivamente, de una parte, el personal con relación de carácter administrativo o estatutario y la Administración pública para la que presta servicios, en los términos expresados en la disposición adicional tercera de esta Ley, y, de otra, los socios de las cooperativas a que se refiere el párrafo anterior y las sociedades cooperativas para las que prestan sus servicios.

2. La presente Ley no será de aplicación en aquellas actividades cuyas particularidades lo impidan en el ámbito de las funciones públicas de:

Policía, seguridad y resguardo aduanero.

Servicios operativos de protección civil y peritaje forense en los casos de grave riesgo, catástrofe y calamidad pública.

Fuerzas Armadas y actividades militares de la Guardia Civil.

No obstante, esta Ley inspirará la normativa específica que se dicte para regular la protección de la seguridad y la salud de los trabajadores que prestan sus servicios en las indicadas actividades».

Dos. Se añade una disposición adicional numerada como «novena bis» con la siguiente redacción:

«Disposición adicional novena bis. Personal militar.

Lo previsto en los capítulos III, V y VII de esta Ley se aplicará de acuerdo con la normativa específica militar».

Tercera. Incorporación de derecho de la Unión Europea.

Mediante esta Ley se incorporan al derecho español la Directiva 2001/86/CE del Consejo, de 8 de octubre de 2001, por la que se completa el Estatuto de la Sociedad Anónima Europea en lo que respecta a la implicación de los trabajadores y la Directiva 2003/72/CE del Consejo, de 22 de julio de 2003, por la que se completa el Estatuto de la sociedad cooperativa europea en lo que respecta a la implicación de los trabajadores.

Cuarta. Fundamento constitucional.

Esta Ley constituye legislación laboral dictada al amparo del artículo 149.1.7ª de la Constitución, salvo lo dispuesto en el título III, que constituye legislación procesal dictada al amparo del artículo 149.1.6ª de la Constitución.

No obstante lo anterior el ejercicio de la presente competencia estatal se entiende sin perjuicio de la competencia de ejecución que sobre dicha legislación corresponde a las Comunidades Autónomas de conformidad con lo dispuesto en sus estatutos de autonomía.

Quinta. Disposiciones de aplicación y desarrollo.

El Gobierno dictará las disposiciones que sean precisas para la aplicación y desarrollo de esta Ley.

Sexta. Entrada en vigor.

La presente Ley entrará en vigor el día siguiente al de su publicación en el «Boletín Oficial del Estado».

D) Conflictos colectivos y huelga

§ 22 REAL DECRETO-LEY 17/1977, DE 4 MARZO. REFORMA LA NORMATIVA SOBRE RELACIONES DE TRABAJO

(BOE núm. 58, de 9 marzo [RCL 1977, 490])

La regulación de las relaciones de trabajo en nuestro Derecho vigente, responde a una concepción política intervencionista que, evidentemente, ha propiciado toda una larga etapa de importantes avances sociales. El nuevo marco político hacia el que aceleradamente discurre la Nación, aconseja una profunda reforma normativa, inspirada en el principio de liberalización de las relaciones de trabajo, en consecuencia con los sistemas jurídicos imperantes en los países de Europa Occidental de nuestro mismo contexto cultural. A ello obedece el conjunto de normas que integran el presente Real Decreto-ley, que aborda los aspectos institucionales de inaplazable actualización, sin desconocer la necesidad de completar su configuración en consonancia con el desarrollo del proceso de reforma de las estructuras sociales.

I. La huelga

El Decreto-ley 5/1975, de 22 de mayo, sobre regulación de los Conflictos Colectivos de Trabajo, supuso una etapa importante en la evolución histórica de la legislación laboral, en cuanto que consagró la legitimidad del recurso a la huelga, siempre que se observaran los requisitos de fondo y de forma que el propio texto legal contenía.

La huelga, como fenómeno social, que durante años había constituido delito, pasaba a una etapa de libertad. La trascendencia del nuevo sistema aconsejaba, por razones de elemental prudencia, tanto el establecimiento de un procedimiento riguroso para la legítima utilización de tal recurso, como la fijación de determinadas limitaciones. Así la huelga ni podía exceder el ámbito de la Empresa, ni podía tener lugar por razones de solidaridad, ni afectar a Empresas encargadas de la prestación de servicios públicos o de reconocida e inaplazable necesidad.

Los presupuestos indicados y la dinámica social, acentuada como consecuencia de los cambios políticos últimamente experimentados, ponen de relieve la necesidad de sustitución de las normas vigentes por otras en las que quede consagrada la huelga como derecho, se aligere el procedimiento para su ejercicio y se fijen sus límites en las fronteras que marque la salvaguardia de los intereses superiores de la comunidad.

Congruentemente con ello se suprime en la nueva regulación la fase previa de obligatoria y oficial negociación; son los trabajadores quienes podrán decidir, sin necesidad de apurar otras instancias, el cuándo de la cesación concertada de trabajo, subsistiendo, como es obvio, la necesidad del preaviso.

En el aspecto sustantivo se resaltan como modificaciones más trascendentes:

–El reconocimiento de la posibilidad de huelga de Empresas encargadas de servicios públicos, lo que conlleva la necesaria modificación del artículo 222 del Código Penal.

–Al enunciar taxativamente los supuestos de ilicitud, se presupone, salvo en ellos, la licitud de la huelga.

–El reconocimiento del Comité de huelga como órgano de representación de los trabajadores en conflicto.

–La regulación de los efectos de la huelga en la relación jurídica de la Seguridad Social.

–El cierre patronal, sólo válido el de respuesta, no precisa de autorización administrativa, lo que supone la atribución a la jurisdicción laboral del enjuiciamiento de la licitud o ilicitud del mismo y de sus efectos.

II. Conflictos Colectivos

El reconocimiento del derecho de huelga y la agilización del procedimiento para su ejercicio, suprimiendo el trámite previo de oficial y necesaria negociación, conlleva la total derogación del Decreto-ley 5/1975, de 22 de mayo, sobre regulación de los Conflictos Colectivos de Trabajo, que contiene no sólo la normativa aplicable a la huelga laboral en el mismo consagrada, sino también el procedimiento de solución, por arbitraje estatal, de los Conflictos Colectivos de Trabajo. Ello aconseja la autónoma regulación de este último procedimiento, el que debe mantenerse cuando las partes deseen utilizar tal medio de solución.

[...]

En su virtud, a propuesta del Consejo de Ministros en su reunión del día 4 de marzo de 1977, en uso de la autorización que me confiere el artículo trece de la Ley Constitutiva de las Cortes, texto refundido de las Leyes Fundamentales, aprobado por Decreto 779/1967, de 20 de abril y oída la Comisión a que se refiere el apartado primero del artículo doce de la citada Ley, dispongo:

TÍTULO I
EL DERECHO DE HUELGA

CAPÍTULO I
La huelga

Artículo 1.

El derecho de huelga, en el ámbito de las relaciones laborales, podrá ejercerse en los términos previstos en este Real Decreto-ley.

⇒ La STC 11/1981, de 8 abril (RTC 1981, 11), estimó parcialmente el Recurso de inconstitucionalidad núm. 192/1980 interpuesto contra el Decreto-ley; su fallo se incorpora al presente texto anotando los correspondientes preceptos.
V. arts. 28.2 de la CE (§1) y 4.1, e) del ET (§2).
Cfr. art. 315 del CP (§40.4).
Respecto de los extranjeros, v. el art. 11.2 de la LO 4/2000, de 11 enero (§39.1).

Artículo 2.

Son nulos los pactos establecidos en contratos individuales de trabajo que contengan la renuncia o cualquier otra restricción al derecho de huelga.

⇒ V. art. 3.5 del ET (§2).

Artículo 3.

⇒ En su ap. 2 a), el Fallo de la STC 11/1981 (RTC 1981, 11), dispone que «el artículo 3 no es inconstitucional, siempre que se entienda que el ejercicio del derecho de huelga, que pertenece a los trabajadores, puede ser ejercitado por ellos personalmente, por sus representantes y por las organizaciones sindicales con implantación en el ámbito laboral, y que son inconstitucionales las exigencias establecidas en dicho artículo de que el acuerdo de huelga se adopte en cada centro de trabajo (ap. 1), la de que a la reunión de los representantes haya de asistir un determinado porcentaje [ap. 2, a)] y la de que la iniciativa para la declaración de la huelga haya de estar apoyada por un 25 por 100 de los trabajadores».

1. La declaración de huelga, cualquiera que sea su ámbito, exige, en todo caso, la adopción de acuerdo expreso, en tal sentido, en cada centro de trabajo.

2. Están facultados para acordar la declaración de huelga:

a) Los trabajadores, a través de sus representantes. El acuerdo será adoptado, en reunión conjunta de dichos representantes, por decisión mayoritaria de los mismos. De la reunión, *a la que habrán de asistir al menos el 75 por 100 de los representantes*, se levantará acta, que deberán firmar los asistentes.

b) Directamente los propios trabajadores del centro de trabajo, afectados por el conflicto, cuando el *25 por 100* de la plantilla decida se someta a votación dicho acuerdo. La votación habrá de ser secreta y se decidirá por mayoría simple. El resultado de ésta se hará constar en acta.

3. El acuerdo de declaración de huelga habrá de ser comunicado al empresario o empresarios afectados y a la autoridad laboral por los representantes de los trabajadores.

⇒ La STC 13/1986, de 30 enero (RTC 1986, 13), no considera necesaria tal comunicación en una huelga sectorial. Idéntico criterio sostiene la STC 36/1993, de 8 febrero (RTC 1993, 36), para el supuesto de «huelga general».

La comunicación de huelga deberá hacerse por escrito y notificada con cinco días naturales de antelación, al menos, a su fecha de iniciación. Cuando el acuerdo de declaración de huelga lo adopten directamente los trabajadores mediante votación, el plazo de preaviso comenzará a contarse desde que los representantes de los trabajadores comuniquen al empresario la celebración de la misma. La comunicación de huelga habrá de contener los objetivos de ésta, gestiones realizadas para resolver las diferencias, fecha de su inicio y composición del comité de huelga.

Artículo 4.

Cuando la huelga afecte a empresas encargadas de cualquier clase de servicios públicos, el preaviso del comienzo de huelga al empresario y a la autoridad laboral habrá de ser, al menos, de diez días naturales. Los representantes de los trabajadores deberán dar a la huelga, antes de su iniciación, la publicidad necesaria para que sea conocida por los usuarios del servicio.

Artículo 5.

Sólo podrán ser elegidos miembros del comité de huelga trabajadores del propio centro de trabajo afectados por el conflicto.

⇒ En el ap. 2 b) del Fallo, la STC 8 abril 1981 (RTC 1981, 11) advierte que «el ap. 1 del art. 5 no es inconstitucional referido a huelgas cuyo ámbito no exceda de un solo centro de trabajo, pero... lo es, en cambio, cuando las huelgas comprendan varios centros de trabajo».

La composición del comité de huelga no podrá exceder de doce personas.

Corresponde al comité de huelga participar en cuantas actuaciones sindicales, administrativas o judiciales se realicen para la solución del conflicto.

Artículo 6.

1. El ejercicio del derecho de huelga no extingue la relación de trabajo, ni puede dar lugar a sanción alguna, salvo que el trabajador, durante la misma, incurriera en falta laboral.

2. Durante la huelga se entenderá suspendido el contrato de trabajo y el trabajador no tendrá derecho al salario.

⇒ V. arts. 45.1, l); 48.1 y 52, d) del ET (§2).

Sobre lesión de la libertad sindical por utilizar la empresa el dato de la afiliación para «descartar» las retribuciones de un día de huelga convocada por determinado sindicato, v. STC 94/1998, de 4 mayo (RTC 1998, 94) y las allí citadas.

3. El trabajador en huelga permanecerá en situación de alta especial en la Seguridad Social, con suspensión de la obligación de cotización por parte del empresario y del propio trabajador. El trabajador en huelga no tendrá derecho a la prestación por desempleo, ni a la económica por *incapacidad laboral transitoria*.

⇒ La referencia a la situación de incapacidad laboral transitoria ha de entenderse hecha a la actual incapacidad temporal del art. 128 LGSS (§32.1), conforme a lo previsto en la disp. final tercera.uno de la Ley 42/1994, de 30 diciembre.

Ténganse muy presentes las previsiones de los arts. 125.6 y 131.3 de la LGSS/1994 (§32.1).

Cfr. OO. 30 abril 1977 y 30 junio 1977, así como Res. 5 marzo 1985, de la Secretaría General de la Seguridad Social.

Sobre prestaciones por desempleo, v. SSTC 13/1984, de 3 febrero (RTC 1984, 13) y 48/1991, de 28 febrero (RTC 1991, 48); también art. 3.3 del Reglamento de Protección por Desempleo, aprobado por RD 625/1985, de 2 abril (§36.1).

4. Se respetará la libertad de trabajo de aquellos trabajadores que no quisieran sumarse a la huelga.

⇒ V. art. 315.3 del CP (§40.4).

5. En tanto dure la huelga, el empresario no podrá sustituir a los huelguistas por trabajadores que no estuviesen vinculados a la empresa al tiempo de ser comunicada la misma, salvo caso de incumplimiento de las obligaciones contenidas en el apartado número 7 de este artículo.

⇒ V. art. 96.10 del ET (§2) sobre tutela administrativa del precepto.

La STC 123/1992, de 28 septiembre (RTC 1992, 123), restringe también el «esquirolaje interno» o uso empresarial de la movilidad funcional y geográfica.

La STC 18/2007, de 12 febrero (RTC 2007, 18), subraya que para entenderse vulnerado el derecho de huelga ha de acreditarse qué quienes no la secundaron llevaron a cabo actividades diversas de las que habitualmente les correspondían.

Coherente con la prohibición, v. lo dispuesto en el art. 8 a) de la Ley 14/1994, sobre Empresas de Trabajo Temporal (§3.1).

6. Los trabajadores en huelga podrán efectuar publicidad de la misma, en forma pacífica, y llevar a efecto recogida de fondos sin coacción alguna.

⇒ Cfr. art. 315.3 del CP (§40.4).

7. El Comité de huelga habrá de garantizar durante la misma la prestación de los servicios necesarios para la seguridad de las personas y de las cosas, mantenimiento de los locales, maquinaria, instalaciones, materias primas y cualquier otra atención que fuese precisa para la ulterior reanudación de las tareas de la empresa. *Corresponde al empresario la designación* de los trabajadores que deban efectuar dichos servicios.

✐ Téngase en cuenta que, según la STC 11/1981 (RTC 1981, 11) «es inconstitucional el ap. 7 del art. 6 en cuanto atribuye de manera exclusiva al empresario la facultad de designar los trabajadores que durante la huelga deban velar por el mantenimiento de los locales, maquinarias o instalaciones» [Fallo, 2 c)].

Artículo 7.

1. El ejercicio del derecho de huelga habrá de realizarse, precisamente, mediante la cesación de la prestación de servicios por los trabajadores afectados y sin ocupación por los mismos del centro de trabajo o de cualquiera de sus dependencias.

⇒ V. art. 12.1 b) de la presente norma.

2. Las huelgas rotatorias, las efectuadas por los trabajadores que presten servicios en sectores estratégicos con la finalidad de interrumpir el proceso productivo, las de celo o reglamento y, en general, cualquier forma de alteración colectiva en el régimen de trabajo distinta a la huelga, se considerarán actos ilícitos o abusivos.

⇒ V. SSTC 72/1982, de 2 diciembre (RTC 1982, 72) y 41/1984, de 21 marzo (RTC 1984, 41).

Artículo 8.

1. Los Convenios Colectivos podrán establecer normas complementarias relacionadas con los procedimientos de solución de los conflictos que dan origen a la huelga, así como la renuncia, durante su vigencia, al ejercicio de tal derecho.

⇒ V. arts. 82.2 y 83.3 del ET (§2) y Acuerdo sobre Solución Extrajudicial de Conflictos Laborales. Recuérdese lo previsto en tercer párr. del art. 91 del ET (§2).

2. Desde el momento del preaviso y durante la huelga, el Comité de huelga y el empresario, y en su caso los representantes designados por los distintos Comités de huelga y por los empresarios afectados, deberán negociar para llegar a un acuerdo, sin perjuicio de que en cualquier momento los trabajadores puedan dar por terminada aquélla. El pacto que ponga fin a la huelga tendrá la misma eficacia que lo acordado en Convenio Colectivo.

⇒ La STC 51/2003, de 17 marzo (RTC 2003, 51), reconoce el derecho a accionar frente a pretendidas vulneraciones del derecho de huelga (y libertad sindical) producidas durante su desarrollo, aunque hubiera desembocado en un pacto «de fin de huelga» porque ello no se excluía expresamente en tal acuerdo y porque el derecho a la tutela judicial a favor de derechos fundamentales ha de salvaguardarse «aun cuando su reclamación pueda desequilibrar el pacto como negocio jurídico sinalagmático».

Artículo 9.

La Inspección de Trabajo podrá ejercer su función de mediación desde que se comunique la huelga hasta la solución del conflicto.

⇒ V. art. 3.3 de la Ley 42/1997, de 14 noviembre (§38.2).

Artículo 10.

El Gobierno, a propuesta del Ministerio de Trabajo, teniendo en cuenta la duración o las consecuencias de la huelga, las posiciones de las partes y el perjuicio grave de la economía nacional, *podrá acordar la reanudación de la actividad laboral en el plazo que determine, por un período máximo de dos meses* o, de modo definitivo, mediante el establecimiento de un arbitraje obligatorio. El incumplimiento de este acuerdo podrá dar lugar a la aplicación de lo dispuesto en los artículos 15 y 16.

✐ Adviértase que en su ap. 2, d) del Fallo, la STC 8 abril 1981 (RTC 1981, 11) declaró que «es inconstitucional el párr. 1 del art. 10, en cuanto faculta al Gobierno para imponer la reanudación del trabajo, pero no en cuanto le faculta para instituir un arbitraje obligatorio, siempre que en él se respete el requisito de imparcialidad de los árbitros».

Cuando la huelga se declare en empresas encargadas de la prestación de cualquier género de servicios públicos o de reconocida e inaplazable necesidad y concurran circunstancias de especial gravedad, la Autoridad gubernativa podrá acordar las medidas necesarias para asegurar el funcionamiento de los servicios. El Gobierno, asimismo, podrá adoptar a tales fines las medidas de intervención adecuadas.

⇒ El ap. e) del Fallo de la sentencia constitucional a que se viene aludiendo entendió que «no es inconstitucional el párr. 2 del art. 10, que atribuye a la autoridad gubernativa la potestad de dictar las medidas necesarias para determinar el mantenimiento de los servicios esenciales a la comunidad, en cuanto que el ejercicio de esta potestad está sometido a la jurisdicción de los Tribunales de justicia y al recurso de amparo ante este Tribunal».
Un resumen de la abundante doctrina constitucional sobre esta cuestión en STC 148/1993, de 29 abril (RTC 1993, 148).
La STC 296/2006, de 11 octubre (RTC 2006, 296) resume la doctrina constitucional sobre la competencia para establecer los mecanismos que aseguren el funcionamiento de los servicios esenciales de la comunidad: hay una reserva a favor de la autoridad gubernativa, responsable ante el conjunto de los ciudadanos; en consecuencia, no cabe que el Director-Gerente de un Servicio Público de Salud fije los servicios mínimos en caso de huelga (aunque lo haga previa consulta a los sindicatos más representativos).
La STC 310/2006, de 23 octubre (RTC 2006, 310), insiste en que vulnera el derecho de huelga la delegación en la empresa de la facultad de fijar los servicios mínimos.
V. el RD 524/2002, de 14 junio por el que se garantiza la prestación de servicios esenciales en el ámbito de la seguridad privada en situaciones de huelga.

Artículo 11.

La huelga es ilegal:

a) Cuando se inicie o se sostenga por motivos políticos o con cualquier otra finalidad ajena al interés profesional de los trabajadores afectados.

⇒ Téngase en cuenta las consideraciones de la STC 36/1993, de 8 de febrero (RTC 1993, 36), sobre una amplia interpretación de estos conceptos.

b) Cuando sea de solidaridad o apoyo, salvo que afecte *directamente* al interés profesional de quienes la promueven o sostengan.

⇒ La STC 36/1993, de 8 febrero (RTC 1993, 36), consideró que no era subsumible en la categoría ilegal la huelga general del 14-D, de protesta por la política social llevada a cabo por el Gobierno, pues se defendían intereses propios de los trabajadores en cuanto tales.

✐ En el ap. 2 f) de su fallo la STC 8 abril 1981 (RTC 1981, 11), estableció que «es inconstitucional la expresión "directamente" del ap. b) del art. 11».

c) Cuando tenga por objeto alterar, dentro de su período de vigencia, lo pactado en un Convenio Colectivo o lo establecido por laudo.

⇒ V. al respecto la STC 332/1994, de 19 diciembre (RTC 1994, 332).

d) Cuando se produzca contraviniendo lo dispuesto en el presente Real Decreto-ley, o lo expresamente pactado en Convenio Colectivo para la solución de conflictos.

CAPÍTULO II
Cierre patronal

Artículo 12.

1. Los empresarios sólo podrán proceder al cierre del centro de trabajo en caso de huelga o cualquier otra modalidad de irregularidad colectiva en el régimen de trabajo, cuando concurra alguna de las circunstancias que siguen:

⇒ La STC 11/1981, de 8 abril (RTC 1981, 11) advirtió que «la potestad de cierre de los empresarios reconocida en el art. 12 del RDley 17/1977, no es inconstitucional si se entiende como ejercicio de un poder de policía del empresario dirigido exclusivamente a preservar la integridad de las personas, los bienes y las instalaciones y limitado al tiempo necesario para remover tales causas y para asegurar la reanudación de la actividad, como dice el art. 13».

a) Existencia de notorio peligro de violencia para las personas o de daños graves para las cosas.

b) Ocupación ilegal del centro de trabajo o de cualquiera de sus dependencias, o peligro cierto de que ésta se produzca.

c) Que el volumen de la inasistencia o irregularidades en el trabajo impidan gravemente el proceso normal de producción.

2. El cierre patronal, efectuado dentro de los términos establecidos en el presente Real Decreto-ley, producirá respecto al personal afectado los efectos previstos en los párrafos 1, 2 y 3 del artículo 6 del mismo.

Artículo 13.

1. El empresario que al amparo de lo prevenido en el artículo anterior procediera al cierre del centro de trabajo, deberá ponerlo en conocimiento de la Autoridad laboral en el término de doce horas.

2. El cierre de los centros de trabajo se limitará al tiempo indispensable para asegurar la reanudación de la actividad de la empresa, o para la remoción de las causas que lo motivaron.

Artículo 14.

El empresario que hubiera acordado el cierre del centro de trabajo al amparo de lo prevenido en el artículo 12 y que no lo hubiera reabierto a iniciativa propia o a instancia de los trabajadores, deberá hacerlo, dando opción a su personal a reintegrarse a la actividad laboral, cuando fuera requerido a tales fines por la Autoridad laboral, en el plazo que establezca el propio requerimiento, incurriendo en caso contrario en las sanciones previstas en el artículo 15.

⇒ V. art. 96.3 del ET (§2) y preceptos concordantes.

CAPÍTULO III
Sanciones

Artículo 15.

El empresario que procediera al cierre del centro de trabajo, salvo en los supuestos previstos en el artículo 12, será sancionado en la forma y por los órganos que establece el artículo 33 de la Ley de Relaciones Laborales.

⇒ Derogado ese precepto, y sustituido en la actualidad, las referencias han de entenderse realizadas al art. 8.3 TRLISOS (§40.1) y preceptos concordantes.

Las sanciones que establece dicho artículo se entienden sin perjuicio de la obligación empresarial de reabrir el centro de trabajo ilícitamente cerrado y de abono a los trabajadores que hayan dejado de prestar sus servicios como consecuencia del cierre del centro de trabajo los salarios devengados durante el período de cierre ilegal.

Artículo 16.

1. Los trabajadores que participen en huelga ilegal o cualquier otra forma de alteración colectiva en el régimen normal de trabajo, incurrirán en la falta prevista en el apartado j) del artículo 33 de este Real Decreto-ley.

⇒ Cfr. el actual art. 54 del ET (§2).

2. Los trabajadores que, de acuerdo con el artículo 6, párrafo 7, fuesen designados para el mantenimiento de los servicios previstos y se negasen a ello, incurrirán en la causa justa de despido establecida en el apartado k) del artículo 33 del presente Real Decreto-ley, sin perjuicio de las demás responsabilidades que procedieran.

⇒ Derogado tal precepto, entiéndase hecha la referencia al art. 54 del ET (§2).

TÍTULO II
CONFLICTOS COLECTIVOS DE TRABAJO

CAPÍTULO I
Disposiciones generales

Artículo 17.

1. La solución de situaciones conflictivas que afecten a intereses generales de los trabajadores podrá tener lugar por el procedimiento de Conflicto Colectivo de Trabajo que se regula en este título.

⇒ V. art. 37.2 de la CE (§1); art. 4.1 d) del ET (§2) y art. 2.2 d) de la LOLS (§20.1).
Sobre legitimación para instar el procedimiento, v. STC 70/1982, de 29 noviembre (RTC 1982, 70).
En el plano procesal, v. Base 27, a) de la LBPL y LPL (§41), arts. 151 y ss.

2. Cuando los trabajadores utilicen el procedimiento de Conflicto Colectivo de Trabajo no podrán ejercer el derecho de huelga.

3. Declarada la huelga, podrán, no obstante, los trabajadores desistir de la misma y someterse al procedimiento de Conflicto Colectivo de Trabajo.

Artículo 18.

1. Sólo podrán instar la iniciación de Conflicto Colectivo de Trabajo:

⇒ V. art. 2.2 d) de la LOLS (§20.1) y art. 152 de la LPL (§41).

a) Los representantes de los trabajadores en el ámbito correspondiente al conflicto, por iniciativa propia o a instancia de sus representados.

⇒ La STC 70/1982, de 29 noviembre (RTC 1982, 70), reconoció la legitimación de los sindicatos.
La STC 59/1983, de 6 julio (RTC 1983, 59), pide adecuación entre el ámbito del conflicto y el de la implantación.
Las SSTC 47 y 65/1988, de 21 marzo (RTC 1988, 47) y 7 abril (RTC 1988, 65), niegan la legitimación de trabajadores individuales para impugnar un convenio.

b) Los empresarios o sus representantes legales, según el ámbito del conflicto.

2. Cuando el procedimiento de conflicto colectivo se inicie a instancia de los empresarios, y los trabajadores ejerzan el derecho de huelga, se suspenderá dicho procedimiento, archivándose las actuaciones.

Artículo 19.

La competencia para conocer de los Conflictos Colectivos de Trabajo corresponde, según su naturaleza:

a) Al Delegado de Trabajo de la provincia en que se plantea el conflicto. La Dirección General de Trabajo será competente en los conflictos colectivos laborales que afecten a trabajadores de varias provincias.

b) Al Orden Jurisdiccional Laboral, de acuerdo con lo establecido en esta disposición y en la Ley de Procedimiento Laboral.

⇒ V. Base 27ª de la LBPL y su desarrollo en LPL (§41), arts. 151 y ss.

Artículo 20.

No podrá plantearse Conflicto Colectivo de Trabajo para modificar lo pactado en Convenio Colectivo o establecido por un laudo.

CAPÍTULO II

Procedimiento

Artículo 21.

El planteamiento de Conflicto Colectivo de Trabajo se formalizará por escrito, firmado y fechado, en el que consten nombre, apellidos, domicilio y carácter de las personas que lo planteen y determinación de los trabajadores y empresarios afectados; hechos sobre los que verse el conflicto, peticiones concretas que se formulen, así como los demás datos que procedan.

Artículo 22.

El escrito a que se refiere el artículo anterior habrá de presentarse ante la Delegación de Trabajo de la provincia en que se plantee el conflicto. Cuando el conflicto afecte a trabajadores de varias provincias, dicho escrito será presentado ante la Dirección General de Trabajo.

Artículo 23.

En las veinticuatro horas siguientes al día de la presentación del escrito citado en el artículo 21, la Autoridad laboral remitirá copia del mismo a la parte frente a la que se plantee el conflicto y convocará a las partes de comparecencia ante ella, la que habrá de tener lugar dentro de los tres días siguientes.

Artículo 24.

En la comparecencia, la Autoridad laboral intentará la avenencia entre las partes. Los acuerdos serán adoptados por mayoría simple de las representaciones de cada una de las mismas. Dicho acuerdo tendrá la misma eficacia que lo pactado en Convenio Colectivo.

Las partes podrán designar a uno o varios Arbitros. En tal caso, éstos, que cuando sean varios habrán de actuar conjuntamente, deberán dictar su laudo en el término de cinco días. La decisión que adopten tendrá la misma eficacia que si hubiera habido acuerdo entre las partes.

Artículo 25.

Si las partes no llegaren a un acuerdo, ni designaren uno o varios Arbitros, la Autoridad laboral procederá del siguiente modo:

a) Si el conflicto derivara de discrepancias relativas a la interpretación de una norma preexistente, estatal o convenida colectivamente, remitirá las actuaciones practicadas, con su informe, a la Magistratura de Trabajo, que procederá conforme a lo dispuesto en la Ley de Procedimiento Laboral.

b) Si el conflicto se planteara para modificar las condiciones de trabajo, la Autoridad laboral dictará laudo de obligado cumplimiento, resolviendo sobre todas las cuestiones planteadas.

✐ Adviértase que la letra b) del art. 25 fue declarado inconstitucional por la STC 11/1981 (RTC 1981, 11) [Fallo, 2 g)].

Artículo 26.

Los laudos de obligado cumplimiento, que habrán de ser dictados en el término de los cinco días siguientes a la fecha de comparecencia, adoptarán la forma de resolución fundada y decidirán de modo claro y preciso, tanto respecto de las cuestiones que se hubiesen planteado en el escrito inicial como de las suscitadas en la comparecencia de las partes relacionadas con el conflicto. Estos laudos tendrán fuerza ejecutiva inmediata. Podrán ser recurridos en alzada ante la Autoridad laboral de grado superior, de conformidad con el artículo 122 de la Ley de Procedimiento Administrativo. Una vez agotada la vía gubernativa podrán ser impugnados ante la jurisdicción competente.

✐ El art. 26 fue declarado inconstitucional por la STC 11/1981 (RTC 1981, 11), a que se viene haciendo referencia [Fallo 2 g)].

TÍTULO III

CONVENIOS COLECTIVOS

Artículo 27. ...

✐ Derogado por la disp. final 3ª del ET/1980.

TÍTULO IV

LIMITACIÓN DE LA REGULACIÓN ESTATAL POR RAMAS DE ACTIVIDAD, DE LAS CONDICIONES MÍNIMAS DE TRABAJO

Artículos 28 y 29. ...

✐ Derogados por la disp. final 3ª del ET/1980.

TÍTULO V

EL DESPIDO

Artículos 30 a 44. ...

✐ Derogados por la disp. final 3ª del ET/1980.

TÍTULO VI

REESTRUCTURACIÓN DE PLANTILLAS

Artículo 45. ...

✐ Derogado por la disp. final 3ª del ET/1980.

DISPOSICIONES FINALES

Primera.

Quedan derogados el Decreto-ley 5/1975, de 22 de mayo, sobre regulación de los Conflictos Colectivos de Trabajo; el artículo 77 de la Ley de Contrato de Trabajo; el artículo 10 del Real Decreto-ley 18/1976, de 8 de octubre, sobre Medidas Económicas; el artículo 35 de la Ley 16/1976, de 8 de abril, de Relaciones Laborales, y cuantas Leyes y disposiciones se opongan a lo establecido en este Real Decreto-ley.

Segunda, Tercera y Cuarta. ...

✐ Derogadas por la disp. final 3ª del ET/1980.

⇒ V. arts. 98 y ss. del RD 2205/1980, de 13 junio, sobre relaciones de trabajo del personal civil no funcionario en establecimientos militares.

DISPOSICIONES ADICIONALES

Primera.

Lo dispuesto en el presente Real Decreto-ley en materia de huelga no es de aplicación al personal civil dependiente de establecimientos militares.

⇒ V. arts. 98 y ss. del RD 2205/1980, de 13 junio, sobre relaciones de trabajo del personal civil no funcionario en establecimientos militares.

Segunda.

Se mantendrá la actual procedencia del recurso de casación respecto de las sentencias dictadas en procesos por despido de trabajadores que ostenten cargos electivos de representación sindical.

⇒ V. Bases 34ª y 41ª de la LBPL, así como los arts. 189 y 204 de la LPL (§41).

Tercera. ...

✐ Derogada por la disp. final 3ª del ET/1980.

Cuarta.

El artículo 222 del Código Penal queda redactado en los siguientes términos:

«*Art. 222. Serán considerados como reos de sedición:*

1º Los funcionarios, encargados de la prestación de todo género de servicios públicos o de reconocida e inaplazable necesidad que, suspendiendo su actividad, ocasione trastornos a los mismos, o, de cualquier forma, alteren su regularidad.

2º Los patronos y obreros que, con el fin de atentar contra la seguridad del Estado, perjudicar su autoridad, o perturbar su normal actividad, suspendieren o alteraren la regularidad del trabajo».

✐ Precepto carente de vigencia tras la promulgación de la LO 10/1995, del Código Penal (§40.4); cfr. su disp. derog. y art. 315.

DISPOSICIONES TRANSITORIAS

...

✐ Derogadas por la disp. final 3ª del ET/1980.

IV

SALUD LABORAL

A) Ley de Prevención

§ 23 LEY 31/1995, DE 8 NOVIEMBRE. REGULA LA PREVENCIÓN DE RIESGOS LABORALES

(BOE núm. 269, de 10 noviembre [RCL 1995, 3053])

ÍNDICE SISTEMÁTICO

EXPOSICIÓN DE MOTIVOS

1

El artículo 40.2 de la Constitución Española encomienda a los poderes públicos, como uno de los principios rectores de la política social y económica, velar por la seguridad e higiene en el trabajo.

Este mandato constitucional conlleva la necesidad de desarrollar una política de protección de la salud de los trabajadores mediante la prevención de los riesgos derivados de su trabajo y encuentra en la presente Ley su pilar fundamental. En la misma se configura el marco general en el que habrán de desarrollarse las distintas acciones preventivas, en coherencia con las decisiones de la Unión Europea que ha expresado su ambición de mejorar progresivamente las condiciones de trabajo y de conseguir este objetivo de progreso con una armonización paulatina de esas condiciones en los diferentes países europeos.

De la presencia de España en la Unión Europea se deriva, por consiguiente, la necesidad de armonizar nuestra política con la naciente política comunitaria en esta materia, preocupada, cada vez en mayor medida, por el estudio y tratamiento de la prevención de los riesgos derivados del trabajo. Buena prueba de ello fue la modificación del Tratado constitutivo de la Comunidad Económica Europea por la llamada Acta Única, a tenor de cuyo artículo 118 A) los Estados miembros vienen, desde su entrada en vigor, promoviendo la mejora del medio de trabajo para conseguir el objetivo antes citado de armonización en el progreso de las condiciones de seguridad y salud de los trabajadores. Este objetivo se ha visto reforzado en el Tratado de la Unión Europea mediante el procedimiento que en el mismo se contempla para la adopción, a través de Directivas, de disposiciones mínimas que habrán de aplicarse progresivamente.

Consecuencia de todo ello ha sido la creación de un acervo jurídico europeo sobre protección de la salud de los trabajadores en el trabajo. De las Directivas que lo configuran, la más significativa es, sin duda, la 89/391/CEE, relativa a la aplicación de las medidas para promover la mejora de la seguridad y de la salud de los trabajadores en el trabajo, que contiene el marco jurídico general en el que opera la política de prevención comunitaria.

La presente Ley transpone al Derecho español la citada Directiva, al tiempo que incorpora al que será nuestro cuerpo básico en esta materia disposiciones de otras Directivas cuya materia exige o aconseja la transposición en una norma de rango legal, como son las Directivas 92/85/CEE, 94/33/CE y 91/383/CEE, relativas a la protección de la maternidad y de los jóvenes y al tratamiento de las relaciones de trabajo temporales, de duración determinada y en empresas de trabajo temporal.

Así pues, el mandato constitucional contenido en el artículo 40.2 de nuestra Ley de leyes y la comunidad jurídica establecida por la Unión Europea en esta materia configuran el soporte básico en que se asienta la presente Ley. Junto a ello, nuestros propios compromisos contraídos con la Organización Internacional del Trabajo a partir de la ratificación del Convenio 155, sobre seguridad y salud de los trabajadores y medio ambiente de trabajo, enriquecen el contenido del texto legal al incorporar sus prescripciones y darles el rango legal adecuado dentro de nuestro sistema jurídico.

2

Pero no es sólo del mandato constitucional y de los compromisos internacionales del Estado español de donde se deriva la exigencia de un nuevo enfoque normativo. Dimana también, en el orden interno, de una doble necesidad: la de poner término, en primer lugar, a la falta de una visión unitaria en la política de prevención de riesgos laborales propia de la dispersión de la normativa vigente, fruto de la acumulación en el tiempo de normas de muy diverso rango y orientación, muchas de ellas anteriores a la propia Constitución Española; y, en segundo lugar, la de actualizar regulaciones ya desfasadas y regular situaciones nuevas no contempladas con anterioridad. Necesidades éstas que, si siempre revisten importancia, adquieren especial trascendencia cuando se relacionan con la protección de la seguridad y la salud de los trabajadores en el trabajo, la evolución de cuyas condiciones demanda la permanente actualización de la normativa y su adaptación a las profundas transformaciones experimentadas.

3

Por todo ello, la presente Ley tiene por objeto la determinación del cuerpo básico de garantías y responsabilidades preciso para establecer un adecuado nivel de protección de la salud de los trabajadores frente a los riesgos derivados de las condiciones de trabajo, y ello en el marco de una política coherente, coordinada y eficaz de prevención de los riesgos laborales.

A partir del reconocimiento del derecho de los trabajadores en el ámbito laboral a la protección de su salud e integridad, la Ley establece las diversas obligaciones que, en el ámbito indicado, garantizarán este derecho, así como las actuaciones de las Administraciones públicas que puedan incidir positivamente en la consecución de dicho objetivo.

Al insertarse esta Ley en el ámbito específico de las relaciones laborales, se configura como una referencia legal mínima en un doble sentido: el primero, como Ley que establece un marco legal a partir del cual las normas reglamentarias irán fijando y concretando los aspectos más técnicos de las medidas preventivas; y, el segundo, como soporte básico a partir del cual la negociación colectiva podrá desarrollar su función específica. En este aspecto, la Ley y sus normas reglamentarias constituyen legislación laboral, conforme al artículo 149.1.7ª de la Constitución.

Pero, al mismo tiempo –y en ello radica una de las principales novedades de la Ley–, esta norma se aplicará también en el ámbito de las Administraciones públicas, razón por la cual la Ley no solamente posee el carácter de legislación laboral sino que constituye, en sus aspectos fundamentales, norma básica del régimen estatutario de los funcionarios públicos, dictada al amparo de lo dispuesto en el artículo 149.1.18ª de la Constitución. Con ello se confirma también la vocación de universalidad de la Ley, en cuanto dirigida a abordar, de manera global y coherente, el conjunto de los problemas derivados de los riesgos relacionados con el trabajo, cualquiera que sea el ámbito en el que el trabajo se preste.

En consecuencia, el ámbito de aplicación de la Ley incluye tanto a los trabajadores vinculados por una relación laboral en sentido estricto, como al personal civil con relación de carácter administrativo o estatutario al servicio de las Administraciones públicas, así como a los socios trabajadores o de trabajo de los distintos tipos de cooperativas, sin más exclusiones que las correspondientes, en el ámbito de la función pública, a determinadas actividades de policía, seguridad, resguardo aduanero, peritaje forense y protección civil cuyas particularidades impidan la aplicación de la Ley, la cual inspirará, no obstante, la normativa específica que se dicte para salvaguardar la seguridad y la salud de los trabajadores en dichas actividades; en sentido similar, la Ley prevé su adaptación a las características propias de los centros y establecimientos militares y de los establecimientos penitenciarios.

4

La política en materia de prevención de riesgos laborales, en cuanto conjunto de actuaciones de los poderes públicos dirigidas a la promoción de la mejora de las condiciones de trabajo para elevar el nivel de protección de la salud y la seguridad de los trabajadores, se articula en la Ley en base a los principios de eficacia, coordinación y participación, ordenando tanto la actuación de las diversas Administraciones públicas con competencias en materia preventiva, como la necesaria participación en dicha actuación de empresarios y trabajadores, a través de sus organizaciones representativas. En este contexto, la Comisión Nacional de Seguridad y Salud en el Trabajo que se crea se configura como un instrumento privilegiado de participación en la formulación y desarrollo de la política en materia preventiva.

Pero tratándose de una Ley que persigue ante todo la prevención, su articulación no puede descansar exclusivamente en la ordenación de las obligaciones y responsabilidades de los actores directamente relacionados con el hecho laboral. El propósito de fomentar una auténtica cultura preventiva, mediante la promoción de la mejora de la educación en dicha materia en todos los niveles educativos, involucra a la sociedad en su conjunto y constituye uno de los objetivos básicos y de efectos quizás más trascendentes para el futuro de los perseguidos por la presente Ley.

5

La protección del trabajador frente a los riesgos laborales exige una actuación en la empresa que desborda el mero cumplimiento formal de un conjunto predeterminado, más o menos amplio, de deberes y obligaciones empresariales y, más aún, la simple corrección *a posteriori* de situaciones de riesgo ya manifestadas. La planificación de la prevención desde el momento mismo del diseño del proyecto empresarial, la evaluación inicial de los riesgos inherentes al trabajo y su actualización periódica a medida que se alteren las circunstancias, la ordenación de un conjunto coherente y globalizador de medidas de acción preventiva adecuadas a la naturaleza de los riesgos detectados y el control de la efectividad de dichas medidas constituyen los elementos básicos del nuevo enfoque en la prevención de riesgos laborales que la Ley plantea. Y, junto a ello, claro está, la información y la formación de los trabajadores dirigidas a un mejor conocimiento tanto del alcance real de los riesgos derivados del trabajo como de la forma de prevenirlos y evitarlos, de manera adaptada a las peculiaridades de cada centro de trabajo, a las características de las personas que en él desarrollan su prestación laboral y a la actividad concreta que realizan.

Desde estos principios se articula el Capítulo III de la Ley, que regula el conjunto de derechos y obligaciones derivados o correlativos del derecho básico de los trabajadores a su protección, así como, de manera más específica, las actuaciones a desarrollar en situaciones de emergencia o en caso de riesgo grave e inminente, las garantías y derechos relacionados con la vigilancia de la salud de los trabajadores, con especial atención a la protección de la confidencialidad y el respeto a la intimidad en el tratamiento de estas actuaciones, y las medidas particulares a adoptar en relación con categorías específicas de trabajadores, tales como los jóvenes, las trabajadoras embarazadas o que han dado a luz recientemente y los trabajadores sujetos a relaciones laborales de carácter temporal.

Entre las obligaciones empresariales que establece la Ley, además de las que implícitamente llevar consigo la garantía de los derechos reconocidos al trabajador, cabe resaltar el deber de coordinación que se impone a los empresarios que desarrollen sus actividades en un mismo centro de trabajo, así como el de aquellos que contraten o subcontraten con otros la realización en sus propios centros de trabajo de obras o servicios correspondientes a su actividad de vigilar el cumplimiento por dichos contratistas y subcontratistas de la normativa de prevención.

Instrumento fundamental de la acción preventiva en la empresa es la obligación regulada en el Capítulo IV de estructurar dicha acción a través de la actuación de uno o varios trabajadores de la empresa específicamente designados para ello, de la constitución de un servicio de prevención o del recurso a un servicio de prevención ajeno a la empresa. De esta manera, la Ley combina la necesidad de una actuación ordenada y formalizada de las actividades de prevención con el reconocimiento de la diversidad de situaciones a las que la Ley se dirige en cuanto a la magnitud, complejidad e intensidad de los riesgos inherentes a las mismas, otorgando un conjunto suficiente de posibilidades, incluida la eventual participación de las Mutuas de Accidentes de Trabajo y Enfermedades Profesionales, para organizar de manera racional y flexible el desarrollo de la acción preventiva, garantizando en todo caso tanto la suficiencia del modelo de organización elegido, como la independencia y protección de los trabajadores que, organizados o no en un servicio de prevención, tengan atribuidas dichas funciones.

6

El Capítulo V regula, de forma detallada, los derechos de consulta y participación de los trabajadores en relación con las cuestiones que afectan a la seguridad y salud en el trabajo. Partiendo del sistema de representación colectiva vigente en nuestro país, la Ley atribuye a los denominados Delegados de Prevención –elegidos por y entre los representantes del personal en el ámbito de los respectivos órganos de representación– el ejercicio de las funciones especializadas en materia de prevención de riesgos en el trabajo, otorgándoles para ello las competencias, facultades y garantías necesarias. Junto a ello, el Comité de Seguridad y Salud, continuando la experiencia de actuación de una figura arraigada y tradicional de nuestro ordenamiento laboral, se configura como el órgano de encuentro entre dichos representantes y el empresario para el desarrollo de una participación equilibrada en materia de prevención de riesgos.

Todo ello sin perjuicio de las posibilidades que otorga la Ley a la negociación colectiva para articular de manera diferente los instrumentos de participación de los trabajadores, incluso desde el establecimiento de ámbitos de actuación distintos a los propios del centro de trabajo, recogiendo con ello diferentes experiencias positivas de regulación convencional cuya vigencia, plenamente compatible con los objetivos de la Ley, se salvaguarda a través de la disposición transitoria de ésta.

7

Tras regularse en el Capítulo VI las obligaciones básicas que afectan a los fabricantes, importadores y suministradores de maquinaria, equipos, productos y útiles de trabajo, que enlazan con la normativa comunitaria de mercado interior dictada para asegurar la exclusiva comercialización de aquellos productos y equipos que ofrezcan los mayores niveles de seguridad para los usuarios, la Ley aborda en el Capítulo VII la regulación de las responsabilidades y sanciones que deben garantizar su cumplimiento, incluyendo la tipificación de las infracciones y el régimen sancionador correspondiente.

Finalmente, la disposición adicional quinta viene a ordenar la creación de una fundación, bajo el protectorado del Ministerio de Trabajo y Seguridad Social y con participación, tanto de las Administraciones públicas como de las organizaciones representativas de empresarios y trabajadores, cuyo fin primordial será la promoción, especialmente en las pequeñas y medianas empresas, de actividades destinadas a la mejora de las condiciones de seguridad y salud en el trabajo. Para permitir a la fundación el desarrollo de sus actividades, se dotará a la misma por parte del Ministerio de Trabajo y Seguridad Social de un patrimonio procedente del exceso de excedentes de la gestión realizada por las Mutuas de Accidentes de Trabajo y Enfermedades Profesionales.

Con ello se refuerzan, sin duda, los objetivos de responsabilidad, cooperación y participación que inspiran la Ley en su conjunto.

8

El proyecto de ley, cumpliendo las prescripciones legales sobre la materia, ha sido sometido a la consideración del Consejo Económico y Social, del Consejo General del Poder Judicial y del Consejo de Estado.

CAPÍTULO I

Objeto, ámbito de aplicación y definiciones

Artículo 1. Normativa sobre prevención de riesgos laborales.

La normativa sobre prevención de riesgos laborales está constituida por la presente Ley, sus disposiciones de desarrollo o complementarias y cuantas otras normas, legales o convencionales, contengan prescripciones relativas a la adopción de medidas preventivas en el ámbito laboral o susceptibles de producirlas en dicho ámbito.

⇒ V. la disp. derog. de la Ley, en especial su ap. d).
V. en art. 216 del CP (§40.4) un supuesto sobre alcance práctico de esta identificación.
V. en especial, los preceptos anotados en el art. 6 de la presente Ley.
La Ley 28/2005, de 26 diciembre, de Medidas sanitarias frente al tabaquismo y reguladora de la venta, el suministro, el consumo y la publicidad de los productos del tabaco advierte que su contenido «se entiende sin perjuicio de las demás limitaciones y prohibiciones al consumo de tabaco contenidas en la normativa sobre prevención de riesgos laborales» (disp. adic. 7ª).

Artículo 2. Objeto y carácter de la norma.

1. La presente Ley tiene por objeto promover la seguridad y la salud de los trabajadores mediante la aplicación de medidas y el desarrollo de las actividades necesarias para la prevención de riesgos derivados del trabajo.

⇒ V. art. 40.2 de la CE (§1).

A tales efectos, esta Ley establece los principios generales relativos a la prevención de los riesgos profesionales para la protección de la seguridad y de la salud, la eliminación o disminución de los riesgos derivados del trabajo, la información, la consulta, la participación equilibrada y la formación de los trabajadores en materia preventiva, en los términos señalados en la presente disposición.

Para el cumplimiento de dichos fines, la presente Ley regula las actuaciones a desarrollar por las Administraciones públicas, así como por los empresarios, los trabajadores y sus respectivas organizaciones representativas.

2. Las disposiciones de carácter laboral contenidas en esta Ley y en sus normas reglamentarias tendrán en todo caso el carácter de Derecho necesario mínimo indisponible, pudiendo ser mejoradas y desarrolladas en los convenios colectivos.

⇒ Cfr. con lo previsto en los arts. 3.1 c); 3.3; 3.5 y 85.1 del ET (§2).

Artículo 3. Ámbito de aplicación.

1. Esta Ley y sus normas de desarrollo serán de aplicación tanto en el ámbito de las relaciones laborales reguladas en el Texto Refundido de la Ley del Estatuto de los Trabajadores, como en el de las relaciones de carácter administrativo o estatutario del personal al servicio de las Administraciones Públicas, con las peculiaridades que, en este caso, se contemplan en la presente Ley o en sus normas de desarrollo. Ello sin perjuicio del cumplimiento de las obligaciones específicas que se establecen para fabricantes, importadores y suministradores, y de los derechos y obligaciones que puedan derivarse para los trabajadores autónomos. Igualmente serán aplicables a las sociedades cooperativas, constituidas de acuerdo con la legislación que les sea de aplicación, en las que existan socios cuya actividad consista en la prestación de un trabajo personal, con las peculiaridades derivadas de su normativa específica.

⇒ V. arts. 1, 2 y 3 del Convenio núm. 155 de la OIT 22 junio 1981, ratificado por Instrumento 26 julio 1985.

V. Convenio núm. 176 de la OIT 22 junio 1995, ratificado por Instrumento 24 abril 1997.

Cfr. con arts. 1.3 del ET (§2) y 1 de la LOLS (§20.1).

Respecto de fabricantes, importadores y suministradores v. el art. 41 de la presente Ley; sobre trabajadores autónomos cfr. su art. 24.5, así como el art. 12 del RD 1627/1997, de 24 octubre, para autónomos en el sector de la construcción.

La Ley 6/1996, de 15 enero, del Voluntariado, establece como uno de los derechos del voluntario «realizar su actividad en las debidas condiciones de seguridad e higiene» [art. 6 g)].

El art. 11 del RD 690/1996, de 26 abril, establece que los sentenciados a penas de trabajo en beneficio de la comunidad «estarán protegidos por la normativa laboral en materia de seguridad e higiene en el trabajo».

V. el RD 1488/1998, de 10 julio, sobre aplicación a la Administración General del Estado (§24.4), la disp. adic. octava de la presente Ley y su art. 45.1.

El RD 1932/1998, de 11 septiembre adapta los Caps. III y V de la LPRL el ámbito de los centros y establecimientos militares.

V. el Pacto suscrito entre el INSALUD y determinadas organizaciones sindicales en materia de prevención de riesgos laborales, publicado en la Res. 13 enero 1997.

V. el Acuerdo Administración-Sindicatos de adaptación de la legislación de prevención de riesgos laborales a la Administración General del Estado, publicado en la Res. 23 julio 1998, de la Secretaría de Estado para la Administración Pública.

Cuando en la presente Ley se haga referencia a trabajadores y empresarios, se entenderán también comprendidos en estos términos, respectivamente, de una parte, el personal con relación de carácter administrativo o estatutario y la Administración pública para la que presta servicios, en los términos expresados en la disposición adicional tercera de esta Ley, y, de otra, los socios de las cooperativas a que se refiere el párrafo anterior y las sociedades cooperativas para las que prestan sus servicios.

✎ Ap. 1 modificado por disp. final 2ª.1 de la Ley 31/2006, de 18 octubre (§21.3).

⇒ Sobre cooperativas, v. la disp. adic. décima de la propia Ley.

Respecto de las Cooperativas de Trabajo Asociado, dispone el art. 80.5 de la Ley 27/1999, de 16 julio, de Cooperativas que:

«Serán de aplicación a los centros de trabajo y a los socios trabajadores las normas sobre salud laboral y sobre la prevención de riesgos laborales, todas las cuales se aplicarán teniendo en cuenta las especialidades propias de la relación societaria y autogestionada de los socios trabajadores que les vincula con su cooperativa».

2. La presente Ley no será de aplicación en aquellas actividades cuyas particularidades lo impidan en el ámbito de las funciones públicas de:

⇒ Cfr. lo dispuesto en el art. 4 de la Ley 42/1997, Ordenadora de la Inspección de Trabajo y Seguridad Social (§38.2).

V. art. 2.1 de la Directiva 89/391/CEE (§50.1).

–Policía, seguridad y resguardo aduanero.

⇒ La STJCE 12 enero 2006 (TJCE 2006, 12), C 132/04, condena al Reino de España por no haber transpuesto adecuadamente las previsiones de la Directiva 89/391 en lo que respecta al personal no civil de las Administraciones (Fuerzas Armadas y Policía).

Mediante RD 2/2006, de 16 enero, se establecen normas de prevención de riesgos laborales en la actividad de los funcionarios del Cuerpo Nacional de Policía.

–Servicios operativos de protección civil y peritaje forense en los casos de grave riesgo, catástrofe y calamidad pública.

–Fuerzas Armadas y actividades militares de la Guardia Civil.

No obstante, esta Ley inspirará la normativa específica que se dicte para regular la protección de la seguridad y la salud de los trabajadores que prestan sus servicios en las indicadas actividades.

✐ Ap. 2 modificado por disp. final 2ª.1 de la Ley 31/2006, de 18 octubre (§21.3).

3. En los centros y establecimientos militares será de aplicación lo dispuesto en la presente Ley, con las particularidades previstas en su normativa específica.

⇒ Cfr. la disp. adic. novena de la presente Ley y su nota.

En los establecimientos penitenciarios, se adaptarán a la presente Ley aquellas actividades cuyas características justifiquen una regulación especial, lo que se llevará a efecto en los términos señalados en la Ley 7/1990, de 19 de julio, sobre negociación colectiva y participación en la determinación de las condiciones de trabajo de los empleados públicos.

4. La presente Ley tampoco será de aplicación a la relación laboral de carácter especial del servicio del hogar familiar. No obstante lo anterior, el titular del hogar familiar está obligado a cuidar de que el trabajo de sus empleados se realice en las debidas condiciones de seguridad e higiene.

⇒ Conforme al art. 13 del RD 1424/1985, de 1 agosto, por el que se regula esta relación laboral de carácter especial (§16.2), «el titular del hogar familiar está obligado a cuidar de que el trabajo de sus empleados se realice en las debidas condiciones de seguridad e higiene. La deficiencia grave de estas obligaciones será justa causa de dimisión del empleado».

Artículo 4. Definiciones.

⇒ Cfr. art. 3 de la Directiva 89/391/CEE (§50.1).

A efectos de la presente Ley y de las normas que la desarrollen:

1º Se entenderá por «prevención» el conjunto de actividades o medidas adoptadas o previstas en todas las fases de actividad de la empresa con el fin de evitar o disminuir los riesgos derivados del trabajo.

2º Se entenderá como «riesgo laboral» la posibilidad de que un trabajador sufra un determinado daño derivado del trabajo. Para calificar un riesgo desde el punto de vista de su gravedad, se valorarán conjuntamente la probabilidad de que se produzca el daño y la severidad del mismo.

3º Se considerarán como «daños derivados del trabajo» las enfermedades, patologías o lesiones sufridas con motivo u ocasión del trabajo.

⇒ V. la disp. adic. 1ª de la presente Ley, así como su nota.

4º Se entenderá como «riesgo laboral grave e inminente» aquel que resulte probable racionalmente que se materialice en un futuro inmediato y pueda suponer un daño grave para la salud de los trabajadores.

⇒ V. art. 21 de la presente Ley.

En el caso de exposición a agentes susceptibles de causar daños graves a la salud de los trabajadores, se considerará que existe un riesgo grave e inminente cuando sea probable racionalmente que se materialice en un futuro inmediato una exposición a dichos agentes de la que puedan derivarse daños graves para la salud, aun cuando éstos no se manifiesten de forma inmediata.

5º Se entenderán como procesos, actividades, operaciones, equipos o productos «potencialmente peligrosos» aquellos que, en ausencia de medidas preventivas específicas, originen riesgos para la seguridad y la salud de los trabajadores que los desarrollan o utilizan.

6º Se entenderá como «equipo de trabajo» cualquier máquina, aparato, instrumento o instalación utilizada en el trabajo.

⇒ En el art. 2 del RD 1215/1997, de 18 julio se dan definiciones sobre los equipos de trabajo. V. también art. 17 de la presente Ley y sus notas.

7º Se entenderá como «condición de trabajo» cualquier característica del mismo que pueda tener una influencia significativa en la generación de riesgos para la seguridad y la salud del trabajador. Quedan específicamente incluidas en esta definición:

a) Las características generales de los locales, instalaciones, equipos, productos y demás útiles existentes en el centro de trabajo.

⇒ V. las definiciones del art. 2 del RD 485/1997, sobre señalización de seguridad y salud.
V. el art. 2 del RD 486/1997, de 14 abril con diversas definiciones sobre lugares de trabajo.
Asimismo el art. 2 del RD 1627/1997, de 24 octubre incluye definiciones a efectos de la seguridad en la construcción.

b) La naturaleza de los agentes físicos, químicos y biológicos presentes en el ambiente de trabajo y sus correspondientes intensidades, concentraciones o niveles de presencia.

c) Los procedimientos para la utilización de los agentes citados anteriormente que influyan en la generación de los riesgos mencionados.

d) Todas aquellas otras características del trabajo, incluidas las relativas a su organización y ordenación, que influyan en la magnitud de los riesgos a que esté expuesto el trabajador.

8º Se entenderá por «equipo de protección individual» cualquier equipo destinado a ser llevado o sujetado por el trabajador para que le proteja de uno o varios riesgos que puedan amenazar su seguridad o su salud en el trabajo, así como cualquier complemento o accesorio destinado a tal fin.

⇒ En el art. 2 del RD 773/1997, de 30 mayo, puede verse la definición desarrollada de lo que sea un equipo de protección individual. V. también art. 17.2 de la presente Ley.

CAPÍTULO II

Política en materia de prevención de riesgos para proteger la seguridad y la salud en el trabajo

Artículo 5. Objetivos de la política.

1. La política en materia de prevención tendrá por objeto la promoción de la mejora de las condiciones de trabajo dirigida a elevar el nivel de protección de la seguridad y la salud de los trabajadores en el trabajo.

Dicha política se llevará a cabo por medio de las normas reglamentarias y de las actuaciones administrativas que correspondan y, en particular, las que se regulan en este capítulo, que se orientarán a la coordinación de las distintas Administraciones públicas competentes en materia preventiva y a que se armonicen con ellas las actuaciones que conforme a esta Ley correspondan a sujetos públicos y privados, a cuyo fin:

a) La Administración General del Estado, las Administraciones de las Comunidades Autónomas y las entidades que integran la Administración local se prestarán cooperación y asistencia para el eficaz ejercicio de sus respectivas competencias en el ámbito de lo previsto en este artículo.

⇒ Cfr. art. 103.1 de la CE (§1).

V. asimismo el art. 4 («principios de las relaciones entre las Administraciones Públicas») de la Ley 30/1992, de 26 noviembre, de Régimen Jurídico de las Administraciones Públicas y del Procedimiento Administrativo Común.

b) La elaboración de la política preventiva se llevará a cabo con la participación de los empresarios y de los trabajadores a través de sus organizaciones empresariales y sindicales más representativas.

⇒ Sobre estos conceptos, v. los arts. 6 y 7 de la LO 11/1985, de 2 agosto, de Libertad Sindical (§20.1), así como la disp. adic. 6ª del ET (§2).

2. A los fines previstos en el apartado anterior las Administraciones públicas promoverán la mejora de la educación en materia preventiva en los diferentes niveles de enseñanza y de manera especial en la oferta formativa correspondiente al sistema nacional de cualificaciones profesionales, así como la adecuación de la formación de los recursos humanos necesarios para la prevención de los riesgos laborales.

En el ámbito de la Administración General del Estado se establecerá una colaboración permanente entre el Ministerio de Trabajo y Seguridad Social y los Ministerios que correspondan, en particular los de Educación y Ciencia y de Sanidad y Consumo, al objeto de establecer los niveles formativos y especializaciones idóneas, así como la revisión permanente de estas enseñanzas, con el fin de adaptarlas a las necesidades existentes en cada momento.

⇒ V. el RD 1600/2004, de 2 julio, sobre estructura del actual Ministerio de Trabajo y Asuntos Sociales (§38.1).

3. Del mismo modo, las Administraciones públicas fomentarán aquellas actividades desarrolladas por los sujetos a que se refiere el apartado 1 del artículo segundo, en orden a la mejora de las condiciones de seguridad y salud en el trabajo y la reducción de los riesgos laborales, la investigación o fomento de nuevas formas de protección y la promoción de estructuras eficaces de prevención.

Para ello podrán adoptar programas específicos dirigidos a promover la mejora del ambiente de trabajo y el perfeccionamiento de los niveles de protección. Los programas podrán instrumentarse a través de la concesión de los incentivos que reglamentariamente se determinen que se destinarán especialmente a las pequeñas y medianas empresas.

4. Las Administraciones públicas promoverán la efectividad del principio de igualdad entre mujeres y hombres, considerando las variables relacionadas con el sexo tanto en los sistemas de recogida y tratamiento de datos como en el estudio e investigación generales en materia de prevención de riesgos laborales, con el objetivo de detectar y prevenir posibles situaciones en las que los daños derivados del trabajo puedan aparecer vinculados con el sexo de los trabajadores.

✐ Ap. 4 añadido por disp. adic. 12ª.Uno de la LO 3/2007, de 22 marzo, para la igualdad efectiva de mujeres y hombres (§31.1).

Artículo 6. Normas reglamentarias.

1. El Gobierno, a través de las correspondientes normas reglamentarias y previa consulta a las organizaciones sindicales y empresariales más representativas, regulará las materias que a continuación se relacionan:

⇒ V. la nota al art. 5.1 b) de la presente Ley.

a) Requisitos mínimos que deben reunir las condiciones de trabajo para la protección de la seguridad y la salud de los trabajadores.

⇒ El RD 485/1997, de 14 abril, contiene las disposiciones mínimas en materia de señalización de seguridad y salud en el trabajo.

El RD 486/1997, de 14 abril, establece las disposiciones mínimas en materia de seguridad y salud en los lugares de trabajo.

El RD 487/1997, de 14 abril, fija disposiciones mínimas de seguridad y salud relativas a la manipulación manual de cargas que entrañe riesgos, en particular dorsolumbares, para los trabajadores.

El RD 488/1997, de 14 abril, dicta disposiciones mínimas de seguridad y salud relativas al trabajo con equipos que incluyen pantallas de visualización.

El RD 773/1997, de 30 mayo, contiene las disposiciones mínimas de seguridad y salud relativas a la utilización por los trabajadores de equipos de protección individual.

El RD 1215/1997, de 18 julio, establece las disposiciones mínimas de seguridad y salud para la utilización por los trabajadores de los equipos de trabajo.

El RD 1216/1997, de 18 julio, establece las disposiciones mínimas de seguridad y salud en el trabajo a bordo de los buques de pesca.

El RD 1389/1997, de 5 septiembre, contiene disposiciones mínimas de seguridad y salud de los trabajadores en actividades mineras.

El RD 1627/1997, de 24 octubre, establece disposiciones mínimas de seguridad y salud en las obras de construcción.

El RD 216/1999, de 5 febrero, aprueba disposiciones mínimas de seguridad y salud en el trabajo en el ámbito de las empresas de trabajo temporal (§3.3).

El RD 614/2001, de 8 junio, que fija las disposiciones mínimas para la protección de la salud y seguridad de los trabajadores frente al riesgo eléctrico.

El RD 1311/2005, de 4 noviembre, regula la protección de la salud la seguridad de los trabajadores frente a los riesgos derivados o que puedan derivarse de la exposición a vibraciones mecánicas.

El RD 286/2006, de 10 marzo, regula la protección de la seguridad y salud de los trabajadores frente a los riesgos relacionados con la exposición al ruido.

b) Limitaciones o prohibiciones que afectarán a las operaciones, los procesos y las exposiciones laborales a agentes que entrañen riesgos para la seguridad y la salud de los trabajadores. Específicamente podrá establecerse el sometimiento de estos procesos u operaciones a trámites de control administrativo, así como, en el caso de agentes peligrosos, la prohibición de su empleo.

⇒ El RD 664/1997, de 12 mayo, regula la protección de los trabajadores contra los riesgos relacionados con la exposición a agentes biológicos durante el trabajo.

El RD 665/1997, de 12 mayo, regula la protección de los trabajadores contra los riesgos relacionados con la exposición a agentes cancerígenos durante el trabajo; mediante RD 349/2003, de 21 marzo, se modificó y amplió su ámbito aplicativo a los agentes mutágenos.

El RD 374/2001, de 6 abril, regula la protección de la salud y seguridad de los trabajadores contra los riesgos relacionados con los agentes químicos durante el trabajo.

El RD 396/2006, de 31 marzo, establece las disposiciones mínimas de seguridad y salud aplicables a los trabajadores con riesgo de exposición al amianto.

Véase también, con otra perspectiva, la Ley 28/2005, de 26 diciembre, de Medidas sanitarias frente al tabaquismo y reguladora de la venta, el suministro, el consumo y la publicidad de los productos del tabaco.

c) Condiciones o requisitos especiales para cualquiera de los supuestos contemplados en el apartado anterior, tales como la exigencia de un adiestramiento o formación previa o la elaboración de un plan en el que se contengan las medidas preventivas a adoptar.

⇒ El RD 413/1997, de 21 marzo, contempla la protección operacional de los trabajadores externos con riesgo de exposición a radiaciones ionizantes por intervención en zona controlada.

V. el alcance de la obligación empresarial regulada en el art. 19.1 de la propia Ley.

d) Procedimientos de evaluación de los riesgos para la salud de los trabajadores, normalización de metodologías y guías de actuación preventiva.

⇒ V. el RD 39/1997, de 17 enero, especialmente arts. 5 y concordantes (§24.1).

El RD 171/2004, de 30 enero, contiene normas específicas para los supuestos en que deben de coordinarse actividades empresariales (§24.5).

e) Modalidades de organización, funcionamiento y control de los servicios de prevención, considerando las peculiaridades de las pequeñas empresas con el fin de evitar obstáculos innecesarios para su creación y desarrollo, así como capacidades y aptitudes que deban reunir los mencionados servicios y los trabajadores designados para desarrollar la acción preventiva.

⇒ V. el RD 39/1997, de 17 enero, por el que se aprueba el Reglamento de los Servicios de Prevención (§24.1) y las OO. 27 junio 1997 y TAS/3623/2006, de 25 noviembre (§24.3).

El RD 688/2005 (§24.2) regula la actividad de las Mutuas como servicios de prevención ajenos.

El RD 1488/1998, de 10 julio, adapta la legislación de prevención de riesgos laborales a la Administración General del Estado (§24.4).

El RD 1932/1998, de 11 septiembre, adapta los Capítulos III y V de la LPRL al ámbito de los centros y establecimientos militares.

El RD 171/2004, de 30 enero, contiene normas específicas para los supuestos en que deben de coordinarse actividades empresariales (§24.5).

f) Condiciones de trabajo o medidas preventivas específicas en trabajos especialmente peligrosos, en particular si para los mismos están previstos controles médicos especiales, o cuando se presenten riesgos derivados de determinadas características o situaciones especiales de los trabajadores.

⇒ Cfr. el ap. b) de la disposición derogatoria contenida en la Ley.

El RD 216/1999, de 5 febrero, dicta disposiciones mínimas de seguridad y salud en el trabajo en el ámbito de las empresas de trabajo temporal.

El RD 258/1999, de 12 febrero, establece condiciones mínimas sobre la protección de la salud y la asistencia médica de los trabajadores del mar.

El RD 783/2001, de 6 julio, aprueba el Reglamento sobre protección sanitaria contra radiaciones ionizantes.

g) Procedimiento de calificación de las enfermedades profesionales, así como requisitos y procedimientos para la comunicación e información a la autoridad competente de los daños derivados del trabajo.

⇒ El RD 1299/2006, de 10 noviembre, aprueba el cuadro de enfermedades profesionales en el sistema de la Seguridad Social, al tiempo que establece criterios para su notificación y registro.

Mediante Orden TAS/1/2007, de 2 enero, se establece el modelo de parte de enfermedad profesional, se dictan normas para su elaboración y transmisión y se crea el correspondiente fichero de datos personales.

2. Las normas reglamentarias indicadas en el apartado anterior se ajustarán, en todo caso, a los principios de política preventiva establecidos en esta Ley, mantendrán la debida coordinación con la normativa sanitaria y de seguridad industrial y serán objeto de evaluación y, en su caso, de revisión periódica, de acuerdo con la experiencia en su aplicación y el progreso de la técnica.

⇒ La posible emisión de Dictamen por el CES se desprende del art. 7.1.1 a) de la Ley 21/1991, de 17 junio, por la que se crea el Consejo Económico y Social (§38.4).

Artículo 7. Actuaciones de las Administraciones públicas competentes en materia laboral.

1. En cumplimiento de lo dispuesto en la presente Ley, las Administraciones públicas competentes en materia laboral desarrollarán funciones de promoción de la prevención, asesoramiento técnico, vigilancia y control del cumplimiento por los sujetos comprendidos en su ámbito de aplicación de la normativa de prevención de riesgos laborales, y sancionarán las infracciones a dicha normativa, en los siguientes términos:

a) Promoviendo la prevención y el asesoramiento a desarrollar por los órganos técnicos en materia preventiva, incluidas la asistencia y cooperación técnica, la información, divulgación, formación e investigación en materia preventiva, así como el seguimiento de las actuaciones preventivas que se realicen en las empresas para la consecución de los objetivos previstos en esta Ley.

⇒ Cfr. el contenido de la presente Ley, especialmente los arts. 8, 9, 10, 11 y 13.

b) Velando por el cumplimiento de la normativa sobre prevención de riesgos laborales mediante las actuaciones de vigilancia y control. A estos efectos, prestarán el asesoramiento y la asistencia técnica necesarios para el mejor cumplimiento de dicha normativa y desarrollarán programas específicos dirigidos a lograr una mayor eficacia en el control.

⇒ Cfr. el art. 9 de la presente Ley, así como los arts. 3.1.2 y 3.2 de la Ley 42/1997, de 14 noviembre, ordenadora de la Inspección de Trabajo (§38.2).

c) Sancionando el incumplimiento de la normativa de prevención de riesgos laborales por los sujetos comprendidos en el ámbito de aplicación de la presente Ley, con arreglo a lo previsto en el Capítulo VII de la misma.

⇒ V. también el TRLISOS (§40.1) y el RD 928/1998, de 14 mayo (§40.2).

2. Las funciones de las Administraciones públicas competentes en materia laboral que se señalan en el apartado 1 continuarán siendo desarrolladas, en lo referente a los trabajos en minas, canteras y túneles que exijan la aplicación de técnica minera, a los que impliquen fabricación, transporte, almacenamiento, manipulación y utilización de explosivos o el empleo de energía nuclear, por los órganos específicos contemplados en su normativa reguladora.

⇒ Sobre prevención de riesgos profesionales en las explotaciones mineras, cfr. el ap. d) de la disposición derogatoria de la propia Ley y las normas en ella citadas, así como la Dir. 92/104/CEE, de 3 diciembre 1992, del Consejo y el RD 1389/1997, de 5 septiembre.

En materia de energía nuclear, cfr. Ley 25/1964, de 29 abril, sobre Energía Nuclear; y RD 783/2001, de 6 julio, aprobando el Reglamento de Protección Sanitaria contra las radiaciones ionizantes, así como RD 413/1997, de 21 marzo, sobre protección operacional de los trabajadores externos con riesgo de exposición a radiaciones ionizantes por intervención en zona controlada.

Sobre trabajo con explosivos, entre otras, ver las previsiones del RD 230/1998, de 16 de febrero, por el que se aprueba el Reglamento de explosivos.

V. asimismo el art. 4.2 de la Ley 42/1997, de 14 noviembre ordenadora de la Inspección de Trabajo (§38.2).

Las competencias previstas en el apartado anterior se entienden sin perjuicio de lo establecido en la legislación específica sobre productos e instalaciones industriales.

⇒ V. los RR DD 2200/1995, de 28 diciembre, y 411/1997, de 21 marzo, que aprueban el Reglamento de la Infraestructura para la calidad y la Seguridad Industrial.

Artículo 8. Instituto Nacional de Seguridad e Higiene en el Trabajo.

1. El Instituto Nacional de Seguridad e Higiene en el Trabajo es el órgano científico técnico especializado de la Administración General del Estado que tiene como misión el análisis y estudio de las condiciones de seguridad y salud en el trabajo, así como la promoción y apoyo a la mejora de las mismas. Para ello establecerá la cooperación necesaria con los órganos de las Comunidades Autónomas con competencias en esta materia.

⇒ El Instituto fue creado por el art. 5.4 del RDLey 36/1978, de 16 noviembre, sobre Gestión Institucional de la Seguridad Social, la Salud y el Empleo (§32.2). Mediante RD 577/1982, de 17 marzo, se aprobó su estructura y competencias, que la O. 25 enero 1985 procedió a desarrollar, mientras que otra Orden de la misma fecha aprobó el Reglamento de Funcionamiento del Consejo General del Instituto. Numerosas disposiciones han transferido sus competencias a las Comunidades Autónomas.

El Instituto se adscribe al Ministerio de Trabajo y Asuntos Sociales a través de la Secretaría General de Empleo, según dispone el art. 8.5 del RD 1600/2004, de 2 julio (§38.1).

Mediante RD 432/1999, de 12 marzo, se explicita su condición de organismo autónomo así como la sujeción a la Ley 6/1997 (LOFAGE) y normas concordantes.

El Instituto, en cumplimiento de esta misión, tendrá las siguientes funciones:

a) Asesoramiento técnico en la elaboración de la normativa legal y en el desarrollo de la normalización, tanto a nivel nacional como internacional.

b) Promoción y, en su caso, realización de actividades de formación, información, investigación, estudio y divulgación en materia de prevención de riesgos laborales, con la adecuada coordinación y colaboración, en su caso, con los órganos técnicos en materia preventiva de las Comunidades Autónomas en el ejercicio de sus funciones en esta materia.

⇒ Ejemplificativamente, cfr. la O. TAS/3768/2005, de 14 noviembre, estableciendo las bases reguladoras de la concesión de subvenciones para proyectos de investigación, desarrollo e innovación en materia de prevención de riesgos laborales.

c) Apoyo técnico y colaboración con la Inspección de Trabajo y Seguridad Social en el cumplimiento de su función de vigilancia y control, prevista en el artículo 9 de la presente Ley, en el ámbito de las Administraciones públicas.

d) Colaboración con organismos internacionales y desarrollo de programas de cooperación internacional en este ámbito, facilitando la participación de las Comunidades Autónomas.

e) Cualesquiera otras que sean necesarias para el cumplimiento de sus fines y le sean encomendadas en el ámbito de sus competencias, de acuerdo con la Comisión Nacional de Seguridad y Salud en el Trabajo regulada en el artículo 13 de esta Ley, con la colaboración, en su caso, de los órganos técnicos de las Comunidades Autónomas con competencias en la materia.

2. El Instituto Nacional de Seguridad e Higiene en el Trabajo, en el marco de sus funciones, velará por la coordinación, apoyará el intercambio de información y las experiencias entre las distintas Administraciones públicas y especialmente fomentará y prestará apoyo a la realización de actividades de promoción de la seguridad y de la salud por las Comunidades Autónomas.

Asimismo, prestará, de acuerdo con las Administraciones competentes, apoyo técnico especializado en materia de certificación, ensayo y acreditación.

3. En relación con las Instituciones de la Unión Europea, el Instituto Nacional de Seguridad e Higiene en el Trabajo actuará como centro de referencia nacional, garantizando la coordinación y transmisión de la información que deberá facilitar a escala nacional, en particular respecto a la Agencia Europea para la Seguridad y la Salud en el Trabajo y su Red.

4. El Instituto Nacional de Seguridad e Higiene en el Trabajo ejercerá la Secretaría General de la Comisión Nacional de Seguridad y Salud en el Trabajo, prestándole la asistencia técnica y científica necesaria para el desarrollo de sus competencias.

⇒ V. el art. 13.6 de la presente Ley.

Artículo 9. Inspección de Trabajo y Seguridad Social.

1. Corresponde a la Inspección de Trabajo y Seguridad Social la función de la vigilancia y control de la normativa sobre prevención de riesgos laborales.

⇒ Cfr. art. 7.1 b) de la presente Ley, así como su nota.

En cumplimiento de esta misión, tendrá las siguientes funciones:

a) Vigilar el cumplimiento de la normativa sobre prevención de riesgos laborales, así como de las normas jurídico-técnicas que incidan en las condiciones de trabajo en materia de prevención, aunque no tuvieran la calificación directa de normativa laboral, proponiendo a la autoridad laboral competente la sanción correspondiente, cuando comprobase una infracción a la normativa sobre prevención de riesgos laborales, de acuerdo con lo previsto en el Capítulo VII de la presente Ley.

⇒ Sobre actas de la Inspección de Trabajo, v. arts. 52 y concordantes del TRLISOS (§40.1).
V. art. 3.1.2 de la Ley 42/1997, ordenadora de la Inspección de Trabajo (§38.2).

b) Asesorar e informar a las empresas y a los trabajadores sobre la manera más efectiva de cumplir las disposiciones cuya vigilancia tiene encomendada.

⇒ V. art. 3.2 de la Ley 42/1997, ordenadora de la Inspección de Trabajo (§38.2).

c) Elaborar los informes solicitados por los Juzgados de lo Social en las demandas deducidas ante los mismos en los procedimientos de accidentes de trabajo y enfermedades profesionales.

⇒ V. el art. 141.2 de la LPL (§41).

d) Informar a la autoridad laboral sobre los accidentes de trabajo mortales, muy graves o graves, y sobre aquellos otros en que, por sus características o por los sujetos afectados, se considere necesario dicho informe, así como sobre las enfermedades profesionales en las que concurran dichas calificaciones y, en general, en los supuestos en que aquélla lo solicite respecto del cumplimiento de la normativa legal en materia de prevención de riesgos laborales.

⇒ V. art. 10.1 de la Ley 42/1997, de 14 noviembre, ordenadora de la Inspección de Trabajo (§38.2).

e) Comprobar y favorecer el cumplimiento de las obligaciones asumidas por los servicios de prevención establecidos en la presente Ley.

⇒ V. arts. 30 y siguientes de la presente Ley, así como el RD 39/1997, aprobando el Reglamento de los Servicios de Prevención (§24.1).

f) Ordenar la paralización inmediata de trabajos cuando, a juicio del inspector, se advierta la existencia de riesgo grave e inminente para la seguridad o salud de los trabajadores.

⇒ La regla debe concordarse con el art. 44 de la presente Ley; el art. 19.5 del ET (§2); el art. 7.10 de la Ley 42/1997, sobre Inspección de Trabajo (§38.2) y el art. 11.4 del Reglamento aprobado mediante RD 928/1998 (§40.2).

2. Las Administraciones General del Estado y de las Comunidades Autónomas adoptarán, en sus respectivos ámbitos de competencia, las medidas necesarias para garantizar la colaboración pericial y el asesoramiento técnico necesarios a la Inspección de Trabajo y Seguridad Social que, en el ámbito de la Administración General del Estado serán prestados por el Instituto Nacional de Seguridad e Higiene en el Trabajo.

Estas Administraciones públicas elaborarán y coordinarán planes de actuación, en sus respectivos ámbitos competenciales y territoriales, para contribuir al desarrollo de las actuaciones preventivas en las empresas, especialmente las de mediano y pequeño tamaño y las de sectores de actividad con mayor nivel de riesgo o de siniestralidad, a través de acciones de asesoramiento, de información, de formación y de asistencia técnica.

En el ejercicio de tales cometidos, los funcionarios públicos de las citadas Administraciones que ejerzan labores técnicas en materia de prevención de riesgos laborales a que se refiere el párrafo anterior, podrán desempeñar funciones de asesoramiento, información y comprobatorias de las condiciones de seguridad y salud en las empresas y centros de trabajo, con el alcance señalado en el apartado 3 de este artículo y con la capacidad de requerimiento a que se refiere el artículo 43 de esta Ley, todo ello en la forma que se determine reglamentariamente.

Las referidas actuaciones comprobatorias se programarán por la respectiva Comisión Territorial de la Inspección de Trabajo y Seguridad Social a que se refiere el artículo 17.2 de la Ley 42/1997, de 14 de noviembre, Ordenadora de la Inspección de Trabajo y Seguridad Social para su integración en el plan de acción en Seguridad y Salud Laboral de la Inspección de Trabajo y Seguridad Social.

✐ Apartado modificado por el art. 1.1 de la Ley 54/2003, de 12 diciembre.

3. Cuando de las actuaciones de comprobación a que se refiere el apartado anterior, se deduzca la existencia de infracción, y siempre que haya mediado incumplimiento de previo requerimiento, el funcionario actuante remitirá informe a la Inspección de Trabajo y Seguridad Social, en el que se recogerán los hechos comprobados, a efectos de que se levante la correspondiente acta de infracción, si así procediera. A estos efectos, los hechos relativos a las actuaciones de comprobación de las condiciones materiales o técnicas de seguridad y salud recogidos en tales informes gozarán de la presunción de certeza a que se refiere la disposición adicional cuarta, apartado 2, de la Ley 42/1997, de 14 de noviembre, Ordenadora de la Inspección de Trabajo y Seguridad Social.

✐ Apartado añadido por el art. 1.2 de la Ley 54/2003, de 12 diciembre.

4. Las actuaciones previstas en los dos apartados anteriores, estarán sujetas a los plazos estableci-

dos en el artículo 14, apartado 2, de la Ley 42/1997, de 14 de noviembre, Ordenadora de la Inspección de Trabajo y Seguridad Social.

✐ Apartado añadido por el art. 1.3 de la Ley 54/2003, de 12 diciembre.

⇒ V. el art. 8.1 c) de la presente Ley.

Artículo 10. Actuaciones de las Administraciones públicas competentes en materia sanitaria.

⇒ Cfr. los arts. 38 y 39 del RD 39/1997, aprobando el Reglamento de los Servicios de Prevención (§24.1).

Las actuaciones de las Administraciones públicas competentes en materia sanitaria referentes a la salud laboral se llevarán a cabo a través de las acciones y en relación con los aspectos señalados en el capítulo IV del Título I de la Ley 14/1986, de 25 de abril, General de Sanidad, y disposiciones dictadas para su desarrollo.

⇒ V. especialmente, el art. 21 de dicha Ley.

En particular, corresponderá a las Administraciones públicas citadas:

a) El establecimiento de medios adecuados para la evaluación y control de las actuaciones de carácter sanitario que se realicen en las empresas por los servicios de prevención actuantes. Para ello, establecerán las pautas y protocolos de actuación, oídas las sociedades científicas, a los que deberán someterse los citados servicios.

⇒ V. los arts. 22 y 31 de la presente Ley, así como los arts. 37.3 y concordantes del RD 39/1997, por el que se aprueba el Reglamento de los Servicios de Prevención (§24.1).

b) La implantación de sistemas de información adecuados que permitan la elaboración, junto con las autoridades laborales competentes, de mapas de riesgos laborales, así como la realización de estudios epidemiológicos para la identificación y prevención de las patologías que puedan afectar a la salud de los trabajadores, así como hacer posible un rápido intercambio de información.

⇒ V. los arts. 11 y 23 de la presente Ley.

c) La supervisión de la formación que, en materia de prevención y promoción de la salud laboral, deba recibir el personal sanitario actuante en los servicios de prevención autorizados.

⇒ V. la disp. adic. segunda de la presente Ley.

d) La elaboración y divulgación de estudios, investigaciones y estadísticas relacionados con la salud de los trabajadores.

Artículo 11. Coordinación administrativa.

La elaboración de normas preventivas y el control de su cumplimiento, la promoción de la prevención, la investigación y la vigilancia epidemiológica sobre riesgos laborales, accidentes de trabajo y enfermedades profesionales determinan la necesidad de coordinar las actuaciones de las Administraciones competentes en materia laboral, sanitaria y de industria para una más eficaz protección de la seguridad y la salud de los trabajadores.

En el marco de dicha coordinación, la Administración competente en materia laboral velará, en particular, para que la información obtenida por la Inspección de Trabajo y Seguridad Social en el ejercicio de las funciones atribuidas a la misma en el apartado 1 del artículo 9 de esta Ley sea puesta en conocimiento de la autoridad sanitaria competente a los fines dispuestos en el artículo 10 de la presente Ley y en el artículo 21 de la Ley 14/1986, de 25 de abril, General de Sanidad, así como de la Administración competente en materia de industria a los efectos previstos en la Ley 21/1992, de 16 de julio, de Industria.

Artículo 12. Participación de empresarios y trabajadores.

⇒ V. la disp. adic. duodécima de la presente Ley.

La participación de empresarios y trabajadores, a través de las organizaciones empresariales y sindicales más representativas, en la planificación, programación, organización y control de la gestión relacionada con la mejora de las condiciones de trabajo y la protección de la seguridad y salud de los trabajadores en el trabajo es principio básico de la política de prevención de riesgos laborales, a desarrollar por las Administraciones públicas competentes en los distintos niveles territoriales.

⇒ V. la nota al art. 5.1 b) de la presente Ley, así como el art. 129.1 de la CE (§1) y el art. 22 de la LGS.

Artículo 13. Comisión Nacional de Seguridad y Salud en el Trabajo.

⇒ El RD 1879/1996, de 2 agosto, regula la composición de este órgano, en cumplimiento de lo previsto por la disp. adic. sexta de la presente Ley.

1. Se crea la Comisión Nacional de Seguridad y Salud en el Trabajo como órgano colegiado asesor de las Administraciones públicas en la formulación de las políticas de prevención y órgano de participación institucional en materia de seguridad y salud en el trabajo.

2. La Comisión estará integrada por un representante de cada una de las Comunidades Autónomas

y por igual número de miembros de la Administración General del Estado y, paritariamente con todos los anteriores, por representantes de las organizaciones empresariales y sindicales más representativas.

⇒ Cfr. art. 2 del RD 1879/1996, de 2 agosto, modificado por el RD 309/2001, de 23 marzo.

3. La Comisión conocerá las actuaciones que desarrollen las Administraciones públicas competentes en materia de promoción de la prevención de riesgos laborales, de asesoramiento técnico y de vigilancia y control a que se refieren los artículos 7, 8, 9 y 11 de esta Ley y podrá informar y formular propuestas en relación con dichas actuaciones, específicamente en lo referente a:

– Criterios y programas generales de actuación.

⇒ A propuesta de la Comisión, la O. 30 marzo 1999 estableció el 28 de abril de cada año como día de la seguridad y salud en el trabajo.

– Proyectos de disposiciones de carácter general.

– Coordinación de las actuaciones desarrolladas por las Administraciones públicas competentes en materia laboral.

– Coordinación entre las Administraciones públicas competentes en materia laboral, sanitaria y de industria.

⇒ Respecto de servicios de prevención y auditorías en la materia, v. la disp. adic. 8ª del RD 39/1997, de 16 enero (§24.1).

4. La Comisión adoptará sus acuerdos por mayoría. A tal fin, los representantes de las Administraciones públicas tendrán cada uno un voto y dos los de las organizaciones empresariales y sindicales.

5. La Comisión contará con un Presidente y cuatro Vicepresidentes, uno por cada uno de los grupos que la integran. La Presidencia de la Comisión corresponderá al Secretario general de Empleo y Relaciones Laborales, recayendo la Vicepresidencia atribuida a la Administración General del Estado en el Subsecretario de Sanidad y Consumo.

6. La Secretaría de la Comisión, como órgano de apoyo técnico y administrativo, recaerá en la Dirección del Instituto Nacional de Seguridad e Higiene en el Trabajo.

⇒ Cfr. art. 8.4 de la propia Ley.

7. La Comisión Nacional de Seguridad y Salud en el Trabajo funcionará en Pleno, en Comisión Permanente o en Grupos de Trabajo, conforme a la normativa que establezca el Reglamento interno que elaborará la propia Comisión.

⇒ V. art. 4 del RD 1879/1996, de 2 agosto.

En lo no previsto en la presente Ley y en el Reglamento interno a que hace referencia el párrafo anterior la Comisión se regirá por la Ley 30/1992, de Régimen Jurídico de las Administraciones Públicas y del Procedimiento Administrativo Común.

CAPÍTULO III

Derechos y obligaciones

⇒ En el ámbito de los centros y establecimientos militares, téngase en cuenta el RD 1932/1998, de 11 septiembre. V. los arts. 4.2 d) y 5 b) del ET (§2).

Artículo 14. Derecho a la protección frente a los riesgos laborales.

1. Los trabajadores tienen derecho a una protección eficaz en materia de seguridad y salud en el trabajo.

⇒ Cfr. arts. 15, 40.2 y 45.1 de la Constitución (§1), así como 4.2 d), 5 b) y 19 del ET (§2).

El citado derecho supone la existencia de un correlativo deber del empresario de protección de los trabajadores frente a los riesgos laborales.

Este deber de protección constituye, igualmente, un deber de las Administraciones públicas respecto del personal a su servicio.

Los derechos de información, consulta y participación, formación en materia preventiva, paralización de la actividad en caso de riesgo grave e inminente y vigilancia de su estado de salud, en los términos previstos en la presente Ley, forman parte del derecho de los trabajadores a una protección eficaz en materia de seguridad y salud en el trabajo.

⇒ V. arts. 18, 19, 20, 21 y 22 de la presente Ley.

2. En cumplimiento del deber de protección, el empresario deberá garantizar la seguridad y la salud de los trabajadores a su servicio en todos los aspectos relacionados con el trabajo. A estos efectos, en el marco de sus responsabilidades, el empresario realizará la prevención de los riesgos laborales mediante la integración de la actividad preventiva en la empresa y la adopción de cuantas

medidas sean necesarias para la protección de la seguridad y la salud de los trabajadores, con las especialidades que se recogen en los artículos siguientes en materia de plan de prevención de riesgos laborales, evaluación de riesgos, información, consulta y participación y formación de los trabajadores, actuación en casos de emergencia y de riesgo grave e inminente, vigilancia de la salud, y mediante la constitución de una organización y de los medios necesarios en los términos establecidos en el capítulo IV de esta Ley. El empresario desarrollará una acción permanente de seguimiento de la actividad preventiva con el fin de perfeccionar de manera continua las actividades de identificación, evaluación y control de los riesgos que no se hayan podido evitar y los niveles de protección existentes y dispondrá lo necesario para la adaptación de las medidas de prevención señaladas en el párrafo anterior a las modificaciones que puedan experimentar las circunstancias que incidan en la realización del trabajo.

✐ Apartado modificado por el art. 2.1 de la Ley 54/2003, de 12 diciembre.

⇒ Relaciónese con lo previsto en el art. 6.1 c) de la propia Ley.

3. El empresario deberá cumplir las obligaciones establecidas en la normativa sobre prevención de riesgos laborales.

⇒ Cfr. arts. 2.2 y 9.1 a) de la presente Ley.
Similar obligación referida a señalización de seguridad y salud puede verse en el RD 485/1997, de 14 abril.
El art. 3 del RD 486/1997, de 14 abril, formula la obligación general del empresario en materia de lugares de trabajo.
En el art. 3 del RD 773/1997, de 30 mayo, también se consagran obligaciones patronales de carácter general relativas a los equipos de protección individual.
Una obligación de alcance general y referida a la utilización de los equipos de trabajo puede verse en el art. 3 del RD 1215/1997, de 18 julio.
El art. 2.1.c) de la Ley 37/2003, de 17 noviembre, del Ruido dispone que «la actividad laboral, respecto de la contaminación acústica producida por ésta en el correspondiente lugar de trabajo [...] se regirá por lo dispuesto en la legislación laboral».

4. Las obligaciones de los trabajadores establecidas en esta Ley, la atribución de funciones en materia de protección y prevención a trabajadores o servicios de la empresa y el recurso al concierto con entidades especializadas para el desarrollo de actividades de prevención complementarán las acciones del empresario, sin que por ello le eximan del cumplimiento de su deber en esta materia, sin perjuicio de las acciones que pueda ejercitar, en su caso, contra cualquier otra persona.

⇒ V. arts. 29, 30 y 31 de la presente Ley.

5. El coste de las medidas relativas a la seguridad y la salud en el trabajo no deberá recaer en modo alguno sobre los trabajadores.

Artículo 15. Principios de la acción preventiva.

⇒ Cfr. con art. 6.2 de la Dir. 89/391/CEE, de 12 junio (§50.1).

1. El empresario aplicará las medidas que integran el deber general de prevención previsto en el artículo anterior, con arreglo a los siguientes principios generales:

a) Evitar los riesgos.

b) Evaluar los riesgos que no se puedan evitar.

c) Combatir los riesgos en su origen.

d) Adaptar el trabajo a la persona, en particular en lo que respecta a la concepción de los puestos de trabajo, así como a la elección de los equipos y los métodos de trabajo y de producción, con miras, en particular, a atenuar el trabajo monótono y repetitivo y a reducir los efectos del mismo en la salud.

⇒ Cfr. art. 13 de la Dir. 93/104/CE, de 23 noviembre 1993, y art. 36.5 del ET (§2).

e) Tener en cuenta la evolución de la técnica.

f) Sustituir lo peligroso por lo que entrañe poco o ningún peligro.

g) Planificar la prevención, buscando un conjunto coherente que integre en ella la técnica, la organización del trabajo, las condiciones de trabajo, las relaciones sociales y la influencia de los factores ambientales en el trabajo.

⇒ V. art. 23.1 a) de la presente Ley.

h) Adoptar medidas que antepongan la protección colectiva a la individual.

⇒ V. art. 17.2.2 de la presente Ley.

i) Dar las debidas instrucciones a los trabajadores.

2. El empresario tomará en consideración las capacidades profesionales de los trabajadores en materia de seguridad y de salud en el momento de encomendarles las tareas.

⇒ Cfr. arts. 19.4, 20.2 y 39 del ET (§2), así como art. 25 de la presente Ley y art. 189 de la LGSS/1974 (§34).

3. El empresario adoptará las medidas necesarias a fin de garantizar que sólo los trabajadores

participación y representación previstos en el capítulo V de esta Ley, dirigidas a la mejora de los niveles de protección de la seguridad y la salud en la empresa.

⇒ Cfr. también art. 19.3 ET (§2) y art. 14 de la presente Ley.

Artículo 19. Formación de los trabajadores.

⇒ En materia de señalización de seguridad y salud en el trabajo, v. art. 5.2 del RD 485/1997, de 14 abril. Respecto de la utilización de equipos de trabajo, v. art. 5 del RD 1215/1997, de 18 julio.

1. En cumplimiento del deber de protección, el empresario deberá garantizar que cada trabajador reciba una formación teórica y práctica, suficiente y adecuada, en materia preventiva, tanto en el momento de su contratación, cualquiera que sea la modalidad o duración de ésta, como cuando se produzcan cambios en las funciones que desempeñe o se introduzcan nuevas tecnologías o cambios en los equipos de trabajo.

La formación deberá estar centrada específicamente en el puesto de trabajo o función de cada trabajador, adaptarse a la evolución de los riesgos y a la aparición de otros nuevos y repetirse periódicamente, si fuera necesario.

⇒ Cfr. art. 19.4 ET (§2), así como los arts. 6.1 c) y concordantes de la presente Ley.

2. La formación a que se refiere el apartado anterior deberá impartirse, siempre que sea posible, dentro de la jornada de trabajo o, en su defecto, en otras horas pero con el descuento en aquélla del tiempo invertido en la misma. La formación se podrá impartir por la empresa mediante medios propios o concertándola con servicios ajenos, y su coste no recaerá en ningún caso sobre los trabajadores.

Artículo 20. Medidas de emergencia.

⇒ V. el art. 47.10 de la presente Ley.
V. arts. 5 y concordantes de RD 1254/1999, de 16 junio, de medidas de control de los riesgos inherentes a los accidentes graves en los que intervengan sustancias peligrosas.
Téngase también presente el RD 486/1997, de 14 abril.
La tutela administrativa del precepto puede verse en art. 12.10 del TRLISOS (§40.1).

El empresario, teniendo en cuenta el tamaño y la actividad de la empresa, así como la posible presencia de personas ajenas a la misma, deberá analizar las posibles situaciones de emergencia y adoptar las medidas necesarias en materia de primeros auxilios, lucha contra incendios y evacuación de los trabajadores, designando para ello al personal encargado de poner en práctica estas medidas y comprobando periódicamente, en su caso, su correcto funcionamiento. El citado personal deberá poseer la formación necesaria, ser suficiente en número y disponer del material adecuado, en función de las circunstancias antes señaladas.

Para la aplicación de las medidas adoptadas, el empresario deberá organizar las relaciones que sean necesarias con servicios externos a la empresa, en particular en materia de primeros auxilios, asistencia médica de urgencia, salvamento y lucha contra incendios, de forma que quede garantizada la rapidez y eficacia de las mismas.

Artículo 21. Riesgo grave e inminente.

⇒ En el ámbito de establecimientos militares, téngase en cuenta el RD 1932/1998, de 11 septiembre.
La tutela administrativa del precepto puede verse en at. 13.19 del TRLISOS (§40.1).

1. Cuando los trabajadores estén o puedan estar expuestos a un riesgo grave e inminente con ocasión de su trabajo, el empresario estará obligado a:

⇒ V. el concepto dado en el art. 4.4 de la presente Ley.

a) Informar lo antes posible a todos los trabajadores afectados acerca de la existencia de dicho riesgo y de las medidas adoptadas o que, en su caso, deban adoptarse en materia de protección.

b) Adoptar las medidas y dar las instrucciones necesarias para que, en caso de peligro grave, inminente e inevitable, los trabajadores puedan interrumpir su actividad y, si fuera necesario, abandonar de inmediato el lugar de trabajo. En este supuesto no podrá exigirse a los trabajadores que reanuden su actividad mientras persista el peligro, salvo excepción debidamente justificada por razones de seguridad y determinada reglamentariamente.

⇒ V. art. 3.4 del RD 1216/1997, de 18 julio, sobre disposiciones de seguridad y salud en el trabajo a bordo de los buques de pesca.

c) Disponer lo necesario para que el trabajador que no pudiera ponerse en contacto con su superior jerárquico, ante una situación de peligro grave e inminente para su seguridad, la de otros trabajadores o la de terceros a la empresa, esté en condiciones, habida cuenta de sus conocimientos y de los medios técnicos puestos a su disposición, de adoptar las medidas necesarias para evitar las consecuencias de dicho peligro.

2. De acuerdo con lo previsto en el apartado 1 del artículo 14 de la presente Ley, el trabajador

tendrá derecho a interrumpir su actividad y abandonar el lugar de trabajo, en caso necesario, cuando considere que dicha actividad entraña un riesgo grave e inminente para su vida o su salud.

3. Cuando en el caso a que se refiere el apartado 1 de este artículo el empresario no adopte o no permita la adopción de las medidas necesarias para garantizar la seguridad y la salud de los trabajadores, los representantes legales de éstos podrán acordar, por mayoría de sus miembros, la paralización de la actividad de los trabajadores afectados por dicho riesgo. Tal acuerdo será comunicado de inmediato a la empresa y a la autoridad laboral, la cual, en el plazo de veinticuatro horas, anulará o ratificará la paralización acordada.

El acuerdo a que se refiere el párrafo anterior podrá ser adoptado por decisión mayoritaria de los Delegados de Prevención cuando no resulte posible reunir con la urgencia requerida al órgano de representación del personal.

⇒ Cfr. con lo dispuesto en el art. 19.5 del ET (§2) y con la competencia atribuida a la Inspección de Trabajo en el art. 44 de la presente Ley, así como con el viejo art. 188 de la LGSS/1974 (§34).

4. Los trabajadores o sus representantes no podrán sufrir perjuicio alguno derivado de la adopción de las medidas a que se refieren los apartados anteriores, a menos que hubieran obrado de mala fe o cometido negligencia grave.

⇒ Cfr. asimismo con la previsión del art. 36.2 g) de la presente Ley.

Artículo 22. Vigilancia de la salud.

⇒ Cfr. las previsiones de los arts. 196 y 197 de la LGSS/1994 (§32.1).
V. también art. 37.3 del RSP (§24.1).
Sobre trabajadores temporales, V. el art. 28.3 de la presente Ley.

1. El empresario garantizará a los trabajadores a su servicio la vigilancia periódica de su estado de salud en función de los riesgos inherentes al trabajo.

Esta vigilancia sólo podrá llevarse a cabo cuando el trabajador preste su consentimiento. De este carácter voluntario sólo se exceptuarán, previo informe de los representantes de los trabajadores, los supuestos en los que la realización de los reconocimientos sea imprescindible para evaluar los efectos de las condiciones de trabajo sobre la salud de los trabajadores o para verificar si el estado de salud del trabajador puede constituir un peligro para el mismo, para los demás trabajadores o para otras personas relacionadas con la empresa o cuando así esté establecido en una disposición legal en relación con la protección de riesgos específicos y actividades de especial peligrosidad.

En todo caso se deberá optar por la realización de aquellos reconocimientos o pruebas que causen las menores molestias al trabajador y que sean proporcionales al riesgo.

2. Las medidas de vigilancia y control de la salud de los trabajadores se llevarán a cabo respetando siempre el derecho a la intimidad y a la dignidad de la persona del trabajador y la confidencialidad de toda la información relacionada con su estado de salud.

⇒ Cfr. arts. 4.2 e) y 20.3 del ET (§2).
La tutela administrativa de los aspectos documentales, en art. 12.4 del TRLISOS (§40.1).
Han de respetarse también, lógicamente, las exigencias contenidas en normas sanitarias. P. ej., cfr. el RD 815/2001, de 13 julio, sobre restricción del uso de las radiaciones ionizantes para la protección radiológica de las personas con ocasión de exposiciones médicas, cuyo art. 1.1 b) dispone su aplicación a «la exposición de trabajadores en la vigilancia de su salud».

3. Los resultados de la vigilancia a que se refiere el apartado anterior serán comunicados a los trabajadores afectados.

4. Los datos relativos a la vigilancia de la salud de los trabajadores no podrán ser usados con fines discriminatorios ni en perjuicio del trabajador.

⇒ Cfr. art. 4.2 c) del ET (§2).

El acceso a la información médica de carácter personal se limitará al personal médico y a las autoridades sanitarias que lleven a cabo la vigilancia de la salud de los trabajadores, sin que pueda facilitarse al empresario o a otras personas sin consentimiento expreso del trabajador.

No obstante lo anterior, el empresario y las personas u órganos con responsabilidades en materia de prevención serán informados de las conclusiones que se deriven de los reconocimientos efectuados en relación con la aptitud del trabajador para el desempeño del puesto de trabajo o con la necesidad de introducir o mejorar las medidas de protección y prevención, a fin de que puedan desarrollar correctamente sus funciones en materia preventiva.

⇒ V. en art. 36.2 b) de la propia Ley las competencias de los Delegados de Prevención.

5. En los supuestos en que la naturaleza de los riesgos inherentes al trabajo lo haga necesario, el derecho de los trabajadores a la vigilancia periódica de su estado de salud deberá ser prolongado más allá de la finalización de la relación laboral, en los términos que reglamentariamente se determinen.

6. Las medidas de vigilancia y control de la salud de los trabajadores se llevarán a cabo por personal sanitario con competencia técnica, formación y capacidad acreditada.

⇒ Cfr. lo previsto en la disp. derog. única, ap. c) de la presente Ley, acerca de la regulación de los Servicios Médicos de Empresa, así como las disps. adic. tercera y derog. única del RSP (§24.1).

Artículo 23. Documentación.

⇒ En los aps. 4 y 19 del art. 12 del TRLISOS (§40.1) se tutela el cumplimiento del precepto.
V. la disp. adic. tercera del RD 171/2004, de 30 enero, para los supuestos en que deben de coordinarse actividades empresariales (§24.5).

1. El empresario deberá elaborar y conservar a disposición de la autoridad laboral la siguiente documentación relativa a las obligaciones establecidas en los artículos anteriores:

a) Plan de prevención de riesgos laborales, conforme a lo previsto en el apartado 1 del artículo 16 de esta Ley.

✐ Apartado modificado por el art. 2.3 de la Ley 54/2003, de 12 diciembre.

⇒ V. art. 7 del RD 39/1997, de 17 de enero (§24.1).

b) Evaluación de los riesgos para la seguridad y la salud en el trabajo, incluido el resultado de los controles periódicos de las condiciones de trabajo y de la actividad de los trabajadores, de acuerdo con lo dispuesto en el párrafo a) del apartado 2 del artículo 16 de esta Ley.

✐ Apartado modificado por el art. 2.3 de la Ley 54/2003, de 12 diciembre.

c) Planificación de la actividad preventiva, incluidas las medidas de protección y de prevención a adoptar y, en su caso, material de protección que deba utilizarse, de conformidad con el párrafo b) del apartado 2 del artículo 16 de esta Ley.

✐ Apartado modificado por el art. 2.3 de la Ley 54/2003, de 12 diciembre.

d) Práctica de los controles del estado de salud de los trabajadores previstos en el artículo 22 de esta Ley y conclusiones obtenidas de los mismos en los términos recogidos en el último párrafo del apartado 4 del citado artículo.

e) Relación de accidentes de trabajo y enfermedades profesionales que hayan causado al trabajador una incapacidad laboral superior a un día de trabajo. En estos casos el empresario realizará, además, la notificación a que se refiere el apartado 3 del presente artículo.

2. En el momento de cesación de su actividad, las empresas deberán remitir a la autoridad laboral la documentación señalada en el apartado anterior.

3. El empresario estará obligado a notificar por escrito a la autoridad laboral los daños para la salud de los trabajadores a su servicio que se hubieran producido con motivo del desarrollo de su trabajo, conforme al procedimiento que se determine reglamentariamente.

⇒ La Orden TAS/1/2007, de 2 enero, establece el modelo de parte de enfermedad profesional, se dictan normas para su elaboración y transmisión y se crea el correspondiente fichero de datos personales; conforme a su Disposición Adicional Segunda, el nuevo parte electrónico «podrá ser considerado como notificación formal por el empresario a la autoridad laboral competente cuando ésta así lo estime».

4. La documentación a que se hace referencia en el presente artículo deberá también ser puesta a disposición de las autoridades sanitarias al objeto de que éstas puedan cumplir con lo dispuesto en el artículo 10 de la presente Ley y en el artículo 21 de la Ley 14/1986, de 25 de abril, General de Sanidad.

⇒ La puesta a disposición en favor de los trabajadores designados para prevención puede verse en art. 30.3 de la propia Ley.

Artículo 24. Coordinación de actividades empresariales.

⇒ Para un supuesto específico, v. RD 413/1997, de 21 marzo, sobre protección operacional de los trabajadores externos con riesgo de exposición a radiaciones ionizantes por intervención en zona controlada.
V. el RD 171/2004, de 30 enero, conteniendo normas específicas para los supuestos en que deben de coordinarse actividades empresariales (§24.5).

1. Cuando en un mismo centro de trabajo desarrollen actividades trabajadores de dos o más empresas, éstas deberán cooperar en la aplicación de la normativa sobre prevención de riesgos laborales. A tal fin, establecerán los medios de coordinación que sean necesarios en cuanto a la protección y prevención de riesgos laborales y la información sobre los mismos a sus respectivos trabajadores, en los términos previstos en el apartado 1 del artículo 18 de esta Ley.

⇒ La posible intervención de los Comités de Seguridad y Salud a tal fin, puede verse en el art. 39.3 de la presente Ley.
El Cap. II («Concurrencia de trabajadores de varias empresas en un mismo centro de trabajo») del RD 171/2004, de 30 enero, desarrolla este apartado a través de sus artículos 4° y 5° (§24.5).

2. El empresario titular del centro de trabajo adoptará las medidas necesarias para que aquellos otros empresarios que desarrollen actividades en su centro de trabajo reciban la información y las

instrucciones adecuadas, en relación con los riesgos existentes en el centro de trabajo y con las medidas de protección y prevención correspondientes, así como sobre las medidas de emergencia a aplicar, para su traslado a sus respectivos trabajadores.

⇒ V. art. 20 de la presente Ley.

El Cap. III («Concurrencia de trabajadores de varias empresas en un centro de trabajo del que un empresario es titular») del RD 171/2004, de 30 enero, desarrolla este apartado a través de sus artículos 6º a 9º (§24.5).

3. Las empresas que contraten o subcontraten con otras la realización de obras o servicios correspondientes a la propia actividad de aquéllas y que se desarrollen en sus propios centros de trabajo deberán vigilar el cumplimiento por dichos contratistas y subcontratistas de la normativa de prevención de riesgos laborales.

⇒ Cfr. el art. 42 del ET (§2) y el art. 42.2 de la presente Ley.

V. asimismo el art. 42.3 del TRLISOS (§40.1).

El Cap. IV («Concurrencia de trabajadores de varias empresas en un centro de trabajo cuando existe un empresario principal») del RD 171/2004, de 30 enero, desarrolla este apartado a través de su artículo 10º (§24.5).

4. Las obligaciones consignadas en el último párrafo del apartado 1 del artículo 41 de esta Ley serán también de aplicación, respecto de las operaciones contratadas, en los supuestos en que los trabajadores de la empresa contratista o subcontratista no presten servicios en los centros de trabajo de la empresa principal, siempre que tales trabajadores deban operar con maquinaria, equipos, productos, materias primas o útiles proporcionados por la empresa principal.

5. Los deberes de cooperación y de información e instrucción recogidos en los apartados 1 y 2 serán de aplicación respecto de los trabajadores autónomos que desarrollen actividades en dichos centros de trabajo.

6. Las obligaciones previstas en este artículo serán desarrolladas reglamentariamente.

✎ Apartado añadido por el art. 3 de la Ley 54/2003, de 12 diciembre.

⇒ V. el RD 171/2004, de 30 enero, conteniendo normas específicas para los supuestos en que deben de coordinarse actividades empresariales (§24.5).

Artículo 25. Protección de trabajadores especialmente sensibles a determinados riesgos.

⇒ La tutela administativa del precepto, en art. 13.4 del TRLISOS (§40.1).

1. El empresario garantizará de manera específica la protección de los trabajadores que, por sus propias características personales o estado biológico conocido, incluidos aquellos que tengan reconocida la situación de discapacidad física, psíquica o sensorial, sean especialmente sensibles a los riesgos derivados del trabajo. A tal fin, deberá tener en cuenta dichos aspectos en las evaluaciones de los riegos y, en función de éstas, adoptará las medidas preventivas y de protección necesarias.

Los trabajadores no serán empleados en aquellos puestos de trabajo en los que, a causa de sus características personales, estado biológico o por su discapacidad física, psíquica o sensorial debidamente reconocida, puedan ellos, los demás trabajadores u otras personas relacionadas con la empresa ponerse en situación de peligro o, en general, cuando se encuentren manifiestamente en estados o situaciones transitorias que no respondan a las exigencias psicofísicas de los respectivos puestos de trabajo.

⇒ En términos similares, cfr. art. 189 de la LGSS/1974 (§34).

2. Igualmente, el empresario deberá tener en cuenta en las evaluaciones los factores de riesgo que puedan incidir en la función de procreación de los trabajadores y trabajadoras, en particular por la exposición a agentes físicos, químicos y biológicos que puedan ejercer efectos mutagénicos o de toxicidad para la procreación, tanto en los aspectos de la fertilidad, como del desarrollo de la descendencia, con objeto de adoptar las medidas preventivas necesarias.

Artículo 26. Protección de la maternidad.

1. La evaluación de los riesgos a que se refiere el artículo 16 de la presente Ley deberá comprender la determinación de la naturaleza, el grado y la duración de la exposición de las trabajadoras en situación de embarazo o parto reciente a agentes, procedimientos o condiciones de trabajo que puedan influir negativamente en la salud de las trabajadoras o del feto, en cualquier actividad susceptible de presentar un riesgo específico. Si los resultados de la evaluación revelasen un riesgo para la seguridad y la salud o una posible repercusión sobre el embarazo o la lactancia de las citadas trabajadoras, el empresario adoptará las medidas necesarias para evitar la exposición a dicho riesgo, a través de una adaptación de las condiciones o del tiempo de trabajo de la trabajadora afectada. Dichas medidas incluirán, cuando resulte necesario, la no realización de trabajo nocturno o de trabajo a turnos.

2. Cuando la adaptación de las condiciones o del tiempo de trabajo no resultase posible o, a pesar de tal adaptación, las condiciones de un puesto de trabajo pudieran influir negativamente en la salud de la trabajadora embarazada o del feto, y así lo certifiquen los Servicios Médicos del Instituto Nacional de la Seguridad Social o de las Mutuas, en función de la Entidad con la que la empresa tenga

concertada la cobertura de los riesgos profesionales, con el informe del médico del Servicio Nacional de Salud que asista facultativamente a la trabajadora, ésta deberá desempeñar un puesto de trabajo o función diferente y compatible con su estado. El empresario deberá determinar, previa consulta con los representantes de los trabajadores, la relación de los puestos de trabajo exentos de riesgos a estos efectos.

Ap. 2 párr. 1 modificado por disp. adic. 12ª.Dos de la LO 3/2007, de 22 marzo, para la igualdad efectiva de mujeres y hombres (§31.1).

⇒ V. la disp. adic. 2ª del RD 1251/2001, de 16 noviembre.

El cambio de puesto o función se llevará a cabo de conformidad con las reglas y criterios que se apliquen en los supuestos de movilidad funcional y tendrá efectos hasta el momento en que el estado de salud de la trabajadora permita su reincorporación al anterior puesto.

En el supuesto de que, aun aplicando las reglas señaladas en el párrafo anterior, no existiese puesto de trabajo o función compatible, la trabajadora podrá ser destinada a un puesto no correspondiente a su grupo o categoría equivalente, si bien conservará el derecho al conjunto de retribuciones de su puesto de origen.

3. Si dicho cambio de puesto no resultara técnica u objetivamente posible, o no pueda razonablemente exigirse por motivos justificados, podrá declararse el paso de la trabajadora afectada a la situación de suspensión del contrato por riesgo durante el embarazo, contemplada en el artículo 45.1 d) del Estatuto de los Trabajadores, durante el período necesario para la protección de su seguridad o de su salud y mientras persista la imposibilidad de reincorporarse a su puesto anterior o a otro puesto compatible con su estado.

⇒ V. también art. 48.5 del ET (§2) y arts. 134 y 135 de la LGSS/1994 (§32.1).

El art. 21 del RD 1251/2001, de 16 noviembre, rubricado como «procedimiento para el reconocimiento del derecho» establece lo siguiente:

«1. El procedimiento para el reconocimiento del derecho al subsidio por riesgo durante el embarazo se iniciará a instancia de la trabajadora, mediante solicitud dirigida a la Dirección Provincial de la Entidad gestora de la provincia en que tenga su domicilio la interesada. Las solicitudes se formularán en los modelos normalizados establecidos por la Administración de la Seguridad Social y deberán contener los datos y circunstancias que establece el artículo 70 de la Ley 30/1992, de 26 de noviembre, de Régimen Jurídico de las Administraciones Públicas y del Procedimiento Administrativo Común.

Expresamente, las solicitudes deberán contener la fecha de suspensión del contrato de trabajo por riesgo durante el embarazo, los datos relativos a la actividad desempeñada por la trabajadora afectada, su categoría profesional y función y descripción del trabajo concreto que realizase, así como el riesgo específico que presenta para el embarazo.

2. A la solicitud deberán acompañarse preceptivamente los documentos siguientes:

a) Informe médico del facultativo del Instituto Nacional de la Salud o del Servicio Público de Salud equivalente, así como certificación médica expedida por los Servicios médicos de la Entidad gestora correspondiente o Mutua de Accidentes de Trabajo y Enfermedades Profesionales de la Seguridad Social, que cubra la prestación de incapacidad temporal, derivada de contingencias comunes, en la que se acredite la situación de embarazo y que las condiciones del puesto de trabajo desarrollado por la trabajadora influyen negativamente en su salud y/o la del feto.

Cuando la certificación médica, en los términos establecidos en la disposición adicional segunda, haya sido expedida por los servicios médicos de la Entidad gestora correspondiente, no será necesario acompañar a la solicitud los documentos a que se refiere el párrafo anterior.

b) Declaración de la empresa sobre la inexistencia de puestos de trabajo compatibles con el estado de la trabajadora, con el informe sobre este particular emitido por el servicio de prevención propio de la empresa siempre que cuente con la especialidad preventiva de vigilancia de la salud, por la entidad especializada que desarrolle para la empresa, en base al correspondiente concierto, las funciones correspondientes a los servicios de prevención ajenos en cuanto a la vigilancia de la salud, o por el responsable de prevención, designado por la empresa, con la cualificación o acreditación suficiente para esa tarea.

La declaración deberá reflejar también la fecha en que la trabajadora ha suspendido la relación laboral, así como la cuantía de la base de cotización de la trabajadora, correspondiente al mes anterior al del inicio de la suspensión del contrato de trabajo, o a los tres meses anteriores, en los casos de contratos a tiempo parcial.

c) Declaración del responsable del hogar familiar sobre la inexistencia de puesto de trabajo compatible con el estado de la trabajadora, cuando se trate de personas integradas en el Régimen Especial de empleados de hogar.

3. A la vista de la documentación presentada y una vez comprobados todos los requisitos exigidos para acceder al subsidio, el Director provincial de la Entidad gestora respectiva dictará resolución expresa y la notificará, en el plazo de treinta días, en orden al reconocimiento del derecho a la prestación económica por riesgo durante el embarazo.

4. Cuando se produzcan contradicciones en las declaraciones y certificaciones presentadas con la solicitud, o concurran indicios de posible connivencia para obtener la prestación, la Dirección Provincial de la Entidad gestora podrá solicitar informe a la Inspección de Trabajo y Seguridad Social, a fin de que ésta manifieste su conformidad o su discrepancia en relación con las medidas adoptadas por la empresa, que puedan determinar el derecho al subsidio por riesgo durante el embarazo. La petición de informe deberá ir acompañada de la documentación presentada.

El informe deberá ser emitido en el plazo de quince días, transcurrido el cual el Director provincial de la Entidad gestora podrá dictar la correspondiente resolución sin tener en cuenta al mismo».

4. Lo dispuesto en los números 1 y 2 de este artículo será también de aplicación durante el período de lactancia natural, si las condiciones de trabajo pudieran influir negativamente en la salud de la mujer o del hijo y así lo certifiquen los Servicios Médicos del Instituto Nacional de la Seguridad Social o de las Mutuas, en función de la Entidad con la que la empresa tenga concertada la cobertura

de los riesgos profesionales, con el informe del médico del Servicio Nacional de Salud que asista facultativamente a la trabajadora o a su hijo. Podrá, asimismo, declararse el pase de la trabajadora afectada a la situación de suspensión del contrato por riesgo durante la lactancia natural de hijos menores de nueve meses contemplada en el artículo 45.1.d) del Estatuto de los Trabajadores, si se dan las circunstancias previstas en el número 3 de este artículo.

✐ Ap. 4 modificado por disp. adic. 12ª.Dos de la LO 3/2007, de 22 marzo, para la igualdad efectiva de mujeres y hombres (§31.1).

5. Las trabajadoras embarazadas tendrán derecho a ausentarse del trabajo, con derecho a remuneración, para la realización de exámenes prenatales y técnicas de preparación al parto, previo aviso al empresario y justificación de la necesidad de su realización dentro de la jornada de trabajo.

✐ Redactado por el art. 10 de la Ley 39/1999, de 5 noviembre, de conciliación de la vida familiar y laboral de las personas trabajadoras.

Artículo 27. Protección de los menores.

⇒ V. la Dir. 94/33/CE, de 22 junio, relativa a la protección de los jóvenes en el trabajo.
V. el D. 26 julio 1957, sobre trabajos prohibidos a menores.

1. Antes de la incorporación al trabajo de jóvenes menores de dieciocho años, y previamente a cualquier modificación importante de sus condiciones de trabajo, el empresario deberá efectuar una evaluación de los puestos de trabajo a desempeñar por los mismos, a fin de determinar la naturaleza, el grado y la duración de su exposición, en cualquier actividad susceptible de presentar un riesgo específico al respecto, a agentes, procesos o condiciones de trabajo que puedan poner en peligro la seguridad o la salud de estos trabajadores.

A tal fin, la evaluación tendrá especialmente en cuenta los riesgos específicos para la seguridad, la salud y el desarrollo de los jóvenes derivados de su falta de experiencia, de su inmadurez para evaluar los riesgos existentes o potenciales y de su desarrollo todavía incompleto.

En todo caso, el empresario informará a dichos jóvenes y a sus padres o tutores que hayan intervenido en la contratación, conforme a lo dispuesto en la letra b) del artículo 7 del texto refundido de la Ley del Estatuto de los Trabajadores aprobado por el Real Decreto Legislativo 1/1995, de 24 de marzo, de los posibles riesgos y de todas las medidas adoptadas para la protección de su seguridad y salud.

2. Teniendo en cuenta los factores anteriormente señalados, el Gobierno establecerá las limitaciones a la contratación de jóvenes menores de dieciocho años en trabajos que presenten riesgos específicos.

⇒ V. la letra b) de la disp. derog. única contenida en la presente Ley, así como el art. 6 del ET (§2).

Artículo 28. Relaciones de trabajo temporales, de duración determinada y en empresas de trabajo temporal.

⇒ Cfr. la Dir. 91/383/CEE, de 25 junio 1991, por la que se completan las medidas tendentes a promover la mejora de la seguridad y de la salud en el trabajo de los trabajadores con una relación laboral de duración determinada o de empresas de trabajo temporal.
V. la Ley 14/1994, reguladora de las Empresas de Trabajo Temporal, especialmente su art. 8 b) (§3.1), así como el RD 4/1995, que la desarrolla (§3.2).
Las previsiones más específicas se contienen en el RD 216/1999, de 5 febrero (§3.3).

1. Los trabajadores con relaciones de trabajo temporales o de duración determinada, así como los contratados por empresas de trabajo temporal, deberán disfrutar del mismo nivel de protección en materia de seguridad y salud que los restantes trabajadores de la empresa en la que prestan sus servicios.

La existencia de una relación de trabajo de las señaladas en el párrafo anterior no justificará en ningún caso una diferencia de trato por lo que respecta a las condiciones de trabajo, en lo relativo a cualquiera de los aspectos de la protección de la seguridad y la salud de los trabajadores.

La presente Ley y sus disposiciones de desarrollo se aplicarán plenamente a las relaciones de trabajo señaladas en los párrafos anteriores.

2. El empresario adoptará las medidas necesarias para garantizar que, con carácter previo al inicio de su actividad, los trabajadores a que se refiere el apartado anterior reciban información acerca de los riesgos a los que vayan a estar expuestos, en particular en lo relativo a la necesidad de cualificaciones o aptitudes profesionales determinadas, la exigencia de controles médicos especiales o la existencia de riesgos específicos del puesto de trabajo a cubrir, así como sobre las medidas de protección y prevención frente a los mismos.

Dichos trabajadores recibirán, en todo caso, una formación suficiente y adecuada a las características del puesto de trabajo a cubrir, teniendo en cuenta su cualificación y experiencia profesional y los riesgos a los que vayan a estar expuestos.

3. Los trabajadores a que se refiere el presente artículo tendrán derecho a una vigilancia periódica de su estado de salud, en los términos establecidos en el artículo 22 de esta Ley y en sus normas de desarrollo.

4. El empresario deberá informar a los trabajadores designados para ocuparse de las actividades de protección y prevención o, en su caso, al servicio de prevención previsto en el artículo 31 de esta Ley de la incorporación de los trabajadores a que se refiere el presente artículo, en la medida necesaria para que puedan desarrollar de forma adecuada sus funciones respecto de todos los trabajadores de la empresa.

5. En las relaciones de trabajo a través de empresas de trabajo temporal, la empresa usuaria será responsable de las condiciones de ejecución del trabajo en todo lo relacionado con la protección de la seguridad y la salud de los trabajadores. Corresponderá, además, a la empresa usuaria el cumplimiento de las obligaciones en materia de información previstas en los apartados 2 y 4 del presente artículo.

La empresa de trabajo temporal será responsable del cumplimiento de las obligaciones en materia de formación y vigilancia de la salud que se establecen en los apartados 2 y 3 de este artículo. A tal fin, y sin perjuicio de lo dispuesto en el párrafo anterior, la empresa usuaria deberá informar a la empresa de trabajo temporal, y ésta a los trabajadores afectados, antes de la adscripción de los mismos, acerca de las características propias de los puestos de trabajo a desempeñar y de las cualificaciones requeridas.

⇒ V. art. 12.3 de la Ley 14/1994, de 1 junio (§3.1).

La empresa usuaria deberá informar a los representantes de los trabajadores en la misma de la adscripción de los trabajadores puestos a disposición por la empresa de trabajo temporal. Dichos trabajadores podrán dirigirse a estos representantes en el ejercicio de los derechos reconocidos en la presente Ley.

⇒ Cfr. art. 16 de la Ley 14/1994, de 1 junio (§3.1) y RD 216/1999, de 5 febrero (§3.3)

Artículo 29. Obligaciones de los trabajadores en materia de prevención de riesgos.

1. Corresponde a cada trabajador velar, según sus posibilidades y mediante el cumplimiento de las medidas de prevención que en cada caso sean adoptadas, por su propia seguridad y salud en el trabajo y por la de aquellas otras personas a las que pueda afectar su actividad profesional, a causa de sus actos y omisiones en el trabajo, de conformidad con su formación y las instrucciones del empresario.

⇒ Cfr. los arts. 5 b) y 19.2 del ET (§2).

2. Los trabajadores, con arreglo a su formación y siguiendo las instrucciones del empresario, deberán en particular:

1º Usar adecuadamente, de acuerdo con su naturaleza y los riesgos previsibles, las máquinas, aparatos, herramientas, sustancias peligrosas, equipos de transporte y, en general, cualesquiera otros medios con los que desarrollen su actividad.

2º Utilizar correctamente los medios y equipos de protección facilitados por el empresario, de acuerdo con las instrucciones recibidas de éste.

⇒ V. el art. 10 del RD 773/1997, de 30 mayo, sobre obligaciones de los trabajadores relativas a los equipos de protección individual.

3º No poner fuera de funcionamiento y utilizar correctamente los dispositivos de seguridad existentes o que se instalen en los medios relacionados con su actividad o en los lugares de trabajo en los que ésta tenga lugar.

4º Informar de inmediato a su superior jerárquico directo, y a los trabajadores designados para realizar actividades de protección y de prevención o, en su caso, al servicio de prevención, acerca de cualquier situación que, a su juicio, entrañe, por motivos razonables, un riesgo para la seguridad y la salud de los trabajadores.

5º Contribuir al cumplimiento de las obligaciones establecidas por la autoridad competente con el fin de proteger la seguridad y la salud de los trabajadores en el trabajo.

6º Cooperar con el empresario para que éste pueda garantizar unas condiciones de trabajo que sean seguras y no entrañen riesgos para la seguridad y la salud de los trabajadores.

3. El incumplimiento por los trabajadores de las obligaciones en materia de prevención de riesgos a que se refieren los apartados anteriores tendrá la consideración de incumplimiento laboral a los efectos previstos en el artículo 58.1 del Estatuto de los Trabajadores o de falta, en su caso, conforme a lo establecido en la correspondiente normativa sobre régimen disciplinario de los funcionarios públicos o del personal estatutario al servicio de las Administraciones públicas. Lo dispuesto en este apar-

tado será igualmente aplicable a los socios de las cooperativas cuya actividad consista en la prestación de su trabajo, con las precisiones que se establezcan en sus Reglamentos de Régimen Interno.

CAPÍTULO IV
Servicios de prevención

⇒ En todo este Capítulo resulta fundamental la consulta del RD 39/1997, de 17 enero (§24.1) y de las OO. 27 junio 1997 y TAS/3623/2006, de 28 diciembre (§24.3).

El RD 1488/1998, de 10 julio, adapta el presente Capítulo a la Administración General del Estado (§24.4), mientras que el RD 1932/1998, de 11 septiembre, hace lo propio respecto de la Administración Militar.

Artículo 30. Protección y prevención de riesgos profesionales.

1. En cumplimiento del deber de prevención de riesgos profesionales, el empresario designará uno o varios trabajadores para ocuparse de dicha actividad, constituirá un servicio de prevención o concertará dicho servicio con una entidad especializada ajena a la empresa.

⇒ V. arts. 10 y concordantes del RD 39/1997 (§24.1).

V. el art. 13 del RD 171/2004, de 30 enero, para los supuestos en que deben de coordinarse actividades empresariales (§24.5).

La STJCE de 15 noviembre 2001 advierte que cuando los medios internos de la empresa no sean suficientes, el empresario debe venir obligado a recurrir a servicios externos.

2. Los trabajadores designados deberán tener la capacidad necesaria, disponer del tiempo y de los medios precisos y ser suficientes en número, teniendo en cuenta el tamaño de la empresa, así como los riesgos a que están expuestos los trabajadores y su distribución en la misma, con el alcance que se determine en las disposiciones a que se refiere la letra e) del apartado 1 del artículo 6 de la presente Ley.

⇒ V. arts. 12 y 13 del RD 39/1997, de 17 enero (§24.1).

Los trabajadores a que se refiere el párrafo anterior colaborarán entre sí y, en su caso, con los servicios de prevención.

3. Para la realización de la actividad de prevención, el empresario deberá facilitar a los trabajadores designados el acceso a la información y documentación a que se refieren los artículos 18 y 23 de la presente Ley.

4. Los trabajadores designados no podrán sufrir ningún perjuicio derivado de sus actividades de protección y prevención de los riesgos profesionales en la empresa. En ejercicio de esta función dichos trabajadores gozarán, en particular, de las garantías que para los representantes de los trabajadores establecen las letras a), b) y c) del artículo 68 y el apartado 4 del artículo 56 del texto refundido de la Ley del Estatuto de los Trabajadores.

Esta garantía alcanzará también a los trabajadores integrantes del servicio de prevención cuando la empresa decida constituirlo de acuerdo con lo dispuesto en el artículo siguiente.

Los trabajadores a que se refieren los párrafos anteriores deberán guardar sigilo profesional sobre la información relativa a la empresa a la que tuvieran acceso como consecuencia del desempeño de sus funciones.

⇒ V. art. 37.3 y 37.4 de la presente Ley.

5. En las empresas de menos de seis trabajadores, el empresario podrá asumir personalmente las funciones señaladas en el apartado 1, siempre que desarrolle de forma habitual su actividad en el centro de trabajo y tenga la capacidad necesaria, en función de los riesgos a que estén expuestos los trabajadores y la peligrosidad de las actividades, con el alcance que se determine en las disposiciones a que se refiere la letra e) del apartado 1 del artículo 6 de la presente Ley.

⇒ V. art. 11 del RD 39/1997, de 17 enero (§24.1).

6. El empresario que no hubiere concertado el Servicio de prevención con una entidad especializada ajena a la empresa deberá someter su sistema de prevención al control de una auditoría o evaluación externa, en los términos que reglamentariamente se determinen.

⇒ V. arts. 29 y ss. del RD 39/1997 (§24.1), así como el Cap. II de la OM TAS/3623/2006, de 28 noviembre (§24.3).

Artículo 31. Servicios de prevención.

⇒ V. los arts. 14 a 22 del RD 39/1997, de 17 enero (§24.1).

1. Si la designación de uno o varios trabajadores fuera insuficiente para la realización de las actividades de prevención, en función del tamaño de la empresa, de los riesgos a que están expuestos los trabajadores o de la peligrosidad de las actividades desarrolladas, con el alcance que se establezca en las disposiciones a que se refiere la letra e) del apartado 1 del artículo 6 de la presente Ley, el empresario deberá recurrir a uno o varios servicios de prevención propios o ajenos a la empresa, que colaborarán cuando sea necesario.

Para el establecimiento de estos servicios en las Administraciones públicas se tendrá en cuenta su estructura organizativa y la existencia, en su caso, de ámbitos sectoriales y descentralizados.

⇒ El Cap. III del RD 1488/1998, de 10 julio, persigue adecuar el Cap. IV de la presente Ley a la Administración del Estado (§24.4).

Cfr. la disp. adic. 4ª del RD 39/1997, de 17 enero (§24.1).

2. Se entenderá como servicio de prevención el conjunto de medios humanos y materiales necesarios para realizar las actividades preventivas a fin de garantizar la adecuada protección de la seguridad y la salud de los trabajadores, asesorando y asistiendo para ello al empresario, a los trabajadores y a sus representantes y a los órganos de representación especializados. Para el ejercicio de sus funciones, el empresario deberá facilitar a dicho servicio el acceso a la información y documentación a que se refiere el apartado 3 del artículo anterior.

⇒ V. el art. 10 del RD 39/1997, de 17 enero (§24.1), así como el art. 18 de la presente Ley.

3. Los servicios de prevención deberán estar en condiciones de proporcionar a la empresa el asesoramiento y apoyo que precise en función de los tipos de riesgo en ella existentes y en lo referente a:

⇒ V. art. 19 del RD 39/1997, de 17 enero (§24.1).

a) El diseño, implantación y aplicación de un plan de prevención de riesgos laborales que permita la integración de la prevención en la empresa.

✐ Apartado modificado por el art. 4.1 de la Ley 54/2003, de 12 diciembre.

b) La evaluación de los factores de riesgo que puedan afectar a la seguridad y la salud de los trabajadores en los términos previstos en el artículo 16 de esta Ley.

c) La planificación de la actividad preventiva y la determinación de las prioridades en la adopción de las medidas preventivas y la vigilancia de su eficacia.

✐ Apartado modificado por el art. 4.2 de la Ley 54/2003, de 12 diciembre.

⇒ V. también art. 30.4.2 de la presente Ley.

d) La información y formación de los trabajadores.

e) La prestación de los primeros auxilios y planes de emergencia.

f) La vigilancia de la salud de los trabajadores en relación con los riesgos derivados del trabajo.

4. El servicio de prevención tendrá carácter interdisciplinario, debiendo sus medios ser apropiados para cumplir sus funciones. Para ello, la formación, especialidad, capacitación, dedicación y número de componentes de estos servicios, así como sus recursos técnicos, deberán ser suficientes y adecuados a las actividades preventivas a desarrollar, en función de las siguientes circunstancias:

a) Tamaño de la empresa.

b) Tipos de riesgo a los que puedan encontrarse expuestos los trabajadores.

c) Distribución de riesgos en la empresa.

5. Para poder actuar como servicios de prevención, las entidades especializadas deberán ser objeto de acreditación por la Administración laboral, mediante la comprobación de que reúnen los requisitos que se establezcan reglamentariamente y previa aprobación de la Administración sanitaria en cuanto a los aspectos de carácter sanitario.

⇒ V. los arts. 23 y ss. del RD 39/1997, de 17 enero (§24.1) y la O. 27 junio 1997.

Artículo 32. Actuación preventiva de las Mutuas de Accidentes de Trabajo y Enfermedades Profesionales.

Las Mutuas de Accidentes de Trabajo y Enfermedades Profesionales de la Seguridad Social podrán desarrollar para las empresas a ellas asociadas las funciones correspondientes a los servicios de prevención, con sujeción a lo dispuesto en el apartado 5 del artículo 31.

⇒ Cfr. las disps. transits. segundas de la presente Ley y del RD 39/1997, de 17 enero (§24.1).

Los representantes de los empresarios y de los trabajadores tendrán derecho a participar en el control y seguimiento de la gestión desarrollada por las Mutuas de Accidentes de Trabajo y Enfermedades Profesionales de la Seguridad Social en las funciones a que se refiere el párrafo anterior conforme a lo previsto en el artículo 39.cinco, de la Ley 42/1994, de 30 diciembre, de Medidas fiscales, administrativas y de orden social.

⇒ Se alude a la Comisión de Control y Seguimiento de cada Mutua, integrada paritariamente por representantes de trabajadores y empresarios; v. art. 37 del RD 1993/1995, de 7 diciembre, que aprueba el Reglamento de colaboración en la gestión.

V. al respecto las detalladas previsiones del RD 688/2005, de 10 junio, por la que se regula el régimen de funcionamiento de las Mutuas de Accidentes de Trabajo y Enfermedades Profesionales de la Seguridad Social como servicio de prevención ajeno.

La OM TAS/4053/2005, de 27 diciembre, determinó las actuaciones a desarrollar por las Mutuas para su adecuación al RD 688/2005, de 10 junio.

Artículo 32 bis. Presencia de los recursos preventivos.

1. La presencia en el centro de trabajo de los recursos preventivos, cualquiera que sea la modalidad de organización de dichos recursos, será necesaria en los siguientes casos:

a) Cuando los riesgos puedan verse agravados o modificados en el desarrollo del proceso o la actividad, por la concurrencia de operaciones diversas que se desarrollan sucesiva o simultáneamente y que hagan preciso el control de la correcta aplicación de los métodos de trabajo.

b) Cuando se realicen actividades o procesos que reglamentariamente sean considerados como peligrosos o con riesgos especiales.

c) Cuando la necesidad de dicha presencia sea requerida por la Inspección de Trabajo y Seguridad Social, si las circunstancias del caso así lo exigieran debido a las condiciones de trabajo detectadas.

2. Se consideran recursos preventivos, a los que el empresario podrá asignar la presencia, los siguientes:

a) Uno o varios trabajadores designados de la empresa.

b) Uno o varios miembros del servicio de prevención propio de la empresa.

c) Uno o varios miembros del o los servicios de prevención ajenos concertados por la empresa. Cuando la presencia sea realizada por diferentes recursos preventivos éstos deberán colaborar entre sí.

3. Los recursos preventivos a que se refiere el apartado anterior deberán tener la capacidad suficiente, disponer de los medios necesarios y ser suficientes en número para vigilar el cumplimiento de las actividades preventivas, debiendo permanecer en el centro de trabajo durante el tiempo en que se mantenga la situación que determine su presencia.

4. No obstante lo señalado en los apartados anteriores, el empresario podrá asignar la presencia de forma expresa a uno o varios trabajadores de la empresa que, sin formar parte del servicio de prevención propio ni ser trabajadores designados, reúnan los conocimientos, la cualificación y la experiencia necesarios en las actividades o procesos a que se refiere el apartado 1 y cuenten con la formación preventiva correspondiente, como mínimo, a las funciones del nivel básico.

En este supuesto, tales trabajadores deberán mantener la necesaria colaboración con los recursos preventivos del empresario.

✐ Artículo añadido por el art. 4.3 de la Ley 54/2003, de 12 diciembre.

CAPÍTULO V

Consulta y participación de los trabajadores

⇒ El art. 6 del RD 485/1997, de 14 abril, remite aquí la consulta y participación en temas de señalización sobre seguridad y salud laboral.
En materia de seguridad y salud en los lugares de trabajo, v. el art. 12 del RD 486/1997, de 14 abril.
Respecto de equipos de protección individual, cfr. el art. 9 del RD 773/1997, de 30 mayo.
Sobre utilización por los trabajadores de equipos de trabajo, v. art. 6 del RD 1215/1997, de 18 julio.
Para el sector de la construcción, v. art. 16 del RD 1627/1997, de 24 octubre.
V. el Cap. VI del RD 171/2004, de 30 enero, para los supuestos en que deben de coordinarse actividades empresariales (§24.5).

Artículo 33. Consulta de los trabajadores.

⇒ V. la tutela administrativa del precepto en art. 12.11 del TRLISOS (§40.1).

1. El empresario deberá consultar a los trabajadores, con la debida antelación, la adopción de las decisiones relativas a:

a) La planificación y la organización del trabajo en la empresa y la introducción de nuevas tecnologías, en todo lo relacionado con las consecuencias que éstas pudieran tener para la seguridad y la salud de los trabajadores, derivadas de la elección de los equipos, la determinación y la adecuación de las condiciones de trabajo y el impacto de los factores ambientales en el trabajo.

b) La organización y desarrollo de las actividades de protección de la salud y prevención de los riesgos profesionales en la empresa, incluida la designación de los trabajadores encargados de dichas actividades o el recurso a un servicio de prevención externo.

⇒ V. los arts. 3.2, 5.1, 16.2 y 21.1 del RD 39/1997, de 17 enero (§24.1).

c) La designación de los trabajadores encargados de las medidas de emergencia.

⇒ V. art. 20 de la presente Ley.

d) Los procedimientos de información y documentación a que se refieren los artículos 18, apartado 1, y 23, apartado 1, de la presente Ley.

e) El proyecto y la organización de la formación en materia preventiva.

⇒ Cfr. arts. 19 y 37.2 de la presente Ley.

f) Cualquier otra acción que pueda tener efectos sustanciales sobre la seguridad y la salud de los trabajadores.

2. En las empresas que cuenten con representantes de los trabajadores, las consultas a que se refiere el apartado anterior se llevarán a cabo con dichos representantes.

⇒ V. art 36.1 c) de la presente Ley.

La Instr. 26 febrero 1996, de la Secretaría de Estado para la Administración Pública, persigue adecuar el Cap. V de la presente Ley a la Administración del Estado al igual que hace el RD 1488/1998, de 10 julio (§24.4).

Artículo 34. Derechos de participación y representación.

1. Los trabajadores tienen derecho a participar en la empresa en las cuestiones relacionadas con la prevención de riesgos en el trabajo.

⇒ Cfr. el art. 19.3 del ET (§2).

En las empresas o centros de trabajo que cuenten con seis o más trabajadores, la participación de éstos se canalizará a través de sus representantes y de la representación especializada que se regula en este capítulo.

2. A los Comités de Empresa, a los Delegados de Personal y a los representantes sindicales les corresponde, en los términos que, respectivamente, les reconocen el Estatuto de los Trabajadores, la Ley de Organos de Representación del Personal al Servicio de las Administraciones Públicas y la Ley Orgánica de Libertad Sindical, la defensa de los intereses de los trabajadores en materia de prevención de riesgos en el trabajo. Para ello, los representantes del personal ejercerán las competencias que dichas normas establecen en materia de información, consulta y negociación, vigilancia y control y ejercicio de acciones ante las empresas y los órganos y Tribunales competentes.

⇒ V. los arts. 64.1 y 87 del ET (§2), así como los arts. 8.2 b) y 10.3 de la LOLS (§20.1).

3. El derecho de participación que se regula en este capítulo se ejercerá en el ámbito de las Administraciones públicas con las adaptaciones que procedan en atención a la diversidad de las actividades que desarrollan y las diferentes condiciones en que éstas se realizan, la complejidad y dispersión de su estructura organizativa y sus peculiaridades en materia de representación colectiva, en los términos previstos en la Ley 7/1990, de 19 de julio, sobre negociación colectiva y participación en la determinación de las condiciones de trabajo de los empleados públicos, pudiéndose establecer ámbitos sectoriales, y descentralizados en función del número de efectivos y centros.

Para llevar a cabo la indicada adaptación en el ámbito de la Administración General del Estado, el Gobierno tendrá en cuenta los siguientes criterios:

⇒ V. el RD 1488/1998, de 10 julio (§24.4)

a) En ningún caso dicha adaptación podrá afectar a las competencias, facultades y garantías que se reconocen en esta Ley a los Delegados de Prevención y a los Comités de Seguridad y Salud.

b) Se deberá establecer el ámbito específico que resulte adecuado en cada caso para el ejercicio de la función de participación en materia preventiva dentro de la estructura organizativa de la Administración. Con carácter general, dicho ámbito será el de los órganos de representación del personal al servicio de las Administraciones públicas, si bien podrán establecerse otros distintos en función de las características de la actividad y frecuencia de los riesgos a que puedan encontrarse expuestos los trabajadores.

c) Cuando en el indicado ámbito existan diferentes órganos de representación del personal, se deberá garantizar una actuación coordinada de todos ellos en materia de prevención y protección de la seguridad y la salud en el trabajo, posibilitando que la participación se realice de forma conjunta entre unos y otros, en el ámbito específico establecido al efecto.

d) Con carácter general, se constituirá un único Comité de Seguridad y Salud en el ámbito de los órganos de representación previstos en la Ley de Órganos de Representación del Personal al Servicio de las Administraciones Públicas, que estará integrado por los Delegados de Prevención designados en dicho ámbito, tanto para el personal con relación de carácter administrativo o estatutario como para el personal laboral, y por representantes de la Administración en número no superior al de Delegados. Ello no obstante, podrán constituirse Comités de Seguridad y Salud en otros ámbitos cuando las razones de la actividad y el tipo y frecuencia de los riesgos así lo aconsejen.

⇒ V. arts. 62 y 64 del ET (§2); arts. 10.3 y concordantes de la Ley 11/1985, de 2 agosto, Orgánica de Libertad Sindical (§20.1).

Artículo 35. Delegados de Prevención.

1. Los Delegados de Prevención son los representantes de los trabajadores con funciones específicas en materia de prevención de riesgos en el trabajo.

⇒ Cfr. el régimen jurídico de Delegados de Personal y Comités de Empresa en arts. 61 y ss. del ET (§2).

2. Los Delegados de Prevención serán designados por y entre los representantes del personal, en el ámbito de los órganos de representación previstos en las normas a que se refiere el artículo anterior, con arreglo a la siguiente escala:

De 50 a 100 trabajadores: 2 Delegados de Prevención.

De 101 a 500 trabajadores: 3 Delegados de Prevención.

De 501 a 1.000 trabajadores: 4 Delegados de Prevención.

De 1.001 a 2.000 trabajadores: 5 Delegados de Prevención.

De 2.001 a 3.000 trabajadores: 6 Delegados de Prevención.

De 3.001 a 4.000 trabajadores: 7 Delegados de Prevención.

De 4.001 en adelante: 8 Delegados de Prevención.

En las empresas de hasta treinta trabajadores el Delegado de Prevención será el Delegado de Personal. En las empresas de treinta y uno a cuarenta y nueve trabajadores habrá un Delegado de Prevención que será elegido por y entre los Delegados de Personal.

⇒ V. la disp. adic. 4ª de la Ley sobre designación de Delegados en supuestos especiales.

3. A efectos de determinar el número de Delegados de Prevención se tendrán en cuenta los siguientes criterios:

⇒ Relaciónense con los criterios contenidos en el art. 72.2 del ET (§2).

a) Los trabajadores vinculados por contratos de duración determinada superior a un año se computarán como trabajadores fijos de plantilla.

b) Los contratados por término de hasta un año se computarán según el número de días trabajados en el período de un año anterior a la designación. Cada doscientos días trabajados o fracción se computarán como un trabajador más.

4. No obstante lo dispuesto en el presente artículo, en los convenios colectivos podrán establecerse otros sistemas de designación de los Delegados de Prevención, siempre que se garantice que la facultad de designación corresponde a los representantes del personal o a los propios trabajadores.

Asimismo, en la negociación colectiva o mediante los acuerdos a que se refiere el artículo 83, apartado 3, del Estatuto de los Trabajadores podrá acordarse que las competencias reconocidas en esta Ley a los Delegados de Prevención sean ejercidas por órganos específicos creados en el propio convenio o en los acuerdos citados. Dichos órganos podrán asumir, en los términos y conforme a las modalidades que se acuerden, competencias generales respecto del conjunto de los centros de trabajo incluidos en el ámbito de aplicación del convenio o del acuerdo, en orden a fomentar el mejor cumplimiento en los mismos de la normativa sobre prevención de riesgos laborales.

Igualmente, en el ámbito de las Administraciones públicas se podrán establecer, en los términos señalados en la Ley 7/1990, de 19 de julio, sobre negociación colectiva y participación en la determinación de las condiciones de trabajo de los empleados públicos, otros sistemas de designación de los Delegados de Prevención y acordarse que las competencias que esta Ley atribuye a éstos puedan ser ejercidas por órganos específicos.

⇒ Respecto del procedimiento de designación en Sociedades Cooperativas, cfr. la disp. adic. 10ª de la presente Ley. V. Cap. IV del Acuerdo Administración-Sindicatos de adaptación de la legislación de prevención de riesgos laborales a la Administración General del Estado.

Artículo 36. Competencias y facultades de los Delegados de Prevención:

⇒ Téngase en cuenta la disp. transit. 1ª de la presente Ley.

1. Son competencias de los Delegados de Prevención:

a) Colaborar con la dirección de la empresa en la mejora de la acción preventiva.

b) Promover y fomentar la cooperación de los trabajadores en la ejecución de la normativa sobre prevención de riesgos laborales.

c) Ser consultados por el empresario, con carácter previo a su ejecución, acerca de las decisiones a que se refiere el artículo 33 de la presente Ley.

d) Ejercer una labor de vigilancia y control sobre el cumplimiento de la normativa de prevención de riesgos laborales.

⇒ Cfr. los arts. 19.3 y 64.1.9 b) del ET (§2).

En las empresas que, de acuerdo con lo dispuesto en el apartado 2 del artículo 38 de esta Ley, no cuenten con Comité de Seguridad y Salud por no alcanzar el número mínimo de trabajadores establecido al efecto, las competencias atribuidas a aquél en la presente Ley serán ejercidas por los Delegados de Prevención.

2. En el ejercicio de las competencias atribuidas a los Delegados de Prevención, éstos estarán facultados para:

⇒ Cfr. art. 4.3 del RD 216/1999 sobre información de que se incorporan trabajadores procedentes de una ETT (§3.3).

a) Acompañar a los técnicos en las evaluaciones de carácter preventivo del medio ambiente de trabajo, así como, en los términos previstos en el artículo 40 de esta Ley, a los Inspectores de Trabajo y Seguridad Social en las visitas y verificaciones que realicen en los centros de trabajo para comprobar el cumplimiento de la normativa sobre prevención de riesgos laborales, pudiendo formular ante ellos las observaciones que estimen oportunas.

⇒ Téngase en cuenta lo previsto en el art. 37.1 de la presente Ley.
V. el art. 5.2 de la Ley 42/1997, de 14 noviembre (§38.2)

b) Tener acceso, con las limitaciones previstas en el apartado 4 del artículo 22 de esta Ley, a la información y documentación relativa a las condiciones de trabajo que sean necesarias para el ejercicio de sus funciones y, en particular, a la prevista en los artículos 18 y 23 de esta Ley. Cuando la información esté sujeta a las limitaciones reseñadas, sólo podrá ser suministrada de manera que se garantice el respeto de la confidencialidad.

c) Ser informados por el empresario sobre los daños producidos en la salud de los trabajadores una vez que aquél hubiese tenido conocimiento de ellos, pudiendo presentarse, aun fuera de su jornada laboral, en el lugar de los hechos para conocer las circunstancias de los mismos.

⇒ Cfr. lo previsto en el art. 37.1 de la presente Ley.

d) Recibir del empresario las informaciones obtenidas por éste procedentes de las personas u órganos encargados de las actividades de protección y prevención en la empresa, así como de los organismos competentes para la seguridad y la salud de los trabajadores, sin perjuicio de lo dispuesto en el artículo 40 de esta Ley en materia de colaboración con la Inspección de Trabajo y Seguridad Social.

e) Realizar visitas a los lugares de trabajo para ejercer una labor de vigilancia y control del estado de las condiciones de trabajo, pudiendo, a tal fin, acceder a cualquier zona de los mismos y comunicarse durante la jornada con los trabajadores, de manera que no se altere el normal desarrollo del proceso productivo.

f) Recabar del empresario la adopción de medidas de carácter preventivo y para la mejora de los niveles de protección de la seguridad y la salud de los trabajadores, pudiendo a tal fin efectuar propuestas al empresario, así como al Comité de Seguridad y Salud para su discusión en el mismo.

g) Proponer al órgano de representación de los trabajadores la adopción del acuerdo de paralización de actividades a que se refiere el apartado 3 del artículo 21.

3. Los informes que deban emitir los Delegados de Prevención a tenor de lo dispuesto en la letra c) del apartado 1 de este artículo deberán elaborarse en un plazo de quince días, o en el tiempo imprescindible cuando se trate de adoptar medidas dirigidas a prevenir riesgos inminentes. Transcurrido el plazo sin haberse emitido el informe, el empresario podrá poner en práctica su decisión.

4. La decisión negativa del empresario a la adopción de las medidas propuestas por el Delegado de Prevención a tenor de lo dispuesto en la letra f) del apartado 2 de este artículo deberá ser motivada.

Artículo 37. Garantías y sigilo profesional de los Delegados de Prevención.

⇒ Téngase en cuenta la disp. transit. 1ª de la presente Ley.

1. Lo previsto en el artículo 68 del Estatuto de los Trabajadores en materia de garantías será de aplicación a los Delegados de Prevención en su condición de representantes de los trabajadores.

El tiempo utilizado por los Delegados de Prevención para el desempeño de las funciones previstas en esta Ley será considerado como de ejercicio de funciones de representación a efectos de la utilización del crédito de horas mensuales retribuidas previsto en la letra e) del citado artículo 68 del Estatuto de los Trabajadores.

No obstante lo anterior, será considerado en todo caso como tiempo de trabajo efectivo, sin imputación al citado crédito horario, el correspondiente a las reuniones del Comité de Seguridad y Salud y a cualesquiera otras convocadas por el empresario en materia de prevención de riesgos, así como el destinado a las visitas previstas en las letras a) y c) del número 2 del artículo anterior.

2. El empresario deberá proporcionar a los Delegados de Prevención los medios y la formación en materia preventiva que resulten necesarios para el ejercicio de sus funciones.

La formación se deberá facilitar por el empresario por sus propios medios o mediante concierto con organismos o entidades especializadas en la materia y deberá adaptarse a la evolución de los riesgos y a la aparición de otros nuevos, repitiéndose periódicamente si fuera necesario.

El tiempo dedicado a la formación será considerado como tiempo de trabajo a todos los efectos y su coste no podrá recaer en ningún caso sobre los Delegados de Prevención.

3. A los Delegados de Prevención les será de aplicación lo dispuesto en el apartado 2 del artículo 65 del Estatuto de los Trabajadores en cuanto al sigilo profesional debido respecto de las informaciones a que tuviesen acceso como consecuencia de su actuación en la empresa.

4. Lo dispuesto en el presente artículo en materia de garantías y sigilo profesional de los Delegados de Prevención se entenderá referido, en el caso de las relaciones de carácter administrativo o estatutario del personal al servicio de las Administraciones públicas, a la regulación contenida en los artículos 10, párrafo segundo, y 11 de la Ley 9/1987, de 12 de junio, de Organos de Representación, Determinación de las Condiciones de Trabajo y Participación del Personal al Servicio de las Administraciones Públicas.

Artículo 38. Comité de Seguridad y Salud.

1. El Comité de Seguridad y Salud es el órgano paritario y colegiado de participación destinado a la consulta regular y periódica de las actuaciones de la empresa en materia de prevención de riesgos.

⇒ La Instr. 26 febrero 1996, de la Secretaría de Estado para las Administraciones Públicas, contiene previsiones específicas al respecto para el ámbito de la Administración del Estado.

2. Se constituirá un Comité de Seguridad y Salud en todas las empresas o centros de trabajo que cuenten con 50 o más trabajadores.

⇒ Para empresas de inferior tamaño, v. el art. 36.1 de la presente Ley.

El Comité estará formado por los Delegados de Prevención, de una parte, y por el empresario y/o sus representantes en número igual al de los Delegados de Prevención, de la otra.

⇒ Sobre Delegados de Prevención, v. art. 35 de la presente Ley.

En las reuniones del Comité de Seguridad y Salud participarán, con voz pero sin voto, los Delegados Sindicales y los responsables técnicos de la prevención en la empresa que no estén incluidos en la composición a la que se refiere el párrafo anterior. En las mismas condiciones podrán participar trabajadores de la empresa que cuenten con una especial cualificación o información respecto de concretas cuestiones que se debatan en este órgano y técnicos en prevención ajenos a la empresa, siempre que así lo solicite alguna de las representaciones en el Comité.

⇒ Cfr. al ap. 2 del art. 10.3 de la Ley 11/1985, de 2 agosto, Orgánica de Libertad Sindical (§20.1).

3. El Comité de Seguridad y Salud se reunirá trimestralmente y siempre que lo solicite alguna de las representaciones en el mismo. El Comité adoptará sus propias normas de funcionamiento.

Las empresas que cuenten con varios centros de trabajo dotados de Comité de Seguridad y Salud podrán acordar con sus trabajadores la creación de un Comité Intercentros, con las funciones que el acuerdo le atribuya.

Artículo 39. Competencias y facultades del Comité de Seguridad y Salud.

1. El Comité de Seguridad y Salud tendrá las siguientes competencias:

a) Participar en la elaboración, puesta en práctica y evaluación de los planes y programas de prevención de riesgos en la empresa. A tal efecto, en su seno se debatirán, antes de su puesta en práctica y en lo referente a su incidencia en la prevención de riesgos, los proyectos en materia de planificación, organización del trabajo e introducción de nuevas tecnologías, organización y desarrollo de las actividades de protección y prevención a que se refiere el artículo 16 de esta Ley y proyecto y organización de la formación en materia preventiva.

✐ Apartado modificado por el art. 5 de la Ley 54/2003, de 12 diciembre.

b) Promover iniciativas sobre métodos y procedimientos para la efectiva prevención de los riesgos, proponiendo a la empresa la mejora de las condiciones o la corrección de las deficiencias existentes.

2. En el ejercicio de sus competencias, el Comité de Seguridad y Salud estará facultado para:

a) Conocer directamente la situación relativa a la prevención de riesgos en el centro de trabajo, realizando a tal efecto las visitas que estime oportunas.

b) Conocer cuantos documentos e informes relativos a las condiciones de trabajo sean necesarios para el cumplimiento de sus funciones, así como los procedentes de la actividad del servicio de prevención, en su caso.

c) Conocer y analizar los daños producidos en la salud o en la integridad física de los trabajadores, al objeto de valorar sus causas y proponer las medidas preventivas oportunas.

d) Conocer e informar la memoria y programación anual de servicios de prevención.

3. A fin de dar cumplimiento a lo dispuesto en esta Ley respecto de la colaboración entre empresas en los supuestos de desarrollo simultáneo de actividades en un mismo centro de trabajo, se podrá acordar la realización de reuniones conjuntas de los Comités de Seguridad y Salud o, en su defecto, de los Delegados de Prevención y empresarios de las empresas que carezcan de dichos Comités, u otras medidas de actuación coordinada.

⇒ V. art. 24 de la presente Ley.

Artículo 40. Colaboración con la Inspección de Trabajo y Seguridad Social.

⇒ V. arts. 9, 11 y 36.2 de la presente Ley y sus notas.

1. Los trabajadores y sus representantes podrán recurrir a la Inspección de Trabajo y Seguridad Social si consideran que las medidas adoptadas y los medios utilizados por el empresario no son suficientes para garantizar la seguridad y la salud en el trabajo.

2. En las visitas a los centros de trabajo para la comprobación del cumplimiento de la normativa sobre prevención de riesgos laborales, el Inspector de Trabajo y Seguridad Social comunicará su presencia al empresario o a su representante o a la persona inspeccionada, al Comité de Seguridad y Salud, al Delegado de Prevención o, en su ausencia, a los representantes legales de los trabajadores, a fin de que puedan acompañarle durante el desarrollo de su visita y formularle las observaciones que estimen oportunas, a menos que considere que dichas comunicaciones puedan perjudicar el éxito de sus funciones.

⇒ V. arts. 5.2 y concordantes de la Ley 42/1997, sobre Inspección de Trabajo (§38.2).

3. La Inspección de Trabajo y Seguridad Social informará a los Delegados de Prevención sobre los resultados de las visitas a que hace referencia el apartado anterior y sobre las medidas adoptadas como consecuencia de las mismas, así como al empresario mediante diligencia en el Libro de Visitas de la Inspección de Trabajo y Seguridad Social que debe existir en cada centro de trabajo.

⇒ V. arts. 14.3 y concordantes de la Ley 42/1997, sobre Inspección de Trabajo (§38.2).

4. Las organizaciones sindicales y empresariales más representativas serán consultadas con carácter previo a la elaboración de los planes de actuación de la Inspección de Trabajo y Seguridad Social en materia de prevención de riesgos en el trabajo, en especial de los programas específicos para empresas de menos de seis trabajadores, e informadas del resultado de dichos planes.

CAPÍTULO VI

Obligaciones de los fabricantes, importadores y suministradores

Artículo 41. Obligaciones de los fabricantes, importadores y suministradores.

⇒ Cfr. art. 17 de la presente Ley y sus notas.
V. los preceptos de la Ley 21/1992, de Industria.
Cfr. las exigencias contenidas en el RD 1407/1992 y en el RD 773/1997.

1. Los fabricantes, importadores y suministradores de maquinaria, equipos, productos y útiles de trabajo están obligados a asegurar que éstos no constituyan una fuente de peligro para el trabajador, siempre que sean instalados y utilizados en las condiciones, forma y para los fines recomendados por ellos.

Los fabricantes, importadores y suministradores de productos y sustancias químicas de utilización en el trabajo están obligados a envasar y etiquetar los mismos de forma que se permita su conservación y manipulación en condiciones de seguridad y se identifique claramente su contenido y los riesgos para la seguridad o la salud de los trabajadores que su almacenamiento o utilización comporten.

Los sujetos mencionados en los dos párrafos anteriores deberán suministrar la información que indique la forma correcta de utilización por los trabajadores, las medidas preventivas adicionales que deban tomarse y los riesgos laborales que conlleven tanto su uso normal, como su manipulación o empleo inadecuado.

Los fabricantes, importadores y suministradores de elementos para la protección de los trabajadores están obligados a asegurar la efectividad de los mismos, siempre que sean instalados y usados en las condiciones y de la forma recomendada por ellos. A tal efecto, deberán suministrar la información que indique el tipo de riesgo al que van dirigidos, el nivel de protección frente al mismo y la forma correcta de su uso y mantenimiento.

Los fabricantes, importadores y suministradores deberán proporcionar a los empresarios, y éstos recabar de aquéllos, la información necesaria para que la utilización y manipulación de la maquinaria, equipos, productos, materias primas y útiles de trabajo se produzca sin riesgos para la seguridad y la salud de los trabajadores, así como para que los empresarios puedan cumplir con sus obligaciones de información respecto de los trabajadores.

2. El empresario deberá garantizar que las informaciones a que se refiere el apartado anterior sean facilitadas a los trabajadores en términos que resulten comprensibles para los mismos.

CAPÍTULO VII
Responsabilidades y sanciones

⇒ Complétese el presente Capítulo con las normas del CP (§40.4), del TRLISOS (§40.1), y con el RD 928/1998, de 14 mayo (§40.2).

Artículo 42. Responsabilidades y su compatibilidad.

1. El incumplimiento por los empresarios de sus obligaciones en materia de prevención de riesgos laborales dará lugar a responsabilidades administrativas, así como, en su caso, a responsabilidades penales y a las civiles por los daños y perjuicios que puedan derivarse de dicho incumplimiento.

2. *La empresa principal responderá solidariamente con los contratistas y subcontratistas a que se refiere el apartado 3 del artículo 24 de esta Ley del cumplimiento, durante el período de la contrata, de las obligaciones impuestas por esta Ley en relación con los trabajadores que aquéllos ocupen en los centros de trabajo de la empresa principal, siempre que la infracción se haya producido en el centro de trabajo de dicho empresario principal.*

⇒ V. art. 42.3 del TRLISOS (§40.1).
Cfr. art. 24.3 de la presente Ley, así como el art. 42 del ET (§2).

En las relaciones de trabajo de las empresas de trabajo temporal, la empresa usuaria será responsable de la protección en materia de seguridad y salud en el trabajo en los términos del artículo 16 de la Ley 14/1994, de 1 de julio, por la que se regulan las empresas de trabajo temporal.

✐ Apartado derogado por la disp. derog. única del RDLeg 5/2000, de 4 agosto (§40.1).

⇒ Cfr. el citado art. 16 de la Ley 14/1994 (§3.1).

3. Las responsabilidades administrativas que se deriven del procedimiento sancionador serán compatibles con las indemnizaciones por los daños y perjuicios causados y de recargo de prestaciones económicas del sistema de la Seguridad Social que puedan ser fijadas por el órgano competente de conformidad con lo previsto en la normativa reguladora de dicho sistema.

⇒ Sobre recargo de las prestaciones económicas en caso de accidente de trabajo y enfermedad profesional, cfr. art. 123 de la LGSS/1994 (§32.1).
V. también los arts. 1902 y 1911 del CC.

4. No podrán sancionarse los hechos que ya hayan sido sancionados penal o administrativamente, en los casos en que se aprecie identidad de sujeto, hecho y fundamento.

En los casos de concurrencia con el orden jurisdiccional penal será de aplicación lo dispuesto en el artículo 3 de la Ley 8/1988, de 7 de abril, sobre Infracciones y Sanciones de Orden Social, para cuya efectividad la autoridad laboral y la Inspección de Trabajo y Seguridad Social velarán por el cumplimiento de los deberes de colaboración e información con el Ministerio Fiscal.

✐ Apartado derogado por la disp. derog. única del RDLeg 5/2000, de 4 agosto (§40.1).

⇒ V. arts. 316, 317 y 318 del CP (§40.4).

5. La declaración de hechos probados que contenga una sentencia firme del orden jurisdiccional contenciosoadministrativo, relativa a la existencia de infracción a la normativa de prevención de riesgos laborales, vinculará al orden social de la jurisdicción, en lo que se refiere al recargo, en su caso, de la prestación económica del sistema de la Seguridad Social.

✐ Apartado derogado por la disp. derog. única del RDLeg 5/2000, de 4 agosto (§40.1).

Artículo 43. Requerimientos de la Inspección de Trabajo y Seguridad Social.

⇒ V. la Ley 42/1997, ordenadora de la Inspección de Trabajo (§38.2), especialmente arts. 4 y 7.

1. Cuando el Inspector de Trabajo y Seguridad Social comprobase la existencia de una infracción a la normativa sobre prevención de riesgos laborales, requerirá al empresario para la subsanación de las deficiencias observadas, salvo que por la gravedad e inminencia de los riesgos procediese acordar la paralización prevista en el artículo 44. Todo ello sin perjuicio de la propuesta de sanción correspondiente, en su caso.

2. El requerimiento formulado por el Inspector de Trabajo y Seguridad Social se hará saber por escrito al empresario presuntamente responsable señalando las anomalías o deficiencias apreciadas con

indicación del plazo para su subsanación. Dicho requerimiento se pondrá, asimismo, en conocimiento de los Delegados de Prevención.

Si se incumpliera el requerimiento formulado, persistiendo los hechos infractores, el Inspector de Trabajo y Seguridad Social, de no haberlo efectuado inicialmente, levantará la correspondiente acta de infracción por tales hechos.

⇒ Cfr. el art. 49 del TRLISOS (§40.1).

3. Los requerimientos efectuados por los funcionarios públicos a que se refiere el artículo 9.2 de esta Ley, en ejercicio de sus funciones de apoyo y colaboración con la Inspección de Trabajo y Seguridad Social, se practicarán con los requisitos y efectos establecidos en el apartado anterior, pudiendo reflejarse en el Libro de Visitas de la Inspección de Trabajo y Seguridad Social, en la forma que se determine reglamentariamente.

✐ Apartado añadido por el art. 6 de la Ley 54/2003, de 12 diciembre.

⇒ V. la Resolución de 11 abril 2006, de la Inspección de Trabajo y Seguridad Social, sobre el Libro de Visitas.

Artículo 44. Paralización de trabajos.

⇒ Cfr. lo dispuesto en los arts. 9.1 f) y 53 de la presente Ley.

1. Cuando el Inspector de Trabajo y Seguridad Social compruebe que la inobservancia de la normativa sobre prevención de riesgos laborales implica, a su juicio, un riesgo grave e inminente para la seguridad y la salud de los trabajadores podrá ordenar la paralización inmediata de tales trabajos o tareas. Dicha medida será comunicada a la empresa responsable, que la pondrá en conocimiento inmediato de los trabajadores afectados, del Comité de Seguridad y Salud, del Delegado de Prevención o, en su ausencia, de los representantes del personal. La empresa responsable dará cuenta al Inspector de Trabajo y Seguridad Social del cumplimiento de esta notificación.

El Inspector de Trabajo y Seguridad Social dará traslado de su decisión de forma inmediata a la autoridad laboral. La empresa, sin perjuicio del cumplimiento inmediato de tal decisión, podrá impugnarla ante la autoridad laboral en el plazo de tres días hábiles, debiendo resolverse tal impugnación en el plazo máximo de veinticuatro horas. Tal resolución será ejecutiva, sin perjuicio de los recursos que procedan.

⇒ Cfr. art. 19.5 del ET (§2).
V. las peculiares consecuencias que el incumplimiento de las resoluciones sobre paralización posee en el ámbito de la Seguridad Social en art. 195 de la LGSS/1994 (§32.1).
Desde sus respectivas ópticas, también inciden sobre el particular el art. 188 de la LGSS/1974 (§34) y el art. 7.10 de la Ley 42/1997, de la Inspección de Trabajo (§38.2).

La paralización de los trabajos se levantará por la Inspección de Trabajo y Seguridad Social que la hubiera decretado, o por el empresario tan pronto como se subsanen las causas que la motivaron, debiendo, en este último caso, comunicarlo inmediatamente a la Inspección de Trabajo y Seguridad Social.

2. Los supuestos de paralización regulados en este artículo, así como los que se contemplen en la normativa reguladora de las actividades previstas en el apartado 2 del artículo 7 de la presente Ley, se entenderán, en todo caso, sin perjuicio del pago del salario o de las indemnizaciones que procedan y de las medidas que puedan arbitrarse para su garantía.

⇒ V. art. 30 del ET (§2).

Artículo 45. *Infracciones administrativas.*

✐ Artículo parcialmente derogado por la disp. derog. única del RDLeg 5/2000, de 4 agosto (§40.1).

⇒ V. arts. 11, 12 y 13 del TRLISOS (§40.1). Complétense estas previsiones con las del Reglamento aprobado por RD 928/1998 (§40.2).

1. Son infracciones laborales en materia de prevención de riesgos laborales las acciones u omisiones de los empresarios, las de las Entidades que actúen como Servicios de Prevención, las auditoras y las formativas en dicha materia y ajenas a las empresas, así como las de los promotores y propietarios de obra y los trabajadores por cuenta propia, que incumplan las normas legales, reglamentarias y cláusulas normativas de los Convenios Colectivos en materia de seguridad y salud laboral, sujetos a responsabilidad conforme a la presente Ley.

Las infracciones tipificadas conforme a la presente Ley serán objeto de sanción tras la instrucción del oportuno expediente sancionador a propuesta de la Inspección de Trabajo y Seguridad Social, de conformidad con el procedimiento administrativo especial establecido en la Ley 8/1988, de 7 de abril, sobre Infracciones y Sanciones en el Orden Social, sin perjuicio de las responsabilidades de otro orden que puedan concurrir.

⇒ V. art. 3.1.2 de la Ley 42/1997, de la Inspección de Trabajo (§38.2).

No obstante lo anterior, en el ámbito de las relaciones del personal civil al servicio de las Administraciones públicas, las infracciones serán objeto de responsabilidades a través de la imposición, por resolución de la autoridad competente, de la realización de las medidas correctoras de los correspondientes incumplimientos, conforme al procedimiento que al efecto se establezca.

En el ámbito de la Administración General del Estado, corresponderá al Gobierno la regulación de dicho procedimiento, que se ajustará a los siguientes principios:

a) El procedimiento se iniciará por el órgano competente de la Inspección de Trabajo y Seguridad Social por orden superior, bien por propia iniciativa o a petición de los representantes del personal.

b) Tras su actuación, la Inspección efectuará un requerimiento sobre las medidas a adoptar y plazo de ejecución de las mismas, del que se dará traslado a la unidad administrativa inspeccionada a efectos de formular alegaciones.

c) En caso de discrepancia entre los Ministros competentes como consecuencia de la aplicación de este procedimiento, se elevarán las actuaciones al Consejo de Ministros para su decisión final.

2. *Las infracciones en el ámbito laboral se califican en leves, graves y muy graves, en atención a la naturaleza del deber infringido y la entidad del derecho afectado, de conformidad con lo establecido en los artículos siguientes de la presente Ley.*

Artículos 46 a 52.

✐ Artículos derogados por la disp. derog. única del RDLeg 5/2000, de 4 agosto (§40.1).

...

⇒ V. también el art. 4 del Reglamento aprobado por RD 928/1998 (§40.2).

...

Artículo 53. Suspensión o cierre del centro de trabajo.

⇒ Cfr. con lo dispuesto en el art. 44 de la presente Ley.

El Gobierno o, en su caso, los órganos de gobierno de las Comunidades Autónomas con competencias en la materia, cuando concurran circunstancias de excepcional gravedad en las infracciones en materia de seguridad y salud en el trabajo, podrán acordar la suspensión de las actividades laborales por un tiempo determinado o, en caso extremo, el cierre del centro de trabajo correspondiente, sin perjuicio, en todo caso, del pago del salario o de las indemnizaciones que procedan y de las medidas que puedan arbitrarse para su garantía.

Artículo 54. Limitaciones a la facultad de contratar con la Administración.

Las limitaciones a la facultad de contratar con la Administración por la comisión de delitos o por infracciones administrativas muy graves en materia de seguridad y salud en el trabajo, se regirán por lo establecido en la Ley 13/1995, de 18 de mayo, de Contratos de las Administraciones Públicas.

⇒ El art. 20 del vigente TRLCAP, aprobado por RDLeg 2/2000, de 16 junio establece que:

«En ningún caso podrán contratar con la Administración las personas en quienes concurra alguna de las circunstancias siguientes:

d) Haber sido sancionadas con carácter firme por infracción grave en materia de disciplina de mercado, en materia profesional o en materia de integración laboral de minusválidos o muy grave en materia social, de acuerdo con lo dispuesto en la Ley 8/1988, de 7 de abril, sobre infracciones y sanciones en el orden social o en materia de seguridad y salud en el trabajo, de conformidad con lo dispuesto en la Ley 31/1995, de 8 de noviembre, sobre prevención de riesgos laborales».

DISPOSICIONES ADICIONALES

Primera. Definiciones a efectos de Seguridad Social.

Sin perjuicio de la utilización de las definiciones contenidas en esta Ley en el ámbito de la normativa sobre prevención de riesgos laborales, tanto la definición de los conceptos de accidente de trabajo, enfermedad profesional, accidente no laboral y enfermedad común, como el régimen jurídico establecido para estas contingencias en la normativa de Seguridad Social, continuarán siendo de aplicación en los términos y con los efectos previstos en dicho ámbito normativo.

⇒ Cfr. los arts. 114 y siguientes de la LGSS/1994 (§32.1).

Segunda. Reordenación orgánica.

Queda extinguida la Organización de los Servicios Médicos de Empresa, cuyas funciones pasarán a ser desempeñadas por la Administración sanitaria competente en los términos de la presente Ley.

Los recursos y funciones que actualmente tienen atribuidos el Instituto Nacional de Medicina y Seguridad del Trabajo y la Escuela Nacional de Medicina del Trabajo se adscriben y serán desarrollados por las unidades, organismos o entidades del Ministerio de Sanidad y Consumo conforme a su organización y distribución interna de competencias.

El Instituto Nacional de Silicosis mantendrá su condición de centro de referencia nacional de prevención técnico-sanitaria de las enfermedades profesionales que afecten al sistema cardiorrespiratorio.

Tercera. Carácter básico.

1. Esta Ley, así como las normas reglamentarias que dicte el Gobierno en virtud de lo establecido en el artículo 6, constituyen legislación laboral, dictada al amparo del artículo 149.1.7ª de la Constitución.

2. Respecto del personal civil con relación de carácter administrativo o estatutario al servicio de las Administraciones públicas, la presente Ley será de aplicación en los siguientes términos:

a) Los artículos que a continuación se relacionan constituyen normas básicas en el sentido previsto en el artículo 149.1.18ª de la Constitución:

2.

3, apartados 1 y 2, excepto el párrafo segundo.

4.

5, apartado 1.

12.

14, apartados 1, 2, excepto la remisión al capítulo IV, 3, 4 y 5.

15.

16.

17.

18, apartados 1 y 2, excepto remisión al capítulo V.

19, apartados 1 y 2, excepto referencia a la impartición por medios propios o concertados.

20.

21.

22.

23.

24, apartados 1, 2 y 3.

25.

26.

28, apartados 1, párrafos primero y segundo, 2, 3 y 4, excepto en lo relativo a las empresas de trabajo temporal.

29.

30, apartados 1, 2, excepto la remisión al artículo 6.1 a), 3 y 4, excepto la remisión al texto refundido de la Ley del Estatuto de los Trabajadores.

31, apartados 1, excepto remisión al artículo 6.1 a), 2, 3 y 4.

33.

34, apartados 1, párrafo primero, 2 y 3, excepto párrafo segundo.

35, apartados 1, 2, párrafo primero y 4, párrafo tercero.

36, excepto las referencias al Comité de Seguridad y Salud.

37, apartados 2 y 4.

42, apartado 1.

45, apartado 1, párrafo tercero.

Disposición adicional 4ª Designación de Delegados de Prevención en supuestos especiales.

Disposición transitoria, apartado 3.

Tendrán este mismo carácter básico, en lo que corresponda, las normas reglamentarias que dicte el Gobierno en virtud de lo establecido en el artículo 6 de esta Ley.

b) En el ámbito de las Comunidades Autónomas y las entidades locales, las funciones que la Ley atribuye a las autoridades laborales y a la Inspección de Trabajo y Seguridad Social podrán ser atribuidas a órganos diferentes.

c) Los restantes preceptos serán de aplicación general en defecto de normativa específica dictada por las Administraciones públicas, a excepción de lo que resulte inaplicable a las mismas por su propia naturaleza jurídico-laboral.

3. El artículo 54 constituye legislación básica de contratos administrativos, dictada al amparo del artículo 149.1.18ª de la Constitución.

Cuarta. Designación de Delegados de Prevención en supuestos especiales.

En los centros de trabajo que carezcan de representantes de los trabajadores por no existir trabajadores con la antigüedad suficiente para ser electores o elegibles en las elecciones para representantes del personal, los trabajadores podrán elegir por mayoría a un trabajador que ejerza las competencias del Delegado de Prevención, quien tendrá las facultades, garantías y obligaciones de sigilo profesional de tales Delegados. La actuación de éstos cesará en el momento en que se reúnan los requisitos de antigüedad necesarios para poder celebrar la elección de representantes del personal, prorrogándose por el tiempo indispensable para la efectiva celebración de la elección.

⇒ Cfr. lo dispuesto por los arts. 4 y 7 de la Dir. 89/391/CEE (§50.1).

Quinta. Fundación.

1. Adscrita a la Comisión Nacional de Seguridad y Salud en el Trabajo existirá una fundación cuya finalidad será promover la mejora de las condiciones de seguridad y salud en el trabajo, especialmente en las pequeñas empresas, a través de acciones de información, asistencia técnica, formación y promoción del cumplimiento de la normativa de prevención de riesgos.

Para el cumplimiento de sus fines se dotará a la fundación de un patrimonio con cargo al Fondo de Prevención y Rehabilitación procedente del exceso de excedentes de la gestión realizada por las Mutuas de Accidentes de Trabajo y Enfermedades Profesionales de la Seguridad Social. La cuantía total de dicho patrimonio no excederá del 20 por 100 del mencionado Fondo, determinada en la fecha de entrada en vigor de esta Ley.

Los estatutos de la fundación serán aprobados por la Comisión Nacional de Seguridad y Salud en el Trabajo, con el voto favorable de dos tercios de sus miembros.

A efectos de lograr un mejor cumplimiento de sus fines, se articulará su colaboración con la Inspección de Trabajo y Seguridad Social.

La planificación, desarrollo y financiación de acciones en los distintos ámbitos territoriales tendrá en consideración, la población ocupada, el tamaño de las empresas y los índices de siniestralidad laboral. Los presupuestos que la fundación asigne a los ámbitos territoriales autonómicos que tengan asumidas competencias de ejecución de la legislación laboral en materia de Seguridad e Higiene en el Trabajo, serán atribuidos para su gestión a los órganos tripartitos y de participación institucional que existan en dichos ámbitos y tengan naturaleza similar a la Comisión Nacional de Seguridad y Salud en el Trabajo.

En los sectores de actividad en los que existan fundaciones de ámbito sectorial, constituidas por empresarios y trabajadores, que tengan entre sus fines la promoción de actividades destinadas a la mejora de las condiciones de seguridad y salud en el trabajo, el desarrollo de los objetivos y fines de la fundación se llevará a cabo, en todo caso, en coordinación con aquéllas.

2. Con el fin de garantizar la regularidad en el cumplimiento de los fines de la Fundación, se podrán realizar aportaciones patrimoniales a la misma, con cargo al Fondo de Prevención y Rehabilitación mencionado en el apartado anterior, con la periodicidad y en la cuantía que se determinen reglamentariamente.

✐ Ap. 2 añadido por disp. adic. 47ª de la Ley 30/2005, de 29 diciembre, pasando su actual contenido a constituir el apartado 1.

Sexta. Constitución de la Comisión Nacional de Seguridad y Salud en el Trabajo.

⇒ V. el art. 13 de la presente Ley.

El Gobierno, en el plazo de tres meses a partir de la vigencia de esta Ley regulará la composición de la Comisión Nacional de Seguridad y Salud en el Trabajo. La Comisión se constituirá en el plazo de los treinta días siguientes.

⇒ V. el RD 1879/1996, de 2 agosto, por el que se dio cumplimiento a este mandato.

Séptima. Cumplimiento de la normativa de transporte de mercancías peligrosas.

Lo dispuesto en la presente Ley se entiende sin perjuicio del cumplimiento de las obligaciones derivadas de la regulación en materia de transporte de mercancías peligrosas.

⇒ Mediante RD 74/1992, de 31 enero, se aprobó el Reglamento Nacional de Mercancías Peligrosas por carretera; posteriormente ha sufrido varias modificaciones, entre otras, por RD 599/1994, de 8 abril, RD 1333/1994, de 20 junio, y RD 772/1997, de 30 mayo.

Octava. Planes de organización de actividades preventivas.

Cada Departamento Ministerial, en el plazo de seis meses desde la entrada en vigor de esta Ley y previa consulta con las organizaciones sindicales más representativas, elevará al Consejo de Ministros una propuesta de acuerdo en la que se establezca un plan de organización de las actividades preventivas en el departamento correspondiente y en los centros, organismos y establecimientos de todo tipo dependientes del mismo.

A la propuesta deberá acompañarse necesariamente una memoria explicativa del coste económico de la organización propuesta, así como el calendario de ejecución del plan, con las previsiones presupuestarias adecuadas a éste.

Novena. Establecimientos militares.

1. El Gobierno, en el plazo de seis meses, previa consulta con las organizaciones sindicales más representativas y a propuesta de los Ministros de Defensa y de Trabajo y Seguridad Social, adaptará las normas de los capítulos III y V de esta Ley a las exigencias de la defensa nacional, a las peculiaridades orgánicas y al régimen vigente de representación del personal en los establecimientos militares.

⇒ V. el art. 3.3 de esta Ley.

La norma de referencia se aprobó mediante RD 1932/1998, de 11 septiembre.

2. Continuarán vigentes las disposiciones sobre organización y competencia de la autoridad laboral e Inspección de Trabajo en el ámbito de la Administración Militar contenidas en el Real Decreto 2205/1980, de 13 junio, dictado en desarrollo de la disposición final séptima del Estatuto de los Trabajadores.

Novena bis. Personal militar.

Lo previsto en los capítulos III, V y VII de esta Ley se aplicará de acuerdo con la normativa específica militar.

✐ Disposición añadida por disp. final 2ª.1 de la Ley 31/2006, de 18 octubre (§21.3).

Décima. Sociedades cooperativas.

⇒ Cfr. art. 3.1 de la presente Ley.

El procedimiento para la designación de los Delegados de Prevención regulados en el artículo 35 de esta Ley en las sociedades cooperativas que no cuenten con asalariados deberá estar previsto en sus Estatutos o ser objeto de acuerdo en Asamblea General.

Cuando, además de los socios que prestan su trabajo personal, existan asalariados se computarán ambos colectivos a efectos de lo dispuesto en el número 2 del artículo 35. En este caso, la designación de los Delegados de Prevención se realizará conjuntamente por los socios que prestan trabajo y los trabajadores asalariados o, en su caso, los representantes de éstos.

Undécima. Modificación del Estatuto de los Trabajadores en materia de permisos retribuidos.

Se añade una letra f) al apartado 3 del artículo 37 del texto refundido de la Ley del Estatuto de los Trabajadores aprobado por Real Decreto Legislativo 1/1995, de 24 de marzo, del siguiente tenor:

«f) Por el tiempo indispensable para la realización de exámenes prenatales y técnicas de preparación al parto que deban realizarse dentro de la jornada de trabajo».

⇒ Cfr. similar previsión en el art. 26.4 de la presente Ley.

Duodécima. Participación institucional en las Comunidades Autónomas.

⇒ Cfr. con el art. 12 de la presente Ley.

En las Comunidades Autónomas, la participación institucional, en cuanto a su estructura y organización, se llevará a cabo de acuerdo con las competencias que las mismas tengan en materia de seguridad y salud laboral.

Decimotercera. Fondo de Prevención y Rehabilitación.

Los recursos del Fondo de Prevención y Rehabilitación procedentes del exceso de excedentes de la gestión realizada por las Mutuas de Accidentes de Trabajo y Enfermedades Profesionales de la Seguridad Social a que se refiere el artículo 73 del texto refundido de la Ley General de la Seguridad Social se destinarán en la cuantía que se determine reglamentariamente, a las actividades que puedan desarrollar como servicios de prevención las Mutuas de Accidentes de Trabajo y Enfermedades Profesionales de la Seguridad Social, de acuerdo con lo previsto en el artículo 32 de esta Ley.

⇒ El invocado art. 73 dispone que «Los excedentes anuales obtenidos por las mutuas en su gestión habrán de afectarse, en primer lugar, a la constitución de las reservas que reglamentariamente se determine. Asimismo, se establecerá reglamentariamente el destino que haya de darse al exceso de los excedentes que resulten una vez cubiertas las indicadas reservas, debiendo adscribirse, en todo caso, el 80 por 100 de los mismos a los fines generales de prevención y rehabilitación».

V. O. TAS/3623/2006, de 28 noviembre (§24.3).

Decimocuarta. Presencia de recursos preventivos en las obras de construcción.

1. Lo dispuesto en el artículo 32 bis de la Ley de Prevención de Riesgos Laborales será de aplicación en las obras de construcción reguladas por el Real Decreto 1627/1997, de 24 de octubre, por el que se establecen las disposiciones mínimas de seguridad y salud en las obras de construcción, con las siguientes especialidades:

a) La preceptiva presencia de recursos preventivos se aplicará a cada contratista.

b) En el supuesto previsto en el apartado 1, párrafo a), del artículo 32 bis, la presencia de los recursos preventivos de cada contratista será necesaria cuando, durante la obra, se desarrollen trabajos con riesgos especiales, tal y como se definen en el citado Real Decreto.

c) La preceptiva presencia de recursos preventivos tendrá como objeto vigilar el cumplimiento de las medidas incluidas en el plan de seguridad y salud en el trabajo y comprobar la eficacia de éstas.

2. Lo dispuesto en el apartado anterior se entiende sin perjuicio de las obligaciones del coordinador en materia de seguridad y salud durante la ejecución de la obra.

✐ Disposición añadida por el art. 7 de la Ley 54/2003, de 12 diciembre.

Decimoquinta. Habilitación de funcionarios públicos.

Para poder ejercer las funciones establecidas en el apartado 2 del artículo 9 de esta Ley, los funcionarios públicos de las Comunidades Autónomas deberán contar con una habilitación específica expedida por su propia Comunidad Autónoma, en los términos que se determinen reglamentariamente.

En todo caso, tales funcionarios deberán pertenecer a los grupos de titulación A o B y acreditar formación específica en materia de prevención de riesgos laborales.

✐ Disposición añadida por el art. 8 de la Ley 54/2003, de 12 diciembre.

DISPOSICIONES TRANSITORIAS

Primera. Aplicación de disposiciones más favorables.

1. Lo dispuesto en los artículos 36 y 37 de esta Ley en materia de competencias, facultades y garantías de los Delegados de Prevención se entenderá sin perjuicio del respeto a las disposiciones más favorables para el ejercicio de los derechos de información, consulta y participación de los trabajadores en la prevención de riesgos laborales previstas en los convenios colectivos vigentes en la fecha de su entrada en vigor.

2. Los órganos específicos de representación de los trabajadores en materia de prevención de riesgos laborales que, en su caso, hubieran sido previstos en los convenios colectivos a que se refiere el apartado anterior y que estén dotados de un régimen de competencias, facultades y garantías que respete el contenido mínimo establecido en los artículos 36 y 37 de esta Ley, podrán continuar en el ejercicio de sus funciones, en sustitución de los Delegados de Prevención, salvo que por el órgano de representación legal de los trabajadores se decida la designación de estos Delegados conforme al procedimiento del artículo 35.

3. Lo dispuesto en los apartados anteriores será también de aplicación a los acuerdos concluidos en el ámbito de la función pública al amparo de lo dispuesto en la Ley 7/1990, de 19 julio, sobre negociación colectiva y participación en la determinación de las condiciones de trabajo de los empleados públicos.

Segunda.

En tanto se aprueba el Reglamento regulador de los Servicios de Prevención de Riesgos Laborales, se entenderá que las Mutuas de Accidentes de Trabajo y Enfermedades Profesionales de la Seguridad Social cumplen el requisito previsto en el artículo 31.5 de la presente Ley.

⇒ V. la disp. transit. 2ª del RD 39/1997, de 17 enero (§24.1).

DISPOSICIÓN DEROGATORIA

Única. Alcance de la derogación.

Quedan derogadas cuantas disposiciones se opongan a la presente Ley y específicamente:

a) Los artículos 9, 10, 11, 36, apartado 2, 39 y 40, párrafo segundo, de la Ley 8/1988, de 7 de abril, sobre infracciones y sanciones en el orden social.

b) El Decreto de 26 julio de 1957, por el que se fijan los trabajos prohibidos a mujeres y menores, en los aspectos de su normativa relativos al trabajo de las mujeres, manteniéndose en vigor los relativos al trabajo de los menores hasta que el Gobierno desarrolle las previsiones contenidas en el apartado 2 del artículo 27.

c) El Decreto de 11 marzo 1971, sobre constitución, composición y funciones de los Comités de Seguridad e Higiene en el Trabajo.

d) Los Títulos I y III de la Ordenanza General de Seguridad e Higiene en el Trabajo, aprobados por Orden de 9 marzo 1971.

En lo que no se oponga a lo previsto en esta Ley, y hasta que se dicten los Reglamentos a los que se hace referencia en el artículo 6, continuará siendo de aplicación la regulación de las materias comprendidas en dicho artículo que se contienen en el Título II de la Ordenanza General de Seguridad e Higiene en el Trabajo o en otras normas que contengan previsiones específicas sobre tales materias, así como la Orden del Ministerio de Trabajo de 16 diciembre 1987, que establece los modelos para la notificación de los accidentes de trabajo. Igualmente, continuarán vigentes las disposiciones reguladoras de los servicios médicos de empresa hasta tanto se desarrollen reglamentariamente las previsiones de esta Ley sobre servicios de prevención. El personal perteneciente a dichos servicios en la fecha de entrada en vigor de esta Ley se integrará en los servicios de prevención de las correspondientes empresas, cuando éstos se constituyan, sin perjuicio de que continúen efectuando aquellas funciones que tuvieren atribuidas distintas de las propias del servicio de prevención.

⇒ V. la disp. adic. 2ª del RD 39/1997, de 17 enero (§24.1), sobre integración del personal de los servicios médicos de empresa.

La presente Ley no afecta a la vigencia de las disposiciones especiales sobre prevención de riesgos profesionales en las explotaciones mineras, contenidas en el Capítulo IV del Real Decreto 3255/1983, de 21 diciembre, por el que se aprueba el Estatuto del Minero, y en sus normas de desarrollo, así como las del Real Decreto 2857/1978, de 25 agosto, por el que se aprueba el Reglamento General para el Régimen de la Minería, y el Real Decreto 863/1985, de 2 abril, por el que se aprueba el Reglamento General de Normas Básicas de Seguridad Minera, y sus disposiciones complementarias.

⇒ Téngase en cuenta el contenido del RD 1389/1997, de 5 septiembre.

DISPOSICIONES FINALES

Primera. Actualización de sanciones.

La cuantía de las sanciones a que se refiere el apartado 4 del artículo 49 podrá ser actualizada por el Gobierno a propuesta del Ministro de Trabajo y Seguridad Social, adaptando a la misma la atribución de competencias prevista en el apartado 1 del artículo 52 de esta Ley.

Segunda. Entrada en vigor.

La presente Ley entrará en vigor tres meses después de su publicación en el «Boletín Oficial del Estado».

B) Normas complementarias

a) Servicios de Prevención y actividades preventivas

§ 24.1 REAL DECRETO 39/1997, DE 17 ENERO. APRUEBA EL REGLAMENTO DE SERVICIOS DE PREVENCIÓN DE RIESGOS LABORALES

(BOE núm. 27, de 31 enero [RCL 1997, 208])

La Ley 31/1995, de 8 de noviembre, ha venido a dar un nuevo enfoque, ya anunciado en su preámbulo, a la prevención de los riesgos laborales, que en la nueva concepción legal no se limita a un conjunto de deberes de obligado cumplimiento empresarial o a la subsanación de situaciones de riesgo ya manifestadas, sino que se integra en el conjunto de actividades y decisiones de la empresa, de las que forma parte desde el comienzo mismo del proyecto empresarial.

La nueva óptica de la prevención se articula así en torno a la planificación de la misma a partir de la evaluación inicial de los riesgos inherentes al trabajo, y la consiguiente adopción de las medidas adecuadas a la naturaleza de los riesgos detectados.

La necesidad de que tales fases o aspectos reciban un tratamiento específico por la vía normativa adecuada aparece prevista en el artículo 6 de la Ley de Prevención de Riesgos Laborales, a tenor de cuyo apartado 1, párrafos d) y e), el Gobierno procederá a la regulación, a través de la correspondiente norma reglamentaria, de los procedimientos de evaluación de los riesgos para la salud de los trabajadores y de las modalidades de organización, funcionamiento y control de los servicios de prevención, así como de las capacidades y aptitudes que han de reunir dichos servicios y los trabajadores designados para desarrollar la actividad preventiva, exigencia esta última ya contenida en la Directiva 89/391/CEE.

Al cumplimiento del mandato legal responde el presente Real Decreto, en el que son objeto de tratamiento aquellos aspectos que hacen posible la prevención de los riesgos laborales, desde su nueva perspectiva, como actividad integrada en el conjunto de actuaciones de la empresa y en todos los niveles jerárquicos de la misma, a partir de una planificación que incluya la técnica, la organización y las condiciones de trabajo, presidido todo ello por los mismos principios de eficacia, coordinación y participación que informan la Ley.

Se aborda, por ello, en primer término la evaluación de los riesgos, como punto de partida que puede conducir a la planificación de la actividad preventiva que sea necesaria, a través de alguna de las modalidades de organización que, siguiendo al artículo 31 de la Ley, se regulan en la presente disposición, en función del tamaño de la empresa y de los riesgos o de la peligrosidad de las actividades desarrolladas en la misma.

La idoneidad de la actividad preventiva que, como resultado de la evaluación, haya de adoptar el empresario, queda garantizada a través del doble mecanismo que en la presente disposición se regula: de una parte, la acreditación por la autoridad laboral de los servicios de prevención externos, como forma de garantizar la adecuación de sus medios a las actividades que vayan a desarrollar y, de otra, la auditoría o evaluación externa del sistema de prevención, cuando esta actividad es asumida por el empresario con sus propios medios.

En relación con las capacidades o aptitudes necesarias para el desarrollo de la actividad preventiva, la presente disposición parte de la necesaria adecuación entre la formación requerida y las funciones a desarrollar, estableciendo la formación mínima necesaria para el desempeño de las funciones propias de la actividad preventiva, que se agrupan en tres niveles: básico, intermedio y superior, en el último de los cuales se incluyen las especialidades y disciplinas preventivas de medicina del trabajo, seguridad en el trabajo, higiene industrial y ergonomía y psicosociología aplicada. La inexistencia actual de titulaciones académicas o profesionales correspondientes a los niveles formativos mencionados, salvo en lo relativo a la especialidad de medicina del trabajo, aparece prevista en el presente Real Decreto, que contempla la posibilidad transitoria de acreditación alternativa de la formación exigida, hasta tanto se determinen las titulaciones correspondientes por las autoridades competentes en materia educativa.

En su virtud, a propuesta del Ministro de Trabajo y Asuntos Sociales, oída la Comisión Nacional de Seguridad y Salud en el Trabajo, consultadas las organizaciones sindicales y asociaciones empresariales más representativas, previa aprobación del Ministro de Administraciones Públicas, de acuerdo con el Consejo de Estado y previa deliberación del Consejo de Ministros en su reunión del día 17 enero 1997, dispongo:

⇒ Mediante RD 604/2006, de 19 mayo, se modificó de manera importante el presente Reglamento, por lo que interesa reproducir su Exposición de Motivos:

«La Ley 54/2003, de 12 de diciembre, de Reforma del Marco Normativo de la Prevención de Riesgos Laborales, tras constatar el ingente esfuerzo realizado por los poderes públicos, Estado y Comunidades Autónomas, los agentes sociales, las empresas y los trabajadores y demás entidades dedicadas a la prevención de riesgos laborales desde la vigencia de la Ley 31/1995, de 8 de noviembre, de Prevención de Riesgos Laborales, así como que dicho esfuerzo debía conducir a la integración de la prevención de riesgos laborales en todos los niveles de la empresa y a fomentar una auténtica cultura de la prevención, vino a paliar los problemas e insuficiencias detectados en su aplicación práctica y que se manifiestan, en términos de accidentes de trabajo, en la subsistencia de índices de siniestralidad laboral indeseados.

Entre dichos problemas se detecta una deficiente incorporación del nuevo modelo de prevención y una falta de integración de la prevención en la empresa, que se evidencia en muchas ocasiones en el cumplimiento más formal que eficiente de la normativa.

Dicha Ley acomete un conjunto de medidas destinadas a superar tales problemas e insuficiencias, sobre la base de las propuestas acordadas el 30 de diciembre de 2002 en el marco del diálogo social, que posteriormente fueron refrendadas por el Pleno de la Comisión Nacional de Seguridad y Salud en el Trabajo de 29 de enero de 2003.

Entre las distintas medidas que incorpora la Ley 54/2003, de 12 de diciembre, dentro del objetivo general de combatir de manera activa la siniestralidad laboral, se incluyen las dirigidas a reforzar la necesidad de integrar la prevención de los riesgos laborales en los sistemas de gestión de la empresa, tales como la reforma de los artículos 14, 16, 23 y 31, en los que se subraya el carácter instrumental de dicha integración y su desarrollo a través de la implantación y aplicación del plan de prevención de riesgos laborales, en su caso, con el asesoramiento y apoyo de los servicios de prevención y contando con los adecuados instrumentos de participación de los trabajadores y sus representantes.

Otra de las medidas incluidas en la reforma, con el mismo objetivo general, es la instauración de la presencia de recursos preventivos del empresario, en determinados supuestos y situaciones de especial riesgo y peligrosidad, como medida reservada a aquellos casos en los que la experiencia acumulada evidencia la concentración de mayor siniestralidad.

Finalmente, destacan las medidas incluidas para reforzar el control del cumplimiento de la normativa de prevención de riesgos laborales y combatir el cumplimiento meramente formal o documental de estas obligaciones, estableciéndose nuevas redacciones de los tipos infractores contenidos en el Texto Refundido de la Ley de Infracciones y Sanciones en el Orden Social, aprobada por el Real Decreto Legislativo 5/2000, de 4 de agosto, precisando que las obligaciones preventivas habrán de cumplirse con el alcance y contenidos establecidos en la normativa de prevención de riesgos laborales, y acomodándose su regulación a los nuevos perfiles de las obligaciones de los distintos sujetos responsables que se establecen con las modificaciones de la Ley 31/1995, de 8 de noviembre, de Prevención de Riesgos Laborales.

La efectividad de los tres tipos de medidas expuestas queda condicionada a su desarrollo reglamentario, que se culmina precisamente con este Real Decreto, tras el desarrollo ya producido respecto de otras medidas incluidas en la reforma, como las relacionadas con la coordinación de actividades empresariales y el refuerzo y colaboración en las funciones de vigilancia de la Inspección de Trabajo y Seguridad Social.

Por otra parte, en el Acuerdo de 30 de diciembre de 2002, junto a las medidas instrumentadas a través de la Ley 54/2003, de 12 de diciembre entre las medidas normativas a promover para favorecer la integración de la prevención de riesgos laborales en la empresa, se incluía la modificación del capítulo V del Reglamento de los Servicios de Prevención para mejorar la eficacia del sistema preventivo a través de determinadas reformas en las auditorías de prevención, que precisen el alcance, la metodología y el contenido del informe sobre los resultados de la auditoría y las obligaciones para el empresario que se derivan de ésta.

Pues bien, en razón de lo anteriormente expuesto se aprueba este Real Decreto, que consta de dos artículos, una disposición adicional, una disposición derogatoria y tres disposiciones finales. En él se aborda la reforma del Real Decreto 39/1997, de 17 de enero, por el que se aprueba el Reglamento de los Servicios de Prevención, al tiempo que se adapta a ella a través de su artículo segundo, el Real Decreto 1627/1997, de 24 de octubre, por el que se establecen las disposiciones mínimas de seguridad y salud en las obras de construcción, en materia de presencia de recursos preventivos.

En primer término, se procede a la adaptación de la regulación contenida en el Real Decreto 39/1997, de 17 de enero, sobre la integración de la actividad preventiva en la empresa y el Plan de prevención de riesgos laborales, en desarrollo de la nueva redacción de los artículos 14.2, y 16.1 y 2 de la Ley 31/1995, de 8 de noviembre, de Prevención de Riesgos Laborales, introducida por la Ley 54/2003, de 12 de diciembre, clarificando y destacando la necesidad de que la actividad preventiva en el seno de la empresa debe integrarse dentro de su sistema general de gestión, precisándose el ámbito al que se extiende dicha integración, y el instrumento que ha de servir para ello, mediante la implantación y aplicación del plan de prevención de riesgos laborales.

A este respecto, con el fin de reforzar la finalidad perseguida por la indicada reforma legislativa, se establece el deber de los trabajadores y sus representantes de contribuir a dicha integración y colaborar en la adopción y el cumplimiento de las medidas preventivas, para lo cual se establecen medidas de reforzamiento de la participación a través de la consulta acerca de la implantación y aplicación del plan de prevención de riesgos laborales, la evaluación de riesgos, la planificación preventiva y la organización preventiva.

Por otra parte, se procede al desarrollo de las previsiones de la Ley 31/1995, de 8 de noviembre, de Prevención de Riesgos Laborales, en cuanto a la naturaleza y contenido mínimo del plan de prevención de riesgos laborales.

Y con el mismo objetivo de precisar y asegurar una auténtica integración de la actividad preventiva en el seno de la empresa, se aborda la modificación de algunos aspectos relacionados con las entidades especializadas que actúen como servicios de prevención, dando una nueva redacción al artículo 19 del Real Decreto 39/1997, de 17 de enero, por el que se aprueba el Reglamento de los Servicios de Prevención y modificando parcialmente la redacción de su artículo 20.

En segundo término, se desarrolla la presencia de recursos preventivos que regula el nuevo artículo 32 bis de la Ley 31/1995, de 8 de noviembre, de Prevención de Riesgos Laborales, mediante la introducción de un nuevo artículo 22 bis en el Reglamento de los Servicios de Prevención, fundamentalmente para establecer las actividades o procesos peligrosos o con riesgos especiales que, como uno de los supuestos que determinan dicha presencia, requiere de tal desarrollo. A tal efecto, se recoge una relación de actividades o trabajos en los que estadísticamente se concentran los mayores índices de siniestralidad, lo que fundamenta en definitiva la obligatoriedad de la aplicación de una medida de tal naturaleza, y ello sin perjuicio de que se establezca la aplicabilidad propia de otras reglamentaciones que contemplan disposiciones específicas para determinadas actividades, procesos, operaciones, trabajos, equipos o productos que se relacionan de modo no exhaustivo en el nuevo artículo 22.8 bis que se introduce en el reglamento, y que han de regirse por dicha reglamentación que contiene niveles de garantía que hacen innecesario en tales casos el recurso a la presencia regulada en este artículo.

En tercer lugar, se procede a una amplia reforma del capítulo V del Real Decreto 39/1997, de 17 de enero, por el que se aprueba el Reglamento de los Servicios de Prevención relativo a las auditorías. La principal novedad de la regulación es la relativa a la auditoría externa, en los supuestos de sistemas de prevención con actividades preventivas desarrolladas con recursos propios y ajenos, así como el desarrollo del concepto, el contenido, la metodología y los plazos de realización de la auditoría. También como novedad, se precisa el momento de realización de la primera auditoría; se acorta en un año el período para la repetición de la auditoría que pasa de cinco a cuatro años, y se reduce a dos años para las empresas con actividades del Anexo I del reglamento.

Igualmente se regula la consulta con los trabajadores y sus representantes en esta materia, y se precisa además el régimen de incompatibilidades. Finalmente, se regulan por primera vez las auditorías voluntarias, mediante la introducción de un nuevo artículo 33 bis en el Real Decreto 39/1997, de 17 de enero.

Por último, se procede al desarrollo reglamentario de las actividades peligrosas a otros efectos, tanto para las obligaciones sustantivas de coordinación de actividades previstas en el artículo 13 del Real Decreto 171/2004, de 30 de enero, como para la aplicación de la Ley de Infracciones y Sanciones en el Orden Social, respecto de determinadas infracciones tipificadas en el artículo 13, apartados 7, 8.a) y 8.b), de dicha Ley, todas ellas de naturaleza claramente diferente entre sí y respecto a las obligaciones relativas a la presencia de recursos preventivos, tanto en cuanto a su distinto objeto, como en cuanto a sus diferentes consecuencias.

Por ello, después de diferenciar la consideración de actividades peligrosas, por una parte, a efectos de presencia de recursos preventivos y, por otra, a efectos de coordinación de actividades empresariales, se establece la lógica concordancia entre los tipos sancionadores correspondientes a cada una de dichas obligaciones sustantivas. No obstante, en relación con los tipos infractores sobre coordinación de actividades empresariales, aun partiendo de la relación de actividades contenida en el Anexo I del propio Reglamento de los Servicios de Prevención, se establece la consideración de actividad peligrosa cuando junto a dichas actividades concurra alguna de las tres circunstancias que se especifican y que vienen a fundamentar, en definitiva, una calificación de los incumplimientos de mayor gravedad.

Este Real Decreto se dicta de conformidad con el artículo 6 de la Ley 31/1995, de 8 de noviembre, y en su elaboración han sido consultadas las organizaciones sindicales y empresariales más representativas y oída la Comisión Nacional de Seguridad y Salud en el Trabajo.

En su virtud, a propuesta del Ministro de Trabajo y Asuntos Sociales, con la aprobación previa del Ministro de Administraciones Públicas, de acuerdo con el Consejo de Estado y previa deliberación del Consejo de Ministros en su reunión del día 19 de mayo de 2006, dispongo:»

CAPÍTULO I

Disposiciones generales

⇒ Sobre su aplicación a las empresas de trabajo temporal, v. art. 1.2 del RD 216/1999 (§3.3).

Artículo 1. Integración de la actividad preventiva en la empresa.

1. La prevención de riesgos laborales, como actuación a desarrollar en el seno de la empresa, deberá integrarse en su sistema general de gestión, comprendiendo tanto al conjunto de las actividades como a todos sus niveles jerárquicos, a través de la implantación y aplicación de un plan de prevención de riesgos laborales cuya estructura y contenido se determinan en el artículo siguiente.

⇒ V. art. 6.3 a) de la Dir. 89/391/CEE (§50.1).

La integración de la prevención en el conjunto de las actividades de la empresa implica que debe proyectarse en los procesos técnicos, en la organización del trabajo y en las condiciones en que éste se preste.

Su integración en todos los niveles jerárquicos de la empresa implica la atribución a todos ellos, y la asunción por éstos, de la obligación de incluir la prevención de riesgos en cualquier actividad que realicen u ordenen y en todas las decisiones que adopten.

2. Los trabajadores y sus representantes deberán contribuir a la integración de la prevención de riesgos laborales en la empresa y colaborar en la adopción y el cumplimiento de las medidas preventivas a través de la participación que se reconoce a los mismos en el capítulo V de la Ley 31/1995, de 8 de noviembre, de Prevención de Riesgos Laborales.

La participación a que se refiere el párrafo anterior incluye la consulta acerca de la implantación y aplicación del Plan de prevención de riesgos laborales de la empresa, la evaluación de los riesgos y la consiguiente planificación y organización preventiva en su caso, así como el acceso a la documentación correspondiente, en los términos señalados en los artículos 33 y 36 de la Ley 31/1995, de 8 de noviembre, de Prevención de Riesgos Laborales.

3. La actividad preventiva de la empresa se desarrollará a través de alguna de las modalidades previstas en el capítulo III de este Real Decreto.

✐ Modificado por art. 1.1 de RD 604/2006, de 19 mayo.

Artículo 2. Plan de prevención de riesgos laborales.

1. El Plan de prevención de riesgos laborales es la herramienta a través de la cual se integra la actividad preventiva de la empresa en su sistema general de gestión y se establece su política de prevención de riesgos laborales.

El Plan de prevención de riesgos laborales debe ser aprobado por la dirección de la empresa, asumido por toda su estructura organizativa, en particular por todos sus niveles jerárquicos, y conocido por todos sus trabajadores.

2. El Plan de prevención de riesgos laborales habrá de reflejarse en un documento que se conservará a disposición de la autoridad laboral, de las autoridades sanitarias y de los representantes de los trabajadores, e incluirá, con la amplitud adecuada a la dimensión y características de la empresa, los siguientes elementos:

a) La identificación de la empresa, de su actividad productiva, el número y características de los centros de trabajo y el número de trabajadores y sus características con relevancia en la prevención de riesgos laborales.

b) La estructura organizativa de la empresa, identificando las funciones y responsabilidades que asume cada uno de sus niveles jerárquicos y los respectivos cauces de comunicación entre ellos, en relación con la prevención de riesgos laborales.

c) La organización de la producción en cuanto a la identificación de los distintos procesos técnicos y las prácticas y los procedimientos organizativos existentes en la empresa, en relación con la prevención de riesgos laborales.

d) La organización de la prevención en la empresa, indicando la modalidad preventiva elegida y los órganos de representación existentes.

e) La política, los objetivos y metas que en materia preventiva pretende alcanzar la empresa, así como los recursos humanos, técnicos, materiales y económicos de los que va a disponer al efecto.

3. Los instrumentos esenciales para la gestión y aplicación del Plan de prevención de riesgos laborales son la evaluación de riesgos y la planificación de la actividad preventiva, que el empresario deberá realizar en la forma que se determina en el artículo 16 de la Ley 31/1995, de 8 de noviembre, de Prevención de Riesgos Laborales, y en los artículos siguientes de la presente disposición.

✐ Modificado por art. 1.2 del RD 604/2006, de 19 mayo.

CAPÍTULO II

Evaluación de los riesgos y planificación de la actividad preventiva

Sección 1ª Evaluación de los riesgos

⇒ V. art. 16 de la Ley 31/1995, de 8 noviembre (§23).

Artículo 3. Definición.

1. La evaluación de los riesgos laborales es el proceso dirigido a estimar la magnitud de aquellos riesgos que no hayan podido evitarse, obteniendo la información necesaria para que el empresario esté en condiciones de tomar una decisión apropiada sobre la necesidad de adoptar medidas preventivas y, en tal caso, sobre el tipo de medidas que deben adoptarse.

Cuando de la evaluación realizada resulte necesaria la adopción de medidas preventivas, deberán ponerse claramente de manifiesto las situaciones en que sea necesario:

a) Eliminar o reducir el riesgo, mediante medidas de prevención en el origen, organizativas, de protección colectiva, de protección individual, o de formación e información a los trabajadores.

b) Controlar periódicamente las condiciones, la organización y los métodos de trabajo y el estado de salud de los trabajadores.

2. De acuerdo con lo previsto en el artículo 33 de la Ley de Prevención de Riesgos Laborales, el empresario deberá consultar a los representantes de los trabajadores, o a los propios trabajadores en ausencia de representantes, acerca del procedimiento de evaluación a utilizar en la empresa o centro de trabajo.

Artículo 4. Contenido general de la evaluación.

1. La evaluación inicial de los riesgos que no hayan podido evitarse deberá extenderse a cada uno de los puestos de trabajo de la empresa en que concurran dichos riesgos.

⇒ Cfr. art. 16.1 de la LPRL (§23).

Para ello, se tendrán en cuenta:

a) Las condiciones de trabajo existentes o previstas, tal como quedan definidas en el apartado 7 del artículo 4 de la Ley de Prevención de Riesgos Laborales.

b) La posibilidad de que el trabajador que lo ocupe o vaya a ocuparlo sea especialmente sensible, por sus características personales o estado biológico conocido, a alguna de dichas condiciones.

2. A partir de dicha evaluación inicial, deberán volver a evaluarse los puestos de trabajo que puedan verse afectados por:

a) La elección de equipos de trabajo, sustancias o preparados químicos, la introducción de nuevas tecnologías o la modificación en el acondicionamiento de los lugares de trabajo.

b) El cambio en las condiciones de trabajo.

c) La incorporación de un trabajador cuyas características personales o estado biológico conocido lo hagan especialmente sensible a las condiciones del puesto.

3. La evaluación de los riesgos se realizará mediante la intervención de personal competente, de acuerdo con lo dispuesto en el capítulo VI de esta norma.

Artículo 5. Procedimiento.

⇒ V. art. 16.1 de la Ley 31/1995, de 8 noviembre (§23).

1. A partir de la información obtenida sobre la organización, características y complejidad del trabajo, sobre las materias primas y los equipos de trabajo existentes en la empresa y sobre el estado de salud de los trabajadores, se procederá a la determinación de los elementos peligrosos y a la identificación de los trabajadores expuestos a los mismos, valorando a continuación el riesgo existente en función de criterios objetivos de valoración, según los conocimientos técnicos existentes, o consensuados con los trabajadores, de manera que se pueda llegar a una conclusión sobre la necesidad de evitar o de controlar y reducir el riesgo.

A los efectos previstos en el párrafo anterior se tendrá en cuenta la información recibida de los trabajadores sobre los aspectos señalados.

2. El procedimiento de evaluación utilizado deberá proporcionar confianza sobre su resultado. En caso de duda deberán adoptarse las medidas preventivas más favorables, desde el punto de vista de la prevención.

La evaluación incluirá la realización de las mediciones, análisis o ensayos que se consideren necesarios, salvo que se trate de operaciones, actividades o procesos en los que la directa apreciación profesional acreditada permita llegar a una conclusión sin necesidad de recurrir a aquéllos, siempre que se cumpla lo dispuesto en el párrafo anterior.

En cualquier caso, si existiera normativa específica de aplicación, el procedimiento de evaluación deberá ajustarse a las condiciones concretas establecidas en la misma.

3. Cuando la evaluación exija la realización de mediciones, análisis o ensayos y la normativa no indique o concrete los métodos que deben emplearse, o cuando los criterios de evaluación contemplados en dicha normativa deban ser interpretados o precisados a la luz de otros criterios de carácter técnico, se podrán utilizar, si existen, los métodos o criterios recogidos en:

⇒ Téngase en cuenta lo previsto en el art. 7 d) del presente Reglamento.

a) Normas UNE.

b) Guías del Instituto Nacional de Seguridad e Higiene en el Trabajo, del Instituto Nacional de Silicosis y protocolos y guías del Ministerio de Sanidad y Consumo, así como de Instituciones competentes de las Comunidades Autónomas.

⇒ V. la disp. final 1ª del RD 485/1997, de 14 abril, acerca de la Guía sobre señalización de seguridad y salud en el trabajo.
V. la disp. final 1ª del RD 486/1997, de 14 abril, acerca de la Guía sobre utilización de los lugares de trabajo.
V. la disp. final 1ª del RD 773/1997, de 30 mayo, relativa a la Guía técnica de los equipos de protección individual.
V. la disp. final 1ª del RD 1215/1997, de 18 julio, sobre elaboración de la Guía técnica para utilización de los equipos de trabajo.

c) Normas internacionales.

d) En ausencia de los anteriores, guías de otras entidades de reconocido prestigio en la materia u otros métodos o criterios profesionales descritos documentalmente que cumplan lo establecido en el primer párrafo del apartado 2 de este artículo y proporcionen un nivel de confianza equivalente.

Artículo 6. Revisión.

⇒ Cfr. art. 6.3 de la LPRL (§23).

1. La evaluación inicial a que se refiere el artículo 4 deberá revisarse cuando así lo establezca una disposición específica.

En todo caso, se deberá revisar la evaluación correspondiente a aquellos puestos de trabajo afectados cuando se hayan detectado daños a la salud de los trabajadores o se haya apreciado a través de los controles periódicos, incluidos los relativos a la vigilancia de la salud, que las actividades de prevención pueden ser inadecuadas o insuficientes. Para ello se tendrán en cuenta los resultados de:

a) La investigación sobre las causas de los daños para la salud que se hayan producido.

b) Las actividades para la reducción de los riesgos a que se hace referencia en el apartado 1 a) del artículo 3.

c) Las actividades para el control de los riesgos a que se hace referencia en el apartado 1, b) del artículo 3.

d) El análisis de la situación epidemiológica según los datos aportados por el sistema de información sanitaria u otras fuentes disponibles.

2. Sin perjuicio de lo señalado en el apartado anterior, deberá revisarse igualmente la evaluación inicial con la periodicidad que se acuerde entre la empresa y los representantes de los trabajadores, teniendo en cuenta, en particular, el deterioro por el transcurso del tiempo de los elementos que integran el proceso productivo.

Artículo 7. Documentación.

1. En la documentación a que hacen referencia los párrafos b) y c) del artículo 23.1 de la Ley 31/1995, de 8 de noviembre, de Prevención de Riesgos Laborales, deberán reflejarse, para cada puesto de trabajo cuya evaluación ponga de manifiesto la necesidad de tomar alguna medida preventiva, los siguientes datos:

✎ Párr. 1° modificado por art. 1.3 del RD 604/2006, de 19 mayo.

a) La identificación del puesto de trabajo.

b) El riesgo o riesgos existentes y la relación de trabajadores afectados.

c) El resultado de la evaluación y las medidas preventivas procedentes, teniendo en cuenta lo establecido en el artículo 3.

d) La referencia de los criterios y procedimientos de evaluación y de los métodos de medición, análisis o ensayo utilizados, en los casos en que sea de aplicación lo dispuesto en el apartado 3 del artículo 5.

Sección 2ª Planificación de la actividad preventiva

Artículo 8. Necesidad de la planificación.

Cuando el resultado de la evaluación pusiera de manifiesto situaciones de riesgo, el empresario planificará la actividad preventiva que proceda con objeto de eliminar o controlar y reducir dichos riesgos, conforme a un orden de prioridades en función de su magnitud y número de trabajadores expuestos a los mismos.

En la planificación de esta actividad preventiva se tendrá en cuenta la existencia, en su caso, de disposiciones legales relativas a riesgos específicos, así como los principios de acción preventiva señalados en el artículo 15 de la Ley de Prevención de Riesgos Laborales.

⇒ Cfr. también los arts. 31.3 y concordantes de la citada Ley 31/1995 (§23).

Artículo 9. Contenido.

1. La planificación de la actividad preventiva incluirá, en todo caso, los medios humanos y materiales necesarios, así como la asignación de los recursos económicos precisos para la consecución de los objetivos propuestos.

2. Igualmente habrán de ser objeto de integración en la planificación de la actividad preventiva las medidas de emergencia y la vigilancia de la salud previstas en los artículos 20 y 22 de la Ley de Prevención de Riesgos Laborales, así como la información y la formación de los trabajadores en materia preventiva y la coordinación de todos estos aspectos.

3. La actividad preventiva deberá planificarse para un período determinado, estableciendo las

fases y prioridades de su desarrollo en función de la magnitud de los riesgos y del número de trabajadores expuestos a los mismos, así como su seguimiento y control periódico. En el caso de que el período en que se desarrolle la actividad preventiva sea superior a un año, deberá establecerse un programa anual de actividades.

CAPÍTULO III

Organización de recursos para las actividades preventivas

Artículo 10. Modalidades.

⇒ V. el art. 7 de la Dir. 89/391/CEE (§50.1) y el art. 30 de la Ley 31/1995 (§23).

1. La organización de los recursos necesarios para el desarrollo de las actividades preventivas se realizará por el empresario con arreglo a alguna de las modalidades siguientes:

a) Asumiendo personalmente tal actividad.

b) Designando a uno o varios trabajadores para llevarla a cabo.

c) Constituyendo un servicio de prevención propio.

d) Recurriendo a un servicio de prevención ajeno.

2. En los términos previstos en el Capítulo IV de la Ley 31/1995, de 8 de noviembre, de Prevención de Riesgos Laborales, se entenderá por servicio de prevención propio el conjunto de medios humanos y materiales de la empresa necesarios para la realización de las actividades de prevención, y por servicio de prevención ajeno el prestado por una entidad especializada que concierte con la empresa la realización de actividades de prevención, el asesoramiento y apoyo que precise en función de los tipos de riesgos o ambas actuaciones conjuntamente.

3. Los servicios de prevención tendrán carácter interdisciplinario, entendiendo como tal la conjunción coordinada de dos o más disciplinas técnicas o científicas en materia de prevención de riesgos laborales.

Artículo 11. Asunción personal por el empresario de la actividad preventiva.

⇒ Cfr. art. 7.7 de la Dir. 89/391/CEE (§50.1) y art. 30.5 de la Ley 31/1995 (§23).

1. El empresario podrá desarrollar personalmente la actividad de prevención, con excepción de las actividades relativas a la vigilancia de la salud de los trabajadores, cuando concurran las siguientes circunstancias:

a) Que se trate de empresa de menos de seis trabajadores.

b) Que las actividades desarrolladas en la empresa no estén incluidas en el Anexo I.

c) Que desarrolle de forma habitual su actividad profesional en el centro de trabajo.

d) Que tenga la capacidad correspondiente a las funciones preventivas que va a desarrollar, de acuerdo con lo establecido en el Capítulo VI.

2. La vigilancia de la salud de los trabajadores, así como aquellas otras actividades preventivas no asumidas personalmente por el empresario, deberán cubrirse mediante el recurso a alguna de las restantes modalidades de organización preventiva previstas en este capítulo.

Artículo 12. Designación de trabajadores.

⇒ Cfr. art. 7 de la Dir. 89/391/CEE (§50.1) y art. 30 de la Ley 31/1995 (§23).

1. El empresario designará a uno o varios trabajadores para ocuparse de la actividad preventiva en la empresa.

Las actividades preventivas para cuya realización no resulte suficiente la designación de uno o varios trabajadores deberán ser desarrolladas a través de uno o más servicios de prevención propios o ajenos.

2. No obstante lo dispuesto en el apartado anterior, no será obligatoria la designación de trabajadores cuando el empresario:

a) Haya asumido personalmente la actividad preventiva de acuerdo con lo señalado en el artículo 11.

b) Haya recurrido a un servicio de prevención propio.

c) Haya recurrido a un servicio de prevención ajeno.

Artículo 13. Capacidad y medios de los trabajadores designados.

⇒ Cfr. art. 7 de la Dir. 89/391/CEE (§50.1) y art. 30.2 y 3 de la LPRL (§23).

1. Para el desarrollo de la actividad preventiva, los trabajadores designados deberán tener la capacidad correspondiente a las funciones a desempeñar, de acuerdo con lo establecido en el capítulo VI.

2. El número de trabajadores designados, así como los medios que el empresario ponga a su disposición y el tiempo de que dispongan para el desempeño de su actividad, deberán ser los necesarios para desarrollar adecuadamente sus funciones.

⇒ V. la disp. adic. 7ª del presente Reglamento sobre incidencia de la negociación colectiva en la materia.

Artículo 14. Servicio de prevención propio.

⇒ V. art. 31 de la Ley 31/1995, de 8 noviembre (§23).

El empresario deberá constituir un servicio de prevención propio cuando concurra alguno de los siguientes supuestos:

⇒ Pero ténganse en cuenta los plazos que fijó la disp. transit. 1ª del presente Reglamento.

a) Que se trate de empresas que cuenten con más de 500 trabajadores.

b) Que, tratándose de empresas de entre 250 y 500 trabajadores, desarrollen alguna de las actividades incluidas en el Anexo I.

c) Que, tratándose de empresas no incluidas en los apartados anteriores, así lo decida la autoridad laboral, previo informe de la Inspección de Trabajo y Seguridad Social y, en su caso, de los órganos técnicos en materia preventiva de las Comunidades Autónomas, en función de la peligrosidad de la actividad desarrollada o de la frecuencia o gravedad de la siniestralidad en la empresa, salvo que se opte por el concierto con una entidad especializada ajena a la empresa de conformidad con lo dispuesto en el artículo 16 de esta disposición.

Teniendo en cuenta las circunstancias existentes, la resolución de la autoridad laboral fijará un plazo, no superior a un año, para que, en el caso de que se optase por un servicio de prevención propio, la empresa lo constituya en dicho plazo. Hasta la fecha señalada en la resolución, las actividades preventivas en la empresa deberán ser concertadas con una entidad especializada ajena a la empresa, salvo de aquellas que vayan siendo asumidas progresivamente por la empresa mediante la designación de trabajadores, hasta su plena integración en el servicio de prevención que se constituya.

Artículo 15. Organización y medios de los servicios de prevención propios.

⇒ V. la disp. adic. 7ª del presente Reglamento sobre incidencia de la negociación colectiva en estos temas.

1. El servicio de prevención propio constituirá una unidad organizativa específica y sus integrantes dedicarán de forma exclusiva su actividad en la empresa a la finalidad del mismo.

2. Los servicios de prevención propios deberán contar con las instalaciones y los medios humanos y materiales necesarios para la realización de las actividades preventivas que vayan a desarrollar en la empresa.

El servicio de prevención habrá de contar, como mínimo, con dos de las especialidades o disciplinas preventivas previstas en el artículo 34 de la presente disposición, desarrolladas por expertos con la capacitación requerida para las funciones a desempeñar, según lo establecido en el Capítulo VI. Dichos expertos actuarán de forma coordinada, en particular en relación con las funciones relativas al diseño preventivo de los puestos de trabajo, la identificación y evaluación de los riesgos, los planes de prevención y los planes de formación de los trabajadores. Asimismo habrá de contar con el personal necesario que tenga la capacitación requerida para desarrollar las funciones de los niveles básico e intermedio previstas en el citado Capítulo VI.

Sin perjuicio de la necesaria coordinación indicada en el párrafo anterior, la actividad sanitaria, que en su caso exista, contará para el desarrollo de su función dentro del servicio de prevención con la estructura y medios adecuados a su naturaleza específica y la confidencialidad de los datos médicos personales, debiendo cumplir los requisitos establecidos en la normativa sanitaria de aplicación. Dicha actividad sanitaria incluirá las funciones específicas recogidas en el apartado 3 del artículo 37 de la presente disposición, las actividades atribuidas por la Ley General de Sanidad, así como aquellas otras que en materia de prevención de riesgos laborales le correspondan en función de su especialización.

Las actividades de los integrantes del servicio de prevención se coordinarán con arreglo a protocolos u otros medios existentes que establezcan los objetivos, los procedimientos y las competencias en cada caso.

3. Cuando el ámbito de actuación del servicio de prevención se extienda a más de un centro de trabajo, deberá tenerse en cuenta la situación de los diversos centros en relación con la ubicación del servicio, a fin de asegurar la adecuación de los medios de dicho servicio a los riesgos existentes.

4. Las actividades preventivas que no sean asumidas a través del servicio de prevención propio deberán ser concertadas con uno o más servicios de prevención ajenos.

5. La empresa deberá elaborar anualmente y mantener a disposición de las autoridades laborales y sanitarias competentes la memoria y programación anual del servicio de prevención a que se refiere el párrafo d) del apartado 2 del artículo 39 de la Ley de Prevención de Riesgos Laborales.

Artículo 16. Servicios de prevención ajenos.

⇒ V. arts. 7.3 y ss. de la Dir. 89/391/CEE (§50.1).

1. El empresario deberá recurrir a uno o varios servicios de prevención ajenos, que colaborarán entre sí cuando sea necesario, cuando concurra alguna de las siguientes circunstancias:

a) Que la designación de uno o varios trabajadores sea insuficiente para la realización de la actividad de prevención y no concurran las circunstancias que determinan la obligación de constituir un servicio de prevención propio.

b) Que en el supuesto a que se refiere el párrafo c) del artículo 14 no se haya optado por la constitución de un servicio de prevención propio.

c) Que se haya producido una asunción parcial de la actividad preventiva en los términos previstos en el apartado 2 del artículo 11 y en el apartado 4 del artículo 15 de la presente disposición.

2. De conformidad con lo dispuesto en el artículo 33.1 de la Ley 31/1995, de 8 de noviembre, de Prevención de Riesgos Laborales, los representantes de los trabajadores deberán ser consultados por el empresario con carácter previo a la adopción de la decisión de concertar la actividad preventiva con uno o varios servicios de prevención ajenos.

Por otra parte, de conformidad con lo dispuesto en el artículo 39.1.a) de la indicada Ley, los criterios a tener en cuenta para la selección de la entidad con la que se vaya a concertar dicho servicio, así como las características técnicas del concierto, se debatirán, y en su caso se acordarán, en el seno del Comité de Seguridad y Salud de la empresa.

☞ Ap. 2 modificado por art. 1.4 del RD 604/2006, de 19 mayo.

Artículo 17. Requisitos de las entidades especializadas para poder actuar como servicios de prevención.

⇒ V. arts. 31.5 y concordantes de la LPRL (§23).

Podrán actuar como servicios de prevención las entidades especializadas que reúnan los siguientes requisitos:

a) Disponer de la organización, instalaciones, personal y equipo necesarios para el desempeño de su actividad.

b) Constituir una garantía que cubra su eventual responsabilidad.

c) No mantener con las empresas concertadas vinculaciones comerciales, financieras o de cualquier otro tipo, distintas a las propias de su actuación como servicio de prevención, que puedan afectar a su independencia e influir en el resultado de sus actividades, sin perjuicio de lo dispuesto en el artículo 22.

⇒ Cfr. con el más exigente art. 13.12 de la TRLISOS (§40.1).

d) Obtener la aprobación de la Administración sanitaria, en cuanto a los aspectos de carácter sanitario.

e) Ser objeto de acreditación por la Administración laboral.

Artículo 18. Recursos materiales y humanos de las entidades especializadas que actúen como servicios de prevención.

⇒ V. art. 1 de la O. 27 junio 1997.

1. Las entidades especializadas que actúen como servicios de prevención deberán contar con las instalaciones y los recursos materiales y humanos que les permitan desarrollar adecuadamente la actividad preventiva que hubieren concertado, teniendo en cuenta el tipo, extensión y frecuencia de los servicios preventivos que han de prestar y la ubicación de los centros de trabajo en los que dicha prestación ha de desarrollarse.

⇒ V. art. 31.4 de la LPRL (§23).

2. En todo caso, dichas entidades deberán disponer, como mínimo, de los medios siguientes:

a) Personal que cuente con la cualificación necesaria para el desempeño de las funciones de nivel superior, de acuerdo con lo establecido en el capítulo VI, en número no inferior a un experto por cada una de las especialidades o disciplinas preventivas de Medicina del Trabajo, Seguridad en el Trabajo,

Higiene Industrial, y Ergonomía y Psicosociología aplicada. Asimismo deberán contar con el personal necesario que tenga la capacitación requerida para desarrollar las funciones de los niveles básico e intermedio previstas en el capítulo VI, en función de las características de las empresas cubiertas por el servicio.

Los expertos en las especialidades mencionadas actuarán de forma coordinada, en particular en relación con las funciones relativas al diseño preventivo de los puestos de trabajo, la identificación y evaluación de los riesgos, los planes de prevención y los planes de formación de los trabajadores.

b) Las instalaciones e instrumentación necesarias para realizar las pruebas, reconocimientos, mediciones, análisis y evaluaciones habituales en la práctica de las especialidades citadas, así como para el desarrollo de las actividades formativas y divulgativas básicas.

3. Sin perjuicio de la necesaria coordinación indicada en el apartado 2 de este artículo, la actividad sanitaria contará para el desarrollo de su función dentro del servicio de prevención con la estructura y medios adecuados a su naturaleza específica y la confidencialidad de los datos médicos personales.

4. La autoridad laboral, previo informe, en su caso, de la sanitaria en cuanto a los aspectos de carácter sanitario, podrá eximir del cumplimiento de alguna de las condiciones señaladas a los servicios de prevención en el apartado 2, a), a solicitud de los mismos, en función del tipo de empresas al que extiende su ámbito y de los riesgos existentes en las mismas, siempre que quede suficientemente garantizada su actuación interdisciplinar en relación con dichas empresas.

Artículo 19. Funciones de las entidades especializadas que actúen como servicios de prevención.

1. Las entidades especializadas que actúen como servicios de prevención deberán estar en condiciones de proporcionar a la empresa el asesoramiento y apoyo que precise en relación con las actividades concertadas, correspondiendo la responsabilidad de su ejecución a la propia empresa. Lo anterior se entiende sin perjuicio de la responsabilidad directa que les corresponda a las entidades especializadas en el desarrollo y ejecución de actividades como la evaluación de riesgos, la vigilancia de la salud u otras concertadas.

2. Dichas entidades especializadas deberán asumir directamente el desarrollo de las funciones señaladas en el artículo 31.3 de la Ley 31/1995, de 8 de noviembre, de Prevención de Riesgos Laborales que hubieran concertado y contribuir a la efectividad de la integración de las actividades de prevención a ellas encomendadas en el conjunto de actividades de la empresa y en todos los niveles jerárquicos de la misma, sin perjuicio de que puedan subcontratar los servicios de otros profesionales o entidades cuando sea necesario para la realización de actividades que requieran conocimientos especiales o instalaciones de gran complejidad.

✐ Modificado por art. 1.5 del RD 604/2006, de 19 mayo.

⇒ Téngase presente lo dispuesto en el art. 1.2 de la O. 27 junio 1997:

«...Los locales, instalaciones, aparatos y equipos mínimos exigidos serán los suficientes y adecuados para la realización de las pruebas habituales en la práctica de las especialidades, teniendo en cuenta el trabajo, extensión y frecuencia de la actividad preventiva requerida por los conciertos con las empresas y, en su caso, la ubicación de los centros de trabajo.

No obstante, y de acuerdo con lo determinado en el artículo 19 del Reglamento de los Servicios de Prevención, se podrán subcontratar los servicios de profesionales o entidades en los casos previstos en el párrafo siguiente, siempre que los mismos cuenten con los conocimientos, los medios, y las instalaciones que permitan una realización adecuada de la actividad subcontratada.

A efectos de consideración de actividades que requieran conocimientos especiales o instalaciones de gran complejidad a las que se refiere el artículo 19 del Reglamento de los Servicios de Prevención se considerarán como tales, entre otras, las actividades de laboratorios como los clínicos, microbiológicos y de higiene industrial. Ello sin perjuicio de lo dispuesto en la normativa específica sobre energía nuclear».

Artículo 20. Concierto de la actividad preventiva.

1. Cuando el empresario opte por desarrollar la actividad preventiva a través de uno o varios servicios de prevención ajenos a la empresa, deberá concertar por escrito la prestación, debiéndose consignar, como mínimo, los siguientes aspectos:

a) Identificación de la entidad especializada que actúa como servicio de prevención ajeno a la empresa.

b) Identificación de la empresa destinataria de la actividad, así como de los centros de trabajo de la misma a los que dicha actividad se contrae.

c) Aspectos de la actividad preventiva a desarrollar en la empresa, especificando actuaciones concretas y los medios para llevarlas a cabo. Entre dichas actuaciones, el concierto incluirá obligatoriamente la valoración de la efectividad de la integración de la prevención de riesgos laborales en el sistema general de gestión de la empresa a través de la implantación y aplicación del Plan de prevención de riesgos laborales en relación con las actividades preventivas concertadas.

✐ Letra c) modificada por art. 1.6 del RD 604/2006, de 19 mayo.

d) Actividad de vigilancia de la salud de los trabajadores, en su caso.

e) Duración del concierto.

f) Condiciones económicas del concierto.

⇒ La disp. adic. 2ª de la O. 27 junio 1997 ordena que en estos conciertos se haga constar también «la resolución de acreditación» como servicio de prevención.

2. Las entidades especializadas que actúen como servicios de prevención deberán mantener a disposición de las autoridades laborales y sanitarias competentes una memoria anual en la que incluirán de forma separada las empresas o centros de trabajo a los que se ha prestado servicios durante dicho período, indicando en cada caso la naturaleza de éstos.

Igualmente, deberán facilitar a las empresas para las que actúen como servicios de prevención la memoria y la programación anual a las que se refiere el apartado 2, d) del artículo 39 de la Ley de Prevención de Riesgos Laborales, a fin de que pueda ser conocida por el Comité de Seguridad y Salud en los términos previstos en el artículo citado.

Artículo 21. Servicios de prevención mancomunados.

1. Podrán constituirse servicios de prevención mancomunados entre aquellas empresas que desarrollen simultáneamente actividades en un mismo centro de trabajo, edificio o centro comercial, siempre que quede garantizada la operatividad y eficacia del servicio en los términos previstos en el apartado 3 del artículo 15 de esta disposición.

Por negociación colectiva o mediante los acuerdos a que se refiere el artículo 83, apartado 3, del Estatuto de los Trabajadores, o, en su defecto, por decisión de las empresas afectadas, podrá acordarse, igualmente, la constitución de servicios de prevención mancomunados entre aquellas empresas pertenecientes a un mismo sector productivo o grupo empresarial o que desarrollen sus actividades en un polígono industrial o área geográfica limitada.

⇒ Respecto de las Administraciones Públicas, cfr. el núm. 3 de la disp. adic. 5ª del presente Reglamento.

2. En el acuerdo de constitución del servicio mancomunado, que se deberá adoptar previa consulta a los representantes legales de los trabajadores de cada una de las empresas afectadas en los términos establecidos en el artículo 33 de la Ley 31/1995, de 8 de noviembre, de Prevención de Riesgos Laborales, deberán constar expresamente las condiciones mínimas en que tal servicio de prevención debe desarrollarse.

Por otra parte, de conformidad con lo dispuesto en el artículo 39.1.a) de la indicada Ley, las condiciones en que dicho servicio de prevención debe desarrollarse deberán debatirse, y en su caso ser acordadas, en el seno de cada uno de los Comités de Seguridad y Salud de las empresas afectadas.

✐ Ap. 2 modificado por art. 1.7 del RD 604/2006, de 19 mayo.

3. Dichos servicios, tengan o no personalidad jurídica diferenciada, tendrán la consideración de servicios propios de las empresas que los constituyan y habrán de contar con los medios exigidos para aquéllos, cuyos restantes requisitos les serán, asimismo, de aplicación.

4. La actividad preventiva de los servicios mancomunados se limitará a las empresas participantes.

5. El servicio de prevención mancomunado deberá tener a disposición de la autoridad laboral la información relativa a las empresas que lo constituyen y al grado de participación de las mismas.

Artículo 22. Actuación de las Mutuas de Accidentes de Trabajo y Enfermedades Profesionales de la Seguridad Social como servicios de prevención.

⇒ Cfr. el art. 32 de la LPRL (§23).

La actuación de las Mutuas de Accidentes de Trabajo y Enfermedades Profesionales de la Seguridad Social como servicios de prevención se desarrollará en las mismas condiciones que las aplicables a los servicios de prevención ajenos, teniendo en cuenta las prescripciones contenidas al respecto en la normativa específica aplicable a dichas entidades.

⇒ V. las disps. transits. segundas de la LPRL (§23) y del presente Reglamento.

V. las previsiones del RD 688/2005, de 10 junio, por el que se aprueba el régimen de funcionamiento de las mutuas de accidentes de trabajo y enfermedades profesionales de la Seguridad Social como servicio de prevención ajeno.

Tales funciones son distintas e independientes de las correspondientes a la colaboración en la gestión de la Seguridad Social que tienen atribuidas en virtud de lo previsto en el artículo 68 del Texto Refundido de la Ley General de la Seguridad Social, aprobado por el Real Decreto Legislativo 1/1994, de 20 de junio.

✐ Párr. 2º añadido por art. 2 de Real Decreto 688/2005, de 10 junio.

Artículo 22 bis. Presencia de los recursos preventivos.

1. De conformidad con el artículo 32 bis de la Ley 31/1995, de 8 de noviembre, de Prevención de Riesgos Laborales, la presencia en el centro de trabajo de los recursos preventivos, cualquiera que sea la modalidad de organización de dichos recursos, será necesaria en los siguientes casos:

a) Cuando los riesgos puedan verse agravados o modificados, en el desarrollo del proceso o la actividad, por la concurrencia de operaciones diversas que se desarrollan sucesiva o simultáneamente y que hagan preciso el control de la correcta aplicación de los métodos de trabajo.

b) Cuando se realicen las siguientes actividades o procesos peligrosos o con riesgos especiales:

1º Trabajos con riesgos especialmente graves de caída desde altura, por las particulares características de la actividad desarrollada, los procedimientos aplicados, o el entorno del puesto de trabajo.

2º Trabajos con riesgo de sepultamiento o hundimiento.

3º Actividades en las que se utilicen máquinas que carezcan de declaración CE de conformidad por ser su fecha de comercialización anterior a la exigencia de tal declaración con carácter obligatorio, que sean del mismo tipo que aquellas para las que la normativa sobre comercialización de máquinas requiere la intervención de un organismo notificado en el procedimiento de certificación, cuando la protección del trabajador no esté suficientemente garantizada no obstante haberse adoptado las medidas reglamentarias de aplicación.

4º Trabajos en espacios confinados. A estos efectos, se entiende por espacio confinado el recinto con aberturas limitadas de entrada y salida y ventilación natural desfavorable, en el que pueden acumularse contaminantes tóxicos o inflamables o puede haber una atmósfera deficiente en oxígeno, y que no está concebido para su ocupación continuada por los trabajadores.

5º Trabajos con riesgo de ahogamiento por inmersión, salvo lo dispuesto en el apartado 8.a) de este artículo, referido a los trabajos en inmersión con equipo subacuático.

c) Cuando la necesidad de dicha presencia sea requerida por la Inspección de Trabajo y Seguridad Social, si las circunstancias del caso así lo exigieran debido a las condiciones de trabajo detectadas.

2. En el caso al que se refiere el párrafo a) del apartado anterior, la evaluación de riesgos laborales, ya sea la inicial o las sucesivas, identificará aquellos riesgos que puedan verse agravados o modificados por la concurrencia de operaciones sucesivas o simultáneas.

En los casos a que se refiere el párrafo b) del apartado anterior, la evaluación de riesgos laborales identificará los trabajos o tareas integrantes del puesto de trabajo ligados a las actividades o los procesos peligrosos o con riesgos especiales.

En ambos casos, la forma de llevar a cabo la presencia de los recursos preventivos quedará determinada en la planificación de la actividad preventiva a que se refieren los artículos 8 y 9 de este Real Decreto.

En el caso señalado en el párrafo c) del apartado anterior, sin perjuicio del cumplimiento del requerimiento efectuado por la Inspección de Trabajo y Seguridad Social, el empresario procederá de manera inmediata a la revisión de la evaluación de riesgos laborales cuando ésta no contemple las situaciones de riesgo detectadas, así como a la modificación de la planificación de la actividad preventiva cuando ésta no incluyera la necesidad de la presencia de los recursos preventivos.

3. La presencia se llevará a cabo por cualesquiera de las personas previstas en los apartados 2 y 4 del artículo 32 bis de la Ley 31/1995, de 8 de noviembre, de Prevención de Riesgos Laborales, debiendo el empresario facilitar a sus trabajadores los datos necesarios para permitir la identificación de tales personas.

La ubicación en el centro de trabajo de las personas a las que se asigne la presencia deberá permitirles el cumplimiento de sus funciones propias, debiendo tratarse de un emplazamiento seguro que no suponga un factor adicional de riesgo, ni para tales personas ni para los trabajadores de la empresa, debiendo permanecer en el centro de trabajo durante el tiempo en que se mantenga la situación que determine su presencia.

4. La presencia es una medida preventiva complementaria que tiene como finalidad vigilar el cumplimiento de las actividades preventivas en relación con los riesgos derivados de la situación que determine su necesidad para conseguir un adecuado control de dichos riesgos.

Dicha vigilancia incluirá la comprobación de la eficacia de las actividades preventivas previstas en la planificación, así como de la adecuación de tales actividades a los riesgos que pretenden prevenirse o a la aparición de riesgos no previstos y derivados de la situación que determina la necesidad de la presencia de los recursos preventivos.

5. Cuando, como resultado de la vigilancia, se observe un deficiente cumplimiento de las actividades preventivas, las personas a las que se asigne la presencia:

a) Harán las indicaciones necesarias para el correcto e inmediato cumplimiento de las actividades preventivas.

b) Deberán poner tales circunstancias en conocimiento del empresario para que éste adopte las medidas necesarias para corregir las deficiencias observadas si éstas no hubieran sido aún subsanadas.

6. Cuando, como resultado de la vigilancia, se observe ausencia, insuficiencia o falta de adecuación de las medidas preventivas, las personas a las que se asigne la presencia deberán poner tales circunstancias en conocimiento del empresario, que procederá de manera inmediata a la adopción de las medidas necesarias para corregir las deficiencias y a la modificación de la planificación de la actividad preventiva y, en su caso, de la evaluación de riesgos laborales.

7. La presencia de recursos preventivos en el centro de trabajo podrá también ser utilizada por el empresario en casos distintos de los previstos en el artículo 32 bis de la Ley 31/1995, de 8 de noviembre, de Prevención de Riesgos Laborales, siempre que sea compatible con el cumplimiento de sus funciones.

8. Lo dispuesto en el presente artículo se entiende sin perjuicio de las medidas previstas en disposiciones preventivas específicas referidas a determinadas actividades, procesos, operaciones, trabajos, equipos o productos en los que se aplicarán dichas disposiciones en sus propios términos, como es el caso, entre otros, de las siguientes actividades o trabajos:

a) Trabajos en inmersión con equipo subacuático.

b) Trabajos que impliquen la exposición a radiaciones ionizantes.

c) Trabajos realizados en cajones de aire comprimido.

d) Trabajos con riesgo de explosión por la presencia de atmósferas explosivas.

e) Actividades donde se manipulan, transportan y utilizan explosivos, incluidos artículos pirotécnicos y otros objetos o instrumentos que contengan explosivos.

f) Trabajos con riesgos eléctricos.

9. Cuando existan empresas concurrentes en el centro de trabajo que realicen las operaciones concurrentes a las que se refiere el apartado 1.a) de este artículo, o actividades o procesos peligrosos o con riesgos especiales, a los que se refiere el apartado 1.b), la obligación de designar recursos preventivos para su presencia en el centro de trabajo recaerá sobre la empresa o empresas que realicen dichas operaciones o actividades, en cuyo caso y cuando sean varios dichos recursos preventivos deberán colaborar entre sí y con el resto de los recursos preventivos y persona o personas encargadas de la coordinación de las actividades preventivas del empresario titular o principal del centro de trabajo.

10. La aplicación de lo previsto en este artículo no exime al empresario del cumplimiento de las restantes obligaciones que integran su deber de protección de los trabajadores, conforme a lo dispuesto en el artículo 14 de la Ley 31/1995, de 8 de noviembre, de Prevención de Riesgos Laborales.

✐ Artículo añadido por art. 1.8 del RD 604/2006, de 19 mayo.

CAPÍTULO IV

Acreditación de entidades especializadas como servicios de prevención ajenos a las empresas

⇒ V. arts. 31.5 y concordantes de la Ley 31/1995, de 8 noviembre (§23).

Artículo 23. Solicitud de acreditación.

⇒ V. art. 2 de la O. 27 junio 1997.

Las entidades especializadas que pretendan ser acreditadas como servicios de prevención deberán formular solicitud ante la autoridad laboral competente del lugar en donde radiquen sus instalaciones principales, acompañando a su petición un proyecto en el que se hagan constar los siguientes extremos:

a) Aspectos de la actividad preventiva que pretende efectuar, especificando los tipos de actividad que tienen capacidad de desarrollar.

b) Ambito territorial y de actividad profesional en los que pretende actuar, así como previsión del número de empresas y volumen de trabajadores en los que tiene capacidad para extender su actividad preventiva.

c) Previsiones de dotación de personal para el desempeño de la actividad preventiva, con indicación de su cualificación profesional y dedicación, así como de las instalaciones y medios instrumentales y de su respectiva ubicación.

d) Compromiso de suscribir una póliza de seguro que cubra su responsabilidad, por una cuantía mínima de 200 millones de pesetas, anualmente actualizada en función de la evolución del índice de precios al consumo, sin que dicha cuantía constituya el límite de la responsabilidad del servicio.

e) Actividades especializadas que, en su caso, tiene previsto contratar con otras entidades.

Artículo 24. Autoridad competente.

1. Será autoridad laboral competente para conocer de las solicitudes de acreditación formuladas por las entidades especializadas que pretendan actuar como servicios de prevención el órgano competente de la Comunidad Autónoma que haya recibido el correspondiente traspaso de servicios o, en su defecto, la Dirección Provincial de Trabajo y Asuntos Sociales de la provincia donde radiquen sus instalaciones principales.

2. La acreditación otorgada tendrá validez para todo el ámbito del Estado, de acuerdo con los criterios de coordinación establecidos por la Comisión Nacional de Seguridad y Salud en el Trabajo.

Artículo 25. Aprobación provisional.

1. Recibidos la solicitud y el proyecto señalados en el artículo 23, la autoridad laboral remitirá copia a la autoridad sanitaria competente del lugar en el que radiquen las instalaciones principales de la entidad especializada, a los fines previstos en el apartado 5 del artículo 31 de la Ley 31/1995, de 8 de noviembre, de Prevención de Riesgos Laborales. Dicha autoridad sanitaria comunicará a la autoridad laboral su decisión acerca de la aprobación del proyecto en cuanto a los requisitos de carácter sanitario.

2. Al mismo tiempo, solicitará informe de los órganos técnicos en materia preventiva de las Comunidades Autónomas o, en su caso, del Instituto Nacional de Seguridad e Higiene en el Trabajo, así como aquellos otros que considere necesarios acerca de los aspectos no contemplados en el apartado anterior.

3. La autoridad laboral, a la vista de la decisión de la autoridad sanitaria y de los informes emitidos, dictará resolución en el plazo de tres meses, contados desde la entrada de la solicitud en el registro del órgano administrativo competente, autorizando provisionalmente o denegando la solicitud formulada. Transcurrido dicho plazo sin que haya recaído resolución expresa, la solicitud podrá entenderse desestimada.

4. La resolución prevista en el apartado anterior que autorice provisionalmente tendrá carácter definitivo cuando la entidad especializada, al tiempo de formular la solicitud, acredite la efectiva realización del proyecto, en los términos señalados en el artículo siguiente.

5. Contra la resolución expresa o presunta de la autoridad laboral podrá interponerse recurso ordinario en el plazo de un mes ante el órgano superior jerárquico correspondiente.

Artículo 26. Acreditación.

1. La eficacia de la resolución estimatoria de la autoridad laboral quedará subordinada a la efectiva realización del proyecto por parte de la entidad solicitante.

A tal fin, dicha entidad deberá comunicar la realización del proyecto a la autoridad laboral en el plazo de tres meses, contados a partir de la fecha de notificación de la resolución estimatoria, con indicación de los siguientes datos y documentos:

a) Número de identificación fiscal y código de cuenta de cotización a la Seguridad Social.

b) Contratos del personal, con indicación de su duración, cualificación profesional y dedicación.

c) Situación de sus instalaciones, así como de los medios instrumentales.

d) Póliza de seguro contratada.

e) Contratos o acuerdos establecidos, en su caso, con otras entidades para la realización de determinados tipos de actividades especializadas.

2. Transcurrido el plazo de tres meses sin que la entidad haya comunicado a la autoridad laboral la realización del proyecto, la autorización provisional se entenderá caducada.

3. Recibida la comunicación relativa a la realización del proyecto, la autoridad laboral remitirá copia a la autoridad sanitaria competente, a la Inspección de Trabajo y Seguridad Social, a los órganos técnicos en materia preventiva de las Comunidades Autónomas y a aquellos otros que hubieren emitido informe, a efectos de comprobación de la concurrencia de los requisitos previstos en el proyecto.

Cuando las entidades solicitantes cuenten con instalaciones o medios ubicados en más de una provincia o Comunidad Autónoma, la autoridad laboral competente para resolver recabará los informes referidos en el párrafo anterior a través de las respectivas autoridades competentes de dichas provincias o Comunidades Autónomas.

4. La autoridad laboral, a la vista de la decisión de la autoridad sanitaria y de los informes emitidos, dictará resolución ratificando o rectificando la autorización provisional en el plazo de tres meses, contados desde la comunicación relativa a la realización del proyecto. Dicho plazo se ampliará a seis meses en el supuesto previsto en el párrafo segundo del apartado anterior.

Transcurridos dichos plazos sin que haya recaído resolución expresa, se entenderá ratificada la autorización provisional.

Contra la resolución expresa o presunta de la autoridad laboral cabrá la interposición del recurso previsto en el apartado 5 del artículo anterior.

5. Las entidades especializadas podrán desarrollar su actividad como servicio de prevención una vez obtenida la acreditación mediante la ratificación de la autorización provisional.

Artículo 27. Mantenimiento de las condiciones de acreditación.

1. Las entidades especializadas deberán mantener las condiciones en que se basó su acreditación como servicios de prevención. Cualquier modificación de las mismas será comunicada a la autoridad laboral que la concedió.

⇒ V. art. 3 de la O. 27 junio 1997.

2. Las autoridades laboral y sanitaria podrán verificar, en el ámbito de sus competencias, el cumplimiento de las condiciones exigibles para el desarrollo de las actividades del servicio, comunicando a la autoridad laboral que concedió la acreditación las deficiencias detectadas con motivo de tales verificaciones.

3. Si como resultado de las comprobaciones efectuadas, bien directamente o a través de las comunicaciones señaladas en el apartado anterior, la autoridad laboral que concedió la acreditación comprobara el incumplimiento de requisitos que determinaron aquélla, podrá extinguir la acreditación otorgada.

Artículo 28. Registro.

1. En los órganos competentes de las Comunidades Autónomas, que hayan recibido los correspondientes traspasos de servicios, o, en su defecto, de la Administración General del Estado, se creará un registro en el que serán inscritas las entidades especializadas que hayan sido autorizadas como servicios de prevención, así como las personas o entidades especializadas a las que se haya concedido autorización para efectuar auditorías o evaluaciones de los sistemas de prevención de conformidad con lo establecido en el capítulo V de esta disposición.

Los órganos a los que se refiere el párrafo anterior, enviarán a la Dirección General de Trabajo y *Migraciones* del Ministerio de Trabajo y Asuntos Sociales, en el plazo de ocho días hábiles, copia de todo asiento practicado en sus respectivos registros.

Los registros de las Administraciones competentes en la materia estarán intercomunicados para poder disponer de toda la información que contienen.

⇒ Conforme a la disp. adic. 1ª de la O. 27 junio 1997:

«A los efectos previstos en el artículo 28, apartado 1, del Reglamento de los Servicios de Prevención, la autoridad laboral competente que hubiera concedido la acreditación de la entidad especializada como servicio de prevención ajeno o la autorización a la persona o entidad especializada para desarrollar la actividad de auditoría comunicará a las autoridades laborales competentes de las Comunidades Autónomas que hayan recibido los correspondientes traspasos de servicios y, en su caso, de la Administración General del Estado, todas las inscripciones de entidades acreditadas como servicios de prevención y de personas o entidades autorizadas para efectuar auditorías, especificando su ámbito de actuación, todas las denegaciones a las solicitudes de acreditación o autorización efectuadas por personas o entidades, así como cualquier otra incidencia que a su juicio deba ser conocida por las restantes autoridades laborales».

2. De efectuarse tratamiento automatizado de datos de salud o de otro tipo de datos personales, deberá hacerse conforme a la Ley Orgánica 5/1992, de 29 de octubre.

CAPÍTULO V
Auditorías

⇒ V. el Cap. II de la O. 27 junio 1997 y el art. 30.6 de la LPRL (§23).

Artículo 29. Ámbito de aplicación.

⇒ Respecto de las Administraciones Públicas, v. el núm. 2 de la disp. adic. 4ª del presente Reglamento y el RD 1488/1998, de 10 julio (§24.4).

1. Las auditorías o evaluaciones externas serán obligatorias en los términos establecidos en el

presente capítulo cuando, como consecuencia de la evaluación de los riesgos, las empresas tengan que desarrollar actividades preventivas para evitar o disminuir los riesgos derivados del trabajo.

2. Las empresas que no hubieran concertado el servicio de prevención con una entidad especializada deberán someter su sistema de prevención al control de una auditoría o evaluación externa.

Asimismo, las empresas que desarrollen las actividades preventivas con recursos propios y ajenos deberán someter su sistema de prevención al control de una auditoría o evaluación externa en los términos previstos en el artículo 31 bis de este Real Decreto.

✐ Ap. 2 modificado por art. 1.9 del RD 604/2006, de 19 mayo.

3. A los efectos previstos en el apartado anterior, las empresas de hasta seis trabajadores cuyas actividades no estén incluidas en el anexo I, en las que el empresario hubiera asumido personalmente las funciones de prevención o hubiera designado a uno o más trabajadores para llevarlas a cabo y en las que la eficacia del sistema preventivo resulte evidente sin necesidad de recurrir a una auditoría por el limitado número de trabajadores y la escasa complejidad de las actividades preventivas, se considerará que han cumplido la obligación de la auditoría cuando cumplimenten y remitan a la autoridad laboral una notificación sobre la concurrencia de las condiciones que no hacen necesario recurrir a la misma según modelo establecido en el Anexo II, y la autoridad laboral no haya aplicado lo previsto en el apartado 4 de este artículo.

La autoridad laboral registrará y ordenará según las actividades de las empresas sus notificaciones y facilitará una información globalizada sobre las empresas afectadas a los órganos de participación institucional en materia de seguridad y salud.

4. Teniendo en cuenta la notificación prevista en el apartado anterior, la documentación establecida en el artículo 7 y la situación individualizada de la empresa, a la vista de los datos de siniestralidad de la empresa o del sector, de informaciones o de otras circunstancias que pongan de manifiesto la peligrosidad de las actividades desarrolladas o la inadecuación del sistema de prevención, la autoridad laboral, previo informe de la Inspección de Trabajo y Seguridad Social y, en su caso, de los órganos técnicos en materia preventiva de las Comunidades Autónomas, podrá requerir la realización de una auditoría a las empresas referidas en el citado apartado, de conformidad con lo dispuesto en el apartado 2.

Artículo 30. Concepto, contenido, metodología y plazo.

⇒ V. art. 4.1 de la O. 27 junio 1997.

1. La auditoría es un instrumento de gestión que persigue reflejar la imagen fiel del sistema de prevención de riesgos laborales de la empresa, valorando su eficacia y detectando las deficiencias que puedan dar lugar a incumplimientos de la normativa vigente para permitir la adopción de decisiones dirigidas a su perfeccionamiento y mejora.

2. Para el cumplimiento de lo señalado en el apartado anterior, la auditoría llevará a cabo un análisis sistemático, documentado y objetivo del sistema de prevención, que incluirá los siguientes elementos:

a) Comprobar cómo se ha realizado la evaluación inicial y periódica de los riesgos, analizar sus resultados y verificarlos en caso de duda.

b) Comprobar que el tipo y planificación de las actividades preventivas se ajusta a lo dispuesto en la normativa general, así como a la normativa sobre riesgos específicos que sea de aplicación, teniendo en cuenta los resultados de la evaluación.

c) Analizar la adecuación entre los procedimientos y medios requeridos para realizar las actividades preventivas necesarias y los recursos de que dispone el empresario, propios o concertados, teniendo en cuenta, además, el modo en que están organizados o coordinados, en su caso.

d) En función de todo lo anterior, valorar la integración de la prevención en el sistema general de gestión de la empresa, tanto en el conjunto de sus actividades como en todos los niveles jerárquicos de ésta, mediante la implantación y aplicación del Plan de prevención de riesgos laborales, y valorar la eficacia del sistema de prevención para prevenir, identificar, evaluar, corregir y controlar los riesgos laborales en todas las fases de actividad de la empresa.

A estos efectos se ponderará el grado de integración de la prevención en la dirección de la empresa, en los cambios de equipos, productos y organización de la empresa, en el mantenimiento de instalaciones o equipos y en la supervisión de actividades potencialmente peligrosas, entre otros aspectos.

3. La auditoría deberá ser realizada de acuerdo con las normas técnicas establecidas o que puedan establecerse y teniendo en cuenta la información recibida de los trabajadores. Cualquiera que sea el procedimiento utilizado, la metodología o procedimiento mínimo de referencia deberá incluir, al menos:

a) Un análisis de la documentación relativa al plan de prevención de riesgos laborales, a la evaluación de riesgos, a la planificación de la actividad preventiva y cuanta otra información sobre la organización y actividades de la empresa sea necesaria para el ejercicio de la actividad auditora.

b) Un análisis de campo dirigido a verificar que la documentación referida en el párrafo anterior refleja con exactitud y precisión la realidad preventiva de la empresa. Dicho análisis, que podrá realizarse aplicando técnicas de muestreo cuando sea necesario, incluirá la visita a los puestos de trabajo.

c) Una evaluación de la adecuación del sistema de prevención de la empresa a la normativa de prevención de riesgos laborales.

d) Unas conclusiones sobre la eficacia del sistema de prevención de riesgos laborales de la empresa.

4. La primera auditoría del sistema de prevención de la empresa deberá llevarse a cabo dentro de los doce meses siguientes al momento en que se disponga de la planificación de la actividad preventiva.

La auditoría deberá ser repetida cada cuatro años, excepto cuando se realicen actividades incluidas en el Anexo I de este Real Decreto, en que el plazo será de dos años. En todo caso, deberá repetirse cuando así lo requiera la autoridad laboral, previo informe de la Inspección de Trabajo y Seguridad Social y, en su caso, de los órganos técnicos en materia preventiva de las Comunidades Autónomas, a la vista de los datos de siniestralidad o de otras circunstancias que pongan de manifiesto la necesidad de revisar los resultados de la última auditoría.

5. De conformidad con lo previsto en el artículo 18.2 de la Ley 31/1995, de 8 de noviembre, de Prevención de Riesgos Laborales, el empresario deberá consultar a los trabajadores y permitir su participación en la realización de la auditoría según lo dispuesto en el capítulo V de la citada Ley.

En particular, el auditor deberá recabar información de los representantes de los trabajadores sobre los diferentes elementos que, según el apartado 3, constituyen el contenido de la auditoría.

✐ Modificado por art. 1.10 del RD 604/2006, de 19 mayo.

Artículo 31. Informe de auditoría.

1. Los resultados de la auditoría deberán quedar reflejados en un informe que la empresa auditada deberá mantener a disposición de la autoridad laboral competente y de los representantes de los trabajadores.

2. El informe de auditoría deberá reflejar los siguientes aspectos:

a) Identificación de la persona o entidad auditora y del equipo auditor.

b) Identificación de la empresa auditada.

c) Objeto y alcance de la auditoría.

d) Fecha de emisión del informe de auditoría.

e) Documentación que ha servido de base a la auditoría, incluida la información recibida de los representantes de los trabajadores, que se incorporará al informe.

f) Descripción sintetizada de la metodología empleada para realizar la auditoría y, en su caso, identificación de las normas técnicas utilizadas.

g) Descripción de los distintos elementos auditados y resultado de la auditoría en relación con cada uno de ellos.

h) Conclusiones sobre la eficacia del sistema de prevención y sobre el cumplimiento por el empresario de las obligaciones establecidas en la normativa de prevención de riesgos laborales.

i) Firma del responsable de la persona o entidad auditora.

3. El contenido del informe de auditoría deberá reflejar fielmente la realidad verificada en la empresa, estando prohibida toda alteración o falseamiento del mismo.

4. La empresa adoptará las medidas necesarias para subsanar aquellas deficiencias que los resultados de la auditoría hayan puesto de manifiesto y que supongan incumplimientos de la normativa sobre prevención de riesgos laborales.

✐ Modificado por art. 1.11 del RD 604/2006, de 19 mayo.

Artículo 31 bis. Auditoría del sistema de prevención con actividades preventivas desarrolladas con recursos propios y ajenos.

1. La auditoría del sistema de prevención de las empresas que desarrollen las actividades preventivas con recursos propios y ajenos tendrá como objeto las actividades preventivas desarrolladas por el empresario con recursos propios y su integración en el sistema general de gestión de la empresa, teniendo en cuenta la incidencia en dicho sistema de su forma mixta de organización, así como el

modo en que están coordinados los recursos propios y ajenos en el marco del plan de prevención de riesgos laborales.

2. El contenido, la metodología y el informe de la auditoría habrán de adaptarse al objeto que se establece en el apartado anterior.

✐ Artículo añadido por art. 1.12 del RD 604/2006, de 19 mayo.

Artículo 32. Requisitos.

1. La auditoría deberá ser realizada por personas físicas o jurídicas que posean, además, un conocimiento suficiente de las materias y aspectos técnicos objeto de la misma y cuenten con los medios adecuados para ello.

2. Las personas físicas o jurídicas que realicen la auditoría del sistema de prevención de una empresa no podrán mantener con la misma vinculaciones comerciales, financieras o de cualquier otro tipo, distintas a las propias de su actuación como auditoras, que puedan afectar a su independencia o influir en el resultado de sus actividades.

Del mismo modo, tales personas no podrán realizar para la misma o distinta empresa actividades de coordinación de actividades preventivas, ni actividades en calidad de entidad especializada para actuar como servicio de prevención, ni mantener con estas últimas vinculaciones comerciales, financieras o de cualquier otro tipo, con excepción de las siguientes:

a) El concierto de la persona o entidad auditora con uno o más servicios de prevención ajenos para la realización de actividades preventivas en su propia empresa.

b) El contrato para realizar la auditoría del sistema de prevención de un empresario dedicado a la actividad de servicio de prevención ajeno.

✐ Ap. 2 modificado por art. 1.13 del RD 604/2006, de 19 mayo.

3. Cuando la complejidad de las verificaciones a realizar lo haga necesario, las personas o entidades encargadas de llevar a cabo la auditoría podrán recurrir a otros profesionales que cuenten con los conocimientos, medios e instalaciones necesarios para la realización de aquéllas.

⇒ Conforme al art. 4.2 de la O. 27 junio 1997:

«A efectos de determinar los medios humanos mínimos para poder desarrollar las actividades que constituyan las auditorías señaladas en el apartado anterior del presente artículo, en el caso de una persona física ésta deberá ser un experto de nivel superior en cualquiera de las cuatro especialidades o disciplinas preventivas consideradas en el artículo 34 del Reglamento de los Servicios de Prevención que disponga, además de una formación o experiencia probada en gestión y realización de auditorías y en técnicas auditoras y, en el caso de las entidades especializadas, deberán contar con, al menos, un experto que cumpla estas condiciones.

Además, deberá contar con expertos de nivel superior, propios o, en su caso, concertados de acuerdo con lo previsto en el apartado 4 de este artículo, en todas las demás especialidades o disciplinas señaladas en el artículo 34 del Reglamento de los Servicios de Prevención con el fin de poder efectuar las verificaciones de la evaluación de riesgos que pudieran ser necesarias».

Asimismo el art. 4.4 de la citada O. 27 junio 1997 dispone que:

«No obstante lo dispuesto en los apartados 2 y 3 del presente artículo, y según determina el artículo 32.3 del Reglamento de los Servicios de Prevención, la verificación de los resultados de la evaluación de riesgos, sólo cuando su complejidad lo haga necesario, podrá ser concertada con profesionales que cuenten con conocimientos, medios e instalaciones necesarios para su realización, no siendo obligatorio en este caso que las personas o entidades especializadas dispongan de personal o de recursos materiales para efectuar dicha verificación.

A efectos de determinación de la complejidad de las verificaciones se considerará que las mismas son complejas cuando haya que realizar mediciones, análisis, pruebas, ensayos o reconocimientos de la salud con el fin de contrastar los resultados.

De acuerdo con lo previsto en el artículo 32.2 del Reglamento de los Servicios de Prevención, la concertación de la verificación de los resultados de la evaluación no podrá realizarse con profesionales que mantengan vinculaciones comerciales, financieras o de cualquier otro tipo con la empresa objeto de la auditoría».

Artículo 33. Autorización.

⇒ V. art. 5 de la O. 27 junio 1997.

1. Las personas o entidades especializadas que pretendan desarrollar la actividad de auditoría del sistema de prevención habrán de contar con la autorización de la autoridad laboral competente del lugar donde radiquen sus instalaciones principales, previa solicitud ante la misma, en la que se harán constar las previsiones señaladas en el párrafo c) del artículo 23.

2. La autoridad laboral, previos los informes que estime oportunos, dictará resolución autorizando o denegando la solicitud formulada en el plazo de tres meses, contados desde la entrada de la solicitud en el Registro del órgano administrativo competente. Transcurrido dicho plazo sin que haya recaído resolución expresa, la solicitud podrá entenderse desestimada.

La resolución estimatoria de la autoridad laboral tendrá carácter provisional, quedando subordinada su eficacia a la autorización definitiva, previa acreditación del cumplimiento de las previsiones señaladas en el apartado 1.

3. Serán de aplicación a la autorización el procedimiento establecido para la acreditación en el artículo 26 de la presente disposición y el previsto en el artículo 27 en relación con el mantenimiento de las condiciones de autorización y la extinción, en su caso, de las autorizaciones otorgadas.

⇒ V. art. 6 de la O. 27 junio 1997.

Artículo 33 bis. Auditorías voluntarias.

1. Sin perjuicio del cumplimiento de lo dispuesto en este capítulo, las empresas podrán someter con carácter voluntario su sistema de prevención al control de una auditoría o evaluación externa para permitir la adopción de decisiones dirigidas a su perfeccionamiento y mejora.

2. Las auditorías voluntarias podrán realizarse en aquellos casos en que la auditoría externa no sea legalmente exigible o, cuando siéndolo, se realicen con una mayor frecuencia o con un alcance más amplio a los establecidos en este capítulo.

3. Las auditorías voluntarias del sistema de prevención realizadas por las empresas que se ajusten a lo establecido en los artículos 30, apartados 2, 3 y 5, 31, 31 bis, 32 y 33 de este Real Decreto serán tenidas en cuenta en los programas a que se refiere el artículo 5.3 de la Ley 31/1995, de 8 de noviembre, de Prevención de Riesgos Laborales.

✐ Artículo añadido por art. 1.14 del RD 604/2006, de 19 mayo.

CAPÍTULO VI

Funciones y niveles de cualificación

⇒ V. el Cap. III de la O. 27 junio 1997.
La STJCE de 15 noviembre 2001 entiende que el ordenamiento nacional debe definir la capacidad y aptitudes exigibles a quienes actúen como responsables de la seguridad y salud en el trabajo.

Artículo 34. Clasificación de las funciones.

⇒ El RD 1161/2001, de 26 octubre, estableció el título de Técnico Superior en Prevención de Riesgos Profesionales y sus correspondientes enseñanzas comunes; para el ámbito de competencia estatal, el RD 277/2003, de 7 marzo, aprobó el currículo de tal ciclo formativo.

A efectos de determinación de las capacidades y aptitudes necesarias para la evaluación de los riesgos y el desarrollo de la actividad preventiva, las funciones a realizar se clasifican en los siguientes grupos:

a) Funciones de nivel básico.

b) Funciones de nivel intermedio.

c) Funciones de nivel superior, correspondientes a las especialidades y disciplinas preventivas de medicina del trabajo, seguridad en el trabajo, higiene industrial, y ergonomía y psicosociología aplicada.

Las funciones que se recogen en los artículos siguientes serán las que orienten los distintos proyectos y programas formativos desarrollados para cada nivel.

Estos proyectos y programas deberán ajustarse a los criterios generales y a los contenidos formativos mínimos que se establecen para cada nivel en los anexos III a VI.

Artículo 35. Funciones de nivel básico.

1. Integran el nivel básico de la actividad preventiva las funciones siguientes:

a) Promover los comportamientos seguros y la correcta utilización de los equipos de trabajo y protección, y fomentar el interés y cooperación de los trabajadores en una acción preventiva integrada.

✐ Letra a) modificada por art. 1.15 del RD 604/2006, de 19 mayo.

b) Promover, en particular, las actuaciones preventivas básicas, tales como el orden, la limpieza, la señalización y el mantenimiento general, y efectuar su seguimiento y control.

c) Realizar evaluaciones elementales de riesgos y, en su caso, establecer medidas preventivas del mismo carácter compatibles con su grado de formación.

d) Colaborar en la evaluación y el control de los riesgos generales y específicos de la empresa, efectuando visitas al efecto, atención a quejas y sugerencias, registro de datos, y cuantas funciones análogas sean necesarias.

e) Actuar en caso de emergencia y primeros auxilios gestionando las primeras intervenciones al efecto.

f) Cooperar con los servicios de prevención, en su caso.

2. Para desempeñar las funciones referidas en el apartado anterior, será preciso:

⇒ Téngase en cuenta la disp. final 2ª del presente Reglamento, sobre entrada en vigor de este apartado.

a) Poseer una formación mínima con el contenido especificado en el programa a que se refiere el Anexo IV y cuyo desarrollo tendrá una duración no inferior a 50 horas, en el caso de empresas que desarrollen alguna de las actividades incluidas en el Anexo I, o de 30 horas en los demás casos, y una distribución horaria adecuada a cada proyecto formativo, respetando la establecida en los apartados 1 y 2, respectivamente, del Anexo IV citado, o

b) Poseer una formación profesional o académica que capacite para llevar a cabo responsabilidades profesionales equivalentes o similares a las que precisan las actividades señaladas en el apartado anterior, o

c) Acreditar una experiencia no inferior a dos años en una empresa, institución o Administración pública que lleve consigo el desempeño de niveles profesionales de responsabilidad equivalentes o similares a los que precisan las actividades señaladas en el apartado anterior.

En los supuestos contemplados en los párrafos b) y c), los niveles de cualificación preexistentes deberán ser mejorados progresivamente, en el caso de que las actividades preventivas a realizar lo hicieran necesario, mediante una acción formativa de nivel básico en el marco de la formación continua.

3. La formación mínima prevista en el párrafo a) del apartado anterior se acreditará mediante certificación de formación específica en materia de prevención de riesgos laborales, emitida por un servicio de prevención o por una entidad pública o privada con capacidad para desarrollar actividades formativas específicas en esta materia.

Artículo 36. Funciones de nivel intermedio.

1. Las funciones correspondientes al nivel intermedio son las siguientes:

a) Promover, con carácter general, la prevención en la empresa y su integración en la misma.

✐ Letra a) modificada por art. 1.16 del RD 604/2006, de 19 mayo.

b) Realizar evaluaciones de riesgos, salvo las específicamente reservadas al nivel superior.

c) Proponer medidas para el control y reducción de los riesgos o plantear la necesidad de recurrir al nivel superior, a la vista de los resultados de la evaluación.

d) Realizar actividades de información y formación básica de trabajadores.

e) Vigilar el cumplimiento del programa de control y reducción de riesgos y efectuar personalmente las actividades de control de las condiciones de trabajo que tenga asignadas.

f) Participar en la planificación de la actividad preventiva y dirigir las actuaciones a desarrollar en casos de emergencia y primeros auxilios.

g) Colaborar con los servicios de prevención, en su caso.

h) Cualquier otra función asignada como auxiliar, complementaria o de colaboración del nivel superior.

2. Para desempeñar las funciones referidas en el apartado anterior, será preciso poseer una formación mínima con el contenido especificado en el programa a que se refiere el anexo V y cuyo desarrollo tendrá una duración no inferior a 300 horas y una distribución horaria adecuada a cada proyecto formativo, respetando la establecida en el anexo citado.

⇒ Sobre entrada en vigor de este número, v. la disp. final 2ª del presente Reglamento.
Ténganse en cuenta las disps. adic. 5ª y transit. 3ª del presente Reglamento.

Artículo 37. Funciones de nivel superior.

1. Las funciones correspondientes al nivel superior son las siguientes:

a) Las funciones señaladas en el apartado 1 del artículo anterior, con excepción de la indicada en el párrafo h).

b) La realización de aquellas evaluaciones de riesgos cuyo desarrollo exija:

1º El establecimiento de una estrategia de medición para asegurar que los resultados obtenidos caracterizan efectivamente la situación que se valora, o

2º Una interpretación o aplicación no mecánica de los criterios de evaluación.

c) La formación e información de carácter general, a todos los niveles, y en las materias propias de su área de especialización.

d) La planificación de la acción preventiva a desarrollar en las situaciones en las que el control o reducción de los riesgos supone la realización de actividades diferentes, que implican la intervención de distintos especialistas.

e) La vigilancia y control de la salud de los trabajadores en los términos señalados en el apartado 3 de este artículo.

2. Para desempeñar las funciones relacionadas en el apartado anterior será preciso contar con una titulación universitaria y poseer una formación mínima con el contenido especificado en el programa a que se refiere el anexo VI y cuyo desarrollo tendrá una duración no inferior a 600 horas y una distribución horaria adecuada a cada proyecto formativo, respetando la establecida en el anexo citado.

⇒ Sobre entrada en vigor de este número, v. la disp. final 2ª del presente Reglamento.
Ténganse en cuenta las disps. adic. quinta y transit. 3ª del presente Reglamento.

3. Las funciones de vigilancia y control de la salud de los trabajadores señaladas en el párrafo e) del apartado 1 serán desempeñadas por personal sanitario con competencia técnica, formación y capacidad acreditada con arreglo a la normativa vigente y a lo establecido en los párrafos siguientes:

a) Los servicios de prevención que desarrollen funciones de vigilancia y control de la salud de los trabajadores deberán contar con un médico especialista en Medicina del Trabajo o diplomado en Medicina de Empresa y un ATS/DUE de empresa, sin perjuicio de la participación de otros profesionales sanitarios con competencia técnica, formación y capacidad acreditada.

b) En materia de vigilancia de la salud, la actividad sanitaria deberá abarcar, en las condiciones fijadas por el artículo 22 de la Ley 31/1995, de Prevención de Riesgos Laborales:

1º Una evaluación de la salud de los trabajadores inicial después de la incorporación al trabajo o después de la asignación de tareas específicas con nuevos riesgos para la salud.

2º Una evaluación de la salud de los trabajadores que reanuden el trabajo tras una ausencia prolongada por motivos de salud, con la finalidad de descubrir sus eventuales orígenes profesionales y recomendar una acción apropiada para proteger a los trabajadores.

3º Una vigilancia de la salud a intervalos periódicos.

c) La vigilancia de la salud estará sometida a protocolos específicos u otros medios existentes con respecto a los factores de riesgo a los que esté expuesto el trabajador. El Ministerio de Sanidad y Consumo y las Comunidades Autónomas, oídas las sociedades científicas competentes, y de acuerdo con lo establecido en la Ley General de Sanidad en materia de participación de los agentes sociales, establecerán la periodicidad y contenidos específicos de cada caso.

Los exámenes de salud incluirán, en todo caso una historia clínico-laboral, en la que además de los datos de anamnesis, exploración clínica y control biológico y estudios complementarios en función de los riesgos inherentes al trabajo, se hará constar una descripción detallada del puesto de trabajo, el tiempo de permanencia en el mismo, los riesgos detectados en el análisis de las condiciones de trabajo, y las medidas de prevención adoptadas.

⇒ V. art. 61 de la Ley 14/1986, de 25 abril, General de Sanidad sobre garantías de la historia clínico-sanitaria.

Deberá constar igualmente, en caso de disponerse de ello, una descripción de los anteriores puestos de trabajo, riesgos presentes en los mismos, y tiempo de permanencia para cada uno de ellos.

d) El personal sanitario del servicio de prevención deberá conocer las enfermedades que se produzcan entre los trabajadores y las ausencias del trabajo por motivos de salud, a los solos efectos de poder identificar cualquier relación entre la causa de enfermedad o de ausencia y los riesgos para la salud que puedan presentarse en los lugares de trabajo.

e) En los supuestos en que la naturaleza de los riesgos inherentes al trabajo lo haga necesario, el derecho de los trabajadores a la vigilancia periódica de su estado de salud deberá ser prolongado más allá de la finalización de la relación laboral a través del Sistema Nacional de Salud.

f) El personal sanitario del servicio deberá analizar los resultados de la vigilancia de la salud de los trabajadores y de la evaluación de los riesgos, con criterios epidemiológicos y colaborará con el resto de los componentes del servicio, a fin de investigar y analizar las posibles relaciones entre la exposición a los riesgos profesionales y los perjuicios para la salud y proponer medidas encaminadas a mejorar las condiciones y medio ambiente de trabajo.

g) El personal sanitario del servicio de prevención estudiará y valorará, especialmente, los riesgos que puedan afectar a las trabajadoras en situación de embarazo o parto reciente, a los menores y a los trabajadores especialmente sensibles a determinados riesgos, y propondrá las medidas preventivas adecuadas.

h) El personal sanitario del servicio de prevención que, en su caso, exista en el centro de trabajo deberá proporcionar los primeros auxilios y la atención de urgencia a los trabajadores víctimas de accidentes o alteraciones en el lugar de trabajo.

CAPÍTULO VII

Colaboración de los servicios de prevención con el Sistema Nacional de Salud

Artículo 38. Colaboración con el Sistema Nacional de Salud.

1. De acuerdo con lo establecido en el artículo 10 de la Ley 31/1995, de Prevención de Riesgos Laborales, y artículo 21 de la Ley 14/1986, General de Sanidad, el servicio de prevención colaborará con los servicios de atención primaria de salud y de asistencia sanitaria especializada para el diagnóstico, tratamiento y rehabilitación de enfermedades relacionadas con el trabajo, y con las Administraciones sanitarias competentes en la actividad de salud laboral que se planifique, siendo las unidades responsables de salud pública del Area de Salud, que define la Ley General de Sanidad, las competentes para la coordinación entre los servicios de prevención que actúen en ese Area y el sistema sanitario. Esta coordinación será desarrollada por las Comunidades Autónomas en el ámbito de sus competencias.

2. El servicio de prevención colaborará en las campañas sanitarias y epidemiológicas organizadas por las Administraciones públicas competentes en materia sanitaria.

Artículo 39. Información sanitaria.

1. El servicio de prevención colaborará con las autoridades sanitarias para proveer el Sistema de Información Sanitaria en Salud Laboral. El conjunto mínimo de datos de dicho sistema de información será establecido por el Ministerio de Sanidad y Consumo, previo acuerdo con los órganos competentes de las Comunidades Autónomas, en el seno del Consejo Interterritorial del Sistema Nacional de Salud. Las Comunidades Autónomas en el ámbito de sus respectivas competencias, podrán desarrollar el citado Sistema de Información Sanitaria.

2. El personal sanitario del servicio de prevención realiza la vigilancia epidemiológica, efectuando las acciones necesarias para el mantenimiento del Sistema de Información Sanitaria en Salud Laboral en su ámbito de actuación.

3. De efectuarse tratamiento automatizado de datos de salud o de otro tipo de datos personales, deberá hacerse conforme a la Ley Orgánica 5/1992, de 29 octubre.

DISPOSICIONES ADICIONALES

Primera. Carácter básico.

1. El presente Reglamento constituye legislación laboral, dictada al amparo del artículo 149.1.7ª de la Constitución.

2. Respecto del personal civil con relación de carácter administrativo o estatutario al servicio de las Administraciones públicas, el presente Reglamento será de aplicación en los siguientes términos:

a) Los artículos que a continuación se relacionan constituyen normas básicas en el sentido previsto en el artículo 149.1.18ª de la Constitución: 1, excepto las referencias al capítulo V y al artículo 36, en cuanto al Comité de Seguridad y Salud, de la Ley 31/1995, de 8 de noviembre, de Prevención de Riesgos Laborales, y al capítulo III de este Real Decreto; 2; 3; 4, apartados 1, 2 y 3, excepto la referencia al capítulo VI; 5; 6; 7; 8; 9; 10; 12, apartados 1 y 2, excepto el párrafo a); 13, apartados 1, excepto la referencia al capítulo VI, y 2; 15, apartados 1, 2 y párrafo primero, 3 y 4; 16, apartado 2, excepto el segundo párrafo; 20, artículo 22 bis, disposición adicional décima, disposición adicional undécima, disposición adicional duodécima.

✐ Letra a) modificada por art. 1.17 del RD 604/2006, de 19 mayo.

b) En el ámbito de las Comunidades Autónomas y las entidades locales, las funciones que el Reglamento atribuye a las autoridades laborales y a la Inspección de Trabajo y Seguridad Social podrán ser atribuidas a órganos diferentes.

Segunda. Integración en los servicios de prevención.

De conformidad con lo dispuesto en el párrafo d) de la disposición derogatoria única de la Ley de Prevención de Riesgos Laborales, el personal perteneciente a los servicios médicos de empresa en la fecha de entrada en vigor de dicha Ley se integrará en los servicios de prevención de las correspondientes empresas, cuando éstos se constituyan, sin perjuicio de que continúen efectuando aquellas funciones que tuvieran atribuidas, distintas de las propias del servicio de prevención.

Tercera. Mantenimiento de la actividad preventiva.

1. La aplicación del presente Real Decreto no afectará a la continuación de la actividad sanitaria

que se ha venido desarrollando en las empresas al amparo de las normas reguladoras de los servicios médicos de empresa que se derogan y de sus disposiciones de aplicación y desarrollo, aunque dichas empresas no constituyan servicios de prevención.

2. Tampoco afectará la aplicación del presente Real Decreto al mantenimiento de la actividad preventiva desarrollada por los servicios de seguridad e higiene en el trabajo existentes en las empresas en la fecha de publicación de la Ley de Prevención de Riesgos Laborales, aun cuando no concurran las circunstancias previstas en el artículo 14 del mismo.

Cuarta. Aplicación a las Administraciones públicas.

⇒ Cfr. la disp. transit. 4ª del propio Real Decreto.

1. En el ámbito de las Administraciones públicas, la organización de los recursos necesarios para el desarrollo de las actividades preventivas y la definición de las funciones y niveles de cualificación del personal que las lleve a cabo se realizará en los términos que se regulen en la normativa específica que al efecto se dicte, de conformidad con lo dispuesto en el artículo 31, apartado 1, y en la disposición adicional tercera de la Ley de Prevención de Riesgos Laborales, y en la disposición adicional primera de este Reglamento, previa consulta con las organizaciones sindicales más representativas, en los términos señalados en la Ley 7/1990, de 19 de julio, sobre negociación colectiva y participación en la determinación de las condiciones de trabajo de los empleados públicos.

En defecto de la citada normativa específica, resultará de aplicación lo dispuesto en este Reglamento.

2. No serán de aplicación a las Administraciones públicas las obligaciones en materia de auditorías contenidas en el capítulo V de este Reglamento.

La normativa específica prevista en el apartado anterior deberá establecer los adecuados instrumentos de control al efecto.

3. Las referencias a la negociación colectiva y a los acuerdos a que se refiere el artículo 83, apartado 3, del Estatuto de los Trabajadores contenidas en el presente Reglamento se entenderán referidas, en el caso de las relaciones de carácter administrativo o estatutario del personal al servicio de las Administraciones públicas, a los acuerdos y pactos que se concluyan en los términos señalados en la Ley 7/1990, de 19 de julio, sobre negociación colectiva y participación en la determinación de las condiciones de trabajo de los empleados públicos.

Quinta. Convalidación de funciones y certificación de formación equivalente.

✐ Disposición redactada por RD 780/1998, de 30 abril.

1. Quienes en la fecha de publicación de la Ley de Prevención de Riesgos Laborales vinieran realizando las funciones señaladas en los artículos 36 y 37 de esta norma y no cuenten con la formación mínima prevista en dichos preceptos, podrán continuar desempeñando tales funciones en la empresa o entidad en que la viniesen desarrollando, siempre que reúnan los requisitos siguientes:

a) Contar con una experiencia no inferior a tres años a partir de 1985, en la realización de las funciones señaladas en el artículo 36 de esta norma, en una empresa, institución o en las Administraciones públicas. En el caso de las funciones contempladas en el artículo 37 la experiencia requerida será de un año cuando posean titulación universitaria o de cinco años en caso de carecer de ella.

b) Acreditar una formación específica en materia preventiva no inferior a 100 horas, computándose tanto la formación recibida como la impartida, cursada en algún organismo público o privado de reconocido prestigio.

Lo dispuesto en el párrafo anterior no será de aplicación al personal sanitario, que continuará rigiéndose por su normativa específica.

2. Durante el año 1998 los profesionales que, en aplicación del apartado anterior, vinieran desempeñando las funciones señaladas en los artículos 36 ó 37 de esta norma en la fecha de publicación de la Ley de Prevención de Riesgos Laborales, podrán ser acreditados por la autoridad laboral competente del lugar donde resida el solicitante, expidiéndoles la correspondiente certificación de formación equivalente que les facultará para el desempeño de las funciones correspondientes a dicha formación, tras la oportuna verificación del cumplimiento de los requisitos que se establecen en el presente apartado.

Asimismo, durante el año 1998 podrán optar a esta acreditación aquellos profesionales que, en virtud de los conocimientos adquiridos y de su experiencia profesional anterior a la fecha de publicación de la Ley de Prevención de Riesgos Laborales, debidamente acreditados, cuenten con la cualificación necesaria para el desempeño de las funciones de nivel intermedio o de nivel superior en alguna de las especialidades de seguridad en el trabajo, higiene industrial y ergonomía y psicosociología aplicada.

En ambos casos, para poder optar a la acreditación que se solicita será necesario, como mínimo y sin perjuicio de lo dispuesto en el apartado 3, cumplir los siguientes requisitos:

a) Una experiencia no inferior a tres años a partir de 1985 en la realización de las funciones de nivel intermedio o del nivel superior descritas en los artículos 36 y 37, respectivamente, del Real Decreto 39/1997, de 17 de enero, para la acreditación del correspondiente nivel.

b) Acreditar una formación específica en materia preventiva no inferior a cien horas, computándose tanto la formación recibida como la impartida, cursada en algún organismo público o privado de reconocido prestigio; y

c) Contar con una titulación universitaria de primer o segundo ciclo para el caso de que se solicite la acreditación para el nivel superior.

3. Para expedir la certificación señalada en el apartado anterior, la autoridad laboral competente comprobará si se reúnen los requisitos exigidos para la acreditación que se solicita:

a) Por medio de la valoración de la documentación acreditativa de la titulación, que en su caso se posea, y de la correspondiente a los programas formativos de aquellos cursos recibidos que, dentro de los límites señalados en el apartado anterior, deberán incluir los contenidos sustanciales de los anexos V o VI de este Real Decreto, según el caso. Esta documentación será presentada por el solicitante, haciendo constar que éste los ha superado con suficiencia en entidades formativas con una solvencia y prestigio reconocidos en su ámbito.

b) Mediante la valoración y verificación de la experiencia, que deberá ser acorde con las funciones propias de cada nivel y, además, con la especialidad a acreditar en el caso del nivel superior, con inclusión de los cursos impartidos en su caso, acreditada por entidades o empresas donde haya prestado sus servicios; y

c) A través de la verificación de que se poseen los conocimientos necesarios en los aspectos no suficientemente demostrados en aplicación de lo dispuesto en los párrafos a) y b) anteriores, que completan lo exigido en los anexos V o VI de este Real Decreto, mediante la superación de las pruebas teórico-prácticas necesarias para determinar las capacidades y aptitudes exigidas para el desarrollo de las funciones recogidas en los artículos 36 ó 37.

Sexta. Reconocimientos médicos previos al embarque de los trabajadores del mar.

En el sector marítimo-pesquero seguirá en vigor lo establecido, en materia de formación, información, educación y práctica de los reconocimientos médicos previos al embarque, en el Real Decreto 1414/1981, de 3 de julio, por el que se reestructura el Instituto Social de la Marina.

Séptima. Negociación colectiva.

En la negociación colectiva o mediante los acuerdos a que se refiere el artículo 83, apartado 3, del Estatuto de los Trabajadores, podrán establecerse criterios para la determinación de los medios personales y materiales de los servicios de prevención propios, del número de trabajadores designados, en su caso, por el empresario para llevar a cabo actividades de prevención y del tiempo y los medios de que dispongan para el desempeño de su actividad, en función del tamaño de la empresa, de los riesgos a que estén expuestos los trabajadores y de su distribución en la misma, así como en materia de planificación de la actividad preventiva y para la formación en materia preventiva de los trabajadores y de los delegados de prevención.

Octava. Criterios de acreditación y autorización.

La Comisión Nacional de Seguridad y Salud en el Trabajo conocerá los criterios adoptados por las Administraciones laboral y sanitaria en relación con la acreditación de las entidades especializadas para poder actuar como servicios de prevención y con la autorización de las personas físicas o jurídicas que quieran desarrollar la actividad de auditoría, con el fin de poder informar y formular propuestas dirigidas a una adecuada coordinación entre las Administraciones.

Novena. Disposiciones supletorias en materia de procedimientos administrativos.

En materia de procedimientos administrativos, en todo lo no previsto expresamente en la presente disposición, se estará a lo establecido en la Ley 30/1992, de 26 de noviembre, de Régimen Jurídico de las Administraciones Públicas y del Procedimiento Administrativo Común, y en el Real Decreto 1778/1994, de 5 de agosto, por el que se adecuan a dicha Ley las normas reguladoras de los procedimientos de otorgamiento, modificación y extinción de autorizaciones.

Décima. Presencia de recursos preventivos en las obras de construcción.

En el ámbito de aplicación del Real Decreto 1627/1997, de 24 de octubre, por el que se establecen las disposiciones mínimas de seguridad y salud en las obras de construcción, la presencia en el centro de trabajo de los recursos preventivos de cada contratista prevista en la disposición adicional decimocuarta de la Ley 31/1995, de 8 de noviembre, de Prevención de Riesgos Laborales se aplicará en los términos establecidos en la disposición adicional única del citado Real Decreto 1627/1997.

✐ Disposición añadida por art. 1.18 del RD 604/2006, de 19 mayo.

Undécima. Actividades peligrosas a efectos de coordinación de actividades empresariales.

A efectos de lo previsto en el artículo 13.1.a) del Real Decreto 171/2004, de 30 de enero, por el que se desarrolla el artículo 24 de la Ley 31/1995, de 8 de noviembre, de Prevención de Riesgos Laborales, en materia de coordinación de actividades empresariales, se consideran actividades o procesos peligrosos o con riesgos especiales los incluidos en el Anexo I del presente Real Decreto.

✐ Disposición añadida por art. 1.19 del RD 604/2006, de 19 mayo.

Duodécima. Actividades peligrosas a efectos del Texto Refundido de la Ley de Infracciones y Sanciones en el Orden Social, aprobada por el Real Decreto Legislativo 5/2000, de 4 de agosto.

1. A efectos de lo previsto en los apartados 7 y 8.a), del artículo 13 del Texto Refundido de la Ley de Infracciones y Sanciones en el Orden Social, aprobado por el Real Decreto Legislativo 5/2000, de 4 de agosto, se consideran actividades peligrosas o con riesgos especiales las incluidas en el Anexo I de este Real Decreto, siempre que su realización concurra con alguna de las siguientes situaciones:

a) Una especial dificultad para controlar las interacciones de las diferentes actividades desarrolladas en el centro de trabajo que puedan generar riesgos calificados como graves o muy graves.

b) Una especial dificultad para evitar que se desarrollen en el centro de trabajo, sucesiva o simultáneamente, actividades incompatibles entre sí desde la perspectiva de la seguridad y la salud de los trabajadores.

c) Una especial complejidad para la coordinación de las actividades preventivas como consecuencia del número de empresas y trabajadores concurrentes, del tipo de actividades desarrolladas y de las características del centro de trabajo.

2. A efectos de lo previsto en el artículo 13.8.b) de la Ley de Infracciones y Sanciones en el Orden Social, se consideran actividades peligrosas o con riesgos especiales las incluidas en el artículo 22 bis.1.b) de este Real Decreto.

✐ Disposición añadida por art. 1.20 del RD 604/2006, de 19 mayo.

DISPOSICIONES TRANSITORIAS

Primera. Constitución de servicio de prevención propio.

Sin perjuicio del mantenimiento de aquellas actividades preventivas que se estuvieran realizando en la empresa en la fecha de entrada en vigor de esta disposición, los servicios de prevención propios que deban constituir las empresas de más de 250 trabajadores y hasta 1.000 trabajadores, de conformidad con lo dispuesto en los párrafos a) y b) del artículo 14, deberán estar en funcionamiento a más tardar el 1 de enero de 1999, con excepción de las empresas que realizan alguna de las actividades incluidas en el anexo I que lo harán el 1 de enero de 1998.

Hasta la fecha señalada en el párrafo anterior, las actividades preventivas en las empresas citadas deberán ser concertadas con una entidad especializada ajena a la empresa, salvo aquellas que vayan siendo asumidas progresivamente por la empresa mediante la designación de trabajadores, hasta su plena integración en el servicio de prevención que se constituya.

Segunda. Acreditación de Mutuas de Accidentes de Trabajo y Enfermedades Profesionales de la Seguridad Social.

A las Mutuas de Accidentes de Trabajo y Enfermedades Profesionales que al amparo de la autorización contenida en la disposición transitoria segunda de la Ley de Prevención de Riesgos Laborales desarrollen las funciones correspondientes a los servicios de prevención en relación con sus empresas asociadas, les será de aplicación lo establecido en los artículos 23 a 27 de esta Norma en materia de acreditación y requisitos.

Tercera. Acreditación de la formación.

⇒ V. el art. 11 de la O. 27 junio 1997.

En tanto no se determinen por las autoridades competentes en materia educativa las titulaciones académicas y profesionales correspondientes a la formación mínima señalada en los artículos 36 y 37 de esta Norma, esta formación podrá ser acreditada sin efectos académicos a través de la correspondiente certificación expedida por una entidad pública o privada que tenga capacidad para desarrollar actividades formativas en esta materia y cuente con autorización de la autoridad laboral competente.

La certificación acreditativa de la formación se expedirá previa comprobación de que se ha cursado un programa con el contenido establecido en los anexos V o VI de la presente disposición y se ha superado una prueba de evaluación sobre dicho programa, o de que se cuenta con una formación equivalente que haya sido legalmente exigida para el ejercicio de una actividad profesional.

Cuarta. Aplicación transitoria de los criterios de gestión de la prevención de riesgos laborales en hospitales y centros sanitarios públicos.

En tanto se desarrolla lo previsto en la disposición adicional cuarta «Aplicación a las Administraciones públicas», la prevención de riesgos laborales en los hospitales y centros sanitarios públicos seguirá gestionándose con arreglo a los criterios y procedimientos hasta ahora vigentes, de modo que queden garantizadas las funciones de vigilancia y control de la salud de los trabajadores y las demás actividades de prevención a que se refiere el presente Reglamento. A estos efectos, se coordinarán las actividades de medicina preventiva con las demás funciones relacionadas con la prevención en orden a conseguir una actuación integrada e interdisciplinaria.

DISPOSICIÓN DEROGATORIA

Única. Alcance de la derogación normativa.

Quedan derogadas cuantas disposiciones de igual o inferior rango se opongan a lo dispuesto en el presente Real Decreto y específicamente el Decreto 1036/1959, de 10 de junio, sobre Servicios Médicos de Empresa, y la Orden de 21 de noviembre de 1959, por la que se aprueba el Reglamento de los Servicios Médicos de Empresa.

El presente Real Decreto no afecta a la vigencia de las disposiciones especiales sobre prevención de riesgos profesionales en las explotaciones mineras, contenidas en el capítulo IV del Real Decreto 3255/1983, de 21 de diciembre, por el que se aprueba el Estatuto Minero, y en sus normas de desarrollo, así como las del Real Decreto 2857/1978, de 25 de agosto, por el que se aprueba el Reglamento General para el Régimen de la Minería, y el Real Decreto 863/1985, de 2 de abril, por el que se aprueba el Reglamento General de Normas Básicas de Seguridad Minera, y sus disposiciones complementarias.

⇒ V. el RD 1389/1997, de 5 septiembre.

DISPOSICIONES FINALES

Primera. Habilitación reglamentaria.

Se autoriza al Ministro de Trabajo y Asuntos Sociales, previo informe de la Comisión Nacional de Seguridad y Salud en el Trabajo, para dictar cuantas disposiciones sean necesarias para la aplicación de lo establecido en el presente Real Decreto.

⇒ La O. TAS/3623/2006, de 28 noviembre (§24.3), que regula las actividades preventivas en el ámbito de la Seguridad Social y la financiación de la Fundación para la Prevención de Riesgos Laborales.

La O. 27 junio 1997 regula las condiciones de acreditación de las entidades especializadas como servicios de prevención ajenos a las empresas, la autorización para desarrollar auditoría de riesgos laborales y la autorización para desarrollar y certificar actividades formativas en la materia.

Segunda. Entrada en vigor.

✐ Disposición redactada por el RD 780/1998, de 30 abril.

El presente Real Decreto entrará en vigor a los dos meses de su publicación en el «Boletín Oficial del Estado», a excepción del apartado 2 del artículo 35, que lo hará a los doce meses, y de los apartados 2 de los artículos 36 y 37, que lo harán el 31 de diciembre de 1998.

ANEXO I

a) Trabajos con exposición a radiaciones ionizantes en zonas controladas según Real Decreto 53/1992, de 24 de enero, sobre protección sanitaria contra radiaciones ionizantes.

⇒ El mencionado RD 53/1992, de 24 enero, ha sido derogado y sustituido por el RD 783/2001, de 6 julio; v. también el RD 413/1997, de 21 marzo, sobre protección operacional de los trabajadores externos con riesgo de exposición a radiaciones ionizantes por intervención en zona controlada.

b) Trabajos con exposición a agentes tóxicos y muy tóxicos, y en particular a agentes cancerígenos, mutagénicos o tóxicos para la reproducción, de primera y segunda categoría, según Real Decreto 363/1995, de 10 de enero, que aprueba el Reglamento sobre notificación de sustancias nuevas y clasificación, envasado y etiquetado de sustancias peligrosas, así como Real Decreto 1078/1993, de 2 de julio, sobre clasificación, envasado y etiquetado de preparados peligrosos, y las normas de desarrollo y adaptación al progreso de ambos.

⇒ V. el RD 665/1997, de 12 mayo.

c) Actividades en que intervienen productos químicos de alto riesgo y son objeto de la aplicación del Real Decreto 886/1988, de 15 de julio, y sus modificaciones, sobre prevención de accidentes mayores en determinadas actividades industriales.

d) Trabajos con exposición a agentes biológicos de los grupos 3 y 4, según la Directiva 90/679/CEE y sus modificaciones, sobre protección de los trabajadores contra los riesgos relacionados a agentes biológicos durante el trabajo.

⇒ V. el RD 664/1997, de 12 mayo.

e) Actividades de fabricación, manipulación y utilización de explosivos, incluidos los artículos pirotécnicos y otros objetos o instrumentos que contengan explosivos.

⇒ V. el art. 7.2 de la Ley 31/1995 (§23) y su nota.

f) Trabajos propios de minería a cielo abierto y de interior, y sondeos en superficie terrestre o en plataformas marinas.

⇒ Cfr. las normas citadas en el segundo párrafo de la disp. derog. del presente Real Decreto.

g) Actividades en inmersión bajo el agua.

h) Actividades en obras de construcción, excavación, movimientos de tierras y túneles, con riesgo de caída de altura o sepultamiento.

i) Actividades en la industria siderúrgica y en la construcción naval.

j) Producción de gases comprimidos, licuados o disueltos o utilización significativa de los mismos.

k) Trabajos que produzcan concentraciones elevadas de polvo silíceo.

l) Trabajos con riesgos eléctricos en alta tensión.

ANEXO II

Notificación sobre concurrencia de condiciones que no hacen necesario recurrir a la auditoría del sistema de prevención de la empresa

Don: ....., en calidad de: ..... de la empresa: ....., declara que cumple las condiciones establecidas en el artículo 29 del Reglamento de Servicios de Prevención y en consecuencia aporta junto a la presente declaración los datos que se especifican a continuación, para su registro y consideración por la autoridad laboral competente.

Datos de la empresa:

De nueva creación ❒	Ya existente ❒	NIF:
Nombre o razón social:		CIF:
Domicilio social:		Municipio:
Provincia:	Código postal:	Teléfono:
Actividad económica:		Entidad gestora o colaboradora AT y EP:
Clase de centro de trabajo (taller, oficina, almacén):		Número de trabajadores:
Realizada la evaluación de riesgos con fecha:		Superficie construida (m^2):

Datos relativos a la prevención de riesgos:

Riesgos existentes	Actividad preventiva procedente

(Lugar, fecha, firma y sello de la empresa)

ANEXO III

Criterios generales para el establecimiento de proyectos y programas formativos, para el desempeño de las funciones del nivel básico, medio y superior

Las disciplinas preventivas que servirán de soporte técnico serán al menos las relacionadas con la Medicina del Trabajo, la Seguridad en el Trabajo, la Higiene Industrial y la Ergonomía y Psicosociología aplicada.

El marco normativo en materia de prevención de riesgos laborales abarcará toda la legislación general, internacional, comunitaria y española, así como la normativa derivada específica para la aplicación de las técnicas preventivas y su concreción y desarrollo en los convenios colectivos.

Los objetivos formativos consistirán en adquirir los conocimientos técnicos necesarios para el desarrollo de las funciones de cada nivel.

La formación ha de ser integradora de las distintas disciplinas preventivas que doten a los programas de las características multidisciplinar e interdisciplinar.

Los proyectos formativos se diseñarán con los criterios y la singularidad de cada promotor, y deberán establecer los objetivos generales y específicos, los contenidos, la articulación de las materias, la metodología concreta, las modalidades de evaluación, las recomendaciones temporales y los soportes y recursos técnicos.

Los programas formativos, a propuesta de cada promotor, y de acuerdo con los proyectos y diseño curriculares, establecerán una concreción temporalizada de objetivos y contenidos, su desarrollo metodológico, las actividades didácticas y los criterios y parámetros de evaluación de los objetivos formulados en cada programa.

ANEXO IV

A) Contenido mínimo del programa de formación para el desempeño de las funciones de nivel básico.

I. Conceptos básicos sobre seguridad y salud en el trabajo:

a) El trabajo y la salud: los riesgos profesionales. Factores de riesgo.

b) Daños derivados del trabajo. Los accidentes de trabajo y las enfermedades profesionales. Otras patologías derivadas del trabajo.

c) Marco normativo básico en materia de prevención de riesgos laborales. Derechos y deberes básicos en esta materia.

Total horas: 10.

II. Riesgos generales y su prevención:

a) Riesgos ligados a las condiciones de seguridad.

b) Riesgos ligados al medio-ambiente de trabajo.

c) La carga de trabajo, la fatiga y la insatisfacción laboral.

d) Sistemas elementales de control de riesgos. Protección colectiva e individual.

e) Planes de emergencia y evacuación.

f) El control de la salud de los trabajadores.

Total horas: 25.

III. Riesgos específicos y su prevención en el sector correspondiente a la actividad de la empresa.

Total horas: 5.

IV. Elementos básicos de gestión de la prevención de riesgos:

a) Organismos públicos relacionados con la seguridad y salud en el trabajo.

b) Organización del trabajo preventivo: «rutinas» básicas.

c) Documentación: recogida, elaboración y archivo.

Total horas: 5.

V. Primeros auxilios.

Total horas: 5.

B) Contenido mínimo del programa de formación, para el desempeño de las funciones de nivel básico.

I. Conceptos básicos sobre seguridad y salud en el trabajo:

a) El trabajo y la salud: los riesgos profesionales. Factores de riesgo.

b) Daños derivados del trabajo. Los accidentes de trabajo y las enfermedades profesionales. Otras patologías derivadas del trabajo.

c) Marco normativo básico en materia de prevención de riesgos laborales. Derechos y deberes básicos en esta materia.

Total horas: 7.

II. Riesgos generales y su prevención:

a) Riesgos ligados a las condiciones de seguridad.

b) Riesgos ligados al medio-ambiente de trabajo.

c) La carga de trabajo, la fatiga y la insatisfacción laboral.

d) Sistemas elementales de control de riesgos. Protección colectiva e individual.

e) Planes de emergencia y evacuación.

f) El control de la salud de los trabajadores.

Total horas: 12.

III. Riesgos específicos y su prevención en el sector correspondiente a la actividad de la empresa.

Total horas: 5.

IV. Elementos básicos de gestión de la prevención de riesgos:

a) Organismos públicos relacionados con la seguridad y salud en el trabajo.

b) Organización del trabajo preventivo: «rutinas» básicas.

c) Documentación: recogida, elaboración y archivo.

Total horas: 4.

V. Primeros auxilios.

Total horas: 2.

ANEXO V

Contenido mínimo del programa de formación, para el desempeño de las funciones de nivel intermedio

I. Conceptos básicos sobre seguridad y salud en el trabajo:

a) El trabajo y la salud: los riesgos profesionales.

b) Daños derivados del trabajo. Accidentes y enfermedades debidos al trabajo: conceptos, dimensión del problema. Otras patologías derivadas del trabajo.

c) Condiciones de trabajo, factores de riesgo y técnicas preventivas.

d) Marco normativo en materia de prevención de riesgos laborales. Derechos y deberes en esta materia.

Total horas: 20.

II. Metodología de la prevención I: Técnicas generales de análisis, evaluación y control de los riesgos.

1º Riesgos relacionados con las condiciones de seguridad:

Técnicas de identificación, análisis y evaluación de los riesgos ligados a:

a) Máquinas.

b) Equipos, instalaciones y herramientas.

c) Lugares y espacios de trabajo.

d) Manipulación, almacenamiento y transporte.

e) Electricidad.

f) Incendios.

g) Productos químicos.

h) Residuos tóxicos y peligrosos.

i) Inspecciones de seguridad y la investigación de accidentes.

j) Medidas preventivas de eliminación y reducción de riesgos.

2º Riesgos relacionados con el medio-ambiente de trabajo:

1) Agentes físicos.

a) Ruido.

b) Vibraciones.

c) Ambiente térmico.

d) Radiaciones ionizantes y no ionizantes.

e) Otros agentes físicos.

2) Agentes químicos.

3) Agentes biológicos.

4) Identificación, análisis y evaluación general: metodología de actuación. La encuesta higiénica.

5) Medidas preventivas de eliminación y reducción de riesgos.

3º Otros riesgos:

a) Carga de trabajo y fatiga: ergonomía.

b) Factores psicosociales y organizativos: análisis y evaluación general.

c) Condiciones ambientales: iluminación. Calidad de aire interior.

d) Concepción y diseño de los puestos de trabajo.

Total horas: 170.

III. Metodología de la prevención II: Técnicas específicas de seguimiento y control de los riesgos:

a) Protección colectiva.

b) Señalización e información. Envasado y etiquetado de productos químicos.

c) Normas y procedimientos de trabajo. Mantenimiento preventivo.

d) Protección individual.

e) Evaluación y controles de salud de los trabajadores.

f) Nociones básicas de estadística: índices de siniestralidad.

Total horas: 40.

IV. Metodología de la prevención III: Promoción de la prevención:

a) Formación: análisis de necesidades formativas. Técnicas de formación de adultos.

b) Técnicas de comunicación, motivación y negociación. Campañas preventivas.

Total horas: 20.

V. Organización y gestión de la prevención.

1º Recursos externos en materia de prevención de riesgos laborales.

2º Organización de la prevención dentro de la empresa:

a) Prevención integrada.

b) Modelos organizativos.

3º Principios básicos de gestión de la prevención:

a) Objetivos y prioridades.

b) Asignación de responsabilidades.

c) Plan de prevención.

4º Documentación.

5º Actuación en caso de emergencia:

a) Planes de emergencia y evacuación.

b) Primeros auxilios.

Total horas: 50.

ANEXO VI

Contenido mínimo del programa de formación, para el desempeño de las funciones de nivel superior

El programa formativo de nivel superior constará de tres partes:

I. Obligatoria y común, con un mínimo de 350 horas lectivas.

II. Especialización optativa, a elegir entre las siguientes opciones:

A) Seguridad en el trabajo.

B) Higiene industrial.

C) Ergonomía y psicosociología aplicada.

Cada una de ellas tendrá una duración mínima de 100 horas.

III. Realización de un trabajo final o de actividades preventivas en un centro de trabajo acorde con la especialización por la que se haya optado, con una duración mínima equivalente a 150 horas.

I. Parte común.

1. Fundamentos de las técnicas de mejora de las condiciones de trabajo:

a) Condiciones de trabajo y salud.

b) Riesgos.

c) Daños derivados del trabajo.

d) Prevención y protección.

e) Bases estadísticas aplicadas a la prevención.

Total horas: 20.

2. Técnicas de prevención de riesgos laborales.

1º Seguridad en el trabajo:

a) Concepto y definición de seguridad: técnicas de seguridad.

b) Accidentes de trabajo.

c) Investigación de accidentes como técnica preventiva.

d) Análisis y evaluación general del riesgo de accidente.

e) Norma y señalización en seguridad.

f) Protección colectiva e individual.

g) Análisis estadístico de accidentes.

h) Planes de emergencia y autoprotección.

i) Análisis, evaluación y control de riesgos específicos: máquinas; equipos, instalaciones y herramientas; lugares y espacios de trabajo; manipulación, almacenamiento y transporte; electricidad; incendios; productos químicos.

j) Residuos tóxicos y peligrosos.

k) Inspecciones de seguridad e investigación de accidentes.

l) Medidas preventivas de eliminación y reducción de riesgos.

Total horas: 70.

2º Higiene industrial:

a) Higiene industrial. Conceptos y objetivos.

b) Agentes químicos. Toxicología laboral.

c) Agentes químicos. Evaluación de la exposición.

d) Agentes químicos. Control de la exposición: principios generales; acciones sobre el foco contaminante; acciones sobre el medio de propagación. Ventilación; acciones sobre el individuo: equipos de protección individual: clasificación.

e) Normativa legal específica.

f) Agentes físicos: características, efectos, evaluación y control; ruido, vibraciones, ambiente térmico, radiaciones no ionizantes, radiaciones ionizantes.

g) Agentes biológicos. Efectos, evaluación y control.

Total horas: 70.

3º Medicina del trabajo:

a) Conceptos básicos, objetivos y funciones.

b) Patologías de origen laboral.

c) Vigilancia de la salud.

d) Promoción de la salud en la empresa.

e) Epidemiología laboral e investigación epidemiológica.

f) Planificación e información sanitaria.

g) Socorrismo y primeros auxilios.

Total horas: 20.

4º Ergonomía y psicosociología aplicada:

a) Ergonomía: conceptos y objetivos.

b) Condiciones ambientales en ergonomía.

c) Concepción y diseño del puesto de trabajo.

d) Carga física de trabajo.

e) Carga mental de trabajo.

f) Factores de naturaleza psicosocial.

g) Estructura de la organización.

h) Características de la empresa, del puesto e individuales.

i) Estrés y otros problemas psicosociales.

j) Consecuencias de los factores psicosociales nocivos y su evaluación.

k) Intervención psicosocial.

Total horas: 40.

3. Otras actuaciones en materia de prevención de riesgos laborales.

1º Formación:

a) Análisis de necesidades formativas.

b) Planes y programas.

c) Técnicas educativas.

d) Seguimiento y evaluación.

2º Técnicas de comunicación, información y negociación:

a) La comunicación en prevención, canales y tipos.

b) Información. Condiciones de eficacia.

c) Técnicas de negociación.

Total horas: 30.

4. Gestión de la prevención de riesgos laborales:

a) Aspectos generales sobre administración y gestión empresarial.

b) Planificación de la prevención.

c) Organización de la prevención.

d) Economía de la prevención.

e) Aplicación a sectores especiales: construcción, industrias extractivas, transporte, pesca y agricultura.

Total horas: 40.

5. Técnicas afines:

a) Seguridad del producto y sistemas de gestión de la calidad.

b) Gestión medioambiental.

c) Seguridad industrial y prevención de riesgos patrimoniales.

d) Seguridad vial.

Total horas: 20.

6. Ámbito jurídico de la prevención:

a) Nociones de derecho del trabajo.

b) Sistema español de la Seguridad Social.

c) Legislación básica de relaciones laborales.

d) Normativa sobre prevención de riesgos laborales.

e) Responsabilidades en materia preventiva.

f) Organización de la prevención en España.

Total horas: 40.

II. Especialización optativa.

A) Área de Seguridad en el Trabajo: Deberá acreditarse una formación mínima de 100 horas prioritariamente como profundización en los temas contenidos en el apartado 2.1 de la parte común.

B) Área de Higiene Industrial: Deberá acreditarse una formación mínima de 100 horas, prioritariamente como profundización en los temas contenidos en el apartado 2.2 de la parte común.

C) Área de Ergonomía y Psicosociología aplicada: Deberá acreditarse una formación mínima de 100 horas, prioritariamente como profundización en los temas contenidos en el apartado 2.4 de la parte común.

§ 24.2 REAL DECRETO 688/2005, DE 10 JUNIO. REGULA EL RÉGIMEN DE FUNCIONAMIENTO DE LAS MUTUAS DE ACCIDENTES DE TRABAJO Y ENFERMEDADES PROFESIONALES DE LA SEGURIDAD SOCIAL COMO SERVICIO DE PREVENCIÓN AJENO

(BOE núm. 139, de 11 junio 2005 [RCL 2005, 1195])

La Ley 31/1995, de 8 de noviembre, de Prevención de Riesgos Laborales, introdujo un profundo cambio en la manera que hasta entonces se tenía de entender y aplicar la prevención, en un doble sentido: de una parte, integrándola en el conjunto de actividades y decisiones que se adoptan en el seno de la empresa, y de otra, mediante el establecimiento de unos nuevos mecanismos o instrumentos, cuya utilización por el empresario le permitiera determinar la necesidad de adoptar medidas preventivas y conocer, en tal caso, cuáles habrían de ser dichas medidas.

La aplicación de la actividad preventiva en la empresa se estructura, desde este nuevo enfoque, a través de las modalidades de organización de dicha actividad que en la citada Ley se regulan y que fueron posteriormente desarrolladas por el Reglamento de los Servicios de Prevención, aprobado por el Real Decreto 39/1997, de 17 de enero.

Entre las modalidades de organización de la actividad preventiva se regulan, en el artículo 31 de la Ley, los llamados servicios de prevención, que pueden ser propios de la empresa o ajenos a ella, y que se definen como «el conjunto de medios humanos y materiales necesarios para realizar las actividades preventivas a fin de garantizar la adecuada protección de la seguridad y la salud de los trabajadores, asesorando y asistiendo para ello al empresario, a los trabajadores y a sus representantes y a los órganos de representación especializados».

Con el fin de otorgar un conjunto suficiente de posibilidades para organizar de manera racional y flexible el desarrollo de la acción preventiva –incluida la eventual participación de las mutuas de accidentes de trabajo y enfermedades profesionales de la Seguridad Social como señala la exposición de motivos de la Ley 31/1995, de 8 de noviembre–, el artículo 32 de la Ley autorizó a las mutuas para desarrollar, en relación con las empresas a ellas asociadas, las funciones correspondientes a los servicios de prevención ajenos, con sujeción a los mismos requisitos que los restantes servicios de prevención de tal carácter.

Dada la naturaleza de entidades colaboradoras en la gestión de la Seguridad Social de las mutuas, así como la afectación a los fines de la Seguridad Social de los medios y recursos que aquéllas gestionan, y habida cuenta de la naturaleza privada de la nueva actividad preventiva autorizada a las mutuas por la Ley 31/1995, de 8 de noviembre, por la Orden Ministerial de 22 de abril de 1997 se procedió, con carácter provisional, a delimitar ambas actividades, y autorizó la utilización de los medios personales y materiales afectos a los fines de la colaboración en la gestión de la Seguridad Social para el desarrollo de esta nueva actividad privada, si bien condicionada al abono a la Seguridad Social de un canon como contraprestación.

Sin embargo, el desarrollo por las mutuas de la actividad como servicios de prevención ajenos en las condiciones indicadas, con la utilización compartida de medios, ha venido a introducir un obstáculo que dificulta considerablemente las tareas de control de dichas entidades en su condición de colaboradoras en la gestión de la Seguridad Social, como han puesto de relieve el Tribunal de Cuentas y la Intervención General de la Seguridad Social en los informes emitidos durante los últimos años, en los que también se ha señalado la restricción a la libre competencia que supone la actuación de las mutuas, en tales condiciones, en relación con los restantes servicios de prevención ajenos.

Lo anterior, unido a la inexistencia de un desarrollo reglamentario del artículo 32 de la Ley 31/1995, de 8 de noviembre, hace necesaria la elaboración de este Real Decreto, que responde así a un doble objetivo: dar solución, por una parte, a los problemas indicados, y desarrollar, al propio tiempo, la autorización legal conferida a las mutuas para actuar como servicios de prevención ajenos, que no ha sido objeto de desarrollo reglamentario hasta la fecha.

Se parte para ello de precisar la diferencia entre la actividad preventiva que desarrollan las mutuas dentro del ámbito de la Seguridad Social, y la que corresponde a su actuación voluntaria como servicios de prevención ajenos; a tales efectos, se modifica el artículo 22 del Reglamento de los Servicios de

Prevención, aprobado por el Real Decreto 39/1997, de 17 de enero, y los artículos 13 y 37 del Reglamento General sobre Colaboración en la Gestión de las Mutuas de Accidentes de Trabajo y Enfermedades Profesionales de la Seguridad Social, aprobado por el Real Decreto 1993/1995, de 7 de diciembre.

La regulación propiamente dicha del funcionamiento de las mutuas como servicio de prevención ajeno tiene lugar a través de la nueva redacción del artículo 13 del referido reglamento general, para la que se han tenido especialmente en cuenta las observaciones formuladas por el Tribunal de Cuentas y por la Intervención General de la Seguridad Social. Dicho artículo, tras hacer referencia a la actividad preventiva que las mutuas desarrollan en el ámbito de la Seguridad Social, de conformidad con lo establecido en el artículo 68 del Texto Refundido de la Ley General de la Seguridad Social, aprobado por el Real Decreto Legislativo 1/1994, de 20 de junio, establece que la actividad preventiva voluntaria de cada mutua como servicio de prevención ajeno podrá llevarse a cabo a través de una persona jurídica distinta de la mutua y vinculada a ésta, llamada sociedad de prevención, o bien por la propia mutua mediante una organización específica, de conformidad con lo establecido en la normativa sobre prevención de riesgos laborales, que sea independiente de la correspondiente a las funciones y actividades de la colaboración en la gestión de la Seguridad Social, todo ello para preservar la separación de los medios de la Seguridad Social utilizados por las mutuas en su doble actividad. Asimismo, lleva a cabo la regulación de las obligaciones y limitaciones de las sociedades de prevención y de las organizaciones específicas mencionadas, que serán de aplicación en tanto dichas mutuas realicen actividades como servicios de prevención ajenos a través de las modalidades indicadas.

Se establecen en las disposiciones transitorias las condiciones y requisitos necesarios para que las sociedades de prevención o las propias mutuas, a través de la necesaria organización específica, puedan desarrollar actividades preventivas, así como el proceso de segregación de la sociedad y separación, en ambos casos, de los medios adscritos a la colaboración en la gestión de la Seguridad Social, y se regulan igualmente otros aspectos relacionados con dicha separación.

En la elaboración de este Real Decreto ha sido oída la Comisión Nacional de Seguridad y Salud en el Trabajo y han sido consultadas las organizaciones sindicales y asociaciones empresariales más representativas.

En su virtud, a propuesta del Ministro de Trabajo y Asuntos Sociales, con la aprobación previa del Ministro de Administraciones Públicas, de acuerdo con el Consejo de Estado y previa deliberación del Consejo de Ministros en su reunión del día 10 de junio de 2005, dispongo:

Artículo 1. Modificación del Reglamento general sobre colaboración en la gestión de las mutuas de accidentes de trabajo y enfermedades profesionales de la Seguridad Social.

El Reglamento general sobre colaboración en la gestión de las mutuas de accidentes de trabajo y enfermedades profesionales de la Seguridad Social, aprobado por el Real Decreto 1993/1995, de 7 de diciembre, se modifica en los siguientes términos:

Uno. El artículo 13 queda redactado en los siguientes términos:

«Artículo 13. Actividades preventivas.

1. Las mutuas de accidentes de trabajo y enfermedades profesionales de la Seguridad Social, en su condición de colaboradoras en la gestión de la Seguridad Social, podrán desarrollar actividades para la prevención de los accidentes de trabajo y enfermedades profesionales a favor de las empresas asociadas y de sus trabajadores dependientes y de los trabajadores por cuenta propia adheridos que tengan cubiertas las contingencias citadas, en los términos y condiciones establecidos en el inciso primero del artículo 68.2.b) del Texto Refundido de la Ley General de la Seguridad Social, aprobado por el Real Decreto Legislativo 1/1994, de 20 de junio, en este Reglamento y en sus disposiciones de aplicación y desarrollo.

De estas actividades, que no implican atribución de derechos subjetivos a favor de dichos colectivos, quedarán excluidas aquellas obligaciones que los empresarios deban desarrollar a través de alguna de las modalidades de organización de la actividad preventiva, en cumplimiento de lo establecido en la Ley 31/1995, de 8 de noviembre, de Prevención de Riesgos Laborales.

Las mutuas podrán establecer centros e instalaciones para la dispensación de las actividades previstas en este apartado. La creación, modificación y supresión de éstos requerirán autorización previa del Ministerio de Trabajo y Asuntos Sociales, en los términos establecidos en los artículos 26 a 29. Lo anterior será también de aplicación a los supuestos en que tales centros e instalaciones se destinen al desarrollo de la actividad de la mutua como servicio de prevención ajeno de conformidad con lo previsto en el apartado 2.b).

2. Las funciones que las mutuas puedan desarrollar como servicios de prevención ajenos para sus empresas asociadas son distintas e independientes de las actividades reguladas en el apartado anterior y se regirán por lo dispuesto en la Ley 31/1995, de 8 de noviembre, de Prevención de Riesgos

Laborales, y en sus normas reglamentarias de desarrollo, así como por lo establecido en este artículo y en sus disposiciones de aplicación y desarrollo.

Las actividades que las mutuas pretendan realizar como servicios de prevención ajenos podrán desarrollarse a través de una de las siguientes modalidades:

a) Por medio de una sociedad anónima o de responsabilidad limitada, denominada sociedad de prevención, que se regirá por lo dispuesto en la legislación mercantil y demás normativa que le sea aplicable, sin perjuicio de lo señalado en el párrafo primero de este apartado.

b) Directamente por la mutua, a través de una organización específica e independiente de la correspondiente a las funciones y actividades de la colaboración en la gestión de la Seguridad Social.

El ejercicio de la referida opción, así como la constitución, en su caso, de la sociedad de prevención, deberá ser aprobada por la junta general de la mutua con los requisitos y formalidades exigidos para la reforma de sus estatutos y con sujeción a lo establecido en este artículo y en sus normas de aplicación y desarrollo.

3. En el supuesto de que la mutua opte por la alternativa establecida en el apartado 2.a), la autorización y desarrollo de la actividad de las sociedades de prevención se ajustarán al cumplimiento de los siguientes requisitos:

a) El objeto social de las sociedades de prevención, cuyo capital pertenecerá íntegramente a una mutua, será, única y exclusivamente, la actuación como servicio de prevención ajeno para las empresas asociadas a la mutua correspondiente.

b) Su denominación social incluirá el término "sociedad de prevención" y no podrá incluir el de "mutua" ni la expresión "mutua de accidentes de trabajo y enfermedades profesionales de la Seguridad Social" o su acrónimo "MATEPSS", salvo para hacer referencia a su vinculación a la mutua que sea titular de su capital social.

c) Para constituir el capital social de la sociedad, la mutua promotora de aquélla podrá realizar aportaciones dinerarias y no dinerarias con cargo a su patrimonio histórico, según se define en el artículo 3. Las aportaciones futuras a la referida sociedad con cargo a dicho patrimonio estarán sujetas a las limitaciones establecidas en la normativa de aplicación.

Los títulos recibidos por las mutuas en virtud de dichas aportaciones pasarán a formar parte de su patrimonio histórico.

d) La actividad de las sociedades de prevención se desarrollará con total independencia y autonomía de los servicios de que dispongan las mutuas para la prevención de los accidentes de trabajo y enfermedades profesionales a que se refiere el apartado 1. A estos efectos, deberá disponer de la organización, las instalaciones, el personal propio y los equipos necesarios para el desarrollo de la actividad.

Las sociedades de prevención podrán subcontratar la realización de actividades preventivas en los términos previstos en la normativa reguladora de la prevención de riesgos laborales.

e) Los rendimientos procedentes de las sociedades de prevención percibidos por las mutuas seguirán el régimen establecido para los ingresos de su patrimonio histórico.

f) Los miembros de la junta directiva, los directores-gerentes, gerentes o asimilados, o cualquier otra persona que ejerza las funciones de dirección ejecutiva de una mutua, no podrán ejercer como administradores de las sociedades de prevención. Asimismo, los administradores de las sociedades de prevención estarán sujetos en relación con la mutua que posea su capital social a las prohibiciones establecidas en el artículo 76 del Texto Refundido de la Ley General de la Seguridad Social, aprobado por el Real Decreto Legislativo 1/1994, de 20 de junio.

Será de aplicación a las mutuas y a las sociedades de prevención, en su condición de servicio de prevención ajeno, lo establecido en materia de incompatibilidades en el artículo 17.c) del Reglamento de los Servicios de Prevención, aprobado por el Real Decreto 39/1997, de 17 de enero.

g) La actuación desarrollada por la mutua en cuanto socio de una sociedad de prevención estará sometida al control y seguimiento de la comisión regulada en el artículo 37 de este Reglamento, en los términos establecidos en el último párrafo del apartado 3 de dicho artículo.

En todo caso, a la Intervención General de la Seguridad Social le corresponderán las competencias establecidas en su normativa de aplicación.

4. En el supuesto establecido en el apartado 2.b), el desarrollo de las funciones y actividades como servicio de prevención ajeno se ajustará a las reglas que seguidamente se señalan, en los términos y condiciones que se establezcan en las normas de aplicación y desarrollo:

a) La organización específica destinada a tal fin deberá disponer de las instalaciones, el personal y el equipo necesarios para el desarrollo de las funciones y actividades del servicio de prevención, sin que pueda utilizar los medios humanos y materiales e inmateriales adscritos a la colaboración en la gestión de la Seguridad Social.

b) La mutua llevará contabilidad separada de la actividad desarrollada por dicha organización específica respecto de la relativa a la gestión de la Seguridad Social y del patrimonio histórico por actividades distintas de las correspondientes al servicio de prevención ajeno. La gestión de dicha organización específica estará sujeta al control interno de la Intervención General de la Seguridad Social en los términos establecidos en la normativa de aplicación.

5. El cese en las actividades que como servicio de prevención ajeno desarrollen las mutuas a través de las modalidades antes citadas exigirá la aprobación del Ministerio de Trabajo y Asuntos Sociales, según la norma de desarrollo correspondiente, e implicará la liquidación de tal actividad y, en su caso, la disolución y liquidación de la sociedad de prevención afectada o la transmisión por parte de la mutua de toda su participación en dicha sociedad de prevención a un tercero; en tal caso, la sociedad resultante estará sujeta a las obligaciones y limitaciones específicas previstas en la norma de aplicación. El remanente resultante se integrará en el patrimonio histórico de la mutua a que se refiere el artículo 3. En el plazo de tres meses desde la finalización de la operación, la Intervención General de la Seguridad Social realizará una auditoría sobre el proceso liquidatorio o de transmisión, que se elevará al Ministerio de Trabajo y Asuntos Sociales a los efectos procedentes».

Dos. Se añade un último párrafo al apartado 3 del artículo 37, con la siguiente redacción:

«Asimismo, deberán conocer los criterios de actuación de la mutua en el desarrollo de las funciones preventivas llevadas a cabo al amparo de lo establecido en el artículo 32 de la Ley 31/1995, de 8 de noviembre, de Prevención de Riesgos Laborales, serán informadas de la gestión desarrollada y podrán proponer cuantas medidas se estimen necesarias para el mejor cumplimiento de las citadas funciones».

Artículo 2. Modificación del Reglamento de los Servicios de Prevención.

Se añade un párrafo segundo al artículo 22 del Reglamento de los Servicios de Prevención, aprobado por el Real Decreto 39/1997, de 17 de enero, con la siguiente redacción:

«Tales funciones son distintas e independientes de las correspondientes a la colaboración en la gestión de la Seguridad Social que tienen atribuidas en virtud de lo previsto en el artículo 68 del Texto Refundido de la Ley General de la Seguridad Social, aprobado por el Real Decreto Legislativo 1/1994, de 20 de junio»

DISPOSICIONES TRANSITORIAS

Primera. Adaptación de la actuación de las mutuas como servicio de prevención ajeno a lo dispuesto en la nueva redacción del artículo 13 del Reglamento general sobre colaboración en la gestión de las mutuas de accidentes de trabajo y enfermedades profesionales de la Seguridad Social.

Las mutuas de accidentes de trabajo y enfermedades profesionales de la Seguridad Social que en el momento de la entrada en vigor de este Real Decreto desarrollen directamente actividades como servicios de prevención ajenos, al amparo de lo dispuesto en el artículo 32 de la Ley 31/1995, de 8 de noviembre, de Prevención de Riesgos Laborales, deberán optar por adaptar el desarrollo de dicha actividad a lo dispuesto en el artículo 13.2 del Reglamento general sobre colaboración en la gestión de las mutuas de accidentes de trabajo y enfermedades profesionales de la Seguridad Social, aprobado por el Real Decreto 1993/1995, de 7 de diciembre, o por cesar en dicha actividad, todo ello de acuerdo con lo previsto en esta disposición transitoria, así como en las disposiciones transitorias segunda, tercera y cuarta y demás normativa de aplicación y desarrollo.

Corresponderá a la junta general de la mutua el ejercicio de dicha opción; a tal efecto, habrá de ser convocada para la adopción de la correspondiente decisión dentro de los siete primeros meses del ejercicio 2005. No obstante, la junta directiva de la mutua podrá adoptar provisionalmente el acuerdo de continuación o cese de la actividad, a los efectos de iniciar los trámites previstos en las disposiciones transitorias segunda, tercera y cuarta.

Segunda. Tramitación del expediente de autorización de la continuación de la actividad mediante la cesión a una sociedad de prevención.

1. La continuación de las actividades de la mutua como servicio de prevención ajeno a través de una sociedad de prevención requerirá la autorización del Ministerio de Trabajo y Asuntos Sociales, para lo cual deberá tramitarse el correspondiente expediente de segregación respecto de la actividad preventiva a que se refiere el artículo 13.1 del Reglamento general sobre colaboración en la gestión de las mutuas de accidentes de trabajo y enfermedades profesionales de la Seguridad Social, aprobado

por el Real Decreto 1993/1995, de 7 de diciembre, ante la Dirección General de Ordenación de la Seguridad Social. A tal efecto, la mutua deberá formular la correspondiente solicitud en el plazo máximo de un mes desde la adopción del acuerdo a que se refiere el párrafo segundo de la disposición transitoria primera, a la que deberá acompañar la siguiente documentación:

a) Una certificación del acuerdo adoptado por la junta general de la mutua en relación con la continuación de actividades, donde se manifieste expresamente la voluntad de la mutua de constituir una sociedad de prevención, todo ello condicionado a la obtención de la preceptiva autorización administrativa.

Sin perjuicio de lo anterior, el expediente administrativo de segregación podrá iniciarse por un acuerdo adoptado por la junta directiva de la mutua en el mismo sentido, lo que se hará constar mediante una certificación expedida al efecto. La certificación del acuerdo que al respecto adopte la junta general de la mutua conforme a lo previsto en el párrafo anterior podrá aportarse en cualquier momento del procedimiento antes de su conclusión.

b) Una memoria de los aspectos financieros que afectan a la operación de separación. Dicha memoria incluirá:

1º Un balance de segregación, a 31 de diciembre de 2004, del patrimonio histórico que se vaya a transmitir a la sociedad de prevención.

2º Un balance, a 31 de diciembre de 2004, del patrimonio histórico que vaya a permanecer adscrito a la colaboración en la gestión de la Seguridad Social.

3º Un inventario detallado de las cuentas de activo y pasivo del balance de segregación, registradas por su valor contable a los efectos de su aportación a la sociedad de prevención.

c) Una memoria sobre los aspectos de gestión que afectan a la operación de segregación, que incluirá:

1º Un inventario de los elementos patrimoniales de activo y pasivo afectos a la actividad como servicio de prevención ajeno, a 31 de diciembre de 2004, en el que se distingan los que pertenecen al patrimonio de la Seguridad Social adscrito a la mutua de aquellos que pertenecen a su patrimonio histórico.

2º Un inventario de los locales y demás bienes inmuebles utilizados total o parcialmente por la mutua en su actividad como servicio de prevención ajeno, en el que se distingan aquellos pertenecientes al patrimonio de la Seguridad Social adscrito a la mutua, aquellos otros pertenecientes a su patrimonio histórico y los pertenecientes a terceros y utilizados en régimen de arrendamiento.

3º En el supuesto de que la mutua pretenda acogerse a lo previsto en el inciso primero del párrafo tercero del apartado 4 de esta disposición transitoria, deberá incluir relación de los bienes muebles e inmuebles y derechos pertenecientes al patrimonio de la Seguridad Social adscrito a la mutua o a su patrimonio histórico que la sociedad de prevención utilizará, a precios de mercado, con posterioridad a la segregación, así como los locales y demás bienes inmuebles pertenecientes a terceros y utilizados por la mutua total o parcialmente en sus actividades como servicio de prevención ajeno, que seguirán siendo utilizados por la sociedad de prevención tras la segregación mediante la correspondiente imputación del coste que estuviera establecido por dicha utilización.

4º Un inventario detallado de las relaciones laborales y contractuales afectas a la actividad como servicio de prevención ajeno, a 31 de diciembre de 2004, y que, en su caso, serían objeto de cesión a la sociedad de prevención. Se incluirá el correspondiente acuerdo con la representación de los trabajadores respecto de aquellos que vayan a pasar a la citada sociedad y sus condiciones laborales o, en su defecto, la documentación acreditativa de las negociaciones efectuadas en orden a la obtención de dicho acuerdo.

5º Un inventario detallado de relaciones laborales que quedarían afectas al desarrollo de las actividades preventivas establecidas en el artículo 13.1 del Reglamento general sobre colaboración en la gestión de las mutuas de accidentes de trabajo y enfermedades profesionales de la Seguridad Social, aprobado por el Real Decreto 1993/1995, de 7 de diciembre, o a otras actividades de la referida colaboración.

6º El proyecto de estatutos de la sociedad de prevención, a los meros efectos de comprobar que no contravienen lo previsto en esta disposición transitoria y en el referido Reglamento.

7º Relación de negocios jurídicos suscritos por la mutua en los que se subrogará la sociedad de prevención.

2. Presentada la solicitud de autorización junto con la documentación señalada anteriormente y aquella otra documentación que se establezca en las disposiciones de aplicación y desarrollo, y previa tramitación del correspondiente expediente de segregación, en el que será preceptivo y determinante

el informe de la Intervención General de la Seguridad Social sobre dicho proceso de segregación, el Ministerio de Trabajo y Asuntos Sociales dictará la correspondiente resolución administrativa, que deberá ser motivada y notificarse a la mutua interesada dentro de los seis meses siguientes a la recepción de la solicitud de autorización.

3. El traspaso de dicha actividad a la sociedad de prevención, una vez obtenida la preceptiva autorización administrativa a que se refiere el apartado anterior, se realizará mediante aportación de la referida actividad a la sociedad de prevención en el momento de su constitución o en virtud de un aumento de capital a una sociedad previamente constituida. A estos efectos, desde el momento de la presentación de la solicitud de autorización a que se refiere el apartado anterior, las mutuas podrán constituir una sociedad anónima o de responsabilidad limitada destinada a convertirse en la sociedad de prevención, que tendrá un capital igual al mínimo legalmente requerido para la forma social elegida. En ambos supuestos, el desembolso correspondiente podrá realizarse con cargo al patrimonio histórico de la mutua a que se refiere el artículo 3 del Reglamento general sobre colaboración en la gestión de las mutuas de accidentes de trabajo y enfermedades profesionales de la Seguridad Social, aprobado por el Real Decreto 1993/1995, de 7 de diciembre.

En todo caso, la transmisión de la actividad se realizará sin solución de continuidad, de tal forma que el ejercicio de las funciones como servicio de prevención ajeno no se vea perjudicado, en los términos siguientes:

a) La aportación de la actividad se realizará con fecha de efectos económicos 1 de enero de 2005, de tal forma que todas las operaciones, pactos y contratos referentes a dicha actividad y los activos y pasivos afectados a ella realizados desde el 1 de enero de 2005 por la mutua se entenderán por cuenta de la sociedad de prevención.

b) La aportación no será causa de resolución de los conciertos suscritos por la mutua con sus empresas asociadas al amparo de lo establecido en el artículo 20 del Reglamento de los Servicios de Prevención, aprobado por el Real Decreto 39/1997, de 17 de enero, y la sociedad de prevención se subrogará en todos los derechos y obligaciones derivados de los mencionados conciertos.

c) Las relaciones laborales del personal afecto a la actividad como servicio de prevención ajeno existentes en el momento de la aportación, previo el acuerdo o las negociaciones a que alude el apartado 1.c).4º, se regirán por lo dispuesto en el artículo 44 del Texto Refundido de la Ley del Estatuto de los Trabajadores, aprobado por el Real Decreto Legislativo 1/1995, de 24 de marzo.

d) La sociedad de prevención quedará subrogada en todas las acreditaciones obtenidas por la mutua a los efectos de poder actuar como servicio de prevención ajeno.

4. Una vez obtenida la autorización a que se refiere el apartado 2, la mutua procederá a formalizar la cesión de la actividad como servicio de prevención ajeno a la sociedad de prevención mediante el otorgamiento de la correspondiente escritura pública, que se inscribirá, cuando proceda, en el Registro Mercantil correspondiente, de acuerdo con la legislación mercantil aplicable.

Una vez concluido el proceso de segregación mediante el otorgamiento de la escritura pública anteriormente referida, las mutuas y las sociedades de prevención por ellas constituidas no podrán utilizar para el desarrollo de las funciones correspondientes a los servicios de prevención los medios humanos y materiales e inmateriales adscritos a la colaboración en la gestión de la Seguridad Social.

Lo anterior se entenderá sin perjuicio de la posibilidad de utilización de bienes muebles e inmuebles y derechos adscritos a la colaboración en la gestión de la Seguridad Social, por un plazo máximo de tres años a partir de la fecha de la referida escritura pública, en los términos y condiciones que se establezcan en las disposiciones de aplicación y desarrollo. Al término de dicho plazo, el Ministerio de Trabajo y Asuntos Sociales podrá autorizar, excepcionalmente, la utilización por las sociedades de prevención de algunos de los referidos bienes y derechos por un plazo adicional máximo de dos años, siempre que concurran circunstancias que así lo aconsejen; a tal efecto, deberá formularse la correspondiente solicitud con una antelación mínima de seis meses, a la que se acompañará la documentación acreditativa de la concurrencia de tales circunstancias y de lo actuado para adecuarse a lo previsto en el párrafo anterior, así como el correspondiente plan para su adaptación a lo establecido en el mismo, con los objetivos concretos y plazos de ejecución.

Si una vez agotado el plazo adicional establecido en el párrafo anterior alguna mutua acreditase la imposibilidad de llevar a cabo la segregación o los graves perjuicios que de ello se derivarían, el Ministerio de Trabajo y Asuntos Sociales podrá conceder, con carácter excepcional y exclusivamente por lo que a la especialidad de vigilancia de la salud se refiere, prórrogas anuales del plazo indicado, sin que excedan de tres. Para ello deberá formularse, para cada una de dichas prórrogas, la correspondiente solicitud con una antelación mínima de tres meses, a la que se acompañará la documentación acreditativa de la imposibilidad o de los perjuicios antes citados, junto con la establecida en el inciso final del párrafo anterior.

Los actos de disposición sobre los referidos bienes y derechos pertenecientes al patrimonio de la Seguridad Social se regirán por lo dispuesto en el Real Decreto 1221/1992, de 9 de octubre, sobre el patrimonio de la Seguridad Social. Cuando tales actos afecten a bienes y derechos integrantes del patrimonio histórico, deberán realizarse a precio de mercado y requerirán la autorización previa del Ministerio de Trabajo y Asuntos Sociales, para la que será preceptivo y determinante el informe de la Tesorería General de la Seguridad Social.

Durante el período transitorio antes indicado, los directores-gerentes de las mutuas podrán desarrollar, además de las funciones propias de su cargo, las relativas a la administración, gestión y dirección en las sociedades de prevención. La junta directiva de la mutua acordará las retribuciones del director-gerente por las funciones desempeñadas en la mutua, teniendo en cuenta las retribuciones que pudiera percibir de la sociedad de prevención.

5. Hasta que concluya el proceso de segregación y cesión a la sociedad de prevención previsto en esta disposición transitoria, las mutuas de accidentes de trabajo y enfermedades profesionales de la Seguridad Social podrán seguir desarrollando su actividad como servicio de prevención ajeno en los términos actuales, utilizando de forma transitoria los medios humanos, materiales e inmateriales adscritos al programa de actividades de prevención de la entidad en la cobertura de las contingencias de accidentes de trabajo y enfermedades profesionales de la Seguridad Social; igualmente, se mantendrá la correlativa obligación de imputar a las cuentas que soporten los gastos de las actividades como servicio de prevención el coste de su utilización, conforme a los criterios, términos y condiciones establecidos en la Orden de 22 de abril de 1997, por la que se regula el funcionamiento de las mutuas en el desarrollo de actividades de prevención de riesgos laborales, y en las disposiciones de aplicación y desarrollo.

Tercera. Tramitación del expediente de autorización de la continuación de la actividad mediante una organización específica.

1. Cuando la mutua opte por la continuación de la actividad mediante la modalidad regulada en el artículo 13.4 del Reglamento general sobre colaboración en la gestión de las mutuas de accidentes de trabajo y enfermedades profesionales de la Seguridad Social, aprobado por el Real Decreto 1993/1995, de 7 de diciembre, la tramitación y resolución del correspondiente expediente, así como el proceso de segregación consiguiente, se regirán por lo establecido en los apartados 1, 2 y 5 de la disposición transitoria segunda, con las particularidades que se establezcan en las disposiciones de aplicación y desarrollo, si bien las referencias que en ellos se efectúan a la sociedad de prevención se entenderán realizadas a la organización específica.

2. En todo caso, el proceso de segregación deberá estar concluido en el plazo máximo de un año desde la fecha de aprobación. Una vez agotado dicho plazo, las mutuas no podrán utilizar para el desarrollo de las funciones correspondientes a los servicios de prevención los medios humanos y materiales e inmateriales adscritos a la colaboración en la gestión de la Seguridad Social.

Cuarta. Cese en la prestación del servicio de prevención ajeno.

1. En el supuesto de que la mutua opte por no continuar las actividades como servicio de prevención ajeno, tal decisión requerirá autorización del Ministerio de Trabajo y Asuntos Sociales, para lo cual deberá tramitarse el correspondiente expediente de cese respecto del servicio de prevención ajeno a que se refiere la disposición transitoria primera, ante la Dirección General de Ordenación de la Seguridad Social. A tal efecto, la mutua deberá formular la correspondiente solicitud en el plazo máximo de un mes desde la adopción del acuerdo a que se refiere el párrafo segundo de la disposición transitoria primera, a la que deberá acompañar la siguiente documentación:

a) Una certificación del acuerdo adoptado por la junta general de la mutua sobre el cese de actividades del servicio de prevención ajeno, en el que se manifieste expresamente la voluntad de la mutua de no continuar con dichas actividades, todo ello condicionado a la obtención de la preceptiva autorización administrativa.

b) Una memoria sobre los aspectos de gestión que afectan a la operación de cese en la prestación del servicio de prevención ajeno, que incluirá:

1º Un inventario detallado de las relaciones laborales y contractuales afectas a la actividad como servicio de prevención ajeno a 31 de diciembre de 2004.

2º Un inventario detallado de relaciones laborales que están afectas al desarrollo de las actividades preventivas establecidas en el artículo 13.1 del Reglamento general sobre colaboración en la gestión de las mutuas de accidentes de trabajo y enfermedades profesionales de la Seguridad Social, aprobado por el Real Decreto 1993/1995, de 7 de diciembre, o a otras actividades de la referida colaboración.

3º En el supuesto de reasignación de relaciones laborales procedentes del servicio de prevención ajeno a las actividades preventivas del referido artículo, una relación detallada de trabajadores afectados por esta situación.

4º Una relación de negocios jurídicos suscritos por las mutuas para el servicio de prevención ajeno y propuesta de rescisión de aquéllos.

5º Una relación de derechos de cobro y deudas con terceros correspondientes al servicio de prevención ajeno.

2. Presentada la solicitud de autorización junto con la documentación señalada anteriormente y aquella otra documentación que se establezca en las disposiciones de aplicación y desarrollo, y previa tramitación del correspondiente expediente de cese, en el que será preceptivo y determinante el informe de la Intervención General de la Seguridad Social, el Ministerio de Trabajo y Asuntos Sociales dictará la correspondiente resolución administrativa, que deberá ser motivada y notificarse a la mutua interesada dentro de los seis meses siguientes a la recepción de la solicitud de autorización, y de la que se dará traslado a la autoridad laboral competente.

Quinta. Creación, modificación y supresión de centros y operaciones patrimoniales.

1. Hasta tanto no sean aprobados y concluyan los procesos de segregación de actividades regulados en las disposiciones transitorias segunda y tercera, las solicitudes de las mutuas de accidentes de trabajo y enfermedades profesionales de la Seguridad Social de autorización para la creación, modificación o supresión de instalaciones y servicios sanitarios y recuperadores a que se refiere el artículo 12.1 del Reglamento general sobre colaboración en la gestión de las mutuas de accidentes de trabajo y enfermedades profesionales de la Seguridad Social, aprobado por el Real Decreto 1993/1995, de 7 de diciembre, así como las solicitudes y comunicaciones reguladas en los artículos 26 a 29 del citado Reglamento, deberán ir acompañados necesariamente de una memoria explicativa de que la operación correspondiente carece de incidencia y no resulta afectada por los procesos de separación de actividades regulados en las disposiciones transitorias segunda y tercera.

2. Cuando la mutua opte por la modalidad de organización específica regulada en la disposición transitoria tercera, no podrá suscribir nuevos conciertos para el desarrollo de actividades preventivas, ni solicitar nuevas acreditaciones como servicio de prevención ajeno, hasta que no sea aprobado el proceso de segregación. Igualmente, durante el referido período tampoco podrán realizar las operaciones patrimoniales reguladas en los artículos 26 a 29 del Reglamento general sobre colaboración en la gestión de las mutuas de accidentes de trabajo y enfermedades profesionales de la Seguridad Social, ni crear, modificar o suprimir centros e instalaciones, o contratar personal, en relación con las actividades preventivas, tanto de las comprendidas en la cobertura de las contingencias profesionales como de las correspondientes a los servicios de prevención.

Sexta. Acreditaciones como servicio de prevención ajeno.

En el plazo de un año desde el otorgamiento de la escritura pública a que se refiere el apartado 4 de la disposición transitoria segunda o desde la aprobación del proceso regulado en la disposición transitoria tercera, las mutuas deberán comunicar a la autoridad laboral competente, a los efectos que procedan, las modificaciones de las condiciones en que se basó su acreditación como servicio de prevención ajeno que sean consecuencia de la referida separación, todo ello de acuerdo con lo dispuesto en el artículo 27 del Reglamento de los Servicios de Prevención, aprobado por el Real Decreto 39/1997, de 17 de enero. En todo caso, se entenderán subsistentes durante el citado plazo las acreditaciones de las mutuas como servicios de prevención ajenos, así como, en su caso, respecto de las sociedades de prevención constituidas por ellas.

Séptima. Garantía para el personal.

Si durante un período de cinco años desde el otorgamiento de la escritura pública a que se refiere la disposición transitoria segunda se produjera el cese por imperativo legal de las actividades que como servicio de prevención viniese desarrollando la mutua a través de la correspondiente sociedad de prevención, la mutua responderá subsidiariamente, con cargo a su patrimonio histórico y con cargo al patrimonio de la Seguridad Social adscrito, por este orden, de las obligaciones que se pudieran derivar respecto al personal cedido a la referida sociedad, pudiendo optar por la readmisión dicho personal en la plantilla de la mutua.

Octava. Adaptación de los estatutos.

Las mutuas de accidentes de trabajo y enfermedades profesionales de la Seguridad Social adaptarán sus estatutos a lo dispuesto en este Real Decreto. Dicha adaptación deberá llevarse a cabo en el plazo de los seis meses siguientes a la fecha de la resolución por la que se autorice la continuación de la actividad como servicio de prevención ajeno o el cese en dicha actividad, que se regulan en las disposiciones transitorias segunda, tercera y cuarta.

DISPOSICIONES FINALES

Primera. Facultades de aplicación y desarrollo.

Se faculta al Ministro de Trabajo y Asuntos Sociales para dictar cuantas disposiciones de carácter general sean precisas para la aplicación y desarrollo de este Real Decreto.

Segunda. Entrada en vigor.

El presente Real Decreto entrará en vigor el día siguiente al de su publicación en el «Boletín Oficial del Estado».

§ 24.3 ORDEN TAS/3623/2006, DE 28 NOVIEMBRE. REGULA LAS ACTIVIDADES PREVENTIVAS EN EL ÁMBITO DE LA SEGURIDAD SOCIAL Y LA FINANCIACIÓN DE LA FUNDACIÓN PARA LA PREVENCIÓN DE RIESGOS LABORALES

(BOE núm. 285, de 29 noviembre [RCL 2006, 2124])

La prevención de los riesgos profesionales se contempla en el Texto Refundido de la Ley General de la Seguridad Social, aprobado por el Real Decreto Legislativo 1/1994, de 20 de junio, desde una doble perspectiva:

Por una parte, el artículo 68.2.b) de dicho Texto Legal encomienda a las mutuas de accidentes de trabajo y enfermedades profesionales de la Seguridad Social «la realización de actividades de prevención, recuperación y demás previstas en la presente Ley», como parte del contenido que comprende la colaboración de dichas entidades en la gestión de la Seguridad Social.

Dicha previsión legal ha tenido su reflejo en el Reglamento sobre colaboración de las mutuas de accidentes de trabajo y enfermedades profesionales de la Seguridad Social, aprobado por el Real Decreto 1993/1995, de 7 de diciembre, cuyo artículo 13.1 establece que las mutuas podrán desarrollar actividades para la prevención de los accidentes de trabajo y enfermedades profesionales a favor de las empresas asociadas y de sus trabajadores dependientes, y de los trabajadores por cuenta propia adheridos que tengan cubiertas las contingencias citadas, en los términos y condiciones establecidos en el Texto Refundido de la Ley General de la Seguridad Social, en el propio reglamento y en sus disposiciones de aplicación y desarrollo. Asimismo, precisa que de tales actividades, que no implican atribución de derechos subjetivos a favor de los colectivos mencionados, quedan excluidas las que los empresarios deban desarrollar a través de alguna de las modalidades de organización de la actividad preventiva por imperativo de la Ley 31/1995, de 8 de noviembre, de Prevención de Riesgos Laborales.

Por otra parte, junto a las actividades preventivas a desarrollar por las mutuas de accidentes de trabajo y enfermedades profesionales de la Seguridad Social en el ámbito de la colaboración en la gestión e, igualmente, como parte integrante de la acción protectora de la Seguridad Social, la prevención de los riesgos profesionales aparece asimismo contemplada en el artículo 73 del Texto Refundido de la Ley General de la Seguridad Social, a cuyo tenor el 80 por 100 del exceso de los excedentes anuales obtenidos por las mutuas en su gestión, una vez cubiertas las reservas reglamentarias, se adscribirá a los fines generales de prevención y rehabilitación; prescripción que también ha tenido su reflejo en el citado Reglamento sobre colaboración de las mutuas de accidentes de trabajo y enfermedades profesionales de la Seguridad Social, cuyo artículo 66.1 reproduce la obligación legal de destinar a los fines indicados el 80 por 100 del exceso de excedentes de la gestión, que deberá ingresarse por las mutuas en el Banco de España y en cuenta especial a disposición del Ministerio de Trabajo y Asuntos Sociales, el cual dispondrá el destino concreto que haya de darse a estos fondos dentro de la afectación a los fines generales señalados y conforme a las demás normas legales que resulten de aplicación al respecto.

Por lo que se refiere a las actividades a desarrollar por las mutuas de accidentes de trabajo y enfermedades profesionales de la Seguridad Social en el ámbito de la colaboración en la gestión, dichas actividades se encuentran reguladas, conjuntamente con las desarrolladas por las referidas entidades como servicio de prevención ajeno, en la Orden de 22 de abril de 1997, por la que se regula el régimen de funcionamiento de las mutuas de accidentes de trabajo y enfermedades profesionales de la Seguridad Social en el desarrollo de actividades de prevención de riesgos laborales, que ha resultado afectada por el Real Decreto 688/2005, de 10 de junio, por el que se regula el régimen de funcionamiento de las mutuas de accidentes de trabajo y enfermedades profesionales de la Seguridad Social como servicio de prevención ajeno, coincidente con el año de finalización del último de los planes de actividades preventivas a través de los cuales las mutuas venían desarrollando la actividad comprendida en el ámbito de la Seguridad Social.

En cuanto a la prevención aludida en el artículo 73 del Texto Refundido de la Ley General de la Seguridad Social, a desarrollar con cargo al 80 por 100 del exceso de excedentes de la gestión de las mutuas, la única previsión legal al respecto aparece recogida en la Ley 31/1995, de 8 de noviembre, que estableció en su disposición adicional quinta la dotación, con cargo a dicho exceso de excedentes, de un patrimonio destinado a financiar las actividades a desarrollar por la fundación que en dicha disposición adicional se preveía, consistentes en la promoción de la mejora de las condiciones de seguridad y salud en el trabajo, especialmente en las pequeñas empresas, a través de acciones de información, asistencia técnica, formación y promoción del cumplimiento de la normativa de prevención de riesgos laborales.

Agotada la cuantía total prevista en la Ley 31/1995, de 8 de noviembre, para la dotación patrimonial de la fundación indicada, y con el fin de garantizar la regularidad en el cumplimiento de sus fines, por la disposición adicional cuadragésima séptima de la Ley 30/2005, de 29 de diciembre, de Presupuestos Generales del Estado para el año 2006, se modificó la disposición adicional quinta de la Ley 31/1995, de 8 de noviembre, a la que se añade un nuevo apartado en el que, con la finalidad indicada, se prevé la posibilidad de realizar aportaciones patrimoniales a la fundación con cargo al Fondo de Prevención y Rehabilitación, con la periodicidad y en la cuantía que se determinen reglamentariamente.

En consecuencia, se hace necesario, de una parte, regular lo relativo a las actividades preventivas a desarrollar por las mutuas en el ámbito de la colaboración en la gestión de la Seguridad Social y, de otra, dar cumplimiento a la previsión sobre financiación de la Fundación para la Prevención de Riesgos Laborales contenida en la Ley de Presupuestos Generales del Estado para el año 2006, regulando, al propio tiempo, el resto de las actividades a desarrollar con cargo al Fondo de Prevención y Rehabilitación, de conformidad con lo establecido en el artículo 73 del Texto Refundido de la Ley General de la Seguridad Social y en el artículo 66.1 del Reglamento sobre colaboración de las mutuas de accidentes de trabajo y enfermedades profesionales de la Seguridad Social.

La regulación de ambas materias, tanto las actividades preventivas a desarrollar por las mutuas como las que puedan llevarse a cabo con cargo al Fondo de Prevención y Rehabilitación, de conformidad con las previsiones contenidas en los artículos 13 y 66.1 del Reglamento sobre colaboración de las mutuas de accidentes de trabajo y enfermedades profesionales de la Seguridad Social, dictados, a su vez, en desarrollo de lo establecido en los artículos 68.2.b) y 73 del Texto Refundido de la Ley General de la Seguridad Social, corresponde al titular del Ministerio de Trabajo y Asuntos Sociales en virtud de la habilitación conferida por la disposición final primera del citado Reglamento.

Con el fin de mantener la debida coordinación, tanto la normativa reguladora de las actividades preventivas a desarrollar en el ámbito de la Seguridad Social como las actuaciones derivadas de la misma, que forman parte de las competencias de la Administración de la Seguridad Social dimanantes de la gestión de las contingencias de accidentes de trabajo y enfermedades profesionales, habrán de incardinarse dentro de las políticas preventivas de ámbito estatal o supraautonómico que se deriven de la Estrategia Española de Seguridad y Salud en el Trabajo, cuya coordinación corresponde a la Secretaría General de Empleo y a sus órganos administrativos con competencia en esta materia. Todo ello sin perjuicio de las competencias de las Comunidades Autónomas en materia de prevención de riesgos laborales en sus respectivos ámbitos territoriales.

La elaboración de esta Orden se ha llevado a cabo con la conformidad de la Secretaría General de Empleo, y en su tramitación han sido consultadas las organizaciones sindicales y asociaciones empresariales más representativas.

En su virtud, a propuesta del Secretario de Estado de la Seguridad Social, y en uso de las facultades otorgadas por el artículo 12 de la Ley 6/1997, de 14 de abril, de Organización y Funcionamiento de la Administración General del Estado, por el artículo 5 del Texto Refundido de la Ley General de la Seguridad Social y por la disposición final primera del Reglamento sobre colaboración de las mutuas de accidentes de trabajo y enfermedades profesionales de la Seguridad Social, dispongo:

CAPÍTULO I

Disposiciones Generales

Artículo 1. Actividades preventivas a desarrollar en el ámbito de la Seguridad Social.

1. Las actividades preventivas a desarrollar en el ámbito de la Seguridad Social son las siguientes:

a) Las que se realicen por las mutuas de accidentes de trabajo y enfermedades profesionales de la Seguridad Social, de conformidad con lo establecido en el artículo 68.2.b) del Texto Refundido de la Ley General de la Seguridad Social, aprobado por el Real Decreto Legislativo 1/1994, de 20 de junio, y en el artículo 13.1 del Reglamento sobre colaboración de las mutuas de accidentes de trabajo y enfermedades profesionales de la Seguridad Social, aprobado por el Real Decreto 1993/1995, de 7 de diciembre.

b) Las que se desarrollen con cargo al 80 por 100 del exceso de excedentes de la gestión de las mutuas de accidentes de trabajo y enfermedades profesionales de la Seguridad Social, de conformidad con lo establecido en el artículo 73 del Texto Refundido de la Ley General de la Seguridad Social y en el artículo 66.1 del Reglamento sobre colaboración de las mutuas de accidentes de trabajo y enfermedades profesionales de la Seguridad Social.

2. El desarrollo de las actividades preventivas mencionadas se llevará a cabo en los términos que se señalan en los artículos siguientes.

3. A la Intervención General de la Seguridad Social le corresponderán las competencias establecidas en su normativa de aplicación.

CAPÍTULO II

Actividades preventivas a desarrollar por las mutuas de accidentes de trabajo y enfermedades profesionales de la Seguridad Social

Artículo 2. Actividades a desarrollar por las mutuas y destinatarios de las mismas.

1. De conformidad con lo establecido en el artículo 13.1 del Reglamento sobre colaboración de las mutuas de accidentes de trabajo y enfermedades profesionales de la Seguridad Social, dichas entidades, en su condición de colaboradoras en la gestión de la Seguridad Social, podrán desarrollar actividades para la prevención de los accidentes de trabajo y enfermedades profesionales a favor de las empresas asociadas y de sus trabajadores dependientes, y de los trabajadores por cuenta propia adheridos que tengan cubiertas las contingencias citadas, en los términos y condiciones establecidos en el inciso primero del artículo 68.2.b) del Texto Refundido de la Ley General de la Seguridad Social, en el referido Reglamento, en esta Orden y en las disposiciones de aplicación y desarrollo.

2. Estas actividades, que no implican atribución de derechos subjetivos a favor de dichos colectivos, complementarán sin sustituir las obligaciones directas que los empresarios asumen en cumplimiento de lo establecido en la Ley 31/1995, de 8 de noviembre, de Prevención de Riesgos Laborales, a través de cualesquiera de las modalidades de organización de la actividad preventiva. Las actuaciones se orientarán preferentemente a coadyuvar en las pequeñas empresas y en las empresas y sectores con mayores indicadores de siniestralidad a la mejor incardinación en los planes y programas preventivos de las distintas administraciones competentes, al desarrollo de la I+D+i, a la divulgación, educación y sensibilización en prevención de accidentes de trabajo y enfermedades profesionales.

Artículo 3. Financiación, planificación y desarrollo de las actividades preventivas de las mutuas.

1. En la ejecución de su presupuesto anual, las mutuas de accidentes de trabajo y enfermedades profesionales de la Seguridad Social podrán destinar, dentro de las disponibilidades presupuestarias que se les autoricen, hasta un máximo de un uno por ciento de sus ingresos por las cuotas relativas a las contingencias profesionales, a la realización de las actividades a que se refiere el artículo anterior.

2. Corresponderá a la Secretaría de Estado de la Seguridad Social, consultadas las organizaciones sindicales y empresariales más representativas, la planificación anual de dichas actividades, el establecimiento de los criterios a seguir y la asignación de las prioridades en su ejecución, conforme a las propuestas y objetivos fijados por la Secretaría General de Empleo o que se deriven de la Estrategia Española de Seguridad y Salud en el Trabajo en cada momento. El Instituto Nacional de Seguridad e Higiene en el Trabajo prestará la asistencia técnica y la colaboración necesaria en la elaboración de tal planificación anual, en su seguimiento y en la valoración técnica de sus resultados.

3. A partir de las directrices fijadas, las mutuas presentarán ante la Dirección General de Ordenación de la Seguridad Social, junto con el anteproyecto de presupuestos de cada ejercicio económico, el plan de actividades preventivas que pretendan desarrollar en dicho ejercicio, debidamente priorizado, especificando los sectores y número de empresas a las que van dirigidas, así como el número de trabajadores afectados.

4. Durante el primer trimestre del año siguiente a aquel en que se haya desarrollado el plan de actividades preventivas, las mutuas deberán facilitar a la Dirección General de Ordenación de la Seguridad Social información detallada sobre la aplicación del plan.

CAPÍTULO III

Actividades preventivas con cargo al Fondo de Prevención y Rehabilitación

Sección 1ª Actividades preventivas de ámbito estatal o suprautonómico a desarrollar por el Instituto Nacional de Seguridad e Higiene en el Trabajo

Artículo 4. Actividades preventivas de ámbito estatal o suprautonómico.

En el ámbito de las competencias de la Administración de la Seguridad Social derivadas de la gestión de las contingencias de accidentes de trabajo y enfermedades profesionales, la Secretaría de

Estado de la Seguridad Social podrá encomendar al Instituto Nacional de Seguridad e Higiene en el Trabajo, en su condición de organismo científico y técnico especializado de la Administración General del Estado y Centro de Referencia Nacional en materia de seguridad y salud en el trabajo, a través de los instrumentos jurídicos que en cada caso procedan, el desarrollo de programas y actividades preventivas de ámbito estatal o supraautonómico a realizar por el propio Instituto o con la colaboración de las organizaciones sindicales y empresariales más representativas y, en su caso, con sus instituciones técnicas especializadas en materia preventiva, tendentes a coadyuvar a la más adecuada planificación, seguimiento y prevención de los accidentes de trabajo y enfermedades profesionales.

Artículo 5. Trabajos de análisis e investigación de los accidentes de trabajo y enfermedades profesionales.

Asimismo, en el ámbito de sus competencias la Secretaría de Estado de la Seguridad Social podrá encomendar al Instituto Nacional de Seguridad e Higiene en el Trabajo, a través de los instrumentos jurídicos que en cada caso procedan, la realización de trabajos de análisis e investigación de los accidentes de trabajo y enfermedades profesionales, así como el desarrollo de actividades y trabajos sobre dichas materias y aquellas otras que puedan ser de interés o afecten al sistema de la Seguridad Social.

Artículo 6. Financiación de las actividades preventivas encomendadas al Instituto Nacional de Seguridad e Higiene en el Trabajo.

Las actividades preventivas que la Secretaría de Estado de la Seguridad Social encomiende al Instituto Nacional de Seguridad e Higiene en el Trabajo, de conformidad con lo señalado en los artículos 3.2, 4 y 5 de esta Orden, se financiarán con cargo al Fondo de Prevención y Rehabilitación, en función de sus disponibilidades y en los términos que se establezcan, en cada caso, en la resolución que dicte al efecto la mencionada Secretaría de Estado, teniendo en cuenta las prioridades, criterios y programas propuestos en cada momento por la Secretaría General de Empleo o que puedan derivarse de la Estrategia Española de Seguridad y Salud en el Trabajo.

Sección 2ª. Otras actividades preventivas de ámbito estatal o supraautonómico a desarrollar con cargo al Fondo de Prevención y Rehabilitación

Artículo 7. Otras actividades de ámbito estatal o supraautonómico a desarrollar con cargo al Fondo de Prevención y Rehabilitación.

La Secretaría de Estado de la Seguridad Social, en el marco de sus competencias y con cargo al Fondo de Prevención y Rehabilitación, podrá igualmente realizar trabajos de análisis e investigación relacionados con las contingencias profesionales, o llevarlos a cabo con otras administraciones públicas e instituciones, a través de los instrumentos jurídicos que en cada caso procedan, con arreglo a las fórmulas que se habiliten al efecto.

CAPÍTULO IV

Financiación de la Fundación para la Prevención de Riesgos Laborales

Artículo 8. Financiación de la Fundación para la Prevención de Riesgos Laborales.

1. De conformidad con lo previsto en el apartado 2 de la disposición adicional quinta de la Ley 31/1995, de 8 de noviembre, en la redacción dada por la Ley 30/2005, de 29 de diciembre, de Presupuestos Generales del Estado para el año 2006, y con el fin de garantizar la regularidad en el cumplimiento de los fines de la Fundación para la Prevención de Riegos Laborales, se realizarán aportaciones patrimoniales a ésta con cargo al 80 por 100 del exceso de excedentes de la gestión de las mutuas de accidentes de trabajo y enfermedades profesionales de la Seguridad Social ingresado en el Banco de España a disposición de este Ministerio.

2. La cuantía de dichas aportaciones se fijará anualmente por la Secretaría de Estado de la Seguridad Social, teniendo en cuenta el exceso de excedentes generado por las mutuas en el último ejercicio, y sin que dicha aportación pueda rebasar el límite de veinticinco millones de euros.

Artículo 9. Autorización de las aportaciones.

La autorización para la entrega de las aportaciones corresponderá a la Dirección General de Ordenación de la Seguridad Social. A tal efecto, antes del día 15 de diciembre de cada año, la Fundación para la Prevención de Riesgos Laborales formulará la solicitud de entrega de la aportación ante la mencionada Dirección General, acompañada del plan detallado de actividades a desarrollar con dicha aportación en el ejercicio siguiente.

Artículo 10. Justificación de la aplicación de las aportaciones.

Antes del día 30 de junio del año siguiente a aquel al que corresponda la aportación, la fundación justificará a la Dirección General de Ordenación de la Seguridad Social la aplicación de la aportación correspondiente al ejercicio anterior, a la que acompañará una memoria de las actividades desarrolladas en dicho año, junto con el resultado de los controles de evaluación o de calidad que se establezcan.

DISPOSICIÓN TRANSITORIA

Única. Aportación a la Fundación para la Prevención de Riesgos Laborales para el año 2006.

La cuantía de la aportación a efectuar a la Fundación para la Prevención de Riesgos Laborales para el año 2006, con cargo al Fondo de Prevención y Rehabilitación, se fija en la suma de veinticinco millones de euros.

DISPOSICIÓN DEROGATORIA

Única. Normas derogadas.

Quedan derogadas cuantas disposiciones de igual o inferior rango se opongan a lo establecido en esta Orden y, expresamente, la Orden de 22 de abril de 1997, por la que se regula el régimen de funcionamiento de las mutuas de accidentes de trabajo y enfermedades profesionales de la Seguridad Social en el desarrollo de actividades de prevención de riesgos laborales.

DISPOSICIONES FINALES

Primera. Facultades de aplicación y desarrollo.

Se faculta al Secretario de Estado de la Seguridad Social para dictar cuantas disposiciones sean precisas para la aplicación y desarrollo de esta Orden.

Segunda. Entrada en vigor.

La presente Orden entrará en vigor el día siguiente al de su publicación en el «Boletín Oficial del Estado».

b) Administración del Estado

§ 24.4 REAL DECRETO 1488/1998, DE 10 JULIO. ADAPTA LA LEGISLACIÓN DE PREVENCIÓN DE RIESGOS LABORALES A LA ADMINISTRACIÓN GENERAL DEL ESTADO

(BOE núm. 170, de 17 julio; rect. BOE núm. 182, de 31 julio [RCL 1998, 1767 y 1927])

La Ley 31/1995, de 8 de noviembre, de Prevención de Riesgos Laborales, y sus disposiciones de desarrollo tienen una vocación de universalidad e integración, lo que en el ámbito de las Administraciones públicas supone considerar la prevención frente a los riesgos laborales como una actuación única, indiferenciada y coordinada que debe llegar a todos los empleados públicos sin distinción del régimen jurídico que rija su relación de servicio, y se traduce en una planificación de la actividad preventiva integral e integrada en el conjunto de actividades y decisiones de la Administración General del Estado que se realizará con la participación de los representantes legales de los empleados públicos, entendiéndose, por otra parte, que las medidas que de esta norma se derivan recaen en beneficio de los ciudadanos usuarios de las dependencias públicas en sus relaciones con la Administración General del Estado.

No obstante, existen diversas peculiaridades en las Administraciones públicas por lo que la Ley 31/1995, fundamentalmente sus artículos 31.1, 34.3 y 35.4, y la disposición adicional cuarta del Real Decreto 39/1997, de 17 de enero, por el que se aprueba el Reglamento de los Servicios de Prevención, prevén la regulación en una normativa específica para las Administraciones públicas de los derechos de participación y representación, la organización de los recursos necesarios para el desarrollo de las actividades preventivas, la definición de las funciones y niveles de cualificación del personal que las lleve a cabo y el establecimiento de adecuados instrumentos de control que sustituyan a las obligaciones en materia de auditorías contenidas en el capítulo V del Reglamento de los Servicios de Prevención que no son de aplicación a las Administraciones públicas.

Al cumplimiento de este mandato en la Administración General del Estado, partiendo de la potenciación de sus recursos propios y salvaguardando el derecho de los empleados públicos a la participación en la determinación de sus condiciones de trabajo, responde el presente Real Decreto.

En su virtud, consultadas las organizaciones sindicales más representativas, a propuesta de los Ministros de Administraciones Públicas y de Trabajo y Asuntos Sociales, consultada la Comisión Nacional de Seguridad y Salud en el Trabajo, de acuerdo con el Consejo de Estado y previa deliberación del Consejo de Ministros en su reunión del día 10 de julio de 1998, dispongo:

Artículo 1. Objeto.

El objeto del presente Real Decreto es la adaptación a la Administración General del Estado de la Ley 31/1995, de 8 de noviembre, de Prevención de Riesgos Laborales, y del Real Decreto 39/1997, de 17 de enero, por el que se aprueba el Reglamento de los Servicios de Prevención, partiendo de la integración de la prevención en el conjunto de sus actividades y decisiones y la potenciación de sus recursos propios, y adecuando su contenido a sus peculiaridades organizativas y de participación del personal a su servicio.

Artículo 2. Ámbito de aplicación.

1. La presente disposición será de aplicación en la Administración General del Estado y en los Organismos públicos vinculados o dependientes de ella que tengan personal funcionario o estatutario a su servicio.

2. En los establecimientos penitenciarios, las actividades cuyas características justifiquen una regulación especial serán objeto de adaptación de conformidad con el artículo 3.3 de la Ley 31/1995.

3. En los centros y establecimientos militares será de aplicación lo dispuesto en el artículo 3.3 de la Ley 31/1995 y en la normativa prevista en la disposición adicional novena de la citada Ley.

4. Será de aplicación lo dispuesto en el artículo 3.2 de la Ley 31/1995 para aquellas actividades cuyas particularidades así lo determinen en el ámbito de las funciones públicas de:

a) Policía, seguridad y resguardo aduanero.

b) Servicios operativos de protección civil y peritaje forense en los casos de grave riesgo, catástrofe y calamidad pública.

Artículo 3. Participación y representación.

1. A las Juntas de Personal, Comités de Empresa, delegados de personal y representantes sindicales, les corresponden las funciones a las que se refiere el artículo 34.2 de la Ley 31/1995, de Prevención de Riesgos Laborales.

2. Corresponden a los delegados de prevención las competencias y facultades establecidas en el artículo 36 de la Ley 31/1995, de Prevención de Riesgos Laborales.

3. Los Comités de Seguridad y Salud tienen las competencias y facultades establecidos en el artículo 39 de la Ley 31/1995, de Prevención de Riesgos Laborales.

4. En los términos previstos en la Ley 9/1987, de 12 de junio, de Organos de representación, determinación de las condiciones de trabajo y participación del personal al servicio de las Administraciones públicas, se podrá acordar la creación de un órgano específico de participación de las organizaciones sindicales representativas en el ámbito de aplicación de este Real Decreto en todo lo relacionado con la aplicación de la legislación en materia de prevención de riesgos laborales en el ámbito citado, con las competencias, funciones y composición que en el acuerdo se determinen.

Artículo 4. Delegados de prevención.

1. Los delegados de prevención serán designados por los representantes del personal con presencia en los ámbitos de los órganos de representación del personal y entre, por una parte, aquellos funcionarios que sean miembros de la Junta de Personal correspondiente y, por otra, los representantes del personal laboral miembros del Comité de Empresa o delegados de personal, pudiendo acordarse otro sistema de designación conforme a lo previsto en el artículo 35.4 de la Ley 31/1995, de Prevención de Riesgos Laborales.

2. El número de los delegados de prevención que podrán ser designados para cada uno de ambos colectivos de personal se ajustará a la escala establecida en el artículo 35.2 de la Ley 31/1995, de Prevención de Riesgos Laborales.

3. Los delegados de prevención que sean representantes del personal contarán en el ejercicio de sus funciones con las garantías inherentes a su condición representativa.

El tiempo utilizado por los delegados de prevención para el desempeño de las funciones previstas en el artículo 36 de la Ley de Prevención de Riesgos Laborales será considerado como de ejercicio de funciones de representación, a efectos de utilización del crédito de horas mensuales retribuidas previsto en el párrafo e) del artículo 68 del Estatuto de los Trabajadores, y en el párrafo d) del artículo 11 de la Ley 9/1987, de Organos de representación, determinación de las condiciones de trabajo y participación del personal al servicio de las Administraciones públicas, y artículo 10.3 de la Ley Orgánica de Libertad Sindical.

Será considerado, en todo caso, como tiempo de trabajo efectivo, sin imputación al crédito horario, el correspondiente a las reuniones del Comité de Seguridad y Salud y a cualesquiera otras convocadas por la Administración en materia de prevención de riesgos laborales, así como el destinado a las visitas previstas en los párrafos a) y c) del artículo 36.2 de la Ley 31/1995, de Prevención de Riesgos Laborales.

4. Los órganos competentes proporcionarán a los delegados de prevención los medios y formación en materia preventiva que resulten necesarios para el ejercicio de sus funciones, una vez consultados los representantes del personal.

5. La formación se deberá facilitar por la Administración por sus propios medios o mediante concierto con organismos, entidades especializadas en la materia u organizaciones sindicales acreditadas.

6. El tiempo dedicado a la formación será considerado como tiempo de trabajo a todos los efectos.

Artículo 5. Comité de Seguridad y Salud.

1. El Comité de Seguridad y Salud es el órgano paritario y colegiado de participación, destinado a la consulta regular y periódica de las actuaciones de la Administración General del Estado y de los Organismos públicos vinculados o dependientes de ella que tengan personal funcionario o estatutario a su servicio señalados en el artículo 2.1, en materia de prevención de riesgos laborales.

2. Con carácter general, en cada provincia se constituirá un Comité de Seguridad y Salud, que dependerá de la Subdelegación del Gobierno, debiendo los titulares de los servicios no integrados prestar toda la colaboración que precisen los Subdelegados del Gobierno para facilitar su constitución. El citado Comité estará formado por los delegados de prevención designados conforme al artículo 4 del presente Real Decreto y por representantes de la Administración en número no superior al de delegados.

Sin embargo, en aquellos casos en que la complejidad y dispersión de la estructura organizativa, y el tipo de actividad así lo aconsejen, se podrá constituir un Comité de Seguridad y Salud en un Departamento ministerial u Organismo público, cuando cuente con 50 o más empleados públicos en la provincia, de conformidad con los artículos 34.3 y 38.2 de la Ley 31/1995, de 8 de noviembre, de Prevención de Riesgos Laborales.

3. En aquellas provincias en que existan edificios de servicios múltiples podrá constituirse un único Comité de Seguridad y Salud por edificio.

4. Los representantes de los empleados públicos en el Comité de Seguridad y Salud serán la totalidad de delegados de prevención del personal funcionario y laboral existentes en el ámbito correspondiente.

5. En las reuniones del Comité de Seguridad y Salud participarán, con voz, pero sin voto, los delegados sindicales, los asesores sindicales, en su caso, y los responsables técnicos de prevención en el ámbito correspondiente. En las mismas condiciones podrán participar el personal que cuente con una especial cualificación o información respecto de concretas cuestiones que se debatan en este órgano y técnicos en prevención ajenos a la Administración General del Estado, siempre que así lo solicite alguna de las representaciones del Comité.

6. El Comité de Seguridad y Salud se reunirá trimestralmente y siempre que lo solicite alguna de las representaciones en el mismo. El Comité de Seguridad y Salud adoptará sus propias normas de funcionamiento.

7. Los Departamentos ministeriales y Organismos públicos que cuenten con varios centros de trabajo dotados de Comité de Seguridad y Salud podrán acordar con su personal la creación de un Comité Intercentros, con las funciones que el acuerdo le atribuya.

Artículo 6. Servicios de prevención.

1. En cumplimiento del deber de prevención de riesgos profesionales, los órganos competentes determinarán, previa consulta con los representantes del personal y en función de la estructura organizativa y territorial de sus organismos, así como del tipo de riesgos presentes en el sector y la incidencia de los mismos en los empleados públicos, la modalidad de organización de los recursos necesarios para el desarrollo de las actividades preventivas más ajustado a sus características, potenciando la utilización de los recursos propios existentes en la Administración General del Estado y en los Organismos públicos vinculados o dependientes de ella, que tengan personal funcionario o estatutario a su servicio, señalados en el artículo 2.1 de la presente disposición.

2. La organización de los recursos necesarios para el desarrollo de las actividades preventivas se realizará por los órganos competentes con arreglo a alguna de las modalidades siguientes:

a) Constituyendo un servicio de prevención propio.

b) Designando a uno o varios empleados públicos para llevarla a cabo.

c) Recurriendo a un servicio de prevención ajeno.

3. Se deberá crear un servicio de prevención propio, con posibilidad de asunción parcial de la actividad preventiva por un servicio de prevención ajeno, cuando concurra alguno de los siguientes supuestos:

a) En los Departamentos ministeriales y Organismos públicos que cuenten en una provincia con centros de trabajo con más de 500 empleados públicos, y en aquellos que tengan entre 250 y 500 empleados públicos y desarrollen alguna de las actividades incluidas en el anexo I del Real Decreto 39/1997, de 17 de enero, por el que se aprueba el Reglamento de los Servicios de Prevención.

No obstante, también se podrá constituir un servicio de prevención propio para más de una provincia en los Departamentos ministeriales y Organismos públicos, cuando cuenten, en el conjunto de ellas, con más de 500 empleados públicos, o tengan entre 250 y 500 empleados públicos y desarrollen alguna de las actividades incluidas en el anexo I del Reglamento de los Servicios de Prevención, previo informe de las organizaciones sindicales representativas en el ámbito de aplicación del presente Real Decreto y de acuerdo con lo establecido en el artículo 3.4 del mismo.

b) Y cuando así se considere necesario en los Departamentos ministeriales, Organismos públicos y centros de trabajo, en función de la peligrosidad de la actividad desarrollada o de la frecuencia y gravedad de la siniestralidad o del volumen de efectivos de los centros de trabajo.

Dicho servicio de prevención habrá de contar, como mínimo, con dos de las especialidades o disciplinas preventivas previstas en el artículo 34 del Reglamento de los Servicios de Prevención, desarrolladas por expertos con la capacitación requerida para las funciones a desempeñar, según lo establecido en el capítulo VI del citado Reglamento.

4. En los demás casos, se deberá designar a uno o varios empleados públicos para ocuparse de la actividad preventiva, que podrían completar al Servicio de Prevención en un ámbito determinado.

Cuando se opte por la designación de empleados públicos para la realización de actividades de prevención, ésta deberá ser consultada con los órganos de representación del personal.

5. En aquellos casos en que las peculiaridades de la organización lo requieran, de acuerdo con los representantes de personal, se podrá recurrir a uno/o varios servicios de prevención ajenos, que colaborarán entre sí cuando sea necesario, debiendo cumplir con lo establecido en los artículos 17 a 19 del Reglamento de los Servicios de Prevención y realizarse el concierto según su artículo 20, previo informe de las organizaciones sindicales representativas en el ámbito de aplicación del presente Real Decreto y de acuerdo con lo establecido en el artículo 3.4 del mismo.

6. Podrá acordarse la constitución de servicios de prevención mancomunados entre aquellos Departamentos ministeriales y Organismos públicos que desarrollen simultáneamente actividades en un mismo edificio o en un área geográfica limitada, de conformidad con lo establecido en el artículo 21 del Reglamento de los Servicios de Prevención.

Asimismo, cuando en un mismo edificio desarrollen actividades trabajadores de otra u otras Administraciones públicas o de otra u otras empresas o autónomos, se deberán adoptar los instrumentos necesarios para que tales Administraciones o empresarios reciban la información y las instrucciones adecuadas en relación con los riesgos existentes en ese centro de trabajo, las medidas de protección y prevención correspondientes, y de emergencia a utilizar, para su traslado a sus respectivos trabajadores, y establecer los medios de coordinación que sean necesarios en cuanto a todo ello.

Artículo 7. Funciones y niveles de cualificación.

1. Las funciones y niveles de cualificación del personal que lleve a cabo las tareas de prevención de riesgos laborales se ajustarán a lo dispuesto en el capítulo VI del Reglamento de los Servicios de Prevención, clasificándose a estos efectos las funciones en los siguientes grupos:

a) Funciones de nivel básico.

b) Funciones de nivel intermedio.

c) Funciones de nivel superior, correspondientes a las especialidades y disciplinas preventivas de medicina del trabajo, seguridad en el trabajo, higiene industrial y ergonomía y psicosociología aplicada.

2. Los proyectos y programas formativos deberán ajustarse a los criterios generales y contenidos mínimos que se establecen para cada nivel en los anexos III a VI del Reglamento de los Servicios de Prevención.

3. Las organizaciones sindicales participarán en la elaboración y ejecución de los proyectos y programas formativos.

4. En los Departamentos ministeriales y Organismos públicos se realizarán las actuaciones que se consideren necesarias para adaptar las estructuras y el personal disponible a las funciones y niveles de cualificación del personal que lleve a cabo las tareas de prevención de riesgos laborales.

Artículo 8. Instrumentos de control.

1. En el ámbito de la Administración General del Estado cada sistema de prevención deberá someterse al control periódico mediante auditorías o evaluaciones, y en cualquier caso, una vez finalizado el proceso de evaluación de riesgos. Su realización corresponderá al Instituto Nacional de Seguridad e Higiene en el Trabajo, como Organismo científico técnico especializado de la Administración General del Estado que tiene como misión el análisis y estudio de las condiciones de seguridad y salud en el trabajo, así como la promoción y apoyo a la mejora de las mismas. Esta competencia se entenderá sin perjuicio de las que corresponden al Consejo de Seguridad Nuclear de acuerdo con su legislación específica.

2. La auditoría, como instrumento de gestión que ha de incluir una evaluación sistemática, documentada y objetiva de la eficacia del sistema de prevención, deberá ser realizada de acuerdo con las normas técnicas establecidas o que puedan establecerse y teniendo en cuenta la información recibida de los empleados públicos, y tendrá como objetivos:

a) Comprobar cómo se ha realizado la evaluación inicial y periódica de los riesgos, analizar sus resultados y verificarlos, en caso de duda.

b) Comprobar que el tipo y planificación de las actividades preventivas se ajusta a lo dispuesto en la normativa general, así como a la normativa sobre riesgos específicos que sea de aplicación, teniendo en cuenta los resultados de la evaluación.

c) Analizar la adecuación entre los procedimientos y medios requeridos para realizar las actividades preventivas y los recursos de que dispone el Organismo público, propios o concertados, teniendo en cuenta, además, el modo en que están organizados o coordinados, en su caso.

3. Los resultados de la auditoría se reflejarán en un informe en el que se incluirán propuestas tendentes a la mejora de los servicios de prevención.

Dicho informe se mantendrá a disposición de la autoridad laboral competente y una copia del mismo se entregará a los representantes de los trabajadores.

4. Para el desarrollo de esta función de control, el Instituto Nacional de Seguridad e Higiene en el Trabajo contará con la colaboración de la Inspección General de Servicios de la Administración Pública y de las Inspecciones de Servicios de cada Departamento ministerial u Organismo público. En las instituciones sanitarias públicas, dicha colaboración podrá ser realizada por la Inspección Sanitaria.

Artículo 9. Funciones de la Dirección General de la Función Pública en materia de prevención de riesgos laborales.

La Dirección General de la Función Pública realizará funciones de coordinación en materia de prevención de riesgos laborales en la Administración General del Estado y asumirá la interlocución con las organizaciones sindicales representativas en el ámbito de aplicación del presente Real Decreto a los efectos de lo previsto en el artículo 3.4 del mismo.

Para el desarrollo de esta función, los órganos competentes de la prevención de riesgos en cada Departamento u Organismo público informarán periódicamente a la Dirección General de la Función Pública del estado de situación en cuanto a la prevención de riesgos laborales y, en particular, de los planes y programas de prevención que se elaboren, el sistema de organización de los recursos y, en su caso, de las medidas correctoras que se vayan introduciendo tras la revisión de dichos planes y programas.

DISPOSICIONES ADICIONALES

Primera. Servicios médicos de Departamentos y Organismos públicos.

Los servicios médicos de los Departamentos ministeriales y Organismos públicos colaborarán en los servicios de prevención de los correspondientes Departamentos ministeriales y Organismos públicos, cuando éstos se constituyan, sin perjuicio de que continúen efectuando aquellas funciones que tuvieran atribuidas, distintas de las propias del servicio de prevención.

A estos efectos, se llevarán a cabo las acciones de formación y perfeccionamiento necesarias.

Segunda. Representaciones de España en el exterior.

A los efectos de la aplicación del presente Real Decreto, en las representaciones de España en el exterior se tendrán en cuenta las peculiaridades derivadas de su organización, dispersión geográfica y simultaneidad de personal sometido al Derecho español y local extranjero.

Tercera.

Adaptaciones presupuestarias y de relaciones de puestos de trabajo y catálogos de personal laboral. Los gastos que se deriven de la ejecución de las medidas previstas en el presente Real Decreto deberán ser realizados por cada Departamento ministerial y Organismo público con cargo a su presupuesto.

En el supuesto en que para la aplicación del presente Real Decreto fuera necesario adaptar las relaciones de puestos de trabajo o, en su caso, los catálogos de personal laboral de los departamentos ministeriales y Organismos públicos afectados, tales adaptaciones no podrán generar en ningún caso incremento de los gastos de personal de dichos Departamentos u Organismos.

DISPOSICIONES TRANSITORIAS

Primera. Servicios de prevención de los hospitales y centros sanitarios.

Los servicios de prevención de los hospitales y centros sanitarios que se creen podrán incorporar a los profesionales sanitarios que en la actualidad prestan sus servicios en las unidades de medicina preventiva, con titulación oficial de medicina preventiva y salud pública o de ATS/DUE, que acrediten en la actualidad o puedan acreditar en el plazo máximo de cinco años desde su incorporación la formación que habilite para el desempeño de las funciones de nivel superior a que se refieren los artículos 34 y 37 del Real Decreto 39/1997, de 17 de enero, por el que se aprueba el Reglamento de los Servicios de Prevención.

Las nuevas incorporaciones que sea necesario realizar en virtud de la aplicación de los criterios oficialmente aprobados por la autoridad competente para determinar el número mínimo de profesionales sanitarios de que debe constar cada uno de los servicios de prevención, se efectuarán con facultativos especialistas en Medicina del Trabajo, diplomados en Medicina de Empresa o ATS de empresa. El mismo criterio se aplicará a las incorporaciones que se produzcan en el futuro, con motivo de la cobertura de vacantes de personal sanitario en los servicios de prevención.

Segunda. Servicios de prevención de determinados Departamentos y Organismos públicos.

Sin perjuicio de la realización de las actividades preventivas establecidas en la legislación vigente, deberán estar constituidos en el plazo máximo de un año, a partir de la entrada en vigor del presente Real Decreto, los servicios de prevención propios de aquellas provincias en las que un Departamento ministerial u Organismo público con estructura periférica cuente con más de 50 centros de trabajo.

DISPOSICIÓN DEROGATORIA

Única. Alcance de la derogación normativa.

Quedan derogadas cuantas disposiciones de igual o inferior rango se opongan a lo dispuesto en el presente Real Decreto.

DISPOSICIÓN FINAL

Única. Entrada en vigor.

El presente Real Decreto entrará en vigor a los dos meses de su publicación en el «Boletín Oficial del Estado».

c) *Coordinación de actividades empresariales*

§ 24.5 REAL DECRETO 171/2004, DE 30 ENERO. DESARROLLA EL ARTÍCULO 24 DE LA LEY 31/1995, DE 8 NOVIEMBRE, DE PREVENCIÓN DE RIESGOS LABORALES, EN MATERIA DE COORDINACIÓN DE ACTIVIDADES EMPRESARIALES

(BOE núm. 27, de 31 enero; rect. BOE núm. 60, de 10 marzo [RCL 2004, 261 y 623])

PREÁMBULO

El diálogo social desarrollado entre el Gobierno y las organizaciones empresariales y sindicales desde octubre de 2002 en la Mesa de Diálogo Social en materia de Prevención de Riesgos Laborales y el diálogo institucional entre el Gobierno y las Comunidades Autónomas en el seno de la Conferencia Sectorial de Asuntos Laborales dieron lugar el 30 de diciembre de 2002 a un diagnóstico común sobre los problemas e insuficiencias apreciados en materia de prevención de riesgos laborales y a una serie de propuestas para su solución acordadas entre el Gobierno, la Confederación Española de Organizaciones Empresariales, la Confederación Española de la Pequeña y la Mediana Empresa, Comisiones Obreras y la Unión General de Trabajadores, propuestas que fueron refrendadas posteriormente por el Pleno de la Comisión Nacional de Seguridad y Salud en el Trabajo de 29 de enero de 2003.

Ese doble diálogo se ha visto respaldado con la aprobación de la Ley 54/2003, de 12 de diciembre, de Reforma del Marco Normativo de la Prevención de Riesgos Laborales, que, por lo que aquí interesa, añade un apartado 6 al artículo 24 de la Ley 31/1995, de 8 de noviembre, de Prevención de Riesgos Laborales, por el que se establece de manera expresa la necesidad de desarrollar reglamentariamente las previsiones que en materia de coordinación de actividades empresariales regula el citado artículo.

Debe igualmente recordarse que, dentro de las propuestas de la Mesa de Diálogo Social sobre Prevención de Riesgos Laborales, los agentes sociales habían acordado iniciar un proceso de diálogo con vistas a la aprobación por el Gobierno de un texto para el desarrollo reglamentario del artículo 24 de la Ley 31/1995, de 8 de noviembre, de Prevención de Riesgos Laborales. En este sentido, los interlocutores sociales remitieron el pasado mes de julio al Gobierno un conjunto de criterios comunes para el desarrollo de los apartados 1 y 2 del artículo 24 de la Ley 31/1995, de 8 de noviembre, de Prevención de Riesgos Laborales, así como una serie de consideraciones más generales para el desarrollo de su apartado 3.

Este Real Decreto viene a dar cumplimiento al mandato de desarrollar reglamentariamente el artículo 24 de la Ley 31/1995, de 8 de noviembre, de Prevención de Riesgos Laborales, y toma como base para ello los criterios comunes y consideraciones generales consensuados por los agentes sociales.

En esta Norma son objeto de tratamiento los distintos supuestos en los que, conforme al citado artículo, es necesaria la coordinación de actividades empresariales y los medios que deben establecerse con esta finalidad, buscando siempre un adecuado equilibrio entre la seguridad y la salud de los trabajadores y la flexibilidad en la aplicación por las empresas que incida en la reducción de los indeseados índices de siniestralidad laboral.

Por un lado, la seguridad y la salud de los trabajadores. En este sentido, este Real Decreto supone un nuevo paso para combatir la siniestralidad laboral y, por tanto, su aprobación servirá para reforzar la seguridad y la salud en el trabajo en los supuestos de concurrencia de actividades empresariales en un mismo centro de trabajo, esto es, en los casos cada día más habituales en que un empresario subcontrata con otras empresas la realización de obras o servicios en su centro de trabajo.

Por otro lado, la flexibilidad en la aplicación por las empresas, referida a que el desarrollo y precisión de lo establecido en el artículo 24 de la Ley 31/1995, de 8 de noviembre, de Prevención de Riesgos Laborales, se lleva a cabo mediante la oferta de un abanico de posibilidades que permitirá en cada caso la elección de los medios más adecuados y, por ello, más eficientes para coordinar las actividades empresariales en materia de prevención de riesgos laborales. Al mismo tiempo, esa elección exigirá una real implicación en la coordinación de actividades empresariales que alejará un siempre bien censurado cumplimiento meramente formal.

Con objeto de establecer las disposiciones mínimas que los diferentes empresarios que coinciden en un mismo centro de trabajo habrán de poner en práctica para prevenir los riesgos laborales derivados de la concurrencia de actividades empresariales y, por tanto, para que esta concurrencia no repercuta en la seguridad y la salud de los trabajadores de las empresas concurrentes, el Real Decreto se estructura en seis capítulos, tres disposiciones adicionales y una disposición final.

En el capítulo I se aborda la definición de tres elementos, presentes en el artículo 24 de la Ley 31/1995, de 8 de noviembre, de Prevención de Riesgos Laborales, tan esenciales como debatidos y, por ello, de obligada clarificación aquí: se trata de centro de trabajo, empresario titular del centro de trabajo y empresario principal. Se completa este capítulo estableciendo los objetivos que la coordinación de actividades empresariales para la prevención de riesgos laborales ha de satisfacer, objetivos de la coordinación que constituyen una de las piedras angulares del Real Decreto y que, por tanto, deben ser cumplidos por cuantos, estando en alguna de las situaciones de concurrencia previstas en la Ley 31/1995, de 8 de noviembre, de Prevención de Riesgos Laborales, deben cooperar y coordinar sus actividades preventivas.

El capítulo II se dedica al desarrollo del apartado 1 del artículo 24 de la Ley 31/1995, de 8 de noviembre, de Prevención de Riesgos Laborales, referido a todos los supuestos en que en un mismo centro de trabajo desarrollen actividades trabajadores de dos o más empresas, regulándose, en primer lugar, el deber de cooperar, que implica para las empresas concurrentes informarse recíprocamente antes del inicio de las actividades en el mismo centro de trabajo sobre los riesgos específicos de tales actividades que puedan afectar a los trabajadores de las demás empresas. Tal información será tenida en cuenta por los empresarios concurrentes al cumplir lo previsto en el artículo 16 de la Ley 31/1995, de 8 de noviembre, de Prevención de Riesgos Laborales. A esto se une la transmisión de tales informaciones, pues el deber de cooperar se completa con la información que cada empresario ha de dar a sus respectivos trabajadores de los riesgos derivados de la concurrencia de actividades empresariales en el mismo centro de trabajo. En cumplimiento del deber de cooperación, los empresarios concurrentes en el centro de trabajo establecerán los medios de coordinación para la prevención de riesgos laborales que consideren necesarios y pertinentes en los términos previstos en el capítulo V, precisando que para ello se tendrán en cuenta junto a la peligrosidad de las actividades desarrolladas en el centro de trabajo, el número de trabajadores y la duración de la concurrencia de actividades.

El capítulo III, que desarrolla el apartado 2 del artículo 24 de la Ley 31/1995, de 8 de noviembre, de Prevención de Riesgos Laborales, está centrado en el papel del empresario titular del centro donde se lleven a cabo las actividades de los trabajadores de dos o más empresas. El empresario titular debe cumplir, debido a su condición de persona que ostenta la capacidad de poner a disposición y gestionar el centro de trabajo, determinadas medidas en materia de información e instrucciones en relación con los otros empresarios concurrentes.

El capítulo IV desarrolla el apartado 3 del artículo 24 de la Ley 31/1995, de 8 de noviembre, de Prevención de Riesgos Laborales, y se refiere al deber de vigilancia encomendado por la ley a las empresas que contraten o subcontraten con otras la realización de obras o servicios correspondientes a la propia actividad de aquéllas y que se desarrolla en sus propios centros de trabajo. El deber de vigilancia, sin perjuicio de lo establecido en el artículo 42.3 del Texto Refundido de la Ley de Infracciones y Sanciones en el Orden Social, aprobado por el Real Decreto Legislativo 5/2000, de 4 de agosto, da lugar a la realización de determinadas comprobaciones por parte del empresario principal: que la empresa contratista o subcontratista dispone de la evaluación de los riesgos y de planificación de la actividad preventiva, que dichas empresas han cumplido sus obligaciones en materia de formación e información y que han establecido los medios de coordinación necesarios.

El Real Decreto tiene adecuadamente en cuenta lo dispuesto en el apartado 5 del artículo 24 de la Ley 31/1995, de 8 de noviembre, de Prevención de Riesgos Laborales, subrayando que los deberes de cooperación y de información afectan a los trabajadores autónomos de la misma forma que a las empresas cuyos trabajadores desarrollen actividades en un mismo centro de trabajo.

El capítulo V de la norma, aplicable a las diversas situaciones en que puede darse la concurrencia, está dedicado a los medios de coordinación. Comienza con una relación no exhaustiva de ellos, entre los que los empresarios podrán optar según el grado de peligrosidad de las actividades desarrolladas en el centro de trabajo, el número de trabajadores de las empresas presentes y la duración de la concurrencia de actividades: intercambio de información y comunicaciones, reuniones de coordinación de las empresas, presencia en el centro de trabajo de los recursos preventivos... Debe resaltarse que lo importante son los objetivos perseguidos con la coordinación de las actividades empresariales para la prevención de los riesgos laborales, y que los medios adquieren su relevancia en la medida en que resulten idóneos para la consecución de tales objetivos.

A continuación se regula la determinación de los medios de coordinación, respecto de la que se reconoce la iniciativa para su establecimiento del empresario titular del centro de trabajo cuyos trabajadores desarrollen actividades en él o, en su defecto, del empresario principal. Concluye este capítulo dedicando especial atención a la designación de una o más personas como encargadas de la coordinación de actividades preventivas, que es destacada por la norma al considerarse como medio preferente de coordinación en determinadas situaciones en que la coordinación resulta especialmente compleja y presenta ciertas dificultades.

Por último, el capítulo VI está dedicado, en el marco de la normativa vigente, a los derechos de los representantes de los trabajadores, y destaca, junto a la información a los delegados de prevención o, en su defecto, representantes legales de los trabajadores sobre las situaciones de concurrencia de actividades empresariales en el centro de trabajo, su participación en tales situaciones en la medida en que repercuta en la seguridad y salud de los trabajadores por ellos representados. Se contempla asimismo la posibilidad ya apuntada por el artículo 39 de la Ley 31/1995, de 8 de noviembre, de Prevención de Riesgos Laborales, de realización de reuniones conjuntas de los comités de seguridad y salud, matizándose que dichas reuniones podrán ser con los propios empresarios cuando la empresa carezca de dicho comité.

Concluye el Real Decreto con una disposición adicional relativa a su aplicación en las obras de construcción. Si bien las obras se seguirán rigiendo por su normativa específica y sus propios medios de coordinación sin alterar las obligaciones actualmente vigentes (estudio de seguridad y salud en el trabajo durante la fase de proyecto elaborado a instancias del promotor, existencia de un coordinador de seguridad y salud durante la realización de la obra, plan de seguridad y salud realizado por el contratista...), esa normativa específica resultará enriquecida por lo establecido en este Real Decreto a través de la información preventiva que deben intercambiarse los empresarios concurrentes en la obra y mediante la clarificación de las medidas que deben adoptar los diferentes sujetos intervinientes en las obras.

Asimismo, en sendas disposiciones adicionales se destaca el papel de la negociación colectiva en la coordinación preventiva de actividades empresariales y se precisa que la información o documentación que como consecuencia de lo establecido en el mismo se genere por escrito queda sujeta a lo previsto en el artículo 23 de la Ley 31/1995, de 8 de noviembre, de Prevención de Riesgos Laborales.

Este Real Decreto se dicta de conformidad con el artículo 24.6 de la Ley 31/1995, de 8 de noviembre, de Prevención de Riesgos Laborales, y en su elaboración han sido consultadas las organizaciones sindicales y empresariales más representativas y oída la Comisión Nacional de Seguridad y Salud en el Trabajo.

En su virtud, a propuesta del Ministro de Trabajo y Asuntos Sociales, el Consejo de Estado y previa deliberación del Consejo de Ministros en su reunión del día 30 de enero de 2004, dispongo:

CAPÍTULO I
Disposiciones generales

Artículo 1. Objeto del Real Decreto.

1. Este Real Decreto tiene por objeto el desarrollo del artículo 24 de la Ley 31/1995, de 8 de noviembre, de Prevención de Riesgos Laborales, referido a la coordinación de actividades empresariales.

2. Las disposiciones establecidas en este Real Decreto tienen el carácter de normas mínimas para la protección de la seguridad y salud de los trabajadores en los supuestos de coordinación de actividades empresariales.

Artículo 2. Definiciones.

A los efectos de lo establecido en este Real Decreto, se entenderá por:

a) Centro de trabajo: cualquier área, edificada o no, en la que los trabajadores deban permanecer o a la que deban acceder por razón de su trabajo.

b) Empresario titular del centro de trabajo: la persona que tiene la capacidad de poner a disposición y gestionar el centro de trabajo.

c) Empresario principal: el empresario que contrata o subcontrata con otros la realización de obras o servicios correspondientes a la propia actividad de aquél y que se desarrollan en su propio centro de trabajo.

Artículo 3. Objetivos de la coordinación.

La coordinación de actividades empresariales para la prevención de los riesgos laborales deberá garantizar el cumplimiento de los siguientes objetivos:

a) La aplicación coherente y responsable de los principios de la acción preventiva establecidos en el artículo 15 de la Ley 31/1995, de 8 de noviembre, de Prevención de Riesgos Laborales, por las empresas concurrentes en el centro de trabajo.

b) La aplicación correcta de los métodos de trabajo por las empresas concurrentes en el centro de trabajo.

c) El control de las interacciones de las diferentes actividades desarrolladas en el centro de trabajo, en particular cuando puedan generar riesgos calificados como graves o muy graves o cuando se desarrollen en el centro de trabajo actividades incompatibles entre sí por su incidencia en la seguridad y la salud de los trabajadores.

d) La adecuación entre los riesgos existentes en el centro de trabajo que puedan afectar a los trabajadores de las empresas concurrentes y las medidas aplicadas para su prevención.

CAPÍTULO II

Concurrencia de trabajadores de varias empresas en un mismo centro de trabajo

Artículo 4. Deber de cooperación.

1. Cuando en un mismo centro de trabajo desarrollen actividades trabajadores de dos o más empresas, éstas deberán cooperar en la aplicación de la normativa de prevención de riesgos laborales en la forma que se establece en este capítulo.

El deber de cooperación será de aplicación a todas las empresas y trabajadores autónomos concurrentes en el centro de trabajo, existan o no relaciones jurídicas entre ellos.

2. Las empresas a que se refiere el apartado 1 deberán informarse recíprocamente sobre los riesgos específicos de las actividades que desarrollen en el centro de trabajo que puedan afectar a los trabajadores de las otras empresas concurrentes en el centro, en particular sobre aquellos que puedan verse agravados o modificados por circunstancias derivadas de la concurrencia de actividades.

La información deberá ser suficiente y habrá de proporcionarse antes del inicio de las actividades, cuando se produzca un cambio en las actividades concurrentes que sea relevante a efectos preventivos y cuando se haya producido una situación de emergencia.

La información se facilitará por escrito cuando alguna de las empresas genere riesgos calificados como graves o muy graves.

Cuando, como consecuencia de los riesgos de las actividades concurrentes, se produzca un accidente de trabajo, el empresario deberá informar de aquél a los demás empresarios presentes en el centro de trabajo.

3. Los empresarios a que se refiere el apartado 1 deberán comunicarse de inmediato toda situación de emergencia susceptible de afectar a la salud o la seguridad de los trabajadores de las empresas presentes en el centro de trabajo.

4. La información a que se refiere el apartado 2 deberá ser tenida en cuenta por los empresarios concurrentes en el centro de trabajo en la evaluación de los riesgos y en la planificación de su actividad preventiva a las que se refiere el artículo 16 de la Ley 31/1995, de 8 de noviembre, de Prevención de Riesgos Laborales.

Para ello, los empresarios habrán de considerar los riesgos que, siendo propios de cada empresa, surjan o se agraven precisamente por las circunstancias de concurrencia en que las actividades se desarrollan.

5. Cada empresario deberá informar a sus trabajadores respectivos de los riesgos derivados de la concurrencia de actividades empresariales en el mismo centro de trabajo en los términos previstos en el artículo 18.1 de la Ley 31/1995, de 8 de noviembre, de Prevención de Riesgos Laborales.

Artículo 5. Medios de coordinación de los empresarios concurrentes.

1. En cumplimiento del deber de cooperación, los empresarios concurrentes en el centro de trabajo establecerán los medios de coordinación para la prevención de riesgos laborales que consideren necesarios y pertinentes en los términos previstos en el capítulo V de este Real Decreto.

2. Al establecer los medios de coordinación se tendrán en cuenta el grado de peligrosidad de las actividades que se desarrollen en el centro de trabajo, el número de trabajadores de las empresas

presentes en el centro de trabajo y la duración de la concurrencia de las actividades desarrolladas por tales empresas.

CAPÍTULO III

Concurrencia de trabajadores de varias empresas en un centro de trabajo del que un empresario es titular

Artículo 6. Medidas que debe adoptar el empresario titular.

El empresario titular del centro de trabajo, además de cumplir las medidas establecidas en el capítulo II cuando sus trabajadores desarrollen actividades en el centro de trabajo, deberá adoptar, en relación con los otros empresarios concurrentes, las medidas establecidas en los artículos 7 y 8.

Artículo 7. Información del empresario titular.

1. El empresario titular deberá informar a los otros empresarios concurrentes sobre los riesgos propios del centro de trabajo que puedan afectar a las actividades por ellos desarrolladas, las medidas referidas a la prevención de tales riesgos y las medidas de emergencia que se deben aplicar.

2. La información deberá ser suficiente y habrá de proporcionarse antes del inicio de las actividades y cuando se produzca un cambio en los riesgos propios del centro de trabajo que sea relevante a efectos preventivos.

3. La información se facilitará por escrito cuando los riesgos propios del centro de trabajo sean calificados como graves o muy graves.

Artículo 8. Instrucciones del empresario titular.

1. Recibida la información a que se refiere el artículo 4.2, el empresario titular del centro de trabajo, cuando sus trabajadores desarrollen actividades en él, dará al resto de empresarios concurrentes instrucciones para la prevención de los riesgos existentes en el centro de trabajo que puedan afectar a los trabajadores de las empresas concurrentes y sobre las medidas que deben aplicarse cuando se produzca una situación de emergencia.

2. Las instrucciones deberán ser suficientes y adecuadas a los riesgos existentes en el centro de trabajo que puedan afectar a los trabajadores de las empresas concurrentes y a las medidas para prevenir tales riesgos.

3. Las instrucciones habrán de proporcionarse antes del inicio de las actividades y cuando se produzca un cambio en los riesgos existentes en el centro de trabajo que puedan afectar a los trabajadores de las empresas concurrentes que sea relevante a efectos preventivos.

4. Las instrucciones se facilitarán por escrito cuando los riesgos existentes en el centro de trabajo que puedan afectar a los trabajadores de las empresas concurrentes sean calificados como graves o muy graves.

Artículo 9. Medidas que deben adoptar los empresarios concurrentes.

1. Los empresarios que desarrollen actividades en un centro de trabajo del que otro empresario sea titular tendrán en cuenta la información recibida de éste en la evaluación de los riesgos y en la planificación de su actividad preventiva a las que se refiere el artículo 16 de la Ley 31/1995, de 8 de noviembre, de Prevención de Riesgos Laborales.

2. Las instrucciones a que se refiere el artículo 8 dadas por el empresario titular del centro de trabajo deberán ser cumplidas por los demás empresarios concurrentes.

3. Los empresarios concurrentes deberán comunicar a sus trabajadores respectivos la información y las instrucciones recibidas del empresario titular del centro de trabajo en los términos previstos en el artículo 18.1 de la Ley 31/1995, de 8 de noviembre, de Prevención de Riesgos Laborales.

4. Las medidas a que se refieren los apartados anteriores serán de aplicación a todas las empresas y trabajadores autónomos que desarrollen actividades en el centro de trabajo, existan o no relaciones jurídicas entre el empresario titular y ellos.

CAPÍTULO IV

Concurrencia de trabajadores de varias empresas en un centro de trabajo cuando existe un empresario principal

Artículo 10. Deber de vigilancia del empresario principal.

1. El empresario principal, además de cumplir las medidas establecidas en los capítulos II y III de este Real Decreto, deberá vigilar el cumplimiento de la normativa de prevención de riesgos laborales

por parte de las empresas contratistas o subcontratistas de obras y servicios correspondientes a su propia actividad y que se desarrollen en su propio centro de trabajo.

2. Antes del inicio de la actividad en su centro de trabajo, el empresario principal exigirá a las empresas contratistas y subcontratistas que le acrediten por escrito que han realizado, para las obras y servicios contratados, la evaluación de riesgos y la planificación de su actividad preventiva.

Asimismo, el empresario principal exigirá a tales empresas que le acrediten por escrito que han cumplido sus obligaciones en materia de información y formación respecto de los trabajadores que vayan a prestar sus servicios en el centro de trabajo.

Las acreditaciones previstas en los párrafos anteriores deberán ser exigidas por la empresa contratista, para su entrega al empresario principal, cuando subcontratara con otra empresa la realización de parte de la obra o servicio.

3. El empresario principal deberá comprobar que las empresas contratistas y subcontratistas concurrentes en su centro de trabajo han establecido los necesarios medios de coordinación entre ellas.

4. Lo dispuesto en este artículo se entiende sin perjuicio de lo establecido en el artículo 42.3 del Texto Refundido de la Ley de Infracciones y Sanciones en el Orden Social, aprobado por el Real Decreto Legislativo 5/2000, de 4 de agosto.

⇒ La norma remitida puede verse en el §40.1.

CAPÍTULO V

Medios de coordinación

Artículo 11. Relación no exhaustiva de medios de coordinación.

Sin perjuicio de cualesquiera otros que puedan establecer las empresas concurrentes en el centro de trabajo, de los que puedan establecerse mediante la negociación colectiva y de los establecidos en la normativa de prevención de riesgos laborales para determinados sectores y actividades, se consideran medios de coordinación cualesquiera de los siguientes:

a) El intercambio de información y de comunicaciones entre las empresas concurrentes.

b) La celebración de reuniones periódicas entre las empresas concurrentes.

c) Las reuniones conjuntas de los comités de seguridad y salud de las empresas concurrentes o, en su defecto, de los empresarios que carezcan de dichos comités con los delegados de prevención.

d) La impartición de instrucciones.

e) El establecimiento conjunto de medidas específicas de prevención de los riesgos existentes en el centro de trabajo que puedan afectar a los trabajadores de las empresas concurrentes o de procedimientos o protocolos de actuación.

f) La presencia en el centro de trabajo de los recursos preventivos de las empresas concurrentes.

g) La designación de una o más personas encargadas de la coordinación de las actividades preventivas.

Artículo 12. Determinación de los medios de coordinación.

1. Recibida la información a que se refieren los capítulos II a IV de este Real Decreto, y antes del inicio de las actividades, los empresarios concurrentes en el centro de trabajo establecerán los medios de coordinación que consideren necesarios y pertinentes para el cumplimiento de los objetivos previstos en el artículo 3.

La iniciativa para el establecimiento de los medios de coordinación corresponderá al empresario titular del centro de trabajo cuyos trabajadores desarrollen actividades en éste o, en su defecto, al empresario principal.

2. Los medios de coordinación deberán actualizarse cuando no resulten adecuados para el cumplimiento de los objetivos a que se refiere el artículo 3.

3. Cada empresario deberá informar a sus trabajadores respectivos sobre los medios de coordinación establecidos en los términos previstos en el artículo 18.1 de la Ley 31/1995, de 8 de noviembre, de Prevención de Riesgos Laborales.

Cuando los medios de coordinación establecidos sean la presencia de recursos preventivos en el centro de trabajo o la designación de una o más personas encargadas de la coordinación de actividades empresariales, se facilitarán a los trabajadores los datos necesarios para permitirles su identificación.

Artículo 13. Designación de una o más personas encargadas de la coordinación de las actividades preventivas.

1. La designación de una o más personas encargadas de la coordinación de las actividades preventivas se considerará medio de coordinación preferente cuando concurran dos o más de las siguientes condiciones:

a) Cuando en el centro de trabajo se realicen, por una de las empresas concurrentes, actividades o procesos reglamentariamente considerados como peligrosos o con riesgos especiales, que puedan afectar a la seguridad y salud de los trabajadores de las demás empresas presentes.

b) Cuando exista una especial dificultad para controlar las interacciones de las diferentes actividades desarrolladas en el centro de trabajo que puedan generar riesgos calificados como graves o muy graves.

c) Cuando exista una especial dificultad para evitar que se desarrollen en el centro de trabajo, sucesiva o simultáneamente, actividades incompatibles entre sí desde la perspectiva de la seguridad y la salud de los trabajadores.

d) Cuando exista una especial complejidad para la coordinación de las actividades preventivas como consecuencia del número de empresas y trabajadores concurrentes, del tipo de actividades desarrolladas y de las características del centro de trabajo.

2. Cuando existan razones técnicas u organizativas justificadas, la designación de una o más personas encargadas de las actividades preventivas podrá sustituirse por cualesquiera otros medios de coordinación que garanticen el cumplimiento de los objetivos a que se refiere el artículo 3.

3. La persona o las personas encargadas de la coordinación de las actividades preventivas serán designadas por el empresario titular del centro de trabajo cuyos trabajadores desarrollen actividades en él.

Podrán ser encargadas de la coordinación de las actividades preventivas las siguientes personas:

a) Uno o varios de los trabajadores designados para el desarrollo de las actividades preventivas por el empresario titular del centro de trabajo o por los demás empresarios concurrentes, de conformidad con el artículo 30 de la Ley 31/1995, de 8 de noviembre, de Prevención de Riesgos Laborales y con el artículo 12 del Real Decreto 39/1997, de 17 de enero, por el que se aprueba el Reglamento de los Servicios de Prevención.

b) Uno o varios miembros del servicio de prevención propio de la empresa titular del centro de trabajo o de las demás empresas concurrentes.

c) Uno o varios miembros del servicio de prevención ajeno concertado por la empresa titular del centro de trabajo o por las demás empresas concurrentes.

d) Uno o varios trabajadores de la empresa titular del centro de trabajo o de las demás empresas concurrentes que, sin formar parte del servicio de prevención propio ni ser trabajadores designados, reúnan los conocimientos, la cualificación y la experiencia necesarios en las actividades a que se refiere el apartado 1.

e) Cualquier otro trabajador de la empresa titular del centro de trabajo que, por su posición en la estructura jerárquica de la empresa y por las funciones técnicas que desempeñen en relación con el proceso o los procesos de producción desarrollados en el centro, esté capacitado para la coordinación de las actividades empresariales.

f) Una o varias personas de empresas dedicadas a la coordinación de actividades preventivas, que reúnan las competencias, los conocimientos y la cualificación necesarios en las actividades a que se refiere el apartado 1.

En cualquier caso, la persona o personas encargadas de la coordinación de actividades preventivas deberán mantener la necesaria colaboración con los recursos preventivos de los empresarios concurrentes.

4. Cuando los recursos preventivos de la empresa a la que pertenezcan deban estar presentes en el centro de trabajo, la persona o las personas a las que se asigne el cumplimiento de lo previsto en el artículo 32 bis de la Ley 31/1995, de 8 de noviembre, de Prevención de Riesgos Laborales, podrán ser igualmente encargadas de la coordinación de actividades preventivas.

Lo dispuesto en el párrafo anterior sólo será de aplicación cuando se trate de las personas previstas en los párrafos a) a d) del apartado anterior y siempre que ello sea compatible con el cumplimiento de la totalidad de las funciones que tuviera encomendadas.

Artículo 14. Funciones de la persona o las personas encargadas de la coordinación de las actividades preventivas.

1. La persona o las personas encargadas de la coordinación de las actividades preventivas tendrán las siguientes funciones:

a) Favorecer el cumplimiento de los objetivos previstos en el artículo 3.

b) Servir de cauce para el intercambio de las informaciones que, en virtud de lo establecido en este Real Decreto, deben intercambiarse las empresas concurrentes en el centro de trabajo.

c) Cualesquiera otras encomendadas por el empresario titular del centro de trabajo.

2. Para el ejercicio adecuado de sus funciones, la persona o las personas encargadas de la coordinación estarán facultadas para:

a) Conocer las informaciones que, en virtud de lo establecido en este Real Decreto, deben intercambiarse las empresas concurrentes en el centro de trabajo, así como cualquier otra documentación de carácter preventivo que sea necesaria para el desempeño de sus funciones.

b) Acceder a cualquier zona del centro de trabajo.

c) Impartir a las empresas concurrentes las instrucciones que sean necesarias para el cumplimiento de sus funciones.

d) Proponer a las empresas concurrentes la adopción de medidas para la prevención de los riesgos existentes en el centro de trabajo que puedan afectar a los trabajadores presentes.

3. La persona o las personas encargadas de la coordinación deberán estar presentes en el centro de trabajo durante el tiempo que sea necesario para el cumplimiento de sus funciones.

4. La persona o personas encargadas de la coordinación de actividades preventivas deberán contar con la formación preventiva correspondiente, como mínimo, a las funciones del nivel intermedio.

CAPÍTULO VI

Derechos de los representantes de los trabajadores

Artículo 15. Delegados de prevención.

1. Para el ejercicio de los derechos establecidos en el capítulo V de la Ley 31/1995, de 8 de noviembre, de Prevención de Riesgos Laborales, los delegados de prevención o, en su defecto, los representantes legales de los trabajadores serán informados cuando se concierte un contrato de prestación de obras o servicios en los términos previstos en el artículo 42.4 y 5 y en el artículo 64.1.1° del Texto Refundido de la Ley del Estatuto de los Trabajadores, aprobado por el Real Decreto Legislativo 1/1995, de 24 de marzo.

2. Los delegados de prevención o, en su defecto, los representantes legales de los trabajadores de la empresa titular del centro de trabajo cuyos trabajadores desarrollen actividades en el centro de trabajo serán consultados, en los términos del artículo 33 de la Ley 31/1995, de 8 de noviembre, de Prevención de Riesgos Laborales, y en la medida en que repercuta en la seguridad y salud de los trabajadores por ellos representados, sobre la organización del trabajo en el centro de trabajo derivada de la concurrencia de otras empresas en aquél.

3. Los delegados de prevención o, en su defecto, los representantes legales de los trabajadores de la empresa titular del centro de trabajo cuyos trabajadores desarrollen actividades en el centro de trabajo estarán facultados, en los términos del artículo 36 de la Ley 31/1995, de 8 de noviembre, de Prevención de Riesgos Laborales, y en la medida en que repercuta en la seguridad y salud de los trabajadores por ellos representados, para:

a) Acompañar a los Inspectores de Trabajo y Seguridad Social en las visitas y verificaciones en el centro de trabajo para comprobar el cumplimiento de la normativa de prevención de riesgos laborales en materia de coordinación de actividades empresariales, ante los que podrán formular las observaciones que estimen oportunas.

b) Realizar visitas al centro de trabajo para ejercer una labor de vigilancia y control del estado de las condiciones de trabajo derivadas de la concurrencia de actividades; a tal fin podrán acceder a cualquier zona del centro de trabajo y comunicarse durante la jornada con los delegados de prevención o representantes legales de los trabajadores de las demás empresas concurrentes o, en su defecto, con tales trabajadores, de manera que no se altere el normal desarrollo del proceso productivo.

c) Recabar de su empresario la adopción de medidas para la coordinación de actividades preventivas; a tal fin podrán efectuar propuestas al comité de seguridad y salud para su discusión en éste.

d) Dirigirse a la o las personas encargadas de la coordinación de actividades preventivas para que proponga la adopción de medidas para la prevención de los riesgos existentes en el centro de trabajo que puedan afectar a los trabajadores de las empresas concurrentes.

Artículo 16. Comités de seguridad y salud.

Los comités de seguridad y salud de las empresas concurrentes o, en su defecto, los empresarios que carezcan de dichos comités y los delegados de prevención podrán acordar la realización de reuniones conjuntas u otras medidas de actuación coordinada, en particular cuando, por los riesgos existentes en el centro de trabajo que incidan en la concurrencia de actividades, se considere necesaria la consulta para analizar la eficacia de los medios de coordinación establecidos por las empresas concurrentes o para proceder a su actualización.

DISPOSICIONES ADICIONALES

Primera. Aplicación del Real Decreto en las obras de construcción.

Las obras incluidas en el ámbito de aplicación del Real Decreto 1627/1997, de 24 de octubre, por el que se establecen disposiciones mínimas de seguridad y salud en las obras de construcción, se regirán por lo establecido en el citado Real Decreto. A los efectos de lo establecido en este Real Decreto, se tendrá en cuenta lo siguiente:

a) La información del artículo 7 se entenderá cumplida por el promotor mediante el estudio de seguridad y salud o el estudio básico, en los términos establecidos en los artículos 5 y 6 del Real Decreto 1627/1997, de 24 de octubre.

Las instrucciones del artículo 8 se entenderán cumplidas por el promotor mediante las impartidas por el coordinador de seguridad y salud durante la ejecución de la obra, cuando tal figura exista; en otro caso, serán impartidas por la dirección facultativa.

b) Las medidas establecidas en el capítulo IV para el empresario principal corresponden al contratista definido en el artículo 2.1.h) del Real Decreto 1627/1997, de 24 de octubre.

c) Los medios de coordinación en el sector de la construcción serán los establecidos en Real Decreto 1627/1997, de 24 de octubre, y en la disposición adicional decimocuarta de la Ley 31/1995, de 8 de noviembre, de Prevención de Riesgos Laborales, así como cualesquiera otros complementarios que puedan establecer las empresas concurrentes en la obra.

Segunda. Negociación colectiva.

De conformidad con el artículo 2.2 de la Ley 31/1995, de 8 de noviembre, de Prevención de Riesgos Laborales, los convenios colectivos podrán incluir disposiciones sobre las materias reguladas en este Real Decreto, en particular en aspectos tales como la información a los trabajadores y sus representantes sobre la contratación y subcontratación de obras y servicios o la cooperación de los delegados de prevención en la aplicación y fomento de las medidas de prevención y protección adoptadas.

Tercera. Documentación escrita.

Cualquier información o documentación derivada de lo establecido en este Real Decreto que se formalice por escrito formará parte de la documentación a que se refiere el artículo 23 de la Ley 31/1995, de 8 de noviembre, de Prevención de Riesgos Laborales.

DISPOSICIONES FINALES

Primera. Habilitación competencial.

Este Real Decreto constituye legislación laboral, y se dicta al amparo del artículo 149.1.7ª de la Constitución. Respecto del personal civil con relación de carácter administrativo o estatutario al servicio de las Administraciones públicas constituye normativa básica al amparo del artículo 149.1.18ª de la Constitución.

Segunda. Entrada en vigor.

El presente Real Decreto entrará en vigor a los tres meses de su publicación en el «Boletín Oficial del Estado».

§ 24.6 LEY 32/2006, DE 18 OCTUBRE. LEY REGULADORA DE LA SUBCONTRATACIÓN EN EL SECTOR DE LA CONSTRUCCIÓN

(BOE núm. 250, de 19 octubre [RCL 2006, 1894])

EXPOSICIÓN DE MOTIVOS

Tras diez años de promulgación de la Ley 31/1995, de 8 de noviembre, de Prevención de Riesgos Laborales, y después de su desarrollo reglamentario, es un hecho incontestable que, pese a todo, y a los ingentes esfuerzos realizados por los distintos actores implicados en la prevención de riesgos laborales (Estado, Comunidades Autónomas, Agentes Sociales, Entidades especializadas, etcétera), existe un sector como el de la construcción que, constituyendo uno de los ejes del crecimiento económico de nuestro país, está sometido a unos riesgos especiales y continúa registrando una siniestralidad laboral muy notoria por sus cifras y gravedad.

Son numerosos los estudios y análisis desarrollados para evaluar las causas de tales índices de siniestralidad en este sector, sin que resulte posible atribuir el origen de esta situación a una causa única, dada su complejidad.

Uno de esos factores puede estar relacionado con la utilización de una forma de organización productiva, que tiene una importante tradición en el sector, pero que ha adquirido en las últimas décadas un especial desarrollo en el mismo, también como reflejo de la externalización productiva que se da en otros sectores, aunque en éste con especial intensidad. Esta forma de organización no es otra que la denominada «subcontratación».

Hay que tener en cuenta que la contratación y subcontratación de obras o servicios es una expresión de la libertad de empresa que reconoce la Constitución Española en su artículo 38 y que, en el marco de una economía de mercado, cualquier forma de organización empresarial es lícita, siempre que no contraríe el ordenamiento jurídico. La subcontratación permite en muchos casos un mayor grado de especialización, de cualificación de los trabajadores y una más frecuente utilización de los medios técnicos que se emplean, lo que influye positivamente en la inversión en nueva tecnología. Además, esta forma de organización facilita la participación de las pequeñas y medianas empresas en la actividad de la construcción, lo que contribuye a la creación de empleo. Estos aspectos determinan una mayor eficiencia empresarial.

Sin embargo, el exceso en las cadenas de subcontratación, especialmente en este sector, además de no aportar ninguno de los elementos positivos desde el punto de vista de la eficiencia empresarial que se deriva de la mayor especialización y cualificación de los trabajadores, ocasiona, en no pocos casos, la participación de empresas sin una mínima estructura organizativa que permita garantizar que se hallan en condiciones de hacer frente a sus obligaciones de protección de la salud y la seguridad de los trabajadores, de tal forma que su participación en el encadenamiento sucesivo e injustificado de subcontrataciones opera en menoscabo de los márgenes empresariales y de la calidad de los servicios proporcionados de forma progresiva hasta el punto de que, en los últimos eslabones de la cadena, tales márgenes son prácticamente inexistentes, favoreciendo el trabajo sumergido, justo en el elemento final que ha de responder de las condiciones de seguridad y salud de los trabajadores que realizan las obras. Es por ello por lo que los indicados excesos de subcontratación pueden facilitar la aparición de prácticas incompatibles con la seguridad y salud en el trabajo.

Reconociendo esa realidad, la presente Ley aborda por primera vez, y de forma estrictamente sectorial, una regulación del régimen jurídico de la subcontratación que, reconociendo su importancia para el sector de la construcción y de la especialización para el incremento de la productividad, establece una serie de garantías dirigidas a evitar que la falta de control en esta forma de organización productiva ocasione situaciones objetivas de riesgo para la seguridad y salud de los trabajadores.

Dichas cautelas se dirigen en una triple dirección. En primer lugar, exigiendo el cumplimiento de determinadas condiciones para que las subcontrataciones que se efectúen a partir del tercer nivel de subcontratación respondan a causas objetivas, con el fin de prevenir prácticas que pudieran derivar en riesgos para la seguridad y salud en el trabajo. En segundo lugar, exigiendo una serie de requisitos de calidad o solvencia a las empresas que vayan a actuar en este sector, y reforzando estas garantías en relación con la acreditación de la formación en prevención de riesgos laborales de sus recursos humanos, con la acreditación de la organización preventiva de la propia empresa y con la calidad del empleo precisando unas mínimas condiciones de estabilidad en el conjunto de la empresa. Y, en tercer lugar, introduciendo los adecuados mecanismos de transparencia en las obras de construcción, mediante determinados sistemas documentales y de reforzamiento de los mecanismos de participación de los trabajadores de las distintas empresas que intervienen en la obra.

Finalmente, para asegurar la efectividad de esta novedosa regulación en las obras de construcción, la Ley introduce las oportunas modificaciones del vigente Texto Refundido de la Ley de Infracciones y Sanciones en el Orden Social, aprobado por Real Decreto Legislativo 5/2000, de 4 de agosto, estableciendo la adecuada tipificación de las infracciones administrativas que pueden derivarse de la deficiente aplicación de la presente Ley.

Todo ello se estructura en dos capítulos, sobre el objeto y ámbito de aplicación de la Ley y definiciones, el primero, y las normas generales sobre subcontratación en el sector de la construcción, el segundo, con once artículos, tres disposiciones adicionales, dos disposiciones transitorias, tres disposiciones finales y un anexo.

CAPÍTULO I

Objeto y ámbito de aplicación de la Ley y definiciones

Artículo 1. Objeto de la Ley.

1. La presente Ley regula la subcontratación en el sector de la construcción y tiene por objeto mejorar las condiciones de trabajo del sector, en general, y las condiciones de seguridad y salud de los trabajadores del mismo, en particular.

2. Lo previsto en esta Ley se entiende sin perjuicio de la aplicación a las subcontrataciones que se realicen en el sector de la construcción de lo dispuesto en el artículo 42 del Texto Refundido de la Ley del Estatuto de los Trabajadores, aprobado por Real Decreto Legislativo 1/1995, de 24 de marzo, y en el resto de la legislación social.

Artículo 2. Ámbito de aplicación.

La presente Ley será de aplicación a los contratos que se celebren, en régimen de subcontratación, para la ejecución de los siguientes trabajos realizados en obras de construcción:

Excavación; movimiento de tierras; construcción; montaje y desmontaje de elementos prefabricados; acondicionamientos o instalaciones; transformación; rehabilitación; reparación; desmantelamiento; derribo; mantenimiento; conservación y trabajos de pintura y limpieza; saneamiento.

Artículo 3. Definiciones.

A efectos de esta Ley se entenderá por:

a) Obra de construcción u obra: cualquier obra, pública o privada, en la que se efectúen trabajos de construcción o de ingeniería civil.

b) Promotor: cualquier persona física o jurídica por cuenta de la cual se realice la obra.

c) Dirección facultativa: el técnico o técnicos competentes designados por el promotor, encargados de la dirección y del control de la ejecución de la obra.

d) Coordinador en materia de seguridad y de salud durante la ejecución de la obra: el técnico competente integrado en la dirección facultativa, designado por el promotor para llevar a cabo las tareas establecidas para este coordinador en la reglamentación de seguridad y salud en las obras de construcción.

e) Contratista o empresario principal: la persona física o jurídica, que asume contractualmente ante el promotor, con medios humanos y materiales, propios o ajenos, el compromiso de ejecutar la totalidad o parte de las obras con sujeción al proyecto y al contrato.

Cuando el promotor realice directamente con medios humanos y materiales propios la totalidad o determinadas partes de la obra, tendrá también la consideración de contratista a los efectos de la presente Ley; asimismo, cuando la contrata se haga con una Unión Temporal de Empresas, que no ejecute directamente la obra, cada una de sus empresas miembro tendrá la consideración de empresa contratista en la parte de obra que ejecute.

f) Subcontratista: la persona física o jurídica que asume contractualmente ante el contratista u otro subcontratista comitente el compromiso de realizar determinadas partes o unidades de obra, con sujeción al proyecto por el que se rige su ejecución. Las variantes de esta figura pueden ser las del primer subcontratista (subcontratista cuyo comitente es el contratista), segundo subcontratista (subcontratista cuyo comitente es el primer subcontratista), y así sucesivamente.

g) Trabajador autónomo: la persona física distinta del contratista y del subcontratista, que realiza de forma personal y directa una actividad profesional, sin sujeción a un contrato de trabajo, y que asume contractualmente ante el promotor, el contratista o el subcontratista el compromiso de realizar determinadas partes o instalaciones de la obra. Cuando el trabajador autónomo emplee en la obra a trabajadores por cuenta ajena, tendrá la consideración de contratista o subcontratista a los efectos de la presente Ley.

h) Subcontratación: la práctica mercantil de organización productiva en virtud de la cual el contratista o subcontratista encarga a otro subcontratista o trabajador autónomo parte de lo que a él se le ha encomendado.

i) Nivel de subcontratación: cada uno de los escalones en que se estructura el proceso de subcontratación que se desarrolla para la ejecución de la totalidad o parte de la obra asumida contractualmente por el contratista con el promotor.

CAPÍTULO II

Normas generales sobre subcontratación en el sector de la construcción

Artículo 4. Requisitos exigibles a los contratistas y subcontratistas.

1. Para que una empresa pueda intervenir en el proceso de subcontratación en el sector de la construcción, como contratista o subcontratista, deberá:

a) Poseer una organización productiva propia, contar con los medios materiales y personales necesarios, y utilizarlos para el desarrollo de la actividad contratada.

b) Asumir los riesgos, obligaciones y responsabilidades propias del desarrollo de la actividad empresarial.

c) Ejercer directamente las facultades de organización y dirección sobre el trabajo desarrollado por sus trabajadores en la obra y, en el caso de los trabajadores autónomos, ejecutar el trabajo con autonomía y responsabilidad propia y fuera del ámbito de organización y dirección de la empresa que le haya contratado.

2. Además de los anteriores requisitos, las empresas que pretendan ser contratadas o subcontratadas para trabajos de una obra de construcción deberán también:

a) Acreditar que disponen de recursos humanos, en su nivel directivo y productivo, que cuentan con la formación necesaria en prevención de riesgos laborales, así como de una organización preventiva adecuada a la Ley 31/1995, de 8 de noviembre, de Prevención de Riesgos Laborales.

b) Estar inscritas en el Registro de Empresas Acreditadas al que se refiere el artículo 6 de esta Ley.

3. Las empresas contratistas o subcontratistas acreditarán el cumplimiento de los requisitos a que se refieren los apartados 1 y 2.a) de este artículo mediante una declaración suscrita por su representante legal formulada ante el Registro de Empresas Acreditadas.

4. Las empresas cuya actividad consista en ser contratadas o subcontratadas habitualmente para la realización de trabajos en obras del sector de la construcción deberán contar, en los términos que se determine reglamentariamente, con un número de trabajadores contratados con carácter indefinido que no será inferior al 10 por 100 durante los dieciocho primeros meses de vigencia de esta Ley, ni al 20 por 100 durante los meses del decimonoveno al trigésimo sexto, ni al 30 por 100 a partir del mes trigésimo séptimo, inclusive.

Artículo 5. Régimen de la subcontratación.

1. La subcontratación, como forma de organización productiva, no podrá ser limitada, salvo en las condiciones y en los supuestos previstos en esta Ley.

2. Con carácter general, el régimen de la subcontratación en el sector de la construcción será el siguiente:

a) El promotor podrá contratar directamente con cuantos contratistas estime oportuno ya sean personas físicas o jurídicas.

b) El contratista podrá contratar con las empresas subcontratistas o trabajadores autónomos la ejecución de los trabajos que hubiera contratado con el promotor.

c) El primer y segundo subcontratistas podrán subcontratar la ejecución de los trabajos que, respectivamente, tengan contratados, salvo en los supuestos previstos en la letra f) del presente apartado.

d) El tercer subcontratista no podrá subcontratar los trabajos que hubiera contratado con otro subcontratista o trabajador autónomo.

e) El trabajador autónomo no podrá subcontratar los trabajos a él encomendados ni a otras empresas subcontratistas ni a otros trabajadores autónomos.

f) Asimismo, tampoco podrán subcontratar los subcontratistas, cuya organización productiva puesta en uso en la obra consista fundamentalmente en la aportación de mano de obra, entendiéndose por tal la que para la realización de la actividad contratada no utiliza más equipos de trabajo propios que las herramientas manuales, incluidas las motorizadas portátiles, aunque cuenten con el apoyo de otros equipos de trabajo distintos de los señalados, siempre que éstos pertenezcan a otras empresas, contratistas o subcontratistas, de la obra.

3. No obstante lo dispuesto en el apartado anterior, cuando en casos fortuitos debidamente justificados, por exigencias de especialización de los trabajos, complicaciones técnicas de la producción o circunstancias de fuerza mayor por las que puedan atravesar los agentes que intervienen en la obra, fuera necesario, a juicio de la dirección facultativa, la contratación de alguna parte de la obra con terceros, excepcionalmente se podrá extender la subcontratación establecida en el apartado anterior en un nivel adicional, siempre que se haga constar por la dirección facultativa su aprobación previa y la causa o causas motivadoras de la misma en el Libro de Subcontratación al que se refiere el artículo 7 de esta Ley.

No se aplicará la ampliación excepcional de la subcontratación prevista en el párrafo anterior en los supuestos contemplados en las letras e) y f) del apartado anterior, salvo que la circunstancia motivadora sea la de fuerza mayor.

4. El contratista deberá poner en conocimiento del coordinador de seguridad y salud y de los representantes de los trabajadores de las diferentes empresas incluidas en el ámbito de ejecución de su contrato que figuren relacionados en el Libro de Subcontratación la subcontratación excepcional prevista en el apartado anterior.

Asimismo, deberá poner en conocimiento de la autoridad laboral competente la indicada subcontratación excepcional mediante la remisión, en el plazo de los cinco días hábiles siguientes a su aprobación, de un informe en el que se indiquen las circunstancias de su necesidad y de una copia de la anotación efectuada en el Libro de Subcontratación.

Artículo 6. Registro de Empresas Acreditadas.

1. A efectos de lo dispuesto en el artículo anterior, se creará el Registro de Empresas Acreditadas, que dependerá de la autoridad laboral competente, entendiéndose por tal la correspondiente al territorio de la Comunidad Autónoma donde radique el domicilio social de la empresa contratista o subcontratista.

2. La inscripción en el Registro de Empresas Acreditadas tendrá validez para todo el territorio nacional, siendo sus datos de acceso público con la salvedad de los referentes a la intimidad de las personas.

3. Reglamentariamente se establecerán el contenido, la forma y los efectos de la inscripción en dicho registro, así como los sistemas de coordinación de los distintos registros dependientes de las autoridades laborales autonómicas.

Artículo 7. Deber de vigilancia y responsabilidades derivadas de su incumplimiento.

1. Las empresas contratistas y subcontratistas que intervengan en las obras de construcción incluidas en el ámbito de aplicación de esta Ley deberán vigilar el cumplimiento de lo dispuesto en la misma por las empresas subcontratistas y trabajadores autónomos con que contraten; en particular, en lo que se refiere a las obligaciones de acreditación y registro reguladas en el artículo 4.2 y al régimen de la subcontratación que se regula en el artículo 5.

A efectos de lo dispuesto en el párrafo anterior, las empresas subcontratistas deberán comunicar o trasladar al contratista, a través de sus respectivas empresas comitentes en caso de ser distintas de aquél, toda información o documentación que afecte al contenido de este capítulo.

2. Sin perjuicio de otras responsabilidades establecidas en la legislación social, el incumplimiento de las obligaciones de acreditación y registro exigidas en el artículo 4.2, o del régimen de subcontratación establecido en el artículo 5, determinará la responsabilidad solidaria del subcontratista que hubiera contratado incurriendo en dichos incumplimientos y del correspondiente contratista respecto de las obligaciones laborales y de Seguridad Social derivadas de la ejecución del contrato acordado que correspondan al subcontratista responsable del incumplimiento en el ámbito de ejecución de su contrato, cualquiera que fuera la actividad de dichas empresas.

3. En todo caso será exigible la responsabilidad establecida en el artículo 43 del Estatuto de los Trabajadores cuando se den los supuestos previstos en el mismo.

Artículo 8. Documentación de la subcontratación.

1. En toda obra de construcción, incluida en el ámbito de aplicación de esta Ley, cada contratista deberá disponer de un Libro de Subcontratación.

En dicho libro, que deberá permanecer en todo momento en la obra, se deberán reflejar, por orden cronológico desde el comienzo de los trabajos, todas y cada una de las subcontrataciones realizadas en una determinada obra con empresas subcontratistas y trabajadores autónomos, su nivel de subcontratación y empresa comitente, el objeto de su contrato, la identificación de la persona que ejerce las facultades de organización y dirección de cada subcontratista y, en su caso, de los representantes legales de los trabajadores de la misma, las respectivas fechas de entrega de la parte del plan de seguridad y salud que afecte a cada empresa subcontratista y trabajador autónomo, así como las instrucciones elaboradas por el coordinador de seguridad y salud para marcar la dinámica y desarrollo del procedimiento de coordinación establecido, y las anotaciones efectuadas por la dirección facultativa sobre su aprobación de cada subcontratación excepcional de las previstas en el artículo 5.3 de esta Ley.

Al Libro de Subcontratación tendrán acceso el promotor, la dirección facultativa, el coordinador de seguridad y salud en fase de ejecución de la obra, las empresas y trabajadores autónomos intervinientes en la obra, los técnicos de prevención, los delegados de prevención, la autoridad laboral y los representantes de los trabajadores de las diferentes empresas que intervengan en la ejecución de la obra.

2. Asimismo, cada empresa deberá disponer de la documentación o título que acredite la posesión de la maquinaria que utiliza, y de cuanta documentación sea exigida por las disposiciones legales vigentes.

3. Reglamentariamente se determinarán las condiciones del Libro de Subcontratación al que se refiere el apartado 1, en cuanto a su régimen de habilitación, por la autoridad laboral autonómica competente, así como el contenido y obligaciones y derechos derivados del mismo, al tiempo que se procederá a una revisión de las distintas obligaciones documentales aplicables a las obras de construcción con objeto de lograr su unificación y simplificación.

Artículo 9. Representantes de los trabajadores.

1. Los representantes de los trabajadores de las diferentes empresas que intervengan en la ejecución de la obra deberán ser informados de las contrataciones y subcontrataciones que se hagan en la misma.

2. Por convenio colectivo sectorial de ámbito estatal podrán establecerse sistemas o procedimientos de representación de los trabajadores a través de representantes sindicales o de carácter bipartito entre organizaciones empresariales y sindicales, con el fin de promover el cumplimiento de la normativa de prevención de riesgos laborales en las obras de construcción del correspondiente territorio.

Artículo 10. Acreditación de la formación preventiva de los trabajadores.

1. Las empresas velarán por que todos los trabajadores que presten servicios en las obras tengan la formación necesaria y adecuada a su puesto de trabajo o función en materia de prevención de riesgos laborales, de forma que conozcan los riesgos y las medidas para prevenirlos.

2. Sin perjuicio de la obligación legal del empresario de garantizar la formación a que se refiere el apartado anterior, en la negociación colectiva estatal del sector se podrán establecer programas formativos y contenidos específicos de carácter sectorial y para los trabajos de cada especialidad.

3. Dadas las características que concurren en el sector de la construcción, reglamentariamente o a través de la negociación colectiva sectorial de ámbito estatal, se regulará la forma de acreditar la formación específica recibida por el trabajador referida a la prevención de riesgos laborales en el sector de la construcción.

El sistema de acreditación que se establezca, que podrá consistir en la expedición de una cartilla o carné profesional para cada trabajador, será único y tendrá validez en el conjunto del sector, pudiendo atribuirse su diseño, ejecución y expedición a organismos paritarios creados en el ámbito de la negociación colectiva sectorial de ámbito estatal, en coordinación con la Fundación adscrita a la Comisión Nacional de Seguridad y Salud en el Trabajo.

Artículo 11. Infracciones y sanciones.

Las infracciones a lo dispuesto en esta Ley serán sancionadas con arreglo a lo dispuesto en la Ley de Infracciones y Sanciones en el Orden Social, Texto Refundido aprobado por Real Decreto Legislativo 5/2000, de 4 de agosto.

DISPOSICIONES ADICIONALES

Primera. Modificaciones del Texto Refundido de la Ley de Infracciones y Sanciones en el Orden Social, aprobado por Real Decreto Legislativo 5/2000, de 4 de agosto.

1. Se introduce un nuevo apartado en el artículo 8 de la Ley de Infracciones y Sanciones en el Orden Social, con la siguiente redacción:

«16. El incumplimiento de la normativa sobre limitación de la proporción mínima de trabajadores contratados con carácter indefinido contenida en la Ley Reguladora de la Subcontratación en el Sector de la Construcción y en su reglamento de aplicación».

2. Se introducen dos nuevos apartados en el artículo 11 de la Ley de Infracciones y Sanciones en el Orden Social con la siguiente redacción:

«6. No disponer el contratista en la obra de construcción del Libro de Subcontratación exigido por el artículo 8 de la Ley Reguladora de la Subcontratación en el Sector de la Construcción.

7. No disponer el contratista o subcontratista de la documentación o título que acredite la posesión de la maquinaria que utiliza, y de cuanta documentación sea exigida por las disposiciones legales vigentes».

3. Se introducen tres nuevos apartados en el artículo 12 de la Ley de Infracciones y Sanciones en el Orden Social con los números 27, 28 y 29 y la siguiente redacción:

«27. En el ámbito de la Ley Reguladora de la Subcontratación en el Sector de la Construcción, los siguientes incumplimientos del subcontratista:

a) El incumplimiento del deber de acreditar, en la forma establecida legal o reglamentariamente, que dispone de recursos humanos, tanto en su nivel directivo como productivo, que cuentan con la formación necesaria en prevención de riesgos laborales, y que dispone de una organización preventiva adecuada, y la inscripción en el registro correspondiente, o del deber de verificar dicha acreditación y registro por los subcontratistas con los que contrate, salvo que proceda su calificación como infracción muy grave, de acuerdo con el artículo siguiente.

b) No comunicar los datos que permitan al contratista llevar en orden y al día el Libro de Subcontratación exigido en la Ley Reguladora de la Subcontratación en el Sector de la Construcción.

c) Proceder a subcontratar con otro u otros subcontratistas o trabajadores autónomos superando los niveles de subcontratación permitidos legalmente, sin disponer de la expresa aprobación de la dirección facultativa, o permitir que en el ámbito de ejecución de su subcontrato otros subcontratistas o trabajadores autónomos incurran en el supuesto anterior y sin que concurran en este caso las circunstancias previstas en la letra c) del apartado 15 del artículo siguiente, salvo que proceda su calificación como infracción muy grave, de acuerdo con el mismo artículo siguiente.

28. Se consideran infracciones graves del contratista, de conformidad con lo previsto en la Ley Reguladora de la Subcontratación en el Sector de la Construcción:

a) No llevar en orden y al día el Libro de Subcontratación exigido, o no hacerlo en los términos establecidos reglamentariamente.

b) Permitir que, en el ámbito de ejecución de su contrato, intervengan empresas subcontratistas o trabajadores autónomos superando los niveles de subcontratación permitidos legalmente, sin disponer de la expresa aprobación de la dirección facultativa, y sin que concurran las circunstancias previstas en la letra c) del apartado 15 del artículo siguiente, salvo que proceda su calificación como infracción muy grave, de acuerdo con el mismo artículo siguiente.

c) El incumplimiento del deber de acreditar, en la forma establecida legal o reglamentariamente, que dispone de recursos humanos, tanto en su nivel directivo como productivo, que cuentan con la formación necesaria en prevención de riesgos laborales, y que dispone de una organización preventiva adecuada, y la inscripción en el registro correspondiente, o del deber de verificar dicha acreditación y registro por los subcontratistas con los que contrate, y salvo que proceda su calificación como infracción muy grave, de acuerdo con el artículo siguiente.

d) La vulneración de los derechos de información de los representantes de los trabajadores sobre las contrataciones y subcontrataciones que se realicen en la obra, y de acceso al Libro de Subcontratación, en los términos establecidos en la Ley Reguladora de la Subcontratación en el Sector de la Construcción.

29. En el ámbito de la Ley Reguladora de la Subcontratación en el Sector de la Construcción, es

infracción grave del promotor de la obra permitir, a través de la actuación de la dirección facultativa, la aprobación de la ampliación excepcional de la cadena de subcontratación cuando manifiestamente no concurran las causas motivadoras de la misma prevista en dicha Ley, salvo que proceda su calificación como infracción muy grave, de acuerdo con el artículo siguiente».

4. Se introducen tres nuevos apartados en el artículo 13 de la Ley de Infracciones y Sanciones en el Orden Social, con la siguiente redacción:

«15. En el ámbito de la Ley Reguladora de la Subcontratación en el Sector de la Construcción, los siguientes incumplimientos del subcontratista:

a) El incumplimiento del deber de acreditar, en la forma establecida legal o reglamentariamente, que dispone de recursos humanos, tanto en su nivel directivo como productivo, que cuentan con la formación necesaria en prevención de riesgos laborales, y que dispone de una organización preventiva adecuada, y la inscripción en el registro correspondiente, o del deber de verificar dicha acreditación y registro por los subcontratistas con los que contrate, cuando se trate de trabajos con riesgos especiales conforme a la regulación reglamentaria de los mismos para las obras de construcción.

b) Proceder a subcontratar con otro u otros subcontratistas o trabajadores autónomos superando los niveles de subcontratación permitidos legalmente, sin que disponga de la expresa aprobación de la dirección facultativa, o permitir que en el ámbito de ejecución de su subcontrato otros subcontratistas o trabajadores autónomos incurran en el supuesto anterior y sin que concurran en este caso las circunstancias previstas en la letra c) de este apartado, cuando se trate de trabajos con riesgos especiales conforme a la regulación reglamentaria de los mismos para las obras de construcción.

c) El falseamiento en los datos comunicados al contratista o a su subcontratista comitente, que dé lugar al ejercicio de actividades de construcción incumpliendo el régimen de la subcontratación o los requisitos legalmente establecidos.

16. En el ámbito de la Ley Reguladora de la Subcontratación en el Sector de la Construcción, los siguientes incumplimientos del contratista:

a) Permitir que, en el ámbito de ejecución de su contrato, intervengan subcontratistas o trabajadores autónomos superando los niveles de subcontratación permitidos legalmente, sin que se disponga de la expresa aprobación de la dirección facultativa, y sin que concurran las circunstancias previstas en la letra c) del apartado anterior, cuando se trate de trabajos con riesgos especiales conforme a la regulación reglamentaria de los mismos para las obras de construcción.

b) El incumplimiento del deber de acreditar, en la forma establecida legal o reglamentariamente, que dispone de recursos humanos, tanto en su nivel directivo como productivo, que cuentan con la formación necesaria en prevención de riesgos laborales, y que dispone de una organización preventiva adecuada, y la inscripción en el registro correspondiente, o del deber de verificar dicha acreditación y registro por los subcontratistas con los que contrate, cuando se trate de trabajos con riesgos especiales conforme a la regulación reglamentaria de los mismos para las obras de construcción.

17. En el ámbito de la Ley Reguladora de la Subcontratación en el Sector de la Construcción, es infracción muy grave del promotor de la obra permitir, a través de la actuación de la dirección facultativa, la aprobación de la ampliación excepcional de la cadena de subcontratación cuando manifiestamente no concurran las causas motivadoras de la misma previstas en dicha Ley, cuando se trate de trabajos con riesgos especiales conforme a la regulación reglamentaria de los mismos para las obras de construcción».

Segunda. Régimen de subcontratación en las obras públicas.

Lo establecido en la presente Ley se aplicará plenamente a las obras de construcción incluidas en el ámbito de aplicación de la Ley de Contratos de las Administraciones Públicas, Texto Refundido, aprobado por Real Decreto Legislativo 2/2000, de 16 de junio, con las especialidades que se deriven de dicha Ley.

Tercera. Negociación colectiva y calidad en el empleo.

Con el objetivo de mejorar la calidad en el empleo de los trabajadores que concurren en las obras de construcción y, con ello, mejorar su salud y seguridad laborales, la negociación colectiva de ámbito estatal del sector de la construcción podrá adaptar la modalidad contractual del contrato de obra o servicio determinado prevista con carácter general mediante fórmulas que garanticen mayor estabilidad en el empleo de los trabajadores, en términos análogos a los actualmente regulados en dicho ámbito de negociación.

DISPOSICIONES TRANSITORIAS

Primera. Aplicación a las obras de construcción en ejecución a la entrada en vigor de la Ley.

Lo dispuesto en los artículos 4 y 5 de esta Ley, en cuanto a los requisitos de los contratistas y subcontratistas y al régimen de subcontratación, respectivamente, no será de aplicación a las obras de construcción cuya ejecución se haya iniciado con anterioridad a la entrada en vigor de la misma.

Segunda. Aplicación transitoria de la documentación del régimen de subcontratación.

En tanto no se determinen las condiciones y el modo de habilitación del Libro de Subcontratación regulado en el artículo 8, el régimen de subcontratación previsto en el artículo 5 se documentará mediante la cumplimentación de la ficha que se inserta como Anexo de esta Ley. La forma de utilización de las fichas y el acceso a las mismas se llevará a cabo en los mismos supuestos y condiciones previstos para el Libro de Subcontratación en esta Ley.

DISPOSICIONES FINALES

Primera. Carácter básico.

La presente Ley se dicta al amparo de lo previsto en el artículo 149.1.7ª y en el artículo 149.1.18ª de la Constitución Española.

Segunda. Habilitación reglamentaria

Se autoriza al Gobierno para dictar cuantas disposiciones sean necesarias para la aplicación y desarrollo de esta Ley.

Tercera. Entrada en vigor.

La presente Ley entrará en vigor a los seis meses de su publicación en el «Boletín Oficial del Estado».

V

EMPLEADOS PÚBLICOS

§ 25 LEY 7/2007, DE 12 ABRIL. ESTATUTO BÁSICO DEL EMPLEADO PÚBLICO

(BOE núm. 89, de 13 abril [RCL 2007, 768])

⇒ V. Res. 21 junio 2007, que publica las Instrucciones, de 5 junio 2007, para la aplicación del Estatuto Básico del Empleado Público en el ámbito de la Administración General del Estado y sus organismos públicos.

EXPOSICIÓN DE MOTIVOS

El Estatuto Básico del Empleado Público establece los principios generales aplicables al conjunto de las relaciones de empleo público, empezando por el de servicio a los ciudadanos y al interés general, ya que la finalidad primordial de cualquier reforma en esta materia debe ser mejorar la calidad de los servicios que el ciudadano recibe de la Administración.

El Estatuto Básico del Empleado Público contiene aquello que es común al conjunto de los funcionarios de todas las Administraciones Públicas, más las normas legales específicas aplicables al personal laboral a su servicio. Partiendo del principio constitucional de que el régimen general del empleo público en nuestro país es el funcionarial, reconoce e integra la evidencia del papel creciente que en el conjunto de Administraciones Públicas viene desempeñando la contratación de personal conforme a la legislación laboral para el desempeño de determinadas tareas. En ese sentido, el Estatuto sintetiza aquello que diferencia a quienes trabajan en el sector público administrativo, sea cual sea su relación contractual, de quienes lo hacen en el sector privado.

El Estatuto Básico es un paso importante y necesario en un proceso de reforma, previsiblemente largo y complejo, que debe adaptar la articulación y la gestión del empleo público en España a las necesidades de nuestro tiempo, en línea con las reformas que se vienen emprendiendo últimamente en los demás países de la Unión Europea y en la propia Administración comunitaria.

Las Administraciones y entidades públicas de todo tipo deben contar con los factores organizativos que les permitan satisfacer el derecho de los ciudadanos a una buena administración, que se va consolidando en el espacio europeo, y contribuir al desarrollo económico y social. Entre esos factores el más importante es, sin duda, el personal al servicio de la Administración.

El sistema de empleo público que permite afrontar estos retos es aquel que hace posible atraer los profesionales que la Administración necesita, que estimula a los empleados para el cumplimiento eficiente de sus funciones y responsabilidades, les proporciona la formación adecuada y les brinda suficientes oportunidades de promoción profesional, al tiempo que facilita una gestión racional y objetiva, ágil y flexible del personal, atendiendo al continuo desarrollo de las nuevas tecnologías.

Para eso, la legislación básica de la función pública debe crear el marco normativo que garantice la selección y la carrera sobre la base de los criterios constitucionales de mérito y capacidad y que establezca un justo equilibrio entre derechos y responsabilidades de los empleados públicos. Además, la legislación básica ha de prever los instrumentos que faculten a las diferentes Administraciones para la planificación y ordenación de sus efectivos y la utilización más eficiente de los mismos.

Ahora bien, en nuestro país específicamente, esta legislación debe tener en cuenta el amplio proceso de descentralización administrativa que ha tenido lugar durante las últimas décadas. En virtud de él, la Administración General del Estado es, de los tres niveles territoriales de gobierno, la que cuenta en la actualidad con menor número de empleados. La progresiva y drástica reducción de sus efectivos, unida a los cambios en las funciones que realiza, no puede dejar de afectar a la estructura y articulación de la función pública a su servicio. En paralelo, la emergencia de las Administraciones autonómicas, que hoy cuentan prácticamente con la mitad de los empleados públicos del país, ha hecho aflorar sus propios problemas y necesidades de gestión de personal. Algo semejante puede decirse de las entidades locales, que presentan por lo demás hondas diferencias entre ellas, en las que el número de empleados ha experimentado también un importante crecimiento.

Quiere eso decir que el régimen de la función pública no puede configurarse hoy sobre la base de un sistema homogéneo que tenga como modelo único de referencia a la Administración del Estado. Por el contrario, cada Administración debe poder configurar su propia política de personal, sin merma de los necesarios elementos de cohesión y de los instrumentos de coordinación consiguientes. Por tanto, la densidad de la legislación básica en materia de función pública debe reducirse hoy en día, en comparación con épocas pasadas, teniendo en cuenta en todo caso las determinaciones de los Estatutos de Autonomía y la doctrina establecida por el Tribunal Constitucional.

De otra parte, la apertura de mayores espacios a la autonomía organizativa en materia de personal es también necesaria para posibilitar la regulación diferenciada de los sectores del empleo público que lo requieran. Asistimos hoy, en efecto, a una gradual multiplicación de las formas de gestión de las actividades públicas dentro de cada nivel territorial de gobierno, que persigue responder adecuadamente a las exigencias que plantea, en cada caso, el servicio eficaz a los ciudadanos. La organización burocrática tradicional, creada esencialmente para el ejercicio de potestades públicas en aplicación de las leyes y reglamentos, se ha fragmentado en una pluralidad de entidades y organismos de muy diverso tipo, dedicadas unas a la prestación de servicios directos a la ciudadanía y otras al ejercicio de renovadas funciones de regulación y control. Esta diversidad de organizaciones ha contribuido igualmente a la heterogeneidad actual de los regímenes de empleo público. La correcta ordenación de este último requiere soluciones en parte diferentes en unos y otros sectores y, por eso, la legislación general básica no puede constituir un obstáculo ni un factor de rigidez. Antes al contrario, ha de facilitar e impulsar las reformas que sean necesarias para la modernización administrativa en todos los ámbitos.

En fin, la manifestación más significativa de esa tendencia a la diversidad viene siendo el recurso por muchas Administraciones Públicas a la contratación de personal conforme a la legislación laboral. Si bien por imperativo constitucional no puede ser éste el régimen general del empleo público en nuestro país, ni existen razones que justifiquen hoy una extensión relevante de la contratación laboral en el sector público, no debe desconocerse que un porcentaje significativo de los empleados públicos tienen la condición de personal laboral, conforme a la legislación vigente. La flexibilidad que este régimen legal introduce en el empleo público y su mayor proximidad a los criterios de gestión de la empresa privada explican la preferencia por él en determinadas áreas de la Administración.

Esta dualidad de regímenes, presente también con unas u otras peculiaridades en la mayoría de los Estados europeos, suscita no obstante algunos problemas jurídicos y de gestión de personal, que no pueden dejar de contemplarse y regularse, en sus aspectos esenciales, por una ley que aspira a ordenar el sistema de empleo público en su conjunto. Es más, como la experiencia demuestra y la jurisprudencia de los Tribunales subraya, la relación laboral de empleo público está sujeta a ciertas especificidades y por eso algunos principios, como los de mérito y capacidad en el acceso, y ciertas normas de derecho público, como el régimen de incompatibilidades, vienen siendo de aplicación común al personal estatutario y al laboral. Más aun, la negociación colectiva del personal al servicio de las Administraciones Públicas, aunque separada para uno y otro tipo de personal hasta este momento, ha tenido como consecuencia una creciente aproximación de las condiciones de empleo que les afectan. Por eso, sin merma de la aplicación de la legislación laboral general en lo que proceda y siguiendo las recomendaciones de los expertos, conviene regular en el mismo Texto Legal que articula la legislación básica del Estado sobre la función pública aquellas peculiaridades de la relación laboral de empleo público. El presente Estatuto contiene, pues, también las normas que configuran esta relación laboral de empleo público, en virtud de la competencia que atribuye al Estado el artículo 149.1.7ª de la Constitución.

En desarrollo de este Estatuto Básico, el legislador estatal y el de las Comunidades Autónomas, en el ámbito de sus respectivas competencias, habrán de aprobar o modificar las leyes de función pública de sus Administraciones, así como las normas aplicables a la Administración local, respetando en este último caso la autonomía organizativa de las entidades locales. Dichas Leyes podrán ser, asimismo, generales o referirse a sectores específicos de la función pública que lo requieran. Entre estas últimas habrá que contar necesariamente las que afecten al personal docente y al personal estatutario de los servicios de salud, constituyendo, en relación a este último colectivo, Norma vigente la Ley 55/2003, de 14 de diciembre, del Estatuto Marco del Personal Estatutario de los Servicios de Salud, y asimismo su normativa de desarrollo, con independencia de la vocación universal de aplicación y de Norma de referencia, en definitiva, del Estatuto Básico del Empleado Público. Por lo que se refiere al personal laboral, en lo no dispuesto por el Estatuto Básico, que regula las especialidades del empleo público de esta naturaleza, habrá de aplicarse la legislación laboral común.

La negociación colectiva de los funcionarios públicos y del personal laboral, en los términos que contempla el presente Estatuto, habrá de contribuir finalmente a concretar las condiciones de empleo de todo el personal al servicio de la Administración, como ya sucede en la actualidad.

Se empieza por un conjunto de principios generales exigibles a quienes son empleados públicos. A continuación se incluye un listado de derechos básicos y comunes de los empleados públicos, diferenciando eso sí el más específico derecho de los funcionarios de carrera a la inamovilidad en su condición, que no debe contemplarse como un privilegio corporativo sino como la garantía más importante de su imparcialidad. El Estatuto actualiza ese catálogo de derechos, distinguiendo entre los de carácter individual y los derechos colectivos, e incorporando a los más tradicionales otros de reciente reconocimiento, como los relativos a la objetividad y transparencia de los sistemas de evaluación, al respeto de su intimidad personal, especialmente frente al acoso sexual o moral, y a la conciliación de la vida personal, familiar y laboral.

Por primera vez se establece en nuestra legislación una regulación general de los deberes básicos de los empleados públicos, fundada en principios éticos y reglas de comportamiento, que constituye un auténtico código de conducta. Estas reglas se incluyen en el Estatuto con finalidad pedagógica y orientadora, pero también como límite de las actividades lícitas, cuya infracción puede tener consecuencias disciplinarias. Pues la condición de empleado público no sólo comporta derechos, sino también una especial responsabilidad y obligaciones específicas para con los ciudadanos, la propia Administración y las necesidades del servicio. Éste, el servicio público, se asienta sobre un conjunto de valores propios, sobre una específica «cultura» de lo público que, lejos de ser incompatible con las demandas de mayor eficiencia y productividad, es preciso mantener y tutelar, hoy como ayer.

Seguidamente el Estatuto Básico define las clases de empleados públicos –funcionarios de carrera e interinos, personal laboral, personal eventual– regulando la nueva figura del personal directivo. Este último está llamado a constituir en el futuro un factor decisivo de modernización administrativa, puesto que su gestión profesional se somete a criterios de eficacia y eficiencia, responsabilidad y control de resultados en función de los objetivos. Aunque por fortuna, no han faltado en nuestras Administraciones funcionarios y otros servidores públicos dotados de capacidad y formación directiva, conviene avanzar decididamente en el reconocimiento legal de esta clase de personal, como ya sucede en la mayoría de los países vecinos.

Por lo que se refiere a los funcionarios, se hace preciso modificar su clasificación actual, teniendo en cuenta la evolución que ha experimentado en los últimos años nuestro sistema educativo y en previsión, particularmente, del proceso abierto de reordenación de los títulos universitarios. La clasificación en tres grandes grupos, con sus subgrupos, se efectúa en función del título exigido para su ingreso, estableciéndose un grupo A, con dos subgrupos A1 y A2; un grupo B y un grupo C, a su vez con los subgrupos C1 y C2.

Por otra parte, el Estatuto refuerza las garantías de transparencia en lo relativo al número y retribuciones del personal eventual y contiene algunas normas para combatir la excesiva tasa de temporalidad en el empleo público que se ha alcanzado en algunas Administraciones y sectores.

En cualquier caso, por lo que se refiere a la ordenación del empleo público, así como al sistema de estructuración del mismo en cuerpos, escalas, clases o categorías y a los instrumentos de clasificación de los puestos de trabajo, el Estatuto Básico pretende ser escrupulosamente respetuoso de las competencias legislativas de las Comunidades Autónomas, así como de la autonomía organizativa de éstas y de las Administraciones locales. Sobre la base de unos principios y orientaciones muy flexibles, la Ley remite a las leyes de desarrollo y a los órganos de gobierno correspondientes el conjunto de decisiones que habrán de configurar el empleo público en cada Administración.

En materia de acceso al empleo público ha sido preocupación esencial garantizar en la mayor medida posible la aplicación de los principios de igualdad, mérito y capacidad, así como la transparencia de los procesos selectivos y su agilidad, sin que esto último menoscabe la objetividad de la selección. Ello no es, por cierto, incompatible con unas mayores posibilidades de apertura de nuestro empleo público a ciudadanos que carezcan de la nacionalidad española, en aplicación del Derecho comunitario o por razones de interés general, ni con la necesaria adopción de medidas positivas para promover el acceso de personas con discapacidad. En particular se hace hincapié en las garantías de imparcialidad y profesionalidad de los miembros de los órganos de selección, para asegurar su independencia en el ejercicio de las potestades que les corresponden y de ahí, que, como es regla en otros ordenamientos, se establezcan determinados límites a su composición. A ello se añade el criterio favorable a la paridad de género, en coherencia con la mayor preocupación actual de nuestro ordenamiento por garantizar la igualdad real entre hombres y mujeres.

Criterios semejantes, esenciales para mantener el mayor grado de profesionalidad de nuestro empleo público, se han de aplicar también a la carrera de los funcionarios y a la provisión de los puestos de trabajo. Pero además, en estas materias es preciso introducir algunas otras reformas, que pretenden mejorar la eficacia del sistema y los estímulos y expectativas de los funcionarios. Sin imponerlo a todas las Administraciones Públicas, el Estatuto Básico permite que se configuren modelos de carrera horizontal, desvinculada de los cambios de puesto de trabajo y basada en el desarrollo de las competencias y en el rendimiento. De esta manera podrá reducirse la inflación orgánica y la excesiva movilidad voluntaria del personal, que ha acabado por caracterizar al modelo en vigor, ya que concentra todas las oportunidades de carrera en el desempeño sucesivo de puestos de trabajo. Ello no obstante, el Estatuto permite también continuar con esta modalidad de carrera en aquellas Administraciones o áreas del empleo público en que se considere conveniente y adoptar otras que combinen elementos de carrera horizontal y vertical.

Elemento fundamental de la nueva regulación es, en cualquier caso, la evaluación del desempeño de los empleados públicos, que las Administraciones Públicas deberán establecer a través de procedimientos fundados en los principios de igualdad, objetividad y transparencia. La evaluación periódica deberá tenerse en cuenta a efectos de la promoción en la carrera, la provisión y el mantenimiento de los puestos de trabajo y para la determinación de una parte de las retribuciones complementarias, vinculadas precisamente a la productividad o al rendimiento. Generalizando algunas experiencias que ya existen en el ámbito de nuestras Administraciones Públicas, se introduce así un factor de motivación personal y de control interno, que es común a las reformas del empleo público que se han adoptado o se están articulando en el ámbito europeo. Es obvio, en efecto, que las oportunidades de promoción y, en alguna medida, las recompensas que corresponden a cada empleado público han de relacionarse con la manera en que realiza sus funciones, en atención a los objetivos de la organización, pues resulta injusto y contrario a la eficiencia que se dispense el mismo trato a todos los empleados, cualquiera que sea su rendimiento y su actitud ante el servicio.

De ello deriva que la continuidad misma del funcionario en su puesto de trabajo alcanzado por concurso se ha de hacer depender de la evaluación positiva de su desempeño, pues hoy resulta ya socialmente inaceptable que se consoliden con carácter vitalicio derechos y posiciones profesionales por aquellos que, eventualmente, no atiendan satisfactoriamente a sus responsabilidades.

Pero, a su vez, resulta necesario facilitar la promoción interna de todos los empleados que adquieran las competencias y requisitos necesarios para progresar en su carrera, desde los niveles inferiores a los superiores, de manera que no se limiten las oportunidades de quienes tienen interés y deseo de alcanzar con su dedicación y esfuerzo las mayores responsabilidades. También se han de establecer instrumentos de colaboración que faciliten la movilidad voluntaria de los funcionarios entre distintas Administraciones, lo que constituye una justa y extendida reivindicación de los empleados públicos. En fin, es preciso flexibilizar las reglas de movilidad funcional y, en su caso, geográfica, del personal por necesidades del servicio, con las oportunas garantías y compensaciones, cuando procedan. A todas estas necesidades responden determinados preceptos de la nueva Ley.

La gestión de personal, conforme a todas estas reglas y las que las desarrollen con la misma finalidad, podrá ganar en eficiencia y equidad, lo que ha de traducirse tarde o temprano en una mejora de los servicios.

Consecuentemente con lo anterior, pero también a la vista de la experiencia de los últimos años, la nueva Ley debe introducir algunas modificaciones en el sistema retributivo de los funcionarios públicos.

En esta materia, el Estado, a través de las Leyes de Presupuestos Generales, debe mantener las competencias que le permitan ejercer un control sobre el gasto de personal, que es un componente esencial del gasto público y, por ende, de la Hacienda general. Se atiende así a la reiterada doctrina establecida al efecto por el Tribunal Constitucional. Pero ello no obsta al reconocimiento de una mayor autonomía en la determinación de una parte de las retribuciones, las de carácter complementario, que pueden variar legítimamente en unas y otras Administraciones, como ya sucede hoy en día en la práctica. Antes bien, la flexibilidad con que se regula la carrera de los funcionarios públicos en el Estatuto Básico implica un margen de libre decisión para que tanto las Leyes de Función Pública de la Administración General del Estado como las de las Comunidades Autónomas adapten el sistema retributivo a la modalidad de carrera por la que opten en cada caso.

En coherencia con ello, las retribuciones complementarias podrán vincularse al grado, nivel o categoría alcanzado en la carrera, a las características del puesto de trabajo que se desempeña y al rendimiento, iniciativa, interés o esfuerzo aplicado al desempeño. Además, el Estatuto satisface una antigua y permanente reivindicación de los funcionarios determinando que la cuantía de las pagas extraordinarias comprende una mensualidad completa de las retribuciones básicas y de las complementarias de carácter fijo, derecho que ya disfrutan hoy en muchos casos los empleados con contrato laboral.

En materia de situaciones administrativas, el nuevo Texto Legal simplifica y reordena la regulación actual, estableciendo un conjunto de reglas comunes para todos los funcionarios de carrera. Sin embargo, reconoce la posibilidad de que, por ley de las Comunidades Autónomas se puedan introducir supuestos distintos, conforme a sus necesidades.

Especial referencia merece el capítulo dedicado a la negociación colectiva y a la participación y representación institucional de los empleados públicos. En esta materia se ha hecho un importante esfuerzo, de acuerdo con las recomendaciones de los expertos, para clarificar los principios, el contenido, los efectos y los límites de la negociación colectiva y para mejorar su articulación, a la vista de la experiencia de los últimos años y de la doctrina legal establecida por el Tribunal Constitucional y por el Tribunal Supremo.

El Estatuto recalca los principios de legalidad, cobertura presupuestaria, obligatoriedad de la negociación, buena fe, publicidad y transparencia que han de presidir la negociación. Introduce o consolida novedades de relieve en orden a la estructura de la negociación colectiva, mediante la creación de una Mesa General de las Administraciones Públicas, en la que estén representadas todas ellas, para negociar los proyectos de legislación básica y otras cuestiones de interés general, legitimando la negociación colectiva en ámbitos supramunicipales y permitiendo negociar en una misma Mesa las condiciones de empleo comunes al personal funcionario y al personal laboral. Define con mayor precisión que la legislación hasta ahora vigente las materias que han de ser objeto de negociación y las que quedan excluidas de la misma y clarifica los efectos jurídicos de los Pactos y Acuerdos, en particular cuando versan sobre materias que han de ser reguladas por ley, supuesto en el que el órgano de gobierno competente queda vinculado a presentar el proyecto de ley correspondiente, o cuando pueden sustituir lo dispuesto por normas reglamentarias o por otras decisiones de los órganos de gobierno o administrativos, supuesto en que tienen eficacia directa, en su caso tras su aprobación o ratificación. Asimismo se precisa la solución legal aplicable para el caso de que no se alcance el acuerdo en la negociación colectiva. En fin, se regula la vigencia de los Pactos y Acuerdos, que sólo pueden ser válidamente incumplidos por la Administración por causa excepcional y grave de interés público, derivada de circunstancias imprevistas cuando se firmaron.

La Ley recoge también la regulación vigente en materia de representación del personal funcionario y el régimen electoral correspondiente. Se incorporan a ella algunas mejoras técnicas y se reduce en algunos aspectos el contenido de la legislación básica, pero sin desconocer la competencia que al Estado corresponde para regular estos aspectos intrínsecamente vinculados al ejercicio de los derechos sindicales.

Se establece, por último, la posibilidad de acudir a medios extrajudiciales de solución de los conflictos colectivos que puedan surgir en la interpretación y aplicación de los Pactos y Acuerdos, ya sea la mediación, obligatoria a instancia de una de las partes, o el arbitraje voluntario.

En cuanto al régimen disciplinario, el Estatuto, de conformidad con su carácter básico, se limita a ordenar los principios a que debe someterse el ejercicio de esta potestad pública respecto de los empleados públicos, tipifica las infracciones muy graves y amplía el abanico de posibles sanciones. Por lo demás se remite ampliamente a la legislación que, en su desarrollo, dicten el Estado y las Comunidades Autónomas en el ámbito de sus respectivas competencias.

En su Título final se establecen los órganos e instrumentos de cooperación entre las Administraciones Públicas que, sin merma de su respectiva autonomía, se consideran esenciales para garantizar la coherencia y comunicación del sistema de empleo público en su conjunto. Se ha optado en este caso por suprimir el Consejo Superior de la Función Pública, dada la escasa operatividad que ha tenido este órgano y porque las funciones de que fue dotado hace más de veinte años han sido ya sustituidas en la práctica por la actividad de los órganos de coordinación entre el Estado y las Comunidades Autónomas y por las Mesas de Negociación y otras vías de participación de las organizaciones sindicales. En la Conferencia Sectorial correspondiente y en la Comisión de Coordinación del Empleo Público se prevé la presencia de una representación de la Administración Local que, no en vano, integra en la actualidad aproximadamente la cuarta parte de los empleados públicos.

La mayor autonomía de que cada Administración debe disponer para la ordenación y gestión de su personal, en los términos de este Estatuto, ha de ser complementada por una cooperación más intensa entre todas ellas, al efecto de resolver los numerosos problemas comunes, en beneficio de los ciudadanos y del conjunto de los empleados públicos.

Por otro lado aunque este Estatuto mantiene en vigor el sistema de incompatibilidades actual se hace necesario adecuarlo en parte al nuevo régimen jurídico establecido en nuestro Estatuto. En ese sentido, la Disposición Final Tercera refuerza la total incompatibilidad del personal directivo, incluido el sometido a la relación laboral de carácter especial de alta dirección, para el desempeño de cualquier actividad privada. Y además se incluye en el personal sujeto a la Ley 53/1984, de 26 de diciembre, de Incompatibilidades al servicio de las Administraciones Públicas, al personal al servicio de Agencias, así como de Fundaciones y Consorcios en determinados supuestos de financiación pública, como consecuencia de la aparición de nuevas figuras y entes.

El artículo 103.3 de la Constitución establece que la Ley regulará el estatuto de los funcionarios públicos y su artículo 149.1.18ª atribuye al Estado la competencia sobre las bases del régimen estatutario de los funcionarios de las Administraciones Públicas. Pese a estas previsiones constitucionales no se ha aprobado hasta la fecha una ley general del Estado que, en cumplimiento de las mismas, regule de manera completa las bases de dicho régimen estatutario.

Esta carencia se explica sobre todo por la dificultad que entraña abordar una reforma legislativa del sistema de empleo público de alcance general, habida cuenta de la diversidad de Administraciones y de sectores, de grupos y categorías de funcionarios a los que está llamada a aplicarse, ya sea de manera directa o, al menos, supletoria.

De hecho son escasas en nuestro país las ocasiones históricas en las que se ha emprendido y culminado esta tarea, con mayor o menor fortuna. Conviene recordar ahora la regulación o «nuevo arreglo» de los empleados públicos impulsado por el Ministro de Hacienda Luis López Ballesteros, que estableció el Real Decreto de 3 de abril de 1828, precedido de otras normas para los funcionarios de la Real Hacienda. También debe hacerse mención del Estatuto de Bravo Murillo, aprobado por Real Decreto de 18 de junio de 1852, de la Ley de Bases de 22 de julio de 1918 y su Reglamento de 7 de septiembre, que contienen el denominado Estatuto de Maura, y, finalmente, de la Ley de Funcionarios Civiles del Estado, articulada por Decreto de 7 de febrero de 1964, en desarrollo de la Ley de Bases 109/1963, de 20 de julio.

Hay que añadir, no obstante, que después de la Constitución han visto la luz reformas del régimen legal de los empleados públicos que no por parciales fueron de menor trascendencia que aquéllas. Entre ellas destaca la introducida por la Ley 30/1984, de 2 de agosto, de Medidas para la Reforma de la Función Pública, una regulación que tiene ya carácter de legislación básica y que nació con pretensiones de provisionalidad, aunque ha estado en vigor durante más de dos décadas, Ley ésta que ha configurado un modelo de función pública muy distinto a los anteriores, estructurado en torno al puesto de trabajo. Esta reforma fue completada por la Ley 53/1984, de 26 de diciembre, de Incompatibilidades del Personal al Servicio de las Administraciones Públicas y, más tarde, por la Ley 9/1987, de 12 de junio, que regula el sistema de representación de los funcionarios públicos y su participación y negociación colectiva para la determinación de sus condiciones de empleo. Estas tres Normas legales han venido constituyendo hasta ahora el núcleo esencial de la legislación básica del Estado en la materia y, a su vez, han sido modificadas puntualmente, complementadas o desarrolladas por múltiples normas de distinto rango elaboradas por el Estado y por las Comunidades Autónomas.

La dispersión de la legislación básica en varios textos aconsejaba, desde hace tiempo, su refundición en el marco de un modelo coordinado para las políticas de personal. Pero, además, desde que se aprobó la legislación de los años ochenta nuestra sociedad y nuestras Administraciones Públicas han experimentado muy profundas transformaciones que, junto a la experiencia acumulada desde entonces, hacían imprescindible una nueva reforma general. Así se intentó en 1999 mediante la presentación de un Proyecto de Ley de Estatuto Básico de la Función Pública, que no llegó a tramitarse. Y así se lleva a cabo definitivamente mediante el presente texto, que ha sido elaborado tras un intenso período de estudio y reflexión, encomendado a la Comisión de expertos constituida al efecto y tras un no menos sostenido proceso de discusión y diálogo con los representantes de las Comunidades Autónomas y de otras Administraciones y con los agentes sociales y organizaciones profesionales interesadas. De uno y otro se deduce la existencia de un consenso generalizado a favor de la reforma y numerosas coincidencias sobre el análisis de los problemas que hay que resolver y acerca de las líneas maestras a las que dicha reforma debe ajustarse.

TÍTULO I

Objeto y ámbito de aplicación

Artículo 1. Objeto.

1. El presente Estatuto tiene por objeto establecer las bases del régimen estatutario de los funcionarios públicos incluidos en su ámbito de aplicación.

2. Asimismo tiene por objeto determinar las normas aplicables al personal laboral al servicio de las Administraciones Públicas.

3. Este Estatuto refleja, del mismo modo, los siguientes fundamentos de actuación:

a) Servicio a los ciudadanos y a los intereses generales.

b) Igualdad, mérito y capacidad en el acceso y en la promoción profesional.

c) Sometimiento pleno a la ley y al Derecho.

d) Igualdad de trato entre mujeres y hombres.

e) Objetividad, profesionalidad e imparcialidad en el servicio garantizadas con la inamovilidad en la condición de funcionario de carrera.

f) Eficacia en la planificación y gestión de los recursos humanos.

g) Desarrollo y cualificación profesional permanente de los empleados públicos.

h) Transparencia.

i) Evaluación y responsabilidad en la gestión.

j) Jerarquía en la atribución, ordenación y desempeño de las funciones y tareas.

k) Negociación colectiva y participación, a través de los representantes, en la determinación de las condiciones de empleo.

l) Cooperación entre las Administraciones Públicas en la regulación y gestión del empleo público.

Artículo 2. Ámbito de aplicación.

1. Este Estatuto se aplica al personal funcionario y en lo que proceda al personal laboral al servicio de las siguientes Administraciones Públicas:

– La Administración General del Estado.

– Las Administraciones de las Comunidades Autónomas y de las Ciudades de Ceuta y Melilla.

– Las Administraciones de las Entidades Locales.

– Los Organismos Públicos, Agencias y demás Entidades de derecho público con personalidad jurídica propia, vinculadas o dependientes de cualquiera de las Administraciones Públicas.

– Las Universidades Públicas.

2. En la aplicación de este Estatuto al personal investigador se podrán dictar normas singulares para adecuarlo a sus peculiaridades.

3. El personal docente y el personal estatutario de los Servicios de Salud se regirán por la legislación específica dictada por el Estado y por las Comunidades Autónomas en el ámbito de sus respectivas competencias y por lo previsto en el presente Estatuto, excepto el Capítulo II del Título III, salvo el artículo 20, y los artículos 22.3, 24 y 84.

4. Cada vez que este Estatuto haga mención al personal funcionario de carrera se entenderá comprendido el personal estatutario de los Servicios de Salud.

5. El presente Estatuto tiene carácter supletorio para todo el personal de las Administraciones Públicas no incluido en su ámbito de aplicación.

Artículo 3. Personal funcionario de las Entidades Locales.

1. El personal funcionario de las Entidades Locales se rige por la legislación estatal que resulte de aplicación, de la que forma parte este Estatuto y por la legislación de las Comunidades Autónomas, con respeto a la autonomía local.

2. Los Cuerpos de Policía Local se rigen también por este Estatuto y por la legislación de las Comunidades Autónomas, excepto en lo establecido para ellos en la Ley Orgánica 2/1986, de 13 de marzo, de Fuerzas y Cuerpos de Seguridad.

Artículo 4. Personal con legislación específica propia.

Las disposiciones de este Estatuto sólo se aplicarán directamente cuando así lo disponga su legislación específica al siguiente personal:

a) Personal funcionario de las Cortes Generales y de las Asambleas Legislativas de las Comunidades Autónomas.

b) Personal funcionario de los demás Órganos Constitucionales del Estado y de los Órganos Estatutarios de las Comunidades Autónomas.

c) Jueces, Magistrados, Fiscales y demás personal funcionario al servicio de la Administración de Justicia.

d) Personal militar de las Fuerzas Armadas.

e) Personal de las Fuerzas y Cuerpos de Seguridad.

f) Personal retribuido por arancel.

g) Personal del Centro Nacional de Inteligencia.

h) Personal del Banco de España y Fondos de Garantía de Depósitos en Entidades de Crédito.

Artículo 5. Personal de la Sociedad Estatal Correos y Telégrafos.

El personal funcionario de la Sociedad Estatal Correos y Telégrafos se regirá por sus normas específicas y supletoriamente por lo dispuesto en este Estatuto.

Su personal laboral se regirá por la legislación laboral y demás normas convencionalmente aplicables.

Artículo 6. Leyes de Función Pública.

En desarrollo de este Estatuto, las Cortes Generales y las Asambleas Legislativas de las Comunidades Autónomas aprobarán, en el ámbito de sus competencias, las Leyes reguladoras de la Función Pública de la Administración General del Estado y de las Comunidades Autónomas.

Artículo 7. Normativa aplicable al personal laboral.

El personal laboral al servicio de las Administraciones Públicas se rige, además de por la legislación laboral y por las demás normas convencionalmente aplicables, por los preceptos de este Estatuto que así lo dispongan.

TÍTULO II

Clases de personal al servicio de las Administraciones Públicas

Artículo 8. Concepto y clases de empleados públicos.

1. Son empleados públicos quienes desempeñan funciones retribuidas en las Administraciones Públicas al servicio de los intereses generales.

2. Los empleados públicos se clasifican en:

a) Funcionarios de carrera.

b) Funcionarios interinos.

c) Personal laboral, ya sea fijo, por tiempo indefinido o temporal.

d) Personal eventual.

Artículo 9. Funcionarios de carrera.

1. Son funcionarios de carrera quienes, en virtud de nombramiento legal, están vinculados a una Administración Pública por una relación estatutaria regulada por el Derecho Administrativo para el desempeño de servicios profesionales retribuidos de carácter permanente.

2. En todo caso, el ejercicio de las funciones que impliquen la participación directa o indirecta en el ejercicio de las potestades públicas o en la salvaguardia de los intereses generales del Estado y de las Administraciones Públicas corresponden exclusivamente a los funcionarios públicos, en los términos que en la ley de desarrollo de cada Administración Pública se establezca.

Artículo 10. Funcionarios interinos.

1. Son funcionarios interinos los que, por razones expresamente justificadas de necesidad y urgencia, son nombrados como tales para el desempeño de funciones propias de funcionarios de carrera, cuando se dé alguna de las siguientes circunstancias:

a) La existencia de plazas vacantes cuando no sea posible su cobertura por funcionarios de carrera.

b) La sustitución transitoria de los titulares.

c) La ejecución de programas de carácter temporal.

d) El exceso o acumulación de tareas por plazo máximo de seis meses, dentro de un período de doce meses.

2. La selección de funcionarios interinos habrá de realizarse mediante procedimientos ágiles que respetarán en todo caso los principios de igualdad, mérito, capacidad y publicidad.

3. El cese de los funcionarios interinos se producirá, además de por las causas previstas en el artículo 63, cuando finalice la causa que dio lugar a su nombramiento.

4. En el supuesto previsto en la letra a) del apartado 1 de este artículo, las plazas vacantes desempeñadas por funcionarios interinos deberán incluirse en la oferta de empleo correspondiente al ejercicio en que se produce su nombramiento y, si no fuera posible, en la siguiente, salvo que se decida su amortización.

5. A los funcionarios interinos les será aplicable, en cuanto sea adecuado a la naturaleza de su condición, el régimen general de los funcionarios de carrera.

Artículo 11. Personal laboral.

1. Es personal laboral el que en virtud de contrato de trabajo formalizado por escrito, en cualquiera de las modalidades de contratación de personal previstas en la legislación laboral, presta servi-

cios retribuidos por las Administraciones Públicas. En función de la duración del contrato éste podrá ser fijo, por tiempo indefinido o temporal.

2. Las Leyes de Función Pública que se dicten en desarrollo de este Estatuto establecerán los criterios para la determinación de los puestos de trabajo que pueden ser desempeñados por personal laboral, respetando en todo caso lo establecido en el artículo 9.2.

Artículo 12. Personal eventual.

1. Es personal eventual el que, en virtud de nombramiento y con carácter no permanente, sólo realiza funciones expresamente calificadas como de confianza o asesoramiento especial, siendo retribuido con cargo a los créditos presupuestarios consignados para este fin.

2. Las leyes de Función Pública que se dicten en desarrollo de este Estatuto determinarán los órganos de gobierno de las Administraciones Públicas que podrán disponer de este tipo de personal. El número máximo se establecerá por los respectivos órganos de gobierno. Este número y las condiciones retributivas serán públicas.

3. El nombramiento y cese serán libres. El cese tendrá lugar, en todo caso, cuando se produzca el de la autoridad a la que se preste la función de confianza o asesoramiento.

4. La condición de personal eventual no podrá constituir mérito para el acceso a la Función Pública o para la promoción interna.

5. Al personal eventual le será aplicable, en lo que sea adecuado a la naturaleza de su condición, el régimen general de los funcionarios de carrera.

SUBTÍTULO I
Personal directivo

Artículo 13. Personal directivo profesional.

El Gobierno y los Órganos de Gobierno de las Comunidades Autónomas podrán establecer, en desarrollo de este Estatuto, el régimen jurídico específico del personal directivo así como los criterios para determinar su condición, de acuerdo, entre otros, con los siguientes principios:

1. Es personal directivo el que desarrolla funciones directivas profesionales en las Administraciones Públicas, definidas como tales en las normas específicas de cada Administración.

2. Su designación atenderá a principios de mérito y capacidad y a criterios de idoneidad, y se llevará a cabo mediante procedimientos que garanticen la publicidad y concurrencia.

3. El personal directivo estará sujeto a evaluación con arreglo a los criterios de eficacia y eficiencia, responsabilidad por su gestión y control de resultados en relación con los objetivos que les hayan sido fijados.

4. La determinación de las condiciones de empleo del personal directivo no tendrá la consideración de materia objeto de negociación colectiva a los efectos de esta Ley. Cuando el personal directivo reúna la condición de personal laboral estará sometido a la relación laboral de carácter especial de alta dirección.

TÍTULO III
Derechos y deberes. Código de conducta de los empleados públicos

CAPÍTULO I
Derechos de los empleados públicos

Artículo 14. Derechos individuales.

Los empleados públicos tienen los siguientes derechos de carácter individual en correspondencia con la naturaleza jurídica de su relación de servicio:

a) A la inamovilidad en la condición de funcionario de carrera.

b) Al desempeño efectivo de las funciones o tareas propias de su condición profesional y de acuerdo con la progresión alcanzada en su carrera profesional.

c) A la progresión en la carrera profesional y promoción interna según principios constitucionales de igualdad, mérito y capacidad mediante la implantación de sistemas objetivos y transparentes de evaluación.

d) A percibir las retribuciones y las indemnizaciones por razón del servicio.

e) A participar en la consecución de los objetivos atribuidos a la unidad donde preste sus servicios y a ser informado por sus superiores de las tareas a desarrollar.

f) A la defensa jurídica y protección de la Administración Pública en los procedimientos que se sigan ante cualquier orden jurisdiccional como consecuencia del ejercicio legítimo de sus funciones o cargos públicos.

g) A la formación continua y a la actualización permanente de sus conocimientos y capacidades profesionales, preferentemente en horario laboral.

h) Al respeto de su intimidad, orientación sexual, propia imagen y dignidad en el trabajo, especialmente frente al acoso sexual y por razón de sexo, moral y laboral.

i) A la no discriminación por razón de nacimiento, origen racial o étnico, género, sexo u orientación sexual, religión o convicciones, opinión, discapacidad, edad o cualquier otra condición o circunstancia personal o social.

j) A la adopción de medidas que favorezcan la conciliación de la vida personal, familiar y laboral.

k) A la libertad de expresión dentro de los límites del ordenamiento jurídico.

l) A recibir protección eficaz en materia de seguridad y salud en el trabajo.

m) A las vacaciones, descansos, permisos y licencias.

n) A la jubilación según los términos y condiciones establecidas en las normas aplicables.

o) A las prestaciones de la Seguridad Social correspondientes al régimen que les sea de aplicación.

p) A la libre asociación profesional.

q) A los demás derechos reconocidos por el ordenamiento jurídico.

Artículo 15. Derechos individuales ejercidos colectivamente.

Los empleados públicos tienen los siguientes derechos individuales que se ejercen de forma colectiva:

a) A la libertad sindical.

b) A la negociación colectiva y a la participación en la determinación de las condiciones de trabajo.

c) Al ejercicio de la huelga, con la garantía del mantenimiento de los servicios esenciales de la comunidad.

d) Al planteamiento de conflictos colectivos de trabajo, de acuerdo con la legislación aplicable en cada caso.

e) Al de reunión, en los términos establecidos en el artículo 46 de este Estatuto.

CAPÍTULO II

Derecho a la carrera profesional y a la promoción interna. La evaluación del desempeño

Artículo 16. Concepto, principios y modalidades de la carrera profesional de los funcionarios de carrera.

1. Los funcionarios de carrera tendrán derecho a la promoción profesional.

2. La carrera profesional es el conjunto ordenado de oportunidades de ascenso y expectativas de progreso profesional conforme a los principios de igualdad, mérito y capacidad.

A tal objeto las Administraciones Públicas promoverán la actualización y perfeccionamiento de la cualificación profesional de sus funcionarios de carrera.

3. Las Leyes de Función Pública que se dicten en desarrollo de este Estatuto regularán la carrera profesional aplicable en cada ámbito que podrán consistir, entre otras, en la aplicación aislada o simultánea de alguna o algunas de las siguientes modalidades:

a) Carrera horizontal, que consiste en la progresión de grado, categoría, escalón u otros conceptos análogos, sin necesidad de cambiar de puesto de trabajo y de conformidad con lo establecido en la letra b) del artículo 17 y en el apartado 3 del artículo 20 de este Estatuto.

b) Carrera vertical, que consiste en el ascenso en la estructura de puestos de trabajo por los procedimientos de provisión establecidos en el Capítulo III del Título V de este Estatuto.

c) Promoción interna vertical, que consiste en el ascenso desde un cuerpo o escala de un Subgrupo, o Grupo de clasificación profesional en el supuesto de que éste no tenga Subgrupo, a otro superior, de acuerdo con lo establecido en el artículo 18.

d) Promoción interna horizontal, que consiste en el acceso a cuerpos o escalas del mismo Subgrupo profesional, de acuerdo con lo dispuesto en el artículo 18.

4. Los funcionarios de carrera podrán progresar simultáneamente en las modalidades de carrera horizontal y vertical cuando la Administración correspondiente las haya implantado en un mismo ámbito.

Artículo 17. Carrera horizontal de los funcionarios de carrera.

Las Leyes de Función Pública que se dicten en desarrollo del presente Estatuto podrán regular la carrera horizontal de los funcionarios de carrera, pudiendo aplicar, entre otras, las siguientes reglas:

a) Se articulará un sistema de grados, categorías o escalones de ascenso fijándose la remuneración a cada uno de ellos. Los ascensos serán consecutivos con carácter general, salvo en aquellos supuestos excepcionales en los que se prevea otra posibilidad.

b) Se deberá valorar la trayectoria y actuación profesional, la calidad de los trabajos realizados, los conocimientos adquiridos y el resultado de la evaluación del desempeño. Podrán incluirse asimismo otros méritos y aptitudes por razón de la especificidad de la función desarrollada y la experiencia adquirida.

Artículo 18. Promoción interna de los funcionarios de carrera.

1. La promoción interna se realizará mediante procesos selectivos que garanticen el cumplimiento de los principios constitucionales de igualdad, mérito y capacidad así como los contemplados en el artículo 55.2 de este Estatuto.

2. Los funcionarios deberán poseer los requisitos exigidos para el ingreso, tener una antigüedad de, al menos, dos años de servicio activo en el inferior Subgrupo, o Grupo de clasificación profesional, en el supuesto de que éste no tenga Subgrupo y superar las correspondientes pruebas selectivas.

3. Las Leyes de Función Pública que se dicten en desarrollo de este Estatuto articularán los sistemas para realizar la promoción interna, así como también podrán determinar los cuerpos y escalas a los que podrán acceder los funcionarios de carrera pertenecientes a otros de su mismo Subgrupo.

Asimismo las Leyes de Función Pública que se dicten en desarrollo del presente Estatuto podrán determinar los cuerpos y escalas a los que podrán acceder los funcionarios de carrera pertenecientes a otros de su mismo Subgrupo.

4. Las Administraciones Públicas adoptarán medidas que incentiven la participación de su personal en los procesos selectivos de promoción interna y para la progresión en la carrera profesional.

Artículo 19. Carrera profesional y promoción del personal laboral.

1. El personal laboral tendrá derecho a la promoción profesional.

2. La carrera profesional y la promoción del personal laboral se hará efectiva a través de los procedimientos previstos en el Estatuto de los Trabajadores o en los Convenios Colectivos.

Artículo 20. La evaluación del desempeño.

1. Las Administraciones Públicas establecerán sistemas que permitan la evaluación del desempeño de sus empleados.

La evaluación del desempeño es el procedimiento mediante el cual se mide y valora la conducta profesional y el rendimiento o el logro de resultados.

2. Los sistemas de evaluación del desempeño se adecuarán, en todo caso, a criterios de transparencia, objetividad, imparcialidad y no discriminación y se aplicarán sin menoscabo de los derechos de los empleados públicos.

3. Las Administraciones Públicas determinarán los efectos de la evaluación en la carrera profesional horizontal, la formación, la provisión de puestos de trabajo y en la percepción de las retribuciones complementarias previstas en el artículo 24 del presente Estatuto.

4. La continuidad en un puesto de trabajo obtenido por concurso quedará vinculada a la evaluación del desempeño de acuerdo con los sistemas de evaluación que cada Administración Pública determine, dándose audiencia al interesado, y por la correspondiente resolución motivada.

5. La aplicación de la carrera profesional horizontal, de las retribuciones complementarias derivadas del apartado c) del artículo 24 del presente Estatuto y el cese del puesto de trabajo obtenido por el procedimiento de concurso requerirán la aprobación previa, en cada caso, de sistemas objetivos que permitan evaluar el desempeño de acuerdo con lo establecido en los apartados 1 y 2 de este artículo.

CAPÍTULO III

Derechos retributivos

Artículo 21. Determinación de las cuantías y de los incrementos retributivos.

1. Las cuantías de las retribuciones básicas y el incremento de las cuantías globales de las retribuciones complementarias de los funcionarios, así como el incremento de la masa salarial del personal laboral, deberán reflejarse para cada ejercicio presupuestario en la correspondiente Ley de Presupuestos.

2. No podrán acordarse incrementos retributivos que globalmente supongan un incremento de la masa salarial superior a los límites fijados anualmente en la Ley de Presupuestos Generales del Estado para el personal.

Artículo 22. Retribuciones de los funcionarios.

1. Las retribuciones de los funcionarios de carrera se clasifican en básicas y complementarias.

2. Las retribuciones básicas son las que retribuyen al funcionario según la adscripción de su cuerpo o escala a un determinado Subgrupo o Grupo de clasificación profesional, en el supuesto de que éste no tenga Subgrupo, y por su antigüedad en el mismo. Dentro de ellas están comprendidas los componentes de sueldo y trienios de las pagas extraordinarias.

3. Las retribuciones complementarias son las que retribuyen las características de los puestos de trabajo, la carrera profesional o el desempeño, rendimiento o resultados alcanzados por el funcionario.

4. Las pagas extraordinarias serán dos al año, cada una por el importe de una mensualidad de retribuciones básicas y de la totalidad de las retribuciones complementarias, salvo aquellas a las que se refieren los apartados c) y d) del artículo 24.

5. No podrá percibirse participación en tributos o en cualquier otro ingreso de las Administraciones Públicas como contraprestación de cualquier servicio, participación o premio en multas impuestas, aun cuando estuviesen normativamente atribuidas a los servicios.

Artículo 23. Retribuciones básicas.

Las retribuciones básicas, que se fijan en la Ley de Presupuestos Generales del Estado, estarán integradas única y exclusivamente por:

a) El sueldo asignado a cada Subgrupo o Grupo de clasificación profesional, en el supuesto de que éste no tenga Subgrupo.

b) Los trienios, que consisten en una cantidad, que será igual para cada Subgrupo o Grupo de clasificación profesional, en el supuesto de que éste no tenga Subgrupo, por cada tres años de servicio.

Artículo 24. Retribuciones complementarias.

La cuantía y estructura de las retribuciones complementarias de los funcionarios se establecerán por las correspondientes leyes de cada Administración Pública atendiendo, entre otros, a los siguientes factores:

a) La progresión alcanzada por el funcionario dentro del sistema de carrera administrativa.

b) La especial dificultad técnica, responsabilidad, dedicación, incompatibilidad exigible para el desempeño de determinados puestos de trabajo o las condiciones en que se desarrolla el trabajo.

c) El grado de interés, iniciativa o esfuerzo con que el funcionario desempeña su trabajo y el rendimiento o resultados obtenidos.

d) Los servicios extraordinarios prestados fuera de la jornada normal de trabajo.

Artículo 25. Retribuciones de los funcionarios interinos.

1. Los funcionarios interinos percibirán las retribuciones básicas y las pagas extraordinarias correspondientes al Subgrupo o Grupo de adscripción, en el supuesto de que éste no tenga Subgrupo. Percibirán asimismo las retribuciones complementarias a que se refieren los apartados b), c) y d) del artículo 24 y las correspondientes a la categoría de entrada en el cuerpo o escala en el que se le nombre.

2. Se reconocerán los trienios correspondientes a los servicios prestados antes de la entrada en vigor del presente Estatuto que tendrán efectos retributivos únicamente a partir de la entrada en vigor del mismo.

Artículo 26. Retribuciones de los funcionarios en prácticas.

Las Administraciones Públicas determinarán las retribuciones de los funcionarios en prácticas que, como mínimo, se corresponderán a las del sueldo del Subgrupo o Grupo, en el supuesto de que éste no tenga Subgrupo, en que aspiren a ingresar.

Artículo 27. Retribuciones del personal laboral.

Las retribuciones del personal laboral se determinarán de acuerdo con la legislación laboral, el convenio colectivo que sea aplicable y el contrato de trabajo, respetando en todo caso lo establecido en el artículo 21 del presente Estatuto.

Artículo 28. Indemnizaciones.

Los funcionarios percibirán las indemnizaciones correspondientes por razón del servicio.

Artículo 29. Retribuciones diferidas.

Las Administraciones Públicas podrán destinar cantidades hasta el porcentaje de la masa salarial que se fije en las correspondientes Leyes de Presupuestos Generales del Estado a financiar aportaciones a planes de pensiones de empleo o contratos de seguro colectivos que incluyan la cobertura de la contingencia de jubilación, para el personal incluido en sus ámbitos, de acuerdo con lo establecido en la normativa reguladora de los Planes de Pensiones.

Las cantidades destinadas a financiar aportaciones a planes de pensiones o contratos de seguros tendrán a todos los efectos la consideración de retribución diferida.

Artículo 30. Deducción de retribuciones.

1. Sin perjuicio de la sanción disciplinaria que pueda corresponder, la parte de jornada no realizada dará lugar a la deducción proporcional de haberes, que no tendrá carácter sancionador.

2. Quienes ejerciten el derecho de huelga no devengarán ni percibirán las retribuciones correspondientes al tiempo en que hayan permanecido en esa situación sin que la deducción de haberes que se efectúe tenga carácter de sanción, ni afecte al régimen respectivo de sus prestaciones sociales.

CAPÍTULO IV

Derecho a la negociación colectiva, representación y participación institucional. Derecho de reunión

Artículo 31. Principios generales.

1. Los empleados públicos tienen derecho a la negociación colectiva, representación y participación institucional para la determinación de sus condiciones de trabajo.

2. Por negociación colectiva, a los efectos de esta Ley, se entiende el derecho a negociar la determinación de condiciones de trabajo de los empleados de la Administración Pública.

3. Por representación, a los efectos de esta Ley, se entiende la facultad de elegir representantes y constituir órganos unitarios a través de los cuales se instrumente la interlocución entre las Administraciones Públicas y sus empleados.

4. Por participación institucional, a los efectos de esta Ley, se entiende el derecho a participar, a través de las organizaciones sindicales, en los órganos de control y seguimiento de las entidades u organismos que legalmente se determine.

5. El ejercicio de los derechos establecidos en este artículo se garantiza y se lleva a cabo a través de los órganos y sistemas específicos regulados en el presente Capítulo, sin perjuicio de otras formas de colaboración entre las Administraciones Públicas y sus empleados públicos o los representantes de éstos.

6. Las Organizaciones Sindicales más representativas en el ámbito de la Función Pública están legitimadas para la interposición de recursos en vía administrativa y jurisdiccional contra las resoluciones de los órganos de selección.

7. El ejercicio de los derechos establecidos en este Capítulo deberá respetar en todo caso el contenido del presente Estatuto y las leyes de desarrollo previstas en el mismo.

8. Los procedimientos para determinar condiciones de trabajo en las Administraciones Públicas tendrán en cuenta las previsiones establecidas en los convenios y acuerdos de carácter internacional ratificados por España.

Artículo 32. Negociación colectiva, representación y participación del personal laboral.

La negociación colectiva, representación y participación de los empleados públicos con contrato laboral se regirá por la legislación laboral, sin perjuicio de los preceptos de este Capítulo que expresamente les son de aplicación.

Artículo 33. Negociación colectiva.

1. La negociación colectiva de condiciones de trabajo de los funcionarios públicos que estará sujeta a los principios de legalidad, cobertura presupuestaria, obligatoriedad, buena fe negocial, publicidad y transparencia, se efectuará mediante el ejercicio de la capacidad representativa reconocida a las Organizaciones Sindicales en los artículos 6.3.c); 7.1 y 7.2 de la Ley Orgánica 11/1985, de 2 de agosto, de Libertad Sindical y lo previsto en este Capítulo.

A este efecto, se constituirán Mesas de Negociación en las que estarán legitimados para estar presentes, por una parte, los representantes de la Administración Pública correspondiente, y por otra, las Organizaciones Sindicales más representativas a nivel estatal, las Organizaciones Sindicales más representativas de Comunidad Autónoma, así como los Sindicatos que hayan obtenido el 10 por 100 o más de los representantes en las elecciones para Delegados y Juntas de Personal, en las unidades electorales comprendidas en el ámbito específico de su constitución.

2. Las Administraciones Públicas podrán encargar el desarrollo de las actividades de negociación colectiva a órganos creados por ellas, de naturaleza estrictamente técnica, que ostentarán su representación en la negociación colectiva previas las instrucciones políticas correspondientes y sin perjuicio de la ratificación de los acuerdos alcanzados por los órganos de gobierno o administrativos con competencia para ello.

Artículo 34. Mesas de Negociación.

1. A los efectos de la negociación colectiva de los funcionarios públicos, se constituirá una Mesa General de Negociación en el ámbito de la Administración General del Estado, así como en cada una de las Comunidades Autónomas, Ciudades de Ceuta y Melilla y Entidades Locales.

2. Se reconoce la legitimación negocial de las asociaciones de municipios, así como la de las Entidades Locales de ámbito supramunicipal. A tales efectos, los municipios podrán adherirse con carácter previo o de manera sucesiva a la negociación colectiva que se lleve a cabo en el ámbito correspondiente.

Asimismo, una Administración o Entidad Pública podrá adherirse a los Acuerdos alcanzados dentro del territorio de cada Comunidad Autónoma, o a los Acuerdos alcanzados en un ámbito supramunicipal.

3. Son competencias propias de las Mesas Generales la negociación de las materias relacionadas con condiciones de trabajo comunes a los funcionarios de su ámbito.

4. Dependiendo de las Mesas Generales de Negociación y por acuerdo de las mismas podrán constituirse Mesas Sectoriales, en atención a las condiciones específicas de trabajo de las organizaciones administrativas afectadas o a las peculiaridades de sectores concretos de funcionarios públicos y a su número.

5. La competencia de las Mesas Sectoriales se extenderá a los temas comunes a los funcionarios del sector que no hayan sido objeto de decisión por parte de la Mesa General respectiva o a los que ésta explícitamente les reenvíe o delegue.

6. El proceso de negociación se abrirá, en cada Mesa, en la fecha que, de común acuerdo, fijen la Administración correspondiente y la mayoría de la representación sindical. A falta de acuerdo, el proceso se iniciará en el plazo máximo de un mes desde que la mayoría de una de las partes legitimadas lo promueva, salvo que existan causas legales o pactadas que lo impidan.

7. Ambas partes estarán obligadas a negociar bajo el principio de la buena fe y proporcionarse mutuamente la información que precisen relativa a la negociación.

Artículo 35. Constitución y composición de las Mesas de Negociación.

1. Las Mesas a que se refiere el artículo anterior quedarán válidamente constituidas cuando, además de la representación de la Administración correspondiente, y sin perjuicio del derecho de todas las Organizaciones Sindicales legitimadas a participar en ellas en proporción a su representatividad, tales organizaciones sindicales representen, como mínimo, la mayoría absoluta de los miembros de los órganos unitarios de representación en el ámbito de que se trate.

2. Las variaciones en la representatividad sindical, a efectos de modificación en la composición de las Mesas de Negociación, serán acreditadas por las Organizaciones Sindicales interesadas, mediante el correspondiente certificado de la Oficina Pública de Registro competente, cada dos años a partir de la fecha inicial de constitución de las citadas Mesas.

3. La designación de los componentes de las Mesas corresponderá a las partes negociadoras que podrán contar con la asistencia en las deliberaciones de asesores, que intervendrán con voz, pero sin voto.

4. En las normas de desarrollo del presente Estatuto se establecerá la composición numérica de las Mesas correspondientes a sus ámbitos, sin que ninguna de las partes pueda superar el número de quince miembros.

Artículo 36. Mesas Generales de Negociación.

1. Se constituye una Mesa General de Negociación de las Administraciones Públicas. La representación de éstas será unitaria, estará presidida por la Administración General del Estado y contará con representantes de las Comunidades Autónomas, de las Ciudades de Ceuta y Melilla y de la Federación Española de Municipios y Provincias, en función de las materias a negociar.

La representación de las Organizaciones Sindicales legitimadas para estar presentes de acuerdo con lo dispuesto en los artículos 6 y 7 de la Ley Orgánica 11/1985, de 2 de agosto, de Libertad Sindical, se distribuirá en función de los resultados obtenidos en las elecciones a los órganos de representación del personal, Delegados de Personal, Juntas de Personal y Comités de Empresa, en el conjunto de las Administraciones Públicas.

2. Serán materias objeto de negociación en esta Mesa las relacionadas en el artículo 37 de este Estatuto que resulten susceptibles de regulación estatal con carácter de norma básica, sin perjuicio de los acuerdos a que puedan llegar las Comunidades Autónomas en su correspondiente ámbito territorial en virtud de sus competencias exclusivas y compartidas en materia de Función Pública.

Será específicamente objeto de negociación en el ámbito de la Mesa General de Negociación de las Administraciones Públicas el incremento global de las retribuciones del personal al servicio de las Administraciones Públicas que corresponda incluir en el Proyecto de Ley de Presupuestos Generales del Estado de cada año.

3. Para la negociación de todas aquellas materias y condiciones de trabajo comunes al personal funcionario, estatutario y laboral de cada Administración Pública, se constituirá en la Administración General del Estado, en cada una de las Comunidades Autónomas, Ciudades de Ceuta y Melilla y Entidades Locales una Mesa General de Negociación.

Son de aplicación a estas Mesas Generales los criterios establecidos en el apartado anterior sobre representación de las Organizaciones Sindicales en la Mesa General de Negociación de las Administraciones Públicas, tomando en consideración en cada caso los resultados obtenidos en las elecciones a los órganos de representación del personal funcionario y laboral del correspondiente ámbito de representación.

Además, también estarán presentes en estas Mesas Generales, las Organizaciones Sindicales que formen parte de la Mesa General de Negociación de las Administraciones Públicas siempre que hubieran obtenido el 10 por 100 de los representantes a personal funcionario o personal laboral en el ámbito correspondiente a la Mesa de que se trate.

Artículo 37. Materias objeto de negociación.

1. Serán objeto de negociación, en su ámbito respectivo y en relación con las competencias de cada Administración Pública y con el alcance que legalmente proceda en cada caso, las materias siguientes:

a) La aplicación del incremento de las retribuciones del personal al servicio de las Administraciones Públicas que se establezca en la Ley de Presupuestos Generales del Estado y de las Comunidades Autónomas.

b) La determinación y aplicación de las retribuciones complementarias de los funcionarios.

c) Las normas que fijen los criterios generales en materia de acceso, carrera, provisión, sistemas de clasificación de puestos de trabajo, y planes e instrumentos de planificación de recursos humanos.

d) Las normas que fijen los criterios y mecanismos generales en materia de evaluación del desempeño.

e) Los planes de Previsión Social Complementaria.

f) Los criterios generales de los planes y fondos para la formación y la promoción interna.

g) Los criterios generales para la determinación de prestaciones sociales y pensiones de clases pasivas.

h) Las propuestas sobre derechos sindicales y de participación.

i) Los criterios generales de acción social.

j) Las que así se establezcan en la normativa de prevención de riesgos laborales.

k) Las que afecten a las condiciones de trabajo y a las retribuciones de los funcionarios, cuya regulación exija norma con rango de Ley.

l) Los criterios generales sobre ofertas de empleo público.

m) Las referidas a calendario laboral, horarios, jornadas, vacaciones, permisos, movilidad funcional y geográfica, así como los criterios generales sobre la planificación estratégica de los recursos humanos, en aquellos aspectos que afecten a condiciones de trabajo de los empleados públicos.

2. Quedan excluidas de la obligatoriedad de la negociación, las materias siguientes:

a) Las decisiones de las Administraciones Públicas que afecten a sus potestades de organización.

Cuando las consecuencias de las decisiones de las Administraciones Públicas que afecten a sus potestades de organización tengan repercusión sobre condiciones de trabajo de los funcionarios públicos contempladas en el apartado anterior, procederá la negociación de dichas condiciones con las Organizaciones Sindicales a que se refiere este Estatuto.

b) La regulación del ejercicio de los derechos de los ciudadanos y de los usuarios de los servicios públicos, así como el procedimiento de formación de los actos y disposiciones administrativas.

c) La determinación de condiciones de trabajo del personal directivo.

d) Los poderes de dirección y control propios de la relación jerárquica.

e) La regulación y determinación concreta, en cada caso, de los sistemas, criterios, órganos y procedimientos de acceso al empleo público y la promoción profesional.

Artículo 38. Pactos y Acuerdos.

1. En el seno de las Mesas de Negociación correspondientes, los representantes de las Administraciones Públicas podrán concertar Pactos y Acuerdos con la representación de las Organizaciones Sindicales legitimadas a tales efectos, para la determinación de condiciones de trabajo de los funcionarios de dichas Administraciones.

2. Los Pactos se celebrarán sobre materias que se correspondan estrictamente con el ámbito competencial del órgano administrativo que lo suscriba y se aplicarán directamente al personal del ámbito correspondiente.

3. Los Acuerdos versarán sobre materias competencia de los órganos de gobierno de las Administraciones Públicas. Para su validez y eficacia será necesaria su aprobación expresa y formal por estos órganos. Cuando tales Acuerdos hayan sido ratificados y afecten a temas que pueden ser decididos de forma definitiva por los órganos de gobierno, el contenido de los mismos será directamente aplicable al personal incluido en su ámbito de aplicación, sin perjuicio de que a efectos formales se requiera la modificación o derogación, en su caso, de la normativa reglamentaria correspondiente.

Si los Acuerdos ratificados tratan sobre materias sometidas a reserva de Ley que, en consecuencia, sólo pueden ser determinadas definitivamente por las Cortes Generales o las Asambleas Legislativas de las Comunidades Autónomas, su contenido carecerá de eficacia directa. No obstante, en este supuesto, el órgano de gobierno respectivo que tenga iniciativa legislativa procederá a la elaboración, aprobación y remisión a las Cortes Generales o Asambleas Legislativas de las Comunidades Autónomas del correspondiente proyecto de Ley conforme al contenido del Acuerdo y en el plazo que se hubiera acordado.

Cuando exista falta de ratificación de un Acuerdo o, en su caso, una negativa expresa a incorporar lo acordado en el Proyecto de Ley correspondiente, se deberá iniciar la renegociación de las materias tratadas en el plazo de un mes, si así lo solicitara al menos la mayoría de una de las partes.

4. Los Pactos y Acuerdos deberán determinar las partes que los conciertan, el ámbito personal, funcional, territorial y temporal, así como la forma, plazo de preaviso y condiciones de denuncia de los mismos.

5. Se establecerán Comisiones Paritarias de seguimiento de los Pactos y Acuerdos con la composición y funciones que las partes determinen.

6. Los Pactos celebrados y los Acuerdos, una vez ratificados, deberán ser remitidos a la Oficina Pública que cada Administración competente determine y la Autoridad respectiva ordenará su publicación en el Boletín Oficial que corresponda en función del ámbito territorial.

7. En el supuesto de que no se produzca acuerdo en la negociación o en la renegociación prevista en el último párrafo del apartado 3 del presente artículo y una vez agotados, en su caso, los procedimientos de solución extrajudicial de conflictos, corresponderá a los órganos de gobierno de las Administraciones Públicas establecer las condiciones de trabajo de los funcionarios con las excepciones contempladas en los apartados 11, 12 y 13 del presente artículo.

8. Los Pactos y Acuerdos que, de conformidad con lo establecido en el artículo 37, contengan materias y condiciones generales de trabajo comunes al personal funcionario y laboral, tendrán la

consideración y efectos previstos en este artículo para los funcionarios y en el artículo 83 del Estatuto de los Trabajadores para el personal laboral.

9. Los Pactos y Acuerdos en sus respectivos ámbitos y en relación con las competencias de cada Administración Pública, podrán establecer la estructura de la negociación colectiva así como fijar las reglas que han de resolver los conflictos de concurrencia entre las negociaciones de distinto ámbito y los criterios de primacía y complementariedad entre las diferentes unidades negociadoras.

10. Se garantiza el cumplimiento de los Pactos y Acuerdos, salvo cuando excepcionalmente y por causa grave de interés público derivada de una alteración sustancial de las circunstancias económicas, los órganos de gobierno de las Administraciones Públicas suspendan o modifiquen el cumplimiento de Pactos y Acuerdos ya firmados, en la medida estrictamente necesaria para salvaguardar el interés público.

En este supuesto, las Administraciones Públicas deberán informar a las Organizaciones Sindicales de las causas de la suspensión o modificación.

11. Salvo acuerdo en contrario, los Pactos y Acuerdos se prorrogarán de año en año si no mediara denuncia expresa de una de las partes.

12. La vigencia del contenido de los Pactos y Acuerdos una vez concluida su duración, se producirá en los términos que los mismos hubieren establecido.

13. Los Pactos y Acuerdos que sucedan a otros anteriores los derogan en su integridad, salvo los aspectos que expresamente se acuerde mantener.

Artículo 39. Órganos de representación.

1. Los órganos específicos de representación de los funcionarios son los Delegados de Personal y las Juntas de Personal.

2. En las unidades electorales donde el número de funcionarios sea igual o superior a 6 e inferior a 50, su representación corresponderá a los Delegados de Personal. Hasta 30 funcionarios se elegirá un Delegado, y de 31 a 49 se elegirán tres, que ejercerán su representación conjunta y mancomunadamente.

3. Las Juntas de Personal se constituirán en unidades electorales que cuenten con un censo mínimo de 50 funcionarios.

4. El establecimiento de las unidades electorales se regulará por el Estado y por cada Comunidad Autónoma dentro del ámbito de sus competencias legislativas. Previo acuerdo con las Organizaciones Sindicales legitimadas en los artículos 6 y 7 de la Ley Orgánica 11/1985, de 2 de agosto, de Libertad Sindical, los órganos de gobierno de las Administraciones Públicas podrán modificar o establecer unidades electorales en razón del número y peculiaridades de sus colectivos, adecuando la configuración de las mismas a las estructuras administrativas o a los ámbitos de negociación constituidos o que se constituyan.

5. Cada Junta de Personal se compone de un número de representantes, en función del número de funcionarios de la Unidad electoral correspondiente, de acuerdo con la siguiente escala, en coherencia con lo establecido en el Estatuto de los Trabajadores:

De 50 a 100 funcionarios: 5.

De 101 a 250 funcionarios: 9.

De 251 a 500 funcionarios: 13.

De 501 a 750 funcionarios: 17.

De 751 a 1.000 funcionarios: 21.

De 1.001 en adelante, dos por cada 1.000 o fracción, con el máximo de 75.

6. Las Juntas de Personal elegirán de entre sus miembros un Presidente y un Secretario y elaborarán su propio reglamento de procedimiento, que no podrá contravenir lo dispuesto en el presente Estatuto y legislación de desarrollo, remitiendo copia del mismo y de sus modificaciones al órgano u órganos competentes en materia de personal que cada Administración determine. El reglamento y sus modificaciones deberán ser aprobados por los votos favorables de, al menos, dos tercios de sus miembros.

Artículo 40. Funciones y legitimación de los órganos de representación.

1. Las Juntas de Personal y los Delegados de Personal, en su caso, tendrán las siguientes funciones, en sus respectivos ámbitos:

a) Recibir información, sobre la política de personal, así como sobre los datos referentes a la evolución de las retribuciones, evolución probable del empleo en el ámbito correspondiente y programas de mejora del rendimiento.

b) Emitir informe, a solicitud de la Administración Pública correspondiente, sobre el traslado total o parcial de las instalaciones e implantación o revisión de sus sistemas de organización y métodos de trabajo.

c) Ser informados de todas las sanciones impuestas por faltas muy graves.

d) Tener conocimiento y ser oídos en el establecimiento de la jornada laboral y horario de trabajo, así como en el régimen de vacaciones y permisos.

e) Vigilar el cumplimiento de las normas vigentes en materia de condiciones de trabajo, prevención de riesgos laborales, Seguridad Social y empleo y ejercer, en su caso, las acciones legales oportunas ante los organismos competentes.

f) Colaborar con la Administración correspondiente para conseguir el establecimiento de cuantas medidas procuren el mantenimiento e incremento de la productividad.

2. Las Juntas de Personal, colegiadamente, por decisión mayoritaria de sus miembros y, en su caso, los Delegados de Personal, mancomunadamente, estarán legitimados para iniciar, como interesados, los correspondientes procedimientos administrativos y ejercitar las acciones en vía administrativa o judicial en todo lo relativo al ámbito de sus funciones.

Artículo 41. Garantías de la función representativa del personal.

1. Los miembros de las Juntas de Personal y los Delegados de Personal, en su caso, como representantes legales de los funcionarios, dispondrán en el ejercicio de su función representativa de las siguientes garantías y derechos:

a) El acceso y libre circulación por las dependencias de su unidad electoral, sin que se entorpezca el normal funcionamiento de las correspondientes unidades administrativas, dentro de los horarios habituales de trabajo y con excepción de las zonas que se reserven de conformidad con lo dispuesto en la legislación vigente.

b) La distribución libre de las publicaciones que se refieran a cuestiones profesionales y sindicales.

c) La audiencia en los expedientes disciplinarios a que pudieran ser sometidos sus miembros durante el tiempo de su mandato y durante el año inmediatamente posterior, sin perjuicio de la audiencia al interesado regulada en el procedimiento sancionador.

d) Un crédito de horas mensuales dentro de la jornada de trabajo y retribuidas como de trabajo efectivo, de acuerdo con la siguiente escala:

Hasta 100 funcionarios: 15.

De 101 a 250 funcionarios: 20.

De 251 a 500 funcionarios: 30.

De 501 a 750 funcionarios: 35.

De 751 en adelante: 40.

Los miembros de la Junta de Personal y Delegados de Personal de la misma candidatura que así lo manifiesten podrán proceder, previa comunicación al órgano que ostente la Jefatura de Personal ante la que aquélla ejerza su representación, a la acumulación de los créditos horarios.

e) No ser trasladados ni sancionados por causas relacionadas con el ejercicio de su mandato representativo, ni durante la vigencia del mismo, ni en el año siguiente a su extinción, exceptuando la extinción que tenga lugar por revocación o dimisión.

2. Los miembros de las Juntas de Personal y los Delegados de Personal no podrán ser discriminados en su formación ni en su promoción económica o profesional por razón del desempeño de su representación.

3. Cada uno de los miembros de la Junta de Personal y ésta como órgano colegiado, así como los Delegados de Personal, en su caso, observarán sigilo profesional en todo lo referente a los asuntos en que la Administración señale expresamente el carácter reservado, aun después de expirar su mandato. En todo caso, ningún documento reservado entregado por la Administración podrá ser utilizado fuera del estricto ámbito de la Administración para fines distintos de los que motivaron su entrega.

Artículo 42. Duración de la representación.

El mandato de los miembros de las Juntas de Personal y de los Delegados de Personal, en su caso, será de cuatro años, pudiendo ser reelegidos. El mandato se entenderá prorrogado si, a su término, no se hubiesen promovido nuevas elecciones, sin que los representantes con mandato prorrogado se contabilicen a efectos de determinar la capacidad representativa de los Sindicatos.

Artículo 43. Promoción de elecciones a Delegados y Juntas de Personal.

1. Podrán promover la celebración de elecciones a Delegados y Juntas de Personal, conforme a lo previsto en el presente Estatuto y en los artículos 6 y 7 de la Ley Orgánica 11/1985, de 2 de agosto, de Libertad Sindical:

a) Los Sindicatos más representativos a nivel estatal.

b) Los Sindicatos más representativos a nivel de Comunidad Autónoma, cuando la unidad electoral afectada esté ubicada en su ámbito geográfico.

c) Los Sindicatos que, sin ser más representativos, hayan conseguido al menos el 10 por 100 de los representantes a los que se refiere este Estatuto en el conjunto de las Administraciones Públicas.

d) Los Sindicatos que hayan obtenido al menos un porcentaje del 10 por 100 en la unidad electoral en la que se pretende promover las elecciones.

e) Los funcionarios de la unidad electoral, por acuerdo mayoritario.

2. Los legitimados para promover elecciones tendrán, a este efecto, derecho a que la Administración Pública correspondiente les suministre el censo de personal de las unidades electorales afectadas, distribuido por Organismos o centros de trabajo.

Artículo 44. Procedimiento electoral.

El procedimiento para la elección de las Juntas de Personal y para la elección de Delegados de Personal se determinará reglamentariamente teniendo en cuenta los siguientes criterios generales:

– La elección se realizará mediante sufragio personal, directo, libre y secreto que podrá emitirse por correo o por otros medios telemáticos.

– Serán electores y elegibles los funcionarios que se encuentren en la situación de servicio activo. No tendrán la consideración de electores ni elegibles los funcionarios que ocupen puestos cuyo nombramiento se efectúe a través de Real Decreto o por Decreto de los Consejos de Gobierno de las Comunidades Autónomas y de las Ciudades de Ceuta y Melilla.

– Podrán presentar candidaturas las Organizaciones Sindicales legalmente constituidas o las coaliciones de éstas, y los grupos de electores de una misma unidad electoral, siempre que el número de ellos sea equivalente, al menos, al triple de los miembros a elegir.

– Las Juntas de Personal se elegirán mediante listas cerradas a través de un sistema proporcional corregido, y los Delegados de Personal mediante listas abiertas y sistema mayoritario.

– Los órganos electorales serán las Mesas Electorales que se constituyan para la dirección y desarrollo del procedimiento electoral y las oficinas públicas permanentes para el cómputo y certificación de resultados reguladas en la normativa laboral.

– Las impugnaciones se tramitarán conforme a un procedimiento arbitral, excepto las reclamaciones contra las denegaciones de inscripción de actas electorales que podrán plantearse directamente ante la jurisdicción social.

Artículo 45. Solución extrajudicial de conflictos colectivos.

1. Con independencia de las atribuciones fijadas por las partes a las comisiones paritarias previstas en el artículo 38.5 para el conocimiento y resolución de los conflictos derivados de la aplicación e interpretación de los Pactos y Acuerdos, las Administraciones Públicas y las Organizaciones Sindicales a que se refiere el presente Capítulo podrán acordar la creación, configuración y desarrollo de sistemas de solución extrajudicial de conflictos colectivos.

2. Los conflictos a que se refiere el apartado anterior podrán ser los derivados de la negociación, aplicación e interpretación de los Pactos y Acuerdos sobre las materias señaladas en el artículo 37, excepto para aquellas en que exista reserva de Ley.

3. Los sistemas podrán estar integrados por procedimientos de mediación y arbitraje. La mediación será obligatoria cuando lo solicite una de las partes y las propuestas de solución que ofrezcan el mediador o mediadores podrán ser libremente aceptadas o rechazadas por las mismas.

Mediante el procedimiento de arbitraje las partes podrán acordar voluntariamente encomendar a un tercero la resolución del conflicto planteado, comprometiéndose de antemano a aceptar el contenido de la misma.

4. El acuerdo logrado a través de la mediación o de la resolución de arbitraje tendrá la misma eficacia jurídica y tramitación de los Pactos y Acuerdos regulados en el presente Estatuto, siempre

que quienes hubieran adoptado el acuerdo o suscrito el compromiso arbitral tuviesen la legitimación que les permita acordar, en el ámbito del conflicto, un Pacto o Acuerdo conforme a lo previsto en este Estatuto.

Estos acuerdos serán susceptibles de impugnación. Específicamente cabrá recurso contra la resolución arbitral en el caso de que no se hubiesen observado en el desarrollo de la actuación arbitral los requisitos y formalidades establecidos al efecto o cuando la resolución hubiese versado sobre puntos no sometidos a su decisión, o que ésta contradiga la legalidad vigente.

5. La utilización de estos sistemas se efectuará conforme a los procedimientos que reglamentariamente se determinen previo acuerdo con las Organizaciones Sindicales representativas.

Artículo 46. Derecho de reunión.

1. Están legitimados para convocar una reunión, además de las Organizaciones Sindicales, directamente o a través de los Delegados Sindicales:

a) Los Delegados de Personal.

b) Las Juntas de Personal.

c) Los Comités de Empresa.

d) Los empleados públicos de las Administraciones respectivas en número no inferior al 40 por 100 del colectivo convocado.

2. Las reuniones en el centro de trabajo se autorizarán fuera de las horas de trabajo, salvo acuerdo entre el órgano competente en materia de personal y quienes estén legitimados para convocarlas.

La celebración de la reunión no perjudicará la prestación de los servicios y los convocantes de la misma serán responsables de su normal desarrollo.

CAPÍTULO V

Derecho a la jornada de trabajo, permisos y vacaciones

Artículo 47. Jornada de trabajo de los funcionarios públicos.

Las Administraciones Públicas establecerán la jornada general y las especiales de trabajo de sus funcionarios públicos. La jornada de trabajo podrá ser a tiempo completo o a tiempo parcial.

Artículo 48. Permisos de los funcionarios públicos.

1. Las Administraciones Públicas determinarán los supuestos de concesión de permisos a los funcionarios públicos y sus requisitos, efectos y duración. En defecto de legislación aplicable los permisos y su duración serán, al menos, los siguientes:

a) Por fallecimiento, accidente o enfermedad grave de un familiar dentro del primer grado de consanguinidad o afinidad, tres días hábiles cuando el suceso se produzca en la misma localidad, y cinco días hábiles cuando sea en distinta localidad.

Cuando se trate del fallecimiento, accidente o enfermedad grave de un familiar dentro del segundo grado de consanguinidad o afinidad, el permiso será de dos días hábiles cuando se produzca en la misma localidad y de cuatro días hábiles cuando sea en distinta localidad.

b) Por traslado de domicilio sin cambio de residencia, un día.

c) Para realizar funciones sindicales o de representación del personal, en los términos que se determine.

d) Para concurrir a exámenes finales y demás pruebas definitivas de aptitud, durante los días de su celebración.

e) Para la realización de exámenes prenatales y técnicas de preparación al parto por las funcionarias embarazadas.

f) Por lactancia de un hijo menor de doce meses tendrá derecho a una hora de ausencia del trabajo que podrá dividir en dos fracciones. Este derecho podrá sustituirse por una reducción de la jornada normal en media hora al inicio y al final de la jornada o, en una hora al inicio o al final de la jornada, con la misma finalidad. Este derecho podrá ser ejercido indistintamente por uno u otro de los progenitores, en el caso de que ambos trabajen.

Igualmente la funcionaria podrá solicitar la sustitución del tiempo de lactancia por un permiso retribuido que acumule en jornadas completas el tiempo correspondiente.

Este permiso se incrementará proporcionalmente en los casos de parto múltiple.

g) Por nacimiento de hijos prematuros o que por cualquier otra causa deban permanecer hospitalizados a continuación del parto, la funcionaria o el funcionario tendrá derecho a ausentarse del trabajo durante un máximo de dos horas diarias percibiendo las retribuciones íntegras. Asimismo, tendrán derecho a reducir su jornada de trabajo hasta un máximo de dos horas, con la disminución proporcional de sus retribuciones.

h) Por razones de guarda legal, cuando el funcionario tenga el cuidado directo de algún menor de doce años, de persona mayor que requiera especial dedicación, o de una persona con discapacidad que no desempeñe actividad retribuida, tendrá derecho a la reducción de su jornada de trabajo, con la disminución de sus retribuciones que corresponda.

Tendrá el mismo derecho el funcionario que precise encargarse del cuidado directo de un familiar, hasta el segundo grado de consanguinidad o afinidad, que por razones de edad, accidente o enfermedad no pueda valerse por sí mismo y que no desempeñe actividad retribuida.

i) Por ser preciso atender el cuidado de un familiar de primer grado, el funcionario tendrá derecho a solicitar una reducción de hasta el cincuenta por ciento de la jornada laboral, con carácter retribuido, por razones de enfermedad muy grave y por el plazo máximo de un mes. Si hubiera más de un titular de este derecho por el mismo hecho causante, el tiempo de disfrute de esta reducción se podrá prorratear entre los mismos, respetando en todo caso, el plazo máximo de un mes.

j) Por tiempo indispensable para el cumplimiento de un deber inexcusable de carácter público o personal y por deberes relacionados con la conciliación de la vida familiar y laboral.

k) Por asuntos particulares, seis días.

2. Además de los días de libre disposición establecidos por cada Administración Pública, los funcionarios tendrán derecho al disfrute de dos días adicionales al cumplir el sexto trienio, incrementándose en un día adicional por cada trienio cumplido a partir del octavo.

Artículo 49. Permisos por motivos de conciliación de la vida personal, familiar y laboral y por razón de violencia de género.

En todo caso se concederán los siguientes permisos con las correspondientes condiciones mínimas:

a) Permiso por parto: tendrá una duración de dieciséis semanas ininterrumpidas. Este permiso se ampliará en dos semanas más en el supuesto de discapacidad del hijo y, por cada hijo a partir del segundo, en los supuestos de parto múltiple. El permiso se distribuirá a opción de la funcionaria siempre que seis semanas sean inmediatamente posteriores al parto. En caso de fallecimiento de la madre, el otro progenitor podrá hacer uso de la totalidad o, en su caso, de la parte que reste de permiso.

No obstante lo anterior, y sin perjuicio de las seis semanas inmediatas posteriores al parto de descanso obligatorio para la madre, en el caso de que ambos progenitores trabajen, la madre, al iniciarse el período de descanso por maternidad, podrá optar por que el otro progenitor disfrute de una parte determinada e ininterrumpida del período de descanso posterior al parto, bien de forma simultánea o sucesiva con el de la madre. El otro progenitor podrá seguir disfrutando del permiso de maternidad inicialmente cedido, aunque en el momento previsto para la reincorporación de la madre al trabajo ésta se encuentre en situación de incapacidad temporal.

En los casos de disfrute simultáneo de períodos de descanso, la suma de los mismos no podrá exceder de las dieciséis semanas o de las que correspondan en caso de discapacidad del hijo o de parto múltiple.

Este permiso podrá disfrutarse a jornada completa o a tiempo parcial, cuando las necesidades del servicio lo permitan, y en los términos que reglamentariamente se determinen.

En los casos de parto prematuro y en aquellos en que, por cualquier otra causa, el neonato deba permanecer hospitalizado a continuación del parto, este permiso se ampliará en tantos días como el neonato se encuentre hospitalizado, con un máximo de trece semanas adicionales.

Durante el disfrute de este permiso se podrá participar en los cursos de formación que convoque la Administración.

b) Permiso por adopción o acogimiento, tanto preadoptivo como permanente o simple: tendrá una duración de dieciséis semanas ininterrumpidas. Este permiso se ampliará en dos semanas más en el supuesto de discapacidad del menor adoptado o acogido y por cada hijo, a partir del segundo, en los supuestos de adopción o acogimiento múltiple.

El cómputo del plazo se contará a elección del funcionario, a partir de la decisión administrativa o judicial de acogimiento o a partir de la resolución judicial por la que se constituya la adopción sin que en ningún caso un mismo menor pueda dar derecho a varios períodos de disfrute de este permiso.

En el caso de que ambos progenitores trabajen, el permiso se distribuirá a opción de los interesados, que podrán disfrutarlo de forma simultánea o sucesiva, siempre en períodos ininterrumpidos.

En los casos de disfrute simultáneo de períodos de descanso, la suma de los mismos no podrá exceder de las dieciséis semanas o de las que correspondan en caso de adopción o acogimiento múltiple y de discapacidad del menor adoptado o acogido.

Este permiso podrá disfrutarse a jornada completa o a tiempo parcial, cuando las necesidades de servicio lo permitan, y en los términos que reglamentariamente se determine.

Si fuera necesario el desplazamiento previo de los progenitores al país de origen del adoptado, en los casos de adopción o acogimiento internacional, se tendrá derecho, además, a un permiso de hasta dos meses de duración, percibiendo durante este período exclusivamente las retribuciones básicas.

Con independencia del permiso de hasta dos meses previsto en el párrafo anterior y para el supuesto contemplado en dicho párrafo, el permiso por adopción o acogimiento, tanto preadoptivo como permanente o simple, podrá iniciarse hasta cuatro semanas antes de la resolución judicial por la que se constituya la adopción o la decisión administrativa o judicial de acogimiento.

Durante el disfrute de este permiso se podrá participar en los cursos de formación que convoque la Administración.

Los supuestos de adopción o acogimiento, tanto preadoptivo como permanente o simple, previstos en este artículo serán los que así se establezcan en el Código Civil o en las Leyes civiles de las Comunidades Autónomas que los regulen, debiendo tener el acogimiento simple una duración no inferior a un año.

c) Permiso de paternidad por el nacimiento, acogimiento o adopción de un hijo: tendrá una duración de quince días, a disfrutar por el padre o el otro progenitor a partir de la fecha del nacimiento, de la decisión administrativa o judicial de acogimiento o de la resolución judicial por la que se constituya la adopción.

Este permiso es independiente del disfrute compartido de los permisos contemplados en los apartados a) y b).

En los casos previstos en los apartados a), b), y c) el tiempo transcurrido durante el disfrute de estos permisos se computará como de servicio efectivo a todos los efectos, garantizándose la plenitud de derechos económicos de la funcionaria y, en su caso, del otro progenitor funcionario, durante todo el período de duración del permiso, y, en su caso, durante los períodos posteriores al disfrute de éste, si de acuerdo con la normativa aplicable, el derecho a percibir algún concepto retributivo se determina en función del período de disfrute del permiso.

Los funcionarios que hayan hecho uso del permiso por parto o maternidad, paternidad y adopción o acogimiento tendrán derecho, una vez finalizado el período de permiso, a reintegrarse a su puesto de trabajo en términos y condiciones que no les resulten menos favorables al disfrute del permiso, así como a beneficiarse de cualquier mejora en las condiciones de trabajo a las que hubieran podido tener derecho durante su ausencia.

d) Permiso por razón de violencia de género sobre la mujer funcionaria: las faltas de asistencia de las funcionarias víctimas de violencia de género, totales o parciales, tendrán la consideración de justificadas por el tiempo y en las condiciones en que así lo determinen los servicios sociales de atención o de salud según proceda.

Asimismo, las funcionarias víctimas de violencia sobre la mujer, para hacer efectiva su protección o su derecho de asistencia social integral, tendrán derecho a la reducción de la jornada con disminución proporcional de la retribución, o la reordenación del tiempo de trabajo, a través de la adaptación del horario, de la aplicación del horario flexible o de otras formas de ordenación del tiempo de trabajo que sean aplicables, en los términos que para estos supuestos establezca la Administración Pública competente en casa caso.

Artículo 50. Vacaciones de los funcionarios públicos.

Los funcionarios públicos tendrán derecho a disfrutar como mínimo, durante cada año natural, de unas vacaciones retribuidas de veintidós días hábiles, o de los días que correspondan proporcionalmente si el tiempo de servicio durante el año fue menor.

A los efectos de lo previsto en el presente artículo, no se considerarán como días hábiles los sábados, sin perjuicio de las adaptaciones que se establezcan para los horarios especiales.

Artículo 51. Jornada de trabajo, permisos y vacaciones del personal laboral.

Para el régimen de jornada de trabajo, permisos y vacaciones del personal laboral se estará a lo establecido en este Capítulo y en la legislación laboral correspondiente.

CAPÍTULO VI

Deberes de los empleados públicos. Código de Conducta

Artículo 52. Deberes de los empleados públicos. Código de Conducta.

Los empleados públicos deberán desempeñar con diligencia las tareas que tengan asignadas y velar por los intereses generales con sujeción y observancia de la Constitución y del resto del ordenamiento jurídico, y deberán actuar con arreglo a los siguientes principios: objetividad, integridad, neutralidad, responsabilidad, imparcialidad, confidencialidad, dedicación al servicio público, transparencia, ejemplaridad, austeridad, accesibilidad, eficacia, honradez, promoción del entorno cultural y medioambiental, y respeto a la igualdad entre mujeres y hombres, que inspiran el Código de Conducta de los empleados públicos configurado por los principios éticos y de conducta regulados en los artículos siguientes.

Los principios y reglas establecidos en este Capítulo informarán la interpretación y aplicación del régimen disciplinario de los empleados públicos.

Artículo 53. Principios éticos.

1. Los empleados públicos respetarán la Constitución y el resto de normas que integran el ordenamiento jurídico.

2. Su actuación perseguirá la satisfacción de los intereses generales de los ciudadanos y se fundamentará en consideraciones objetivas orientadas hacia la imparcialidad y el interés común, al margen de cualquier otro factor que exprese posiciones personales, familiares, corporativas, clientelares o cualesquiera otras que puedan colisionar con este principio.

3. Ajustarán su actuación a los principios de lealtad y buena fe con la Administración en la que presten sus servicios, y con sus superiores, compañeros, subordinados y con los ciudadanos.

4. Su conducta se basará en el respeto de los derechos fundamentales y libertades públicas, evitando toda actuación que pueda producir discriminación alguna por razón de nacimiento, origen racial o étnico, género, sexo, orientación sexual, religión o convicciones, opinión, discapacidad, edad o cualquier otra condición o circunstancia personal o social.

5. Se abstendrán en aquellos asuntos en los que tengan un interés personal, así como de toda actividad privada o interés que pueda suponer un riesgo de plantear conflictos de intereses con su puesto público.

6. No contraerán obligaciones económicas ni intervendrán en operaciones financieras, obligaciones patrimoniales o negocios jurídicos con personas o entidades cuando pueda suponer un conflicto de intereses con las obligaciones de su puesto público.

7. No aceptarán ningún trato de favor o situación que implique privilegio o ventaja injustificada, por parte de personas físicas o entidades privadas.

8. Actuarán de acuerdo con los principios de eficacia, economía y eficiencia, y vigilarán la consecución del interés general y el cumplimiento de los objetivos de la organización.

9. No influirán en la agilización o resolución de trámite o procedimiento administrativo sin justa causa y, en ningún caso, cuando ello comporte un privilegio en beneficio de los titulares de los cargos públicos o su entorno familiar y social inmediato o cuando suponga un menoscabo de los intereses de terceros.

10. Cumplirán con diligencia las tareas que les correspondan o se les encomienden y, en su caso, resolverán dentro de plazo los procedimientos o expedientes de su competencia.

11. Ejercerán sus atribuciones según el principio de dedicación al servicio público absteniéndose no sólo de conductas contrarias al mismo, sino también de cualesquiera otras que comprometan la neutralidad en el ejercicio de los servicios públicos.

12. Guardarán secreto de las materias clasificadas u otras cuya difusión esté prohibida legalmente, y mantendrán la debida discreción sobre aquellos asuntos que conozcan por razón de su cargo, sin que puedan hacer uso de la información obtenida para beneficio propio o de terceros, o en perjuicio del interés público.

Artículo 54. Principios de conducta.

1. Tratarán con atención y respeto a los ciudadanos, a sus superiores y a los restantes empleados públicos.

2. El desempeño de las tareas correspondientes a su puesto de trabajo se realizará de forma diligente y cumpliendo la jornada y el horario establecidos.

3. Obedecerán las instrucciones y órdenes profesionales de los superiores, salvo que constituyan una infracción manifiesta del ordenamiento jurídico, en cuyo caso las pondrán inmediatamente en conocimiento de los órganos de inspección procedentes.

4. Informarán a los ciudadanos sobre aquellas materias o asuntos que tengan derecho a conocer, y facilitarán el ejercicio de sus derechos y el cumplimiento de sus obligaciones.

5. Administrarán los recursos y bienes públicos con austeridad, y no utilizarán los mismos en provecho propio o de personas allegadas. Tendrán, asimismo, el deber de velar por su conservación.

6. Se rechazará cualquier regalo, favor o servicio en condiciones ventajosas que vaya más allá de los usos habituales, sociales y de cortesía, sin perjuicio de lo establecido en el Código Penal.

7. Garantizarán la constancia y permanencia de los documentos para su transmisión y entrega a sus posteriores responsables.

8. Mantendrán actualizada su formación y cualificación.

9. Observarán las normas sobre seguridad y salud laboral.

10. Pondrán en conocimiento de sus superiores o de los órganos competentes las propuestas que consideren adecuadas para mejorar el desarrollo de las funciones de la unidad en la que estén destinados. A estos efectos se podrá prever la creación de la instancia adecuada competente para centralizar la recepción de las propuestas de los empleados públicos o administrados que sirvan para mejorar la eficacia en el servicio.

11. Garantizarán la atención al ciudadano en la lengua que lo solicite siempre que sea oficial en el territorio.

TÍTULO IV

Adquisición y pérdida de la relación de servicio

CAPÍTULO I

Acceso al empleo público y adquisición de la relación de servicio

Artículo 55. Principios rectores.

1. Todos los ciudadanos tienen derecho al acceso al empleo público de acuerdo con los principios constitucionales de igualdad, mérito y capacidad, y de acuerdo con lo previsto en el presente Estatuto y en el resto del ordenamiento jurídico.

2. Las Administraciones Públicas, entidades y organismos a que se refiere el artículo 2 del presente Estatuto seleccionarán a su personal funcionario y laboral mediante procedimientos en los que se garanticen los principios constitucionales antes expresados, así como los establecidos a continuación:

a) Publicidad de las convocatorias y de sus bases.

b) Transparencia.

c) Imparcialidad y profesionalidad de los miembros de los órganos de selección.

d) Independencia y discrecionalidad técnica en la actuación de los órganos de selección.

e) Adecuación entre el contenido de los procesos selectivos y las funciones o tareas a desarrollar.

f) Agilidad, sin perjuicio de la objetividad, en los procesos de selección.

Artículo 56. Requisitos generales.

1. Para poder participar en los procesos selectivos será necesario reunir los siguientes requisitos:

a) Tener la nacionalidad española, sin perjuicio de lo dispuesto en el artículo siguiente.

b) Poseer la capacidad funcional para el desempeño de las tareas.

c) Tener cumplidos dieciséis años y no exceder, en su caso, de la edad máxima de jubilación forzosa. Sólo por ley podrá establecerse otra edad máxima, distinta de la edad de jubilación forzosa, para el acceso al empleo público.

d) No haber sido separado mediante expediente disciplinario del servicio de cualquiera de las Administraciones Públicas o de los órganos constitucionales o estatutarios de las Comunidades Autónomas, ni hallarse en inhabilitación absoluta o especial para empleos o cargos públicos por resolución judicial, para el acceso al cuerpo o escala de funcionario, o para ejercer funciones similares a las que desempeñaban en el caso del personal laboral, en el que hubiese sido separado o inhabilitado. En el caso de ser nacional de otro Estado, no hallarse inhabilitado o en situación equivalente ni haber sido sometido a sanción disciplinaria o equivalente que impida, en su Estado, en los mismos términos el acceso al empleo público.

e) Poseer la titulación exigida.

2. Las Administraciones Públicas, en el ámbito de sus competencias, deberán prever la selección de empleados públicos debidamente capacitados para cubrir los puestos de trabajo en las Comunidades Autónomas que gocen de dos lenguas oficiales.

3. Podrá exigirse el cumplimiento de otros requisitos específicos que guarden relación objetiva y proporcionada con las funciones asumidas y las tareas a desempeñar. En todo caso, habrán de establecerse de manera abstracta y general.

Artículo 57. Acceso al empleo público de nacionales de otros Estados.

1. Los nacionales de los Estados miembros de la Unión Europea podrán acceder, como personal funcionario, en igualdad de condiciones que los españoles a los empleos públicos, con excepción de aquellos que directa o indirectamente impliquen una participación en el ejercicio del poder público o en las funciones que tienen por objeto la salvaguardia de los intereses del Estado o de las Administraciones Públicas.

A tal efecto, los órganos de Gobierno de las Administraciones Públicas determinarán las agrupaciones de funcionarios contempladas en el artículo 76 a las que no puedan acceder los nacionales de otros Estados.

2. Las previsiones del apartado anterior serán de aplicación, cualquiera que sea su nacionalidad, al cónyuge de los españoles y de los nacionales de otros Estados miembros de la Unión Europea, siempre que no estén separados de derecho y a sus descendientes y a los de su cónyuge siempre que no estén separados de derecho, sean menores de veintiún años o mayores de dicha edad dependientes.

3. El acceso al empleo público como personal funcionario, se extenderá igualmente a las personas incluidas en el ámbito de aplicación de los Tratados Internaciones celebrados por la Unión Europea y ratificados por España en los que sea de aplicación la libre circulación de trabajadores, en los términos establecidos en el apartado 1 de este artículo.

4. Los extranjeros a los que se refieren los apartados anteriores, así como los extranjeros con residencia legal en España podrán acceder a las Administraciones Públicas, como personal laboral, en igualdad de condiciones que los españoles.

5. Sólo por ley de las Cortes Generales o de las Asambleas Legislativas de las Comunidades Autónomas podrá eximirse del requisito de la nacionalidad por razones de interés general para el acceso a la condición de personal funcionario.

Artículo 58. Acceso al empleo público de funcionarios españoles de Organismos Internacionales.

Las Administraciones Públicas establecerán los requisitos y condiciones para el acceso a las mismas de funcionarios de nacionalidad española de Organismos Internacionales, siempre que posean la titulación requerida y superen los correspondientes procesos selectivos. Podrán quedar exentos de la realización de aquellas pruebas que tengan por objeto acreditar conocimientos ya exigidos para el desempeño de su puesto en el organismo internacional correspondiente.

Artículo 59. Personas con discapacidad.

1. En las ofertas de empleo público se reservará un cupo no inferior al cinco por ciento de las vacantes para ser cubiertas entre personas con discapacidad, considerando como tales las definidas en el apartado 2 del artículo 1 de la Ley 51/2003, de 2 de diciembre, de Igualdad de Oportunidades, no Discriminación y Accesibilidad Universal de las Personas con Discapacidad, siempre que superen los procesos selectivos y acrediten su discapacidad y la compatibilidad con el desempeño de las tareas, de modo que progresivamente se alcance el dos por ciento de los efectivos totales en cada Administración Pública.

2. Cada Administración Pública adoptará las medidas precisas para establecer las adaptaciones y ajustes razonables de tiempos y medios en el proceso selectivo y, una vez superado dicho proceso, las adaptaciones en el puesto de trabajo a las necesidades de las personas con discapacidad.

Artículo 60. Órganos de selección.

1. Los órganos de selección serán colegiados y su composición deberá ajustarse a los principios de imparcialidad y profesionalidad de sus miembros, y se tenderá, asimismo, a la paridad entre mujer y hombre.

2. El personal de elección o de designación política, los funcionarios interinos y el personal eventual no podrán formar parte de los órganos de selección.

3. La pertenencia a los órganos de selección será siempre a título individual, no pudiendo ostentarse ésta en representación o por cuenta de nadie.

Artículo 61. Sistemas selectivos.

1. Los procesos selectivos tendrán carácter abierto y garantizarán la libre concurrencia, sin perjuicio de lo establecido para la promoción interna y de las medidas de discriminación positiva previstas en este Estatuto.

Los órganos de selección velarán por el cumplimiento del principio de igualdad de oportunidades entre sexos.

2. Los procedimientos de selección cuidarán especialmente la conexión entre el tipo de pruebas a superar y la adecuación al desempeño de las tareas de los puestos de trabajo convocados, incluyendo, en su caso, las pruebas prácticas que sean precisas.

Las pruebas podrán consistir en la comprobación de los conocimientos y la capacidad analítica de los aspirantes, expresados de forma oral o escrita, en la realización de ejercicios que demuestren la posesión de habilidades y destrezas, en la comprobación del dominio de lenguas extranjeras y, en su caso, en la superación de pruebas físicas.

3. Los procesos selectivos que incluyan, además de las preceptivas pruebas de capacidad, la valoración de méritos de los aspirantes sólo podrán otorgar a dicha valoración una puntuación proporcionada que no determinará, en ningún caso, por sí misma el resultado del proceso selectivo.

4. Las Administraciones Públicas podrán crear órganos especializados y permanentes para la organización de procesos selectivos, pudiéndose encomendar estas funciones a los Institutos o Escuelas de Administración Pública.

5. Para asegurar la objetividad y la racionalidad de los procesos selectivos, las pruebas podrán completarse con la superación de cursos, de períodos de prácticas, con la exposición curricular por los candidatos, con pruebas psicotécnicas o con la realización de entrevistas. Igualmente podrán exigirse reconocimientos médicos.

6. Los sistemas selectivos de funcionarios de carrera serán los de oposición y concurso-oposición que deberán incluir, en todo caso, una o varias pruebas para determinar la capacidad de los aspirantes y establecer el orden de prelación.

Sólo en virtud de ley podrá aplicarse, con carácter excepcional, el sistema de concurso que consistirá únicamente en la valoración de méritos.

7. Los sistemas selectivos de personal laboral fijo serán los de oposición, concurso-oposición, con las características establecidas en el apartado anterior, o concurso de valoración de méritos.

Las Administraciones Públicas podrán negociar las formas de colaboración que en el marco de los convenios colectivos fijen la actuación de las Organizaciones Sindicales en el desarrollo de los procesos selectivos.

8. Los órganos de selección no podrán proponer el acceso a la condición de funcionario de un número superior de aprobados al de plazas convocadas, excepto cuando así lo prevea la propia convocatoria.

No obstante lo anterior, siempre que los órganos de selección hayan propuesto el nombramiento de igual número de aspirantes que el de plazas convocadas, y con el fin de asegurar la cobertura de las mismas, cuando se produzcan renuncias de los aspirantes seleccionados, antes de su nombramiento o toma de posesión, el órgano convocante podrá requerir del órgano de selección relación complementaria de los aspirantes que sigan a los propuestos, para su posible nombramiento como funcionarios de carrera.

Artículo 62. Adquisición de la condición de funcionario de carrera.

1. La condición de funcionario de carrera se adquiere por el cumplimiento sucesivo de los siguientes requisitos:

a) Superación del proceso selectivo.

b) Nombramiento por el órgano o autoridad competente, que será publicado en el Diario Oficial correspondiente.

c) Acto de acatamiento de la Constitución y, en su caso, del Estatuto de Autonomía correspondiente y del resto del Ordenamiento Jurídico.

d) Toma de posesión dentro del plazo que se establezca.

2. A efectos de lo dispuesto en el apartado 1.b) anterior, no podrán ser funcionarios y quedarán

sin efecto las actuaciones relativas a quienes no acrediten, una vez superado el proceso selectivo, que reúnen los requisitos y condiciones exigidos en la convocatoria.

CAPÍTULO II

Pérdida de la relación de servicio

Artículo 63. Causas de pérdida de la condición de funcionario de carrera.

Son causas de pérdida de la condición de funcionario de carrera:

a) La renuncia a la condición de funcionario.

b) La pérdida de la nacionalidad.

c) La jubilación total del funcionario.

d) La sanción disciplinaria de separación del servicio que tuviere carácter firme.

e) La pena principal o accesoria de inhabilitación absoluta o especial para cargo público que tuviere carácter firme.

Artículo 64. Renuncia.

1. La renuncia voluntaria a la condición de funcionario habrá de ser manifestada por escrito y será aceptada expresamente por la Administración, salvo lo dispuesto en el apartado siguiente.

2. No podrá ser aceptada la renuncia cuando el funcionario esté sujeto a expediente disciplinario o haya sido dictado en su contra auto de procesamiento o de apertura de juicio oral por la comisión de algún delito.

3. La renuncia a la condición de funcionario no inhabilita para ingresar de nuevo en la Administración Pública a través del procedimiento de selección establecido.

Artículo 65. Pérdida de la nacionalidad.

La pérdida de la nacionalidad española o la de cualquier otro Estado miembro de la Unión Europea o la de aquellos Estados a los que, en virtud de Tratados Internacionales celebrados por la Unión Europea y ratificados por España, les sea de aplicación la libre circulación de trabajadores, que haya sido tenida en cuenta para el nombramiento, determinará la pérdida de la condición de funcionario salvo que simultáneamente se adquiera la nacionalidad de alguno de dichos Estados.

Artículo 66. Pena principal o accesoria de inhabilitación absoluta o especial para cargo público.

La pena principal o accesoria de inhabilitación absoluta cuando hubiere adquirido firmeza la sentencia que la imponga produce la pérdida de la condición de funcionario respecto a todos los empleos o cargos que tuviere.

La pena principal o accesoria de inhabilitación especial cuando hubiere adquirido firmeza la sentencia que la imponga produce la pérdida de la condición de funcionario respecto de aquellos empleos o cargos especificados en la sentencia.

Artículo 67. Jubilación.

1. La jubilación de los funcionarios podrá ser:

a) Voluntaria, a solicitud del funcionario.

b) Forzosa, al cumplir la edad legalmente establecida.

c) Por la declaración de incapacidad permanente para el ejercicio de las funciones propias de su cuerpo o escala, o por el reconocimiento de una pensión de incapacidad permanente absoluta o, incapacidad permanente total en relación con el ejercicio de las funciones de su cuerpo o escala.

d) Parcial. De acuerdo con lo establecido en los apartados 2 y 4.

2. Procederá la jubilación voluntaria, a solicitud del interesado, siempre que el funcionario reúna los requisitos y condiciones establecidos en el Régimen de Seguridad Social que le sea aplicable.

Por Ley de las Cortes Generales, con carácter excepcional y en el marco de la planificación de los recursos humanos, se podrán establecer condiciones especiales de las jubilaciones voluntaria y parcial.

3. La jubilación forzosa se declarará de oficio al cumplir el funcionario los sesenta y cinco años de edad.

No obstante, en los términos de las leyes de Función Pública que se dicten en desarrollo de este Estatuto, se podrá solicitar la prolongación de la permanencia en el servicio activo como máximo hasta que se cumpla setenta años de edad. La Administración Pública competente deberá de resolver de forma motivada la aceptación o denegación de la prolongación.

De lo dispuesto en los dos párrafos anteriores quedarán excluidos los funcionarios que tengan normas estatales específicas de jubilación.

4. Procederá la jubilación parcial, a solicitud del interesado, siempre que el funcionario reúna los requisitos y condiciones establecidos en el Régimen de Seguridad Social que le sea aplicable.

Artículo 68. Rehabilitación de la condición de funcionario.

1. En caso de extinción de la relación de servicios como consecuencia de pérdida de la nacionalidad o jubilación por incapacidad permanente para el servicio, el interesado, una vez desaparecida la causa objetiva que la motivó, podrá solicitar la rehabilitación de su condición de funcionario, que le será concedida.

2. Los órganos de gobierno de las Administraciones Públicas podrán conceder, con carácter excepcional, la rehabilitación, a petición del interesado, de quien hubiera perdido la condición de funcionario por haber sido condenado a la pena principal o accesoria de inhabilitación, atendiendo a las circunstancias y entidad del delito cometido. Si transcurrido el plazo para dictar la resolución, no se hubiera producido de forma expresa, se entenderá desestimada la solicitud.

TÍTULO V

Ordenación de la actividad profesional

CAPÍTULO I

Planificación de recursos humanos

Artículo 69. Objetivos e instrumentos de la planificación.

1. La planificación de los recursos humanos en las Administraciones Públicas tendrá como objetivo contribuir a la consecución de la eficacia en la prestación de los servicios y de la eficiencia en la utilización de los recursos económicos disponibles mediante la dimensión adecuada de sus efectivos, su mejor distribución, formación, promoción profesional y movilidad.

2. Las Administraciones Públicas podrán aprobar Planes para la ordenación de sus recursos humanos, que incluyan, entre otras, algunas de las siguientes medidas:

a) Análisis de las disponibilidades y necesidades de personal, tanto desde el punto de vista del número de efectivos, como del de los perfiles profesionales o niveles de cualificación de los mismos.

b) Previsiones sobre los sistemas de organización del trabajo y modificaciones de estructuras de puestos de trabajo.

c) Medidas de movilidad, entre las cuales podrá figurar la suspensión de incorporaciones de personal externo a un determinado ámbito o la convocatoria de concursos de provisión de puestos limitados a personal de ámbitos que se determinen.

d) Medidas de promoción interna y de formación del personal y de movilidad forzosa de conformidad con lo dispuesto en el Capítulo III del presente Título de este Estatuto.

e) La previsión de la incorporación de recursos humanos a través de la Oferta de empleo público, de acuerdo con lo establecido en el artículo siguiente.

3. Cada Administración Pública planificará sus recursos humanos de acuerdo con los sistemas que establezcan las normas que les sean de aplicación.

Artículo 70. Oferta de empleo público.

1. Las necesidades de recursos humanos, con asignación presupuestaria, que deban proveerse mediante la incorporación de personal de nuevo ingreso serán objeto de la Oferta de empleo público, o a través de otro instrumento similar de gestión de la provisión de las necesidades de personal, lo que comportará la obligación de convocar los correspondientes procesos selectivos para las plazas comprometidas y hasta un diez por cien adicional, fijando el plazo máximo para la convocatoria de los mismos. En todo caso, la ejecución de la oferta de empleo público o instrumento similar deberá desarrollarse dentro del plazo improrrogable de tres años.

2. La Oferta de empleo público o instrumento similar, que se aprobará anualmente por los órganos de Gobierno de las Administraciones Públicas, deberá ser publicada en el Diario oficial correspondiente.

3. La Oferta de empleo público o instrumento similar podrá contener medidas derivadas de la planificación de recursos humanos.

Artículo 71. Registros de personal y Gestión integrada de recursos humanos.

1. Cada Administración Pública constituirá un Registro en el que se inscribirán los datos relativos al personal contemplado en los artículos 2 y 5 del presente Estatuto y que tendrá en cuenta las peculiaridades de determinados colectivos.

2. Los Registros podrán disponer también de la información agregada sobre los restantes recursos humanos de su respectivo sector público.

3. Mediante convenio de Conferencia Sectorial se establecerán los contenidos mínimos comunes de los Registros de personal y los criterios que permitan el intercambio homogéneo de la información entre Administraciones, con respeto a lo establecido en la legislación de protección de datos de carácter personal.

4. Las Administraciones Públicas impulsarán la gestión integrada de recursos humanos.

5. Cuando las Entidades Locales no cuenten con la suficiente capacidad financiera o técnica, la Administración General del Estado y las Comunidades Autónomas cooperarán con aquéllas a los efectos contemplados en este artículo.

CAPÍTULO II
Estructuración del empleo público

Artículo 72. Estructuración de los recursos humanos.

En el marco de sus competencias de autoorganización, las Administraciones Públicas estructuran sus recursos humanos de acuerdo con las normas que regulan la selección, la promoción profesional, la movilidad y la distribución de funciones y conforme a lo previsto en este Capítulo.

Artículo 73. Desempeño y agrupación de puestos de trabajo.

1. Los empleados públicos tienen derecho al desempeño de un puesto de trabajo de acuerdo con el sistema de estructuración del empleo público que establezcan las leyes de desarrollo del presente Estatuto.

2. Las Administraciones Públicas podrán asignar a su personal funciones, tareas o responsabilidades distintas a las correspondientes al puesto de trabajo que desempeñen siempre que resulten adecuadas a su clasificación, grado o categoría, cuando las necesidades del servicio lo justifiquen sin merma en las retribuciones.

3. Los puestos de trabajo podrán agruparse en función de sus características para ordenar la selección, la formación y la movilidad.

Artículo 74. Ordenación de los puestos de trabajo.

Las Administraciones Públicas estructurarán su organización a través de relaciones de puestos de trabajo u otros instrumentos organizativos similares que comprenderán, al menos, la denominación de los puestos, los grupos de clasificación profesional, los cuerpos o escalas, en su caso, a que estén adscritos, los sistemas de provisión y las retribuciones complementarias. Dichos instrumentos serán públicos.

Artículo 75. Cuerpos y escalas.

1. Los funcionarios se agrupan en cuerpos, escalas, especialidades u otros sistemas que incorporen competencias, capacidades y conocimientos comunes acreditados a través de un proceso selectivo.

2. Los cuerpos y escalas de funcionarios se crean, modifican y suprimen por Ley de las Cortes Generales o de las Asambleas Legislativas de las Comunidades Autónomas.

3. Cuando en esta Ley se hace referencia a cuerpos y escalas se entenderá comprendida igualmente cualquier otra agrupación de funcionarios.

Artículo 76. Grupos de clasificación profesional del personal funcionario de carrera.

Los cuerpos y escalas se clasifican, de acuerdo con la titulación exigida para el acceso a los mismos, en los siguientes grupos:

Grupo A, dividido en dos Subgrupos A1 y A2.

Para el acceso a los cuerpos o escalas de este Grupo se exigirá estar en posesión del título universitario de Grado. En aquellos supuestos en los que la Ley exija otro título universitario será éste el que se tenga en cuenta.

La clasificación de los cuerpos y escalas en cada Subgrupo estará en función del nivel de responsabilidad de las funciones a desempeñar y de las características de las pruebas de acceso.

Grupo B. Para el acceso a los cuerpos o escalas del Grupo B se exigirá estar en posesión del título de Técnico Superior.

Grupo C. Dividido en dos Subgrupos, C1 y C2, según la titulación exigida para el ingreso.

C1: título de bachiller o técnico.

C2: título de graduado en educación secundaria obligatoria.

Artículo 77. Clasificación del personal laboral.

El personal laboral se clasificará de conformidad con la legislación laboral.

CAPÍTULO III

Provisión de puestos de trabajo y movilidad

Artículo 78. Principios y procedimientos de provisión de puestos de trabajo del personal funcionario de carrera.

1. Las Administraciones Públicas proveerán los puestos de trabajo mediante procedimientos basados en los principios de igualdad, mérito, capacidad y publicidad.

2. La provisión de puestos de trabajo en cada Administración Pública se llevará a cabo por los procedimientos de concurso y de libre designación con convocatoria pública.

3. Las Leyes de Función Pública que se dicten en desarrollo del presente Estatuto podrán establecer otros procedimientos de provisión en los supuestos de movilidad a que se refiere el artículo 81.2, permutas entre puestos de trabajo, movilidad por motivos de salud o rehabilitación del funcionario, reingreso al servicio activo, cese o remoción en los puestos de trabajo y supresión de los mismos.

Artículo 79. Concurso de provisión de los puestos de trabajo del personal funcionario de carrera.

1. El concurso, como procedimiento normal de provisión de puestos de trabajo, consistirá en la valoración de los méritos y capacidades y, en su caso, aptitudes de los candidatos por órganos colegiados de carácter técnico. La composición de estos órganos responderá al principio de profesionalidad y especialización de sus miembros y se adecuará al criterio de paridad entre mujer y hombre. Su funcionamiento se ajustará a las reglas de imparcialidad y objetividad.

2. Las Leyes de Función Pública que se dicten en desarrollo del presente Estatuto establecerán el plazo mínimo de ocupación de los puestos obtenidos por concurso para poder participar en otros concursos de provisión de puestos de trabajo.

3. En el caso de supresión o remoción de los puestos obtenidos por concurso se deberá asignar un puesto de trabajo conforme al sistema de carrera profesional propio de cada Administración Pública y con las garantías inherentes de dicho sistema.

Artículo 80. Libre designación con convocatoria pública del personal funcionario de carrera.

1. La libre designación con convocatoria pública consiste en la apreciación discrecional por el órgano competente de la idoneidad de los candidatos en relación con los requisitos exigidos para el desempeño del puesto.

2. Las Leyes de Función Pública que se dicten en desarrollo del presente Estatuto establecerán los criterios para determinar los puestos que por su especial responsabilidad y confianza puedan cubrirse por el procedimiento de libre designación con convocatoria pública.

3. El órgano competente para el nombramiento podrá recabar la intervención de especialistas que permitan apreciar la idoneidad de los candidatos.

4. Los titulares de los puestos de trabajo provistos por el procedimiento de libre designación con convocatoria pública podrán ser cesados discrecionalmente. En caso de cese, se les deberá asignar un puesto de trabajo conforme al sistema de carrera profesional propio de cada Administración Pública y con las garantías inherentes de dicho sistema.

Artículo 81. Movilidad del personal funcionario de carrera.

1. Cada Administración Pública, en el marco de la planificación general de sus recursos humanos, y sin perjuicio del derecho de los funcionarios a la movilidad podrá establecer reglas para la ordenación de la movilidad voluntaria de los funcionarios públicos cuando considere que existen sectores prioritarios de la actividad pública con necesidades específicas de efectivos.

2. Las Administraciones Públicas, de manera motivada, podrán trasladar a sus funcionarios, por necesidades de servicio o funcionales, a unidades, departamentos u organismos públicos o entidades distintos a los de su destino, respetando sus retribuciones, condiciones esenciales de trabajo, modificando, en su caso, la adscripción de los puestos de trabajo de los que sean titulares. Cuando por

motivos excepcionales los planes de ordenación de recursos impliquen cambio de lugar de residencia se dará prioridad a la voluntariedad de los traslados. Los funcionarios tendrán derecho a las indemnizaciones establecidas reglamentariamente para los traslados forzosos.

3. En caso de urgente e inaplazable necesidad, los puestos de trabajo podrán proveerse con carácter provisional debiendo procederse a su convocatoria pública dentro del plazo que señalen las normas que sean de aplicación.

Artículo 82. Movilidad por razón de violencia de género.

Las mujeres víctimas de violencia de género que se vean obligadas a abandonar el puesto de trabajo en la localidad donde venían prestando sus servicios, para hacer efectiva su protección o el derecho a la asistencia social integral, tendrán derecho al traslado a otro puesto de trabajo propio de su cuerpo, escala o categoría profesional, de análogas características, sin necesidad de que sea vacante de necesaria cobertura. Aun así, en tales supuestos la Administración Pública competente, estará obligada a comunicarle las vacantes ubicadas en la misma localidad o en las localidades que la interesada expresamente solicite.

Este traslado tendrá la consideración de traslado forzoso.

En las actuaciones y procedimientos relacionados con la violencia de género, se protegerá la intimidad de las víctimas, en especial, sus datos personales, los de sus descendientes y las de cualquier persona que esté bajo su guarda o custodia.

Artículo 83. Provisión de puestos y movilidad del personal laboral.

La provisión de puestos y movilidad del personal laboral se realizará de conformidad con lo que establezcan los convenios colectivos que sean de aplicación y, en su defecto por el sistema de provisión de puestos y movilidad del personal funcionario de carrera.

Artículo 84. La movilidad voluntaria entre Administraciones Públicas.

1. Con el fin de lograr un mejor aprovechamiento de los recursos humanos, que garantice la eficacia del servicio que se preste a los ciudadanos, la Administración General del Estado y las Comunidades Autónomas y las Entidades Locales establecerán medidas de movilidad interadministrativa, preferentemente mediante Convenio de Conferencia Sectorial u otros instrumentos de colaboración.

2. La Conferencia Sectorial de Administración Pública podrá aprobar los criterios generales a tener en cuenta para llevar a cabo las homologaciones necesarias para hacer posible la movilidad

3. Los funcionarios de carrera que obtengan destino en otra Administración Pública a través de los procedimientos de movilidad quedarán respecto de su Administración de origen en la situación administrativa de servicio en otras Administraciones Públicas. En los supuestos de cese o supresión del puesto de trabajo, permanecerán en la Administración de destino, que deberá asignarles un puesto de trabajo conforme a los sistemas de carrera y provisión de puestos vigentes en dicha Administración.

TÍTULO VI

Situaciones administrativas

Artículo 85. Situaciones administrativas de los funcionarios de carrera.

1. Los funcionarios de carrera se hallarán en alguna de las siguientes situaciones:

a) Servicio activo.

b) Servicios especiales.

c) Servicio en otras Administraciones Públicas.

d) Excedencia.

e) Suspensión de funciones.

2. Las Leyes de Función Pública que se dicten en desarrollo de este Estatuto podrán regular otras situaciones administrativas de los funcionarios de carrera, en los supuestos, en las condiciones y con los efectos que en las mismas se determinen, cuando concurra, entre otras, alguna de las circunstancias siguientes:

a) Cuando por razones organizativas, de reestructuración interna o exceso de personal, resulte una imposibilidad transitoria de asignar un puesto de trabajo o la conveniencia de incentivar la cesación en el servicio activo.

b) Cuando los funcionarios accedan, bien por promoción interna o por otros sistemas de acceso, a otros cuerpos o escalas y no les corresponda quedar en alguna de las situaciones previstas en este

Estatuto, y cuando pasen a prestar servicios en organismos o entidades del sector público en régimen distinto al de funcionario de carrera.

Dicha regulación, según la situación administrativa de que se trate, podrá conllevar garantías de índole retributiva o imponer derechos u obligaciones en relación con el reingreso al servicio activo.

Artículo 86. Servicio activo.

1. Se hallarán en situación de servicio activo quienes, conforme a la normativa de función pública dictada en desarrollo del presente Estatuto, presten servicios en su condición de funcionarios públicos cualquiera que sea la Administración u Organismo Público o entidad en el que se encuentren destinados y no les corresponda quedar en otra situación.

2. Los funcionarios de carrera en situación de servicio activo gozan de todos los derechos inherentes a su condición de funcionarios y quedan sujetos a los deberes y responsabilidades derivados de la misma. Se regirán por las normas de este Estatuto y por la normativa de función pública de la Administración Pública en que presten servicios.

Artículo 87. Servicios especiales.

1. Los funcionarios de carrera serán declarados en situación de servicios especiales:

a) Cuando sean designados miembros del Gobierno o de los órganos de gobierno de las Comunidades Autónomas y Ciudades de Ceuta y Melilla, miembros de las Instituciones de la Unión Europea o de las Organizaciones Internacionales, o sean nombrados altos cargos de las citadas Administraciones Públicas o Instituciones.

b) Cuando sean autorizados para realizar una misión por período determinado superior a seis meses en Organismos Internacionales, Gobiernos o Entidades Públicas extranjeras o en programas de cooperación internacional.

c) Cuando sean nombrados para desempeñar puestos o cargos en Organismos Públicos o entidades, dependientes o vinculados a las Administraciones Públicas que, de conformidad con lo que establezca la respectiva Administración Pública, estén asimilados en su rango administrativo a altos cargos.

d) Cuando sean adscritos a los servicios del Tribunal Constitucional o del Defensor del Pueblo o destinados al Tribunal de Cuentas en los términos previstos en el artículo 93.3 de la Ley 7/1988, de 5 de abril.

e) Cuando accedan a la condición de Diputado o Senador de las Cortes Generales, miembros de las Asambleas Legislativas de las Comunidades Autónomas si perciben retribuciones periódicas por la realización de la función.

f) Cuando se desempeñen cargos electivos retribuidos y de dedicación exclusiva en las Asambleas de las Ciudades de Ceuta y Melilla y en las Entidades Locales, cuando se desempeñen responsabilidades de órganos superiores y directivos municipales y cuando se desempeñen responsabilidades de miembros de los órganos locales para el conocimiento y la resolución de las reclamaciones económico-administrativas.

g) Cuando sean designados para formar parte del Consejo General del Poder Judicial o de los Consejos de Justicia de las Comunidades Autónomas.

h) Cuando sean elegidos o designados para formar parte de los Órganos Constitucionales o de los Órganos Estatutarios de las Comunidades Autónomas u otros cuya elección corresponda al Congreso de los Diputados, al Senado o a las Asambleas Legislativas de las Comunidades Autónomas.

i) Cuando sean designados como personal eventual por ocupar puestos de trabajo con funciones expresamente calificadas como de confianza o asesoramiento político y no opten por permanecer en la situación de servicio activo.

j) Cuando adquieran la condición de funcionarios al servicio de organizaciones internacionales.

k) Cuando sean designados asesores de los grupos parlamentarios de las Cortes Generales o de las Asambleas Legislativas de las Comunidades Autónomas.

l) Cuando sean activados como reservistas voluntarios para prestar servicios en las Fuerzas Armadas.

2. Quienes se encuentren en situación de servicios especiales percibirán las retribuciones del puesto o cargo que desempeñen y no las que les correspondan como funcionarios de carrera, sin perjuicio del derecho a percibir los trienios que tengan reconocidos en cada momento. El tiempo que permanezcan en tal situación se les computará a efectos de ascensos, reconocimiento de trienios, promoción interna y derechos en el régimen de Seguridad Social que les sea de aplicación. No será de aplicación a los funcionarios públicos que, habiendo ingresado al servicio de las instituciones

Comunitarias Europeas, o al de Entidades y Organismos asimilados, ejerciten el derecho de transferencia establecido en el estatuto de los Funcionarios de las Comunidades Europeas.

3. Quienes se encuentren en situación de servicios especiales tendrán derecho, al menos, a reingresar al servicio activo en la misma localidad, en las condiciones y con las retribuciones correspondientes a la categoría, nivel o escalón de la carrera consolidados, de acuerdo con el sistema de carrera administrativa vigente en la Administración Pública a la que pertenezcan. Tendrán, asimismo, los derechos que cada Administración Pública pueda establecer en función del cargo que haya originado el pase a la mencionada situación. En este sentido, las Administraciones Públicas velarán para que no haya menoscabo en el derecho a la carrera profesional de los funcionarios públicos que hayan sido nombrados altos cargos, miembros del Poder Judicial o de otros órganos constitucionales o estatutarios o que hayan sido elegidos Alcaldes, retribuidos y con dedicación exclusiva, Presidentes de Diputaciones o de Cabildos o Consejos Insulares, Diputados o Senadores de las Cortes Generales y miembros de las Asambleas Legislativas de las Comunidades Autónomas. Como mínimo, estos funcionarios recibirán el mismo tratamiento en la consolidación del grado y conjunto de complementos que el que se establezca para quienes hayan sido Directores Generales y otros cargos superiores de la correspondiente Administración Pública.

4. La declaración de esta situación procederá en todo caso, en los supuestos que se determinen en el presente Estatuto y en las Leyes de Función Pública que se dicten en desarrollo del mismo.

Artículo 88. Servicio en otras Administraciones Públicas.

1. Los funcionarios de carrera que, en virtud de los procesos de transferencias o por los procedimientos de provisión de puestos de trabajo, obtengan destino en una Administración Pública distinta, serán declarados en la situación de servicio en otras Administraciones Públicas. Se mantendrán en esa situación en el caso de que por disposición legal de la Administración a la que acceden se integren como personal propio de ésta.

2. Los funcionarios transferidos a las Comunidades Autónomas se integran plenamente en la organización de la Función Pública de las mismas, hallándose en la situación de servicio activo en la Función Pública de la Comunidad Autónoma en la que se integran.

Las Comunidades Autónomas al proceder a esta integración de los funcionarios transferidos como funcionarios propios, respetarán el Grupo o Subgrupo del cuerpo o escala de procedencia, así como los derechos económicos inherentes a la posición en la carrera que tuviesen reconocido.

Los funcionarios transferidos mantienen todos sus derechos en la Administración Pública de origen como si se hallaran en servicio activo de acuerdo con lo establecido en los respectivos Estatutos de Autonomía.

Se reconoce la igualdad entre todos los funcionarios propios de las Comunidades Autónomas con independencia de su Administración de procedencia.

3. Los funcionarios de carrera en la situación de servicio en otras Administraciones Públicas que se encuentren en dicha situación por haber obtenido un puesto de trabajo mediante los sistemas de provisión previstos en este Estatuto, se rigen por la legislación de la Administración en la que estén destinados de forma efectiva y conservan su condición de funcionario de la Administración de origen y el derecho a participar en las convocatorias para la provisión de puestos de trabajo que se efectúen por esta última. El tiempo de servicio en la Administración Pública en la que estén destinados se les computará como de servicio activo en su cuerpo o escala de origen.

4. Los funcionarios que reingresen al servicio activo en la Administración de origen, procedentes de la situación de servicio en otras Administraciones Públicas, obtendrán el reconocimiento profesional de los progresos alcanzados en el sistema de carrera profesional y sus efectos sobre la posición retributiva conforme al procedimiento previsto en los Convenios de Conferencia Sectorial y demás instrumentos de colaboración que establecen medidas de movilidad interadministrativa, previstos en el artículo 84 del presente Estatuto. En defecto de tales Convenios o instrumentos de colaboración, el reconocimiento se realizará por la Administración Pública en la que se produzca el reingreso.

Artículo 89. Excedencia.

1. La excedencia de los funcionarios de carrera podrá adoptar las siguientes modalidades:

a) Excedencia voluntaria por interés particular.

b) Excedencia voluntaria por agrupación familiar.

c) Excedencia por cuidado de familiares.

d) Excedencia por razón de violencia de género.

2. Los funcionarios de carrera podrán obtener la excedencia voluntaria por interés particular

cuando hayan prestado servicios efectivos en cualquiera de las Administraciones Públicas durante un período mínimo de cinco años inmediatamente anteriores.

No obstante, las Leyes de Función Pública que se dicten en desarrollo del presente Estatuto podrán establecer una duración menor del período de prestación de servicios exigido para que el funcionario de carrera pueda solicitar la excedencia y se determinarán los períodos mínimos de permanencia en la misma.

La concesión de excedencia voluntaria por interés particular quedará subordinada a las necesidades del servicio debidamente motivadas. No podrá declararse cuando al funcionario público se le instruya expediente disciplinario.

Procederá declarar de oficio la excedencia voluntaria por interés particular cuando finalizada la causa que determinó el pase a una situación distinta a la de servicio activo, se incumpla la obligación de solicitar el reingreso al servicio activo en el plazo en que se determine reglamentariamente.

Quienes se encuentren en situación de excedencia por interés particular no devengarán retribuciones, ni les será computable el tiempo que permanezcan en tal situación a efectos de ascensos, trienios y derechos en el régimen de Seguridad Social que les sea de aplicación.

3. Podrá concederse la excedencia voluntaria por agrupación familiar sin el requisito de haber prestado servicios efectivos en cualquiera de las Administraciones Públicas durante el período establecido a los funcionarios cuyo cónyuge resida en otra localidad por haber obtenido y estar desempeñando un puesto de trabajo de carácter definitivo como funcionario de carrera o como laboral fijo en cualquiera de las Administraciones Públicas, Organismos públicos y Entidades de Derecho público dependientes o vinculados a ellas, en los Órganos Constitucionales o del Poder Judicial y Órganos similares de las Comunidades Autónomas, así como en la Unión Europea o en Organizaciones Internacionales.

Quienes se encuentren en situación de excedencia voluntaria por agrupación familiar no devengarán retribuciones, ni les será computable el tiempo que permanezcan en tal situación a efectos de ascensos, trienios y derechos en el régimen de Seguridad Social que les sea de aplicación.

4. Los funcionarios de carrera tendrán derecho a un período de excedencia de duración no superior a tres años para atender al cuidado de cada hijo, tanto cuando lo sea por naturaleza como por adopción o acogimiento permanente o preadoptivo, a contar desde la fecha de nacimiento o, en su caso, de la resolución judicial o administrativa.

También tendrán derecho a un período de excedencia de duración no superior a tres años, para atender al cuidado de un familiar que se encuentre a su cargo, hasta el segundo grado inclusive de consanguinidad o afinidad que por razones de edad, accidente, enfermedad o discapacidad no pueda valerse por sí mismo y no desempeñe actividad retribuida.

El período de excedencia será único por cada sujeto causante. Cuando un nuevo sujeto causante diera origen a una nueva excedencia, el inicio del período de la misma pondrá fin al que se viniera disfrutando.

En el caso de que dos funcionarios generasen el derecho a disfrutarla por el mismo sujeto causante, la Administración podrá limitar su ejercicio simultáneo por razones justificadas relacionadas con el funcionamiento de los servicios.

El tiempo de permanencia en esta situación será computable a efectos de trienios, carrera y derechos en el régimen de Seguridad Social que sea de aplicación. El puesto de trabajo desempeñado se reservará, al menos, durante dos años. Transcurrido este período, dicha reserva lo será a un puesto en la misma localidad y de igual retribución.

Los funcionarios en esta situación podrán participar en los cursos de formación que convoque la Administración.

5. Las funcionarias víctimas de violencia de género, para hacer efectiva su protección o su derecho a la asistencia social integral, tendrán derecho a solicitar la situación de excedencia sin tener que haber prestado un tiempo mínimo de servicios previos y sin que sea exigible plazo de permanencia en la misma.

Durante los seis primeros meses tendrán derecho a la reserva del puesto de trabajo que desempeñaran, siendo computable dicho período a efectos de antigüedad, carrera y derechos del régimen de Seguridad Social que sea de aplicación.

Cuando las actuaciones judiciales lo exigieran se podrá prorrogar este período por tres meses, con un máximo de dieciocho, con idénticos efectos a los señalados anteriormente, a fin de garantizar la efectividad del derecho de protección de la víctima.

Durante los dos primeros meses de esta excedencia la funcionaria tendrá derecho a percibir las retribuciones íntegras y, en su caso, las prestaciones familiares por hijo a cargo.

Artículo 90. Suspensión de funciones.

1. El funcionario declarado en la situación de suspensión quedará privado durante el tiempo de permanencia en la misma del ejercicio de sus funciones y de todos los derechos inherentes a la condición. La suspensión determinará la pérdida del puesto de trabajo cuando exceda de seis meses.

2. La suspensión firme se impondrá en virtud de sentencia dictada en causa criminal o en virtud de sanción disciplinaria. La suspensión firme por sanción disciplinaria no podrá exceder de seis años.

3. El funcionario declarado en la situación de suspensión de funciones no podrá prestar servicios en ninguna Administración Pública ni en los Organismos públicos, Agencias, o Entidades de derecho público dependientes o vinculadas a ellas durante el tiempo de cumplimiento de la pena o sanción.

4. Podrá acordarse la suspensión de funciones con carácter provisional con ocasión de la tramitación de un procedimiento judicial o expediente disciplinario, en los términos establecidos en este Estatuto.

Artículo 91. Reingreso al servicio activo.

Reglamentariamente se regularán los plazos, procedimientos y condiciones, según las situaciones administrativas de procedencia, para solicitar el reingreso al servicio activo de los funcionarios de carrera, con respeto al derecho a la reserva del puesto de trabajo en los casos en que proceda conforme al presente Estatuto.

Artículo 92. Situaciones del personal laboral.

El personal laboral se regirá por el Estatuto de los Trabajadores y por los Convenios Colectivos que les sean de aplicación.

Los convenios colectivos podrán determinar la aplicación de este Capítulo al personal incluido en su ámbito de aplicación en lo que resulte compatible con el Estatuto de los Trabajadores.

TÍTULO VII

Régimen disciplinario

Artículo 93. Responsabilidad disciplinaria.

1. Los funcionarios públicos y el personal laboral quedan sujetos al régimen disciplinario establecido en el presente Título y en las normas que las Leyes de Función Pública dicten en desarrollo de este Estatuto.

2. Los funcionarios públicos o el personal laboral que indujeren a otros a la realización de actos o conductas constitutivos de falta disciplinaria incurrirán en la misma responsabilidad que éstos.

3. Igualmente, incurrirán en responsabilidad los funcionarios públicos o personal laboral que encubrieren las faltas consumadas muy graves o graves, cuando de dichos actos se derive daño grave para la Administración o los ciudadanos.

4. El régimen disciplinario del personal laboral se regirá, en lo no previsto en el presente Título, por la legislación laboral.

Artículo 94. Ejercicio de la potestad disciplinaria.

1. Las Administraciones Públicas corregirán disciplinariamente las infracciones del personal a su servicio señalado en el artículo anterior cometidas en el ejercicio de sus funciones y cargos, sin perjuicio de la responsabilidad patrimonial o penal que pudiera derivarse de tales infracciones.

2. La potestad disciplinaria se ejercerá de acuerdo con los siguientes principios:

a) Principio de legalidad y tipicidad de las faltas y sanciones, a través de la predeterminación normativa o, en el caso del personal laboral, de los convenios colectivos.

b) Principio de irretroactividad de las disposiciones sancionadoras no favorables y de retroactividad de las favorables al presunto infractor.

c) Principio de proporcionalidad, aplicable tanto a la clasificación de las infracciones y sanciones como a su aplicación.

d) Principio de culpabilidad.

e) Principio de presunción de inocencia.

3. Cuando de la instrucción de un procedimiento disciplinario resulte la existencia de indicios

fundados de criminalidad, se suspenderá su tramitación poniéndolo en conocimiento del Ministerio Fiscal.

Los hechos declarados probados por resoluciones judiciales firmes vinculan a la Administración.

Artículo 95. Faltas disciplinarias.

1. Las faltas disciplinarias pueden ser muy graves, graves y leves.

2. Son faltas muy graves:

a) El incumplimiento del deber de respeto a la Constitución y a los respectivos Estatutos de Autonomía de las Comunidades Autónomas y Ciudades de Ceuta y Melilla, en el ejercicio de la función pública.

b) Toda actuación que suponga discriminación por razón de origen racial o étnico, religión o convicciones, discapacidad, edad u orientación sexual, lengua, opinión, lugar de nacimiento o vecindad, sexo o cualquier otra condición o circunstancia personal o social, así como el acoso por razón de origen racial o étnico, religión o convicciones, discapacidad, edad u orientación sexual y el acoso moral, sexual y por razón de sexo.

c) El abandono del servicio, así como no hacerse cargo voluntariamente de las tareas o funciones que tienen encomendadas.

d) La adopción de acuerdos manifiestamente ilegales que causen perjuicio grave a la Administración o a los ciudadanos.

e) La publicación o utilización indebida de la documentación o información a que tengan o hayan tenido acceso por razón de su cargo o función.

f) La negligencia en la custodia de secretos oficiales, declarados así por Ley o clasificados como tales, que sea causa de su publicación o que provoque su difusión o conocimiento indebido.

g) El notorio incumplimiento de las funciones esenciales inherentes al puesto de trabajo o funciones encomendadas.

h) La violación de la imparcialidad, utilizando las facultades atribuidas para influir en procesos electorales de cualquier naturaleza y ámbito.

i) La desobediencia abierta a las órdenes o instrucciones de un superior, salvo que constituyan infracción manifiesta del Ordenamiento jurídico.

j) La prevalencia de la condición de empleado público para obtener un beneficio indebido para sí o para otro.

k) La obstaculización al ejercicio de las libertades públicas y derechos sindicales.

l) La realización de actos encaminados a coartar el libre ejercicio del derecho de huelga.

m) El incumplimiento de la obligación de atender los servicios esenciales en caso de huelga.

n) El incumplimiento de las normas sobre incompatibilidades cuando ello dé lugar a una situación de incompatibilidad.

ñ) La incomparecencia injustificada en las Comisiones de Investigación de las Cortes Generales y de las Asambleas Legislativas de las Comunidades Autónomas.

o) El acoso laboral.

p) También serán faltas muy graves las que queden tipificadas como tales en Ley de las Cortes Generales o de la Asamblea Legislativa de la correspondiente Comunidad Autónoma o por los convenios colectivos en el caso de personal laboral.

3. Las faltas graves serán establecidas por Ley de las Cortes Generales o de la Asamblea Legislativa de la correspondiente Comunidad Autónoma o por los convenios colectivos en el caso de personal laboral, atendiendo a las siguientes circunstancias:

a) El grado en que se haya vulnerado la legalidad.

b) La gravedad de los daños causados al interés público, patrimonio o bienes de la Administración o de los ciudadanos.

c) El descrédito para la imagen pública de la Administración.

4. Las Leyes de Función Pública que se dicten en desarrollo del presente Estatuto determinarán el régimen aplicable a las faltas leves, atendiendo a las anteriores circunstancias.

Artículo 96. Sanciones.

1. Por razón de las faltas cometidas podrán imponerse las siguientes sanciones:

a) Separación del servicio de los funcionarios, que en el caso de los funcionarios interinos comportará la revocación de su nombramiento, y que sólo podrá sancionar la comisión de faltas muy graves.

b) Despido disciplinario del personal laboral, que sólo podrá sancionar la comisión de faltas muy graves y comportará la inhabilitación para ser titular de un nuevo contrato de trabajo con funciones similares a las que desempeñaban.

c) Suspensión firme de funciones, o de empleo y sueldo en el caso del personal laboral, con una duración máxima de 6 años.

d) Traslado forzoso, con o sin cambio de localidad de residencia, por el período que en cada caso se establezca.

e) Demérito, que consistirá en la penalización a efectos de carrera, promoción o movilidad voluntaria.

f) Apercibimiento.

g) Cualquier otra que se establezca por Ley.

2. Procederá la readmisión del personal laboral fijo cuando sea declarado improcedente el despido acordado como consecuencia de la incoación de un expediente disciplinario por la comisión de una falta muy grave.

3. El alcance de cada sanción se establecerá teniendo en cuenta el grado de intencionalidad, descuido o negligencia que se revele en la conducta, el daño al interés público, la reiteración o reincidencia, así como el grado de participación.

Artículo 97. Prescripción de las faltas y sanciones.

Las infracciones muy graves prescribirán a los 3 años, las graves a los 2 años y las leves a los 6 meses; las sanciones impuestas por faltas muy graves prescribirán a los 3 años, las impuestas por faltas graves a los 2 años y las impuestas por faltas leves al año.

El plazo de prescripción comenzará a contarse desde que la falta se hubiera cometido, y desde el cese de su comisión cuando se trate de faltas continuadas.

El de las sanciones, desde la firmeza de la resolución sancionadora.

Artículo 98. Procedimiento disciplinario y medidas provisionales.

1. No podrá imponerse sanción por la comisión de faltas muy graves o graves sino mediante el procedimiento previamente establecido.

La imposición de sanciones por faltas leves se llevará a cabo por procedimiento sumario con audiencia al interesado.

2. El procedimiento disciplinario que se establezca en el desarrollo de este Estatuto se estructurará atendiendo a los principios de eficacia, celeridad y economía procesal, con pleno respeto a los derechos y garantías de defensa del presunto responsable.

En el procedimiento quedará establecido la debida separación entre la fase instructora y la sancionadora, encomendándose a órganos distintos.

3. Cuando así esté previsto en las normas que regulen los procedimientos sancionadores, se podrá adoptar mediante resolución motivada medidas de carácter provisional que aseguren la eficacia de la resolución final que pudiera recaer.

La suspensión provisional como medida cautelar en la tramitación de un expediente disciplinario no podrá exceder de 6 meses, salvo en caso de paralización del procedimiento imputable al interesado. La suspensión provisional podrá acordarse también durante la tramitación de un procedimiento judicial, y se mantendrá por el tiempo a que se extienda la prisión provisional u otras medidas decretadas por el juez que determinen la imposibilidad de desempeñar el puesto de trabajo. En este caso, si la suspensión provisional excediera de seis meses no supondrá pérdida del puesto de trabajo.

El funcionario suspenso provisional tendrá derecho a percibir durante la suspensión las retribuciones básicas y, en su caso, las prestaciones familiares por hijo a cargo.

4. Cuando la suspensión provisional se eleve a definitiva, el funcionario deberá devolver lo percibido durante el tiempo de duración de aquélla. Si la suspensión provisional no llegara a convertirse en sanción definitiva, la Administración deberá restituir al funcionario la diferencia entre los haberes realmente percibidos y los que hubiera debido percibir si se hubiera encontrado con plenitud de derechos.

El tiempo de permanencia en suspensión provisional será de abono para el cumplimiento de la suspensión firme.

Cuando la suspensión no sea declarada firme, el tiempo de duración de la misma se computará como de servicio activo, debiendo acordarse la inmediata reincorporación del funcionario a su puesto de trabajo, con reconocimiento de todos los derechos económicos y demás que procedan desde la fecha de suspensión.

TÍTULO VIII

Cooperación entre las Administraciones Públicas

Artículo 99. Relaciones de cooperación entre las Administraciones Públicas.

Las Administraciones Públicas actuarán y se relacionarán entre sí en las materias objeto de este Estatuto de acuerdo con los principios de cooperación y colaboración, respetando, en todo caso, el ejercicio legítimo por las otras Administraciones de sus competencias.

Artículo 100. Órganos de cooperación.

1. La Conferencia Sectorial de Administración Pública, como órgano de cooperación en materia de administración pública de la Administración General del Estado, de las Administraciones de las Comunidades Autónomas, de las Ciudades de Ceuta y Melilla, y de la Administración Local, cuyos representantes serán designados por la Federación Española de Municipios y Provincias, como asociación de entidades locales de ámbito estatal con mayor implantación, sin perjuicio de la competencia de otras Conferencias Sectoriales u órganos equivalentes, atenderá en su funcionamiento y organización a lo establecido en la vigente legislación sobre régimen jurídico de las Administraciones Públicas.

2. Se crea la Comisión de Coordinación del Empleo Público como órgano técnico y de trabajo dependiente de la Conferencia Sectorial de Administración Pública. En esta Comisión se hará efectiva la coordinación de la política de personal entre la Administración General del Estado, las Administraciones de las Comunidades Autónomas y de las Ciudades de Ceuta y Melilla, y las entidades locales y en concreto le corresponde:

a) Impulsar las actuaciones necesarias para garantizar la efectividad de los principios constitucionales en el acceso al empleo público.

b) Estudiar y analizar los proyectos de legislación básica en materia de empleo público, así como emitir informe sobre cualquier otro proyecto normativo que las Administraciones Públicas le presenten.

c) Elaborar estudios e informes sobre el empleo público. Dichos estudios e informes se remitirán a las Organizaciones Sindicales presentes en la Mesa General de Negociación de las Administraciones Públicas.

3. Componen la Comisión de Coordinación del Empleo Público los titulares de aquellos órganos directivos de la política de recursos humanos de la Administración General del Estado, de las Administraciones de las Comunidades Autónomas y de las Ciudades de Ceuta y Melilla, y los representantes de la Administración Local designados por la Federación Española de Municipios y Provincias, como asociación de entidades locales de ámbito estatal con mayor implantación, en los términos que se determinen reglamentariamente, previa consulta con las Comunidades Autónomas.

4. La Comisión de Coordinación del Empleo Público elaborará sus propias normas de organización y funcionamiento.

DISPOSICIONES ADICIONALES

Primera. Ámbito específico de aplicación.

Los principios contenidos en los artículos 52, 53, 54, 55 y 59 serán de aplicación en las entidades del sector público estatal, autonómico y local, que no estén incluidas en el artículo 2 del presente Estatuto y que estén definidas así en su normativa específica.

Segunda. Funcionarios con habilitación de carácter estatal.

1. Funciones públicas en las Corporaciones Locales:

1.1. Son funciones públicas, cuyo cumplimiento queda reservado exclusivamente a funcionarios, las que impliquen ejercicio de autoridad, las de fe pública y asesoramiento legal preceptivo, las de control y fiscalización interna de la gestión económico-financiera y presupuestaria, las de contabilidad y tesorería.

1.2. Son funciones públicas necesarias en todas las Corporaciones locales, cuya responsabilidad administrativa está reservada a funcionarios con habilitación de carácter estatal:

a) La de secretaría, comprensiva de la fe pública y el asesoramiento legal preceptivo.

b) El control y la fiscalización interna de la gestión económico-financiera y presupuestaria, y la contabilidad, tesorería y recaudación.

2. La escala de funcionarios con habilitación de carácter estatal se subdivide en las siguientes subescalas:

a) Secretaría a la que corresponde las funciones contenidas en el apartado 1.2.a).

b) Intervención-tesorería a la que corresponde las funciones contenidas en el apartado 1.2.b).

c) Secretaría-intervención a la que corresponde las funciones contenidas en los apartados 1.2.a) y 1.2.b), salvo la función de tesorería.

Los funcionarios de las subescalas de secretaría e intervención-tesorería estarán integrados en una de estas dos categorías: entrada o superior.

3. La creación, clasificación y supresión de puestos de trabajo reservados a funcionarios con habilitación de carácter estatal corresponde a cada Comunidad Autónoma, de acuerdo con los criterios básicos que se establezcan por ley.

4. La convocatoria de la oferta de empleo, con el objetivo de cubrir las vacantes existentes de las plazas correspondientes a los funcionarios a que se refiere el apartado 1.2, corresponde a las Comunidades Autónomas. Asimismo es de competencia de las Comunidades Autónomas la selección de dichos funcionarios, conforme a los títulos académicos requeridos y programas mínimos aprobados reglamentariamente por el Ministerio de Administraciones Públicas. Las Comunidades Autónomas publicarán las convocatorias de las pruebas selectivas de los funcionarios con habilitación de carácter estatal en sus Diarios Oficiales y las remitirán al Ministerio de Administraciones Públicas para su publicación en el «Boletín Oficial del Estado».

Las Comunidades Autónomas remitirán la relación de funcionarios nombrados por las mismas al Ministerio de Administraciones Públicas para que éste proceda a acreditar la habilitación estatal obtenida y a su inscripción en el correspondiente registro.

A estos efectos, en el Ministerio de Administraciones Públicas existirá un registro de funcionarios con habilitación de carácter estatal en el que deberán inscribirse los nombramientos efectuados por las Comunidades Autónomas, situaciones administrativas, tomas de posesión, cese, y cuantas incidencias afecten a la carrera profesional de dichos funcionarios. Este registro integrará las inscripciones practicadas en los registros propios de las Comunidades Autónomas.

Los funcionarios habilitados están legitimados para participar en los concursos de méritos convocados para la provisión de los puestos de trabajo reservados a estos funcionarios en las plantillas de las Entidades Locales.

5. Provisión de puestos reservados a funcionarios con habilitación de carácter estatal.

5.1. El concurso será el sistema normal de provisión de puestos de trabajo y en él se tendrán en cuenta los méritos generales, los méritos correspondientes al conocimiento de las especialidades de la organización territorial de cada Comunidad Autónoma y del derecho propio de la misma, el conocimiento de la lengua oficial en los términos previstos en la legislación autonómica respectiva, y los méritos específicos directamente relacionados con las características del puesto.

Existirán dos concursos anuales: el concurso ordinario y el concurso unitario.

Las Comunidades Autónomas en su ámbito territorial regularán las bases comunes del concurso ordinario así como el porcentaje de puntuación que corresponda a cada uno de los méritos enumerados anteriormente.

Las Corporaciones locales aprobarán el concurso ordinario anual con inclusión de las plazas vacantes que estimen necesario convocar. El ámbito territorial del concurso ordinario será el de la Comunidad Autónoma a la que pertenezca la Corporación local.

Los Presidentes de las Corporaciones Locales efectuarán las convocatorias del concurso ordinario y las remitirán a la correspondiente Comunidad Autónoma para su publicación. Las resoluciones de los concursos se efectuarán por las Corporaciones Locales y las remitirán a la respectiva Comunidad Autónoma quien, previa coordinación de las mismas para evitar la pluralidad simultánea de adjudicaciones a favor de un mismo concursante, procederá a su publicación en su Diario Oficial, dando traslado de la misma al Ministerio de Administraciones Públicas para su publicación en el «Boletín Oficial del Estado» y para su inclusión en el registro de funcionarios con habilitación de carácter estatal.

El Ministerio de Administraciones Públicas efectuará, supletoriamente, en función de los méritos generales y los de valoración autonómica y de acuerdo con lo establecido por las Comunidades Autónomas respecto del requisito de la lengua, la convocatoria anual de un concurso unitario de los puestos de trabajo vacantes, reservados a funcionarios con habilitación de carácter estatal que deban proveerse por concurso, en los términos que establezca reglamentariamente el Ministerio de Administraciones Públicas.

El ámbito territorial del concurso unitario será de carácter estatal.

5.2. Excepcionalmente, para los municipios de gran población previstos en el artículo 121 de la Ley 7/1985, así como las Diputaciones Provinciales, Cabildos y Consejos Insulares, podrán cubrirse por el sistema de libre designación, entre funcionarios con habilitación de carácter estatal de la subescala y categoría correspondientes, los puestos a ellos reservados que se determinen en las relaciones de puestos de trabajo en los términos previstos en la legislación básica sobre función pública.

5.3. Las Comunidades Autónomas efectuarán, de acuerdo con su normativa, los nombramientos provisionales de funcionarios con habilitación de carácter estatal, así como las comisiones de servicios, acumulaciones, nombramientos de personal interino y de personal accidental.

6. El régimen disciplinario aplicable a los funcionarios con habilitación de carácter estatal se regulará por lo dispuesto por cada Comunidad Autónoma, correspondiendo al Ministerio de Administraciones Públicas la resolución de los expedientes disciplinarios en los que el funcionario se encuentre destinado en una Comunidad distinta a aquella en la que se le incoó el expediente.

7. Los funcionarios con habilitación de carácter estatal se regirán por los sistemas de acceso, carrera, provisión de puestos y agrupación de funcionarios aplicables en su correspondiente Comunidad Autónoma, respetando lo establecido en esta Ley.

Tercera. Aplicación de las disposiciones de este Estatuto a las Instituciones Forales.

1. El presente Estatuto se aplicará a la Comunidad Foral de Navarra en los términos establecidos en el artículo 149.1.18ª y disposición adicional primera de la Constitución, y en la Ley Orgánica 13/1982, de 10 de agosto, de Reintegración y Amejoramiento del Régimen Foral de Navarra.

2. En el ámbito de la Comunidad Autónoma del País Vasco el presente Estatuto se aplicará de conformidad con la disposición adicional primera de la Constitución, con el artículo 149.1.18ª de la Constitución y con la Ley Orgánica 3/1979, de 18 de diciembre, por la que se aprueba el Estatuto de Autonomía para el País Vasco. Las facultades previstas en la disposición adicional segunda respecto a los funcionarios con habilitación de carácter estatal serán ostentadas por las Instituciones Forales de sus territorios históricos o por las Instituciones Comunes de la Comunidad Autónoma, en los términos que establezca la normativa autonómica.

Cuarta. Funcionarios públicos propios de las ciudades de Ceuta y Melilla.

1. Los funcionarios públicos propios de las administraciones de las ciudades de Ceuta y Melilla se rigen por lo dispuesto en este Estatuto, por las normas de carácter reglamentario que en su desarrollo puedan aprobar sus Asambleas en el marco de sus estatutos respectivos, por las normas que en su desarrollo pueda dictar el Estado y por la Ley de Función Pública de la Administración General del Estado.

2. En el marco de lo previsto en el número anterior, las Asambleas de Ceuta y Melilla tendrán, además, las siguientes funciones:

a) El establecimiento, modificación y supresión de Escalas, Subescalas y clases de funcionarios, y la clasificación de los mismos.

b) La aprobación de las plantillas y relaciones de puestos de trabajo.

c) La regulación del procedimiento de provisión de puestos directivos así como su régimen de permanencia y cese.

d) La determinación de las faltas y sanciones disciplinarias leves.

3. Los funcionarios transferidos se regirán por la Ley de Función Pública de la Administración General del Estado y sus normas de desarrollo. No obstante, podrán integrarse como funcionarios propios de la ciudad a la que hayan sido transferidos quedando en la situación administrativa de servicio en otras administraciones públicas.

Quinta. Aplicación de este Estatuto a organismos reguladores.

Lo establecido en el presente Estatuto se aplicará a los organismos reguladores de la disposición adicional décima, 1 de la Ley 6/1997, de 14 de abril, de Organización y Funcionamiento de la Administración General del Estado en la forma prevista en sus leyes de creación.

Sexta. Jubilación de los funcionarios.

El Gobierno presentará en el Congreso de los Diputados un estudio sobre los distintos regímenes de acceso a la jubilación de los funcionarios que contenga, entre otros aspectos, recomendaciones para asegurar la no discriminación entre colectivos con características similares y la conveniencia de ampliar la posibilidad de acceder a la jubilación anticipada de determinados colectivos.

Séptima. Otras agrupaciones profesionales sin requisito de titulación.

1. Además de los Grupos clasificatorios establecidos en el artículo 76 del presente Estatuto, las Administraciones Públicas podrán establecer otras agrupaciones diferentes de las enunciadas anteriormente, para cuyo acceso no se exija estar en posesión de ninguna de las titulaciones previstas en el sistema educativo.

2. Los funcionarios que pertenezcan a estas agrupaciones cuando reúnan la titulación exigida podrán promocionar de acuerdo con lo establecido en el artículo 18 de este Estatuto.

Octava. Planes de igualdad.

1. Las Administraciones Públicas están obligadas a respetar la igualdad de trato y de oportunidades en el ámbito laboral y, con esta finalidad, deberán adoptar medidas dirigidas a evitar cualquier tipo de discriminación laboral entre mujeres y hombres.

2. Sin perjuicio de lo dispuesto en el apartado anterior, las Administraciones Públicas deberán elaborar y aplicar un plan de igualdad a desarrollar en el convenio colectivo o acuerdo de condiciones de trabajo del personal funcionario que sea aplicable, en los términos previstos en el mismo.

Novena.

Los funcionarios de carrera tendrán garantizados los derechos económicos alcanzados o reconocidos en el marco de los sistemas de carrera profesional establecidos por las leyes de cada Administración Pública.

Décima.

La carrera profesional de los funcionarios de carrera se iniciará en el grado, nivel, categoría, escalón y otros conceptos análogos correspondientes a la plaza inicialmente asignada al funcionario tras la superación del correspondiente proceso selectivo, que tendrán la consideración de mínimos. A partir de aquéllos, se producirán los ascensos que procedan según la modalidad de carrera aplicable en cada ámbito.

Undécima. Ámbito de aplicación del artículo 87.3.

Al personal contemplado en el artículo 4 de este Estatuto que sea declarado en servicios especiales o en situación administrativa análoga, se le aplicarán los derechos establecidos en el artículo 87.3 del presente Estatuto en la medida en que dicha aplicación resulte compatible con lo establecido en su legislación específica.

DISPOSICIONES TRANSITORIAS

Primera. Garantía de derechos retributivos.

1. El desarrollo del presente Estatuto no podrá comportar para el personal incluido en su ámbito de aplicación, la disminución de la cuantía de los derechos económicos y otros complementos retributivos inherentes al sistema de carrera vigente para los mismos en el momento de su entrada en vigor, cualquiera que sea la situación administrativa en que se encuentren.

2. Si el personal incluido en el ámbito de aplicación del presente Estatuto no se encontrase en la situación de servicio activo, se le reconocerán los derechos económicos y complementos retributivos a los que se refiere el apartado anterior a partir del momento en el que se produzca su reingreso al servicio activo.

Segunda. Personal Laboral fijo que desempeña funciones o puestos clasificados como propios de personal funcionario.

El personal laboral fijo que a la entrada en vigor del presente Estatuto esté desempeñando funciones de personal funcionario, o pase a desempeñarlos en virtud de pruebas de selección o promoción convocadas antes de dicha fecha, podrán seguir desempeñándolos.

Asimismo, podrá participar en los procesos selectivos de promoción interna convocados por el sistema de concurso-oposición, de forma independiente o conjunta con los procesos selectivos de libre concurrencia, en aquellos Cuerpos y Escalas a los que figuren adscritos las funciones o los puestos que desempeñe, siempre que posea la titulación necesaria y reúna los restantes requisitos exigidos, valorándose a estos efectos como mérito los servicios efectivos prestados como personal laboral fijo y las pruebas selectivas superadas para acceder a esta condición.

Tercera. Entrada en vigor de la nueva clasificación profesional.

1. Hasta tanto no se generalice la implantación de los nuevos títulos universitarios a que se refiere el artículo 76, para el acceso a la función pública seguirán siendo válidos los títulos universitarios oficiales vigentes a la entrada en vigor de este Estatuto.

2. Transitoriamente, los Grupos de clasificación existentes a la entrada en vigor del presente Estatuto se integrarán en los Grupos de clasificación profesional de funcionarios previstos en el artículo 76, de acuerdo con las siguientes equivalencias:

– Grupo A: Subgrupo A1.

– Grupo B: Subgrupo A2.

– Grupo C: Subgrupo C1.

– Grupo D: Subgrupo C2.

– Grupo E: Agrupaciones Profesionales a que hace referencia la disposición adicional séptima.

3. Los funcionarios del Subgrupo C1 que reúnan la titulación exigida podrán promocionar al Grupo A sin necesidad de pasar por el nuevo Grupo B, de acuerdo con lo establecido en el artículo 18 de este Estatuto.

Cuarta. Consolidación de empleo temporal.

1. Las Administraciones Públicas podrán efectuar convocatorias de consolidación de empleo a puestos o plazas de carácter estructural correspondientes a sus distintos cuerpos, escalas o categorías, que estén dotados presupuestariamente y se encuentren desempeñados interina o temporalmente con anterioridad a 1 de enero de 2005.

2. Los procesos selectivos garantizarán el cumplimiento de los principios de igualdad, mérito, capacidad y publicidad.

3. El contenido de las pruebas guardará relación con los procedimientos, tareas y funciones habituales de los puestos objeto de cada convocatoria. En la fase de concurso podrá valorarse, entre otros méritos, el tiempo de servicios prestados en las Administraciones Públicas y la experiencia en los puestos de trabajo objeto de la convocatoria.

Los procesos selectivos se desarrollarán conforme a lo dispuesto en los apartados 1 y 3 del artículo 61 del presente Estatuto.

Quinta. Procedimiento Electoral General.

En tanto se determine el procedimiento electoral general previsto en el artículo 39 del presente Estatuto, se mantendrán con carácter de normativa básica los siguientes artículos de la Ley 9/1987, de 12 de junio, de Órganos de Representación, Determinación de las Condiciones de Trabajo y Participación del Personal al Servicio de las Administraciones Públicas: 13.2, 13.3, 13.4, 13.5, 13.6, 15, 16, 17, 18, 19, 20, 21, 25, 26, 27, 28 y 29.

Sexta. Ampliación del permiso de paternidad.

Las Administraciones Públicas ampliarán de forma progresiva y gradual la duración del permiso de paternidad regulado en el apartado c) del artículo 49 hasta alcanzar el objetivo de cuatro semanas de este permiso a los seis años de entrada en vigor de este Estatuto.

Séptima. Funcionarios con habilitación de carácter estatal.

En tanto no se aprueben las normas de desarrollo de la Disposición Adicional Segunda de este Estatuto, sobre el régimen jurídico de los funcionarios con habilitación de carácter estatal, continuarán en vigor las disposiciones que en la actualidad regulan la Escala de Funcionarios de Administración Local con habilitación de carácter nacional, que se entenderán referidas a la Escala de Funcionarios con habilitación de carácter estatal.

Octava. Personal funcionario de centros docentes dependientes de otras administraciones.

Cuando se hayan incorporado, con anterioridad a la entrada en vigor de la Ley Orgánica, 2/2006, de 3 de mayo, de Educación, o se incorporen durante los tres primeros años de su aplicación, centros previamente dependientes de cualquier Administración Pública a las redes de centros docentes dependientes de las Administraciones educativas el personal docente que tenga la condición de funcionario y preste sus servicios en dichos centros podrá integrarse en los cuerpos docentes a los que se refiere la Ley Orgánica de Educación siempre y cuando tengan la titulación requerida para ingreso en los respectivos cuerpos o la que en el momento de su ingreso en la Administración pública de procedencia se exigía para el ingreso a los cuerpos docentes de ámbito estatal.

Estos funcionarios se ordenarán en el cuerpo en el que se integren respetando la fecha del nombramiento como funcionarios de la Administración de procedencia y continuarán desempeñando los destinos que tengan asignados en el momento de su integración y quedarán, en lo sucesivo, sujetos a la normativa sobre provisión de puestos de trabajo de los funcionarios docentes.

DISPOSICIÓN DEROGATORIA

Única.

Quedan derogadas con el alcance establecido en la disposición final cuarta las siguientes disposiciones:

a) De la Ley de Funcionarios Civiles del Estado aprobada por Decreto 315/1964, de 7 de febrero, los artículos 1, 2, 3, 4, 5.2, 7, 29, 30, 36, 37, 38, 39.2, 40, 41, 42, 44, 47, 48, 49, 50, 59, 60, 61, 63, 64, 65, 68, 71, 76, 77, 78, 79, 80, 87, 89, 90, 91, 92, 93, 102, 104 y 105.

b) De la Ley 30/1984, de 2 de agosto, de Medidas para la Reforma de la Función Pública, los artículos 3.2.e) y f); 6; 7; 8; 11; 12; 13.2, 3 y 4; 14.4 y 5; 16; 17; 18.1 a 5; 19.1 y 3; 20.1, a) b) párrafo primero, c), e) y g) en sus párrafos primero a cuarto, e i), 2 y 3; 21; 22.1 a excepción de los dos últimos párrafos; 23; 24; 25; 26; 29, a excepción del último párrafo de sus apartados 5, 6 y 7; 30.3 y 5; 31; 32; 33; disposiciones adicionales tercera, 2 y 3, cuarta duodécima y decimoquinta, disposiciones transitorias segunda, octava y novena.

c) La Ley 9/1987, de 12 de junio, de Órganos de Representación, Determinación de las Condiciones de Trabajo y Participación del Personal al Servicio de las Administraciones Públicas excepto su artículo 7 y con la excepción contemplada en la disposición transitoria quinta de este Estatuto.

⇒ Insertamos el art. 7 de la Ley 9/1987, de 12 junio, que se mantiene en vigor:

Artículo 7.

Se constituirá una Junta de Personal en cada una de las siguientes Unidades Electorales:

1. En la Administración del Estado.

1.1. En los servicios centrales:

1.1.1. En cada uno de los Departamentos ministeriales, incluidos los servicios provinciales de Madrid.

1.1.2. En cada Organismo autónomo, incluidos los servicios provinciales de Madrid, siempre que en conjunto tengan un censo mínimo de 150 funcionarios. En aquellos que no alcancen dicho mínimo, los funcionarios ejercerán su representación a través de la Junta de Personal del Departamento ministerial al que el Organismo autónomo esté adscrito.

En cada uno de los entes públicos, incluidos los servicios provinciales de Madrid, siempre que en conjunto tengan un censo mínimo de 50 funcionarios.

Los funcionarios públicos destinados en los Organismos autónomos, cuyos servicios centrales no radiquen en Madrid y cuyo censo sea de, al menos, 150 funcionarios, votarán según la regla contenida en el párrafo primero o, en caso de no alcanzar dicho número de funcionarios, en los servicios provinciales a que hace referencia el apartado 1.2.1 de este artículo.

1.1.3. De Correos y Telégrafos, incluidos los servicios provinciales de Madrid.

1.1.4. En cada una de las Entidades gestoras y servicios comunes de la Administración de la Seguridad Social, incluidos los servicios provinciales de Madrid.

1.2. En cada provincia y en las ciudades de Ceuta y Melilla:

1.2.1. Una vez para los funcionarios de los órganos provinciales de la Administración del Estado, Seguridad Social, Organismos autónomos y funcionarios civiles que presten servicios en la Administración militar y una para los servicios provinciales de cada ente público, siempre que éstos tengan un censo mínimo de 50 funcionarios. En aquellos entes públicos en los que no se alcance dicho mínimo, los funcionarios ejercerán su representación a través de la Junta de Personal de los servicios periféricos generales contemplada en este epígrafe.

1.2.2. Una para los servicios de Correos y Telégrafos.

1.2.3. Una para el personal docente de los Centros públicos no universitarios.

1.3. Otras Juntas de Personal:

1.3.1. Una para los funcionarios destinados en las Misiones Diplomáticas en cada país, representaciones permanentes, Oficinas Consulares e Instituciones y Servicios de la Administración del Estado en el extranjero. Cuando no se alcance el censo mínimo de 50, los funcionarios votarán en los servicios centrales de los respectivos Departamentos Ministeriales.

1.3.2. Una en cada Universidad para los funcionarios de los Cuerpos docentes y otra para el personal de Administración y Servicios.

1.3.3. ...

1.3.4. Una para el personal al servicio de Instituciones Sanitarias Públicas del INSALUD, en cada área de salud.

2. En la Administración de Justicia.

2.1. Una en cada provincia para el personal al servicio de la Administración de Justicia.

3. En las Comunidades Autónomas.

3.1. En las Comunidades Autónomas pluriprovinciales:

3.1.1. Una en los servicios centrales de cada una de ellas.

3.1.2. Una en cada provincia para los funcionarios destinados en ellas.

3.2. En las Comunidades Autónomas uniprovinciales:

3.2.1. Una para todos los funcionarios destinados en ellas.

3.3. Otras Juntas de Personal:

3.3.1. Una en cada provincia para el personal docente de los Centros públicos no universitarios, cuando estén transferidos los servicios.

3.3.2. Una en cada área de salud para el personal al servicio de Instituciones Sanitarias Públicas dependientes de la Comunidad Autónoma.

3.3.3. Una en cada Universidad dependiente de la Comunidad Autónoma para los funcionarios de los Cuerpos docentes y otra para el personal de Administración y Servicios.

3.3.4. Una para el personal de cada Organismo autónomo, siempre que en conjunto tenga un censo mínimo de 150 funcionarios.

De no alcanzarse dicho mínimo los funcionarios ejercerán su representación a través de las Juntas previstas en los apartados 3.1.1, 3.1.2 y 3.2.1 de este artículo.

4. En la Administración Local.

Una en cada uno de los Ayuntamientos, Diputaciones Provinciales, Cabildos, Consejos Insulares y demás Entidades Locales.

5. Previa negociación y acuerdo con las Organizaciones Sindicales legitimadas según lo dispuesto en los artículos 6 y 7 de la Ley Orgánica 11/1985, de 2 de agosto, de Libertad Sindical, los órganos de gobierno de las Administraciones Públicas podrán modificar o establecer Juntas de Personal en razón al número o peculiaridades de sus colectivos, adecuando las mismas a las estructuras administrativas y/o a los ámbitos de negociación constituidos o que se constituyan.

d) La Ley 17/1993, de 23 de diciembre, sobre incorporación a la función pública española de los nacionales de otros Estados miembros de la Unión Europea.

e) De la Ley 7/1985, de 2 de abril, Reguladora de las Bases del Régimen Local, el artículo 92 y el Capítulo III del Título VII.

f) Del Real Decreto Legislativo 781/1986, de 18 de abril, Texto Refundido de las disposiciones legales vigentes en materia de Régimen Local, el Capítulo III del Título VII.

g) Todas las normas de igual o inferior rango que contradigan o se opongan a lo dispuesto en este Estatuto.

DISPOSICIONES FINALES

Primera. Habilitación competencial.

Las disposiciones de este Estatuto se dictan al amparo del artículo 149.1.18ª de la Constitución, constituyendo aquellas bases del régimen estatutario de los funcionarios; al amparo del artículo 149.1.7ª de la Constitución, por lo que se refiere a la legislación laboral, y al amparo del artículo 149.1.13ª de la Constitución, bases y coordinación de la planificación general de la actividad económica.

Segunda.

Las previsiones de esta Ley son de aplicación a todas las Comunidades Autónomas respetando en todo caso las posiciones singulares en materia de sistema institucional y las competencias exclusivas y compartidas en materia de función pública y de autoorganización que les atribuyen los respectivos Estatutos de Autonomía, en el marco de la Constitución.

Tercera. Modificación de la Ley 53/1984, de 26 de diciembre, de Incompatibilidades del Personal al Servicio de las Administraciones Públicas.

1. Se modifican las letras a) y g) del apartado 1 del artículo 2, que quedan redactadas de la siguiente forma.

«a) El personal civil y militar al servicio de la Administración del Estado y de sus Organismos Públicos.

g) El personal al servicio de entidades, corporaciones de derecho público, fundaciones y consorcios cuyos presupuestos se doten ordinariamente en más de un 50 por 100 con subvenciones u otros ingresos procedentes de las Administraciones Públicas».

2. Se modifica el apartado 1 del artículo 16, que queda redactado de la siguiente forma:

«No podrá autorizarse o reconocerse compatibilidad al personal funcionario, al personal eventual y al personal laboral cuando las retribuciones complementarias que tengan derecho a percibir del apartado b) del artículo 24 del presente Estatuto incluyan el factor de incompatibilidad al retribuido por arancel y al personal directivo, incluido el sujeto a la relación laboral de carácter especial de alta dirección».

Cuarta. Entrada en vigor.

1. El presente Estatuto entrará en vigor en el plazo de un mes a partir de su publicación en el «Boletín Oficial del Estado».

2. No obstante lo establecido en los Capítulos II y III del Título III, excepto el artículo 25.2, y en el Capítulo III del Título V producirá efectos a partir de la entrada en vigor de las Leyes de Función Pública que se dicten en desarrollo de este Estatuto.

La disposición final tercera 2 del presente Estatuto producirá efectos en cada Administración Pública a partir de la entrada en vigor del Capítulo III del Título III con la aprobación de las Leyes de Función Pública de las Administraciones Públicas que se dicten en desarrollo de este Estatuto. Hasta que se hagan efectivos esos supuestos la autorización o denegación de compatibilidades continuará rigiéndose por la actual normativa.

3. Hasta que se dicten las Leyes de Función Pública y las normas reglamentarias de desarrollo se mantendrán en vigor en cada Administración Pública las normas vigentes sobre ordenación, planificación y gestión de recursos humanos en tanto no se opongan a lo establecido en este Estatuto.

VI

TRABAJO AUTÓNOMO

§ 26 LEY 20/2007, DE 11 JULIO. ESTATUTO DEL TRABAJO AUTÓNOMO

(BOE núm. 166, de 12 julio [RCL 2007, 1354])

PREÁMBULO

I

El trabajo autónomo se ha venido configurando tradicionalmente dentro de un marco de relaciones jurídicas propio del derecho privado, por lo que las referencias normativas al mismo se hallan dispersas a lo largo de todo el Ordenamiento Jurídico.

En este sentido, la Constitución, sin hacer una referencia expresa al trabajo por cuenta propia, recoge en algunos de sus preceptos derechos aplicables a los trabajadores autónomos. Así, el artículo 38 de la Constitución reconoce la libertad de empresa en el marco de una economía de mercado; el artículo 35, en su apartado 1, reconoce para todos los españoles el deber de trabajar y el derecho al trabajo, a la libre elección de profesión u oficio, a la promoción a través del trabajo y a una remuneración suficiente para satisfacer sus necesidades y las de su familia, sin que en ningún caso pueda hacerse discriminación por razón de sexo; el artículo 40, en su apartado 2, establece que los poderes públicos fomentarán una política que garantice la formación y readaptación profesionales, velarán por la seguridad e higiene en el trabajo y garantizarán el descanso necesario mediante la limitación de la jornada laboral, las vacaciones periódicas retribuidas y la promoción de centros adecuados; finalmente, el artículo 41 encomienda a los poderes públicos el mantenimiento de un régimen público de Seguridad Social para todos los ciudadanos, que garantice la asistencia y prestaciones sociales suficientes ante situaciones de necesidad.

Estas referencias constitucionales no tienen por qué circunscribirse al trabajo por cuenta ajena, pues la propia Constitución así lo determina cuando se emplea el término «españoles» en el artículo 35 o el de «ciudadanos» en el artículo 41, o cuando encomienda a los poderes públicos la ejecución de determinadas políticas, artículo 40, sin precisar que sus destinatarios deban ser exclusivamente los trabajadores por cuenta ajena.

En el ámbito social podemos destacar, en materia de Seguridad Social, normas como la Ley General de la Seguridad Social, el artículo 25.1 de la Ley Orgánica 1/2004, de 28 de diciembre, de Medidas de Protección Integral contra la Violencia de Género referido a las trabajadoras por cuenta propia que sean víctimas de la violencia de género, el Decreto 2530/1970, de 20 de agosto, que regula el Régimen Especial de los Trabajadores por Cuenta Propia o Autónomos, y otras disposiciones de desarrollo. En materia de prevención de riesgos laborales hay que referirse a la Ley de Prevención de Riesgos Laborales y al Real Decreto 1627/1997, de 24 de octubre, por el que se establecen las disposiciones mínimas de seguridad y salud en las obras de construcción, así como otras disposiciones de desarrollo.

La Unión Europea, por su parte, ha tratado el trabajo autónomo en instrumentos normativos tales como la Directiva 86/613/CEE del Consejo, de 11 de diciembre de 1986, relativa a la aplicación del principio de igualdad de trato entre hombres y mujeres que ejerzan una actividad autónoma, incluidas las actividades agrícolas, así como sobre la protección de la maternidad, que da una definición de trabajador autónomo en su artículo 2.a), o en la Recomendación del Consejo de 18 de febrero de 2003 relativa a la mejora de la protección de la salud y la seguridad en el trabajo de los trabajadores autónomos.

El derecho comparado de los países de nuestro entorno no dispone de ejemplos sobre una regulación del trabajo autónomo como tal. En los países de la Unión Europea sucede lo mismo que en España: las referencias a la figura del trabajador autónomo se encuentran dispersas por toda la legislación social, especialmente la legislación de Seguridad Social y de prevención de riesgos. En este sentido, cabe resaltar la importancia que tiene el presente Proyecto de Ley, pues se trata del primer ejemplo de regulación sistemática y unitaria del trabajo autónomo en la Unión Europea, lo que sin duda constituye un hito en nuestro ordenamiento jurídico.

Se trata de una Ley que regulará el trabajo autónomo, sin interferir en otros ámbitos de nuestro tejido productivo, como el sector agrario, que cuenta con su propia regulación y sus propios cauces de representación.

Los Colegios Profesionales tampoco verán afectadas sus competencias y atribuciones por la aprobación de este Estatuto.

II

Desde el punto de vista económico y social no puede decirse que la figura del trabajador autónomo actual coincida con la de hace algunas décadas. A lo largo del siglo pasado el trabajo era, por definición, el dependiente y asalariado, ajeno a los frutos y a los riesgos de cualquier actividad emprendedora. Desde esa perspectiva, el autoempleo o trabajo autónomo tenía un carácter circunscrito, en muchas ocasiones, a actividades de escasa rentabilidad, de reducida dimensión y que no precisaban de una fuerte inversión financiera, como por ejemplo la agricultura, la artesanía o el pequeño comercio. En la actualidad la situación es diferente, pues el trabajo autónomo prolifera en países de elevado nivel de renta, en actividades de alto valor añadido, como consecuencia de los nuevos desarrollos organizativos y la difusión de la informática y las telecomunicaciones, y constituye una libre elección para muchas personas que valoran su autodeterminación y su capacidad para no depender de nadie.

Esta circunstancia ha dado lugar a que en los últimos años sean cada vez más importantes y numerosas en el tráfico jurídico y en la realidad social, junto a la figura de lo que podríamos denominar autónomo clásico, titular de un establecimiento comercial, agricultor y profesionales diversos, otras figuras tan heterogéneas, como los emprendedores, personas que se encuentran en una fase inicial y de despegue de una actividad económica o profesional, los autónomos económicamente dependientes, los socios trabajadores de cooperativas y sociedades laborales o los administradores de sociedades mercantiles que poseen el control efectivo de las mismas.

En la actualidad, a 30 de junio de 2006, el número de autónomos afiliados a la Seguridad Social asciende a 3.315.707, distribuidos en el Régimen Especial de los Trabajadores por Cuenta Propia o Autónomos, en el Régimen Especial Agrario y en el Régimen Especial de Trabajadores del Mar. De ellos, 2.213.636 corresponden a personas físicas que realizan actividades profesionales en los distintos sectores económicos.

Partiendo de este último colectivo, es muy significativo señalar que 1.755.703 autónomos no tienen asalariados y que del colectivo restante 457.933, algo más de 330.000 sólo tienen uno o dos asalariados. Es decir, el 94 por 100 de los autónomos que realizan una actividad profesional o económica sin el marco jurídico de empresa no tienen asalariados o sólo tienen uno o dos.

Estamos en presencia de un amplio colectivo que realiza un trabajo profesional arriesgando sus propios recursos económicos y aportando su trabajo personal, y que en su mayoría lo hace sin la ayuda de ningún asalariado. Se trata, en definitiva, de un colectivo que demanda un nivel de protección social semejante al que tienen los trabajadores por cuenta ajena.

A lo largo de los últimos años se han llevado a cabo algunas iniciativas destinadas a mejorar la situación del trabajo autónomo. Entre ellas, cabe destacar la eliminación del Impuesto de Actividades Económicas para todas las personas físicas, así como las introducidas por la Ley 36/2003, de 11 de noviembre, de Medidas de Reforma Económica, que recoge la cobertura de la Incapacidad Temporal desde el cuarto día de la baja, la posibilidad de tener la cobertura por accidentes de trabajo y enfermedades profesionales y la minoración para quienes se incorporaran por vez primera al Régimen Especial de los Trabajadores Autónomos, siendo menores de treinta años o mujeres mayores de cuarenta y cinco. En la Ley 2/2004, de 27 de diciembre, de Presupuestos Generales del Estado para el año 2005 se incorporan como medidas para el fomento del empleo autónomo de jóvenes hasta treinta años de edad y mujeres hasta treinta y cinco, una reducción a las cuotas de la Seguridad Social así como el acceso a las medidas de fomento del empleo estable de los familiares contratados por los autónomos. Asimismo, se mejora el sistema de capitalización de la prestación por desempleo en su modalidad de pago único para los desempleados que inicien su actividad como autónomos.

El Gobierno, sensible ante esta evolución del trabajo autónomo, ya se comprometió en la sesión de investidura de su Presidente a aprobar durante esta Legislatura un Estatuto de los Trabajadores Autónomos. Como consecuencia de ello el Ministerio de Trabajo y Asuntos Sociales acordó constituir una Comisión de Expertos a la que encomendó una doble tarea: de un lado, efectuar un diagnóstico y evaluación sobre la situación económica del trabajo autónomo en España y, de otro, analizar el régimen jurídico y de protección social de los trabajadores autónomos, elaborando al tiempo una propuesta de Estatuto del Trabajador Autónomo. Los trabajos de la Comisión culminaron con la entrega de un extenso y documentado Informe, acompañado de una propuesta de Estatuto, en el mes de octubre de 2005.

Paralelamente, la Disposición Adicional Sexagésima Novena de la Ley 30/2005, de 29 de diciembre, de Presupuestos Generales del Estado para el año 2006 incorporaba el mandato al Gobierno de presentar al Congreso de los Diputados, en el plazo de un año, un Proyecto de Ley de Estatuto del Trabajador Autónomo en el que se defina el trabajo autónomo y se contemplen los derechos y obligaciones de los trabajadores autónomos, su nivel de protección social, las relaciones laborales y la política de fomento del empleo autónomo, así como la figura del trabajador autónomo económicamente dependiente.

Mediante la Resolución número 15 del debate sobre el Estado de la Nación de 2006, el Congreso de los Diputados insta al Gobierno a presentar durante ese año el Proyecto de Ley del Estatuto del Trabajador Autónomo, para avanzar en la equiparación, en los términos contemplados en la Recomendación número 4 del Pacto de Toledo, del nivel de protección social de los trabajadores autónomos con el de los trabajadores por cuenta ajena.

Finalmente, con la aprobación de la Ley Orgánica 3/2007, de 22 de marzo, para la igualdad efectiva entre mujeres y hombres, a iniciativa del Gobierno, se dio un primer paso en el cumplimiento a la citada Resolución, al introducir numerosas medidas para mejorar la situación del trabajo autónomo, especialmente en lo relativo a los derechos derivados de las situaciones de maternidad y paternidad, todo ello en el contexto de avanzar en una política de conciliación de la vida familiar con el trabajo, tan demandada por los trabajadores autónomos.

III

La presente Ley constituye el resultado del cumplimiento de los anteriores mandatos. Para su elaboración se ha consultado a las organizaciones sindicales y empresariales, así como a las asociaciones de trabajadores autónomos.

La Ley consta de 29 artículos, encuadrados en cinco títulos, más diecinueve disposiciones adicionales, tres transitorias, una derogatoria y seis finales.

El Título I delimita el ámbito subjetivo de aplicación de la Ley, estableciendo la definición genérica de trabajador autónomo y añadiendo los colectivos específicos incluidos y excluidos.

El Título II regula el régimen profesional del trabajador autónomo en tres capítulos. El Capítulo I establece las fuentes de dicho régimen profesional, dejando clara la naturaleza civil o mercantil de las relaciones jurídicas establecidas entre el autónomo y la persona o entidad con la que contrate. El apartado 2 del artículo 3 introduce los acuerdos de interés profesional para los trabajadores autónomos económicamente dependientes, novedad importante creada por la Ley.

El Capítulo II se refiere al régimen profesional común para todos los trabajadores autónomos y establece un catálogo de derechos y deberes, así como las normas en materia de prevención de riesgos laborales, protección de menores y las garantías económicas.

El Capítulo III reconoce y regula la figura del trabajador autónomo económicamente dependiente. Su regulación obedece a la necesidad de dar cobertura legal a una realidad social: la existencia de un colectivo de trabajadores autónomos que, no obstante su autonomía funcional, desarrollan su actividad con una fuerte y casi exclusiva dependencia económica del empresario o cliente que los contrata. La Ley contempla el supuesto en que este empresario es su principal cliente y de él proviene, al menos, el 75 por 100 de los ingresos del trabajador. Según los datos suministrados por el Instituto Nacional de Estadística, en el año 2004, ascienden a 285.600 los empresarios sin asalariados que trabajan para una única empresa o cliente. La cifra es importante, pero lo significativo es que este colectivo se ha incrementado en un 33 por 100 desde el año 2001.

A la vista de la realidad anteriormente descrita, la introducción de la figura del trabajador autónomo económicamente dependiente ha planteado la necesidad de prevenir la posible utilización indebida de dicha figura, dado que nos movemos en una frontera no siempre precisa entre la figura del autónomo clásico, el autónomo económicamente dependiente y el trabajador por cuenta ajena.

La intención del legislador es eliminar esas zonas fronterizas grises entre las tres categorías. De ahí que el artículo 11, al definir el trabajador autónomo económicamente dependiente sea muy restrictivo, delimitando conforme a criterios objetivos los supuestos en que la actividad se ejecuta fuera del ámbito de organización y dirección del cliente que contrata al autónomo.

El resto del Capítulo III establece una regulación garantista para el trabajador autónomo económicamente dependiente, en virtud de esa situación de dependencia económica, sin perjuicio de que opere como norma general en las relaciones entre éste y su cliente el principio de autonomía de la voluntad. En este sentido, el reconocimiento de los acuerdos de interés profesional, en el artículo 13, al que se aludía en el Capítulo dedicado a las fuentes, no supone trasladar la negociación colectiva a este ámbito, sino simplemente reconocer la posibilidad de existencia de un acuerdo que trascienda del mero contrato individual, pero con eficacia personal limitada, pues sólo vincula a los firmantes del acuerdo.

El recurso a la Jurisdicción Social previsto en el artículo 17 se justifica porque la configuración jurídica del trabajador autónomo económicamente dependiente se ha diseñado teniendo en cuenta los criterios que de forma reiterada ha venido estableciendo la Jurisprudencia de dicha Jurisdicción. La

Jurisprudencia ha definido una serie de criterios para distinguir entre el trabajo por cuenta propia y el trabajo por cuenta ajena. La dependencia económica que la Ley reconoce al trabajador autónomo económicamente dependiente no debe llevar a equívoco: se trata de un trabajador autónomo y esa dependencia económica en ningún caso debe implicar dependencia organizativa ni ajenidad. Las cuestiones litigiosas propias del contrato civil o mercantil celebrado entre el autónomo económicamente dependiente y su cliente van a estar estrechamente ligadas a la propia naturaleza de la figura de aquél, de tal forma que las pretensiones ligadas al contrato siempre van a juzgarse en conexión con el hecho de si el trabajador autónomo es realmente económicamente dependiente o no, según cumpla o no con los requisitos establecidos en la Ley. Y esta circunstancia, nuclear en todo litigio, ha de ser conocida por la Jurisdicción Social.

IV

El Título III regula los derechos colectivos de todos los trabajadores autónomos, definiendo la representatividad de sus asociaciones conforme a los criterios objetivos, establecidos en el artículo 21 y creando el Consejo del Trabajo Autónomo como órgano consultivo del Gobierno en materia socioeconómica y profesional referida al sector en el artículo 22.

El Título IV establece los principios generales en materia de protección social, recogiendo las normas generales sobre afiliación, cotización y acción protectora de la Seguridad Social de los trabajadores autónomos. Es de destacar que se reconoce la posibilidad de establecer reducciones o bonificaciones en las bases de cotización o en las cuotas de la Seguridad Social para determinados colectivos de trabajadores autónomos, en atención a sus circunstancias personales o a las características profesionales de la actividad ejercida. Se extiende a los trabajadores autónomos económicamente dependientes la protección por las contingencias de accidentes de trabajo y enfermedades profesionales y se reconoce la posibilidad de jubilación anticipada para aquellos trabajadores autónomos que desarrollen una actividad tóxica, peligrosa o penosa, en las mismas condiciones previstas para el Régimen General. Se trata de medidas que, junto con las previstas en las disposiciones adicionales, tienden a favorecer la convergencia del Régimen Especial de Trabajadores por Cuenta Propia o Autónomos con el Régimen General.

Finalmente, el Título V está dedicado al fomento y promoción del trabajo autónomo, estableciendo medidas dirigidas a promover la cultura emprendedora, a reducir los costes en el inicio de la actividad, a impulsar la formación profesional y a favorecer el trabajo autónomo mediante una política fiscal adecuada. Se trata, pues, de las líneas generales de lo que deben ser las políticas activas de fomento del autoempleo, líneas que han de ser materializadas y desarrolladas en función de la realidad socioeconómica.

V

La disposición adicional primera se refiere a la reforma del Texto Refundido de la Ley de Procedimiento Laboral. Las modificaciones son las estrictamente necesarias como consecuencia de la inclusión de las controversias derivadas de los contratos de los trabajadores autónomos económicamente dependientes en el ámbito de la Jurisdicción Social. En coherencia con ello, también se establece la obligatoriedad de la conciliación previa no sólo ante el servicio administrativo correspondiente, sino también ante el órgano que eventualmente se haya podido crear mediante acuerdo de interés profesional.

La disposición adicional segunda supone el reconocimiento para que ciertos colectivos o actividades gocen de peculiaridades en materia de cotización, como complemento de las medidas de fomento del autoempleo. Se hace un mandato concreto para establecer reducciones en la cotización de los siguientes colectivos de trabajadores autónomos: los que ejercen una actividad por cuenta propia junto con otra actividad por cuenta ajena, de tal modo que la suma de ambas cotizaciones supera la base máxima, los hijos de trabajadores autónomos menores de 30 años que inician una labor en la actividad familiar y los trabajadores autónomos que se dediquen a la venta ambulante o a la venta a domicilio.

La disposición adicional tercera recoge la obligación de que en el futuro todos los trabajadores autónomos que no lo hayan hecho tengan que optar por la cobertura de la incapacidad temporal, medida que favorece la convergencia con el Régimen General, así como la necesidad de llevar a cabo un estudio sobre las profesiones o actividades con mayor siniestralidad, en las que los colectivos de autónomos afectados deberán cubrir las contingencias profesionales.

La disposición adicional cuarta regula la prestación por cese de actividad. Recoge el compromiso del Gobierno para que, siempre que estén garantizados los principios de contributividad, solidaridad y sostenibilidad financiera y ello responda a las necesidades y preferencias de los trabajadores autónomos, proponga a las Cortes Generales la regulación de un sistema específico de protección por cese de actividad para los mismos, en función de sus características personales o de la naturaleza de la actividad ejercida.

La disposición adicional quinta especifica que lo dispuesto en el apartado 2 del artículo 23, en los artículos 24 a 26 y en el párrafo c), apartado 2, del artículo 27, así como en las disposiciones adicionales segunda y tercera y en la disposición final segunda de la presente Ley no serán de aplicación a los trabajadores por cuenta propia o autónomos que, en los términos establecidos en la disposición adicional decimoquinta de la Ley 30/1995, de Supervisión y Ordenación de los Seguros Privados, hayan optado u opten en el futuro por adscribirse a la Mutualidad de Previsión Social que tenga constituida el Colegio Profesional al que pertenezcan y que actúe como alternativa al Régimen Especial de la Seguridad Social de los trabajadores por Cuenta Propia o Autónomos.

La disposición adicional sexta establece la necesidad de adecuación de la norma a las competencias autonómicas relativas a representatividad y registro especial de las asociaciones profesionales de autónomos en el ámbito territorial autonómico.

La disposición adicional séptima establece la posibilidad de actualizar las bases de cotización diferenciadas, reducciones o bonificaciones previstas para determinados colectivos de trabajadores autónomos en atención a sus especiales características, por medio de la Ley de Presupuestos Generales del Estado.

La disposición adicional octava señala que el Gobierno planteará la presencia de los trabajadores autónomos en el Consejo Económico y Social, teniendo en cuenta la evolución del Consejo del Trabajo Autónomo en la representación de los mismos y el informe preceptivo del precitado Consejo Económico y Social.

La disposición adicional novena determina que se presentará un estudio por el Gobierno en un año sobre la evolución de la medida de pago único de la prestación por desempleo para el inicio de actividades por cuenta propia y a la posible ampliación de los porcentajes actuales de la capitalización dependiendo de los resultados de tal estudio.

La disposición adicional décima se refiere al encuadramiento en la Seguridad Social de los familiares del trabajador autónomo, aclarando que los trabajadores autónomos podrán contratar, como trabajadores por cuenta ajena, a los hijos menores de treinta años aunque éstos convivan con el trabajador autónomo y quedando excluida la cobertura por desempleo de los mismos.

La disposición adicional undécima supone adoptar para los trabajadores autónomos del sector del transporte la referencia del artículo 1.3 g) del Texto Refundido del Estatuto de los Trabajadores, de inclusión en el ámbito subjetivo de la presente Ley, matizando los requisitos que en este caso deben cumplirse para los trabajadores autónomos de este sector para su consideración de trabajadores autónomos económicamente dependientes.

La disposición adicional duodécima establece la participación de trabajadores autónomos en programas de formación e información de prevención de riesgos laborales, con la finalidad de reducir la siniestralidad y evitar la aparición de enfermedades profesionales en los respectivos sectores, por medio de las asociaciones representativas de los trabajadores autónomos y las organizaciones sindicales más representativas.

La disposición adicional decimotercera introduce incrementos en la reducción y la bonificación de la cotización a la Seguridad Social así como los períodos respectivos aplicables a los nuevos trabajadores incluidos en el Régimen Especial de la Seguridad Social de los Trabajadores por Cuenta Propia o Autónomos que tengan 30 o menos años de edad y 35 años en el caso de trabajadoras autónomas, dando nueva redacción a la disposición adicional trigésima quinta de la Ley General de la Seguridad Social, Texto Refundido aprobado por Real Decreto Legislativo 1/1994, de 20 de junio.

La disposición adicional decimocuarta señala un plazo de un año para que el Gobierno elabore un estudio sobre los sectores de actividad que tienen una especial incidencia en el colectivo de trabajadores autónomos.

La disposición adicional decimoquinta establece un plazo de un año para que el Gobierno presente un estudio sobre la actualización de la normativa que regula el Régimen Especial de los Trabajadores Autónomos establecida esencialmente en el Decreto 2530/1970, de 20 de agosto.

La disposición adicional decimosexta determina el plazo de un año para que el Gobierno realice, en colaboración con las entidades más representativas de trabajadores autónomos, una campaña de difusión e información sobre la normativa y las características del Régimen Especial del Trabajador Autónomo.

La disposición adicional decimoséptima supone la determinación reglamentaria de los supuestos en que los agentes de seguros quedarían sujetos al contrato de trabajadores autónomos económicamente dependientes, sin afectar en ningún caso a la relación mercantil de aquéllos.

Las disposiciones adicionales decimoctava y decimonovena se refieren, respectivamente, a los casos específicos de las personas con discapacidad y de los agentes comerciales.

De las disposiciones transitorias cabe destacar que la transitoria primera establece un plazo de seis meses para la adaptación de estatutos y reconocimiento de la personalidad jurídica de las asociaciones. La transitoria segunda fija los plazos de adaptación de los contratos vigentes de los trabajadores económicamente dependientes con una especificidad en el plazo de adaptación de dichos contratos en la transitoria tercera para los sectores del transporte y de los agentes de seguros.

La disposición final primera establece el título competencial que habilita al Estado a dictar esta Ley. En concreto la Ley se dicta al amparo de lo dispuesto en el artículo 149.1.5ª, legislación sobre Administración de Justicia, 6ª, legislación mercantil y procesal, 7ª, legislación laboral, 8ª, legislación civil y 17ª, legislación básica y régimen económico de la Seguridad Social.

La disposición final segunda recoge el principio general del Pacto de Toledo de lograr la equiparación en aportaciones, derechos y obligaciones de los trabajadores autónomos con los trabajadores por cuenta ajena incluidos en el Régimen General.

La disposición final tercera habilita al Gobierno para dictar las disposiciones reglamentarias de ejecución y desarrollo necesarias para la aplicación de la Ley.

La disposición final cuarta establece que el Gobierno deberá informar a las Cortes Generales anualmente de la ejecución de previsiones contenidas en la presente Ley, incorporando en dicho informe el dictamen de los Órganos Consultivos.

La disposición final quinta establece un plazo de un año para el desarrollo reglamentario de la Ley en lo relativo al contrato de trabajo de los trabajadores autónomos económicamente dependientes.

La disposición final sexta establece una «vacatio legis» de tres meses, plazo que se considera adecuado para la entrada en vigor de la Ley.

TÍTULO I

Ámbito de aplicación subjetivo

Artículo 1. Supuestos incluidos.

1. La presente Ley será de aplicación a las personas físicas que realicen de forma habitual, personal, directa, por cuenta propia y fuera del ámbito de dirección y organización de otra persona, una actividad económica o profesional a título lucrativo, den o no ocupación a trabajadores por cuenta ajena.

También será de aplicación esta Ley a los trabajos, realizados de forma habitual, por familiares de las personas definidas en el párrafo anterior que no tengan la condición de trabajadores por cuenta ajena, conforme a lo establecido en el artículo 1.3.e) del Texto Refundido de la Ley del Estatuto de los Trabajadores, aprobado por Real Decreto Legislativo 1/1995, de 24 de marzo.

2. Se declaran expresamente comprendidos en el ámbito de aplicación de esta Ley, siempre que cumplan los requisitos a los que se refiere el apartado anterior:

a) Los socios industriales de sociedades regulares colectivas y de sociedades comanditarias.

b) Los comuneros de las comunidades de bienes y los socios de sociedades civiles irregulares, salvo que su actividad se limite a la mera administración de los bienes puestos en común.

c) Quienes ejerzan las funciones de dirección y gerencia que conlleva el desempeño del cargo de consejero o administrador, o presten otros servicios para una sociedad mercantil capitalista, a título lucrativo y de forma habitual, personal y directa, cuando posean el control efectivo, directo o indirecto de aquélla, en los términos previstos en la disposición adicional vigésima séptima del Texto Refundido de la Ley General de la Seguridad Social aprobado por Real Decreto Legislativo 1/1994, de 20 de junio.

d) Los trabajadores autónomos económicamente dependientes a los que se refiere el Capítulo III del Título II de la presente Ley.

e) Cualquier otra persona que cumpla con los requisitos establecidos en el artículo 1.1 de la presente Ley.

3. Las inclusiones a las que se refiere el apartado anterior se entenderán sin perjuicio de la aplicación de sus respectivas normas específicas.

4. La presente Ley será de aplicación a los trabajadores autónomos extranjeros que reúnan los requisitos previstos en la Ley Orgánica 4/2000, de 11 de enero, de Derechos y Libertades de los Extranjeros en España y su Integración Social.

Artículo 2. Supuestos excluidos.

Se entenderán expresamente excluidas del ámbito de aplicación de la presente Ley, aquellas prestaciones de servicios que no cumplan con los requisitos del artículo 1.1, y en especial:

a) Las relaciones de trabajo por cuenta ajena a que se refiere el artículo 1.1 del Texto Refundido de la Ley del Estatuto de los Trabajadores, aprobado por Real Decreto Legislativo 1/1995, de 24 de marzo.

b) La actividad que se limita pura y simplemente al mero desempeño del cargo de consejero o miembro de los órganos de administración en las empresas que revistan la forma jurídica de sociedad, de conformidad con lo establecido en el artículo 1.3.c) del Texto Refundido de la Ley del Estatuto de los Trabajadores, aprobado por Real Decreto Legislativo 1/1995, de 24 de marzo.

c) Las relaciones laborales de carácter especial a las que se refiere el artículo 2 del Texto Refundido de la Ley del Estatuto de los Trabajadores, aprobado por Real Decreto Legislativo 1/1995, de 24 de marzo y disposiciones complementarias.

TÍTULO II

Régimen profesional del trabajador autónomo

CAPÍTULO I

Fuentes del régimen profesional

Artículo 3. Fuentes del régimen profesional.

1. El régimen profesional del trabajador autónomo se regirá por:

a) Las disposiciones contempladas en la presente Ley, en lo que no se opongan a las legislaciones específicas aplicables a su actividad así como al resto de las normas legales y reglamentarias complementarias que sean de aplicación.

b) La normativa común relativa a la contratación civil, mercantil o administrativa reguladora de la correspondiente relación jurídica del trabajador autónomo.

c) Los pactos establecidos individualmente mediante contrato entre el trabajador autónomo y el cliente para el que desarrolle su actividad profesional. Se entenderán nulas y sin efectos las cláusulas establecidas en el contrato individual contrarias a las disposiciones legales de derecho necesario.

d) Los usos y costumbres locales y profesionales.

2. Los acuerdos de interés profesional serán, asimismo, fuente del régimen profesional de los trabajadores autónomos económicamente dependientes.

Toda cláusula del contrato individual de un trabajador autónomo económicamente dependiente afiliado a un sindicato o asociado a una organización de autónomos, será nula cuando contravenga lo dispuesto en un acuerdo de interés profesional firmado por dicho sindicato o asociación que le sea de aplicación a dicho trabajador por haber prestado su consentimiento.

3. En virtud de lo dispuesto en la disposición final primera del Texto Refundido de la Ley del Estatuto de los Trabajadores, aprobado por Real Decreto Legislativo 1/1995, de 24 de marzo, el trabajo realizado por cuenta propia no estará sometido a la legislación laboral, excepto en aquellos aspectos que por precepto legal se disponga expresamente.

CAPÍTULO II

Régimen profesional común del trabajador autónomo

Artículo 4. Derechos profesionales.

1. Los trabajadores autónomos tienen derecho al ejercicio de los derechos fundamentales y libertades públicas reconocidos en la Constitución Española y en los tratados y acuerdos internacionales ratificados por España sobre la materia.

2. El trabajador autónomo tiene los siguientes derechos básicos individuales, con el contenido y alcance que para cada uno de ellos disponga su normativa específica:

a) Derecho al trabajo y a la libre elección de profesión u oficio.

b) Libertad de iniciativa económica y derecho a la libre competencia.

c) Derecho de propiedad intelectual sobre sus obras o prestaciones protegidas.

3. En el ejercicio de su actividad profesional, los trabajadores autónomos tienen los siguientes derechos individuales:

a) A la igualdad ante la ley y a no ser discriminados, directa o indirectamente, por razón de nacimiento, origen racial o étnico, sexo, estado civil, religión, convicciones, discapacidad, edad, orientación sexual, uso de alguna de las lenguas oficiales dentro de España o cualquier otra condición o circunstancia personal o social.

b) A no ser discriminado por razones de discapacidad, de conformidad con lo establecido en la Ley 51/2003, de 2 de diciembre, de Igualdad de Oportunidades, no Discriminación y Accesibilidad Universal de las Personas con Discapacidad.

c) Al respeto de su intimidad y a la consideración debida a su dignidad, así como a una adecuada protección frente al acoso sexual y al acoso por razón de sexo o por cualquier otra circunstancia o condición personal o social.

d) A la formación y readaptación profesionales.

e) A su integridad física y a una protección adecuada de su seguridad y salud en el trabajo.

f) A la percepción puntual de la contraprestación económica convenida por el ejercicio profesional de su actividad.

g) A la conciliación de su actividad profesional con la vida personal y familiar, con el derecho a suspender su actividad en las situaciones de maternidad, paternidad, riesgo durante el embarazo, riesgo durante la lactancia y adopción o acogimiento, tanto preadoptivo como permanente o simple, de conformidad con el Código Civil o las leyes civiles de las Comunidades Autónomas que lo regulen, siempre que su duración no sea inferior a un año, aunque éstos sean provisionales, en los términos previstos en la legislación de la Seguridad Social.

h) A la asistencia y prestaciones sociales suficientes ante situaciones de necesidad, de conformidad con la legislación de la Seguridad Social, incluido el derecho a la protección en las situaciones de maternidad, paternidad, riesgo durante el embarazo, riesgo durante la lactancia y adopción o acogimiento, tanto preadoptivo como permanente o simple, de conformidad con el Código Civil o las leyes civiles de las Comunidades Autónomas que lo regulen, siempre que su duración no sea inferior a un año, aunque éstos sean provisionales.

i) Al ejercicio individual de las acciones derivadas de su actividad profesional.

j) A la tutela judicial efectiva de sus derechos profesionales, así como al acceso a los medios extrajudiciales de solución de conflictos.

k) Cualesquiera otros que se deriven de los contratos por ellos celebrados.

Artículo 5. Deberes profesionales básicos.

Son deberes profesionales básicos de los trabajadores autónomos los siguientes:

a) Cumplir con las obligaciones derivadas de los contratos por ellos celebrados, a tenor de los mismos, y con las consecuencias que, según su naturaleza, sean conformes a la buena fe, a los usos y a la ley.

b) Cumplir con las obligaciones en materia de seguridad y salud laborales que la ley o los contratos que tengan suscritos les impongan, así como seguir las normas de carácter colectivo derivadas del lugar de prestación de servicios.

c) Afiliarse, comunicar las altas y bajas y cotizar al régimen de la Seguridad Social en los términos previstos en la legislación correspondiente.

d) Cumplir con las obligaciones fiscales y tributarias establecidas legalmente.

e) Cumplir con cualesquiera otras obligaciones derivadas de la legislación aplicable.

f) Cumplir con las normas deontológicas aplicables a la profesión.

Artículo 6. Derecho a la no discriminación y garantía de los derechos fundamentales y libertades públicas.

1. Los poderes públicos deben garantizar la efectividad de los derechos fundamentales y libertades públicas del trabajador autónomo.

2. Los poderes públicos y quienes contraten la actividad profesional de los trabajadores autónomos quedan sometidos a la prohibición de discriminación, tanto directa como indirecta, de dichos trabajadores, por los motivos señalados en el artículo 4.3.a) de la presente Ley. La prohibición de discriminación afectará tanto a la libre iniciativa económica y a la contratación, como a las condiciones del ejercicio profesional.

3. Cualquier trabajador autónomo, las asociaciones que lo representen o los sindicatos que consideren lesionados sus derechos fundamentales o la concurrencia de un tratamiento discriminatorio podrán recabar la tutela del derecho ante el orden jurisdiccional competente por razón de la materia, mediante un procedimiento sumario y preferente. Si el órgano judicial estimara probada la vulneración del derecho denunciado, declarará la nulidad radical y el cese inmediato de la conducta y, cuando proceda, la reposición de la situación al momento anterior a producirse, así como la reparación de las consecuencias derivadas del acto.

4. Las cláusulas contractuales que vulneren el derecho a la no discriminación o cualquier derecho fundamental serán nulas y se tendrán por no puestas. El juez que declare la invalidez de dichas cláusulas integrará el contrato con arreglo a lo dispuesto en el artículo 1258 del Código Civil y, en su caso, determinará la indemnización correspondiente por los perjuicios sufridos.

5. En relación con el derecho a la igualdad y no discriminación por razón de sexo se estará a lo previsto en la Ley Orgánica 3/2007, de 22 de marzo, para la igualdad efectiva de mujeres y hombres.

Artículo 7. Forma y duración del contrato.

1. Los contratos que concierten los trabajadores autónomos de ejecución de su actividad profesional podrán celebrarse por escrito o de palabra. Cada una de las partes podrá exigir de la otra, en cualquier momento, la formalización del contrato por escrito.

2. El contrato podrá celebrarse para la ejecución de una obra o serie de ellas, o para la prestación de uno o más servicios y tendrá la duración que las partes acuerden.

Artículo 8. Prevención de riesgos laborales.

1. Las Administraciones Públicas competentes asumirán un papel activo en relación con la prevención de riesgos laborales de los trabajadores autónomos, por medio de actividades de promoción de la prevención, asesoramiento técnico, vigilancia y control del cumplimiento por los trabajadores autónomos de la normativa de prevención de riesgos laborales.

2. Las Administraciones Públicas competentes promoverán una formación en prevención específica y adaptada a las peculiaridades de los trabajadores autónomos.

3. Cuando en un mismo centro de trabajo desarrollen actividades trabajadores autónomos y trabajadores de otra u otras empresas, así como cuando los trabajadores autónomos ejecuten su actividad profesional en los locales o centros de trabajo de las empresas para las que presten servicios, serán de aplicación para todos ellos los deberes de cooperación, información e instrucción previstos en los apartados 1 y 2 del artículo 24 de la Ley 31/1995, de 8 de noviembre, de Prevención de Riesgos Laborales.

4. Las empresas que contraten con trabajadores autónomos la realización de obras o servicios correspondientes a la propia actividad de aquéllas, y que se desarrollen en sus propios centros de trabajo, deberán vigilar el cumplimiento de la normativa de prevención de riesgos laborales por estos trabajadores.

5. Cuando los trabajadores autónomos deban operar con maquinaria, equipos, productos, materias o útiles proporcionados por la empresa para la que ejecutan su actividad profesional, pero no realicen esa actividad en el centro de trabajo de tal empresa, ésta asumirá las obligaciones consignadas en el último párrafo del artículo 41.1 de la Ley 31/1995, de 8 de noviembre, de Prevención de Riesgos Laborales.

6. En el caso de que las empresas incumplan las obligaciones previstas en los apartados 3 a 5 del presente artículo, asumirán las obligaciones indemnizatorias de los daños y perjuicios ocasionados, siempre y cuando haya relación causal directa entre tales incumplimientos y los perjuicios y daños causados.

La responsabilidad del pago establecida en el párrafo anterior, que recaerá directamente sobre el empresario infractor, lo será con independencia de que el trabajador autónomo se haya acogido o no a las prestaciones por contingencias profesionales.

7. El trabajador autónomo tendrá derecho a interrumpir su actividad y abandonar el lugar de trabajo cuando considere que dicha actividad entraña un riesgo grave e inminente para su vida o salud.

8. Las disposiciones contenidas en el presente artículo se aplicarán sin perjuicio de las obligaciones legales establecidas para los trabajadores autónomos con asalariados a su cargo en su condición de empresarios.

Artículo 9. Protección de menores.

1. Los menores de dieciséis años no podrán ejecutar trabajo autónomo ni actividad profesional, ni siquiera para sus familiares.

2. No obstante lo dispuesto en el apartado anterior, en el caso de prestaciones de servicios en espectáculos públicos se estará a lo establecido en el artículo 6.4 del Texto Refundido de la Ley del Estatuto de los Trabajadores, aprobado por Real Decreto Legislativo 1/1995, de 24 de marzo.

Artículo 10. Garantías económicas.

1. Los trabajadores autónomos tienen derecho a la percepción de la contraprestación económica por la ejecución del contrato en el tiempo y la forma convenidos y de conformidad con lo previsto en la Ley 3/2004, de 29 de diciembre, que establece medidas de lucha contra la morosidad en las operaciones comerciales.

2. Cuando el trabajador autónomo ejecute su actividad profesional para un contratista o subcontratista, tendrá acción contra el empresario principal, hasta el importe de la deuda que éste adeude a aquél al tiempo de la reclamación, salvo que se trate de construcciones, reparaciones o servicios contratados en el seno del hogar familiar.

3. En materia de garantía del cobro de los créditos por el trabajo personal del trabajador autónomo se estará a lo dispuesto en la normativa civil y mercantil sobre privilegios y preferencias, así como en la Ley 22/2003, de 9 de julio, Concursal, quedando en todo caso los trabajadores autónomos económicamente dependientes sujetos a la situación de privilegio general recogida en el artículo 91.3 de dicha Ley.

4. El trabajador autónomo responderá de sus obligaciones con todos sus bienes presentes y futuros, sin perjuicio de la inembargabilidad de los bienes establecida en los artículos 605, 606 y 607 de la Ley 1/2000, de 7 de enero, de Enjuiciamiento Civil.

5. A efectos de la satisfacción y cobro de las deudas de naturaleza tributaria y cualquier tipo de deuda que sea objeto de la gestión recaudatoria en el ámbito del Sistema de la Seguridad Social, embargado administrativamente un bien inmueble, si el trabajador autónomo acreditara fehacientemente que se trata de una vivienda que constituye su residencia habitual, la ejecución del embargo quedará condicionada, en primer lugar, a que no resulten conocidos otros bienes del deudor suficientes susceptibles de realización inmediata en el procedimiento ejecutivo, y en segundo lugar, a que entre la notificación de la primera diligencia de embargo y la realización material de la subasta, el concurso o cualquier otro medio administrativo de enajenación medie el plazo mínimo de un año. Este plazo no se interrumpirá ni se suspenderá, en ningún caso, en los supuestos de ampliaciones del embargo originario o en los casos de prórroga de las anotaciones registrales.

CAPÍTULO III

Régimen profesional del trabajador autónomo económicamente dependiente

Artículo 11. Concepto y ámbito subjetivo.

1. Los trabajadores autónomos económicamente dependientes a los que se refiere el artículo 1.2.d) de la presente Ley son aquellos que realizan una actividad económica o profesional a título lucrativo y de forma habitual, personal, directa y predominante para una persona física o jurídica, denominada cliente, del que dependen económicamente por percibir de él, al menos, el 75 por 100 de sus ingresos por rendimientos de trabajo y de actividades económicas o profesionales.

2. Para el desempeño de la actividad económica o profesional como trabajador autónomo económicamente dependiente, éste deberá reunir simultáneamente las siguientes condiciones:

a) No tener a su cargo trabajadores por cuenta ajena ni contratar o subcontratar parte o toda la actividad con terceros, tanto respecto de la actividad contratada con el cliente del que depende económicamente como de las actividades que pudiera contratar con otros clientes.

b) No ejecutar su actividad de manera indiferenciada con los trabajadores que presten servicios bajo cualquier modalidad de contratación laboral por cuenta del cliente.

c) Disponer de infraestructura productiva y material propios, necesarios para el ejercicio de la actividad e independientes de los de su cliente, cuando en dicha actividad sean relevantes económicamente.

d) Desarrollar su actividad con criterios organizativos propios, sin perjuicio de las indicaciones técnicas que pudiese recibir de su cliente.

e) Percibir una contraprestación económica en función del resultado de su actividad, de acuerdo con lo pactado con el cliente y asumiendo riesgo y ventura de aquélla.

3. Los titulares de establecimientos o locales comerciales e industriales y de oficinas y despachos abiertos al público y los profesionales que ejerzan su profesión conjuntamente con otros en régimen

societario o bajo cualquier otra forma jurídica admitida en derecho no tendrán en ningún caso la consideración de trabajadores autónomos económicamente dependientes.

Artículo 12. Contrato.

1. El contrato para la realización de la actividad profesional del trabajador autónomo económicamente dependiente celebrado entre éste y su cliente deberá formalizarse siempre por escrito y deberá ser registrado en la oficina pública correspondiente. Dicho registro no tendrá carácter público.

Reglamentariamente se regularán las características de dichos contratos y del Registro en el que deberán inscribirse, así como las condiciones para que los representantes legales de los trabajadores tengan acceso a la información de los contratos que su empresa celebre con trabajadores autónomos económicamente dependientes. De dicha información se excluirá, en todo caso, el número del documento nacional de identidad, el domicilio, el estado civil y cualquier otro dato que, de acuerdo con la Ley Orgánica 1/1982, de 5 de mayo, pudiera afectar a la intimidad personal.

2. El trabajador autónomo deberá hacer constar expresamente en el contrato su condición de dependiente económicamente respecto del cliente que le contrate, así como las variaciones que se produjeran al respecto. La condición de dependiente sólo se podrá ostentar respecto de un único cliente.

3. En el supuesto de un trabajador autónomo que contratase con varios clientes su actividad profesional o la prestación de sus servicios, cuando se produjera una circunstancia sobrevenida del trabajador autónomo, cuya consecuencia derivara en el cumplimiento de las condiciones establecidas en el artículo 11, se respetará íntegramente el contrato firmado entre ambas partes hasta la extinción del mismo, salvo que éstas acordasen modificarlo para actualizarlo a las nuevas condiciones que corresponden a un trabajador autónomo económicamente dependiente.

4. Cuando en el contrato no se hubiera fijado una duración o un servicio determinado, se presumirá, salvo prueba en contrario, que el contrato ha sido pactado por tiempo indefinido.

Artículo 13. Acuerdos de interés profesional.

1. Los acuerdos de interés profesional previstos en el apartado 2 del artículo 3 de la presente Ley, concertados entre las asociaciones o sindicatos que representen a los trabajadores autónomos económicamente dependientes y las empresas para las que ejecuten su actividad podrán establecer las condiciones de modo, tiempo y lugar de ejecución de dicha actividad, así como otras condiciones generales de contratación. En todo caso, los acuerdos de interés profesional observarán los límites y condiciones establecidos en la legislación de defensa de la competencia.

2. Los acuerdos de interés profesional deberán concertarse por escrito.

3. Se entenderán nulas y sin efectos las cláusulas de los acuerdos de interés profesional contrarias a disposiciones legales de derecho necesario.

4. Los acuerdos de interés profesional se pactarán al amparo de las disposiciones del Código Civil. La eficacia personal de dichos acuerdos se limitará a las partes firmantes y, en su caso, a los afiliados a las asociaciones de autónomos o sindicatos firmantes que hayan prestado expresamente su consentimiento para ello.

Artículo 14. Jornada de la actividad profesional.

1. El trabajador autónomo económicamente dependiente tendrá derecho a una interrupción de su actividad anual de 18 días hábiles, sin perjuicio de que dicho régimen pueda ser mejorado mediante contrato entre las partes o mediante acuerdos de interés profesional.

2. Mediante contrato individual o acuerdo de interés profesional se determinará el régimen de descanso semanal y el correspondiente a los festivos, la cuantía máxima de la jornada de actividad y, en el caso de que la misma se compute por mes o año, su distribución semanal.

3. La realización de actividad por tiempo superior al pactado contractualmente será voluntaria en todo caso, no pudiendo exceder del incremento máximo establecido mediante acuerdo de interés profesional. En ausencia de acuerdo de interés profesional, el incremento no podrá exceder del 30 por 100 del tiempo ordinario de actividad individualmente acordado.

4. El horario de actividad procurará adaptarse a los efectos de poder conciliar la vida personal, familiar y profesional del trabajador autónomo económicamente dependiente.

5. La trabajadora autónoma económicamente dependiente que sea víctima de la violencia de género tendrá derecho a la adaptación del horario de actividad con el objeto de hacer efectiva su protección o su derecho a la asistencia social integral.

Artículo 15. Extinción contractual.

1. La relación contractual entre las partes se extinguirá por alguna de las siguientes circunstancias:

a) Mutuo acuerdo de las partes.

b) Causas válidamente consignadas en el contrato, salvo que las mismas constituyan abuso de derecho manifiesto.

c) Muerte y jubilación o invalidez incompatibles con la actividad profesional, conforme a la correspondiente legislación de Seguridad Social.

d) Desistimiento del trabajador autónomo económicamente dependiente, debiendo en tal caso mediar el preaviso estipulado o conforme a los usos y costumbres.

e) Voluntad del trabajador autónomo económicamente dependiente, fundada en un incumplimiento contractual grave de la contraparte.

f) Voluntad del cliente por causa justificada, debiendo mediar el preaviso estipulado o conforme a los usos y costumbres.

g) Por decisión de la trabajadora autónoma económicamente dependiente que se vea obligada a extinguir la relación contractual como consecuencia de ser víctima de violencia de género.

h) Cualquier otra causa legalmente establecida.

2. Cuando la resolución contractual se produzca por la voluntad de una de las partes fundada en un incumplimiento contractual de la otra, quien resuelva el contrato tendrá derecho a percibir la correspondiente indemnización por los daños y perjuicios ocasionados.

3. Cuando la resolución del contrato se produzca por voluntad del cliente sin causa justificada, el trabajador autónomo económicamente dependiente tendrá derecho a percibir la indemnización prevista en el apartado anterior.

Si la resolución se produce por desistimiento del trabajador autónomo económicamente dependiente, y sin perjuicio del preaviso previsto en el párrafo d) del apartado 1 del presente artículo, el cliente podrá ser indemnizado cuando dicho desistimiento le ocasione un perjuicio importante que paralice o perturbe el normal desarrollo de su actividad.

4. Cuando la parte que tenga derecho a la indemnización sea el trabajador autónomo económicamente dependiente, la cuantía de la indemnización será la fijada en el contrato individual o en el acuerdo de interés profesional que resulte de aplicación. En los casos en que no estén regulados, a los efectos de determinar su cuantía se tomarán en consideración, entre otros factores, el tiempo restante previsto de duración del contrato, la gravedad del incumplimiento del cliente, las inversiones y gastos anticipados por el trabajador autónomo económicamente dependiente vinculados a la ejecución de la actividad profesional contratada y el plazo de preaviso otorgado por el cliente sobre la fecha de extinción del contrato.

Artículo 16. Interrupciones justificadas de la actividad profesional.

1. Se considerarán causas debidamente justificadas de interrupción de la actividad por parte del trabajador económicamente dependiente las fundadas en:

a) Mutuo acuerdo de las partes.

b) La necesidad de atender responsabilidades familiares urgentes, sobrevenidas e imprevisibles.

c) El riesgo grave e inminente para la vida o salud del trabajador autónomo, según lo previsto en el apartado 7 del artículo 8 de la presente Ley.

d) Incapacidad temporal, maternidad o paternidad.

e) La situación de violencia de género, para que la trabajadora autónoma económicamente dependiente haga efectiva su protección o su derecho a la asistencia social integral.

f) Fuerza mayor.

2. Mediante contrato o acuerdo de interés profesional podrán fijarse otras causas de interrupción justificada de la actividad profesional.

3. Las causas de interrupción de la actividad previstas en los apartados anteriores no podrán fundamentar la extinción contractual por voluntad del cliente prevista en la letra f) del apartado 1 del artículo anterior, todo ello sin perjuicio de otros efectos que para dichos supuestos puedan acordar las partes. Si el cliente diera por extinguido el contrato, tal circunstancia se consideraría como una falta de justificación a los efectos de lo dispuesto en el apartado 3 del artículo anterior.

No obstante, cuando en los supuestos contemplados en las letras d) y f) del apartado 1 la interrupción ocasione un perjuicio importante al cliente que paralice o perturbe el normal desarrollo de su actividad, podrá considerarse justificada la extinción del contrato, a efectos de lo dispuesto en la letra f) del apartado 1 del artículo anterior.

Artículo 17. Competencia jurisdiccional.

1. Los órganos jurisdiccionales del orden social serán los competentes para conocer las pretensiones derivadas del contrato celebrado entre un trabajador autónomo económicamente dependiente y su cliente.

2. Los órganos jurisdiccionales del orden social serán también los competentes para conocer de todas las cuestiones derivadas de la aplicación e interpretación de los acuerdos de interés profesional, sin perjuicio de lo dispuesto en la legislación de defensa de la competencia.

Artículo 18. Procedimientos no jurisdiccionales de solución de conflictos.

1. Será requisito previo para la tramitación de acciones judiciales en relación con el régimen profesional de los trabajadores autónomos económicamente dependientes el intento de conciliación o mediación ante el órgano administrativo que asuma estas funciones. No obstante, a tales efectos, los acuerdos de interés profesional a los que se refiere el artículo 13 de la presente Ley podrán instituir órganos específicos de solución de conflictos.

2. Los procedimientos no jurisdiccionales de solución de conflictos estarán basados en los principios de gratuidad, celeridad, agilidad y efectividad.

3. Lo acordado en avenencia tendrá fuerza ejecutiva entre las partes intervinientes, sin necesidad de ratificación ante el órgano judicial, pudiendo llevarse a efecto por el trámite de ejecución de sentencias.

4. Las partes podrán igualmente someter sus discrepancias a arbitraje voluntario. Se entenderán equiparados a las sentencias firmes los laudos arbitrales igualmente firmes dictados al efecto. El procedimiento arbitral se someterá a lo pactado entre las partes o al régimen que en su caso se pueda establecer mediante acuerdo de interés profesional, entendiéndose aplicable, en su defecto, la regulación contenida en la Ley 60/2003, de 23 de diciembre, de Arbitraje, la Ley 16/1987, de 30 de julio, de Ordenación de Transportes Terrestres o en cualquier otra normativa específica o sectorial.

TÍTULO III

Derechos colectivos del trabajador autónomo

Artículo 19. Derechos colectivos básicos.

1. Los trabajadores autónomos son titulares de los derechos a:

a) Afiliarse al sindicato o asociación empresarial de su elección, en los términos establecidos en la legislación correspondiente.

b) Afiliarse y fundar asociaciones profesionales específicas de trabajadores autónomos sin autorización previa.

c) Ejercer la actividad colectiva de defensa de sus intereses profesionales.

2. Las asociaciones de trabajadores autónomos son titulares de los derechos de carácter colectivo a:

a) Constituir federaciones, confederaciones o uniones, previo el cumplimiento de los requisitos exigidos para la constitución de asociaciones, con acuerdo expreso de sus órganos competentes. Asimismo, podrán establecer los vínculos que consideren oportunos con organizaciones sindicales y asociaciones empresariales.

b) Concertar acuerdos de interés profesional para los trabajadores autónomos económicamente dependientes afiliados en los términos previstos en el artículo 13 de la presente Ley.

c) Ejercer la defensa y tutela colectiva de los intereses profesionales de los trabajadores autónomos.

d) Participar en los sistemas no jurisdiccionales de solución de las controversias colectivas de los trabajadores autónomos cuando esté previsto en los acuerdos de interés profesional.

3. Las asociaciones representativas de trabajadores autónomos también serán titulares de las facultades establecidas en el artículo 21.5 de la presente Ley.

4. Sin perjuicio de las facultades que corresponden a los sindicatos en el ejercicio del derecho a la libertad sindical, éstos gozarán, además, de todos los derechos del apartado 2 de este artículo respecto de sus trabajadores autónomos afiliados.

Artículo 20. Derecho de asociación profesional de los trabajadores autónomos.

1. Las asociaciones profesionales de trabajadores autónomos se constituirán y regirán por lo

previsto en la Ley Orgánica 1/2002, de 22 de marzo, Reguladora del Derecho de Asociación y sus normas de desarrollo, con las especialidades previstas en la presente Ley.

2. Estas asociaciones, en cuya denominación y estatutos se hará referencia a su especialidad subjetiva y de objetivos, tendrán por finalidad la defensa de los intereses profesionales de los trabajadores autónomos y funciones complementarias, pudiendo desarrollar cuantas actividades lícitas vayan encaminadas a tal finalidad. En ningún caso podrán tener ánimo de lucro. Las mismas gozarán de autonomía frente a las Administraciones Públicas, así como frente a cualesquiera otros sujetos públicos o privados.

3. Con independencia de lo previsto en el artículo 10 de la Ley Orgánica 1/2002, de 22 de marzo, Reguladora del Derecho de Asociación, las asociaciones profesionales de trabajadores autónomos deberán inscribirse y depositar sus estatutos en el registro especial de la oficina pública establecida al efecto en el Ministerio de Trabajo y Asuntos Sociales o de la correspondiente Comunidad Autónoma, en el que la asociación desarrolle principalmente su actividad. Tal registro será específico y diferenciado del de cualesquiera otras organizaciones sindicales, empresariales o de otra naturaleza que puedan ser objeto de registro por esa oficina pública.

4. Estas asociaciones podrán ser declaradas de utilidad pública conforme a lo previsto en los artículos 32 a 36 de la Ley Orgánica 1/2002, de 22 de marzo, Reguladora del Derecho de Asociación.

5. Estas asociaciones profesionales sólo podrán ser suspendidas o disueltas mediante resolución firme de la autoridad judicial fundada en incumplimiento grave de las leyes.

Artículo 21. Determinación de la representatividad de las asociaciones de trabajadores autónomos.

1. Sin perjuicio de la representación que ostentan de sus afiliados y a los efectos de lo previsto en este artículo y el siguiente, tendrán la consideración de asociaciones profesionales representativas de los trabajadores autónomos aquellas que, inscritas en el registro especial establecido al efecto, demuestren una suficiente implantación en el ámbito territorial en el que actúen. Dicha implantación habrá de acreditarse a través de criterios objetivos de los que pueda deducirse la representatividad de la asociación, entre ellos el grado de afiliación de trabajadores autónomos a la asociación, el número de asociaciones con las que se hayan firmado convenios o acuerdos de representación o de otra naturaleza, los recursos humanos y materiales, los acuerdos de interés profesional en los que hayan participado, la presencia de sedes permanentes en su ámbito de actuación y cualesquiera otros criterios de naturaleza similar y de carácter objetivo. Los citados criterios se desarrollarán mediante una norma reglamentaria.

2. La condición de asociación representativa en el ámbito estatal será declarada por un Consejo formado por funcionarios de la Administración General del Estado y por expertos de reconocido prestigio, imparciales e independientes. Reglamentariamente se determinará la composición de dicho Consejo, que en todo caso estará integrado por un número impar de miembros, no superior a cinco, así como sus funciones y procedimiento de funcionamiento.

3. Las resoluciones dictadas por el Consejo a que se refiere el apartado anterior serán directamente recurribles ante la Jurisdicción Contencioso-Administrativa.

4. La capacidad representativa reconocida en este artículo a las asociaciones de trabajadores autónomos se podrá ejercer en el ámbito de actuación territorial de la correspondiente asociación.

5. Las asociaciones representativas de los trabajadores autónomos y las organizaciones sindicales más representativas, de conformidad con los artículos 6 y 7 de la Ley Orgánica 11/1985, de 2 de agosto, de Libertad Sindical, gozarán de una posición jurídica singular, que les otorga capacidad jurídica para actuar en representación de los trabajadores autónomos para:

a) Ostentar representación institucional ante las Administraciones Públicas u otras entidades u organismos de carácter estatal o de Comunidad Autónoma que la tengan prevista.

b) Ser consultadas cuando las Administraciones Públicas diseñen las políticas públicas que incidan sobre el trabajo autónomo.

c) Gestionar programas públicos dirigidos a los trabajadores autónomos en los términos previstos legalmente.

d) Cualquier otra función que se establezca legal o reglamentariamente.

Artículo 22. Consejo del Trabajo Autónomo.

1. El Consejo del Trabajo Autónomo se constituye, al amparo de lo dispuesto en el artículo 42 de la Ley Orgánica 1/2002, de 22 de marzo, Reguladora del Derecho de Asociación, como órgano consultivo del Gobierno en materia socioeconómica y profesional del trabajo autónomo.

2. Son funciones del Consejo:

a) Emitir su parecer con carácter facultativo sobre:

1º Los anteproyectos de leyes o proyectos de Reales Decretos que incidan sobre el trabajo autónomo. En el supuesto de que se produjeran modificaciones que pudieran afectar al Estatuto de Trabajo Autónomo, el informe tendrá carácter preceptivo.

2º El diseño de las políticas públicas de carácter estatal en materia de trabajo autónomo.

3º Cualesquiera otros asuntos que se sometan a consulta del mismo por el Gobierno de la Nación o sus miembros.

b) Elaborar, a solicitud del Gobierno de la Nación o de sus miembros, o por propia iniciativa, estudios o informes relacionados con el ámbito de sus competencias.

c) Elaborar su reglamento de funcionamiento interno.

d) Cualesquiera otras competencias que le sean atribuidas legal o reglamentariamente.

3. El Consejo del Trabajo Autónomo estará compuesto por representantes de las asociaciones profesionales de trabajadores autónomos representativas cuyo ámbito de actuación sea intersectorial y estatal, por las organizaciones sindicales y empresariales más representativas y por representantes de la Administración General del Estado, de las Comunidades Autónomas y de la asociación de Entidades Locales más representativa en el ámbito estatal.

Si se constituyeran Consejos del Trabajo Autónomo de ámbito autonómico, formará parte del Consejo del Trabajo Autónomo un representante designado por cada uno de los consejos autonómicos existentes.

4. La Presidencia del Consejo corresponderá al Secretario General de Empleo y, por delegación, al Director General de la Economía Social, del Trabajo Autónomo y del Fondo Social Europeo.

5. Los créditos necesarios para su funcionamiento se consignarán en los presupuestos del Ministerio de Trabajo y Asuntos Sociales.

6. Reglamentariamente se desarrollará la composición y régimen de funcionamiento del Consejo.

7. Las Comunidades Autónomas podrán constituir, en su ámbito territorial, Consejos Consultivos en materia socioeconómica y profesional del trabajo autónomo. Así mismo podrán regular la composición y el funcionamiento de los mismos.

TÍTULO IV

Protección social del trabajador autónomo

Artículo 23. El derecho a la Seguridad Social.

1. De conformidad con el artículo 41 de la Constitución, las personas que ejerzan una actividad profesional o económica por cuenta propia o autónoma tendrán derecho al mantenimiento de un régimen público de Seguridad Social, que les garantice la asistencia y las prestaciones sociales suficientes ante situaciones de necesidad. Las prestaciones complementarias serán libres.

2. La protección de los trabajadores por cuenta propia o autónomos se instrumentará a través de un único régimen, que se denominará Régimen Especial de la Seguridad Social de los Trabajadores por Cuenta Propia o Autónomos, sin perjuicio de que algunos colectivos específicos de trabajadores autónomos, en razón de su pertenencia a un determinado sector económico, estén encuadrados en otros regímenes de la Seguridad Social.

Artículo 24. Afiliación a la Seguridad Social.

La afiliación al sistema de la Seguridad Social es obligatoria para los trabajadores autónomos o por cuenta propia, y única para su vida profesional, sin perjuicio de las altas y bajas en los distintos regímenes que integran el sistema de Seguridad Social, así como de las demás variaciones que puedan producirse con posterioridad a la afiliación.

Artículo 25. Cotización a la Seguridad Social.

1. La cotización es obligatoria en el Régimen Especial de Seguridad Social de los Trabajadores por Cuenta Propia o Autónomos en los términos previstos en el artículo 15 del Texto Refundido de la Ley General de la Seguridad Social aprobado por el Real Decreto Legislativo 1/1994, de 20 de junio, y demás disposiciones de desarrollo.

2. La Ley podrá establecer bases de cotización diferenciadas para los trabajadores autónomos económicamente dependientes.

3. La Ley podrá establecer reducciones o bonificaciones en las bases de cotización o en las

cuotas de Seguridad Social para determinados colectivos de trabajadores autónomos en atención a sus características personales o a las características profesionales de la actividad ejercida.

Artículo 26. Acción protectora.

1. La acción protectora del Régimen Especial de Seguridad Social de los Trabajadores por Cuenta Propia o Autónomos, en los términos y conforme a las condiciones legalmente previstas, comprenderá, en todo caso:

a) La asistencia sanitaria en los casos de maternidad, enfermedad común o profesional y accidentes, sean o no de trabajo.

b) Las prestaciones económicas en las situaciones de incapacidad temporal, riesgo durante el embarazo, maternidad, paternidad, riesgo durante la lactancia, incapacidad permanente, jubilación, muerte y supervivencia y familiares por hijo a cargo.

2. Las prestaciones de servicios sociales serán las establecidas legalmente y en todo caso comprenderá las prestaciones en materia de reeducación, de rehabilitación de personas con discapacidad, de asistencia a la tercera edad y de recuperación profesional.

3. Los trabajadores autónomos económicamente dependientes deberán incorporar obligatoriamente, dentro del ámbito de la acción protectora de la Seguridad Social, la cobertura de la incapacidad temporal y de los accidentes de trabajo y enfermedades profesionales de la Seguridad Social.

A los efectos de esta cobertura, se entenderá por accidente de trabajo toda lesión corporal del trabajador autónomo económicamente dependiente que sufra con ocasión o por consecuencia de la actividad profesional, considerándose también accidente de trabajo el que sufra el trabajador al ir o volver del lugar de la prestación de la actividad, o por causa o consecuencia de la misma. Salvo prueba en contrario, se presumirá que el accidente no tiene relación con el trabajo cuando haya ocurrido fuera del desarrollo de la actividad profesional de que se trate.

4. Los poderes públicos promoverán políticas que incentiven la continuidad en el ejercicio de la profesión, trabajo o actividad económica de los trabajadores por cuenta propia, una vez cumplida la edad ordinaria de jubilación. No obstante, en atención a la naturaleza tóxica, peligrosa o penosa de la actividad ejercida, y en los términos que reglamentariamente se establezcan, los trabajadores autónomos afectados que reúnan las condiciones establecidas para causar derecho a la pensión de jubilación, con excepción de la relativa a la edad, podrán acceder a la jubilación anticipada, en los mismos supuestos y colectivos para los que esté establecido dicho derecho respecto de los trabajadores por cuenta ajena.

En este sentido, se entenderán comprendidos los trabajadores autónomos con discapacidad en las mismas condiciones que los trabajadores por cuenta ajena.

5. La acción protectora del régimen público de Seguridad Social de los trabajadores autónomos tenderá a converger en aportaciones, derechos y prestaciones con la existente para los trabajadores por cuenta ajena en el Régimen General de la Seguridad Social.

TÍTULO V

Fomento y promoción del trabajo autónomo

Artículo 27. Política de fomento del trabajo autónomo.

1. Los poderes públicos, en el ámbito de sus respectivas competencias, adoptarán políticas de fomento del trabajo autónomo dirigidas al establecimiento y desarrollo de iniciativas económicas y profesionales por cuenta propia.

2. Estas políticas se materializarán, en particular, en medidas dirigidas a:

a) Remover los obstáculos que impidan el inicio y desarrollo de una actividad económica o profesional por cuenta propia.

b) Facilitar y apoyar las diversas iniciativas de trabajo autónomo.

c) Establecer exenciones, reducciones o bonificaciones en las cotizaciones a la Seguridad Social.

d) Promover el espíritu y la cultura emprendedora.

e) Fomentar la formación y readaptación profesionales.

f) Proporcionar la información y asesoramiento técnico necesario.

g) Facilitar el acceso a los procesos de innovación tecnológica y organizativa, de forma que se mejore la productividad del trabajo o servicio realizado.

h) Crear un entorno que fomente el desarrollo de las iniciativas económicas y profesionales en el marco del trabajo autónomo.

i) Apoyar a los emprendedores en el ámbito de actividades innovadoras vinculadas con los nuevos yacimientos de empleo, de nuevas tecnologías o de actividades de interés público, económico o social.

3. La elaboración de esta política de fomento del trabajo autónomo tenderá al logro de la efectividad de la igualdad de oportunidades entre mujeres y hombres y prestará especial atención a los colectivos de personas desfavorecidas o no suficientemente representadas, entre los cuales las personas con discapacidad ocupan un lugar preferente.

Artículo 28. Formación profesional y asesoramiento técnico.

1. El fomento del trabajo autónomo se dirigirá especialmente a integrar dentro del sistema educativo y, en particular, del sistema de formación profesional la promoción del trabajo autónomo, a propiciar la formación y readaptación profesionales de los trabajadores autónomos, facilitando su acceso a los programas de formación profesional, que se orientarán a la mejora de su capacitación profesional y al desarrollo de su capacidad gerencial.

2. El fomento del trabajo autónomo también atenderá las necesidades de información y asesoramiento técnico para su creación, consolidación y renovación, promoviendo, a estos efectos, las fórmulas de comunicación y cooperación entre autónomos.

Artículo 29. Apoyo financiero a las iniciativas económicas.

1. Los poderes públicos, en el ámbito de sus respectivas competencias y en el marco de los compromisos asumidos en la Unión Europea, adoptarán programas de ayuda financiera a las iniciativas económicas de las personas emprendedoras.

2. La elaboración de estos programas atenderá a la necesidad de tutela de los colectivos con especiales dificultades de acceso al mercado de trabajo, a la garantía de la viabilidad futura de los proyectos beneficiarios, así como a la exigencia de evaluación de los efectos de las ayudas económicas sobre los objetivos propuestos.

3. Los poderes públicos favorecerán mediante una política fiscal adecuada la promoción del trabajo autónomo.

DISPOSICIONES ADICIONALES

Primera. Modificación del Texto Refundido de la Ley de Procedimiento Laboral, aprobado por Real Decreto Legislativo 2/1995, de 7 de abril.

El Texto Refundido de la Ley de Procedimiento Laboral aprobado por Real Decreto Legislativo 2/1995, de 7 de abril, queda modificado como sigue:

Uno. La letra p) del artículo 2 queda redactada del modo siguiente:

«p) en relación con el régimen profesional, tanto en su vertiente individual como colectiva, de los trabajadores autónomos económicamente dependientes a los que se refiere la Ley del Estatuto del Trabajo Autónomo».

Dos. Se introduce una nueva letra q) al artículo 2 con el contenido siguiente:

«q) respecto de cualesquiera otras cuestiones que les sean atribuidas por normas con rango de Ley».

Tres. Se modifica el apartado 2 del artículo 16 que queda redactado de la siguiente manera:

«2. Tendrán capacidad procesal los trabajadores mayores de dieciséis años y menores de dieciocho respecto de los derechos e intereses legítimos derivados de sus contratos de trabajo y de la relación de Seguridad Social cuando legalmente no precisen para la celebración de dichos contratos autorización de sus padres, tutores o de la persona o institución que los tenga a su cargo, o hubieran obtenido autorización para contratar de sus padres, tutores o persona o institución que los tenga a su cargo conforme a la legislación laboral o la legislación civil o mercantil respectivamente. Igualmente tendrán capacidad procesal los trabajadores autónomos económicamente dependientes mayores de dieciséis años».

Cuatro. Se añade un apartado 3 al artículo 17 que queda redactado de la siguiente manera:

«3. Las organizaciones de trabajadores autónomos tendrán legitimación para la defensa de los acuerdos de interés profesional por ellas firmados».

Cinco. Se da nueva redacción al artículo 63 que queda redactado de la siguiente manera:

«Artículo 63. Será requisito previo para la tramitación del proceso el intento de conciliación ante el servicio administrativo correspondiente o ante el órgano que asuma estas funciones que podrá constituirse mediante los acuerdos interprofesionales o los convenios colectivos a los que se refiere el artículo 83 del Texto Refundido de la Ley del Estatuto de los Trabajadores, así como los acuerdos de interés profesional a los que se refiere el artículo 13 de la Ley del Estatuto del Trabajo Autónomo».

Segunda. Reducciones y bonificaciones en las cotizaciones.

1. La Ley establecerá reducciones y bonificaciones en la cotización a la Seguridad Social en favor de los siguientes colectivos de trabajadores autónomos:

a) Quienes en función de otra actividad realizada coticen, sumando las bases de cotización, por encima de la base máxima del Régimen General de la Seguridad Social.

b) Las personas con discapacidad que realicen un trabajo autónomo.

c) Los trabajadores autónomos que se dediquen a la actividad de venta ambulante o a la venta a domicilio.

d) Aquellos colectivos que se determinen legal o reglamentariamente.

2. Las Administraciones Públicas competentes podrán suscribir convenios con la Seguridad Social con objeto de propiciar la reducción de las cotizaciones de las personas que, en régimen de autonomía, se dediquen a actividades artesanales o artísticas.

Tercera. Cobertura de la incapacidad temporal y de las contingencias profesionales en el Régimen de la Seguridad Social de los Trabajadores por Cuenta Propia o Autónomo.

1. A partir del día primero de enero del ejercicio siguiente a la entrada en vigor de la presente Ley, los trabajadores por cuenta propia o autónomos que no hayan optado por dar cobertura a las prestaciones de incapacidad temporal, deberán llevarlo a cabo de forma obligatoria, siempre que no tengan derecho a dicha prestación en razón de la actividad realizada en otro Régimen de la Seguridad Social.

De igual forma, la anterior fecha se tomará para la entrada en vigor de la obligatoriedad de cotización establecida en el punto 3 del artículo 26 de la presente Ley.

2. Por el Gobierno se determinarán aquellas actividades profesionales desarrolladas por trabajadores autónomos que presentan un mayor riesgo de siniestralidad, en las que será obligatoria la cobertura de las contingencias de accidentes de trabajo y enfermedades profesionales de la Seguridad Social. En tales supuestos, será de aplicación lo previsto en el apartado 3 del artículo 26.

3. Lo dispuesto en los apartados anteriores no será de aplicación a los trabajadores por cuenta propia agrarios, incorporados al «Sistema Especial de Trabajadores Agrarios por Cuenta Propia», para quien la cobertura de la incapacidad temporal y de las contingencias profesionales seguirán siendo de cobertura voluntaria.

Cuarta. Prestación por cese de actividad.

El Gobierno, siempre que estén garantizados los principios de contributividad, solidaridad y sostenibilidad financiera y ello responda a las necesidades y preferencias de los trabajadores autónomos, propondrá a las Cortes Generales la regulación de un sistema específico de protección por cese de actividad para los mismos, en función de sus características personales o de la naturaleza de la actividad ejercida.

La articulación de la prestación por cese de actividad se realizará de tal forma que, en los supuestos en que deba aplicarse en edades cercanas a la legal de jubilación, su aplicación garantice, en combinación con las medidas de anticipación de la edad de jubilación en circunstancias concretas contempladas en la Ley General de la Seguridad Social, que el nivel de protección dispensado sea el mismo, en supuestos equivalentes de carrera de cotización, esfuerzo contributivo y causalidad, que el de los trabajadores por cuenta ajena, sin que ello pueda implicar costes adicionales en el nivel no contributivo.

Las Administraciones Públicas podrán, por razones de política económica debidamente justificadas, cofinanciar planes de cese de actividad dirigidos a colectivos o sectores económicos concretos.

Quinta. Profesionales incorporados a Mutualidades de Previsión Social alternativas.

Lo dispuesto en el apartado 2 del artículo 23, en los artículos 24 a 26 y en el párrafo c), apartado 2, del artículo 27, así como en las disposiciones adicionales segunda y tercera y en la disposición final segunda de la presente Ley no serán de aplicación a los trabajadores por cuenta propia o autónomos que, en los términos establecidos en la disposición adicional decimoquinta de la Ley 30/1995, de Supervisión y Ordenación de los Seguros Privados, hayan optado u opten en el futuro por adscribirse a la Mutualidad de Previsión Social que tenga constituida el Colegio Profesional al que pertenezcan y que actúe como alternativa al Régimen Especial de la Seguridad Social de los Trabajadores por Cuenta Propia o Autónomos.

Sexta. Comunidades Autónomas.

A los efectos de lo previsto en el artículo 21.5 de esta Ley, las Comunidades Autónomas determinarán la representatividad de las asociaciones de trabajadores autónomos de acuerdo con los criterios a los que se refiere el artículo 21.1 de la misma y crearán, en su ámbito territorial, el registro especial según lo dispuesto en el artículo 20.3 de la presente Ley.

Séptima. Actualización de cotizaciones.

La Ley de Presupuestos Generales del Estado podrá establecer las bases de cotización diferenciadas, reducciones o bonificaciones a las que se refiere el artículo 25 y la disposición adicional segunda de esta Ley.

Octava. Participación de los trabajadores autónomos en el Consejo Económico y Social.

El Gobierno planteará la presencia de los trabajadores autónomos en el Consejo Económico y Social teniendo en cuenta:

1. La evolución del Consejo del Trabajo Autónomo en la representación de los mismos.
2. El informe preceptivo del Consejo Económico y Social sobre la composición del mismo que deberá realizar para ello en el menor plazo de tiempo posible.

Novena. Pago único de la prestación por desempleo.

El Gobierno en el plazo de un año elaborará un estudio sobre la evolución de la medida de pago único de la prestación por desempleo para el inicio de actividades por cuenta propia, si el resultado es favorable en cuanto a creación de empleo autónomo, ampliará los porcentajes actuales de la capitalización de la prestación de desempleo destinados a financiar la inversión.

Décima. Encuadramiento en la Seguridad Social de los familiares del trabajador autónomo.

Los trabajadores autónomos podrán contratar, como trabajadores por cuenta ajena, a los hijos menores de treinta años, aunque convivan con él. En este caso, del ámbito de la acción protectora dispensada a los familiares contratados quedará excluida la cobertura por desempleo.

Undécima. Trabajadores autónomos del sector del transporte.

De conformidad con lo dispuesto en el artículo 1.3 g) del Texto Refundido del Estatuto de los Trabajadores, aprobado por Real Decreto Legislativo 1/1994, de 24 de marzo, se consideran incluidas en el ámbito regulado por la presente Ley las personas prestadoras del servicio del transporte al amparo de autorizaciones administrativas de las que sean titulares, realizada mediante el correspondiente precio con vehículos comerciales de servicio público cuya propiedad o poder directo de disposición ostenten, aun cuando dichos servicios se realicen de forma continuada para un mismo cargador o comercializador.

En este caso, serán trabajadores autónomos económicamente dependientes a los que se refiere el artículo 1.2 d) de la presente Ley aquellos que cumplan con lo dispuesto en el artículo 11.1 y 11.2 a) de la misma.

Duodécima. Participación de trabajadores autónomos en programas de formación e información de prevención de riesgos laborales.

Con la finalidad de reducir la siniestralidad y evitar la aparición de enfermedades profesionales en los respectivos sectores, las asociaciones representativas de los trabajadores autónomos y las organizaciones sindicales más representativas podrán realizar programas permanentes de información y formación correspondientes a dicho colectivo, promovidos por las Administraciones Públicas competentes en materia de prevención de riesgos laborales y de reparación de las consecuencias de los accidentes de trabajo y las enfermedades profesionales.

Decimotercera. Adaptación de la Ley General de la Seguridad Social.

El apartado 1 de la disposición adicional trigésima quinta del Texto Refundido de la Ley General de la Seguridad Social, aprobado por el Real Decreto Legislativo 1/1994, de 20 de junio, introducida por el artículo 5 de la Ley 36/2003, de 11 de diciembre, y modificada por la disposición adicional cuadragésima cuarta.Tres de la Ley 2/2004, de 27 de diciembre, de Presupuestos Generales del Estado para el año 2005, queda modificado del siguiente modo:

Donde dice: «a partir de 1 de enero de 2005».

Debe decir: «a partir de la entrada en vigor del Estatuto del Trabajo Autónomo».

Donde dice: «25 por 100».

Debe decir: «30 por 100».

Donde dice: «durante los 12 meses inmediatamente...».

Debe decir: «durante los 15 meses inmediatamente...».

Donde dice: «en los 12 meses siguientes...».

Debe decir: «en los 15 meses siguientes...».

Decimocuarta. Estudio sectorial del trabajo autónomo.

El Gobierno elaborará, en el plazo de un año, un estudio sobre los sectores de actividad que tienen una especial incidencia en el colectivo de trabajadores autónomos, que incluya, entre otros, los siguientes aspectos:

1. Los efectos que tienen las especificidades propias de cada sector en las condiciones del trabajo (retributivas, conciliación familiar, protección social, etc.) que realiza el trabajador autónomo.

2. Un diagnóstico sobre los sectores en reconversión o sometidos a procesos de modernización que tienen una mayor afectación en la actividad realizada por trabajadores autónomos.

3. Un análisis sobre la necesidad de incentivar el cese anticipado de trabajadores autónomos en determinados sectores.

Decimoquinta. Adaptación del Régimen Especial de los Trabajadores Autónomos.

En el plazo de un año, el Gobierno presentará un estudio sobre la actualización de la normativa que regula el Régimen Especial de los Trabajadores Autónomos establecida esencialmente en el Decreto 2530/1970, de 20 de agosto, parcialmente derogado, a las necesidades y exigencias actuales del colectivo de los trabajadores autónomos. Este estudio preverá las medidas necesarias para fijar la convergencia en las aportaciones y derechos de los trabajadores autónomos, en relación a los establecidos por los trabajadores por cuenta ajena incluidos en el Régimen General de la Seguridad Social.

Decimosexta. Campaña de difusión del Régimen Especial de los Trabajadores Autónomos.

En el plazo de un año, el Gobierno realizará, en colaboración con las entidades más representativas de trabajadores autónomos, una campaña de difusión e información sobre la normativa y las características del Régimen Especial del Trabajador Autónomo.

Decimoséptima. Contratos de trabajadores autónomos económicamente dependientes en el sector de los agentes de seguros.

Los contratos celebrados por los agentes de seguros que cumplan con las condiciones establecidas en el capítulo tercero de la presente Ley y los supuestos en que dichos agentes quedarían sujetos al mismo se determinarán reglamentariamente sin afectar, en ningún caso, su relación mercantil.

Decimoctava. Personas con discapacidad.

A los efectos de esta Ley, tendrán la consideración de personas con discapacidad las comprendidas en el número 2 del artículo 1 de la Ley 51/2003, de 2 de diciembre, de Igualdad de Oportunidades, no Discriminación y Accesibilidad Universal de las Personas con Discapacidad.

Decimonovena. Agentes comerciales.

En los supuestos de agentes comerciales que, actuando como intermediarios independientes, se encarguen de manera continuada o estable y a cambio de remuneración, de promover actos u operaciones de comercio por cuenta ajena, o a promoverlos y concluirlos por cuenta y en nombre ajenos, a los efectos de ser considerados trabajadores autónomos económicamente dependientes, no les será de aplicación el requisito de asumir el riesgo y ventura de tales operaciones, contemplado en el artículo 11, apartado 2, letra e).

DISPOSICIONES TRANSITORIAS

Primera. Adaptación de estatutos y reconocimiento de la personalidad jurídica de las asociaciones.

Las asociaciones profesionales de trabajadores autónomos constituidas en aplicación de la legislación anterior y que gocen de personalidad jurídica a la entrada en vigor de esta Ley, conservarán su reconocimiento a todos los efectos, quedando automáticamente convalidadas.

En el plazo de seis meses desde la entrada en vigor de la presente Ley deberán proceder a adaptar sus estatutos a lo previsto en ella, así como a inscribirse en el registro previsto en la oficina pública establecida al efecto.

Segunda. Adaptación de los contratos vigentes de los trabajadores autónomos económicamente dependientes.

Los contratos suscritos con anterioridad a la entrada en vigor de la presente Ley entre el trabajador autónomo económicamente dependiente y el cliente, deberán adaptarse a las previsiones contenidas en la misma dentro del plazo de seis meses desde la entrada en vigor de las disposiciones reglamentarias que se dicten en su desarrollo, salvo que en dicho período alguna de las partes opte por rescindir el contrato.

El trabajador autónomo en el que concurra la circunstancia de ser económicamente dependiente, deberá comunicarlo al cliente respecto al que adquiera esta condición, en el plazo de tres meses desde la entrada en vigor de las citadas disposiciones reglamentarias.

Tercera. Adaptación de los contratos vigentes de los trabajadores autónomos económicamente dependientes en el sector del transporte y el sector de los agentes de seguros.

Los contratos suscritos con anterioridad a la entrada en vigor de la presente Ley entre el trabajador autónomo económicamente dependiente y el cliente a los que se refiere la disposición adicional undécima y los contratos celebrados por los agentes de seguros que les resulte de aplicación el capítulo tercero de la presente Ley, deberán adaptarse a las previsiones contenidas en la misma dentro del plazo de dieciocho meses desde la entrada en vigor de las disposiciones reglamentarias que se dicten en su desarrollo, salvo que en dicho período alguna de las partes opte por rescindir el contrato.

El trabajador autónomo en el que concurra la circunstancia de ser económicamente dependiente en el supuesto al que se refiere la disposición adicional undécima y en el supuesto del agente de seguros, deberá comunicarlo al cliente respecto al que adquiera esta condición, en el plazo de un año desde la entrada en vigor de la presente Ley.

DISPOSICIÓN DEROGATORIA

Única. Derogación normativa.

Quedan derogadas cuantas disposiciones se opongan a la presente Ley.

DISPOSICIONES FINALES

Primera. Título competencial.

La presente Ley se dicta al amparo de la competencia que corresponde al Estado conforme al artículo 149.1.5ª, 6ª, 7ª, 8ª y 17ª de la Constitución.

Segunda. Desarrollo de derechos en materia de protección social.

Con carácter progresivo se llevarán a cabo las medidas necesarias para que, de acuerdo con los principios que inspiran esta Ley, se logre la convergencia en aportaciones y derechos de los trabajadores autónomos en relación con los establecidos para los trabajadores por cuenta ajena incluidos en el Régimen General de la Seguridad Social.

Tercera. Habilitación al Gobierno.

Se faculta al Gobierno para dictar cuantas disposiciones sean necesarias para la aplicación y desarrollo de la presente Ley en el ámbito de sus competencias.

Cuarta. Informe anual.

1. El Gobierno deberá informar a las Cortes Generales anualmente de la ejecución de previsiones contenidas en la presente Ley.

2. Dicho informe incorporará el dictamen de los Órganos Consultivos.

Quinta Desarrollo Reglamentario de los Contratos del Trabajador Autónomo económicamente dependiente.

En el plazo de un año desde la entrada en vigor de esta Ley se desarrollará reglamentariamente lo contemplado en su artículo 12, apartado 1, párrafo segundo.

Sexta. Entrada en vigor.

La presente Ley entrará en vigor a los tres meses de su publicación en el «Boletín Oficial del Estado».

VII

EMPLEO, FORMACIÓN PROFESIONAL E IGUALDAD

A) Ley de Empleo y Programa de fomento del empleo

§ 27.1 LEY 56/2003, DE 16 DICIEMBRE. LEY DE EMPLEO

(BOE núm. 301, de 17 diciembre [RCL 2003, 2935])

EXPOSICIÓN DE MOTIVOS

La vigente Ley Básica de Empleo 51/1980, de 8 de octubre, se aprobó en un contexto en el que la situación socioeconómica, tecnológica y de organización territorial presentaba unos perfiles bien distintos de los actuales. Dicha situación se caracterizaba por la existencia de un único servicio público de empleo, que actuaba formalmente en régimen de monopolio, centralizado en torno al Instituto Nacional de Empleo y con competencia en la totalidad del territorio estatal. La implantación de las políticas activas era muy moderada, mientras que la protección por desempleo era concebida exclusivamente como prestación económica en las situaciones de falta de trabajo.

A lo largo de los últimos años, el entorno social, económico, organizativo y tecnológico ha experimentado cambios fundamentales.

Efectivamente, en primer término, la evolución del mercado de trabajo en el largo período de tiempo transcurrido desde la aprobación de la Ley Básica de Empleo ha visto cómo se producían situaciones de pérdida de puestos de trabajo, con expulsión del mismo de los colectivos más sensibles, a la vez que aumentaba la dificultad de su acceso al empleo, el desempleo y las tasas de temporalidad en la contratación, acentuándose los desequilibrios territoriales.

Junto a ello, se han producido situaciones expansivas que han permitido la creación de empleo. No obstante, persiste una alta tasa de paro y una baja tasa de ocupación, comparativamente con las cifras de la Unión Europea, especialmente para el colectivo de mujeres. Además, se mantienen dificultades de incorporación al mercado de trabajo de determinados colectivos, con especial incidencia en el paro de larga duración, carencias de capacitación de la población trabajadora, retenciones a la movilidad geográfica y funcional, desequilibrios entre los distintos mercados de trabajo, una excesiva temporalidad en la ocupación y una escasa tasa de participación de los servicios públicos de empleo en la intermediación laboral.

Diversos factores adicionales han afectado al mercado de trabajo en estos años: la evolución demográfica, primero con la presión ejercida por los jóvenes en el acceso a su primer empleo y, posteriormente, con el envejecimiento de la población activa; el fenómeno inmigratorio, con la consiguiente llegada de importantes recursos humanos procedentes del exterior a nuestro mercado de trabajo; de otra parte, el desarrollo fulgurante de las tecnologías de la información y de la comunicación; la nueva orientación de la política social (de la asistencia pasiva a los incentivos para la reinserción laboral), o la apertura a los agentes privados de los servicios de información, orientación e intermediación, constituyen un conjunto formidable de retos a los que se enfrenta una política de empleo tendente al pleno empleo.

Pero no sólo se ha transformado y se ha vuelto más complejo el mercado de trabajo en el que actúan los servicios públicos de empleo, también ha cambiado el entorno político e institucional. El método tradicional de gestión estatal del mercado de trabajo ha dado paso a planteamientos más descentralizados con transferencias de funciones y servicios para la ejecución de las políticas activas de empleo a las Comunidades Autónomas. De otra parte, la financiación de estas políticas tiene un componente importante de fondos procedentes de la Unión Europea, a través del Servicio Público de Empleo Estatal, aun cuando la gestión de las mismas se lleva a cabo por las Administraciones autonómicas.

En la actualidad, los servicios públicos de empleo han de actuar en un entorno más competitivo, complejo y dinámico y han de posicionarse en el mercado prestando un servicio de calidad a sus usuarios.

Por último, la globalización de la economía y el progreso de integración europea ya no permiten pensar y actuar sólo en clave nacional. La estrategia de coordinación de políticas iniciada en la Unión Europea –política económica, a través de las Grandes Orientaciones de Política Económica, y política de empleo, a través de las Directrices de Empleo y los Planes nacionales de acción para el empleo, en coordinación con la estrategia de inclusión social– obliga al Estado español a establecer objetivos cuantificados de actuación con desempleados, toda vez que la Unión Europea vincula la distribución de fondos europeos (Fondo Social Europeo) al logro de dichos objetivos, lo que necesariamente obliga al establecimiento de mecanismos que hagan posible su cumplimiento.

En este contexto, esta Ley tiene por objetivo incrementar la eficiencia del funcionamiento del mercado de trabajo y mejorar las oportunidades de incorporación al mismo para conseguir el objetivo del pleno empleo, en línea con lo que reiteradamente los Jefes de Estado y de Gobierno han venido acordando en las cumbres de la Unión Europea, desde el inicio del proceso de Luxemburgo hasta su ratificación en la Cumbre de Barcelona. Ello se traduce en ofrecer a los desempleados, bajo los principios de igualdad de oportunidades, no-discriminación, transparencia, gratuidad, efectividad y calidad en la prestación de servicios, una atención preventiva y personalizada por los servicios públicos de empleo, con especial atención a los colectivos desfavorecidos, entre los cuales las personas con discapacidad ocupan un lugar preferente. Las políticas de empleo deben funcionar como instrumentos incentivadores para la incorporación efectiva de los desempleados al mercado de trabajo, estimulando la búsqueda activa de empleo y la movilidad geográfica y funcional.

Desde una perspectiva de armonización del nuevo modelo con la actual distribución de competencias constitucionales entre el Estado y las Comunidades Autónomas, en materia de política de empleo, los objetivos se centran en asegurar la cooperación y coordinación entre las Administraciones implicadas de modo que se logre la máxima efectividad movilizando y optimizando todos los recursos disponibles. El instrumento nuclear para conseguir tal finalidad es el Sistema Nacional de Empleo, considerado éste como un conjunto de estructuras, medidas y acciones necesarias para promover y desarrollar la política de empleo, que tiene como finalidad el desarrollo de programas y medidas tendentes a la consecución del pleno empleo en los términos acordados en la Cumbre de Jefes de Estado y de Gobierno de Lisboa. Dicho Sistema está integrado por el Servicio Público de Empleo Estatal y los Servicios Públicos de las Comunidades Autónomas. Sus órganos son la Conferencia Sectorial de Asuntos Laborales y el Consejo General del Sistema Nacional de Empleo. Sus instrumentos, el Plan nacional de acción para el empleo, el Programa anual de trabajo del Sistema Nacional de Empleo y el Sistema de información de los Servicios Públicos de Empleo. La participación de las organizaciones empresariales y sindicales más representativas en dicho sistema, así como en los Servicios Públicos de Empleo Estatal y de las Comunidades Autónomas, además de ser necesaria en un modelo constitucional como el español y respetuosa con nuestros compromisos internacionales, aporta, finalmente, mayores garantías de cohesión y éxito al proyecto.

Finalmente, es objetivo esencial de la Ley la definición de la intermediación laboral, instrumento básico de la política de empleo, en la que cabe la colaboración con la sociedad civil, con respeto a los principios constitucionales y de acuerdo a criterios de objetividad y eficacia. La Ley establece también un concepto más moderno de las políticas activas de empleo, verdaderas herramientas de activación frente al desempleo, que se complementan y relacionan con la prestación económica por desempleo y se articulan en torno a itinerarios de atención personalizada a los demandantes de empleo, en función de sus características y requerimientos personales y profesionales.

TÍTULO PRELIMINAR

DE LA POLÍTICA DE EMPLEO

CAPÍTULO ÚNICO

Normas generales

Artículo 1. Definición.

Teniendo en cuenta lo establecido en los artículos 40 y 41 de la Constitución, la política de empleo es el conjunto de decisiones adoptadas por el Estado y las Comunidades Autónomas que tienen por finalidad el desarrollo de programas y medidas tendentes a la consecución del pleno empleo, así como la calidad en el empleo, a la adecuación cuantitativa y cualitativa de la oferta y demanda de empleo, a la reducción de las situaciones de desempleo y a la debida protección en las situaciones de desempleo.

La política de empleo se desarrollará, dentro de las orientaciones generales de la política económica, en el ámbito de la estrategia coordinada para el empleo regulada por el Tratado constitutivo de la Comunidad Europea.

Artículo 2. Objetivos de la política de empleo.

Son objetivos generales de la política de empleo:

a) Garantizar la efectiva igualdad de oportunidades y la no discriminación, teniendo en cuenta lo previsto en el artículo 9.2 de la Constitución Española, en el acceso al empleo y en las acciones orientadas a conseguirlo, así como la libre elección de profesión oficio sin que pueda prevalecer discriminación alguna, en los términos establecidos en el artículo 17 del Estatuto de los Trabajadores.

Dichos principios serán de aplicación a los nacionales de Estados miembros del Espacio Económico Europeo y, en los términos que determine la normativa reguladora de sus derechos y libertades, a los restantes extranjeros.

b) Mantener un sistema eficaz de protección ante las situaciones de desempleo, que comprende las políticas activas de empleo y las prestaciones por desempleo, asegurando la coordinación entre las mismas y la colaboración entre los distintos entes implicados en la ejecución de la política de empleo y su gestión y la interrelación entre las distintas acciones de intermediación laboral.

c) Adoptar un enfoque preventivo frente al desempleo, especialmente de larga duración, facilitando una atención individualizada a los desempleados, mediante acciones integradas de políticas activas que mejoren su ocupabilidad.

Igualmente, la política de empleo tenderá a adoptar un enfoque preventivo frente al desempleo y de anticipación del cambio a través de acciones formativas que faciliten al trabajador el mantenimiento y la mejora de su calificación profesional, empleabilidad y, en su caso, recalificación y adaptación de sus competencias profesionales a los requerimientos del mercado de trabajo.

d) Asegurar políticas adecuadas de integración laboral dirigidas a aquellos colectivos que presenten mayores dificultades de inserción laboral, especialmente jóvenes, mujeres, discapacitados y parados de larga duración mayores de 45 años.

e) Mantener la unidad del mercado de trabajo en todo el territorio estatal, teniendo en cuenta las características específicas y diversas de los diferentes territorios y promoviendo la corrección de los desequilibrios territoriales y sociales.

f) Asegurar la libre circulación de los trabajadores y facilitar la movilidad geográfica, tanto en el ámbito estatal como en el europeo, de quienes desean trasladarse por razones de empleo.

g) Coordinar su articulación con la dimensión del fenómeno migratorio interno y externo, de acuerdo con lo establecido en los párrafos a) y d) en colaboración con las Comunidades Autónomas, en el marco de sus respectivas competencias.

Artículo 3. Planificación y ejecución de la política de empleo.

1. En el ámbito de competencia estatal corresponde al Gobierno, a través del Ministerio de Trabajo y Asuntos Sociales, en el marco de los acuerdos adoptados por la Conferencia Sectorial de Asuntos Laborales, la coordinación de la política de empleo.

Igualmente, corresponde al Gobierno, a propuesta del Ministerio de Trabajo y Asuntos Sociales, y previo informe de este ministerio a la Conferencia Sectorial de Asuntos Laborales, la aprobación de los proyectos de normas con rango de Ley y la elaboración y aprobación de las disposiciones reglamentarias en relación con la intermediación y colocación en el mercado de trabajo, fomento de empleo, protección por desempleo, formación profesional ocupacional y continua en el ámbito estatal, así como el desarrollo de dicha ordenación, todo ello sin perjuicio de las competencias que en materia de extranjería corresponden al Ministerio del Interior.

En cualquier caso, corresponde al Gobierno, a través del Ministerio de Trabajo y Asuntos Sociales, la gestión y control de las prestaciones por desempleo.

2. De conformidad con la Constitución y sus Estatutos de Autonomía, corresponde a las Comunidades Autónomas en su ámbito territorial el desarrollo de la política de empleo, el fomento del empleo y la ejecución de la legislación laboral y de los programas y medidas que les hayan sido transferidas.

3. Los Planes nacionales de acción para el empleo se elaborarán por el Gobierno, a través del Ministerio de Trabajo y Asuntos Sociales con la participación de las Comunidades Autónomas, y se definirán de acuerdo con la Estrategia Europea de Empleo, configurándose como un instrumento esencial de planificación de la política de empleo. Asímismo se contará con la participación de las organizaciones empresariales y sindicales más representativas. Las medidas contenidas en los Planes nacionales de acción para el empleo estarán coordinadas e integradas con el resto de políticas de origen estatal y de la Unión Europea y, especialmente, con las establecidas en los Planes de integración social, con las que deberán guardar la coherencia necesaria para garantizar su máxima efectividad.

Las Comunidades Autónomas, en sus respectivos ámbitos territoriales, establecerán sus programas de empleo, de acuerdo con las obligaciones establecidas por la Estrategia Europea de Empleo, a través de los Planes nacionales de acción para el empleo.

Artículo 4. La dimensión local de la política de empleo.

De acuerdo con lo establecido en la Estrategia Europea de Empleo, las políticas de empleo en su diseño y modelo de gestión deberán tener en cuenta su dimensión local para ajustarlas a las necesidades del territorio, de manera que favorezcan y apoyen las iniciativas de generación de empleo en el ámbito local.

De conformidad con la Constitución, con los Estatutos de Autonomía y con la Ley 7/1985, de 2 de abril, Reguladora de las Bases de Régimen Local, los Servicios Públicos de Empleo de las Comunidades Autónomas establecerán los mecanismos de colaboración oportunos y en su caso de participación con las corporaciones locales para la ejecución de los programas y medidas de las políticas activas de empleo.

TÍTULO I

EL SISTEMA NACIONAL DE EMPLEO

CAPÍTULO I

Disposiciones generales

Artículo 5. Concepto.

Se entiende por Sistema Nacional de Empleo el conjunto de estructuras, medidas y acciones necesarias para promover y desarrollar la política de empleo. El Sistema Nacional de Empleo está integrado por el Servicio Público de Empleo Estatal y los Servicios Públicos de Empleo de las Comunidades Autónomas.

Artículo 6. Fines.

1. El Sistema Nacional de Empleo deberá garantizar el cumplimiento de los siguientes fines:

a) Fomentar el empleo y apoyar la creación de puestos de trabajo, en especial dirigidos a personas con mayor dificultad de inserción laboral.

b) Ofrecer un servicio de empleo público y gratuito a trabajadores y empresarios, capaz de captar las ofertas de empleo del mercado de trabajo, sobre la base de una atención eficaz y de calidad con vistas a incrementar progresivamente sus tasas de intermediación laboral.

c) Facilitar la información necesaria que permita a los demandantes de empleo encontrar un trabajo o mejorar sus posibilidades de ocupación, y a los empleadores, contratar los trabajadores adecuados apropiados a sus necesidades, asegurando el principio de igualdad en el acceso de los trabajadores y empresarios a los servicios prestados por el servicio público de empleo.

d) Asegurar que los servicios públicos de empleo, en el ámbito de sus respectivas competencias, aplican las políticas activas conforme a los principios de igualdad y no discriminación, en los términos previstos en el artículo 9 de la Constitución, y promueven la superación de los desequilibrios territoriales.

e) Garantizar la aplicación de las políticas activas de empleo y de la acción protectora por desempleo.

f) Asegurar la unidad del mercado de trabajo en todo el territorio español y su integración en el mercado único europeo, así como la libre circulación de los trabajadores.

g) Impulsar la cooperación del servicio público de empleo y de las empresas en aquellas acciones de políticas activas y cualificación profesional que éstas desarrollen y que puedan resultar efectivas para la integración laboral, la formación o recualificación de los desempleados.

2. En el cumplimiento de estos fines, el Sistema Nacional de Empleo será objeto de evaluación periódica con el fin de adecuar sus estructuras, medidas y acciones a las necesidades reales del mercado laboral.

Artículo 7. Órganos del Sistema Nacional de Empleo.

1. Los órganos del Sistema Nacional de Empleo son:

a) La Conferencia Sectorial de Asuntos Laborales, que es el instrumento general de colaboración, coordinación y cooperación entre la Administración del Estado y la de las Comunidades Autónomas en materia de política de empleo y especialmente en la elaboración de los Planes nacionales de acción para el empleo. Así mismo le corresponde la aprobación del Programa anual de trabajo del sistema nacional de empleo.

b) El Consejo General del Sistema Nacional de Empleo, que es el órgano consultivo de participación institucional en materia de política de empleo. El Consejo estará integrado por un representante de cada una de las Comunidades Autónomas y por igual número de miembros de la Administración General del Estado, de las organizaciones empresariales y de las organizaciones sindicales más representativas. Para la adopción de acuerdos se ponderarán los votos de las organizaciones empresariales y los de las organizaciones sindicales para que cada una de estas dos representaciones cuente con el mismo peso que el conjunto de los representantes de ambas Administraciones, manteniendo así el carácter tripartito del Consejo. Reglamentariamente se determinarán sus funciones, en consonancia con las atribuidas al Sistema Nacional de Empleo por el artículo 9 de esta Ley, entre las que se encuentra la de consulta e informe del Plan nacional de acción para el empleo y del Programa anual de trabajo de dicho Sistema Nacional de Empleo.

2. La coordinación del Sistema Nacional de Empleo se llevará a cabo principalmente a través de los siguientes instrumentos:

a) El Plan nacional de acción para el empleo.

b) El Programa anual de trabajo del Sistema Nacional de Empleo.

c) El Sistema de información de los Servicios Públicos de Empleo.

Artículo 8. Principios de organización y funcionamiento.

La organización y funcionamiento del Sistema Nacional de Empleo se basará en los siguientes principios:

1. Participación de las organizaciones empresariales y sindicales más representativas en el Servicio Público de Empleo Estatal y en los Servicios Públicos de Empleo de las Comunidades Autónomas, en la forma en que éstos determinen, de acuerdo con lo previsto en esta Ley.

2. Transparencia en el funcionamiento del mercado de trabajo y establecimiento de las políticas necesarias para asegurar la libre circulación de trabajadores por razones de empleo o formación, teniendo en cuenta, como elementos esenciales para garantizar este principio los siguientes:

a) Integración, compatibilidad y coordinación de los sistemas de información. El Servicio Público de Empleo Estatal y los Servicios Públicos de Empleo de las Comunidades Autónomas colaborarán en la creación, explotación y mantenimiento de un sistema de información común que se organizará con una estructura informática integrada y compatible. Ello permitirá llevar a cabo de forma adecuada las funciones de intermediación laboral sin barreras territoriales, el registro de paro, las estadísticas comunes, la comunicación del contenido de los contratos y el seguimiento y control de la utilización de fondos procedentes de la Administración General del Estado o europea para su justificación.

b) Existencia de un sitio común en red telemática que posibilite el conocimiento por los ciudadanos de las ofertas, demandas de empleo y oportunidades de formación existentes en todo el territorio del Estado, así como en el resto de los países del Espacio Económico Europeo, respetando lo establecido en la Ley Orgánica 15/1999, de 13 de diciembre, de Protección de Datos de Carácter Personal.

3. Los Servicios Públicos de Empleo son los responsables de asumir, en los términos establecidos en esta Ley, la ejecución de las políticas activas de empleo, sin perjuicio de que puedan establecerse instrumentos de colaboración con otras entidades que actuarán bajo su coordinación. Dichas entidades deberán respetar en todo caso los principios de igualdad y no discriminación.

La colaboración de tales entidades se orientará en función de criterios objetivos de eficacia, calidad y especialización en la prestación del servicio encomendado, de acuerdo en todo caso con lo establecido en la normativa correspondiente. La colaboración de los interlocutores sociales deberá considerarse de manera específica.

4. Calidad en la prestación del servicio, favoreciendo el impulso y la permanente mejora de los servicios públicos de empleo para adaptarse a las necesidades del mercado de trabajo, con aprovechamiento de las nuevas tecnologías como elemento dinamizador del cambio, con dotación suficiente de recursos humanos y materiales que posibiliten una atención especializada y personalizada tanto a los demandantes de empleo como a las empresas.

Artículo 9. Funciones del Sistema Nacional de Empleo.

1. Aplicar la Estrategia Europea de Empleo, en el marco de sus competencias, a través de los Planes nacionales de acción para el empleo.

2. Garantizar la coordinación y cooperación del Servicio Público de Empleo Estatal y los Servicios Públicos de Empleo de las Comunidades Autónomas, prestando especial atención a la coordinación entre las políticas activas de empleo y las prestaciones por desempleo.

3. Establecer objetivos concretos y coordinados a través del Programa anual de trabajo del Sis-

tema Nacional de Empleo que permitan evaluar los resultados y eficacia de las políticas de empleo y definir indicadores comparables.

4. Impulsar y coordinar la permanente adaptación de los servicios públicos de empleo a las necesidades del mercado de trabajo, en el marco de los acuerdos que se alcancen en la Conferencia Sectorial de Asuntos Laborales.

5. Informar, proponer y recomendar a las Administraciones públicas sobre cuestiones relacionadas con las políticas activas de empleo.

6. Analizar el mercado laboral en los distintos sectores de actividad y ámbitos territoriales con el fin de adecuar las políticas activas de empleo a sus necesidades, así como para determinar la situación nacional de empleo que contribuya a la fijación de las necesidades de trabajadores extranjeros, de acuerdo con la normativa derivada de la política migratoria.

CAPÍTULO II
El Servicio Público de Empleo Estatal

Artículo 10. Concepto.

El Servicio Público de Empleo Estatal es el organismo autónomo de la Administración General del Estado al que se le encomienda la ordenación, desarrollo y seguimiento de los programas y medidas de la política de empleo, en el marco de lo establecido en esta Ley.

Artículo 11. Naturaleza y régimen jurídico.

El Servicio Público de Empleo Estatal es un organismo autónomo de los previstos en el capítulo II del título III de la Ley 6/1997, de 14 de abril, de Organización y Funcionamiento de la Administración General del Estado, adscrito al Ministerio de Trabajo y Asuntos Sociales, a través de su titular.

Como organismo autónomo tiene personalidad jurídica propia e independiente de la Administración General del Estado, plena capacidad de obrar para el cumplimiento de sus funciones, patrimonio y tesorería propios, así como autonomía de gestión, rigiéndose por lo establecido en la Ley 6/1997, de 14 de abril, de Organización y Funcionamiento de la Administración General del Estado, la Ley 30/1992, de 26 de noviembre, de Régimen Jurídico de las Administraciones Públicas y del Procedimiento Administrativo Común, la Ley General Presupuestaria y por las demás disposiciones de aplicación a los organismos autónomos de la Administración General del Estado.

Artículo 12. Organización.

El Servicio Público de Empleo Estatal se articula en torno a una estructura central y a una estructura periférica, para el cumplimiento de sus competencias. Las organizaciones empresariales y sindicales más representativas participarán, de forma tripartita y paritaria, en sus órganos correspondientes.

En todo caso, la estructura central se dotará de un consejo general y de una comisión ejecutiva, cuya composición y funciones se establecerán reglamentariamente, de acuerdo con las competencias atribuidas al Servicio Público de Empleo Estatal.

Artículo 13. Competencias.

El Servicio Público de Empleo Estatal tendrá las siguientes competencias:

a) Elaborar y elevar al Ministerio de Trabajo y Asuntos Sociales las propuestas normativas de ámbito estatal en materia de empleo que procedan.

b) Formular el anteproyecto de presupuesto de ingresos y gastos.

c) Percibir las ayudas de fondos europeos para la cofinanciación de acciones a cargo de su presupuesto y proceder a la justificación de las mismas, a través de la autoridad de gestión designada por la normativa de la Unión Europea.

d) Colaborar con las Comunidades Autónomas en la elaboración del Plan nacional de acción para el empleo, ajustado a la Estrategia Europea de Empleo, y del Programa anual de trabajo del Sistema Nacional de Empleo.

Las organizaciones empresariales y sindicales más representativas participarán en la elaboración de dicho Plan nacional de acción para el empleo y recibirán información periódica sobre su desarrollo y evaluación. Dicha periodicidad no deberá ser superior a seis meses.

e) Gestionar los programas financiados con cargo a la reserva de crédito establecida en su presupuesto de gastos. Estos programas serán:

1º Programas cuya ejecución afecte a un ámbito geográfico superior al de una Comunidad Autónoma, cuando éstos exijan la movilidad geográfica de los desempleados o trabajadores participantes en los mismos a otra Comunidad Autónoma distinta a la suya y precisen de una coordinación unificada.

2º Programas para la mejora de la ocupación de los demandantes de empleo mediante la colaboración del Servicio Público de Empleo Estatal con órganos de la Administración General del Estado o sus organismos autónomos para la realización de acciones formativas y ejecución de obras y servicios de interés general y social relativas a competencias exclusivas del Estado.

3º Programas de intermediación y políticas activas de empleo cuyo objetivo sea la integración laboral de trabajadores inmigrantes, realizados en sus países de origen, facilitando la ordenación de los flujos migratorios.

⇒ V. Orden TAS/195/2007, de 2 febrero, sobre subvenciones para financiar programas destinados a la formación e inserción de trabajadores inmigrantes.

La reserva de crédito a que hace referencia este párrafo e) se dotará anualmente, previo informe de la Conferencia Sectorial de Asuntos Laborales, por la Ley de Presupuestos Generales del Estado. De los resultados de las actuaciones financiadas con cargo a los mismos se informará anualmente a dicha Conferencia Sectorial.

⇒ Para 2007, ver la disp. adic. 19ª LPGE (Ley 42/2006, de 28 diciembre).

f) Llevar a cabo investigaciones, estudios y análisis sobre la situación del mercado de trabajo y los instrumentos para mejorarlo, en colaboración con las respectivas Comunidades Autónomas.

g) Mantener las bases de datos que garanticen el registro público de ofertas, demandas y contratos, mantener el observatorio de las ocupaciones y elaborar las estadísticas en materia de empleo a nivel estatal.

h) La gestión y el control de las prestaciones por desempleo, sin perjuicio del cometido de vigilancia y exigencia del cumplimiento de las normas legales y reglamentarias sobre obtención y disfrute de las prestaciones del sistema de la Seguridad Social que el artículo 3 de la Ley 42/1997, de 14 de noviembre, Ordenadora de la Inspección de Trabajo y Seguridad Social, atribuye a los funcionarios del Cuerpo Superior de Inspectores de Trabajo y Seguridad Social y del Cuerpo de Subinspectores de Empleo y Seguridad Social.

A los efectos de garantizar la coordinación entre políticas activas y prestaciones por desempleo, la gestión de esta prestación se desarrollará mediante sistemas de cooperación con los Servicios Públicos de Empleo de las Comunidades Autónomas. El Servicio Público de Empleo Estatal deberá colaborar con las Comunidades Autónomas que hayan asumido el traspaso de las competencias.

i) Cualesquiera otras competencias que legal o reglamentariamente se le atribuyan.

Artículo 14. Presupuestación de fondos de empleo de ámbito nacional.

1. El Estado, a través del Servicio Público de Empleo Estatal, tiene las competencias en materia de fondos de empleo de ámbito nacional, que figurarán en su presupuesto debidamente identificados y desagregados. Dichos fondos, que no forman parte del coste efectivo de los traspasos de competencias de gestión a las Comunidades Autónomas, se distribuirán de conformidad con lo establecido en la normativa presupuestaria, cuando correspondan a programas cuya gestión ha sido transferida.

2. En la distribución de los fondos a las Comunidades Autónomas acordada en la Conferencia Sectorial de Asuntos Laborales, se identificará aquella parte de los mismos destinada a políticas activas para los colectivos que específicamente se determinen de acuerdo con las prioridades de la Estrategia Europea de Empleo y teniendo en cuenta las peculiaridades existentes en las diferentes Comunidades Autónomas, a fin a garantizar el cumplimiento del Plan nacional de empleo.

Será objeto de devolución al Servicio Público de Empleo Estatal los fondos con destino específico que no se hayan utilizado para tal fin, salvo que por circunstancias excepcionales, sobrevenidas y de urgente atención dichos fondos deban utilizarse para otros colectivos dentro de las finalidades presupuestarias específicas, precisando en otro caso informe del Ministerio de Hacienda. En todo caso, el Servicio Público de Empleo Estatal y el correspondiente órgano de la Comunidad Autónoma acordarán la reasignación de tales fondos, reasignación que en ningún caso dará lugar a la modificación del presupuesto del Servicio Público de Empleo Estatal.

3. Del total de los fondos de empleo de ámbito nacional se establecerá una reserva de crédito, no sujeta a la distribución a que se hace referencia en los apartados anteriores, para gestionar por el Servicio Público de Empleo Estatal los programas señalados en el párrafo e) del artículo 13 de esta Ley.

Artículo 15. Políticas activas cofinanciadas por los fondos de la Unión Europea.

⇒ V. la Orden TAS/3694/2006, de 23 noviembre, por la que se crea la Comisión Calificadora de Documentos Administrativos del Servicio Público de Empleo Estatal, con las funciones que le atribuye su artículo tercero.

1. En la distribución de los fondos a gestionar por las Comunidades Autónomas a los que se

refiere el artículo anterior, según el procedimiento previsto en la Ley General Presupuestaria, se identificarán los programas cofinanciados por los fondos de la Unión Europea.

2. Cuando las políticas activas estén cofinanciadas por fondos de la Unión Europea, las Comunidades Autónomas que hayan asumido su gestión asumirán, igualmente, la responsabilidad financiera derivada del cumplimiento de los requisitos contemplados en la legislación comunitaria aplicable.

Artículo 16. Órganos de seguimiento y control de los fondos.

1. Son órganos de seguimiento y control de los fondos de empleo de ámbito nacional:

a) El Servicio Público de Empleo Estatal.

b) Los órganos de las Comunidades Autónomas, respecto de la gestión transferida.

c) La Inspección de Trabajo y Seguridad Social.

d) La Intervención General de la Administración del Estado.

e) El Tribunal de Cuentas.

f) En la medida en que los fondos estén cofinanciados por la Unión Europea, los órganos correspondientes de ésta, así como, en el ámbito estatal, los organismos designados como autoridades de gestión y autoridades pagadoras de los fondos estructurales.

2. Las acciones de control se ejercerán por dichos órganos de conformidad con la normativa que les es de aplicación.

CAPÍTULO III

Los Servicios Públicos de Empleo de las Comunidades Autónomas

Artículo 17. Concepto y competencias.

1. Se entiende por Servicio Público de Empleo de las Comunidades Autónomas los órganos o entidades de las mismas a los que dichas Administraciones encomienden, en sus respectivos ámbitos territoriales, el ejercicio de las funciones necesarias para la gestión de la intermediación laboral, según lo establecido en el artículo 20 y siguientes de esta Ley, y de las políticas activas de empleo, a las que se refieren los artículos 23 y siguientes de esta misma disposición.

2. Los Servicios Públicos de Empleo de las Comunidades Autónomas y el Servicio de Empleo Público Estatal participarán en la elaboración de la propuesta del Programa anual de trabajo del Sistema Nacional de Empleo, para su aprobación por la Conferencia Sectorial de Asuntos Laborales y posterior ejecución en sus respectivos ámbitos territoriales.

Artículo 18. Organización.

Los Servicios Públicos de Empleo de las Comunidades Autónomas, en función de su capacidad de autoorganización, se dotarán de los órganos de dirección y estructura para prestación del servicio al ciudadano.

Dichos Servicios Públicos de Empleo contarán con la participación de las organizaciones empresariales y sindicales más representativas en los órganos de representación de carácter consultivo, en la forma en que se prevea por las Comunidades Autónomas, teniendo dicha participación carácter tripartito y paritario.

Artículo 19. Financiación autonómica de las políticas activas de empleo.

Las políticas activas desarrolladas en las Comunidades Autónomas y cuya financiación no corresponda al Servicio Público de Empleo Estatal, o en su caso las complementarias de las del Servicio Público Estatal, se financiarán, en su caso, con las correspondientes partidas que los presupuestos de la Comunidad Autónoma establezcan, así como con la participación en los fondos procedentes de la Unión Europea.

TÍTULO II

INSTRUMENTOS DE LA POLÍTICA DE EMPLEO

CAPÍTULO I

La intermediación laboral

Artículo 20. Concepto.

La intermediación laboral es el conjunto de acciones que tienen por objeto poner en contacto las ofertas de trabajo con los demandantes de empleo para su colocación. La intermediación laboral tiene como finalidad proporcionar a los trabajadores un empleo adecuado a sus características y facilitar a los empleadores los trabajadores más apropiados a sus requerimientos y necesidades.

Artículo 21. Agentes de la intermediación.

A efectos del Sistema Nacional de Empleo, la intermediación en el mercado de trabajo se realizará a través de:

a) Los servicios públicos de empleo, por sí mismos o a través de las entidades que colaboren con los mismos.

b) Las agencias de colocación, debidamente autorizadas.

c) Aquellos otros servicios que reglamentariamente se determinen para los trabajadores en el exterior.

Artículo 22. Principios básicos de la intermediación de los servicios públicos de empleo.

1. Los servicios públicos de empleo asumen la dimensión pública de la intermediación laboral, si bien podrán establecer con otras entidades convenios, acuerdos u otros instrumentos de coordinación que tengan por objeto favorecer la colocación de demandantes de empleo.

2. La intermediación laboral realizada por los servicios públicos de empleo y las agencias de colocación, así como las acciones de intermediación que puedan realizar otras entidades colaboradoras de aquéllos, se prestarán de acuerdo a los principios constitucionales de igualdad de oportunidades en el acceso al empleo y no discriminación, garantizándose la plena transparencia en el funcionamiento de los mismos.

3. Con el fin de asegurar el cumplimiento de los citados principios, los servicios públicos de empleo garantizarán que el proceso específico de selección y casación entre oferta de trabajo y demanda de empleo corresponde, con carácter general, al servicio público de empleo y a las agencias de colocación debidamente autorizadas.

En el supuesto de colectivos con especiales dificultades de inserción laboral, los servicios públicos de empleo podrán contar con entidades colaboradoras especializadas para realizar el proceso a que se refiere el párrafo anterior.

4. La intermediación laboral realizada por los servicios públicos de empleo, por sí mismos o a través de las entidades que colaboren con ellos, conforme a lo establecido en este capítulo, se realizará de forma gratuita para los trabajadores y para los empleadores.

Artículo 22 bis. Discriminación en el acceso al empleo.

1. Los servicios públicos de empleo, sus entidades colaboradoras y las agencias de colocación sin fines lucrativos, en la gestión de la intermediación laboral deberán velar específicamente para evitar la discriminación en el acceso al empleo.

Los gestores de la intermediación laboral cuando, en las ofertas de colocación, apreciasen carácter discriminatorio, lo comunicarán a quienes hubiesen formulado la oferta.

2. En particular, se considerarán discriminatorias las ofertas referidas a uno de los sexos, salvo que se trate de un requisito profesional esencial y determinante de la actividad a desarrollar.

En todo caso se considerará discriminatoria la oferta referida a uno solo de los sexos basada en exigencias del puesto de trabajo relacionadas con el esfuerzo físico.

☞ Artículo añadido por disp. adic. 17ª de la LO 3/2007, de 22 marzo, para la igualdad efectiva de mujeres y hombres (§31.1).

CAPÍTULO II

Las políticas activas de empleo

Artículo 23. Concepto de políticas activas de empleo.

1. Se entiende por políticas activas de empleo el conjunto de programas y medidas de orientación, empleo y formación que tienen por objeto mejorar las posibilidades de acceso al empleo de los desempleados en el mercado de trabajo, por cuenta propia o ajena, y la adaptación de la formación y recalificación para el empleo de los trabajadores, así como aquellas otras destinadas a fomentar el espíritu empresarial y la economía social.

Las políticas definidas en el párrafo anterior deberán desarrollarse en todo el Estado, teniendo en cuenta la Estrategia Europea de Empleo, las necesidades de los demandantes de empleo y los requerimientos de los respectivos mercados de trabajo, de manera coordinada entre los agentes de formación profesional e intermediación laboral que realizan tales acciones, con objeto de favorecer la colocación de los demandantes de empleo.

2. Dichas políticas se complementarán y se relacionarán, en su caso, con la protección por desempleo regulada en el título III del Texto Refundido de la Ley General de la Seguridad Social, aprobado por el Real Decreto Legislativo 1/1994, de 20 de junio. La acción protectora por desempleo a que se refiere el artículo 206 del referido Texto Legal comprende las prestaciones por desempleo de nivel contributivo y asistencial y las acciones que integran las políticas activas de empleo.

Artículo 24. El enfoque preventivo de las políticas activas de empleo.

1. De acuerdo con las directrices derivadas de la Estrategia Europea de Empleo, en las que se establece el tratamiento preventivo de las situaciones de paro de larga duración y a tenor de la normativa reguladora de los fondos estructurales de la Unión Europea, los servicios públicos de empleo orientarán su gestión para facilitar nuevas oportunidades de incorporación al empleo a los desempleados antes de que éstos pasen a una situación de paro de larga duración.

2. La articulación de los servicios y políticas activas en favor de los desempleados se ordenará por los servicios públicos de empleo en un itinerario de inserción laboral individualizado, en colaboración con el demandante de empleo de acuerdo con las circunstancias profesionales y personales de éste.

3. Los demandantes de empleo deberán participar, de acuerdo con lo establecido en sus itinerarios de inserción laboral individualizados, en las políticas activas de empleo, con la finalidad de mejorar sus oportunidades de ocupación.

Artículo 25. Clasificación.

1. Los programas y medidas que integren las políticas activas de empleo se orientarán y se ordenarán por su correspondiente norma reguladora, mediante actuaciones que persigan los siguientes objetivos:

a) Informar y orientar hacia la búsqueda activa de empleo.

b) Desarrollar programas de formación profesional ocupacional y continua y cualificar para el trabajo.

c) Facilitar la práctica profesional.

d) Crear y fomentar el empleo, especialmente el estable y de calidad.

e) Fomentar el autoempleo, la economía social y el desarrollo de las pequeñas y medianas empresas.

f) Promover la creación de actividad que genere empleo.

g) Facilitar la movilidad geográfica.

h) Promover políticas destinadas a inserción laboral de personas en situación o riesgo de exclusión social.

En el diseño de estas políticas se tendrá en cuenta de manera activa el objetivo de la igualdad de trato entre hombres y mujeres para garantizar en la práctica la plena igualdad por razón de sexo, así como el objetivo de garantizar la igualdad de oportunidades y no discriminación, en los términos previstos en el párrafo a) del artículo 2 de esta Ley.

2. Los programas de formación profesional ocupacional y continua se desarrollarán de acuerdo con lo establecido en esta Ley, así como en la Ley Orgánica de las Cualificaciones y de la Formación Profesional y en las normas que se dicten para su aplicación.

Artículo 26. Colectivos prioritarios.

1. El Gobierno y las Comunidades Autónomas adoptarán, de acuerdo con los preceptos constitucionales y estatutarios, así como con los compromisos asumidos en el ámbito de la Unión Europea, programas específicos destinados a fomentar el empleo de las personas con especiales dificultades de integración en el mercado de trabajo, especialmente jóvenes, mujeres, parados de larga duración mayores de 45 años, discapacitados e inmigrantes, con respeto a la legislación de extranjería.

⇒ V. el RD 870/2007, de 2 julio, por el que se regula el programa de empleo con apoyo como medida de fomento del empleo de personas con discapacidad en el mercado ordinario de trabajo (§28.4).

2. Teniendo en cuenta las especiales circunstancias de estos colectivos, los servicios públicos de empleo asegurarán el diseño de itinerarios de inserción que combinen las diferentes medidas y políticas, debidamente ordenadas y ajustadas al perfil profesional de estos desempleados y a sus necesidades específicas. Cuando ello sea necesario, los servicios públicos de empleo valorarán la necesidad de coordinación con los servicios sociales para dar una mejor atención al desempleado.

CAPÍTULO III

La coordinación entre las políticas activas y la protección económica frente al desempleo

Artículo 27. La inscripción de los beneficiarios de prestaciones como demandantes de empleo y su participación en las políticas activas de empleo.

1. Los solicitantes y perceptores de prestaciones y subsidios por desempleo deberán inscribirse y mantener la inscripción como demandantes de empleo en el servicio público de empleo.

2. La inscripción como demandante de empleo se realizará con plena disponibilidad para aceptar una oferta de colocación adecuada.

3. Las Administraciones públicas competentes en la gestión de políticas activas garantizarán la aplicación de las políticas activas de empleo a los beneficiarios de prestaciones y subsidios por desempleo, en el marco de lo que se establezca de acuerdo con lo previsto en el artículo 14.2 de esta Ley. A estos efectos, se deberá atender mediante dichas políticas, como mínimo, al volumen de beneficiarios proporcional a la participación que los mismos tengan en el total de desempleados de su territorio.

4. Los beneficiarios de prestaciones y subsidios por desempleo inscritos en los servicios públicos de empleo deberán participar en las políticas activas de empleo que se determinen en el itinerario de inserción. Las Administraciones públicas competentes deberán verificar el cumplimiento de las obligaciones como demandantes de empleo de los beneficiarios de prestaciones y subsidios por desempleo y deberán comunicar los incumplimientos de esas obligaciones al Servicio Público de Empleo Estatal, en el momento en que se produzcan o conozcan.

Artículo 28. Cooperación y colaboración entre los servicios públicos de empleo que gestionan las políticas activas y el Servicio Público de Empleo Estatal en materia de protección económica frente al desempleo.

1. Las Administraciones y los organismos públicos que tengan atribuidas la competencia de la gestión del empleo y el Servicio Público de Empleo Estatal deberán cooperar y colaborar en el ejercicio de sus competencias garantizando la coordinación de las distintas actuaciones de intermediación e inserción laboral y las de solicitud, reconocimiento y percepción de las prestaciones por desempleo, a través de los acuerdos que se adopten en Conferencia Sectorial y de los convenios de colaboración que se alcancen, en aplicación de lo previsto en los artículos 5 y 6 de la Ley 30/1992, de 26 de noviembre, de Régimen Jurídico de las Administraciones Públicas y del Procedimiento Administrativo Común.

2. En ese marco se fijará la conexión de los procesos de gestión y de los sistemas de información relacionados; la colaboración en la ejecución de las actividades; la comunicación de la información necesaria para el ejercicio de las respectivas competencias; la prestación integrada de servicios a los demandantes de empleo solicitantes y beneficiarios de prestaciones por desempleo, y la aplicación de intermediación, de medidas de inserción laboral y de planes de mejora de la ocupabilidad y de comprobación de la disponibilidad del colectivo.

DISPOSICIONES ADICIONALES

Primera. Identificación del Servicio Público de Empleo Estatal.

El Instituto Nacional de Empleo pasa a denominarse Servicio Público de Empleo Estatal, conservando el régimen jurídico, económico, presupuestario, patrimonial y de personal, así como la misma personalidad jurídica y naturaleza de organismo autónomo de la Administración General del Estado, con las peculiaridades previstas en esta Ley.

En consecuencia con lo anterior, todas las referencias que en la legislación vigente se efectúan al Instituto Nacional de Empleo o a sus funciones y unidades deben entenderse realizadas al Servicio Público de Empleo Estatal.

Segunda. Empresas de trabajo temporal.

Las empresas de trabajo temporal ajustarán su actividad a lo establecido en la normativa reguladora de las mismas.

⇒ V. las normas contenidas en §3.1 y §3.2.

Tercera. Colaboración en materia de información con los servicios públicos de empleo.

Todos los organismos y entidades de carácter público y privado estarán obligados a facilitar al Servicio Público de Empleo Estatal y a los Servicios Públicos de Empleo de las Comunidades Autónomas cuantos datos les sean solicitados en relación con el cumplimiento de los fines que les son propios, respetando lo establecido en la Ley Orgánica 15/1999, de 13 de diciembre, de Protección de Datos de Carácter Personal.

Cuarta.

Los programas financiados con cargo a la reserva de crédito establecida en su presupuesto de gastos, cuya ejecución afecte a un ámbito geográfico superior al de una Comunidad Autónoma sin que implique la movilidad geográfica de los desempleados a trabajadores participantes en los mismos, podrán ser gestionados por el Servicio Público de Empleo Estatal cuando precisen una coordinación unificada y previo acuerdo entre el Servicio Público de Empleo Estatal y las Comunidades Autónomas en las que vayan a ejecutarse los citados programas.

Quinta. Plan integral de empleo de Canarias.

Considerando la situación económica, social y laboral de Canarias, dada su condición de región ultraperiférica derivada de su insularidad y lejanía reconocida por el artículo 138.1 de la Constitución y por el artículo 299.2 del Tratado de la Unión Europea y, respecto de las ayudas de los fondos estructurales, por el artículo 3.1 del Reglamento (CE) núm. 1260/1999 del Consejo, de 21 de junio de 1999, en orden a incrementar el empleo en su territorio, el Estado podrá participar en la financiación de un Plan integral de empleo que se dotará, de forma diferenciada, en el estado de gastos del Servicio Público de Empleo Estatal, para su gestión directa por dicha Comunidad Autónoma, no integrado en la reserva de crédito a que se refiere el artículo 13.e) de esta Ley y que será independiente de la asignación de los fondos de empleo de ámbito nacional, regulados en el artículo 14, que le corresponda.

DISPOSICIONES TRANSITORIAS

Primera. Entidades que colaboran en la gestión del empleo.

Las entidades que a la entrada en vigor de esta Ley colaborasen con los servicios públicos de empleo mantendrán tal condición de acuerdo con la normativa en virtud de la cual se estableció la colaboración, en tanto no se desarrolle reglamentariamente un nuevo régimen de colaboración con los servicios públicos de empleo. Esta regulación establecerá los requisitos mínimos de las entidades para colaborar en la gestión, sin perjuicio del desarrollo que en cada Comunidad Autónoma pueda hacerse de la misma.

Segunda. Gestión de políticas activas por el Servicio Público de Empleo Estatal.

El Servicio Público de Empleo Estatal gestionará las políticas activas de empleo relativas a la intermediación y colocación en el mercado de trabajo, fomento de empleo en el ámbito estatal, formación profesional y continua, mientras la gestión de la misma no haya sido objeto de transferencia a las Comunidades Autónomas.

Tercera.

En tanto subsistan las actuales tasas de ocupación y de paro respecto de la población activa femenina, los poderes públicos deberán organizar la gestión de las políticas activas de tal forma que el colectivo femenino se beneficie de la aplicación de tales políticas en una proporción equivalente a su peso en el colectivo de los desempleados.

DISPOSICIÓN DEROGATORIA

Única. Derogación normativa.

Quedan derogadas cuantas disposiciones se opongan a lo establecido en esta Ley y, expresamente, los artículos vigentes de la Ley 51/1980, de 8 de octubre, Básica de Empleo.

DISPOSICIONES FINALES

Primera. Títulos competenciales.

Esta Ley se dicta al amparo de lo establecido en los apartados 1.1ª, 1.7ª y 1.17ª del artículo 149 de la Constitución. El artículo 13.e) se dicta al amparo de lo que establece el artículo 149.1.13ª de la Constitución.

Segunda. Habilitación reglamentaria.

Se autoriza al Gobierno para dictar cuantas disposiciones sean necesarias para la aplicación y desarrollo de esta Ley.

Tercera. Recursos del Sistema Nacional de Empleo.

Con el fin de asegurar el cumplimiento de los fines del Sistema Nacional de Empleo, los poderes públicos, en el ámbito de sus respectivas competencias, velarán porque los servicios de empleo creados en esta Ley estén dotados con el personal que en cada momento resulte necesario para el desempeño de las funciones que la Ley le encomienda.

Cuarta.

Convenios de colaboración entre el Servicio Público de Empleo Estatal y los Servicios Públicos de Empleo de las Comunidades Autónomas para la financiación de gastos compartidos, correspondientes a la gestión estatal de prestaciones por desempleo que no impliquen la ampliación del coste efectivo traspasado a las Comunidades Autónomas.

De conformidad con los principios propugnados en esta Ley sobre cooperación y colaboración entre los Servicios Públicos de Empleo de las Comunidades Autónomas y el Servicio Público de Empleo Estatal, el Servicio Público de Empleo Estatal financiará, con cargo a su presupuesto, los gastos compartidos que eventualmente puedan producirse en la red de oficinas de empleo de titularidad traspasada a las Comunidades Autónomas, imputables a la prestación de servicios del personal gestor de las prestaciones por desempleo.

La financiación de dichos gastos, que tendrá carácter ocasional, no implicará la ampliación del coste efectivo de los medios traspasados a las Comunidades Autónomas de la competencia de la gestión realizada por el Instituto Nacional de Empleo en el ámbito del trabajo, el empleo y la formación, articulándose a través de convenios de colaboración, en los que se determinará la aportación económica del Servicio Público de Empleo Estatal correspondiente a los gastos compartidos, derivados de la gestión de las prestaciones por desempleo en el ámbito territorial de las Comunidades Autónomas.

§ 27.2 LEY 43/2006, DE 29 DICIEMBRE. MEJORA DEL CRECIMIENTO Y DEL EMPLEO

(BOE núm. 213, de 30 diciembre [RCL 2006, 2338]) (Programa de Fomento del Empleo)

EXPOSICIÓN DE MOTIVOS

I

La evolución reciente del mercado de trabajo en España se ha caracterizado por un fuerte incremento del empleo, que se sitúa en el primer trimestre de 2006 en el 4,9 por 100 en tasa de variación interanual. El incremento del empleo se ha producido tanto en los contratos indefinidos como en los temporales, aunque más intensamente en estos últimos. El notable aumento del empleo, pese a que ha ido acompañado de una aceleración de la población activa, ha determinado un descenso de la tasa de paro, desde el 11,5 por 100 en 2002 y 2003 hasta el 9,2 por 100 en 2005 y el 9,1 por 100 en el primer trimestre de 2006, lo que significa que dicha tasa se encuentra, por primera vez desde 1979, por debajo del 10 por 100.

Pese a ello, todavía persisten problemas en el mercado de trabajo español que deben superarse, con la finalidad de cumplir los compromisos de la Estrategia de Lisboa y, en general, de mejorar la situación de los trabajadores. Entre estos problemas, cuya superación se encuentra entre los objetivos principales de esta Ley, figuran la reducida tasa de ocupación y actividad de las mujeres españolas, el que la tasa de paro todavía supere ligeramente a la media de la Unión Europea, siendo especialmente elevada en el caso de los jóvenes, las mujeres y las personas con discapacidad, la persistencia de segmentaciones entre contratos temporales e indefinidos y, sobre todo, la elevada tasa de temporalidad, la más alta de la Unión Europea, y por encima del doble de la media de ésta.

En relación con la tasa de temporalidad, además son relevantes los niveles particularmente elevados de las correspondientes a los jóvenes, las mujeres, los trabajadores menos cualificados y de menores salarios y los trabajadores con discapacidad.

II

A la hora de afrontar los desequilibrios de nuestro mercado de trabajo, conviene recordar que la concertación y el diálogo social desarrollados en España en los últimos treinta años han contribuido decisivamente a las profundas transformaciones políticas, económicas y sociales que ha experimentado nuestro país en ese período.

El destacado papel desempeñado en este proceso por los interlocutores sociales, y más concretamente por las organizaciones representativas de los empresarios y de los trabajadores, ha sido posible gracias al reconocimiento que el artículo 7 de la Constitución hace de tales organizaciones para la defensa y promoción de los intereses que les son propios.

La experiencia de los más de veinticinco años transcurridos desde la aprobación del Estatuto de los Trabajadores nos enseña que los cambios y reformas del modelo de relaciones laborales y del mercado de trabajo de las que se han derivado efectos más positivos para la economía española, para la creación de empleo y para mejorar la situación de los trabajadores, son siempre aquellas que han tenido su origen en el diálogo, en la concertación y en el consenso social.

Por ello, el mercado de trabajo fue, lógicamente, uno de los ámbitos del diálogo social que se incluyeron en la Declaración para el Diálogo Social «Competitividad, Empleo estable y Cohesión social» suscrita el 8 de julio de 2004 por el Presidente del Gobierno, los Presidentes de la Confederación Española de Organizaciones Empresariales (CEOE) y de la Confederación Española de la Pequeña y Mediana Empresa (CEPYME) y los Secretarios Generales de la Confederación Sindical de Comisiones Obreras (CC OO) y de la Unión General de Trabajadores (UGT).

En la indicada Declaración, el Gobierno, las organizaciones empresariales y los sindicatos compartieron el diagnóstico sobre el doble problema del mercado de trabajo español, insuficiente volumen de empleo y alto nivel de temporalidad. Además, se comprometieron a analizar los elementos que inciden en la creación de empleo, en su estabilidad y la utilización no justificada de la contratación temporal. Para ello, habían de tenerse en cuenta las nuevas formas de organización empresarial del trabajo. El impulso de las políticas activas de empleo y de los Servicios Públicos de Empleo, así como la adecuada protección de los trabajadores ante la falta de empleo, fueron considerados también objetivos imprescindibles e inaplazables.

III

El diálogo social sobre mercado de trabajo se inició encomendando a una comisión de expertos la realización de un informe para evaluar el funcionamiento de las políticas de empleo desde las reformas laborales acometidas en el período 1992-1994 hasta la actualidad. La comisión de expertos hizo entrega de su informe, «Más y mejor empleo en un nuevo escenario socioeconómico: por una flexibilidad y seguridad laborales efectivas», en enero de 2005.

Desde la primavera de 2005, el Gobierno, las organizaciones empresariales y los sindicatos han venido desarrollando un proceso de diálogo y negociación sobre el mercado de trabajo. Las reuniones celebradas por la Mesa de Diálogo Social, junto con los documentos de propuestas presentados por todas las partes, han permitido profundizar de forma detallada y precisa en el conjunto de aspectos que, a juicio de cada interlocutor, inciden en el crecimiento del empleo, la mejora de la estabilidad laboral y la utilización adecuada de la contratación temporal.

Dando por concluidos los trabajos previstos en la Declaración de julio de 2004 en los ámbitos específicos relativos al mercado de trabajo, el Gobierno, CEOE, CEPYME, CC OO y UGT firmaron el pasado 9 de mayo el «Acuerdo para la mejora del crecimiento y del empleo», que constituye una nueva manifestación de la concertación social y del consenso que, como se señaló antes, tan positivos efectos ha producido tradicionalmente para el mercado de trabajo.

Después de ratificar su compromiso con el diálogo y la negociación como instrumento para abordar cambios que mejoren el funcionamiento del mercado laboral, los firmantes señalan en el preámbulo del Acuerdo que «resulta fundamental impulsar un modelo de crecimiento económico equilibrado y duradero basado en la competitividad de las empresas, el incremento de la productividad y la cohesión social. La mejora de la estabilidad del empleo, objetivo de este Acuerdo, contribuirá a avanzar en esa dirección».

El Gobierno y los interlocutores sociales recuerdan también que «las políticas laborales y de empleo deben ir necesariamente acompañadas de políticas sólidas en educación y formación, en infraestructuras, en investigación, desarrollo e innovación y en materia industrial y medioambiental, elementos esenciales para el crecimiento y la calidad del empleo».

El «Acuerdo para la mejora del crecimiento y del empleo», en tanto que plasmación del consenso entre las partes, constituye un punto de equilibrio que se orienta en la dirección de apoyar y sostener la creación de empleo así como mejorar el funcionamiento del mercado laboral y la estabilidad del empleo.

Las medidas que incluye el Acuerdo se dirigen, por tanto, a afrontar los desequilibrios de nuestro mercado de trabajo, insuficiente volumen de empleo y elevada temporalidad, pudiéndose agrupar tales medidas en tres grandes capítulos.

En primer lugar, el Acuerdo contiene medidas dirigidas a impulsar y apoyar el empleo, la contratación indefinida y la conversión de empleo temporal en fijo, bonificando y estimulando los nuevos contratos indefinidos y reduciendo las cotizaciones empresariales al Fondo de Garantía Salarial y por desempleo, centradas estas últimas en el empleo estable.

En segundo lugar el Acuerdo incluye medidas para limitar la utilización sucesiva de contratos temporales, así como para introducir mayor transparencia en la subcontratación de obras y servicios entre empresas cuando comparten un mismo centro de trabajo. Se contempla también el refuerzo de los recursos humanos y materiales de la Inspección de Trabajo y Seguridad Social, articulando la participación de los interlocutores sociales en la definición de sus objetivos y programas.

En tercer lugar, se acuerdan medidas destinadas, por una parte, a potenciar la eficiencia de las políticas activas de empleo y la capacidad de actuación del Sistema Nacional de Empleo, y, por otra, a mejorar la protección de los trabajadores ante la falta de empleo, tanto en materia de protección por desempleo como en las prestaciones del Fondo de Garantía Salarial.

En suma, el Acuerdo supone una apuesta estratégica del Gobierno, las organizaciones empresariales y los sindicatos por la estabilidad del empleo.

IV

Los firmantes del «Acuerdo para la mejora del crecimiento y del empleo» han encomendado al Gobierno la adopción de las disposiciones necesarias para dar ejecución a las medidas incluidas en el mismo con la mayor urgencia posible, manifestando su pleno respeto a la potestad constitucional conferida a las Cortes Generales en aquellas materias de las que se deriven compromisos legislativos.

A través del decreto ley del que procede la presente Ley se ha venido a dar urgente ejecución a aquellas medidas contenidas en el Acuerdo que exigen la adopción o modificación de normas con rango de Ley. Puesto que las medidas se van a ejecutar en el ámbito de las relaciones laborales, dependiendo por ello de manera sustancial de los criterios y actitudes de sus protagonistas, la norma recoge con fidelidad los criterios y propuestas que han expresado los interlocutores sociales firmantes del Acuerdo, como garantía de la efectividad de la nueva regulación.

La presente Ley se estructura en tres capítulos. El primero de ellos incluye las medidas de impulso de la contratación indefinida y, entre ellas, el nuevo Programa de Fomento del Empleo, el estímulo de la conversión de contratos temporales en indefinidos y la reducción de cotizaciones empresariales. El segundo capítulo recoge diversas modificaciones de la legislación laboral para mejorar la utilización de la contratación temporal, la transparencia en la subcontratación de obras y servicios y su delimitación respecto de la cesión ilegal de trabajadores y las prestaciones del Fondo de Garantía Salarial. Y el tercero, las mejoras de la protección por desempleo de colectivos específicos.

El nuevo Programa de Fomento del Empleo se dirige fundamentalmente a impulsar la utilización de la contratación indefinida inicial por parte de las empresas. A tal fin se concentran los apoyos públicos en la contratación estable y se favorece la conversión de empleos que hoy son temporales en fijos mediante un Plan extraordinario de carácter excepcional y vigencia limitada. Para alcanzar los objetivos arriba señalados, se modifica el sistema de incentivos a la contratación indefinida de acuerdo con los siguientes criterios: mejor selección de los colectivos beneficiarios; simplificación de las cuantías de las bonificaciones; ampliación de la duración de los incentivos con el objetivo de favorecer el mantenimiento del empleo; y sustitución de los porcentajes de bonificación actuales por cuantías fijas de bonificación, salvo en el caso de la contratación de personas con discapacidad por los centros especiales de empleo.

Por otra parte, partiendo de que el Acuerdo Interconfederal de Estabilidad en el Empleo de 1997, firmado por CEOE, CEPYME, CC OO y UGT, merece a la vista de sus resultados una valoración positiva, no parece oportuno introducir alteraciones sustanciales en la legislación laboral. Sin embargo, resulta necesario revisar los límites temporales actualmente vigentes, contenidos en la Ley 12/2001, de 9 de julio, de Medidas Urgentes de Reforma del Mercado de Trabajo para el Incremento del Empleo y la Mejora de su Calidad, que limitan la posibilidad de conversión en contratos de fomento de la contratación indefinida a los contratos temporales suscritos con anterioridad a 31 de diciembre de 2003, lo que puede haber impedido en los últimos años conversiones en contratos indefinidos de determinados contratos temporales celebrados después de esa fecha.

Igualmente, para contribuir al objetivo de mantener la creación de empleo y fomentar la utilización de la contratación indefinida, se establece una cotización empresarial por desempleo para los contratos indefinidos menor que la actual, que se concreta en una reducción inicial de 0,25 puntos porcentuales aplicable desde el 1 de julio de 2006 y que irá seguida de otra reducción adicional de 0,25 puntos porcentuales a partir del 1 de julio de 2008 que se establecerá en la correspondiente Ley de Presupuestos Generales del Estado. Asimismo, se elimina el recargo en la cotización por desempleo en los contratos temporales celebrados por empresas de trabajo temporal y se reduce la cotización empresarial al Fondo de Garantía Salarial, sin por ello afectar el equilibrio financiero de la institución.

En materia de contratación temporal, siendo objetivo prioritario la necesidad de reducir la temporalidad, se incluyen en el Estatuto de los Trabajadores, Texto Refundido aprobado por Real Decreto Legislativo 1/1995, de 24 de marzo, límites temporales para los sucesivos contratos de este carácter que puede suscribir una empresa con un trabajador. Se deroga también la figura del contrato temporal de inserción, que no ha cumplido las expectativas para las que se había creado, y se modifica la regulación de los límites máximos de edad de los trabajadores con los que se pueden suscribir contratos para la formación.

En relación con la subcontratación de obras y servicios, se actualizan algunos elementos de la legislación vigente con el objetivo de asegurar que la organización empresarial de la producción mediante diversas fórmulas de descentralización productiva sea compatible con la protección de los trabajadores, especialmente cuando se trate de empresas principal, contratistas y subcontratistas que comparten de forma continuada un mismo centro de trabajo. Por otra parte, se procede a deslindar la subcontratación de obras y servicios entre empresas de las prácticas que incurren en la figura de la cesión ilegal de trabajadores, teniendo presente que, según nuestra legislación, la contratación de trabajadores para cederlos temporalmente a otra empresa sólo puede efectuarse legalmente a través de empresas de trabajo temporal. Con esta finalidad, se incorpora al Estatuto de los Trabajadores una definición de la cesión ilegal de trabajadores, que traslada a la ley la jurisprudencia sobre esta materia.

Dentro de las modificaciones del Estatuto de los Trabajadores, se mejora la protección de los trabajadores dispensada por el Fondo de Garantía Salarial en caso de insolvencia empresarial. Para ello, se modifican los límites y topes de cálculo actualmente aplicados (cuantía del salario mínimo, consideración de las pagas extraordinarias, número de días de salario e indemnización adeudados), y se incluyen entre las indemnizaciones protegidas por el FOGASA algunas que no figuran en la actual redacción del artículo 33 del Estatuto de los Trabajadores (indemnizaciones por determinadas extinciones de contratos por causas objetivas o en el marco de un procedimiento concursal, así como las debidas por finalización de contratos temporales).

La protección de los trabajadores ante la falta de empleo se ve completada a través de las modificaciones que se introducen en el Texto Refundido de la Ley General de la Seguridad Social, aprobado por Real Decreto Legislativo 1/1994, de 20 de junio. Un examen del sistema de protección por desempleo ha permitido identificar determinados colectivos específicos cuya protección conviene reforzar como son, entre otros, los mayores de cuarenta y cinco años sin responsabilidades familiares así como los trabajadores fijos discontinuos. Por todo ello, se incluyen una serie de medidas para mejorar la cobertura y protección de esos colectivos.

Por otro lado, entre los objetivos compartidos por los firmantes del Acuerdo figura el de reforzar el Sistema de la Inspección de Trabajo y Seguridad Social para mejorar la eficacia y la eficiencia del mismo. Para ello, se articula en la Ley la necesaria consulta y participación de los interlocutores sociales en la definición de los objetivos y programas de la Inspección, en los ámbitos estatal y autonómico.

Finalmente, con objeto de potenciar la capacidad de actuación del Sistema Nacional de Empleo, se incluye en esta Ley el necesario establecimiento de un Plan Global de Modernización del Servicio Público de Empleo Estatal, que garantice la adecuada coordinación con los Servicios Públicos de Empleo autonómicos.

V

Asimismo, en coherencia con el compromiso asumido por los firmantes de la Declaración para el Diálogo Social de 8 de julio de 2004 en cuanto al estudio de la revalorización de instituciones laborales como la Comisión Consultiva Nacional de Convenios Colectivos, se incluye en esta Ley una disposición, igualmente consensuada, para que asuma funciones de observatorio de la negociación colectiva, previéndose la adaptación por el Gobierno de su marco jurídico institucional.

VI

El crecimiento más sólido es el que se basa en el empleo estable y el desarrollo de más calidad es el que se basa en el empleo de calidad.

Para que la economía española y nuestro mercado de trabajo puedan empezar a beneficiarse de manera inmediata de los positivos efectos que sin duda se derivarán de las medidas incluidas en el «Acuerdo para la mejora del crecimiento y del empleo» resulta necesario y urgente ponerlas en marcha cuanto antes, tanto más cuando se trata de medidas consensuadas entre el Gobierno, CEOE, CEPYME, CC OO y UGT.

La aplicación conjunta y coordinada del conjunto de medidas acordadas, todas ellas en la dirección adecuada, supondrá un avance hacia los objetivos de reducir progresivamente la tasa de temporalidad, preservar e impulsar la creación de empleo, afianzar la seguridad y los derechos de los trabajadores y no reducir la flexibilidad necesaria para el funcionamiento de las empresas.

La firma pública el pasado 9 de mayo del «Acuerdo para la mejora del crecimiento y del empleo» ha permitido a cuantos intervienen en el mercado de trabajo conocer el contenido de las medidas acordadas. A la hora de proceder a su ejecución normativa, debe resaltarse que algunas de esas medidas (en particular, las referidas al plan extraordinario para la conversión de empleo temporal en fijo) incluyen plazos tasados que pueden estar afectando ya a decisiones empresariales sobre contratación estable de trabajadores o sobre conversión de contratos temporales en fijos.

La creación de empleo, el impulso de la contratación indefinida, la reducción de la tasa de temporalidad, la mejora de la protección de los trabajadores ante la falta de empleo y la modernización de los Servicios Públicos de Empleo son en todos los casos objetivos tan legítimos como inaplazables, de los que sin duda van a derivarse efectos muy beneficiosos para nuestra economía y nuestro mercado de trabajo y, más en general, para la sociedad española.

CAPÍTULO I

Medidas de impulso de la contratación indefinida

Sección 1ª Programa de fomento del empleo

Artículo 1. Objeto del Programa y beneficiarios.

1. El presente Programa regula las bonificaciones por la contratación indefinida, tanto a tiempo completo como a tiempo parcial e incluida la modalidad de fijo discontinuo, de los trabajadores

desempleados inscritos en la Oficina de Empleo. Igualmente se regulan las bonificaciones para el mantenimiento del empleo de determinados trabajadores.

2. Asimismo, se regulan con carácter excepcional bonificaciones para los contratos temporales que se celebren con trabajadores con discapacidad o con personas que se encuentren en situación de exclusión social, siempre que, en ambos casos, estén desempleados e inscritos en la Oficina de Empleo, así como con personas que tengan acreditada la condición de víctima de violencia de género en los términos de la Ley Orgánica 1/2004, de 28 de diciembre, de Medidas de Protección Integral contra la Violencia de Género, o de víctima de violencia doméstica.

3. Podrán ser beneficiarios de las bonificaciones establecidas en este Programa de Fomento del Empleo las empresas, incluidos los trabajadores autónomos, y sociedades laborales o cooperativas a las que se incorporen trabajadores como socios trabajadores o de trabajo, siempre que estas últimas hayan optado por un régimen de Seguridad Social propio de trabajadores por cuenta ajena.

También podrán ser beneficiarios de dichas bonificaciones las empresas, incluidos los trabajadores autónomos, y sociedades laborales y cooperativas a que se refiere el párrafo anterior en el caso de transformación de contratos temporales en contratos o vínculos societarios indefinidos, en los supuestos incluidos en este Programa de Fomento del Empleo.

4. Quedarán excluidos de los beneficios del presente Programa la Administración General del Estado y los Organismos regulados en el Título III y en la disposición adicional décima de la Ley 6/1997, de 14 de abril, de Organización y Funcionamiento de la Administración General del Estado, así como las Administraciones Autonómicas y las Entidades Locales y sus Organismos públicos.

No se aplicará lo establecido en este apartado cuando se trate de la contratación de trabajadores con discapacidad por centros especiales de empleo de titularidad pública.

5. La cuantía y duración de las bonificaciones se regirán por lo establecido en los artículos siguientes, incluyéndose a efectos informativos un cuadro-resumen de las mismas en el Anexo de esta Ley.

Artículo 2. Ámbito de aplicación e incentivos a la contratación.

1. Los empleadores que contraten indefinidamente a tiempo completo, de acuerdo con los requisitos y condiciones que se señalan en esta Sección, se podrán bonificar en la cuota empresarial a la Seguridad Social en la siguiente duración y cuantía mensual o, en su caso, por su equivalente diario, por trabajador contratado perteneciente a alguno de los siguientes colectivos:

a) Mujeres en general: 70,83 euros/mes (850 euros/año) durante 4 años.

b) Mujeres que sean contratadas en los veinticuatro meses siguientes a la fecha del parto, o de la adopción o acogimiento tanto preadoptivo como permanente: 100 euros/mes (1.200 euros/año) durante 4 años.

c) Mujeres que se reincorporen al empleo después de cinco años de inactividad laboral, siempre que, anteriormente a la retirada del mercado de trabajo, hubiesen estado de alta en cualquier régimen de Seguridad Social durante un mínimo de 3 años: 100 euros/mes (1.200 euros/año) durante 4 años.

d) Mayores de cuarenta y cinco años: 100 euros/mes (1.200 euros/año) durante toda la vigencia del contrato.

e) Jóvenes de dieciséis a treinta años, ambos inclusive: 66,67 euros/mes (800 euros/año) durante 4 años.

f) Trabajadores inscritos como desempleados ininterrumpidamente en la oficina de empleo durante, al menos, seis meses: 50 euros/mes (600 euros/año) durante 4 años.

2. Los empleadores que contraten a personas con discapacidad tendrán derecho a las siguientes bonificaciones:

1) En el supuesto de contratación indefinida, tendrán derecho a una bonificación mensual de la cuota empresarial a la Seguridad Social o, en su caso, de su equivalente diario por trabajador contratado, de 375 euros/mes (4.500 euros/año) durante toda la vigencia del contrato. La misma bonificación se disfrutará en el supuesto de transformación en indefinidos de los contratos temporales de fomento del empleo celebrados con personas con discapacidad, o de transformación en indefinidos de contratos formativos suscritos con trabajadores con discapacidad.

2) En el supuesto del número anterior, la bonificación será de 425 euros/mes (5.100 euros/año) si el trabajador con discapacidad está incluido en alguno de los grupos siguientes:

a) Personas con parálisis cerebral, personas con enfermedad mental o personas con discapacidad intelectual, con un grado de minusvalía reconocido igual o superior al 33 por 100.

b) Personas con discapacidad física o sensorial, con un grado de minusvalía reconocido igual o superior al 65 por 100.

3) Si el trabajador con discapacidad tiene en el momento de la contratación 45 o más años o si se trata de una mujer, la bonificación que corresponda de acuerdo con los números anteriores, se incrementará, respectivamente, en 100 euros/mes (1.200 euros/año) o en 70,83 euros/mes (850 euros/año), sin que los incrementos establecidos en este número sean compatibles entre sí.

4) En el caso de que las personas con discapacidad sean contratadas mediante el contrato temporal de fomento del empleo, la bonificación ascenderá a 291,66 euros/mes (3.500 euros/año) durante toda la vigencia del contrato.

La bonificación será de 341,66 euros/mes (4.100 euros/año) si el trabajador con discapacidad está incluido en alguno de los grupos siguientes:

i) Personas con parálisis cerebral, personas con enfermedad mental o personas con discapacidad intelectual, con un grado de minusvalía reconocido igual o superior al 33 por 100.

ii) Personas con discapacidad física o sensorial, con un grado de minusvalía reconocido igual o superior al 65 por 100.

Si el trabajador tiene en el momento de la contratación 45 o más años, o si se trata de una mujer, la bonificación que corresponda de acuerdo con los párrafos anteriores, se incrementará, en ambos supuestos, en 50 euros/mes (600 euros/año), siendo tales incrementos compatibles entre sí.

5) Para tener derecho a los beneficios establecidos en este apartado los trabajadores con discapacidad deberán tener un grado de minusvalía igual o superior al 33 por 100, o la específicamente establecida en cada caso. Se considerarán también incluidos los pensionistas de la Seguridad Social que tengan reconocida una pensión de incapacidad permanente en el grado de total, absoluta o gran invalidez, así como los pensionistas de clases pasivas que tengan reconocida una pensión de jubilación o de retiro por incapacidad permanente para el servicio o inutilidad.

3. No obstante lo establecido en el apartado anterior, cuando se trate de trabajadores con discapacidad, que reúnan los requisitos a que se refiere su último párrafo, contratados por un centro especial de empleo, mediante un contrato indefinido o temporal, incluidos los contratos formativos, se aplicarán las bonificaciones del 100 por 100 de la cuota empresarial a la Seguridad Social, incluidas las de accidentes de trabajo y enfermedad profesional y las cuotas de recaudación conjunta. La misma bonificación se disfrutará por los centros especiales de empleo en el supuesto de transformación en indefinidos de los contratos temporales de fomento de empleo de personas con discapacidad o de transformación en indefinidos de los contratos formativos suscritos con trabajadores con discapacidad.

4. Los empleadores que contraten indefinidamente a personas que tengan acreditada la condición de víctima de violencia de género en los términos de la Ley Orgánica 1/2004, de 28 de diciembre, de Medidas de Protección Integral contra la Violencia de Género, o de víctima de violencia doméstica, sin que sea necesaria la condición de estar en desempleo, tendrán derecho, desde la fecha de celebración del contrato, a una bonificación mensual de la cuota empresarial a la Seguridad Social o, en su caso, por su equivalente diario, por trabajador contratado de 70,83 euros/mes (850 euros/año) durante 4 años.

En el caso de que se celebren contratos temporales con estas personas se tendrá derecho a una bonificación mensual de la cuota empresarial a la Seguridad Social o, en su caso, por su equivalente diario, por trabajador contratado de 50 euros/mes (600 euros/año), durante toda la vigencia del contrato.

5. Los empleadores que contraten indefinidamente a trabajadores en situación de exclusión social, incluidos en los colectivos relacionados en la disposición adicional segunda de esta Ley, y que tengan acreditada esta condición por los servicios sociales u órganos competentes, podrán acogerse a las bonificaciones mensuales de la cuota empresarial a la Seguridad Social o, en su caso, por su equivalente diario, por trabajador contratado, de 50 euros/mes (600 euros/año) durante 4 años.

En el caso de que la contratación sea temporal dará derecho a una bonificación de 41,67 euros/mes (500 euros/año), durante toda la vigencia del contrato.

6. Igualmente se incentivará la transformación en indefinidos de los contratos formativos, de relevo y de sustitución por anticipación de la edad de jubilación, cualquiera que sea la fecha de su celebración y de su transformación en indefinido, con una bonificación mensual de la cuota empresarial a la Seguridad Social o, en su caso, por su equivalente diario, por trabajador contratado de 41,67 euros/ mes (500 euros/año) durante 4 años, sin perjuicio de lo establecido en el artículo 3.

7. En todos los casos mencionados en este artículo, con excepción de los previstos en el apartado 3, cuando el contrato indefinido o temporal sea a tiempo parcial, las bonificaciones previstas en cada caso se aplicarán en las siguientes proporciones:

a) El 100 por 100, cuando la jornada laboral sea igual o superior a las tres cuartas partes de la jornada habitual o a tiempo completo.

b) El 75 por 100, cuando la jornada laboral sea igual o superior a la mitad de la jornada habitual o a tiempo completo e inferior a las tres cuartas partes de dicha jornada.

c) El 50 por 100, cuando la jornada laboral sea igual o superior a la cuarta parte de la jornada habitual o a tiempo completo e inferior a la mitad de dicha jornada.

d) El 25 por 100, cuando la jornada laboral sea inferior al 25 por 100 de la jornada habitual o a tiempo completo.

8. Los contratos de trabajo que se celebren con los trabajadores incluidos en los colectivos a que se refiere este artículo se formalizarán en el modelo oficial que facilite el Servicio Público de Empleo Estatal

Artículo 3. Plan extraordinario para la conversión de empleo temporal en fijo.

1. Los contratos de duración determinada o temporales, incluidos los formativos, de relevo y de sustitución por jubilación, celebrados con anterioridad al 1 de julio de 2006, que se transformen en indefinidos, antes del 1 de enero de 2007, darán derecho a una bonificación mensual de la cuota empresarial a la Seguridad Social o, en su caso, por su equivalente diario por trabajador contratado, de 66,67 euros/mes (800 euros/año), durante 3 años.

2. En el caso de que los contratos sean a tiempo parcial la bonificación se aplicará en los términos del artículo 2.7.

3. Los contratos de trabajo a que se refiere este artículo se formalizarán en el modelo oficial que facilite el Servicio Público de Empleo Estatal.

Artículo 4. Bonificaciones para el mantenimiento del empleo y la igualdad de oportunidades.

1. Los contratos de trabajo de carácter indefinido de los trabajadores de sesenta o más años, con una antigüedad en la empresa de cinco o más años, darán derecho a la bonificación del 50 por 100 de la aportación empresarial en la cotización a la Seguridad Social por contingencias comunes, salvo por incapacidad temporal derivada de las mismas, sobre las cuotas devengadas desde la fecha de cumplimiento de los requisitos anteriormente señalados, incrementándose anualmente dicha bonificación en un 10 por 100 transcurrido un año desde su aplicación, hasta alcanzar un máximo del 100 por 100.

Si, al cumplir sesenta años de edad, el trabajador no tuviere la antigüedad en la empresa de cinco años, la bonificación a la que se refiere el párrafo anterior será aplicable a partir de la fecha en que alcance la citada antigüedad.

⇒ Conforme a la disp. adic. 25ª de la Ley 42/2006, de 28 diciembre, de Presupuestos generales del estado para 2007:
«Disposición adicional vigésima quinta.Reducciones de cuotas para el mantenimiento en el empleo.

Uno. Los contratos de trabajo de carácter indefinido de los trabajadores de cincuenta y nueve o más años, con una antigüedad en la empresa de cuatro o más años, darán derecho a la reducción, a cargo del Presupuesto de la Seguridad Social, del 40% de la aportación empresarial en la cotización a la Seguridad Social por contingencias comunes, salvo por incapacidad temporal derivada de las mismas, sobre las cuotas devengadas desde la fecha de cumplimiento de los requisitos anteriormente señalados.

Si, al cumplir cincuenta y nueve años, el trabajador no tuviere la antigüedad en la empresa de cuatro años, la reducción será aplicable a partir de la fecha en que alcance la citada antigüedad.Dos. Podrán ser beneficiarios de la reducción las empresas, incluidos los trabajadores autónomos, y sociedades laborales o cooperativas a las que se incorporen trabajadores como socios trabajadores o de trabajo, siempre que estas últimas hayan optado por un régimen de Seguridad Social propio de trabajadores por cuenta ajena.

Quedarán excluidos de la aplicación de la reducción la Administración General del Estado y los Organismos regulados en el Título III y en la disposición adicional décima de la Ley 6/1997, de 14 de abril, de Organización y Funcionamiento de la Administración General del Estado, así como las Administraciones Autonómicas y las Entidades Locales y sus Organismos públicos.

Tres. La duración de la reducción de la aportación empresarial será de un año, salvo que, en una fecha anterior, los interesados cumplan los requisitos para ser beneficiarios de las bonificaciones reguladas en el artículo 4 del Real Decreto-ley 5/2006, de 9 de junio, para la mejora del crecimiento y del empleo, en cuyo caso se aplicarán desde dicha fecha estas últimas.

Cuatro. Respecto a los requisitos que han de cumplir los beneficiarios, las exclusiones en la aplicación de la reducción, cuantía máxima, incompatibilidades o reintegro de beneficios se aplicarán las previsiones contenidas en el Real Decreto-ley 5/2006.»

2. Los contratos de trabajo de carácter indefinido de las mujeres trabajadoras que sean suspendidos por maternidad o por excedencia por cuidado de hijo darán derecho, cuando se produzca la reincorporación efectiva de la mujer al trabajo en los dos años siguientes a la fecha del inicio del permiso de maternidad, siempre que esta incorporación sea a partir del 1 de julio de 2006, a una bonificación mensual de la cuota empresarial a la Seguridad Social o, en su caso, por su equivalente diario por trabajador contratado, de 100 euros al mes (1.200 euros/año) durante los 4 años siguientes a la reincorporación efectiva de la mujer al trabajo.

En el supuesto de que el contrato fuera de duración determinada o temporal, se tendrá derecho a esa misma bonificación si en el momento de la reincorporación el contrato se transforma en indefinido.

En el caso de que los contratos sean a tiempo parcial, la bonificación se aplicará en los términos del artículo 2.7.

Artículo 5. Requisitos de los beneficiarios.

Los beneficiarios de las bonificaciones previstas en este Programa deberán reunir los siguientes requisitos:

a) Hallarse al corriente en el cumplimiento de sus obligaciones tributarias y de Seguridad Social tanto en la fecha de alta de los trabajadores como durante la aplicación de las bonificaciones correspondientes. Si durante el período de bonificación existe una falta de ingreso en plazo reglamentario de dichas obligaciones, se producirá la pérdida automática de las bonificaciones reguladas en el presente Programa, respecto de las cuotas correspondientes a períodos no ingresados en dicho plazo, teniéndose en cuenta dicho período como consumido para el cómputo del tiempo máximo de bonificación.

b) No haber sido excluidos del acceso a los beneficios derivados de la aplicación de los programas de empleo por la comisión de infracciones muy graves no prescritas, todo ello de conformidad con lo previsto en el artículo 46.2 de la Ley sobre Infracciones y Sanciones en el Orden Social, Texto Refundido aprobado en el Real Decreto Legislativo 5/2000, de 4 de agosto.

Artículo 6. Exclusiones.

1. Las bonificaciones previstas en este Programa no se aplicarán en los siguientes supuestos:

a) Relaciones laborales de carácter especial previstas en el artículo 2 del Estatuto de los Trabajadores, Texto Refundido aprobado por el Real Decreto Legislativo 1/1995, de 24 de marzo u otras disposiciones legales, con la excepción de la relación laboral de trabajadores con discapacidad en Centro Especial de Empleo.

b) Contrataciones que afecten al cónyuge, ascendientes, descendientes y demás parientes, por consanguinidad o afinidad, hasta el segundo grado inclusive, del empresario o de quienes tengan el control empresarial, ostenten cargos de dirección o sean miembros de los órganos de administración de las entidades o de las empresas que revistan la forma jurídica de sociedad, así como las que se produzcan con estos últimos. No será de aplicación esta exclusión cuando el empleador sea un trabajador autónomo sin asalariados, y contrate a un solo familiar menor de cuarenta y cinco años, que no conviva en su hogar ni esté a su cargo.

c) Contrataciones realizadas con trabajadores que en los veinticuatro meses anteriores a la fecha de la contratación hubiesen prestado servicios en la misma empresa, grupo de empresas o entidad mediante un contrato por tiempo indefinido, o en los últimos seis meses mediante un contrato de duración determinada o temporal o mediante un contrato formativo, de relevo o de sustitución por jubilación.

No se aplicará lo establecido en el párrafo anterior en los supuestos de transformación de los contratos, en que se estará a lo previsto en los artículos 2.6, 3 y 4.2.

Lo dispuesto en este apartado será también de aplicación en el supuesto de vinculación laboral anterior del trabajador con empresas a las que el solicitante de los beneficios haya sucedido en virtud de lo establecido en el artículo 44 del Estatuto de los Trabajadores.

d) Trabajadores que hayan finalizado su relación laboral de carácter indefinido en otra empresa en un plazo de tres meses previos a la formalización del contrato. Esta exclusión no se aplicará cuando la finalización del contrato sea por despido reconocido o declarado improcedente, o por despido colectivo.

2. Las empresas que hayan extinguido o extingan por despido reconocido o declarado improcedente o por despido colectivo contratos bonificados quedarán excluidas por un período de doce meses de las bonificaciones establecidas en este Programa. La citada exclusión afectará a un número de contratos igual al de las extinciones producidas.

El período de exclusión se contará a partir del reconocimiento o de la declaración de improcedencia del despido o de la extinción derivada del despido colectivo.

3. Cuando se trate de contrataciones con trabajadores con discapacidad, sólo les será de aplicación las exclusiones de la letra c), si el contrato previo hubiera sido por tiempo indefinido, y de la letra d) del apartado 1, así como la establecida en el apartado 2.

No obstante, la exclusión establecida en la letra d) del apartado 1 no será de aplicación en el supuesto de incorporación a las empresas colaboradoras de los trabajadores con discapacidad procedentes de enclaves laborales.

Artículo 7. Concurrencia, cuantía máxima e incompatibilidad de las bonificaciones.

1. En el supuesto en que la contratación de un trabajador pudiera dar lugar simultáneamente a su inclusión en más de uno de los supuestos para los que están previstas bonificaciones en este Programa, sólo será posible aplicarlas respecto de uno de ellos, correspondiendo la opción al beneficiario en el momento de formalizar el alta del trabajador en la Seguridad Social que da derecho a la aplicación de las bonificaciones.

No obstante lo señalado en el párrafo anterior, las bonificaciones en las cotizaciones previstas para los contratos indefinidos con trabajadores de sesenta o más años y con una antigüedad en la empresa de cinco o más años serán compatibles con las bonificaciones establecidas con carácter general, sin que en ningún caso la suma de las bonificaciones aplicables pueda superar el 100 por 100 de la cuota empresarial a la Seguridad Social, sin perjuicio, en su caso, de lo dispuesto en el artículo 112 bis del Texto Refundido de la Ley General de la Seguridad Social, aprobado por Real Decreto Legislativo 1/1994, de 20 de junio.

2. Las bonificaciones no podrán, en ningún caso, superar el 100 por 100 de la cuota empresarial a la Seguridad Social que hubiera correspondido ingresar.

3. Las bonificaciones aquí previstas no podrán, en concurrencia con otras medidas de apoyo público establecidas para la misma finalidad, superar el 60 por 100 del coste salarial anual correspondiente al contrato que se bonifica, salvo en el caso de los trabajadores con discapacidad contratados por los Centros Especiales de Empleo, en que se estará a lo establecido en la normativa reguladora de las ayudas y subvenciones destinadas a la integración laboral de las personas con discapacidad en estos Centros.

Artículo 8. Mantenimiento de bonificaciones.

1. Cuando, durante la vigencia de un contrato bonificado al amparo de esta Ley que se hubiera concertado a tiempo parcial, se transforme en a tiempo completo, o viceversa, no se perderán las bonificaciones, sino que se percibirán conforme corresponda al nuevo contrato, sin que ello suponga el inicio de ningún nuevo período de bonificación.

En el supuesto de que se reitere la novación del contrato a que se refiere el párrafo anterior, se perderán las bonificaciones a partir de la segunda novación, salvo que esta última sea de tiempo parcial a tiempo completo.

No se producirá tampoco la pérdida de las bonificaciones en los supuestos en que los trabajadores jubilados parcialmente incrementen anualmente la reducción de su jornada de trabajo y salario, de acuerdo con lo establecido en la normativa aplicable.

2. Se podrán mantener las bonificaciones de las cuotas a la Seguridad Social que se vinieran disfrutando por la contratación indefinida de un trabajador cuando éste haya extinguido voluntariamente un contrato acogido a medidas previstas en los Programas de fomento del empleo de aplicación a partir del 17 de mayo de 1997, incluidas las medidas reguladas en este Programa de Fomento, y sea contratado sin solución de continuidad mediante un nuevo contrato indefinido, a tiempo completo o parcial, incluida la modalidad de fijo discontinuo, por otra empresa o entidad, dentro del mismo grupo de empresas.

En este caso, al nuevo contrato le serán de aplicación las bonificaciones de las cuotas a la Seguridad Social que respecto del trabajador se vinieran disfrutando por el anterior empleador, en la misma cuantía y por el tiempo que reste para completar el período total previsto en el momento de su contratación indefinida inicial. En el supuesto de que el contrato fuera a tiempo parcial y se transforme en a tiempo completo o viceversa, se estará a lo establecido en el apartado anterior.

Si el primer empleador hubiera percibido alguna otra ayuda de fomento del empleo por la misma contratación, no estará obligado a su devolución, ni se tendrá derecho a una nueva ayuda en su caso por el nuevo contrato.

3. En caso de sucesión de empresas, en virtud de lo establecido en el artículo 44 del Estatuto de los Trabajadores, el nuevo empleador no perderá el derecho a las bonificaciones disfrutadas por el anterior, beneficiándose de ellas por el tiempo que reste hasta el período máximo que correspondiera.

Artículo 9. Reintegro de los beneficios.

1. En los supuestos de obtención de las bonificaciones sin reunir los requisitos exigidos, procederá la devolución de las cantidades dejadas de ingresar por bonificación de cuotas a la Seguridad Social con el recargo y los intereses de demora correspondientes, según lo establecido en las normas recaudatorias en materia de Seguridad Social.

2. La obligación de reintegro establecida en el párrafo anterior se entiende sin perjuicio de lo previsto en la Ley sobre Infracciones y Sanciones en el Orden Social.

[...]

DISPOSICIONES ADICIONALES

[...]

Segunda. Exclusión social y fomento del empleo.

A efectos del Programa de Fomento del empleo regulado en la Sección 1ª del Capítulo I de esta Ley, la situación de exclusión social se acreditará por la pertenencia a alguno de los colectivos relacionados a continuación:

a) Perceptores de rentas mínimas de inserción, o cualquier otra prestación de igual o similar naturaleza, según la denominación adoptada en cada Comunidad Autónoma.

b) Personas que no puedan acceder a las prestaciones a las que se hace referencia en el párrafo anterior, por alguna de las siguientes causas:

1º Falta de período exigido de residencia o empadronamiento, o para la constitución de la unidad perceptora.

2º Haber agotado el período máximo de percepción legalmente establecido.

c) Jóvenes mayores de dieciocho años y menores de treinta, procedentes de instituciones de protección de menores.

d) Personas con problemas de drogadicción o alcoholismo que se encuentren en procesos de rehabilitación o reinserción social.

e) Internos de centros penitenciarios cuya situación penitenciaria les permita acceder a un empleo, así como liberados condicionales y ex reclusos.

f) Menores internos incluidos en el ámbito de aplicación de la Ley Orgánica 5/2000, de 12 de enero, Reguladora de la Responsabilidad Penal de los Menores, cuya situación les permita acceder a un empleo, así como los que se encuentran en situación de libertad vigilada y los ex internos.

Tercera. Financiación, aplicación y control de los incentivos del Programa de Fomento del empleo.

1. Las bonificaciones previstas para las contrataciones establecidas en el Programa de Fomento del empleo regulado en esta Ley, se financiarán con cargo a la correspondiente partida presupuestaria del Servicio Público de Empleo Estatal.

2. Las bonificaciones de cuotas de la Seguridad Social se aplicarán por los empleadores con carácter automático en los correspondientes documentos de cotización, sin perjuicio de su control y revisión por la Inspección de Trabajo y Seguridad Social, por la Tesorería General de Seguridad Social y por el Servicio Público de Empleo Estatal.

3. La Tesorería General de la Seguridad Social facilitará mensualmente al Servicio Público de Empleo Estatal, el número de trabajadores objeto de bonificaciones de cuotas a la Seguridad Social, desagregados por cada uno de los colectivos de bonificación, con sus respectivas bases de cotización y las deducciones que se apliquen de acuerdo con los programas de incentivos al empleo y que son financiadas por el Servicio Público de Empleo Estatal.

4. Con la misma periodicidad, la Dirección General del Servicio Público de Empleo Estatal, facilitará a la Dirección General de Inspección de Trabajo y Seguridad Social la información necesaria sobre el número de contratos comunicados objeto de bonificaciones de cuotas, detallados por colectivos, así como cuanta información relativa a las cotizaciones y deducciones aplicadas a los mismos sea precisa, al efecto de facilitar a este centro directivo la planificación y programación de la actuación inspectora que permita vigilar la adecuada aplicación de las bonificaciones previstas en los correspondientes programas de incentivos al empleo, por los sujetos beneficiarios de la misma.

Cuarta. Modificaciones futuras de la cotización y prestaciones del Fondo de Garantía Salarial.

Las modificaciones futuras en el tipo de cotización y en la cuantía de las prestaciones del Fondo de Garantía Salarial estarán determinadas por la situación del excedente financiero del mismo, que podrá utilizarse como fondo de estabilización para la financiación de las necesidades anuales del organismo, todo ello previa consulta a su Consejo Rector.

Quinta. Gestión de la formación profesional y Ley General de Subvenciones.

1. La Fundación Tripartita para la Formación en el Empleo actuará como entidad colaboradora y de apoyo técnico del Servicio Público de Empleo Estatal en el marco del Sistema de Formación Profesional, en los términos que se establezcan reglamentariamente.

2. En el ámbito de la formación profesional se considerará a efectos de lo dispuesto en el artículo 31.3 de la Ley 38/2003, de 17 de noviembre, General de Subvenciones que el beneficiario ha cumplido lo allí establecido cuando justifique de modo razonado que la elección del proveedor responde a los

criterios de eficacia y economía, teniendo en cuenta las iniciativas de formación a realizar y el ámbito en que éstas se desarrollan.

A estos efectos, la normativa reguladora de la formación profesional podrá concretar dichos criterios.

Sexta. Modernización de los Servicios Públicos de Empleo.

El Gobierno instrumentará en un plazo de tres meses desde la entrada en vigor de esta Ley un Plan Global de Modernización del Servicio Público de Empleo Estatal que garantice la modernización y mejora de los recursos materiales y tecnológicos de la red de oficinas y que contará con una adecuada dotación presupuestaria que se reflejará en la Ley de Presupuestos Generales del Estado para el año 2007. Este Plan incluirá necesariamente un Plan Estratégico de Recursos Humanos del Servicio Público de Empleo Estatal para mejorar su estructura organizativa y la situación laboral y retributiva de su personal.

Séptima. Comisión Consultiva Nacional de Convenios Colectivos.

1. Sin perjuicio del respeto a la autonomía colectiva de las partes, la Comisión Consultiva Nacional de Convenios Colectivos a que se refiere la disposición final segunda del Estatuto de los Trabajadores, asumirá funciones de observatorio de la negociación colectiva que englobará la información, el estudio, la documentación y la difusión de la misma.

2. Con el fin de garantizar el funcionamiento eficaz de la Comisión Consultiva Nacional de Convenios Colectivos, el Gobierno podrá adaptar el marco jurídico institucional de la misma en el que se garantice la participación de las organizaciones empresariales y sindicales más representativas; asimismo le proporcionará el apoyo técnico y los medios que sean necesarios.

Octava. Modalidades de contratación en centros especiales de empleo.

Los contratos que concierten los centros especiales de empleo con trabajadores con discapacidad a los que sea aplicable el Real Decreto 1368/1985, de 17 de julio, por el que se regula la relación laboral de carácter especial de los minusválidos que trabajen en los centros especiales de empleo, deberán ajustarse a cualquiera de las modalidades de contratación previstas en la legislación laboral, de acuerdo con los requisitos establecidos en cada caso.

Novena. Permisos de trabajo a extranjeros, con motivo de su participación en la exposición internacional Expo Zaragoza 2008.

Se habilita al Gobierno para establecer reglamentariamente el procedimiento necesario para la concesión de visados, permisos de trabajo y de residencia, así como de tarjetas de residencia en régimen comunitario para los trabajadores extranjeros de los países participantes, los de las Organizaciones Internacionales y los de las empresas contratadas por ellos, así como de los desplazados temporalmente a España, con motivo de su participación en la exposición internacional Expo Zaragoza 2008.

La vigencia de las autorizaciones y tarjetas que se concedan se prolongará hasta el momento en que finalice la permanencia en España con motivo de la celebración de la exposición.

Las autorizaciones administrativas y solicitudes de visado, reguladas en la Ley Orgánica 4/2000, de 11 de enero, para los trabajadores antes citados, estarán exentas de tasas.

Décima. Empleo de jóvenes.

Con el fin de facilitar el empleo de los trabajadores y trabajadoras jóvenes, el Gobierno en el plazo de 9 meses y previo acuerdo con los agentes sociales, presentará medidas encaminadas a regular formas de contratación que optimicen su transición al mercado de trabajo.

Undécima. Amortización de deudas de sociedades laborales y cooperativas de trabajo asociado con el Fondo de Garantía Salarial.

Las sociedades laborales y cooperativas de trabajo asociado que adeuden al Fondo de Garantía Salarial cantidades derivadas de convenios de recuperación firmados con el Fondo de Garantía Salarial, cuyo plazo de vencimiento fuera anterior al 8 de abril de 2001, quedarán exentas de la obligación de pago de dichas deudas, siempre que el importe de las mismas se aporte íntegramente a estas sociedades como capital social.

Esta exención quedará sin efecto si la sociedad laboral o cooperativa pierde su calificación como tal dentro de los 15 años siguientes a su constitución.

Lo dispuesto en los párrafos anteriores también será de aplicación a aquellas sociedades laborales o cooperativas que se hayan subrogado en convenios de recuperación, firmados originariamente con el Fondo de Garantía Salarial por sus empresas antecesoras, siempre que éstas tuvieran a la fecha de la firma el carácter de sociedad laboral o cooperativa.

Duodécima. Estrategia Global de Empleo para personas con discapacidad.

El Gobierno de la Nación en el plazo de seis meses desde la entrada en vigor de esta Ley, y previas consultas con los interlocutores sociales y con las organizaciones representativas de personas con discapacidad y sus familias, aprobará una Estrategia Global de Acción para el Empleo de Personas con Discapacidad 2007-2008.

Dicha Estrategia contendrá un repertorio, con su correspondiente calendario de iniciativas y medidas normativas, programáticas y presupuestarias, dirigidas a promover el acceso de las personas con discapacidad al mercado de trabajo, mejorando su empleabilidad y su integración laboral.

Esta Estrategia contará, entre sus objetivos preferentes, disminuir los índices de desempleo y elevar las tasas de actividad de las personas con discapacidad, con especial atención a las mujeres con discapacidad, y aquellas otras personas que por su discapacidad presentan dificultades severas de acceso al mercado de trabajo.

DISPOSICIONES TRANSITORIAS

Primera. Régimen aplicable a los contratos formalizados con anterioridad a la entrada en vigor de esta Ley.

1. Los contratos de trabajo para la formación y de inserción concertados con anterioridad al 15 de junio de 2006 se regirán por la normativa legal o convencional vigente en la fecha en que se celebraron.

2. Los contratos temporales de fomento del empleo para personas con discapacidad concertados con anterioridad al 1 de julio de 2006 se regirán por la normativa legal o convencional vigente en la fecha en que se celebraron.

3. Las bonificaciones en las cuotas empresariales de la Seguridad Social que se vinieran disfrutando por los contratos celebrados con anterioridad al 1 de julio de 2006 se regirán por la normativa vigente en el momento de su celebración o, en su caso, en el momento de iniciarse el disfrute de la bonificación.

Sin perjuicio de lo dispuesto en el párrafo anterior, a dichos contratos les será de aplicación lo establecido en el artículo 8 de esta Ley.

4. No obstante lo establecido en los apartados anteriores, podrán aplicarse las bonificaciones previstas en el apartado 3 del artículo 2 a los contratos de trabajo celebrados por los centros especiales de empleo, cualquiera que sea su titularidad, con trabajadores con discapacidad, entre el 1 de julio de 2006 y la fecha de entrada en vigor de esta Ley, siempre que reúnan los requisitos establecidos en dicho artículo.

La Tesorería General de la Seguridad Social impulsará de oficio la devolución de las diferencias en las cuotas correspondientes a los períodos ya ingresados como consecuencia de lo dispuesto en el párrafo anterior.

Segunda. Régimen de entrada en vigor de la limitación del encadenamiento de contratos temporales.

Lo previsto en la redacción dada por esta Ley al artículo 15.5 del Estatuto de los Trabajadores será de aplicación a los contratos de trabajo suscritos a partir del 15 de junio de 2006.

Respecto a los contratos suscritos por el trabajador con anterioridad, a los efectos del cómputo del número de contratos, del período y del plazo previsto en el citado artículo 15.5, se tomará en consideración el vigente a 15 de junio de 2006.

Tercera. Tipos de cotización aplicables a los contratos de inserción subsistentes.

La cotización a la Seguridad Social, Desempleo, Fondo de Garantía Salarial y Formación Profesional por los contratos de inserción subsistentes el 1 de julio de 2006 se realizará aplicando las bases y tipos de cotización vigentes en la fecha de devengo de las cuotas correspondientes, siendo el tipo de cotización por la contingencia de desempleo el establecido en cada momento para la contratación indefinida.

Cuarta. Aplicación de las nuevas prestaciones del Fondo de Garantía Salarial

Las prestaciones del Fondo de Garantía Salarial que se establecen en la nueva redacción del artículo 33 del Estatuto de los Trabajadores serán aplicables a las solicitudes de prestaciones que se presenten a partir del 15 de junio de 2006.

DISPOSICIÓN DEROGATORIA

Única. Derogación normativa.

1. Quedan derogados:

a) Del Estatuto de los Trabajadores, Texto Refundido aprobado por Real Decreto Legislativo 1/1995, de 24 de marzo:

1º El artículo 15.1.d).

2º Las referencias al contrato de inserción contenidas en los artículos 8.2, 15.6 y 49.1.c).

3º La disposición adicional decimosexta.

b) El artículo 44 de la Ley 42/1994, de 30 de diciembre, de Medidas Fiscales, Administrativas y del Orden Social.

c) Las disposiciones adicionales cuarta, apartado tres, y quinta de la Ley 24/2001, de 27 de diciembre, de Medidas Fiscales, Administrativas y del Orden Social.

d) La disposición adicional cuarta de la Ley 45/2002, de 12 de diciembre, de Medidas Urgentes para la Reforma del Sistema de Protección por Desempleo y Mejora de la Ocupabilidad.

e) La disposición adicional quincuagésima de la Ley 30/2005, de 29 de diciembre, de Presupuestos Generales del Estado para el año 2006, excepto los apartados 1 y 2 del número Diez.

2. Se derogan las referencias a las bonificaciones en las cuotas empresariales a la Seguridad Social, incluidas las de accidente de trabajo y enfermedad profesional y las cuotas de recaudación conjunta, por la contratación de trabajadores con discapacidad, o su incorporación como socios a cooperativas de trabajo asociado, contenidas en las normas que se citan a continuación, manteniéndose en vigor el resto de ayudas o subvenciones:

a) Real Decreto 1451/1983, de 11 de mayo, por el que en cumplimiento de lo previsto en la Ley 13/1982, de 7 de abril, se regula el empleo selectivo y las medidas de fomento del empleo de los trabajadores minusválidos.

b) Orden del Ministerio de Trabajo y Asuntos Sociales de 16 de octubre de 1998, por la que se establecen las bases reguladoras para la concesión de las ayudas y subvenciones públicas destinadas al fomento de la integración laboral de los minusválidos en centros especiales de empleo y trabajo autónomo.

c) Real Decreto 290/2004, de 20 de febrero, por el que se regulan los enclaves laborales como medida de fomento del empleo de las personas con discapacidad.

3. Asimismo, quedan derogadas cuantas disposiciones de igual o inferior rango se opongan a lo dispuesto en la presente Ley.

DISPOSICIONES FINALES

Primera. Consulta y participación de los interlocutores sociales y Comunidades Autónomas en la definición de los objetivos y programas del Sistema de la Inspección de Trabajo y Seguridad Social.

Las Organizaciones sindicales y empresariales más representativas serán consultadas y podrán formular propuestas sobre los objetivos y programas del Sistema de Inspección de Trabajo y Seguridad Social, en el ámbito de la Administración General del Estado y de las Comunidades Autónomas, a través de órganos de representación de carácter consultivo de composición tripartita y paritaria.

A tal efecto, el Ministro de Trabajo y Asuntos Sociales dictará, en el plazo de tres meses, las normas oportunas para la constitución del órgano correspondiente en el ámbito de la Administración General del Estado. Las Comunidades Autónomas, en función de su capacidad de autoorganización, establecerán las correspondientes instancias de esta participación de las Organizaciones sindicales y empresariales más representativas.

Segunda. Autorizaciones al Gobierno.

1. Con el fin de profundizar en la consecución de los objetivos a que responde esta Ley, se autoriza al Gobierno para que, en función de la evolución que experimente el empleo, especialmente de los trabajadores que tengan mayores dificultades de acceso al mercado de trabajo o para el mantenimiento del empleo, pueda introducir, previa consulta a las organizaciones sindicales y empresariales más representativas, modificaciones en el Programa de Fomento del Empleo que se regula en el mismo, tanto en lo que se refiere a los colectivos beneficiarios, como a los incentivos aplicables y a las condiciones exigidas para su aplicación, y asimismo para que pueda establecer programas específicos para mejorar la formación y cualificación profesional y facilitar la estabilidad en el empleo y la

reinserción laboral de los trabajadores que hubieran perdido su empleo como consecuencia de procesos de liberalización del comercio y de la globalización.

2. Asimismo, el Gobierno podrá modificar las disposiciones incorporadas al Real Decreto 1043/1985, de 19 de junio, por el artículo 16 de esta Ley en cuanto a la situación legal de desempleo por finalización de la relación societaria temporal de los socios trabajadores de cooperativas.

Tercera. Facultades de desarrollo.

El Gobierno y el Ministro de Trabajo y Asuntos Sociales, en el ámbito de sus competencias, dictarán las disposiciones necesarias para la ejecución de lo establecido en esta Ley, previa consulta a las Organizaciones Empresariales y Sindicales más representativas.

Cuarta. Políticas activas de empleo de las personas con discapacidad.

1. El sistema de bonificación mediante porcentajes de las cotizaciones sociales por la contratación de personas con discapacidad por los centros especiales de empleo establecidos en esta Ley será de aplicación desde su entrada en vigor y hasta tanto no se adopte otra decisión en virtud de la evaluación a la que se refiere el apartado 2 siguiente, sin perjuicio de lo establecido en el apartado 4 de la disposición transitoria primera.

2. El Gobierno y las Organizaciones sindicales y empresariales más representativas, incluidas las organizaciones del sector de la discapacidad, evaluarán el funcionamiento de las medidas que configuran el conjunto de las políticas de empleo de las personas con discapacidad, con la finalidad de determinar las políticas activas de empleo que se aplicarán en el futuro.

3. El Consejo Nacional de la Discapacidad emitirá informe sobre la evaluación a que se refiere esta disposición.

Quinta. Contratación de trabajadores en situación de exclusión social.

Con el fin de facilitar el empleo de los trabajadores en situación de exclusión social a los que se refiere la disposición adicional segunda, el Gobierno, en el plazo de seis meses desde la aprobación de esta Ley, y previa consulta con las organizaciones sindicales y asociaciones empresariales más representativas, incluidas las del sector afectado, aprobará una norma con rango de ley para regular el régimen de las empresas de inserción.

Sexta. Bonificaciones en la cotización de las personas con discapacidad que se establezcan como trabajadores por cuenta propia.

Se da nueva redacción a la disposición adicional undécima de la Ley 45/2002, de 12 de diciembre, de Medidas Urgentes para la Reforma del Sistema de Protección por Desempleo y Mejora de la Ocupabilidad, quedando redactada como sigue:

«Disposición adicional undécima. Bonificación de cuotas a la Seguridad Social para las personas con discapacidad que se establezcan como trabajadores por cuenta propia.

Las personas con discapacidad, que causen alta inicial en el Régimen Especial de la Seguridad Social de los Trabajadores por Cuenta Propia o Autónomos, se beneficiarán, durante los cinco años siguientes a la fecha de alta, de una bonificación del 50 por 100 de la cuota que resulte de aplicar sobre la base mínima el tipo vigente en cada momento en el mencionado Régimen Especial».

Séptima. Entrada en vigor

La presente Ley entrará en vigor el día siguiente al de su publicación en el «Boletín Oficial del Estado».

ANEXO

Programa de Fomento de Empleo. Ley para la Mejora del Crecimiento y del Empleo

(Bonificaciones empresariales a la contratación laboral)

Colectivos	Descripción	Cuantía anual (en euros)	Duración
Bonificaciones a la contratación indefinida			
Mujeres.	Desempleadas, así como las víctimas de violencia de género [art. 2.1.a) y 2.4].	850	4 años.
	Contratadas en los 24 meses siguientes al parto (art. 2.1.b).	1.200	4 años.

Colectivos	Descripción			Cuantía anual (en euros)	Duración
	Contratadas después de 5 años de inactividad laboral, si, anteriormente a su retirada, han trabajado, al menos, 3 años (art. 2.1.c).			1.200	4 años.
Mayores de 45 años (art. 2.1.d).				1.200	Toda la vigencia del contrato.
Jóvenes.	De 16 a 30 años (art. 2.1.c).			800	4 años.
Otros colectivos y situaciones especiales.	Parados de al menos 6 meses y trabajadores en situación de exclusión social [arts. 2.1.f) y 2.5].			600	4 años.
	Personas con discapacidad (art. 2.2).		Mujeres con discapacidad (art. 2.2.3).	Personas mayores de 45 años con discapacidad (art. 2.2.3).	Toda la vigencia del contrato.
	–En general (art. 2.2.1).	4.500	5.350	5.700	
	–En caso de discapacidad severa (art. 2.2.2).	5.100	5.950	6.300	
	Conversiones en indefinidos de contratos formativos, de relevo y sustitución por jubilación (art. 2.6).			500	4 años.

Plan Extraordinario para la Conversión de Empleo Temporal en Fijo

Conversiones en indefinidos de contratos temporales, incluidos los contratos formativos, de relevo y de sustitución por jubilación, en todos los casos celebrados antes del 1 de julio de 2006, siempre que la conversión se realice antes del 1 de enero de 2007 (art. 3).	800	3 años.

Bonificaciones en supuestos excepcionales de contratación temporal

Personas con discapacidad contratadas mediante el contrato temporal de fomento del empleo (art. 2.2.4).		Mujeres con discapacidad y personas mayores de 45 años con discapacidad (art. 2.2.4).	Toda la vigencia del contrato.
–En general (art. 2.2.4).	3.500	4.100	Toda la vigencia del contrato.
–En caso de discapacidad severa (art. 2.2.4).	4.100	4.700	Toda la vigencia del contrato.
Víctimas de violencia de género o doméstica (art. 2.4).		600	Toda la vigencia del contrato.
Personas en situación de exclusión social (art. 2.5).		500	Toda la vigencia del contrato.

Bonificaciones para el mantenimiento del empleo indefinido

Contratos de carácter indefinido de trabajadores de 60 o más años con una antigüedad en la empresa de 5 o más años (art. 4.1).	50% de aportación empresarial por contingencias comunes salvo incapacidad temporal, incrementándose anualmente un 10%, hasta el 100%.	Toda la vigencia del contrato.

Colectivos	Descripción	Cuantía anual (en euros)	Duración
Mujeres con contrato suspendido (indefinido o temporal que se transforme en indefinido) reincorporadas tras la maternidad (art. 4.2).		1.200	4 años.
Bonificaciones para la contratación de personas con discapacidad por los centros especiales de empleo			
Contratos indefinidos o temporales (art. 2.3).		100 por 100 de las cuotas empresariales a la Seguridad Social, incluidas las de accidentes de trabajo y enfermedad profesional y las cuotas de recaudación conjunta	Toda la vigencia del contrato

B) Fomento del empleo de personas con discapacidad

§ 28.1 LEY 13/1982, DE 7 ABRIL. INTEGRACIÓN SOCIAL DE LOS MINUSVÁLIDOS

(BOE núm. 103, de 30 abril [RCL 1982, 1051])

TÍTULO I

PRINCIPIOS GENERALES

Artículo 1.

Los principios que inspiran la presente Ley se fundamentan en los derechos que el artículo 49 de la Constitución reconoce, en razón a la dignidad que les es propia, a los disminuidos en sus capacidades físicas, psíquicas o sensoriales para su completa realización personal y su total integración social, y a los disminuidos profundos para la asistencia y tutela necesarias.

Artículo 2.

El Estado español inspirará la legislación para la integración social de los disminuidos en la declaración de derechos del deficiente mental, aprobada por las Naciones Unidas el 20 de diciembre de 1971, y en la declaración de derechos de los minusválidos, aprobada por la Resolución 3447 de dicha Organización, de 9 de diciembre de 1975, y amoldará a ellas su actuación.

Artículo 3.

1. Los poderes públicos prestarán todos los recursos necesarios para el ejercicio de los derechos a que se refiere el artículo 1, constituyendo una obligación del Estado la prevención, los cuidados médicos y psicológicos, la rehabilitación adecuada, la educación, la orientación, la integración laboral, la garantía de unos derechos económicos, jurídicos sociales mínimos y la Seguridad Social.

2. A estos efectos estarán obligados a participar, para su efectiva realización, en su ámbito de competencias correspondientes, la Administración Central, las Comunidades Autónomas, las Corporaciones Locales, los Sindicatos, las entidades y organismos públicos y las asociaciones y personas privadas.

Artículo 4.

1. La Administración del Estado, las Comunidades Autónomas y las Corporaciones Locales ampararán la iniciativa privada sin ánimo de lucro, colaborando en el desarrollo de estas actividades mediante asesoramiento técnico, coordinación, planificación y apoyo económico. Especial atención recibirán las instituciones, asociaciones y fundaciones sin fin de lucro, promovidas por los propios minusválidos, sus familiares o sus representantes legales.

2. Será requisito indispensable para percibir dicha colaboración y ayuda que las actuaciones privadas se adecuen a las líneas y exigencias de la planificación sectorial que se establezca por parte de las Administraciones Públicas.

3. En los centros financiados, en todo o en parte, con cargo a fondos públicos, existirán órganos de control del origen y aplicación de los recursos financieros, con la participación de los interesados o subsidiariamente sus representantes legales, de la dirección y del personal al servicio de los centros, sin perjuicio de las facultades que correspondan a los poderes públicos.

Artículo 5.

Los poderes públicos promoverán la información necesaria para la completa mentalización de la sociedad, especialmente en los ámbitos escolar y profesional, al objeto de que ésta, en su conjunto, colabore al reconocimiento y ejercicio de los derechos de los minusválidos, para su total integración.

Artículo 6.

Las medidas tendentes a la promoción educativa, cultural, laboral y social de los minusválidos se llevarán a cabo mediante su integración en las instituciones de carácter general, excepto cuando por las características de sus minusvalías requieran una atención peculiar a través de servicios y centros especiales.

TÍTULO II

TITULARES DE LOS DERECHOS

Artículo 7.

1. A los efectos de la presente Ley se entenderá por minusválidos toda persona cuyas posibilidades de integración educativa, laboral o social se hallen disminuidas como consecuencia de una deficiencia, previsiblemente permanente, de carácter congénito o no, en sus capacidades físicas, psíquicas o sensoriales.

2. El reconocimiento del derecho a la aplicación de los beneficios previstos en esta Ley deberá ser efectuado de manera personalizada por el órgano de la Administración que se determine reglamentariamente, previo informe de los correspondientes equipos multiprofesionales calificadores.

3. A efectos del reconocimiento del derecho a los servicios que tiendan a prevenir la aparición de la minusvalía, se asimilan a dicha situación los estados previos, entendidos como procesos en evolución que puedan llegar a ocasionar una minusvalía residual.

4. Los servicios, prestaciones y demás beneficios previstos en esta Ley se otorgarán a los extranjeros que tengan reconocida la situación de residentes en España de conformidad con lo previsto en los acuerdos suscritos con sus respectivos Estados y, en su defecto, en función del principio de reciprocidad.

5. El Gobierno extenderá la aplicación de las prestaciones económicas previstas en esta Ley a los españoles residentes en el extranjero, siempre que carezcan de protección equiparables en el país de residencia, en la forma y con los requisitos que reglamentariamente se determinen.

TÍTULO III

PREVENCIÓN DE LAS MINUSVALÍAS

Artículo 8.

La prevención de las minusvalías constituye un derecho y un deber de todo ciudadano y de la sociedad en su conjunto y formará parte de las obligaciones prioritarias del Estado en el campo de la salud pública y de los servicios sociales.

Artículo 9.

1. El Gobierno presentará a las Cortes Generales un Proyecto de Ley en el que se fijarán los principios y normas básicas de ordenación y coordinación en materia de prevención de las minusvalías.

2. Sin perjuicio de las facultades que puedan corresponder a las distintas Administraciones Públicas, en el ámbito de sus respectivas competencias, para formular sus propios planes de actuación en la materia, el Gobierno elaborará cuatrienalmente, en relación con tales planes, un Plan Nacional de Prevención de las Minusvalías que se presentará a las Cortes Generales para su conocimiento, y de cuyo desarrollo informará anualmente a las mismas.

3. En dichos planes se concederá especial importancia a los servicios de orientación y planificación familiar, consejo genético, atención prenatal y perinatal, detección y diagnóstico precoz y asistencia pediátrica, así como a la higiene y seguridad en el trabajo, a la seguridad en el tráfico vial, al control higiénico y sanitario de los alimentos y a la contaminación ambiental. Se contemplarán de modo específico las acciones destinadas a las zonas rurales.

TÍTULO IV

DEL DIAGNÓSTICO Y VALORACIÓN DE LAS MINUSVALÍAS

Artículo 10.

1. Se crearán equipos multiprofesionales que, actuando en un ámbito sectorial, aseguren una atención interdisciplinaria a cada persona que lo precise, para garantizar su integración en su entorno sociocomunitario.

Su composición y funcionamiento se establecerán reglamentariamente, en el plazo máximo de dieciocho meses, a partir de la entrada en vigor de esta Ley.

2. Serán funciones de los equipos multiprofesionales de valoración:

a) Emitir un informe diagnóstico normalizado sobre los diversos aspectos de la personalidad y las disminuciones del presunto minusválido y de su entorno sociofamiliar.

b) La orientación terapéutica, determinando las necesidades, aptitudes y posibilidades de recuperación, así como el seguimiento y revisión.

c) La valoración y calificación de la presunta minusvalía, determinando el tipo y grado de disminución en relación con los beneficios, derechos económicos y servicios previstos en la legislación, sin perjuicio del reconocimiento del derecho que corresponda efectuar al órgano administrativo competente.

d) La valoración y calificación citadas anteriormente serán revisables en la forma que reglamentariamente se determine. La valoración y calificación definitivas sólo se realizarán cuando el presunto minusválido haya alcanzado su máxima rehabilitación o cuando su lesión sea presumiblemente definitiva, lo que no impedirá valoraciones previas para obtener determinados beneficios.

Artículo 11.

Las calificaciones y valoraciones de los equipos multiprofesionales responderán a criterios técnicos unificados y tendrán validez ante cualquier Organismo público.

TÍTULO V

SISTEMA DE PRESTACIONES SOCIALES Y ECONÓMICAS

Artículo 12.

1. En tanto no se desarrollen las previsiones contenidas en el artículo 41 de la Constitución, el Gobierno, en el plazo de un año a partir de la entrada en vigor de la presente Ley, establecerá y regulará por Decreto un sistema especial de prestaciones sociales y económicas para los minusválidos que, por no desarrollar una actividad laboral, no estén incluidos en el campo de aplicación del sistema de la Seguridad Social. En dicho Decreto se especificarán las condiciones económicas que deberán reunir los beneficiarios de las distintas prestaciones.

2. La acción protectora de dicho sistema comprenderá al menos:

a) Asistencia sanitaria y prestación farmacéutica.

b) Subsidio de garantía de ingresos mínimos.

c) Subsidio por ayuda de tercera persona.

d) Subsidio de movilidad y compensación para gastos de transporte.

⇒ El apartado uno de la disp. adic. 2ª de la Ley de 42/2006, Presupuestos Generales del Estado para 2007 establece lo siguiente:

«Disposición Adicional segunda. Subsidios económicos de la Ley 13/1982, de 7 de abril, de Integración Social de los Minusválidos, y pensiones asistenciales.

Uno. A partir del 1 de enero del año 2007, los subsidios económicos a que se refiere la Ley 13/1982, de 7 de abril, de Integración Social de los Minusválidos, se fijarán, según la clase de subsidio, en las siguientes cuantías:

	Euros/mes
Subsidio de garantía de ingresos mínimos	149,86
Subsidio por ayuda de tercera persona	58,45
Subsidio de movilidad y compensación para gastos de transporte	49,24»

e) Recuperación profesional.

f) Rehabilitación médico-funcional.

Artículo 13.

1. La asistencia sanitaria y farmacéutica prevista en el apartado dos, a), del artículo anterior será prestada por los servicios sanitarios del sistema de la Seguridad Social, con la extensión, duración y condiciones que reglamentariamente se determinen.

2. Los beneficiarios del sistema especial de prestaciones asistenciales y económicas descrito en el artículo anterior estarán exentos de abono de aportación por el consumo de especialidades farmacéuticas.

Artículo 14.

1. Todo minusválido mayor de edad cuyo grado de minusvalía exceda del que reglamentariamente se determine, y que por razón del mismo se vea imposibilitado de obtener un empleo adecuado, tendrá derecho a percibir un subsidio de garantía de ingresos mínimos, cuya cuantía se fijará en las disposiciones de desarrollo de la presente Ley, siempre que, careciendo de medios económicos, no perciba prestación pecuniaria del Estado, Comunidades Autónomas, Corporaciones Locales o de la Seguridad Social. Cuando perciba una prestación económica, el subsidio se reducirá en cuantía igual al importe de aquélla.

2. Este subsidio será compatible con los recursos personales del beneficiario si en cómputo mensual no exceden de una cuantía que se fijará anualmente por Decreto, y que en todo caso tendrá en cuenta las personas que el minusválido tenga a su cargo.

3. La cuantía de este subsidio será determinada por Decreto, con carácter uniforme, y no será inferior al cincuenta por ciento del salario mínimo interprofesional.

Artículo 15.

Los minusválidos acogidos en Centros públicos o privados financiados en todo o en parte con fondos públicos, y en tanto permanezcan en ellos, tendrán derecho a la parte del subsidio de garantía de ingresos mínimos que reglamentariamente se determine.

Artículo 16.

1. Serán beneficiarios del subsidio a que se refiere el apartado c) del artículo 12.2, los minusválidos mayores de edad, carentes de medios económicos, cuyo grado de minusvalía exceda del que reglamentariamente se determine y que, por consecuencia de pérdidas anatómicas o funcionales, necesite la asistencia de otra persona para realizar los actos más esenciales de la vida, tales como vestirse, desplazarse, comer o análogos.

2. Las previsiones contenidas en el artículo 14, así como las relativas a la percepción de prestaciones pecuniarias por análogo motivo, son de aplicación al subsidio regulado en el presente artículo.

Artículo 17.

Los minusválidos con problemas graves de movilidad que reúnan los requisitos que se establezcan reglamentariamente tendrán asimismo derecho a la percepción del subsidio a que se refiere el apartado c) del artículo 12.2, cuya cuantía será fijada por Decreto.

TITULO VI

DE LA REHABILITACIÓN

Artículo 18.

1. Se entiende por rehabilitación el proceso dirigido a que los minusválidos adquieran su máximo nivel de desarrollo personal y su integración en la vida social, fundamentalmente a través de la obtención de un empleo adecuado.

2. Los procesos de rehabilitación podrán comprender:

a) Rehabilitación médico-funcional.

b) Tratamiento y orientación psicológica.

c) Educación general y especial.

d) Recuperación profesional.

3. El Estado fomentará y establecerá el sistema de rehabilitación, que estará coordinado con los restantes servicios sociales, escolares y laborales, en las menores unidades posibles, para acercar el servicio a los usuarios y administrado descentralizadamente.

Sección 1ª De la rehabilitación médico-funcional

Artículo 19.

1. La rehabilitación médico-funcional, dirigida a dotar de las condiciones precisas para su recuperación a aquellas personas que presenten una disminución de su capacidad física, sensorial o psíquica, deberá comenzar de forma inmediata a la detección y al diagnóstico de cualquier tipo de anomalía o deficiencia, debiendo continuarse hasta conseguir el máximo de funcionalidad, así como el mantenimiento de ésta.

2. A los efectos de lo previsto en el apartado anterior toda persona que presente alguna disminu-

ción funcional, calificada según lo dispuesto en esta Ley, tendrá derecho a beneficiarse de los procesos de rehabilitación médica necesarios para corregir o modificar su estado físico, psíquico o sensorial cuando éste constituya un obstáculo para su integración educativa, laboral y social.

3. Los procesos de rehabilitación se complementarán con el suministro, la adaptación, conservación y renovación de aparatos de prótesis y órtesis, así como los vehículos y otros elementos auxiliares para los minusválidos cuya disminución lo aconseje.

Artículo 20.

El proceso rehabilitador que se inicie en instituciones específicas se desarrollará en íntima conexión con los centros de recuperación en donde deba continuarse y proseguirá, si fuera necesario, como tratamiento domiciliario, a través de equipos móviles multiprofesionales.

Artículo 21.

El Estado intensificará la creación, dotación y puesta en funcionamiento de los servicios e instituciones de rehabilitación y recuperación necesarios y debidamente diversificados, para atender adecuadamente a los minusválidos, tanto en zonas rurales como urbanas, y conseguir su máxima integración social y fomentará la formación de profesionales, así como la investigación, producción y utilización de órtesis y prótesis.

Sección 2ª Del tratamiento y orientación psicológica

Artículo 22.

1. El tratamiento y la orientación psicológica estarán presentes durante las distintas fases del proceso rehabilitador, e irán encaminadas a lograr del minusválido la superación de su situación y el más pleno desarrollo de su personalidad.

2. El tratamiento y orientación psicológica tendrán en cuenta las características personales del minusválido, sus motivaciones e intereses, así como los factores familiares y sociales que puedan condicionarle, y estarán dirigidos a potenciar al máximo el uso de sus capacidades residuales.

3. El tratamiento y apoyo psicológicos serán simultáneos a los tratamientos funcionales y, en todo caso, se facilitarán desde la comprobación de la minusvalía, o desde la fecha en que se inicie un proceso patológico que pueda desembocar en minusvalía.

Sección 3ª De la educación

Artículo 23.

1. El minusválido se integrará en el sistema ordinario de la educación general, recibiendo, en su caso, los programas de apoyo y recursos que la presente Ley reconoce.

2. La Educación Especial será impartida transitoria o definitivamente, a aquellos minusválidos a los que les resulte imposible la integración en el sistema educativo ordinario y de acuerdo con lo previsto en el artículo 26 de la presente Ley.

Artículo 24.

En todo caso, la necesidad de la educación especial vendrá determinada, para cada persona, por la valoración global de los resultados del estudio diagnóstico previo de contenido pluridimensional.

Artículo 25.

La educación especial se impartirá en las instituciones ordinarias, públicas o privadas, del sistema educativo general, de forma continuada, transitoria o mediante programas de apoyo, según las condiciones de las deficiencias que afecten a cada alumno y se iniciará tan precozmente como lo requiera cada caso, acomodando su ulterior proceso al desarrollo psicobiológico de cada sujeto y no a criterios estrictamente cronológicos.

Artículo 26.

1. La educación especial es un proceso integral, flexible y dinámico, que se concibe para su aplicación personalizada y comprende los diferentes niveles y grados del sistema de enseñanza, particularmente los considerados obligatorios y gratuitos, encaminados a conseguir la total integración social del minusválido.

2. Concretamente, la educación especial tenderá a la consecución de los siguientes objetivos:

a) La superación de las deficiencias y de las consecuencias o secuelas derivadas de aquéllas.

b) La adquisición de conocimientos y hábitos que le doten de la mayor autonomía posible.

c) La promoción de todas las capacidades del minusválido para el desarrollo armónico de su personalidad.

d) La incorporación a la vida social y a un sistema de trabajo que permita a los minusválidos servirse y realizarse a sí mismos.

Artículo 27.

Solamente cuando la profundidad de la minusvalía lo haga imprescindible, la educación para minusválidos se llevará a cabo en Centros específicos. A estos efectos funcionarán en conexión con los Centros ordinarios, dotados de unidades de transición para facilitar la integración de sus alumnos en Centros ordinarios.

Artículo 28.

1. La educación especial, en cuanto proceso integrador de diferentes actividades, deberá contar con el personal interdisciplinario técnicamente adecuado que, actuando como equipo multiprofesional, garantice las diversas atenciones que cada deficiente requiera.

2. Todo el personal que, a través de las diferentes profesiones y en los distintos niveles, intervenga en la educación especial deberá poseer, además del título profesional adecuado a su respectiva función, la especialización, experiencia y aptitud necesarias.

3. Los equipos multiprofesionales previstos en el artículo 10 elaborarán las orientaciones pedagógicas individualizadas, cuya aplicación corresponderá al profesorado del Centro. Estos mismos equipos efectuarán periódicamente el seguimiento y evaluación del proceso integrador del minusválido en las diferentes actividades, en colaboración con dicho Centro.

Artículo 29.

Todos los hospitales, tanto infantiles como de rehabilitación, así como aquellos que tengan Servicios Pediátricos Permanentes, sean de la Administración del Estado, de los Organismos Autónomos de ella dependientes, de la Seguridad Social, de las Comunidades Autónomas y de las Corporaciones Locales, así como los hospitales privados, que regularmente ocupen cuando menos la mitad de sus camas, con enfermos cuya estancia y atención sanitaria sean abonadas con cargo a recursos públicos, tendrán que contar con una sección pedagógica para prevenir y evitar la marginación del proceso educativo de los alumnos en edad escolar internados en dichos hospitales.

Artículo 30.

Los minusválidos, en su etapa educativa, tendrán derecho a la gratuidad de la enseñanza, en las instituciones de carácter general, en las de atención particular y en los centros especiales, de acuerdo con lo que dispone la Constitución y las leyes que la desarrollan.

Artículo 31.

1. Dentro de la educación especial se considerará la formación profesional del minusválido de acuerdo con lo establecido en los diferentes niveles del sistema de enseñanza general y con el contenido de los artículos anteriores.

2. Los minusválidos que cursen estudios universitarios, cuya minusvalía les dificulte gravemente la adaptación al régimen de convocatorias establecido con carácter general, podrán solicitar y los centros habrán de conceder la ampliación del número de las mismas en la medida que compense su dificultad. Sin mengua del nivel exigido, las pruebas se adaptarán, en su caso, a las características de la minusvalía que presente el interesado.

3. A efectos de la participación en el control y gestión previstos en el Estatuto de Centros Escolares, se tendrá en cuenta la especialidad de esta Ley en lo que se refiere a los equipos especializados.

Sección 4ª De la recuperación profesional

Artículo 32.

1. Los minusválidos en edad laboral tendrán derecho a beneficiarse de las prestaciones de recuperación profesional de la Seguridad Social en las condiciones que establezcan en las disposiciones de desarrollo de la presente Ley.

2. Los procesos de recuperación profesional comprenderán, entre otras, las siguientes prestaciones:

a) Los tratamientos de rehabilitación médico-funcional, regulados en la Sección Primera de este Título.

b) La orientación profesional.

c) La formación, readaptación o reeducación profesional.

Artículo 33.

La orientación profesional será prestada por los correspondientes servicios, teniendo en cuenta las capacidades reales del minusválido, determinadas en base a los informes de los equipos multiprofesionales. Asimismo se tomarán en consideración la educación escolar efectivamente recibida y por recibir, los deseos de promoción social y las posibilidades de empleo existentes en cada caso, así como la atención a sus motivaciones, aptitudes y preferencias profesionales.

Artículo 34.

1. La formación, readaptación o reeducación profesional, que podrá comprender, en su caso, una preformación general básica, se impartirá de acuerdo con la orientación profesional prestada con anterioridad, siguiendo los criterios establecidos en el artículo 3 de esta Ley, y en la Sección Segunda del presente Título.

2. Las actividades formativas podrán impartirse, además de en los Centros de carácter general o especial dedicados a ello, en las Empresas, siendo necesario en este último supuesto, la formalización de un contrato especial de formación profesional entre el minusválido o, en su caso, el representante legal, y el empresario, cuyo contenido básico deberá ser fijado por las normas de desarrollo de la presente Ley, en relación con lo dispuesto en el artículo 11 del Estatuto de los Trabajadores.

Artículo 35.

1. Las prestaciones a que se refiere la presente sección podrán ser complementadas, en su caso, con otras medidas adicionales que faciliten al beneficiario el logro del máximo nivel de desarrollo personal y favorezcan su plena integración en la vida social.

2. Los beneficiarios de la prestación de recuperación del sistema de Seguridad Social podrán beneficiarse, asimismo, de las medidas complementarias a que se refiere el apartado anterior.

Artículo 36.

1. Los procesos de recuperación profesional serán prestados por los servicios de recuperación y rehabilitación de la Seguridad Social, previa la fijación para cada beneficiario del programa individual que se estime procedente.

2. A tales efectos, por los Ministerios competentes, en el plazo de un año, se elaborará un plan de actuación, en la materia, en el que, en base al principio de sectorización, se prevean los Centros y Servicios necesarios, teniendo presente la coordinación entre las fases médica, escolar y laboral del proceso de rehabilitación y la necesidad de garantizar a los minusválidos residentes en zonas rurales el acceso a los procesos de recuperación profesional.

3. La dispensación de los tratamientos recuperadores será gratuita.

4. Quienes reciban las prestaciones de recuperación profesional percibirán un subsidio en las condiciones que determinen las disposiciones de desarrollo de la presente Ley.

TÍTULO VII

DE LA INTEGRACIÓN LABORAL

Artículo 37.

1. Será finalidad primordial de la política de empleo de trabajadores con discapacidad su integración, en condiciones que garanticen la aplicación del principio de igualdad de trato, en el sistema ordinario de trabajo o, en su defecto, su incorporación al sistema productivo mediante la fórmula especial de trabajo protegido que se menciona en el artículo 41.

⇒ V. el RD 870/2007, de 2 julio, por el que se regula el programa de empleo con apoyo como medida de fomento del empleo de personas con discapacidad en el mercado ordinario de trabajo (§28.4).

2. A efectos de lo dispuesto en el apartado anterior, se entenderá por principio de igualdad de trato la ausencia de toda discriminación directa e indirecta basada en la discapacidad.

3. Existirá discriminación directa cuando una persona sea tratada de manera menos favorable que otra en situación análoga por motivo de su discapacidad.

Existirá discriminación indirecta cuando una disposición legal o reglamentaria, una cláusula convencional o contractual, un pacto individual o una decisión unilateral del empresario, aparentemente neutros, puedan ocasionar una desventaja particular a las personas con discapacidad respecto de otras personas, siempre que objetivamente no respondan a una finalidad legítima y que los medios para la consecución de esta finalidad no sean adecuados y necesarios, o salvo que el empresario venga obligado a adoptar medidas adecuadas, en función de las necesidades de cada situación concreta y de acuerdo con el artículo 37 bis de esta Ley, para eliminar las desventajas que supone esa disposición, cláusula, pacto o decisión.

✐ Modificado por art. 38.1 de Ley 62/2003, de 30 diciembre.

Artículo 37 bis.

1. Para garantizar la plena igualdad en el trabajo, el principio de igualdad de trato no impedirá que se mantengan o adopten medidas específicas destinadas a prevenir o compensar las desventajas ocasionadas por motivo de discapacidad.

2. Los empresarios están obligados a adoptar las medidas adecuadas para la adaptación del puesto de trabajo y la accesibilidad de la empresa, en función de las necesidades de cada situación concreta, con el fin de permitir a las personas con discapacidad acceder al empleo, desempeñar su trabajo, progresar profesionalmente y acceder a la formación, salvo que esas medidas supongan una carga excesiva para el empresario.

Para determinar si una carga es excesiva se tendrá en cuenta si es paliada en grado suficiente mediante las medidas, ayudas o subvenciones públicas para personas con discapacidad, así como los costes financieros y de otro tipo que las medidas impliquen y el tamaño y el volumen de negocios total de la organización o empresa.

✐ Añadido por art. 38.2 de Ley 62/2003, de 30 diciembre.

Artículo 38.

1. Las empresas públicas y privadas que empleen a un número de 50 o más trabajadores vendrán obligadas a que de entre ellos, al menos, el 2 por 100 sean trabajadores minusválidos. El cómputo mencionado anteriormente se realizará sobre la plantilla total de la empresa correspondiente, cualquiera que sea el número de centros de trabajo de aquélla y cualquiera que sea la forma de contratación laboral que vincule a los trabajadores de la empresa. Igualmente se entenderá que estarán incluidos en dicho cómputo los trabajadores minusválidos que se encuentren en cada momento prestando servicios en las empresas públicas o privadas, en virtud de los contratos de puesta a disposición que las mismas hayan celebrado con empresas de trabajo temporal.

De manera excepcional, las empresas públicas y privadas podrán quedar exentas de esta obligación, de forma parcial o total, bien a través de acuerdos recogidos en la negociación colectiva sectorial de ámbito estatal y, en su defecto, de ámbito inferior, a tenor de lo dispuesto en el artículo 83 números 2 y 3, del Real Decreto Legislativo 1/1995, de 24 de marzo, por el que se aprueba el Texto Refundido de la Ley del Estatuto de los Trabajadores, bien por opción voluntaria del empresario, debidamente comunicada a la autoridad laboral, y siempre que en ambos supuestos se apliquen las medidas alternativas que se determinen reglamentariamente.

✐ Ap. 1 modificado por disp. adic. 17 de Ley 24/2001, de 27 diciembre.

⇒ Cfr. El RD 364/2005, de 8 abril, cuyo art. 2 establece:

«Artículo 2. Medidas alternativas.

1. Las medidas alternativas que las empresas podrán aplicar para cumplir la obligación de reserva de empleo en favor de las personas con discapacidad son las siguientes:

a) La celebración de un contrato mercantil o civil con un centro especial de empleo, o con un trabajador autónomo con discapacidad, para el suministro de materias primas, maquinaria, bienes de equipo o cualquier otro tipo de bienes necesarios para el normal desarrollo de la actividad de la empresa que opta por esta medida.

b) La celebración de un contrato mercantil o civil con un centro especial de empleo, o con un trabajador autónomo con discapacidad, para la prestación de servicios ajenos y accesorios a la actividad normal de la empresa.

c) Realización de donaciones y de acciones de patrocinio, siempre de carácter monetario, para el desarrollo de actividades de inserción laboral y de creación de empleo de personas con discapacidad, cuando la entidad beneficiaria de dichas acciones de colaboración sea una fundación o una asociación de utilidad pública cuyo objeto social sea, entre otros, la formación profesional, la inserción laboral o la creación de empleo en favor de las personas con discapacidad que permita la creación de puestos de trabajo para aquéllas y, finalmente, su integración en el mercado de trabajo.

d) La constitución de un enclave laboral, previa suscripción del correspondiente contrato con un centro especial de empleo, de acuerdo con lo establecido en el Real Decreto 290/2004, de 20 de febrero, por el que se regulan los enclaves laborales como medida de fomento del empleo de las personas con discapacidad.

2. El importe anual de los contratos mercantiles o civiles con centros especiales de empleo o con trabajadores autónomos con discapacidad y de los contratos entre los centros especiales de empleo y las empresas colaboradoras para la constitución de enclaves laborales de las medidas previstas en los párrafos a), b) y d) del apartado anterior habrá de ser, al menos, tres veces el indicador público de renta de efectos múltiples (IPREM) anual por cada trabajador con discapacidad dejado de contratar por debajo de la cuota del dos por ciento.

El importe anual de la medida alternativa prevista en el párrafo c) del apartado anterior habrá de ser, al menos, de un importe de 1,5 veces el IPREM anual por cada trabajador con discapacidad dejado de contratar por debajo de la cuota del dos por ciento».

2. Se entenderán nulos y sin efecto los preceptos reglamentarios, las cláusulas de los convenios

colectivos, los pactos individuales y las decisiones unilaterales de las Empresas que supongan en contra de los minusválidos discriminaciones en el empleo, en materia de retribuciones, jornadas y demás condiciones de trabajo.

3. En las pruebas selectivas para el ingreso en los Cuerpos de la Administración del Estado, Comunidades Autónomas, Administración Local, Institucional y de la Seguridad Social, serán admitidos los minusválidos en igualdad de condiciones con los demás aspirantes.

Las condiciones personales de aptitud para el ejercicio de las funciones correspondientes se acreditarán en su caso mediante dictamen vinculante expedido por el equipo multiprofesional competente, que deberá ser emitido con anterioridad a la iniciación de las pruebas selectivas.

4. Se fomentará el empleo de los trabajadores minusválidos mediante el establecimiento de ayudas que faciliten su integración laboral. Estas ayudas podrán consistir en subvenciones o préstamos para la adaptación de los puestos de trabajo, la eliminación de barreras arquitectónicas que dificulten su acceso y movilidad en los Centros de producción, la posibilidad de establecerse como trabajadores autónomos, el pago de las cuotas de la Seguridad Social y cuantas otras se consideran adecuadas para promover la colocación de los minusválidos, especialmente la promoción de Cooperativas.

Artículo 39.

1. Corresponde al Ministerio de Trabajo y Seguridad Social, a través de las Oficinas de Empleo del Instituto Nacional de Empleo, la colocación de los minusválidos que finalicen su recuperación profesional cuando ésta sea precisa.

2. A los efectos de aplicación de beneficios que la presente Ley y sus normas de desarrollo reconozcan, tanto a los trabajadores minusválidos como a las Empresas que los empleen, se confeccionará por parte de las Oficinas de Empleo, un registro de trabajadores minusválidos demandantes de empleo, incluidos en el censo general de parados.

3. Para garantizar la eficaz aplicación de lo dispuesto en los dos apartados anteriores, y lograr la adecuación entre las condiciones personales del minusválido y las características del puesto de trabajo, se establecerá, reglamentariamente, la coordinación entre las Oficinas de Empleo y los equipos multiprofesionales previstos en la presente Ley.

Artículo 40.

1. En el plazo de seis meses, a partir de la entrada en vigor de la presente Ley, por el Ministerio de Trabajo y Seguridad Social se dictarán las normas de desarrollo sobre el empleo selectivo regulado en la sección tercera del capítulo VII del título II de la Ley General de la Seguridad Social, coordinando las mismas con lo dispuesto en la presente Ley.

2. En las citadas normas se regularán específicamente las condiciones de readmisión, por las Empresas, de sus propios trabajadores, una vez terminados los correspondientes procesos de recuperación.

Artículo 41.

1. Los minusválidos que por razón de la naturaleza o de las consecuencias de sus minusvalías no puedan, provisional o definitivamente, ejercer una actividad laboral en las condiciones habituales, deberán ser empleados en Centros Especiales de Empleo, cuando su capacidad de trabajo sea igual o superior a un porcentaje de la capacidad habitual que se fijará por la correspondiente norma reguladora de la relación laboral de carácter especial de los trabajadores minusválidos que presten sus servicios en Centros Especiales de Empleo.

2. Cuando la capacidad residual de los minusválidos no alcanzara el porcentaje establecido en el apartado anterior, accederán en su caso a los Centros Ocupacionales previstos en el Título VIII de esta Ley.

3. Los equipos multiprofesionales de valoración previstos en el artículo 10 determinarán, en cada caso, mediante resolución motivada, las posibilidades de integración real y la capacidad de trabajo de los minusválidos a que se refieren los apartados anteriores.

Artículo 42.

1. Los Centros Especiales de Empleo son aquellos cuyo objetivo principal sea el de realizar un trabajo productivo, participando regularmente en las operaciones del mercado, y teniendo como finalidad el asegurar un empleo remunerado y la prestación de servicios de ajuste personal y social que requieran sus trabajadores minusválidos; a la vez que sea un medio de integración del mayor número de minusválidos al régimen de trabajo normal.

⇒ El RD 469/2006, de 21 abril, regula las unidades de apoyo a la actividad profesionl en el marco de los servicios de ajuste personal y social de los Centros Especiales de Empleo.

2. La plantilla de los Centros Especiales de Empleo estará constituida por el mayor número de trabajadores minusválidos que permita la naturaleza del proceso productivo y, en todo caso, por el 70 por 100 de aquélla. A estos efectos no se contemplará el personal no minusválido dedicado a la prestación de servicios de ajuste personal y social.

Se entenderán por servicios de ajuste personal y social los de rehabilitación, terapéuticos, de integración social, culturales y deportivos que procuren al trabajador minusválido del Centro Especial de Empleo una mayor rehabilitación personal y una mejor adaptación de su relación social.

✐ Ap. 2 modificado por disp. adic. 39.2 de Ley 66/1997, de 30 diciembre.

Artículo 43.

1. En atención a las especiales características que concurren en los Centros Especiales de Empleo y para que éstos puedan cumplir la función social requerida, las Administraciones Públicas podrán, de la forma en que reglamentariamente se determine, establecer compensaciones económicas, destinadas a los Centros, para ayudar a la viabilidad de los mismos, estableciendo para ello, además, los mecanismos de control que se estimen pertinentes.

2. Los criterios para establecer dichas compensaciones económicas serán que estos Centros Especiales de Empleo reúnan las condiciones de utilidad pública y de imprescindibilidad y que carezcan de ánimo de lucro.

Artículo 44.

Los trabajadores minusválidos empleados en los Centros Especiales de Empleo quedarán incluidos en el régimen correspondiente de la Seguridad Social, dictándose por el Gobierno las normas específicas de sus condiciones de trabajo y de Seguridad Social, en atención a las peculiares características de su actividad laboral.

✐ Derogado por disp. derog. única.g) 1 de RDLeg 1/1994, de 20 junio.

Artículo 45.

1. Los Centros Especiales de Empleo podrán ser creados tanto por Organismos públicos y privados como por las Empresas, siempre con sujeción a las normas legales, reglamentarias y convencionales, que regulen las condiciones de trabajo.

2. Las Administraciones Públicas, dentro del ámbito de sus competencias y a través del estudio de necesidades sectoriales, promoverán la creación y puesta en marcha de Centros Especiales de Empleo, sea directamente o en colaboración con otros Organismos o Entidades, a la vez que fomentarán la creación de puestos de trabajo especiales para minusválidos mediante la adopción de las medidas necesarias para la consecución de tales finalidades. Asimismo, vigilarán, de forma periódica y rigurosa, que los minusválidos sean empleados en condiciones de trabajo adecuadas.

Artículo 46.

Los equipos multiprofesionales de valoración deberán someter a revisiones periódicas a los minusválidos empleados en los Centros Especiales de Empleo a fin de impulsar su promoción teniendo en cuenta el nivel de recuperación y adaptación laboral alcanzado.

Artículo 47.

1. Aquellos minusválidos en edad laboral, cuya capacidad esté comprendida entre los grados mínimo y máximo que se fijen de conformidad con lo previsto en el artículo 7 que no cuenten con un puesto laboral retribuido por causas a ellos no imputables, tendrán derecho a percibir el subsidio de garantía de ingresos mínimos establecido en el artículo 15, a partir de la fecha de su inscripción en el Registro previsto en el art. 39.2, siempre que reúnan los mismos requisitos de orden económico establecidos en el artículo 15 y por el período máximo establecido para las prestaciones por desempleo en la Ley Básica de Empleo.

2. El derecho a la percepción del subsidio quedará subordinado al previo cumplimiento, por parte del beneficiario, de aquellas medidas de recuperación profesional que, en su caso, se le hubiesen prescrito.

Artículo 48.

El pago del subsidio de garantía de ingresos mínimos se hará efectivo mientras subsista la situación de paro y supuesto que el minusválido parado no haya rechazado una oferta de empleo adecuada a sus aptitudes físicas y profesionales.

TÍTULO VIII
DE LOS SERVICIOS SOCIALES

Artículo 49.

Los servicios sociales para los minusválidos tienen como objetivo garantizar a éstos el logro de adecuados niveles de desarrollo personal y de integración en la comunidad así como la superación de las discriminaciones adicionales padecidas por los minusválidos que residan en las zonas rurales.

Artículo 50.

La actuación en materia de servicios sociales para minusválidos se acomodará a los siguientes criterios:

a) Todos los minusválidos, sin discriminación alguna, tienen derecho a las prestaciones de los servicios sociales.

b) Los servicios sociales podrán ser prestados tanto por las Administraciones Públicas como por Instituciones o personas jurídicas privadas sin ánimo de lucro.

c) Los servicios sociales para minusválidos, responsabilidad de las Administraciones Públicas, se prestarán por las Instituciones y Centros de carácter general a través de los cauces y mediante los recursos humanos, financieros y técnicos de carácter ordinario, salvedad hecha de cuando, excepcionalmente, las características de las minusvalías exijan una atención singularizada.

d) La prestación de los servicios sociales respetará al máximo la permanencia de los minusválidos en su medio familiar y en su entorno geográfico, mediante la adecuada localización de los mismos, a la vez que deberá contemplar, especialmente, la problemática peculiar de los disminuidos que habitan en zonas rurales.

e) Se procurará hasta el límite que impongan los distintos tipos de minusvalías la participación de los propios minusválidos, singularmente en el caso de los adultos, en las tareas comunes de convivencia, de dirección y de control de los servicios sociales.

Artículo 51.

1. Sin perjuicio de lo dispuesto en otros artículos de esta Ley, los minusválidos tendrán derecho a los servicios sociales de orientación familiar, de información y orientación, de atención domiciliaria, de residencias y hogares comunitarios, de actividades culturales, deportivas, ocupación del ocio y del tiempo libre.

2. Además, y como complemento de las medidas específicamente previstas en esta Ley, podrán dispensarse con cargo a las consignaciones que figuren al efecto en el capítulo correspondiente de los Presupuestos Generales del Estado, servicios y prestaciones económicas a los minusválidos que se encuentren en situación de necesidad y que carezcan de los recursos indispensables para hacer frente a la misma.

Artículo 52.

1. La orientación familiar tendrá como objetivo la información a las familias, su capacitación y entrenamiento para atender a la estimulación y maduración de los hijos minusválidos y a la adecuación del entorno familiar a las necesidades rehabilitadoras de aquéllos.

2. Los servicios de orientación e información deben facilitar al minusválido el conocimiento de las prestaciones y servicios a su alcance, así como las condiciones de acceso a los mismos.

3. Los servicios de atención domiciliaria tendrán como cometido la prestación de atenciones de carácter personal y doméstico, así como la prestación rehabilitadora tal y como ya dispone el artículo 19 de la presente Ley, todo ello sólo para aquellos minusválidos cuyas situaciones lo requieran.

4. Los servicios de residencias y hogares comunitarios tienen como objetivo atender a las necesidades básicas de aquellos minusválidos carentes de hogar y familia o con graves problemas de integración familiar.

Estas residencias y hogares comunitarios podrán ser promovidos por las Administraciones Públicas, por los propios minusválidos y por sus familias. En la promoción de residencia y hogares comunitarios, realizados por los propios minusválidos y por sus familias, éstos gozarán de la protección prioritaria por parte de las Administraciones Públicas.

5. Las actividades deportivas, culturales, de ocio y tiempo libre se desarrollarán siempre que sea posible, en las instalaciones y con los medios ordinarios de la comunidad. Sólo de forma subsidiaria o complementaria podrán establecerse servicios y actividades específicas para aquellos casos en que, por la gravedad de la minusvalía, resultara imposible la integración.

A tales efectos, en las normas previstas en el artículo 54 de esta Ley, se adoptarán las previsiones necesarias para facilitar el acceso de los minusválidos a las instalaciones deportivas, recreativas y culturales.

6. Sin perjuicio de la aplicación de las medidas previstas con carácter general en la presente Ley, y cuando la profundidad de la minusvalía lo hiciera necesario, la persona minusválida tendrá derecho a residir y ser asistida en un establecimiento especializado.

Artículo 53.

1. Los Centros Ocupacionales tienen como finalidad asegurar los servicios de terapia ocupacional y de ajuste personal y social a los minusválidos cuya acusada minusvalía temporal o permanente les impida su integración en una Empresa o en un Centro Especial de Empleo.

2. Las Administraciones Públicas, de acuerdo a sus competencias, dictarán las normas específicas correspondientes, estableciendo las condiciones de todo tipo que deberán reunir los Centros Ocupacionales para que sea autorizada su creación y funcionamiento.

Su creación y sostenimiento serán competencia tanto de dichas Administraciones Públicas como de las Instituciones o personas jurídicas privadas sin ánimo de lucro, atendiendo estas últimas, en todo caso, a las normas que para su creación y funcionamiento se dicten de acuerdo a lo dispuesto en el párrafo anterior.

TÍTULO IX

OTROS ASPECTOS DE LA ATENCIÓN A LOS MINUSVÁLIDOS

Sección 1ª Movilidad y barreras arquitectónicas

Artículo 54.

1. La construcción, ampliación y reforma de los edificios de propiedad pública o privada, destinados a un uso que implique la concurrencia de público, así como la planificación y urbanización de las vías públicas, parques y jardines de iguales características, se efectuará de forma tal que resulten accesibles y utilizables a los minusválidos.

2. Quedan únicamente excluidas de la obligación anterior las reparaciones que exigieran la higiene, el ornato y la normal conservación de los inmuebles existentes, así como las obras de reconstrucción o conservación de los monumentos de interés histórico o artístico.

3. A tal fin, las Administraciones Públicas competentes aprobarán las normas urbanísticas y arquitectónicas básicas conteniendo las condiciones a que deberán ajustarse los proyectos, el catálogo de edificios a los que serán de aplicación las mismas y el procedimiento de autorización, fiscalización y, en su caso, sanción.

Artículo 55.

1. Las instalaciones, edificios, calles, parques y jardines existentes y cuya vida útil sea aún considerable, serán adaptados gradualmente, de acuerdo con el orden de prioridades que reglamentariamente se determine, a las reglas y condiciones previstas en las normas urbanísticas y arquitectónicas básicas a que se refiere el artículo anterior.

2. A tal fin, los Entes públicos habilitarán en sus presupuestos las consignaciones necesarias para la financiación de esas adaptaciones en los inmuebles que de ellos dependan.

3. Al mismo tiempo, fomentarán la adaptación de los inmuebles de titularidad privada, mediante el establecimiento de ayudas, exenciones y subvenciones.

4. Además, las Administraciones urbanísticas deberán considerar, y en su caso incluir, la necesidad de esas adaptaciones anticipadas, en los planes municipales de ordenación urbana que formulen o aprueben.

Artículo 56.

Los Ayuntamientos deberán prever planes municipales de actuación, al objeto de adaptar las vías públicas, parques y jardines, a las normas aprobadas con carácter general, viniendo obligados a destinar un porcentaje de su presupuesto a los fines previstos en este artículo.

Artículo 57.

1. En los proyectos de viviendas de protección oficial y viviendas sociales, se programará un mínimo del 3 por 100 con las características constructivas suficientes para facilitar el acceso de los

minusválidos, así como el desenvolvimiento normal de sus actividades motrices y su integración en el núcleo en que habiten.

2. La obligación establecida en el párrafo anterior alcanzará, igualmente, a los proyectos de viviendas de cualquier otro carácter que se construyan, promuevan o subvencionen por las Administraciones Públicas y demás Entidades dependientes o vinculadas al sector público. Por las Administraciones Públicas competentes se dictarán las disposiciones reglamentarias para garantizar la instalación de ascensores con capacidad para transportar simultáneamente una silla de ruedas de tipo normalizado y una persona no minusválida.

3. Por las Administraciones Públicas se dictarán las normas técnicas básicas necesarias para dar cumplimiento a lo dispuesto en los dos apartados anteriores.

4. Cuando el proyecto se refiera a un conjunto de edificios e instalaciones que constituyen un complejo arquitectónico, éste se proyectará y construirá en condiciones que permitan, en todo caso, la accesibilidad de los disminuidos a los diferentes inmuebles e instalaciones complementarias.

Artículo 58.

1. Sin perjuicio de lo dispuesto en los artículos anteriores, las normas técnicas básicas sobre edificación incluirán previsiones relativas a las condiciones mínimas que deberán reunir los edificios de cualquier tipo para permitir la accesibilidad de los minusválidos.

2. Todas estas normas deberán ser recogidas en la fase de redacción de los proyectos básicos y de ejecución, denegándose los visados oficiales correspondientes, bien de Colegios Profesionales o de Oficinas de Supervisión de los distintos Departamentos ministeriales, a aquellos que no las cumplan.

Artículo 59.

Al objeto de facilitar la movilidad de los minusválidos, en el plazo de un año se adoptarán medidas técnicas en orden a la adaptación progresiva de los transportes públicos colectivos.

Artículo 60.

Por los Ayuntamientos se adoptarán las medidas adecuadas para facilitar el estacionamiento de los vehículos automóviles pertenecientes a los minusválidos con problemas graves de movilidad.

Artículo 61.

Se considerará rehabilitación de la vivienda, a efectos de la obtención de subvenciones y préstamos con subvención de intereses, las reformas que los minusválidos, por causa de su minusvalía, tengan que realizar en su vivienda habitual y permanente.

Sección 2ª Del personal de los distintos servicios

Artículo 62.

1. La atención y prestación de los servicios que requieran los minusválidos en su proceso de recuperación e integración deberán estar orientadas, dirigidas y realizadas por personal especializado.

2. Este proceso, por la variedad, amplitud y complejidad de las funciones que abarca, exige el concurso de diversos especialistas que deberán actuar conjuntamente como equipo multiprofesional.

Artículo 63.

1. El Estado adoptará las medidas pertinentes para la formación de los diversos especialistas, en número y con las cualificaciones necesarias para atender adecuadamente los diversos servicios que los minusválidos requieren, tanto a nivel de detección y valoración como educativo y de servicios sociales.

2. El Estado establecerá programas permanentes de especialización y actualización, de carácter general y de aplicación especial para las diferentes deficiencias, así como sobre modos específicos de recuperación, según la distinta problemática de las diversas profesiones.

Artículo 64.

1. El Estado fomentará la colaboración del voluntariado en la atención de los disminuidos promoviendo la constitución y funcionamiento de instituciones sin fin de lucro que agrupen a personas interesadas en esta actividad, a fin de que puedan colaborar con los profesionales en la realización de actuaciones de carácter vocacional en favor de aquéllos.

2. Las funciones que desempeñe dicho personal vendrán determinadas, en forma permanente, por la prestación de atenciones domiciliarias y aquellas otras que no impliquen una permanencia en el servicio ni requieran especial cualificación.

3. Por los poderes públicos se procurará orientar hacia la atención de los disminuidos, a quienes

resulten obligados a la realización de una prestación civil sustitutoria respecto del cumplimiento del servicio militar, y a quienes se incorporen al servicio civil para la atención de fines de interés general de conformidad con lo previsto en los artículos 30.2 y 3, de la Constitución y en las disposiciones que se dicten para su desarrollo.

TÍTULO X
GESTIÓN Y FINANCIACIÓN

Artículo 65.

1. En el plazo máximo de un año, a partir de la entrada en vigor de la presente Ley, el Gobierno efectuará la reorganización administrativa en orden a la atención integral a los disminuidos físicos, psíquicos y sensoriales, que racionalice, simplifique y unifique los órganos de la Administración actualmente existentes y coordine racionalmente sus competencias.

2. La organización administrativa expresada en el apartado anterior deberá contemplar, especialmente, la planificación de la política general de atención a minusválidos; la descentralización de los servicios mediante la sectorización de los mismos; la participación democrática de los beneficiarios, por sí mismos o a través de sus legales representantes y de los profesionales del campo a la deficiencia directamente o a través de Asociaciones específicas; la financiación pública de las actuaciones encaminadas a la atención integral de los disminuidos; la elaboración, programación, ejecución, control y evaluación de los resultados de una planificación regional, y la integración de dicha planificación en el contexto de los servicios generales sanitarios, educativos, laborales y sociales, y en el programa nacional de desarrollo socio-económico.

Artículo 66.

La financiación de las distintas prestaciones, subsidios, atenciones y servicios contenidos en la presente Ley se efectuará con cargo a los Presupuestos Generales del Estado, y a los de las Comunidades Autónomas y Corporaciones Locales, de acuerdo con las competencias que les correspondan respectivamente. En dichos presupuestos deberán consignarse de manera específica las dotaciones correspondientes.

DISPOSICIÓN TRANSITORIA

Única.

Las actuales Unidades de Valoración quedan integradas, con sus correspondientes dotaciones presupuestarias actuales, en los equipos multiprofesionales que contempla la presente Ley.

DISPOSICIONES ADICIONALES

Primera.

En las Leyes y en las disposiciones de carácter reglamentario que, promulgadas a partir de la entrada en vigor de esta Ley, regulen con carácter general los distintos aspectos de la atención a los disminuidos físicos, psíquicos y sensoriales contemplados en esta Ley, se incluirán preceptos que reconozcan el derecho de los disminuidos a las prestaciones generales y, en su caso, la adecuación de los principios generales a las peculiaridades de los minusválidos.

Segunda.

Lo dispuesto en esta Ley se entiende sin perjuicio de lo previsto en los Estatutos de Autonomía de las Comunidades Autónomas.

DISPOSICIONES FINALES

Primera.

En el plazo de seis meses, a partir de la entrada en vigor de la presente Ley, el Gobierno someterá a las Cortes un proyecto de ley que modifique los Títulos IX y X del Libro I del vigente Código Civil, en relación con la incapacidad y sistema tutelar de las personas deficientes.

Segunda.

En el plazo de un año someterá el Gobierno a las Cortes un proyecto que modifique el artículo 380, siguientes y concordantes de la Ley de Enjuiciamiento Criminal.

Tercera.

Se autoriza al Gobierno para modificar por Decreto, a propuesta del Ministerio de Trabajo y Seguridad Social, las disposiciones reguladoras de la invalidez contenidas en la Ley General de la Seguridad Social, adaptándolas a lo dispuesto en la presente Ley.

Cuarta.

Se modifica el art. 132 de la Ley de la Seguridad Social, texto refundido, para que no sea necesaria el alta médica para la valoración de la invalidez permanente, cuyas secuelas son definitivas.

Derogada por disp. derog. única.g) 2 de RDLeg 1/1994, de 20 junio.

Quinta.

Se modifica el artículo 135 de la Ley de la Seguridad Social, texto refundido, por el que se exige para la declaración de gran invalidez estar afecto de incapacidad permanente absoluta para todo trabajo. La gran invalidez no implica necesariamente la incapacidad permanente absoluta para toda clase de trabajo.

Derogada por disp. derog. única.g) 2 de RDLeg 1/1994, de 20 junio.

Sexta.

De conformidad con lo previsto en el artículo 2 del Estatuto de los Trabajadores, el Gobierno, en el plazo de un año, a partir de la entrada en vigor de esta Ley, aprobará las disposiciones reguladoras de trabajo de las personas con capacidad física, psíquica o sensorial disminuida que presten servicios laborales en los Centros de Empleo Especial a que se refiere la presente Ley.

Séptima.

Para adecuar el coste de los derechos contenidos en esta Ley de Integración Social de los Minusválidos a las disponibilidades presupuestarias que permita la situación económica del país, se establece la siguiente lista de prioridades, que las Administraciones Públicas deberán atender inexcusablemente, en la forma indicada abajo. De todos modos, el coste total de la presente Ley debe estar plenamente asumido en el plazo máximo de diez años a partir de su entrada en vigor.

Dichas prioridades serán las siguientes para los dos primeros años de aplicación de la Ley:

1ª Asistencia Sanitaria y Prestación Farmacéutica.

2ª Servicios sociales, en especial los Centros ocupacionales para minusválidos profundos y grandes inválidos.

3ª Subsidio de ingresos mínimos, mediante aumentos porcentuales, que se realizarán de forma progresiva y continuada, y que se determinarán reglamentariamente, empezando con un mínimo que sea superior a las actuales percepciones por este concepto.

4ª Subsidio por ayuda de tercera persona.

5ª Subsidio de movilidad y compensación de transporte.

6ª Normativa sobre Educación Especial.

7ª Normativa sobre movilidad y barreras arquitectónicas.

8ª Normativa sobre Centros Especiales de Empleo.

9ª Normativa sobre los equipos multiprofesionales.

10. Normativa sobre los programas permanentes de especialización y actualización previstos en el artículo 63.2.

El resto de las prestaciones, subsidios, atenciones y servicios podrán ser desarrolladas con posterioridad al plazo antes indicado, en función de las necesidades generadas por la aplicación de la presente Ley.

Este desarrollo deberá hacerse de manera progresiva y continuada, para que en cada bienio, hasta llegar al plazo máximo de diez años fijados anteriormente, se pongan en marcha las prestaciones, subsidios, atenciones y servicios previstos en esta Ley o se completen los ya iniciados.

Octava.

Quedan derogadas cuantas normas sean contrarias a la presente Ley.

§ 28.2 REAL DECRETO 1451/1983, DE 11 MAYO. REGULA EL EMPLEO SELECTIVO Y LAS MEDIDAS DE FOMENTO DEL EMPLEO DE LOS TRABAJADORES MINUSVÁLIDOS

(BOE núm. 133, de 4 junio [RCL 1983, 1174])

El Gobierno entiende que es preciso realizar un esfuerzo económico y de solidaridad social para hacer efectivo respecto de los minusválidos el derecho al trabajo que para todos los españoles, sin discriminación, reconoce y garantiza el artículo 35 de la Constitución Española.

Por otra parte, el Gobierno, en coherencia con el espíritu que inspira la Ley 13/1982, de 7 de abril, de integración social de los minusválidos, considera que la integración laboral de éstos debe realizarse fundamentalmente a través del sistema ordinario de trabajo y anuncia que a tal fin irá encaminada la política de empleo que desarrollará en favor de los minusválidos.

Pues bien, favorecer la incorporación de los minusválidos, tanto originarios como sobrevenidos, a puestos de trabajo en la Empresa ordinaria es lo que se persigue con las medidas que se contemplan en el presente Real Decreto que se dicta tanto para dar cumplimiento al mandato legislativo que se contiene en el artículo 40 de la Ley de Integración Social de los Minusválidos respecto del empleo selectivo, cuanto para introducir determinadas modificaciones en las medidas de fomento del empleo de los minusválidos que hasta ahora venían rigiendo y al propio tiempo aprovechando estas circunstancias, para proceder a la unificación de ambos tipos de medidas en una sola disposición.

En el presente Real Decreto aparecen, pues, claramente diferenciados dos tipos de medidas. De una parte, las relativas al empleo selectivo, estableciendo las condiciones en que se han de producir la reincorporación o readmisión de los trabajadores afectos de una incapacidad permanente parcial, reconocida originariamente o como consecuencia de un expediente de revisión, por parte de las Empresas en las que venían prestando estos servicios con anterioridad al reconocimiento de la invalidez permanente; se concretan, asimismo, determinados aspectos relativos al cupo de reserva de plantilla que la Ley de Integración Social de los Minusválidos impone a las Empresas con más de 50 trabajadores fijos y se abre, en fin, la posibilidad para que, a través de la negociación colectiva, pueda llegarse a establecer la reserva de ciertos puestos de trabajo para los minusválidos. De otra parte, como ya se ha dicho, se incorporan las medidas de fomento del empleo de minusválidos que estaban reguladas anteriormente en el Real Decreto 1445/1982, de 25 de junio. Las modificaciones más importantes que se introducen respecto de este tipo de medidas son básicamente dos: una, se eleva la cuantía de la subvención que se concede por la contratación de trabajadores minusválidos para diferenciarla claramente de las que se conceden por las contrataciones por tiempo indefinido de trabajadores que no tienen disminuida su capacidad funcional; otra, la posibilidad de, sin límite de edad, poder concertar contratos de formación con los minusválidos que servirán, sin duda, para conseguir una mejor adaptación o readaptación profesional de aquéllos al puesto de trabajo que con carácter estable vayan a ocupar.

En su virtud, a propuesta del *Ministerio de Trabajo y Seguridad Social*, de acuerdo con el dictamen del Consejo de Estado, y previa deliberación del Consejo de Ministros en su reunión del día 11 de mayo de 1983, dispongo:

⇒ Las referencias al Ministerio o Ministro de Trabajo y Seguridad Social, entiéndanse hoy hechas al Ministerio o Ministro de Trabajo y Asuntos Sociales.
El RD 1445/1982 puede verse en §30.2.

CAPÍTULO I
Empleo selectivo

Artículo 1.

Los trabajadores que hayan sido declarados en situación de incapacidad permanente parcial, tienen derecho a su reincorporación en la Empresa en las condiciones siguientes:

1. Si la incapacidad permanente parcial no afecta al rendimiento normal del trabajador en el puesto de trabajo que ocupaba antes de incapacitarse deberá el empresario reincorporarlo al mismo puesto o, en caso de imposibilidad, mantenerle el nivel retributivo correspondiente al mismo. En el

supuesto de que el empresario acredite la disminución en el rendimiento, deberá ocupar al trabajador en un puesto de trabajo adecuado a su capacidad residual y, si no existiera, podrá reducir proporcionalmente el salario, sin que en ningún caso la disminución pueda ser superior al 25 por 100 ni que los ingresos sean inferiores al salario mínimo interprofesional cuando se realice jornada completa.

⇒ Sobre el salario mínimo de referencia, v. el art. 1.2.i del RDley 3/2004 (§12.2).

2. Los trabajadores que hubiesen sido declarados en situación de incapacidad permanente parcial y después de haber recibido prestaciones de recuperación profesional recobraran su total capacidad para su profesión habitual, tendrán derecho a reincorporarse a su puesto de trabajo originario, si el que viniesen ocupando fuese de categoría inferior, siempre que no hubiesen transcurrido más de tres años en dicha situación. La reincorporación se llevará a efecto previa la comunicación a la Empresa, y a los representantes del personal, en el plazo de un mes contado a partir de la declaración de aptitud por el organismo correspondiente.

Artículo 2.

1. Los trabajadores que hubieran cesado en la Empresa por habérseles reconocido una incapacidad permanente total o absoluta y después de haber recibido prestaciones de recuperación profesional hubieran recobrado su plena capacidad laboral, tendrán preferencia absoluta para su readmisión en la última Empresa en que trabajaron en la primera vacante que se produzca en su categoría o grupo profesional.

⇒ Cfr. art. 48.2 del ET (§2).

2. Los trabajadores que hubieran cesado en la Empresa por habérseles reconocido una invalidez permanente y después de haber recibido las prestaciones de recuperación profesional continuaran afectos de una incapacidad permanente parcial, tendrán preferencia absoluta para su readmisión en la última Empresa en que trabajaron en la primera vacante que se produzca y que resulte adecuada a su capacidad laboral.

⇒ Cfr. art. 48.2 del ET (§2).

3. Las readmisiones que lleven a efecto las Empresas, en los supuestos previstos en este artículo, darán derecho a reducciones del 50 por 100 de la cuota patronal de la Seguridad Social correspondiente a las contingencias comunes durante un período de dos años.

Artículo 3.

1. Los trabajadores que, con arreglo al artículo anterior, tengan derecho a ser readmitidos, deberán comunicarlo a la Empresa, y a los representantes del personal, en el plazo de un mes contado a partir de la declaración de aptitud por el organismo correspondiente. La Empresa deberá poner en conocimiento de los trabajadores que se encuentren en tal situación las vacantes que existan de igual o inferior categoría, quedando liberada de su obligación desde el momento en que el trabajador rechace un puesto de trabajo de igual categoría a la que ostentaba en la Empresa o de categoría inferior si no hubiese obtenido la plena recuperación para su profesión habitual, que no implique cambio de residencia.

2. Cuando la Empresa tenga varios Centros de trabajo y la vacante que exista implique cambio de residencia, el trabajador podrá optar por ocuparla o esperar a que exista plaza en el Centro de trabajo donde tenga establecida su residencia. En el primer supuesto mantendrá su preferencia para ocupar la primera vacante de su categoría o grupo profesional que se produzca en el Centro de trabajo originario.

Artículo 4.

Conforme a lo dispuesto en el artículo 38.1 de la Ley 13/1982, de 7 de abril, las empresas públicas y privadas que empleen a un número de 50 o más trabajadores vendrán obligadas a que de entre ellos, al menos, el 2 por 100 sean trabajadores minusválidos. No obstante lo anterior, las empresas responsables podrán excepcionalmente quedar exentas de tal obligación en los términos previstos en la referida Ley 13/1982, así como en lo dispuesto en su normativa de desarrollo.

✐ Artículo redactado por la disp. adic. 2ª.1 del RD 27/2000, de 14 enero, que establece medidas alternativas de carácter excepcional al cumplimiento de la cuota de reserva del 2 por 100 en favor de trabajadores discapacitados en empresas de 50 o más trabajadores.

⇒ V. art. 38.1 de la Ley 13/1982, en redacción dada por la disp. adic. 17ª de la Ley 24/2001 (§28.1).

V. la O. 24 julio 2000, por la que se regula el procedimiento administrativo referente a las medidas alternativas de carácter excepcional al cumplimiento de la cuota de reserva del 2 por 100 en favor de trabajadores discapacitados en empresas de 50 o más trabajadores.

V. STC 269/1994, de 3 octubre (RTC 1994, 269), sobre constitucionalidad de la medida.

Téngase presente que la regulación de las medidas alternativas de carácter excepcional está recogida actualmente en el RD 364/2005, de 8 abril, parcialmente transcrito en nota al artículo 38.1 de la Ley 13/1982 (§28.1).

Artículo 5.

Dentro del primer trimestre de cada año, con conocimiento de los representantes del personal, las Empresas que empleen un número de trabajadores fijos que exceda de 50, deberán enviar a la Oficina de Empleo del INEM de la provincia en que tengan su sede social, así como a las de provincias donde tengan Centros de Trabajo, relación detallada de los puestos de trabajo ocupados por trabajadores minusválidos y de aquellos que por sus características queden reservados a los mismos.

Las Oficinas de Empleo darán traslado de estas relaciones a los equipos multiprofesionales.

Artículo 6.

1. En los Convenios Colectivos las partes podrán establecer los puestos de trabajo reservados a minusválidos.

⇒ Cfr. art. 85.1 del ET (§2).

2. Los modelos de la hoja estadística que figuran en los anexos del Real Decreto 1040/1981, de 22 de mayo, sobre Registro y Depósito de Convenios Colectivos, quedan modificados en el sentido de incorporar los siguientes datos:

a) Relación de puestos de trabajo que puedan destinarse preferentemente a minusválidos.

b) Acuerdos recogidos en Convenio por los que se establezca, como medida de empleo selectivo, la reserva, con preferencia absoluta, de determinados puestos de trabajo a los minusválidos.

⇒ El RD 1040/1981 puede verse en §17.1.

CAPÍTULO II
Medidas de fomento del empleo

⇒ V. las normas sobre contratación y fomento del empleo y el art. 47 de la Ley 53/2002, de 30 diciembre (§16.4 bis). V. la disp. adic. 5ª de la Ley 24/2001, de 27 diciembre, en redacción dada por Ley 45/2002 (§36.2), por la que se establece que las subvenciones y bonificaciones previstas en el Cap. II de este Real Decreto no se aplicarán en determinados supuestos. Por su parte, la disp. adic. 6ª de la indicada Ley 24/2001, en redacción conferida por la Ley 51/2003, establece que el grado mínimo de minusvalía necesario para generar derecho a los beneficios establecidos en las medidas de fomento del empleo en favor de los discapacitados y para que éstos puedan ser contratados en prácticas o para la formación con los beneficios inherentes, deberá ser igual o superior al 33%.

Artículo 7.

1. Las empresas que contraten por tiempo indefinido y a jornada completa a trabajadores minusválidos tendrán derecho a una subvención de 3.907 euros por cada contrato de trabajo celebrado *y, durante su vigencia, a bonificaciones en las cuotas empresariales de la Seguridad Social, incluidas las de accidente de trabajo y enfermedad profesional y las cuotas de recaudación conjunta, en las siguientes cuantías:*

a) 70 por 100 por cada trabajador minusválido contratado menor de 45 años. En el caso de contratación de mujeres minusválidas, dicho porcentaje será del 90 por 100.

b) 90 por 100 por cada trabajador minusválido contratado de 45 o más años. En el caso de contratación de mujeres minusválidas, dicho porcentaje será del 100 por 100.

✎ Se derogan, por disp. derog. única.2 de la Ley 43/2006, de 29 diciembre (§27.2), las referencias a las bonificaciones en las cuotas empresariales a la Seguridad Social, incluidas las de accidente de trabajo y enfermedad profesional y las cuotas de recaudación conjunta, por la contratación de trabajadores con discapacidad, o su incorporación como socios a cooperativas de trabajo asociado, manteniéndose en vigor el resto de ayudas o subvenciones.

Cuando el contrato por tiempo indefinido se concierte a tiempo parcial, se mantendrán las bonificaciones en las cuotas descritas en los párrafos anteriores, si bien la subvención de 3.907 euros se reducirá proporcionalmente a la jornada pactada.

✎ Apartado modificado por el ap. 1 del art. único del RD 170/2004, de 30 enero.

2. Las Cooperativas de Trabajo Asociado que incorporen a trabajadores minusválidos como socios, tendrán derecho a los beneficios establecidos en el número anterior.

3. Los beneficios aquí previstos no podrán, en concurrencia con otras ayudas públicas para la misma finalidad, superar el 60 por 100 del coste salarial anual correspondiente al contrato que da derecho a los mismos.

✎ Ap. 3 redactado por la disp. adic. 2ª.2 del RD 27/2000, de 14 enero, que establece medidas alternativas de carácter excepcional al cumplimiento de la cuota de reserva del 2 por 100 en favor de trabajadores discapacitados en empresas de 50 o más trabajadores.

⇒ V. la O. 24 julio 2000, por la que se regula el procedimiento administrativo referente a las medidas alternativas de carácter excepcional al cumplimiento de la cuota de reserva del 2 por 100 en favor de trabajadores discapacitados en empresas de 50 o más trabajadores.
Téngase presente que la regulación de las medidas alternativas de carácter excepcional está recogida actualmente en el RD 364/2005, de 8 abril, parcialmente transcrito en nota al artículo 38.1 de la Ley 13/1982 (§28.1).

Artículo 8.

Las empresas deberán solicitar los trabajadores minusválidos de la correspondiente oficina de empleo, con descripción detallada de los puestos que se quieran cubrir, sus características técnicas, así como capacidad que debe tener el trabajador para cubrir dicho puesto. La presentación del contrato en modelo oficial y por ejemplar cuadruplicado, acompañado de la solicitud de alta en el régimen correspondiente de la Seguridad Social y del certificado que acredite el grado de minusvalía, expedido por el organismo competente, surtirá los efectos de solicitud de las subvenciones y bonificaciones a que hace referencia el artículo anterior.

El servicio público de empleo competente solicitará el informe de los equipos multiprofesionales sobre la adecuación del puesto de trabajo a la minusvalía de los trabajadores que, teniendo acreditada tal circunstancia, se encuentren inscritos en la oficina de empleo.

Completada la documentación, el servicio público de empleo competente notificará a las empresas la resolución sobre la concesión de las subvenciones o bonificaciones en el plazo de un mes a partir de la fecha de la presentación. Transcurrido dicho plazo sin resolución expresa, se entenderán denegadas.

✐ Artículo modificado por el ap. 2 del art. único del RD 170/2004, de 30 enero.

Artículo 9.

Para hacer efectivas las bonificaciones de la Seguridad Social, las Empresas diligenciarán sus documentos de cotización en la forma establecida con carácter general y con sujeción a las normas que lo regulan. Al mismo tiempo, utilizarán boletín anexo específico para reflejar las bonificaciones en el que se harán constar los trabajadores objeto de la bonificación, la cuantía correspondiente a cada uno y el importe de la bonificación total de la Empresa, para deducir su importe del total resultante para ingresar en la Seguridad Social.

Artículo 10.

Las Empresas beneficiarias están obligadas a mantener la estabilidad en el empleo de los trabajadores contratados al amparo de la presente disposición por un tiempo mínimo de tres años, no pudiendo despedir sin causa justificada a estos trabajadores, y, en caso de despido procedente, deberán sustituirles por otros trabajadores minusválidos, beneficiándose en este caso solamente de la bonificación de la cuota de la Seguridad Social por los sustitutos.

El incumplimiento por las Empresas beneficiarias de estas condiciones supondrá la obligación de reintegrar al Tesoro las cantidades percibidas.

Artículo 11.

Las Empresas podrán solicitar del Instituto Nacional de Empleo la formación o reconversión profesional de los trabajadores de nuevo ingreso o readmitidos.

Las Empresas y el Instituto Nacional de Empleo concertarán los términos en los que se hayan de desarrollar las acciones de formación.

Artículo 12.

Las empresas que contraten trabajadores minusválidos mediante un contrato indefinido podrán solicitar subvenciones con cargo al Servicio Público de Empleo Estatal, que serán compatibles en su caso con los beneficios establecidos en los artículos anteriores, destinadas a la adaptación de los puestos de trabajo o dotación de equipos de protección personal necesarios para evitar accidentes laborales al trabajador minusválido contratado o para eliminar barreras u obstáculos que impidan o dificulten el trabajo de los trabajadores minusválidos. La necesidad de adaptación o de medios especiales de protección personal deberá contar con el informe favorable de la Inspección de Trabajo y Seguridad Social.

Si la empresa no solicitase esta ayuda, podrá hacerlo el propio trabajador.

✐ Artículo modificado por el ap. 3 del art. único del RD 170/2004, de 30 enero.

Artículo 13.

1. Las Empresas podrán celebrar contratos de formación con minusválidos con objeto de lograr su mejor adaptación al puesto de trabajo o cuando así lo exijan las condiciones de éste. Estos contratos se regirán hasta tanto se desarrollen reglamentariamente el contrato especial de formación profesional previsto en el artículo 34.2 de la Ley 13/1982, de 7 de abril, de integración social de los minusválidos, por las normas contenidas en la sección tercera del Capítulo II del Real Decreto 1445/1982, de 25 de junio, excepto en lo relativo al límite máximo de edad para concertar el contrato que no existirá en este caso.

⇒ Derogada la Secc. 3ª del Cap. II del RD 1445/1982 (§30.2), hoy debe entenderse que son de aplicación a los minusválidos las normas que regulan el contrato para la formación, concretamente el art. 11.2 del ET (§2), y el RD 488/1998, de 27 marzo (§7.1).

2. No se aplicarán a estos contratos la subvención o bonificaciones en las cuotas de Seguridad Social previstas en el artículo 7 del presente Real Decreto, sino a partir del momento en que el trabajador minusválido se incorpore a la Empresa con carácter indefinido y en jornada completa.

Artículo 14.

Los contratos a que se refiere este Real Decreto se formalizarán en el modelo oficial que al efecto se establezca.

DISPOSICIONES ADICIONALES

Primera.

Las subvenciones y bonificaciones en las cuotas empresariales de la Seguridad Social, incluidas las de recaudación conjunta, previstas en este Real Decreto serán financiadas con cargo a los recursos del INEM.

✐ Renumerada por ap. 4 del art. único del RD 170/2004, de 30 enero. Su anterior numeración era disp. adic. única.

Segunda.

Lo dispuesto en el artículo 12 será aplicable también a las empresas que celebren contratos temporales de fomento del empleo para minusválidos de acuerdo con lo establecido en el artículo 44.dos.1 de la Ley 42/1994, de 30 de diciembre, de Medidas Fiscales, Administrativas y del Orden Social, o, siempre que su duración sea igual o superior a 12 meses, contratos en prácticas o para la formación regulados en el artículo 11 del Texto Refundido de la Ley del Estatuto de los Trabajadores, aprobado por el Real Decreto Legislativo 1/1995, de 24 marzo, o contratos de duración determinada al amparo del artículo 15 del citado texto refundido.

✐ Disposición añadida por el ap. 4 del art. único del RD 170/2004, de 30 enero. Su anterior numeración era disp. adic. única.
En la actualidad, el contrato temporal como medida de fomento del empleo está regulado por la Ley 43/2006 (§10).

DISPOSICIÓN TRANSITORIA

Hasta tanto no se apruebe el modelo oficial de contrato a que se refiere el artículo 14 del presente Real Decreto, dichos contratos se formalizarán en el modelo oficial que se hubiera venido utilizando a la entrada en vigor del presente Real Decreto.

✐ Disposición derogada por la disp. derog. única del RD 170/2004, de 30 enero.

DISPOSICIÓN DEROGATORIA

1. Queda derogado lo dispuesto en la sección segunda del Capítulo III del Real Decreto 1445/1982, de 25 de junio.

2. No obstante la derogación expresa del número anterior, las normas a las que sustituye el presente Real Decreto seguirán siendo de aplicación a los contratos que se hubiesen celebrado al amparo de las mismas.

DISPOSICIÓN FINAL

Se faculta al *Ministro de Trabajo y Seguridad Social* para dictar cuantas normas sean necesarias para el desarrollo y aplicación del presente Real Decreto, que entrará en vigor el día siguiente a su publicación en el «Boletín Oficial del Estado».

§ 28.3 RD 290/2004, DE 20 FEBRERO. REGULA LOS ENCLAVES LABORALES COMO MEDIDA DE FOMENTO DEL EMPLEO DE LAS PERSONAS CON DISCAPACIDAD

(BOE núm. 45, de 21 febrero; rect. BOE núm. 84, de 7 abril [RCL 2004, 475 y 960])

Dentro de las políticas sociales desarrolladas por el Gobierno en los últimos años, las personas con discapacidad han constituido un eje de actuación prioritario. Se pretende con ello dar cumplimiento al mandato del artículo 49 de la Constitución, con el objetivo último de que las personas con discapacidad puedan disfrutar de todos los derechos constitucionales como el resto de los ciudadanos, incluido el derecho al trabajo reconocido en el artículo 35 de la Constitución Española.

Con la finalidad de integración laboral de las personas con discapacidad, el 3 de diciembre de 2002 el Ministerio de Trabajo y Asuntos Sociales firmó con el Comité Español de Representantes de Minusválidos (CERMI) un Acuerdo sobre medidas para mejorar las oportunidades de empleo de las personas con discapacidad y que constituye el II Plan de Empleo MTAS-CERMI 2002-2004. En este Acuerdo las partes firmantes manifiestan su voluntad de contribuir responsablemente a la consecución del pleno empleo de la población en general y que a dicho objetivo coadyuve la incorporación al mercado de trabajo ordinario o, cuando no sea posible, protegido del mayor número posible de personas con discapacidad.

El Gobierno ha adoptado desde entonces diversas iniciativas normativas para el cumplimiento del Acuerdo, que han concluido ya en muchos casos en la aprobación de normas de diverso rango, desde la Ley 45/2002, de 13 de diciembre, de Medidas Urgentes para la Reforma del Sistema de Protección por Desempleo y Mejora de la Ocupabilidad, hasta la Ley 36/2003, de 11 de noviembre, de Medidas de Reforma Económica, procedente del Real Decreto-ley 2/2003, de 25 de abril.

En el mismo sentido, no puede olvidarse que 2003 fue declarado Año Europeo para las Personas con Discapacidad. Y en este marco, se han aprobado también otras importantes normas, como la Ley 41/2003, de 18 de noviembre, de Protección Patrimonial de las Personas con Discapacidad y de modificación del Código Civil, de la Ley de Enjuiciamiento Civil y de la Normativa Tributaria, y la Ley 51/2003, de 3 de diciembre, de Igualdad de Oportunidades, No Discriminación y Accesibilidad Universal de las Personas con Discapacidad, en la que también se incluyen algunas medidas derivadas del Acuerdo.

Debe apuntarse que la integración laboral de las personas con discapacidad figura también como objetivo relevante en el Plan de Acción para el Empleo del Reino de España para el año 2003 aprobado por el Gobierno el 19 de septiembre de ese año y en el II Plan de Acción para las Personas con Discapacidad aprobado por el Consejo de Ministros el pasado 5 de diciembre.

En el apartado III.2 del Acuerdo citado, las partes firmantes apuestan por el empleo ordinario como mejor instrumento de integración social de los minusválidos, para lo cual consideran necesario buscar nuevos mecanismos para facilitar el tránsito desde el empleo protegido al empleo ordinario.

Este Real Decreto obedece al compromiso asumido por el Ministerio de Trabajo y Asuntos Sociales de regular los enclaves laborales, como una de las modificaciones normativas dirigidas a actualizar el marco jurídico que permita la creación de empleo de las personas con discapacidad, lograr su mayor integración en el mercado de trabajo ordinario y facilitar el cumplimiento de la obligación de reserva de contratación por las empresas.

Diversas normas legales habilitan al Gobierno para la regulación de los enclaves: en primer lugar, el artículo 17.3 del Texto Refundido de la Ley del Estatuto de los Trabajadores, aprobado por el Real Decreto Legislativo 1/1995, de 24 de marzo, según el cual el Gobierno podrá otorgar subvenciones, desgravaciones y otras medidas para fomentar el empleo de grupos específicos de trabajadores que encuentren especiales dificultades para acceder al empleo. En segundo lugar, la Ley 13/1982, de 7 de abril, de Integración Social de los Minusválidos, que dedica su título VII a la integración laboral, incluidos los centros especiales de empleo a que se refieren los artículos 41 a 46 de dicha Ley. Finalmente, la reciente Ley 56/2003, de 16 de diciembre, de Empleo, que en su artículo 26.1 habilita al Gobierno a establecer programas específicos destinados a fomentar el empleo de las personas con especiales dificultades de integración en el mercado de trabajo, incluyendo entre ellos a las personas con discapacidad.

Dos ideas merecen ser resaltadas de esta nueva regulación. La primera, la de que se dirige a promover el empleo, preferentemente de las personas con discapacidad que por el grado o la índole de su discapacidad presentan especiales dificultades para el acceso al mercado ordinario de trabajo.

El otro aspecto relevante es el de que los enclaves laborales se configuran como una subcontratación de obras o servicios entre un centro especial de empleo y una empresa ordinaria, que se acompaña de determinadas cautelas y garantías ligadas al colectivo al que se dirige, que refuerzan el régimen jurídico general de la subcontratación.

En definitiva, la finalidad última de los enclaves laborales es lograr la mayor integración de los trabajadores con discapacidad con especiales dificultades en el mercado de trabajo ordinario, para lo cual los enclaves suponen una medida de utilidad para facilitar la transición desde el empleo protegido en el centro especial de empleo al empleo ordinario: al trabajador con discapacidad, el enclave le permite completar y mejorar su experiencia profesional con tareas y en un entorno propio del mercado ordinario de trabajo; y a la empresa colaboradora, le permite conocer mejor las capacidades y posibilidades de estos trabajadores, lo que puede llevarle finalmente a decidir incorporarlos a su plantilla, lo que determinará en su caso la aplicación de una serie de ayudas.

Además, los enclaves laborales pueden posibilitar el crecimiento de la actividad desarrollada por los centros especiales de empleo y, por último, pueden contribuir a facilitar a las empresas el cumplimiento de la obligación de la cuota de reserva legal del dos por cien de trabajadores con discapacidad establecida la Ley 13/1982, de 7 de abril, de Integración Social de los Minusválidos, y ello en dos sentidos: de una parte, al facilitar la incorporación a la plantilla de la empresa ordinaria y, de otra parte, al configurarse como una nueva medida alternativa si se dan las condiciones excepcionales reguladas en esta Ley y en su normativa de desarrollo.

Por último, se lleva a cabo una modificación del Real Decreto 1971/1999, de 23 de diciembre, de Procedimiento para el Reconocimiento, Declaración y Calificación del Grado de Minusvalía. Asimismo, se prevé la adaptación de esta previsión respecto de las personas con discapacidad cuyo grado de minusvalía hubiese sido reconocido con anterioridad a la entrada en vigor de esta disposición.

En la elaboración de este Real Decreto han sido consultadas las organizaciones sindicales y empresariales más representativas.

En su virtud, a propuesta del Ministro de Trabajo y Asuntos Sociales, de acuerdo con el Consejo de Estado y previa deliberación del Consejo de Ministros en su reunión del día 20 de febrero de 2004, dispongo:

CAPÍTULO I
Disposiciones generales

Artículo 1. Concepto y régimen jurídico.

1. Este Real Decreto tiene por objeto la regulación de los enclaves laborales como medida de fomento del empleo de las personas con discapacidad.

2. Se entiende por enclave laboral el contrato entre una empresa del mercado ordinario de trabajo, llamada empresa colaboradora, y un centro especial de empleo para la realización de obras o servicios que guarden relación directa con la actividad normal de aquélla y para cuya realización un grupo de trabajadores con discapacidad del centro especial de empleo se desplaza temporalmente al centro de trabajo de la empresa colaboradora.

3. La dirección y organización del trabajo en el enclave corresponde al centro especial de empleo, con el que el trabajador con discapacidad mantendrá plenamente, durante la vigencia del enclave, su relación laboral de carácter especial en los términos establecidos en el Real Decreto 1368/1985, de 17 de julio, por el que se regula la relación laboral de carácter especial de los minusválidos que trabajen en centros especiales de empleo.

4. Será de aplicación a los enclaves laborales lo establecido en el artículo 42 del Texto Refundido de la Ley del Estatuto de los Trabajadores, aprobado por el Real Decreto Legislativo 1/1995, de 24 de marzo, en los artículos 104.1 y 127.1 del Texto Refundido de la Ley General de la Seguridad Social, aprobado por el Real Decreto Legislativo 1/1994, de 20 de junio, y en este Real Decreto.

Artículo 2. Objetivos de los enclaves laborales.

Son objetivos de los enclaves laborales los siguientes:

a) Favorecer el tránsito desde el empleo en los centros especiales de empleo al empleo en empresas del mercado ordinario de trabajo de las personas con discapacidad y, en particular, de aquellas que por sus características individuales presentan especiales dificultades para el acceso al mercado ordinario de trabajo de acuerdo con lo establecido en el artículo 6.2.

b) Permitir a los trabajadores con discapacidad de un centro especial de empleo desarrollar su actividad laboral en una empresa del mercado ordinario de trabajo completando, en todo caso, su experiencia profesional mediante el desarrollo de los trabajos, tareas y funciones que se realicen en tal empresa, facilitando de esta manera sus posibilidades de acceso al mercado ordinario de trabajo.

c) Conseguir que la empresa del mercado ordinario de trabajo en la que se realiza el enclave laboral tenga un mejor conocimiento de las capacidades y aptitudes reales de los trabajadores con discapacidad, como paso previo a su eventual incorporación a la plantilla de la empresa.

d) Posibilitar el crecimiento de la actividad desarrollada por los centros especiales de empleo y, por tanto, la contratación por éstos de nuevos trabajadores con discapacidad, favoreciendo la creación de empleo estable para personas con discapacidad.

e) Facilitar a las empresas el cumplimiento de la obligación de la cuota de reserva legal del dos por ciento de trabajadores con discapacidad establecida en el artículo 38.1 de la Ley 13/1982, de 7 de abril, de Integración Social de los Minusválidos, transitoriamente, como medida alternativa en los términos previstos en este Real Decreto y, definitivamente, mediante la contratación directa de los trabajadores con discapacidad del enclave por la empresa colaboradora u otra empresa del mercado ordinario de trabajo.

CAPÍTULO II

Requisitos para la realización de enclaves laborales

Artículo 3. Requisitos de los centros especiales de empleo.

1. Podrán realizar enclaves los centros especiales de empleo, calificados e inscritos como tales de acuerdo con lo dispuesto en el artículo 42 de la Ley 13/1982, de 7 de abril, y en el Real Decreto 2273/1985, de 4 de diciembre, por el que se aprueba el Reglamento de los Centros Especiales de Empleo, que lleven inscritos en el registro correspondiente al menos seis meses y que hayan desarrollado su actividad de forma continuada en los seis meses anteriores a la celebración del contrato a que se refiere el artículo 5 de este Real Decreto.

2. El centro especial de empleo no podrá tener como actividad exclusiva la derivada de uno o más enclaves determinados, sino que deberá mantener una actividad propia como tal centro especial de empleo.

Artículo 4. Requisitos de las empresas colaboradoras.

Podrá actuar como empresa colaboradora cualquier empresa del mercado ordinario de trabajo que formalice con un centro especial de empleo el contrato a que se refiere el artículo siguiente.

Artículo 5. Contrato entre el centro especial de empleo y la empresa colaboradora.

1. Para la realización del enclave laboral, el centro especial de empleo y la empresa colaboradora suscribirán un contrato, que deberá formalizarse por escrito, con el siguiente contenido mínimo:

a) Identificación de ambas partes, haciendo constar la denominación social, domicilio, número de identificación fiscal y código de cuenta de cotización a la Seguridad Social.

b) Determinación precisa de la obra o servicio objeto del contrato y de la actividad en la que, dentro de la organización general de la empresa colaboradora, vayan a ser ocupados los trabajadores destinados al enclave.

c) Datos identificativos del centro de trabajo donde se va a realizar la obra o prestar el servicio.

d) Duración prevista para el enclave.

e) Número de trabajadores con discapacidad que se ocuparán en el enclave.

f) Precio convenido.

2. La duración mínima del enclave será de tres meses y la duración máxima de tres años, y se podrá prorrogar por períodos no inferiores a tres meses hasta alcanzar la indicada duración máxima.

Transcurridos los tres años de duración máxima a que se refiere el párrafo anterior, el enclave sólo podrá prorrogarse si el centro especial de empleo acreditara que la empresa colaboradora u otra empresa del mercado ordinario de trabajo hubieran contratado con carácter indefinido a trabajadores con discapacidad del enclave a los que se refiere el artículo 6.2, según la siguiente proporción:

a) Cuando se trate de enclaves que ocupen hasta 20 trabajadores, un trabajador, como mínimo.

b) Cuando se trate de enclaves que ocupen a un número superior de trabajadores, dos trabajadores, como mínimo.

La duración mínima de la prórroga será de tres meses y la duración máxima de tres años, y se podrá prorrogar por períodos no inferiores a tres meses hasta alcanzar la indicada duración máxima.

No podrá prorrogarse el enclave ni iniciarse uno nuevo para la misma actividad si se hubiera llegado a la duración máxima total de seis años, incluido el período de prórroga establecido en el párrafo anterior.

3. El enclave deberá estar formado al menos por cinco trabajadores si la plantilla de empresa colaboradora es de 50 o más trabajadores, o al menos por tres trabajadores si dicha plantilla fuera inferior.

A efectos de lo dispuesto en el párrafo anterior, no se incluirá en el cómputo como trabajadores del enclave a los encargados a que se refiere el artículo 8.2, salvo que ellos mismos fueran trabajadores con discapacidad.

4. Será nula la cláusula del contrato que prohíba la contratación por la empresa colaboradora del trabajador con discapacidad que esté prestando servicios en el enclave o los haya prestado con anterioridad.

5. El enclave laboral podrá comenzar su actividad desde la fecha de celebración del contrato a que se refiere este artículo.

Artículo 6. Trabajadores destinados al enclave.

1. El enclave estará formado por trabajadores con discapacidad del centro especial de empleo, que serán seleccionados por éste, respetando lo establecido en este artículo.

El 60 por 100, como mínimo, de los trabajadores del enclave deberá presentar especiales dificultades para el acceso al mercado ordinario de trabajo.

2. A los efectos establecidos en este Real Decreto, se consideran trabajadores con discapacidad que presentan especiales dificultades para el acceso al mercado ordinario de trabajo:

a) Las personas con parálisis cerebral, las personas con enfermedad mental o las personas con discapacidad intelectual, con un grado de minusvalía reconocido igual o superior al 33 por 100.

b) Las personas con discapacidad física o sensorial, con un grado de minusvalía reconocido igual o superior al 65 por 100.

c) Las mujeres con discapacidad no incluidas en los párrafos anteriores con un grado de minusvalía reconocido igual o superior al 33 por 100. Este grupo podrá alcanzar hasta un 50 por 100 del porcentaje a que se refiere el párrafo segundo del apartado anterior.

3. Los demás trabajadores del enclave deberán ser trabajadores con discapacidad con un grado de minusvalía reconocido igual o superior al 33 por 100.

4. El 75 por 100, como mínimo, de los trabajadores del enclave deberá tener una antigüedad mínima de tres meses en el centro especial de empleo.

Artículo 7. Información al servicio público de empleo.

1. La empresa colaboradora y, subsidiariamente, el centro especial de empleo remitirá al servicio público de empleo u órgano competente en materia de registro de los centros especiales de empleo el contrato regulado en el artículo 5 de este Real Decreto, así como sus prórrogas, en el plazo de un mes desde su firma.

El servicio público de empleo u órgano a que se refiere el párrafo anterior podrá solicitar informe de control a la Inspección de Trabajo y Seguridad Social.

2. A los efectos previstos en este Real Decreto, se considerará órgano competente el del lugar en que se encuentre el centro de trabajo donde se vaya a ubicar el enclave, con independencia de la Comunidad Autónoma donde esté registrado el centro especial de empleo.

Artículo 8. Relaciones laborales en el enclave.

1. Los trabajadores con discapacidad ocupados en el enclave laboral mantendrán, a todos los efectos, su relación laboral de carácter especial con el centro especial de empleo durante la vigencia del enclave, rigiéndose dicha relación laboral por lo establecido en el Real Decreto 1368/1985, de 17 de julio, por el que se regula la relación laboral de carácter especial de los minusválidos que trabajen en los centros especiales de empleo.

El centro especial de empleo y la empresa colaboradora responderán de sus obligaciones laborales y de Seguridad Social conforme a lo prescrito en el artículo 42 del Texto Refundido de la Ley del

Estatuto de los Trabajadores, aprobado por el Real Decreto Legislativo 1/1995, de 24 de marzo, en los artículos 104.1 y 127.1 del Texto Refundido de la Ley General de la Seguridad Social, aprobado por el Real Decreto Legislativo 1/1994, de 20 de junio, y en sus normas de desarrollo.

2. De acuerdo con lo establecido en el artículo 1 de este Real Decreto, para la dirección y organización del trabajo del enclave el centro especial de empleo contará en el enclave con encargados responsables del equipo de producción.

3. La facultad disciplinaria corresponde al centro especial de empleo.

4. Una vez constituido el enclave, el centro especial de empleo sólo podrá sustituir a los trabajadores destinados a dicho enclave cuando exista causa justificada, respetando siempre lo establecido en el artículo 6.

5. Una vez finalizado el contrato entre la empresa colaboradora y el centro especial de empleo, todos los trabajadores con discapacidad que hubieran prestado servicios en el enclave laboral seguirán manteniendo su relación laboral con el centro especial de empleo, salvo aquellos que hubieran sido contratados para trabajar en el enclave bajo la modalidad de obra o servicio determinado.

Lo dispuesto en el párrafo anterior se entiende sin perjuicio de lo establecido en el capítulo III de este Real Decreto.

Artículo 9. Prevención de riesgos laborales en el enclave.

1. La empresa colaboradora y el centro especial de empleo deberán cooperar en la aplicación de la normativa sobre prevención de riesgos laborales en relación con los trabajadores que formen el enclave, en los términos previstos en los artículos 24 y 25 de la Ley 31/1995, de 8 de noviembre, de Prevención de Riesgos Laborales, y en el Real Decreto 171/2004, de 30 de enero, por el que se desarrolla el artículo 24 de la Ley 31/1995, de 8 de noviembre, de Prevención de Riesgos Laborales, en materia de coordinación de actividades empresariales.

2. No podrá constituirse un enclave laboral para la realización de las actividades y los trabajos que se determinan en el anexo I del Real Decreto 39/1997, de 17 de enero, por el que se aprueba el Reglamento de los Servicios de Prevención.

Artículo 10. Otros derechos de los trabajadores y de sus representantes.

1. Será de aplicación a los trabajadores con discapacidad del centro especial de empleo ocupados en el enclave lo dispuesto en el capítulo IV del Real Decreto 1368/1985, de 17 de julio, por el que se regula la relación laboral de carácter especial de los minusválidos que trabajen en los centros especiales de empleo.

2. Lo dispuesto en el artículo 5.5 de este Real Decreto se entiende sin perjuicio del cumplimiento por la empresa colaboradora y por el centro especial de empleo, en su condición de empresa principal y de empresa contratista, respectivamente, de las obligaciones de información a los trabajadores y a sus representantes, de acuerdo con lo establecido en el artículo 42 del Texto Refundido de la Ley del Estatuto de los Trabajadores, aprobado por el Real Decreto Legislativo 1/1995, de 24 de marzo.

CAPÍTULO III

Medidas para el tránsito del empleo protegido al empleo en el mercado de trabajo ordinario

Artículo 11. Incorporación a la empresa colaboradora.

1. La empresa colaboradora podrá contratar a trabajadores del enclave en cualquier momento, preferentemente con carácter indefinido, aunque se podrán concertar contratos de otras modalidades si resultan procedentes.

2. En los supuestos a que se refiere este artículo, no podrá concertarse período de prueba, salvo que el trabajador vaya a realizar funciones completamente distintas de las que realizaba en el enclave.

3. El trabajador, al ingresar en la empresa colaboradora, pasará a la situación de excedencia voluntaria en el centro especial de empleo en las condiciones que establezca el convenio colectivo de aplicación o, en su defecto, el artículo 46.2 y 5 del Texto Refundido de la Ley del Estatuto de los Trabajadores, aprobado por el Real Decreto Legislativo 1/1995, de 24 de marzo.

Artículo 12. Incentivos para la contratación por la empresa colaboradora de trabajadores con discapacidad que presentan especiales dificultades para el acceso al mercado ordinario de trabajo.

1. Las empresas colaboradoras que contraten con carácter indefinido a un trabajador del enclave con discapacidad que presente especiales dificultades para el acceso al mercado ordinario de trabajo incluido en el artículo 6.2.a) o b) tendrán derecho a las siguientes ayudas:

a) Subvención de 7.814 euros por cada contrato de trabajo celebrado a jornada completa. Si el contrato fuera a tiempo parcial, la subvención se reducirá proporcionalmente según la jornada de trabajo pactada.

Esta subvención podrá ser destinada por la empresa colaboradora, total o parcialmente, a servicios de apoyo del trabajador.

b) Bonificación del 100 por 100 en las cuotas empresariales de la Seguridad Social, incluidas las de accidente de trabajo y enfermedad profesional y las cuotas de recaudación conjunta durante toda la vigencia del contrato.

✐ El régimen de bonificaciones fue derogado por disp. derog. única.2 de la Ley 43/2006, de 29 diciembre (§27.2), en lo referente a las bonificaciones en las cuotas empresariales a la Seguridad Social, incluidas las de accidente de trabajo y enfermedad profesional y las cuotas de recaudación conjunta, por la contratación de trabajadores con discapacidad, o su incorporación como socios a cooperativas de trabajo asociado, manteniéndose en vigor el resto de ayudas o subvenciones, debiendo aplicarse el allí contemplado.

c) Subvención por adaptación del puesto de trabajo y eliminación de barreras u obstáculos de conformidad con lo establecido en el Real Decreto 1451/1983, de 11 de mayo, por el que, en cumplimiento de lo previsto en la Ley 13/1982, de 7 de abril, se regula el empleo selectivo y las medidas de fomento del empleo de los trabajadores minusválidos, modificado por el Real Decreto 170/2004, de 30 de enero.

2. Para tener derecho a las ayudas previstas en este artículo, la contratación de los trabajadores deberá realizarse sin solución de continuidad y transcurrido, al menos, un plazo de tres meses desde el inicio del enclave o desde la incorporación del trabajador si ésta fuera posterior al inicio del enclave.

3. Para obtener las ayudas reguladas en este artículo, la empresa deberá presentar ante la oficina de empleo el contrato de trabajo en modelo oficial y por ejemplar cuadruplicado, acompañado de la solicitud de alta en el régimen correspondiente de la Seguridad Social y del certificado que acredite el grado de minusvalía, expedido por el organismo competente. Dicha presentación surtirá los efectos de solicitud de las subvenciones y bonificaciones reguladas en este artículo.

El servicio público de empleo competente comunicará a las empresas la concesión de las subvenciones o bonificaciones en el plazo de un mes a partir de la fecha de la presentación. Transcurrido dicho plazo sin resolución expresa, se entenderán denegadas.

4. En lo no previsto en este artículo, será de aplicación a las empresas colaboradoras y a estos contratos el régimen sobre requisitos y exclusiones, así como de obligaciones, incluida la de mantenimiento de la estabilidad en el empleo de los trabajadores, que resulte aplicable a las ayudas reguladas en el capítulo II del Real Decreto 1451/1983, de 11 de mayo, modificado por el Real Decreto 170/2004, de 30 de enero.

No obstante lo establecido en el párrafo anterior, no se aplicará, por su propia naturaleza, la exclusión por finalización en los últimos tres meses de la relación laboral de carácter indefinido del trabajador con discapacidad con el centro especial de empleo.

Artículo 13. Incentivos para la contratación por la empresa colaboradora de otros trabajadores con discapacidad del enclave.

1. Si el trabajador con discapacidad del enclave que se incorpora con carácter indefinido a la empresa colaboradora no estuviera incluido en el artículo 6.2.a) o b), la empresa colaboradora tendrá derecho a las ayudas establecidas en el Real Decreto 1451/1983, de 11 de mayo, modificado por el Real Decreto 170/2004, de 30 de enero.

2. En los supuestos a que se refiere este artículo, será de aplicación lo dispuesto en el Real Decreto 1451/1983, de 11 de mayo, modificado por el Real Decreto 170/2004, de 30 de enero, si bien el procedimiento para la obtención de las ayudas será el establecido en el apartado 3 del artículo anterior.

No obstante lo establecido en el párrafo anterior, no se aplicará, por su propia naturaleza, la exclusión de las ayudas por finalización en los últimos tres meses de la relación laboral de carácter indefinido del trabajador con discapacidad con el centro especial de empleo.

DISPOSICIONES ADICIONALES

Primera. Comunidades Autónomas que hayan asumido el traspaso de la gestión.

Las Comunidades Autónomas que hayan asumido el traspaso de la gestión realizada por el Instituto Nacional de Empleo en el ámbito del trabajo, el empleo y la formación podrán acomodar lo establecido en este Real Decreto a las particularidades derivadas de su organización propia.

Segunda. Opción por la aplicación de los enclaves como medida alternativa.

Las empresas que hayan quedado exentas del cumplimiento directo de la obligación de reserva de puestos de trabajo en favor de los trabajadores con discapacidad, según lo establecido en el artículo 38.1 de la Ley 13/1982, de 7 de abril, de Integración Social de los Minusválidos, y en el Real Decreto 27/2000, de 14 de enero, por el que se establecen medidas alternativas de carácter excepcional al cumplimiento de la cuota de reserva del dos por ciento en favor de trabajadores discapacitados en empresas de 50 o más trabajadores, podrán optar por la aplicación de los enclaves laborales como medida alternativa de acuerdo con lo establecido en el artículo 2.1.4ª del citado Real Decreto.

En este caso, el importe del contrato entre el centro especial de empleo y la empresa colaboradora deberá ser, como mínimo, el previsto en el artículo 2.2, párrafo primero, del Real Decreto 27/2000, de 14 de enero.

Tercera. Simplificación de procedimientos.

En el plazo de seis meses desde la entrada en vigor de este Real Decreto se procederá, mediante la modificación del Real Decreto 27/2000, de 14 de enero, por el que se establecen medidas alternativas de carácter excepcional al cumplimiento de la cuota de reserva del dos por ciento en favor de trabajadores discapacitados en empresas de 50 o más trabajadores, a la simplificación y agilización de los procedimientos regulados en los artículos 1 y 3 del citado Real Decreto.

DISPOSICIÓN TRANSITORIA

Única. Enclaves existentes a la entrada en vigor de este Real Decreto.

Los enclaves laborales existentes a la entrada en vigor de este Real Decreto deberán ajustarse a la regulación establecida en él en el plazo de un año desde dicha entrada en vigor. En estos enclaves a las empresas colaboradoras que opten por la aplicación del enclave como medida alternativa no les resultará de aplicación el procedimiento regulado en los artículos 1.2 y 3.1 del Real Decreto 27/2000, de 14 de enero, por el que se establecen medidas alternativas de carácter excepcional al cumplimiento de la cuota de reserva del dos por ciento en favor de trabajadores discapacitados en empresas de 50 o más trabajadores.

DISPOSICIONES FINALES

Primera. Habilitación competencial.

Este Real Decreto se dicta al amparo del artículo 149.1.7ª y 17ª de la Constitución.

Segunda. Modificaciones del Real Decreto 27/2000, de 14 de enero.

Se añade un último párrafo al apartado 1 del artículo 2 del Real Decreto 27/2000, de 14 de enero, por el que se establecen medidas alternativas de carácter excepcional al cumplimiento de la cuota de reserva del dos por ciento en favor de trabajadores discapacitados en empresas de 50 o más trabajadores, con el siguiente contenido:

«4ª Constitución de un enclave laboral, previa suscripción del correspondiente contrato con un centro especial de empleo, de acuerdo con lo establecido en el Real Decreto por el que se regulan los enclaves laborales como medida de fomento del empleo de las personas con discapacidad».

Tercera. Modificación del Real Decreto 1971/1999, de 23 de noviembre.

Se incorpora una disposición adicional única al Real Decreto 1971/1999, de 23 de diciembre, de Procedimiento para el Reconocimiento, Declaración y Calificación del Grado de Minusvalía, que tendrá la siguiente redacción:

«Disposición adicional única Reconocimiento del tipo de minusvalía.

1. En los certificados y resoluciones de reconocimiento del grado de minusvalía, expedidos por organismo competente, se hará constar, en lo sucesivo, como mención complementaria el tipo de minusvalía en las categorías de psíquica, física o sensorial, según corresponda.

2. Las personas con discapacidad cuyo grado de minusvalía hubiera sido reconocido por organismo competente con arreglo a lo dispuesto en este Real Decreto con anterioridad a la entrada en vigor de esta disposición adicional única, y en cuyo certificado o resolución de reconocimiento de grado de minusvalía no figurase la mención al tipo de discapacidad en las categorías de psíquica, física o sensorial, podrán solicitar de organismo competente, por sí mismas o, en su caso, a través de sus representantes legales, la ampliación del reconocimiento, a fin de hacer constar en su certificado o resolución oficial la mención expresa al tipo de discapacidad referido.

3. El organismo competente atenderá la solicitud a que se refiere el apartado anterior en el plazo

máximo de 15 días naturales desde su presentación, con la emisión por escrito de la correspondiente ampliación de reconocimiento».

Cuarta. Facultades de desarrollo.

Se faculta al Ministro de Trabajo y Asuntos Sociales para dictar cuantas disposiciones sean necesarias para la aplicación y desarrollo de lo dispuesto en este Real Decreto.

Quinta. Entrada en vigor.

El presente Real Decreto entrará en vigor el día siguiente al de su publicación en el «Boletín Oficial del Estado».

§ 28.4 REAL DECRETO 870/2007, DE 2 JULIO. REGULA EL PROGRAMA DE EMPLEO CON APOYO COMO MEDIDA DE FOMENTO DEL EMPLEO DE PERSONAS CON DISCAPACIDAD EN EL MERCADO ORDINARIO DE TRABAJO

(BOE núm. 168, de 14 julio [RCL 2007, 1373])

De acuerdo con el artículo 37.1, de la Ley 13/1982, de 7 de abril, de Integración Social de los Minusválidos, la finalidad primordial de la política de empleo de los trabajadores con discapacidad debe ser su integración, en condiciones que garanticen la aplicación del principio de igualdad de trato, en el sistema ordinario de trabajo o, en su defecto, su incorporación al sistema productivo mediante la fórmula especial de trabajo protegido, a través de los centros especiales de empleo. En los últimos años, gracias al firme compromiso y a la actuación aunada de las Administraciones Públicas, los interlocutores sociales y el tejido asociativo de la discapacidad, se ha desplegado una relevante actividad normativa, programática y presupuestaria para favorecer el acceso al empleo de las personas con discapacidad que ha ofrecido resultados alentadores, reflejados en una creciente incorporación de personas con discapacidad al mercado de trabajo. Esta intensificación de las políticas activas de empleo dirigidas a los trabajadores con discapacidad debe continuarse y ampliarse buscando nuevas fórmulas cuya prioridad sea la inserción laboral en el mercado de trabajo ordinario.

Estas nuevas fórmulas han de tener en cuenta la diversidad y pluralidad que caracteriza a la población con discapacidad, debiéndose atender de forma diferente según las demandas y necesidades que cada grupo de trabajadores con discapacidad presenta. En efecto, dentro del conjunto de las personas con discapacidad, existen grupos que, debido al tipo de deficiencia concreta que tienen, como por ejemplo parálisis cerebral o trastornos del espectro autista, o a su grado de minusvalía, se encuentran con mayores dificultades de acceso al mercado de trabajo. Esta realidad exige la adopción de medidas específicas, que podrían considerarse de acción positiva dentro del grupo de las personas con discapacidad, ya que se trata de tratamientos más intensos y diferenciados para estimular la empleabilidad de estos grupos de trabajadores con discapacidad que tienen más dificultades de inserción laboral.

Una de las medidas que puede favorecer de modo más importante la inserción de las personas con discapacidad severa en el mercado de trabajo ordinario es el empleo con apoyo. Éste consiste en un conjunto de actividades de orientación y acompañamiento individualizado que prestan, en el propio puesto de trabajo, preparadores laborales especializados a los trabajadores con discapacidad con especiales dificultades de inserción laboral que realizan su actividad en empresas normalizadas, del mercado ordinario de trabajo, en condiciones similares al resto de los trabajadores que desempeñan puestos similares.

Precisamente, por la importancia y trascendencia que tiene el empleo con apoyo en la integración en el mercado de trabajo ordinario de las personas con discapacidad, el propio Programa Nacional de Reformas de España, aprobado en 13 de octubre de 2005, que constituye la referencia fundamental de la política económica del Gobierno español para el período 2005-2010, establece, dentro del sexto eje de actuación, correspondiente al «Mercado de Trabajo y Diálogo Social», como primera medida para favorecer la integración laboral de las personas con discapacidad la «Regulación del empleo con apoyo, como medida de fomento de empleo de las personas con discapacidad con especiales dificultades para el acceso al mercado ordinario de trabajo».

Asimismo, el 28 de junio de 2005 fue aprobada en la Comisión de Trabajo y Asuntos Sociales del Congreso de los Diputados la Proposición no de Ley sobre modificación de la normativa de los centros especiales de empleo y la regulación del empleo con apoyo, en la que se insta al Gobierno a que «se adopten las medidas necesarias para regular el empleo con apoyo, como medida de fomento del empleo de personas con especiales dificultades para la inserción laboral».

Por último, la necesidad de regular el empleo con apoyo aparecía también incluida en el Acuerdo firmado el 3 de diciembre de 2002 entre el Ministerio de Trabajo y Asuntos Sociales y el Comité Español de Representantes de Personas con Discapacidad (CERMI) sobre medidas para mejorar las oportunidades de empleo de las personas con discapacidad, concretamente en el punto III.2, titulado «Facilitar el tránsito al empleo ordinario».

El presente Real Decreto se dicta al amparo de la habilitación conferida al Gobierno por el artículo

17.3 del Texto Refundido de la Ley del Estatuto de los Trabajadores, aprobado por el Real Decreto Legislativo 1/1995, de 24 de marzo, conforme al que «el Gobierno podrá otorgar subvenciones, desgravaciones y otras medidas para fomentar el empleo de grupos específicos de trabajadores que encuentren dificultades especiales para acceder al empleo», así como del artículo 26.1 de la Ley 56/2003, de 16 de diciembre, de Empleo, que habilita al Gobierno para establecer programas específicos destinados a fomentar el empleo de las personas con especiales dificultades de integración en el mercado de trabajo, citando expresamente a las personas con discapacidad.

A la vista de estos antecedentes, se aprueba el presente Real Decreto cuyo objeto es la regulación del programa de empleo con apoyo como medio de integración laboral de las personas con discapacidad en el sistema ordinario de trabajo. Para ello se definen las acciones que, a los efectos de este Real Decreto, constituyen un proyecto de empleo con apoyo, así como los destinatarios finales y los promotores de las mismas. También se regula la subvención de costes laborales y de Seguridad Social derivados de la contratación de preparadores laborales que lleven a cabo las acciones de empleo con apoyo.

Dado el proceso de traspasos de gestión a las Comunidades Autónomas de las políticas activas de empleo, este Real Decreto recoge los aspectos esenciales del programa que serán de aplicación en todo el territorio nacional, con base en la competencia del Estado en materia de legislación laboral, sin perjuicio de su ejecución por las Comunidades Autónomas. En este sentido, delimitados en esta norma los contenidos esenciales de este programa, se posibilita a las Comunidades Autónomas y al Servicio Público de Empleo Estatal, en sus respectivos ámbitos de gestión, su ejecución posterior mediante la regulación de los aspectos procedimentales y de la adecuación a sus peculiaridades organizativas.

La Conferencia Sectorial de Asuntos Laborales, en la reunión celebrada el 28 de marzo ha sido informada de este Real Decreto. Asimismo han sido consultadas las organizaciones sindicales y empresariales más representativas y las Comunidades Autónomas.

De igual modo, este Real Decreto ha sido objeto de consulta y ha recibido el dictamen favorable del Pleno del Consejo Nacional de la Discapacidad celebrado el día 1 de diciembre de 2006.

En su virtud, a propuesta del Ministro de Trabajo y Asuntos Sociales, con la aprobación previa del Ministro de Administraciones Públicas, de acuerdo con el Consejo de Estado y previa deliberación del Consejo de Ministros en su reunión del día 29 de junio de 2007, dispongo:

Artículo 1. Objeto.

Este Real Decreto tiene por objeto regular los contenidos comunes del programa de empleo con apoyo como medida de integración laboral de las personas con discapacidad en el sistema ordinario de trabajo, en cumplimiento de lo dispuesto en el artículo 37.1 de la Ley 13/1982, de 7 de abril, de Integración Social de los Minusválidos.

Artículo 2. Definición de empleo con apoyo.

1. Se entiende por empleo con apoyo el conjunto de acciones de orientación y acompañamiento individualizado en el puesto de trabajo, prestadas por preparadores laborales especializados, que tienen por objeto facilitar la adaptación social y laboral de trabajadores con discapacidad con especiales dificultades de inserción laboral en empresas del mercado ordinario de trabajo en condiciones similares al resto de los trabajadores que desempeñan puestos equivalentes.

2. Las acciones de empleo con apoyo se desarrollarán en el marco de proyectos de empleo con apoyo, en los que deberán contemplarse, al menos, las siguientes acciones:

a) Orientación, asesoramiento y acompañamiento a la persona con discapacidad, elaborando para cada trabajador un programa de adaptación al puesto de trabajo.

b) Labores de acercamiento y mutua ayuda entre el trabajador beneficiario del programa de empleo con apoyo, el empleador y el personal de la empresa que comparta tareas con el trabajador con discapacidad.

c) Apoyo al trabajador en el desarrollo de habilidades sociales y comunitarias, de modo que pueda relacionarse con el entorno laboral en las mejores condiciones.

d) Adiestramiento específico del trabajador con discapacidad en las tareas inherentes al puesto de trabajo.

e) Seguimiento del trabajador y evaluación del proceso de inserción en el puesto de trabajo. Estas acciones tendrán por objeto la detección de necesidades y la prevención de posibles obstáculos, tanto para el trabajador como para la empresa que le contrata, que pongan en peligro el objetivo de inserción y permanencia en el empleo.

f) Asesoramiento e información a la empresa sobre las necesidades y procesos de adaptación del puesto de trabajo.

Artículo 3. Destinatarios finales.

1. Los destinatarios finales del programa de empleo con apoyo serán trabajadores con discapacidad inscritos en los Servicios Públicos de Empleo como demandantes de empleo no ocupados, así como trabajadores con discapacidad contratados por centros especiales de empleo, siempre que, en ambos casos, se encuentren en alguno de los supuestos que se describen a continuación:

a) Personas con parálisis cerebral, personas con enfermedad mental o personas con discapacidad intelectual con un grado de minusvalía reconocido igual o superior al 33%.

b) Personas con discapacidad física o sensorial con un grado de minusvalía reconocido igual o superior al 65%.

2. Los trabajadores deberán ser contratados por una empresa del mercado ordinario de trabajo para ser empleados efectivamente en la organización productiva de la empresa mediante un contrato indefinido o de duración determinada, siempre que la duración del contrato sea, en este caso, como mínimo de seis meses. En el supuesto de contratación a tiempo parcial, la jornada de trabajo será al menos del 50 por 100 de la jornada de un trabajador a tiempo completo comparable.

Dichas empresas tendrán derecho a los beneficios previstos en la normativa sobre contratación de trabajadores con discapacidad en los términos establecidos en la misma.

3. En caso de que el trabajador con discapacidad contratado procediera de la plantilla de un centro especial de empleo, pasará a la situación de excedencia voluntaria en dicho centro en las condiciones que establecen el artículo 46.2 y 5 del Texto Refundido de la Ley del Estatuto de los Trabajadores, aprobado por Real Decreto Legislativo 1/1995, de 24 de marzo, y, en su caso, el convenio colectivo de aplicación.

Artículo 4. Promotores de proyectos de empleo con apoyo y beneficiarios de las subvenciones.

Podrán promover proyectos de empleo con apoyo, y ser beneficiarios de las correspondientes subvenciones reguladas en el presente Real Decreto, las siguientes entidades:

1. Las asociaciones, fundaciones y otras entidades sin ánimo de lucro que suscriban el correspondiente convenio de colaboración con la empresa que va a contratar a los trabajadores con discapacidad a los que se les va a prestar el empleo con apoyo y que cumplan los siguientes requisitos:

a) Tener por objeto social, entre otros, la inserción laboral o la creación de empleo a favor de personas con discapacidad.

b) Contar en su plantilla con preparadores laborales especializados que cumplan los requisitos establecidos en el artículo 7 o comprometerse a incorporarlos, así como disponer de los recursos materiales necesarios que garanticen un desarrollo idóneo de los programas de empleo con apoyo.

c) Tener experiencia acreditada en el desarrollo de programas de integración laboral de personas con discapacidad.

d) Desarrollar las actividades de empleo con apoyo de modo gratuito, sin que quepa el cobro o el percibo de ningún tipo de cantidad o tarifa a trabajadores o empresarios.

2. Los centros especiales de empleo, calificados e inscritos como tales en el Registro correspondiente, que suscriban un convenio de colaboración con la empresa que va a contratar a trabajadores con discapacidad procedentes de la plantilla del mismo centro o de otros centros especiales de empleo. Estos centros especiales de empleo deberán cumplir, además, los siguientes requisitos:

a) Contar en su plantilla con preparadores laborales especializados que cumplan los requisitos establecidos en el artículo 7 o comprometerse a incorporarlos, así como disponer de los recursos materiales necesarios que garanticen un desarrollo idóneo de los programas de empleo con apoyo.

b) Desarrollar las actividades de empleo con apoyo de modo gratuito, sin que quepa el cobro o el percibo de ningún tipo de cantidad o tarifa a trabajadores o empresarios.

3. Las empresas del mercado ordinario de trabajo, incluidos los trabajadores autónomos, que contraten a los trabajadores con discapacidad beneficiarios de dichas acciones siempre que cuenten en su plantilla con preparadores laborales especializados que cumplan los requisitos establecidos en el artículo 7 o se comprometan a incorporarlos, y que dispongan de los recursos materiales necesarios que garanticen un desarrollo idóneo de los programas de empleo con apoyo.

Artículo 5. Requisitos y duración de los proyectos de empleo con apoyo.

1. Los proyectos de empleo con apoyo deberán hacer constar, al menos, los siguientes extremos:

a) Identificación de la empresa que va a contratar a los trabajadores con discapacidad que van a recibir apoyo, así como su compromiso de contratación de dichos trabajadores.

b) Identificación de la entidad promotora que va a llevar a cabo las acciones de empleo con apoyo a través de los preparadores laborales que tiene contratados o que va a contratar, en cuyo caso, deberá expresar su compromiso de contratación.

c) Número de trabajadores con discapacidad que van a recibir las acciones de empleo con apoyo, con indicación del tipo de discapacidad y grado de minusvalía, tipo y duración de contrato que se les va a formalizar y del centro o centros de trabajo en los que van a efectuar la prestación laboral, así como la descripción de cada uno de los puestos de trabajo.

d) Relación de los preparadores laborales que van a prestar el apoyo a los trabajadores con discapacidad con indicación del tipo y duración del contrato de trabajo formalizado, o que van a formalizar con la entidad promotora del empleo con apoyo.

e) Descripción detallada de las acciones de empleo con apoyo que cada preparador va a prestar a cada uno de los trabajadores con discapacidad que le corresponda atender, especificando la duración de dichas acciones y la distribución temporal prevista de las mismas.

f) Convenio o convenios de colaboración a que se refiere el artículo 6, en el caso de que la entidad promotora sea distinta de la empresa que contrata a los trabajadores con discapacidad.

2. Las acciones de empleo con apoyo se desarrollarán en el marco de proyectos de empleo con apoyo que, a los efectos de este Real Decreto, tendrán una duración entre seis meses y un año, prorrogable hasta otro año más.

No obstante, en el caso de trabajadores con el tipo de discapacidad y grado de minusvalía establecido en el artículo 3.1.a), el plazo máximo de dos años podrá ampliarse hasta seis meses más, siempre y cuando se detecten situaciones de especial dificultad que exijan necesidades específicas de apoyo.

Artículo 6. Convenio de colaboración entre la entidad promotora del empleo con apoyo y la empresa empleadora.

Las entidades promotoras de empleo con apoyo señaladas en los apartados 1 y 2 del artículo 4, deberán suscribir un convenio de colaboración con la empresa que vaya a contratar al trabajador o trabajadores con discapacidad destinatarios del empleo con apoyo, con el siguiente contenido mínimo:

1. Identificación de ambas partes, haciendo constar la denominación social, domicilio y el número de identificación fiscal.

2. Compromiso de la entidad promotora de llevar a cabo todas las acciones de adaptación al puesto de trabajo de cada trabajador con discapacidad incluidas en el proyecto de empleo con apoyo, para lo cual la empresa también deberá comprometerse a permitir y facilitar la tarea del preparador laboral y favorecer los apoyos internos a lo largo del proceso de inserción.

3. Compromiso de ambas partes de que las acciones de empleo con apoyo se prestarán de forma gratuita.

Artículo 7. Preparadores laborales.

1. Las acciones de empleo con apoyo serán llevadas a cabo por preparadores laborales, los cuales deberán estar en posesión de una titulación mínima de formación profesional de grado medio o equivalente y acreditar una experiencia previa de al menos un año en actividades de integración laboral de personas con discapacidad que les capacite para la realización de las funciones propias de su puesto.

2. El tiempo de atención a cada trabajador con discapacidad no podrá ser inferior al porcentaje de la jornada de trabajo de dicho trabajador que se relaciona a continuación:

a) Un tercio en el caso de trabajadores con parálisis cerebral, con enfermedad mental o con discapacidad intelectual, con un grado de minusvalía reconocido igual o superior al 65%.

b) Un quinto en el caso de trabajadores con parálisis cerebral, con enfermedad mental o con discapacidad intelectual, con un grado de minusvalía reconocido igual o superior al 33% e inferior al 65%.

c) Un octavo en el caso de trabajadores con discapacidad física o sensorial con un grado de minusvalía reconocido igual o superior al 65%.

Cuando un mismo preparador laboral preste atención a más de un trabajador con discapacidad, el tiempo de atención conjunto será la suma de los tiempos de atención de cada uno de dichos trabajadores. En ningún caso un preparador laboral podrá atender simultáneamente a más de 3, 5 u 8 trabajadores con discapacidad de los grupos a), b) y c) antes señalados, respectivamente, o los equivalentes cuando los trabajadores atendidos pertenezcan a distintos grupos.

Artículo 8. Subvenciones y cuantía de las mismas.

1. Las subvenciones establecidas en este artículo se destinarán a financiar costes laborales y de Seguridad Social que se generen durante el período de desarrollo del proyecto de empleo con apoyo, derivados de la contratación de los preparadores laborales a los que se refiere el artículo anterior, por las entidades promotoras de empleo con apoyo señaladas en el artículo 4. Dicha contratación se podrá haber realizado tanto durante el desarrollo del proyecto como con anterioridad al inicio del mismo.

2. La cuantía de dichas subvenciones se establece en función del número de trabajadores con el tipo de discapacidad y grado de minusvalía indicados en el artículo 7.2 destinatarios de las acciones de empleo con apoyo, correspondiendo:

a) 6.600 euros anuales por cada trabajador incluido en el apartado a),

b) 4.000 euros anuales por cada trabajador incluido en el apartado b), y

c) 2.500 euros anuales por cada trabajador incluido en el apartado c).

Estas subvenciones se reducirán proporcionalmente en función de la duración del contrato de cada trabajador con discapacidad así como en función de su jornada en el supuesto de que el contrato sea a tiempo parcial.

3. Estas subvenciones se concederán por períodos máximos de un año, prorrogables en los términos establecidos en el artículo 5.2, previa solicitud por parte de las entidades interesadas indicadas en el artículo 4, tramitada de acuerdo con el procedimiento establecido.

Para el cálculo de las subvenciones de los proyectos de empleo con apoyo se tendrá en cuenta únicamente el período en que cada trabajador con discapacidad permanezca contratado y recibiendo apoyo durante el desarrollo del proyecto.

En cualquier caso, la concesión de las subvenciones estará condicionada a la existencia de disponibilidades presupuestarias para dicho fin según lo consignado anualmente en los presupuestos del Servicio Público de Empleo Estatal.

4. No podrán otorgarse subvenciones conforme a lo previsto en este Real Decreto referidas a un mismo trabajador con discapacidad, aunque correspondan a distintos proyectos de empleo con apoyo, por tiempo superior a dos años o, en el supuesto de trabajadores con el tipo de discapacidad y grado de minusvalía establecido en el artículo 3.1 a), y si se detectan situaciones de especial dificultad que exijan necesidades específicas de apoyo, por tiempo superior a treinta meses.

5. El importe de la subvención en ningún caso podrá ser de tal cuantía que, aisladamente o en concurrencia con otras subvenciones, ayudas, ingresos o recursos supere los costes laborales y de Seguridad Social a que se refiere el apartado 1 de este artículo.

6. Estas subvenciones son compatibles con las reguladas en el Real Decreto 469/2006, de 21 de abril, por el que se regulan las unidades de apoyo a la actividad profesional en el marco de los servicios de ajuste personal y social de los centros especiales de empleo, siempre que se cumplan los siguientes requisitos:

a) Que el centro especial de empleo, tanto a través de la unidad de apoyo a la actividad profesional, como del proyecto de empleo con apoyo preste las acciones de apoyo previstas a los trabajadores con discapacidad contratados y atendidos en cada programa, con las limitaciones en cuanto al tiempo de atención y número de trabajadores a atender establecidas para dichos programas.

b) Que los costes laborales y de Seguridad Social generados por la contratación laboral del preparador o preparadores laborales a los que se refieren el apartado 1 de este artículo y el artículo 4.1 del Real Decreto 469/2006, de 21 de abril, se imputen proporcionalmente en función de la dedicación a la unidad de apoyo a la actividad profesional o al proyecto de empleo con apoyo, siempre que la suma total de las dos subvenciones no supere dichos costes.

Artículo 9. Procedimiento de concesión.

1. El procedimiento de concesión de las subvenciones establecidas en este Real Decreto, que se tramitarán en régimen de concurrencia competitiva, se ajustará a las previsiones de la Ley 38/2003, de 17 de noviembre, General de Subvenciones, a lo establecido en este Real Decreto y a las normas de procedimiento y bases reguladoras que dicten las administraciones competentes, de acuerdo con lo dispuesto en la disposición adicional cuarta de esta Norma.

2. Las solicitudes de subvención se presentarán en la forma y plazos que se establezcan por la administración competente en las correspondientes bases reguladoras y convocatorias.

DISPOSICIONES ADICIONALES

Primera. Personas sordas y con discapacidad auditiva.

Se considerarán también destinatarios finales del programa de empleo con apoyo a las personas sordas y con discapacidad auditiva, con un grado de minusvalía reconocido igual o superior al 33 por 100, que a efectos del tiempo mínimo de atención exigido en el artículo 7 y de las subvenciones establecidas en el artículo 8, tendrán la misma consideración que los trabajadores que presentan las circunstancias descritas en el artículo 7.2.c).

Segunda. Normativa aplicable.

En lo no regulado en el presente Real Decreto se entenderá de aplicación la Ley 38/2003, de 17 de noviembre, General de Subvenciones, y el Real Decreto 887/2006, de 21 de julio, por el que se aprueba el Reglamento de la Ley 38/2003, de 17 de noviembre, General de Subvenciones.

Tercera. Carácter estatal y financiación.

1. Las subvenciones concedidas al amparo de este Real Decreto tienen el carácter de fondos de empleo de ámbito nacional y son competencia del Estado a través del Servicio Público de Empleo Estatal, de acuerdo con lo dispuesto en el artículo 14 de la Ley 56/2003, de 16 de diciembre, de Empleo.

2. La financiación de este programa se efectuará con cargo a los Presupuestos Generales del Estado a través de los créditos específicamente consignados cada año en el presupuesto de gastos del Servicio Público de Empleo Estatal.

Cuando la gestión de este programa haya sido traspasada a las Comunidades Autónomas, los fondos mencionados se distribuirán de conformidad con lo establecido en el artículo 86 de la Ley 47/2003, de 26 de noviembre, General Presupuestaria y en el citado artículo 14 de la Ley 56/2003, de 16 de diciembre.

Cuarta. Gestión traspasada a las Comunidades Autónomas.

1. Las Comunidades Autónomas que hayan asumido el traspaso de la gestión realizada por el Servicio Público de Empleo Estatal en el ámbito del trabajo, el empleo y la formación así como de los programas de apoyo a la creación de empleo, ejercerán las funciones que este Real Decreto atribuye al mencionado Servicio Público de Empleo Estatal y que les correspondan según lo dispuesto en los reales decretos de traspaso. Dicha gestión se realizará en base a la territorialización de las subvenciones, conforme a lo dispuesto en la disposición adicional tercera de esta Norma y, de acuerdo con lo dispuesto en la regla primera del artículo 86.2 de la Ley 47/2003, de 26 de noviembre, General Presupuestaria, conforme a la normativa estatal que regula estas subvenciones, en particular según lo establecido en este Real Decreto y en las normas de procedimiento y bases reguladoras para la concesión de subvenciones que dicten las Comunidades Autónomas para su ejecución en función de su propia organización.

2. El programa regulado en el presente Real Decreto se considera incluido en las relaciones de normas reguladoras de las subvenciones concedidas por el Servicio Público de Empleo Estatal, a los efectos establecidos en los correspondientes Reales Decretos sobre traspaso a las Comunidades Autónomas de la gestión realizada por el Servicio Público de Empleo Estatal en el ámbito del trabajo, el empleo y la formación y sobre traspaso de funciones y servicios de la Administración del Estado en materia de cooperativas, calificación y registro administrativo de sociedades anónimas laborales y programas de apoyo a la creación de empleo.

3. Lo establecido en los apartados anteriores no será de aplicación en los supuestos de programas cuya gestión esté reservada al Servicio Público de Empleo Estatal y le corresponda en el ejercicio de sus competencias, según lo dispuesto en el artículo 13 de la Ley 56/2003, de 16 de diciembre.

Quinta. Seguimiento y evaluación.

1. Los Servicios Públicos de Empleo realizarán cuantas acciones sean necesarias para el seguimiento y evaluación del programa regulado en esta Norma, tanto en su aspecto cualitativo como cuantitativo.

2. El Servicio Público de Empleo Estatal y los Servicios Públicos de Empleo de las Comunidades Autónomas informarán periódicamente a sus correspondientes órganos de participación sobre los resultados del programa contemplado en esta Norma, así como de cualquier extremo relacionado con el desarrollo del mismo.

Sexta. Suministro de información.

1. Las Comunidades Autónomas que hayan asumido la gestión y control del programa regulado en este Real Decreto deberán proporcionar al Servicio Público de Empleo Estatal la información

necesaria para la elaboración de la estadística de dicho programa, de forma que quede garantizada su coordinación e integración con el resto de la información estadística de ámbito estatal, así como la información sobre los resultados cualitativos obtenidos.

Asimismo, deberán proporcionar al Servicio Público de Empleo Estatal toda la información y documentación necesarias para el seguimiento de la ejecución de los fondos recibidos y de los planes de ejecución de la Estrategia Europea de Empleo y Programa Nacional de Reformas, así como las que precise el Servicio Público de Empleo Estatal para atender los requerimientos que se le hagan desde otros organismos o entidades nacionales o internacionales.

2. El intercambio de información se efectuará siempre que sea posible a través del sistema de información de los Servicios Públicos de Empleo común, integrado y compatible a que se refiere el artículo 8.2.a) de la Ley 56/2003, de 16 de diciembre, de Empleo.

DISPOSICIONES FINALES

Primera. Habilitación competencial.

Este Real Decreto se dicta al amparo del artículo 149.1.7ª de la Constitución.

Segunda. Facultades de desarrollo.

Se autoriza al Ministro de Trabajo y Asuntos Sociales a dictar cuantas disposiciones sean necesarias para el desarrollo y ejecución de lo dispuesto en el presente Real Decreto así como a modificar la cuantía de las subvenciones establecidas en el mismo, previo informe del Ministerio de Economía y Hacienda.

Tercera. Entrada en vigor.

Este Real Decreto entrará en vigor el día siguiente al de su publicación en el «Boletín Oficial del Estado».

C) Fomento del empleo femenino

§ 29 ORDEN 16 SEPTIEMBRE 1998. FOMENTO DEL EMPLEO ESTABLE DE MUJERES EN LAS PROFESIONES Y OCUPACIONES CON MENOR ÍNDICE DE EMPLEO FEMENINO

(BOE núm. 233, de 29 septiembre [RCL 1998, 2383])

Una de las prioridades de la política laboral consiste en fomentar la igualdad de oportunidades entre hombres y mujeres en el acceso al empleo. En la actualidad, más de la mitad de los demandantes de empleo de nuestro país son mujeres de las cuales sólo el 38 por 100 suscriben contratos de trabajo y la mayor parte en el sector servicios.

Para eliminar la segmentación existente en el acceso a las diferentes ocupaciones, la Ley 64/1997, de 26 de diciembre, por la que se regulan incentivos en materia de Seguridad Social y de carácter fiscal para el fomento de la contratación indefinida y la estabilidad en el empleo, establece en su artículo 3 una bonificación del 60 por 100 de la cuota empresarial a la Seguridad Social por contingencias comunes en los nuevos contratos a mujeres para prestar servicios en profesiones u oficios en los que el colectivo femenino se hallare subrepresentado, así como en las transformaciones en indefinidos de contratos temporales y de duración determinada.

En este sentido, la disposición transitoria segunda de la citada Ley, autoriza al Ministerio de Trabajo y Asuntos Sociales, para determinar las profesiones u oficios en los que se considera que la mujer está subrepresentada, que anteriormente venían recogidas en el Anexo III de la Orden de 6 de agosto de 1992 ya derogada.

También, teniendo en cuenta las variaciones producidas en el mercado de trabajo, su incidencia en el empleo de la mujer y, por otra parte, la modificación sustancial de la Clasificación Nacional de Ocupaciones aprobada por Real Decreto 917/1994, de 6 de mayo, se hace necesario elaborar un nuevo anexo acorde con estas circunstancias.

Con la finalidad de dar cumplimiento a la previsión contenida en la precitada Ley 64/1997, de 26 de diciembre, y, a su vez, favorecer la aplicación de los incentivos contemplados en la misma, se procede a establecer la relación de profesiones u oficios en los que se considera que la mujer está subrepresentada. Con ello se llevan a cabo, igualmente, las actuaciones previstas sobre esta materia en el Plan de Acción para el Empleo del Reino de España de 1998 y en el III Plan para la Igualdad de Oportunidades entre Mujeres y Hombres, aprobado por Consejo de Ministros de 7 de marzo de 1997.

En su virtud y en uso de la autorización contenida en la disposición transitoria segunda de la Ley 64/1997, de 26 de diciembre, de acuerdo con el Consejo de Estado, dispongo:

Artículo único.

A efectos de lo dispuesto en el artículo 3 de la Ley 64/1997, de 26 de diciembre, se considera que las mujeres están subrepresentadas en todas las profesiones u oficios de la Clasificación Nacional de Ocupaciones, excepto aquellos que figuran relacionados en el Anexo de esta Orden.

DISPOSICIÓN DEROGATORIA

Queda derogado el Anexo III de la Orden de 6 de agosto de 1992 por la que se establecen las bases reguladoras de concesión de las ayudas para el fomento de la contratación indefinida establecida en la Ley 22/1992, de 30 de julio, de Medidas Urgentes sobre Fomento del Empleo y Protección por Desempleo.

DISPOSICIONES FINALES

Primera.

Se faculta a la Secretaría General de Asuntos Sociales y al Secretario general de Empleo para dictar las instrucciones necesarias para la ejecución de lo dispuesto en la presente disposición.

Segunda.

La presente Orden entrará en vigor el mismo día de su publicación en el «Boletín Oficial del Estado».

ANEXO

Códigos de ocupaciones excluidas de bonificaciones al amparo de lo dispuesto en esta Orden (según clasificación nacional de ocupaciones CNO-94, aprobada por Real Decreto 917/1994, de 6 de mayo [«Boletín Oficial del Estado» del 27])

2111 Biólogas, Botánicas, Zoólogas y asimiladas.

2112 Patólogas, Farmacólogas y asimiladas.

212 Médicas y Odontólogas.

213 Veterinarias.

214 Farmacéuticas.

221 Profesoras de Universidades y otros centros de Enseñanza Superior.

222 Profesoras de Enseñanza Secundaria.

223 Otras profesionales de la enseñanza.

23 Profesionales del Derecho.

243 Sociólogas, Historiadoras, Filósofas, Filólogas, Psicólogas y asimiladas.

252 Archiveras, Bibliotecarias y profesionales asimiladas.

2711 Profesionales de nivel medio en Ciencias Biológicas y asimiladas.

272 Enfermeras.

281 Profesoras de Enseñanza Primaria e Infantil.

282 Profesoras de Educación especial.

283 Profesorado Técnico de Formación Profesional.

2912 Graduadas Sociales y asimiladas.

292 Ayudantes de archivos, bibliotecas y asimiladas.

293 Diplomadas en Trabajo Social.

31 Técnicas de las Ciencias Naturales y de la Sanidad.

321 Técnicas en Educación Infantil y Educación Especial.

3314 Agentes de viaje.

3411 Secretarias Administrativas y asimiladas.

3412 Profesionales de apoyo de servicios jurídicos y servicios similares.

342 Profesionales de carácter administrativo de aduanas, tributos y asimilados que trabajan en tareas propias de Administraciones públicas.

353 Profesionales de apoyo de Promoción social.

3541 Decoradoras y Diseñadoras Artísticas.

4 Empleadas de tipo administrativo.

501 Cocineras y otras preparadoras de comidas.

502 Camareras, bármanes y asimiladas.

511 Auxiliares de Enfermería y asimiladas.

512 Trabajadoras que se dedican al cuidado de personas y asimiladas (excepto Auxiliares de Enfermería).

513 Peluqueras, especialistas en tratamiento de belleza y trabajadoras asimiladas.

5141 Azafatas o Camareras de avión y barco.

5143 Guías y Azafatas de tierra.
515 Mayordomas, ecónomas y asimiladas.
519 Otras trabajadoras de servicios personales.
531 Modelos de moda, arte y publicidad.
533 Dependientas y exhibidoras en tiendas, almacenes, quioscos y mercados.
774 Artesanas de la madera, de textiles, del cuero y materiales similares.
78 Trabajadoras de la industria de la alimentación, bebidas y tabaco.
793 Trabajadoras de la industria textil, la confección y asimiladas.
7942 Zapateras, marroquineras y guantería de piel.
8361 Operadoras de máquinas de preparar fibras, hilar y devanar.
8362 Operadoras de telares y otras máquinas tejedoras.
8363 Operadoras de máquinas de coser y bordar.
8364 Operadoras de máquinas de blanquear, teñir, limpiar y tintar.
8366 Operadoras de máquinas para la fabricación del calzado, marroquinería y guantería de piel.
8369 Otras Operadoras de máquinas para fabricar productos textiles y artículos de piel y cuero.
837 Operadoras de máquinas para elaborar productos alimenticios, bebidas y tabaco.
90 Trabajadoras no cualificadas en el comercio.
91 Empleadas domésticas y otro personal de limpieza de interior de edificios.

D) Anticipación de la jubilación

§ 30.1 REAL DECRETO 1194/1985, DE 17 JULIO. NORMAS SOBRE JUBILACIÓN ESPECIAL A LOS 64 AÑOS Y NUEVAS CONTRATACIONES

(BOE núm. 173, de 20 julio [RCL 1985, 1791])

⇒ El presente Real Decreto trae su causa de la originaria disp. adic. 7ª del ET, según redacción conferida por Ley 32/1984; tal norma habilitante fue, a su vez, derogada por la LGSS/1994.

La norma puede entenderse amparada por la vigente disp. final cuarta de la citada LGSS, aprobada por RDLeg 1/1994, de 20 junio (§32.1).

Los escasos efectos que sobre el empleo ha tenido hasta el momento presente el sistema especial de jubilación a los sesenta y cuatro años establecido en el Real Decreto-ley 14/1981, de 20 de agosto, en virtud del cual se permitía anticipar la edad de jubilación a los trabajadores cuya Empresa se comprometía a sustituirlos por otros que fueran perceptores de prestaciones económicas por desempleo o jóvenes demandantes de primer empleo, mediante un contrato de la misma naturaleza que el del trabajador jubilado, aconseja revisar los presupuestos sobre los que se regulaba el referido sistema especial de jubilación y, en particular, las condiciones en que había de llevarse a efecto la referida sustitución, permitiendo que las nuevas contrataciones se puedan celebrar utilizando cualquiera de las modalidades vigentes, excepción hecha del contrato a tiempo parcial y de la prevista en el artículo 15.1, b) del Estatuto de los Trabajadores, con cualesquiera trabajadores que se encuentren inscritos como desempleados en la correspondiente Oficina de Empleo.

En su virtud, a propuesta del *Ministro de Trabajo y Seguridad Social*, haciendo uso de la autorización concedida al Gobierno en la disposición adicional séptima de la Ley 8/1980, de 10 de marzo, modificada por la Ley 32/1984, de 2 de agosto, consultadas las Organizaciones Sindicales y Empresariales más representativas, oído el Consejo de Estado y previa deliberación del Consejo de Ministros en su reunión del día 17 de julio de 1985, dispongo:

⇒ Las referencias al Ministerio o Ministro de Trabajo y Seguridad Social entiéndanse hoy hechas al Ministerio o Ministro de Trabajo y Asuntos Sociales.

CAPÍTULO I
Jubilación especial

Artículo 1. Reducción de la edad de jubilación.

1. La edad mínima de sesenta y cinco años, que se exige con carácter general en el sistema de la Seguridad Social para causar derecho a la pensión de jubilación, se rebaja a los sesenta y cuatro años para los trabajadores por cuenta ajena cuyas Empresas los sustituyan, simultáneamente a su cese por jubilación, por otros trabajadores, en las condiciones previstas en este Real Decreto.

2. En los supuestos en que esté prevista la aplicación de coeficientes reductores a la edad mínima de sesenta y cinco años, dichos coeficientes se aplicarán a la edad de sesenta y cuatro años, siempre que tenga lugar la correspondiente sustitución de los trabajadores jubilados.

Artículo 2. Solicitud y nacimiento del derecho.

1. Pueden solicitar la jubilación a partir de la edad a que se refiere el artículo anterior los trabajadores que pertenezcan a una Empresa que está obligada a sustituirlos por otros trabajadores, por así establecerlo un Convenio colectivo o en virtud de acuerdo con los propios trabajadores afectados.

2. La solicitud podrá presentarse con una antelación de seis meses a la fecha en que el trabajador tenga previsto su cese en el trabajo, debiendo acompañar a la misma certificación de la Empresa acreditativa del compromiso de sustitución.

3. En todo caso, el nacimiento del derecho a la pensión de jubilación requerirá el cese efectivo en el trabajo y la simultánea contratación del nuevo trabajador.

CAPÍTULO II

Régimen de las nuevas contrataciones

Artículo 3. Carácter de las contrataciones.

1. Los contratos que se celebren para sustituir a los trabajadores que se jubilen podrán concertarse al amparo de cualquiera de las modalidades de contratación vigentes, excepto la contratación a tiempo parcial y la modalidad prevista en el artículo 15.1, b) del Estatuto de los Trabajadores, con cualesquiera trabajadores que se hallen inscritos como desempleados en la correspondiente Oficina de Empleo.

2. Tales contratos, que se regirán por la normativa específica que regule la modalidad contractual de que se trate, tendrán una duración mínima de un año y habrán de formalizarse, en todo caso, por escrito debiendo constar en los mismos el nombre del trabajador a quien se sustituye. Se registrarán en la Oficina de Empleo correspondiente, donde quedará depositado un ejemplar; otro, debidamente diligenciado, será entregado al trabajador que se jubile para que lo presente en la Entidad Gestora a la que corresponda el reconocimiento del derecho a la pensión de jubilación.

Artículo 4. Obligaciones de la Empresa.

Si durante la vigencia del contrato se produjera el cese del trabajador, el empresario deberá sustituirlo, en el plazo máximo de quince días, por otro trabajador desempleado por el tiempo que reste para alcanzar la duración mínima del contrato, salvo supuestos de fuerza mayor. En caso de incumplimiento deberá abonar a la Entidad Gestora correspondiente el importe de la prestación de jubilación devengado desde el momento del cese del trabajador contratado.

Artículo 5. Estímulos a la contratación indefinida.

1. Si el contrato se celebrase por tiempo indefinido con jóvenes desempleados menores de veintiséis años el empresario cotizará por dicho trabajador, por contingencias comunes al Régimen General de la Seguridad Social, aplicando como aportación empresarial el porcentaje del 12 por 100, durante toda la vigencia del contrato.

2. Cuando el contrato se hubiese celebrado por tiempo determinado, con cualquier trabajador desempleado, y el empresario optase a su finalización por convertirlo en un contrato por tiempo indefinido tendrá derecho, desde este momento, a efectuar la cotización a la Seguridad Social en los términos previstos en el número anterior.

3. A los contratos concertados de acuerdo con lo establecido en los números anteriores, les será de aplicación el Real Decreto 799/1985, de 25 de mayo.

⇒ El RD 799/1985, ya derogado, contemplaba –básicamente– una cotización empresarial por contingencias comunes al tipo del 12 por 100 y durante toda la vigencia del contrato; en la actualidad, la referencia debe entenderse realizada al actual Cap. II de la Ley 12/2001 (§9). La disp. adic. 17ª de la Ley 50/1998, de 30 diciembre, en la redacción dada por el RDley 5/1999, de 9 abril, concede seis meses a las empresas que disfruten bonificaciones de cuotas a la Seguridad Social, en aplicación, entre otras normas, de este Real Decreto, para acreditar ante el INEM el mantenimiento de tal derecho. Dicha disp. adic. 17ª ha sido desarrollada por O. 27 mayo 1999.

DISPOSICIÓN DEROGATORIA

Quedan derogados el Real Decreto-ley 14/1981, de 20 de agosto, y el Real Decreto 2705/1981, de 19 de octubre.

DISPOSICIONES FINALES

Primera.

En lo no previsto en la presente disposición se aplicarán las normas de carácter general establecidas al efecto en el correspondiente Régimen de la Seguridad Social.

Segunda.

Se autoriza al *Ministro de Trabajo y Seguridad Social* para dictar cuantas normas sean precisas para la ejecución de lo dispuesto en el presente Real Decreto.

Tercera.

El presente Real Decreto entrará en vigor el día siguiente al de su publicación en el «Boletín Oficial del Estado».

E) Trabajos de colaboración social

§ 30.2 REAL DECRETO 1445/1982, DE 25 JUNIO. REGULA DIVERSAS MEDIDAS DE FOMENTO DEL EMPLEO

(BOE núm. 156, de 1 julio [RCL 1982, 1744]) (fragmento)

✐ Este Real Decreto se promulgó en base a la autorización concedida al Gobierno por el art. 17.3 del ET/1980. Parcialmente modificado por el RD 3887/1982, de 29 diciembre, fue prorrogada su vigencia por RD 3236/1983, de 21 diciembre. En base a lo dispuesto en las disposiciones derogatorias de los RR DD 1451/1983, de 11 mayo (§28.2), 3239/1983, de 28 diciembre (hoy derogado), 1989/1984, de 17 octubre (igualmente derogado), 1991/1984, de 31 octubre, derogado por RD 1131/2002 (§37) y 1992/1984 (asimismo derogado), de la misma fecha, sólo permanece en vigor el Cap. V, que se transcribe en el texto.

⇒ V. también el art. 44 de la Ley 42/1994, de 30 diciembre, Ley 55/1999, de 29 diciembre. Téngase en cuenta el nuevo contrato de inserción incorporado al art. 15.1 d) ET (§2) por Ley 12/2001, de 9 julio (§9).

[...]

CAPÍTULO V

Trabajos temporales de colaboración social

Artículo 38.

1. Las Administraciones Públicas podrán utilizar trabajadores perceptores de las prestaciones por desempleo sin pérdida para éstos de las cantidades que en tal concepto vinieran percibiendo, en trabajos de colaboración temporal que cumplan los siguientes requisitos:

a) Que sean de utilidad social y redunden en beneficio de la comunidad.

b) Que la duración máxima del trabajo sea la que le falte al trabajador por percibir en la prestación o subsidio por desempleo que se le hubiere reconocido.

✐ Letra b) redactada por RD 1809/1986, de 28 junio.

c) Que no suponga cambio de residencia habitual del trabajador.

✐ Letra c) redactada por RD 1809/1986, de 28 junio.

d) Que coincida con las aptitudes físicas y profesionales del trabajador desempleado.

2. A los efectos consignados en el número anterior, las Administraciones Públicas deberán solicitar de las correspondientes Oficinas de Empleo los trabajadores desempleados que necesiten, con indicación de sus especialidades o categorías. Las Oficinas de Empleo seleccionarán a los trabajadores desempleados necesarios para atender a la referida solicitud, pudiendo determinar, en su caso, la rotación de los mismos o su sustitución en caso de colocación.

3. Los trabajadores perceptores de las prestaciones por desempleo vendrán obligados a realizar los trabajos de colaboración social para los que hubieran sido seleccionados. La renuncia no motivada de los mismos dará lugar a la suspensión de las prestaciones por desempleo durante un período de seis meses, de acuerdo con lo establecido en el artículo 22.2 de la Ley Básica del Empleo.

⇒ El régimen sancionador actualmente vigente está contenido en los arts. 17.2 y 47.2 del TRLISOS (§40.1).

4. Los trabajadores que participen en la realización de obras, trabajos o servicios a que se refiere el número 1 de este artículo tendrán derecho a percibir con cargo al INEM la correspondiente prestación o subsidio por desempleo. Las Administraciones Públicas completarán, mientras realicen tales trabajos, la prestación o el subsidio hasta el importe total de la base reguladora para el cálculo de la prestación contributiva que estuviere percibiendo o que hubiere agotado antes de percibir el subsidio. En todo caso, se garantizará el 100 por 100 del salario mínimo interprofesional, vigente en cada momento.

✐ Ap. 4 redactado por RD 1809/1986, de 28 junio.

⇒ Téngase presente el art. 3.4 del RDley 3/2004 (§12.2).

5. Las Administraciones Públicas que realicen trabajos de colaboración social mediante los servicios prestados por trabajadores desempleados deberán ingresar en la Tesorería General de la Seguridad Social las cuotas correspondientes por accidente de trabajo y enfermedades profesionales.

Artículo 39.

1. Las Administraciones Públicas que pretendan realizar una obra, trabajo o servicio de las características antes reseñadas, deberán acompañar junto con su solicitud documentación acreditativa de los siguientes extremos:

a) La obra, trabajo o servicio que se vaya a realizar y su exacta localización.

b) La utilidad social de tales obras, trabajos o servicios.

c) La duración prevista tanto del total de la obra, trabajo o servicio, como de la actuación de los trabajadores por especialidades y categorías.

d) El compromiso de abonar a los trabajadores la diferencia entre la prestación o el subsidio por desempleo y las cantidades a que se refiere el apartado 4 del artículo anterior, así como costear los desplazamientos que los trabajadores tuvieran que realizar.

✐ Letra d) redactada por RD 1809/1986, de 28 junio.

2. Las Administraciones Públicas podrán solicitar del Instituto Nacional de Empleo, en su caso, la formación profesional necesaria para la adaptación de los trabajadores a las tareas que se les asignen. Esta prestación será siempre gratuita y prioritaria.

⇒ V. O. 26 octubre 1998, por la que se establecen las bases para la concesión de subvenciones por el INEM, en el ámbito de colaboración con las Corporaciones Locales, para la contratación de trabajadores desempleados en la realización de obras y servicios de interés general y social. Por O. 28 enero 1997 se amplían los plazos para la concesión de dichas subvenciones.

[...]

F) Formación Profesional

§ 30.3 LEY ORGÁNICA 5/2002, DE 19 JUNIO. REGULA LAS CUALIFICACIONES Y LA FORMACIÓN PROFESIONAL

(BOE núm. 147, de 20 junio [RCL 2002, 1550])

EXPOSICIÓN DE MOTIVOS

El derecho a la educación, que el artículo 27 de la Constitución reconoce a todos con el fin de alcanzar el pleno desarrollo de la personalidad humana en el respeto a los principios democráticos de convivencia y a los derechos y libertades fundamentales, tiene en la formación profesional una vertiente de significación individual y social creciente. En esta misma línea y dentro de los principios rectores de la política social y económica, la Constitución, en su artículo 40, exige de los poderes públicos el fomento de la formación y readaptación profesionales, instrumentos ambos de esencial importancia para hacer realidad el derecho al trabajo, la libre elección de profesión u oficio o la promoción a través del trabajo. En efecto, la cualificación profesional que proporciona esta formación sirve tanto a los fines de la elevación del nivel y calidad de vida de las personas como a los de la cohesión social y económica y del fomento del empleo.

En el actual panorama de globalización de los mercados y de continuo avance de la sociedad de la información, las estrategias coordinadas para el empleo que postula la Unión Europea se orientan con especial énfasis hacia la obtención de una población activa cualificada y apta para la movilidad y libre circulación, cuya importancia se resalta expresamente en el Tratado de la Unión Europea.

En este contexto, es necesaria la renovación permanente de las instituciones y, consiguientemente, del marco normativo de la formación profesional, de tal modo que se garantice en todo momento la deseable correspondencia entre las cualificaciones profesionales y las necesidades del mercado de trabajo, línea ésta en la que ya se venía situando la Ley 51/1980, de 8 de octubre, Básica de Empleo, que señala como objetivo de la política de empleo lograr el mayor grado de transparencia del mercado de trabajo mediante la orientación y la formación profesional, la Ley 8/1980, de 10 de marzo, Estatuto de los Trabajadores (en el mismo sentido el actual Texto Refundido del Estatuto de los Trabajadores), que considera un derecho de los trabajadores la formación profesional, la Ley Orgánica 1/1990, de 3 de octubre, de Ordenación General del Sistema Educativo, que se propuso adecuar la formación a las nuevas exigencias del sistema productivo, y el Nuevo Programa Nacional de Formación Profesional, elaborado por el Consejo General de Formación Profesional y aprobado por el Gobierno para 1998-2002, que define las directrices básicas que han de conducir a un sistema integrado de las distintas ofertas de formación profesional: reglada, ocupacional y continua. En esta misma línea aparecen los Acuerdos de Formación Continua y los Planes Anuales de Acción para el Empleo.

En esta tendencia de modernización y mejora, que se corresponde con las políticas de similar signo emprendidas en otros países de la Unión Europea, se inscribe decididamente la presente Ley, cuya finalidad es la creación de un Sistema Nacional de Cualificaciones y Formación Profesional que, en el ámbito de la competencia exclusiva atribuida al Estado por el artículo 149.1.1ª y 30ª, con la cooperación de las Comunidades Autónomas, dote de unidad, coherencia y eficacia a la planificación, ordenación y administración de esta realidad, con el fin de facilitar la integración de las distintas formas de certificación y acreditación de las competencias y de las cualificaciones profesionales.

El sistema, inspirado en los principios de igualdad en el acceso a la formación profesional y de participación de los agentes sociales con los poderes públicos, ha de fomentar la formación a lo largo de la vida, integrando las distintas ofertas formativas e instrumentando el reconocimiento y la acreditación de las cualificaciones profesionales a nivel nacional, como mecanismo favorecedor de la homogeneización, a nivel europeo, de los niveles de formación y acreditación profesional de cara al libre movimiento de los trabajadores y de los profesionales en el ámbito del mercado que supone la Comunidad Europea. A tales efectos, la Ley configura un Catálogo Nacional de Cualificaciones Profesionales como eje institucional del sistema, cuya función se completa con el procedimiento de acreditación de dichas cualificaciones, sistema que no deroga el que está actualmente en vigor y que no supone, en ningún caso, la regulación del ejercicio de las profesiones tituladas en los términos previstos en el artículo 36 de la Constitución Española.

En cuanto a la ordenación, el Sistema Nacional de Cualificaciones y Formación Profesional, toma como punto de partida los ámbitos competenciales propios de la Administración General del Estado y de las Comunidades Autónomas, así como el espacio que corresponde a la participación de los agentes sociales, cuya representatividad y necesaria colaboración quedan reflejadas en la composición del Consejo General de Formación Profesional, a cuyo servicio se instrumenta, como órgano técnico, el Instituto Nacional de las Cualificaciones.

Si el Sistema Nacional de Cualificaciones y Formación Profesional constituye el elemento central en torno al que gira la reforma abordada por la presente Ley, la regulación que ésta lleva a cabo parte, como noción básica, del concepto técnico de cualificación profesional, entendida como el conjunto de competencias con significación para el empleo, adquiridas a través de un proceso formativo formal e incluso no formal que son objeto de los correspondientes procedimientos de evaluación y acreditación. En función de las necesidades del mercado de trabajo y de las cualificaciones que éste requiere, se desarrollarán las ofertas públicas de formación profesional, en cuya planificación ha de prestarse especial atención a la enseñanza de las tecnologías de la información y la comunicación, idiomas de la Unión Europea y prevención de riesgos laborales.

La presente Ley establece, asimismo, que los títulos de formación profesional y los certificados de profesionalidad constituirán las ofertas de formación profesional referidas al Catálogo de Cualificaciones Profesionales, que tienen carácter oficial y validez en todo el territorio nacional y serán expedidos por las Administraciones competentes. La coordinación de las referidas ofertas formativas de formación profesional debe garantizarse por las Administraciones públicas con la clara finalidad de dar respuesta a las necesidades de cualificación, optimizando el uso de los recursos públicos.

El acceso eficaz a la formación profesional, que se ha de garantizar a los diferentes colectivos, jóvenes, trabajadores en activo ocupados y desempleados, hace que la Ley cuente con los centros ya existentes y trace las líneas ordenadoras básicas de los nuevos Centros Integrados de Formación Profesional, y, dentro de ellas, los criterios sobre nombramiento de la dirección de los mismos.

En esta Ley se establece también que a través de centros especializados por sectores productivos se desarrollarán acciones de innovación y experimentación en materia de formación profesional que se programarán y ejecutarán mediante convenios de colaboración entre la Administración del Estado y las Comunidades Autónomas, ateniéndose en todo caso al ámbito de sus respectivas competencias.

Por otra parte, el aprendizaje permanente es un elemento esencial en la sociedad del conocimiento y, para propiciar el acceso universal y continuo al mismo, la Ley establece que las Administraciones públicas adaptarán las ofertas de formación, especialmente las dirigidas a grupos con dificultades de inserción laboral, de forma que se prevenga la exclusión social y que sean motivadores de futuros aprendizajes mediante el reconocimiento de las competencias obtenidas a través de estas ofertas específicas.

En el marco del Sistema Nacional de Cualificaciones y Formación Profesional se contemplan dos aspectos fundamentales, la información y la orientación profesional, así como la permanente evaluación del sistema para garantizar su calidad. Dentro de la orientación se destaca la necesidad de asesorar sobre las oportunidades de acceso al empleo y sobre las ofertas de formación para facilitar la inserción y reinserción laboral. La evaluación de la calidad del sistema debe conseguir su adecuación permanente a las necesidades del mercado de trabajo.

Finalmente con esta Ley, que no deroga el actual marco legal de la formación profesional establecido por la Ley Orgánica 1/1990, de 3 de octubre, de Ordenación General del Sistema Educativo, se pretende conseguir el mejor aprovechamiento de la experiencia y conocimientos de todos los profesionales en la impartición de las distintas modalidades de formación profesional y con tal finalidad se posibilita a los funcionarios de los Cuerpos de Profesores de Enseñanza Secundaria y Profesores Técnicos de Formación Profesional el desempeño de funciones en las diferentes ofertas de formación profesional reguladas en la presente Ley.

TÍTULO PRELIMINAR

Artículo 1 Finalidad de la Ley.

1. La presente Ley tiene por objeto la ordenación de un sistema integral de formación profesional, cualificaciones y acreditación, que responda con eficacia y transparencia a las demandas sociales y económicas a través de las diversas modalidades formativas.

2. La oferta de formación sostenida con fondos públicos favorecerá la formación a lo largo de toda la vida, acomodándose a las distintas expectativas y situaciones personales y profesionales.

3. A dicha finalidad se orientarán las acciones formativas programadas y desarrolladas en el marco del Sistema Nacional de Cualificaciones y Formación Profesional, en coordinación con las políticas activas de empleo y de fomento de la libre circulación de los trabajadores.

Artículo 2. Principios del Sistema Nacional de Cualificaciones y Formación Profesional.

1. A los efectos de esta Ley se entiende por Sistema Nacional de Cualificaciones y Formación Profesional el conjunto de instrumentos y acciones necesarios para promover y desarrollar la integración de las ofertas de la formación profesional, a través del Catálogo Nacional de Cualificaciones Profesionales, así como la evaluación y acreditación de las correspondientes competencias profesionales, de forma que se favorezca el desarrollo profesional y social de las personas y se cubran las necesidades del sistema productivo.

2. Al Sistema Nacional de Cualificaciones y Formación Profesional le corresponde promover y desarrollar la integración de las ofertas de la formación profesional, a través de un Catálogo Nacional de Cualificaciones Profesionales, así como la evaluación y acreditación de las correspondientes competencias profesionales.

3. El Sistema Nacional de Cualificaciones y Formación Profesional se rige por los siguientes principios básicos:

a) La formación profesional estará orientada tanto al desarrollo personal y al ejercicio del derecho al trabajo como a la libre elección de profesión u oficio y a la satisfacción de las necesidades del sistema productivo y del empleo a lo largo de toda la vida.

b) El acceso, en condiciones de igualdad de todos los ciudadanos, a las diferentes modalidades de la formación profesional.

c) La participación y cooperación de los agentes sociales con los poderes públicos en las políticas formativas y de cualificación profesional.

d) La adecuación de la formación y las cualificaciones a los criterios de la Unión Europea, en función de los objetivos del mercado único y la libre circulación de trabajadores.

e) La participación y cooperación de las diferentes Administraciones públicas en función de sus respectivas competencias.

f) La promoción del desarrollo económico y la adecuación a las diferentes necesidades territoriales del sistema productivo.

Artículo 3. Fines del Sistema Nacional de Cualificaciones y Formación Profesional.

El Sistema Nacional de Cualificaciones y Formación Profesional tiene los siguientes fines:

1. Capacitar para el ejercicio de actividades profesionales, de modo que se puedan satisfacer tanto las necesidades individuales como las de los sistemas productivos y del empleo.

2. Promover una oferta formativa de calidad, actualizada y adecuada a los distintos destinatarios, de acuerdo con las necesidades de cualificación del mercado laboral y las expectativas personales de promoción profesional.

3. Proporcionar a los interesados información y orientación adecuadas en materia de formación profesional y cualificaciones para el empleo.

4. Incorporar a la oferta formativa aquellas acciones de formación que capaciten para el desempeño de actividades empresariales y por cuenta propia, así como para el fomento de las iniciativas empresariales y del espíritu emprendedor que contemplará todas las formas de constitución y organización de las empresas ya sean éstas individuales o colectivas y en especial las de la economía social.

5. Evaluar y acreditar oficialmente la cualificación profesional cualquiera que hubiera sido la forma de su adquisición.

6. Favorecer la inversión pública y privada en la cualificación de los trabajadores y la optimización de los recursos dedicados a la formación profesional.

Artículo 4. Instrumentos y acciones del Sistema Nacional de Cualificaciones y Formación Profesional.

1. El Sistema Nacional de Cualificaciones y Formación Profesional está formado por los siguientes instrumentos y acciones:

a) El Catálogo Nacional de Cualificaciones Profesionales, que ordenará las identificadas en el sistema productivo en función de las competencias apropiadas para el ejercicio profesional que sean susceptibles de reconocimiento y acreditación.

El catálogo, que incluirá el contenido de la formación profesional asociada a cada cualificación, tendrá estructura modular.

b) Un procedimiento de reconocimiento, evaluación, acreditación y registro de las cualificaciones profesionales.

c) La información y orientación en materia de formación profesional y empleo.

d) La evaluación y mejora de la calidad del Sistema Nacional de Cualificaciones y Formación Profesional que proporcione la oportuna información sobre el funcionamiento de éste y sobre su adecuación a las necesidades formativas individuales y a las del sistema productivo.

2. A través de los referidos instrumentos y acciones se promoverá la gestión coordinada de las distintas Administraciones públicas con competencias en la materia.

Artículo 5. Regulación y coordinación del Sistema Nacional de Cualificaciones y Formación Profesional.

1. Corresponde a la Administración General del Estado la regulación y la coordinación del Sistema Nacional de Cualificaciones y Formación Profesional, sin perjuicio de las competencias que corresponden a las Comunidades Autónomas y de la participación de los agentes sociales.

2. El Consejo General de Formación Profesional, creado por la Ley 1/1986, de 7 de enero, modificada por las Leyes 19/1997, de 9 de junio, y 14/2000, de 29 de diciembre, es el órgano consultivo y de participación institucional de las Administraciones públicas y los agentes sociales, y de asesoramiento del Gobierno en materia de formación profesional, sin perjuicio de las competencias que el Consejo Escolar del Estado tiene atribuidas, según los artículos 30 y 32 de la Ley Orgánica 8/1985, de 3 de julio, Reguladora del Derecho a la Educación.

3. El Instituto Nacional de las Cualificaciones, creado por Real Decreto 375/1999, de 5 de marzo, es el órgano técnico de apoyo al Consejo General de la Formación Profesional responsable de definir, elaborar y mantener actualizado el Catálogo Nacional de Cualificaciones Profesionales y el correspondiente Catálogo Modular de Formación Profesional.

Artículo 6. Colaboración de las empresas, de los agentes sociales y otras entidades.

1. Para el desarrollo del Sistema Nacional de Cualificaciones y Formación Profesional se promoverá la necesaria colaboración de las empresas con las Administraciones públicas, Universidades, Cámaras de Comercio y entidades de formación. La participación de las empresas podrá realizarse de forma individual o de modo agrupado a través de sus organizaciones representativas.

2. La participación de las empresas y otras entidades en el Sistema Nacional de Cualificaciones y Formación Profesional se desarrollará, entre otros, en los ámbitos de la formación del personal docente, la formación de los alumnos en los centros de trabajo y la realización de otras prácticas profesionales, así como en la orientación profesional y la participación de profesionales cualificados del sistema productivo en el sistema formativo. Dicha colaboración se instrumentará mediante los oportunos convenios y acuerdos.

3. Para identificar y actualizar las necesidades de cualificación, así como para su definición y la de la formación requerida, se establecerán procedimientos de colaboración y consulta con los diferentes sectores productivos y con los interlocutores sociales.

4. La formación favorecerá la realización de prácticas profesionales de los alumnos en empresas y otras entidades. Dichas prácticas no tendrán carácter laboral.

TÍTULO I

DE LAS CUALIFICACIONES PROFESIONALES

Artículo 7. Catálogo Nacional de Cualificaciones Profesionales.

⇒ El Catálogo de Cualificaciones Profesionales se reguló mediante RD 1128/2003, de 5 septiembre, modificado y ampliado posteriormente por RR DD 1087/2005, de 16 septiembre; 1416/2005, de 25 noviembre y 1228/2006, de 27 octubre.

1. Con la finalidad de facilitar el carácter integrado y la adecuación entre la formación profesional y el mercado laboral, así como la formación a lo largo de la vida, la movilidad de los trabajadores y la unidad de mercado laboral, se crea el Catálogo Nacional de Cualificaciones Profesionales, aplicable a todo el territorio nacional, que estará constituido por las cualificaciones identificadas en el sistema productivo y por la formación asociada a las mismas, que se organizará en módulos formativos, articulados en un Catálogo Modular de Formación Profesional.

2. El Gobierno, previa consulta al Consejo General de la Formación Profesional, de acuerdo con lo

establecido en el artículo 5.2 de esta Ley, determinará la estructura y el contenido del Catálogo Nacional de Cualificaciones Profesionales y aprobará las que procedan incluir en el mismo, ordenadas por niveles de cualificación, teniendo en cuenta en todo caso los criterios de la Unión Europea. Igualmente se garantizará la actualización permanente del catálogo, previa consulta al Consejo General de la Formación Profesional, de forma que atienda en todo momento los requerimientos del sistema productivo.

3. A los efectos de la presente Ley, se entenderá por:

a) Cualificación profesional: el conjunto de competencias profesionales con significación para el empleo que pueden ser adquiridas mediante formación modular u otros tipos de formación y a través de la experiencia laboral.

b) Competencia profesional: el conjunto de conocimientos y capacidades que permitan el ejercicio de la actividad profesional conforme a las exigencias de la producción y el empleo.

Artículo 8. Reconocimiento, evaluación, acreditación y registro de las cualificaciones profesionales.

1. Los títulos de formación profesional y los certificados de profesionalidad tienen carácter oficial y validez en todo el territorio nacional, son expedidos por las Administraciones competentes y tendrán los efectos que le correspondan con arreglo a la normativa de la Unión Europea relativa al sistema general de reconocimiento de la formación profesional en los Estados miembros de la Unión Europea y demás Estados signatarios del Acuerdo sobre el Espacio Económico Europeo. Dichos títulos y certificados acreditan las correspondientes cualificaciones profesionales a quienes los hayan obtenido, y en su caso, surten los correspondientes efectos académicos según la legislación aplicable.

2. La evaluación y la acreditación de las competencias profesionales adquiridas a través de la experiencia laboral o de vías no formales de formación, tendrá como referente el Catálogo Nacional de Cualificaciones Profesionales y se desarrollará siguiendo en todo caso criterios que garanticen la fiabilidad, objetividad y rigor técnico de la evaluación.

3. El reconocimiento de las competencias profesionales así evaluadas, cuando no completen las cualificaciones recogidas en algún título de formación profesional o certificado de profesionalidad, se realizará a través de una acreditación parcial acumulable con la finalidad, en su caso, de completar la formación conducente a la obtención del correspondiente título o certificado.

4. El Gobierno, previa consulta al Consejo General de la Formación Profesional, fijará los requisitos y procedimientos para la evaluación y acreditación de las competencias, así como los efectos de las mismas.

TÍTULO II
DE LA FORMACIÓN PROFESIONAL

Artículo 9. La formación profesional.

La formación profesional comprende el conjunto de acciones formativas que capacitan para el desempeño cualificado de las diversas profesiones, el acceso al empleo y la participación activa en la vida social, cultural y económica. Incluye las enseñanzas propias de la formación profesional inicial, las acciones de inserción y reinserción laboral de los trabajadores, así como las orientadas a la formación continua en las empresas, que permitan la adquisición y actualización permanente de las competencias profesionales.

⇒ El RD 1538/2006, de 15 diciembre, establece la ordenación general de la formación profesional del sistema educativo.

Artículo 10. Las ofertas de formación profesional.

1. La Administración General del Estado, de conformidad con lo que se establece en el artículo 149.1.30ª y 7ª de la Constitución y previa consulta al Consejo General de la Formación Profesional, determinará los títulos y los certificados de profesionalidad, que constituirán las ofertas de formación profesional referidas al Catálogo Nacional de Cualificaciones Profesionales.

2. Las Administraciones educativas, en el ámbito de sus competencias, podrán ampliar los contenidos de los correspondientes títulos de formación profesional.

3. Las ofertas públicas de formación profesional favorecerán la utilización de las tecnologías de la información y la comunicación para extender al máximo la oferta formativa y facilitar el acceso a la misma de todos los ciudadanos interesados.

4. Las ofertas formativas referidas al Catálogo Nacional de Cualificaciones Profesionales se desarrollarán considerando las medidas establecidas en el Plan Nacional de Acción para el Empleo.

5. Las Administraciones públicas garantizarán la coordinación de las ofertas de formación profesional para dar respuesta a las necesidades de cualificación y optimizar el uso de los recursos públicos.

6. Las instituciones y entidades que desarrollen ofertas formativas sostenidas con fondos públicos están obligados a facilitar a las Administraciones competentes toda la información que sea requerida para el seguimiento, fines estadísticos y evaluación de las actuaciones desarrolladas. Asimismo, serán de aplicación los procedimientos, métodos y obligaciones específicas que se derivan de la legislación presupuestaria, de la normativa y financiación europea y del desarrollo de planes o programas de ámbito nacional y europeo.

7. En el acceso a las diferentes ofertas formativas se tendrán en cuenta las acreditaciones previstas en el artículo 8 de esta Ley.

Artículo 11. Centros de Formación Profesional.

⇒ El RD 1558/2005, de 23 diciembre, regula los requisitos básicos de los Centros integrados de Formación Profesional.

1. El Gobierno, previa consulta al Consejo General de la Formación Profesional, establecerá los requisitos básicos que deberán reunir los centros que impartan ofertas de formación profesional conducentes a la obtención de títulos de formación profesional y certificados de profesionalidad. Las Administraciones, en el ámbito de sus competencias, podrán establecer los requisitos específicos que habrán de reunir dichos centros.

2. Corresponderá alas Administraciones, en sus respectivos ámbitos competenciales, la creación, autorización, homologación y gestión de los centros a los que hace referencia el apartado anterior.

3. Se establecerán los mecanismos adecuados para que la formación que reciba financiación pública pueda ofrecerse por centros o directamente por las empresas, mediante conciertos, convenios, subvenciones u otros procedimientos.

4. Se considerarán Centros Integrados de Formación Profesional aquellos que impartan todas las ofertas formativas a las que se refiera el artículo 10.1 de la presente Ley.

Las Administraciones, en el ámbito de sus competencias podrán crear y autorizar dichos Centros de Formación Profesional con las condiciones y requisitos que se establezcan.

5. La dirección de los Centros Integrados de Formación Profesional de titularidad de las Administraciones educativas, será nombrada mediante el procedimiento de libre designación por la Administración competente, entre funcionarios públicos docentes, conforme a los principios de mérito, capacidad y publicidad, previa consulta a los órganos colegiados del centro.

6. Reglamentariamente, el Gobierno y los Consejos de Gobierno de las Comunidades Autónomas, en el ámbito de sus respectivas competencias, adaptarán la composición y funciones de los Centros Integrados de Formación Profesional a sus características específicas.

7. La innovación y experimentación en materia de formación profesional se desarrollará a través de una red de centros de referencia nacional, con implantación en todas las Comunidades Autónomas, especializados en los distintos sectores productivos. A tales efectos, dichos centros podrán incluir acciones formativas dirigidas a estudiantes, trabajadores ocupados y desempleados, así como a empresarios y formadores.

La programación y ejecución de las correspondientes actuaciones de carácter innovador, experimental y formativo se llevará a cabo, en el marco de lo establecido en esta Ley, mediante convenios de colaboración entre la Administración del Estado y las Comunidades Autónomas, ateniéndose en todo caso al ámbito de sus respectivas competencias.

Artículo 12. Oferta formativa a grupos con especiales dificultades de integración laboral.

1. Con la finalidad de facilitar la integración social y la inclusión de los individuos o grupos desfavorecidos en el mercado de trabajo, las Administraciones públicas, especialmente la Administración Local, en el ámbito de sus respectivas competencias, adaptarán las ofertas formativas a las necesidades específicas de los jóvenes con fracaso escolar, discapacitados, minorías étnicas, parados de larga duración y, en general, personas con riesgo de exclusión social.

2. Las referidas ofertas deberán favorecer la adquisición de capacidades en un proceso de formación a lo largo de la vida, y además de incluir módulos asociados al Catálogo Nacional de Cualificaciones Profesionales, con los efectos previstos en el artículo 8 de esta Ley, podrán incorporar módulos apropiados para la adaptación a las necesidades específicas del colectivo beneficiario.

Artículo 13. Ofertas formativas no vinculadas al Catálogo Modular de Formación Profesional.

1. Con la finalidad de satisfacer y adecuarse al máximo a las necesidades específicas de formación y cualificación, la oferta formativa sostenida con fondos públicos tendrá la mayor amplitud y a tal efecto incluirá acciones no asociadas al Catalogo Nacional de Cualificaciones Profesionales.

2. Las competencias profesionales ofertadas y adquiridas mediante las acciones formativas indi-

cadas en el apartado anterior, podrán ser acreditadas cuando sean incorporadas al Catálogo de Cualificaciones, de acuerdo con lo previsto en el artículo 8 de la presente Ley.

TÍTULO III
INFORMACIÓN Y ORIENTACIÓN PROFESIONAL

Artículo 14. Finalidad.

En el marco del Sistema Nacional de Cualificaciones y Formación Profesional la información y orientación profesional tendrá la finalidad de:

1. Informar sobre las oportunidades de acceso al empleo, las posibilidades de adquisición, evaluación y acreditación de competencias y cualificaciones profesionales y del progreso en las mismas a lo largo de toda la vida.

2. Informar y asesorar sobre las diversas ofertas de formación y los posibles itinerarios formativos para facilitar la inserción y reinserción laborales, así como la movilidad profesional en el mercado de trabajo.

Artículo 15. Organización de la información y orientación profesional.

1. En la información y orientación profesional podrán participar, entre otros, los servicios de las Administraciones educativas y laborales, de la Administración local y de los agentes sociales, correspondiendo a la Administración General del Estado desarrollar fórmulas de cooperación y coordinación entre todos los entes implicados.

2. A los servicios de información y orientación profesional de las Administraciones públicas les corresponde proporcionar información al alumnado del sistema educativo, las familias, los trabajadores desempleados y ocupados y a la sociedad en general.

Asimismo, corresponde a las Administraciones públicas poner a disposición de los interlocutores sociales información sobre el sistema que pueda servir de referente orientativo en la negociación colectiva, sin perjuicio de la autonomía de las partes en la misma.

TÍTULO IV
CALIDAD Y EVALUACIÓN DEL SISTEMA NACIONAL DE CUALIFICACIONES Y FORMACIÓN PROFESIONAL

Artículo 16. Finalidad.

La evaluación del Sistema Nacional de Cualificaciones y Formación Profesional tendrá la finalidad básica de garantizar la eficacia de las acciones incluidas en el mismo y su adecuación permanente a las necesidades del mercado de trabajo.

Artículo 17. Establecimiento y coordinación.

1. Corresponde al Gobierno el establecimiento y coordinación de los procesos de evaluación del Sistema Nacional de Cualificaciones y Formación Profesional, previa consulta al Consejo General de la Formación Profesional, sin perjuicio de las competencias atribuidas a las Comunidades Autónomas.

2. Las Administraciones públicas garantizarán, en sus respectivos ámbitos, la calidad de las ofertas formativas y cooperarán en la definición y desarrollo de los procesos de evaluación del Sistema Nacional de Cualificaciones y Formación Profesional, de conformidad con lo que se establezca reglamentariamente, debiendo proporcionar los datos requeridos para la correspondiente evaluación de carácter nacional.

DISPOSICIONES ADICIONALES

Primera. Habilitación del profesorado de formación profesional.

1. Los funcionarios de los Cuerpos de Profesores de Enseñanza Secundaria y de Profesores Técnicos de Formación Profesional, sin perjuicio de seguir desempeñando sus funciones en la formación profesional específica, de acuerdo con lo establecido en la disposición adicional décima, apartado 1, de la Ley Orgánica 1/1990, de 3 de octubre, de Ordenación General del Sistema Educativo, y de conformidad con lo que establezcan las normas básicas que determinan la atribución de la competencia docente a los profesores de dichos Cuerpos, podrán desempeñar funciones en los demás ámbitos de la formación profesional regulada en esta Ley, de conformidad con su perfil académico y profesional y con lo que al efecto determinen las Administraciones competentes.

2. A los efectos previstos en el artículo 3 de la Ley 53/1984, de 26 de diciembre, de Incompatibilidades del Personal Laboral al Servicio de las Administraciones Públicas, la impartición de la formación, en sus distintos ámbitos, tendrá la consideración de interés público.

Segunda. Habilitación de profesionales cualificados.

De acuerdo con las necesidades derivadas de la planificación de la oferta formativa, la formación profesional regulada en esta Ley podrá ser impartida por profesionales cualificados, cuando no exista profesorado cuyo perfil se corresponda con la formación asociada a las cualificaciones profesionales, en las condiciones y régimen que determinen las correspondientes Administraciones competentes.

Tercera. Áreas prioritarias en las ofertas formativas.

Son áreas prioritarias que se incorporarán a las ofertas formativas financiadas con cargo a recursos públicos las relativas a tecnologías de la información y la comunicación, idiomas de los países de la Unión Europea, trabajo en equipo, prevención de riesgos laborales así como aquellas que se contemplen dentro de las directrices marcadas por la Unión Europea.

Cuarta. Equivalencias.

El Gobierno, previa consulta al Consejo General de la Formación Profesional, fijará las equivalencias, convalidaciones, correspondencias, y los efectos de ellas, entre los títulos de formación profesional y los certificados de profesionalidad establecidos y los que se creen conforme a lo previsto en la presente Ley.

DISPOSICIONES FINALES

Primera. Título competencial.

1. La presente Ley se dicta al amparo de las disposiciones 1ª, 7ª y 30ª del artículo 149.1 de la Constitución.

2. Al amparo de lo establecido en el artículo 149.1.1ª y 30ª de la Constitución, en lo que se refiere a la regulación de la formación profesional en el ámbito del Sistema Educativo, es competencia exclusiva del Estado el desarrollo de los siguientes preceptos:

El apartado 1 del artículo 1, los artículos 2 a 5, los apartados 3 y 4 del artículo 6, los artículos 7 a 9, el apartado 1 del artículo 10 y el apartado 6 del artículo 11.

La disposición adicional tercera.

Igualmente, al amparo de lo establecido en el artículo 149.1.1ª y 30ª de la Constitución y en lo que se refiere a la regulación de la formación profesional en el ámbito del Sistema Educativo, son normas básicas de la presente Ley las siguientes:

Los apartados 2 y 3 del artículo 1, los apartados 1 y 2 del artículo 6, los apartados 2 a 7 del artículo 10, los apartados 1 a 5 y 7 del artículo 11 y los artículos 12 a 17.

Las disposiciones adicionales primera y segunda.

3. Al amparo de lo establecido en el artículo 149.1.7ª, es competencia exclusiva del Estado el desarrollo de la presente Ley en todo aquello que no se refiera a la regulación de la formación profesional en el ámbito del Sistema Educativo, sin perjuicio de su ejecución por los órganos de las Comunidades Autónomas.

4. Al amparo de lo establecido en el artículo 149.1.1ª, 7ª y 30ª de la Constitución, es competencia exclusiva del Estado el desarrollo de la disposición adicional cuarta.

Segunda. Carácter de Ley Orgánica de la presente Ley.

La presente Ley tiene el carácter de Ley Orgánica, a excepción de los siguientes preceptos: los apartados 2 y 3 del artículo 1; el apartado 1 y los párrafos c y d) del apartado 3 del artículo 2, el apartado 2 del artículo 4, los artículos 5, 6, 9, 13, 14, 15, 16 y 17; las disposiciones adicionales primera, segunda, tercera y cuarta y las disposiciones finales primera, tercera y cuarta.

Tercera. Habilitación para el desarrollo normativo.

Se habilita al Gobierno a fin de que dicte, previa consulta al Consejo General de Formación Profesional, la normativa precisa para el desarrollo de la presente Ley en el ámbito de sus competencias.

Cuarta Entrada en vigor.

La presente Ley Orgánica entrará en vigor el día siguiente al de su publicación en el «Boletín Oficial del Estado».

§ 30.4 REAL DECRETO 395/2007, DE 23 MARZO. REGULA EL SUBSISTEMA DE FORMACIÓN PROFESIONAL PARA EL EMPLEO

(BOE núm. 87, de 11 abril [RCL 2007, 747])

En una economía cada vez más global e interdependiente el capital humano se erige en un factor clave para poder competir con garantía de éxito. Por ello, la formación constituye un objetivo estratégico para reforzar la productividad y competitividad de las empresas en el nuevo escenario global, y para potenciar la empleabilidad de los trabajadores en un mundo en constante cambio.

Después de trece años de vigencia de dos modalidades diferenciadas de formación profesional en el ámbito laboral –la formación ocupacional y la continua–, resulta necesario integrar ambos subsistemas en un único modelo de formación profesional para el empleo e introducir mejoras que permitan adaptar la formación dirigida a los trabajadores ocupados y desempleados a la nueva realidad económica y social, así como a las necesidades que demanda el mercado de trabajo.

De igual modo, determinados acontecimientos y elementos relevantes han incidido en el modelo de formación profesional en los últimos años y deben seguir presentes a la hora de afrontar su reforma:

La Ley Orgánica 5/2002, de 19 de junio, de las Cualificaciones y de la Formación Profesional, que establece un Catálogo Nacional de Cualificaciones Profesionales que permite avanzar en un enfoque de aprendizaje permanente y en la integración de las distintas ofertas de formación profesional (reglada, ocupacional y continua), propiciando el reconocimiento y la acreditación de las competencias profesionales adquiridas tanto a través de procesos formativos (formales y no formales) como de la experiencia laboral.

Las Sentencias del Tribunal Constitucional (STC 95/2002, de 25 de abril [RTC 2002, 95], y STC 190/2002, de 17 de octubre [RTC 2002, 190]) que delimitaron los ámbitos de actuación de la Administración General del Estado y de las Comunidades Autónomas en materia de formación continua, ubicándola dentro del ámbito laboral.

Asimismo, la Ley 56/2003, de 16 de diciembre, de Empleo, que sitúa la formación ocupacional y la continua en el centro de las políticas del ámbito laboral que mejor pueden contribuir a la consecución de los objetivos de empleo.

Por último, la aprobación de otras normas, no específicamente dirigidas a la formación, también está influyendo en el desarrollo práctico de la formación, como es el caso de la Ley 38/2003, de 17 de noviembre, General de Subvenciones, que incide de manera decisiva en la gestión de las subvenciones que financian la actividad formativa.

Por lo que respecta al ámbito de la Unión Europea, el aprendizaje permanente es considerado como un pilar fundamental de la estrategia de empleo en una economía basada en el conocimiento. Asimismo, el aprendizaje permanente se incorpora entre los indicadores estructurales de la Estrategia de Lisboa para los objetivos en educación y formación para el año 2010. En esta línea, el Consejo Europeo de junio de 2005 planteó la necesidad de relanzar la Estrategia de Lisboa y aprobó las directrices integradas para el crecimiento y el empleo 2005-2008, entre las que se incluye la dirigida a adaptar los sistemas de educación y de formación a las nuevas necesidades en materia de competencias.

En este escenario, la Declaración del Diálogo Social «Competitividad, empleo estable y Cohesión Social» firmada en julio de 2004 por el Gobierno, CEOE, CEPYME, CC OO y UGT, establece que en el marco del diálogo social, los firmantes analizarán de manera conjunta las adaptaciones necesarias del actual modelo de formación de los trabajadores en un sentido acorde con las necesidades de formación que han de atenderse desde el ámbito estatal, preservando los ámbitos de participación de las organizaciones sindicales y empresariales y posibilitando la participación en la gestión por parte de las Comunidades Autónomas.

En el marco de este Diálogo Social, el Gobierno y los Interlocutores Sociales convinieron en la oportunidad de integrar, en la línea de lo establecido en la Ley Orgánica 5/2002, de 19 de junio, de las Cualificaciones y de la Formación Profesional, la formación ocupacional y la continua, orientadas ambas al empleo. El alargamiento de la vida activa del trabajador y el aprendizaje permanente hacen necesaria una visión que integre en sí misma la formación y el empleo en la realidad del actual mercado de trabajo, que rompa la barrera entre la población ocupada y desempleada en la perspectiva de la consecución del pleno empleo –objetivo fijado en la Estrategia de Lisboa– y que garantice la cohesión social. Sin embargo, no ha de ser un obstáculo dicha integración para la existencia de ofertas diferenciadas y adaptadas a las diferentes necesidades de formación.

Fruto de lo anterior, el 7 de febrero de 2006, el Gobierno y las citadas Organizaciones Empresariales y Sindicales suscribieron el Acuerdo de Formación Profesional para el Empleo, cuyos fines, principios y ejes se han tenido en cuenta en este Real Decreto con el objeto de promover la formación entre trabajadores y empresarios, y convertir el aprendizaje permanente en nuestro país, en un elemento fundamental no sólo para la competitividad y el empleo, sino también para el desarrollo personal y profesional de los trabajadores.

✐ El IV Acuerdo de Formación fue suscrito el 1 de febrero de 2006 y publicado en el BOE de 27 marzo del mismo año.

Al mismo tiempo, el presente Real Decreto plantea un modelo de formación para el empleo que insiste en la necesidad de conjugar la realidad autonómica de nuestro Estado y la inserción de la formación en la negociación colectiva de carácter sectorial estatal, creando un marco de referencia en los planos estatal y autonómico, así como en el plano sectorial y de la empresa.

Por ello, el modelo de formación que se plantea respeta la competencia de gestión de las Comunidades Autónomas, en línea con las citadas Sentencias del Tribunal Constitucional de abril y octubre de 2002, y profundiza en la cooperación entre las Administraciones autonómicas y la Administración General del Estado.

Asimismo, el Real Decreto reconoce la estrecha vinculación de la formación tanto con el empleo como con las políticas macroeconómicas y microeconómicas y a ello contribuye el importante papel de los Interlocutores Sociales en el desarrollo de estrategias comunes para los diferentes sectores productivos en el marco de la unidad de mercado, articuladas a través de la negociación colectiva de ámbito estatal, previendo la existencia de acciones formativas que garanticen la adquisición de competencias por los trabajadores o que les permita formarse en otros sectores económicos distintos a aquel en que despliegan su actividad, anticipándose o reaccionando así a eventuales situaciones de crisis que puedan darse en algún sector y contribuyendo a impulsar de esta manera la libre circulación de trabajadores.

Por otro lado, el Real Decreto pretende potenciar la calidad de la formación así como su evaluación, a fin de que la inversión en formación en nuestro país responda a los cambios rápidos y constantes que se producen en nuestro entorno productivo, permitiendo mantener actualizadas las competencias de nuestros trabajadores y la capacidad de competir de nuestras empresas y reduciendo el diferencial que dicha inversión tiene todavía en relación con la media europea. Se trata de implantar un modelo dinámico y flexible, pero a la vez un modelo estable para afrontar desde la óptica de la formación los desafíos de nuestra economía enmarcados en la Estrategia Europea para la consecución del pleno empleo.

En definitiva, la reforma que se plantea refuerza, de una parte, la participación de los Interlocutores Sociales y, de otra, la capacidad de gestión de las Comunidades Autónomas y la colaboración entre las Administraciones de éstas y la Administración General del Estado.

Se ha consultado a la Conferencia Sectorial de Asuntos Laborales, a las Organizaciones Empresariales y Sindicales más representativas y al Consejo General de Formación Profesional.

Esta Norma de carácter general responde a las reservas competenciales a favor del Estado contenidas en el artículo 149.1. 7ª y 17ª de la Constitución Española y se dicta, previa consulta al citado Consejo General de Formación Profesional, en uso de la autorización otorgada al Gobierno por la disposición final tercera de la Ley Orgánica 5/2002, de 19 de junio, de las Cualificaciones y de la Formación Profesional.

En su virtud, a propuesta del Ministro de Trabajo y Asuntos Sociales, con la aprobación previa del Ministro de Administraciones Públicas, de acuerdo con el Consejo de Estado y previa deliberación del Consejo de Ministros en su reunión del día 23 de marzo de 2007, dispongo:

CAPÍTULO I

Disposiciones generales

Artículo 1. Objeto.

Este Real Decreto tiene por objeto regular las distintas iniciativas de formación que configuran el subsistema de formación profesional para el empleo, su régimen de funcionamiento y financiación, así como su estructura organizativa y de participación institucional.

Artículo 2. Concepto y fines de la formación profesional para el empleo.

1. El subsistema de formación profesional para el empleo está integrado por el conjunto de instrumentos y acciones que tienen por objeto impulsar y extender entre las empresas y los trabajadores ocupados y desempleados una formación que responda a sus necesidades y contribuya al desarrollo de una economía basada en el conocimiento.

2. Son fines de la formación profesional para el empleo:

a) Favorecer la formación a lo largo de la vida de los trabajadores desempleados y ocupados, mejorando su capacitación profesional y desarrollo personal.

b) Proporcionar a los trabajadores los conocimientos y las prácticas adecuados a las competencias profesionales requeridas en el mercado de trabajo y a las necesidades de las empresas.

c) Contribuir a la mejora de la productividad y competitividad de las empresas.

d) Mejorar la empleabilidad de los trabajadores, especialmente de los que tienen mayores dificultades de mantenimiento del empleo o de inserción laboral.

e) Promover que las competencias profesionales adquiridas por los trabajadores tanto a través de procesos formativos (formales y no formales), como de la experiencia laboral, sean objeto de acreditación.

Artículo 3. Principios del subsistema de formación profesional para el empleo.

Constituyen principios que rigen el subsistema de formación profesional para el empleo:

a) La transparencia, calidad, eficacia y eficiencia.

b) La unidad de caja de la cuota de formación profesional.

c) La unidad de mercado de trabajo y la libre circulación de los trabajadores en el desarrollo de las acciones formativas.

d) La colaboración y coordinación entre las Administraciones competentes.

e) La vinculación del sistema con el Diálogo Social y la negociación colectiva sectorial.

f) La participación de los Interlocutores Sociales.

g) La vinculación de la formación profesional para el empleo con el Sistema Nacional de Cualificaciones y Formación Profesional, regulado en la Ley Orgánica 5/2002, de 19 de junio, de las Cualificaciones y de la Formación Profesional.

h) El ejercicio del derecho a la formación profesional para el empleo, su carácter gratuito y la igualdad en el acceso de los trabajadores y las empresas a la formación y a las ayudas a la misma.

Artículo 4. Iniciativas de formación.

El subsistema de formación profesional para el empleo está integrado por las siguientes iniciativas de formación:

a) La formación de demanda, que abarca las acciones formativas de las empresas y los permisos individuales de formación financiados total o parcialmente con fondos públicos, para responder a las necesidades específicas de formación planteadas por las empresas y sus trabajadores.

b) La formación de oferta, que comprende los planes de formación dirigidos prioritariamente a trabajadores ocupados y las acciones formativas dirigidas prioritariamente a trabajadores desempleados con el fin de ofrecerles una formación que les capacite para el desempeño cualificado de las profesiones y el acceso al empleo.

c) La formación en alternancia con el empleo, que está integrada por las acciones formativas de los contratos para la formación y por los programas públicos de empleo-formación, permitiendo al trabajador compatibilizar la formación con la práctica profesional en el puesto de trabajo.

d) Las acciones de apoyo y acompañamiento a la formación, que son aquellas que permiten mejorar la eficacia del subsistema de formación profesional para el empleo.

Artículo 5. Trabajadores destinatarios de la formación y colectivos prioritarios.

1. Serán destinatarios de la formación profesional para el empleo todos los trabajadores ocupados y desempleados, incluidos los que no cotizan por formación profesional, en los términos que a continuación se señalan:

a) En la formación de demanda podrán participar los trabajadores asalariados que prestan sus servicios en empresas o en entidades públicas no incluidas en el ámbito de aplicación de los acuerdos de formación en las Administraciones Públicas a que hace referencia el apartado 2 de este artículo, incluidos los trabajadores fijos discontinuos en los períodos de no ocupación, así como los trabajadores que accedan a situación de desempleo cuando se encuentren en período formativo, y los trabajadores acogidos a regulación de empleo en sus períodos de suspensión de empleo por expediente autorizado.

b) En la formación de oferta podrán participar los trabajadores ocupados y desempleados en la proporción que las Administraciones competentes determinen, considerando las propuestas formuladas por el órgano de participación del Sistema Nacional de Empleo previsto en el artículo 33.3.

Asimismo, podrán participar en la formación de oferta, regulada en este Real Decreto, los cuidadores no profesionales que atiendan a las personas en situación de dependencia, de conformidad con lo establecido en el artículo 18.4 de la Ley 39/2006, de 14 de diciembre, de Promoción de la Autonomía Personal y Atención a las Personas en Situación de Dependencia.

✐ Letra b) párr. 2 añadido por disp. final 3ª.1 del RD 615/2007, de 11 mayo.

c) En la formación en alternancia con el empleo podrán participar los trabajadores contratados para la formación y los trabajadores desempleados, en los términos que establezca la normativa específica reguladora de los contratos para la formación y de los programas públicos de empleo-formación, respectivamente.

2. La formación de los empleados públicos se desarrollará a través de los planes específicos que se promuevan conforme a lo establecido en los acuerdos de formación que se suscriban en el ámbito de las Administraciones Públicas. Este colectivo podrá participar en los planes de formación intersectoriales previstos en el artículo 24.1, con el límite que dicho precepto establece.

3. A fin de garantizar el acceso a la formación de trabajadores con mayor dificultad de inserción o de mantenimiento en el mercado de trabajo, podrán tener prioridad para participar en las acciones formativas, entre otros:

a) Los desempleados pertenecientes a los siguientes colectivos: mujeres, jóvenes, personas con discapacidad, afectados y víctimas del terrorismo y de la violencia de género, desempleados de larga duración, mayores de 45 años y personas con riesgo de exclusión social, de acuerdo con lo previsto en cada caso por las prioridades establecidas en la política nacional de empleo, en los planes de ejecución de la Estrategia Europea de Empleo y en los Programas Operativos del Fondo Social Europeo.

b) Los trabajadores ocupados pertenecientes a los siguientes colectivos: trabajadores de pequeñas y medianas empresas, mujeres, afectados y víctimas del terrorismo y de la violencia de género, mayores de 45 años, trabajadores con baja cualificación y personas con discapacidad, de acuerdo con lo que establezcan, en su caso, los Programas Operativos del Fondo Social Europeo y las Administraciones competentes en el marco de la planificación prevista en el artículo 21 y en sus respectivas programaciones.

c) Los cuidadores no profesionales que atiendan a las personas en situación de dependencia, a que hace referencia el segundo párrafo del apartado 1.b) de este artículo.

✐ Letra c) añadida por disp. final 3ª.2 del RD 615/2007, de 11 mayo.

Artículo 6. Financiación.

1. El subsistema de formación profesional para el empleo se financiará, de conformidad con lo establecido en la Ley de Presupuestos Generales del Estado, con los fondos provenientes de la cuota de formación profesional que aportan las empresas y los trabajadores, con las ayudas procedentes del Fondo Social Europeo y con las aportaciones específicas establecidas en el presupuesto del Servicio Público de Empleo Estatal.

Asimismo, las Comunidades Autónomas podrán, en el ejercicio de su competencia, destinar fondos propios para financiar la gestión de las iniciativas de formación previstas en el presente Real Decreto, mediante las fórmulas de financiación que aquéllas determinen en el desarrollo de sus facultades de autoorganización.

2. Anualmente, el Ministerio de Trabajo y Asuntos Sociales determinará la propuesta de distribución del presupuesto destinado a financiar el subsistema de formación profesional para el empleo entre los diferentes ámbitos e iniciativas de formación contempladas en este Real Decreto.

La citada propuesta de distribución se someterá a informe del órgano de participación del Sistema Nacional de Empleo previsto en el artículo 33, de conformidad con lo dispuesto en el apartado 2.c) del mismo.

3. Los fondos de formación profesional para el empleo, de ámbito nacional, destinados a la financiación de las subvenciones gestionadas por las Comunidades Autónomas que tengan asumidas las competencias de ejecución, se distribuirán de conformidad con lo previsto en el artículo 86 de la Ley 47/2003, de 26 de noviembre, General Presupuestaria.

4. La parte de los fondos de formación profesional para el empleo fijada en la Ley de Presupues-

tos Generales del Estado para la financiación de las subvenciones gestionadas por el Servicio Público de Empleo Estatal se aplicará a los supuestos de planes o acciones formativas que trasciendan el ámbito territorial de una Comunidad Autónoma y requieran de una acción coordinada y homogénea, que tengan por objeto la impartición de acciones formativas relacionadas con el ejercicio de competencias exclusivas del Estado o que se dirijan a trabajadores inmigrantes en sus países de origen.

Se entiende que concurren los requisitos señalados en el párrafo anterior en los planes de formación amparados en la negociación colectiva sectorial estatal cuando el diseño y programación de las acciones formativas incluidas en dichos planes y la gestión de los correspondientes recursos se realicen de manera global, integrada o coordinada en el correspondiente ámbito sectorial y por las partes legitimadas para la negociación del correspondiente convenio o acuerdo. También se entiende que concurren estos requisitos en los planes de formación de carácter intersectorial cuando favorezcan la adquisición de competencias básicas que permitan mejorar la empleabilidad de los trabajadores y su promoción profesional y personal en el marco de la unidad de mercado, concurran las características de globalidad, integración y coordinación anteriormente indicadas y se lleven a cabo por las organizaciones empresariales y sindicales más representativas en el ámbito estatal, así como por las organizaciones de la economía social y asociaciones de autónomos, con notable implantación en dicho ámbito.

Asimismo, se entiende que requieren de una acción coordinada y homogénea las acciones formativas que incluyan compromisos de contratación de desempleados cuando su ejecución afecte a centros de trabajo ubicados en el territorio de más de una Comunidad Autónoma, así como las dirigidas a colectivos con necesidades formativas especiales o que tengan dificultades para su inserción o recualificación profesional cuando su ejecución, afectando a un ámbito geográfico superior al de una Comunidad Autónoma y precisando una coordinación unificada, exija la movilidad geográfica de los participantes.

CAPÍTULO II

Formación profesional para el empleo

Sección 1ª Disposiciones comunes

Artículo 7. Acciones formativas.

1. Se entiende por acción formativa la dirigida a la adquisición y mejora de las competencias y cualificaciones profesionales, pudiéndose estructurar en varios módulos formativos con objetivos, contenidos y duración propios.

En todo caso, la oferta formativa dirigida a la obtención de los certificados de profesionalidad, previstos en los artículos 10 y 11, tendrá carácter modular con el fin de favorecer la acreditación parcial acumulable de la formación recibida y posibilitar al trabajador que avance en su itinerario de formación profesional cualquiera que sea su situación laboral en cada momento.

2. Cuando la formación no esté vinculada a la obtención de los certificados de profesionalidad, cada acción o módulo formativo tendrá una duración adecuada a su finalidad, en función del colectivo destinatario, la modalidad de impartición de la formación, el número de alumnos y otros criterios objetivos, sin que pueda ser inferior a 6 horas lectivas. Cuando se trate de formación de carácter transversal en áreas que se consideren prioritarias por la Administración laboral competente, la duración podrá ser inferior a ese límite.

3. La participación de un trabajador en acciones formativas no podrá ser superior a 8 horas diarias.

4. No tendrán la consideración de acciones formativas incluidas en el subsistema de formación profesional para el empleo las actividades de índole informativa o divulgativa cuyo objeto no sea el desarrollo de un proceso de formación, tales como jornadas, ferias, simposios y congresos.

Artículo 8. Impartición de la formación.

1. La formación podrá impartirse de forma presencial, a distancia convencional, mediante teleformación o mixta.

Cuando la acción o módulo formativo incluya, en todo o en parte, formación a distancia, ésta deberá realizarse con soportes didácticos que permitan un proceso de aprendizaje sistematizado para el participante, que necesariamente será complementado con asistencia tutorial.

La modalidad de impartición mediante teleformación se entenderá realizada cuando el proceso de aprendizaje de las acciones formativas se desarrolle a través de tecnologías de la información y comunicación telemáticas, posibilitando la interactividad de alumnos, tutores y recursos situados en distinto lugar.

2. La formación impartida mediante la modalidad presencial se organizará en grupos de 25 participantes como máximo. En la formación impartida mediante la modalidad a distancia convencional o de teleformación deberá haber, como mínimo, un tutor por cada 80 participantes.

Las Administraciones competentes podrán establecer, en sus respectivos ámbitos de gestión, un número de participantes menor a los señalados en el párrafo anterior en función de las características o del contenido de la formación, o bien de los colectivos a los que ésta se dirige.

3. La formación, tanto teórica como práctica, deberá realizarse en aulas, talleres o instalaciones apropiadas, de acuerdo con lo que establezca el correspondiente programa.

4. Mediante Orden del Ministro de Trabajo y Asuntos Sociales se determinarán los módulos económicos máximos de financiación de las acciones formativas en función de su modalidad de impartición. Asimismo podrán establecerse módulos económicos específicos en función de la singularidad de determinadas acciones formativas que, por su especialidad y características técnicas, precisen de una financiación mayor.

Artículo 9. Centros y entidades de formación.

1. Podrán impartir formación profesional para el empleo:

a) Las Administraciones Públicas competentes en materia de formación profesional para el empleo, a través de sus centros propios o mediante convenios con entidades o empresas públicas que puedan impartir la formación. Tienen la consideración de centros propios:

1º Los Centros de Referencia Nacional, especializados por sectores productivos, tomando como referencia el mapa sectorial que se defina y las Familias Profesionales del Catálogo Nacional de Cualificaciones Profesionales. Estos Centros llevarán a cabo acciones de carácter experimental e innovador en materia de formación profesional, en las condiciones que se disponga en la norma que regule los requisitos de estos Centros.

2º Los Centros Integrados de Formación Profesional de titularidad pública. Estos Centros impartirán al menos las ofertas formativas referidas al Catálogo Nacional de Cualificaciones Profesionales, que conduzcan a la obtención de títulos de formación profesional y certificados de profesionalidad.

3º Los demás centros de la Administración Pública que cuenten con instalaciones y equipamientos adecuados para impartir formación profesional para el empleo.

b) Las Organizaciones empresariales y sindicales, y otras entidades beneficiarias de los planes de formación dirigidos prioritariamente a trabajadores ocupados, por sí mismas o a través de los centros y entidades contemplados en los programas formativos de las citadas organizaciones o entidades beneficiarias. Cuando se trate de centros o entidades de formación deberán estar acreditados o inscritos, según los casos.

c) Las empresas que desarrollen acciones formativas para sus trabajadores o para desempleados con compromiso de contratación, que podrán hacerlo a través de sus propios medios, siempre que cuenten con el equipamiento adecuado para este fin, o a través de contrataciones externas.

d) Los Centros Integrados de Formación Profesional, de titularidad privada, y los demás centros o entidades de formación, públicos o privados, acreditados por las Administraciones competentes para impartir formación dirigida a la obtención de certificados de profesionalidad. Estos centros deberán reunir los requisitos especificados en los reales decretos que regulan los certificados de profesionalidad correspondientes a la formación que se imparta en ellos, sin perjuicio de los requisitos específicos que podrán establecer las Administraciones públicas en el ámbito de sus competencias.

e) Los centros o entidades de formación que impartan formación no dirigida a la obtención de certificados de profesionalidad, siempre que se hallen inscritos en el Registro que establezca la Administración competente. El Ministerio de Trabajo y Asuntos Sociales podrá establecer criterios mínimos para dicha inscripción.

2. Las Comunidades Autónomas podrán crear un Registro donde se inscribirán los centros y entidades que impartan formación profesional para el empleo en sus respectivos territorios.

El Servicio Público de Empleo Estatal, en el marco del Sistema Nacional de Empleo, mantendrá permanentemente actualizado un Registro estatal de centros y entidades de formación, de carácter público. Este Registro estará coordinado con los Registros Autonómicos a través del Sistema de Información de los Servicios Públicos de Empleo previsto en el artículo 7.2.c) de la Ley 56/2003, de 16 de diciembre, de Empleo.

3. Los centros y entidades de formación deberán someterse a los controles y auditorías de calidad que establezcan las Administraciones competentes, cuyos resultados podrán incorporarse a los Registros mencionados en el apartado anterior.

Artículo 10. Certificados de profesionalidad.

1. De conformidad con lo establecido en el artículo 10.1 de la Ley Orgánica 5/2002, de 19 de junio, de las Cualificaciones y de la Formación Profesional, la oferta de formación profesional para el empleo vinculada al Catálogo Nacional de Cualificaciones Profesionales estará constituida por la formación dirigida a la obtención de los certificados de profesionalidad.

2. Los certificados de profesionalidad acreditan con carácter oficial las competencias profesionales que capacitan para el desarrollo de una actividad laboral con significación en el empleo.

Tales competencias estarán referidas a las unidades de competencia de las cualificaciones profesionales del Catálogo Nacional de Cualificaciones Profesionales, por lo que cada certificado de profesionalidad podrá comprender una o más de dichas unidades. En todo caso, la unidad de competencia constituye la unidad mínima acreditable y acumulable para obtener un certificado de profesionalidad.

3. El Servicio Público de Empleo Estatal, con la participación de los Centros de Referencia Nacional, elaborará y actualizará los certificados de profesionalidad, que serán aprobados por real decreto, previo informe del Consejo General de Formación Profesional.

Artículo 11. Acreditación de la formación y registro.

1. Cuando la formación vaya dirigida a la obtención de certificados de profesionalidad, en su desarrollo se respetarán los contenidos de los módulos formativos y los requisitos que se determinen en los reales decretos que regulen dichos certificados. Esta formación se acreditará mediante la expedición del correspondiente certificado de profesionalidad o de sus acreditaciones parciales acumulables.

El certificado de profesionalidad se expedirá cuando se hayan superado los módulos formativos correspondientes a la totalidad de las unidades de competencias en que se estructure. Las acreditaciones parciales acumulables se expedirán cuando se hayan superado los módulos formativos correspondientes a una o algunas de dichas unidades de competencia.

2. Cuando la formación no esté vinculada a la oferta formativa de los certificados de profesionalidad deberá entregarse a cada participante que haya finalizado la acción formativa un certificado de asistencia a la misma y a cada participante que haya superado la formación con evaluación positiva un diploma acreditativo.

Las competencias adquiridas a través de esta formación podrán ser reconocidas, al igual que las adquiridas a través de la experiencia laboral, mediante las acreditaciones totales o parciales de los certificados de profesionalidad, de conformidad con la normativa que regule el procedimiento y los requisitos para la evaluación y acreditación de las competencias adquiridas a través de la experiencia laboral y de aprendizajes no formales, que se dicte en desarrollo del artículo 8 de la Ley Orgánica 5/2002, de 19 de junio, de las Cualificaciones y de la Formación Profesional.

3. La expedición de los certificados de profesionalidad y de las acreditaciones parciales se realizará por el Servicio Público de Empleo Estatal y los órganos competentes de las Comunidades Autónomas en el marco del Sistema Nacional de Empleo.

4. Dichas Administraciones deberán llevar un registro nominal y por especialidades de los certificados de profesionalidad y de las acreditaciones parciales acumulables expedidas.

A los efectos de garantizar la transparencia del mercado de trabajo y facilitar la libre circulación de trabajadores, existirá un registro general en el Sistema Nacional de Empleo, coordinado por el Servicio Público de Empleo Estatal e instrumentado a través del Sistema de Información de los Servicios Públicos de Empleo, al que deberán comunicarse las inscripciones efectuadas en los registros a que se refiere el párrafo anterior.

Sección 2ª Formación de demanda: acciones formativas de las empresas y permisos individuales de formación

Artículo 12. Objeto y modalidades de la formación de demanda.

1. La formación de demanda responde a las necesidades específicas de formación de las empresas y trabajadores, y está integrada por las acciones formativas de las empresas y los permisos individuales de formación.

Corresponde a las empresas la planificación y gestión de la formación de sus trabajadores, a los trabajadores la iniciativa en la solicitud de los citados permisos, y a la representación legal de los trabajadores el ejercicio de los derechos de participación e información previstos en este Real Decreto.

Esta formación se financiará mediante la aplicación de un sistema de bonificaciones en las cuotas de la Seguridad Social que ingresan las empresas, que no tendrá carácter subvencional de conformidad con lo dispuesto en el artículo 2.4.g) de la Ley 38/2003, de 17 de noviembre, General de Subvenciones.

2. La formación impartida a través de las acciones formativas de las empresas deberá guardar relación con la actividad empresarial y podrá ser general o específica.

La formación general es la que incluye una enseñanza que no es única o principalmente aplicable en el puesto de trabajo actual o futuro del trabajador en la empresa beneficiaria, sino que proporciona cualificaciones en su mayor parte transferibles a otras empresas o a otros ámbitos laborales.

La formación específica es la que incluye una enseñanza teórica y/o práctica aplicable directamente en el puesto de trabajo actual o futuro del trabajador en la empresa beneficiaria y que ofrece cualificaciones que no son transferibles, o sólo de forma muy restringida, a otras empresas o a otros ámbitos laborales.

3. El permiso individual de formación es el que la empresa autoriza a un trabajador para la realización de una acción formativa que esté reconocida mediante una acreditación oficial, incluida la correspondiente a los títulos y certificados de profesionalidad que constituyen la oferta formativa del Catálogo Nacional de Cualificaciones Profesionales, con el fin de favorecer su desarrollo profesional y personal.

La denegación de la autorización del permiso por parte de la empresa deberá estar motivada por razones organizativas o de producción, comunicándolo al trabajador.

Mediante Orden del Ministro de Trabajo y Asuntos Sociales se regulará la utilización de estos permisos individuales de formación para el acceso a los procesos que establezca la normativa reguladora del reconocimiento, evaluación y acreditación de las competencias y cualificaciones profesionales adquiridas a través de la experiencia laboral y de otros aprendizajes no formales e informales.

Artículo 13. Asignación a las empresas de una cuantía para formación.

1. Las empresas dispondrán de un crédito para la formación de sus trabajadores cuyo importe resultará de aplicar a la cuantía ingresada por cada empresa el año anterior, en concepto de cuota de formación profesional, el porcentaje que anualmente se establezca en la Ley de Presupuestos Generales del Estado. Ese porcentaje se determinará en función del tamaño de las empresas, de tal forma que cuanto menor sea el tamaño de la empresa mayor sea dicho porcentaje. En todo caso se garantizará un crédito mínimo en la cuantía que se determine en la citada Ley. Esta última cuantía podrá ser superior a la cuota por formación profesional ingresada por la empresa en el sistema de Seguridad Social.

El crédito al que se refiere el párrafo anterior se hará efectivo mediante bonificaciones en las cotizaciones de Seguridad Social que ingresan las empresas.

2. Las empresas que durante el correspondiente ejercicio presupuestario abran nuevos centros de trabajo, así como las empresas de nueva creación, podrán beneficiarse de las bonificaciones establecidas en el apartado anterior cuando incorporen a su plantilla nuevos trabajadores. En estos supuestos las empresas dispondrán de un crédito de bonificaciones cuyo importe resultará de aplicar al número de trabajadores de nueva incorporación la cuantía que determine la Ley de Presupuestos Generales del Estado, garantizándose, en todo caso, para las empresas de nueva creación el crédito mínimo de bonificación a que hace referencia el apartado 1 de este artículo.

3. Asimismo, y hasta el límite de la disponibilidad presupuestaria autorizada anualmente en la Ley de Presupuestos Generales del Estado, las empresas que concedan permisos individuales de formación a sus trabajadores dispondrán de un crédito de bonificaciones para formación adicional al crédito anual que resulte de aplicar lo establecido en el apartado 1 de este artículo. Mediante Orden del Ministro de Trabajo y Asuntos Sociales se determinarán los criterios para la asignación del citado crédito adicional.

Artículo 14. Cofinanciación de las empresas.

1. Las empresas participarán con sus propios recursos en la financiación de la formación de sus trabajadores, según los porcentajes mínimos que, sobre el coste total de la formación, se establezcan mediante Orden del Ministro de Trabajo y Asuntos Sociales en función del tamaño de las empresas. No obstante, se podrá excepcionar dicha obligación para las empresas de menos de 10 trabajadores con el fin de facilitar su acceso a la formación.

Se considerarán incluidos en la cofinanciación privada los costes salariales de los trabajadores formados por la empresa durante su jornada de trabajo.

2. La cofinanciación establecida en este artículo no será aplicable a los permisos individuales de formación.

Artículo 15. Información a la representación legal de los trabajadores.

1. La empresa deberá someter las acciones formativas, incluidas las de los permisos individuales,

a información de la representación legal de los trabajadores, de conformidad con lo dispuesto en Texto Refundido de la Ley del Estatuto de los Trabajadores, aprobado por el Real Decreto Legislativo 1/1995, de 24 de marzo. A tal efecto, pondrá a disposición de la citada representación, al menos, la siguiente información:

a) Denominación, objetivos y descripción de las acciones a desarrollar.

b) Colectivos destinatarios y número de participantes por acciones.

c) Calendario previsto de ejecución.

d) Medios pedagógicos.

e) Criterios de selección de los participantes.

f) Lugar previsto de impartición de las acciones formativas.

g) Balance de las acciones formativas desarrolladas en el ejercicio precedente.

El incumplimiento por parte de la empresa de la obligación de informar a la representación legal de los trabajadores impedirá la adquisición y, en su caso, el mantenimiento del derecho a la bonificación.

2. La representación legal de los trabajadores deberá emitir un informe sobre las acciones formativas a desarrollar por la empresa en el plazo de 15 días desde la recepción de la documentación descrita en el apartado anterior, transcurrido el cual sin que se haya remitido el citado informe se entenderá cumplido este trámite.

3. Si a resultas del trámite previsto en el apartado anterior surgieran discrepancias entre la dirección de la empresa y la representación legal de los trabajadores respecto al contenido de la formación se dilucidarán las mismas en un plazo de 15 días a computar desde la recepción por la empresa del informe de la representación legal de los trabajadores, debiendo dejarse constancia escrita del resultado del trámite previsto en este apartado.

4. La ejecución de las acciones formativas y su correspondiente bonificación sólo podrá iniciarse una vez finalizados los plazos previstos en los apartados 2 y 3 de este artículo.

5. En caso de que se mantuviera el desacuerdo a que se refiere el apartado 3 entre la representación legal de los trabajadores y la empresa respecto a las acciones formativas, el examen de las discrepancias al objeto de mediar sobre las mismas corresponde a la Comisión Paritaria competente.

En el supuesto de que no mediara la correspondiente Comisión paritaria, de que no existiera tal Comisión o de que se mantuvieran las discrepancias tras la mediación, la Administración competente, según la distribución competencial establecida en la disposición adicional primera, conocerá sobre ellas, siempre que se deban a alguna de las siguientes causas: discriminación de trato, en los términos legalmente establecidos, realización de acciones que no se correspondan con la actividad empresarial o concurrencia de cualquier otra circunstancia que pueda suponer abuso de derecho en la utilización de fondos públicos.

La Administración competente dictará resolución que podrá afectar a la adquisición y mantenimiento del derecho a la bonificación correspondiente a la acción o acciones formativas en las que se haya incurrido en las causas antes señaladas. Si se declarara improcedente la bonificación aplicada, se iniciará el procedimiento para el abono por la empresa de las cuotas no ingresadas.

6. Cuando la empresa no tenga representación legal de los trabajadores será necesaria la conformidad de los trabajadores afectados por las acciones formativas. La disconformidad o denuncia por cualquier trabajador de la empresa basada en las causas mencionadas en el apartado anterior dará lugar al inicio del procedimiento previsto en dicho apartado.

Artículo 16. Ejecución de las acciones formativas.

1. Las empresas podrán organizar y gestionar la formación de sus trabajadores por sí mismas, o bien contratar su ejecución con centros o entidades especializadas. En este último caso, los citados centros o entidades deberán asumir, al menos, la coordinación de las acciones formativas, no pudiendo delegar ni contratar con terceros el desarrollo de dicha coordinación.

Las empresas asumirán la responsabilidad de la ejecución de las acciones formativas bonificadas ante la Administración, debiendo asegurar tanto aquéllas como, en su caso, las entidades contratadas el desarrollo satisfactorio de las funciones de los organismos de seguimiento y control.

2. Las empresas podrán agruparse voluntariamente, previo acuerdo por escrito, para organizar la formación de sus trabajadores, designando a tal efecto una entidad organizadora para que les gestione sus programas de formación. En este caso, las bonificaciones se aplicarán por las empresas agrupadas en sus respectivos boletines de cotización.

Podrá tener la condición de entidad organizadora cualquiera de las empresas que formen parte de la agrupación, o bien un centro o entidad que tenga entre sus actividades la impartición de formación. La citada entidad será la responsable de realizar las comunicaciones de inicio y finalización de la formación a que se hace referencia en el apartado 3 de este artículo y de custodiar la documentación relacionada con la organización, gestión e impartición de las acciones formativas en las que interviene como entidad organizadora. Asimismo, tendrá la obligación de colaborar con las Administraciones y órganos de control competentes en las actuaciones de seguimiento y control que se desarrollen respecto de dichas acciones.

Será de aplicación a las agrupaciones de empresas lo dispuesto en el apartado 1 de este artículo sobre subcontratación y responsabilidad de las empresas.

3. Las empresas, o bien las entidades organizadoras cuando se trate de una agrupación, deberán comunicar la información relativa a cada acción y grupo, conteniendo, al menos, los siguientes datos: denominación y contenidos básicos de la acción formativa, modalidad de impartición, acreditación oficial, en su caso, número previsto de trabajadores participantes y fechas, horario y lugar de realización. Además, cuando se trate de una agrupación de empresas, deberá indicarse la razón social y el CIF de cada una de las empresas que tienen previsto participar en la formación. Esta comunicación, y la anulación o modificación, en su caso, de sus datos, deberá realizarse en los plazos que se establezcan mediante Orden del Ministro de Trabajo y Asuntos Sociales.

Asimismo, antes de practicar la bonificación correspondiente a cada acción o grupo, las empresas, o bien las entidades organizadoras cuando se trate de una agrupación, deberán comunicar su finalización con, al menos, la siguiente información: denominación de la acción formativa realizada, listado de trabajadores participantes que han finalizado la formación, número de horas lectivas y coste total de la formación, con indicación del coste máximo bonificable.

Estas comunicaciones de inicio y finalización de la formación se realizarán en el marco del Sistema Nacional de Empleo a través de los procesos telemáticos implantados por el Servicio Público de Empleo Estatal, en los términos que se establezcan mediante Orden del Ministro de Trabajo y Asuntos Sociales.

4. El Sistema Nacional de Empleo, mediante el Servicio Público de Empleo Estatal, garantizará a las Comunidades Autónomas el acceso, en tiempo real, a las comunicaciones telemáticas realizadas por las empresas y las entidades organizadoras, así como el acceso a toda la información necesaria para que las Comunidades Autónomas en el ámbito de su competencia establezcan su sistema de evaluación, seguimiento y control de las acciones formativas de las empresas.

Artículo 17. Aplicación de las bonificaciones.

1. La cuantía del crédito de bonificaciones asignado a cada empresa, en los términos señalados en el artículo 13, actuará como límite de las bonificaciones que podrá aplicarse en sus boletines de cotización a la Seguridad Social.

2. Las empresas podrán aplicarse con carácter anual, en la forma que determine la Tesorería General de la Seguridad Social, las bonificaciones en las cotizaciones a la Seguridad Social a partir de la comunicación de la finalización de la formación. El plazo para poder aplicarse dichas bonificaciones concluye el último día hábil para poder presentar el boletín de cotización correspondiente al mes de diciembre de dicho ejercicio económico.

En los permisos individuales de formación, las empresas podrán aplicarse las correspondientes bonificaciones a medida que abonen los salarios a los trabajadores que disfruten dichos permisos. Mediante Orden del Ministro de Trabajo y Asuntos Sociales se establecerá el número de horas laborales por permiso y curso académico que pueden ser objeto de dichas bonificaciones, así como los requisitos, procedimientos y, en su caso, volumen de permisos en función del número de trabajadores en la plantilla de cada empresa.

3. En la realización de sus actividades de seguimiento y control, los Servicios Públicos de Empleo comprobarán la procedencia y exactitud de las deducciones que en forma de bonificaciones hayan sido practicadas por las empresas.

Las Comunidades Autónomas informarán al Servicio Público de Empleo Estatal de los resultados de las actuaciones de seguimiento y control que hubiesen llevado a cabo, así como de las presuntas irregularidades detectadas.

4. La aplicación indebida o fraudulenta de las bonificaciones determinará que las cantidades correspondientes sean objeto de reclamación administrativa mediante acta de liquidación de la Inspección de Trabajo y Seguridad Social. Sin perjuicio de ello, el Servicio Público de Empleo Estatal, en el marco del Sistema Nacional de Empleo, colaborará con la citada Inspección mediante la comunicación previa a las empresas de las irregularidades que se deduzcan tras la aplicación del procedimiento señalado en el apartado anterior, con el fin de que procedan a la devolución de las cantidades indebida-

mente aplicadas o, en su caso, formulen las alegaciones que estimen oportunas. Si no se produce la devolución o las alegaciones no son aceptadas, el citado organismo lo comunicará a la Inspección de Trabajo y Seguridad Social para la apertura de las actas de liquidación y, en su caso, de sanción.

Artículo 18. Justificación.

1. A los efectos de su justificación, los costes derivados de las acciones formativas de las empresas y de los permisos individuales de formación que hayan sido objeto de bonificación deberán quedar expresamente identificados como tales en la contabilidad de la empresa.

2. La empresa deberá mantener a disposición de los órganos de control durante el período establecido en la legislación nacional y comunitaria la documentación justificativa (facturas, justificación contable y cualquier otro documento justificativo) de la realización de la formación.

3. El incumplimiento de estas obligaciones y de las demás establecidas en el presente Real Decreto podrá dar lugar al abono total o parcial por la empresa de las cuotas no ingresadas, de acuerdo con el procedimiento contemplado en el artículo 17.4 de este Real Decreto.

Artículo 19. Apoyo a las pequeñas y medianas empresas.

1. El Sistema Nacional de Empleo promoverá las iniciativas necesarias para facilitar y generalizar el acceso de las pequeñas y medianas empresas a la formación de sus trabajadores. A tal fin, el Servicio Público de Empleo Estatal y los órganos o entidades correspondientes de las Comunidades Autónomas, previa elaboración coordinada de un plan de apoyo a esas empresas, deberán prestarles asesoramiento y poner a su disposición la información necesaria acerca de las distintas iniciativas de formación profesional para el empleo y de los centros y entidades formativas existentes, que incluirán también los relativos al sistema educativo. Deberán también prestarles apoyo y asistencia técnica para satisfacer sus necesidades formativas, posibilitando, cuando sea necesario, la agrupación voluntaria de empresas a que hace referencia el artículo 16, apartado 2.

2. Para la articulación de estas medidas de asesoramiento, apoyo y asistencia técnica a PYMES, las Administraciones competentes contarán con la colaboración de las organizaciones empresariales y sindicales más representativas. Asimismo, podrán contar con la colaboración de las entidades locales y de otras entidades que puedan contribuir a la consecución de esos objetivos.

Sección 3ª Formación de oferta

Artículo 20. Objeto de la oferta de formación profesional para el empleo.

1. La oferta de formación profesional para el empleo tiene por objeto ofrecer a los trabajadores, tanto ocupados como desempleados, una formación ajustada a las necesidades del mercado de trabajo y que atienda a los requerimientos de productividad y competitividad de las empresas y a las aspiraciones de promoción profesional y desarrollo personal de los trabajadores, de forma que les capacite para el desempeño cualificado de las distintas profesiones y para el acceso al empleo.

Las Administraciones laborales competentes adoptarán las medidas necesarias para que la oferta de formación profesional para el empleo sea amplia, permanente y accesible.

2. Con el fin de incentivar y facilitar la participación y el acceso de los trabajadores a la oferta formativa dirigida a la obtención de los certificados de profesionalidad, se establecerá una oferta de formación modular que favorezca la acreditación parcial acumulable de la formación recibida, reduzca los riesgos de abandonos y posibilite que el trabajador avance en su itinerario de formación profesional cualquiera que sea la situación laboral en que se encuentre.

Asimismo, las Administraciones competentes desarrollarán una oferta formativa que cubra los ámbitos ocupacionales que aún no dispongan de certificado de profesionalidad, así como las necesidades específicas de formación y cualificación de los trabajadores.

3. A los efectos de lo establecido en el apartado anterior, el Servicio Público de Empleo Estatal, en el marco del Sistema Nacional de Empleo, mantendrá permanentemente actualizado el Fichero de especialidades formativas e informará de las modificaciones que se produzcan a las Comunidades Autónomas según los criterios que se establezcan en el marco del Sistema de Información de los Servicios Públicos de Empleo contemplado en el artículo 7.2.c) de la Ley 56/2003, de 16 de diciembre, de Empleo.

Artículo 21. Planificación plurianual de la oferta formativa.

De conformidad con los reales decretos sobre traspaso de funciones y servicios en materia de gestión de la formación profesional ocupacional a las Comunidades Autónomas, el Ministerio de Trabajo y Asuntos Sociales realizará una planificación plurianual en la que se determinarán las prioridades, objetivos generales y recomendaciones a tener en cuenta en la oferta formativa del conjunto del subsistema de formación profesional para el empleo.

La citada planificación se realizará considerando las propuestas formuladas por las Comunidades Autónomas y las Organizaciones Empresariales y Sindicales a través del órgano de participación previsto en el artículo 33.

Artículo 22. Programación y gestión en el ámbito estatal.

1. La programación y gestión de la oferta formativa en el ámbito estatal incluye, dentro de lo indicado en el artículo 6.4 de este Real Decreto:

a) Los planes de formación dirigidos prioritariamente a los trabajadores ocupados, según la regulación contenida en el artículo 24.

b) Los programas específicos que establezca el Servicio Público de Empleo Estatal para la formación de personas con necesidades formativas especiales o que tengan dificultades para su inserción o recualificación profesional. En la ejecución de estos programas podrán participar instituciones públicas o entidades sin ánimo de lucro que tengan entre sus fines la formación o inserción profesional de los colectivos de trabajadores a los que se dirigen estos programas.

c) La formación profesional para el empleo de las personas en situación de privación de libertad y de los militares de tropa y marinería que mantienen una relación laboral de carácter temporal con las Fuerzas Armadas, mediante convenios suscritos por el Servicio Público de Empleo Estatal con las instituciones de la Administración General del Estado competentes en estos ámbitos.

d) La programación de acciones formativas que incluyan compromisos de contratación dirigidos prioritariamente a desempleados y a trabajadores inmigrantes en sus países de origen según el marco legal vigente, mediante convenios suscritos por el Servicio Público de Empleo Estatal con las empresas, sus asociaciones u otras entidades que adquieran el citado compromiso de contratación.

2. Los planes de formación y los programas específicos a que se refieren las letras a) y b) del apartado anterior se financiarán mediante subvenciones públicas, previa convocatoria del Servicio Público de Empleo Estatal, conforme a las bases reguladoras que se establezcan mediante Orden del Ministro de Trabajo y Asuntos Sociales.

La ejecución de las ofertas formativas señaladas en las letras c) y d) del apartado anterior se financiarán mediante subvenciones públicas concedidas por el Servicio Público de Empleo Estatal en régimen de concesión directa, de conformidad con lo establecido en el Real Decreto 357/2006, de 24 de marzo, por el que se regula la concesión directa de determinadas subvenciones en los ámbitos del empleo y de la formación profesional ocupacional. Para la aplicación del régimen de concesión directa a otros supuestos diferentes al señalado en este párrafo se estará a lo establecido en la Ley 38/2003, de 17 de noviembre, General de Subvenciones.

Artículo 23. Programación y gestión en el ámbito autonómico.

1. En el ámbito autonómico, la oferta de formación profesional para el empleo comprenderá la formación dirigida a trabajadores desempleados y ocupados en la proporción que las Comunidades Autónomas determinen en función del número de trabajadores que se hallen en cada situación y, en su caso, de otras circunstancias objetivas.

Asimismo, en el marco de lo establecido en este Real Decreto corresponde a las Comunidades Autónomas, en el ejercicio de sus facultades de autoorganización, determinar la proporción de los trabajadores a formar a través de cada una de las vías de desarrollo de su oferta formativa señaladas en el apartado siguiente.

2. Además de la oferta formativa desarrollada por la propia Administración según lo previsto en el artículo 9.1.a), la oferta de formación profesional para el empleo en el ámbito autonómico incluye:

a) Los planes de formación dirigidos prioritariamente a los trabajadores ocupados, según la regulación contenida en el artículo 24.

b) Las acciones formativas dirigidas prioritariamente a los trabajadores desempleados, reguladas en el artículo 25.

c) Los programas específicos que establezcan las Comunidades Autónomas para la formación de personas con necesidades formativas especiales o que tengan dificultades para su inserción o recualificación profesional. En la ejecución de estos programas, y en los términos que establezca el órgano o entidad competente de la respectiva Comunidad Autónoma, se impulsará la participación de las Administraciones locales y de otras instituciones públicas o entidades sin ánimo de lucro que tengan entre sus fines la formación o inserción profesional de los colectivos de trabajadores a los que se dirigen estos programas.

d) La programación de acciones formativas que incluyan compromisos de contratación dirigidos prioritariamente a desempleados, mediante subvenciones concedidas por el órgano o entidad competente de la respectiva Comunidad Autónoma a las empresas, sus asociaciones u otras entidades que adquieran el citado compromiso de contratación.

3. Los planes de formación y los programas específicos a que se refieren las letras a) y c) del apartado anterior se financiarán mediante subvenciones públicas, previa convocatoria del órgano competente de la respectiva Comunidad Autónoma, conforme a las bases reguladoras que se establezcan mediante Orden del Ministro de Trabajo y Asuntos Sociales.

Las acciones formativas contempladas en la letra b) podrán financiarse mediante subvenciones, según lo establecido en el párrafo anterior, o mediante otras fórmulas de financiación que determinen las Comunidades Autónomas.

La ejecución de las programaciones de acciones formativas que incluyan compromisos de contratación, señaladas en la letra d) del apartado anterior, se financiarán mediante subvenciones públicas concedidas por el órgano competente de la respectiva Comunidad Autónoma en régimen de concesión directa, de conformidad con lo establecido en el Real Decreto 357/2006, de 24 de marzo, por el que se regula la concesión directa de determinadas subvenciones en los ámbitos del empleo y de la formación profesional ocupacional. Para la aplicación del régimen de concesión directa a otros supuestos diferentes al señalado en este párrafo se estará a lo establecido en la Ley 38/2003, de 17 de noviembre, General de Subvenciones.

Lo establecido en este apartado se entiende sin perjuicio de lo dispuesto en el segundo párrafo del artículo 6.1, relativo a la financiación de las iniciativas de formación con fondos propios de las Comunidades Autónomas.

Artículo 24. Planes de formación dirigidos prioritariamente a los trabajadores ocupados.

1. Los planes de formación dirigidos prioritariamente a los trabajadores ocupados podrán ser intersectoriales y sectoriales. Las Administraciones competentes podrán decidir la proporción de acciones formativas de carácter sectorial e intersectorial que incluyen en su oferta, considerando las propuestas formuladas por el órgano de participación previsto en el artículo 33.3.

Los planes de formación intersectoriales estarán compuestos por acciones formativas dirigidas al aprendizaje de competencias transversales a varios sectores de la actividad económica o de competencias específicas de un sector para el reciclaje y recualificación de trabajadores de otros sectores, incluida la formación dirigida a la capacitación para la realización de funciones propias de la representación legal de los trabajadores. En estos planes podrán participar hasta un 10 por 100 de trabajadores de las Administraciones Públicas sobre el total de participantes de cada plan.

Los planes de formación sectoriales se compondrán de acciones formativas dirigidas a la formación de trabajadores de un sector productivo concreto, con el fin de desarrollar acciones formativas de interés general para dicho sector y satisfacer necesidades específicas de formación del mismo. Las Administraciones competentes deberán garantizar que los planes de formación sectoriales que se desarrollen tanto en el ámbito estatal como autonómico respeten los criterios y prioridades generales establecidos en el marco de la negociación colectiva sectorial estatal, según lo previsto en el artículo 35.1.c).

Las acciones específicas programadas en un plan de formación sectorial podrán dirigirse también al reciclaje y recualificación de trabajadores procedentes de sectores en situación de crisis.

2. En el ámbito estatal, la ejecución de los planes de formación se llevará a cabo mediante convenios suscritos en el marco del Sistema Nacional de Empleo entre el Servicio Público de Empleo Estatal y las siguientes organizaciones y entidades:

a) Las Organizaciones Empresariales y Sindicales más representativas en el ámbito estatal, cuando se trate de planes de formación intersectoriales.

Estos planes también se ejecutarán a través de convenios suscritos con las organizaciones representativas de la economía social con notable implantación en el ámbito estatal y las organizaciones representativas de autónomos de ámbito estatal y suficiente implantación, en cuyo caso la formación se dirigirá específicamente a los colectivos de trabajadores de la economía social y de autónomos, respectivamente.

b) Las Organizaciones Empresariales y Sindicales más representativas en el ámbito estatal y las representativas en tal ámbito, cuando se trate de planes de formación sectoriales, así como los entes paritarios creados o amparados en el marco de la negociación colectiva sectorial estatal. En aquellos sectores en los que no exista negociación colectiva sectorial estatal, o la misma no esté suficientemente estructurada, se articularán las medidas necesarias para garantizar la formación de oferta en dichos sectores.

3. En el ámbito autonómico, y sin perjuicio de las competencias de las Comunidades Autónomas, la ejecución de los planes de formación se llevará a cabo en el marco de los convenios suscritos entre el órgano o entidad competente de la respectiva Comunidad Autónoma y las siguientes organizaciones:

a) Las Organizaciones Empresariales y Sindicales más representativas en el ámbito estatal y las más representativas en el ámbito autonómico, cuando se trate de planes de formación intersectoriales.

Estos planes también se ejecutarán a través de convenios suscritos con las organizaciones representativas de la economía social y de las representativas de autónomos, en ambos casos con suficiente implantación en el ámbito autonómico y para la formación dirigida específicamente a los colectivos de trabajadores de la economía social y de autónomos, respectivamente.

b) Las Organizaciones Empresariales y Sindicales más representativas y las representativas en el correspondiente sector, cuando se trate de planes de formación sectoriales, así como los entes paritarios creados o amparados en el marco de la negociación colectiva sectorial estatal.

4. La duración de los planes de formación podrá ser plurianual, sin perjuicio de su concreción anual para atender las necesidades de formación requeridas en cada momento por el mercado de trabajo.

Artículo 25. Acciones formativas dirigidas prioritariamente a los trabajadores desempleados.

1. El objetivo prioritario de estas acciones formativas es la inserción o reinserción laboral de los trabajadores desempleados en aquellos empleos que requiere el sistema productivo. Los órganos o entidades competentes de las Comunidades Autónomas programarán estas acciones formativas de acuerdo a las necesidades de cualificación y a las ofertas de empleo detectadas.

2. La oferta formativa regulada en este artículo tenderá a incluir acciones dirigidas a la obtención de los certificados de profesionalidad referidos al Catálogo Nacional de Cualificaciones Profesionales.

3. Asimismo, se potenciarán acuerdos con las empresas, públicas o privadas, al objeto de favorecer la realización de prácticas profesionales (incluidas las de carácter internacional), el intercambio de tecnologías y de personal experto y la utilización de infraestructuras y medios técnicos y materiales. Las prácticas profesionales en las empresas no supondrán, en ningún caso, la existencia de relación laboral entre los alumnos y las empresas.

En el acuerdo deberá describirse el contenido de las prácticas, así como su duración, lugar de realización y horario, y el sistema de tutorías para su seguimiento y evaluación. Antes del comienzo de las prácticas, se pondrá en conocimiento de los representantes legales de los trabajadores en la empresa el citado acuerdo, así como una relación de los alumnos que participan en las mismas.

Las empresas podrán recibir una compensación económica por alumno/hora de práctica, en la que se incluirá el coste de la suscripción de una póliza colectiva de accidentes de trabajo.

4. Los trabajadores desempleados que participen en las acciones formativas reguladas en el presente Real Decreto podrán percibir ayudas en concepto de transporte, manutención y alojamiento, en la cuantía y condiciones que se determinen mediante Orden del Ministro de Trabajo y Asuntos Sociales. Asimismo, podrán establecerse ayudas que permitan conciliar su asistencia a la formación con el cuidado de hijos menores de 6 años o de familiares dependientes.

Además de las ayudas anteriores, la citada Orden Ministerial contemplará la concesión de becas a las personas discapacitadas y a los alumnos de los programas públicos de empleo-formación regulados en el artículo 28. Asimismo, en el marco de los programas específicos regulados en los artículos 22.1.b) y 23.2.c), las Administraciones competentes para establecerlos podrán contemplar la concesión de dichas becas a determinados colectivos de desempleados que participen en itinerarios de formación profesional personalizados.

5. Las compensaciones, ayudas y becas a que hacen referencia los apartados 3 y 4 anteriores se financiarán en régimen de concesión directa, de conformidad con lo establecido en el Real Decreto 357/2006, de 24 de marzo, por el que se regula la concesión directa de determinadas subvenciones en los ámbitos del empleo y de la formación profesional ocupacional.

6. Las programaciones que se aprueben a los centros para la impartición de las acciones formativas reguladas en este artículo podrán tener una duración plurianual, sin perjuicio de su concreción anual para atender las necesidades de formación requeridas en cada momento por el mercado de trabajo.

Sección 4ª Formación en alternancia con el empleo

Artículo 26. Objeto de la formación en alternancia.

1. La formación en alternancia es aquella que tiene por objeto contribuir a la adquisición de las

competencias profesionales de la ocupación mediante un proceso mixto, de empleo y formación, que permite al trabajador compatibilizar el aprendizaje formal con la práctica profesional en el puesto de trabajo.

2. Esta formación incluye las acciones formativas de los contratos para la formación, en desarrollo de lo previsto en el artículo 11.2 del Texto Refundido de la Ley del Estatuto de los Trabajadores, aprobado por el Real Decreto Legislativo 1/1995, de 24 de marzo, y los programas públicos de empleo-formación realizados por las Administraciones Públicas.

Artículo 27. Formación teórica de los contratos para la formación.

1. Los contenidos de la formación teórica de los contratos para la formación deberán estar vinculados a la oferta formativa de las unidades de competencia de los certificados de profesionalidad de la ocupación relacionada con el oficio o puesto de trabajo previsto en el contrato laboral. De no existir certificado de profesionalidad, la formación teórica estará constituida por los contenidos mínimos orientativos establecidos en el fichero de especialidades formativas para las ocupaciones o especialidades relativas al oficio o puesto de trabajo contemplados en el contrato y, en su defecto, por los contenidos formativos determinados por las empresas y comunicados al Servicio Público de Empleo Estatal a los efectos de su validación en el marco del Sistema Nacional de Empleo.

Cuando el trabajador contratado para la formación no haya alcanzado los objetivos de la educación secundaria obligatoria, la formación teórica tendrá por objeto inmediato completar dicha educación, de conformidad con lo establecido en el artículo 11.2 del Estatuto de los Trabajadores. A tales efectos, las Administraciones educativas deberán garantizar una oferta adaptada a este objetivo.

2. El tiempo dedicado a la formación teórica, que se impartirá siempre fuera del puesto de trabajo, se fijará en el contrato, en atención a las características del oficio o puesto de trabajo a desempeñar, del número de horas establecido, en su caso, para el módulo formativo adecuado a dicho puesto u oficio y de la duración del contrato.

En ningún caso dicho tiempo de formación será inferior al 15 por 100 de la jornada máxima prevista en convenio colectivo o, en su defecto, de la jornada máxima legal.

Respetando el límite anterior, los convenios colectivos podrán determinar el tiempo dedicado a la formación teórica y su distribución, estableciendo, en su caso, el régimen de alternancia o concentración del mismo respecto del tiempo de trabajo efectivo. La formación teórica sólo podrá concentrarse en el período final de duración del contrato cuando así se hubiera acordado en el convenio colectivo aplicable.

3. La formación práctica de los contratos para la formación deberá complementarse con asistencia tutorial que se prestará con ocasión de la realización del trabajo efectivo adecuado al objeto del contrato laboral.

4. La cualificación o competencia profesional adquirida a través del contrato para la formación será objeto de acreditación en los términos establecidos en el artículo 11 de este Real Decreto.

5. Las empresas podrán financiarse el coste de la formación teórica mediante bonificaciones en las cotizaciones empresariales a la Seguridad Social, con cargo a la partida prevista en el presupuesto del Servicio Público de Empleo Estatal para la financiación de las bonificaciones en las cotizaciones de la Seguridad Social acogidas a medidas de fomento de empleo por contratación laboral.

Mediante Orden del Ministro de Trabajo y Asuntos Sociales se establecerán los trámites y requisitos a cumplir por los centros impartidores de la formación y las empresas que se apliquen las citadas bonificaciones.

6. Las actividades de evaluación, seguimiento y control de la formación teórica de los contratos para la formación se realizarán por el Servicio Público de Empleo Estatal y las Comunidades Autónomas, según la distribución competencial establecida en la disposición adicional primera.

Artículo 28. Programas públicos de empleo-formación.

1. Los programas públicos de empleo-formación tienen como finalidad mejorar la cualificación y las posibilidades de empleo de determinados colectivos de desempleados. Durante el desarrollo de estos programas, los trabajadores participantes recibirán formación profesional adecuada a la ocupación a desempeñar en alternancia con el trabajo y la práctica profesional.

Estos programas públicos de empleo-formación se regirán por lo establecido en su normativa específica en lo no previsto en este capítulo.

2. Los contenidos de la formación de los programas públicos mencionados en el apartado anterior estarán vinculados a la oferta formativa de las unidades de competencia de los certificados de profesionalidad de la ocupación relacionada con el oficio o puesto de trabajo previsto en el contrato laboral.

De no existir certificado de profesionalidad, la formación teórica estará constituida por los contenidos mínimos orientativos establecidos en el fichero de especialidades formativas para las ocupaciones o especialidades relativas al oficio o puesto de trabajo contemplados en el contrato laboral, y, en su defecto, por los contenidos formativos que se aprueben por el Servicio Público de Empleo competente para el respectivo proyecto de empleo-formación.

Cuando los trabajadores participantes en los citados programas no hayan alcanzado los objetivos de la educación secundaria obligatoria se organizarán programas específicos de formación de acuerdo con lo que establezca la legislación reguladora del sistema educativo.

3. Los programas públicos de empleo-formación se financiarán mediante subvenciones otorgadas a las entidades promotoras de los mismos, con cargo a la partida prevista para los programas de fomento del empleo en el Presupuesto del Servicio Público de Empleo Estatal. Los fondos destinados a la financiación de las subvenciones gestionadas por las Comunidades Autónomas que tengan asumidas las competencias de ejecución, se distribuirán de acuerdo con lo previsto en el artículo 86 de la Ley 4/2003, de 26 de noviembre, General Presupuestaria.

4. La cualificación o competencia profesional adquirida a través de los programas públicos de empleo-formación será objeto de acreditación en los términos establecidos en el artículo 11 de este Real Decreto.

5. La gestión de estos programas corresponde a las Comunidades Autónomas que tengan asumidas las competencias de ejecución, salvo en los supuestos señalados en el artículo 6.4 en que su gestión está reservada al Servicio Público de Empleo Estatal.

CAPÍTULO III

Apoyo, acompañamiento y acciones complementarias a la formación

Artículo 29. Estudios de carácter general y sectorial.

1. Las Administraciones Públicas competentes, con sus propios medios, a través de los Centros de Referencia Nacional o mediante contratación externa, realizarán los estudios de carácter general y sectorial, de manera integral y coordinada para el conjunto del Sistema Nacional de Cualificaciones y de Formación Profesional.

2. En el marco del Programa anual de trabajo del Sistema Nacional de Empleo, y con el fin de asegurar la complementariedad de los estudios previstos en el apartado anterior, el Servicio Público de Empleo Estatal y los órganos competentes de las Comunidades Autónomas elaborarán conjuntamente la planificación de los estudios a realizar en materia de formación profesional para el empleo, en la que se detallarán la financiación y los órganos responsables de su ejecución.

Artículo 30. Acciones de investigación e innovación.

1. En el marco de los criterios y prioridades generales que propongan las Organizaciones Empresariales y Sindicales más representativas y representativas en cada sector al amparo de la negociación colectiva sectorial estatal, el Ministerio de Trabajo y Asuntos Sociales realizará una planificación plurianual de las acciones de investigación e innovación que sean de interés para la mejora de la formación profesional para el empleo, a nivel sectorial o intersectorial, o para la difusión del conjunto del subsistema de formación profesional para el empleo.

Esta planificación se realizará teniendo en cuenta las propuestas formuladas por las Comunidades Autónomas en el seno de la Conferencia Sectorial de Asuntos Laborales y en las Comisiones de Coordinación y Seguimiento a que hace referencia el artículo 32.3.

La citada planificación se someterá a informe del órgano de participación previsto en el artículo 33.

2. Mediante Orden del Ministro de Trabajo y Asuntos Sociales se establecerán las bases reguladoras para la concesión de las subvenciones que se otorguen para la financiación de este tipo de acciones.

La competencia de gestión de estas subvenciones en el ámbito estatal corresponde al Servicio Público de Empleo Estatal. En el caso de que las acciones afecten al ámbito territorial exclusivo de una Comunidad Autónoma, será el correspondiente órgano o entidad de la Comunidad Autónoma el competente para gestionarlas.

3. En el marco del Sistema Nacional de Empleo, el Servicio Público de Empleo Estatal establecerá, previo informe del órgano de participación previsto en el artículo 33.3, los instrumentos necesarios para garantizar la coordinación entre las acciones que se realicen en los ámbitos estatal y autonómico, a fin de asegurar la complementariedad de las acciones ejecutadas en los mismos.

Artículo 31. Información y orientación profesional.

1. En el marco de lo previsto en la Ley Orgánica 5/2002, de 19 de junio, de las Cualificaciones y de la Formación Profesional y en el presente Real Decreto, el Gobierno desarrollará un sistema integrado de información y orientación profesional que asegure el asesoramiento a los trabajadores desempleados y ocupados, en relación con las oportunidades de formación y empleo y con las posibilidades de reconocimiento y acreditación de su cualificación.

2. El sistema integrado de información y orientación profesional estará al servicio de la definición y ejecución de itinerarios profesionales individuales para la mejora de la empleabilidad de los trabajadores, así como del desarrollo del espíritu emprendedor y del apoyo a iniciativas empresariales y de autoempleo.

3. Para favorecer el desarrollo de un sistema integrado de orientación y formación profesional se reforzarán las actuaciones de los Servicios Públicos de Empleo, que fijarán las acciones a realizar con la población activa, su financiación y la participación de los interlocutores sociales, así como el papel de los Centros Integrados de Formación Profesional y de los Centros de Referencia Nacional en este ámbito.

CAPÍTULO IV
Estructura organizativa y de participación

Artículo 32. Órganos competentes para la programación, gestión y control.

1. El Servicio Público de Empleo Estatal, con la colaboración y el apoyo técnico de la Fundación Tripartita para la Formación en el Empleo, desarrollará las funciones de programación, gestión y control de la formación profesional para el empleo de competencia estatal.

2. En el ámbito autonómico, los órganos o entidades competentes para la programación, gestión y control de la formación profesional para el empleo serán los que determinen las Comunidades Autónomas.

3. El Servicio Público de Empleo Estatal y los órganos competentes de las Comunidades Autónomas llevarán a cabo su colaboración, coordinación y cooperación en materia de formación profesional para el empleo a través de la Conferencia Sectorial de Asuntos Laborales, de conformidad con lo establecido en el artículo 7.1.a) de la Ley 56/2003, de 16 de diciembre, de Empleo, y a través de las Comisiones de Coordinación y Seguimiento reguladas en los respectivos Reales Decretos de traspaso de funciones y servicios en materia de gestión de la formación.

4. Las Administraciones públicas competentes garantizarán la participación de las organizaciones empresariales y sindicales más representativas en la forma que se prevea por dichas Administraciones en sus respectivos ámbitos competenciales, contemplando la composición tripartita y paritaria de los órganos que se constituyan.

Artículo 33. Órgano de participación de las Administraciones Públicas y los Interlocutores Sociales.

1. El Consejo General del Sistema Nacional de Empleo, en cuanto órgano consultivo y de participación institucional en materia de política de empleo, es el principal órgano de consulta y de participación de las Administraciones Públicas y los Interlocutores Sociales en el subsistema de formación profesional para el empleo.

2. El Consejo General del Sistema Nacional de Empleo, en desarrollo de lo dispuesto en el artículo 7.1.b) de la Ley 56/2003, de 16 de diciembre, de Empleo, tendrá las siguientes funciones en materia de formación profesional para el empleo:

a) Velar por el cumplimiento de lo dispuesto en el presente Real Decreto y en la restante normativa reguladora de la formación profesional para el empleo, así como por la eficacia de los objetivos generales del sistema.

b) Emitir informe preceptivo sobre los proyectos de normas del subsistema de formación profesional para el empleo.

c) Informar y realizar propuestas sobre la asignación de los recursos presupuestarios entre los diferentes ámbitos e iniciativas formativas previstas en este Real Decreto.

d) Informar, con carácter preceptivo, y realizar propuestas sobre la planificación plurianual de la oferta de formación profesional para el empleo y de las acciones de investigación e innovación, prevista en los artículos 21 y 30.1, respectivamente, así como sobre los planes anuales que en materia de calidad, evaluación y control están previstos en los artículos 36.3, 37.2 y 38.1 de este Real Decreto.

e) Recomendar medidas para asegurar la debida coordinación entre las actuaciones que en el marco del presente Real Decreto se realicen en el ámbito del Estado y en el de las Comunidades Autónomas.

f) Actuar en coordinación con el Consejo General de Formación Profesional para el desarrollo de las acciones e instrumentos esenciales que componen el Sistema Nacional de Cualificaciones y Formación Profesional.

g) Aprobar el mapa sectorial para mejorar la racionalidad y eficacia de las Comisiones Paritarias previstas en el artículo 35.

h) Determinar los criterios y condiciones que deben cumplir las Comisiones Paritarias Sectoriales Estatales a efectos de su financiación.

i) Conocer los informes anuales sobre programación, gestión, control y evaluación de la formación profesional para el empleo elaborados tanto en el ámbito estatal como en el autonómico, así como extraer conclusiones y proponer recomendaciones sobre el funcionamiento del subsistema.

j) Cualesquiera otras funciones relacionadas con el cumplimiento de los principios y fines del subsistema, a fin de mantener su coherencia y la vinculación con el Sistema Nacional de Cualificaciones y Formación Profesional.

3. Para el desarrollo de estas funciones se constituirá en el seno del Consejo General la Comisión Estatal de Formación para el Empleo, manteniendo el carácter paritario y tripartito del Consejo en su composición y régimen de adopción de acuerdos.

Artículo 34. La Fundación Tripartita para la Formación en el Empleo.

1. La Fundación Tripartita para la Formación en el Empleo, perteneciente al Sector Público Estatal, tiene carácter tripartito y su Patronato está constituido por la Administración Pública (con representación del Ministerio de Trabajo y Asuntos Sociales y las Comunidades Autónomas) y por las organizaciones empresariales y sindicales más representativas.

El régimen de adopción de acuerdos será el previsto en sus Estatutos, teniendo su Presidente voto dirimente en caso de empate.

2. La presidencia corresponderá al Director General del Servicio Público de Empleo Estatal. Existirán dos vicepresidencias, de las cuales una corresponderá a representantes de las organizaciones empresariales y la otra a los de las sindicales.

El Presidente coordinará a la Gerencia de la Fundación Tripartita con la Subdirección General del Servicio Público de Empleo Estatal competente en materia de formación profesional para el empleo.

La Gerencia de la Fundación será nombrada por el Patronato, a propuesta de la Dirección General del Servicio Público de Empleo Estatal, entre personal funcionario de la Administración General del Estado. De este nombramiento se informará a la Conferencia Sectorial de Asuntos Laborales.

3. En el marco de lo establecido en la Ley 50/2002, de 26 de diciembre, de Fundaciones, y sin perjuicio de las competencias de ejecución correspondientes a las Comunidades Autónomas en materia de formación profesional para el empleo, la Fundación Tripartita para la Formación en el Empleo desarrollará, entre otras, las siguientes actividades:

a) Colaborar y asistir técnicamente al Servicio Público de Empleo Estatal en sus actividades de planificación, programación, gestión, evaluación, seguimiento y control de las iniciativas de formación previstas en el presente Real Decreto, así como en la confección del informe anual sobre dichas actividades.

En particular, actuar como entidad colaboradora del Servicio Público de Empleo Estatal en la gestión de las convocatorias de subvenciones públicas que se realicen por dicho organismo en el marco de lo previsto en el presente Real Decreto. La Fundación Tripartita colaborará en la instrucción de los procedimientos y en la elaboración de las propuestas relativas a la resolución y justificación de las subvenciones, correspondiendo al Servicio Público de Empleo Estatal la concesión y el pago de las subvenciones. A estos efectos, ambas entidades suscribirán el correspondiente convenio de colaboración de acuerdo con lo establecido en los artículos 12 y siguientes de la Ley 38/2003, de 17 de noviembre, General de Subvenciones.

b) Apoyar técnicamente al Servicio Público de Empleo Estatal en el diseño e instrumentación de los medios telemáticos necesarios para que las empresas y las entidades organizadoras realicen las comunicaciones de inicio y finalización de la formación acogida al sistema de bonificaciones, garantizando en todo caso la seguridad y confidencialidad de las comunicaciones.

c) Elevar al Servicio Público de Empleo Estatal propuestas de resoluciones normativas e instrucciones relativas al subsistema de formación profesional para el empleo, así como elaborar los informes que le sean requeridos.

d) Contribuir al impulso y difusión del subsistema de formación profesional para el empleo entre las empresas y los trabajadores.

e) Prestar apoyo técnico, en la medida que le sea requerido, a las Administraciones Públicas y a las Organizaciones empresariales y sindicales presentes en el órgano de participación a que se refiere el artículo 33.3, así como a las representadas en el Patronato de la Fundación Tripartita y a las Comisiones Paritarias Estatales.

f) Dar asistencia y asesoramiento a las PYMES posibilitando su acceso a la formación profesional para el empleo, así como apoyo técnico a los órganos administrativos competentes en la orientación a los trabajadores.

g) Colaborar con el Servicio Público de Empleo Estatal en promover la mejora de la calidad de la formación profesional para el empleo, en la elaboración de las estadísticas para fines estatales, y en la creación y mantenimiento del Registro estatal de centros de formación regulado en el artículo 9.2 de este Real Decreto.

h) Participar en los foros nacionales e internacionales relacionados con la formación profesional para el empleo.

Artículo 35. Comisiones Paritarias.

1. En el marco de la negociación colectiva sectorial de ámbito estatal, a través de convenios colectivos o de acuerdos concretos en materia de formación de igual ámbito que pudieran suscribirse por las Organizaciones Empresariales y Sindicales más representativas y por las representativas en el sector correspondiente, podrán constituirse Comisiones Paritarias Sectoriales Estatales o de otro ámbito.

Estas Comisiones Paritarias tendrán, en el ámbito del subsistema de formación profesional para el empleo, las siguientes funciones:

a) Intervenir en la mediación de los supuestos de discrepancias a que se refiere el artículo 15.5.

b) Conocer la formación profesional para el empleo que se realice en sus respectivos ámbitos.

c) Fijar los criterios orientativos y las prioridades generales de la oferta formativa sectorial dirigida a los trabajadores.

d) Participar y colaborar en actividades, estudios o investigaciones de carácter sectorial y realizar propuestas en relación con el Sistema Nacional de Cualificaciones y Formación Profesional y los Centros de Referencia Nacional correspondientes a sus respectivos ámbitos.

e) Elaborar una memoria anual sobre la formación correspondiente a sus ámbitos.

f) Conocer de la agrupación de empresas en su sector prevista en el artículo 16.2.

g) Cualesquiera otras que les sean atribuidas por la normativa de desarrollo de este Real Decreto.

2. En el marco de la gestión de la formación profesional para el empleo desarrollada en el ámbito estatal, la Comisión Mixta Estatal, prevista en el IV Acuerdo Nacional de Formación, podrá actuar en aquellos ámbitos o sectores donde no se encuentre articulada la negociación colectiva sectorial estatal.

CAPÍTULO V

Calidad, evaluación, seguimiento y control de la formación

Artículo 36. Calidad de la formación.

1. Las acciones, tanto formativas como de apoyo y acompañamiento, que se impartan y desarrollen de acuerdo a lo establecido en este Real Decreto deberán tener la calidad requerida para que la formación profesional para el empleo responda a las necesidades de los trabajadores ocupados y desempleados y de las empresas.

La formación y las acciones de apoyo y acompañamiento deberán desarrollarse aplicando los procedimientos y metodologías apropiados, con el personal y los medios didácticos, técnicos y materiales más adecuados a sus características.

2. Las Administraciones Públicas competentes promoverán, en sus respectivos ámbitos, la mejora de la calidad de la formación profesional para el empleo, en cuanto a contenidos, duración, profesorado e instalaciones, así como medición de sus resultados.

3. Para favorecer la calidad de la formación profesional para el empleo, el Servicio Público de Empleo Estatal, teniendo en cuenta las propuestas de las Comunidades Autónomas en el marco del Programa anual de trabajo del Sistema Nacional de Empleo, elaborará un plan para el perfeccionamiento del profesorado que imparta acciones formativas y para el desarrollo de una metodología

técnico-didáctica orientada al mismo. Cuando las acciones del citado plan vayan dirigidas a formadores de dos o más Comunidades Autónomas se ejecutarán a través de los Centros de Referencia Nacional, que recibirán del Servicio Público de Empleo Estatal la financiación acordada en el seno de las respectivas Comisiones de Coordinación y Seguimiento, y cuando vayan dirigidas específicamente a formadores de una Comunidad Autónoma serán gestionadas en el ámbito autonómico.

Con esa misma finalidad, las Administraciones competentes establecerán, en el marco del citado Programa anual de trabajo, un plan para la dotación y equipamiento de centros de formación en función de las necesidades de adaptación a los cambios tecnológicos y de organización del trabajo. En el supuesto de que dicha dotación y equipamiento se financie mediante subvenciones concedidas a los centros impartidores de formación profesional para el empleo, su regulación se llevará a cabo mediante Orden del Ministro de Trabajo y Asuntos Sociales, sin perjuicio de las competencias de ejecución de las Comunidades Autónomas.

Estos planes anuales se someterán a informe del órgano de participación previsto en el artículo 33.

Artículo 37. Evaluación del subsistema de formación profesional para el empleo.

1. En el marco del Sistema Nacional de Empleo, el Servicio Público de Empleo Estatal y los órganos competentes de las Comunidades Autónomas evaluarán el impacto de la formación realizada en el acceso y mantenimiento del empleo, y en la mejora de la competitividad de las empresas, la eficacia del sistema en cuanto al alcance de la formación y la adecuación de las acciones a las necesidades del mercado laboral y de las empresas, así como la eficiencia de los recursos económicos y medios empleados.

2. El Servicio Público de Empleo Estatal, con los órganos o entidades correspondientes de las Comunidades Autónomas, elaborará anualmente un plan de evaluación de la calidad, impacto, eficacia y eficiencia del conjunto del subsistema de formación profesional para el empleo, que pueda servir para introducir mejoras en su funcionamiento.

Este plan anual se someterá a informe del órgano de participación previsto en el artículo 33.

3. En la evaluación de la calidad de las acciones formativas participarán los propios alumnos en función de los estándares establecidos por las Administraciones públicas competentes, de lo que quedará constancia en la documentación correspondiente a cada grupo impartido.

4. Sin perjuicio de las evaluaciones externas que se realicen por entidades independientes con posterioridad a la realización de la formación, las entidades responsables de ejecutar los planes de formación profesional para el empleo deberán realizar, durante su ejecución, una evaluación y control de la calidad de la formación que ejecuten, determinándose en la convocatoria la parte del importe de la subvención que se destinará a dicha finalidad.

Artículo 38. Seguimiento y control de la formación.

1. Las Administraciones competentes en materia laboral desarrollarán las actuaciones de control y seguimiento de las acciones de formación, y de apoyo y acompañamiento reguladas en este Real Decreto. Respecto de la formación cofinanciada por el Fondo Social Europeo, organizarán los sistemas de gestión, verificación y control de conformidad con lo previsto en la normativa de la Unión Europea.

A los efectos de lo previsto en este apartado, el Servicio Público de Empleo Estatal y los órganos competentes de las Comunidades Autónomas elaborarán, en el marco del Programa anual de trabajo del Sistema Nacional de Empleo, un plan de seguimiento y control de la formación profesional para el empleo.

2. Lo previsto en el apartado anterior se establece sin perjuicio de las actuaciones que respecto a la formación profesional para el empleo puedan realizar los diferentes órganos de fiscalización y control que tengan atribuidas tales competencias en el ámbito estatal y autonómico, así como los órganos e instituciones de la Unión Europea respecto de la formación cofinanciada por el Fondo Social Europeo.

3. El seguimiento y control de la formación profesional para el empleo a que se refiere este artículo deberá realizarse de manera integral y coordinada por las Administraciones y entidades competentes, procurando racionalizar esfuerzos y unificar criterios en las actuaciones que se lleven a cabo.

Artículo 39. Información y estadística.

1. Las Comunidades Autónomas deberán proporcionar al Servicio Público de Empleo Estatal, en su condición de promotor de los Programas Operativos del Fondo Social Europeo, toda la información, documentación y certificaciones necesarias para la justificación de las acciones cofinanciadas por el citado Fondo.

2. Las Comunidades Autónomas deberán proporcionar al Servicio Público de Empleo Estatal

información sobre la formación desarrollada en sus respectivos ámbitos, de forma que quede garantizada su coordinación e integración con la información estadística del conjunto del Estado.

Por su parte, el Servicio Público de Empleo Estatal facilitará a las Comunidades Autónomas información sobre la formación ejecutada en el conjunto del Estado, incluida la que se ejecute a través del Servicio Público de Empleo Estatal en el ámbito territorial de cada Comunidad Autónoma.

DISPOSICIONES ADICIONALES

Primera. Distribución competencial en las iniciativas de formación financiadas mediante bonificaciones en las cuotas de la Seguridad Social.

Dentro del Sistema Nacional de Empleo, corresponde a la Administración General del Estado, a través del Servicio Público de Empleo Estatal, la realización de las actividades de evaluación, seguimiento y control de las iniciativas de formación financiadas mediante bonificaciones en las cuotas de la Seguridad Social que se aplican las empresas que tengan sus centros de trabajo en más de una Comunidad Autónoma.

Las Comunidades Autónomas realizarán dichas actividades de evaluación, seguimiento y control cuando las empresas tengan todos sus centros de trabajo en el ámbito de la misma Comunidad Autónoma, sin perjuicio de las competencias exclusivas del Estado en cuanto al régimen económico de la Seguridad Social.

Segunda. Registro estatal de centros y entidades de formación.

En el Registro estatal de centros y entidades de formación, previsto en el artículo 9.2 de este Real Decreto, se integrará el censo de centros colaboradores de la formación profesional ocupacional del Servicio Público de Empleo Estatal.

Tercera. Entidades organizadoras en la formación de demanda.

Sin perjuicio de lo establecido en el artículo 16.2, tendrán también la condición de entidad organizadora las entidades o empresas que, teniendo la formación dentro de su objeto social con anterioridad al 1 de enero de 2003, se hubieren constituido como tales al amparo del Real Decreto 1046/2003, de 1 de agosto, por el que se regula el subsistema de formación profesional continua y de su normativa de desarrollo.

Cuarta. Constitución del órgano de participación de las Administraciones Públicas y los Interlocutores Sociales.

El órgano de participación de las Administraciones Públicas y los Interlocutores Sociales previsto en el artículo 33 se constituirá en el plazo de un año a contar desde la publicación del presente Real Decreto. En tanto no se constituya, las funciones que le encomienda el presente Real Decreto serán desarrolladas por la Comisión Tripartita de Formación Continua, en cuyo caso las Comunidades Autónomas se incorporarán a dicha Comisión.

Quinta. Comisiones de coordinación y seguimiento.

A partir de la entrada en vigor del presente Real Decreto y a los efectos de lo previsto en el mismo, las actuales Comisiones de coordinación y seguimiento de la Formación Ocupacional y de Centros Nacionales se transformarán en Comisiones de coordinación y seguimiento de la formación profesional para el empleo.

Sexta. Elaboración de estadísticas.

El Servicio Público de Empleo Estatal, en el marco del Sistema Nacional de Empleo, adoptará las medidas necesarias para que las estadísticas que se elaboren en el ámbito de todo el territorio del Estado incluyan no sólo la formación realizada en el marco de este Real Decreto, sino también aquella que realicen las empresas con financiación propia y las Administraciones Públicas para sus empleados.

Séptima. Fundación Tripartita para la Formación en el Empleo.

Se autoriza a la Fundación Tripartita para la Formación en el Empleo para que, a partir de la fecha de entrada en vigor de la presente Norma y con cargo a su presupuesto, adopte las medidas técnicas y económicas que resulten necesarias a fin de adecuar sus estatutos, funcionamiento, estructura orgánica y relación de puestos de trabajo a lo establecido en el presente Real Decreto.

Octava. Adopción de medidas para la aplicación total de los fondos provenientes de la cuota de formación profesional.

El Gobierno articulará las fórmulas y las medidas que sean necesarias para que los fondos con destino a la formación para el empleo provenientes de la cuota de formación profesional sean aplicados en su totalidad a la financiación de las iniciativas de formación recogidas en este Real Decreto.

Novena. Personas con discapacidad.

En el desarrollo del presente Real Decreto las Administraciones competentes adoptarán aquellas medidas de adaptación que sean necesarias para facilitar e incentivar la participación de las personas con discapacidad en las acciones de formación profesional para el empleo.

Décima. Concesión directa.

Las referencias relativas al Real Decreto 631/1993, de 3 de mayo, por el que se regula el Plan Nacional de Formación e Inserción Profesional, contenidas en el Real Decreto 357/2006, de 24 de marzo, por el que se regula la concesión directa de determinadas subvenciones en los ámbitos del empleo y de la formación profesional ocupacional, se entenderán realizadas al presente Real Decreto en los artículos que regulan las mismas materias.

Asimismo, las referencias relativas a la formación profesional ocupacional se entenderán realizadas a la formación profesional para el empleo.

DISPOSICIONES TRANSITORIAS

Primera. Régimen transitorio de los procedimientos.

1. Los procedimientos de concesión de subvenciones en materia de formación ocupacional y continua iniciados con anterioridad a la entrada en vigor de la normativa de desarrollo de este Real Decreto se regirán por la normativa anterior que les sea de aplicación. Los procedimientos se entenderán iniciados con la publicación de las correspondientes convocatorias.

2. La formación de demanda que se inicie a partir del 1 de enero de 2007 se regirá por lo dispuesto en este Real Decreto y en la normativa que lo desarrolle.

Segunda. Mapa sectorial.

En tanto no sea aprobado el mapa sectorial a que se refiere el artículo 33.2.g) de este Real Decreto las convocatorias para la concesión de subvenciones públicas destinadas a la realización de acciones de formación de carácter sectorial facilitarán la presentación en este ámbito de propuestas conjuntas que agrupen a varios sectores afines, tomando como punto de referencia, en su caso, las Familias Profesionales establecidas en el Catálogo Nacional de Cualificaciones Profesionales.

Tercera. Centros Nacionales de Formación Profesional.

Los Centros Nacionales de Formación Profesional Ocupacional regulados en el artículo 17 del Real Decreto 631/1993, de 3 de mayo, por el que se regula el Plan Nacional de Formación e Inserción Profesional, continuarán con su estatus jurídico y con la afectación de los mismos a funciones de carácter nacional en tanto no adquieran la condición de Centros de Referencia Nacional de acuerdo con lo que establezca la normativa de desarrollo del artículo 11.7 de la Ley Orgánica 5/2002, de 19 de junio, de las Cualificaciones y de la Formación Profesional.

Cuarta. Evaluación, seguimiento y control de las iniciativas de formación financiadas mediante bonificaciones en las cuotas de la Seguridad Social.

La realización por las Comunidades Autónomas de las actividades de evaluación, seguimiento y control derivadas de la distribución competencial establecida en la disposición adicional primera podrá diferirse hasta tanto no se produzca el traspaso a las mismas de los medios y recursos necesarios para la realización de dichas actividades.

Quinta. Determinación del crédito de bonificaciones para el ejercicio presupuestario 2007.

Para el ejercicio presupuestario 2007 el crédito del que dispondrán las empresas para desarrollar la formación de demanda prevista en la Sección 2ª del Capítulo II del presente Real Decreto resultará de aplicar a la cuantía ingresada por la empresa en concepto de formación profesional durante el año 2006, el porcentaje de bonificación que, en función del tamaño de las empresas, se establece a continuación:

a) Empresas de 250 o más trabajadores: 50 por 100.

b) De 50 a 249 trabajadores: 60 por 100.

c) De 10 a 49 trabajadores: 75 por 100.

d) De 6 a 9 trabajadores: 100 por 100.

Las empresas de 1 a 5 trabajadores dispondrán de un crédito de bonificación por empresa de 420 euros, con el siguiente alcance temporal: Para las empresas de 1 y 2 trabajadores, el citado crédito se asigna para un período de 3 y 2 años, respectivamente, a contar desde el 1 de enero de 2007. Para las empresas de 3 a 5 trabajadores, el citado crédito se asigna con carácter anual.

Para la determinación del crédito en los supuestos de empresas que abran nuevos centros de trabajo y de empresas de nueva creación, previstos en el artículo 13.2 de este Real Decreto, se tomará como referencia para el año 2007 una cuantía de 65 euros por cada trabajador de nueva incorporación.

Las empresas que durante el año 2007 concedan permisos individuales de formación para sus trabajadores dispondrán de un crédito adicional en los términos que establece el artículo 13.3 de este Real Decreto. El citado crédito se irá asignando a las empresas que comuniquen permisos individuales de formación hasta tanto no se supere, en su conjunto, el 5 por 100 del crédito establecido en el presupuesto del Servicio Público de Empleo Estatal para la financiación de las bonificaciones en las cotizaciones de la Seguridad Social por formación continua.

DISPOSICIÓN DEROGATORIA

Única. Derogación normativa.

1. Quedan derogadas todas las normas de igual o inferior rango en lo que contradigan o se opongan a lo dispuesto en este Real Decreto.

2. Quedan derogadas expresamente las siguientes disposiciones, y las normas que las desarrollan:

a) El Real Decreto 1046/2003, de 1 de agosto, por el que se regula el subsistema de formación profesional continua.

b) El Real Decreto 631/1993, de 3 de mayo, por el que se regula el Plan Nacional de Formación e Inserción Profesional.

c) Los artículos 10 y 12 del Real Decreto 488/1998, de 27 de marzo, por el que se desarrolla el artículo 11 del Estatuto de los Trabajadores en materia de contratos formativos.

DISPOSICIONES FINALES

Primera. Título competencial.

Este Real Decreto se dicta al amparo de lo dispuesto en el artículo 149.1.7ª de la Constitución, que atribuye al Estado la competencia exclusiva en materia de legislación laboral. Los artículos 12.1, 13, 15.4 y 5, 16, 17 y 27.5 se dictan al amparo del artículo 149.1.17ª de la Constitución, que atribuye al Estado la legislación básica y régimen económico de la Seguridad Social.

Segunda. Habilitación para el desarrollo reglamentario.

Se habilita al Ministro de Trabajo y Asuntos Sociales para dictar cuantas normas sean necesarias para el desarrollo y ejecución de lo previsto en este Real Decreto.

Tercera. Entrada en vigor.

El presente Real Decreto entrará en vigor el día siguiente a su publicación en el «Boletín Oficial del Estado».

§ 30.5 ORDEN TAS/2397/2007, DE 2 AGOSTO. DESARROLLA PARCIALMENTE EL REAL DECRETO 395/2007, DE 23 MARZO, QUE REGULA EL SUBSISTEMA DE FORMACIÓN PROFESIONAL PARA EL EMPLEO, EN MATERIA DE FORMACIÓN DE OFERTA Y SE ESTABLECEN LAS BASES REGULADORAS PARA LA CONCESIÓN DE SUBVENCIONES PÚBLICAS DESTINADAS A SU FINANCIACIÓN, EN EL ÁMBITO DE LA ADMINISTRACIÓN GENERAL DEL ESTADO

(BOE núm. 186, de 4 agosto [RCL 2007, 1537])

El Real Decreto 395/2007, de 23 de marzo, por el que se regula el subsistema de formación profesional para el empleo contempla la formación de oferta, entendida como aquella que tiene por objeto facilitar a los trabajadores, ocupados y desempleados, una formación ajustada a las necesidades del mercado de trabajo que atienda a los requerimientos de competitividad de las empresas, a la vez que satisfaga las aspiraciones de promoción profesional y desarrollo personal de los trabajadores, capacitándoles para el desempeño cualificado de las diferentes profesiones y para el acceso al empleo.

Hasta tanto no se complete el desarrollo del Real Decreto 395/2007, de 23 de marzo, en materia de formación de oferta, la presente Orden limita su ámbito de aplicación a la formación desarrollada en el ámbito de gestión de la Administración General del Estado, siendo de aplicación a la formación de oferta en el ámbito de gestión de las Comunidades Autónomas la normativa anterior de acuerdo con la disposición transitoria primera del citado Real Decreto.

Por consiguiente, esta Orden desarrolla, para el ámbito de gestión de la Administración General del Estado, dicha formación de oferta desde un primer y ambicioso objetivo, de acuerdo con el Real Decreto citado, el de integrar y dar un tratamiento coherente y unitario a toda la formación de oferta que se dirija al conjunto de trabajadores, que trascienda la visión estanca de, por un lado, ocupados y, por otro, desempleados. Dicha integración ha de favorecer que los trabajadores puedan optar a un reconocimiento efectivo de la formación que reciban en la línea de lo que establece la Ley Orgánica 5/2002, de 19 de junio, de las Cualificaciones y de la Formación Profesional y de los Reales Decretos que la desarrollan.

Asimismo, la presente Orden regula las bases que han de regir la concesión de subvenciones públicas destinadas a financiar la formación de oferta por la Administración General del Estado, a través del Servicio Público de Empleo Estatal. Así, se contemplan las distintas modalidades de formación de oferta que se financiarán mediante subvenciones públicas, diferenciando las que serán otorgadas en régimen de concurrencia competitiva de aquellas otras que lo serán de forma directa.

La Orden contiene una regulación extensa de aquellas modalidades formativas que se dirigen, bien prioritariamente a los trabajadores ocupados, o bien prioritariamente a los desempleados, de acuerdo con la propia distinción que se establece en el Real Decreto 395/2007, de 23 de marzo. También contempla aquellos programas específicos formativos para personas que tengan especiales dificultades de inserción o recualificación profesional y de las personas que se encuentren en situación de privación de libertad y de los militares profesionales de tropa y marinería que mantengan una relación laboral de carácter temporal con las Fuerzas Armadas. Asimismo, contiene la regulación de aquellas acciones formativas que se programen que incluyan compromisos de contratación.

Por otra parte, se incorpora al texto una regulación de la realización de prácticas profesionales no laborales, así como de las becas y ayudas que se conceden a los trabajadores desempleados, que abarcan las relativas al transporte, manutención y alojamiento, así como las que permiten conciliar la asistencia a la formación con la vida familiar.

El texto recoge igualmente el acceso a la formación de los cuidadores de las personas en situación de dependencia, de conformidad con el Real Decreto 615/2007, de 11 de mayo, por el que se regula la Seguridad Social de dicho colectivo, con el fin de consolidar e impulsar este ámbito de atención prioritaria para los poderes públicos.

A la Administración estatal, a través del Servicio Público de Empleo Estatal, corresponde el desarrollo de lo previsto en esta Orden mediante las convocatorias de subvenciones que publique.

La presente Orden, en cuanto establece las bases reguladoras para la concesión de las subvenciones mediante las que se financian las diferentes modalidades de la formación de oferta que se desarrollen en el ámbito de gestión de la Administración General del Estado, regula todos aquellos aspectos que tanto la Ley 38/2003, 17 de noviembre, General de Subvenciones, como el Real Decreto 887/2006, de 21 de julio, por el que se aprueba el Reglamento que desarrolla dicha Ley, establecen que ha de reunir una Orden con estos caracteres. En este sentido, se incluyen todos los potenciales beneficiarios de las subvenciones que se concedan, entre los que cabe destacar a las diferentes organizaciones empresariales y sindicales con mayor representatividad tanto en el ámbito sectorial como intersectorial como en lo que se refiere a la economía social y a la formación dirigida al colectivo de autónomos.

En coherencia con el tratamiento integral de la formación de oferta, la Orden regula el Fichero de especialidades formativas, previsto en el Real Decreto 395/2007 que se estructura de acuerdo con las familias profesionales establecidas en el Real Decreto 1128/2003, de 5 de septiembre, por el que se regula el Catálogo Nacional de Cualificaciones Profesionales. Dicho Fichero incorporará tanto acciones vinculadas al Catálogo como aquellas otras que no estén vinculadas al mismo y prevé la acreditación de la formación que se dirija a la obtención de certificados de profesionalidad.

Por último, la Orden contempla un conjunto de medidas en lo que se refiere a la calidad y evaluación de la formación, así como respecto del seguimiento y control de la misma.

Esta Orden se dicta en desarrollo parcial del Real Decreto 395/2007, de 23 de marzo, por el que se regula el subsistema de formación profesional para el empleo, en cuya disposición final segunda se habilita al Ministro de Trabajo y Asuntos Sociales para dictar cuantas normas sean necesarias para su desarrollo y ejecución.

En su virtud, consultadas las organizaciones empresariales y sindicales presentes en la Comisión Tripartita de Formación Continua, y evacuado el informe previo de la Abogacía del Estado en el Departamento, así como el de la Intervención Delegada de la Intervención General del Estado en el Servicio Público de Empleo Estatal, dispongo:

CAPÍTULO I

Disposiciones generales

Artículo 1. Objeto y ámbito de aplicación.

1. La presente Orden Ministerial tiene por objeto el desarrollo de la formación de oferta prevista en el Real Decreto 395/2007, de 23 de marzo, por el que se regula el subsistema de formación profesional para el empleo, así como el establecimiento de las bases que regulan la concesión de subvenciones públicas destinadas a su financiación.

La formación de oferta tiene por finalidad ofrecer a los trabajadores, tanto ocupados como desempleados, una formación ajustada a las necesidades del mercado de trabajo que atienda a los requerimientos de productividad y competitividad de las empresas y a las aspiraciones de promoción profesional y desarrollo personal de los trabajadores. Asimismo, se dirige a proporcionar a los trabajadores una formación que les capacite para el desempeño cualificado de las distintas profesiones y el acceso al empleo, promoviendo la realización de itinerarios integrados de formación para la inserción profesional y favoreciendo que los trabajadores puedan optar a un reconocimiento efectivo de la formación que reciban.

2. Esta Orden Ministerial será de aplicación a la formación de oferta que se desarrolle en el ámbito de gestión de la Administración General del Estado.

Artículo 2. Modalidades de la formación de oferta subvencionada.

1. Las modalidades de la formación de oferta financiadas mediante subvenciones públicas, concedidas al amparo de la presente Orden, son las siguientes:

a) Los planes de formación dirigidos prioritariamente a los trabajadores ocupados, regulados en la sección 2ª del capítulo II de esta Orden.

b) Las acciones formativas dirigidas prioritariamente a los trabajadores desempleados, reguladas en la sección 3ª del capítulo II.

c) Los programas específicos para la formación de personas con necesidades formativas especiales o que tengan dificultades para su inserción o recualificación profesional, regulados en el artículo 29 de esta Orden.

d) La formación profesional para el empleo de las personas en situación de privación de libertad y de los militares profesionales de tropa y marinería que mantienen una relación laboral de carácter temporal con las Fuerzas Armadas, regulada en el artículo 30.

e) La programación de acciones formativas que incluyan compromisos de contratación dirigidos prioritariamente a desempleados, prevista en el artículo 28.

2. Asimismo, serán objeto de financiación al amparo de esta Orden las compensaciones económicas a empresas por prácticas profesionales no laborales de los trabajadores participantes en las mismas y las ayudas y becas a trabajadores desempleados que participen en las acciones formativas, reguladas en el capítulo III de esta Orden.

Artículo 3. Régimen de concesión de las subvenciones y de incompatibilidades.

1. Se concederán en régimen de concurrencia competitiva, mediante convocatoria del Servicio Público de Empleo Estatal conforme a las bases que en esta Orden se establecen, las subvenciones públicas destinadas a financiar la ejecución de las modalidades de desarrollo de la formación de oferta a que hacen referencia las letras a), b) y c) del artículo 2.1 de esta Orden.

2. Se concederán de forma directa, según el procedimiento establecido en el Real Decreto 357/2006, de 24 de marzo, por el que se regula la concesión directa de determinadas subvenciones en los ámbitos del empleo y de la formación profesional ocupacional, las subvenciones destinadas a financiar la formación de los militares profesionales de tropa y marinería a que hace referencia la letra d) del artículo 2.1 de esta Orden y la modalidad de desarrollo de la formación de oferta a que hace referencia la letra e) del citado artículo.

Asimismo, se aplicará este procedimiento de concesión directa a las compensaciones, ayudas y becas a que hace referencia el artículo 2.2 de la presente Orden.

Respecto de las subvenciones destinadas a financiar la formación de las personas en situación de privación de libertad, será de aplicación la concesión directa en virtud de lo dispuesto en el artículo 22.2.a) de la Ley 38/2003, de 17 de noviembre, General de Subvenciones.

3. Las subvenciones previstas en esta Orden serán incompatibles con cualquier otra subvención que financie las actividades subvencionadas.

Artículo 4. Beneficiarios de las subvenciones.

1. Podrán ser beneficiarios de las subvenciones destinadas a la financiación de los planes de formación dirigidos prioritariamente a los trabajadores ocupados las Organizaciones Empresariales y Sindicales más representativas y las representativas en el correspondiente sector, a nivel estatal, así como los entes paritarios creados o amparados en el marco de la negociación colectiva sectorial estatal, a que se refieren los apartados 2 y 3 del artículo 24 del Real Decreto 395/2007, de 23 de marzo.

Asimismo, podrán ser beneficiarios de las subvenciones destinadas a la ejecución de planes de formación intersectoriales para la formación dirigida específicamente a los trabajadores y socios de la economía social, siempre que aporten actividad económica, las confederaciones y federaciones de cooperativas y/o sociedades laborales y las organizaciones representativas de la economía social de carácter intersectorial, todas ellas con suficiente implantación en el ámbito estatal.

Respecto a las subvenciones destinadas a la ejecución de planes de formación intersectoriales para la formación dirigida específicamente al colectivo de autónomos, podrán ser beneficiarios las asociaciones representativas de autónomos de carácter intersectorial que tengan suficiente implantación en el ámbito estatal, así como las organizaciones contempladas en el artículo 21.5 de la Ley 20/2007, de 11 de julio, del Estatuto del Trabajo Autónomo con representatividad en dicho ámbito.

Las convocatorias, en el marco de la normativa aplicable, establecerán las condiciones y forma de acreditación de lo previsto en los párrafos anteriores.

2. En los ámbitos territoriales que no han asumido el traspaso de competencias sobre la gestión de la formación profesional ocupacional, podrán ser beneficiarios de las subvenciones destinadas a las acciones formativas dirigidas prioritariamente a trabajadores desempleados, las organizaciones empresariales y sindicales de ámbito estatal, los centros y entidades mencionados en el artículo 9.1 del Real Decreto 395/2007, de 23 de marzo. Cuando las acciones formativas incluyan compromisos de contratación, las subvenciones se podrán conceder a las empresas, sus asociaciones u otras entidades que suscriban el citado compromiso de contratación.

Asimismo, las empresas que faciliten la realización de prácticas profesionales no laborales en el ámbito de gestión de la Administración General del Estado podrán ser beneficiarias de las compensaciones económicas previstas en el artículo 31.

3. Los trabajadores desempleados que participen en las acciones formativas previstas en el Real Decreto 395/2007, de 23 de marzo, y en la presente Orden podrán ser beneficiarios de las becas y ayudas en los términos señalados en el Capítulo III.

4. Podrán ser beneficiarios de las subvenciones destinadas a programas específicos desarrollados

en el ámbito de gestión de la Administración General del Estado para la formación de personas con necesidades formativas especiales o que tengan dificultades para su inserción o recualificación profesional las entidades que se determinen en la normativa reguladora de dichos programas en función de los objetivos y contenido de la actividad formativa. En la ejecución de estos programas se podrá impulsar, en los términos que se establezcan en dicha normativa, la participación de las Administraciones locales y de otras instituciones públicas o entidades sin ánimo de lucro que tengan entre sus fines la formación o inserción profesional de los colectivos de trabajadores a los que se dirigen estos programas.

5. Además de los beneficiarios señalados en los apartados anteriores, los miembros asociados del beneficiario que se comprometan a ejecutar la totalidad o parte de la actividad que fundamenta la concesión de la subvención en nombre y por cuenta del mismo, podrán tener igualmente la consideración de beneficiarios.

6. Podrán tener asimismo la condición de beneficiarios las agrupaciones formadas por las organizaciones o entidades previstas en el apartado 1 de este artículo o entre éstas con entidades vinculadas a las mismas que tengan entre sus fines el desarrollo de actividades formativas. Deberá nombrarse un representante o apoderado único de la agrupación con poderes bastantes para cumplir las obligaciones que, como beneficiario, corresponden a la agrupación.

7. No podrán obtener la condición de beneficiarios de las subvenciones reguladas en esta Orden las entidades en quienes concurra alguna de las circunstancias contempladas en el artículo 13 de la Ley 38/2003, de 17 de noviembre, General de Subvenciones.

Artículo 5. Obligaciones de los beneficiarios.

Sin perjuicio de las demás obligaciones establecidas en el Real Decreto 395/2007, de 23 de marzo, y en la presente Orden, constituyen obligaciones de los beneficiarios:

a) Realizar la actividad que fundamenta la concesión de la subvención, de acuerdo con las condiciones y requisitos formales y materiales de la presente Orden y los que se establezcan en las convocatorias, así como con las condiciones de aprobación que sirvieron de base para determinar la valoración técnica y la subvención a conceder.

b) Someterse a las actuaciones de comprobación, seguimiento y control a efectuar por los órganos de control señalados en el artículo 38 del Real Decreto 395/2007, de 23 de marzo.

c) Aportar la información y documentación que se requiera durante la fase de instrucción del procedimiento, ejecución de la formación y justificación de la subvención, así como tener a disposición de los órganos de control competentes los documentos acreditativos de la asistencia de los trabajadores a las acciones formativas.

d) Garantizar la gratuidad de las acciones formativas para los participantes en la formación subvencionada.

e) Haber realizado o, en su caso, garantizado las devoluciones de cantidades concedidas y pagadas en convocatorias anteriores y cuya devolución le haya sido exigida mediante reclamación previa a la vía ejecutiva o mediante resolución de procedencia de reintegro, salvo que se hubiera producido la suspensión del acto.

f) Disponer de los libros contables, registros diligenciados y demás documentos debidamente auditados en los términos exigidos por la legislación mercantil y sectorial aplicable al beneficiario en cada caso, con la identificación en cuenta separada o epígrafe específico de todos los ingresos y gastos de ejecución de la formación subvencionada, con la referencia común a todos ellos de formación para el empleo».

g) Acreditar con anterioridad a dictarse la propuesta de resolución de concesión de la subvención y a realizarse el pago de la misma que se halla al corriente en el cumplimiento de sus obligaciones tributarias y frente a la Seguridad Social, en la forma que se determine en las convocatorias, sin perjuicio de lo previsto en el apartado 4 del artículo 22 del Real Decreto 887/2006, de 21 de julio, por el que se aprueba el Reglamento de la Ley 38/2003, de 17 de noviembre, General de Subvenciones.

h) Hacer constar, en los términos que establezcan las convocatorias, el carácter público de la financiación de la actividad subvencionada y, en su caso, la cofinanciación del Fondo Social Europeo. En este último supuesto, la entidad beneficiaria deberá incluir en las actividades de información de las acciones formativas, publicaciones, material didáctico y acreditaciones de la realización de la formación a entregar a los participantes el emblema del Fondo Social Europeo.

i) Remitir al órgano competente una comunicación de inicio de la formación que va a desarrollar, incluida cualquier modificación posterior, y, en su caso, la comunicación de finalización, conforme al contenido, plazos y procedimiento que a tal efecto establezcan las convocatorias. La falta de comunicación en los plazos establecidos implicará que la correspondiente acción formativa o grupo de participantes se considere no realizado a efectos de la justificación de la subvención, salvo que la no comunicación en plazo se deba a causas imprevistas, debidamente justificadas y comunicadas en el momento en que se produzcan.

j) Cumplir con las demás obligaciones establecidas en el artículo 14 de la Ley 38/2003, de 17 de noviembre, General de Subvenciones, en lo no previsto expresamente en este artículo.

El beneficiario no resultará exonerado de las obligaciones anteriormente mencionadas si el desarrollo de la formación se contrata con terceras personas físicas o jurídicas.

Artículo 6. Destinatarios de la formación.

1. Podrán participar en las modalidades de formación de oferta previstas en esta Orden, y en los términos y condiciones que en ella se establecen, los trabajadores ocupados y desempleados en la proporción que el Servicio Público de Empleo Estatal determine en las convocatorias, considerando las propuestas formuladas por el órgano de participación del Sistema Nacional de Empleo previsto en el artículo 33.3 del Real Decreto 395/2007, de 23 de marzo.

En los planes de formación dirigidos prioritariamente a los trabajadores ocupados, la participación de éstos será al menos del 60 por 100 respecto del total de trabajadores formados. En las acciones formativas dirigidas prioritariamente a los trabajadores desempleados, la participación de éstos deberá alcanzar al menos el citado porcentaje. El Servicio Público de Empleo Estatal podrá establecer, dentro de los límites indicados anteriormente, porcentajes distintos de participación.

A tal efecto, la consideración como trabajadores ocupados o desempleados vendrá determinada por la situación laboral que acrediten al inicio de la formación.

2. De conformidad con el artículo 5.1.b) del Real Decreto 395/2007, de 23 de marzo, modificado por la disposición final tercera del Real Decreto 615/2007, de 11 de mayo, por el que se regula la Seguridad Social de los cuidadores de las personas en situación de dependencia, los cuidadores no profesionales podrán participar en la formación de oferta sectorial de referencia en los ámbitos de servicios de atención a las personas dependientes y desarrollo de la promoción de la autonomía personal, centros y servicios de atención a personas con discapacidad, acción e intervención social y sanidad.

3. En los planes de formación dirigidos prioritariamente a los trabajadores ocupados que tengan carácter intersectorial podrán participar trabajadores de las Administraciones públicas siempre que no superen el 10 por 100 del total de participantes de cada plan.

Artículo 7. Colectivos prioritarios y medidas activas en el marco de la Estrategia Europea de Empleo.

1. A fin de garantizar el acceso a la formación de trabajadores con mayor dificultad de mantenimiento en el mercado de trabajo, las convocatorias deberán contemplar entre los colectivos prioritarios a que hace referencia el artículo 5.3 del Real Decreto 395/2007, de 23 de marzo, al menos, a las mujeres, las personas con discapacidad y los trabajadores de baja cualificación. Asimismo, en el supuesto de que la formación subvencionada esté cofinanciada con fondos comunitarios, las convocatorias incluirán las cuantías y los conceptos cofinanciados por el Fondo Social Europeo desglosados, en su caso, por prioridades y zonas de programación.

2. Podrán financiarse acciones o módulos formativos con una duración mínima de 4 horas cuando se trate de formación de carácter transversal en áreas que se consideren prioritarias tanto en el marco de la Estrategia Europea de Empleo y del Sistema Nacional de Empleo como en las directrices establecidas por la Unión Europea. Esta formación tendrá prioridad en la valoración de las solicitudes y podrá desarrollarse dentro de una determinada acción formativa o bien de forma separada, en los términos que establezcan las convocatorias.

Asimismo, las convocatorias delimitarán las áreas prioritarias a que se refiere el párrafo anterior. En todo caso, son áreas prioritarias las relativas a tecnologías de la información y la comunicación, la prevención de riesgos laborales, la sensibilización en medio ambiente, la promoción de la igualdad y la orientación profesional.

Artículo 8. Acciones formativas.

1. A los efectos de lo previsto en la presente Norma, se entiende por acción formativa la dirigida a la adquisición y mejora de las competencias y cualificaciones profesionales, pudiéndose estructurar en varios módulos formativos con objetivos, contenidos y duración propios. En todo caso, la oferta formativa dirigida a la obtención de los certificados de profesionalidad tendrá carácter modular.

El desarrollo e impartición de las acciones formativas se realizará de conformidad con la regulación contenida en los artículos 7 y 8 del Real Decreto 395/2007, de 23 de marzo.

2. La Administración General del Estado garantizará, a través de los centros facultados a estos efectos y, en particular, a través de los centros integrados de formación profesional, que la oferta formativa incluya la formación correspondiente a los certificados de profesionalidad que aquélla determine teniendo en cuenta las necesidades formativas demandadas por las empresas y los trabajadores.

Artículo 9. Fichero de especialidades formativas.

1. El Fichero de especialidades formativas previsto en el artículo 20.3 del Real Decreto 395/2007, de 23 de marzo, contendrá la oferta formativa que se desarrolle al amparo del mencionado Real Decreto y de la presente Orden.

Las especialidades formativas que conforman este Fichero se encuadrarán en las familias profesionales establecidas en el Real Decreto 1128/2003, de 5 de septiembre, por el que se regula el Catálogo Nacional de Cualificaciones Profesionales y en el Real Decreto 1416/2005, de 25 de noviembre, que lo modifica, así como en aquellas otras que se pudieran incorporar al Fichero para encuadrar la formación de carácter transversal o complementaria.

2. El Fichero incorporará el repertorio de certificados de profesionalidad, así como otras especialidades no vinculadas al Catálogo Nacional de Cualificaciones Profesionales según lo previsto en este apartado.

Las especialidades formativas vinculadas al Catálogo Nacional de Cualificaciones Profesionales tendrán la duración establecida para cada uno de los certificados de profesionalidad. Con el fin de favorecer su acreditación parcial acumulable, reducir los riesgos de abandonos y posibilitar al trabajador que avance en su itinerario formativo cualquiera que sea su situación laboral en cada momento, se podrán programar acciones formativas que estén constituidas por los módulos de formación correspondientes a una o varias de las unidades de competencia que integran el certificado de profesionalidad o por unidades formativas de menor duración en los términos que establezca la normativa reguladora de los certificados de profesionalidad.

Las especialidades formativas no vinculadas al Catálogo Nacional de Cualificaciones Profesionales tendrán una duración adecuada a su finalidad, en función de los contenidos, del colectivo destinatario, la modalidad de impartición y otros criterios objetivos.

La información mínima para cada una de las especialidades previstas en el Fichero incluirá el código, denominación, duración, modalidad de impartición y módulo económico, así como el referente normativo en el caso de tratarse de especialidades formativas dirigidas a la obtención de certificados de profesionalidad.

3. Es competencia del Servicio Público de Empleo Estatal desarrollar y mantener permanentemente actualizado el Fichero de especialidades formativas. Las altas y las modificaciones que se efectúen en el mismo se realizarán de oficio o previa solicitud de las Comunidades Autónomas acompañada de informe motivado de las necesidades de formación en relación con el mercado de trabajo y del correspondiente programa formativo. Las bajas en el Fichero, así como la denegación de la mencionada solicitud, se efectuarán mediante resolución del Director General del citado organismo o de la persona en quien delegue. La eficacia de las bajas afectará únicamente a las convocatorias y programaciones que se aprueben con posterioridad a la fecha en que se produzcan aquéllas.

Asimismo, se realizará de oficio, previa validación por el Servicio Público de Empleo Estatal, la inclusión en el Fichero de aquellas especialidades que no estando incorporadas al mismo sean incluidas en el marco de los contratos para la formación, las programaciones que incluyan compromisos de contratación y los convenios para la ejecución de planes de formación.

Artículo 10. Acreditación de la formación.

1. La formación dirigida a la obtención de certificados de profesionalidad se acreditará de acuerdo con lo establecido en la Ley Orgánica 5/2002, de 19 de junio, de las Cualificaciones y de la Formación Profesional, el artículo 11.1 del Real Decreto 395/2007, de 23 de marzo, y en la normativa reguladora de la expedición de los certificados de profesionalidad.

2. Cuando la formación no vaya dirigida a la obtención de certificados de profesionalidad, deberá entregarse a cada participante el certificado o diploma a que hace referencia el artículo 11.2 del citado Real Decreto, en el que como mínimo se harán constar la denominación de la acción formativa, los contenidos formativos, la modalidad de impartición, duración y período de impartición.

La expedición y entrega o remisión a los participantes de los certificados y diplomas a los que se hace mención en este apartado se realizará de acuerdo con lo que establezcan las convocatorias.

CAPÍTULO II

Modalidades de desarrollo de la formación de oferta

Sección 1ª Disposiciones comunes al procedimiento de concesión de subvenciones en régimen de concurrencia competitiva

Artículo 11. Inicio del procedimiento de concesión. Convocatoria.

1. El procedimiento de concesión de las subvenciones públicas destinadas a financiar la ejecución de las modalidades de la formación de oferta señaladas en el artículo 3.1 se iniciará de oficio mediante convocatoria pública realizada por el Director General del Servicio Público de Empleo Estatal, que será publicada en el «Boletín Oficial del Estado».

2. La convocatoria se realizará de acuerdo con las bases reguladoras establecidas en esta Orden y con el contenido señalado en el artículo 23.2 de la Ley 38/2003, de 17 de noviembre, General de Subvenciones.

3. El órgano colegiado previsto en el artículo 22.1 de la Ley 38/2003, de 17 de noviembre, General de Subvenciones tendrá la misma composición que la Comisión Permanente del Patronato de la Fundación Tripartita para la Formación en el Empleo, o bien la misma que la Comisión Ejecutiva Provincial del Servicio Público de Empleo Estatal en el supuesto previsto en el artículo 24, apartado 1.a), segundo párrafo, de esta Orden.

4. Excepcionalmente, de conformidad con lo establecido en el artículo 22.1 de la Ley 38/2003, de 17 de noviembre, General de Subvenciones, cuando las circunstancias concurrentes lo aconsejen, las convocatorias podrán prever el prorrateo del importe global máximo destinado a las subvenciones entre los beneficiarios.

Las convocatorias podrán establecer los términos en que el crédito presupuestario no aplicado por la renuncia a la subvención de alguno de los beneficiarios pueda utilizarse por el órgano concedente para acordar, sin necesidad de una nueva convocatoria, la concesión de la subvención al solicitante o solicitantes siguientes a aquél en orden de su puntuación.

Artículo 12. Solicitudes.

Las solicitudes de concesión de subvenciones se dirigirán al Director General del Servicio Público de Empleo Estatal.

El lugar y plazo de presentación de las solicitudes, así como la documentación que deberá acompañar a las mismas se establecerá en las convocatorias.

Artículo 13. Instrucción del procedimiento de concesión.

1. El órgano instructor designado en la convocatoria realizará de oficio cuantas actuaciones estime necesarias para la determinación, conocimiento y comprobación de los datos en virtud de los cuales debe formularse la propuesta de resolución.

Una vez evaluadas las solicitudes, el órgano colegiado previsto en el artículo 22.1 de la Ley 38/2003, de 17 de noviembre, General de Subvenciones emitirá un informe en el que se concretará el resultado de la evaluación efectuada.

El órgano instructor, a la vista del expediente y del informe del órgano colegiado, formulará la propuesta de resolución provisional y/o definitiva de acuerdo con el procedimiento establecido en el artículo 24 de la citada Ley. Las convocatorias podrán prever la concesión de un plazo máximo de 10 días para que los interesados presenten su aceptación ante la propuesta de resolución definitiva en los términos que aquéllas establezcan.

2. Cuando el importe de la subvención de la propuesta de resolución provisional sea inferior al que figura en la solicitud presentada, se podrá instar del beneficiario la reformulación de su solicitud en los términos establecidos en el artículo 27 de la Ley 38/2003, de 17 de noviembre, General de Subvenciones.

Artículo 14. Determinación de la subvención.

1. Las acciones formativas serán objeto de subvención mediante módulos alumno/hora formativa, establecidos en función de la modalidad presencial, a distancia convencional, teleformación o mixta, con las cuantías que se recogen en el Anexo I.

La cuantía máxima de subvención a conceder por cada curso se concretará en el producto del número de horas del mismo por el número de alumnos y por el importe del módulo correspondiente.

2. A los efectos de determinar la subvención una vez ejecutada la formación, en las acciones presenciales se considerará que un alumno ha finalizado la formación cuando haya asistido, al menos,

al 75 por 100 de la duración de la acción formativa. Asimismo, en las acciones formativas impartidas mediante la modalidad a distancia convencional o teleformación se considerará que han finalizado la acción aquellos alumnos que hayan realizado al menos el 75 por 100 de los controles periódicos de seguimiento de su aprendizaje a lo largo de la misma.

Si se hubiesen producido abandonos de alumnos una vez iniciadas las acciones, se admitirán desviaciones por acción de hasta un 15 por 100 del número de participantes que las hubieren iniciado.

Además de lo previsto en el párrafo anterior, se considerará que han finalizado el curso los trabajadores desempleados que tuvieran que abandonarlo por haber encontrado empleo.

Artículo 15. Resolución.

A la vista de la propuesta de resolución definitiva, el Director General del Servicio Público de Empleo Estatal resolverá el procedimiento.

El plazo máximo para resolver y notificar la resolución del procedimiento no podrá exceder de seis meses, contados desde la fecha de publicación de la convocatoria, salvo que la misma posponga sus efectos a una fecha posterior. Una vez transcurrido dicho plazo sin haberse notificado resolución expresa, la solicitud podrá entenderse desestimada.

En la resolución de concesión se identificará la parte de la subvención cofinanciada por el Fondo Social Europeo. A dicha resolución se acompañarán, cuando se trate de los planes de formación previstos en la sección 2ª del capítulo II, el convenio y el correspondiente plan de formación.

Artículo 16. Modificación de la resolución.

1. Una vez recaída la resolución de concesión, el beneficiario podrá solicitar su modificación cuando afecte al contenido de la actividad subvencionada, a la forma o plazos de su ejecución o de justificación de los correspondientes gastos. Dicha modificación deberá fundamentarse suficientemente y formularse con carácter inmediato, en todo caso, con anterioridad al momento en que finalice el plazo de ejecución de la actividad subvencionada.

Las solicitudes de modificación se someterán al órgano competente para la instrucción del procedimiento de concesión, previo informe del Organo Colegiado previsto en el artículo 11.3 de esta Orden y serán resueltas por el Director General del Servicio Público de Empleo Estatal. En todo caso, la modificación sólo podrá autorizarse si no daña derechos de terceros.

2. Cuando se trate de modificaciones que afecten al número de participantes que esté previsto formar o a la modalidad de impartición de la formación a realizar, se podrán autorizar siempre que no se alteren los criterios de prioridad establecidos y no supongan minoración de la valoración técnica respecto de la que se habría obtenido si se hubiesen tenido en cuenta en la solicitud inicial.

Artículo 17. Pago de la subvención.

1. El pago de la subvención quedará condicionado a que las entidades beneficiarias acrediten, según lo previsto en el artículo 5.h) de esta Orden, que se encuentran al corriente de sus obligaciones tributarias y frente a la Seguridad Social. No podrá realizarse el pago de la subvención cuando la entidad sea deudora por resolución firme de procedencia de reintegro.

2. Podrá preverse el pago anticipado de las subvenciones en la cuantía, forma y, en su caso, con las garantías que se establezcan en las convocatorias.

En ningún caso podrán realizarse pagos anticipados a beneficiarios en los supuestos previstos en el apartado 4, párrafo tercero, del artículo 34 de la Ley 38/2003, de 17 de noviembre, General de Subvenciones.

Sección 2ª De los planes de formación, de ámbito estatal, dirigidos prioritariamente a los trabajadores ocupados

Artículo 18. Tipos y contenido de los planes de formación.

1. Los planes de formación, de ámbito estatal, dirigidos prioritariamente a los trabajadores ocupados podrán ser intersectoriales y sectoriales.

Los planes de formación intersectoriales estarán compuestos por acciones formativas dirigidas a la adquisición de competencias transversales a varios sectores de la actividad económica o de competencias específicas de un sector para el reciclaje y recualificación de trabajadores de otros sectores, incluida la formación dirigida a la capacitación para la realización de funciones propias de la representación legal de los trabajadores.

Los planes de formación sectoriales se compondrán de acciones formativas dirigidas a la formación de trabajadores de un sector productivo concreto, con el fin de desarrollar acciones formativas de interés general para dicho sector y satisfacer necesidades específicas de formación del mismo. Las acciones específicas programadas en este tipo de planes también podrán dirigirse al reciclaje y recualificación de trabajadores procedentes de sectores en situación de crisis.

2. Los planes de formación deberán contener, al menos, la siguiente información:

a) Ámbito de aplicación del plan.

b) Objetivos y contenidos.

c) Acciones formativas a desarrollar, con indicación, en su caso, de las vinculadas al Catálogo Nacional de Cualificaciones.

d) Colectivos destinatarios, desglosados por los colectivos prioritarios que determinen las convocatorias.

e) Coste previsto de las acciones formativas.

f) Instalaciones y medios previstos para impartir las acciones formativas.

3. La duración de los planes de formación podrá ser anual o plurianual según lo que establezcan al respecto las convocatorias.

4. En los planes de formación dirigidos prioritariamente a ocupados serán destinatarios de las acciones formativas los trabajadores ocupados y los trabajadores inscritos como desempleados o trabajadores agrarios en la oficina de empleo al inicio del curso, de acuerdo con lo previsto en el artículo 6 de esta Orden.

Para participar en las acciones formativas, los trabajadores cumplimentarán la solicitud que figurará como anexo a las convocatorias. Las entidades beneficiarias de las subvenciones resolverán la concurrencia de solicitantes a la formación con criterios objetivos.

Artículo 19. Convenios para la ejecución de los planes de formación.

1. La ejecución de los planes de formación dirigidos prioritariamente a los trabajadores ocupados se llevará a cabo mediante convenios suscritos entre las organizaciones o entidades beneficiarias señaladas en el artículo 4.1 y el Director General del Servicio Público de Empleo Estatal.

2. La duración de los convenios podrá ser anual o plurianual, en función de la duración de los planes de formación para cuya ejecución se suscriben.

Respecto de los convenios que tengan por objeto un plan de formación plurianual, la subvención correspondiente a la anualidad o anualidades siguientes a la de suscripción del convenio estará condicionada a la existencia de crédito adecuado y suficiente en el presupuesto del respectivo ejercicio económico de acuerdo con lo previsto en el artículo 47 de Ley General Presupuestaria, al mantenimiento de las circunstancias que justificaron la aprobación de un plan plurianual de formación y a la previa certificación por el beneficiario de haber aplicado los fondos recibidos en la anualidad anterior, en los términos y plazos que se establezcan en las convocatorias.

3. Los convenios tendrán, al menos, el siguiente contenido:

a. Entidades beneficiarias que suscriben el convenio, con indicación de los miembros asociados a los mismos cuando los hubiere.

b. Objeto y ámbito de aplicación del convenio.

c. Normativa aplicable.

d. Requisitos del plan de formación, describiendo sus aspectos técnicos y formales.

e. Financiación.

f. Compromisos y, en su caso, cuantías que asumen gestionar cada uno de los beneficiarios.

g. Entidades subcontratadas que colaboren en la ejecución de la actividad subvencionada, con indicación, en su caso, de las que sean vinculadas a los beneficiarios, sin perjuicio de las que se puedan incorporar durante la ejecución del plan de formación.

h. Comisión Mixta de Seguimiento, especificando sus funciones, composición, el número de miembros y su régimen de funcionamiento.

i. Causas de resolución y efectos.

j. Vigencia y denuncia del convenio, indicando los supuestos, las formalidades y los plazos para ello.

Artículo 20. Criterios de valoración de las solicitudes.

La valoración de las solicitudes se realizará de acuerdo con la metodología aprobada por el Servicio Público de Empleo Estatal, en la que se tendrán en cuenta, al menos, los siguientes criterios:

a) Adecuación de la oferta formativa del plan de formación a las necesidades del ámbito o del sector al que va dirigido, en función de los criterios orientativos y las prioridades generales establecidos en el marco de la negociación colectiva sectorial estatal según lo previsto en el artículo 35.1.c) del Real Decreto 395/2007, de 23 de marzo.

b) Capacidad acreditada de la entidad solicitante para desarrollar el plan presentado, en virtud de las experiencias anteriores y los medios personales y materiales propios o ajenos puestos a disposición de la ejecución del plan.

c) Aspectos técnicos relativos a las acciones formativas que integran el plan: objetivos, contenidos, instalaciones, medios didácticos y material previsto, mecanismos de seguimiento, evaluación y control del aprendizaje, y certificación de la realización de las acciones formativas.

d) El grado de ejecución y de cumplimiento de las condiciones en las que se otorgaron las subvenciones recibidas, en su caso, por el solicitante en anteriores convocatorias.

La ponderación otorgada a cada uno de estos criterios se establecerá en las convocatorias. Serán financiables los planes de formación que superen la puntuación de valoración técnica que se establezca para cada tipo de plan.

Artículo 21. Criterios para la cuantificación de la subvención.

1. Para los planes de formación intersectoriales la subvención a conceder se calculará conforme a la metodología que establezca el Servicio Público de Empleo Estatal, teniendo en cuenta el presupuesto establecido para cada modalidad de plan en las convocatorias, las organizaciones o entidades que concurren, el plan a desarrollar que se acuerde entre el órgano concedente y cada una de las entidades solicitantes teniendo en cuenta su valoración, los módulos económicos máximos establecidos en el Anexo I de esta Orden y el volumen de actividad cofinanciada por el Fondo Social Europeo.

2. Cuando se trate de planes de formación sectoriales, la cuantía de la subvención se calculará con arreglo a la metodología que establezca el Servicio Público de Empleo Estatal, teniendo en cuenta, al menos, los siguientes criterios: presupuesto destinado a financiar este tipo de planes, la valoración obtenida por cada plan, los módulos económicos máximos establecidos en el Anexo I de la presente Orden y el volumen de la actividad formativa cofinanciada por el Fondo Social Europeo.

Artículo 22. Ejecución de los planes de formación.

1. La subvención otorgada tendrá el carácter de importe máximo y se destinará a la realización de las acciones formativas contenidas en el plan de formación. En todo caso, durante la ejecución del plan de formación no se podrán incluir acciones formativas no aprobadas, ni modificar la duración ni la modalidad de las mismas, salvo en los supuestos previstos en el artículo 16.

2. La entidad beneficiaria podrá subcontratar totalmente, por una sola vez y en los términos establecidos en esta Orden, la realización de la actividad formativa.

El beneficiario podrá concertar con las entidades vinculadas a que se refiere el artículo 68.2 del Real Decreto 887/2006, de 21 de julio, por el que se aprueba el Reglamento de la Ley 38/2003, de 17 de noviembre, General de Subvenciones la ejecución total o parcial del plan formativo, siempre que concurran las siguientes circunstancias:

a) Que la contratación se realice de acuerdo con las condiciones normales de mercado.

b) Que se obtenga la previa autorización del Director General del Servicio Público de Empleo Estatal, ya sea de forma expresa en el propio convenio suscrito para la ejecución del plan de formación o mediante resolución posterior, emitida en el plazo de 15 días a contar desde la solicitud de la autorización. Se entenderá otorgada la autorización cuando transcurra el citado plazo sin pronunciamiento del Director General del citado órgano.

En ningún caso podrán realizarse subcontrataciones con terceros que, aumentando el coste de la actividad, no aporten valor añadido al contenido de la misma.

3. Cuando la actividad concertada con terceros exceda del 20 por 100 del importe de la subvención y dicho importe sea superior a 60.000 euros, la celebración del correspondiente contrato deberá formalizarse mediante documento escrito y ser autorizado previamente por el Director General del Servicio Público de Empleo Estatal, ya sea de forma expresa en el convenio que se suscriba para la ejecución del plan de formación o mediante resolución posterior, emitida en el plazo de 15 días a contar desde la solicitud de la autorización. Se entenderá otorgada la autorización cuando transcurra el citado plazo sin pronunciamiento del citado órgano.

En ningún caso podrá fraccionarse un contrato con el objeto de disminuir la cuantía del mismo y eludir el cumplimiento de este requisito.

4. A los efectos de lo previsto en el artículo 31.3 de la Ley 38/2003, de 17 de noviembre, General de Subvenciones, se considerará que el beneficiario ha cumplido lo allí establecido cuando justifique de modo razonado que la elección del proveedor responde a criterios de eficacia y economía, teniendo en cuenta el plan de formación a realizar y el ámbito en que éste se desarrolla, tal como dispone la disposición adicional quinta de la Ley 43/2006, de 29 de diciembre, para la mejora del crecimiento y del empleo.

5. El beneficiario deberá contar con medios propios para las funciones de programación y coordinación del plan de formación, asumiendo, en todo caso, la responsabilidad de la ejecución de la actividad subvencionada frente a la Administración pública, debiendo asegurar, tanto aquélla como el subcontratista, el desarrollo satisfactorio de las funciones de los organismos de seguimiento y control.

6. El beneficiario de la subvención dará a conocer las acciones formativas que promueva entre las empresas y los trabajadores a los que va dirigida la formación, con el fin de que los trabajadores que lo deseen puedan ejercitar su derecho a la formación.

7. El beneficiario deberá remitir al órgano competente las comunicaciones relativas al inicio y, en su caso, finalización de la formación previstas en el artículo 5, letra j), de esta Orden. En dichas comunicaciones se reflejará la situación laboral, ocupado o desempleado, que acrediten los trabajadores al inicio de la formación.

Artículo 23. Gastos subvencionables y justificación de la subvención.

1. El beneficiario deberá justificar la realización de la actividad formativa subvencionada, así como los gastos generados por dicha actividad. Para ello, deberá tener en cuenta lo establecido en el artículo 31 de la Ley 38/2003, de 17 de noviembre, General de Subvenciones, así como los costes subvencionables y los criterios de imputación establecidos en el anexo II de esta Orden.

2. En el plazo máximo de dos meses tras la finalización del plan de formación, el beneficiario deberá presentar ante el órgano que determinen las convocatorias y conforme a las instrucciones e impresos normalizados que se establezcan al efecto en aquéllas:

a) La documentación justificativa de la realización del plan de formación, con especificación de cada acción formativa realizada de la que se hubiese comunicado su inicio en el momento oportuno.

b) La cuenta justificativa con la estructura y alcance que corresponda según la forma que se determine en las convocatorias de entre las previstas en la Sección 2ª del Capítulo II del Título II del Real Decreto 887/2006, de 21 de julio, por el que se aprueba el Reglamento de la Ley General de Subvenciones.

Si la cuenta justificativa adoptara la forma prevista en la Subsección 1ª de la citada Sección 2ª «cuenta justificativa con aportación de justificantes de gastos», las convocatorias podrán prever el estampillado de los justificantes originales y su sustitución por fotocopias compulsadas. Asimismo, las convocatorias podrán establecer el método con arreglo al cual el órgano concedente de la subvención llevará a cabo la comprobación de la justificación documental de la subvención.

c) La acreditación de haber ingresado el importe correspondiente a la diferencia entre la cantidad justificada y la recibida en concepto de anticipo, en su caso.

Transcurrido el plazo establecido para la justificación de la subvención sin que se hubiese presentado la documentación a que se refiere este apartado, el órgano competente requerirá al beneficiario para que en el plazo improrrogable de 15 días aporte la misma. La falta de presentación de la justificación transcurrido este nuevo plazo llevará aparejada la pérdida del derecho al cobro de la subvención o el inicio del procedimiento de reintegro previsto en el artículo 40.

En todo caso, si la documentación presentada fuese insuficiente para considerar correctamente justificada la subvención concedida, el órgano competente pondrá en conocimiento de los beneficiarios las insuficiencias observadas para que en el plazo de 10 días sean subsanadas.

3. Cuando las actividades formativas hayan sido financiadas, además de con la subvención, con fondos propios u otros recursos, deberá acreditarse en la justificación el importe, procedencia y aplicación de tales fondos a las actividades subvencionadas.

4. El beneficiario de la subvención estará obligado a conservar, durante un plazo de 4 años, salvo que las convocatorias establezcan un plazo diferente, los justificantes de la realización de la actividad que fundamenta la concesión de la subvención, así como de la aplicación de los fondos recibidos. El citado plazo se computará a partir del momento en que finalice el período establecido para presentar la citada justificación por parte del beneficiario. En el supuesto de acciones cofinanciadas con fondos comunitarios, se aplicará a este respecto lo que establezca la normativa comunitaria.

Las entidades que, sin haber transcurrido el citado período, decidan suspender su actividad o disolverse, deberán remitir copia de la citada documentación al órgano competente.

5. Una vez presentada la documentación señalada en el apartado 2 de este artículo, se realizará por el órgano que establezcan las convocatorias la correspondiente comprobación técnico-económica.

Si como resultado de dicha comprobación se dedujera que el coste subvencionable ha sido inferior a la subvención concedida o que se han incumplido, total o parcialmente, requisitos establecidos en la normativa aplicable para la justificación de la subvención o los fines para los que fue concedida la misma se comunicará tal circunstancia al interesado junto a los resultados de la comprobación técnico-económica y se iniciará el procedimiento para declarar la pérdida del derecho al cobro de la subvención o, en su caso, el procedimiento de reintegro total o parcial de la subvención previsto en el artículo 40.

Sección 3ª De las acciones formativas, de ámbito estatal, dirigidas prioritariamente a los trabajadores desempleados

Artículo 24. Tipos de acciones formativas.

1. Serán subvencionables, en el ámbito estatal, las siguientes acciones formativas dirigidas prioritariamente a los trabajadores desempleados:

a) Acciones formativas reguladas en el artículo 25 del Real Decreto 395/2007, de 23 de marzo, desarrolladas en los ámbitos territoriales que no han asumido el traspaso de competencias sobre la gestión de la formación profesional ocupacional. La ejecución de estas acciones se realizará mediante convocatoria del Servicio Público de Empleo Estatal, de acuerdo con lo establecido en la disposición transitoria segunda de la Ley 56/2003, de 16 de diciembre, de Empleo, con arreglo a las bases reguladoras que se establecen en esta Orden.

b) Acciones formativas que incluyan compromisos de contratación según lo previsto en el artículo 22.1.d) del Real Decreto 395/2007, de 23 de marzo, subvencionadas en régimen de concesión directa según lo establecido en el Real Decreto 357/2006, de 24 de marzo.

2. La programación y ejecución de las acciones formativas podrá ser anual o plurianual según lo que establezcan al respecto las convocatorias.

Artículo 25. Solicitud, selección y obligaciones de los participantes.

1. Los trabajadores que participen en las acciones formativas que se oferten deberán, al inicio del curso, o bien figurar inscritos como desempleados o trabajadores agrarios en la oficina de empleo, o bien, en el caso de los trabajadores ocupados, presentar la correspondiente solicitud. Esta solicitud podrá presentarse ante las entidades que desarrollen la actividad formativa, quienes lo comunicarán al Servicio Público de Empleo Estatal mediante el procedimiento que establezca el mismo.

2. El Servicio Público de Empleo Estatal realizará una preselección entre los trabajadores previstos en el apartado anterior de acuerdo con los objetivos fijados en la planificación, las características de los cursos incluidos en la programación, las necesidades de formación de los trabajadores, así como el principio de igualdad de oportunidades entre ambos sexos.

El Servicio Público de Empleo Estatal podrá determinar que la selección definitiva de los trabajadores que participen en las acciones formativas se realice por los responsables de impartir la formación.

En el caso de que los trabajadores seleccionados sean desempleados perceptores de prestaciones o subsidio por desempleo, los centros y entidades responsables de impartir la formación deberán comunicar de manera inmediata al Servicio Público de Empleo Estatal, las renuncias, no presentaciones y abandonos de los cursos por parte de los trabajadores, con indicación de las causas de dichas circunstancias.

3. Los trabajadores deberán asistir y seguir con aprovechamiento los cursos de formación en los que participen. Constituirá causa de exclusión de los mismos, que llevará aparejada la pérdida del derecho a percibir las ayudas y becas correspondientes, el incurrir en más de tres faltas de asistencia al mes no justificadas. En todo caso, no se tendrá derecho a percibir las ayudas de transporte y de manutención que correspondan a los días en los que no se asista al curso. Con independencia de lo anterior, las convocatorias podrán prever otras causas de exclusión.

Artículo 26. Criterios de valoración de las solicitudes.

La valoración de las solicitudes se realizará de acuerdo con la metodología que establezcan las convocatorias, en la que se tendrán en cuenta, al menos, los siguientes criterios:

a) Destinatarios de las acciones formativas.

b) Compromiso de las entidades en la inserción laboral de los trabajadores.

c) Idoneidad y experiencia acreditados de los centros y entidades de formación donde se desarrollarán las acciones.

d) Mantenimiento y actualización de instalaciones y equipamientos.

e) Compromiso de realización de las prácticas profesionales en las empresas.

f) Calidad de las acciones formativas.

La ponderación otorgada a cada uno de estos criterios se establecerá en las convocatorias.

Artículo 27. Ejecución, gastos subvencionables y justificación de la subvención.

1. Será de aplicación a la ejecución de las acciones formativas reguladas en esta sección lo establecido en los apartados 1, 6 y 7 del artículo 22. La ejecución de dichas acciones será realizada directamente por el beneficiario cuando éste sea un centro o entidad de formación, sin que pueda subcontratarla con terceros.

En los demás supuestos será de aplicación lo establecido respecto a la subcontratación en el artículo 22.

2. El Servicio Público de Empleo Estatal podrá suspender un curso ya iniciado, siempre que no haya transcurrido más de la cuarta parte de su período lectivo, cuando a pesar de haberse intentado la sustitución de aquellos trabajadores que causaran baja, el número de participantes que permaneciese en dicho curso fuese inferior a la mitad de los que fueron incluidos en la programación. En este supuesto, el Servicio Público de Empleo Estatal abonará al centro o entidad beneficiaria los gastos financiables correspondientes a la parte de la formación ejecutada.

Asimismo, el Servicio Público de Empleo Estatal podrá proceder a la suspensión cautelar de un curso cuando se observen anomalías que repercutan en el desarrollo normal de la acción formativa.

3. Serán subvencionables los gastos derivados de la realización de las acciones formativas por los conceptos y en los términos que se recogen en el II, pudiendo incluir aquellos gastos en que se haya incurrido previamente a la realización de las acciones formativas siempre que sean directamente imputables a la formación, así como los de preparación de la justificación de la subvención.

4. Las subvenciones tendrán como objeto exclusivo compensar los costes derivados de la impartición de las acciones formativas que hayan sido efectivamente realizados, justificados y pagados, según la relación contenida en el II y de acuerdo a las reglas de justificación que se establezcan en las convocatorias.

5. La justificación de los gastos deberá hacerse por parte del beneficiario, tanto en los cursos de formación profesional para el empleo en su modalidad presencial como en su modalidad a distancia, de teleformación o mixta, en el plazo máximo de dos meses desde la finalización de la acción formativa, utilizando para ello los impresos que el Servicio Público de Empleo Estatal establezca.

La rendición de la cuenta justificativa, con la estructura y alcance que corresponda según la forma que se determine en las convocatorias de entre las previstas en la Sección 2ª del Capítulo II del Título II del Real Decreto 887/2006, de 21 de julio, por el que se aprueba el Reglamento de la Ley General de Subvenciones, constituye un acto obligatorio para el beneficiario, en la que deben incluir, bajo responsabilidad del declarante, los justificantes de gastos o cualquier otro documento con validez jurídica que permitan acreditar el cumplimiento del objeto de la subvención. La cuenta justificativa deberá incluir declaración de las actividades realizadas que han sido financiadas con la subvención y su coste, con el desglose de cada uno de los gastos incurridos y los criterios de imputación establecidos en el II de esta Orden.

6. Los costes de la acción formativa aprobada deberán corresponder a gastos reales de la entidad beneficiaria y se justificarán, una vez pagados, con facturas y demás documentos de valor probatorio equivalente, en original o fotocopia compulsada del mismo, con el detalle suficiente para acreditar la correcta aplicación de los fondos. Dichos documentos deberán cumplir los requisitos establecidos en el Real Decreto 1496/2003, de 28 de noviembre, por el que se aprueba el Reglamento que regula las obligaciones de facturación y en el Real Decreto 87/2005, de 31 de enero, de modificación del anterior.

7. En ningún caso son subvencionables el importe del Impuesto sobre el Valor Añadido recuperable, los intereses deudores bancarios, así como la adquisición de mobiliario, equipos, vehículos, infraestructuras e inmuebles.

Los gastos de amortización de los bienes amortizables recogidos en el párrafo anterior serán subvencionables siempre que las ayudas públicas no hayan contribuido a la adquisición de los bienes, se refieran exclusivamente al período subvencionable y la amortización se calcule de conformidad con las normas de contabilidad generalmente aceptadas.

Artículo 28. Acciones formativas con compromiso de contratación.

1. Las subvenciones públicas destinadas a financiar las programaciones de acciones formativas que incluyan compromisos de contratación se concederán de forma directa, según el procedimiento establecido en el Real Decreto 357/2006, de 24 de marzo, por el que se regula la concesión directa de determinadas subvenciones en los ámbitos del empleo y de la formación profesional ocupacional.

Los convenios o acuerdos de colaboración que se suscriban con empresas, sus asociaciones u otras entidades que adquieran compromisos de contratación dirigidos prioritariamente a trabajadores desempleados contemplarán el ámbito geográfico y las áreas formativas en las que se prevea la colaboración, así como los procedimientos para las propuestas de programación, selección de trabajadores, gestión y seguimiento de las acciones. En todo caso, en el convenio figurará el compromiso en términos cuantitativos de los trabajadores a formar e incluirá mecanismos objetivos de control de calidad de la formación impartida.

2. El compromiso de contratación se establecerá sobre un porcentaje del total de trabajadores formados, en función de las circunstancias de las empresas y del mercado local de empleo. Tal compromiso no podrá ser inferior al 60 por 100 de trabajadores formados.

Los contratos laborales que se firmen como consecuencia del compromiso serán preferentemente indefinidos o, al menos, de una duración mínima de 6 meses y estarán amparados en la normativa vigente, debiendo presentarse ante el Servicio Público de Empleo Estatal en el momento de su justificación.

El incumplimiento del compromiso de contratación dará lugar a la obligación del reintegro total o parcial de la subvención percibida y del interés de demora correspondiente desde su abono, de conformidad con lo establecido en el artículo 40 de esta Orden, salvo que medien causas o circunstancias que, apreciadas por el Servicio Público de Empleo Estatal, hayan impedido su cumplimiento.

Sección 4ª De otras modalidades de desarrollo de la formación de oferta

Artículo 29. Programas específicos.

De conformidad con lo establecido en el artículo 22.1, letra b), del Real Decreto 395/2007, de 23 de marzo, la Administración estatal podrá establecer, en su respectivo ámbito de gestión, programas específicos para la formación de personas con necesidades formativas especiales o que tengan dificultades para su inserción o recualificación profesional.

Podrán ser beneficiarios de las subvenciones públicas destinadas a financiar la ejecución de estos programas específicos los que se determinen en cada programa, impulsándose, en todo caso, la participación de las entidades señaladas en el artículo 4.4 de esta Orden. Dichas subvenciones se concederán en régimen de concurrencia competitiva, mediante convocatoria del Servicio Público de Empleo Estatal conforme a lo dispuesto en la norma reguladora de cada programa específico.

Artículo 30. Formación de la población reclusa y de los militares profesionales de tropa y marinería.

La formación profesional para el empleo de las personas en situación de privación de libertad y de los militares de tropa y marinería que mantienen una relación laboral de carácter temporal con las Fuerzas Armadas se regirá por los convenios que, al efecto, se establezcan entre el Ministerio de Trabajo y Asuntos Sociales, a través del Servicio Público de Empleo Estatal, y los Ministerios de Interior y Defensa, respectivamente.

Será de aplicación a los convenios que se suscriban con el Ministerio de Defensa el procedimiento establecido en el Real Decreto 357/2006, de 24 de marzo, por el que se regula la concesión directa de determinadas subvenciones en los ámbitos del empleo y de la formación profesional ocupacional.

Asimismo, de conformidad con el artículo 22.2, letra a) de la Ley 38/2003, de 17 de noviembre, General de Subvenciones será de aplicación el régimen de concesión directa a las subvenciones que se concedan al Ministerio del Interior para la formación de la población reclusa.

CAPÍTULO III

Prácticas profesionales no laborales en empresas y régimen de becas y ayudas a desempleados

Artículo 31. Prácticas profesionales no laborales.

1. Los trabajadores desempleados participantes en las acciones formativas previstas en esta Orden podrán realizar prácticas profesionales en empresas con el fin de conseguir una mayor formación a través de la experiencia real en el trabajo, según los acuerdos que se suscriban por el Servicio Público de Empleo Estatal para gestionar dichas acciones formativas con las empresas y/o los centros de formación.

A efectos de lo dispuesto en el párrafo anterior, se describirá el contenido de las prácticas, duración, lugar y horario de las mismas, así como el sistema de tutorías para su seguimiento y evaluación.

Antes del comienzo de las prácticas se pondrán en conocimiento de los representantes legales de los trabajadores en las empresas los citados convenios, así como una relación de los participantes en las mismas.

Las prácticas podrán tener lugar, bien simultáneamente a la realización del curso, o una vez finalizado el mismo, cuando se haya superado el mismo con una evaluación positiva, siempre que no hayan transcurrido más de treinta días desde la finalización, sin que en ningún caso superen la duración, en horas, del curso de referencia.

El Servicio Público de Empleo Estatal promoverá la realización de prácticas en empresas como parte de itinerarios integrados de formación para la inserción laboral.

2. Las empresas que faciliten la realización de estas prácticas profesionales podrán recibir una compensación económica de 6 euros por alumno y hora de prácticas. Esta compensación se otorgará mediante concesión directa por el Servicio Público de Empleo Estatal, según el régimen establecido en el Real Decreto 357/2006, de 24 de marzo.

La justificación de la realización de las horas de prácticas a efectos del abono de las citadas compensaciones la realizarán las empresas ante el centro colaborador responsable de la acción formativa o el Servicio Público de Empleo Estatal, según los términos establecidos en el acuerdo suscrito al efecto.

Los centros de formación que colaboren en la realización de las prácticas podrán recibir subvención por los gastos derivados de la gestión y las tutorías de las prácticas, en los términos que se establezcan en el acuerdo suscrito.

3. Los trabajadores tendrán cubierto el riesgo de accidente derivado de la asistencia a las prácticas en empresas y podrán tener derecho a las becas y/o ayudas reguladas en los artículos 32, 33 y 34 de esta Orden.

4. En el supuesto de prácticas en empresas que se realicen como consecuencia del desarrollo de programas internacionales, se estará a lo dispuesto en los acuerdos o convenios suscritos con organismos de la Unión Europea o internacionales.

La formación que se desarrolle mediante las prácticas profesionales en empresas a que se refiere este apartado habrá de seguirse conforme a un programa formativo de actividades y de evaluación de las mismas fijado por la empresa. Dicho programa incluirá criterios de evaluación observables y medibles de las citadas prácticas.

Artículo 32. Becas.

1. Podrán percibir la beca prevista en este artículo las personas desempleadas con discapacidad que participen en las acciones formativas reguladas en la presente Orden, los alumnos de los programas públicos de empleo-formación regulados por su normativa específica y determinados colectivos de desempleados que participen en itinerarios de formación profesional personalizados en el marco de los programas específicos previstos en el artículo 29 de esta Orden. Esta beca será incompatible con la percepción del subsidio o la prestación por desempleo.

Las personas discapacitadas que soliciten la concesión de estas becas deberán acreditar su discapacidad mediante certificación emitida por el Instituto de Mayores y de Servicios Sociales (IMSERSO) o servicio correspondiente de la Comunidad Autónoma.

2. La beca tendrá una cuantía de 6,40 euros por día lectivo de asistencia.

Artículo 33. Ayudas de transporte, manutención y alojamiento.

1. Los trabajadores desempleados que asistan a las acciones formativas previstas en esta Orden tendrán derecho a la ayuda de transporte público, previa justificación de su importe.

Cuando no exista medio de transporte público entre el domicilio del alumno y el del centro o este transporte no sea de horario regular que permita compatibilizarlo con el horario del curso, se podrá tener derecho a la ayuda en concepto de transporte en vehículo propio. Esta circunstancia será apreciada por el Servicio Público de Empleo Estatal.

En el caso de trabajadores desempleados que se tengan que desplazar a otros países, la ayuda de transporte incluirá el importe del billete en clase económica de los desplazamientos inicial y final.

2. Se tendrá derecho a la ayuda de manutención cuando el trabajador desempleado deba desplazarse más de cincuenta kilómetros, tanto de ida como de vuelta, y siempre que las clases sean por la mañana y por la tarde. En el caso de que la formación se extienda a territorios insulares también se

tendrá derecho a esta ayuda cuando exista movilidad interinsular, si así lo estima el Servicio Público de Empleo Estatal.

3. Se tendrá derecho a la ayuda por alojamiento y manutención, cuando el trabajador desempleado deba desplazarse a cien o más kilómetros, tanto de ida como de vuelta, para asistir a los cursos desde el lugar de su domicilio, salvo que por las facilidades de la red de transportes existente, los desplazamientos puedan efectuarse diariamente antes y después de las clases. La concurrencia de esta última circunstancia será apreciada por el Servicio Público de Empleo Estatal.

El gasto real de alojamiento se justificará por medio del contrato de arrendamiento, factura de hospedaje o cualquier otro medio documental acreditativo.

4. Cuando se trate de cursos de formación a distancia, estas ayudas sólo se percibirán cuando los trabajadores desempleados deban trasladarse a sesiones formativas presenciales.

5. Respecto de las ayudas contempladas en los apartados anteriores, el Servicio Público de Empleo Estatal comprobará el certificado de empadronamiento y/o residencia del trabajador desempleado.

6. Los importes de las ayudas serán los siguientes:

a. La ayuda en concepto de transporte será la correspondiente al importe de los billetes de ida y vuelta en transporte público o el correspondiente abono transporte si ésta fuese la opción más económica.

b. La ayuda en concepto de transporte en vehículo propio tendrá una cuantía de 0,19 euros por kilómetro.

c. La ayuda en concepto de manutención tendrá una cuantía de 12,00 euros/día lectivo.

d. La ayuda en concepto de alojamiento y manutención tendrá una cuantía de hasta 80,00 euros/día natural. En este supuesto, el alumno tendrá derecho a los billetes de transporte en clase económica de los desplazamientos inicial y final.

e. Los trabajadores desempleados que participen en cursos transnacionales y/o en prácticas profesionales que se desarrollen en otros países, tendrán derecho a la percepción de una ayuda en concepto de alojamiento y manutención de hasta 158,40 euros/día natural. Percibirán además el importe del billete inicial y final en clase económica.

f. Los trabajadores desempleados que reciban las ayudas en concepto de alojamiento y manutención contempladas en los apartados d) y e) podrán recibir un anticipo del 50 por 100 del importe global de la ayuda de transporte, alojamiento y manutención que les corresponda, abonándose el resto tras finalizar la acción y presentación de los justificantes correspondientes al transporte y alojamiento.

g. La distribución porcentual de los importes de las ayudas que engloban alojamiento y manutención de forma conjunta, previstas en los apartados d) y e), es del 56 por 100 destinado al alojamiento y el 44 por 100 destinado a la manutención.

Artículo 34. Ayudas a la conciliación.

1. Las ayudas previstas en este artículo tienen por objeto permitir a las personas desempleadas conciliar su asistencia a la formación con el cuidado de hijos menores de 6 años o de familiares dependientes hasta el segundo grado.

2. Podrán percibir esta ayuda las personas desempleadas que al inicio de la acción formativa cumplan los requisitos siguientes:

a. Tener a su cargo menores de 6 años o familiares dependientes hasta el segundo grado.

b. No haber rechazado ofertas de trabajo adecuadas ni haberse negado a participar en actividades de promoción, formación o reconversión profesional en el plazo de un mes desde que se agotase el subsidio por desempleo o la prestación contributiva.

c. Carecer de rentas de cualquier clase superiores al 75 por 100 del «Indicador público de renta de efectos múltiples» (IPREM). En el caso de que el solicitante carezca de rentas y tenga cónyuge, hijos o mayores incapacitados a su cargo, se entenderá cumplido el requisito al que se refiere el párrafo anterior siempre que la suma de las rentas de todos los integrantes de la unidad familiar, incluido el solicitante, dividida por el número de miembros que la componen no supere el 75 por 100 del IPREM. A estos efectos, computará como renta el importe de los salarios sociales, las rentas mínimas de inserción o las ayudas análogas de asistencia social concedidas por las Comunidades Autónomas.

3. A efectos de esta ayuda a la conciliación el trabajador desempleado deberá presentar:

a. Copia compulsada del libro de familia o documentación justificativa del grado de parentesco con el familiar dependiente.

b. El certificado o calificación de discapacidad del familiar dependiente emitido por la autoridad administrativa competente (Servicios Sociales de los Ayuntamientos o la Dirección General de Servicios Sociales) o mediante resolución judicial.

c. Acreditación de los ingresos de todos los miembros de la unidad familiar.

d. Declaración responsable/jurada otorgada ante la autoridad administrativa, acreditativa de no estar percibiendo otro tipo de prestaciones.

4. El importe de la ayuda a la conciliación ascenderá al 75 por 100 del IPREM al mes.

Artículo 35. Solicitud y concesión de las becas y ayudas.

1. Podrán solicitar las becas y ayudas contempladas en este capítulo los trabajadores desempleados que participen en las acciones formativas previstas en esta Orden. La gestión y el abono de estas becas y ayudas corresponderá al Servicio Público de Empleo Estatal. Su concesión se realizará de forma directa, en función de lo previsto en el artículo 25.5 del Real Decreto 395/2007, de 23 de marzo, y según el procedimiento establecido en el Real Decreto 357/2006, de 24 de marzo, previa solicitud del alumno que se resolverá en el plazo máximo de un mes.

Las entidades beneficiarias colaborarán en la gestión de estas becas y ayudas en los términos que establezcan las convocatorias.

2. Los trabajadores desempleados podrán solicitar las becas y ayudas en el plazo de un mes desde la incorporación a la acción formativa, acreditando que se encuentran en los supuestos de concesión. En el caso de participación en programas de formación europeos, el plazo de solicitud se iniciará al mes siguiente a la fecha de incorporación a la acción formativa y finalizará al mes siguiente a la fecha de retorno del alumno.

CAPÍTULO IV

Calidad, evaluación, seguimiento y control

Artículo 36. Calidad y evaluación de la formación.

1. De acuerdo con lo establecido en los artículos 16 y 17 de la Ley Orgánica 5/2002, de 19 de junio, de las Cualificaciones y de la Formación Profesional, y en los artículos 36 y 37 del Real Decreto 395/2007, de 23 de marzo, el Servicio Público de Empleo Estatal promoverá y garantizará la calidad de las ofertas de formación para el empleo y llevará a cabo un seguimiento y evaluación de las acciones formativas previstas en esta Orden con objeto de asegurar su eficacia y adecuación permanente a las necesidades del mercado de trabajo.

2. El Servicio Público de Empleo Estatal, con el apoyo técnico de la Fundación Tripartita para la Formación en el Empleo, evaluará en su respectivo ámbito de gestión, entre otros aspectos, el impacto de la formación realizada en el acceso y mantenimiento del empleo, así como en la mejora de la empleabilidad de los trabajadores, la eficacia del sistema en cuanto al alcance de la formación y la adecuación de las acciones a las necesidades del mercado laboral y de las empresas, así como la eficiencia de los recursos económicos y medios empleados.

3. Asimismo, el Servicio Público de Empleo Estatal fomentará y garantizará la implantación de sistemas y dispositivos de mejora continua de la calidad en los centros que impartan las acciones formativas a través de la evaluación de la calidad. Para medir la calidad el Servicio Público de Empleo Estatal fijará criterios e indicadores de acuerdo con el «cuestionario de evaluación de calidad», que se publicará mediante Resolución del Director General del Servicio Público de Empleo Estatal.

Los propios centros y entidades impartidoras evaluarán la calidad de la formación que ejecuten, e informarán al Servicio Público de Empleo Estatal sobre los resultados de la misma.

4. Las entidades responsables de ejecutar los planes de formación regulados en el capítulo II de esta Orden deberán realizar una evaluación y control de la calidad de la formación que ejecuten. Los beneficiarios deberán destinar a dicha finalidad hasta un 5 por 100 de la subvención concedida. Las convocatorias determinarán los criterios e indicadores básicos de dicha evaluación. Estas actuaciones de evaluación y control deberán cubrir una muestra representativa de al menos el 5 por 100 de los grupos de formación que se impartan.

Artículo 37. Perfeccionamiento técnico de formadores.

1. Con el fin de mejorar la calidad de la formación profesional para el empleo, se desarrollarán programas para complementar la formación teórica, suministrar una formación inicial didáctica o facilitar la actualización técnico-pedagógica del profesorado y de los expertos docentes que imparten formación profesional para el empleo, favoreciendo la aplicación de técnicas y procesos innovadores.

A tal efecto, el Servicio Público de Empleo Estatal establecerá, a nivel estatal, anualmente un plan de perfeccionamiento técnico de formadores, cuya elaboración y ejecución se realizarán de conformidad con lo establecido en el artículo 36.3 del Real Decreto 395/2007, de 23 de marzo.

2. En la elaboración del citado plan anual se tendrá en cuenta la detección de necesidades de perfeccionamiento y actualización técnico-pedagógica de los formadores, la identificación de las nuevas tendencias de formación profesional, así como las propuestas de los Centros de Referencia Nacional en el marco de la Familia Profesional en el que desarrollen su actividad.

3. La financiación y ejecución del plan de perfeccionamiento técnico corresponde al Servicio Público de Empleo Estatal, que realizará la oferta anual de cursos, la publicación de la convocatoria y la selección de los participantes. La impartición, el seguimiento y la evaluación corresponden a los Centros de Referencia Nacional.

Artículo 38. Plan de seguimiento y control.

1. Con el fin de racionalizar esfuerzos y unificar criterios en las actuaciones de seguimiento y control que se lleven a cabo, el Servicio Público de Empleo Estatal elaborará, en su respectivo ámbito de gestión un plan de seguimiento y control de la formación de oferta desarrollada al amparo de esta Orden, así como el respectivo informe sobre su ejecución.

Las actuaciones de seguimiento y control que se programen en el citado plan, realizadas mediante las visitas «in situ» y «ex post» señaladas en el artículo 39, deberán cubrir, al menos, el 5 por 100 de los recursos públicos destinados a cada modalidad de formación de oferta, sin perjuicio de las actuaciones que puedan realizar los órganos de fiscalización y control a que se refiere el artículo 38.2 del Real Decreto 395/2007, de 23 de marzo.

2. El Servicio Público de Empleo Estatal proporcionará información del citado plan anual a los diferentes órganos de fiscalización y control que tengan atribuidas tales competencias en el ámbito estatal, con el objeto de promover la realización integral y coordinada de las diferentes actuaciones de seguimiento y control que se lleven a cabo en dicho ámbito.

3. En la programación anual de objetivos para la acción inspectora efectuada en el marco de los convenios de colaboración con la Inspección de Trabajo y Seguridad Social se determinará el alcance y contenido del control a realizar por la citada Inspección.

Artículo 39. Actuaciones de seguimiento y control.

1. Actuaciones «in situ».–Comprenderán el seguimiento de la actividad formativa en el lugar de su impartición y durante la realización de la misma, a través de evidencias físicas y testimonios recabados mediante entrevistas a los responsables de formación, alumnos y formadores, con el fin de realizar una comprobación sobre la ejecución de la actividad formativa, contenidos de la misma, número real de participantes, instalaciones y medios pedagógicos.

En el caso de formación cuyo proceso de aprendizaje se desarrolle a través de formación a distancia convencional o mediante teleformación, las entidades con las que se concierte la impartición de la formación deberán facilitar, a petición de los órganos de control, la información y los instrumentos técnicos necesarios para el ejercicio de la función de control.

2. Actuaciones «ex post».–Se realizarán una vez finalizada la ejecución de las acciones formativas subvencionadas a través de evidencias físicas con el fin de comprobar, entre otros, los siguientes extremos:

Ejecución de la acción formativa.

Número real de participantes.

Entrega a los participantes del diploma o certificado de formación y, en su caso, la inclusión en el mismo del emblema del Fondo Social Europeo.

Documentación justificativa de los costes de formación, su contabilización, así como de la materialización del pago con anterioridad a la justificación de la subvención, teniendo en cuenta los requisitos establecidos por la normativa española y, en su caso, la comunitaria respecto de la cofinanciación del Fondo Social Europeo.

En las acciones ejecutadas mediante las modalidades de teleformación, a distancia convencional o mixta se realizará una comprobación adicional de las entregas de material, de los controles de seguimiento y de las pruebas que conlleve la enseñanza programada, así como la verificación de los soportes didácticos y de la asistencia tutorial.

3. Asimismo, el Servicio Público de Empleo Estatal realizará actuaciones específicas de seguimiento y control a raíz de denuncias o de la existencia de indicios de fraude o irregularidades en la ejecución de la actividad formativa financiada al amparo de esta Orden, así como cualesquiera otras actuaciones que consideren necesarias realizar en el ámbito de sus competencias.

Artículo 40. Incumplimientos y reintegros.

1. El incumplimiento de los requisitos establecidos en la presente Orden y demás normas aplicables, así como de las condiciones que se hayan establecido en la correspondiente resolución de concesión o, en su caso, convenio o acuerdo de colaboración, dará lugar a la pérdida total o parcial del derecho al cobro de la subvención o, previo el oportuno procedimiento de reintegro, a la obligación de devolver total o parcialmente la subvención percibida y los intereses de demora correspondientes.

2. La graduación de los posibles incumplimientos a que se hace referencia en el apartado anterior se determinarán de acuerdo con los siguientes criterios:

a) En el supuesto de incumplimiento total:

El incumplimiento total de los fines para los que se concedió la subvención o de la obligación de justificación de la misma dará lugar al reintegro del 100 por 100 de la subvención concedida.

Igualmente se considerará que concurre el incumplimiento total si la realización de la actividad subvencionada no alcanza el 50 por 100 de sus objetivos, medidos con el indicador de número de horas de formación multiplicado por número de alumnos formados.

b) En el supuesto de incumplimiento parcial:

El incumplimiento parcial de los fines para los que se concedió la subvención o de la obligación de justificación de la misma dará lugar al reintegro parcial de la subvención concedida. Cuando la ejecución del indicador mencionado en el párrafo anterior esté comprendido entre el 50 por 100 y el 100 por 100 la subvención y el presupuesto financiable a justificar se minorará en el porcentaje que haya dejado de cumplirse, siempre que los gastos hayan sido debidamente justificados.

Artículo 41. Infracciones y sanciones.

La obligación de reintegro establecida en el artículo 40 se entenderá sin perjuicio de lo previsto en el Título IV de la Ley 38/2003, de 17 de noviembre, General de Subvenciones, en lo relativo a Infracciones y sanciones administrativas en materia de subvenciones, si concurriesen las acciones y omisiones tipificadas en la citada Ley.

Las infracciones podrán ser calificadas como leves, graves o muy graves y llevarán aparejadas las sanciones que en cada caso corresponda de acuerdo con lo previsto en los artículos 59 y siguientes de la citada Ley.

DISPOSICIONES ADICIONALES

Primera. Fundación Tripartita para la Formación en el Empleo.

De conformidad con lo previsto en la disposición adicional quinta de la Ley 43/2006, de 29 de diciembre, para la mejora del crecimiento y del empleo, la Fundación Tripartita para la Formación en el Empleo actuará como entidad colaboradora del Servicio Público de Empleo Estatal en la gestión de las convocatorias de subvenciones públicas que se realicen por dicho organismo en desarrollo de lo previsto en esta Orden. La Fundación Tripartita colaborará en la instrucción de los procedimientos y en la elaboración de las propuestas relativas a la resolución y justificación de las subvenciones, correspondiendo al Servicio Público de Empleo Estatal las competencias de concesión y pago de las subvenciones. Asimismo, la Fundación Tripartita para la Formación en el Empleo tendrá la condición de entidad encargada del tratamiento de los datos incluidos en los ficheros de titularidad del Servicio Público de Empleo Estatal que resulten de las actuaciones de colaboración descritas anteriormente.

A estos efectos, ambas entidades suscribirán el correspondiente convenio de colaboración de acuerdo con lo establecido en los artículos 12 y siguientes de la Ley 38/2003, de 17 de noviembre, General de Subvenciones.

Segunda. Registro de convenios para la ejecución de planes de formación.

Los convenios suscritos para la ejecución de los planes de formación regulados en la sección 2ª del capítulo II de esta Orden se inscribirán en un registro que, a tal efecto, creará el Servicio Público de Empleo Estatal con el apoyo técnico de la Fundación Tripartita para la Formación en el Empleo.

Tercera. Aplicación y actualización de las cuantías y módulos económicos previstos en esta Orden.

Las cuantías relativas a las compensaciones económicas, ayudas y becas previstas en el Capítulo III, así como los importes y módulos económicos máximos establecidos en el I, se aplicarán a las convocatorias y programaciones aprobadas con posterioridad a la publicación de la presente Orden.

Las cuantías y módulos económicos mencionados en el párrafo anterior se actualizarán mediante resolución del Director General del Servicio Público de Empleo Estatal.

Cuarta. Financiación de la formación impartida en centros propios o mediante convenios con entidades o empresas públicas.

Serán objeto de financiación al amparo del Real Decreto 395/2007, de 23 de marzo, y de la presente Orden la formación de oferta programada e impartida por la Administración General del Estado a través de sus centros propios, previstos en el artículo 9.1.a) del citado Real Decreto, o mediante convenios con entidades o empresas públicas que puedan impartir la formación.

Quinta. Anticipo del pago de la subvención.

Respecto de los planes de formación dirigidos prioritariamente a los trabajadores ocupados previstos en esta Orden, no será de aplicación lo dispuesto en la Orden TAS/1622/2002, de 13 de junio, por la que se determina la forma de garantizar los anticipos de pago de subvenciones concedidas por el Servicio Público de Empleo Estatal.

DISPOSICIONES TRANSITORIAS

Primera. Registros de centros y entidades de formación.

Hasta tanto no se dicte la Orden Ministerial que desarrolle el Real Decreto 395/2007, de 23 de marzo, en materia de Registros de centros y entidades de formación, será de aplicación:

a) Para los planes de formación dirigidos prioritariamente a trabajadores ocupados, el sistema aplicable a la formación profesional continua con anterioridad a la entrada en vigor del citado Real Decreto 395/2007, salvo en lo que se refiere a las acciones formativas vinculadas al Catálogo Nacional de Cualificaciones Profesionales, en cuyo caso será de aplicación lo previsto en la letra b).

b) Para las acciones formativas dirigidas prioritariamente a trabajadores desempleados y a las demás modalidades de la formación de oferta, los Registros de centros colaboradores del Plan de formación e inserción profesional (Plan FIP).

Segunda. Mapa sectorial.

De conformidad con lo previsto en la disposición transitoria segunda del Real Decreto 395/2007, de 23 de marzo, por el que se regula el subsistema de formación profesional para el empleo, en tanto no sea aprobado el mapa sectorial a que se refiere la citada disposición, las propuestas conjuntas que agrupen a varios sectores deberán articularse en función de la clasificación de sectores afines que figura en el III, pudiendo dirigirse las referidas propuestas a todos los trabajadores pertenecientes a los sectores afines agrupados en cada propuesta.

Tercera. Incorporación de acciones formativas vinculadas al Catálogo Nacional de las Cualificaciones Profesionales.

A efectos de impartición de la formación de oferta regulada en esta Orden, y hasta tanto no se aprueben los correspondientes certificados de profesionalidad de acuerdo con el Real Decreto que los regule, el Servicio Público de Empleo Estatal y las Comisiones Paritarias Sectoriales podrán incluir en sus programaciones y planes de referencia, respectivamente, los módulos formativos vinculados al Catálogo Nacional de las Cualificaciones.

Para los planes previstos en el artículo 2.1.a) y cuando dichos módulos superen las 90 horas, éstos se podrán subdividir en unidades formativas de menor duración según los criterios que establezcan, en su caso, las Comisiones Paritarias Sectoriales en sus planes de referencia.

A los efectos de acreditar las acciones formativas descritas en esta disposición se estará a lo que regule el Real Decreto de Certificados de Profesionalidad.

DISPOSICIONES FINALES

Primera. Normativa supletoria.

En todo lo no previsto en la presente Orden serán de aplicación la Ley 38/2003, de 17 de noviembre, General de Subvenciones, el Real Decreto 887/2006, de 21 de julio, por el que se aprueba el Reglamento de desarrollo de la misma, la Ley 30/1992, de 26 de noviembre, de Régimen Jurídico de las Administraciones Públicas y del Procedimiento Administrativo Común, modificada por la Ley 4/1999, de 13 de enero, y cualquier otra disposición normativa aplicable por razón de la materia.

Segunda. Facultades de desarrollo.

Se faculta al Director General del Servicio Público de Empleo Estatal para dictar cuantas disposiciones sean necesarias para el desarrollo y aplicación de la presente Orden. Asimismo, se faculta al Director General de la Economía Social, del Trabajo Autónomo y del Fondo Social Europeo para dictar las disposiciones necesarias para fijar las condiciones, requisitos y formas de acreditación de la representatividad e implantación de los solicitantes de planes intersectoriales para la economía social y para trabajadores autónomos.

Tercera. Entrada en vigor.

La presente Orden Ministerial entrará en vigor el día siguiente al de su publicación en el «Boletín Oficial del Estado».

ANEXO I

IMPORTES Y MÓDULOS ECONÓMICOS MÁXIMOS

1. Los módulos económicos máximos (coste por participante y hora de formación) aplicables a efectos de la determinación y justificación de las subvenciones destinadas a la financiación de la formación de oferta, serán los que a continuación se establecen en función de la modalidad de impartición y el nivel de la formación:

Modalidad de impartición	Nivel de formación	
	Básico	Superior
Presencial	9 €	13 €
Teleformación	7,5 €	
A distancia convencional	5,5 €	
Mixta	Se aplicarán los módulos anteriores en función de las horas de formación presencial y a distancia convencional o teleformación que tenga la acción formativa	

En la modalidad de impartición presencial, el módulo de «nivel básico», que capacita para desarrollar competencias y cualificaciones básicas, se aplicará cuando se vaya a impartir formación en materias transversales o genéricas, mientras que el módulo de «nivel superior» se aplicará cuando la formación incorpore materias que impliquen especialización o capacite para desarrollar competencias de programación o dirección.

La formación de carácter transversal contemplada en el artículo 7.2 cuando acompañe a una acción de formación que sea específica se valorará de acuerdo con el módulo económico de esta última.

2. Respecto de las actuaciones de evaluación y control de la calidad de la formación a que hace referencia el artículo 36.4, el beneficiario deberá destinar a esta finalidad hasta un 5 por 100 de la subvención que le haya sido concedida para la ejecución de la actividad formativa.

ANEXO II

COSTES FINANCIABLES Y CRITERIOS DE IMPUTACIÓN

1. Costes directos de la actividad formativa:

a. Las retribuciones de los formadores internos y externos pudiéndose incluir salarios, seguros sociales, dietas y gastos de locomoción y, en general, todos los costes imputables a los formadores en el ejercicio de las actividades de preparación, impartición, tutoría y evaluación a los participantes de las acciones formativas.

Estos gastos deberán presentarse debidamente desglosados por horas dedicadas a la actividad que se imputen.

b. Los gastos de amortización de equipos didácticos y plataformas tecnológicas, calculados con criterios de amortización aceptados en las normas de contabilidad, así como el alquiler o arrendamiento financiero de los mismos, excluidos sus intereses, soportados en la ejecución de las acciones formativas.

Estos gastos deberán presentarse debidamente desglosados por acción formativa y se imputarán por el número de participantes en el caso de uso individual de los equipos o plataformas; en otro caso, se imputarán por horas de utilización.

c. Gastos de medios didácticos y/o adquisición de materiales didácticos, así como los gastos en bienes consumibles utilizados en la realización de las acciones formativas, incluyendo el material de protección y seguridad. Asimismo, en el caso de la teleformación, los costes imputables a los medios de comunicación utilizados entre formadores y participantes.

Estos gastos deberán presentarse debidamente desglosados por acción formativa y se imputarán por el número de participantes en el caso de uso individual de los equipos o plataformas; en otro caso, se imputarán por horas de utilización.

d. Los gastos de alquiler, arrendamiento financiero, excluidos sus intereses, o amortización de las aulas, talleres y demás superficies utilizadas en el desarrollo de la formación.

Estos gastos deberán presentarse debidamente desglosados por acción formativa y se imputarán por el período de duración de la acción.

Los gastos de amortización se calcularán según normas de contabilidad generalmente aceptadas, siendo aplicable el método de amortización según las tablas aprobadas por el Reglamento del Impuesto de Sociedades.

e. Gastos de seguro de accidentes de los participantes.

Estos gastos deberán presentarse desglosados por acción formativa y su imputación se hará por el número de participantes.

f. Gastos de transporte, manutención y alojamiento para los trabajadores ocupados que participen en las acciones formativas, con los límites fijados en la Orden EHA/3771/2005, de 2 de diciembre.

Estos gastos deberán presentarse debidamente desglosados por acción formativa y su imputación se hará por el número de participantes.

g. Los gastos de publicidad para la organización y difusión de las acciones formativas.

Estos gastos deberán presentarse debidamente desglosados por acción formativa.

2. Costes asociados de la actividad formativa:

a. Los costes de personal de apoyo tanto interno como externo y todos los necesarios para la gestión y ejecución de la actividad formativa.

b. Los gastos financieros directamente relacionados con la actividad subvencionada y que resulten indispensables para la adecuada preparación o ejecución de la misma. No serán subvencionables los intereses deudores de las cuentas bancarias.

c. Otros costes: Luz, agua, calefacción, mensajería, correo, limpieza, vigilancia y otros costes, no especificados anteriormente, asociados a la ejecución de la actividad formativa.

De conformidad con el artículo 31, apartado 9, de la Ley 38/2003, de 17 de noviembre, General de Subvenciones, estos costes habrán de imputarse por el beneficiario a la actividad subvencionada en la parte que razonablemente corresponda de acuerdo con principios y normas de contabilidad generalmente admitidas y, en todo caso, en la medida en que tales costes correspondan al período en que efectivamente se realiza la actividad.

La suma de los costes asociados no podrá superar el 20 por 100 de los costes de la actividad formativa.

A los efectos de lo establecido en este apartado, en los planes de formación dirigidos prioritariamente a ocupados estos costes asociados se entenderán referidos al plan en su conjunto, con exclusión de los costes previstos en el apartado 3 de este anexo.

3. Otros costes subvencionables:

a. Los costes de evaluación y control de la calidad de la formación, según lo previsto en el artículo 36.4 y en el apartado 2 del Anexo I.

b. En el caso de que la cuenta justificativa se realice con informe auditor de acuerdo con lo previsto en el artículo 74 del Real Decreto 887/2006, de 21 de julio, los gastos derivados de la realización de dicho informe serán subvencionables, estableciéndose en la convocatoria una financiación adicional sólo para el supuesto de que el citado informe sea preceptivo para el beneficiario.

Las convocatorias establecerán los términos y condiciones para la realización, imputación y justificación de estos costes.

4. En todo caso, los costes subvencionables previstos en este anexo deben responder a costes reales, efectivamente realizados, pagados y justificados mediante facturas o documentos contables de valor probatorio equivalente.

ANEXO III

Agrupación de sectores afines	Sector
Actividades físico-deportivas	Deporte profesional (Baloncesto; Balonmano; Ciclismo; Fúfbol profesional Divisiones 1ª y 2ª A y Fútbol profesional 2ª División A).
	Instalaciones deportivas.
Administración	Despachos de Técnicos Tributarios y Asesores Fiscales.
	Gestión y mediación inmobiliaria.
	Gestorías administrativas.
	Oficinas y despachos (Oficinas de cámaras, colegios, asociaciones, federaciones e instituciones; Despachos profesionales; Corredores de comercio; Notarías; Agentes de cambio y bolsa; Oficinas y despachos en general; Mercado de valores).
	Registradores de la propiedad y mercantiles.
Agrarias	Granjas avícolas y otros animales.
	Jardinería.
	Producción, manipulado y envasado para el comercio y exportación de cítricos, frutas, hortalizas, flores y plantas vivas.
	Sector agrario, forestal y pecuario.
Agua	Industrias de captación, elevación, conducción, tratamiento, depuración y distribución de agua.
Artes gráficas	Artes gráficas, manipulados de papel y cartón, editoriales e industrias afines.
	Prensa diaria.
	Prensa no diaria.
Comercio y marketing	Aparcamientos.
	Comercio.
	Delegaciones Comerciales del Ente Público Empresarial Loterías y Apuestas del Estado.
	Estaciones de servicio.
	Grandes almacenes.
	Telemarketing.
Edificación y obra civil	Construcción.
	Derivados del cemento.
	Empresas productoras de cementos.
	Ferralla.
	Yesos, escayolas, cales y sus prefabricados.
Educación	Autoescuelas.
	Centros de asistencia y educación infantil.
	Centros de educación universitaria e investigación.
	Centros y servicios de atención a personas con discapacidad.
	Colegios mayores universitarios.
	Empresas de enseñanza privada sostenidas total o parcialmente con fondos públicos.
	Enseñanza privada.
Energía	Sector de la industria eléctrica[1 7].
	Agencias distribuidoras de gases licuados.
Finanzas y seguros	Banca[2].
	Cajas de ahorros.
	Cooperativas de crédito.
	Entidades aseguradoras, reaseguradoras y mutuas de accidentes de trabajo.
	Establecimientos financieros de crédito.
	Mediación en seguros privados.
Frío industrial	Frío industrial.
Hostelería y turismo	Agencias de viajes.
	Alquiler de vehículos con y sin conductor.
	Empresas organizadoras del juego del bingo[3].
	Hostelería.
Imagen personal	Peluquerías, institutos de belleza, gimnasios y similares.
Imagen y sonido	Artistas y técnicos en salas de fiestas, bailes y discotecas.
	Empresas de publicidad.

Agrupación de sectores afines	Sector
	Exhibición cinematográfica.
	Industrias fotográficas.
	Produccción Audiovisual.
Industrias alimentarias	Conservas vegetales.
	Elaboradores de productos cocinados para su venta a domicilio.
	Industrias Cárnicas.
	Industrias de alimentación y bebidas[6].
	Mataderos de Aves Conejos.
Industrias extractivas	Minería.
Informática y comunicaciones	Concesionarias de Cable de Fibra Óptica.
	Empresas operadoras de servicios de telecomunicaciones.
Madera mueble y corcho	Corcho.
	Madera.
Medioambiente	Residuos sólidos urbanos y limpieza viaria.
	Mantenimiento y conservación de instalaciones acuáticas.
	Recuperación de residuos y materias primas secundarias.
Metal	Metal.
Pesquera	Pesca y acuicultura.
Química	Industrias químicas.
	Pastas, papel y cartón.
	Perfumería y afines.
Sanidad	Oficinas de Farmacia.
	Sanidad.
	Transporte de enfermos y accidentados en ambulancia.
Seguridad	Seguridad privada.
Servicios (otros)	Limpieza de edificios y locales.
	Mantenimiento de cabinas soporte y teléfonos de uso público.
	Servicios diversos (Empleados de fincas urbanas; Servicios funerarios; Tintorerías y lavanderías; Gestión de salas de espectáculos y actividades recreativas) [4 5 11].
Servicios a las empresas	Empresas consultoras de planificación, organización de empresas y contable.
	Empresas de ingeniería y oficinas de estudios técnicos.
	Empresas de Trabajo Temporal.
Servicios sociales	Acción e intervención social.
	Servicio de atención a personas dependientes y desarrollo de la promoción de la autonomía personal.
Textil, confección y piel	Curtido.
	Fabricación del calzado artesano manual y ortopedia y a medida y talleres de reparación y conservación del calzado usado y duplicado de llaves.
	Industria de calzado.
	Industrias de Hormas, Tacones, Pisos y Cambrillones.
	Marroquinería, repujados y similares.
	Textil y de la confección.
Transportes	Actividades anexas al transporte (Transitarios, Consignatarios y Agencias de aduanas).
	Amarradores.
	Entrega domiciliaria[10].
	Estiba y desestiba.
	Grúas móviles autopropulsadas.
	Marina mercante.
	Puertos del Estado y autoridades Portuarias.
	Remolcadores Portuarios.
	Transporte de viajeros por carretera[8 9].
	Transporte aéreo.
	Transportes de mercancías por carretera[8 9].
Vidrio y cerámica	Fabricación de azulejos, pavimentos y baldosas cerámicas y afines.
	Industrias extractivas, industrias del vidrio, industrias de la cerámica y el comercio exclusivista de los mismos materiales.
	Tejas y ladrillos.

Nota. Como medida para garantizar la formación de los trabajadores de los sectores de actividad donde no existe negociación colectiva sectorial, de conformidad con el art. 24 2.b) del RD 395/2007, dichos trabajadores podrán participar en los planes sectoriales a los que se vinculan, Según las notas que se incluyen a continuación, sin que ello suponga un incremento de la población ocupada:

1. Extracción de crudos de petróleo y gas natural; actividades de los servicios relacionados con las explotaciones petrolíferas y de gas; coquerías; refino de petróleo; producción de gas y vapor de agua caliente.
2. Otras entidades financieras.
3. Casinos y salas de juegos de azar.
4. Actividades de servicios auxiliares.
5. Actividades del servicio doméstico.
6. Industria del tabaco.
7. Energías renovables.
8. Transporte por ferrocarril y otros tipos de transporte regular (teleférico, funicular y cremallera).
9. Autopistas de peaje y otras vías de peaje.
10. Actividades postales y de correos.
11. Parques temáticos.

G) Igualdad y no discriminación

a) *Por razón de sexo*

§ 31.1 LEY ORGÁNICA 3/2007, DE 22 DE MARZO. LEY ORGÁNICA PARA LA IGUALDAD EFECTIVA DE MUJERES Y HOMBRES

(BOE núm. 71, de 23 marzo [RCL 2007, 586]) (fragmento)

EXPOSICIÓN DE MOTIVOS

I

El artículo 14 de la Constitución Española proclama el derecho a la igualdad y a la no discriminación por razón de sexo. Por su parte, el artículo 9.2 consagra la obligación de los poderes públicos de promover las condiciones para que la igualdad del individuo y de los grupos en que se integra sean reales y efectivas.

La igualdad entre mujeres y hombres es un principio jurídico universal reconocido en diversos textos internacionales sobre derechos humanos, entre los que destaca la Convención sobre la eliminación de todas las formas de discriminación contra la mujer, aprobada por la Asamblea General de Naciones Unidas en diciembre de 1979 y ratificada por España en 1983. En este mismo ámbito procede evocar los avances introducidos por conferencias mundiales monográficas, como la de Nairobi de 1985 y Beijing de 1995.

La igualdad es, asimismo, un principio fundamental en la Unión Europea. Desde la entrada en vigor del Tratado de Ámsterdam, el 1 de mayo de 1999, la igualdad entre mujeres y hombres y la eliminación de las desigualdades entre unas y otros son un objetivo que debe integrarse en todas las políticas y acciones de la Unión y de sus miembros.

Con amparo en el antiguo artículo 111 del Tratado de Roma, se ha desarrollado un acervo comunitario sobre igualdad de sexos de gran amplitud e importante calado, a cuya adecuada transposición se dirige, en buena medida, la presente Ley. En particular, esta Ley incorpora al ordenamiento español dos directivas en materia de igualdad de trato, la 2002/73/CE, de reforma de la Directiva 76/207/CEE, relativa a la aplicación del principio de igualdad de trato entre hombres y mujeres en lo que se refiere al acceso al empleo, a la formación y a la promoción profesionales, y a las condiciones de trabajo; y la Directiva 2004/113/CE, sobre aplicación del principio de igualdad de trato entre hombres y mujeres en el acceso a bienes y servicios y su suministro.

II

El pleno reconocimiento de la igualdad formal ante la Ley, aun habiendo comportado, sin duda, un paso decisivo, ha resultado ser insuficiente. La violencia de género, la discriminación salarial, la discriminación en las pensiones de viudedad, el mayor desempleo femenino, la todavía escasa presencia de las mujeres en puestos de responsabilidad política, social, cultural y económica, o los problemas de conciliación entre la vida personal, laboral y familiar muestran cómo la igualdad plena, efectiva, entre mujeres y hombres, aquella «perfecta igualdad que no admitiera poder ni privilegio para unos ni incapacidad para otros», en palabras escritas por John Stuart Mill hace casi 140 años, es todavía hoy una tarea pendiente que precisa de nuevos instrumentos jurídicos.

Resulta necesaria, en efecto, una acción normativa dirigida a combatir todas las manifestaciones aún subsistentes de discriminación, directa o indirecta, por razón de sexo y a promover la igualdad real entre mujeres y hombres, con remoción de los obstáculos y estereotipos sociales que impiden alcanzarla. Esta exigencia se deriva de nuestro ordenamiento constitucional e integra un genuino derecho de las mujeres, pero es a la vez un elemento de enriquecimiento de la propia sociedad española, que contribuirá al desarrollo económico y al aumento del empleo.

Se contempla, asimismo, una especial consideración con los supuestos de doble discriminación y las singulares dificultades en que se encuentran las mujeres que presentan especial vulnerabilidad, como son las que pertenecen a minorías, las mujeres migrantes y las mujeres con discapacidad.

III

La mayor novedad de esta Ley radica, con todo, en la prevención de esas conductas discriminatorias y en la previsión de políticas activas para hacer efectivo el principio de igualdad. Tal opción implica necesariamente una proyección del principio de igualdad sobre los diversos ámbitos del ordenamiento de la realidad social, cultural y artística en que pueda generarse o perpetuarse la desigualdad. De ahí la consideración de la dimensión transversal de la igualdad, seña de identidad del moderno derecho antidiscriminatorio, como principio fundamental del presente texto.

La Ley se refiere a la generalidad de las políticas públicas en España, tanto estatales como autonómicas y locales. Y lo hace al amparo de la atribución constitucional al Estado de la competencia para la regulación de las condiciones básicas que garanticen la igualdad de todos los españoles y las españolas en el ejercicio de los derechos constitucionales, aunque contiene una regulación más detallada en aquellos ámbitos de competencia, básica o legislativa plena, del Estado.

La complejidad que deriva del alcance horizontal del principio de igualdad se expresa también en la estructura de la Ley. Ésta se ocupa en su articulado de la proyección general del principio en los diferentes ámbitos normativos, y concreta en sus disposiciones adicionales la correspondiente modificación de las muy diversas leyes que resultan afectadas. De este modo, la Ley nace con la vocación de erigirse en la ley-código de la igualdad entre mujeres y hombres.

La ordenación general de las políticas públicas, bajo la óptica del principio de igualdad y la perspectiva de género, se plasma en el establecimiento de criterios de actuación de todos los poderes públicos en los que se integra activamente, de un modo expreso y operativo, dicho principio; y con carácter específico o sectorial, se incorporan también pautas favorecedoras de la igualdad en políticas como la educativa, la sanitaria, la artística y cultural, de la sociedad de la información, de desarrollo rural o de vivienda, deporte, cultura, ordenación del territorio o de cooperación internacional para el desarrollo.

Instrumentos básicos serán, en este sentido, y en el ámbito de la Administración General del Estado, un Plan Estratégico de Igualdad de Oportunidades, la creación de una Comisión Interministerial de Igualdad con responsabilidades de coordinación, los informes de impacto de género, cuya obligatoriedad se amplía desde las normas legales a los planes de especial relevancia económica y social, y los informes o evaluaciones periódicos sobre la efectividad del principio de igualdad.

Merece, asimismo, destacarse que la Ley prevea, con el fin de alcanzar esa igualdad real efectiva entre mujeres y hombres, un marco general para la adopción de las llamadas acciones positivas. Se dirige, en este sentido, a todos los poderes públicos un mandato de remoción de situaciones de constatable desigualdad fáctica, no corregibles por la sola formulación del principio de igualdad jurídica o formal. Y en cuanto estas acciones puedan entrañar la formulación de un derecho desigual en favor de las mujeres, se establecen cautelas y condicionamientos para asegurar su licitud constitucional.

El logro de la igualdad real y efectiva en nuestra sociedad requiere no sólo del compromiso de los sujetos públicos, sino también de su promoción decidida en la órbita de las relaciones entre particulares. La regulación del acceso a bienes y servicios es objeto de atención por la Ley, conjugando los principios de libertad y autonomía contractual con el fomento de la igualdad entre mujeres y hombres. También se ha estimado conveniente establecer determinadas medidas de promoción de la igualdad efectiva en las empresas privadas, como las que se recogen en materia de contratación o de subvenciones públicas o en referencia a los consejos de administración.

Especial atención presta la Ley a la corrección de la desigualdad en el ámbito específico de las relaciones laborales. Mediante una serie de previsiones, se reconoce el derecho a la conciliación de la vida personal, familiar y laboral y se fomenta una mayor corresponsabilidad entre mujeres y hombres en la asunción de obligaciones familiares, criterios inspiradores de toda la norma que encuentran aquí su concreción más significativa.

La Ley pretende promover la adopción de medidas concretas en favor de la igualdad en las empresas, situándolas en el marco de la negociación colectiva, para que sean las partes, libre y responsablemente, las que acuerden su contenido.

Dentro del mismo ámbito del empleo, pero con características propias, se consignan en la Ley medidas específicas sobre los procesos de selección y para la provisión de puestos de trabajo en el seno de la Administración General del Estado. Y la proyección de la igualdad se extiende a las Fuerzas y Cuerpos de Seguridad y a las Fuerzas Armadas.

De la preocupación por el alcance de la igualdad efectiva en nuestra sociedad no podía quedar fuera el ámbito de la participación política, tanto en su nivel estatal como en los niveles autonómico y local, así como en su proyección de política internacional de cooperación para el desarrollo. El llamado en la Ley principio de presencia o composición equilibrada, con el que se trata de asegurar una representación suficientemente significativa de ambos sexos en órganos y cargos de responsabilidad, se lleva así también a la normativa reguladora del régimen electoral general, optando por una fórmula con la flexibilidad adecuada para conciliar las exigencias derivadas de los artículos 9.2 y 14 de la Constitución con las propias del derecho de sufragio pasivo incluido en el artículo 23 del mismo Texto Constitucional. Se asumen así los recientes textos internacionales en la materia y se avanza en el camino de garantizar una presencia equilibrada de mujeres y hombres en el ámbito de la representación política, con el objetivo fundamental de mejorar la calidad de esa representación y con ella de nuestra propia democracia.

IV

La Ley se estructura en un Título preliminar, ocho Títulos, treinta y una disposiciones adicionales, once disposiciones transitorias, una disposición derogatoria y ocho disposiciones finales.

El Título Preliminar establece el objeto y el ámbito de aplicación de la Ley.

El Título Primero define, siguiendo las indicaciones de las Directivas de referencia, los conceptos y categorías jurídicas básicas relativas a la igualdad, como las de discriminación directa e indirecta, acoso sexual y acoso por razón de sexo, y acciones positivas. Asimismo, determina las consecuencias jurídicas de las conductas discriminatorias e incorpora garantías de carácter procesal para reforzar la protección judicial del derecho de igualdad.

En el Título Segundo, Capítulo Primero, se establecen las pautas generales de actuación de los poderes públicos en relación con la igualdad, se define el principio de transversalidad y los instrumentos para su integración en la elaboración, ejecución y aplicación de las normas. También se consagra el principio de presencia equilibrada de mujeres y hombres en las listas electorales y en los nombramientos realizados por los poderes públicos, con las consiguientes modificaciones en las Disposiciones adicionales de la Ley Electoral, regulándose, asimismo, los informes de impacto de género y la planificación pública de las acciones en favor de la igualdad, que en la Administración General del Estado se plasmarán en un Plan Estratégico de Igualdad de Oportunidades.

En el Capítulo II de este Título se establecen los criterios de orientación de las políticas públicas en materia de educación, cultura y sanidad. También se contempla la promoción de la incorporación de las mujeres a la sociedad de la información, la inclusión de medidas de efectividad de la igualdad en las políticas de acceso a la vivienda, y en las de desarrollo del medio rural.

El Título III contiene medidas de fomento de la igualdad en los medios de comunicación social, con reglas específicas para los de titularidad pública, así como instrumentos de control de los supuestos de publicidad de contenido discriminatorio.

El Título IV se ocupa del derecho al trabajo en igualdad de oportunidades, incorporando medidas para garantizar la igualdad entre mujeres y hombres en el acceso al empleo, en la formación y en la promoción profesionales, y en las condiciones de trabajo. Se incluye además, entre los derechos laborales de los trabajadores y las trabajadoras, la protección frente al acoso sexual y al acoso por razón de sexo.

Además del deber general de las empresas de respetar el principio de igualdad en el ámbito laboral, se contempla, específicamente, el deber de negociar planes de igualdad en las empresas de más de doscientos cincuenta trabajadores o trabajadoras. La relevancia del instrumento de los planes de igualdad explica también la previsión del fomento de su implantación voluntaria en las pequeñas y medianas empresas.

Para favorecer la incorporación de las mujeres al mercado de trabajo, se establece un objetivo de mejora del acceso y la permanencia en el empleo de las mujeres, potenciando su nivel formativo y su adaptabilidad a los requerimientos del mercado de trabajo mediante su posible consideración como grupo de población prioritario de las políticas activas de empleo. Igualmente, la ley recoge una serie de medidas sociales y laborales concretas, que quedan reguladas en las distintas disposiciones adicionales de la Ley.

La medida más innovadora para favorecer la conciliación de la vida personal, familiar y laboral es el permiso de paternidad de trece días de duración, ampliable en caso de parto múltiple en dos días más por cada hijo o hija a partir del segundo. Se trata de un derecho individual y exclusivo del padre, que se reconoce tanto en los supuestos de paternidad biológica como en los de adopción y acogimiento. También se introducen mejoras en el actual permiso de maternidad, ampliándolo en dos semanas para los supuestos de hijo o hija con discapacidad, pudiendo hacer uso de esta ampliación indistintamente ambos progenitores.

Estas mismas mejoras se introducen igualmente para los trabajadores y trabajadoras autónomos y de otros regímenes especiales de la Seguridad Social.

En relación con la reducción de jornada por guarda legal se amplía, por una parte, la edad máxima del menor que da derecho a la reducción, que pasa de seis a ocho años, y se reduce, por otra, a un octavo de la jornada el límite mínimo de dicha reducción. También se reduce a cuatro meses la duración mínima de la excedencia voluntaria y se amplía de uno a dos años la duración máxima de la excedencia para el cuidado de familiares. Se reconoce la posibilidad de que tanto la excedencia por cuidado de hijo o hija como la de por cuidado de familiares puedan disfrutarse de forma fraccionada.

Asimismo, se adaptan las infracciones y sanciones y los mecanismos de control de los incumplimientos en materia de no discriminación, y se refuerza el papel de la Inspección de Trabajo y Seguridad Social. Es particularmente novedosa, en este ámbito, la posibilidad de conmutar sanciones accesorias por el establecimiento de Planes de Igualdad.

Las modificaciones en materia laboral comportan la introducción de algunas novedades en el ámbito de Seguridad Social, recogidas en las Disposiciones adicionales de la Ley. Entre ellas deben destacarse especialmente la flexibilización de los requisitos de cotización previa para el acceso a la prestación de maternidad, el reconocimiento de un nuevo subsidio por la misma causa para trabajadoras que no acrediten dichos requisitos o la creación de la prestación económica por paternidad.

El Título V, en su Capítulo I regula el principio de igualdad en el empleo público, estableciéndose los criterios generales de actuación a favor de la igualdad para el conjunto de las Administraciones públicas y, en su Capítulo II, la presencia equilibrada de mujeres y hombres en los nombramientos de órganos directivos de la Administración General del Estado, que se aplica también a los órganos de selección y valoración del personal y en las designaciones de miembros de órganos colegiados, comités y consejos de administración de empresas en cuya capital participe dicha Administración. El Capítulo III de este Título se dedica a las medidas de igualdad en el empleo en el ámbito de la Administración General del Estado, en sentido análogo a lo previsto para las relaciones de trabajo en el sector privado, y con la previsión específica del mandato de aprobación de un protocolo de actuación frente al acoso sexual y por razón de sexo.

Los Capítulos IV y V regulan, de forma específica, el respeto del principio de igualdad en las Fuerzas Armadas y en las Fuerzas y Cuerpos de Seguridad del Estado.

El Título VI de la Ley está dedicado a la igualdad de trato en el acceso a bienes y servicios, con especial referencia a los seguros.

El Título VII contempla la realización voluntaria de acciones de responsabilidad social por las empresas en materia de igualdad, que pueden ser también objeto de concierto con la representación de los trabajadores y trabajadoras, las organizaciones de consumidores, las asociaciones de defensa de la igualdad o los organismos de igualdad. Específicamente, se regula el uso de estas acciones con fines publicitarios.

En este Título, y en el marco de la responsabilidad social corporativa, se ha incluido el fomento de la presencia equilibrada de mujeres y hombres en los consejos de administración de las sociedades mercantiles, concediendo para ello un plazo razonable. Es finalidad de esta medida que el criterio prevalente en la incorporación de consejeros sea el talento y el rendimiento profesional, ya que, para que el proceso esté presidido por el criterio de imparcialidad, el sexo no debe constituir un obstáculo como factor de elección.

El Título VIII de la Ley establece una serie de disposiciones organizativas, con la creación de una Comisión Interministerial de Igualdad entre mujeres y hombres y de las Unidades de Igualdad en cada Ministerio. Junto a lo anterior, la Ley constituye un Consejo de participación de la mujer, como órgano colegiado que ha de servir de cauce para la participación institucional en estas materias.

Como se expuso anteriormente, las disposiciones adicionales recogen las diversas modificaciones de preceptos de Leyes vigentes necesarias para su acomodación a las exigencias y previsiones derivadas de la presente Ley. Junto a estas modificaciones del ordenamiento, se incluyen también regulaciones específicas para definir el principio de composición o presencia equilibrada, crear un fondo en materia de sociedad de la información, nuevos supuestos de nulidad de determinadas extinciones de la relación laboral, designar al Instituto de la Mujer a efectos de las Directivas objeto de incorporación.

Las disposiciones transitorias establecen el régimen aplicable temporalmente a determinados aspectos de la Ley, como los relativos a nombramientos y procedimientos, medidas preventivas del acoso en la Administración General del Estado, el distintivo empresarial en materia de igualdad, las tablas de mortalidad y supervivencia, los nuevos derechos de maternidad y paternidad, la composición equilibrada de las listas electorales, así como a la negociación de nuevos convenios colectivos.

Las disposiciones finales se refieren a la naturaleza de la Ley, a su fundamento constitucional y a su relación con el ordenamiento comunitario, habilitan para el desarrollo reglamentario, establecen las fechas de su entrada en vigor y un mandato de evaluación de los resultados de la negociación colectiva en materia de igualdad.

TÍTULO PRELIMINAR
OBJETO Y ÁMBITO DE LA LEY

Artículo 1. Objeto de la Ley.

1. Las mujeres y los hombres son iguales en dignidad humana, e iguales en derechos y deberes. Esta Ley tiene por objeto hacer efectivo el derecho de igualdad de trato y de oportunidades entre mujeres y hombres, en particular mediante la eliminación de la discriminación de la mujer, sea cual fuere su circunstancia o condición, en cualesquiera de los ámbitos de la vida y, singularmente, en las esferas política, civil, laboral, económica, social y cultural para, en el desarrollo de los artículos 9.2 y 14 de la Constitución, alcanzar una sociedad más democrática, más justa y más solidaria.

2. A estos efectos, la Ley establece principios de actuación de los Poderes Públicos, regula derechos y deberes de las personas físicas y jurídicas, tanto públicas como privadas, y prevé medidas destinadas a eliminar y corregir en los sectores público y privado, toda forma de discriminación por razón de sexo.

⇒ Téngase presente la Ley 3/2007, de 15 marzo, reguladora de la inscripción registral de la mención relativa al sexo de las personas; en ella se contempla la posibilidad de que, previo cumplimiento de los requisitos especificados, se interese esa modificación; «la resolución que acuerde la rectificación de la mención registral del sexo tendrá efectos constitutivos a partir de su inscripción en el Registro Civil» (art. 5.1).

Artículo 2. Ámbito de aplicación.

1. Todas las personas gozarán de los derechos derivados del principio de igualdad de trato y de la prohibición de discriminación por razón de sexo.

2. Las obligaciones establecidas en esta Ley serán de aplicación a toda persona, física o jurídica, que se encuentre o actúe en territorio español, cualquiera que fuese su nacionalidad, domicilio o residencia.

TÍTULO I
EL PRINCIPIO DE IGUALDAD Y LA TUTELA CONTRA LA DISCRIMINACIÓN

Artículo 3. El principio de igualdad de trato entre mujeres y hombres.

El principio de igualdad de trato entre mujeres y hombres supone la ausencia de toda discriminación, directa o indirecta, por razón de sexo, y, especialmente, las derivadas de la maternidad, la asunción de obligaciones familiares y el estado civil.

Artículo 4. Integración del principio de igualdad en la interpretación y aplicación de las normas.

La igualdad de trato y de oportunidades entre mujeres y hombres es un principio informador del ordenamiento jurídico y, como tal, se integrará y observará en la interpretación y aplicación de las normas jurídicas.

Artículo 5. Igualdad de trato y de oportunidades en el acceso al empleo, en la formación y en la promoción profesionales, y en las condiciones de trabajo.

El principio de igualdad de trato y de oportunidades entre mujeres y hombres, aplicable en el ámbito del empleo privado y en el del empleo público, se garantizará, en los términos previstos en la normativa aplicable, en el acceso al empleo, incluso al trabajo por cuenta propia, en la formación profesional, en la promoción profesional, en las condiciones de trabajo, incluidas las retributivas y las de despido, y en la afiliación y participación en las organizaciones sindicales y empresariales, o en cualquier organización cuyos miembros ejerzan una profesión concreta, incluidas las prestaciones concedidas por las mismas.

No constituirá discriminación en el acceso al empleo, incluida la formación necesaria, una diferencia de trato basada en una característica relacionada con el sexo cuando, debido a la naturaleza de las actividades profesionales concretas o al contexto en el que se lleven a cabo, dicha característica constituya un requisito profesional esencial y determinante, siempre y cuando el objetivo sea legítimo y el requisito proporcionado.

Artículo 6. Discriminación directa e indirecta.

1. Se considera discriminación directa por razón de sexo la situación en que se encuentra una persona que sea, haya sido o pudiera ser tratada, en atención a su sexo, de manera menos favorable que otra en situación comparable.

2. Se considera discriminación indirecta por razón de sexo la situación en que una disposición, criterio o práctica aparentemente neutros pone a personas de un sexo en desventaja particular con respecto a personas del otro, salvo que dicha disposición, criterio o práctica puedan justificarse objetivamente en atención a una finalidad legítima y que los medios para alcanzar dicha finalidad sean necesarios y adecuados.

3. En cualquier caso, se considera discriminatoria toda orden de discriminar, directa o indirectamente, por razón de sexo.

Artículo 7. Acoso sexual y acoso por razón de sexo.

1. Sin perjuicio de lo establecido en el Código Penal, a los efectos de esta Ley constituye acoso sexual cualquier comportamiento, verbal o físico, de naturaleza sexual que tenga el propósito o produzca el efecto de atentar contra la dignidad de una persona, en particular cuando se crea un entorno intimidatorio, degradante u ofensivo.

2. Constituye acoso por razón de sexo cualquier comportamiento realizado en función del sexo de una persona, con el propósito o el efecto de atentar contra su dignidad y de crear un entorno intimidatorio, degradante u ofensivo.

3. Se considerarán en todo caso discriminatorios el acoso sexual y el acoso por razón de sexo.

4. El condicionamiento de un derecho o de una expectativa de derecho a la aceptación de una situación constitutiva de acoso sexual o de acoso por razón de sexo se considerará también acto de discriminación por razón de sexo.

Artículo 8. Discriminación por embarazo o maternidad.

Constituye discriminación directa por razón de sexo todo trato desfavorable a las mujeres relacionado con el embarazo o la maternidad.

Artículo 9. Indemnidad frente a represalias.

También se considerará discriminación por razón de sexo cualquier trato adverso o efecto negativo que se produzca en una persona como consecuencia de la presentación por su parte de queja, reclamación, denuncia, demanda o recurso, de cualquier tipo, destinados a impedir su discriminación y a exigir el cumplimiento efectivo del principio de igualdad de trato entre mujeres y hombres.

Artículo 10. Consecuencias jurídicas de las conductas discriminatorias.

Los actos y las cláusulas de los negocios jurídicos que constituyan o causen discriminación por razón de sexo se considerarán nulos y sin efecto, y darán lugar a responsabilidad a través de un sistema de reparaciones o indemnizaciones que sean reales, efectivas y proporcionadas al perjuicio sufrido, así como, en su caso, a través de un sistema eficaz y disuasorio de sanciones que prevenga la realización de conductas discriminatorias.

Artículo 11. Acciones positivas.

1. Con el fin de hacer efectivo el derecho constitucional de la igualdad, los Poderes Públicos adoptarán medidas específicas en favor de las mujeres para corregir situaciones patentes de desigualdad de hecho respecto de los hombres. Tales medidas, que serán aplicables en tanto subsistan dichas situaciones, habrán de ser razonables y proporcionadas en relación con el objetivo perseguido en cada caso.

2. También las personas físicas y jurídicas privadas podrán adoptar este tipo de medidas en los términos establecidos en la presente Ley.

Artículo 12. Tutela judicial efectiva.

1. Cualquier persona podrá recabar de los tribunales la tutela del derecho a la igualdad entre mujeres y hombres, de acuerdo con lo establecido en el artículo 53.2 de la Constitución, incluso tras la terminación de la relación en la que supuestamente se ha producido la discriminación.

2. La capacidad y legitimación para intervenir en los procesos civiles, sociales y contencioso-administrativos que versen sobre la defensa de este derecho corresponden a las personas físicas y jurídicas con interés legítimo, determinadas en las Leyes reguladoras de estos procesos.

3. La persona acosada será la única legitimada en los litigios sobre acoso sexual y acoso por razón de sexo.

Artículo 13. Prueba.

1. De acuerdo con las Leyes procesales, en aquellos procedimientos en los que las alegaciones de la parte actora se fundamenten en actuaciones discriminatorias, por razón de sexo, corresponderá a la persona demandada probar la ausencia de discriminación en las medidas adoptadas y su proporcionalidad.

A los efectos de lo dispuesto en el párrafo anterior, el órgano judicial, a instancia de parte, podrá recabar, si lo estimase útil y pertinente, informe o dictamen de los organismos públicos competentes.

2. Lo establecido en el apartado anterior no será de aplicación a los procesos penales.

TÍTULO II
POLÍTICAS PÚBLICAS PARA LA IGUALDAD

CAPÍTULO I
Principios generales

Artículo 14. Criterios generales de actuación de los Poderes Públicos.

A los fines de esta Ley, serán criterios generales de actuación de los Poderes Públicos:

1. El compromiso con la efectividad del derecho constitucional de igualdad entre mujeres y hombres.

2. La integración del principio de igualdad de trato y de oportunidades en el conjunto de las políticas económica, laboral, social, cultural y artística, con el fin de evitar la segregación laboral y eliminar las diferencias retributivas, así como potenciar el crecimiento del empresariado femenino en todos los ámbitos que abarque el conjunto de políticas y el valor del trabajo de las mujeres, incluido el doméstico.

3. La colaboración y cooperación entre las distintas Administraciones públicas en la aplicación del principio de igualdad de trato y de oportunidades.

4. La participación equilibrada de mujeres y hombres en las candidaturas electorales y en la toma de decisiones.

5. La adopción de las medidas necesarias para la erradicación de la violencia de género, la violencia familiar y todas las formas de acoso sexual y acoso por razón de sexo.

6. La consideración de las singulares dificultades en que se encuentran las mujeres de colectivos de especial vulnerabilidad como son las que pertenecen a minorías, las mujeres migrantes, las niñas, las mujeres con discapacidad, las mujeres mayores, las mujeres viudas y las mujeres víctimas de violencia de género, para las cuales los poderes públicos podrán adoptar, igualmente, medidas de acción positiva.

7. La protección de la maternidad, con especial atención a la asunción por la sociedad de los efectos derivados del embarazo, parto y lactancia.

8. El establecimiento de medidas que aseguren la conciliación del trabajo y de la vida personal y familiar de las mujeres y los hombres, así como el fomento de la corresponsabilidad en las labores domésticas y en la atención a la familia.

9. El fomento de instrumentos de colaboración entre las distintas Administraciones públicas y los agentes sociales, las asociaciones de mujeres y otras entidades privadas.

10. El fomento de la efectividad del principio de igualdad entre mujeres y hombres en las relaciones entre particulares.

11. La implantación de un lenguaje no sexista en el ámbito administrativo y su fomento en la totalidad de las relaciones sociales, culturales y artísticas.

12. Todos los puntos considerados en este artículo se promoverán e integrarán de igual manera en la política española de cooperación internacional para el desarrollo.

Artículo 15. Transversalidad del principio de igualdad de trato entre mujeres y hombres.

El principio de igualdad de trato y oportunidades entre mujeres y hombres informará, con carácter transversal, la actuación de todos los Poderes Públicos. Las Administraciones públicas lo integrarán, de forma activa, en la adopción y ejecución de sus disposiciones normativas, en la definición y presupuestación de políticas públicas en todos los ámbitos y en el desarrollo del conjunto de todas sus actividades.

Artículo 16. Nombramientos realizados por los Poderes Públicos.

Los Poderes Públicos procurarán atender al principio de presencia equilibrada de mujeres y hombres en los nombramientos y designaciones de los cargos de responsabilidad que les correspondan.

Artículo 17. Plan Estratégico de Igualdad de Oportunidades.

El Gobierno, en las materias que sean de la competencia del Estado, aprobará periódicamente un Plan Estratégico de Igualdad de Oportunidades, que incluirá medidas para alcanzar el objetivo de igualdad entre mujeres y hombres y eliminar la discriminación por razón de sexo.

Artículo 18. Informe periódico.

En los términos que reglamentariamente se determinen, el Gobierno elaborará un informe periódico sobre el conjunto de sus actuaciones en relación con la efectividad del principio de igualdad entre mujeres y hombres. De este informe se dará cuenta a las Cortes Generales.

Artículo 19. Informes de impacto de género.

Los proyectos de disposiciones de carácter general y los planes de especial relevancia económica, social, cultural y artística que se sometan a la aprobación del Consejo de Ministros deberán incorporar un informe sobre su impacto por razón de género.

Artículo 20. Adecuación de las estadísticas y estudios.

Al objeto de hacer efectivas las disposiciones contenidas en esta Ley y que se garantice la integración de modo efectivo de la perspectiva de género en su actividad ordinaria, los poderes públicos, en la elaboración de sus estudios y estadísticas, deberán:

a) Incluir sistemáticamente la variable de sexo en las estadísticas, encuestas y recogida de datos que lleven a cabo.

b) Establecer e incluir en las operaciones estadísticas nuevos indicadores que posibiliten un mejor conocimiento de las diferencias en los valores, roles, situaciones, condiciones, aspiraciones y necesidades de mujeres y hombres, su manifestación e interacción en la realidad que se vaya a analizar.

c) Diseñar e introducir los indicadores y mecanismos necesarios que permitan el conocimiento de la incidencia de otras variables cuya concurrencia resulta generadora de situaciones de discriminación múltiple en los diferentes ámbitos de intervención.

d) Realizar muestras lo suficientemente amplias como para que las diversas variables incluidas puedan ser explotadas y analizadas en función de la variable de sexo.

e) Explotar los datos de que disponen de modo que se puedan conocer las diferentes situaciones, condiciones, aspiraciones y necesidades de mujeres y hombres en los diferentes ámbitos de intervención.

f) Revisar y, en su caso, adecuar las definiciones estadísticas existentes con objeto de contribuir al reconocimiento y valoración del trabajo de las mujeres y evitar la estereotipación negativa de determinados colectivos de mujeres.

Sólo excepcionalmente, y mediante informe motivado y aprobado por el órgano competente, podrá justificarse el incumplimiento de alguna de las obligaciones anteriormente especificadas.

Artículo 21. Colaboración entre las Administraciones públicas.

1. La Administración General del Estado y las Administraciones de las Comunidades Autónomas cooperarán para integrar el derecho de igualdad entre mujeres y hombres en el ejercicio de sus respectivas competencias y, en especial, en sus actuaciones de planificación. En el seno de la Conferencia Sectorial de la Mujer podrán adoptarse planes y programas conjuntos de actuación con esta finalidad.

2. Las Entidades Locales integrarán el derecho de igualdad en el ejercicio de sus competencias y colaborarán, a tal efecto, con el resto de las Administraciones públicas.

Artículo 22. Acciones de planificación equitativa de los tiempos.

Con el fin de avanzar hacia un reparto equitativo de los tiempos entre mujeres y hombres, las corporaciones locales podrán establecer Planes Municipales de organización del tiempo de la ciudad. Sin perjuicio de las competencias de las Comunidades Autónomas, el Estado podrá prestar asistencia técnica para la elaboración de estos planes.

CAPÍTULO II

Acción administrativa para la igualdad

Artículo 23. La educación para la igualdad de mujeres y hombres.

El sistema educativo incluirá entre sus fines la educación en el respeto de los derechos y libertades fundamentales y en la igualdad de derechos y oportunidades entre mujeres y hombres.

Asimismo, el sistema educativo incluirá, dentro de sus principios de calidad, la eliminación de los obstáculos que dificultan la igualdad efectiva entre mujeres y hombres y el fomento de la igualdad plena entre unas y otros.

Artículo 24. Integración del principio de igualdad en la política de educación.

1. Las Administraciones educativas garantizarán un igual derecho a la educación de mujeres y hombres a través de la integración activa, en los objetivos y en las actuaciones educativas, del principio de igualdad de trato, evitando que, por comportamientos sexistas o por los estereotipos sociales asociados, se produzcan desigualdades entre mujeres y hombres.

2. Las Administraciones educativas, en el ámbito de sus respectivas competencias, desarrollarán, con tal finalidad, las siguientes actuaciones:

a) La atención especial en los currículos y en todas las etapas educativas al principio de igualdad entre mujeres y hombres.

b) La eliminación y el rechazo de los comportamientos y contenidos sexistas y estereotipos que supongan discriminación entre mujeres y hombres, con especial consideración a ello en los libros de texto y materiales educativos.

c) La integración del estudio y aplicación del principio de igualdad en los cursos y programas para la formación inicial y permanente del profesorado.

d) La promoción de la presencia equilibrada de mujeres y hombres en los órganos de control y de gobierno de los centros docentes.

e) La cooperación con el resto de las Administraciones educativas para el desarrollo de proyectos y programas dirigidos a fomentar el conocimiento y la difusión, entre las personas de la comunidad educativa, de los principios de coeducación y de igualdad efectiva entre mujeres y hombres.

f) El establecimiento de medidas educativas destinadas al reconocimiento y enseñanza del papel de las mujeres en la Historia.

Artículo 25. La igualdad en el ámbito de la educación superior.

1. En el ámbito de la educación superior, las Administraciones públicas en el ejercicio de sus respectivas competencias fomentarán la enseñanza y la investigación sobre el significado y alcance de la igualdad entre mujeres y hombres.

2. En particular, y con tal finalidad, las Administraciones públicas promoverán:

a) La inclusión, en los planes de estudio en que proceda, de enseñanzas en materia de igualdad entre mujeres y hombres.

b) La creación de postgrados específicos.

c) La realización de estudios e investigaciones especializadas en la materia.

Artículo 26. La igualdad en el ámbito de la creación y producción artística e intelectual.

1. Las autoridades públicas, en el ámbito de sus competencias, velarán por hacer efectivo el principio de igualdad de trato y de oportunidades entre mujeres y hombres en todo lo concerniente a la creación y producción artística e intelectual y a la difusión de la misma.

2. Los distintos organismos, agencias, entes y demás estructuras de las administraciones públicas que de modo directo o indirecto configuren el sistema de gestión cultural, desarrollarán las siguientes actuaciones:

a) Adoptar iniciativas destinadas a favorecer la promoción específica de las mujeres en la cultura y a combatir su discriminación estructural y/o difusa.

b) Políticas activas de ayuda a la creación y producción artística e intelectual de autoría femenina, traducidas en incentivos de naturaleza económica, con el objeto de crear las condiciones para que se produzca una efectiva igualdad de oportunidades.

c) Promover la presencia equilibrada de mujeres y hombres en la oferta artística y cultural pública.

d) Que se respete y se garantice la representación equilibrada en los distintos órganos consultivos, científicos y de decisión existentes en el organigrama artístico y cultural.

e) Adoptar medidas de acción positiva a la creación y producción artística e intelectual de las mujeres, propiciando el intercambio cultural, intelectual y artístico, tanto nacional como internacional, y la suscripción de convenios con los organismos competentes.

f) En general y al amparo del artículo 11 de la presente Ley, todas las acciones positivas necesarias para corregir las situaciones de desigualdad en la producción y creación intelectual artística y cultural de las mujeres.

Artículo 27. Integración del principio de igualdad en la política de salud.

1. Las políticas, estrategias y programas de salud integrarán, en su formulación, desarrollo y evaluación, las distintas necesidades de mujeres y hombres y las medidas necesarias para abordarlas adecuadamente.

2. Las Administraciones públicas garantizarán un igual derecho a la salud de las mujeres y hombres, a través de la integración activa, en los objetivos y en las actuaciones de la política de salud, del principio de igualdad de trato, evitando que por sus diferencias biológicas o por los estereotipos sociales asociados, se produzcan discriminaciones entre unas y otros.

3. Las Administraciones públicas, a través de sus Servicios de Salud y de los órganos competentes en cada caso, desarrollarán, de acuerdo con el principio de igualdad de oportunidades, las siguientes actuaciones:

a) La adopción sistemática, dentro de las acciones de educación sanitaria, de iniciativas destinadas a favorecer la promoción específica de la salud de las mujeres, así como a prevenir su discriminación.

b) El fomento de la investigación científica que atienda las diferencias entre mujeres y hombres en relación con la protección de su salud, especialmente en lo referido a la accesibilidad y el esfuerzo diagnóstico y terapéutico, tanto en sus aspectos de ensayos clínicos como asistenciales.

c) La consideración, dentro de la protección, promoción y mejora de la salud laboral, del acoso sexual y el acoso por razón de sexo.

d) La integración del principio de igualdad en la formación del personal al servicio de las organizaciones sanitarias, garantizando en especial su capacidad para detectar y atender las situaciones de violencia de género.

e) La presencia equilibrada de mujeres y hombres en los puestos directivos y de responsabilidad profesional del conjunto del Sistema Nacional de Salud.

f) La obtención y el tratamiento desagregados por sexo, siempre que sea posible, de los datos contenidos en registros, encuestas, estadísticas u otros sistemas de información médica y sanitaria.

Artículo 28. Sociedad de la Información.

1. Todos los programas públicos de desarrollo de la Sociedad de la Información incorporarán la efectiva consideración del principio de igualdad de oportunidades entre mujeres y hombres en su diseño y ejecución.

2. El Gobierno promoverá la plena incorporación de las mujeres en la Sociedad de la Información mediante el desarrollo de programas específicos, en especial, en materia de acceso y formación en tecnologías de la información y de las comunicaciones, contemplando las de colectivos de riesgo de exclusión y del ámbito rural.

3. El Gobierno promoverá los contenidos creados por mujeres en el ámbito de la Sociedad de la Información.

4. En los proyectos del ámbito de las tecnologías de la información y la comunicación sufragados total o parcialmente con dinero público, se garantizará que su lenguaje y contenidos sean no sexistas.

Artículo 29. Deportes.

1. Todos los programas públicos de desarrollo del deporte incorporarán la efectiva consideración del principio de igualdad real y efectiva entre mujeres y hombres en su diseño y ejecución.

2. El Gobierno promoverá el deporte femenino y favorecerá la efectiva apertura de las disciplinas deportivas a las mujeres, mediante el desarrollo de programas específicos en todas las etapas de la vida y en todos los niveles, incluidos los de responsabilidad y decisión.

Artículo 30. Desarrollo rural.

1. A fin de hacer efectiva la igualdad entre mujeres y hombres en el sector agrario, el Ministerio

de Agricultura, Pesca y Alimentación y el Ministerio de Trabajo y Asuntos Sociales desarrollarán la figura jurídica de la titularidad compartida, para que se reconozcan plenamente los derechos de las mujeres en el sector agrario, la correspondiente protección de la Seguridad Social, así como el reconocimiento de su trabajo.

2. En las actuaciones encaminadas al desarrollo del medio rural, se incluirán acciones dirigidas a mejorar el nivel educativo y de formación de las mujeres, y especialmente las que favorezcan su incorporación al mercado de trabajo y a los órganos de dirección de empresas y asociaciones.

3. Las Administraciones públicas promoverán nuevas actividades laborales que favorezcan el trabajo de las mujeres en el mundo rural.

4. Las Administraciones públicas promoverán el desarrollo de una red de servicios sociales para atender a menores, mayores y dependientes como medida de conciliación de la vida laboral, familiar y personal de hombres y mujeres en mundo rural.

5. Los poderes públicos fomentarán la igualdad de oportunidades en el acceso a las tecnologías de la información y la comunicación mediante el uso de políticas y actividades dirigidas a la mujer rural, y la aplicación de soluciones alternativas tecnológicas allá donde la extensión de estas tecnologías no sea posible.

Artículo 31. Políticas urbanas, de ordenación territorial y vivienda.

1. Las políticas y planes de las Administraciones públicas en materia de acceso a la vivienda incluirán medidas destinadas a hacer efectivo el principio de igualdad entre mujeres y hombres.

Del mismo modo, las políticas urbanas y de ordenación del territorio tomarán en consideración las necesidades de los distintos grupos sociales y de los diversos tipos de estructuras familiares, y favorecerán el acceso en condiciones de igualdad a los distintos servicios e infraestructuras urbanas.

2. El Gobierno, en el ámbito de sus competencias, fomentará el acceso a la vivienda de las mujeres en situación de necesidad o en riesgo de exclusión, y de las que hayan sido víctimas de la violencia de género, en especial cuando, en ambos casos, tengan hijos menores exclusivamente a su cargo.

3. Las Administraciones públicas tendrán en cuenta en el diseño de la ciudad, en las políticas urbanas, en la definición y ejecución del planeamiento urbanístico, la perspectiva de género, utilizando para ello, especialmente, mecanismos e instrumentos que fomenten y favorezcan la participación ciudadana y la transparencia.

Artículo 32. Política española de cooperación para el desarrollo.

1. Todas las políticas, planes, documentos de planificación estratégica, tanto sectorial como geográfica, y herramientas de programación operativa de la cooperación española para el desarrollo, incluirán el principio de igualdad entre mujeres y hombres como un elemento sustancial en su agenda de prioridades, y recibirán un tratamiento de prioridad transversal y específica en sus contenidos, contemplando medidas concretas para el seguimiento y la evaluación de logros para la igualdad efectiva en la cooperación española al desarrollo.

2. Además, se elaborará una Estrategia Sectorial de Igualdad entre mujeres y hombres para la cooperación española, que se actualizará periódicamente a partir de los logros y lecciones aprendidas en los procesos anteriores.

3. La Administración española planteará un proceso progresivo, a medio plazo, de integración efectiva del principio de igualdad y del enfoque de género en desarrollo (GED), en todos los niveles de su gestión, que haga posible y efectiva la aplicación de la Estrategia Sectorial de Igualdad entre mujeres y hombres, que contemple actuaciones específicas para alcanzar la transversalidad en las actuaciones de la cooperación española, y la promoción de medidas de acción positiva que favorezcan cambios significativos en la implantación del principio de igualdad, tanto dentro de la Administración como en el mandato de desarrollo de la propia cooperación española.

Artículo 33. Contratos de las Administraciones públicas.

Las Administraciones públicas, en el ámbito de sus respectivas competencias, a través de sus órganos de contratación y, en relación con la ejecución de los contratos que celebren, podrán establecer condiciones especiales con el fin de promover la igualdad entre mujeres y hombres en el mercado de trabajo, de acuerdo con lo establecido en la legislación de contratos del sector público.

Artículo 34. Contratos de la Administración General del Estado.

1. Anualmente, el Consejo de Ministros, a la vista de la evolución e impacto de las políticas de igualdad en el mercado laboral, determinará los contratos de la Administración General del Estado y de sus organismos públicos que obligatoriamente deberán incluir entre sus condiciones de ejecución

medidas tendentes a promover la igualdad efectiva entre mujeres y hombres en el mercado de trabajo, conforme a lo previsto en la legislación de contratos del sector público.

En el Acuerdo a que se refiere el párrafo anterior podrán establecerse, en su caso, las características de las condiciones que deban incluirse en los pliegos atendiendo a la naturaleza de los contratos y al sector de actividad donde se generen las prestaciones.

2. Los órganos de contratación podrán establecer en los pliegos de cláusulas administrativas particulares la preferencia en la adjudicación de los contratos de las proposiciones presentadas por aquellas empresas que, en el momento de acreditar su solvencia técnica o profesional, cumplan con las directrices del apartado anterior, siempre que estas proposiciones igualen en sus términos a las más ventajosas desde el punto de vista de los criterios objetivos que sirvan de base a la adjudicación y respetando, en todo caso, la prelación establecida en el apartado primero de la disposición adicional octava del Texto Refundido de la Ley de Contratos de las Administraciones Públicas, aprobado por Real Decreto Legislativo 2/2000, de 16 de junio.

Artículo 35. Subvenciones públicas.

Las Administraciones públicas, en los planes estratégicos de subvenciones que adopten en el ejercicio de sus competencias, determinarán los ámbitos en que, por razón de la existencia de una situación de desigualdad de oportunidades entre mujeres y hombres, las bases reguladoras de las correspondientes subvenciones puedan incluir la valoración de actuaciones de efectiva consecución de la igualdad por parte de las entidades solicitantes.

A estos efectos podrán valorarse, entre otras, las medidas de conciliación de la vida personal, laboral y familiar, de responsabilidad social de la empresa, o la obtención del distintivo empresarial en materia de igualdad regulado en el Capítulo IV del Título IV de la presente Ley.

TÍTULO III

IGUALDAD Y MEDIOS DE COMUNICACIÓN

Artículo 36. La igualdad en los medios de comunicación social de titularidad pública.

Los medios de comunicación social de titularidad pública velarán por la transmisión de una imagen igualitaria, plural y no estereotipada de mujeres y hombres en la sociedad, y promoverán el conocimiento y la difusión del principio de igualdad entre mujeres y hombres.

Artículo 37. Corporación RTVE.

1. La Corporación RTVE, en el ejercicio de su función de servicio público, perseguirá en su programación los siguientes objetivos:

a) Reflejar adecuadamente la presencia de las mujeres en los diversos ámbitos de la vida social.

b) Utilizar el lenguaje en forma no sexista.

c) Adoptar, mediante la autorregulación, códigos de conducta tendentes a transmitir el contenido del principio de igualdad.

d) Colaborar con las campañas institucionales dirigidas a fomentar la igualdad entre mujeres y hombres y a erradicar la violencia de género.

2. La Corporación RTVE promoverá la incorporación de las mujeres a puestos de responsabilidad directiva y profesional. Asimismo, fomentará la relación con asociaciones y grupos de mujeres para identificar sus necesidades e intereses en el ámbito de la comunicación.

Artículo 38. Agencia EFE.

1. En el ejercicio de sus actividades, la Agencia EFE velará por el respeto del principio de igualdad entre mujeres y hombres y, en especial, por la utilización no sexista del lenguaje, y perseguirá en su actuación los siguientes objetivos:

a) Reflejar adecuadamente la presencia de la mujer en los diversos ámbitos de la vida social.

b) Utilizar el lenguaje en forma no sexista.

c) Adoptar, mediante la autorregulación, códigos de conducta tendentes a transmitir el contenido del principio de igualdad.

d) Colaborar con las campañas institucionales dirigidas a fomentar la igualdad entre mujeres y hombres y a erradicar la violencia de género.

2. La Agencia EFE promoverá la incorporación de las mujeres a puestos de responsabilidad

directiva y profesional. Asimismo, fomentará la relación con asociaciones y grupos de mujeres para identificar sus necesidades e intereses en el ámbito de la comunicación.

Artículo 39. La igualdad en los medios de comunicación social de titularidad privada.

1. Todos los medios de comunicación respetarán la igualdad entre mujeres y hombres, evitando cualquier forma de discriminación.

2. Las Administraciones públicas promoverán la adopción por parte de los medios de comunicación de acuerdos de autorregulación que contribuyan al cumplimiento de la legislación en materia de igualdad entre mujeres y hombres, incluyendo las actividades de venta y publicidad que en aquéllos se desarrollen.

Artículo 40. Autoridad audiovisual.

Las Autoridades a las que corresponda velar por que los medios audiovisuales cumplan sus obligaciones adoptarán las medidas que procedan, de acuerdo con su regulación, para asegurar un tratamiento de las mujeres conforme con los principios y valores constitucionales.

Artículo 41. Igualdad y publicidad.

La publicidad que comporte una conducta discriminatoria de acuerdo con esta Ley se considerará publicidad ilícita, de conformidad con lo previsto en la legislación general de publicidad y de publicidad y comunicación institucional.

TÍTULO IV

EL DERECHO AL TRABAJO EN IGUALDAD DE OPORTUNIDADES

CAPÍTULO I

Igualdad de trato y de oportunidades en el ámbito laboral

Artículo 42. Programas de mejora de la empleabilidad de las mujeres.

1. Las políticas de empleo tendrán como uno de sus objetivos prioritarios aumentar la participación de las mujeres en el mercado de trabajo y avanzar en la igualdad efectiva entre mujeres y hombres. Para ello, se mejorará la empleabilidad y la permanencia en el empleo de las mujeres, potenciando su nivel formativo y su adaptabilidad a los requerimientos del mercado de trabajo.

2. Los Programas de inserción laboral activa comprenderán todos los niveles educativos y edad de las mujeres, incluyendo los de Formación Profesional, Escuelas Taller y Casas de Oficios, dirigidos a personas en desempleo, se podrán destinar prioritariamente a colectivos específicos de mujeres o contemplar una determinada proporción de mujeres.

Artículo 43. Promoción de la igualdad en la negociación colectiva.

De acuerdo con lo establecido legalmente, mediante la negociación colectiva se podrán establecer medidas de acción positiva para favorecer el acceso de las mujeres al empleo y la aplicación efectiva del principio de igualdad de trato y no discriminación en las condiciones de trabajo entre mujeres y hombres.

CAPÍTULO II

Igualdad y conciliación

Artículo 44. Los derechos de conciliación de la vida personal, familiar y laboral.

1. Los derechos de conciliación de la vida personal, familiar y laboral se reconocerán a los trabajadores y las trabajadoras en forma que fomenten la asunción equilibrada de las responsabilidades familiares, evitando toda discriminación basada en su ejercicio.

2. El permiso y la prestación por maternidad se concederán en los términos previstos en la normativa laboral y de Seguridad Social.

3. Para contribuir a un reparto más equilibrado de las responsabilidades familiares, se reconoce a los padres el derecho a un permiso y una prestación por paternidad, en los términos previstos en la normativa laboral y de Seguridad Social.

CAPÍTULO III

Los planes de igualdad de las empresas y otras medidas de promoción de la igualdad

Artículo 45. Elaboración y aplicación de los planes de igualdad.

1. Las empresas están obligadas a respetar la igualdad de trato y de oportunidades en el ámbito laboral y, con esta finalidad, deberán adoptar medidas dirigidas a evitar cualquier tipo de discriminación laboral entre mujeres y hombres, medidas que deberán negociar, y en su caso acordar, con los representantes legales de los trabajadores en la forma que se determine en la legislación laboral.

2. En el caso de las empresas de más de doscientos cincuenta trabajadores, las medidas de igualdad a que se refiere el apartado anterior deberán dirigirse a la elaboración y aplicación de un plan de igualdad, con el alcance y contenido establecidos en este capítulo, que deberá ser asimismo objeto de negociación en la forma que se determine en la legislación laboral.

3. Sin perjuicio de lo dispuesto en el apartado anterior, las empresas deberán elaborar y aplicar un plan de igualdad cuando así se establezca en el convenio colectivo que sea aplicable, en los términos previstos en el mismo.

4. Las empresas también elaborarán y aplicarán un plan de igualdad, previa negociación o consulta, en su caso, con la representación legal de los trabajadores y trabajadoras, cuando la autoridad laboral hubiera acordado en un procedimiento sancionador la sustitución de las sanciones accesorias por la elaboración y aplicación de dicho plan, en los términos que se fijen en el indicado acuerdo.

5. La elaboración e implantación de planes de igualdad será voluntaria para las demás empresas, previa consulta a la representación legal de los trabajadores y trabajadoras.

Artículo 46. Concepto y contenido de los planes de igualdad de las empresas.

1. Los planes de igualdad de las empresas son un conjunto ordenado de medidas, adoptadas después de realizar un diagnóstico de situación, tendentes a alcanzar en la empresa la igualdad de trato y de oportunidades entre mujeres y hombres y a eliminar la discriminación por razón de sexo.

Los planes de igualdad fijarán los concretos objetivos de igualdad a alcanzar, las estrategias y prácticas a adoptar para su consecución, así como el establecimiento de sistemas eficaces de seguimiento y evaluación de los objetivos fijados.

2. Para la consecución de los objetivos fijados, los planes de igualdad podrán contemplar, entre otras, las materias de acceso al empleo, clasificación profesional, promoción y formación, retribuciones, ordenación del tiempo de trabajo para favorecer, en términos de igualdad entre mujeres y hombres, la conciliación laboral, personal y familiar, y prevención del acoso sexual y del acoso por razón de sexo.

3. Los planes de igualdad incluirán la totalidad de una empresa, sin perjuicio del establecimiento de acciones especiales adecuadas respecto a determinados centros de trabajo.

Artículo 47. Transparencia en la implantación del plan de igualdad.

Se garantiza el acceso de la representación legal de los trabajadores y trabajadoras o, en su defecto, de los propios trabajadores y trabajadoras, a la información sobre el contenido de los Planes de igualdad y la consecución de sus objetivos.

Lo previsto en el párrafo anterior se entenderá sin perjuicio del seguimiento de la evolución de los acuerdos sobre planes de igualdad por parte de las comisiones paritarias de los convenios colectivos a las que éstos atribuyan estas competencias.

Artículo 48. Medidas específicas para prevenir el acoso sexual y el acoso por razón de sexo en el trabajo.

1. Las empresas deberán promover condiciones de trabajo que eviten el acoso sexual y el acoso por razón de sexo y arbitrar procedimientos específicos para su prevención y para dar cauce a las denuncias o reclamaciones que puedan formular quienes hayan sido objeto del mismo.

Con esta finalidad se podrán establecer medidas que deberán negociarse con los representantes de los trabajadores, tales como la elaboración y difusión de códigos de buenas prácticas, la realización de campañas informativas o acciones de formación.

2. Los representantes de los trabajadores deberán contribuir a prevenir el acoso sexual y el acoso por razón de sexo en el trabajo mediante la sensibilización de los trabajadores y trabajadoras frente al mismo y la información a la dirección de la empresa de las conductas o comportamientos de que tuvieran conocimiento y que pudieran propiciarlo.

Artículo 49. Apoyo para la implantación voluntaria de planes de igualdad.

Para impulsar la adopción voluntaria de planes de igualdad, el Gobierno establecerá medidas de fomento, especialmente dirigidas a las pequeñas y las medianas empresas, que incluirán el apoyo técnico necesario.

CAPÍTULO IV

Distintivo empresarial en materia de igualdad

Artículo 50. Distintivo para las empresas en materia de igualdad.

1. El Ministerio de Trabajo y Asuntos Sociales creará un distintivo para reconocer a aquellas empresas que destaquen por la aplicación de políticas de igualdad de trato y de oportunidades con sus trabajadores y trabajadoras, que podrá ser utilizado en el tráfico comercial de la empresa y con fines publicitarios.

2. Con el fin de obtener este distintivo, cualquier empresa, sea de capital público o privado, podrá presentar al Ministerio de Trabajo y Asuntos Sociales un balance sobre los parámetros de igualdad implantados respecto de las relaciones de trabajo y la publicidad de los productos y servicios prestados.

3. Reglamentariamente, se determinarán la denominación de este distintivo, el procedimiento y las condiciones para su concesión, las facultades derivadas de su obtención y las condiciones de difusión institucional de las empresas que lo obtengan y de las políticas de igualdad aplicadas por ellas.

4. Para la concesión de este distintivo se tendrán en cuenta, entre otros criterios, la presencia equilibrada de mujeres y hombres en los órganos de dirección y en los distintos grupos y categorías profesionales de la empresa, la adopción de planes de igualdad u otras medidas innovadoras de fomento de la igualdad, así como la publicidad no sexista de los productos o servicios de la empresa.

5. El Ministerio de Trabajo y Asuntos Sociales controlará que las empresas que obtengan el distintivo mantengan permanentemente la aplicación de políticas de igualdad de trato y de oportunidades con sus trabajadores y trabajadoras y, en caso de incumplirlas, les retirará el distintivo.

TÍTULO V

EL PRINCIPIO DE IGUALDAD EN EL EMPLEO PÚBLICO

CAPÍTULO I

Criterios de actuación de las Administraciones públicas

Artículo 51. Criterios de actuación de las Administraciones públicas.

Las Administraciones públicas, en el ámbito de sus respectivas competencias y en aplicación del principio de igualdad entre mujeres y hombres, deberán:

a) Remover los obstáculos que impliquen la pervivencia de cualquier tipo de discriminación con el fin de ofrecer condiciones de igualdad efectiva entre mujeres y hombres en el acceso al empleo público y en el desarrollo de la carrera profesional.

b) Facilitar la conciliación de la vida personal, familiar y laboral, sin menoscabo de la promoción profesional.

c) Fomentar la formación en igualdad, tanto en el acceso al empleo público como a lo largo de la carrera profesional.

d) Promover la presencia equilibrada de mujeres y hombres en los órganos de selección y valoración.

e) Establecer medidas efectivas de protección frente al acoso sexual y al acoso por razón de sexo.

f) Establecer medidas efectivas para eliminar cualquier discriminación retributiva, directa o indirecta, por razón de sexo.

g) Evaluar periódicamente la efectividad del principio de igualdad en sus respectivos ámbitos de actuación.

CAPÍTULO II

El principio de presencia equilibrada en la Administración General del Estado y en los organismos públicos vinculados o dependientes de ella

Artículo 52. Titulares de órganos directivos.

El Gobierno atenderá al principio de presencia equilibrada de mujeres y hombres en el nombramiento de las personas titulares de los órganos directivos de la Administración General del Estado y de los organismos públicos vinculados o dependientes de ella, considerados en su conjunto, cuya designación le corresponda.

Artículo 53. Órganos de selección y Comisiones de valoración.

Todos los tribunales y órganos de selección del personal de la Administración General del Estado y de los organismos públicos vinculados o dependientes de ella responderán al principio de presencia equilibrada de mujeres y hombres, salvo por razones fundadas y objetivas, debidamente motivadas.

Asimismo, la representación de la Administración General del Estado y de los organismos públicos vinculados o dependientes de ella en las comisiones de valoración de méritos para la provisión de puestos de trabajo se ajustará al principio de composición equilibrada de ambos sexos.

Artículo 54. Designación de representantes de la Administración General del Estado.

La Administración General del Estado y los organismos públicos vinculados o dependientes de ella designarán a sus representantes en órganos colegiados, comités de personas expertas o comités consultivos, nacionales o internacionales, de acuerdo con el principio de presencia equilibrada de mujeres y hombres, salvo por razones fundadas y objetivas, debidamente motivadas.

Asimismo, la Administración General del Estado y los organismos públicos vinculados o dependientes de ella observarán el principio de presencia equilibrada en los nombramientos que le corresponda efectuar en los consejos de administración de las empresas en cuyo capital participe.

CAPÍTULO III

Medidas de Igualdad en el empleo para la Administración General del Estado y para los organismos públicos vinculados o dependientes de ella

Artículo 55. Informe de impacto de género en las pruebas de acceso al empleo público.

La aprobación de convocatorias de pruebas selectivas para el acceso al empleo público deberá acompañarse de un informe de impacto de género, salvo en casos de urgencia y siempre sin perjuicio de la prohibición de discriminación por razón de sexo.

Artículo 56. Permisos y beneficios de protección a la maternidad y la conciliación de la vida personal, familiar y laboral.

Sin perjuicio de las mejoras que pudieran derivarse de acuerdos suscritos entre la Administración General del Estado o los organismos públicos vinculados o dependientes de ella con los representantes del personal al servicio de la Administración Pública, la normativa aplicable a los mismos establecerá un régimen de excedencias, reducciones de jornada, permisos u otros beneficios con el fin de proteger la maternidad y facilitar la conciliación de la vida personal, familiar y laboral. Con la misma finalidad se reconocerá un permiso de paternidad, en los términos que disponga dicha normativa.

Artículo 57. Conciliación y provisión de puestos de trabajo.

En las bases de los concursos para la provisión de puestos de trabajo se computará, a los efectos de valoración del trabajo desarrollado y de los correspondientes méritos, el tiempo que las personas candidatas hayan permanecido en las situaciones a que se refiere el artículo anterior.

Artículo 58. Licencia por riesgo durante el embarazo y lactancia.

Cuando las condiciones del puesto de trabajo de una funcionaria incluida en el ámbito de aplicación del mutualismo administrativo pudieran influir negativamente en la salud de la mujer, del hijo e hija, podrá concederse licencia por riesgo durante el embarazo, en los mismos términos y condiciones previstas en la normativa aplicable. En estos casos, se garantizará la plenitud de los derechos económicos de la funcionaria durante toda la duración de la licencia, de acuerdo con lo establecido en la legislación específica.

Lo dispuesto en el párrafo anterior será también de aplicación durante el período de lactancia natural.

Artículo 59. Vacaciones.

Sin perjuicio de las mejoras que pudieran derivarse de acuerdos suscritos entre la Administración

General del Estado o los organismos públicos vinculados o dependientes de ella con la representación de los empleados y empleadas al servicio de la Administración Pública, cuando el período de vacaciones coincida con una incapacidad temporal derivada del embarazo, parto o lactancia natural, o con el permiso de maternidad, o con su ampliación por lactancia, la empleada pública tendrá derecho a disfrutar las vacaciones en fecha distinta, aunque haya terminado el año natural al que correspondan.

Gozarán de este mismo derecho quienes estén disfrutando de permiso de paternidad.

Artículo 60. Acciones positivas en las actividades de formación.

1. Con el objeto de actualizar los conocimientos de los empleados y empleadas públicas, se otorgará preferencia, durante un año, en la adjudicación de plazas para participar en los cursos de formación a quienes se hayan incorporado al servicio activo procedentes del permiso de maternidad o paternidad, o hayan reingresado desde la situación de excedencia por razones de guarda legal y atención a personas mayores dependientes o personas con discapacidad.

2. Con el fin de facilitar la promoción profesional de las empleadas públicas y su acceso a puestos directivos en la Administración General del Estado y en los organismos públicos vinculados o dependientes de ella, en las convocatorias de los correspondientes cursos de formación se reservará al menos un 40% de las plazas para su adjudicación a aquéllas que reúnan los requisitos establecidos.

Artículo 61. Formación para la igualdad.

1. Todas las pruebas de acceso al empleo público de la Administración General del Estado y de los organismos públicos vinculados o dependientes de ella contemplarán el estudio y la aplicación del principio de igualdad entre mujeres y hombres en los diversos ámbitos de la función pública.

2. La Administración General del Estado y los organismos públicos vinculados o dependientes de ella impartirán cursos de formación sobre la igualdad de trato y oportunidades entre mujeres y hombres y sobre prevención de la violencia de género, que se dirigirán a todo su personal.

Artículo 62. Protocolo de actuación frente al acoso sexual y al acoso por razón de sexo.

Para la prevención del acoso sexual y del acoso por razón de sexo, las Administraciones públicas negociarán con la representación legal de las trabajadoras y trabajadores, un protocolo de actuación que comprenderá, al menos, los siguientes principios:

a) El compromiso de la Administración General del Estado y de los organismos públicos vinculados o dependientes de ella de prevenir y no tolerar el acoso sexual y el acoso por razón de sexo.

b) La instrucción a todo el personal de su deber de respetar la dignidad de las personas y su derecho a la intimidad, así como la igualdad de trato entre mujeres y hombres.

c) El tratamiento reservado de las denuncias de hechos que pudieran ser constitutivos de acoso sexual o de acoso por razón de sexo, sin perjuicio de lo establecido en la normativa de régimen disciplinario.

d) La identificación de las personas responsables de atender a quienes formulen una queja o denuncia.

Artículo 63. Evaluación sobre la igualdad en el empleo público.

Todos los Departamentos Ministeriales y Organismos Públicos remitirán, al menos anualmente, a los Ministerios de Trabajo y Asuntos Sociales y de Administraciones Públicas, información relativa a la aplicación efectiva en cada uno de ellos del principio de igualdad entre mujeres y hombres, con especificación, mediante la desagregación por sexo de los datos, de la distribución de su plantilla, grupo de titulación, nivel de complemento de destino y retribuciones promediadas de su personal.

Artículo 64. Plan de Igualdad en la Administración General del Estado y en los organismos públicos vinculados o dependientes de ella.

El Gobierno aprobará, al inicio de cada legislatura, un Plan para la Igualdad entre mujeres y hombres en la Administración General del Estado y en los organismos públicos vinculados o dependientes de ella. El Plan establecerá los objetivos a alcanzar en materia de promoción de la igualdad de trato y oportunidades en el empleo público, así como las estrategias o medidas a adoptar para su consecución. El Plan será objeto de negociación, y en su caso acuerdo, con la representación legal de los empleados públicos en la forma que se determine en la legislación sobre negociación colectiva en la Administración Pública y su cumplimiento será evaluado anualmente por el Consejo de Ministros.

CAPÍTULO IV

Fuerzas Armadas

Artículo 65. Respeto del principio de igualdad.

Las normas sobre personal de las Fuerzas Armadas procurarán la efectividad del principio de igualdad entre mujeres y hombres, en especial en lo que se refiere al régimen de acceso, formación, ascensos, destinos y situaciones administrativas.

Artículo 66. Aplicación de las normas referidas al personal de las Administraciones públicas.

Las normas referidas al personal al servicio de las Administraciones públicas en materia de igualdad, prevención de la violencia de género y conciliación de la vida personal, familiar y profesional serán de aplicación en las Fuerzas Armadas, con las adaptaciones que resulten necesarias y en los términos establecidos en su normativa específica.

CAPÍTULO V

Fuerzas y Cuerpos de Seguridad del Estado

Artículo 67. Respeto del principio de igualdad.

Las normas reguladoras de las Fuerzas y Cuerpos de Seguridad del Estado promoverán la igualdad efectiva entre mujeres y hombres, impidiendo cualquier situación de discriminación profesional, especialmente, en el sistema de acceso, formación, ascensos, destinos y situaciones administrativas.

Artículo 68. Aplicación de las normas referidas al personal de las Administraciones públicas.

Las normas referidas al personal al servicio de las Administraciones públicas en materia de igualdad, prevención de la violencia de género y conciliación de la vida personal, familiar y profesional serán de aplicación en las Fuerzas y Cuerpos de Seguridad del Estado, adaptándose, en su caso, a las peculiaridades de las funciones que tienen encomendadas, en los términos establecidos por su normativa específica.

TÍTULO VI

IGUALDAD DE TRATO EN EL ACCESO A BIENES Y SERVICIOS Y SU SUMINISTRO

Artículo 69. Igualdad de trato en el acceso a bienes y servicios.

1. Todas las personas físicas o jurídicas que, en el sector público o en el privado, suministren bienes o servicios disponibles para el público, ofrecidos fuera del ámbito de la vida privada y familiar, estarán obligadas, en sus actividades y en las transacciones consiguientes, al cumplimiento del principio de igualdad de trato entre mujeres y hombres, evitando discriminaciones, directas o indirectas, por razón de sexo.

2. Lo previsto en el apartado anterior no afecta a la libertad de contratación, incluida la libertad de la persona de elegir a la otra parte contratante, siempre y cuando dicha elección no venga determinada por su sexo.

3. No obstante lo dispuesto en los apartados anteriores, serán admisibles las diferencias de trato en el acceso a bienes y servicios cuando estén justificadas por un propósito legítimo y los medios para lograrlo sean adecuados y necesarios.

Artículo 70. Protección en situación de embarazo.

En el acceso a bienes y servicios, ningún contratante podrá indagar sobre la situación de embarazo de una mujer demandante de los mismos, salvo por razones de protección de su salud.

Artículo 71. Factores actuariales.

1. Se prohíbe la celebración de contratos de seguros o de servicios financieros afines en los que, al considerar el sexo como factor de cálculo de primas y prestaciones, se generen diferencias en las primas y prestaciones de las personas aseguradas.

No obstante, reglamentariamente, se podrán fijar los supuestos en los que sea admisible determinar diferencias proporcionadas de las primas y prestaciones de las personas consideradas individualmente, cuando el sexo constituya un factor determinante de la evaluación del riesgo a partir de datos actuariales y estadísticos pertinentes y fiables.

2. Los costes relacionados con el embarazo y el parto no justificarán diferencias en las primas y

prestaciones de las personas consideradas individualmente, sin que puedan autorizarse diferencias al respecto.

⇒ Téngase en cuenta la disp. final 8ª, que establece que lo previsto en el ap. 2 de este artículo, entra en vigor el 31 de diciembre de 2008.

Artículo 72. Consecuencias del incumplimiento de las prohibiciones.

1. Sin perjuicio de otras acciones y derechos contemplados en la legislación civil y mercantil, la persona que, en el ámbito de aplicación del artículo 69, sufra una conducta discriminatoria, tendrá derecho a indemnización por los daños y perjuicios sufridos.

2. En el ámbito de los contratos de seguros o de servicios financieros afines, y sin perjuicio de lo previsto en el artículo 10 de esta Ley, el incumplimiento de la prohibición contenida en el artículo 71 otorgará al contratante perjudicado el derecho a reclamar la asimilación de sus primas y prestaciones a las del sexo más beneficiado, manteniéndose en los restantes extremos la validez y eficacia del contrato.

TÍTULO VII

LA IGUALDAD EN LA RESPONSABILIDAD SOCIAL DE LAS EMPRESAS

Artículo 73. Acciones de responsabilidad social de las empresas en materia de igualdad.

Las empresas podrán asumir la realización voluntaria de acciones de responsabilidad social, consistentes en medidas económicas, comerciales, laborales, asistenciales o de otra naturaleza, destinadas a promover condiciones de igualdad entre las mujeres y los hombres en el seno de la empresa o en su entorno social.

La realización de estas acciones podrá ser concertada con la representación de los trabajadores y las trabajadoras, las organizaciones de consumidores y consumidoras y usuarios y usuarias, las asociaciones cuyo fin primordial sea la defensa de la igualdad de trato entre mujeres y hombres y los Organismos de Igualdad.

Se informará a los representantes de los trabajadores de las acciones que no se concierten con los mismos.

A las decisiones empresariales y acuerdos colectivos relativos a medidas laborales les será de aplicación la normativa laboral.

Artículo 74. Publicidad de las acciones de responsabilidad social en materia de igualdad.

Las empresas podrán hacer uso publicitario de sus acciones de responsabilidad en materia de igualdad, de acuerdo con las condiciones establecidas en la legislación general de publicidad.

El Instituto de la Mujer, u órganos equivalentes de las Comunidades Autónomas, estarán legitimados para ejercer la acción de cesación cuando consideren que pudiera haberse incurrido en supuestos de publicidad engañosa.

Artículo 75. Participación de las mujeres en los Consejos de administración de las sociedades mercantiles.

Las sociedades obligadas a presentar cuenta de pérdidas y ganancias no abreviada procurarán incluir en su Consejo de administración un número de mujeres que permita alcanzar una presencia equilibrada de mujeres y hombres en un plazo de ocho años a partir de la entrada en vigor de esta Ley.

Lo previsto en el párrafo anterior se tendrá en cuenta para los nombramientos que se realicen a medida que venza el mandato de los consejeros designados antes de la entrada en vigor de esta Ley.

TÍTULO VIII

DISPOSICIONES ORGANIZATIVAS

Artículo 76. Comisión Interministerial de Igualdad entre mujeres y hombres.

La Comisión Interministerial de Igualdad entre mujeres y hombres es el órgano colegiado responsable de la coordinación de las políticas y medidas adoptadas por los departamentos ministeriales con la finalidad de garantizar el derecho a la igualdad entre mujeres y hombres y promover su efectividad.

Su composición y funcionamiento se determinarán reglamentariamente.

Artículo 77. Las Unidades de Igualdad.

En todos los Ministerios se encomendará a uno de sus órganos directivos el desarrollo de las funciones relacionadas con el principio de igualdad entre mujeres y hombres en el ámbito de las materias de su competencia y, en particular, las siguientes:

a) Recabar la información estadística elaborada por los órganos del Ministerio y asesorar a los mismos en relación con su elaboración.

b) Elaborar estudios con la finalidad de promover la igualdad entre mujeres y hombres en las áreas de actividad del Departamento.

c) Asesorar a los órganos competentes del Departamento en la elaboración del informe sobre impacto por razón de género.

d) Fomentar el conocimiento por el personal del Departamento del alcance y significado del principio de igualdad mediante la formulación de propuestas de acciones formativas.

e) Velar por el cumplimiento de esta Ley y por la aplicación efectiva del principio de igualdad.

Artículo 78. Consejo de Participación de la Mujer.

1. Se crea el Consejo de Participación de la Mujer, como órgano colegiado de consulta y asesoramiento, con el fin esencial de servir de cauce para la participación de las mujeres en la consecución efectiva del principio de igualdad de trato y de oportunidades entre mujeres y hombres, y la lucha contra la discriminación por razón de sexo.

2. Reglamentariamente, se establecerán su régimen de funcionamiento, competencias y composición, garantizándose, en todo caso, la participación del conjunto de las Administraciones públicas y de las asociaciones y organizaciones de mujeres de ámbito estatal.

DISPOSICIONES ADICIONALES

Primera. Presencia o composición equilibrada.

A los efectos de esta Ley, se entenderá por composición equilibrada la presencia de mujeres y hombres de forma que, en el conjunto a que se refiera, las personas de cada sexo no superen el sesenta por ciento ni sean menos del cuarenta por ciento.

[...]

Quinta. Modificaciones de la Ley de Enjuiciamiento Civil.

Uno. Se introduce un nuevo artículo 11 bis a la Ley 1/2000, de 7 de enero, de Enjuiciamiento Civil, en los siguientes términos:

«Artículo 11 bis. Legitimación para la defensa del derecho a la igualdad de trato entre mujeres y hombres.

1. Para la defensa del derecho de igualdad de trato entre mujeres y hombres, además de los afectados y siempre con su autorización, estarán también legitimados los sindicatos y las asociaciones legalmente constituidas cuyo fin primordial sea la defensa de la igualdad de trato entre mujeres y hombres, respecto de sus afiliados y asociados, respectivamente.

2. Cuando los afectados sean una pluralidad de personas indeterminada o de difícil determinación, la legitimación para demandar en juicio la defensa de estos intereses difusos corresponderá exclusivamente a los organismos públicos con competencia en la materia, a los sindicatos más representativos y a las asociaciones de ámbito estatal cuyo fin primordial sea la igualdad entre mujeres y hombres, sin perjuicio, si los afectados estuvieran determinados, de su propia legitimación procesal.

3. La persona acosada será la única legitimada en los litigios sobre acoso sexual y acoso por razón de sexo».

Dos. Se modifica el supuesto 5º del apartado 1 del artículo 188 de la Ley 1/2000, de 7 de enero, de Enjuiciamiento Civil, que quedará redactado del siguiente modo:

«5. Por muerte, enfermedad o imposibilidad absoluta o baja por maternidad o paternidad del abogado de la parte que pidiere la suspensión, justificadas suficientemente, a juicio del Tribunal, siempre que tales hechos se hubiesen producido cuando ya no fuera posible solicitar nuevo señalamiento conforme a lo dispuesto en el artículo 183, siempre que se garantice el derecho a la tutela judicial efectiva y no se cause indefensión.

Igualmente, serán equiparables a los supuestos anteriores y con los mismos requisitos, otras situaciones análogas previstas en otros sistemas de previsión social y por el mismo tiempo por el que se otorgue la baja y la prestación de los permisos previstos en la legislación de la Seguridad Social».

Tres. Se añade un nuevo apartado 5 al artículo 217 de la Ley 1/2000, de 7 de enero, de Enjuiciamiento Civil, pasando sus actuales apartados 5 y 6 a ser los números 6 y 7, respectivamente, con la siguiente redacción:

«5. De acuerdo con las leyes procesales, en aquellos procedimientos en los que las alegaciones de la parte actora se fundamenten en actuaciones discriminatorias por razón del sexo, corresponderá al demandado probar la ausencia de discriminación en las medidas adoptadas y de su proporcionalidad.

A los efectos de lo dispuesto en el párrafo anterior, el órgano judicial, a instancia de parte, podrá recabar, si lo estimase útil y pertinente, informe o dictamen de los organismos públicos competentes».

Sexta. Modificaciones de la Ley Reguladora de la Jurisdicción Contencioso-Administrativa.

Se modifica la Ley 29/1998, de 13 de julio, Reguladora de la Jurisdicción Contencioso-Administrativa en los siguientes términos:

Uno. Se añade una letra i) al apartado 1 del artículo 19, con la siguiente redacción:

«i) Para la defensa del derecho de igualdad de trato entre mujeres y hombres, además de los afectados y siempre con su autorización, estarán también legitimados los sindicatos y las asociaciones legalmente constituidas cuyo fin primordial sea la defensa de la igualdad de trato entre mujeres y hombres, respecto de sus afiliados y asociados, respectivamente.

Cuando los afectados sean una pluralidad de personas indeterminada o de difícil determinación, la legitimación para demandar en juicio la defensa de estos intereses difusos corresponderá exclusivamente a los organismos públicos con competencia en la materia, a los sindicatos más representativos y a las asociaciones de ámbito estatal cuyo fin primordial sea la igualdad entre mujeres y hombres, sin perjuicio, si los afectados estuvieran determinados, de su propia legitimación procesal.

La persona acosada será la única legitimada en los litigios sobre acoso sexual y acoso por razón de sexo».

Dos. Se añade un nuevo apartado 7 al artículo 60, con la siguiente redacción:

«7. De acuerdo con las leyes procesales, en aquellos procedimientos en los que las alegaciones de la parte actora se fundamenten en actuaciones discriminatorias por razón del sexo, corresponderá al demandado probar la ausencia de discriminación en las medidas adoptadas y su proporcionalidad.

A los efectos de lo dispuesto en el párrafo anterior, el órgano judicial, a instancia de parte, podrá recabar, si lo estimase útil y pertinente, informe o dictamen de los organismos públicos competentes».

[...]

Trigésima primera. Ampliación a otros colectivos.

Se adoptarán las disposiciones necesarias para aplicar lo dispuesto en la disposición adicional décimo primera. Diez, en lo relativo a partos prematuros, a los colectivos no incluidos en el ámbito de aplicación del Estatuto de los Trabajadores.

DISPOSICIONES TRANSITORIAS

Primera. Régimen transitorio de nombramientos.

Las normas sobre composición y representación equilibrada contenidas en la presente Ley serán de aplicación a los nombramientos que se produzcan con posterioridad a su entrada en vigor, sin afectar a los ya realizados.

Segunda. Regulación reglamentaria de transitoriedad en relación con el distintivo empresarial en materia de igualdad.

Reglamentariamente, se determinarán, a los efectos de obtener el distintivo empresarial en materia de igualdad regulado en el capítulo IV del título IV de esta Ley, las condiciones de convalidación de las calificaciones atribuidas a las empresas conforme a la normativa anterior.

Tercera. Régimen transitorio de procedimientos.

A los procedimientos administrativos y judiciales ya iniciados con anterioridad a la entrada en vigor de esta Ley no les será de aplicación la misma, rigiéndose por la normativa anterior.

Cuarta. Régimen de aplicación del deber de negociar en materia de igualdad.

Lo dispuesto en el artículo 85 del Estatuto de los Trabajadores en materia de igualdad, según la redacción dada por esta Ley, será de aplicación en la negociación subsiguiente a la primera denuncia del convenio que se produzca a partir de la entrada en vigor de la misma.

Quinta. Tablas de mortalidad y supervivencia.

En tanto no se aprueben las disposiciones reglamentarias a las que se refiere el párrafo segundo del artículo 71.1 de la presente Ley, las entidades aseguradoras podrán continuar aplicando las tablas de mortalidad y supervivencia y los demás elementos de las bases técnicas, actualmente utilizados, en los que el sexo constituye un factor determinante de la evaluación del riesgo a partir de datos actuariales y estadísticos pertinentes y exactos.

Sexta. Retroactividad de efectos para medidas de conciliación.

Los preceptos de la Ley 30/1984, de 2 de agosto, de Medidas para la Reforma de la Función Pública modificados por esta Ley tendrán carácter retroactivo respecto de los hechos causantes originados y vigentes a 1 de enero de 2006 en el ámbito de la Administración General del Estado.

Séptima. Régimen transitorio de los nuevos derechos en materia de maternidad, paternidad, riesgo durante el embarazo y consideración como cotizados a efectos de Seguridad Social de determinados períodos.

1. La regulación introducida por esta Ley en materia de suspensión por maternidad y paternidad será de aplicación a los nacimientos, adopciones o acogimientos que se produzcan o constituyan a partir de su entrada en vigor.

2. Las modificaciones introducidas por esta Ley en materia de riesgo durante el embarazo serán de aplicación a las suspensiones que por dicha causa se produzcan a partir de su entrada en vigor.

3. La consideración como cotizados de los períodos a que se refieren el apartado 6 del artículo 124 y la disposición adicional cuadragésimo cuarta del Texto Refundido de la Ley General de la Seguridad Social, aprobado por Real Decreto Legislativo 1/1994, de 20 de junio, será de aplicación para las prestaciones que se causen a partir de la entrada en vigor de la presente Ley. Iguales efectos se aplicarán a la ampliación del período que se considera como cotizado en el apartado 1 del artículo 180 de la misma norma y a la consideración como cotizados al 100 por 100 de los períodos a que se refieren los apartados 3 y 4 del citado artículo.

Octava. Régimen transitorio del subsidio por desempleo.

La cuantía del subsidio por desempleo establecida en el segundo párrafo del apartado 1 del artículo 217 de la Ley General de la Seguridad Social, en la redacción dada por la presente Ley, se aplicará a los derechos al subsidio por desempleo que nazcan a partir de la entrada en vigor de esta Ley.

Novena. Ampliación de la suspensión del contrato de trabajo.

El Gobierno ampliará de forma progresiva y gradual, la duración de la suspensión del contrato de trabajo por paternidad regulado en la disposición adicional décimo primera, apartado Once, y en la disposición adicional decimonovena, apartado Seis, de la presente Ley, hasta alcanzar el objetivo de 4 semanas de este permiso de paternidad a los 6 años de la entrada en vigor de la presente Ley.

Décima. Despliegue del impacto de género.

El Gobierno, en el presente año 2007, desarrollará reglamentariamente la Ley de Impacto de Género con la precisión de los indicadores que deben tenerse en cuenta para la elaboración de dicho informe.

Undécima.

El Gobierno, en el presente año 2007, regulará el Fondo de Garantía previsto en la disposición adicional única de la Ley 15/2005, de 8 de julio, que modifica el Código Civil y la Ley de Enjuiciamiento Civil en materia de separación y divorcio, creado y dotado inicialmente en la disposición adicional quincuagésima tercera de la Ley 42/2006, de 28 de diciembre, de Presupuestos Generales del Estado para el año 2007.

DISPOSICIÓN DEROGATORIA

Única.

Quedan derogadas cuantas normas de igual o inferior rango se opongan o contradigan lo dispuesto en la presente Ley.

DISPOSICIONES FINALES

Primera. Fundamento constitucional.

1. Los preceptos contenidos en el Título Preliminar, el Título I, el Capítulo I del Título II, los artículos 28 a 31 y la disposición adicional primera de esta Ley constituyen regulación de las condiciones básicas que garantizan la igualdad de todos los españoles en el ejercicio de los derechos y el cumplimiento de los deberes constitucionales, de acuerdo con el artículo 149.1.1ª de la Constitución.

2. Los artículos 23 a 25 de esta Ley tienen carácter básico, de acuerdo con el artículo 149.1.30ª de la Constitución. El artículo 27 y las disposiciones adicionales octava y novena de esta Ley tienen carácter básico, de acuerdo con el artículo 149.1.16ª de la Constitución. Los artículos 36, 39 y 40 de esta Ley tienen carácter básico, de acuerdo con el artículo 149.1.27ª de la Constitución. Los artículos 33, 35 y 51, el apartado seis de la disposición adicional decimonovena y los párrafos cuarto, séptimo, octavo y noveno del texto introducido en el apartado trece de la misma disposición adicional décima novena de esta Ley tienen carácter básico, de acuerdo con el artículo 149.1.18ª de la Constitución. Las disposiciones adicionales décima quinta, décima sexta y décima octava constituyen legislación básica en materia de Seguridad Social, de acuerdo con el artículo 149.1.17ª de la Constitución.

3. Los preceptos contenidos en el Título IV y en las disposiciones adicionales décima primera, décima segunda, décima cuarta, y décima séptima constituyen legislación laboral de aplicación en todo el Estado, de acuerdo con el artículo 149.1.7ª de la Constitución.

El artículo 41, los preceptos contenidos en los Títulos VI y VII y las disposiciones adicionales vigésima quinta y vigésima sexta de esta Ley constituyen legislación de aplicación directa en todo el Estado, de acuerdo con el artículo 149.1.6ª y 8ª de la Constitución.

Las disposiciones adicionales tercera a séptima y décima tercera se dictan en ejercicio de las competencias sobre legislación procesal, de acuerdo con el artículo 149.1.6ª de la Constitución.

4. El resto de los preceptos de esta Ley son de aplicación a la Administración General del Estado.

Segunda. Naturaleza de la Ley.

Las normas contenidas en las disposiciones adicionales primera, segunda y tercera de esta Ley tienen carácter orgánico. El resto de los preceptos contenidos en esta Ley no tienen tal carácter.

Tercera. Habilitaciones reglamentarias.

1. Se autoriza al Gobierno a dictar cuantas disposiciones sean necesarias para la aplicación y el desarrollo de la presente Ley en las materias que sean de la competencia del Estado.

2. Reglamentariamente, en el plazo de seis meses a partir de la entrada en vigor de esta Ley:

Se llevará a efecto la regulación del distintivo empresarial en materia de igualdad establecido en el Capítulo IV del Título IV de esta Ley.

Se integrará el contenido de los Anexos de la Directiva 92/85, del Consejo Europeo, de 19 de octubre de 1992, sobre aplicación de medidas para promover la mejora de la seguridad y salud en el trabajo de la trabajadora embarazada, que haya dado a luz o en período de lactancia. El Ministerio de Trabajo y Asuntos Sociales elaborará, en el plazo de seis meses desde la publicación del Real Decreto, unas directrices sobre evaluación del riesgo.

3. El Gobierno podrá fijar, antes del 21 de diciembre de 2007 y mediante Real Decreto, los supuestos a que se refiere el párrafo segundo del artículo 71.1 de la presente Ley.

Cuarta. Transposición de Directivas.

Mediante la presente Ley se incorpora al ordenamiento jurídico la Directiva 2002/73, del Parlamento Europeo y del Consejo, de 23 de septiembre de 2002, de modificación de la Directiva 76/207, de 9 de febrero de 1976, relativa a la aplicación del principio de igualdad de trato entre hombres y mujeres en lo que se refiere al acceso al empleo, a la formación y a la promoción profesionales, y a las condiciones de trabajo y la Directiva 2004/113, del Consejo, de 13 de diciembre de 2004, sobre aplicación del principio de igualdad de trato entre hombres y mujeres en el acceso a bienes y servicios y su suministro.

Asimismo, mediante la presente Ley, se incorporan a la Ley 1/2000, de 7 de enero, de Enjuiciamiento Civil, y a la Ley 29/1998, de 13 de julio, Reguladora de la Jurisdicción Contencioso-Administrativa, la Directiva 97/80/CE del Consejo, de 15 de diciembre de 1997, relativa a la carga de la prueba en los casos de discriminación por razón de sexo.

Quinta. Planes de igualdad y negociación colectiva.

Una vez transcurridos cuatro años desde la entrada en vigor de esta Ley, el Gobierno procederá a evaluar, junto a las organizaciones sindicales y asociaciones empresariales más representativas, el estado de la negociación colectiva en materia de igualdad, y a estudiar, en función de la evolución habida, las medidas que, en su caso, resulten pertinentes.

Sexta. Implantación de las medidas preventivas del acoso sexual y del acoso por razón de sexo en la Administración General del Estado.

La aplicación del protocolo de actuación sobre medidas relativas al acoso sexual o por razón de sexo regulado en el artículo 62 de esta Ley tendrá lugar en el plazo de seis meses desde la entrada en vigor del Real Decreto que lo apruebe.

Séptima. Medidas para posibilitar los permisos de maternidad y paternidad de las personas que ostentan un cargo electo.

A partir de la entrada en vigor de esta Ley, el Gobierno promoverá el acuerdo necesario para iniciar un proceso de modificación de la legislación vigente con el fin de posibilitar los permisos de maternidad y paternidad de las personas que ostenten un cargo electo.

Octava. Entrada en vigor.

La presente Ley entrará en vigor el día siguiente al de su publicación en el «Boletín Oficial del Estado», con excepción de lo previsto en el artículo 71.2, que lo hará el 31 de diciembre de 2008.

b) Por otras circunstancias

§ 31.2 LEY 62/2003, DE 30 DICIEMBRE. MEDIDAS FISCALES, ADMINISTRATIVAS Y DEL ORDEN SOCIAL

(BOE núm. 313, de 31 diciembre; rect. BOE núm. 3, de 3 enero 2004 y núm. 79, de 9 abril [RCL 2003, 3093; RCL 2004, 5 y 892]) (arts. 27 a 36)

[...]

III

El título II de la Ley tiene por objeto el establecimiento de medidas relacionadas con el orden social.

Comienza el título con la inclusión de reformas en el Texto Refundido de la Ley General de la Seguridad Social, aprobado por el Real Decreto Legislativo 1/1994, de 20 de junio.

Así, se recoge expresamente la mención al subsidio de riesgo durante el embarazo para su cómputo a efectos de los distintos períodos previos de cotización exigidos para el derecho a las prestaciones. Se modifica la limitación a la posibilidad de acumular pensiones de viudedad y orfandad, que en la actualidad únicamente opera en relación con la concurrencia de pensiones de viudedad y orfandad, pero no así respecto de las pensiones a favor de otros familiares, estableciendo un único límite a todo el conjunto de las pensiones correspondientes, si bien estableciendo unas prioridades o preferencias respecto de ellas, con excepción de la pensión de viudedad.

En lo referente a los regímenes especiales de Seguridad Social, se modifica el Texto Refundido de la Ley sobre Seguridad Social de las Fuerzas Armadas, aprobado por Real Decreto Legislativo 1/2000, de 9 de junio. Se reduce de cinco a cuatro años el plazo para el derecho a devolución de cuotas indebidamente ingresadas al Instituto Social de las Fuerzas Armadas y se regula la obligación de comunicación de datos al ISFAS, a fin de garantizar el obligado control respecto a los afiliados y las repercusiones que, en orden a su cotización a este instituto, tienen las modificaciones de sus situaciones administrativas.

Dentro del título II, mediante un capítulo específico, se establecen diversas medidas para la aplicación del principio de igualdad de trato, medidas que vienen a reforzar y complementar las numerosas normas que ya conforman nuestro ordenamiento jurídico en todos los ámbitos en materia de no discriminación por todas las causas amparadas por el artículo 14 de la Constitución.

Con la base jurídica del artículo 13 del Tratado de la Comunidad Europea, se aprobaron en 2000 dos directivas: en primer lugar, la Directiva 2000/43/CE del Consejo, de 29 de junio de 2000, relativa a la aplicación del principio de igualdad de trato de las personas independientemente de su origen racial o étnico, que aborda tal principio en diversos ámbitos; en segundo lugar, la Directiva 2000/78/CE del Consejo, de 27 de noviembre de 2000, relativa al establecimiento de un marco general para la igualdad de trato en el empleo y la ocupación, que pretende luchar contra las discriminaciones basadas en la religión o convicciones, la discapacidad, la edad y la orientación sexual.

Mediante las medidas incluidas en este Capítulo se adecua la legislación española a estas dos directivas procediendo a su transposición a nuestro derecho. Además, se establece un marco legal general para combatir la discriminación por el origen racial o étnico de las personas en todos los ámbitos, se aborda la definición legal de la discriminación, directa e indirecta, y se moderniza la regulación de la igualdad de trato y la no discriminación en el trabajo, modificándose, entre otros, determinados preceptos del Estatuto de los Trabajadores, de la Ley de Integración Social de los Minusválidos, de la Ley de Procedimiento Laboral, de la Ley sobre Infracciones y Sanciones en el Orden Social y de la legislación en materia de función pública, si bien estas últimas modificaciones por razones sistemáticas se integran en el título III.

[...]

TÍTULO II

DE LO SOCIAL

[...]

CAPÍTULO III

Medidas para la aplicación del principio de igualdad de trato

Sección 1ª Disposiciones generales

Artículo 27. Objeto y ámbito de aplicación de este capítulo.

1. Este capítulo tiene por objeto establecer medidas para la aplicación real y efectiva del principio de igualdad de trato y no discriminación, en particular por razón de origen racial o étnico, religión o convicciones, discapacidad, edad u orientación sexual, en los términos que en cada una de sus secciones se establecen.

2. Este capítulo será de aplicación a todas las personas, tanto en el sector público como en el sector privado.

Artículo 28. Definiciones.

1. A los efectos de este capítulo se entenderá por:

a) Principio de igualdad de trato: la ausencia de toda discriminación directa o indirecta por razón del origen racial o étnico, la religión o convicciones, la discapacidad, la edad o la orientación sexual de una persona.

b) Discriminación directa: cuando una persona sea tratada de manera menos favorable que otra en situación análoga por razón de origen racial o étnico, religión o convicciones, discapacidad, edad u orientación sexual.

c) Discriminación indirecta: cuando una disposición legal o reglamentaria, una cláusula convencional o contractual, un pacto individual o una decisión unilateral, aparentemente neutros, puedan ocasionar una desventaja particular a una persona respecto de otras por razón de origen racial o étnico, religión o convicciones, discapacidad, edad u orientación sexual, siempre que objetivamente no respondan a una finalidad legítima y que los medios para la consecución de esta finalidad no sean adecuados y necesarios.

d) Acoso: toda conducta no deseada relacionada con el origen racial o étnico, la religión o convicciones, la discapacidad, la edad o la orientación sexual de una persona, que tenga como objetivo o consecuencia atentar contra su dignidad y crear un entorno intimidatorio, humillante u ofensivo.

2. Cualquier orden de discriminar a las personas por razón de origen racial o étnico, religión o convicciones, discapacidad, edad u orientación sexual se considerará en todo caso discriminación.

El acoso por razón de origen racial o étnico, religión o convicciones, discapacidad, edad u orientación sexual se consideran en todo caso actos discriminatorios.

Sección 2ª Medidas en materia de igualdad de trato y no discriminación por el origen racial o étnico de las personas

Artículo 29. Ámbito de aplicación de la Sección 2ª.

1. Esta sección tiene por objeto establecer medidas para que el principio de igualdad de trato y no discriminación por razón del origen racial o étnico de las personas sea real y efectivo en la educación, la sanidad, las prestaciones y los servicios sociales, la vivienda y, en general, la oferta y el acceso a cualesquiera bienes y servicios.

El principio de igualdad de trato y no discriminación por razón del origen racial o étnico de las personas en el acceso al empleo, a la actividad por cuenta propia y al ejercicio profesional, la afiliación y la participación en las organizaciones sindicales y empresariales, las condiciones de trabajo, la promoción profesional y la formación profesional ocupacional y continua se regirá por lo establecido en la sección 3ª de este capítulo.

2. A efectos de lo dispuesto en el apartado anterior, el principio de igualdad de trato supone la ausencia de toda discriminación directa o indirecta por razón del origen racial o étnico de las personas.

Artículo 30. Medidas de acción positiva en relación con el origen racial o étnico.

Para garantizar en la práctica la plena igualdad por razón de origen racial o étnico, el principio de igualdad de trato no impedirá que se mantengan o se adopten medidas específicas a favor de determinados colectivos destinadas a prevenir o compensar las desventajas que les afecten por razón de su origen racial o étnico.

Artículo 31. Legitimación de las personas jurídicas en relación con el origen racial o étnico.

Las personas jurídicas que estén legalmente habilitadas para la defensa de los derechos e intereses legítimos colectivos podrán actuar en los procesos judiciales en nombre del demandante que así lo autorice con la finalidad de hacer efectivo el principio de igualdad de trato de las personas por su origen racial o étnico.

Artículo 32. Carga de la prueba en relación con el origen racial o étnico.

En aquellos procesos del orden jurisdiccional civil y del orden jurisdiccional contencioso-administrativo en que de las alegaciones de la parte actora se deduzca la existencia de indicios fundados de discriminación por razón del origen racial o étnico de las personas, corresponderá al demandado la aportación de una justificación objetiva y razonable, suficientemente probada, de las medidas adoptadas y de su proporcionalidad.

Artículo 33. Creación del Consejo para la promoción de la igualdad de trato y no discriminación de las personas por el origen racial o étnico.

1. Se crea el Consejo para la promoción de la igualdad de trato y no discriminación de las personas por el origen racial o étnico en la educación, la sanidad, las prestaciones y los servicios sociales, la vivienda y, en general, la oferta y el acceso a cualesquiera bienes y servicios, así como el acceso al empleo, a la actividad por cuenta propia y al ejercicio profesional, la afiliación y la participación en las organizaciones sindicales y empresariales, las condiciones de trabajo, la promoción profesional y la formación profesional ocupacional y continua.

El consejo se configura como un órgano colegiado de los previstos en el apartado 2 del artículo 22 de la Ley 30/1992, de 26 de noviembre, de Régimen Jurídico de las Administraciones Públicas y del Procedimiento Administrativo Común, y estará adscrito al Ministerio de Trabajo y Asuntos Sociales.

2. El Consejo a que se refiere el apartado anterior tendrá las siguientes competencias:

a) Prestar asistencia a las víctimas de discriminación por su origen racial o étnico a la hora de tramitar sus reclamaciones.

b) Realizar estudios y publicar informes sobre la discriminación de las personas por el origen racial o étnico.

c) Promover medidas que contribuyan a eliminar la discriminación de las personas por el origen racial o étnico, formulando, en su caso, recomendaciones sobre cualquier cuestión relacionada con dicha discriminación.

3. Formarán parte del Consejo los Ministerios con competencias en las materias a que se refiere el apartado 1. Asimismo, deberá asegurarse la participación de las Comunidades Autónomas, de las entidades locales, de las organizaciones empresariales y sindicales más representativas, así como de otras organizaciones que representen intereses relacionados con el origen racial o étnico de las personas.

4. La composición y funcionamiento del Consejo para la promoción de la igualdad de trato y no discriminación de las personas por el origen racial o étnico se regulará mediante real decreto, que será aprobado por el Consejo de Ministros en el plazo de tres meses desde la entrada en vigor de esta Ley.

5. El Instituto de Migraciones y Servicios Sociales prestará al Consejo para la promoción de la igualdad de trato y no discriminación de las personas por el origen racial o étnico el apoyo necesario para el desempeño de sus funciones.

6. Lo dispuesto en este artículo se entiende sin perjuicio de las competencias del Defensor del Pueblo establecidas por la Ley Orgánica 3/1981, de 6 de abril.

El Defensor del Pueblo podrá establecer con el Consejo para la promoción de la igualdad de trato y no discriminación de las personas por el origen racial o étnico los mecanismos de cooperación y colaboración que se consideren oportunos.

Sección 3ª Medidas en materia de igualdad de trato y no discriminación en el trabajo

Artículo 34. Ámbito de aplicación de la Sección 3ª.

1. Esta sección tiene por objeto establecer medidas para que el principio de igualdad de trato y no discriminación sea real y efectivo en el acceso al empleo, la afiliación y la participación en las organizaciones sindicales y empresariales, las condiciones de trabajo, la promoción profesional y la

formación profesional ocupacional y continua, así como en el acceso a la actividad por cuenta propia y al ejercicio profesional y la incorporación y participación en cualquier organización cuyos miembros desempeñen una profesión concreta.

2. A efectos de lo dispuesto en el apartado anterior, el principio de igualdad de trato supone la ausencia de toda discriminación directa o indirecta por razón del origen racial o étnico, la religión o convicciones, la discapacidad, la edad o la orientación sexual de una persona.

Las diferencias de trato basadas en una característica relacionada con cualquiera de las causas a que se refiere el párrafo anterior no supondrán discriminación cuando, debido a la naturaleza de la actividad profesional concreta de que se trate o al contexto en que se lleve a cabo, dicha característica constituya un requisito profesional esencial y determinante, siempre que el objetivo sea legítimo y el requisito proporcionado.

Artículo 35. Medidas de acción positiva.

Para garantizar en la práctica la plena igualdad por razón de origen racial o étnico, religión o convicciones, discapacidad, edad y orientación sexual, el principio de igualdad de trato no impedirá que se mantengan o se adopten medidas específicas a favor de determinados colectivos destinadas a prevenir o compensar las desventajas que les afecten relativas a las materias incluidas en el ámbito de aplicación de esta sección.

Artículo 36. Carga de la prueba.

En aquellos procesos del orden jurisdiccional civil y del orden jurisdiccional contencioso-administrativo en que de las alegaciones de la parte actora se deduzca la existencia de indicios fundados de discriminación por razón del origen racial o étnico, la religión o convicciones, la discapacidad, la edad o la orientación sexual de las personas respecto de las materias incluidas en el ámbito de aplicación de esta sección, corresponderá al demandado la aportación de una justificación objetiva y razonable, suficientemente probada, de las medidas adoptadas y de su proporcionalidad.

[...]

VIII

NORMAS DE SEGURIDAD SOCIAL

A) Normas generales

§ 32.1 REAL DECRETO LEGISLATIVO 1/1994, DE 20 JUNIO. APRUEBA EL TEXTO REFUNDIDO DE LA LEY GENERAL DE LA SEGURIDAD SOCIAL

(BOE núm. 154, de 29 junio [RCL 1994, 1825])

La Ley 26/1990, de 20 de diciembre, por la que se establecen en la Seguridad Social prestaciones no contributivas, en su disposición final primera, autoriza al Gobierno para elaborar, en el plazo de dos años a partir de su entrada en vigor, un texto refundido en el que se integren, debidamente regularizados, aclarados y armonizados, los textos legales específicos de Seguridad Social enumerados en su apartado primero y las disposiciones en materia de Seguridad Social contenidas en normas con rango de ley de otras ramas del ordenamiento jurídico y expresamente las listadas en su apartado segundo en el que, asimismo, se hace referencia a las disposiciones con vigencia permanente contenidas en las Leyes anuales de Presupuestos Generales del Estado.

Con posterioridad, la Ley 22/1992, de 30 de julio, de medidas urgentes sobre fomento del empleo y protección por desempleo, a través de su disposición final segunda, otorga una doble autorización al Gobierno: por una parte, para regularizar, sistematizar y armonizar las disposiciones que en materia de protección por desempleo se contienen en ella, con las de los textos legales que expresamente se mencionan; y, por otra parte, para que el producto así obtenido se integre en el texto refundido previsto en la citada Ley 26/1990, de 20 de diciembre, prorrogando, a tal efecto, el plazo que ésta había otorgado para la aludida labor refundidora.

Finalmente, en la Ley 22/1993, de 29 de diciembre, de medidas fiscales, de reforma del régimen jurídico de la función pública y de la protección por desempleo, se autoriza al Gobierno, en su disposición adicional decimocuarta, para que la aludida refundición se extienda también a las disposiciones que sobre la materia de Seguridad Social y protección por desempleo se contienen en la misma, procediéndose a ampliar nuevamente el plazo disponible para tal refundición.

En su virtud, a propuesta del *Ministro de Trabajo y Seguridad Social*, previo dictamen del Consejo Económico y Social e informe del Consejo General del Poder Judicial, de acuerdo con el Consejo de Estado y previa deliberación del Consejo de Ministros en su reunión del día 17 de junio de 1994, dispongo:

⇒ Las referencias al Ministerio o Ministro de Trabajo y Seguridad Social, entiéndanse hoy hechas al Ministerio o Ministro de Trabajo y Asuntos Sociales.

Téngase en cuenta que la Res. 29 mayo 2003, de la Secretaría de Estado de la Seguridad Social, autoriza a la Tesorería General a constituir una Comisión para la elaboración de un borrador de nueva Ley General de la Seguridad Social.

Artículo único.

Se aprueba el texto refundido de la Ley General de la Seguridad Social que se inserta a continuación.

DISPOSICIÓN FINAL

Única.

El presente Texto Refundido entrará en vigor el 1 de septiembre de 1994.

ANEXO

ÍNDICE SISTEMÁTICO

TÍTULO I

NORMAS GENERALES DEL SISTEMA DE LA SEGURIDAD SOCIAL

CAPÍTULO I

Normas preliminares

Artículo 1. Derecho de los españoles a la Seguridad Social.

El derecho de los españoles a la Seguridad Social, establecido en el artículo 41 de la Constitución, se ajustará a lo dispuesto en la presente Ley.

Artículo 2. Principios y fines de la Seguridad Social.

1. El sistema de la Seguridad Social, configurado por la acción protectora en sus modalidades contributiva y no contributiva, se fundamenta en los principios de universalidad, unidad, solidaridad e igualdad.

2. El Estado, por medio de la Seguridad Social, garantiza a las personas comprendidas en el campo de aplicación de ésta, por cumplir los requisitos exigidos en las modalidades contributiva o no contributiva, así como a los familiares o asimilados que tuvieran a su cargo, la protección adecuada frente a las contingencias y en las situaciones que se contemplan en esta Ley.

✐ Artículo modificado por el art. 1.1 de la Ley 52/2003, de 10 diciembre.

Artículo 3. Irrenunciabilidad de los derechos de la Seguridad Social.

Será nulo todo pacto, individual o colectivo, por el cual el trabajador renuncie a los derechos que le confiere la presente Ley.

⇒ V. art. 3.5 ET (§2).

Artículo 4. Delimitación de funciones.

1. Corresponde al Estado la ordenación, jurisdicción e inspección de la Seguridad Social.

2. Los trabajadores y empresarios colaborarán en la gestión de la Seguridad Social en los términos previstos en la presente Ley, sin perjuicio de otras formas de participación de los interesados establecidas por las Leyes, de acuerdo con el artículo 129.1 de la Constitución.

3. En ningún caso, la ordenación de la Seguridad Social podrá servir de fundamento a operaciones de lucro mercantil.

Artículo 5. Competencias del *Ministerio de Trabajo y Seguridad Social* y de otros Departamentos ministeriales.

⇒ Las referencias al Ministerio de Trabajo y Seguridad Social, entiéndanse hechas hoy al Ministerio de Trabajo y Asuntos Sociales.

1. Las funciones no jurisdiccionales del Estado en materia de Seguridad Social que no sean propias del Gobierno se ejercerán por el Ministerio de Trabajo y Seguridad Social, sin perjuicio de las que puedan corresponder, en el ámbito específico de sus respectivas áreas a otros Departamentos ministeriales.

2. Dentro de las competencias del Estado, corresponden al *Ministerio de Trabajo y Seguridad Social*, en relación con las materias reguladas en la presente Ley, las siguientes facultades:

a) Proponer al Gobierno los Reglamentos generales para su aplicación.

b) El ejercicio de la potestad reglamentaria no comprendida en el apartado anterior.

c) El desarrollo de las funciones económico-financieras de la Seguridad Social, a excepción de las encomendadas en la Ley General Presupuestaria y disposiciones concordantes al Ministerio de Hacienda o, en su caso, a otros órganos a los que dicha Ley otorgue competencias específicas en la materia, y de dirección y tutela de las entidades gestoras y servicios comunes de la Seguridad Social, así como de las entidades que colaboren en la gestión de la misma, pudiendo suspender o modificar los poderes y facultades de los mismos en los casos y con las formalidades y requisitos que se determinen reglamentariamente.

✐ Apartado modificado por el art. 2 de la Ley 52/2003, de 10 diciembre.

d) La inspección de la Seguridad Social a través de la Inspección de Trabajo y Seguridad Social.

3. Por el *Ministerio de Trabajo y Seguridad Social* se organizarán en forma adecuada los Servicios e Instituciones que hayan de llevar a cabo los oportunos estudios jurídicos, sociológicos, económicos y estadísticos de la Seguridad Social, así como los de simplificación y racionalización de las operaciones y trámites administrativos que exijan su desarrollo y aplicación.

4. El ejercicio de las competencias atribuidas al *Ministerio de Trabajo y Seguridad Social* en relación con la Seguridad Social corresponderá a los órganos y servicios determinados en esta Ley, en sus disposiciones de aplicación y desarrollo o en las orgánicas del Ministerio.

Artículo 6. Coordinación de funciones afines.

Corresponde al Gobierno dictar las disposiciones necesarias para coordinar la acción de los Organismos, Servicios y Entidades gestoras del sistema de la Seguridad Social con la de los que cumplen funciones afines de Previsión Social, Sanidad, Educación y Asistencia Social.

CAPÍTULO II
Campo de aplicación y estructura del sistema de la Seguridad Social

Artículo 7. Extensión del campo de aplicación.

1. Estarán comprendidos en el Sistema de la Seguridad Social, a efectos de las prestaciones de modalidad contributiva, cualquiera que sea su sexo, estado civil y profesión, los españoles que residan en España y los extranjeros que residan o se encuentren legalmente en España, siempre que, en ambos supuestos, ejerzan su actividad en territorio nacional y estén incluidos en alguno de los apartados siguientes:

✐ Párrafo redactado por Ley 66/1997, de 30 diciembre, de Medidas Fiscales, Administrativas y del Orden Social (art. 44).

⇒ Sobre afiliación, altas, bajas, variaciones de datos y cotización de trabajadores extranjeros a la Seguridad Social, v. la Circular conjunta de las Direcciones Generales de Ordenación de las Migraciones y de la Tesorería General, publicada por Res. 20 febrero 1998, de la Secretaría General Técnica del Ministerio de Trabajo y Asuntos Sociales.

a) Trabajadores por cuenta ajena que presten sus servicios en las condiciones establecidas por el artículo 1.1 del Estatuto de los Trabajadores en las distintas ramas de la actividad económica o asimilados a ellos, bien sean eventuales, de temporada o fijos, aun de trabajo discontinuo, e incluidos los trabajadores a domicilio, y con independencia, en todos los casos, de la categoría profesional del trabajador, de la forma y cuantía de la remuneración que perciba y de la naturaleza común o especial de su relación laboral.

✐ Apartado redactado por Ley 66/1997, de 30 de diciembre, de Medidas Fiscales, Administrativas y del Orden Social (disp. adic. 43ª.1).

b) Trabajadores por cuenta propia o autónomos, sean o no titulares de empresas individuales o familiares, mayores de dieciocho años, que reúnan los requisitos que de modo expreso se determinen reglamentariamente.

c) Socios trabajadores de Cooperativas de Trabajo Asociado.

⇒ V. disp. adic. 4ª de esta LGSS/1994.

Sobre socios trabajadores de las Sociedades Laborales, cfr. art. 21 de la Ley 4/1997, de 24 marzo, de Sociedades Laborales, modificada por Ley 50/1998, de 30 diciembre (art. 32.3) y nota a la disp. adic. 4ª de este TRLGSS.

d) Estudiantes.

e) Funcionarios públicos, civiles y militares.

2. A efectos de lo dispuesto en el apartado anterior no tendrán la consideración de trabajadores por cuenta ajena, salvo prueba en contrario: el cónyuge, los descendientes, ascendientes y demás parientes del empresario, por consanguinidad o afinidad hasta el segundo grado inclusive y, en su caso, por adopción, ocupados en su centro o centros de trabajo, cuando convivan en su hogar y estén a su cargo.

⇒ V. art. 1.3 e) del ET (§2). V. STC 2/1992, de 13 enero (RTC 1992, 2).

3. Asimismo, estarán comprendidos en el campo de aplicación del sistema de la Seguridad Social, a efectos de las prestaciones de modalidad no contributiva, todos los españoles residentes en territorio nacional.

4. El Gobierno, en el marco de los sistemas de protección social pública, podrá establecer medidas de protección social en favor de los españoles no residentes en España, de acuerdo con las características de los países de residencia.

⇒ El RD 728/1993, de 14 mayo, establece pensiones asistenciales por ancianidad en favor de los emigrantes españoles.

Dicho RD ha sido desarrollado por O. TAS/292/2006, de 10 febrero.

5. Los hispanoamericanos, portugueses, brasileños, andorranos y filipinos que residan en territorio español, se equiparan a los españoles a efectos de lo dispuesto en el número 3 de este artículo. Con respecto a los nacionales de otros países se estará a lo que se disponga en los Tratados, Convenios,

Acuerdos o instrumentos ratificados, suscritos o aprobados al efecto, o cuanto les fuera aplicable en virtud de reciprocidad tácita o expresamente reconocida.

✐ Apartado redactado por Ley 13/1996, de 30 de diciembre, de Medidas Fiscales, Administrativas y del Orden Social (art. 91.2).

⇒ La preferencia de trato para los trabajadores nacionales de los países a que se refiere el texto fue regulada por la Ley 118/1969, de 30 diciembre. La Ley 58/1980, de 15 noviembre estableció idéntica preferencia para los trabajadores originarios de Guinea Ecuatorial. Ambas normas fueron, en su día, expresamente derogadas por la hoy derogada LO 7/1985, de 1 julio, sobre Derechos y Libertades de los Extranjeros en España. Con relación a los trabajadores nacionales de países miembros de la CEE, vid. el Reglamento del Parlamento Europeo y del Consejo de las Comunidades Europeas 883/2004, de 29 abril (§51.2) y el RD 240/2007, de 16 febrero (§39.3).

6. No obstante lo dispuesto en los apartados anteriores del presente artículo, el Gobierno, a propuesta del *Ministerio de Trabajo y Seguridad Social* y oídos los Sindicatos más representativos o el Colegio Oficial competente, podrá, a instancia de los interesados, excluir del campo de aplicación del Régimen de la Seguridad Social correspondiente, a las personas cuyo trabajo por cuenta ajena, en atención a su jornada o a su retribución, pueda considerarse marginal y no constitutivo de medio fundamental de vida.

Artículo 8. Prohibición de inclusión múltiple obligatoria.

1. Las personas comprendidas en el campo de aplicación del sistema de la Seguridad Social no podrán estar incluidas por el mismo trabajo, con carácter obligatorio, en otros regímenes de previsión distintos de los que integran dicho sistema.

2. Los sistemas de previsión obligatoria distintos de los regulados en esta Ley, que pudieran tener constituidos determinados grupos profesionales, se integrarán en el Régimen General o en los Regímenes Especiales, según proceda, siempre que resulte obligatoria la inclusión de los grupos mencionados en el campo de aplicación de dichos Regímenes.

Artículo 9. Estructura del sistema de la Seguridad Social.

1. El sistema de la Seguridad Social viene integrado por los siguientes Regímenes:

a) El Régimen General, que se regula en el Título II de la presente Ley.

b) Los Regímenes Especiales a que se refiere el artículo siguiente.

2. A medida que los Regímenes que integran el sistema de la Seguridad Social se regulen de conformidad con lo previsto en los apartados 3 y 4 del artículo 10, se dictarán las normas reglamentarias relativas al tiempo, alcance y condiciones para la conservación de los derechos en curso de adquisición de las personas que pasen de unos a otros Regímenes, mediante la totalización de los períodos de permanencia en cada uno de dichos Regímenes, siempre que no se superpongan. Dichas normas se ajustarán a lo dispuesto en el presente apartado, cualquiera que sea el Régimen a que hayan de afectar, y tendrán en cuenta la extensión y contenido alcanzado por la acción protectora de cada uno de ellos.

⇒ V. el D. 2957/1973, de 16 noviembre sobre cómputo de cotizaciones. V. asimismo el RD 691/1991, de 12 abril. El RDley 5/1998, de 29 mayo, establece normas respecto al reconocimiento del derecho a pensión de jubilación cuando el interesado acredita cotizaciones en dos o más Regímenes de la Seguridad Social, sin que en ninguno de ellos, aisladamente considerados, reúna los requisitos para acceder a dicha pensión. La Ley 47/1998, de 23 diciembre, dicta normas similares en supuestos de jubilación anticipada.

Artículo 10. Regímenes Especiales.

1. Se establecerán Regímenes Especiales en aquellas actividades profesionales en las que, por su naturaleza, sus peculiares condiciones de tiempo y lugar o por la índole de sus procesos productivos, se hiciere preciso tal establecimiento para la adecuada aplicación de los beneficios de la Seguridad Social.

2. Se considerarán Regímenes Especiales los que encuadren a los grupos siguientes:

a) Trabajadores dedicados a las actividades agrícolas, forestales y pecuarias, así como los titulares de pequeñas explotaciones que las cultiven directa y personalmente.

⇒ El Régimen Especial Agrario se regula por D. 2123/1971, de 23 julio, que refundió las Leyes 38/1966 y 41/1970. Dicho RD ha sido recientemente modificado por la Ley 36/2003, de 11 noviembre y Ley 2/2004, de 27 diciembre, de PGE 2005. Su Reglamento se contiene en el D. 3772/1972, de 23 diciembre, hoy modificado por Ley 55/1999, de 29 diciembre (art. 25) y por Ley 53/2002 (art. 42) (§16.4 bis).

b) Trabajadores del mar.

⇒ Su Texto Refundido vigente se contiene en el D. 2864/1974, de 30 agosto, últimamente modificado por Ley 53/2002 (art. 41) (§16.4 bis).

c) Trabajadores por cuenta propia o autónomos.

⇒ V. D. 2530/1970, de 20 agosto y O. 24 septiembre 1970. Téngase en cuenta que la STS 10 febrero 2003 (BOE 16 mayo [RJ 2003, 2372]) ha anulado los arts. 10.3 y 13.2 del citado D. 2530/1970. Sobre integración en la Seguridad Social de los Colegiados Profesionales, v. disp. adic. 15 de la Ley 30/1995, de 8 noviembre, de Ordenación y

Supervisión de los Seguros Privados, modificada por el art. 33 de la Ley 50/1998, de 30 diciembre. Cfr. asimismo disp. transit. 5ª de la citada Ley 30/1995 y Res. 23 febrero 1996, de la Dirección General de Ordenación Jurídica de la Seguridad Social.

La disp. adic. 1ª de la Ley 24/1997, de 15 julio, de Consolidación y racionalización del Sistema de Seguridad Social establece que en el plazo de 8 meses desde su entrada en vigor, el Gobierno deberá presentar al Congreso «un estudio técnico y económico» sobre este RE «que contemple la mejora de sus prestaciones y su aproximación a las del Régimen General».

d) Funcionarios públicos, civiles y militares.

⇒ Téngase en cuenta la disp. adic. 3ª de la Ley 39/1992, de 29 diciembre, de Presupuestos Generales del Estado para 1993, que dispone lo siguiente:

Régimen de Seguridad Social de los Funcionarios civiles de la Administración del Estado:

«Uno. Los funcionarios civiles de la Administración del Estado que presten servicios en la Administración Militar o en sus Organismos autónomos y estén afiliados con carácter obligatorio al Régimen Especial de la Seguridad Social de las Fuerzas Armadas, podrán solicitar, en los primeros cuatro meses de 1993, incorporarse al Régimen Especial de la Seguridad Social de los Funcionarios Civiles del Estado, regulado por la Ley 29/1975, de 27 junio, y sus disposiciones de desarrollo.

La incorporación prevista en el apartado anterior se producirá con efectos de 1 julio 1993 y supondrá la baja en el Régimen Especial de la Seguridad Social de las Fuerzas Armadas.

El período de tiempo que el personal a que se refiere la presente disposición haya permanecido incluido en el Régimen de Seguridad Social en el que se cause baja se considerará, a todos los efectos, como de permanencia en el Régimen al que se incorpore.

Los Ministerios de Economía y Hacienda, para las Administraciones Públicas y de Defensa dictarán las instrucciones necesarias para el cumplimiento de la presente disposición.

Dos. Cuando una única prestación de servicios a la Administración haya originado o deba originar la inclusión obligatoria en más de un Régimen de Seguridad Social, se podrá optar, durante el año 1993 y por una sola vez, por continuar exclusivamente en el Régimen Especial de la Seguridad Social de los funcionarios públicos al que se pertenezca, si se trata del primer supuesto, o por ser incluido únicamente en el Régimen que de entre ellos corresponda, si se trata del segundo».

La disp. adic. 4ª de la citada norma presupuestaria regula el Régimen de la Seguridad Social de los Funcionarios del Estado transferidos a las Comunidades Autónomas. La disp. transit. 3ª de la citada Ley autoriza al Gobierno a integrar en el Régimen General de la Seguridad Social el Régimen Especial de los Funcionarios de la Administración Local. Integración llevada a cabo por el RD 480/1993, de 2 abril y O. 7 abril 1993 que lo desarrolla.

El RDLeg 4/2000, de 23 junio, aprueba el Texto Refundido de la Ley sobre Seguridad Social de los Funcionarios Civiles del Estado. Dicha norma ha sido últimamente modificada por Ley 53/2002 (art. 45) y por Ley 42/2006, de 28 diciembre (disp. final 6ª).

RDLeg 3/2000, de 23 junio, aprueba el Texto Refundido del Régimen de la Seguridad Social del personal al servicio de la Administración de Justicia, últimamente modificado por Ley 53/2002 (art. 43) (§16.4 bis) y por Ley 42/2006, de 28 diciembre (disp. final 5ª).

La Ley 50/1998, de 30 diciembre, incluye en el Régimen Especial de Funcionarios Civiles a los pertenecientes al Cuerpo de Vigilancia Aduanera (art. 48.2).

El RDLeg 1/2000, de 9 junio, aprueba el Texto Refundido de la Ley sobre Seguridad Social de las Fuerzas Armadas, posteriormente modificado por Ley 24/2001 (art. 39).

La Ley 55/1999, de 29 diciembre, prorrogó hasta el 30 junio 2000 la autorización conferida al Gobierno por el art. 62 de la Ley 50/1998, de 30 diciembre, para elaborar los Textos Refundidos Especiales de Funcionarios Públicos y Mutualismo Administrativo (disp. adic. 2ª).

e) Empleados de hogar.

⇒ V. el D. 2346/1969, de 25 septiembre.

f) Estudiantes.

⇒ V. Ley 17 julio 1953, sobre establecimiento del Seguro Escolar, O. 11 agosto 1953, que aprueba los Estatutos de la Mutualidad del Seguro Escolar y RD 1633/1985, de 28 agosto, que fija la cuantía de la cuota. El RD 270/1990, 16 febrero, extiende la cobertura de este RE al tercer ciclo de estudios universitarios.

g) Los demás grupos que determine el *Ministerio de Trabajo y Seguridad Social*, por considerar necesario el establecimiento para ellos de un Régimen Especial, de acuerdo con lo previsto en el apartado 1 de este artículo.

⇒ Por D. 384/1969, de 17 marzo, se creó el Régimen Especial de la Minería del Carbón, hoy regulado por Decreto 298/1973 de 8 febrero, OM de 3 abril 1973.

3. El Régimen Especial correspondiente al grupo d) del apartado anterior se regirá por la Ley o Leyes específicas que se dicten al efecto. Asimismo se regirán por Leyes específicas los Regímenes Especiales que corresponden a los grupos a) y b) del citado apartado, debiendo tenderse en su regulación a la homogeneidad con el Régimen General, en los términos que se señalan en el apartado siguiente del presente artículo.

4. En las normas reglamentarias de los Regímenes Especiales no comprendidos en el apartado anterior, se determinará para cada uno de ellos su campo de aplicación y se regularán las distintas materias relativas a los mismos, ateniéndose a las disposiciones del presente Título y tendiendo a la máxima homogeneidad con el Régimen General, que permitan las disponibilidades financieras del sistema y las características de los distintos grupos afectados por dichos Regímenes.

5. De conformidad con la tendencia a la unidad que debe presidir la ordenación del sistema de la Seguridad Social, el Gobierno, a propuesta del *Ministerio de Trabajo y Seguridad Social*, podrá disponer la integración en el Régimen General de cualquiera de los Regímenes Especiales correspon-

dientes a los grupos que se relacionan en el apartado 2 del presente artículo, a excepción de los que han de regirse por Leyes específicas, siempre que ello sea posible teniendo en cuenta las peculiares características de los grupos afectados y el grado de homogeneidad con el Régimen General alcanzado en la regulación del Régimen Especial de que se trate.

De igual forma, podrá disponerse que la integración prevista en el párrafo anterior tenga lugar en otro Régimen Especial cuando así lo aconsejen las características de ambos Regímenes y se logre con ello una mayor homogeneidad con el Régimen General.

⇒ El RD 2621/1986, de 24 diciembre, procedió a la integración en el Régimen General de los siguientes Regímenes Especiales: Ferroviarios, Jugadores de Fútbol, Representantes de Comercio, Toreros y Artistas. Asimismo ha procedido a la integración del Régimen de Escritores de Libros en el Régimen Especial de Trabajadores por Cuenta Propia o Autónomos. Dicho Decreto ha sido desarrollado por O. 20 julio 1987 en materia de campo de aplicación, inscripción de empresas, afiliación, altas y bajas, cotización y recaudación y por O. 30 noviembre 1987, en materia de acción protectora. El RD 766/1993, de 21 mayo, incluye en el Régimen General a los jugadores profesionales de baloncesto; el RD 960/1990, de 13 julio, al personal interino de la Administración de Justicia; el RD 1820/1991, de 27 diciembre, a los ciclistas profesionales y el RD 480/1993, de 2 abril, a los Funcionarios de la Administración Local. Su disp. adic. 2ª ha sido derogada por RD 2583/1996, de 13 diciembre. Con base en el RD 2248/1985, de 20 noviembre, la O. 21 febrero 1996 incluye al Personal incluido en la Mutualidad de Empleados de Notarías. El RD 287/2003, de 7 marzo, integra en el Régimen General a los deportistas profesionales comprendidos en el ámbito de aplicación del RD 1006/1985 (§16.5). V. disp. adic. 3ª del presente Texto Refundido.

Artículo 11. Sistemas especiales.

En aquellos Regímenes de la Seguridad Social en que así resulte necesario, podrán establecerse sistemas especiales exclusivamente en alguna o algunas de las siguientes materias: encuadramiento, afiliación, forma de cotización o recaudación. En la regulación de tales sistemas informará el Ministerio competente por razón de la actividad o condición de las personas en ellos incluidas.

⇒ Los sistemas especiales establecidos son los siguientes: Conservas Vegetales y Frutas y Hortalizas, por O. 30 mayo 1991; Industrias Resineras, por O. 3 septiembre 1973; Servicios Extraordinarios de la Industria de Hostelería, por O. 10 septiembre 1973; Tareas de Manipulado y Empaquetado de Tomate Fresco, por O. 24 julio 1976; trabajadores fijos discontinuos en Empresas de exhibición cinematográfica, salones de baile, discotecas y salas de fiesta, por O. 17 junio 1980 en el que se incluyen a las Empresas de espectáculos taurinos, por Res. 24 octubre 1985, de la Dirección General del Régimen Jurídico de la Seguridad Social, y a las Empresas que regentan las cantinas de los estadios de fútbol u otros locales de espectáculos deportivos, por Res. 24 marzo 1988, de la Dirección General del Régimen Jurídico de la Seguridad Social. La O. 6 noviembre 1989 para trabajadores fijos discontinuos que prestan servicios en Empresas de estudio de mercado y opinión pública.

CAPÍTULO III

Afiliación, cotización y recaudación

Sección 1ª Afiliación al sistema y altas y bajas en los Regímenes que lo integran

⇒ V. RD 84/1996, de 26 enero, por el que se aprueba el Reglamento General sobre inscripción de empresas y afiliación, altas, bajas y variaciones de datos de trabajadores en la Seguridad Social. Dicho Real Decreto incorpora las normas contenidas en el nunca entrado en vigor RD 1258/1987, de 11 septiembre (cfr. su disp. derog. única.2). El RD 84/1996 ha sido parcialmente modificado por RD 250/1997, de 21 febrero, así como por RD 1278/2000, de 30 junio y RD 1041/2005, de 5 septiembre. La Res. 20 febrero 1998, de la Secretaría General Técnica del Ministerio de Trabajo y Asuntos Sociales, ordena la publicación de la Circular conjunta de las Direcciones Generales de Ordenación de las Migraciones y de la TGSS sobre afiliación, altas, bajas y variaciones de datos de trabajadores extranjeros.

Artículo 12. Obligatoriedad y alcance de la afiliación.

La afiliación a la Seguridad Social es obligatoria para las personas a que se refiere el apartado 1 del artículo 7 de la presente Ley, y única para la vida de las mismas y para todo el sistema, sin perjuicio de las altas y bajas en los distintos Regímenes que lo integran, así como de las demás variaciones que puedan producirse con posterioridad a la afiliación.

⇒ El art. 21 del RD 84/1996, citado en nota anterior, prevé la asignación a cada ciudadano de un número para la identificación del mismo en sus relaciones con la Seguridad Social. Cfr. a este respecto, Res. 30 abril 1996, de la Secretaría General para la Seguridad Social.

Artículo 13. Formas de practicarse la afiliación y las altas y bajas.

1. La afiliación podrá practicarse a petición de las personas y entidades obligadas a dicho acto, a instancia de los interesados o de oficio por la Administración de la Seguridad Social.

2. Corresponderá a las personas y entidades que reglamentariamente se determinen, el cumplimiento de las obligaciones de solicitar la afiliación y de dar cuenta a los correspondientes organismos de la Administración de la Seguridad Social de los hechos determinantes de las altas, bajas y demás alteraciones a que se refiere el artículo anterior.

3. Si las personas y entidades a quienes incumban tales obligaciones no las cumplieren, podrán los interesados instar directamente su afiliación, alta o baja, sin perjuicio de que se hagan efectivas

las responsabilidades en que aquéllas hubieran incurrido, incluido, en su caso, el pago a su cargo de las prestaciones y de que se impongan las sanciones que sean procedentes.

4. Tanto la afiliación como los trámites determinados por las altas, bajas y demás variaciones a que se refiere el artículo anterior, podrán ser realizados de oficio por los correspondientes organismos de la Administración de la Seguridad Social cuando, a raíz de las actuaciones de los Servicios de Inspección o por cualquier otro procedimiento, se compruebe la inobservancia de dichas obligaciones.

Artículo 14. Obligaciones de la Administración de la Seguridad Social y derecho a la información.

1. Los correspondientes organismos de la Administración de la Seguridad Social competentes en la materia mantendrán al día los datos relativos a las personas afiliadas, así como los de las personas y entidades a las que corresponde el cumplimiento de las obligaciones establecidas en la presente sección.

2. Los empresarios y los trabajadores tendrán derecho a ser informados por los correspondientes organismos de la Administración de la Seguridad Social acerca de los datos a ellos referentes que obren en los mismos. De igual derecho gozarán las personas que acrediten un interés personal y directo, de acuerdo con lo establecido en la presente Ley.

Sección 2ª Cotización

⇒ V. arts. 103 y ss. de este Texto Refundido, así como RD 2064/1995, de 22 diciembre, que aprueba el Reglamento de Cotización y Liquidación de otros derechos de la Seguridad Social, modificado en parte por RD 1426/1997, de 15 septiembre, por RD 1278/2000, de 30 junio y últimamente por los RR DD 1273/2003, de 10 octubre; 335/2004, de 27 febrero, RD 1041/2005, de 5 septiembre y RD 807/2006, de 30 junio.

La Res. 17 nov. 2005, de la DGTGSS, establece los modelos de documentos de cotización vigentes para la liquidación e ingreso de cuotas de la Seguridad Social.

Sobre cotización de Trabajadores a tiempo parcial, V. disp. adic. 3ª del RD 1131/2002, de 31 octubre (§37).

La disp. adic. 55ª de la Ley 42/2006, de 28 diciembre, considera como cotizados a la Seguridad Social determinados períodos de los docentes de euskera que no pudieron ser dados de alta como consecuencia de la clandestinidad, faculta al Gobierno para que en plazo de seis meses dicte las normas necesarias para su aplicación.

Artículo 15. Obligatoriedad.

1. La cotización es obligatoria en los Regímenes General y Especiales.

2. La obligación de cotizar nacerá desde el momento de iniciación de la actividad correspondiente, determinándose en las normas reguladoras de cada Régimen las personas que hayan de cumplirla.

3. Son responsables del cumplimiento de la obligación de cotizar y del pago de los demás recursos de la Seguridad Social las personas físicas o jurídicas o entidades sin personalidad a las que las normas reguladoras de cada régimen y recurso impongan directamente la obligación de su ingreso y, además, los que resulten responsables solidarios, subsidiarios o sucesores «mortis causa» de aquéllos, por concurrir hechos, omisiones, negocios o actos jurídicos que determinen esas responsabilidades, en aplicación de cualquier norma con rango de ley que se refiera o no excluya expresamente a las obligaciones de Seguridad Social, o de pactos o convenios no contrarios a las leyes. Dicha responsabilidad solidaria, subsidiaria, o «mortis causa» se declarará y exigirá mediante el procedimiento recaudatorio establecido en esta Ley y su normativa de desarrollo.

✐ Párrafo añadido por el art. 12.1 de la Ley 52/2003, de 10 diciembre.

4. En caso de que la responsabilidad por la obligación de cotizar corresponda al empresario, podrá dirigirse el procedimiento recaudatorio que se establece en esta Ley y su normativa de desarrollo contra quien efectivamente reciba la prestación de servicios de los trabajadores que emplee, aunque formalmente no figure como empresario en los contratos de trabajo, en los registros públicos o en los archivos de las entidades gestoras y servicios comunes.

✐ Párrafo añadido por el art. 12.1 de la Ley 52/2003, de 10 diciembre.

Artículo 16. Bases y tipos de cotización.

⇒ Cfr. el art. 1.3 a) del RDley 3/2004, de 25 junio (§12.2).

1. Las bases y tipos de cotización a la Seguridad Social serán los que establezca cada año la correspondiente Ley de Presupuestos Generales del Estado.

2. Las bases de cotización a la Seguridad Social, en cada uno de sus Regímenes, tendrán como tope mínimo las cuantías del salario mínimo interprofesional vigente en cada momento, incrementadas en un sexto, salvo disposición expresa en contrario.

⇒ Cfr. disp. adic. 7ª de esta LGSS/1994 y Cap. III de la O. 28 enero 2000, sobre cotización de trabajadores a tiempo parcial y art. 14 del RD 488/1998, de 27 marzo (§7.1). Vid. Cap. V de la Orden de cotización para el presente año (§33.2).

Artículo 17. Primas de accidentes de trabajo y enfermedades profesionales.

Las primas correspondientes a las contingencias de accidentes de trabajo y enfermedades profesionales tendrán, a todos los efectos, la condición de cuotas de la Seguridad Social.

Sección 3ª Recaudación

⇒ V. RD 1415/2004, de 11 junio, que aprueba el Reglamento General de Recaudación de la Seguridad Social y la Orden TAS/1562/2005, de 25 mayo, que la desarrolla. El RD 1415/2004 ha sido parcialmente modificado por RD 1041/2005, de 5 septiembre. La Res. 29 enero 1999, de la DGTGSS, establece nuevos modelos de relaciones nominales de trabajadores. Téngase en cuenta que, de conformidad con el art. 29 de la Ley 50/1998, de 30 diciembre, la adquisición o mantenimiento de «reducciones, bonificaciones o cualesquiera otros beneficios en las bases, tipos y cuotas de la Seguridad Social y conceptos de recaudación conjunta», requiere que las empresas aporten los datos correspondientes en soporte informático. El art. 76 de la Ley 13/1996, de 30 diciembre, autoriza al Gobierno para establecer un procedimiento que permita la retención a favor de la Seguridad Social de los importes adeudados a la misma por las Administraciones públicas, empresas públicas y entes públicos respecto de los importes que con cargo a los PGE deban transferirse a la Administración, empresa o ente deudor de la Seguridad Social.

V. asimismo el art. 38 de la Ley 66/1997, de 30 diciembre, de Medidas Fiscales, Administrativas y del Orden Social.

Subsección 1ª Disposiciones generales

Artículo 18. Competencia.

1. La Tesorería General de la Seguridad Social, como caja única del sistema de la Seguridad Social, llevará a efecto la gestión recaudatoria de los recursos de ésta, tanto voluntaria como ejecutiva, bajo la dirección, vigilancia y tutela del Estado.

⇒ La TGSS fue creada, con carácter de Servicio Común por D. 2318/1978, de 15 septiembre. La Res. 1 diciembre 1995, de la Secretaría General para la Seguridad Social, determina el ámbito territorial de las Unidades de Recaudación Ejecutiva de las Direcciones Provinciales de la Tesorería General de la Seguridad Social. Por su parte la O. 29 marzo 2000, dicta normas sobre establecimiento, reorganización y funciones de dichas Unidades de Recaudación Ejecutiva de la Seguridad Social. La Res. 1 diciembre 1995, de la Secretaría General de la Seguridad Social, modificada parcialmente por otra de 10 mayo 2000, determina el ámbito territorial de las citada Unidades de Recaudación Ejecutiva.

V. nota al art. 63 de este TRLGSS.

2. Para realizar la función recaudatoria, la Tesorería General de la Seguridad Social podrá concertar los servicios que considere convenientes con las administraciones estatal, institucional, autónoma, local o entidades particulares habilitadas al efecto y, en especial, con los servicios del Ministerio de Economía y Hacienda.

3. Las habilitaciones que se otorguen a las entidades particulares a que se refiere el apartado anterior tendrán, en todo caso, carácter temporal. Los conciertos con tales entidades habrán de ser autorizados por el Consejo de Ministros.

Artículo 19. Plazo, lugar y forma de liquidación de las cuotas y demás recursos.

⇒ La Ley 13/1996, de 30 diciembre, establece que sólo podrán obtener beneficios en las bases, tipos y cuotas, bonificaciones o reducciones las empresas y demás sujetos obligados a cotizar que estén al corriente en el pago (art. 77).

1. Los sujetos obligados ingresarán las cuotas y demás recursos en el plazo, lugar y forma que se establezcan en la presente Ley, en sus normas de aplicación y desarrollo o en las disposiciones específicas aplicables a los distintos Regímenes y a los sistemas especiales.

2. El ingreso de las cuotas y demás recursos se realizará directamente en la Tesorería General de la Seguridad Social o a través de las entidades concertadas conforme al artículo 18 de esta Ley.

3. También se podrán ingresar las cuotas y demás recursos en las entidades autorizadas al efecto por el Ministerio de Trabajo y Seguridad Social, quien dictará las normas para el ejercicio de esta función y podrá revocar la autorización concedida, en caso de incumplimiento, previo expediente incoado al efecto.

⇒ V. las normas que sobre «ingresos en el circuito financiero de la Tesorería General» contienen los arts. 2 a 7 del RD 1391/1995, de 4 de agosto, por el que se aprueba el Reglamento General de la Gestión Financiera de la Seguridad Social.

4. El ingreso de las cuotas en las entidades concertadas o autorizadas surtirá, desde el momento en que se lleve a cabo, los mismos efectos que si se hubiera realizado en la propia Tesorería General de la Seguridad Social.

Artículo 20. Aplazamiento de pago.

1. La Tesorería General de la Seguridad Social, a solicitud del deudor y en los términos y con las condiciones que reglamentariamente se establezcan, podrá conceder aplazamiento del pago de las

deudas con la Seguridad Social, que suspenderá el procedimiento recaudatorio que se establece en esta Ley.

⇒ La Res. de 21 noviembre 2006, de la TGSS, aprueba modelos normalizados en materia de aplazamientos de pagos de deudas con la Seguridad Social.

2. El aplazamiento no podrá comprender las cuotas correspondientes a la aportación de los trabajadores y a las contingencias de accidente de trabajo y enfermedad profesional. La eficacia de la resolución administrativa de concesión quedará supeditada al ingreso de las que pudieran adeudarse en el plazo máximo de un mes desde su notificación.

3. El aplazamiento comprenderá el principal de la deuda y, en su caso, los recargos, intereses y costas del procedimiento que fueran exigibles en la fecha de solicitud, sin que a partir de la concesión puedan considerarse exigibles otros, a salvo de lo que se dispone para el caso de incumplimiento.

⇒ V. RD 1415/2004, de 11 junio, que aprueba el Reglamento General de la Seguridad Social.

4. El cumplimiento del aplazamiento deberá asegurarse mediante garantías suficientes para cubrir el principal de la deuda, recargos, intereses y costas, considerándose incumplido si no se constituyesen los derechos personales o reales de garantía que establezca la resolución de concesión, en el plazo que ésta determine. No será exigible dicha obligación en los supuestos que, en razón a la cuantía de la deuda aplazada o de la condición del beneficiario, se establezcan reglamentariamente. Excepcionalmente, podrá eximirse total o parcialmente del requisito establecido en el párrafo anterior cuando concurran causas de carácter extraordinario que así lo aconsejen.

5. El principal de la deuda, los recargos sobre la misma y las costas del procedimiento que fueran objeto de aplazamiento devengarán interés, que será exigible desde su concesión hasta la fecha de pago, conforme al tipo de interés legal del dinero que se encuentre vigente en cada momento durante la duración del aplazamiento. Dicho interés será el de demora si el deudor fuera eximido de la obligación de constituir garantías por causas de carácter extraordinario.

6. En caso de incumplimiento de cualquiera de las condiciones o pagos del aplazamiento, se proseguirá, sin más trámite, el procedimiento de apremio que se hubiera iniciado antes de la concesión. Se dictará, asimismo, sin más trámite providencia de apremio por aquella deuda que no hubiera sido ya apremiada, a la que se aplicará el recargo del 20 por 100 del principal, si se hubieran presentado los documentos de cotización dentro del plazo reglamentario de ingreso, o del 35 por 100, en caso contrario. En todo caso, los intereses de demora que se exijan serán los devengados desde el vencimiento de los respectivos plazos reglamentarios de ingreso.

7. Se considerará incumplido el aplazamiento en el momento en que el beneficiario deje de mantenerse al corriente en el pago de sus obligaciones con la Seguridad Social, con posterioridad a la concesión.

✐ Artículo modificado por el art. 3 de la Ley 52/2003, de 10 diciembre.

Artículo 21. Prescripción.

1. Prescribirán a los cuatro años los siguientes derechos y acciones:

a) El derecho de la Administración de la Seguridad Social para determinar las deudas con la misma cuyo objeto esté constituido por cuotas, mediante las oportunas liquidaciones.

b) La acción para exigir el pago de las deudas por cuotas de la Seguridad Social.

c) La acción para imponer sanciones por incumplimiento de las normas de Seguridad Social.

2. Respecto de las obligaciones con la Seguridad Social cuyo objeto sean recursos de la misma distintos a cuotas, el plazo de prescripción será el establecido en las normas que sean aplicables en razón de la naturaleza jurídica de aquéllas.

3. La prescripción quedará interrumpida por las causas ordinarias y, en todo caso, por cualquier actuación administrativa realizada con conocimiento formal del responsable del pago conducente a la liquidación o recaudación de la deuda y, especialmente, por su reclamación administrativa mediante reclamación de deuda o acta de liquidación.

✐ Artículo modificado por el art. 24 de la Ley 14/2000, de 29 diciembre.

Artículo 22. Prelación de créditos.

Los créditos por cuotas de la Seguridad Social y conceptos de recaudación conjunta y, en su caso, los recargos o intereses que sobre aquéllos procedan gozarán, respecto de la totalidad de los mismos, de igual orden de preferencia que los créditos a que se refiere el apartado 1º del artículo 1924 del Código Civil. Los demás créditos de la Seguridad Social gozarán del mismo orden de preferencia establecido en el apartado 2º, párrafo E), del referido precepto.

En caso de concurso, los créditos por cuotas de la Seguridad Social y conceptos de recaudación conjunta y, en su caso, los recargos e intereses que sobre aquellos procedan, así como los demás créditos de Seguridad Social, quedarán sometidos a lo establecido en la Ley Concursal.

Sin perjuicio del orden de prelación para el cobro de los créditos establecido por la ley, cuando el procedimiento de apremio administrativo concurra con otros procedimientos de ejecución singular, de naturaleza administrativa o judicial, será preferente aquél en el que primero se hubiera efectuado el embargo.

✐ Artículo modificado por la disp. final 15ª.1 de la Ley 22/2003, de 9 julio, Concursal.

Artículo 23. Devolución de ingresos indebidos, reembolso de los costes de las garantías y pago de cantidades declaradas por sentencia.

1. Las personas obligadas a cotizar o al pago de otras deudas con la Seguridad Social objeto de gestión recaudatoria por la Administración de la Seguridad Social tendrán derecho, en los términos y supuestos que reglamentariamente se fijen, a la devolución total o parcial del importe de los ingresos que por error se hubiesen realizado.

1.1. El importe a devolver a consecuencia de un ingreso indebido está constituido esencialmente por el importe del ingreso indebidamente efectuado y reconocido a favor del que efectúe su pago.

También formarán parte de la cantidad a devolver:

a) Los recargos, intereses, en su caso, y costas que se hubieren satisfecho cuando el ingreso indebido se hubiere realizado por vía de apremio.

b) El interés de demora previsto en el artículo 28.3 de esta Ley, aplicado a las cantidades indebidamente ingresadas por el tiempo transcurrido desde la fecha de su ingreso en la Tesorería General de la Seguridad Social hasta la propuesta de pago.

En todo caso, el tipo de interés de demora aplicable será el vigente a lo largo del período en que dicho interés se devengue.

✐ Apartado modificado por el art. 4 de la Ley 52/2003, de 10 diciembre.

1.2. No procederá la devolución de cuotas u otros recursos ingresados maliciosamente sin perjuicio de la responsabilidad de todo orden a que hubiere lugar.

1.3. El derecho a la devolución de ingresos indebidos prescribirá a los cuatro años, a contar del día siguiente al ingreso de los mismos.

2. La Administración de la Seguridad Social reembolsará, previa acreditación de su importe, el coste de las garantías aportadas para suspender la ejecución de una deuda con la Seguridad Social, en cuanto ésta sea declarada improcedente por sentencia o resolución administrativa y dicha declaración adquiera firmeza.

Cuando la deuda sea declarada parcialmente improcedente, el reembolso alcanzará a la parte correspondiente del coste de las referidas garantías.

Asimismo, en los supuestos de estimación parcial del recurso o la reclamación interpuestos, tendrá derecho el obligado a la reducción proporcional de la garantía aportada en los términos que se establezcan reglamentariamente.

3. Los ingresos que, en virtud de resolución judicial firme, resulten o se declaren objeto de devolución a los interesados, tendrán la consideración de ingresos indebidos y serán objeto de devolución en los términos fijados en dicha resolución, con aplicación de lo establecido en el artículo 106 de la Ley 29/1998, de 13 de julio, reguladora de la Jurisdicción Contencioso-Administrativa, cuando la Administración de la Seguridad Social fuere condenada al pago de una cantidad líquida, o de lo dispuesto en el artículo 45 de la Ley General Presupuestaria, texto refundido aprobado por el Real Decreto Legislativo 1091/1988, de 23 de septiembre, en otro caso.

✐ Artículo modificado por el art. 24 de la Ley 14/2000, de 29 diciembre.

Artículo 24. Transacciones sobre derechos de la Seguridad Social.

No se podrá transigir judicial ni extrajudicialmente sobre los derechos de la Seguridad Social ni someter a arbitraje las contiendas que se susciten respecto de los mismos, sino mediante Real Decreto acordado en Consejo de Ministros, previa audiencia del Consejo de Estado.

No obstante lo dispuesto en el párrafo anterior, si el deudor de la Seguridad Social incurriese en concurso de acreedores, la Tesorería General de la Seguridad Social podrá suscribir o adherirse a los convenios o acuerdos previstos en la Ley Concursal, sometiendo su crédito a condiciones que no podrán ser más favorables para el deudor que las convenidas con el resto de los acreedores.

✐ Artículo modificado por la disp. final 15ª.2 de la Ley 22/2003, de 9 julio, Concursal.

Subsección 2ª Recaudación en período voluntario

Artículo 25. Efectos de la falta de pago en plazo reglamentario.

La falta de pago de la deuda dentro del plazo reglamentario de ingreso establecido determinará la aplicación del recargo y el devengo de los intereses de demora en los términos fijados en esta Ley.

El recargo y los intereses de demora, cuando sean exigibles, se ingresarán conjuntamente con las deudas sobre las que recaigan.

Cuando el ingreso fuera del plazo reglamentario sea imputable a error de la Administración, sin que la misma actúe en calidad de empresario, no se aplicará recargo ni se devengarán intereses.

✐ Artículo modificado por el art. 5.1 de la Ley 52/2003, de 10 diciembre.

Artículo 26. Presentación de los documentos de cotización y compensación.

1. Los sujetos responsables del cumplimiento de la obligación de cotizar deberán efectuar su liquidación y pago con sujeción a las formalidades o por los medios electrónicos, informáticos y telemáticos que reglamentariamente se establezcan, debiendo realizar la transmisión de las respectivas liquidaciones o la presentación de los documentos de cotización dentro de los plazos reglamentarios establecidos aun cuando no se ingresen las cuotas correspondientes, o se ingrese exclusivamente la aportación del trabajador. Dicha presentación o transmisión o su falta producirán los efectos señalados en esta Ley y en sus disposiciones de aplicación y desarrollo. No será exigible, sin embargo, la presentación de documentos de cotización en plazo reglamentario respecto de las cuotas de los Regímenes Especiales de los Trabajadores por Cuenta Propia o Autónomos, Empleados de Hogar, cuotas fijas del Régimen Especial Agrario y del Régimen Especial del Mar, cuotas del Seguro Escolar y cualquier otra cuota fija que pudiera establecerse, siempre que los sujetos obligados a que se refieran dichas cuotas hayan sido dados de alta en el plazo reglamentariamente establecido. En tales casos, será aplicable lo previsto en esta Ley para los supuestos en que, existiendo dicha obligación, se hubieran presentado los documentos de cotización en plazo reglamentario.

✐ Apartado modificado por el art. 5.2 de la Ley 52/2003, de 10 diciembre.

2. La transmisión de las liquidaciones o la presentación de los documentos de cotización en plazo reglamentario permitirá a los sujetos responsables compensar su crédito por las prestaciones abonadas como consecuencia de su colaboración obligatoria con la Seguridad Social y su deuda por las cuotas debidas en el mismo período a que se refieren los documentos de cotización o las liquidaciones transmitidas, cualquiera que sea el momento del pago de tales cuotas.

✐ Ap. 2 redactado por el art. 22.Dos de la Ley 55/1999, de 29 diciembre, de Medidas Fiscales, Administrativas y del Orden Social.

Fuera del supuesto regulado en este número, los sujetos responsables del pago de cuotas no podrán compensar sus créditos frente a la Seguridad Social por prestaciones satisfechas en régimen de pago delegado o por cualquier otro concepto con el importe de aquellas cuotas, cualquiera que sea el momento del pago de las mismas y hayan sido o no reclamadas en período voluntario o en vía de apremio, sin perjuicio del derecho de los sujetos responsables para solicitar el pago de sus respectivos créditos frente a la Tesorería General de la Seguridad Social o a la Entidad gestora correspondiente.

✐ Párrafo redactado por Ley 42/1994, de 30 diciembre, de Medidas Fiscales, Administrativas y de Orden Social.

Artículo 27. Recargos de mora y de apremio aplicables a las cuotas.

1. Transcurrido el plazo reglamentario establecido para el pago de las cuotas a la Seguridad Social sin ingreso de las mismas y sin perjuicio de las especialidades previstas para los aplazamientos, se devengarán los siguientes recargos:

1.1. Cuando los sujetos responsables del pago hubieran presentado los documentos de cotización dentro del plazo reglamentario:

a) Recargo del tres por ciento de la deuda, si se abonasen las cuotas debidas dentro del primer mes siguiente al vencimiento del plazo reglamentario.

b) Recargo del cinco por ciento de la deuda, si se abonasen las cuotas debidas dentro del segundo mes siguiente al vencimiento del plazo reglamentario.

c) Recargo del 10 por 100 de la deuda, si se abonasen las cuotas debidas dentro del tercer mes siguiente al vencimiento del plazo reglamentario.

d) Recargo del 20 por 100 de la deuda, si se abonasen las cuotas debidas a partir del tercer mes siguiente al vencimiento del plazo reglamentario.

1.2. Cuando los sujetos responsables del pago no hubieran presentado los documentos de cotización dentro del plazo reglamentario:

a) Recargo del 20 por 100 de la deuda, si se abonasen las cuotas debidas antes de la terminación del plazo de ingreso establecido en la reclamación de deuda o acta de liquidación.

b) Recargo del 35 por 100 de la deuda, si se abonasen las cuotas debidas a partir de la terminación de dicho plazo de ingreso.

2. Las deudas con la Seguridad Social que tengan carácter de ingresos de derecho público y cuyo objeto esté constituido por recursos distintos a cuotas, cuando no se abonen dentro del plazo reglamentario que tengan establecido, se incrementarán con el correspondiente recargo previsto en el apartado 1.1 anterior, según la fecha del pago de la deuda.

✐ Artículo modificado por el art. 5.3 de la Ley 52/2003, de 10 diciembre.

Artículo 28. Interés de demora.

1. Los intereses de demora por las deudas con la Seguridad Social serán exigibles, en todo caso, si no se hubiese abonado la deuda una vez transcurridos quince días desde la notificación de la providencia de apremio o desde la comunicación del inicio del procedimiento de deducción.

Asimismo, serán exigibles dichos intereses cuando no se hubiese abonado el importe de la deuda en el plazo fijado en las resoluciones desestimatorias de los recursos presentados contra las reclamaciones de deuda o actas de liquidación, si la ejecución de dichas resoluciones fuese suspendida en los trámites del recurso contencioso-administrativo que contra ellas se hubiese interpuesto.

2. Los intereses de demora exigibles serán los que haya devengado el principal de la deuda desde el vencimiento del plazo reglamentario de ingreso y los que haya devengado, además, el recargo aplicable en el momento del pago, desde la fecha en que, según el apartado anterior, sean exigibles.

3. El tipo de interés de demora será el interés legal del dinero vigente en cada momento del período de devengo, incrementado en un 25 por 100, salvo que la Ley de Presupuestos Generales del Estado establezca uno diferente.

✐ Artículo modificado por el art. 5.4 de la Ley 52/2003, de 10 diciembre.

Artículo 29. Imputación de pagos.

Sin perjuicio de las especialidades previstas en esta Ley para los aplazamientos y en el ordenamiento jurídico para el deudor incurso en procedimiento concursal, el cobro parcial de la deuda apremiada se imputará, en primer lugar, al pago de la que hubiera sido objeto del embargo o garantía cuya ejecución haya producido dicho cobro y, luego, al resto de la deuda. Tanto en un caso como en otro, el cobro se aplicará primero a las costas y, luego, a los títulos más antiguos, distribuyéndose proporcionalmente el importe entre principal, recargo e intereses.

✐ Artículo modificado por el art. 5.5 de la Ley 52/2003, de 10 diciembre.

Artículo 30. Reclamaciones de deudas.

1. Transcurrido el plazo reglamentario sin ingreso de las cuotas debidas, la Tesorería General de la Seguridad Social reclamará su importe al sujeto responsable incrementado con el recargo que proceda, conforme a lo dispuesto en el artículo 27 de esta Ley, en los siguientes supuestos:

a) Falta de cotización respecto de trabajadores dados de alta, cuando no se hubiesen presentado los documentos de cotización en plazo reglamentario o cuando, habiéndose presentado, contengan errores aritméticos o de cálculo que resulten directamente de tales documentos. Si estas circunstancias fuesen comprobadas por la Inspección de Trabajo y Seguridad Social, lo comunicará a la Tesorería General de la Seguridad Social con la propuesta de liquidación que proceda.

b) Falta de cotización en relación con trabajadores dados de alta que no consten en los documentos de cotización presentados en plazo reglamentario, respecto de los que se considerará que no han sido presentados dichos documentos.

c) Diferencias de importe entre las cuotas ingresadas y las que legalmente corresponda liquidar, debidas a errores aritméticos o de cálculo que resulten directamente de los documentos de cotización presentados.

d) Deudas por cuotas cuya liquidación no corresponda a la Inspección de Trabajo y Seguridad Social.

2. Procederá también reclamación de deuda cuando, en atención a los datos obrantes en la Tesorería General de la Seguridad Social y por aplicación de cualquier norma con rango de ley que no excluya la responsabilidad por deudas de Seguridad Social, deba exigirse el pago de dichas deudas:

a) A los responsables solidarios, en cuyo caso la reclamación comprenderá el principal de la deuda a que se extienda la responsabilidad solidaria, los recargos, intereses y costas devengados hasta el momento en que se emita dicha reclamación.

b) Al responsable subsidiario, por no haber ingresado éste el principal adeudado por el deudor inicial en el plazo reglamentario señalado en la comunicación que, en este caso, se libre a tal efecto.

c) A quien haya asumido la responsabilidad por causa de la muerte del deudor originario, en cuyo caso, la reclamación comprenderá el principal de la deuda, los recargos, intereses y costas devengados hasta que se emita.

3. Los importes exigidos en las reclamaciones de deudas por cuotas, impugnadas o no, deberán hacerse efectivos dentro de los plazos siguientes:

a) Las notificadas entre los días 1 y 15 de cada mes, desde la fecha de la notificación hasta el día 5 del mes siguiente o el inmediato hábil posterior.

b) Las notificadas entre los días 16 y último de cada mes, desde la fecha de notificación hasta el día 20 del mes siguiente o el inmediato hábil posterior.

4. Las deudas con la Seguridad Social por recursos distintos a cuotas, serán objeto igualmente de reclamación de deuda, en la que se indicará el importe de la misma, así como los plazos reglamentarios de ingreso.

5. La interposición de recurso de alzada contra las reclamaciones de deuda sólo suspenderá el procedimiento recaudatorio cuando se garantice con aval suficiente o se consigne el importe de la deuda, incluido, en su caso, el recargo en que se hubiere incurrido.

En caso de resolución desestimatoria del recurso, transcurrido el plazo de 15 días desde su notificación sin pago de la deuda, se iniciará el procedimiento de apremio mediante la expedición de la providencia de apremio o el procedimiento de deducción, según proceda.

✐ Artículo modificado por el art. 5.6 de la Ley 52/2003, de 10 diciembre.

⇒ La Res. 20 mayo 2003, de la Secretaría de Estado de la Seguridad Social, regula el procedimiento para la declaración de la extinción de créditos y derechos de la Seguridad Social incobrables o no exigibles en vía de apremio.

Artículo 31. Acta de liquidación de cuotas.

1. Procederá la formulación de actas de liquidación en las deudas por cuotas originadas por:

a) Falta de afiliación o de alta de trabajadores en cualquiera de los regímenes del sistema de la Seguridad Social.

b) Diferencias de cotización por trabajadores dados de alta, cuando dichas diferencias no resulten directamente de los documentos de cotización presentados dentro o fuera del plazo reglamentario.

c) Por derivación de la responsabilidad del sujeto obligado al pago, cualquiera que sea su causa y régimen de la Seguridad Social aplicable, y en base a cualquier norma con rango de ley que no excluya la responsabilidad por deudas de Seguridad Social. En los casos de responsabilidad solidaria legalmente previstos, la Inspección podrá extender acta a todos los sujetos responsables o a alguno de ellos, en cuyo caso el acta de liquidación comprenderá el principal de la deuda a que se extienda la responsabilidad solidaria, los recargos, intereses y costas devengadas hasta la fecha en que se extienda el acta.

En los casos a los que se refieren los párrafos anteriores a), b) y c), la Inspección de Trabajo y Seguridad Social podrá formular requerimientos a los sujetos obligados al pago de cuotas adeudadas por cualquier causa, previo reconocimiento de la deuda por aquéllos ante el funcionario actuante. En este caso, el ingreso de la deuda por cuotas contenida en el requerimiento será hecho efectivo en el plazo que determine la Inspección de Trabajo y Seguridad Social, que no será inferior a un mes ni superior a cuatro meses. En caso de incumplimiento del requerimiento se procederá a extender acta de liquidación y de infracción por impago de cuotas.

✐ Párrafo modificado por disp. adic. 44ª.1 de Ley 2/2004, de 27 diciembre.

Las actas de liquidación de cuotas se extenderán por la Inspección de Trabajo y Seguridad Social, notificándose en todos los casos a través de los órganos de dicha Inspección que, asimismo, notificarán las actas de infracción practicadas por los mismos hechos, en la forma que reglamentariamente se establezca.

d) Aplicación indebida de las bonificaciones en las cotizaciones de la Seguridad Social, previstas reglamentariamente para la financiación de las acciones formativas del subsistema de formación profesional continua.

✐ Apartado añadido por el art. 25 de la Ley 62/2003, de 30 diciembre.

2. Las actas de liquidación extendidas con los requisitos reglamentariamente establecidos, una vez notificadas a los interesados, tendrán el carácter de liquidaciones provisionales y se elevarán a definitivas mediante acto administrativo del respectivo jefe de la unidad especializada de Seguridad Social de la Inspección de Trabajo y Seguridad Social, previa audiencia del interesado. Contra dichos

actos liquidatorios definitivos cabrá recurso de alzada ante el órgano superior jerárquico del que los dictó. De las actas de liquidación se dará traslado a los trabajadores, pudiendo los que resulten afectados interponer reclamación respecto del período de tiempo o la base de cotización a que la liquidación se contrae.

3. Los importes de las deudas figurados en las actas de liquidación serán hechos efectivos hasta el último día del mes siguiente al de su notificación, una vez dictado el correspondiente acto administrativo definitivo de liquidación, iniciándose en otro caso el procedimiento de deducción o el procedimiento de apremio en los términos establecidos en esta Ley y en las normas de desarrollo.

4. Las actas de liquidación y las de infracción que se refieran a los mismos hechos se practicarán simultáneamente por la Inspección de Trabajo y Seguridad Social. La competencia y procedimiento para su resolución son los señalados en el apartado 2 de este artículo.

Las sanciones por infracciones propuestas en dichas actas de infracción se reducirán automáticamente al 50 por 100 de su cuantía, si el infractor diese su conformidad a la liquidación practicada ingresando su importe en el plazo señalado en el apartado 3.

✐ Artículo modificado por el art. 5.7 de la Ley 52/2003, de 10 diciembre.

Artículo 32. Determinación de las deudas por cuotas.

1. Las reclamaciones de deudas por cuotas se extenderán en función de las bases declaradas por el sujeto responsable. Si no existiese declaración, se tomará como base de cotización la media entre la base mínima y máxima correspondiente al último grupo de cotización conocido en que estuviese encuadrada la categoría de los trabajadores a que se refiera la reclamación.

2. Las actas de liquidación se extenderán en base a la remuneración total que tenga derecho a percibir el trabajador o la que efectivamente perciba de ser ésta superior en razón del trabajo que realice por cuenta ajena y que deba integrar la base de cotización en los términos establecidos en la Ley o en las normas de desarrollo.

Cuando la Inspección de Trabajo y Seguridad Social se vea en la imposibilidad de conocer el importe de las remuneraciones percibidas por el trabajador, se estimará como base de cotización la media entre la base mínima y máxima correspondiente al último grupo de cotización conocido en que estuviese encuadrada la categoría de los trabajadores a que se refiera el acta de liquidación.

✐ Artículo modificado por el art. 5.8 de la Ley 52/2003, de 10 diciembre.

Subsección 3ª Recaudación en vía ejecutiva

Artículo 33. Medidas cautelares.

Para asegurar el cobro de las deudas con la Seguridad Social, la Tesorería General de la misma podrá adoptar medidas cautelares de carácter provisional cuando existan indicios racionales de que, en otro caso, dicho cobro se verá frustrado o gravemente dificultado.

a) Las medidas habrán de ser proporcionadas al daño que se pretenda evitar. En ningún caso se adoptarán aquellas que puedan producir un perjuicio de difícil o imposible reparación.

La medida cautelar podrá consistir en alguna de las siguientes:

1ª Retención del pago de devoluciones de ingresos indebidos o de otros pagos que deba realizar la Tesorería General de la Seguridad Social, en la cuantía estrictamente necesaria para asegurar el cobro de la deuda. La retención cautelar total o parcial de una devolución de ingresos indebidos deberá ser notificada al interesado juntamente con el acuerdo de devolución.

2ª Embargo preventivo de bienes o derechos. Este embargo preventivo se asegurará mediante su anotación en los registros públicos correspondientes o mediante el depósito de los bienes muebles embargados.

3ª Cualquiera otra legalmente prevista.

b) Cuando la deuda con la Seguridad Social no se encuentre liquidada pero se haya devengado y haya transcurrido el plazo reglamentario para su pago, y siempre que corresponda a cantidades determinables por la aplicación de las bases, tipos y otros datos objetivos previamente establecidos que permitan fijar una cifra máxima de responsabilidad, la Tesorería General de la Seguridad Social podrá adoptar medidas cautelares que aseguren su cobro, previa autorización, en su respectivo ámbito, del Director Provincial de la Tesorería General de la Seguridad Social o, en su caso, del Director General de la misma o autoridad en quien deleguen.

c) Las medidas cautelares así adoptadas se levantarán, aun cuando no haya sido pagada la deuda, si desaparecen las circunstancias que justificaron su adopción o si, a solicitud del interesado, se acuerda su sustitución por otra garantía que se estime suficiente. Las medidas cautelares podrán convertirse en definitivas en el marco del procedimiento de apremio. En otro caso, se levantarán de oficio, sin que puedan prorrogarse más allá del plazo de seis meses desde su adopción.

d) Se podrá acordar el embargo preventivo de dinero y mercancías en cuantía suficiente para asegurar el pago de la deuda con la Seguridad Social que corresponda exigir por actividades y trabajos lucrativos ejercidos sin establecimiento cuando los trabajadores no hayan sido afiliados o, en su caso, no hayan sido dados de alta en la Seguridad Social.

Asimismo, podrán intervenirse los ingresos de los espectáculos públicos de las empresas cuyos trabajadores no hayan sido afiliados ni dados de alta o por los que no hubieren efectuado sus cotizaciones a la Seguridad Social.

Artículo modificado por el art. 5.9 de la Ley 52/2003, de 10 diciembre.

Artículo 34. Providencia de apremio, impugnación de la misma, ejecución patrimonial y otros actos del procedimiento ejecutivo.

1. Transcurrido el plazo reglamentario de ingreso y una vez adquieran firmeza en vía administrativa la reclamación de deuda o el acta de liquidación en los casos en que éstas procedan, sin que se haya satisfecho la deuda, se iniciará el procedimiento de apremio mediante la emisión de providencia de apremio, en la que se identificará la deuda pendiente de pago con el recargo correspondiente.

2. La providencia de apremio, emitida por el órgano competente, constituye el título ejecutivo suficiente para el inicio del procedimiento de apremio por la Tesorería General de la Seguridad Social y tiene la misma fuerza ejecutiva que las sentencias judiciales para proceder contra los bienes y derechos de los sujetos obligados al pago de la deuda.

En la notificación de la providencia de apremio se advertirá al sujeto responsable de que si la deuda exigida no se ingresa dentro de los 15 días siguientes a su recepción o publicación serán exigibles los intereses de demora devengados y se procederá al embargo de sus bienes.

3. El recurso de alzada contra la providencia de apremio sólo será admisible por los siguientes motivos, debidamente justificados:

a) Pago.

b) Prescripción.

c) Error material o aritmético en la determinación de la deuda.

d) Condonación, aplazamiento de la deuda o suspensión del procedimiento.

e) Falta de notificación de la reclamación de deuda, cuando ésta proceda, del acta de liquidación o de las resoluciones que las mismas o las autoliquidaciones de cuotas originen.

La interposición del recurso suspenderá el procedimiento de apremio, sin necesidad de la presentación de la garantía, hasta la resolución de la impugnación.

4. Si los interesados formularan recurso de alzada o contencioso-administrativo contra actos dictados en el procedimiento ejecutivo distintos de la providencia de apremio, el procedimiento de apremio no se suspenderá si no se realiza el pago de la deuda perseguida, se garantiza con aval suficiente o se consigna su importe, incluidos el recargo, los intereses devengados y un tres por ciento del principal como cantidad a cuenta de las costas reglamentariamente establecidas, a disposición de la Tesorería General de la Seguridad Social.

5. La ejecución contra el patrimonio del deudor se efectuará mediante el embargo y la realización del valor o, en su caso, la adjudicación de bienes del deudor a la Tesorería General de la Seguridad Social. El embargo se efectuará en cuantía suficiente para cubrir el principal de la deuda, los recargos y los intereses y costas del procedimiento que se hayan causado y se prevea que se causen hasta la fecha de ingreso o de la adjudicación a favor de la Seguridad Social, con respeto siempre al principio de proporcionalidad.

Si el cumplimiento de la obligación con la Seguridad Social estuviere garantizado mediante aval, prenda, hipoteca o cualquiera otra garantía personal o real, se procederá en primer lugar a ejecutarla, lo que se realizará en todo caso por los órganos de recaudación de la Administración de la Seguridad Social, a través del procedimiento administrativo de apremio.

6. Si el deudor fuese una Administración pública, organismo autónomo, entidad pública empresarial o, en general, cualquier entidad de derecho público, el órgano competente de la Tesorería General de la Seguridad Social, transcurridos los plazos a que se refiere el apartado 1 de este artículo, iniciará el procedimiento de deducción, acordando, previa audiencia de la entidad afectada, la retención a favor de la Seguridad Social en la cuantía que corresponda por principal, recargo e intereses, sobre el importe total que con cargo a los Presupuestos Generales del Estado deba transferirse a la entidad deudora, quedando extinguida total o parcialmente la deuda desde que la Tesorería General de la Seguridad

Social aplique el importe retenido al pago de la misma. Sólo se iniciará la vía de apremio sobre el patrimonio de estas entidades, en los términos establecidos en el apartado 2 de este artículo, cuando la Ley prevea que puedan ostentar la titularidad de bienes embargables. En este caso, y una vez definitiva en vía administrativa la providencia de apremio, el órgano competente de la Tesorería General de la Seguridad Social acordará la retención prevista en el párrafo anterior, sin perjuicio de la continuación del procedimiento de apremio sobre los bienes embargables hasta completar el cobro de los débitos.

7. Las costas y gastos que origine la recaudación en vía ejecutiva serán siempre a cargo del sujeto responsable del pago.

8. El Gobierno, mediante real decreto, a propuesta del Ministro de Trabajo y Asuntos Sociales, aprobará el oportuno procedimiento para la cobranza de los débitos a la Seguridad Social en vía de apremio.

9. Lo dispuesto en los números precedentes se entiende sin perjuicio de lo especialmente previsto en el artículo 35 de esta Ley y en la normativa reguladora de la Jurisdicción Contencioso-Administrativa.

✐ Artículo modificado por el art. 5.10 de la Ley 52/2003, de 10 diciembre.

Artículo 35. Tercerías.

1. Corresponde a la Tesorería General de la Seguridad Social la resolución de las tercerías que se susciten en el procedimiento de apremio, y su interposición ante dicho órgano será requisito previo para que puedan ejercitarse ante los Tribunales de la jurisdicción ordinaria.

2. La tercería sólo podrá fundarse en el dominio de los bienes embargados al deudor o en el derecho del tercerista a ser reintegrado de su crédito con preferencia al perseguido en el expediente de apremio.

3. Si la tercería fuese de dominio, se suspenderá el procedimiento de apremio hasta que aquélla se resuelva, y una vez se hayan tomado las medidas de aseguramiento subsiguientes al embargo, según la naturaleza de los bienes. Si fuera de mejor derecho, proseguirá el procedimiento hasta la realización de los bienes, y el producto obtenido se consignará en depósito a resultas de la tercería. No será admitida la tercería de dominio después de otorgada la escritura, de consumada la venta de los bienes de que se trate o de su adjudicación en pago a la Seguridad Social. La tercería de mejor derecho no se admitirá después de haber recibido el recaudador el precio de la venta.

Artículo 36. Deber de información por entidades financieras, funcionarios públicos y profesionales oficiales.

✐ Artículo redactado por la Ley 42/1994, de Medidas Fiscales, Administrativas y de Orden Social.

1. Las personas o entidades depositarias de dinero en efectivo o en cuenta, valores u otros bienes de deudores a la Seguridad Social en situación de apremio, están obligadas a informar a la Tesorería General de la Seguridad Social y a cumplir los requerimientos que le sean hechos por la misma en el ejercicio de sus funciones legales.

2. Las obligaciones a que se refiere el número anterior deberán cumplirse bien con carácter general o bien a requerimiento individualizado de los órganos competentes de la Administración de la Seguridad Social, en la forma y plazos que reglamentariamente se determinen.

3. El incumplimiento de las obligaciones establecidas en los números anteriores de este artículo no podrá ampararse en el secreto bancario.

Los requerimientos relativos a los movimientos de cuentas corrientes, depósitos de ahorro y a plazo, cuentas de préstamos y créditos y demás operaciones activas o pasivas de los Bancos, Cajas de Ahorro, Cooperativas de Crédito y cuantas personas físicas o jurídicas se dediquen al tráfico bancario o crediticio, se efectuarán previa autorización del Director general de la Tesorería General de la Seguridad Social o, en su caso, y en las condiciones que reglamentariamente se establezcan, del Director provincial de la Tesorería General de la Seguridad Social competente, y deberán precisar las operaciones objeto de investigación, los sujetos pasivos afectados y el alcance de la misma en cuanto al período de tiempo a que se refieren.

4. Los funcionarios públicos, incluidos los profesionales oficiales, están obligados a colaborar con la Administración de la Seguridad Social para suministrar toda clase de información, objeto o no de tratamiento automatizado, siempre que sea útil para la recaudación de recursos de Seguridad Social y demás conceptos de recaudación conjunta de que aquéllos dispongan, salvo que sea aplicable:

a) El secreto del contenido de la correspondencia.

b) El secreto de los datos que se hayan suministrado a la Administración Pública para una finalidad exclusivamente estadística.

El secreto de protocolo notarial abarcará los instrumentos públicos a que se refieren los artículos 34 y 35 de la Ley de 28 de mayo de 1862 y los relativos a cuestiones matrimoniales, con excepción de los referentes al régimen económico de la sociedad conyugal.

5. La obligación de los profesionales de facilitar información de trascendencia recaudatoria a la Administración de la Seguridad Social no alcanzará a los datos privados no patrimoniales que conozcan por razón del ejercicio de su actividad, cuya revelación atente al honor o a la intimidad personal o familiar de las personas. Tampoco alcanzará a aquellos datos confidenciales de sus clientes de los que tenga conocimiento como consecuencia de la prestación de servicios profesionales de asesoramiento o defensa.

Los profesionales no podrán invocar el secreto profesional a efectos de impedir la comprobación de su propia cotización a la Seguridad Social.

A efectos del artículo 8, apartado 1, de la Ley Orgánica 1/1982, de 5 de mayo, de Protección Civil del Derecho al Honor, a la Intimidad Personal y Familiar y a la Propia Imagen, se considerará autoridad competente al Ministro de Trabajo y Seguridad Social, a los titulares de los órganos y centros directivos de la Secretaría General para la Seguridad Social y de la Dirección General de la Inspección de Trabajo y Seguridad Social, así como al Director general y a los Directores provinciales de la Tesorería General de la Seguridad Social.

6. La cesión de aquellos datos de carácter personal, objeto de tratamiento automatizado, que se deba efectuar a la Administración de la Seguridad Social conforme a lo dispuesto en este artículo o, en general, en cumplimiento del deber de colaborar para la efectiva recaudación de los recursos de la Seguridad Social, no requerirá el consentimiento del afectado. En este ámbito, tampoco será de aplicación lo que, respecto a las Administraciones Públicas, establece el apartado 1 del artículo 21 de la Ley Orgánica 15/1999, de 13 de diciembre, de Protección de Datos de Carácter Personal.

En los casos en que la cesión de datos se efectúe por parte de la Agencia Estatal de la Administración Tributaria, éstos se instrumentarán preferentemente por medios electrónicos, informáticos o telemáticos.

✐ Apartado modificado por el art. 6.1 de la Ley 52/2003, de 10 diciembre.

7. ...

✐ Apartado suprimido por el art. 6.2 de la Ley 52/2003, de 10 diciembre.

Artículo 37. Levantamiento de bienes embargables.

Las personas o entidades depositarias de bienes embargables que, con conocimiento previo del embargo practicado por la Seguridad Social, conforme al procedimiento administrativo de apremio reglamentariamente establecido colaboren o consientan en el levantamiento de los mismos, serán responsables solidarios de la deuda hasta el límite del importe levantado.

CAPÍTULO IV
Acción protectora

Sección 1ª Disposiciones generales

Artículo 38. Acción protectora del sistema de la Seguridad Social.

⇒ Téngase en cuenta que la Ley 39/2006, de 14 diciembre, de Promoción de la Autonomía Personal y Atención a las Personas en situación de Dependencia, configura las prestaciones y servicios que otorga como *«una nueva modalidad de protección social que amplía y complementa la acción protectora del Estado y del Sistema de la Seguridad Social»*, según indica su Exposición de Motivos.

1. La acción protectora del sistema de la Seguridad Social comprenderá:

a) La asistencia sanitaria en los casos de maternidad, de enfermedad común o profesional y de accidentes, sean o no de trabajo.

⇒ Cfr. Ley 16/2003, de 28 mayo, de cohesión del Sistema Nacional de Salud.

b) La recuperación profesional, cuya procedencia se aprecie en cualquiera de los casos que se mencionan en el apartado anterior.

⇒ V. los arts. 54 y 153 a 159 del presente Texto Refundido.

c) Prestaciones económicas en las situaciones de incapacidad temporal; maternidad; paternidad; riesgo durante el embarazo; riesgo durante la lactancia natural; invalidez, en sus modalidades contributiva y no contributiva; jubilación, en sus modalidades contributiva y no contributiva; desempleo, en sus niveles contributivo y asistencial; muerte y supervivencia; así como las que se otorguen en las contingencias y situaciones especiales que reglamentariamente se determinen por Real Decreto, a propuesta del Ministro de Trabajo y Asuntos Sociales.

✐ Letra c) párr. 1º modificada por disp. adic. 18ª.1 de la LO 3/2007, de 22 marzo, para la igualdad efectiva de mujeres y hombres.

⇒ La Res. 23 noviembre 1999, de la Secretaría de Estado de la Seguridad Social, dicta instrucciones para incluir en la estructura presupuestaria de la Seguridad Social la nueva prestación de «Riesgo durante el embarazo».

Las prestaciones económicas por invalidez y jubilación, en sus modalidades no contributivas, se otorgarán de acuerdo con la regulación que de las mismas se contiene en el Título II de la presente Ley.

Las prestaciones por desempleo, en sus niveles contributivo y asistencial, se otorgarán de acuerdo con la regulación que de las mismas se contiene en el Título III de esta Ley.

d) Prestaciones familiares de la Seguridad Social, en sus modalidades contributiva y no contributiva.

Las prestaciones familiares, en su modalidad no contributiva, se otorgarán de acuerdo con la regulación que de las mismas se contiene en el título II de esta Ley.

✐ Apartado modificado por el art. 19.1 de la Ley 52/2003, de 10 diciembre.

⇒ La disp. adic. 4ª de la Ley 21/1986, de 23 diciembre, de Presupuestos Generales del Estado para 1987, previó un régimen de pensiones extraordinarias en favor de las personas que resulten incapacitadas y de los familiares de quienes fallezcan como consecuencia de actos de terrorismo. La misma previsión contiene el art. 64.4 de la Ley 33/1987, de 23 diciembre, de Presupuestos Generales del Estado para 1988 y la disp. adic. 16ª de la Ley 4/1990, de 29 junio, de Presupuestos Generales del Estado para 1990. El desarrollo reglamentario de tales previsiones se contiene en el RD 1576/1990, de 7 diciembre, por el que se regula la concesión en el sistema de la Seguridad Social de pensiones extraordinarias motivadas por actos de terrorismo.
La Ley 13/1996, de 30 diciembre, regula las ayudas a los afectados por delitos de terrorismo (arts. 93 a 96 y disp. transit. 3ª), cuyo Reglamento establece el RD 288/2003, de 7 marzo.

e) Las prestaciones de servicios sociales que puedan establecerse en materia de reeducación y rehabilitación de inválidos y de asistencia a la tercera edad, así como en aquellas otras materias en que se considere conveniente.

2. Igualmente, y como complemento de las prestaciones comprendidas en el apartado anterior, podrán otorgarse los beneficios de la asistencia social.

3. La acción protectora comprendida en los números anteriores establece y limita el ámbito de extensión posible del Régimen General y de los Especiales de la Seguridad Social, así como de la modalidad no contributiva de las prestaciones.

4. Cualquier prestación de carácter público que tenga como finalidad complementar, ampliar o modificar las prestaciones de la Seguridad Social, en su modalidad contributiva, forma parte del sistema de la Seguridad Social y está sujeto a los principios regulados en el artículo 2 de esta Ley.

Lo previsto en el párrafo anterior se entiende sin perjuicio de las ayudas de otra naturaleza que, en el ejercicio de sus competencias, puedan establecer las Comunidades Autónomas en beneficio de los pensionistas residentes en ellas.

✐ Apartado añadido por el art. 1.2 de la Ley 52/2003, de 10 diciembre y modificado por Ley 4/2005, de 22 abril.
Cfr. STC 239/2002.

Artículo 39. Mejoras voluntarias.

1. La modalidad contributiva de la acción protectora que el sistema de la Seguridad Social otorga a las personas comprendidas en el apartado 1 del artículo 7 de la presente Ley, podrá ser mejorada voluntariamente en la forma y condiciones que se establezcan en las normas reguladoras del Régimen General y de los Regímenes Especiales.

2. Sin otra excepción que el establecimiento de mejoras voluntarias, conforme a lo previsto en el número anterior, la Seguridad Social no podrá ser objeto de contratación colectiva.

Artículo 40. Caracteres de las prestaciones.

1. Las prestaciones de la Seguridad Social, así como los beneficios de sus servicios sociales y de la asistencia social, no podrán ser objeto de retención, sin perjuicio de lo previsto en el apartado 2 de este mismo artículo, cesión total o parcial, compensación o descuento, salvo en los dos casos siguientes:

⇒ Cfr. STC 113/1989, de 22 junio (RTC 1989, 113).

a) En orden al cumplimiento de las obligaciones alimenticias a favor del cónyuge e hijos.

b) Cuando se trate de obligaciones contraídas por el beneficiario dentro de la Seguridad Social.

En materia de embargo se estará a lo establecido en la Ley de Enjuiciamiento Civil.

⇒ V. art. 607 de la Ley 1/2000, de 7 enero, de Enjuiciamiento Civil.

2. Las percepciones derivadas de la acción protectora de la Seguridad Social estarán sujetas a tributación en los términos establecidos en las normas reguladoras de cada impuesto.

⇒ El RDLeg 3/2004, de 5 marzo, del Texto Refundido del Impuesto sobre la Renta de las Personas Físicas considera exentas las «prestaciones reconocidas al sujeto pasivo por la Seguridad Social o por las entidades que la sustituyan como consecuencia de incapacidad permanente absoluta o gran invalidez» [art. 7.f)]; las «prestaciones familiares por hijo a cargo reguladas en el Capítulo IX del Título II del Texto Refundido de la LGSS...» [art. 7.h)], así como las prestaciones de desempleo «cuando se perciban en la modalidad de pago único, con el límite de 12.020,24 euros» [art. 7.n)].

Sobre las reducciones aplicables a determinadas prestaciones de la Seguridad Social a efectos de IRPF, cfr. arts. 10 y 11 del RD 1775/2004, de 30 julio, que aprueba el Reglamento del citado Impuesto.

3. No podrá ser exigida ninguna tasa fiscal, ni derecho de ninguna clase, en cuantas informaciones o certificaciones hayan de facilitar los correspondientes organismos de la Administración de la Seguridad Social, y los organismos administrativos, judiciales o de cualquier otra clase, en relación con las prestaciones y beneficios a que se refiere el apartado 1 de este artículo.

Artículo 41. Responsabilidad en orden a las prestaciones.

1. Las Entidades gestoras de la Seguridad Social serán responsables de las prestaciones cuya gestión les esté atribuida, siempre que se hayan cumplido los requisitos generales y particulares exigidos para causar derecho a las mismas en las normas establecidas en el Título II de la presente Ley, por lo que respecta al Régimen General y a la modalidad no contributiva de las prestaciones, y en las específicas que sean aplicables a los distintos Regímenes Especiales.

2. Para la imputación de responsabilidades en orden a las prestaciones, en su modalidad contributiva, a entidades o personas distintas de las determinadas en el apartado anterior, se estará a lo dispuesto en la presente Ley, en sus disposiciones de desarrollo y aplicación o en las normas reguladoras de los Regímenes Especiales.

⇒ V. arts. 126 y 127 del presente Texto Refundido.

Artículo 42. Pago de las pensiones contributivas, derivadas de riesgos comunes, y de las pensiones no contributivas.

⇒ La Ley 42/1994, de 30 diciembre, de Medidas Fiscales, Administrativas y de Orden Social, crea el Registro de Prestaciones Sociales Públicas, en el que se integra el actual Banco de Datos de Pensiones (art. 30). V. asimismo disp. transit. 4ª de la citada Ley. El Registro de Pensiones Públicas fue regulado por RD 397/1996, de 1 de marzo y la O. 9 enero 1997, que lo desarrolla. La Res. 11 julio 1997, del INSS, determina la estructura básica de dicho Registro, así como el procedimiento para el suministro y actualización de los datos de identificación y otras medidas para el buen funcionamiento del mismo.

Sobre medios de pago y temas conexos, ténganse en cuenta los arts. 11 y ss. del RD 1391/1995, de 4 agosto, por el que se aprueba el Reglamento General de la Gestión Financiera de la Seguridad Social, desarrollado por O. 22 febrero 1996.

1. Las pensiones contributivas derivadas de contingencias comunes de cualquiera de los Regímenes que integran el sistema de la Seguridad Social serán satisfechos en catorce pagas, correspondientes a cada uno de los meses del año y dos pagas extraordinarias que se devengarán en los meses de junio y noviembre.

2. Asimismo, el pago de las pensiones de invalidez y jubilación, en sus modalidades no contributivas, se fraccionará en catorce pagas, correspondientes a cada uno de los meses del año y dos pagas extraordinarias que se devengarán en los meses de junio y noviembre.

⇒ El RD 771/1997, de 30 mayo, desarrollado por O. 25 junio 2001, establece las reglas de determinación de los importes de las pagas extraordinarias de las pensiones de la Seguridad Social.

Sección 2ª Prescripción, caducidad y reintegro de prestaciones indebidas

Artículo 43. Prescripción.

1. El derecho al reconocimiento de las prestaciones prescribirá a los cinco años, contados desde el día siguiente a aquel en que tenga lugar el hecho causante de la prestación de que se trate, sin perjuicio de las excepciones que se determinen en la presente Ley y de que los efectos de tal reconocimiento se produzcan a partir de los tres meses anteriores a la fecha en que se presente la correspondiente solicitud.

Si el contenido económico de las prestaciones ya reconocidas resultara afectado con ocasión de solicitudes de revisión de las mismas, los efectos económicos de la nueva cuantía tendrán una retroactividad máxima de tres meses desde la fecha de presentación de dicha solicitud. Esta regla de retroactividad máxima no operará en los supuestos de rectificación de errores materiales, de hecho o aritméticos ni cuando de la revisión derive la obligación de reintegro de prestaciones indebidas a la que se refiere el artículo 45.

✐ Párr. 2º añadido por disp. final 3ª.Uno de Ley 42/2006, de 28 diciembre.

⇒ Cfr. STC 15/1994, de 20 enero (RTC 1994, 15).
V. arts. 164 y 178 de esta LGSS/1994.

2. La prescripción se interrumpirá por las causas ordinarias del artículo 1973 del Código Civil y, además, por la reclamación ante la Administración de la Seguridad Social o el Ministerio de Trabajo y Seguridad Social, así como en virtud de expediente que tramite la Inspección de Trabajo y Seguridad Social en relación con el caso de que se trate.

3. En el supuesto de que se entable acción judicial contra un presunto culpable, criminal o civilmente, la prescripción quedará en suspenso mientras aquélla se tramite, volviendo a contarse el plazo desde la fecha en que se notifique el auto de sobreseimiento o desde que la sentencia adquiera firmeza.

Artículo 44. Caducidad.

1. El derecho al percibo de las prestaciones a tanto alzado y por una sola vez caducará al año, a contar desde el día siguiente al de haber sido notificada en forma al interesado su concesión.

2. Cuando se trate de prestaciones periódicas, el derecho al percibo de cada mensualidad caducará al año de su respectivo vencimiento.

Artículo 45. Reintegro de prestaciones indebidas.

1. Los trabajadores y las demás personas que hayan percibido indebidamente prestaciones de la Seguridad Social vendrán obligados a reintegrar su importe.

⇒ V. el TRLISOS (§40.1), en especial, los arts. 17.2 y 47.2. V. asimismo RD 148/1996, de 5 febrero, modificado por RD 1506/2000, de 1 septiembre y la O. 18 julio 1997, modificada por O. 23 mayo 2001 que regulan el procedimiento especial para reintegro de prestaciones de la Seguridad Social indebidamente percibidas. Cfr. asimismo RD 1299/1995, de 21 julio.
Sobre plazo de prescripción, v. art. 42 del RD 1415/2004, de 11 junio.

2. Quienes por acción u omisión, hayan contribuido a hacer posible la percepción indebida de una prestación responderán subsidiariamente con los perceptores, salvo buena fe probada, de la obligación de reintegrar que se establece en el apartado anterior.

3. La obligación de reintegro del importe de las prestaciones indebidamente percibidas prescribirá a los *cinco* años, contados a partir de la fecha de su cobro, o desde que fue posible ejercitar la acción para exigir su devolución, con independencia de la causa que originó la percepción indebida, incluidos los supuestos de revisión de las prestaciones por error imputable a la Entidad Gestora.

✐ Apartado añadido por Ley 66/1997, de 30 diciembre (art. 37).

⇒ El art. 24 de la Ley 55/1999, de 29 diciembre, de Medidas Fiscales, Administrativas y del Orden Social, dice así: «A partir de la entrada en vigor de la presente Ley, se reduce de cinco a cuatro años el plazo de prescripción de la obligación de reintegrar las prestaciones indebidamente percibidas, previsto en el apartado 3 del artículo 45 del Texto Refundido de la Ley General de la Seguridad Social, aprobado por Real Decreto Legislativo 1/1994, de 20 de junio».
La Res. de 28 septiembre 2006, de la Secretaría de Estado de la Seguridad Social, regula el procedimiento para la declaración por las entidades gestoras de la extinción de créditos y derechos de la Seguridad Social por prestaciones indebidamente percibidas.

Sección 3ª Revalorización e importes máximos y mínimos de pensiones

Subsección 1ª Disposiciones comunes

Artículo 46. Consideración como pensiones públicas.

Las pensiones abonadas por el Régimen General y los Regímenes Especiales, así como las de modalidad no contributiva de la Seguridad Social, tendrán, a efectos de lo previsto en la presente sección, la consideración de pensiones públicas, a tenor de lo establecido en el artículo 37 de la Ley 4/1990, de 29 de junio, de Presupuestos Generales del Estado para 1990.

⇒ Dicho artículo ha sido redactado por Ley 62/2003, de 30 diciembre en los términos siguientes (disp. adic. 10ª):

«1. Tendrán la consideración de pensiones públicas las siguientes:

a) Las abonadas por el Régimen de Clases Pasivas del Estado y, en general, las abonadas con cargo a créditos de la Sección 07 del Presupuesto de Gastos del Estado.

b) Las abonadas por el Régimen General y los Regímenes especiales de la Seguridad Social, las de la modalidad no contributiva de la Seguridad Social y las pensiones asistenciales por ancianidad a favor de los emigrantes españoles.

✐ Ap. b) redactado por disp. final 2ª de Ley 42/2006, de 28 diciembre.

c) Las abonadas por los Fondos Especiales de la Mutualidad General de Funcionarios Civiles del Estado, del Instituto Social de las Fuerzas Armadas y de la Mutualidad General Judicial, o por las propias Mutualidades citadas, así como las abonadas por el Fondo Especial del Instituto Nacional de la Seguridad Social.

d) Las abonadas por los sistemas o regímenes de previsión de las Comunidades Autónomas y de las corporaciones locales y por los propios entes.

e) Las abonadas por las mutualidades, montepíos o entidades de previsión social que se financien en todo o en parte con recursos públicos.

f) Las abonadas por empresas o sociedades con participación mayoritaria, directa o indirecta, en su capital del Estado, de las Comunidades Autónomas o de las corporaciones locales o de los organismos autónomos de uno y otras, bien directamente o mediante la suscripción de la correspondiente póliza de seguro con una institución distinta, cualquiera que sea la naturaleza jurídica de ésta o bien por las mutualidades o entidades de previsión de aquéllas, en las que las aportaciones directas de los causantes de la pensión se complementen con recursos públicos, incluidos los de la propia empresa o sociedad.

g) Las abonadas por la Administración del Estado o por las Comunidades Autónomas en virtud de la Ley de 21 de julio de 1960 y del Real Decreto 2620/1981, de 24 de julio, así como los subsidios económicos de garantía de ingresos mínimos y de ayuda por tercera persona previstos en la Ley 13/1982, de 7 de abril, de Integración Social de Minusválidos.

h) Cualesquiera otras no enumeradas en las letras anteriores, que se abonen total o parcialmente con cargo a recursos públicos.

2. No obstante, como excepción a lo preceptuado en el apartado 1 anterior, no tendrán la consideración de pensiones públicas las abonadas a través de planes de pensiones de empleo o contratos de seguro colectivo, incluidos los formalizados por mutualidades de previsión social empresarial, promovidos por las Administraciones, organismos, entidades y empresas, a que se refiere la disposición final segunda del Texto Refundido de la Ley de Regulación de los Planes y Fondos de Pensiones, aprobado por Real Decreto Legislativo 1/2002, de 29 de noviembre, y en los términos en ella expresados».

Subsección 2ª Pensiones contributivas

Artículo 47. Limitación de la cuantía inicial de las pensiones.

El importe inicial de las pensiones contributivas de la Seguridad Social por cada beneficiario no podrá superar la cuantía íntegra mensual que establezca anualmente la correspondiente Ley de Presupuestos Generales del Estado.

⇒ Art. 41 de la Ley 42/2006, de 28 diciembre, fija dicha cuantía en 2.277,20 € mensuales, «sin perjuicio de las pagas extraordinarias que pudieran corresponder a su titular y cuya cuantía también estará afectada por el citado límite» (art. 41.1). La cuantía de las pensiones SOVI no concurrentes con otras pensiones públicas se fija por la citada Ley en 4.716,04 €/año (art. 47).

Artículo 48. Revalorización.

⇒ V. arts. 42, 43 y 44 de la Ley 42/2006, de 28 diciembre, así como el Real Decreto sobre revalorización de pensiones de la Seguridad Social para el presente año (§35.3).

Uno. 1. Las pensiones de la Seguridad Social en su modalidad contributiva, incluido el importe de la pensión mínima, serán revalorizadas al comienzo de cada año, en función del correspondiente índice de precios al consumo previsto para dicho año.

⇒ La Ley 42/2006, de 28 diciembre establece un incremento del 2 por 100 (art. 42.1).

2. Si el índice de precios al consumo acumulado, correspondiente al período comprendido entre noviembre del ejercicio anterior y noviembre del ejercicio económico a que se refiere la revalorización, fuese superior al índice previsto, y en función del cual se calculó dicha revalorización, se procederá a la correspondiente actualización de acuerdo con lo que establezca la respectiva Ley de Presupuestos Generales del Estado. A tales efectos, a los pensionistas cuyas pensiones hubiesen sido objeto de revalorización en el ejercicio anterior, se les abonará la diferencia en un pago único, antes del 1 de abril del ejercicio posterior.

⇒ V. disp. adic. 12ª de la Ley 42/2006, de 28 de diciembre.

3. ...

✐ Ap. 3 derogado por la disp. derog. 6ª de la Ley 50/1998, de 30 diciembre, de Medidas Fiscales, Administrativas y de Orden Social.

Dos. El resto de las pensiones reconocidas por el sistema de la Seguridad Social serán revalorizadas periódicamente por el Gobierno, a propuesta del Ministro de Trabajo y Seguridad Social, teniendo en cuenta, entre otros factores indicativos, la elevación del nivel medio de los salarios, el Indice de Precios al Consumo y la evolución general de la economía, así como las posibilidades económicas del sistema de la Seguridad Social.

Tres. ...

✐ Ap. Tres suprimido por Ley 24/1997, de 15 julio (art. 11.dos).

Artículo 49. Limitación del importe de la revalorización anual.

El importe de la revalorización anual de las pensiones de la Seguridad Social no podrá determinar para éstas, una vez revalorizadas, un valor íntegro anual superior a la cuantía establecida en la correspondiente Ley de Presupuestos Generales del Estado, sumado, en su caso, al importe anual íntegro ya revalorizado de las otras pensiones públicas percibidas por su titular.

⇒ V. art. 44.1 de la Ley 42/2006, de 28 diciembre, que fija dicho importe en 31.880,80 €/anuales.

Artículo 50. Complementos para pensiones inferiores a la mínima.

Los beneficiarios de pensiones del sistema de la Seguridad Social, en su modalidad contributiva, que no perciban rentas de capital o trabajo personal o que, percibiéndolas, no exceden de la cuantía que anualmente establezca la correspondiente Ley de Presupuestos Generales del Estado, tendrán derecho a percibir los complementos necesarios para alcanzar la cuantía mínima de las pensiones, en los términos que legal o reglamentariamente se determinen.

A los solos efectos de garantía de complementos por mínimos, se equipararán a rentas de trabajo las pensiones públicas que no estén a cargo de cualquiera de los regímenes públicos básicos de previsión social.

⇒ V. art. 46 de la Ley 42/2006, de 28 diciembre y arts. 5 y ss. del Real Decreto sobre revalorización de pensiones de la Seguridad Social para el presente año (§35.3), v. RD 2664/1998, de 11 diciembre.

Artículo 51. Pensiones extraordinarias originadas por actos de terrorismo.

Las pensiones extraordinarias que se reconozcan por la Seguridad Social, originadas por actos de terrorismo, no estarán sujetas a los límites de reconocimiento inicial y de revalorización de pensiones previstos en esta Ley.

⇒ V. arts. 41.7 y 44.4 de la Ley 42/2006, de 28 diciembre. Sobre ayudas por esta causa, v. art. 48 de la Ley 66/1997, de 30 diciembre. Sobre el derecho de los damnificados a ser resarcidos o indemnizados en concepto de responsabilidad civil con subrogación del Estado, v. Ley 32/1999, de 8 octubre, de solidaridad con las víctimas del terrorismo.

Subsección 3ª Pensiones no contributivas

Artículo 52. Revalorización.

Las pensiones de la Seguridad Social, en su modalidad no contributiva, serán actualizadas en la correspondiente Ley de Presupuestos Generales del Estado, al menos, en el mismo porcentaje que dicha Ley establezca como incremento general de las pensiones contributivas de la Seguridad Social.

⇒ V. nota al art. 145 de este Texto Refundido de la Ley General de la Seguridad Social.

Cfr. también el Real Decreto sobre revalorización de pensiones de la Seguridad Social para el presente año (§35.3).

El art. 40 de la Ley 42/2006, de 28 diciembre, de Presupuestos Generales del Estado para el año 2007 (§33.1) establece lo siguiente:

«Artículo 40. Determinación inicial de las pensiones no contributivas de la Seguridad Social.

1. Para el año 2007, la cuantía de las pensiones de jubilación e invalidez de la Seguridad Social, en su modalidad no contributiva, se fijará en 4.348,40 euros íntegros anuales.

2. Para el año 2007, se establece un complemento de pensión, fijado en 350 € anuales, para aquellos pensionistas que acrediten fehacientemente carecer de vivienda en propiedad, y residir como residencia habitual en una vivienda alquilada al pensionista por propietarios que no tengan con él o ella relación de parentesco hasta tercer grado. En el caso de unidades familiares en las que convivan varios perceptores de pensiones no contributivas, sólo podrá percibir el complemento el titular del contrato de alquiler, o de ser varios, el primero de ellos.

Se autoriza al Gobierno a dictar las normas de desarrollo necesarias para regular el procedimiento de solicitud, reconocimiento y abono de este complemento, sin perjuicio de que el mismo surta efectos económicos desde el 1 de enero de 2007, o desde la fecha de reconocimiento de la pensión para aquellos pensionistas que vean reconocida la prestación durante 2007.»

CAPÍTULO V

Servicios sociales

Artículo 53. Objeto.

Como complemento de las prestaciones correspondientes a las situaciones específicamente protegidas por la Seguridad Social, ésta, con sujeción a lo dispuesto por el Departamento ministerial que corresponda y en conexión con sus respectivos órganos y servicios, extenderá su acción a las prestaciones de servicios sociales previstas en la presente Ley, reglamentariamente o que en el futuro se puedan establecer de conformidad con lo previsto en el apartado 1 e) del artículo 38 de la presente Ley.

Artículo 54. Derecho a la reeducación y rehabilitación.

1. Los derechos de quienes reúnan la condición de beneficiario de la prestación de recuperación profesional de inválidos son los regulados en el Título II de la presente Ley para los incluidos en el Régimen General, y los que, en su caso, se prevean en las normas reguladoras de los Regímenes Especiales para los comprendidos dentro del ámbito de cada uno de ellos.

2. Los minusválidos en edad laboral tendrán derecho a beneficiarse de la prestación de recuperación profesional de inválidos a que se refiere el apartado anterior, en las condiciones que se establezcan reglamentariamente.

CAPÍTULO VI
Asistencia social

⇒ La Ley 28/1992, de 24 noviembre, de Medidas Presupuestarias Urgentes, suprimió las pensiones asistenciales del Fondo Nacional de Asistencia a ancianos y minusválidos, a partir del 23 julio 1992, sin perjuicio de que quienes las tuvieran reconocidas con anterioridad a dicha fecha continuasen percibiéndolas (art. 7). La Ley 49/1998, de 30 diciembre, de PGE para 1999, fija la cuantía de dichas pensiones ya reconocidas en 24.935 ptas. íntegras mensuales y dos pagas extras (disp. adic. 3ª).

El RD 728/1993, de 14 mayo, modificado por RD 667/1999, de 23 abril y por RD 1414/2001, de 14 diciembre, establece pensiones asistenciales de ancianidad en favor de emigrantes españoles. Dicha norma ha sido desarrollada por O. 22 febrero 2000.

V. disp. adic. 4ª de la Ley 23/2001, de 27 diciembre, sobre pensiones asistenciales y subsidios económicos de la Ley 13/1982, de 7 abril (LISMI).

Artículo 55. Concepto.

1. La Seguridad Social, con cargo a los fondos que a tal efecto se determinen, podrá dispensar a las personas incluidas en su campo de aplicación y a los familiares o asimilados que de ellas dependan los servicios y auxilios económicos que, en atención a estados y situaciones de necesidad, se consideren precisos, previa demostración, salvo en casos de urgencia, de que el interesado carece de los recursos indispensables para hacer frente a tales estados o situaciones.

En las mismas condiciones, en los casos de separación judicial o divorcio, tendrán derecho a las prestaciones de asistencia social el cónyuge y los descendientes, que hubieran sido beneficiarios por razón de matrimonio o filiación.

Reglamentariamente se determinarán las condiciones de la prestación de asistencia social al cónyuge e hijos, en los casos de separación de hecho, de las personas incluidas en el campo de aplicación de la Seguridad Social.

2. La asistencia social podrá ser concedida por las entidades gestoras con el límite de los recursos consignados a este fin en los Presupuestos correspondientes, sin que los servicios o auxilios económicos otorgados puedan comprometer recursos del ejercicio económico siguiente a aquel en que tenga lugar la concesión.

Artículo 56. Contenido de las ayudas asistenciales.

Las ayudas asistenciales comprenderán, entre otras, las que se dispensen por tratamientos o intervenciones especiales, en casos de carácter excepcional, por un determinado facultativo o en determinada institución; por pérdida de ingresos como consecuencia de la rotura fortuita de aparatos de prótesis, y cualesquiera otras análogas cuya percepción no esté regulada en esta Ley ni en las normas específicas aplicables a los Regímenes Especiales.

CAPÍTULO VII
Gestión de la Seguridad Social

Sección 1ª Entidades Gestoras

⇒ V. el RDley 36/1978, de 16 noviembre (§32.2).

Artículo 57. Enumeración.

1. La gestión y administración de la Seguridad Social se efectuará, bajo la dirección y tutela de los respectivos Departamentos ministeriales, con sujeción a principios de simplificación, racionalización, economía de costes, solidaridad financiera y unidad de caja, eficacia social y descentralización, por las siguientes entidades gestoras:

a) El Instituto Nacional de la Seguridad Social, para la gestión y administración de las prestaciones económicas del sistema de la Seguridad Social, con excepción de las que se mencionan en el apartado c) siguiente.

b) El Instituto Nacional de la Salud, para la administración y gestión de servicios sanitarios.

⇒ Hoy sustituido por el Instituto Nacional de Gestión Sanitaria [v. RD 1087/2003, de 29 agosto, de Estructura orgánica del Ministerio de Sanidad y Consumo (art. 15)].

c) El Instituto Nacional de Servicios Sociales, para la gestión de las pensiones de invalidez y de jubilación, en sus modalidades no contributivas, así como de los servicios complementarios de las prestaciones del sistema de la Seguridad Social.

⇒ Hoy Instituto de Mayores y Servicios Sociales (IMSERSO). Vid. disp. final 3ª del RD 1600/2004 (§38.1).

2. Las distintas entidades gestoras, a efectos de la debida homogeneización y racionalización de los servicios, coordinarán su actuación en orden a la utilización de instalaciones sanitarias, mediante los conciertos o colaboraciones que al efecto se determinen entre las mismas.

Artículo 58. Estructura y competencias.

1. El Gobierno, a propuesta del Departamento ministerial de tutela, reglamentará la estructura y competencias de las entidades a que se refiere el artículo anterior.

2. Las entidades gestoras desarrollarán su actividad en régimen descentralizado, en los diferentes ámbitos territoriales.

3. Los centros asistenciales de las entidades gestoras podrán ser gestionados y administrados por las entidades locales.

Artículo 59. Naturaleza jurídica.

1. Las entidades gestoras tienen la naturaleza de entidades de derecho público y capacidad jurídica para el cumplimiento de los fines que les están encomendados.

2. De conformidad con lo preceptuado en el apartado c) del artículo 5 de la Ley de 26 de diciembre de 1958, no serán de aplicación a dichas entidades las disposiciones de la referida Ley.

3. ...

✐ Ap. 3 derogado por la disp. derog. única f) de la Ley 1/1996, de 10 enero.

Artículo 60. Participación en la gestión.

Se faculta al Gobierno para regular la participación en el control y vigilancia de la gestión de las entidades gestoras, que se efectuará gradualmente, desde el nivel estatal al local, por órganos en los que figurarán, fundamentalmente, por partes iguales, representantes de los distintos sindicatos, de las organizaciones empresariales y de la Administración Pública.

⇒ V. arts. 6.3 y 7.1 de la LOLS (§20.1) y disp. adic. 6ª del ET (§2), tras la reforma operada por Ley 32/1984, de 2 agosto.

Artículo 61. Relaciones y servicios internacionales.

Las entidades gestoras, con la previa conformidad del Departamento ministerial de tutela, podrán pertenecer a asociaciones y organismos internacionales, concertar operaciones, establecer reciprocidad de servicios con instituciones extranjeras de análogo carácter y participar, en la medida y con el alcance que se les atribuya, en la ejecución de los Convenios internacionales de Seguridad Social.

Sección 2ª Servicios comunes

Artículo 62. Creación.

Corresponde al Gobierno, a propuesta del Ministerio de Trabajo y Seguridad Social, el establecimiento de Servicios comunes, así como la reglamentación de su estructura y competencias.

⇒ La O. TAS/3486/2005, de 31 octubre, de composición, funciones del Consejo General de Administración Electrónica de la Seguridad Social.

El RD 692/2000, de 12 mayo, por el que se establece la estructura orgánica básica del Ministerio de Trabajo y Asuntos Sociales da Carácter de Servicio Común al Servicio Jurídico de la Administración de la Seguridad Social (art. único).

Su presupuesto se integra en el de la TGSS, según establece el RD 469/2003, de 25 abril (disp. adic. 3ª).

V. las disps. adics. 1ª y 2ª del RD 1600/2004, de 2 julio (§38.1).

Artículo 63. Tesorería General de la Seguridad Social.

⇒ La TGSS fue creada con carácter de servicio común por RD 2318/1978, de 15 septiembre. Su estructura y competencias se regulan por RD 1314/1984, de 20 junio, modificado en parte por RD 2583/1996, de 13 diciembre y por RD 469/2003, de 25 abril.

V. la atribución de funciones que realiza el art. primero del RD 1391/1995, de 4 agosto, por el que se aprueba el Reglamento General de la Gestión Financiera de la Seguridad Social.

Por su parte, el RD 703/1998, de 24 abril, sobre Adscripción y Funciones de la Gerencia de Informática de la Seguridad Social, establece que la misma dependerá orgánicamente de la TGSS, como subdirección general de ésta (art. 1).

1. La Tesorería General de la Seguridad Social es un Servicio común con personalidad jurídica propia, en el que, por aplicación de los principios de solidaridad financiera y caja única, se unifican todos los recursos financieros, tanto por operaciones presupuestarias como extrapresupuestarias. Tendrá a su cargo la custodia de los fondos, valores y créditos y las atenciones generales y de los servicios de recaudación de derechos y pagos de las obligaciones del sistema de la Seguridad Social.

2. La Tesorería General de la Seguridad Social gozará del beneficio a que se refiere el apartado 3 del artículo 59. Asimismo le será de aplicación lo previsto para las entidades gestoras en el artículo 61.

Sección 3ª Normas comunes a las Entidades Gestoras y Servicios comunes

Artículo 64. Reserva de nombre.

Ninguna entidad pública o privada podrá usar en España el título o los nombres de las entidades gestoras y servicios comunes de la Seguridad Social, ni los que puedan resultar de la adición a los mismos de algunas palabras o de la mera combinación, en otra forma, de las principales que los constituyen. Tampoco podrán incluir en su denominación la expresión Seguridad Social, salvo expresa autorización del Ministerio de Trabajo y Seguridad Social.

Artículo 65. Exenciones tributarias y otros beneficios.

1. Las entidades gestoras y servicios comunes disfrutarán en la misma medida que el Estado, con las limitaciones y excepciones que, en cada caso, establezca la legislación fiscal vigente, de exención tributaria absoluta, incluidos los derechos y honorarios notariales y registrales, por los actos que realicen o los bienes que adquieran o posean afectados a sus fines, siempre que los tributos o exacciones de que se trate recaigan directamente sobre los organismos de referencia en concepto legal de contribuyente y sin que sea posible legalmente la traslación de la carga tributaria a otras personas.

2. También gozarán, en la misma medida que el Estado, de franquicia postal y telegráfica.

3. Las exenciones y demás privilegios contemplados en el presente artículo y en el apartado 3 del artículo 59 de esta Ley alcanzarán también a las entidades gestoras en cuanto afecten a la gestión de las mejoras voluntarias previstas en el artículo 39 de la presente Ley.

Artículo 66. Reserva de datos y régimen de personal.

✐ Rúbrica modificada por el art. 6.3 de la Ley 52/2003, de 10 de diciembre.

1. Los datos, informes o antecedentes obtenidos por la Administración de la Seguridad Social en el ejercicio de sus funciones tienen carácter reservado y sólo podrán utilizarse para los fines encomendados a las distintas entidades gestoras y servicios comunes de la Seguridad Social, sin que puedan ser cedidos o comunicados a terceros, salvo que la cesión o comunicación tenga por objeto:

⇒ La Res. de 3 agosto 2006, del INSS aprueba determinadas aplicaciones informáticas para la gestión de las prestaciones del sistema de la Seguridad Social.

a) La investigación o persecución de delitos públicos por los órganos jurisdiccionales, el Ministerio Público o la Administración de la Seguridad Social.

b) La colaboración con las Administraciones tributarias a efectos del cumplimiento de obligaciones fiscales en el ámbito de sus competencias.

c) La colaboración con la Inspección de Trabajo y Seguridad Social, en el ejercicio de la función inspectora o con las demás entidades gestoras de la Seguridad Social distintas del cedente y demás órganos de la Administración de la Seguridad Social.

d) La colaboración con cualesquiera otras Administraciones públicas para la lucha contra el fraude en la obtención o percepción de ayudas o subvenciones a cargo de fondos públicos, incluidos los de la Unión Europea, así como en la obtención o percepción de prestaciones incompatibles en los distintos regímenes del sistema de la Seguridad Social.

e) La colaboración con las comisiones parlamentarias de investigación en el marco legalmente establecido.

f) La protección de los derechos e intereses de los menores o incapacitados por los órganos jurisdiccionales o el Ministerio Público.

g) La colaboración con el Tribunal de Cuentas en el ejercicio de sus funciones de fiscalización de la Administración de la Seguridad Social.

h) La colaboración con los jueces y tribunales en el curso del proceso y para la ejecución de resoluciones judiciales firmes. La solicitud judicial de información exigirá resolución expresa, en la que, por haberse agotado los demás medios o fuentes de conocimiento sobre la existencia de bienes y derechos del deudor, se motive la necesidad de recabar datos de la Administración de la Seguridad Social.

1.1. El acceso a los datos, informes o antecedentes de todo tipo obtenidos por la Administración de la Seguridad Social sobre personas físicas o jurídicas, cualquiera que sea su soporte, por el personal al servicio de aquélla y para fines distintos de las funciones que le son propias, se considerará siempre falta disciplinaria grave.

1.2. Cuantas autoridades y personal al servicio de la Administración de la Seguridad Social tengan conocimiento de estos datos o informes estarán obligados al más estricto y completo sigilo respecto de ellos, salvo en los casos de los delitos citados, en los que se limitarán a deducir el tanto de culpa o a remitir al Ministerio Fiscal relación circunstanciada de los hechos que se estimen constitutivos de delito. Con independencia de las responsabilidades penales o civiles que pudieran corresponder, la infracción de este particular deber de sigilo se considerará siempre falta disciplinaria muy grave.

✐ Párrafo añadido por el art. 6.3 de la Ley 52/2003, de 10 diciembre.

2. Los funcionarios de la Administración de la Seguridad Social se regirán por lo dispuesto en la Ley 30/1984, de 2 de agosto, de Medidas para la Reforma de la Función Pública, y demás disposiciones que les sean de aplicación.

✐ Párrafo renumerado por el art. 6.4 de la Ley 52/2003, de 10 diciembre. Anteriormente era ap. 1.

⇒ Cfr. art. 1.1 c) de la citada Ley 30/1984. Su disp. adic. 16ª (nueva redacción por Ley 33/1987, de 23 diciembre de PGE para 1988), ordena al Gobierno la homologación del régimen de dicho personal con el de la Administración Civil del Estado. Homologación llevada a cabo por RD 2664/1986, de 19 diciembre.

3. Corresponde al Gobierno, a propuesta del Ministro competente, el nombramiento y cese de los cargos directivos con categoría de Director general o asimilada.

✐ Párrafo añadido por el art. 6.4 de la Ley 52/2003, de 10 diciembre.

Sección 4ª Colaboración en la gestión de la Seguridad Social

Subsección 1ª Disposición general

Artículo 67. Entidades colaboradoras.

1. La colaboración en la gestión del sistema de la Seguridad Social se llevará a cabo por Mutuas de Accidentes de Trabajo y Enfermedades Profesionales de la Seguridad Social y por empresas, de acuerdo con lo establecido en la presente Sección.

2. La colaboración en la gestión se podrá realizar también por asociaciones, fundaciones y entidades públicas y privadas, previa su inscripción en un registro público.

Subsección 2ª Mutuas de Accidentes de Trabajo y Enfermedades Profesionales de la Seguridad Social

⇒ El Reglamento General sobre colaboración de las que se denominaron Mutuas Patronales de Accidentes de Trabajo en la gestión de la Seguridad Social fue aprobado en su día por RD 1509/1976, de 21 mayo, modificado por RD 820/1980, de 14 abril, que reforzó el control financiero de las Mutuas por la Intervención de la Seguridad Social, y desarrollado por O. 2 abril 1984. Hoy se denominan Mutuas de Accidentes de Trabajo y Enfermedades Profesionales de la Seguridad Social en virtud de lo dispuesto en la Ley de Presupuestos Generales del Estado para dicho año 1990. El vigente Reglamento sobre colaboración de las mismas en la gestión de la Seguridad Social es el aprobado por RD 1993/1995, de 7 diciembre, modificado por RD 428/2004, de 12 marzo y por RD 688/2005, de 10 junio, que regula el régimen de funcionamiento de las Mutuas como servicios de prevención ajenos y últimamente por RD 1041/2005, de 5 septiembre. La O. 2 agosto 1995 regula la Comisión de Control y Seguimiento en la gestión desarrollada por cada Mutua, que desarrolla la Res. 14 noviembre 1995, de la Secretaría General para la Seguridad Social. Dicho Reglamento 1993/1995 ha sido modificado por RD 250/1997, de 21 febrero.

Por su parte, la Ley 13/1996, de 30 diciembre, de Medidas Fiscales, Administrativas y del Orden Social ordena al Gobierno el desarrollo reglamentario de la colaboración de las Mutuas con el Sistema Nacional de la Salud en la gestión de la incapacidad temporal (art. 78). En cumplimiento de dicho mandato se ha procedido a nueva modificación del Reglamento 1993/1995 por RD 576/1997, de 18 abril.

Sobre actuación preventiva de las Mutuas, cfr. art. 32 LPRL (§23).

Artículo 68. Definición.

1. Se considerarán mutuas de accidentes de trabajo y enfermedades profesionales de la Seguridad Social las asociaciones debidamente autorizadas por el Ministerio de Trabajo y Asuntos Sociales que con tal denominación se constituyan, sin ánimo de lucro y con sujeción a las normas reglamentarias que se establezcan, por empresarios que asuman al efecto una responsabilidad mancomunda y con el principal objeto de colaborar en la gestión de la Seguridad Social, sin perjuicio de la realización de otras prestaciones, servicios y actividades que le sean legalmente atribuidas.

2. A efectos de la presente Ley y de acuerdo con lo establecido en la misma, la colaboración en la gestión de la Seguridad Social comprenderá las siguientes actividades:

a) La colaboración en la gestión de contingencias de accidentes de trabajo y enfermedades profesionales.

b) La realización de actividades de prevención, recuperación y demás previstas en la presente Ley. Las actividades que las mutuas puedan desarrollar como Servicio de Prevención ajeno se regirán por lo dispuesto en la Ley 31/1995, de 8 de noviembre, de Prevención de Riesgos Laborales, y en sus normas reglamentarias de desarrollo.

⇒ Sobre compensación de costes por estos Servicios, v. Resolución de 28 diciembre 2004, de la Secretaría de Estado de la Seguridad Social.

c) La colaboración en la gestión de la prestación económica de incapacidad temporal derivada de contingencias comunes.

d) Las demás actividades, prestaciones y servicios de Seguridad Social que les sean atribuidas legalmente.

✐ Nueva redacción de los aps. 1 y 2 de este artículo por Ley 66/1997, de 30 diciembre.

3. En la colaboración en la gestión de las contingencias de accidentes de trabajo y enfermedades profesionales, así como en las actividades de prevención reguladas por la presente Ley, las operaciones que lleven a cabo las mutuas se reducirán a repartir entre sus asociados:

a) El coste de las prestaciones por causa de accidente de trabajo sufrido por el personal al servicio de los asociados.

b) El coste de las prestaciones por enfermedades profesionales padecidas por el personal al servicio de los asociados, en la situación de incapacidad temporal y período de observación y, en las demás situaciones, la contribución que se les asigne para hacer frente, en régimen de compensación, a la siniestralidad general derivada de la aludida contingencia.

c) El coste de los servicios y actividades preventivas relacionadas con las prestaciones previstas en este número, así como la contribución a los servicios de prevención, recuperación y demás previstos en la presente Ley, en favor de las víctimas de aquellas contingencias y de sus beneficiarios.

d) Los gastos de administración de la propia entidad.

La colaboración en la gestión de la prestación económica por incapacidad temporal derivada de contingencias comunes se llevará a cabo en favor de los trabajadores empleados por los empresarios asociados que hayan ejercitado esta opción. Asimismo, tendrán que formalizar dicha cobertura con una mutua los trabajadores del régimen especial de trabajadores por cuenta propia o autónomos y los trabajadores por cuenta propia del régimen especial agrario de la Seguridad Social, siempre que opten previamente por incluir, dentro de la acción protectora del régimen de Seguridad Social correspondiente, dicha prestación.

Dicha colaboración se llevará a cabo en los términos y condiciones establecidos en la disposición adicional undécima de esta Ley y en el artículo 78 de la Ley 13/1996, de 30 de diciembre, de Medidas Fiscales, Administrativas y del Orden Social y demás normas reglamentarias de desarrollo.

✐ Párrafo modificado por el art. 7.1 de la Ley 52/2003, de 10 diciembre.

Las prestaciones, asistencias y servicios objeto de la colaboración forman parte de la acción protectora de la Seguridad Social y están sujetas al régimen establecido en esta Ley y en sus normas de aplicación y desarrollo.

✐ Párrafo añadido por el art. 7.1 de la Ley 52/2003, de 10 diciembre.

4. Conforme a lo establecido en el artículo 17 y en el apartado 1 del artículo 80, los ingresos que las mutuas obtengan como consecuencia de las primas de accidentes de trabajo aportadas a las mismas por los empresarios a ellas asociados, así como los bienes muebles o inmuebles en que puedan invertirse dichos ingresos, forman parte del patrimonio de la Seguridad Social y están afectados al cumplimiento de los fines de ésta.

Los bienes incorporados al patrimonio de las mutuas con anterioridad a 1 de enero de 1967 o durante el período comprendido entre esa fecha y el 31 de diciembre de 1975, siempre que en este último caso se trate de bienes que provengan del 20 por 100 del exceso de excedentes, así como los que procedan de recursos distintos de los que tengan su origen en las cuotas de Seguridad Social, constituyen el patrimonio histórico de las mutuas, cuya propiedad les corresponde en su calidad de asociación de empresarios, sin perjuicio de la tutela a que se refiere el artículo 71 de esta Ley.

Este patrimonio histórico se halla igualmente afectado estrictamente al fin social de la entidad, sin que de su dedicación a los fines sociales de la mutua puedan derivarse rendimientos o incrementos patrimoniales que, a su vez, constituyan gravamen para el patrimonio único de la Seguridad Social.

Sin perjuicio de lo establecido con carácter general en el párrafo anterior, las mutuas que cuenten con bienes inmuebles integrantes de su patrimonio histórico, destinados a ubicar centros y servicios sanitarios o administrativos para el desarrollo de las actividades propias de la colaboración con la Seguridad Social que tienen encomendada, podrán cargar en sus respectivas cuentas de gestión un canon o coste de compensación por la utilización de tales inmuebles, previa autorización y en las condiciones que reglamentariamente se determinen.

5. Las Mutuas de Accidentes de Trabajo y Enfermedades Profesionales de la Seguridad Social gozarán de exención tributaria, en los términos que se establecen para las entidades gestoras, en el apartado 1 del artículo 65 de la presente Ley.

6. La inspección y control de estas entidades colaboradoras de la Seguridad Social estará atribuida al Ministerio de Trabajo y Asuntos Sociales en los términos y con el alcance previstos en el artículo

5.2, letra c), y sin perjuicio de lo dispuesto en el artículo 151.1 del Real Decreto Legislativo 1091/1988, de 23 de septiembre.

✐ Ap. 6 añadido por Ley 66/1997, de 30 diciembre (disp. adic. 50ª).

Artículo 69. Requisitos para su constitución y funcionamiento.

Para constituirse y desarrollar la colaboración en la gestión a que se refiere el artículo anterior, las mutuas habrán de reunir los siguientes requisitos:

a) Que concurran, como mínimo, 50 empresarios y 30.000 trabajadores, cotizando un volumen de cuotas no inferior al límite que reglamentariamente se establezca.

⇒ Según previno en su día la disp. adic. 14º.3 –hoy derogada– de la Ley 4/1990, de 29 junio, de PGE para 1990 «Las Mutuas de Trabajo y Enfermedades Profesionales, que estén autorizadas para colaborar en la gestión de la Seguridad Social y no reúnan el mínimo de empresarios asociados y/o de trabajadores protegidos, a que se refiere el art. 203 de la Ley General de la Seguridad Social, en la redacción dada por el núm. 2 de esta disposición adicional, habrán de adecuarse a lo dispuesto en el mismo en el plazo de tres años, a partir de la fecha de entrada en vigor de esta Ley.

A partir del agotamiento de dicho plazo, las Mutuas de Accidentes de Trabajo y Enfermedades Profesionales que no cumplan los requisitos de ámbito subjetivo señalados, cesarán en la colaboración en la gestión de la Seguridad Social».

b) Que limiten su actividad, sin perjuicio de lo establecido en la disposición adicional undécima de esta Ley, a la protección, en régimen de colaboración, de las contingencias de accidente de trabajo y enfermedad profesional.

c) Que presten fianza, en la cuantía que señalan las disposiciones de aplicación y desarrollo de esta Ley, para garantizar el cumplimiento de sus obligaciones.

Artículo 70. Empresarios asociados.

1. Para formalizar la protección respecto a las contingencias de accidente de trabajo y enfermedad profesional del personal a su servicio, los empresarios podrán optar entre hacerlo en la entidad gestora competente o asociándose a la Mutua de Accidentes de Trabajo y Enfermedades Profesionales de la Seguridad Social.

2. Los empresarios asociados a una Mutua a los fines de las presentes normas, habrán de proteger en la misma entidad a la totalidad de sus trabajadores correspondientes a centros de trabajo situados en la misma provincia, siempre que ésta se encuentre comprendida en el ámbito territorial de la Mutua. A estos efectos se entenderá por centro de trabajo el definido como tal en la Ley 8/1980, de 10 de marzo, del Estatuto de los Trabajadores.

✐ Apartado redactado por Ley 13/1996, de 30 diciembre, de Medidas Fiscales, Administrativas y del Orden Social (art. 100).

⇒ La referencia al ET entiéndase hecha a su actual Texto Refundido (§2).

3. Las Mutuas de Accidentes de Trabajo y Enfermedades Profesionales habrán de aceptar toda proposición de asociación y consiguiente protección que se formule, respecto a su personal, por empresarios comprendidos en su ámbito de actuación, en los mismos términos y con igual alcance que las entidades gestoras en relación con los empresarios y trabajadores que tengan concertada esta contingencia con las mismas.

La falta de pago de las cuotas por un empresario asociado a una mutua no podrá dar lugar a la resolución del convenio de asociación.

4. Los Estatutos establecerán, necesariamente la responsabilidad de los asociados que desempeñen funciones directivas, así como del director gerente, gerente o cargo asimilado, y la forma de hacer efectiva dicha responsabilidad. A tal efecto se recogerá expresamente que responden frente a la Seguridad Social, la Mutua y los empresarios asociados, por el daño que causen por actos contrarios a la normativa aplicable o a los Estatutos, así como por los realizados sin la diligencia con la que deben desempeñar el cargo. Asimismo deberá consignarse la responsabilidad solidaria de los miembros de la Junta directiva respecto de los acuerdos lesivos adoptados por la misma, salvo que prueben que, no habiendo intervenido en su adopción y ejecución, desconocían su existencia o conociéndola hicieron todo lo conveniente para evitar el daño o, al menos, se opusieron expresamente a él. De igual forma deberá señalarse que en ningún caso exonerará de responsabilidades la circunstancia de que el acto o acuerdo lesivo haya sido adoptado, autorizado o ratificado por la Junta General.

✐ Núms. 4 y 5 añadidos por Ley 42/1994, de 30 diciembre, de Medidas Fiscales, Administrativas y de Orden Social.

⇒ V. disp. transit. 8ª de la indicada Ley.

Artículo 71. Competencia del *Ministerio de Trabajo y Seguridad Social.*

1. Corresponden al *Ministerio de Trabajo y Seguridad Social* las facultades de dirección y tutela

sobre las Mutuas de Accidentes de Trabajo y Enfermedades Profesionales de la Seguridad Social, conforme a lo establecido en el apartado 2, c) del artículo 5.

⇒ V. art. 39.5 de la Ley 42/1994, de 30 diciembre, de Medidas Fiscales, Administrativas y de Orden Social.

2. Las Mutuas serán objeto, anualmente, de una auditoría de cuentas, que será realizada por la Intervención General de la Seguridad Social.

Para la realización de dicha auditoría, la Intervención General de la Seguridad Social, en caso de insuficiencia de medios personales propios, podrá solicitar la colaboración de entidades privadas, las cuales deberán ajustarse a las normas e instrucciones que determine dicho centro directivo, quien podrá, asimismo, efectuar a éstas las revisiones y los controles de calidad que estime convenientes. Dicha colaboración requerirá de la autorización ministerial, correspondiente, a tenor de lo previsto en el artículo 93.

3. Con independencia de las medidas cautelares de control establecidas en el artículo 74 de esta Ley, el *Ministerio de Trabajo y Seguridad Social* podrá acordar, cuando se den los supuestos previstos en las letras a) y b) del número 1 del mencionado artículo 74, y así se entienda necesario para garantizar la adecuada dispensación de las prestaciones por la entidad a sus trabajadores protegidos, la reposición de las reservas obligatorias de las Mutuas de Accidentes de Trabajo y Enfermedades Profesionales de la Seguridad Social y hasta los importes de las mismas que se encuentren reglamentariamente establecidos mediante el establecimiento de la correspondiente derrama entre sus asociados, como ejecución parcial de la responsabilidad mancomunada que asumen en los resultados de la gestión de la Mutua.

✐ Número añadido por Ley 42/1994, de 30 diciembre, de Medidas Fiscales, Administrativas y de Orden Social. La O. 27 junio 1997 determina la dotación de reservas de las Mutuas de AT y EP de la Seguridad Social.

4. La declaración de los créditos del Sistema de la Seguridad Social que resulten de la derrama prevista en el número anterior y, en general, de la aplicación de la responsabilidad mancomunada a que se refiere el número 1 del artículo 68 de esta Ley se realizará por el Ministerio de Trabajo y Asuntos Sociales, quien determinará el importe líquido de los mismos, así como los términos y condiciones aplicables hasta su extinción.

La gestión recaudatoria de los referidos créditos, que tienen el carácter de recursos de derecho público, se llevará a efecto por la Tesorería General de la Seguridad Social, con arreglo a lo establecido en la presente Ley y en sus normas de aplicación y desarrollo.

5. Los créditos que se generen a consecuencia de atenciones, prestaciones y servicios que dispensen las Mutuas de Accidentes de Trabajo y Enfermedades Profesionales de la Seguridad Social a favor de personas que carezcan de derecho a la asistencia sanitaria de la Seguridad Social o cuando, ostentando el mismo, exista un tercero obligado a su pago, son recursos del Sistema de la Seguridad Social adscritos a aquéllas y tienen el carácter de recursos de derecho público.

El importe de estos créditos será liquidado por la Mutua, que instará su pago del sujeto obligado al mismo en la forma, plazos y condiciones establecidos en la norma o concierto del que nazca la obligación. La falta de pago de la deuda dará lugar a su recaudación por la Tesorería General de la Seguridad Social, con arreglo a lo establecido en la presente Ley y en sus normas de aplicación y desarrollo.

La extinción de la deuda en forma distinta a la de su pago en efectivo, así como aquellos otros supuestos que reglamentariamente se determinen, requerirá la conformidad del Ministerio de Trabajo y Asuntos Sociales.

✐ Núms. 4 y 5 añadidos por el art. 22.Tres de la Ley 55/1999, de 29 diciembre, de Medidas Fiscales, Administrativas y del Orden Social.

Artículo 72. Autorización y cese.

1. El *Ministerio de Trabajo y Seguridad Social* aprobará los Estatutos y autorizará la constitución y actuación de las Mutuas de Accidentes de Trabajo y Enfermedades Profesionales de la Seguridad Social, de acuerdo con las normas de la presente Ley y de sus disposiciones de aplicación y desarrollo.

2. Las mutuas podrán cesar en la colaboración prevista en la presente sección por su propia voluntad, comunicándolo al *Ministerio de Trabajo y Seguridad Social* con tres meses de antelación, como mínimo, para que por éste se practique la oportuna liquidación. Igualmente, el *Ministerio de Trabajo y Seguridad Social* podrá retirar la autorización que se menciona en el apartado 1 de este artículo, cuando dejen de concurrir las condiciones y requisitos exigidos para la constitución de estas entidades, y en los demás supuestos que se señalen en las disposiciones de aplicación y desarrollo de esta Ley.

3. En los supuestos señalados en el número anterior, se procederá a la liquidación de la mutua, y los excedentes que pudieran resultar, una vez terminado el proceso liquidatorio, se destinará a los fines específicos de Seguridad Social que determinen sus Estatutos.

Artículo 73. Excedentes.

Los excedentes anuales obtenidos por las mutuas en su gestión habrán de afectarse, en primer lugar, a la constitución de las reservas que reglamentariamente se determine. Asimismo, se establecerá reglamentariamente el destino que haya de darse al exceso de los excedentes que resulten, una vez cubiertas las indicadas reservas, debiendo adscribirse, en todo caso, el 80 por 100 de los mismos a los fines generales de prevención y rehabilitación.

Artículo 74. Adopción de medidas cautelares.

1. El *Ministerio de Trabajo y Seguridad Social* podrá adoptar las medidas cautelares contenidas en el número siguiente cuando la mutua se halle en alguna de las siguientes situaciones:

a) Déficit acumulado en cuantía superior al 25 por 100 del importe teórico de las reservas de obligaciones inmediatas.

Dicho déficit será considerado una vez se haya dispuesto de las reservas de estabilización y, de ser necesario, de las reservas de obligaciones inmediatas y, en su caso, de las voluntarias de la entidad.

b) Cuando la reserva de obligaciones inmediatas no alcance el 80 por 100 de su cuantía máxima, una vez agotada la reserva de estabilización.

c) Dificultades de liquidez que hayan determinado la demora o incumplimiento en el pago de las prestaciones.

d) Situaciones de hecho, deducidas de comprobaciones efectuadas por la Administración, que determinen desequilibrio económico-financiero que ponga en peligro la solvencia o liquidez de la entidad, los intereses de los mutualistas y beneficiarios o el incumplimiento de las obligaciones contraídas, así como la insuficiencia o irregularidad de la contabilidad o administración, en términos que impidan conocer la situación de la entidad.

2. Con independencia de las sanciones que, por los hechos anteriores y conforme a la presente Ley procedan, las medidas cautelares a que se refiere el apartado anterior, de acuerdo con las características de la situación, podrán consistir en:

a) Requerir a la entidad para que en el plazo de un mes presente un plan de viabilidad, rehabilitación o saneamiento a corto o medio plazo, aprobado por su Junta Directiva, en el que se propongan las adecuadas medidas financieras, administrativas o de otro orden, formule previsión de los resultados y fije los plazos para su ejecución a fin de superar la situación que dio origen a dicho requerimiento, y garantice en todo caso los derechos de los trabajadores protegidos y de la Seguridad Social.

La duración del plan no será superior a tres años, según las circunstancias, y concretará en su forma y periodicidad las actuaciones a realizar.

El *Ministerio de Trabajo y Seguridad Social* lo aprobará o denegará en el plazo de un mes y, en su caso, fijará la periodicidad con que la entidad deberá informar de su desarrollo.

b) Convocar los órganos de gobierno de la entidad, designando la persona que deba presidir la reunión y dar cuenta de la situación.

c) Suspender en sus funciones a todos o algunos de los directivos de la entidad, debiendo ésta designar las personas que, aceptadas previamente por el *Ministerio de Trabajo y Seguridad Social*, hayan de sustituirlos interinamente. Si la entidad no lo hiciera, podrá dicho Ministerio proceder a su designación.

d) Ordenar la ejecución de medidas correctoras de las tendencias desfavorables registradas en su desarrollo económico y en el cumplimiento de sus fines sociales durante los últimos ejercicios analizados.

e) Intervenir la entidad para comprobar y garantizar el correcto cumplimiento de órdenes concretas emanadas del citado Ministerio cuando, en otro caso, pudieran infringirse tales órdenes y de ello derivarse perjuicio mediato e inmediato para los trabajadores protegidos y la Seguridad Social.

3. Para adoptar las medidas cautelares previstas en el apartado anterior, se instruirá el correspondiente procedimiento administrativo con audiencia previa de la entidad interesada. Tales medidas cesarán por acuerdo del *Ministerio de Trabajo y Seguridad Social* cuando hayan desaparecido las causas que las motivaron.

Artículo 75. Incompatibilidades.

1. No podrán ostentar el cargo de Director-Gerente, Gerente o llevar bajo cualquier otro título la dirección ejecutiva de una Mutua de Accidentes de Trabajo y Enfermedades Profesionales de la Seguridad Social:

a) Quienes pertenezcan al Consejo de Administración o desempeñen cualquier actividad remunerada en cualquier empresa asociada a la Mutua.

b) Quienes, ellos mismos, sus cónyuges o hijos sometidos a patria potestad, ostenten la titularidad de una participación igual o superior al 25 por 100 del capital social en cualquiera de las empresas asociadas a la Mutua.

c) Quienes, como consecuencia de un expediente sancionador, hubiesen sido suspendidos de sus funciones, hasta el tiempo que dure la suspensión.

2. No podrán formar parte de la Junta Directiva de una Mutua, ni ejercer el cargo de director gerente, gerente o asimilado, las personas que, en su condición de agentes o comisionistas, se dediquen a la tramitación por cuenta de la Mutua, de Convenios de asociación para la cobertura de los riesgos de accidentes de trabajo y enfermedades profesionales.

Tampoco podrá formar parte de la Junta Directiva, ni por sí misma ni en representación de empresa asociada, cualquier persona que mantenga con la Mutua relación laboral, de prestación de servicios de carácter profesional o que, por cualquier otro concepto, perciba de la entidad prestaciones económicas, a excepción del representante de los trabajadores a que se refiere el artículo 34.1 del Reglamento General sobre colaboración de las Mutuas de Accidentes de Trabajo y Enfermedades Profesionales de la Seguridad Social en la gestión de la Seguridad Social.

No podrán formar parte de la Junta Directiva ni desempeñar la dirección ejecutiva ni formar parte de la Comisión de Control y Seguimiento ni de la Comisión de Prestaciones Especiales aquellas empresas o personas que ostenten cualquiera de estos cargos en otra Mutua.

No podrá recaer en una misma persona y simultáneamente más de un cargo de la Junta Directiva de las Mutuas de Accidentes de Trabajo y Enfermedades Profesionales de la Seguridad Social, ya sea por sí mismos, como mutualistas o en representación de otras empresas asociadas.

✐ Núm. 2 redactado por Ley 13/1996, de 30 diciembre, de Medidas Fiscales, Administrativas y del Orden Social (art. 101).

3. El incumplimiento de lo previsto en los números anteriores se considera falta muy grave a efectos de lo establecido en la Ley 8/1988, de 7 de abril, sobre Infracciones y Sanciones de Orden Social.

✐ El núm. 3 de este artículo fue redactado por Ley 42/1994, de 30 diciembre, de Medidas Fiscales, Administrativas y de Orden Social.

Artículo 76. Prohibiciones.

1. Los miembros de la Junta Directiva, los Directores-Gerentes, Gerentes o asimilados, o cualquier otra persona que ejerza funciones de dirección ejecutiva en una Mutua de Accidentes de Trabajo y Enfermedades Profesionales, no podrán comprar ni vender para sí mismos, ni directamente ni por persona o entidades interpuestas, cualquier activo patrimonial de la entidad.

A estos efectos, se entenderá que la operación se realiza por persona o entidad interpuesta cuando se ejecute por persona unida por vínculo de parentesco en línea directa o colateral, consanguinidad o afinidad, hasta el cuarto grado inclusive, por mandatario o fiduciario, o por cualquier sociedad en que las personas citadas en el párrafo anterior, tenga directa o indirectamente un porcentaje igual o superior al 25 por 100 del capital social o ejerzan en ellas funciones que impliquen ejercicio de poder de decisión.

2. La inobservancia de lo previsto en el apartado anterior será considerada falta muy grave, a efectos de lo establecido en la Ley 8/1988, de 7 de abril, sobre Infracciones y Sanciones de Orden Social.

3. Con cargo a recursos públicos, las Mutuas de Accidentes de Trabajo y Enfermedades Profesionales de la Seguridad Social no podrán satisfacer indemnizaciones por extinción de la relación laboral con su personal, cualesquiera que sean la forma de dicha relación y la causa de su extinción, que superen las establecidas para la relación laboral común regulada en el Estatuto de los Trabajadores.

✐ Apartado añadido por Ley 42/1994, de 30 diciembre, de Medidas Fiscales, Administrativas y de Orden Social.

Subsección 3ª Empresas

Artículo 77. Colaboración de las empresas.

⇒ V. nota al art. 199 de este TRLGSS.

V. O. 25 noviembre 1966, modificada por O. 20 abril 1998.

1. Las empresas, individualmente consideradas y en relación con su propio personal, podrán colaborar en la gestión de la Seguridad Social exclusivamente en alguna o algunas de las formas siguientes:

a) Asumiendo directamente el pago, a su cargo, de las prestaciones por incapacidad laboral transitoria derivada de accidente de trabajo y enfermedad profesional y las prestaciones de asistencia sanitaria y recuperación profesional, incluido el subsidio consiguiente que corresponda durante la indicada situación.

b) Asumiendo la colaboración en la gestión de la asistencia sanitaria y de la incapacidad laboral transitoria derivadas de enfermedad común y accidente no laboral, con derecho a percibir por ello una participación en la fracción de la cuota correspondiente a tales situaciones y contingencias, que se determinará por el *Ministerio de Trabajo y Seguridad Social.*

⇒ De conformidad con la Ley 66/1997, de 30 diciembre, lo dispuesto en esta letra b), «en tanto culmina el proceso de separación de fuentes entre el Sistema Nacional de Salud y Sistema de Seguridad Social, habrá de entenderse sólo referido a aquellas empresas que vengan colaborando en la gestión de la asistencia sanitaria con anterioridad a la presente Ley.

La compensación económica por dicha colaboración en el caso de la asistencia sanitaria se establecerá en función de los trabajadores protegidos y dará lugar a la percepción de un importe que no podrá ser inferior al que actualmente se viniera percibiendo por la empresa, salvo que este último fuera superior al coste medio, en el INSALUD (actual Instituto Nacional de Gestión Sanitaria), de las prestaciones que cubre la colaboración, en cuyo caso, será dicho coste el límite de la compensación a realizar. Reglamentariamente se establecerán los procedimientos para hacer efectiva la compensación económica» (disp. transit. 6ª).

c) Pagando a sus trabajadores, a cargo de la entidad gestora obligada, las prestaciones económicas por incapacidad laboral transitoria, así como las demás que puedan determinarse reglamentariamente.

d) Asumiendo directamente el pago, a su cargo, de las prestaciones económicas por incapacidad laboral transitoria derivada de enfermedad común o accidente no laboral, en las condiciones que establezca el Ministerio de Trabajo y Seguridad Social.

Las empresas que se acojan a esta forma de colaboración tendrán derecho a reducir la cuota a la Seguridad Social, mediante la aplicación del coeficiente que, a tal efecto, fije el Ministerio de Trabajo y Seguridad Social.

⇒ Téngase en cuenta que en esta colaboración no se incluye el pago de la prestación económica por maternidad. V. arts. 133 *bis, ter, quater* y *quinquies* de esta LGSS/1994, así como la nota al art. 133 *quinquies.*

V. disp. adic. 11 ter de este LGSS/1994.

2. El *Ministerio de Trabajo y Seguridad Social* podrá establecer, con carácter obligatorio, para todas las empresas o para algunas de determinadas características, la colaboración en el pago de prestaciones a que se refiere el apartado c) anterior.

3. El *Ministerio de Trabajo y Seguridad Social* determinará las condiciones por las que ha de regirse la colaboración prevista en los números anteriores del presente artículo.

4. La modalidad de colaboración de las empresas en la gestión de la Seguridad Social a que se refiere el apartado 1 de este artículo podrá ser autorizada a agrupaciones de empresas, constituidas a este único efecto, siempre que reúnan las condiciones que determine el *Ministerio de Trabajo y Seguridad Social.*

5. En la regulación de las modalidades de colaboración establecidas en los apartados 1 a), b) y d) del apartado 1 y en el apartado 4 del presente artículo se armonizará el interés particular por la mejora de prestaciones y medios de asistencia con las exigencias de la solidaridad nacional.

Sección 5ª Inspección

Artículo 78. Competencias de la Inspección.

1. La Inspección en materia de Seguridad Social se ejercerá a través de la Inspección de Trabajo y Seguridad Social, desarrollando las funciones y competencias que tiene atribuidas por la Ley 39/1962, de 21 de julio, la presente Ley y normas concordantes.

⇒ V. disp. adic. 24 de este TRLGSS.

La O. 29 febrero 1996, regula los cometidos de los Jefes de la Unidad de Inspección de Trabajo y Seguridad Social existentes en las Direcciones Provinciales de la Tesorería General de la Seguridad Social y de los funcionarios a ellas adscritos.

2. Específicamente corresponderá a la Inspección de Trabajo y Seguridad Social:

a) La vigilancia en el cumplimiento de las obligaciones que derivan de la presente Ley y, en especial, de los fraudes y morosidad en el ingreso y recaudación de cuotas de la Seguridad Social.

✐ Apartado redactado de conformidad con la Ley 42/1997, de 14 noviembre, de Ordenación de la Inspección de Trabajo y Seguridad Social (§38.2).

b) La inspección de la gestión, funcionamiento y cumplimiento de la legislación que les sea de aplicación a las entidades colaboradoras en la gestión.

c) La asistencia técnica a entidades y organismos de la Seguridad Social, cuando les sea solicitada.

3. Las competencias transcritas serán ejercidas de acuerdo con las facultades y procedimientos establecidos en las disposiciones aplicables.

Artículo 79. Colaboración con la Inspección.

Los servicios de la Seguridad Social prestarán su colaboración a la Inspección de Trabajo y Seguridad Social en orden a la vigilancia que ésta tiene atribuida respecto al cumplimiento de las obligaciones de empresarios y trabajadores establecidas en la presente Ley.

CAPÍTULO VIII
Régimen económico

Sección 1ª Patrimonio de la Seguridad Social

⇒ Vid. RD 1221/1992, de 9 octubre, sobre Patrimonio de la Seguridad Social, modificado por RD 1041/2005, de 5 septiembre.

Artículo 80. Patrimonio.

1. Las cuotas, bienes, derechos, acciones y recursos de cualquier otro género de la Seguridad Social constituyen un patrimonio único afecto a sus fines, distinto del patrimonio del Estado.

2. La regulación del Patrimonio de la Seguridad Social se regirá por las disposiciones específicas contenidas en la presente Ley, en sus normas de aplicación y desarrollo y, en lo no previsto en las mismas, por lo establecido en la Ley del Patrimonio del Estado. Las referencias que en la Ley del Patrimonio del Estado se efectúan a las Delegaciones de Hacienda, a la Dirección General del Patrimonio del Estado y al Ministerio de Economía y Hacienda se entenderán hechas, respectivamente, a las Direcciones Provinciales de la Tesorería de la Seguridad Social, a la Dirección General de la Tesorería General de la Seguridad Social y al *Ministerio de Trabajo y Seguridad Social.*

Artículo 81. Titularidad, adscripción, administración y custodia.

1. En todo caso, en relación con los bienes inmuebles del patrimonio de la Seguridad Social que figuren adscritos o transferidos a otras Administraciones públicas o a entidades de derecho público con personalidad jurídica propia o vinculadas o dependientes de las mismas, corresponden a éstas las siguientes funciones, salvo que en el acuerdo de traspaso o en base al mismo se haya previsto otra cosa:

a) Realizar las reparaciones necesarias en orden a su conservación.

b) Efectuar las obras de mejora que estimen convenientes.

c) Ejercitar las acciones posesorias que, en defensa de dichos bienes, procedan en Derecho.

d) Asumir, por subrogación, el pago de las obligaciones tributarias que afecten a dichos bienes.

Los bienes inmuebles del patrimonio de la Seguridad Social adscritos a otras Administraciones o entidades de derecho público, salvo que otra cosa se establezca en el acuerdo de traspaso o en base al mismo, revertirán a la Tesorería General de la Seguridad Social en el caso de no uso o cambio de destino para el que se adscribieron, conforme a lo dispuesto en la legislación reguladora del Patrimonio del Estado, siendo a cargo de la Administración o entidad a la que fueron adscritos los gastos derivados de su conservación y mantenimiento, así como la subrogación en el pago de las obligaciones tributarias que afecten a los mismos, hasta la finalización del ejercicio económico en el que se produzca dicho cambio o falta de uso.

✐ Apartado 1 modificado por el art. 8 de la Ley 52/2003, de 10 diciembre.

⇒ Cfr. RD 255/1980, de 1 febrero; RD 1314/1984, de 20 junio y RD 1221/1992, de 9 octubre. El art. 69 de la Ley 13/1996, de 30 diciembre, de Medidas Fiscales, Administrativas y del Orden Social adscribe a la Tesorería General los recursos económicos y la titularidad del Instituto Social de la Marina, así como la asunción del pago de sus obligaciones.

2. Los certificados que se libren con relación a los inventarios y documentos oficiales que se conserven en la Administración de la Seguridad Social serán suficientes para su titulación e inscripción en los Registros oficiales correspondientes.

Artículo 82. Adquisición de bienes inmuebles.

1. La adquisición a título oneroso de bienes inmuebles de la Seguridad Social, para el cumplimiento de sus fines, se efectuará por la Tesorería General de la Seguridad Social mediante concurso público, salvo que, en atención a las peculiaridades de la necesidad a satisfacer o a la urgencia de la adquisición a efectuar, el *Ministerio de Trabajo y Seguridad Social* autorice la adquisición directa.

2. Corresponde al Director general del Instituto Nacional de la Salud autorizar los contratos de adquisición de bienes inmuebles que dicho Instituto precise para el cumplimiento de sus fines, previo informe de la Tesorería General de la Seguridad Social. Será necesaria la autorización del Ministro de Sanidad y Consumo, según la cuantía que se fije en la correspondiente ley de Presupuestos Generales del Estado.

3. Por el *Ministerio de Trabajo y Seguridad Social* se determinará el procedimiento aplicable

para la adquisición de los bienes afectos al cumplimiento de los fines de colaboración en la gestión de las Mutuas de Accidentes de Trabajo y Enfermedades Profesionales de la Seguridad Social.

Artículo 83. Enajenación de bienes inmuebles y de títulos valores.

1. La enajenación de los bienes inmuebles integrados en el patrimonio de la Seguridad Social requerirá la oportuna autorización del Ministerio de Trabajo y Seguridad Social cuando su valor, según tasación pericial, no exceda de las cuantías fijadas por la Ley del Patrimonio del Estado, o del Gobierno en los restantes casos.

La enajenación de los bienes señalados en el párrafo anterior se realizará mediante subasta pública, salvo cuando el Consejo de Ministros, a propuesta del *Ministro del Trabajo y Seguridad Social*, autorice la enajenación directa. Esta podrá ser autorizada por el *Ministro de Trabajo y Seguridad Social* cuando se trate de bienes que no superen el valor fijado en la Ley de Patrimonio del Estado.

2. La enajenación de títulos valores, ya sean éstos de renta variable o fija, se efectuará previa autorización en los términos establecidos en el número anterior del presente artículo. Por excepción, los títulos de cotización oficial en Bolsa se enajenarán necesariamente en esta institución, según la legislación vigente reguladora del mercado de valores, sin que se requiera autorización previa para su venta cuando ésta venga exigida para atender al pago de prestaciones reglamentariamente reconocidas y el importe bruto de la venta no exceda el montante fijado por la correspondiente Ley de Presupuestos Generales del Estado. De las enajenaciones de tales títulos se dará cuenta inmediata al *Ministerio de Trabajo y Seguridad Social*.

Artículo 84. Arrendamiento y cesión de bienes inmuebles.

1. Los arrendamientos de bienes inmuebles que deba efectuar la Seguridad Social se concertarán mediante concurso público, salvo en aquellos casos en que, a juicio del *Ministerio de Trabajo y Seguridad Social*, sea necesario o conveniente concertarlos de modo directo.

2. Corresponde al Director general del Instituto Nacional de la Salud autorizar los contratos de arrendamiento de bienes inmuebles que dicho Instituto precise para el cumplimiento de sus fines. Será necesaria la autorización del Ministro de Sanidad y Consumo cuando su importe supere la cuantía de renta anual establecida en la correspondiente Ley de Presupuestos Generales del Estado.

3. Por el *Ministerio de Trabajo y Seguridad Social* se determinará el procedimiento aplicable para el arrendamiento de los bienes afectos al cumplimiento de los fines de colaboración en la gestión de las Mutuas de Accidentes de Trabajo y Enfermedades Profesionales de la Seguridad Social.

4. Los bienes inmuebles del patrimonio de la Seguridad Social que no resulten necesarios para el cumplimiento de sus fines, y respecto de los cuales no se considere conveniente su enajenación o explotación, podrán ser cedidos gratuitamente para fines de utilidad pública o de interés de la Seguridad Social por el Ministro de Trabajo y Asuntos Sociales, a propuesta de la Tesorería General de la Seguridad Social previa comunicación a la Dirección General de Patrimonio del Estado.

✐ Apartado modificado por el art. 9 de la Ley 52/2003, de 10 diciembre.

Artículo 85. Inembargabilidad.

Los bienes y derechos que integran el patrimonio de la Seguridad Social son inembargables. Ningún Tribunal ni autoridad administrativa podrá dictar providencia de embargo ni despachar mandamiento de ejecución contra los bienes y derechos del patrimonio de la Seguridad Social, ni contra sus rentas, frutos o productos del mismo, siendo de aplicación, en su caso, lo dispuesto sobre esta materia en los artículos 44, 45 y 46 del Real Decreto Legislativo 1091/1988, de 23 de septiembre, por el que se aprueba el Texto Refundido de la Ley General Presupuestaria.

Sección 2ª Recursos y sistemas financieros de la Seguridad Social

⇒ El Reglamento General de la Gestión financiera de la Seguridad Social se contiene en el RD 1391/1995, de 5 agosto, últimamente modificado por RD 1891/1999, de 10 diciembre. Su aplicación y desarrollo por O. 22 febrero 1996, modificada por O. 12 julio 2001 y por O. TAS/763/2007, de 23 marzo.

Artículo 86. Recursos generales.

1. Los recursos para la financiación de la Seguridad Social estarán constituidos por:

a) Las aportaciones progresivas del Estado, que se consignarán con carácter permanente en sus Presupuestos Generales, y las que se acuerden para atenciones especiales o resulten precisas por exigencia de la coyuntura.

b) Las cuotas de las personas obligadas.

c) Las cantidades recaudadas en concepto de recargos, sanciones u otras de naturaleza análoga.

d) Los frutos, rentas o intereses y cualquier otro producto de sus recursos patrimoniales.

e) Cualesquiera otros ingresos, sin perjuicio de lo previsto en la disposición adicional vigésima segunda de esta Ley.

⇒ A partir de la Ley 39/1992, de 29 diciembre, de Presupuestos Generales del Estado para 1993, determinados ingresos de la Seguridad Social, derivados de servicios a terceros sin derecho a asistencia sanitaria de la Seguridad Social dejaron de tener el carácter de ingresos del Sistema. La disp. adic. 22ª de la Ley 21/1993, de 29 diciembre, de Presupuestos Generales del Estado para 1994 amplía la relación de aquellos que dejan de tener la naturaleza de ingresos de la Seguridad Social.

V. O. 3 abril 1995, sobre gestión, modificación y seguimiento de los créditos del Presupuesto del Instituto Nacional de la Salud y nota a disp. adic. 22ª de esta LGSS/1994.

2. La acción protectora de la Seguridad Social, en su modalidad no contributiva y universal, se financiará mediante aportaciones del Estado al Presupuesto de la Seguridad Social, sin perjuicio de lo establecido en el artículo 10.3, primer inciso, de esta Ley, con excepción de las prestaciones y servicios de asistencia sanitaria de la Seguridad Social y servicios sociales cuya gestión se halle transferida a las Comunidades Autónomas, en cuyo caso, la financiación se efectuará de conformidad con el sistema de financiación autonómica vigente en cada momento. Las prestaciones contributivas, los gastos derivados de su gestión y los de funcionamiento de los servicios correspondientes a las funciones de afiliación, recaudación y gestión económico-financiera y patrimonial serán financiadas básicamente con los recursos a que se refieren las letras b), c), d) y e) del apartado anterior, así como, en su caso, por las aportaciones del Estado que se acuerden para atenciones específicas.

A los efectos previstos en el párrafo anterior, la naturaleza de las prestaciones de la Seguridad Social será la siguiente:

a) Tienen naturaleza contributiva:

Las prestaciones económicas de la Seguridad Social, con excepción de las señaladas en la letra b) siguiente.

La totalidad de las prestaciones derivadas de las contingencias de accidentes de trabajo y enfermedades profesionales.

b) Tienen naturaleza no contributiva:

Las prestaciones y servicios de asistencia sanitaria incluidas en la acción protectora de la Seguridad Social y los correspondientes a los servicios sociales, salvo que se deriven de accidentes de trabajo y enfermedades profesionales.

Las pensiones no contributivas por invalidez y jubilación.

Los complementos a mínimos de las pensiones de la Seguridad Social.

Las prestaciones familiares reguladas en la sección segunda del capítulo IX del título II de esta Ley.

✐ Letra b) modificada por el art. 19.2 de la Ley 52/2003, de 10 diciembre.
Ap. 2 modificado por el art. 69 de la Ley 21/2001, de 27 diciembre.

Artículo 87. Sistema financiero.

1. El sistema financiero de todos los Regímenes que integran el sistema de la Seguridad Social será el de reparto, para todas las contingencias y situaciones amparadas por cada uno de ellos, sin perjuicio de la excepción prevista en el apartado 3 de este artículo.

2. En la Tesorería General se constituirá un fondo de estabilización único para todo el sistema de la Seguridad Social, que tendrá por finalidad atender las necesidades originadas por desviaciones entre ingresos y gastos.

3. En materia de pensiones causadas por incapacidad permanente o muerte derivadas de accidente de trabajo cuya responsabilidad corresponda asumir a las mutuas de accidentes de trabajo y enfermedades profesionales de la Seguridad Social o, en su caso, a las empresas declaradas responsables, se procederá a la capitalización del importe de dichas pensiones, debiendo las entidades señaladas constituir en la Tesorería General de la Seguridad Social, hasta el límite de su respectiva responsabilidad, los capitales coste correspondientes.

Por capital coste se entenderá el valor actual de dichas prestaciones, que se determinará en función de las características de cada pensión y aplicando los criterios técnicos-actuariales más apropiados, de forma que los importes que se obtengan garanticen la cobertura de las prestaciones con el grado de aproximación más adecuado y a cuyo efecto el Ministerio de Trabajo y Asuntos Sociales aprobará las tablas de mortalidad y la tasa de interés aplicables.

Asimismo, el Ministerio de Trabajo y Asuntos Sociales podrá establecer la obligación de las mutuas de accidentes de trabajo y enfermedades profesionales de la Seguridad Social de reasegurar los riesgos asumidos que se determinen, a través de un régimen de reaseguro proporcional obligatorio y no proporcional facultativo o mediante cualquier otro sistema de compensación de resultados.

✐ Apartado 3 modificado por el art. 10 de la Ley 52/2003, de 10 diciembre.

4. Las materias a que se refiere el presente artículo serán reguladas por los Reglamentos a que alude el apartado 2 a) del artículo 5 de la presente Ley.

Artículo 88. Inversiones.

Las reservas de estabilización que no hayan de destinarse de modo inmediato al cumplimiento de las obligaciones reglamentarias serán invertidas de forma que se coordinen las finalidades de carácter social con la obtención del grado de liquidez, rentabilidad y seguridad técnicamente preciso.

Sección 3ª Presupuesto, Intervención y Contabilidad de la Seguridad Social

⇒ V. Ley 47/2003, de 26 noviembre, General Presupuestaria, art. 4. La Orden TAS/1281/2007, de 4 mayo, dicta normas para la elaboración de los presupuestos de la SS para 2008. Por su parte la Ley 66/1997, de 30 diciembre, establece que el Presupuesto de la Intervención General de la Seguridad Social «será único y se integrará como una sección independiente, en el de los servicios comunes de la Seguridad Social» (art. 70). La O. 23 mayo 2001 y la Res. 4 diciembre del mismo año dictan normas sobre aplicación del euro en los cobros y pagos de la Seguridad Social. Por su parte, la Res. 11 febrero 2002 dicta instrucciones sobre liquidación y cierre de operaciones de ejercicios anteriores al 2002 y el ejercicio de las actuaciones de control, en relación con el traspaso a las Comunidades Autónomas de las funciones y servicios del antiguo INSALUD, hoy Instituto Nacional de Gestión Sanitaria. La O. TAS/3758/2006, de 5 diciembre, regula las operaciones de cierre del ejercicio 2006 y el procedimiento para la presentación de las cuentas anuales y demás documentación que ha de rendirse por las entidades que integran el sistema de la Seguridad Social.

Cfr. la disp. derog. de la presente LGSS/1994.

Artículo 89. Disposición general y normas reguladoras de la intervención.

1. El Presupuesto de la Seguridad Social, integrado en los Presupuestos Generales del Estado, así como la intervención y contabilidad de la Seguridad Social, se regirán por lo previsto en el Título VIII del Texto Refundido de la Ley General Presupuestaria y por las normas de la presente sección.

⇒ El RD 622/1998, de 17 abril, determina la naturaleza, estructura y funciones de la Intervención General de la Seguridad Social.

2. A efectos de procurar una mejor y más eficaz ejecución y control presupuestario, el Gobierno, a propuesta conjunta de los Ministros de Trabajo y Seguridad Social y de Economía y Hacienda, aprobará las normas para la ejecución de la función interventora en las entidades gestoras de la Seguridad Social.

En los hospitales y demás centros sanitarios del Instituto Nacional de la Salud, la función interventora podrá ser sustituida por el control financiero de carácter permanente a cargo de la Intervención General de la Seguridad Social. La entrada en vigor se producirá de forma gradual a propuesta del Ministro de Economía y Hacienda.

La Intervención General de la Administración del Estado podrá delegar en los interventores de la Seguridad Social el ejercicio de la función interventora respecto de todos los actos que realice el Instituto Nacional de la Salud en nombre y por cuenta de la Administración del Estado.

Artículo 90. Modificación de créditos en el Instituto Nacional de la Salud.

⇒ La Orden TAS/2214/2005, de 4 julio, regula la tramitación de las modificaciones de crédito en el presupuesto de la Seguridad Social.

No obstante lo establecido en el artículo 150.3 del Texto Refundido de la Ley General Presupuestaria, todo incremento del gasto del Instituto Nacional de la Salud, con excepción del que pueda resultar de las generaciones de crédito, que no pueda financiarse con redistribución interna de sus créditos ni con cargo al remanente afecto a la entidad, se financiará durante el ejercicio por aportación del Estado.

Artículo 91. Remanentes e insuficiencias presupuestarias.

1. En la Tesorería General de la Seguridad Social se constituirá un Fondo de Reserva de la Seguridad Social con la finalidad de atender a las necesidades futuras del sistema de la Seguridad Social en materia de prestaciones contributivas, en la forma y demás condiciones que determine la ley reguladora del mismo.

✐ Apartado modificado por la disp. adic. 1ª de la Ley 28/2003, de 29 septiembre, que regula el Fondo de Reserva de la Seguridad Social.

2. Los remanentes derivados de una menor realización en el Presupuesto de dotaciones del Instituto Nacional de la Salud y los producidos por un incremento en los ingresos previstos por asistencia sanitaria serán utilizados para la financiación de los gastos de la citada entidad.

3. Se autoriza al Ministerio de Economía y Hacienda a reflejar, mediante ampliaciones de crédito en el Presupuesto del Instituto Nacional de la Salud, las repercusiones que en el mismo tengan las

variaciones que experimente la aportación del Estado. Corresponde asimismo al Ministro de Economía y Hacienda la autorización de las modificaciones de crédito que se financien con cargo al remanente de dicha entidad.

Artículo 92. Amortización de adquisiciones.

El inmovilizado de la Seguridad Social deberá ser objeto de la amortización anual, dentro de los límites que fije el Ministro de Trabajo y Asuntos Sociales, con arreglo a los principios y procedimientos establecidos en el Plan General de la Contabilidad Pública.

✐ Artículo redactado por Ley 13/1996, de 30 diciembre, de Medidas Fiscales, Administrativas y del Orden Social.

Artículo 93. Plan anual de auditorías.

1. El Plan anual de auditorías de la Intervención General de la Administración del Estado incluirá el elaborado por la Intervención General de la Seguridad Social, en el que progresivamente se irán incluyendo las entidades gestoras, servicios comunes, así como las Mutuas de Accidentes de Trabajo y Enfermedades Profesionales de la Seguridad Social, de acuerdo con lo previsto en el artículo 71 de la presente Ley.

Para la ejecución del Plan de auditorías de la Seguridad Social se podrá recabar la colaboración de empresas privadas, en caso de insuficiencia de los servicios de la Intervención General de la Seguridad Social, que deberán ajustarse a las normas e instrucciones que determine el centro directivo mencionado, el cual podrá efectuar las revisiones y controles de calidad que considere oportunos.

2. Para recabar la colaboración de las empresas privadas, será necesaria la inclusión de la autorización correspondiente en la Orden a que se refiere la disposición adicional segunda del Real Decreto Legislativo 1091/1988, de 23 de septiembre, por el que se aprueba el Texto Refundido de la Ley General Presupuestaria.

Será necesaria una orden del *Ministerio de Trabajo y Seguridad Social* o del Ministerio de Sanidad y Consumo cuando la financiación de la indicada colaboración se realice con cargo a créditos de los presupuestos de las entidades y servicios de la Seguridad Social adscritos a uno u otro Departamento.

Artículo 94. Cuentas de la Seguridad Social.

⇒ La Orden TAS/3758/2006, de 5 diciembre, regula las operaciones de cierre del ejercicio 2006 y el procedimiento para la presentación de las cuentas anuales y demás documentación que ha de rendirse por los agentes del sistema de la Seguridad Social.

1. Las cuentas de las Entidades que integran el sistema de la Seguridad Social se formarán y rendirán de acuerdo con los principios y normas establecidos en el Capítulo I del Título VI del Texto Refundido de la Ley General Presupuestaria, aprobado por Real Decreto Legislativo 1091/1988, de 23 de septiembre, según la redacción dada al mismo por el artículo 52 de la Ley 50/1998, de 30 de diciembre, de Medidas fiscales, administrativas y del orden social.

✐ Apartado añadido por la disp. adic. 3ª de la Ley 52/2003, de 10 diciembre. Su anterior numeración era párr. único.

2. Se autoriza al Ministro de Trabajo y Asuntos Sociales para que pueda disponer la no liquidación o, en su caso, la anulación y baja en contabilidad de todas aquellas liquidaciones de las que resulten deudas inferiores a la cuantía que se estime y fije como insuficiente para la cobertura del coste que su exacción y recaudación representen.

✐ Apartado añadido por la disp. adic. 3ª de la Ley 52/2003, de 10 diciembre.

Sección 4ª Contratación en la Seguridad Social

Artículo 95. Contratación.

El régimen de contratación de las entidades gestoras y servicios comunes de la Seguridad Social se ajustará a lo dispuesto en el texto articulado de la Ley de Contratos del Estado, en el Reglamento General de Contratación del Estado y en sus normas complementarias, con las especialidades siguientes:

a) La facultad de celebrar contratos corresponde a los Directores de las distintas entidades gestoras y servicios comunes, pero necesitarán autorización para aquellos cuya cuantía sea superior al límite fijado en la respectiva Ley de Presupuestos Generales del Estado. La autorización será adoptada, a propuesta de dichas entidades y servicios, por los titulares de los Departamentos ministeriales a que se hallen adscritos o por el Consejo de Ministros, según las competencias definidas en la Ley de Contratos del Estado.

b) Los Directores de las entidades gestoras y servicios comunes no podrán delegar o desconcentrar la facultad de celebrar contratos, sin previa autorización del titular del Ministerio al que se hallen adscritos.

c) Los proyectos de obras que elaboren las entidades gestoras y servicios comunes de la Seguridad Social deberán ser supervisados por la oficina de supervisión de proyectos del Departamento ministerial del que dependan, salvo que ya tuvieran establecidas oficinas propias, en cuyo caso serán éstas las supervisoras de los mismos.

d) Los informes jurídicos o técnicos que preceptivamente se exijan en la legislación del Estado se podrán emitir por los órganos competentes en el ámbito de la Seguridad Social o de los Ministerios respectivos.

e) La situación de estar al corriente en el cumplimiento de obligaciones con la Seguridad Social requerida para contratar con las Administraciones Públicas por el párrafo f) del artículo 20 de la Ley de Contratos de las Administraciones Públicas será asimismo exigible para el cobro del precio del contrato y durante la vigencia del mismo.

✐ Apartado añadido por la disp. adic. 4ª de la Ley 52/2003, de 10 diciembre.

CAPÍTULO IX
Infracciones y sanciones en materia de Seguridad Social

Artículo 96. Infracciones y sanciones.

1. En materia de infracciones y sanciones se estará a lo dispuesto en la presente Ley y en la Ley 8/1988, de 7 de abril, sobre Infracciones y Sanciones de Orden Social.

✐ Apartado renumerado por la disp. adic. 1ª de la Ley 52/2003, de 10 diciembre. Su anterior numeración era párr. único.

⇒ V. la citada norma en §40.1.

2. Las resoluciones relativas a las sanciones que las Entidades de las prestaciones impongan a los trabajadores y beneficiarios de prestaciones, conforme a lo establecido en el artículo 47 de la Ley de Infracciones y Sanciones del Orden Social, Texto Refundido aprobado por Real Decreto Legislativo 5/2000, de 4 de agosto, serán recurribles ante los órganos jurisdiccionales del orden social, previa reclamación ante la Entidad Gestora competente en la forma prevista en el artículo 71 del Texto Refundido de la Ley de Procedimiento Laboral, aprobado por Real Decreto Legislativo 2/1995, de 7 de abril.

✐ Apartado añadido por la disp. adic. 1ª de la Ley 52/2003, de 10 diciembre.

TÍTULO II
RÉGIMEN GENERAL DE LA SEGURIDAD SOCIAL

CAPÍTULO I
Campo de aplicación

Artículo 97. Extensión.

1. Estarán obligatoriamente incluidos en el Régimen General de la Seguridad Social los trabajadores por cuenta ajena o asimilados comprendidos en el apartado 1 a) del artículo 7 de la presente Ley.

2. A los efectos de esta Ley se declaran expresamente comprendidos en el apartado anterior:

a) Los trabajadores por cuenta ajena y los socios trabajadores de sociedades mercantiles capitalistas, aun cuando sean miembros de su órgano de administración, si el desempeño de este cargo no conlleva la realización de las funciones de dirección y gerencia de la sociedad, ni poseen su control en los términos establecidos en el apartado 1 en la disposición adicional vigésimo séptima de la presente Ley.

✐ Letra a) redactada por el art. 34.1 de la Ley 50/1998, de 30 diciembre, de Medidas Fiscales, Administrativas y de Orden Social.

⇒ Sobre regularización de la situación de estos trabajadores con la Seguridad Social, v. el art. 34.4 y 34.5 de la Ley 50/1998, de 30 diciembre.

Excepto que por razón de su actividad marítimo-pesquera corresponda su inclusión como trabajadores por cuenta ajena en el campo de aplicación del Régimen Especial de Trabajadores del Mar.

✐ Añadido por el art. 22.Cinco de la Ley 55/1999, de 29 diciembre, de Medidas Fiscales, Administrativas y del Orden Social.

b) Los conductores de vehículos de turismo al servicio de particulares.

c) El personal civil no funcionario dependiente de organismos, servicios o entidades del Estado.

d) El personal civil no funcionario al servicio de organismos y entidades de la Administración Local, siempre que no estén incluidos en virtud de una Ley especial en otro régimen obligatorio de previsión social.

e) Los laicos o seglares que presten servicios retribuidos en los establecimientos o dependencias de las entidades o instituciones eclesiásticas. Por acuerdo especial con la jerarquía eclesiástica competente se regulará la situación de los trabajadores laicos y seglares que presten sus servicios retribuidos a organismos o dependencias de la Iglesia y cuya misión primordial consista en ayudar directamente en la práctica del culto.

f) Las personas que presten servicios retribuidos en las entidades o instituciones de carácter benéfico-social.

g) El personal contratado al servicio de Notarías, Registros de la Propiedad y demás oficinas o centros similares.

h) Los funcionarios en prácticas que aspiren a incorporarse a Cuerpos o Escalas de funcionarios que no estén sujetos al Régimen de Clases Pasivas y los altos cargos de las Administraciones Públicas que no sean funcionarios públicos, así como los funcionarios de nuevo ingreso de las Comunidades Autónomas.

i) Los funcionarios del Estado transferidos a las Comunidades Autónomas que hayan ingresado o ingresen voluntariamente en Cuerpos o Escalas propios de la Comunidad Autónoma de destino, cualquiera que sea el sistema de acceso.

j) Los miembros de las corporaciones locales y los miembros de las Juntas Generales de los Territorios Históricos Forales, Cabildos Insulares Canarios y Consejos Insulares Baleares que desempeñen sus cargos con dedicación exclusiva o parcial, a salvo de lo previsto en los artículos 74 y 75, de la Ley 7/1985, de 2 de abril, Reguladora de las Bases del Régimen Local.

✐ Letra j) modificada por art. 1.Uno. 1° de la Ley 37/2006, de 7 diciembre.

k) Como asimilados a trabajadores por cuenta ajena, con exclusión de la protección por desempleo y del Fondo de Garantía Salarial, los consejeros y administradores de sociedades mercantiles capitalistas, siempre que no posean el control de éstas en los términos establecidos en el apartado uno de la disposición adicional vigésimo séptima de la presente Ley, cuando el desempeño de su cargo conlleve la realización de las funciones de dirección y gerencia de la sociedad, siendo retribuidos por ello o por su condición de trabajadores por cuenta de la misma.

✐ Letra k) redactada por el art. 34.1 de la Ley 50/1998, de 30 diciembre, de Medidas Fiscales, Administrativas y de Orden Social.

⇒ V. la Orden de cotización a la Seguridad Social, Desempleo, Fondo de Garantía Salarial y Formación Profesional para el presente año (§33.2). V. art. 34.4 y 34.5 de la Ley 50/1998, de 30 diciembre.

Excepto que por razón de su actividad marítimo-pesquera corresponda su inclusión como trabajadores asimilados por cuenta ajena en el campo de aplicación del Régimen Especial de Trabajadores del Mar.

✐ Añadido por el art. 22.Cinco de la Ley 55/1999, de 29 diciembre, de Medidas Fiscales, Administrativas y del Orden Social.

l) Los cargos representativos de los Sindicatos constituidos al amparo de la Ley Orgánica 11/1985, de 2 de agosto, de Libertad Sindical que ejerzan funciones sindicales de dirección con dedicación exclusiva o parcial y percibiendo una retribución.

✐ Letra l) añadida por art. 1.Uno. 2° de la Ley 37/2006, de 7 diciembre.

m) Cualesquiera otras personas que, en lo sucesivo y por razón de su actividad, sean objeto, por real decreto a propuesta del Ministro de Trabajo y Seguridad Social, de la asimilación prevista en el apartado 1 de este artículo.

✐ Letra m) renumerada por art. 1.Uno. 3° de la Ley 37/2006, de 7 diciembre, su anterior numeración era l).

⇒ En base a esta autorización se han realizado las siguientes inclusiones: D. 573/1967, de 16 marzo, reclusos que realicen trabajos penitenciarios retribuidos (inclusión que hoy reitera el RD 782/2001, de 6 julio, que deroga al anterior); Res. 10 abril 1967, de la Dirección General de Pensiones, funcionarios de Entidades Estatales Autónomas; O. 28 abril 1967, funcionarios interinos; D. 1116/1975, de 2 mayo, personal al servicio de la organización Sindical; O. 25 junio 1976, trabajadores que realicen actividades de captación, elevación, conducción, tratamiento, depuración y distribución de agua, labores de limpieza, monda y desbroce y faenas de riego; D. 2398/1977, de 27 agosto, clérigos de la Iglesia Católica y demás Ministros de otras Iglesias y Confesiones Religiosas; RD 2805/1979, de 7 diciembre, a los españoles no residentes en territorio nacional que ostenten la condición de funcionarios o empleados de Organizaciones Internacionales intergubernamentales; RD 2234/1981, de 20 agosto, personal español contratado al servicio de la Administración pública española en el extranjero; RD 391/1982, de 12 febrero Mutilados Excombatientes de la Zona Republicana a efectos de asistencia sanitaria y servicios sociales; RD 1975/1982, de 24 julio, españoles que presten sus servicios en la sede central de la Organización Mundial del Turismo; Ley 30/1984, de 2 agosto, de medidas para la reforma de la Función Pública, disp. adic. 3ª, funcionarios en prácticas y a los funcionarios de nuevo ingreso de las Comunidades Autónomas, así como a los altos cargos que no sean funcionarios; RD 317/1985, de 6 febrero, funcionarios españoles, residentes en territorio nacional, que presten servicios en Organismos Internacionales con sede en España; Ley 7/1985, de 2 abril, Reguladora de las Bases del Régimen Local, art. 75, miembros de las Corporaciones Locales que perciban retribuciones por el ejercicio de sus cargos desempeñados con dedicación exclusiva; RD 960/1990, de 13 junio, personal interino al servicio de la Administración de Justicia; RD 1820/1991, de 27 diciembre, de los ciclistas profesionales; el RD 480/1993, de 2 abril, a los Funcionarios de la Administración Local y RD 766/1993, de 21 mayo, jugadores profesionales de baloncesto. Con base en el RD 2248/1985, la O. 21 febrero 1996 incluye al personal incluido en la Mutualidad de Empleados de Notarías. V. notas al art. 10.5. El RD 1708/1997, de 14 noviembre, incluye a los jugadores profesionales de balonmano. El RD 369/1999, de 5 marzo regula los términos y condiciones de inclusión en el Régimen General de la Seguridad Social de los Ministros de Culto de las Iglesias pertenecientes a la Federación de Entidades Religiosas Evangélicas de España. Esta disposición deroga la O. 2 marzo 1987, que incluyó en su día a los Ministros de Culto de la Unión de Iglesias Adventistas del Séptimo Día. El Real Decreto 822/2005, de 8 julio, regula los términos y las condiciones de inclusión en el Régimen General de la Seguridad Social de los clérigos de la Iglesia Ortodoxa Rusa del Patriarcado de Moscú en España.

Por su parte, la Ley 13/1996, de 30 diciembre, de Medidas Fiscales, Administrativas y del Orden Social concede al Gobierno un plazo de 6 meses para aprobar las disposiciones normativas necesarias «a los efectos de computar, para los sacerdotes y religiosos/as secularizados el tiempo que estuvieron ejerciendo su ministerio o religión y en el que no les fue permitido cotizar por su falta de inclusión en el Sistema de la Seguridad Social, con objeto de que se les reconozca el derecho a la percepción de la pensión de jubilación denegada o a una cuantía superior a la que tienen reconocido». (disp. adic. 10ª). Aprobación llevada a cabo por RD 487/1998, de 27 marzo; dicha norma es completada por RD 2665/1998, de 11 diciembre. El RD 432/2000, de 31 marzo, regula el cómputo de los períodos reconocidos como cotizados a la Seguridad Social para dicho colectivo en el Régimen de Clases Pasivas del Estado. La Resolución de 28 febrero 2005, de la Secretaría de Estado de Universidades e Investigación, dicta instrucciones sobre la incorporación al régimen de Seguridad Social y cobertura del seguro privado de asistencia sanitaria y accidentes de los becarios de los programas de becas posdoctorales y de postgrado de la Dirección General de Universidades.

Tras el establecimiento de la relación laboral de carácter especial de los abogados que prestan servicios en despachos colectivos por Ley 22/2005 (§16.13), sendas Resoluciones de la Dirección General de Ordenación de la Seguridad Social de 21 noviembre 2005 y 30 diciembre 2005 imparten instrucciones para la inclusión de este colectivo en el Régimen General de la Seguridad Social.

La disposición adic. 1ª del RD 63/2006, de 27 enero, que aprueba el Estatuto del personal investigador, asimila a dicho personal a trabajadores por cuenta ajena a efectos de su inclusión en el RGSS, bajo las condiciones que establece.

El RD 176/2006, de 10 febrero, establece los términos y condiciones de inclusión en el citado RGSS de los dirigentes religiosos e imanes de las comunidades integradas en la Comisión Islámica de España.

El RD 615/2007, de 11 mayo, regula la Seguridad Social de los cuidadores no profesionales de las personas en situación de dependencia a que se refiere el art. 18 de la Ley 39/2006, de 14 diciembre, de promoción de la autonomía personal y atención a las personas en situación de dependencia. El art. 2 del citado RD los incluye obligatoriamente en el Régimen General de la Seguridad Social mediante suscripción del convenio especial regulado en el mismo.

Artículo 98. Exclusiones.

No darán lugar a inclusión en este Régimen General los siguientes trabajos:

a) Los que se ejecuten ocasionalmente mediante los llamados servicios amistosos, benévolos o de buena vecindad.

b) Los que den lugar a la inclusión en alguno de los Regímenes Especiales de la Seguridad Social.

CAPÍTULO II

Inscripción de Empresas y normas sobre afiliación, cotización y recaudación

Sección 1ª Inscripción de empresas y afiliación de trabajadores

⇒ V. RD 84/1996, de 26 enero, por el que se aprueba el Reglamento General sobre Inscripción de Empresas y Afilación, Altas, Bajas y Variaciones de Datos de Trabajadores en la Seguridad Social, parcialmente modificado por RD 250/1997, de 21 febrero, por RD 1278/2000, de 30 junio y por RD 459/2002, de 24 de mayo. La Res. 11 enero 2001, de la DGTGSS, aprueba los modelos normalizados para la afiliación a la Seguridad Social, altas y bajas y variaciones de datos de trabajadores por cuenta ajena. La Res. 20 febrero 1998, de la Secretaría General Técnica del Ministerio de Trabajo y Asuntos Sociales ordena la publicación de la circular conjunta de las Direcciones Generales de Ordenación de las Migraciones y de la TGSS sobre afiliación, altas, bajas, variaciones de datos y cotización de trabajadores extranjeros.

Artículo 99. Inscripción de empresas.

1. Los empresarios, como requisito previo e indispensable a la iniciación de sus actividades, solicitarán su inscripción en el Régimen General de la Seguridad Social, haciendo constar la entidad gestora o, en su caso, la Mutua de Accidentes de Trabajo y Enfermedades Profesionales de la Seguridad Social que haya de asumir la protección por estas contingencias del personal a su servicio, de acuerdo con lo dispuesto en el artículo 70.

Los empresarios deberán comunicar las variaciones que se produzcan de los datos facilitados al solicitar su inscripción, y en especial la referente al cambio de la entidad que deba asumir la protección por las contingencias antes mencionadas.

2. La inscripción se efectuará ante el correspondiente organismo de la Administración de la Seguridad Social, a nombre de la persona natural o jurídica titular de la empresa.

3. A los efectos de la presente Ley se considerará empresario, aunque su actividad no esté motivada por ánimo de lucro, a toda persona natural o jurídica, pública o privada, por cuya cuenta trabajen las personas incluidas en el artículo 97.

Artículo 100. Afiliación, altas y bajas.

1. Los empresarios estarán obligados a solicitar la afiliación al sistema de la Seguridad Social de los trabajadores que ingresen a su servicio, así como a comunicar dicho ingreso y, en su caso, el cese en la empresa de tales trabajadores para que sean dados, respectivamente, de alta y de baja en el Régimen General.

2. En el caso de que el empresario incumpla las obligaciones que le impone el apartado anterior, el trabajador podrá instar su afiliación, alta o baja, directamente al organismo competente de la Administración de la Seguridad Social. Dicho organismo podrá, también, efectuar tales actos de oficio en los supuestos a que se refiere el apartado 4 del artículo 13 de esta Ley.

3. El reconocimiento del derecho al alta y a la baja en el Régimen General corresponderá al organismo de la Administración de la Seguridad Social que reglamentariamente se establezca.

4. Salvo disposición legal expresa en contrario, la situación de alta del trabajador en este Régimen General condicionará la aplicación al mismo de las normas del presente Título.

Artículo 101. ...

✐ Artículo derogado por la Ley 24/2001, de 27 diciembre (art. 37.2), que suprime la obligación empresarial de llevar Libro Matrícula del personal (art. 37.1).

Artículo 102. Procedimiento y plazos.

1. El cumplimiento de las obligaciones que se establecen en los artículos anteriores se ajustará, en cuanto a la forma, plazos y procedimiento, a las normas reglamentarias.

⇒ V. O. 17 enero 1994 sobre presentación de solicitud de afiliación, altas y bajas de determinados trabajadores contratados a tiempo parcial.

2. La afiliación y altas sucesivas solicitadas fuera de plazo por el empresario o el trabajador no tendrán efecto retroactivo alguno. Cuando tales actos se practiquen de oficio, su eficacia temporal e imputación de responsabilidades resultantes serán las que se determinan en la presente Ley y sus disposiciones de aplicación y desarrollo.

Sección 2ª Cotización

⇒ V. RD 2064/1995, de 22 diciembre que aprueba el Reglamento de cotización, modificado por RD 1426/1997, de 15 septiembre, así como por RD 1890/1999, de 10 diciembre, por RD 1278/2000, de 30 junio y por RD 807/2006, de 30 junio. Téngase en cuenta que la STS 28 abril 2000 (RJ 2000, 3823), ha anulado el párr. 2ª del art. 65.2 c) del citado RD 2064/1995, en la redacción dada por la disp. adic. única del hoy derogado RD 489/1998, de 27 marzo. V. arts. 15, 16 y 17 de esta LGSS/1994. La Res. 17 mayo 2001, de la Tesorería General de la Seguridad Social, establece modelos de documentos de cotización vigentes para la liquidación e ingreso de cuotas de la Seguridad Social. Para plazos v. el RD 1415/2004, de 11 junio.

Sobre cotización de trabajadores a tiempo parcial, v. RD 1131/2002 (disp. adic. 3ª) (§37), así como disp. adic. 7ª de este TRLGSS.

Artículo 103. Sujetos obligados.

1. Estarán sujetos a la obligación de cotizar a este Régimen General los trabajadores y asimilados comprendidos en su campo de aplicación y los empresarios por cuya cuenta trabajen.

2. La cotización comprenderá dos aportaciones:

a) De los empresarios, y

b) De los trabajadores.

3. No obstante, lo dispuesto en los números anteriores, por las contingencias de accidentes de trabajo y enfermedades profesionales la cotización completa correrá a cargo exclusivamente de los empresarios.

⇒ El art. 2º de la Ley 37/2006, que incluye en el RGSS a determinados cargos públicos y sindicales, establece normas específicas en materia de cotización por la contingencia de desempleo, en los términos siguientes:

«Artículo segundo. Normas en materia de cotización por la contingencia de desempleo.

Uno. Estarán obligados a cotizar por la contingencia de desempleo las personas incluidas en el artículo 205.4 del Texto Refundido de la Ley General de la Seguridad Social, así como las corporaciones locales y las Juntas Generales de los Territorios Históricos Forales, Cabildos Insulares Canarios y Consejos Insulares Baleares, las Administraciones Públicas y los Sindicatos en los que dichas personas ejerzan sus cargos, a quienes serán de aplicación las obligaciones y derechos establecidos para los trabajadores y los empresarios respectivamente.

Dos. El tipo de cotización por desempleo será el establecido en cada momento con carácter general para la contratación de duración determinada a tiempo completo o parcial».

Artículo 104. Sujeto responsable.

1. El empresario es sujeto responsable del cumplimiento de la obligación de cotización e ingresará las aportaciones propias y las de sus trabajadores, en su totalidad.

Responderán, asimismo, solidaria, subsidiariamente o «mortis causa» las personas o entidades sin personalidad a que se refieren los artículos 15 y 127.1 y 2 de esta Ley.

La responsabilidad solidaria por sucesión en la titularidad de la explotación, industria o negocio que se establece en el citado artículo 127 se extiende a la totalidad de las deudas generadas con anterioridad al hecho de la sucesión. Se entenderá que existe dicha sucesión aun cuando sea una sociedad laboral la que continúe la explotación, industria o negocio, esté o no constituida por trabajadores que prestaran servicios por cuenta del empresario anterior.

En caso de que el empresario sea una sociedad o entidad disuelta y liquidada, sus obligaciones de cotización a la Seguridad Social pendientes se transmitirán a los socios o partícipes en el capital, que responderán de ellas solidariamente y hasta el límite del valor de la cuota de liquidación que se les hubiere adjudicado.

✐ Apartado modificado por el art. 12.2 de la Ley 52/2003, de 10 diciembre.

⇒ Este apartado es de aplicación a los enclaves laborales, según previene el art. 1.4 del RD 290/2004, de 20 febrero (§28.3).

2. El empresario descontará a sus trabajadores, en el momento de hacerles efectivas sus retribuciones, la aportación que corresponda a cada uno de ellos. Si no efectuase el descuento en dicho momento no podrá realizarlo con posterioridad, quedando obligado a ingresar la totalidad de las cuotas a su exclusivo cargo.

3. El empresario que habiendo efectuado tal descuento no ingrese dentro de plazo la parte de la cuota correspondiente a sus trabajadores, incurrirá en responsabilidad ante ellos y ante los organismos de la Administración de la Seguridad Social afectados, sin perjuicio de las responsabilidades penal y administrativa que procedan.

Artículo 105. Nulidad de pactos.

Será nulo todo pacto, individual o colectivo, por el cual el trabajador asuma la obligación de pagar total o parcialmente la prima o parte de cuota a cargo del empresario.

Igualmente, será nulo todo pacto que pretenda alterar las bases de cotización que se fijan en el artículo 109 de la presente Ley.

⇒ V. art. 26.4 del ET (§2).

Artículo 106. Duración de la obligación de cotizar.

1. La obligación de cotizar nacerá con el mismo comienzo de la prestación del trabajo, incluido el período de prueba. La mera solicitud de la afiliación o alta del trabajador al organismo competente de la Administración de la Seguridad Social surtirá en todo caso idéntico efecto.

2. La obligación de cotizar se mantendrá por todo el período en que el trabajador esté en alta en el Régimen General o preste sus servicios, aunque éstos revistan carácter discontinuo. Dicha obligación subsistirá asimismo respecto a los trabajadores que se encuentren cumpliendo deberes de carácter público o desempeñando cargos de representación sindical, siempre que ello no dé lugar a la excedencia en el trabajo.

⇒ V. art. 7 de la Orden de cotización a la Seguridad Social, Desempleo, Fondo de Garantía Salarial y Formación Profesional para el presente año (§33.2).

3. Dicha obligación sólo se extinguirá con la solicitud en regla de la baja en el Régimen General al organismo competente de la Administración de la Seguridad Social. Sin embargo, dicha comunicación no extinguirá la obligación de cotizar si continuase la prestación de trabajo.

4. La obligación de cotizar continuará en la situación de incapacidad temporal, cualquiera que sea su causa, en la de maternidad, en la de paternidad, en la de riesgo durante el embarazo y en la de riesgo durante la lactancia natural, así como en las demás situaciones previstas en el artículo 125 en que así se establezca reglamentariamente.

✐ Ap. 4 modificado por disp. adic. 18ª.2 de la LO 3/2007, de 22 marzo, para la igualdad efectiva de mujeres y hombres.

5. La obligación de cotizar se suspenderá durante las situaciones de huelga y cierre patronal.

6. La obligación de cotizar por las contingencias de accidentes de trabajo y enfermedades profesionales existirá aunque la empresa, con infracción de lo dispuesto en la presente Ley, no tuviera establecida la protección de su personal, o de parte de él, respecto de dichas contingencias. En tal caso, las primas debidas se devengarán a favor de la Tesorería General de la Seguridad Social.

Artículo 107. Tipo de cotización.

⇒ V. art. 4 de la Orden de cotización a la Seguridad Social, Desempleo, Fondo de Garantía Salarial y Formación Profesional para el presente año (§33.2).

1. El tipo de cotización tendrá carácter único para todo el ámbito de protección de este Régimen

General. Su establecimiento y su distribución, para determinar las aportaciones respectivas del empresario y trabajador obligados a cotizar, se efectuarán en la correspondiente Ley de Presupuestos Generales del Estado.

2. El tipo de cotización se reducirá en el porcentaje o porcentajes correspondientes a aquellas situaciones y contingencias que no queden comprendidas en la acción protectora que se determine de acuerdo con lo previsto en el apartado 2 del artículo 114 de esta Ley, para quienes sean asimilados a trabajadores por cuenta ajena, así como para otros supuestos establecidos legal o reglamentariamente.

⇒ V. art. 17 de la Orden de cotización a la Seguridad Social, Desempleo, Fondo de Garantía Salarial y Formación Profesional para el presente año (§33.2).

Artículo 108. Cotización por accidentes de trabajo y enfermedades profesionales.

⇒ V. art. 4.2 de la Orden de cotización a la Seguridad Social, Desempleo, Fondo de Garantía Salarial y Formación Profesional para el presente año (§33.2).

1. No obstante lo dispuesto en el artículo anterior, la cotización por las contingencias de accidentes de trabajo y enfermedades profesionales se efectuará con sujeción a primas, que podrán ser diferentes para las distintas actividades, industrias y tareas. A tal efecto, legalmente se fijará la correspondiente tarifa de porcentajes aplicables para determinar las primas. Para el cálculo de las mencionadas tarifas se computará el coste de las prestaciones y las exigencias de los servicios preventivos y rehabilitadores.

⇒ Dichas tarifas se establecen en la disposición adicional 4ª de la Ley 42/2006, de 28 diciembre, de PGE para 2007 (§33.1). Su disposición adicional 7ª establece las normas para la aplicación de dichas tarifas a períodos anteriores.

2. De igual forma se podrán establecer, para las empresas que ofrezcan riesgos de enfermedades profesionales, primas adicionales a la cotización de accidentes de trabajo, en relación a la peligrosidad de la industria y clase de trabajo y a la eficacia de los medios de prevención empleados.

3. La cuantía de las primas a que se refieren los números anteriores podrá reducirse en el supuesto de empresas que se distingan por el empleo de medios eficaces de prevención; asimismo, dicha cuantía podrá aumentarse en el caso de empresas que incumplan sus obligaciones en materia de higiene y seguridad en el trabajo. La reducción y el aumento previstos en este número no podrán exceder del 10 por 100 de la cuantía de las primas, si bien el aumento podrá llegar hasta un 20 por 100 en caso de reiterado incumplimiento de las aludidas obligaciones.

Artículo 109. Base de cotización.

⇒ V. arts. 1 y 27 de la Orden de cotización a la Seguridad Social, Desempleo, Fondo de Garantía Salarial y Formación Profesional para el presente año (§33.2).

1. La base de cotización para todas las contingencias y situaciones amparadas por la acción protectora del Régimen General, incluidas las de accidente de trabajo y enfermedad profesional, estará constituida por la remuneración total, cualquiera que sea su forma o denominación, que con carácter mensual tenga derecho a percibir el trabajador o asimilado, o la que efectivamente perciba de ser ésta superior, por razón del trabajo que realice por cuenta ajena.

Las percepciones de vencimiento superior al mensual se prorratearán a lo largo de los doce meses del año.

Las percepciones correspondientes a vacaciones anuales devengadas y no disfrutadas y que sean retribuidas a la finalización de la relación laboral serán objeto de liquidación y cotización complementaria a la del mes de la extinción del contrato. La liquidación y cotización complementaria comprenderán los días de duración de las vacaciones, aun cuando alcancen también el siguiente mes natural o se inicie una nueva relación laboral durante los mismos, sin prorrateo alguno y con aplicación, en su caso, del tope máximo de cotización correspondiente al mes o meses que resulten afectados.

No obstante lo establecido en el párrafo anterior, serán aplicables las normas generales de cotización en los términos que reglamentariamente se determinen cuando, mediante ley o en ejecución de la misma, se establezca que la remuneración del trabajador debe incluir, conjuntamente con el salario, la parte proporcional correspondiente a las vacaciones devengadas.

✐ Párrs. 3º y 4º añadidos por el art. 40 de la Ley 53/2002, de 30 diciembre (§16.4 bis).

2. No se computarán en la base de cotización los siguientes conceptos:

a) Las dietas y asignaciones para gastos de viaje, gastos de locomoción, cuando correspondan a desplazamientos del trabajador fuera de su centro habitual de trabajo para realizar el mismo en lugar distinto, así como los pluses de transporte urbano y de distancia por desplazamiento del trabajador desde su domicilio al centro de trabajo habitual con la cuantía y alcance que reglamentariamente se establezcan.

b) Las indemnizaciones por fallecimiento y las correspondientes a traslados, suspensiones y despidos.

c) Las cantidades que se abonen en concepto de quebranto de moneda y las indemnizaciones por desgaste de útiles o herramientas y adquisición de prendas de trabajo, cuando tales gastos sean efectivamente realizados por el trabajador y sean los normales de tales útiles o prendas en los términos que reglamentariamente se establezcan.

d) Los productos en especie concedidos voluntariamente por las empresas en los términos que reglamentariamente se establezcan.

e) Las percepciones por matrimonio.

f) Las prestaciones de la Seguridad Social, así como sus mejoras y las asignaciones asistenciales concedidas por las empresas, estas dos últimas en los términos que reglamentariamente se establezcan.

g) Las horas extraordinarias, salvo para la cotización por accidentes de trabajo y enfermedades profesionales de la Seguridad Social.

En el desarrollo reglamentario de los apartados a), c), d) y f) anteriores se procurará la mayor homogeneidad posible con lo establecido al efecto en materia de rendimientos de trabajo personal por el ordenamiento tributario.

✐ Apartado redactado por Ley 13/1996, de 30 diciembre, de Medidas Fiscales, Administrativas y del Orden Social (art. 82).

3. No obstante lo dispuesto en el apartado g) anterior, el *Ministerio de Trabajo y Seguridad Social* podrá establecer el cómputo de las horas extraordinarias, ya sea con carácter general, ya sea por sectores laborales en los que la prolongación de la jornada sea característica de su actividad.

Artículo 110. Topes máximo y mínimo de la base de cotización.

⇒ V. art. 2 de la Orden de cotización a la Seguridad Social, Desempleo, Fondo de Garantía Salarial y Formación Profesional para el presente año (§33.2).

1. El tope máximo de la base de cotización, único para todas las actividades, categorías profesionales y contingencias incluidas en este Régimen, será el establecido, para cada año, en la correspondiente Ley de Presupuestos Generales del Estado.

⇒ V. disp. adic. 15 de este TRLGSS.

2. El tope máximo de la base de cotización así establecido será aplicable igualmente en los casos de pluriempleo. A los efectos de la presente Ley se entenderá por pluriempleo la situación de quien trabaje en dos o más empresas distintas, en actividades que den lugar a la inclusión en el campo de aplicación de este Régimen General.

⇒ V. art. 9 de la Orden de cotización a la Seguridad Social, Desempleo, Fondo de Garantía Salarial y Formación Profesional para el presente año (§33.2).

3. La base de cotización tendrá como tope mínimo la cuantía establecida en el apartado 2 del artículo 16 de la presente Ley.

4. El *Ministerio de Trabajo y Seguridad Social* adecuará, en función de los días y horas trabajados, los topes mínimos y las bases mínimas fijados para cada grupo de categorías profesionales, en relación con los supuestos en que, por disposición legal, se establezca expresamente la cotización por días o por horas.

Artículo 111. Cotización adicional por horas extraordinarias.

⇒ V. art. 5 de la Orden de cotización a la Seguridad Social, Desempleo, Fondo de Garantía Salarial y Formación Profesional para el presente año (§33.2). V. art. 120.2 de este TRLGSS.

La remuneración que obtengan los trabajadores por el concepto de horas extraordinarias, con independencia de su cotización a efectos de accidentes de trabajo y enfermedades profesionales, estará sujeta a una cotización adicional por parte de empresarios y trabajadores, con arreglo a los tipos que se establezcan en la correspondiente Ley de Presupuestos Generales del Estado.

La cotización adicional por horas extraordinarias estructurales que superen el tope máximo de ochenta horas establecido en el artículo 35.2 del Estatuto de los Trabajadores se efectuará mediante la aplicación del tipo general de cotización establecido para las horas extraordinarias en la Ley de Presupuestos Generales del Estado.

✐ Párrafo añadido por Ley 13/1996, de 30 diciembre, de Medidas Fiscales, Administrativas y del Orden Social (art. 98).

Artículo 112. Normalización.

⇒ V. art. 1 de la Orden de cotización a la Seguridad Social, Desempleo, Fondo de Garantía Salarial y Formación Profesional para el presente año (§33.2). V. art. 120.2 de este TRLGSS.

El *Ministro de Trabajo y Seguridad Social* establecerá la normalización de las bases de cotización que resulten con arreglo a lo establecido en la presente sección.

Artículo 112 bis. Cotización con sesenta y cinco o más años.

1. Los empresarios y trabajadores quedarán exentos de cotizar a la Seguridad Social por contingencias comunes, salvo por incapacidad temporal derivada de las mismas, respecto de aquellos trabajadores por cuenta ajena con contratos de trabajo de carácter indefinido, así como de los socios trabajadores o de trabajo de las cooperativas, en los que concurran las circunstancias de tener cumplidos sesenta y cinco o más años de edad y acreditar treinta y cinco o más años de cotización efectiva a la Seguridad Social, sin que se compute a estos efectos las partes proporcionales de pagas extraordinarias.

✐ Ap. 1 modificado por el art. 40 de la Ley 53/2002, de 30 diciembre (§16.4 bis).

2. Si al cumplir sesenta y cinco años de edad el trabajador no tuviere cotizados treinta y cinco años, la exención a que se refiere el apartado anterior será aplicable a partir de la fecha en que se acrediten los treinta y cinco años de cotización efectiva.

3. Las exenciones establecidas en este artículo no serán aplicables a las cotizaciones relativas a trabajadores que presten sus servicios en las Administraciones públicas o en los Organismos públicos regulados en el Título III de la Ley 6/1997, de 14 de abril (RCL 1997, 879), de Organización y Funcionamiento de la Administración General del Estado.

✐ Artículo añadido por el art. 11 de la Ley 35/2002, de 12 julio.

Sección 3ª Recaudación

⇒ V. RD 1415/2004, de 11 junio, que aprueba el Reglamento General de Recaudación de la Seguridad Social.

Artículo 113. Normas generales.

1. A efectos de lo dispuesto en el Capítulo III del Título I de la presente Ley, los empresarios y, en su caso, las personas señaladas en los apartados 1 y 2 del artículo 127, serán los obligados a ingresar la totalidad de las cuotas de este Régimen General en el plazo, lugar y forma establecidos en la presente Ley y en sus normas de aplicación y desarrollo.

2. Serán imputables a los sujetos responsables del cumplimiento de la obligación de cotizar los recargos y el interés de demora establecidos en los artículos 27 y 28 de esta Ley.

✐ Ap. 2 modificado por disp. adic. 44ª.2 de Ley 2/2004, de 27 diciembre.

3. El ingreso de las cuotas fuera de plazo reglamentario se efectuará con arreglo al tipo de cotización vigente en la fecha en que las cuotas se devengaron.

✐ Apartado modificado por el art. 11 de la Ley 52/2003, de 10 diciembre.

CAPÍTULO III
Acción protectora

⇒ Sobre el alcance de la acción protectora para trabajadores a tiempo parcial, v. RD 1131/2002 (§37).

Sección 1ª Contingencias protegibles

Artículo 114. Alcance de la acción protectora.

1. La acción protectora de este Régimen General será, con excepción de las modalidades de prestaciones no contributivas, la establecida en el artículo 38 de la presente Ley. Las prestaciones y beneficios de aquélla se facilitarán en las condiciones que se determinan en el presente título y en sus disposiciones reglamentarias.

2. En el supuesto a que se refiere el apartado 2 k) del artículo 97, la propia norma en la que se disponga la asimilación a trabajadores por cuenta ajena determinará el alcance de la protección otorgada.

Artículo 115. Concepto de accidente de trabajo.

⇒ Sobre partes de accidentes de trabajo, v. O. 16 diciembre 1987.

1. Se entiende por accidente de trabajo toda lesión corporal que el trabajador sufra con ocasión o por consecuencia del trabajo que ejecute por cuenta ajena.

2. Tendrán la consideración de accidentes de trabajo:

a) Los que sufra el trabajador al ir o al volver del lugar de trabajo.

b) Los que sufra el trabajador con ocasión o como consecuencia del desempeño de cargos electivos de carácter sindical, así como los ocurridos al ir o al volver del lugar en que se ejerciten las funciones propias de dichos cargos.

c) Los ocurridos con ocasión o por consecuencia de las tareas que, aun siendo distintas a las de su categoría profesional, ejecute el trabajador en cumplimiento de las órdenes del empresario o espontáneamente en interés del buen funcionamiento de la empresa.

d) Los acaecidos en actos de salvamento y en otros de naturaleza análoga, cuando unos y otros tengan conexión con el trabajo.

e) Las enfermedades, no incluidas en el artículo siguiente, que contraiga el trabajador con motivo de la realización de su trabajo, siempre que se pruebe que la enfermedad tuvo por causa exclusiva la ejecución del mismo.

f) Las enfermedades o defectos, padecidos con anterioridad por el trabajador, que se agraven como consecuencia de la lesión constitutiva del accidente.

g) Las consecuencias del accidente que resulten modificadas en su naturaleza, duración, gravedad o terminación, por enfermedades intercurrentes, que constituyan complicaciones derivadas del proceso patológico determinado por el accidente mismo o tengan su origen en afecciones adquiridas en el nuevo medio en que se haya situado el paciente para su curación.

3. Se presumirá, salvo prueba en contrario, que son constitutivas de accidente de trabajo las lesiones que sufra el trabajador durante el tiempo y en el lugar del trabajo.

4. No obstante lo establecido en los apartados anteriores, no tendrán la consideración de accidente de trabajo:

a) Los que sean debidos a fuerza mayor extraña al trabajo, entendiéndose por ésta la que sea de tal naturaleza que ninguna relación guarde con el trabajo que se ejecutaba al ocurrir el accidente.

En ningún caso se considera fuerza mayor extraña al trabajo la insolación, el rayo y otros fenómenos análogos de la naturaleza.

b) Los que sean debidos a dolo o a imprudencia temeraria del trabajador accidentado.

5. No impedirán la calificación de un accidente como de trabajo:

a) La imprudencia profesional que es consecuencia del ejercicio habitual de un trabajo y se deriva de la confianza que éste inspira.

b) La concurrencia de culpabilidad civil o criminal del empresario, de un compañero de trabajo del accidentado o de un tercero, salvo que no guarde relación alguna con el trabajo.

Artículo 116. Concepto de la enfermedad profesional.

Se entenderá por enfermedad profesional la contraída a consecuencia del trabajo ejecutado por cuenta ajena en las actividades que se especifiquen en el cuadro que se apruebe por las disposiciones de aplicación y desarrollo de esta Ley, y que esté provocada por la acción de los elementos y sustancias que en dicho cuadro se indiquen para cada enfermedad profesional.

⇒ Mediante RD 1299/2006, de 10 noviembre, se aprueba el cuadro de enfermedades profesionales en el sistema de la Seguridad Social y se establecen criterios para su notificación y registro.

La OM TAS/1/2007, de 2 enero, establece el modelo de parte de enfermedad profesional, dicta normas para su elaboración y transmisión y crea el correspondiente fichero de datos personales.

En tales disposiciones se establecerá el procedimiento que haya de observarse para la inclusión en dicho cuadro de nuevas enfermedades profesionales que se estiman deban ser incorporadas al mismo. Dicho procedimiento comprenderá, en todo caso, como trámite preceptivo, el informe del Ministerio de Sanidad y Consumo.

Artículo 117. Concepto de los accidentes no laborales y de las enfermedades comunes.

1. Se considerará accidente no laboral el que, conforme a lo establecido en el artículo 115, no tenga el carácter de accidente de trabajo.

2. Se considerará que constituyen enfermedad común las alteraciones de la salud que no tengan la condición de accidentes de trabajo ni de enfermedades profesionales, conforme a lo dispuesto, respectivamente en los apartados 2 e), f) y g) del artículo 115 y en el artículo 116.

Artículo 118. Concepto de las restantes contingencias.

El concepto legal de las restantes contingencias será el que resulte de las condiciones exigidas para el reconocimiento del derecho a las prestaciones otorgadas en consideración a cada una de ellas.

Artículo 119. Riesgos catastróficos.

En ningún caso serán objeto de protección por el Régimen General los riesgos declarados catastróficos al amparo de su legislación especial.

Sección 2ª Régimen general de las prestaciones

Artículo 120. Cuantía de las prestaciones.

1. La cuantía de las prestaciones económicas no determinada en la presente Ley será fijada en los Reglamentos Generales para su desarrollo.

⇒ V. D. 3158/1966, de 23 diciembre, que aprueba el Reglamento General de Prestaciones Económicas del Régimen General de la Seguridad Social. Téngase en cuenta que sus arts. 27 y 37, así como el Anexo, han sido derogados por RD 1647/1997, de 31 octubre.

2. La cuantía de las pensiones se determinará en función de la totalidad de las bases por las que se haya efectuado la cotización durante los períodos que se señalen. Tales bases serán de aplicación asimismo a las demás prestaciones económicas cuya cuantía se calcule en función de bases reguladoras.

La cotización adicional por horas extraordinarias a que se refiere el artículo 111 de esta Ley no será computable a efectos de determinar la base reguladora de las prestaciones.

En todo caso, la base reguladora de cada prestación no podrá rebasar el tope máximo que, a efectos de bases de cotización, se prevé en el artículo 110.

3. En los casos de pluriempleo, la base reguladora de las prestaciones se determina en función de la suma de las bases por las que se haya cotizado en las diversas empresas, siendo de aplicación a la base reguladora así determinada el tope máximo previsto en el apartado anterior.

Artículo 121. Caracteres de las prestaciones.

1. Las prestaciones del Régimen General de la Seguridad Social tendrán los caracteres atribuidos genéricamente a las mismas en el artículo 40 de la presente Ley.

2. Las prestaciones que deban satisfacer los empresarios a su cargo, conforme a lo establecido en el apartado 2 del artículo 126 y en el párrafo segundo del apartado 1 del artículo 131 de esta Ley, o por su colaboración en la gestión y, en su caso, las Mutuas de Accidentes de Trabajo y Enfermedades Profesionales de la Seguridad Social en régimen de liquidación, tendrán el carácter de créditos privilegiados, gozando, al efecto, del régimen establecido en el artículo 32 del Estatuto de los Trabajadores.

3. Lo dispuesto en los apartados anteriores será también de aplicación al recargo de prestaciones a que se refiere el artículo 123 de la presente Ley.

Artículo 122. Incompatibilidad de pensiones.

1. Las pensiones de este Régimen General serán incompatibles entre sí cuando coincidan en un mismo beneficiario, a no ser que expresamente se disponga lo contrario, legal o reglamentariamente. En caso de incompatibilidad, quien pudiera tener derecho a dos o más pensiones optará por una de ellas.

⇒ La Ley 2/2004, de 27 diciembre, de PGE para 2005 ordena al Gobierno flexibilizar el régimen de incompatibilidades de las pensiones SOVI, para permitir su compatibilidad con las pensiones de viudedad del Sistema de la Seguridad Social (disp. adic. 59ª).

2. El régimen de incompatibilidad establecido en el apartado anterior será también aplicable a la indemnización a tanto alzado prevista en el apartado 2 del artículo 139 como prestación sustitutiva de pensión de invalidez en el grado de incapacidad permanente total.

Artículo 123. Recargo de las prestaciones económicas en caso de accidente de trabajo y enfermedad profesional.

⇒ V. art. 16.2 de la Ley 14/1994, de 1 junio (§3.1).

1. Todas las prestaciones económicas que tengan su causa en accidente de trabajo o enfermedad profesional se aumentarán, según la gravedad de la falta, de un 30 a un 50 por 100, cuando la lesión se produzca por máquinas, artefactos o en instalaciones, centros o lugares de trabajo que carezcan de los dispositivos de precaución reglamentarios, los tengan inutilizados o en malas condiciones, o cuando no se hayan observado las medidas generales o particulares de seguridad e higiene en el trabajo, o las elementales de salubridad o las de adecuación personal a cada trabajo, habida cuenta de sus características y de la edad, sexo y demás condiciones del trabajador.

⇒ V. STC 81/1995, de 5 junio (RTC 1995, 81).

2. La responsabilidad del pago del recargo establecido en el apartado anterior recaerá directamente sobre el empresario infractor y no podrá ser objeto de seguro alguno, siendo nulo de pleno derecho cualquier pacto o contrato que se realice para cubrirla, compensarla o transmitirla.

3. La responsabilidad que regula este artículo es independiente y compatible con las de todo orden, incluso penal, que puedan derivarse de la infracción.

Artículo 124. Condiciones del derecho a las prestaciones.

⇒ El RD 286/2003, de 7 marzo, establece la duración de los plazos para la resolución de los procedimientos administrativos para el reconocimiento de prestaciones en materia de Seguridad Social.

1. Las personas incluidas en el campo de aplicación de este Régimen General causarán derecho a las prestaciones del mismo cuando, además de los particulares exigidos para la respectiva prestación, reúnan el requisito general de estar afiliadas y en alta en este Régimen o en situación asimilada al alta, al sobrevenir la contingencia o situación protegida, salvo disposición legal expresa en contrario.

⇒ La Orden TAS/4033/2004, de 25 noviembre, establece la situación asimilada al alta en el sistema de la Seguridad Social, a efectos de pensiones, de los trabajadores afectados por el síndrome del aceite tóxico.

2. En las prestaciones cuya concesión o cuantía está subordinada, además, al cumplimiento de determinados períodos de cotización, solamente serán computables las cotizaciones efectivamente realizadas o las expresamente asimiladas a ellas en esta ley o en sus disposiciones reglamentarias.

3. Las cuotas correspondientes a la situación de incapacidad temporal, de maternidad, de paternidad, de riesgo durante el embarazo o de riesgo durante la lactancia natural serán computables a efectos de los distintos períodos previos de cotización exigidos para el derecho a las prestaciones.

✐ Ap. 3 modificado por disp. adic. 18ª.3 de la LO 3/2007, de 22 marzo, para la igualdad efectiva de mujeres y hombres.

4. No se exigirán períodos previos de cotización para el derecho a las prestaciones que se deriven de accidente, sea o no de trabajo, o de enfermedad profesional, salvo disposición legal expresa en contrario.

5. El período de suspensión con reserva del puesto de trabajo, contemplado en el artículo 48.6 del Estatuto de los Trabajadores, tendrá la consideración de período de cotización efectiva a efectos de las correspondientes prestaciones de la Seguridad Social por jubilación, incapacidad permanente, muerte o supervivencia, maternidad y desempleo.

✐ Ap. 5 añadido por disp. adic. 8ª.1 de Ley Orgánica 1/2004, de 28 diciembre.

6. El período por maternidad o paternidad que subsista a la fecha de extinción del contrato de trabajo, o que se inicie durante la percepción de la prestación por desempleo, será considerado como período de cotización efectiva a efectos de las correspondientes prestaciones de la Seguridad Social por jubilación, incapacidad permanente, muerte y supervivencia, maternidad y paternidad.

✐ Ap. 6 añadido por disp. adic. 18ª.4 de la LO 3/2007, de 22 marzo, para la igualdad efectiva de mujeres y hombres.

Artículo 125. Situaciones asimiladas a la de alta.

1. La situación legal de desempleo total durante la que el trabajador perciba prestación por dicha contingencia será asimilada a la de alta. Asimismo, tendrá la consideración de situación asimilada a la de alta, con cotización, salvo en lo que respecta a los subsidios por riesgo durante el embarazo y por riesgo durante la lactancia natural, la situación del trabajador durante el período correspondiente a vacaciones anuales retribuidas que no hayan sido disfrutadas por el mismo con anterioridad a la finalización del contrato.

✐ Ap. 1 modificado por disp. adic. 18ª.5 de la LO 3/2007, de 22 marzo, para la igualdad efectiva de mujeres y hombres.

2. Los casos de excedencia forzosa, suspensión de contrato de trabajo por servicio militar o prestación social sustitutoria, traslado por la empresa fuera del territorio nacional, convenio especial con la Administración de la Seguridad Social y los demás que señale el Ministerio de Trabajo y Seguridad Social, podrán ser asimilados a la situación de alta para determinadas contingencias, con el alcance y condiciones que reglamentariamente se establezcan.

⇒ La Orden TAS/2865/2003, de 13 octubre, luego modificada por Orden TAS/819/2004, de 12 marzo y por Orden TAS/3862/2004, de 22 noviembre, regula el Convenio Especial en el Sistema de la Seguridad Social. El RD 996/1986, de 25 abril, modificado por RD 1203/2003, de 19 septiembre, regula la Suscripción del Convenio especial de los emigrantes y sus hijos.

El RD 615/2007, de 11 mayo, que regula la Seguridad Social de los cuidadores no profesionales de las personas en situación de dependencia los encuadra obligatoriamente en el cambio de aplicación del Régimen General mediante la suscripción del convenio especial que dicho RD regula.

3. Los trabajadores comprendidos en el campo de aplicación de este Régimen General se considerarán, de pleno derecho, en situación de alta a efectos de accidentes de trabajo, enfermedades profesionales y desempleo, aunque su empresario hubiere incumplido sus obligaciones. Igual norma se aplicará a los exclusivos efectos de la asistencia sanitaria por enfermedad común, maternidad y accidente no laboral.

4. El Gobierno, a propuesta del Ministro de Trabajo y Seguridad Social y previa la determinación de los recursos financieros precisos, podrá extender la presunción de alta a que se refiere el apartado anterior a alguna o algunas de las restantes contingencias reguladas en el presente Título.

5. Lo establecido en los dos apartados anteriores se entenderá sin perjuicio de la obligación de los empresarios de solicitar el alta de sus trabajadores en el Régimen General, conforme a lo dispuesto

en el artículo 100, y de la responsabilidad empresarial que resulte procedente de acuerdo con lo previsto en el artículo siguiente.

6. Durante las situaciones de huelga y cierre patronal el trabajador permanecerá en situación de alta especial en la Seguridad Social.

Artículo 126. Responsabilidad en orden a las prestaciones.

⇒ No habiéndose dictado las normas reglamentarias previstas en este precepto, parece que deben entenderse vigentes los arts. 94, 95 y 96 de la TALGSS, de conformidad con lo que estableció la disp. transit. 2ª del D. 1646/1972, de 23 junio, dictado en desarrollo de la Ley 24/1972, de 21 junio. El texto de los indicados artículos es el siguiente:

«Art. 94. Imputación de responsabilidades en orden a las prestaciones.

1. Cuando se haya causado derecho a una prestación a favor de un trabajador por haberse cumplido, de acuerdo con lo dispuesto en la presente Ley, las obligaciones de afiliación o alta y de cotización, así como los requisitos particulares exigidos para cada una de ellas, la responsabilidad correspondiente se imputará a las Entidades Gestoras de la Seguridad Social o, en su caso, a las Mutuas Patronales o empresarios que colaboren en la gestión.

2. El empresario, respecto a los trabajadores a su servicio incluidos en el campo de aplicación de este Régimen General, será responsable de las prestaciones previstas en el mismo:

a) Por falta de afiliación o alta, sin que le exonere de responsabilidad el alta presunta de pleno Derecho del núm. 3 del artículo anterior.

b) Por falta de ingreso de las cotizaciones, a partir de la iniciación del segundo mes siguiente a la fecha en que expire el plazo reglamentario establecido para el pago; en consecuencia las cotizaciones efectuadas fuera del plazo, a que se refiere el apartado b) de la norma 1ª del núm. 3 del art. 92, no exonerarán de responsabilidad al empresario, salvo los casos de concesión de aplazamiento o fraccionamiento en el pago u otros supuestos, que se determinen reglamentariamente con exclusión expresa de la responsabilidad del empresario establecida en este artículo.

c) En el supuesto del núm. 5 del art. 92, por la diferencia entre la cuantía total de la prestación causada por el trabajador y la que corresponda asumir a la Seguridad Social, por las cuotas efectivamente ingresadas. En materia de accidentes de trabajo y enfermedades profesionales se equipararán al supuesto del núm. 5 del art. 92 la ocultación o falseamiento deliberados en la declaración de las circunstancias que hayan motivado un ingreso de cuotas o primas inferiores al procedente.

3. La responsabilidad del empresario regulada en este artículo será compatible con las demás de carácter administrativo o de otro orden que puedan originarse por el incumplimiento de sus obligaciones.

4. En los casos de accidente de trabajo y enfermedades profesionales, cuando el empresario o empresarios responsables y, en los supuestos del art. 97, las personas obligadas a responder con ellos, o, en su caso, la Mutua Patronal que hubiere asumido el riesgo, resultaren insolventes, el trabajador y sus derechohabientes podrán hacer efectivos sus derechos a las prestaciones de todo orden derivadas de incapacidad laboral transitoria, invalidez permanente o muerte, con cargo al oportuno Fondo de Garantía. Este Fondo se resarcirá del responsable por el procedimiento ejecutivo que se regulará en las disposiciones de aplicación y desarrollo de la presente Ley.

5. La norma del número anterior será aplicable a las prestaciones causadas en caso de invalidez permanente derivadas de accidente no laboral.

6. El Gobierno, a propuesta del Ministro de Trabajo y previa la dotación de los recursos financieros precisos, podrá extender la responsabilidad subsidiaria, a que se refieren los dos números anteriores, o el anticipo en el pago de las prestaciones reconocidas, que se regula en el artículo siguiente, a la cobertura de alguna de las restantes contingencias reguladas en el presente Título.

Art. 95. Alcance de la responsabilidad empresarial y anticipo de prestaciones.

1. El alcance de la responsabilidad empresarial establecido en el artículo anterior, así como los supuestos en que, sin perjuicio de la misma, se anticiparan por las Entidades Gestoras o Mutuas Patronales, en su caso, las prestaciones reconocidas o los beneficiarios, se regirán por las siguientes normas:

1ª La prestación de asistencia sanitaria, cuando se trate de trabajadores en alta o que estén comprendidos en alguno de los supuestos del núm. 3 del art. 93, será facilitada por las Entidades Gestoras, de forma directa e inmediata, y el empresario vendrá obligado a reintegrarle los gastos correspondientes al tratamiento completo dispensado por la misma al trabajador o, en su caso a sus familiares beneficiarios.

2ª Las prestaciones de desempleo, así como las económicas de incapacidad laboral transitoria, cuando se trate de trabajadores en alta, serán hechas efectivas por la Entidad Gestora, de forma directa e inmediata, y el empresario vendrá obligado a reintegrarle el importe de las mismas, sin perjuicio de lo que se disponga en orden al pago delegado de prestaciones.

3ª Las prestaciones de protección a la familia, así como las económicas de incapacidad laboral transitoria correspondientes a trabajadores que no estén en alta, serán abonadas por el empresario al trabajador directamente y a su cargo.

4ª Las prestaciones de vejez y las pensiones y subsidios de invalidez y supervivencia, serán a cargo del empresario, y se abonarán al trabajador o a sus derechohabientes a través de la Entidad Gestora correspondiente. A tal efecto, el empresario constituirá en la misma o, en su caso, en el correspondiente Servicio Común de la Seguridad Social, el capital necesario para que se proceda con él al abono de las mencionadas prestaciones. El importe del capital será determinado por la citada Entidad Gestora o Servicio Común, teniendo en cuenta las Tablas que fije el Ministro de Trabajo. El empresario responsable, así como el alcance total o parcial de su responsabilidad, se determinará con arreglo a lo dispuesto en las normas reglamentarias, en el supuesto de que la obligación de cotización exigida para las prestaciones haya sido incumplida a lo largo del tiempo por uno o varios empresarios.

5ª En las prestaciones que consistan en el pago de una cantidad a tanto alzado, y que no están incluidas en las normas anteriores, el empresario habrá de ingresar su importe directamente en la Entidad Gestora o Servicio Común citados en el apartado anterior, para su abono al beneficiario.

2. Sin perjuicio de lo dispuesto en la norma 4ª del número anterior, cuando reconocido el derecho a una pensión de vejez, a un trabajador que estuviese en alta, el empresario no se encuentre al corriente en el pago de las cuotas correspondientes a la totalidad de sus trabajadores la Entidad Gestora anticipará al beneficiario el pago de la pensión. No procederá este anticipo en el supuesto de empresas desaparecidas o que, por su especial naturaleza, no puedan ser objeto de procedimiento de apremio. Si efectuado el anticipo el empresario resultase insolvente, la Entidad Gestora continuará abonando la pensión y conservará frente al mismo, si viniese a mejor fortuna, los derechos reconocidos en igual situación al Fondo de Garantía de Accidentes de Trabajo.

3. Para las pensiones y subsidios de invalidez y supervivencia, las disposiciones reglamentarias establecen en favor de los trabajadores en alta y de sus derechohabientes beneficios similares a los regulados en el número anterior, teniendo en consideración, cuando proceda, las especialidades que se derivan de la responsabilidad subsidiaria del Fondo de Garantía establecida en la norma 4ª del núm. 1 de este artículo, de la participación en la gestión de las Mutuas Patronales, previstas en el apartado c) del art. 199, y de la competencia atribuida, en el artículo 144, a las Comisiones Técnicas Calificadoras.

4. En el supuesto a que se refiere el apartado b), del núm. 2 del artículo anterior, podrá moderarse reglamentariamente el alcance de la responsabilidad empresarial cuando el empresario ingrese las cuotas correspondientes a la totalidad de sus trabajadores; en tal caso, la Entidad Gestora asumirá, en la medida en que el empresario quede exonerado, la responsabilidad resultante.

5. Lo dispuesto en las normas 1ª, 2ª y 3ª del núm. 1, y en los núms. 3 y 4 del presente artículo será de aplicación a las Mutuas Patronales que colaboren en la gestión.

6. Serán nulos los compromisos o pactos que se opongan a lo dispuesto en el presente artículo concertados entre el empresario y los presuntos beneficiarios.

Art. 96. Procedimiento para la exigencia de responsabilidad.

1. Cuando la Entidad Gestora deniegue su responsabilidad por una o varias prestaciones, en aplicación del art. 94, lo hará en resolución fundada, oído el empresario o empresarios afectados siempre que sea posible. Cuando se trate de prestaciones por invalidez, cualquiera que sea su causa, la determinación de la responsabilidad por las prestaciones, y su imputación, corresponderá a las Comisiones Técnicas Calificadoras, de conformidad y con los efectos dispuestos en el art. 144.

2. Será competencia de la Jurisdicción del Trabajo el conocimiento de las cuestiones que se susciten con ocasión de lo previsto en el número anterior y su tramitación se ajustará al Texto Refundido de Procedimiento Laboral.

3. Cuando en virtud de lo dispuesto en el artículo anterior la Entidad Gestora anticipe el pago de una prestación de la que es responsable el empresario, podrá utilizar frente al mismo el procedimiento administrativo especial de apremio que a los efectos de recaudación se establece en el art. 19.

4. Cuando la Entidad Gestora o Mutua Patronal, en su caso, deniegue parcialmente su responsabilidad en aplicación del apartado c) del núm. 2 del art. 94, se estará a lo establecido en los núms. 1 y 2 del presente artículo en cuanto a la parte de prestación no asumida por aquéllas.

5. En los supuestos a que se refieren los núms. 1 y 4 del presente artículo, la acción del trabajador para reclamar frente al empresario o empresarios responsables prescribirá al año, a contar desde la fecha en que la Entidad Gestora comunique al trabajador perjudicado su resolución administrativa firme por la que se le deniega en todo o en parte la prestación solicitada.

6. Sin embargo, cuando la acción, cualquiera que sea el demandante, se dirija contra una resolución de la Comisión Técnica Calificadora, en los supuestos a que se refiere el número 1 del presente artículo se estará a lo que disponga el Texto Refundido del Procedimiento Laboral».

1. Cuando se haya causado derecho a una prestación por haberse cumplido las condiciones a que se refiere el artículo 124 de la presente Ley, la responsabilidad correspondiente se imputará, de acuerdo con sus respectivas competencias, a las entidades gestoras, Mutuas de Accidentes de Trabajo y Enfermedades Profesionales de la Seguridad Social o empresarios que colaboren en la gestión o, en su caso, a los servicios comunes.

2. El incumplimiento de las obligaciones en materia de afiliación, altas y bajas y de cotización determinará la exigencia de responsabilidad, en cuanto al pago de las prestaciones, previa la fijación de los supuestos de imputación y de su alcance y la regulación del procedimiento para hacerla efectiva.

3. No obstante lo establecido en el apartado anterior, las entidades gestoras, Mutuas de Accidentes de Trabajo y Enfermedades Profesionales o, en su caso, los servicios comunes procederán, de acuerdo con sus respectivas competencias, al pago de las prestaciones a los beneficiarios en aquellos casos, incluidos en dicho apartado, en los que así se determine reglamentariamente con la consiguiente subrogación en los derechos y acciones de tales beneficiarios; el indicado pago procederá, aun cuando se trate de empresas desaparecidas o de aquellas que por su especial naturaleza no puedan ser objeto de procedimiento de apremio. Igualmente, las mencionadas entidades, mutuas y servicios asumirán el pago de las prestaciones, en la medida en que se atenúe el alcance de la responsabilidad de los empresarios respecto a dicho pago.

El anticipo de las prestaciones, en ningún caso, podrá exceder de la cantidad equivalente a dos veces y media el importe del salario mínimo interprofesional vigente en el momento del hecho causante o, en su caso, del importe del capital coste necesario para el pago anticipado, con el límite indicado por las Entidades gestoras, Mutuas o Servicios. En todo caso, el cálculo del importe de las prestaciones o del capital coste para el pago de las mismas por las Mutuas o empresas declaradas responsables de aquéllas incluirá el interés de capitalización y el recargo por falta de aseguramiento establecido pero con exclusión del recargo por falta de medidas de seguridad e higiene en el trabajo a que se refiere el artículo 123 de esta Ley.

Los derechos y acciones que, por subrogación en los derechos y acciones de los beneficiarios, correspondan a aquellas Entidades, Mutuas o Servicios frente al empresario declarado responsable de prestaciones por resolución administrativa o judicial o frente a las Entidades de la Seguridad Social en funciones de garantía, únicamente podrán ejercitarse contra el responsable subsidiario tras la previa declaración administrativa o judicial de insolvencia, provisional o definitiva, de dicho empresario.

Cuando, en virtud de lo dispuesto en este número, las Entidades gestoras, las Mutuas y, en su caso, los Servicios comunes se subrogaren en los derechos y acciones de los beneficiarios, aquéllos podrán utilizar frente al empresario responsable la misma vía administrativa o judicial que se hubiere seguido para la efectividad del derecho y de la acción objeto de subrogación.

✐ Párrs. 2º, 3º y 4º añadidos por el art. 34 de la Ley 24/2001, de 27 diciembre (art. 34.3).

⇒ V. O. TAS/4054/2005, de 27 diciembre, que desarrolla los criterios técnicos para la liquidación de capitales coste de pensiones y otras prestaciones periódicas de la Seguridad Social.

4. Corresponderá a la Entidad gestora competente la declaración, en vía administrativa de la responsabilidad en orden a las prestaciones cualquiera que sea la prestación de que se trate, así como de la Entidad que, en su caso, deba anticipar aquélla o constituir el correspondiente capital coste.

✐ Ap. 4 añadido por el art. 34.3 de la Ley 24/2001, de 27 diciembre.

Artículo 127. Supuestos especiales de responsabilidad en orden a las prestaciones.

1. Sin perjuicio de lo dispuesto en el artículo 42 del Estatuto de los Trabajadores, para las contratas y subcontratas de obras y servicios correspondientes a la propia actividad del empresario contratante, cuando un empresario haya sido declarado responsable, en todo o en parte, del pago de una prestación, a tenor de lo previsto en el artículo anterior, si la correspondiente obra o industria estuviera contratada, el propietario de ésta responderá de las obligaciones del empresario si el mismo fuese declarado insolvente.

No habrá lugar a esta responsabilidad subsidiaria cuando la obra contratada se refiera exclusivamente a las reparaciones que pueda contratar un amo de casa respecto a su vivienda.

⇒ Este apartado es de aplicación a los enclaves laborales, según previene el art. 1.4 del RD 290/2004, de 20 febrero (§28.3).

2. En los casos de sucesión en la titularidad de la explotación, industria o negocio, el adquirente responderá solidariamente con el anterior o con sus herederos del pago de las prestaciones causadas antes de dicha sucesión. La misma responsabilidad se establece entre el empresario cedente y cesionario en los casos de cesión temporal de mano de obra, aunque sea a título amistoso o no lucrativo.

Reglamentariamente se regulará la expedición de certificados por la Administración de la Seguridad Social que impliquen garantía de no responsabilidad para los adquirentes.

3. Cuando la prestación haya tenido como origen supuestos de hecho que impliquen responsabilidad criminal o civil de alguna persona, incluido el empresario, la prestación será hecha efectiva, cumplidas las demás condiciones, por la entidad gestora, servicio común o Mutua de Accidentes de Trabajo y Enfermedades Profesionales, en su caso, sin perjuicio de aquellas responsabilidades. En estos casos, el trabajador o sus derechohabientes podrán exigir las indemnizaciones procedentes de los presuntos responsables criminal o civilmente.

Con independencia de las acciones que ejerciten los trabajadores o sus causahabientes, el Instituto Nacional de la Salud y, en su caso, las Mutuas de Accidentes de Trabajo y Enfermedades Profesionales de la Seguridad Social, tendrán derecho a reclamar al tercero responsable o, en su caso, al subrogado legal o contractualmente en sus obligaciones, el coste de las prestaciones sanitarias que hubiesen satisfecho. Igual derecho asistirá, en su caso, al empresario que colabore en la gestión de la asistencia sanitaria, conforme a lo previsto en la presente Ley.

Para ejercitar el derecho al resarcimiento a que refiere el párrafo anterior, la Entidad Gestora que en el mismo se señala y, en su caso, las Mutuas de Accidentes de Trabajo y Enfermedades Profesionales o empresarios, tendrán plena facultad para personarse directamente en el procedimiento penal o civil seguido para hacer efectiva la indemnización, así como para promoverlo directamente, considerándose como terceros perjudicados al efecto del artículo 104 del Código Penal.

CAPÍTULO IV

Incapacidad temporal

✐ La rúbrica de este Capítulo fue modificada por Ley 42/1994, de 30 diciembre, de Medidas Fiscales, Administrativas y de Orden Social, que asimismo modifica los artículos del Capítulo que se indican.

⇒ El RD 1300/1995, de 2 julio, desarrolla en materia de incapacidades laborales del sistema de Seguridad Social, la citada Ley 42/1994, siendo a su vez desarrollado por la O. 18 enero 1996. Por su parte, la Ley 13/1996, de 30 diciembre, de Medidas Fiscales, Administrativas y del Orden Social ordena el desarrollo reglamentario de la colaboración de las Mutuas de AT y EP de la Seguridad Social con el Sistema Nacional de la Salud en la gestión de la incapacidad temporal (art. 78). En cumplimiento de dicho precepto el RD 576/1997, de 18 abril, modifica el Reglamento de Colaboración en la gestión de las Mutuas aprobado por RD 1993/1995, de 7 diciembre. Por su parte, la Ley 66/1997, de 30 diciembre, obliga a los trabajadores autónomos que soliciten el alta en el correspondiente Régimen de la Seguridad Social y opten por acogerse a la cobertura de la incapacidad temporal a formalizar la misma con una Mutua de AT y EP (disp. adic. 14ª). V. asimismo su disp. adic. 15ª.

V. O. 13 octubre 1967; RD 53/1980, de 11 enero y O. 6 abril 1983. Su art. 9 ha sido expresamente derogado por RD 575/1997, de 18 abril, que regula diversos aspectos de la gestión y control de la prestación económica de la Seguridad Social por incapacidad temporal, modificado en parte, por RD 1117/1998, de 5 junio. RD desarrollado por O. 19 junio 1997 modificada a su vez por O. 18 septiembre 1998. Sobre complementos pactados, v. disp. adic. 20ª de la citada Ley 42/1994.

Sobre prestaciones de incapacidad temporal, riesgo durante el embarazo y maternidad de los trabajadores a tiempo parcial, v. los arts. 4, 5 y 6 del RD 1131/2002 (§37).

Artículo 128. Concepto.

1. Tendrán la consideración de situaciones determinantes de incapacidad temporal:

a) Las debidas a enfermedad común o profesional y a accidente, sea o no de trabajo, mientras el trabajador reciba asistencia sanitaria de la Seguridad Social y esté impedido para el trabajo, con una duración máxima de doce meses, prorrogables por otros seis cuando se presuma que durante ellos puede el trabajador ser dado de alta médica por curación.

Agotado el plazo de duración de doce meses previsto en el párrafo anterior, el Instituto Nacional de la Seguridad Social, a través de los órganos competentes para evaluar, calificar y revisar la incapacidad permanente del trabajador, será el único competente para reconocer la situación de prórroga expresa con un límite de seis meses más, o bien, para determinar la iniciación de un expediente de incapacidad permanente, o bien, para emitir el alta médica a los exclusivos efectos de la prestación económica por incapacidad temporal. El Instituto Nacional de la Seguridad Social será el único competente para determinar si una nueva baja médica tiene o no efectos económicos cuando para emitir cualquier baja médica que se produzca en un plazo de seis meses posterior a la antes citada alta médica por la misma o similar patología.

✐ Letra a) modificada por disp. adic. 48ª.1 de la Ley 30/2005, de 29 diciembre.

⇒ De conformidad con el número dos de la indicada disp. adic. 48ª de la indicada Ley 30/2005, la «Secretaria de Estado de la Seguridad Social a propuesta del Instituto Nacional de la Seguridad Social, y mediante resolución publicada en el BOE determinará la fecha en que los órganos competentes para evaluar, calificar, y revisar la situación de incapacidad permanente del trabajador, asumirán las competencias establecidas en el segundo párrafo del artículo 128.1 a) del Texto Refundido de la Ley General de la Seguridad Social».

V. en este sentido, la Resolución de 16 enero 2006, de la Secretaria de Estado de la Seguridad Social.

b) Los períodos de observación por enfermedad profesional en los que se prescriba la baja en el trabajo durante los mismos, con una duración máxima de seis meses, prorrogables por otros seis cuando se estime necesario para el estudio y diagnóstico de la enfermedad.

2. A efectos del período máximo de duración de la situación de incapacidad temporal que se señala en el apartado a) del número anterior, y de su posible prórroga, se computarán los de recaída y de observación.

✐ Artículo redactado por Ley 42/1994, de 30 diciembre, de Medidas Fiscales, Administrativas y de Orden Social.

Artículo 129. Prestación económica.

La prestación económica en las diversas situaciones constitutivas de *incapacidad laboral transitoria* consistirá en un subsidio equivalente a un tanto por ciento sobre la base reguladora, que se fijará y se hará efectivo en los términos establecidos en esta Ley y en los Reglamentos generales para su desarrollo.

✐ Conforme a la disp. final 3ª.Uno de la Ley 42/1994 la referencia a la ILT ha de entenderse realizada a la Incapacidad Temporal.

Artículo 130. Beneficiarios.

Serán beneficiarios del subsidio por incapacidad temporal las personas integradas en este Régimen General que se encuentren en cualquiera de las situaciones determinadas en el artículo 128, siempre que reúnan, además de la general exigida en el número 1 del artículo 124, las siguientes condiciones:

a) En caso de enfermedad común, que hayan cumplido un período de cotización de ciento ochenta días dentro de los cinco años inmediatamente anteriores al hecho causante.

b) En caso de accidente, sea o no de trabajo, y de enfermedad profesional no se exigirá ningún período previo de cotización.

✐ Artículo redactado por Ley 42/1994, de 30 diciembre, de Medidas Fiscales, Administrativas y de Orden Social.

Artículo 131. Nacimiento y duración del derecho al subsidio.

1. El subsidio se abonará, en caso de accidente de trabajo o enfermedad profesional, desde el día siguiente al de la baja en el trabajo, estando a cargo del empresario el salario íntegro correspondiente al día de la baja.

En caso de enfermedad común o de accidente no laboral, el subsidio se abonará, respectivamente, a partir del decimosexto día de baja en el trabajo ocasionada por la enfermedad o el accidente, estando a cargo del empresario el abono de la prestación al trabajador desde los días cuarto al decimoquinto de baja, ambos inclusive.

⇒ V. SSTC 37/1994, de 10 febrero (RTC 1994, 37), y 129/1994, de 5 mayo (RTC 1994, 129).

2. El subsidio se abonará mientras el beneficiario se encuentre en situación de incapacidad temporal, conforme a lo establecido en el artículo 128 de la presente Ley.

3. Durante las situaciones de huelga y cierre patronal el trabajador no tendrá derecho a la prestación económica por incapacidad temporal.

✐ Núms. 2 y 3 de este artículo redactados por Ley 42/1994, de 30 de diciembre, de Medidas Fiscales, Administrativas y de Orden Social.

⇒ V. disp. derog. única.2 de la citada Ley.

Artículo 131 bis. Extinción del derecho al subsidio.

✐ Artículo añadido por Ley 42/1994, de 30 de diciembre, de Medidas Fiscales, Administrativas y de Orden Social.

⇒ V. disp. transit. 6ª de la indicada Ley.

1. El derecho al subsidio se extinguirá por el transcurso del plazo máximo establecido para la situación de incapacidad temporal de que se trate; por ser dado de alta médica el trabajador, con o sin declaración de incapacidad permanente; por haber sido reconocido al beneficiario el derecho al percibo de la pensión de jubilación; por la incomparecencia injustificada a cualquiera de las convocatorias para los exámenes y reconocimientos establecidos por los médicos adscritos al Instituto Nacional de la Seguridad Social o a la Mutua de Accidentes de Trabajo y Enfermedades Profesionales de la Seguridad Social; o por fallecimiento.

✐ Ap. 1, párr. 1º modificado por el art. 34.4 de la Ley 24/2001, de 27 diciembre. Vid. su corrección de errores en BOE de 24 mayo.

En el supuesto de que el derecho al subsidio se extinga por el transcurso del plazo máximo establecido en el apartado a) del número 1 del artículo 128 y el trabajador hubiese sido dado de alta médica sin declaración de incapacidad permanente, sólo podrá generarse un nuevo proceso de incapacidad temporal por la misma o similar patología si media un período de actividad laboral superior a seis meses o si el Instituto Nacional de la Seguridad Social, a través de los órganos competentes para evaluar, calificar y revisar la situación de incapacidad permanente del trabajador, emite la baja a los exclusivos efectos de la prestación económica por incapacidad temporal.

✐ Ap. 1 párr. 2º añadido por disp. adic. 48.Tres de la Ley 30/2005, de 29 diciembre, pasando el actual a ser el tercero.

Sin perjuicio de las competencias que correspondan a los Servicios Públicos de Salud, los médicos adscritos al Instituto Nacional de la Seguridad Social podrán expedir el correspondiente alta médica en el proceso de incapacidad temporal, a los exclusivos efectos de las prestaciones económicas de la Seguridad Social y en los términos que reglamentariamente se establezcan.

✐ Párrafo añadido por Ley 66/1997, de 30 diciembre, de Medidas Fiscales, Administrativas y del Orden Social (art. 39).

⇒ En desarrollo de este párrafo segundo, v. RD 1117/1998, de 5 junio, que modifica el RD 575/1997, de 18 abril en sus arts. 1.4, 2.3 y 6 bis.

El art. 26 de la Ley 55/1999, de 29 diciembre, de medidas fiscales, administrativas y del orden social dice así: «Lo dispuesto en el párrafo segundo del apartado 1 del artículo 131 bis del Texto Refundido de la Ley General de la Seguridad Social, aprobado por el Real Decreto Legislativo 1/1994, de 20 de junio, sobre expedición de altas médicas en los procesos de incapacidad temporal, a los exclusivos efectos de las prestaciones económicas de la Seguridad Social, por los médicos adscritos al Instituto Nacional de la Seguridad Social, se entenderá referido también a los médicos adscritos al Instituto Social de la Marina respecto de los trabajadores comprendidos en el campo de aplicación del Régimen Especial de la Seguridad Social de los Trabajadores del Mar.

Asimismo, se entenderán efectuadas al Instituto Social de la Marina, las referencias hechas al Instituto Nacional de la Seguridad Social en las normas de desarrollo reglamentario de dicho artículo».

Conforme al art. 44 del RDley 6/2000, de 23 junio, de Medidas Urgentes de Intensificación de la Competencia en Mercados de Bienes y Servicios, «A los exclusivos efectos de las prestaciones económicas de la Seguridad Social, lo dispuesto en el párr. 2 del ap. 1 del art. 131 bis del Texto Refundido de la Ley General de la Seguridad Social, aprobado por RDLeg 1/1994, de 20 junio, sobre expedición de altas médicas en los procesos de incapacidad temporal por los Médicos adscritos al Instituto Nacional de la Seguridad Social, se entenderá referido a los Médicos de las Mutuas de Accidentes de Trabajo y Enfermedades Profesionales respecto del personal al servicio de los asociados a éstas en los términos que reglamentariamente se establezcan».

2. Cuando la situación de incapacidad temporal se extinga por el transcurso del plazo máximo fijado en el párrafo primero del apartado a) del número 1 del artículo 128, plazo de doce meses o, en su caso, hasta de dieciocho meses, se examinará necesariamente, en el plazo máximo de tres meses, el estado del incapacitado a efectos de su calificación, en el grado que corresponda, como inválido permanente.

No obstante lo previsto en el párrafo anterior, en aquellos casos en que continúe la necesidad de tratamiento médico, por no ser definitivas las reducciones anatómicas o funcionales que presente el trabajador, se valorará y calificará la situación de incapacidad permanente en el grado que corresponda, declarando la situación revisable en el plazo de seis meses. Sólo en este supuesto no se exigirá para el reconocimiento de la pensión de incapacidad permanente durante seis meses, un período de cotización distinto al establecido para la incapacidad temporal.

Durante el plazo de tres meses previsto para la calificación de la incapacidad, una vez agotado el plazo de duración máximo de dieciocho meses de la incapacidad temporal, no subsistirá la obligación de cotizar.

✐ Ap. 2 modificado por disp. adic. 48ª.4 de la Ley 30/2005, de 29 diciembre.

⇒ Pero téngase presente lo establecido por el RD 1300/1995, de 21 julio, por el que se desarrolla, en materia de incapacidades laborales del sistema de la Seguridad Social, la Ley 42/1994, de 30 diciembre, de Medidas Fiscales, Administrativas y de Orden Social. Conforme a su disp. adic. 5ª:

«DISPOSICIONES ADICIONALES

[...]

Quinta. Prórroga de los efectos de la incapacidad temporal.

1. En los supuestos de agotamiento, por el transcurso de plazo máximo, de la incapacidad temporal, en los términos previstos en el art. 131 bis de la Ley General de la Seguridad Social, durante la prórroga de efectos de la prestación, ésta correrá a cargo, con efectos desde el día siguiente a aquel en que se haya producido la extinción de dicha situación, de la Entidad gestora competente cuando la incapacidad derive de contingencias comunes, o de la Entidad gestora o de la correspondiente Mutua de Accidentes de Trabajo y Enfermedades Profesionales de la Seguridad Social, si la incapacidad tiene su origen en contingencias profesionales.

2. La obligación de cotizar, de acuerdo con lo previsto en el ap. 4 del art. 106 de la Ley General de la Seguridad Social, continuará en la situación de incapacidad temporal. Sin embargo, dicha obligación no subsistirá durante la prórroga de los efectos de la situación de incapacidad temporal a que se refiere el ap. 3 del art. 131 bis de la citada Ley».

3. Sin perjuicio de lo dispuesto en los números anteriores, cuando la extinción se produjera por el transcurso del plazo máximo fijado en el apartado a) del número 1 del artículo 128 o por alta médica con declaración de incapacidad permanente, los efectos de la situación de incapacidad temporal se prorrogarán hasta el momento de la calificación de incapacidad permanente, en cuya fecha se iniciarán las prestaciones económicas de ésta, salvo que las mismas sean superiores a las que venía percibiendo el trabajador, en cuyo caso se retrotraerán aquéllas al momento en que se haya agotado la incapacidad temporal.

En el supuesto de alta médica anterior al agotamiento del plazo máximo de duración de la situación de incapacidad temporal, sin que exista ulterior declaración de incapacidad permanente, subsistirá la obligación de cotizar mientras no se extinga la relación laboral o hasta la extinción del plazo máximo de duración de la incapacidad temporal fijado en el apartado a) del nmero 1 del artículo 128, de producirse con posterioridad dicha declaración de inexistencia de incapacidad permanente.

✐ Párr. 2º añadido por el art. 34 de la Ley 24/2001, de 27 diciembre.

En los supuestos a que se refiere el segundo párrafo del apartado precedente, los efectos de la situación de incapacidad temporal se prorrogarán hasta el momento de la calificación de la incapacidad permanente, en cuya fecha se iniciarán las prestaciones económicas de ésta.

✐ Apartado redactado por Ley 66/1997, de 30 diciembre, de Medidas Fiscales, Administrativas y del Orden Social (art. 45).

⇒ El art. 6.3 del RD 1300/1995, de 21 julio, incide sobre esta cuestión. Conforme al mismo:

«3. A efectos de lo previsto en el ap. 3 del art. 131 bis del Texto Refundido de la Ley General de la Seguridad Social, la calificación de la invalidez permanente se entenderá producida en la fecha de la resolución del Director provincial del Instituto Nacional de la Seguridad Social.

En aquellos supuestos en que, a tenor de lo establecido en el citado ap. 3 del artículo 131 bis procediera retrotraer los efectos económicos de la prestación de invalidez permanente reconocida, se deducirán del importe a abonar, las cantidades que se hubieran satisfecho durante el período afectado por dicha retroacción. Las cantidades devengadas por el beneficiario hasta la fecha de resolución no serán objeto de reintegro cuando no se reconozca el derecho a la prestación económica».

Artículo 132. Pérdida o suspensión del derecho al subsidio.

1. El derecho al subsidio por incapacidad temporal podrá ser denegado, anulado o suspendido:

a) Cuando el beneficiario haya actuado fraudulentamente para obtener o conservar dicha prestación.

b) Cuando el beneficiario trabaje por cuenta propia o ajena.

2. También podrá ser suspendido el derecho al subsidio cuando, sin causa razonable, el beneficiario rechace o abandone el tratamiento que le fuere indicado.

✐ Artículo redactado por Ley 42/1994, de 30 de diciembre, de Medidas Fiscales, Administrativas y de Orden Social.

Artículo 133. Períodos de observación y obligaciones especiales en caso de enfermedad profesional.

1. A efectos de lo dispuesto en el apartado 1 b) del artículo 128, se considerará como período de observación el tiempo necesario para el estudio médico de la enfermedad profesional cuando haya necesidad de aplazar el diagnóstico definitivo.

2. Lo dispuesto en el apartado anterior se entenderá sin perjuicio de las obligaciones establecidas, o que puedan establecerse en lo sucesivo, a cargo de este Régimen General o de los empresarios, cuando por causa de enfermedad profesional se acuerde respecto de un trabajador el traslado de puesto de trabajo, su baja en la empresa u otras medidas análogas.

CAPÍTULO IV BIS
Maternidad

✐ Capítulo modificado por disp. adic. 18ª.6 de la LO 3/2007, de 22 marzo, para la igualdad efectiva de mujeres y hombres (arts. 133 bis a 133 septies).

⇒ Sobre prestaciones de incapacidad temporal, riesgo durante el embarazo y maternidad de los trabajadores a tiempo parcial, v. arts. 4, 5 y 6 del RD 1131/2002 (§37).

Sección 1ª Supuesto general

Artículo 133 bis. Situaciones protegidas.

A efectos de la prestación por maternidad prevista en esta Sección, se consideran situaciones protegidas la maternidad, la adopción y el acogimiento, tanto preadoptivo como permanente o simple de conformidad con el Código Civil o las leyes civiles de las Comunidades Autónomas que lo regulen, siempre que, en este último caso, su duración no sea inferior a un año, y aunque dichos acogimientos sean provisionales, durante los períodos de descanso que por tales situaciones se disfruten, de acuerdo con lo previsto en el artículo 48.4 del Texto Refundido del Estatuto de los Trabajadores, aprobado por el Real Decreto Legislativo 1/1995, de 24 de marzo, y en el artículo 30.3 de la Ley 30/1984, de 2 de agosto, de Medidas para la Reforma de la Función Pública.

⇒ Sobre suspensión del contrato de trabajo por maternidad, a tiempo parcial, v. nota al art. 48.4, párrafo sexto, ET (§2).

Artículo 133 ter. Beneficiarios.

1. Serán beneficiarios del subsidio por maternidad los trabajadores por cuenta ajena, cualquiera que sea su sexo, que disfruten de los descansos referidos en el artículo anterior, siempre que, reuniendo la condición general exigida en el artículo 124.1 y las demás que reglamentariamente se establezcan, acrediten los siguientes períodos mínimos de cotización:

a) Si el trabajador tiene menos de 21 años de edad en la fecha del parto o en la fecha de la decisión administrativa o judicial de acogimiento o de la resolución judicial por la que se constituye la adopción, no se exigirá período mínimo de cotización.

b) Si el trabajador tiene cumplidos entre 21 y 26 años de edad en la fecha del parto o en la fecha de la decisión administrativa o judicial de acogimiento o de la resolución judicial por la que se constituye la adopción, el período mínimo de cotización exigido será de 90 días cotizados dentro de los siete años inmediatamente anteriores al momento de inicio del descanso. Se considerará cumplido el mencionado requisito si, alternativamente, el trabajador acredita 180 días cotizados a lo largo de su vida laboral, con anterioridad a esta última fecha.

c) Si el trabajador es mayor de 26 años de edad en la fecha del parto o en la fecha de la decisión administrativa o judicial de acogimiento o de la resolución judicial por la que se constituye la adopción, el período mínimo de cotización exigido será de 180 días dentro de los siete años inmediatamente anteriores al momento de inicio del descanso. Se considerará cumplido el mencionado requisito si, alternativamente, el trabajador acredita 360 días cotizados a lo largo de su vida laboral, con anterioridad a esta última fecha.

2. En el supuesto de parto, y con aplicación exclusiva a la madre biológica, la edad señalada en el apartado anterior será la que tenga cumplida la interesada en el momento de inicio del descanso, tomándose como referente el momento del parto a efectos de verificar la acreditación del período mínimo de cotización que, en su caso, corresponda.

3. En los supuestos previstos en el penúltimo párrafo del artículo 48.4 del Texto Refundido de la Ley del Estatuto de los Trabajadores, aprobado por Real Decreto Legislativo 1/1995, de 24 de marzo, y en el párrafo octavo del artículo 30.3 de la Ley 30/1984, de 2 de agosto, de Medidas para la Reforma de la Función Pública, la edad señalada en el apartado 1 será la que tengan cumplida los interesados en el momento de inicio del descanso, tomándose como referente el momento de la resolución a efectos de verificar la acreditación del período mínimo de cotización que, en su caso, corresponda.

Artículo 133 quater. Prestación económica.

La prestación económica por maternidad consistirá en un subsidio equivalente al 100 por 100 de la base reguladora correspondiente. A tales efectos, la base reguladora será equivalente a la que esté establecida para la prestación de incapacidad temporal, derivada de contingencias comunes.

⇒ V. disp. adic. 11ª ter de este Texto Refundido.

Artículo 133 quinquies. Pérdida o suspensión del derecho al subsidio por maternidad.

El derecho al subsidio por maternidad podrá ser denegado, anulado o suspendido, cuando el beneficiario hubiera actuado fraudulentamente para obtener o conservar dicha prestación, así como cuando trabajara por cuenta propia o ajena durante los correspondientes períodos de descanso.

⇒ V. RD 1251/2001, de 16 noviembre, Regula las prestaciones económicas del sistema de la Seguridad Social por maternidad y riesgo durante el embarazo.

Sección 2ª Supuesto especial

Artículo 133 sexies. Beneficiarias.

Serán beneficiarias del subsidio por maternidad previsto en esta Sección las trabajadoras por cuenta ajena que, en caso de parto, reúnan todos los requisitos establecidos para acceder a la prestación por maternidad regulada en la Sección anterior, salvo el período mínimo de cotización establecido en el artículo 133 ter.

Artículo 133 septies. Prestación económica.

La cuantía de la prestación será igual al 100 por 100 del indicador público de renta de efectos múltiples (IPREM) vigente en cada momento, salvo que la base reguladora calculada conforme al artículo 133 quater o a la disposición adicional séptima fuese de cuantía inferior, en cuyo caso se estará a ésta.

La duración de la prestación, que tendrá la consideración de no contributiva a los efectos del artículo 86, será de 42 días naturales a contar desde el parto, pudiendo denegarse, anularse o suspenderse el derecho por las mismas causas establecidas en el artículo 133 quinquies.

CAPÍTULO IV TER

Paternidad

✐ Capítulo modificado por disp. adic. 18ª.7 de la LO 3/2007, de 22 marzo, para la igualdad efectiva de mujeres y hombres (arts. 133 octies a 133 decies añadidos).

Artículo 133 octies. Situación protegida.

A efectos de la prestación por paternidad, se considerarán situaciones protegidas el nacimiento de hijo, la adopción y el acogimiento, tanto preadoptivo como permanente o simple, de conformidad con el Código Civil o las leyes civiles de las Comunidades Autónomas que lo regulen, siempre que, en este último caso, su duración no sea inferior a un año, y aunque dichos acogimientos sean provisionales, durante el período de suspensión que, por tales situaciones, se disfrute de acuerdo con lo previsto en el artículo 48 bis del Texto Refundido de la Ley del Estatuto de los Trabajadores, aprobado por Real Decreto Legislativo 1/1995, de 24 de marzo, o durante el período de permiso que se disfrute, en los mismos supuestos, de acuerdo con lo dispuesto en la letra a) del artículo 30.1 de la Ley 30/1984, de 2 de agosto, de Medidas para la Reforma de la Función Pública.

Artículo 133 nonies. Beneficiarios.

Serán beneficiarios del subsidio por paternidad los trabajadores por cuenta ajena que disfruten de la suspensión referida en el artículo anterior, siempre que, reuniendo la condición general exigida en el artículo 124.1, acrediten un período mínimo de cotización de 180 días, dentro de los siete años inmediatamente anteriores a la fecha de inicio de dicha suspensión, o, alternativamente, 360 días a lo largo de su vida laboral con anterioridad a la mencionada fecha, y reúnan las demás condiciones que reglamentariamente se determinen.

Artículo 133 decies. Prestación económica.

La prestación económica por paternidad consistirá en un subsidio que se determinará en la forma establecida por el artículo 133 quater para la prestación por maternidad, y podrá ser denegada, anulada o suspendida por las mismas causas establecidas para esta última.

CAPÍTULO IV QUATER

Riesgo durante el embarazo

✐ Capítulo modificado (antes IV ter) por disp. adic. 18ª.7 de la LO 3/2007, de 22 marzo, para la igualdad efectiva de mujeres y hombres.

Artículo 134. Situación protegida.

A los efectos de la prestación económica por riesgo durante el embarazo, se considera situación protegida el período de suspensión del contrato de trabajo en los supuestos en que, debiendo la mujer trabajadora cambiar de puesto de trabajo por otro compatible con su estado, en los términos previstos en el artículo 26, apartado 3, de la Ley 31/1995, de 8 de noviembre, de Prevención de Riesgos

Laborales, dicho cambio de puesto no resulte técnica u objetivamente posible, o no pueda razonablemente exigirse por motivos justificados.

La prestación correspondiente a la situación de riesgo durante el embarazo tendrá la naturaleza de prestación derivada de contingencias profesionales.

✐ Artículo modificado por disp. adic. 18ª.8 de la LO 3/2007, de 22 marzo, para la igualdad efectiva de mujeres y hombres.

Artículo 135. Prestación económica.

1. La prestación económica por riesgo durante el embarazo se concederá a la mujer trabajadora en los términos y condiciones previstos en esta Ley para la prestación económica de incapacidad temporal derivada de contingencias profesionales, con las particularidades establecidas en los apartados siguientes.

2. La prestación económica nacerá el día en que se inicie la suspensión del contrato de trabajo y finalizará el día anterior a aquel en que se inicie la suspensión del contrato de trabajo por maternidad o el de reincorporación de la mujer trabajadora a su puesto de trabajo anterior o a otro compatible con su estado.

3. La prestación económica consistirá en subsidio equivalente al 100 por 100 de la base reguladora correspondiente. A tales efectos, la base reguladora será equivalente a la que esté establecida para la prestación de incapacidad temporal, derivada de contingencias profesionales.

4. La gestión y el pago de la prestación económica por riesgo durante el embarazo corresponderá a la Entidad Gestora o a la Mutua de Accidentes de Trabajo y Enfermedades Profesionales de la Seguridad Social en función de la entidad con la que la empresa tenga concertada la cobertura de los riesgos profesionales.

✐ Artículo modificado por disp. adic. 18ª.9 de la LO 3/2007, de 22 marzo, para la igualdad efectiva de mujeres y hombres.

CAPÍTULO IV QUINQUIES

Riesgo durante la lactancia natural

✐ Capítulo añadido (arts. 135 bis y 135 ter) por disp. adic. 18ª.10 de la LO 3/2007, de 22 marzo, para la igualdad efectiva de mujeres y hombres.

Artículo 135 bis. Situación protegida.

A los efectos de la prestación económica por riesgo durante la lactancia natural, se considera situación protegida el período de suspensión del contrato de trabajo en los supuestos en que, debiendo la mujer trabajadora cambiar de puesto de trabajo por otro compatible con su situación, en los términos previstos en el artículo 26.4 de la Ley 31/1995, de 8 de noviembre, de Prevención de Riesgos Laborales, dicho cambio de puesto no resulte técnica u objetivamente posible, o no pueda razonablemente exigirse por motivos justificados.

Artículo 135 ter. Prestación económica.

La prestación económica por riesgo durante la lactancia natural se concederá a la mujer trabajadora en los términos y condiciones previstos en esta Ley para la prestación económica por riesgo durante el embarazo, y se extinguirá en el momento en que el hijo cumpla nueve meses, salvo que la beneficiaria se haya reincorporado con anterioridad a su puesto de trabajo anterior o a otro compatible con su situación.

CAPÍTULO V

Invalidez

✐ El art. 15 de la Ley 39/1999, de 5 noviembre, de conciliación de la vida familiar y laboral de las personas trabajadoras, dice así:

«Artículo 15. Adaptaciones en la Ley General de la Seguridad Social.

Se introducen las siguientes adaptaciones en el Capítulo V "Invalidez" del Título II de la Ley General de la Seguridad Social:

a) El actual artículo 134 pasa a quedar numerado como artículo 136 formando el contenido de la Sección 1ª del Capítulo V del Título II de la Ley General de la Seguridad Social.

b) Las Secciones 3ª, 4ª y 5ª pasan a numerarse, respectivamente, Secciones 2ª, 3ª y 4ª con idéntico contenido».

Sección 1ª Disposición general

Artículo 136. Conceptos y clases.

1. En la modalidad contributiva, es invalidez permanente la situación del trabajador que, después

de haber estado sometido al tratamiento prescrito y de haber sido dado de alta médicamente, presenta reducciones anatómicas o funcionales graves, susceptibles de determinación objetiva y previsiblemente definitivas, que disminuyan o anulen su capacidad laboral. No obstará a tal calificación la posibilidad de recuperación de la capacidad laboral del inválido, si dicha posibilidad se estima médicamente como incierta o a largo plazo.

Las reducciones anatómicas o funcionales existentes en la fecha de afiliación del interesado en la Seguridad Social no impedirán la calificación de la situación de incapacidad permanente, cuando se trate de personas minusválidas y con posterioridad a la afiliación tales reducciones se hayan agravado, provocando por sí mismas o por concurrencia con nuevas lesiones o patologías una disminución o anulación de la capacidad laboral que tenía el interesado en el momento de su afiliación.

✐ Párr. 2ª añadido por la Ley 35/2002, de 12 julio (disp. adic. 2ª).

No obstante lo establecido en el párrafo anterior, no será necesaria el alta médica para la valoración de la invalidez permanente en los casos en que concurran secuelas definitivas.

También tendrá la consideración de invalidez permanente, en el grado que se califique, la situación de incapacidad que subsista después de extinguida la incapacidad temporal por el transcurso del plazo máximo de duración señalado para la misma en el apartado a) del número 1 del artículo 128, salvo en el supuesto previsto en el segundo párrafo del número 2 del artículo 131 bis, en el cual no se accederá a la situación de invalidez permanente hasta tanto no se proceda a la correspondiente calificación.

2. En la modalidad no contributiva, podrán ser constitutivas de invalidez las deficiencias, previsiblemente permanentes, de carácter físico o psíquico, congénitas o no, que anulen o modifiquen la capacidad física, psíquica o sensorial de quienes las padecen.

3. La invalidez permanente habrá de derivarse de la situación de incapacidad temporal, salvo que afecte a quienes carezcan de protección en cuanto a dicha incapacidad temporal, bien por encontrarse en una situación asimilada a la de alta, de conformidad con lo previsto en el artículo 125, que no la comprenda, bien en los supuestos de asimilación a trabajadores por cuenta ajena, en los que se dé la misma circunstancia, de acuerdo con lo previsto en el número 2 del artículo 114 de esta Ley, bien en los casos de acceso a la invalidez permanente desde la situación de no alta, a tenor de lo previsto en el número 3 del artículo 138.

✐ La redacción actual de este artículo se corresponde con la del anterior art. 134, que fue redactado por Ley 42/1994, de 30 diciembre.

⇒ V. disp. adic. 11ª bis que extiende la protección a todos los Regímenes Especiales.

Sección 2ª Invalidez Permanente en su modalidad contributiva

✐ Sección renumerada por el art. 15 b) de la Ley 39/1999, de 5 noviembre, correspondiendo su redacción actual con la de la anterior secc. 3ª.

⇒ Las referencias contenidas en la LGSS a la «invalidez permanente» se entienden efectuadas a la «incapacidad permanente» y las referencias a la «profesión habitual» deben entenderse referidas a «la profesión que ejercía el interesado o del grupo profesional en que aquélla estaba encuadrada», según dispone el art. 8.cinco de la Ley 24/1997, de 15 de julio, de Consolidación y Racionalización del Sistema de Seguridad Social.

Sobre pensiones por incapacidad permanente de trabajadores a tiempo parcial, v. RD 1131/2002 (§37).

Artículo 137. Grados de incapacidad.

1. La incapacidad permanente, cualquiera que sea su causa determinante, se clasificará, en función del porcentaje de reducción de la capacidad de trabajo del interesado, valorado de acuerdo con la lista de enfermedades, que se apruebe reglamentariamente, en los siguientes grados:

a) Incapacidad permanente parcial.

b) Incapacidad permanente total.

c) Incapacidad permanente absoluta.

d) Gran invalidez.

2. La calificación de la incapacidad permanente en sus distintos grados se determinará en función del porcentaje de reducción de la capacidad de trabajo que reglamentariamente se establezca.

A efectos de la determinación del grado de la incapacidad, se tendrá en cuenta la incidencia de la reducción de la capacidad de trabajo en el desarrollo de la profesión que ejercía el interesado o del grupo profesional, en que aquélla estaba encuadrada, antes de producirse el hecho causante de la incapacidad permanente.

3. La lista de enfermedades, la valoración de las mismas, a efectos de la reducción de la capacidad de trabajo, y la determinación de los distintos grados de incapacidad, así como el régimen de incompa-

tibilidades de los mismos, serán objeto de desarrollo reglamentario por el Gobierno, previo informe del Consejo General del Instituto Nacional de la Seguridad Social.

✐ Artículo de nueva redacción por Ley 24/1997, de 15 julio, de Consolidación y Racionalización del Sistema de Seguridad Social (art. 8.uno).

⇒ Cfr. disp. transit. 5ª bis de este TRLGSS.

Artículo 138. Beneficiarios.

1. Tendrán derecho a las prestaciones por incapacidad permanente las personas incluidas en el Régimen General que sean declaradas en tal situación y que, además de reunir la condición general exigida en el apartado 1 del artículo 124, hubieran cubierto el período mínimo de cotización que se determina en el apartado 2 de este artículo, salvo que aquélla sea debida a accidente, sea o no laboral, o a enfermedad profesional, en cuyo caso no será exigido ningún período previo de cotización.

⇒ V. nota al art. 124.1.

No se reconocerá el derecho a las prestaciones de incapacidad permanente derivada de contingencias comunes, cuando el beneficiario, en la fecha del hecho causante, tenga la edad prevista en el apartado 1.a) del artículo 161 de esta Ley y reúna los requisitos para acceder a la pensión de jubilación en el sistema de la Seguridad Social.

✐ Párr. 2º modificado por el art. 8 de la Ley 35/2002, de 12 julio.

⇒ Cfr. arts. 6 y 7 del RD 1647/1997, de 31 octubre, que desarrolla determinados aspectos de la misma.

2. En el caso de pensiones por invalidez permanente, el período mínimo de cotización exigible será:

a) Si el sujeto causante tiene menos de veintiséis años de edad, la mitad del tiempo transcurrido entre la fecha en que cumplió los dieciséis años y la del hecho causante de la pensión.

b) Si el causante tiene cumplidos veintiséis años de edad, un cuarto del tiempo transcurrido entre la fecha en que se haya cumplido los veinte años y el día en que se hubiese producido el hecho causante, con un mínimo, en todo caso, de cinco años. En este supuesto, al menos la quinta parte del período de cotización exigible deberá estar comprendida dentro de los diez años inmediatamente anteriores al hecho causante.

En el caso de prestación por incapacidad permanente parcial para la profesión habitual, el período mínimo de cotización exigible será de mil ochocientos días, que han de estar comprendidos en los diez años inmediatamente anteriores a la fecha en la que se haya extinguido la incapacidad laboral transitoria de la que se derive la invalidez permanente.

En los supuestos en que se acceda a la pensión de incapacidad permanente desde una situación de alta o asimilada al alta, sin obligación de cotizar, el período de los 10 años, dentro de los cuales deba estar comprendido, al menos, una quinta parte del período de cotización exigible, se computará, hacia atrás, desde la fecha en que cesó la obligación de cotizar.

✐ Párrafo añadido por el art. 13 de la Ley 52/2003, de 10 diciembre.

En los casos a que se refiere el párrafo anterior, y respecto de la determinación de la base reguladora de la pensión, se aplicará lo establecido, respectivamente en los apartados 1, 2 y 4 del artículo 140.

✐ Párrafo añadido por el art. 13 de la Ley 52/2003, de 10 diciembre.

⇒ V. art. 4 del RD 1799/1985 (§35.1).

3. No obstante lo establecido en el apartado 1 de este artículo, las pensiones de invalidez permanente en los grados de incapacidad permanente absoluta para todo trabajo o gran invalidez derivadas de contingencias comunes podrán causarse aunque los interesados no se encuentren en el momento del hecho causante en alta o situación asimilada a la de alta.

En tales supuestos, el período mínimo de cotización exigible será, en todo caso, de quince años, distribuidos en la forma prevista en el último inciso del apartado 2, b) de este artículo.

4. Para causar pensión en el Régimen General y en otro u otros del sistema de la Seguridad Social, en los casos a que se refiere el apartado anterior, será necesario que las cotizaciones acreditadas en cada uno de ellos se superpongan, al menos, durante quince años.

5. El Gobierno, mediante Real Decreto, a propuesta del Ministro de Trabajo y Seguridad Social, podrá modificar el período de cotización que, para las prestaciones por incapacidad permanente parcial para la profesión habitual se exige en el apartado 2 de este artículo.

Artículo 139. Prestaciones.

1. La prestación económica correspondiente a la incapacidad permanente parcial para la profesión habitual consistirá en una cantidad a tanto alzado.

2. La prestación económica correspondiente a la incapacidad permanente total consistirá en una pensión vitalicia, que podrá excepcionalmente ser sustituida por una indemnización a tanto alzado cuando el beneficiario fuese menor de sesenta años.

Los declarados afectos de incapacidad permanente total para la profesión habitual percibirán la pensión prevista en el párrafo anterior incrementada en el porcentaje que reglamentariamente se determine, cuando por su edad, falta de preparación general o especialización y circunstancias sociales y laborales del lugar de residencia, se presuma la dificultad de obtener empleo en actividad distinta de la habitual anterior.

⇒ Para la que se denomina doctrinal y jurisprudencialmente invalidez «total cualificada», el art. 6.2 del RD 1646/1972 exige, con dudosa legalidad, el requisito de tener 55 años. La STC 137/1987, de 22 julio (RTC 1987, 137), declara que dicha exigencia no vulnera el principio de igualdad.

3. La prestación económica correspondiente a la incapacidad permanente absoluta consistirá en una pensión vitalicia.

4. Si el trabajador fuese calificado de gran inválido, tendrá derecho a la pensión a que se refiere el apartado anterior, incrementándose su cuantía en un 50 por 100, destinado a que el inválido pueda remunerar a las personas que le atiendan.

A petición del gran inválido o de sus representantes legales podrá autorizarse, siempre que se considere conveniente en beneficio del mismo, la sustitución del incremento a que se refiere el párrafo anterior por su alojamiento y cuidado en régimen de internado en una institución asistencial pública del Sistema de la Seguridad Social, financiada con cargo a sus presupuestos.

✐ Párrafo modificado por Ley 13/1996, de 30 de diciembre, de Medidas Fiscales, Administrativas y del Orden Social (art. 92).

5. En los casos en que el trabajador, con sesenta y cinco o más años, acceda a la pensión de incapacidad permanente, derivada de contingencias comunes, por no serle de aplicación lo establecido en el párrafo segundo, apartado 1, del artículo 138, la cuantía de la pensión de incapacidad permanente será equivalente al resultado de aplicar a la correspondiente base reguladora el porcentaje que corresponda al período mínimo de cotización que esté establecido, en cada momento, para el acceso a la pensión de jubilación.

✐ Ap. 5 añadido por el art. 9 de la Ley 35/2002, de 12 julio.

6. Las prestaciones a que se refiere el presente artículo se harán efectivas en la cuantía y condiciones que se determinen en los Reglamentos generales de la presente Ley.

✐ Ap. 6 renumerado por el RDley 16/2001, de 27 diciembre (art. 9). Su anterior numeración era ap. 5.

Artículo 140. Base reguladora de las pensiones de invalidez permanente derivada de contingencias comunes.

1. La base reguladora de las pensiones de invalidez permanente derivada de enfermedad común será el cociente que resulte de dividir por 112 las bases de cotización del interesado durante los noventa y seis meses inmediatamente anteriores a aquel en que se produzca el hecho causante.

El cómputo de dichas bases se realizará conforme a las siguientes reglas, de las que es expresión matemática la fórmula que figura al final del presente apartado:

1ª Las bases correspondientes a los veinticuatro meses anteriores a aquel en que se produzca el hecho causante se computarán en su valor nominal.

2ª Las restantes bases de cotización se actualizarán de acuerdo con la evolución que haya experimentado el índice de precios al consumo desde los meses a que aquéllas correspondan hasta el mes inmediato anterior a aquel en que se inicie el período de bases no actualizables a que se refiere la regla anterior.

$$B_r = \frac{\sum_{i=1}^{24} B_i + \sum_{i=25}^{96} B_i \frac{I_{25}}{I_i}}{112}$$

Siendo:

B_r = Base reguladora

B_i = Base de cotización del mes i-ésimo anterior al del hecho causante.

I_i = Indice General de Precios al Consumo del mes i-ésimo anterior al del hecho causante.

siendo i = 1, 2, ..., 96.

2. En los supuestos en que se exija un período mínimo de cotización inferior a ocho años, la

base reguladora se obtendrá de forma análoga a la establecida en el número anterior, pero computando bases mensuales de cotización en número igual al de meses de que conste el período mínimo exigible, sin tener en cuenta las fracciones de mes, y excluyendo, en todo caso, de la actualización las bases correspondientes a los veinticuatro meses inmediatamente anteriores a aquel en que se produzca el hecho causante.

3. Respecto a las pensiones de invalidez absoluta o gran invalidez derivadas de accidente no laboral a que se refiere el apartado 3 del artículo 138, para el cómputo de su base reguladora, se aplicarán las reglas previstas en el apartado 1 del presente artículo.

4. Si en el período que haya de tomarse para el cálculo de la base reguladora aparecieran meses durante los cuales no hubiese existido obligación de cotizar, dichas lagunas se integrarán con la base mínima de entre todas las existentes en cada momento para trabajadores mayores de dieciocho años.

En los supuestos en que en alguno de los meses a tener en cuenta para la determinación de la base reguladora, la obligación de cotizar exista sólo durante una parte del mismo, procederá la integración señalada en el párrafo anterior, por la parte del mes en que no exista obligación de cotizar, siempre que la base de cotización correspondiente al primer período no alcance la cuantía de la base mínima mensual señalada. En tal supuesto, la integración alcanzará hasta esta última cuantía.

✐ Párrafo añadido por el art. 14.1 de la Ley 52/2003, de 10 diciembre.

Artículo 141. Compatibilidades en el percibo de prestaciones económicas por invalidez permanente.

1. En caso de incapacidad permanente total para la profesión habitual, la pensión vitalicia correspondiente será compatible con el salario que pueda percibir el trabajador en la misma empresa o en otra distinta, con el alcance y en las condiciones que se determinen reglamentariamente.

De igual forma podrá determinarse la incompatibilidad entre la percepción del incremento previsto en el párrafo segundo del apartado 2 del artículo 139 y la realización de trabajos, por cuenta propia o ajena, incluidos en el campo de aplicación del sistema de la Seguridad Social.

2. Las pensiones vitalicias en caso de invalidez absoluta o de gran invalidez no impedirán el ejercicio de aquellas actividades, sean o no lucrativas, compatibles con el estado del inválido y que no representen un cambio en su capacidad de trabajo a efectos de revisión.

⇒ Cfr. el RD 1071/1984, de 23 de mayo, que impone la obligación de comunicar a la Entidad Gestora tal circunstancia.

Artículo 142. Norma especial sobre invalidez derivada de enfermedad profesional.

Los Reglamentos generales de desarrollo de la presente Ley adaptarán, en cuanto a enfermedades profesionales, las normas de esta Sección a las peculiaridades y características especiales de dicha contingencia.

Artículo 143. Calificación y revisión.

✐ Artículo redactado por Ley 42/1994, de 30 diciembre, de Medidas Fiscales, Administrativas y de Orden Social.

⇒ V. disp. transit. 7ª de la citada Ley.

1. Corresponde al Instituto Nacional de la Seguridad Social, a través de los órganos que reglamentariamente se establezcan y en todas las fases del procedimiento, declarar la situación de invalidez permanente, a los efectos de reconocimiento de las prestaciones económicas a que se refiere la presente Sección.

2. Toda resolución, inicial o de revisión, por la que se reconozca el derecho a las prestaciones de incapacidad permanente, en cualquiera de sus grados, o se confirme el grado reconocido previamente, hará constar necesariamente el plazo a partir del cual se podrá instar la revisión por agravación o mejoría del estado invalidante profesional, en tanto que el incapacitado no haya cumplido la edad mínima establecida en el artículo 161 de esta Ley, para acceder al derecho a la pensión de jubilación. Este plazo será vinculante para todos los sujetos que puedan promover la revisión.

✐ Párrafo modificado por el art. 15 de la Ley 52/2003, de 10 diciembre.

⇒ La imposibilidad de revisar la situación del inválido más allá de la edad ordinaria de jubilación es compatible con el texto constitucional pues «no es la edad aislada y selectivamente considerada la que desencadena en el precepto la diferenciación entre dos grupos de personas, sino la edad en cuanto implica la línea de separación entre la situación de vida laboral activa y la de finalización de ésta» (SSTC 197/2003, de 30 octubre [RTC 2003, 197] y 78/2004, de 29 abril [RTC 2004, 78], que desestiman sendas cuestiones de inconstitucionalidad planteadas contra este precepto en su anterior redacción).

No obstante lo anterior, si el pensionista por invalidez permanente estuviera ejerciendo cualquier trabajo, por cuenta ajena o propia, el Instituto Nacional de la Seguridad Social podrá, de oficio o a instancia del propio interesado, promover la revisión, con independencia de que haya o no transcurrido el plazo señalado en la resolución.

Las revisiones fundadas en error de diagnóstico podrán llevarse a cabo en cualquier momento, en tanto el interesado no haya cumplido la edad a que se refiere el primer párrafo de este número.

3. Las disposiciones que desarrollen la presente Ley regularán el procedimiento de revisión y la modificación y transformación de las prestaciones económicas que se hubiesen reconocido al trabajador, así como los derechos y obligaciones que a consecuencia de dichos cambios correspondan a las entidades gestoras o colaboradoras y servicios comunes que tengan a su cargo tales prestaciones.

⇒ V. RD 1300/1995, de 21 julio, por el que se desarrolla, en materia de incapacidades laborales del sistema de la Seguridad Social, la Ley 42/1994, de 30 diciembre, de Medidas Fiscales, Administrativas y de Orden Social, así como la OM de 18 de enero de 1996, para su aplicación y desarrollo. La Res. 22 marzo 1996, de la Secretaría General de la Seguridad Social, constituye equipos de valoración de incapacidades en determinadas Direcciones Provinciales del Instituto Nacional de la Seguridad Social. La Res. 16 junio 1997, del INSS, regula el abono de los gastos causados por las comparecencias exigidas por el Equipo de Valoración de incapacidades.

4. Las pensiones de incapacidad permanente, cuando sus beneficiarios cumplan la edad de sesenta y cinco años, pasarán a denominarse pensiones de jubilación. La nueva denominación no implicará modificación alguna, respecto de las condiciones de la prestación que se viniese percibiendo.

✐ Nuevo apartado añadido al art. 143 por Ley 24/1997, de 15 julio, de Consolidación y Racionalización del Sistema de Seguridad Social (art. 8.4).

Sección 3ª Invalidez en su modalidad no contributiva

✐ Sección renumerada por el art. 15 b) de la Ley 39/1999, de 5 noviembre, correspondiendo su redacción actual con la de la anterior Secc. 4ª.

Artículo 144. Beneficiarios.

⇒ V. disp. transit. 11ª.3 de la presente LGSS/1994, así como el art. 7.5 del mismo.

1. Tendrán derecho a la pensión de invalidez, en su modalidad no contributiva, las personas que cumplan los siguientes requisitos:

a) Ser mayor de dieciocho y menor de sesenta y cinco años de edad.

b) Residir legalmente en territorio español y haberlo hecho durante cinco años, de los cuales dos deberán ser inmediatamente anteriores a la fecha de solicitud de la pensión.

c) Estar afectadas por una minusvalía o por una enfermedad crónica, en un grado igual o superior al sesenta y cinco por cien.

⇒ V. RD 1971/1999, de 23 diciembre, de procedimiento para el reconocimiento, declaración y calificación del grado de minusvalía, modificado por RD 1169/2003, de 12 septiembre.

d) Carecer de rentas o ingresos suficientes. Se considerará que existen rentas o ingresos insuficientes cuando la suma, en cómputo anual, de los mismos sea inferior al importe, también en cómputo anual, de las prestaciones a que se refiere el apartado 1 del artículo siguiente.

Aunque el solicitante carezca de rentas o ingresos propios, en los términos señalados en el párrafo anterior, si convive con otras personas en una misma unidad económica, únicamente se entenderá cumplido el requisito de carencia de rentas o ingresos suficientes cuando la suma de los de todos los integrantes de aquélla sea inferior al límite de acumulación de recursos obtenido conforme a lo establecido en los apartados siguientes.

Los beneficiarios de la pensión de invalidez, en su modalidad no contributiva, que sean contratados por cuenta ajena, que se establezcan por cuenta propia o que se acojan a los programas de renta activa de inserción para trabajadores desempleados de larga duración mayores de 45 años, recuperarán automáticamente, en su caso, el derecho a dicha pensión cuando, respectivamente, se les extinga su contrato, dejen de desarrollar su actividad laboral o cesen en el programa de renta activa de inserción, a cuyo efecto, no obstante lo previsto en el apartado 5 de este artículo, no se tendrán en cuenta, en el cómputo anual de sus rentas, las que hubieran percibido en virtud de su actividad laboral por cuenta ajena, propia o por su integración en el programa de renta activa de inserción en el ejercicio económico en que se produzca la extinción del contrato, el cese en la actividad laboral o en el citado programa.

✐ Párrafo modificado por el art. 16 de la Ley 52/2003, de 10 diciembre.

Igualmente, los beneficiarios de la pensión de invalidez, en su modalidad no contributiva, que sean contratados como aprendices recuperarán dicha pensión durante los procesos de incapacidad temporal derivados de contingencias comunes.

✐ Téngase en cuenta que el último párrafo fue derogado por Ley 63/1997, de 26 diciembre, de Medidas urgentes para la mejora del mercado de trabajo y el fomento de la contratación indefinida «sin perjuicio de su aplicación a los contratos de aprendizaje celebrados antes de la entrada en vigor de RDley 8/1997, así como a los nuevos contratos para la formación hasta la fecha en que, de conformidad con lo dispuesto en la disp. transit. cuarta, surta efectos la incorporación de la prestación económica por incapacidad temporal al régimen de protección social de los mismos».

2. Los límites de acumulación de recursos, en el supuesto de unidad económica, serán equivalen-

tes a la cuantía, en cómputo anual, de la pensión, más el resultado de multiplicar el setenta por cien de dicha cifra por el número de convivientes, menos uno.

3. Cuando la convivencia, dentro de una misma unidad económica, se produzca entre el solicitante y sus descendientes o ascendientes en primer grado, los límites de acumulación de recursos serán equivalentes a dos veces y medio de la cuantía que resulte de aplicar lo dispuesto en el apartado 2.

4. Existirá unidad económica en todos los casos de convivencia de un beneficiario con otras personas, sean o no beneficiarias, unidas con aquél por matrimonio o por lazos de parentesco de consanguinidad hasta el segundo grado.

5. A efectos de lo establecido en los apartados anteriores, se considerarán como ingresos o rentas computables, cualesquiera bienes y derechos, derivados tanto del trabajo como del capital, así como los de naturaleza prestacional.

Cuando el solicitante o los miembros de la unidad de convivencia en que esté inserto dispongan de bienes muebles o inmuebles, se tendrán en cuenta sus rendimientos efectivos. Si no existen rendimientos efectivos, se valorarán según las normas establecidas para el Impuesto sobre la Renta de las Personas Físicas, con la excepción, en todo caso, de la vivienda habitualmente ocupada por el beneficiario. Tampoco se computarán las asignaciones periódicas por hijos a cargo.

6. Las rentas o ingresos propios, así como los ajenos computables, por razón de convivencia en una misma unidad económica, la residencia en territorio español y el grado de minusvalía o de enfermedad crónica condicionan tanto el derecho a pensión como la conservación de la misma y, en su caso, la cuantía de aquélla.

Artículo 145. Cuantía de la pensión.

1. La cuantía de la pensión de invalidez en su modalidad no contributiva se fijará en su importe anual, en la correspondiente Ley de Presupuestos Generales del Estado.

⇒ La Ley 42/2006, de 28 diciembre, establece la cuantía íntegra de las pensiones no contributivas de invalidez y jubilación en 4.348,40 € anuales. V. asimismo el Real Decreto sobre revalorización de pensiones de la Seguridad Social para el presente año (§35.3).

Cuando en una misma unidad económica concurra más de un beneficiario con derecho a pensión de esta misma naturaleza, la cuantía de cada una de las pensiones vendrá determinada en función de las siguientes reglas:

1ª Al importe referido en el primer párrafo de este apartado se le sumará el setenta por cien de esta misma cuantía, tantas veces como número de beneficiarios, menos uno, existan en la unidad económica.

2ª La cuantía, de la pensión para cada uno de los beneficiarios será igual al cociente de dividir el resultado de la suma prevista en la regla Primera por el número de beneficiarios con derecho a pensión.

2. Las cuantías resultantes de lo establecido en el apartado anterior de este artículo, calculadas en cómputo anual, son compatibles con las rentas o ingresos anuales de que, en su caso, disponga cada beneficiario, siempre que los mismos no excedan del 25 por 100 del importe, en cómputo anual, de la pensión no contributiva. En caso contrario, se deducirá del importe de la pensión no contributiva la cuantía de las rentas o ingresos que excedan de dicho porcentaje, salvo lo dispuesto en el artículo 147.

✐ Ap. 2 modificado por disp. adic. 16ª de Ley 39/2006, de 14 diciembre. Anteriormente modificado por art. único.2 de Ley 4/2005, de 22 abril y art. único. 1 de Ley 8/2005, de 6 junio.

3. En los casos de convivencia del beneficiario o beneficiarios con personas no beneficiarias, si la suma de los ingresos o rentas anuales de la unidad económica más la pensión o pensiones no contributivas, calculadas conforme a lo dispuesto en los dos apartados anteriores, superara el límite de acumulación, de recursos establecidos en los apartados 2 y 3 del artículo anterior, la pensión o pensiones se reducirán, para no sobrepasar el mencionado límite, disminuyendo, en igual cuantía, cada una de las pensiones.

4. No obstante lo establecido en los apartados 2 y 3 anteriores, la cuantía de la pensión reconocida será, como mínimo, del veinticinco por cien del importe de la pensión a que se refiere el apartado 1 de este artículo.

5. A efectos de lo dispuesto en los apartados anteriores, son rentas o ingresos computables los que se determinan como tales en el apartado 5 del artículo anterior.

6. Las personas que, cumpliendo los requisitos señalados en el apartado 1, a), b) y d) del artículo anterior, estén afectadas por una minusvalía o enfermedad crónica en un grado igual o superior al setenta y cinco por cien y que, como consecuencia de pérdidas anatómicas o funcionales, necesiten el

concurso de otra persona para realizar los actos más esenciales de la vida, tales como vestirse, desplazarse, comer o análogos, tendrán derecho a un complemento equivalente al cincuenta por cien del importe de la pensión a que se refiere el primer párrafo del apartado 1 del presente artículo.

Artículo 146. Efectos económicos de las pensiones.

Los efectos económicos del reconocimiento del derecho a las pensiones de invalidez en su modalidad no contributiva se producirán a partir del día primero del mes siguiente a aquel en que se presente la solicitud.

Artículo 147. Compatibilidad de las pensiones.

Las pensiones de invalidez en su modalidad no contributiva no impedirán el ejercicio de aquellas actividades, sean o no lucrativas, compatibles con el estado del inválido, y que no representen un cambio en su capacidad de trabajo.

En el caso de personas que con anterioridad al inicio de una actividad lucrativa vinieran percibiendo pensión de invalidez en su modalidad no contributiva, durante los cuatro años siguientes al inicio de la actividad, la suma de la cuantía de la pensión de invalidez y de los ingresos obtenidos por la actividad desarrollada no podrán ser superiores, en cómputo anual, al importe, también en cómputo anual, del indicador público de renta de efectos múltiples (IPREM) vigente en cada momento. En caso de exceder de dicha cuantía, se minorará el importe de la pensión en el 50 por 100 del exceso sin que, en ningún caso, la suma de la pensión y de los ingresos pueda superar 1,5 veces el indicador público de renta de efectos múltiples (IPREM). Esta reducción no afectará al complemento previsto en el apartado 6 del artículo 145 de esta Ley.

✐ Párr. 2º añadido por art. único.2 de Ley 8/2005, de 6 junio.

Artículo 148. Calificación.

1. El grado de minusvalía o de la enfermedad crónica padecida, a efectos del reconocimiento de la pensión en su modalidad no contributiva, se determinará mediante la aplicación de un baremo, en el que serán objeto de valoración tanto los factores físicos, psíquicos o sensoriales del presunto minusválido, como los factores sociales complementarios, y que será aprobado por el Gobierno.

2. Asimismo, la situación de dependencia y la necesidad del concurso de una tercera persona a que se refiere el apartado 6 del artículo 145, se determinará mediante la aplicación de un baremo que será aprobado por el Gobierno.

3. Las pensiones de invalidez no contributivas, cuando sus beneficiarios cumplan la edad de sesenta y cinco años, pasarán a denominarse pensiones de jubilación. La nueva denominación no implicará modificación alguna respecto de las condiciones de la prestación que viniesen percibiendo.

✐ Ap. 3 añadido por el art. 22.Seis de la Ley 55/1999, de 29 diciembre, de Medidas Fiscales, Administrativas y del Orden Social.

Artículo 149. Obligaciones de los beneficiarios.

Los perceptores de las pensiones de invalidez en su modalidad no contributiva estarán obligados a comunicar a la entidad que les abone la prestación cualquier variación de su situación de convivencia, estado civil, residencia y cuantas puedan tener incidencia en la conservación o la cuantía de aquéllas. En todo caso, el beneficiario deberá presentar, en el primer trimestre de cada año, una declaración de los ingresos de la respectiva unidad económica de la que forma parte, referida al año inmediato precedente.

Sección 4ª Lesiones Permanentes no Invalidantes

✐ Sección renumerada por el art. 15 b) de la Ley 39/1999, de 5 noviembre, correspondiendo su redacción actual con la de la anterior Secc. 5ª.

Artículo 150. Indemnizaciones por baremo.

Las lesiones, mutilaciones y deformidades de carácter definitivo, causadas por accidentes de trabajo o enfermedades profesionales que, sin llegar a constituir una invalidez permanente conforme a lo establecido en la sección 3ª del presente capítulo, supongan una disminución o alteración de la integridad física del trabajador y aparezcan recogidas en el baremo anejo a las disposiciones de desarrollo de esta Ley, serán indemnizadas, por una sola vez, con las cantidades alzadas que en el mismo se determinen, por la entidad que estuviera obligada al pago de las prestaciones de invalidez permanente, todo ello sin perjuicio del derecho del trabajador a continuar al servicio de la empresa.

⇒ El indicado baremo de lesiones, mutilaciones y deformaciones de carácter definitivo y no invalidante por accidentes de trabajo y enfermedades profesionales, se contiene en la O. 5 abril 1974, modificada por O. 11 mayo 1988, a fin de según su Exp. Motivos «Suprimir las discriminaciones por razón de sexo ... contrarias a los principios de igualdad» que establecen el art. 14 de la CE (§1) y la Dir. 79/7/CEE, de 19 diciembre 1978, del Consejo». La última revisión del baremo la efectúa la Orden TAS/1040/2005, de 18 abril.

Artículo 151. Beneficiarios.

Serán beneficiarios de las indemnizaciones a que se refiere el artículo anterior los trabajadores integrados en este Régimen General que reúnan la condición general exigida en el apartado 1 del artículo 124 y hayan sido dados de alta médica.

Artículo 152. Incompatibilidad con las prestaciones por invalidez permanente.

Las indemnizaciones a tanto alzado que procedan por las lesiones, mutilaciones y deformidades que se regulan en la presente sección serán incompatibles con las prestaciones económicas establecidas para la invalidez permanente, salvo en el caso de que dichas lesiones, mutilaciones y deformidades sean totalmente independientes de las que hayan sido tomadas en consideración para declarar tal invalidez y el grado de incapacidad de la misma.

CAPÍTULO VI
Recuperación

Sección 1ª Prestaciones recuperadoras

Artículo 153. *Beneficiarios.*

1. Las personas integradas en este Régimen General que reúnan la condición general exigida en el apartado 1 del artículo 124 tendrán derecho a que se les inicien los procesos de recuperación tan pronto como se aprecie la procedencia de llevar a cabo aquélla y sin que sea precisa la existencia de una previa declaración de invalidez permanente. Los beneficiarios deberán seguir los procesos de recuperación cuya procedencia se determine; en el supuesto de negativa no razonable a seguir el tratamiento prescrito, podrán ser sancionados con la suspensión del derecho al subsidio que pudiera corresponder o, en su día, con la pérdida o suspensión de las prestaciones por invalidez.

⇒ V. similar previsión en el (no derogado) art. 102.1 de la LGSS/1974 (§34).

2. ...

3. ...

✐ Artículo derogado por la disp. derog. única de la Ley 52/2003, de 10 diciembre.

Artículo 154. ...

✐ Artículo derogado por la disp. derog. única de la Ley 52/2003, de 10 diciembre.

Artículo 155. ...

✐ Artículo derogado por la disp. derog. única de la Ley 52/2003, de 10 diciembre.

Sección 2ª Prestación económica

Artículo 156. ...

✐ Artículo derogado por la disp. derog. única de la Ley 52/2003, de 10 diciembre.

Sección 3ª Empleo Selectivo

Artículo 157. ...

✐ Artículo derogado por la disp. derog. única de la Ley 52/2003, de 10 diciembre.

Artículo 158. ...

✐ Artículo derogado por la disp. derog. única de la Ley 52/2003, de 10 diciembre.

Artículo 159. ...

✐ Artículo derogado por la disp. derog. única de la Ley 52/2003, de 10 diciembre.

CAPÍTULO VII
Jubilación

⇒ V. O. 18 enero 1967, cuyos arts. 4, 7, 11 y 53 han sido derogados por RD 1647/1997, de 31 octubre, así como RD 1799/1985, de 2 octubre (§35.1). V. disps. transits. 3ª, 4ª, 5ª y 7ª de esta LGSS/1994 y su disp. final 4ª. Sobre jubilación de trabajadores a tiempo parcial, v. los Caps. III y IV del RD 1131/2002, de 31 octubre (§37). La Ley 35/2002, de 12 julio, establece medidas para el establecimiento de un sistema de jubilación gradual y flexible. Sus disposiciones han sido incorporadas al texto de los artículos de esta LGSS, que modifica.

Sección 1ª Jubilación en su modalidad contributiva

Artículo 160. Concepto.

La prestación económica por causa de jubilación, en su modalidad contributiva, será única para cada beneficiario y consistirá en una pensión vitalicia que le será reconocida, en las condiciones, cuantía y forma que reglamentariamente se determinen, cuando, alcanzada la edad establecida, cese o haya cesado en el trabajo por cuenta ajena.

Artículo 161. Beneficiarios.

1. Tendrán derecho a la pensión de jubilación, en su modalidad contributiva, las personas incluidas en este Régimen General que, además de la general exigida en el apartado 1 del artículo 124, reúnan las siguientes condiciones:

a) Haber cumplido sesenta y cinco años de edad.

⇒ Sobre anticipación de la edad de jubilación como medida de fomento de empleo, cfr. RD 1194/1985, de 17 julio (§30.1).

b) Tener cubierto un período mínimo de cotización de quince años, de los cuales al menos dos deberán estar comprendidos dentro de los quince años inmediatamente anteriores al momento de causar el derecho.

En los supuestos en que se acceda a la pensión de jubilación desde una situación de alta o asimilada al alta, sin obligación de cotizar, el período de los dos años a que se refiere el párrafo anterior deberá estar comprendido dentro de los quince años anteriores a la fecha en que cesó la obligación de cotizar.

En los casos a que se refiere el párrafo anterior, y respecto de la determinación de la base reguladora de la pensión, se aplicará lo establecido en el apartado 1 del artículo 162.

✐ Nueva redacción por Ley 24/1997, de 15 julio, sobre Consolidación y Racionalización del Sistema de Seguridad Social (art. 4).

⇒ V. arts. 2 y 3 del RD 1647/1997, de 31 octubre, que desarrolla determinados aspectos de la misma (§35.2). Cfr. asimismo disp. transit. cuarta.4 de este TRLGSS.

2. La edad mínima a que se refiere el apartado a) anterior podrá ser rebajada por Real Decreto a propuesta del *Ministro de Trabajo y Seguridad Social*, en aquellos grupos o actividades profesionales cuyos trabajos sean de naturaleza excepcionalmente penosa, tóxica, peligrosa o insalubre y acusen elevados índices de morbilidad o mortalidad, siempre que los trabajadores afectados acrediten en la respectiva profesión o trabajo el mínimo de actividad que se establezca.

De igual modo, la edad mínima a que se refiere el párrafo a) del apartado anterior podrá ser reducida en el caso de personas minusválidas en un grado de minusvalía igual o superior al 65 por 100 en los términos contenidos en el correspondiente Real Decreto acordado a propuesta del Ministro de Trabajo y Asuntos Sociales.

✐ Párr. 2 añadido por la disp. adic. 1ª de la Ley 35/2002, de 12 julio.

⇒ El RD 1539/2003, de 5 diciembre, establece coeficientes reductores de la edad de jubilación a favor de trabajadores que acrediten un grado de minusvalía igual o superior al 65%.

3. Podrán acceder a la jubilación anticipada, los trabajadores que reúnan los siguientes requisitos:

a) Tener cumplidos los sesenta y un años de edad, sin que a estos efectos resulten de aplicación los coeficientes reductores a que se refiere el apartado anterior.

b) Encontrarse inscritos en las oficinas de empleo como demandantes de empleo durante un plazo de, al menos, seis meses inmediatamente anteriores a la fecha de solicitud de la jubilación.

c) Acreditar un período mínimo de cotización efectiva de treinta años, sin que, a tales efectos, se tenga en cuenta la parte proporcional por pagas extraordinarias.

d) Que el cese en el trabajo, como consecuencia de la extinción del contrato de trabajo, no se haya producido por causa imputable a la libre voluntad del trabajador. A tales efectos, se entenderá por libre voluntad del trabajador la inequívoca manifestación de voluntad de quien, pudiendo continuar su relación laboral y no existiendo razón objetiva que la impida, decide poner fin a la misma. Se presumirá que el cese en la relación laboral se produjo de forma involuntaria cuando la extinción se haya producido por alguna de las causas previstas en el artículo 208.1.1 de esta Ley.

✐ Apartado modificado por la disp. adic. 2.1 de la Ley 52/2003, de 10 diciembre.

Los requisitos exigidos en los apartados b) y d) no serán exigibles en aquellos supuestos en los que el empresario, en virtud de obligación adquirida mediante acuerdo colectivo, haya abonado al trabajador tras la extinción del contrato de trabajo y durante al menos los dos años inmediatamente anteriores a la solicitud de jubilación anticipada, una cantidad que, en cómputo anual, represente un importe mensual no inferior al resultado de sumar la cantidad que le hubiera correspondido en concepto de prestación por desempleo y la cuota que hubiera abonado o, en su caso, la cuota de mayor cuantía que hubiera podido abonar en concepto de convenio especial con la Seguridad Social.

En los casos de acceso a la jubilación anticipada a que se refiere este apartado, la pensión será objeto de reducción mediante la aplicación, por cada año o fracción de año que, en el momento del hecho causante, le falte al trabajador para cumplir los sesenta y cinco años de los siguientes coeficientes:

1º Con treinta años de cotización acreditados: 8 por 100.

2º Entre treinta y uno y treinta y cuatro años completos de cotización acreditados: 7,5 por 100.

3º Entre treinta y cinco y treinta y siete años completos de cotización acreditados: 7 por 100.

4º Entre treinta y ocho y treinta y nueve años completos de cotización acreditados: 6,5 por 100.

5º Con cuarenta o más años completos de cotización acreditados: 6 por 100.

✐ Ap. 3 añadido por el art. 3.1 de la Ley 35/2002, de 12 julio (art. 3).

4. También tendrán derecho a la pensión de jubilación quienes se encuentren en situación de *invalidez provisional* y reúnan las condiciones que se establecen en el apartado 1 de este artículo.

✐ Ap. 4 renumerado por el art. 3.1 de la Ley 35/2002, de 12 julio. Su anterior numeración era ap. 3.

⇒ Entiéndase hecha la referencia a la Incapacidad Temporal, tal y como dispone la disp. final tercera.uno de la Ley 42/1994, de 30 diciembre.

5. No obstante lo dispuesto en el párrafo primero del apartado 1 de este artículo, la pensión de jubilación podrá causarse, aunque los interesados no se encuentren en el momento del hecho causante en alta o situación asimilada a la de alta, siempre que reúnan los requisitos de edad y cotización contemplados en el citado apartado 1.

✐ Ap. 5 renumerado por el art. 3.1 del Ley 35/2002, de 12 julio. Su anterior numeración era ap. 4.

6. Para causar pensión en el Régimen General y en otro u otros del sistema de la Seguridad Social, en el supuesto previsto en el apartado 4 del presente artículo, será necesario que las cotizaciones acreditadas en cada uno de ellos se superpongan, al menos, durante quince años.

✐ Ap. 6 renumerado por el art. 3.1 del Ley 35/2002, de 12 julio. Su anterior numeración era ap. 5. La referencia que se refiere al ap. 4 ha de entenderse referida al ap. 5 tal y como establece el art. 3.2 de la Ley 35/2002, de 12 julio.

⇒ El RDley 5/1998, de 29 mayo, establece normas respecto al reconocimiento del derecho a pensión de jubilación cuando el interesado acredita cotizaciones en dos o más Regímenes de la Seguridad Social, sin que en ninguno de ellos, aisladamente considerados, reúna los requisitos para acceder a dicha pensión. La Ley 47/1998, de 23 diciembre, dicta normas similares en supuestos de jubilación anticipada.

Artículo 162. Base reguladora de la pensión de jubilación.

1. La base reguladora de la pensión de jubilación, en su modalidad contributiva, será el cociente que resulte de dividir por 210, las bases de cotización del interesado durante los 180 meses inmediatamente anteriores a aquel en que se produzca el hecho causante.

1.1. El cómputo de las bases a que se refiere el párrafo anterior se realizará conforme a las siguientes reglas, de las que es expresión matemática la fórmula que figura al final del presente apartado.

1ª Las bases correspondientes a los 24 meses anteriores a aquel en que se produzca el hecho causante se computarán en su valor nominal.

2ª Las restantes bases de cotización se actualizarán de acuerdo con la evolución que haya experimentado el índice de precios al consumo desde el mes a que aquéllas correspondan, hasta el mes inmediato anterior a aquel en que se inicie el período a que se refiere la regla anterior.

$$B_r = \frac{\sum_{i=1}^{24} B_i + \sum_{i=25}^{180} B_i \frac{I_{25}}{I_i}}{210}$$

Siendo:

B_r = Base reguladora.

B_i = Base de cotización del mes i-ésimo anterior al hecho causante.

I_i = Indice general de precios al consumo del mes iésimo anterior al del hecho causante.

Siendo i = 1, 2 ..., 180.

1.2. Si en el período que haya de tomarse para el cálculo de la base reguladora aparecieran meses durante los cuales no hubiese existido obligación de cotizar, dichas lagunas se integrarán con la base mínima de entre todas las existentes en cada momento para trabajadores mayores de dieciocho años.

✐ Nueva redacción del núm. 1 de este art. 162 por la Ley 24/1997, de 15 de julio, sobre Consolidación y Racionalización del Sistema de Seguridad Social (art. 5).

⇒ Cfr. art. 4 del RD 1647/1997, de 31 octubre (§35.2). V. disp. transit. quinta de este TRLGSS.

En los supuestos en que en alguno de los meses a tener en cuenta para la determinación de la base reguladora, la obligación de cotizar exista sólo durante una parte del mismo, procederá la integración señalada en el párrafo anterior, por la parte del mes en que no exista obligación de cotizar, siempre que la base de cotización correspondiente al primer período no alcance la cuantía de la base mínima mensual señalada. En tal supuesto, la integración alcanzará hasta esta última cuantía.

✐ Párrafo añadido por el art. 14.2 de la Ley 52/2003, de 10 diciembre.

2. Sin perjuicio de lo establecido en el apartado 2 del artículo 120, para la determinación de la base reguladora de la pensión de jubilación, en su modalidad contributiva, no se podrán computar los incrementos de las bases de cotización, producidos en los dos últimos años, que sean consecuencia de aumentos salariales superiores al incremento medio interanual experimental en el convenio colectivo aplicable o, en su defecto, en el correspondiente sector.

3. Se exceptúan de la norma general establecida en el apartado anterior los incrementos salariales que sean consecuencia de la aplicación estricta de las normas contenidas en disposiciones legales y convenios colectivos sobre antigüedad y ascensos reglamentarios de categoría profesional.

No obstante, la referida norma general será de aplicación cuando dichos incrementos salariales se produzcan exclusivamente por decisión unilateral de la empresa en virtud de sus facultades organizativas.

Quedarán asimismo exceptuados, en los términos contenidos en el párrafo anterior, aquellos incrementos salariales que deriven de cualquier otro concepto retributivo establecido con carácter general y regulado en las citadas disposiciones legales o convenios colectivos.

4. No obstante lo dispuesto en el apartado anterior, en ningún caso se computarán aquellos incrementos salariales que excedan del límite establecido en el apartado 2 del presente artículo y que hayan sido pactados exclusiva o fundamentalmente en función del cumplimiento de una determinada edad próxima a la jubilación.

5. A efectos del cálculo de la base reguladora de la pensión de jubilación en las situaciones de pluriempleo, las bases por las que se haya cotizado a las diversas empresas se computarán en su totalidad, sin que la suma de dichas bases pueda exceder del límite máximo de cotización vigente en cada momento.

✐ Ap. 5 modificado por disp. adic. 48ª.5 de la Ley 30/2005, de 29 diciembre.

6. Por los períodos de actividad en los que no se hayan efectuado cotizaciones por contingencias comunes, en los términos previstos en el artículo 112 bis, a efectos de determinar la base reguladora de las prestaciones excluidas de cotización, las bases de cotización correspondientes a las mensualidades de cada ejercicio económico exentas de cotización, no podrán ser superiores al resultado de incrementar el promedio de las bases de cotización del año natural inmediatamente anterior en el porcentaje de variación media conocida del IPC en el último año indicado más dos puntos porcentuales.

✐ Ap. 6 añadido por el art. 12 de la Ley 35/2002, de 12 julio.

Artículo 163. Cuantía de la pensión.

1. La cuantía de la pensión de jubilación, en su modalidad contributiva, se determinará aplicando a la base reguladora, calculada conforme a lo dispuesto en el artículo precedente, los porcentajes siguientes:

1º Por los primeros quince años cotizados: el 50 por 100.

2º Por cada año adicional de cotización, comprendido entre el decimosexto y el vigésimo quinto, ambos incluidos: el 3 por 100.

3º Por cada año adicional de cotización, a partir del vigésimo sexto: el 2 por 100, sin que el porcentaje aplicable a la base reguladora supere el 100 por 100, salvo en el supuesto a que se refiere el apartado siguiente.

2. Cuando se acceda a la pensión de jubilación a una edad superior a los 65 años, el porcentaje aplicable a la respectiva base reguladora será el resultante de sumar al 100 por 100, un 2 por 100 adicional por cada año completo que, en la fecha del hecho causante de la pensión, se haya cotizado desde el cumplimiento de los 65 años, siempre que en dicho momento el interesado tuviera acreditados 35 años de cotización. En el supuesto de que el interesado no tuviera acreditados treinta y cinco años

de cotización, el porcentaje adicional indicado se aplicará, cumplidos los 65 años, desde la fecha en que se haya acreditado dicho período de cotización.

✐ Artículo modificado por el art. 10 de la Ley 35/2002, de 12 julio.

Artículo 164. Imprescriptibilidad.

El derecho al reconocimiento de la pensión de jubilación, en su modalidad contributiva, es imprescriptible, sin perjuicio de que los efectos de tal reconocimiento se produzcan a partir de los tres meses anteriores a la fecha en que se presente la correspondiente solicitud, en los supuestos de jubilación en situación de alta.

Artículo 165. Incompatibilidades.

1. El disfrute de la pensión de jubilación, en su modalidad contributiva, será incompatible con el trabajo del pensionista, con las salvedades y en los términos que legal o reglamentariamente se determinen.

⇒ Incompatibilidad que se extiende al «ejercicio de cualquier cargo, profesión o actividad retribuida en cualquiera de las Administraciones Públicas y Organismos constitucionales» por el art. 52.1 de la Ley 44/1983, de 28 diciembre, de Presupuestos Generales del Estado para 1984. Sobre la constitucionalidad de dicho precepto, cfr. la STC 65/1987, de 25 mayo (RTC 1987, 65). V. asimismo la Dec. 29 septiembre 1987, del TJCE, que, resolviendo una cuestión prejudicial, declaró que el precepto no se oponía al Derecho Comunitario.

No obstante lo anterior, las personas que accedan a la jubilación podrán compatibilizar el percibo de la pensión con un trabajo a tiempo parcial en los términos que reglamentariamente se establezcan. Durante dicha situación, se minorará el percibo de la pensión en proporción inversa a la reducción aplicable a la jornada de trabajo del pensionista en relación a la de un trabajador a tiempo completo comparable.

✐ Párr. 2º añadido por el art. 1 de la Ley 35/2002, de 12 julio.

2. El desempeño de un puesto de trabajo en el sector público delimitado en el párrafo segundo del apartado 1 del artículo primero de la Ley 53/1984, de 26 de diciembre, de Incompatibilidades del Personal al Servicio de las Administraciones Públicas, es incompatible con la percepción de pensión de jubilación, en su modalidad contributiva.

La percepción de la pensión indicada quedará en suspenso por el tiempo que dure el desempeño de dicho puesto, sin que ello afecte a sus revalorizaciones.

⇒ Téngase presente la disp. adic. 12ª de esta LGSS/1994.

3. También será incompatible el percibo de la pensión de jubilación, en su modalidad contributiva, con el desempeño de los altos cargos a los que se refiere el artículo primero de la Ley 25/1983, de 26 de diciembre, de Incompatibilidades de Altos Cargos.

Artículo 166. Jubilación parcial.

⇒ Sobre la producción con ocasión de un contrato de relevo, v. arts. 8 y ss. del RD 1131/2002, de 31 octubre (§37).

1. Los trabajadores que hayan alcanzado la edad ordinaria de jubilación y reúnan los requisitos para causar derecho a la misma, podrán acceder a la jubilación parcial sin necesidad de la celebración simultánea de un contrato de relevo.

2. Asimismo, los trabajadores que reúnan las condiciones exigidas para tener derecho a la pensión de jubilación con excepción de la edad, que habrá de ser inferior en cinco años, como máximo, a la exigida con carácter general, podrán acceder a la jubilación parcial, en las condiciones previstas en el apartado 6 del artículo 12 de la Ley del Estatuto de los Trabajadores.

3. El disfrute de la pensión de jubilación parcial en ambos supuestos será compatible con un puesto de trabajo a tiempo parcial.

✐ Artículo modificado por el art. 34.6 de la Ley 24/2001, de 27 diciembre.

4. El régimen jurídico de la jubilación parcial a que se refieren los apartados anteriores será el que reglamentariamente se establezca.

✐ Ap. 4 añadido por el art. 2 de la Ley 35/2002, de 12 julio.

Sección 2ª Jubilación en su modalidad no contributiva

Artículo 167. Beneficiarios.

1. Tendrán derecho a la pensión de jubilación, en su modalidad no contributiva, las personas que, habiendo cumplido sesenta y cinco años de edad, carezcan de rentas o ingresos en cuantía superior a los límites establecidos en el artículo 144, residan legalmente en territorio español y lo hayan hecho

durante diez años entre la edad de dieciséis años y la edad de devengo de la pensión, de los cuales dos deberán ser consecutivos e inmediatamente anteriores a la solicitud de la prestación.

⇒ Sobre comprobación de los requisitos exigidos, v. nota al art. 144 de esta LGSS/1994. Sobre pensiones asistenciales por ancianidad en favor de emigrantes, v. RD 728/1993, de 14 de mayo, modificado por RD 667/1999, de 23 abril y la O. 1 julio 1993, que lo desarrolla; esta última, modificada, a su vez, por O. 28 septiembre 1995 y O. 22 febrero 2000, que deroga la O. 1 julio 1993 y 28 septiembre 1995.

V. art. 7.5 de esta LGSS/1994.

2. Las rentas e ingresos propios, así como los ajenos computables por razón de convivencia en una misma unidad económica, y la residencia en territorio español, condicionan tanto el derecho a pensión como la conservación de la misma y, en su caso, la cuantía de aquélla.

Artículo 168. Cuantía de la pensión.

Para la determinación de la cuantía de la pensión de jubilación, en su modalidad no contributiva, se estará a lo dispuesto para la pensión de invalidez en el artículo 145 de la presente Ley.

⇒ V. nota al núm. 1 del citado art. 145.

Artículo 169. Efectos económicos del reconocimiento del derecho.

Los efectos económicos del reconocimiento del derecho a la pensión de jubilación, en su modalidad no contributiva, se producirán a partir del día primero del mes siguiente a aquel en que se presente la solicitud.

Artículo 170. Obligaciones de los beneficiarios.

Los perceptores de la pensión de jubilación, en su modalidad no contributiva, estarán obligados al cumplimiento de lo establecido, para la pensión de invalidez, en el artículo 149 de la presente Ley.

CAPÍTULO VIII

Muerte y supervivencia

⇒ V. art. 31 del D. 3158/1966, modificado por RD 1465/2001, de 27 diciembre y por RD 1795/2003, de 26 diciembre. V. asimismo O. 13 febrero 1967, cuyos arts. 16, 19 y 20 han sido derogados por RD 1647/1997, de 31 octubre (§35.2) y sus arts. 22.1.1 y 25 modificados por RD 4/1998, de 9 enero (disps. adics. 9ª y 10ª). V. la modificación de su art. 11 por RD 1465/2001.

Téngase en cuenta la incidencia de la disp. adic. 10ª de la Ley 30/1981, de 7 julio por la que se modifica la regulación del matrimonio en el Código Civil, que dice así:

«Con carácter provisional en tanto se dé una regulación definitiva en la correspondiente legislación, en materia de pensiones y Seguridad Social, regirán las siguientes normas:

1ª A las prestaciones de la Seguridad Social, sin perjuicio de lo que se establece en materia de pensiones en esta disposición adicional, tendrán derecho el cónyuge y los descendientes que hubieran sido beneficiarios por razón de matrimonio o filiación, con independencia de que sobrevenga separación judicial o divorcio.

2ª Quienes no hubieran podido contraer matrimonio, por impedírselo la legislación vigente hasta la fecha, pero hubieran vivido como tal, acaecido el fallecimiento de uno de ellos con anterioridad a la vigencia de esta Ley, el otro tendrá derecho a los beneficios a que se hace referencia en el apartado primero de esta disposición y a la pensión correspondiente conforme a lo que se establece en el apartado siguiente.

3ª El derecho a la pensión de viudedad y demás derechos pasivos o prestaciones por razón de fallecimiento, corresponderá a quien sea o haya sido cónyuge legítimo y en cuantía proporcional al tiempo vivido con el cónyuge fallecido, con independencia de las causas que hubieran determinado la separación o el divorcio.

4ª Los que se encuentren en situación legal de separación, tendrán los mismos derechos pasivos respecto de sus ascendientes o descendientes que los que les corresponderían de estar disuelto su matrimonio.

5ª Los derechos derivados de los apartados anteriores quedarán sin efecto en cuanto al cónyuge en los supuestos del artículo 101 del Código Civil».

V. el art. 174 de esta LGSS/1994.

Sobre estas prestaciones para los trabajadores a tiempo parcial, v. RD 1131/2002 (§37).

Artículo 171. Prestaciones.

1. En caso de muerte, cualquiera que fuera su causa, se otorgarán, según los supuestos, alguna o algunas de las prestaciones siguientes:

a) Un auxilio por defunción.

b) Una pensión vitalicia de viudedad.

c) Una pensión de orfandad.

d) Una pensión vitalicia o, en su caso, subsidio temporal a favor de familiares.

2. En caso de muerte causada por accidente de trabajo o enfermedad profesional se concederá, además, una indemnización a tanto alzado.

⇒ V. nota al art. 124.1.

Artículo 172. Sujetos causantes.

1. Podrán causar derecho a las prestaciones enumeradas en el artículo anterior:

a) Las personas integradas en el Régimen General que cumplan la condición general exigida en el artículo 124.

b) Los perceptores de los subsidios de incapacidad temporal, riesgo durante el embarazo, maternidad, paternidad o riesgo durante la lactancia natural, que cumplan el período de cotización que, en su caso, esté establecido.

✐ Letra b) modificada por disp. adic. 18ª.11 de la LO 3/2007, de 22 marzo, para la igualdad efectiva de mujeres y hombres.

c) Los pensionistas por incapacidad permanente y jubilación, ambos en su modalidad contributiva.

✐ Ap. 1 modificado por ap. Tres del art. 25 de la Ley 62/2003, de 30 diciembre.

2. Se reputarán de derecho muertos a consecuencia de accidente de trabajo o de enfermedad profesional quienes tengan reconocida por tales contingencias una invalidez permanente absoluta para todo trabajo o la condición de gran inválido.

Si no se da el supuesto previsto en el párrafo anterior, deberá probarse que la muerte ha sido debida al accidente de trabajo o a la enfermedad profesional, siempre que el fallecimiento haya ocurrido dentro de los cinco años siguientes a la fecha del accidente; en caso de enfermedad profesional se admitirá tal prueba, cualquiera que sea el tiempo transcurrido.

3. Los trabajadores que hubieran desaparecido con ocasión de un accidente, sea o no de trabajo, en circunstancias que hagan presumible su muerte y sin que se hayan tenido noticias suyas durante los noventa días naturales siguientes al del accidente, podrán causar las prestaciones por muerte y supervivencia, excepción hecha del auxilio por defunción. Los efectos económicos de las prestaciones se retrotraerán a la fecha del accidente, en las condiciones que reglamentariamente se determinen.

⇒ La Ley 4/2000, de 7 enero, modifica la regulación de la declaración de fallecimiento de los desaparecidos con ocasión de naufragios o siniestros.

Artículo 173. Auxilio por defunción.

El fallecimiento del causante dará derecho a la percepción inmediata de un auxilio por defunción para hacer frente a los gastos de sepelio a quien los haya soportado. Se presumirá, salvo prueba en contrario, que dichos gastos han sido satisfechos por este orden: Por el cónyuge superviviente, hijos y parientes del fallecido que conviviesen con él habitualmente.

Artículo 174. Pensión de viudedad.

⇒ V. art. 31 del Reglamento General de Prestaciones del RGSS (D. 3158/1966, de 23 diciembre), modificado por RD 1465/2001, de 27 diciembre y por RD 1795/2003, de 26 diciembre. Este último fija en el 52% el porcentaje a aplicar a la base reguladora para determinar la cuantía de las pensión de viudedad.

Sobre las cuantías mínimas de las pensiones de viudedad para beneficiarios menores de 60 años con cargas familiares, límite de ingresos, v. art. 8 del RD 1647/1997, de 31 octubre (§35.2).

Téngase en cuenta que la disp. adic. 54ª de la Ley 30/2005, de 29 diciembre, encomienda al Gobierno la presentación, dentro del marco del diálogo social, de un proyecto de ley de reformulación de esta pensión.

1. Tendrá derecho a la pensión de viudedad, con carácter vitalicio, salvo que se produzca alguna de las causas de extinción que legal o reglamentariamente se establezcan, el cónyuge superviviente cuando, al fallecimiento de su cónyuge, éste, si al fallecer se encontrase en alta o en situación asimilada a la de alta, hubiera completado un período de cotización de quinientos días, dentro de un período ininterrumpido de cinco años inmediatamente anteriores a la fecha del hecho causante de la pensión. En los supuestos en que se cause aquélla desde una situación de alta o de asimilada al alta, sin obligación de cotizar, el período de cotización de quinientos días deberá estar comprendido dentro de un período ininterrumpido de cinco años inmediatamente anteriores a la fecha en que cesó la obligación de cotizar. En cualquier caso, si la causa de la muerte fuere un accidente, sea o no de trabajo, o una enfermedad profesional, no se exigirá ningún período previo de cotización.

✐ Párrafo modificado por el art. 17 de la Ley 52/2003, de 10 diciembre.

No obstante, también tendrá derecho a la pensión de viudedad el cónyuge superviviente aunque el causante, a la fecha del fallecimiento, no se encontrase en alta o en situación asimilada a la del alta, siempre que el mismo hubiera completado un período mínimo de cotización de quince años.

✐ Apartado redactado por el art. 32.1 de la Ley 50/1998, de 30 diciembre, de Medidas Fiscales, Administrativas y de Orden Social. V. asimismo, su art. 32.2.

⇒ V. SSTC 177/1985, de 18 diciembre (RTC 1985, 177) y 29/1991, de 14 febrero (RTC 1991, 29).

2. En los supuestos de separación o divorcio, el derecho a la pensión de viudedad corresponderá a quien sea o haya sido cónyuge legítimo, en este último caso siempre que no hubiese contraído nuevas nupcias, en cuantía proporcional al tiempo vivido con el cónyuge fallecido, con independencia de las causas que hubieran determinado la separación o el divorcio.

En caso de nulidad matrimonial, el derecho a la pensión de viudedad corresponderá al superviviente respecto del que no cupiera la apreciación de mala fe y siempre que no hubiera contraído nuevas nupcias, en cuantía proporcional al tiempo vivido con el causante.

✐ Ap. 2 modificado por la disp. adic. 13ª.1 de la Ley 66/1997, de 30 diciembre.

⇒ V. RD 1465/2001, de 27 diciembre (art. 2).

3. Los derechos derivados del apartado anterior quedarán sin efecto en los supuestos del artículo 101 del Código Civil, sin perjuicio de lo que reglamentariamente se establezca en el supuesto de que se contraiga nuevo matrimonio.

✐ Ap. 3 modificado por el art. 34 de la Ley 24/2001, de 27 diciembre. V. su desarrollo por RD 1465/2001, de 27 diciembre.

⇒ Conforme al art. 101 del CC «El derecho a la pensión se extingue por el cese de la causa que lo motivó, por contraer el acreedor nuevo matrimonio o por vivir maritalmente con otra persona.

El derecho a la pensión no se extingue por el solo hecho de la muerte del deudor. No obstante, lo herederos de éste podrán solicitar del Juez la reducción o supresión de aquélla si el caudal hereditario no pudiera satisfacer las necesidades de la deuda o afectara a sus derechos en la legítima».

Artículo 175. Pensión de orfandad.

⇒ V. RD 1465/2001, de 27 diciembre (art. 3).

1. Tendrán derecho a la pensión de orfandad cada uno de los hijos del causante, cualquiera que sea la naturaleza legal de su filiación, siempre que, al fallecer el causante, sean menores de dieciocho años o estén incapacitados para el trabajo y que aquél hubiera cubierto el período de cotización exigido, en relación con la pensión de viudedad, en el párrafo primero del número 1 del artículo anterior.

Será de aplicación, asimismo, a las pensiones de orfandad lo previsto en el segundo párrafo del número 1 del artículo 174 de esta Ley.

✐ Ap. 1 redactado por Ley 66/1997, de 30 diciembre, de Medidas Fiscales, Administrativas y del Orden Social (disp. adic. 13ª.2 y art. 46).

2. En los casos en que el hijo del causante no efectúe trabajo lucrativo por cuenta ajena o propia, o cuando realizándolo, los ingresos que obtenga en cómputo anual resulten inferiores al 75 por 100 del salario mínimo interprofesional, que se fije en cada momento, también en cómputo anual, podrá ser beneficiario de la pensión de orfandad siempre que, a la fecha del fallecimiento del causante, fuera menor de 22 años de edad, o de 24 si no sobreviviera ninguno de los padres.

✐ Ap. 2 modificado por el art. 34.8 de la Ley 24/2001, de 27 diciembre.

⇒ V. disp. transit. 6ª bis de este TRLGSS.

En el caso de orfandad absoluta, si el huérfano estuviera cursando estudios y cumpliera veinticuatro años durante el transcurso del curso escolar, la percepción de la pensión de orfandad se mantendrá hasta el día primero del mes siguiente del inicio del siguiente curso académico.

✐ Ap. 2 párr. 2º añadido por disp. adic. 48ª.6 de la Ley 30/2005, de 29 diciembre.

3. La pensión de orfandad se abonará a quien tenga a su cargo a los beneficiarios, según determinación reglamentaria.

✐ Nueva redacción de este artículo por Ley 24/1997, de 15 julio, de Consolidación y Racionalización del Sistema de Seguridad Social (art. 10).

⇒ Cfr. arts. 9, 10 y 11 del RD 1647/1997, de 31 octubre (§35.2) así como su disp. adic. única.

Artículo 176. Prestaciones en favor de familiares.

⇒ V. RD 1465/2001, de 27 diciembre (art. 4).

1. En los Reglamentos generales de desarrollo de esta Ley se determinarán aquellos otros familiares o asimilados que, reuniendo las condiciones que para cada uno de ellos se establezcan y previa prueba de su dependencia económica del causante, tendrán derecho a pensión o subsidio por muerte de éste, en la cuantía que respectivamente se fije.

Será de aplicación a las prestaciones en favor de familiares lo establecido en el párrafo segundo del artículo 174.1 de esta Ley.

✐ Párr. 2 introducido por el art. 32.3 de la Ley 50/1998, de 30 diciembre, de Medidas Fiscales, Administrativas y de Orden Social.

2. En todo caso, se reconocerá derecho a pensión a los hijos o hermanos de beneficiarios de pensiones contributivas de jubilación e invalidez, en quienes se den, en los términos que se establezcan en los Reglamentos generales, las siguientes circunstancias:

a) Haber convivido con el causante y a su cargo.

b) Ser mayores de cuarenta y cinco años y solteros, divorciados o viudos.

c) Acreditar dedicación prolongada al cuidado del causante.

d) Carecer de medios propios de vida.

⇒ V. STC 3/1993, de 14 enero (RTC 1993, 3).

3. La duración de los subsidios temporales por muerte y supervivencia será objeto de determinación en los Reglamentos generales de desarrollo de esta Ley.

4. A efectos de estas prestaciones, quienes se encuentren en situación legal de separación tendrán, respecto de sus ascendientes o descendientes, los mismos derechos que los que les corresponderían de estar disuelto su matrimonio.

Artículo 177. Indemnización especial a tanto alzado.

1. En el caso de muerte por accidente de trabajo o enfermedad profesional, el cónyuge superviviente y los huérfanos tendrán derecho a una indemnización a tanto alzado, cuya cuantía uniforme se determinará en los Reglamentos generales de esta Ley.

⇒ Vid STC 154/2006, de 22 mayo. De conformidad con ella, la Res. de 28 julio 2006, de la Dir. Gral. de Ordenación de la Seguridad Social aclara la regulación contenida en el art. 29.2 de la OM de 13 febrero 1967, que desarrolla este precepto en los siguientes términos:

«En su virtud, esta Dirección General, en ejercicio de las atribuciones que tiene conferidas por el Real Decreto 1600/2004, de 2 de julio, de desarrollo de la estructura orgánica básica del Ministerio de Trabajo y Asuntos Sociales, resuelve:

Primero.–La condición prevista en el artículo 29.2.b) de la Orden de 13 febrero 1967, relativa a que no exista viuda o viudo con derecho a la indemnización especial a tanto alzado en caso de muerte causada por accidente de trabajo o enfermedad profesional, a efectos de incrementar la que corresponda al huérfano, se entenderá que se cumple en aquellos supuestos en que no hubiera mediado matrimonio entre los progenitores del huérfano.

Segundo.–Lo previsto en la presente Resolución será aplicable en relación con los hechos causantes que se produzcan o hayan producido a partir del día 22 de junio de 2006.

Tercero.–La presente Resolución entrará en vigor el día de su publicación en el "Boletín Oficial del Estado"».

En los supuestos de separación o divorcio será de aplicación, en su caso, lo previsto en el apartado 2 del artículo 174 de esta Ley.

2. Cuando no existieran otros familiares con derecho a pensión por muerte y supervivencia, el padre o la madre que vivieran a expensas del trabajador fallecido, siempre que no tengan, con motivo de la muerte de éste, derecho a las prestaciones a que se refiere el artículo anterior, percibirán la indemnización que se establece en el apartado 1 del presente artículo.

Artículo 178. Imprescriptibilidad.

El derecho al reconocimiento de las prestaciones por muerte y supervivencia, con excepción del auxilio por defunción, será imprescriptible, sin perjuicio de que los efectos de tal reconocimiento se produzcan a partir de los tres meses anteriores a la fecha en que se presente la correspondiente solicitud.

Artículo 179. Compatibilidad y límite de las prestaciones.

1. La pensión de viudedad será compatible con cualesquiera rentas de trabajo.

La pensión de viudedad, en los términos del segundo párrafo del apartado 1 del artículo 174, será incompatible con el reconocimiento de otra pensión de viudedad, en cualquiera de los regímenes de la Seguridad Social, salvo que las cotizaciones acreditadas en cada uno de los regímenes se superpongan, al menos, durante 15 años.

✐ Párrafo añadido por el art. 18.1 de la Ley 52/2003, de 10 diciembre.

2. La pensión de orfandad será compatible con cualquier renta de trabajo de quien sea o haya sido cónyuge del causante, o del propio huérfano, así como, en su caso, con la pensión de viudedad que aquél perciba.

No obstante lo establecido en el párrafo anterior, la percepción de la pensión de orfandad será incompatible con el desempeño de un puesto de trabajo en el sector público, delimitado en el párrafo segundo del apartado 1 del artículo primero de la Ley 53/1984, de 26 de diciembre, de Incompatibilidades del Personal al Servicio de las Administraciones Públicas. La percepción de la pensión quedará en suspenso por el tiempo que dure el desempeño de dicho puesto, sin que ello afecte a sus revalorizaciones.

⇒ El precepto remitido regula las incompatibilidades del personal al servicio de las Administraciones Públicas; de conformidad con el referido párrafo segundo del art. 1.1, «se considerará actividad en el sector público la desarrollada por los miembros electivos de las Asambleas Legislativas de las Comunidades Autónomas y de las Corporaciones Locales, por los altos cargos y restante personal de los órganos constitucionales y de todas las Administraciones Públicas, incluida la Administración de Justicia, y de los Entes, Organismos y Empresas de ellas dependientes, entendiéndose comprendidas las Entidades colaboradoras y las concertadas de la Seguridad Social en la prestación sanitaria».

Será de aplicación a las pensiones de orfandad lo previsto, respecto de las pensiones de viudedad, en el segundo párrafo del apartado 1.

✐ Párrafo añadido por el art. 18.2 de la Ley 52/2003, de 10 diciembre.

3. Los huérfanos incapacitados para el trabajo con derecho a pensión de orfandad, cuando perciban otra pensión de la Seguridad Social en razón a la misma incapacidad, podrán optar entre una u otra.

4. La suma de las cuantías de las pensiones por muerte y supervivencia no podrá exceder del importe de la base reguladora que corresponda, conforme a lo previsto en el apartado 2 del artículo 120, en función de las cotizaciones efectuadas por el causante. Esta limitación se aplicará a la determinación inicial de las expresadas cuantías, pero no afectará a las revalorizaciones periódicas de las pensiones que procedan en lo sucesivo, conforme a lo previsto en el artículo 48 de esta Ley.

A los efectos de la limitación establecida en este apartado, las pensiones de orfandad tendrán preferencia sobre las pensiones a favor de otros familiares. Asimismo, y por lo que respecta a estas últimas prestaciones, se establece el siguiente orden de preferencia:

1º Nietos y hermanos, menores de 18 años o mayores incapacitados, del causante.

2º Padre y madre del causante.

3º Abuelos y abuelas del causante.

4º Hijos y hermanos del pensionista de jubilación o incapacidad permanente, en su modalidad contributiva, mayores de 45 años y que reúnan los demás requisitos establecidos.

✐ Apartado modificado por el ap. Cuatro del art. 25 de la Ley 62/2003, de 30 diciembre.

5. Reglamentariamente se determinarán los efectos de la concurrencia en los mismos beneficiarios de pensiones de orfandad causadas por el padre y la madre.

6. Será de aplicación a las pensiones en favor de familiares lo previsto para las pensiones de viudedad en el segundo párrafo del apartado 1.

✐ Apartado añadido por el art. 18.3 de la Ley 52/2003, de 10 diciembre.

CAPÍTULO IX

Prestaciones familiares

✐ Rúbrica del Capítulo modificada por el art. 19.3 de la Ley 52/2003, de 10 diciembre.

⇒ El desarrollo reglamentario de estas prestaciones se contiene en el RD 1335/2005, de 11 noviembre (§37 bis).

La Ley 13/1996, de 30 diciembre, de Medidas Fiscales, Administrativas y del Orden Social declara las prestaciones por hijo a cargo rentas exentas en IRPF (art. 14).

V. RDley 1/2000, de 14 enero, sobre determinadas medidas de mejora de la protección familiar de la Seguridad Social, desarrollado por RD 1368/2000, de 19 julio.

Sección 1ª Modalidad contributiva

⇒ V. art. 2 del RD 1335/2005 (§37 bis).

Artículo 180. Prestaciones.

1. Los dos primeros años del período de excedencia que los trabajadores, de acuerdo con el artículo 46.3 de la Ley del Estatuto de los Trabajadores, disfruten en razón del cuidado de cada hijo o menor acogido, en los supuestos de acogimiento familiar permanente o preadoptivo, aunque éstos sean provisionales, tendrán la consideración de período de cotización efectiva a efectos de las correspondientes prestaciones de la Seguridad Social por jubilación, incapacidad permanente, muerte y supervivencia, maternidad y paternidad.

El período de cotización efectiva a que se refiere el párrafo anterior tendrá una duración de 30 meses si la unidad familiar de la que forma parte el menor en razón de cuyo cuidado se solicita la excedencia, tiene la consideración de familia numerosa de categoría general, o de 36 meses, si tiene la de categoría especial.

2. De igual modo, se considerará efectivamente cotizado a los efectos de las prestaciones indicadas en el apartado anterior, el primer año del período de excedencia que los trabajadores disfruten, de acuerdo con el artículo 46.3 de la Ley del Estatuto de los Trabajadores, en razón del cuidado de otros familiares, hasta el segundo grado de consanguinidad o afinidad, que, por razones de edad, accidente, enfermedad o discapacidad, no puedan valerse por sí mismos, y no desempeñen una actividad retribuida.

3. Las cotizaciones realizadas durante los dos primeros años del período de reducción de jornada por cuidado de menor previsto en el artículo 37.5 de la Ley del Estatuto de los Trabajadores, se

computarán incrementadas hasta el 100 por 100 de la cuantía que hubiera correspondido si se hubiera mantenido sin dicha reducción la jornada de trabajo, a efectos de las prestaciones señaladas en el apartado 1. Dicho incremento vendrá exclusivamente referido al primer año en el resto de supuestos de reducción de jornada contemplados en el mencionado artículo.

4. Cuando las situaciones de excedencia señaladas en los apartados 1 y 2 hubieran estado precedidas por una reducción de jornada en los términos previstos en el artículo 37.5 de la Ley del Estatuto de los Trabajadores, a efectos de la consideración como cotizados de los períodos de excedencia que correspondan, las cotizaciones realizadas durante la reducción de jornada se computarán incrementadas hasta el 100 por 100 de la cuantía que hubiera correspondido si se hubiera mantenido sin dicha reducción la jornada de trabajo.

✐ Artículo modificado por disp. adic. 18ª.12 de la LO 3/2007, de 22 marzo, para la igualdad efectiva de mujeres y hombres.

⇒ V. Cap. II del RD 1335/2005 (§37 bis).

Sección 2ª Modalidad no contributiva

⇒ V. Cap. III del RD 1335/2005 (§37 bis).

Artículo 181. Prestación.

Las prestaciones familiares de la Seguridad Social, en su modalidad no contributiva, consistirán en:

a) Una asignación económica por cada hijo, menor de 18 años o, cuando siendo mayor de dicha edad, esté afectado por una minusvalía, en un grado igual o superior al 65 por 100, a cargo del beneficiario, cualquiera que sea la naturaleza legal de la filiación de aquéllos, así como por los menores acogidos, en acogimiento familiar, permanente o preadoptivo.

El causante no perderá la condición de hijo o menor acogido a cargo por el mero hecho de realizar un trabajo lucrativo, por cuenta propia o ajena, siempre que continúe conviviendo con el beneficiario de la prestación y que los ingresos anuales del causante en concepto de rendimientos del trabajo no superen el 75 por 100 del salario mínimo interprofesional, también en cómputo anual.

Tal condición se mantendrá aunque la afiliación del causante como trabajador suponga su encuadramiento en un régimen de Seguridad Social distinto a aquél en el que esté afiliado el beneficiario de la prestación.

b) Una prestación económica de pago único a tanto alzado por nacimiento o adopción de tercer o sucesivos hijos.

c) Una prestación económica de pago único por parto o adopción múltiples.

✐ Modificado por art. 19.3 de la Ley 52/2003, de 10 diciembre.

Subsección 1ª Asignación económica por hijo o menor acogido a cargo

✐ Añadida por art. 19.3 de la Ley 52/2003, de 10 diciembre.

Artículo 182. Beneficiarios.

⇒ V. art. 9 y siguientes del RD 1335/2005 (§37 bis).

1. Tendrán derecho a la asignación económica por hijo o menor acogido a cargo quienes:

a) Residan legalmente en territorio español.

b) Tengan a su cargo hijos o menores acogidos en quienes concurran las circunstancias señaladas en el párrafo a) del artículo anterior, y que residan en territorio español. En los casos de separación judicial o divorcio, el derecho al percibo de la asignación se conservará para el padre o la madre por los hijos o menores acogidos que tenga a su cargo.

c) No perciban ingresos anuales, de cualquier naturaleza, superiores a 8.793,03 euros. La cuantía anterior se incrementará en un 15 por 100 por cada hijo o menor acogido a cargo, a partir del segundo, éste incluido.

✐ La disp. adic. 1ª.Uno de Ley 42/2006, de 28 diciembre, fija el límite de ingresos, a partir del 1 de enero del año 2007, en 9.273,83 euros anuales.

No obstante, si se trata de personas que forman parte de familias numerosas de acuerdo con lo establecido en la Ley de Protección a las Familias Numerosas, también tendrán derecho a la indicada asignación económica por hijo a cargo si sus ingresos anuales no son superiores a 14.990,94 euros, en los supuestos en que concurran tres hijos a cargo, incrementándose en 2.428,11 euros por cada hijo a cargo a partir del cuarto, éste incluido.

✐ La disp. adic. 1ª.Uno de Ley 42/2006, de 28 diciembre, fija el límite de ingresos, a partir de 1 de enero de 2007, en 15.810,64 euros anuales y el incremento en 2.560,88 euros.

En el supuesto de convivencia del padre y de la madre, si la suma de los ingresos de ambos superase los límites de ingresos establecidos en los párrafos anteriores, no se reconocerá la condición de beneficiario a ninguno de ellos. Igual regla se aplicará en los supuestos en que el acogimiento familiar, permanente o preadoptivo, se haya constituido por dos personas que formen una misma unidad familiar.

Los límites de ingresos anuales a que se refieren los dos primeros párrafos se actualizarán anualmente en la Ley de Presupuestos Generales del Estado, respecto de la cuantía establecida en el ejercicio anterior, al menos, en el mismo porcentaje que en dicha Ley se establezca como incremento general de las pensiones contributivas de la Seguridad Social.

No obstante, también podrán ser beneficiarios de las asignaciones económicas por hijo o menor acogido a cargo, quienes perciban ingresos anuales, por cualquier naturaleza, que, superando la cifra indicada en los párrafos anteriores, sean inferiores a la cuantía que resulte de sumar a dicha cifra el producto de multiplicar el importe anual de la asignación por hijo o menor acogido por el número de hijos o menores acogidos a cargo de los beneficiarios.

En tales casos, la cuantía anual de la asignación será igual a la diferencia entre los ingresos percibidos por el beneficiario y la cifra resultante de aplicar lo dispuesto en el párrafo anterior. Dicha cuantía será distribuida entre los hijos o menores acogidos a cargo del beneficiario y las mensualidades a que, dentro de cada ejercicio económico, se tenga derecho a la asignación.

No se reconocerá asignación económica por hijo o menor acogido a cargo, cuando la diferencia a que se refiere el párrafo anterior sea inferior al importe mensual de la asignación, por cada hijo o menor acogido a cargo no minusválido, establecida en el apartado 1 del artículo 182 bis.

d) No tengan derecho, ni el padre ni la madre, a prestaciones de esta misma naturaleza en cualquier otro régimen público de protección social.

2. Serán, asimismo, beneficiarios de la asignación que, en su caso y en razón de ellos, hubiera correspondido a sus padres, aquellos huérfanos de padre y madre, menores de 18 años o minusválidos en un grado igual o superior al 65 por 100.

Igual criterio se seguirá en el supuesto de quienes no sean huérfanos y hayan sido abandonados por sus padres, siempre que no se encuentren en régimen de acogimiento familiar, permanente o preadoptivo.

También serán beneficiarios de las asignaciones que en razón de ellos corresponderían a sus padres, los hijos minusválidos mayores de dieciocho años que no hayan sido incapacitados judicialmente y conserven su capacidad de obrar.

Cuando se trate de menores no minusválidos, será requisito indispensable que sus ingresos anuales, incluida, en su caso, la pensión de orfandad, no superen el límite establecido en el párrafo c) del apartado 1.

3. A efectos del reconocimiento de la condición de beneficiario, en los supuestos de hijos o menores acogidos a cargo minusválidos, no se exigirá límite de recursos económicos.

✐ Modificado por art. 19.3 de la Ley 52/2003, de 10 diciembre.

Artículo 182 bis. Cuantía de las asignaciones.

1. La cuantía de la asignación económica a que se refiere el párrafo a) del artículo 181 será, en cómputo anual, de 291 euros, salvo en los supuestos especiales que se contienen en el apartado siguiente.

2. En los casos en que el hijo o menor acogido a cargo tenga la condición de minusválido, el importe de la asignación económica será, en cómputo anual, el siguiente:

a) 581,66 euros, cuando el hijo o menor acogido a cargo sea menor de 18 años y el grado de minusvalía sea igual o superior al 33 por 100.

b) 3.129,48 euros, cuando el hijo a cargo sea mayor de 18 años y esté afectado por una minusvalía en un grado igual o superior al 65 por 100.

✐ La disp. adic. 1ª.Dos párr. 1º de Ley 42/2006, de 28 diciembre, fija la cuantía, a partir de 1 de enero de 2007, en 3.727,20 euros anuales, cantidad equivalente, en cómputo mensual, a la cuantía de la pensión de invalidez, en la modalidad no contributiva.

c) 4.694,28 euros, cuando el hijo a cargo, sea mayor de 18 años, esté afectado por una minusvalía en un grado igual o superior al 75 por 100 y, como consecuencia de pérdidas anatómicas o funcionales, necesite el concurso de otra persona para realizar los actos más esenciales de la vida, tales como vestirse, desplazarse, comer o análogos.

✐ Añadido por art. 19.3 de la Ley 52/2003, de 10 diciembre.
La disp. adic. 1ª.Dos párr. 2º de Ley 42/2006, de 28 diciembre, fija la cuantía, a partir de 1 de enero de 2007, en

5.590,80 euros anuales, cantidad equivalente, en cómputo mensual, a la pensión de invalidez, en la modalidad no contributiva, más el complemento por necesidad del concurso de tercera persona.

Artículo 182 ter. Determinación del grado de minusvalía y de la necesidad del concurso de otra persona.

El grado de minusvalía, a efectos del reconocimiento de las asignaciones por hijo o menor acogido minusválido a cargo, así como la situación de dependencia y la necesidad del concurso de otra persona a que se refiere el apartado 2.c), del artículo anterior, se determinarán mediante la aplicación del baremo aprobado por el Gobierno mediante Real Decreto.

✐ Añadido por art. 19.3 de la Ley 52/2003, de 10 diciembre.

⇒ V. nota al art. 144.1 c) de este TRLGSS.

Artículo 183. Declaración y efectos de las variaciones familiares.

1. Todo beneficiario estará obligado a declarar cuantas variaciones se produzcan en su familia, siempre que éstas deban ser tenidas en cuenta a efectos del nacimiento, modificación o extinción del derecho.

En ningún caso será necesario acreditar documentalmente aquellos hechos o circunstancias, tales como el importe de las pensiones y subsidios, que la Administración de la Seguridad Social deba conocer por sí directamente.

Todo beneficiario estará obligado a presentar, dentro del primer trimestre de cada año, una declaración expresiva de los ingresos habidos durante el año anterior.

2. Cuando se produzcan las variaciones a que se refiere el apartado anterior, surtirán efecto, en caso de nacimiento del derecho, a partir del día primero del trimestre natural inmediatamente siguiente a la fecha en que se haya solicitado el reconocimiento del mismo y, en caso de extinción del derecho, tales variaciones no producirán efecto hasta el último día del trimestre natural dentro del cual se haya producido la variación de que se trate.

✐ Modificado por art. 19.3 de la Ley 52/2003, de 10 diciembre.

Artículo 184. Devengo y abono.

1. Las asignaciones económicas por hijo o menor acogido a cargo se devengarán en función de las mensualidades a que, dentro de cada ejercicio económico, tenga derecho el beneficiario.

2. El abono de las asignaciones económicas por hijo o menor acogido a cargo se efectuará con la periodicidad que se establezca en las normas de desarrollo de esta Ley.

✐ Modificado por art. 19.3 de la Ley 52/2003, de 10 diciembre.

Subsección 2ª Prestación por nacimiento o adopción de un tercer o sucesivos hijos

✐ Añadida por art. 19.3 de la Ley 52/2003, de 10 diciembre.

Artículo 185. Beneficiarios.

1. Quienes tengan dos o más hijos tendrán derecho, con motivo del nacimiento o la adopción en España de un nuevo hijo, a una prestación económica del sistema de la Seguridad Social en la cuantía y en las condiciones que se establecen en los siguientes apartados.

Serán tenidos en cuenta, para el cómputo del tercer o sucesivo hijo, todos los hijos, con independencia de su filiación, comunes o no comunes, que convivan en la unidad familiar y estén a cargo de los padres.

También tendrán derecho a la prestación quienes, con independencia del número de hijos, lleguen a tener, con motivo del nacimiento o la adopción, tres o más hijos.

A efecto del cómputo del número de hijos para ser beneficiario de esta prestación, los hijos afectados por una minusvalía igual o superior al 33 por 100 computarán doble.

2. A efectos de la consideración de beneficiario de la prestación será necesario que el padre, la madre o, en su defecto, la persona que reglamentariamente se establezca, reúna los requisitos establecidos en los párrafos a), c) y d) del apartado 1 del artículo 182.

En el supuesto de convivencia del padre y de la madre si la suma de los ingresos percibidos por ambos superase los límites establecidos en el párrafo c), apartado 1, del artículo 182, no se reconocerá la condición de beneficiario a ninguno de ellos.

✐ Modificado por art. 19.3 de la Ley 52/2003, de 10 diciembre.

Artículo 186. Cuantía de la prestación.

1. La prestación económica por nacimiento o adopción de un tercer o sucesivos hijos consistirá en un pago único de 450,76 euros, por cada hijo, natural o adoptado, a partir del tercero.

2. En los casos en que los ingresos anuales percibidos, por cualquier naturaleza, superando el límite establecido en el párrafo c), apartado 1, del artículo 182, sean inferiores al importe conjunto que resulte de sumar a dicho límite el importe de la prestación, la cuantía de esta última será igual a la diferencia entre los ingresos percibidos por el beneficiario y el indicado importe conjunto.

No se reconocerá la prestación en los supuestos en que la diferencia a que se refiere el párrafo anterior sea inferior al importe mensual de la asignación, por cada hijo o acogido no minusválido, establecida en el apartado 1 del artículo 182 bis.

✐ Modificado por art. 19.3 de la Ley 52/2003, de 10 diciembre.

Subsección 3ª Prestación por parto o adopción múltiples

✐ Añadida por art. 19.3 de la Ley 52/2003, de 10 diciembre.

⇒ V. art. 23 y ss. RD 1335/2005 (§37 bis).

Artículo 187. Beneficiarios.

Serán beneficiarios de la prestación económica por parto o adopción múltiples producidos en España las personas, padre o madre o, en su defecto, la persona que reglamentariamente se establezca, que reúna los requisitos establecidos en los párrafos a) y d) del artículo 182.

Se entenderá que existe parto o adopción múltiple cuando el número de nacidos o adoptados sea igual o superior a dos.

✐ Modificado por art. 19.3 de la Ley 52/2003, de 10 diciembre.

Artículo 188. Cuantía.

⇒ Cfr. el art. 1.3 b) del RDley 3/2004, de 25 junio (§12.2).

La cuantía de la prestación económica por parto o adopción múltiples será la siguiente:

Número de hijos nacidos o adoptados	Número de veces el salario mínimo interprofesional
2	4
3	8
4 y más	12

✐ Modificado por art. 19.3 de la Ley 52/2003, de 10 diciembre.

Subsección 4ª Disposiciones comunes

✐ Añadida por art. 19.3 de la Ley 52/2003, de 10 diciembre.

Artículo 189. Incompatibilidades.

1. En el supuesto de que en el padre y la madre concurran las circunstancias necesarias para tener la condición de beneficiarios de las prestaciones reguladas en la presente sección, el derecho a percibirla sólo podrá ser reconocido en favor de uno de ellos.

2. Las prestaciones reguladas en la presente sección serán incompatibles con la percepción, por parte del padre o la madre, de cualquier otra prestación análoga establecida en los restantes regímenes públicos de protección social. En los supuestos en que uno de los padres esté incluido, en razón de la actividad desempeñada o por su condición de pensionista en un régimen público de Seguridad Social, la prestación correspondiente será reconocida por dicho régimen.

3. La percepción de las asignaciones económicas por hijo minusválido a cargo, establecidas en el apartado 2, párrafos b) y c), del artículo 182 bis, será incompatible con la condición, por parte del hijo, de pensionista de invalidez o jubilación en la modalidad no contributiva.

✐ Artículo modificado por art. 19.3 de Ley 52/2003, de 10 diciembre. El ap. 3 ha sido modificado por disp. adic. única de Ley 8/2005, de 6 junio.

⇒ Cfr., sin embargo, el RD 364/2004, de 5 marzo, de mejora de las pensiones de orfandad en favor de minusválidos.

Artículo 190. Colaboración del Registro Civil.

Las oficinas del Registro Civil facilitarán a la entidad gestora la información que ésta solicite acerca de las inscripciones y datos obrantes en las mismas y que puedan guardar relación con el nacimiento, modificación, conservación o extinción del derecho a la asignación económica por hijo o menor acogido a cargo.

✐ Modificado por art. 19.3 de la Ley 52/2003, de 10 diciembre.

CAPÍTULO X
Disposiciones comunes del Régimen General

Sección 1ª Mejoras voluntarias de la acción protectora del Régimen General

⇒ V. O. 28 diciembre 1966.

Artículo 191. Mejoras de la acción protectora.

1. Las mejoras voluntarias de la acción protectora de este Régimen General podrán efectuarse a través de:

a) Mejora directa de las prestaciones.

b) Establecimiento de tipos de cotización adicionales.

2. La concesión de mejoras voluntarias por las empresas deberá ajustarse a lo establecido en esta sección y en las normas dictadas para su aplicación y desarrollo.

Artículo 192. Mejora directa de las prestaciones.

Las empresas podrán mejorar directamente las prestaciones de este Régimen General, costeándolas a su exclusivo cargo. Por excepción, y previa aprobación del *Ministerio de Trabajo y Seguridad Social*, podrá establecerse una aportación económica a cargo de los trabajadores, siempre que se les faculte para acogerse o no, individual y voluntariamente, a las mejoras concedidas por los empresarios con tal condición.

No obstante el carácter voluntario, para los empresarios, de la implantación de las mejoras a que este artículo se refiere, cuando al amparo de las mismas un trabajador haya causado el derecho a la mejora de una prestación periódica, ese derecho no podrá ser anulado o disminuido, si no es de acuerdo con las normas que regulan su reconocimiento.

Artículo 193. Modos de gestión de la mejora directa.

1. Las empresas, en las condiciones que reglamentariamente se determinen, podrán realizar la mejora de prestaciones a que se refiere el artículo anterior, por sí mismas o a través de la Administración de la Seguridad Social, Fundaciones Laborales, Montepíos y Mutualidades de Previsión Social o Entidades aseguradoras de cualquier clase.

⇒ Las Mutualidades de Previsión Social fueron reguladas por Ley 6 diciembre 1941. Dicha norma fue derogada por la hoy derogada Ley 33/1984, de 2 agosto, sobre ordenación del seguro privado, que regulaba dichas Mutualidades en su Cap. IV, reglamentado por RD 2615/1985, de 4 diciembre y OM 9 abril 1987 (derogados ambos por RD 1430/2002, de 27 diciembre). Su regulación vigente se contiene en el Cap. VII de la Ley 30/1995, de 8 noviembre, de Ordenación y Supervisión de los Seguros Privados. La disp. transit. 14 de la citada Ley establece lo siguiente:

«Decimocuarta. Régimen de los compromisos por pensiones ya asumidos.

1. Los empresarios que en el momento de entrada en vigor de la presente Ley mantengan compromisos por pensiones con sus trabajadores o empleados cuya materialización no se ajuste a la disposición adicional primera de la Ley 8/1987, de 8 junio, de regulación de los Planes y Fondos de Pensiones, según la redacción dada por la presente Ley, deberán proceder, en un plazo no superior a tres años desde la citada entrada en vigor, a adaptar dicha materialización a la citada disposición adicional.

Hasta que tenga lugar el cumplimiento de la obligación que impone el párrafo anterior se mantendrá la efectividad de los compromisos por pensiones y el cobro de las prestaciones causadas en los términos estipulados entre el empresario y los trabajadores.

2. Excepcionalmente, podrán mantenerse los compromisos por pensiones asumidos mediante fondos internos por las entidades de crédito, las entidades aseguradoras y las sociedades y agencias de valores. Para que dichos fondos internos puedan servir a tal finalidad deberán estar dotados con criterios, al menos, tan rigurosos como los aplicables a los asumidos mediante planes de pensiones y habrán de ser autorizados por el Ministerio de Economía y Hacienda, previo informe del órgano o ente a quien corresponda el control de los recursos afectos, el cual supervisará el funcionamiento de los fondos internos y podrá proponer al Ministerio de Economía y Hacienda la adopción, en su caso, de las medidas correctoras pertinentes, e incluso la revocación de la autorización administrativa concedida, todo ello en los términos que reglamentariamente se establezcan».

Por su parte la disp. adic. 1ª del RDLeg 1/2002, de 29 noviembre, que sustituye a la citada Ley 8/1987, establece:

«Los compromisos por pensiones asumidos por las empresas, incluyendo las prestaciones causadas, deberán instrumentarse... mediante contratos de seguro, a través de la formalización de un Plan de Pensiones o de ambos...».

V. la regulación de los planes y fondos de pensiones que establece el RDLeg 1/2002, modificado por la Ley 11/2006, de 16 mayo.

2. Las Fundaciones Laborales legalmente constituidas para el cumplimiento de los fines que les sean propios gozarán del trato fiscal y de las demás exenciones concedidas, en los términos que las normas aplicables establezcan.

⇒ V. RD 1337/2005, de 11 noviembre, que aprueba el Reglamento de fundaciones de competencia estatal.

Artículo 194. Mejora por establecimiento de tipos de cotización adicionales.

El *Ministerio de Trabajo y Seguridad Social*, a instancia de los interesados, podrá aprobar cotizaciones adicionales efectuadas mediante el aumento del tipo de cotización al que se refiere el artículo

107, con destino a la revalorización de las pensiones u otras prestaciones periódicas ya causadas y financiadas con cargo al mismo o para mejorar las futuras.

Sección 2ª Disposiciones sobre seguridad e higiene en el trabajo en el Régimen General

⇒ V. art. 19 del ET (§2) y Ley 31/1995, de 8 noviembre (§23).

Artículo 195. Incumplimientos en materia de accidentes de trabajo.

El incumplimiento por parte de las empresas de las decisiones de la Inspección de Trabajo y Seguridad Social y de las resoluciones de la Autoridad laboral en materia de paralización de trabajos que no cumplan las normas de seguridad e higiene se equiparará, respecto de los accidentes de trabajo que en tal caso pudieran producirse, a falta de formalización de la protección por dicha contingencia de los trabajadores afectados, con independencia de cualquier otra responsabilidad o sanción a que hubiera lugar.

Artículo 196. Normas específicas para enfermedades profesionales.

1. Todas las empresas que hayan de cubrir puestos de trabajo con riesgo de enfermedades profesionales están obligadas a practicar un reconocimiento médico previo a la adquisición de los trabajadores que hayan de ocupar aquéllos y a realizar los reconocimientos periódicos que para cada tipo de enfermedad se establezcan en las normas que, al efecto, dictará el *Ministerio de Trabajo y Seguridad Social.*

2. Los reconocimientos serán a cargo de la empresa y tendrán el carácter de obligatorios para el trabajador, a quien abonará aquélla, si a ello hubiera lugar, los gastos de desplazamiento y la totalidad del salario que por tal causa pueda dejar de percibir.

3. Las indicadas empresas no podrán contratar trabajadores que en el reconocimiento médico no hayan sido calificados como aptos para desempeñar los puestos de trabajo de las mismas de que se trate. Igual prohibición se establece respecto a la continuación del trabajador en su puesto de trabajo cuando no se mantenga la declaración de aptitud en los reconocimientos sucesivos.

4. Las disposiciones de aplicación y desarrollo determinarán los casos excepcionales en los que, por exigencias de hecho de la contratación laboral, se pueda conceder un plazo para efectuar los reconocimientos inmediatamente después de la iniciación del trabajo.

Artículo 197. Responsabilidades por falta de reconocimientos médicos.

1. Las entidades gestoras y las Mutuas de Accidentes de Trabajo y Enfermedades Profesionales de la Seguridad Social están obligadas, antes de tomar a su cargo la protección por accidente de trabajo y enfermedad profesional del personal empleado en industrias con riesgo específico de esta última contingencia, a conocer el certificado del reconocimiento médico previo a que se refiere el artículo anterior, haciendo constar en la documentación correspondiente que tal obligación ha sido cumplida. De igual forma deberán conocer las entidades mencionadas los resultados de los reconocimientos médicos periódicos.

2. El incumplimiento por parte de la empresa de la obligación de efectuar los reconocimientos médicos previos o periódicos la constituirá en responsable directa de todas las prestaciones que puedan derivarse, en tales casos, de enfermedad profesional, tanto si la empresa estuviera asociada a una Mutua de Accidentes de Trabajo y Enfermedades Profesionales, como si tuviera cubierta la protección de dicha contingencia en una entidad gestora.

3. El incumplimiento por las Mutuas de Accidentes de Trabajo y Enfermedades Profesionales de lo dispuesto en el apartado 1 de este artículo les hará incurrir en las siguientes responsabilidades:

a) Obligación de ingresar a favor de los fines generales de prevención y rehabilitación, a que se refiere el artículo 73 de la presente Ley, el importe de las primas percibidas, con un recargo que podrá llegar al 100 por 100 de dicho importe.

b) Obligación de ingresar, con el destino antes fijado, una cantidad igual a la que equivalgan las responsabilidades a cargo de la empresa, en los supuestos a que se refiere el apartado anterior de este artículo, incluyéndose entre tales responsabilidades las que procedan de acuerdo con lo dispuesto en el artículo 123 de esta Ley.

c) Anulación, en caso de reincidencia, de la autorización para colaborar en la gestión.

d) Cualesquiera otras responsabilidades que procedan de acuerdo con lo dispuesto en esta Ley y en sus disposiciones de aplicación y desarrollo.

CAPÍTULO XI
Gestión

Artículo 198. Gestión y colaboración en la gestión.

La gestión del Régimen General de la Seguridad Social, así como la colaboración en la gestión por parte de las Mutuas de Accidentes de Trabajo y Enfermedades Profesionales de la Seguridad Social y empresas, se regirá por lo dispuesto en el Capítulo VII del Título I de la presente Ley.

Artículo 199. Conciertos para la prestación de servicios administrativos.

Para el mejor desempeño de sus funciones, los organismos de la Administración de la Seguridad Social, de acuerdo con sus respectivas competencias, podrán concertar con entidades públicas o privadas, la mera prestación de servicios administrativos, sanitarios o de recuperación profesional. Los conciertos que al efecto se establezcan serán aprobados por los Departamentos ministeriales competentes y la compensación económica que en los mismos se estipule no podrá consistir en la entrega de un porcentaje de las cuotas de este Régimen General ni entrañar, en forma alguna, sustitución en la función gestora encomendada a aquellos organismos.

⇒ Téngase en cuenta la disp. adic. 12ª.2 de la Ley 30/1995, de 8 noviembre, de Ordenación y supervisión de los Seguros Privados, que establece lo siguiente:

«Sin perjuicio de lo establecido en los arts. 77 y 199 del Texto Refundido de la Ley General de la Seguridad Social, aprobado por el Real Decreto Legislativo 1/1994, de 20 junio, y en el art. 1.2 de la presente Ley, las normas de ordenación y supervisión de los seguros privados serán aplicables a las garantías financieras, bases técnicas y tarifas de primas que correspondan a las obligaciones que asuman las entidades aseguradoras en virtud de los conciertos que, en su caso y previo informe de la Dirección General de Seguros u órgano competente de las Comunidades Autónomas, establezcan con organismos de la Administración de la Seguridad Social, o con entidades de derecho público que tengan encomendada, de confomidad con su legislación específica la gestión de algunos de los Regímenes Especiales de la Seguridad Social.

Los modelos de pólizas de seguros establecidos en virtud de los conciertos a que se refiere el párrafo anterior deberán estar a disposición de la Dirección General de Seguros u organismos competentes de las Comunidades Autónomas en la forma que reglamentariamente se determine».

A los conciertos concertados por el INSALUD les son de aplicación lo establecido en el RDLeg 2/2000, de 16 junio, de Contratos de las Administraciones Públicas, según establece la Ley 13/1996, de 30 diciembre, de Medidas Fiscales, Administrativas y del Orden Social (art. 72).

La Res. 28 marzo 2001, de la Presidencia Ejecutiva del INSS revisa las condiciones económicas aplicables en 2001 a la prestación de Servicios concertados de asistencia sanitaria.

CAPÍTULO XII
Régimen financiero

Artículo 200. Sistema financiero.

El sistema financiero del Régimen General de la Seguridad Social será el previsto en el artículo 87 de la presente Ley, con las particularidades que, en materia de accidentes de trabajo, se establecen en el artículo siguiente.

⇒ La referencia hay que entenderla hecha al vigente TRLCAP, aprobado por RDLeg 2/2000, de 16 junio.

Artículo 201. Normas específicas en materia de accidentes de trabajo.

1. Las Mutuas de Accidentes de Trabajo y Enfermedades Profesionales de la Seguridad Social y, en su caso, las empresas responsables constituirán en la Tesorería General de la Seguridad Social, hasta el límite de su respectiva responsabilidad, el valor actual del capital coste de las pensiones que, con arreglo a esta Ley, se causen por invalidez permanente o muerte debidas a accidente de trabajo. El *Ministerio de Trabajo y Seguridad Social*, aprobará las tablas de mortalidad y la tasa de interés aplicables para la determinación de los valores aludidos.

2. En relación con la protección de accidentes de trabajo a que se refiere el presente artículo, el *Ministerio de Trabajo y Seguridad Social* podrá establecer la obligación de las Mutuas de Accidentes de Trabajo y Enfermedades Profesionales de reasegurar en la Tesorería General de la Seguridad Social el porcentaje de los riesgos asumidos que se determine, sin que, en ningún caso, sea inferior al 10 por 100 ni superior al 30 por 100. A tales efectos, se incluirán en la protección por reaseguro obligatorio exclusivamente las prestaciones de carácter periódico derivadas de los riesgos de incapacidad permanente, muerte y supervivencia que asuman respecto de sus trabajadores protegidos, correspondiendo, como compensación, a dicho Servicio Común el porcentaje de las cuotas satisfechas por las empresas asociadas por tales contingencias y que se determine por el Ministerio de Trabajo y Asuntos Sociales. Dicho reaseguro no se extenderá a prestaciones que fueren anticipadas por las Mutuas de Accidentes de Trabajo y Enfermedades Profesionales, sin perjuicio de sus derechos tanto a repetir frente al empresario responsable de tales prestaciones como, en caso de declaración de insolvencia del empresario, a ser reintegradas en su totalidad por las Entidades de la Seguridad Social en funciones de garantía.

En relación con el exceso de pérdidas, no reaseguradas de conformidad con el párrafo anterior, las

Mutuas de Accidentes de Trabajo y Enfermedades Profesionales constituirán los oportunos depósitos o concertarán, facultativamente, reaseguros complementarios de los anteriores en las condiciones que se establezcan.

El *Ministerio de Trabajo y Seguridad Social* podrá disponer la sustitución de las obligaciones que se establecen en el presente apartado por la aplicación de otro sistema de compensación de resultados de la gestión de la protección por accidentes de trabajo.

✐ Apartado redactado por el art. 32.5 de la Ley 50/1998, de 30 diciembre, de Medidas Fiscales, Administrativas y de Orden Social.

3. Las Mutuas de Accidentes de Trabajo y Enfermedades Profesionales o, en su caso, las empresas responsables de las prestaciones deberán ingresar en la Tesorería General de la Seguridad Social los capitales en la cuantía necesaria para constituir una renta cierta temporal durante veinticinco años, del 30 por 100 del salario de los trabajadores que mueran por consecuencia mediata o inmediata de accidente de trabajo sin dejar ningún familiar con derecho a pensión.

CAPÍTULO XIII

Aplicación de las normas generales del sistema

Artículo 202. Derecho supletorio.

En lo no previsto expresamente en el presente Título se estará a lo dispuesto en el Título I de esta Ley, así como en las disposiciones que se dicten para su aplicación y desarrollo.

TÍTULO III

PROTECCIÓN POR DESEMPLEO

⇒ En tanto no se proceda al desarrollo reglamentario de este Tít. III, debe entenderse vigente, en lo que no se oponga al mismo, el RD 625/1985, de 2 abril (§36.1). V. disps. adics. 14ª, 15ª, 16ª y 17ª de este Texto Refundido de la Ley General y por la LO 1/2004, de 28 diciembre de la Seguridad Social. Este título se ve afectado por las modificaciones introducidas por Ley 45/2002 (§36.2), que han sido incorporadas a los respectivos preceptos.

CAPÍTULO I

Normas generales

Artículo 203. Objeto de la protección.

1. El presente Título tiene por objeto regular la protección de la contingencia de desempleo en que se encuentren quienes, pudiendo y queriendo trabajar, pierdan su empleo o vean reducida su jornada ordinaria de trabajo, en los términos previstos en el artículo 208 de la presente Ley.

2. El desempleo será total cuando el trabajador cese, con carácter temporal o definitivo, en la actividad que venía desarrollando y sea privado, consiguientemente, de su salario.

3. El desempleo será parcial cuando el trabajador vea reducida temporalmente su jornada ordinaria de trabajo, al menos en una tercera parte, siempre que el salario sea objeto de análoga reducción.

A estos efectos, se entenderá por reducción temporal de la jornada ordinaria aquella que se autorice por un período de regulación de empleo, sin que estén comprendidas las reducciones de jornadas definitivas o que se extiendan a todo el período que resta de la vigencia del contrato de trabajo.

✐ Párrafo añadido por Ley 66/1997, de 30 diciembre, de Medidas Fiscales, Administrativas y del Orden Social (art. 40).

Artículo 204. Niveles de protección.

1. La protección por desempleo se estructura en un nivel contributivo y en un nivel asistencial, ambos de carácter público y obligatorio.

2. El nivel contributivo tiene como objeto proporcionar prestaciones sustitutivas de las rentas salariales dejadas de percibir como consecuencia de la pérdida de un empleo anterior o de la reducción de la jornada.

3. El nivel asistencial, complementario del anterior, garantiza la protección a los trabajadores desempleados que se encuentren en alguno de los supuestos incluidos en el artículo 215.

Artículo 205. Personas protegidas.

1. Estarán comprendidos en la protección por desempleo, siempre que tengan previsto cotizar por esta contingencia, los trabajadores por cuenta ajena incluidos en el Régimen General de la Seguridad Social, el personal contratado en régimen de derecho administrativo y los funcionarios de empleo al servicio de las Administraciones Públicas.

2. Estarán comprendidos, asimismo, con las peculiaridades que se establezcan reglamentariamente, los trabajadores por cuenta ajena incluidos en los Regímenes Especiales de la Seguridad Social que protegen dicha contingencia.

3. También se extenderá la protección por desempleo, en las condiciones previstas en este Título, a los liberados de prisión.

4. También estarán comprendidos en la protección por desempleo, en las condiciones previstas en este Título para los trabajadores por cuenta ajena, los miembros de las corporaciones locales y los miembros de las Juntas Generales de los Territorios Históricos Forales, Cabildos Insulares Canarios y Consejos Insulares Baleares y los cargos representativos de los Sindicatos constituidos al amparo de la Ley Orgánica 11/1985, de 2 de agosto, de Libertad Sindical, que ejerzan funciones sindicales de dirección, siempre que todos ellos desempeñen los indicados cargos con dedicación exclusiva o parcial y percibiendo una retribución.

⇒ Vid nota a art. 103.3 de esta LGSS.

Asimismo, estarán comprendidos en la protección por desempleo, en las condiciones previstas en este Título para los trabajadores por cuenta ajena, los altos cargos de las Administraciones Públicas con dedicación exclusiva, percibiendo retribuciones y que no sean funcionarios públicos. No se aplicará lo dispuesto en este párrafo a los altos cargos de las Administraciones Públicas que tengan derecho a percibir retribuciones, indemnizaciones o cualquier otro tipo de prestación compensatoria como consecuencia de su cese.

✐ Ap. 4 añadido por art. 1.Dos de la Ley 37/2006, de 7 diciembre.

Artículo 206. Acción protectora.

⇒ La Ley 14/2000, de 29 diciembre, habilita al Gobierno a regular la denominada renta activa de inserción «dirigida a los desempleados con especiales necesidades económicas y dificultades para encontrar empleo que adquieran el compromiso de realizar actividades favorecedoras de su inserción laboral (art. 26)». V. al efecto la Ley 45/2002, de 12 diciembre (disp. adic. 1ª) (§36.2).

1. La protección por desempleo comprenderá las prestaciones siguientes:

1) En el nivel contributivo:

a) Prestación por desempleo total o parcial.

⇒ Cfr. art. 3.1 a) del RDley 3/2004 de 25 junio sobre racionalización de la regulación del SMI e incremento de su cuantía (§12.2).

b) Abono de la aportación de la empresa correspondiente a las cotizaciones a la Seguridad Social durante la percepción de las prestaciones por desempleo, salvo en los supuestos previstos en el apartado 2 del artículo 214, así como del complemento de la aportación del trabajador en los términos previstos en el apartado 4 del artículo 214 de esta Ley.

2) En el nivel asistencial:

a) Subsidio por desempleo.

⇒ Cfr. art. 3.1 a) del RDley 3/2004 de 25 junio sobre racionalización de la regulación del SMI e incremento de su cuantía (§12.2).

b) Abono de las cotizaciones a la Seguridad Social correspondientes a las prestaciones de asistencia sanitaria, protección a la familia y, en su caso, jubilación, durante la percepción del subsidio por desempleo.

2. La acción protectora comprenderá, además, acciones específicas de formación, perfeccionamiento, orientación, reconversión e inserción profesional en favor de los trabajadores desempleados, y aquellas otras que tengan por objeto el fomento del empleo estable. Todo ello sin perjuicio, en su caso, de las competencias de gestión de las políticas activas de empleo que se desarrollarán por la Administración General del Estado o por la Administración Autonómica correspondiente, de acuerdo con la normativa de aplicación.

✐ Apartado redactado por el art. 3 del RDley 5/1999, de 9 abril, que modifica las disps. adics. 43ª y 17ª de la Ley 50/1998, de 30 diciembre y el art. 206.2 del RDLeg 1/1994, de 20 junio.

CAPÍTULO II
Nivel contributivo

Artículo 207. Requisitos para el nacimiento del derecho a las prestaciones.

Para tener derecho a las prestaciones por desempleo las personas comprendidas en el artículo 205 deberán reunir los requisitos siguientes:

a) Estar afiliadas a la Seguridad Social y en situación de alta o asimilada al alta en los casos que reglamentariamente se determinen.

b) Tener cubierto el período mínimo de cotización a que se refiere el apartado 1 del artículo 210 de la presente Ley, dentro de los seis años anteriores a la situación legal de desempleo o al momento en que cesó la obligación de cotizar.

c) Encontrarse en situación legal de desempleo, acreditar disponibilidad para buscar activamente empleo y para aceptar colocación adecuada a través de la suscripción del compromiso de actividad, al que se refiere el artículo 231 de esta Ley.

✐ Letra c) modificada por el art. 1.1 de la Ley 45/2002, de 12 diciembre (§36.2).

d) No haber cumplido la edad ordinaria que se exija en cada caso para causar derecho a la pensión contributiva de jubilación, salvo que el trabajador no tuviera acreditado el período de cotización requerido para ello, o se trate de supuestos de suspensión de relaciones laborales o reducción de jornada autorizados por resolución administrativa.

Artículo 208. Situación legal de desempleo.

⇒ Con relación a los supuestos regulados en las letras b), c) y d) del núm. 1 de este artículo. V. disp. transit. 2ª de la Ley 45/2002 (§36.2).

1. Se encontrarán en situación legal de desempleo los trabajadores que estén incluidos en alguno de los siguientes supuestos:

1) Cuando se extinga su relación laboral:

a) En virtud de expediente de regulación de empleo o de resolución judicial adoptada en el seno de un procedimiento concursal.

✐ Letra a) modificada por la disp. final 15ª.4 de la Ley 22/2003, de 9 julio, Concursal.

b) Por muerte, jubilación o incapacidad del empresario individual, cuando determinen la extinción del contrato de trabajo.

⇒ V. disp. transit. 2ª de la Ley 45/2002 (art. 36.2).

c) Por despido.

✐ Letra c) modificada por el art. 1.2 de la Ley 45/2002, de 12 diciembre (§36.2).

⇒ V. disp. final 1ª.3 a) de la Ley 45/2002 (§36.2).

d) Por despido basado en causas objetivas.

e) Por resolución voluntaria por parte del trabajador, en los supuestos previstos en los artículos 40, 41.3, 49.1.m) y 50 del Estatuto de los Trabajadores.

✐ letra e) modificada por disp. adic. 8ª.2 de Ley Orgánica 1/2004, de 28 diciembre.

f) Por expiración del tiempo convenido o realización de la obra o servicio objeto del contrato, siempre que dichas causas no hayan actuado por denuncia del trabajador.

g) Por resolución de la relación laboral, durante el período de prueba, a instancia del empresario, siempre que la extinción de la relación laboral anterior se hubiera debido a alguno de los supuestos contemplados en este apartado, o haya transcurrido un plazo de tres meses desde dicha extinción.

✐ Letra g) modificada por el art. 1.2 de la Ley 45/2002, de 12 diciembre (§36.2).

2) Cuando se suspenda su relación laboral en virtud de expediente de regulación de empleo, o de resolución judicial adoptada en el seno de un procedimiento concursal, o en el supuesto contemplado en la letra n), del apartado 1 del artículo 45 del Estatuto de los Trabajadores.

✐ Ap. 2) modificado por disp. adic. 8ª.2 de Ley Orgánica 1/2004, de 28 diciembre.

3) Cuando se reduzca en una tercera parte, al menos, la jornada de trabajo, en los términos que se establezcan reglamentariamente.

4) Igualmente, se encontrarán en situación legal de desempleo los trabajadores fijos discontinuos, incluidos los que realicen trabajos fijos y periódicos que se repitan en fechas ciertas, en los períodos de inactividad productiva.

Las referencias a los fijos discontinuos del Título III de esta Ley y de su normativa de desarrollo incluyen también a los trabajadores que realicen trabajos fijos y periódicos que se repitan en fechas ciertas.

✐ Punto 4) modificado por art. 15.Uno de Ley 43/2006, de 29 diciembre (§27.2).

5) Cuando los trabajadores retornen a España por extinguírseles la relación laboral en el país extranjero, siempre que no obtengan prestación por desempleo en dicho país y acrediten cotización suficiente antes de salir de España.

6) En los supuestos previstos en el apartado 4 del artículo 205, cuando se produzca el cese

involuntario y con carácter definitivo en los correspondientes cargos o cuando, aun manteniendo el cargo, se pierda con carácter involuntario y definitivo la dedicación exclusiva o parcial.

✐ Punto 6) añadido por art. 1.Tres de la Ley 37/2006, de 7 diciembre.

2. No se considerará en situación legal de desempleo a los trabajadores que se encuentren en los siguientes supuestos:

1) Cuando cesen voluntariamente en el trabajo, salvo lo previsto en el apartado 1.1, e) de este artículo.

2) Cuando, aun encontrándose en alguna de las situaciones previstas en el apartado 1 anterior, no acrediten su disponibilidad para buscar activamente empleo y para aceptar colocación adecuada, a través del compromiso de actividad.

✐ Ap. 2.2 modificado por el art. 1.2 de la Ley 45/2002, de 12 diciembre (§36.2).

3) Cuando, declarado improcedente o nulo el despido por sentencia firme y comunicada por el empleador la fecha de reincorporación al trabajo, no se ejerza tal derecho por parte del trabajador o no se hiciere uso, en su caso, de las acciones previstas en el artículo 276 de la Ley de Procedimiento Laboral.

⇒ Entiéndase hecha la referencia al art. 277 de la vigente LPL (§41).

4) Cuando no hayan solicitado el reingreso al puesto de trabajo en los casos y plazos establecidos en la legislación vigente.

3. En el supuesto previsto en el apartado 1, letra b) del artículo 111 del texto refundido de la Ley de Procedimiento Laboral, durante la tramitación del recurso contra la sentencia que declare la improcedencia del despido el trabajador se considerará en situación legal de desempleo involuntario, con derecho a percibir las prestaciones por desempleo, siempre que se cumplan los requisitos exigidos en el presente Título, por la duración que le corresponda conforme a lo previsto en los artículos 210 ó 216.2 de la presente Ley, en función de los períodos de ocupación cotizada acreditados.

✐ Apartado añadido por el art. 43 de la Ley 66/1997, de 30 diciembre, de Medidas Fiscales, Administrativas y del Orden Social.

4. En el supuesto previsto en el artículo 145 bis del Texto Refundido de la Ley de Procedimiento Laboral y sin perjuicio de lo señalado en el mismo, los trabajadores se entenderán en la situación legal de desempleo establecida en el párrafo f) del apartado 1 de este artículo por finalización del último contrato temporal y la Entidad Gestora les reconocerá las prestaciones por desempleo si reúnen el resto de los requisitos exigidos.

✐ Ap. 4 añadido por el art. 1.2 de la Ley 45/2002, de 12 diciembre (§36.2).

Artículo 209. Solicitud y nacimiento del derecho a las prestaciones.

1. Las personas que cumplan los requisitos establecidos en el artículo 207 de la presente Ley deberán solicitar a la Entidad Gestora competente el reconocimiento del derecho a las prestaciones, que nacerá a partir de que se produzca la situación legal de desempleo, siempre que se solicite dentro del plazo de los quince días siguientes. La solicitud requerirá la inscripción como demandante de empleo si la misma no se hubiera efectuado previamente. Asimismo, en la fecha de la solicitud se deberá suscribir el compromiso de actividad al que se refiere el artículo 231 de esta Ley.

✐ Ap. 1 modificado por el art. 1.3 de la Ley 45/2002, de 12 diciembre (§36.2).

2. Quienes acrediten cumplir los requisitos establecidos en el artículo 207, pero presenten la solicitud transcurrido el plazo de quince días a que se refiere el apartado 1 del presente artículo, tendrán derecho al reconocimiento de la prestación a partir de la fecha de la solicitud, perdiendo tantos días de prestación como medien entre la fecha en que hubiera tenido lugar el nacimiento del derecho de haberse solicitado en tiempo y forma y aquella en que efectivamente se hubiese formulado la solicitud.

3. En el caso de que el período que corresponde a las vacaciones anuales retribuidas no haya sido disfrutado con anterioridad a la finalización de la relación laboral, o con anterioridad a la finalización de la actividad de temporada o campaña de los trabajadores fijos discontinuos, la situación legal de desempleo y el nacimiento del derecho a las prestaciones se producirá una vez transcurrido dicho período, siempre que se solicite dentro del plazo de los quince días siguientes a la finalización del mismo.

El citado período deberá constar en el Certificado de Empresa a estos efectos.

✐ Ap. 3 modificado por el art. 1.3 de la Ley 45/2002, de 12 diciembre (§36.2).

4. En el supuesto de despido o extinción de la relación laboral, la decisión del empresario de extinguir dicha relación se entenderá, por sí misma y sin necesidad de impugnación, como causa de situación legal de desempleo. En el caso de existir período que corresponda a salarios de tramitación el nacimiento del derecho a las prestaciones se producirá una vez transcurrido dicho período que deberá constar en el Certificado de Empresa a estos efectos.

El ejercicio de la acción contra el despido o extinción no impedirá que se produzca el nacimiento del derecho a la prestación.

Ap. 4 añadido por el art. 1.3 de la Ley 45/2002, de 12 diciembre (§36.2).

5. En las resoluciones recaídas en procedimientos de despido o extinción del contrato de trabajo:

a) Cuando, como consecuencia de la reclamación o el recurso, el despido sea considerado improcedente y se opte por la indemnización:

Si el trabajador no tiene derecho a los salarios de tramitación continuará percibiendo las prestaciones por desempleo o, si no las estuviera percibiendo, comenzará a percibirlas con efectos desde la fecha del cese efectivo en el trabajo, siempre que se cumpla lo establecido en el apartado 1 de este artículo, tomando como fecha inicial para tal cumplimiento la del acta de conciliación o providencia de opción por la indemnización, o, en su caso, la de la resolución judicial.

Si el trabajador tiene derecho a los salarios de tramitación y no estuviera percibiendo las prestaciones comenzará a percibirlas con efectos desde la fecha en que finaliza la obligación del abono de dichos salarios; y si estuviera percibiendo las prestaciones dejará de percibirlas, considerándose indebidas, y podrá volver a percibirlas con efectos desde la fecha en que finaliza la obligación del abono de dichos salarios, previa regularización por la Entidad Gestora del derecho inicialmente reconocido, reclamando a la Tesorería General de la Seguridad Social las cotizaciones efectuadas durante la percepción de las prestaciones y efectuando la compensación correspondiente por las prestaciones indebidamente percibidas, o bien reclamando su importe al trabajador.

En ambos casos, el trabajador deberá solicitar el reconocimiento de las prestaciones en el plazo previsto en el apartado 1 de este artículo, tomando como fecha inicial para tal cumplimiento la del acta de conciliación o providencia de opción por la indemnización, o, en su caso, la de la resolución judicial, y acreditar el período que corresponde a los salarios de tramitación.

b) Cuando, como consecuencia de la reclamación o el recurso se produzca la readmisión del trabajador, mediante conciliación o sentencia firme, o aunque aquélla no se produzca en el supuesto al que se refiere el artículo 282 de la Ley de Procedimiento Laboral, las cantidades percibidas por éste en concepto de prestaciones por desempleo se considerarán indebidas por causa no imputable al trabajador.

En tal caso, la Entidad Gestora cesará en el abono de las prestaciones por desempleo y reclamará a la Tesorería General de la Seguridad Social las cotizaciones efectuadas durante la percepción de las prestaciones. El empresario deberá ingresar a la Entidad Gestora las cantidades percibidas por el trabajador, deduciéndolas de los salarios dejados de percibir que hubieran correspondido, con el límite de la suma de tales salarios.

A efectos de lo dispuesto en los párrafos anteriores, se aplicará lo establecido en el apartado 1 del artículo 227 de esta Ley, respecto al reintegro de prestaciones de cuyo pago sea directamente responsable el empresario, así como de la reclamación al trabajador si la cuantía de la prestación hubiera superado la del salario.

En los supuestos a que se refiere esta letra, el empresario deberá instar el alta en la Seguridad Social con efectos desde la fecha del despido o extinción inicial, cotizando por ese período, que se considerará como de ocupación cotizada a todos los efectos.

c) En los supuestos a que se refieren los artículos 279.2 y 284 de la Ley de Procedimiento Laboral el trabajador comenzará a percibir las prestaciones si no las estuviera percibiendo, a partir del momento en que se declare extinguida la relación laboral.

En ambos casos, se estará a lo establecido en la letra a) de este apartado respecto a las prestaciones percibidas hasta la extinción de la relación laboral.

Ap. 5 añadido por el art. 1.3 de la Ley 45/2002, de 12 diciembre (§36.2)
Letra c) modificada por disp. final 3ª.Dos de Ley 42/2006, de 28 diciembre.

6. En los supuestos a los que se refiere el artículo 56 del Estatuto de los Trabajadores el empresario deberá instar el alta y la baja del trabajador y cotizar a la Seguridad Social durante el período correspondiente a los salarios de tramitación que se considerará como de ocupación cotizada a todos los efectos.

Ap. 6 añadido por el art. 1.3 de la Ley 45/2002, de 12 diciembre (§36.2).

Artículo 210. Duración de la prestación por desempleo.

1. La duración de la prestación por desempleo estará en función de los períodos de ocupación cotizada en los seis años anteriores a la situación legal de desempleo o al momento en que cesó la obligación de cotizar, con arreglo a la siguiente escala:

Período de cotización (en días)	Período de prestación (en días)
Desde 360 hasta 539	120
Desde 540 hasta 719	180
Desde 720 hasta 899	240
Desde 900 hasta 1.079	300
Desde 1.080 hasta 1.259	360
Desde 1.260 hasta 1.439	420
Desde 1.440 hasta 1.619	480
Desde 1.620 hasta 1.799	540
Desde 1.800 hasta 1.979	600
Desde 1.980 hasta 2.159	660
Desde 2.160	720

2. A efectos de determinación del período de ocupación cotizada a que se refiere el apartado anterior se tendrán en cuenta todas las cotizaciones que no hayan sido computadas para el reconocimiento de un derecho anterior, tanto de nivel contributivo como asistencial. No obstante, no se considerará como derecho anterior el que se reconozca en virtud de la suspensión de la relación laboral prevista en el artículo 45.1.n) del Estatuto de los Trabajadores.

No se computarán las cotizaciones correspondientes al tiempo de abono de la prestación que efectúe la entidad gestora o, en su caso, la empresa, excepto cuando la prestación se perciba en virtud de la suspensión de la relación laboral prevista en el artículo 45.1.n) del Estatuto de los Trabajadores, tal como establece el artículo 124.5 de esta Ley.

✐ Ap. 2 modificado por disp. adic. 8ª.3 de Ley Orgánica 1/2004, de 28 diciembre.

3. Cuando el derecho a la prestación se extinga por realizar el titular un trabajo de duración igual o superior a doce meses, éste podrá optar, en el caso de que se le reconozca una nueva prestación, entre reabrir el derecho inicial por el período que le restaba y las bases y tipos que le correspondían, o percibir la prestación generada por las nuevas cotizaciones efectuadas. Cuando el trabajador opte por la prestación anterior, las cotizaciones que generaron aquella prestación por la que no hubiera optado no podrán computarse para el reconocimiento de un derecho posterior, de nivel contributivo o asistencial.

4. El período que corresponde a las vacaciones, al que se refiere el apartado 3 del artículo 209, se computará como período de cotización a los efectos previstos en el apartado 1 de este artículo y en el apartado 2 del artículo 216, y durante dicho período se considerará al trabajador en situación asimilada a la de alta, de acuerdo con lo establecido en el artículo 125.1 de esta Ley.

✐ Ap. 4 añadido por el art. 1.4 de la Ley 45/2002, de 12 diciembre (§36.2).

Artículo 211. Cuantía de la prestación por desempleo.

⇒ Sobre la modalidad de pago único como medida de fomento de empleo, cfr. RD 1044/1985, de 19 junio, modificado por la hoy derogada Ley 22/1992, de 30 julio y por Ley 50/1998, de 30 diciembre (art. 31). V. nota al art. 26.5 del RD 625/1985, de 2 abril (§36.1).

1. La base reguladora de la prestación por desempleo será el promedio de la base por la que se haya cotizado por dicha contingencia durante los últimos 180 días del período a que se refiere el apartado 1 del artículo anterior.

En el cálculo de la base reguladora de la prestación por desempleo se excluirá la retribución por horas extraordinarias, con independencia de su inclusión en la base de cotización por dicha contingencia fijada en el artículo 224 de esta Ley. A efectos de ese cálculo dichas retribuciones tampoco se incluirán en el certificado de empresa.

✐ Apartado redactado por la Ley 66/1997, de 30 diciembre, de Medidas Fiscales, Administrativas y del Orden Social (disp. adic. 18ª).

2. La cuantía de la prestación se determinará aplicando a la base reguladora los siguientes porcentajes: El 70 por 100 durante los ciento ochenta primeros días y el 60 por 100 a partir del día ciento ochenta y uno.

3. La cuantía máxima de la prestación por desempleo será del 175 por 100 del indicador público de rentas de efectos múltiples, salvo cuando el trabajador tenga uno o más hijos a su cargo; en tal caso, la cuantía será, respectivamente, del 200 por 100 o del 225 por 100 de dicho indicador.

La cuantía mínima de la prestación por desempleo será del 107 por 100 o del 80 por 100 del indicador público de rentas de efectos múltiples, según que el trabajador tenga o no, respectivamente, hijos a su cargo.

En caso de desempleo por pérdida de empleo a tiempo parcial, las cuantías máxima y mínima a que se refieren los párrafos anteriores se determinarán teniendo en cuenta el indicador público de rentas de efectos múltiples en función de las horas trabajadas.

A los efectos de lo previsto en este apartado, se tendrá en cuenta el indicador público de rentas de efectos múltiples mensual, incrementado en una sexta parte, vigente en el momento del nacimiento del derecho.

✐ Ap. 3 modificado por disp. final 1ª.1 del RDley 3/2004, de 25 junio (§12.2).

4. La prestación por desempleo parcial se determinará, según las reglas señaladas en los apartados anteriores, en proporción a la reducción de la jornada de trabajo.

5. En los supuestos de reducción de jornada previstos en los apartados 4 bis, 5 y 7 del artículo 37 de la Ley del Estatuto de los Trabajadores, para el cálculo de la base reguladora, las bases de cotización se computarán incrementadas hasta el cien por cien de la cuantía que hubiera correspondido si se hubiera mantenido sin reducción, el trabajo a tiempo completo o parcial.

Si la situación legal de desempleo se produce estando el trabajador en las situaciones de reducción de jornada citadas, las cuantías máxima y mínima a que se refieren los apartados anteriores se determinarán teniendo en cuenta el indicador público de rentas de efectos múltiples en función de las horas trabajadas antes de la reducción de la jornada.

✐ Ap. 5 añadido por disp. adic. 18ª.13 de la LO 3/2007, de 22 marzo, para la igualdad efectiva de mujeres y hombres.

Artículo 212. Suspensión del derecho.

1. El derecho a la percepción de la prestación por desempleo se suspenderá por la Entidad Gestora en los siguientes casos:

a) Durante el período que corresponda por imposición de sanción por infracciones leves y graves en los términos establecidos en la Ley sobre Infracciones y Sanciones en el Orden Social.

✐ Letra a) modificada por el art. 1.5 de la Ley 45/2002, de 12 diciembre (§36.2).

b) Mientras el titular del derecho se encuentre prestando el servicio militar o realizando una prestación social sustitutoria de aquél. No se suspenderá el derecho si el titular tuviese responsabilidades familiares y no disfrutara de renta familiar alguna cuya cuantía exceda del salario mínimo interprofesional.

c) Mientras el titular del derecho esté cumpliendo condena que implique privación de libertad. No se suspenderá el derecho en el mismo supuesto previsto en el apartado anterior.

d) Mientras el titular del derecho realice un trabajo por cuenta ajena de duración inferior a doce meses, o mientras el titular del derecho realice un trabajo por cuenta propia de duración inferior a veinticuatro meses.

✐ Letra d) modificada por el art. 1.5 de la Ley 45/2002, de 12 diciembre. V. su disp. transit. 3ª (§36.2).

e) En los supuestos a que se refiere el artículo 295 de la Ley de Procedimiento Laboral, mientras el trabajador continúe prestando servicios o no los preste por voluntad del empresario en los términos regulados en dicho artículo durante la tramitación del recurso. Una vez que se produzca la resolución definitiva se procederá conforme a lo establecido en el apartado 5 del artículo 209.

✐ Letra e) añadida por el art. 1.5 de la Ley 45/2002, de 12 diciembre (§36.2).

2. La suspensión del derecho a la prestación supondrá la interrupción del abono de la misma y no afectará al período de su percepción, salvo en el supuesto previsto en el apartado a) anterior, en el cual el período de percepción de la prestación se reducirá por tiempo igual al de la suspensión producida.

3. La prestación o subsidio por desempleo se reanudará:

a) De oficio por la Entidad Gestora, en los supuestos recogidos en la letra a) del apartado 1 siempre que el período de derecho no se encuentre agotado y que el trabajador figure inscrito como demandante de empleo.

b) Previa solicitud del interesado, en los supuestos recogidos en los párrafos b), c), d) y e) del apartado 1, siempre que se acredite que ha finalizado la causa de suspensión, que, en su caso, esa causa constituye situación legal de desempleo, o que, en su caso, se mantiene el requisito de carencia de rentas o existencia de responsabilidades familiares.

El derecho a la reanudación nacerá a partir del término de la causa de suspensión siempre que se solicite en el plazo de los quince días siguientes, y la solicitud requerirá la inscripción como demandante de empleo si la misma no se hubiere efectuado previamente. Asimismo, en la fecha de la solicitud se considerará reactivado el compromiso de actividad a que se refiere el artículo 231 de esta Ley, salvo en aquellos casos en los que la Entidad Gestora exija la suscripción de un nuevo compromiso.

Si se presenta la solicitud transcurrido el plazo citado, se producirán los efectos previstos en el apartado 2 del artículo 209 y en el párrafo b) del apartado 1 del artículo 219.

En el caso de que el período que corresponde a las vacaciones anuales retribuidas no haya sido disfrutado, será de aplicación lo establecido en el apartado 3 del artículo 209 de esta Ley.

✐ Letra b) modificada por el art. 1.5 de la Ley 45/2002, de 12 diciembre (§36.2).

Artículo 213. Extinción del derecho.

1. El derecho a la percepción de la prestación por desempleo se extinguirá en los casos siguientes:

a) Agotamiento del plazo de duración de la prestación.

b) ...

✐ Letra b) derogada por Ley 45/2002, de 12 diciembre (§36.2).

c) Imposición de sanción en los términos previstos en la Ley sobre Infracciones y Sanciones en el Orden Social.

✐ Letra c) modificada por el art. 1.6 de la Ley 45/2002, de 12 diciembre (§36.2).
⇒ V. el art. 47 del TRLISOS (§40.1) tras su refundición.

d) Realización de un trabajo por cuenta ajena de duración igual o superior a doce meses, sin perjuicio de lo establecido en el apartado 3 del artículo 210, o realización de un trabajo por cuenta propia, por tiempo igual o superior a veinticuatro meses.

✐ Letra d) modificada por el art. 1.6 de la Ley 45/2002, de 12 diciembre. V. su disp. transit. 3ª (§36.2).

e) Cumplimiento, por parte del titular del derecho, de la edad ordinaria de jubilación, con las salvedades establecidas en el artículo 207 d).

f) Pasar a ser pensionista de jubilación, o de invalidez permanente en los grados de incapacidad permanente total para la profesión habitual, incapacidad permanente absoluta para todo trabajo o gran invalidez. En estos casos de invalidez, no obstante, el beneficiario podrá optar por la prestación más favorable.

g) Traslado de residencia al extranjero, salvo en los casos que reglamentariamente se determinen.

h) Renuncia voluntaria al derecho.

2. ...

✐ Ap. 2 derogado por Ley 45/2002, de 12 diciembre (§36.2).

3. Los trabajos de colaboración social que la entidad gestora puede exigir a los perceptores de prestaciones por desempleo no implicarán la existencia de relación laboral entre el desempleado y la entidad en que se presten dichos trabajos, manteniendo el trabajador el derecho a percibir la prestación o el subsidio por desempleo que le corresponda.

La entidad gestora promoverá la celebración de conciertos con Administraciones Públicas y entidades sin ánimo de lucro en los que se identifiquen, en las condiciones que reglamentariamente se establezcan, dichos trabajos de colaboración social que, en todo caso, deben reunir los siguientes requisitos:

a) Ser de utilidad social y redundar en beneficio de la comunidad.

b) Tener carácter temporal.

c) Coincidir con las aptitudes físicas y formativas del trabajador desempleado.

d) No suponer cambio de residencia habitual del trabajador.

Artículo 214. Cotización durante la situación de desempleo.

1. Durante el período de percepción de la prestación por desempleo, la entidad gestora ingresará las cotizaciones a la Seguridad Social, asumiendo la aportación empresarial y descontando de la cuantía de la prestación, incluidos los supuestos a que hace referencia el apartado 3 del artículo 211 de esta Ley, la aportación que corresponda al trabajador.

2. En los supuestos de reducción de jornada o suspensión del contrato, la empresa ingresará la aportación que le corresponda, debiendo la entidad gestora ingresar únicamente la aportación del trabajador, una vez efectuado el descuento a que se refiere el apartado anterior.

3. Cuando se haya extinguido la relación laboral, la cotización a la Seguridad Social no comprenderá las cuotas correspondientes a desempleo, accidentes de trabajo y enfermedades profesionales, Fondo de Garantía Salarial y formación profesional.

4. Durante la percepción de la prestación por desempleo, la aportación del trabajador a la Seguri-

dad Social se reducirá en un 35 por 100, que será abonado por la entidad gestora. En el supuesto de trabajadores fijos del Régimen Especial Agrario, dicha reducción será del 72 por 100.

CAPÍTULO III
Nivel asistencial

⇒ El subsidio por desempleo en favor de los trabajadores eventuales incluidos en el Régimen Especial Agrario de la Seguridad Social se regula por RD 5/1997, de 10 enero. Dicha norma deroga expresamente el RD 1387/1990, de 8 noviembre (salvo su disp. adic. 6ª) así como el RD 273/1995, de 24 febrero, que modificó al anterior (salvo sus disps. adics. 1ª y 3ª). Las disposiciones transitorias del citado RD 5/1997, han sido prorrogadas expresamente por RD 699/1998, de 24 abril y por RD 2389/2004, de 30 diciembre; por su parte, el RD 426/2003, de 11 abril, que regula la renta agraria de los trabajadores eventuales incluidos en dicho Régimen Especial Agrario, ha procedido a derogar determinadas disposiciones del RD 5/1997. Téngase en cuenta que la Ley 1/1997, de 7 marzo, asimila jornadas por causa de sequía a efectos del citado subsidio.

Artículo 215. Beneficiarios del subsidio por desempleo.

1. Serán beneficiarios del subsidio:

1) Los parados que, figurando inscritos como demandantes de empleo durante el plazo de un mes, sin haber rechazado oferta de empleo adecuada ni haberse negado a participar, salvo causa justificada, en acciones de promoción, formación o reconversión profesionales, y careciendo de rentas de cualquier naturaleza superiores, en cómputo mensual, al 75 por 100 del salario mínimo interprofesional, excluida la parte proporcional de dos pagas extraordinarias, se encuentren en alguna de las siguientes situaciones:

a) Haber agotado la prestación por desempleo y tener responsabilidades familiares.

b) Haber agotado la prestación por desempleo, carecer de responsabilidades familiares y ser mayor de cuarenta y cinco años de edad en la fecha del agotamiento.

✐ Letra b) modificada por art. 15.Dos de Ley 43/2006, de 29 diciembre (§27.2).

c) Ser trabajador español emigrante que habiendo retornado de países no pertenecientes al Espacio Económico Europeo, o con los que no exista convenio sobre protección por desempleo, acredite haber trabajado como mínimo doce meses en los últimos seis años en dichos países desde su última salida de España, y no tenga derecho a la prestación por desempleo.

✐ Letra c) modificada por el art. 1.7 de la Ley 45/2002, de 12 diciembre.

⇒ V. disp. final 1ª.3 b) de la Ley 45/2002 (§36.2).

d) Haber sido liberado de prisión y no tener derecho a la prestación por desempleo, siempre que la privación de libertad haya sido por tiempo superior a seis meses.

Se entenderán comprendidos en dicha situación los menores liberados de un centro de internamiento en el que hubieran sido ingresados como consecuencia de la comisión de hechos tipificados como delito, siempre que, además de haber permanecido privados de libertad por el tiempo antes indicado, en el momento de la liberación sean mayores de dieciséis años.

Asimismo, se entenderán comprendidas en dicha situación las personas que hubiesen concluido un tratamiento de deshabituación de su drogodependencia, siempre que el mismo hubiera durado un período superior a seis meses y hayan visto remitida su pena privativa de libertad en aplicación de lo previsto en el artículo 87 del Código Penal.

✐ Redactado por el art. 1 de la Ley 36/1999, de 18 octubre, de concesión del subsidio de desempleo y de garantías de integración sociolaboral para los delincuentes toxicómanos que hayan visto suspendida la ejecución de su pena de conformidad con lo previsto en la legislación penal.

⇒ Sobre la atención prioritaria a este colectivo en políticas activas de empleo, v. art. 2 de la citada Ley 36/1999.

e) Haber sido declarado plenamente capaz de inválido en el grado de incapacidad permanente parcial para la profesión habitual, como consecuencia de un expediente de revisión por mejoría de una situación de invalidez en los grados de incapacidad permanente total para la profesión habitual, incapacidad permanente absoluta para todo trabajo o gran invalidez.

2) Los parados que, reuniendo los requisitos a que se refiere el apartado 1.1 de este artículo, salvo el relativo al período de espera, se hallen en situación legal de desempleo y no tengan derecho a la prestación contributiva, por no haber cubierto el período mínimo de cotización, siempre que:

a) Hayan cotizado al menos tres meses y tengan responsabilidades familiares.

b) Hayan cotizado al menos seis meses, aunque carezcan de responsabilidades familiares.

3) Los trabajadores mayores de cincuenta y dos años, aun cuando no tengan responsabilidades familiares, siempre que se encuentren en alguno de los supuestos contemplados en los apartados anteriores, hayan cotizado por desempleo al menos durante seis años a lo largo de su vida laboral y

acrediten que, en el momento de la solicitud, reúnen todos los requisitos, salvo la edad, para acceder a cualquier tipo de pensión contributiva de jubilación en el sistema de la Seguridad Social.

⇒ V. STC 77/1995, de 22 mayo.

4) Los desempleados mayores de cuarenta y cinco años en la fecha en que hayan agotado un derecho a prestaciones por desempleo de setecientos veinte días de duración, que cumplan todos los requisitos establecidos en el apartado 1.1 de este artículo, excepto el relativo al período de espera, tendrán derecho a un subsidio especial con carácter previo a la solicitud del subsidio por desempleo previsto en los párrafos a) y b) de dicho apartado 1.1, siempre que no hubiesen generado derecho a una nueva prestación de nivel contributivo o no tuviesen derecho al subsidio previsto en el apartado anterior.

Asimismo, y sin perjuicio del acceso al subsidio previsto en el párrafo anterior si se reúnen los requisitos en él exigidos, cuando se extinga la relación laboral de los trabajadores fijos discontinuos que hayan agotado un derecho a la prestación por desempleo de cualquier duración, aunque con posterioridad a dicho agotamiento y antes de la extinción de la relación laboral hubieran percibido subsidio por desempleo en los períodos de inactividad productiva, y en el momento de la solicitud sean mayores de cuarenta y cinco años, tendrán derecho al subsidio previsto en el párrafo anterior, en los términos establecidos en el mismo, siempre que hayan cotizado como fijos discontinuos un mínimo de nueve años a lo largo de su vida laboral.

✐ Punto 4) modificado por art. 15.Tres de Ley 43/2006, de 29 diciembre (§27.2).

2. A efectos de lo previsto en este artículo, se entenderá por responsabilidades familiares tener a cargo al cónyuge, hijos menores de veintiséis años o mayores incapacitados, o menores acogidos, cuando la renta del conjunto de la unidad familiar así constituida, incluido el solicitante, dividida por el número de miembros que la componen, no supere el 75 por 100 del salario mínimo interprofesional, excluida la parte proporcional de dos pagas extraordinarias.

No se considerará a cargo el cónyuge, hijos o menores acogidos, con rentas de cualquier naturaleza superiores al 75 por 100 del salario mínimo interprofesional, excluida la parte proporcional de dos pagas extraordinarias.

3. A efectos de determinar el requisito de carencia de rentas y, en su caso, de responsabilidades familiares, a que se refiere el apartado 1 de este artículo:

1) Los requisitos deberán concurrir en el momento del hecho causante y, además, en el de la solicitud del subsidio, así como en el momento de la solicitud de sus prórrogas o reanudaciones y durante la percepción de todas las modalidades del subsidio establecidas en el presente artículo.

Si no se reúnen los requisitos, el trabajador sólo podrá obtener el reconocimiento de un derecho al subsidio cuando se encuentre de nuevo en alguna de las situaciones previstas en el apartado 1.1, 2, 3 y 4 de este artículo y reúna los requisitos exigidos, salvo en el caso de que dentro del plazo de un año desde la fecha del hecho causante se acredite que se cumplen los requisitos de carencia de rentas o, en su caso, de existencia de responsabilidades familiares, en que el trabajador podrá obtener el subsidio que corresponda a partir del día siguiente al de su solicitud sin reducción de su duración.

A estos efectos se considerará como fecha del hecho causante aquella en que se cumpla el plazo de espera de un mes, o se produzca la situación legal de desempleo, o la de agotamiento del derecho semestral; o la de finalización de la causa de suspensión.

2) Se considerarán como rentas o ingresos computables cualesquiera bienes, derechos o rendimientos de que disponga o pueda disponer el desempleado derivados del trabajo, del capital mobiliario o inmobiliario, de las actividades económicas y los de naturaleza prestacional, salvo las asignaciones de la Seguridad Social por hijos a cargo y salvo el importe de las cuotas destinadas a la financiación del convenio especial con la Administración de la Seguridad Social. También se considerarán rentas las plusvalías o ganancias patrimoniales, así como los rendimientos que puedan deducirse del montante económico del patrimonio, aplicando a su valor el 50 por 100 del tipo de interés legal del dinero vigente, con la excepción de la vivienda habitualmente ocupada por el trabajador y de los bienes cuyas rentas hayan sido computadas, todo ello en los términos que se establezcan reglamentariamente.

No obstante lo establecido en el párrafo anterior, el importe correspondiente a la indemnización legal que en cada caso proceda por la extinción del contrato de trabajo no tendrá la consideración de renta. Ello con independencia de que el pago de la misma se efectúe de una sola vez o de forma periódica.

Para acreditar las rentas la Entidad Gestora podrá exigir al trabajador una declaración de las mismas y, en su caso, la aportación de copia de las declaraciones tributarias presentadas.

✐ Ap. 3 modificado por el art. 1.7 de la Ley 45/2002, de 12 diciembre. V. su disp. transit. 3ª (§36.2).

Artículo 216. Duración del subsidio.

1. La duración del subsidio por desempleo será de seis meses prorrogables, por períodos semestrales, hasta un máximo de dieciocho meses, excepto en los siguientes casos:

1) Desempleados incluidos en el apartado 1.1, a) del artículo anterior que en la fecha del agotamiento de la prestación por desempleo sean:

a) Mayores de cuarenta y cinco años que hayan agotado un derecho a prestaciones por desempleo de, al menos, ciento veinte días. En este caso, el subsidio se prorrogará hasta un máximo de veinticuatro meses.

b) Mayores de cuarenta y cinco años que hayan agotado un derecho a prestaciones por desempleo de, al menos, ciento ochenta días. En este caso, el subsidio se prorrogará hasta un máximo de treinta meses.

c) Menores de cuarenta y cinco años que hayan agotado un derecho a prestaciones por desempleo de, al menos, ciento ochenta días. En este caso, el subsidio se prorrogará hasta un máximo de veinticuatro meses.

2) Desempleados incluidos en el apartado 1.1, b) del artículo anterior. En este caso la duración del subsidio será de seis meses improrrogables.

2. En el caso previsto en el apartado 1.2 del artículo anterior, la duración del subsidio será la siguiente:

a) En el caso de que el trabajador tenga responsabilidades familiares:

Período de cotización	Duración del subsidio
3 meses de cotización	3 meses
4 meses de cotización	4 meses
5 meses de cotización	5 meses
6 o más meses de cotización	21 meses

Si el subsidio tiene una duración de veintiún meses, se reconocerá por un período de seis meses, prorrogables hasta agotar su duración máxima.

b) En el caso de que el trabajador carezca de responsabilidades familiares y tenga al menos seis meses de cotización, la duración del subsidio será de seis meses improrrogables.

En ambos supuestos, las cotizaciones que sirvieron para el nacimiento del subsidio no podrán ser tenidas en cuenta para el reconocimiento de un futuro derecho a la prestación del nivel contributivo.

3. En el supuesto previsto en el apartado 1.3 del artículo anterior, el subsidio se extenderá, como máximo, hasta que el trabajador alcance la edad ordinaria que se exija en cada caso para causar derecho a la pensión de jubilación.

✐ Ap. 3 modificado por el art. 5 de la Ley 35/2002, de 12 julio.

4. El subsidio especial para mayores de cuarenta y cinco años, previsto en el apartado 1.4 del artículo anterior, tendrá una duración de seis meses.

5. La duración del subsidio en el caso de trabajadores fijos discontinuos que se encuentren en las situaciones previstas en los párrafos a) y b) del apartado 1.1 y en el apartado 1.2 del artículo anterior, será equivalente al número de meses cotizados en el año anterior a la solicitud.

No serán de aplicación a estos trabajadores, mientras mantengan dicha condición, el subsidio por desempleo para mayores de cincuenta y dos años ni el subsidio especial para mayores de cuarenta y cinco años, previstos, respectivamente, en los apartados 1.3 y 1.4 del artículo anterior.

⇒ La STC 53/2004 (RTC 2004, 53) descarta la inconstitucionalidad de esta exclusión porque «el fijo discontinuo no es un desempleado, sino una persona vinculada por un contrato laboral vigente».

Artículo 217. Cuantía del subsidio.

1. La cuantía del subsidio será igual al 80 por 100 del indicador público de rentas de efectos múltiples mensual, vigente en cada momento.

En el caso de desempleo por pérdida de un trabajo a tiempo parcial también se percibirá la cuantía antes indicada.

✐ Ap. 1 modificado por disp. adic. 18ª.14 de la LO 3/2007, de 22 marzo, para la igualdad efectiva de mujeres y hombres.

2. No obstante lo anterior, la cuantía del subsidio especial para mayores de 45 años a que se refiere el apartado 1.4 del artículo 215 se determinará en función de las responsabilidades familiares

del trabajador, apreciadas conforme a lo dispuesto en el apartado 2 del citado artículo, de acuerdo con los siguientes porcentajes del indicador público de rentas de efectos múltiples mensual vigente en cada momento:

a) 80 por 100, cuando el trabajador tenga uno o ningún familiar a su cargo.

b) 107 por 100, cuando el trabajador tenga dos familiares a su cargo.

c) 133 por 100, cuando el trabajador tenga tres o más familiares a su cargo.

✐ Ap. 2 modificado por disp. final 1ª.2 del RDley 3/2004, de 25 junio (§12.2).

3. Las cuantías señaladas en el apartado anterior serán asimismo aplicables durante los seis primeros meses a los desempleados que pasen a percibir el subsidio previsto para mayores de cincuenta y dos años, a que se refiere el apartado 1.3 del artículo 215 y el apartado 3 del artículo 216, siempre que reúnan los requisitos exigidos para acceder al citado subsidio especial.

Artículo 218. Cotización durante la percepción del subsidio.

1. Durante la percepción del subsidio, la entidad gestora ingresará las cotizaciones a la Seguridad Social correspondientes a las prestaciones de asistencia sanitaria y, en su caso, protección a la familia.

2. En el supuesto de subsidio por desempleo para trabajadores mayores de cincuenta y dos años, la entidad gestora deberá cotizar, además, por la contingencia de jubilación.

3. En los casos de percepción de subsidio por desempleo cuando se trata de trabajadores fijos discontinuos:

a) Si son menores de cincuenta y dos años y el beneficiario haya acreditado, a efectos del reconocimiento del subsidio un período de ocupación cotizada de ciento ochenta o más días, la entidad gestora ingresará también las cotizaciones a la Seguridad Social correspondientes a la contingencia de jubilación durante un período de sesenta días, a partir de la fecha en que nazca el derecho al subsidio.

b) Si son mayores de cincuenta y dos años, la entidad gestora ingresará también las cotizaciones a la Seguridad Social correspondientes a la contingencia de jubilación durante toda la percepción del subsidio, a que tuvieran derecho, una vez cumplida la edad indicada.

✐ Ap. 3 modificado por disp. adic. 48ª.7 de la Ley 30/2005, de 29 diciembre.

4. A efectos de determinar la cotización de los supuestos señalados en los apartados anteriores, se tomará como base de cotización el tope mínimo de cotización vigente en cada momento.

Artículo 219. Dinámica del derecho.

1. El derecho al subsidio por desempleo nace a partir del día siguiente a aquel en que se cumpla el plazo de espera de un mes establecido en el apartado 1.1 del artículo 215, o, tras idéntico plazo de espera, desde el agotamiento del subsidio especial para mayores de cuarenta y cinco años, salvo en los siguientes supuestos:

a) El subsidio previsto en el apartado 1.2 del citado artículo 215 nace a partir del día siguiente al de la situación legal de desempleo, salvo cuando sea de aplicación lo establecido en los apartados 3 ó 4 del artículo 209 de esta Ley.

b) El subsidio especial para mayores de cuarenta y cinco años, previsto en el apartado 1.4 del artículo 215, nace a partir del día siguiente al que se produzca la extinción por agotamiento de la prestación por desempleo reconocida.

Para ello, será necesario en todos los supuestos que el subsidio se solicite dentro de los quince días siguientes a las fechas anteriormente señaladas y en la fecha de solicitud se deberá suscribir el compromiso de actividad al que se refiere el artículo 231 de esta Ley. Si se presenta la solicitud transcurrido el plazo citado, el derecho nacerá a partir del día siguiente al de la solicitud, reduciéndose su duración en tantos días como medien entre la fecha en que hubiera tenido lugar el nacimiento del derecho, de haberse solicitado en tiempo y forma y aquella en que efectivamente se hubiera formulado la solicitud.

✐ Ap. 1 modificado por el art. 1.8 de la Ley 45/2002, de 12 diciembre (§36.2).

2. Serán de aplicación al subsidio por desempleo las normas sobre suspensión y extinción previstas en los artículos 212 y 213.

Asimismo el subsidio se suspenderá por la obtención, por tiempo inferior a doce meses, de rentas superiores a las establecidas en el artículo 215, apartados 1.1, 2, 3 y 4 y 3 de esta Ley, y por dejar de reunir por tiempo inferior a doce meses el requisito de responsabilidades familiares previsto en los apartados 2 y 3 del mismo artículo, cuando hubiese sido necesario para el reconocimiento del derecho. Tras dicha suspensión, el trabajador podrá reanudar la percepción del subsidio siempre que acredite el requisito de carencia de rentas y, en su caso, el de responsabilidades familiares, en los términos establecidos en el artículo 215.3.1 de esta Ley.

En el caso de que la obtención de rentas o la inexistencia de responsabilidades familiares, recogidas en el párrafo anterior, se mantenga por tiempo igual o superior a doce meses, se extinguirá el subsidio. Tras dicha extinción, el trabajador sólo podrá obtener el reconocimiento de un derecho al subsidio si vuelve a encontrarse de nuevo en alguna de las situaciones previstas en el apartado 1.1, 2, 3 y 4 del artículo 215 de esta Ley y reúne los requisitos exigidos.

✐ Ap. 2 modificado por el art. 1.8 de la Ley 45/2002, de 12 diciembre (§36.2).

3. La aceptación de un trabajo de duración inferior a doce meses durante el plazo de espera no afectará al derecho a obtener el subsidio, que quedará en suspenso hasta la finalización de aquél.

4. A los efectos de que se produzca la prórroga del subsidio hasta su duración máxima prevista en el artículo 216 de la presente Ley, cada vez que se hayan devengado seis meses de percepción del mismo, los beneficiarios deberán presentar una solicitud de prórroga, acompañada de la documentación acreditativa del mantenimiento de los requisitos de acceso. Dicha solicitud deberá formularse en el plazo que media entre el día siguiente a la fecha de agotamiento del período de derecho semestral y los 15 días siguientes a la fecha del vencimiento del período de pago de la última mensualidad devengada.

La duración del subsidio se prorrogará desde el día siguiente a la fecha de agotamiento del período de derecho semestral si se solicita en el plazo establecido. En otro caso, el derecho a la prórroga tendrá efectividad a partir del día siguiente al de su solicitud reduciéndose su duración en los términos recogidos en la letra b) del apartado 1 de este artículo.

Para el reconocimiento de las prórrogas la Entidad Gestora podrá exigir a los beneficiarios del subsidio que en el momento de solicitud de las mismas suscriban un compromiso de realizar acciones favorecedoras de su inserción laboral y los Servicios Públicos de Empleo aplicarán a los trabajadores que hayan suscrito el compromiso las citadas acciones.

✐ Párrafo derogado por la disp. derog. única d) de la Ley 45/2002, de 12 diciembre (§36.2).

5. Para mantener la percepción del subsidio previsto en el apartado 1.3 del artículo 215 de esta Ley, para los trabajadores mayores de 52 años, los beneficiarios deberán presentar ante la Entidad Gestora una declaración de sus rentas, acompañada de la documentación acreditativa que corresponda.

Dicha declaración se deberá presentar cada vez que transcurran doce meses desde la fecha del nacimiento del derecho o desde la fecha de su última reanudación, en el plazo de los 15 días siguientes a aquel en el que se cumpla el período señalado.

La falta de aportación de la declaración en el plazo señalado implicará la interrupción del pago del subsidio y de la cotización a la Seguridad Social.

La aportación de la declaración fuera del plazo señalado implicará, en su caso, la reanudación del devengo del derecho con efectos de la fecha en que se aporte dicha declaración.

✐ Aps. 4 y 5 añadidos por el art. 34.9.1 de la Ley 24/2001, de 27 diciembre. Según previene el art. 34.9.2 de la indicada norma:

«2. Lo previsto en los apartados 4 y 5 del artículo 219 del texto refundido de la Ley General de la Seguridad Social se aplicará a los subsidios por desempleo que nazcan a partir del 1 de enero de 2002 y a los nacidos con anterioridad que en la citada fecha estén percibiéndose o se encuentren pendientes de percepción. A los subsidios nacidos con anterioridad al 1 de enero de 2002 lo previsto en el apartado 5, antes citado, les será de aplicación a partir de que transcurran doce meses o múltiplo de doce meses desde la fecha del nacimiento del derecho o desde la fecha de su última reanudación».

CAPÍTULO IV
Régimen de las prestaciones

Artículo 220. Automaticidad del derecho a las prestaciones.

La entidad gestora competente pagará las prestaciones por desempleo en los supuestos de incumplimiento de las obligaciones de afiliación, alta y de cotización, sin perjuicio de las acciones que pueda adoptar contra la empresa infractora y la responsabilidad que corresponda a ésta por las prestaciones abonadas.

Artículo 221. Incompatibilidades.

1. La prestación o el subsidio por desempleo serán incompatibles con el trabajo por cuenta propia, aunque su realización no implique la inclusión obligatoria en alguno de los regímenes de la Seguridad Social, o con el trabajo por cuenta ajena, excepto cuando éste se realice a tiempo parcial, en cuyo caso se deducirá del importe de la prestación o subsidio la parte proporcional al tiempo trabajado.

2. Serán, asimismo, incompatibles con la obtención de pensiones o prestaciones de carácter eco-

nómico de la Seguridad Social, salvo que éstas hubieran sido compatibles con el trabajo que originó la prestación por desempleo.

Artículo 222. Desempleo. Maternidad e incapacidad temporal.

1. Cuando el trabajador se encuentre en situación de incapacidad temporal y durante la misma se extinga su contrato seguirá percibiendo la prestación por incapacidad temporal en cuantía igual a la prestación por desempleo hasta que se extinga dicha situación, pasando entonces a la situación legal de desempleo en el supuesto de que la extinción se haya producido por alguna de las causas previstas en el apartado 1 del artículo 208 y a percibir, si reúne los requisitos necesarios, la prestación por desempleo contributivo que le corresponda de haberse iniciado la percepción de la misma en la fecha de extinción del contrato de trabajo, o el subsidio por desempleo.

En todo caso, se descontará del período de percepción de la prestación por desempleo, como ya consumido, el tiempo que hubiera permanecido en la situación de incapacidad temporal a partir de la fecha de la extinción del contrato de trabajo.

La entidad gestora de las prestaciones por desempleo efectuará las cotizaciones a la Seguridad Social conforme a lo previsto en el párrafo b) del apartado 1 del artículo 206, asumiendo en este caso la aportación que corresponde al trabajador en su totalidad por todo el período que se descuente como consumido.

2. Cuando el trabajador se encuentre en situación de maternidad o de paternidad y durante las mismas se extinga su contrato por alguna de las causas previstas en el apartado 1 del artículo 208, seguirá percibiendo la prestación por maternidad o por paternidad hasta que se extingan dichas situaciones, pasando entonces a la situación legal de desempleo y a percibir, si reúne los requisitos necesarios, la correspondiente prestación. En este caso no se descontará del período de percepción de la prestación por desempleo de nivel contributivo el tiempo que hubiera permanecido en situación de maternidad o de paternidad.

✐ Ap. 2 modificado por disp. adic. 18ª.15 de la LO 3/2007, de 22 marzo, para la igualdad efectiva de mujeres y hombres.

3. Cuando el trabajador esté percibiendo la prestación de desempleo total y pase a la situación de incapacidad temporal que constituya recaída de un proceso anterior iniciado durante la vigencia de un contrato de trabajo, percibirá la prestación por esta contingencia en cuantía igual a la prestación por desempleo. En este caso, y en el supuesto de que el trabajador continuase en situación de incapacidad temporal una vez finalizado el período de duración establecido inicialmente para la prestación por desempleo, seguirá percibiendo la prestación por incapacidad temporal en la misma cuantía en la que la venía percibiendo.

Cuando el trabajador esté percibiendo la prestación de desempleo total y pase a la situación de incapacidad temporal que no constituya recaída de un proceso anterior iniciado durante la vigencia de un contrato de trabajo, percibirá la prestación por esta contingencia en cuantía igual a la prestación por desempleo. En este caso, y en el supuesto de que el trabajador continuase en situación de incapacidad temporal una vez finalizado el período de duración establecido inicialmente para la prestación por desempleo, seguirá percibiendo la prestación por incapacidad temporal en cuantía igual al 80% del indicador público de rentas a efectos múltiples mensual, excluida la parte proporcional de las pagas extras.

✐ Párr. 2º modificado por disp. final 1.3 del RDley 3/2004, de 25 junio (§12.2).

Cuando el trabajador esté percibiendo la prestación por desempleo total y pase a la situación de maternidad o de paternidad, percibirá la prestación por estas últimas contingencias en la cuantía que corresponda.

El período de percepción de la prestación por desempleo no se ampliará por la circunstancia de que el trabajador pase a la situación de incapacidad temporal. Durante dicha situación, la Entidad Gestora de las prestaciones por desempleo continuará satisfaciendo las cotizaciones a la Seguridad Social conforme a lo previsto en el párrafo b) del apartado 1 del artículo 206.

Si el trabajador pasa a la situación de maternidad o de paternidad, se le suspenderá la prestación por desempleo y la cotización a la Seguridad Social antes indicada y pasará a percibir la prestación por maternidad o por paternidad, gestionada directamente por su Entidad Gestora. Una vez extinguida la prestación por maternidad o por paternidad, se reanudará la prestación por desempleo, en los términos recogidos en el artículo 212.3.b), por la duración que restaba por percibir y la cuantía que correspondía en el momento de la suspensión.

✐ Artículo modificado por el art. 34.10 de la Ley 24/2001, de 27 diciembre.
Ap. 3 párrs. 3 y 4 modificados y 5 añadido por disp. adic. 18ª.16 y 17 de la LO 3/2007, de 22 marzo, para la igualdad efectiva de mujeres y hombres.

CAPÍTULO V
Régimen financiero y gestión de las prestaciones

Sección 1ª Régimen financiero

Artículo 223. Financiación.

1. La acción protectora regulada en el artículo 206 de la presente Ley se financiará mediante la cotización de empresarios y trabajadores y la aportación del Estado.

2. La cuantía de la aportación del Estado será cada año la fijada en la correspondiente Ley de Presupuestos Generales del Estado.

Artículo 224. Base y tipo de cotización.

La base de cotización para la contingencia de desempleo, en todos los Regímenes de la Seguridad Social que tengan cubierta la misma, será la correspondiente a las contingencias de accidentes de trabajo y enfermedades profesionales. El tipo aplicable a dicha base será el que se establezca, para cada año, en la correspondiente Ley de Presupuestos Generales del Estado.

✐ Para el año 2004 v. art. 97.2 de la Ley 61/2003, de 30 diciembre.

Artículo 225. Recaudación.

⇒ V. RD 1415/2004, de 11 junio, que aprueba el Reglamento General de Recaudación del Sistema de la Seguridad Social.

Las cuotas de desempleo, mientras se recauden conjuntamente con las cuotas de Seguridad Social, se liquidarán e ingresarán en la forma, términos y condiciones establecidos para estas últimas.

Sección 2ª Gestión de las prestaciones

⇒ Téngase en cuenta la inaplicada disp. adic. Decimoctava de la Ley 39/1992, de 29 diciembre, de Presupuestos Generales del Estado para 1993, que establece lo siguiente:

«DISPOSICIONES ADICIONALES

[...]

Decimoctava. Gestión de prestaciones del INEM.

La gestión de la política de empleo continuará correspondiendo al Instituto de Empleo, con exclusión de las prestaciones por desempleo, que serán gestionadas por el Instituto Nacional de la Seguridad Social. La cuota por desempleo, constituirá un recurso de Seguridad Social, correspondiendo a la Tesorería General de la Seguridad Social su recaudación y el pago de las prestaciones por desempleo.

Este precepto comenzará a surtir efectos durante el ejercicio presupuestario de 1993, a partir de la fecha y en los términos y condiciones que se fijen por el Gobierno, quien, asimismo, y a propuesta de los Ministros para las Administraciones Públicas, de Economía y Hacienda y de Trabajo y Seguridad Social, autorizará las adaptaciones presupuestarias y contables necesarias para la asunción de las referidas competencias, así como las transferencias de personal y patrimoniales que sean precisas».

Artículo 226. Entidad gestora.

1. Corresponde al *Instituto Nacional de Empleo* gestionar las funciones y servicios derivados de las prestaciones de protección por desempleo y declarar el reconocimiento, suspensión, extinción y reanudación de las prestaciones, sin perjuicio de las atribuciones reconocidas a los órganos competentes de la Administración laboral en materia de sanciones.

⇒ De conformidad con lo dispuesto en la disp. adic. 1ª de la Ley 56/2003, de 16 diciembre de Empleo (§27.1) el INEM pasa a denominarse «Servicio Público de Empleo Estatal».

2. Las empresas colaborarán con la entidad gestora, asumiendo el pago delegado de la prestación por desempleo en los supuestos y en las condiciones que reglamentariamente se determinen.

Artículo 227. Reintegro de pagos indebidos.

⇒ V. nota al art. 45 y el art. 233 de este TRLGSS.

1. Corresponde a la entidad gestora competente, tanto en período voluntario como en vía ejecutiva, exigir la devolución de las prestaciones indebidamente percibidas por los trabajadores y el reintegro de las prestaciones de cuyo pago sea directamente responsable el empresario.

Transcurrido el respectivo plazo fijado para el reintegro de las prestaciones indebidamente percibidas o de responsabilidad empresarial, sin haberse efectuado el mismo, se devengarán por el sujeto responsable de su pago el recargo correspondiente y el interés de demora, en los términos y condiciones que se establecen en el apartado 2 del artículo 27 y en el artículo 28 de esta Ley, respectivamente.

✐ Párr. 2º del ap. 1 añadido por disp. adic. 44.4 de Ley 2/2004, de 27 diciembre.

2. A tal efecto, la entidad gestora podrá concertar los servicios que considere convenientes con la Tesorería General de la Seguridad Social o con cualquiera de las Administraciones Públicas.

Artículo 228. Pago de las prestaciones.

1. La entidad gestora deberá dictar resolución motivada, reconociendo o denegando el derecho a las prestaciones por desempleo, en el plazo de los quince días siguientes a la fecha en que se hubiera formulado la solicitud en tiempo y forma.

2. El pago de la prestación será efectuado por la entidad gestora o por la propia empresa, en los supuestos y en las condiciones que reglamentariamente se determinen.

3. Cuando así lo establezca algún programa de fomento del empleo, la Entidad Gestora podrá abonar de una sola vez el valor actual del importe, total o parcial, de la prestación por desempleo de nivel contributivo a que tenga derecho el trabajador y que esté pendiente por percibir.

Asimismo, podrá abonar a través de pagos parciales el importe de la prestación por desempleo de nivel contributivo a que tenga derecho el trabajador para subvencionar la cotización del mismo a la Seguridad Social.

✐ Ap. 3 modificado por el art. 1.9 de la Ley 45/2002, de 12 diciembre (§36.2).

⇒ V. el RD 1044/1985, de 19 junio, sobre abono de la prestación de desempleo en la modalidad de pago único. Téngase en cuenta que en dicha norma se suprimen las referencias a trabajadores autónomos por Ley 22/1992, de 30 julio. Por su lado, el art. 31 de la Ley 50/1998, de 30 diciembre incluye a los trabajadores minusválidos que se conviertan en autónomos en el ámbito de aplicación del citado RD 1044/1985.
V. art. 233 de esta LGSS/1994 y disp. transit. 4ª de la Ley 45/2002 (§36.2).

4. Cuando así lo establezca algún programa de fomento al empleo destinado a colectivos con mayor dificultad de inserción en el mercado de trabajo, se podrá compatibilizar la percepción de la prestación por desempleo o del subsidio por desempleo pendientes de percibir con el trabajo por cuenta ajena, en cuyo caso la Entidad Gestora podrá abonar al trabajador el importe mensual de las prestaciones en la cuantía y duración que se determinen, sin incluir la cotización a la Seguridad Social.

En el supuesto previsto en el párrafo anterior, durante el período de percepción de las prestaciones el empresario deberá abonar al trabajador la diferencia entre la prestación o subsidio por desempleo y el salario que le corresponda, siendo, asimismo, responsable de cotizar a la Seguridad Social por el total del salario indicado, incluido el importe de la prestación o subsidio.

Asimismo, con el fin de hacer efectivo el derecho a la formación de trabajadores ocupados, así como de incrementar las posibilidades de empleo de los trabajadores desempleados, se determinarán programas que permitan a las empresas sustituir a los trabajadores en formación por otros trabajadores desempleados beneficiarios de prestaciones por desempleo. En este caso, los trabajadores podrán compatibilizar las prestaciones con el trabajo a que se refiere este apartado.

✐ Ap. 4 añadido por el art. 1.9 de la Ley 45/2002, de 12 diciembre. V. sus disps. transits. 5ª y 6ª (§36.2).

5. Cuando así lo establezca algún programa de fomento de empleo para facilitar la movilidad geográfica, la Entidad Gestora podrá abonar el importe de un mes de la duración de las prestaciones por desempleo o de tres meses de la duración del subsidio por desempleo, pendientes por percibir, a los beneficiarios de las mismas para ocupar un empleo que implique cambio de la localidad de residencia.

✐ Ap. 5 añadido por el art. 1.9 de la Ley 45/2002, de 12 diciembre (§36.2).

Artículo 229. Control de las prestaciones.

Sin perjuicio de las facultades de los servicios competentes en cuanto a la inspección y control en orden a la sanción de las infracciones que pudieran cometerse en la percepción de las prestaciones por desempleo, corresponde a la entidad gestora controlar el cumplimiento de lo establecido en el presente título y comprobar las situaciones de fraude que puedan cometerse.

CAPÍTULO VI

Régimen de obligaciones, infracciones y sanciones

Artículo 230. Obligaciones de los empresarios.

Son obligaciones de los empresarios:

a) Cotizar por la aportación empresarial a la contingencia de desempleo.

b) Ingresar las aportaciones propias y las de sus trabajadores en su totalidad, siendo responsables del cumplimiento de la obligación de cotización.

c) Proporcionar la documentación e información que reglamentariamente se determinen a efectos del reconocimiento, suspensión, extinción o reanudación del derecho a las prestaciones.

d) Entregar al trabajador el certificado de empresa, en el tiempo y forma que reglamentariamente se determinen.

⇒ Cfr. O. TAS/3261/2006, de 19 octubre, que regula la comunicación del contenido del certificado de empresa y de otros datos relativos a los períodos de actividad laboral de los trabajadores y el uso de medios telemáticos para la misma.

e) Abonar a la entidad gestora competente las prestaciones satisfechas por ésta a los trabajadores cuando la Empresa hubiese sido declarada responsable de la prestación por haber incumplido sus obligaciones en materia de afiliación, alta o cotización.

f) Proceder, en su caso, al pago delegado de las prestaciones por desempleo.

g) Comunicar la readmisión del trabajador despedido en el plazo de cinco días desde que se produzca e ingresar en la Entidad Gestora competente las prestaciones satisfechas por ésta a los trabajadores en los supuestos regulados en el apartado 5 del artículo 209 de esta Ley.

✐ Letra g) añadida por el art. 1.10 de la Ley 45/2002, de 12 diciembre (§36.2).

Artículo 231. Obligaciones de los trabajadores.

1. Son obligaciones de los trabajadores y de los solicitantes y beneficiarios de prestaciones por desempleo:

✐ Ap. 1 párr. 1° modificado por el art. 1.11 de la Ley 45/2002, de 12 diciembre (§36.2).

a) Cotizar por la aportación correspondiente a la contingencia de desempleo.

b) Proporcionar la documentación e información que reglamentariamente se determinen a efectos del reconocimiento, suspensión, extinción o reanudación del derecho a las prestaciones.

c) Participar en los trabajos de colaboración social, programas de empleo, o en acciones de promoción, formación o reconversión profesionales, que determine el Instituto Nacional de Empleo o las entidades asociadas de los Servicios Integrados para el Empleo; y aceptar la colocación adecuada que le sea ofrecida por la Oficina de Empleo o por la Agencia de Colocación sin fines lucrativos.

d) Renovar la demanda de empleo en la forma y fechas en que se determine por la Entidad Gestora en el documento de renovación de la demanda; y comparecer, cuando haya sido previamente requerido, ante la Entidad Gestora, la agencia de colocación sin fines de lucro, o las entidades asociadas de los Servicios Integrados para el Empleo.

e) Solicitar la baja en las prestaciones por desempleo cuando se produzcan situaciones de suspensión o extinción del derecho o se dejen de reunir los requisitos exigidos para su percepción, en el momento de la producción de dichas situaciones.

✐ Letras c), d) y e) redactadas por Ley 13/1996, de 30 diciembre, de Medidas Fiscales, Administrativas y del Orden Social (arts. 85 y 84).

f) Reintegrar las prestaciones indebidamente percibidas.

g) Devolver al Instituto Nacional de Empleo, o, en su caso, a las agencias de colocación sin fines lucrativos, en el plazo de cinco días, el correspondiente justificante de haber comparecido en el lugar y fecha indicados para cubrir las ofertas de empleo facilitadas por aquéllos.

✐ Letra g) redactada por Ley 13/1996, de 30 diciembre, de Medidas Fiscales, Administrativas y del Orden Social (art. 85).

h) Suscribir y cumplir las exigencias del compromiso de actividad.

✐ Letra h) añadida por el art. 1.11 de la Ley 45/2002, de 12 diciembre (§36.2).

i) Buscar activamente empleo, participar en acciones de mejora de la ocupabilidad, que se determinen por los Servicios Públicos de Empleo competentes, en su caso, dentro de un itinerario de inserción.

Sin perjuicio de la obligación de acreditar la búsqueda activa de empleo, la participación en las acciones de mejora de la ocupabilidad será voluntaria para los beneficiarios de prestaciones contributivas durante los cien primeros días de percepción, y la no participación en las mismas no conllevará efectos sancionadores.

✐ Letra i) añadida por el art. 1.11 de la Ley 45/2002, de 12 diciembre (§36.2).

2. A los efectos previstos en este Título, se entenderá por compromiso de actividad el que adquiera el solicitante o beneficiario de las prestaciones de buscar activamente empleo, aceptar una colocación adecuada y participar en acciones específicas de motivación, información, orientación, formación, reconversión o inserción profesional para incrementar su ocupabilidad, así como de cumplir las restantes obligaciones previstas en este artículo.

Para la aplicación de lo establecido en el párrafo anterior el Servicio Público de Empleo competente

tendrá en cuenta la condición de víctima de violencia de género, a efectos de atemperar, en caso necesario, el cumplimiento de las obligaciones que se deriven del compromiso suscrito.

✐ Ap. 2 modificado por disp. adic. 8ª.4 de Ley Orgánica 1/2004, de 28 diciembre.

3. A los efectos previstos en este Título, se entenderá por colocación adecuada la profesión demandada por el trabajador y también aquella que se corresponda con su profesión habitual o cualquier otra que se ajuste a sus aptitudes físicas y formativas. En todo caso, se entenderá por colocación adecuada la coincidente con la última actividad laboral desempeñada siempre que su duración hubiese sido igual o superior a tres meses.

Transcurrido un año de percepción ininterrumpida de las prestaciones, además de las profesiones anteriores, también podrán ser consideradas adecuadas otras colocaciones que a juicio del Servicio Público de Empleo puedan ser ejercidas por el trabajador.

La colocación se entenderá adecuada cuando se ofrezca en la localidad de residencia habitual del trabajador o en otra localidad situada en un radio inferior a 30 kilómetros desde la localidad de la residencia habitual, salvo que el trabajador acredite que el tiempo mínimo para el desplazamiento, de ida y vuelta, supera el 25 por 100 de la duración de la jornada diaria de trabajo, o que el coste del desplazamiento supone un gasto superior al 20 por 100 del salario mensual, o cuando el trabajador tenga posibilidad de alojamiento apropiado en el lugar de nuevo empleo.

La colocación que se ofrezca al trabajador se entenderá adecuada teniendo en cuenta la duración del trabajo, indefinida o temporal, o de la jornada de trabajo, a tiempo completo o parcial. Además dicha colocación para entenderse adecuada deberá implicar un salario equivalente al aplicable al puesto de trabajo que se ofrezca, con independencia de la cuantía de la prestación a que tenga derecho el trabajador, o aunque se trate de trabajos de colaboración social.

Para la aplicación de lo previsto en los párrafos anteriores el Servicio Público de Empleo competente tendrá en cuenta las circunstancias profesionales y personales del desempleado, así como la conciliación de su vida familiar y laboral, el itinerario de inserción fijado, las características del puesto de trabajo ofertado, la existencia de medios de transporte para el desplazamiento, así como las características de los mercados locales de empleo.

El salario correspondiente a la colocación para que ésta sea considerada adecuada no podrá, en ningún caso, ser inferior al salario mínimo interprofesional una vez descontados de aquél los gastos de desplazamiento.

✐ Ap. 3 añadido por el art. 1.11. de la Ley 45/2002, de 12 diciembre (§36.2).

⇒ Cfr. lo dispuesto en el art. 1.2 e) del RDley 3/2004, de 25 junio (§12.2).

Artículo 232. Infracciones y sanciones.

En materia de infracciones y sanciones se estará a lo dispuesto en el presente Título y en el Texto Refundido de la Ley sobre Infracciones y Sanciones en el Orden Social, aprobado por Real Decreto Legislativo 5/2000, de 4 de agosto.

✐ Artículo modificado por el art. 1.12 de la Ley 45/2002, de 12 diciembre (§36.2).

Artículo 233. Recursos.

Las decisiones de la entidad gestora competente, relativas al reconocimiento, denegación, suspensión o extinción de cualquiera de las prestaciones por desempleo, serán recurribles ante los órganos jurisdiccionales del orden social, previa reclamación ante dicha Entidad Gestora en la forma prevista en el artículo 71 del Texto Refundido de la Ley de Procedimiento Laboral, aprobado por Real Decreto Legislativo 2/1995, de 7 de abril.

También serán recurribles ante los órganos jurisdiccionales del orden social, previa reclamación ante la Entidad Gestora competente en la forma prevista en el artículo 71 del texto refundido de la Ley de Procedimiento Laboral, aprobado por Real Decreto Legislativo 2/1995, de 7 de abril, las resoluciones siguientes de la Entidad Gestora:

a) Las relativas a la exigencia de devolución de las prestaciones indebidamente percibidas y al reintegro de las prestaciones de cuyo pago sea directamente responsable el empresario, establecidas en el artículo 227.1 de esta Ley, a excepción de las actuaciones en materia de gestión recaudatoria conforme a lo establecido en el artículo 3 b) del Texto Refundido de la Ley de Procedimiento Laboral, aprobado por Real Decreto Legislativo 2/1995, de 7 de abril.

b) Las relativas al abono de la prestación por desempleo en su modalidad de pago único, establecido en el artículo 228.3 de esta Ley.

c) Las relativas a la imposición de sanciones a los trabajadores por infracciones leves y graves

conforme a lo establecido en el artículo 47 de la Ley sobre Infracciones y Sanciones en el Orden Social.

✐ Ap. c) modificado por el art. 1.12 de la Ley 45/2002, de 12 diciembre (§36.2).

CAPÍTULO VII

Derecho supletorio

Artículo 234. Derecho supletorio.

En lo no previsto expresamente en el presente título se estará a lo dispuesto en los dos títulos precedentes de esta Ley.

DISPOSICIONES ADICIONALES

Primera. Protección de los trabajadores emigrantes.

1. El Gobierno adoptará las medidas necesarias para que la acción protectora de la Seguridad Social se extienda a los españoles que se trasladen a un país extranjero por causas de trabajo, y a los familiares que tengan a su cargo o bajo su dependencia.

A tal fin, el Gobierno proveerá cuanto fuese necesario para garantizar a los emigrantes la igualdad o asimilación con los nacionales del país de recepción en materia de Seguridad Social, directamente o a través de los organismos intergubernamentales competentes, así como mediante la ratificación de Convenios internacionales de trabajo, la adhesión a Convenios multilaterales y la celebración de Tratados y Acuerdos con los Estados receptores.

En los casos en que no existan Convenios o, por cualquier causa o circunstancia, éstos no cubran determinadas prestaciones de la Seguridad Social, el Gobierno, mediante las disposiciones correspondientes, extenderá su acción protectora en la materia tanto a los emigrantes como a sus familiares residentes en España.

⇒ Sobre suscripción de Convenio Especial por los emigrantes, cfr. RD 996/1986, de 25 abril, modificado por RD 1203/2003, de 19 septiembre.

2. Los accidentes que se produzcan durante el viaje de salida o de regreso de los emigrantes en las operaciones realizadas por la *Dirección General de Migraciones*, o con su intervención, tendrán la consideración de accidentes de trabajo, siempre que concurran las condiciones que reglamentariamente se determinen, a cuyo efecto dicho centro directivo establecerá con la Administración de la Seguridad Social los correspondientes conciertos para la protección de esta contingencia. Las prestaciones económicas que correspondan por el accidente, conforme a lo dispuesto en el presente apartado, serán compatibles con cualesquiera otras indemnizaciones o prestaciones a que el mismo pudiera dar derecho.

Igual consideración tendrán las enfermedades que tengan su causa directa en el viaje de ida o de regreso.

⇒ La Dirección General de Migraciones es hoy Dirección General de Ordenación de las Migraciones, según RD 1888/1996, de 2 agosto (§38.1).

Segunda. Protección de los trabajadores minusválidos.

Los trabajadores minusválidos empleados en los centros especiales de empleo quedarán incluidos en el Régimen correspondiente de la Seguridad Social. Por el Gobierno se dictarán las normas específicas de sus condiciones de trabajo y de Seguridad Social, en atención a las peculiares características de su actividad laboral.

⇒ V. las normas reseñadas en los §16.8 y §28.2.

Tercera. Inclusión en la Seguridad Social de los deportistas de alto nivel.

El Gobierno, como medida para facilitar la plena integración social y profesional de los deportistas de alto nivel, podrá establecer la inclusión de los mismos en el sistema de la Seguridad Social.

⇒ El RD 287/2003, de 7 marzo, ha integrado en el Régimen General a los deportistas profesionales comprendidos en el ámbito de aplicación del RD 1006/1985 (§16.5). V. nota al art. 10.5 de este TRLGSS.

Cuarta. Modalidades de integración de los socios trabajadores y de los socios de trabajo de las cooperativas.

⇒ V. el RD 1278/2000, de 30 junio, por el que se adaptan determinadas disposiciones de Seguridad Social para su aplicación a las sociedades cooperativas.
Los socios trabajadores de Sociedades Laborales tienen la consideración de trabajadores por cuenta ajena a efectos de su inclusión en el Régimen General de la Seguridad Social o en el Especial que corresponda en los términos que establece el art. 21 de la Ley 4/1997, de 24 marzo, de Sociedades Laborales, modificado por Ley 50/1998, de 30 diciembre (art. 34.3).

Sobre aplicación a socios trabajadores o socios de trabajo de Sociedades Cooperativas y trabajadores de las Sociedades Laborales de los beneficios de la Ley 39/1999, de 5 noviembre, para promover la conciliación de la vida familiar y laboral, v. disp. adic. 1ª de la citada ley.

1. Los socios trabajadores de las Cooperativas de trabajo asociado disfrutarán de los beneficios de la Seguridad Social, pudiendo optar la cooperativa entre las modalidades siguientes:

a) Como asimilados a trabajadores por cuenta ajena. Dichas cooperativas quedarán integradas en el Régimen General o en alguno de los Regímenes Especiales de la Seguridad Social, según proceda, de acuerdo con su actividad.

b) Como trabajadores autónomos en el Régimen Especial correspondiente.

Las cooperativas ejercitarán la opción en los Estatutos, y sólo podrán modificar la opción en los supuestos y condiciones que el Gobierno establezca.

2. Los socios trabajadores de las Cooperativas de Explotación Comunitaria de la Tierra, así como los socios de trabajo a que se refiere el artículo 30 de la Ley 3/1987, de 2 de abril, General de Cooperativas, a efectos de Seguridad Social, serán, en todo caso, asimilados a trabajadores por cuenta ajena.

⇒ V. los arts. 94 y ss. y art. 13.4 de la Ley 27/1999, de 16 julio, de Cooperativas.

3. En todo caso, no serán de aplicación a las Cooperativas de Trabajo Asociado, ni a las Cooperativas de Explotación Comunitaria de la Tierra ni a los socios trabajadores que las integran, las normas sobre cotización y prestaciones del Fondo de Garantía Salarial.

4. Hasta tanto no se produzca la inclusión del colectivo profesional de los Colegios o Asociaciones Profesionales de Médicos en el sistema de la Seguridad Social, conforme a las previsiones del Real Decreto 2504/1980, de 24 de octubre, lo dispuesto en el apartado 1 de la presente disposición adicional no será de aplicación a los profesionales integrados en tales colegios o asociaciones que sean socios trabajadores de las cooperativas sanitarias a que se refiere el número 3 del artículo 144 de la Ley 3/1987, de 2 de abril, General de Cooperativas.

⇒ Referencia que hoy debe entenderse realizada al art. 102 de la Ley 27/1999, de 16 julio, de Cooperativas.

5. Se autoriza al Gobierno para regular el alcance, términos y condiciones de la opción prevista en la presente disposición, así como para, en su caso, adaptar las normas de los Regímenes de la Seguridad Social a las peculiaridades de la actividad cooperativa.

Quinta. Régimen de Seguridad Social de los asegurados que presten servicios en la Administración de las Comunidades Europeas.

El asegurado que hubiera estado comprendido en el ámbito personal de cobertura del Sistema de la Seguridad Social que pase a prestar servicios en la Administración de la Unión Europea y que opte por ejercer el derecho que le concede el artículo 11, apartado 2, del Anexo VIII del Estatuto de los Funcionarios de la Unión Europea, aprobado por el Reglamento (CEE, EURATOM, CECA) número 259/1968, del Consejo, de 29 de febrero de 1968, en la redacción dada a dicho artículo por el Reglamento (CEE, EURATOM, CECA) número 571/1992, del Consejo, de 2 de marzo de 1992, causará baja automática, si no se hubiera producido con anterioridad, en el citado sistema y se extinguiera la obligación de cotizar al mismo una vez se haya realizado la transferencia a la Unión Europea a que se refiere el citado Estatuto.

Sin perjuicio de lo establecido en el párrafo anterior, el interesado podrá, no obstante, continuar protegido por el sistema español de Seguridad Social si hubiera suscrito con anterioridad, o suscribiese posteriormente y en los plazos reglamentarios, el correspondiente convenio especial, de cuya acción protectora quedarán excluidas en todo caso la pensión de jubilación y las prestaciones por muerte y supervivencia.

No obstante lo señalado en los párrafos anteriores, si cesando su prestación de servicios en la Administración de la Unión Europea el interesado retornara a España, realizara una actividad laboral por cuenta ajena o propia que diera ocasión a su nueva inclusión en el Sistema de la Seguridad Social y ejercitara el derecho que le confiere el artículo 11, apartado 1, del Anexo VIII del citado Estatuto de los Funcionarios de la Unión Europea, una vez producido el correspondiente ingreso en la Tesorería General de la Seguridad Social, al momento de causar derecho a la pensión de jubilación o a las prestaciones por muerte y supervivencia en dicho Sistema se le computará el tiempo que hubiera permanecido al servicio de la Unión Europea.

✐ Disposición redactada por Ley 13/1996, de 30 diciembre, de Medidas Fiscales, Administrativas y del Orden Social (art. 80). La expresión «se extinguiera» contenida al final del primer párrafo parece debiera decir «se extinguirá». No hay, sin embargo, corrección de errores al respecto.

Sexta. Protección de los trabajadores contratados para la formación.

La acción protectora de la Seguridad Social del trabajador contratado para la formación comprenderá, como contingencias, situaciones protegibles y prestaciones, las derivadas de accidentes de trabajo y enfermedades profesionales, la asistencia sanitaria en los casos de enfermedad común, accidente no laboral y maternidad, las prestaciones económicas por incapacidad temporal derivadas de riesgos comunes, por maternidad y paternidad, por riesgo durante el embarazo y riesgo durante la lactancia natural y las pensiones.

✐ Disposición modificada por disp. adic. 18ª.18 de la LO 3/2007, de 22 marzo, para la igualdad efectiva de mujeres y hombres.

⇒ Téngase en cuenta la ampliación de esta protección derivada de la modificación introducida en el actual art. 11.2 i) ET (§2) por Ley 63/1997, de 26 diciembre en los ahora llamados contratos para la formación.
V. RD 2317/1993 (§8.2). V. también RD 488/1998, de 27 marzo (§7.1).

Séptima. Normas aplicables a los trabajadores contratados a tiempo parcial.

⇒ V. RD 1131/2002 (§37).

1. La protección social derivada de los contratos de trabajo a tiempo parcial se regirá por el principio de asimilación del trabajador a tiempo parcial al trabajador a tiempo completo y específicamente por las siguientes reglas:

Primera. Cotización.

a) La base de cotización a la Seguridad Social y de las aportaciones que se recaudan conjuntamente con las cuotas de aquélla será siempre mensual y estará constituida por las retribuciones efectivamente percibidas en función de las horas trabajadas, tanto ordinarias como complementarias.

b) La base de cotización así determinada no podrá ser inferior a las cantidades que reglamentariamente se determinan.

c) Las horas complementarias cotizarán a la Seguridad Social sobre las mismas bases y tipos que las horas ordinarias.

Segunda. Períodos de cotización.

a) Para acreditar los períodos de cotización necesarios para causar derecho a las prestaciones de jubilación, incapacidad permanente, muerte y supervivencia, incapacidad temporal, maternidad y paternidad, se computarán exclusivamente las cotizaciones efectuadas en función de las horas trabajadas, tanto ordinarias como complementarias, calculando su equivalencia en días teóricos de cotización. A tal fin, el número de horas efectivamente trabajadas se dividirá por cinco, equivalente diario del cómputo de mil ochocientas veintiséis horas anuales.

✐ Letra a) de Regla 2ª modificada por disp. adic. 18ª.19.1 de la LO 3/2007, de 22 marzo, para la igualdad efectiva de mujeres y hombres.

b) Para causar derecho a las pensiones de jubilación e incapacidad permanente, al número de días teóricos de cotización obtenidos conforme a lo dispuesto en la letra a) de esta regla se le aplicará el coeficiente multiplicador de 1,5, resultando de ello el número de días que se considerarán acreditados para la determinación de los períodos mínimos de cotización. En ningún caso podrá computarse un número de días cotizados superior al que correspondería de haberse realizado la prestación de servicios a tiempo completo.

Tercera. Bases reguladoras.

a) La base reguladora de las prestaciones de jubilación e incapacidad permanente se calculará conforme a la regla general. Para las prestaciones por maternidad y por paternidad, la base reguladora diaria será el resultado de dividir la suma de las bases de cotización acreditadas en la empresa durante el año anterior a la fecha del hecho causante entre 365.

✐ Letra a) de Regla 3ª modificada por disp. adic. 18ª.19.2 de la LO 3/2007, de 22 marzo, para la igualdad efectiva de mujeres y hombres.

b) A efecto de las pensiones de jubilación y de la incapacidad permanente, derivada de enfermedad común, la integración de los períodos durante los que no haya habido obligación de cotizar se llevará a cabo con la base mínima de cotización de entre las aplicables en cada momento, correspondiente al número de horas contratadas en último término.

c) El tiempo de cotización que resulte acreditado conforme a lo dispuesto en el apartado b) de la regla segunda se computará para determinar el número de años cotizados a efectos de fijar el porcentaje aplicable a la base reguladora de la pensión de jubilación. La fracción de año que pueda resultar se computará como un año completo.

Cuarta. Protección por desempleo.

Para determinar los períodos de cotización y de cálculo de la base reguladora de las prestaciones por desempleo se estará a lo que se determine reglamentariamente en su normativa específica.

2. Las reglas contenidas en el apartado anterior serán de aplicación a los trabajadores con contrato

a tiempo parcial, contrato de relevo a tiempo parcial y contrato de trabajo fijo-discontinuo, de conformidad con lo establecido en los artículos 12 y 15.8 de la Ley del Estatuto de los Trabajadores, texto refundido aprobado por Real Decreto Legislativo 1/1995, de 24 de marzo, que estén incluidos en el campo de aplicación del Régimen General y del Régimen Especial de la minería del carbón, y a los que, siendo trabajadores por cuenta ajena, estén incluidos en el Régimen Especial de los Trabajadores del Mar.

✐ Disposición redactada por el art. 2.2 del RDley 15/1998, de 27 noviembre, salvo el ap. 2 que posteriomente fue redactado por la disp. adic. 10ª de la Ley 12/2001, de 9 julio (§9).

⇒ V. disp. transit. 4ª de la Ley 63/1997, de 26 diciembre.

Séptima bis. Cuantías mínimas de las pensiones por viudedad.

Las cuantías de las pensiones mínimas de viudedad para beneficiarios con menos de sesenta años, en los términos que reglamentariamente se establezcan, cuando sin superar los requisitos cuantitativos de renta fijados anualmente en la Ley de Presupuestos Generales del Estado para causar derecho a los complementos a mínimos, los interesados no alcancen un determinado límite de rentas y, en atención a sus cargas familiares, se equipararán, de modo gradual y en el plazo de tres años a partir de la entrada en vigor de la Ley de Consolidación y Racionalización del Sistema de Seguridad Social, a los importes de dicha clase de pensión para beneficiarios con edades comprendidas entre los sesenta y sesenta y cuatro años.

✐ Nueva disposición adicional incorporada por Ley 24/1997, de 15 julio, de Consolidación y Racionalización del Sistema de Seguridad Social (art. 9).

Octava. Normas de desarrollo y aplicación a Regímenes Especiales.

1. Será de aplicación a todos los regímenes que integran el sistema de la Seguridad Social lo dispuesto en los artículos 137, apartados 2 y 3; 138, 140, apartados 1, 2 y 3; 143; 161, apartados 1.b), 4 y 5; 162, apartados 1.1, 2, 3, 4 y 5; 163; 165; 174, apartados 1, párrafo segundo, 2 y 3; 175, apartados 1, párrafo segundo, y 2; 176, apartado 4, y 177, apartado 1, segundo párrafo. Igualmente, serán de aplicación las normas sobre las prestaciones familiares contenidas en el capítulo IX del título II de esta Ley; la disposición adicional séptima bis y las disposiciones transitorias quinta, apartado 1, quinta bis y sexta bis, todas de esta Ley.

✐ Párrafo modificado por el art. 19.4 de la Ley 52/2003, de 10 diciembre.

No obstante lo dispuesto en el párrafo anterior, se exceptúa la aplicación a los Regímenes Especiales de lo previsto por el artículo 138 de la presente Ley en el último párrafo de su apartado 2, así como lo regulado por su apartado 5.

✐ Ap. 1 redactado por Ley 66/1997, de 30 diciembre, de Medidas Fiscales, Administrativas y del Orden Social (disp. adic. 13ª.3).

2. En el Régimen Especial de la Minería de Carbón, y para los trabajadores por cuenta ajena de los Regímenes Especiales Agrario y de Trabajadores del Mar, será también de aplicación lo previsto en los artículos 140, apartado 4, y 162, apartado 1.2 de esta Ley.

3. Lo previsto en el apartado 3 del artículo 161 será de aplicación a los trabajadores por cuenta ajena incluidos en los Regímenes Especiales de la Minería del Carbón y de Trabajadores del Mar.

✐ Ap. 3 modificado por la disp. final 1ª.2 de la Ley 35/2002, de 12 julio.

4. Lo previsto en los artículos 134, 135, 135 bis, 135 ter y 166 será aplicable, en su caso, a los trabajadores por cuenta ajena de los regímenes especiales. Lo previsto en los artículos 112 bis y 162.6 será igualmente de aplicación a los trabajadores por cuenta ajena de los regímenes especiales con excepción de los incluidos en los regímenes especiales agrario y de empleados de hogar. Asimismo, lo dispuesto en los artículos 134, 135, 135 bis, 135 ter y 166 resultará de aplicación a los trabajadores por cuenta propia incluidos en los regímenes especiales de trabajadores del mar, agrario y de trabajadores autónomos, en los términos y condiciones que se establezcan reglamentariamente.

✐ Ap. 4 modificado por disp. adic. 18ª.20 de la LO 3/2007, de 22 marzo, para la igualdad efectiva de mujeres y hombres.

Novena. Validez, a efectos de las prestaciones, de las cuotas anteriores al alta en el Régimen Especial de la Seguridad Social de Trabajadores por Cuenta Propia o Autónomos.

⇒ V. RD 2110/1994, de 28 octubre.

Cuando, reuniéndose los requisitos para estar incluidos en el Régimen Especial de la Seguridad Social de Trabajadores por Cuenta Propia o Autónomos, no se hubiera solicitado la preceptiva alta en los términos reglamentariamente previstos, las cotizaciones exigibles correspondientes a períodos anteriores a la formalización del alta producirán efectos respecto a las prestaciones, una vez hayan sido ingresadas con los recargos que legalmente procedan.

Sin perjuicio de las sanciones administrativas que procedan por su ingreso fuera de plazo, las referidas cotizaciones darán también lugar al devengo de intereses, que serán exigibles desde la correspondiente fecha en que debieron ser ingresadas, de conformidad con el tipo de interés legal del dinero vigente en el momento del pago.

Lo previsto en los párrafos anteriores únicamente será de aplicación con respecto a las altas que se hayan formalizado a partir de 1 de enero de 1994.

✐ Párrafo añadido por Ley 66/1997, de 30 diciembre, de Medidas Fiscales, Administrativas y del Orden Social (disp. adic. 2ª).

Décima. Normas para el cálculo de la pensión de jubilación en el Régimen Especial de Trabajadores por Cuenta Propia o Autónomos.

La cuantía de la pensión de jubilación en el Régimen Especial de Trabajadores por Cuenta Propia o Autónomos se determinará aplicando a la base reguladora el porcentaje procedente de acuerdo con la escala establecida para el Régimen General, en función exclusivamente de los años de cotización efectiva del beneficiario.

Undécima. Formalización de la cobertura de la prestación económica por incapacidad temporal.

1. Cuando el empresario opte por formalizar la protección respecto de las contigencias de accidentes de trabajo y enfermedades profesionales de la Seguridad Social con una Mutua de Accidentes de Trabajo y Enfermedades Profesionales de la Seguridad Social, podrá, asimismo, optar por que la cobertura de la prestación económica por incapacidad temporal derivada de contingencias comumes de ese mismo personal se lleve a efecto por la misma Mutua, en los términos que reglamentariamente se establezcan.

2. En el Régimen Especial de Trabajadores por Cuenta Propia o Autónomos, así como por lo que respecta a los trabajadores por cuenta propia incluidos en el Régimen Especial Agrario de la Seguridad Social, los interesados podrán optar entre acogerse o no a la cobertura de la protección del subsidio por incapacidad temporal.

Los trabajadores a que se refiere el párrafo anterior, que hayan optado por incluir, dentro del ámbito de la acción protectora del Régimen de la Seguridad Social correspondiente, la prestación económica por incapacidad temporal, podrán optar, asimismo, entre formalizar la cobertura de dicha prestación con la entidad gestora correspondiente o con una Mutua de Accidentes de Trabajo y Enfermedades Profesionales de la Seguridad Social, en los términos y condiciones que reglamentariamente se establezcan. No obstante, los trabajadores que hayan solicitado o soliciten el alta en el correspondiente Régimen de Seguridad Social a partir de 1 de enero de 1998 y opten por acogerse a dicha cobertura, deberán formalizar la misma con una mutua de accidentes de trabajo y enfermedades profesionales de la Seguridad Social. De igual modo, los trabajadores que en la fecha antes citada hubiesen optado por formalizar su cobertura con una mutua, sólo podrán modificar su opción a favor de otra mutua.

✐ Inciso final añadido por el art. 7.2 de la Ley 52/2003, de 10 diciembre.

3. Con relación a las prestaciones económicas de maternidad reguladas en la presente Ley, no cabrá fórmula alguna de colaboración en la gestión por parte de las empresas, siendo gestionadas directamente por la Entidad Gestora respectiva sin perjuicio de que ésta pueda concertar la encomienda de gestión para el pago de la prestación con el Instituto Nacional de Empleo en los supuestos a que se refiere el artículo 222.2 de esta Ley.

✐ Apartado redactado por Ley 13/1996, de 30 diciembre, de Medidas Fiscales, Administrativas y del Orden Social (art. 81).

Undécima bis. Prestaciones por maternidad y por paternidad en los Regímenes Especiales.

1. Los trabajadores por cuenta ajena y por cuenta propia incluidos en los distintos Regímenes Especiales del sistema tendrán derecho a las prestaciones establecidas en el Capítulo IV bis y en el Capítulo IV ter del Título II de la presente Ley, con la misma extensión y en los mismos términos y condiciones allí previstos para los trabajadores del Régimen General.

2. En el supuesto de trabajadores por cuenta propia, los períodos durante los que se tendrá derecho a percibir los subsidios por maternidad y por paternidad serán coincidentes, en lo relativo tanto a su duración como a su distribución, con los períodos de descanso laboral establecido para los trabajadores por cuenta ajena, pudiendo dar comienzo el abono del subsidio por paternidad a partir del momento del nacimiento del hijo. Los trabajadores por cuenta propia podrán, igualmente, percibir el subsidio por maternidad y por paternidad en régimen de jornada parcial, en los términos y condiciones que se establezcan reglamentariamente.

3. Tanto para los trabajadores por cuenta propia incluidos en los distintos Regímenes Especiales como para los trabajadores pertenecientes al Régimen Especial de Empleados de Hogar que sean responsables de la obligación de cotizar, será requisito imprescindible para el reconocimiento y abono

de la prestación que los interesados se hallen al corriente en el pago de las cuotas a la Seguridad Social.

✐ Disposición modificada por disp. adic. 18ª.21 de la LO 3/2007, de 22 marzo, para la igualdad efectiva de mujeres y hombres.

Undécima ter. Gestión de las prestaciones económicas por maternidad y por paternidad.

La gestión de las prestaciones económicas de maternidad y de paternidad reguladas en la presente Ley corresponderá directa y exclusivamente a la entidad gestora correspondiente.

✐ Disposición modificada por disp. adic. 18ª.22 de la LO 3/2007, de 22 marzo, para la igualdad efectiva de mujeres y hombres.

Duodécima. Profesores universitarios eméritos.

La incompatibilidad a que se refiere el apartado 2 del artículo 165 de esta Ley no será de aplicación a los Profesores universitarios eméritos.

Decimotercera. Pensiones del extinguido Seguro Obligatorio de Vejez e Invalidez.

La cuantía de las pensiones del extinguido Seguro Obligatorio de Vejez e Invalidez, concurrentes o no con otras pensiones públicas, será la que se establezca en la correspondiente Ley de Presupuestos Generales del Estado.

⇒ A partir del 1 enero 2004 la citada cuantía es de 4.195,38 €/anuales, de conformidad con la Ley 61/2003, 30 diciembre (art. 45).

Decimocuarta. Duración de la prestación por desempleo en los procesos de reconversión y reindustrialización.

Lo previsto en el apartado 1 del artículo 210, respecto a la duración de la prestación por desempleo, se entenderá sin perjuicio de lo establecido legalmente en materia de reconversión y reindustrialización.

Decimoquinta. Cotización por desempleo en el Régimen Especial de Trabajadores del Mar.

Sin perjuicio de lo establecido en el artículo 224, a las bases de cotización para desempleo en el Régimen Especial de Trabajadores del Mar les será también de aplicación lo dispuesto en el número 6 del artículo 19 del texto refundido de las Leyes 116/1969, de 30 de diciembre, y 24/1972, de 21 de junio, por el que se regula el Régimen Especial de la Seguridad Social de los Trabajadores del Mar, aprobado por Decreto 2864/1974, de 30 de agosto, y en las normas de desarrollo de dicho precepto.

Decimosexta. Cobertura de desempleo para trabajadores retribuidos a la parte.

Los trabajadores por cuenta ajena retribuidos a la parte, que presten servicios en embarcaciones pesqueras de hasta 20 toneladas de registro bruto, excluidos los asimilados a que se refiere el artículo cuarto del Texto Refundido de las Leyes 116/1969, de 30 de diciembre, y 24/1972, de 21 de junio, por el que se regula el Régimen Especial de la Seguridad Social de los Trabajadores del Mar, aprobado por Decreto 2864/1974, de 30 de agosto, tendrán derecho a las prestaciones por desempleo en los términos regulados en la presente Ley y en sus normas reglamentarias.

Decimoséptima. Desempleo de los trabajadores de estiba portuaria.

A partir del 1 de enero de 1994, a los estibadores portuarios que presten servicios en puertos de interés general en los que no se haya constituido la correspondiente sociedad estatal de estiba y desestiba, o en los puertos no clasificados como de interés general en los que no se haya cumplido lo previsto en el artículo 1, apartado 2, del Real Decreto-ley 2/1986, de 23 de mayo, sobre el servicio público de estiba y desestiba de buques, se les reconocerán las prestaciones por desempleo de acuerdo con lo establecido en la presente Ley.

A tal efecto, en el momento en que se proceda por primera vez al reconocimiento del derecho, de acuerdo con lo establecido en el párrafo anterior, se presumirá que dichos trabajadores disponen de un período de ocupación cotizada de dos mil ciento sesenta días.

Decimoséptima bis.

1. El incumplimiento, por parte de los beneficiarios o causantes de las prestaciones económicas del Sistema de la Seguridad Social, de la obligación de presentar, en los plazos legales establecidos, declaraciones preceptivas o documentos, antecedentes, justificantes o datos que no obren en la Entidad, cuando a ello sean requeridos y siempre que los mismos puedan afectar a la conservación del derecho a las prestaciones, podrá dar lugar a que por las Entidades gestoras de la Seguridad Social se adopten las medidas preventivas necesarias, mediante la suspensión cautelar del abono de las citadas prestaciones, hasta tanto quede debidamente acreditado, por parte de los citados beneficiarios o causantes, que se cumplen los requisitos legales imprescindibles para el mantenimiento del derecho a aquéllas.

2. Lo previsto en el apartado anterior, se entiende sin perjuicio de lo establecido en el artículo

47.4 del Texto Refundido de la Ley sobre Infracciones y Sanciones en el Orden Social, aprobado por Real Decreto Legislativo 5/2000, de 4 de agosto.

✐ Disposición añadida por el art. 36 de la Ley 24/2001, de 27 diciembre.

Decimoctava. Gestión de las pensiones no contributivas.

1. Sin perjuicio de lo establecido en el párrafo c) del apartado 1 del artículo 57, las pensiones de invalidez y jubilación, en sus modalidades no contributivas, podrán ser gestionadas, en su caso, por las Comunidades Autónomas estatutariamente competentes, a las que hubiesen sido transferidos los servicios del Instituto Nacional de Servicios Sociales.

2. Se autoriza al Gobierno para que pueda establecer con las Comunidades Autónomas a las que no les hubieran sido transferidos los servicios del Instituto Nacional de Servicios Sociales a su territorio, los oportunos conciertos, en orden a que las pensiones no contributivas de la Seguridad Social puedan ser gestionadas por aquéllas.

3. Las pensiones de invalidez y jubilación, en sus modalidades no contributivas, quedarán integradas en el Banco de Datos en materia de pensiones públicas, regulado por Real Decreto 2566/1985, de 27 de diciembre, constituido en el Instituto Nacional de la Seguridad Social y gestionado por dicho organismo.

A tal fin, las entidades y organismos que gestionen las pensiones de invalidez y jubilación, en sus modalidades no contributivas, vendrán obligados a comunicar al Instituto Nacional de la Seguridad Social los datos que, referentes a las pensiones que hubiesen concedido, se establezcan reglamentariamente.

Decimonovena. Instituto Social de la Marina.

El Instituto Social de la Marina continuará llevando a cabo las funciones y servicios que tiene encomendados en relación con la gestión del Régimen Especial de la Seguridad Social de los Trabajadores del Mar, sin perjuicio de los demás que le atribuyen sus Leyes reguladoras y otras disposiciones vigentes en la materia.

⇒ V. nota al art. 81.1 de este TRLGSS.

Vigésima. Consideración de los servicios prestados en segundo puesto o actividad a las Administraciones Públicas.

En los supuestos de compatibilidad entre actividades públicas, autorizada al amparo de la Ley 53/1984, de 26 de diciembre, de Incompatibilidades del Personal al Servicio de las Administraciones Públicas, los servicios prestados en el segundo puesto o actividad no podrán ser computados a efectos de pensiones del sistema de la Seguridad Social, en la medida en que rebasen las prestaciones correspondientes a cualquiera de los puestos compatibilizados, desempeñados en régimen de jornada ordinaria. La cotización podrá adecuarse a esta situación en la forma que reglamentariamente se determine.

Vigesimoprimera. Cotización y recaudación de las aportaciones al Fondo de Garantía Salarial y para formación profesional. Exención en las aportaciones de recaudación conjunta con las cuotas de Seguridad Social.

✐ Rúbrica modificada por el art. 11.2 de la Ley 35/2002, de 12 julio.

1. La base de cotización para determinar las aportaciones al Fondo de Garantía Salarial y para formación profesional, en todos los Regímenes de la Seguridad Social en los que exista la obligación de efectuarlas, será la correspondiente a las contingencias de accidentes de trabajo y enfermedades profesionales: Los tipos de cotización serán los que se establezcan, para cada año, en la correspondiente Ley de Presupuestos Generales del Estado.

2. Las cuotas al Fondo de Garantía Salarial y para formación profesional, mientras se recauden conjuntamente con las cuotas de Seguridad Social, se liquidarán e ingresarán en la forma, términos y condiciones establecidos para estas últimas.

3. La exoneración de la cotización prevista en el artículo 112 bis de la presente Ley, comprenderá también las aportaciones por desempleo, Fondo de Garantía Salarial y formación profesional.

✐ Ap. 3 añadido por el art. 11.2 de la Ley 35/2002, de 12 julio, que asimismo da nueva redacción al título de esta disp. adic. 21ª.

Vigesimosegunda. Ingresos por venta de bienes y servicios prestados a terceros.

⇒ V. RD 450/1995, de 24 marzo, que regula el oportuno procedimiento. V. asimismo O. 3 abril 1995, sobre gestión, modificación y seguimiento de los créditos del Presupuesto del Instituto Nacional de la Salud.

1. No tendrán la naturaleza de recursos de la Seguridad Social los que resulten de las siguientes atenciones, prestaciones o servicios:

1) Los ingresos a los que se refieren los artículos 16.3 y 83 de la Ley 14/1986, de 25 de abril,

General de Sanidad, procedentes de la asistencia sanitaria prestada por el Instituto Nacional de la Salud, en gestión directa a los usuarios sin derecho a la asistencia sanitaria de la Seguridad Social, así como en los supuestos de seguros obligatorios privados y en todos aquellos supuestos, asegurados o no, en que aparezca un tercero obligado al pago.

2) Venta de productos, materiales de desecho o subproductos sanitarios o no sanitarios, no inventariables, resultantes de la actividad de los centros sanitarios en los supuestos en que puedan realizarse tales actividades con arreglo a la Ley General de Sanidad, Ley del Medicamento y demás disposiciones sanitarias.

3) Ingresos procedentes del suministro o prestación de servicios de naturaleza no estrictamente asistencial.

4) Ingresos procedentes de convenios, ayudas o donaciones finalistas o altruistas, para la realización de actividades investigadoras y docentes, la promoción de trasplantes, donaciones de sangre, o de otras actividades similares. No estarán incluidos los ingresos que correspondan a Programas Especiales financiados en los presupuestos de los Departamentos ministeriales.

5) En general, todos los demás ingresos correspondientes a atenciones o servicios sanitarios que no constituyan prestaciones de la Seguridad Social.

2. El Ministerio de Sanidad y Consumo fijará el régimen de precios y tarifas de tales atenciones, prestaciones y servicios, tomando como base sus costes estimados.

3. Destino de los ingresos:

1) Los ingresos a que se refieren los apartados anteriores generarán crédito por el total de su importe y se destinarán a cubrir gastos de funcionamiento, excepto retribuciones de personal, y de inversión de reposición de las instituciones sanitarias, así como a atender los objetivos sanitarios y asistenciales correspondientes.

No obstante, los ingresos derivados de contratos o convenios de colaboración para actividades investigadoras podrán generar crédito por el total de su importe y se destinarán a cubrir todos los gastos previstos para su realización. En el caso de que toda o parte de la generación de crédito afectase al Capítulo I, el personal investigador no adquirirá por este motivo ningún derecho laboral al finalizar la actividad investigadora.

✐ Añadido por el art. 22.Siete de la Ley 55/1999, de 29 diciembre, de Medidas Fiscales, Administrativas y del Orden Social.

2) La distribución de tales fondos respetará el destino de los procedentes de ayudas o donaciones.

3) Dichos recursos serán reclamados por el Instituto Nacional de la Salud, en nombre y por cuenta de la Administración General del Estado, para su ingreso en el Tesoro Público. El Tesoro Público, por el importe de las generaciones de crédito aprobadas por el Ministro de Sanidad y Consumo, procederá a realizar las transferencias correspondientes a las cuentas que la Tesorería General de la Seguridad Social tenga abiertas a estos efectos, para cada centro sanitario.

Vigesimotercera. Competencias en materia de autorizaciones de gastos.

Las competencias que corresponden al *Ministerio de Trabajo y Seguridad Social* en materia de autorizaciones de gastos serán ejercidas por el Ministerio de Sanidad y Consumo en relación con la gestión del Instituto Nacional de la Salud.

A su vez, y en relación con la gestión del Instituto Nacional de Servicios Sociales, corresponderán al Ministerio de Asuntos Sociales las competencias en materia de autorización de gastos de aquellas partidas que se financien con aportaciones finalistas del Presupuesto del Estado.

Vigesimocuarta. Regímenes Especiales excluidos de la aplicación de las normas sobre inspección y recaudación.

Lo dispuesto en la presente Ley en materia de inspección y recaudación de la Seguridad Social no será de aplicación a los Regímenes Especiales de Funcionarios Civiles del Estado, Fuerzas Armadas y Funcionarios al servicio de la Administración de Justicia, en tanto no se disponga otra cosa por el Gobierno.

Vigesimoquinta. Normas de procedimiento.

1. La tramitación de las prestaciones y demás actos en materia de Seguridad Social, incluida la protección por desempleo, que no tengan carácter recaudatorio o sancionador se ajustará a lo dispuesto en la Ley de Régimen Jurídico de las Administraciones Públicas y del Procedimiento Administrativo Común, con las especialidades en ella previstas para tales actos en cuanto a impugnación y revisión de oficio, así como con las establecidas en la presente disposición adicional o en otras disposiciones que resulten de aplicación.

Vigesimonovena. Inclusión en el Régimen General de los trabajadores dedicados a las operaciones de manipulación, empaquetado, envasado y comercialización del plátano.

1. Estarán obligatoriamente incluidos en el Régimen General de la Seguridad Social los trabajadores que realicen las operaciones de manipulación, empaquetado, envasado y comercialización del plátano, tanto si dichas labores se llevan a cabo en el lugar de producción del producto como fuera del mismo, ya provengan de explotaciones propias o de terceros y ya se realicen individualmente o en común mediante cualquier tipo de asociación o agrupación, incluidas las cooperativas en sus restantes clases.

2. A efectos de lo establecido en esta Ley y en las disposiciones correspondientes a la inclusión en el Régimen Especial Agrario de la Seguridad Social, no tendrán la consideración de labores agrarias las operaciones indicadas en el apartado anterior sobre dicho producto, aunque al mismo empresario presten servicios otros trabajadores dedicados a la obtención directa, almacenamiento y transporte a los lugares de acondicionamiento y acopio del propio producto, sin perjuicio de lo establecido respecto de su venta en el último párrafo del apartado 1 del artículo 2 de la Ley 19/1995, de 4 de julio, de Modernización de las Explotaciones Agrarias.

✐ Disposición añadida por el art. 22.Nueve de la Ley 55/1999, de 29 diciembre, de medidas fiscales, administrativas y del orden social.

Trigésima. Bonificaciones de cuotas de la Seguridad Social y de aportaciones de recaudación conjunta en determinadas relaciones laborales de carácter especial y reducciones respecto de trabajadores de determinados ámbitos geográficos.

✐ Rúbrica modificada por el ap. Uno de la disp. adic. 39ª de la Ley 62/2003, de 30 diciembre.

1. El Organismo autónomo Trabajo y Prestaciones Penitenciarias u órgano autonómico equivalente y los penados que realicen actividades laborales en instituciones penitenciarias tendrán derecho a una bonificación del 65 por 100 de las cotizaciones, relativas a los mismos, por los conceptos de recaudación conjunta de desempleo, formación profesional y Fondo de Garantía Salarial.

Asimismo, a las cuotas empresariales por contingencias comunes que se determinen para dichos trabajadores les serán de aplicación las bonificaciones generales que se otorguen a la contratación de trabajadores con especiales dificultades de inserción laboral, sin que les sean de aplicación las exclusiones que pudieran establecerse para las relaciones laborales de carácter especial. Cuando resulten de aplicación las bonificaciones que pudieran estar establecidas o se establezcan para las relaciones laborales de carácter especial, se optará por las que resulten más beneficiosas.

Las partes de la relación laboral de carácter especial de los menores incluidos en el ámbito de aplicación de la Ley Orgánica 5/2000, de 12 de enero, reguladora de la responsabilidad penal de los menores, podrán beneficiarse de las bonificaciones a las que se refieren los dos párrafos anteriores.

✐ Párrafo añadido por el art. 40 de la Ley 53/2002, de 30 diciembre (§16.4 bis).

Las bonificaciones previstas en esta disposición se financiarán con cargo a la correspondiente partida presupuestaria del Instituto Nacional de Empleo, salvo las relativas a la aportación del Fondo de Garantía Salarial que se financiarán con cargo al presupuesto de dicho organismo.

El Ministerio de Trabajo y Asuntos Sociales determinará las bases de cotización de este colectivo dentro de los límites máximos y mínimos establecidos en la Ley de Presupuestos de cada ejercicio en función de sus especiales características, sin que en ningún caso puedan ser inferiores a las bases mínimas fijadas para los contratos a tiempo parcial.

✐ Párrafo renumerado por disp. adic. 39ª.2 de la Ley 62/2003, de 30 diciembre. Anteriormente era el ap. 2.

2. Los empresarios dedicados a actividades encuadradas en los Sectores de Comercio, Hostelería, Turismo e Industria, excepto Energía y Agua, en las Ciudades de Ceuta y Melilla, respecto de los trabajadores que presten servicios en sus centros de trabajo ubicados en el territorio de dichas ciudades, tendrán derecho a una bonificación de hasta el 40 por 100 en sus aportaciones a las cuotas de la Seguridad Social por contingencias comunes, así como por los conceptos de recaudación conjunta de desempleo, formación profesional y fondo de garantía salarial.

Asimismo, los trabajadores encuadrados en el Régimen Especial de Trabajadores por Cuenta Propia o Autónomos dedicados a actividades encuadradas en los Sectores de Comercio, Hostelería, Turismo e Industria, excepto Energía y Agua, que residan y ejerzan su actividad en las Ciudades de Ceuta y Melilla, tendrán derecho a una bonificación de hasta el 40 por 100 en sus aportaciones a las cuotas de la Seguridad Social por contingencias comunes en los términos previstos en el párrafo siguiente. Las bonificaciones a que se refieren los párrafos anteriores se establecerán, en su caso, por un período de tiempo limitado, a los efectos de proceder a evaluar periódicamente el grado de eficacia de la misma en relación con los objetivos sociales que se pretenden alcanzar, y requerirá petición previa de los

Presidentes de las Ciudades de Ceuta y Melilla e informes favorables del Ministerio de Trabajo y Asuntos Sociales y de la Comisión Delegada del Gobierno para Asuntos Económicos.

✐ Modificado pro disp. adic. 39ª.3 de la Ley 62/2003, de 30 diciembre.

⇒ La O. TAS/471/2004, de 26 febrero, dicta normas para la aplicación de las bonificaciones de cuotas establecidas en este apartado. La O. TAS/856/2006, de 21 marzo, modifica dicha O. TAS/471/2004 y prorroga la aplicación de las bonificaciones previstas en ella.

Trigesimoprimera. Régimen jurídico del convenio especial a suscribir en determinados expedientes de regulación de empleo.

⇒ La O. TAS 2865/2003, 13 octubre, regula el Convenio Especial en el Sistema de la Seguridad Social. Cfr. la modificación de la misma por OTAS 819/2004, de 12 marzo.

1. En el convenio especial a que se refiere el apartado 15 del artículo 51 del Texto Refundido de la Ley del Estatuto de los Trabajadores, las cotizaciones abarcarán el período comprendido entre la fecha en que se produzca el cese en el trabajo o, en su caso, en que se cese la obligación de cotizar por extinción de la prestación por desempleo contributivo, y la fecha en la que el trabajador cumpla los sesenta y cinco años, en los términos establecidos en los apartados siguientes.

2. A tal efecto, las cuotas se determinarán aplicando al promedio de las bases de cotización del trabajador en los últimos seis meses de ocupación cotizada, el tipo de cotización previsto en la normativa reguladora del convenio especial. De la cantidad resultante se deducirá la cotización, a cargo del Instituto Nacional de Empleo, correspondiente al período en el que el trabajador pueda tener derecho a la percepción del subsidio de desempleo, calculando la misma en función de la base y tipo aplicable en la fecha de suscripción del convenio especial.

Hasta la fecha de cumplimiento por parte del trabajador de la edad de sesenta y un años, las cotizaciones serán a cargo del empresario y se ingresarán en la Tesorería General de la Seguridad Social, bien de una sola vez, dentro del mes siguiente al de la notificación por parte del citado Servicio común de la cantidad a ingresar, bien de manera fraccionada garantizando el importe pendiente mediante aval solidario o a través de la sustitución del empresario en el cumplimiento de la obligación por parte de una entidad financiera o aseguradora, previo consentimiento de la Tesorería General de la Seguridad Social, en los términos que establezca el Ministerio de Trabajo y Asuntos Sociales.

A partir del cumplimiento por parte del trabajador de la edad de sesenta y un años, las aportaciones al convenio especial serán obligatorias y a cargo exclusivo del mismo, debiendo ser ingresadas, en los términos previstos en la normativa reguladora del convenio especial, hasta el cumplimiento de la edad de sesenta y cinco años o hasta la fecha en que, en su caso, acceda a la pensión de jubilación anticipada.

3. En los supuestos de fallecimiento del trabajador, de reconocimiento de una pensión de incapacidad permanente o de realización de actividades en virtud de las cuales se efectúen cotizaciones al sistema de Seguridad Social, se reintegrarán al empresario, previa regularización anual y en los términos que reglamentariamente se establezcan, las cuotas que, en su caso, se hubieren ingresado por el convenio especial correspondientes al período posterior a la fecha en que tuviere lugar el fallecimiento o el reconocimiento de la pensión, así como las coincidentes por la realización de las actividades antes citadas hasta la cuantía de las cuotas correspondientes a estas últimas.

4. En lo no previsto en las normas precedentes, este convenio especial se regirá por lo dispuesto en las normas reglamentarias sobre el convenio especial en el sistema de la Seguridad Social.

✐ Disposición añadida por el art. 7 de la Ley 35/2002, de 12 julio

Trigesimosegunda. Exoneración de cuotas respecto de los trabajadores por cuenta propia con sesenta y cinco o más años.

1. Los trabajadores por cuenta propia incluidos en el campo de aplicación de los Regímenes Especiales Agrario, de los Trabajadores del Mar y de Trabajadores por Cuenta Propia o Autónomos quedarán exentos de cotizar a la Seguridad Social salvo, en su caso, por incapacidad temporal y por contingencias profesionales, en el supuesto de tener cumplidos 65 o más años de edad y acreditar 35 o más años de cotización efectiva a la Seguridad Social, sin que se computen a estos efectos las partes proporcionales de pagas extraordinarias. Si al cumplir 65 años de edad el trabajador no reuniera el requisito exigido, la citada exención será aplicable a partir de la fecha en que se acredite éste.

2. Por los períodos de actividad en los que el trabajador no haya efectuado cotizaciones, en los términos previstos en el apartado anterior, a efectos de determinar la base reguladora de las prestaciones excluidas de cotización, las bases de cotización correspondientes a las mensualidades de cada ejercicio económico exentas de cotización serán equivalentes al resultado de incrementar el promedio de las bases de cotización del año natural inmediatamente anterior en el porcentaje de variación media conocida del IPC en el último año indicado, sin que las bases así calculadas puedan ser inferiores a las cuantías de las bases mínimas o únicas de cotización fijadas anualmente en la Ley de Presupuestos

Generales del Estado para los trabajadores por cuenta propia incluidos en los Regímenes Especiales de la Seguridad Social a que se refiere el apartado anterior.

✐ Disposición modificada por el art. 6 de la Ley 36/2003, de 11 noviembre.

Trigesimotercera.

Los trabajadores que provengan de los países miembros del Espacio Económico Europeo, o de los países con los que exista convenio de protección por desempleo, obtendrán las prestaciones por desempleo en la forma prevista en las normas comunitarias o en los convenios correspondientes.

✐ Disposición añadida por el art. 1.13 de la Ley 45/2002, de 12 diciembre (§36.2).

Trigesimocuarta. Extensión de la acción protectora por contingencias profesionales a los trabajadores incluidos en el Régimen Especial de la Seguridad Social de Trabajadores por Cuenta Propia o Autónomos.

⇒ Sobre reconocimiento del incremento de la pensión de incapacidad permanente total, v. RD 463/2003, de 25 abril. El RD 1273/2003, 10 octubre, regula la cobertura de las contingencias profesionales de estos trabajadores y la ampliación de la prestación de incapacidad temporal para ellos.

1. Los trabajadores por cuenta propia incluidos en el Régimen Especial de la Seguridad Social de Trabajadores por Cuenta Propia o Autónomos podrán mejorar voluntariamente el ámbito de la acción protectora que dicho Régimen les dispensa, incorporando la correspondiente a las contingencias de accidentes de trabajo y enfermedades profesionales, siempre que los interesados, previa o simultáneamente, hayan optado por incluir, dentro de dicho ámbito, la prestación económica por incapacidad temporal. La mejora de la acción protectora señalada determinará la obligación de efectuar las correspondientes cotizaciones, en los términos previstos en el apartado 2.

Se entenderá como accidente de trabajo del trabajador autónomo el ocurrido como consecuencia directa e inmediata del trabajo que realiza por su propia cuenta y que determina su inclusión en el campo de aplicación de dicho Régimen Especial. Se entenderá, a idénticos efectos, por enfermedad profesional la contraída a consecuencia del trabajo ejecutado por cuenta propia que esté provocada por la acción de los elementos y sustancias y en las actividades que se especifican en la lista de enfermedades profesionales con las relaciones de las principales actividades capaces de producirlas anexa al Real Decreto 1995/1978, de 12 de mayo, por el que se aprueba el cuadro de enfermedades profesionales en el Sistema de Seguridad Social.

Por las contingencias indicadas, se reconocerán las prestaciones que, por las mismas, se conceden a los trabajadores incluidos en el Régimen General, en las condiciones que reglamentariamente se establezcan.

2. Para la cotización por las contingencias de accidentes de trabajo y enfermedades profesionales se aplicarán los epígrafes específicos y los porcentajes que se determinen para su inclusión en la Tarifa de Primas, aprobada por el Real Decreto 2930/1979, de 29 de diciembre. Los porcentajes se aplicarán sobre la base de cotización elegida por el interesado.

A tales efectos, el Ministerio de Trabajo y Asuntos Sociales aprobará la correspondiente clasificación de los trabajadores autónomos por actividades económicas y epígrafes aplicables para su inclusión en dicho Real Decreto.

3. La cobertura de las contingencias profesionales de los trabajadores por cuenta propia o autónomos se llevará a cabo con la misma Entidad, gestora o colaboradora, con la que se haya formalizado la cobertura de la incapacidad temporal.

✐ Disposición añadida por el art. 40 de la Ley 53/2002, de 30 diciembre (§16.4 bis).

Trigesimoquinta. Bonificación de la cotización a la Seguridad Social aplicable a los nuevos trabajadores incluidos en el Régimen Especial de la Seguridad Social de los Trabajadores por Cuenta Propia o Autónomos.

✐ Ap. 1 modificado por disp. adic. 13ª de la Ley 20/2007, de 11 julio (§26).

1. En el supuesto de trabajadores, incorporados al Régimen Especial de la Seguridad Social de los Trabajadores por Cuenta Propia o Autónomos a partir de la entrada en vigor del Estatuto del Trabajo Autónomo, que tengan 30 o menos años de edad, se aplicará sobre la cuota por contingencias comunes que corresponda, en función de la base de cotización elegida y del tipo de cotización aplicable, según el ámbito de protección por el que se haya optado, una reducción, durante los 15 meses inmediatamente siguientes a la fecha de efectos del alta, equivalente al 30 por 100 de la cuota que resulte de aplicar sobre la base mínima el tipo mínimo de cotización vigente en cada momento en este Régimen, y una bonificación, en los 15 meses siguientes a la finalización del período de reducción, de igual cuantía que ésta.

El límite de edad señalado en el párrafo anterior será de 35 años, en el caso de trabajadoras por cuenta propia.

2. Lo dispuesto en el apartado anterior será también de aplicación a los socios trabajadores de Cooperativas de Trabajo Asociado, que se incluyan en el indicado Régimen Especial, que cumplan los requisitos establecidos en aquél.

3. La reducción de la cuota será financiada con cargo al Presupuesto de la Seguridad Social y la bonificación con cargo a la correspondiente partida presupuestaria del Servicio Público de Empleo Estatal.

✐ Modificada por disp. adic. 44ª.3 de Ley 2/2004, de 27 diciembre.

⇒ Cfr. art. 5.cuatro del RDley 3/2004, de 25 junio (§12.2).

Trigesimosexta. *Cotización de los trabajadores por cuenta propia del Régimen Especial Agrario.*

1. Los trabajadores incluidos en la sección del Censo del Régimen Especial Agrario correspondiente a los trabajadores por cuenta propia, a partir de 1 de enero de 2004 deberán cotizar por contingencias comunes incluida, en su caso, la mejora voluntaria de la incapacidad temporal, conforme a las bases y tipos fijados en la respectiva Ley de Presupuestos Generales del Estado y en sus normas de desarrollo, para el Régimen Especial de la Seguridad Social de los Trabajadores por Cuenta Propia o Autónomos.

Asimismo, y a partir del 1 de enero de 2004, los trabajadores a que se refiere el párrafo anterior deberán cotizar por contingencias profesionales, incluida, en su caso, la mejora voluntaria de la incapacidad temporal, conforme a las bases establecidas en la respectiva Ley de Presupuestos Generales del Estado para el Régimen Especial de los Trabajadores por Cuenta Propia o Autónomos y conforme a los tipos que se determine en la citada Ley por tales contingencias para los trabajadores por cuenta propia del Régimen Especial Agrario.

2. A partir del 1 de enero de 2004 las cotizaciones de los trabajadores por cuenta propia del Régimen Especial Agrario, como consecuencia de lo establecido en el apartado anterior, se determinarán aplicando a la base de cotización correspondiente los tipos de cotización que resulten de aplicar a los tipos de cotización por contingencias comunes, establecidos en la Ley de Presupuestos Generales del Estado para el Régimen Especial de los Trabajadores por Cuenta Propia o Autónomos y a los tipos de cotización por contingencias profesionales establecidos en la misma Ley respecto de los trabajadores por cuenta propia del Régimen Especial Agrario, en ambos casos con exclusión de los correspondientes a la mejora voluntaria de la incapacidad temporal, los siguientes coeficientes:

Ejercicio	*Coeficiente*
2004	*0,6159*
2005	*0,6729*
2006	*0,7300*
2007	*0,7525*
2008	*0,7750*
2009	*0,7975*
2010	*0,8200*
2011	*0,8425*
2012	*0,8650*
2013	*0,8875*
2014	*0,9100*
2015	*0,9325*
2016	*0,9550*
2017	*0,9775*

A partir del 1 de enero de 2018 la cotización correspondiente a tales trabajadores por contingencias comunes incluida, en su caso, la mejora voluntaria de la incapacidad temporal, será la establecida con carácter general para los trabajadores incluidos en el Régimen Especial de la Seguridad Social de los Trabajadores por Cuenta Propia o Autónomos.

El Ministro de Trabajo y Asuntos Sociales fijará, en cada ejercicio, el tipo de cotización aplicable como resultante de aplicar el coeficiente correspondiente a dicho ejercicio, pudiendo ser determinado con un solo decimal.

3. Los trabajadores por cuenta propia incluidos en el Régimen Especial Agrario con anterioridad al 1 de enero de 2004 quedarán exceptuados del régimen de cotización previsto en los apartados anteriores, salvo que opten por acogerse al mismo antes del 1 de octubre de cada ejercicio.

Esta opción tendrá, en todo caso, carácter irrevocable y surtirá efectos a partir del 1 de enero del ejercicio siguiente a aquel en que se hubiera ejercitado.

Disposición derogada por disp. derog. única a) de la Ley 18/2007, de 4 julio, sin perjuicio de su vigencia con carácter transitorio, hasta 31 de diciembre de 2007, en relación con los trabajadores a los que, con anterioridad a 1 de enero de 2006, les hubiera sido de aplicación lo en ella establecido, con carácter obligatorio o por opción voluntaria, cuando hubieran elegido una base de cotización superior a la mínima establecida en el Régimen Especial de los Trabajadores por Cuenta Propia o Autónomos, en cuyo caso resultarán de aplicación los tipos de cotización y los coeficientes regulados en el apartado 2 de la citada disposición adicional.

Trigesimoséptima. Ampliación de la protección por incapacidad temporal para los trabajadores por cuenta propia o autónomos.

⇒ V. nota a disp. adic. trigesimocuarta de este TRLGSS.

Para los trabajadores por cuenta propia o autónomos, cualquiera que sea el Régimen Especial de la Seguridad Social en el que se hallen encuadrados, el nacimiento de la prestación económica por incapacidad temporal a que pudieran tener derecho se producirá, en los términos y condiciones que reglamentariamente se establezcan, a partir del cuarto día de la baja en la correspondiente actividad, salvo en los supuestos en que el interesado hubiese optado por la cobertura de las contingencias profesionales, o las tenga cubiertas de forma obligatoria, y el subsidio se hubiese originado a causa de un accidente de trabajo o enfermedad profesional, en cuyo caso la prestación nacerá a partir del día siguiente al de la baja.

Añadida por el art. 8 de la Ley 36/2003, de 11 noviembre.

Trigesimoctava. Efecto de las cotizaciones superpuestas en varios regímenes en orden a las pensiones de la Seguridad Social.

Cuando se acrediten cotizaciones a varios regímenes y no se cause derecho a pensión a uno de ellos, las bases de cotización acreditadas en este último en régimen de pluriactividad, podrán ser acumuladas a las del Régimen en que se cause la pensión, exclusivamente para la determinación de la base reguladora de la misma, sin que la suma de las bases pueda exceder del límite máximo de cotización vigente en cada momento.

Disp. adic. 38ª modificada por disp. adic. 48ª.8 de la Ley 30/2005, de 29 diciembre.

Trigesimonovena. Requisito de estar al corriente en el pago de las cuotas a efecto de las prestaciones.

En el caso de trabajadores que sean responsables del ingreso de cotizaciones, para el reconocimiento de las correspondientes prestaciones económicas de la Seguridad Social será necesario que el causante se encuentre al corriente en el pago de las cotizaciones de la Seguridad Social, aunque la correspondiente prestación sea reconocida, como consecuencia del cómputo recíproco de cotizaciones, en un régimen de trabajadores por cuenta ajena.

A tales efectos, será de aplicación el mecanismo de invitación al pago previsto en el artículo 28.2 del Decreto 2530/1970, de 20 de agosto, por el que se regula el Régimen Especial de la Seguridad Social de los trabajadores por cuenta propia o autónomos, cualquiera que sea el Régimen de Seguridad Social en que el interesado estuviese incorporado, en el momento de acceder a la prestación o en el que se cause ésta.

Añadida por el art. 20 de la Ley 52/2003, de 10 diciembre.

Cuadragésima. Remisión de datos médicos necesarios para el reconocimiento de las prestaciones económicas de la Seguridad Social.

En los procedimientos de declaración de la incapacidad permanente, a efectos de las correspondientes prestaciones económicas de la Seguridad Social, así como en lo que respecta al reconocimiento o mantenimiento del percibo de las prestaciones por incapacidad temporal, orfandad o asignaciones familiares por hijo a cargo, se entenderá otorgado el consentimiento del interesado o de su representante legal, a efectos de la remisión, por parte de las instituciones sanitarias de los informes, documentación clínica, y demás datos médicos estrictamente relacionados con las lesiones y dolencias padecidas por el interesado que resulten relevantes para la resolución del procedimiento, salvo que conste oposición expresa y por escrito de aquéllos.

Las entidades gestoras de la Seguridad Social, en el ejercicio de sus competencias de control y reconocimiento de las prestaciones, podrán solicitar la remisión de los partes médicos de incapacidad temporal expedidos por los servicios públicos de salud, las mutuas de accidentes de trabajo y enfermedades profesionales de la Seguridad Social y las empresas colaboradoras, a efectos del tratamiento de los datos contenidos en los mismos.

Modificada por disp. final 3ª.Tres de Ley 42/2006, de 28 diciembre.

Cuadragesimaprimera. Régimen de la asistencia sanitaria de los funcionarios procedentes del extinguido Régimen Especial de Funcionarios de la Administración local.

La cobertura de la asistencia sanitaria de los funcionarios procedentes del extinguido Régimen Especial de Funcionarios de la Administración local, así como del personal procedente de esta última, que vinieran percibiendo la prestación del Sistema Nacional de Salud y con cargo a las corporaciones, instituciones o entidades que integran la Administración Local, queda a todos los efectos sometida al régimen jurídico y económico aplicable a la contingencia comprendida en la acción protectora del Régimen General de la Seguridad Social.

✐ Añadida por el art. 22 de la Ley 52/2003, de 10 diciembre.

Cuadragesimasegunda. Acreditación de situaciones legales de desempleo.

La situación legal de desempleo prevista en los artículos 208.1.1e) y 208.1.2 de la presente Ley, cuando se refieren, respectivamente, a los artículos 49.1 m) y 45.1 n) de la Ley del Estatuto de los Trabajadores, se acreditará por comunicación escrita del empresario sobre la extinción o suspensión temporal de la relación laboral, junto con la orden de protección a favor de la víctima o, en su defecto, junto con el informe del Ministerio Fiscal que indique la existencia de indicios sobre la condición de víctima de violencia de género.

La situación legal de desempleo prevista en el artículo 208.1.6 de la presente Ley se acreditará por certificación del órgano competente de la corporación local, Junta General del Territorio Histórico Foral, Cabildo Insular, Consejo Insular o Administración Pública o Sindicato, junto con una declaración del titular del cargo cesado de que no se encuentra en situación de excedencia forzosa, ni en ninguna otra que le permita el reingreso a un puesto de trabajo.

✐ Disp. añadida por disp. adic. 8ª.5 de O. 1/2004, de 28 diciembre.
Párr. 2º añadido por art. 1.Cuatro de la Ley 37/2006, de 7 diciembre.

Cuadragesimatercera. Del régimen de Seguridad Social del personal licenciado sanitario emérito.

El personal licenciado sanitario emérito nombrado al amparo de lo dispuesto en la disposición adicional cuarta de la Ley 55/2003, de 16 de diciembre, del Personal Estatutario de los Servicios de Salud, no será dado de alta en el Régimen General de la Seguridad Social. A este personal no le será de aplicación la incompatibilidad a que se refiere el apartado 2 del artículo 165 de esta Ley.

✐ Disp. añadida por disp. adic. 64ª de Ley 42/2006, de 28 diciembre.

Cuadragesimacuarta. Períodos de cotización asimilados por parto.

A efectos de las pensiones contributivas de jubilación y de incapacidad permanente de cualquier régimen de la Seguridad Social, se computarán, a favor de la trabajadora solicitante de la pensión, un total de 112 días completos de cotización por cada parto de un solo hijo y de 14 días más por cada hijo a partir del segundo, éste incluido, si el parto fuera múltiple, salvo si, por ser trabajadora o funcionaria en el momento del parto, se hubiera cotizado durante la totalidad de las dieciséis semanas o, si el parto fuese múltiple, durante el tiempo que corresponda.

✐ Disposición añadida por disp. adic. 18ª.23 de la LO 3/2007, de 22 marzo, para la igualdad efectiva de mujeres y hombres.

DISPOSICIONES TRANSITORIAS

Primera. Derechos transitorios derivados de la legislación anterior a 1967.

1. Las prestaciones del Régimen General causadas con anterioridad a 1 de enero de 1967 continuarán rigiéndose por la legislación anterior. Igual norma se aplicará respecto a las prestaciones de los Regímenes Especiales que se causen con anterioridad a la fecha en que se inicien los efectos de cada uno de ellos, lo cual tendrá lugar en la forma que se preveía en el apartado 3 de la disposición final primera de la Ley de la Seguridad Social de 21 de abril de 1966.

Se entenderá por prestación causada aquella a la que tenga derecho el beneficiario por haberse producido las contingencias o situaciones objeto de protección y hallarse en posesión de todos los requisitos que condicionan su derecho, aunque aún no lo hubiera ejercitado.

2. También continuarán rigiéndose por la legislación anterior las revisiones y conversiones de las pensiones ya causadas que procedan en virtud de lo previsto en aquella legislación.

3. Subsistirán las mejoras voluntarias de prestaciones de la Seguridad Social establecidas por las empresas de acuerdo con la legislación anterior, sin perjuicio de las variaciones que sean necesarias para adaptarlas a las normas de la presente Ley.

4. Quienes, de acuerdo con lo establecido en el artículo 21 del Reglamento General del Mutualismo Laboral, de 10 de septiembre de 1954, tuvieran la condición de mutualistas, la conservarán y

seguirán rigiéndose, a todos los efectos, por el citado Reglamento General, sin alteración de los derechos y obligaciones dimanantes de su respectivo contrato.

Segunda. Cotizaciones efectuadas en anteriores regímenes.

1. Las cotizaciones efectuadas en los anteriores regímenes de Seguros Sociales Unificados, Desempleo y Mutualismo Laboral se computarán para el disfrute de las prestaciones del Régimen General de la Seguridad Social.

2. Los datos sobre cotización que obren en la Administración de la Seguridad Social podrán ser impugnados ante la misma y, en su caso, ante los órganos jurisdiccionales del orden social. Los documentos oficiales de cotización que hayan sido diligenciados, en su día, por las oficinas recaudadoras constituirán el único medio de prueba admisible a tales efectos.

3. Las disposiciones de aplicación y desarrollo de esta Ley, fijarán las normas específicas para computar las cotizaciones efectuadas en los anteriores regímenes de Seguro de Vejez e Invalidez y de Mutualismo Laboral, a fin de determinar el número de años de cotización del que depende la cuantía de la pensión de jubilación establecida en la presente Ley.

Dichas normas determinarán un sistema de cómputo que deberá ajustarse a los principios siguientes:

a) Tomar como base las cotizaciones realmente realizadas durante los siete años inmediatamente anteriores al 1 de enero de 1967.

b) Inducir, con criterio general y partiendo del número de días cotizados en el indicado período, el de años de cotización, anteriores a la fecha mencionada en el apartado a), imputables a cada trabajador.

c) Ponderar las fechas en que se implantaron los regímenes de pensiones de vejez y jubilación ya derogados y las edades de los trabajadores en 1 de enero de 1967.

d) Permitir que los trabajadores, que en la fecha mencionada en el apartado a) tengan edades más avanzadas, puedan acceder, en su caso, al cumplir los sesenta y cinco años de edad, a niveles de pensiones que no podrían alcanzar dados los años de existencia de los regímenes derogados.

Tercera. Aplicación de legislaciones anteriores para causar derecho a pensión de jubilación.

1. El derecho a las pensiones de jubilación se regulará en el Régimen General de acuerdo con las siguientes normas:

1ª Las disposiciones de aplicación y desarrollo de la presente Ley regularán las posibilidades de opción, así como los derechos que, en su caso, puedan reconocerse en el Régimen General a aquellos trabajadores que, con anterioridad a 1 de enero de 1967, estuvieran comprendidos en el campo de aplicación del Seguro de Vejez e Invalidez, pero no en el Mutualismo Laboral, o viceversa.

2ª Quienes tuvieran la condición de mutualista el 1 enero 1967 podrán causar el derecho a la pensión de jubilación a partir de los sesenta años. En tal caso, la cuantía de la pensión se reducirá en un 8 por 100 por cada año o fracción de año que, en el momento del hecho causante, le falte al trabajador para cumplir la edad que se fija en el apartado 1 a) del artículo 161.

En los supuestos de trabajadores que, cumpliendo los requisitos señalados en el apartado anterior, y acreditando más de treinta años de cotización, soliciten la jubilación anticipada derivada del cese en el trabajo como consecuencia de la extinción del contrato de trabajo, en virtud de causa no imputable a la libre voluntad del trabajador, el porcentaje de reducción de la cuantía de la pensión a que se refiere el párrafo anterior será, en función de los años completos de cotización acreditados, el siguiente:

1º Entre treinta y uno y treinta y cuatro años acreditados de cotización: 7,5 por 100.

2º Entre treinta y cinco y treinta y siete años acreditados de cotización: 7 por 100.

3º Entre treinta y ocho y treinta y nueve años acreditados de cotización: 6,5 por 100.

4º Con cuarenta y más años acreditados de cotización: 6 por 100.

A tales efectos, se entenderá por libre voluntad del trabajador la inequívoca manifestación de voluntad de quien, pudiendo continuar su relación laboral y no existiendo razón objetiva que la impida, decide poner fin a la misma. Se presumirá que el cese en la relación laboral se produjo de forma involuntaria cuando la extinción se haya producido por alguna de las causas previstas en el artículo 208.1.1 de esta Ley.

✐ Párrafo modificado por la disp. adic. 2.2 de la Ley 52/2003, de 10 diciembre.

Se faculta al Gobierno para el desarrollo reglamentario de los supuestos previstos en los párrafos anteriores de la presente regla 2ª, quien podrá en razón del carácter voluntario o forzoso del acceso a la jubilación adecuar las condiciones señaladas para los mismos.

Nueva redacción de esta regla 2ª del ap. 1 por Ley 24/1997, de 15 julio, de Consolidación y Racionalización del Sistema de Seguridad Social (art. 7.uno).

2. Los trabajadores que, reuniendo todos los requisitos para obtener el reconocimiento del derecho a pensión de jubilación en la fecha de entrada en vigor de la Ley 26/1985, de 31 de julio, no lo hubieran ejercitado, podrán acogerse a la legislación anterior para obtener la pensión en las condiciones y cuantía a que hubieren tenido derecho el día anterior al de entrada en vigor de dicha Ley.

3. Asimismo, podrán acogerse a la legislación anterior aquellos trabajadores que tuvieran reconocidas, antes de la entrada en vigor de la Ley 26/1985, de 31 de julio, ayudas equivalentes a jubilación anticipada, determinadas en función de su futura pensión de jubilación del sistema de la Seguridad Social, bien al amparo de planes de reconversión de empresas, aprobados conforme a las Leyes 27/1984, de 26 de julio, y 21/1982, de 9 de junio, bien al amparo de la correspondiente autorización del Ministerio de Trabajo y Seguridad Social, dentro de las previsiones de los correspondientes programas que venía desarrollando la extinguida Unidad Administradora del Fondo Nacional de Protección al Trabajo, o de los programas de apoyo al empleo aprobados por Orden de dicho Ministerio, de 12 de marzo de 1985.

El derecho establecido en el párrafo anterior también alcanzará a aquellos trabajadores comprendidos en planes de reconversión ya aprobados a la entrada en vigor de la Ley 26/1985, de 31 de julio, de acuerdo con las normas citadas en dicho párrafo, aunque aún no tengan solicitada individualmente la ayuda equivalente a jubilación anticipada.

4. Los trabajadores que, reuniendo todos los requisitos para obtener el reconocimiento del derecho a la pensión de jubilación en la fecha de entrada en vigor de la Ley de Consolidación y Racionalización del Sistema de Seguridad Social no lo hubieran ejercitado, podrán optar por acogerse a la legislación anterior para obtener la pensión en las condiciones y cuantía a que hubiesen tenido derecho el día anterior al de entrada en vigor de dicha Ley.

Nuevo ap. 4 añadido a la disp. transit. 3ª por Ley 24/1997, de 15 julio, de Consolidación y Racionalización del Sistema de Seguridad Social (art. 7.dos).

Cuarta. Aplicación paulatina de los períodos de cotización exigibles para la pensión de jubilación.

1. Para los trabajadores por cuenta ajena del Régimen General, de los Regímenes Especiales de la Minería del Carbón, Agrario y Mar, y del extinguido de Ferroviarios, el período mínimo de cotización exigible para causar derecho a jubilación será el que resulte de sumar al período mínimo establecido en la legislación anterior a la entrada en vigor de la Ley 26/1985, de 31 de julio, la mitad del tiempo transcurrido entre dicha fecha de entrada en vigor y la del hecho causante de la jubilación, hasta que el período así determinado alcance los quince años.

2. El período mínimo de cotización exigible para causar derecho a jubilación a quienes, en el momento de la entrada en vigor de la Ley 26/1985, de 31 de julio, tuvieran cumplida la edad de sesenta o más años y estuvieran incluidos en los Regímenes Especiales de Autónomos, Empleados de Hogar, o en los extinguidos de Artistas, Representantes de Comercio, Toreros y Escritores de Libros, o, como trabajadores por cuenta propia, en los Regímenes Especiales Agrario y del Mar, será el que resulte de sumar al período mínimo exigido en la legislación anterior el lapso de tiempo que, en aquel momento, les faltara para cumplir los sesenta y cinco años de edad.

3. Lo dispuesto en los apartados anteriores no será de aplicación a quienes soliciten pensión de jubilación sin encontrarse en alta o situación asimilada a la de alta.

4. Durante 1997, el período de dos años de cotización, a que se refieren los párrafos primero y segundo de la letra b), apartado 1, del artículo 161, deberá estar comprendido dentro de los diez años inmediatamente anteriores al momento de causar el derecho, o la fecha en que cesó la obligación de cotizar, respectivamente.

Nuevo ap. 4 añadido a la disp. transit. 4ª por Ley 24/1997, de 15 julio, de Consolidación y Racionalización del Sistema de Seguridad Social (art. 4.dos).

Quinta. Normas transitorias sobre la base reguladora de la pensión de jubilación.

1. Lo previsto en el apartado 1 del artículo 162 de la presente Ley, se aplicará de forma gradual del modo siguiente:

A partir de la entrada en vigor de la Ley de Consolidación y Racionalización del Sistema de Seguridad Social, la base reguladora de la pensión de jubilación será el resultado de dividir por 126 las bases de cotización de los 108 meses inmediatamente anteriores al hecho causante.

A partir de 1 de enero de 1998, la base reguladora de la pensión de jubilación será el resultado de dividir por 140 las bases de cotización de los 120 meses inmediatamente anteriores al hecho causante.

A partir de 1 de enero de 1999, la base reguladora de la pensión de jubilación será el resultado de dividir por 154 las bases de cotización de los 132 meses inmediatamente anteriores al hecho causante.

A partir de 1 de enero de 2000, la base reguladora de la pensión de jubilación será el resultado de dividir por 168 las bases de cotización de los 144 meses inmediatamente anteriores al hecho causante.

A partir de 1 de enero de 2001 y hasta el 31 de diciembre de 2001, la base reguladora de la pensión de jubilación será el resultado de dividir por 182 las bases de cotización de los 156 meses inmediatamente anteriores al hecho causante.

A partir de 1 de enero del año 2002, la base reguladora de la pensión de jubilación se calculará aplicando, en su integridad, lo establecido en el apartado 1 del artículo 162 de la Ley citada.

✐ Ap. 1 introducido en la disp. transit. 5ª por Ley 24/1997, de 15 julio, de Consolidación y Racionalización del Sistema de Seguridad Social que convierte el anterior contenido de esta disposición en el ap. 2 de la misma (art. 5.dos).

2. Lo previsto en los apartados 2, 3, 4 y 5 del artículo 162 de la presente Ley, no será aplicable a las pensiones causadas antes del 1 de septiembre de 1981.

Quinta bis. Calificación de la incapacidad permanente.

Lo dispuesto en el artículo 137 de esta Ley únicamente será de aplicación a partir de la fecha en que entren en vigor las disposiciones reglamentarias, a que se refiere el apartado 3 del mencionado artículo 137, que deberán dictarse en el plazo máximo de un año. Entretando, se seguirá aplicando la legislación anterior.

✐ Nueva disp. transit. adicionada por Ley 24/1997, de 15 julio, de Consolidación y Racionalización del Sistema de Seguridad Social (art. 8.dos). La disp. adic. 39ª de la Ley 50/1998, de 30 diciembre, amplía el citado plazo «durante el ejercicio de 1999».

Sexta. Incompatibilidades de las prestaciones no contributivas.

1. La condición de beneficiario de la modalidad no contributiva de las pensiones de la Seguridad Social será incompatible con la percepción de las pensiones asistenciales, reguladas en la Ley de 21 de julio de 1960 y suprimidas por la Ley 28/1992, de 24 de noviembre, así como de los subsidios a que se refiere la disposición transitoria undécima de la presente Ley.

2. La percepción de las asignaciones económicas por hijo minusválido a cargo, establecidas en los apartados 2, b) y c), del artículo 185 de esta Ley, será incompatible con la condición, por parte del hijo minusválido, de beneficiario de las pensiones asistenciales, reguladas en la Ley de 21 de julio de 1960 y suprimidas por la Ley 28/1992, de 24 de noviembre, o de los subsidios a que se refiere la disposición transitoria undécima de la presente Ley.

Sexta bis. Aplicación paulatina del límite de edad a efectos de las pensiones de orfandad.

Los límites de edad determinantes de la condición de beneficiario de la pensión de orfandad, previstos en el número 2 del artículo 175, serán aplicables a partir de 1 de enero de 1999.

Hasta alcanzar dicha fecha, los indicados límites serán los siguientes:

a) Durante el año 1997, de diecinueve años, salvo en los supuestos de inexistencia de ambos padres, en cuyo caso dicho límite será de veinte años.

b) Durante el año 1998, de veinte años, salvo en los supuestos de inexistencia de ambos padres, en cuyo caso dicho límite será de veintiún años.

✐ Nueva disposición adicionada por Ley 24/1997, de 15 julio, de Consolidación y Racionalización de Sistemas de Seguridad Social (art. 10.dos).

Séptima. Prestaciones del extinguido Seguro Obligatorio de Vejez e Invalidez.

Quienes en 1 de enero de 1967, cualquiera que fuese su edad en dicha fecha, tuviesen cubierto el período de cotización exigido por el extinguido Seguro de Vejez e Invalidez o que, en su defecto, hubiesen figurado afiliados al extinguido Régimen de Retiro Obrero Obligatorio, conservarán el derecho a causar las prestaciones del primero de dichos seguros, con arreglo a las condiciones exigidas por la legislación del mismo, y siempre que los interesados no tengan derecho a ninguna pensión a cargo de los regímenes que integran el Sistema de la Seguridad Social, con excepción de las pensiones de viudedad de las que puedan ser beneficiarios; entre tales pensiones se entenderán incluidas las correspondientes a las entidades sustitutorias que han de integrarse en dicho sistema, de acuerdo con lo previsto en la disposición transitoria octava de la presente Ley.

Cuando concurran la pensión de viudedad y la del Seguro Obligatorio de Vejez e Invalidez, su suma no podrá ser superior al doble del importe de la pensión mínima de viudedad para beneficiarios con 65 o más años que esté establecido en cada momento. Caso de superarse dicho límite, se procederá a la minoración de la cuantía de la pensión del Seguro Obligatorio de Vejez e Invalidez, en el importe necesario para no exceder del límite indicado.

✐ Modificada con efectos económicos a partir del 1 de septiembre de 2005 por art. único de Ley 9/2005, de 6 junio.

⇒ Las previsiones del último párrafo de esta disposición transitoria son también aplicables a las situaciones de concurrencia ante las pensiones de viudedad y las pensiones del extinguido SOVI generadas antes de la entrada en vigor de la indicada Ley 9/2005, según establece su disp. transit. única.

Octava. Integración de entidades sustitutorias.

El Gobierno, a propuesta del Ministerio de Trabajo y Seguridad Social, determinará la forma y condiciones en que se integrarán en el Régimen General de la Seguridad Social, o en alguno de sus Regímenes Especiales, aquellos colectivos asegurados en entidades sustitutorias aún no integrados que, de acuerdo con lo dispuesto en la presente Ley, se encuentren comprendidos en el campo de aplicación del sistema de la Seguridad Social. Las normas que se establezcan contendrán las disposiciones de carácter económico que compensen, en cada caso, la integración dispuesta.

Novena. ...

✐ Esta disposición fue derogada por la disp. derog. única de la Ley 30/1995, de 8 noviembre, de Ordenación y Supervisión de Seguros Privados.

⇒ V. sus arts. 64 y ss. que regulan las Mutualidades de Previsión Social.

Décima. Situación asimilada a la de alta en los procesos de reconversión.

1. Durante el período de percepción de la ayuda equivalente a la jubilación anticipada prevista en la Ley 27/1984, de 26 de julio, sobre Reconversión y Reindustrialización, el beneficiario será considerado en situación asimilada a la de alta en el correspondiente Régimen de la Seguridad Social, y continuará cotizándose por él según el tipo establecido para las contingencias generales del Régimen de que se trate. A tal efecto, se tomará como base de cotización la remuneración media que haya servido para la determinación de la cuantía de la ayuda equivalente a la jubilación anticipada, con el coeficiente de actualización anual que establezca el Ministerio de Trabajo y Seguridad Social, de modo que, al cumplir la edad general de jubilación, el beneficiario pueda acceder a la pensión con plenos derechos.

2. Las aportaciones que lleven a cabo las empresas o los fondos de promoción de empleo, tanto para la financiación de las ayudas equivalentes a la jubilación anticipada como a efectos de lo previsto en el apartado anterior, podrán equipararse, a efectos de recaudación, a las cuotas de la Seguridad Social.

Undécima. Pervivencia de subsidios económicos de la Ley de Integración Social de los Minusválidos.

1. Quienes a la entrada en vigor de la Ley 26/1990, de 20 de diciembre, tuvieran reconocido el derecho a los subsidios de garantía de ingresos mínimos y por ayuda de tercera persona, previstos en la Ley 13/1982, de 7 de abril, y suprimidos por la disposición adicional novena de aquélla, continuarán en el percibo de los mismos en los términos y condiciones que se prevén en la legislación específica que los regula, salvo que los interesados pasen a percibir una pensión no contributiva, en cuyo caso se estará a lo dispuesto en la disposición transitoria sexta de la presente Ley.

2. Sin perjuicio de lo dispuesto en el apartado anterior, las normas previstas en la legislación específica respecto a los importes a percibir por los beneficiarios del subsidio de garantía de ingresos mínimos, atendidos en centros públicos o privados, quedarán suprimidas, con independencia de la participación de los beneficiarios de este subsidio en el coste de la estancia, conforme a las normas vigentes de carácter general aplicables a la financiación de tales centros.

3. En los supuestos de contratación por cuenta ajena o establecimiento por cuenta propia de los beneficiarios del subsidio de garantía de ingresos mínimos, será de aplicación a los mismos, en cuanto a recuperación automática del derecho al subsidio, lo dispuesto al efecto para los beneficarios de la pensión de invalidez en su modalidad no contributiva en el artículo 144 de la presente Ley. Asimismo, no se tendrá en cuenta para el cómputo anual de sus rentas, a los efectos previstos en su legislación específica aplicable, las que hubieran percibido en virtud de su actividad laboral por cuenta ajena o propia en el ejercicio económico en que se produzca la extinción del contrato o el cese de la actividad laboral.

✐ Apartado añadido por Ley 3/1997, de 24 marzo, sobre recuperación automática del subsidio de garantía de ingresos mínimos.

Duodécima. Deudas con la Seguridad Social de los clubes de fútbol.

1. En el marco del Convenio de Saneamiento del Fútbol Profesional a que se refiere la disposición adicional decimoquinta de la Ley 10/1990, de 15 de octubre del Deporte, la Liga de Fútbol Profesional asumirá el pago de las deudas con la Seguridad Social al 31 de diciembre de 1989, de las que quedarán

liberados los clubes de fútbol que hayan suscrito los correspondientes convenios particulares con la Liga Profesional.

Las deudas expresadas en el párrafo anterior se entienden referidas a las de aquellos clubes que, en las temporadas 1989/1990 y 1990/1991, participaban en competiciones oficiales de la Primera y Segunda División A de fútbol.

2. Igualmente, y al objeto de hacer frente a los compromisos contraídos en el Plan de Saneamiento de 1985, la Liga de Fútbol Profesional asumirá el pago de las deudas con la Seguridad Social referidas a aquellos otros clubes incluidos en el citado Plan y no contemplados en el segundo párrafo del apartado anterior, que fueron devengadas con anterioridad a dicho Plan y que se encontraban pendientes de pago a 31 de diciembre de 1989.

3. En caso de impago total o parcial por la Liga Profesional de las deudas a que se alude en los números anteriores, las garantías a que se refiere el apartado 3 de la disposición transitoria tercera de la Ley 10/1990, de 15 de octubre, del Deporte, serán ejecutadas, en vía de apremio, por los órganos de recaudación de la Seguridad Social, imputándose el importe obtenido en proporción a las deudas impagadas.

4. En el marco del Convenio de Saneamiento, y una vez asumidas por la Liga Nacional de Fútbol Profesional las deudas de los clubes de fútbol que, por todos los conceptos, éstos contrajeron con la Seguridad Social, se podrá acordar su fraccionamiento de pago durante un período máximo de doce años, con sujeción a lo previsto en los artículos 39 y siguientes del vigente Reglamento General de Recaudación de los Recursos del Sistema de la Seguridad Social.

Los pagos se efectuarán mediante amortizaciones semestrales, devengando las cantidades aplazadas los correspondientes intereses de demora que se ingresarán en el último plazo de cada deuda aplazada.

Decimotercera. Conciertos para la recaudación.

La facultad de concertar los servicios de recaudación, concedida por el artículo 18 a la Tesorería General de la Seguridad Social, subsistirá hasta tanto se organice un sistema de recaudación unificado para el Estado y la Seguridad Social.

Decimocuarta. Aplicación paulatina de la financiación de los complementos a mínimos de las pensiones contributivas de la Seguridad Social.

Lo dispuesto en el apartado 2 del artículo 86 de esta Ley, en lo que a los complementos a mínimos se refiere, se llevará a cabo, de modo paulatino, en un plazo que no superará los 12 años, contados a partir del 1 de enero de 2002, en los términos que establezca la correspondiente Ley de Presupuestos Generales del Estado para cada ejercicio económico.

Hasta que no concluya el período a que se refiere el párrafo anterior, el coste de los complementos a mínimos, en la parte no cubierta por las aportaciones del Estado en los respectivos ejercicios, se financiará con cargo a los demás recursos generales del Sistema.

✐ Disposición modificada por el art. 34.12 de la Ley 24/2001, de 27 diciembre.

Decimoquinta. Tope máximo de cotización.

De conformidad con las previsiones del apartado 1 del artículo 110 de esta Ley, los importes de las bases máximas de cotización por contingencias comunes, aplicables a las distintas categorías profesionales, deberán coincidir con la cuantía del tope máximo de la base de cotización previsto en el citado apartado. A tal efecto, continuando el proceso iniciado en el ejercicio 1997, se procederá a la aproximación de las cuantías de las bases máximas de cotización de los grupos 5 al 11, ambos inclusive, en los términos que establezca la correspondiente Ley de Presupuestos Generales del Estado de cada ejercicio económico, de modo que en el año 2002 se alcance la equiparación de los importes de las bases máximas de cotización de los indicados grupos, con la cuantía del tope máximo.

✐ Disps. transits. 14 y 15 adicionadas por Ley 24/1997, de 15 julio, de Consolidación y Racionalización de Sistemas de Seguridad Social (arts. 1.dos y 3).

DISPOSICIÓN DEROGATORIA

Única. Derogación normativa.

Quedan derogadas cuantas disposiciones se opongan a lo establecido en la presente Ley y, de modo expreso, las siguientes:

a) Del Decreto 2065/1974, de 30 de mayo, por el que se aprueba el Texto Refundido de la Ley General de la Seguridad Social:

1. Los Capítulos I, II, III, IV, VI y VII, con excepción del artículo 45, VIII y IX y los artículos 24, 25, 30, 31 y 32 del Capítulo V, todos ellos del Título I.

2. Los capítulos I, II, III, V, VI, VII, VIII, IX, X, XIII, XIV y XV y los artículos 181 a 185 y 191 y 192 del Capítulo XII, todos ellos del Título II.

3. Las disposiciones finales.

4. Las disposiciones adicionales.

5. Las disposiciones transitorias primera, segunda, tercera y séptima, el apartado 4 de la quinta, y los apartados 1 a 3 y 5 a 8 de la sexta.

b) Del Real Decreto-ley 36/1978, de 16 de noviembre, sobre gestión institucional de la Seguridad Social, la Salud y el Empleo:

1. El apartado 1 del artículo 1 y el artículo 3.

2. Los apartados 1 y 2 de la disposición final tercera.

3. Las disposiciones adicionales segunda y tercera.

c) De la Ley 8/1980, de 10 de marzo, del Estatuto de los Trabajadores: la disposición adicional séptima.

d) La Ley 40/1980, de 5 de julio, de Inspección y Recaudación de la Seguridad Social.

e) El Real Decreto-ley 10/1981, de 19 de junio, sobre Inspección y Recaudación de la Seguridad Social.

f) El Real Decreto-ley 13/1981, de 20 de agosto, sobre determinación de la base reguladora de la pensión de jubilación en la Seguridad Social.

g) De la Ley 13/1982, de 7 de abril, de Integración Social de los Minusválidos:

1. El artículo 44.

2. Las disposiciones finales cuarta y quinta.

h) De la Ley 30/1984, de 2 de agosto, de Medidas para la Reforma de la Función Pública: el apartado 2 de la disposición adicional tercera.

i) La Ley 31/1984, de 2 de agosto, de Protección por Desempleo, por la que se modifica el Título II de la Ley 51/1980, de 8 de octubre.

j) De la Ley 33/1984, de 2 de agosto, sobre Ordenación del Seguro Privado: la disposición transitoria octava.

k) De la Ley 53/1984, de 26 de diciembre, de Incompatibilidades del Personal al servicio de las Administraciones Públicas: el apartado 3 del artículo 7.

l) La Ley 26/1985, de 31 de julio, de Medidas Urgentes para la Racionalización de la Estructura y de la Acción Protectora de la Seguridad Social.

m) De la Ley 3/1987, de 2 de abril, General de Cooperativas: la disposición adicional cuarta.

n) De la Ley 33/1987, de 23 de diciembre, de Presupuestos Generales del Estado para 1988: el artículo 13.

ñ) De la Ley 37/1988, de 28 de diciembre, de Presupuestos Generales del Estado para 1989: los artículos 13 y 23 y los apartados 2 y 5 del artículo 24.

o) De la Ley 3/1989, de 3 de marzo, por la que se amplía a dieciséis semanas el permiso por maternidad y se establecen medidas para favorecer la igualdad de trato de la mujer en el trabajo: la disposición adicional.

p) Del Real Decreto-ley 3/1989, de 31 de marzo, de Medidas Adicionales de Carácter Social:

1. El artículo 21.

2. La disposición adicional segunda.

q) De la Ley 4/1990, de 29 de junio, de Presupuestos Generales del Estado para 1990:

1. Los apartados 1 y 2 del artículo 18.

2. La disposición adicional decimocuarta.

r) La Ley 26/1990, de 20 de diciembre, por la que se establecen en la Seguridad Social Prestaciones no Contributivas.

s) De la Ley 31/1990, de 27 de diciembre, de Presupuestos Generales del Estado para 1991:

1. El apartado 2 del artículo 105.

2. La disposición adicional décima.

t) De la Ley 31/1991, de 30 de diciembre, de Presupuestos Generales del Estado para 1992: el artículo 50.

u) De la Ley 22/1992, de 30 de julio, de medidas urgentes sobre fomento del empleo y protección por desempleo: la disposición adicional sexta.

v) De la Ley 39/1992, de 29 de diciembre, de Presupuestos Generales del Estado para 1993:

1. El artículo 19.

2. La disposición adicional duodécima.

w) De la Ley 22/1993, de 29 de diciembre, de medidas fiscales, de reforma del régimen jurídico de la función pública y de la protección por desempleo:

1. El artículo 39.

2. Las disposiciones adicionales décima y undécima.

3. El apartado 2 de la disposición final segunda.

x) De la Ley 21/1993, de 29 de diciembre, de Presupuestos Generales del Estado para 1994:

1. El apartado 3 del artículo 11, el artículo 19 y el apartado 4 del número dos del artículo 104.

2. Las disposiciones adicionales quinta, sexta y vigésima segunda.

y) De la Ley 10/1994, de 19 de mayo, sobre Medidas Urgentes de Fomento de la Ocupación: el apartado 5 de la disposición adicional segunda.

DISPOSICIONES FINALES

Primera. Aplicación de la Ley.

La regulación contenida en esta Ley será de aplicación general al amparo de lo previsto en el artículo 149.1.17 de la Constitución, salvo los aspectos relativos al modo de ejercicio de las competencias y a la organización de los servicios en las Comunidades Autónomas que, de acuerdo con lo establecido en sus Estatutos de Autonomía, hayan asumido competencias en la materia regulada.

Segunda. Competencias de otros Departamentos ministeriales.

Las competencias que en esta Ley se atribuyen al Ministerio de Trabajo y Seguridad Social se entenderán sin perjuicio de las que, en relación con las distintas materias en ella reguladas, puedan corresponder a otros Departamentos ministeriales.

Tercera. Aportación de datos a las Entidades gestoras.

Reglamentariamente se determinará la forma en que se remitirán a las Entidades encargadas de la gestión de las pensiones de la Seguridad Social los datos que aquéllas requieran para el cumplimiento de sus funciones.

Cuarta. Acomodación de las normas sobre pensión de jubilación por disminución de la edad.

El Gobierno, a propuesta del Ministerio de Trabajo y Seguridad Social, acomodará la legislación vigente sobre pensión de jubilación en el sistema de Seguridad Social a efectos de la aplicación de lo previsto en el artículo 166 de la presente Ley y en aquellos otros supuestos en los que la edad establecida con carácter general para tener derecho a dicha pensión haya de ser rebajada en desarrollo de medidas de fomento de empleo, siempre que las mismas conduzcan a la sustitución de unos trabajadores jubilados por otros en situación de desempleados.

⇒ V. nota al RD 1194/1985, de 17 julio (§30.1).

Quinta. Habilitaciones al Gobierno en materia de protección por desempleo.

1. El Gobierno podrá ampliar la cobertura de la contingencia de desempleo a otros colectivos.

2. Se autoriza al Gobierno para, previo informe al Consejo General del Instituto Nacional de Empleo, modificar la escala prevista en el apartado 1 del artículo 210 de la presente Ley, así como la cuantía y duración del subsidio por desempleo, en función de la tasa de desempleo y las posibilidades del régimen de financiación.

3. Asimismo, se faculta al Gobierno para extender a otros colectivos de trabajadores lo dispuesto en el apartado 3 del artículo 218 de la presente Ley.

4. Se habilita al Gobierno a regular dentro de la acción protectora por desempleo y con el régimen financiero y de gestión establecido en el capítulo V del Título III de esta Ley el establecimiento de una ayuda específica denominada renta activa de inserción, dirigida a los desempleados con especiales

necesidades económicas y dificultad para encontrar empleo que adquieran el compromiso de realizar actuaciones favorecedoras de su inserción laboral.

✐ Ap. 4 añadido por el art. 1.14 de la Ley 45/2002, de 12 diciembre (§36.2).
Téngase en cuenta lo previsto en el art. 3.1 c) del RDley 3/2004, de 25 junio, de racionalización de la regulación del SMI e incremento de su cuantía (§12.2).

Sexta. Efectos de las modificaciones en materia de protección por desempleo.

Lo previsto en el párrafo b) del apartado 1.1 del artículo 206, en el párrafo g) del apartado 1.1 del artículo 208, en el apartado 3 del artículo 211, en los apartados 1, 2 y 4 del artículo 214, en el primer párrafo del apartado 1.1 y en el apartado 2 del artículo 215, y en el apartado 1 del artículo 217, no será de aplicación a las situaciones legales de desempleo producidas con anterioridad al 1 de enero de 1994 y a los subsidios por desempleo nacidos antes de la misma fecha, que continuarán rigiéndose por las normas vigentes en el momento de producirse.

Séptima. Desarrollo reglamentario.

Se faculta al *Ministerio de Trabajo y Seguridad Social* para dictar las normas de aplicación y desarrollo de la presente Ley y proponer al Gobierno para su aprobación los Reglamentos generales de la misma.

⇒ Mediante RD 1391/1995, de 4 agosto, se aprobó el Reglamento General de la Gestión Financiera de la Seguridad Social, desarrollado por O. 22 febrero 1996.
El RD 1637/1995, de 6 octubre, aprobó el Reglamento General de Recaudación de los Recursos del Sistema de Seguridad Social, desarrollado por O. 22 febrero 1996 y O. 26 mayo 1999. Dicho RD 1637/1995 ha sido derogado por RD 1415/2004, de 11 junio, que aprueba el vigente Reglamento General de Recaudación de la Seguridad Social. El RD 2064/1995, de 22 diciembre, el Reglamento de cotización modificado, en parte, por RD 1426/1997, de 15 septiembre y el RD 84/1996, de 26 enero, el Reglamento de Inscripción de empresas, altas, bajas y variaciones de datos de trabajadores en el Sistema de la Seguridad Social.
La Ley 13/1996, de 30 diciembre, de Medidas Fiscales, Administrativas y del Orden Social ordena el desarrollo reglamentario de la colaboración de las Mutuas de AT y EP de la Seguridad Social con el Sistema Nacional de la Salud en la gestión de la incapacidad temporal (art. 78). En cumplimiento de dicho mandato el RD 576/1997, de 18 abril, modificó el Reglamento de Colaboración en la Gestión de las Mutuas aprobado por RD 1993/1995, de 7 diciembre.
El RD 1647/1997, de 31 octubre (§35.2) desarrolla determinados aspectos de la Ley 24/1997, de 15 julio, de consolidación y racionalización del sistema de la Seguridad Social.
El RD 148/1996, de 5 febrero y la O. 18 julio 1997, desarrollan el art. 40.1 b) de la LGSS/1994 estableciendo un procedimiento especial para el reintegro de las prestaciones indebidamente percibidas.
El RD 575/1997, de 18 abril, modificado por RD 1117/1998, de 5 junio, desarrolla el art. 131 bis LGSS/1994.
El RD 864/2006, de 14 julio, mejora el sistema de protección por desempleo de los trabajadores agrarios.

§ 32.2 REAL DECRETO-LEY 36/1978, DE 16 NOVIEMBRE. GESTIÓN INSTITUCIONAL DE LA SEGURIDAD SOCIAL, LA SALUD Y EL EMPLEO

(BOE núm. 276, de 18 noviembre; rect. BOE núm. 289, de 4 diciembre [RCL 1978, 2506 y 2632])

Un examen crítico de la Seguridad Social y de los problemas de salud y empleo –imprescindibles para el planteamiento de cualquier opción reformista en esos sectores públicos– pone de relieve una serie de datos y procesos históricos que, si por una parte explican el desarrollo de sus instituciones, por otra sirven para evidenciar la existencia de importantes defectos de organización y la falta de una coherente concepción sistemática de su estructura y funcionamiento.

Este análisis no es hoy en día una parcela reservada a los especialistas. Bien al contrario, la sensibilidad social ante los sectores públicos que gestionan problemas de tan hondo sentido humano como la salud, la seguridad social, la asistencia y el empleo es un elemento determinante en la búsqueda de respuestas claras y eficaces. Existe una demanda social en tal sentido que otorga y que viene completado por las lógicas exigencias de una sociedad democrática para poseer una información suficiente y garantizar a los interesados la participación en las decisiones.

Tanto la premisa de conceder una mayor eficacia al funcionamiento de los sectores antes indicados, como la apertura de vías más anchas de participación en la gestión, han de ser inmediatamente satisfechas. Obvio es, sin embargo, que el carácter imprescindible de la reforma ha de ser conjugado con la prudencia de su planteamiento.

La creación del *Ministerio de Sanidad y Seguridad Social*, por Real Decreto de 4 de julio de 1977, facilitó el camino de las insoslayables reformas al unificar competencias dispersas, faltas de coordinación y exentas de planificación conjunta. Ahora bien, esa unidad de dirección política y administrativa resultaría insuficiente si no se perfeccionase en función de la experiencia adquirida y se completase con la estructura institucional suficiente.

⇒ Las referencias al Ministerio de Sanidad y Seguridad Social, deben entenderse hoy realizadas al Ministerio de Sanidad y Consumo y, en su caso, al de Trabajo y Asuntos Sociales.

El presente Real Decreto-ley aborda los problemas apuntados en varios planos:

Primero. En el orden de las entidades gestoras, simplifica al máximo su número, racionaliza sus funciones, descentraliza sus tareas administrativas y faculta al Gobierno para regular la participación en ellas de sindicatos, organizaciones empresariales y Administración, dando así cumplida respuesta a una de las demandas sociales de mayor arraigo y sentido de responsabilidad solidaria.

Segundo. El Estado se reintegra de funciones que había asumido la Seguridad Social y que no son propias de la misma, tales como las referidas a empleo, educación y servicios sociales, más propias de un concepto de servicio público que no del delimitado acotamiento de prestaciones de la Seguridad Social.

Tercero. La pretensión de simplificación y racionalización se compatibiliza con el principio de caja única en todo el sistema de la Seguridad Social.

Con estos principios inspiradores, la presente norma remonta las dificultades de clarificación jurídica, económica, patrimonial, etc., que hoy se contienen en los sectores públicos de referencia. A partir de esta reforma se posibilita una clara delimitación de las tres áreas de objetivos específicos: la salud, la Seguridad Social y los Servicios de Asistencia Social, y ello capacita al Gobierno para decisiones futuras que no vengan condicionadas por el complejo entramado técnico que dificulta la progresión hacia metas de mejor convivencia y satisfacción de demandas públicas.

Además de ello, la responsabilidad del Estado en problemas complejos como los del empleo, se hace presente en la creación de un organismo específico que no diseccione el empleo, la formación profesional y la cobertura del desempleo en facetas de actuación distinta y haga operativas y congruentes las medidas de una política integral de empleo. En efecto hasta el presente la ordenación de los servicios de empleo estaba encomendada de forma fraccionada a diversos Ministerios lo que dificultaba una política y toma de decisiones unificada y una respuesta rápida y eficaz a los problemas planteados a esos mismos servicios de empleo.

La creación del Instituto Nacional de Empleo supone un paso muy importante en la búsqueda de esa unidad y eficacia, para lo cual se le da el carácter de organismo autónomo, con amplias funciones de asistencia a trabajadores y Empresas y con un extenso cometido, igualmente, en materia de formación y reconversión profesional.

La necesidad de estas reformas se produce con carácter de urgencia por varios tipos de causas:

Por una parte, la existencia de compromisos concretos entre las fuerzas políticas y sociales y el Gobierno de la Nación.

De otro lado, la inviabilidad, tanto conceptual como operativa, de las actuales estructuras de gestión institucional del Departamento de Sanidad y Seguridad Social y de la política de empleo del Ministerio de Trabajo, que imponen una revisión radical de la misma.

Y, finalmente, la clarificación del control económico de las acciones señaladas, tanto en la política de salud y Seguridad Social como en la de empleo.

En su virtud, y previa deliberación del Consejo de Ministros en su reunión del día 14 de octubre de 1978, en uso de la autorización que me concede el artículo 13 de la Ley constitutiva de las Cortes y oída la Comisión de las mismas a que se refiere el número 1 de la disposición transitoria segunda de la Ley 1/1977, de 4 de enero, para la Reforma Política, dispongo:

Artículo 1. Organismos gestores. Simplificación y racionalización.

Las funciones correspondientes al Estado en materia de Salud, Sistemas de Seguridad Social y Servicios de Asistencia Social se ejercerán a través del *Ministerio de Sanidad y Seguridad Social.*

La gestión y administración de los servicios se llevará a cabo, bajo la dirección y tutela del *Ministerio de Sanidad y Seguridad Social*, con sujeción a principios de simplificación, racionalización, economía de costes, eficacia social y descentralización, por los siguientes Organismos:

1. Como Entidades Gestoras de la Seguridad Social, con sujeción a principios de solidaridad financiera y unidad de caja, por:

1.1. ...

⇒ Sobre la estructura orgánica y funciones del INSS, v. RD 2583/1996, de 13 diciembre, parcialmente modificado por RD 469/2003, de 25 abril, por RD 1600/2004, de 2 julio (§38.1) y por RD 666/2007, de 25 mayo.

1.2. ...

⇒ El INSALUD pasó a denominarse «Instituto Nacional de Gestión Sanitaria, conservando el régimen jurídico, económico, presupuestario y patrimonial y la misma personalidad jurídica y naturaleza de Entidad Gestora de la Seguridad Social» de conformidad con lo dispuesto en el RD 840/2002, de 2 agosto (art. 15.1) y en el RD 1087/2003, de 29 agosto que establece la estructura orgánica del Ministerio de Sanidad y Consumo (art. 15.1).

1.3. ...

✐ El ap. 1 fue expresamente derogado por RDLeg 1/1994, de 20 de junio (§32.1). El INSERSO fue Instituto de Migraciones y Servicios Sociales (IMSERSO) tras la modificación del RD 1888/1996, de 2 agosto operada por RD 140/1997, de 31 enero. Actualmente es Instituto de Mayores y Servicios Sociales (IMSERSO) adscrito a la Secretaría de Estado de Servicios Sociales, Familia y Discapacidad, según establece el art. 9.5 del RD 1600/2004, de 2 julio, que desarrolla la estructura orgánica básica del Ministerio de Trabajo y Asuntos Sociales (§38.1). V. su disp. final 3ª. La estructura orgánica del IMSERSO se establece en el RD 1226/2005, de 13 octubre.

2. Como Organismos autónomos del Estado, por:

2.1. La Administración Institucional de la Sanidad Nacional, para la gestión de los servicios de prevención y asistencia que tenga encomendados.

⇒ Hoy suprimida por el art. 86.14 a) de la Ley 50/1984, de 30 diciembre, de Presupuestos Generales del Estado para 1985.

2.2. El Instituto Nacional de Asistencia Social, para la gestión de servicios de asistencia social del Estado, complementarios a los del Sistema de la Seguridad Social. Quedan integrados en este Organismo autónomo los establecimientos de Asistencia Pública, dependientes de la Dirección General de Servicios Sociales.

✐ Suprimido por el art. 86.8 c) de la Ley 50/1984, de 30 diciembre, de Presupuestos Generales del Estado para 1985.

3. El Gobierno, a propuesta del *Ministerio de Sanidad y Seguridad Social*, reglamentará la estructura y competencias de dichos Organismos.

⇒ El RD 1087/2003, de 29 agosto, establece la estructura orgánica básica del Ministerio de Sanidad y Consumo. V. nota al apartado 1.1.2 anterior.

Artículo 2. Descentralización y eficacia social.

1. Los Organismos a que se refiere el presente Real Decreto-ley desarrollarán su actividad, en régimen descentralizado, en los diferentes ámbitos territoriales.

2. Los Centros Sanitarios y Asistenciales de los Organismos citados en el artículo anterior podrán ser gestionados y administrados por las Entidades Locales.

3. La actual colaboración en la gestión se podrá seguir realizando por Empresas, Mutuas Patronales y asociaciones, fundaciones y entidades públicas y privadas, previa su inscripción en un Registro Público.

Artículo 3. ...

✐ Artículo expresamente derogado por RDLeg 1/1994, de 20 junio (§32.1).

Artículo 4. Transferencias de la Seguridad Social a la Administración del Estado.

1. Quedan transferidos a la Administración Institucional del Estado y dejan de tener la condición de Organismos de la Seguridad Social: el Servicio de Empleo y Acción Formativa, Promoción Profesional Obrera, Servicio de Universidades Laborales, así como el Servicio Social de Seguridad e Higiene en el Trabajo, sin perjuicio de lo dispuesto, con respecto a este último, en el párrafo cuarto del artículo 5 del presente Real Decreto-ley.

2. Asimismo, deja de tener la condición de Entidad Gestora de la Seguridad Social el Instituto Español de Emigración, adscrito al Ministerio de Trabajo.

⇒ El IEE se convirtió en Dirección General de Trabajo y Migraciones (cfr. art. 9 del RD 1600/2004, de 2 julio, de estructura orgánica básica del Ministerio de Trabajo y Asuntos Sociales). Hoy sus competencias corresponden a la Dirección General de Emigración, que regula el art. 8 del RD 1600/2004, de 2 julio (§38.1).

Artículo 5. Funciones y Organismos del Estado.

1. Se crea el *Instituto Nacional de Empleo* con el carácter de Organismo autónomo administrativo, dotado de personalidad jurídica propia para el cumplimiento de sus fines y adscrito al Ministerio de Trabajo. Se integran en el Instituto Nacional de Empleo: el Servicio de Empleo y Acción Formativa, Promoción Profesional Obrera y la Obra de Formación Profesional de la Administración Institucional de Servicios Socio-Profesionales.

⇒ El INEM ha pasado a denominarse Servicio Público de Empleo Estatal de conformidad con lo dispuesto en la disp. adic. 1ª de la Ley 56/2003, de 16 diciembre, de Empleo (§27.1); está hoy adscrito a la Secretaría General de Empleo, por RD 1600/2004, de 2 julio, de Estructura Orgánica Básica del Ministerio de Trabajo y Asuntos Sociales (§38.1) (art. 8.5). Su estructura orgánica la establece el RD 377/2001, de 6 abril.

Son funciones del *Instituto Nacional de Empleo*: organizar los servicios de empleo en orden a procurar, pública y gratuitamente, el mejor desarrollo y utilización de los recursos; ayudar a los trabajadores a encontrar un empleo y a las empresas a contratar a los trabajadores apropiados a sus necesidades; fomentar la formación del trabajador en estrecha vinculación con la política de empleo a través de las oportunas acciones de actualización, perfeccionamiento y, en su caso, de reconversión profesional; gestionar y controlar las prestaciones de empleo y las subvenciones y ayudas para fomento y protección del empleo y, en general, cualquier acción conducente a una política activa de empleo.

2. Los recursos del *Instituto Nacional de Empleo* serán los siguientes:

a) Las consignaciones y recursos que tienen asignados los organismos que se integran en el mismo, exceptuados, en su caso, los procedentes de la participación en la cuota de Seguridad Social, que se reconvierten en aportación estatal.

b) Las consignaciones que se le asignen con cargo a los Presupuestos Generales del Estado.

c) La cuota de desempleo y la participación en la cuota de Formación Profesional.

d) Los rendimientos de su patrimonio y de los bienes de los organismos que en él se integran.

e) Las subvenciones y donaciones de Entidades públicas y Entidades y personas privadas.

3. Se crea el *Instituto Nacional de Enseñanzas Integradas*, Organismo autónomo de carácter administrativo, adscrito al Ministerio de Educación y Ciencia, que estará dotado de personalidad jurídica propia y asumirá las funciones y competencias actualmente atribuidas al Servicio de Universidades Laborales, el cual quedará suprimido, extinguiéndose, asimismo, la personalidad jurídica de aquellas Universidades Laborales que la tengan actualmente reconocida.

⇒ Organismo Autónomo suprimido por RD 2183/1980, de 10 octubre.

4. Se crea el Instituto Nacional de Higiene y Seguridad en el Trabajo, que asume las funciones y competencias del actual servicio del mismo nombre, quedando adscrito al Ministerio de Trabajo como organismo autónomo de carácter administrativo.

⇒ Hoy adscrito a la Secretaría General de Empleo por RD 1600/2004, de 2 julio (§38.1) (art. 8.5). Cfr. art. 8 de la Ley 31/1995, de 8 noviembre (§23).

El Instituto Nacional de Medicina y Seguridad del Trabajo, la Escuela Nacional de Medicina del Trabajo, la Clínica de Enfermedades Profesionales y la Organización de Servicios Médicos de Empresa, así como los Institutos Territoriales de Higiene y Seguridad en el Trabajo, se incorporarán al *Servicio Social de Medicina Preventiva*, que será estructurado por Real Decreto a propuesta del Ministerio de Sanidad y Seguridad Social. Las funciones de medicina preventiva laboral se coordinarán con las de Higiene y Seguridad en el Trabajo, a cuyo efecto el Instituto Nacional de Higiene y Seguridad en el Trabajo y el *Servicio Social de Medicina Preventiva* actuarán en colaboración.

⇒ Organismo Autónomo suprimido por RDley 13/1980, de 3 octubre, hoy derogado por Ley 27/1992, de 24 noviembre.

DISPOSICIONES FINALES

Primera. Organismos extinguidos.

Quedan extinguidos los siguientes Organismos:

1. El Instituto Nacional de Previsión.

2. El Servicio del Mutualismo Laboral, Mutualidades Laborales y demás entidades gestoras de estructura mutualista.

3. Los siguientes Servicios Comunes del Sistema de la Seguridad Social:

3.1. Caja de Compensación del Mutualismo Laboral.

3.2. Comisiones Técnicas Calificadoras.

3.3. Fondo de Garantía de Accidentes de Trabajo.

3.4. Fondo de Pensiones de Accidentes de Trabajo.

3.5. Fondo Compensador del Seguro de Accidentes de Trabajo y Enfermedades Profesionales.

3.6. Asistencia a los Pensionistas.

3.7. Recuperación y Rehabilitación de Minusválidos.

4. Los Servicios Sociales de:

4.1. Empleo y Acción Formativa, Promoción Profesional Obrera.

4.2. Universidades Laborales.

4.3. Higiene y Seguridad en el Trabajo.

Segunda. Normas derogadas.

1. Quedan derogadas las siguientes disposiciones en cuanto se opongan a lo establecido en el presente Real Decreto-ley:

–Ley 193/1973, de 28 de diciembre, de Bases de la Seguridad Social.

–Ley General de la Seguridad Social, de 30 de mayo de 1974.

–Ley de 27 de febrero de 1908, por la que se crea el Instituto Nacional de Previsión.

–Ley de 8 de mayo de 1942, por la que se crea el Servicio de Reaseguro de Accidentes de Trabajo.

–Ley 33/1971, de 21 de julio, de Emigración.

–Ley 20/1975, por la que se perfecciona la acción protectora de los trabajadores por cuenta propia del Régimen Especial Agrario de la Seguridad Social.

–Decreto 2123/1971, de 23 de julio, por el que se aprueba el Texto refundido de las Leyes 38/1966, de 31 de mayo, y 41/1970, de 22 de diciembre, por las que se establece y regula el Régimen Especial Agrario de la Seguridad Social.

–Ley de 18 de octubre de 1941, excepción hecha de sus artículos 1, 3 y 9 en cuanto determina fines y recursos del Instituto Social de la Marina actualmente en vigor.

–Decreto-ley 1/1975, de 22 de marzo, sobre organización de los Servicios de Empleo.

–Ley de 11 de marzo de 1959, que establece normas reguladoras de las Universidades Laborales.

–Ley 24/1972, de 21 de junio, de Financiación y Perfeccionamiento de la Acción Protectora del Régimen General de la Seguridad Social.

–El artículo 48 del Decreto 2864/1974, de 30 de agosto, que aprobó el Texto refundido de las Leyes números 116/1969, de 30 de diciembre y 24/1972, de 21 de junio.

2. Igualmente quedan derogadas cuantas disposiciones, cualquiera que sea su rango, se opongan a lo establecido en el presente Real Decreto-ley.

3. Las disposiciones con rango de ley que regulan las estructuras, organizaciones y competencias de los órganos, instituciones, servicios o establecimientos de las entidades a que se refiere el presente

Real Decreto-ley así como las que regulan en dichos aspectos la vigente legislación sanitaria, y cualquier otra afectada por el presente Real Decreto-ley, continuarán en vigor en calidad de normas reglamentarias y podrán ser derogadas o modificadas por Real Decreto, a propuesta del titular del departamento ministerial competente.

Tercera. Normas de cotización general y específica de Formación Profesional.

1. ...

2. ...

✐ Los aps. 1 y 2 de esta disp. final 3ª fueron expresamente derogados por RDLeg 1/1994, de 20 junio (§32.1).

3. Se autoriza al Gobierno a redistribuir la recaudación de la cuota de Formación Profesional en proporción a la función formativa profesional que realice cada organismo o Ministerio perceptor.

Cuarta. Control del empleo.

Se faculta al Gobierno para simplificar y racionalizar las escalas de funcionarios que se integren en el Instituto Nacional de Empleo y para habilitar los funcionarios que sean necesarios para la realización de la función de control en materia de empleo, los cuales podrán solicitar en el ejercicio de dicha función la documentación que sea necesaria y actuando en dicho cometido con el carácter de colaboradores de la Inspección de Trabajo.

Quinta. Transferencias de créditos presupuestarios.

Se autoriza al Gobierno para que, a propuesta del Ministro de Hacienda lleve a cabo en el Presupuesto General del Estado de 1979 las transferencias de créditos necesarias para adscribir a los organismos autónomos que se crean y al Ministerio de Sanidad y Seguridad Social los recursos que venían financiando las Entidades gestoras y servicios extinguidos, inclusive los que se vienen aportando con cargo al sistema de Seguridad Social.

Igualmente se autoriza al Gobierno para que, a propuesta de los Ministros de Sanidad y Seguridad Social y de Hacienda se realicen en el presupuesto-resumen de la Seguridad Social para 1979 las transferencias y modificaciones de crédito que sean necesarias para la aplicación del presente Real Decreto-ley.

Sexta. Vigencia.

1. El presente Real Decreto-ley, del que se dará cuenta inmediata a las Cortes, entrará en vigor al día siguiente al de su publicación en el «Boletín Oficial del Estado».

2. La participación en el control y vigilancia de la gestión establecida en el artículo 3 del presente Real Decreto-ley será regulada a nivel estatal en el plazo de dos meses a contar desde la fecha de entrada en vigor del presente Real Decreto-ley.

DISPOSICIONES ADICIONALES

Primera.

1. Los bienes, derechos y acciones de la Seguridad Social, cualquiera que fuera su concreta titularidad que viniere utilizando por cualquier título el Servicio de Empleo y Acción Formativa y la Promoción Profesional Obrera, así como los del servicio de Universidades Laborales, quedarán integrados en el patrimonio de los organismos autónomos, Instituto Nacional de Empleo e Instituto Nacional de Enseñanzas Integradas, respectivamente.

Asimismo, se integran en el patrimonio del Instituto Nacional de Higiene y Seguridad en el Trabajo los bienes de la Seguridad Social, cualquiera que fuere su titularidad concreta, que hasta el presente estaban adscritos directamente al actual servicio de Higiene y Seguridad en el Trabajo.

2. Los bienes, derechos, acciones y demás recursos que tuvieren adscritos o que dispusieran los organismos a extinguir a que se refiere la disposición final primera, así como las obligaciones que tuvieran a su cargo, serán asumidos por los mismos títulos, respectivamente, por la Entidad gestora, servicio de la Seguridad Social u organismo autónomo en los que se integran.

3. Quedan exentas de cualquier tipo de tributación, incluidas tasas y exacciones parafiscales, derechos y honorarios notariales y registrales, las transmisiones, cesiones, subrogaciones o adscripciones de bienes y derechos que constituyen el patrimonio de las Entidades gestoras y servicios de la Seguridad Social y de los organismos autónomos del Estado que se crean al amparo de lo dispuesto en el presente Real Decreto-ley.

4. Los funcionarios y empleados de los organismos que se suprimen por la disposición final primera del presente Real Decreto-ley se integrarán en los respectivos organismos de nueva creación en las condiciones que reglamentariamente se determinen, con respeto de los derechos económicos

adquiridos y los de Seguridad Social, como asimismo de los derechos y regímenes de previsión voluntaria establecidos, incluyendo los derivados de la Mutualidad de Previsión y la Mutualidad de Previsión de Funcionarios del Mutualismo Laboral, para quienes estuvieren encuadrados en una y otra.

⇒ La integración del colectivo de la Mutualidad de Previsión en el Régimen General se llevó a cabo por RD 1220/1984, de 20 junio y O. 4 julio 1984.

Segunda. ...

Tercera. ...

✐ Las disps. finales 2ª y 3ª fueron expresamente derogadas por RDLeg 1/1994, de 20 junio (§32.1).

DISPOSICIONES TRANSITORIAS

Primera.

1. Cada una de las Entidades gestoras, servicios comunes y organismos, actualmente existentes, cuya supresión o integración se establece, continuarán subsistiendo y ejerciendo las funciones que tuvieran atribuidas hasta que sean sustituidos por la correspondiente Entidad gestora, servicio u organismo que resulte competente, de acuerdo con lo previsto en el presente Real Decreto-ley, sin merma de su funcionalidad. El personal de los organismos continuará rigiéndose por sus respectivos regímenes jurídicos hasta que les sea de aplicación el correspondiente a los nuevos organismos en los que se integren de acuerdo con lo establecido en la disposición adicional primera, cuatro.

2. Las acciones de todo tipo, pendientes, a favor o en contra de cada uno de los organismos que se integran en las entidades creadas por el presente Real Decreto-ley, o en su caso desaparezcan, seguirán su curso sin necesidad de acreditamiento judicial del cambio de personalidad formal, correspondiendo su ejercicio a los nuevos organismos que asuman las correspondientes responsabilidades y derechos.

Segunda.

Las Mutualidades Laborales del Régimen General de la Seguridad Social o de los Regímenes Especiales, así como las demás Entidades gestoras de Regímenes Especiales de estructura mutualista, Mutualidades y Cajas de Empresa a que se refiere el número 6 de la disposición transitoria sexta de la Ley General de la Seguridad Social, que quedan adscritas al Instituto Nacional de la Seguridad Social, conservarán su personalidad jurídica y continuarán ejerciendo sus funciones actuales, hasta tanto que, por el *Ministerio de Sanidad y Seguridad Social*, se disponga lo procedente para dar cumplimiento a lo establecido en las disposiciones vigentes.

Se exceptúan de lo previsto en el párrafo anterior las Mutualidades de los Regímenes Especiales de Funcionarios y el Instituto Social de las Fuerzas Armadas, en tanto no se disponga otra cosa por el Gobierno.

Tercera.

1. Hasta el 31 de diciembre de 1978 seguirán en ejecución los presupuestos de ingresos y gastos de los distintos servicios y entidades que se integran en los organismos autónomos de nueva creación.

2. Hasta la misma fecha, la Seguridad Social financiará los gastos imputables a la gestión de los nuevos organismos autónomos tanto si corresponden a la ejecución del presupuesto respectivo como si tienen su origen en modificaciones de crédito por obligaciones legalmente exigibles en la forma y cuantía en que la hubiera realizado si la integración indicada en el número anterior no se hubiera producido, procediendo a la liquidación de los respectivos presupuestos antes del 30 de abril de 1979.

B) Cotización

a) Por Accidentes de trabajo y Enfermedades profesionales

§ 33.1 LEY 42/2006, DE 28 DICIEMBRE. PRESUPUESTOS GENERALES DEL ESTADO PARA EL AÑO 2007

(BOE núm. 311, de 29 diciembre [RCL 2006, 2324]) (disp. adic. 4ª)

[...]

DISPOSICIONES ADICIONALES

[...]

Cuarta. Tarifa de primas para la cotización a la Seguridad Social por accidentes de trabajo y enfermedades profesionales.

Uno. La cotización a la Seguridad Social de los empresarios, cualquiera que sea el régimen de encuadramiento, y, en su caso, de los trabajadores por cuenta propia incluidos en los Regímenes Especiales de Trabajadores del Mar y de Trabajadores por Cuenta Propia o Autónomos, por las contingencias de accidentes de trabajo y enfermedades profesionales se llevará a cabo, a partir del 1º de enero de 2007, en función de la correspondiente actividad económica, ocupación o situación, mediante la aplicación de la siguiente tarifa:

TARIFA PARA LA COTIZACIÓN POR ACCIDENTES DE TRABAJO Y ENFERMEDADES PROFESIONALES

Cuadro I

Códigos CNAE y título de la actividad económica	Tipos de cotización		
	IT	IMS	Total
01. Agricultura, ganadería, caza y actividades de los servicios relacionados con las mismas			
01.11. Cultivo de cereales y otros cultivos	1,65	1,25	2,90
01.12. Cultivo de hortalizas, especialidades de horticultura y productos de vivero	1,30	1,20	2,50
01.13. Cultivo de frutas, frutos secos, especias y cultivos para bebidas	1,65	1,25	2,90
01.2. Producción ganadera. (Excepto 01.24)	2,00	1,60	3,60
01.24. Avicultura	1,30	1,20	2,50
01.3. Producción agraria combinada con la producción ganadera	2,00	1,60	3,60
01.4. Actividades de servicios relacionados con la agricultura y ganadería, excepto actividades veterinarias; mantenimiento de jardines	2,00	1,60	3,60
01.5. Caza, captura de animales y repoblación cinegética, incluidas las actividades de los servicios relacionados con las mismas	2,00	1,60	3,60
02. Selvicultura, explotación forestal y actividades de los servicios relacionados con las mismas. (Excepto 02.011)	3,25	3,50	6,75

Códigos CNAE y título de la actividad económica	Tipos de cotización		
	IT	IMS	Total
02.011. Selvicultura	3,00	2,85	5,85
05. Pesca, acuicultura y actividades de los servicios relacionados con las mismas. (Excepto v, w)	4,10	3,50	7,60
v. Grupo segundo de cotización al Régimen Especial del Mar	2,60	2,30	4,90
w. Grupo tercero de cotización al Régimen Especial del Mar	2,15	1,85	4,00
10. Extracción y aglomeración de antracita, hulla, lignito y turba. (Excepto y)	3,00	2,85	5,85
y. Trabajos habituales en interior de minas	4,30	4,20	8,50
11. Extracción de crudos de petróleo y gas natural; actividades de los servicios relacionados con las explotaciones petrolíferas y de gas, excepto actividades de prospección. (Excepto 11.2)	4,30	4,20	8,50
11.2. Actividades de los servicios relacionados con las explotaciones petrolíferas y de gas, excepto actividades de prospección	2,45	1,60	4,05
13. Extracción de minerales metálicos. (Excepto y)	3,00	2,85	5,85
y. Trabajos habituales en interior de minas	4,30	4,20	8,50
14. Extracción de minerales no metálicos ni energéticos. (Excepto y, 14.1)	3,00	2,85	5,85
y. Trabajos habituales en interior de minas	4,30	4,20	8,50
14.1. Extracción de piedra	4,55	3,95	8,50
15. Industria de productos alimenticios y bebidas. (Excepto 15.1; 15.8)	2,00	1,60	3,60
15.1. Industria cárnica	2,40	2,10	4,50
15.8. Fabricación de otros productos alimenticios	1,10	0,90	2,00
16. Industria del tabaco	1,10	0,90	2,00
17. Industria textil. (Excepto 17.6; 17.7)	1,10	0,90	2,00
17.6. Fabricación de tejidos de punto	1,00	0,60	1,60
17.7. Fabricación de artículos en tejidos de punto	1,00	0,60	1,60
18. Industria de la confección y de la peletería. (Excepto 18.2).	1,65	1,25	2,90
18.2. Confección de prendas de vestir en textiles y accesorios	0,50	0,40	0,90
19. Preparación, curtido y acabado del cuero; fabricación de artículos de marroquinería y viaje; artículos de guarnicionería, talabartería y zapatería	1,65	1,25	2,90
20. Industria de la madera y del corcho, excepto muebles; cestería y espartería. (Excepto 20.4; 20.5)	3,00	2,85	5,85
20.4. Fabricación de envases y embalajes de madera	2,40	2,10	4,50
20.5. Fabricación de otros productos de madera. Fabricación de productos de corcho, cestería y espartería	2,40	2,10	4,50
21. Industria del papel. (Excepto 21.2)	2,45	1,60	4,05
21.2. Fabricación de artículos de papel y de cartón	1,00	1,25	2,25
22. Edición, artes gráficas y reproducción de soportes grabados.	1,00	1,25	2,25
23. Coquerías, refino de petróleo y tratamiento de combustibles nucleares	3,00	2,85	5,85
24. Industria química. (Excepto 24.3; 24.4; 24.5; 24.7)	2,00	1,60	3,60
24.3. Fabricación de pinturas, barnices y revestimientos similares; tintas de imprenta y masillas	1,95	1,30	3,25

Códigos CNAE y título de la actividad económica	Tipos de cotización		
	IT	IMS	Total
24.4. Fabricación de productos farmacéuticos	1,95	1,30	3,25
24.5. Fabricación de jabones, detergentes y otros artículos de limpieza y abrillantamiento. Fabricación de perfumes y productos de belleza e higiene	1,65	1,25	2,90
24.7. Fabricación de fibras artificiales y sintéticas	1,65	1,25	2,90
25. Fabricación de productos de caucho y materias plásticas	1,95	1,30	3,25
26. Fabricación de otros productos minerales no metálicos. (Excepto 26.1; 26.2; 26.3; 26.7)	2,40	2,10	4,50
26.1. Fabricación de vidrio y productos de vidrio	2,00	1,60	3,60
26.2. Fabricación productos cerámicos no refractarios excepto los destinados a construcción; fabricación de productos cerámicos refractarios	2,00	1,60	3,60
26.3. Fabricación de azulejos y baldosas de cerámica	2,00	1,60	3,60
26.7. Industria de la piedra ornamental y para la construcción	3,25	3,50	6,75
27. Metalurgia	2,70	1,80	4,50
28. Fabricación de productos metálicos, excepto maquinaria y equipo	2,70	1,80	4,50
29. Industria de la construcción de maquinaria y equipo mecánico. (Excepto 29.7)	2,70	1,80	4,50
29.7. Fabricación de aparatos domésticos	1,95	1,30	3,25
30. Fabricación de máquinas de oficina y equipos informáticos	1,95	1,30	3,25
31. Fabricación de maquinaria y material eléctrico.	1,95	1,30	3,25
32. Fabricación de material electrónico; fabricación de equipo y aparatos de radio, televisión y comunicación	1,95	1,30	3,25
33. Fabricación de equipo e instrumentos médico-quirúrgicos, de precisión, óptica y relojería	1,95	1,30	3,25
34. Fabricación de vehículos de motor, remolques y semirremolques	1,95	1,30	3,25
35. Fabricación de otro material de transporte. (Excepto 35.4).	2,40	2,10	4,50
35.4. Fabricación de motocicletas y bicicletas	1,95	1,30	3,25
36. Fabricación de muebles; otras industrias manufactureras. (Excepto 36.1; 36.2; 36.3)	1,95	1,30	3,25
36.1. Fabricación de muebles	2,40	2,10	4,50
36.2. Fabricación de artículos de joyería, orfebrería, platería y artículos similares	1,10	0,90	2,00
36.3. Fabricación de instrumentos musicales	1,10	0,90	2,00
37. Reciclaje	2,40	2,10	4,50
40. Producción y distribución de energía eléctrica, gas, vapor y agua caliente	2,40	2,10	4,50
41. Captación, depuración y distribución de agua	2,40	1,65	4,05
45. Construcción	4,10	3,50	7,60
50. Venta, mantenimiento y reparación de vehículos de motor, motocicletas y ciclomotores; venta al por menor de combustible para vehículos de motor. (Excepto 50.2; 50.4)	1,00	1,25	2,25
50.2. Mantenimiento y reparación de vehículos de motor	3,35	2,50	5,85
50.4. Venta, mantenimiento y reparación de motocicletas y ciclomotores y de sus repuestos y accesorios	1,95	1,30	3,25

Códigos CNAE y título de la actividad económica	Tipos de cotización		
	IT	IMS	Total
51. Comercio al por mayor e intermediarios del comercio, excepto de vehículos de motor y motocicletas. (Excepto z)	2,00	1,60	3,60
z. Dependientes. Cajeros.	1,00	0,80	1,80
52. Comercio al por menor, excepto el comercio de vehículos de motor, motocicletas y ciclomotores; reparación de efectos personales y enseres domésticos. (Excepto 52.7)	1,00	0,80	1,80
52.7. Reparación de efectos personales y enseres domésticos	1,95	1,30	3,25
55. Hostelería	0,65	0,70	1,35
60. Transporte terrestre; transporte por tuberías. (Excepto x)	2,25	1,80	4,05
x. Carga y descarga; estiba y desestiba	4,10	3,50	7,60
61. Transporte marítimo, de cabotaje y por vías de navegación interiores. (Excepto x)	2,40	2,10	4,50
x. Carga y descarga; estiba y desestiba	4,10	3,50	7,60
62. Transporte aéreo y espacial. (Excepto x)	2,25	1,80	4,05
x. Carga y descarga; estiba y desestiba	4,10	3,50	7,60
63. Actividades anexas a los transportes; actividades de agencias de viajes. (Excepto x; 63.213; 63.3)	2,25	1,80	4,05
x. Carga y descarga; estiba y desestiba	4,10	3,50	7,60
63.213. Autopistas de peaje y otras vías de peaje	1,00	1,25	2,25
63.3. Actividades de las agencias de viajes, operadores turísticos y otras actividades de apoyo turístico	1,00	1,25	2,25
64. Correos y telecomunicaciones.	1,00	0,80	1,80
65. Intermediación financiera, excepto seguros y planes de pensiones	0,65	0,35	1,00
66. Seguros y planes de pensiones, excepto Seguridad Social obligatoria	0,65	0,35	1,00
67. Actividades auxiliares a la intermediación financiera	0,65	0,35	1,00
70. Actividades inmobiliarias	1,00	1,25	2,25
71. Alquiler de maquinaria y equipo sin operario, de efectos personales y enseres domésticos	1,00	1,25	2,25
72. Actividades informáticas. (Excepto 72.5)	1,00	1,25	2,25
72.5. Mantenimiento y reparación de máquinas de oficina, contabilidad y equipo informático	1,95	1,30	3,25
73. Investigación y desarrollo	1,00	1,25	2,25
74. Otras actividades empresariales. (Excepto las siguientes:)	1,00	1,25	2,25
74.301. Inspección técnica de vehículos	2,00	1,60	3,60
74.302. Otros ensayos y análisis técnicos	1,10	0,90	2,00
74.503. Agencias de suministro de personal	1,65	1,25	2,90
74.6. Servicios de investigación y seguridad	1,70	2,35	4,05
74.7. Actividades industriales de limpieza	2,45	1,60	4,05
74.81. Actividades de fotografía	0,50	0,40	0,90
74.82. Actividades de envasado y empaquetado por cuenta de terceros	2,00	1,60	3,60
74.86. Actividades de centro de llamadas	1,00	0,80	1,80
75. Administración pública, defensa y Seguridad Social obligatoria. (Excepto 75.2)	1,00	1,25	2,25

Códigos CNAE y título de la actividad económica	Tipos de cotización		
	IT	IMS	Total
75.2. Prestación Pública de servicios a la comunidad en general	2,25	1,80	4,05
80. Educación.	0,70	0,45	1,15
85. Actividades sanitarias y veterinarias, servicios sociales. (Excepto 85.2)	1,00	0,60	1,60
85. Actividades sanitarias y veterinarias, servicios sociales. (Excepto 85.2)	1,00	0,60	1,60
85.2. Actividades veterinarias	2,00	1,60	3,60
90. Actividades de saneamiento público	2,45	1,60	4,05
91. Actividades asociativas	1,00	1,25	2,25
92. Actividades recreativas, culturales y deportivas. (Excepto las siguientes:)	1,00	0,60	1,60
92.33. Actividades de ferias y parques de atracciones	2,00	1,60	3,60
92.342. Espectáculos taurinos	3,25	3,50	6,75
92.53. Actividades de jardines botánicos, zoológicos y parques nacionales	2,00	1,60	3,60
92.6. Actividades deportivas	2,00	1,60	3,60
92.720. Otras actividades recreativas	2,00	1,60	3,60
93. Actividades diversas de servicios personales. (Excepto 93.02; 93.03)	1,00	0,60	1,60
93.02. Peluquería y otros tratamientos de belleza	0,70	0,45	1,15
93.03. Pompas fúnebres y actividades relacionadas con las mismas	2,25	1,80	4,05
95. Actividades de los hogares como empleadores de personal doméstico	0,70	0,45	1,15
99. Organismos extraterritoriales	2,25	1,80	4,05

Cuadro II

Tipos aplicables a ocupaciones y situaciones en todas las actividades	Tipos de cotización		
	IT	IMS	Total
a. Personal en trabajos exclusivos de oficina	0,65	0,35	1,00
b. Tipo de cotización para todos los trabajadores que deban desplazarse habitualmente durante su jornada laboral, siempre que por razón de la ocupación o la actividad económica no corresponda un tipo superior. Representantes de Comercio	1,00	1,25	2,25
c. Trabajadores en período de baja por incapacidad temporal y otras situaciones con suspensión de la relación laboral con obligación de cotizar	0,30	0,80	1,10
d. Personal de oficios en instalaciones y reparaciones en edificios, obras y trabajos de construcción en general	4,10	3,50	7,60
e. Conductores de vehículo automóvil de transporte de pasajeros en general (taxis, automóviles, autobuses, etc.) y de transporte de mercancías que tenga una capacidad de carga útil no superior a 3,5 Tn	2,25	1,80	4,05
f. Conductores de vehículo automóvil de transporte de mercancías que tenga una capacidad de carga útil superior a 3,5 Tn	4,10	3,50	7,60
g. Personal de limpieza en general. Limpieza de edificios y de todo tipo de establecimientos. Limpieza de calles	2,45	1,60	4,05
h. Vigilantes, guardas, guardas jurados y personal de seguridad.	1,70	2,35	4,05
i. Personal de vuelo	4,30	4,20	8,50

Dos. En orden a la aplicación de lo establecido en el apartado Uno anterior se tendrán en cuenta las siguientes reglas:

Primera. Por trabajos o desplazamientos habituales, se entenderán aquellos que se efectúen durante más de la mitad de la jornada, en cómputo mensual, que en cada caso se realicen.

Segunda. Para la determinación del tipo de cotización aplicable en función a lo establecido en la tarifa contenida en esta disposición se tomará como referencia lo previsto en su Cuadro I para identificar el tipo asignado en el mismo en razón de la actividad económica principal desarrollada por la empresa o por el trabajador por cuenta propia o autónomo, conforme a la Clasificación Nacional de Actividades Económicas (CNAE-93 Rev. 1), aprobada por Real Decreto 1560/1992, de 18 de diciembre, y a los códigos que en la misma se contienen en relación con cada actividad.

Cuando en una empresa concurran, junto con la actividad principal, otra u otras que deban ser consideradas auxiliares respecto de aquélla, el tipo de cotización será el establecido para dicha actividad principal. Cuando la actividad principal de la empresa concurra con otra que implique la producción de bienes o servicios que no se integren en el proceso productivo de la primera, disponiendo de medios de producción diferentes, el tipo de cotización aplicable con respecto a los trabajadores ocupados en éste será el previsto para la actividad económica en que la misma quede encuadrada.

Cuando los trabajadores por cuenta propia realicen varias actividades que den lugar a una única inclusión en el Régimen Especial de Trabajadores por Cuenta Propia o Autónomos, el tipo de cotización aplicable será el más elevado de los establecidos para las actividades que lleve a cabo el trabajador.

Tercera. No obstante lo indicado en la regla anterior, cuando la ocupación desempeñada por el trabajador por cuenta ajena, o la situación en que éste se halle, se correspondan con alguna de las enumeradas en el Cuadro II, el tipo de cotización aplicable será el previsto en dicho Cuadro para la ocupación o situación de que se trate, en tanto que ésta difiera del que corresponda en razón de la actividad de la empresa. El mismo criterio corresponderá aplicar en relación con los trabajadores por cuenta propia, cuando éstos se encuentren en alguna de las situaciones a que se refiere el apartado c) del citado Cuadro II.

Tres. La determinación del tipo de cotización aplicable será efectuada, en los términos que reglamentariamente se establezca, por la Tesorería General de la Seguridad Social en función de la actividad económica declarada por la empresa o por el trabajador autónomo o, en su caso, por las ocupaciones o situaciones de los trabajadores, con independencia de que, para la formalización de la protección frente a las contingencias profesionales, se hubiera optado en favor de una entidad gestora de la Seguridad Social o de una entidad colaboradora de la misma.

Cuatro. El Gobierno procederá al correspondiente ajuste anual de los tipos de cotización incluidos en la tarifa recogida en la presente disposición, así como a la adaptación de las actividades económicas a las nuevas clasificaciones CNAE que se aprueben y a la supresión progresiva de las ocupaciones que se enumeran en la clasificación contenida en la referida tarifa.

b) Orden anual de cotización

§ 33.2 ORDEN TAS/31/2007, DE 16 ENERO. DESARROLLA LAS NORMAS DE COTIZACIÓN A LA SEGURIDAD SOCIAL, DESEMPLEO, FONDO DE GARANTÍA SALARIAL Y FORMACIÓN PROFESIONAL, CONTENIDAS EN LA LEY 42/2006, DE 28 DICIEMBRE, DE PRESUPUESTOS GENERALES DEL ESTADO PARA EL AÑO 2007

(BOE núm. 17, de 19 enero [RCL 2007, 108])

El artículo 115 de la Ley 42/2006, de 28 de diciembre, de Presupuestos Generales del Estado para el año 2007, establece las bases y tipos de cotización a la Seguridad Social, Desempleo, Fondo de Garantía Salarial y Formación Profesional para el ejercicio 2007, facultando en su apartado doce al Ministro de Trabajo y Asuntos Sociales para dictar las normas necesarias para la aplicación y desarrollo de lo previsto en el citado artículo.

A dicha finalidad responde esta Orden, mediante la cual se desarrollan las previsiones legales en materia de cotizaciones sociales para el ejercicio 2007. A través de ella no sólo se reproducen las bases y tipos de cotización reflejados en el Texto Legal citado, sino que, en desarrollo de las facultades atribuidas por el artículo 110 del Texto Refundido de la Ley General de la Seguridad Social, aprobado por el Real Decreto Legislativo 1/1994, de 20 de junio, se adaptan las bases de cotización establecidas con carácter general a los supuestos de contratos a tiempo parcial. Respecto de la determinación de las bases mínimas de cotización de los diferentes regímenes del sistema de la Seguridad Social, se tienen en cuenta las previsiones contenidas en el apartado once del artículo 115 de la Ley 42/2006.

En materia de accidentes de trabajo y enfermedades profesionales será de aplicación la nueva tarifa de primas establecida en la disposición adicional cuarta de la Ley 42/2006, en vigor desde el 1 de enero del presente ejercicio.

A su vez y de conformidad con lo dispuesto en el Reglamento general sobre cotización y liquidación de otros derechos de la Seguridad Social, aprobado por el Real Decreto 2064/1995, de 22 de diciembre, en esta Orden se fijan los coeficientes aplicables para determinar la cotización a la Seguridad Social en supuestos específicos, como son los de convenio especial, colaboración en la gestión de la Seguridad Social o exclusión de alguna contingencia.

Por último, se fijan los coeficientes para la determinación de las aportaciones a cargo de las mutuas de accidentes de trabajo y enfermedades profesionales de la Seguridad Social al sostenimiento de los servicios comunes de la Seguridad Social, en función de los criterios técnicos para la liquidación de capitales costes, de pensiones y de otras prestaciones periódicas, aportaciones mediante las que se garantiza el mantenimiento del equilibrio financiero entre las entidades colaboradoras señaladas y la Administración de la Seguridad Social.

En su virtud y en uso de las atribuciones conferidas en el artículo 115.doce de la Ley 42/2006, de 28 de diciembre, de Presupuestos Generales del Estado para el año 2007, y en la disposición final única del Reglamento general sobre cotización y liquidación de otros derechos de la Seguridad Social, de acuerdo con el Consejo de Estado, he dispuesto:

CAPÍTULO I

Cotización a la Seguridad Social

⇒ La Res. 17 noviembre 2005, de la Tesorería Gral. de la Seguridad Social, establece los modelos de documentos de cotización vigentes.

Sección 1ª Régimen General

Artículo 1. Determinación de la base de cotización.

1. Para determinar la base de cotización correspondiente a cada mes por las contingencias comunes en el Régimen General, se aplicarán las siguientes normas:

Primera. Se computará la remuneración devengada en el mes a que se refiere la cotización.

Segunda. A la remuneración computada conforme a la norma anterior se añadirá la parte proporcional de las gratificaciones extraordinarias establecidas y de aquellos otros conceptos retributivos que tengan una periodicidad en su devengo superior a la mensual o que no tengan carácter periódico y se satisfagan dentro del ejercicio económico del año 2007. A tal efecto, el importe anual estimado de dichas gratificaciones extraordinarias y demás conceptos retributivos se dividirá por 365, y el cociente que resulte se multiplicará por el número de días que comprenda el período de cotización de cada mes. En el caso de que la remuneración que corresponda al trabajador tenga carácter mensual, el indicado importe anual se dividirá por 12.

Tercera. Si la base de cotización que resulte de acuerdo con las normas anteriores no estuviese comprendida entre la cuantía de la base mínima y de la máxima correspondiente al grupo de cotización de la categoría profesional del trabajador, conforme a la tabla establecida en el artículo 3, se cotizará por la base mínima o máxima, según que la resultante sea inferior a aquélla o superior a ésta. La indicada base mínima será de aplicación cualquiera que fuese el número de horas trabajadas diariamente, excepto en aquellos supuestos en que por disposición legal se establece lo contrario.

2. Para determinar la base de cotización correspondiente a cada mes por las contingencias de accidentes de trabajo y enfermedades profesionales se aplicarán las normas primera y segunda del apartado anterior. La cantidad que así resulte no podrá ser superior al tope máximo ni inferior al tope mínimo correspondiente, previstos ambos en el artículo 2, cualquiera que sea el número de horas trabajadas diariamente, excepto en aquellos supuestos en que por disposición legal se establece lo contrario.

Artículo 2. Topes máximo y mínimo de cotización.

1. El tope máximo de la base de cotización al Régimen General será, a partir de 1 de enero de 2007, de 2.996,10 euros mensuales.

2. A partir de la fecha indicada en el apartado 1, el tope mínimo de cotización para las contingencias de accidente de trabajo y enfermedad profesional será equivalente al salario mínimo interprofesional vigente en cada momento, incrementado por el prorrateo de las percepciones de vencimiento superior al mensual que perciba el trabajador, sin que pueda ser inferior a 665,70 euros mensuales.

Artículo 3. Bases máximas y mínimas de cotización.

Durante el año 2007, la cotización al Régimen General por contingencias comunes estará limitada para cada grupo de categorías profesionales por las bases mínimas y máximas siguientes:

Grupo de cotización	Categorías profesionales	Bases mínimas – Euros/mes	Bases máximas – Euros/mes
1	Ingenieros y Licenciados. Personal de alta dirección no incluido en el artículo 1.3.c) del Estatuto de los Trabajadores	929,70	2.996,10
2	Ingenieros Técnicos, Peritos y Ayudantes Titulados	771,30	2.996,10
3	Jefes Administrativos y de Taller	670,80	2.996,10
4	Ayudantes no Titulados	665,70	2.996,10
5	Oficiales Administrativos	665,70	2.996,10
6	Subalternos	665,70	2.996,10
7	Auxiliares Administrativos	665,70	2.996,10
		Euros/día	Euros/día
8	Oficiales de primera y segunda	22,19	99,87
9	Oficiales de tercera y Especialistas	22,19	99,87
10	Peones	22,19	99,87
11	Trabajadores menores de dieciocho años, cualquiera que sea su categoría profesional	22,19	99,87

Artículo 4. Tipos de cotización.

A partir de 1 de enero de 2007, los tipos de cotización al Régimen General serán los siguientes:

1. Para las contingencias comunes, el 28,30 por 100, del que el 23,60 por 100 será a cargo de la empresa y el 4,70 por 100 a cargo del trabajador.

2. Para las contingencias de accidentes de trabajo y enfermedades profesionales se aplicarán los tipos de la tarifa de primas establecida en la disposición adicional cuarta de la Ley 42/2006, siendo a cargo exclusivo de la empresa.

Artículo 5. Cotización adicional por horas extraordinarias.

La remuneración que obtengan los trabajadores por el concepto de horas extraordinarias queda sujeta a una cotización adicional, que no será computable a efectos de determinar la base reguladora de las prestaciones.

La cotización adicional por las horas extraordinarias motivadas por fuerza mayor se efectuará aplicando el tipo del 14,00 por 100, del que el 12,00 por 100 será a cargo de la empresa y el 2,00 por 100 a cargo del trabajador.

La cotización adicional por las horas extraordinarias que no tengan la consideración referida en el párrafo anterior se efectuará aplicando el tipo del 28,30 por 100, del que el 23,60 por 100 será a cargo de la empresa y el 4,70 por 100 a cargo del trabajador.

Artículo 6. Cotización durante las situaciones de incapacidad temporal, riesgo durante el embarazo, maternidad y en los casos de compatibilidad del subsidio por maternidad con períodos de descanso en régimen de jornada a tiempo parcial.

1. La obligación de cotizar permanece durante las situaciones de incapacidad temporal, riesgo durante el embarazo y de disfrute de los períodos de descanso por maternidad, aunque éstos supongan una causa de suspensión de la relación laboral.

2. En las situaciones señaladas en el apartado anterior, la base de cotización aplicable para las contingencias comunes será la correspondiente al mes anterior al de la fecha de la incapacidad, situación de riesgo durante el embarazo o del inicio del disfrute de los períodos de descanso por maternidad.

Para la aplicación de lo dispuesto en el párrafo anterior se tendrán en cuenta las siguientes reglas:

Primera. En el supuesto de remuneración que se satisfaga con carácter diario, hubiere o no permanecido en alta en la empresa el trabajador durante todo el mes natural anterior, el importe de la base de cotización de dicho mes se dividirá por el número de días a que se refiera la cotización. El cociente resultante será la base diaria de cotización, que se multiplicará por el número de días en que el trabajador permanezca en situación de incapacidad temporal, riesgo durante el embarazo o de disfrute de los períodos de descanso por maternidad para determinar la base de cotización durante dicha situación.

Segunda. Cuando el trabajador tuviera remuneración mensual y hubiese permanecido en alta en la empresa durante todo el mes natural anterior al de la iniciación de dicha situación, la base de cotización de ese mes se dividirá por 30. Si no hubiera permanecido en alta en la empresa durante todo el mes natural anterior, el importe de la base de cotización de dicho mes se dividirá por el número de días a que se refiere la cotización. En ambos casos, el cociente resultante será la base diaria de cotización, que se multiplicará por 30 de permanecer todo el mes en la situación de incapacidad temporal, riesgo durante el embarazo o de disfrute de los períodos de descanso por maternidad, o por la diferencia existente entre dicha cifra y el número de días que realmente haya trabajado en dicho mes.

Tercera. Cuando el trabajador hubiera ingresado en la empresa en el mismo mes en que haya iniciado la situación de incapacidad temporal, riesgo durante el embarazo o de disfrute de los períodos de descanso por maternidad, se aplicará a ese mes lo establecido en las reglas precedentes.

3. Lo dispuesto en el apartado anterior será de aplicación para calcular la base de cotización, a efectos de las contingencias de accidentes de trabajo y enfermedades profesionales, durante las situaciones de incapacidad temporal, riesgo durante el embarazo y maternidad. No obstante, y a fin de determinar la cotización que por el concepto de horas extraordinarias corresponde efectuar, se tendrá en cuenta el promedio de las efectivamente realizadas y cotizadas durante el año inmediatamente anterior a la fecha de iniciación de dicha situación. A tal efecto, el número de horas realizadas se dividirá por 12 ó 365, según que la remuneración del trabajador se satisfaga o no con carácter mensual.

4. Salvo en los supuestos en que por disposición legal se establece lo contrario, en ningún caso la base de cotización por contingencias comunes, en las situaciones a que se refiere este artículo, podrá ser inferior a la base mínima vigente en cada momento correspondiente a la categoría profesional del trabajador. A tal efecto, el subsidio por incapacidad temporal, riesgo durante el embarazo o por maternidad se actualizará a partir de la fecha de entrada en vigor de la nueva base mínima de cotización.

5. A efectos de la cotización por accidentes de trabajo y enfermedades profesionales, mientras el trabajador se encuentre en situación de incapacidad temporal, riesgo durante el embarazo o maternidad, las empresas aplicarán los tipos correspondientes a la letra c del Cuadro II de la tarifa de primas vigente, cualquiera que fuese la categoría profesional y la actividad del trabajador.

6. Cuando se compatibilice la percepción del subsidio por maternidad con el disfrute de los períodos de descanso en régimen de jornada a tiempo parcial, la base de cotización vendrá determinada por los dos sumandos siguientes:

a) Base reguladora del subsidio, en proporción a la fracción de jornada correspondiente al período de descanso.

b) Remuneraciones sujetas a cotización, en proporción a la jornada efectivamente realizada.

A efectos de cotización por accidentes de trabajo y enfermedades profesionales respecto de los trabajadores por cuenta ajena, se aplicarán los tipos que correspondan a cada uno de los sumandos anteriormente indicados.

Artículo 7. Cotización en la situación de alta sin percibo de remuneración.

1. Cuando el trabajador permanezca en alta en el Régimen General y se mantenga la obligación de cotizar conforme a lo dispuesto en el artículo 106.2 del Texto Refundido de la Ley General de la Seguridad Social, aprobado por el Real Decreto Legislativo 1/1994, de 20 de junio, sin que perciba remuneración computable, se tomará como base de cotización la mínima correspondiente al grupo de su categoría profesional. A efectos de cotización por las contingencias de accidentes de trabajo y enfermedades profesionales se tendrá en cuenta el tope mínimo de cotización establecido en el artículo 2.2 de esta Orden.

2. Lo dispuesto en el apartado anterior no será de aplicación a las situaciones previstas en la Orden del Ministerio de Trabajo y Seguridad Social de 27 de octubre de 1992.

Artículo 8. Base de cotización en la situación de desempleo protegido.

1. Durante la percepción de la prestación por desempleo por extinción de la relación laboral, la base de cotización a la Seguridad Social de aquellos trabajadores por los que exista obligación legal de cotizar será el promedio de las bases de los últimos seis meses de ocupación cotizada por contingencias de accidentes de trabajo y enfermedades profesionales, con exclusión de las cantidades correspondientes a horas extraordinarias, anteriores a la situación legal de desempleo o al momento en que cesó la obligación legal de cotizar, con respeto, en todo caso, del importe de la base mínima por contingencias comunes prevista para cada categoría profesional, teniendo dicha base la consideración de base de contingencias comunes a efectos de las prestaciones de la Seguridad Social.

2. Durante la percepción de la prestación por desempleo por suspensión temporal de la relación laboral en virtud de expediente de regulación de empleo o de resolución judicial adoptada en el seno de un procedimiento concursal o por reducción temporal de jornada en virtud de expediente de regulación de empleo, la base de cotización a la Seguridad Social de aquellos trabajadores por los que exista obligación legal de cotizar será el equivalente al promedio de las bases de los últimos seis meses de ocupación cotizada, por contingencias comunes y por contingencias de accidentes de trabajo y enfermedades profesionales, anteriores a la situación legal de desempleo o al momento en que cesó la obligación legal de cotizar.

3. La reanudación de la prestación por desempleo en los supuestos de suspensión del derecho supondrá la reanudación de la obligación de cotizar por la base de cotización indicada en los apartados anteriores correspondiente al momento del nacimiento del derecho.

4. Cuando se hubiese extinguido el derecho a la prestación por desempleo y, en aplicación del artículo 210.3 del Texto Refundido de la Ley General de la Seguridad Social, el trabajador opte por reabrir el derecho inicial, la base de cotización a la Seguridad Social será la indicada en el apartado 1 de este artículo, correspondiente al momento del nacimiento del derecho por el que se opta, o, en su caso, las indicadas en el apartado 2 de este artículo, correspondientes al momento del nacimiento del derecho por el que se opta.

5. Durante la percepción de la prestación sólo se actualizará la base de cotización indicada en los anteriores apartados cuando resulte inferior a la base mínima de cotización a la Seguridad Social vigente en cada momento que corresponda al grupo de cotización del trabajador en el momento de producirse la situación legal de desempleo y hasta dicho tope.

Artículo 9. Cotización en la situación de pluriempleo.

1. Cuando el trabajador se encuentre en situación de pluriempleo se aplicarán las siguientes normas:

a) Para las contingencias comunes:

Primera. El tope máximo de las bases de cotización, establecido en 2.996,10 euros mensuales, se distribuirá entre todas las empresas en proporción a la remuneración abonada al trabajador en cada una de ellas.

Segunda. Cada una de las empresas cotizará por los conceptos retributivos computables que satisfaga al trabajador, con el límite que corresponda a la fracción del tope máximo que se le asigne.

Tercera. La base mínima correspondiente al trabajador, según su categoría profesional, se distribuirá entre las distintas empresas y será aplicada para cada una de ellas en forma análoga a la señalada para el tope máximo. Si al trabajador le correspondieran diferentes bases mínimas de cotización por su clasificación laboral se tomará para su distribución la base mínima de superior cuantía.

b) Para las contingencias de accidentes de trabajo y enfermedades profesionales:

Primera. El tope máximo de la base de cotización, establecido en 2.996,10 euros mensuales, se distribuirá entre todas las empresas en proporción a la remuneración abonada al trabajador en cada una de ellas.

Segunda. El tope mínimo de cotización se distribuirá entre las distintas empresas y será aplicado para cada una de ellas en forma análoga a la señalada para el tope máximo.

Tercera. La base de cotización será para cada empresa la que resulte conforme a lo señalado en el artículo 1, con los límites que se le hayan asignado, según las normas anteriores.

2. En el supuesto de que uno de los empleos conlleve la inclusión en el Régimen General de la Seguridad Social en los términos indicados en el artículo 97.2.K del Texto Refundido de la Ley General de la Seguridad Social y en artículo 21.2 de la Ley 4/1997, de 24 de marzo, de Sociedades Laborales, la distribución del tope máximo correspondiente a las contingencias de accidentes de trabajo y enfermedades profesionales sólo se efectuará al objeto de determinar las cuotas correspondientes a las contingencias comúnmente protegidas por ambas modalidades de inclusión, así como los demás conceptos de recaudación conjunta. A tal fin, se efectuará una doble distribución del tope máximo de cotización citado, una de ellas para determinar la cotización por accidentes de trabajo y enfermedades profesionales, así como para Formación Profesional, y la otra para determinar la cotización por Desempleo y para el Fondo de Garantía Salarial.

3. Los prorrateos indicados en los apartados anteriores se llevarán a cabo a petición de las empresas o trabajadores afectados o, en su caso, de oficio, por las Direcciones Provinciales de la Tesorería General de la Seguridad Social o sus administraciones. La distribución así determinada tendrá efectos a partir de la liquidación de cuotas que corresponda al mes en que se acredite la existencia de la situación de pluriempleo, salvo que se trate de períodos en los que hubiera prescrito la obligación de cotizar.

4. Las Direcciones Provinciales de la Tesorería General de la Seguridad Social o sus administraciones, de oficio o a instancia del trabajador o empresario afectado, podrán rectificar la distribución entre las distintas empresas, efectuada conforme a lo dispuesto en el apartado 1, cuando de acuerdo con dicha distribución se produzcan desviaciones en las bases de cotización resultantes.

Artículo 10. Cotización de los representantes de comercio.

La base máxima de cotización por contingencias comunes aplicable, a partir de 1 de enero de 2007, a los representantes de comercio será de 2.996,10 euros mensuales.

Artículo 11. Cotización de los artistas.

1. A partir de 1 de enero de 2007, la base máxima de cotización por contingencias comunes para todas las categorías profesionales de los artistas a que se refiere el artículo 32.3 del Reglamento general sobre cotización y liquidación de otros derechos de la Seguridad Social, aprobado por el Real Decreto 2064/1995, de 22 de diciembre, será de 2.996,10 euros mensuales.

El tope máximo de las bases de cotización en razón de las actividades realizadas por un artista, para una o varias empresas, tendrá carácter anual y se determinará por la elevación a cómputo anual de la base mensual máxima señalada.

2. Las bases de cotización a cuenta para determinar la cotización de los artistas, previstas en el artículo 32.5.b) del Reglamento general citado en el apartado anterior, serán, a partir de 1 de enero de 2007 y para todos los grupos de cotización, las siguientes:

Retribuciones íntegras/día	Euros/día
Hasta 339,00 euros	200,00
Entre 339,01 y 611,00 euros	250,00

Retribuciones íntegras/día	Euros/día
Entre 611,01 y 1.020,00 euros	300,00
Mayor de 1.020,00 euros	400,00

Artículo 12. Cotización de los profesionales taurinos.

1. A partir de 1 de enero de 2007, la base máxima de cotización por contingencias comunes para todas las categorías de los profesionales taurinos a que se refiere el artículo 33.3 del Reglamento general sobre cotización y liquidación de otros derechos de la Seguridad Social será de 2.996,10 euros mensuales.

El tope máximo de las bases de cotización para los profesionales taurinos tendrá carácter anual y se determinará por la elevación a cómputo anual de la base mensual máxima señalada.

2. Las bases de cotización para determinar las liquidaciones provisionales por los profesionales taurinos, previstas en el artículo 33.5.b) del Reglamento general mencionado en el apartado anterior, serán, a partir de 1 de enero de 2007 y para cada grupo de cotización, las siguientes:

Grupo de cotización	Euros/día
1	925,00
2	852,00
3	637,00
7	381,00

Artículo 13. Cotización en el sistema especial para las tareas de manipulado y empaquetado de tomate fresco dentro del Régimen General.

La cuota por tonelada de tomate fresco empaquetado o fracción de 500 o más kilogramos queda fijada en 1,11 euros.

En los supuestos en que la cotización por tonelada a que se refiere el párrafo anterior resulte inferior al 25 por 100 del total de cotizaciones a la Seguridad Social por contingencias comunes, incluyendo la aportación de los trabajadores, las empresas vendrán obligadas a presentar ante la Dirección Provincial de la Tesorería General de la Seguridad Social correspondiente o Administración de la misma los documentos acreditativos de las exportaciones realizadas, en la forma y con la periodicidad que determine la Dirección General de la Tesorería General de la Seguridad Social.

Sección 2ª Régimen Especial Agrario

Artículo 14. Bases y tipos de cotización.

1. A partir de 1 de enero de 2007, las bases mensuales y la cuota fija mensual resultante aplicables para los trabajadores por cuenta ajena, serán las siguientes:

Grupo de cotización	Categorías profesionales	Base de cotización Euros/mes	Cuota fija Euros/mes
1	Ingenieros y Licenciados. Personal de alta dirección no incluido en el artículo 1.3.c) del Estatuto de los Trabajadores	889,80	102,33
2	Ingenieros Técnicos, Peritos y Ayudantes Titulados	737,70	84,84
3	Jefes Administrativos y de Taller	665,70	76,56
4	Ayudantes no Titulados	665,70	76,56
5	Oficiales Administrativos	665,70	76,56
6	Subalternos	665,70	76,56
7	Auxiliares Administrativos	665,70	76,56
8	Oficiales de primera y segunda	665,70	76,56
9	Oficiales de tercera y Especialistas	665,70	76,56

Grupo de cotización	Categorías profesionales	Base de cotización Euros/mes	Cuota fija Euros/mes
10	Trabajadores mayores de dieciocho años no cualificados	665,70	76,56
11	Trabajadores menores de dieciocho años, cualquiera que sea su categoría profesional	665,70	76,56

2. Durante el año 2007 el tipo de cotización respecto a los trabajadores por cuenta ajena será el 11,50 por 100.

3. Las bases diarias de cotización por jornadas reales correspondientes a cada uno de los grupos de trabajadores que realicen labores agrarias por cuenta ajena serán, a partir de 1 de enero de 2007, las siguientes:

Grupo de cotización	Categorías profesionales	Base diaria de cotización — Euros
1	Ingenieros y Licenciados. Personal de alta dirección no incluido en el artículo 1.3.c) del Estatuto de los Trabajadores	39,57
2	Ingenieros Técnicos, Peritos y Ayudantes Titulados	32,81
3	Jefes Administrativos y de Taller	28,54
4	Ayudantes no Titulados	27,03
5	Oficiales Administrativos	27,03
6	Subalternos	27,03
7	Auxiliares Administrativos	27,03
8	Oficiales de primera y segunda	27,03
9	Oficiales de tercera y Especialistas	27,03
10	Trabajadores mayores de dieciocho años no cualificados	27,03
11	Trabajadores menores de dieciocho años, cualquiera que sea su categoría profesional	27,03

La cotización por cada jornada real se obtendrá aplicando el 15,50 por 100 a la base de cotización señalada en el cuadro anterior.

4. En la cotización por accidentes de trabajo y enfermedades profesionales será de aplicación la tarifa de primas establecida en la disposición adicional cuarta de la Ley 42/2006.

5. Durante la percepción de la prestación por desempleo, si corresponde cotizar en el Régimen Especial Agrario, la base de cotización para establecer el importe de la cuota fija será la que corresponda al grupo de cotización del trabajador en el momento de la situación legal de desempleo o en el que cesó la obligación de cotizar.

Dicha base de cotización se actualizará conforme a la base vigente en cada momento que corresponda al grupo de cotización del trabajador en el momento de producirse la situación legal de desempleo o en el que cesó la obligación de cotizar.

6. A partir de 1 de enero de 2007, la cotización de los trabajadores por cuenta propia incluidos en el Régimen Especial Agrario, que con anterioridad a dicha fecha no se hubieran acogido al sistema de cotización previsto en la disposición adicional trigésima sexta del Texto Refundido de la Ley General de la Seguridad Social, se efectuará en los siguientes términos:

La base de cotización será de 731,70 euros mensuales, salvo que los interesados opten por la base mínima de cotización aplicable en el Régimen Especial de los Trabajadores por Cuenta Propia o Autónomos, fijada para el año 2007 en 801,30 euros mensuales. A tal efecto, los trabajadores agrarios podrán elegir, hasta el último día del mes de febrero, la correspondiente base de cotización, que surtirá efectos a partir del día 1 del mes de marzo de 2007.

En todo caso, para los trabajadores por cuenta propia que se incorporen al Régimen Especial Agrario a partir del 1 de enero de 2007, la base de cotización queda fijada en 801,30 euros mensuales.

El tipo de cotización durante el año 2007 será el 18,75 por 100.

La cotización a efectos de contingencias profesionales se llevará a cabo aplicando a la base de cotización que corresponda el 1,00 por 100.

La cotización respecto a la mejora voluntaria de la incapacidad temporal se efectuará aplicando a la correspondiente base de cotización el tipo del 4,35 por 100, del que el 3,70 por 100 corresponderá a contingencias comunes y el 0,65 por 100 a contingencias profesionales.

7. A partir de 1 de enero de 2007, y con la excepción contemplada en el apartado siguiente, los trabajadores por cuenta propia que sigan acogidos al sistema de cotización establecido en el apartado 2 de la disposición adicional trigésima sexta del Texto Refundido de la Ley General de la Seguridad Social, cotizarán de acuerdo con los siguientes términos:

La base máxima de cotización será de 2.996,10 euros mensuales.

La base mínima de cotización será de 801,30 euros mensuales.

La base de cotización de los trabajadores por cuenta propia que a 1 de enero de 2007 tengan una edad inferior a cincuenta años será la elegida por ellos dentro de las bases máxima y mínima.

La elección de base de cotización por los trabajadores por cuenta propia que, a 1 de enero de 2007, tuvieran cincuenta o más años cumplidos estará limitada a la cuantía de 1.560,90 euros mensuales.

El tipo de cotización durante el año 2007 será el 19,90 por 100.

La cotización a efectos de contingencias profesionales se llevará a cabo aplicando a la base de cotización que corresponda el 0,60 por 100.

La cotización respecto a la mejora voluntaria de la incapacidad temporal se efectuará aplicando a la correspondiente base de cotización el tipo del 3,95 por 100, del que el 3,30 por 100 corresponderá a contingencias comunes y el 0,65 por 100 a contingencias profesionales.

8. A partir de 1 de enero de 2007, la cotización de los trabajadores agrarios por cuenta propia que, por incorporarse al Régimen Especial Agrario durante los ejercicios 2004 y 2005, les hubiese sido de aplicación de forma obligatoria el sistema de cotización establecido en el apartado 2 de la disposición adicional trigésima sexta del Texto Refundido de la Ley General de la Seguridad Social, y viniesen cotizando por la base mínima establecida en el Régimen Especial de Trabajadores por Cuenta Propia o Autónomos, se efectuará conforme a lo siguiente:

La base de cotización será de 801,30 euros mensuales.

El tipo de cotización durante el año 2007 será el 18,75 por 100.

La cotización a efectos de contingencias profesionales se llevará a cabo aplicando a la base de cotización el 1,00 por 100.

La cotización respecto a la mejora voluntaria de la incapacidad temporal se efectuará aplicando a la base de cotización el tipo del 4,35 por 100, del que el 3,70 por 100 corresponderá a contingencias comunes y el 0,65 por 100 a contingencias profesionales.

Sección 3ª Régimen Especial de los Trabajadores por Cuenta Propia o Autónomos

Artículo 15. Bases y tipos de cotización.

A partir de 1 de enero de 2007, las bases y el tipo de cotización por contingencias comunes a este Régimen Especial serán los siguientes:

1. Tipo de cotización: el 29,80 por 100.

No obstante, cuando el trabajador por cuenta propia o autónomo haya optado por no acogerse a la cobertura de la protección por incapacidad temporal, el tipo de cotización será el 26,50 por 100.

2. Bases de cotización:

2.1. Base mínima de cotización: 801,30 euros mensuales.

2.2. Base máxima de cotización: 2.996,10 euros mensuales.

3. La base de cotización para los trabajadores que, a 1 de enero de 2007, sean menores de cincuenta años de edad será la elegida por éstos, dentro de los límites comprendidos entre las bases mínima y máxima.

4. Los trabajadores cuya alta en el Régimen Especial de los Trabajadores por Cuenta Propia o Autónomos se haya practicado de oficio, como consecuencia, a su vez, de una baja de oficio en el Régimen General de la Seguridad Social o en otro régimen de trabajadores por cuenta ajena, podrán

optar, cualquiera que sea su edad en el momento de causar alta, entre mantener la base de cotización por la que venían cotizando en el Régimen en que causaron baja o elegir una base de cotización aplicando las reglas generales previstas; a tales efectos; en este Régimen Especial.

5. Sin perjuicio de lo establecido en el apartado anterior, la base de cotización de los trabajadores autónomos que, a 1 de enero de 2007, tengan cumplida la edad de cincuenta o más años estará comprendida entre las cuantías de 837,60 y 1.560,90 euros mensuales, salvo que se trate del cónyuge supérstite del titular del negocio que, como consecuencia del fallecimiento de éste, haya tenido que ponerse al frente de dicho negocio y darse de alta en este Régimen Especial con cuarenta y cinco o más años de edad, en cuyo caso la elección de bases estará comprendida entre las cuantías de 801,30 y 1.560,90 euros mensuales.

No obstante, los trabajadores autónomos que con anterioridad a los cincuenta años vinieran cotizando en cualquiera de los regímenes del sistema de la Seguridad Social cinco o más años, podrán mantener durante 2007 la base de cotización del año 2006. En estos supuestos, si esta última base hubiera sido superior a 1.560,90 euros mensuales sólo podrá incrementarse, en su caso, en un porcentaje comprendido entre los que haya aumentado la base mínima y la base máxima de cotización a este Régimen. Si la base de cotización del año 2006 hubiera sido inferior a 837,60 euros podrá incrementarse siempre que no se supere el límite de 1.560,90 euros mensuales. A tales efectos se tomarán en consideración las bases de cotización por las que tales trabajadores hubieran venido cotizando en cualquiera de los regímenes de la Seguridad Social el 31 de diciembre del año 2006.

6. En los supuestos de trabajadores de treinta o menos años de edad, o de mujeres de cuarenta y cinco o más años de edad, dados de alta en este Régimen Especial en los términos establecidos en la disposición adicional trigésima quinta del Texto Refundido de la Ley General de la Seguridad Social, en la redacción anterior a la dada por la Ley 2/2004, de 27 de diciembre, de Presupuestos Generales del Estado para el año 2005, la base de cotización será la elegida por ellos entre las cuantías siguientes: 665,70 y 2.996,10 euros mensuales, excepto en el supuesto en que sean de aplicación los límites a que se refiere el apartado anterior.

7. Para las contingencias de accidentes de trabajo y enfermedades profesionales se aplicarán los tipos de la tarifa de primas establecida en la disposición adicional cuarta de la Ley 42/2006, sobre la misma base de cotización elegida por los interesados para contingencias comunes.

8. Si la cantidad resultante a que se refieren los apartados anteriores fuese superior a la base máxima de cotización o inferior a la base mínima, fijadas en el apartado 2, se tomará la base máxima o mínima, respectivamente, con la excepción, en cuanto a esta última, de los supuestos a que se refieren los apartados 5 y 6.

Sección 4ª Régimen Especial de los Empleados de Hogar

Artículo 16. Base y tipo de cotización.

El tipo y la base de cotización a este Régimen Especial serán, a partir de 1 de enero de 2007, los siguientes:

Base de cotización: 665,70 euros mensuales.

Tipo de cotización: 22,00 por 100.

Cuando, de conformidad con la normativa vigente, proceda la distribución del tipo de cotización señalado anteriormente, ésta se realizará de la siguiente forma: a cargo del empleador el 18,30 por 100 y del empleado de hogar el 3,70 por 100. Cuando el empleado de hogar preste sus servicios con carácter parcial o discontinuo a uno o más empleadores será de su exclusivo cargo el tipo de cotización señalado anteriormente.

Sección 5ª Régimen Especial de los Trabajadores del Mar

Artículo 17. Normas aplicables.

1. Lo previsto en la sección 1ª de este capítulo será de aplicación al Régimen Especial de los Trabajadores del Mar, sin perjuicio, en su caso y para la cotización por contingencias comunes, de lo dispuesto en la Orden de 22 de noviembre de 1974 y de lo establecido para la cotización de los trabajadores incluidos en los grupos segundo y tercero, a los que se refiere el artículo 19.6 del Texto Refundido de las Leyes 116/1969, de 30 de diciembre, y 24/1972, de 21 de junio, aprobado por el Decreto 2864/1974, de 30 de agosto.

2. A partir de 1 de enero de 2007, el tipo de cotización por contingencias comunes de los trabajadores por cuenta propia será el 29,80 por 100.

⇒ La O. TAS/234/2007, de 7 febrero, establece para este año las bases de cotización de los trabajadores de este Régimen Especial del Mar incluidos en los grupos segundo y tercero.

Sección 6ª Régimen Especial para la Minería del Carbón

Artículo 18. Peculiaridades en la cotización en el Régimen Especial para la Minería del Carbón.

1. Durante la percepción de la prestación por desempleo, si corresponde cotizar en el Régimen Especial para la Minería del Carbón, la base de cotización será la normalizada vigente que corresponda a la categoría o especialidad profesional del trabajador en el momento de producirse la situación legal de desempleo. Tal base de cotización se actualizará conforme a la base vigente en cada momento que corresponda a la categoría o especialidad profesional del trabajador en el momento de producirse la situación legal de desempleo.

2. La cotización por contingencias comunes, respecto de los trabajadores pertenecientes a categorías o especialidades profesionales de nueva creación que no tengan asignada la correspondiente base normalizada, y hasta que ésta se determine, se realizará en función de la base de cotización por accidentes de trabajo y enfermedades profesionales.

Este criterio será también de aplicación a los supuestos de categorías o especialidades profesionales que, habiendo desaparecido, vuelvan a crearse de nuevo.

3. La cotización en el convenio especial suscrito en el Régimen Especial para la Minería del Carbón, se efectuará del siguiente modo:

3.1. Categorías o especialidades profesionales que tienen fijada base normalizada de cotización, en el momento de suscripción del convenio especial.

En los supuestos señalados, se aplicarán las siguientes reglas:

Primera. La base inicial de cotización correspondiente al convenio especial será la base normalizada vigente en el momento de la suscripción del convenio para la categoría o especialidad profesional a la que pertenecía el trabajador. Las sucesivas bases de cotización serán equivalentes a las bases normalizadas que, en cada ejercicio económico, se fijen para la respectiva categoría o especialidad profesional.

Segunda. Si la base normalizada de la categoría o especialidad profesional de que se trate tuviese, en el ejercicio económico correspondiente, un importe inferior a la base del convenio especial, ésta permanecerá inalterada hasta que la base normalizada que se fije sea de una cuantía igual o superior a la del convenio especial.

Tercera. En el supuesto de que desaparezca la categoría o especialidad profesional a la que perteneció, en su momento, el trabajador que suscribió el convenio especial, la base de cotización del convenio especial podrá ser actualizada de acuerdo con lo establecido en el artículo 6.2.2 de la Orden TAS/2865/2003, de 13 de octubre, por la que se regula el convenio especial en el sistema de la Seguridad Social, pudiendo incrementarse dicha base, como máximo, en el porcentaje de variación de la base mínima de cotización en el Régimen General.

A partir del momento en que vuelva a fijarse la base normalizada de cotización para la categoría o especialidad profesional correspondiente, al crearse de nuevo, la base de cotización en el convenio especial será dicha base normalizada, sin perjuicio de lo señalado en la regla segunda.

3.2. Categorías o especialidades profesionales de nueva creación que no tienen fijada base normalizada en el momento de la suscripción del convenio especial.

En los supuestos indicados, la base de cotización, en el momento de suscripción del convenio especial, será la que resulte de aplicar el procedimiento establecido en el artículo 6.2.1.b) de la Orden TAS/2865/2003. La base inicial así determinada será sustituida por la base normalizada que, para la categoría o especialidad profesional, se fije por el Ministerio de Trabajo y Asuntos Sociales.

4. A efectos de determinar la cotización por los pensionistas de incapacidad permanente, en los supuestos referidos en los artículos 20 y 22 de la Orden de 3 de abril de 1973, para la aplicación y desarrollo del Decreto 298/1973, de 8 de febrero, y cuando no exista base normalizada de cotización correspondiente a la categoría o especialidad profesional que ocupaban los pensionistas, en todos o en alguno de los períodos que han de tomarse en cuenta para el cálculo de la pensión de jubilación y a efectos de determinar las cantidades a deducir de la pensión de jubilación, se aplicarán las siguientes reglas:

Primera. Se tendrá en cuenta como base de cotización y por los períodos indicados la base de cotización fijada para la categoría o especialidad profesional de que se trate, antes de su desaparición.

Segunda. La citada base de cotización se incrementará aplicándo la el porcentaje de incremento que haya experimentado la base mínima de cotización en el Régimen General correspondiente al grupo de cotización en que estuviese encuadrada la categoría o especialidad profesional a las que perteneciese, en su momento, el trabajador.

Sección 7ª Coeficientes reductores de la cotización aplicables a las empresas excluidas de alguna contingencia y a las empresas colaboradoras

Artículo 19. Coeficientes aplicables a las empresas excluidas de alguna contingencia.

Desde el 1 de enero de 2007, los coeficientes reductores que han de aplicarse a las cuotas devengadas por las empresas excluidas de alguna contingencia serán los siguientes:

a) En las empresas excluidas de la contingencia de incapacidad temporal derivada de enfermedad común o accidente no laboral se aplicará el coeficiente 0,055, correspondiendo el 0,046 a la cuota empresarial, y el 0,009 a la cuota del trabajador.

b) En las empresas excluidas de la contingencia de asistencia sanitaria por enfermedad común, riesgo durante el embarazo, maternidad y accidente no laboral se aplicará el coeficiente 0,057, correspondiendo el 0,048 a la cuota empresarial y el 0,009 a la cuota a cargo del trabajador.

c) En las empresas excluidas de la contingencia de asistencia sanitaria en las que, asimismo, se asuman los gastos derivados de la prestación farmacéutica se reducirá, además de los coeficientes anteriores, el 0,012 de la cuota de la empresa, y el 0,002 de la cuota a cargo del trabajador.

Artículo 20. Coeficientes aplicables a las empresas autorizadas a colaborar voluntariamente en la gestión de la Seguridad Social.

Desde el día 1 de enero de 2007, el coeficiente reductor aplicable a las empresas autorizadas para colaborar voluntariamente en la gestión de la prestación económica de incapacidad temporal derivada de enfermedad común o accidente no laboral, en las modalidades previstas en el artículo 77.1.b) y d), del Texto Refundido de la Ley General de la Seguridad Social, será el 0,055 sobre la cuota que les correspondería satisfacer de no existir la colaboración.

Artículo 21. Aplicación de los coeficientes reductores.

El importe a deducir de la cotización en los supuestos referidos en los artículos anteriores se determinará multiplicando por los coeficientes señalados o la suma de ellos, en su caso, la cuota íntegra resultante de aplicar el tipo único vigente a las correspondientes bases de cotización.

Sección 8ª Coeficientes aplicables para determinar la cotización en los supuestos de convenio especial y otras situaciones asimiladas a la de alta

Artículo 22. Coeficientes aplicables.

1. En el convenio especial y otras situaciones asimiladas a la de alta se aplicarán, a partir de 1 de enero de 2007, los siguientes coeficientes:

a) Cuando el convenio especial tenga por objeto la cobertura de todas las prestaciones derivadas de contingencias comunes a excepción de los subsidios por incapacidad temporal, riesgo durante el embarazo y maternidad, el 0,94.

b) Cuando el convenio especial se hubiera suscrito con anterioridad a 1 de enero de 1998 y tenga por objeto la cobertura de las prestaciones de jubilación e incapacidad permanente y muerte y supervivencia, derivadas de contingencias comunes, y servicios sociales, el 0,77.

c) En los supuestos de convenio especial suscrito con anterioridad a 1 de enero de 1998 por trabajadores contratados a tiempo parcial y por trabajadores que reduzcan la jornada por cuidado de menor, persona discapacitada o familiar, el 0,77. Si el convenio especial se hubiera suscrito con posterioridad a 1 de enero de 1998, en los indicados supuestos o durante la situación de alta especial motivada por huelga legal o cierre patronal, el 0,94.

d) En los supuestos de trabajadores perceptores del subsidio de desempleo, con derecho a cotización por la contingencia de jubilación, que suscriban el convenio especial regulado por el artículo 24 de la Orden TAS/2865/2003, de 13 de octubre:

Por la totalidad de la base de cotización elegida por el interesado, para la cobertura de las contingencias de incapacidad permanente y muerte y supervivencia, el 0,29.

Por la diferencia entre dicha base de cotización y aquella por la que cotice en cada momento el Servicio Público de Empleo Estatal, para la cobertura de la contingencia de jubilación, el 0,60. No obstante, para los convenios especiales suscritos con anterioridad a 1 de enero de 2006 o que trajeran su causa de expedientes de regulación de empleo autorizados con anterioridad a dicha fecha, el 0,56 y para los convenios especiales suscritos durante 2006 o que trajeran su causa en expedientes de regulación de empleo autorizados en 2006, el 0,58.

Si el convenio especial se hubiera suscrito con anterioridad a 1 de enero de 1998 o trajera su causa de expedientes de regulación de empleo autorizados con anterioridad a esa misma fecha, se aplicarán los siguientes coeficientes:

Por la totalidad de la base de cotización elegida por el interesado, para la cobertura de las contingencias de incapacidad permanente y muerte y supervivencia, el 0,33.

Por la diferencia entre dicha base de cotización y aquella por la que cotice en cada momento el Servicio Público de Empleo Estatal, para la cobertura de la contingencia de jubilación, el 0,40.

e) En los convenios especiales regulados por el Real Decreto 2805/1979, de 7 de diciembre, sobre inclusión en el Régimen General de la Seguridad Social de los españoles no residentes en territorio nacional que ostenten la condición de funcionarios o empleados de organizaciones internacionales intergubernamentales, cuando se hubieren suscrito antes de 1 de enero de 2000, se aplicará el 0,77. A los suscritos con posterioridad a dicha fecha les será de aplicación el coeficiente 0,94.

f) En los supuestos de convenio especial suscrito por quienes pasen a prestar servicios en la Administración de la Unión Europea, para la cobertura de las prestaciones por incapacidad permanente, el 0,29.

g) En los convenios especiales regulados por el Real Decreto 996/1986, de 25 de abril, por el que se regula la suscripción de convenio especial de emigrantes e hijos de emigrantes, se aplicará el coeficiente 0,77.

2. Para determinar la cotización en los supuestos señalados en el apartado anterior se calculará la cuota íntegra aplicando a la base de cotización que corresponda el tipo único de cotización vigente en el Régimen General, y el resultado obtenido se multiplicará por el coeficiente que en cada caso corresponda, constituyendo el producto que resulte la cuota a ingresar.

Sección 9ª Coeficientes aplicables para determinar la cotización en supuestos de desempleo de nivel asistencial y del programa de renta activa de inserción

Artículo 23. Determinación de los coeficientes.

1. Para determinar la cotización que corresponde efectuar por los trabajadores beneficiarios del subsidio de desempleo, a que se refiere el artículo 218 del Texto Refundido de la Ley General de la Seguridad Social, se aplicarán los siguientes coeficientes reductores, a deducir de la cuota íntegra resultante:

a) En los supuestos previstos en el apartado 1 de dicho precepto, el 0,69.

b) En los supuestos previstos en los apartados 2 y 3 del mismo artículo, el 0,35.

2. Para determinar la cotización que corresponde efectuar por los trabajadores beneficiarios del programa de renta activa de inserción, regulada en el artículo 4.3 del Real Decreto 1369/2006, de 24 de noviembre, se aplicará el coeficiente reductor del 0,69, a deducir de la cuota íntegra resultante.

Sección 10ª Financiación de las funciones y actividades atribuidas a las mutuas de accidentes de trabajo y enfermedades profesionales de la Seguridad Social en relación con la cobertura de la prestación económica de incapacidad temporal

Artículo 24. Determinación de la fracción de cuota.

1. La financiación de las funciones y actividades atribuidas a las mutuas de accidentes de trabajo y enfermedades profesionales de la Seguridad Social para la gestión de la prestación económica por incapacidad temporal derivada de contingencias comunes a favor de los trabajadores de las empresas asociadas que hayan optado por formalizar la cobertura con ellas se efectuará durante el año 2007 mediante la fracción de cuota a que se refiere el artículo 71.2 del Reglamento General de Colaboración de dichas entidades, aprobado por el Real Decreto 1993/1995, de 7 de diciembre, en los siguientes términos:

Con carácter general, mediante la aplicación del coeficiente del 0,059 sobre la cuota íntegra obtenida por dichas empresas como resultado de aplicar el tipo único vigente de cotización por contingencias comunes a las correspondientes bases de cotización. Dicho porcentaje será del 0,060 para aquellas mutuas que aumenten la población protegida por incapacidad temporal derivada de contingencias comunes en los términos que se determinen por la Dirección General de Ordenación de la Seguridad Social.

Mediante la transferencia por la Tesorería General de la Seguridad Social del importe que se autorice hasta el límite resultante de aplicar un coeficiente adicional del 0,001 a las cuotas íntegras obtenidas por el conjunto de las empresas asociadas a las mutuas que cubran las expresadas contingencias comunes, a favor de aquellas mutuas que acrediten la insuficiencia financiera del coeficiente general en base a circunstancias estructurales, previa autorización de la Dirección General de Ordenación de la Seguridad Social, en los términos y condiciones que ésta establezca.

2. La fracción de cuota prevista en el artículo 76.2 del Reglamento general citado en el apartado anterior, que deben percibir las mutuas de accidentes de trabajo y enfermedades profesionales de la Seguridad Social para la financiación de la cobertura de la prestación económica por incapacidad temporal de los trabajadores incluidos en el Régimen Especial de los Trabajadores por Cuenta Propia o Autónomos y de los trabajadores por cuenta propia incluidos en el Régimen Especial Agrario, se fija para el ejercicio del año 2007 en los siguientes términos:

En el Régimen Especial de los Trabajadores por Cuenta Propia o Autónomos, el resultado de aplicar el tipo del 3,30 por 100 a la correspondiente base de cotización.

En el Régimen Especial Agrario, el resultado de aplicar a la correspondiente base de cotización el tipo del 3,70 por 100, en el supuesto de trabajadores a los que sean de aplicación los apartados 6 y 8 del artículo 14, y el tipo del 3,30 por 100, en los supuestos a que se refiere el apartado 7 del mismo precepto.

Sección 11ª Coeficientes aplicables para determinar las aportaciones a cargo de las mutuas de accidentes de trabajo y enfermedades profesionales de la Seguridad Social y empresas colaboradoras para el sostenimiento de los servicios comunes

Artículo 25. Coeficientes aplicables.

1. Las aportaciones de las mutuas de accidentes de trabajo y enfermedades profesionales de la Seguridad Social al sostenimiento de los servicios comunes de la Seguridad Social, a que se refiere el artículo 75 del Reglamento General sobre Cotización y Liquidación de otros derechos de la Seguridad Social, se determinarán aplicando el coeficiente del 22,60 por 100. No obstante, cuando la mutua haya optado por ingresar el capital coste correspondiente a las pensiones derivadas de enfermedades profesionales, el coeficiente aplicable será del 14,90 por 100.

La Tesorería General de la Seguridad Social aplicará el coeficiente señalado en el párrafo anterior sobre las cuotas ingresadas que correspondan a cada una de las mutuas afectadas, una vez descontada la parte relativa al reaseguro obligatorio.

2. Se fija en el 31,30 por 100 el coeficiente para determinar la cantidad que deben ingresar las empresas autorizadas a colaborar en la gestión de la asistencia sanitaria e incapacidad temporal derivadas de las contingencias de accidentes de trabajo y enfermedades profesionales, en concepto de aportación al sostenimiento de los servicios comunes de la Seguridad Social y de contribución a los demás gastos generales y a las exigencias de solidaridad nacional.

El citado coeficiente se aplicará a las cuotas de accidentes de trabajo y enfermedades profesionales recaudadas por incapacidad permanente y muerte y supervivencia.

Sección 12ª Cotización a la Seguridad Social en supuestos especiales

Artículo 26. Incremento en la cuota empresarial por contingencias comunes en los contratos temporales de corta duración.

En los contratos de carácter temporal cuya duración efectiva sea inferior a siete días la cuota empresarial a la Seguridad Social por contingencias comunes se incrementará en un 36,00 por 100. Dicho incremento no será de aplicación a los contratos de interinidad.

Artículo 27. Cotización en los supuestos de abono de salarios con carácter retroactivo.

1. Cuando hayan de abonarse salarios con carácter retroactivo, el ingreso de las liquidaciones que deban de efectuarse a la Seguridad Social, Desempleo, Fondo de Garantía Salarial y Formación Profesional, como consecuencia de ellos, se realizará en los plazos señalados en el artículo 56.1.c) del Reglamento General de recaudación de la Seguridad Social, aprobado por el Real Decreto 1415/2004, de 11 de junio.

En dichos supuestos, el ingreso se efectuará mediante la correspondiente liquidación complementaria, a cuyo fin se tomarán las bases, topes, tipos y condiciones vigentes en los meses a que los citados salarios correspondan.

2. De igual forma se liquidarán aquellas gratificaciones que no puedan ser objeto de cuantificación anticipada total o parcialmente, a efectos del prorrateo establecido en el artículo 1, a cuyo fin las empresas deberán formalizar una liquidación complementaria por las diferencias de cotización relativas a los meses del año ya transcurridos, e incrementar, en la parte que corresponda, las cotizaciones pendientes de ingresar durante el ejercicio económico del año 2007.

3. Las liquidaciones complementarias a que se refieren los apartados anteriores se confeccionarán con detalle separado de cada uno de los meses transcurridos.

Artículo 28. Cotización por percepciones correspondientes a vacaciones devengadas y no disfrutadas.

Las percepciones correspondientes a vacaciones anuales devengadas y no disfrutadas y que sean retribuidas a la finalización de la relación laboral serán objeto de liquidación y cotización complementaria a la del mes de la extinción del contrato.

La liquidación y cotización complementaria comprenderán los días de duración de las vacaciones, aun cuando alcancen también el siguiente mes natural o se inicie una nueva relación laboral durante ellos, sin prorrateo alguno y con aplicación, en su caso, del tope máximo de cotización correspondiente al mes o meses que resulten afectados.

No obstante lo establecido en el párrafo anterior, en los supuestos en que, mediante ley o en ejecución de ésta, se establezca que la remuneración a percibir por el trabajador deba incluir la parte proporcional correspondiente a las vacaciones devengadas, se aplicarán las normas generales de cotización.

Artículo 29. Cotización por los salarios de tramitación.

De acuerdo con lo dispuesto en el artículo 209.6 del Texto Refundido de la Ley General de la Seguridad Social, el empresario es el sujeto responsable del cumplimiento de la obligación de cotizar por los salarios de tramitación en los supuestos a que se refiere el artículo 56 del Texto Refundido de la Ley del Estatuto de los Trabajadores, sin perjuicio de su derecho a reclamar del Estado el importe de las cuotas correspondientes a dichos salarios en los términos previstos en el artículo 57.2, de esta última Ley, y en el Real Decreto 924/1982, de 17 de abril, sobre reclamaciones al Estado por salarios de tramitación en juicios de despido y demás disposiciones complementarias.

El ingreso de las cuotas correspondientes se efectuará en el plazo previsto en el artículo 56.1.c), 4º del Reglamento General de Recaudación de la Seguridad Social.

Artículo 30. Tipo de cotización en supuestos especiales.

1. El tipo de cotización por incapacidad temporal derivada de contingencias comunes en los supuestos a que se refiere el artículo 112 bis del Texto Refundido de la Ley General de la Seguridad Social será el 1,70 por 100, del que el 1,42 por 100 será a cargo de la empresa y el 0,28 por 100 a cargo del trabajador.

2. El tipo de cotización por incapacidad temporal en los supuestos a que se refiere la disposición adicional trigésima segunda del Texto Refundido de la Ley General de la Seguridad Social será el 3,30 por 100 para los trabajadores por cuenta propia o autónomos y para los trabajadores por cuenta propia del Régimen Especial de los Trabajadores del Mar; el 4,35 por 100 para los trabajadores por cuenta propia del Régimen Especial Agrario a que se refiere el artículo 14 de esta Orden, en sus apartados 6 y 8, y el 3,95 por 100 para los trabajadores incluidos en el apartado 7 del mismo artículo.

3. A efectos de la aplicación tanto de las bonificaciones previstas en el artículo 4.1 de la Ley 43/2006, de 29 de diciembre, para la mejora del crecimiento y del empleo, como de las reducciones establecidas en la disposición adicional vigésima quinta de la Ley 42/2006, se tomarán en cuenta las cuotas resultantes de aplicar a la correspondiente base de cotización el tipo de cotización del 22,18 por 100.

En relación con los trabajadores por cuenta ajena del Régimen Especial Agrario, las bonificaciones y reducciones a que se refiere el párrafo anterior, se determinarán sobre las cuotas resultantes de aplicar a la correspondiente base de cotización por jornadas reales el tipo de cotización del 14,57 por 100.

Asimismo y en desarrollo de lo dispuesto en el artículo 3 de la Ley 43/2006, de 29 de diciembre, los contratos que, con anterioridad al 1 de enero de 2007, se hayan transformado en indefinidos tendrán derecho a una bonificación de la cuota empresarial por jornada real cotizada de 2,71 euros, con el máximo de 800 euros anuales.

CAPÍTULO II

Cotización por Desempleo, Fondo de Garantía Salarial y Formación Profesional

Artículo 31. Bases y tipos de cotización.

1. La base de cotización por Desempleo, Fondo de Garantía Salarial y Formación Profesional, en todos los regímenes de la Seguridad Social que tengan cubiertas tales contingencias, a excepción del Régimen Especial Agrario, al que es de aplicación lo dispuesto en el artículo 32, y los trabajadores

incluidos en los grupos segundo y tercero del Régimen Especial de los Trabajadores del Mar, cuya base de cotización será determinada mediante orden del Ministerio de Trabajo y Asuntos Sociales, será la correspondiente a las contingencias de accidentes de trabajo y enfermedades profesionales.

Con independencia de su inclusión en la base de cotización por desempleo, en el cálculo de la base reguladora de la prestación se excluirá la retribución por horas extraordinarias, según dispone el artículo 211.1 del Texto Refundido de la Ley General de la Seguridad Social.

2. Los tipos de cotización por Desempleo, Fondo de Garantía Salarial y Formación Profesional serán, a partir de 1 de enero de 2007, los siguientes:

2.1. Desempleo:

2.1.1. Contratación indefinida, incluidos los contratos indefinidos a tiempo parcial y fijos discontinuos, así como la contratación de duración determinada en las modalidades de contratos formativos en prácticas, de relevo, de interinidad y contratos, cualquiera que sea la modalidad utilizada, realizados con trabajadores discapacitados que tengan reconocido un grado de discapacidad no inferior al 33 por 100: 7,30 por 100, del que el 5,75 por 100 será a cargo de la empresa y el 1,55 por 100 a cargo del trabajador.

2.1.2. Contratación de duración determinada:

2.1.2.1. Contratación de duración determinada a tiempo completo: 8,30 por 100, del que el 6,70 por 100 será a cargo del empresario y el 1,60 por 100 a cargo del trabajador.

2.1.2.2. Contratación de duración determinada a tiempo parcial: 9,30 por 100, del que el 7,70 por 100 será a cargo del empresario y el 1,60 por 100 a cargo del trabajador.

2.1.3. Transformación de la contratación de duración determinada en contratación de duración indefinida:

Cuando el contrato de duración determinada, a tiempo completo o parcial, se transforme en un contrato de duración indefinida, se aplicará el tipo de cotización previsto en el apartado 2.1.1 desde el día de la fecha de la transformación.

2.1.4. Socios trabajadores y de trabajo de las cooperativas:

Los socios trabajadores de las cooperativas de trabajo asociado, los socios trabajadores de las cooperativas de explotación comunitaria de la tierra, así como los socios de trabajo de las cooperativas, incluidos en regímenes de Seguridad Social que tienen prevista la cotización por desempleo, cotizarán al tipo previsto en el apartado 2.1.1, si el vínculo societario con la cooperativa es indefinido, y al tipo previsto en el apartado 2.1.2, si el vínculo societario con la cooperativa es de duración determinada.

2.1.5. Colectivos con una relación de servicios de carácter temporal con las administraciones, los servicios de salud o las fuerzas armadas:

Los funcionarios de empleo de las administraciones públicas, el personal con nombramiento estatutario temporal de los servicios de salud, los militares de complemento y los militares de tropa y marinería de las fuerzas armadas que mantienen una relación de servicios de carácter temporal cotizarán según lo previsto en el apartado 2.1.1, si esos servicios son de interinidad o sustitución y según lo previsto en el apartado 2.1.2, si esos servicios son de carácter eventual.

2.1.6. Reconocimiento de discapacidad durante la vigencia del contrato de duración determinada:

El tipo de cotización previsto en el apartado 2.1.2 se modificará por el establecido en el apartado 2.1.1 a partir de la fecha en que se reconozca al trabajador un grado de discapacidad no inferior al 33 por 100.

2.1.7. Representantes de comercio que presten servicios para varias empresas:

A los representantes de comercio que presten servicios como tales para varias empresas les será de aplicación el tipo de cotización por desempleo que corresponda a cada contratación.

2.1.8. Internos que trabajen en talleres penitenciarios y menores:

A los penados y menores que realicen actividades laborales en talleres penitenciarios y centros de internamiento les será de aplicación el tipo previsto en el apartado 2.1.1.

2.1.9. Cargos públicos y sindicales:

Los cargos públicos y sindicales incluidos en el artículo 205.4 del Texto Refundido de la Ley General de la Seguridad Social, cotizarán a los distintos tipos previstos en el apartado 2.1.2, según que su dedicación sea exclusiva a tiempo completo o parcial.

2.2. Fondo de Garantía Salarial: el 0,20 por 100, a cargo de la empresa.

2.3. Formación Profesional: el 0,70 por 100, del que el 0,60 por 100 será a cargo de la empresa, y el 0,10 por 100, a cargo del trabajador.

Artículo 32. Bases y tipos de cotización por Desempleo y Fondo de Garantía Salarial en el Régimen Especial Agrario.

1. La cotización por la contingencia de desempleo de los trabajadores por cuenta ajena tanto de carácter fijo como eventual, incluidos en el Régimen Especial Agrario, se obtendrá aplicando a la base mensual de cotización por jornadas reales, constituida por la suma correspondiente de las bases diarias fijadas en el artículo 14.3, los siguientes tipos:

Para los trabajadores por cuenta ajena de carácter fijo, el 7,30 por 100, del que el 5,75 por 100 será a cargo de la empresa y el 1,55 por 100 a cargo del trabajador.

Para los trabajadores por cuenta ajena de carácter eventual, el 8,30 por 100, del que el 6,70 por 100 será a cargo de la empresa y el 1,60 por 100 a cargo del trabajador.

No obstante lo dispuesto en el párrafo anterior, cuando se trate de contratos de duración determinada o celebrados con trabajadores discapacitados a los que se refiere el artículo 31.2.1.1, el tipo aplicable será el 7,30 por 100, del que el 5,75 por 100 será a cargo de la empresa y el 1,55 por 100 a cargo del trabajador.

2. La cotización a favor del Fondo de Garantía Salarial de los trabajadores por cuenta ajena incluidos en este Régimen Especial se obtendrá aplicando a la base mensual de cotización por jornadas reales el 0,20 por 100, que será a cargo exclusivo de la empresa.

Artículo 33. Normas aplicables en el Régimen Especial de los Trabajadores del Mar.

En el Régimen Especial de los Trabajadores del Mar, a la base de cotización por desempleo, determinada conforme a lo dispuesto en el artículo 31 de esta Orden, le serán de aplicación los coeficientes correctores a los que se refieren el artículo 19.6 del Texto Refundido aprobado por el Decreto 2864/1974, de 30 de agosto, y la Orden de 22 de noviembre de 1974, sin perjuicio de lo señalado en el artículo 17 de esta Orden.

CAPÍTULO III

Cotización en los supuestos de contratos a tiempo parcial

Artículo 34. Bases de cotización.

1. La cotización a la Seguridad Social, Desempleo, Fondo de Garantía Salarial y Formación Profesional derivada de los contratos de trabajo a tiempo parcial se efectuará en razón de la remuneración efectivamente percibida en función de las horas trabajadas en el mes que se considere.

2. Para determinar la base de cotización mensual correspondiente a las contingencias comunes se aplicarán las siguientes normas:

Primera. Se computará la remuneración devengada por las horas ordinarias y complementarias en el mes a que se refiere la cotización, cualquiera que sea su forma o denominación, con independencia de que haya sido satisfecha diaria, semanal o mensualmente.

Segunda. A dicha remuneración se adicionará la parte proporcional que corresponda en concepto de descanso semanal y festivos, pagas extraordinarias y aquellos otros conceptos retributivos que tengan una periodicidad en su devengo superior a la mensual o que no tengan carácter periódico y se satisfagan dentro del año 2007.

Tercera. Si la base de cotización mensual, calculada conforme a las normas anteriores, fuese inferior a las bases mínimas que resulten de lo dispuesto en el artículo 35 o superior a las máximas establecidas con carácter general para los distintos grupos de categorías profesionales, se tomarán éstas o aquéllas, respectivamente, como bases de cotización.

3. Para determinar la base de cotización por las contingencias de accidentes de trabajo y enfermedades profesionales, así como por Desempleo, Fondo de Garantía Salarial y Formación Profesional, se computará, asimismo, la remuneración correspondiente a las horas extraordinarias motivadas por fuerza mayor realizadas, teniéndose en cuenta las normas primera y segunda del apartado anterior. En ningún caso, la base así obtenida podrá ser superior, a partir de 1 de enero de 2007, al tope máximo señalado en el artículo 2.1 ni inferior a 4,01 euros por cada hora trabajada.

Con independencia de su inclusión en la base de cotización por desempleo, en el cálculo de la base reguladora de la prestación se excluirá la retribución por estas horas extraordinarias.

4. La remuneración que obtengan los trabajadores a tiempo parcial por el concepto de horas

extraordinarias motivadas por fuerza mayor a las que se refiere el artículo 35.3 de la Ley del Estatuto de los Trabajadores, queda sujeta a la cotización adicional regulada en el artículo 5 de esta Orden.

Artículo 35. Bases mínimas de cotización por contingencias comunes.

1. A partir de 1 de enero de 2007, las bases mínimas por horas aplicables a los contratos de trabajo a tiempo parcial, serán las siguientes:

Grupo de cotización	Categorías profesionales	Base mínima por hora – Euros
1	Ingenieros y Licenciados. Personal de alta dirección no incluido en el artículo 1.3.c) del Estatuto de los Trabajadores	5,60
2	Ingenieros Técnicos, Peritos y Ayudantes Titulados	4,64
3	Jefes Administrativos y de Taller	4,04
4	Ayudantes no Titulados	4,01
5	Oficiales Administrativos	4,01
6	Subalternos	4,01
7	Auxiliares Administrativos	4,01
8	Oficiales de primera y segunda	4,01
9	Oficiales de tercera y Especialistas	4,01
10	Trabajadores mayores de dieciocho años no cualificados	4,01
11	Trabajadores menores de dieciocho años, cualquiera que sea su categoría profesional	4,01

2. La base mínima mensual de cotización será el resultado de multiplicar el número de horas realmente trabajadas por la base mínima horaria que se establece en el apartado anterior.

Artículo 36. Cotización en los supuestos de incapacidad temporal, riesgo durante el embarazo y maternidad.

Durante las situaciones de incapacidad temporal, riesgo durante el embarazo y maternidad la base diaria de cotización será el resultado de dividir la suma de las bases de cotización acreditadas en la empresa durante los tres meses inmediatamente anteriores a la fecha del hecho causante entre el número de días efectivamente trabajados y, por tanto, cotizados en dicho período. Esta base se aplicará exclusivamente a los días en que el trabajador hubiera estado obligado a prestar servicios efectivos en la empresa, de no hallarse en alguna de las situaciones anteriores.

Artículo 37. Cotización en la situación de pluriempleo.

Cuando el trabajador preste sus servicios en dos o más empresas en régimen de contratación a tiempo parcial, cada una de ellas cotizará en razón de la remuneración que le abone. Si la suma de las retribuciones percibidas sobrepasase el tope máximo de cotización a la Seguridad Social, éste se distribuirá en proporción a las abonadas al trabajador en cada una de las empresas.

Artículo 38. Cotización en los supuestos de trabajo concentrado en períodos inferiores a los de alta.

1. De acuerdo con lo dispuesto en el artículo 65.3 del Reglamento General sobre cotización y liquidación de otros derechos de la Seguridad Social, en aquellos supuestos en que los trabajadores hayan acordado con su empresa que la totalidad de las horas de trabajo que anualmente deben realizar se presten en determinados períodos de cada año, percibiendo todas las remuneraciones anuales o las correspondientes al período inferior de que se trate, en esos períodos de trabajo concentrado, existiendo períodos de inactividad superiores al mensual, la cotización a la Seguridad Social se efectuará de acuerdo con las siguientes reglas:

Primera. La base de cotización se determinará al celebrarse el contrato de trabajo y al inicio de cada año en que el trabajador se encuentre en dicha situación, computando el importe total de las remuneraciones que tenga derecho a percibir el trabajador a tiempo parcial en ese año, con exclusión en todo caso de los importes correspondientes a los conceptos no computables en la base de cotización a la Seguridad Social, de acuerdo con lo establecido en el artículo 23 del Reglamento General citado y demás disposiciones complementarias.

Segunda. El importe obtenido se prorrateará entre los doce meses del año o del período inferior de que se trate, determinándose de este modo la cuantía de la base de cotización correspondiente a cada uno de ellos y con independencia de que las remuneraciones se perciban íntegramente en los períodos de trabajo concentrado o de forma prorrateada a lo largo del año o período inferior respectivo.

Tercera. La base mensual de cotización, calculada conforme a las reglas anteriores, no podrá ser inferior al importe de las bases mínimas que resulten de lo dispuesto en el artículo 35.

Cuarta. Si al final del ejercicio o período inferior de que se trate, el trabajador con contrato a tiempo parcial, subsistiendo su relación laboral, hubiese percibido remuneraciones por importe distinto al inicialmente considerado en ese año o período para determinar la base mensual de cotización durante el mismo, conforme a las reglas anteriores, se procederá a realizar la correspondiente regularización. A tal efecto, el empresario deberá o bien practicar la correspondiente liquidación complementaria de cuotas por las diferencias en más y efectuar el pago dentro del mes de enero del año siguiente o del mes siguiente a aquel en que se extinga la relación laboral, o bien solicitar, en su caso, la devolución de las cuotas que resulten indebidamente ingresadas.

Quinta. Asimismo, la Administración de la Seguridad Social podrá efectuar de oficio las liquidaciones de cuotas y acordar las devoluciones solicitadas que sean procedentes, en especial, en los supuestos de extinción de la relación laboral de estos trabajadores con contrato a tiempo parcial por jubilación ordinaria o anticipada, por reconocimiento de la pensión por incapacidad permanente, por fallecimiento o por cualquier otra causa, con la consiguiente baja en el régimen correspondiente de la Seguridad Social y cese en la obligación de cotizar.

2. Lo previsto en el apartado anterior no será de aplicación a los trabajadores fijos-discontinuos a que se refiere el artículo 15.8 de la Ley del Estatuto de los Trabajadores, de acuerdo con lo dispuesto en la disposición adicional tercera.3 del Real Decreto 1131/2002, de 31 de octubre.

Artículo 39. Base mínima de cotización respecto de los socios de cooperativas de trabajo asociado, en los supuestos de contrato a tiempo parcial.

La base de cotización por contingencias comunes y profesionales de los socios trabajadores de cooperativas de trabajo asociado que hubieran optado en sus estatutos por asimilar a los socios trabajadores a trabajadores por cuenta ajena, incluidos en razón de la actividad de la cooperativa en el Régimen General, en el Régimen Especial de los Trabajadores del Mar o en el Régimen Especial para la Minería del Carbón, en los supuestos de prestación de servicios a tiempo parcial, se calculará conforme a las normas establecidas en el artículo 34, sin que pueda ser inferior a las cuantías que para los diferentes grupos de cotización se indican a continuación:

Grupo de cotización	Base mínima mensual – Euros
1	258,40
2	175,40
3	152,80
4 a 11	148,30

Artículo 40. Cotización en el Régimen Especial Agrario en los supuestos de contratos a tiempo parcial.

Lo dispuesto en este capítulo no será de aplicación para la determinación de la cotización, en función de las jornadas reales realizadas, de los trabajadores por cuenta ajena incluidos en el campo de aplicación del Régimen Especial Agrario, contratados a tiempo parcial, respecto de los cuales se estará a lo establecido en el artículo 14.3.

Artículo 41. Cotización en los supuestos de guarda legal o cuidado directo de un familiar.

La cotización por los trabajadores que, por razones de guarda legal o cuidado directo de un familiar y en virtud de lo dispuesto en el artículo 37.5 del Texto Refundido de la Ley del Estatuto de los Trabajadores, realicen una jornada reducida se efectuará en función de las retribuciones que perciban sin que, en ningún caso, la base de cotización pueda ser inferior a la cantidad resultante de multiplicar las horas realmente trabajadas en el mes a que se refiere la cotización por las bases mínimas horarias señaladas en el artículo 35.1 de esta Orden.

CAPÍTULO IV

Cotización en los contratos para la formación

Artículo 42. Determinación de las cuotas.

1. Durante el año 2007, la cotización a la Seguridad Social y demás contingencias protegidas por los trabajadores que hubieran celebrado un contrato para la formación se efectuará de acuerdo con lo siguiente:

a) La cotización a la Seguridad Social consistirá en una cuota única mensual de 34,01 euros por contingencias comunes, de los que 28,36 euros serán a cargo del empresario y 5,65 euros a cargo del trabajador, y de 3,90 euros por contingencias profesionales, a cargo del empresario.

b) La cotización al Fondo de Garantía Salarial consistirá en una cuota mensual de 2,17 euros, a cargo del empresario.

c) A efectos de cotización por Formación Profesional, se abonará una cuota mensual de 1,19 euros, de los que 1,04 euros corresponderán al empresario y 0,15 euros al trabajador.

2. Las retribuciones que perciban los trabajadores en concepto de horas extraordinarias, estarán sujetas a la cotización adicional regulada en el artículo 5.

DISPOSICIONES ADICIONALES

Primera. Cotización por contingencias profesionales en los supuestos de suspensión de la relación laboral o percepción de prestaciones por desempleo parcial.

1. La cotización por accidentes de trabajo y enfermedades profesionales por aquellos trabajadores que tengan suspendida la relación laboral por causas económicas, técnicas, organizativas o de producción o derivadas de fuerza mayor, a que se refiere el artículo 47 del Texto Refundido de la Ley del Estatuto de los Trabajadores, que se encuentren en situación de desempleo total, se efectuará aplicando los tipos establecidos en la letra c del Cuadro II de la tarifa de primas vigente, cualquiera que fuese la categoría profesional y la actividad del trabajador.

2. Los tipos a que se refiere el apartado anterior serán de aplicación también en los supuestos de trabajadores que vinieran percibiendo prestaciones por desempleo parcial, por reducción temporal de la jornada ordinaria de trabajo basada en las causas citadas, a cuyo fin aquéllos se aplicarán a la fracción de la base de cotización por dichas contingencias correspondiente a la parte de jornada que dejen de realizar.

Segunda. Cotización por contingencias profesionales de los trabajadores desempleados que realicen trabajos de colaboración social.

1. De acuerdo con lo establecido en la disposición adicional quinta del Reglamento general sobre cotización y liquidación de otros derechos de la Seguridad Social, las administraciones públicas que, conforme a lo establecido en el artículo 38 del Real Decreto 1445/1982, de 25 de junio, utilicen trabajadores desempleados para la realización de trabajos de colaboración social, vendrán obligadas a formalizar la cobertura de las contingencias de accidentes de trabajo y enfermedades profesionales por dichos trabajadores y a ingresar las cuotas correspondientes a las citadas contingencias.

2. La base de cotización por las contingencias señaladas en el apartado anterior se calculará conforme al promedio de la base de cotización por dichas contingencias, en los últimos seis meses de ocupación efectiva, sin perjuicio de la aplicación, en su caso, de lo previsto en los apartados 3 y 4 del artículo 8.

En los supuestos de trabajadores perceptores del subsidio de desempleo, la base de cotización será equivalente al tope mínimo de cotización a que se refiere el artículo 2.

Tercera. Cotización durante la percepción de las prestaciones por desempleo por parte de las víctimas de violencia de género.

Durante el período de percepción de las prestaciones por desempleo por parte de las víctimas de violencia de género que tengan suspendida la relación laboral, la entidad gestora de las prestaciones ingresará la cotización a la Seguridad Social conforme a lo establecido para los supuestos de extinción de la relación laboral.

Cuarta. Cotización por asistencia sanitaria en supuestos especiales.

Durante el año 2007 se prorroga lo dispuesto en la sección 9ª del capítulo I de la Orden TAS/29/2006, de 18 de enero, por la que se desarrollan las normas de cotización a la Seguridad Social, Desempleo, Fondo de Garantía Salarial y Formación Profesional, contenidas en la Ley 30/2005, de 29 de diciembre, de Presupuestos Generales del Estado para el año 2006, relativa a la cotización por asistencia sanitaria en supuestos especiales.

DISPOSICIONES TRANSITORIAS

Primera. Opción de bases de cotización, en determinados supuestos, en el Régimen Especial de Trabajadores por Cuenta Propia o Autónomos.

Los trabajadores comprendidos en el Régimen Especial de los Trabajadores por Cuenta Propia o Autónomos que, en la fecha de surtir efectos las bases de cotización previstas en el artículo 15, hubieran optado por las bases máximas permitidas hasta ese momento, podrán elegir, hasta el último día del mes siguiente al de la publicación de esta Orden en el «Boletín Oficial del Estado», cualquier base de cotización de las comprendidas entre aquélla por la que vinieran cotizando y el límite máximo que les sea de aplicación. La nueva base elegida surtirá efectos a partir de 1 de enero de 2007.

Segunda. Aplicación de la tarifa de primas de accidentes con respecto a períodos anteriores a 1 de enero de 2007.

Para la determinación de las cuotas a ingresar por las contingencias de accidentes de trabajo y enfermedades profesionales correspondientes a períodos de liquidación anteriores a la entrada en vigor de la tarifa de primas regulada en la disposición adicional cuarta de la Ley 42/2006, los tipos de cotización aplicables serán los vigentes en el período de liquidación de que se trate.

⇒ Vid. esa disposición en §33.1.

Tercera. Ingreso de diferencias de cotización.

1. Las diferencias de cotización que se hubieran podido producir por la aplicación de lo dispuesto en esta Orden respecto de las cotizaciones que, a partir de 1 de enero de 2007, se hubieran efectuado, podrán ser ingresadas sin recargo en el plazo que finalizará el último día del segundo mes siguiente al de la publicación de esta Orden en el «Boletín Oficial del Estado».

2. Asimismo, las diferencias de cotización que se produzcan como consecuencia de lo que se establece en la disposición transitoria primera, cuando los trabajadores a los que se refiere opten por una base de cotización superior a aquella por la que vinieren cotizando, se podrán ingresar sin recargo hasta el último día del mes siguiente a aquel en que finalice el plazo de opción que se fija en la disposición señalada.

Cuarta. Determinación provisional de las bases de cotización aplicables en el Régimen Especial para la Minería del Carbón.

La cotización por los trabajadores incluidos en el Régimen Especial para la Minería del Carbón, respecto de contingencias comunes, se efectuará sobre las bases establecidas para 2006, hasta tanto se aprueben las bases de cotización que han de regir en el presente ejercicio, sin perjuicio de las regularizaciones a que, con posterioridad, hubiere lugar.

DISPOSICIONES FINALES

Primera. Entrada en vigor.

La presente Orden entrará en vigor el día siguiente al de su publicación en el «Boletín Oficial del Estado», con efectos desde el día 1 de enero de 2007.

Segunda. Facultades de aplicación y desarrollo.

Se faculta a la Dirección General de Ordenación de la Seguridad Social para resolver cuantas cuestiones de índole general puedan plantearse en la aplicación de esta Orden.

C) Acción protectora

a) Asistencia sanitaria

§ 34 DECRETO 2065/1974, DE 30 MAYO. APRUEBA EL TEXTO REFUNDIDO DE LA LEY GENERAL DE LA SEGURIDAD SOCIAL

(BB OO del Estado núms. 173 y 174, de 20 y 22 julio [RCL 1974, 1482]) (fragmento)

✐ Se reproducen sólo la Exp. Motivos y los preceptos no derogados por RDLeg 1/1994, de 20 junio (§32.1).

La disposición final tercera de la Ley 24/1972, de 21 de junio, de financiación y perfeccionamiento de la acción protectora del Régimen General de la Seguridad Social, autoriza al Gobierno para aprobar, previo informe de la Organización Sindical y Dictamen del Consejo de Estado, el texto o textos refundidos de la Ley de la Seguridad Social, de 21 de abril de 1966, de la propia Ley 24/1972 y de las que regulan los Regímenes Agrario y de Trabajadores del Mar, así como de los preceptos que en materia de Seguridad Social figuren en otras disposiciones de igual rango, debiendo establecerse en la refundición la concordancia debida y la sistematización y depuración técnica adecuadas para lograr regularizar, aclarar y armonizar las Leyes citadas mediante los preceptos del nuevo o nuevos textos. Conforme a lo previsto en la citada disposición final la refundición afecta también a los preceptos del Régimen General que resulten modificados de forma indirecta y tiene, asimismo, en cuenta, o incorpora, los preceptos contenidos en las Leyes 118/1969, de 30 de diciembre, sobre Igualdad de Derechos de los Trabajadores de la Comunidad Iberoamericana y Filipina, Empleados en el territorio nacional; 25/1971, de 19 de junio, sobre Protección a las familias numerosas; 33/1971, de 21 de junio, de Emigración; 14/1970, de 4 de agosto, General de Educación y Financiamiento de la Reforma Educativa y Ley Sindical 2/1971, de 17 de febrero.

Razones de urgencia y prioridad aconsejan que se apruebe en primer lugar el presente texto y, después, los relativos a los Regímenes Especial Agrario y de los Trabajadores del Mar.

En su virtud, a propuesta del *Ministro de Trabajo*, previo informe de la Organización Sindical, de conformidad con el Consejo de Estado en Pleno y previa deliberación del Consejo de Ministros en su reunión del día 3 de mayo de 1974, dispongo:

⇒ Las referencias al Ministerio o Ministro de Trabajo entiéndanse hoy hechas al Ministerio de Trabajo y Asuntos Sociales.

Artículo único.

1. Se aprueba el adjunto texto refundido de la Ley de la Seguridad Social de 21 de abril de 1966 y de la Ley 24/1972, de 21 de junio, al que se incorporan preceptos, en materia de Seguridad Social, contenidos en otras disposiciones de igual rango.

2. El presente Texto Refundido entrará en vigor al día siguiente al de su publicación en el «Boletín Oficial del Estado».

TEXTO REFUNDIDO DE LA LEY GENERAL DE LA SEGURIDAD SOCIAL

TÍTULO I

NORMAS GENERALES DEL SISTEMA DE LA SEGURIDAD SOCIAL

[...]

CAPÍTULO V

Servicios Sociales

⇒ En relación con los Servicios Sociales téngase en cuenta las importantes modificaciones operadas por el RDLey 36/1978, de 16 noviembre (§32.2). Téngase en cuenta igualmente la competencia en estas materias atribuida hoy al Ministerio de Trabajo y Asuntos Sociales a través de la Secretaría General de Asuntos Sociales por RD 1600/ 2004, de 2 julio (art. 10) (§38.1). Dicha Secretaría es hoy Secretaría de Estado de Servicios Sociales, Familias y Discapacidad, según el RD 553/2004, de 17 abril, que reestructura los departamentos ministeriales [art. 9.2.b)].

[...]

Sección 2ª Higiene y seguridad del trabajo

⇒ V. Ley 31/1995, de 8 noviembre (§23).

Artículo 26. Contenido.

La higiene y seguridad del trabajo, comprenderá las normas técnicas y medidas sanitarias, de tutela o de cualquier otra índole, que tengan por objeto:

a) Eliminar o reducir los riesgos de los distintos centros o puestos de trabajo.

b) Estimular y desarrollar en las personas comprendidas en el campo de aplicación de la presente Ley una actitud positiva y constructiva respecto a la prevención de los accidentes y enfermedades que puedan derivarse de su actividad profesional.

c) Lograr, individual y colectivamente, un óptimo estado sanitario.

Artículo 27. Regulación y ejecución.

1. El Ministerio de Trabajo regulará, con carácter general o especial, las condiciones y requisitos que a efectos preventivos se han de cumplir en las empresas y demás centros sometidos a esta Ley, en orden a la higiene y seguridad del trabajo. A tal efecto refundirá y ampliará, en su caso, las normas vigentes en la materia.

2. Previa la obtención o asignación de los recursos financieros precisos, el Ministerio de Trabajo, directamente, a través de sus servicios generales de seguridad e higiene en el trabajo, y en conexión con la Seguridad Social y sus Entidades Gestoras, fomentará la constitución de Consejos territoriales de higiene y seguridad en las ramas profesionales que así lo requieran, así como la fundación de laboratorios y centros de estudio y publicidad especializados y la realización de campañas de higiene y seguridad del trabajo.

3. En los Consejos a que se refiere el número anterior figurarán representantes sindicales de los empresarios y trabajadores de la correspondiente actividad. Dichos representantes, que, en todo caso, constituirán mayoría en cuanto al número de vocales del Consejo, serán designados por el Ministerio de Trabajo con arreglo al procedimiento previsto para el nombramiento de los trabajadores vocales de los Comités de Seguridad e Higiene del Trabajo. Entre las representaciones asumidas por los vocales natos de dichos Consejos figurará en todo caso, la de la Organización Sindical.

4. El Ministerio de Trabajo, previo informe de la Organización Sindical, dictará las disposiciones relativas a la constitución, régimen orgánico y funcionamiento de los Consejos territoriales de Higiene y Seguridad del trabajo.

Sección 3ª Medicina preventiva

⇒ Téngase en cuenta la incidencia en esta materia de la Ley 14/1986, de 25 abril, General de Sanidad.

Artículo 28. Contenido.

1. La Seguridad Social, a través de sus servicios sanitarios, podrá realizar campañas de medicina preventiva, previa la coordinación con la Sanidad Nacional, a los efectos de respetar las normas técnicas establecidas por aquélla con carácter general.

2. En la misma línea de coordinación, la Seguridad Social podrá llevar a cabo la preparación y desarrollo de programas de medicina preventiva que afecten, total o parcialmente, a la población protegida por aquélla, bien de forma exclusiva o bien para colaborar en programas que se extiendan a la población del país, con carácter general o limitado.

Artículo 29. Aprobación y ejecución de las campañas y programas.

1. La aprobación de las campañas y de los programas para su desarrollo estará condicionada a la obtención o asignación de los recursos financieros precisos y corresponderá al Ministerio de Trabajo, por sí mismo, cuando afecten exclusivamente a la población protegida por la Seguridad Social, y en otro caso, en coordinación con los demás Departamentos Ministeriales.

2. Los beneficiarios observarán cuantas medidas se adopten con carácter obligatorio en el campo de la medicina preventiva.

3. Todo el personal sanitario de la Seguridad Social viene obligado a colaborar en las campañas de medicina preventiva que se organicen, ejecutando cuantas medidas se dispongan en este orden por los Servicios correspondientes.

[...]

Sección 5ª Acción formativa

Artículo 33. Contenido de la acción formativa.

1. La Seguridad Social contribuirá a la elevación cultural de los trabajadores y familiares a su cargo mediante las aportaciones que, en forma de becas, bolsas de estudio, subvenciones o bajo cualquier otra modalidad de ayuda económica, efectúe con destino a las enseñanzas que se cursen en las Universidades Laborales, Centros Sindicales de Formación Profesional y demás Centros o Instituciones docentes, creados o que se creen, a los fines indicados.

2. Contribuirá, igualmente, a la dotación de los sistemas de promoción cultural y social de los jóvenes beneficiarios de notable aprovechamiento académico con vocación por los estudios universitarios, mediante becas para los Centros de Enseñanza Superior, o a través de la fundación y organización de los Colegios Menores y Mayores y demás Instituciones que sirvan dichos fines de promoción y que estén bajo la tutela del Ministerio de Trabajo.

3. Los huérfanos menores de 18 años, de trabajadores muertos a consecuencia de accidente de trabajo o enfermedad profesional, tendrán preferencia absoluta para disfrutar de los beneficios de la acción formativa dispensada por todo tipo de Centros e Instituciones públicas. El Gobierno, a propuesta del Ministro de Trabajo, dictará las normas o adoptará las medidas necesarias para la efectividad de este derecho.

Artículo 34. Coordinación con las Entidades Gestoras.

El Ministerio de Trabajo dictará las normas que se juzguen convenientes para conseguir un sistema orgánico de coordinación entre las Universidades Laborales y demás centros o programas de promoción y formación social con las Entidades Gestoras de la Seguridad Social que contribuyan económicamente al sostenimiento de la acción formativa que se preste a través de aquéllos.

Artículo 35. Fomento y desarrollo de estudios sociales.

La Seguridad Social contribuirá al fomento y desarrollo de los estudios de carácter social, a través de los Servicios o Instituciones previstos en el artículo 4 de esta Ley, así como en conexión con la Organización Sindical y, en general, con Centros de docencia e investigación especializados. De un modo especial se tenderá a concertar con la Universidad, previa aprobación por el Ministerio de Trabajo, la profesión de cursos superiores de Seguridad Social y, en su caso, trabajos de investigación sobre la materia.

[...]

CAPÍTULO VII
Gestión de la Seguridad Social

[...]

Artículo 45. Personal de las Entidades Gestoras.

1. La relación entre las Entidades Gestoras y, en su caso, Servicios de la Seguridad Social y el personal a su servicio se regulará por lo previsto en los Estatutos de Personal aprobados por el Ministerio de Trabajo o, por el Estatuto general aprobado por el propio Ministerio.

⇒ V. art. 66.2 LGSS/1994 (§32.1).

Téngase en cuenta que la Ley 30/1984, de 2 agosto, de medidas para la reforma de la Función Pública, incluye en su ámbito de aplicación al «personal funcionario de la Administración de la Seguridad Social» [art. 1.1 c)]. La disp. adic. 16ª de dicha Ley (nueva redacción por Ley 33/1987, de 23 diciembre, de Presupuestos Generales del Estado para 1988), ordena al Gobierno la homologación del régimen de dicho personal con el de la Administración Civil del Estado, homologación llevada a cabo por RD 2664/1986, de 19 diciembre.

V. la Ley 55/2003, de 16 diciembre, que aprueba el Estatuto Marco del Personal Estatutario de los Servicios de Salud. La misma deroga los Estatutos de personal sanitario no facultativo (que regulaba la OM de 26 abril 1973) y el del personal no Sanitario (que regulaba la OM de 5 julio 1971).

Por su parte, la Ley 44/2003, de 21 noviembre (§16.11), establece la ordenación de las profesiones sanitarias.

2. *Sin perjuicio del carácter estatutario de dicha relación, la Jurisdicción de Trabajo será la*

competente para conocer de las cuestiones contenciosas que se susciten entre las Entidades Gestoras y su personal, con excepción del comprendido en el número siguiente.

✐ La disp. derog. 1 B de la Ley 30/1984, de 2 agosto, deroga este número en relación con el personal a que se refiere la disp. adic. 16.1 de dicha Ley.

3. *Los Estatutos a que se refiere el número 1 de este artículo preverán el libre nombramiento y separación de su personal directivo o que ocupe cargos de confianza.*

Compete al Consejo de Ministros, a propuesta del Ministro de Trabajo, el nombramiento y cese de los cargos directivos con categoría, determinada por Decreto, de Director General o asimilada.

✐ Ap. 3 derogado por la disp. derog. única del RDley 1/1999, de 8 enero, por el que se aprueba la selección de personal estatutario y provisión de plazas en las Instituciones Sanitarias. Previamente lo había derogado el hoy asimismo derogado RD 118/1991, de 25 enero, de conformidad con lo establecido en el art. 34.4.4 de la Ley 4/1990, de 29 junio.

⇒ Téngase en cuenta que el RD 118/1991, de 25 enero, establece en su disp. derog. lo siguiente:

«1. Conforme a lo establecido en el art. 34, cuatro, 4, de la Ley 4/1990, de 29 junio, a la entrada en vigor de este Real Decreto quedarán derogados:

Del Texto Refundido de la Ley General de la Seguridad Social, aprobado por Decreto 2065/1974, de 30 mayo, los párrafos tercero y cuarto del art. 110.2 y los arts. 45.3, 113, 114 y 115.3».

[...]

TÍTULO II

RÉGIMEN GENERAL DE LA SEGURIDAD SOCIAL

[...]

CAPÍTULO IV

Asistencia sanitaria

⇒ Téngase en cuenta la Ley 14/1986, de 25 abril, General de Sanidad, así como la Ley 16/2003, de 28 mayo, de cohesión y calidad del Sistema Nacional de Salud, que deroga determinados preceptos de la misma. Sobre financiación de la asistencia sanitaria a partir de 1998, cfr. Ley 49/1998, de 30 diciembre, de Presupuestos Generales del Estado para 1999 (arts. 12 y 15.18). Esta Ley –como advirtiera su Exp. Motivos– «produce una desvinculación total de la Seguridad Social en el plano financiero y supone un avance importante en el proceso de separación de fuentes de financiación». Para el año 2007 cfr. Ley 42/2006, de 28 diciembre, de PGE para el citado período (art. 15).

Sección 1ª Disposiciones generales

Artículo 98. Objeto.

1. La asistencia sanitaria del Régimen General de la Seguridad Social tiene por objeto la prestación de los servicios médicos y farmacéuticos conducentes a conservar o restablecer la salud de los beneficiarios de dicho régimen, así como su aptitud para el trabajo.

2. Proporcionará también los servicios convenientes para completar las prestaciones médicas y farmacéuticas y, de un modo especial, atenderá a la rehabilitación física precisa para la recuperación profesional de los trabajadores.

Artículo 99. Hecho causante.

En la extensión y términos que se fijan en esta Ley, las contingencias cubiertas por las prestaciones de la asistencia sanitaria serán la enfermedad común o profesional, las lesiones derivadas de accidente, cualquiera que sea su causa, así como el embarazo, el parto y el puerperio.

Artículo 100. Beneficiarios.

1. Serán beneficiarios de la asistencia sanitaria por enfermedad común, maternidad y accidente no laboral:

a) Los trabajadores por cuenta ajena que reúnan el requisito general exigido en el número 1 del artículo 94.

b) Los pensionistas de este Régimen General y los perceptores de prestaciones periódicas del mismo que no tengan el carácter de pensiones, en los términos que reglamentariamente se determinen.

c) Los familiares o asimilados que estén a cargo de las personas indicadas en los apartados anteriores y, en caso de separación de hecho, el cónyuge e hijos de dichas personas, siempre que uno y otros reúnan las condiciones que reglamentariamente se determinen.

✐ El término «esposa» fue sustituido por el de «cónyuge» de acuerdo con el art. 4 de la hoy derogada Ley 26/1990, de 20 diciembre.

⇒ Adviértase la regla contenida en la disp. adic. 10ª.1 de la Ley 30/1981, de 7 julio, por la que se modifica la regulación del matrimonio en el Código Civil, que extiende las prestaciones de asistencia sanitaria al «cónyuge y los descendientes que hubieran sido beneficiarios por razón de matrimonio o filiación, con independencia de que sobrevenga separación judicial o divorcio». V., asimismo, la disp. adic. 4ª de la Ley 21/1987, de 11 noviembre, por la que se modifican determinados preceptos del Código Civil y de la Ley de Enjuiciamiento Civil entonces vigente, en materia de adopción, que previene que el menor «confiado en acogimiento legal a un titular o beneficiario del derecho de asistencia sanitaria en cualquier régimen del sistema de la Seguridad Social, tendrá derecho a recibir dicha prestación durante el tiempo que dure el acogimiento».

2. Serán beneficiarios de la asistencia sanitaria por accidente de trabajo o enfermedad profesional los trabajadores por cuenta ajena que reúnan la condición general señalada en el número 1 del artículo 94.

⇒ La remisión al art. 94 debe entenderse hoy referida al art. 124 de la vigente LGSS/1994 (§32.1). Téngase en cuenta que el RD 1088/1989, de 8 septiembre, extiende la cobertura de la asistencia sanitaria de la Seguridad Social a las personas sin recursos económicos suficientes. En desarrollo del mismo se ha dictado la O. 13 noviembre 1989.

3. Para el ejercicio del derecho a la asistencia sanitaria, en vía administrativa o jurisdiccional, estarán legitimados los trabajadores y pensionistas, titulares de dicho derecho, sin perjuicio de las excepciones que se determinen reglamentariamente en favor de los demás beneficiarios.

Artículo 101. Prestación de la asistencia.

La asistencia sanitaria se prestará al titular y a los beneficiarios a su cargo, con la extensión, duración y condiciones que reglamentariamente se determinen para las distintas contingencias constitutivas del hecho causante.

Artículo 102. Obligaciones del beneficiario.

1. El beneficiario deberá observar las prescripciones de los facultativos que le asisten. Cuando sin causa razonable rechace o abandone el tratamiento que le fuere indicado podrá ser sancionado con la suspensión de derecho al subsidio que pudiera corresponderle o, en su día, con la pérdida o suspensión de las prestaciones por invalidez.

2. Reglamentariamente se determinará el procedimiento para calificar de razonable la negativa del beneficiario a seguir un tratamiento, en particular si éste fuese de tipo quirúrgico o especialmente penoso. En todo caso, el beneficiario podrá recurrir la decisión sobre el carácter de su negativa ante las Comisiones Técnicas Calificadoras a que se refiere el artículo 144.

⇒ El art. 144 fue expresamente derogado por la disp. final 1ª del RD 2609/1982, de 24 septiembre, al amparo de la disp. final 2ª, núm. 3 del RDley 36/1978, de 16 noviembre (§32.2).

3. Las Entidades obligadas a prestar la asistencia sanitaria no abonarán los gastos que puedan ocasionarse cuando el beneficiario utilice servicios médicos distintos de los que hayan sido asignados, a no ser en los casos que reglamentariamente se determinen.

Sección 2ª Prestaciones médicas y farmacéuticas

Artículo 103. Prestaciones médicas.

1. La asistencia médica prestada por el Régimen General a sus beneficiarios comprenderá con el alcance determinado en esta Ley, los servicios de Medicina general, especialidades, internamiento quirúrgico y Medicina de urgencia, así como los de tratamiento y estancia en Centros y Establecimientos sanitarios.

2. El Ministerio de Trabajo, previa la obtención o asignación de los recursos financieros necesarios, podrá acordar la ampliación de las prestaciones sanitarias de este Régimen General.

3. Se atenderá igualmente a la organización, práctica y vigilancia de los reconocimientos médicos previos y periódicos a cargo de las empresas, de conformidad con lo establecido en las disposiciones de aplicación y desarrollo de esta Ley.

Artículo 104. Modalidades de la prestación médica.

1. La asistencia médica podrá prestarse en el domicilio del enfermo, en régimen ambulatorio o de internado, de acuerdo con lo establecido en esta Ley y en sus normas de aplicación y desarrollo.

2. ...

✐ Apartado expresamente derogado por RD 571/1990, de 27 abril, sobre estructura periférica de gestión de los servicios sanitarios.

3. La asistencia en régimen de internado se hará efectiva en las Instituciones Sanitarias de la

Seguridad Social o mediante concierto y en aplicación del principio legal de coordinación hospitalaria, en las clínicas, sanatorios y establecimientos de análoga naturaleza de la Organización Sindical o de carácter público o privado.

Reglamentariamente se regulará el régimen de conciertos, especialmente de los que se formalicen por la Entidad Gestora con las Facultades de Medicina.

4. La hospitalización por motivos quirúrgicos será obligatoria para la Entidad o, en su caso, Empresa que colabore en la gestión de la asistencia sanitaria conforme a lo previsto en la presente Ley, así como para el beneficiario. Por motivos no quirúrgicos la hospitalización sólo será obligatoria cuando así se determine reglamentariamente. Específicamente serán objeto de esta determinación los internamientos en centros especiales.

Artículo 105. Prestaciones farmacéuticas.

✐ La disp. adic. 7ª de la Ley 25/1990, de 20 diciembre, Ley del Medicamento, deroga este artículo en cuanto se oponga al art. 94 de la misma. Dicha Ley ha sido últimamente modificada por Ley 53/2002 (art. 125) (§16.4 bis) para incorporar parcialmente la Directiva 2001/20/CE de 4 abril, relativa a la aproximación de las legislaciones de los Estados Miembros sobre aplicación de buenas prácticas clínicas en ensayos de medicamentos de uso humano.

⇒ El RD 1274/1992, de 23 octubre, crea la Comisión Nacional para el Uso Racional de los Medicamentos. Por su parte, la Ley 29/2006, de 26 julio (asimismo deroga la Ley del Medicamento), regula las garantías y uso racional de los medicamentos y productos sanitarios. La O. SCO/3997/2006, de 28 diciembre, establece diversas medidas de desarrollo de la citada Ley. La selección de medicamentos a efectos de su financiación por la Seguridad Social se regula por RD 83/1993, de 22 enero y O. 6 abril 1993. El importe máximo de participación de los beneficiarios en la dispensación de las especialidades farmacéuticas clasificadas en los grupos y subgrupos terapeúticos incluidos en el Anexo II del citado RD 83/1993, es de 439 ptas., según establece la O. 18 octubre 1995. La Ley 13/1996, de 30 diciembre, de Medidas Fiscales, Administrativas y del Orden Social modifica diversos preceptos de la Ley del Medicamento (art. 168). Lo mismo hace la Ley 66/1997, de 30 diciembre, de Medidas Fiscales, Administrativas y del Orden Social (arts. 98 y 109). Esta última crea y regula la Agencia Española de Medicamentos (arts. 89 y ss.). V. también su disp. transit. 8ª.

V. asimismo RD 767/1993, de 21 mayo, que regula la evaluación, autorización, registro y dispensación de especialidades farmacéuticas, modificado por RD 2000/1995, de 7 diciembre y el RDley 11/1996, de 17 junio, de ampliación del servicio farmacéutico a la población, derogado por Ley 16/1997, de 25 abril, que regula los servicios de las oficinas de farmacia.

1. La asistencia farmacéutica comprenderá las fórmulas magistrales, especialidades y efectos o accesorios farmacéuticos que se prescriban por los facultativos de la Seguridad Social.

2. Quedan excluidos de la prestación farmacéutica los productos dietéticos, de régimen, aguas minero-medicinales, vinos medicinales, elixires, dentífricos, cosméticos, artículos de confitería, medicamentos, jabones medicinales y demás productos análogos.

Artículo 106. Libertad de prescripción.

⇒ V. nota anterior.

Los facultativos encargados de los servicios sanitarios de este Régimen General podrán prescribir libremente las fórmulas magistrales y las especialidades farmacéuticas reconocidas por la legislación sanitaria vigente que sean convenientes para la recuperación de la salud de sus pacientes.

Artículo 107. Adquisición y dispensación de productos y especialidades farmacéuticas.

⇒ V. nota al art. 105.

1. La dispensación de medicamentos será gratuita en los tratamientos que se realicen en las Instituciones propias o concertadas de la Seguridad Social y en los que tengan su origen en accidentes de trabajo o enfermedades profesionales. En los demás casos participarán los beneficiarios mediante el pago de una cantidad fija por receta o, en su caso, por medicamento, cuya determinación corresponderá al Gobierno, a propuesta del Ministro de Trabajo y previo informe de la Organización Sindical.

2. La Seguridad Social realizará la adquisición directa en los centros productores de los medicamentos que hayan de aplicarse en sus Instituciones abiertas o cerradas, a cuyo efecto se seleccionarán, conforme a criterios rigurosamente científicos, los medicamentos precisos para su aplicación en tales Instituciones abiertas y cerradas.

3. En todo caso, la dispensación de medicamentos para su aplicación fuera de las Instituciones a que se refiere el número anterior se efectuará a través de las oficinas de farmacia legalmente establecidas que estarán obligadas a efectuar tal dispensación.

4. La Seguridad Social concertará con laboratorios y farmacias, a través de sus representaciones legales sindicales y corporativas, los precios y demás condiciones económicas que deberán regir en la adquisición y dispensación de productos y especialidades farmacéuticas a que se refieren los dos números anteriores.

A falta de acuerdo para el referido concierto o, si después de pactado, uno o varios laboratorios no aceptasen para el suministro de sus especialidades a la Seguridad Social el régimen pactado, o por cualquier eventualidad éste no pudiese ser aplicado, una Comisión presidida por un delegado del

Ministerio de Trabajo, y compuesta, además, por cuatro vocales en representación de la Seguridad Social, y otros cuatro, de los cuales tres serán designados por el Sindicato Nacional de Industrias Químicas, en representación de los laboratorios farmacéuticos, y uno por el Consejo General de Colegios Oficiales de Farmacéuticos fijará de modo imperativo los topes máximos de precio que deban señalarse en ambos supuestos a los laboratorios titulares de especialidades para que las mismas puedan ser suministradas a la Seguridad Social.

Si las diferencias afectasen exclusivamente a las relaciones con las farmacias, la totalidad de los vocales de esta Comisión no representantes de la Seguridad Social serían designados por el Consejo General de Colegios Farmacéuticos.

5. Reglamentariamente se determinarán el procedimiento de los conciertos y el de funcionamiento de la Comisión a que se refiere el número anterior.

6. Lo dispuesto en los números anteriores se entenderá sin perjuicio de las facultades atribuidas al Ministerio de Trabajo para intervenir o participar en la determinación del valor de las sustancias medicamentosas que normalmente puedan entrar en la composición de las especialidades farmacéuticas, así como en el establecimiento de los márgenes comerciales de laboratorios, oficinas de farmacia y demás intermediarios.

Artículo 108. Otras prestaciones sanitarias.

La Seguridad Social facilitará, en todo caso, las prótesis quirúrgicas fijas y las ortopédicas permanentes o temporales, así como su oportuna renovación, y los vehículos para aquellos inválidos cuya invalidez así lo aconseje. Las prótesis dentarias y las especiales que se determinen podrán dar lugar a la concesión de ayudas económicas en los casos y según los baremos que reglamentariamente se establezcan.

Sección 3ª Ordenación de los servicios sanitarios

⇒ V. Ley 14/1986, de 25 abril, General de Sanidad.
V. nota al art. 1.2.2 del RDley 36/1978, de 16 noviembre (§32.2).
V. nota al art. 121 de esta Ley.
V. Ley 16/2003, de 28 mayo, de cohesión y calidad del Sistema Nacional de Salud.

Subsección 1ª Servicios sanitarios para enfermedad común y accidente no laboral

Artículo 109. Competencia.

La Entidad Gestora organizará los Servicios Sanitarios de la Seguridad Social, a su cargo, de conformidad con la presente Ley y con las normas que se dicten para su aplicación.

Artículo 110. Criterio de organización.

1. ...

✐ Apartado expresamente derogado por RD 571/1990, de 27 abril, sobre estructura periférica de gestión de los servicios sanitarios.

2. Tales Servicios también podrán ser organizados jerárquicamente, en cuyo caso los cometidos y actuaciones de los facultativos que los integren quedarán definidos por las exigencias de la ordenación funcional de la asistencia.

Será jerarquizada la organización de las Instituciones Sanitarias Cerradas y de las Abiertas que hayan de adoptar la estructura y denominación de Centros de Diagnóstico y Tratamiento, en todo caso, y la de las restantes Instituciones Abiertas, cuando así lo aconseje la ordenación de la asistencia. La jerarquización se llevará a efecto conforme a lo que disponga el Ministerio de Trabajo, a propuesta del Instituto Nacional de Previsión.

...

✐ Téngase en cuenta que el hoy derogado RD 118/1991, de 25 enero, establece en su disp. derog. 1ª lo siguiente:

«1. Conforme a lo establecido en el art. 34, cuatro, 4, de la Ley 4/1990, de 29 junio, a la entrada en vigor de este Real Decreto quedarán derogados:

Del Texto Refundido de la Ley General de la Seguridad Social, aprobado por Decreto 2065/1974, de 30 mayo, los párrafos tercero y cuarto del art. 110.2 y los arts. 45.3, 113, 114 y 115.3».

...

✐ Párrs. 3 y 4 del ap. 2 derogados por la disp. derog. única del RDley 1/1999, de 8 enero, por el que se regula la selección de personal estatutario y provisión de plazas en las Instituciones Sanitarias. Previamente los había derogado el RD 118/1991, de 25 enero, conforme a lo establecido en el art. 34.4.4 de la Ley 4/1990, de 29 junio.

3. ...

4. ...

✐ Aps. 3 y 4 expresamente derogados por RD 571/1990, de 27 abril, sobre estructura periférica de gestión de los servicios sanitarios.

Artículo 111. ...

✐ El art. 111 fue derogado por RD 571/1990, de 27 abril. No obstante, su disp. derog. 2ª explicitó: «Queda demorada la eficacia de esta derogación al establecimiento efectivo de la estructura orgánica prevista en el presente Real Decreto, y a la aprobación del Reglamento General para el Sector Sanitario».

Artículo 112. Derecho de elección de facultativos.

⇒ V. RD 8/1996, de 15 enero, sobre libre elección de médico en los servicios de atención especializada del INSALUD (hoy Instituto Nacional de Gestión Sanitaria).

1. Cuando en una determinada zona u otra circunscripción territorial presten sus servicios al Régimen General de la Seguridad Social varios Médicos generales, pediatras de familia o tocólogos, los titulares del derecho a la asistencia sanitaria gozarán de la facultad de elección en la forma que reglamentariamente se establezca. En los demás casos, la facultad de elección de médico se reconocerá progresivamente, subordinada a la organización del servicio.

2. Cuando tales titulares no ejerzan la facultad de elección, o ésta no sea posible, la Entidad Gestora los asignará directamente a los facultativos que proceda.

3. Los Médicos tendrán libertad para rechazar nuevas asignaciones u opciones a su favor por encima del cupo base correspondiente a la plaza que desempeñen, siempre que existan varias en su zona o circunscripción. También estarán facultados para rechazar, salvo caso de urgencia, cualquier adscripción siempre que, en cada caso concreto, exista a juicio de la inspección médica causa que justifique dicha determinación.

4. La adscripción de los titulares a los facultativos, bien como consecuencia del ejercicio del derecho de elección o bien directamente, se hará en todo caso a través de la Entidad Gestora.

5. Asignado un titular o, en su caso, beneficiario a un facultativo, no se variará esta asignación sin, o contra, la voluntad de aquél, salvo en caso del traslado del facultativo en cuestión a otra zona o circunscripción territorial o en el previsto en el número 4 del artículo anterior.

Artículo 113. ...

✐ Artículo derogado por la disp. derog. única del RDley 1/1999, de 8 enero.

⇒ V. nota al art. 110.2.

Artículo 114. ...

✐ Artículo derogado por la disp. derog. única del RDley 1/1999, de 8 enero.

⇒ V. nota al art. 110.2.

Artículo 115. Supuestos especiales.

1. Cuando las circunstancias geográficas, demográficas y laborales de una localidad lo aconsejen, a juicio y según las condiciones que al efecto fije el *Ministerio de Trabajo*, a propuesta de la Entidad Gestora, los Médicos, Practicantes y Matronas titulares de los Servicios Sanitarios locales tendrán el derecho y el deber, exclusivamente por el tiempo que dure su nombramiento como tales, de desempeñar los servicios sanitarios correspondientes, respectivamente, a plazas de Médicos generales, Practicantes y Matronas del Régimen General de dicha localidad.

2. En las zonas médicas en las que no existan Médicos especialistas de Pediatría, Puericultura o de Tocología, los Médicos generales al servicio de la Seguridad Social prestarán asistencia a la población infantil y, en su caso, a las gestantes y parturientas, sin perjuicio de que los beneficiarios puedan ser asistidos por los especialistas correspondientes de la circunscripción territorial de rango inmediato superior en los casos y en las formas que reglamentariamente se determinen.

3. ...

✐ Ap. 3 derogado por la disp. derog. única del RDley 1/1999, de 8 enero.

⇒ V. nota al art. 110.2.

Artículo 116. Estatuto del personal sanitario.

⇒ V. Ley 44/2003, de 21 noviembre (§16.11).

1. El personal sanitario de la Seguridad Social prestará sus servicios conforme al Estatuto jurídico que reglamentariamente se establezca.

2. Dicho personal será remunerado mediante una cantidad fija por cada persona titular o, en su caso, por cada beneficiario cuya asistencia tenga a su cargo, o mediante otra fórmula de remuneración en cuanto así lo aconseje la estructura sanitaria o la naturaleza de los servicios prestados.

Subsección 2ª Servicios sanitarios para accidentes de trabajo y enfermedades profesionales, así como para la asistencia a pensionistas

Artículo 117. Organización de los Servicios.

1. Los Servicios Sanitarios para accidentes de trabajo y enfermedades profesionales, cuando sean prestados por el Instituto Nacional de Previsión, de conformidad con lo previsto en el número 2 del artículo 197 serán los mismos y con organización común que los establecidos o que se establezcan para la asistencia de los casos de enfermedad común y accidente no laboral.

2. La Entidad Gestora podrá utilizar personal sanitario bajo la modalidad de servicios concertados para la asistencia a que se refiere este artículo, así como sanatorios y centros especializados en la materia, oficiales o privados, mediante el oportuno concierto con arreglo a las normas que se establezcan reglamentariamente.

Artículo 118. Facultativos obligados a prestar la asistencia.

En caso de accidente de trabajo o enfermedad profesional estarán obligados a prestar asistencia sanitaria:

a) El personal sanitario de los servicios de la Entidad Gestora, de las Mutuas Patronales y de las empresas que colaboren en la gestión, a cuyo personal, y en sus respectivos casos, se acudirá preferentemente, y siempre que sea posible para la prestación de la asistencia.

b) Los titulares de los Servicios Sanitarios Locales, o cualquier otro facultativo, a petición de las Entidades incluidas en el apartado anterior, según los casos, o de cualquier empresario en caso de urgencia respecto a sus propios trabajadores.

Artículo 119. Retribuciones.

Las retribuciones del personal sanitario y de los facultativos que se hagan cargo o intervengan en la asistencia de los accidentados o de los afectados por una enfermedad profesional se regularán reglamentariamente.

En cualquier caso existirá una tarifa oficial obligatoria por acto médico, aprobada por el Ministerio de Trabajo para todos los facultativos o personal sanitario no integrados directamente o por concierto, en su caso, en los Servicios Sanitarios mencionados en el artículo 117.

Artículo 120. Asistencia a pensionistas.

Los Servicios Sanitarios para la asistencia a los pensionistas de la Seguridad Social se ordenarán según los términos que reglamentariamente se establezcan.

Sección 4ª Normas comunes

Artículo 121. ...

✐ Artículo expresamente derogado por RD 571/1990, de 27 abril, sobre estructura periférica de gestión de los Servicios Sanitarios.

⇒ Téngase en cuenta que de conformidad con la Ley 50/1998, de 30 diciembre (art. 111), «para la gestión y administración de los centros, servicios y establecimientos sanitarios de protección de la salud o de atención sanitaria o sociosanitaria, podrán crearse cualesquiera entidades de naturaleza o titularidad pública admitidas en Derecho y, entre ellas, las fundaciones públicas sanitarias, que se regulan por las disposiciones contenidas en el presente artículo, por lo que se refiere al ámbito del Instituto Nacional de la Salud, y por la normativa específica de cada Comunidad Autónoma, en lo referente a las fundaciones públicas sanitarias que se puedan crear en sus respectivos ámbitos territoriales».

Artículo 122. *Servicios de urgencia.*

...

✐ El art. 122 fue derogado por RD 571/1990, de 27 abril. No obstante su disp. derog. 2ª explicitó: «Queda demorada la eficacia de esta derogación al establecimiento efectivo de la estructura orgánica prevista en el presente Real Decreto, y a la aprobación del Reglamento General para el Sector Sanitario».

Artículo 123. Facultad disciplinaria.

La facultad disciplinaria sobre el personal sanitario que preste, por cualquier título, servicios a la Seguridad Social corresponde al *Ministerio de Trabajo*, con independencia de cualquier otra jurisdicción a que aquél esté sujeto en razón de actividades ajenas a la Seguridad Social. Las medidas que a este respecto pueda adoptar el Ministerio de Trabajo no tendrán necesariamente repercusión en otras actividades que se ejerzan al margen de la Seguridad Social.

Artículo 124. Inspección de los servicios sanitarios.

1. Sin perjuicio de las facultades propias de la Inspección de Trabajo, corresponde a la Entidad Gestora la inspección sobre la organización y funcionamiento de los servicios sanitarios propios o

concertados, así como, en su caso, de los de las Mutuas Patronales de Accidentes de Trabajo y de los empresarios.

2. Los inspectores médicos y farmacéuticos del Cuerpo de Inspección Sanitaria de la Administración de la Seguridad Social tendrán la consideración de autoridad pública en el desempeño de tal función y recibirán de las autoridades y de sus agentes la colaboración y el auxilio que a aquélla se deben.

Los enfermeros subinspectores tendrán las funciones inspectoras de apoyo, gestión y colaboración con los inspectores médicos y farmacéuticos y en ejecución de las órdenes recibidas para el desempeño de sus cometidos tendrán la consideración de agentes de la autoridad.

Tendrán, de igual modo, la consideración de autoridad pública, en el desempeño de sus funciones, los inspectores médicos adscritos al Instituto Nacional de la Seguridad Social.

✐ Ap. 2 redactado por el art. 23 de la Ley 55/1999, de 29 diciembre, de medidas fiscales, administrativas y de orden social.

Artículo 125. Responsabilidad en materia farmacéutica.

1. El Gobierno, por Decreto, a propuesta del Ministro de Trabajo, establecerá las faltas por los actos u omisiones imputables a mala fe, ánimo ilícito de lucro o negligencia en que puedan incurrir los farmacéuticos en su actuación en la Seguridad Social, así como las sanciones que correspondan y que podrán llegar hasta la inhabilitación definitiva para el despacho de medicamentos a cargo de la Seguridad Social.

2. Independientemente de las sanciones a que hubiere lugar, el farmacéutico estará obligado a resarcir de los perjuicios económicos que con su actuación hubiere ocasionado a la Seguridad Social o a las personas protegidas por la misma.

[...]

CAPÍTULO XII
Disposiciones comunes del régimen general

[...]

Sección 2ª Disposiciones sobre seguridad e higiene en el trabajo en el Régimen General

⇒ Téngase en cuenta la Ley 31/1995, de 8 noviembre (§23).

Artículo 186. Disposición general.

Sin perjuicio de lo dispuesto en el artículo 27 de esta Ley en el Régimen General de la Seguridad Social se observarán las normas sobre Seguridad e Higiene en el Trabajo establecidas en la presente Sección y en sus disposiciones de aplicación y desarrollo.

Artículo 187. Autorización y asesoramiento.

1. Todo empresario, antes de proceder a la apertura de un centro de trabajo, deberá obtener la oportuna autorización de la Delegación Provincial de Trabajo competente, previo informe de la Inspección de Trabajo relativo al cumplimiento de las disposiciones de Seguridad e Higiene. Igual autorización habrá de obtenerse para reanudar o proseguir los trabajos después de efectuar alteraciones, ampliaciones o transformaciones de importancia en los locales e instalaciones de los centros de trabajo.

⇒ El art. 6 del RDLey 1/1986, de 14 marzo, suprime la autorización previa a la apertura del centro de trabajo y exige una comunicación previa, cuyos requisitos aparecen regulados en la O. 6 mayo 1988, modificada por la O. 29 abril 1999. Sobre la constitucionalidad del citado RDLey. V. STC 23/1993, de 21 enero (RTC 1993, 23).

2. El *Ministerio de Trabajo* facilitará el asesoramiento que se estime oportuno a las Entidades y Servicios oficiales encargados de la autorización e inspección relativas a la instalación, construcción o reforma de los edificios y locales destinados a lugares de trabajo.

Artículo 188. Paralización de trabajos que no cumplan las normas de seguridad.

⇒ Cfr. el art. 19.5 del ET (§2) y el art. 21 de la Ley 31/1995, de 8 noviembre (§23).

1. La Inspección de trabajo, además de cualquier otra actuación que proceda, podrá ordenar la paralización o suspensión inmediata de aquellos trabajos o tareas que se realicen sin observar las normas sobre Seguridad e Higiene en el Trabajo aplicables y que, a juicio de la Inspección, impliquen grave riesgo para los trabajadores que los ejecutan o para terceros.

2. Las empresas, sin perjuicio del cumplimiento inmediato de tales decisiones, podrán impugnarlas ante el Delegado Provincial de Trabajo competente.

3. En todo caso, la paralización o suspensión cesarán tan pronto como se subsanen las causas que las motivaron.

4. El incumplimiento por parte de las empresas de las decisiones de la Inspección de Trabajo y de las resoluciones de la autoridad laboral en esta materia se equiparará, respecto de los accidentes de trabajo que en tal caso pudieran producirse, a falta de formalización de la protección por dicha contingencia de los trabajadores afectados, con independencia de cualquier otra responsabilidad o sanción a que hubiera lugar.

5. La tramitación de los expedientes derivados de las suspensiones o paralizaciones previstas en el presente artículo se realizarán con arreglo a las normas especiales que se dicten al efecto, y en las que se abreviarán al máximo los plazos comunes de impugnación y resolución. En todo caso, se dará conocimiento a la Organización Sindical de la orden de paralización o suspensión de los trabajos.

Artículo 189. Categorías especiales de trabajadores.

Sin perjuicio de las normas específicas sobre trabajos prohibidos a mujeres y menores, las personas que sufran defectos o dolencias físicas, tales como epilepsia, calambres, vértigos, sordera, vista defectuosa o cualquier otra debilidad o enfermedad de efectos análogos, no serán empleadas en máquinas o trabajos en los cuales, a causa de dichos defectos o dolencias puedan, ellas o sus compañeros de trabajo, ponerse en especial peligro.

Artículo 190. Servicios de Seguridad e Higiene en el Trabajo.

⇒ Sobre los actuales Servicios de Prevención, v. Cap. IV LPRL (§23); RD 39/1997, de 17 enero (§24.1) y O. 27 junio 1997.

El Ministerio de Trabajo, atendidas las circunstancias de las empresas, en cuanto a su mayor o menor peligrosidad, número de trabajadores ocupados, situación geográfica y otras similares, determinará el establecimiento obligatorio de los Servicios de Seguridad e Higiene en el Trabajo que resulten procedentes. Entre tales Servicios se incluirán los relativos a médicos de empresa. Los Servicios de Seguridad e Higiene en el Trabajo serán propios, mancomunados o concertados, según los casos. Corresponde, asimismo, al Ministerio de Trabajo determinar los sistemas de titulación y especialización de sus componentes, su vinculación a la empresa y a su jurado y las demás condiciones profesionales.

⇒ La referencia a los jurados de empresa debe entenderse realizada hoy a los órganos de representación de los trabajadores, regulados en el Tít. II del ET (§2).
Sobre órganos de representación en materia de Seguridad e Higiene, v. arts. 33 y ss. de la LPRL (§23).

DISPOSICIONES TRANSITORIAS

[...]

Quinta.

1. Acreditada su necesidad, podrán concederse prestaciones de asistencia sanitaria o, en su caso, de asistencia social a los trabajadores que hubieran sido declarados en situación de invalidez permanente en el grado de incapacidad total para la profesión habitual a consecuencia de accidente de trabajo o enfermedad profesional, habiéndoseles reconocido con anterioridad a la fecha de entrada en vigor de la Ley 24/1972, de 21 de junio, una cantidad a tanto alzado por estar comprendidos en el supuesto previsto en el número 2 del artículo 137 de la Ley de la Seguridad Social de 21 de abril de 1966.

2. Asimismo se podrán conceder las indicadas prestaciones, acreditada su necesidad, a quienes habiendo sido declarados en situación de incapacidad total para la profesión habitual por causa de enfermedad común o accidente no laboral, no hubieran obtenido la condición de pensionista por aplicación de cualquiera de los preceptos contenidos en los artículos 136 y 137 de la Ley de la Seguridad Social de 21 de abril de 1966.

3. Dichas prestaciones serán obligadas en las condiciones que fije el Ministerio de Trabajo y con la participación de las Entidades que, en su caso, hubieran satisfecho las mencionadas indemnizaciones.

4. ...

✐ Apartado derogado por RDLeg 1/1994, de 20 junio (§32.1).

Sexta.

1. ...

2. ...

3. ...

✐ Apartados derogados por RDLeg 1/1994, de 20 junio (§32.1).

4. Continuarán en vigor, salvo que concurra alguna causa de extinción de los mismos, los conciertos que hubiera suscrito la Seguridad Social para la utilización de los Establecimientos sanitarios de las Entidades Colaboradoras del extinguido Seguro de Enfermedad, que cesaron en su colaboración conforme a lo dispuesto en la Ley de la Seguridad Social, de 21 de abril de 1966.

5. ...

6. ...

7. ...

8. ...

✐ Apartados asimismo derogados por RDLeg 1/1994, de 20 junio (§32.1).

9. Continuarán surtiendo sus efectos las medidas que hubiera adoptado el Ministerio de Trabajo, conforme a lo previsto en el número 13 de la disposición transitoria 6ª de la Ley de la Seguridad Social de 21 de abril de 1966, respecto al personal sanitario que en 24 de abril de 1966 prestaba sus servicios a la Caja Nacional del Seguro de Accidentes de Trabajo.

[...]

b) Pensiones

§ 35.1 REAL DECRETO 1799/1985, DE 2 OCTUBRE. DESARROLLA LA LEY 31 JULIO 1985, EN MATERIA DE RACIONALIZACIÓN DE LAS PENSIONES DE JUBILACIÓN E INVALIDEZ PERMANENTE EN EL SISTEMA DE LA SEGURIDAD SOCIAL

(BOE núm. 239, de 5 octubre [RCL 1985, 2387])

✐ Téngase en cuenta que este Real Decreto se ve afectado por las modificaciones introducidas en la LGSS/1994 (§32.1) por Ley 24/1997, de 15 julio, de Consolidación y Racionalización del Sistema de Seguridad Social.

CAPÍTULO I

Pensión de jubilación

Artículo 1. ...

Artículo 2. ...

✐ Arts. 1 y 2 derogados por RD 1647/1997, de 31 octubre (§35.2).

CAPÍTULO II

Pensión de invalidez permanente

⇒ V. arts. 137 y ss. de la LGSS/1994 (§32.1).

Artículo 3. Solicitud e inicio de los efectos económicos en los supuestos de falta de alta.

Cuando los interesados no se encuentren en alta o situación asimilada a la de alta, la declaración de invalidez permanente en los grados de incapacidad absoluta y gran invalidez derivada de contingencias comunes, sólo tendrá lugar a instancia de parte. En tales supuestos, los efectos económicos se producirán desde el momento de la solicitud.

Artículo 4. Período mínimo de cotización exigible para causar derecho a las pensiones de invalidez permanente.

1. Para causar derecho a pensión de invalidez permanente derivada de enfermedad común, el período mínimo de cotización exigible será:

a) Si el sujeto causante tiene menos de veintiséis años de edad, la mitad del tiempo transcurrido entre la fecha en que cumplió los dieciséis años y la del hecho causante de la pensión. A tales efectos, no se tendrán en consideración, en su caso, las fracciones de edad del beneficiario en la fecha del hecho causante que sean inferiores a medio año, excepto en el caso de beneficiarios con edades comprendidas entre los dieciséis y dieciséis años y medio. Del mismo modo, cuando tales fracciones sean superiores a seis meses, se considerarán equivalentes a medio año.

b) Si el causante tiene cumplidos veintiséis años de edad, un cuarto del tiempo transcurrido entre la fecha en que haya cumplido los veinte años y el día en que se hubiese producido el hecho causante, con un mínimo, en todo caso, de cinco años. A tales efectos, no se tendrán en consideración, en su caso, las fracciones de edad del beneficiario en la fecha del hecho causante que sean inferiores a medio año. Del mismo modo, cuando tales fracciones sean superiores a seis meses, se considerarán equivalentes a medio año.

Los períodos resultantes por aplicación de las reglas contenidas en los apartados a) y b) del presente número serán objeto de redondeo, despreciándose, en su caso, las fracciones de mes.

2. En los supuestos previstos en el apartado b) del número anterior, al menos un quinto del período exigido deberá estar comprendido dentro de los diez años inmediatamente anteriores al hecho causante.

3. Para causar derecho a pensión de invalidez permanente absoluta para todo trabajo o gran

invalidez, derivada de enfermedad común o accidente no laboral, en los supuestos en que el beneficiario no se encontrase en alta o en situación asimilada a la de alta en el momento del hecho causante, el período mínimo de cotización exigible será, en todo caso, de quince años distribuidos en la forma prevista en el número anterior.

4. En el caso de trabajadores que, encontrándose en situación de incapacidad temporal o de prórroga de sus efectos, no hayan llegado a agotar el período máximo de duración de la misma, incluida su prórroga, establecida en el párrafo a), apartado 1, del artículo 128 de la Ley General de la Seguridad Social, los días que falten para agotar dicho período máximo se asimilarán a días cotizados a efectos del cómputo del período mínimo de cotización exigido para causar derecho a la pensión de incapacidad permanente.

✐ Apartado redactado por RD 4/1998, de 9 enero, de revalorización de pensiones para 1998 (disp. adic. 7ª).

CAPÍTULO III

Disposiciones comunes a las pensiones de jubilación e invalidez permanente

⇒ V. el art. 162.1 LGSS/1994 (§32.1).

Artículo 5. Base reguladora de las pensiones de jubilación e invalidez permanente.

1. En los Regímenes enumerados en el número 2 del artículo 6 de la Ley 26/1985, de 31 de julio, la base reguladora de las pensiones de jubilación e invalidez permanente derivada de enfermedad común será el cociente que resulte de dividir por 112 las bases de cotización del interesado durante los noventa y seis meses inmediatamente anteriores a aquel en que se produzca el hecho causante.

2. El cómputo de las bases a que se refiere el número anterior se realizará conforme a las siguientes reglas:

1ª Las bases correspondientes a los veinticuatro meses anteriores a aquel en que se produzca el hecho causante se computarán en su valor nominal.

2ª Las restantes bases de cotización se actualizarán de acuerdo con la evolución que haya experimentado el índice de precios al consumo desde los meses a que aquéllas correspondan hasta el mes inmediato anterior a aquel en que se inicie el período de bases no actualizables a que se refiere la regla anterior.

3. En los supuestos previstos en el número 2 del artículo 3 de la Ley 26/1985, la base reguladora se obtendrá dividiendo la suma de las bases mensuales de cotización que correspondan en virtud del período mínimo exigible, sin tener en cuenta las fracciones de mes, por el número de meses a que dichas bases se refieran, incrementándose este divisor multiplicándolo por el coeficiente 1,1666. En ningún caso serán objeto de actualización las bases correspondientes a los veinticuatro meses inmediatamente anteriores a aquel en que se produzca el hecho causante.

4. Las pensiones de invalidez permanente absoluta o gran invalidez, derivadas de accidente no laboral, correspondientes a beneficiarios que no se encontrasen en alta o en situación asimilada a la de alta en el momento del hecho causante, serán calculadas conforme a la norma general establecida en los números 1 y 2 del presente artículo.

El cálculo de la base reguladora de las pensiones de invalidez permanente total, invalidez permanente absoluta y gran invalidez, derivadas de accidente no laboral, en que los beneficiarios se encontrasen en situación de alta o asimilada a la de alta, continuarán rigiéndose por las normas ya en vigor con anterioridad a la Ley 26/1985.

5. Para el cálculo de las pensiones de los trabajadores por cuenta ajena de los Regímenes General, de la Minería del Carbón, de Trabajadores Ferroviarios, Agrario y de Trabajadores del Mar, si en el período que haya de tomarse para el cálculo de la base reguladora aparecieran meses durante los cuales no hubiese existido obligación de cotizar, dichas lagunas se integrarán, a los exclusivos efectos de dicho cálculo, con la base mínima del Régimen General existente en cada momento para trabajadores mayores de dieciocho años.

La no existencia de la obligación de cotizar a que se refiere el párrafo anterior abarcará tanto las situaciones asimiladas a la de alta para las que no se exija tal obligación, como a aquellas otras situaciones en que no nace la obligación de cotizar por no encontrarse el trabajador en alta o situación asimilada.

Artículo 6. Reconocimiento del derecho en caso de pluriactividad.

Para causar pensión de jubilación o invalidez permanente en los grados de incapacidad permanente absoluta o gran invalidez derivada de enfermedad común o accidente no laboral en más de un Régimen de la Seguridad Social, y cuando el interesado no se encuentre en el momento de hecho causante en alta o situación asimilada a la de alta en ambos Regímenes, será necesario que las cotizaciones acreditadas en cada uno de los Regímenes se superpongan, al menos, durante quince años.

En los casos en los que el interesado se encuentre en alta o en situación asimilada a la de alta en uno de los Regímenes y reúna en ambos los requisitos para causar derecho a pensión, le serán reconocidas las mismas en los términos y condiciones previstos en las normas aplicables por los respectivos Regímenes, siempre que concurra el requisito de cotizaciones superpuestas a que se refiere el párrafo anterior.

DISPOSICIONES ADICIONALES

Primera.

Para la determinación de la cuantía de las pensiones de jubilación que se causen al amparo de la Ley 26/1985, no serán de aplicación las previsiones contenidas en el artículo 6 de la Orden de 18 de enero de 1967, por la que se establecen normas para la aplicación y desarrollo de la prestación de vejez en el Régimen General.

Segunda.

A efectos de poder causar las pensiones de jubilación e invalidez permanente al amparo de la Ley 26/1985, se considerará como situación asimilada a la de alta el paro involuntario que subsista después de haber agotado las prestaciones o subsidios por desempleo. No obstante, el período durante el que se permanezca en dicha situación no podrá ser computable, en ningún caso, a efectos de alcanzar el período mínimo de cotización.

DISPOSICIONES TRANSITORIAS

Primera.

1. Los trabajadores que, en la fecha de entrada en vigor de la Ley 26/1985, tuvieran cubiertos los requisitos de edad y período de carencia requeridos para causar derecho a cualquiera de las modalidades de jubilación reguladas en la legislación precedente, pero no hubieran cesado en su trabajo, mantendrán la opción por aquel derecho en las mismas condiciones exigidas y con la cuantía que les hubiera correspondido el día anterior a dicha fecha, aplicando para la determinación de su importe las normas sobre revalorización que procedan.

2. En los supuestos de opción favorable a la aplicación de la legislación anterior a que se refiere el número precedente, las cotizaciones efectuadas a partir de la entrada en vigor de la Ley 26/1985, no se computarán a efecto alguno, ni procederá su devolución.

Segunda.

Los derechos a pensión de jubilación causados y no ejercitados con anterioridad a la entrada en vigor de la Ley 26/1985, podrán reconocerse por aplicación del principio legal de imprescriptibilidad recogido en el artículo 156.1 de la Ley General de la Seguridad Social. No obstante, podrá ser aplicada de modo alternativo la nueva legislación, a opción del interesado cuando se reúnan los requisitos en dicha nueva legislación para los supuestos de jubilación en situación de no alta.

Tercera.

1. El beneficio de carencias reducidas regulado en el artículo 30 del Decreto 2530/1970, de 20 de agosto, en la redacción dada por el Decreto 3088/1977, de 19 de octubre, se aplicará únicamente a los trabajadores de aquellos sectores profesionales que se hayan incorporado al Régimen Especial de Trabajadores por Cuenta Propia o Autónomos con anterioridad a la entrada en vigor de la Ley 26/1985, y hubieran solicitado el alta desde el momento de dicha integración.

2. Los períodos mínimos a que se refiere el número anterior se incrementarán, en lo que respecta a la pensión de invalidez, en la misma cuantía de años o meses en que la Ley 26/1985 amplía, para dicha contingencia, los períodos mínimos de cotización generales.

Por lo que respecta a la pensión de jubilación, los períodos mínimos reducidos se incrementarán con los años que en la entrada en vigor de esta Ley le falten al trabajador para cumplir los sesenta y cinco años, con un máximo, en todo caso, de cinco años.

Cuarta.

Las incapacidades derivadas de enfermedad común o accidente no laboral producidas con anterioridad a la entrada en vigor de la Ley 26/1985 se regirán por la legislación vigente en aquel momento.

Quinta.

1. En aquellos Regímenes en los que, en virtud de su legislación anterior, se tomaran para el cálculo de la base reguladora de las pensiones de jubilación e invalidez permanente derivada de enfermedad común, períodos inferiores a sesenta meses, lo dispuesto en el artículo 5, número 1, del presente Real Decreto se aplicará paulatinamente en los siguientes términos:

a) Durante el primer año de vigencia de la Ley 26/1985, la base reguladora será el cociente que resulte de dividir por 70 las bases de cotización del interesado durante los setenta meses inmediatamente anteriores a aquel en que se produzca el hecho causante.

b) Durante el segundo año de vigencia de la Ley 26/1985, la base reguladora será el cociente que resulte de dividir por 84 las bases de cotización del interesado durante los setenta y dos meses inmediatamente anteriores a aquel en que se produzca el hecho causante.

c) Durante el tercer año de vigencia de la Ley 26/1985, la base reguladora será el cociente que resulte de dividir por 98 las bases de cotización del interesado durante los ochenta y cuatro meses en que se produzca el hecho causante.

2. Para el cómputo de las bases de cotización mencionadas en el número anterior, serán de aplicación las reglas primera y segunda del número 2 del mencionado artículo 5.

3. Lo previsto en los dos números anteriores será también de aplicación a los supuestos contemplados en el número 3 del artículo 5 del presente Real Decreto, en tanto en cuanto el período de bases de cotización a computar, según lo previsto en los apartados a), b) y c) del número 1 de esta disposición transitoria, sea inferior al que resulte de lo dispuesto en el citado artículo 5, número 3.

DISPOSICIÓN FINAL

1. Se faculta al *Ministro de Trabajo y Seguridad Social* para dictar las disposiciones de aplicación y desarrollo del presente Real Decreto.

⇒ Las referencias al Ministro de Trabajo y Seguridad Social, entiéndanse hoy hechas al Ministro de Trabajo y Asuntos Sociales.

2. El presente Real Decreto entrará en vigor el día de su publicación en el «Boletín Oficial del Estado».

§ 35.2 REAL DECRETO 1647/1997, DE 31 OCTUBRE. DESARROLLA DETERMINADOS ASPECTOS DE LA LEY 24/1997, DE 15 JULIO, DE CONSOLIDACIÓN Y RACIONALIZACIÓN DEL SISTEMA DE LA SEGURIDAD SOCIAL

(BOE núm. 272, de 13 noviembre [RCL 1997, 2677])

La Ley 24/1997, de 15 de julio, de Consolidación y Racionalización del Sistema de Seguridad Social, mediante la reforma del texto refundido de la Ley General de Seguridad Social, aprobado por Real Decreto Legislativo 1/1994, de 20 de junio, plasma una serie de medidas concretas que afectan, por una parte, a los aspectos financieros del sistema –separación de fuentes de financiación, constitución de reservas, establecimiento gradual de un tope único de cotización– y, por otra, a la acción protectora, en especial, a las pensiones de jubilación, incapacidad permanente, viudedad y orfandad.

Se hace necesario abordar, con carácter inmediato, el desarrollo reglamentario de algunas de las reformas introducidas en materia de prestaciones, para facilitar su aplicación, detallando y aclarando aquellos aspectos que se derivan de las modificaciones incorporadas a la Ley. Por otro lado, como es evidente, en el presente Real Decreto no se recogen las materias cuya concreción se remite a futuras negociaciones o consultas con los agentes sociales, como el régimen de incompatibilidades de las pensiones de incapacidad permanente o el tope de cobertura de las pensiones contributivas.

En la elaboración del presente Real Decreto se ha procurado paliar la dispersión normativa existente en el ordenamiento jurídico de la Seguridad Social, de forma que, en la medida de lo posible, las adaptaciones normativas necesarias se han llevado a cabo a través de una nueva redacción de los preceptos reglamentarios afectados.

En su virtud, en base a las facultades contenidas en la disposición final séptima de la Ley General de la Seguridad Social, texto refundido aprobado por el Real Decreto Legislativo 1/1994, de 20 de junio, a propuesta del Ministro de Trabajo y Asuntos Sociales, de acuerdo con el Consejo de Estado y previa deliberación del Consejo de Ministros en su reunión del día 31 de octubre de 1997, dispongo:

CAPÍTULO I
Disposiciones generales

Artículo 1. Ámbito de aplicación.

Las disposiciones establecidas en el presente Real Decreto serán de aplicación a todos los Regímenes del sistema de la Seguridad Social, sin más particularidades que las que expresamente se indican.

CAPÍTULO II
Pensión de jubilación

Artículo 2. Período mínimo de cotización.

1. El período mínimo de cotización exigible para causar derecho a la pensión de jubilación será de quince años, de los cuales, al menos dos, deberán estar comprendidos dentro de los quince años inmediatamente anteriores al momento de causar el derecho.

2. En los supuestos en que se acceda a la pensión de jubilación desde una situación de alta o asimilada al alta, sin obligación de cotizar, el período de los dos años a que se refiere el apartado anterior deberá estar comprendido dentro de los quince años anteriores a la fecha en que cesó la obligación de cotizar.

Artículo 3. Requisitos para causar la pensión sin alta.

1. Los trabajadores afiliados al sistema de la Seguridad Social, que no estén en alta o en situación asimilada al alta en el momento del hecho causante, tendrán derecho a la pensión de jubilación siempre que reúnan los siguientes requisitos:

a) Haber cumplido sesenta y cinco años.

b) Haber cubierto el período mínimo de cotización establecido en el apartado 1 del artículo anterior.

2. En los supuestos previstos en este artículo, se considerará producido el hecho causante el día de presentación de la solicitud.

Artículo 4. Determinación de la base reguladora de la pensión de jubilación.

1. La base reguladora de la pensión de jubilación, en su modalidad contributiva, será el cociente que resulte de dividir por 210 las bases de cotización del interesado durante los ciento ochenta meses inmediatamente anteriores a aquel en que se produzca el hecho causante.

El cómputo de las bases a que se refiere el párrafo anterior se realizará conforme a las siguientes reglas, de las que es expresión matemática la fórmula que figura al final del presente apartado.

1ª Las bases correspondientes a los veinticuatro meses anteriores a aquel en que se produzca el hecho causante se computarán en su valor nominal.

2ª Las restantes bases de cotización se actualizarán de acuerdo con la evolución que haya experimentado el Indice de Precios al Consumo desde el mes a que aquéllas correspondan, hasta el mes inmediato anterior a aquel en que se inicie el período de bases no actualizables a que se refiere la regla anterior.

$$B_r = \frac{\sum_{i=1}^{24} B_i + \sum_{i=25}^{180} B_i \frac{I_{25}}{I_i}}{210}$$

Siendo:

B_r = Base reguladora.

B_i = Base de cotización del mes i-ésimo anterior al hecho causante.

I_i = Indice general de precios al consumo del mes i-ésimo anterior al del hecho causante.

Siendo i = 1, 2, ..., 180.

2. Para el cálculo de la base reguladora, no se tendrán en cuenta aquellas cantidades que, aun habiendo sido ingresadas dentro del período computable, correspondan a meses distintos de los comprendidos en él.

3. En los casos en que el último mes en alta se cotice íntegro, se computará por entero a efectos de determinar la base reguladora de la pensión de jubilación, aun cuando el hecho causante se hubiera producido con anterioridad a la finalización de dicho mes.

4. Para el cálculo de la pensión de jubilación de los trabajadores incluidos en el Régimen General y en el Régimen Especial de la Minería del Carbón, y de los trabajadores por cuenta ajena incluidos en el Régimen Especial Agrario y en el Régimen Especial de los Trabajadores del Mar, si en el período que haya de tomarse para el cálculo de la base reguladora aparecieran meses durante los cuales no hubiese existido obligación de cotizar, dichas lagunas se integrarán, a los exclusivos efectos de dicho cálculo, con la base mínima de entre todas las existentes en cada momento para trabajadores mayores de dieciocho años.

La no existencia de la obligación de cotizar a que se refiere el párrafo anterior abarcará tanto a las situaciones de alta o asimiladas al alta para las que no se exija tal obligación, como a aquellas otras situaciones en que no hubiera existido la obligación de cotizar por no encontrarse el trabajador en alta o situación asimilada.

5. En los supuestos en que se acceda a la pensión de jubilación desde una situación de alta o asimilada al alta, sin obligación de cotizar, así como cuando el interesado no se encuentre, en el momento del hecho causante, en alta o situación asimilada al alta, se aplicará lo dispuesto en el apartado 1 de este artículo. En consecuencia, los meses computables para la determinación de la base reguladora serán los inmediatamente anteriores a aquel en que se produzca el hecho causante.

Artículo 5. Cuantía de la pensión.

La cuantía de la pensión de jubilación, en su modalidad contributiva, se determinará aplicando a la respectiva base reguladora, el porcentaje que resulte, en función de los años de cotización, según la escala siguiente:

Años de cotización	Porcentaje de la base reguladora
A los quince años	50
A los dieciséis años	53

Años de cotización	Porcentaje de la base reguladora
A los diecisiete años	56
A los dieciocho años	59
A los diecinueve años	62
A los veinte años	65
A los veintiún años	68
A los veintidós años	71
A los veintitrés años	74
A los veinticuatro años	77
A los veinticinco años	80
A los veintiséis años	82
A los veintisiete años	84
A los veintiocho años	86
A los veintinueve años	88
A los treinta años	90
A los treinta y un años	92
A los treinta y dos años	94
A los treinta y tres años	96
A los treinta y cuatro años	98
A los treinta y cinco años o más	100

CAPÍTULO III

Prestaciones de incapacidad permanente

Artículo 6. ...

✐ Derogado por la disp. derog. única del RD 1132/2002, de 31 octubre (§35.4).

Artículo 7. Nueva denominación de las pensiones de incapacidad permanente, en determinados supuestos.

1. Las pensiones de incapacidad permanente del sistema de la Seguridad Social, cuando sus beneficiarios cumplan la edad de sesenta y cinco años, pasarán a denominarse pensiones de jubilación. La nueva denominación, que también será aplicable a las pensiones reconocidas en el supuesto a que se refiere el apartado 2 del artículo anterior, no implicará modificación alguna, respecto de las condiciones de la prestación que se viniese percibiendo.

2. La nueva denominación de las pensiones de incapacidad permanente no alterará el régimen jurídico de las prestaciones que puedan derivarse de aquéllas.

3. Lo dispuesto en los apartados anteriores será también de aplicación en el Régimen Especial de la Seguridad Social para la Minería del Carbón, con independencia de sus normas particulares sobre prestaciones, en relación con la cuantía de la pensión de los inválidos absolutos y grandes inválidos al cumplir la edad de jubilación, de conformidad con lo establecido en el artículo 20 de la Orden de 3 de abril de 1973, para la aplicación y desarrollo del Decreto 298/1973, de 8 de febrero, sobre actualización del Régimen Especial de la Seguridad Social para la Minería del Carbón, en la redacción dada por la Orden de 8 de abril de 1986, por la que se modifica dicho artículo.

CAPÍTULO IV

Prestaciones de muerte y supervivencia

⇒ V. disp. adic. 2ª del RD 4/1998, de 9 enero.

Artículo 8. Cuantías mínimas de las pensiones de viudedad.

1. Las cuantías mínimas de las pensiones de viudedad, para beneficiarios menores de sesenta años, que tengan cargas familiares y cuyas rentas no excedan del límite de ingresos que anualmente establezca la correspondiente Ley de Presupuestos Generales del Estado, para el reconocimiento de los complementos para las pensiones inferiores a la mínima, se equipararán a los importes fijados para beneficiarios con edades comprendidas entre los sesenta y sesenta y cuatro años.

2. A estos efectos, se entenderá por cargas familiares la convivencia del beneficiario con hijos menores de veintiséis años o mayores incapacitados, o menores acogidos, cuando la renta del conjunto de la unidad familiar así constituida, dividida por el número de miembros que la componen, no supere en cómputo anual el 75 por 100 del salario mínimo interprofesional, excluida la parte proporcional de dos pagas extraordinarias.

Se considerarán como rendimientos computables cualesquiera bienes y derechos, derivados tanto del trabajo como del capital, así como los de naturaleza prestacional. Los rendimientos indicados se tomarán en el valor percibido en el ejercicio anterior a aquel en que deban aplicarse los complementos a que se refiere el apartado precedente, debiendo excluirse los dejados de percibir como consecuencia del hecho causante de las prestaciones, así como aquellos que se pruebe que no han de ser percibidos en el ejercicio en que deban aplicarse los referidos complementos.

✐ Párr. 2º modificado por la disp. adic. 7ª del RD 3475/2000, de 29 diciembre.

3. Todo beneficiario estará obligado a presentar ante la entidad gestora que corresponda, en el plazo de treinta días, a contar desde la fecha en que se produzcan, comunicación debidamente acreditada de cuantas variaciones hubieran tenido lugar en su situación familiar o económica, que puedan suponer el nacimiento o la extinción del derecho al complemento por mínimos establecido en el apartado 1 de este artículo.

Asimismo, vendrá obligado a presentar declaración expresiva de los ingresos tanto propios como de los miembros de la unidad familiar a que se refiere el apartado anterior, a efectos de determinar la subsistencia de las cargas familiares. Esta declaración deberá presentarse antes del 1 de marzo de cada año.

Artículo 9. Beneficiarios de la pensión de orfandad.

1. Tendrán derecho a la pensión de orfandad cada uno de los hijos del causante, cualquiera que sea la naturaleza legal de su filiación, siempre que, a su fallecimiento, sean menores de dieciocho años o tengan reducida su capacidad de trabajo en un porcentaje valorado en un grado de incapacidad permanente absoluta o gran invalidez.

Asimismo, cuando al fallecer el causante se encontrase en alta o en situación asimilada al alta, será exigible que hubiera completado un período de cotización de quinientos días dentro de los cinco años anteriores a la fecha del fallecimiento. Si la causa de éste fuese un accidente, sea o no de trabajo, o una enfermedad profesional, no se exigirá ningún período previo de cotización.

2. En los casos en que el hijo del causante no efecte un trabajo lucrativo por cuenta ajena o propia o, cuando realizándolo, los ingresos que obtenga, en cómputo anual, resulten inferiores al 75 por 100 de la cuantía del salario mínimo que se fije en cada momento, también en cómputo anual, se podrá ser beneficiario de la pensión de orfandad siempre que, al fallecer el causante, sea menor de veintidós años de edad, o de veinticuatro años si no sobreviviera ninguno de los dos padres.

Reconocido el derecho a la pensión de orfandad o prolongado su disfrute, la pensión quedará en suspenso cuando los beneficiarios, mayores de dieciocho años, concierten un contrato laboral en cualquiera de sus modalidades o efecten un trabajo por cuenta propia, siempre que los ingresos derivados del contrato o de la actividad de que se trate superen el límite señalado en el párrafo anterior, o cuando los ingresos del trabajo que se viniese efectuando superen el límite indicado. La suspensión tendrá efectos desde el día siguiente a aquel en que concurra la causa de la suspensión.

Lo previsto en el párrafo anterior, será también de aplicación en los casos en que, con anterioridad al cumplimiento de los dieciocho años, se viniese percibiendo la pensión de orfandad y el huérfano viniese realizando un trabajo por cuenta ajena o por cuenta propia, cuando los ingresos superen el límite previsto en el párrafo primero. En estos supuestos, la suspensión tendrá efectos en la fecha del cumplimiento de los dieciocho años. Para la determinación de los ingresos, en ningn caso se tendrán en cuenta los obtenidos por el huérfano antes de que se cumplan los dieciocho años.

El derecho a la pensión se recuperará cuando se extinga el contrato de trabajo, cese la actividad por cuenta propia o, en su caso, finalice la prestación por desempleo, incapacidad temporal, riesgo durante el embarazo o maternidad o, en los supuestos en que se continúe en la realización de una actividad o en el percibo de una prestación, cuando los ingresos derivados de una u otra no superen los límites señalados en el párrafo primero. La recuperación tendrá efectos desde el día siguiente a la fecha de extinción del contrato de trabajo, el cese en la actividad o a la finalización de la percepción de la correspondiente prestación, o de aquel en que se modifique la cuantía de los ingresos percibidos por uno u otras, siempre que se solicite dentro de los tres meses siguientes a la indicada fecha. En caso contrario, la pensión recuperada tendrá una retroactividad máxima de tres meses, a contar desde la solicitud.

Cuando en los supuestos indicados en los párrafos anteriores, los ingresos percibidos en el año por el huérfano fuesen superiores al límite señalado en el párrafo primero, la recuperación de la pensión se producirá el día primero del año siguiente, siempre que en dicha fecha se sigan cumpliendo los requisitos exigidos.

Si al finalizar el ejercicio económico, los ingresos percibidos por el beneficiario hubiesen sido, en cómputo anual, inferiores al límite previsto en el párrafo primero, se abonará la pensión, por el tiempo no percibido, desde el día primero de enero de dicho ejercicio o desde la fecha en que se suspendió dicha pensión, de ser esta última posterior, siempre que se solicite en el plazo de los tres primeros meses del año siguiente. En otro caso, el período de percepción se reducirá en tantos días como se haya demorado la presentación de la solicitud.

✐ Ap. 2 modificado por el art. 3.1 del RD 1465/2001, de 27 diciembre.

3. De igual forma tendrán derecho a la pensión de orfandad los hijos, cualquiera que sea la naturaleza legal de su filiación, que el cónyuge supérstite hubiese llevado al matrimonio, cuando, junto con los requisitos generales, concurran las siguientes condiciones especiales:

a) Que el matrimonio se hubiese celebrado con dos años de antelación a la fecha del fallecimiento del causante.

b) Que se pruebe que convivían con el causante y a sus expensas.

c) Que no tengan derecho a otra pensión de la Seguridad Social, ni queden familiares con obligación y posibilidad de prestarles alimentos, según la legislación civil.

Artículo 10. Compatibilidad y opción.

1. La pensión de orfandad de beneficiarios menores de dieciocho años o que tengan reducida su capacidad de trabajo en un porcentaje valorado en un grado de incapacidad permanente absoluta o gran invalidez, será compatible con cualquier renta de trabajo del cónyuge superviviente o del propio huérfano, así como, en su caso, con la pensión de viudedad que aquél perciba.

2. La pensión de orfandad de beneficiarios mayores de dieciocho años, no incapacitados, será compatible con cualquier renta del trabajo del cónyuge superviviente, o del propio huérfano, en los términos que se indican en el apartado 2 del artículo 9 de este Real Decreto, así como, en su caso, con la pensión que aquél perciba.

✐ Nueva redacción del núm. 2 del art. 10, por el citado RD 4/1998, de 9 enero.

3. Los huérfanos que tengan reducida su capacidad de trabajo en un porcentaje valorado en un grado de incapacidad permanente absoluta o gran invalidez, con derecho a pensión de orfandad y perciban otra pensión de la Seguridad Social en razón a la misma incapacidad, podrán optar entre una y otra.

4. La pensión de orfandad que perciba el huérfano incapacitado que hubiera contraído matrimonio será incompatible con la pensión de viudedad a la que posteriormente pudiera tener derecho, y deberá optar entre una u otra.

✐ Ap. 4 añadido por disp. final 2ª del RD 1335/2005, de 11 noviembre.

Artículo 11. Abono de la pensión de orfandad.

La pensión de orfandad se abonará:

a) En el caso de beneficiarios menores de dieciocho años, a quienes los tengan a su cargo, en tanto cumplan la obligación de mantenerlos y educarlos.

Cuando la entidad pública a la que, en el respectivo territorio, esté encomendada la protección de los menores, constate que el huérfano se encuentra en situación de desamparo por incumplimiento o inadecuado ejercicio de los deberes de protección establecidos por las leyes, la entidad gestora adoptará las medidas oportunas para que la pensión se abone a quien quede atribuida la guarda del menor, en los términos previstos en el Código Civil.

b) En el caso de beneficiarios mayores de dieciocho años, directamente al beneficiario, salvo que se trate de mayores incapacitados judicialmente, en cuyo caso se abonaría la pensión conforme a lo indicado en el párrafo a).

DISPOSICIÓN ADICIONAL

Única. Extinción de la pensión de orfandad.

Se modifica el párrafo a), apartado 1, artículo 21, sobre extinción de la pensión de orfandad, de la Orden de 13 de febrero de 1967, por la que se establecen normas para la aplicación y desarrollo de las prestaciones de muerte y supervivencia del Régimen General de la Seguridad Social, que queda redactada de la siguiente manera:

«a) Cumplir la edad máxima fijada en cada caso de los previstos en el artículo 175 del texto refundido de la Ley General de la Seguridad Social, aprobado por Real Decreto Legislativo 1/1994, de 20 de junio, salvo que, en tal momento, tuviere reducida su capacidad de trabajo en un porcentaje valorado en un grado de incapacidad permanente absoluta o gran invalidez».

DISPOSICIONES TRANSITORIAS

Primera. Período mínimo de cotización y base reguladora de las pensiones de jubilación.

1. Durante 1997, el período de dos años de cotización, a que se refieren los apartados 1 y 2 del artículo 2 del presente Real Decreto, deberá estar comprendido dentro de los diez años inmediatamente anteriores al momento de causar el derecho, o a la fecha en que cesó la obligación de cotizar, respectivamente.

2. La base reguladora prevista en el apartado 1 del artículo 4, se aplicará de forma gradual del modo establecido en el apartado 1 de la disposición transitoria quinta del texto refundido de la Ley General de la Seguridad Social, aprobado por Real Decreto Legislativo 1/1994, de 20 de junio.

Segunda. ...

✐ Derogada por la disp. derog. única del RD 1132/2002, de 31 octubre (§35.4).

Tercera. Aplicación de legislación anterior para causar derecho a pensión de jubilación.

1. Los trabajadores que, en la fecha de entrada en vigor de la Ley 24/1997, de 15 de julio, de Consolidación y Racionalización del Sistema de Seguridad Social, tuvieran cubiertos todos los requisitos para causar derecho a cualquiera de las modalidades de jubilación reguladas en la legislación precedente, pero que no hubieran cesado en su trabajo, mantendrán la opción por aquel derecho en las mismas condiciones exigidas y con la cuantía que les hubiera correspondido el día anterior a dicha fecha, aplicando para la determinación de su importe las normas sobre revalorización que procedan.

2. En los supuestos de opción en favor de la aplicación de la legislación anterior a que se refieren el apartado precedente, las cotizaciones efectuadas a partir de la entrada en vigor de la Ley 24/1997, de 15 de julio, de Consolidación y Racionalización del Sistema de Seguridad Social, no se computarán a efecto alguno para la determinación de la pensión de jubilación, ni procederá su devolución.

3. Los derechos a pensión de jubilación causados y no ejercitados con anterioridad a la entrada en vigor de la Ley 24/1997, de 15 de julio, se reconocerán por la legislación anterior a aquélla. No obstante, en estos supuestos y a opción de los interesados, podrá ser de aplicación la Ley 24/1997, cuando aquéllos soliciten la jubilación, con posterioridad a la entrada en vigor de dicha Ley, no estando los mismos en alta o en situación asimilada al alta.

4. La opción prevista en los apartados 1 y 3 de esta disposición transitoria tendrá, en todo caso, carácter irrevocable. A tal efecto, la entidad gestora ofrecerá a los interesados con derecho a opción una información clara, acerca de los resultados que se derivan de la aplicación de cada una de las legislaciones.

Cuarta. Prestaciones de muerte y supervivencia.

1. La equiparación de las cuantías mínimas de las pensiones de viudedad, a que se refiere el apartado 1 del artículo 8, se llevará a cabo de modo gradual y en el plazo establecido en la disposición adicional séptima bis del texto refundido de la Ley General de la Seguridad Social, aprobado por Real Decreto Legislativo 1/1994, de 20 de junio.

2. Los límites de edad determinantes de la condición de beneficiario de la pensión de orfandad, previstos en el apartado 2 del artículo 9, se aplicarán paulatinamente en los términos que se indican en la disposición transitoria sexta bis de la Ley General de la Seguridad Social, a cuyo efecto se tendrá en cuenta lo siguiente:

1º Si el hecho causante de la pensión de orfandad es anterior a la fecha de entrada en vigor de la Ley 24/1997, de 15 de julio, de Consolidación y Racionalización del Sistema de Seguridad Social:

a) El derecho a la pensión se extinguirá al cumplimiento de los dieciocho años de edad, si éste tiene lugar con anterioridad a la fecha de entrada en vigor de la Ley, salvo que se trate de personas incapacitadas para todo trabajo.

b) El derecho a la pensión no se extinguirá al cumplimiento de los dieciocho años de edad, si éste tiene lugar con posterioridad a la fecha de entrada en vigor de la Ley, en cuyo caso será de aplicación lo dispuesto en el apartado siguiente.

2º Si el hecho causante de la pensión de orfandad es posterior a la fecha de entrada en vigor de la Ley 24/1997, de 15 de julio, de Consolidación y Racionalización del Sistema de Seguridad Social:

a) Durante 1997, el límite de edad para ser beneficiario será de diecinueve años, salvo en el supuesto de inexistencia de ambos padres, en cuyo caso dicho límite será de veinte años.

b) Durante 1998, el límite de edad para ser beneficiario será de veinte años, salvo en el supuesto de inexistencia de ambos padres, en cuyo caso dicho límite será de veintiún años.

c) A partir de 1999, los límites de edad para ser beneficiario serán los establecidos en el apartado 2 del artículo 175 de la Ley General de la Seguridad Social.

d) Una vez extinguido el derecho a la pensión por el cumplimiento de la edad límite fijada en los párrafos anteriores de este apartado, no procederá un nuevo reconocimiento de la prestación por el mismo hecho causante.

DISPOSICIÓN DEROGATORIA

Única. Disposiciones que se derogan.

Quedan derogadas cuantas disposiciones de igual o inferior rango se opongan a lo establecido en el presente Real Decreto y expresamente:

a) Los artículos 27 y 37 y el anexo del Decreto 3158/1966, de 23 de diciembre, por el que se aprueba el Reglamento general que determina la cuantía de las prestaciones económicas del Régimen General de la Seguridad Social y condiciones para el derecho a las mismas.

b) Los artículos 4, 7, 8, 11 y el apartado 3 del artículo 5 de la Orden de 18 de enero de 1967, por la que se establecen normas para la aplicación y desarrollo de la prestación de vejez en el Régimen General de la Seguridad Social.

c) Los artículos 16, 19 y 20 de la Orden de 13 de febrero de 1967, por la que se establecen normas para la aplicación y desarrollo de las prestaciones de muerte y supervivencia del Régimen General de la Seguridad Social.

d) El artículo 2 del Decreto 1646/1972, de 23 de junio, para la aplicación de la Ley 24/1972, de 21 de junio, en materia de prestaciones del Régimen General de la Seguridad Social.

e) Los artículos 1 y 2 del Real Decreto 1799/1985, de 2 de octubre, para la aplicación de la Ley 26/1985, de 31 de julio, en la materia de racionalización de las pensiones de jubilación e invalidez permanente.

DISPOSICIONES FINALES

Primera. Facultades de desarrollo y aplicación.

Se faculta al Ministro de Trabajo y Asuntos Sociales para dictar las normas necesarias para la aplicación y desarrollo del presente Real Decreto.

Segunda. Entrada en vigor.

El presente Real Decreto entrará en vigor el día siguiente al de su publicación en el «Boletín Oficial del Estado», excepto lo dispuesto en el artículo 8, que entrará en vigor el 1 de enero de 1998.

§ 35.3 REAL DECRETO 1578/2006, DE 22 DICIEMBRE. REVALORIZACIÓN DE LAS PENSIONES DEL SISTEMA DE LA SEGURIDAD SOCIAL Y DE OTRAS PRESTACIONES SOCIALES PÚBLICAS PARA EL EJERCICIO 2007

(BOE núm. 312, de 30 diciembre [RCL 2006, 2347])

La Ley 42/2006, de 28 de diciembre, de Presupuestos Generales del Estado para 2007, contiene, dentro de su título IV, los criterios de revalorización de las pensiones del sistema de la Seguridad Social para dicho ejercicio, y prevé su revalorización de acuerdo con el índice de inflación previsto.

De acuerdo con las previsiones legales, este Real Decreto establece una revalorización general de las pensiones de la Seguridad Social, incluido el límite máximo de percepción de pensiones públicas, del 2 por 100, si bien incorporando en la revalorización el diferencial de la evolución del Índice de Precios de Consumo (IPC) en el año 2006 (período noviembre de 2005-noviembre de 2006) respecto de la revalorización practicada en el último ejercicio indicado. Además, y de acuerdo con lo previsto en la disposición adicional duodécima de la Ley 42/2006, de 28 de diciembre, de Presupuestos Generales del Estado para el año 2007, se prevé el abono a los pensionistas de la Seguridad Social y a otros perceptores de prestaciones sociales públicas, en un único pago y antes de abril de 2007, de la diferencia de pensión o prestación que hubiese correspondido de haberse revalorizado su pensión o prestación, en 2006, en el 2,6 por 100 y la cantidad realmente percibida en dicho ejercicio.

Asimismo, mediante este Real Decreto se hace uso de la autorización contenida en el apartado cuatro de la disposición adicional duodécima de la Ley de Presupuestos Generales del Estado para 2007, actualizando los valores consignados en el título IV y en las disposiciones adicionales primera y segunda de aquélla, relativos a pensiones y a otras prestaciones sociales públicas, al adaptar su importe al incremento real experimentado por el IPC, en el período noviembre 2005/noviembre 2006.

La revalorización de las pensiones de la Seguridad Social en los términos señalados supone el mantenimiento de su poder adquisitivo de conformidad con las previsiones del artículo 48 del Texto Refundido de la Ley General de la Seguridad Social, aprobado por el Real Decreto Legislativo 1/1994, de 20 de junio, en la redacción dada por la Ley 24/1997, de 15 de julio, de Consolidación y Racionalización del Sistema de la Seguridad Social.

Por otra parte, de conformidad con las previsiones legales y atendiendo el compromiso del Gobierno de mejorar la cuantía de las pensiones mínimas por encima de la revalorización general, se prevén incrementos que, en lo que a las prestaciones de carácter contributivo se refiere, oscilan entre el 5 y el 6,5 por 100, según los casos, y que, por lo que respecta a las pensiones no contributivas, alcanza el 3 por 100. Especial atención se presta a la pensión de orfandad para beneficiarios menores de 18 años con una discapacidad en grado igual o superior al 65 por 100, cuyo importe se equipara a la cuantía de las pensiones no contributivas. Asimismo, se actualiza el límite de ingresos compatibles con la condición de beneficiario de las asignaciones por hijo o menor acogido a cargo, así como las cuantías de tales asignaciones en favor de hijos discapacitados con 18 o más años.

En su virtud, a propuesta del Ministro de Trabajo y Asuntos Sociales, de acuerdo con el Consejo de Estado, y previa deliberación del Consejo de Ministros en su reunión del día 22 de diciembre de 2006, dispongo:

TÍTULO I
PENSIONES DEL SISTEMA DE LA SEGURIDAD SOCIAL EN SU MODALIDAD CONTRIBUTIVA

CAPÍTULO I
Normas comunes

Artículo 1. Objeto.

Mediante este Real Decreto se procede al desarrollo de las previsiones contenidas, en materia de revalorización de las pensiones del sistema de la Seguridad Social y de otras prestaciones sociales públicas, en la Ley 42/2006, de 28 de diciembre, de Presupuestos Generales del Estado para 2007, y a la actualización de los valores consignados en el título IV y en las disposiciones adicionales primera y segunda, adaptando sus importes al incremento real experimentado por el IPC en el período noviembre 2005/noviembre 2006.

Artículo 2. Ámbito de aplicación.

1. Lo establecido en este título será de aplicación a las pensiones de incapacidad permanente, jubilación, viudedad, orfandad y en favor de familiares del sistema de la Seguridad Social en su modalidad contributiva, siempre que se hayan causado con anterioridad al 1 de enero del año 2007.

2. Las pensiones del extinguido seguro obligatorio de vejez e invalidez se regirán por las normas específicas contenidas en los artículos 8 y 13.

3. Quedan excluidos de lo dispuesto en el apartado 1 los Regímenes Especiales de las Fuerzas Armadas, de Funcionarios Civiles de la Administración del Estado y de los Funcionarios al Servicio de la Administración de Justicia.

CAPÍTULO I
Revalorización de pensiones no concurrentes

Sección 1ª Pensiones del sistema

Subsección 1ª Normas generales

Artículo 3. Importe de la revalorización.

1. Las pensiones comprendidas en el apartado 1 del artículo anterior, causadas con anterioridad al 1 de enero de 2007 y no concurrentes con otras, se revalorizarán el 2 por 100.

2. El importe de la pensión, una vez revalorizada, estará limitado a la cantidad de 2.290,59 euros, entendiendo esta cantidad referida al importe de una mensualidad ordinaria, sin perjuicio de las pagas extraordinarias que pudieran corresponder. Dicho límite mensual será objeto de adecuación en aquellos supuestos en que el pensionista tenga derecho o no a percibir 14 pagas al año, comprendidas en uno u otro caso, las pagas extraordinarias, a los efectos de que la cuantía no supere o pueda alcanzar, respectivamente, 32.068,26 euros, en cómputo anual.

3. Las pensiones que excedan de 2.290,59 euros mensuales no se revalorizarán, salvo lo señalado en el apartado 2.

4. La revalorización de las pensiones de gran invalidez se efectuará aplicando las reglas previstas en el apartado 1 a la pensión sin el incremento del 50 por 100, y al resultado obtenido se le añadirá la cuantía resultante de aplicar el 50 por 100 al importe de la pensión sin incremento, una vez revalorizada.

A los efectos del límite máximo señalado en el apartado 2, se computará únicamente la pensión sin incremento.

Artículo 4. Aplicación de la revalorización.

La revalorización se aplicará al importe mensual que tuviese la pensión de que se trate el 31 de diciembre de 2006, excluidos los conceptos que a continuación se enumeran:

a) Los complementos reconocidos para alcanzar los mínimos establecidos con anterioridad.

b) El recargo de prestaciones económicas por falta de medidas de seguridad e higiene en el trabajo.

c) Las percepciones de rentas temporales por cargas familiares y la indemnización suplementaria para la provisión y renovación de aparatos de prótesis y ortopedia, en el supuesto de pensiones del extinguido seguro de accidentes de trabajo y enfermedades profesionales.

Subsección 2ª Complementos por mínimos

Artículo 5. Complementos por mínimos de las pensiones contributivas.

El importe de las pensiones no concurrentes, una vez revalorizadas, de acuerdo con lo dispuesto en la subsección anterior, se complementará, en su caso, en la cuantía necesaria para alcanzar las cuantías mínimas que se reflejan en el anexo I.

Artículo 6. Límite de ingresos.

1. Los complementos por mínimos no tienen carácter consolidable y serán absorbibles con cual-

quier incremento futuro que puedan experimentar las percepciones del interesado, ya sea en concepto de revalorizaciones o por reconocimiento de nuevas prestaciones de carácter periódico que den lugar a la concurrencia de pensiones, que se regula en el siguiente capítulo de este Real Decreto. En este último supuesto, la absorción del complemento por mínimo tendrá efectos desde el día primero del mes siguiente a la fecha de la resolución de reconocimiento de la nueva pensión.

2. Los complementos por mínimos serán incompatibles con la percepción por el pensionista de rendimientos íntegros de trabajo personal por cuenta propia o ajena, y/o de capital, o cualesquiera otros rendimientos sustitutivos de aquéllos, cuando la suma de todas las percepciones mencionadas, excluida la pensión que se vaya a complementar, exceda de 6.495,29 euros al año, salvo en los supuestos previstos en el apartado siguiente. A tal efecto también se computarán entre tales ingresos las plusvalías o ganancias patrimoniales, valoradas conforme a la legislación fiscal, así como los rendimientos que puedan deducirse del montante económico del patrimonio, aplicando a su valor un tipo de interés del 2,5 por 100, con la excepción de la vivienda habitualmente ocupada por el pensionista y de los bienes cuyas rentas hayan sido computadas.

A los exclusivos efectos del reconocimiento de los complementos por mínimos de las pensiones contributivas de la Seguridad Social, de los rendimientos íntegros percibidos por el pensionista, y computados en los términos establecidos en la legislación fiscal, se excluirán los siguientes:

a) En los rendimientos íntegros procedentes del trabajo, los gastos deducibles, de acuerdo con la legislación fiscal.

b) En los casos de rendimientos íntegros procedentes de actividades empresariales, profesionales y agrícolas o ganaderas, los gastos deducibles, de acuerdo con la legislación fiscal.

Los rendimientos íntegros del pensionista, computados en la forma en que se determina en los párrafos anteriores, se tomarán en el valor percibido en el año 2006, y deberán excluirse los dejados de percibir por motivo del hecho causante de las respectivas pensiones, así como aquellos otros que se pruebe que no han de ser percibidos en el ejercicio 2007.

3. Cuando la suma, en cómputo anual, de los rendimientos referidos en el apartado anterior y los correspondientes a la pensión resulte inferior a la suma de 6.495,29 euros más el importe, también en cómputo anual, de la cuantía mínima fijada para la clase de pensión de que se trate, se reconocerá un complemento igual a la diferencia, distribuido entre el número de mensualidades en que se devenga la pensión.

4. Se presumirá que concurren los requisitos indicados en los apartados anteriores cuando el interesado hubiera percibido durante el 2006 rendimientos, computados en la forma señalada en el apartado 2, por cuantía igual o inferior a 6.330,69 euros. Esta presunción podrá destruirse, en su caso, por las pruebas obtenidas por la Administración directamente o a través de los propios interesados.

5. Los pensionistas perceptores de complementos por mínimos, que durante el año 2006 hayan obtenido rendimientos, por los conceptos referidos en el apartado 2, superiores a 6.330,69 euros, deberán presentar declaración expresiva de dicha circunstancia antes del día 1 de marzo del 2007.

Sin perjuicio de la obligación establecida en el párrafo anterior, para acreditar las rentas e ingresos las entidades gestoras de la Seguridad Social podrán en todo momento requerir a los perceptores de complementos por mínimos una declaración de éstos, así como de sus bienes patrimoniales y, en su caso, la aportación de las declaraciones tributarias presentadas.

6. En el mínimo asignado a las pensiones de gran invalidez, están comprendidos los dos elementos que integran la pensión a que se refiere el artículo 3.4.

7. Cuando el complemento por mínimo de pensión se solicite con posterioridad al reconocimiento de aquélla, surtirá efectos a partir de los tres meses anteriores a la fecha de la solicitud, siempre que en aquel momento se reunieran todos los requisitos para tener derecho al mencionado complemento.

Artículo 7. Complementos por mínimos por cónyuge a cargo.

1. Se considerará que existe cónyuge a cargo del titular de una pensión, a los efectos del reconocimiento de las cuantías mínimas establecidas en el anexo I, cuando aquél se halle conviviendo con el pensionista y dependa económicamente de él.

2. Salvo en el caso de separación judicial, se presumirá la convivencia siempre que se conserve el vínculo matrimonial, sin perjuicio de que esa presunción pueda destruirse por la actividad investigadora de la Administración.

Asimismo, se entenderá que existe dependencia económica del cónyuge cuando concurran las circunstancias siguientes:

a) Que el cónyuge del pensionista no sea, a su vez, titular de una pensión a cargo de un régimen básico público de previsión social, entendiendo comprendidos en dicho concepto los subsidios de garantía de ingresos mínimos y de ayuda por tercera persona, ambos de la Ley 13/1982, de 7 de abril, de Integración Social de los Minusválidos, y las Pensiones Asistenciales reguladas en la Ley 45/1960, de 21 de julio.

b) Que los rendimientos por cualquier naturaleza del pensionista y de su cónyuge, computados en la forma señalada en el apartado 2 del artículo anterior, resulten inferiores a 7.576,84 euros anuales.

Cuando la suma, en cómputo anual, de los rendimientos referidos en el párrafo anterior y del importe, también en cómputo anual, de la pensión que se vaya a complementar resulte inferior a la suma de 7.576,84 euros y de la cuantía anual de la pensión mínima con cónyuge a cargo de que se trate, se reconocerá un complemento igual a la diferencia, distribuido entre el número de mensualidades que corresponda.

3. Los perceptores de complementos por cónyuge a cargo vendrán obligados a declarar, dentro del mes siguiente al momento en que se produzca, cualquier variación de su estado civil que afecte a dicha situación, así como cualquier cambio en la situación de dependencia económica de su cónyuge.

Sin perjuicio de lo establecido en el párrafo precedente, las entidades gestoras de la Seguridad Social podrán solicitar, en cualquier momento, los datos identificativos del cónyuge, así como declaración de los ingresos que perciban ambos cónyuges.

4. La pérdida del derecho al complemento por cónyuge a cargo tendrá efectos a partir del día 1 del mes siguiente a aquel en que cesen las causas que dieron lugar a su reconocimiento.

5. La omisión por parte de los beneficiarios del cumplimiento de lo dispuesto en el artículo 6.5 y en el apartado 3 de este artículo será constitutiva de infracción, a tenor de lo dispuesto en la sección 2ª del capítulo III del Texto Refundido de la Ley sobre infracciones y sanciones en el orden social, aprobado por el Real Decreto Legislativo 5/2000, de 4 de agosto.

Sección 2ª Pensiones del extinguido Seguro Obligatorio de Vejez e Invalidez

Artículo 8. Revalorización de las pensiones del extinguido seguro obligatorio de vejez e invalidez.

1. La revalorización de las pensiones del extinguido seguro obligatorio de vejez e invalidez no concurrentes con otras pensiones públicas, cualquiera que sea la fecha del hecho causante, consistirá en la diferencia entre el importe de la pensión a 31 de diciembre de 2006 y la cuantía de 4.743,76 euros, en cómputo anual.

A los efectos de lo previsto en el párrafo anterior, no se considerarán pensiones concurrentes las prestaciones económicas reconocidas al amparo de la Ley 3/2005, de 18 de marzo, a los ciudadanos de origen español desplazados al extranjero, durante su minoría de edad, como consecuencia de la guerra civil, ni las pensiones percibidas por los mutilados útiles o incapacitados de primer grado por causa de la pasada guerra civil española, cualquiera que fuese la legislación aplicable, las pensiones extraordinarias derivadas de actos de terrorismo, ni el subsidio de ayuda por tercera persona, previsto en la Ley 13/1982, de 7 de abril, de Integración Social de los Minusválidos.

2. La revalorización establecida en el apartado anterior no tiene carácter consolidable.

CAPÍTULO III
Concurrencia de pensiones

Sección 1ª Normas comunes

Artículo 9. Concurrencia de pensiones.

1. A los efectos de lo establecido en este título, se entenderá que existe concurrencia de pensiones cuando un mismo beneficiario tenga reconocida o se le reconozca más de una pensión a cargo de alguna de las siguientes entidades y organismos:

a) Las abonadas por el Régimen de Clases Pasivas del Estado y, en general, las abonadas con cargo a créditos de la Sección 07 del Presupuesto de Gastos del Estado.

b) Las abonadas por el Régimen General y los regímenes especiales de la Seguridad Social, así como las de modalidad no contributiva de la Seguridad Social y las pensiones asistenciales por ancianidad a favor de los emigrantes españoles.

c) Las abonadas por los Fondos Especiales de la Mutualidad General de Funcionarios Civiles del Estado, del Instituto Social de las Fuerzas Armadas y de la Mutualidad General Judicial o por las propias mutualidades citadas, así como las abonadas por el Fondo Especial del Instituto Nacional de la Seguridad Social.

d) Las abonadas por los sistemas o regímenes de previsión de las Comunidades Autónomas y de las corporaciones locales y por los propios entes.

e) Las abonadas por las mutualidades, montepíos o entidades de previsión social que se financien en todo o en parte con recursos públicos.

f) Las abonadas por empresas o sociedades con participación mayoritaria, directa o indirecta, en su capital del Estado, de las Comunidades Autónomas o de las corporaciones locales o de los organismos autónomos de uno y otras, bien directamente o mediante la suscripción de la correspondiente póliza de seguro con una institución distinta, cualquiera que sea la naturaleza jurídica de ésta o bien por las mutualidades o entidades de previsión de aquéllas, en las que las aportaciones directas de los causantes de la pensión se complementen con recursos públicos, incluidos los de la propia empresa o sociedad.

g) Las abonadas por la Administración del Estado o por las Comunidades Autónomas en virtud de la Ley de 21 de julio de 1960 y del Real Decreto 2620/1981, de 24 de julio, así como los subsidios económicos de garantía de ingresos mínimos y de ayuda por tercera persona, previstos en la Ley 13/1982, de 7 de abril, de Integración Social de los Minusválidos.

h) Cualesquiera otras no enumeradas en los párrafos anteriores, que se abonen total o parcialmente con cargo a recursos públicos.

2. No obstante, como excepción a lo previsto en el apartado 1 anterior, no tendrán la consideración de pensiones públicas, ni, por tanto, se computarán a efectos de la limitación del señalamiento inicial o de la fijación de la cuantía máxima de percepción de las pensiones públicas, las abonadas a través de planes de pensiones de empleo o contratos de seguro colectivo, incluidos los formalizados por mutualidades de previsión social empresarial, promovidos por las administraciones, organismos, entidades y empresas a que se refiere la disposición final segunda del Texto Refundido de la Ley de Regulación de los Planes y Fondos de Pensiones, aprobado por el Real Decreto Legislativo 1/2002, de 29 de noviembre, y en los términos en ella expresados.

Sección 2ª Revalorización aplicable a pensiones del sistema de la Seguridad Social

Subsección 1ª Normas generales

Artículo 10. Revalorización de las pensiones concurrentes del sistema de la Seguridad Social.

1. Las pensiones concurrentes del sistema de la Seguridad Social se revalorizarán aplicando a cada una de ellas lo previsto en el artículo 3.1, sin que la suma de las pensiones concurrentes, una vez revalorizadas, pueda ser superior a la cuantía indicada en el apartado 2 de dicho artículo.

2. Si como consecuencia de la aplicación del tope máximo a que se refiere el artículo 3.2 hubiera de minorarse la cuantía del incremento que se asigne en concepto de revalorización, el exceso que deba absorberse se distribuirá proporcionalmente entre las cuantías que por revalorización hubieran correspondido a cada una de las pensiones de no existir el referido tope.

3. Cuando concurran pensiones revalorizables y no revalorizables del sistema de la Seguridad Social, cuya suma de importes en 2006, una vez aplicada la desviación del IPC, ascendía a 2.245,67 euros mensuales, se recalcularán, desde su reconocimiento inicial, las revalorizaciones teóricas de las pensiones revalorizables para garantizar, en su caso, el límite máximo establecido en el artículo 3.2.

Artículo 11. Revalorización de las pensiones del sistema de la Seguridad Social concurrentes con otras pensiones públicas.

Cuando un titular tenga reconocidas una o varias pensiones del sistema de la Seguridad Social, en concurrencia con una o más pensiones de las mencionadas en el artículo 9, la revalorización de las pensiones de la Seguridad Social se efectuará conforme a lo dispuesto en los apartados siguientes:

1. Si la suma de las pensiones concurrentes no alcanza el límite máximo establecido en el artículo 3.2, el importe de la revalorización de la pensión o pensiones de la Seguridad Social se determinará con aplicación de lo dispuesto en el artículo anterior.

No obstante, no se tendrán en cuenta, a efectos de la revalorización de las pensiones del sistema de la Seguridad Social, los complementos de pensión otorgados a los trabajadores, en virtud de convenio colectivo o reglamento interior, que, como consecuencia de reestructuración de plantilla o causa similar, anticipen la edad de jubilación, obteniendo la pensión con aplicación del coeficiente reductor del porcentaje de aquélla. Ello sin perjuicio de que se tengan en cuenta a efectos de la aplicación del límite máximo de 2.290,59 euros mensuales.

Cuando la pensión ajena al sistema de la Seguridad Social, en virtud de su normativa específica, no experimentase revalorización, la pensión de la Seguridad Social se revalorizará en el porcentaje señalado en el artículo 3.1.

2. Si la suma de las pensiones públicas percibidas por el titular, una vez revalorizadas, alcanza el límite máximo señalado en el artículo 3.2, se aplicarán las reglas siguientes:

Primera. Cuando todas las pensiones públicas percibidas por el titular sean revalorizables, se tendrá en cuenta lo siguiente:

a) Se determinará un límite máximo anual para el importe de los pagos que deban hacerse en relación con la pensión de la Seguridad Social. Este límite consistirá en una cifra que guarde con la cuantía de 32.068,26 euros anuales íntegros la misma proporción que la pensión de la Seguridad Social guarda en relación con el conjunto de todas las pensiones concurrentes que correspondan al mismo titular.

Dicho límite «L» se obtendrá mediante la aplicación de la siguiente fórmula:

$$L = P/T \times 32.068{,}26 \text{ euros anuales}$$

siendo «P» el valor íntegro teórico anual alcanzado a 31 de diciembre de 2006 de la pensión a cargo de la Seguridad Social, y «T» el resultado de añadir a la cifra anterior el valor íntegro, en términos anuales, de las restantes pensiones concurrentes del mismo titular.

b) Obtenido dicho límite, la Seguridad Social sólo abonará en concepto de revalorización de la pensión a su cargo las cantidades debidas en cuanto no excedan de aquél. En otro caso, deberá proceder a la absorción del exceso sobre dicho límite, en proporción a la cuantía de cada una de las pensiones concurrentes y a la del exceso habido en la pensión de la Seguridad Social.

Segunda. Cuando las pensiones ajenas al sistema de la Seguridad Social, en virtud de su normativa específica, no sean revalorizables, la pensión de la Seguridad Social se revalorizará en el porcentaje señalado en el artículo 10 o, en su defecto, en la cantidad necesaria para que el importe conjunto de todas las pensiones percibidas por el titular, una vez revalorizadas las de la Seguridad Social, no supere el límite máximo que se señala en el artículo 3.2, aplicando, en su caso, lo previsto en el artículo 10.3.

3. A efectos de determinar el límite establecido en el apartado 2 de este artículo, cuando entre las pensiones concurrentes coincidan dos o más de la Seguridad Social, se considerarán éstas como una sola pensión por la aplicación previa de lo dispuesto en el apartado anterior.

4. Cuando la suma de las pensiones concurrentes supere la cantidad de 32.068,26 euros, en cómputo anual, las de la Seguridad Social no serán objeto de revalorización.

5. Cuando, con ocasión de reconocimientos iniciales, haya de aplicarse el límite máximo a que se refiere este artículo, se entenderá que las pensiones concurrentes se han causado simultáneamente, cuando sea la misma la fecha de efectos económicos de las pensiones, con independencia del momento en que se dicten las resoluciones o actos de reconocimiento.

Subsección 2ª Complementos por mínimos

Artículo 12. Aplicación de los complementos por mínimos en los supuestos de concurrencia de pensiones.

1. En los supuestos de concurrencia de pensiones, la aplicación de los complementos por mínimos a que se refieren los artículos 5 a 7 se llevará a cabo de acuerdo con las siguientes normas:

a) Solamente se reconocerá complemento por mínimo si la suma de todas las pensiones concurrentes, una vez revalorizadas las de la Seguridad Social de acuerdo con la normativa que les sea de aplicación, resulta inferior al mínimo que corresponda a aquella de las del sistema de la Seguridad Social que lo tenga señalado en mayor cuantía, en cómputo anual. Dicho complemento consistirá en la cantidad necesaria para alcanzar la referida cuantía mínima.

b) El complemento que corresponda de acuerdo con lo dispuesto en la norma anterior se afectará a la pensión concurrente determinante de la citada cuantía mínima.

2. A los solos efectos de garantía de complementos por mínimos, se equipararán a ingresos o rendimientos de trabajo las pensiones públicas que no estén a cargo de cualquiera de los regímenes públicos básicos de previsión social.

Las cantidades a tanto alzado y los pagos periódicos abonados, con carácter compensatorio, a los pensionistas españoles, al amparo del Acuerdo celebrado entre España y el Reino Unido, el 18 de septiembre de 2006, no se computarán a ningún efecto para el reconocimiento de los complementos para alcanzar la cuantía mínima de las pensiones.

Sección 3ª Pensiones del extinguido Seguro Obligatorio de Vejez e Invalidez

Artículo 13. Revalorización de las pensiones del extinguido seguro obligatorio de vejez e invalidez en concurrencia con otras pensiones.

1. No se revalorizarán las pensiones del extinguido seguro obligatorio de vejez e invalidez que concurran con cualquier otra pensión de las mencionadas en el artículo 9, excepto con las prestaciones económicas reconocidas al amparo de la Ley 3/2005, de 18 de marzo, a los ciudadanos de origen español desplazados al extranjero, durante su minoría de edad, como consecuencia de la guerra civil, con la pensión percibida por los mutilados útiles o incapacitados de primer grado por causa de la pasada guerra civil española, cualquiera que fuese la legislación reguladora, con el subsidio de ayuda por tercera persona previsto en la Ley 13/1982, de 7 de abril, de Integración Social de los Minusválidos, y con las pensiones extraordinarias derivadas de actos de terrorismo.

2. No obstante lo dispuesto en el apartado anterior, cuando la suma de todas las pensiones concurrentes, una vez revalorizadas, y las del citado seguro obligatorio de vejez e invalidez, calculada una y otra en cómputo anual, sea inferior a 4.743,76 euros, la pensión del mencionado seguro se revalorizará en un importe igual a la diferencia resultante. Esta diferencia no tiene carácter consolidable, siendo absorbible con cualquier incremento que puedan experimentar las percepciones del interesado, ya sea en concepto de revalorizaciones o por reconocimiento de nuevas prestaciones de carácter periódico.

3. Con independencia de lo establecido en los apartados precedentes, el importe de las pensiones del extinguido seguro obligatorio de vejez e invalidez se tomará en cuenta a los solos efectos de la suma de las pensiones concurrentes a que se refiere el artículo 10.1.

4. En los supuestos de concurrencia de pensiones de vejez o invalidez del extinguido seguro obligatorio de vejez e invalidez con pensiones de viudedad de alguno de los regímenes del sistema de la Seguridad Social o con alguna de estas pensiones y, además, con cualquier otra pensión pública de viudedad, el importe de aquellas pensiones será el que se determina en el artículo 8.1, párrafo primero, sin perjuicio de la aplicación del límite establecido en la disposición transitoria séptima del Texto Refundido de la Ley General de la Seguridad Social, aprobado por el Real Decreto Legislativo 1/1994, de 20 de junio. En el caso de superarse dicho límite, el aludido importe se minorará en la cuantía necesaria para no superarlo.

No obstante lo anterior, en estos supuestos de concurrencia, si los interesados tuvieran reconocidos importes superiores con anterioridad a 1 de septiembre de 2006, se aplicarán las normas generales sobre revalorización contenidas en los apartados anteriores, siempre que, por efecto de estas normas, la suma de las cuantías de las pensiones concurrentes siga siendo superior al límite mencionado en el párrafo anterior.

CAPÍTULO IV

Pensiones reconocidas en aplicación de normas internacionales

Artículo 14. Revalorización de las pensiones reconocidas en aplicación de normas internacionales.

1. La revalorización de pensiones que hayan sido reconocidas en virtud de normas internacionales de las que estén a cargo de la Seguridad Social un tanto por ciento de su cuantía teórica se llevará a cabo aplicando dicho tanto por ciento al incremento que hubiera correspondido de hallarse a cargo de la Seguridad Social española el 100 por 100 de la citada pensión.

En el importe de la cuantía teórica a que se refiere el párrafo anterior no se considerará incluido el complemento por mínimo que, en su caso, pudiera corresponder, salvo que se disponga otra cosa en un convenio bilateral o multilateral.

2. A la pensión prorrateada, una vez revalorizada conforme a lo dispuesto en el apartado anterior se le añadirá, cuando proceda en aplicación de las normas generales establecidas, el complemento por mínimos que corresponda. Dicho complemento se calculará aplicando el porcentaje tenido en cuenta en el apartado 1 a la diferencia que exista entre la cuantía que hubiese correspondido de hallarse a cargo de la Seguridad Social española el 100 por 100 de la pensión y el mínimo que pueda corresponder por aplicación de las normas generales.

3. Si, después de haber aplicado lo dispuesto en el apartado anterior, la suma de los importes de las pensiones, reconocidas al amparo de un convenio bilateral de Seguridad Social, tanto por la legislación española como por la extranjera, fuese inferior al importe mínimo de la pensión de que se trate vigente en cada momento en España, se le garantizará al beneficiario, en tanto resida en territorio nacional, la diferencia entre la suma de las pensiones reconocidas, española y extranjera, y el referido importe mínimo de acuerdo con las normas generales establecidas para su concesión.

Para la aplicación de este apartado 3 y del artículo 50 del Reglamento (CEE) núm. 1408/1971 del Consejo, de 14 de junio de 1971, relativo a la aplicación de los regímenes de Seguridad Social a los trabajadores por cuenta ajena, a los trabajadores por cuenta propia y sus familias que se desplazan dentro de la Comunidad, las cuantías fijas del extinguido seguro obligatorio de vejez e invalidez tendrán la consideración de importes mínimos.

4. A efectos de lo establecido en los artículos 5 a 7, las prestaciones percibidas con cargo a una entidad extranjera serán consideradas ingresos o rendimientos de trabajo, salvo para la aplicación del apartado 3 de este mismo artículo o que en un convenio bilateral o multilateral se disponga otra cosa.

5. Para proceder al cálculo del complemento que, en su caso, haya que reconocer al beneficiario, el importe de la pensión extranjera se considerará en euros. El tipo de cambio que se aplicará será el establecido para el 1 de enero de 2007 o para la fecha que corresponda en función de aquella en que se cause el derecho al citado complemento durante 2007. La fijación de dicho cambio se hará de acuerdo con las disposiciones dictadas para la aplicación de los reglamentos comunitarios y de los convenios bilaterales.

CAPÍTULO I
Normas de aplicación

Sección 1ª Financiación

Artículo 15. Financiación de la revalorización de las pensiones.

1. La revalorización de las pensiones establecida en este título se financiará con cargo a los recursos generales del sistema de la Seguridad Social, de acuerdo con las dotaciones presupuestarias correspondientes.

2. Las mutuas de accidentes de trabajo y enfermedades profesionales de la Seguridad Social participarán en el coste de la revalorización, incluidos los complementos por mínimos, de las pensiones de accidentes de trabajo y enfermedades profesionales, mediante las aportaciones que fije el Ministerio de Trabajo y Asuntos Sociales, de acuerdo con lo establecido en el artículo 76 del Reglamento general sobre cotización y liquidación de otros derechos de la Seguridad Social, aprobado por el Real Decreto 2064/1995, de 22 de diciembre, y normas concordantes.

Sección 2ª Gestión

Artículo 16. Reconocimiento del derecho a la revalorización.

El Instituto Nacional de la Seguridad Social y el Instituto Social de la Marina, en el ámbito de sus respectivas competencias, procederán de oficio al reconocimiento del derecho a la revalorización establecida en los artículos anteriores.

Las entidades y organismos a que se refiere el artículo 9 vendrán obligados a facilitar cuantos datos se consideren precisos para poder efectuar la revalorización y, en especial, deberán especificar si las prestaciones por ellos otorgadas son o no revalorizables, de acuerdo con la normativa aplicable a éstas, o si están constituidas por los complementos a que se refiere el artículo 11.1, párrafo segundo, así como el número de pagas con que se percibe la pensión.

TÍTULO II
PENSIONES DE LA SEGURIDAD SOCIAL EN SU MODALIDAD NO CONTRIBUTIVA

Artículo 17. Revalorización de las pensiones de la Seguridad Social en su modalidad no contributiva.

1. Para el año 2007, la cuantía de las pensiones de jubilación e invalidez, en su modalidad no contributiva, queda fijada en 4.374,02 euros íntegros anuales.

2. La cuantía de las pensiones de la Seguridad Social por jubilación e invalidez, en su modalidad no contributiva, que se hayan reconocido con anterioridad a 1 de enero de 2007 o puedan reconocerse a partir de dicha fecha, queda fijada en 4.374,02 euros íntegros anuales.

DISPOSICIONES ADICIONALES

Primera. Mantenimiento del poder adquisitivo de las pensiones de la Seguridad Social y de otras prestaciones sociales públicas en el ejercicio 2007.

1. De conformidad con lo establecido en la disposición adicional duodécima de la Ley 42/2006, de 28 de diciembre, de Presupuestos Generales del Estado para el año 2007, los pensionistas de la Seguridad Social que a continuación se enumeran recibirán, antes del 1 de abril del año 2007 y en un único pago, una cantidad equivalente a la diferencia entre el importe de la pensión percibida durante el ejercicio 2006 y el que hubiese correspondido de haberse revalorizado la pensión en dicho ejercicio en el 2,6 por 100:

a) Pensionistas cuyas pensiones se hubiesen causado con anterioridad al 1 de enero de 2006 y que hubiesen sido objeto de revalorización en dicho ejercicio, excepto las que se recogen en el apartado 3 de esta disposición adicional.

b) Pensionistas cuyas pensiones se hubiesen causado en 2006 y estuviesen limitadas, en su importe, a la cantidad de 2.232,54 euros mensuales.

2. Para el cálculo del pago único a que se refiere el apartado anterior se tomarán, como importes en el ejercicio 2006 de las prestaciones contenidas en el anexo II, las cuantías que en él se reflejan.

3. De acuerdo con lo dispuesto en la disposición adicional duodécima de la Ley 42/2006, de 28 de diciembre, de Presupuestos Generales del Estado para el año 2007, los perceptores, durante el año 2006, de las prestaciones que a continuación se enumeran percibirán, antes del 1 de abril de 2007, y en un único pago, una cantidad equivalente a la diferencia entre la prestación percibida en el año 2006 y la que hubiera correspondido de aumentar la cuantía realmente percibida en dicho ejercicio con el incremento real experimentado por el IPC en el período noviembre de 2005-noviembre de 2006, una vez deducido de la misma un 2 por 100:

a) Pensiones mínimas.

b) Pensiones no contributivas.

c) Pensiones del extinguido seguro obligatorio de vejez e invalidez no concurrentes así como concurrentes con pensiones de viudedad de alguno de los regímenes del sistema de la Seguridad Social, teniendo en cuenta, en este último caso, la actualización de la cuantía del límite establecido en la disposición transitoria séptima del Texto Refundido de la Ley General de la Seguridad Social, aprobado por el Real Decreto Legislativo 1/1994, de 20 de junio.

d) Prestaciones de la Seguridad Social por hijo a cargo con 18 o más años de edad y un grado de discapacidad igual o superior al 65 por 100.

e) Subsidio de movilidad y compensación para gastos de transporte.

Segunda. Revalorización de las pensiones derivadas de accidentes de trabajo y enfermedades profesionales.

Para la revalorización de las pensiones del sistema de la Seguridad Social por incapacidad permanente o muerte y supervivencia, derivadas de accidentes de trabajo o enfermedades profesionales, se tendrá en cuenta lo siguiente:

a) El importe anual de la pensión se dividirá por 14, y el cociente resultante se considerará como importe mensual de la pensión, a efectos de aplicar la revalorización general a que se refiere el artículo 3.

b) Para la determinación de los complementos por mínimos establecidos en los artículos 5 a 7, se procederá en la misma forma indicada en el párrafo precedente, si bien partiendo de la pensión ya revalorizada conforme dispone éste. Cuando el cociente obtenido fuese inferior a la cuantía mínima establecida para las pensiones de su clase, la diferencia constituirá el complemento por mínimo.

c) El aumento que resulte de la aplicación de lo dispuesto en el párrafo a) y, en su caso, en el b) de esta disposición se incrementará al importe de cada mensualidad de la pensión, salvo las correspondientes a junio y noviembre, en las que dicho incremento será doble.

Tercera. Aplicación de los complementos por mínimos en supuestos especiales

1. Los complementos por mínimos establecidos en los artículos 5 a 7 serán también de aplicación a las pensiones causadas a partir de 1 de enero de 2007.

2. Las cuantías fijas del extinguido seguro obligatorio de vejez e invalidez, a que se refiere el artículo 8, son igualmente aplicables, de acuerdo con lo establecido en él, a las pensiones causadas a partir del 1 de enero de 2007.

3. Los pensionistas que, el 31 de diciembre de 2006, fueran menores de 60 ó 65 años de edad pasarán a percibir, en su caso, las cuantías establecidas, para los que tengan cumplida dicha edad, en los artículos mencionados en los apartados anteriores, a partir del día 1 del mes siguiente a aquel en que cumplan los 60 ó 65 años, respectivamente.

4. En aquellos regímenes del sistema de la Seguridad Social que tengan previstos coeficientes reductores de la edad de jubilación, en función de la actividad realizada, la edad de 65 años, a efectos de determinación del derecho a los complementos por mínimos previstos en este Real Decreto, se entenderá cumplida cuando por aplicación de dichos coeficientes resulte una edad igual o superior a la de 65 años, siempre que los beneficiarios cumplan los demás requisitos exigidos.

Igual norma se aplicará en los supuestos de la jubilación especial a los 64 años prevista en el Real Decreto 1194/1985, de 17 de julio.

Cuarta. Revalorización de las pensiones extraordinarias derivadas de actos de terrorismo.

Las pensiones extraordinarias de la Seguridad Social originadas por actos de terrorismo, previstas en el Real Decreto 1576/1990, de 7 de diciembre, serán revalorizadas en los mismos términos y condiciones que los previstos en el capítulo II del título I de este Real Decreto, no estando sujetas, en ningún caso y de conformidad con lo previsto en el artículo 44 de la Ley 42/2006, de 28 de diciembre, de Presupuestos Generales del Estado para el año 2007, a los límites previstos con carácter general. Asimismo, tampoco se computarán los importes de dichas pensiones, a los efectos de la aplicación de los mencionados límites en los supuestos de concurrencia, en un mismo titular, de otras pensiones públicas.

Quinta. Rectificación de los actos de revalorización.

Los actos de las entidades u organismos a quienes corresponda el reconocimiento de las revalorizaciones de pensión, que hayan sido dictados en aplicación de este Real Decreto, podrán ser rectificados de oficio en los casos de errores materiales o de hecho o cuando se constaten omisiones o inexactitudes en las declaraciones del beneficiario, siguiendo a tal efecto los procedimientos y con los requisitos establecidos en el ordenamiento jurídico.

Sexta. Asignaciones económicas de la Seguridad Social por hijo o menor acogido a cargo.

1. Conforme a lo dispuesto en las disposiciones adicionales primera y duodécima de la Ley 42/2006, de 28 de diciembre, de Presupuestos Generales del Estado para el año 2007, a partir del 1 de enero de dicho ejercicio económico el límite de ingresos a que se refiere el artículo 182 del Texto Refundido de la Ley General de la Seguridad Social, aprobado por el Real Decreto Legislativo 1/1994, de 20 de junio, a los efectos de poder ser beneficiario de las asignaciones económicas por hijo o menor acogido a cargo, queda fijado en 9.328,39 euros anuales.

Si el beneficiario forma parte de familia numerosa, el límite a que se refiere el párrafo anterior será de 15.903,65 euros, en los supuestos en que concurran tres hijos a cargo, incrementándose en 2.575,95 euros por cada hijo a cargo a partir del cuarto, éste incluido.

2. La cuantía de la prestación económica de la Seguridad Social por hijo a cargo con 18 o más años de edad y un grado de discapacidad igual o superior al 65 por 100 será, a partir del 1 de enero de 2007, de 3.749,16 euros anuales.

Cuando el hijo a cargo tenga una edad de 18 o más años, esté afectado por una discapacidad en un grado igual o superior al 75 por 100 y necesite el concurso de otra persona para la realización de los actos esenciales de la vida, la cuantía de la prestación económica será, también a partir del 1 de enero de 2007, de 5.623,80 euros anuales.

Séptima. Subsidio de movilidad y compensación para gastos de transporte

A partir del 1 de enero de 2007, el subsidio de movilidad y compensación para gastos de transporte, regulado por la Ley 13/1982, de 7 de abril, de Integración Social de los Minusválidos, queda fijado en 49,54 euros mes.

DISPOSICIONES FINALES

Primera. Facultades de aplicación y desarrollo

Se faculta al Ministro de Trabajo y Asuntos Sociales para dictar las disposiciones necesarias para la aplicación y desarrollo de este Real Decreto.

Segunda. Entrada en vigor

El presente Real Decreto entrará en vigor el día de su publicación en el «Boletín Oficial del Estado», con efectos, respecto a la revalorización de las pensiones, así como de los importes de las asignaciones económicas por hijo a cargo y del subsidio de movilidad y compensación para gastos de transporte, desde el día 1 de enero de 2007.

ANEXO I

SISTEMA DE LA SEGURIDAD SOCIAL

CUADRO DE CUANTÍAS MÍNIMAS DE LAS PENSIONES DE LA MODALIDAD CONTRIBUTIVA PARA EL AÑO 2006

Clase de pensión	Titulares	
	Con cónyuge a cargo – Euros/año	Sin cónyuge a cargo – Euros/año
Jubilación:		
Titular con 65 años	8.484,84	6.905,08
Titular menor de 65 años	7.929,74	6.433,98
Incapacidad permanente:		
Gran invalidez con incremento del 50 por 100	12.727,26	10.357,62
Absoluta	8.484,84	6.905,08
Total: titular con 65 años	8.484,84	6.905,08
Total: «cualificada» con edad entre 60 y 64 años	7.929,74	6.433,98
Parcial del régimen de accidentes de trabajo: Titular con 65 años	8.484,84	6.905,08
Viudedad:		
Titular con 65 años, con cargas familiares o con discapacidad en grado igual o superior al 65 por 100		6.905,08
Titular con edad entre 60 y 64 años		6.433,98
Titular con menos de 60 años		5.134,36
Orfandad:		
Por beneficiario		2.087,82
Por beneficiario menor de 18 años con una minusvalía igual o superior al 65 por 100		4.374,02
En la orfandad absoluta el mínimo se incrementará en 5.134,36 euros/año distribuidos, en su caso, entre los beneficiarios.		
En favor de familiares:		
Por beneficiario		2.087,82
Si no existe viudo ni huérfano pensionistas:		
Un solo beneficiario, con 65 años		5.373,76
Un solo beneficiario, menor de 65 años		5.059,74
Varios beneficiarios: El mínimo asignado a cada uno se incrementará en el importe que resulte de prorratear 3.046,54 euros/año entre el número de beneficiarios.		

ANEXO II

SISTEMA DE LA SEGURIDAD SOCIAL

IMPORTES DE DETERMINADAS PENSIONES Y PRESTACIONES DE LA SEGURIDAD SOCIAL EN 2005, A EFECTOS DE LA APLICACIÓN DE LA DISPOSICIÓN ADICIONAL PRIMERA

Clase de pensión	Titulares	
	Con cónyuge a cargo – Euros/año	Sin cónyuge a cargo – Euros/año
Jubilación:		
Titular con 65 años	7.966,98	6.576,22
Titular menor de 65 años	7.445,76	6.127,52
Incapacidad permanente:		

Clase de pensión	Titulares	
	Con cónyuge a cargo – Euros/año	Sin cónyuge a cargo – Euros/año
Gran invalidez con incremento del 50 por 100	11.950,54	9.864,40
Absoluta	7.966,98	6.576,22
Total: titular con 65 años	7.966,98	6.576,22
Total: «cualificada» con edad entre 60 y 64 años	7.445,76	6.127,52
Parcial del régimen de accidentes de trabajo: Titular con 65 años	7.966,98	6.576,22
Viudedad:		
Titular con 65 años		6.576,22
Titular con edad entre 60 y 64 años		6.127,52
Titular con menos de 60 años		4.889,78
Titular con menos de 60 años y cargas familiares		6.127,52
Orfandad:		
Por beneficiario		1.988,28
Por beneficiario menor de 18 años con una discapacidad igual o superior al 65 por 100		2.816,52
En la orfandad absoluta el mínimo se incrementará en 4.889,78 euros/año distribuidos, en su caso, entre los beneficiarios.		
En favor de familiares:		
Por beneficiario		1.988,28
Si no existe viudo ni huérfano pensionistas:		
Un solo beneficiario, con 65 años		5.117,84
Un solo beneficiario, menor de 65 años		4.818,80
Varios beneficiarios: el mínimo asignado a cada uno se incrementará en el importe que resulte de prorratear 2.901,50 euros/año entre el número de beneficiarios.		

Límite de pensión pública: 31.439,38 euros/año.

Pensiones del extinguido seguro obligatorio de vejez e invalidez no concurrentes así como concurrentes con pensiones de viudedad de alguno de los regímenes del sistema de la Seguridad Social o con alguna de estas pensiones y, además, con cualquier otra pensión pública de viudedad: 4.605,58 euros/año.

Pensiones de la Seguridad Social en su modalidad no contributiva: 4.246,62 euros/año.

Prestaciones por hijo a cargo mayor de 18 años discapacitado:

Con un grado de discapacidad igual o superior al 65 por 100: 3.639,96 euros/año.

Con un grado de discapacidad igual o superior al 75 por 100 y necesitado del concurso de otra persona para la realización de los actos esenciales de la vida: 5.460,00 euros/año.

Subsidio de movilidad y compensación para gastos de transporte: 577,08 euros/año.

§ 35.4 REAL DECRETO 1132/2002, DE 31 OCTUBRE. DESARROLLO DE DETERMINADOS PRECEPTOS DE LA LEY 35/2002, DE 12 JULIO, DE MEDIDAS PARA EL ESTABLECIMIENTO DE UN SISTEMA DE JUBILACIÓN GRADUAL Y FLEXIBLE

(BOE núm. 284, de 27 noviembre [RCL 2002, 2747])

La Ley 35/2002, de 12 de julio, de Medidas para el Establecimiento de un Sistema de Jubilación Gradual y Flexible, introduce una serie de modificaciones legislativas para conseguir la flexibilidad de la edad de jubilación a fin de dotar a la misma de los caracteres de gradualidad y progresividad, llevando al ordenamiento jurídico el contenido, en este ámbito, del Acuerdo para la mejora y el desarrollo del sistema de protección social, suscrito el 9 de abril de 2001 por el Gobierno, la Confederación de Comisiones Obreras, la Confederación Española de Organizaciones Empresariales y la Confederación Española de la Pequeña y Mediana Empresa.

El objetivo básico de la Ley citada se dirige al establecimiento de un sistema flexible de jubilación que, al tiempo que permita, en determinados casos, la jubilación anticipada antes del cumplimiento de la edad ordinaria de jubilación, tienda a favorecer la prolongación en la actividad de los trabajadores de más edad, potenciando de esta forma la presencia social activa de los mismos, con las indudables ventajas, tanto para el propio trabajador como para los sistemas de pensiones.

En este objetivo, la Ley 35/2002 contempla la posibilidad de acceder a la pensión de incapacidad permanente, cuando la misma deriva de contingencias profesionales, más allá de los sesenta y cinco años; el establecimiento de la mejora de la pensión de jubilación, cuando se acceda a la misma cumplidos los sesenta y cinco años y acreditados treinta y cinco años de cotización, medida que se combina con la de exoneración de cotizaciones sociales, tanto en las aportaciones empresariales como a cargo del trabajador, en los supuestos de que se prolongue la actividad más allá de los sesenta y cinco años y habiendo cumplido el trabajador un importante período de cotización.

Las medidas anteriores se acompañan de otras que permiten que, en los supuestos de cese en la actividad por causa no imputable al trabajador, y cuando éste acredita una larga carrera de aseguramiento, pueda acceder a la jubilación anticipada, con una reducción de la cuantía de la pensión, por cada año que le falte al trabajador para el cumplimiento de la edad ordinaria. Ahora bien, frente a lo que sucedía en la legislación anterior, el coeficiente señalado varía en función de los años de cotización que acredite el trabajador, propiciándose, de esta forma, un incremento de los principios de contribución y de proporcionalidad, bases en las que se asienta la modalidad contributiva de pensiones.

La nueva escala de coeficientes reductores de la cuantía de la pensión, en los supuestos de jubilación anticipada, se aplica también a aquellos supuestos en los que el acceso a dicha modalidad se produce por aplicación de la disposición transitoria tercera de la Ley General de la Seguridad Social.

A su vez, el artículo 1 de la Ley 35/2002, a través de la modificación del artículo 165.1 de la Ley General de la Seguridad Social, Texto Refundido aprobado por Real Decreto Legislativo 1/1994, de 20 de junio, posibilita que pueda compatibilizarse el percibo de la pensión de jubilación, con las consecuencias en él establecidas y en los términos que reglamentariamente se establezcan. Se hace, pues, necesario fijar la regulación de la denominada jubilación flexible, a cuya finalidad el presente Real Decreto prevé las reglas de compatibilidad entre el percibo de la jubilación, en un importe reducido, y la realización de un trabajo a través de un contrato a tiempo parcial, así como las consecuencias de las cotizaciones efectuadas con posterioridad al momento de causar la pensión de jubilación.

Para la aplicación de las previsiones legales, se hace necesario abordar el oportuno desarrollo reglamentario de las mismas, detallando y aclarando determinados aspectos que se derivan de las modificaciones incorporadas a la Ley General de la Seguridad Social.

En su virtud, de acuerdo con lo previsto en la disposición final segunda de la Ley 35/2002, de 12 de julio, y en la disposición final séptima de la Ley General de la Seguridad Social, a propuesta del Ministro de Trabajo y Asuntos Sociales, de acuerdo con el Consejo de Estado y previa deliberación del Consejo de Ministros en su reunión del día 31 de octubre de 2002, dispongo:

CAPÍTULO I
Pensión de jubilación

Sección 1ª Jubilación anticipada

Artículo 1. Jubilación anticipada de trabajadores por cuenta ajena.

Podrán acceder a la jubilación, aunque los interesados no hayan cumplido la edad fijada en el artículo 161.1.a) de la Ley General de la Seguridad Social, Texto Refundido aprobado por Real Decreto Legislativo 1/1994, de 20 de junio, los trabajadores pertenecientes al Régimen General, al Régimen especial de la Minería del Carbón y los trabajadores por cuenta ajena incluidos en el Régimen especial de Trabajadores del Mar, siempre que reúnan los siguientes requisitos:

1. Tener cumplidos sesenta y un años de edad reales. A tal efecto no serán de aplicación las bonificaciones de edad, de las que pueden beneficiarse los trabajadores de algunos sectores profesionales por la realización de actividades penosas, tóxicas, peligrosas o insalubres.

2. Acreditar un período mínimo de cotización efectiva de treinta años completos, día a día, sin que, a tales efectos, se tenga en cuenta la parte proporcional por pagas extraordinarias ni el abono de años y días de cotización por cotizaciones anteriores a 1 de enero de 1967, a que se refiere la disposición transitoria segunda.3.b) de la Orden de 18 de enero de 1967.

Para acreditar el período de cotización a que se refiere el párrafo anterior, en el caso de trabajadores contratados a tiempo parcial, se tendrán en cuenta las especialidades previstas en su regulación específica, multiplicando el número de días teóricos de cotización por el coeficiente multiplicador del 1,5.

En todo caso se exigirá que, del período de cotización, al menos dos años estén comprendidos dentro de los quince años inmediatamente anteriores al momento de causar el derecho, o, al momento en que cesó la obligación de cotizar, si se accede a la pensión de jubilación anticipada desde una situación de alta o asimilada al alta, sin obligación de cotizar.

3. Encontrarse inscritos en las oficinas del servicio público de empleo, como demandantes de empleo, durante un plazo de, al menos, seis meses inmediatamente anteriores a la fecha de solicitud de la jubilación.

No obstará al cumplimiento de este requisito la simultaneidad de la inscripción señalada con la realización de una actividad por cuenta propia o ajena, siempre que dicha actividad sea compatible con la inscripción como demandante de empleo, según la legislación vigente.

4. Que el cese en el trabajo, como consecuencia de la extinción del contrato de trabajo, no se haya producido por causa imputable a la libre voluntad del trabajador. A tales efectos, se entenderá por libre voluntad del trabajador la inequívoca manifestación de voluntad de quien, pudiendo continuar su relación laboral y no existiendo razón objetiva que la impida, decide poner fin a la misma. Se presumirá que el cese en la relación laboral se produjo de forma involuntaria, cuando la extinción se haya producido por alguna de las causas previstas en el artículo 208.1.1 de la Ley General de la Seguridad Social.

✐ Ap. modificado por ap. Uno de la disp. final 1ª del RD 1795/2003, de 26 diciembre.

5. También podrán acceder a la jubilación regulada en este artículo, cumplidos los requisitos exigidos en los apartados 1, 2 y 3 del mismo, siempre que la extinción de la relación laboral anterior haya venido precedida por alguna de las causas señaladas en el apartado anterior:

a) Los beneficiarios de la prestación de desempleo, cuando ésta se extinga por agotamiento del plazo de duración de la prestación o por pasar a ser pensionista de jubilación, de conformidad con lo señalado, respectivamente, en los párrafos a) y f), apartado 1, del artículo 213 del Texto Refundido de la Ley General de Seguridad Social.

b) Los beneficiarios del subsidio por desempleo, de nivel asistencial, mayores de cincuenta y dos años.

c) Los trabajadores mayores de cincuenta y dos años que no reúnan los requisitos para acceder al subsidio por desempleo de mayores de dicha edad, una vez agotada la prestación por desempleo, y continúen inscritos en las oficinas del servicio público de empleo.

6. Para el acceso a la jubilación anticipada, de los trabajadores a que se refiere este artículo, no será exigible el cumplimiento de los requisitos contenidos en los apartados 3 y 4, cuando se trate de trabajadores a los que la empresa, en virtud de obligación adquirida en acuerdo colectivo, haya abonado, como mínimo, durante los dos años anteriores a la fecha de la solicitud de la jubilación, una cantidad que, en cómputo global, no sea inferior al resultado de multiplicar por 24 la suma de los siguientes importes:

a) La cuantía mensual de la prestación que hubiera correspondido al trabajador en concepto de prestación contributiva por desempleo, de haber accedido a la situación legal de desempleo, en la fecha de la extinción del contrato de trabajo.

b) El importe mensual de la cuota satisfecha por el trabajador en el convenio especial suscrito por aquél.

Para la acreditación del cumplimiento del requisito señalado, la empresa deberá emitir una certificación en la que consten las cantidades abonadas al trabajador, en virtud de obligación adquirida mediante acuerdo colectivo, al menos durante los dos años inmediatamente anteriores a la fecha de la jubilación, así como las bases de cotización por desempleo de los ciento ochenta días inmediatamente anteriores a la baja en la empresa. El trabajador, junto con la solicitud de la pensión de jubilación, deberá presentar la certificación de la empresa ante la Entidad gestora correspondiente.

Artículo 2. Cuantía de la pensión de jubilación anticipada para trabajadores por cuenta ajena.

⇒ Téngase en cuenta lo dispuesto en la disp. adic. 60ª de la Ley 42/2006, de 28 diciembre, de PGE para 2007, que dice lo siguiente:

«Durante el año 2007, se procederá a adoptar las medidas de mejora de las pensiones públicas causadas, antes del 1 de enero de 2002, por trabajadores con 60 o más años que hubiesen sido despedidos y hubiesen accedido a la jubilación anticipada, acreditando 35 o más años de cotización, a través de la incorporación a la pensión que se perciba de una cantidad a tanto alzado».

1. En los casos de acceso a la jubilación anticipada a que se refiere el artículo anterior, la pensión será objeto de reducción mediante la aplicación, por cada año o fracción de año que, en el momento del hecho causante, le falte al trabajador para cumplir los sesenta y cinco años, de los siguientes coeficientes:

a) Con treinta años completos de cotización acreditados: 8 por 100.

b) Entre treinta y uno y treinta y cuatro años completos de cotización acreditados: 7,5 por 100.

c) Entre treinta y cinco y treinta y siete años completos de cotización acreditados: 7 por 100.

d) Entre treinta y ocho y treinta y nueve años completos de cotización acreditados: 6,5 por 100.

e) Con cuarenta o más años completos de cotización acreditados: 6 por 100.

2. Para el cómputo de los años de cotización en orden a la determinación de los correspondientes coeficientes reductores se tendrá en cuenta lo siguiente:

a) Se computarán, en su caso, los años y días de cotización, según edad, a que se refiere la disposición transitoria segunda.3.b) de la Orden de 18 de enero de 1967.

b) Se tomarán años completos de cotización, sin que se equipare a un año la fracción del mismo.

3. Una vez causado el derecho, los coeficientes reductores de la edad por la realización de trabajos penosos, tóxicos, peligrosos o insalubres, serán tenidos en cuenta en orden a la determinación del correspondiente coeficiente reductor de la pensión de jubilación.

Sección 2ª Pensión de jubilación para trabajadores con sesenta y cinco o más años

Artículo 3. Cuantía de la pensión de jubilación para trabajadores con sesenta y cinco o más años.

1. Cuando se acceda a la pensión de jubilación a una edad superior a los sesenta y cinco años, el porcentaje aplicable a la respectiva base reguladora será el resultante de sumar al 100 por 100 un 2 por 100 adicional por cada año completo que, en la fecha del hecho causante de la pensión, se haya cotizado desde el cumplimiento de los sesenta y cinco años, siempre que en dicho momento el interesado tuviera acreditados treinta y cinco años de cotización.

Si el trabajador no tuviera dicho período acreditado, el porcentaje adicional indicado se aplicará, cumplidos los sesenta y cinco años, desde la fecha en que se haya acreditado dicho período de cotización.

2. A efectos del cumplimiento de los sesenta y cinco años se tendrán en cuenta las bonificaciones o anticipaciones de edad que, en su caso, correspondan.

Asimismo, para la acreditación de los treinta y cinco años de cotización, se tendrán en cuenta los días y años de cotización, según edad, a que se refiere la disposición transitoria segunda.3.b) de la Orden del entonces Ministerio de Trabajo, de 18 de enero de 1967, así como los que resulten acreditados, por la aplicación de los coeficientes en razón de la realización de trabajos penosos, tóxicos, peligrosos o insalubres.

3. Para tener derecho al incremento del 2 por 100 a que hace referencia el apartado 1 tendrá que acreditarse un año completo de cotización, sin que a estos efectos pueda asimilarse a un año la fracción del mismo. De igual modo, no se tendrá en cuenta el cómputo de la parte proporcional por gratificacio-

nes extraordinarias, correspondientes a cotizaciones posteriores al cumplimiento de los sesenta y cinco años.

4. Los años exonerados de cotización a que hace referencia el artículo 112 bis de la Ley General de la Seguridad Social se computarán a efectos de aumentar la cuantía de la pensión de jubilación, en el supuesto recogido en el apartado 1 de este artículo.

5. En los casos de pensiones de jubilación que se encuentren suspendidas en su percibo por la realización de una actividad incompatible con la misma, los años de cotización posteriores a dicha suspensión se tendrán en cuenta para acreditar el porcentaje adicional a que hace referencia el apartado 1 de este artículo, cuya aplicación se llevará a cabo, en todo caso, desde la fecha en que se acredite el período de cotización de treinta y cinco años.

En los supuestos de acceso anticipado a la pensión de jubilación, los períodos de cotización acreditados tras la suspensión se aplicarán, en primer lugar, a incrementar el porcentaje ordinario sobre la base reguladora y a minorar el coeficiente reductor de la pensión de jubilación. Una vez que se haya alcanzado el porcentaje del 100 por 100 y suprimido dicho coeficiente, el exceso de períodos de cotización, computados por años completos, podrá aplicarse para el incremento adicional de la base reguladora a que se refiere el apartado 1.

✐ Ap. 5 modificado por disp. final 3 de Real Decreto 1425/2002, de 27 diciembre.

6. En ningún caso, la cuantía total de la pensión que resulte por aplicación de los porcentajes señalados en el apartado 1 de este artículo, podrá superar la cuantía íntegra que establezca anualmente la correspondiente Ley de Presupuestos Generales del Estado como límite máximo de percepción de pensión pública.

Sección 3ª Jubilación flexible

Artículo 4. Ámbito de aplicación.

Lo dispuesto en esta sección será de aplicación a todos los Regímenes de la Seguridad Social, con la salvedad establecida en la disposición adicional primera del presente Real Decreto.

Artículo 5. Concepto.

1. Se considera como situación de jubilación flexible la derivada de la posibilidad de compatibilizar, una vez causada, la pensión de jubilación con un trabajo a tiempo parcial, dentro de los límites de jornada a que se refiere el artículo 12.6 de la Ley del Estatuto de los Trabajadores, con la consecuente minoración de aquélla en proporción inversa a la reducción aplicable a la jornada de trabajo del pensionista, en relación a la de un trabajador a tiempo completo comparable, en los términos señalados en el apartado 1 del artículo 12 de la Ley del Estatuto de los Trabajadores antes mencionada.

2. Fuera de los supuestos señalados en el apartado anterior, la percepción de la pensión de jubilación será incompatible con la realización de actividades, lucrativas o no, que den lugar a la inclusión en cualquiera de los Regímenes de la Seguridad Social, así como en los supuestos previstos en los apartados 2 y 3 del artículo 165 de la Ley General de la Seguridad Social.

Artículo 6. Comunicación de actividades a la Entidad gestora y efectos.

1. El pensionista de jubilación, antes de iniciar las actividades realizadas mediante contrato a tiempo parcial, deberá comunicar tal circunstancia a la Entidad gestora respectiva.

2. El importe de la pensión a percibir se reducirá en proporción inversa a la reducción de la jornada de trabajo por el pensionista, en relación a la de un trabajador a tiempo completo comparables, en los términos señalados en el artículo 12.1 del Estatuto de los Trabajadores.

La minoración de la cuantía de la pensión tendrá efectos desde el día en que comience la realización de las actividades.

3. La falta de comunicación indicada en el apartado 1 tendrá como efectos el carácter indebido de la pensión, en el importe correspondiente a la actividad a tiempo parcial, desde la fecha de inicio de las correspondientes actividades y la obligación de reintegro de lo indebidamente percibido, sin perjuicio de las sanciones que procedan de acuerdo con lo previsto en la Ley sobre Infracciones y Sanciones en el Orden Social, Texto Refundido aprobado por Real Decreto Legislativo 5/2000, de 4 de agosto.

Artículo 7. Compatibilidad e incompatibilidad.

1. La pensión de jubilación flexible será incompatible con las pensiones de incapacidad permanente que pudieran corresponder por la actividad desarrollada, con posterioridad al reconocimiento de la pensión de jubilación, cualquiera que sea el Régimen en que se causen aquéllas.

2. El percibo de la pensión de jubilación flexible será compatible con las prestaciones de incapacidad temporal o de maternidad, derivadas de la actividad efectuada a tiempo parcial.

Artículo 8. Efecto de las cotizaciones efectuadas tras la suspensión de la pensión.

1. Las cotizaciones efectuadas en las actividades realizadas, durante la suspensión parcial del percibo de la pensión de jubilación, surtirán efectos para la mejora de la pensión, una vez producido el cese en el trabajo.

2. A los efectos previstos en el apartado anterior, una vez comunicado el cese en la realización de las actividades a la Entidad gestora competente, se restablecerá el percibo íntegro de la pensión de jubilación, modificada su cuantía, en su caso, por aplicación de las reglas siguientes:

1ª Se procederá a calcular de nuevo la base reguladora, mediante el cómputo de las nuevas cotizaciones y aplicando las reglas que estén vigentes en el momento del cese en la actividad, salvo que la aplicación de lo establecido en esta regla diese como resultado una reducción del importe de la base reguladora anterior, en cuyo caso se mantendrá esta última, si bien aplicando a la cuantía de la pensión las revalorizaciones habidas desde la fecha de determinación de la base reguladora hasta la del cese en el trabajo.

2ª Las cotizaciones efectuadas, tras la minoración del importe de la pensión de jubilación, darán lugar a la modificación del porcentaje aplicable a la base reguladora, en función del nuevo período de cotización acreditado.

Asimismo, las cotizaciones indicadas surtirán efectos para disminuir o, en su caso, suprimir, el coeficiente reductor que se hubiese aplicado, en el momento de causar derecho a la pensión, en el caso de acceso anticipado a la jubilación, por aplicación de lo establecido en el apartado 3 del artículo 161 o en la disposición transitoria tercera, ambos de la Ley General de la Seguridad Social.

3. Si el trabajador falleciese durante la situación de jubilación flexible, a efectos del cálculo de las prestaciones de muerte y supervivencia que correspondan, los beneficiarios podrán optar por que aquéllas se calculen desde la situación de activo del causante o, en su caso, desde la situación de pensionista del mismo. En este último supuesto, se tomará como base reguladora de las prestaciones de muerte y supervivencia la que sirvió para la determinación de la pensión de jubilación, aplicándose las revalorizaciones habidas desde el momento en que se determinó la correspondiente base reguladora.

Artículo 9. Otros efectos.

Durante el percibo de la pensión de jubilación flexible, los titulares de la misma mantendrán la condición de pensionista a efectos de reconocimiento y percibo de las prestaciones sanitarias.

CAPÍTULO II

Prestaciones de incapacidad permanente

Artículo 10. Beneficiarios mayores de sesenta y cinco años.

1. No se reconocerá el derecho a las prestaciones de incapacidad permanente, cuando el beneficiario, en la fecha del hecho causante, tenga sesenta y cinco o más años y reúna todos los requisitos para acceder a la pensión de jubilación en el sistema de la Seguridad Social, excepto que el origen de la incapacidad permanente se deba a contingencias profesionales.

A tales efectos, para la determinación de la edad de sesenta y cinco años, no se tendrán en cuenta las bonificaciones o anticipaciones de edad que, en su caso, correspondan.

2. Tendrán derecho a las prestaciones de incapacidad permanente, por contingencias comunes y en la cuantía prevista en el artículo siguiente, las personas que, reuniendo las condiciones exigidas, sean declaradas en tal situación cuando en la fecha del hecho causante tengan cumplidos sesenta y cinco años y no reúnan todos los requisitos para acceder a la pensión de jubilación en el sistema de la Seguridad Social.

Artículo 11. Cuantía de la pensión de incapacidad permanente derivada de contingencias comunes respecto de quienes no reúnan los requisitos para acceder a la pensión de jubilación.

1. En los casos en que el trabajador, con sesenta y cinco o más años, acceda a la pensión de incapacidad permanente, derivada de contingencias comunes por serle de aplicación lo establecido en el apartado 2 del artículo anterior, la cuantía de la pensión de incapacidad permanente será equivalente al resultado de aplicar a la correspondiente base reguladora el porcentaje que corresponda al período mínimo de cotización que esté establecido, en cada momento, para el acceso a la pensión de jubilación.

2. Si el trabajador fuese calificado como gran inválido, tendrá derecho a la pensión a que se refiere el apartado anterior, incrementándose su cuantía en un 50 por 100.

CAPÍTULO III

Cálculo de la base reguladora en supuestos de exoneración de cuotas de Seguridad Social

Artículo 12. Cálculo de la base reguladora en supuestos de exoneración de cuotas de Seguridad Social para trabajadores por cuenta ajena con sesenta y cinco o más años.

Por los períodos de actividad en los que no se hayan efectuado cotizaciones por contingencias comunes, en los términos previstos en el artículo 112 bis de la Ley General de la Seguridad Social, referido a trabajadores con contrato indefinido con sesenta y cinco o más años de edad, con exclusión de los incluidos en los Regímenes especiales Agrario y de Empleados de Hogar, que tuvieran acreditados treinta y cinco o más años de cotización efectiva a la Seguridad Social, a efectos de determinar la base reguladora de las prestaciones derivadas de contingencias comunes, con excepción de la incapacidad temporal, se tendrán en cuenta las siguientes reglas:

1ª Se tomarán las bases por las que hubiera venido cotizando el interesado, salvo que sean superiores al resultado de incrementar el promedio de las bases de cotización del año natural inmediatamente anterior, en el porcentaje de variación media conocida del índice de precios al consumo en el último año indicado, más dos puntos porcentuales.

2ª Si las bases de cotización declaradas fuesen superiores al promedio de las del año anterior, incrementadas según lo dispuesto en la regla 1ª, se tomará como base de cotización dicha cuantía.

3ª A efectos del cálculo del promedio citado en la regla 1ª se tomarán las bases de cotización correspondientes a la actividad y empresa por la que esté exonerado de cotización y por jornada equiparable a la que se esté realizando.

4ª Si no existieran bases de cotización en todas las mensualidades del año natural anterior, se tomará el promedio de las bases de cotización que existan, dividido por el número de meses al que las mismas correspondan.

5ª De no existir bases de cotización por la actividad que se encuentra sujeta a la exoneración de cuotas, se tomarán las bases de cotización que tenga el interesado por trabajos por cuenta ajena realizados durante el año anterior al comienzo de dicha exoneración, en jornada equiparable a la que se encuentre exenta de cotización.

6ª De no existir bases de cotización en el año anterior, se tomarán las bases de cotización del primer año en que existan, calculando el promedio citado en la regla 1ª y aplicando las reglas citadas en los apartados anteriores. Dicho promedio se incrementará en el porcentaje de variación media del año o años naturales anteriores hasta llegar al año correspondiente al del período de exoneración de cuotas.

Artículo 13. Cálculo de la base reguladora en supuestos de exoneración de cuotas de Seguridad Social para trabajadores por cuenta propia con sesenta y cinco o más años.

Por los períodos de actividad en los que los trabajadores por cuenta propia, en los términos establecidos en la disposición adicional trigésimo segunda de la Ley General de la Seguridad Social, estén exentos de cotizar a la Seguridad Social, por tener cumplidos sesenta y cinco o más años de edad y acreditar treinta y cinco o más años de cotización efectiva a la Seguridad Social, a efectos de determinar la base reguladora de las prestaciones derivadas de contingencias comunes, con excepción de la incapacidad temporal, se tendrán en cuenta las siguientes reglas:

1ª Las bases de cotización tomadas en consideración para la determinación de la base reguladora serán equivalentes al resultado de incrementar el promedio de las bases de cotización del año natural inmediatamente anterior al comienzo del período de exención de cotización, en el porcentaje de variación media conocida del índice de precios al consumo en el último año indicado, sin que las bases así calculadas puedan ser inferiores a la cuantía de la base mínima de cotización fijada anualmente en la correspondiente Ley de Presupuestos Generales del Estado.

2ª A efectos del cálculo de dicho promedio se tomarán las bases de cotización correspondientes a la actividad por cuenta propia por la que esté exonerado de cotización.

3ª Si no existieran bases de cotización en todas las mensualidades del año natural anterior al comienzo del período de exención de cotización, se tomará el promedio de las bases de cotización que existan, dividido por el número de meses al que las mismas correspondan.

4ª De no existir bases de cotización en el año anterior, se tomarán las bases de cotización del primer año en que existan, calculando el promedio citado conforme a las reglas citadas en los apartados anteriores; dicho promedio se incrementará en el porcentaje de variación media del año o años naturales anteriores hasta llegar al año correspondiente al del período de exoneración de cuotas.

DISPOSICIONES ADICIONALES

Primera. Regímenes excluidos.

Las disposiciones previstas en este Real Decreto no serán de aplicación al Régimen especial de la Seguridad Social de los Funcionarios Civiles del Estado, al Régimen especial de la Seguridad Social de las Fuerzas Armadas y al Régimen especial de la Seguridad Social del personal al servicio de la Administración de Justicia.

Segunda. Cómputo recíproco de cotizaciones.

Los supuestos de jubilación anticipada regulados en el capítulo I de este Real Decreto, cuando el trabajador acredite cotizaciones a más de un Régimen del sistema, se regirán en todo caso por las normas en vigor sobre cómputo recíproco de cotizaciones, aplicándose las normas especiales en esta materia, establecidas en la Ley 47/1998, de 23 de diciembre, exclusivamente a los supuestos de jubilación anticipada al amparo de normas de derecho transitorio, reguladas en las disposiciones transitorias primera y segunda de este Real Decreto.

DISPOSICIONES TRANSITORIAS

Primera. Jubilación anticipada, en determinados supuestos, por los trabajadores que tuvieran la condición de mutualista laboral el 1 de enero de 1967.

1. Los trabajadores que tuvieran la condición de mutualista laboral con anterioridad al 1 de enero de 1967, acrediten más de treinta años completos de cotización y soliciten la jubilación anticipada derivada del cese en el trabajo, por causa no imputable al trabajador, verán reducida la cuantía de la pensión por cada año o fracción de año que, en el momento del hecho causante, le falte al trabajador para cumplir los sesenta y cinco años de edad. Dicho porcentaje de reducción será, en función de los años completos de cotización acreditados, el siguiente:

a) Entre treinta y uno y treinta y cuatro años de cotización acreditados: 7,5 por 100.

b) Entre treinta y cinco y treinta y siete años de cotización acreditados: 7 por 100.

c) Entre treinta y ocho y treinta y nueve años de cotización acreditados 6,5 por 100.

d) Con cuarenta o más años de cotización acreditados: 6 por 100.

2. A tales efectos, se entenderá por libre voluntad del trabajador la inequívoca manifestación de voluntad de quien, pudiendo continuar su relación laboral y no existiendo razón objetiva que la impida, decide poner fin a la misma. Se presumirá que el cese en la relación laboral se produjo de forma involuntaria, cuando la extinción se haya producido por alguna de las causas previstas en el artículo 208.1.1 de la Ley General de la Seguridad Social.

Ap. modificado por ap. Dos de la disp. final 1ª del RD 1795/2003, de 26 diciembre.

3. También serán de aplicación los porcentajes señalados en el apartado 1 anterior, en los supuestos referidos a continuación, siempre que la extinción de la relación laboral anterior haya venido precedida por alguna de las causas señaladas en el apartado 2 anterior:

a) Beneficiarios de la prestación de desempleo, cuando ésta se extinga por agotamiento del plazo de duración de la prestación o por pasar a ser pensionista de jubilación, de conformidad con lo señalado, respectivamente, a los párrafos a) y f), apartado 1, del artículo 213 del Texto Refundido de la Ley General de Seguridad Social.

b) Beneficiarios del subsidio por desempleo, de nivel asistencial, mayores de cincuenta y dos años.

c) Trabajadores mayores de cincuenta y dos años que no reúnan los requisitos para acceder al subsidio por desempleo de mayores de dicha edad, una vez agotada la prestación por desempleo, y continúen inscritos como demandantes de empleo en las oficinas del servicio público de empleo.

4. A efectos del cómputo de los años de cotización a que se refiere el apartado 1, se aplicarán las normas establecidas para determinar la cuantía de la pensión de jubilación con la edad ordinaria de sesenta y cinco años.

5. Las referencias que en esta disposición transitoria se efectúan al 1 de enero de 1967 deberán entenderse efectuadas a la fecha que determinen sus diversas normas reguladoras, respecto de los colectivos integrados en el Régimen General que tengan establecida otra fecha distinta, así como para los trabajadores que hayan sido cotizantes a las entonces Mutualidades Laborales del Carbón.

Segunda. Régimen Especial de Trabajadores del Mar.

En los supuestos de acceso a la jubilación anticipada en el Régimen especial de Trabajadores del

Mar, en los términos previstos en la disposición transitoria tercera del Reglamento General de dicho Régimen Especial, aprobado por Decreto 1867/1970, de 9 de julio, cuando se acrediten menos de treinta y ocho años de cotización, y cualquiera que sea la causa de extinción de la relación laboral previa, la cuantía de la pensión se reducirá, por cada año que en el momento del hecho causante le falte al trabajador para cumplir los sesenta y cinco años de edad, en un porcentaje del 7 por 100, por aplicación de lo establecido en la Orden de 3 de enero de 1977.

Cuando se acrediten treinta y ocho o más años de cotización, y la extinción de la relación laboral se produzca por alguna de las causas establecidas en el apartado 2 de la disposición transitoria primera de este Real Decreto, el porcentaje de reducción será, en función de los años de cotización acreditados, el siguiente:

a) Entre treinta y ocho y treinta y nueve años completos de cotización acreditados: 6,5 por 100.

b) Con cuarenta o más años completos de cotización acreditados: 6 por 100.

Tercera. Pensiones de jubilación suspendidas a la entrada en vigor del Real Decreto.

Los pensionistas que, en la fecha de entrada en vigor del presente Real Decreto, tengan suspendida la pensión, en virtud de lo dispuesto en el artículo 16 de la Orden del entonces Ministerio de Trabajo de 18 de enero de 1967, por la que se establecen normas para la aplicación y desarrollo de la pensión de jubilación en el Régimen General de la Seguridad Social, podrán acogerse a lo establecido en la sección 3ª, capítulo I, del mismo.

Los efectos de la rehabilitación del percibo de la pensión, en el importe que corresponda, en función de la jornada realizada, tendrán una retroactividad máxima de tres meses desde la fecha de la solicitud, sin que, en ningún caso, los mismos puedan ser anteriores a la fecha de entrada en vigor de este Real Decreto.

DISPOSICIÓN DEROGATORIA

Única. Disposiciones que se derogan.

Quedan derogadas cuantas disposiciones de igual o inferior rango se opongan a lo establecido en el presente Real Decreto y, expresamente, el artículo 6 y la disposición transitoria segunda del Real Decreto 1647/1997, de 31 de octubre, por el que se desarrollan determinados aspectos de la Ley 24/1997, de 15 de julio, de Consolidación y Racionalización del Sistema de la Seguridad Social.

DISPOSICIONES FINALES

Primera. Facultades de aplicación y desarrollo.

Se faculta al Ministro de Trabajo y Asuntos Sociales para dictar las disposiciones generales que sean necesarias para la aplicación y desarrollo de lo que se dispone en el presente Real Decreto.

Segunda. Entrada en vigor.

El presente Real Decreto entrará en vigor el día siguiente al de su publicación en el «Boletín Oficial del Estado».

c) *Desempleo*

§ 36.1 REAL DECRETO 625/1985, DE 2 ABRIL. DESARROLLA LA LEY 31/1984, DE 2 AGOSTO, DE PROTECCIÓN POR DESEMPLEO

(BOE núm. 109, de 7 mayo; rect. BOE núm. 134, de 5 junio [RCL 1985, 1039 y 1325])

✐ Esta norma resultó en su día profundamente afectada por las modificaciones introducidas en la Ley 31/1984, de 2 agosto, a la que desarrollaba, por Ley 22/1992, de 30 julio.

Producida hoy la derogación de la Ley 31/1984 por RDLeg 1/1994, de 20 junio (§32.1), el presente Reglamento se mantiene en vigor, en la medida que no se oponga al citado Real Decreto Legislativo, en tanto no se proceda a su desarrollo reglamentario en materia de desempleo. El Reglamento se ha visto recientemente afectado por Ley 45/2002 (§36.2), así como por el RD 200/2006, de 17 febrero.

La Ley 31/1984, de 2 de agosto, de Protección por Desempleo, por la que se modifica el Título II de la Ley 51/1980, de 8 de octubre, Básica de Empleo, viene a suponer una profunda revisión del sistema de protección de la contingencia de desempleo, asegurando una cobertura de la misma más acorde con la realidad social en la que ha de operar el sistema protector correspondiente. Dicha modificación hace necesario que se dicte la norma reglamentaria que venga a sustituir al Real Decreto 920/1981, de 24 de abril, cuya vigencia permite sólo parcialmente que la reforma introducida por la Ley 31/1984 entre plenamente en vigor.

En este sentido, se estima conveniente que el citado desarrollo reglamentario, que se lleva a cabo por la presente disposición, se limite estrictamente a aquellos aspectos cuyo desarrollo la Ley encomendó al Gobierno evitando la repetición innecesaria de preceptos legales, puesto que si la misma no fuera literal sólo vendría a dificultar la interpretación de la auténtica voluntad del legislador y, en definitiva, a redundar en perjuicio de los principios de legalidad y seguridad jurídica.

En su virtud, habida cuenta de la autorización conferida al Gobierno por la disposición final primera de la Ley 31/1984, de 2 de agosto, a propuesta del *Ministro de Trabajo y Seguridad Social*, oído el Consejo de Estado, y previa deliberación del Consejo de Ministros en su reunión del día 2 de abril de 1985, dispongo:

⇒ Las referencias al Ministro de Trabajo y Seguridad Social, entiéndanse hoy hechas al Ministro de Trabajo y Asuntos Sociales.

CAPÍTULO I
Nivel contributivo

Artículo 1. Acreditación de la situación legal de desempleo.

⇒ V. art. 208 de la LGSS/1994 (§32.1).

La situación legal de desempleo se acreditará de la siguiente forma:

Uno. Cuando se extinga la relación laboral:

a) En virtud de la autorización conferida al empresario para extinguir las relaciones laborales de sus trabajadores en resolución dictada por la autoridad laboral competente en expediente de regulación de empleo.

✐ Nueva redacción de este apartado por disp. adic. única del RD 43/1996 (§15.1).

b) Por comunicación escrita del empresario, sus herederos o representante legal notificando al trabajador la extinción de la relación laboral por jubilación, muerte o incapacidad del empresario, siempre que el trabajador no haya reclamado contra la decisión extintiva. En caso de reclamación, la situación legal de desempleo se acreditará mediante acta de conciliación o resolución judicial definitiva.

✐ Letra b) derogada por la disp. derog. única c) de la Ley 45/2002, de 12 diciembre (§36.2).

c) Por acta de conciliación administrativa o judicial en la que se reconozca la improcedencia del despido, siempre que en el primer caso se hubiese acordado una indemnización no inferior a treinta y cinco días de salario.

✐ Letra c) derogada por la disp. derog. única c) de la Ley 45/2002, de 12 diciembre (§36.2).

d) Por resolución judicial definitiva declarando la extinción de la relación laboral o la improcedencia del despido y acreditación de que el empresario, o el trabajador cuando sea representante legal de los trabajadores, no ha optado por la readmisión.

✐ Letra d) derogada por la disp. derog. única c) de la Ley 45/2002, de 12 diciembre (§36.2).

e) Por sentencia del orden jurisdiccional social, declarando la procedencia del despido disciplinario.

✐ Letra e) derogada por la disp. derog. única c) de la Ley 45/2002, de 12 diciembre (§36.2).

f) Por comunicación escrita al trabajador, en los términos previstos en el artículo 53 del Estatuto de los Trabajadores, extinguiendo el contrato por causa objetiva, siempre que el trabajador no haya reclamado contra la decisión extintiva, estándose en caso de reclamación a lo dispuesto en la letra b). Cuando el trabajador hubiera reclamado y el despido fuera declarado procedente no será de aplicación el período de espera previsto en el número 3 del artículo 7 de la Ley 31/1984, de Protección por Desempleo.

✐ Letra f) derogada por la disp. derog. única c) de la Ley 45/2002, de 12 diciembre (§36.2).

g) Por resolución de la autoridad laboral autorizando el traslado del trabajador y certificación del empresario de que aquél ha optado por la extinción del contrato.

h) Por certificación del empresario de haber sido aceptada por los representantes legales de los trabajadores la modificación sustancial de las condiciones de trabajo previstas en las letras a), b) y c) del número 2 del artículo 41 del Estatuto de los Trabajadores y de que el trabajador afectado ha optado por la extinción del contrato. Cuando no exista acuerdo con los representantes legales de los trabajadores se acompañará resolución de la autoridad laboral.

i) Por resolución judicial definitiva declarando extinguida la relación laboral por alguna de las causas previstas en el artículo 50 del Estatuto de los Trabajadores.

j) Por presentación de la copia del contrato de trabajo o comunicación del cese, cuando no fuese obligatorio el contrato por escrito, en los casos de expiración del tiempo convenido o realización de la obra o servicio objeto del contrato.

k) Por comunicación escrita del empresario resolviendo el contrato durante el período de prueba.

l) Por comunicación del empresario extinguiendo el contrato de trabajo cuando el trabajador haya sido declarado incapaz permanente total para su profesión habitual. En caso de desaparición de la Empresa bastará la resolución de la Entidad Gestora de la Seguridad Social reconociendo tal incapacidad.

Dos. Cuando se extinga la relación administrativa por certificación de la Administración Pública correspondiente acreditando tal extremo.

Tres. Cuando se suspenda el contrato de trabajo, en virtud de la autorización conferida al empresario para suspender las relaciones laborales de sus trabajadores en resolución dictada por la autoridad laboral competente en expediente de regulación de empleo.

✐ Nueva redacción del número tres de este artículo por disp. adic. única del RD 43/1996 (§15.1).

Cuatro. Cuando se reduzca temporalmente la jornada ordinaria de trabajo en, al menos, una tercera parte, en virtud de la autorización conferida al empresario para reducir la jornada de trabajo de sus trabajadores por resolución dictada por la autoridad laboral competente en expediente de regulación de empleo.

✐ Nueva redacción del número cuatro de este artículo asimismo por disp. adic. única del RD 43/1996 (§15.1).

Cinco. Cuando los trabajadores fijos discontinuos dejen de prestar servicios por haber finalizado o haberse interrumpido la actividad intermitente o de temporada de la Empresa, mediante la presentación de la copia del contrato o de cualquier otro documento que acredite el carácter de la relación laboral y comunicación escrita del empresario acreditando las causas justificativas de la citada finalización o interrupción. En el supuesto de suspensión de la actividad por causas económicas, tecnológicas o por fuerza mayor, se estará a lo previsto en el número 3.

Seis. En los supuestos en los que la situación legal de desempleo se acredite por comunicación, notificación escrita o certificación del empresario, de la Administración empleadora o de la cooperativa, la causa y fecha de efectos de la situación legal de desempleo deberá figurar en el certificado de empresa considerándose documento válido para su acreditación.

✐ Ap. 6 añadido por art. único.1 del RD 200/2006, de 17 febrero.

Artículo 2. Situaciones asimiladas al alta.

1. Se considerarán situaciones asimiladas al alta, a efectos de la prestación por desempleo, las siguientes:

a) La excedencia forzosa por elección para un cargo público o sindical.

b) El cumplimiento del servicio militar o la prestación social sustitutoria.

c) El traslado o desplazamiento temporal por la Empresa fuera del territorio nacional.

d) El retorno de los trabajadores emigrantes.

e) La situación de invalidez provisional.

f) La liberación por cumplimiento de condena o libertad condicional.

2. Asimismo se considerará situación asimilada al alta de los trabajadores fijos discontinuos que no sean llamados al reiniciarse la actividad correspondiente.

Artículo 3. Duración de la prestación.

⇒ V. art. 210 de la LGSS/1994 (§32.1).

1. La duración de la prestación por desempleo estará en función de los períodos de ocupación cotizada en los seis años anteriores a la situación legal de desempleo, o al momento en que cesó la obligación de cotizar, con arreglo a la siguiente escala:

Períodos de cotización	Períodos de prestación/Días
Desde 180 hasta 359 días	90
Desde 360 hasta 539 días	180
Desde 540 hasta 719 días	270
Desde 720 hasta 899 días	360
Desde 900 hasta 1.079 días	450
Desde 1.080 hasta 1.259 días	540
Desde 1.260 hasta 1.439 días	630
Desde 1.440 días	720

En el caso de desempleo parcial, el número de días de prestación será el señalado en la escala anterior en función del período de ocupación cotizada independientemente de la reducción de la jornada.

2. Cuando al trabajador se le reconozca una prestación de desempleo y opte, de acuerdo con lo establecido en el número 4 del artículo 8 de la Ley 31/1984, por la prestación anterior, las cotizaciones que generaron aquella prestación por la que no hubiera optado no podrán computarse para el reconocimiento de un derecho posterior.

⇒ V. STC 153/1994, de 23 mayo (RTC 1994, 153), y cfr. STS (Sala Revisión) 11 junio 1991 (RJ 1992, 4874).

3. A efectos de determinación del período de ocupación cotizado a que se refiere el número 1, se computarán las cotizaciones efectuadas desde el nacimiento del último derecho, incluyéndose las que deban realizarse por salarios dejados de percibir como consecuencia de despido nulo y por salarios de tramitación, excluyéndose, en todo caso, las cotizaciones por pagas extraordinarias. Para determinar el período mínimo de cotización de ciento ochenta días, se asimilarán a cotizaciones efectivamente realizadas el tiempo de cierre patronal o de huelga legales.

4. Cuando las cotizaciones acreditadas correspondan a un trabajo a tiempo parcial o a trabajo efectivo en los casos de reducción de jornada, cada día trabajado se computará como un día cotizado, cualquiera que haya sido la duración de la jornada.

5. El período de cuatro años a que se refiere el punto 1 de este artículo se retrotraerá por el tiempo equivalente al que el trabajador hubiera permanecido en alguna de las situaciones asimiladas al alta señaladas en el número 1 del artículo 2, excepto en el caso de los emigrantes retornados y de los penados liberados cuando acrediten, respectivamente, cotizaciones en el extranjero computables en virtud de convenio legalmente suscrito o por trabajos realizados en prisión que impliquen cotización a la Seguridad Social.

Artículo 4. Cuantía de la prestación.

⇒ V. art. 211 de la LGSS/1994 (§32.1).

1. La base reguladora de la prestación por desempleo se calculará dividiendo por 180 la suma de las cotizaciones por la contingencia de desempleo correspondientes a los últimos 180 días cotizados precedentes al día en que se haya producido la situación legal de desempleo o al del que cesó la

obligación de cotizar. Para el cálculo de la base reguladora no se computarán las cotizaciones correspondientes al tiempo de abono de la prestación que efectúe la entidad gestora o, en su caso, la empresa, ni la retribución por horas extraordinarias.

Cuando exista descubierto de cotización durante alguno de los días computables a efectos de determinar la base reguladora, ésta se completará estimando la que hubiera correspondido de haberse cotizado.

2. La cuantía de la prestación se determinará aplicando a la base reguladora los siguientes porcentajes: el 70 por 100 durante los ciento ochenta primeros días y el 60 por 100 a partir del día 181.

3. A efectos de calcular las cuantías máxima y mínima de la prestación por desempleo de nivel contributivo, se entenderá que se tienen hijos a cargo, cuando éstos sean menores de veintiséis años o mayores con una incapacidad en grado igual o superior al treinta y tres por ciento, carezcan de rentas de cualquier naturaleza iguales o superiores al salario mínimo interprofesional excluida la parte proporcional de las pagas extraordinarias, y convivan con el beneficiario.

La carencia de rentas se presumirá en el caso de no realización de trabajo por cuenta propia, o por cuenta ajena cuya retribución sea igual o superior a la cuantía indicada en el párrafo anterior, sin perjuicio de que en dichos supuestos la entidad gestora pueda solicitar la acreditación de inexistencia de otras fuentes de ingresos.

No será necesaria la convivencia cuando el beneficiario declare que tiene obligación de alimentos en virtud de convenio o resolución judicial o que sostiene económicamente al hijo, y cuando lo requiera la entidad gestora el beneficiario deberá aportar la documentación acreditativa que corresponda.

Durante la percepción de la prestación por desempleo, la cuantía máxima o mínima de la misma se adaptará al incremento o disminución de los hijos a cargo.

4. La base reguladora diaria de la prestación por desempleo de nivel contributivo de los trabajadores que en los últimos 180 días, precedentes al día en que se haya producido la situación legal de desempleo o al del que cesó la obligación de cotizar, sólo tengan cotizaciones por jornadas reales en el Régimen Especial Agrario de la Seguridad Social, será la base de cotización de la última jornada real realizada por el trabajador.

La base reguladora diaria de la prestación por desempleo de nivel contributivo de los trabajadores que en los últimos 180 días, precedentes al día en que se haya producido la situación legal de desempleo, o al del que cesó la obligación de cotizar, tengan cotizaciones por jornadas reales en el Régimen Especial Agrario de la Seguridad Social y en otros Regímenes, se calculará dividiendo por 180 la suma de las bases de cotización por la contingencia de desempleo de ese número de días, y, para ello, la base de cotización de la última jornada real realizada por el trabajador debe ser multiplicada y dividida por el número de jornadas reales incluidas en el período indicado.

✐ Artículo modificado por art. único.2 del RD 200/2006, de 17 febrero.

Artículo 5. Nacimiento del derecho.

⇒ V. art. 209 de la LGSS/1994 (§32.1).

1. El derecho a la prestación por desempleo nacerá el día siguiente al de la situación legal de desempleo, siempre que se solicite en el plazo de quince días, a contar desde la misma.

2. En los casos de despido procedente, el derecho nacerá el día siguiente al de finalización del período de espera de tres meses, contados desde la fecha de la sentencia judicial siempre que el trabajador se haya inscrito como demandante de empleo en el plazo de quince días, contados a partir de la notificación de la sentencia, y la solicitud se formule en los quince días siguientes a la fecha de finalización del período de espera.

3. La duración de la prestación se reducirá en tantos días como medien entre la fecha en que hubiera tenido lugar el nacimiento del derecho de haberse efectuado la inscripción y la solicitud en tiempo y forma y aquellas en que efectivamente se hubieran realizado, salvo casos de fuerza mayor.

Artículo 6. Suspensión y extinción del derecho.

⇒ V. arts. 212 y 213 de la LGSS/1994 (§32.1).

1. La suspensión de la prestación en los casos previstos en el artículo 10 de la Ley 31/1984 implicará la interrupción de la obligación de cotizar, además de la del abono de la prestación.

2. La colocación que se ofrezca al trabajador, a efectos de lo previsto en el número 3 del artículo 10 de la citada Ley, se entenderá adecuada cuando, cumpliendo lo establecido en el mismo, no implique un salario inferior al fijado por la normativa sectorial para la respectiva actividad.

⇒ Sobre el concepto de «ocupación adecuada», v. Convenio núm. 44, de la OIT, ratificado por España por Instrumento de 8 abril 1971 (art. 10).

3. El derecho a la prestación o al subsidio por desempleo quedará suspendido en los supuestos de traslado de residencia al extranjero en los que el beneficiario declare que es para la búsqueda o realización de trabajo, perfeccionamiento profesional, o cooperación internacional, por un período continuado inferior a doce meses, sin perjuicio de la aplicación de lo previsto sobre la exportación de las prestaciones en los Convenios o Normas comunitarias. En otro caso, el traslado de residencia al extranjero incumpliendo alguno de los requisitos anteriores supondrá la extinción del derecho.

No tendrá consideración de traslado de residencia la salida al extranjero por tiempo no superior a 15 días naturales por una sola vez cada año, sin perjuicio del cumplimiento de las obligaciones establecidas en el artículo 231.1 del Texto Refundido de la Ley General de la Seguridad Social, aprobado por el Real Decreto Legislativo 1/1994, de 20 de junio.

✐ Ap. 3 modificado por art. único.3 del RD 200/2006, de 17 febrero.

4. En los supuestos previstos en las letras a) y b) del número 1 del artículo 10 y en las letras b) y c) del artículo 11 de la Ley 31/1984, el Instituto Nacional de Empleo, antes de suspender o extinguir la prestación, dará audiencia al interesado para que en el plazo de diez días formule por escrito las alegaciones que convengan a su derecho. Transcurrido dicho plazo, se dictará resolución.

5. Al trabajador fijo de carácter discontinuo que sea llamado para reiniciar su actividad se le suspenderá o extinguirá el derecho a la prestación según que la duración del trabajo sea inferior, igual o superior, respectivamente, a seis meses. La falta injustificada de presentación del trabajador cuando sea llamado al reinicio de la actividad será causa de extinción de la prestación por desempleo.

El empresario deberá remitir a la correspondiente Oficina de Empleo relación nominal de los trabajadores fijos discontinuos que sean llamados al trabajo, con indicación de las fechas de reincorporación.

Artículo 6 bis. Consideración del trabajo a efectos de la suspensión y extinción del derecho.

1. A efectos de la suspensión o de la extinción del derecho establecida en el artículo 212.1.d) y en el artículo 213.1.d) del Texto Refundido de la Ley General de la Seguridad Social, aprobado por el Real Decreto Legislativo 1/1994, de 20 de junio, respectivamente, se considerará trabajo toda actividad que genere o pueda generar retribución o ingresos económicos, por cuenta ajena o propia, que sea incompatible con la prestación o con el subsidio por desempleo.

2. Cuando no sea posible determinar el número de días a los que se extiende la actividad desarrollada por cuenta propia sin obligación de alta y baja en el régimen correspondiente de la Seguridad Social, se estará a los declarados y acreditados documentalmente por el trabajador, salvo que el número de días no pueda ser acreditado en cuyo caso se estará al que resulte de dividir las percepciones íntegras derivadas de la actividad entre el importe de la base máxima de cotización al Régimen Especial de Trabajadores Autónomos.

3. En los casos a los que se refiere el apartado anterior, se considerará que el trabajador ha cumplido con la obligación de solicitar la baja, establecida en el artículo 231.1.e) del Texto Refundido de la Ley General de la Seguridad Social, aprobado por el Real Decreto Legislativo 1/1994, de 20 de junio, cuando la comunicación se produzca en los 15 días siguientes a la percepción de los ingresos obtenidos con la actividad, procediéndose a regularizar la prestación desde la fecha de inicio de la actividad, o, si no puede acreditar esa fecha de inicio, desde la fecha de percepción de los ingresos.

✐ Artículo añadido por art. único.4 del Real Decreto 200/2006, de 17 febrero.

CAPÍTULO II

Nivel asistencial

Artículo 7. Requisitos de acceso al subsidio.

⇒ V. art. 215 de la LGSS/1994 (§32.1).

1. Para determinar el requisito de carencia de rentas, o, en su caso de responsabilidades familiares, a que se refiere el artículo 215 del Texto Refundido de la Ley General de la Seguridad Social, aprobado por el Real Decreto Legislativo 1/1994, de 20 de junio, se aplicarán las reglas siguientes:

a) Las rentas se computarán por su rendimiento íntegro o bruto. El rendimiento que procede de actividades empresariales, profesionales, agrícolas, ganaderas o artísticas, se computará por la diferencia entre los ingresos y los gastos necesarios para su obtención. Las ganancias patrimoniales se computarán por la diferencia entre las ganancias y las pérdidas patrimoniales.

b) Las rentas se imputarán a su titular cualquiera que sea el régimen económico matrimonial aplicable, pero las rentas derivadas de la explotación de un bien de uno de los cónyuges, si el régimen económico matrimonial es el de gananciales, se imputarán por mitad a cada cónyuge.

c) Para establecer la cuantía mensual de las rentas:

1º Si las rentas se perciben con periodicidad mensual, se computarán las que corresponden al mes completo anterior al del hecho causante del subsidio, siempre que se mantengan en el mes correspondiente al hecho causante, o al de su solicitud, o durante la percepción de aquél.

Si las rentas se perciben con periodicidad superior a la mensual, se computarán a prorrata mensual sobre el período al que correspondan.

2º Si las rentas se obtienen en un pago único, se computarán las obtenidas en el mes anterior al hecho causante del subsidio, o al de su solicitud, computados de fecha a fecha, o durante su percepción, prorrateando su importe entre 12 meses.

En el mes o meses siguientes a la fecha de obtención de esas rentas se computará, o bien su rendimiento mensual efectivo, conforme a lo establecido en el número 1º o, en otro caso, su rendimiento mensual presunto conforme a lo establecido en el número 3º.

Lo previsto en este apartado se aplicará: a las indemnizaciones por extinción del contrato abonadas en un pago único por el importe que supere la indemnización legal, a los rendimientos derivados de la enajenación de valores mobiliarios o de bienes inmuebles, salvo que se trate de la vivienda habitual, al rescate de planes de pensiones y al resto de ganancias patrimoniales o rendimientos irregulares.

3º Si se dispone de bienes de patrimonio, fondos de inversión mobiliaria o inmobiliaria, fondos o planes de jubilación, o cualquier otra modalidad de inversión de capital, excepto la vivienda habitual y los planes de pensiones, que tenga diferida su sujeción al impuesto de la renta de las personas físicas, siempre que no se haya computado su rendimiento mensual efectivo se computará el rendimiento mensual presunto que resulte de aplicar el 50 por 100 del tipo de interés legal del dinero vigente sobre el valor del bien, fondo o plan, prorrateado entre 12 meses.

2. No tendrá derecho al subsidio quien se encuentre en la situación prevista en el artículo 215.1.1.a) y b) del Texto Refundido de la Ley General de la Seguridad Social, aprobado por el Real Decreto Legislativo 1/1994, de 20 de junio, cuando se le hubiera extinguido la prestación de desempleo por imposición de sanción.

Si durante la percepción de la prestación se le hubiere suspendido el derecho en el supuesto previsto en el artículo 212.1.a) del Texto Refundido de la Ley General de la Seguridad Social, aprobado por el Real Decreto Legislativo 1/1994, de 20 de junio, y el período de suspensión excediera del que resta para agotar la prestación, no podrá solicitar el subsidio hasta transcurrido un mes a partir de que se cumpla totalmente el período de suspensión.

3. El trabajador mayor de cincuenta y dos años que reúna los requisitos establecidos para acceder al subsidio previsto en el artículo 215.1.3 del Texto Refundido de la Ley General de la Seguridad Social, aprobado por el Real Decreto Legislativo 1/1994, de 20 de junio, podrá obtener ese subsidio cuando:

a) Estuviese percibiendo o tuviese derecho a percibir un subsidio.

b) Hubiese agotado un subsidio.

c) Hubiera agotado una prestación por desempleo y no percibido el subsidio correspondiente o lo hubiese extinguido, por carecer, inicialmente o con carácter sobrevenido, del requisito de rentas y, o, del de responsabilidades familiares.

✐ Artículo modificado por art. único.5 del RD 200/2006, de 17 febrero.

⇒ V. STC 153/1994, de 23 mayo (RTC 1994, 153). Cfr. STS (Sala Revisión) 11 junio 1991 (RJ 1992, 4874).

Téngase en cuenta que el art. 215 del TRLGSS (§32.1) exige la concurrencia de este requisito durante todo el tiempo de percepción del subsidio. V. asimismo art. 219.2 del citado TRLGSS (§32.1).

⇒ V. ATC 210/1990, de 18 mayo (RTC 1990, 210 AUTO), que aclara la indicada sentencia 153/1994.

V. asimismo SSTC 209/1987, de 22 diciembre (RTC 1987, 209) y 153/1994, de 23 mayo (RTC 1994, 153).

Artículo 8. Duración y cuantía del subsidio.

⇒ V. arts. 216 y 217 de la LGSS/1994 (§32.1).

1. A efectos de cómputo de los períodos de duración del subsidio y, en su caso, de cotización, los meses se considerarán integrados por treinta días naturales.

2. Las prórrogas del subsidio por desempleo se producirán siempre que concurran las mismas circunstancias que motivaron la concesión inicial.

3. La duración del subsidio, en el caso de trabajadores fijos discontinuos con responsabilidades familiares, que hayan agotado la prestación contributiva, será equivalente al número de meses cotizados en el año inmediatamente anterior al momento de solicitar el subsidio. En este supuesto, no será de

aplicación la disminución prevista en la duración del subsidio en la letra c) del número 3 del artículo 14 de la Ley 31/1984.

4. La cuantía del subsidio será del 75 por 100 del salario mínimo interprofesional vigente en cada momento que corresponda al trabajador, excluida la parte proporcional de las pagas extraordinarias.

⇒ V. STC 153/1994, de 23 mayo (RTC 1994, 153), y STS (Sala Revisión) 11 junio 1991 (RJ 1992, 4874).

Artículo 9. Nacimiento del derecho.

⇒ V. art. 219 de la LGSS/1994 (§32.1).

1. El plazo de espera de un mes para tener derecho al subsidio se contará desde el día siguiente al del agotamiento de la prestación por desempleo o de la inscripción, en su caso, como demandante de empleo.

2. En el supuesto de despido procedente el período de espera necesario para la solicitud del subsidio será de tres meses a partir de la sentencia.

3. La falta de inscripción o de solicitud en los plazos correspondientes supondrá la reducción de la duración del subsidio en tantos días como medien entre la fecha en que hubiera tenido lugar el nacimiento del derecho de haberse efectuado la inscripción y la solicitud en tiempo y forma y aquella en que efectivamente se hubieran realizado.

Artículo 10. Prórrogas de la duración del subsidio y declaraciones de rentas de los beneficiarios del subsidio para mayores de 52 años.

1. El solicitante de la prórroga de la duración del subsidio deberá indicar en la solicitud que, o bien concurren las mismas circunstancias que motivaron el acceso inicial al derecho o a la anterior prórroga de su duración, o bien que esas circunstancias han variado y sólo en este segundo caso deberá hacer nueva declaración de las rentas y, en su caso, de las responsabilidades familiares y, en todo caso, cuando lo requiera la entidad gestora, se deberá aportar la documentación acreditativa que corresponda.

2. El beneficiario del subsidio previsto en el artículo 215.1.3 del Texto Refundido de la Ley General de la Seguridad Social, aprobado por el Real Decreto Legislativo 1/1994, de 20 de junio, para los mayores de 52 años, deberá indicar en la declaración de sus rentas a que se refiere el artículo 219.5 de dicha Ley, o bien que sus rentas son las mismas que en la declaración anterior, o bien que han variado y sólo en este segundo caso deberá hacer nueva declaración de sus rentas y, en todo caso, cuando lo requiera la entidad gestora, se deberá aportar la documentación acreditativa que corresponda.

3. La entidad gestora establecerá un procedimiento específico que permita que las solicitudes de prórrogas y las declaraciones de rentas se puedan presentar dirigiéndolas a dicha entidad gestora por correo, o por medios electrónicos, informáticos o telemáticos.

✐ Artículo modificado por art. único.6 del RD 200/2006, de 17 febrero.

CAPÍTULO III

Normas específicas para determinados grupos de trabajadores

⇒ Debe tenerse en cuenta la disp. adic. decimonovena de la Ley 4/1990, de 29 julio, de Presupuestos Generales del Estado para 1990, que dice:

«1. Previo el acuerdo de la Comisión Delegada del Gobierno para Asuntos Económicos a que se refiere el número 3 de esta Disposición Adicional, los trabajadores del sector de la minería del carbón que queden en situación legal de desempleo como consecuencia del cese o reducción de la actividad de su empresa tendrán derecho al reconocimiento, por una sola vez, de prestaciones contributivas por desempleo por el período máximo legal, con independencia de las cotizaciones previas que tengan acreditadas y del período de prestaciones que, en su caso, hubieran percibido hasta la fecha de la referida situación legal de desempleo.

2. El coste de la medida contemplada en el apartado anterior, así como el derivado de la aportación del Estado al sistema de ayudas equivalentes a la jubilación anticipada de aquellos trabajadores excedentes que alcancen la edad de sesenta años bonificados, se financiarán con cargo a los Presupuestos Generales del Estado, según los créditos previstos en las respectivas aplicaciones presupuestarias conforme a la naturaleza del gasto.

3. Se autoriza a la Comisión Delegada del Gobierno para Asuntos Económicos para adoptar, a propuesta conjunta de los Ministerios de Economía y Hacienda, Industria y Energía y Trabajo y Seguridad Social, las medidas laborales señaladas en los puntos anteriores, de conformidad con la decisión de la Comisión de las Comunidades Europeas, de fecha 20 de diciembre de 1989, y siempre dentro del ámbito de aplicación del Convenio, de la misma fecha, sobre Ayudas CECA a la readaptación, suscrito entre la citada Comisión y el Gobierno español».

Sobre subsidio por desempleo de los trabajadores eventuales incluidos en el Régimen Especial Agrario de la Seguridad Social, v. RD 5/1997, de 10 enero, así como la Ley 1/1997, de 7 marzo, sobre asimilación de jornadas por causa de la sequía a efectos del citado subsidio de desempleo. V. asimismo, el art. 3 de la Ley 45/2002, de 12 diciembre (§36.2) y la nota general al Cap. III del Tít. III de la LGSS/1994 (§32.1).

Artículo 11. Derecho a la prestación y subsidio por desempleo de los emigrantes retornados.

1. Para acreditar la situación legal de desempleo, los emigrantes retornados deberán aportar certificación del Instituto Español de Emigración en la que conste la fecha del retorno, el tiempo trabajado

en el país extranjero, el período de ocupación cotizada, en su caso, así como que no tienen derecho a prestaciones por desempleo en dicho país.

2. La duración de la prestación por desempleo se determinará en función de los períodos de ocupación cotizada correspondientes a los cuatro años anteriores a la salida de España del trabajador, en caso de no haber cotizado por la contingencia de desempleo desde aquel momento, o a contar desde la extinción de la relación laboral en el extranjero, si existieren cotizaciones computables en virtud de convenio legalmente suscrito.

3. La solicitud de la prestación por desempleo del nivel contributivo deberá formularse en el plazo de los quince días siguientes a la fecha de retorno. El plazo de subsanación de deficiencias o aportación de documentación a que se refiere el número 1 del artículo 25 de este Real Decreto será de cuarenta y cinco días.

4. A los efectos de causar derecho al subsidio por desempleo por la situación protegida en la letra b) del número 1 del artículo 13 de la Ley 31/1984, se considerarán trabajadores retornados los que hubieran trabajado como mínimo seis meses en el extranjero desde su última salida de España.

⇒ V. STC 153/1994, de 23 mayo (RTC 1994, 153), y STS (Sala Revisión), 11 junio 1991 (RJ 1992, 4874).

Artículo 12. Derecho a la prestación y subsidio por desempleo de los liberados de prisión.

1. Los trabajadores liberados de prisión por cumplimiento de condena o libertad condicional deberán acreditar la situación legal de desempleo mediante certificación del Director del Establecimiento Penitenciario, en la que consten las fechas de ingreso en prisión y excarcelación así como el período de ocupación cotizada en su caso, durante la permanencia en la situación de privación de libertad.

2. La duración de la prestación por desempleo se determinará en función de los períodos de ocupación cotizada correspondientes a los cuatro años inmediatamente anteriores a la situación legal de desempleo. Cuando no hubiesen realizado actividades que impliquen cotizaciones a la Seguridad Social o cuando dicha actividad fuese inferior a cuatro años se tendrán en cuenta las cotizaciones efectuadas en los cuatro años anteriores al ingreso en prisión hasta completar el período a que se refiere el número 1 del artículo 8 de la Ley 31/1984.

3. La solicitud de la prestación por desempleo de nivel contributivo deberá formularse en el plazo de los quince días siguientes a la excarcelación.

4. Los trabajadores liberados de prisión por libertad condicional o cumplimiento de condena superior a seis meses que no tengan derecho a la prestación por desempleo de nivel contributivo, podrán solicitar el subsidio de desempleo a que se refiere la letra d) del número 1 del artículo 13 de la Ley 31/1984.

⇒ V. STC 153/1994, de 23 mayo (RTC 1994, 153), y STS (Sala Revisión), 11 junio 1991 (RJ 1992, 4874) .

CAPÍTULO IV

Normas comunes

Artículo 13. Reanudación del derecho.

⇒ V. arts. 212 y 219.2 de la LGSS/1994 (§32.1).

1. Cuando se hubiese suspendido el derecho a la prestación o subsidio por desempleo por alguna de las causas previstas en las letras c), d) y e) del número 1 del artículo 10 de la Ley 31/1984, se reanudará la prestación o el subsidio, previa solicitud del interesado, siempre que acredite que ha finalizado la causa de suspensión.

2. En los supuestos de suspensión previstos en las letras a) y b) del número 1 del citado artículo 10, el Instituto Nacional de Empleo procederá a la reanudación de oficio del derecho suspendido, si el trabajador permaneciese inscrito como demandante en la Oficina de Empleo.

3. La reanudación supondrá el derecho a percibir la prestación o subsidio por desempleo por el período que restase y con las bases y tipos que correspondiesen en el momento de la suspensión. En caso de sanción, el derecho se reanudará con el tipo que corresponda teniendo en cuenta el tiempo transcurrido desde el nacimiento del derecho.

4. La entidad gestora podrá admitir la solicitud agrupada de reanudación de las prestaciones y subsidios a los trabajadores fijos discontinuos y a los que tengan reducida su jornada ordinaria de trabajo o suspendida su relación laboral en virtud de expediente de regulación de empleo, cuando dentro del mes tengan diversos períodos de actividad o inactividad, así como a los que habitualmente trabajen para una misma empresa o en un mismo sector de actividad con sucesivos contratos temporales dentro del mes.

La solicitud agrupada permite la reanudación de las prestaciones por las situaciones legales de desempleo producidas en un mes, y vendrá acompañada por un Certificado de Empresa acreditativo de los días trabajados y/o retribuidos en el mes anterior a la última situación legal de desempleo, computado de fecha a fecha, así como de que los ceses en la actividad o en los contratos temporales son causa de situación legal de desempleo.

En el caso de reanudación del subsidio, la solicitud agrupada incluirá la declaración del trabajador de que, o bien concurren las mismas circunstancias que motivaron el acceso inicial al derecho o a la anterior reanudación, o bien que esas circunstancias han variado y sólo en este segundo caso deberá hacer nueva declaración de las rentas y, en su caso, de las responsabilidades familiares y, en todo caso, cuando lo requiera la entidad gestora, se deberá aportar la documentación acreditativa que corresponda.

La solicitud agrupada de reanudación supone tener cumplido el requisito de la inscripción como demandante de empleo, deberá presentarse por el interesado dentro del plazo de los 15 días siguientes al de la última situación legal de desempleo y surtirá efectos para todos los períodos de inactividad cuyos ceses constituyan situación legal de desempleo y estén comprendidos en el mes anterior a la fecha de la última situación legal de desempleo.

5. La entidad gestora también podrá admitir para los trabajadores fijos discontinuos y los que tengan reducida su jornada ordinaria de trabajo o suspendida su relación laboral en virtud de expediente de regulación de empleo que la solicitud inicial, formulada en el plazo de los 15 días siguientes a la situación legal de desempleo, surta efectos de solicitud de reanudación por los períodos de inactividad dentro del mismo expediente o dentro de la misma actividad fija discontinua, en cuyo caso, la empresa, autorizada por el trabajador, deberá comunicar a la entidad gestora cada mes la información indicada en el apartado anterior.

✐ Aps. 4 y 5 añadidos por art. único.7 del RD 200/2006, de 17 febrero.

Artículo 14. Reconocimiento de un nuevo derecho.

Cuando se haya extinguido el derecho a la prestación o subsidio por desempleo, el trabajador podrá obtener de nuevo el reconocimiento del derecho si vuelve a encontrarse en situación legal de desempleo y reúne los requisitos exigidos al respecto.

Artículo 15. Compatibilidades e incompatibilidades.

⇒ V. art. 221 de la LGSS/1994 (§32.1).

1. La compatibilidad e incompatibilidad de la prestación y el subsidio por desempleo se establece en los siguientes casos:

a) La prestación y el subsidio por desempleo serán compatibles:

1º Con el trabajo retribuido por cuenta ajena a tiempo parcial.

2º Con la indemnización que proceda por extinción del contrato de trabajo.

3º Con la pensión de jubilación parcial, conforme a lo previsto en el artículo 14.1 b) del Real Decreto 1131/2002, de 31 de octubre, por el que se regula la Seguridad Social de los trabajadores contratados a tiempo parcial, así como la jubilación parcial y con las pensiones o las prestaciones de carácter económico de la Seguridad Social que hubieran sido compatibles con el trabajo que originó la prestación o el subsidio por desempleo.

4º Con las becas y ayudas que se obtengan por asistencia a acciones de formación ocupacional o para realizar prácticas en entidades públicas o privadas que formen parte del plan de estudios y se produzcan en el marco de colaboración entre dichas entidades y el centro docente de que se trate.

5º Con la realización de trabajos de colaboración social.

6º Con las prestaciones de la Seguridad Social por hijo a cargo.

7º Con el ejercicio por elección o designación de cargos públicos o sindicales retribuidos que supongan dedicación parcial.

b) La prestación y el subsidio por desempleo serán incompatibles:

1º Con el trabajo retribuido por cuenta ajena a tiempo completo, en régimen laboral o administrativo, o con situaciones asimiladas, que supongan la inclusión en cualquier régimen del sistema de la Seguridad Social aunque no esté previsto cotizar por la contingencia de desempleo, salvo cuando esté establecida la compatibilidad en algún programa de fomento de empleo.

2º Con el trabajo por cuenta propia, con independencia del número de horas que se dediquen a la actividad y de los resultados económicos obtenidos, aunque su realización no implique la inclusión obligatoria en alguno de los regímenes de Seguridad Social.

3º Con actividades de investigación o cooperación retribuidas, que supongan dedicación exclusiva.

4º Con el ejercicio por elección o designación de cargos públicos o sindicales o altos cargos de la Administración, retribuidos, que supongan dedicación exclusiva.

5º Con las pensiones o prestaciones de carácter económico de la Seguridad Social, tanto de nivel contributivo como no contributivo, salvo que estén incluidas en los números 3º y 6º del apartado a).

6º Con la activación de la reserva retribuida, a la que se refiere el Real Decreto 1691/2003, de 12 de diciembre, por el que se aprueba el Reglamento de Acceso y Régimen de los Reservistas Voluntarios.

7º Con cualquier otra situación que implique el derecho a percepciones económicas de carácter público como sustitutivas de las retribuciones dejadas de percibir por el cese en la actividad, manteniéndose un vínculo administrativo o laboral.

c) La compatibilidad a la que se refieren los números 1º, 2º, 3º, 4º y 7º del apartado a), se entenderá sin perjuicio de su cómputo como renta a efectos del subsidio por desempleo en los términos indicados en el artículo 215.3.2 del Texto Refundido de la Ley General de la Seguridad Social, aprobado por el Real Decreto Legislativo 1/1994, de 20 de junio.

d) La compatibilidad a la que se refieren los números 1º y 7º del apartado a) se entenderá sin perjuicio del descuento a que se refiere el artículo 221.1 del Texto Refundido de la Ley General de la Seguridad Social, aprobado por el Real Decreto Legislativo 1/1994, de 20 de junio, y los apartados siguientes de este artículo.

e) La incompatibilidad con el trabajo a que se refiere el número 1º del apartado b), se entenderá referida tanto al trabajo efectivo como a los períodos de vacaciones y de descanso retribuido.

✐ Ap. 1 modificado por art. único.8 del RD 200/2006, de 17 febrero.

2. Cuando un trabajador esté percibiendo prestación o subsidio por desempleo como consecuencia de la pérdida de un trabajo a tiempo completo o parcial y obtenga una colocación a tiempo parcial, se le deducirá del importe de la prestación o subsidio la parte proporcional al tiempo trabajado.

3. Cuando un trabajador realice un trabajo a tiempo completo y otro a tiempo parcial, si pierde el trabajo a tiempo parcial, no podrá percibir prestación o subsidio por desempleo; si pierde el trabajo a tiempo completo percibirá prestación o subsidio por desempleo, deduciéndose de la cuantía correspondiente la parte proporcional al tiempo trabajado.

4. Cuando el trabajador realice dos trabajos a tiempo parcial y pierda uno de ellos, tendrá derecho a percibir la prestación o subsidio por desempleo que le corresponda, sin deducción alguna. La obtención de un nuevo trabajo a tiempo parcial será incompatible con la prestación o subsidio que se le hubiera reconocido.

5. En el caso de compatibilidades de la prestación o subsidio por desempleo y trabajo a tiempo parcial, la reducción de la cuantía de dicha prestación o subsidio no alterará su duración computada en días naturales.

Artículo 16. Invalidez y desempleo.

1. Cuando el trabajador esté percibiendo la prestación o subsidio por desempleo y pase a ser pensionista de invalidez, podrá optar entre seguir percibiendo aquéllos hasta su agotamiento o la pensión que le corresponda por invalidez.

2. Cuando el trabajador pierda su trabajo como consecuencia de haber sido declarado inválido permanente total, podrá optar, si reúne los requisitos para causar prestación por desempleo, entre percibir la prestación por desempleo que le corresponda hasta su agotamiento o la pensión de invalidez.

3. Se entenderá que el trabajador ha optado por la pensión de invalidez cuando la haya sustituido por una indemnización a tanto alzado.

4. Cuando un inválido permanente total pierda o se le suspenda un trabajo compatible con su situación de pensionista por invalidez, tendrá derecho a percibir la prestación o subsidio por desempleo que le corresponda además de la pensión de invalidez.

Artículo 17. Desempleo e *incapacidad laboral transitoria.*

1. Cuando el trabajador esté percibiendo prestación por desempleo total o parcial y pase a la situación de *incapacidad laboral transitoria,* la prestación por esta última contingencia será reconocida por la Entidad Gestora correspondiente y abonada por delegación, en la cuantía que corresponda, por el Instituto Nacional de Empleo.

2. El período de percepción de la prestación por desempleo total o parcial no se ampliará por la circunstancia de que el trabajador pase a la situación de *incapacidad laboral transitoria.*

3. Cuando finalice la duración de la prestación por desempleo encontrándose el trabajador en situación de *incapacidad laboral transitoria* y tenga derecho al subsidio por desempleo, el plazo de espera de un mes para el nacimiento del derecho se contará a partir del día siguiente al de la extinción de la prestación de *incapacidad laboral transitoria.*

⇒ V. art. 222 de la LGSS/1994 (§32.1) y téngase presente que, conforme a la disp. final tercera.Uno de la Ley 42/1994, de 30 diciembre, las referencias a la situación de ILT «se entenderán realizadas a la situación de incapacidad temporal» contemplada en arts. 128 y ss. de la LGSS/1994 (§32.1).

Artículo 18. Responsabilidades familiares.

1. Se entenderá por responsabilidades familiares, a los efectos previstos en los artículos 10 y 13 de la Ley 31/1984, tener a cargo al menos al cónyuge o a un familiar por consanguinidad o afinidad hasta el segundo grado inclusive que convivan con el trabajador cuando la renta mensual del conjunto de la unidad familiar dividida por el número de miembros que la componen no supere el salario mínimo interprofesional.

2. A los mismos efectos del número anterior, habrán de concurrir las responsabilidades familiares en el momento del correspondiente hecho causante, excepto en el supuesto de hijos que nazcan dentro de los trescientos días siguientes.

3. No será necesaria la convivencia cuando exista obligación de alimentos en virtud de convenio o resolución judicial. En caso de cónyuge e hijos, se presumirá la convivencia, salvo prueba en contrario, cuando éstos tengan reconocida la condición de beneficiarios de asistencia sanitaria de la Seguridad Social.

4. Cuando las cargas familiares hayan sido tenidas en cuenta para reconocer el subsidio a uno de los miembros de la unidad familiar, no podrá ser alegada dicha circunstancia para el reconocimiento del derecho a otro miembro de la misma.

Artículo 19. Cotización.

⇒ V. art. 214 de la LGSS/1994 (§32.1).

1. Estarán obligados a cotizar por desempleo todas las Empresas y trabajadores incluidos en el Régimen General y los Regímenes especiales de la Seguridad Social que protegen dicha contingencia. La base de cotización por desempleo será la misma que la prevista para accidentes de trabajo y enfermedades profesionales.

2. Durante la percepción de la prestación por desempleo, la base por la que deberá cotizarse a la Seguridad Social en los casos de desempleo parcial o trabajo a tiempo parcial se reducirá en proporción a la disminución de la jornada o de la cuantía de la prestación, respectivamente.

3. En los supuestos de suspensión temporal o reducción de la jornada, a efectos de la cotización por accidente de trabajo y enfermedad profesional, se aplicarán los porcentajes del epígrafe correspondiente a los trabajadores en período de baja, cualquiera que fuese la categoría profesional y la actividad del trabajador.

4. Las cotizaciones a la Seguridad Social en el supuesto de que el beneficiario de prestaciones por desempleo, total o parcial, pase a la situación de incapacidad laboral transitoria se efectuarán, en la proporción correspondiente, por quienes las abonasen durante la situación de desempleo. En el caso de que la prestación de incapacidad laboral transitoria sustituya a la de desempleo total por extinción de la relación laboral, la cotización a la Seguridad Social se efectuará según lo previsto en el número 3 del artículo 12 de la Ley 31/1984.

5. Cuando el trabajador sea beneficiario del subsidio por desempleo o de la prestación de asistencia sanitaria, las cotizaciones a la Seguridad Social que el Instituto Nacional de Empleo tenga que efectuar se determinarán aplicando a la cuota que corresponda al tope mínimo de cotización vigente en cada momento los coeficientes que, por las correspondientes contingencias, establezca el *Ministerio de Trabajo y Seguridad Social.*

Artículo 20. Impugnación de actos administrativos.

Las resoluciones del *Instituto Nacional de Empleo* reconociendo, denegando, suspendiendo o extinguiendo la prestación o subsidio por desempleo serán recurribles ante el orden juridiccional social, previa reclamación ante dicho Instituto en la forma prevista en los artículos 58 y siguientes del Real Decreto Legislativo 1568/1980, de 13 de junio.

⇒ V. hoy arts. 71 y 139 y ss. del RDLeg 2/1995, de 7 abril (§41).

Téngase en cuenta que el Instituto Nacional de Empleo se denomina hoy Servicio Público de Empleo Estatal. Según dispone la Ley 56/2003, de 16 diciembre (§27.1) en su disp. adic. 1ª.

CAPÍTULO V
Tramitación y pago de las prestaciones por desempleo

Artículo 21. Normas generales de tramitación de la prestación por desempleo.

1. Los trabajadores deberán solicitar la prestación de desempleo en la Oficina de Empleo correspondiente, en el plazo de quince días contados a partir del siguiente a aquel en que se haya producido la situación legal de desempleo.

2. Cuando la situación legal de desempleo se produzca como consecuencia de despido procedente, los trabajadores deberán solicitar la prestación en el plazo de quince días contados a partir de la finalización del período de espera.

3. Cuando la extinción del contrato se produzca por causas objetivas o por muerte, jubilación o incapacidad del empresario, el plazo de quince días se contará desde el día siguiente a la fecha de cese que conste en la comunicación escrita del empresario o, en su caso, de su representante o herederos, si no se hubiera reclamado contra la decisión extintiva, o desde la notificación de la resolución judicial en caso contrario.

4. Cuando el contrato se hubiera extinguido por las causas previstas en el artículo 40 y en las letras a), b) y c) del número 2 del artículo 41 del Estatuto de los Trabajadores, los quince días de la solicitud se contarán a partir del cese en el trabajo.

⇒ La referencia debe entenderse hecha al núm. 1 del citado art. 41 ET (§2).

5. A la solicitud habrán de acompañar certificado de Empresa y copia del documento acreditativo de la situación legal de desempleo en los términos previstos en los artículos 1, 11 y 12 de este Real Decreto, salvo en caso de fuerza mayor, en el que será suficiente cualquier medio de prueba admitido en Derecho. El *Instituto Nacional de Empleo* podrá exigir la aportación de copia de los documentos oficiales de cotización y salarios que estime necesarios.

Artículo 22. Normas específicas de tramitación de la prestación por desempleo, aplicables a los expedientes de regulación de empleo.

⇒ V. RD 43/1996, de 19 enero (§15.1).

1. El *Instituto Nacional de Empleo* facilitará, en el plazo de quince días, a las Empresas que lo soliciten, y a los solos efectos de la resolución de los expedientes de regulación de empleo en los que no haya habido acuerdo, informe sobre si los trabajadores afectados reúnen los requisitos necesarios para tener derecho a la prestación por desempleo.

⇒ V. la nota al art. 20 sobre denominación actual del INEM.

2. En los supuestos de acuerdo en los expedientes de regulación de empleo, y en los iniciados por los trabajadores, la autoridad laboral remitirá al Instituto Nacional de Empleo relación nominal y números de documento nacional de identidad y de afiliación a la Seguridad Social de los trabajadores afectados, para que dicho Instituto informe en el plazo de ocho días sobre si los trabajadores reúnen los requisitos para causar derecho a la prestación por desempleo.

3. En la resolución de la autoridad laboral figurarán, entre otros, los siguientes datos:

a) Nombre o razón social de la Empresa, domicilio del centro o centros de trabajo y número de inscripción en la Seguridad Social.

b) Nombre de los trabajadores afectados y números de documento nacional de identidad y afiliación a la Seguridad Social.

c) Causa y carácter de la situación legal de desempleo de los trabajadores, consignando si el desempleo es total o parcial y, en el primer caso, si es temporal o definitivo. Si fuese temporal, se consignará el plazo por el que se concede la autorización de la suspensión y, si fuese parcial, se indicará el número de horas en que se reduce la jornada ordinaria.

4. La autoridad laboral remitirá al *Instituto Nacional de Empleo*, en unión de la resolución, los correspondientes certificados de Empresa.

5. Los trabajadores afectados deberán solicitar la prestación en la Oficina de Empleo correspondiente en el plazo de los quince días siguientes a la situación legal de desempleo o en su caso, a la fecha de la notificación de la resolución de la autoridad laboral.

Artículo 23. Normas de tramitación del subsidio por desempleo.

1. Los trabajadores que hayan agotado la prestación por desempleo presentarán la solicitud del subsidio en el plazo de los quince días siguientes a la finalización del período de espera correspondiente.

2. Los trabajadores que tengan derecho al subsidio en los supuestos de las letras b), c), d) y e)

del número 1 del artículo 13 de la Ley 31/1984 deberán inscribirse como demandantes de empleo en el plazo de treinta días a contar desde el hecho causante y solicitar dicho subsidio en el plazo de los quince días siguientes a la finalización del período de espera.

⇒ V. hoy art. 215 LGSS/1994 (§32.1).

3. A la solicitud habrá de acompañarse:

a) Documentación acreditativa de carecer de rentas de cualquier naturaleza superiores al salario mínimo interprofesional, en todos los supuestos protegidos en el artículo 13 de la Ley 31/1984.

b) Documentación acreditativa de tener responsabilidades familiares en los términos del artículo 18 de este Real Decreto en los supuestos protegidos por las letras a) y c) del número 1 del mencionado artículo 13.

c) Documentación acreditativa de la situación legal de desempleo en la forma prevista en los artículos 1, 11 y 12 de este Real Decreto, según se trate de los supuestos contemplados en las letras c), b) y d), respectivamente, del referido número 1 del artículo 13 de la Ley 31/1984. En la situación protegida en la letra e) de dicho número y artículo habrá de acompañarse la resolución de la Entidad Gestora por la que se revisa el grado de la invalidez.

⇒ V. hoy art. 215 LGSS/1994 (§32.1).

4. En los supuestos a que se refiere el número 2 del artículo 13 de la Ley 31/1984, el trabajador solicitará el subsidio por desempleo en el plazo de los quince días siguientes a la finalización del período de espera de un mes si accediera directamente o, en su caso desde el cumplimiento de los cincuenta y cinco años.

⇒ V. hoy art. 215.3 LGSS/1994 (§32.1).

A la solicitud habrá de acompañar necesariamente certificación de la Entidad gestora de la pensión de jubilación, acreditativa de que reúne todos los requisitos, salvo la edad, para acceder, en su caso, a dicha pensión y la edad y la modalidad de jubilación a la que hubiere lugar.

Artículo 24. Presentación de solicitudes y otra documentación.

⇒ Téngase en cuenta hoy la Ley 14/1986, de 25 abril, General de Sanidad.

1. Las solicitudes de las prestaciones o subsidios por desempleo, de alta inicial, reanudación o prórroga, se formularán por el solicitante en los modelos normalizados establecidos al efecto por la entidad gestora.

2. Los modelos de solicitud estarán a disposición de los trabajadores en las dependencias administrativas y a través de los medios telemáticos de la entidad gestora.

3. Las solicitudes se podrán formalizar y presentar, a elección del trabajador:

a) En las dependencias administrativas citadas,

b) En los registros de otras Administraciones, incluidos los de las entidades locales con las que exista convenio, o

c) Dirigiendo a la entidad gestora los documentos o datos correspondientes por correo o por medios o procedimientos electrónicos, informáticos o telemáticos, de acuerdo con lo dispuesto en los artículos 38.4 y 45 de la Ley 30/1992, de 26 de noviembre, de Régimen Jurídico de las Administraciones Públicas y del Procedimiento Administrativo Común, y en sus normas de desarrollo, así como en las condiciones que establezca la entidad gestora.

4. Lo indicado sobre la presentación de las solicitudes se aplicará a las reclamaciones, alegaciones, declaraciones, o comunicaciones de baja u otras del interesado, y a los certificados de empresa.

✐ Artículo modificado por art. único.9 del RD 200/2006, de 17 febrero.

Artículo 25. Normas de tramitación comunes a las distintas prestaciones o subsidios por desempleo.

1. Cuando la solicitud se presente sin aportar total o parcialmente la documentación a que se refieren los artículos 21 a 24 de este Real Decreto, el *Instituto Nacional de Empleo* requerirá al solicitante para que, en el plazo de quince días, subsane la falta o presente los documentos preceptivos, con apercibimiento de que, si así no lo hiciese, se archivará la solicitud posteriormente si su derecho no hubiera prescrito.

2. En los supuestos de ejercicio del derecho de opción del número 4 del artículo 8 de la Ley 31/1984 el trabajador deberá, en el plazo de los diez días siguientes a la notificación de la resolución aprobatoria de la prestación de que se trate, pronunciarse expresamente y de forma escrita por la prestación que más convenga a su interés. En otro caso, se entenderá ejercitada la opción por la prestación reconocida y notificada.

Artículo 26. Pago de las prestaciones.

⇒ V. art. 228 de la LGSS/1994 (§32.1).

1. El abono de la prestación o subsidio por desempleo se realizará por mensualidades de treinta días, dentro del mes inmediato siguiente al que corresponda el devengo. En todo caso, el derecho al percibo de cada mensualidad caducará al año de su respectivo vencimiento.

2. El pago de la prestación y subsidio por desempleo se realizará mediante el abono en la cuenta de la entidad financiera colaboradora indicada por el solicitante o perceptor, de la que sea titular, salvo en los casos, debidamente justificados, en los que la entidad gestora permita el pago en efectivo por la entidad financiera.

La realización del pago no conllevará gasto ni para la entidad gestora ni para el perceptor.

✐ Ap. 2 modificado por art. único.10 del RD 200/2006, de 17 febrero.

3. En el supuesto de que no se disponga de algunos datos para el cálculo de la prestación por desempleo, se reconocerá ésta por la duración o cuantía mínimas, abonándose la prestación en concepto de anticipo mientras subsista esta circunstancia.

4. El pago de la prestación o subsidio por desempleo total se efectuará por el Instituto Nacional de Empleo y el de la prestación por desempleo parcial se efectuará por la Empresa por delegación del *Instituto Nacional de Empleo*, excepto cuando éste asuma el pago directo o así lo determine la autoridad laboral cuando la situación económica de la Empresa lo aconseje.

5. En los casos de pago delegado, las Empresas se reintegrarán de las prestaciones que correspondan al Instituto Nacional de Empleo descontándolas del importe de las liquidaciones que han de efectuar para el ingreso de las cuotas de Seguridad Social correspondientes al mismo período.

⇒ V. RD 1044/1985, de 19 junio, que regula la modalidad de abono en pago único de la prestación por desempleo. El art. 31 de la Ley 50/1998, de 30 diciembre, incluye en el mismo a los trabajadores minusválidos que se conviertan en autónomos. Cfr. disp. adic. 2ª de la Ley 22/1992, de 30 julio.

6. En el caso de que se produzca un pago indebido al trabajador, motivado por su colocación conocida tras la elaboración de la nómina de prestaciones, y por un importe que no supere los 10 días de derecho, la entidad gestora podrá, sin más trámite, dictar resolución comprensiva de la exigencia de su reintegro, y de la compensación o descuento de su importe de la sucesiva percepción de las prestaciones o subsidios por desempleo, de no producirse dicho reintegro. La resolución será recurrible en la forma establecida en el artículo 233 del Texto Refundido de la Ley General de la Seguridad Social, aprobado por el Real Decreto Legislativo 1/1994, de 20 de junio.

✐ Ap. 6 añadido por art. único.11 del RD 200/2006, de 17 febrero.

CAPÍTULO VI

Obligaciones y sanciones de empresarios y trabajadores

Artículo 27. Obligaciones de los empresarios.

⇒ V. art. 230 de la LGSS/1994 (§32.1) y sus notas.

Los empresarios y, en su caso, las Administraciones Públicas estarán obligados a facilitar a los trabajadores, en el plazo de diez días, a contar desde el siguiente a su situación legal de desempleo, el certificado de Empresa conforme al modelo que se acompaña como anexo y, en su caso, las comunicaciones escritas y certificaciones a que se refiere el artículo 1 de este Real Decreto.

Artículo 28. Obligaciones de los trabajadores.

⇒ V. art. 231 de la LGSS/1994 (§32.1).

1. Los trabajadores están obligados a presentar en la correspondiente Oficina de Empleo, en el plazo de quince días, contados a partir del día siguiente al de la situación legal de desempleo o al del cumplimiento del período de espera, en su caso, la documentación precisa para el nacimiento o reanudación del derecho a la prestación o subsidio por desempleo.

2. Cuando se produzca una causa de suspensión o extinción del derecho a la prestación o subsidio por desempleo, el trabajador estará obligado a entregar en la correspondiente Oficina de Empleo la documentación acreditativa de dicha causa. En los supuestos de colocación, el trabajador deberá comunicarla a la citada Oficina en el momento en que se produzca.

3. Los trabajadores están obligados a presentar la documentación acreditativa de la situación de incapacidad laboral transitoria en la correspondiente Oficina de Empleo.

Artículo 29. *Sanciones a los empresarios.*

1. Las sanciones respecto de las infracciones cometidas por los empresarios se graduarán en atención a la entidad de la infracción, malicia o falsedad del empresario, número de los trabajadores afectados, cifra de negocios de la Empresa y reincidencia.

2. Las infracciones leves, en su grado mínimo, se sancionarán con multa de 5.000 a 10.000 pesetas, en su grado medio, de 10.001 a 15.000 pesetas, y en su grado máximo, de 15.001 a 25.000 pesetas.

3. Las infracciones graves, en su grado mínimo, se sancionarán con multa de 25.001 a 35.000 pesetas; en su grado medio, de 35.001 a 50.000 pesetas, y en su grado máximo, de 50.001 a 100.000 pesetas.

4. Las infracciones muy graves, en su grado mínimo, se sancionarán con multa de 100.001 a 200.000 pesetas, en su grado medio, de 200.001 a 300.000 pesetas, y en su grado máximo, de 300.001 a 500.000 pesetas.

5. La reincidencia en la infracción, entendiéndose por tal la comisión de una análoga a la que ha motivado la sanción anterior dentro de los trescientos sesenta y cinco días naturales siguientes a la notificación de ésta, dará lugar a que se dupliquen en su cuantía las multas previstas en los preceptos sancionadores que sean de aplicación, siempre que no supere la cuantía máxima de la multa correspondiente a la infracción, en cuyo caso se aplicará esta última.

6. Se entenderá que el empresario incurre en una infracción por cada uno de los trabajadores afectados cuando sean varios.

7. Los empresarios que hayan sido sancionados por la comisión de infracciones graves o muy graves perderán automáticamente las bonificaciones u otros beneficios derivados de la aplicación de programas de empleo y quedarán excluidos del acceso a los mismos hasta que transcurran seis o doce meses desde la imposición de la sanción por infracción grave o muy grave, respectivamente.

✐ Los arts. 29 y 30 deben entenderse derogados por ser desarrollo de los correspondientes 27 a 30 de la hoy derogada Ley 31/1984, de 2 agosto, derogados por la disp. final 1ª de la Ley 8/1988, de 7 abril (§40.1).

⇒ V. art. 232 de la LGSS/1994 (§32.1).

Artículo 30. *Sanciones a los trabajadores.*

Serán excluidos del derecho a percibir prestación o subsidio por desempleo, por un período de seis meses, los trabajadores que cometan la infracción prevista en la letra a) del número 3 del artículo 28 de la Ley 31/1984, y por un período de doce meses los que cometan las señaladas en las letras b) y c) del mismo número y artículo.

⇒ V. lo dicho en la nota anterior.

CAPÍTULO VII

Responsabilidades de empresarios y trabajadores

Artículo 31. Responsabilidad empresarial.

El empresario será responsable del pago de la prestación por desempleo cuando los trabajadores no estuviesen en alta en la Seguridad Social al sobrevenir la situación protegida, sin perjuicio del abono que de la misma efectúe la Entidad Gestora. El alta de pleno Derecho no eximirá de responsabilidad al empresario.

En cuanto a los efectos del descubierto absoluto o diferencias de cotización se estará a lo dispuesto con carácter general en materia de responsabilidad empresarial respecto de las prestaciones de la Seguridad Social.

Artículo 32. Procedimiento para la exigencia de responsabilidad empresarial.

1. Cuando se solicite la prestación por desempleo y se compruebe que el interesado no figura dado de alta en la Seguridad Social, el Instituto Nacional de Empleo procederá de acuerdo con las siguientes reglas:

a) Pondrá el hecho en conocimiento de la Inspección de Trabajo y Seguridad Social a efectos de que informe sobre la efectiva prestación de servicios por el trabajador en la Empresa de que se trate.

b) Recibido el informe de la Inspección, que deberá emitirlo en el plazo de diez días, emplazará al empresario o empresarios presuntamente responsables para que, en el mismo plazo, comparezcan en el procedimiento a efectos de alegar lo que estimen oportuno.

c) Transcurrido dicho plazo, si existiera responsabilidad, se dictará resolución señalando la cuantía de la prestación y el alcance de la responsabilidad del empresario o de los empresarios, debiendo hacer efectivo el importe de la prestación en el plazo de treinta días, contados desde la notificación de la resolución, a partir de cuyo momento el Instituto Nacional de Empleo emitirá, en su caso, la correspondiente certificación de descubierto con la que se iniciará la vía de apremio.

2. El empresario responsable podrá interponer recurso de alzada, en el plazo de quince días, ante el Director General del *Instituto Nacional de Empleo*, cuya resolución agotará la vía administrativa.

⇒ Téngase en cuenta lo dispuesto actualmente por el art. 233 del TRLGSS (§32.1).

Artículo 33. Procedimiento para el reintegro de prestaciones indebidamente percibidas.

⇒ V. art. 227 de la LGSS/1994 (§32.1).

1. Cuando el trabajador perciba indebidamente prestación o subsidio por desempleo, el *Instituto Nacional de Empleo* procederá de acuerdo con las siguientes reglas:

a) Emplazará al trabajador para que en diez días comparezca en el procedimiento a efectos de alegar lo que estime oportuno.

b) Transcurrido dicho plazo, dictará resolución señalando si el trabajador ha percibido indebidamente prestación o subsidio por desempleo y la cuantía de los mismos.

En caso de que exista presunto responsable subsidiario, también será emplazado para que alegue lo que convenga a su derecho.

2. El trabajador dispondrá de un plazo de treinta días, a partir de la notificación de la resolución, para reintegrar la cuantía de la prestación o subsidio indebidamente percibidos, transcurrido el cual el Instituto Nacional de Empleo emitirá la correspondiente certificación de descubierto con la que se iniciará la vía de apremio.

3. En los supuestos previstos en las letras b) y c) del número 3 del artículo 27 de la Ley 31/1984, en caso de insolvencia del trabajador para devolver las cantidades indebidamente percibidas, el *Instituto Nacional de Empleo* dictará resolución exigiendo al empresario o empresarios responsables el pago de dicha deuda. En este caso, el empresario o empresarios requeridos dispondrán de un plazo de treinta días, a partir de la notificación de la resolución, para hacer efectivo el importe, transcurrido el cual el Instituto Nacional de Empleo emitirá la correspondiente certificación de descubierto con la que se iniciará la vía de apremio.

4. Contra la resolución de la Dirección Provincial del Instituto Nacional de Empleo exigiendo el pago de las cantidades indebidamente percibidas, el trabajador o el empresario, en su caso, podrán interponer, en el plazo de quince días contados a partir de la notificación, recurso de alzada ante el Director General del Instituto Nacional de Empleo, cuya resolución agotará la vía administrativa.

Artículo 34. Compensación de prestaciones por desempleo.

El *Instituto Nacional de Empleo* podrá efectuar las correspondientes compensaciones o descuentos en la prestación por desempleo para resarcirse de las cantidades indebidamente percibidas por el trabajador.

Artículo 35. Vía de apremio.

Los procedimientos en vía de apremio que se deriven de lo dispuesto en los artículos 32 y 33 de este Real Decreto y en las normas que se dicten para su aplicación y desarrollo se sustanciarán de acuerdo con las disposiciones que regulen la recaudación en vía ejecutiva de la Seguridad Social.

DISPOSICIONES TRANSITORIAS

Primera.

1. Los trabajadores que estuviesen percibiendo prestaciones por desempleo o complementarias a la fecha de la entrada en vigor de la Ley 31/1984 tendrán derecho a la ampliación de la duración de las mismas, de acuerdo con las siguientes normas:

a) Los beneficiarios de prestaciones por desempleo, siempre que se compruebe que tienen cotización suficiente según la escala del número 1 del artículo 8 de la citada Ley.

b) Los beneficiarios de prestaciones complementarias, de nueve a dieciocho meses.

2. Los trabajadores que hubiesen agotado la prestación por desempleo o las complementarias entre el 1 de enero de 1984 y la entrada en vigor de la Ley 31/1984 tendrán derecho previa solicitud, a la ampliación de la duración de las mismas, de conformidad con las normas del número anterior, siempre que permanezcan inscritos como demandantes de empleo desde el momento del agotamiento.

3. Los trabajadores que hubiesen agotado la prestación por desempleo a partir del 1 de enero de 1984 y tengan derecho a su ampliación de acuerdo con lo previsto en la letra a) del número 1, pero estuvieren percibiendo prestaciones complementarias a la entrada en vigor de la Ley 31/1984, deberán

solicitar dicha ampliación. El reconocimiento de tal ampliación suspenderá el derecho a las prestaciones complementarias, que se reanudarán al agotamiento de aquélla hasta alcanzar la duración máxima prevista en la Ley 31/1984.

4. Los trabajadores a los que, con posterioridad al 1 de enero de 1984, se les hubiesen suspendido las prestaciones por desempleo o complementarias tendrán derecho, si reanudaran aquéllas después de la entrada en vigor de la Ley 31/1984, a la ampliación de acuerdo con las normas de los números 1 y 3 de esta disposición transitoria.

5. Los trabajadores a los que se hubiese extinguido la prestación por desempleo como consecuencia de colocación efectuada con posterioridad al 1 de enero de 1984 y ejercitaran el derecho de opción previsto en el número 3 del artículo 14 del Real Decreto 920/1981, de 24 de abril, tendrán derecho a la ampliación de la duración de la prestación, de acuerdo con la letra a) del número 1 de la presente disposición transitoria.

Segunda.

1. Los trabajadores que hubieren agotado con anterioridad a la entrada en vigor de la Ley 31/1984 el subsidio de desempleo causado al amparo de la Ley General de la Seguridad Social, por el máximo de la duración de la concesión inicial y las prórrogas, sin haber sido beneficiarios de la prestación complementaria desde la fecha de agotamiento de aquél, tendrán derecho al subsidio previsto en la citada Ley 31/1984 siempre que figuren inscritos sin interrupción como demandantes de empleo desde el 1 de noviembre de 1983 hasta el momento de la solicitud y acrediten carecer de rentas de cualquier naturaleza superiores al salario mínimo interprofesional y tener responsabilidades familiares en ambas fechas.

2. Los trabajadores que tengan cumplidos cincuenta y cinco años a la fecha de la entrada en vigor de la Ley 31/1984 y hubieren agotado por transcurso de la duración reconocida prestaciones por desempleo causadas, respectivamente con arreglo a la Ley General de la Seguridad Social o a la Ley Básica de Empleo, tendrán derecho al subsidio previsto en la citada Ley 31/1984 siempre que acrediten los requisitos necesarios y figuren inscritos, sin interrupción, como demandantes de empleo desde el 1 de noviembre de 1983 hasta el momento de la solicitud.

Tercera.

1. Los trabajadores que hayan agotado antes del 1 de enero de 1984 las prestaciones complementarias reguladas por la Ley Básica de Empleo o por el Real Decreto 2345/1981, de 4 de septiembre, tendrán derecho, previa solicitud, a la percepción del subsidio por desempleo por un período máximo de nueve meses siempre que figuren inscritos como demandantes de empleo desde el 1 de noviembre de 1983 y que acrediten, en su caso, carecer de rentas de cualquier naturaleza superiores al salario mínimo interprofesional y tener responsabilidades familiares en el momento de la solicitud.

2. Los trabajadores que hubiesen agotado la prestación por desempleo reconocida de acuerdo con la Ley General de la Seguridad Social o la Ley Básica de Empleo, o las prestaciones complementarias, pero no tuvieren derecho al reconocimiento o ampliación del subsidio y figuren inscritos, sin interrupción, como demandantes de empleo desde el 1 de noviembre de 1983, podrán solicitar la prestación de asistencia sanitaria, si no se le hubiere reconocido el derecho con anterioridad, siempre que reúnan los requisitos del artículo 16 de la Ley 31/1984.

Cuarta.

A los efectos de las disposiciones transitorias anteriores, no se considerará interrumpida la inscripción como demandante de empleo cuando los trabajadores hubieran aceptado un trabajo de duración inferior a seis meses.

Quinta.

En los supuestos de las disposiciones transitorias primera, números 2 y 3; segunda, números 1 y 2, y tercera, número 1, el derecho a la ampliación de la duración que corresponda o al subsidio nacerá a partir del día siguiente al de la solicitud, siempre que ésta se formule en el plazo de tres meses a contar desde la entrada en vigor de este Real Decreto, estándose en caso de solicitud fuera de plazo a lo dispuesto con carácter general.

Sexta.

Hasta tanto se regule la relación laboral de carácter especial de los estibadores portuarios, a dichos trabajadores se les seguirán reconociendo las prestaciones por desempleo en los términos previstos en la Orden de 16 de junio de 1981.

⇒ Regulada por RDley 2/1986, de 23 mayo, sobre el servicio público de estiba y desestiba de buques (§16.9).

Séptima.

Las prestaciones por desempleo correspondientes a los trabajadores para los que, con anterioridad a la entrada en vigor de la Ley 31/1984, se haya establecido la aplicación de sucesivas situaciones legales de desempleo para acceder a la jubilación anticipada, continuarán rigiéndose por lo dispuesto en la legislación vigente en aquella fecha.

DISPOSICIONES ADICIONALES

Primera.

Se entenderá que tiene lugar la situación protegida por la letra a) del número 1 del artículo 13 de la Ley 31/1984 cuando se produzca, además del agotamiento de la prestación de nivel contributivo de dicha Ley, el del subsidio por desempleo de la Ley General de la Seguridad Social o el de la prestación por desempleo de la Ley Básica de Empleo.

Segunda.

La prestación o subsidio por desempleo de los trabajadores por cuenta ajena, de carácter fijo, incluidos en el Régimen Especial Agrario de la Seguridad Social, se regirán por lo establecido en el Real Decreto 1469/1981, de 19 de junio, en todo lo que no se oponga a lo establecido en la Ley 31/1984, de 2 de agosto, y en el presente Real Decreto.

Tercera.

El Instituto Social de la Marina, hasta tanto no se disponga lo contrario, continuará realizando la gestión de las prestaciones por desempleo correspondientes a los trabajadores incluidos en el Régimen Especial de la Seguridad Social de los Trabajadores del Mar.

Cuarta.

1. El Instituto Nacional de la Seguridad Social y la Tesorería General de la Seguridad Social facilitarán al Instituto Nacional de Empleo, los datos y las conexiones informáticas precisas para la gestión de las prestaciones por desempleo, en los términos y forma que se acuerden por los citados Organismos.

2. En tanto no se disponga lo contrario por el *Ministerio de Trabajo y Seguridad Social,* el pago de las prestaciones por desempleo se efectuará a través de los circuitos financieros que habilite la Tesorería General de la Seguridad Social.

3. La Tesorería General de la Seguridad Social recaudará las cuotas de desempleo mientras se ingresen conjuntamente con las de Seguridad Social y comunicará los datos contables correspondientes al Instituto Nacional de Empleo con periodicidad mensual.

4. La Tesorería General de la Seguridad Social y el Instituto Nacional de Empleo mantendrán cuentas de relación contable comprensivas de todas sus operaciones recíprocas derivadas de la recaudación de cuotas y pago de las prestaciones por desempleo, que se conciliarán mensualmente.

5. Mediante convenio entre el *Instituto Nacional de Empleo* y la Tesorería General de la Seguridad Social se regulará el régimen de provisión de fondos para atender al pago de prestaciones por desempleo y de las contraprestaciones a que haya lugar por la gestión que realice la Tesorería General, en especial en materia de reintegro ejecutivo de prestaciones indebidas o por responsabilidad empresarial.

Quinta.

Por el Ministerio de Economía y Hacienda se habilitarán los créditos necesarios para dar cumplimiento a lo establecido en el Capítulo II del Título IV de la Ley 31/1984 y para que el Instituto Nacional de Empleo pueda hacer efectivas las previsiones de las disposiciones transitorias primera, segunda y tercera de dicha Ley.

DISPOSICIONES FINALES

Primera.

Se autoriza al *Ministro de Trabajo y Seguridad Social* para dictar las normas de aplicación y desarrollo de este Real Decreto.

Segunda.

El presente Real Decreto será de aplicación a las situaciones legales de desempleo producidas desde la entrada en vigor de la Ley 31/1984, en todo aquello que resulte más favorable al beneficiario de las prestaciones.

DISPOSICIÓN DEROGATORIA

Quedan derogadas cuantas disposiciones se opongan a lo establecido en el presente Real Decreto, y expresamente:

Real Decreto 920/1981, de 24 de abril, por el que se aprueba el Reglamento de Prestaciones por Desempleo.

Orden de 6 de octubre de 1981, por la que se regula el procedimiento a seguir en caso de extinción de la relación laboral por muerte, jubilación o incapacidad del empresario en relación con las prestaciones de desempleo.

Orden de 13 de enero de 1982, por la que se determina el concepto de responsabilidades familiares a efectos de las prestaciones complementarias por desempleo.

§ 36.2 LEY 45/2002, DE 12 DICIEMBRE. MEDIDAS URGENTES PARA LA REFORMA DEL SISTEMA DE PROTECCIÓN POR DESEMPLEO Y MEJORA DE LA OCUPABILIDAD

(BOE núm. 298, de 13 diciembre [RCL 2002, 2901]) (fragmento)

EXPOSICIÓN DE MOTIVOS

El artículo 41 de la Constitución Española establece que los poderes públicos deberán garantizar un régimen público de prestaciones sociales, especialmente en caso de desempleo. Por su parte, la Estrategia Europea de Empleo a la que se refiere el Título VIII (antiguo Título VI bis) del Tratado de la Comunidad Europea, y las Directrices sobre Empleo que anualmente se aprueban por la Cumbre de Jefes de Estado y de Gobierno, vienen ya desde el inicio del Proceso de Luxemburgo insistiendo en que los países de la Unión Europea deben organizar la protección por desempleo de manera que, junto con las prestaciones económicas necesarias para afrontar las situaciones de paro, los poderes públicos den oportunidades de formación y empleo que posibiliten que los desempleados puedan encontrar un trabajo en el menor tiempo posible.

Aunque este principio está implícito en la actual normativa española, faltan mecanismos explícitos para ponerlo en marcha. Este mismo principio, que constituye eje de referencia en la protección frente al desempleo, ha sido refrendado recientemente en las conclusiones del Consejo Europeo de Barcelona.

La reforma de las prestaciones por desempleo que se acomete con esta Ley tiene como objetivos, de acuerdo con el principio general arriba expuesto, los siguientes:

a) Facilitar oportunidades de empleo para todas las personas que deseen incorporarse al mercado de trabajo. Para ello, en primer lugar, desde el inicio de la prestación existirá un compromiso de actividad en virtud del cual el desempleado tendrá derecho a que los Servicios Públicos de Empleo determinen el mejor itinerario de inserción, de acuerdo con sus capacidades profesionales y aptitudes para el trabajo. A su vez, todos aquellos beneficiarios de prestaciones que deseen trabajar en otros lugares con mejores oportunidades de empleo dispondrán de ayudas para facilitarles la movilidad geográfica.

Asimismo, se regula, con mayores garantías jurídicas para el desempleado, el concepto de colocación adecuada, en el cual lo determinante es que –sin perjuicio de referencias generales– los Servicios Públicos de Empleo puedan valorar dicha adecuación en función de las circunstancias personales, profesionales y la facilidad de desplazamiento al lugar de trabajo. Igualmente, además de la ayuda para la búsqueda de empleo que presten los Servicios Públicos de Empleo, los beneficiarios de prestaciones por desempleo durante los cien primeros días del cobro de su prestación no estarán obligados a participar en acciones de mejora de su ocupabilidad, pues, intactas sus capacidades para encontrar un empleo, podrán ponerlas en práctica por sí mismos, sin ayuda, si así lo desean, de otro tipo de acciones del Servicio Público de Empleo. En cualquier caso, todas las acciones estarán a su disposición.

Igualmente, se favorece que aquellos desempleados mayores de cincuenta y dos años beneficiarios de cualquier subsidio por desempleo puedan compatibilizar voluntariamente una parte del mismo con el trabajo por cuenta ajena, permitiendo así acumular períodos de cotización y recuperar carreras de seguro teniendo en un futuro una mejor pensión de jubilación.

Asimismo, para los desempleados que deseen formar parte de una sociedad anónima laboral o constituirse como socios trabajadores o socios de trabajo de cooperativas y opten por utilizar para ello la prestación pendiente de percibir, se establece que la capitalización puede percibirse como pago único, destinado íntegramente a la aportación necesaria para constituirse en socio, o como pago periódico para abonar las cotizaciones a la Seguridad Social. Quienes quieran constituirse como trabajadores autónomos podrán capitalizar hasta el 20 por 100 de su prestación para afrontar los gastos de inicio de actividad; el resto de la prestación se abonará para el pago de las cotizaciones a la Seguridad Social. Las personas discapacitadas podrán acogerse a la modalidad que más les convenga y disfrutarán además de una bonificación en sus cotizaciones al Régimen Especial de Autónomos del 50 por 100.

b) Mejorar el funcionamiento del mercado de trabajo. Para ello se establece el comienzo de la percepción de la prestación de desempleo desde el cese por despido, con independencia de su impugnación, posibilitando la existencia de ingresos en el período que medie entre el despido y la conciliación o la sentencia. Se establece también la posibilidad de compatibilizar las prestaciones por desempleo con el trabajo para que trabajadores desempleados perceptores de prestaciones sustituyan a trabajadores de pequeñas empresas mientras éstos asisten a cursos de formación. Asimismo, se aumentan las posibilidades de acogerse a bonificaciones cuando se contrata a mujeres paradas que han dado a luz en los últimos veinticuatro meses.

c) Corregir disfunciones observadas en la protección por desempleo. Para ello se reordena la protección de emigrantes retornados, reservando el subsidio específico a los que han trabajado al menos un año en países con los que España no tiene convenio en esta materia, y estableciendo para los demás la posibilidad de incorporarse al Programa de renta activa de inserción. Todo ello se hace sin perjuicio de los derechos a la protección por desempleo de las personas que proceden de un país del Espacio Económico Europeo o de países con los que se tiene suscrito convenio de prestaciones por desempleo, que podrán percibir su prestación de acuerdo con la legislación vigente y en aplicación de los Reglamentos Comunitarios de Seguridad Social o los convenios correspondientes. Se precisa el concepto de rentas incompatibles con la percepción del subsidio asistencial, excluyendo expresamente las indemnizaciones legales derivadas de extinción del contrato así como las cantidades destinadas para el pago del convenio a la Seguridad Social que, en su caso, pueda hacerse para mantener las carreras de seguro hacia una mejor pensión de Seguridad Social.

Se especifica igualmente que el nacimiento de las prestaciones se produzca tras el período que corresponde a las vacaciones, no disfrutadas y que deben ser retribuidas, estableciendo la situación de asimilada al alta y cotización del período que transcurre entre la extinción del contrato y el inicio de la prestación, quedando con ello el trabajador totalmente protegido ante la actualización de cualquier situación de necesidad que suponga el nacimiento de una prestación de Seguridad Social.

d) Ampliar la protección a colectivos que actualmente carecen de ella. Para ello se establece una prestación contributiva por desempleo para los trabajadores eventuales agrarios del conjunto del territorio español y se determina que las futuras incorporaciones a la protección por desempleo de los trabajadores eventuales agrarios se regirán por la nueva normativa que se establece con carácter general. A la vez, se mantiene la regulación actualmente vigente para los que ya son perceptores de subsidio agrario en Andalucía y Extremadura. Quienes no puedan incorporarse al subsidio agrario como consecuencia de la aplicación de esta nueva Ley, tendrán derecho a la renta activa de inserción, por una duración igual a la que hubiera correspondido de ser desempleado agrario subsidiado.

También se regula el citado Programa de renta activa de inserción, ampliando para 2002 el acceso a los parados que, teniendo más de cuarenta y cinco años, lleven más de doce meses en situación de desempleo, aun cuando no hubieran percibido prestación anteriormente; o a parados de cualquier edad que sean discapacitados o víctimas de violencia doméstica, o que sean emigrantes retornados.

Por último, se incluye en la protección por desempleo a los socios de trabajo de las cooperativas y a los socios trabajadores de cooperativas de explotación comunitaria de la tierra.

La pronta reinserción de los desempleados es necesaria no sólo para el bienestar de éstos, sino también para el correcto funcionamiento del mercado de trabajo. España ha mostrado en los últimos años capacidad de creación de empleo, pero no siempre han sido las personas desempleadas las que han ocupado estos puestos de trabajo; incluso los empleos no han llegado a crearse por no encontrarse la persona adecuada para ocuparlos, lesionando las posibilidades de crecimiento económico de determinados territorios.

Por ello, para potenciar que, además de que personas inactivas que se vienen incorporando al mercado de trabajo, los desempleados encuentren antes empleo, y seguros de que ambos fenómenos contribuirán a mejorar esencialmente el funcionamiento de nuestro mercado y al progresivo acercamiento de España a los niveles medios de empleo de la Unión Europea, es esencial facilitar a los Servicios Públicos de Empleo recursos humanos y materiales suficientes. Con este fin se impulsará la necesaria dotación presupuestaria a incluir en los Presupuestos Generales del Estado de 2003, abordándose en el ámbito de la Conferencia Sectorial para Asuntos Laborales tanto la distribución de nuevos efectivos para los Servicios de Empleo estatal y autonómicos como cuantas cuestiones permitan que la integración laboral de quienes carecen de empleo –especialmente los colectivos con mayores dificultades– se extienda de manera eficaz y general.

[...]

CAPÍTULO III
Protección por desempleo de los trabajadores eventuales agrarios

⇒ El RD 426/2003, de 11 abril, establece la renta agraria.

Artículo 3. Acceso al subsidio por desempleo establecido en el Real Decreto 5/1997, de 10 de enero.

Sólo podrán ser beneficiarios del subsidio por desempleo, establecido por el Real Decreto 5/1997, de 10 de enero, en favor de los trabajadores eventuales incluidos en el Régimen Especial Agrario de la Seguridad Social, aquellos desempleados que, reuniendo los requisitos exigidos en el citado Real Decreto, hayan sido beneficiarios de dicho subsidio en alguno de los tres años naturales inmediatamente anteriores a la fecha de solicitud del mismo.

Los trabajadores en la fecha de solicitud del subsidio deberán suscribir un compromiso de actividad en los términos a que se refiere el artículo 231 del Texto Refundido de la Ley General de la Seguridad Social.

Artículo 4. Prestación por desempleo de nivel contributivo para los trabajadores eventuales del Régimen Especial Agrario de la Seguridad Social.

1. A partir del día 1 de junio de 2002 queda incluida en el ámbito de la protección por desempleo y será obligatoria la cotización por desempleo de los trabajadores por cuenta ajena eventuales del Régimen Especial Agrario de la Seguridad Social, con las peculiaridades siguientes:

1) La base de cotización por desempleo será la de jornadas reales establecida para el Régimen Especial Agrario de la Seguridad Social. El tipo de cotización y su distribución será el que corresponda y se fije en la Ley de Presupuestos Generales del Estado para los contratos de duración determinada a tiempo completo, salvo que sea de aplicación otro tipo de cotización específico por tratarse de empresas de trabajo temporal, de contratos concretos de duración determinada o de trabajadores discapacitados. La cuota a ingresar por el trabajador y por el empresario se reducirá, respectivamente, en un 85 por 100 en 2002, en un 70 por 100 en 2003, en un 55 por 100 en 2004, en un 40 por 100 en 2005, en un 30 por 100 en 2006 y se aplicará sin reducción a partir del año 2007.

2) Las prestaciones por desempleo de nivel contributivo se obtendrán si se reúnen los requisitos establecidos en el artículo 207 de la Ley General de la Seguridad Social, con las especialidades siguientes:

a) No cotizarán por la contingencia de desempleo, ni tendrán derecho a las prestaciones por desempleo por los períodos de actividad correspondientes, el cónyuge, los descendientes, ascendientes y demás parientes, por consanguinidad o afinidad hasta el segundo grado inclusive y, en su caso, por adopción, del titular de la explotación agraria en la que trabajen siempre que convivan con éste, salvo que se demuestre su condición de asalariados.

b) La duración de la prestación por desempleo estará en función de los períodos de ocupación cotizada en los seis años anteriores a la situación legal de desempleo o al momento en que cesó la obligación de cotizar con arreglo a la siguiente escala:

Período de cotización – En días	Período de prestación – En días
Desde 360 hasta 539	120
Desde 540 hasta 719	180
Desde 720 hasta 899	240
Desde 900 hasta 1.079	300
Desde 1.080 hasta 1.259	360
Desde 1.260 hasta 1.439	420
Desde 1.440 hasta 1.619	480
Desde 1.620 hasta 1.799	540
Desde 1.800 hasta 1.979	600
Desde 1.980 hasta 2.159	660
Desde 2.160	720

✐ Escala, sustituida, en virtud de la disp. adic. 3ª del Real Decreto 864/2006, de 14 julio, por la del art. 210.1 del Real Decreto Legislativo 1/1994, de 20 de junio (§32.1).

Si el trabajador eventual agrario de forma inmediatamente anterior figuró de alta en Seguridad Social como trabajador autónomo o cuenta propia, el período mínimo de cotización necesario para el acceso a la prestación por desempleo será de setecientos veinte días, aplicándose la escala anterior a partir de ese período.

c) La cotización a la Seguridad Social durante la percepción de la prestación contributiva por la cuota fija y el abono del importe de esa cuota fija por la Entidad Gestora se realizarán conforme a lo establecido para los trabajadores por cuenta ajena de carácter fijo incluidos en el Régimen Especial Agrario de la Seguridad Social.

3) No será de aplicación a estos trabajadores la protección por desempleo de nivel asistencial, establecida en el artículo 215 del Texto Refundido de la Ley General de la Seguridad Social, aprobado por Real Decreto Legislativo 1/1994, de 20 de junio.

2. En todos los aspectos no contemplados expresamente en el apartado 1 de este artículo será de aplicación lo establecido en el Título III del Texto Refundido de la Ley General de la Seguridad Social, aprobado por Real Decreto Legislativo 1/1994, de 20 de junio.

3. Se faculta al Gobierno para establecer limitaciones en el acceso a la protección por desempleo de determinados colectivos; para exigir una declaración de actividad previa al pago de las prestaciones; para modificar la escala que fija la duración de la prestación contributiva; y para extender la protección asistencial a los trabajadores, en función de la tasa de desempleo y la situación financiera del sistema.

⇒ Cfr. RD 864/2006, de 14 julio, para la mejora de la protección por desempleo de los trabajadores agrarios.

4. A los trabajadores agrícolas fijos les será de aplicación lo establecido en el párrafo a) del apartado 2 del número 1 de este artículo.

5. Los períodos de ocupación cotizada en actividades sujetas al Régimen Especial Agrario de la Seguridad Social como trabajador agrícola fijo o a otros regímenes que tengan previsto cotizar por la contingencia de desempleo y los períodos de ocupación cotizada como eventual agrario se computarán recíprocamente para la obtención de prestaciones de nivel contributivo. En este caso, si se acredita que el mayor período no corresponde a un período de ocupación cotizada como eventual agrario, las prestaciones por desempleo y, en su caso, los subsidios por agotamiento se otorgarán conforme establece el Título III del Texto Refundido de la Ley General de la Seguridad Social; en otro caso, se aplicarán las normas especiales de protección previstas en este artículo, todo ello, con independencia de que la situación legal de desempleo se produzca por el cese en un trabajo eventual agrario, o no.

No cabrá el cómputo recíproco de cotizaciones previsto en el párrafo anterior para acceder al subsidio por desempleo establecido en el artículo 215.1.2 del Texto Refundido de la Ley General de la Seguridad Social; por ello, las jornadas reales cubiertas en el Régimen Especial Agrario de la Seguridad Social como eventual agrario no se computarán para obtener dicho subsidio, pero servirán para obtener un futuro derecho a la prestación por desempleo de nivel contributivo, o, en su caso, al subsidio por desempleo establecido en el Real Decreto 5/1997, de 10 de enero, siempre que se cumplan los requisitos exigidos en cada caso.

La cotización a la Seguridad Social durante la percepción de las prestaciones se efectuará al Régimen Especial Agrario de la Seguridad Social según lo establecido en el apartado 1.2.c) anterior, salvo que corresponda a otro Régimen de la Seguridad Social el mayor período cotizado, en cuyo caso la cotización se efectuará dentro de este último.

6. Las cotizaciones por jornadas reales que hayan sido computadas para el reconocimiento de las prestaciones por desempleo de carácter general no podrán computarse para el reconocimiento del subsidio por desempleo en favor de los trabajadores eventuales del Régimen Especial Agrario de la Seguridad Social, establecido en el Real Decreto 5/1997, de 10 de enero, y las computadas para reconocer el citado subsidio no podrán computarse para obtener prestaciones por desempleo de carácter general.

7. Si el trabajador eventual agrario reúne los requisitos para obtener la prestación por desempleo de nivel contributivo regulada en el apartado 1.2 de este artículo y el subsidio por desempleo establecido en el Real Decreto 5/1997, de 10 de enero, podrá optar por uno de los dos derechos, aplicándose las reglas siguientes:

1ª Si solicita el subsidio por desempleo establecido en el Real Decreto 5/1997, todas las jornadas reales cubiertas en el Régimen Especial Agrario de la Seguridad Social, cualquiera que sea su número, se tendrán en cuenta para acreditar el requisito establecido en el artículo 2.1.c) del citado Real Decreto. En el caso de existir cotizaciones por desempleo a otros regímenes de Seguridad Social no computadas para obtener dicho subsidio, las mismas servirán para obtener una prestación o subsidio por desempleo posterior, conforme a lo establecido en el Título III del Texto Refundido de la Ley General de la Seguridad Social, aprobado por Real Decreto Legislativo 1/1994, de 20 de junio.

2ª Si se solicita la prestación por desempleo de nivel contributivo regulada en el apartado 1.2 de este artículo a efectos de determinar el período de ocupación cotizada, se computarán todas las jornadas reales cotizadas en el Régimen Especial Agrario de la Seguridad Social, así como el resto de cotizaciones por desempleo efectuadas en otros Regímenes de Seguridad Social, siempre que no hayan sido computados para obtener una prestación o subsidio anterior, y que se hayan efectuado dentro de los seis años anteriores a la situación legal de desempleo o al momento en que cesó la obligación legal de cotizar, siendo de aplicación, en su caso, lo establecido en la regla 1ª de este apartado 7, así como lo previsto en el apartado 5 de este artículo.

[...]

DISPOSICIONES ADICIONALES

Primera. *Programa de renta activa de inserción.*

⇒ V. el RD 1369/2006, de 24 noviembre (§36.3) que regula el programa de renta activa de inserción que sustituye al establecido en esta disposición adicional primera.

[...]

Segunda. Colaboración de la Administración tributaria.

La Administración tributaria colaborará con la Entidad Gestora de las prestaciones por desempleo, en los términos establecidos en la disposición adicional cuarta de la Ley 40/1998, de 9 de diciembre, del Impuesto sobre la Renta de las Personas Físicas, en el párrafo c) del número 1 del artículo 113 de la Ley 230/1963, de 28 de diciembre, General Tributaria, y en el artículo 31 de la Ley 42/1994, de 30 de diciembre, de Medidas Fiscales, Administrativas y del Orden Social, facilitándole la información tributaria necesaria para el cumplimiento de sus funciones en materia de gestión y control de las prestaciones y subsidios por desempleo.

Tercera. Subvenciones del Programa de fomento del empleo y las campañas agrícolas.

Las ayudas contempladas en el programa de fomento del empleo agrario para la realización de obras y servicios de interés general y social no podrán tener como beneficiarios finales a los trabajadores eventuales del Régimen Especial Agrario de la Seguridad Social, mientras existan campañas agrícolas a las que los mismos puedan acceder por tratarse de un empleo adecuado.

Reglamentariamente, se determinará el órgano de participación institucional en el que se delimiten las campañas agrícolas y su calendario de ejecución.

Cuarta. *Protección por desempleo de trabajadores fijos de carácter discontinuo.*

...

✐ Disposición derogada por disp. derog. única.1 de Ley 43/2006, de 29 diciembre (§27.2).

Quinta. Contratación estable por trabajadores autónomos.

1. Se modifica el párrafo i) del apartado 1.1 del artículo cuarto de la Ley 12/2001, de 9 de julio, de Medidas Urgentes de Reforma del Mercado de Trabajo para el Incremento del Empleo y la Mejora de su Calidad, que queda redactado en los términos siguientes:

«i) Mujeres desempleadas inscritas en la oficina de empleo que sean contratadas en los veinticuatro meses siguientes a la fecha del parto».

2. Se modifica el apartado 1.2 del artículo cuarto de la Ley 12/2001, de 9 de julio, de Medidas Urgentes de Reforma del Mercado de Trabajo para el Incremento del Empleo y la Mejora de su Calidad, que queda redactado en los siguientes términos:

«1.2. Los trabajadores incluidos en el campo de aplicación del Régimen especial de la Seguridad Social de Trabajadores Autónomos, dados de alta en el mismo al menos desde el 1 de enero de 2001, que contraten indefinidamente, incluida la contratación de trabajadores fijos discontinuos, a trabajadores desempleados inscritos en la oficina de empleo, incluidos en alguno de los colectivos del apartado anterior».

3. Se modifican los párrafos h) e i) del apartado 1 del artículo sexto de la Ley 12/2001, de 9 de julio, de Medidas Urgentes de Reforma del Mercado de Trabajo para el Incremento del Empleo y Mejora de su Calidad, que quedan redactadas en los términos siguientes:

«h) Contratación de desempleados admitidos en el programa que contempla la ayuda específica denominada renta activa de inserción: 65 por 100 durante los veinticuatro meses siguientes al inicio de la vigencia del contrato, 45 por 100 durante el resto de vigencia del mismo en el caso de trabajadores mayores de cuarenta y cinco años y hasta los cincuenta y cinco, o 50 por 100 durante el resto de vigencia del mismo en el caso de trabajadores mayores de cincuenta y cinco años y hasta los sesenta y cinco».

«i) Contratación de mujeres desempleadas inscritas en la oficina de empleo que sean contratadas en los veinticuatro meses siguientes a la fecha de parto: 100 por 100 durante los doce meses siguientes al inicio de la vigencia del contrato».

4. La disposición adicional quinta de la Ley 24/2001, de 27 de diciembre, de Medidas Fiscales, Administrativas y del Orden Social, queda redactada en los términos siguientes:

«Disposición adicional quinta. Fomento del empleo de discapacitados.

Las subvenciones y bonificaciones previstas en el capítulo II del Real Decreto 1451/1983, de 11 de mayo, por el que, en cumplimiento de lo previsto en la Ley 13/1982, de 7 de abril, se regula el empleo selectivo y las medidas de fomento del empleo de los trabajadores minusválidos, no se aplicarán en los siguientes supuestos:

a) Contrataciones realizadas con trabajadores que, en los veinticuatro meses anteriores a la fecha de la contratación, hubiesen prestado servicios en la misma empresa o grupo de empresas mediante un contrato por tiempo indefinido.

Lo dispuesto en el párrafo precedente será también de aplicación en el supuesto de vinculación laboral anterior del trabajador con empresas a las que la solicitante de los beneficios haya sucedido en virtud de lo establecido en el artículo 44 de la Ley del Estatuto de los Trabajadores.

b) Trabajadores que hayan finalizado su relación laboral de carácter indefinido en un plazo de tres meses previos a la formalización del contrato».

Sexta. Protección por desempleo de los socios trabajadores y de trabajo de las cooperativas.

1. Se incorpora una disposición adicional tercera al Real Decreto 1043/1985, de 19 de junio, por el que se amplía la protección por desempleo a los socios trabajadores de cooperativas de trabajo asociado, que queda redactada en los términos siguientes:

«Tercera. Los socios trabajadores de las cooperativas de explotación comunitaria de la tierra, así como los socios de trabajo a que se refiere el apartado 4 del artículo 13 de la Ley 27/1999, de 16 de julio, de Cooperativas, tendrán derecho a la protección por desempleo en las mismas condiciones establecidas para los socios trabajadores de cooperativas de trabajo asociado».

2. Se modifica lo establecido en el párrafo a) del artículo 3 del Real Decreto 1043/1985, de 19 de junio, por el que se amplía la protección por desempleo a los socios trabajadores de cooperativas de trabajo asociado, que queda redactada en los términos siguientes:

«a) En el supuesto de expulsión del socio será necesaria la notificación del acuerdo de expulsión por parte del consejo rector de la cooperativa, indicando su fecha de efectos, o, en su caso, el acta de conciliación judicial o la resolución definitiva de la jurisdicción competente que declare expresamente la improcedencia de la expulsión».

Séptima. Régimen aplicable, a efectos de la Seguridad Social, a las vacaciones retribuidas y no disfrutadas.

Se modifica el apartado 1 del artículo 125 del Texto Refundido de la Ley General de la Seguridad Social, aprobado por Real Decreto Legislativo 1/1994, que queda redactado en los siguientes términos:

«1. La situación legal de desempleo total durante la que el trabajador perciba la prestación por dicha contingencia será asimilada a la de alta. Asimismo, tendrá la consideración de situación asimilada a la de alta, con cotización, salvo en lo que respecta al subsidio por riesgo durante el embarazo, la situación del trabajador durante el período correspondiente a vacaciones anuales retribuidas que no hayan sido disfrutadas por el mismo con anterioridad a la finalización del contrato».

Octava. Actualización del programa de fomento del empleo.

1. Se añade un nuevo apartado 4 al número 1 del artículo cuarto de la Ley 12/2001, de 9 de julio, con el siguiente tenor literal:

«1.4. Las cooperativas o sociedades laborales a las que se incorporen desempleados incluidos en alguno de los colectivos establecidos en los apartados 1 y 3 de este primer número, como socios trabajadores o de trabajo, con carácter indefinido y siempre que la entidad haya optado por un régimen de Seguridad Social propio de trabajadores por cuenta ajena».

2. Se añade un nuevo número 8 al artículo sexto de la Ley 12/2001, de 9 de julio, con el siguiente tenor literal:

«8. La incorporación a las cooperativas o sociedades laborales como socios trabajadores o de trabajo, con carácter indefinido y encuadrados en un régimen por cuenta ajena de Seguridad Social que se produzca hasta el 31 de diciembre de 2002, dará derecho a partir de la fecha de la incorporación a las bonificaciones de la cuota empresarial a la Seguridad Social por contingencias comunes establecidas en los apartados 1, 3, 4 y 5 de este artículo, según el colectivo al que pertenezca el desempleado incorporado».

3. Se modifica el artículo séptimo de la Ley 12/2001, de 9 de julio, que queda redactado como sigue:

«Artículo séptimo. Concurrencia de bonificaciones. En el supuesto en que la contratación indefinida de un trabajador desempleado o su incorporación como socio trabajador o socio de trabajo a una cooperativa o sociedad laboral celebrada en virtud de este programa de fomento de empleo pudiera dar lugar simultáneamente a su inclusión en más de uno de los supuestos para los que están previstas bonificaciones, sólo será posible aplicarlas respecto de uno de ellos, correspondiendo la opción al beneficiario de las deducciones previstas en esta norma.

No obstante lo señalado en el párrafo anterior, las bonificaciones en las cotizaciones previstas para los contratos indefinidos con trabajadores de sesenta o más años y con una antigüedad en la empresa de cinco o más años serán compatibles con las bonificaciones establecidas con carácter general en los programas de fomento de empleo y serán a cargo del Instituto Nacional de Empleo, sin que en ningún caso la suma de las bonificaciones aplicables pueda superar el 100 por 100 sin perjuicio, en su caso, de lo dispuesto en el artículo 112 bis del Texto Refundido de la Ley General de la Seguridad Social».

4. Se añade un nuevo párrafo e) al apartado 1 del artículo octavo de la Ley 12/2001, de 9 de julio, con el siguiente tenor literal:

«e) Incorporaciones de socios trabajadores o de trabajo a cooperativas o sociedades laborales cuando hayan mantenido un vínculo contractual previo con dichas sociedades superior a los doce meses».

Novena. Bonificación de cuotas a la Seguridad Social para contratos de interinidad con los que se sustituyan bajas por incapacidad temporal de discapacitados.

Los contratos de interinidad que se celebren con personas minusválidas desempleadas, para sustituir a trabajadores y trabajadoras minusválidos que tengan suspendido su contrato de trabajo por incapacidad temporal durante el período que persista dicha situación, darán derecho a una bonificación del 100 por 100 de las cuotas empresariales de la Seguridad Social, incluidas las de accidentes de trabajo y enfermedades profesionales y en las aportaciones empresariales de las cuotas de recaudación conjunta.

Décima. Formación teórica de discapacitados psíquicos contratados para la formación.

Se incorpora un nuevo párrafo al final del artículo 11.2.e) de la Ley del Estatuto de los Trabajadores, Texto Refundido aprobado por Real Decreto Legislativo 1/1995, de 24 de marzo, con esta redacción:

«Cuando el trabajador contratado para la formación sea una persona con discapacidad psíquica, la formación teórica podrá sustituirse, total o parcialmente, previo informe de los equipos multiprofesionales de valoración correspondientes, por la realización de procedimientos de rehabilitación o de ajuste personal y social en un centro psicosocial o de rehabilitación sociolaboral».

Undécima. Bonificación de cuotas a la Seguridad Social para las personas con discapacidad que se establezcan como trabajadores por cuenta propia.

Las personas con discapacidad, que causen alta inicial en el Régimen Especial de la Seguridad Social de los Trabajadores por Cuenta Propia o Autónomos, se beneficiarán, durante los cinco años siguientes a la fecha de alta, de una bonificación del 50 por 100 de la cuota que resulte de aplicar sobre la base mínima el tipo vigente en cada momento en el mencionado Régimen Especial.

✐ Disp. modificada por disp. final 6ª de Ley 43/2006, de 29 diciembre (§27.2).

Duodécima. Modificación de la Ley 40/1998, del Impuesto sobre la Renta de las Personas Físicas y otras Normas Tributarias.

El párrafo e) del artículo 7 de la Ley 40/1998 queda redactada en los siguientes términos:

«e) Las indemnizaciones por despido o cese del trabajador, en la cuantía establecida con carácter obligatorio en el Estatuto de los Trabajadores, en su normativa de desarrollo o, en su caso, en la normativa reguladora de la ejecución de sentencias, sin que pueda considerarse como tal la establecida en virtud de convenio, pacto o contrato.

Cuando se extinga el contrato de trabajo con anterioridad al acto de conciliación, estarán exentas las indemnizaciones por despido que no excedan de la que hubiera correspondido en el caso de que el mismo hubiera sido declarado improcedente, y no se trate de extinciones de mutuo acuerdo en el marco de planes o sistemas colectivos de bajas incentivadas».

DISPOSICIONES TRANSITORIAS

Primera. Extinciones de contratos.

Las extinciones de contratos producidas con anterioridad a la fecha de entrada en vigor de la presente Ley se regirán, en lo que se refiere a sus aspectos sustantivo y procesal, por las disposiciones vigentes en la fecha en que hubieran tenido lugar dichas extinciones.

Segunda. Acreditación de determinadas situaciones legales de desempleo.

La existencia de situación legal de desempleo en los supuestos recogidos en el artículo 208.1.1.b), c) y d) del Texto Refundido de la Ley General de la Seguridad Social, en la redacción dada al mismo por la presente Ley, hasta tanto se desarrolle reglamentariamente dicho artículo, se acreditará por el trabajador en la forma siguiente:

1. En el caso de extinción del contrato por muerte, jubilación o incapacidad del empresario individual, mediante:

a) La comunicación escrita del empresario, sus herederos o representante legal notificando al trabajador la extinción de la relación laboral por alguna de dichas causas.

b) El acta de conciliación administrativa o judicial, o la resolución judicial definitiva, en los términos fijados en el apartado 2.b) siguiente.

2. En el caso de despido, mediante:

a) La notificación por escrito a que se refiere el artículo 55.1) del Estatuto de los Trabajadores. En defecto de dicha notificación la acreditación se realizará mediante alguno de los documentos previstos en el párrafo b) siguiente o, en su caso, mediante certificado de empresa o informe de la Inspección de Trabajo y Seguridad Social en los que consten el cese involuntario en la prestación de trabajo y su fecha de efectos, o el acta de conciliación administrativa en la que conste que el trabajador impugna el despido y el empresario no comparece.

b) El acta de conciliación administrativa o judicial o la resolución judicial definitiva declarando la procedencia o improcedencia del despido. En el supuesto de improcedencia, deberá también acreditarse que el empresario, o el trabajador cuando sea representante legal de los trabajadores, no ha optado por la readmisión.

3. En el caso de despido basado en causas objetivas, mediante:

a) La comunicación escrita al trabajador en los términos previstos en el artículo 53 del Estatuto de los Trabajadores.

b) El acta de conciliación administrativa o judicial o la resolución judicial definitiva en los términos fijados en el apartado 2.b) anterior.

Tercera. Indemnizaciones derivadas de expedientes de regulación de empleo.

1. A efectos del reconocimiento de los subsidios por desempleo y no obstante lo establecido en el artículo 215.3.2 del Texto Refundido de la Ley General de la Seguridad Social, no se computarán como renta ni el importe de la indemnización por extinción del contrato de trabajo derivada de expediente de regulación de empleo autorizado mediante resolución de la autoridad laboral, ni las prestaciones públicas, consecuencia de dicho expediente, cuyo objeto sea reponer la parte de prestación por desempleo contributiva que el trabajador tuviera consumida a la fecha de extinción de su contrato o contribuir a la financiación de un convenio especial con la Seguridad Social o atender situaciones de urgencia y necesidad sociolaboral que permitan facilitar los procesos de reestructuración de empresas que pudieran conllevar el cese total o parcial de las mismas o contribuyan al mantenimiento del empleo, siempre que el expediente se hubiera iniciado con anterioridad al 26 de mayo de 2002, y dicho expediente fuera la causa de acceso a la prestación por desempleo contributiva cuyo agotamiento permite el acceso al subsidio.

Lo dispuesto en el párrafo anterior será igualmente de aplicación cuando el expediente, aun iniciado con posterioridad al 26 de mayo de 2002, traiga causa de planes en sectores en reestructuración en el ámbito de la Unión Europea aprobados antes de dicha fecha.

También se aplicarán dichas reglas en los supuestos en que las prestaciones o subsidios que procedan por la extinción de los contratos de trabajo a que se refieren los párrafos anteriores se suspendan o se extingan por realizar el beneficiario un trabajo de duración inferior a la establecida en el artículo 212.1.d), o igual o superior a la establecida en el artículo 213.1.d) del Texto Refundido de la Ley General de la Seguridad Social, cuando en este último caso se opte por la reapertura del derecho inicial.

2. Lo establecido en el apartado anterior será asimismo aplicable cuando, tratándose de expedientes de regulación de empleo iniciados a partir del 26 de mayo de 2002, los trabajadores afectados

hubieran percibido prestaciones por desempleo como consecuencia de expedientes de suspensión de contratos por la misma causa iniciados en los veinticuatro meses anteriores a dicha fecha.

Cuarta. Programa de fomento de empleo en economía social y empleo autónomo.

1. En aplicación de lo dispuesto en el apartado 3 del artículo 228 del Texto Refundido de la Ley General de la Seguridad Social, aprobado por el Real Decreto Legislativo 1/1994, de 20 de junio, se mantendrá lo previsto en el Real Decreto 1044/1985, de 19 de junio, por el que se establece el abono de la prestación por desempleo en su modalidad de pago único, incluidas las modificaciones incorporadas por normas posteriores, en lo que no oponga a las reglas siguientes:

1ª La entidad gestora podrá abonar el valor actual del importe de la prestación por desempleo de nivel contributivo a los beneficiarios de prestaciones cuando pretendan incorporarse, de forma estable, como socios trabajadores o de trabajo en cooperativas o en sociedades laborales, siempre que no hayan mantenido un vínculo contractual previo con dichas sociedades superior a los 24 meses, o constituirlas, o cuando dichos beneficiarios pretendan constituirse como trabajadores autónomos y se trate de personas con minusvalía igual o superior al 33 por 100.

En estos supuestos, el abono de la prestación se realizará de una sola vez por el importe que corresponda a las aportaciones al capital, incluyendo la cuota de ingreso, en el caso de las cooperativas, o al de la adquisición de acciones o participaciones del capital social en una sociedad laboral en lo necesario para acceder a la condición de socio, o a la inversión necesaria para desarrollar la actividad en el caso de trabajadores autónomos con minusvalía.

Se abonará como pago único la cuantía de la prestación, calculada en días completos, de la que deducirá el importe relativo al interés legal del dinero.

No obstante, si no se obtiene la prestación por su importe total, el importe restante se podrá obtener conforme a lo establecido en la regla 2ª siguiente.

Asimismo, el beneficiario de prestaciones en los supuestos citados en el párrafo primero podrá optar por obtener toda la prestación pendiente por percibir conforme a lo establecido en la regla 2ª siguiente.

2ª La entidad gestora podrá abonar mensualmente el importe de la prestación por desempleo de nivel contributivo para subvencionar la cotización del trabajador a la Seguridad Social, y en este supuesto:

a) La cuantía de la subvención, calculada en días completos de prestación, será fija y corresponderá al importe de la aportación íntegra del trabajador a la Seguridad Social en el momento del inicio de la actividad sin considerar futuras modificaciones, salvo cuando el importe de la subvención quede por debajo de la aportación del trabajador que corresponda a la base mínima de cotización vigente para cada régimen de Seguridad Social; en tal caso, se abonará esta última.

b) El abono se realizará mensualmente por la entidad gestora al trabajador, previa comprobación de que se mantiene en alta en la Seguridad Social en el mes correspondiente.

3ª Lo previsto en las reglas 1ª y 2ª también será de aplicación a los beneficiarios de la prestación por desempleo de nivel contributivo, que pretendan constituirse como trabajadores autónomos y no se trate de personas con minusvalía igual o superior al 33 por 100.

En el caso de la regla 1ª, el abono de una sola vez se realizará por el importe que corresponde a la inversión necesaria para desarrollar la actividad, incluido el importe de las cargas tributarias para el inicio de la actividad, con el límite máximo del 40 por 100 del importe de la prestación por desempleo de nivel contributivo pendiente por percibir.

4ª La solicitud del abono de la prestación por desempleo de nivel contributivo, según lo establecido en las reglas 1ª, 2ª y 3ª, en todo caso deberá ser de fecha anterior a la fecha de incorporación a la cooperativa o sociedad laboral, o a la de constitución de la cooperativa o sociedad laboral, o a la de inicio de la actividad como trabajador autónomo, considerando que tal inicio coincide con la fecha que como tal figura en la solicitud de alta del trabajador en la Seguridad Social.

Si el trabajador hubiera impugnado el cese de la relación laboral origen de la prestación por desempleo, la solicitud deberá ser posterior a la resolución del procedimiento correspondiente.

Los efectos económicos del abono del derecho solicitado se producirán a partir del día siguiente al de su reconocimiento, salvo cuando la fecha de inicio de la actividad sea anterior; en este caso, se estará a la fecha de inicio de esa actividad.

✐ Ap. 1 modificado por art. único del Real Decreto 1413/2005, de 25 noviembre (RCL 2005, 2431).

2. El Gobierno podrá modificar, mediante Real Decreto, lo establecido en el apartado 1 anterior.

Quinta. Compatibilidad del subsidio por desempleo con el trabajo por cuenta ajena.

En aplicación de lo previsto en el párrafo primero del apartado 4 del artículo 228 del Texto Refundido de la Ley General de la Seguridad Social, en la redacción dada al mismo por esta Ley, se estará a lo siguiente:

1. Podrán compatibilizar los subsidios por desempleo con el trabajo por cuenta ajena en aplicación de lo previsto en el párrafo primero del apartado 4 del artículo 228 del Texto Refundido de la Ley General de la Seguridad Social los trabajadores desempleados mayores de cincuenta y dos años, inscritos en las oficinas de empleo, beneficiarios de cualquiera de los subsidios recogidos en el artículo 215 del Texto Refundido de la Ley General de la Seguridad Social.

La aplicación del programa regulado en la presente disposición transitoria será voluntaria para los trabajadores desempleados a que se refiere el párrafo anterior.

2. A efectos de aplicar este régimen de compatibilidad, los trabajadores deberán ser contratados a tiempo completo y de forma indefinida o temporal, siempre que la duración del contrato sea superior a tres meses.

3. Las ayudas que se podrán recibir por los beneficiarios del subsidio y por las empresas que los contraten serán las siguientes:

3.1. Abono mensual al trabajador del 50 por 100 de la cuantía del subsidio, durante la vigencia del contrato, con el límite máximo del doble del período pendiente de percibir del subsidio, y sin perjuicio de la aplicación de las causas de extinción del derecho previstas en los párrafos a), e), f), g) y h) del artículo 213 del Texto Refundido de la Ley General de la Seguridad Social.

3.2. Abono al trabajador, en un solo pago, de tres meses de la cuantía del subsidio si el trabajo que origina la compatibilidad obliga al beneficiario a cambiar de lugar habitual de residencia.

3.3. Bonificación del 50 por 100 de la cuota empresarial a la Seguridad Social por contingencias comunes, en el caso de contratación temporal, con un máximo de doce meses.

3.4. Bonificación que corresponda en caso de contratación indefinida según la regulación vigente del Programa anual de fomento del empleo, o en otras disposiciones vigentes, siempre que el contrato celebrado cumpla los requisitos establecidos en cada caso.

4. El abono mensual a que se refiere el apartado 3.1 anterior lo percibirá el trabajador de la Entidad Gestora de las prestaciones durante el tiempo establecido en dicho apartado, descontando, en su caso, el período de tres meses de subsidio de la ayuda a la movilidad geográfica prevista en el apartado 3.2 anterior, equivalente a seis meses de abono del subsidio en el régimen de compatibilidad señalado.

El empresario, durante este tiempo, tendrá cumplida la obligación del pago del salario que corresponde al trabajador, completando la cuantía del subsidio recibido por el trabajador hasta el importe de dicho salario, siendo asimismo responsable de las cotizaciones a la Seguridad Social por todas la contingencias y por el total del salario indicado incluyendo el importe del subsidio.

5. En los supuestos de no reunirse los requisitos exigidos, procederá la devolución de las cantidades indebidamente percibidas durante el período de contratación.

A efectos de lo dispuesto en el párrafo anterior, se podrá aplicar lo establecido en el apartado 1 del artículo 227 del Texto Refundido de la Ley General de la Seguridad Social, respecto al reintegro de prestaciones de cuyo pago será directamente responsable el empresario.

6. En el caso de cese en el trabajo, y siempre que no se reúnan los requisitos de acceso a la prestación contributiva por desempleo, ni se haya agotado la duración del subsidio, para mantener su percepción el trabajador deberá comunicar el cese en la oficina de empleo dentro de los quince días siguientes al mismo y reactivar el compromiso de actividad, obteniendo, siempre que se reúnan los requisitos exigidos al efecto, dicho subsidio por el total de su cuantía; en tal caso se considerará como período consumido de derecho la mitad del período en el que se compatibilizó el subsidio con el trabajo.

La no comunicación en plazo supondrá la pérdida de tantos días de subsidio como medien entre el día siguiente al del cese en el trabajo y el día de su comunicación.

7. No se aplicará la compatibilidad prevista en esta disposición cuando se trate de contratos de inserción o de contratos subvencionados por el Instituto Nacional de Empleo al amparo del Programa de fomento de empleo agrario, establecido en el Real Decreto 939/1997, de 20 de junio, o cuando la contratación sea efectuada por:

a) Empresas que tengan autorizado expediente de regulación de empleo en el momento de la contratación.

b) Empresas en las que el desempleado beneficiario del subsidio por desempleo haya trabajado en los últimos doce meses.

Tampoco se aplicará la compatibilidad prevista en este programa cuando se trate de contrataciones que afecten al cónyuge, ascendientes, descendientes y demás parientes por consanguinidad o afinidad, o en su caso por adopción, hasta el segundo grado inclusive, del empresario o de quienes ostenten cargos de dirección o sean miembros de los órganos de administración de las entidades o de las empresas que revistan la forma jurídica de sociedad, así como las que se produzcan con estos últimos.

8. También podrán compatibilizar voluntariamente el subsidio por desempleo en favor de los trabajadores eventuales incluidos en el Régimen Especial Agrario de la Seguridad Social, regulado por el Real Decreto 5/1997, de 10 de enero, con el trabajo por cuenta ajena los trabajadores desempleados mayores de cincuenta y dos años, inscritos en las oficinas de empleo y beneficiarios de dicho subsidio, en los mismos términos regulados en los apartados anteriores, con las salvedades siguientes:

8.1. Si el trabajo por cuenta ajena está encuadrado en el Régimen Especial Agrario de la Seguridad Social:

a) En el supuesto de que la contratación fuera de carácter temporal no se aplicará el límite de tres meses establecido en el apartado 2 anterior.

b) La contratación podrá hacerse por empresas en las que el desempleado beneficiario del subsidio haya trabajado en los últimos doce meses.

c) No corresponde la bonificación establecida en el apartado 3.3 anterior.

d) El empresario será responsable de la cotización por jornadas reales al Régimen Especial Agrario de la Seguridad Social por las contingencias que correspondan.

e) La Entidad Gestora abonará al trabajador el 50 por 100 del importe de la cuota fija al Régimen Especial Agrario de la Seguridad Social durante la vigencia del contrato.

8.2. Si el trabajador mantiene el trabajo por cuenta ajena, con independencia del régimen de Seguridad Social en el que esté encuadrado, cuando se cumpla un año desde el nacimiento del derecho al subsidio no se producirá la extinción del mismo, establecida en el artículo 9.a) del Real Decreto 5/1997, de 10 de enero, hasta la extinción de ese trabajo.

9. El Gobierno podrá modificar, mediante Real Decreto, lo establecido en los apartados anteriores.

Sexta. Programa de sustitución de trabajadores en formación por trabajadores beneficiarios de prestaciones por desempleo.

1. En aplicación de lo previsto en el párrafo tercero del apartado 4 del artículo 228 del Texto Refundido de la Ley General de la Seguridad Social, en la redacción dada al mismo por esta Ley, podrán acogerse al presente programa las empresas que tengan hasta 100 trabajadores y sustituyan a éstos con trabajadores desempleados beneficiarios de prestaciones por desempleo durante el tiempo en que aquéllos participen en acciones de formación, siempre que tales acciones estén financiadas por cualquiera de las Administraciones públicas.

La aplicación del programa regulado en la presente disposición transitoria será voluntaria para los trabajadores desempleados beneficiarios de prestaciones por desempleo a que se refiere el párrafo anterior.

2. Los contratos de trabajo que se celebren para hacer efectiva la sustitución a que se refiere el apartado anterior darán derecho a las siguientes ayudas: el trabajador desempleado contratado percibirá la prestación contributiva o el subsidio por desempleo a que tenga derecho por el 50 por 100 de la cuantía durante la vigencia del contrato, con el límite máximo del doble del período pendiente de percibir de la prestación o del subsidio.

El empresario, durante el período de percepción de la prestación o subsidio que se compatibiliza, deberá abonar al trabajador la diferencia entre la cuantía de la prestación o subsidio por desempleo recibida por el trabajador y el salario que le corresponde, siendo asimismo responsable de la totalidad de las cotizaciones a la Seguridad Social por todas las contingencias y por el total del salario indicado incluyendo el importe de la prestación o del subsidio por desempleo.

3. Para la aplicación de esta disposición transitoria las empresas deberán presentar en la oficina de empleo un certificado expedido por la Administración pública o entidad encargada de gestionar la formación, mediante el cual se acredite la participación de sus trabajadores en las acciones formativas programadas, así como el tiempo de duración de las mismas.

4. De no reunirse los requisitos exigidos, procederá la devolución de las cantidades indebidamente percibidas durante el período de contratación.

A efectos de lo dispuesto en el párrafo anterior, se podrá aplicar lo establecido en el apartado 1 del artículo 227 del Texto Refundido de la Ley General de la Seguridad Social, respecto al reintegro de prestaciones de cuyo pago será directamente responsable el empresario.

5. El Gobierno podrá modificar, mediante Real Decreto, lo establecido en los apartados anteriores.

Séptima. Programa de fomento de la movilidad geográfica.

1. Los trabajadores desempleados, empresas y organizaciones empresariales podrán beneficiarse de subvenciones que faciliten la contratación temporal o estable cuando dicha contratación implique desplazamientos o traslados de residencia.

2. Desplazamientos temporales. Las empresas o las organizaciones empresariales podrán acceder a subvenciones públicas al objeto de organizar y costear el desplazamiento, facilitar el alojamiento de los trabajadores desempleados que se desplacen desde su residencia habitual a otra localidad para ocupar puestos de trabajo de carácter temporal.

3. Desplazamientos estables. Los trabajadores que se desplacen para ocupar puestos de trabajo de carácter indefinido tendrán derecho a percibir ayudas económicas individuales en concepto de alojamiento, de gastos de desplazamiento y de traslado de enseres y mobiliario.

4. Podrán suscribirse acuerdos o convenios de colaboración con las Comunidades Autónomas al objeto de facilitar el desarrollo de estas acciones.

5. Las medidas previstas en los apartados anteriores son compatibles, en su caso, con las establecidas en la disposición transitoria quinta de esta Ley, incluidas las previstas para el supuesto de cambio de residencia.

6. El Gobierno, mediante Real Decreto, establecerá, previa consulta con las Comunidades Autónomas, el procedimiento, contenido y condiciones de estas ayudas.

Octava. Suscripción del compromiso de actividad en la prórroga de la duración del subsidio por desempleo.

Si la solicitud del derecho a subsidio por desempleo o su reanudación se hubiera efectuado con anterioridad al día 26 de mayo de 2002, la Entidad Gestora exigirá a los beneficiarios del mismo que en el momento de solicitar la prórroga de su duración suscriban el compromiso de actividad al que se refiere el artículo 231 del Texto Refundido de la Ley General de la Seguridad Social, salvo que estuviera suscrito en una prórroga anterior.

Novena. Reiteración de contratos temporales.

La comunicación de la Entidad Gestora de las prestaciones por desempleo a que se refiere el nuevo artículo 145 bis de la Ley de Procedimiento Laboral se podrá dirigir a la autoridad judicial cuando el último de los reiterados contratos temporales entre el trabajador y la misma empresa se hubiera concertado tras la entrada en vigor de la presente Ley.

DISPOSICIÓN DEROGATORIA

Única.

Quedan derogadas cuantas disposiciones se opongan a lo establecido en la presente Ley y de modo expreso las siguientes:

a) El párrafo b) del apartado 1 y el apartado 2 del artículo 213 del Texto Refundido de la Ley General de la Seguridad Social, aprobado por Real Decreto Legislativo 1/1994, de 20 de junio.

b) El segundo párrafo de la letra c) del apartado 1 del artículo 2 del Real Decreto 5/1997, de 10 de enero, por el que se regula el subsidio por desempleo en favor de los trabajadores eventuales incluidos en el Régimen Especial Agrario de la Seguridad Social.

c) Los párrafos b), c), d), e) y f) del apartado 1 del artículo 1 del Real Decreto 625/1985, de 2 de abril, por el que se desarrolla la Ley 31/1984, de 2 de agosto, de Protección por Desempleo.

d) El último párrafo del apartado 4 del artículo 219 del Texto Refundido de la Ley General de la Seguridad Social, aprobado por Real Decreto Legislativo 1/1994, de 20 de junio.

e) El Real Decreto-ley 5/2002, de 24 de mayo, de Medidas Urgentes para la Reforma del Sistema de Protección por Desempleo y Mejora de la Ocupabilidad.

DISPOSICIONES FINALES

Primera. Desarrollo, entrada en vigor y aplicación de la Ley.

Uno. Se faculta al Gobierno para dictar cuantas disposiciones sean necesarias para el desarrollo y ejecución de la presente Ley.

Dos. La presente Ley entrará en vigor el día siguiente al de su publicación en el «Boletín Oficial del Estado».

Tres. Sin perjuicio de lo dispuesto en el apartado dos anterior:

a) Lo establecido en el párrafo c) del apartado 1 del artículo 208 de la Ley General de la Seguridad Social, en la redacción dada por la presente Ley, se aplicará a las situaciones legales de desempleo que se produzcan a partir del día 26 de mayo de 2002, cuando el despido inicial se hubiera producido después de dicha fecha.

b) Lo establecido en el párrafo c) del número 1 del apartado 1 del artículo 215 de la Ley General de la Seguridad Social, en la redacción dada por la presente Ley, se aplicará a las solicitudes del subsidio por desempleo presentadas a partir del día 26 de mayo de 2002, y los trabajadores que hubieran accedido a dicho subsidio conforme a la normativa anterior podrán obtener el subsidio establecido en el número 3 del apartado 1 del citado artículo 215, si reúnen los requisitos exigidos.

c) Lo previsto en el artículo tercero de esta Ley se aplicará a todas las solicitudes del subsidio por desempleo establecido por el Real Decreto 5/1997, de 10 de enero, en favor de los trabajadores eventuales incluidos en el Régimen Especial Agrario de la Seguridad Social, incluidas las solicitudes del subsidio a las que sea de aplicación el cómputo especial de cotizaciones recogido en las disposiciones transitorias primera y segunda del citado Real Decreto 5/1997, presentadas a partir del día 26 de mayo de 2002.

Segunda. Referencias a los Servicios Públicos de Empleo competentes.

Las referencias efectuadas en la presente Ley a los Servicios Públicos de Empleo se entenderán realizadas al *Instituto Nacional de Empleo* y a los correspondientes Servicios Públicos de Empleo de las Comunidades Autónomas competentes en la materia.

⇒ Entiéndase hoy hecha la referencia al Servicio Público de Empleo Estatal y a los correspondientes Servicios Públicos de las CC AA, de conformidad con la Ley 56/2003, de 16 diciembre, de Empleo (§27.1).

§ 36.3 REAL DECRETO 1369/2006, DE 24 NOVIEMBRE. REGULA EL PROGRAMA DE RENTA ACTIVA DE INSERCIÓN PARA DESEMPLEADOS CON ESPECIALES NECESIDADES ECONÓMICAS Y DIFICULTAD PARA ENCONTRAR EMPLEO

(BOE núm. 290, de 5 diciembre [RCL 2006, 2155])

Las directrices sobre el empleo de la Unión Europea, vienen destacando la idea de que una política eficaz frente al desempleo no se debe basar exclusivamente en la garantía de ingresos, sino en la combinación de ésta con medidas adecuadas de inserción laboral y, por ello, proponen que los sistemas de prestaciones sociales fomenten activamente la capacidad de inserción de los parados, particularmente de aquéllos con mayores dificultades.

Para dar respuesta a dichas directrices, por el Real Decreto 236/2000, de 18 de febrero, por el Real Decreto 781/2001, de 6 de julio, por la disposición adicional primera de la Ley 45/2002, de 12 de diciembre, por el Real Decreto 945/2003, de 18 de julio, por el Real Decreto 3/2004, de 9 de enero, por el Real Decreto 205/2005, de 25 de febrero, y por el Real Decreto 393/2006, de 31 de marzo, se reguló en los años 2000, 2001, 2002, 2003, 2004, 2005 y 2006, respectivamente, un programa de renta activa de inserción, que combinaba medidas de empleo activas con pasivas. Los resultados de dichos programas han puesto de manifiesto que debe mantenerse el doble objetivo de reinserción laboral y protección frente al desempleo, en la forma diseñada en éstos, para su aplicación más eficaz a los diferentes colectivos protegidos.

Por ello, el apartado 4 de la disposición final quinta del Texto Refundido de la Ley General de la Seguridad Social, aprobado por el Real Decreto Legislativo 1/1994, de 20 de junio, establece: «Se habilita al Gobierno a regular, dentro de la acción protectora por desempleo y con el régimen financiero y de gestión establecido en el capítulo V del título III de esta Ley, el establecimiento de una ayuda específica, denominada renta activa de inserción, dirigida a los desempleados con especiales necesidades económicas y dificultad para encontrar empleo que adquieran el compromiso de realizar actuaciones favorecedoras de su inserción laboral».

La renta activa de inserción forma parte así de la acción protectora por desempleo del régimen público de Seguridad Social, si bien con carácter específico y diferenciado del nivel contributivo y asistencial, a los que se refiere el apartado 1 del artículo 206 del Texto Refundido de la Ley General de la Seguridad Social, pero a la que es de aplicación el apartado 2 del citado artículo 206, cuando establece que esa acción protectora comprenderá acciones específicas de formación, perfeccionamiento, orientación, reconversión o inserción profesional en favor de los trabajadores desempleados.

En cumplimiento de la disposición final quinta citada, este Real Decreto establece un programa por el que se concede una renta activa de inserción a los desempleados que suscriben el compromiso de actividad en virtud del cual manifiestan su plena disponibilidad para buscar activamente empleo, para trabajar y para participar en las acciones ofrecidas por los servicios públicos de empleo y dirigidas a favorecer su inserción laboral. A partir de ese compromiso, se aplicarán distintas políticas de empleo, activas y pasivas, a los diferentes colectivos a los que se dirige el programa de desempleados en situación de necesidad y cuyas posibilidades de ocupación son menores: por ser mayores de 45 años, parados de larga duración o emigrantes retornados; o por ser parados de cualquier edad, discapacitados o víctimas de violencia de género o doméstica, siempre que, en cada caso, reúnan los requisitos exigidos para ser beneficiarios de éste.

Las modificaciones más importantes que incorpora el programa contenido en este Real Decreto, en relación con los programas anteriores, es que no se configura con una duración anual, sino que se ordena con carácter permanente estableciendo una garantía de continuidad en su aplicación como un derecho más y con la misma financiación que el resto de las prestaciones y subsidios por desempleo, también se establece la cotización a la Seguridad Social durante la percepción de la renta, en la forma recogida en el artículo 218.1.4 de la Ley General de la Seguridad Social.

Además, la ayuda para cambio de residencia de las víctimas de violencia de género o doméstica se incluye en la disposición transitoria primera del Real Decreto hasta tanto se establezca una financiación y consignación presupuestaria de esa ayuda al margen del sistema de protección por desempleo.

Por último, este Real Decreto deroga el Real Decreto 393/2006, de 31 de marzo, por el que se prorroga para el año 2006 el Programa de Renta Activa de Inserción para desempleados con especiales necesidades económicas y de dificultad para encontrar empleo, regulado por el Real Decreto 205/2005, de 25 de febrero.

Este Real Decreto ha sido consultado a las organizaciones empresariales y sindicales más representativas.

En su virtud, a propuesta del Ministro de Trabajo y Asuntos Sociales, de acuerdo con el Consejo de Estado y previa deliberación del Consejo de Ministros en su reunión del día 24 de noviembre de 2006, dispongo:

Artículo 1. Objeto.

Este Real Decreto tiene por objeto la regulación del programa al que se refiere el apartado 4 de la disposición final quinta del Texto Refundido de la Ley General de la Seguridad Social, aprobado por el Real Decreto Legislativo 1/1994, de 20 de junio, que permite establecer, dentro de la acción protectora por desempleo, una ayuda específica denominada renta activa de inserción, dirigida a los desempleados con especiales necesidades económicas y dificultad para encontrar empleo, a los que se refiere el artículo 2, que adquieran el compromiso de realizar actuaciones favorecedoras de su inserción laboral, al que se refiere el artículo 3.

Artículo 2. Requisitos.

1. Podrán ser beneficiarios del programa los trabajadores desempleados menores de 65 años que, a la fecha de solicitud de incorporación, reúnan los siguientes requisitos:

a) Ser mayor de 45 años.

b) Ser demandante de empleo inscrito ininterrumpidamente como desempleado en la oficina de empleo durante 12 o más meses. A estos efectos, se considerará interrumpida la demanda de empleo por haber trabajado un período acumulado de 90 o más días en los 365 anteriores a la fecha de solicitud de incorporación al programa.

c) No tener derecho a las prestaciones o subsidios por desempleo, o a la renta agraria.

d) Carecer de rentas, de cualquier naturaleza, superiores en cómputo mensual al 75 por 100 del salario mínimo interprofesional, excluida la parte proporcional de dos pagas extraordinarias.

A estos efectos, aunque el solicitante carezca de rentas, en los términos anteriormente establecidos, si tiene cónyuge y/o hijos menores de 26 años, o mayores incapacitados o menores acogidos, únicamente se entenderá cumplido el requisito de carencia de rentas cuando la suma de las rentas de todos los integrantes de la unidad familiar así constituida, incluido el solicitante, dividida por el número de miembros que la componen, no supere el 75 por 100 del salario mínimo interprofesional, excluida la parte proporcional de dos pagas extraordinarias.

Se computará como renta el importe de los salarios sociales, rentas mínimas de inserción o ayudas análogas de asistencia social concedidas por las Comunidades Autónomas.

Se considerarán rentas las recogidas en el artículo 215.3.2 del Texto Refundido de la Ley General de la Seguridad Social, aprobado por el Real Decreto Legislativo 1/1994, de 20 de junio.

2. Asimismo, podrán ser beneficiarios del programa los trabajadores desempleados menores de 65 años que, a la fecha de solicitud de incorporación, reúnan los requisitos previstos en alguno de los párrafos siguientes:

a) Acreditar una minusvalía en grado igual o superior al 33 por 100, o tener reconocida una incapacidad que suponga una disminución en su capacidad laboral del porcentaje anteriormente indicado, siempre que se reúnan los requisitos exigidos en el apartado 1, excepto el recogido en el párrafo a).

b) Ser trabajador emigrante que, tras haber retornado del extranjero en los 12 meses anteriores a la solicitud, hubiera trabajado, como mínimo, seis meses en el extranjero desde su última salida de España y esté inscrito como demandante de empleo, siempre que se reúnan los requisitos exigidos en el apartado 1, excepto el recogido en el párrafo b).

c) Tener acreditada por la Administración competente la condición de víctima de violencia de género o doméstica, salvo cuando conviva con el agresor, y estar inscrita como demandante de empleo, siempre que se reúnan los requisitos exigidos en el apartado 1, excepto los recogidos en los párrafos a) y b).

A los efectos de este programa, la violencia doméstica contemplada en el artículo 173 del Código Penal queda limitada a la ejercida sobre el cónyuge o persona ligada por análoga relación de afectividad o sobre los hijos o los padres.

2. Los beneficiarios de pensiones de invalidez no contributiva podrán ser incorporados al programa si reúnen, en el momento de la solicitud, los requisitos exigidos en este artículo, excepto el establecido en el apartado 1 d) por la percepción de la pensión, siempre que se acredite que dejarán de percibirla, a través de una certificación de la Administración competente sobre la suspensión de la pensión a partir de la fecha en que se inicie el devengo de la renta activa de inserción.

4. Los trabajadores, además, de reunir los requisitos exigidos en los apartados anteriores de este artículo, deben cumplir los dos siguientes:

a) No haber sido beneficiario de la renta activa de inserción en los 365 días naturales anteriores a la fecha de solicitud del derecho a la admisión al programa, salvo en el caso de los que acrediten un grado de minusvalía igual o superior al 33 por 100 o la condición de víctima de violencia de género o doméstica.

b) No haber sido beneficiario de tres derechos al programa de renta activa de inserción anteriores aunque no se hubieran disfrutado por el período de duración máxima de la renta.

Artículo 3. Compromiso de actividad.

1. Para ser beneficiarios del programa, los trabajadores, además de reunir los requisitos establecidos en el artículo 2, deberán solicitarlo y suscribir el compromiso de actividad, al que se refiere el artículo 231.2 del Texto Refundido de la Ley General de la Seguridad Social, aprobado por el Real Decreto Legislativo 1/1994, de 20 de junio, en virtud del cual realizarán las distintas actuaciones que se determinen por el servicio público de empleo, en el plan personal de inserción, que se desarrollarán mientras el trabajador se mantenga incorporado al programa.

2. Los servicios públicos de empleo aplicarán a los trabajadores las acciones de inserción laboral previstas en el artículo 7.

3. Los trabajadores, para su incorporación y mantenimiento en el programa, deberán cumplir las obligaciones que implique el compromiso de actividad y aquellas que se concretan en el plan personal de inserción laboral, así como las siguientes:

a) Proporcionar la documentación e información precisa en orden a la acreditación de los requisitos exigidos para la incorporación y el mantenimiento en el programa.

b) Participar en los programas de empleo o en las acciones de inserción, orientación, promoción, formación o reconversión profesionales, o en aquellas otras de mejora de la ocupabilidad.

c) Aceptar la colocación adecuada que les sea ofrecida, considerándose como tal la definida en el artículo 231.3 del Texto Refundido de la Ley General de la Seguridad Social, aprobado por el Real Decreto Legislativo 1/1994, de 20 de junio.

d) Renovar la demanda de empleo en la forma y fecha que se determinen en el documento de renovación de la demanda y comparecer cuando sea previamente requerido ante el Servicio Público de Empleo Estatal o ante los servicios públicos de empleo.

e) Comunicar las causas de baja, pérdida de requisitos o incompatibilidades en el momento en que se produzcan esas situaciones.

f) Presentarse a cubrir la oferta de empleo y devolver a los servicios públicos de empleo, en el plazo de cinco días, el correspondiente justificante de haber comparecido en el lugar y fecha indicados para cubrir las ofertas de empleo facilitadas por aquéllos.

g) Reintegrar las cantidades de la renta activa de inserción indebidamente percibidas.

h) Buscar activamente empleo.

Artículo 4. Cuantía de la renta activa de inserción y cotización a la Seguridad Social.

1. Los trabajadores, como consecuencia de su admisión y mantenimiento en el programa, tendrán reconocida y podrán percibir la renta activa de inserción con la cuantía, cotizaciones y duración establecidas en este artículo y en el siguiente.

2. La cuantía de la renta será igual al 80 por 100 del indicador público de renta de efectos múltiples (IPREM) mensual vigente en cada momento.

⇒ Vid. RDley 3/2004, de 25 junio (§12.2).

3. Durante la percepción de la renta activa de inserción el Servicio Público de Empleo Estatal ingresará las cotizaciones a la Seguridad Social conforme a lo establecido en los apartados 1 y 4 del artículo 218 del Texto Refundido de la Ley General de la Seguridad Social, aprobado por Real Decreto Legislativo 1/1994, de 20 de junio.

Artículo 5. Duración de la renta activa de inserción.

1. La duración máxima de la percepción de la renta será de 11 meses.

2. La renta activa de inserción se mantendrá hasta agotar su duración mientras el trabajador continúe en el programa.

Artículo 6. Ayudas para incentivar el trabajo.

Los trabajadores admitidos al programa, que realicen un trabajo por cuenta propia o por cuenta ajena a tiempo completo, percibirán una ayuda equivalente al 25 por 100 de la cuantía de la renta durante un máximo de 180 días a partir del primer día de trabajo tras la solicitud de admisión al programa, con independencia del número de contratos de trabajo o actividades por cuenta propia realizadas. La percepción de la ayuda no minorará la duración de la renta activa de inserción, establecida en el artículo 5, sin perjuicio de la aplicación de las normas establecidas en los artículos 9.1.d) y 10.1.d).

La ayuda no se aplicará a los contratos subvencionados por el Servicio Público de Empleo Estatal.

En el caso de trabajo por cuenta ajena a tiempo completo, la ayuda se reconocerá a solicitud del interesado, incorporada por una sola vez a la solicitud de admisión al programa por si se dieran en el futuro las condiciones para su obtención, y en el caso de trabajo por cuenta propia, la ayuda se reconocerá previa solicitud del interesado en la que comunique el inicio de la actividad.

Artículo 7. Acciones de inserción laboral.

El programa de renta activa de inserción comprende, además, acciones de inserción laboral, que se mantendrán, complementándose entre sí, mientras el trabajador permanezca en éste.

Los servicios públicos de empleo, definirán las acciones de inserción laboral a aplicar a los trabajadores. Estas acciones contemplarán:

a) Desarrollo de itinerario personalizado de inserción laboral: a partir de la admisión al programa y en el plazo máximo de 15 días, se establecerá el desarrollo del itinerario personalizado de inserción laboral del trabajador. Dicha acción supondrá:

La asignación al trabajador de un asesor de empleo que le prestará una atención individualizada, realizará el seguimiento y actualización de su itinerario de inserción laboral, propondrá y evaluará las acciones de mejora de su ocupabilidad e informará, en su caso, de los incumplimientos de las obligaciones establecidas en el momento en que se produzcan.

La entrevista profesional. Mediante la entrevista, el asesor de empleo completará y actualizará la información profesional sobre el trabajador que ya figura en los servicios públicos de empleo y que resulte necesaria para definir su perfil profesional.

La elaboración o actualización de un plan personal de inserción laboral. En función de las características personales, profesionales y formativas detectadas en la entrevista, el asesor de empleo establecerá el diagnóstico de la situación del trabajador y el itinerario personalizado de inserción laboral, con el calendario y las acciones que vaya a desarrollar. Se realizará un seguimiento y una actualización de dicho itinerario periódicamente.

b) Gestión de ofertas de colocación: el asesor de empleo promoverá la participación del trabajador en los procesos de selección para cubrir ofertas de colocación.

c) Incorporación a planes de empleo o formación: los trabajadores que se encuentren desarrollando un itinerario personalizado de inserción laboral pueden ser considerados para su participación en alguno de los siguientes planes o programas: Orientación Profesional; Plan Nacional de Formación e Inserción Profesional; Programa de Talleres de Empleo o Programa de Escuelas Taller y Casas de Oficios; Planes de Empleo para la contratación de desempleados en la realización de obras y servicios de interés general y social, que proporcionen la adquisición de práctica profesional adecuada; Programas Experimentales o Integrados para el empleo, que combinen acciones de diferente naturaleza, tales como información y asesoramiento, formación, práctica laboral y movilidad geográfica; Asesoramiento al autoempleo y otros programas dirigidos a la inserción laboral de los desempleados.

Los planes o programas de empleo o formación, incluidos los Programas Experimentales o Integrados para el empleo, podrán ser desarrollados por las entidades que colaboren con los servicios públicos de empleo en su realización, en los términos previstos en su normativa específica.

Asimismo, la participación de los trabajadores en los distintos planes y programas se regirá por su normativa específica.

Artículo 8. Derecho a la admisión al programa.

1. Tendrán derecho a ser admitidos al programa, los trabajadores que lo soliciten conforme a lo

previsto en el artículo 11.1, y suscriban el compromiso de actividad en la fecha de solicitud, siempre que reúnan y acrediten los requisitos exigidos.

2. Los trabajadores, como consecuencia de su admisión al programa, tendrán reconocida la renta activa de inserción a partir del día siguiente a aquel en que se solicite.

3. Para obtener un nuevo derecho a la admisión al programa, deberá cumplirse lo exigido en el apartado 1 anterior y, además, también debe cumplirse lo establecido en los párrafos a) y b) del apartado 4 del artículo 2.

Artículo 9. Baja y reincorporación al programa.

1. Causarán baja definitiva en el programa los trabajadores en los que concurra alguno de los hechos siguientes:

a) Incumplimiento de las obligaciones que implique el compromiso de actividad y que se concretan en el plan personal de inserción laboral, salvo causa justificada.

b) No comparecer, previo requerimiento, ante el Servicio Público de Empleo Estatal o ante los servicios públicos de empleo, no renovar la demanda de empleo en la forma y fechas que se determinen en el documento de renovación de la demanda o no devolver en plazo a los servicios públicos de empleo el correspondiente justificante de haber comparecido en el lugar y fecha indicados para cubrir las ofertas de empleo facilitadas por dichos servicios, salvo causa justificada.

c) Rechazo de una oferta de colocación adecuada o de participación en programas de empleo o en acciones de inserción, orientación, promoción, formación o reconversión profesionales, salvo causa justificada.

d) Trabajo por cuenta propia o ajena a tiempo completo, conforme a lo establecido en el artículo 10.1.d), por un período de tiempo igual o superior a seis meses.

e) Obtener pensiones o prestaciones conforme a lo establecido en el artículo 10.1.c), así como obtener ayudas sociales, conforme a lo establecido en el artículo 10.1.e).

f) Dejar de reunir el requisito de carencia de rentas, conforme a lo establecido en el artículo 10.1.a), y salvo lo previsto en el apartado 3.

g) Acceder a una prestación por desempleo, a un subsidio por desempleo o a la renta agraria, conforme a lo establecido en el artículo 10.1.b).

h) Traslado al extranjero, salvo lo previsto en el apartado 3.

i) Renuncia voluntaria a la renta activa de inserción.

j) Obtener o mantener indebidamente la percepción de la renta activa de inserción.

k) Agotar el plazo máximo de duración de la renta activa de inserción.

2. Los trabajadores que causen baja definitiva en el programa sólo podrán volver a ser admitidos en éste cuando se cumpla lo establecido en el artículo 8.3.

3. Causarán baja temporal en el programa, sin consumo en la duración de la renta, los trabajadores incorporados a aquel en los que concurra alguno de los hechos siguientes:

a) El trabajo por cuenta ajena a tiempo completo por un período inferior a seis meses.

b) El trabajo por cuenta propia por un período inferior a seis meses.

c) La superación del límite de rentas, por un período inferior a seis meses.

d) El traslado al extranjero para la búsqueda o realización de trabajo o perfeccionamiento profesional o cooperación internacional por un período inferior a seis meses.

4. Producida la baja temporal en el programa por las causas previstas en el apartado 3, se producirá la reincorporación a aquél:

a) En el caso de cese en el trabajo por cuenta ajena a tiempo completo se recuperará de oficio la percepción de la renta activa de inserción, siempre que el trabajador figure inscrito como demandante de empleo, lo que implicará la reactivación del compromiso de actividad, y que la Entidad Gestora tenga constancia de la involuntariedad del cese, o, en otro caso, se exigirá la acreditación de los requisitos.

b) En el caso de cese en el trabajo por cuenta propia, cuando el interesado solicite la reincorporación al programa en los 15 días siguientes al cese en el trabajo, previa acreditación de la involuntariedad del cese, inscripción como demandante de empleo y reactivación del compromiso de actividad.

c) En el caso de volver a reunir el requisito de carencia de rentas individuales o de la unidad familiar, cuando el interesado solicite la reincorporación al programa a partir del día siguiente a la solicitud si acredita que vuelve a reunir dicho requisito y lo solicita dentro del plazo de seis meses desde la fecha de baja en el programa, previa inscripción como demandante de empleo y reactivación del compromiso de actividad.

d) En el caso de retorno del extranjero, cuando el interesado solicite la reincorporación al programa en los 15 días siguientes al retorno, previa inscripción como demandante de empleo, reactivación del compromiso de actividad y acreditar alguna de las causas de traslado recogidas en el párrafo d) del apartado 3.

5. La solicitud de reincorporación al programa fuera del plazo de 15 días señalado en los párrafos b) y d) del apartado anterior supondrá la pérdida de tantos días de renta y cotización a Seguridad Social como medien entre el día siguiente al del cese en el trabajo por cuenta propia o al del retorno y el día de la solicitud.

Artículo 10. Incompatibilidad y compatibilidad.

1. La renta activa de inserción será incompatible:

a) Con la obtención de rentas de cualquier naturaleza que hagan superar los límites establecidos, en los términos fijados en el artículo 2.1.d), sin que se computen a esos efectos las rentas que provengan de acciones o trabajos compatibles con la percepción de la renta.

b) Con la percepción de prestaciones o subsidios por desempleo, o de la renta agraria.

c) Con las pensiones o prestaciones de carácter económico de la Seguridad Social que sean incompatibles con el trabajo o que, sin serlo, excedan en su cuantía de los límites a que se refiere el artículo 2.1.d).

d) Con la realización simultánea de trabajo por cuenta propia o por cuenta ajena a tiempo completo, sin perjuicio de percibir la ayuda prevista en el artículo 6.

e) Con las ayudas sociales que se pudieran reconocer a las víctimas de violencia de género que no puedan participar en programas de empleo.

2. La renta activa de inserción será compatible:

a) Con las becas y ayudas, de cualquier naturaleza, que se pudieran obtener por la asistencia a acciones de formación profesional vinculadas al Plan nacional de formación e inserción profesional.

b) Con el trabajo por cuenta ajena a tiempo parcial, en cuyo caso se deducirá del importe de la renta activa de inserción la parte proporcional al tiempo trabajado y el período de la renta pendiente de percibir mientras se compatibiliza con ese trabajo se ampliará en la misma parte proporcional.

Artículo 11. Tramitación.

1. La solicitud de admisión al programa de renta activa de inserción, que incluirá el compromiso de actividad, deberá presentarse en la oficina de empleo que corresponda al trabajador, junto con la documentación acreditativa de reunir los requisitos establecidos en el artículo 2. El requisito de carencia de rentas deberá acreditarse mediante la presentación por el solicitante de la declaración de los miembros que componen su unidad familiar y de las rentas.

El Servicio Público de Empleo Estatal, previa autorización del interesado incluida en su solicitud, recabará de la Agencia Estatal de la Administración Tributaria información sobre los rendimientos percibidos por el solicitante en el ejercicio anterior, de acuerdo con el procedimiento telemático para el intercambio de información que se acuerde. Asimismo, el Servicio Público de Empleo Estatal podrá exigir, en su caso, copia de recibos de salarios y copia de recibos de cobro de pensiones o de cualquier otro documento acreditativo de las rentas percibidas.

2. El Servicio Público de Empleo Estatal verificará el cumplimiento de los requisitos exigidos en el artículo 2 y, en su caso, solicitará el informe de los servicios públicos de empleo sobre el requisito de inscripción como demandante de empleo, y deberá dictar resolución motivada que reconozca o deniegue el derecho a la admisión al programa en el plazo de los 15 días siguientes a la fecha de la solicitud.

La resolución que reconozca el derecho a la admisión al programa se comunicará a los servicios públicos de empleo competentes para que desarrollen las distintas acciones de inserción laboral previstas en el artículo 7.

3. Las bajas y las reincorporaciones al programa se resolverán por el Servicio Público de Empleo Estatal y se comunicarán a los servicios públicos de empleo competentes a los efectos que correspondan, en relación con la continuidad, o no, de las distintas acciones de inserción laboral previstas en el artículo 7.

4. La tramitación de las bajas en el programa en los supuestos previstos en los párrafos a), b),

c) y j) del artículo 9.1 se iniciará con la información sobre los incumplimientos de las obligaciones o de las irregularidades que se hayan detectado. Como consecuencia de ello, se cursará una baja cautelar en el programa y se dará audiencia al interesado para que, en el plazo de 15 días, formule por escrito las alegaciones que considere oportuno y, transcurrido dicho plazo, se adoptará la resolución que corresponda, en los 15 días siguientes, a cuyos efectos será de aplicación lo previsto en el apartado 5 de este artículo.

5. Las admisiones, bajas y reincorporaciones al programa se resolverán por el Director Provincial del Servicio Público de Empleo Estatal y serán recurribles ante el orden jurisdiccional social, previa reclamación en la forma prevista en el artículo 71 del Texto Refundido de la Ley de Procedimiento Laboral, aprobado por el Real Decreto Legislativo 2/1995, de 7 de abril.

6. Lo establecido en el apartado anterior resultará, asimismo, aplicable a la ayuda regulada en el artículo 6.

Artículo 12. Devengo y pago.

1. El devengo de la cuantía de la renta activa de inserción y la cotización de Seguridad Social durante su percepción se iniciarán a partir del día siguiente a la fecha de solicitud de admisión al programa.

2. El derecho a la admisión al programa y el mantenimiento de la percepción de la renta activa de inserción conlleva la obligada participación del desempleado en alguna de las acciones de inserción laboral que le sean ofrecidas conforme a lo previsto en el artículo 7.

3. El pago de la renta activa de inserción se realizará por mensualidades de 30 días dentro del mes inmediato siguiente al que corresponde el devengo. En todo caso el derecho al percibo de cada mensualidad caducará al año de su respectivo vencimiento.

4. El pago de la ayuda prevista en el artículo 6 se realizará mensualmente, por los días que el trabajador por cuenta ajena a tiempo completo figure en alta en el correspondiente régimen de Seguridad Social, o por los días efectivos de actividad como trabajador autónomo.

Artículo 13. Competencias.

1. Corresponde al Servicio Público de Empleo Estatal la gestión del programa de renta activa de inserción, que deberá dictar resolución que reconozca o deniegue el derecho a la admisión al programa, resolver las bajas y las reincorporaciones, así como la concesión de la ayuda establecida en el artículo 6.

Asimismo, el Servicio Público de Empleo Estatal efectuará el pago de la renta y de la ayuda prevista en el artículo 6, la cotización a la Seguridad Social, el control de requisitos e incompatibilidades, la exigencia de la devolución de las cantidades indebidamente percibidas, así como las compensaciones en las prestaciones por desempleo o en la renta activa de inserción de las cantidades indebidamente percibidas por cualquiera de dichas percepciones, todo ello en los mismos términos fijados para las prestaciones por desempleo.

2. Las Comunidades Autónomas, que han asumido el traspaso de la gestión realizada por el antiguo Instituto Nacional de Empleo, actual Servicio Público de Empleo Estatal, en el ámbito del trabajo, el empleo y la formación, serán competentes para desarrollar las acciones de inserción laboral para el cumplimiento de este Real Decreto, de conformidad con lo previsto en los reales decretos de traspaso.

3. El Instituto Social de la Marina ejercerá las competencias atribuidas al Servicio Público de Empleo Estatal relativas a la gestión de la renta activa de inserción cuando se aplique a los desempleados procedentes del Régimen Especial de la Seguridad Social de los Trabajadores del Mar.

4. Igualmente, el Servicio Público de Empleo Estatal será competente para desarrollar las acciones de inserción del ámbito de las políticas activas de empleo que hayan de ser financiadas con cargo a los créditos específicamente autorizados, por la Ley Anual de Presupuestos Generales del Estado, en su estado de gastos como reserva de gestión directa, de conformidad con lo establecido en el artículo 13.e) de la Ley 56/2003, de 16 de diciembre, de Empleo.

Artículo 14. Colaboración y coordinación entre las Administraciones públicas.

1. El Servicio Público de Empleo Estatal o, en su caso, el Instituto Social de la Marina podrán establecer convenios de colaboración con las Comunidades Autónomas a las que se refiere el artículo 13.2 para desarrollar las actuaciones necesarias para el cumplimiento de lo previsto en este Real Decreto.

2. Las Comunidades Autónomas proporcionarán información al Servicio Público de Empleo Estatal o, en su caso, al Instituto Social de la Marina sobre los demandantes de empleo atendidos en las distintas acciones de inserción laboral y sobre las reincorporaciones al trabajo, o a planes de empleo

y formación, así como sobre los incumplimientos de las obligaciones que se hayan detectado, e informarán sobre estos últimos en el momento en que se produzcan.

3. El Servicio Público de Empleo Estatal o, en su caso, el Instituto Social de la Marina proporcionarán a las Comunidades Autónomas información sobre las admisiones, bajas o reincorporaciones al programa en el momento en que se produzcan.

4. El seguimiento y evaluación del programa en el nivel nacional corresponderá al Servicio Público de Empleo Estatal.

5. Las acciones de inserción laboral a las que se refiere el artículo 7, podrán completarse con acciones de inserción social desarrolladas por los servicios sociales, para lo cual, las Administraciones Públicas competentes podrán suscribir convenios donde se concreten las mismas.

Artículo 15. Financiación.

1. La financiación de las acciones de inserción laboral se efectuará a través de las subvenciones previstas para fomento de la inserción y estabilidad laboral. Las Comunidades Autónomas a las que se refiere el artículo 13.2 deberán realizar la reserva y la afectación que corresponda de las subvenciones que gestionen para la ejecución del programa.

2. La financiación de la renta activa de inserción de la cotización a la Seguridad Social, y la de la ayuda recogida en el artículo 6 será la que corresponda a la acción protectora por desempleo establecida en el artículo 223 del Texto Refundido de la Ley General de la Seguridad Social, aprobado por Real Decreto Legislativo 1/1994, de 20 de junio.

Artículo 16. Servicios públicos de empleo.

1. Las referencias efectuadas en este Real Decreto a los servicios públicos de empleo se entenderán realizadas al Servicio Público de Empleo Estatal y a los correspondientes Servicios Públicos de Empleo de las Comunidades Autónomas a las que se refiere el artículo 13.2.

2. Asimismo, las referencias efectuadas a las oficinas de empleo se entenderán realizadas a las oficinas del Servicio Público de Empleo Estatal y a las oficinas de los correspondientes Servicios Públicos de Empleo de las Comunidades Autónomas citadas.

DISPOSICIONES TRANSITORIAS

Primera. Ayuda para cambio de residencia de víctimas de violencia de género o doméstica

1. Las víctimas de violencia de género o doméstica, a las que se refiere el artículo 2.2.c) del presente Real Decreto, que se hayan visto obligadas y acrediten cambio de su residencia en los 12 meses anteriores a la solicitud de admisión al programa de renta activa de inserción o durante su permanencia en éste, podrán percibir en un pago único una ayuda suplementaria de cuantía equivalente al importe de tres meses de renta activa de inserción, a partir del día siguiente a aquel en que se solicite.

Esta ayuda se podrá percibir una sola vez por cada derecho a la admisión al programa de renta activa de inserción.

2. Por motivos de eficacia en la gestión y para su inmediata puesta a disposición de las víctimas, junto con la renta activa de inserción, la ayuda se reconocerá, abonará y financiará conforme se indica en los artículos 11.6, 13.1 y 15.2 de este Real Decreto.

Segunda. Financiación en 2006 de la cotización a la Seguridad Social de los perceptores de la renta activa de inserción

En consideración a la aprobación y entrada en vigor de la nueva regulación del programa de la renta activa de inserción con posterioridad a la aprobación de la Ley 30/2005, de 29 de diciembre, de Presupuestos Generales del Estado para el año 2006, la financiación de la cotización a la Seguridad Social de los perceptores de la renta activa de inserción a que se refiere el artículo 4 de este Real Decreto, imputable al ejercicio económico de 2006, se sufragará con cargo al presupuesto de gastos del Servicio Público de Empleo Estatal.

Tercera. Solicitudes y admisiones en programas de renta activa de inserción anteriores

Las solicitudes y las admisiones al programa de renta activa de inserción anteriores a la entrada en vigor de este Real Decreto se regularán por la normativa vigente en la fecha de la solicitud.

DISPOSICIÓN DEROGATORIA

Única. Derogación del Real Decreto 393/2006, de 31 de marzo.

A partir de la entrada en vigor de este Real Decreto se deroga el Real Decreto 393/2006, de 31 de marzo, por el que se prorroga para el año 2006 el Programa de Renta Activa de Inserción para desempleados con especiales necesidades económicas y dificultad para encontrar empleo, regulado por el Real Decreto 205/2005, de 25 de febrero.

DISPOSICIONES FINALES

Primera. Habilitación normativa.

Se faculta al Ministro de Trabajo y Asuntos Sociales para dictar las normas necesarias para el desarrollo y aplicación de este Real Decreto.

Segunda. Entrada en vigor y aplicación

El presente Real Decreto entrará en vigor el día siguiente al de su publicación en el «Boletín Oficial del Estado».

Lo previsto en este Real Decreto se aplicará a los trabajadores desempleados que soliciten el derecho a la admisión al programa a partir de su entrada en vigor.

d) Trabajadores a tiempo parcial

§ 37 REAL DECRETO 1131/2002, DE 31 OCTUBRE. REGULA LA SEGURIDAD SOCIAL DE LOS TRABAJADORES CONTRATADOS A TIEMPO PARCIAL, ASÍ COMO LA JUBILACIÓN PARCIAL

(BOE núm. 284, de 27 noviembre [RCL 2002, 2746])

El artículo primero de la Ley 12/2001, de 9 de julio, de Medidas Urgentes de Reforma del Mercado de Trabajo para el Incremento del Empleo y la Mejora de su Calidad, ha modificado, entre otros, los artículos 12 y 15.8 de la Ley del Estatuto de los Trabajadores, Texto Refundido aprobado por Real Decreto Legislativo 1/1995, de 24 de marzo, en lo que se refiere, de una parte, a la regulación del contrato a tiempo parcial, en orden a dotarlo de una mayor flexibilidad, así como a la regulación de los contratos de trabajadores fijos-discontinuos. A su vez, ha dado nueva redacción al apartado 6 del artículo 12 de la Ley del Estatuto de los Trabajadores, procediendo a una modificación de la jubilación parcial y del contrato de relevo, consustancial con la primera.

Por su parte, el artículo 34 de la Ley 24/2001, de 27 de diciembre, de Medidas Fiscales, Administrativas y del Orden Social, ha dado nueva redacción al artículo 166 de la Ley General de la Seguridad Social, en orden a acomodar la regulación de la jubilación parcial a las modificaciones introducidas en el Estatuto de los Trabajadores, previendo el apartado 4 de dicho artículo, en la redacción incorporada por la Ley 35/2002, de 12 de julio, que el régimen jurídico de dicha jubilación parcial será el que reglamentariamente se establezca.

En lo que se refiere a los contratos de trabajadores fijos-discontinuos, aunque, desde el ámbito laboral, la nueva normativa diferencia entre quienes efectúan trabajos fijos y periódicos que se repitan en fechas ciertas, dentro del volumen normal de la actividad de la empresa, de aquellos en los que no concurra la circunstancia de la repetición de los trabajos en fechas ciertas, atribuyendo a los primeros la calificación de trabajadores contratados a tiempo parcial, conceptuación que no se extiende respecto del segundo colectivo indicado, sin embargo la disposición adicional séptima de la Ley General de la Seguridad Social, Texto Refundido aprobado por Real Decreto Legislativo 1/1994, de 20 de junio, en la modificación introducida por la Ley 12/2001, determina la aplicación a todos ellos, en el ámbito de la Seguridad Social, de la normativa relativa a los trabajadores con contrato a tiempo parcial.

Por lo que respecta a la modificación del artículo 12.6 del Estatuto de los Trabajadores, así como del artículo 166 de la Ley General de la Seguridad Social, la nueva regulación del contrato de relevo, en relación con la jubilación parcial, se inserta dentro del propósito de introducir una mayor flexibilidad en el acceso a la jubilación, con la finalidad de que la edad de acceso a la misma esté dotada de los caracteres de gradualidad y progresividad, evitando una ruptura brusca entre la vida activa y el paso a la jubilación, con los beneficios sociales de toda índole que tal medida produce, todo ello en el marco de los criterios contenidos en la recomendación 10ª del Pacto de Toledo y en el apartado IV del Acuerdo sobre la mejora y el desarrollo del sistema de protección social, así como de las orientaciones propuestas por las diferentes organizaciones internacionales y, en especial, por la Unión Europea.

Las modificaciones legales suponen eliminar determinadas rigideces existentes en la regulación anterior, como eran, de una parte, que la jubilación parcial se extinguiese, de forma obligatoria, al cumplir el interesado los sesenta y cinco años, o, de otra, que el contrato de relevo, que debía concertarse simultáneamente con la jubilación parcial, se tuviese que suscribir inicialmente de forma temporal. Tales rigideces podían implicar una restricción en el desarrollo práctico de la jubilación parcial, que no alcanza en nuestro país un grado de implantación similar al alcanzado en otros sistemas de protección social.

Con la regulación derivada de la Ley 12/2001, aun manteniendo el límite de los sesenta años, para poder acceder a la jubilación parcial, se permite que el interesado pueda acceder a la misma o prolongar sus efectos más allá de los sesenta y cinco años. A su vez, el contrato de relevo que la empresa debe concertar con otro trabajador, para ocupar la jornada de trabajo dejada por el jubilado parcial, puede suscribirse con carácter temporal por el tiempo que le falte al trabajador sustituido para alcanzar la edad de jubilación ordinaria o ser ya inicialmente un contrato indefinido.

Asimismo, se establecen otras reglas flexibles respecto del contrato de relevo, ya que el mismo no es exigible cuando se accede a la jubilación parcial con sesenta y cinco años; a su vez, en los supuestos en que se haya accedido a la jubilación parcial antes de los sesenta y cinco años, cuando el jubilado parcial llega a esta edad, aun no resultando obligatoria la permanencia del contrato de relevo celebrado con carácter temporal, el mismo podrá prorrogarse, por voluntad de las partes, por períodos anuales, extinguiéndose, en todo caso, al finalizar el período correspondiente al año en el que se produce la jubilación total del trabajador relevado.

Todas estas modificaciones legales suponen una variación sustancial de los preceptos reglamentarios que, hasta el momento, regulaban la jubilación parcial en el ámbito de la Seguridad Social, por lo que resulta necesario dictar las normas de desarrollo y aplicación de las disposiciones contenidas en el artículo 12.6 de la Ley del Estatuto de los Trabajadores, acomodando la regulación contenida en el Real Decreto 144/1999, de 29 de enero, a las nuevas previsiones legales.

La necesidad de adaptar el artículo 9 del Real Decreto 1991/1984, de 31 de octubre, por el que se regulaba el contrato a tiempo parcial, el contrato de relevo y la jubilación parcial, a las nuevas prescripciones legales, hace aconsejable derogar dicha norma en su integridad, eliminando los escasos preceptos del citado Real Decreto que aún continuaban formalmente en vigor y, de esta forma, proceder a la adaptación de la regulación reglamentaria a las normas legales actualmente vigentes.

Por último, la regulación actual del contrato a tiempo parcial puede originar en la práctica que el trabajador acuerde con su empresa que la totalidad de las horas de trabajo que debe realizar anualmente, por razón de su contrato a tiempo parcial, se presten de forma concentrada en determinados períodos de cada año, con percibo de las correspondientes remuneraciones totales dentro de los mismos o bien de forma prorrateada a lo largo del año, permaneciendo inactivo el tiempo restante.

En tales supuestos, si bien resulta claro que, de acuerdo con la normativa de carácter general vigente al respecto, el trabajador debe permanecer en alta en el Régimen de la Seguridad Social que corresponda por razón de la actividad mientras no se produzca la extinción de su relación laboral, aunque el tiempo de trabajo lo concentre exclusivamente en ciertos períodos del año, sin embargo se vienen suscitando dudas en lo que se refiere al alcance de la obligación de cotizar en los supuestos indicados.

En tal sentido, y conforme a las reglas generales de la cotización en la Seguridad Social, se aplica a los supuestos señalados el criterio de considerar que las remuneraciones que debe percibir el trabajador parcial por los períodos del año en que concentre la prestación de trabajo, derivada de su contrato a tiempo parcial, lo son en función del mantenimiento de su relación laboral durante todo el ejercicio y, en consecuencia, se establece la subsistencia de la obligación de cotizar a lo largo del mismo y mientras no se extinga dicha relación laboral, a cuyo efecto aquellas remuneraciones habrán de prorratearse entre los doce meses del año o, en su caso, del inferior número de meses de que se trate, tanto si se perciben sólo en los períodos concentrados de trabajo, como de forma prorrateada a lo largo del año.

Todas las modificaciones legales antes señaladas obligan a proceder al oportuno desarrollo reglamentario que permita la aplicación de aquéllas. En este propósito, y en aras de una mayor seguridad jurídica, se ha optado por regular no sólo aquellos preceptos que deriven de las citadas modificaciones legales, sino también incorporar la regulación de los aspectos de la acción protectora de la Seguridad Social del trabajo a tiempo parcial, facilitando de esta forma la sistemática jurídica del ordenamiento de la Seguridad Social.

En su virtud, de conformidad con lo establecido en la disposición final primera de la Ley 12/2001, de 9 de julio; en el apartado 4 del artículo 166, y en la disposición final séptima, ambos de la Ley General de la Seguridad Social, a propuesta del Ministro de Trabajo y Asuntos Sociales, de acuerdo con el Consejo de Estado y previa deliberación del Consejo de Ministros en su reunión del día 31 de octubre de 2002, dispongo:

CAPÍTULO I
Ámbito de aplicación

Artículo 1. Ámbito de aplicación.

1. Lo establecido en el capítulo II de este Real Decreto será de aplicación a los trabajadores con contrato a tiempo parcial, contrato de relevo y contrato de trabajo fijo-discontinuo, de conformidad con lo establecido en los artículos 12 y 15.8 de la Ley del Estatuto de los Trabajadores, Texto Refundido aprobado por Real Decreto Legislativo 1/1995, de 24 de marzo, que estén incluidos en el campo

de aplicación del Régimen General y del Régimen Especial de la Minería del Carbón y a los que, siendo trabajadores por cuenta ajena, estén incluidos en el Régimen Especial de los Trabajadores del Mar.

2. A efectos de las prestaciones que sean objeto de cobertura mediante convenio especial y por los períodos en que éste sea simultáneo con la realización de un trabajo a tiempo parcial, quedan excluidos de la aplicación de este Real Decreto:

a) Los trabajadores que, una vez suscrito un convenio especial, sean incluidos en el mismo régimen de la Seguridad Social, como consecuencia de un contrato a tiempo parcial.

b) Los trabajadores con contrato a tiempo parcial que suscriban el convenio especial, previsto en el artículo 13 de la Orden del entonces Ministerio de Trabajo y Seguridad Social, de 18 de julio de 1991, reguladora del convenio especial en el sistema de la Seguridad Social.

En los supuestos contemplados en los párrafos anteriores, las prestaciones se otorgarán con arreglo a las normas que las regulen para los trabajadores que presten servicios a tiempo completo.

3. Para el reconocimiento del derecho a las pensiones de jubilación parcial, se aplicará lo dispuesto en el capítulo III del presente Real Decreto.

CAPÍTULO II
Acción protectora de la Seguridad Social de los trabajadores contratados a tiempo parcial

Sección 1ª. Disposiciones generales

Artículo 2. Alcance de la acción protectora.

1. De acuerdo con lo previsto en el párrafo primero del apartado 1 de la disposición adicional séptima de la Ley General de la Seguridad Social, Texto Refundido aprobado por Real Decreto Legislativo 1/1994, de 20 de junio, los trabajadores a que se refiere el apartado 1 del artículo anterior están protegidos, frente a la totalidad de situaciones y contingencias que se hallen previstas con carácter general en el respectivo régimen de la Seguridad Social en el que figuren encuadrados, con las particularidades y condiciones establecidas en los artículos siguientes.

2. No obstante, en materia de protección por desempleo, será de aplicación su normativa específica conforme a lo establecido en la regla cuarta del apartado 1 de la disposición adicional séptima de la Ley General de la Seguridad Social.

Artículo 3. Períodos de cotización.

⇒ Téngase en cuenta la importantísima doctrina sentada por STC 253/2004 (RTC 2004, 253) y otras posteriores, considerando injustificado (y discriminatorio) que se establezca una diferencia de trato en cuanto al cumplimiento del período de carencia entre trabajadores a tiempo completo y a tiempo parcial. Cfr. en el mismo sentido, las SSTC 49 y 50/2005 (RTC 2005, 49 y 50).

1. Para acreditar los períodos de cotización necesarios para causar derecho a las prestaciones de jubilación, incapacidad permanente, muerte y supervivencia, incapacidad temporal, riesgo durante el embarazo y maternidad, se computarán exclusivamente las cotizaciones efectuadas en función de las horas trabajadas, tanto ordinarias como complementarias, calculando su equivalencia en días teóricos de cotización. A tal fin, el número de horas efectivamente trabajadas se dividirá por cinco, equivalente diario del cómputo de mil ochocientas veintiséis horas anuales.

Cuando para poder causar la prestación de que se trate, excepto las pensiones de jubilación e incapacidad permanente a las cuales será de aplicación lo establecido en el apartado 2 de este artículo, el período mínimo exigible deba estar comprendido dentro de un lapso de tiempo inmediatamente anterior al hecho causante, este lapso se incrementará en la misma proporción en que se reduzca la jornada efectivamente realizada respecto a la jornada habitual en la actividad correspondiente.

La fracción de día, en su caso, se asimilará a día completo.

2. Para causar derecho a las pensiones de jubilación e incapacidad permanente, al número de días teóricos de cotización obtenidos conforme a lo dispuesto en el apartado anterior se le aplicará el coeficiente multiplicador de 1,5 resultando de ello el número de días que se considerarán acreditados para la determinación de los períodos mínimos de cotización. La fracción de día, en su caso, se asimilará a día completo.

3. Los períodos de incapacidad temporal, riesgo durante el embarazo o descanso por maternidad, durante los que perviva el contrato de trabajo a tiempo parcial, así como los de percepción de la prestación por desempleo determinados por la suspensión o extinción de una relación laboral de ese tipo, tendrán la misma consideración, a efectos de lo previsto en los apartados anteriores, que el

período de trabajo precedente a la baja médica, al descanso, a la suspensión o a la extinción del contrato, respectivamente.

4. El cómputo de los períodos que legalmente se asimilan a cotizados, que sucedan a períodos trabajados a tiempo parcial, se llevará a cabo de forma idéntica a la utilizada en relación con el último período trabajado.

5. Cuando el trabajador realice simultáneamente más de una actividad a tiempo parcial en los términos señalados en el apartado 1 del artículo 1 se sumarán los días teóricos de cotización acreditados en las distintas actividades, tanto en las situaciones de pluriempleo como en las de pluriactividad en las que deba aplicarse el cómputo recíproco de cotizaciones.

6. En los supuestos previstos en los apartados anteriores, en ningún caso podrá computarse un número de días cotizados superior al que correspondería de haberse realizado la prestación de servicios a tiempo completo.

Sección 2ª. Normas relativas a los subsidios de incapacidad temporal, riesgo durante el embarazo y de maternidad

Artículo 4. Incapacidad temporal.

1. Los trabajadores a que se refiere el apartado 1 del artículo 1 tendrán derecho a la prestación económica por incapacidad temporal, con las particularidades establecidas en el artículo anterior y en los apartados que siguen y que serán aplicables cualquiera que fuera el tiempo de permanencia en dicha modalidad contractual:

a) La base reguladora diaria de la prestación será el resultado de dividir la suma de las bases de cotización acreditadas en la empresa durante los tres meses inmediatamente anteriores a la fecha del hecho causante entre el número de días efectivamente trabajados y, por tanto, cotizados en dicho período.

La prestación económica que corresponda se abonará durante los días contratados como de trabajo efectivo en los que el trabajador permanezca en situación de incapacidad temporal.

b) Cuando, por interrupción de la actividad, asuma la Entidad gestora o, en su caso, Entidad colaboradora el pago de la prestación, se calculará de nuevo la base reguladora de ésta. A dicho fin, la base reguladora diaria de la prestación será el resultado de dividir la suma de las bases de cotización acreditadas en la empresa durante los tres meses inmediatamente anteriores a la fecha del hecho causante entre el número de días naturales comprendidos en dicho período.

De ser menor la antigüedad del trabajador en la empresa, la base reguladora de la prestación será el resultado de dividir la suma de las bases de cotización acreditadas entre el número de días naturales a que éstas correspondan.

La prestación económica se abonará durante todos los días naturales en que el interesado se encuentre en la situación de incapacidad temporal.

c) Cuando, por extinción del contrato de trabajo, el pago de la prestación haya de ser asumido directamente por la Entidad gestora o por la Entidad colaboradora, la cuantía de la prestación será equivalente a la que correspondería por prestación por desempleo, de conformidad con lo dispuesto en el artículo 222 de la Ley General de la Seguridad Social.

2. La aplicación de las reglas previstas en el párrafo a) del apartado anterior no afectará al cómputo del período máximo de duración de la situación de incapacidad temporal, que, en todo caso, se realizará por referencia al número de días naturales de permanencia en la misma.

Artículo 5. Riesgo durante el embarazo.

Las trabajadoras a que se refiere el apartado 1 del artículo 1 podrán causar derecho a la prestación económica por riesgo durante el embarazo, con la particularidad de que, a efectos de la determinación de la base reguladora y el abono de la prestación, se tendrá en cuenta lo previsto en el párrafo b) del apartado 1 del artículo anterior.

Artículo 6. Maternidad.

1. Los trabajadores a que se refiere el apartado 1 del artículo 1 tendrán derecho a la prestación económica por maternidad con las particularidades establecidas en el presente Real Decreto.

2. La base reguladora diaria de la prestación económica por maternidad será el resultado de dividir la suma de las bases de cotización acreditadas en la empresa durante los doce meses inmediatamente anteriores a la fecha del hecho causante entre trescientos sesenta y cinco.

De ser menor la antigüedad en la empresa, la base reguladora de la prestación será el resultado de dividir la suma de las bases de cotización acreditadas entre el número de días naturales a que éstas correspondan.

3. El subsidio por maternidad se abonará durante todos los días en los que el trabajador permanezca en dicha situación, con la duración legalmente prevista para los períodos de descanso por las situaciones protegidas de maternidad, adopción o acogimiento, tanto preadoptivo como permanente.

Sección 3ª. Normas relativas a las pensiones

Artículo 7. Base reguladora.

1. A efectos del cálculo de la base reguladora de las pensiones de incapacidad permanente y de muerte y supervivencia derivadas de contingencias comunes y de jubilación, causadas por las personas a que se refiere el apartado 1 del artículo 1, en lo no previsto expresamente en este capítulo, se aplicarán las normas establecidas con carácter general para la determinación de la cuantía de las pensiones.

2. En relación con las pensiones de jubilación y de incapacidad permanente, derivadas estas últimas de enfermedad común o de accidente no laboral, la integración de los períodos durante los que no haya habido obligación de cotizar se llevará a cabo con la base mínima de cotización de entre las aplicables en cada momento, correspondiente al número de horas contratadas en la fecha en que se interrumpió o extinguió la obligación de cotizar.

A excepción de los períodos entre temporadas o campañas de los trabajadores con contrato de trabajo fijo-discontinuo, en ningún caso se considerarán lagunas de cotización las horas o días en que no se trabaje en razón a las interrupciones en la prestación de servicios derivadas del propio contrato a tiempo parcial.

3. Para la determinación de la base reguladora de las pensiones derivadas de contingencias profesionales, en los supuestos en que el trabajador no preste servicios todos los días o, prestándolos, su jornada de trabajo sea no obstante irregular o variable, el salario diario será el que resulte de dividir entre siete o treinta el semanal o mensual pactado en función de la distribución de las horas de trabajo concretadas en el contrato para cada uno de esos períodos.

En el caso de contratos de trabajo fijo-discontinuo, el salario diario será el que resulte de dividir, entre el número de días naturales de campaña transcurridos hasta la fecha del hecho causante, los salarios percibidos por el trabajador en el mismo período.

4. Asimismo, a efectos de determinar la base reguladora de las pensiones derivadas de un accidente de trabajo o de una enfermedad profesional, la suma de los complementos salariales percibidos por el interesado en el año anterior al del hecho causante se dividirá entre el número de horas efectivamente trabajadas en ese período. El resultado así obtenido se multiplicará por la cifra que resulte de aplicar a mil ochocientos veintiséis el coeficiente de proporcionalidad existente entre la jornada habitual de la actividad de que se trate y la que se recoja en el contrato.

Artículo 8. Porcentaje de la pensión de jubilación.

El tiempo de cotización que resulte acreditado conforme a lo dispuesto en el apartado 2 del artículo 3 se computará para determinar el número de años cotizados a efectos de fijar el porcentaje aplicable a la base reguladora de la pensión de jubilación. La fracción de año que pueda resultar se computará como un año completo.

CAPÍTULO III
Jubilación parcial

Artículo 9. Concepto.

Se considera jubilación parcial la iniciada después del cumplimiento de los sesenta años, simultánea con un contrato de trabajo a tiempo parcial y vinculada o no con un contrato de relevo, de conformidad con lo establecido en los artículos 166 de la Ley General de la Seguridad Social y 12.6 de la Ley del Estatuto de los Trabajadores.

A tales efectos, se tendrán en cuenta las bonificaciones o anticipaciones de edad que, en su caso, correspondan.

Artículo 10. Beneficiarios.

Los trabajadores por cuenta ajena, integrados en cualquier Régimen de la Seguridad Social, que tengan, como mínimo, la edad establecida en el artículo anterior y reúnan las demás condiciones exigidas para tener derecho a la pensión contributiva de jubilación de la Seguridad Social, podrán acceder a la jubilación parcial en los siguientes términos:

a) El trabajador concertará, previo acuerdo con su empresa, un contrato a tiempo parcial, reduciendo la jornada de trabajo y el salario, entre un mínimo de un 25 por 100 y un máximo de un 85 por 100 de aquéllos, en los términos previstos en el artículo 12.6 del Estatuto de los Trabajadores.

Los porcentajes indicados en el párrafo anterior, se entenderán referidos a una jornada de trabajo de un trabajador a tiempo completo comparable.

b) Para poder reconocer la pensión de jubilación parcial, cuando el trabajador acceda a la misma a una edad real inferior a los sesenta y cinco años, sin que, a tales efectos, se tengan en cuenta las bonificaciones o anticipaciones de la edad de jubilación que correspondan, la empresa deberá concertar simultáneamente un contrato de relevo con un trabajador en situación de desempleo o que tenga concertado con la empresa un contrato de duración determinada, con objeto de sustituir la jornada de trabajo dejada vacante por el trabajador que se jubila parcialmente.

En los supuestos en que se acceda a la jubilación parcial con sesenta y cinco años de edad real, sin que, a tales efectos, se tengan en cuenta las bonificaciones o anticipaciones de edad de jubilación que correspondan, no será preciso que se celebre simultáneamente un contrato de relevo, siempre que concurran los demás requisitos exigidos.

Artículo 11. Hecho causante.

El hecho causante de la pensión de jubilación parcial se entenderá producido el día del cese en la jornada del trabajo que se viniese realizando con anterioridad, siempre que, en dicha fecha, se haya suscrito el correspondiente contrato a tiempo parcial y, caso de ser necesario, el contrato de relevo a que se refiere el artículo anterior.

Artículo 12. Cuantía de la pensión de jubilación parcial.

1. La cuantía de la pensión de jubilación parcial será el resultado de aplicar el porcentaje de reducción de jornada al importe de pensión que le correspondería, de acuerdo con los años de cotización que acredite el trabajador en el momento del hecho causante, calculada de conformidad con las normas generales del Régimen de la Seguridad Social de que se trate, pero sin la aplicación del coeficiente adicional del 2 por 100, al que se refiere el artículo 163.2 de la Ley General de la Seguridad Social.

El importe de la pensión, calculada de acuerdo con lo establecido en el párrafo anterior, no podrá ser inferior, en ningún caso, a la cuantía que resulte de aplicar ese mismo porcentaje al importe de la pensión mínima vigente en cada momento para los jubilados mayores de sesenta y cinco años, de acuerdo con las circunstancias familiares del jubilado.

A efectos de determinar el porcentaje aplicable a la base reguladora de la pensión de jubilación parcial, cuando se acceda a la misma antes del cumplimiento de los sesenta y cinco años, no se aplicarán coeficientes reductores en función de la edad.

2. Dentro de los límites establecidos en el párrafo a) del artículo 10 el porcentaje de reducción de jornada podrá incrementarse por períodos anuales, a petición del trabajador jubilado parcial y con la conformidad del empresario.

En los casos en que, para el percibo de la pensión de jubilación parcial, sea preciso el mantenimiento de un contrato de relevo, la empresa deberá ofrecer al trabajador relevista la ampliación de su jornada de trabajo, en proporción a la reducción de la del jubilado parcial.

En el supuesto de que la jornada de trabajo del relevista fuese superior a la jornada dejada vacante, la ampliación a la que se refiere el párrafo anterior tendrá como límite la aplicación de la jornada a tiempo completo establecida en el convenio colectivo de aplicación o, en su defecto, de la jornada ordinaria máxima legal.

De no ser aceptada por el relevista la ampliación de su jornada, la empresa deberá contratar, por la jornada reducida por el jubilado parcial, a otro trabajador en quien concurran las circunstancias a que se refiere el párrafo b) del artículo 10.

De no cumplirse lo establecido en los párrafos anteriores, no podrá, a su vez, ampliarse la cuantía de la pensión de jubilación parcial, en los términos que se indican en el párrafo siguiente.

En los supuestos regulados en este apartado, se modificará la cuantía de la pensión, aplicando a la reconocida inicialmente el porcentaje que corresponda en función de la nueva reducción de jornada. La nueva pensión será objeto de actualización con las revalorizaciones habidas desde la fecha de efectos de la pensión de jubilación parcial inicial hasta la fecha de efectos del nuevo importe de pensión.

3. En los supuestos de pluriempleo, para el cálculo de la base reguladora de la pensión de jubilación

parcial, sólo se tendrán en cuenta las bases de cotización correspondientes al trabajo desempeñado hasta dicho momento y que es objeto de la correspondiente reducción de jornada.

4. Las pensiones de jubilación parcial serán objeto de revalorización en los mismos términos que las demás pensiones de modalidad contributiva, según establece el apartado 1 del artículo 48 de la Ley General de la Seguridad Social.

Artículo 13. Solicitud y efectos económicos.

1. El trabajador solicitará la pensión de jubilación parcial ante la Entidad gestora correspondiente, indicando la fecha prevista en que vaya a producirse el cese en el trabajo. En los casos a que se refiere el apartado 2 del artículo anterior, en la solicitud se indicará la fecha en que vaya a producirse la nueva reducción de jornada.

La solicitud podrá presentarse con una antelación máxima de tres meses a dicha fecha.

Una vez tramitado el expediente y antes de redactar la propuesta de resolución, la Entidad gestora informará al solicitante si reúne las condiciones generales exigidas para tener derecho a la pensión y, en su caso, la cuantía que pudiera corresponderle, para que en un plazo máximo de diez días formule alegaciones y presente los documentos que estime pertinentes.

No obstante, el reconocimiento del derecho quedará condicionado a la formalización del correspondiente contrato de trabajo a tiempo parcial y, de ser necesario, el de relevo o, en su caso, a la modificación de los mismos cuando se trate de los supuestos previstos en el apartado 2 del artículo anterior.

2. Los efectos económicos de la pensión de jubilación parcial se producirán el día siguiente al del hecho causante, siempre que en dicha fecha haya entrado en vigor el correspondiente contrato de trabajo a tiempo parcial y, caso de ser necesario, el de relevo, si la solicitud se presenta dentro de los tres meses anteriores o posteriores al momento del cese en el trabajo que venía realizándose y que es objeto de la correspondiente reducción de jornada.

En los supuestos del apartado 2 del artículo 12 los efectos del nuevo importe de pensión se producirán en la misma fecha en que se inicie la realización de la nueva jornada de trabajo por el jubilado parcial y, en su caso, por el relevista.

Si la solicitud se presenta transcurridos más de tres meses desde el cese en el trabajo que venía realizándose y que es objeto de la correspondiente reducción de jornada, o desde la fecha en que surta efectos la nueva reducción de jornada, los efectos económicos de la pensión sólo tendrán una retroactividad de tres meses, contados desde la fecha de presentación de la solicitud.

Artículo 14. Compatibilidad e incompatibilidad.

1. La pensión de jubilación parcial será compatible:

a) Con el trabajo a tiempo parcial en la empresa y, en su caso, con otros trabajos a tiempo parcial anteriores a la situación de jubilación parcial, siempre que no se aumente la duración de su jornada.

Asimismo, con los trabajos a tiempo parcial concertados con posterioridad a la situación de jubilación parcial, cuando se haya cesado en los trabajos que se venían desempeñando con anterioridad en otras empresas, siempre que no se aumente la duración de la jornada realizada hasta entonces.

En los dos supuestos anteriores, en caso de aumentarse la duración de su jornada, la pensión de jubilación parcial quedará en suspenso.

b) Con la pensión de viudedad, la prestación de desempleo, y con otras prestaciones sustitutorias de las retribuciones que correspondieran a los trabajos a tiempo parcial concertados con anterioridad a la situación de jubilación parcial, en los términos indicados en el párrafo anterior, a excepción de lo dispuesto en el apartado siguiente.

2. La pensión de jubilación parcial será incompatible:

a) Con las pensiones de incapacidad permanente absoluta y gran invalidez.

b) Con la pensión de jubilación que pudiera corresponder por otra actividad distinta a la realizada en el contrato de trabajo a tiempo parcial.

c) Con la pensión de incapacidad permanente total para el trabajo que se preste en virtud del contrato que dio lugar a la jubilación parcial.

Artículo 15. Cálculo de las prestaciones de Seguridad Social durante la situación de jubilación parcial.

1. Si el trabajador, durante la situación de jubilación parcial, falleciera o se le declarara una incapacidad permanente en los grados de absoluta, gran invalidez o total para la profesión que tuviera el trabajador en la empresa en que presta el trabajo a tiempo parcial, para el cálculo de la base reguladora de las presta-

ciones se tendrán en cuenta las bases de cotización correspondientes al período de trabajo a tiempo parcial en la empresa donde redujo su jornada y salario, incrementadas hasta el 100 por 100 de la cuantía que hubiera correspondido de haber realizado en la empresa, en dicho período, el mismo porcentaje de jornada desarrollado antes de pasar a la situación de jubilación parcial, y siempre que la misma se hubiese simultaneado con un contrato de relevo.

2. Lo establecido en el apartado anterior será de aplicación también por los períodos en que la jubilación parcial se hubiese simultaneado con la prestación de desempleo, compatible con la jubilación parcial, o con otras prestaciones sustitutorias de las retribuciones correspondientes al trabajo a tiempo parcial, durante los períodos en que, además, la jubilación parcial se hubiese simultaneado con la existencia de un contrato de relevo, salvo en el caso de que el cese en el trabajo se hubiese debido a despido disciplinario procedente, en cuyo caso el beneficio de la elevación al 100 por 100 de las correspondientes bases de cotización únicamente alcanzará al período anterior al cese en el trabajo.

3. los supuestos en que no sea de aplicación el beneficio del incremento del 100 por 100 de las bases de cotización correspondientes al trabajo a tiempo parcial, por no haberse simultaneado la percepción de la jubilación parcial con un contrato de relevo, el interesado podrá optar entre la determinación de la base reguladora computando las bases de cotización realmente ingresadas, durante la situación de jubilación parcial, o que aquella magnitud se calcule en la fecha en que se reconoció la jubilación parcial o, en su caso, en la fecha en que dejó de aplicarse el beneficio del incremento del 100 por 100 de las citadas bases de cotización, si bien aplicando las demás reglas que estuviesen vigentes en el momento de causar la correspondiente pensión.

Cuando, conforme a lo previsto en el párrafo anterior, la base reguladora de la pensión se determine en una fecha anterior a la del hecho causante de la prestación, se aplicarán las revalorizaciones que se hubiesen practicado desde la fecha de cálculo de la base reguladora hasta el hecho causante de la misma.

Artículo 16. Extinción de la pensión de jubilación parcial.

La pensión de jubilación parcial se extinguirá por:

a) El fallecimiento del pensionista.

b) El reconocimiento de la jubilación ordinaria o anticipada, en virtud de cualquiera de las modalidades legalmente previstas.

c) El reconocimiento de una pensión de incapacidad permanente, declarada incompatible, conforme a lo establecido en el apartado 2 del artículo 14.

d) La extinción del contrato de trabajo a tiempo parcial, realizado por el jubilado parcial, salvo cuando se tenga derecho a prestación de desempleo, compatible con la jubilación parcial, o a otras prestaciones sustitutorias de las retribuciones percibidas en aquél, en cuyo caso la extinción de la jubilación parcial se producirá en la fecha de la extinción de las mismas.

Lo previsto en el párrafo anterior, no será de aplicación a las extinciones del contrato de trabajo declaradas improcedentes, en cuyo caso se mantendrá el derecho a la jubilación parcial, sin perjuicio de las obligaciones establecidas en la disposición adicional segunda de este Real Decreto.

Artículo 17. Derecho a determinadas prestaciones de los jubilados parciales.

El jubilado parcial tendrá la condición de pensionista a efectos del reconocimiento y percepción de las prestaciones sanitarias, tanto médicas como farmacéuticas, así como de las prestaciones de servicios sociales.

Artículo 18. Particularidades en el cálculo de la pensión de jubilación ordinaria o anticipada.

1. El trabajador acogido a la jubilación parcial podrá solicitar la pensión de jubilación ordinaria o anticipada en virtud de cualquiera de las modalidades legalmente previstas, de acuerdo con las normas del Régimen de Seguridad Social de que se trate.

2. Para el cálculo de la base reguladora de la pensión se tendrán en cuenta las bases de cotización correspondientes al período de trabajo a tiempo parcial en la empresa donde redujo su jornada y salario, incrementadas hasta el 100 por 100 de la cuantía que hubiera correspondido de haber realizado en la empresa, en dicho período, el mismo porcentaje de jornada desarrollado antes de pasar a la situación de jubilación parcial, y siempre que la misma se hubiese simultaneado con un contrato de relevo.

Lo establecido en el párrafo anterior será de aplicación también por los períodos en que la jubilación parcial se hubiese simultaneado con la prestación de desempleo, compatible con la jubilación parcial, y otras prestaciones sustitutorias de las retribuciones correspondientes al trabajo a tiempo parcial, durante el período en que se hubiese simultaneado la jubilación parcial con un contrato de relevo, salvo en el caso de que el cese en el trabajo se hubiese debido a despido disciplinario procedente, en cuyo caso el beneficio de la elevación al 100 por 100 de las correspondientes bases de cotización únicamente alcanzará al período anterior al cese en el trabajo.

3. A efectos de determinar el porcentaje aplicable a la base reguladora, se tomará, como período cotizado a tiempo completo, el período de tiempo cotizado que medie entre la jubilación parcial y la jubilación ordinaria o anticipada, siempre que, en ese período, se hubiese simultaneado la jubilación parcial con un contrato de relevo.

4. En los supuestos en que no pueda aplicarse el beneficio del incremento del 100 por 100 a las bases de cotización, por no haberse simultaneado la jubilación parcial con un contrato de relevo, el interesado podrá optar entre que se determine la base reguladora de la pensión de jubilación computando las bases de cotización realmente ingresadas, durante la situación de jubilación parcial, o que la misma se calcule en la fecha en que se reconoció la jubilación parcial o, en su caso, en la que dejó de aplicarse el beneficio del incremento del 100 por 100 de la base de cotización, si bien aplicando las demás reglas vigentes en el momento de causar la pensión.

Cuando la base reguladora de la pensión de jubilación se haya determinado en una fecha anterior a la del hecho causante, a la cuantía de la pensión resultante se le aplicarán las revalorizaciones que se hubiesen practicado desde dicha fecha hasta la del hecho causante.

DISPOSICIONES ADICIONALES

Primera. Formalización del contrato de relevo y del contrato del jubilado parcial.

1. El contrato de trabajo del trabajador que se jubila parcialmente y el contrato de relevo a que se refieren los artículos 12.6 del Estatuto de los Trabajadores y 166 de la Ley General de la Seguridad Social habrán de formalizarse por escrito en modelo oficial.

En el contrato de trabajo del trabajador que se jubila parcialmente deberán constar los elementos propios del contrato a tiempo parcial, así como la jornada que realizaba antes y la que resulte como consecuencia de la reducción de su jornada de trabajo.

En el contrato de relevo deberán constar el nombre, edad y circunstancias profesionales del trabajador sustituido y las características del puesto de trabajo que vaya a desempeñar el trabajador relevista, según lo dispuesto en el párrafo c) del artículo 12.6 del Estatuto de los Trabajadores.

2. La celebración del contrato del trabajador que se jubila parcialmente no supondrá la pérdida de los derechos adquiridos y de la antiguuuedad que correspondan al trabajador.

Segunda. Mantenimiento de los contratos de relevo y de jubilación parcial.

1. Si durante la vigencia del contrato de relevo, antes de que el trabajador sustituido alcance la edad que le permite acceder a la jubilación ordinaria o anticipada, se produjera el cese del trabajador relevista, el empresario deberá sustituirlo por otro trabajador en situación de desempleo o que tuviese concertado con la empresa un contrato de duración determinada.

2. Si el trabajador jubilado parcialmente fuera despedido improcedentemente antes de cumplir la edad que le permite acceder a la jubilación ordinaria o anticipada y no se procediera a su readmisión, la empresa deberá ofrecer al trabajador relevista la ampliación de su jornada de trabajo y, de no ser aceptada por éste dicha ampliación, deberá contratar a otro trabajador en quien concurran las circunstancias a que se refiere el apartado anterior.

En el supuesto de que la jornada de trabajo del relevista fuera superior a la jornada dejada vacante, la ampliación a la que se refiere el párrafo anterior tendrá como límite la jornada a tiempo completo establecida en el convenio colectivo de aplicación o, en su defecto, de la jornada ordinaria máxima legal.

3. Las nuevas contrataciones deberán hacerse en la modalidad de contrato de relevo, tanto si se trata de sustituir al relevista como si se trata de sustituir al trabajador que había reducido parcialmente su jornada de trabajo.

En ambos casos, los nuevos contratos deberán concertarse en el plazo de los quince días naturales siguientes a aquel en que se haya producido el cese o, en su caso, la decisión de no readmisión tras la declaración de improcedencia del despido.

La jornada pactada en los nuevos contratos será, como mínimo, igual a la que realizaba, en el momento de producirse la extinción, el trabajador cuyo contrato se ha extinguido.

4. En el supuesto de incumplimiento de las obligaciones establecidas en los apartados anteriores, el empresario deberá abonar a la Entidad gestora el importe devengado de la prestación de jubilación

parcial desde el momento de la extinción del contrato hasta que el jubilado parcial acceda a la jubilación ordinaria o anticipada.

Tercera. Cotización de los trabajadores contratados a tiempo parcial con trabajo concentrado en períodos inferiores a los de alta.

1. Se adiciona un nuevo apartado 3 al artículo 65 del Reglamento General sobre cotización y liquidación de otros derechos de la Seguridad Social, aprobado por el Real Decreto 2064/1995, de 22 de diciembre, que queda redactado en los siguientes términos:

«3. Respecto de los trabajadores con contrato a tiempo parcial, que hayan acordado con su empresa que la totalidad de las horas de trabajo que anualmente deben realizar se presten en determinados períodos de cada año, percibiendo todas las remuneraciones anuales o las correspondientes al período inferior de que se trate, en esos períodos de trabajo concentrado, existiendo períodos de inactividad superiores al mensual, además de permanecer en alta en el Régimen de la Seguridad Social que corresponda por razón de la actividad y mientras no se extinga su relación laboral, subsistirá la obligación de cotizar conforme a las siguientes reglas:

1ª La base de cotización se determinará al celebrarse el contrato de trabajo y al inicio de cada año en que el trabajador se encuentre en dicha situación, computando el importe total de las remuneraciones que tenga derecho a percibir el trabajador a tiempo parcial en ese año, con exclusión en todo caso de los importes correspondientes a los conceptos no computables en la base de cotización a la Seguridad Social de acuerdo con lo establecido en el artículo 23 de este Reglamento General y demás disposiciones complementarias.

2ª El importe así obtenido se prorrateará entre los doce meses del año o del período inferior de que se trate, determinándose de ese modo la cuantía de la base de cotización correspondiente a cada uno de los mismos y con independencia de que las remuneraciones se perciban íntegramente en los períodos de trabajo concentrado o de forma prorrateada a lo largo del año o período inferior respectivo.

3ª La base mensual de cotización, calculada conforme a las reglas anteriores, no podrá ser inferior al importe de la base mínima de cotización vigente en cada momento para los contratos de trabajo a tiempo parcial fijado en el apartado 2 de este artículo.

4ª Si al final del ejercicio o período inferior de que se trate, el trabajador con contrato a tiempo parcial, subsistiendo su relación laboral, hubiere percibido remuneraciones por importe distinto al inicialmente considerado en ese año o período para determinar la base mensual de cotización durante el mismo, conforme a las reglas 1ª a 3ª anteriores, se procederá a realizar la correspondiente regularización. A tal efecto, el empresario deberá o bien practicar la correspondiente liquidación complementaria de cuotas por las diferencias en más y efectuar el pago dentro del mes de enero del año siguiente o del mes siguiente a aquel en que se extinga la relación laboral o bien solicitar, en su caso, la devolución de las cuotas que resulten indebidamente ingresadas.

5ª Asimismo, la Administración de la Seguridad Social podrá efectuar de oficio las liquidaciones de cuotas y acordar las devoluciones solicitadas que sean procedentes, en especial, en los supuestos de extinción de la relación laboral de estos trabajadores con contrato a tiempo parcial por jubilación ordinaria o anticipada, por reconocimiento de la pensión por incapacidad permanente, por fallecimiento o por cualquier otra causa, con la consiguiente baja en el Régimen correspondiente de la Seguridad Social y cese en la obligación de cotizar».

2. Los actuales apartados 3, 4, 5 y 6 de este artículo 65 pasan, respectivamente, a constituir sus apartados 4, 5, 6 y 7, con idéntica redacción.

3. Lo previsto en el apartado 3 del artículo 65 del Reglamento General sobre cotización y liquidación de otros derechos de la Seguridad Social no será de aplicación a los trabajadores fijos-discontinuos a que se refiere el artículo 15.8 de la Ley del Estatuto de los Trabajadores.

Cuarta. Recaudación de las cotizaciones respecto de trabajadores a tiempo parcial con trabajo concentrado.

Las cuotas mensuales resultantes de las reglas establecidas en el artículo 65.3 del Reglamento General sobre cotización y liquidación de otros derechos de la Seguridad Social, en la redacción dada por este Real Decreto, deberán ser ingresadas en los plazos reglamentarios establecidos en el artículo 66 de la Orden de 26 de mayo de 1999, por la que se desarrolla el Reglamento General de Recaudación de los Recursos del Sistema de la Seguridad Social.

DISPOSICIÓN TRANSITORIA

Única. Regularización de cotizaciones, respecto de los trabajadores a tiempo parcial con trabajo concentrado, efectuadas con anterioridad.

Las cotizaciones efectuadas con anterioridad a la vigencia del presente Real Decreto, en forma distinta a la prevista en el mismo, deberán ser regularizadas por los empresarios de acuerdo con las normas que se establecen en el apartado 3 del artículo 65 del Reglamento General sobre cotización y liquidación de otros derechos de la Seguridad Social, en la redacción dada por la disposición adicional tercera de este Real Decreto, mediante una liquidación de cuotas que comprenda la totalidad del período, y que tendrá el carácter de complementaria si, como consecuencia de las remuneraciones abonadas por los períodos de trabajo concentrado, hubieran quedado exentos determinados importes de la obligación de cotizar, siempre que la liquidación de cuotas y el ingreso de la liquidación complementaria, en su caso, se realice dentro de los dos meses siguientes a la fecha de entrada en vigor de este Real Decreto, y sin perjuicio de la aplicación del plazo de prescripción establecido.

En el supuesto de que a la entrada en vigor de este Real Decreto no se hubiese efectuado cotización alguna por concentrarse el período de trabajo del contratado a tiempo parcial en períodos posteriores, serán de aplicación las reglas correspondientes del citado artículo 65.3, debiendo efectuarse el pago de la liquidación complementaria por los períodos ya transcurridos en el mes siguiente a su entrada en vigor.

DISPOSICIÓN DEROGATORIA

Única. Derogación normativa.

Quedan derogadas cuantas disposiciones de igual o inferior rango se opongan al presente Real Decreto y, expresamente, los Reales Decretos 1991/1984, de 31 de octubre, por el que se regula el contrato a tiempo parcial, el contrato de relevo y la jubilación parcial, y 144/1999, de 29 de enero, por el que se desarrolla, en materia de acción protectora, el Real Decreto-ley 15/1998, de 27 de noviembre.

DISPOSICIONES FINALES

Primera. Facultad de desarrollo.

Se faculta al Ministro de Trabajo y Asuntos Sociales para dictar las disposiciones de carácter general que sean precisas para la aplicación y desarrollo de lo previsto en este Real Decreto.

Segunda. Entrada en vigor.

El presente Real Decreto entrará en vigor el día siguiente al de su publicación en el «Boletín Oficial del Estado».

e) Prestaciones familiares

§ 37 BIS REAL DECRETO 1335/2005, DE 11 NOVIEMBRE. REGULA LAS PRESTACIONES FAMILIARES DE LA SEGURIDAD SOCIAL

(BOE núm. 279, de 22 noviembre [RCL 2005, 2274])

La Ley 52/2003, de 10 de diciembre, de Disposiciones Específicas en Materia de Seguridad Social, ha introducido diversas modificaciones en el Texto Refundido de la Ley General de la Seguridad Social, aprobado por el Real Decreto Legislativo 1/1994, de 20 de junio, en materia de acción protectora de la Seguridad Social y, en concreto, ha procedido a la reordenación de la regulación de las prestaciones familiares de la Seguridad Social.

Entre los objetivos de dicha modificación está el de clarificar la naturaleza de esta clase de prestaciones y, a su vez, sistematizar las normas legales aplicables, incluyendo en un único cuerpo legal la regulación de todas las prestaciones familiares para evitar la actual dispersión. A tal finalidad responde este Real Decreto, que recoge en una sola norma el desarrollo reglamentario de las prestaciones familiares de la Seguridad Social, que con anterioridad se regulaba en dos textos, el Real Decreto 356/1991, de 15 de marzo, por el que se desarrolla, en materia de prestaciones por hijo a cargo, la Ley 26/1990, de 20 de diciembre, por la que se establecen en la Seguridad Social prestaciones no contributivas, y el Real Decreto 1368/2000, de 19 de julio, de Desarrollo de las Prestaciones Económicas de Pago Único por Nacimiento de Tercer o Sucesivos Hijos y por Parto Múltiple.

En la nueva ordenación se configuran como prestaciones de naturaleza no contributiva todas las prestaciones familiares de la Seguridad Social, excepto la consideración como período de cotización efectiva del primer año de excedencia, con reserva de puesto de trabajo, que los trabajadores disfruten por razón del cuidado de cada hijo nacido o adoptado, o de un menor en los supuestos de acogimiento permanente o preadoptivo. Además, se amplía esta prestación a los supuestos de excedencia para cuidado de otros familiares.

Asimismo, se prevé la extensión de las prestaciones familiares a tanto alzado a los supuestos de adopción. Por otro lado, se han introducido diversos beneficios en materia de Seguridad Social para las familias numerosas, tales como el incremento del límite de renta para tener derecho a las asignaciones económicas por hijo o menor acogido a cargo y la ampliación del período de reserva del puesto de trabajo y su consiguiente consideración como período de cotización efectiva en supuestos de excedencia por cuidado de menores.

Este Real Decreto constituye el desarrollo reglamentario de las prestaciones familiares de la Seguridad Social, consecuente a su nueva regulación; se recoge, por un lado, lo dispuesto en las dos normas reglamentarias anteriores y, por otro, las novedades introducidas por la Ley 52/2003, de 10 de diciembre, así como la compatibilidad de la pensión de orfandad con la asignación económica por hijo a cargo minusválido mayor de 18 años, de acuerdo con la modificación efectuada en este sentido por la Ley 8/2005, de 6 de junio, para compatibilizar las pensiones de invalidez en su modalidad no contributiva con el trabajo remunerado.

Se aborda, por otra parte, en este Real Decreto la regulación de determinadas mejoras en el ámbito de la protección, consistentes, básicamente, en la atemperación de las causas de extinción de la pensión de orfandad por incapacidad del huérfano. Asimismo, colmando una importante laguna en este ámbito, se prevé la posibilidad de que el otro progenitor perciba las prestaciones de maternidad en caso de fallecimiento de la madre durante el parto o posteriormente.

Como norma obligada tras la promulgación de la Ley Orgánica 1/2004, de 28 de diciembre, de Medidas de Protección Integral contra la Violencia de Género, se establece el alcance del beneficio otorgado a las trabajadoras víctimas de dichas situaciones, consistente en considerar cotizados los períodos en los que deban cesar en su actividad o suspender su contrato de trabajo para hacer efectiva su protección.

Se ha procedido también a la adaptación terminológica de los artículos correspondientes que contienen referencias explícitas al sexo de los padres, utilizando las expresiones «progenitores» y «adoptantes», en cumplimiento de la modificación efectuada por la Ley 13/2005, de 1 de julio, por la que se modifica el Código Civil en materia de derecho a contraer matrimonio.

En la tramitación de este Real Decreto se han recabado los oportunos informes a los interlocutores sociales, así como a los órganos afectados de la Administración General del Estado, y se dicta de conformidad con la disposición final séptima del Texto Refundido de la Ley General de la Seguridad Social, aprobado por el Real Decreto Legislativo 1/1994, de 20 de junio.

En su virtud, a propuesta del Ministro de Trabajo y Asuntos Sociales, con la aprobación previa del Ministro de Administraciones Públicas, oído el Consejo de Estado y previa deliberación del Consejo de Ministros en su reunión del día 11 de noviembre de 2005, dispongo:

CAPÍTULO I

Disposiciones generales

Artículo 1. Objeto.

Este Real Decreto tiene por objeto el desarrollo reglamentario del capítulo IX del título II del Texto Refundido de la Ley General de la Seguridad Social, aprobado por el Real Decreto Legislativo 1/1994, de 20 de junio, relativo a las prestaciones familiares.

Artículo 2. Modalidad contributiva.

Tendrá la consideración de período de cotización efectiva, a los efectos de las correspondientes prestaciones de la Seguridad Social por jubilación, incapacidad permanente, muerte y supervivencia y maternidad, el primer año de excedencia con reserva del puesto de trabajo que, según lo previsto en la legislación aplicable, disfruten los trabajadores en razón del cuidado de cada hijo, natural o adoptado, o de menor acogido, en los supuestos de acogimiento familiar, permanente o preadoptivo, o por el cuidado de un familiar, hasta el segundo grado de consanguinidad o afinidad, que por razones de edad, accidente, enfermedad o discapacidad no pueda valerse por sí mismo, y no desempeñe actividad retribuida.

Cuando el motivo de la solicitud de excedencia sea el cuidado de un menor y la unidad familiar de la que forme parte tenga la consideración de familia numerosa de categoría general, el período considerado como de cotización efectiva, al que se refiere el párrafo anterior, tendrá una duración de 15 meses, o de 18 meses cuando la familia numerosa tenga la consideración de categoría especial.

Artículo 3. Prestaciones familiares en su modalidad no contributiva.

De conformidad con lo dispuesto en el artículo 181 del Texto Refundido de la Ley General de la Seguridad Social, las prestaciones familiares de la Seguridad Social, en su modalidad no contributiva, consistirán en:

a) Una asignación económica por cada hijo a cargo del beneficiario, menor de 18 años o mayor de dicha edad si está afectado por una minusvalía en grado igual o superior al 65 por 100, cualquiera que sea la naturaleza legal de la filiación de aquél, así como por los menores acogidos, en acogimiento familiar, permanente o preadoptivo.

b) Una prestación económica de pago único a tanto alzado por nacimiento o adopción del tercer o sucesivos hijos.

c) Una prestación económica de pago único por parto o adopción múltiples.

CAPÍTULO II

Consideración de los períodos de excedencia como cotizados

Artículo 4. Beneficiarios.

Será de aplicación lo previsto en el artículo 2 a todos los trabajadores por cuenta ajena que, de acuerdo con la legislación que les resulte aplicable, disfruten de los períodos de excedencia con reserva del puesto de trabajo establecidos para el cuidado de hijos, ya sean naturales o adoptados, o de menores acogidos, en los supuestos de acogimiento familiar, permanente o preadoptivo, así como para el cuidado de un familiar, hasta el segundo grado de consanguinidad o afinidad, que por razones de edad, accidente, enfermedad o discapacidad no pueda valerse por sí mismo, y no desempeñe actividad retribuida.

Artículo 5. Período computable.

1. El período computable como efectivamente cotizado será el correspondiente al primer año de excedencia para el cuidado de hijo, de menor acogido o de otros familiares, mencionada en el artículo anterior.

2. En el supuesto de que la unidad familiar de la que forma parte el menor en razón de cuyo cuidado se solicita la excedencia tenga la consideración de familia numerosa, el período computable como efectivamente cotizado será de 15 meses si dicha familia numerosa es de categoría general, o de 18 meses si tiene la consideración de categoría especial.

3. En el supuesto de que no lleguen a completarse los períodos señalados en los apartados anteriores, se computará como cotizado el período efectivamente disfrutado.

4. Se iniciará el cómputo de un nuevo período de cotización efectiva por cada disfrute de excedencia laboral a que puedan dar lugar los sucesivos hijos o menores u otros familiares.

Artículo 6. Alcance de la consideración como período de cotización efectiva.

1. En orden al reconocimiento del derecho a las prestaciones de la Seguridad Social, el período considerado como de cotización efectiva surtirá efectos tanto para la cobertura del período mínimo de cotización como para la determinación de la base reguladora y del porcentaje aplicable, en su caso, para el cálculo de la cuantía de aquéllas, y se considerará a los beneficiarios en situación de alta, durante dicho período, para acceder a las prestaciones de la Seguridad Social por jubilación, incapacidad permanente, muerte y supervivencia y maternidad.

2. Durante el período indicado, los beneficiarios mantendrán el derecho a la prestación de asistencia sanitaria de la Seguridad Social.

Artículo 7. Base de cotización.

La base de cotización a considerar, a los efectos de lo prevenido en el artículo anterior, estará constituida por el promedio de las bases de cotización del beneficiario correspondientes a los seis meses inmediatamente anteriores al inicio del período de excedencia laboral para el cuidado del hijo, del menor acogido o de otros familiares.

Si el beneficiario no tuviera acreditado el citado período de seis meses de cotización, se computará el promedio de las bases de cotización correspondientes al período inmediatamente anterior al inicio de la excedencia, que resulten acreditadas.

Artículo 8. Comunicación de los períodos de excedencia.

Las empresas deberán comunicar a la Tesorería General de la Seguridad Social, en el plazo de 15 días, a partir de que se produzca, el inicio y la finalización del disfrute por sus trabajadores de los períodos de excedencia laboral para el cuidado de hijo, del menor acogido o de otros familiares, con derecho de reserva de puesto de trabajo.

La omisión de la comunicación a que se refiere el párrafo anterior podrá ser objeto de la sanción correspondiente, de acuerdo con la gravedad de la infracción, conforme a la regulación contenida en el Texto Refundido de la Ley sobre infracciones y sanciones en el orden social, aprobado por el Real Decreto Legislativo 5/2000, de 4 de agosto.

CAPÍTULO III

Prestaciones familiares en su modalidad no contributiva

Sección 1ª Asignación económica por hijo o menor acogido a cargo

Artículo 9. Delimitación del concepto de hijo o menor acogido a cargo.

1. El hijo o el menor acogido se considerará a cargo cuando conviva y dependa económicamente del beneficiario.

2. Se entenderá, salvo prueba en contrario, que existe dependencia económica cuando el hijo o el menor acogido conviva con el beneficiario. A estos efectos, no rompe la convivencia la separación transitoria motivada por razón de estudios, trabajo de los padres o acogedores, tratamiento médico, rehabilitación u otras causas similares.

3. Se considerará que el hijo o el menor acogido está a cargo del beneficiario, aun cuando realice un trabajo lucrativo, por cuenta propia o ajena, siempre que continúe conviviendo con el beneficiario de la prestación y que los ingresos percibidos por aquél en concepto de rendimientos del trabajo no superen el 75 por 100 del salario mínimo interprofesional vigente en cada momento, en cómputo anual.

4. Se considerará que el hijo o el menor acogido no está a cargo del beneficiario cuando sea perceptor de una pensión contributiva, a cargo de un régimen público de protección social, distinta de la pensión de orfandad o de la pensión en favor de familiares de nietos y hermanos.

Artículo 10. Beneficiarios.

1. Tendrán derecho a la asignación económica por hijo o menor acogido a cargo quienes:

a) Residan legalmente en territorio español. Se considerará cumplida esta condición en el supuesto de trabajadores trasladados por su empresa fuera del territorio español, que se encuentren en situación asimilada a la de alta y coticen en el correspondiente régimen de Seguridad Social español.

b) Tengan hijos o menores acogidos a su cargo, en quienes concurran las circunstancias señaladas en el artículo 3.a) y residan en territorio español. Se considerará cumplido este requisito respecto de los hijos o menores acogidos que acompañen en sus desplazamientos a los trabajadores trasladados por su empresa fuera del territorio nacional, a los que se refiere el párrafo anterior.

c) No perciban ingresos anuales, de cualquier naturaleza, superiores al límite que, para cada ejercicio económico, se establezca en la Ley de Presupuestos Generales del Estado.

En el supuesto de convivencia de los progenitores o de los adoptantes, si la suma de los ingresos de ambos superase el límite de ingresos señalado en el párrafo anterior, no se reconocerá la condición de beneficiario a ninguno de ellos. Igual regla se aplicará en los supuestos en que el acogimiento familiar, permanente o preadoptivo, se haya constituido por dos personas que formen una misma unidad familiar.

No obstante, también podrán ser beneficiarios de las asignaciones económicas por hijo o menor acogido a cargo quienes perciban ingresos anuales, por cualquier naturaleza, que superen el citado límite establecido en la Ley de Presupuestos Generales del Estado pero sean inferiores a la cuantía que resulte de sumar a dicha cantidad el producto de multiplicar el importe anual de la asignación por hijo o menor acogido por el número de hijos o menores acogidos a cargo de los beneficiarios.

A los efectos del reconocimiento de la condición de beneficiario de la asignación económica por hijo o menor acogido a cargo minusválido, no se exigirá límite de recursos económicos.

d) No tengan derecho ni los progenitores, ni los adoptantes, ni, en su caso, quienes hubiesen acogido al menor, a prestaciones de esta misma naturaleza en cualquier otro régimen público de protección social.

2. Cumplidos los requisitos señalados en el apartado 1, serán beneficiarios de las asignaciones que, en razón de ellos, corresponderían a sus progenitores o adoptantes, los hijos minusválidos mayores de 18 años que no hayan sido incapacitados judicialmente y conserven su capacidad de obrar, previa presentación de solicitud al efecto y con audiencia de aquéllos.

Se presumirá que el hijo minusválido mayor de 18 años conserva su capacidad de obrar, salvo que se acredite dicha incapacitación judicial.

3. Serán, asimismo, beneficiarios de la asignación que, en su caso y en razón de ellos, hubiera correspondido a sus progenitores o adoptantes aquellos huérfanos de ambos, menores de 18 años o minusválidos en un grado igual o superior al 65 por 100.

Igual criterio se seguirá en el supuesto de quienes no sean huérfanos y hayan sido abandonados por sus progenitores o adoptantes, siempre que no se encuentren en régimen de acogimiento familiar, permanente o preadoptivo.

Cuando se trate de menores no minusválidos, huérfanos o abandonados, será requisito indispensable que sus ingresos anuales, incluida, en su caso, la pensión de orfandad o la pensión en favor de familiares, no superen el límite establecido en el apartado 1.c).

4. En los supuestos regulados en los apartados 2 y 3, el matrimonio del minusválido, con un grado igual o superior al 65 por 100, no determinará la extinción del derecho a la asignación económica que viniera percibiendo.

Artículo 11. Determinación del beneficiario.

1. En el supuesto de convivencia familiar, si en ambos progenitores o adoptantes o, en su caso, en quienes hubiesen acogido al menor, concurren las circunstancias necesarias para ser beneficiarios de la asignación económica por hijo o menor acogido a cargo, derivada de un mismo causante, el derecho a percibirla solamente podrá ser reconocido en favor de uno de aquéllos, determinado de común acuerdo. Se presumirá que existe acuerdo cuando la asignación económica se solicite por uno de ambos posibles beneficiarios.

De no existir acuerdo, circunstancia que deberá notificarse de forma expresa a la entidad gestora, habrá de estarse a las reglas que en cuanto a la patria potestad y guarda establece el Código Civil. En este supuesto, el Instituto Nacional de la Seguridad Social dictará una resolución mediante la cual, y previo reconocimiento, en su caso, del derecho al percibo de la prestación, se suspenderá el abono en tanto no recaiga la oportuna resolución judicial.

2. En los casos de separación judicial, nulidad o divorcio, el derecho al percibo de la asignación económica se conservará para quien tenga a su cargo al hijo o menor acogido, aun cuando se trate de persona distinta a aquella que la tenía reconocida antes de producirse la separación, la nulidad o el divorcio y siempre que sus ingresos no superen los límites exigidos, en su caso, para poder ser beneficiario de dicha prestación.

No obstante, cuando en los mencionados supuestos concurran en ambos progenitores, adoptantes o acogedores las circunstancias para ser beneficiarios de la asignación económica, la prestación se reconocerá a uno solo de aquéllos, determinado de común acuerdo. Se presumirá que existe acuerdo cuando la asignación económica se solicite por uno de los dos. A falta de acuerdo y de previsión judicial expresa, se atribuirá la condición de beneficiario a aquel a quien se conceda la custodia del hijo o menor. Cuando por resolución judicial se hubiera acordado el ejercicio compartido de la guarda y custodia, la prestación se reconocerá, previa solicitud, a cada uno de ellos, en proporción al tiempo en que le haya sido reconocida la custodia del hijo o menor.

Lo dispuesto en este apartado será de aplicación en los supuestos de ruptura de una unidad familiar basada en una análoga relación de afectividad a la conyugal.

3. En los supuestos señalados en el apartado 3 del artículo anterior, referente a huérfanos de ambos progenitores o adoptantes y a quienes, no siendo huérfanos, hayan sido abandonados por aquéllos, la asignación se hará efectiva a los representantes legales o a quienes tengan a su cargo al menor o minusválido, en tanto cumplan la obligación de mantenerlo y educarlo.

Artículo 12. Cuantía de las asignaciones.

La cuantía de la asignación económica por cada hijo o menor acogido a cargo, vigente en cada momento, es la fijada en el Texto Refundido de la Ley General de la Seguridad Social o en las normas que lo modifiquen.

Artículo 13. Distribución de la cuantía de la asignación económica en supuestos especiales.

1. Para determinar la cuantía de la asignación económica por hijo o menor acogido a cargo, menor de 18 años y no afectado por minusvalía, en el supuesto de que el beneficiario se encuentre en la situación descrita en el artículo 10.1.c), párrafo tercero, se aplicarán las siguientes reglas:

a) Se multiplicará el importe anual de la asignación económica por hijo o menor acogido a cargo por el número de hijos o menores acogidos a cargo del beneficiario que sean menores de 18 años no minusválidos. El producto resultante se sumará al límite de ingresos aplicable en función de lo establecido en el artículo 10.1.c).

b) La diferencia entre la cifra resultante de aplicar lo dispuesto en la regla anterior y los ingresos percibidos por el beneficiario, computables, conforme a lo establecido en el artículo 14, constituirá la cuantía anual de la asignación.

La cuantía resultante de la aplicación de lo dispuesto en las reglas anteriores será distribuida entre los hijos o menores acogidos a cargo del beneficiario y las mensualidades a que, dentro de cada ejercicio económico, se tenga derecho a la asignación.

2. No se reconocerá asignación económica por hijo o menor acogido a cargo cuando la diferencia a que se refiere el apartado 1.b) sea inferior al importe mensual de la asignación, por cada hijo o menor acogido a cargo no minusválido.

Artículo 14. Cómputo de los ingresos.

1. A los efectos del cumplimiento del requisito relativo al límite de ingresos a que se refiere el artículo 10.1.c), se tendrán en cuenta los rendimientos del trabajo, del capital, de las actividades económicas, así como cualesquiera bienes y derechos de naturaleza prestacional y los que se consideran como tales, de conformidad con lo establecido en los apartados siguientes.

2. Para la determinación de los ingresos computables, se aplicarán las siguientes reglas:

a) Los ingresos se computarán en su valor bruto, excepto los procedentes de actividades económicas realizadas por cuenta propia, que se computarán en su valor neto, al que se añadirá el importe de las cotizaciones sociales.

b) Cuando se trate de rendimientos de capital mobiliario, sólo se computarán los intereses u otra clase de rendimientos obtenidos por el beneficiario, pero no el capital en sí mismo.

c) Cuando el beneficiario disponga de bienes inmuebles arrendados, se tendrán en cuenta sus rendimientos determinados, conforme a lo dispuesto al efecto en el Texto Refundido de la Ley del Impuesto sobre la Renta de las Personas Físicas, aprobado por el Real Decreto Legislativo 3/2004, de 5 de marzo. Si los inmuebles no estuviesen arrendados, los ingresos computables se valorarán según las normas establecidas para la imputación de rentas inmobiliarias por el citado Texto Refundido.

d) No se computarán las rentas exentas a las que se refieren los párrafos a), b), c), d), e), i), j), n), o), q), r), s) y t) del artículo 7 del Texto Refundido de la Ley del Impuesto sobre la Renta de las Personas Físicas, así como las prestaciones familiares recogidas en el párrafo h) del citado artículo, ni el importe del complemento por tercera persona, en el supuesto de pensiones de gran invalidez.

3. Para el cómputo de ingresos se tendrán en cuenta los obtenidos por los beneficiarios durante el ejercicio anterior a la solicitud.

4. En el caso de menores abandonados o huérfanos de ambos progenitores, siempre que no se encuentren en régimen de acogimiento familiar, permanente o preadoptivo, se computarán exclusivamente los ingresos que aquéllos perciban.

5. En el supuesto de convivencia de ambos progenitores, adoptantes o acogedores, cuando el hijo sea menor de 18 años no afectado por minusvalía, se computarán conjuntamente los ingresos de aquéllos, de acuerdo con lo establecido en el artículo 10.1.c). A tales efectos, se presumirá la existencia de convivencia entre cónyuges, salvo prueba en contrario, y no se reputará en ningún caso como supuesto de falta de convivencia la separación transitoria y circunstancial por razón de trabajo u otras causas análogas.

6. En los casos de convivencia con un solo progenitor o adoptante, debido al fallecimiento de uno de ellos o a una nulidad matrimonial, separación judicial o divorcio, no se tendrán en cuenta los ingresos de los hijos a cargo que perciba el beneficiario en cuanto representante legal de éstos y que provengan de la pensión de orfandad y de la pensión en favor de familiares.

Artículo 15. Determinación del grado de minusvalía.

La determinación y, en su caso, la revisión del grado de minusvalía, así como de la necesidad, por parte del minusválido, del concurso de tercera persona, corresponderá a los equipos de valoración y orientación, dependientes del Instituto de Mayores y Servicios Sociales o, en su caso, a los órganos correspondientes de las Comunidades Autónomas a las que se hubieran transferido las funciones y servicios de dicha entidad gestora, según el baremo vigente en cada momento.

Artículo 16. Comunicación de variaciones de los perceptores de la asignación económica por hijo o menor acogido a cargo.

1. Todo beneficiario estará obligado a presentar ante el Instituto Nacional de la Seguridad Social, en el plazo de 30 días, contado desde la fecha en que se produzcan, una comunicación debidamente acreditada de cuantas variaciones hubieran tenido lugar en su situación que puedan suponer la modificación o extinción del derecho a la asignación económica por hijo o menor acogido a cargo.

2. Asimismo, estará obligado a presentar, antes del 1 de abril de cada año, una declaración expresiva de los ingresos habidos durante el ejercicio presupuestario anterior.

A estos efectos, serán computables como ingresos los referidos en el artículo 14.1 y 2.

3. El incumplimiento de lo dispuesto en los apartados anteriores, cuando las variaciones no comunicadas debieran dar lugar a una reducción o supresión de la prestación, será constitutivo de infracción, a tenor de lo establecido en la sección 2ª del capítulo III del Texto Refundido de la Ley sobre infracciones y sanciones en el orden social, aprobado por el Real Decreto Legislativo 5/2000, de 4 de agosto, sin perjuicio de lo que, con respecto a los efectos económicos, se dispone en el artículo 17 de este Real Decreto.

4. Si, como consecuencia de las variaciones, se produce la extinción o reducción del derecho, las asignaciones mensuales o diferencias de más que, en su caso, se hubieran abonado tendrán la consideración de prestaciones indebidamente percibidas desde el día siguiente a aquel en que se hubieran debido producir los efectos económicos de la variación.

Artículo 17. Efectos económicos, nacimiento, modificación y extinción del derecho.

1. El reconocimiento del derecho a la asignación económica por hijo o menor acogido a cargo surtirá efectos a partir del día primero del trimestre natural inmediatamente siguiente al de la presentación de la solicitud.

Este mismo criterio se aplicará en el supuesto de modificaciones en el contenido del derecho, que supongan un aumento en la cuantía de la asignación económica que se viniera percibiendo.

2. Cuando, como consecuencia de las variaciones a que se refiere el artículo anterior, deba producirse la extinción o reducción del derecho, aquéllas no surtirán efectos hasta el último día del trimestre natural en el que se haya producido la variación de que se trate.

3. En cualquier caso, cuando la extinción o modificación venga motivada por la variación de los ingresos anuales computables, ésta surtirá efectos el día 1 de enero del año siguiente a aquel al que correspondan dichos ingresos.

4. En el caso de extinción de la asignación económica por hijo o menor acogido a cargo, por incompatibilidad con la pensión de invalidez o de jubilación, en su modalidad no contributiva, sus efectos económicos cesarán el último día del mes en que hubiera sido presentada la solicitud de pensión.

Artículo 18. Devengo y pago.

1. La cuantía de la asignación económica por hijo o menor acogido a cargo se devengará en función de las mensualidades a que, dentro de cada ejercicio económico, tenga derecho el beneficiario.

2. El abono de la asignación económica se llevará a cabo directamente por la Tesorería General de la Seguridad Social. Con carácter general, el pago será semestral y deberá efectuarse por semestre vencido, salvo en las asignaciones económicas por hijo minusválido a cargo mayor de 18 años, respecto de las cuales el pago será de periodicidad mensual, y se efectuará por mensualidad vencida.

Sección 2ª Prestación económica de pago único por nacimiento o adopción de un tercer o sucesivos hijos

Artículo 19. Beneficiarios.

1. Podrán ser beneficiarios de la prestación económica quienes lleguen a tener, con motivo del nacimiento o la adopción, tres o más hijos, siempre que reúnan los requisitos establecidos en el artículo 10.1.a), c) y d).

2. Para la determinación del límite de ingresos anuales a que se refiere el artículo 10.1.c), se tendrán en cuenta los ingresos obtenidos por los beneficiarios durante el año anterior al nacimiento o a la adopción.

Artículo 20. Hijos que dan derecho a la prestación.

1. Serán causantes de la prestación a que se refiere esta sección 2ª el tercer hijo nacido o adoptado y los siguientes. Se entenderá como nacido, a estos efectos, el que reúna las condiciones que determina el artículo 30 del Código Civil.

Para causar derecho a esta prestación, el nacimiento o la formalización de la adopción ha de producirse en territorio español. A estos efectos, se reputará producido en España el nacimiento o la adopción que tenga lugar en el extranjero cuando se acredite que el hijo se ha integrado de manera inmediata en un núcleo familiar con residencia en territorio español.

2. Serán tenidos en cuenta para el cómputo del tercer o sucesivos hijos todos los hijos, con independencia de su filiación, comunes o no comunes, que convivan en la unidad familiar y estén a cargo de los progenitores o adoptantes.

3. Para el cómputo del número de hijos tenidos en cuenta para ser beneficiario de esta prestación, los hijos afectados por una minusvalía igual o superior al 33 por 100 computarán el doble.

Artículo 21. Determinación del beneficiario.

1. En el supuesto de convivencia de los progenitores o adoptantes, será beneficiario cualquiera de ellos determinado de común acuerdo. Se presumirá que existe acuerdo cuando la prestación se solicite por uno de aquéllos. A falta de acuerdo será beneficiaria la madre, en su caso.

2. Cuando los progenitores o adoptantes no convivan, será beneficiario el que tenga a su cargo la guarda y custodia del hijo.

3. Cuando el causante hubiera quedado huérfano de ambos progenitores o adoptantes o esté abandonado, será beneficiaria de la prestación económica la persona física que legalmente se haga cargo de aquél.

Artículo 22. Cuantía de la prestación.

1. La prestación económica por nacimiento o adopción del tercer o sucesivos hijos consistirá en un pago único por cada hijo, natural o adoptado, a partir del tercero, éste inclusive, cuya cuantía es la fijada en el Texto Refundido de la Ley General de la Seguridad Social o en las normas que lo modifiquen.

2. En los casos en que los ingresos anuales percibidos, de cualquier naturaleza, superen el límite establecido en el artículo 10.1.c), pero sean inferiores al importe conjunto que resulte de sumar a dicho límite el importe de la prestación, la cuantía de esta última será igual a la diferencia entre los ingresos percibidos por el beneficiario y el indicado importe conjunto.

No se reconocerá la prestación cuando la diferencia a que se refiere el párrafo anterior sea inferior al importe mensual de la asignación económica por cada hijo o menor acogido no minusválido, establecida en el artículo 182 bis.1 del Texto Refundido de la Ley General de la Seguridad Social o norma que lo modifique.

Sección 3ª Prestación económica de pago único por parto o adopción múltiples

Artículo 23. Beneficiarios.

Tendrán derecho a la prestación económica de pago único por parto o adopción múltiples quienes reúnan los requisitos señalados en el artículo 10.1.a) y d).

Artículo 24. Hijos que dan derecho a la prestación.

1. Son causantes de la prestación a que se refiere esta sección 3ª los hijos nacidos de partos múltiples cuando el número de nacidos sea igual o superior a dos, así como los hijos adoptados mediante una adopción múltiple cuando el número de adoptados sea igual o superior a dos. Se entenderán como nacidos, a estos efectos, los que reúnan las condiciones que expresa el artículo 30 del Código Civil.

Para causar derecho a esta prestación, el nacimiento o la formalización de la adopción ha de producirse en España. A estos efectos, se reputará producido en España el nacimiento o la adopción que tenga lugar en el extranjero cuando se acredite que el hijo se ha integrado de manera inmediata en un núcleo familiar con residencia en territorio español.

2. En los casos de parto o adopción múltiple, cuando uno de los hijos nacidos o adoptados esté afectado por una minusvalía igual o superior al 33 por 100, se estará a lo establecido en el artículo 20.3.

Artículo 25. Determinación del beneficiario.

1. En el supuesto de convivencia de los progenitores o adoptantes, será beneficiario de la prestación cualquiera de ellos, determinado de común acuerdo. Se presumirá que existe acuerdo cuando la prestación se solicite por uno de aquéllos. A falta de acuerdo será beneficiaria la madre, en su caso.

2. Cuando los progenitores o adoptantes no convivan, será beneficiario el que tenga a su cargo la guarda y custodia de los hijos.

3. Cuando los causantes queden huérfanos de ambos progenitores o adoptantes o sean abandonados, será beneficiaria de la prestación económica la persona física que legalmente se haga cargo de los nacidos o adoptados.

Artículo 26. Cuantía de la prestación.

La cuantía de la prestación económica por parto o adopción múltiples será la establecida en el artículo 188 del Texto Refundido de la Ley General de la Seguridad Social.

Sección 4ª Disposiciones comunes y procedimiento

Artículo 27. Gestión de las prestaciones familiares.

La gestión de las prestaciones familiares reguladas en este Real Decreto, así como el reconocimiento del derecho a ellas, corresponderá al Instituto Nacional de la Seguridad Social.

La tramitación de estas prestaciones se ajustará a lo dispuesto en la Ley 30/1992, de 26 de noviembre, de Régimen Jurídico de las Administraciones Públicas y del Procedimiento Administrativo Común, en los términos previstos en la disposición adicional vigésimo quinta del Texto Refundido de la Ley General de la Seguridad Social.

Asimismo, y a los efectos previstos en el apartado 2 de la citada disposición adicional vigésimo quinta, será de aplicación el Real Decreto 286/2003, de 7 de marzo, por el que se establece la duración de los plazos para la resolución de los procedimientos administrativos para el reconocimiento de prestaciones en materia de Seguridad Social.

Artículo 28. Presentación de solicitudes.

1. La iniciación del procedimiento tendente al reconocimiento del derecho a las prestaciones familiares en su modalidad no contributiva se efectuará previa presentación ante el Instituto Nacional de la Seguridad Social de la correspondiente solicitud, con aportación de los documentos necesarios para la acreditación de las circunstancias determinantes del derecho. Podrá iniciarse el procedimiento con la aportación por parte del interesado de la solicitud de reconocimiento de grado de minusvalía efectuada ante el órgano competente, de conformidad con lo dispuesto en el artículo 15 de este Real Decreto. En este caso se suspenderá el procedimiento, de acuerdo con lo previsto en el artículo 42.5.d) de la Ley 30/1992, de 26 de noviembre, durante el tiempo necesario para la incorporación al expediente de la resolución recaída en el procedimiento para la declaración y calificación del grado de minusvalía.

2. En ningún caso será exigible al solicitante la acreditación de hechos, datos o circunstancias que la Administración de la Seguridad Social deba conocer por sí misma, tales como la situación del beneficiario en relación con el sistema de la Seguridad Social; la percepción por los progenitores o adoptantes o, en su caso, los acogedores, de otra prestación económica de protección familiar a que se refiere el artículo 30.2, y la condición, por parte del hijo o menor acogido a cargo, de perceptor de pensiones y subsidios recogidos en el artículo 30.3, así como sus respectivas cuantías.

3. El requisito de residencia a que se refiere el artículo 10.1.a) y b) se acreditará, preferentemente, mediante una certificación de inscripción en el correspondiente padrón municipal, a través de la tarjeta de residencia o certificado de residencia a que se refiere el Real Decreto 178/2003, de 14 de febrero, sobre entrada y permanencia en España de nacionales de Estados miembros de la Unión Europea y de otros Estados parte en el Acuerdo sobre el Espacio Económico Europeo, o mediante la autorización de residencia o la tarjeta de identidad de extranjero, establecida en el Reglamento de la Ley Orgánica 4/2000, de 11 de enero, sobre derechos y libertades de los extranjeros en España y su integración social, aprobado por el Real Decreto 2393/2004, de 30 de diciembre.

4. La residencia no se considerará interrumpida por las ausencias del territorio español inferiores a 90 días a lo largo de cada año natural, ni respecto de los trabajadores trasladados por su empresa fuera del territorio español en los términos previstos en el artículo 10.1.a) y b), ni cuando la ausencia esté motivada por causas de enfermedad debidamente justificadas.

Artículo 29. Compatibilidades.

1. Las prestaciones económicas por nacimiento o adopción del tercer o sucesivos hijos y por parto o adopción múltiples, causadas por un mismo sujeto, serán compatibles entre sí.

La prestación económica por parto o adopción múltiples es compatible con el subsidio especial de maternidad por parto múltiple.

2. Las prestaciones económicas por nacimiento o adopción del tercer o sucesivos hijos y por parto o adopción múltiples, serán compatibles, de igual modo, con las asignaciones económicas por hijo o menor acogido a cargo que puedan corresponder.

Artículo 30. Incompatibilidades.

1. Cuando concurran en ambos progenitores o adoptantes o, en su caso, en los acogedores las circunstancias necesarias para tener la condición de beneficiarios de las prestaciones familiares, el derecho a percibirla sólo podrá ser reconocido en favor de uno de ellos.

2. Las prestaciones familiares serán incompatibles con la percepción, por parte de los progenitores o adoptantes o, en su caso, de los acogedores, de cualquier otra prestación análoga establecida en los demás regímenes públicos de protección social.

En los supuestos en que uno de los progenitores o adoptantes esté incluido, en razón de la actividad desempeñada o por su condición de pensionista, en un régimen público de Seguridad Social, la prestación correspondiente será reconocida por dicho régimen, siempre que aquél reúna los requisitos necesarios para ser beneficiario de dicha prestación.

Cuando los beneficiarios puedan tener derecho a la misma prestación por un mismo sujeto causante en varios regímenes públicos de protección social, deberán optar por uno de ellos.

3. La percepción de las asignaciones económicas por hijo minusválido a cargo mayor de 18 años será incompatible con la condición, por parte del hijo, de pensionista de invalidez o jubilación en la modalidad no contributiva. Asimismo, la percepción de dicha asignación será incompatible con la condición, por parte del hijo minusválido, de beneficiario de las pensiones asistenciales reguladas en la Ley 45/1960, de 21 de julio, o de los subsidios de garantía de ingresos mínimos y de ayuda por tercera persona, establecidos en la Ley 13/1982, de 7 de abril, de Integración Social de los Minusválidos.

4. En los supuestos a los que se refiere el apartado anterior deberá ejercerse la opción en favor de alguna de las prestaciones declaradas incompatibles. Cuando los beneficiarios de las prestaciones incompatibles fuesen diferentes, la opción deberá formularse previo acuerdo de ambos. A falta de acuerdo, prevalecerá el derecho a la pensión de invalidez o jubilación, en su modalidad no contributiva, o, en su caso, a la pensión regulada en la Ley 45/1960, de 21 de julio, o a los subsidios de garantía de ingresos mínimos y de ayuda por tercera persona, establecidos en la Ley 13/1982, de 7 de abril.

DISPOSICIÓN ADICIONAL

Única. Alcance de la consideración como período de cotización efectiva en las situaciones de violencia de género.

1. Los períodos considerados como de cotización efectiva respecto de las trabajadoras por cuenta

ajena y por cuenta propia que sean víctimas de violencia de género, a los efectos del reconocimiento del derecho a determinadas prestaciones de la Seguridad Social, se computarán para el cumplimiento del período de cotización exigido para acceder a la prestación de que se trate, así como para la determinación de la base reguladora y, en su caso, del porcentaje aplicable para el cálculo de aquélla, y se considerará a las beneficiarias en situación asimilada a la de alta para acceder a las indicadas prestaciones.

Durante el referido período, las beneficiarias mantendrán el derecho a la prestación de asistencia sanitaria de la Seguridad Social.

2. La base de cotización que se tomará en cuenta, para aplicación de lo dispuesto en el apartado anterior, vendrá constituida por el promedio de las bases cotizadas durante los seis meses inmediatamente anteriores a la suspensión de la obligación de cotizar.

Si la beneficiaria no reuniera el citado período de seis meses de cotización, se tendrá en cuenta el promedio de las bases de cotización acreditadas durante el período inmediatamente anterior al inicio de la suspensión.

3. Las empresas deberán comunicar a la Tesorería General de la Seguridad Social, en el plazo de 15 días, contados a partir de la fecha de su producción, el inicio y la finalización de las suspensiones del contrato de trabajo con reserva del puesto de trabajo de sus trabajadoras que hubieran tenido lugar como consecuencia de situaciones de violencia de género, de acuerdo con el artículo 45.1.n) del Texto Refundido de la Ley del Estatuto de los Trabajadores, aprobado por el Real Decreto Legislativo 1/1995, de 24 de marzo.

DISPOSICIONES TRANSITORIAS

Primera. Aplicación transitoria de las normas sobre prestaciones familiares.

Quienes fueran beneficiarios de asignaciones económicas por hijo o menor acogido a cargo el 31 de diciembre de 2003 seguirán disfrutando de estas prestaciones, mientras cumplan los requisitos que les permitieron obtenerlas de acuerdo con la legislación vigente en la indicada fecha.

Segunda. Gestión transitoria de las prestaciones familiares por el Instituto Social de la Marina.

La gestión de las prestaciones familiares que venía efectuando el Instituto Social de la Marina, y que, de conformidad con el artículo 27, se atribuye al Instituto Nacional de la Seguridad Social, será asumida por esta última entidad a partir del día primero del segundo trimestre natural siguiente al de la publicación de este Real Decreto en el «Boletín Oficial del Estado».

DISPOSICIÓN DEROGATORIA

Única. Derogación normativa.

Quedan derogadas cuantas disposiciones de igual o inferior rango se opongan a lo establecido en este Real Decreto y, expresamente, las siguientes:

a) El Real Decreto 356/1991, de 15 de marzo, por el que se desarrolla, en materia de prestaciones por hijo a cargo, la Ley 26/1990, de 20 de diciembre, por la que se establecen en la Seguridad Social prestaciones no contributivas.

b) El Real Decreto 1368/2000, de 19 de julio, de Desarrollo de las Prestaciones Económicas de Pago Único por Nacimiento de Tercer o Sucesivos Hijos y por Parto Múltiple.

DISPOSICIONES FINALES

Primera. Modificación de la Orden de 13 de febrero de 1967, por la que se establecen normas para la aplicación y desarrollo de las prestaciones de muerte y supervivencia del Régimen General de la Seguridad Social.

Se modifica el apartado 1 del artículo 21 de la Orden de 13 de febrero de 1967, por la que se establecen normas para la aplicación y desarrollo de las prestaciones de muerte y supervivencia del Régimen General de la Seguridad Social, que queda redactado en los siguientes términos:

«1. La pensión de orfandad se extinguirá por alguna de las siguientes causas que afecten al beneficiario:

a) Cumplir la edad mínima fijada en cada caso, de las previstas en el artículo 175 del Texto Refundido de la Ley General de la Seguridad Social, aprobado por el Real Decreto Legislativo 1/1994, de 20 de junio, salvo que, en tal momento, tuviera reducida su capacidad de trabajo en un porcentaje valorado en un grado de incapacidad permanente, absoluta o gran invalidez.

b) Cesar en la incapacidad que le otorgaba el derecho a la pensión.

c) Adopción.

d) Contraer matrimonio, salvo que estuviera afectado por incapacidad en uno de los grados señalados en el párrafo a).

e) Fallecimiento».

Segunda. Modificación del Real Decreto 1647/1997, de 31 de octubre, por el que se desarrollan determinados aspectos de la Ley 24/1997, de 15 de julio, de Consolidación y Racionalización del Sistema de la Seguridad Social.

Se añade un apartado 4 al artículo 10 del Real Decreto 1647/1997, de 31 de octubre, por el que se desarrollan determinados aspectos de la Ley 24/1997, de 15 de julio, de Consolidación y Racionalización del Sistema de la Seguridad Social, con la siguiente redacción:

«4. La pensión de orfandad que perciba el huérfano incapacitado que hubiera contraído matrimonio será incompatible con la pensión de viudedad a la que posteriormente pudiera tener derecho, y deberá optar entre una u otra».

Tercera. Modificación del Real Decreto 487/1998, de 27 de marzo, sobre reconocimiento, como cotizados a la Seguridad Social, de períodos de actividad sacerdotal o religiosa de los sacerdotes y religiosos o religiosas de la Iglesia Católica secularizados.

Se añade un nuevo artículo 5 al Real Decreto 487/1998, de 27 de marzo, sobre reconocimiento, como cotizados a la Seguridad Social, de períodos de actividad sacerdotal o religiosa de los sacerdotes y religiosos o religiosas de la Iglesia Católica secularizados, con la siguiente redacción:

«Artículo 5. Garantía de pensión.

1. Los titulares de pensiones que se tramiten al amparo de lo dispuesto en este Real Decreto, si reúnen los requisitos determinantes del derecho al complemento por mínimos y hubieran optado por el abono del capital coste mediante su fraccionamiento en pagos mensuales deducibles de cada mensualidad de pensión, tendrán derecho a percibir, al menos, el importe del 95 por 100 de la cuantía mínima de la correspondiente pensión en la fecha del hecho causante. Esta medida se extenderá a los titulares de pensiones cuyo importe, como consecuencia de la citada deducción mensual, resultara inferior a la cantidad garantizada, siempre que, asimismo, reunieran los requisitos determinantes del derecho al complemento por mínimos.

En el supuesto de concurrencia de pensiones, para la aplicación de la garantía establecida en el párrafo anterior, se tendrán en cuenta todas las pensiones percibidas por el beneficiario.

2. La cantidad mensual a deducir de la pensión para el abono del capital coste, en los supuestos regulados en el apartado anterior, será la diferencia entre la cuantía de la pensión, bien en su importe mínimo, bien en el superior que corresponda, y el importe garantizado, aplicándose la deducción a las mensualidades ordinarias de la pensión durante todo el tiempo necesario para la total amortización de la deuda. Una vez fijada la cuantía de dicha deducción, ésta permanecerá invariable, con independencia de las modificaciones que pudiera experimentar el importe de la pensión en sucesivos ejercicios o del reconocimiento de pensiones derivadas.

3. Lo dispuesto en los apartados precedentes se entiende sin perjuicio de otro tipo de retenciones sobre los importes de la pensión que legalmente procedan».

Cuarta. Modificación del Real Decreto 1251/2001, de 16 de noviembre, por el que se regulan las prestaciones económicas del sistema de Seguridad Social por maternidad y riesgo durante el embarazo.

El Real Decreto 1251/2001, de 16 de noviembre, por el que se regulan las prestaciones económicas del sistema de Seguridad Social por maternidad y riesgo durante el embarazo, queda modificado como sigue:

Uno. Se añade un último párrafo al apartado 1 del artículo 4, con la siguiente redacción:

«En el caso de fallecimiento de la madre durante o con posterioridad al parto, el otro progenitor tendrá derecho a la prestación económica por maternidad por todo el período de descanso o por la parte que quedara por disfrutar, siempre que acredite los requisitos exigidos y aun cuando la madre no hubiera estado incluida en el ámbito de aplicación del sistema de la Seguridad Social».

Dos. El apartado 1 de la disposición adicional tercera queda redactado en los siguientes términos:

«1. Tendrá la consideración de situación asimilada a la de alta a los efectos de las prestaciones de Seguridad Social, salvo en lo que respecta a incapacidad temporal y maternidad, el período de tiempo que el trabajador permanezca en situación de excedencia por cuidado de hijo, de menor acogido o de otros familiares, de acuerdo con la legislación que resulte de aplicación, que exceda del período considerado como de cotización efectiva en el artículo 180 del Texto Refundido de la Ley General de la Seguridad Social, aprobado por el Real Decreto Legislativo 1/1994, de 20 de junio».

Quinta. Facultades de aplicación y desarrollo.

Se faculta al Ministro de Trabajo y Asuntos Sociales para dictar las disposiciones necesarias para la aplicación y desarrollo de lo que se dispone en este Real Decreto.

Sexta. Entrada en vigor.

1. El presente Real Decreto entrará en vigor el día siguiente al de su publicación en el «Boletín Oficial del Estado».

2. Lo establecido en el artículo 21.1 de la Orden de 13 de febrero de 1967, en la redacción dada por la disposición final primera de este Real Decreto, en relación con las causas de extinción de la pensión de orfandad, será aplicable a los matrimonios celebrados a partir de la fecha de entrada en vigor de este Real Decreto.

3. Las previsiones contenidas en el artículo 5 del Real Decreto 487/1998, de 27 de marzo, añadido por la disposición final tercera de este Real Decreto, se aplicarán también, a solicitud del interesado y con efectos desde el mes siguiente al de la solicitud, a las pensiones ya reconocidas en la fecha de entrada en vigor de este Real Decreto, y se procederá a un nuevo cálculo del importe mensual que deba deducirse de la pensión para el abono del capital coste que reste por amortizar.

IX

NORMAS ADMINISTRATIVAS Y PENALES

A) Administración Laboral

a) Administración Estatal

§ 38.1 REAL DECRETO 1600/2004, DE 2 JULIO. DESARROLLA LA ESTRUCTURA ORGÁNICA BÁSICA DEL MINISTERIO DE TRABAJO Y ASUNTOS SOCIALES

(BOE núm. 160, de 3 julio; rect. BOE núm. 231, de 24 septiembre [RCL 2004, 1538 y 2035])

⇒ V. los RR DD 557/2000, de 27 abril y 553/2004, de 17 abril, de reestructuración de los Departamentos Ministeriales.

El artículo 2.2.j) de la Ley 50/1997, de 27 de noviembre, del Gobierno, atribuye al Presidente la competencia para crear, modificar y suprimir, por Real Decreto, los departamentos ministeriales y las Secretarías de Estado. Como consecuencia de ello, el Real Decreto 553/2004, de 17 de abril, de Reestructuración de los Departamentos Ministeriales, reforma la estructura ministerial de la Administración General del Estado. El artículo 1 del referido Real Decreto contempla, dentro de la estructura departamental de la Administración General del Estado, al Ministerio de Trabajo y Asuntos Sociales, cuyas funciones básicas y órganos superiores se enumeran en su artículo 9.

Posteriormente, el Real Decreto 562/2004, de 19 de abril, por el que se aprueba la estructura orgánica básica de los departamentos ministeriales, establece, a través de su artículo 8, la estructura de los órganos superiores y directivos del citado departamento hasta el nivel de dirección general.

Queda así configurado el Ministerio de Trabajo y Asuntos Sociales en lo que se refiere a su estructura orgánica básica. Procede, en consecuencia, completar la reestructuración iniciada, dando cumplimiento a lo dispuesto en la disposición final segunda del Real Decreto 562/2004, de 19 de abril, estableciéndose ahora el desarrollo completo de la estructura orgánica básica mediante la definición de los órganos superiores y directivos del departamento y desarrollando la estructura básica hasta el nivel de subdirección general, con el fin de racionalizar la organización ministerial para facilitar la propuesta y ejecución de la política del Gobierno en materia laboral, de ordenación y regulación del empleo y de la Seguridad Social, así como de la dirección de las políticas de cohesión social, de bienestar, de promoción de la igualdad, de protección del menor y de atención a las familias, al tiempo que desarrolla las políticas del Gobierno en materia de extranjería e inmigración.

En su virtud, a iniciativa del Ministro de Trabajo y Asuntos Sociales, a propuesta del Ministro de Administraciones Públicas y previa deliberación del Consejo de Ministros en su reunión del día 2 de julio de 2004, dispongo:

Artículo 1. Organización general del departamento.

1. El Ministerio de Trabajo y Asuntos Sociales es el departamento encargado de la propuesta y ejecución de la política del Gobierno en materia laboral, de ordenación y regulación del empleo y de Seguridad Social, así como de la dirección, en el ámbito de las competencias de la Administración General del Estado, de las políticas de cohesión social, de bienestar, de promoción de la igualdad, de protección del menor y de atención a las familias. Le corresponde, igualmente, el desarrollo de la política del Gobierno en materia de extranjería e inmigración.

2. Las competencias atribuidas en este Real Decreto se entenderán en coordinación y sin perjuicio de aquellas que corresponden a otros departamentos ministeriales.

3. El Ministerio de Trabajo y Asuntos Sociales, bajo la superior dirección del titular del departamento, desarrolla las funciones que legalmente le corresponden a través de los órganos superiores y directivos siguientes:

a) La Secretaría de Estado de la Seguridad Social.

b) La Secretaría de Estado de Inmigración y Emigración.

c) La Secretaría de Estado de Servicios Sociales, Familias y Discapacidad.

d) La Subsecretaría de Trabajo y Asuntos Sociales.

e) La Secretaría General de Empleo, con rango de subsecretaría.

f) La Secretaría General de Políticas de Igualdad, con rango de subsecretaría.

4. Como órgano de asistencia inmediata al Ministro existe un Gabinete, con nivel orgánico de dirección general, con la estructura que se establece en el artículo 17.2 del Real Decreto 562/2004, de 19 de abril, por el que se aprueba la estructura orgánica básica de los departamentos ministeriales. De este depende una Oficina de Prensa, cuyo titular tendrá el nivel orgánico que se determine en la relación de puestos de trabajo.

5. Corresponde al titular del departamento la presidencia de los siguientes órganos colegiados:

a) El Consejo del Real Patronato sobre Discapacidad.

b) El Consejo de Protección de la Cruz Roja Española.

c) El Consejo del Protectorado del Estado sobre la Organización Nacional de Ciegos Españoles.

d) La Comisión Interministerial para la Juventud y la Infancia.

6. Quedan adscritos al titular del departamento los organismos autónomos Real Patronato sobre Discapacidad, Instituto de la Juventud y Consejo de la Juventud de España.

7. Conforme a lo dispuesto en la Ley 21/1991, de 17 de junio, el Consejo Económico y Social queda adscrito al Ministerio de Trabajo y Asuntos Sociales.

Artículo 2. Secretaría de Estado de la Seguridad Social.

1. A la Secretaría de Estado de la Seguridad Social, bajo la superior autoridad del Ministro, le corresponden las siguientes funciones:

a) La dirección y tutela de las Entidades Gestoras y Servicios Comunes de la Seguridad Social, adscritas al departamento, sin perjuicio de las competencias atribuidas a otros ministerios y a otras unidades del departamento.

b) El impulso y la dirección de la ordenación jurídica del sistema de la Seguridad Social.

⇒ V. Ley 52/1997, de 27 noviembre, reguladora del Régimen de Asistencia Jurídica al Estado e Instituciones Públicas, que atribuye a la Secretaría de Estado de la Seguridad Social la coordinación y dirección de la asistencia jurídica de la Seguridad Social. V. asimismo el RD 692/2000, de 12 mayo, que regula determinados aspectos del asesoramiento jurídico y representación en juicio de las Entidades Gestoras y Servicios Comunes de la Seguridad Social.

c) La dirección y coordinación de la gestión de los recursos financieros y gastos de la Seguridad Social.

d) La planificación y tutela de la gestión ejercida por las entidades colaboradoras de la Seguridad Social.

e) Cualquier otra competencia que, legal o reglamentariamente, le esté establecida.

2. De la Secretaría de Estado dependen los siguientes órganos directivos y unidades:

a) La Dirección General de Ordenación de la Seguridad Social.

b) La Intervención General de la Seguridad Social.

El RD 622/1998, de 17 abril, determina la estructura y funciones de la misma.

c) El Servicio Jurídico de la Administración de la Seguridad Social.

3. Como órgano de apoyo y asistencia inmediata al Secretario de Estado existe un Gabinete, con nivel orgánico de subdirección general, y con la estructura que establece el artículo 17.3 del Real Decreto 562/2004, de 19 de abril.

4. Corresponde al titular de la Secretaría de Estado la presidencia de los siguientes órganos colegiados:

a) El Consejo General del Instituto Nacional de la Seguridad Social.

b) El Consejo General del Instituto Social de la Marina.

5. Quedan adscritos a la Secretaría de Estado el Instituto Nacional de la Seguridad Social, el Instituto Social de la Marina, la Tesorería General de la Seguridad Social y la Gerencia de Informática de la Seguridad Social.

Artículo 3. Dirección General de Ordenación de la Seguridad Social.

1. Corresponde a la Dirección General de Ordenación de la Seguridad Social:

a) El desarrollo de las funciones económico-financieras de la Seguridad Social que corresponden al Ministerio de Trabajo y Asuntos Sociales, llevando a cabo su planificación y realizando los estudios económico-financieros y demográficos requeridos.

b) La elaboración del anteproyecto de presupuestos de la Seguridad Social, de conformidad con la política de protección social establecida por el Gobierno, así como establecer la coordinación con otros departamentos en materia presupuestaria de la Seguridad Social.

c) La realización del seguimiento en el orden económico y presupuestario de las Entidades Gestoras, Servicios Comunes y entidades colaboradoras de la Seguridad Social.

d) La tramitación de las modificaciones presupuestarias correspondientes a Entidades Gestoras, Servicios Comunes y mutuas de accidentes de trabajo y enfermedades profesionales de la Seguridad Social.

⇒ La Orden TAS/2214/2005, de 4 julio, regula la tramitación de las modificaciones de crédito en el presupuesto de la Seguridad Social.

e) La elaboración de los informes económicos preceptivos en relación con las disposiciones que incidan en la financiación y en el gasto de la Seguridad Social.

f) La coordinación y tutela de la gestión de las mutuas de accidentes de trabajo y enfermedades profesionales de la Seguridad Social y de las empresas colaboradoras.

g) El conocimiento de los estados de la contabilidad de las mutuas de accidentes de trabajo y enfermedades profesionales de la Seguridad Social, de manera que pueda conocerse en todo momento su situación económica y financiera.

h) La evaluación de la gestión económica de las mutuas de accidentes de trabajo y enfermedades profesionales de la Seguridad Social y de las empresas colaboradoras.

i) El diseño, desarrollo y mantenimiento del sistema estadístico de la Seguridad Social, sin perjuicio de las competencias atribuidas, en el ámbito estadístico-contable, a la Intervención General de la Seguridad Social.

j) La elaboración, tramitación y, en su caso, resolución de las propuestas de sanciones que se originen por infracciones en materia de Seguridad Social.

k) La realización de las funciones de ordenación jurídica del sistema de la Seguridad Social, elaborando e interpretando las normas y disposiciones que afecten a dicho sistema.

l) La participación en actividades relacionadas con el ámbito internacional, tanto en grupos de trabajo de protección social, como en la elaboración de los informes requeridos por diversos organismos internacionales o derivados de la pertenencia de España a dichos organismos, sin perjuicio de las competencias de la Secretaría General Técnica al respecto.

2. De la Dirección General dependen, con rango de subdirección general, los siguientes órganos:

a) La Subdirección General de Planificación y Análisis Económico-Financiero de la Seguridad Social, a la que corresponde la realización y desarrollo de las funciones indicadas en los párrafos a), e), i) y l) del apartado 1.

b) La Subdirección General de Presupuestos de la Seguridad Social, a la que corresponde la realización y desarrollo de las funciones indicadas en el párrafo b) del apartado 1.

c) La Subdirección General de Seguimiento Presupuestario de la Seguridad Social, a la que corresponde la realización y desarrollo de las funciones indicadas en los párrafos c), d) y g) del apartado 1.

d) La Subdirección General de Ordenación Jurídica de la Seguridad Social, a la que corresponde la realización y desarrollo de las funciones indicadas en los párrafos j) y k) del apartado 1.

e) La Subdirección General de Ordenación de las Entidades Colaboradoras de la Seguridad Social, a la que corresponde la realización y desarrollo de las funciones indicadas en los párrafos f) y h) del apartado 1.

Artículo 4. Intervención General de la Seguridad Social.

⇒ V. nota al art. 2.2 b).

La Intervención General de la Seguridad Social, con rango orgánico de dirección general y bajo la dependencia funcional de la Intervención General de la Administración del Estado, es el órgano de control interno y de dirección y gestión de la contabilidad de las entidades que integran el sistema de la Seguridad Social.

La Intervención General de la Seguridad Social desarrollará sus funciones con arreglo a lo dispuesto en su normativa especifica y con la estructura establecida en ella.

Artículo 5. Secretaría de Estado de Inmigración y Emigración.

1. A la Secretaría de Estado de Inmigración y Emigración, bajo la superior autoridad del Ministro, le corresponde desarrollar la política del Gobierno en materia de extranjería e inmigración.

2. De la Secretaría de Estado dependen los siguientes órganos directivos con rango de dirección general:

a) La Dirección General de Inmigración.

b) La Dirección General de Integración de los Inmigrantes.

c) La Dirección General de Emigración.

3. Como órgano de apoyo y asistencia inmediata al titular de la Secretaría de Estado existe un Gabinete, con nivel orgánico de subdirección general, con la estructura que establece el artículo 17.3 del Real Decreto 562/2004, de 19 de abril.

4. Quedan adscritos a la Secretaría de Estado los siguientes órganos colegiados, cuya presidencia corresponde al titular de la Secretaría de Estado:

a) El Consejo Superior de Política de Inmigración.

b) El Observatorio Permanente de la Inmigración.

c) La Comisión Interministerial de Extranjería.

Artículo 6. Dirección General de Inmigración.

1. Corresponden a la Dirección General de Inmigración las funciones siguientes:

a) La elaboración de proyectos normativos y realización de informes en las materias que afecten a la inmigración.

b) La elaboración de instrucciones en materia de inmigración dirigidas a los órganos periféricos de la Administración General del Estado.

c) La coordinación de criterios de actuación en materia de inmigración de la Dirección General con otros departamentos ministeriales.

d) La determinación, en colaboración con los órganos competentes del Ministerio del Interior, cuando así proceda, de los requisitos y el procedimiento a seguir a efectos de ingreso de un extranjero en un centro de migraciones y finalización de dicho ingreso.

e) El apoyo técnico-jurídico necesario para la elaboración, aprobación, transposición y aplicación de directivas y otros instrumentos jurídicos comunitarios o internacionales en las áreas de su competencia.

f) La coordinación de la participación de la Secretaría de Estado en el seno de la Unión Europea, así como en otros foros y organismos internacionales implicados en dicha materia.

g) La programación, ordenación y coordinación con otros centros directivos para la determinación del contingente anual de trabajadores extranjeros y la elaboración de la propuesta del acuerdo del Consejo de Ministros que apruebe el contingente de trabajadores extranjeros y de sus normas de desarrollo.

h) La ordenación y gestión de los procedimientos de concesión de autorizaciones cuya resolución corresponda a la Dirección General de Inmigración.

i) La coordinación con otros centros directivos y con las oficinas de extranjeros, así como el apoyo a los órganos periféricos de la Administración General del Estado, y el seguimiento de su actuación en procedimientos de autorizaciones de trabajo y residencia, o en materias de inmigración de su competencia.

j) La coordinación, canalización y gestión de las ofertas de empleo y autorizaciones de trabajo para la contratación de trabajadores extranjeros en sus países de origen.

k) La coordinación, participación y gestión de los procesos de selección y contratación de los trabajadores en los países de origen.

l) La gestión y coordinación de los procedimientos de selección y contratación de trabajadores documentados con visados de búsqueda de empleo.

m) El apoyo a los trabajadores seleccionados a través del contingente y seguimiento de las contrataciones.

n) La participación y coordinación de los encuentros de la Dirección General con otros organismos extranjeros relativos a la selección y contratación de trabajadores extranjeros.

ñ) La preparación de los asuntos que hayan de someterse a la Comisión delegada de flujos migratorios, promoción e integración social de inmigrantes y refugiados, de la Comisión Interministerial de Extranjería, regulada en el Real Decreto 1946/2000, de 1 de diciembre.

o) El análisis, planificación, desarrollo técnico y seguimiento de los procedimientos administrativos y tendencias de las magnitudes relacionadas con el fenómeno de la inmigración.

p) La elaboración de los estudios necesarios conducentes a la definición de la política de medios e infraestructuras en el ámbito de la inmigración, así como su seguimiento, evaluación y análisis de costes para la modernización de la gestión.

q) La elaboración y distribución de la información adecuada que facilite el conocimiento de los procedimientos de inmigración por el ciudadano.

r) El diseño de los contenidos de los planes de formación de los funcionarios responsables de la gestión de la inmigración.

s) La coordinación, regulación, ordenación y canalización de las migraciones interiores, así como la ejecución y seguimiento del presupuesto que se destine, tanto a este colectivo como a alguno de los recogidos en los párrafos anteriores.

✐ Letra s) añadida por disp. final 2ª.1 de RD 237/2005, de 4 marzo.

2. De la Dirección General dependen, con rango de subdirección general, los siguientes órganos:

a) La Subdirección General de Régimen Jurídico, a la que corresponde el ejercicio de las funciones enumeradas en los párrafos a), b), c), d), e) y f) del apartado anterior.

b) La Subdirección General de Gestión y Coordinación de Flujos Migratorios, a la que corresponde el ejercicio de las funciones enumeradas en los párrafos g), h), i), j), k), l), m), n), ñ) y s) del apartado anterior.

✐ Letra b) modificada por disp. final 2ª.2 de RD 237/2005, de 4 marzo.

c) La Subdirección General de Modernización de la Gestión, a la que corresponde el ejercicio de las funciones enumeradas en los párrafos o), p), q) y r) del apartado anterior.

Artículo 7. Dirección General de Integración de los Inmigrantes.

1. A la Dirección General de Integración de los Inmigrantes le corresponden las funciones siguientes:

a) El desarrollo, mantenimiento y gestión del sistema de acogida integral, promoción e integración para inmigrantes, solicitantes de asilo, refugiados, apátridas, personas acogidas al régimen de protección temporal y otros estatutos de protección subsidiaria.

⇒ El RD 441/2007, de 3 abril, aprueba las normas reguladoras de la concesión directa de subvenciones a entidades y organizaciones que realicen actuaciones de atención humanitaria a personas inmigrantes.

b) La gestión de las subvenciones destinadas a los programas para la promoción laboral, social, cívica y cultural de los colectivos a los que se refiere el párrafo anterior, en colaboración con otros departamentos ministeriales y Administraciones públicas, así como con entidades privadas.

c) La gestión, control y seguimiento de los centros de migraciones, así como de los programas que se ejecuten en estos.

d) La gestión, control y seguimiento de plazas concertadas, de programas de apoyo al contingente de trabajadores de origen extranjero y de programas de retorno asistido.

e) La gestión de las iniciativas, fondos y planes de acción comunitarios dirigidos a los colectivos indicados en el párrafo a).

f) La gestión de los planes y programas de primera atención y de intervención urgente para situaciones de carácter excepcional.

⇒ El RD 1142/2006, de 6 octubre, regula la concesión directa de subvenciones a determinadas entidades para la atención humanitaria a personas inmigrantes en situación de vulnerabilidad que lleguen a las CC AA de Canarias y Andalucía y a las ciudades de Ceuta y Melilla.

g) El diseño, desarrollo y evaluación de acciones de formación externa y especializada.

✐ Letra g) modificada por disp. final 2ª.3 de RD 237/2005, de 4 marzo.

h) El desarrollo de instrumentos de análisis que permitan evaluar la eficacia de los programas realizados y su impacto social, así como el desarrollo de indicadores de integración de los inmigrantes y realizar el seguimiento y la evaluación de los planes, programas y actuaciones que tengan como destinatarios a los colectivos indicados en el párrafo a).

i) La elaboración de informes sobre normas y proyectos de ámbito nacional, comunitario europeo e internacional con incidencia en su ámbito competencial.

j) La concertación de actuaciones y la realización de estudios en colaboración con otros departamentos ministeriales, Comunidades Autónomas, corporaciones locales y entidades públicas y privadas.

k) La participación en organismos comunitarios europeos e internacionales en el ámbito de la integración de inmigrantes y prestar asistencia técnica a los programas de cooperación internacional dirigidos a sus colectivos de atención, sin perjuicio de las competencias de la Secretaría General Técnica al respecto.

l) La promoción de políticas de igualdad de trato y no discriminación por el origen racial o étnico.

✐ Letra l) añadida por disp. final 2ª.4 de RD 237/2005, de 4 marzo.

2. De la Dirección General dependen, con rango de subdirección general, los siguientes órganos:

a) La Subdirección General de Intervención Social, a la que corresponde el ejercicio de las funciones enumeradas en los párrafos a), b), c), d), e) y f) del apartado anterior.

b) La Subdirección General de Relaciones Institucionales, a la que corresponde el ejercicio de las funciones enumeradas en los párrafos g), h), i), j), k) y l) del apartado anterior.

✐ Letra b) modificada por disp. final 2ª.5 de RD 237/2005, de 4 marzo.

3. Quedan adscritos a la Dirección General el Observatorio Español del Racismo y la Xenofobia, el Foro para la Integración Social de los Inmigrantes y el Consejo para la promoción de la igualdad de trato y no discriminación de las personas por el origen racial o étnico, cuya secretaría será ejercida por la Dirección General.

✐ Ap. 3 modificado por disp. final 2ª.6 de RD 237/2005, de 4 marzo.

Artículo 8. Dirección General de Emigración.

1. La Dirección General de Emigración tiene las siguientes funciones:

a) La elaboración de proyectos normativos y realización de informes en las materias que afecten a la emigración.

b) La participación en organismos internacionales en materias relativas a la emigración.

c) La realización de las tareas correspondientes a la secretaría del Consejo General de la Emigración.

d) La gestión de las pensiones asistenciales por ancianidad para los emigrantes españoles y retornados.

e) El apoyo y promoción educativa, cultural y laboral de los españoles emigrantes en el extranjero, en colaboración con otras Administraciones y organismos.

f) La programación, impulso y gestión de las actuaciones de asistencia a los trabajadores españoles que residen en el extranjero, así como a los familiares a su cargo.

g) La organización y asistencia de las campañas de empleo temporal, de temporada y de emigración cualificada.

h) La gestión de las acciones dirigidas a la atención social e integración laboral de los emigrantes retornados.

i) La gestión de asistencia sanitaria de los emigrantes que se desplazan temporalmente a España y de los familiares de emigrantes que residen en nuestro país, regulada por el Decreto 1075/1970, de 9 de abril.

j) La coordinación, en colaboración con otras Administraciones públicas y organismos, de las actuaciones de información y asesoramiento a los emigrantes retornados.

2. De la Dirección General dependen, con rango de subdirección general, los siguientes órganos:

a) La Subdirección General de Ordenación Normativa e Informes, a la que corresponde el ejercicio de las funciones enumeradas en los párrafos a), b) y c) del apartado anterior y la secretaría del Consejo General de la Emigración.

b) La Subdirección General de Pensiones Asistenciales y Programas de Actuación a Favor de los Emigrantes, a la que corresponde el ejercicio de las funciones enumeradas en los párrafos d), e), f), g), h), i) y j) del apartado anterior.

⇒ La Ley 40/2006, de 14 diciembre, del Estatuto de la ciudadanía española en el exterior, establece el Consejo General de la Emigración como órgano consultivo y asesor adscrito al MTAS a través de la Dirección General de Emigración (art. 10).

Artículo 9. Secretaría de Estado de Servicios Sociales, Familias y Discapacidad.

1. A la Secretaría de Estado de Servicios Sociales, Familias y Discapacidad, cuyo titular desem-

peñará asimismo las funciones de Secretario General del Real Patronato sobre Discapacidad, le corresponden, bajo la superior autoridad del Ministro, las siguientes funciones:

a) La planificación y regulación básica del reconocimiento del derecho a una ayuda personalizada a toda persona dependiente, garantizando un sistema de servicios universal, integrado y uniforme.

b) El impulso de los servicios sociales, atendiendo a las competencias estatales en las áreas de bienestar social, y el fomento de la cooperación con las organizaciones no gubernamentales e impulso del voluntariado social.

c) La dirección, planificación, coordinación y evaluación de las actuaciones en materia de protección y promoción de las familias y la infancia y de prevención de las situaciones de dificultad social de estos colectivos, en el marco de las competencias estatales.

d) El impulso y coordinación de las políticas sectoriales sobre discapacidad; programación de las actuaciones dirigidas a la atención y apoyo a las personas con discapacidad en el marco de las competencias estatales; ejercicio de la tutela del Estado respecto a las entidades asistenciales ajenas a la Administración y del protectorado del gobierno sobre las fundaciones benéfico-asistenciales.

e) La propuesta de normas reguladoras de las actividades enunciadas en los párrafos anteriores.

2. De la Secretaría de Estado dependen los siguientes órganos directivos, con rango de dirección general:

a) La Dirección General de Servicios Sociales y Dependencia.

b) La Dirección General de las Familias y la Infancia.

c) La Dirección General de Coordinación de Políticas Sectoriales sobre la Discapacidad.

⇒ El RD 613/2007, de 11 mayo, crea y regula el Consejo y el Observatorio Estatal de Familias, dependientes de la Secretaría de Estado de Servicios Sociales, Familia y Discapacidad.

3. Como órgano de apoyo y asistencia inmediata al titular de la Secretaría de Estado existe un Gabinete, con nivel orgánico de subdirección general y con la estructura que establece el artículo 17.3 del Real Decreto 562/2004, de 19 de abril.

4. Corresponde al titular de la Secretaría de Estado la presidencia de los siguientes órganos colegiados:

a) El Consejo Estatal de las Personas Mayores.

⇒ Vid. RD 117/2005, 4 febrero, que la regula.

b) El Consejo Nacional de la Discapacidad.

⇒ Regulado por RD 1865/2004, de 6 septiembre y Orden TAS/736/2005, de 17 marzo.

c) El Consejo estatal de organizaciones no gubernamentales de acción social.

⇒ Vid. RD 235/2005, de 4 marzo, que lo regula.

d) El Consejo General del IMSERSO.

5. Queda adscrita a la Secretaría de Estado la entidad gestora de la Seguridad Social Instituto de Mayores y Servicios Sociales (IMSERSO).

Artículo 10. Dirección General de Servicios Sociales y Dependencia.

1. Corresponden a la Dirección General de Servicios Sociales y Dependencia las siguientes funciones:

a) El análisis, la elaboración, la coordinación y el seguimiento de los programas de actuación en materia de servicios sociales y bienestar social, en el marco de las competencias estatales y de la cooperación con las Comunidades Autónomas.

b) El impulso, elaboración, coordinación y seguimiento del Plan nacional de lucha contra la pobreza y la exclusión social, de acuerdo con la Estrategia europea de inclusión social.

c) El impulso de políticas públicas para la promoción y mejora de las condiciones de vida de las gitanas y gitanos españoles y otras razas y etnias minoritarias en el territorio nacional.

d) La gestión del Sistema de información de usuarios de servicios sociales, los estudios y la formación de profesionales de servicios sociales de atención primaria.

e) El fomento de la cooperación con las organizaciones no gubernamentales en los ámbitos relativos a programas de servicios sociales y bienestar social.

f) La gestión, seguimiento y revisión de las cuentas justificativas de convocatorias de subvenciones con cargo al porcentaje del Impuesto sobre la Renta de las Personas Físicas, destinado a fines sociales, y de régimen general de acción social, en el ámbito de las competencias de la Administración General del Estado.

g) El impulso y desarrollo de la movilización y del voluntariado social.

2. De la Dirección General dependen, con rango de subdirección general, los siguientes órganos:

a) La Subdirección General de Programas Sociales, a la que corresponde el ejercicio de las funciones enumeradas en los párrafos a), b), c) y d) del apartado 1.

b) La Subdirección General de Organizaciones o Gubernamentales y Voluntariado, a la que corresponde el ejercicio de las funciones enumeradas en los párrafos e), f) y g) del apartado 1.

Artículo 11. Dirección General de las Familias y la Infancia.

1. Corresponden a la Dirección General de las Familias y la Infancia las siguientes funciones:

a) El impulso, análisis, elaboración, coordinación y el seguimiento de los programas de actuación en materia de protección y promoción de las familias y la infancia, y de prevención de las situaciones de dificultad o conflicto social de estos colectivos, en el marco de las competencias estatales y de la cooperación con las Comunidades Autónomas, promoviendo la coordinación interinstitucional sobre estas materias.

b) El fomento de la cooperación con las organizaciones no gubernamentales en los ámbitos relativos a programas de familias e infancia.

c) La cooperación con entidades públicas y privadas, nacionales e internacionales, en materia de adopción internacional.

d) El impulso y gestión, en su caso, de órganos colegiados para el análisis, debate y propuestas en materia de familias e infancia.

e) El análisis de la normativa relativa a la protección y promoción de las familias y la infancia y, en su caso, la formulación de las propuestas correspondientes.

f) Las relaciones con organismos extranjeros e internacionales y la colaboración técnica en los programas de cooperación internacional relativos a familias e infancia, sin perjuicio de las competencias de la Secretaría General Técnica al respecto.

2. De la Dirección General dependen, con rango de subdirección general, los siguientes órganos:

a) La Subdirección General de Familias, a la que corresponde el ejercicio de las funciones enumeradas en los párrafos a), b), d), e) y f) del apartado 1 en materia de protección y promoción de familias.

b) La Subdirección General de Infancia, a la que corresponde el ejercicio de las funciones enumeradas en el párrafo c) y en los párrafos a), b), d), e) y f) del apartado 1 en materia de infancia.

Artículo 12. Dirección General de Coordinación de Políticas Sectoriales sobre la Discapacidad.

1. Corresponden a la Dirección General de Coordinación de Políticas Sectoriales sobre la Discapacidad las siguientes funciones:

a) El impulso de políticas sectoriales sobre discapacidad y su coordinación interministerial, así como entre la Administración General del Estado y la de las Comunidades Autónomas y las corporaciones locales.

b) La propuesta de normativa básica en las materias de su competencia.

c) La planificación, el diseño y la ordenación de los programas y planes de ámbito estatal en materia de discapacidad y su coordinación con las Comunidades Autónomas.

d) La gestión y evaluación de los planes y programas de ámbito estatal en cooperación con otros ministerios, Comunidades Autónomas y corporaciones locales.

e) El fomento de la cooperación con las organizaciones y entidades que agrupan a las personas con discapacidad y sus familias.

f) La coordinación y seguimiento de los distintos órganos consultivos y de planificación en materia de discapacidad.

g) El ejercicio de la tutela del Estado respecto de las entidades asistenciales y sobre discapacidad ajenas a la Administración.

h) El desempeño del protectorado del Gobierno sobre fundaciones benéfico-asistenciales y sobre discapacidad.

i) Las relaciones con organismos extranjeros e internacionales y la coordinación técnica de los programas de cooperación internacional relativos a la discapacidad, sin perjuicio de las competencias de la Secretaría General Técnica al respecto.

2. De la Dirección General dependen, con rango de subdirección general, los siguientes órganos:

a) La Subdirección General de Ordenación y Planificación, a la que corresponde el ejercicio de las funciones enumeradas en los párrafos a), b), c), d) e i) del apartado 1.

b) La Subdirección General de Participación, Fundaciones y Entidades Tuteladas, a la que corresponde el ejercicio de las funciones enumeradas en los párrafos e), f), g) y h) del apartado 1.

Artículo 13. Subsecretaría de Trabajo y Asuntos Sociales.

1. La Subsecretaría ostenta la representación ordinaria del ministerio y la dirección de sus servicios comunes, así como el ejercicio de las atribuciones a que se refiere el artículo 15 de la Ley 6/1997, de 14 de abril, de Organización y Funcionamiento de la Administración General del Estado, y, en particular, el desempeño de las siguientes funciones:

a) El apoyo y asesoramiento técnico al Ministro en la elaboración y aprobación de los planes de actuación del departamento.

b) El estudio de los distintos elementos organizativos del departamento y la dirección y realización de los proyectos organizativos de ámbito ministerial.

c) La supervisión de la fundamentación técnico-jurídica de todos los asuntos del ministerio y sus organismos públicos, que se sometan a la consideración de la Comisión General de Secretarios de Estado y Subsecretarios y del Consejo de Ministros.

d) La elaboración y tramitación de los proyectos de disposiciones generales, el asesoramiento jurídico permanente a los responsables de la gestión administrativa, la formulación de las propuestas de resolución de los recursos administrativos contra los actos y disposiciones del departamento, así como las relaciones con los órganos jurisdiccionales.

e) Las relaciones externas y las relaciones institucionales con los demás departamentos, Administraciones públicas y con los agentes sociales.

f) El informe de los proyectos de normas de otros ministerios, coordinando las actuaciones dentro del ministerio y con los demás departamentos que hayan de intervenir en el procedimiento.

g) La coordinación de las Consejerías de Trabajo y Asuntos Sociales, sin perjuicio de la competencia de las Embajadas o Misiones Diplomáticas españolas en el extranjero y de la dependencia directa de los titulares de aquéllas respecto del Jefe de Misión Diplomática, la cooperación internacional y la acción del departamento en el exterior, sin perjuicio de las competencias del Ministerio de Asuntos Exteriores y de Cooperación.

h) La elaboración del anteproyecto anual de presupuestos del departamento y la coordinación de los correspondientes a los organismos autónomos y entidades adscritas, así como el seguimiento de la ejecución presupuestaria y la tramitación, en su caso, de las modificaciones presupuestarias.

i) La gestión y administración de los recursos humanos del departamento, la elaboración de las propuestas de aprobación y modificación de las relaciones de puestos de trabajo y los planes de empleo, la tramitación de los procesos para la cobertura de los puestos de trabajo, la formación del personal, las relaciones sindicales, la acción social y la prevención de riesgos laborales.

j) La coordinación y supervisión de la política de personal, en el ámbito del departamento, de las Entidades Gestoras y Servicios Comunes de la Seguridad Social y de los organismos autónomos, así como la supervisión y coordinación de las propuestas de planes de empleo, y de las funciones de gestión ordinaria que corresponden a las unidades de personal de las Entidades Gestoras y de la Tesorería General de la Seguridad Social, y de los organismos autónomos.

k) La elaboración y coordinación de la aplicación del plan director de sistemas de información y comunicaciones del departamento, la coordinación y, en su caso, gestión de las líneas de actuación y de los proyectos definidos en el plan director citado. La definición, coordinación y, en su caso, gestión de las medidas que se adopten en relación con la Administración electrónica y la coordinación y gestión de las medidas previstas en materia de protección de datos de carácter personal.

l) La gestión de la infraestructura técnica y de comunicaciones y el desarrollo y mantenimiento de los sistemas de información y comunicación que precisen los distintos centros directivos y unidades del ministerio, así como la supervisión en materia de tecnologías de la información y de las comunicaciones de los organismos autónomos adscritos, a excepción del Servicio Público de Empleo Estatal y de los dependientes de la Secretaría de Estado de la Seguridad Social.

m) La gestión del registro general del departamento, la dirección y gestión de los servicios generales y de régimen interior, la gestión, conservación y mantenimiento de los recursos materiales del departamento, la elaboración y actualización del inventario de bienes muebles de los servicios centrales y periféricos del departamento y el mantenimiento ordinario de los edificios sede de los servicios centrales del departamento.

n) La gestión financiera de ingresos y gastos y de tesorería de los créditos presupuestarios del departamento, dirigir la habilitación general del ministerio, la asistencia a los órganos directivos en la preparación de los expedientes de contratación que propongan y la tramitación de la ejecución de los contratos y justificar las cuentas, coordinar y controlar las subvenciones y transferencias de capital y conocer la justificación de mandamientos de pagos generados por ejecución del presupuesto de los organismos autónomos.

ñ) La gestión y conservación de los bienes inmuebles del departamento. A estos efectos, asumirá el control y seguimiento de las inversiones destinadas a financiar obras de construcción, reforma y reparación de edificios; la elaboración de los proyectos de obras de construcción, reforma y reparación de edificios; la supervisión de los proyectos de obras previa su contratación por los órganos competentes del ministerio y la elaboración y actualización del inventario de bienes inmuebles.

o) La gestión del régimen de cesiones en uso a los sindicatos y asociaciones empresariales del patrimonio sindical acumulado, así como la gestión del patrimonio sindical histórico.

p) La organización de las actividades de control e inspección del departamento, realizando aquellas que permitan evaluar el funcionamiento, la eficacia y el rendimiento del personal y servicios del ministerio.

2. En la medida en que las funciones anteriores se encuentren desconcentradas o delegadas en otros órganos del ministerio, le corresponderá a la Subsecretaría su coordinación y control, respectivamente.

3. De la Subsecretaría dependen los siguientes órganos directivos con rango de dirección general:

a) La Secretaría General Técnica.

b) La Dirección General de la Inspección de Trabajo y Seguridad Social.

4. Están adscritos a la Subsecretaría, con las funciones que les atribuyen las disposiciones vigentes, y sin perjuicio de su dependencia de los Ministerios de Justicia y de Economía y Hacienda, respectivamente, los siguientes órganos con rango de subdirección general:

a) La Abogacía del Estado.

b) La Intervención Delegada de la Intervención General de la Administración del Estado.

5. Corresponde a la Subsecretaría la presidencia de los siguientes órganos colegiados:

⇒ La O. TAS/23/2006, de 10 enero, crea la Comisión Calificadora de documentos administrativos del MTAS. Su art. 2 la adscribe a la Subsecretaría del Dpto. y atribuye a su titular la presidencia de la misma. La O. TAS/3857/2006, de 19 diciembre, crea la Comisión para la coordinación de las actividades del Año Europeo de Igualdad de Oportunidades para todas las personas. Su art. 11 la adscribe asimismo a la Subsecretaría del MTAS y el art. 2 atribuye la presidencia al Subsecretario.

a) La Comisión Consultiva de Patrimonio Sindical.

b) La Comisión de Informática del Ministerio de Trabajo y Asuntos Sociales.

c) La Comisión Asesora de Publicaciones.

d) La Comisión Presupuestaria del Ministerio de Trabajo y Asuntos Sociales.

e) La Comisión de Información Administrativa del Ministerio de Trabajo y Asuntos Sociales.

6. De la Subsecretaría dependen, con rango de subdirección general, los siguientes órganos:

⇒ Regulada por Orden TAS/1364/2005, de 10 mayo.

a) El Gabinete Técnico, como órgano de apoyo y asistencia inmediata al titular de la Subsecretaría, y de coordinación con el resto de Subdirecciones Generales que dependan directamente de la Subsecretaría.

b) Oficina Presupuestaria, a la que corresponderán las funciones enumeradas en el párrafo h) del apartado 1.

c) La Subdirección General de Recursos Humanos, a la que corresponden las funciones enumeradas en el párrafo i) del apartado 1.

d) La Subdirección General de Ordenación y Desarrollo de los Recursos Humanos de los Organismos Autónomos y de la Seguridad Social, a la que corresponden las funciones enumeradas en el párrafo j) del apartado 1.

e) La Subdirección General de Planificación y Coordinación Informática, a la que corresponden las funciones enumeradas en el párrafo k) del apartado 1, así como el desempeño de las tareas de secretaría de la Comisión Ministerial de Informática.

f) La Subdirección General de Proceso de Datos, a la que corresponden las funciones enumeradas en el párrafo l) del apartado 1.

g) La Oficialía Mayor, a la que corresponden las funciones enumeradas en el párrafo m) del apartado 1.

h) La Subdirección General de Administración Financiera, a la que corresponden las funciones relativas a gestión económico-financiera y contratación previstas en el párrafo n) del apartado 1.

i) La Subdirección General de Obras y Patrimonio, a la que corresponden las funciones relativas a la gestión patrimonial previstas en el párrafo ñ) del apartado 1.

j) La Subdirección General de Patrimonio Sindical, a la que corresponden las funciones relativas a la gestión patrimonial previstas en el párrafo o) del apartado 1, en relación con el patrimonio sindical, así como ejercer la secretaría de la Comisión Consultiva del Patrimonio Sindical.

k) La Inspección General de Servicios, a la que corresponden las funciones enumeradas en el párrafo p) del apartado 1.

Artículo 14. Secretaría General Técnica.

1. Corresponde a la Secretaría General Técnica el ejercicio de las funciones que le atribuyen la Ley 50/1997, de 27 de noviembre, del Gobierno, y el artículo 17 de la Ley 6/1997, de 14 de abril, de Organización y Funcionamiento de la Administración General del Estado, y, en particular, el desempeño de las siguientes funciones:

a) La realización de los informes preceptivos y la tramitación y participación en la elaboración, en su caso, de los proyectos de disposiciones generales que corresponda dictar o proponer al departamento en materia laboral, de empleo y de inmigración y emigración.

b) La realización de los informes preceptivos y la tramitación y participación en la elaboración, en su caso, de los proyectos de disposiciones generales que corresponda dictar o proponer al departamento en materia de Seguridad Social y de asuntos sociales.

c) El estudio e informe y las actuaciones de preparación de documentación y coordinación relativas a los asuntos que hayan de someterse al Consejo de Ministros y a la Comisión General de Secretarios de Estado y Subsecretarios.

d) El seguimiento e informe de los actos y disposiciones de las Comunidades Autónomas y de cuantos asuntos hayan de someterse a la Comisión Delegada del Gobierno para Política Autonómica; la tramitación de los convenios de colaboración con las Comunidades Autónomas y la coordinación de las actuaciones de los distintos órganos directivos del departamento relativas al traspaso de funciones y servicios de aquellas; así como la preparación de las Conferencias Sectoriales en las que intervenga el ministerio.

e) El seguimiento y la coordinación de la actividad del ministerio en materia de relaciones internacionales, en particular en relación con la Unión Europea, organismos internacionales y en materia de cooperación. La participación en la representación del ministerio en materia de relaciones internacionales, en coordinación con el Ministerio de Asuntos Exteriores y de Cooperación. La elaboración de los proyectos de tratados, convenios o acuerdos internacionales en materias de la competencia del departamento. La coordinación de las Consejerías de Trabajo y Asuntos Sociales en las materias indicadas en este párrafo.

f) La tramitación de los recursos administrativos frente a las resoluciones de las autoridades del ministerio, de los procedimientos de responsabilidad patrimonial, de las revisiones de oficio y las relaciones con los tribunales de justicia.

g) La preparación de documentación y el examen e informe de los asuntos que hayan de someterse a la Comisión Delegada del Gobierno para Asuntos Económicos.

h) La dirección de archivos y bibliotecas del departamento.

i) El desarrollo y coordinación de las actividades de información administrativa y atención al ciudadano y el ejercicio de las funciones que le corresponden en relación con la Comisión Ministerial de Información Administrativa y cuantas otras le atribuye la normativa específica sobre la materia, así como la publicidad institucional.

j) La elaboración del programa editorial del departamento y la gestión, en coordinación con los organismos autónomos y Entidades Gestoras y Servicios Comunes de la Seguridad Social adscritos al ministerio, de la edición, distribución y venta, en su caso, de las publicaciones oficiales, así como las funciones que, en conexión con el proceso editorial, le atribuye la normativa específica sobre la materia, en particular, en relación con la Comisión Asesora de Publicaciones del departamento.

k) La elaboración y ejecución del plan estadístico del departamento, así como la coordinación, planificación, dirección y control de la actividad estadística del ministerio, y las relaciones con el Instituto Nacional de Estadística.

2. De la Secretaría General Técnica dependen, con rango de subdirección general, los siguientes órganos:

a) La Vicesecretaría General Técnica, a la que corresponde el ejercicio de las funciones a las que se refiere el apartado 1.a) y c).

b) La Subdirección General de Relaciones con las Comunidades Autónomas e Informes sobre Seguridad Social y Asuntos Sociales, a la que corresponde el ejercicio de las funciones a las que se refiere el apartado 1.b) y d).

c) La Subdirección General de Relaciones Sociales Internacionales, a la que corresponde el ejercicio de las funciones a las que se refiere el apartado 1.e).

d) La Subdirección General de Recursos, a la que corresponde el ejercicio de las funciones a las que se refiere el apartado 1.f).

e) La Subdirección General de Informes Socioeconómicos y Documentación, a la que corresponde el ejercicio de las funciones a las que se refiere el apartado 1.g) y h), así como la dirección del Centro Estatal de Documentación e Información de Servicios Sociales.

⇒ La O. TAS/3002/2005, de 23 septiembre, regula la realización de estudios y encuestas por el Ministerio de Trabajo y Asuntos Sociales.

f) La Subdirección General de Información Administrativa y Publicaciones, a la que corresponde el ejercicio de las funciones a las que se refiere el apartado 1.i) y j).

g) La Subdirección General de Estadísticas Sociales y Laborales, a la que corresponde el ejercicio de las funciones a las que se refiere el apartado 1.k).

Artículo 15. Dirección General de la Inspección de Trabajo y Seguridad Social.

⇒ V. las normas transcritas bajo los epígrafes §38.2 y §38.3.

1. Corresponden a la Dirección General de la Inspección de Trabajo y Seguridad Social las funciones siguientes:

a) La organización, planificación, coordinación y ejecución de las funciones propias del sistema de la inspección de trabajo y Seguridad Social en materia de relaciones laborales, empleo, prevención de riesgos laborales y Seguridad Social, atribuidas por la Ley 42/1997, de 14 de noviembre, Ordenadora de la Inspección de Trabajo y Seguridad Social, sus reglamentos de desarrollo, así como por otras disposiciones o por los convenios de colaboración con las Comunidades Autónomas.

Las facultades de planificación se ejercitarán, sin perjuicio de las que correspondan a las Comunidades Autónomas, impulsando esta Dirección General los mecanismos necesarios para la coordinación de las planificaciones de las distintas Administraciones competentes.

b) La participación en los órganos de consulta, asesoramiento y participación en organismos nacionales e internacionales, en especial, los de la Unión Europea, sin perjuicio de las competencias de la Secretaría General Técnica, así como en los programas de actuación de ámbito transnacional en materia de inspección de trabajo y seguridad social.

c) La realización de actuaciones inspectoras de ámbito supraautonómico en materias de competencia estatal, así como la coordinación y evaluación de su realización en las materias transferidas.

d) La elaboración de planes, acciones y protocolos en colaboración con las Comunidades Autónomas para la actuación inspectora en relación con la aplicación de la normativa de prevención de riesgos laborales, así como la coordinación, seguimiento y evaluación de los resultados obtenidos.

e) El impulso y la coordinación con las Comunidades Autónomas de la actuación inspectora sobre las materias que hayan sido objeto de transferencia, o que hayan podido encomendarse a la Inspección mediante convenios de colaboración.

f) La coordinación de actuaciones con otros organismos del departamento y las relaciones con otros órganos de la Administración General del Estado en relación con las materias citadas, en particular, en los programas de actuación para reducir la siniestralidad.

g) La elaboración de planes, acciones y protocolos de actuación en materia de Seguridad Social y trabajadores extranjeros así como la planificación, seguimiento y evaluación de los programas en materia de economía irregular y fraude en la contratación.

h) La coordinación de actuaciones con otros órganos de la Administración General del Estado con competencia en materia inmigratoria.

i) La planificación y gestión de los recursos humanos del sistema de la inspección en materia de selección, distribución geográfica y sectorial, y el diseño de los planes y programas de formación, perfeccionamiento y promoción profesional.

j) El establecimiento, seguimiento y control de los indicadores de eficiencia y eficacia de la actuación inspectora, así como el establecimiento de instrucciones y criterios técnicos para la actuación inspectora.

k) La supervisión de la actuación inspectora en las unidades territoriales, a través de la inspección de inspecciones. La elaboración de informes sobre los recursos administrativos o contencioso-administrativos que se soliciten a esta Dirección General y el conocimiento de los procedimientos sancionadores cuya resolución esté atribuida a ella.

l) La planificación y gestión de los medios materiales y económicos necesarios para el desarrollo de las funciones encomendadas al sistema de la inspección, así como la puesta a disposición, actualización y mantenimiento de los equipos, aplicaciones y conexiones informáticas y su coordinación con otros órganos del propio departamento o de la Administración General del Estado a cuyas bases de datos deba tenerse acceso.

m) La realización de las tareas de apoyo para el funcionamiento del sistema de la inspección, así como las derivadas de las funciones de consulta e información sobre la actuación inspectora.

2. De la Dirección General dependen, con rango de subdirección general, los siguientes órganos:

a) La Subdirección General para la Prevención de Riesgos Laborales y las Políticas de Igualdad, a la que corresponde el ejercicio de las funciones enumeradas en los párrafos d), e) y f) del apartado 1.

b) La Subdirección General de Inspección para la Seguridad Social y Economía Irregular, a la que corresponde el ejercicio de las funciones enumeradas en los párrafos g) y h) del apartado 1.

c) La Subdirección General de Organización y Asistencia Técnica, a la que corresponde el ejercicio de las funciones enumeradas en los párrafos i), j) y k) del apartado 1.

d) La Subdirección General de Apoyo a la Gestión, a la que corresponde el ejercicio de las funciones enumeradas los párrafos l) y m) del apartado 1.

3. Queda adscrita a la Dirección General la Dirección Especial de Inspección adscrita a la Autoridad Central.

Artículo 16. Secretaría General de Empleo.

1. A la Secretaría General de Empleo, bajo la superior autoridad del Ministro, le corresponden las siguientes competencias:

a) El impulso, dirección y desarrollo de las relaciones laborales individuales y colectivas, las condiciones de trabajo y la prevención de riesgos laborales.

b) El impulso, dirección y coordinación de la ordenación y regulación del empleo, así como las medidas laborales de la reconversión.

c) La elaboración, dirección y ejecución de las políticas y actuaciones de ordenación y regulación del empleo, protección por desempleo, fomento del empleo, y la de formación profesional ocupacional que se realice en el ámbito de la Administración General del Estado.

d) La elaboración, impulso y ejecución, en el ámbito de la Administración General del Estado, de la actuación política atribuida al departamento en el sector de la economía social.

e) La proposición y elaboración de los proyectos de disposiciones generales en materia de relaciones laborales y empleo.

f) La promoción de las actuaciones encaminadas al cumplimiento de los objetivos de la Unión Europea a través del Fondo Social Europeo.

g) El ejercicio del protectorado del gobierno sobre las fundaciones laborales.

2. De la Secretaría General dependen los siguientes órganos directivos con rango de dirección general:

a) La Dirección General de Trabajo.

b) La Dirección General de la Economía Social, del Trabajo Autónomo y del Fondo Social Europeo.

3. Del Secretario General de Empleo, y con nivel orgánico de subdirección general, depende el Gabinete Técnico, como órgano de apoyo y asistencia inmediata al titular de la Secretaría General de Empleo.

4. Depende, asimismo, directamente del Secretario General de Empleo la Subdirección General de Estudios sobre el Empleo, a la que corresponden las siguientes funciones:

a) La realización de estudios sobre la situación del mercado de trabajo, necesarios para facilitar la toma de decisiones en el ámbito de las políticas de empleo y relaciones laborales, en el contexto de la Estrategia Europea de Empleo, así como el análisis y seguimiento de la información y experiencias existentes, tanto a escala nacional como internacional, en lo que afecta al mercado de trabajo.

b) El análisis de la aplicación de las políticas de empleo y medidas en vigor, así como la elaboración y el seguimiento de indicadores correspondientes a la evolución de los resultados de esas políticas y de las magnitudes básicas del mercado de trabajo.

c) La elaboración de informes de carácter socioeconómico para la Secretaría General de Empleo, así como el examen y ordenación de la correspondiente documentación nacional e internacional.

d) La participación en las tareas de elaboración y seguimiento de los planes de acción para el empleo y la elaboración de los indicadores de las directrices de la Estrategia Europea de Empleo.

e) La constitución de una red de colaboradores de equipos de investigación pertenecientes a universidades españolas y extranjeras, así como a otras instituciones y grupos de expertos, que tengan entre sus objetivos el estudio y la investigación sobre los problemas relacionados con el empleo y el mercado de trabajo en general.

f) La participación en comités y grupos de trabajo de la Comisión Europea, la OCDE y cualquier otro en el que se traten materias propias de la Secretaría General de Empleo.

g) La organización de jornadas y seminarios sobre los resultados de los proyectos de investigación que puedan contribuir a favorecer el conocimiento y el intercambio de experiencias sobre distintos aspectos de las políticas de empleo.

5. Corresponde a la Secretaría General la presidencia de los siguientes órganos colegiados:

a) El Consejo Rector del Fondo de Garantía Salarial.

b) El Consejo General del Instituto Nacional de Seguridad e Higiene en el Trabajo.

c) El Consejo General del Servicio Público de Empleo Estatal.

d) La Comisión Nacional de Seguridad y Salud en el Trabajo.

e) El Consejo de Fomento de la Economía Social.

6. Quedan adscritos al departamento, a través de la Secretaría General de Empleo, los organismos autónomos Servicio Público de Empleo Estatal, Fondo de Garantía Salarial e Instituto Nacional de Seguridad e Higiene en el Trabajo.

7. Se adscribe al Ministerio de Trabajo y Asuntos Sociales, a través de la Secretaría General de Empleo, el Consejo General de Formación Profesional, de acuerdo con lo establecido en la Ley 1/1986, de 7 de enero, por la que se crea el Consejo General de Formación Profesional, modificada por la Ley 19/1997, de 9 de junio.

Artículo 17. Dirección General de Trabajo.

1. Corresponden a la Dirección General de Trabajo las siguientes funciones:

a) La ordenación y desarrollo de las relaciones laborales individuales y colectivas, las condiciones de trabajo, la prevención de riesgos laborales, la regulación de empleo, la elaboración e interpretación de las normas de empleo, la protección por desempleo y las actuaciones administrativas en materia de empresas de trabajo temporal.

b) La elaboración y seguimiento de las propuestas presupuestarias de la Dirección General de Trabajo y tramitación, en su caso, de las obligaciones de contenido económico.

c) La expedición de certificación acreditativa de la capacidad representativa de las organizaciones sindicales, cuando el ámbito afectado supere el de una Comunidad Autónoma, agregando la información sobre resultados electorales registrados en los correspondientes ámbitos territoriales. Procesar las actas electorales correspondientes a las Ciudades de Ceuta y Melilla.

d) La formalización del depósito de estatutos de las organizaciones sindicales y asociaciones empresariales, así como de los pactos o acuerdos colectivos que no son objeto de inscripción en el Registro de convenios colectivos y registro de los reglamentos de procedimiento de los comités de empresa, siempre que su ámbito sea nacional o supracomunitario.

e) La resolución sobre la concesión de las ayudas previas a la jubilación ordinaria en el sistema de la Seguridad Social, así como sobre las correspondientes a asistencia económica extraordinaria a trabajadores y realizar la tramitación y seguimiento de las solicitudes de las ayudas sociales CECA a la readaptación de los trabajadores.

f) La realización de estudios, análisis e informes sobre planes de viabilidad y/o de reordenación de sectores y empresas en crisis, así como estudio y tramitación de los planes y programas de ayudas derivados de las medidas laborales contemplados en la Ley 21/1992, de 16 de julio, de Industria.

g) El desarrollo de la coordinación administrativa entre todas las unidades de la Dirección General de Trabajo, así como velar por el cumplimiento de la política de personal del departamento en el ámbito del centro directivo.

h) La tramitación de los procedimientos de regulación de empleo y cuantos otros relacionados con la intervención administrativa en las relaciones laborales que sean competencia de la Dirección General de Trabajo.

i) El desarrollo de las funciones de competencia del departamento en materia de conciliación, mediación y arbitraje en conflictos laborales, así como realizar la prospección, análisis y seguimiento de los conflictos colectivos.

j) La tramitación de los procedimientos sancionadores en materia laboral, de empleo, protección por desempleo y de seguridad e higiene en el trabajo en los supuestos que sean competencia de la Dirección General de Trabajo, así como preparar la resolución de órganos superiores.

k) La realización de las actuaciones relativas al depósito, registro y publicación de convenios colectivos, así como el análisis y seguimiento del desarrollo de la negociación colectiva.

l) La preparación de las propuestas de resolución sobre autorización de actividades de las empresas de trabajo temporal, así como de sus prórrogas, en el ámbito de la competencia de la Dirección General de Trabajo.

m) La preparación y elaboración de proyectos normativos relacionados con las áreas de competencia de la Dirección General de Trabajo.

n) La elaboración de informes y consultas relativas a la interpretación y aplicación de las disposiciones jurídicas a que se refiere el párrafo anterior.

ñ) El apoyo técnico-jurídico necesario para la elaboración, aprobación, transposición y aplicación de directivas y otros instrumentos jurídicos comunitarios o internacionales en las áreas de competencia de la Dirección General de Trabajo.

2. De la Dirección General dependen, con rango de subdirección general, los siguientes órganos:

a) La Subdirección General de Programación y Actuación Administrativa, a la que corresponde el ejercicio de las funciones enumeradas en los párrafos b), c), d), e), f) y g) del apartado 1.

b) La Subdirección General de Relaciones Laborales, a la que corresponde el ejercicio de las funciones enumeradas en los párrafos h), i), j), k) y l) del apartado 1.

c) La Subdirección General de Ordenación Normativa, a la que corresponde el ejercicio de las funciones enumeradas en los párrafos m), n) y ñ) del apartado 1.

3. Queda adscrita a la Dirección General la Comisión consultiva nacional de convenios colectivos, creada por el Real Decreto 2976/1983, de 9 de noviembre.

Artículo 18. Dirección General de la Economía Social, del Trabajo Autónomo y del Fondo Social Europeo.

1. Corresponden a la Dirección General de la Economía Social, del Trabajo Autónomo y del Fondo Social Europeo las siguientes funciones:

a) El diseño, gestión y control de las ayudas que se concedan a cooperativas, sociedades anónimas laborales y otras entidades de economía social, así como a sus asociaciones, con cargo a los créditos consignados en los Presupuestos Generales del Estado.

b) La formación empresarial específica de las empresas y entidades de la economía social.

c) El diseño y gestión de programas de fomento que posibiliten el desarrollo empresarial a través de medidas de apoyo financiero a proyectos de integración y de cooperación de empresas y para favorecer el acceso de éstas a los canales de financiación.

d) El seguimiento de los préstamos concedidos por el extinguido Fondo Nacional de Protección al Trabajo y los que, tras su extinción, se concedieron para el mismo fin con cargo a los Presupuestos Generales del Estado.

e) La realización de estudios, estadísticas y trabajos de investigación en el ámbito de sus competencias.

f) Las actividades administrativas de calificación, inscripción y certificación de los actos que deban tener acceso al Registro de sociedades cooperativas, al Registro administrativo de sociedades laborales y al Registro de fundaciones laborales, así como el desempeño del protectorado del gobierno sobre las fundaciones laborales.

g) El diseño, gestión y seguimiento de los programas de fomento del empleo autónomo y de apoyo a sus asociaciones.

h) El diseño, gestión y seguimiento de programas de información, motivación y asesoramiento para la puesta en marcha de actividades económicas a través de distintas formas de autoempleo.

i) La promoción de estudios y coordinación de grupos de trabajo constituidos para analizar materias sobre responsabilidad social de las empresas y sobre actuaciones de la economía social en el campo de la inserción laboral de personas en situación de exclusión social.

j) La promoción, gestión y tramitación ante el Fondo Social Europeo de las actuaciones encaminadas al cumplimiento de los objetivos de las políticas en materia de empleo, fomento de empleo y formación profesional de la Unión Europea.

2. De la Dirección General dependen, con rango de subdirección general, los siguientes órganos:

a) La Subdirección General de Fomento y Desarrollo Empresarial y Registro de Entidades, que tendrá atribuidas las funciones enumeradas en los párrafos a), b), c), d), e) f), g), h) e i) del apartado 1.

b) La Unidad Administradora del Fondo Social Europeo, a la que le corresponden las funciones enumeradas en el párrafo j) del apartado 1, de acuerdo con lo previsto en el Real Decreto 683/2002, de 12 de julio.

Artículo 19. Secretaría General de Políticas de Igualdad.

1. A la Secretaría General de Políticas de Igualdad, bajo la superior autoridad del Ministro, le corresponden las siguientes competencias:

a) El impulso de las políticas de igualdad de oportunidades para promover y consolidar la presencia de las mujeres en todos los ámbitos, tanto públicos como privados.

b) El impulso de la incorporación del principio de igualdad de oportunidades entre mujeres y hombres en todas las políticas de los diferentes ámbitos de actuación.

c) El impulso de la coordinación de las políticas de la Administración General del Estado en materia de igualdad de oportunidades entre mujeres y hombres, con las de la Administración autonómica y de la Administración local.

d) La promoción de la participación de los agentes sociales en materia de igualdad de oportunidades y el fomento de la participación del movimiento asociativo en dicha materia.

e) El análisis, elaboración, coordinación y realización del seguimiento de los programas de actuación de la Administración General del Estado en la materia de igualdad de oportunidades entre mujeres y hombres, en todos los ámbitos, al objeto de promover y consolidar la transversalidad en la aplicación del principio de igualdad de oportunidades.

f) La potenciación de la presencia española en los foros internacionales, adquiriendo un papel dinamizador e impulsor de políticas de igualdad de oportunidades entre mujeres y hombres.

g) El impulso y coordinación, con los organismos competentes, de la ordenación normativa en materia de igualdad de oportunidades entre mujeres y hombres, y la evaluación, dirección, planificación y coordinación de las políticas públicas de la Administración General del Estado en la materia, relacionadas con la violencia ejercida sobre las mujeres.

h) El desarrollo de la normativa vigente, así como el impulso de nuevos procedimientos jurídicos contra la violencia ejercida sobre la mujer, adoptando las actuaciones necesarias para combatir esta forma de violencia.

i) La promoción, fomento y desarrollo de las condiciones que posibiliten la erradicación del tráfico de mujeres y la prostitución.

j) La promoción de la formación académica superior en materias de igualdad de oportunidades entre mujeres y hombres, al objeto de crear especialistas en esta materia.

k) El impulso de la introducción en el sistema educativo de principios para desarrollar en el alumnado su capacidad para la resolución pacífica de conflictos y para la comprensión y el respeto de la igualdad entre mujeres y hombres.

l) El impulso y tutela de políticas de conciliación de la vida familiar y laboral, para mujeres y hombres.

m) La promoción de la integración social, económica y laboral de mujeres en situaciones especiales de exclusión y discriminación, de acuerdo al principio de igualdad de trato.

2. Como órgano de apoyo y asistencia inmediata al titular de la Secretaría General existe una Unidad de Apoyo, con el nivel que se determine en la relación de puestos de trabajo.

2 bis. De la Secretaría General de Políticas de Igualdad depende la Delegación Especial del Gobierno contra la Violencia sobre la Mujer, con rango de dirección general, cuyo rango y funciones se establecen en el Real Decreto 237/2005, de 4 de marzo.

De la Delegación Especial del Gobierno contra la Violencia sobre la Mujer depende la División de Estudios e Informes, a la que corresponde el ejercicio de las siguientes funciones:

a) La Secretaría del Observatorio Estatal de Violencia sobre la Mujer.

b) El apoyo administrativo y la asistencia técnica al Observatorio Estatal de Violencia sobre la Mujer.

c) Las funciones enumeradas en los párrafos e), h), i), j) y k) del artículo 2 del Real Decreto 237/2005, de 4 de marzo, por el que se establecen el rango y las funciones de la Delegación Especial del Gobierno contra la Violencia sobre la Mujer.

✐ Ap. 2 bis añadido por disp. final 2ª.7 de RD 237/2005, de 4 marzo y el párr. 2º añadido por disp. final 3ª.1 de RD 253/2006, de 3 marzo.

3. Corresponde al titular de la Secretaría General la presidencia del Consejo Rector del Instituto de la Mujer.

4. Queda adscrito al departamento, a través de la Secretaría General de Políticas de Igualdad, el organismo autónomo Instituto de la Mujer.

5. Queda adscrito al Departamento, a través de la Delegación Especial del Gobierno contra la Violencia sobre la Mujer, el órgano colegiado Observatorio Estatal de Violencia sobre la Mujer.

✐ Ap. 5 añadido por disp. final 3ª.2 de RD 253/2006, de 3 marzo.

DISPOSICIONES ADICIONALES

Primera. Servicio Jurídico de la Administración de la Seguridad Social.

1. Al Servicio Jurídico de la Administración de la Seguridad Social, con carácter de Servicio Común de la Seguridad Social y nivel orgánico de subdirección general, le corresponde el ejercicio de las funciones y competencias relativas al asesoramiento jurídico, así como a la representación y defensa en juicio, de las Entidades Gestoras y Servicios Comunes de la Administración de la Seguridad Social, en los términos previstos en el Reglamento del Servicio Jurídico de la Administración de la Seguridad Social, aprobado por el Real Decreto 947/2001, de 3 de agosto.

2. El presupuesto del Servicio Jurídico de la Administración de la Seguridad Social, como Servicio Común de la Seguridad Social sin personalidad jurídica y sin perjuicio de su directa dependencia de la Secretaría de Estado de la Seguridad Social, estará integrado en el de la Tesorería General de la Seguridad Social como centro de gestión independiente.

La integración presupuestaria de los servicios jurídicos delegados en el centro de gestión del Servicio Jurídico de la Administración de la Seguridad Social será efectiva en el momento en que se aprueben las correspondientes relaciones de puestos de trabajo.

Segunda. Gerencia de Informática de la Seguridad Social.

1. La Gerencia de Informática de la Seguridad Social, con la naturaleza de Servicio Común de la Seguridad Social, sin personalidad jurídica y nivel orgánico de subdirección general, queda adscrita a la Secretaría de Estado de la Seguridad Social y dependerá funcionalmente de la Dirección General de Ordenación de la Seguridad Social, cada Entidad Gestora de la Seguridad Social, de la Intervención General de la Seguridad Social y de la Tesorería General de la Seguridad Social, respecto de los programas y proyectos que afecten a su competencia respectiva.

Las actuaciones de la Gerencia de Informática de la Seguridad Social se ajustarán a las directrices establecidas por el Consejo general de tecnologías de la información y las comunicaciones de la Seguridad Social, sin perjuicio de las funciones que la normativa vigente atribuye a la Comisión Ministerial de Informática del Ministerio de Trabajo y Asuntos Sociales.

Asimismo, la Gerencia de Informática de la Seguridad Social ejercerá las competencias establecidas en el artículo 5 del Real Decreto 508/2000, de 14 de abril, a través del Centro Informático Contable de la Seguridad Social.

2. Sin perjuicio de las competencias atribuidas al Consejo superior de informática y para el

impulso de la Administración electrónica por el Real Decreto 2291/1983, de 28 de julio, y a la Comisión Ministerial de Informática del Ministerio de Trabajo y Asuntos Sociales mediante la Orden de 16 de septiembre de 1996, la Gerencia de Informática de la Seguridad Social tendrá atribuidas las siguientes funciones en el ámbito de la Secretaria de Estado de la Seguridad Social:

a) La elaboración y proposición a las Entidades Gestoras, Tesorería General de la Seguridad Social e Intervención General de la Seguridad Social de los planes directivos de sistemas de tecnologías de la información y de las telecomunicaciones, para su posterior presentación ante el Consejo general de tecnologías de la información y las comunicaciones de la Seguridad Social.

b) La propuesta de creación, desarrollo y modificación de los sistemas de información.

c) La evaluación, auditoría e inventario de los sistemas de información vigentes y la propuesta de modificaciones a estos, a fin de garantizar su perfecta coordinación en el esquema general de actuación.

d) La aprobación de las normas de carácter técnico y metodológico que garanticen la homogeneidad, compatibilidad, interrelación y transmisibilidad de todos los sistemas de información, presentes y futuros, sin perjuicio de las competencias de la Subsecretaría al respecto.

e) La creación, custodia y administración de las bases de datos corporativas del sistema, así como los sistemas de seguridad y de confidencialidad.

f) El mantenimiento y actualización de los medios telemáticos utilizados para la transmisión de información, así como los correspondientes sistemas informáticos.

g) El mantenimiento del inventario de recursos de la totalidad de los sistemas de información.

h) El informe de los expedientes de adquisición de bienes y servicios informáticos, los expedientes de modificación de las relaciones de puestos de trabajo de carácter informático y los planes de formación en tecnologías de la información y las comunicaciones.

i) Aquellas otras que le estén encomendadas o se le encomienden en el futuro.

3. El presupuesto de gastos de la Gerencia de Informática, en el que figurará de forma diferenciada la consignación presupuestaria de las partidas específicas del Centro Informático Contable de la Seguridad Social, se integrará en el de la Tesorería General, con la debida separación orgánica y funcional, al que se imputarán todas las adquisiciones informáticas correspondientes al capítulo de inversiones del presupuesto de la Seguridad Social.

Tercera. Supresión de órganos.

1. Quedan suprimidos los siguientes órganos del departamento:

a) La Dirección General de Ordenación Económica de la Seguridad Social.

b) La Subdirección General de Ordenación de la Gestión Económica de la Seguridad Social.

c) La Subdirección General de Régimen Jurídico de la Seguridad Social.

d) La Subdirección General de Inmigración.

e) La Subdirección General de Emigración.

f) La Subdirección General de Regulación de la Inmigración y Migraciones Interiores.

g) La Subdirección General de Programas de Servicios Sociales.

h) La Subdirección General de Organizaciones no Gubernamentales y Subvenciones.

i) La Subdirección General de Infancia y Familia.

j) La Subdirección General de Fundaciones y Entidades Tuteladas.

k) La Subdirección General de Estudios e Informes Socioeconómicos.

l) La Subdirección General de Información Administrativa.

m) La Subdirección General de Publicaciones.

n) La Subdirección General de Coordinación y Relaciones Institucionales.

ñ) La Subdirección General de Asistencia Técnica.

o) La Subdirección General de Inspección Territorial.

p) La Subdirección General de Asuntos Generales.

q) La Subdirección General del Patrimonio Adscrito y de Control de las Edificaciones.

2. Queda suprimida la Subdirección General de Informática de la Tesorería General de la Seguridad Social.

3. Queda suprimida la Subdirección General de Información y Comunicación del Instituto Nacional de la Seguridad Social, cuyas competencias son asumidas por la Secretaría General del citado Instituto.

Cuarta. Órganos colegiados.

Los órganos colegiados del Ministerio de Trabajo y Asuntos Sociales, cuya composición y funciones sean de alcance estrictamente ministerial, podrán ser regulados, modificados y suprimidos mediante Orden del Ministro de Trabajo y Asuntos Sociales, aunque su normativa de creación o modificación tenga rango de Real Decreto.

Quinta. Sustituciones.

1. En los casos de vacante, ausencia o enfermedad, los titulares de los órganos citados en el apartado 3 del artículo 1 se sustituirán entre sí, siguiendo el orden en que figuran mencionados, salvo que el Ministro establezca otro orden de sustitución.

2. En las mismas circunstancias de vacante, ausencia o enfermedad, los Directores Generales serán sustituidos por los Subdirectores Generales de su dependencia, siguiendo el orden en que aparecen mencionados por primera vez en este Real Decreto, salvo que el superior jerárquico común a todos ellos establezca expresamente otro orden de sustitución.

Sexta. Delegación de competencias.

Las delegaciones de competencias, otorgadas por los distintos órganos del departamento y no revocadas hasta la fecha de entrada en vigor de este Real Decreto, continuarán siendo válidas y podrán hacer uso de ellas los órganos competentes por razón de la materia que vengan a sustituir a los delegados, hasta que sean expresamente revocadas o nuevamente otorgadas a los diferentes órganos resultantes de la aplicación de este Real Decreto.

Séptima. Nombramiento de Directores Generales de los servicios centrales del departamento.

No será preciso que el titular de la Dirección General de Integración de los Inmigrantes, de la Dirección General de Coordinación de Políticas Sectoriales sobre Discapacidad y de la Dirección General de la Economía Social, del Trabajo Autónomo y del Fondo Social Europeo ostenten la condición de funcionario, en atención a sus características específicas, y, de conformidad con lo previsto en el artículo 18.2 de la Ley 6/1997, de 14 de abril, de Organización y Funcionamiento de la Administración General del Estado.

Disposición modificada por art. único del RD 976/2007, de 13 julio.

Octava. Nombramiento del Director General del Instituto Social de la Marina.

El nombramiento del Director General del Instituto Social de la Marina se podrá efectuar, en atención a las características específicas de las funciones que debe desempeñar, entre personal que no ostente la condición de funcionario, de conformidad con lo previsto en el artículo 18.2 de la Ley 6/1997, de 14 de abril, de Organización y Funcionamiento de la Administración General del Estado.

DISPOSICIÓN TRANSITORIA

Única. Unidades y puestos de trabajo con nivel orgánico inferior a subdirección general.

Las unidades y puestos de trabajo con nivel orgánico inferior a subdirección general que resulten afectados por las modificaciones orgánicas establecidas en este Real Decreto continuarán subsistentes y serán retribuidos con cargo a los mismos créditos presupuestarios, hasta que se aprueben las relaciones de puestos de trabajo adaptadas a la estructura orgánica de este Real Decreto.

Las unidades y puestos de trabajo encuadrados en los órganos suprimidos, o cuya dependencia orgánica haya sido modificada por este Real Decreto, se adscribirán provisionalmente, por resolución del Subsecretario, a los órganos regulados en este Real Decreto, en función de las atribuciones que estos tienen asignadas, hasta tanto se apruebe la correspondiente relación de puestos de trabajo.

DISPOSICIÓN DEROGATORIA

Única. Derogación normativa.

Queda derogado el Real Decreto 1888/1996, de 2 de agosto, de Estructura Orgánica Básica del Ministerio de Trabajo y Asuntos Sociales, y sus modificaciones posteriores, así como cuantas disposiciones de igual o inferior rango se opongan a lo dispuesto en este Real Decreto y, en particular, el Real Decreto 703/1998, de 24 de abril, sobre adscripción y funciones de la Gerencia de Informática de la Seguridad Social.

DISPOSICIONES FINALES

Primera. Modificación del Real Decreto 2583/1996, de 13 de diciembre, *de Estructura Orgánica y Funciones del Instituto Nacional de la Seguridad Social y de modificación parcial de la Tesorería General de la Seguridad Social.*

Se modifica el Real Decreto 2583/1996, de 13 de diciembre, de Estructura Orgánica y Funciones del Instituto Nacional de la Seguridad Social y de modificación parcial de la Tesorería General de la Seguridad Social, en los siguientes términos:

Uno. Se da nueva redacción al párrafo g) del apartado 4 del artículo 5:

«g) Subdirección General de Gestión de Incapacidad Temporal y otras Prestaciones a Corto Plazo».

Dos. Se da nueva redacción al artículo 10, que queda redactado como sigue:

«Artículo 10. Subdirección General de Gestión de Prestaciones.

Compete a esta Subdirección General:

a) La ordenación administrativa de la gestión de las prestaciones económicas, excepto las previstas en el artículo 10 bis.

b) El diseño, la implantación y el seguimiento de los procesos de trabajo aplicados al reconocimiento, suspensión y extinción del derecho a las prestaciones del sistema de la Seguridad Social, así como el seguimiento de su gestión.

c) La administración y el control del derecho a las prestaciones económicas del sistema de la Seguridad Social, excepto las previstas en el artículo 10 bis.

d) La gestión y el funcionamiento del Registro de prestaciones sociales públicas.

e) La dirección, control y desarrollo de la organización informática».

Tres. Se añade un nuevo artículo 10 bis, con el siguiente contenido:

«Artículo 10 bis. Subdirección General de Gestión de Incapacidad Temporal y otras Prestaciones a Corto Plazo.

Compete a esta Subdirección General:

a) La ordenación administrativa para la gestión y control de la incapacidad temporal, la maternidad, la protección familiar, las prestaciones del seguro escolar y del Fondo especial de mutualidades de funcionarios de la Seguridad Social, y otras prestaciones a corto plazo del sistema de la Seguridad Social, así como el reconocimiento de la asistencia sanitaria.

b) Se adscribe a esta Subdirección General la Unidad de Gestión de Prestaciones Económicas y Sociales del Síndrome Tóxico, a la que corresponde la gestión y administración de las prestaciones sociales y económicas citadas».

Segunda. Facultades de desarrollo y ejecución.

Se autoriza al Ministro de Trabajo y Asuntos Sociales para que, previo cumplimiento de los trámites legales oportunos, adopte las medidas necesarias para el desarrollo y ejecución de este Real Decreto.

Tercera. Instituto de Migraciones y Servicios Sociales.

En el plazo de seis meses a partir de la entrada en vigor de este Real Decreto, el Gobierno procederá a la reestructuración del Instituto de Migraciones y Servicios Sociales, que pasa a denominarse Instituto de Mayores y Servicios Sociales.

⇒ La estructura orgánica del IMSERSO la establece el RD 1226/2005, de 13 de octubre.

Cuarta. Modificaciones presupuestarias.

Por el Ministerio de Economía y Hacienda se efectuarán las modificaciones presupuestarias precisas para el cumplimiento de lo previsto en este Real Decreto.

Quinta Entrada en vigor.

El presente Real Decreto entrará en vigor el día siguiente al de su publicación en el «Boletín Oficial del Estado».

b) Inspección de Trabajo

§ 38.2 LEY 42/1997, DE 14 NOVIEMBRE. ORDENACIÓN DE LA INSPECCIÓN DE TRABAJO Y SEGURIDAD SOCIAL

(BOE núm. 274, de 15 noviembre [RCL 1997, 2721])

⇒ V. los Convenios de la OIT núms. 81 y 129. Téngase en cuenta que en el actual Cuerpo Superior de Inspectores de Trabajo y Seguridad Social, que establece la disp. adic. 9ª de la Ley 30/1984, de 2 agosto, de medidas para la reforma de la Función Pública, se han integrado los Inspectores de la Escala técnica del anterior Cuerpo Nacional de la Inspección de Trabajo así como los Controladores de la Seguridad Social con título superior, según dispuso el RD 97/1986, de 10 enero (derogado por RD 138/2000, de 4 febrero), que desarrolló en este aspecto dicha disp. adic. 9ª. En el cuerpo de Controladores Laborales, creado asimismo por la Ley 30/1984, se integraron, entre otros, los Controladores de Empleo y de la Seguridad Social con título de Diplomado Universitario, por RD 341/1986, de 7 febrero. Sobre los actuales Subinspectores de Empleo y Seguridad Social cfr., actualmente, el RD 138/2000, de 4 febrero (§38.3), art. 8 y esta Ley (art. 8).

Por otro lado, en la actualidad el Jefe de la Inspección de Trabajo y Seguridad Social tiene categoría de Director General, siendo nombrado por Real Decreto a propuesta del Ministro de Trabajo y Seguridad Social, según previene el RD 2194/1984, de 12 diciembre. La estructura orgánica de la Dirección General de Inspección de Trabajo y Seguridad Social se establece en el art. 7 del RD 1600/2004, de 2 julio, de estructura orgánica básica del Ministerio de Trabajo y Asuntos Sociales.

Sobre Unidades de la Inspección de Trabajo en las Direcciones Provinciales de la Tesorería General de la Seguridad Social, v. art. 31.3 de la LGSS/1994 (§32.1), tras su modificación por Ley 42/1994, de 30 diciembre.

V. el RD 138/2000, de 4 febrero, que establece el Reglamento de la Inspección de Trabajo y Seguridad Social (§38.3).

EXPOSICIÓN DE MOTIVOS

I

La Inspección en materia socio-laboral dispone en España de una acreditada tradición, que, prescindiendo de otros antecedentes, y partiendo de su primer Reglamento elaborado por el Instituto de Reformas Sociales en 1 de marzo de 1906, abre un proceso histórico de progresión en la regulación de la función inspectora, inicialmente referida a las relaciones laborales para luego extender su acción a los ámbitos de la protección social, de la promoción y protección del empleo y materias afines, y extendiéndose progresivamente a la generalidad de los sectores superando su inicial concepción obrerista. Dicho proceso histórico desemboca en la Ley 39/1962, de 21 de julio, de Ordenación de la Inspección de Trabajo, que incorpora los principios del Convenio número 81 de la Organización Internacional del Trabajo de 11 de julio de 1947, sobre Inspección de Trabajo en la Industria y el Comercio, que España había ratificado el 14 de enero de 1960, Ley que ha estado vigente hasta el presente.

La regulación de la referida Ley, desarrollada en paralelo a la legislación sustantiva en materia de trabajo, emigración, Seguridad Social, seguridad e higiene, empleo y trabajo de extranjeros, adolece de la complejidad y dispersión propias de un proceso dilatado en el tiempo. Además, su articulación unitaria en 1962 se produce en el marco de un modelo autoritario de ordenación de las relaciones laborales y sociales que contempla la intervención del Estado como pieza básica del sistema institucional, hoy sustituido por la Constitución de 1978, cuyo artículo primero propugna, como valores supremos del ordenamiento jurídico, la libertad, la justicia, la igualdad y el pluralismo político, como propios del Estado social y democrático de Derecho que instituye dicho texto fundamental.

Viene produciéndose, así, una situación de coexistencia de la Ley 39/1962, de 21 de julio, de Ordenación de la Inspección de Trabajo, con el sistema constitucional de derechos y libertades. A su vez, la concepción política imperante en 1962 pugna con la nueva organización territorial del Estado también surgida de la Constitución de 1978 con lo que, además de por las disfuncionalidades nacidas del transcurso del tiempo, se hace precisa la promulgación de una nueva Ley Ordenadora que tenga en cuenta la configuración de la actividad inspectora, como propia de un sistema institucional integrado y coherente con el modelo constitucional, que el Estado y las Comunidades Autónomas comparten de acuerdo con las reglas de distribución de competencias entre ambos bloques de poderes públicos.

II

Este carácter integrado del sistema se pone, por otra parte, de manifiesto en el carácter de Cuerpo Nacional que la Ley 11/1994, de 19 de mayo, atribuye al Cuerpo Superior de Inspectores de Trabajo y Seguridad Social, en el marco del desarrollo del proceso autonómico, sin que por ello se afecten las competencias de ejecución de la legislación laboral, propias de las Comunidades Autónomas, a las que corresponde, naturalmente, la titularidad de la potestad sancionadora en tales materias, de acuerdo con la jurisprudencia del Tribunal Constitucional y la interpretación que por el mismo se hace del alcance de las competencias exclusivas del Estado enumeradas en el artículo 149.1.7ª y 17ª de la Constitución Española.

De otro lado, en el amplio marco de los sistemas de protección social, ha de responderse con suficiente eficiencia a su creciente complejidad, que añade nuevas formas de prácticas irregulares y fraudulentas antes desconocidas o de menor incidencia, lo que aconseja el perfeccionamiento y una especialización más exigente de los instrumentos públicos encargados de su control y vigilancia, sin poderse desconocer la íntima conexión de la materia laboral y la de protección social en el plano de la comprobación inspectora, lo que aporta sobreañadidas razones a la precitada configuración integral del dispositivo inspector en el orden social.

Por lo tanto, se configura el sistema de Inspección de Trabajo y Seguridad Social como un conjunto institucional integrado, cuyas funciones se ejercitan de acuerdo con el ámbito de competencias propio del Estado y de las Comunidades Autónomas, por lo que se establecen las condiciones de participación de dichas Comunidades en el desarrollo del sistema de Inspección de Trabajo y Seguridad Social, de forma que los inspectores desarrollen la totalidad de los cometidos que legalmente tienen encomendados, cualquiera que fuera la Administración titular de la competencia, en aras de las indudables ventajas que comporta la coincidencia en unos mismos funcionarios inspectores de los cometidos y funciones cuyas materias son competencia del Estado y de las Comunidades Autónomas, actuando funcionalmente en uno y otro caso como Administración del Estado y Administración Autonómica, respectivamente, como pone de relieve el Tribunal Constitucional en su Sentencia 185/1991. Consecuentemente, esta Ley define un sistema institucional de Inspección de Trabajo y Seguridad Social que se asienta conjuntamente en el ámbito del Estado y de las Comunidades Autónomas, en función de sus respectivas competencias y bajo el principio de colaboración interinstitucional y sin que tal configuración pueda cerrarse a eventuales modificaciones posteriores ni impedir el ejercicio de las competencias autonómicas en la línea establecida por la jurisprudencia del Tribunal Constitucional.

III

En este mismo contexto normativo se residencia en el Ministerio de Trabajo y Asuntos Sociales la Autoridad Central de la Inspección, a la que se atribuye su dirección y coordinación en congruencia con lo establecido en los Convenios números 81 y 129 de la Organización Internacional del Trabajo, este último sobre Inspección de Trabajo en la Agricultura, ratificado por España el 11 de marzo de 1971.

El sistema se sirve de dos mecanismos de articulación, como son la Conferencia Sectorial de Asuntos Laborales y las Comisiones Territoriales de la Inspección de Trabajo y Seguridad Social, configurados como espacios de coincidencia y participación de las diferentes Administraciones públicas con competencias en las materias sujetas a inspección, mediante una estructura dual y común de carácter estable que facilite la comunicación e información mutuas para la colaboración y cooperación en las líneas básicas de actuación de una Inspección cada vez más obligada a planificar y programar sus actividades en campos de creciente complejidad y extensión, como es el caso de la Seguridad Social, superando la mera actividad derivada de las denuncias o reclamaciones de los interesados.

IV

La nueva regulación del Cuerpo de Subinspectores de Empleo y Seguridad Social responde a la necesidad de dar fundamento legal a los cometidos del anterior Cuerpo de Controladores Laborales, así como de adecuar y actualizar sus funciones inspectoras de apoyo y colaboración en el seno del sistema de Inspección de Trabajo y Seguridad Social en la que se integran, bien que referidas a las funciones propias de su nivel y en dependencia técnica de los inspectores de Trabajo y Seguridad Social.

V

La promulgación, en fin, de esta nueva Ley Ordenadora se justifica por las razones ya apuntadas, derivadas de la inadecuación y desactualización del actual cuerpo legal y de su dispersión y fragmentación normativa, lo que demanda su sustitución por una regulación legislativa integradora, atemperada al signo del presente y del futuro previsible, que propicie una acción pública de control en el orden social modernizadora, eficiente y adecuada a las nuevas exigencias de una sociedad plural y desarrollada. A lo anterior cabe añadir la necesidad de disponer de un instrumento inspector común, coherente con una legislación básica a aplicar también común, que enlaza la necesaria preservación de los principios de solidaridad, de igualdad y de unidad de mercado que consagran nuestra Constitución.

Se regulan, así, las funciones del sistema de la Inspección y los cometidos competenciales y facultades de los funcionarios que lo integran, recogiéndose aspectos básicos del cuerpo normativo vigente, acordes con el contenido de los Convenios 81 y 129 de la Organización Internacional del Trabajo; se incorporan nuevas fórmulas de organización y desarrollo de la acción inspectora, y se preserva el principio de unidad de función. Al propio tiempo, se perfecciona la adecuación con el sistema constitucional de derechos y libertades, del que es expresivo el perfeccionamiento del marco jurídico de garantías a los sujetos a la actividad inspectora y se incorporan otros aspectos actualizadores y de perfeccionamiento técnico que se estiman precisos para el mejor desarrollo de la materia objeto de la regulación que nos ocupa.

CAPÍTULO I
Del sistema de Inspección de Trabajo y Seguridad Social, de sus funciones y ámbito

Sección 1ª. Disposiciones Generales

Artículo 1. Definición y objeto del sistema de Inspección de Trabajo y Seguridad Social.

1. Constituye el sistema de la Inspección de Trabajo y Seguridad Social el conjunto de principios legales, normas, órganos, funcionarios y medios materiales que contribuyen al adecuado cumplimiento de las normas laborales; de prevención de riesgos laborales; de Seguridad Social y protección social; colocación, empleo y protección por desempleo; cooperativas; migración y trabajo de extranjeros, y de cuantas otras materias le sean atribuidas.

2. La Inspección de Trabajo y Seguridad Social es un servicio público al que corresponde ejercer la vigilancia del cumplimiento de las normas de orden social y exigir las responsabilidades pertinentes, así como el asesoramiento y, en su caso, arbitraje, mediación y conciliación en dichas materias, que efectuará de conformidad con los principios del Estado social y democrático de Derecho que consagra la Constitución Española, y con los Convenios números 81 y 129 de la Organización Internacional del Trabajo.

Artículo 2. De los funcionarios que integran el sistema de Inspección de Trabajo y Seguridad Social.

1. La Inspección de Trabajo y de la Seguridad Social a que se refiere esta Ley se realizará en su totalidad por funcionarios de nivel técnico superior y habilitación nacional pertenecientes al Cuerpo Superior de Inspectores de Trabajo y Seguridad Social, del grupo A de los previstos en la Ley 30/1984, de 2 de agosto, cuya situación jurídica y condiciones de servicio les garanticen la independencia técnica, objetividad e imparcialidad que prescriben los Convenios 81 y 129 de la Organización Internacional del Trabajo. Dicho Cuerpo Superior tiene carácter de Cuerpo Nacional, a los efectos de los artículos 28 y 29 de la Ley 12/1983, de 14 de octubre, del proceso autonómico.

2. Las funciones de inspección de apoyo, colaboración y gestión que sean precisas para el ejercicio de la labor inspectora serán desarrolladas por los funcionarios del Cuerpo de Subinspectores de Empleo y Seguridad Social, como Cuerpo del grupo B de los previstos en la Ley 30/1984, de 2 de agosto, de medidas de reforma de la Función Pública, y la misma habilitación nacional a que se refiere el número anterior.

3. Las Administraciones General del Estado y de las Comunidades Autónomas que hayan recibido el traspaso de los servicios del Estado en materia de ejecución de la legislación laboral adoptarán, en sus respectivos ámbitos de competencia, las medidas necesarias para garantizar la colaboración pericial y el asesoramiento técnico necesarios a la Inspección de Trabajo y Seguridad Social. La Administración General del Estado dotará a dicha Inspección del personal de apoyo administrativo que sea necesario para el correcto desarrollo de su función.

Sección 2ª. De las funciones, facultades y deberes

Artículo 3. De la función inspectora.

⇒ V. arts. 2 y 7 del RD 138/2000, de 4 febrero (§38.3).

La función inspectora, que será desempeñada en su integridad por funcionarios del Cuerpo Superior de Inspectores de Trabajo y Seguridad Social y por los funcionarios del Cuerpo de Subinspectores de Empleo y Seguridad Social, en los términos establecidos respecto de estos últimos en el artículo 8, comprende los siguientes cometidos:

1. De vigilancia y exigencia del cumplimiento de las normas legales, reglamentarias y contenido normativo de los convenios colectivos, en los siguientes ámbitos:

1.1. Ordenación del trabajo y relaciones sindicales.

1.1.1. Normas en materia de relaciones laborales individuales y colectivas.

1.1.2. Normas sobre protección, derechos y garantías de los representantes de los trabajadores en las empresas.

1.2. Prevención de riesgos laborales.

1.2.1. Normas en materia de prevención de riesgos laborales, así como de las normas jurídico-técnicas que incidan en las condiciones de trabajo en dicha materia.

1.3. Sistema de Seguridad Social.

1.3.1. Normas en materia de campo de aplicación, inscripción, afiliación, altas y bajas de trabajadores, cotización y recaudación de cuotas del sistema de la Seguridad Social.

1.3.2. Normas sobre obtención y disfrute de las prestaciones del sistema de la Seguridad Social, así como de los sistemas de mejoras voluntarias de la acción protectora de la Seguridad Social, además de cualesquiera modalidades de sistemas complementarios voluntarios establecidos por convenio colectivo.

1.3.3. Normas sobre colaboración en la gestión de la Seguridad Social, así como la inspección de la gestión y funcionamiento de las entidades y empresas que colaboran en la misma o en la gestión de otras prestaciones o ayudas de protección social.

1.3.4. El ejercicio de la inspección por el Ministerio de Trabajo y Asuntos Sociales, de conformidad con el artículo 5.2, apartado d), del texto refundido de la Ley General de la Seguridad Social.

1.4. Empleo y migraciones.

1.4.1. Normas en materia de colocación, empleo y protección por desempleo.

1.4.2. Emigración, movimientos migratorios y trabajo de extranjeros.

1.4.3. Normas en materia de formación profesional ocupacional y continua, excepto cuando la legislación autonómica disponga otras fórmulas de inspección en la materia.

1.4.4. Normas en materia de empresas de trabajo temporal, agencias de colocación y planes de servicios integrados para el empleo.

1.5. Cualesquiera otras normas cuya vigilancia se encomiende específicamente a la Inspección de Trabajo y Seguridad Social y, en particular, las relativas a cooperativas y otras fórmulas de economía social, así como a las condiciones de constitución de sociedades laborales, salvo que la respectiva legislación autonómica disponga lo contrario y en su ámbito de aplicación.

2. De asistencia técnica.

2.1. Facilitar información técnica a empresas y trabajadores, con ocasión del ejercicio de la función inspectora.

2.2. Prestar asistencia técnica a entidades y organismos de la Seguridad Social, cuando les sea solicitada.

2.3. Informar, asistir y colaborar con otros órganos de las Administraciones públicas respecto a la aplicación de normas de orden social, o a la vigilancia y control de ayudas y subvenciones públicas.

2.4. Emitir los informes que le recaben los órganos judiciales competentes, en el ámbito de las funciones y competencias inspectoras cuando así lo establezca una norma legal.

3. De arbitraje, conciliación y mediación.

3.1. La conciliación y mediación en los conflictos y huelgas cuando la misma sea aceptada por las partes, sin perjuicio de lo dispuesto en la Ley de Procedimiento Laboral.

3.2. El arbitraje, a petición de las partes, en conflictos laborales y huelgas, u otros que expresamente se soliciten.

3.3. La función de arbitraje por parte de la Inspección, sin perjuicio de las funciones técnicas de información y asesoramiento, si lo solicitan cualesquiera de las partes, será incompatible con el ejercicio simultáneo de la función inspectora por la misma persona que ostenta la titularidad de dicha función sobre las empresas sometidas a su control y vigilancia.

Artículo 4. Ámbito de actuación de la Inspección de Trabajo y Seguridad Social.

⇒ V. art. 2 del RD 138/2000, de 4 febrero (§38.3).

1. La actuación de la Inspección de Trabajo y Seguridad Social se extiende a las personas físicas y jurídicas, públicas o privadas y a las comunidades de bienes, en cuanto sujetos obligados o responsables del cumplimiento de las normas de orden social, y se ejerce en:

1.1. Las empresas, los centros de trabajo y, en general, los lugares en que se ejecute la prestación laboral, aun cuando estén directamente regidos o gestionados por las Administraciones públicas o por entidades de Derecho público con personalidad jurídica propia vinculadas o dependientes de cualesquiera de ellas.

1.2. Los vehículos y los medios de transporte en general, en los que se preste trabajo, incluidos los buques de las marinas mercante y pesquera, los aviones y aeronaves civiles, así como las instalaciones y explotaciones auxiliares o complementarias en tierra para el servicio de aquéllos.

1.3. Los puertos, aeropuertos, vehículos y puntos de salida, escala y destino, en lo relativo a los viajes de emigración e inmigración interior, sin perjuicio de lo establecido en el anterior punto 1.1 como centros de trabajo.

1.4. Las entidades y empresas colaboradoras en la gestión de la Seguridad Social.

1.5. Las entidades públicas o privadas que colaboren con las distintas Administraciones públicas en materia de protección y promoción social.

1.6. Las sociedades cooperativas en relación a su constitución y funcionamiento y al cumplimiento de las normas de orden social en relación a sus socios trabajadores o socios de trabajo, y a las sociedades laborales en cuanto a su calificación como tales, sin perjuicio de lo que establezca la legislación aplicable a la materia.

2. No obstante lo anterior, los centros de trabajo, establecimientos, locales e instalaciones cuya vigilancia esté legalmente atribuida a otros órganos de las Administraciones públicas continuarán rigiéndose por su normativa específica, sin perjuicio de la competencia de la Inspección de Trabajo y Seguridad Social en las materias no afectadas por la misma.

Artículo 5. Facultades de los inspectores de Trabajo y Seguridad Social para el desempeño de sus competencias.

⇒ V. art. 7 del RD 138/2000, de 4 febrero (§38.3).

En el ejercicio de sus funciones, los inspectores de Trabajo y Seguridad Social tienen el carácter de autoridad pública y están autorizados para:

1. Entrar libremente en cualquier momento y sin previo aviso en todo centro de trabajo, establecimiento o lugar sujeto a inspección y a permanecer en el mismo. Si el centro sometido a inspección coincidiese con el domicilio de la persona física afectada, deberán obtener su expreso consentimiento o, en su defecto, la oportuna autorización judicial.

Al efectuar una visita de inspección, deberán comunicar su presencia al empresario o a su representante o persona inspeccionada, a menos que consideren que dicha comunicación pueda perjudicar el éxito de sus funciones.

2. Hacerse acompañar en las visitas de inspección por los trabajadores, sus representantes y por los peritos y técnicos de la empresa o habilitados oficialmente que estimen necesario para el mejor desarrollo de la función inspectora.

3. Proceder a practicar cualquier diligencia de investigación, examen o prueba que considere necesario para comprobar que las disposiciones legales se observan correctamente y, en particular, para:

3.1. Requerir información, solo o ante testigos, al empresario o al personal de la empresa sobre cualquier asunto relativo a la aplicación de las disposiciones legales, así como a exigir la identificación, o razón de su presencia, de las personas que se encuentren en el centro de trabajo inspeccionado.

3.2. Exigir la comparecencia del empresario o de sus representantes y encargados, de los trabajadores, de los perceptores o solicitantes de prestaciones sociales y de cualesquiera sujetos incluidos en su ámbito de actuación, en el centro inspeccionado o en las oficinas públicas designadas por el inspector actuante.

3.3. Examinar en el centro de trabajo la documentación y los libros de la empresa con transcendencia en la verificación del cumplimiento de la legislación del orden social, tales como: libros, registros, incluidos los programas informáticos y archivos en soporte magnético, declaraciones oficiales y contabilidad; documentos de inscripción, afiliación, alta, baja, justificantes del abono de cuotas o prestaciones de Seguridad Social; documentos justificativos de retribuciones; documentos exigidos en la normativa de prevención de riesgos laborales y cualesquiera otros relacionados con las materias sujetas a inspección. El inspector está facultado para requerir la presentación de dicha documentación en las oficinas públicas correspondientes.

3.4. Tomar o sacar muestras de sustancias y materiales utilizados o manipulados en el establecimiento, realizar mediciones, obtener fotografías, vídeos, grabación de imágenes, levantar croquis y planos, siempre que se notifique al empresario o a su representante y obtener copias y extractos de los documentos a que se refiere el apartado 3.3 del presente artículo.

4. Adoptar, en cualquier momento del desarrollo de sus actuaciones, las medidas cautelares que estimen oportunas y sean proporcionadas al fin que se persiga, para impedir la destrucción, desaparición o alteración de la documentación mencionada en el apartado anterior, siempre que no cause perjuicio de difícil o imposible reparación a los sujetos responsables o implique violación de derechos.

5. Proceder, en su caso, en cualesquiera de las formas a que se refiere el artículo 7 de esta Ley.

Artículo 6. Unidad de función, autonomía técnica, especialización y carácter de autoridad competente de los inspectores de Trabajo y Seguridad Social.

1. Los inspectores de Trabajo y Seguridad Social están facultados para desempeñar todas las competencias que la Inspección de Trabajo y Seguridad Social tiene atribuidas en el artículo 3 de esta Ley, y en su ejercicio gozarán de plena autonomía técnica y funcional y se les garantizará su independencia frente a cualquier influencia exterior indebida en los términos de los artículos 6 del Convenio número 81 y 8 del Convenio número 129 de la Organización Internacional del Trabajo.

2. La especialización funcional que regula esta Ley será compatible con los principios de unidad de función y de acto.

3. Los inspectores de Trabajo y Seguridad Social tienen el carácter de autoridad competente a los efectos de lo establecido en el artículo 8, apartado 1, de la Ley Orgánica 1/1982, de 5 de mayo, de protección civil del derecho al honor, a la intimidad personal y familiar y a la propia imagen.

Artículo 7. Medidas derivadas de la actividad inspectora.

⇒ V. la Res. 10 noviembre 2004, de la Subsecretaría del Ministerio de Trabajo y Asuntos Sociales, que aprueba los modelos de actas y propuestas de liquidación de la Inspección de Trabajo y Seguridad Social.

Los inspectores de Trabajo y Seguridad Social, finalizada la actividad comprobatoria inspectora, podrán adoptar las siguientes medidas:

1. Advertir y requerir al sujeto responsable, en vez de iniciar un procedimiento sancionador, cuando las circunstancias del caso así lo aconsejen, y siempre que no se deriven perjuicios directos a los trabajadores.

2. Requerir al sujeto responsable para que, en el plazo que se le señale, adopte las medidas en orden al cumplimiento de la normativa de orden social, incluso con su justificación ante el funcionario actuante.

3. Requerir al empresario a fin de que, en un plazo determinado, lleve a efecto las modificaciones que sean precisas en las instalaciones, en el montaje o en los métodos de trabajo que garanticen el cumplimiento de las disposiciones relativas a la salud o a la seguridad de los trabajadores.

4. Iniciar el procedimiento sancionador mediante la extensión de actas de infracción, de infracción por obstrucción, o requiriendo a las Administraciones públicas por incumplimiento de disposiciones relativas a la salud o seguridad del personal civil a su servicio; iniciar expedientes liquidatorios por débitos a la Seguridad Social y conceptos de recaudación conjunta, mediante la práctica de actas de liquidación.

5. Promover procedimientos de oficio para la inscripción de empresas, afiliación y altas y bajas de trabajadores en el régimen correspondiente de la Seguridad Social.

⇒ V. disp. adic. 4ª.2 de la presente Ley.

6. Promover procedimientos para el encuadramiento de empresas y trabajadores en el régimen de la Seguridad Social que proceda, sin perjuicio del inicio del expediente liquidatorio a que se refiere el anterior apartado 4, si procediese.

⇒ V. disp. adic. 4ª.2 de la presente Ley.

7. Instar del correspondiente organismo la suspensión o cese en la percepción de prestaciones sociales, si se constatase su obtención o disfrute en incumplimiento de la normativa que las regula.

⇒ V. disp. adic. 4ª.2 de la presente Ley.

8. Instar del órgano administrativo competente la declaración del recargo de las prestaciones económicas en caso de accidente de trabajo o enfermedad profesional causados por falta de medidas de seguridad e higiene.

⇒ V. disp. adic. 4ª.2 de la presente Ley.

9. Proponer recargos o reducciones en las primas de aseguramiento de accidentes de trabajo y enfermedades profesionales, en relación a empresas por su comportamiento en la prevención de riesgos y salud laborales, con sujeción a la normativa aplicable.

10. Ordenar la paralización inmediata de trabajos o tareas por inobservancia de la normativa sobre prevención de riesgos laborales, de concurrir riesgo grave e inminente para la seguridad o salud de los trabajadores.

11. Comunicar al organismo competente los incumplimientos que compruebe en la aplicación y destino de ayudas y subvenciones para el fomento del empleo, formación profesional ocupacional y promoción social.

⇒ V. disp. adic. 4ª.2 de la presente Ley.

12. Proponer a su respectivo jefe la formulación de demandas de oficio ante la Jurisdicción de lo Social en la forma prevista en la Ley reguladora de dicho Orden Jurisdiccional.

13. Cuantas otras medidas se deriven de la legislación en vigor.

Artículo 8. De las funciones de los subinspectores de Empleo y Seguridad Social.

⇒ V. art. 8 del RD 138/2000, de 4 febrero (§38.3).

1. Las funciones inspectoras de apoyo, gestión y colaboración con los inspectores de Trabajo y Seguridad Social corresponden a los funcionarios del Cuerpo de Subinspectores de Empleo y Seguridad Social, bajo la dirección y supervisión técnica del inspector de Trabajo y Seguridad Social responsable del equipo al que estén adscritos, sin perjuicio de su dependencia de los órganos directivos de la Inspección de Trabajo y Seguridad Social.

2. Son funciones de los subinspectores de Empleo y Seguridad Social:

2.1. Comprobación del cumplimiento en la contratación de las normas en materia de empleo, acceso al empleo, fomento del empleo, bonificaciones, y subvenciones, obtención y percepción de las prestaciones y subsidio por desempleo.

2.2. Comprobación del cumplimiento de las normas en materia de campo de aplicación, inscripción, afiliación, cotización, altas y bajas de trabajadores, recaudación del sistema de la Seguridad Social, así como de colaboración obligatoria de las empresas en la gestión de la Seguridad Social, y de la obtención y percepción de las prestaciones de Seguridad Social.

2.3. La comprobación del cumplimiento de los requisitos exigidos por las normas sobre trabajo de extranjeros.

2.4. La colaboración de la investigación y señalamiento de los bienes susceptibles de embargo para la efectividad de la vía ejecutiva y la identificación del sujeto deudor o responsable solidario o subsidiario cuando proceda, en todos aquellos casos que hagan referencia al ordenamiento jurídico laboral, de Seguridad Social, de emigración y de empleo.

2.5. El asesoramiento a los empresarios y trabajadores en orden al cumplimiento de sus obligaciones, con ocasión de su actuación en los centros de trabajo.

2.6. Cuantas otras funciones de similar nivel y naturaleza les fueren encomendadas por los responsables de la Inspección de Trabajo y Seguridad Social para el desarrollo de los cometidos de la misma.

3. En ejecución de las órdenes de servicio recibidas para el desempeño de sus cometidos, los subinspectores de Empleo y Seguridad Social, que tendrán la consideración de agentes de la autoridad, están autorizados para proceder de acuerdo con lo dispuesto en el número 1 de este artículo, en la forma establecida en los apartados 1, 3.1, 3.2 y 3.3 del número 3 y en el número 4, todos ellos del artículo 5 de esta Ley, así como promover internamente las actuaciones a que se refiere el número 6 del artículo 7.

4. Como consecuencia de sus actuaciones inspectoras, que se desarrollarán en la forma establecida y en el ámbito de sus funciones, los subinspectores de Empleo y Seguridad Social podrán proceder en la forma dispuesta en los números 1, 2, 4, 5, 7, 11 y 13 del artículo 7 de esta Ley.

Las actas de infracción practicadas por los subinspectores serán visadas por el inspector de Trabajo y Seguridad Social del que técnicamente dependan cuando superen el grado o cuantías que señale el Ministerio de Trabajo y Asuntos Sociales.

En cuanto a las actas de liquidación, con independencia de la cuantía resultante, sólo procederá el visado del inspector en los supuestos de falta de afiliación, alta o cuando procedan diferencias de cotización a la Seguridad Social.

⇒ La O. 12 febrero 1998 dicta normas en relación con lo dispuesto en este art. 8.4. Su art. único dice lo siguiente:

«1. Las actas de infracción que, en su ámbito funcional de actuación, practiquen los Subinspectores de Empleo y Seguridad Social serán visadas por el Inspector de Trabajo y Seguridad Social del que técnicamente dependan, cuando correspondan a infracciones cuya sanción supere la cuantía de 50.000 pesetas.

2. Los Subinspectores de Empleo y Seguridad Social podrán formular las propuestas de liquidación de cuotas

a que se refiere el art. 30 de la Ley General de la Seguridad Social, sin necesidad del referido visado previo, que procederá en todos los supuestos de actas de liquidación contemplados en el art. 31 de dicha Ley General».

Artículo 9. Auxilio y colaboración con la Inspección de Trabajo y Seguridad Social.

1. Las Administraciones públicas y cuantas personas ejerzan funciones públicas vienen obligadas a prestar colaboración a la Inspección de Trabajo y Seguridad Social cuando les sea solicitada como necesaria para el ejercicio de la función inspectora y a facilitarle la información de que dispongan.

⇒ El art. 9.2 de la Ley 31/1995, de Prevención de Riesgos Laborales (§23), tras su modificación por Ley 54/2003, de 12 diciembre habilita a determinados funcionarios para auxiliar a la Inspección de Trabajo y Seguridad Social en el desarrollo de actuaciones preventivas.

V. asimismo la nueva disposición adicional 15ª de la citada Ley.

2. La Administración tributaria cederá sus datos y antecedentes a la Inspección de Trabajo y Seguridad Social en los términos establecidos en el apartado c) del número 1 del artículo 113 de la Ley General Tributaria. Asimismo, las entidades gestoras y colaboradoras y los servicios comunes de la Seguridad Social prestarán su colaboración a la Inspección de Trabajo y Seguridad Social, facilitándole, cuando le sean solicitadas, las informaciones, antecedentes y datos con relevancia en el ejercicio de la función inspectora, incluso los de carácter personal objeto de tratamiento automatizado sin necesidad de consentimiento del afectado. Las Inspecciones Tributarias y de Trabajo y Seguridad Social establecerán programas de mutua correspondencia y de coordinación para el cumplimiento de sus fines.

3. Las obligaciones de auxilio y colaboración establecidas en los números anteriores sólo tendrán las limitaciones legalmente establecidas referentes a la intimidad de la persona, al secreto de la correspondencia, del protocolo notarial, o de las informaciones suministradas a las Administraciones públicas con finalidad exclusivamente estadística.

4. Las Fuerzas y Cuerpos de Seguridad competentes estarán obligadas a prestar su auxilio y colaboración a la Inspección de Trabajo y Seguridad Social en el desempeño de sus funciones, a través de los mandos designados a tal efecto por la autoridad correspondiente.

5. Los Juzgados y Tribunales facilitarán a la Inspección de Trabajo y Seguridad Social, de oficio o a petición de la misma, los datos de trascendencia para la función inspectora que se desprendan de las actuaciones en que conozcan y que no resulten afectados por el secreto sumarial.

Artículo 10. Colaboración de la Inspección de Trabajo y Seguridad Social.

1. La Inspección de Trabajo y Seguridad Social prestará su colaboración y apoyo a las Administraciones públicas y, en especial, a la autoridad laboral, entidades gestoras y servicios comunes de la Seguridad Social, a las que facilitará las informaciones que requieran como necesarias para su función, siempre que se garantice el deber de confidencialidad si procediese.

2. La Inspección de Trabajo y Seguridad Social, en el ejercicio de las funciones de inspección, procurará la necesaria colaboración con las organizaciones de empresarios y trabajadores, así como con sus representantes. Periódicamente la Autoridad Central de la Inspección de Trabajo y Seguridad Social facilitará información sobre extremos de interés general que se deduzcan de las actuaciones inspectoras, memorias de actividades y demás antecedentes, a las organizaciones sindicales y empresariales.

⇒ La O. TAS/3869/2006, de 20 diciembre, crea la Comisión Consultiva Tripartita de la Inspección de Trabajo y Seguridad Social como órgano colegiado asesor adscrito a la Autoridad Central de la misma, integrada por representantes de la Administración General del Estado y de las Organizaciones empresariales y sindicales más representantivas.

La O. 17 enero 1991 regula el procedimiento de consulta a las organizaciones sindicales y empresariales más representativas para la elaboración de los programas de actuaciones de la Inspección de Trabajo y Seguridad Social, relativos al control de la contratación laboral.

3. Si apreciase la posible comisión de un delito público, la Inspección de Trabajo y Seguridad Social, por el cauce orgánico que reglamentariamente se determine, remitirá al Ministerio Fiscal relación circunstanciada de los hechos que haya conocido y de los sujetos que pudieren resultar afectados.

Artículo 11. De la colaboración con los funcionarios del sistema de Inspección de Trabajo y Seguridad Social.

⇒ V. art. 13 RD 138/2000, de 4 febrero (§38.3).

1. Los empresarios, los trabajadores y los representantes de ambos, así como los demás sujetos responsables del cumplimiento de las normas del orden social, están obligados cuando sean requeridos: a atender debidamente a los inspectores de Trabajo y Seguridad Social y a los subinspectores de Empleo y Seguridad Social; a acreditar su identidad y la de quienes se encuentren en los centros de trabajo; a colaborar con ellos con ocasión de visitas u otras actuaciones inspectoras; a declarar ante el funcionario actuante sobre cuestiones que afecten a las comprobaciones inspectoras, así como a facilitarles la información y documentación necesarias para el desarrollo de sus funciones. Quienes represen-

ten a los sujetos inspeccionados deberán acreditar documentalmente tal condición si la actuación se produjese fuera del domicilio o centro de trabajo visitado.

2. Toda persona natural o jurídica estará obligada a proporcionar a la Inspección de Trabajo y Seguridad Social toda clase de datos, antecedentes o información con transcendencia en los cometidos inspectores, siempre que se deduzcan de sus relaciones económicas, profesionales, empresariales o financieras con terceros sujetos a la acción inspectora, cuando a ello sea requerida en forma. Tal obligación alcanza a las entidades colaboradoras de los órganos de recaudación de la Seguridad Social y a las depositarias de dinero en efectivo o de fondos en cuanto a la identificación de pagos realizados con cargo a las cuentas que se señalen en el correspondiente requerimiento, sin que puedan ampararse en el secreto bancario. La obligación de los profesionales de facilitar información no alcanza a aquellos datos confidenciales, a que hubieran accedido por su prestación de servicios de asesoramiento y defensa o con ocasión de prestaciones o atenciones sanitarias, salvo conformidad previa y expresa de los interesados. Reglamentariamente se determinará la forma y requisitos aplicables a los referidos requerimientos, considerándose su incumplimiento como infracción por obstrucción regulada en el artículo 49 de la Ley 8/1988, de 7 de abril.

Artículo 12. Deber de sigilo e incompatibilidades.

⇒ V. arts. 9 y ss. RD 138/2000, de 4 febrero (§38.3).

1. Los inspectores de Trabajo y Seguridad Social y los subinspectores de Empleo y Seguridad Social considerarán confidencial el origen de cualquier queja sobre incumplimiento de las disposiciones legales.

2. También vendrán obligados a observar secreto y a no revelar, aun después de haber dejado el servicio, los datos, informes o antecedentes de que puedan haber tenido conocimiento en el desempeño de sus funciones, salvo para la investigación o persecución de delitos públicos, en el marco legalmente establecido para la colaboración con la Administración laboral, la de la Seguridad Social, la tributaria, la de lucha contra el fraude en sus distintas clases, y a la de colaboración con comisiones parlamentarias de investigación en la forma que proceda.

3. Los inspectores de Trabajo y Seguridad Social y los subinspectores de Empleo y Seguridad Social estarán sujetos a las incompatibilidades y a los motivos de abstención y recusación de los funcionarios al servicio de las Administraciones públicas.

Sección 3ª De las actuaciones de la Inspección de Trabajo y Seguridad Social

Artículo 13. Iniciación de las actuaciones de la Inspección de Trabajo y Seguridad Social.

⇒ V. arts. 14 y ss. RD 138/2000, de 4 febrero (§38.3).

1. La Inspección de Trabajo y Seguridad Social actuará de oficio siempre, como consecuencia de orden superior, a petición razonada de otros órganos, por propia iniciativa, o en virtud de denuncia, todo ello en los términos que reglamentariamente se determinen.

2. Es pública la acción de denuncia del incumplimiento de la legislación de orden social. El denunciante no podrá alegar la consideración de interesado a ningún efecto en la fase de investigación, si bien podrá tener, en su caso, la condición de interesado si se inicia el correspondiente procedimiento sancionador en los términos del artículo 31 de la Ley 30/1992, de 26 de noviembre, de Régimen Jurídico de las Administraciones Públicas y del Procedimiento Administrativo Común. No se tramitarán las denuncias anónimas, las que se refieran a materias cuya vigilancia no corresponda a la Inspección de Trabajo y Seguridad Social, las que manifiestamente carezcan de fundamento ni las que coincidan con asuntos de los que esté conociendo un órgano jurisdiccional.

Artículo 14. Modalidades y documentación de la actuación inspectora.

⇒ V. arts. 22 y ss. RD 138/2000, de 4 febrero (§38.3).

1. La actuación de la Inspección de Trabajo y Seguridad Social se desarrollará mediante visita a los centros o lugares de trabajo, sin necesidad de aviso previo; mediante requerimiento de comparecencia ante el funcionario actuante de quien resulte obligado, aportando la documentación que se señale en cada caso, o para efectuar las aclaraciones pertinentes; en virtud de expediente administrativo cuando el contenido de su actuación permita iniciar y finalizar aquélla. Las visitas de inspección podrán realizarse por uno o varios funcionarios y podrán extenderse durante el tiempo necesario.

2. Cuando iniciada visita de inspección no fuese posible su prosecución y finalización por no aportar el sujeto a inspección los antecedentes o documentación solicitados, la actuación proseguirá en virtud de requerimiento para su aportación en la forma indicada en el número anterior. Las actuaciones comprobatorias no se dilatarán por espacio de más de nueve meses, salvo que la dilación sea imputable

al sujeto a inspección; y, asimismo, no se podrán interrumpir por más de tres meses. Las comprobaciones efectuadas en una actuación inspectora tendrán el carácter de antecedente para las sucesivas.

3. De cada actuación de la Inspección de Trabajo y Seguridad Social, el funcionario actuante extenderá diligencia en el Libro de Visitas de la Inspección de Trabajo y Seguridad Social que debe existir en cada centro de trabajo a disposición de la misma con sujeción a lo que disponga la Autoridad Central de la Inspección de Trabajo y Seguridad Social.

⇒ V. Res. 11 abril 2006, de la Dirección General de la Inspección de Trabajo y Seguridad Social, sobre el Libro de Visitas.

CAPÍTULO II
Organización del sistema de Inspección de Trabajo y Seguridad Social

⇒ V. Tít. III del RD 138/2000, de 4 febrero (§38.3).

Artículo 15. Principios generales.

1. La Administración General del Estado y la de las Comunidades Autónomas que hayan recibido el traspaso de los servicios del Estado en materia de ejecución de la legislación laboral, en el ámbito de sus respectivas competencias, organizarán el ejercicio de las actuaciones inspectoras con sujeción a los principios de concepción única e integral del sistema de Inspección de Trabajo y Seguridad Social.

2. La Inspección de Trabajo y Seguridad Social se estructura en una Autoridad Central y, territorialmente, en Inspecciones Provinciales agrupadas en cada Comunidad Autónoma.

3. Los poderes públicos garantizarán el ejercicio y la eficacia de las funciones de la Inspección de Trabajo y Seguridad Social, haciendo efectivos los principios generales de colaboración, coordinación y cooperación recíprocas, a través de los siguientes órganos:

a) La Conferencia Sectorial de Asuntos Laborales.

b) Las Comisiones Territoriales de la Inspección de Trabajo y Seguridad Social.

⇒ La O. 12 febrero 1998 dicta normas sobre el ejercicio de las funciones de la Autoridad Central de la Inspección de Trabajo y Seguridad Social. Su art. único dice:

«1. Hasta tanto se procede al correspondiente desarrollo reglamentario, las funciones y facultades previstas para la Autoridad Central de la Inspección de Trabajo y Seguridad Social en los arts. 15 y 18 de la Ley 42/1997, de 14 de noviembre, Ordenadora de la Inspección de Trabajo y Seguridad Social, continuarán ejerciéndose por el Director General de la Inspección de Trabajo y Seguridad Social.

2. De conformidad con la disp. derog. única de la Ley 42/1997, de 14 de noviembre, continuarán siendo de aplicación las normas reglamentarias actualmente en vigor, reguladoras de las funciones de los Jefes de las Inspecciones Provinciales de Trabajo y Seguridad Social, así como las de coordinación que a éstos vinieran establecidas en los Convenios de colaboración suscritos entre la Administración General del Estado y la de las Comunidades Autónomas en materia de inspección de trabajo».

V. disp. transit. 3ª del RD 138/2000, de 4 febrero (§38.3).

Sección 1ª Organos de participación y colaboración de las Administraciones Públicas

Artículo 16. La Conferencia Sectorial de Asuntos Laborales.

⇒ V. art. 42 RD 138/2000, de 4 febrero (§38.3).

A través de la Conferencia Sectorial de Asuntos Laborales, constituida en el marco del artículo 5 de la Ley 30/1992, de 26 de noviembre, la Administración General del Estado y las de las Comunidades Autónomas arbitrarán las medidas necesarias para garantizar los mecanismos de cooperación requeridos para el ejercicio de las funciones de esta Ley.

Artículo 17. Acuerdos bilaterales y Comisiones Territoriales en materia de la Inspección de Trabajo y Seguridad Social.

1. Mediante acuerdo entre la Administración General del Estado y la de cada Comunidad Autónoma se establecerá la composición, régimen de funcionamiento y cometidos de las Comisiones Territoriales a que se refiere el número 4 de este artículo.

⇒ V., por ejemplo, el suscrito entre el Ministerio de Trabajo y la CA de la Región de Murcia, publicado por Resolución de 3 octubre 2000, de la Secretaría General Técnica (BOE de 24 octubre).

2. En tal acuerdo se determinará lo necesario para que la respectiva Comisión Territorial establezca los objetivos y programas de actuación ordinaria de la Inspección de Trabajo y Seguridad Social en sus distintas áreas funcionales, así como los programas de interés autonómico o estatal que se consideren, y el seguimiento y control de los resultados; los medios y colaboraciones que se estimen precisos para su cumplimiento, particularmente en materia de colaboración pericial, asesoramiento técnico y auxilio, así como las reglas o criterios para el desarrollo de la colaboración institucional

recíproca entre la Administración autonómica y la Autoridad Central prevista en el artículo 18 de la presente Ley.

3. Asimismo, tales acuerdos podrán prever la adscripción orgánica de funcionarios de la Inspección de Trabajo y Seguridad Social a la Administración Autonómica.

4. Bajo la presidencia de la autoridad correspondiente de la respectiva Comunidad Autónoma, en el ámbito territorial de la misma, existirá la Comisión Territorial de la Inspección de Trabajo y Seguridad Social, como órgano de cooperación bilateral para facilitar el cumplimiento de los cometidos propios de la Inspección de Trabajo y Seguridad Social.

Sección 2ª. Órganos de Gestión Inspectora

⇒ V. arts. 46 y ss. RD 138/2000, de 4 febrero (§38.3).

Artículo 18. La Autoridad Central de la Inspección de Trabajo y Seguridad Social.

⇒ La O. 12 febrero 1998, dicta normas sobre el ejercicio de las funciones de la Autoridad Central de la Inspección de Trabajo y Seguridad Social. Su art. único dice:

«1. Hasta tanto se procede al correspondiente desarrollo reglamentario, las funciones y facultades previstas para la Autoridad Central de la Inspección de Trabajo y Seguridad Social en los arts. 15 y 18 de la Ley 42/1997, de 14 de noviembre, Ordenadora de la Inspección de Trabajo y Seguridad Social, continuarán ejerciéndose por el Director General de la Inspección de Trabajo y Seguridad Social.

2. De conformidad con la disp. derog. única de la Ley 42/1997, de 14 de noviembre, continuarán siendo de aplicación las normas reglamentarias actualmente en vigor, reguladoras de las funciones de los Jefes de las Inspecciones Provinciales de Trabajo y Seguridad Social, así como las de coordinación que a éstos vinieran establecidas en los Convenios de colaboración suscritos entre la Administración General del Estado y la de las Comunidades Autónomas en materia de inspección de trabajo».

V. disp. transit. 3ª del RD 138/2000, de 4 febrero (§38.3).

1. La Autoridad Central de la Inspección de Trabajo y Seguridad Social a que se refiere el artículo 4 del Convenio número 81 de la Organización Internacional del Trabajo es un órgano del Ministerio de Trabajo y Asuntos Sociales.

2. El sistema de Inspección de Trabajo y Seguridad Social dependerá orgánicamente de dicha Autoridad Central y funcionalmente de la Administración competente por razón de la materia de los asuntos en que intervenga, sin perjuicio del carácter unitario e integrado de sus actuaciones. Los funcionarios de dicho Sistema de Inspección, en el desarrollo de su actividad, dependerán funcionalmente, por tanto, de la Administración General del Estado o de la Autonómica correspondiente, en función de la materia en que actúen.

3. La Autoridad Central de la Inspección de Trabajo y Seguridad Social tiene las siguientes competencias:

3.1. La dirección, coordinación y fiscalización de la actuación y funcionamiento de la Inspección de Trabajo y Seguridad Social, sin perjuicio de lo establecido en el artículo 17 de esta Ley, y el conocimiento de los informes y memorias de las Direcciones Territoriales y Jefaturas Provinciales de la indicada Inspección.

3.2. La representación y participación en la Unión Europea y en los restantes ámbitos internacionales en los asuntos relacionados con la Inspección de Trabajo y Seguridad Social.

3.3. Las funciones de Alta Inspección que se le confieran, en la forma establecida en la disposición adicional tercera.

3.4. La Secretaría Permanente de la Comisión de Trabajo para la Inspección de Trabajo y Seguridad Social de la Conferencia Sectorial a que se refiere el artículo 16.

⇒ V. art. 43 del RD 138/2000, de 4 febrero (§38.3).

3.5. La relación institucional con las correspondientes autoridades de las Comunidades Autónomas, especialmente con los respectivos Presidentes de cada Comisión Territorial de la Inspección de Trabajo y Seguridad Social, a efectos de asegurar la coherencia general del sistema de Inspección y establecer la aplicación de los objetivos generales en su actuación.

3.6. La jefatura de personal de los funcionarios que integran el sistema de la Inspección de Trabajo y Seguridad Social, sin perjuicio de las competencias atribuidas a otros órganos por la normativa de función pública y de lo que se establezca en aplicación del artículo 17.

3.7. La definición de los criterios técnicos y operativos comunes para el desarrollo de la función inspectora en aplicación de los objetivos de carácter general que defina la Conferencia Sectorial.

3.8. La realización de estadísticas, informes y memorias sobre la actuación del sistema de Inspección de Trabajo y Seguridad Social, que serán únicos cuando se refieran al ámbito general del territorio del Estado o tengan por destinatario órganos supranacionales o internacionales.

3.9. La inspección de los centros regidos o gestionados por la Administración General del Estado, así como la dirección y ejecución de las actuaciones inspectoras de ámbito supraautonómico y la emisión de los informes que procedan.

3.10. La organización, a nivel general, de procesos de ingresos de formación, perfeccionamiento y especialización para la Inspección de Trabajo y Seguridad Social, sin perjuicio de las competencias atribuidas a otros órganos en la normativa de función pública.

3.11. El conocimiento y resolución de los expedientes y recursos señalados por la normativa aplicable, así como de aquellos otros incoados por la Inspección y que no correspondan expresamente a otras autoridades de las Administraciones públicas.

3.12. El conocimiento de las cuestiones que se susciten ante el Departamento por actuaciones de la Inspección de Trabajo y Seguridad Social, así como la definición de los principios interpretativos y técnicos comunes a la actuación del sistema de Inspección de Trabajo y Seguridad Social, sin perjuicio de las facultades que en las materias transferidas tienen, en este aspecto, las autoridades autonómicas.

Artículo 19. Estructura funcional y territorial de la Inspección de Trabajo y Seguridad Social.

⇒ La disp. final de la O. 12 febrero 1998, sobre el ejercicio de las funciones de la Autoridad Central de la Inspección de Trabajo y Seguridad Social dice lo siguiente:

«Durante la vigencia de esta Orden, y hasta que se dicten las pertinentes disposiciones, la Dirección General de la Inspección de Trabajo y Seguridad Social y las Inspecciones Provinciales dependientes de la misma conservarán su actual estructura orgánica.

La presente Orden, una vez publicada en el "Boletín Oficial del Estado", entrará en vigor conjuntamente con la Ley 42/1997, de 14 noviembre, Ordenadora de la Inspección de Trabajo y Seguridad Social».

V. las disposiciones transitorias del RD 138/2000, de 4 febrero (§38.3).

1. Las Inspecciones de Trabajo y Seguridad Social se estructurarán según criterios comunes, acomodándose en su desarrollo a las características de cada demarcación, de forma que, con aplicación del principio de trabajo programado y en equipo, se establezcan las necesarias unidades especializadas y precisas en sus áreas funcionales de actuación, una de las cuales será la del área de la Seguridad Social que, entre sus cometidos, cumplimentará las tareas que le encomienden las entidades y servicios de la Seguridad Social.

⇒ V. la disp. derog. única.2 de esta Ley.

2. Las Inspecciones de Trabajo y Seguridad Social, en el desarrollo de su actividad, actuarán en dependencia funcional de la Administración General del Estado o, de la respectiva Comunidad Autónoma, según la titularidad competencial que cada una posea en función de la materia sobre la que recaiga cada actuación.

3. Reglamentariamente se desarrollará la estructura orgánica territorial de la Inspección de Trabajo y Seguridad Social, en la que se dará participación a las respectivas Comunidades Autónomas, y que respetará el ejercicio de las competencias propias de las distintas Administraciones públicas.

⇒ V. arts. 50 y ss. RD 138/2000, de 4 febrero (§38.3).

Artículo 20. Ingreso y régimen de funcionarios en la Inspección de Trabajo y Seguridad Social.

1. El ingreso en el Cuerpo Superior de Inspectores de Trabajo y Seguridad Social se efectuará mediante oposición, a la que podrán acceder los nacionales españoles, mayores de edad, en posesión de titulación superior, de acuerdo con la normativa común de ingreso en la función pública.

El ingreso en el Cuerpo de Subinspectores de Empleo y Seguridad Social se efectuará, asimismo, mediante oposición, a la que podrán acceder los nacionales españoles, mayores de edad, que estén en posesión del título de diplomado universitario o equivalente, de acuerdo también con la normativa común de ingreso en la función pública.

2. Las competencias relativas al régimen jurídico de los funcionarios de los Cuerpos de la Inspección de Trabajo y Seguridad Social corresponden a la Administración General del Estado, en los términos previstos en el artículo 2 de la Ley 30/1984, de 2 de agosto, de Medidas para la Reforma de la Función Pública, sin perjuicio de lo dispuesto en el número siguiente.

3. La participación de las Comunidades Autónomas sobre selección, formación, perfeccionamiento, puestos, situaciones administrativas y régimen disciplinario de los funcionarios de la Inspección de Trabajo y Seguridad Social se determinará a través de la Conferencia Sectorial de Asuntos Laborales. Los funcionarios de los Cuerpos de la Inspección de Trabajo y Seguridad Social deberán participar en las acciones de formación y especialización que determine el Ministerio de Trabajo y Asuntos Sociales y, en su caso, la correspondiente Comunidad Autónoma si así se estableciese de conformidad con el artículo 16, o en el acuerdo suscrito entre la Administración General del Estado y la Comunidad Autónoma.

Artículo 21. Relaciones entre las Administraciones públicas.

1. El Ministerio de Trabajo y Asuntos Sociales podrá integrar y coordinar los planes de actuación territorial de la Inspección de Trabajo y Seguridad Social en planes de alcance general, oídas las autoridades autonómicas competentes, con sujeción a los principios generales que informan las relaciones entre las Administraciones públicas.

2. La Autoridad Central de la Inspección de Trabajo y Seguridad Social comunicará a los Presidentes de las Comisiones Territoriales de dicha Inspección los acuerdos o recomendaciones adoptados por la Conferencia Sectorial a que se refiere el artículo 16, los objetivos inspectores en materia de ámbito supraautonómico y los que deriven de directrices supranacionales o afecten a actuaciones inspectoras en materia de competencia compartida, así como las que se establezcan en los acuerdos previstos en el artículo 17 de esta Ley, y los objetivos de inspección previstos para el territorio en materias de competencia estatal, todo ello a efectos de que pueda considerarse en la respectiva programación territorial. El Presidente de la correspondiente Comisión Territorial notificará a la Autoridad Central la programación general establecida para el respectivo territorio y sus modificaciones. La Dirección Territorial de la Inspección de Trabajo y Seguridad Social, que dependerá de las autoridades central y autonómica, desarrollará los cometidos y facultades que reglamentariamente se determinen y, en su caso, las que se establezcan en el acuerdo bilateral a que se refiere el artículo 17.

3. Para garantizar, en todo momento, la necesaria coherencia de actuación de la Inspección de Trabajo y Seguridad Social y la debida colaboración entre las Administraciones públicas, por el Ministerio de Trabajo y Asuntos Sociales y por las Comunidades Autónomas se facilitarán los datos, documentos, memorias o estadísticas relativos al ejercicio de las funciones de la Inspección de Trabajo y Seguridad Social de que se dispongan, con arreglo a la normativa aplicable.

4. La Conferencia Sectorial de Asuntos Laborales y, en su caso, los acuerdos a que se refiere el artículo 17, tendrán en consideración la configuración territorial de las Comunidades Autónomas insulares a efectos de dotación y distribución de medios inspectores.

DISPOSICIONES ADICIONALES

Primera. Carácter básico.

Los preceptos contenidos en la presente Ley, que afectan al Régimen Jurídico de las Administraciones Públicas y Procedimiento Administrativo Común, tienen el carácter de normas básicas de conformidad con lo previsto en el artículo 149.1.18ª de la Constitución Española.

Los preceptos de esta Ley que correspondan a los ámbitos de la regulación del trabajo de extranjeros y migraciones, de la legislación laboral, prevención de riesgos laborales, colocación y empleo, y de la Seguridad Social y protección social públicas, así como de su régimen económico, tienen el carácter establecido por el artículo 149.1.2ª 7ª y 17ª de la Constitución Española.

Segunda. Integración de los controladores laborales en el Cuerpo de Subinspectores de Empleo y Seguridad Social.

El Cuerpo de Controladores Laborales, creado por la disposición adicional novena, tres, de la Ley 30/1984, de 2 de agosto, de Medidas para la Reforma de la Función Pública, pasará a denominarse Cuerpo de Subinspectores de Empleo y Seguridad Social como Cuerpo del grupo B, en los términos del artículo 25 de la citada Ley, con habilitación nacional.

Los funcionarios pertenecientes al Cuerpo de Controladores Laborales, a la entrada en vigor de esta Ley, se integrarán en el Cuerpo de Subinspectores de Empleo y Seguridad Social con los cometidos y atribuciones que esta Ley les reconoce y con todos los derechos adquiridos en su Cuerpo de procedencia.

Tercera. Alta Inspección del Estado en el orden social.

Las funciones de Alta Inspección del Estado en el orden social que vengan reconocidas en los respectivos Estatutos de Autonomía, salvo la relativa a asistencia sanitaria, se encomendará a la Unidad Especial de Inspectores de Trabajo y Seguridad Social que al efecto dependerá del Ministro de Trabajo y Asuntos Sociales.

Cuarta. Presunción de certeza de las comprobaciones inspectoras y principios del procedimiento sancionador y liquidatorio.

1. El procedimiento sancionador por infracciones en el orden social y de liquidación de cuotas de la Seguridad Social se iniciará, siempre de oficio, en virtud de acta de infracción o acta de liquidación, previas las investigaciones y comprobaciones que permitan conocer los hechos o circunstancias que la motivan. Mediante Real Decreto se regulará el procedimiento administrativo especial para la

imposición de sanciones y de liquidaciones en el orden social, común a las Administraciones públicas, que determinarán los requisitos de las actas, notificación, plazos de descargos, prácticas de las pruebas propuestas que se declaren pertinentes y propuesta definitiva de la inspección actuante, así como el régimen de recursos en vía administrativa.

2. Los hechos constatados por los funcionarios de la Inspección de Trabajo y Seguridad Social que se formalicen en las actas de infracción y de liquidación observando los requisitos legales pertinentes tendrán presunción de certeza, sin perjuicio de las pruebas que en defensa de los respectivos derechos o intereses pueden aportar los interesados.

El mismo valor probatorio se atribuye a los hechos reseñados en informes emitidos por la Inspección de Trabajo y Seguridad Social, en los supuestos a que se refieren los números 5, 6, 7, 8 y 11 del artículo 7 de la presente Ley, consecuentes a comprobaciones efectuadas por la misma, sin perjuicio de su contradicción por los interesados en la forma que determine las normas procedimentales aplicables.

⇒ V. los arts. 9.2 y 9.3 de la Ley 31/1995, de 8 noviembre, de Prevención de Riesgos Laborales (§23) sobre actuación de funcionarios públicos de las Administraciones Central y autonómicas que colaboran con la Inspección de Trabajo y Seguridad Social en esa materia.

3. Reglamentariamente se establecerán los supuestos y fórmulas en que la Inspección de Trabajo y Seguridad Social pueda instar la revisión de las resoluciones recaídas en expedientes liquidatorios incoados por la misma, cuando tales resoluciones se estimen manifiestamente ilegales o lesivas a los intereses generales acomodando al efecto los principios establecidos en la Ley 30/1992, de 26 de noviembre, de Régimen Jurídico de las Administraciones Públicas y del Procedimiento Administrativo Común.

⇒ El RD 928/1998, de 14 mayo, aprueba el Reglamento General sobre procedimientos para la imposición de sanciones por infracciones de orden social y para los expedientes liquidatorios de cuotas de la Seguridad Social (§40.2).

V. asimismo, el Cap. VIII del RDLeg 5/2000, de 4 agosto, que aprueba el Texto Refundido de la Ley sobre Infracciones y Sanciones en el Orden Social (§40.1).

Quinta. Adecuación de otras normas de rango legal.

1. El número uno, último párrafo, del artículo 31 del texto refundido de la Ley General de la Seguridad Social, en la redacción dada por la Ley 42/1994, de 30 de diciembre, queda redactado en la siguiente forma:

«Las actas de liquidación de cuotas se extenderán por la Inspección de Trabajo y Seguridad Social, notificándose en todos los casos a través de los órganos de la Inspección de Trabajo y Seguridad Social que, asimismo, notificarán las actas de infracción practicadas por los mismos hechos, en la forma que reglamentariamente se establezca».

2. El número tres del artículo 31 del texto refundido de la Ley General de la Seguridad Social, en la redacción dada por el artículo 29 de la Ley 42/1994, de 30 de diciembre, de Medidas Fiscales, Administrativas y de Orden Social, queda redactado en la siguiente forma:

«Las actas de liquidación extendidas con los requisitos reglamentariamente establecidos una vez notificadas a los interesados tendrán el carácter de liquidaciones provisionales y se elevarán a definitivas mediante acto administrativo del respectivo Jefe de la Unidad Especializada de Seguridad Social de la Inspección de Trabajo y Seguridad Social, previa audiencia del interesado. Contra dichos actos liquidatorios definitivos cabrá recurso ordinario ante el órgano superior jerárquico del que los dictó. De las actas de liquidación se dará traslado a los trabajadores pudiendo los que resulten afectados interponer reclamación respecto del período de tiempo o la base de cotización a que la liquidación se contrae».

3. El número cuatro del artículo 31 del texto refundido de la Ley General de la Seguridad Social, en la redacción dada por el artículo 29 de la Ley 42/1994, de 30 de diciembre, queda redactado de la forma siguiente:

«Los importes de las deudas figurados en las actas de liquidación serán hechos efectivos hasta el último día del mes siguiente al de su notificación una vez dictado el correspondiente acto administrativo definitivo de liquidación, incidiéndose automáticamente en otro caso en la situación de apremio».

4. Los números cinco y seis del artículo 31 del texto refundido de la Ley General de la Seguridad Social, en la redacción dada por el artículo 29 de la Ley 42/1994, de 30 de diciembre, se integran en un único apartado 5, que quedaría redactado de la forma siguiente:

«Las actas de liquidación y las de infracción que se refieran a los mismos hechos se practicarán simultáneamente por la Inspección de Trabajo y Seguridad Social. La competencia y procedimiento para su resolución son los señalados en el número tres anterior. Las sanciones por infracciones propuestas en dichas actas de infracción se reducirán automáticamente al 50 por 100 de su cuantía, si el infractor diese su conformidad a la liquidación practicada ingresando su importe en el plazo señalado en el número cuatro».

5. El apartado a) del número 2 del artículo 78 del texto refundido de la Ley General de la Seguridad Social, queda redactado en la forma siguiente:

«a) La vigilancia en el cumplimiento de las obligaciones que derivan de la presente Ley y, en especial, de los fraudes y morosidad en el ingreso y recaudación de cuotas de la Seguridad Social».

6. El apartado c) del número 1 del artículo 113 de la Ley General Tributaria, en la redacción dada por la Ley 25/1995, de 20 de julio, queda redactado de la forma siguiente:

«c) La colaboración con la Inspección de Trabajo y Seguridad Social y con las Entidades Gestoras y Servicios Comunes de la Seguridad Social en la lucha contra el fraude en la cotización y recaudación de las cuotas del sistema de Seguridad Social, así como en la obtención y disfrute de prestaciones a cargo del mismo sistema».

Sexta. Competencias legislativas de las Comunidades Autónomas.

Las Comunidades Autónomas con competencias legislativas plenas en materia de orden social podrán atribuir la función inspectora a funcionarios distintos de los enumerados en el artículo 2, en la Ley que regule cada materia y para el ámbito de la misma.

Séptima. Transferencia de funcionarios de la Inspección de Trabajo y Seguridad Social.

Si en los acuerdos a que se refiere el artículo 17 se dispusiera la transferencia de funcionarios de la Inspección de Trabajo y Seguridad Social, ésta se realizará por los procedimientos establecidos en el respectivo Estatuto de Autonomía para el traspaso de servicios.

DISPOSICIÓN TRANSITORIA

Única. Régimen transitorio de los procedimientos.

A los procedimientos ya iniciados antes de la entrada en vigor de la presente Ley no les será de aplicación la misma, rigiéndose por la normativa anterior.

DISPOSICIÓN DEROGATORIA

Única. Normas legales que se derogan.

1. Quedan derogadas cuantas disposiciones se opongan a lo establecido en la presente Ley y expresamente la Ley 39/1962, de 21 de julio, sobre Ordenación de la Inspección de Trabajo.

2. La disposición adicional tercera de la Ley 8/1988, de 7 de abril, de Infracciones y Sanciones del Orden Social, en la redacción dada por el artículo 25 de la Ley 11/1994, de 19 de mayo, quedará derogada en cada territorio autonómico cuando se logre el respectivo acuerdo con cada Comunidad Autónoma a que se refiere el artículo 17 de esta Ley.

El número 2 del artículo 31 del texto refundido de la Ley General de la Seguridad Social, en la redacción dada por el artículo 29.7 de la Ley 42/1994, de 30 de diciembre, de Medidas Fiscales, Administrativas y de Orden Social, quedará derogado una vez sea desarrollado lo establecido en el artículo 19.1 de esta Ley.

3. Las normas reglamentarias actualmente en vigor continuarán siendo de aplicación, en cuanto no contradigan o se opongan a la presente Ley, hasta tanto se proceda a su derogación por las normas previstas en la disposición final.

⇒ V. RD 138/2000, de 4 febrero (§38.3), su disposición derogatoria.

DISPOSICIÓN FINAL

Única. Desarrollo y entrada en vigor de la Ley.

1. Las referencias y remisiones contenidas en otras normas legales y reglamentarias a la Ley 39/1962, de 21 de julio, para la Ordenación de la Inspección de Trabajo, se entenderán directamente referidas a la presente Ley.

2. Se autoriza al Gobierno a dictar cuantas disposiciones sean necesarias para la aplicación y desarrollo de la presente Ley, que entrará en vigor a los tres meses de su publicación en el «Boletín Oficial del Estado».

§ 38.3 REAL DECRETO 138/2000, DE 4 FEBRERO. APRUEBA EL REGLAMENTO DE ORGANIZACIÓN Y FUNCIONAMIENTO DE LA INSPECCIÓN DE TRABAJO Y SEGURIDAD SOCIAL

(BOE núm. 40, de 16 febrero [RCL 2000, 457])

☞ Parcialmente modificado por RD 1125/2001, de 19 octubre y por RD 689/2005, de 10 junio.

La Ley 42/1997, de 14 de noviembre, Ordenadora de la Inspección de Trabajo y Seguridad Social, supone la adecuación del referido sistema de Inspección a los principios constitucionales de Estado Social y Democrático de Derecho y de Estado de las Autonomías. El apartado 1 de su artículo 19 prevé su estructura territorial según criterios comunes, bien que acomodados a las características de cada demarcación y a la aplicación del principio de trabajo programado y en equipo; el apartado 2 del precepto citado señala la doble dependencia funcional de dicha inspección; y su apartado 3 prevé el desarrollo, vía reglamentaria, de su estructura, al tiempo que la disposición final única de la misma Ley autoriza al Gobierno a dictar las disposiciones necesarias para su aplicación y desarrollo, lo que acomete el Reglamento que se aprueba.

La Ley 42/1997, de permanente referencia, se asienta en la articulación de instrumentos de colaboración entre las Administraciones Autonómicas y del Estado, que impulsen su participación en la definición de objetivos y en el desarrollo de la actividad inspectora, al tiempo que el Reglamento considera, también, el resultado de los acuerdos bilaterales previstos por el artículo 17 de la indicada Ley, en la medida en que están llamados a constituir instrumento principal de mutua cooperación para facilitar la acción inspectora en cada territorio. Al abordar la organización operativa de la Inspección de Trabajo y Seguridad Social, con respeto de los principios básicos de organización de la función pública, el Reglamento desarrolla una regulación común y flexible del sistema, lo que permite aplicar criterios también comunes conforme al artículo 19.1 de la Ley 42/1997, acorde con la unidad institucional del sistema de inspección que consagra dicha Ley.

En el funcionamiento de la Inspección de Trabajo y Seguridad Social, el presente Reglamento ofrece una importante transformación de la institución inspectora, modernizando sus estructuras y métodos para dotarle de mayor eficacia en el cumplimiento de sus fines y, asimismo, en el reconocimiento de las garantías de seguridad jurídica del administrado, todo ello en la línea de la Ley ordenadora objeto de desarrollo.

Se desarrollan, en definitiva, los cometidos de la Autoridad Central de la Inspección de Trabajo y Seguridad Social, en atención a su función rectora del sistema de inspección y a la necesidad de su coherencia institucional, al tiempo que se le asignan los instrumentos de inspección supraterritorial para el cumplimiento de sus funciones legales. La estructura periférica se fundamenta en las Inspecciones Provinciales agrupadas en comunidades autónomas, como novedad organizativa de la Ley 42/1997, todas ellas configuradas como servicios no integrados en las Delegaciones del Gobierno en los términos de la Ley 6/1997, de 14 de abril, de Organización y Funcionamiento de la Administración General del Estado, completadas con las unidades especializadas y los equipos de inspección, concebidos con carácter flexible, de forma que en su seno puedan conjugarse los principios legales de especialización con los de unidad de función y de acto, y ambos con los de trabajo programado y en equipo, en la forma legalmente establecida, dando cumplimiento a las previsiones legales.

En su virtud, a propuesta de los Ministros de Trabajo y Asuntos Sociales y de Administraciones Públicas, de acuerdo con el Consejo de Estado y previa deliberación del Consejo de Ministros en su reunión del día 4 de febrero de 2000, dispongo:

Artículo único. Aprobación del Reglamento.

Se aprueba el Reglamento de Organización y Funcionamiento de la Inspección de Trabajo y Seguridad Social que se inserta a continuación.

DISPOSICIONES TRANSITORIAS

Primera. Subsistencia de situaciones.

Las unidades y puestos de trabajo con nivel orgánico inferior a Subdirector general en el sistema de Inspección de Trabajo y Seguridad Social que resulten afectadas por las modificaciones previstas en el Reglamento, que se aprueba, continuarán subsistentes y serán retribuidos con cargo a los mismos créditos presupuestarios, hasta que se aprueben las relaciones de puestos de trabajo adaptadas a la nueva estructura orgánica establecida en el Reglamento adjunto.

Segunda. Desempeño de jefaturas.

1. Hasta tanto se aprueben las relaciones de puestos de trabajo a que se refiere la disposición transitoria primera y se proceda a su cobertura, las funciones de jefatura en las estructuras territoriales de la Inspección de Trabajo y Seguridad Social se desempeñarán en la forma siguiente:

a) Los Jefes de Inspección provincial de la capitalidad autonómica asumirán automáticamente las funciones del Director territorial de la Inspección que determine la autoridad central, salvo lo que se acuerde con cada comunidad autónoma.

b) Los actuales Jefes de las unidades de la Inspección de Trabajo y Seguridad Social en las Direcciones Provinciales de la Tesorería General de la Seguridad Social asumirán automáticamente las funciones y cometidos de Jefes de las unidades especializadas en el área de la Seguridad Social, salvo en los supuestos del artículo 55.2 del Reglamento que se aprueba.

c) Los Jefes de equipo que en la actualidad desempeñen tales puestos, asumirán automáticamente las nuevas funciones establecidas para los puestos de dicha denominación en la Ley 42/1997 y en el Reglamento que se aprueba.

2. La Administración de la Seguridad Social continuará proporcionando al sistema de inspección los mismos medios y colaboraciones, al menos, que actualmente dedica a las unidades de Inspección en la Tesorería General de la Seguridad Social.

Tercera. Asunción de funciones.

El Director general de la Inspección de Trabajo y Seguridad Social asumirá las funciones que el adjunto Reglamento establece para la autoridad central de dicha Inspección; las actuales estructuras de la Dirección General de la Inspección de Trabajo y Seguridad Social, asumirán los cometidos y funciones atribuidos a la oficina de dicha autoridad central en el Reglamento que se establece, sin perjuicio de lo que se disponga en las correspondientes normas orgánicas y relaciones de puestos de trabajo.

DISPOSICIÓN DEROGATORIA

Única. Derogación normativa.

Quedan derogadas cuantas disposiciones de igual o inferior rango se opongan a lo preceptuado en el presente Real Decreto y expresamente el Decreto 2121/1971, de 23 de julio, por el que se aprueba el Reglamento del Cuerpo Nacional de la Inspección de Trabajo; el Decreto 2122/1971, de 23 de julio, por el que se aprueba el Reglamento de la Inspección de Trabajo; el Real Decreto 97/1986, de 10 de enero, sobre el Cuerpo Superior de Inspectores de Trabajo y Seguridad Social, y el Real Decreto 1667/1986, de 26 de mayo, por el que se regulan los cometidos y atribuciones de los controladores laborales.

DISPOSICIONES FINALES

Primera. Habilitación para el desarrollo.

Se faculta al Ministro de Trabajo y Asuntos Sociales y, en su caso, al de Administraciones Públicas, para dictar las disposiciones de aplicación y desarrollo de este Real Decreto.

Segunda. Entrada en vigor.

El presente Real Decreto y el Reglamento que aprueba entrarán en vigor el primer día del mes siguiente al de su publicación en el «Boletín Oficial del Estado».

REGLAMENTO DE ORGANIZACIÓN Y FUNCIONAMIENTO DE LA INSPECCIÓN DE TRABAJO Y SEGURIDAD SOCIAL

TÍTULO I
NORMAS GENERALES

CAPÍTULO I
Organización, funcionamiento y ámbito de actuación del sistema de Inspección de Trabajo y Seguridad Social

Sección 1ª Objeto de este Reglamento y ámbito de la función inspectora

Artículo 1. Objeto del Reglamento.

1. La organización y funcionamiento del sistema de la Inspección de Trabajo y Seguridad Social, conforme a la Ley 42/1997, de 14 de noviembre, Ordenadora de la Inspección de Trabajo y Seguridad Social, se regirá por la citada Ley y por este Reglamento.

2. La Inspección de Trabajo y Seguridad Social se integra orgánicamente en la Administración General del Estado.

3. La Inspección de Trabajo y Seguridad Social depende funcionalmente de la Administración General del Estado y de la de cada comunidad autónoma con competencias de ejecución de la legislación del orden social, en razón de la materia de los asuntos en que en cada caso intervenga, sin perjuicio de la dependencia orgánica establecida en el apartado anterior.

Artículo 2. Ámbito funcional y material de actuación de la Inspección de Trabajo y Seguridad Social.

1. El ámbito funcional de actuación de la Inspección de Trabajo y Seguridad Social, en los términos del artículo 3 de la Ley Ordenadora de la Inspección de Trabajo y Seguridad Social, comprende la vigilancia del cumplimiento de las normas relativas a los ámbitos siguientes:

1º Relaciones laborales, derechos sindicales y de representación laboral, prevención de riesgos laborales, colocación, empleo y normas para su promoción y fomento.

2º Migraciones y trabajo de los extranjeros en España.

3º Régimen económico de la Seguridad Social, en cuanto a sus recursos, sus prestaciones y mejoras, y a la colaboración en la gestión. Y, asimismo, las demás normas de Seguridad Social, excepto las relativas a asistencia sanitaria.

4º Constitución y funcionamiento de entes de economía social, en el marco de lo establecido en su legislación específica.

5º Funciones de arbitraje, conciliación y mediación; de asistencia técnica; y de informe a órganos jurisdiccionales o administrativos, todo ello en los términos previstos en la legislación aplicable.

2. El ámbito material de actuación de la Inspección de Trabajo y Seguridad Social se extiende a los sujetos, entidades, centros, lugares y medios a que se refiere el artículo 4 de la Ley Ordenadora de la Inspección de Trabajo y Seguridad Social.

De acuerdo con lo dispuesto en el apartado 2 del citado artículo 4, los centros de trabajo, establecimientos, locales e instalaciones cuya vigilancia esté legalmente atribuida a otros órganos de las Administraciones públicas, así como los centros de trabajo y establecimientos militares dependientes de la Administración militar, quedan exceptuados del ámbito material de actuación de la Inspección de Trabajo y Seguridad Social y continuarán rigiéndose por su normativa específica, sin perjuicio de la competencia de la Inspección de Trabajo y Seguridad Social en las materias no afectadas por la misma.

Artículo 3. Supuestos especiales en la actuación de la Inspección de Trabajo y Seguridad Social.

Las actuaciones de la Inspección de Trabajo y Seguridad Social, observarán las peculiaridades siguientes:

1. La vigilancia de la legislación del orden social en locales e instalaciones diplomáticas acogidos a extraterritorialidad y los protegidos por convenios internacionales, respetará su exclusión sólo a efectos de presencia física inspectora, en la forma que establezcan los Ministerios de Asuntos Exteriores y de Trabajo y Asuntos Sociales.

2. Mediante instrucciones conjuntas de los Ministerios de Defensa y de Trabajo y Asuntos Sociales y para salvaguardar los intereses de la Defensa Nacional y la seguridad y eficacia de los centros,

bases y establecimientos afectos a la misma, se determinará el procedimiento de inspección sobre empresas que ejerzan actividades en centros, bases o establecimientos militares.

3. *Las actuaciones inspectoras en centros o dependencias de la Administración pública se preavisarán a quien se encuentre al frente del centro a inspeccionar.*

✐ Ap. 3 anulado por STS, Sala 3ª, de 10 febrero 2003 (RJ 2003, 2262).

⇒ El RD 707/2002, de 19 julio (§40.3), establece el Reglamento sobre el procedimiento administrativo especial de actuación de la Inspección de Trabajo y Seguridad Social y para la imposición de medidas correctoras de incumplimientos en materia de prevención de riesgos laborales en el ámbito de la Administración General del Estado. Cfr. su art. 4 en redacción dada por RD 464/2003, de 25 abril.

Sección 2ª Personal y medios del sistema de Inspección de Trabajo y Seguridad Social

Artículo 4. Funcionarios que integran el sistema de Inspección de Trabajo y Seguridad Social.

1. Los puestos con cometido inspector se desempeñarán por funcionarios del Cuerpo Superior de Inspectores de Trabajo y Seguridad Social y del Cuerpo de Subinspectores de Empleo y Seguridad Social, conforme al artículo 2 de la Ley Ordenadora de la Inspección de Trabajo y Seguridad Social. Ambos Cuerpos tienen el carácter y habilitación que establece dicho precepto legal. El ingreso en dichos Cuerpos será por oposición, conforme al artículo 20 de la citada Ley ordenadora, que constará de una fase selectiva y otra de formación, ambas eliminatorias.

2. Los miembros de ambos Cuerpos podrán participar, sin limitaciones, en todo procedimiento convocado de provisión de puestos para la función inspectora atribuida a su Cuerpo de pertenencia. Su participación en concursos o convocatorias de libre designación para otros puestos de adscripción indistinta en las relaciones de puestos de trabajo, se ajustará a lo establecido en los artículos 41, apartado 4, y 55 del Reglamento General aprobado por Real Decreto 364/1995, de 10 de marzo.

3. La estructura, cuantía y condiciones de las retribuciones básicas y de los complementos de destino en el sistema de Inspección de Trabajo y Seguridad Social, serán las que correspondan al Cuerpo de pertenencia.

4. Sin perjuicio de lo establecido en el artículo 13 de la Ley 30/1984, de 2 de agosto, la Autoridad Central mantendrá al día un listado de los miembros de los Cuerpos referidos en el apartado 1 con los datos necesarios para información a las Administraciones de las comunidades autónomas competentes en materias objeto de este Reglamento.

Artículo 5. Personal de apoyo del sistema.

Conforme al artículo 2 de la Ley ordenadora, la Administración General del Estado adscribirá al sistema de Inspección de Trabajo y Seguridad Social el personal de nivel superior, técnico, administrativo y subalterno necesario para el desarrollo de la asistencia técnica y el apoyo administrativo a la función inspectora y para el funcionamiento de los servicios.

Artículo 6. Locales y medios materiales.

1. La Autoridad Central de la Inspección de Trabajo y Seguridad Social gestionará los recursos informáticos del sistema, que comprenderá los sistemas lógicos y físicos necesarios, así como las conexiones informáticas y el sistema de comunicaciones entre la Autoridad Central y la organización territorial del sistema de inspección. El tratamiento informático de la actividad del sistema de Inspección de Trabajo y Seguridad Social se realizará a partir de una única base de datos que garantice su homogeneidad y su explotación estadística, conforme a lo previsto en el artículo 18.3.8 de la Ley Ordenadora de la Inspección de Trabajo y Seguridad Social, que recibirá los datos de todas las actuaciones inspectoras debidamente clasificados.

2. La base general de datos del sistema de inspección y sus aplicativos de explotación, radicará en la Oficina de la Autoridad Central, a la que corresponderá su gestión, desarrollo y modificación. Cada Administración autonómica accederá a los datos sobre materias de su competencia, pudiendo disponer las modificaciones de la base de datos y de los aplicativos, en la forma que se acuerde.

3. En los acuerdos previstos en el artículo 17 de la Ley Ordenadora de la Inspección de Trabajo y Seguridad Social podrá establecerse que cada comunidad autónoma facilite a la Inspección las conexiones informáticas necesarias para el ejercicio de la función inspectora, la forma de acceso a la información relativa a su competencia y cuantos otros extremos se convengan.

4. Las actuaciones y comprobaciones inspectoras podrán servirse de los medios informáticos, a cuyo fin dispondrán de acceso a los datos y antecedentes obrantes en la Administración pública cuando tengan relevancia para la función inspectora, en la forma establecida en la legislación y en este Reglamento. En particular se explotarán informáticamente las colaboraciones establecidas en el apartado 2 del artículo 9 de la Ley Ordenadora de la Inspección de Trabajo y Seguridad Social y en el artículo

79 del Texto Refundido de la Ley General de la Seguridad Social, aprobado por el Real Decreto Legislativo 1/1994, de 20 de junio.

TÍTULO II

DEL FUNCIONAMIENTO Y ACTUACIÓN DE LA INSPECCIÓN DE TRABAJO Y SEGURIDAD SOCIAL

CAPÍTULO I

Funciones y obligaciones de los funcionarios del sistema de Inspección de Trabajo y Seguridad Social

Sección 1ª Facultades de los inspectores y de los subinspectores

Artículo 7. Facultades de los inspectores de Trabajo y Seguridad Social.

1. En el ejercicio de su función, los inspectores de Trabajo y Seguridad Social están facultados, en los términos del artículo 5 de la Ley Ordenadora de la Inspección de Trabajo y Seguridad Social, para:

1º Entrar libremente, sin previo aviso y en cualquier momento, en todo centro o lugar de trabajo sujeto a inspección y a permanecer en ellos, respetando en todo caso la inviolabilidad del domicilio. Tal facultad alcanza a cuantos funcionarios públicos acompañen al inspector en su gestión comprobatoria.

2º La comunicación de la presencia inspectora, establecida en el artículo 5.1 de la citada Ley ordenadora podrá efectuarse al inicio de la visita de comprobación o con posterioridad a dicho inicio, si así conviniera. Cuando la actuación lo requiera, el inspector actuante podrá requerir la inmediata presencia de quien esté al frente del centro en el momento de la visita.

3º Hacerse acompañar durante la visita por las personas a que se refiere el artículo 5.2 de la Ley ordenadora.

4º Proceder a practicar cualquier diligencia de investigación, examen o prueba que consideren necesario a fin de comprobar el cumplimiento de las disposiciones aplicables en los términos del artículo 5.3 de la citada Ley ordenadora.

5º Recabar y obtener la información, datos o antecedentes con trascendencia para la función inspectora, en materia relativa al régimen económico de la Seguridad Social, en los supuestos y respecto de los obligados referidos en el artículo 11.2 de la Ley Ordenadora de la Inspección de Trabajo y Seguridad Social.

Dicha información se recabará mediante requerimiento escrito del inspector que dirija las actuaciones. Cuando el requerimiento se formule a entidades que desarrollen actividades bancarias o de depósito de fondos, y se refiera a identificación de pagos efectuados con cargo a cuentas, depósitos o fondos de cualquier clase, el requerimiento se autorizará previamente por la Autoridad Central de la Inspección de Trabajo y Seguridad Social, que podrá delegar en el Jefe del órgano inspector. Tales requerimientos señalarán un plazo para su cumplimentación no inferior a quince días; especificarán los datos, antecedentes o información solicitados, período de tiempo a que se refieran y la identidad de los sujetos de la acción inspectora. La información será facilitada por la entidad requerida mediante certificación de la misma o mediante acceso del inspector actuante a los datos solicitados en las dependencias de aquélla, según se determine en el requerimiento, levantándose testimonio escrito en el segundo supuesto.

6º Adoptar cualesquiera de las medidas a que se refieren los artículos 7 de la Ley ordenadora y 25 de este Reglamento.

7º Adoptar, en su caso, las medidas cautelares que considere oportunas a que se refieren el apartado 4 del artículo 5 de la Ley Ordenadora de la Inspección de Trabajo y Seguridad Social y el artículo 19 de este Reglamento.

8º Y, en general, ejercer las demás facultades señaladas en los artículos 5, 7 y concordantes de la Ley Ordenadora de la Inspección de Trabajo y Seguridad Social.

2. Corresponde asimismo a los inspectores de Trabajo y Seguridad Social, conforme al artículo 8 de la Ley ordenadora, la dirección técnica y funcional de la actividad de los subinspectores de Empleo y Seguridad Social, así como el visado de sus actas cuando proceda.

Artículo 8. Facultades de los subinspectores de Empleo y Seguridad Social.

1. Los subinspectores de Empleo y Seguridad Social tendrán las facultades a que se refiere el

artículo 8 de la Ley Ordenadora de la Inspección de Trabajo y Seguridad Social, y en particular las siguientes:

1ª Las establecidas en los apartados 1.1 y 1.2 del artículo anterior para el ejercicio de sus funciones.

2ª Requerir de los sujetos obligados y beneficiarios de prestaciones la documentación e información sobre antecedentes de hecho relacionados con la materia sometida a inspección.

3ª Las señaladas en el apartado 1.4 del artículo anterior.

4ª Advertir y requerir al sujeto responsable, en vez de iniciar un procedimiento sancionador, cuando proceda.

5ª Instar, por su cauce orgánico, procedimientos administrativos de oficio en los supuestos previstos en la Ley ordenadora.

6ª Comprobar en las contrataciones el cumplimiento de la normativa a que se refiere el artículo 8.2.1 de la Ley Ordenadora de la Inspección de Trabajo y Seguridad Social. Vigilar el cumplimiento de la normativa sobre el trabajo de los extranjeros en territorio nacional y el desarrollo de operaciones migratorias.

7ª Practicar las correspondientes actas de infracción y las de liquidación de cuotas de la Seguridad Social y propuestas de liquidación, a que se refiere el artículo 27 de este Reglamento.

2. Con carácter general, las funciones de los subinspectores de Empleo y Seguridad Social se desarrollarán en el seno de los equipos de inspección a que se refiere el artículo 56 del presente Reglamento.

Sección 2ª Deberes de los inspectores y de los subinspectores

Artículo 9. Obligaciones.

1. Los funcionarios de la Inspección de Trabajo y Seguridad Social servirán con objetividad los intereses generales y actuarán de acuerdo con los principios constitucionales de eficacia y jerarquía, con sometimiento pleno a la ley y al derecho, y con sujeción a los criterios técnicos y directrices establecidos por las autoridades competentes.

2. En el ejercicio de sus funciones, y sin merma de su autoridad ni del cumplimiento de sus deberes, observarán la máxima corrección con los ciudadanos, y procurarán perturbar en la menor medida posible el desarrollo de las actividades de los inspeccionados.

3. En las visitas de inspección, el funcionario actuante comunicará su presencia al empresario o a su representante, en los términos del artículo 7.1.2 de este Reglamento. Cuando afecte a materia de seguridad y salud en el trabajo el inspector de Trabajo y Seguridad Social actuará conforme establece la Ley 31/1995, de 8 de noviembre, de Prevención de Riesgos Laborales.

4. Los funcionarios de la Inspección, con ocasión de sus visitas a los lugares de trabajo, prestarán la debida atención a las observaciones que les sean formuladas por los representantes de los trabajadores.

Artículo 10. Deber de sigilo profesional.

1. Los funcionarios del sistema de Inspección de Trabajo y Seguridad Social deberán guardar secreto respecto de los asuntos que conozcan por razón de su cargo, así como sobre los datos, informes, origen de las denuncias o antecedentes de que hubieren tenido conocimiento en el desempeño de sus funciones, en los términos del artículo 12 de la Ley Ordenadora de la Inspección de Trabajo y Seguridad Social.

2. El personal sin funciones inspectoras que preste servicios en órganos y dependencias del sistema de inspección queda sujeto a los mismos deberes de sigilo acerca de lo que conozca por razón de su puesto de trabajo.

Artículo 11. Incompatibilidad, abstención y recusación de inspectores y subinspectores.

1. Los funcionarios del sistema de la Inspección de Trabajo y Seguridad Social quedan afectados por el régimen general de incompatibilidades de la función pública. En razón a su función, los inspectores y subinspectores no podrán tener interés directo ni indirecto en empresas o grupos de empresas objeto de su actuación, ni asesorar o defender a título privado a personas físicas o jurídicas con actividades susceptibles de la acción inspectora; *se abstendrán en todo asunto en que concurra interés para la asociación o sindicato de su afiliación.*

✐ Inciso final anulado por STS, Sala 3ª, de 10 febrero 2003 (RJ 2003, 2262).

2. Con independencia de lo establecido en el apartado anterior, los inspectores que ocupen pues-

tos con funciones resolutorias de expedientes sancionadores o liquidatorios, quedan incompatibilizados para la práctica de actas de infracción o de liquidación en la materia que corresponda directamente a las referidas funciones.

3. Los funcionarios a que se refiere el apartado 1 se abstendrán de intervenir en actuaciones inspectoras, comunicándolo a su superior inmediato, cuando concurra cualquiera de los motivos a que se refiere el artículo 28 de la Ley 30/1992, de 26 de noviembre. La abstención y la recusación de funcionarios a que se refiere el artículo 29 de la citada Ley, se resolverán por el respectivo jefe de la Inspección provincial, salvo que afecte a éste o a un director territorial de la Inspección de Trabajo y Seguridad Social en que corresponderá a su Autoridad Central.

Artículo 12. Carácter y acreditación de los funcionarios.

1. En el ejercicio de su función, los inspectores de Trabajo y Seguridad Social tienen el carácter de autoridad pública y los subinspectores de Empleo y Seguridad Social el de agentes de la autoridad, conforme a lo establecido en los artículos 5 y 8 de la Ley Ordenadora de la Inspección de Trabajo y Seguridad Social.

2. Los inspectores de Trabajo y Seguridad Social tienen el carácter de autoridad competente a los efectos de lo establecido en el artículo 8, apartado 1, de la Ley Orgánica de Protección Civil del Derecho al Honor, a la Intimidad Personal y Familiar y a la Propia Imagen, en los términos del artículo 6.3 de la Ley Ordenadora de la Inspección de Trabajo y Seguridad Social.

3. Los inspectores de Trabajo y Seguridad Social y los subinspectores de Empleo y Seguridad Social serán provistos de un documento oficial que acredite su condición, que será expedido por la Autoridad Central de la Inspección de Trabajo y Seguridad Social. Los sujetos inspeccionados tienen derecho a recabar su acreditación en las visitas de inspección a sus locales o centros.

Artículo 13. Colaboración y auxilio a la función inspectora.

1. De conformidad con el artículo 9 de la Ley Ordenadora de la Inspección de Trabajo y Seguridad Social, las autoridades, cualquiera que sea su naturaleza, los jefes o encargados de cualesquiera oficinas públicas y quienes ejerzan funciones de tal carácter, deberán prestar a los funcionarios de dicha Inspección el apoyo y colaboración que precisen en el ejercicio de su función. Si así no lo hicieran, el respectivo Jefe de la Inspección provincial o, en su caso, la autoridad competente trasladará lo actuado a los Servicios Jurídicos de la Administración competente a sus efectos.

⇒ V. nota del citado art. 9.1 de la Ley Ordenadora de la Inspección de Trabajo y Seguridad Social (§38.2).

2. Las Fuerzas y Cuerpos de Seguridad prestarán auxilio y colaboración a los inspectores de Trabajo y Seguridad Social y subinspectores de Empleo y Seguridad Social, cuando sean requeridos por éstos para el ejercicio de sus cometidos, en los términos del artículo 9.4 de la Ley Ordenadora de la Inspección de Trabajo y Seguridad Social, y del artículo 10.5 del Reglamento general sobre procedimientos para la imposición de sanciones por infracciones de orden social y para los expedientes liquidatorios de cuotas de la Seguridad Social, aprobado por el Real Decreto 928/1998, de 14 de mayo. En los acuerdos bilaterales a que se refiere este Reglamento podrán establecerse reglas específicas de colaboración en lo que concierne a los Cuerpos de Policía dependientes de las comunidades autónomas.

CAPÍTULO II

Actuaciones en el sistema de Inspección de Trabajo y Seguridad Social

Sección 1ª Disposiciones comunes

Artículo 14. Principios generales de actuación.

1. La actividad inspectora responderá al principio de trabajo programado, sin perjuicio de la que exijan necesidades sobrevenidas o denuncias. La actividad inspectora responderá a los programas de objetivos generales y territoriales establecidos conforme a este Reglamento.

2. Los funcionarios de la Inspección de Trabajo y Seguridad Social adecuarán su actividad a dichos programas de actuación, a los que se sujetará la iniciativa de los inspectores en los términos del artículo 22 del presente Reglamento.

Artículo 15. Modalidades de actuación.

1. En desarrollo del artículo 14 de la Ley Ordenadora de la Inspección de Trabajo y Seguridad Social, los funcionarios de la Inspección de Trabajo y Seguridad Social desarrollarán sus actuaciones inspectoras y de asistencia técnica, mediante las siguientes modalidades:

a) Visita a los centros y lugares de trabajo, con la personación del funcionario actuante en el centro o lugar de trabajo, sin necesidad de aviso previo, pudiendo efectuarse por un único funcionario o conjuntamente por varios. Podrá efectuarse más de una visita sucesiva. Cuando iniciadas actuaciones mediante visita, no sea posible o no tenga objeto su continuidad en el centro visitado, podrá continuarse en la forma establecida en el apartado siguiente.

b) Comparecencia de los sujetos obligados ante el funcionario actuante en la oficina pública que éste señale, en virtud de requerimiento, con o sin aportación de información documental o en soporte informático, en su caso, con expresión en el requerimiento de la documentación que deba ser objeto de presentación. El requerimiento será escrito y notificado directamente con ocasión de visita al centro de trabajo, o por cualquier forma de notificación válida. Cuando el requerimiento se formule por un equipo, determinará el inspector o subinspector ante el que haya de comparecer el sujeto requerido.

c) Comprobación de datos o antecedentes que obren en las Administraciones públicas; a tal fin, la Inspección podrá acceder a tales datos y antecedentes, proceder a cruces informáticos y solicitar antecedentes o información que permita comprobar el cumplimiento de la normativa aplicable. Si de su examen se dedujeran indicios de incumplimiento, podrá procederse en la forma dispuesta en los apartados anteriores al objeto de completar la comprobación.

d) Expediente administrativo, cuando de su contenido se dedujeran los elementos suficientes de comprobación y de convicción para iniciar y concluir la actuación inspectora.

2. Las actuaciones inspectoras, cualquiera que sea la modalidad con que se inicien, podrán proseguirse o completarse sobre el mismo sujeto con la práctica de otra u otras formas de actuación de las definidas en el apartado anterior, si se estiman necesarias para la culminación de la comprobación.

3. Las funciones de arbitraje, mediación y conciliación contempladas en el artículo 3.3 de la Ley ordenadora antes citada, se desarrollarán en los locales y en la forma que, para cada caso, se establezca o se acuerde entre el funcionario actuante y las partes en conflicto.

Artículo 16. Número de funcionarios actuantes.

1. Las actuaciones inspectoras podrán efectuarse por un solo funcionario o por varios, bajo el principio de unidad de acción, tal y como establece el artículo 14 de la Ley Ordenadora de la Inspección de Trabajo y Seguridad Social.

2. En las actuaciones en equipo desarrolladas por inspectores y subinspectores, el inspector que las dirija distribuirá los cometidos entre los participantes según su especialización y las funciones del Cuerpo de su pertenencia. En las actuaciones colectivas de inspectores de Trabajo y Seguridad Social, el que se encuentre al frente coordinará la actuación del conjunto.

3. En las actuaciones inspectoras con la participación de funcionarios públicos de otros Cuerpos, en virtud de la colaboración prevista en el artículo 9 de la Ley de Prevención de Riesgos Laborales, los mismos dispondrán de las facultades comprobatorias propias de los inspectores en las misiones que se les encomienden, incurriéndose en obstrucción si se les impidiera o perturbara en su ejercicio.

Artículo 17. Duración de las actuaciones.

1. Las actuaciones comprobatorias de la Inspección de Trabajo y Seguridad Social a un mismo sujeto no podrán dilatarse por tiempo superior a nueve meses continuados, salvo dilaciones imputables al sujeto inspeccionado o a personas dependientes del mismo, conforme al artículo 14 de la Ley Ordenadora de la Inspección de Trabajo y Seguridad Social.

2. Para el cómputo del plazo de nueve meses a que se refiere el apartado anterior se aplicarán las reglas siguientes:

a) Cuando la actuación se inicie mediante visita a centro o lugar de trabajo, el cómputo se iniciará a partir de la fecha de la primera visita efectuada, según diligencia extendida en el Libro de Visitas.

b) Si la actuación comienza por requerimiento de comparecencia, el cómputo se iniciará desde la fecha de la efectiva comparecencia del sujeto obligado requerido con aportación, en su caso, de la totalidad de la documentación requerida, circunstancia que se reseñará en el Libro de Visitas.

c) Si iniciada visita de inspección a un centro o lugar de trabajo no fuese posible concluir la comprobación por falta de aportación de los antecedentes necesarios, o por ausencia o negativa a declarar de persona afectada por las comprobaciones, el funcionario actuante podrá requerir en la forma dispuesta en el párrafo b) del apartado 1 del artículo 15 de este Reglamento, en cuyo caso el cómputo se iniciará desde el momento de la comparecencia en las condiciones señaladas en el párrafo anterior.

3. Las actuaciones comprobatorias seguidas a un mismo sujeto, una vez iniciadas, no podrán interrumpirse por tiempo superior a tres meses, salvo que la interrupción sea causada por el sujeto inspeccionado o personas de él dependientes.

4. Con independencia de su duración y modalidades aplicadas, las comprobaciones sobre el sujeto

inspeccionado correspondientes a una actuación inspectora se consignarán mediante diligencia en el Libro de Visitas, cuya copia obrará en los archivos de la Inspección, y tendrán el carácter de antecedente para sucesivas actuaciones que se realicen al mismo sujeto.

Artículo 18. Continuidad de las actuaciones inspectoras.

1. Las actuaciones inspectoras se llevarán a cabo, hasta su conclusión, por los inspectores o subinspectores que las hubiesen iniciado. En caso de cese, traslado, enfermedad u otra causa concurrente en dichos funcionarios, su superior jerárquico podrá encomendarlas a otro funcionario, notificándolo al sujeto inspeccionado.

2. Iniciadas actuaciones inspectoras, el respectivo jefe de Inspección provincial podrá disponer, en cualquier momento, la incorporación de otro u otros funcionarios cuando su dificultad o duración lo aconseje.

3. Si en el curso de las actuaciones, el actuante incurriese injustificadamente en demora, su actuación no respondiese al nivel técnico exigible, se desviase manifiestamente de las normas e instrucciones que rigen la función inspectora, o incurriere en causa de abstención, el jefe de Inspección provincial le relevará de dicho asunto por otro funcionario, comunicándolo al sujeto inspeccionado.

Artículo 19. Adopción de medidas cautelares.

1. La Inspección de Trabajo y Seguridad Social podrá, de acuerdo con el artículo 5 de la Ley ordenadora, adoptar las medidas que juzgue adecuadas para impedir que se le oculten o desaparezcan pruebas materiales, se destruyan o alteren los libros, documentos, material informatizado y demás antecedentes sujetos a examen, a cuyo efecto, dicha Inspección podrá recabar de las autoridades competentes y de sus agentes el auxilio y colaboración precisos.

2. La Inspección de Trabajo y Seguridad Social reflejará las medidas cautelares adoptadas, con reseña de los materiales a que afecte, en diligencia en el Libro de Visitas o, en su defecto, por otro medio escrito y fehaciente notificado al interesado.

Artículo 20. Libro de Visitas de la Inspección de Trabajo y Seguridad Social.

En cada actuación sobre el inspeccionado, los funcionarios de la Inspección de Trabajo y Seguridad Social extenderán diligencia en el Libro de Visitas de la Inspección que debe existir en cada centro de trabajo a su disposición, ocupe o no trabajadores por cuenta ajena, con sujeción a las normas reguladoras de dicho Libro. Las medidas de advertencia, recomendación o requerimiento efectuadas por los funcionarios de dicha inspección, podrán formalizarse documentalmente mediante diligencia en el Libro de Visitas.

⇒ Vid. Res. de 11 abril 2006, de la Inspección de Trabajo y Seguridad Social, sobre el libro de visitas.

Artículo 21. Capacidad de obrar ante la Inspección.

1. La capacidad de obrar ante la Inspección de Trabajo y Seguridad Social y su acreditación se rige por las normas de derecho privado. Las personas jurídicas, de naturaleza pública o privada, actuarán por medio de quienes, al tiempo de la actuación inspectora, ocupen los órganos de su representación o la tengan conferida, siempre que lo acrediten con arreglo a derecho.

2. Las actuaciones inspectoras se seguirán con los sujetos obligados, que podrán actuar por medio de representante debidamente acreditado ante el funcionario actuante, con el que se entenderán las sucesivas actuaciones. El representante no podrá eludir la declaración sobre hechos o circunstancias con trascendencia inspectora que deban ser conocidos por el representado. La actuación mediante representante sin capacidad o insuficientemente acreditado se considerará incomparecencia, cuando se haya solicitado la personación del sujeto obligado. Se presumirá otorgada autorización a quien comparezca ante la Inspección para actos de mero trámite que no precisen poder de representación del sujeto obligado.

3. En las actuaciones inspectoras relacionadas con los trabajadores, se estará, a efectos de su representación colectiva, a lo dispuesto en la normativa específica sobre representación por los órganos unitarios y sindicales, sin perjuicio de la capacidad individual de obrar que corresponda a cada trabajador.

Sección 2ª Actuaciones de los inspectores de Trabajo y Seguridad Social

Artículo 22. Formas de actuación de los inspectores de Trabajo y Seguridad Social.

1. Los inspectores de Trabajo y Seguridad Social actuarán de conformidad a lo establecido en el artículo 13.1 de la Ley Ordenadora de la Inspección de Trabajo y Seguridad Social.

2. La actuación por orden superior se formalizará mediante orden emitida conforme al artículo siguiente, y se expedirá en todos los supuestos a que se refiere el artículo 9.1 del Reglamento General

sobre procedimientos para la imposición de sanciones por infracciones de orden social y para los expedientes liquidatorios de cuotas de la Seguridad Social aprobado por Real Decreto 928/1998, de 14 de mayo.

3. La actuación por propia iniciativa de los inspectores se sujetará a criterios de eficacia y de oportunidad, acomodándose a la programación vigente en la inspección de su destino.

4. Cuando la actuación sea consecuencia de denuncia, la Inspección de Trabajo y Seguridad Social iniciará, una vez recibida aquélla, las correspondientes actuaciones de comprobación e investigación si concurrieron indicios suficientes de veracidad o exactitud en los hechos denunciados. A tal fin, podrá solicitar al denunciante su comparecencia para ratificar, ampliar o concretar el contenido de la denuncia.

Artículo 23. Órdenes de servicio.

1. El señalamiento de actuaciones concretas a los inspectores y a los equipos de Inspección se materializará en órdenes de servicio, en los supuestos a que se refiere el apartado 2 del artículo anterior.

2. Las órdenes de servicio se expedirán por el respectivo Jefe o Jefe adjunto de la Inspección Provincial, o por los de sus unidades especializadas en su área funcional. Las órdenes de servicio se formularán por escrito y contendrán los datos de identificación del servicio encomendado, en la forma que se disponga.

3. El inspector o equipo destinatario de una orden de servicio, sin perjuicio de adoptar las medidas que procedan, emitirá informe comprensivo del resultado de la actuación encomendada una vez finalizada.

4. Dado el carácter singular de las órdenes de servicio, no serán exigibles otras actuaciones al margen del servicio encomendado. No obstante, si el inspector apreciara, en el curso de la visita, la evidencia manifiesta de un riesgo grave e inminente para la seguridad y salud de los trabajadores, podrá ordenar la paralización inmediata de tales trabajos o tareas, conforme a lo establecido en el artículo 44 de la Ley 31/1995, de 8 de noviembre, de Prevención de Riesgos Laborales.

✐ Ap. 4 añadido por disp. final 1 de Real Decreto 689/2005, de 10 junio.

Artículo 24. Autonomía técnica y funcional de los inspectores de Trabajo y Seguridad Social.

1. Los inspectores de Trabajo y Seguridad Social están facultados para el desempeño de todas las competencias que la Inspección de Trabajo y Seguridad Social tiene atribuidas en el artículo 3 de la Ley 42/1997, y en su ejercicio disponen de la autonomía técnica y funcional reconocida en el artículo 6 de aquélla. Dicha autonomía se fundamenta en la objetividad y rigor técnico de cada actuación, en el respeto a los principios de eficacia y jerarquía que se materializan en las instrucciones y criterios técnicos establecidos en el marco del artículo 18.3, apartados 7 y 12, de la Ley Ordenadora de la Inspección de Trabajo y Seguridad Social.

2. La autonomía técnica no exime al inspector de su obligación de actuación cuando corresponda, de cumplimentar en plazo las órdenes de servicio que se le encomienden, ni de los controles que se establezcan en cuanto a rendimiento, cumplimiento de objetivos y adecuación de su actuación a las normas, criterios e instrucciones aplicables.

3. Los Jefes de las Inspecciones provinciales y de sus unidades especializadas corregirán las desviaciones a los principios anteriores.

Artículo 25. Medidas derivadas de la actividad de los inspectores.

Los inspectores de Trabajo y Seguridad Social, concluida la actividad comprobatoria en los términos del artículo 7 de la Ley Ordenadora de la Inspección de Trabajo y Seguridad Social, podrán adoptar las medidas que autoriza dicho precepto.

Asimismo, podrán tomar las iniciativas que procedan para el requerimiento o propuesta de liquidación de cuotas conforme a la legislación reguladora de la Seguridad Social, proponer al órgano correspondiente que exija la devolución de lo indebidamente percibido por prestaciones o ayudas en fraude, e instar la actuación del Ministerio Fiscal si hubiere lugar y por el cauce establecido.

⇒ V. nota al art. 7 de la Ley 42/1997, de 14 noviembre (§38.2) sobre modelos de actas y propuestas de liquidación.

Sección 3ª Actuaciones de los subinspectores de Empleo y Seguridad Social

Artículo 26. Actuaciones de los subinspectores de Empleo y Seguridad Social.

1. Los subinspectores de Empleo y Seguridad Social actuarán, como norma general, en el marco operativo del equipo al que estén adscritos, en los términos del artículo 8 de la Ley Ordenadora de la Inspección de Trabajo y Seguridad Social.

2. Las órdenes de servicio encomendadas a cada equipo responderán a lo establecido en el artículo 23. El inspector que esté al frente del equipo distribuirá su ejecución entre los subinspectores que lo integren, y la dirigirá y supervisará por sí mismo o mediante otro inspector adscrito al mismo equipo, con sujeción a las instrucciones que se establezcan.

3. La actuación de los subinspectores de Empleo y Seguridad Social corresponderá a los servicios encomendados conforme al apartado anterior. Dichas encomiendas de servicio podrán ser:

a) Genéricas, para el desarrollo de comprobaciones de su competencia que motiven un conjunto de actuaciones sobre supuestos homogéneos programados que afecten a varios sujetos de un mismo sector o zona.

b) Específicas, para actuaciones concretas sobre sujetos obligados expresamente determinados e individualizados.

Artículo 27. Medidas derivadas de la actividad de los subinspectores.

Los subinspectores de Empleo y Seguridad Social emitirán informe interno sobre los resultados de cada actuación encomendada al que adjuntarán los documentos que correspondan; asimismo emitirán los informes que procedan, que serán supervisados por el inspector de Trabajo y Seguridad Social que corresponda en aplicación del artículo anterior. Los subinspectores están facultados para la adopción de las medidas a que se refiere el artículo 8 de este Reglamento. Las actas de infracción y las de liquidación de cuotas que procedan serán practicadas y firmadas por el subinspector o subinspectores actuantes, con el visado del inspector de Trabajo y Seguridad Social cuando proceda. Los subinspectores practicarán, asimismo, las propuestas de liquidación que se deriven de su actuación.

CAPÍTULO III

Principios ordenadores del funcionamiento de la Inspección de Trabajo y Seguridad Social

Sección 1ª Programación de objetivos para la acción inspectora

Artículo 28. Principios básicos.

1. La Inspección de Trabajo y Seguridad Social programará su actuación según los objetivos que determinen las autoridades competentes, y funcionará con sujeción a los principios de concepción institucional única e integral y a los establecidos en el artículo 103 de la Constitución. Los objetivos para la acción inspectora podrán ser de ámbito general o territorial, en atención a su carácter y ámbito espacial de desarrollo.

2. Los programas generales de objetivos son aquellos cuyo desarrollo comprobatorio afecte a territorios de más de una comunidad autónoma, en los términos de los artículos 18.3.9 y 21 de la Ley Ordenadora de la Inspección de Trabajo y Seguridad Social. Los programas territoriales de objetivos son aquellos cuyo desarrollo se limita al territorio de una comunidad autónoma, según el artículo 17 de la Ley ordenadora citada.

Artículo 29. Programas generales de objetivos.

1. Los programas generales de objetivos de la Inspección de Trabajo y Seguridad Social, derivados de las líneas de acción definidas por la Conferencia Sectorial de Asuntos Laborales, se elaborarán en la forma siguiente:

1º La Autoridad Central de la Inspección de Trabajo y Seguridad Social y las Autoridades autonómicas podrán proponer a la Conferencia Sectorial de Asuntos Laborales objetivos de inspección de alcance general.

2º Definidos por la Conferencia Sectorial tales objetivos generales, la distribución de sus actuaciones por áreas funcionales se realizará por la Autoridad Central de la inspección de Trabajo y Seguridad Social entre las Inspecciones Provinciales agrupadas por Direcciones Territoriales, comunicándolo a los Presidentes de las Comisiones Territoriales. Para su seguimiento y evaluación, podrán seleccionarse indicadores de cantidad y calidad, de modalidades de fraude, de carácter sectorial, de dimensión o tipo de empresas, u otros que se consideren. Asimismo, podrán establecerse procedimientos de seguimiento y para su ajuste o modificación.

2. Para el cumplimiento de objetivos establecidos por la Unión Europea a través de su Comité de Altos Responsables de la Inspección de Trabajo en materias regidas por Directivas europeas, se procederá en la misma forma establecida en el apartado anterior, cuando afecte al desarrollo general de la acción inspectora en España.

3. En los programas generales de objetivos de ámbito supraautonómico de competencia de la Administración General del Estado, se procederá de la siguiente forma:

1º La Autoridad Central de la Inspección, oídos los órganos interesados, formulará el programa de objetivos de alcance supraautonómico, particularmente en materia de régimen económico de la Seguridad Social y de trabajo de extranjeros.

2º En lo posible, y sin ruptura de la unidad de acción y de criterio, la Autoridad Central desglosará tales objetivos por Inspecciones Provinciales, y lo comunicará, en tal caso, a los respectivos presidentes de las Comisiones Territoriales a efectos de su consideración en los programas territoriales a que se refiere el artículo siguiente.

Artículo 30. Programas territoriales de objetivos.

1. Con la periodicidad que determine, cada Comisión Territorial de la Inspección de Trabajo y Seguridad Social establecerá el programa territorial de objetivos para la actuación de dicha Inspección en su territorio, tanto de competencia autonómica como estatal, integrando, en su caso, las previsiones de los planes generales en el desarrollo territorial que corresponda con el debido desglose provincial.

2. Sin perjuicio de lo establecido en el artículo anterior, la Autoridad Central de la Inspección comunicará al presidente de la respectiva Comisión Territorial la propuesta de objetivos de desarrollo territorializado de competencia de la Administración General del Estado, para su integración en el programa territorial. La autoridad que determine la respectiva comunidad autónoma cumplirá el mismo cometido en las materias de competencia autonómica. La Comisión Territorial acordará la programación que corresponda. Cuando no esté constituida la Comisión Territorial, las funciones de ésta se atribuyen a la Conferencia Sectorial de Asuntos Laborales.

3. Sin perjuicio de las funciones que corresponden a la Autoridad Central y a las Comisiones Territoriales, los directores territoriales y los jefes de las Inspecciones provinciales tomarán las medidas para la efectividad de los programas de objetivos que les afecten, y efectuarán el seguimiento periódico y sistemático sobre su grado de cumplimiento.

Artículo 31. Criterios de programación de servicios.

1. En aplicación de los programas de objetivos a que se refieren los artículos 29 y 30, las Inspecciones Provinciales y sus unidades especializadas dispondrán la programación interna de sus servicios, en función de su capacidad y medios disponibles y en consideración, entre otros, a los factores siguientes:

a) La trascendencia o repercusión social de los asuntos objeto de la actuación, según los objetivos señalados por aplicación de los artículos 29 y 30.

b) El efecto disuasor que se pretenda obtener con la acción inspectora.

c) La importancia, tipo y situación del centro o lugar de trabajo, o del sector de actividad.

d) La incidencia en el régimen económico de la Seguridad Social del volumen de ingresos defraudados.

e) La incidencia del fraude en las prestaciones sociales.

f) El volumen de empleo de las empresas o sectores afectados.

g) La peligrosidad de los riesgos del trabajo y la frecuencia y gravedad de los accidentes de trabajo o enfermedades profesionales.

h) Los que deriven de necesidades evidenciadas por los agentes sociales, o denoten reiteraciones en las denuncias recibidas.

2. En el desarrollo temporal de actuaciones, la Inspección Provincial dará preferencia a las originadas por accidentes de trabajo o denuncias relativas a riesgos graves e inminentes, las derivadas de órdenes de servicio a las que se confiera carácter urgente y las que correspondan a la programación y objetivos establecidos para la correspondiente Inspección Provincial o unidad especializada por la respectiva autoridad.

Sección 2ª Normas de funcionamiento territorial y funcional

Artículo 32. Normas funcionales: unidad de función y especialización.

1. Los inspectores de Trabajo y Seguridad Social desarrollarán la totalidad de cometidos que tienen encomendados, bajo las directrices técnicas de la Autoridad Central de la Inspección de Trabajo y Seguridad Social y en dependencia directa de los respectivos jefes de Inspección provincial y, en su caso, jefes de las unidades especializadas.

2. Los subinspectores de Empleo y Seguridad Social desarrollarán sus funciones propias en el

régimen señalado en el apartado anterior, bajo la inmediata dirección técnica y funcional del inspector del que dependan.

3. Podrá encomendarse a los inspectores de Trabajo y Seguridad Social y a los subinspectores de Empleo y Seguridad Social la dedicación preferente a tareas especializadas correspondientes a las áreas funcionales de la acción inspectora que se determinen, teniendo en cuenta la capacidad, dimensión y complejidad de cada Inspección Provincial.

4. La especialización funcional será compatible con la aplicación de los principios de unidad de función y de acto en la actuación inspectora, en la forma dispuesta en el artículo 6.2 de la Ley Ordenadora de la Inspección de Trabajo y Seguridad Social y en este Reglamento.

Artículo 33. Normas de distribución territorial.

1. Los funcionarios y equipos de la Inspección de Trabajo y Seguridad Social ejercerán sus funciones en el territorio al que extienda su competencia el órgano inspector de su destino.

2. La Inspección de Trabajo y Seguridad Social adecuará su organización operativa a la división geográfica y denominaciones que tenga establecida cada comunidad autónoma, si así se estableciese en el correspondiente acuerdo bilateral de ésta con la Administración General del Estado.

3. Las actuaciones inspectoras sobre empresas o sectores con actividad en el territorio de más de una Comunidad Autónoma, podrán ejercerse por la Dirección Especial de la Inspección de Trabajo y Seguridad Social, regulada en este Reglamento sin perjuicio, si así se determinase, de la colaboración y participación de las Inspecciones Provinciales bajo unidad de acción y de criterio.

✐ Ap. 3 modificado por el art. único del RD 1125/2001, de 19 octubre.

4. La Autoridad Central de la Inspección de Trabajo y Seguridad Social podrá disponer actuaciones por funcionarios fuera de los límites territoriales de su destino, mediante agregación temporal a la Inspección Provincial correspondiente.

Artículo 34. Criterios de distribución funcional.

En las Inspecciones Provinciales en que, por sus características o volumen de asuntos se establezcan unidades especializadas para la acción inspectora en áreas funcionales, según la correspondiente relación de puestos de trabajo, los funcionarios asignados a las mismas dedicarán preferentemente su actividad a las materias correspondientes a tales áreas, en el marco territorial a que se refiere el artículo anterior, y sin perjuicio de lo establecido en el artículo 32. Si se establece por acuerdo bilateral, tales estructuras especializadas podrán extender su competencia al ámbito territorial autonómico, con el mismo régimen antes indicado.

Artículo 35. Coordinación y colaboración.

Conforme al artículo 15.1 de la Ley Ordenadora de la Inspección de Trabajo y Seguridad Social, y por los cauces que se establezcan, los órganos y estructuras territoriales de la Inspección de Trabajo y Seguridad Social comunicarán entre sí los datos y antecedentes de que dispongan con relevancia para la acción inspectora que corresponda a otros ámbitos territoriales.

Sección 3ª Normas sobre servicios encomendados por las autoridades en el ámbito de sus competencias

Artículo 36. Servicios dispuestos por autoridades de las comunidades autónomas.

1. La Inspección de Trabajo y Seguridad Social cumplimentará los servicios que le encomienden los órganos que señalen las comunidades autónomas en el ámbito de sus competencias. Bajo la misma dependencia funcional, la Inspección desarrollará los cometidos que le corresponden en el ámbito de las competencias autonómicas, aun sin orden o solicitud expresa de actuación concreta.

2. La Inspección de Trabajo y Seguridad Social emitirá los informes preceptivos o potestativos que le soliciten las autoridades autonómicas en materia de la competencia de éstas. Asimismo, la Inspección podrá informar a dichas autoridades en materias de competencia estatal, cuando sea de interés al mejor desarrollo de las funciones que correspondan a la autonomía.

Artículo 37. Servicios dispuestos por órganos territoriales de la Administración General del Estado.

1. La Inspección de Trabajo y Seguridad Social cumplimentará los servicios que, en la esfera de sus competencias, determinen los delegados y subdelegados del Gobierno. Asimismo, la Inspección facilitará a dichos órganos la información que recaben en cada caso y, periódicamente, la que determine su Autoridad Central, dando cumplimiento a lo establecido en el artículo 35 de la Ley 6/1997, de 14 de abril, de Organización y Funcionamiento de la Administración General del Estado.

2. La Inspección desarrollará las actuaciones que le sean solicitadas por los órganos territoriales

de los Organismos Gestores y Servicios Comunes de la Seguridad Social, Fondo de Garantía Salarial y demás Organismos con funciones en el orden social.

3. La citada Inspección colaborará con la Agencia Estatal de Administración Tributaria, en régimen de mutua cooperación. Mediante Acuerdo de los Ministerios de Economía y Hacienda y de Trabajo y Asuntos Sociales, se establecerán las normas de colaboración y coordinación a que se refiere el apartado 2 del artículo 9 de la Ley Ordenadora de la Inspección de Trabajo y Seguridad Social.

Artículo 38. Servicios dispuestos por órganos Centrales de la Administración del Estado.

La Inspección de Trabajo y Seguridad Social cumplimentará los servicios que, por el cauce de la Autoridad Central, le encomienden los órganos del Ministerio de Trabajo y Asuntos Sociales en el ámbito de la competencia de ejecución de la Administración General del Estado, y facilitará la información de carácter general que resulte necesaria para el mejor desarrollo de la función normativa que corresponda al Estado.

Artículo 39. Colaboración con la Administración de Justicia.

1. La Inspección de Trabajo y Seguridad Social emitirá los informes y cumplimentará las solicitudes de actuación que sean formuladas por los órganos judiciales, en los términos legalmente establecidos.

2. La Inspección de Trabajo y Seguridad Social pondrá en conocimiento del Ministerio Fiscal aquellos hechos que conozca en sus actuaciones y que pudieran ser constitutivos de delitos públicos, comunicándolo a la autoridad correspondiente.

Artículo 40. Cauce orgánico.

Sin perjuicio de la dependencia funcional de los inspectores y subinspectores, en los términos del artículo 18.2 de la Ley Ordenadora de la Inspección de Trabajo y Seguridad Social, la ejecución de actuaciones que se encomienden a la Inspección a que se refieren los artículos 36 a 39 se producirá por el cauce orgánico natural del respectivo jefe de Inspección provincial, salvo, que la acción a desarrollar corresponda a los ámbitos supraprovincial o supraautonómico en que será por conducto del director territorial o especial, respectivamente.

TÍTULO III

ORGANIZACIÓN DEL SISTEMA DE INSPECCIÓN DE TRABAJO Y SEGURIDAD SOCIAL

CAPÍTULO I

Estructura general del sistema

Sección 1ª Estructura organizativa

Artículo 41. Principios generales.

1. En aplicación del artículo 15 de la Ley ordenadora, la Administración General del Estado y las de las comunidades autónomas, en el ámbito de sus competencias, garantizarán el ejercicio y eficacia de las funciones de la Inspección de Trabajo y Seguridad Social, con sujeción a los principios de concepción única e integral de su sistema, sirviéndose de los órganos señalados en el apartado siguiente para la efectividad de los principios de colaboración y cooperación recíprocas.

2. La Inspección de Trabajo y Seguridad Social, bajo la dependencia orgánica de la Administración General del Estado, se estructura territorial y operativamente en su Autoridad Central, que integrará a la Dirección Especial a que se refieren los artículos 57 y 58 y en las Direcciones Territoriales e Inspecciones Provinciales, con el nivel orgánico que se determine en la correspondiente relación de puestos de trabajo. Las demás estructuras operativas de rango inferior se integran en las anteriormente citadas.

3. Mediante la Conferencia Sectorial de Asuntos Laborales y las Comisiones Territoriales se desarrollarán los principios de coordinación, colaboración y cooperación recíprocas de los poderes públicos con competencias en la materia.

Sección 2ª Órganos de colaboración y cooperación de las administraciones públicas en materia de Inspección de Trabajo y Seguridad Social

Artículo 42. La Conferencia Sectorial de Asuntos Laborales.

1. La Conferencia Sectorial de Asuntos Laborales es el órgano de colaboración y cooperación

entre la Administración General del Estado y las de las comunidades autónomas en materia de Inspección de Trabajo y Seguridad Social, en los términos del artículo 16 de la Ley Ordenadora de la Inspección de Trabajo y Seguridad Social.

2. La Conferencia Sectorial de Asuntos Laborales funciona con sujeción a su Reglamento interno y conocerá de las cuestiones de carácter multilateral relativas al sistema de Inspección de Trabajo y Seguridad Social que se le sometan o que recaben sus miembros. A tal objeto podrá conocer de los programas generales y territoriales de objetivos, las propuestas de integración o coordinación de planes territoriales, conocerá la programación acordada en las Comisiones Territoriales, la disposición general de medios y su distribución, y cuantos otros asuntos se estime pertinentes.

3. Anualmente, la Autoridad Central de la Inspección presentará a la Conferencia Sectorial un informe sobre la actuación general del sistema de inspección en el año anterior.

Artículo 43. Comisión de Trabajo de la Conferencia Sectorial.

1. En aplicación del artículo 18.3.4 de la Ley Ordenadora de la Inspección de Trabajo y Seguridad Social, como órgano propio y delegado de la Conferencia Sectorial de Asuntos Laborales en materia de dicha Inspección, existirá la Comisión de Trabajo integrada por representantes con rango orgánico de director general de la Administración General del Estado y de cada comunidad autónoma, presidida de acuerdo al Reglamento interno de dicha Conferencia Sectorial. Podrá convocarse a iniciativa de su Presidente o de cualquiera de sus miembros, en cuestiones que afecten en la materia al conjunto de las Administraciones competentes.

2. La Autoridad Central desempeñará la Secretaría Permanente de la Comisión de Trabajo y preparará los trabajos que correspondan a la Conferencia Sectorial en esta materia.

Artículo 44. Las Comisiones Territoriales de la Inspección de Trabajo y Seguridad Social.

1. Las Comisiones Territoriales de la Inspección de Trabajo y Seguridad Social son órganos de cooperación bilateral para facilitar el cumplimiento de los cometidos propios de la Inspección de Trabajo y Seguridad Social en el territorio de cada comunidad autónoma.

2. Su composición, régimen de funcionamiento y cometidos se determinarán en los acuerdos bilaterales a que se refiere el artículo 17 de la Ley Ordenadora de la Inspección de Trabajo y Seguridad Social. Su presidencia corresponderá a la autoridad de cada comunidad autónoma con el rango que se acuerde.

3. Sin perjuicio de los referidos acuerdos bilaterales, la Comisión Territorial puede acordar y establecer reglas de cooperación y de funcionamiento en los aspectos siguientes:

1º La definición de los objetivos y programas de actuación ordinaria de la Inspección de Trabajo y Seguridad Social en el respectivo territorio, en el marco de las líneas de acción que establezca la Conferencia Sectorial.

2º La integración de objetivos generales con los del correspondiente territorio, en la medida en que aquéllos hayan de ejecutarse por las estructuras territoriales de actuación inspectora.

3º El seguimiento general de la ejecución de los objetivos y programas de actuación establecidos por la Comisión.

4º Los mecanismos de información, comunicación y colaboración entre la Administración General del Estado y la comunidad autónoma en materia de Inspección de Trabajo y Seguridad Social en el respectivo territorio.

5º La organización y definición concreta del apoyo técnico y la colaboración pericial a que se refiere el artículo 2 apartado 3 de la Ley Ordenadora de la Inspección de Trabajo y Seguridad Social.

6º La definición de fórmulas de cooperación con la Inspección de Trabajo y Seguridad Social, por parte de las Haciendas y Policías autonómicas, así como las de coordinación con las inspecciones de otras áreas de dependencia autonómica.

7º La programación y seguimiento de las actuaciones inspectoras de vigilancia de las disposiciones de la comunidad autónoma con competencia legislativa plena, cuando se encomienden legalmente a la Inspección de Trabajo y Seguridad Social.

8º La verificación de las necesidades generales de actuación inspectora y de los medios y colaboraciones disponibles en el respectivo territorio.

9º Cuantas otras se deriven del presente Reglamento, del respectivo acuerdo bilateral o estime oportuno abordar la propia Comisión en la esfera de su competencia.

4. Las Comisiones Territoriales de la Inspección de Trabajo y Seguridad Social podrán establecer su reglamento interno de funcionamiento.

5. La consulta previa a los agentes sociales sobre los planes de actuación de la Inspección de Trabajo y Seguridad Social en materia de prevención de riesgos laborales, en el respectivo territorio autonómico, corresponde al presidente de la Comisión Territorial.

6. La Autoridad Central comunicará al presidente de cada Comisión Territorial los programas generales a que se refieren los artículos 29 y concordantes, en lo que pueda afectar al respectivo programa territorial. El presidente de cada Comisión Territorial comunicará a la Autoridad Central la previsión de sus programas de objetivos, la programación territorial definitiva que se acuerde y sus eventuales modificaciones.

Artículo 45. Unidad general del sistema de inspección.

En aplicación de los artículos 17.2 y 18.3.5 de la Ley Ordenadora de la Inspección de Trabajo y Seguridad Social, su Autoridad Central constituirá el cauce orgánico ordinario para las relaciones institucionales entre los presidentes de las Comisiones Territoriales y las autoridades autonómicas con el sistema de inspección, para garantizar la coherencia y eficacia en los cometidos que corresponden al sistema de inspección de Trabajo y Seguridad Social. A tal efecto, dicha Autoridad Central formará parte de los órganos general y territoriales de colaboración y cooperación de las Administraciones públicas en la materia objeto de este Reglamento, sin perjuicio de lo establecido en su artículo 47.

CAPÍTULO II

Organización de la Inspección de Trabajo y Seguridad Social

Sección 1ª Órganos de ámbito general

Artículo 46. La Autoridad Central de la Inspección de Trabajo y Seguridad Social.

1. La Autoridad Central de la Inspección de Trabajo y Seguridad Social es un órgano directivo del Ministerio de Trabajo y Asuntos Sociales, con el rango que determine la Administración General del Estado, al que corresponde la dirección, coordinación y fiscalización del sistema de Inspección de Trabajo y Seguridad Social, en los términos del artículo 18 de la Ley Ordenadora de la Inspección de Trabajo y Seguridad Social.

2. La Inspección de Trabajo y Seguridad Social depende orgánicamente de dicha Autoridad Central y funcionalmente de la Administración competente por razón de la materia de los asuntos en que intervenga, sin perjuicio del carácter unitario e integrado de sus actuaciones.

3. La Oficina de la Autoridad Central de la Inspección de Trabajo y Seguridad Social se integra en el Ministerio de Trabajo y Asuntos Sociales. El Reglamento de estructura orgánica básica de dicho Departamento determinará su composición y estructura.

4. En la Oficina de la Autoridad Central, y bajo su presidencia, funcionará la Junta Consultiva de la Inspección de Trabajo y Seguridad Social, constituida por los directores territoriales y especial de la Inspección, y los directivos de la Oficina y funcionarios del sistema que en cada caso se convoquen.

⇒ A la misma se adscribe la Comisión Consultiva Tripartita que crea la OTAS 3869/2006, de 20 diciembre. Dicha Comisión la integran representantes de la Administración General del Estado y de las Organizaciones empresariales y sindicales más representativas.

Artículo 47. Competencias de la autoridad central.

En aplicación de los artículos 18 y 21 de la Ley Ordenadora de la Inspección de Trabajo y Seguridad Social, y en el marco de los respectivos acuerdos bilaterales, corresponde a la Autoridad Central de la Inspección de Trabajo y Seguridad Social:

1. Dirigir, coordinar y fiscalizar la actuación y funcionamiento de la Inspección de Trabajo y Seguridad Social, teniendo en cuenta los programas generales de objetivos y los establecidos por las Comisiones Territoriales de la Inspección de Trabajo y Seguridad Social y conocer los informes y memorias de las Direcciones Territoriales y Jefaturas Provinciales.

2. Proponer o determinar los programas generales de objetivos para la acción inspectora, que correspondan a ámbitos supraautonómicos, de competencia estatal o compartida o que deriven de directrices supranacionales, conforme a este Reglamento.

3. Proponer proyectos de normas legales y reglamentarias en materias relacionadas con la Inspección de Trabajo y Seguridad Social.

4. Representar al sistema español y participar en los órganos de la Unión Europea y en los demás ámbitos internacionales en los asuntos relacionados con la Inspección de Trabajo y Seguridad Social.

5. Adoptar las medidas para la efectividad del principio de unidad institucional de criterio técnico e interpretativo en las actuaciones de la Inspección de Trabajo y Seguridad Social, así como definir

los criterios técnicos y operativos comunes para la función inspectora en desarrollo de los objetivos generales que defina la Conferencia Sectorial de Asuntos Laborales.

6. Supervisar técnicamente las funciones de alta inspección del Estado que se le encomienden, de acuerdo con la disposición adicional tercera de la Ley ordenadora.

7. Mantener las relaciones institucionales con las correspondientes autoridades de las comunidades autónomas, especialmente con los respectivos presidentes de cada Comisión Territorial de la Inspección de Trabajo y Seguridad Social, para asegurar la coherencia general del sistema de inspección, el cumplimiento de sus funciones, y asistir a dichas autoridades en sus cometidos.

8. Elaborar las estadísticas generales y comunes para todo el Estado, y los informes y memorias sobre la actuación general del sistema de la Inspección de Trabajo y Seguridad Social, así como la memoria anual y los informes periódicos exigidos por los Convenios y Recomendaciones de la Organización Internacional del Trabajo sobre la Inspección de Trabajo y Seguridad Social, y los relativos al Comité de Altos Responsables de la Inspección de Trabajo de la Unión Europea.

9. Dirigir la inspección de centros regidos o gestionados por la Administración del Estado. Dirigir las actuaciones inspectoras de alcance nacional o supraautonómico y, en su caso, su ejecución mediante la Dirección Especial de Inspección regulada en la Sección 5ª de este Capítulo.

10. Ejercer la Jefatura del personal del sistema de la Inspección de Trabajo y Seguridad Social, sin perjuicio de las competencias atribuidas a otros órganos por la normativa de función pública y de lo que se establezca en aplicación del artículo 17 de la Ley ordenadora.

11. Organizar, a nivel general, los procesos de ingreso, formación, perfeccionamiento y especialización en la Inspección de Trabajo y Seguridad Social, sin perjuicio de las competencias atribuidas a otros órganos en la normativa de función pública.

12. Conocer y resolver los expedientes y recursos señalados por la normativa aplicable, así como los incoados por la Inspección que no correspondan expresamente a otros órganos.

13. Conocer las cuestiones que se susciten ante el Departamento por actuaciones de la Inspección de Trabajo y Seguridad Social, y las planteadas en el ámbito de las Administraciones autonómicas que éstas sometan a su conocimiento.

14. Controlar y fiscalizar la actuación y funcionamiento de los centros y dependencias territoriales de la Inspección de Trabajo y Seguridad Social, sin perjuicio de lo dispuesto en el artículo 17 de la Ley Ordenadora de la Inspección de Trabajo y Seguridad Social.

15. Establecer la adecuada coordinación con los Organismos gestores de los sistemas de protección social para el desarrollo de la acción inspectora en las materias de dicho ámbito.

16. La relación general con las organizaciones sindicales y empresariales, en lo que se refiera al conjunto del sistema.

17. Cuantas otras le correspondan legal o reglamentariamente.

Sección 2ª Principios generales de estructuración territorial de la inspección

Artículo 48. Estructura territorial periférica de la Inspección de Trabajo y Seguridad Social.

1. En el territorio de cada comunidad autónoma existirá una Dirección Territorial de la Inspección de Trabajo y Seguridad Social, que agrupará y coordinará las Inspecciones Provinciales de su territorio, a través de sus respectivos jefes de Inspección.

2. En cada provincia y en las Ciudades de Ceuta y Melilla, la Inspección de Trabajo y Seguridad Social se organiza en Inspecciones Provinciales, con las unidades especializadas y composición de equipos que se establezcan con sujeción a este Reglamento, atendiendo a la dimensión y entidad de cada provincia.

3. Las funciones de asistencia jurídica y las de intervención y control financiero relacionadas con el funcionamiento de la Inspección se ejercerán, respectivamente, por el Servicio Jurídico del Estado y por la Intervención General de la Administración del Estado, de acuerdo en ambos casos con su normativa específica, sin perjuicio de la asistencia jurídica que corresponda en materias de competencia autonómica.

Artículo 49. Carácter de servicios no integrados en la Delegación del Gobierno.

1. Las Direcciones Territoriales de la Inspección de Trabajo y Seguridad Social y las Inspecciones Provinciales, por la singularidad de sus funciones y volumen de gestión, tienen la condición de servicios no integrados en las Delegaciones del Gobierno con dependencia directa de la Autoridad Central que dirigirá y coordinará su actuación de acuerdo con lo establecido en este Reglamento.

2. Dichos servicios no integrados se estructuran conforme establece este Reglamento, de acuerdo con lo dispuesto en los artículos 33 y 34 de la Ley 6/1997, de 14 de abril, y en el artículo 1 del Real Decreto 2725/1998 sobre integración de las Direcciones Provinciales de Trabajo, Seguridad Social y Asuntos Sociales en las Delegaciones del Gobierno, todo ello sin perjuicio de las competencias atribuidas a los Delegados del Gobierno por dicha Ley respecto de tales servicios.

Sección 3ª Direcciones territoriales e inspecciones provinciales

Artículo 50. Direcciones Territoriales de la Inspección de Trabajo y Seguridad Social.

1. Las Direcciones Territoriales de la Inspección de Trabajo y Seguridad Social agrupan y coordinan la actuación de las Jefaturas de la Inspección Provincial en el territorio de cada comunidad autónoma, con la estructura y los medios para el correcto desarrollo de sus cometidos.

2. La Dirección Territorial de la Inspección radicará en la localidad o provincia donde esté situada la capitalidad autonómica, salvo lo que se determine mediante acuerdo bilateral entre las Administraciones del Estado y Autonómica.

3. En las Autonomías uniprovinciales, el dispositivo inspector y de sus servicios administrativos serán comunes y con estructura única para la Dirección Territorial y la Inspección Provincial. El mismo criterio se aplicará cuando, por la dimensión y complejidad de la acción inspectora en el territorio de una determinada comunidad autónoma, las titularidades de la Dirección Territorial y de la Inspección Provincial de la sede autonómica concurran en el mismo inspector.

Artículo 51. Directores territoriales.

1. Los directores territoriales de la Inspección serán designados por el subsecretario de Trabajo y Asuntos Sociales, a propuesta de la Autoridad Central, previa consulta con la correspondiente autoridad autonómica, salvo lo que se acuerde con carácter bilateral, de entre inspectores de Trabajo y Seguridad Social con más de cuatro años de servicios en el sistema, dando cumplimiento a lo establecido en el artículo 23.1 de la Ley 6/1997, de 14 de abril, de Organización y Funcionamiento de la Administración General del Estado.

2. Los Directores territoriales de la Inspección podrán asumir las funciones propias del jefe de Inspección Provincial en las provincias en que radique su sede, si así se determina y, en todo caso, las asumirán en las comunidades autónomas uniprovinciales. En las Ciudades de Ceuta y Melilla no existirá Dirección Territorial.

3. Los directores territoriales de la Inspección de Trabajo y Seguridad Social, puesto que existirá donde señale la relación de puestos de trabajo, tendrán los siguientes cometidos:

1º Coordinar la actuación de los jefes de las Inspecciones provinciales de Trabajo y Seguridad Social de su territorio.

2º La relación orgánica y la inherente a su dependencia funcional, con las competentes autoridades autonómicas y estatales. A tales efectos, trimestralmente informará sobre las actuaciones, resultados e incidencias de la Inspección en su demarcación al presidente de la respectiva Comisión Territorial y a la Autoridad Central.

3º Proponer las medidas para el apoyo técnico y la colaboración pericial para el desempeño de la actuación inspectora de seguridad y salud laboral en aplicación de las reglas que se hubieren acordado.

4º Poner de manifiesto a la Autoridad Central o a la Autonómica, las necesidades existentes para el desempeño de la función inspectora en su ámbito territorial, proponiendo razonadamente sus posibles soluciones.

5º Impulsar y ejercer la coordinación con los Organismos gestores de los sistemas de protección social pública.

6º Conocer y resolver los recursos de su competencia en los términos señalados por la normativa aplicable.

7º Elevar a la Autoridad Central las propuestas que por su trascendencia o interés general determinen la conveniencia de establecer criterios técnicos comunes para la actuación inspectora.

8º Formar parte de la Junta Consultiva a que se refiere el artículo 46.4 de este Reglamento y de los órganos colegiados que resulten del respectivo acuerdo bilateral.

9º Cualquier otro de naturaleza análoga a los anteriores o que le puedan encomendar la Autoridad Central, la Autonómica o la respectiva Comisión Territorial.

4. En caso de vacante, ausencia o enfermedad, los directores territoriales de la Inspección de

Trabajo y Seguridad Social serán sustituidos por el jefe de Inspección de la provincia en que radique su sede o, en su defecto, por el jefe o jefe adjunto que se determine. En las comunidades uniprovinciales le sustituirá el inspector que se determine.

Artículo 52. Inspecciones Provinciales de Trabajo y Seguridad Social.

1. En las Ciudades de Ceuta y Melilla y en cada provincia existirá una Inspección Provincial con competencia en su territorio. En las comunidades autónomas de las Illes Balears y de Canarias su organización y dotación podrá responder a las peculiaridades de su insularidad. La Inspección Provincial de Trabajo y Seguridad Social constituye la unidad administrativa de destino de los funcionarios en el despliegue periférico; dispone de capacidad funcional, administrativa y de gestión presupuestaria; y estará dotada de los medios personales, materiales y operativos que permitan una acción inspectora integral en su territorio.

2. Sin perjuicio de las funciones que corresponden al respectivo director territorial, cada Inspección Provincial depende orgánicamente de la Autoridad Central y funcionalmente de la autoridad de la Administración competente en las materias en que actúe.

3. Las Inspecciones Provinciales asumirán el desarrollo y ejecución de los programas generales que les afecten y los que establezca para su ámbito la respectiva Comisión Territorial, para cuyo cumplimiento establecerán la oportuna programación de servicios.

4. Cada Inspección Provincial integrará las unidades especializadas que exijan sus necesidades según la relación de puestos de trabajo, y organizará su funcionamiento en base a los equipos de inspección a que se refiere el artículo 56 de este Reglamento.

Artículo 53. Jefes de la Inspección Provincial de Trabajo y Seguridad Social.

1. Los jefes de las Inspecciones Provinciales de Trabajo y Seguridad Social dirigen y coordinan la Inspección de Trabajo y Seguridad Social en su provincia, bajo la coordinación del director territorial.

Serán designados, de entre inspectores de Trabajo y Seguridad Social con más de tres años de servicios en el sistema, por el subsecretario de Trabajo y Asuntos Sociales, a propuesta de la Autoridad Central de la Inspección, oída la autoridad correspondiente de la comunidad autónoma con competencias en el orden social y dando cumplimiento al artículo 23.1 de la Ley 6/1997, de 14 de abril.

2. El jefe de la Inspección provincial de Trabajo y Seguridad Social, asistido, en su caso, por el jefe adjunto y por los de las unidades especializadas que establezca la relación de puestos de trabajo, tendrá los cometidos siguientes:

a) Las relaciones con los órganos competentes de la comunidad autónoma y de la Administración General del Estado en el ámbito de su provincia, en cuanto a los cometidos del sistema de la Inspección de Trabajo y Seguridad Social.

b) Programar la acción en cumplimiento de los objetivos asignados; dirigir la asignación de servicios a las unidades especializadas, inspectores y equipos, y su registro por orden cronológico; el control de los términos y plazos para las actuaciones; velar por el cumplimiento de las instrucciones y programación de servicios de funcionamiento de la Inspección.

c) Supervisar y controlar la diligencia en la cumplimentación de servicios por unidades, inspectores y equipos de inspección, y la calidad de sus resultados, devolviendo para su corrección los que resulten insuficientes, defectuosos o que contraríen los criterios técnicos establecidos al efecto.

d) Realizar o encomendar a otro inspector las actuaciones en centros gestionados por la Administración del Estado en la provincia, en delegación de la Autoridad Central.

e) Ejercer las competencias sancionadoras que le correspondan, en los términos reglamentarios.

f) Remitir a los órganos jurisdiccionales los informes solicitados y promover las actuaciones judiciales que procedan mediante el traslado de las comunicaciones que correspondan al Ministerio Fiscal.

g) La representación en la provincia de la Inspección de Trabajo y Seguridad Social, incluso en los órganos de los que forme parte, pudiendo delegar la asistencia en otro inspector.

h) Proponer a la Autoridad Central de la Inspección de Trabajo y Seguridad Social la designación del inspector que deba sustituirle, cuando proceda.

i) Elevar mensualmente a la Autoridad Central y al director territorial el resumen general de servicios efectuados por la Inspección Provincial y sus miembros. Y, trimestralmente, informe sobre el cumplimiento de la legislación de orden social, y sobre el funcionamiento y estado de la Inspección Provincial.

j) Formular las propuestas de gastos de indemnización por dietas y locomoción de inspectores y subinspectores, visar y remitir sus cuentas justificativas, ejercer las demás competencias presupuestarias, y dirigir la acción administrativa de la Inspección Provincial.

k) Celebrar reuniones periódicas con los funcionarios de la plantilla provincial para su mejor coordinación y eficacia, vigilar el funcionamiento de los servicios, y cualquier otro análogo o que le encomiende su superioridad.

3. En las provincias en que por su dimensión se determine en la relación de puestos de trabajo, existirán uno o varios jefes adjuntos, a quienes corresponderán los cometidos que se señalen.

Artículo 54. Secretaría General de la Inspección Provincial.

La Secretaría General de la Inspección Provincial es el órgano técnico de gestión de los servicios generales de la Inspección Provincial. El puesto de secretario general se proveerá mediante concurso entre funcionarios del nivel que establezca la relación de puestos de trabajo; actuará bajo la dirección del jefe de Inspección y, en su caso, del jefe adjunto.

Sección 4ª Estructuras básicas integradas en las Inspecciones Provinciales

Artículo 55. Las unidades especializadas de la Inspección.

1. Las unidades especializadas por áreas funcionales de acción inspectora se integran en las Inspecciones Provinciales de Trabajo y Seguridad Social. Su constitución y composición responderá a las circunstancias de cada Inspección Provincial según lo que establezcan las relaciones de puestos de trabajo y, en su caso, los acuerdos bilaterales.

2. Los jefes de las unidades especializadas, en dependencia del jefe de su Inspección Provincial, dirigirán y coordinarán la acción inspectora correspondiente a su área funcional de actuación. Serán nombrados por la Autoridad Central, oído el jefe de la Inspección provincial, de entre inspectores de Trabajo y Seguridad Social con más de dos años de servicios en el sistema, sin perjuicio de lo que establezca el acuerdo bilateral. Las funciones de jefe de unidad especializada serán desempeñadas por los jefes de la Inspección provincial cuando, por su dimensión y complejidad, se establezca su cobertura unificada en la relación de puestos de trabajo.

3. Sin perjuicio de las facultades del jefe de la Inspección Provincial, corresponden a los jefes de las unidades especializadas las siguientes funciones:

1ª Organizar el funcionamiento de su unidad y del área funcional asignada, en dependencia del jefe de la Inspección Provincial para la coordinación con las demás estructuras de la misma.

2ª Dirigir, programar, coordinar y valorar las actuaciones en su área funcional, con las funciones previstas en el artículo 53.2 c).

3ª Formular, por delegación del jefe de la Inspección provincial, las órdenes de servicio de los inspectores y equipos que correspondan a su esfera funcional.

4ª Elaborar los resúmenes mensuales de servicios de los funcionarios de su unidad, cuando los tenga asignados.

5ª Celebrar reuniones periódicas con los Jefes de los equipos de inspección y con los inspectores en materias de su ámbito funcional, a efectos de ordenar su actuación.

6ª Realizar las funciones y cometidos que le sean asignados por el jefe de Inspección o por el jefe adjunto.

4. Las unidades especializadas integrarán uno o más equipos de inspección en aquellas Inspecciones Provinciales en que su volumen o complejidad lo haga necesario. Mediante el acuerdo a que se refiere el artículo 17 de la Ley Ordenadora de la Inspección de Trabajo y Seguridad Social, podrán establecerse unidades especializadas de ámbito supraprovincial adscritas al respectivo director territorial de la Inspección de Trabajo y Seguridad Social.

5. Los funcionarios de la Inspección de Trabajo y Seguridad Social asignados a unidades especializadas y los integrados como especialistas en los equipos, ejercerán todas las funciones propias de su Cuerpo de pertenencia, bien que con carácter preferente las que correspondan al área funcional encomendada. La asignación de dichos funcionarios a cometidos especializados no implicará diferencia de régimen retributivo en relación al común del sistema.

6. En todas las Inspecciones Provinciales de Trabajo y Seguridad Social, existirá una unidad especializada en el área de Seguridad Social, cuyo jefe asumirá las funciones del apartado 3 en dicha materia, correspondiéndole asimismo efectuar los actos administrativos liquidatorios y sancionadores en los términos reglamentarios. Las relaciones ordinarias de servicio con las entidades y servicios de protección social, en el ámbito provincial, se asumirán por el jefe de dicha unidad.

7. En las Inspecciones Provinciales de especial dimensión, podrán establecerse grupos de trabajo para el análisis del grado de cumplimiento de la legislación del orden social, para el estudio, detección e identificación de supuestos de irregularidad y fraude y para la definición de métodos y medidas de inspección.

Artículo 56. Equipos de inspección: concepto.

1. Los equipos de inspección son la estructura básica de la acción inspectora en cuyo seno se desarrollan los principios de especialización y de unidad de función y de acto en los términos del artículo 6.2 de la Ley Ordenadora de la Inspección de Trabajo y Seguridad Social. Su constitución responderá a criterios territoriales, sectoriales, o a otros factores.

2. Los equipos desarrollarán integralmente la actividad inspectora ordinaria en el ámbito que se les asigne, sin perjuicio de lo establecido en el artículo anterior. A tal fin, los equipos dispondrán, en lo posible, de inspectores y subinspectores especializados en las distintas áreas funcionales.

3. Los equipos de inspección estarán bajo la dependencia del jefe de la Inspección provincial, con los efectivos, distribución y composición que convenga a cada territorio y momento, en régimen de coordinación y mutua colaboración entre ellos. Cuando su dimensión o el volumen de actividad lo aconsejen, podrán establecerse en su seno uno o varios grupos de trabajo.

4. Cada equipo asumirá la ejecución de la programación de los servicios que correspondan a su ámbito, organizando y distribuyendo el trabajo entre sus miembros y el seguimiento de su ejecución y de la adecuación de las actuaciones practicadas, y desarrollará su cometido mediante la actuación individual o colectiva de sus inspectores y subinspectores.

5. Al frente del equipo se encontrará un inspector de Trabajo y Seguridad Social, que lo dirigirá técnica y funcionalmente, ejercerá su control, e impulsará su actividad, bajo la dependencia establecida en el apartado 3 anterior; contará con los inspectores y subinspectores que se asignen, y con el personal administrativo de apoyo que permitan las disponibilidades y la organización existentes. El jefe del equipo asignará las órdenes de servicio a cada funcionario o grupo de trabajo.

6. Podrán constituirse grupos de funcionarios para la atención de necesidades no permanentes y por su duración. Las Direcciones Territoriales de la Inspección de Trabajo y Seguridad Social podrán disponer de los equipos de apoyo que se acuerden, en atención a sus necesidades.

Sección 5ª Órganos inspectores de ámbito territorial nacional

Artículo 57. Dirección Especial de Inspección adscrita a la Autoridad Central.

1. En la Oficina de la Autoridad Central de la Inspección de Trabajo y Seguridad Social existirá una Dirección Especial de Inspección para la ejecución de las actuaciones inspectoras atribuidas a dicha autoridad central por la Ley Ordenadora de la Inspección de Trabajo y Seguridad Social. A su frente habrá un director especial, designado por el subsecretario de Trabajo y Asuntos Sociales a propuesta de la autoridad central de Inspección, de entre funcionarios con los requisitos exigidos para los directores territoriales. La relación de puestos de trabajo determinará los puestos, niveles y demás circunstancias de inspectores, subinspectores y personal de apoyo de la Dirección Especial.

2. El ámbito de competencia de la Dirección Especial alcanza a la totalidad del territorio español, en las materias que funcionalmente tenga atribuidas, en el que coordinará las actuaciones de las Direcciones Territoriales e Inspecciones Provinciales, y asumirá su dirección técnica bajo el principio de unidad de acción y de criterio.

Artículo 58. Cometidos funcionales de la Dirección Especial de Inspección adscrita a la autoridad central.

1. La Dirección Especial de Inspección de Trabajo y Seguridad Social, en dependencia directa de su Autoridad Central, tiene los cometidos inspectores siguientes:

1º Organización, coordinación y ejecución de operaciones y actuaciones inspectoras en materia de régimen económico de la Seguridad Social respecto de sujetos, sectores o situaciones que se extiendan en el territorio de más de una Comunidad Autónoma, en el marco de lo establecido en el artículo 33.3 de este Reglamento. Anualmente, la Dirección Especial programará los criterios de su actuación y los comunicará a las Inspecciones Provinciales, igualmente comunicará, con carácter previo, cualquier otra actuación de carácter extraordinario.

✐ Ap. 1.1º modificado por el art. único del RD 1125/2001, de 19 octubre.

2º Organización, ejecución y coordinación de la inspección de entidades y empresas colaboradoras de la Seguridad Social.

3º Desarrollo de actuaciones inspectoras en asuntos de ámbito supraautonómico de competencia de la Administración General del Estado, así como emisión de los informes que ésta recabe en tales supuestos.

4º La inspección de centros de la Administración del Estado, en cuanto a sus sedes centrales o la actuación exceda del ámbito provincial.

5º Las actuaciones inspectoras que correspondan a programas generales, a objetivos señalados por órganos de la Unión Europea en la esfera de su competencia, o los que se acuerden respecto de materias de competencia compartida, sin perjuicio de la competencia que corresponda a las comunidades autónomas.

6º Las que les sean encomendadas por la autoridad central, en la esfera de su competencia.

2. La Dirección Especial, con las estructuras especializadas que sean necesarias, desarrollará los cometidos anteriores y cuantos otros le correspondan con los medios que tengan asignados. La Dirección Especial podrá ordenar a una o varias estructuras territoriales de la inspección su participación en acciones u operaciones de las señaladas en el apartado anterior, bajo su dirección, ejerciendo su coordinación, y estableciendo el método y criterios de actuación. Cuando una Inspección Provincial proyecte actuar en supuestos comprendidos en el apartado anterior o compruebe en su actuación situaciones de tal carácter, lo comunicará a la Dirección Especial a los efectos que procedan.

✐ Ap. 2 modificado por el art. único del RD 1125/2001, de 19 octubre.

3. En todo lo posible, la Dirección Especial colaborará con las Administraciones autonómicas, a petición de las mismas, mediante su asesoramiento o información. En la esfera de las competencias de ejecución de la Administración del Estado, y en función de las necesidades y efectivos disponibles, la autoridad central podrá disponer refuerzos temporales a Inspecciones Provinciales por la Dirección Especial.

4. La Dirección Especial, en su ámbito de actuación, tiene las facultades sancionadoras y liquidatorias, de dirección, programación, organización y control que corresponden a los responsables de los órganos inspectores periféricos, en los términos de este Reglamento, siéndole de aplicación las atribuciones y cometidos establecidos para las Inspecciones Provinciales en materia de tramitación y resolución de expedientes sancionadores y liquidatorios.

Corresponde al Jefe de la Unidad Especializada de Seguridad Social de la Dirección Especial la resolución de las actas de liquidación y de las actas de liquidación concurrentes con actas de infracción por los mismos hechos, de acuerdo con lo establecido en los artículos 33 y 34 del Real Decreto 928/1998, de 14 de mayo, por el que se aprueba el Reglamento general sobre procedimientos para la imposición de sanciones por infracciones de orden social y para los expedientes liquidatorios de cuotas de Seguridad Social.

Contra las resoluciones sancionadoras o liquidatorias a que se refiere el párrafo anterior cabrá recurso de alzada ante el órgano superior competente por razón de la materia, de acuerdo con lo previsto en el Reglamento general sobre procedimientos para la imposición de sanciones por infracciones de orden social y para los expedientes liquidatorios de cuotas de la Seguridad Social, que en el caso de actuaciones liquidatorias de la Dirección Especial corresponderá a la Autoridad Central.

Corresponderá asimismo a la Autoridad Central la resolución de los recursos de alzada derivados de las actas de liquidación, formuladas por las Inspecciones Provinciales radicadas en La Rioja, Ceuta y Melilla.

✐ Ap. 4 modificado por el art. único del RD 1125/2001, de 19 octubre.

TÍTULO IV

DEL RÉGIMEN DE COLABORACIÓN CON LA INSPECCIÓN DE TRABAJO Y SEGURIDAD SOCIAL DE LOS FUNCIONARIOS PÚBLICOS, DEPENDIENTES DE LAS ADMINISTRACIONES PÚBLICAS QUE EJERCEN LABORES TÉCNICAS EN MATERIA DE PREVENCIÓN DE RIESGOS LABORALES, PARA EL EJERCICIO DE LAS FUNCIONES A QUE SER REFIEREN LOS APARTADOS 2 Y 3 DEL ARTÍCULO 9 DE LA LEY 31/1995, DE 8 DE NOVIEMBRE

✐ Añadido por art. 1 de Real Decreto 689/2005, de 10 junio.

CAPÍTULO I

Requisitos de los funcionarios técnicos para el ejercicio de actuaciones comprobatorias, régimen de habilitación y ámbito funcional de dicha actuación

✐ Añadido por art. 1 de Real Decreto 689/2005, de 10 junio.

Artículo 59. Requisitos de los funcionarios para el ejercicio de actuaciones comprobatorias.

1. La colaboración pericial y el asesoramiento técnico a la Inspección de Trabajo y Seguridad Social por parte de los funcionarios públicos, técnicos en prevención de riesgos laborales, dependientes de las Comunidades Autónomas, así como los del Instituto Nacional de Seguridad e Higiene en el Trabajo, en el caso de las Ciudades de Ceuta y Melilla, se desarrollará en los términos que se establecen en el artículo 9.2 y 3 de la Ley 31/1995, de 8 de noviembre, de Prevención de Riesgos Laborales.

2. Para el ejercicio de dicha colaboración, mediante actuaciones comprobatorias, con el alcance señalado en el artículo 9.3 de la Ley 31/1995, de 8 de noviembre, y con capacidad de requerimiento, los funcionarios referidos en el apartado anterior deberán cumplir, como mínimo, los requisitos siguientes:

1º Contar con la habilitación correspondiente a la que se refiere la disposición adicional decimoquinta de la Ley 31/1995, de 8 de noviembre, de Prevención de Riesgos Laborales, en su redacción dada por la Ley 54/2003, de 12 de diciembre, de Reforma del Marco Normativo de Prevención de Riesgos Laborales, y a la que se refiere el artículo siguiente.

2º Pertenecer a cuerpos de los grupos A o B.

3º Contar con la titulación universitaria y la formación mínima prevista en el artículo 37.2 y 3 del Reglamento de los Servicios de Prevención, aprobado por el Real Decreto 39/1997, de 17 de enero, para poder ejercer las funciones de nivel superior en las especialidades y disciplinas preventivas en que estén acreditados a que se refiere dicho Reglamento, o haber sido convalidados para el ejercicio de tales funciones de nivel superior, conforme a la disposición adicional quinta del mismo Reglamento.

✐ Añadido por art. 1 de Real Decreto 689/2005, de 10 junio.

Artículo 60. Régimen de habilitación.

1. La habilitación de dichos funcionarios corresponderá a las respectivas autoridades autonómicas competentes, que la llevarán a cabo de acuerdo con el procedimiento y las condiciones establecidos en su propia normativa. Cuando se trate del ejercicio de dichas funciones en el ámbito de las Ciudades de Ceuta y Melilla, su habilitación corresponderá a la Autoridad Central de la Inspección de Trabajo y Seguridad Social, a propuesta del Instituto Nacional de Seguridad e Higiene en el Trabajo.

2. A tales efectos, las autoridades señaladas expedirán el documento oficial que acredite su habilitación.

En este documento figurará la denominación «técnico habilitado (artículo 9.2 y 3 y disposición adicional decimoquinta de la Ley 31/1995, de 8 de noviembre)» y los sujetos sometidos a actuaciones comprobatorias tendrán derecho a recabar su acreditación en las visitas de comprobación y control de las condiciones de seguridad que realicen a sus locales y centros de trabajo.

3. Para su habilitación regirán las reglas de incompatibilidad establecidas en el artículo 63.3.

4. La habilitación específica de dichos funcionarios quedará sin efecto cuando lo determine la misma autoridad que la confirió y, en todo caso, cuando no concurran o se hayan alterado los requisitos y la aptitud para el desempeño de estas funciones a que se refiere el artículo anterior, o se incumplan las obligaciones previstas en el artículo 63.

✐ Añadido por art. 1 de Real Decreto 689/2005, de 10 junio.

Artículo 61. Ámbito funcional de las actuaciones comprobatorias de los técnicos habilitados y principios generales de actuación.

1. Las funciones de comprobación y control en las empresas y centros de trabajo estarán referidas a las condiciones de trabajo materiales o técnicas de seguridad y salud, conforme al artículo 9.3 de la Ley 31/1995, de 8 de noviembre, y serán las siguientes:

a) Las características de los locales e instalaciones, así como las de los equipos, herramientas, productos o sustancias existentes en el centro de trabajo.

b) La naturaleza de los agentes físicos, químicos y biológicos presentes en el ambiente de trabajo y sus correspondientes intensidades, concentraciones o niveles de presencia.

c) Los procedimientos para la utilización de los agentes citados anteriormente que influyan en la generación de riesgos para la seguridad o salud de los trabajadores.

d) Las características y utilización de los equipos de protección, tanto colectiva como individual.

e) La realización de los reconocimientos médicos y su adecuación a los protocolos sanitarios específicos de vigilancia de la salud, establecidos en el artículo 37.3 c) del Reglamento de los Servicios de Prevención, aprobado por el Real Decreto 39/1997, de 17 de enero.

f) La adaptación de los puestos de trabajo a las exigencias de naturaleza ergonómica.

2. Dichos técnicos habilitados, en el ejercicio de tales funciones comprobatorias, actuarán bajo el principio de trabajo programado, establecido en el artículo 19.1 de la Ley 42/1997, de 14 de noviembre, Ordenadora de la Inspección de Trabajo y Seguridad Social, y conforme a los planes y programas comunes establecidos por la correspondiente comisión territorial de inspección o del grupo de trabajo específico que ésta establezca al efecto.

✐ Añadido por art. 1 de Real Decreto 689/2005, de 10 junio.

CAPÍTULO II

Facultades y deberes de los técnicos habilitados

✐ Añadido por art. 1 de Real Decreto 689/2005, de 10 junio.

Artículo 62. Facultades de los técnicos habilitados.

1. Los técnicos habilitados, en el ejercicio de las actuaciones de comprobación y control de las condiciones materiales o técnicas de seguridad y salud a las que se refiere el artículo anterior, y en su condición de colaboradores con la Inspección de Trabajo y Seguridad Social, están facultados para:

a) Entrar libremente y sin previo aviso en las empresas y centros de trabajo sujetos a dichas actuaciones, en los cuales podrán permanecer, sin perjuicio de la inviolabilidad del domicilio.

b) Hacerse acompañar durante las visitas por los peritos y técnicos de la empresa o habilitados oficialmente que estime necesarios para el mejor desarrollo de su actuación, todo ello sin perjuicio del cumplimento de la obligación establecida en el artículo 63.2 b).

c) Proceder a practicar cualquier comprobación o realización de examen, medición o prueba que considere necesarios a tales fines.

d) Recabar información adicional o documental sobre cualquier condición material o técnica sujeta a comprobación.

e) Obtener información del empresario o del personal de la empresa sobre cualquier asunto relacionado con la comprobación de condiciones materiales o técnicas.

f) Exigir la comparecencia del empresario, de sus representantes y encargados, de los trabajadores o de sus representantes, tanto en el centro de trabajo sujeto a comprobación como en la oficina sede del organismo público al que el técnico acreditado esté adscrito, así como exigir, en su caso, la identificación y acreditación de la representación con la que actúan.

g) Examinar en el centro de trabajo, o en la oficina pública correspondiente, la documentación, memorias e informes técnicos relacionados con las condiciones materiales y de seguridad, así como sobre la organización preventiva, el plan de prevención, la evaluación de riesgos, la planificación preventiva y demás cuestiones relativas a la gestión de la prevención, en tanto en cuanto se relacionan con las condiciones materiales y técnicas sujetas a comprobación.

h) Sacar muestras de sustancias, agentes y materiales utilizados o manipulados en establecimiento, realizar mediciones, obtener fotografías, vídeos, grabación de imágenes y levantar croquis y planos siempre que se notifique al empresario o su representante, y obtener copias y extractos de los documentos a que se refiere el párrafo anterior.

✐ Añadido por art. 1 de Real Decreto 689/2005, de 10 junio.

Artículo 63. Deberes de los técnicos habilitados.

1. Los técnicos habilitados, en el ejercicio de las actuaciones de comprobación y control de las condiciones materiales o técnicas de seguridad y salud a las que se refiere el artículo anterior:

a) Requerirán al empresario la adopción de medidas para la subsanación de las deficiencias observadas con los mismos requisitos que establece el artículo 43 de la Ley 31/1995, 8 de noviembre, de Prevención de Riesgos Laborales.

b) En el caso de que en el curso de la visita se aprecie la existencia de un riesgo grave e inminente, deberá practicar el requerimiento pertinente para su cumplimiento inmediato por el empresario y, en el caso de que no se adopten o puedan adoptarse puntualmente por el empresario las medidas para su pronta subsanación a lo largo de la visita, deberá ponerse tal circunstancia urgentemente en conocimiento de la Inspección de Trabajo y Seguridad Social para que por ésta se adopten las medidas de paralización o cautelares correspondientes. En estos casos el inspector a quien se asigne el servicio correspondiente podrá recabar del técnico habilitado actuante el asesoramiento técnico y la colaboración pericial a que se refiere el artículo 64.3, el cual deberá acompañar al inspector actuante en las visitas o comprobaciones posteriores que se realicen, cuando así se requiera.

2. Los técnicos habilitados, en el ejercicio de las actuaciones de comprobación y control de las condiciones materiales o técnicas de seguridad y salud a las que se refiere el artículo anterior, deberán:

a) Observar la máxima corrección en sus actuaciones y procurar perturbar en la menor medida posible el desarrollo de las actividades de las empresas sometidas a comprobación.

b) Comunicar su presencia al empresario, a su representante, a los trabajadores designados o técnicos del servicio de prevención de la empresa y a los delegados de prevención en los términos previstos en el artículo 40.2 de la Ley 31/1995, 8 de noviembre, para que puedan acompañarle en sus visitas y formular las observaciones que consideren necesarias.

c) Informar a los delegados de prevención y al empresario sobre los resultados de sus visitas, en los términos previstos en el artículo 40.3 de la Ley 31/1995, de 8 de noviembre.

d) Guardar secreto respecto de los asuntos que conozca como consecuencia de su actuación, así como sobre los datos, informes y demás antecedentes de los que hubieren tenido conocimiento en el desempeño de sus funciones, en los términos previstos en el artículo 10.

3. En todo caso, dichos funcionarios estarán afectados por el régimen general de incompatibilidades de la función pública y no podrán tener interés directo ni indirecto en empresas o grupos empresariales objeto de su actuación, ni asesorar o defender a título privado a personas físicas o jurídicas susceptibles de la acción inspectora, y deberán abstenerse de intervenir en actuaciones comprobatorias si concurre cualquiera de los motivos del artículo 28 de la Ley 30/1992, de 26 de noviembre. La abstención y recusación de funcionarios a que se refieren los artículos 28 y 29 de la citada Ley se tramitarán y resolverán conforme a la normativa en su respectiva Comunidad Autónoma.

✐ Añadido por art. 1 de Real Decreto 689/2005, de 10 junio.

CAPÍTULO III

Actuaciones de los técnicos habilitados

✐ Añadido por art. 1 de Real Decreto 689/2005, de 10 junio.

Artículo 64. Modalidades y formas de actuación de los técnicos habilitados.

1. Las actuaciones de los técnicos habilitados se desarrollarán, en el marco de los programas establecidos por la respectiva Comisión Territorial de la Inspección de Trabajo y Seguridad Social conforme a lo previsto en el artículo 61.2, mediante visita a los centros y lugares de trabajo, con la personación del referido técnico en dichos centros y lugares, y podrán efectuarse por un único técnico habilitado o conjuntamente por más de uno, en función de la planificación establecida.

Dado el carácter programado de las actuaciones de los técnicos habilitados, no les serán exigibles otras actuaciones al margen de los servicios encomendados, salvo si, en el curso de la visita, hubiese una evidencia manifiesta de un riesgo grave e inminente para la seguridad y salud de los trabajadores; en tal caso, se procederá conforme a lo previsto en el artículo 63.1 b).

2. Cuando, iniciadas las actuaciones mediante visita, no sea posible o no tenga objeto su continuidad en el propio centro visitado, por ser necesaria la realización de determinadas comprobaciones de carácter documental, podrá continuarse la actuación mediante la comparecencia de los sujetos obligados ante el técnico actuante, en las oficinas públicas donde aquél esté adscrito. A tal efecto, podrá requerir tal personación por escrito, con ocasión de la visita o por cualquier otra forma de notificación válida, y la aportación documental necesaria en soporte papel o en soporte informático siempre que resultase técnicamente posible.

3. Con independencia de la actuación a que se refieren los artículos anteriores, los funcionarios habilitados seguirán prestando asesoramiento técnico y colaboración pericial a la Inspección de Trabajo y Seguridad Social, conforme a lo previsto en el artículo 9.2 de la Ley 31/1995, de 8 de noviembre, y en los términos desarrollados, en su caso, por el correspondiente Acuerdo bilateral al que se refiere el artículo 17 de la Ley 42/1997, de 14 de noviembre, Ordenadora de la Inspección de Trabajo y Seguridad Social, respecto de actuaciones no programadas, mediante la emisión de informes técnicos sobre los asuntos y actuaciones concretas que los inspectores tengan señalados, debiendo acompañar a éstos, cuando así lo soliciten, en la realización de sus visitas o comprobaciones. En este caso, la dirección técnica y funcional de las actuaciones y la práctica de requerimientos, en su caso, o la adopción de otras medidas corresponderá al Inspector de Trabajo y Seguridad Social actuante, y no procederá la extensión de actas de infracción por expediente administrativo en virtud de tales informes, sino como consecuencia de la actividad desplegada por el propio inspector.

4. Cuando se trate de actuaciones que afecten a centros de trabajo de la Administración General del Estado, o a otros centros de las Administraciones públicas sometidos al procedimiento administrativo especial de actuación de la Inspección de Trabajo y Seguridad Social, previsto en el Reglamento sobre el procedimiento administrativo especial de actuación de la Inspección de Trabajo y Seguridad Social y para la imposición de medidas correctoras de incumplimientos en materia de prevención de riesgos laborales en el ámbito de la Administración General del Estado, aprobado por el Real Decreto 707/2002, de 19 de julio, la forma ordinaria de actuación de los técnicos habilitados será la prevista en el apartado anterior. No obstante, cuando se trate de centros o lugares de trabajo de una Comunidad Autónoma, y por ésta se haya previsto, mediante normativa propia, un procedimiento distinto respecto del personal civil a su servicio, conforme a lo establecido en la disposición adicional segunda del referido Reglamento, en la redacción dada por el Real Decreto 464/2003, de 25 de abril, se estará a lo que se disponga en dicha normativa.

✐ Añadido por art. 1 de Real Decreto 689/2005, de 10 junio.

Artículo 65. Informes remitidos a la Inspección de Trabajo y Seguridad Social como consecuencia de la actividad de comprobación y requerimiento realizada por los técnicos habilitados.

1. Los informes de los técnicos habilitados, en los supuestos a que se refiere el artículo 9.3 de la Ley 31/1995, de 8 noviembre, de Prevención de Riesgos Laborales, cuando se constate el incumplimiento de un requerimiento previamente formulado por aquéllos, darán lugar a la práctica de actas de infracción, que serán extendidas por Inspectores de Trabajo y Seguridad Social, si resultara procedente.

2. A estos efectos, los informes de los citados técnicos habilitados, cuando de ellos se deduzca la existencia de infracción en materia de prevención de riesgos laborales, habrán de reflejar necesariamente:

a) La identificación del funcionario actuante y la reseña de su habilitación.

b) Nombre y apellidos o razón social, domicilio, actividad, documento nacional de identidad o número de identificación fiscal del empresario o empresarios que hubieren incumplido el requerimiento previo del funcionario.

c) La fecha de la primera visita y la del requerimiento de subsanación de las deficiencias observadas, así como la fecha de la segunda o ulterior visita en que haya comprobado el incumplimiento de aquel requerimiento.

d) Los hechos y circunstancias relativos a las deficiencias detectadas en las condiciones materiales o técnicas de seguridad o salud comprobadas en la empresa o centro de trabajo conforme al artículo 61, así como el contenido del requerimiento para la subsanación y los términos en que el funcionario actuante estime incumplido dicho requerimiento. Estos hechos gozarán de la presunción de certeza en los términos previstos en el artículo 9.3 de la Ley 31/1995, de 8 de noviembre, de Prevención de Riesgos Laborales.

e) Los medios utilizados por dichos funcionarios en su comprobación y, en su caso, las pruebas de que disponga.

3. Igualmente podrán informar, de forma separada y como observaciones, de otros hechos y circunstancias que afecten a la materia de prevención de riesgos laborales pero no estén incluidos en el ámbito funcional de las actuaciones comprobatorias a las que se refiere el artículo 61, respecto a las que no procederá la extensión del acta de infracción por expediente administrativo a que se refiere el apartado 7 de este artículo, si bien podrán dar lugar a la realización de actuaciones inspectoras, en ejercicio de sus facultades de comprobación, de conformidad con lo establecido en el referido apartado.

4. El informe se remitirá por vía telemática a la Jefatura de la Inspección de Trabajo y Seguridad Social correspondiente en el plazo máximo de veinte días desde la fecha en que se comprobó el incumplimiento del requerimiento efectuado, sin perjuicio del envío en la misma fecha del expediente completo, en el que, además del citado informe, se incluirá la documentación acreditativa de los datos, hechos y circunstancias incluidos en él, así como los informes, observaciones previas o mediciones de contraste que haya podido aportar la empresa.

5. Si el inspector de Trabajo y Seguridad Social considerara que el relato de hechos contenido en el informe no es constitutivo de infracción o es insuficiente a los efectos sancionadores, si apreciara la ausencia o deficiencia de algún otro extremo de los citados anteriormente, en el plazo máximo de veinte días a partir de la recepción del informe recabará del funcionario actuante su subsanación o ampliación. Procederá el archivo del expediente si no se remitiese el informe complementario de subsanación en el plazo de quince días hábiles desde su recepción, sin perjuicio de nuevas comprobaciones.

6. En el caso de solicitarse por la Inspección de Trabajo y Seguridad Social un informe ampliatorio de subsanación de deficiencias, podrá comunicarse simultáneamente tal circunstancia al sujeto presuntamente responsable a los efectos de que por éste puedan igualmente realizarse las aclaraciones

pertinentes o aportar la documentación que se señale en cada caso sobre las cuestiones que permitan finalizar las actuaciones. En este caso, el plazo a que se refiere el artículo 17.1 se entenderá ampliado por el tiempo de dilación imputable al sujeto inspeccionado, e interrumpido el plazo de tres meses al que se refiere el apartado 3 del referido artículo 17.

7. Una vez completado el expediente mediante la recepción del informe complementario del técnico habilitado o, en su caso, de las aclaraciones pertinentes efectuadas por el sujeto presuntamente responsable, o transcurrido el plazo para su emisión, el inspector de Trabajo y Seguridad Social actuante extenderá acta de infracción si lo considera procedente o bien dispondrá el archivo del expediente de forma motivada y lo comunicará al órgano del que dependa el funcionario técnico que remitió el informe, con devolución de los antecedentes, o bien asumirá hasta su conclusión la realización de actuaciones inspectoras, conforme a sus propias facultades comprobatorias, mediante la práctica de visita al centro o lugar de trabajo afectado, o mediante comparecencia de los sujetos presuntamente responsables.

✐ Añadido por art. 1 de Real Decreto 689/2005, de 10 junio.

Artículo 66. Actos de obstrucción a los técnicos habilitados.

Si los técnicos habilitados a los que se refiere este título se vieran impedidos o perturbados en el ejercicio de sus funciones de comprobación, además de cumplimentar los datos identificativos establecidos en los párrafos a) y b) del artículo 65.2, así como de la fecha de la visita o de la actuación comprobatoria, en el informe que se emita se relatará sucinta y suficientemente la obstrucción padecida, y se sujetarán los plazos de informe, subsanación o ampliación y de práctica de las actas de infracción a lo establecido en el artículo anterior.

✐ Añadido por art. 1 de Real Decreto 689/2005, de 10 junio.

Artículo 67. Duración de las actuaciones.

1. Las actuaciones de los técnicos habilitados estarán sujetas a los plazos establecidos en el artículo 14.2 de la Ley 42/1997, de 14 de noviembre, Ordenadora de la Inspección de Trabajo y Seguridad Social.

2. Si las actuaciones comprobatorias culminaran posteriormente en la extensión por un inspector de trabajo y Seguridad Social de un acta de infracción por expediente administrativo basándose en el informe emitido por los técnicos habilitados a los que se refiere este título, el cómputo de los plazos previstos en el artículo 17.2, a los efectos de la extensión de dichas actas, se iniciará a partir de la fecha en que dicho técnico comprobó e hizo constar, mediante diligencia en el libro de visitas u otro documento análogo, el incumplimiento del requerimiento previamente efectuado.

3. En aquellos supuestos en que, tras el envío del informe del técnico habilitado, el inspector actuante decida desarrollar actuaciones propias conforme a las facultades inspectoras que tiene atribuidas, se entenderá que se trata de nuevas actuaciones, y respecto de éstas se aplicarán las reglas generales sobre cómputo de los plazos establecidas en el artículo 17.2. En este caso, las comprobaciones previas efectuadas por los técnicos habilitados tendrán carácter de antecedente únicamente a los efectos de los hechos descritos en el informe.

✐ Añadido por art. 1 de Real Decreto 689/2005, de 10 junio.

Artículo 68. Constancia documental de las actuaciones y requerimientos realizados por los técnicos habilitados.

Los requerimientos de subsanación de los técnicos habilitados a los que se refiere este título, en el ejercicio de sus funciones de apoyo y colaboración con la Inspección de Trabajo y Seguridad Social, se formularán por escrito conforme a lo previsto en el artículo 43.2 de la Ley 31/1995, de 8 de noviembre, de Prevención de Riesgos Laborales, y podrán reflejarse mediante diligencia en el libro de visitas de la Inspección de Trabajo y Seguridad Social, o a través de un documento oficial sustitutivo, en el que quede constancia de su recepción, y contendrá los datos adecuados a su finalidad y el plazo de subsanación.

Igualmente, las visitas de comprobación de las condiciones materiales y técnicas de seguridad o salud que se realicen sin que den lugar a requerimiento, en su condición de técnicos habilitados, podrán quedar reflejadas en el citado libro de visitas.

En todo caso, en las diligencias referidas junto a la identidad del funcionario actuante, se hará constar la mención «Técnico habilitado (artículo 9.2 y 3 y disposición adicional decimoquinta de la Ley 31/1995, de 8 de noviembre)».

✐ Añadido por art. 1 de Real Decreto 689/2005, de 10 junio.

DISPOSICIONES ADICIONALES

Primera. La Unidad de Alta Inspección del Estado.

Las funciones de alta inspección del Estado en materia de ejecución de la legislación laboral y de Seguridad Social, reconocidas en los Estatutos de Autonomía, excepto las relativas a la asistencia sanitaria que corresponderán al órgano competente en dicha materia, se desarrollarán a través de la Unidad Especial de Inspectores de Trabajo y Seguridad Social que, a tales efectos, dependerá directamente del ministro de Trabajo y Asuntos Sociales. Dicha unidad especial contará con los medios necesarios para sus cometidos, adscribiéndosele inspectores de Trabajo y Seguridad Social con acreditada experiencia y preparación.

Segunda. Carácter de los órganos colegiados.

Los miembros de los distintos órganos colegiados regulados en el presente Reglamento, actuarán por razón del cargo sin retribución complementaria alguna.

c) *Administración Consultiva*

§ 38.4 LEY 21/1991, DE 17 JUNIO. CREA EL CONSEJO ECONÓMICO Y SOCIAL

(BOE núm. 145, de 18 junio [RCL 1991, 1541])

EXPOSICIÓN DE MOTIVOS

La Constitución Española recoge el mandato, dirigido a los poderes públicos, de promover y facilitar la participación de los ciudadanos, directamente o a través de organizaciones o asociaciones, en la vida económica y social.

El órgano que se crea, cuya denominación es la de Consejo Económico y Social, refuerza la participación de los agentes económicos y sociales en la vida económica y social, reafirmando su papel en el desarrollo del Estado Social y Democrático de Derecho.

Al tiempo que cumple con esta función constitucional, el Consejo Económico y Social sirve de plataforma institucional permanente al diálogo y deliberación, en la medida en que constituye el único órgano donde están representados un amplio conjunto de organizaciones socio-profesionales.

Por otra parte, el Consejo Económico y Social responde a la legítima aspiración de los agentes económicos y sociales de que sus opiniones y planteamientos se oigan a la hora de adoptar el Gobierno decisiones que puedan afectar a los intereses que les son propios. En tal sentido, la función consultiva que se instituye a través del Consejo Económico y Social se ejercerá en relación con la actividad normativa del Gobierno en materia socioeconómica y laboral.

Esta participación se materializa, fundamentalmente, en la emisión de informes y dictámenes con carácter preceptivo o facultativo, según los casos, o a propia iniciativa.

El Consejo Económico y Social constituye, además, un medio de comunicación, asimismo permanente, entre los agentes económicos y sociales y el Gobierno; en tal sentido, hace más fluida la relación y la colaboración entre aquéllos y el Gobierno.

Las líneas básicas que informan el Proyecto de Ley y que configuran la institución que en el mismo se crea son las siguientes:

a) El Consejo Económico y Social se configura como un órgano de carácter consultivo en materia socioeconómica y laboral.

b) La función consultiva que se instituye a través del Consejo Económico y Social se ejercerá en relación con la actividad normativa del Gobierno en el indicado ámbito material.

Esta participación se materializa fundamentalmente en la emisión, con carácter preceptivo o facultativo, según los casos, o a propia iniciativa, de informes y dictámenes.

c) El Consejo podrá, por propia iniciativa, elaborar informes o estudios sobre una serie de materias que expresen la opinión de este órgano en relación con las mismas.

d) El Consejo Económico y Social cuenta con la presencia de sindicatos y organizaciones empresariales que gocen de representatividad, así como de otras organizaciones o fuerzas sociales representativas de intereses diversos.

e) No se prevé la participación de representantes del Gobierno, dado el carácter del Consejo de órgano consultivo del mismo, y la necesidad, por tanto, de garantizar su independencia en la formación y emisión de sus criterios. En razón a esta necesaria autonomía funcional se le dota de amplias facultades de autoorganización.

f) Se prevé la presencia de expertos que contribuirá a garantizar la imprescindible calidad técnica de sus trabajos. Este grupo estará integrado por personas de especial preparación y reconocida experiencia en temas socioeconómicos y laborales y desarrollarán su función con independencia.

g) El Consejo goza de amplias facultades de autonomía y organización que garantizan su independencia.

Artículo 1. Creación y naturaleza jurídica.

1. Se crea el Consejo Económico y Social con la composición, organización y funciones que se determinan en la presente Ley.

2. El Consejo es un órgano consultivo del Gobierno en materia socioeconómica y laboral.

⇒ Cfr. art. 131.2 de la CE (§1).

3. El Consejo Económico y Social se configura como un Ente de Derecho Público de los previstos en el artículo 6.5 del Real Decreto Legislativo 1091/1988, de 23 de septiembre, Texto Refundido de la Ley General Presupuestaria, con personalidad jurídica propia y plena capacidad, autonomía orgánica y funcional para el cumplimiento de sus fines, estando adscrito al Ministerio de Trabajo y Seguridad Social.

⇒ Según establece la disp. adic. 9ª de la Ley 6/1997, de 14 abril, de Organización y Funcionamiento de la Administración General del Estado el CES, entre otros organismos, continuará «rigiéndose por su legislación específica, por las disposiciones de la Ley General Presupuestaria que les sean de aplicación y supletoriamente por esta Ley».

4. El Consejo tendrá su sede en Madrid.

Artículo 2. Composición.

1. El Consejo estará integrado por 61 miembros, incluido su Presidente. De ellos 20 compondrán el Grupo Primero en representación de las organizaciones sindicales, 20 el Grupo Segundo, en representación de las organizaciones empresariales y 20 el Grupo Tercero, correspondiendo de ellos 3 al sector agrario, 3 al sector marítimo-pesquero, 4 a consumidores y usuarios, 4 al sector de la economía social, siendo los 6 restantes expertos en las materias competencia del Consejo.

2. Los miembros del Consejo representantes del Grupo Primero serán designados por las organizaciones sindicales que hayan obtenido la condición de más representativas, en proporción a su representatividad, de acuerdo con lo dispuesto en los artículos 6.2 y 7.1 de la Ley Orgánica 11/1985, de 2 de agosto, de Libertad Sindical.

3. Los miembros del Consejo representantes del Grupo Segundo serán designados por las organizaciones empresariales que gocen de capacidad representativa, en proporción a su representatividad, con arreglo a lo dispuesto en la Disposición Adicional Sexta de la Ley 8/1980, de 10 de marzo, del Estatuto de los Trabajadores, según redacción dada por la Ley 32/1984, de 2 de agosto.

4. Los miembros del Consejo representantes del Grupo Tercero serán propuestos, en cada caso, por las entidades o asociaciones que a continuación se indican:

a) Los correspondientes al sector agrario por las organizaciones profesionales con implantación en el referido sector.

b) Los correspondientes al sector marítimo-pesquero por las organizaciones de productores pesqueros con implantación en el sector.

c) Los correspondientes a los consumidores y usuarios por el Consejo de Consumidores y Usuarios.

d) Los correspondientes al sector de la economía social por las asociaciones de cooperativas y de sociedades laborales.

5. Los expertos serán nombrados por el Gobierno de la Nación a propuesta conjunta de los *Ministros de Trabajo y Seguridad Social y de Economía y Hacienda*, previa consulta a las organizaciones representadas en el Consejo, entre personas con una especial preparación y reconocida experiencia en el ámbito socioeconómico y laboral.

⇒ Hoy Ministerios de Trabajo y Asuntos Sociales y Economía y Hacienda.

6. Los miembros del Consejo, en el ejercicio de las funciones que les corresponden, actuarán con plena autonomía e independencia.

Artículo 3. Nombramiento, mandato y cese.

1. El Presidente del Consejo Económico y Social será nombrado por el Gobierno de la Nación a propuesta conjunta de los *Ministros de Trabajo y Seguridad Social y de Economía y Hacienda*, previa consulta a los grupos de representación que integran el Consejo. En todo caso la persona cuyo nombramiento se proponga deberá contar con el apoyo de, al menos, dos tercios de los miembros del Consejo.

Los miembros del Consejo designados o propuestos por las entidades y asociaciones a que se refiere el artículo anterior serán asimismo nombrados por el Gobierno a propuesta del *Ministro de Trabajo y Seguridad Social*, a quien comunicarán, dichas entidades y asociaciones, la designación o propuesta de los correspondientes miembros.

2. El Consejo tendrá dos Vicepresidentes elegidos por el Pleno a propuesta, cada uno de ellos, de

los miembros representantes de los sindicatos y de las organizaciones empresariales, respectivamente, y de entre los mismos.

Los Vicepresidentes sustituirán al Presidente, en la forma que determine el reglamento interno, en los supuestos de vacante, ausencia o enfermedad, y ejercerán las funciones que aquél expresamente les delegue.

3. La Secretaría General es el órgano de asistencia técnica y administrativa del Consejo y la depositaria de la fe pública de los acuerdos del mismo.

El Secretario General será nombrado y separado libremente por el Gobierno a propuesta conjunta de los *Ministros de Trabajo y Seguridad Social y de Economía y Hacienda*, previa consulta a los grupos de representación que integran el Consejo. En todo caso, la persona cuyo nombramiento se proponga deberá contar con el apoyo de, al menos, dos tercios de los miembros del Consejo.

4. El mandato de los miembros del Consejo, incluido su Presidente, será de cuatro años, renovable por períodos de igual duración, que comenzará a computarse desde el día siguiente al de la publicación en el «Boletín Oficial del Estado» del nombramiento de los mismos.

No obstante, los miembros del Consejo, incluido su Presidente, continuarán en el ejercicio de sus funciones hasta la toma de posesión de los miembros del nuevo Consejo.

5. Los miembros del Consejo cesarán por alguna de las causas siguientes:

a) El Presidente, por decisión del Gobierno, a propuesta conjunta de los *Ministros de Trabajo y Seguridad Social y de Economía y Hacienda*, sin perjuicio de lo dispuesto en el apartado c) del número 1.1 del artículo 7 de esta Ley.

b) Por expiración del plazo de su mandato, sin perjuicio de lo dispuesto en el número 4 de este artículo.

c) A propuesta de las organizaciones que promovieron el nombramiento.

d) Por renuncia aceptada por el Presidente del Consejo y en el caso de éste por el Gobierno.

e) Por fallecimiento.

f) Por violar la reserva propia de su función, correspondiendo su apreciación al Pleno del Consejo.

g) Por haber sido condenado por delito doloso.

6. Toda vacante anticipada en el cargo que no sea por expiración del mandato será cubierta por la organización a quien corresponda el titular del puesto vacante. El mandato del así nombrado expirará al mismo tiempo que el de los restantes miembros del Consejo.

Artículo 4. Incompatibilidades.

1. La condición de miembro del Consejo será incompatible con el ejercicio de cualquier cargo o actividad que impida o menoscabe el desempeño de las funciones que le son propias. En particular, la condición de miembro del Consejo será incompatible con la de:

a) Miembros de las Asambleas Legislativas de las Comunidades Autónomas.

b) Miembros del Gobierno de la Nación y de los Consejos de Gobierno de las Comunidades Autónomas.

c) Miembros de otros Organos Constitucionales.

d) Altos cargos de las Administraciones Públicas, entendiendo por tales los incluidos en la Ley 25/1983, de 26 de diciembre, sobre Incompatibilidades de Altos Cargos.

e) Miembros electos de las Corporaciones Locales.

2. Se mantendrán en situación de servicio activo los funcionarios públicos que ostenten la condición de Consejeros cuando hayan optado por esta situación. En otro caso, los funcionarios públicos pasarán a la situación de servicios especiales.

Artículo 5. Órganos.

Son órganos del Consejo:

a) El Pleno.

b) La Comisión Permanente.

c) Las Comisiones de Trabajo.

d) El Presidente.

e) Los Vicepresidentes.

f) El Secretario General.

Artículo 6. Órganos Colegiados.

1. El Pleno del Consejo está integrado por la totalidad de sus miembros, bajo la dirección del Presidente y asistido por el Secretario General, ajustándose en su funcionamiento a las siguientes normas:

a) El Pleno celebrará sesión ordinaria al menos una vez al mes, sin perjuicio de que puedan celebrarse sesiones extraordinarias en los términos que el propio Consejo en Pleno determine.

b) Para la válida constitución del Pleno será necesaria la presencia de, al menos, treinta y uno de sus miembros, más el Presidente y el Secretario General o quienes les sustituyan legalmente. En segunda convocatoria será suficiente la asistencia de veinte miembros más el Presidente y el Secretario General o quienes les sustituyan legalmente.

c) El Pleno adoptará los acuerdos por mayoría absoluta de los asistentes, dirimiendo los empates el Presidente mediante el voto de calidad.

d) Los pareceres del Consejo se expresarán bajo la denominación de «dictamen del Consejo Económico y Social» y no serán vinculantes. La emisión de los dictámenes se realizará por el Pleno o, en su caso, la Comisión Permanente, cuando aquél hubiera delegado en ésta esta función.

El Consejo documentará por separado cada uno de sus dictámenes, distinguiendo los antecedentes, la valoración efectuada y las conclusiones, con la firma del Secretario General y el Visto Bueno de su Presidente. A dichos dictámenes se acompañarán necesariamente los votos particulares, si los hubiere.

2. Integran la Comisión Permanente, bajo la dirección del Presidente y asistida por el Secretario General, seis miembros representantes del Grupo Primero, seis representantes del Grupo Segundo y seis del Grupo Tercero, que serán designados por y entre los miembros del Pleno a propuesta de cada uno de los grupos.

3. El Pleno del Consejo podrá constituir, con carácter permanente o para cuestiones específicas, Comisiones o grupos de trabajo. En todo caso, en su composición deberá respetarse la proporcionalidad y la presencia de los distintos grupos representados en el Consejo.

Artículo 7. Funciones.

1. Son funciones del Consejo:

1.1. Emitir dictamen con carácter preceptivo sobre:

a) Anteproyectos de Leyes del Estado y Proyectos de Reales Decretos Legislativos que regulen materias socioeconómicas y laborales y Proyectos de Reales Decretos que se considere por el Gobierno que tienen una especial trascendencia en la regulación de las indicadas materias. Se exceptúa expresamente de esta consulta el Anteproyecto de Ley de Presupuestos Generales del Estado.

b) Anteproyectos de Ley o Proyectos de disposiciones administrativas que afecten a la organización, competencias o funcionamiento del Consejo.

c) Separación del Presidente y del Secretario General del Consejo.

d) Cualquier otro asunto que, por precepto expreso de una Ley, haya que consultar al Consejo.

1.2. Emitir dictamen en los asuntos que, con carácter facultativo, se sometan a consulta del mismo por el Gobierno de la Nación o sus miembros.

1.3. Elaborar, a solicitud del Gobierno o de sus miembros, o por propia iniciativa, estudios o informes que, en el marco de los intereses económicos y sociales que son propios de los interlocutores sociales, se relacionen con las siguientes materias:

Economía; Fiscalidad; Relaciones Laborales, Empleo y Seguridad Social; Asuntos Sociales; Agricultura y Pesca; Educación y Cultura; Salud y Consumo; Medio Ambiente; Transporte y Comunicaciones; Industria y Energía; Vivienda; Desarrollo Regional; Mercado Único Europeo y Cooperación para el Desarrollo.

1.4. Regular el Régimen de organización y funcionamientos internos del Consejo de acuerdo con lo previsto en la presente Ley.

⇒ Mediante Res. del entonces Ministerio de Trabajo y Seguridad Social 31 marzo 1993, se ordenó la publicación de su Reglamento de Organización y Funcionamiento Interno. Por su parte la Res. 20 enero 1994 del citado Ministerio, incorpora al texto de dicho Reglamento un nuevo art. 49 sobre procedimiento de urgencia para la emisión de dictámenes. Una nueva Res. 26 junio 1995, da nueva redacción a los arts. 41 y 45 del Reglamento.

1.5. Elaborar y elevar anualmente al Gobierno, dentro de los cinco primeros meses de cada año, una Memoria en la que se expongan sus consideraciones sobre la situación socioeconómica y laboral de la nación.

2. El Consejo, a través de su Presidente, podrá solicitar información complementaria sobre los asuntos que con carácter preceptivo o facultativo se le sometan a consulta, siempre que dicha información sea necesaria para la emisión de su dictamen.

3. a) El Consejo deberá emitir su dictamen en el plazo que se fije por el Gobierno o los Ministros, en su caso, en la orden de remisión del expediente o en la solicitud de consulta.

b) El plazo para la emisión del dictamen no será inferior a 15 días, salvo que el Gobierno haga constar la urgencia del mismo, en cuyo caso el plazo no podrá ser inferior a 10 días.

c) Transcurrido el correspondiente plazo sin que haya emitido el dictamen, éste se entenderá evacuado.

Artículo 8. Órganos unipersonales.

1. Son funciones del Presidente:

a) Dirigir la actuación del Consejo y ostentar la representación del mismo.

b) Convocar las sesiones del Pleno y de la Comisión Permanente, presidirlas y moderar el desarrollo de los debates.

c) Fijar el orden del día de las sesiones del Pleno y de la Comisión Permanente, teniendo en cuenta las peticiones que formulen sus miembros en la forma que se establezca en su Reglamento de organización y funcionamiento internos.

d) Visar las actas, ordenar la publicación de los acuerdos y disponer el cumplimiento de los mismos.

e) Cuantas otras se le otorguen en la presente Ley o sean propias de su condición de Presidente y así se establezca en el Reglamento que apruebe el Consejo.

2. Son funciones del Secretario General:

a) Ejercer la dirección administrativa y técnica de los distintos servicios del Consejo y velar por que sus órganos actúen conforme a los principios de economía, celeridad y eficacia.

b) Asistir, con voz pero sin voto, a las sesiones del Pleno y de la Comisión Permanente del Consejo.

c) Extender las actas de las sesiones, autorizarlas con su firma y el Visto Bueno del Presidente y dar el curso correspondiente a los acuerdos que se adopten.

d) Custodiar la documentación del Consejo.

e) Expedir certificaciones de las actas, acuerdos, dictámenes, votos particulares y otros documentos confiados a su custodia con el Visto Bueno del Presidente.

f) Asumir la Jefatura del personal al servicio del Consejo.

g) Cuantas otras sean inherentes a su condición de Secretario.

Artículo 9. Régimen económico-financiero y de contratación de personal.

1. El Consejo Económico y Social contará para el cumplimiento de sus fines con los recursos económicos que al efecto se consignen en los Presupuestos Generales del Estado, disfrutando del régimen tributario de éste.

2. El Consejo formulará anualmente su propuesta de anteproyecto de presupuesto, que será aprobado por el Pleno y remitido a través de su Presidente, al Ministerio de Trabajo y Seguridad Social, el que, con base en tal propuesta, formulará el Anteproyecto del Presupuesto del Ente y le dará traslado al Ministerio de Economía y Hacienda a los efectos oportunos.

3. La contratación del Consejo Económico y Social se ajustará a los principios de publicidad, concurrencia, salvaguardia del interés público y homogeneización de comportamientos en el sector público, establecidos en la Disposición Transitoria Segunda del Reglamento General de Contratación del Estado, desarrollándose en régimen de Derecho privado.

4. El personal del Consejo Económico y Social quedará vinculado a éste por una relación sujeta al derecho laboral. La selección del personal, con excepción del de carácter directivo, se hará mediante convocatoria pública y de acuerdo con sistemas basados en los principios de mérito y capacidad.

Artículo 10. Régimen presupuestario de control y contabilidad.

1. El presupuesto del Consejo se integrará en los Presupuestos Generales del Estado a efectos de su consolidación. Los créditos de su presupuesto de gastos tendrán carácter limitativo.

2. Por el Ministerio de Economía y Hacienda se determinará la estructura presupuestaria del Consejo que, en todo caso, se ajustará a la aplicable para el Sector Público Estatal.

3. Las variaciones del presupuesto del Consejo serán autorizadas de la siguiente forma:

a) Por el Ministro de Economía y Hacienda, cuando no afecten a subvenciones de los Presupuestos Generales del Estado y su importe no exceda del 5 por 100 de su presupuesto.

b) Por el Gobierno, en los demás casos.

4. El Presidente podrá autorizar variaciones de créditos entre las distintas partidas consignadas en el presupuesto. Los acuerdos que adopte el Presidente se comunicarán al Pleno del Consejo, así como al Ministerio de Economía y Hacienda, a través del Ministerio de Trabajo y Seguridad Social.

5. El Consejo queda sometido al control de carácter financiero, que se lleve a cabo por el Ministerio de Economía y Hacienda, mediante comprobaciones periódicas y procedimientos de auditoría, sin perjuicio del control correspondiente del Tribunal de Cuentas.

6. El Consejo queda sometido al régimen de la contabilidad pública en los términos previstos en el Título VI del texto refundido de la Ley General Presupuestaria.

Artículo añadido por el art. 109 de la Ley 31/1991, de 30 diciembre, de Presupuestos Generales del Estado para 1992.

DISPOSICIÓN TRANSITORIA

El Consejo Económico y Social se constituirá dentro del plazo de cuatro meses desde la entrada en vigor de la presente Ley.

DISPOSICIONES FINALES

Primera.

La presente Ley entrará en vigor el día siguiente al de su publicación en el «Boletín Oficial del Estado».

Segunda.

Se autoriza al Gobierno, a propuesta de los *Ministros de Trabajo y Seguridad Social y Economía y Hacienda*, para dictar las disposiciones necesarias para el desarrollo de la presente Ley.

Tercera.

Por el Ministro de Economía y Hacienda se realizarán las modificaciones presupuestarias precisas en orden a la habilitación de los créditos necesarios para el cumplimiento de lo previsto en la presente Ley.

d) Procedimiento administrativo

§ 38.5 LEY 30/1992, DE 26 NOVIEMBRE. RÉGIMEN JURÍDICO DE LAS ADMINISTRACIONES PÚBLICAS Y DEL PROCEDIMIENTO ADMINISTRATIVO COMÚN

(BOE núm. 285, de 27 noviembre; rect. BOE núm. 311, de 28 diciembre y BOE núm. 23, de 27 enero 1993 [RCL 1992, 2512, 2775 y RCL 1993, 246]) (fragmento)

✐ Modificada, en parte, por Ley 4/1999, de 13 enero.

⇒ Transcribimos únicamente las partes relacionadas con el Derecho Laboral y de la Seguridad Social.
Téngase en cuenta la disp. derog. única de la Ley 6/1997, de 14 abril, de Organización y Funcionamiento de la Administración General del Estado así como su disp. adic. decimoquinta.

TÍTULO PRELIMINAR

DEL ÁMBITO DE APLICACIÓN Y PRINCIPIOS GENERALES

Artículo 1. Objeto de la Ley.

La presente Ley establece y regula las bases del régimen jurídico, el procedimiento administrativo común y el sistema de responsabilidad de las Administraciones Públicas, siendo aplicable a todas ellas.

Artículo 2. Ámbito de aplicación.

1. Se entiende a los efectos de esta Ley por Administraciones Públicas:

a) La Administración General del Estado.

b) Las Administraciones de las Comunidades Autónomas.

c) Las Entidades que integran la Administración Local.

2. Las Entidades de Derecho Público con personalidad jurídica propia vinculadas o dependientes de cualquiera de las Administraciones Públicas tendrán asimismo la consideración de Administración Pública. Estas Entidades sujetarán su actividad a la presente Ley cuando ejerzan potestades administrativas, sometiéndose en el resto de su actividad a lo que dispongan sus normas de creación.

Artículo 3. Principios generales.

1. Las Administraciones públicas sirven con objetividad los intereses generales y actúan de acuerdo con los principios de eficacia, jerarquía, descentralización, desconcentración y coordinación, con sometimiento pleno a la Constitución, a la ley y al derecho. Igualmente, deberán respetar en su actuación los principios de buena fe y de confianza legítima.

2. Las Administraciones públicas, en sus relaciones, se rigen por el principio de cooperación y colaboración, y en su actuación por los criterios de eficiencia y servicio a los ciudadanos.

3. Bajo la dirección del Gobierno de la Nación, de los órganos de gobierno de las Comunidades Autónomas y de los correspondientes de las Entidades que integran la Administración Local, la actuación de la Administración pública respectiva se desarrolla para alcanzar los objetivos que establecen las leyes y el resto del ordenamiento jurídico.

4. Cada una de las Administraciones públicas actúa para el cumplimiento de sus fines con personalidad jurídica única.

5. En sus relaciones con los ciudadanos las Administraciones públicas actúan de conformidad con los principios de transparencia y de participación.

✐ Artículo redactado por el art. 1.1 de la Ley 4/1999, de 13 enero.

[...]

TÍTULO VIII

DE LAS RECLAMACIONES PREVIAS AL EJERCICIO DE LAS ACCIONES CIVILES Y LABORALES

CAPÍTULO I

Disposiciones generales

Artículo 120. Naturaleza.

1. La reclamación en vía administrativa es requisito previo al ejercicio de acciones fundadas en derecho privado o laboral contra cualquier Administración Pública, salvo los supuestos en que dicho requisito esté exceptuado por una disposición con rango de ley.

2. Dicha reclamación se tramitará y resolverá por las normas contenidas en este Título y, por aquellas que, en cada caso, sean de aplicación, y en su defecto, por las generales de esta Ley.

Artículo 121. Efectos.

1. Si planteada una reclamación ante las Administraciones Públicas, ésta no ha sido resuelta y no ha transcurrido el plazo en que deba entenderse desestimada, no podrá deducirse la misma pretensión ante la jurisdicción correspondiente.

2. Planteada la reclamación previa se interrumpirán los plazos para el ejercicio de las acciones judiciales, que volverán a contarse a partir de la fecha en que se haya practicado la notificación expresa de la resolución o, en su caso, desde que se entienda desestimada por el transcurso del plazo.

[...]

CAPÍTULO III

Reclamación previa a la vía judicial laboral

Artículo 125. Tramitación.

1. La reclamación deberá dirigirse al Jefe administrativo o Director del establecimiento u Organismo en que el trabajador preste sus servicios.

2. Transcurrido un mes sin haberle sido notificada resolución alguna, el trabajador podrá considerar desestimada la reclamación a los efectos de la acción judicial laboral.

Artículo 126. Reclamaciones del personal civil no funcionario de la Administración Militar.

Las reclamaciones que formule el personal civil no funcionario al servicio de la Administración Militar se regirán por sus disposiciones específicas.

[...]

DISPOSICIONES ADICIONALES

[...]

Tercera. Adecuación de procedimientos.

Reglamentariamente en el plazo de dieciocho meses a partir de la entrada en vigor de esta Ley, se llevará a efecto la adecuación a la misma de las normas reguladoras de los distintos procedimientos administrativos, cualquiera que sea su rango, con específica mención de los efectos estimatorios o desestimatorios que la falta de resolución expresa produzca.

✐ Disposición redactada por RDley 14/1993, de 4 agosto. En cumplimiento de la misma el RD 1728/1994, de 29 julio, adecua los procedimientos relativos a determinados derechos económicos en materia de Seguridad Social y acción social en el ámbito de la Administración Militar y el RD 1733/1994, de 29 julio, hace lo propio con los procedimientos en materia de Mutualismo administrativo y Fondo especial de la Mutualidad General de Funcionarios Civiles del Estado.

⇒ V. nota a la disp. adic. 7ª.

Téngase en cuenta que al amparo del art. 43.5 de esta Ley, la Res. 20 marzo 1996, de la Secretaría de Estado para la Administración Pública, ha procedido a la publicación «para información y conocimiento de los ciudadanos, de la relación de procedimientos administrativos cuya resolución es competencia de la Administración General del Estado», que incluye en Anexo. Dicha publicación indica con relación a tales procedimientos entre los que se incluyen los relativos a Trabajo y Seguridad Social «no sólo los efectos presuntos que se producen cuando no se dicta resolución expresa, sino también con el objeto de proporcionar una completa información al ciudadano la forma en que se inician sus plazos, los órganos competentes para su resolución y si ponen o no fin a la vía administrativa».

[...]

Sexta. Actos de Seguridad Social y Desempleo.

1. La impugnación de los actos de la Seguridad Social y Desempleo, en los términos previstos en el artículo 2 del texto articulado de la Ley de Procedimiento Laboral, aprobado por Real Decreto Legislativo 521/1990, de 27 de abril, así como su revisión de oficio, se regirán por lo dispuesto en dicha Ley.

2. Los actos de gestión recaudatoria de la Seguridad Social se regirán por lo dispuesto en su normativa específica.

Séptima. Procedimiento administrativo sancionador por infracciones en el orden social y para la extensión de actas de liquidación de cuotas de la Seguridad Social.

Los procedimientos administrativos para la imposición de sanciones por infracciones en el orden social y para la extensión de actas de liquidación de cuotas de la Seguridad Social se regirán por su normativa específica y, subsidiariamente, por las disposiciones de esta Ley.

⇒ El RD 1398/1993, de 4 agosto, establece el Reglamento del Procedimiento para el ejercicio de la Potestad Sancionadora, del que excluye los referentes a materia tributaria e infracciones de orden social (art. 1.3), aunque el Reglamento posee carácter supletorio para tales procedimientos. V. RD 928/1998, de 14 mayo, que aprueba el Reglamento General sobre procedimiento para la imposición de sanciones por infracciones de orden social (§40.2).

Octava. Procedimientos disciplinarios.

Los procedimientos de ejercicio de la potestad disciplinaria de las Administraciones Públicas respecto del personal a su servicio y de quienes estén vinculados a ellas por una relación contractual se regirán por su normativa específica, no siéndoles de aplicación la presente Ley.

[...]

Duodécima. Responsabilidad en materia de asistencia sanitaria.

La responsabilidad patrimonial de las Entidades Gestoras y Servicios Comunes de la Seguridad Social, sean estatales o autonómicos, así como de las demás entidades, servicios y organismos del Sistema Nacional de Salud y de los centros sanitarios concertados con ellas, por los daños y perjuicios causados por o con ocasión de la asistencia sanitaria, y las correspondientes reclamaciones, seguirán la tramitación administrativa prevista en esta Ley, correspondiendo su revisión jurisdiccional al orden contencioso-administrativo en todo caso.

✎ Disp. adic. 12ª añadida por el art. 2.3 de la Ley 4/1999, de 13 enero.

[...]

DISPOSICIONES TRANSITORIAS

[...]

Segunda. Régimen Transitorio de los Procedimientos.

1. A los procedimientos ya iniciados antes de la entrada en vigor de la presente Ley no les será de aplicación la misma, rigiéndose por la normativa anterior.

2. Los procedimientos iniciados durante el plazo de adecuación contemplado en la disposición adicional tercera se regirán por lo dispuesto en la normativa anterior que les sea de aplicación, salvo que con anterioridad a la expiración de tal plazo haya entrado en vigor la normativa de adecuación correspondiente, en cuyo caso, los procedimientos iniciados con posterioridad a su entrada en vigor, se regularán por la citada normativa.

3. A los procedimientos iniciados con posterioridad al término del plazo a que se refiere la disposición adicional tercera les será de aplicación, en todo caso, lo dispuesto en la presente Ley.

✎ El RDley 14/1993, de 4 agosto, dio nueva redacción a la disp. transit. 2ª.3.

DISPOSICIÓN DEROGATORIA

1. Quedan derogadas todas las normas de igual o inferior rango en lo que contradigan o se opongan a lo dispuesto en la presente Ley.

2. Quedan derogadas expresamente las siguientes disposiciones:

a) De la Ley de Régimen Jurídico de la Administración del Estado, de 26 de julio de 1957; los puntos 3 y 5 del artículo 22, los artículos 29, 33, 34, 36, 37, 38, 39, 40, 41, 42 y 43.

b) De la Ley de Procedimiento Administrativo, de 17 de julio de 1958, el Título Preliminar, los Capítulos Primero, Segundo y Cuarto del Título Primero, el Título Segundo, los artículos 29 y 30, el artículo 34, en sus puntos 2 y 3, el artículo 35, los Capítulos Segundo, Tercero, Cuarto y Quinto del Título Tercero, el Título Cuarto, el Título Quinto y los Capítulos Segundo y Tercero del Título Sexto.

c) De la Ley Reguladora de la Jurisdicción Contencioso-Administrativa de 27 de diciembre de 1956, los artículos 52, 53, 54 y 55.

3. Se declaran expresamente en vigor las normas, cualquiera que sea su rango, que regulen procedimientos de las Administraciones Públicas en lo que no contradigan o se opongan a lo dispuesto en la presente Ley.

4. Las referencias contenidas en normas vigentes a las disposiciones que se derogan expresamente deberán entenderse efectuadas a las disposiciones de esta Ley que regulan la misma materia que aquéllas.

DISPOSICIÓN FINAL

Desarrollo y entrada en vigor de la Ley.

Se autoriza al Consejo de Ministros a dictar cuantas disposiciones de aplicación y desarrollo de la presente Ley sean necesarias.

La presente Ley entrará en vigor tres meses después de su publicación en el «Boletín Oficial del Estado».

✐ Disp. final redactada por el art. 2.9 de la Ley 4/1999, de 13 enero.

⇒ Cfr. las disps. adics. 1ª y 2ª de la citada Ley 4/1999, de 13 enero.

B) Trabajo de los no nacionales

§ 39.1 LEY ORGÁNICA 4/2000, DE 11 ENERO. DERECHOS Y LIBERTADES DE LOS EXTRANJEROS EN ESPAÑA Y SU INTEGRACIÓN SOCIAL

(BOE núm. 10, de 12 enero; rect. BOE núm. 20, de 24 enero [RCL 2000, 72 y 209])

✐ Esta Ley deroga en su disp. derog. única la LO 7/1985, de 1 julio, de derechos y libertades de los extranjeros en España habiendo sido profunda y sucesivamente modificada por LO 8/2000, de 22 diciembre, LO 14/2003, de 20 noviembre y LO 11/2003, de 29 septiembre.

⇒ El RD 683/2000, de 11 mayo, crea la Delegación del Gobierno para la Extranjería y la Inmigración hoy suprimida por RD 553/2004, de 17 abril, de reestructuración de los departamentos ministeriales (disp. final 1ª). La misma norma crea en su lugar la Secretaría de Estado de Inmigración y Emigración adscrita al Ministerio de Trabajo y Asuntos Sociales, que asume las competencias hasta ahora ejercidas por la citada Delegación del Gobierno.

TÍTULO PRELIMINAR

DISPOSICIONES GENERALES

Artículo 1. Delimitación del ámbito.

1. Se consideran extranjeros, a los efectos de la aplicación de la presente Ley, a los que carezcan de la nacionalidad española.

2. Lo dispuesto en esta Ley se entenderá, en todo caso, sin perjuicio de lo establecido en leyes especiales y en los Tratados internacionales en los que España sea parte.

⇒ V. art. único 2 del RD 864/2001, de 20 julio.

3. Los nacionales de los Estados miembros de la Unión Europea y aquellos a quienes sea de aplicación el régimen comunitario se regirán por la legislación de la Unión Europea, siéndoles de aplicación la presente Ley en aquellos aspectos que pudieran ser más favorables.

✐ Apartado añadido por el ap. 1 del art. 1 de la LO 14/2003, de 20 noviembre.
Artículo modificado por la LO 8/2000, de 22 diciembre.

Artículo 2. Exclusión del ámbito de la Ley.

Quedan excluidos del ámbito de aplicación de esta Ley:

a) Los agentes diplomáticos y los funcionarios consulares acreditados en España, así como los demás miembros de las misiones diplomáticas permanentes o especiales y de las oficinas consulares y sus familiares que, en virtud de las normas del Derecho internacional, estén exentos de las obligaciones relativas a su inscripción como extranjeros y a la obtención del permiso de residencia.

b) Los representantes y delegados, así como los demás miembros y sus familiares, de las Misiones permanentes o de las Delegaciones ante los Organismos intergubernamentales con sede en España o en Conferencias internacionales que se celebren en España.

c) Los funcionarios destinados en Organizaciones internacionales o intergubernamentales con sede en España, así como sus familiares, a quienes los Tratados en los que sea parte España eximan de las obligaciones mencionadas en el párrafo a) de este artículo.

TÍTULO I

DERECHOS Y LIBERTADES DE LOS EXTRANJEROS

✐ Tít. I reestructurado por el art. 3.1 de la LO 8/2000, de 22 diciembre.

CAPÍTULO I

Derechos y libertades de los extranjeros

Artículo 3. Derechos de los extranjeros e interpretación de las normas.

✐ Rúbrica redactada por el art. 1.2 de la LO 8/2000, de 22 diciembre.

1. Los extranjeros gozarán en España de los derechos y libertades reconocidos en el Título I de la Constitución en los términos establecidos en los Tratados internacionales, en esta Ley y en las que regulen el ejercicio de cada uno de ellos. Como criterio interpretativo general, se entenderá que los extranjeros ejercitan los derechos que les reconoce esta Ley en condiciones de igualdad con los españoles.

✐ Ap. 1 modificado por la LO 8/2000, de 22 diciembre.

2. Las normas relativas a los derechos fundamentales de los extranjeros se interpretarán de conformidad con la Declaración Universal de Derechos Humanos y con los Tratados y Acuerdos internacionales sobre las mismas materias vigentes en España, sin que pueda alegarse la profesión de creencias religiosas o convicciones ideológicas o culturales de signo diverso para justificar la realización de actos o conductas contrarios a las mismas.

Artículo 4. Derecho a la documentación.

1. Los extranjeros que se encuentren en territorio español tienen el derecho y la obligación de conservar la documentación que acredite su identidad, expedida por las autoridades competentes del país de origen o de procedencia, así como la que acredite su situación en España.

2. Todos los extranjeros a los que se haya expedido un visado o una autorización para permanecer en España por un período superior a seis meses, obtendrán la tarjeta de identidad de extranjero, que deberán solicitar personalmente en el plazo de un mes desde su entrada en España o desde que se conceda la autorización, respectivamente.

✐ Apartado añadido por el art. 1.2 de la LO 14/2003, de 20 noviembre, que renumera asimismo el párrafo siguiente.

3. No podrán ser privados de su documentación, salvo en los supuestos y con los requisitos previstos en esta Ley Orgánica y en la Orgánica 1/1992, de 21 de febrero, sobre Protección de la Seguridad Ciudadana.

✐ Ap. 3 renumerado por el art. 1.2 de la LO 14/2003, de 20 noviembre. Su anterior numeración era el ap. 2.

Artículo 5. Derecho a la libertad de circulación.

1. Los extranjeros que se hallen en España de acuerdo con lo establecido en el Título II de esta Ley, tendrán derecho a circular libremente por el territorio español y a elegir su residencia sin más limitaciones que las establecidas con carácter general por los tratados y las leyes, o las acordadas por la autoridad judicial, con carácter cautelar o en un proceso penal o de extradición en los que el extranjero tenga la condición de imputado, víctima o testigo, o como consecuencia de sentencia firme.

2. No obstante, podrán establecerse medidas limitativas específicas cuando se acuerden en la declaración de estado de excepción o sitio en los términos previstos en la Constitución, y excepcionalmente por razones de seguridad pública, de forma individualizada, motivada y en proporción a las circunstancias que concurran en cada caso, por resolución del Ministro del Interior, adoptada de acuerdo con las garantías jurídicas del procedimiento sancionador previsto en la Ley. Las medidas limitativas, cuya duración no excederá del tiempo imprescindible y proporcional a la persistencia de las circunstancias que justificaron la adopción de las mismas, podrán consistir en la presentación periódica ante las autoridades competentes y en el alejamiento de fronteras o núcleos de población concretados singularmente.

✐ Ap. 2 modificado por la LO 8/2000, de 22 diciembre.

Artículo 6. Participación pública.

1. Los extranjeros residentes en España podrán ser titulares del derecho de sufragio en las elecciones municipales, atendiendo a criterios de reciprocidad, en los términos que por Ley o Tratado sean establecidos para los españoles residentes en los países de origen de aquéllos.

2. Los extranjeros residentes, empadronados en un municipio, tienen todos los derechos establecidos por tal concepto en la legislación de bases de régimen local, pudiendo ser oídos en los asuntos que les afecten de acuerdo con lo que dispongan los reglamentos de aplicación.

3. Los Ayuntamientos incorporarán al padrón y mantendrán actualizada la información relativa a los extranjeros que residan en el municipio.

4. Los poderes públicos facilitarán el ejercicio del derecho de sufragio de los extranjeros en los procesos electorales democráticos del país de origen.

✐ Artículo modificado por la LO 8/2000, de 22 diciembre.

Artículo 7. Libertades de reunión y manifestación.

1. Los extranjeros tendrán el derecho de reunión, conforme a las leyes que lo regulan para los españoles y que podrán ejercer cuando obtengan autorización de estancia o residencia en España.

✐ Ap. 1 modificado por la LO 8/2000, de 22 diciembre.

2. Los promotores de reuniones o manifestaciones en lugares de tránsito público darán comunicación previa a la autoridad competente con la antelación prevista en la Ley Orgánica reguladora del Derecho de Reunión, la cual no podrá prohibirla o proponer su modificación sino por las causas previstas en dicha Ley.

Artículo 8. Libertad de asociación.

Todos los extranjeros tendrán el derecho de asociación, conforme a las leyes que lo regulan para los españoles y que podrán ejercer cuando obtengan autorización de estancia o residencia en España.

✐ Artículo modificado por la LO 8/2000, de 22 diciembre.

Artículo 9. Derecho a la educación.

1. Todos los extranjeros menores de dieciocho años tienen derecho y deber a la educación en las mismas condiciones que los españoles, derecho que comprende el acceso a una enseñanza básica, gratuita y obligatoria, a la obtención de la titulación académica correspondiente y al acceso al sistema público de becas y ayudas.

2. En el caso de la educación infantil, que tiene carácter voluntario, las Administraciones públicas garantizarán la existencia de un número de plazas suficientes para asegurar la escolarización de la población que lo solicite.

3. Los extranjeros residentes tendrán derecho a la educación de naturaleza no obligatoria en las mismas condiciones que los españoles. En concreto, tendrán derecho a acceder a los niveles de educación y enseñanza no previstos en el apartado anterior y a la obtención de las titulaciones que correspondan a cada caso, y al acceso al sistema público de becas y ayudas.

4. Los poderes públicos promoverán que los extranjeros residentes que lo necesiten puedan recibir una enseñanza para su mejor integración social, con reconocimiento y respeto a su identidad cultural.

5. Los extranjeros residentes podrán acceder al desempeño de actividades de carácter docente o de investigación científica de acuerdo con lo establecido en las disposiciones vigentes. Asimismo podrán crear y dirigir centros de acuerdo con lo establecido en las disposiciones vigentes.

✐ Artículo modificado por la LO 8/2000, de 22 diciembre.

Artículo 10. Derecho al trabajo y a la Seguridad Social.

1. Los extranjeros que reúnan los requisitos previstos en esta Ley Orgánica y en las disposiciones que la desarrollen tendrán derecho a ejercer una actividad remunerada por cuenta propia o ajena, así como al acceso al sistema de la Seguridad Social, de conformidad con la legislación vigente.

⇒ V. O. TAS/3698/2006, de 22 noviembre, que regula la inscripción de trabajadores extranjeros no comunitarios en los Servicios Públicos de Empleo y Agencias de Colocación.

2. Los extranjeros residentes en España podrán acceder, en igualdad de condiciones que los nacionales de los Estados miembros de la Unión Europea, como personal laboral al servicio de las Administraciones públicas, de acuerdo con los principios constitucionales de igualdad, mérito y capacidad, así como el de publicidad. A tal efecto podrán presentarse a las ofertas de empleo público que convoquen las Administraciones públicas.

✐ Artículo modificado por la LO 8/2000, de 22 diciembre.

Artículo 11. Libertad de sindicación y huelga.

1. Los extranjeros tendrán derecho a sindicarse libremente o a afiliarse a una organización profesional, en las mismas condiciones que los trabajadores españoles, que podrán ejercer cuando obtengan autorización de estancia o residencia en España.

2. De igual modo, cuando estén autorizados a trabajar, podrán ejercer el derecho de huelga.

✐ Artículo modificado por la LO 8/2000, de 22 diciembre.

Artículo 12. Derecho a la asistencia sanitaria.

1. Los extranjeros que se encuentren en España inscritos en el padrón del municipio en el que

residan habitualmente, tienen derecho a la asistencia sanitaria en las mismas condiciones que los españoles.

2. Los extranjeros que se encuentren en España tienen derecho a la asistencia sanitaria pública de urgencia ante la contracción de enfermedades graves o accidentes, cualquiera que sea su causa, y a la continuidad de dicha atención hasta la situación de alta médica.

3. Los extranjeros menores de dieciocho años que se encuentren en España tienen derecho a la asistencia sanitaria en las mismas condiciones que los españoles.

4. Las extranjeras embarazadas que se encuentren en España tendrán derecho a la asistencia sanitaria durante el embarazo, parto y postparto.

Artículo 13. Derecho a ayudas en materia de vivienda.

Los extranjeros residentes tienen derecho a acceder al sistema público de ayudas en materia de vivienda en las mismas condiciones que los españoles.

✐ Artículo modificado por la LO 8/2000, de 22 diciembre.

Artículo 14. Derecho a Seguridad Social y a los servicios sociales.

1. Los extranjeros residentes tendrán derecho a acceder a las prestaciones y servicios de la Seguridad Social en las mismas condiciones que los españoles.

2. Los extranjeros residentes tendrán derecho a los servicios y a las prestaciones sociales, tanto a los generales y básicos como a los específicos, en las mismas condiciones que los españoles.

3. Los extranjeros, cualquiera que sea su situación administrativa, tienen derecho a los servicios y prestaciones sociales básicas.

Artículo 15. Sujeción de los extranjeros a los mismos impuestos que los españoles.

1. Sin perjuicio de lo dispuesto en los acuerdos aplicables sobre doble imposición internacional, los extranjeros estarán sujetos, con carácter general, a los mismos impuestos que los españoles.

✐ Ap. 1 modificado por la LO 8/2000, de 22 diciembre.

2. Los extranjeros tendrán derecho a transferir sus ingresos y ahorros obtenidos en España a su país, o a cualquier otro, conforme a los procedimientos establecidos en la legislación española y de conformidad con los acuerdos internacionales aplicables. El Gobierno adoptará las medidas necesarias para facilitar dichas transferencias.

CAPÍTULO II

Reagrupación familiar

⇒ V. arts. 38 y ss. RD 2393/2004 (§39.2).

Artículo 16. Derecho a la intimidad familiar.

1. Los extranjeros residentes tienen derecho a la vida en familia y a la intimidad familiar en la forma prevista en esta Ley Orgánica y de acuerdo con lo dispuesto en los Tratados internacionales suscritos por España.

2. Los extranjeros residentes en España tienen derecho a reagrupar con ellos a los familiares que se determinan en el artículo 17.

✐ Ap. 2 redactado por el art. 1.12 de la LO 8/2000, de 22 diciembre.

3. El cónyuge que hubiera adquirido la residencia en España por causa familiar y sus familiares con él agrupados conservarán la residencia aunque se rompa el vínculo matrimonial que dio lugar a la adquisición.

Reglamentariamente se podrá determinar el tiempo previo de convivencia en España que se tenga que acreditar en estos supuestos.

✐ Ap. 3 redactado por el art. 1.12 de la LO 8/2000, de 22 diciembre.

Artículo 17. Familiares reagrupables.

1. El extranjero residente tiene derecho a reagrupar con él en España a los siguientes familiares:

a) El cónyuge del residente, siempre que no se encuentre separado de hecho o de derecho o que el matrimonio se haya celebrado en fraude de ley. En ningún caso podrá reagruparse más de un cónyuge, aunque la ley personal del extranjero admita esta modalidad matrimonial. El extranjero residente que se encuentre separado de su cónyuge y casado en segundas o posteriores nupcias sólo podrá reagrupar con él al nuevo cónyuge y sus familiares si acredita que la separación de sus anteriores matrimonios ha tenido lugar tras un procedimiento jurídico que fije la situación del cónyuge anterior y sus familiares en cuanto a la vivienda común, la pensión al cónyuge y los alimentos para los menores dependientes.

b) Los hijos del residente y del cónyuge, incluidos los adoptados, siempre que sean menores de dieciocho años o estén incapacitados, de conformidad con la Ley española o su Ley personal y no se encuentren casados. Cuando se trate de hijos de uno solo de los cónyuges, se requerirá además que éste ejerza en solitario la patria potestad o se le haya otorgado la custodia y estén efectivamente a su cargo. En el supuesto de hijos adoptivos deberá acreditarse que la resolución por la que se acordó la adopción reúne los elementos necesarios para producir efecto en España.

c) Los menores de dieciocho años o incapaces cuando el residente extranjero sea su representante legal.

d) Los ascendientes del reagrupante o su cónyuge, cuando estén a su cargo y existan razones que justifiquen la necesidad de autorizar su residencia en España.

e) ...

f) ...

2. Los extranjeros que hubieran adquirido la residencia en virtud de una previa reagrupación podrán, a su vez, ejercer el derecho de reagrupación de sus propios familiares, siempre que cuenten ya con una autorización de residencia y trabajo obtenidas independientemente de la autorización del reagrupante y acrediten reunir los requisitos previstos en esta Ley Orgánica.

✐ Ap. 2 modificado por el ap. 3 del art. 1 de la LO 14/2003, de 20 noviembre.

3. Cuando se trate de ascendientes reagrupados, éstos sólo podrán ejercer, a su vez, el derecho de reagrupación familiar tras haber obtenido la condición de residentes permanentes y acreditado solvencia económica. Excepcionalmente, el ascendiente reagrupado que tenga a su cargo un hijo menor de edad o incapacitado, podrá ejercer el derecho de reagrupación en los términos dispuestos en el apartado segundo de este artículo.

✐ Párrafo añadido por el ap. 3 del art. 1 de la LO 14/2003, de 20 noviembre.

4. Reglamentariamente se desarrollarán las condiciones para el ejercicio del derecho de reagrupación.

✐ Párrafo añadido por el ap. 3 del art. 1 de la LO 14/2003, de 20 noviembre.

Artículo 18. Procedimiento para la reagrupación familiar.

1. Los extranjeros que deseen ejercer este derecho deberán solicitar una autorización de residencia por reagrupación familiar a favor de los miembros de su familia que deseen reagrupar. Al mismo tiempo, deberán aportar la prueba de que disponen de un alojamiento adecuado y de los medios de subsistencia suficientes para atender las necesidades de su familia una vez reagrupada.

2. Sin perjuicio de los dispuesto en el artículo 17.3, inciso primero, podrán ejercer el derecho a la reagrupación con sus familiares en España cuando hayan residido legalmente un año y tengan autorización para residir al menos otro año.

✐ Apartado modificado por el ap. 4 del art. 1 de la LO 14/2003, de 20 noviembre.

3. Cuando se acepte la solicitud de reagrupación familiar, la autoridad competente expedirá a favor de los miembros de la familia que vayan a reagruparse la autorización de residencia, cuya duración será igual al período de validez de la autorización de residencia de la persona que solicita la reagrupación.

4. ...

✐ Apartado 4 suprimido por el ap. 4 del art. 1 de la LO 14/2003, de 20 noviembre.
Artículo añadido por el art. 1.13 de la LO 8/2000, de 22 diciembre, ya que el anterior art. 18 ha pasado a ser el nuevo art. 20.

Artículo 19. Efectos de la reagrupación familiar en circunstancias especiales.

1. El cónyuge reagrupado podrá obtener una autorización de residencia independiente cuando obtenga una autorización para trabajar. En caso de que el cónyuge fuera víctima de violencia doméstica, podrá obtener la autorización de residencia independiente desde el momento en que se hubiera dictado una orden de protección a favor de la misma.

2. Los hijos reagrupados obtendrán una autorización de residencia independiente cuando alcancen la mayoría de edad y obtengan una autorización para trabajar.

3. Los ascendientes reagrupados podrán obtener una autorización de residencia independiente cuando obtengan una autorización para trabajar cuyos efectos se supeditarán a lo dispuesto en el artículo 17.3.

✐ Artículo modificado por el ap. 5 del art. 1 de la LO 14/2003, de 20 noviembre.

CAPÍTULO III
Garantías jurídicas

Artículo 20. Derecho a la tutela judicial efectiva.

1. Los extranjeros tienen derecho a la tutela judicial efectiva.

2. Los procedimientos administrativos que se establezcan en materia de extranjería respetarán en todo caso las garantías previstas en la legislación general sobre procedimiento administrativo, especialmente en lo relativo a publicidad de las normas, contradicción, audiencia del interesado y motivación de las resoluciones, salvo lo dispuesto en el artículo 27 de esta Ley.

3. En los procedimientos administrativos estarán legitimadas para intervenir como interesadas las organizaciones constituidas legalmente en España para la defensa de los inmigrantes, expresamente designadas por éstos.

4. En los procesos contencioso-administrativos en materia de extranjería estarán legitimadas para intervenir las entidades que resulten afectadas en los términos previstos por el artículo 19.1 b) de la Ley reguladora de dicha jurisdicción.

✐ El anterior art. 18 ha pasado a ser el nuevo art. 20 por el art. 1.14 de la LO 8/2000, de 22 diciembre, que también ha modificado los aps. 2 y 3 y ha añadido el ap. 4.

Artículo 21. Derecho al recurso contra los actos administrativos.

1. Los actos y resoluciones administrativos adoptados en relación con los extranjeros serán recurribles con arreglo a lo dispuesto en las leyes.

2. El régimen de ejecutividad de los actos administrativos dictados en materia de extranjería será el previsto con carácter general en la legislación vigente, salvo lo dispuesto en esta Ley para la tramitación de expedientes de expulsión con carácter preferente.

✐ El anterior art. 19 ha pasado a ser el nuevo art. 21 por el art. 1.15 de la LO 8/2000, de 22 diciembre, que también ha modificado el ap. 2.

Artículo 22. Derecho a la asistencia jurídica gratuita.

1. Los extranjeros que se hallen en España y que carezcan de recursos económicos suficientes según los criterios establecidos en la normativa de asistencia jurídica gratuita tienen derecho a ésta en los procedimientos administrativos o judiciales que puedan llevar a la denegación de su entrada, a su devolución o expulsión del territorio español y en todos los procedimientos en materia de asilo. Además, tendrán derecho a la asistencia de intérprete si no comprenden o hablan la lengua oficial que se utilice.

2. Los extranjeros residentes que acrediten insuficiencia de recursos económicos para litigar tendrán derecho a la asistencia jurídica gratuita en iguales condiciones que los españoles en los procesos en los que sean parte, cualquiera que sea la jurisdicción en la que se sigan.

✐ El art. 20 ha sido renumerado y modificado, pasando a ser el nuevo art. 22, por el art. 1.16 de la LO 8/2000, de 22 diciembre.

CAPÍTULO IV
De las medidas antidiscriminatorias

Artículo 23. Actos discriminatorios.

1. A los efectos de esta Ley, representa discriminación todo acto que, directa o indirectamente, conlleve una distinción, exclusión, restricción o preferencia contra un extranjero basada en la raza, el color, la ascendencia o el origen nacional o étnico, las convicciones y prácticas religiosas, y que tenga como fin o efecto destruir o limitar el reconocimiento o el ejercicio, en condiciones de igualdad, de los derechos humanos y de las libertades fundamentales en el campo político, económico, social o cultural.

2. En cualquier caso, constituyen actos de discriminación:

a) Los efectuados por la autoridad o funcionario público o personal encargados de un servicio público, que en el ejercicio de sus funciones, por acción u omisión, realice cualquier acto discriminatorio prohibido por la ley contra un ciudadano extranjero sólo por su condición de tal o por pertenecer a una determinada raza, religión, etnia o nacionalidad.

b) Todos los que impongan condiciones más gravosas que a los españoles, o que impliquen resistencia a facilitar a un extranjero bienes o servicios ofrecidos al público, sólo por su condición de tal o por pertenecer a una determinada raza, religión, etnia o nacionalidad.

c) Todos los que impongan ilegítimamente condiciones más gravosas que a los españoles o restrinjan o limiten el acceso al trabajo, a la vivienda, a la educación, a la formación profesional y a los servicios sociales y socioasistenciales, así como a cualquier otro derecho reconocido en la presente Ley Orgánica, al extranjero que se encuentre regularmente en España, sólo por su condición de tal o por pertenecer a una determinada raza, religión, etnia o nacionalidad.

d) Todos los que impidan, a través de acciones u omisiones, el ejercicio de una actividad económica emprendida legítimamente por un extranjero residente legalmente en España, sólo por su condición de tal o por pertenecer a una determinada raza, religión, etnia o nacionalidad.

e) Constituye discriminación indirecta todo tratamiento derivado de la adopción de criterios que perjudiquen a los trabajadores por su condición de extranjeros o por pertenecer a una determinada raza, religión, etnia o nacionalidad.

✐ El anterior art. 21 ha pasado a ser el nuevo art. 23 por el art. 1.17 de la LO 8/2000, de 22 diciembre, que también ha modificado el ap. 2 e).

Artículo 24. Aplicabilidad del procedimiento sumario.

La tutela judicial contra cualquier práctica discriminatoria que comporte vulneración de derechos y libertades fundamentales podrá ser exigida por el procedimiento previsto en el artículo 53.2 de la Constitución en los términos legalmente establecidos.

✐ Artículo renumerado por el art. 3.5 de la LO 8/2000, de 22 diciembre, siendo su actual redacción la del anterior art. 22.

TÍTULO II

RÉGIMEN JURÍDICO DE LAS SITUACIONES DE LOS EXTRANJEROS

✐ Título reestructurado por el art. 3.2 de la LO 8/2000, de 22 diciembre.

CAPÍTULO I

De la entrada y salida del territorio español

⇒ V. el Cap. I del Tít. I del RD 2393/2004 (§39.2).

Artículo 25. Requisitos para la entrada en territorio español.

1. El extranjero que pretenda entrar en España deberá hacerlo por los puestos habilitados al efecto, hallarse provisto del pasaporte o documento de viaje que acredite su identidad, que se considere válido para tal fin en virtud de convenios internacionales suscritos por España y no estar sujeto a prohibiciones expresas. Asimismo, deberá presentar los documentos que se determinen reglamentariamente que justifiquen el objeto y condiciones de estancia, y acreditar medios de vida suficientes para el tiempo que pretenda permanecer en España, o estar en condiciones de obtener legalmente dichos medios.

⇒ Las Órdenes PRE/1282/2007 y 1283/2007, ambas de 10 mayo, establecen, respectivamente, los medios económicos que habrán de acreditar los extranjeros para poder efectuar su entrada en España y los términos y requisitos para la expedición de la carta de invitación de particulares a favor de extranjeros que pretendan acceder al territorio nacional por motivos de carácter turístico o privado.

2. Salvo en los casos en que se establezca lo contrario en los convenios internacionales suscritos por España o en la normativa de la Unión Europea, será preciso, además, un visado. No será exigible el visado cuando el extranjero se encuentre provisto de la tarjeta de identidad de extranjero o, excepcionalmente, de una autorización de regreso.

✐ Apartado modificado por el ap. 6 del art. 1 de la LO 14/2003, de 20 noviembre.

3. Lo dispuesto en los párrafos anteriores no será de aplicación a los extranjeros que soliciten acogerse al derecho de asilo en el momento de su entrada en España, cuya concesión se regirá por lo dispuesto en su normativa específica.

4. Se podrá autorizar la entrada en España de los extranjeros que no reúnan los requisitos establecidos en los párrafos anteriores cuando existan razones excepcionales de índole humanitaria, interés público o cumplimiento de compromisos adquiridos por España. En estos casos, se procederá a hacer entrega al extranjero de la documentación que se establezca reglamentariamente.

✐ El anterior art. 23 ha pasado a ser el nuevo art. 25 por el art. 1.18 de la LO 8/2000, de 22 diciembre, que también ha modificado el ap. 1.

Artículo 25 bis. Tipos de visados.

Los extranjeros que se propongan entrar en territorio español deberán estar provistos de alguno de los siguientes tipos de visados, válidamente expedidos y en vigor, extendidos en sus pasaportes o documentos de viaje o, en su caso, en documento aparte, salvo lo dispuesto en el apartado 2 del artículo 25 de esta Ley.

a) Visado de tránsito, que habilita a transitar por la zona de tránsito internacional de un aeropuerto español o a atravesar el territorio español.

b) Visado de estancia, que habilita para una estancia ininterrumpida o estancias sucesivas por un período o suma de períodos cuya duración total no exceda de tres meses por semestre a partir de la fecha de la primera entrada.

c) Visado de residencia, que habilita para residir sin ejercer actividad laboral o profesional.

d) Visado de trabajo y residencia, que habilita para ejercer una actividad laboral o profesional, por cuenta ajena o propia y para residir.

e) Visado de estudios, que habilita a permanecer en España para la realización de cursos, estudios, trabajos de investigación o formación.

Reglamentariamente se desarrollarán los diferentes tipos de visados.

✐ Artículo añadido por el ap. 7 del art. 1 de la LO 14/2003, de 20 noviembre.

Artículo 26. Prohibición de entrada en España.

1. No podrán entrar en España, ni obtener un visado a tal fin, los extranjeros que hayan sido expulsados, mientras dure la prohibición de entrada, así como aquellos que la tengan prohibida por otra causa legalmente establecida o en virtud de convenios internacionales en los que sea parte España.

2. A los extranjeros que no cumplan los requisitos establecidos para la entrada, les será denegada mediante resolución motivada, con información acerca de los recursos que puedan interponer contra ella, plazo para hacerlo y autoridad ante quien deben formalizarlo, y de su derecho a la asistencia letrada, que podrá ser de oficio, y de intérprete, que comenzará en el momento mismo de efectuarse el control en el puesto fronterizo.

✐ El art. 24 ha sido renumerado y modificado, pasando a ser el nuevo art. 26, por el art. 1.19 de la LO 8/2000, de 22 diciembre.

Artículo 27. Expedición del visado.

⇒ V. art. 6 RD 2393/2004 (§39.2).

1. El visado se solicitará y expedirá en las Misiones Diplomáticas y Oficinas Consulares de España, salvo en los supuestos excepcionales que se contemplen reglamentariamente.

✐ Apartado modificado por el ap. 8 del art. 1 de la LO 14/2003, de 20 noviembre.

2. La concesión del visado:

a) Habilitará al extranjero para presentarse en un puesto fronterizo español y solicitar su entrada.

b) Habilitará al extranjero, una vez se ha efectuado la entrada en territorio español, a permanecer en España en la situación para la que hubiese sido expedido, sin perjuicio de la obligatoriedad de obtener, en su caso, la tarjeta de identidad de extranjero.

✐ Apartado añadido por el ap. 8 del art. 1 de la LO 14/2003, de 20 noviembre.

3. Reglamentariamente se establecerá la normativa específica del procedimiento de concesión y expedición de visados, conforme a lo previsto en la disposición adicional undécima de la Ley 30/1992, de 26 de noviembre. En dicho procedimiento podrá requerirse la comparecencia personal del solicitante.

✐ Apartado renumerado por el ap. 8 del art. 1 de la LO 14/2003, de 20 noviembre.

4. El ejercicio de la potestad de otorgamiento o denegación de visados se sujetará a los compromisos internacionales vigentes en la materia y se orientará al cumplimiento de los fines de la política exterior del Reino de España y de otras políticas públicas españolas o de la Unión Europea, como la política de inmigración, la política económica y la de seguridad ciudadana.

✐ Apartado renumerado por el ap. 8 del art. 1 de la LO 14/2003, de 20 noviembre.

5. Para supuestos excepcionales podrán fijarse por vía reglamentaria otros criterios a los que haya de someterse el otorgamiento y denegación de visados.

✐ Apartado renumerado por el ap. 8 del art. 1 de la LO 14/2003, de 20 noviembre.

6. La denegación de visado deberá ser motivada cuando se trate de visados de residencia para reagrupación familiar o para el trabajo por cuenta ajena. Si la denegación se debe a que el solicitante del visado está incluido en la lista de personas no admisibles prevista en el Convenio de aplicación del Acuerdo de Schengen de 14 de junio de 1990, se le comunicará así de conformidad con las normas establecidas por dicho Convenio.

La resolución expresará los recursos que contra la misma procedan, órgano ante el que hubieran de presentarse y plazo para interponerlos.

✐ Apartado renumerado por el ap. 8 del art. 1 de la LO 14/2003, de 20 noviembre.

El art. 25 ha sido renumerado y modificado, pasando a ser el nuevo art. 27, por el art. 1.20 de la LO 8/2000, de 22 diciembre.

Artículo 28. De la salida de España.

⇒ V. arts. 17 y ss. RD 2393/2004 (§39.2).

1. Las salidas del territorio español podrán realizarse libremente, excepto en los casos previstos en el Código Penal y en la presente Ley.

2. Excepcionalmente, el Ministro del Interior podrá prohibir la salida del territorio español por razones de seguridad nacional o de salud pública. La instrucción y resolución de los expedientes de prohibición tendrá siempre carácter individual.

3. La salida será obligatoria en los siguientes supuestos:

a) Expulsión del territorio español por orden judicial, en los casos previstos en el Código Penal.

b) Expulsión o devolución acordadas por resolución administrativa en los casos previstos en la presente Ley.

c) Denegación administrativa de las solicitudes formuladas por el extranjero para continuar permaneciendo en territorio español, o falta de autorización para encontrarse en España.

✐ El anterior art. 26 ha pasado a ser el nuevo art. 28 por el art. 1.21 de la LO 8/2000, de 22 diciembre, que también ha modificado el ap. 3 c).

CAPÍTULO II

Situaciones de los extranjeros

⇒ V. Cap. II del RD 864/2001, de 20 julio.

Artículo 29. Enumeración de las situaciones.

1. Los extranjeros podrán encontrarse en España en las situaciones de estancia o residencia.

2. Las diferentes situaciones de los extranjeros en España podrán acreditarse mediante el pasaporte o documento de viaje que acredite su identidad, visado o tarjeta de identidad de extranjero, según corresponda.

✐ Artículo modificado por el ap. 9 del art. 1 de la LO 14/2003, de 20 noviembre.

Artículo 30. Situación de estancia.

⇒ V. arts. 25 y ss. RD 2393/2004 (§39.2).

1. Estancia es la permanencia en territorio español por un período de tiempo no superior a 90 días, sin perjuicio de lo dispuesto en el artículo 33 para los estudiantes.

✐ Apartado modificado por el ap. 10 del art. 1 de la LO 14/2003, de 20 noviembre.

2. Transcurrido dicho tiempo, para permanecer en España será preciso obtener o una prórroga de estancia o un permiso de residencia.

3. En los supuestos de entrada con visado, cuando la duración de éste sea inferior a tres meses, se podrá prorrogar la estancia, que en ningún caso podrá ser superior a tres meses, en un período de seis meses.

4. En los supuestos de entrada sin visado, cuando concurran circunstancias excepcionales que lo justifiquen, podrá autorizarse la estancia de un extranjero en el territorio español más allá de tres meses.

✐ El art. 28 ha sido renumerado como el nuevo art. 30, modificando su ap. 3 y añadiendo el ap. 4, por el art. 1.23 de la LO 8/2000, de 22 diciembre.

Artículo 30 bis. Situación de residencia.

1. Son residentes los extranjeros que se encuentren en España y sean titulares de una autorización para residir.

2. Los residentes podrán encontrarse en la situación de residencia temporal o residencia permanente.

✐ Artículo añadido por el ap. 11 del art. 1 de la LO 14/2003, de 20 noviembre.

Artículo 31. Situación de residencia temporal.

⇒ V. art. 34 y ss. RD 2393/2004 (§39.2).

1. La residencia temporal es la situación que autoriza a permanecer en España por un período superior a 90 días e inferior a cinco años.

Las autorizaciones de duración inferior a cinco años podrán renovarse, a petición del interesado, atendiendo a las circunstancias que motivaron su concesión. La duración de las autorizaciones de residencia temporal, la concesión de las renovaciones y la duración de éstas, se establecerán reglamentariamente.

✐ Apartado modificado por el ap. 12 del art. 1 de la LO 14/2003, de 20 noviembre.

2. La situación de residencia temporal se concederá al extranjero que acredite disponer de medios de vida suficientes para atender sus gastos de manutención y estancia, incluyendo, en su caso, los de su familia, durante el período de tiempo por el que la solicite sin necesidad de realizar actividad lucrativa, se proponga realizar una actividad económica por cuenta propia o ajena y haya obtenido la autorización administrativa para trabajar a que se refiere el artículo 36 de esta Ley, o sea beneficiario del derecho a la reagrupación familiar. Reglamentariamente se establecerán los criterios a los efectos de determinar la suficiencia de los medios de vida a que se refiere el presente apartado.

3. La Administración podrá conceder una autorización de residencia temporal por situación de arraigo, así como por razones humanitarias, de colaboración con la Justicia u otras circunstancias excepcionales que se determinen reglamentariamente. En estos supuestos no será exigible el visado.

✐ Apartado modificado por el ap. 12 del art. 1 de la LO 14/2003, de 20 noviembre.

4. Para autorizar la residencia temporal de un extranjero será preciso que carezca de antecedentes penales en España o en sus países anteriores de residencia por delitos existentes en el ordenamiento español y no figurar como rechazable en el espacio territorial de países con los que España tenga firmado un convenio en tal sentido. Se valorará, en función de las circunstancias de cada supuesto, la posibilidad de renovar la autorización de residencia a los extranjeros que hubieren sido condenados por la comisión de un delito y hayan cumplido la condena, los que han sido indultados, o que se encuentren en la situación de remisión condicional de la pena.

✐ Apartado modificado por el ap. 12 del art. 1 de la LO 14/2003, de 20 noviembre.

5. Los extranjeros con permiso de residencia temporal vendrán obligados a poner en conocimiento del Ministerio del Interior los cambios de nacionalidad, estado civil y domicilio.

✐ Apartado modificado por el ap. 12 del art. 1 de la LO 14/2003, de 20 noviembre.

6. ...

✐ Apartado suprimido por el ap. 12 del art. 1 de la LO 14/2003, de 20 noviembre.

7. ...

✐ Apartado suprimido por el ap. 12 del art. 1 de la LO 14/2003, de 20 noviembre.

Artículo 32. Residencia permanente.

⇒ V. arts. 71 y ss. RD 2393/2004 (§39.2).

1. La residencia permanente es la situación que autoriza a residir en España indefinidamente y trabajar en igualdad de condiciones que los españoles.

2. Tendrán derecho a residencia permanente los que hayan tenido residencia temporal durante cinco años de forma continuada. Se considerará que la residencia ha sido continuada aunque por períodos de vacaciones u otras razones que se establezcan reglamentariamente hayan abandonado el territorio nacional temporalmente. Con carácter reglamentario y excepcionalmente se establecerán los criterios para que no sea exigible el citado plazo en supuestos de especial vinculación con España.

✐ El art. 30 ha sido renumerado pasando a ser el art. 32, modificando su ap. 2, por el art. 1.25 de la LO 8/2000, de 22 diciembre.

Artículo 33. Régimen especial de los estudiantes.

⇒ V. arts. 85 y ss. RD 2393/2004 (§39.2).

1. Tendrá la consideración de estudiante el extranjero cuya venida a España tenga como fin único o principal el cursar o ampliar estudios o realizar trabajos de investigación o formación, no remunerados laboralmente, en cualesquiera centros docentes o científicos españoles, públicos o privados, oficialmente reconocidos.

2. La situación del extranjero en régimen de estudiante será la de estancia y la duración de la autorización será igual a la del curso para el que esté matriculado.

✐ Apartado modificado por el ap. 13 del art. 1 de la LO 14/2003, de 20 noviembre.

3. La autorización se prorrogará anualmente si el titular demuestra que sigue reuniendo las condiciones requeridas para la expedición de la autorización inicial y que cumple los requisitos exigidos por el centro de enseñanza al que asiste, habiéndose verificado la realización de los estudios.

4. Los extranjeros admitidos con fines de estudio no estarán autorizados para ejercer una actividad retribuida por cuenta propia ni ajena. Sin embargo, en la medida en que ello no limite la prosecu-

ción de los estudios, y en los términos que reglamentariamente se determinen, podrán ejercer actividades remuneradas a tiempo parcial o de duración determinada.

No obstante lo dispuesto en el artículo 10.2 de esta Ley, los extranjeros admitidos con fines de estudio podrán ser contratados como personal laboral al servicio de las Administraciones públicas en los términos y condiciones previstos en este artículo.

✐ Párrafo suprimido por el ap. 13 del art. 1 de la LO 14/2003, de 20 noviembre.

5. La realización de trabajo en una familia para compensar la estancia y mantenimiento en la misma mientras se mejoran los conocimientos lingüísticos o profesionales se regularán de acuerdo con lo dispuesto en los acuerdos internacionales sobre colocación «au pair».

✐ El art. 40 ha sido renumerado pasando a ser el art. 33, modificando su redacción, por el art. 1.26 de la LO 8/2000, de 22 diciembre.

Artículo 34. Residencia de apátridas, indocumentados y refugiados.

⇒ V. art. 45 del RD 2393/2004 (§39.2). V., asimismo, el RD 865/2001, de 20 julio, que aprueba el Reglamento de reconocimiento del estatuto del apátrida.

1. El Ministro del Interior reconocerá la condición de apátrida a los extranjeros que manifestando que carecen de nacionalidad reúnen los requisitos previstos en la Convención sobre el Estatuto de Apátridas, hecha en Nueva York el 28 de septiembre de 1954, y les expedirá la documentación prevista en el artículo 27 de la citada Convención. El estatuto de apátrida comportará el régimen específico que reglamentariamente se determine.

2. En cualquier caso, el extranjero que se presente en dependencias del Ministerio del Interior acreditando que no puede ser documentado por las autoridades de ningún país y que desea ser documentado por España, una vez verificada la pertinente información y siempre que concurran y se acrediten razones excepcionales de índole humanitaria, interés público o cumplimiento de compromisos adquiridos por España, podrá obtener, en los términos que reglamentariamente se determinen, un documento identificativo que acredite su inscripción en las referidas dependencias. En todo caso, se denegará la documentación solicitada cuando el peticionario esté incurso en alguno de los supuestos del artículo 26, o se haya dictado contra él una orden de expulsión.

✐ Apartado modificado por el ap. 14 del art. 1 de la LO 14/2003, de 20 noviembre.

3. La resolución favorable sobre la petición de asilo en España supondrá el reconocimiento de la condición de refugiado del solicitante, el cual tendrá derecho a residir en España y a desarrollar actividades laborales, profesionales y mercantiles de conformidad con lo dispuesto en la Ley 5/1984, de 26 de marzo, reguladora del derecho de asilo y de la condición de refugiado, modificada por la Ley 9/1994, de 19 de mayo, y su normativa de desarrollo. Dicha condición supondrá su no devolución ni expulsión en los términos del artículo 33 de la Convención sobre el Estatuto de los Refugiados, hecha en Ginebra el 28 de julio de 1951.

✐ El art. 31 ha sido renumerado pasando a ser el art. 34, modificando su redacción, por el art. 1.27 de la LO 8/2000, de 22 diciembre.

Artículo 35. Residencia de menores.

⇒ V. arts. 92 y ss. RD 2393/2004 (§39.2).

1. En los supuestos en que los Cuerpos y Fuerzas de Seguridad del Estado localicen a un extranjero indocumentado cuya minoría de edad no pueda ser establecida con seguridad, se le dará, por los servicios competentes de protección de menores, la atención inmediata que precise, de acuerdo en lo establecido en la legislación de protección jurídica del menor, poniéndose el hecho en conocimiento inmediato del Ministerio Fiscal, que dispondrá la determinación de su edad, para lo que colaborarán las instituciones sanitarias oportunas que, con carácter prioritario, realizarán las pruebas necesarias.

2. Determinada la edad, si se tratase de un menor, el Ministerio Fiscal lo pondrá a disposición de los servicios competentes de protección de menores.

3. La Administración del Estado, conforme al principio de reagrupación familiar del menor y previo informe de los servicios de protección de menores, resolverá lo que proceda sobre el retorno a su país de origen o aquel donde se encontrasen sus familiares o, en su defecto, sobre su permanencia en España.

4. Se considera regular a todos los efectos la residencia de los menores que sean tutelados por una Administración pública. A instancia del organismo que ejerza la tutela y una vez que haya quedado acreditada la imposibilidad de retorno con su familia o al país de origen, se le otorgará un permiso de residencia, cuyos efectos se retrotraerán al momento en que el menor hubiere sido puesto a disposición de los servicios de protección de menores.

5. Los Cuerpos y Fuerzas de Seguridad del Estado adoptarán las medidas técnicas necesarias para la identificación de los menores extranjeros indocumentados, con el fin de conocer las posibles

referencias que sobre ellos pudieran existir en alguna institución pública nacional o extranjera encargada de su protección. Estos datos no podrán ser usados para una finalidad distinta a la prevista en este apartado.

✐ El art. 32 ha sido renumerado pasando a ser el art. 35, modificando su redacción, por el art. 1.28 de la LO 8/2000, de 22 diciembre.

CAPÍTULO III
Del permiso de trabajo y regímenes especiales

⇒ V. arts. 48 y ss. RD 2393/2004 (§39.2).
La disp. adic. única del art. 1 de la LO 14/2003, de 20 noviembre, establece que todas las referencias al término «permiso» serán sustituidas por el término «autorización».

Artículo 36. Autorización para la realización de actividades lucrativas.

1. Los extranjeros mayores de 16 años para ejercer cualquier actividad lucrativa, laboral o profesional, precisarán de la correspondiente autorización administrativa previa para trabajar.

⇒ V. O. TAS/3698/2006, de 22 noviembre, que regula la inscripción de trabajadores extranjeros no comunitarios en los Servicios Públicos de Empleo y en las Agencias de Colocación.

Esta autorización habilitará al extranjero para residir durante el tiempo de su vigencia, extinguiéndose si transcurrido un mes desde la notificación al empresario de la concesión de la misma no se solicitase, en su caso, el correspondiente visado.

✐ Apartado modificado por el ap. 15 del art. 1 de la LO 14/2003, de 20 noviembre.

2. Cuando el extranjero se propusiera trabajar por cuenta propia o ajena, ejerciendo una profesión para la que se exija una titulación especial, la concesión de la autorización se condicionará a la tenencia y, en su caso, homologación del título correspondiente. También se condicionará a la colegiación, si las leyes así lo exigiesen.

✐ Apartado modificado por el ap. 15 del art. 1 de la LO 14/2003, de 20 noviembre.

3. Para la contratación de un extranjero el empleador deberá solicitar la autorización a que se refiere el apartado 1 del presente artículo.

La carencia de la correspondiente autorización por parte del empresario, sin perjuicio de las responsabilidades a que dé lugar, incluidas aquellas en materia de seguridad social, no invalidará el contrato de trabajo respecto a los derechos del trabajador extranjero, ni será obstáculo para la obtención de las prestaciones que pudieran corresponderle.

✐ Apartado modificado por el ap. 15 del art. 1 de la LO 14/2003, de 20 noviembre.

4. En la concesión inicial de la autorización administrativa para trabajar podrán aplicarse criterios especiales para determinadas nacionalidades en función del principio de reciprocidad.

✐ El art. 33 ha sido renumerado pasando a ser el art. 36, modificando su redacción, por el art. 1.29 de la LO 8/2000, de 22 diciembre.

Artículo 37. Autorización de trabajo por cuenta propia.

⇒ V. arts. 58 y ss. RD 2393/2004 (§39.2).

Para la realización de actividades económicas por cuenta propia habrá de acreditarse el cumplimiento de todos los requisitos que la legislación vigente exige a los nacionales para la apertura y funcionamiento de la actividad proyectada, así como los relativos a la suficiencia de la inversión y la potencial creación de empleo, entre otros que reglamentariamente se establezcan.

✐ Artículo modificado por el ap. 16 del art. 1 de la LO 14/2003, de 20 noviembre.

Artículo 38. El permiso de trabajo por cuenta ajena.

⇒ V. arts. 49 y ss. RD 2393/2004 (§39.2).

1. Para la concesión inicial del permiso de trabajo, en el caso de trabajadores por cuenta ajena, se tendrá en cuenta la situación nacional de empleo.

⇒ La Ley 55/1999, de 29 diciembre, considera permiso de trabajo el enrole de personal extracomunitario en buques nacionales, en las condiciones que indica (art. 20).

2. El permiso de trabajo tendrá una duración inferior a cinco años y podrá limitarse a un determinado territorio, sector o actividad.

3. El permiso de trabajo se renovará a su expiración si:

a) Persiste o se renueva el contrato u oferta de trabajo que motivaron su concesión inicial, o cuando se cuente con una nueva oferta de empleo en los términos que se establezcan reglamentariamente.

b) Cuando por la autoridad competente, conforme a la normativa de la Seguridad Social, se hubiere otorgado una prestación contributiva por desempleo, por el tiempo de duración de dicha prestación.

c) Cuando el extranjero sea beneficiario de una prestación económica asistencial de carácter público destinada a lograr su inserción social o laboral durante el plazo de duración de la misma.

d) Cuando concurran las circunstancias que se establezcan reglamentariamente. A partir de la primera concesión, los permisos se concederán sin limitación alguna de ámbito geográfico, sector o actividad.

✐ El art. 35 ha sido renumerado pasando a ser el art. 38, modificando su redacción, por el art. 1.31 de la LO 8/2000, de 22 diciembre.

Artículo 39. El contingente de trabajadores extranjeros.

⇒ V. arts. 77 y ss. RD 2393/2004 (§39.2).

La Res. 26 diciembre 2006, de la Secretaría de Estado de Inmigración y Emigración dispone la publicación del Acuerdo del Consejo de Ministros de 22 diciembre, que regula el contingente de trabajadores no comunitarios para 2007.

1. El Gobierno podrá aprobar un contingente anual de trabajadores extranjeros teniendo en cuenta la situación nacional de empleo al que sólo tendrán acceso aquellos que no se hallen o residan en España.

2. En la determinación del número y características de las ofertas de empleo, el Gobierno tendrá en cuenta las propuestas que eleven las comunidades autónomas y las organizaciones sindicales y empresariales más representativas, así como un informe sobre la situación de empleo e integración social de los inmigrantes elaborado a tal efecto por el Consejo Superior de Política de Inmigración.

3. El contingente podrá establecer un número de visados para búsqueda de empleo dirigidos a hijos o nietos de español de origen.

4. Asimismo, el contingente podrá establecer un número de visados para búsqueda de empleo dirigidos a determinados sectores de actividad u ocupaciones en las condiciones que se determinen.

5. Los visados para búsqueda de empleo autorizarán a desplazarse al territorio español con la finalidad de buscar trabajo durante el período de estancia de tres meses, en los que podrá inscribirse en los servicios públicos de empleo correspondientes. Si transcurrido dicho plazo no hubiera obtenido un empleo, el extranjero quedará obligado a salir del territorio, incurriendo en caso contrario, en la infracción contemplada en el artículo 53 a) de esta Ley, sin que pueda obtener una nueva autorización para trabajar en el plazo de dos años.

6. Las ofertas de empleo realizadas a través del contingente se orientarán preferentemente hacia los países con los que España haya firmado acuerdos sobre regulación de flujos sin perjuicio de la posibilidad de realizar ofertas de empleo nominativas a través de este procedimiento en las condiciones que se determinen.

✐ Artículo modificado por el ap. 17 del art. 1 de la LO 14/2003, de 20 noviembre.

Artículo 40. Supuestos específicos.

⇒ V. art. 50 RD 2393/2004 (§39.2).

No se tendrá en cuenta la situación nacional de empleo cuando el contrato de trabajo o la oferta de colocación vaya dirigido a:

a) La cobertura de puestos de confianza en las condiciones fijadas reglamentariamente.

⇒ La Res. 28 febrero 2007, de la Secretaría de Estado de Inmigración y Emigración dispone la publicación del Acuerdo del Consejo de Ministros de 16 febrero, que determina el procedimiento de entrada, residencia y trabajo en España en esos casos.

b) El cónyuge o hijo de extranjero residente en España con un permiso renovado, así como el hijo de español nacionalizado o de comunitario, siempre que estos últimos lleven como mínimo un año residiendo legalmente en España y al hijo no le sea de aplicación el régimen comunitario.

✐ Párrafo modificado por el ap. 18 del art. 1 de la LO 14/2003, de 20 noviembre.

c) Los titulares de una autorización previa de trabajo que pretendan su renovación.

d) Los trabajadores necesarios para el montaje por renovación de una instalación o equipos productivos.

e) Los que hubieran gozado de la condición de refugiados durante el año siguiente a la cesación de la aplicación de la Convención de Ginebra de 1951, sobre el Estatuto de refugiados por los motivos recogidos en su artículo I.C5.

f) Los que hubieran sido reconocidos como apátridas y los que hubieran perdido la condición de apátridas el año siguiente a la terminación de dicho estatuto.

g) Los extranjeros que tengan a su cargo ascendientes o descendientes de nacionalidad española.

h) Los extranjeros nacidos y residentes en España.

i) Los hijos o nietos de español de origen.

j) Los menores extranjeros en edad laboral con permiso de residencia que sean tutelados por la entidad de protección de menores competente, para aquellas actividades que, a criterio de la mencionada entidad, favorezcan su integración social, y una vez acreditada la imposibilidad de retorno con su familia o al país de origen.

k) Los extranjeros que obtengan el permiso de residencia por el procedimiento previsto en el artículo 31.3 de la presente Ley. Dicho permiso tendrá la duración de un año.

l) Los extranjeros que hayan sido titulares de autorizaciones de trabajo para actividades de temporada, durante cuatro años naturales, y hayan retornado a su país.

✐ Letra e) añadida por el ap. 18 del art. 1 de la LO 14/2003, de 20 noviembre.
Artículo añadido por el art. 1.33 de la LO 8/2000, de 22 diciembre.

Artículo 41. Excepciones al permiso de trabajo.

⇒ V. art. 68 del RD 2393/2004 (§39.2).

1. No será necesaria la obtención de permiso de trabajo para el ejercicio de las actividades siguientes:

a) Los técnicos y científicos extranjeros, invitados o contratados, por el Estado, las comunidades autónomas o los entes locales o los organismos que tengan por objeto la promoción y desarrollo de la investigación promovidos o participados mayoritariamente por las anteriores.

✐ Apartado modificado por el ap. 19 del art. 1 de la LO 14/2003, de 20 noviembre.

b) Los profesores extranjeros invitados o contratados por una universidad española.

c) El personal directivo y el profesorado extranjeros, de instituciones culturales y docentes dependientes de otros Estados, o privadas, de acreditado prestigio, oficialmente reconocidas por España, que desarrollen en nuestro país programas culturales y docentes de sus países respectivos, en tanto limiten su actividad a la ejecución de tales programas.

d) Los funcionarios civiles o militares de las Administraciones estatales extranjeras que vengan a España para desarrollar actividades en virtud de acuerdos de cooperación con la Administración española.

e) Los corresponsales de medios de comunicación social extranjeros, debidamente acreditados, para el ejercicio de la actividad informativa.

f) Los miembros de misiones científicas internacionales que realicen trabajos e investigaciones en España, autorizados por el Estado.

g) Los artistas que vengan a España a realizar actuaciones concretas que no supongan una actividad continuada.

h) Los ministros, religiosos o representantes de las diferentes iglesias y confesiones, debidamente inscritas en el Registro de Entidades Religiosas, en tanto limiten su actividad a funciones estrictamente religiosas.

i) Los extranjeros que formen parte de los órganos de representación, gobierno y administración de los sindicatos homologados internacionalmente, siempre que limiten su actividad a funciones estrictamente sindicales.

j) Los españoles de origen que hubieran perdido la nacionalidad española.

k) Los menores extranjeros en edad laboral tutelados por la entidad de protección de menores competente, para aquellas actividades que, a propuesta de la mencionada entidad, mientras permanezcan en esa situación, favorezcan su integración social.

✐ Apartado añadido por el ap. 19 del art. 1 de la LO 14/2003, de 20 noviembre.

2. Reglamentariamente se establecerá el procedimiento para acreditar la excepción. En todo caso, este procedimiento será el mismo tanto para el personal de instituciones públicas como de organismos promovidos o participados mayoritariamente por una Administración pública.

✐ Apartado modificado por el ap. 19 del art. 1 de la LO 14/2003, de 20 noviembre.

3. Asimismo, no tendrán que solicitar la obtención del permiso de trabajo los extranjeros en situación de residencia permanente establecida en el artículo 32 de esta Ley Orgánica.

✐ El art. 39 ha sido renumerado pasando a ser el art. 41, modificando su redacción, por el art. 1.34 de la LO 8/2000, de 22 diciembre.

Artículo 42. Régimen especial de los trabajadores de temporada.

⇒ V. arts. 55 y ss. RD 2393/2004 (§39.2).

1. El Gobierno regulará reglamentariamente el permiso de trabajo para los trabajadores extranjeros en actividades de temporada o campaña que les permita la entrada y salida del territorio nacional de acuerdo con las características de las citadas campañas y la información que le suministren las Comunidades Autónomas donde se promuevan.

2. Para conceder los permisos de trabajo deberá garantizarse que los trabajadores temporeros serán alojados en condiciones de dignidad e higiene adecuadas.

3. Las Administraciones públicas promoverán la asistencia de los servicios sociales adecuados.

4. Las ofertas de empleo de temporada se orientarán preferentemente hacia los países con los que España haya firmado acuerdos sobre regulación de flujos migratorios.

✐ Apartado añadido por el ap. 20 del art. 1 de la LO 14/2003, de 20 noviembre.

5. Las comunidades autónomas y los ayuntamientos colaborarán en la programación de las campañas de temporada con la Administración General del Estado.

✐ Apartado añadido por el ap. 20 del art. 1 de la LO 14/2003, de 20 noviembre.
El art. 41 ha sido renumerado pasando a ser el art. 42, modificando su redacción, por el art. 1.35 de la LO 8/2000, de 22 diciembre.

Artículo 43. Trabajadores transfronterizos y prestación transnacional de servicios.

⇒ V. arts. 63 y ss. RD 2393/2004 (§39.2).

1. Los trabajadores extranjeros que, residiendo en la zona limítrofe, desarrollen su actividad en España y regresen a su lugar de residencia diariamente deberán obtener la correspondiente autorización administrativa, con los requisitos y condiciones con que se conceden las autorizaciones de régimen general.

2. Reglamentariamente se establecerán las condiciones para el permiso de trabajo en el marco de prestaciones transnacionales de servicios, de acuerdo con la normativa vigente.

✐ El art. 42 ha sido renumerado pasando a ser el art. 43, modificando su redacción, por el art. 1.36 de la LO 8/2000, de 22 diciembre.

CAPÍTULO IV

De las tasas por autorizaciones administrativas y por tramitación de las solicitudes de visado

✐ Rúbrica del Cap. IV modificada por el ap. 21 del art. 1 de la LO 14/2003, de 20 noviembre.

Artículo 44. Hecho imponible.

1. Las tasas se regirán por la presente Ley y por las demás fuentes normativas que para las tasas se establecen en el artículo 9 de la Ley 8/1989, de 13 de abril, de Tasas y Precios Públicos.

2. Sin perjuicio de lo dispuesto en el apartado siguiente, constituye el hecho imponible de las tasas la concesión de las autorizaciones administrativas y la expedición de los documentos de identidad previstos en esta Ley, así como sus prórrogas, modificaciones y renovaciones; en particular:

a) La concesión de autorizaciones para la prórroga de la estancia en España.

b) La concesión de las autorizaciones para residir en España.

c) La concesión de autorizaciones de trabajo, salvo que se trate de autorizaciones para un período inferior a seis meses.

d) La expedición de tarjetas de identidad de extranjeros.

e) La expedición de documentos de identidad a indocumentados.

✐ Apartado modificado por el ap. 22 del art. 1 de la LO 14/2003, de 20 noviembre.

3. En el caso de los visados, constituye el hecho imponible de las tasas la tramitación de la solicitud de visado.

✐ Apartado añadido por el ap. 22 del art. 1 de la LO 14/2003, de 20 noviembre.

Artículo 45. Devengo.

Las tasas se devengarán cuando se conceda la autorización, prórroga, modificación, o renovación, o cuando se expida el documento. En el caso de los visados las tasas se devengarán en el momento de presentación de la solicitud de visado.

✐ Artículo modificado por el ap. 23 del art. 1 de la LO 14/2003, de 20 noviembre.

Artículo 46. Sujetos pasivos.

1. Serán sujetos pasivos de las tasas los solicitantes de visado y las personas en cuyo favor se concedan las autorizaciones o se expidan los documentos previstos en el artículo 44, salvo en las autorizaciones de trabajo por cuenta ajena, en cuyo caso será sujeto pasivo el empleador o empresario.

✐ Apartado modificado por el ap. 24 del art. 1 de la LO 14/2003, de 20 noviembre.

2. Será nulo todo pacto por el que el trabajador por cuenta ajena asuma la obligación de pagar en todo o en parte el importe de las tasas establecidas por la concesión, renovación, modificación o prórroga del contrato de trabajo.

✐ El art. 44 ha sido renumerado pasando a ser el art. 46, modificando su redacción, por el art. 1.39 de la LO 8/2000, de 22 diciembre.

Artículo 47. Exención.

No vendrán obligados al pago de las tasas por la concesión de las autorizaciones para trabajar los nacionales iberoamericanos, filipinos, andorranos, ecuatoguineanos, los sefardíes, los hijos y nietos de español o española de origen, y los extranjeros nacidos en España cuando pretendan realizar una actividad lucrativa, laboral o profesional, por cuenta propia.

Las solicitudes de visado presentadas por nacionales de terceros países beneficiarios de derecho comunitario en materia de libre circulación y residencia estarán exentas del pago de las tasas de tramitación.

✐ Artículo modificado por el ap. 25 del art. 1 de la LO 14/2003, de 20 noviembre.

Artículo 48. Cuantía de las tasas.

1. El importe de las tasas se establecerá por Orden ministerial de los Departamentos competentes.

2. Las normas que determinen la cuantía de las tasas deberán ir acompañadas de una memoria económico-financiera sobre el coste de la actividad de que se trate y sobre la justificación de la cuantía propuesta, la cual deberá ajustarse a lo establecido en los artículos 7 y 19.2 de la Ley 8/1989, de 13 de abril.

3. Se consideran elementos y criterios esenciales de cuantificación que sólo podrán modificarse mediante norma del mismo rango, los siguientes:

a) En la tramitación de la solicitud de visado, los gastos administrativos de tramitación, la limitación de los efectos del visado de tránsito aeroportuario, la duración de la estancia, el número de entradas autorizadas, el carácter de la residencia, así como, en su caso, el hecho de que se expida en frontera. También se tendrán en cuenta los costes complementarios que se originen por la expedición de visados, cuando, a petición del interesado, deba hacerse uso de procedimientos tales como mensajería, correo electrónico, correo urgente, telefax, telegrama o conferencia telefónica.

b) En la concesión de autorizaciones para la prórroga de estancia en España, la duración de la prórroga.

c) En la concesión de autorizaciones de residencia, la duración de la autorización, así como su carácter definitivo o temporal, y, dentro de estas últimas, el hecho de que se trate de la primera o ulteriores concesiones o sus renovaciones.

d) En la concesión de autorizaciones de trabajo, la duración de la misma, su extensión y ámbito, el carácter y las modalidades de la relación por cuenta ajena, así como, en su caso, el importe del salario pactado.

e) En la expedición de tarjetas de identidad de extranjeros, la duración de la autorización y el hecho de que se trate de la primera o ulteriores concesiones o sus renovaciones. En todo caso, será criterio cuantitativo de las tasas el carácter individual o colectivo de las autorizaciones, prórrogas, modificaciones o renovaciones.

✐ Apartado modificado por el ap. 26 del art. 1 de la LO 14/2003, de 20 noviembre.

4. Los importes de las tasas por tramitación de la solicitud de visado se adecuarán a la revisión que proceda por aplicación del derecho comunitario. Se acomodarán, asimismo, al importe que pueda establecerse por aplicación del principio de reciprocidad.

✐ Apartado modificado por el ap. 26 del art. 1 de la LO 14/2003, de 20 noviembre.
El art. 45 ha sido renumerado pasando a ser el actual art. 48, con redacción modificada, por el art. 1.41 de la LO 8/2000, de 22 diciembre.

⇒ V. la Res. 22 octubre 2001, de la Dirección General de Tributos, por la que se establece la conversión a euros de las tasas por concesión de autorizaciones y expedición de documentos de identidad a extranjeros.

Residencia y permanencia de extranjeros	Pesetas	Euros
Títulos de viaje Marrón	1.660	9,98
Convención de Ginebra	1.660	9,98

Residencia y permanencia de extranjeros	Pesetas	Euros
Renovación	1.660	9,98
Diligencia inclusión hijos menores de 15 años	Gratuita	
Autorizaciones de residencia con tasa especial de reciprocidad		
Chile	880	5,29
El Salvador	875	5,26
Estados Unidos	1.010	6,07
Panamá	845	5,08
Perú	855	5,14
Suiza	855	5,14
Filipinas:		
1 año	1.400	8,41
2 años	1.965	11,81
5 años	3.680	22,12
Honduras	905	5,44
Méjico:		
Estancia de tres meses y prórroga hasta tres meses.	Gratuita	
Primera residencia	11.110	66,77
Residencia años posteriores	1.080	6,49
Otros documentos		
Cédula de inscripción	Gratuita	
Permisos de estancia (cualquier duración)	825	4,96
Tarjeta de estudiante	825	4,96
Autorización de residencia del Régimen General	825	4,96
Tarjeta de residente comunitario (ciudadanos UE)	990	5,95
Certificaciones y compulsas	95	0,57
Diligencia con fecha de entrada en frontera	Gratuita	

V. la Res. 22 octubre 2001, de la Dirección General de Tributos, por la que se establece la conversión a euros de la tasa por expedición de tarjetas de identidad profesional para trabajadores extranjeros.

Hecho imponible	Importe – Pesetas	Importe – Euros
1. Permisos de trabajo por cuenta ajena:		
A) Permiso A		
Cargo empresa:		
Duración menor tres meses	16.200	97,36
Entre tres y seis meses	27.000	162,27
Superior a seis meses	32.400	194,73
B) Permiso B (inicial)		
Cargo empresa (si retribución es inferior a dos veces SMI).	27.000	162,27
Cargo empresa: (si retribución dos veces SMI).	54.000	324,55
C) Permiso B (renovado).		
Cargo empresa:	10.800	64,91
2. Permisos de trabajo por cuenta propia:		
A) Permiso D) inicial.		
Cuota tributaria única	27.000	162,27
B) Permiso D) renovado.		
Cuota tributaria única	10.800	64,91
C) Permiso E).		
Cuota tributaria única	1.080	6,49
3. Permisos de trabajo para trabajadores fronterizos:		
A) Permiso F.		
Cuenta ajena, concesión inicial:		
Cargo empresa (si retribución es inferior a dos veces SMI).	27.000	162,27
Cargo empresa (si retribución dos veces SMI).	54.000	324,55
Cuenta ajena, renovaciones:		
Cargo empresa	10.800	64,91
Cuenta propia, concesión inicial:		
Cuota tributaria única	27.000	162,27
Cuenta propia, renovaciones:		
Cuota tributaria única	110.800	64,91
4. Autorizaciones individuales:		
A) Estudiantes.		
Concesión de la autorización:		
Duración menor de tres meses	5.400	32,45
Entre tres y seis meses	10.800	64,91
Superior a seis meses	16.200	97,36
Renovación de la autorización:		
Cargo empresa	5.400	32,45
D) Otras autorizaciones individuales.		
Abarca este epígrafe las autorizaciones que se conceden para trabajos de corta duración y las autorizaciones a penados en tercer grado de cumplimiento y en remisión condicional.		
Cargo empresa:		
Hasta treinta días	5.400	32,45
Entre treinta y noventa días	10.800	64,91
Más de noventa días	16.200	97,36
5. Autorizaciones colectivas:		
Por cada extranjero integrante del grupo:		
Cuota tributaria única	5.400	32,45

Artículo 49. Gestión, recaudación y autoliquidación.

1. La gestión y recaudación de las tasas corresponderá a los órganos competentes en los distintos departamentos ministeriales para la concesión de las autorizaciones, modificaciones, renovaciones y prórrogas, la expedición de la documentación a que se refiere el artículo 44 y la tramitación de la solicitud de visado.

✐ Apartado modificado por el ap. 27 del art. 1 de la LO 14/2003, de 20 noviembre.

2. Los sujetos pasivos de las tasas estarán obligados a practicar operaciones de autoliquidación tributaria y a realizar el ingreso de su importe en el Tesoro cuando así se prevea reglamentariamente.

✐ Artículo añadido por el art. 1.42 de la LO 8/2000, de 22 diciembre.

TÍTULO III

DE LAS INFRACCIONES EN MATERIA DE EXTRANJERÍA Y SU RÉGIMEN SANCIONADOR

✐ Título reestructurado por el art. 3.3 de la LO 8/2000, de 22 diciembre.

⇒ V. arts. 112 y ss. RD 2393/2004 (§39.2).

Artículo 50. La potestad sancionadora.

El ejercicio de la potestad sancionadora por la comisión de las infracciones administrativas previstas en la presente Ley Orgánica, se ajustará a lo dispuesto en la misma y en sus disposiciones de desarrollo, y en la Ley 30/1992, de Régimen Jurídico de las Administraciones Públicas y del Procedimiento Administrativo Común.

✐ El art. 46 ha sido renumerado por el art. 1.43 de la LO 8/2000, de 22 diciembre, pasando a ser el actual art. 50.

Artículo 51. Tipos de infracciones.

1. Incurrirán en responsabilidad administrativa quienes sean autores o participen en cualquiera de las infracciones tipificadas en los artículos siguientes.

2. Las infracciones administrativas establecidas en la presente Ley Orgánica se clasifican en leves, graves y muy graves.

✐ El art. 47 ha sido renumerado por el art. 1.44 de la LO 8/2000, de 22 diciembre, pasando a ser el actual art. 51.

Artículo 52. Infracciones leves.

Son infracciones leves:

a) La omisión o el retraso en la comunicación a las autoridades españolas de los cambios de nacionalidad, de estado civil o de domicilio, así como de otras circunstancias determinantes de su situación laboral cuando les sean exigibles por la normativa aplicable.

b) El retraso, hasta tres meses, en la solicitud de renovación de las autorizaciones una vez hayan caducado.

c) Encontrarse trabajando en España sin haber solicitado autorización administrativa para trabajar por cuenta propia, cuando se cuente con permiso de residencia temporal.

✐ El art. 48 ha sido renumerado pasando a ser el art. 52, modificando su redacción, por el art. 1.45 de la LO 8/2000, de 22 diciembre.

Artículo 53. Infracciones graves.

Son infracciones graves:

a) Encontrarse irregularmente en territorio español, por no haber obtenido la prórroga de estancia, carecer de autorización de residencia o tener caducada más de tres meses la mencionada autorización, y siempre que el interesado no hubiere solicitado la renovación de la misma en el plazo previsto reglamentariamente.

✐ Párrafo modificado por el ap. 28 del art. 1 de la LO 14/2003, de 20 noviembre.

b) Encontrarse trabajando en España sin haber obtenido permiso de trabajo o autorización administrativa previa para trabajar, cuando no cuente con autorización de residencia válida.

c) Incurrir en ocultación dolosa o falsedad grave en el cumplimiento de la obligación de poner en conocimiento del Ministerio del Interior los cambios que afecten a nacionalidad, estado civil o domicilio.

d) El incumplimiento de las medidas impuestas por razón de seguridad pública, de presentación periódica o de alejamiento de fronteras o núcleos de población concretados singularmente, de acuerdo con lo dispuesto en la presente Ley.

e) La comisión de una tercera infracción leve, siempre que en un plazo de un año anterior hubiera sido sancionado por dos faltas leves de la misma naturaleza.

f) La participación por el extranjero en la realización de actividades contrarias al orden público previstas como graves en la Ley Orgánica 1/1992, de 21 de febrero, sobre Protección de la Seguridad Ciudadana.

g) Las salidas del territorio español por puestos no habilitados, sin exhibir la documentación prevista o contraviniendo las prohibiciones legalmente impuestas.

h) Incumplir la obligación del apartado 2 del artículo 4.

✐ Letra añadida por el ap. 28 del art. 1 de la LO 14/2003, de 20 noviembre.

El art. 49 ha sido renumerado pasando a ser el art. 53, modificando su redacción, por el art. 1.46 de la LO 8/2000, de 22 diciembre.

Artículo 54. Infracciones muy graves.

1. Son infracciones muy graves:

a) Participar en actividades contrarias a la seguridad exterior del Estado o que pueden perjudicar las relaciones de España con otros países, o estar implicados en actividades contrarias al orden público previstas como muy graves en la Ley Orgánica 1/1992, de 21 de febrero, sobre Protección de la Seguridad Ciudadana.

b) Inducir, promover, favorecer o facilitar con ánimo de lucro, individualmente o formando parte de una organización, la inmigración clandestina de personas en tránsito o con destino al territorio español o su permanencia en el mismo, siempre que el hecho no constituya delito.

✐ Apartado modificado por el ap. 29 del art. 1 de la LO 14/2003, de 20 noviembre.

c) La realización de conductas de discriminación por motivos raciales, étnicos, nacionales o religiosos, en los términos previstos en el artículo 23 de la presente Ley, siempre que el hecho no constituya delito.

d) La contratación de trabajadores extranjeros sin haber obtenido con carácter previo el correspondiente permiso de trabajo, incurriéndose en una infracción por cada uno de los trabajadores extranjeros ocupados.

⇒ Téngase en cuenta el art. 48 de la Ley 62/2003, de 30 diciembre, de medidas fiscales, administrativas y del orden social, que dice lo siguiente:

«Artículo 48. Incremento de la multa a imponer a quien emplee a un trabajador extranjero sin la preceptiva autorización de trabajo.

1. Cuando se sancione a un empleador que utilice un trabajador extranjero sin la preceptiva autorización de trabajo, el importe de la multa establecido en la Ley Orgánica 4/2000, sobre Derechos y Libertades de los Extranjeros en España y su Integración Social, se incrementará en la cuantía que resulte de calcular lo que hubiera correspondido ingresar por cuotas de Seguridad Social y demás conceptos de recaudación conjunta, desde el comienzo de la prestación del trabajo del trabajador extranjero hasta el último día en que se constate dicha prestación de servicios.

2. En el acta de infracción que la Inspección de Trabajo y Seguridad Social levante al efecto, la propuesta de sanción especificará los parámetros utilizados para el cálculo de la cuantía total de la multa según lo indicado en el apartado anterior.

3. El importe correspondiente al incremento de esta sanción se hará efectivo en la Tesorería General de la Seguridad Social conforme al procedimiento reglamentariamente establecido en ejecución de la citada Ley Orgánica 4/2000».

e) La comisión de una tercera infracción grave siempre que en un plazo de un año anterior hubiera sido sancionado por dos faltas graves de la misma naturaleza.

2. También son infracciones muy graves:

a) El incumplimiento de las obligaciones previstas para los transportistas en el artículo 66, apartados 1 y 2.

b) El transporte de extranjeros por vía aérea, marítima o terrestre, hasta el territorio español, por los sujetos responsables del transporte, sin que hubieran comprobado la validez y vigencia, tanto de los pasaportes, títulos de viaje o documentos de identidad pertinentes, como, en su caso, del correspondiente visado, de los que habrán de ser titulares los citados extranjeros.

c) El incumplimiento de la obligación que tienen los transportistas de hacerse cargo sin pérdida de tiempo del extranjero o transportado que, por deficiencias en la documentación antes citada, no haya sido autorizado a entrar en España, así como del extranjero transportado en tránsito que no haya sido trasladado a su país de destino o que hubiera sido devuelto por las autoridades de éste, al no autorizarle la entrada.

Esta obligación incluirá los gastos de mantenimiento del citado extranjero y, si así lo solicitan las autoridades encargadas del control de entrada, los derivados del transporte de dicho extranjero, que habrá de producirse de inmediato, bien por medio de la compañía objeto de sanción o, en su defecto, por medio de otra empresa de transporte, con dirección al Estado a partir del cual haya sido transportado, al Estado que haya expedido el documento de viaje con el que ha viajado o a cualquier otro Estado donde esté garantizada su admisión.

✐ Apartado modificado por el ap. 29 del art. 1 de la LO 14/2003, de 20 noviembre.

3. No obstante lo dispuesto en los artículos anteriores, no se considerará infracción a la presente Ley el hecho de transportar hasta la frontera española a un extranjero que, habiendo presentado sin demora su solicitud de asilo, ésta le es admitida a trámite, de conformidad con lo establecido en el artículo 4.2 de la Ley 5/1984, de 26 de marzo, modificada por la Ley 9/1994, de 19 de mayo.

✐ El art. 50 ha sido renumerado pasando a ser el art. 54, modificando su redacción, por el art. 1.47 de la LO 8/2000, de 22 diciembre.

Artículo 55. Sanciones.

⇒ V. nota al art. 54.1.d), anterior.

1. Las infracciones tipificadas en los artículos anteriores serán sancionadas en los términos siguientes:

a) Las infracciones leves con multa de hasta 300 euros.

b) Las infracciones graves con multa de 301 hasta 6.000 euros.

c) Las infracciones muy graves con multa desde 6.001 hasta 60.000 euros, excepto la prevista en el artículo 54.2.b), que lo será con una multa de 3.000 a 6.000 euros por cada viajero transportado o con un mínimo de 500.000 euros a tanto alzado, con independencia del número de viajeros transportados.

✐ Apartado modificado por el ap. 30 del art. 1 de la LO 14/2003, de 20 noviembre.

2. Corresponderá al Subdelegado del Gobierno o al Delegado del Gobierno en las Comunidades uniprovinciales la imposición de las sanciones por las infracciones administrativas establecidas en la presente Ley Orgánica.

En los supuestos calificados como infracción leve del artículo 52 c), grave del artículo 53 b), cuando se trate de trabajadores por cuenta propia, y muy grave del artículo 54.1 d), el procedimiento sancionador se iniciará por acta de la Inspección de Trabajo y Seguridad Social, de acuerdo con lo establecido en el procedimiento sancionador por infracciones del orden social, correspondiendo la imposición de las sanciones a las autoridades referidas en el párrafo anterior.

3. Para la graduación de las sanciones, el órgano competente en imponerlas se ajustará a criterios de proporcionalidad, valorando el grado de culpabilidad y, en su caso, el daño producido o el riesgo derivado de la infracción y su trascendencia.

4. Para la determinación de la cuantía de la sanción se tendrá especialmente en cuenta la capacidad económica del infractor.

5. A no ser que pertenezcan a un tercero no responsable de la infracción, en el supuesto de la letra b) del apartado 1 del artículo 54, serán objeto de decomiso los vehículos, embarcaciones, aeronaves, y cuantos bienes muebles o inmuebles, de cualquier naturaleza que sean, hayan servido de instrumento para la comisión de la citada infracción.

A fin de garantizar la efectividad del comiso, los bienes, efectos e instrumentos a que se refiere el apartado anterior podrán ser aprehendidos y puestos a disposición de la autoridad gubernativa, desde las primeras intervenciones, a resultas del expediente sancionador que resolverá lo pertinente en relación con los bienes decomisados.

6. En el supuesto de la infracción prevista en la letra d) del apartado 1 del artículo 54 de la presente Ley, la autoridad gubernativa podrá adoptar, sin perjuicio de la sanción que corresponda, la clausura del establecimiento o local desde seis meses a cinco años.

✐ El art. 51 ha sido renumerado pasando a ser el art. 55, modificando su redacción, por el art. 1.48 de la LO 8/2000, de 22 diciembre.

Artículo 56. Prescripción de las infracciones y de las sanciones.

1. Las infracciones muy graves prescribirán a los tres años, las graves a los dos años y las leves a los seis meses.

2. Las sanciones impuestas por infracciones muy graves prescribirán a los cinco años, las graves a los dos años y las impuestas por infracciones leves al año.

3. Si la sanción impuesta fuera la de expulsión del territorio nacional la prescripción no empezará

a contar hasta que haya transcurrido el período de prohibición de entrada fijado en la resolución con un máximo de diez años.

✐ El art. 52 ha sido renumerado pasando a ser el art. 56, modificando su redacción, por el art. 1.49 de la LO 8/2000, de 22 diciembre.

Artículo 57. Expulsión del territorio.

⇒ V. arts. 138 y ss. RD 2393/2004 (§39.2).

1. Cuando los infractores sean extranjeros y realicen conductas de las tipificadas como muy graves, o conductas graves de las previstas en los apartados a), b), c), d) y f) del artículo 53 de esta Ley Orgánica, podrá aplicarse en lugar de la sanción de multa la expulsión del territorio español, previa la tramitación del correspondiente expediente administrativo.

2. Asimismo constituirá causa de expulsión, previa la tramitación del correspondiente expediente, que el extranjero haya sido condenado, dentro o fuera de España, por una conducta dolosa que constituya en nuestro país delito sancionado con pena privativa de libertad superior a un año, salvo que los antecedentes penales hubieran sido cancelados.

3. En ningún caso podrán imponerse conjuntamente las sanciones de expulsión y multa.

4. La expulsión conllevará, en todo caso, la extinción de cualquier autorización para permanecer en España, así como el archivo de cualquier procedimiento que tuviera por objeto la autorización para residir o trabajar en España del extranjero expulsado.

✐ Apartado modificado por el art. 2 de la LO 11/2003, de 29 septiembre.

5. La sanción de expulsión no podrá ser impuesta, salvo que la infracción cometida sea la prevista en el artículo 54, letra a) del apartado 1, o suponga una reincidencia en la comisión en el término de un año de una infracción de la misma naturaleza sancionable con la expulsión, a los extranjeros que se encuentren en los siguientes supuestos:

a) Los nacidos en España que hayan residido legalmente en los últimos cinco años.

b) Los que tengan reconocida la residencia permanente.

c) Los que hayan sido españoles de origen y hubieran perdido la nacionalidad española.

d) Los que sean beneficiarios de una prestación por incapacidad permanente para el trabajo como consecuencia de un accidente de trabajo o enfermedad profesional ocurridos en España, así como los que perciban una prestación contributiva por desempleo o sean beneficiarios de una prestación económica asistencial de carácter público destinada a lograr su inserción o reinserción social o laboral.

6. Tampoco podrán ser expulsados los cónyuges de los extranjeros, ascendientes e hijos menores o incapacitados a cargo del extranjero que se encuentre en alguna de las situaciones señaladas anteriormente y hayan residido legalmente en España durante más de dos años, ni las mujeres embarazadas cuando la medida pueda suponer un riesgo para la gestación o para la salud de la madre.

7. Cuando el extranjero se encuentre procesado o inculpado en un procedimiento judicial por delito o falta para el que la Ley prevea una pena privativa de libertad inferior a seis años o una pena de distinta naturaleza, y conste este hecho acreditado en el expediente administrativo de expulsión, la autoridad gubernativa someterá al juez que, previa audiencia del Ministerio Fiscal, autorice, en el plazo más breve posible y en todo caso no superior a tres días, su expulsión, salvo que, de forma motivada, aprecie la existencia de circunstancias excepcionales que justifiquen su denegación. En el caso de que el extranjero se encuentre sujeto a varios procesos penales tramitados en diversos juzgados, y consten estos hechos acreditados en el expediente administrativo de expulsión, la autoridad gubernativa instará de todos ellos la autorización a que se refiere el párrafo anterior.

No obstante lo señalado en el párrafo a) anterior, el juez podrá autorizar, a instancias del interesado y previa audiencia del Ministerio Fiscal, la salida del extranjero del territorio español en la forma que determina la Ley de Enjuiciamiento Criminal.

No serán de aplicación las previsiones contenidas en los párrafos anteriores cuando se trate de delitos tipificados en los artículos 312, 318 bis, 515.6ª, 517 y 518 del Código Penal.

✐ Apartado modificado por el art. 2 de la LO 11/2003, de 29 septiembre.

8. Cuando los extranjeros, residentes o no, hayan sido condenados por conductas tipificadas como delitos en los artículos 312, 318 bis, 515.6, 517 y 518 del Código Penal, la expulsión se llevará a efecto una vez cumplida la pena privativa de libertad.

9. La resolución de expulsión deberá ser notificada al interesado, con indicación de los recursos que contra la misma se puedan interponer, órgano ante el que hubieran de presentarse y plazo para presentarlos.

✐ El art. 53 ha sido renumerado pasando a ser el art. 57, modificando su redacción, por el art. 1.50 de la LO 8/2000, de 22 diciembre.

Artículo 58. Efectos de la expulsión y devolución.

⇒ V. art. 141 RD 2393/2004 (§39.2).

1. Toda expulsión llevará consigo la prohibición de entrada en territorio español por un período mínimo de tres años y máximo de diez.

2. No será preciso expediente de expulsión para la devolución de los extranjeros en los siguientes supuestos:

⇒ V. arts. 138 y 139 del RD 864/2001, de 20 julio.

a) Los que habiendo sido expulsados contravengan la prohibición de entrada en España.

b) Los que pretendan entrar ilegalmente en el país.

3. En el supuesto de que se formalice una solicitud de asilo por las personas que se encuentren en alguno de los supuestos mencionados en el apartado anterior, no podrá llevarse a cabo la devolución hasta que se haya decidido la inadmisión a trámite de la petición, de conformidad con la normativa de asilo.

Tampoco podrán ser devueltas las mujeres embarazadas cuando la medida pueda suponer un riesgo para la gestación o para la salud de la madre.

4. La devolución será acordada por la autoridad gubernativa competente para la expulsión.

5. Cuando la devolución no se pudiera ejecutar en el plazo de 72 horas, se solicitará de la autoridad judicial la medida de internamiento prevista para los expedientes de expulsión.

✐ Apartado modificado por el ap. 31 del art. 1 de la LO 14/2003, de 20 noviembre.

6. La devolución acordada en el párrafo a) del apartado 2 de este artículo conllevará la reiniciación del cómputo del plazo de prohibición de entrada que hubiese acordado la resolución de expulsión quebrantada. Asimismo, toda devolución acordada en aplicación del párrafo b) del mismo apartado de este artículo llevará consigo la prohibición de entrada en territorio español por un plazo máximo de tres años.

✐ Apartado añadido por el ap. 31 del art. 1 de la LO 14/2003, de 20 noviembre.

Artículo 59. Colaboración contra redes organizadas.

1. El extranjero que haya cruzado la frontera española fuera de los pasos establecidos al efecto o no haya cumplido con su obligación de declarar la entrada y se encuentre irregularmente en España o trabajando sin permiso, sin documentación o documentación irregular, por haber sido víctima, perjudicado o testigo de un acto de tráfico ilícito de seres humanos, inmigración ilegal, o de tráfico ilícito de mano de obra o de explotación en la prostitución abusando de su situación de necesidad, podrá quedar exento de responsabilidad administrativa y no será expulsado si denuncia a las autoridades competentes a los autores o cooperadores de dicho tráfico, o coopera y colabora con los funcionarios policiales competentes en materia de extranjería, proporcionando datos esenciales o testificando, en su caso, en el proceso correspondiente contra aquellos autores.

2. Los órganos administrativos competentes encargados de la instrucción del expediente sancionador harán la propuesta oportuna a la autoridad que deba resolver.

3. A los extranjeros que hayan quedado exentos de responsabilidad administrativa se les podrá facilitar a su elección, el retorno a su país de procedencia o la estancia y residencia en España, así como permiso de trabajo y facilidades para su integración social, de acuerdo con lo establecido en la presente Ley.

4. Cuando el Ministerio Fiscal tenga conocimiento de que un extranjero, contra el que se ha dictado una resolución de expulsión, aparezca en un procedimiento penal como víctima, perjudicado o testigo y considere imprescindible su presencia para la práctica de diligencias judiciales, lo pondrá de manifiesto a la autoridad gubernativa competente a los efectos de que se valore la inejecución de su expulsión y, en el supuesto de que se hubiese ejecutado esta última, se procederá de igual forma a los efectos de que autorice su regreso a España durante el tiempo necesario para poder practicar las diligencias precisas, sin perjuicio de que se puedan adoptar algunas de las medidas previstas en la Ley Orgánica 19/1994, de 23 de diciembre, de protección a testigos y peritos en causas criminales.

✐ Artículo renumerado por el art. 1.52 de la LO 8/2000, de 22 diciembre, siendo su actual redacción la del anterior art. 55.

Artículo 60. Retorno.

1. Los extranjeros a los que en frontera no se les permita el ingreso en el país serán retornados a su punto de origen en el plazo más breve posible. La autoridad gubernativa que acuerde el retorno

se dirigirá al Juez de Instrucción si el retorno fuera a retrasarse más de setenta y dos horas para que determine el lugar donde hayan de ser internados hasta que llegue el momento del retorno.

⇒ V. art. 13 RD 2393/2004 (§39.2).

2. Los lugares de internamiento para extranjeros no tendrán carácter penitenciario, y estarán dotados de servicios sociales, jurídicos, culturales y sanitarios. Los extranjeros internados estarán privados únicamente del derecho ambulatorio.

3. El extranjero durante su internamiento se encontrará en todo momento a disposición de la autoridad judicial que lo autorizó, debiéndose comunicar a ésta por la autoridad gubernativa cualquier circunstancia en relación a la situación de los extranjeros internados.

4. La detención de un extranjero a efectos de retorno será comunicada al Ministerio de Asuntos Exteriores y a la embajada o consulado de su país.

El art. 56 ha sido renumerado pasando a ser el art. 60, modificando su redacción, por el art. 1.53 de la LO 8/2000, de 22 diciembre.

Artículo 61. Medidas cautelares.

⇒ V. art. 140 RD 2393/2004 (§39.2).

1. Desde el momento en que se incoe un procedimiento sancionador en el que pueda proponerse la expulsión, el instructor, a fin de asegurar la resolución final que pudiera recaer, podrá adoptar alguna de las siguientes medidas cautelares:

a) Presentación periódica ante las autoridades competentes.

b) Residencia obligatoria en determinado lugar.

c) Retirada del pasaporte o documento acreditativo de su nacionalidad, previa entrega al interesado del resguardo acreditativo de tal medida.

d) Detención cautelar, por la autoridad gubernativa o sus agentes, por un período máximo de 72 horas previas a la solicitud de internamiento. En cualquier otro supuesto de detención, la puesta a disposición judicial se producirá en un plazo no superior a 72 horas.

e) Internamiento preventivo, previa autorización judicial en los centros de internamiento.

Apartado modificado por el art. 2 de la LO 11/2003, de 29 septiembre.

2. En los expedientes sancionadores en la comisión de infracciones por transportistas, si éstos infringen la obligación de tomar a cargo al extranjero transportado ilegalmente, podrá acordarse la suspensión de sus actividades, la prestación de fianzas, avales, o la inmovilización del medio de transporte utilizado.

El art. 57 ha sido renumerado pasando a ser el art. 61, modificando su redacción, por el art. 1.54 de la LO 8/2000, de 22 diciembre.

Artículo 62. Ingreso en centros de internamiento.

⇒ V. arts. 153 y ss. RD 2393/2004 (§39.2).

1. Incoado el expediente por las causas comprendidas en los párrafos a) y b) del apartado 1 del artículo 54, así como a), d) y f) del artículo 53, en el que pueda proponerse la sanción de expulsión del territorio español, el instructor podrá solicitar al juez de instrucción competente que disponga su ingreso en un centro de internamiento en tanto se realiza la tramitación del expediente sancionador, sin que sea necesario que haya recaído resolución de expulsión.

El juez, previa audiencia del interesado, resolverá mediante auto motivado, atendidas las circunstancias concurrentes y, en especial, el hecho de que carezca de domicilio o de documentación, así como la existencia de condena o sanciones administrativas previas y de otros procesos penales o procedimientos administrativos sancionadores pendientes.

Apartado modificado por el art. 2 de la LO 11/2003, de 29 septiembre.

2. El internamiento se mantendrá por el tiempo imprescindible para los fines del expediente, sin que en ningún caso pueda exceder de cuarenta días, ni acordarse un nuevo internamiento por cualquiera de las causas previstas en un mismo expediente. La decisión judicial que lo autorice, atendiendo a las circunstancias concurrentes en cada caso, podrá fijar un período máximo de duración del internamiento inferior al citado.

3. Los menores en los que concurran los supuestos previstos para el internamiento serán puestos a disposición de los servicios competentes de protección de menores. El Juez de Menores, previo informe favorable del Ministerio Fiscal, podrá autorizar su ingreso en los centros de internamiento de extranjeros cuando también lo estén sus padres o tutores, lo soliciten éstos y existan módulos que garanticen la intimidad familiar.

4. La incoación del expediente, las medidas cautelares de detención e internamiento y la resolu-

ción final del expediente de expulsión del extranjero serán comunicadas al Ministerio de Asuntos Exteriores y a la embajada o consulado de su país.

✐ El art. 58 ha sido renumerado pasando a ser el art. 62, modificando su redacción, por el art. 1.55 de la LO 8/2000, de 22 diciembre.

Artículo 62 bis. Derechos de los extranjeros internados.

Los extranjeros sometidos a internamiento tienen los siguientes derechos:

a) A ser informado de su situación.

b) A que se vele por el respeto a su vida, integridad física y salud, sin que puedan en ningún caso ser sometidos a tratos degradantes o a malos tratos de palabra o de obra y a que sea preservada su dignidad y su intimidad.

c) A que se facilite el ejercicio de los derechos reconocidos por el ordenamiento jurídico, sin más limitaciones que las derivadas de su situación de internamiento.

d) A recibir asistencia médica y sanitaria adecuada y ser asistidos por los servicios de asistencia social del centro.

e) A que se comunique inmediatamente a la persona que designe en España y a su abogado el ingreso en el centro, así como a la oficina consular del país del que es nacional.

f) A ser asistido de abogado, que se proporcionará de oficio en su caso, y a comunicarse reservadamente con el mismo, incluso fuera del horario general del centro, cuando la urgencia del caso lo justifique.

g) A comunicarse en el horario establecido en el centro, con sus familiares, funcionarios consulares de su país u otras personas, que sólo podrán restringirse por resolución judicial.

h) A ser asistido de intérprete si no comprende o no habla castellano y de forma gratuita, si careciese de medios económicos.

i) A tener en su compañía a sus hijos menores, siempre que el Ministerio Fiscal informe favorablemente tal medida y existan en el centro módulos que garanticen la unidad e intimidad familiar.

✐ Artículo añadido por el ap. 32 del art. 1 de la LO 14/2003, de 20 noviembre.

Artículo 62 ter. Deberes de los extranjeros internados.

Los extranjeros sometidos a internamiento estarán obligados:

a) A permanecer en el centro a disposición del juez de instrucción que hubiere autorizado su ingreso.

b) A observar las normas por las que se rige el centro y cumplir las instrucciones generales impartidas por la dirección y las particulares que reciban de los funcionarios en el ejercicio legítimo de sus funciones, encaminadas al mantenimiento del orden y la seguridad dentro del mismo, así como las relativas a su propio aseo e higiene y la limpieza del centro.

c) Mantener una actividad cívica correcta y de respeto con los funcionarios y empleados del centro, con los visitantes y con los otros extranjeros internados, absteniéndose de proferir insultos o amenazas contra los mismos, o de promover o intervenir en agresiones, peleas, desórdenes y demás actos individuales o colectivos que alteren la convivencia.

d) Conservar el buen estado de las instalaciones materiales, mobiliario y demás efectos del centro, evitando el deterioro o inutilización deliberada, tanto de éstos como de los bienes o pertenencias de los demás extranjeros ingresados o funcionarios.

e) Someterse a reconocimiento médico a la entrada y salida del centro, así como en aquellos casos en que, por razones de salud colectiva, apreciadas por el servicio médico, y a petición de éste, lo disponga el director del centro.

✐ Artículo añadido por el ap. 32 del art. 1 de la LO 14/2003, de 20 noviembre.

Artículo 62 quater. Información y reclamaciones.

1. Los extranjeros recibirán a su ingreso en el centro información escrita sobre sus derechos y obligaciones, las cuestiones de organización general, las normas de funcionamiento del centro, las normas disciplinarias y los medios para formular peticiones o quejas. La información se les facilitará en un idioma que entiendan.

2. Los internados podrán formular, verbalmente o por escrito, peticiones y quejas sobre cuestiones referentes a su situación de internamiento.

Dichas peticiones o quejas también podrán ser presentadas al director del centro, el cual las atenderá si son de su competencia o las pondrá en conocimiento de la autoridad competente, en caso contrario.

✐ Artículo añadido por el ap. 32 del art. 1 de la LO 14/2003, de 20 noviembre.

Artículo 62 quinquies. Medidas de seguridad.

1. Las actuaciones de vigilancia y seguridad interior en los centros podrán suponer, en la forma y con la periodicidad que se establezca, inspecciones de los locales y dependencias y siempre que fuera necesario para la seguridad en los centros registros de personas, ropas y enseres de los extranjeros internados.

2. Se podrán utilizar medios de contención física personal o separación preventiva del agresor en habitación individual para evitar actos de violencia o lesiones de los extranjeros, impedir actos de fuga, daños en las instalaciones del centro o ante la resistencia al personal del mismo en el ejercicio legítimo de su cargo. El uso de los medios de contención será proporcional a la finalidad perseguida, no podrán suponer una sanción encubierta y sólo se usarán cuando no exista otra manera menos gravosa para conseguir la finalidad perseguida y por el tiempo estrictamente necesario.

3. La utilización de medios de contención será previamente autorizada por el director del centro, salvo que razones de urgencia no lo permitan, en cuyo caso se pondrá en su conocimiento inmediatamente.

El director deberá comunicar lo antes posible a la autoridad judicial que autorizó el internamiento la adopción y cese de los medios de contención física personal, con expresión detallada de los hechos que hubieren dado lugar a dicha utilización y de las circunstancias que pudiesen aconsejar su mantenimiento. El juez, en el plazo más breve posible y siempre que la medida acordada fuere separación preventiva del agresor, deberá si está vigente, acordar su mantenimiento o revocación.

✐ Artículo añadido por el ap. 32 del art. 1 de la LO 14/2003, de 20 noviembre.

Artículo 62 sexies. Funcionamiento y régimen interior de los centros de internamiento de extranjeros.

En cada centro de internamiento de extranjeros habrá un director responsable de su funcionamiento para lo cual deberá adoptar las directrices de organización necesarias, coordinando y supervisando su ejecución. Asimismo será el responsable de adoptar las medidas necesarias para asegurar el orden y la correcta convivencia entre extranjeros y asegurar el cumplimiento de sus derechos, y de la imposición de medidas a los internos que no respeten las normas de correcta convivencia o régimen interior.

✐ Artículo añadido por el ap. 32 del art. 1 de la LO 14/2003, de 20 noviembre.

Artículo 63. Procedimiento preferente.

⇒ V. arts. 130 y ss. RD 2393/2004 (§39.2).

1. La tramitación de los expedientes de expulsión, en los supuestos de las letras a) y b) del apartado 1 del artículo 54, así como las a), d) y f) del artículo 53, tendrá carácter preferente.

2. Cuando de las investigaciones se deduzca la oportunidad de decidir la expulsión, se dará traslado de la propuesta motivada por escrito al interesado, para que alegue lo que considere adecuado, en el plazo de 48 horas, advirtiéndole de las consecuencias de no hacerlo así.

En estos supuestos, el extranjero tendrá derecho a asistencia letrada que se le proporcionará de oficio, en su caso, y a ser asistido por intérprete, si no comprende o no habla castellano, y de forma gratuita en el caso de que careciese de medios económicos. Si el interesado, o su representante, no efectuase alegaciones sobre el contenido de la propuesta o si no se admitiesen, por improcedentes o innecesarias, de forma motivada, por el instructor las pruebas propuestas, sin cambiar la calificación de los hechos, el acuerdo de iniciación del expediente será considerado como propuesta de resolución con remisión a la autoridad competente para resolver.

✐ Apartado modificado por el ap. 33 del art. 1 de la LO 14/2003, de 20 noviembre.

3. En el supuesto del párrafo a) del artículo 53, cuando el extranjero acredite haber solicitado con anterioridad permiso de residencia temporal por situación de arraigo conforme a lo dispuesto en el artículo 31.3 de esta Ley, el órgano encargado de tramitar la expulsión continuará con la misma, si procede, por el procedimiento establecido en el artículo 57.

✐ Apartado modificado por el ap. 33 del art. 1 de la LO 14/2003, de 20 noviembre.

4. La ejecución de la orden de expulsión en estos supuestos se efectuará de forma inmediata.

✐ Artículo añadido por el art. 1.56 de la LO 8/2000, de 22 diciembre.

Artículo 64. Ejecución de la expulsión.

⇒ V. arts. 132 y 141 RD 2393/2004 (§39.2).

1. Una vez notificada la resolución de expulsión, el extranjero vendrá obligado a abandonar el

territorio español en el plazo que se fije, que en ningún caso podrá ser inferior a las setenta y dos horas, excepto en los casos en que se aplique el procedimiento preferente. En caso de incumplimiento se procederá a su detención y conducción hasta el puesto de salida por el que se haya de hacer efectiva la expulsión. Si la expulsión no se pudiera ejecutar en el plazo de setenta y dos horas, podrá solicitarse la medida de internamiento regulada en los artículos anteriores, que no podrá exceder de cuarenta días.

2. La ejecución de la resolución de expulsión se efectuará a costa del extranjero si tuviere medios económicos para ello. Caso contrario, se comunicará al representante diplomático o consular de su país, a los efectos oportunos.

3. Cuando un extranjero sea detenido en territorio español y se constate que contra él se ha dictado una resolución de expulsión por un Estado miembro de la Unión Europea, se procederá a ejecutar inmediatamente la resolución, sin necesidad de incoar nuevo expediente de expulsión. Se podrá solicitar la autorización del juez de instrucción para su ingreso en un centro de internamiento, con el fin de asegurar la ejecución de la sanción de expulsión, de acuerdo con lo previsto en la presente Ley.

Apartado añadido por el ap. 34 del art. 1 de la LO 14/2003, de 20 noviembre.

4. Se suspenderá la ejecución de la resolución de expulsión cuando se formalice una petición de asilo, hasta que se haya inadmitido a trámite o resuelto, conforme a lo dispuesto en la normativa de asilo.

Apartado renumerado por el ap. 34 del art. 1 de la LO 14/2003, de 20 noviembre.

5. No será precisa la incoación de expediente de expulsión para proceder al traslado, escoltados por funcionarios, de los solicitantes de asilo cuya solicitud haya sido inadmitida a trámite en aplicación de la letra e) del artículo 5.6 de la Ley 5/1984, de 26 de marzo, al ser responsable otro Estado del examen de la solicitud, de conformidad con los convenios internacionales en que España sea parte, cuando dicho traslado se produzca dentro de los plazos que el Estado responsable tiene la obligación de proceder al estudio de la solicitud.

Apartado renumerado por el ap. 34 del art. 1 de la LO 14/2003, de 20 noviembre.
Artículo añadido por el art. 1.57 de la LO 8/2000, de 22 diciembre.

Artículo 65. Carácter recurrible de las resoluciones sobre extranjeros.

1. Las resoluciones administrativas sancionadoras serán recurribles con arreglo a lo dispuesto en las leyes. El régimen de ejecutividad de las mismas será el previsto con carácter general.

2. En todo caso, cuando el extranjero no se encuentre en España, podrá cursar los recursos procedentes, tanto en vía administrativa como jurisdiccional, a través de las representaciones diplomáticas o consulares correspondientes, quienes los remitirán al organismo competente.

El anterior art. 59 ha pasado a ser el nuevo art. 65, modificando además su redacción, por el art. 1.58 de la LO 8/2000, de 22 diciembre.

Artículo 66. Obligaciones de los transportistas.

1. Cuando así lo determinen las autoridades españolas respecto de las rutas procedentes de fuera del Espacio Schengen en las que la intensidad de los flujos migratorios lo haga necesario, a efectos de combatir la inmigración ilegal y garantizar la seguridad pública, toda compañía, empresa de transporte o transportista estará obligada, en el momento de finalización del embarque y antes de la salida del medio de transporte, a remitir a las autoridades españolas encargadas del control de entrada la información relativa a los pasajeros que vayan a ser trasladados, ya sea por vía aérea, marítima o terrestre, y con independencia de que el transporte sea en tránsito o como destino final, al territorio español.

La información será comprensiva del nombre y apellidos de cada pasajero, de su fecha de nacimiento, nacionalidad, número de pasaporte o del documento de viaje que acredite su identidad.

2. Toda compañía, empresa de transporte o transportista estará obligada a enviar a las autoridades españolas encargadas del control de entrada la información comprensiva del número de billetes de vuelta no utilizados por los pasajeros que previamente hubiesen transportado a España, ya sea por vía aérea, marítima o terrestre, y con independencia de que el transporte sea en tránsito o como destino final, de rutas procedentes de fuera del Espacio Schengen.

Cuando así lo determinen las autoridades españolas, en los términos y a los efectos indicados en el apartado anterior, la información comprenderá, además, para pasajeros no nacionales de la Unión Europea, del Espacio Económico Europeo o de países con los que exista un convenio internacional que extienda el régimen jurídico previsto para los ciudadanos de los Estados mencionados, el nombre y apellidos de cada pasajero, su fecha de nacimiento, nacionalidad, número de pasaporte o del documento de viaje que acredite su identidad.

La información señalada en el presente apartado deberá enviarse en un plazo no superior a 48 horas desde la fecha de caducidad del billete.

3. Asimismo, toda compañía, empresa de transporte o transportista estará obligada a:

a) Realizar la debida comprobación de la validez y vigencia, tanto de los pasaportes, títulos de viaje o documentos de identidad pertinentes, como, en su caso, del correspondiente visado de los que habrán de ser titulares los extranjeros.

b) Hacerse cargo inmediatamente del extranjero que hubiese trasladado hasta la frontera aérea, marítima o terrestre correspondiente del territorio español, si a éste se le hubiera denegado la entrada por deficiencias en la documentación necesaria para el cruce de fronteras.

c) Tener a su cargo al extranjero que haya sido trasladado en tránsito hasta una frontera aérea, marítima o terrestre del territorio español, si el transportista que deba llevarlo a su país de destino se negara a embarcarlo, o si las autoridades de este último país le hubieran denegado la entrada y lo hubieran devuelto a la frontera española por la que ha transitado.

d) Transportar a los extranjeros a que se refieren los párrafos b) y c) de este apartado hasta el Estado a partir del cual le haya transportado, bien hasta el Estado que haya expedido el documento de viaje con el que ha viajado, o bien a cualquier otro Estado que garantice su admisión y un trato compatible con los derechos humanos.

La compañía, empresa de transportes o transportista que tenga a su cargo un extranjero en virtud de alguno de los supuestos previstos en este apartado deberá garantizar al mismo unas condiciones de vida adecuadas mientras permanezca a su cargo.

4. Lo establecido en este artículo se entiende también para el caso en que el transporte aéreo o marítimo se realice desde Ceuta o Melilla hasta cualquier otro punto del territorio español.

Artículo modificado por el ap. 35 del art. 1 de la LO 14/2003, de 20 noviembre.

TÍTULO IV

COORDINACIÓN DE LOS PODERES PÚBLICOS

Título reestructurado y modificada rúbrica por el art. 3.4 de la LO 8/2000, de 22 diciembre.

Artículo 67. Coordinación de los órganos de la Administración del Estado.

1. El Gobierno llevará a cabo una observación permanente de las magnitudes y características más significativas del fenómeno inmigratorio con objeto de analizar su impacto en la sociedad española y facilitar una información objetiva y contrastada que evite o dificulte la aparición de corrientes xenófobas o racistas.

2. El Gobierno unificará en Oficinas provinciales los servicios existentes, dependientes de diferentes órganos de la Administración del Estado con competencia en inmigración, al objeto de conseguir una adecuada coordinación de su actuación administrativa.

3. El Gobierno elaborará planes, programas y directrices sobre la actuación de la Inspección de Trabajo previa al procedimiento sancionador destinados especialmente a comprobar el cumplimiento del principio de igualdad y no discriminación de los trabajadores extranjeros, así como el cumplimiento efectivo de la normativa en materia de permiso de trabajo de extranjeros, todo ello sin perjuicio de las facultades de planificación que correspondan a las Comunidades Autónomas con competencias en materia de ejecución de la legislación laboral.

Artículo renumerado por el art. 1.60 de la LO 8/2000, de 22 diciembre, siendo su actual redacción la del anterior art. 60.

Artículo 68. El Consejo Superior de Política de Inmigración.

1. Para asegurar una adecuada coordinación de las actuaciones de las Administraciones públicas con competencias sobre la integración de los inmigrantes se constituirá un Consejo Superior de Política de Inmigración, en el que participarán, de forma tripartita y equilibrada, representantes del Estado, de las comunidades autónomas y de los municipios, cuya composición se determinará reglamentariamente.

Apartado modificado por el ap. 36 del art. 1 de la LO 14/2003, de 20 noviembre.

2. El Consejo Superior de Política de Inmigración elaborará un informe anual sobre la situación de empleo e integración social de los inmigrantes donde podrá efectuar recomendaciones para la mejora y perfeccionamiento de las políticas en estos ámbitos, atendiendo especialmente al funcionamiento y previsión del contingente y de las campañas de temporada.

Apartado modificado por el ap. 36 del art. 1 de la LO 14/2003, de 20 noviembre.

3. Para el desempeño de sus funciones, el Consejo Superior de Política de Inmigración podrá

consultar y recabar información de los órganos administrativos, de ámbito estatal o autonómico, así como de los agentes sociales y económicos implicados con la inmigración y la defensa de los derechos de los extranjeros.

✐ Apartado añadido por el ap. 36 del art. 1 de la LO 14/2003, de 20 noviembre.

4. El Gobierno complementará y regulará, mediante Real Decreto, la composición, funciones y régimen de funcionamiento del Consejo Superior de Política de Inmigración.

✐ Apartado renumerado por el ap. 36 del art. 1 de la LO 14/2003, de 20 noviembre.

Artículo 69. Apoyo al movimiento asociativo de los inmigrantes.

Los poderes públicos impulsarán el fortalecimiento del movimiento asociativo entre los inmigrantes y apoyarán a los sindicatos, organizaciones empresariales y a las organizaciones no gubernamentales que, sin ánimo de lucro, favorezcan su integración social, facilitándoles ayuda económica, tanto a través de los programas generales como en relación con sus actividades específicas.

✐ El anterior art. 62 ha pasado a ser el nuevo art. 69, modificando además su redacción, por el art. 1.62 de la LO 8/2000, de 22 diciembre.

Artículo 70. El Foro para la Integración Social de los Inmigrantes.

1. El Foro para la Integración Social de los Inmigrantes, constituido, de forma tripartita y equilibrada, por representantes de las Administraciones públicas, de las asociaciones de inmigrantes y de las organizaciones sociales de apoyo, entre ellas los sindicatos de trabajadores y organizaciones empresariales con interés e implantación en el ámbito inmigratorio, constituye el órgano de consulta, información y asesoramiento en materia de integración de los inmigrantes.

2. Reglamentariamente se determinará su composición, competencias, régimen de funcionamiento y adscripción administrativa.

✐ El anterior art. 63 ha pasado a ser el nuevo art. 70, modificando además su redacción, por el art. 1.63 de la LO 8/2000, de 22 diciembre.

⇒ El Foro se regula por RD 3/2006, de 16 enero, que lo adscribe al Ministerio de Trabajo y Asuntos Sociales. Con anterioridad, el hoy derogado RD 367/2001, de 4 abril, lo adscribía al Ministerio del Interior (art. 2).

Artículo 71. Observatorio Español del Racismo y la Xenofobia.

Se constituirá el Observatorio Español del Racismo y la Xenofobia, con funciones de estudio y análisis, y con capacidad para elevar propuestas de actuación, en materia de lucha contra el racismo y la xenofobia.

✐ Artículo añadido por el ap. 37 del art. 1 de la LO 14/2003, de 20 noviembre.

DISPOSICIONES ADICIONALES

Primera. Plazo máximo para resolución de expedientes.

1. El plazo general máximo para notificar las resoluciones de las solicitudes de permisos que formulen los interesados a tenor de lo previsto en esta Ley será de tres meses, contados a partir del día siguiente al de la fecha en que hayan tenido entrada en el registro del órgano competente para tramitarlas. Transcurrido el plazo para notificar las resoluciones de las solicitudes, salvo lo dispuesto en el apartado siguiente, éstas podrán entenderse desestimadas.

2. Las solicitudes de prórroga del permiso de residencia, así como la renovación del permiso de trabajo, que se formulen por los interesados a tenor de lo dispuesto en la presente Ley Orgánica se resolverán y notificarán en el plazo máximo de tres meses contados a partir del día siguiente al de la fecha en que hayan tenido entrada en el registro del órgano competente para tramitarlas. Transcurrido dicho plazo sin que la Administración haya dado respuesta expresa, se entenderá que la prórroga o renovación han sido concedidas.

✐ La anterior disp. adic. única ha pasado a ser la nueva disp. adic. 1ª, ap. 2 y se le ha añadido un ap. 1, por el art. 2.1 de la LO 8/2000, de 22 diciembre.

Segunda. Subcomisiones de Cooperación.

En atención a la situación territorial y a la especial incidencia del fenómeno migratorio y a las competencias que tengan reconocidas en sus respectivos Estatutos de Autonomía en materia de ejecución laboral y en materia de asistencia social, y en concordancia con los mismos, se podrán constituir subcomisiones en el seno de las Comisiones Bilaterales de Cooperación entre el Estado y las Comunidades Autónomas, en concordancia con lo que prevean sus respectivos Estatutos de Autonomía, para analizar cuestiones sobre trabajo y residencia de extranjeros que les afecten directamente.

En particular, en atención a la situación geográfica del archipiélago canario, a la fragilidad de su territorio insular y a su lejanía con el continente europeo, de acuerdo con lo establecido en el artículo

37.1 de su Estatuto de Autonomía, en el seno de la Comisión Bilateral de Cooperación Canarias-Estado se constituirá una subcomisión que conocerá de las cuestiones que afecten directamente a Canarias en materia de residencia y trabajo de extranjeros.

✐ Disposición añadida por el art. 2.2 de la LO 8/2000, de 22 diciembre.

Tercera. Lugares de presentación de las solicitudes y exigencia de comparecencia personal.

1. Cuando el sujeto legitimado se encuentre en territorio español habrá de presentar personalmente las solicitudes relativas a las autorizaciones de residencia y de trabajo en los registros de los órganos competentes para su tramitación. Igualmente, en los procedimientos en los que el sujeto legitimado fuese un empleador, las solicitudes podrán ser presentadas por éste, o por quien válidamente ostente la representación legal empresarial.

2. Cuando el sujeto legitimado se encuentre en territorio extranjero, la presentación de solicitudes de visado y su recogida se realizarán personalmente ante la misión diplomática u oficina consular en cuya demarcación aquél resida. Excepcionalmente, cuando el interesado no resida en la población en que tenga su sede la misión diplomática u oficina consular y se acrediten razones que obstaculicen el desplazamiento, como la lejanía de la misión u oficina o dificultades de transporte que hagan el viaje especialmente gravoso, podrá acordarse de que la solicitud de visado pueda presentarse por representante debidamente acreditado.

Sin perjuicio de lo dispuesto en el párrafo anterior, en los supuestos de presentación de solicitudes y recogida de visado de estancia, tránsito y de residencia por reagrupación familiar de menores, ambos trámites podrán realizarse mediante representante debidamente acreditado.

En cualquier caso, la misión diplomática u oficina consular podrá requerir la comparecencia del solicitante y, cuando lo estime necesario, mantener una entrevista personal.

3. Asimismo, no se requerirá la comparecencia personal en los procedimientos de contratación colectiva de trabajadores, en los supuestos contemplados en un convenio o acuerdo internacional, en cuyo caso se estará a lo dispuesto en el mismo.

✐ Disposición añadida por el ap. 38 del art. 1 de la LO 14/2003, de 20 noviembre.

Cuarta. Inadmisión a trámite de solicitudes.

La autoridad competente para resolver inadmitirá a trámite las solicitudes relativas a los procedimientos regulados en esta Ley, en los siguientes supuestos:

1. Falta de legitimación del solicitante, o insuficiente acreditación de la representación.

2. Presentación de la solicitud fuera del plazo legalmente establecido.

3. Cuando se trate de reiteración de una solicitud ya denegada, siempre que las circunstancias que motivaron la denegación no hayan variado.

4. Cuando conste un procedimiento administrativo sancionador contra el solicitante en el que pueda proponerse la expulsión o cuando se haya decretado en contra del mismo una orden de expulsión, judicial o administrativa.

5. Cuando el solicitante tenga prohibida su entrada en España.

6. Cuando se trate de solicitudes manifiestamente carentes de fundamento.

7. Cuando se refieran a extranjeros que se encontrasen en España en situación irregular, salvo que pueda encontrarse en uno de los supuestos del artículo 31, apartado 3.

8. Cuando dicha solicitud no sea realizada personalmente y dicha circunstancia sea exigida por Ley.

✐ Disposición añadida por el ap. 39 del art. 1 de la LO 14/2003, de 20 noviembre.

Quinta. Acceso a la información y colaboración entre Administraciones públicas.

1. En el cumplimiento de los fines que tienen encomendadas, y con pleno respeto a la legalidad vigente, las Administraciones públicas, dentro de su ámbito competencial, colaborarán en la cesión de datos relativos a las personas que sean consideradas interesados en los procedimientos regulados en esta Ley Orgánica y sus normas de desarrollo.

2. Para la exclusiva finalidad de cumplimentar las actuaciones que los órganos de la Administración General del Estado competentes en los procedimientos regulados en esta Ley Orgánica y sus normas de desarrollo tienen encomendadas, la Agencia Estatal de Administración Tributaria, la Tesorería General de la Seguridad Social y el Instituto Nacional de Estadística, este último en lo relativo al Padrón Municipal de Habitantes, facilitarán a aquéllos el acceso directo a los ficheros en los que obren datos que hayan de constar en dichos expedientes, y sin que sea preciso el consentimiento de los interesados, de acuerdo con la legislación sobre protección de datos.

✐ Disposición añadida por el ap. 40 del art. 1 de la LO 14/2003, de 20 noviembre.

Sexta. Acuerdos de readmisión.

A los extranjeros que, en virtud de los acuerdos que regulen la readmisión de las personas en situación irregular suscritos por España, deban ser entregados o enviados a los países de los que sean nacionales o desde los que se hayan trasladado hasta el territorio español, les será de aplicación lo dispuesto en los citados acuerdos y esta Ley, así como su normativa de desarrollo.

✐ Disposición añadida por el ap. 41 del art. 1 de la LO 14/2003, de 20 noviembre.

Séptima. Delimitación del Espacio Schengen.

A los efectos de lo dispuesto en esta Ley, se entenderá por Espacio Schengen el conjunto de los territorios de los Estados a los que se apliquen plenamente las disposiciones relativas a la supresión de controles en las fronteras interiores y circulación de personas, previstas en el título II del Convenio para la aplicación del Acuerdo de Schengen, de 19 de junio de 1990.

✐ Disposición añadida por el ap. 42 del art. 1 de la LO 14/2003, de 20 noviembre.

Octava. Ayudas al retorno voluntario.

El Gobierno contemplará anualmente la financiación de programas de retorno voluntario de las personas que así lo soliciten y planteen proyectos que supongan su reasentamiento en la sociedad de la que partieron y siempre que los mismos sean de interés para aquella comunidad.

✐ Disposición añadida por el ap. 43 del art. 1 de la LO 14/2003, de 20 noviembre.

DISPOSICIONES TRANSITORIAS

Primera. Regularización de extranjeros que se encuentren en España.

El Gobierno, mediante Real Decreto, establecerá el procedimiento para la regularización de los extranjeros que se encuentren en territorio español antes del día 1 de junio de 1999 y que acrediten haber solicitado en alguna ocasión permiso de residencia o trabajo o que lo hayan tenido en los tres últimos años.

Segunda. Validez de los permisos vigentes.

Los distintos permisos o tarjetas que habilitan para entrar, residir y trabajar en España a las personas incluidas en el ámbito de aplicación de la Ley que tengan validez a la entrada en vigor de la misma, la conservarán por el tiempo para el que hubieren sido expedidas.

Tercera. Normativa aplicable a procedimientos en curso.

Los procedimientos administrativos en curso se tramitarán y resolverán de acuerdo con la normativa vigente en el momento de la iniciación, salvo que el interesado solicite la aplicación de la presente Ley.

DISPOSICIÓN DEROGATORIA

Única. Derogación normativa.

Queda derogada la Ley Orgánica 7/1985, de 1 de julio, sobre derechos y libertades de los extranjeros en España, y cuantas disposiciones se opongan a lo establecido en esta Ley.

⇒ Téngase en cuenta el art. segundo de la LO 14/2003, que dice lo siguiente:

«Artículo 2. Modificación del apartado 1 de la disposición derogatoria única de la Ley Orgánica 8/2000, de 22 de diciembre.

Se modifica el apartado 1 de la disposición derogatoria única de la Ley Orgánica 8/2000, de 22 de diciembre, que queda redactado de la siguiente forma:

"1. Quedan derogadas todas las normas de igual o inferior rango en lo que contradigan o se opongan a esta Ley y, en especial, el apartado 4 del artículo único del Real Decreto 864/2001, de 20 de julio, por el que se aprueba el Reglamento de ejecución de la Ley Orgánica 4/2000, de 11 de enero, sobre Derechos y Libertades de los Extranjeros en España y su Integración Social, modificada por la Ley Orgánica 8/2000, de 22 de diciembre"».

DISPOSICIONES FINALES

Primera. Modificación del artículo 312 del Código Penal.

El apartado 1 del artículo 312 del Código Penal queda redactado de la forma siguiente:

«Artículo 312.

1. Serán castigados con las penas de prisión de dos a cinco años y multa de seis a doce meses, los que trafiquen de manera ilegal con mano de obra».

Segunda. Inclusión de un nuevo Título XV bis en el Código Penal.

Se introduce un nuevo Título XV bis con la siguiente redacción:

«Título XV bis. Delitos contra los derechos de los ciudadanos extranjeros.

Artículo 318 bis.

1. Los que promuevan, favorezcan o faciliten el tráfico ilegal de personas desde, en tránsito o con destino a España serán castigados con las penas de prisión de seis meses a tres años y multa de seis a doce meses.

2. Los que realicen las conductas descritas en el apartado anterior con ánimo de lucro, o empleando violencia, intimidación o engaño o abusando de una situación de necesidad de la víctima, serán castigados con las penas de prisión de dos a cuatro años y multa de doce a veinticuatro meses.

3. Se impondrán las penas correspondientes en su mitad superior a las previstas en los apartados anteriores, cuando en la comisión de los hechos se hubiere puesto en peligro la vida, la salud o la integridad de las personas o la víctima sea menor de edad.

4. En las mismas penas del apartado anterior y además en la inhabilitación absoluta de seis a doce años incurrirán los que realicen los hechos prevaliéndose de su condición de autoridad, agente de ésta o funcionario público.

5. Se impondrán las penas superiores en grado a las previstas en los apartados anteriores, en sus respectivos casos, cuando el culpable perteneciere a una organización o asociación, incluso de carácter transitorio que se dedicare a la realización de tales actividades».

Tercera. Modificaciones en los artículos 515, 517 y 518 del Código Penal.

1. Se añade un nuevo apartado 6º en el artículo 515 con la siguiente redacción:

«6º Las que promuevan el tráfico ilegal de personas».

2. Se modifica el primer párrafo del artículo 517, que quedará redactado de la siguiente forma:

«En los casos previstos en los números 1º y 3º al 6º del artículo 515 se impondrán las siguientes penas:».

3. Se modifica el artículo 518, que quedará redactado de la siguiente forma:

«Los que con su cooperación económica o de cualquier otra clase, en todo caso relevante, favorezcan la fundación, organización o actividad de las asociaciones comprendidas en los números 1 y 3 al 6 del artículo 515, incurrirán en la pena de prisión de uno a tres años, multa de doce a veinticuatro meses, e inhabilitación para empleo o cargo público por tiempo de uno a cuatro años».

Cuarta. Artículos no orgánicos.

Los preceptos contenidos en los artículos 10, 12, 13 y 14 no tienen carácter orgánico, habiendo sido dictados en ejercicio de lo dispuesto en el artículo 149.1.2ª de la Constitución.

Quinta. Apoyo al sistema de información de Schengen.

El Gobierno, en el marco de lo previsto en el Convenio de aplicación del Acuerdo de Schengen, adoptará cuantas medidas fueran precisas para mantener la exactitud y la actualización de los datos del sistema de información de Schengen, facilitando el ejercicio del derecho a la rectificación o supresión de datos a las personas cuyos datos figuren en el mismo.

Sexta. Reglamento de la Ley.

El Gobierno en el plazo de seis meses aprobará el Reglamento de esta Ley Orgánica.

⇒ Reglamento aprobado por RD 2393/2004, de 30 diciembre (§39.2).

Séptima. Información sobre la Ley a organismos y organizaciones interesados.

Desde el momento de la entrada en vigor de esta Ley, el Gobierno adoptará las medidas necesarias para informar a los funcionarios de las diversas Administraciones públicas, a los directivos de asociaciones de inmigrantes, a los Colegios de Abogados, a los sindicatos y a las organizaciones no gubernamentales de los cambios que sobre la aplicación de la normativa anterior supone la aprobación de esta Ley Orgánica.

Octava. Habilitación de créditos.

El Gobierno dictará las disposiciones necesarias para hacer frente a los gastos originados por la aplicación y desarrollo de la presente Ley.

Novena. Entrada en vigor.

Esta Ley Orgánica entrará en vigor a los veinte días de su completa publicación en el «Boletín Oficial del Estado».

§ 39.2 REAL DECRETO 2393/2004, DE 30 DICIEMBRE. APRUEBA EL REGLAMENTO DE LA LEY ORGÁNICA 4/2000, DE 11 ENERO, SOBRE DERECHOS Y LIBERTADES DE LOS EXTRANJEROS EN ESPAÑA Y SU INTEGRACIÓN SOCIAL

(BOE núm. 6, de 7 enero 2005; rect. BOE núm. 130, de 1 junio 2005 [RCL 2005, 29 y 1110])

La Ley Orgánica 14/2003, de 20 de noviembre, por la que se reforma la Ley Orgánica 4/2000, de 11 de enero, sobre derechos y libertades de los extranjeros en España y su integración social, establece en su disposición final tercera el mandato al Gobierno para que adapte a sus previsiones el Reglamento de ejecución de la citada Ley Orgánica 4/2000, de 11 de enero.

En cumplimiento del mencionado mandato, este Real Decreto se aprueba, en primer lugar, con un altísimo grado de concertación entre diferentes fuerzas políticas, agentes sociales y organizaciones no gubernamentales. Todos ellos han participado a través de sus aportaciones y, de manera especialmente destacable, sindicatos y empresarios, quienes a través del proceso de negociación han mostrado su conformidad con el conjunto de la regulación laboral de la inmigración contenida en esta norma. En segundo lugar, el texto normativo es coherente en su forma y en su fondo con el marco jurídico de referencia, que no se limita a la Ley Orgánica 4/2000, de 11 de enero, sobre derechos y libertades de los extranjeros en España y su integración social, sino que incorpora al ordenamiento jurídico español tanto el acervo de la Unión Europea sobre la materia, como el nuevo reparto de competencias resultante de la asunción, por parte del Ministerio de Trabajo y Asuntos Sociales, del desarrollo de las políticas del Gobierno en materia de extranjería e inmigración, a través de la Secretaría de Estado de Inmigración y Emigración. En tercer lugar, el Reglamento es fruto del esfuerzo por priorizar la inmigración legal, a lo que se añaden nuevos instrumentos para perseguir más eficazmente la inmigración irregular.

Con el fin de adaptar su contenido a lo dispuesto por la Directiva 2003/9/CE del Consejo, de 27 de enero de 2003, por la que se aprueban normas mínimas para la acogida de los solicitantes de asilo en los Estados miembros, así como para asegurar la coherencia entre la regulación de la autorización de permanencia por razones humanitarias contenida en la legislación de asilo y la autorización de residencia por circunstancias excepcionales prevista en el marco general de la legislación de extranjería, se modifican algunos aspectos del Reglamento de aplicación de la Ley 5/1984, de 26 de marzo, Reguladora del Derecho de Asilo y de la Condición de Refugiado, aprobado por el Real Decreto 203/1995, de 10 de febrero.

El Reglamento consta de 13 títulos, distribuidos en 165 artículos y 18 disposiciones adicionales. La nueva estructura responde a la necesidad de una ordenación sistemática, más adecuada a la realidad y, por lo tanto, más accesible para sus destinatarios. Los procedimientos, tanto los que regulan la concesión de autorizaciones como los previstos por el régimen sancionador, tienen como finalidad incorporar mayores garantías a los ciudadanos y, consecuentemente, reducir el ámbito de decisión discrecional de la Administración.

Desde un punto de vista material, el Reglamento incorpora importantes novedades en cuanto a los requisitos y circunstancias que pueden dar lugar a la autorización de un extranjero para residir y trabajar en España. El objetivo de las reformas es doble. Por un lado, agilizar las autorizaciones basadas en vacantes para las que los empresarios no encuentran trabajadores residentes, y, por otro lado, aumentar el control en la concesión de dichas autorizaciones.

En la arquitectura del sistema migratorio actual, la admisión de nuevos inmigrantes en nuestro país está fundamentalmente basada en la necesidad de cobertura de puestos de trabajo y, salvo en los supuestos previstos por circunstancias excepcionales y por el paso desde una situación de residencia o de estancia por investigación o estudios a una autorización de residencia y trabajo, los inmigrantes que quieran desarrollar una actividad laboral deberán venir en origen con un visado que les habilite para trabajar o para buscar un empleo.

Sin embargo, ante la elevada cifra de extranjeros que hoy se hallan en territorio español y carecen de autorización, los cauces estables de admisión de trabajadores deben exceptuarse temporalmente para contemplar una medida de normalización de la situación de dichos extranjeros vinculada, en todo caso, a una futura relación laboral. Así, durante un período de tres meses a partir de la entrada en vigor del real decreto, se posibilitará que puedan obtener una autorización inicial de residencia y trabajo por cuenta ajena aquellos extranjeros que puedan demostrar que cumplen las condiciones establecidas en la disposición transitoria tercera. Para garantizar que este proceso se ciñe a quienes tengan una vinculación cierta y comprobable con el mercado de trabajo, se exigirá, salvo en el servicio doméstico por horas, que sean los propios empleadores los que presenten la solicitud de autorización y los que presenten el contrato que les vinculará con el extranjero cuya regularización se pretende.

Concluido el proceso de normalización, los únicos mecanismos de acceso a una autorización de residencia serán los establecidos de manera estable en el Reglamento. Dentro de la regulación permanente, en el ámbito del tratamiento de la inmigración legal y la regulación de los flujos migratorios, se ha reformulado la determinación de la situación nacional de empleo para convertirlo en un diagnóstico del mercado laboral más riguroso y más efectivo. En este sentido, el hecho de que tanto las Comunidades Autónomas como los agentes sociales informen directa y previamente a las decisiones sobre los catálogos de ocupaciones de difícil cobertura, contribuirá a que se ofrezca una perspectiva más cercana a la realidad del mercado de trabajo.

En los diferentes procedimientos de autorización de residencia y trabajo, el inicio de la relación laboral, comprobado a través de la afiliación y el alta del trabajador en la Seguridad Social, adquiere un carácter de control frente a las ofertas ficticias. Con estas prevenciones se podrá evitar que puedan solicitar y obtener autorizaciones quienes no tienen una verdadera intención de iniciar una relación laboral.

Basado en estos diagnósticos, y de nuevo con el concurso de las Comunidades Autónomas y de los agentes sociales, el acuerdo de contingente adquiere el carácter de instrumento regulador de contrataciones programadas para las que se prevé una mayor flexibilidad. Anualmente se aprobará el instrumento jurídico que concrete, entre otras circunstancias, cómo será el proceso de solicitud y cómo se articulará la concesión de los visados para la búsqueda de empleo. La adaptabilidad a las circunstancias del contingente contribuirá a la superación de una simple cifra estimativa, para convertirse en un concepto que engloba desde las posibilidades de formación y selección en origen hasta una posterior intervención social que facilite la integración de los trabajadores.

Por lo que se refiere al control de la inmigración irregular, a lo largo de toda la regulación se aumentan las prevenciones para evitar que los instrumentos legales se utilicen en fraude de ley, de manera que los procedimientos destinados a la canalización de la inmigración legal, como el régimen de autorización inicial de residencia y trabajo por cuenta ajena o el contingente, no puedan ser utilizados como mecanismo de regularización encubierta de personas que se hallan en España en situación irregular.

Dentro del régimen de infracciones y sanciones, se ha pretendido potenciar la eficacia de los mecanismos legales de sanción, incluidos los diferentes supuestos de repatriación, al tiempo que se ofrecen mayores garantías a aquellas personas a las que se les ha incoado un procedimiento sancionador o se hallan privadas de libertad en centros de internamiento.

En cuanto a los procedimientos administrativos, con la finalidad de ofrecer la máxima transparencia y acelerar la tramitación, al tiempo que se consigue una mejor coordinación de los ministerios implicados, se va a propiciar la utilización de una aplicación informática común para todos los departamentos que intervienen en un momento u otro de la tramitación. En efecto, el Ministerio de Administraciones Públicas, el Ministerio de Asuntos Exteriores y de Cooperación, el Ministerio del Interior y, como encargado de desarrollar la política de inmigración del Gobierno, el Ministerio de Trabajo y Asuntos Sociales, participan conjuntamente del esfuerzo por aumentar los controles para evitar la inmigración irregular, por facilitar la entrada de inmigrantes legales autorizados y por elevar las garantías para los administrados, y asumen otras nuevas tareas que se suman a sus anteriores responsabilidades.

Junto con el papel de la Administración General del Estado, es igualmente destacable el aumento de la participación de Comunidades Autónomas, ayuntamientos y agentes sociales, estos últimos a través de la Comisión Laboral Tripartita de Inmigración. Todos ellos vienen asumiendo tareas relacionadas con la atención a los inmigrantes y, consecuentemente, obtienen una participación acorde con esas tareas dentro de los diferentes procesos referidos al ámbito de la inmigración.

En su virtud, a propuesta de los Ministros de Asuntos Exteriores y de Cooperación, del Interior, de Trabajo y Asuntos Sociales y de Administraciones Públicas, de acuerdo con el Consejo de Estado y previa deliberación del Consejo de Ministros en su reunión del día 30 de diciembre de 2004, dispongo:

Artículo único. Aprobación y ámbito de aplicación del Reglamento.

1. Se aprueba el Reglamento de la Ley Orgánica 4/2000, de 11 de enero, sobre derechos y libertades de los extranjeros en España y su integración social, cuyo texto se inserta a continuación.

2. Las normas del Reglamento de la Ley Orgánica 4/2000, de 11 de enero, sobre derechos y

libertades de los extranjeros en España y su integración social, se aplicarán con carácter supletorio, o a los efectos que pudieran ser más favorables, a los nacionales de los Estados miembros de la Unión Europea y a las demás personas incluidas en el ámbito del Real Decreto 178/2003, de 14 de febrero, sobre entrada y permanencia en España de nacionales de los Estados miembros de la Unión Europea y otros Estados parte en el Acuerdo sobre el Espacio Económico Europeo. Asimismo, las normas del Reglamento de la Ley Orgánica 4/2000, de 11 de enero, se aplicarán con carácter supletorio a quienes sea de aplicación la Ley 5/1984, de 26 de marzo, Reguladora del Derecho de Asilo y de la Condición de Refugiado, modificada por la Ley 9/1994, de 19 de mayo.

DISPOSICIONES TRANSITORIAS

Primera. Validez de permisos, autorizaciones o tarjetas en vigor.

Los distintos permisos, autorizaciones o tarjetas que habilitan para entrar, residir y trabajar en España, concedidos a las personas incluidas en el ámbito de aplicación del Reglamento que se aprueba mediante este Real Decreto y que tengan validez en la fecha de su entrada en vigor del mismo, conservarán dicha validez durante el tiempo para el que hubieran sido expedidos.

Segunda. Solicitudes presentadas con anterioridad a la entrada en vigor del Reglamento.

Las solicitudes presentadas con anterioridad a la entrada en vigor del Reglamento que se aprueba se tramitarán y resolverán conforme a la normativa vigente en la fecha de su presentación, salvo que el interesado solicite la aplicación de lo dispuesto en dicho Reglamento y siempre que se acredite el cumplimiento de los requisitos exigidos en él para cada tipo de solicitud.

Tercera. Proceso de normalización.

⇒ Vid. la Orden PRE/140/2005, de 2 febrero, que desarrolla el proceso de normalización previsto en esta disposición transitoria.

1. En el plazo de tres meses desde la entrada en vigor del Reglamento de la Ley Orgánica 4/2000, de 11 de enero, sobre derechos y libertades de los extranjeros en España y su integración social, los empresarios o empleadores que pretendan contratar a un extranjero podrán solicitar que se le otorgue una autorización inicial de residencia y trabajo por cuenta ajena, siempre y cuando se cumplan las siguientes condiciones:

a) Que el trabajador figure empadronado en un municipio español, al menos, con seis meses de anterioridad a la entrada en vigor del Reglamento de la Ley Orgánica 4/2000, de 11 de enero, sobre derechos y libertades de los extranjeros en España y su integración social, y se encuentre en España en el momento de realizar la solicitud.

b) Que el empresario o empleador haya firmado con el trabajador un contrato de trabajo cuyos efectos estarán condicionados a la entrada en vigor de la autorización de residencia y trabajo solicitada.

En el contrato de trabajo, el empresario se comprometerá, con independencia de la modalidad contractual y el tipo de contrato utilizado, al mantenimiento de la prestación laboral por un período mínimo de seis meses, salvo en el sector agrario, en el que el período mínimo será de tres meses.

En los sectores de la construcción y la hostelería, el cumplimiento del compromiso de mantenimiento de la prestación laboral de seis meses podrá llevarse a cabo dentro de un período máximo de doce meses.

Cuando los contratos de trabajo sean a tiempo parcial, el período de prestación laboral se incrementará proporcionalmente a la reducción sobre la jornada ordinaria pactada en dicho contrato, en los términos que establezca el Ministerio de Trabajo y Asuntos Sociales.

c) Que se cumplan los requisitos previstos en el artículo 50 del Reglamento de la Ley Orgánica 4/2000, de 11 de enero, sobre derechos y libertades de los extranjeros en España y su integración social, para el otorgamiento de una autorización para trabajar, con excepción de lo dispuesto en sus párrafos a), b) y g).

2. Con sujeción a los requisitos establecidos en los párrafos a) y c) del apartado anterior, y en idéntico plazo al establecido en éste, podrán solicitar igualmente la concesión de una autorización inicial de residencia y trabajo los extranjeros que pretendan desarrollar su actividad en el ámbito del servicio del hogar familiar, trabajando parcialmente y de manera simultánea para más de un titular del hogar familiar. Para ello deberán acreditar que reúnen los requisitos previstos por la legislación aplicable a los efectos del alta en el correspondiente régimen de Seguridad Social como empleados del hogar discontinuos y que van a realizar un número de horas de trabajo semanales no inferior a treinta, en el cómputo global. Las prestaciones laborales concertadas a estos efectos deberán de abarcar un período mínimo de actividad de seis meses. Los extranjeros que puedan desarrollar una actividad en el servicio

del hogar familiar a tiempo completo para un solo empleador podrán obtener la autorización de conformidad con el apartado 1 de esta disposición, siempre que cumplan los requisitos establecidos en ella.

3. Sin perjuicio de lo establecido en la disposición adicional tercera de la Ley Orgánica 4/2000, de 11 de enero, y la disposición adicional cuarta de su Reglamento, el Ministerio de Administraciones Públicas podrá habilitar, mediante instrumentos adecuados previstos en la legislación vigente, otras oficinas públicas para la presentación de las solicitudes.

4. Las solicitudes basadas en lo dispuesto por esta disposición transitoria se tramitarán con carácter preferente. La presentación de la solicitud supondrá el archivo de oficio de cualquier otra solicitud de residencia o de residencia y trabajo para el mismo extranjero presentada con anterioridad.

5. La autoridad competente, a la vista de la documentación presentada, resolverá de forma motivada y notificará al empresario o empleador, en los casos del apartado 1, y al propio trabajador extranjero, en los casos del apartado 2, la resolución sobre la autorización de residencia y trabajo solicitada. Cuando la resolución fuese favorable, la autorización concedida estará condicionada a que, en el plazo de un mes desde la notificación, se produzca la afiliación y/o alta del trabajador en la Seguridad Social. La notificación surtirá efectos para que se proceda al abono de las tasas correspondientes. Resultará de aplicación lo dispuesto en la disposición adicional primera de la Ley Orgánica 4/2000, de 11 de enero, a los efectos del plazo para la resolución de las solicitudes.

6. Cumplida la condición de afiliación y/o alta, la autorización comenzará su período de vigencia, que será de un año. Transcurrido el plazo de un mes desde la notificación de la autorización sin que se haya cumplido la condición señalada, la autorización quedará sin efecto. En este caso, se requerirá al empresario o empleador, en los casos del apartado 1, y al propio trabajador extranjero, en los casos del apartado 2, para que indique las razones por las que no se ha iniciado la relación laboral, con la advertencia de que, si no alegase ninguna justificación o si las razones aducidas se considerasen insuficientes, podrán denegarse ulteriores solicitudes de autorización que presente.

7. Durante el mes inmediatamente posterior a la entrada en vigor de la autorización, el extranjero deberá solicitar la tarjeta de identidad de extranjero, que será expedida por el plazo de validez de la autorización.

8. La concesión de la autorización determinará el archivo de los expedientes de expulsión pendientes de resolución, así como la revocación de oficio de las órdenes de expulsión que hayan recaído sobre el extranjero titular de la autorización, cuando el expediente o la orden de expulsión correspondiente esté basada en las causas previstas en el artículo 53.a) y b) de la Ley Orgánica 4/2000, de 11 de enero, sobre derechos y libertades de los extranjeros en España y su integración social. La denegación de la autorización implicará la continuación de los expedientes de expulsión y la ejecución de las órdenes de expulsión dictadas.

DISPOSICIÓN DEROGATORIA

Única. Derogación normativa.

Queda derogado el Reglamento de ejecución de la Ley Orgánica 4/2000, de 11 de enero, sobre derechos y libertades de los extranjeros en España y su integración social, aprobado por el Real Decreto 864/2001, de 20 de julio, y cuantas otras disposiciones, de igual o inferior rango, se opongan a lo dispuesto en este Real Decreto.

DISPOSICIONES FINALES

Primera. Desarrollo normativo.

Se autoriza a los Ministros de Asuntos Exteriores y de Cooperación, del Interior, de Trabajo y Asuntos Sociales, y de Administraciones Públicas para dictar, en el ámbito de sus respectivas competencias y, en su caso, previo informe de la Comisión Interministerial de Extranjería, las normas que sean necesarias para la ejecución y desarrollo de lo dispuesto en este Real Decreto. En el supuesto de que las materias no sean objeto de la exclusiva competencia de cada uno de ellos, la ejecución y desarrollo de lo dispuesto en este Real Decreto se llevará a cabo mediante orden del Ministro de la Presidencia, a propuesta conjunta de los ministerios afectados, previo informe de la Comisión Interministerial de Extranjería.

Segunda. Aplicación informática para la tramitación de procedimientos.

Los ministerios que intervienen en la tramitación de expedientes de extranjería pondrán en funcionamiento, en el plazo máximo de un año a partir de la entrada en vigor de este Real Decreto, una aplicación informática común coordinada por el Ministerio de Administraciones Públicas y con acceso de los demás ministerios implicados.

Sin perjuicio de otras utilidades, la aplicación deberá permitir:

a) La introducción y modificación de datos e informes por parte de cada departamento ministerial competente, en los exclusivos ámbitos de su competencia, en cada fase de la tramitación de los expedientes de extranjería.

b) La comunicación entre cualquiera de los implicados, para conocer el estado de tramitación del expediente y posibilitar su continuación.

c) La consulta en tiempo real tanto de los expedientes en trámite, sin posibilidad de modificación, como de los expedientes concluidos, por parte de los organismos competentes de los distintos departamentos ministeriales, incluidas las misiones diplomáticas u oficinas consulares. En cada departamento ministerial se establecerán, en función de las necesidades, diferentes niveles de acceso para consulta de las informaciones contenidas en la aplicación informática. En la medida que quede garantizada la protección de datos de carácter personal y que las condiciones técnicas lo permitan, se procurará facilitar la consulta por parte del interesado, a través de conexiones de Internet, del estado de tramitación de las solicitudes de autorización de residencia o de residencia y trabajo.

d) La obtención de datos actualizados para el cumplimiento de las funciones de observación permanente de las magnitudes y características más significativas del fenómeno inmigratorio, para analizar su impacto en la sociedad española y facilitar información objetiva y contrastada que evite o dificulte la aparición de corrientes xenófobas o racistas, de conformidad con lo dispuesto por el artículo 67 de la Ley Orgánica 4/2000, de 11 de enero, sobre derechos y libertades de los extranjeros en España y su integración social, y el Real Decreto 345/2001, de 4 de abril, por el que se regula el Observatorio Permanente de la Inmigración.

Tercera. Modificación del Reglamento de aplicación de la Ley 5/1984, de 26 de marzo, Reguladora del Derecho de Asilo y de la Condición de Refugiado, aprobado por el Real Decreto 203/1995, de 10 de febrero.

El Reglamento de aplicación de la Ley 5/1984, de 26 de marzo, Reguladora del Derecho de Asilo y de la Condición de Refugiado, aprobado por el Real Decreto 203/1995, de 10 de febrero, queda modificado en los siguientes términos:

Uno. Se modifica el párrafo c) del artículo 2.3, que queda redactado como sigue:

«c) Elevar al Ministro del Interior las propuestas de autorización de permanencia en España acordadas en el ámbito del artículo 17.2 de la Ley 5/1984, de 26 de marzo, Reguladora del Derecho de Asilo y de la Condición de Refugiado, de conformidad con lo previsto en los apartados 3 y 4 del artículo 31 de este Reglamento».

Dos. Se modifica el párrafo g) del artículo 3, que queda redactado como sigue:

«g) Someter a dicha comisión las propuestas de autorización de permanencia en España acordadas en el ámbito del artículo 17.2 de la Ley 5/1984, de 26 de marzo, Reguladora del Derecho de Asilo y de la Condición de Refugiado, de conformidad con lo previsto en los apartados 3 y 4 del artículo 31 de este Reglamento».

Tres. Se modifica el apartado 1 del artículo 15, que queda redactado como sigue:

«1. Los solicitantes de asilo, siempre que carezcan de medios económicos, podrán beneficiarse de servicios sociales, educativos y sanitarios que presten las Administraciones públicas competentes, dentro de sus medios y disponibilidades presupuestarias, para asegurar un nivel de vida adecuado que les permita subsistir. Las prestaciones otorgadas podrán modularse cuando la solicitud de asilo se encuentre pendiente de admisión a trámite, y se garantizará, en todo caso, la cobertura de las necesidades básicas de los solicitantes de asilo. Con carácter general, el acceso a la educación, a la atención sanitaria, a la Seguridad Social y a los servicios sociales se regirán por lo dispuesto, respectivamente, en los artículos 9, 12 y 14 de la Ley Orgánica 4/2000, de 11 de enero, sobre derechos y libertades de los extranjeros en España y su integración social».

Cuatro. Se modifica el apartado 3 del artículo 15, que queda redactado como sigue:

«3. En la prestación de los servicios a los que se refiere el apartado 1 de este artículo se tendrá en cuenta la situación específica de las personas en las que concurra una especial vulnerabilidad, tales como menores, menores no acompañados, personas de edad avanzada, mujeres embarazadas, familias monoparentales con hijos menores y personas que hayan padecido torturas, violaciones u otras formas graves de violencia psicológica, física o sexual, conforme a las directrices contenidas en las recomendaciones internacionales que se ocupan de homologar el tratamiento a estos grupos de población desplazada o refugiada».

Cinco. Se modifica el apartado 2 del artículo 22, que queda redactado como sigue:

«2. No obstante lo previsto en el apartado anterior, al inadmitir a trámite una solicitud de asilo en frontera, el Ministro del Interior, en aplicación del artículo 17.2 de la Ley 5/1984, de 26 de marzo, Reguladora del Derecho de Asilo y de la Condición de Refugiado, podrá autorizar la entrada del extranjero y su permanencia en España en los términos previstos en los apartados 3 y 4 del artículo 31 de este Reglamento».

Seis. Se modifica el apartado 2 del artículo 23, que queda redactado como sigue:

«2. No obstante lo dispuesto en el apartado anterior, si el solicitante de asilo inadmitido reuniera los requisitos necesarios para permanecer en España con arreglo a la normativa de extranjería, o si se considerara que existen razones humanitarias conforme al artículo 17.2 de la Ley 5/1984, de 26 de marzo, Reguladora del Derecho de Asilo y de la Condición de Refugiado, el Ministro del Interior, a propuesta de la Comisión Interministerial de Asilo y Refugio, podrá autorizar su permanencia en España en los términos previstos en los apartados 3 y 4 del artículo 31 de este Reglamento».

Siete. Se modifica el artículo 30, que queda redactado como sigue:

«Artículo 30. Prestaciones sociales y económicas.

Si el refugiado careciese de trabajo o medios económicos para atender a sus necesidades y a las de su familia, podrá beneficiarse de lo previsto en el artículo 15 de este Reglamento y de los programas generales o especiales que se establezcan con la finalidad de facilitar su integración. A ellos podrán acogerse igualmente las personas cuya autorización de permanencia de España se haya acordado en virtud de lo dispuesto por el artículo 17.2 de la Ley 5/1984, de 26 de marzo, Reguladora del Derecho de Asilo y de la Condición de Refugiado, en los términos previstos en el artículo 31.3 de este Reglamento».

Ocho. Se modifica el apartado 3 del artículo 31, que queda redactado como sigue:

«3. El Ministro del Interior, a propuesta de la Comisión Interministerial de Asilo y Refugio, podrá autorizar la permanencia en España, conforme a lo previsto en el artículo 17.2 de la Ley 5/1984, de 26 de marzo, Reguladora del Derecho de Asilo y de la Condición de Refugiado, siempre que se aprecien motivos serios y fundados para determinar que el retorno al país de origen supondría un riesgo real para la vida o la integridad física del interesado.

Dicha autorización revestirá la forma de autorización de estancia. En el plazo de un mes, contado desde la notificación de la resolución, salvo retrasos por causa justificada, el interesado deberá solicitar la autorización de residencia temporal prevista en el apartado 3 del artículo 45 del Reglamento de la Ley Orgánica 4/2000, de 11 de enero, sobre derechos y libertades de los extranjeros en España y su integración social. Una vez solicitada esta autorización, la resolución del Ministro del Interior por la que se autoriza la permanencia del interesado en España surtirá efectos de autorización de trabajo y permitirá, en su caso, el alta del interesado en la Seguridad Social, hasta que recaiga resolución expresa sobre la solicitud formulada. Estas circunstancias se harán constar expresamente en la propia resolución del Ministro del Interior».

Nueve. Se modifica el apartado 4 del artículo 31, que queda redactado como sigue:

«4. Por razones humanitarias distintas de las señaladas en el apartado anterior, el Ministro del Interior, a propuesta de la Comisión Interministerial de Asilo y Refugio, podrá autorizar la permanencia del interesado en España y, en su caso, recomendar la concesión de una autorización de residencia conforme a lo previsto en el apartado 3 del artículo 45 del Reglamento de la Ley Orgánica 4/2000, de 11 de enero, sobre derechos y libertades de los extranjeros en España y su integración social, siempre y cuando la concurrencia de dichas razones humanitarias quede acreditada en el expediente de solicitud de asilo. Dicha autorización de permanencia revestirá la forma de autorización de estancia».

Diez. Se añade un nuevo apartado 5 al artículo 31, con la siguiente redacción:

«5. Si a la finalización de la autorización de estancia o residencia concedida mantuvieran su vigencia los motivos que la justificaron, el interesado podrá instar, según proceda, la renovación de la autorización de estancia o de residencia temporal. Cuando proceda y, en todo caso, en los supuestos del apartado 3 de este artículo, la autoridad competente para ello solicitará informe a la Comisión Interministerial de Asilo y Refugio sobre dicha vigencia. Transcurridos tres meses desde la fecha de solicitud de renovación sin que haya recaído resolución expresa, se entenderá concedida la renovación por silencio positivo.

Alternativamente, y siempre que cumpla los requisitos establecidos a este efecto, a excepción del visado, el interesado podrá obtener una autorización de residencia y trabajo, de la duración que corresponda en función del tiempo que haya residido y, en su caso, trabajado legalmente en España».

Cuarta. Entrada en vigor.

El presente Real Decreto y el Reglamento que por él se aprueba entrarán en vigor al mes de su publicación en el «Boletín Oficial del Estado», excepto lo dispuesto en el artículo 45.2.a) del Reglamento, que entrará en vigor a los seis meses de la entrada en vigor del propio Reglamento.

REGLAMENTO DE LA LEY ORGÁNICA 4/2000, DE 11 DE ENERO, SOBRE DERECHOS Y LIBERTADES DE LOS EXTRANJEROS EN ESPAÑA Y SU INTEGRACIÓN SOCIAL

TÍTULO I

RÉGIMEN DE ENTRADA Y SALIDA DE TERRITORIO ESPAÑOL

CAPÍTULO I

Puestos de entrada y salida

Artículo 1. Entrada por puestos habilitados.

1. Sin perjuicio de lo dispuesto por los convenios internacionales suscritos por España, el extranjero que pretenda entrar en territorio español deberá hacerlo por los puestos habilitados al efecto, hallarse provisto del pasaporte o documento de viaje en vigor que acredite su identidad y que se considere válido para tal fin, estar en posesión de un visado válido cuando éste sea exigible, y no estar sujeto a prohibiciones expresas. Asimismo, deberá presentar los documentos determinados en este Reglamento que justifiquen el objeto y condiciones de estancia, y acreditar la posesión de los medios de vida suficientes para el tiempo que pretenda permanecer en España o, en su caso, estar en condiciones de obtener legalmente dichos medios.

2. Excepcionalmente, las autoridades o los funcionarios responsables del control fronterizo podrán autorizar el cruce de fronteras, fuera de los puestos habilitados o de los días y horas señalados, a quienes se encuentren en los casos siguientes:

a) Las personas a las que les haya sido expedida una autorización extraordinaria para cruzar la frontera ante una necesidad concreta.

b) Los beneficiarios de acuerdos internacionales en tal sentido con países limítrofes.

3. Los marinos que estén en posesión de un documento de identidad de la gente del mar en vigor podrán circular mientras dure la escala del buque por el recinto del puerto o por las localidades próximas, en un entorno de 10 kilómetros, sin la obligación de presentarse en el puesto fronterizo, siempre que los interesados figuren en la lista de tripulantes del buque al que pertenezcan, sometida previamente a control y verificación de la identidad de los marinos por los funcionarios mencionados en el apartado 2. Podrá denegarse el derecho a desembarcar al marino que represente una amenaza para el orden público, la salud pública o la seguridad nacional, o a aquel en el que concurran circunstancias objetivas de las que pueda deducirse su incomparecencia en el buque antes de su partida.

Artículo 2. Habilitación de puestos.

1. De conformidad con el interés nacional y lo dispuesto en los convenios internacionales en los que España sea parte, la habilitación de un puesto en frontera terrestre se adoptará, previo acuerdo con las autoridades del país limítrofe correspondiente, mediante orden del Ministro de la Presidencia, a propuesta conjunta de los Ministros de Asuntos Exteriores y de Cooperación, de Economía y Hacienda y del Interior.

2. Cuando se trate de la habilitación de puestos en puertos o aeropuertos, la orden del Ministro de la Presidencia se adoptará a propuesta conjunta de los Ministros de Asuntos Exteriores y de Cooperación, de Economía y Hacienda y del Interior, previo informe favorable del departamento ministerial del que dependan el puerto o el aeropuerto.

Artículo 3. Cierre de puestos habilitados.

1. El cierre, con carácter temporal o indefinido, de los puestos habilitados para la entrada y la salida de España, se podrá acordar por orden del Ministro de la Presidencia, a propuesta de los Ministros competentes, cuando así resulte, bien de las disposiciones que deban regir a consecuencia de los estados de alarma, excepción o sitio, bien, en aplicación de leyes especiales, en supuestos en que lo requieran los intereses de la defensa nacional, la seguridad del Estado y la protección de la salud y seguridad de los ciudadanos, así como en supuestos de elevada presión migratoria irregular, sin perjuicio de la posibilidad de desconcentrar dicha competencia.

2. Podrá procederse al cierre o traslado de los puestos habilitados en supuestos distintos de los

previstos en el apartado anterior, siempre y cuando su ubicación resultara innecesaria o inconveniente, a través de los trámites previstos normativamente.

3. El cierre de los puestos habilitados deberá comunicarse a aquellos países con los que España tenga obligación de hacerlo como consecuencia de los compromisos internacionales suscritos con ellos.

CAPÍTULO II

Entrada: requisitos y prohibiciones

Artículo 4. Requisitos.

1. La entrada de cualquier extranjero en territorio español estará condicionada al cumplimiento de los siguientes requisitos:

a) Titularidad del pasaporte o documentos de viaje a los que se refiere el artículo siguiente.

b) Titularidad del correspondiente visado, en los términos establecidos en el artículo 6.

c) Justificación del objeto y las condiciones de la estancia en los términos establecidos en el artículo 7.

d) Acreditación, en su caso, de los medios económicos suficientes para su sostenimiento durante el período de permanencia en España, o de estar en condiciones de obtenerlos, así como para el traslado a otro país o el retorno al de procedencia, en los términos establecidos en el artículo 8.

e) Presentación, en su caso, de los certificados médicos a los que se refiere el artículo 9.

f) No estar sujeto a una prohibición de entrada, en los términos del artículo 10.

g) No suponer un peligro para la salud pública, el orden público, la seguridad nacional o las relaciones internacionales de España o de otros Estados con los que España tenga un convenio en tal sentido.

2. Se podrá autorizar la entrada en España de los extranjeros que no reúnan los requisitos establecidos en el apartado anterior cuando existan razones excepcionales de índole humanitaria, interés público o cumplimiento de compromisos adquiridos por España. En estos casos, se procederá a hacer entrega al extranjero de la resolución acreditativa de la autorización de entrada por cualquiera de estas causas.

Artículo 5. Documentación para la entrada.

1. Para acreditar su identidad, el extranjero que pretenda entrar en España deberá hallarse provisto de uno de los siguientes documentos:

a) Pasaporte, individual, familiar o colectivo, válidamente expedido y en vigor. Los menores de 16 años podrán figurar incluidos en el pasaporte de su padre, madre o tutor, cuando tengan la misma nacionalidad del titular del pasaporte y viajen con éste.

b) Título de viaje, válidamente expedido y en vigor.

c) Documento nacional de identidad, cédula de identificación o cualquier otro documento en vigor que acredite su identidad, que hayan sido considerados válidos para la entrada en territorio español, en virtud de compromisos internacionales asumidos por España.

2. Tanto los pasaportes como los títulos de viaje y demás documentos que se consideren válidos deberán estar expedidos por las autoridades competentes del país de origen o de procedencia de sus titulares o por las organizaciones internacionales habilitadas para ello por el derecho internacional y contener, en todo caso, datos suficientes para la determinación de la identidad y la nacionalidad de los titulares. Los pasaportes deberán permitir el retorno al país que los haya expedido.

3. Las misiones diplomáticas u oficinas consulares españolas, previa autorización expresa de la Dirección General de Asuntos y Asistencia Consulares del Ministerio de Asuntos Exteriores y de Cooperación, podrán expedir documentos de viaje y salvoconductos a extranjeros cuya protección internacional haya sido asumida por España en aplicación de la legislación española o para proceder a su evacuación hacia países con los que existan acuerdos de cooperación a tal efecto.

4. La admisión de pasaportes colectivos se ajustará a los convenios internacionales que sobre ellos existan o se concierten por España, y en ambos casos será preciso contar con el informe previo del Ministerio del Interior.

Artículo 6. Exigencia de visado.

1. Los extranjeros que se propongan entrar en territorio español deberán ir provistos del correspondiente visado, válidamente expedido y en vigor, extendido en sus pasaportes o documentos de viaje o, en su caso, en documento aparte, salvo lo dispuesto en el apartado siguiente.

2. Para estancias de hasta tres meses en un período de seis o para tránsitos de menos de cinco días, no necesitarán visado:

a) Los nacionales de países con los que se haya acordado su supresión, en la forma y condiciones establecidas en el acuerdo correspondiente.

b) Los extranjeros que tengan la condición de refugiados y estén documentados como tales por un país signatario del Acuerdo Europeo número 31, de 20 de abril de 1959, relativo a la exención de los visados para refugiados.

c) Los miembros de las tripulaciones de barcos de pasaje y comerciales extranjeros, cuando se hallen documentados con un documento de identidad de la gente del mar en vigor y sólo durante la escala del barco o cuando se encuentre en tránsito para embarcar hacia otro país.

d) Los miembros de las tripulaciones de aviones comerciales extranjeros que estén documentados como tales mediante la tarjeta de miembro de la tripulación durante la escala de su aeronave o entre dos escalas de vuelos regulares consecutivos de la misma compañía aérea a que pertenezca la aeronave.

e) Los extranjeros titulares de una autorización de residencia, una autorización provisional de residencia o una tarjeta de acreditación diplomática, expedidos por las autoridades de otro Estado con el que España haya suscrito un acuerdo internacional que contemple esta posibilidad. Estas autorizaciones habrán de tener una vigencia mínima igual al plazo de estancia, o de la duración del tránsito, previsto en el momento de solicitar la entrada.

3. No precisarán visado para entrar en territorio español los extranjeros titulares de una tarjeta de identidad de extranjero, de una tarjeta de estudiante extranjero, de una tarjeta de acreditación diplomática, o de la autorización de regreso prevista en el artículo 18 ni los titulares de una tarjeta de trabajador transfronterizo respecto a la entrada en el territorio español que forma frontera con el país del trabajador, siempre que las autorizaciones que acreditan dichos documentos hayan sido expedidas por las autoridades españolas y estén vigentes en el momento de solicitar la entrada.

Artículo 7. Justificación del objeto y condiciones de la entrada.

1. Los extranjeros deberán, si así se les requiere, especificar el motivo de su solicitud de entrada en España. Los funcionarios responsables del control de entrada en función, entre otras circunstancias, del objeto del viaje y de su duración podrán exigirles la presentación de documentos que justifiquen o establezcan la verosimilitud del motivo de entrada invocado.

2. A estos efectos, podrá exigirse la presentación, entre otros, de los siguientes documentos:

a) Para los viajes de carácter profesional:

1º La invitación de una empresa o de una autoridad expedida, en los términos fijados mediante Orden del Ministro de la Presidencia, a propuesta de los Ministros de Asuntos Exteriores y de Cooperación, del Interior y de Trabajo y Asuntos Sociales, para participar en reuniones de carácter comercial, industrial o vinculadas al servicio.

2º Documentos de los que se desprenda que existen relaciones comerciales o vinculadas al servicio.

3º Tarjetas de acceso a ferias y congresos.

b) Para los viajes de carácter turístico o privado:

1º Documento justificativo del establecimiento de hospedaje o carta de invitación de un particular, expedida en los términos fijados mediante orden del Ministro de la Presidencia, a propuesta de los Ministros de Asuntos Exteriores y de Cooperación, del Interior y de Trabajo y Asuntos Sociales. En ningún caso, la carta de invitación suplirá la acreditación por el extranjero de los demás requisitos exigidos para la entrada.

2º Confirmación de la reserva de un viaje organizado.

3º Billete de vuelta o de circuito turístico.

c) Para los viajes por otros motivos:

1º Invitaciones, reservas o programas.

2º Certificados de participación en eventos relacionados con el viaje, tarjetas de entrada o recibos.

3. Los extranjeros que soliciten la entrada, para justificar la verosimilitud del motivo invocado, podrán presentar cualquier documento o medio de prueba que, a su juicio, justifique la verosimilitud de los motivos de entrada manifestados.

Artículo 8. Acreditación de medios económicos.

El extranjero deberá acreditar, en el momento de la entrada, que dispone de recursos económicos o medios de vida suficientes para su sostenimiento y el de las personas a su cargo que viajen con él, durante el período de permanencia en España, o que está en condiciones de obtener legalmente dichos medios, así como para cubrir el traslado a otro país o el retorno al país de procedencia. Mediante Orden del Ministro de la Presidencia, a propuesta de los Ministros de Asuntos Exteriores y de Cooperación, del Interior y de Trabajo y Asuntos Sociales, se determinará la cuantía de los medios de vida exigibles a estos efectos, así como el modo de acreditar su posesión.

Artículo 9. Requisitos sanitarios.

Cuando así lo determine el Ministerio del Interior, de acuerdo con los Ministerios de Sanidad y Consumo y de Trabajo y Asuntos Sociales, todas aquellas personas que pretendan entrar en territorio español deberán presentar en los puestos fronterizos un certificado sanitario expedido en el país de procedencia por los servicios médicos que designe la misión diplomática u oficina consular española, o someterse a su llegada, en la frontera, a un reconocimiento médico por parte de los servicios sanitarios españoles competentes, para acreditar que no padecen ninguna de las enfermedades susceptibles de cuarentena previstas en el Reglamento sanitario internacional, así como en los compromisos internacionales sobre la materia suscritos por España, sin perjuicio de lo que se disponga, al efecto, por la normativa de la Unión Europea.

Artículo 10. Prohibición de entrada.

Se considerará prohibida la entrada de los extranjeros, y se les impedirá el acceso al territorio español, aunque reúnan los requisitos exigidos en los artículos precedentes, cuando:

a) Hayan sido previamente expulsados de España y se encuentren dentro del plazo de prohibición de entrada que se hubiera determinado en la resolución de expulsión, o cuando haya recaído sobre ellos una resolución de expulsión, salvo caducidad del procedimiento o prescripción de la infracción o de la sanción.

b) Hayan sido objeto de una medida de devolución y se encuentren dentro del plazo de prohibición de entrada que se hubiera determinado en el correspondiente acuerdo de devolución.

c) Se tenga conocimiento, por conductos diplomáticos, a través de Interpol o por cualquier otra vía de cooperación internacional, judicial o policial, de que se encuentran reclamados, en relación con causas criminales derivadas de delitos comunes graves, por las autoridades judiciales o policiales de otros países, siempre que los hechos por los que figuran reclamados constituyan delito en España y sin perjuicio de su detención, en los casos en que ésta proceda.

d) Hayan sido objeto de prohibición expresa de entrada, en virtud de resolución del Ministro del Interior, por sus actividades contrarias a los intereses españoles o a los derechos humanos o por sus notorias conexiones con organizaciones delictivas, nacionales o internacionales, u otras razones judiciales o administrativas que justifiquen la adopción de esta medida, sin perjuicio de su detención, en los casos en que ésta proceda.

e) Tengan prohibida la entrada en virtud de convenios internacionales en los que España sea parte, salvo que se considere necesario establecer una excepción por motivos humanitarios o de interés nacional.

Artículo 11. Forma de efectuar la entrada.

1. A su llegada al puesto habilitado para la entrada en España, los extranjeros acreditarán con carácter prioritario ante los funcionarios responsables del control que reúnen los requisitos previstos en los artículos de este capítulo para la obligada comprobación de éstos.

2. Si la documentación presentada fuera hallada conforme y no existe ninguna prohibición o impedimento para la entrada del titular, se estampará en el pasaporte o título de viaje el sello, signo o marca de control establecido, salvo que las leyes internas o los tratados internacionales en que España sea parte prevean la no estampación, con lo que, previa devolución de la documentación, quedará franco el paso al interior del país.

3. Si el acceso se efectúa con documento de identidad o de otra clase en los que no se pueda estampar el sello de entrada, el interesado deberá cumplimentar el impreso previsto para dejar constancia de la entrada, que deberá conservar en su poder y presentar junto a la documentación identificativa, si le fuese requerida.

Artículo 12. Declaración de entrada.

1. Tendrán la obligación de declarar la entrada personalmente ante las autoridades policiales españolas los extranjeros que accedan a territorio español procedentes de un Estado con el que España haya firmado un acuerdo de supresión de controles fronterizos.

2. Si no se hubiese efectuado en el momento de la entrada, dicha declaración deberá efectuarse

en el plazo de tres días hábiles a partir de aquélla, en cualquier comisaría del Cuerpo Nacional de Policía u Oficina de Extranjeros.

Artículo 13. Denegación de entrada.

1. Los funcionarios responsables del control denegarán la entrada en el territorio español a los extranjeros que no reúnan los requisitos establecidos en este capítulo. Dicha denegación se realizará mediante resolución motivada y notificada, con información acerca de los recursos que puedan interponerse contra ella, el plazo para hacerlo y la autoridad ante la que deban formalizarse, así como de su derecho a la asistencia letrada, que podrá ser de oficio en el caso de que el interesado carezca de recursos económicos suficientes y, en su caso, de intérprete, que comenzará en el momento de efectuarse el control en el puesto fronterizo.

2. Al extranjero al que le sea denegada la entrada en el territorio nacional por los funcionarios responsables del control, de conformidad con lo dispuesto en los acuerdos internacionales suscritos por España, se le estampará en el pasaporte un sello de entrada tachado con una cruz de tinta indeleble negra, y deberá permanecer en las instalaciones destinadas al efecto en el puesto fronterizo hasta que, con la mayor brevedad posible, retorne al lugar de procedencia o continúe viaje hacia otro país donde sea admitido.

Cuando existiesen acuerdos que regulen la readmisión de las personas en situación irregular suscritos por España, los funcionarios responsables del control, tras facilitar la información a la que se refiere el artículo 26.2 de la Ley Orgánica 4/2000, de 11 de enero, denegarán, en los términos previstos en los citados acuerdos, la entrada de las personas a las que les sean de aplicación, siempre que la denegación se produzca dentro del plazo previsto en los mismos.

✐ Párr. 2º añadido por art. único del Real Decreto 1019/2006, de 8 septiembre.

Artículo 14. Obligaciones de los transportistas de control de documentos.

1. Cuando embarquen, fuera del territorio de los países en los que esté en vigor el Convenio de aplicación del Acuerdo de Schengen, de 14 de junio de 1985, viajeros con destino o en tránsito al territorio español, la persona o las personas que al efecto designe la empresa de transportes deberán requerir a todos los extranjeros para que presenten sus pasaportes, títulos de viaje o documentos de identidad pertinentes, así como, en su caso, visado, todo ello para comprobar su validez y vigencia.

2. Los transportistas de viajeros por vía terrestre deberán adoptar las medidas que estimen oportunas para que se compruebe la documentación de todos los extranjeros que embarquen fuera del territorio de los países en los que esté en vigor el Convenio de aplicación del Acuerdo de Schengen, de 14 de junio de 1985. Tales comprobaciones podrán realizarse en las instalaciones de la estación o parada en la que se vaya a producir el embarque, a bordo del vehículo antes de iniciarse la marcha o, una vez iniciada, siempre que sea posible el posterior desembarque en una estación o parada situada fuera del territorio de los países en los que esté en vigor el Convenio de aplicación del Acuerdo de Schengen.

Cuando se constate que un extranjero no dispone de la documentación necesaria, no deberá ser admitido a bordo del vehículo y, si hubiera iniciado la marcha, deberá abandonarlo en la parada o lugar adecuado más próximos en el sentido de la marcha fuera del territorio de los países en los que esté en vigor el Convenio de aplicación del Acuerdo de Schengen.

En el caso de que el extranjero con documentación aparentemente deficiente decidiese embarcar o no abandonar el vehículo, el conductor o el acompañante, al llegar a la frontera exterior, deberán comunicar a los agentes encargados del control las deficiencias detectadas a fin de que adopten la decisión que resulte procedente.

Artículo 15. Obligaciones de los transportistas de remisión de información.

1. En los términos establecidos en el artículo 66.1 y 2 de la Ley Orgánica 4/2000, de 11 de enero, toda compañía, empresa de transporte o transportista deberá remitir a las autoridades españolas encargadas del control de la entrada la información sobre los pasajeros que vayan a ser trasladados, ya sea por vía aérea, marítima o terrestre, con independencia de que el transporte sea en tránsito o tenga como destino final al territorio español. Asimismo, las empresas de transporte deberán suministrar la información comprensiva del número de billetes de vuelta no utilizados por los pasajeros a los que previamente hubieran transportado a España.

2. Por resolución conjunta del Ministerio de Trabajo y Asuntos Sociales y del Ministerio del Interior, se determinarán las rutas procedentes de fuera del Espacio Schengen respecto de las cuales sea necesario remitir a las autoridades españolas encargadas del control de entrada, con la antelación suficiente, la información a la que se refiere el artículo 66.1 y 2 de la Ley Orgánica 4/2000, de 11 de enero, atendiendo a la intensidad de los flujos migratorios y con el objeto de combatir la inmigración ilegal y garantizar la seguridad pública. La resolución indicará, entre otros aspectos, el plazo y la forma en la que dicha información deba remitirse.

Artículo 16. Obligaciones de los transportistas en caso de denegación de entrada.

1. Si se negara la entrada en el territorio español a un extranjero por deficiencias en la documentación necesaria para el cruce de fronteras, el transportista que lo hubiera traído a la frontera por vía aérea, marítima o terrestre estará obligado a hacerse cargo de él inmediatamente. A petición de las autoridades encargadas del control de entrada, deberá llevar al extranjero al tercer Estado a partir del cual le hubiera transportado, al Estado que hubiese expedido el documento de viaje con el que hubiera viajado, o a cualquier otro tercer Estado donde se garantice su admisión, y un trato compatible con los derechos humanos. Esta misma obligación deberá asumir el transportista que haya trasladado a un extranjero en tránsito hasta una frontera del territorio español si el transportista que deba llevarlo a su país de destino se negara a embarcarlo, o si las autoridades de este último país le hubieran denegado la entrada y lo hubieran devuelto a la frontera española por la que ha transitado.

En los supuestos de transporte aéreo, se entenderá por sujeto responsable del transporte la compañía aérea o explotador u operador de la aeronave. La responsabilidad será solidaria en el caso de que se utilice un régimen de código compartido entre transportistas aéreos. En los casos en que se realicen viajes sucesivos mediante escalas, el responsable será el transportista aéreo que efectúe el último tramo de viaje hasta territorio español.

2. Las obligaciones de los transportistas en caso de denegación de entrada a las que se refiere este artículo, así como las de control de documentos y remisión de información a las que se refieren los dos artículos anteriores, serán igualmente aplicables a los supuestos de transporte aéreo o marítimo que se realice desde Ceuta o Melilla hasta cualquier otro punto del territorio español.

CAPÍTULO III

Salidas: requisitos y prohibiciones

Artículo 17. Requisitos.

1. En ejercicio de su libertad de circulación, los extranjeros podrán efectuar libremente su salida del territorio español, salvo en los casos previstos en el artículo 28.3 de la Ley Orgánica 4/2000, de 11 de enero, en los que la salida será obligatoria, y salvo en los supuestos previstos en el artículo 57.7 de dicha Ley Orgánica, en los que la salida requiere autorización judicial. Excepcionalmente, la salida podrá ser prohibida por el Ministro del Interior, de conformidad con el artículo 28.2 de dicha Ley Orgánica y con este Reglamento.

2. Las salidas mediante autorización judicial podrán ser instadas por las autoridades legalmente competentes, sin perjuicio del derecho de los extranjeros afectados a instar la salida por sí mismos.

3. A los efectos previstos en el apartado anterior y salvo en los casos en que lo impida el carácter secreto, total o parcial, del sumario, las unidades o servicios de policía judicial informarán a la Dirección General de la Policía y al Delegado o Subdelegado del Gobierno de aquellos supuestos en los que hubiera extranjeros incursos en procesos penales por delitos cometidos en España.

Artículo 18. Documentación. Plazos.

1. Todas las salidas voluntarias del territorio nacional deberán realizarse, cualquiera que sea la frontera que se utilice para tal fin, por los puestos habilitados y previa exhibición del pasaporte, título de viaje o documento válido para la entrada en el país.

2. También podrán realizarse las salidas, con documentación defectuosa o incluso sin ella, si no existiese prohibición ni impedimento alguno a juicio de los servicios policiales de control.

3. Los extranjeros en tránsito que hayan entrado en España con pasaporte o con cualquier otro documento al que se atribuyan análogos efectos habrán de abandonar el territorio español con tal documentación, y deberán hacerlo dentro del plazo para el que hubiese sido autorizado el tránsito, del establecido por los acuerdos internacionales relevantes o del plazo de validez de la estancia fijada en el visado.

4. Los que se encuentren en situación de estancia o de prórroga de estancia habrán de salir del territorio español dentro del tiempo de vigencia de dicha situación. Su ulterior entrada y permanencia en España habrán de someterse a los trámites establecidos.

5. Quienes disfruten de una autorización de residencia pueden salir y volver a entrar en territorio español cuantas veces lo precisen, mientras la autorización y el pasaporte o documento análogo se encuentren en vigor.

6. No obstante lo dispuesto en los apartados anteriores, se le expedirá al extranjero cuya autorización de residencia o autorización de estancia hubiera perdido vigencia, una autorización de regreso que le permita la salida de España y posterior retorno al territorio nacional dentro de un plazo no

superior a 90 días, siempre que el solicitante acredite que ha iniciado los trámites de renovación del título que le habilita para permanecer en España, dentro del plazo legal fijado al efecto. Cuando el viaje responda a una situación de necesidad, la autorización de regreso se tramitará con carácter preferente.

7. Cuando el extranjero acredite que el viaje responde a una situación de necesidad y concurran razones excepcionales, podrá expedirse la autorización de regreso referida en el apartado anterior si se ha resuelto favorablemente la solicitud inicial de autorización de residencia o de autorización de estancia para estudios y esté en trámite la expedición de la tarjeta de identidad de extranjero o de la tarjeta de estudiante.

Artículo 19. Forma de efectuar la salida.

1. A su salida del territorio español, los extranjeros presentarán a los funcionarios responsables del control en los puestos habilitados para ello la documentación señalada para su obligada comprobación.

2. Si la documentación fuera hallada conforme y no existiese ninguna prohibición o impedimento para la salida del titular o de los titulares, se estampará en el pasaporte o título de viaje el sello de salida, salvo que las leyes internas o acuerdos internacionales en que España sea parte prevean la no estampación. Previa devolución de la documentación, quedará franco el paso al exterior del país.

3. Si la salida se hiciera con documentación defectuosa, sin documentación o con documento de identidad en el que no se pueda estampar el sello de salida, el extranjero cumplimentará, en los servicios policiales de control, el impreso previsto para dejar constancia de la salida.

Artículo 20. Prohibiciones de salida.

1. De conformidad con lo previsto en el artículo 28.2 de la Ley Orgánica 4/2000, de 11 de enero, el Ministro del Interior podrá acordar la prohibición de salida de extranjeros del territorio nacional, en los casos siguientes:

a) Los de extranjeros incursos en un procedimiento judicial por la comisión de delitos en España, salvo los supuestos del artículo 57.7 de la Ley Orgánica 4/2000, de 11 de enero, cuando la autoridad judicial autorizase su salida o expulsión.

b) Los de extranjeros condenados por la comisión de delitos en España a pena de privación de libertad y reclamados, cualquiera que fuera el grado de ejecución de la condena, salvo los supuestos del artículo 57.7, de la Ley Orgánica 4/2000, de 11 de enero, y los de aplicación de convenios sobre cumplimiento de penas en el país de origen de los que España sea parte.

c) Los de extranjeros reclamados y, en su caso, detenidos para extradición por los respectivos países, hasta que se dicte la resolución procedente.

d) Los supuestos de padecimiento de enfermedad contagiosa que, con arreglo a la legislación española o a los convenios internacionales, impongan la inmovilización o el internamiento obligatorio en establecimiento adecuado.

2. Las prohibiciones de salida se adoptarán con carácter individual por el Ministro del Interior, según los casos, a iniciativa propia, a propuesta del Secretario de Estado de Inmigración y Emigración, del Secretario de Estado de Seguridad, del Delegado o Subdelegado del Gobierno, de las autoridades sanitarias o a instancias de los ciudadanos españoles y de los extranjeros residentes legales en España que pudieran resultar perjudicados, en sus derechos y libertades, por la salida de los extranjeros del territorio español. Las prohibiciones de salida deberán notificarse formalmente al interesado y deberán expresar los recursos que procedan contra ellas, el órgano ante el que deberán presentarse y el plazo para interponerlos.

TÍTULO II

TRÁNSITO

Artículo 21. Definición.

Se encuentran en tránsito aquellos extranjeros habilitados para atravesar el Espacio Schengen en viaje desde un Estado tercero hacia otro Estado que admita a dicho extranjero o para permanecer en la zona de tránsito internacional de un aeropuerto español, sin acceder al territorio nacional, durante las escalas o enlaces de vuelos.

Artículo 22. Exigencia y clases de visado de tránsito.

1. Para la realización del tránsito territorial o aeroportuario, el extranjero deberá obtener el correspondiente visado, salvo en los casos en que éste no se exigiera.

2. Los visados de tránsito permiten transitar una, dos o, excepcionalmente, varias veces, y pueden ser:

a) Visado de tránsito territorial: habilita al extranjero para atravesar el territorio español en viaje, de duración no superior a cinco días, desde un Estado tercero a otro que admita a dicho extranjero.

b) Visado de tránsito aeroportuario: habilita al extranjero específicamente sometido a esta exigencia a permanecer en la zona de tránsito internacional de un aeropuerto español, sin acceder al territorio nacional, durante escalas o enlaces del vuelo.

3. Los visados de tránsito territorial podrán ser concedidos como visados de carácter colectivo en favor de un grupo de extranjeros, no inferior a cinco ni superior a 50, participantes en un viaje organizado, siempre que la entrada y salida la realicen dentro del grupo.

Artículo 23. Procedimiento.

1. La solicitud del visado de tránsito debe presentarse, en modelo oficial, personalmente o a través del representante debidamente acreditado, en la misión diplomática u oficinas consulares españolas en cuya demarcación resida el extranjero. Excepcionalmente, si media causa que lo justifique, y previa consulta al Ministerio de Asuntos Exteriores y de Cooperación, se podrá presentar en una misión diplomática u oficina consular diferente.

De conformidad con la normativa de la Unión Europea, las misiones diplomáticas y oficinas consulares españolas podrán expedir visados de tránsito en representación de otro país. Igualmente, las misiones diplomáticas u oficinas consulares de otro Estado parte podrán expedir visados uniformes de tránsito por el territorio español en representación de España.

2. A las solicitudes de visado deberán acompañarse los documentos que acrediten:

a) Las condiciones del tránsito.

b) La disposición de medios de subsistencia en el período que se solicita.

c) Las garantías de admisión en el país de destino, una vez efectuado el tránsito por España o por el territorio del Estado para el que se solicita el visado.

d) El período de vigencia del pasaporte durante el tiempo para el que se solicite.

e) El seguro médico.

f) La autorización para viajar de quien ejerza la patria potestad o tutela, si el solicitante es menor de edad.

3. Asimismo podrá requerirse del solicitante la documentación que acredite:

a) La residencia en el lugar de la solicitud, así como los vínculos o arraigo en el país de residencia.

b) La situación profesional y socioeconómica del solicitante.

4. En la tramitación del procedimiento, la misión diplomática u oficina consular podrá requerir la comparecencia del solicitante y, cuando lo estime necesario, mantener una entrevista personal para comprobar la identidad del solicitante, la validez de su documentación personal o de la documentación aportada, el motivo, el itinerario, la duración del viaje y las garantías de retorno al país de residencia. En todo caso, si transcurridos 15 días desde el requerimiento el solicitante no comparece personalmente, se le tendrá por desistido de su solicitud y se producirá el archivo del procedimiento.

5. Presentada en forma o subsanada la solicitud de visado y una vez instruido el procedimiento, la misión diplomática u oficina consular ante la que se presente la solicitud resolverá y expedirá, en su caso, el visado.

6. En el supuesto de resolución denegatoria por incumplimiento de algunos de los requisitos de entrada, incluido el de figurar como persona no admisible, se notificará mediante la fórmula de aplicación común adoptada por la normativa de desarrollo de los acuerdos internacionales de supresión de controles de fronteras en los que España sea parte, y expresará el recurso que contra ella proceda, el órgano ante el que hubiese de plantearse y el plazo para la interposición.

7. En el supuesto de concesión del visado, el extranjero deberá recogerlo en el plazo de un mes desde su notificación, personalmente o mediante representante debidamente acreditado. De no efectuarse la recogida en el plazo mencionado, se entenderá que el interesado ha renunciado al visado concedido y se producirá el archivo del expediente. En todo caso, la vigencia del visado será inferior a la del pasaporte, título o documento de viaje sobre el que se expida.

Artículo 24. Autorización excepcional para tránsito.

En supuestos excepcionales debidamente acreditados o por encomienda del Ministerio de Asuntos

Exteriores y de Cooperación, y siempre que se cumplan los demás requisitos recogidos en este capítulo, los responsables de los servicios policiales a cargo del control de entrada de personas en territorio nacional podrán expedir en frontera autorizaciones de tránsito o visados.

TÍTULO III
LA ESTANCIA EN ESPAÑA

Artículo 25. Definición de estancia.

1. Se halla en situación de estancia el extranjero que no sea titular de una autorización de residencia y se encuentre autorizado para permanecer en España por un período ininterrumpido o suma de períodos sucesivos cuya duración total no exceda de noventa días por semestre a partir de la fecha de la primera entrada, sin perjuicio de lo dispuesto en el título VII para los estudiantes o investigadores y sus familiares.

2. La situación de estancia será autorizada a través del correspondiente visado de estancia, salvo en los casos en que éste no se exija, o, en su caso, a través de la resolución de prórroga de estancia.

3. En los supuestos en que la situación de estancia exija visado, ésta deberá realizarse dentro de su período de validez.

CAPÍTULO I
Requisitos y procedimiento

Artículo 26. Visados de estancia. Clases.

Los visados de estancia pueden ser:

a) Visado para estancia de corta duración: habilitará la estancia hasta un máximo de tres meses con una, dos, o varias entradas.

Excepcionalmente, para estancias no superiores a treinta días, podrá ser concedido como visado de carácter colectivo en favor de un grupo de extranjeros participantes de un viaje, organizado social o institucionalmente. El número no será inferior a cinco ni superior a 50 y la entrada, estancia y salida deberá realizarse siempre dentro del grupo, con, al menos, un responsable, que deberá ir provisto de pasaporte personal y, si fuera preceptivo, de visado individual. Caducará por el transcurso de la estancia concedida, cuando ésta se agote dentro del período de vigencia del visado o del número de entradas autorizado.

Únicamente en los supuestos previstos en el artículo 39 de la Ley Orgánica 4/2000, de 11 de enero, el visado de estancia autorizará al titular para buscar empleo y solicitar la autorización de residencia y trabajo en España durante su vigencia en los términos y condiciones establecidos en este Reglamento, que el Gobierno completará mediante acuerdo al respecto.

b) Visado de estancia múltiple: habilitará al extranjero a múltiples estancias, cuya suma no podrá exceder de noventa días por semestre, durante un año. Excepcionalmente, podrá ser expedido para un período de varios años.

Artículo 27. Solicitud de visado de estancia.

1. El solicitante de visado de estancia deberá presentar su solicitud en modelo oficial, personalmente o a través de representante debidamente acreditado, en la misión diplomática u oficina consular española en cuya demarcación resida. Excepcionalmente, y si media causa que lo justifique y previa consulta al Ministerio de Asuntos Exteriores y de Cooperación, podrá presentarse esta solicitud en cualquier misión diplomática u oficina consular española.

2. De conformidad con la aplicación de los acuerdos de régimen común de visados de carácter internacional en los que España sea parte, las misiones diplomáticas u oficinas consulares españolas podrán expedir visados de estancia en representación de otro país. Igualmente, las misiones diplomáticas u oficinas consulares de otro Estado parte podrán expedir visados uniformes de estancia válidos para el territorio español y en representación de España.

3. En supuestos excepcionales debidamente acreditados o por encomienda del Ministerio de Asuntos Exteriores y de Cooperación, y siempre que se cumplan los demás requisitos recogidos en este capítulo, los responsables de los servicios policiales del Ministerio del Interior a cargo del control de entrada de personas en territorio nacional, podrán expedir en frontera visados de estancia.

Artículo 28. Documentación requerida para los visados de estancia. Procedimiento.

1. Las solicitudes de visado de estancia deberán acompañarse de los documentos que acrediten:

a) La vigencia del pasaporte o documento de viaje del solicitante durante la totalidad del período para el que se solicita la estancia.

b) El objeto del viaje y las condiciones de la estancia prevista.

c) La disposición de medios de subsistencia suficientes para el período que se solicita.

d) Un seguro médico que cubra, durante todo el tiempo de su estancia y en la totalidad de los Estados que aplican los acuerdos internacionales de supresión de controles fronterizos en los que España sea parte, los gastos médicos y la repatriación asociados a un accidente o a una enfermedad repentina.

e) La disposición de alojamiento en España durante la estancia.

f) Las garantías de retorno al país de procedencia, entre las que deberá aportarse un billete de ida y vuelta con una fecha de retorno cerrada que no sobrepase el período de estancia máxima autorizado.

g) La autorización para viajar de quien ejerza la patria potestad o tutela, si el solicitante es menor de edad.

2. Podrán requerirse del solicitante los documentos que acrediten:

a) La residencia en el lugar de la solicitud, así como los vínculos o arraigo en el país de residencia.

b) La situación profesional y socioeconómica del solicitante.

c) El cumplimiento de los plazos de retorno en el caso de visados concedidos con anterioridad.

3. El solicitante de visado de estancia podrá aportar en apoyo de su solicitud una carta de invitación de un ciudadano español o extranjero residente legal obtenida conforme los requisitos que se establezcan mediante orden del Ministro de la Presidencia, a propuesta de los Ministros de Asuntos Exteriores y de Cooperación, de Interior y de Trabajo y Asuntos Sociales. Dicha carta será suficiente para garantizar el cumplimiento del supuesto contenido en el párrafo e) del apartado 1. En ningún caso, la carta de invitación suplirá la acreditación por el extranjero de los demás requisitos del citado apartado 1.

4. La misión diplomática u oficina consular podrá requerir la comparecencia del solicitante y, cuando se estime necesario, mantener una entrevista personal, para comprobar la identidad del solicitante, la validez de su documentación personal o de la documentación aportada, la regularidad de la estancia o residencia en el país de solicitud, el motivo, itinerario, duración del viaje y las garantías de retorno al país de residencia, así como la verificación del retorno en plazo en caso de visados concedidos con anterioridad. La incomparecencia en el plazo fijado, que no podrá exceder de quince días, producirá el efecto de considerar al interesado desistido en el procedimiento.

5. Presentada en forma o subsanada la solicitud de visado, la misión diplomática u oficina consular instruirá el correspondiente procedimiento y resolverá y expedirá, en su caso, el visado.

6. En el supuesto de resolución denegatoria por incumplimiento de algunos de los requisitos de entrada, incluido el de figurar como persona no admisible, se notificará mediante la fórmula de aplicación común adoptada por la normativa de desarrollo de los acuerdos internacionales de supresión de controles de fronteras en los que España sea parte, y expresará el recurso que proceda contra ella, el órgano ante el que hubiese de plantearse y el plazo para la interposición.

7. En el supuesto de concesión del visado, el extranjero deberá recogerlo en el plazo de un mes desde su notificación, y aportará en ese momento el pasaporte o la documentación de viaje de que sea titular, sin perjuicio de que este trámite pueda realizarse mediante representante debidamente acreditado. De no efectuarse la recogida en el plazo mencionado, se entenderá que el interesado ha renunciado al visado concedido y se producirá el archivo del procedimiento. En todo caso, la vigencia del visado será inferior a la del pasaporte, título o documento de viaje sobre el que se expida.

CAPÍTULO II

Prórroga de estancia y su extinción

Artículo 29. Prórroga de estancia. Procedimiento.

1. El extranjero que haya entrado en España para fines que no sean de trabajo o residencia, salvo en los casos de ser titular de un visado para búsqueda de empleo, y se encuentre en el período de estancia que señala el artículo 30 de la Ley Orgánica 4/2000, de 11 de enero, podrá solicitar una prórroga de estancia, con el límite temporal previsto en dicho artículo.

En los supuestos de entrada con visado, cuando la duración de éste sea inferior a tres meses, se podrá prorrogar la estancia, que en ningún caso podrá ser superior a tres meses en un período de seis.

2. La solicitud se formalizará en los modelos oficiales, determinados por la Secretaría de Estado de Inmigración y Emigración, y a ella se acompañarán los siguientes documentos:

a) Pasaporte ordinario o documento de viaje, con vigencia superior a la de la prórroga de estancia que se solicite, que se anotará en el expediente y se devolverá al interesado.

b) Acreditación de las razones alegadas para la solicitud, que deberán ser excepcionales, en el supuesto de nacionales de Estados a los que no se exige visado para su entrada en España.

c) Prueba suficiente de que dispone de medios de vida adecuados para el tiempo de prórroga que solicita, en los términos que establece el título I.

d) Un seguro de viaje con la misma cobertura que el necesario para la solicitud del visado de estancia, y con una vigencia igual o superior a la prórroga solicitada.

e) Las garantías de retorno al país de procedencia o, en su caso, de admisión en el Estado tercero de destino, con anterioridad a la fecha de finalización de la prórroga que se solicita. Podrá servir como medio para acreditar dicha circunstancia la aportación de un billete adquirido a nombre del solicitante con fecha de retorno cerrada anterior a la finalización del período de prórroga de estancia solicitada.

3. El solicitante deberá identificarse personalmente ante la oficina de extranjeros, jefatura superior o comisaría de policía de la localidad donde se encuentre, al hacer la presentación de la solicitud o en el momento de la tramitación en que a tal efecto fuera requerido por el órgano competente.

4. La prórroga de estancia podrá ser concedida por los Subdelegados del Gobierno, por los Delegados del Gobierno en las Comunidades Autónomas uniprovinciales, y por el Comisario General de Extranjería y Documentación de la Dirección General de la Policía, a propuesta de la jefatura superior o comisaría de policía, si concurren las siguientes circunstancias:

a) Que la documentación se adapte a lo preceptuado en este artículo.

b) Que el solicitante no esté incurso en ninguna de las causas:

1ª De prohibición de entrada determinadas en el título I, porque no se hubieran conocido en el momento de su entrada o porque hubieran acontecido durante su estancia en España.

2ª De expulsión o devolución.

5. La prórroga de estancia se hará constar en el pasaporte o título de viaje, o en documento aparte si el interesado hubiera entrado en España con otro tipo de documentación, previo abono de las tasas fiscales legalmente establecidas, y amparará a su titular y a los familiares que, en su caso, figuren en dichos documentos y se encuentren en España.

6. Las resoluciones denegatorias sobre la prórroga de estancia habrán de ser motivadas y deberán notificarse formalmente al interesado, con las garantías de recurso previstas legalmente, y dispondrán su salida del mismo del territorio nacional, que deberá realizarse antes de que finalice el período de estancia inicial o, de haber transcurrido éste, en el plazo fijado en la resolución denegatoria, que no podrá ser superior a setenta y dos horas, en la forma regulada en este Reglamento. El plazo de salida se hará constar, conforme a lo dispuesto en este Reglamento, en el pasaporte o título de viaje o en el impreso correspondiente previsto para dejar constancia de la salida del territorio nacional.

Artículo 30. Extinción de vigencia de la prórroga de estancia.

La extinción de la vigencia de la prórroga de estancia se producirá por las siguientes causas:

a) Por el transcurso del plazo para el que hubiera sido concedida.

b) Por hallarse el extranjero incurso en alguna de las causas de prohibición de entrada determinadas en el título I.

CAPÍTULO III

Supuestos excepcionales de estancia

Artículo 31. Estancia en supuestos de entrada o documentación irregulares.

Excepcionalmente, y siempre que existan motivos humanitarios, de interés público u obligaciones internacionales, el Ministro del Interior o el Ministro de Trabajo y Asuntos Sociales podrán autorizar la estancia en territorio español, por un máximo de tres meses en un período de seis, a los extranjeros que hubieran entrado en él con documentación defectuosa o incluso sin ella o por lugares no habilitados al efecto.

Artículo 32. Visado de cortesía.

1. Igualmente se encontrarán en situación de estancia las personas a quienes el Ministerio de Asuntos Exteriores y de Cooperación expida un visado de cortesía.

2. El visado de cortesía puede ser expedido a las personas señaladas en el artículo 2 de la Ley Orgánica 4/2000, de 11 de enero, o a los titulares de pasaporte oficial diplomático o de servicio. En su caso, podrá ser prorrogado por el Ministerio de Asuntos Exteriores y de Cooperación.

TÍTULO IV
RESIDENCIA

Artículo 33. Definición y supuestos de residencia.

1. Son residentes los extranjeros que se encuentren en España y sean titulares de una autorización para residir.

2. Los residentes podrán encontrarse en situación de residencia temporal o residencia permanente.

3. Los residentes podrán ejercer actividades laborales cuando estén autorizados para ello, en los términos establecidos en la Ley Orgánica 4/2000, de 11 de enero, y en este Reglamento.

CAPÍTULO I
Residencia temporal

Artículo 34. Definición.

Se halla en la situación de residencia temporal el extranjero que se encuentre autorizado a permanecer en España, por un período superior a noventa días e inferior a cinco años, sin perjuicio de lo establecido en el título VII.

Sección 1ª Residencia temporal

Artículo 35. Procedimiento y requisitos.

1. El extranjero que desee residir temporalmente en España sin realizar actividades laborales, deberá solicitar el correspondiente visado, según el modelo oficial, personalmente en la misión diplomática u oficina consular española de su demarcación de residencia. El Ministerio de Asuntos Exteriores y de Cooperación, si media causa que lo justifique, podrá determinar la misión diplomática u oficina consular en la que corresponda presentar la solicitud de visado.

Excepcionalmente, en aplicación de lo dispuesto en el primer párrafo del apartado 2 de la disposición adicional tercera de la Ley Orgánica 4/2000, de 11 de enero, la misión diplomática u oficina consular aceptará la presentación de la solicitud mediante representante legalmente acreditado cuando existan motivos fundados que obstaculicen el desplazamiento del solicitante, como la lejanía de la misión u oficina, dificultades de transporte que hagan el viaje especialmente gravoso o razones acreditadas de enfermedad o condición física que dificulten sensiblemente su movilidad.

2. A la solicitud de visado deberá acompañar:

a) Pasaporte en vigor o título de viaje, reconocido como válido en España, con una vigencia mínima de un año.

b) Certificado de antecedentes penales, o documento equivalente, en el caso de solicitante mayor de edad penal, que debe ser expedido por las autoridades del país de origen o del país o países en que haya residido durante los últimos cinco años y en el que no deben constar condenas por delitos existentes en el ordenamiento español.

c) Certificado médico, para acreditar que no padece ninguna de las enfermedades susceptibles de cuarentena previstas en el Reglamento sanitario internacional.

d) Los documentos que acrediten medios de vida suficientes para atender sus gastos de manutención y estancia, incluyendo, en su caso, los de su familia, durante el período de tiempo por el que se desee residir en España, sin necesidad de desarrollar ninguna actividad laboral.

3. Durante la sustanciación del trámite del visado, la misión diplomática u oficina consular podrá requerir la comparecencia del solicitante y, cuando se estime necesario, mantener una entrevista personal, para comprobar su identidad, la validez de la documentación aportada y la veracidad del motivo de solicitud del visado. La incomparecencia, salvo fuerza mayor, en el plazo fijado, que no podrá exceder de quince días, producirá el efecto de considerar al interesado desistido en el procedimiento.

Cuando se determine la celebración de la entrevista, en ella deberán estar presentes, al menos, dos representantes de la Administración española, además del intérprete, en caso necesario, y deberá quedar constancia de su contenido mediante un acta firmada por los presentes, de la que se entregará copia al interesado.

Si los representantes de la Administración llegaran al convencimiento de que existen indicios suficientes para dudar de la identidad de las personas, de la validez de los documentos, o de la veracidad de los motivos alegados para solicitar el visado, se denegará su concesión. En caso de haberse celebrado una entrevista, se remitirá una copia del acta al organismo que hubiera otorgado inicialmente la autorización.

4. Presentada en forma la solicitud de visado o, en su caso, subsanada, en los términos previstos en el artículo 71 de la Ley 30/1992, de 26 de noviembre, de Régimen Jurídico de las Administraciones Públicas y del Procedimiento Administrativo Común, la misión diplomática u oficina consular, siempre que no hubiera resuelto la inadmisión o denegación del visado o el archivo del procedimiento, circunstancias que habrán de ser notificadas en los términos previstos en este Reglamento, dará traslado de la solicitud, por medios telemáticos y de manera simultánea cuando sea posible, al Ministerio de Asuntos Exteriores y de Cooperación y a la Delegación o Subdelegación del Gobierno en cuya demarcación solicite la residencia el extranjero para que resuelva lo que proceda sobre la autorización de residencia.

5. La Delegación o Subdelegación del Gobierno, en el plazo máximo de un mes desde la recepción de la solicitud, resolverá la concesión o denegación de la autorización de residencia de forma motivada, previo informe de los servicios policiales relativo a la existencia de razones que pudieran impedirla.

La Delegación o Subdelegación del Gobierno comunicará dicha resolución, por medios telemáticos y de manera simultánea, cuando sea posible, al Ministerio de Asuntos Exteriores y de Cooperación y a la oficina consular o misión diplomática correspondiente, y la eficacia de la autorización quedará supeditada a la expedición, en su caso, del visado y a la efectiva entrada del extranjero en territorio nacional.

6. Si la resolución es desfavorable, y así se entenderá si en el plazo de un mes no se comunica, la misión diplomática u oficina consular resolverá la denegación del visado.

7. Si la resolución es favorable, la misión diplomática u oficina consular, en atención al cumplimiento del resto de los requisitos exigidos, resolverá y expedirá, en su caso, el visado.

8. Notificada, en su caso, la concesión del visado, el solicitante deberá recogerlo personalmente en el plazo de un mes desde la notificación. En caso de no hacerlo así, se entenderá que el interesado ha renunciado al visado concedido, y se producirá el archivo del procedimiento.

9. Asimismo, una vez recogido el visado, el solicitante deberá entrar en el territorio español, de conformidad con lo establecido en el título I, en el plazo de vigencia del visado, que en ningún caso será superior a tres meses, y, una vez efectuada la entrada, deberá solicitar personalmente en el plazo de un mes, ante la oficina correspondiente, la tarjeta de identidad de extranjero. Dicha tarjeta será expedida por el plazo de validez de la autorización de residencia temporal y será retirada por el extranjero.

Artículo 36. Efectos del visado y duración.

1. El visado de residencia que se expida incorporará la autorización inicial de residencia, y la vigencia de ésta comenzará desde la fecha en que se efectúe la entrada en España, la cual deberá hacerse constar obligatoriamente en el pasaporte o título de viaje.

2. La autorización inicial de residencia temporal tendrá la duración de un año.

Artículo 37. Renovación de la autorización de residencia temporal.

1. El extranjero que desee renovar su autorización de residencia temporal deberá solicitarla personalmente ante el órgano competente para su tramitación, durante los sesenta días naturales previos a la fecha de expiración de la vigencia de su autorización.

2. A la solicitud, en modelo oficial, deberá acompañar la documentación que acredite que se reúnen las circunstancias que permiten dicha renovación, como son:

a) Pasaporte en vigor o título de viaje, reconocido como válido en España, así como la tarjeta de identidad de extranjero en vigor.

b) Los documentos que acrediten los recursos económicos o los medios de vida suficientes para atender su gastos de manutención, así como el seguro médico, durante el período de tiempo por el que se pretenda renovar la residencia en España sin necesidad de desarrollar ninguna actividad laboral.

3. La oficina competente para la tramitación del procedimiento recabará el certificado de antecedentes penales y resolverá. Conforme a lo dispuesto en el artículo 31.4 de la Ley Orgánica 4/2000, de 11 de enero, se valorará, en función de las circunstancias de cada supuesto y teniendo en cuenta la gravedad de los hechos, la posibilidad de renovar la autorización de residencia a los extranjeros que hubieren sido condenados por la comisión de un delito y hayan cumplido la condena, los que hubieran sido indultados o aquellos a los que se les haya aplicado la suspensión la ejecución de la pena.

4. La autorización de residencia temporal renovada tendrá una vigencia de dos años, salvo que corresponda obtener una autorización de residencia permanente.

5. La presentación de la solicitud en el plazo señalado en el apartado 1 prorroga la validez de la autorización anterior hasta la resolución de procedimiento.

También se prorrogará hasta la resolución del procedimiento en el supuesto en que la solicitud se presentase dentro de los tres meses posteriores a la fecha en que hubiera finalizado la vigencia de la anterior autorización, sin perjuicio de la incoación del correspondiente procedimiento sancionador por la infracción en que se hubiese incurrido.

6. La resolución favorable se notificará al interesado con indicación de las cantidades que corresponda abonar en concepto de tasas por la concesión de la renovación solicitada, así como por la expedición de la nueva tarjeta de identidad de extranjero.

7. En el supuesto de que la administración no resuelva expresamente en el plazo de tres meses desde la presentación de la solicitud, se entenderá que la resolución es favorable. Previa solicitud del interesado, la autoridad competente para conceder la autorización vendrá obligada a expedir el certificado que acredite la renovación por este motivo y, en el plazo de un mes desde su notificación del mismo, su titular deberá solicitar la renovación de la tarjeta de identidad de extranjero.

Sección 2ª Residencia temporal en virtud de reagrupación familiar

Artículo 38. Definición.

Se halla en situación de residencia temporal, por razón de reagrupación familiar, el extranjero que haya sido autorizado a permanecer en España en virtud del derecho a la reagrupación familiar ejercido por un extranjero residente que haya residido legalmente en España durante un año y haya obtenido autorización para residir por, al menos, otro año.

Artículo 39. Familiares reagrupables.

El extranjero podrá reagrupar con él en España a los siguientes familiares:

a) Su cónyuge, siempre que no se encuentre separado de hecho o de derecho y que el matrimonio no se haya celebrado en fraude de ley. En ningún caso podrá reagruparse a más de un cónyuge, aunque la ley personal del extranjero admita esta modalidad matrimonial. El extranjero residente que se encuentre separado de su cónyuge y casado en segundas o posteriores nupcias sólo podrá reagrupar con él al nuevo cónyuge y sus familiares si acredita que la separación de sus anteriores matrimonios ha tenido lugar tras un procedimiento jurídico que fije la situación del cónyuge anterior y sus familiares en cuanto a la vivienda común, la pensión al cónyuge y los alimentos para los menores dependientes.

b) Sus hijos o los de su cónyuge, incluidos los adoptados, siempre que sean menores de dieciocho años o estén incapacitados, de conformidad con la ley española o su ley personal, y no se encuentren casados. Cuando se trate de hijos de uno solo de los cónyuges, se requerirá, además, que éste ejerza en solitario la patria potestad o se le haya otorgado la custodia y estén efectivamente a su cargo. En el supuesto de hijos adoptivos deberá acreditarse que la resolución por la que se acordó la adopción reúne los elementos necesarios para producir efecto en España.

c) Los menores de dieciocho años o incapaces cuando el residente extranjero sea su representante legal.

d) Sus ascendientes o los de su cónyuge, cuando estén a su cargo y existan razones que justifiquen la necesidad de autorizar su residencia en España.

e) Se entenderá que los familiares están a cargo del reagrupante cuando acredite que, al menos durante el último año de su residencia en España, ha transferido fondos o soportado gastos de su familiar en una proporción que permita inferir una dependencia económica efectiva. Mediante orden del Ministro de la Presidencia, a propuesta de los Ministros de Asuntos Exteriores y de Cooperación, de Interior y de Trabajo y Asuntos Sociales, se determinará la cuantía o el porcentaje de ingresos considerados suficientes a estos efectos, así como el modo de acreditarlos.

Artículo 40. Reagrupación familiar por residentes reagrupados.

1. Los extranjeros que hubieran adquirido la residencia temporal en virtud de una previa reagru-

pación familiar podrán, a su vez, ejercer el derecho de reagrupación respecto de sus propios familiares, siempre que cuenten con una autorización de residencia y trabajo obtenidos independientemente de la autorización del reagrupante y reúnan los requisitos establecidos para el ejercicio del derecho a la reagrupación familiar.

2. En el supuesto de los ascendientes, éstos sólo podrán ejercitar, a su vez, el derecho de reagrupación familiar tras haber obtenido la condición de residente permanente de manera independiente respecto del reagrupante y acrediten solvencia económica para atender las necesidades de los miembros de su familia que pretendan reagrupar.

3. Excepcionalmente, el ascendiente reagrupado que tenga a su cargo un hijo menor de edad o incapacitado, podrá ejercer el derecho de reagrupación en los términos dispuestos en el apartado 1.

Artículo 41. Residencia independiente de los familiares reagrupados.

1. El cónyuge reagrupado podrá obtener una autorización de residencia temporal, independiente de la del reagrupante, cuando obtenga la correspondiente autorización para trabajar. En todo caso, el cónyuge reagrupado que no se encuentre separado, podrá solicitar una autorización de residencia independiente cuando haya residido en España durante cinco años.

2. Asimismo, el cónyuge reagrupado podrá obtener una autorización de residencia temporal independiente cuando se dé alguno de los siguientes supuestos:

a) Cuando se rompa el vínculo conyugal que dio origen a la situación de residencia, por separación de derecho o divorcio, siempre y cuando acredite la convivencia en España con el cónyuge reagrupante durante al menos dos años.

b) Cuando fuera víctima de violencia de género, una vez dictada a su favor una orden judicial de protección.

c) Por causa de muerte del reagrupante.

3. En los casos previstos en el apartado anterior, cuando, además del cónyuge, se haya reagrupado a otros familiares, éstos conservarán la autorización de residencia concedida y dependerán, a efectos de la renovación regulada en el artículo 44, del miembro de la familia con el que convivan.

4. Los hijos y menores sobre los que el reagrupante ostente la representación legal, obtendrán una autorización de residencia temporal independiente cuando alcancen la mayoría de edad y obtengan una autorización para trabajar, o bien cuando hayan alcanzado la mayoría de edad y residido en España durante cinco años.

5. Los ascendientes reagrupados podrán obtener una autorización de residencia temporal independiente del reagrupante cuando hayan obtenido una autorización para trabajar, sin perjuicio de que los efectos de dicha autorización de residencia temporal independiente, para el ejercicio de la reagrupación familiar, queden supeditados a lo dispuesto en el artículo 17.3 de la Ley Orgánica 4/2000, de 11 de enero.

6. El cónyuge no separado de hecho o de derecho de residente legal, y los hijos en edad laboral, previamente reagrupados, podrán obtener una autorización para trabajar sin que ello comporte la obtención de una autorización de residencia independiente, cuando las condiciones fijadas en el contrato de trabajo que haya dado lugar a la autorización, por ser éste a tiempo parcial o por la duración de la prestación de servicios, den lugar a una retribución inferior al salario mínimo interprofesional a tiempo completo en cómputo anual.

Artículo 42. Procedimiento para la reagrupación familiar.

1. El extranjero que desee ejercer el derecho de reagrupación familiar deberá solicitar, personalmente ante el órgano competente para su tramitación, una autorización de residencia temporal a favor de los miembros de su familia que desee reagrupar. La solicitud de reagrupación familiar se podrá presentar por parte del extranjero que tenga autorización para residir en España durante un año y solicitado la autorización para residir por, al menos, otro año. En todo caso, no podrá concederse la autorización de residencia al familiar reagrupable hasta que no se haya producido la efectiva renovación de la autorización del reagrupante, o hasta que su solicitud de renovación haya sido estimada por silencio positivo, sin perjuicio de la ulterior obligación de dictar resolución expresa, en los términos previstos en el artículo 43.4.a) de la Ley 30/1992, de 26 de noviembre, de Régimen Jurídico de las Administraciones Públicas y del Procedimiento Administrativo Común.

2. La solicitud, que deberá cumplimentarse en modelo oficial, deberá acompañarse de la siguiente documentación:

a) Copia de la documentación acreditativa de los vínculos familiares y, en su caso, de la edad, y la dependencia legal y económica.

b) Copia del pasaporte, documento de viaje o cédula de inscripción del solicitante en vigor.

c) Copia de la correspondiente autorización de residencia o residencia y trabajo, ya renovada, o, conjuntamente, de la primera autorización y del resguardo de solicitud de renovación.

d) Acreditación de empleo y/o de recursos económicos suficientes para atender las necesidades de la familia, incluyendo la asistencia sanitaria, en el supuesto de no estar cubierta por la Seguridad Social. Mediante orden del Ministro de la Presidencia, a propuesta de los Ministros de Interior y de Trabajo y Asuntos Sociales, se determinará la cuantía de los medios de vida exigibles a estos efectos, así como el modo de acreditar su posesión, teniendo en cuenta el número de personas que pasarían a depender del solicitante a partir de la reagrupación.

e) Justificación documental que acredite la disponibilidad, por parte del reagrupante, de una vivienda adecuada para atender las necesidades del reagrupante y la familia.

Este requisito deberá justificarse mediante informe expedido por la Corporación Local del lugar de residencia del reagrupante. En el plazo máximo de quince días desde la solicitud, la Corporación deberá emitir el informe y notificarlo al interesado y, simultáneamente y por medios telemáticos cuando fuera posible, a la autoridad competente para resolver la autorización de reagrupación.

Subsidiariamente, podrá justificarse este requisito presentando acta notarial mixta de presencia y manifestaciones en caso de que la Corporación local no hubiera procedido a emitir el informe de disponibilidad de vivienda en el plazo indicado, lo que será acreditado con la copia de la solicitud realizada.

En todo caso, el informe o acta notarial debe hacer referencia a los siguientes extremos: título que habilite para la ocupación de la vivienda, número de habitaciones, uso al que se destina cada una de las dependencias de la vivienda, número de personas que la habitan y condiciones de habitabilidad y equipamiento.

f) En los casos de reagrupación de cónyuge, declaración jurada del reagrupante de que no reside con él en España otro cónyuge.

3. Presentada la solicitud en forma o subsanados los defectos, el órgano competente la tramitará y resolverá lo que proceda, previo informe policial sobre la existencia de razones que, en su caso, lo impidan.

4. En el caso de resolución denegatoria, se le notificará al interesado y se motivará la causa de la denegación.

5. En el supuesto de que el extranjero cumpla con los requisitos establecidos para la reagrupación familiar, el órgano competente resolverá la concesión de la autorización de residencia temporal por reagrupación, y se suspenderá la eficacia de la autorización hasta la expedición, en su caso, del visado, y hasta la efectiva entrada del extranjero en territorio nacional.

6. Dicha resolución se comunicará al reagrupante y, por medios telemáticos y de manera simultánea cuando sea posible, al Ministerio de Asuntos y de Cooperación y a la misión diplomática u oficina consular en cuya demarcación resida el extranjero. En la comunicación al interesado se hará mención expresa a que la autorización no desplegará sus efectos hasta que no se produzca la obtención del visado y la posterior entrada en España de su titular, salvo en los supuestos en que pueda quedar exento de esta obligación por ser aplicable una circunstancia excepcional prevista legal o reglamentariamente.

7. Cuando el reagrupante tenga autorización de residencia temporal, la vigencia de la autorización de residencia de los familiares reagrupados se extenderá hasta la misma fecha que la del reagrupante. Cuando el reagrupante tenga autorización de residencia permanente, la vigencia de la primera autorización de residencia de los familiares reagrupados se extenderá hasta la fecha de validez de la tarjeta de identidad de extranjero del reagrupante. La posterior autorización de residencia del reagrupado será de carácter permanente.

Artículo 43. Tramitación del visado en el procedimiento de reagrupación familiar.

1. En el plazo de dos meses desde la notificación al reagrupante de la concesión de la autorización, el familiar que vaya a ser reagrupado deberá solicitar personalmente el visado en la misión diplomática u oficina consular en cuya demarcación resida. El Ministerio de Asuntos Exteriores y de Cooperación, si media causa que lo justifique, podrá determinar la misión diplomática u oficina consular diferente a la anterior en la que corresponda presentar la solicitud de visado.

Excepcionalmente, en aplicación de lo dispuesto en el primer párrafo del apartado 2 de la disposición adicional tercera de la Ley Orgánica 4/2000, de 11 de enero, la misión diplomática u oficina consular aceptará la presentación por representante legalmente acreditado cuando existan motivos fundados que obstaculicen el desplazamiento del solicitante, como la lejanía de la misión u oficina, dificultades de transporte que hagan el viaje especialmente gravoso o razones acreditadas de enfermedad o condición física que dificulten sensiblemente su movilidad. En el caso de tratarse de un menor, podrá solicitarlo un representante debidamente acreditado. Constituirá causa de inadmisión a trámite de la solicitud de visado y, en su caso, de denegación, el hecho de que el extranjero se hallase en España en situación irregular, evidenciado por el poder de representación o por datos que consten en la Administración.

2. La solicitud de visado deberá ir acompañada de:

a) Pasaporte ordinario o título de viaje, reconocido como válido en España, con una vigencia mínima de cuatro meses.

b) Certificado de antecedentes penales o documento equivalente, en el caso de solicitante mayor de edad penal, que debe ser expedido por las autoridades del país de origen o del país o países en que haya residido durante los últimos cinco años y en el que no deben constar condenas por delitos existentes en el ordenamiento español.

c) Copia de la autorización de residencia notificada al reagrupante.

d) Documentación original que acredite los vínculos familiares y, en su caso, la edad y la dependencia legal o económica.

e) Certificado médico con el fin de acreditar que no padece ninguna de las enfermedades susceptibles de cuarentena previstas en el Reglamento sanitario internacional.

3. Durante la sustanciación del trámite del visado, la misión diplomática u oficina consular podrá requerir la comparecencia del solicitante y, cuando se estime necesario, mantener una entrevista personal, para comprobar su identidad, el vínculo familiar alegado, en su caso, la dependencia legal o económica y la validez de la documentación aportada. La incomparecencia, salvo fuerza mayor, en el plazo fijado, que no podrá exceder de 15 días, producirá el efecto de considerar al interesado desistido en el procedimiento.

Cuando se determine la celebración de la entrevista, en ella deberán estar presentes, al menos, dos representantes de la Administración española y el representante del interesado, en caso de que éste este sea menor, además del intérprete, en caso necesario. Quedará constancia de su contenido mediante un acta firmada por los presentes, de la que se entregará copia al interesado.

4. Si los representantes de la Administración llegaran al convencimiento de que existen indicios suficientes para dudar de la identidad de las personas, de la validez de los documentos, o de la veracidad de los motivos alegados para solicitar el visado, se denegará su concesión de forma motivada y, en caso de haberse celebrado una entrevista, se remitirá copia del acta al organismo que hubiera concedido inicialmente la autorización.

5. La misión diplomática u oficina consular, en atención al cumplimiento de los requisitos exigidos, notificará la concesión del visado, en su caso, en el plazo máximo de dos meses, y deberá ser recogido por el solicitante, personalmente, salvo en el caso de menores, en que podrá ser recogido por su representante. De no efectuarse en el plazo mencionado la recogida, se entenderá que el interesado ha renunciado al visado concedido, y se producirá el archivo del procedimiento.

6. Recogido el visado, el solicitante deberá entrar en el territorio español durante el plazo de vigencia de aquél, que en ningún caso será superior a tres meses, de conformidad con lo establecido en el capítulo I de este Reglamento. En el plazo de un mes desde la entrada, el extranjero deberá solicitar personalmente la tarjeta de identidad de extranjero, salvo en el caso de menores, en que podrá ser solicitado por su representante.

Artículo 44. Renovación de las autorizaciones de residencia en virtud de reagrupación familiar.

1. La renovación de las autorizaciones de residencia por reagrupación deberán solicitarse en modelo oficial en el plazo de 60 días antes de su expiración.

2. A la solicitud de renovación deberán acompañarse los documentos que acrediten la disposición de empleo y/o recursos económicos suficientes para atender las necesidades de la familia, así como la cobertura de la asistencia sanitaria.

3. Las solicitudes de renovación de los familiares reagrupados se presentarán y se tramitarán conjuntamente con la del reagrupante, salvo causa que lo justifique.

4. De conformidad con previsto en el artículo 28.3.c) de la Ley Orgánica 4/2000, de 11 de enero, cuando la resolución sea desfavorable, deberá producirse la salida obligatoria del solicitante.

5. Se entenderá que la resolución es favorable en el supuesto de que la Administración no resuelva expresamente en el plazo de tres meses desde la presentación de la solicitud. En cualquier caso, la presentación de la solicitud prorroga la validez de la autorización anterior hasta la resolución de

procedimiento. Previa solicitud del interesado, la autoridad competente para conceder la autorización vendrá obligada a expedir el certificado que acredite la renovación por este motivo.

6. La resolución favorable se notificará al interesado con indicación de las cantidades que corresponda abonar en concepto de tasas por la concesión de la renovación solicitada, así como por la expedición de la nueva tarjeta de identidad de extranjero.

Sección 3ª Residencia temporal en supuestos excepcionales

Artículo 45. Autorizaciones de residencia temporal por circunstancias excepcionales.

1. De conformidad con el artículo 31.3 de la Ley Orgánica 4/2000, de 11 de enero, en atención a las circunstancias excepcionales que concurran, se podrá conceder una autorización de residencia temporal a los extranjeros que se hallen en España en los supuestos determinados en este artículo, siempre que no haya mala fe del solicitante.

2. Se podrá conceder una autorización de residencia por razones de arraigo, en los siguientes supuestos:

a) Por arraigo laboral, podrán obtener una autorización los extranjeros que acrediten la permanencia continuada en España durante un período mínimo de dos años, siempre que carezcan de antecedentes penales en España y en su país de origen, y que demuestren la existencia de relaciones laborales cuya duración no sea inferior a un año.

b) A los extranjeros que acrediten la permanencia continuada en España durante un período mínimo de tres años, siempre que carezcan de antecedentes penales en España y en su país de origen, cuenten con un contrato de trabajo firmado por el trabajador y el empresario en el momento de la solicitud cuya duración no sea inferior a un año y bien acrediten vínculos familiares con otros extranjeros residentes, bien presenten un informe que acredite su inserción social emitido por el ayuntamiento en el que tenga su domicilio habitual.

A estos efectos, los vínculos familiares se entenderán referidos exclusivamente a los cónyuges, ascendientes y descendientes en línea directa.

c) Cuando se trate de hijos de padre o madre que hubieran sido originariamente españoles.

3. Se podrá conceder una autorización por razones de protección internacional a las personas a las que el Ministro del Interior, a propuesta de la Comisión Interministerial de Asilo y Refugio, haya autorizado la permanencia en España conforme a lo previsto en el artículo 17.2 de la Ley 5/1984, de 26 de marzo, Reguladora del Derecho de Asilo y de la Condición de Refugiado, en los términos previstos en el artículo 31.3 de su Reglamento de aplicación, así como a los extranjeros desplazados en el sentido regulado por el Reglamento sobre régimen de protección temporal en caso de afluencia masiva de personas desplazadas, aprobado por el Real Decreto 1325/2003, de 24 de octubre. Asimismo, se podrá conceder una autorización de residencia temporal en los casos a los que se refieren los artículos 31.4 y 34.1 del Reglamento de aplicación de la Ley 5/1984, de 26 de marzo, Reguladora del Derecho de Asilo y de la Condición de Refugiado.

4. Se podrá conceder una autorización por razones humanitarias, en los siguientes supuestos:

a) A los extranjeros víctimas de los delitos tipificados en los artículos 311 a 314 del Código Penal, de delitos en los que haya concurrido la circunstancia agravante de comisión por motivos racistas, antisemitas o de otra clase de discriminación, tipificada en el artículo 22.4ª, del Código Penal, o de delitos por conductas violentas ejercidas en el entorno familiar, en los términos previstos por la Ley 27/2003, de 31 de julio, Reguladora de la Orden de Protección de las Víctimas de Violencia Doméstica, siempre que haya recaído sentencia por tales delitos.

b) A los extranjeros que acrediten sufrir una enfermedad sobrevenida de carácter grave que requiera asistencia sanitaria especializada, de imposible acceso en su país de origen, y que el hecho de ser interrumpida o de no recibirla suponga un grave riesgo para la salud o la vida. A los efectos de acreditar la necesidad, será preciso un informe clínico expedido por la autoridad sanitaria correspondiente.

c) A los extranjeros que acrediten que su traslado al país del que son originarios o proceden, a efectos de solicitar el visado que corresponda, implica un peligro para su seguridad o la de su familia, y que reúnen los demás requisitos para obtener una autorización temporal de residencia o de residencia y trabajo.

5. Sin perjuicio de lo establecido en los apartados anteriores, se podrá conceder una autorización a las personas que colaboren con las autoridades administrativas, policiales, fiscales o judiciales, o cuando concurran razones de interés público o seguridad nacional que justifiquen la necesidad de autorizar su residencia en España. A estos efectos, dichas autoridades podrán instar a los organismos

competentes la concesión de la autorización de residencia o de residencia y trabajo a la persona que se encuentre en alguno de estos supuestos.

6. En virtud de su carácter excepcional, las autorizaciones concedidas con base en este artículo, así como sus renovaciones, tendrán una vigencia de un año, sin perjuicio de lo establecido en el artículo 47 y en la normativa de asilo.

7. La concesión de la autorización de residencia temporal por circunstancias excepcionales concedida por los supuestos de arraigo, con excepción de la que se conceda a los menores de edad, llevará aparejada una autorización de trabajo en España durante la vigencia de aquélla. En la misma situación se hallarán las personas previstas en el artículo 31.3 del Reglamento de aplicación de la Ley 5/1984, de 26 de marzo, Reguladora del Derecho de Asilo y de la Condición de Refugiado.

En los demás supuestos, el extranjero podrá solicitar, personalmente, la correspondiente autorización para trabajar en los registros de los órganos competentes para su tramitación. Dicha solicitud podrá presentarse de manera simultánea con la solicitud de autorización de residencia por circunstancias excepcionales o bien durante el período de vigencia de aquélla, y en su concesión será preciso acreditar el cumplimiento de los requisitos establecidos en los párrafos b), c), d) y e) del artículo 50. No obstante, los requisitos a que se refiere el párrafo c) del artículo 50 se acreditarán en los términos establecidos en el apartado 3 del artículo 51 de este Reglamento.

Artículo 46. Procedimiento.

1. La autorización de residencia temporal por circunstancias excepcionales, que no requerirá visado, deberá ser solicitada personalmente por el extranjero ante el órgano competente para su tramitación, salvo en el caso de menores o incapaces, en el que podrá presentar la solicitud su representante legal, acompañada de la siguiente documentación:

a) Pasaporte en vigor o título de viaje, reconocido como válido en España, con una vigencia mínima de cuatro meses. En los términos fijados en la resolución del Ministro del Interior por la que se autorice la permanencia del interesado en España en los casos del artículo 17.2 de la Ley 5/1984, de 26 de marzo, Reguladora del Derecho de Asilo y de la Condición de Refugiado, se podrá eximir de este requisito.

b) En los casos en que se exija, contrato de trabajo firmado por el trabajador y el empresario con una duración mínima de un año, cuyos efectos estarán condicionados a la entrada en vigor de la autorización de residencia y trabajo solicitada.

c) Documentación acreditativa de encontrarse en alguna de las situaciones a las que se refiere el artículo anterior.

2. En particular, para acreditar que se reúnen las condiciones establecidas para los supuestos de arraigo, la documentación aportada deberá ajustarse a las siguientes exigencias:

a) En caso de que el interesado fuera mayor de edad penal, deberá aportar certificado de antecedentes penales expedido por las autoridades del país o países en que haya residido durante los cinco años anteriores a su entrada en España, en el que no deberán constar condenas por delitos existentes en el ordenamiento español.

b) En el supuesto de arraigo laboral, a los efectos de acreditar la relación laboral y su duración, el interesado deberá presentar una resolución judicial que la reconozca o la resolución administrativa confirmatoria del acta de infracción de la Inspección de Trabajo y Seguridad Social que la acredite.

c) En los supuestos de arraigo acreditado mediante informe emitido por un ayuntamiento, en éste deberá constar el tiempo de permanencia del interesado en su domicilio, los medios de vida con los que cuente, su grado de conocimiento de las lenguas que se utilicen, la inserción en las redes sociales de su entorno, los programas de inserción sociolaboral de instituciones públicas o privadas en los que haya participado y cuantos otros extremos puedan servir para determinar su grado de arraigo.

El ayuntamiento correspondiente podrá recomendar que se exima al extranjero de la necesidad de contar con un contrato de trabajo, siempre y cuando acredite que cuenta con medios de vida suficientes.

3. En los supuestos de solicitudes presentadas por las víctimas de los delitos por conductas violentas ejercidas en el entorno familiar, los interesados podrán presentar la solicitud cuando se haya dictado a favor de la víctima una orden judicial de protección, y podrá concederse la autorización de residencia una vez que haya recaído sentencia por los delitos de que se trate.

4. El órgano competente podrá requerir del solicitante que aporte los documentos señalados en los artículos anteriores u otros documentos que sean necesarios para justificar los motivos de la solicitud, y le manifestará que, de no hacerlo en el plazo que se señale en la notificación, que no podrá ser superior a un mes, se le tendrá por desistido de la solicitud y se producirá el archivo del procedimiento.

5. Asimismo, el órgano competente podrá requerir la comparecencia del solicitante y mantener con él una entrevista personal. Cuando se determine la celebración de la entrevista, en ella deberán estar presentes, al menos, dos representantes de la Administración, además del intérprete, en caso necesario, y quedará constancia de su contenido mediante un acta firmada por los presentes, de la que se entregará copia al interesado. Si los representantes de la Administración llegaran al convencimiento de que existen indicios suficientes para dudar de la identidad de las personas, de la validez de los documentos o de la veracidad de otras circunstancias en que se ha basado la solicitud, se recomendará la denegación de la autorización y se remitirá copia del acta al organismo competente para resolver. En caso de que surgieran dudas sobre el criterio a seguir, el órgano competente deberá elevar la consulta correspondiente a la Dirección General de Inmigración.

6. En los supuestos a los que se refiere el apartado 5 del artículo anterior, la competencia para su resolución corresponderá:

a) A la Secretaría de Estado de Seguridad cuando la autorización esté basada en la colaboración con las autoridades policiales, fiscales y judiciales y en los casos de seguridad nacional. A la solicitud basada en estos supuestos se acompañará el informe desde la jefatura correspondiente de las Fuerzas y Cuerpos de Seguridad, ya sean del Estado, ya sean de la Comunidad Autónoma, así como, en su caso, el de la autoridad fiscal o judicial, para acreditar las razones que la sustentan.

b) A la Secretaría de Estado de Inmigración y Emigración en los casos de colaboración con las demás autoridades administrativas y por razones de interés público.

c) En los supuestos de los párrafos a) y b), las autoridades mencionadas podrán delegar las facultades conferidas en los Subdelegados del Gobierno o en los Delegados del Gobierno en las Comunidades Autónomas uniprovinciales. Igualmente, en el caso del párrafo a) esta facultad podrá delegarse en el Director General de la Policía o en el Comisario General de Extranjería y Documentación.

7. La eficacia de la autorización concedida en el supuesto de arraigo del artículo 45.2.b) de este Reglamento estará condicionada a la posterior afiliación y alta del trabajador en la Seguridad Social en el plazo de un mes desde la notificación realizada al solicitante. Cumplida la condición, la autorización comenzará su período de vigencia.

8. En el plazo de un mes desde la notificación de la concesión de la autorización de residencia temporal por circunstancias excepcionales o, en su caso, desde su entrada en vigor, el extranjero deberá solicitar personalmente la tarjeta de identidad de extranjero.

Artículo 47. Renovación y cese de la situación de residencia temporal por circunstancias excepcionales.

1. Los titulares de una autorización concedida por el Secretario de Estado de Seguridad, o autoridad en quien delegue, podrán renovar la autorización siempre que se aprecie por las autoridades competentes que permanecen las razones que motivaron su concesión. Solamente en el caso de que las autoridades concluyesen que han cesado las razones que motivaron su concesión, podrán solicitar una autorización de residencia o una autorización de residencia y trabajo, siempre y cuando cumplan los requisitos establecidos por este Reglamento para su obtención, con excepción del visado.

2. Los supuestos de autorizaciones por circunstancias excepcionales concedidas por los motivos recogidos en el apartado 3 del artículo 45 se regirán para su renovación por la normativa de asilo y protección temporal aplicable.

3. En las autorizaciones concedidas por los demás supuestos, de conformidad con lo dispuesto por el artículo 98, los titulares de la autorización podrán solicitar una autorización de residencia o una autorización de residencia y trabajo, siempre y cuando cumplan los requisitos establecidos para su obtención, incluida la titularidad de las licencias o permisos administrativos imprescindibles para el puesto que se pretende ocupar.

4. Los extranjeros podrán solicitar la autorización de residencia temporal o de residencia temporal y trabajo o, cuando se haya previsto, la renovación de la autorización por circunstancias excepcionales, durante los 60 días naturales previos a la fecha de expiración de su autorización. La presentación de la solicitud en este plazo prorroga la validez de la autorización anterior hasta la resolución del procedimiento. También se prorrogará hasta la resolución del procedimiento en el supuesto en que la solicitud se presentase dentro de los tres meses posteriores a la fecha en que hubiera finalizado la vigencia de la anterior autorización, sin perjuicio de la incoación del correspondiente procedimiento sancionador por la infracción en la que se hubiese incurrido.

CAPÍTULO II

Residencia temporal y trabajo

⇒ La O. TAS/3698/2006, de 22 noviembre, regula la inscripción de trabajadores extranjeros no comunitarios en los Servicios Públicos de Empleo y en las Agencias de Colocación.

Artículo 48. Supuestos.

Se halla en situación de residencia temporal, con autorización para trabajar, el extranjero mayor de 16 años autorizado a permanecer en España por un período superior a 90 días e inferior a cinco años, y a ejercer una actividad lucrativa, laboral o profesional, por cuenta propia o ajena.

Sección 1ª Residencia temporal y trabajo por cuenta ajena

Artículo 49. Autorización de trabajo por cuenta ajena.

1. La autorización inicial de residencia temporal y trabajo por cuenta ajena habilitará a los extranjeros que residen fuera de España y que hayan obtenido el correspondiente visado a iniciar una relación laboral por cuenta ajena.

2. La autorización inicial de residencia y trabajo por cuenta ajena tendrá una duración de un año y podrá limitarse a un ámbito geográfico y sector de actividad determinado conforme a las instrucciones o directrices determinadas por la Secretaría de Estado de Inmigración y Emigración.

3. En los supuestos previstos en este Reglamento, los extranjeros residentes o los que se hallan en situación de estancia por estudios podrán acceder a la correspondiente autorización de residencia temporal y trabajo por cuenta ajena, sin que sea exigible el visado. En el caso de los que hayan sido residentes, la duración de la autorización estará en función del tiempo que hayan residido previamente en España.

El acceso a la autorización de residencia y trabajo de quienes sean titulares de un visado de búsqueda de empleo se regirá por las disposiciones específicas de este Reglamento y por el acuerdo sobre contingente.

4. Los extranjeros que obtengan una autorización deberán solicitar la tarjeta de identidad de extranjero correspondiente en el plazo de un mes desde el comienzo de la autorización.

Artículo 50. Requisitos.

Serán requisitos para la concesión de la autorización de residencia temporal y trabajo por cuenta ajena:

a) Que la situación nacional de empleo permita la contratación del trabajador extranjero.

A los efectos de determinar dicha situación nacional de empleo, el Servicio Público de Empleo Estatal elaborará, con periodicidad trimestral y previa consulta de la Comisión Laboral Tripartita de Inmigración, un catálogo de ocupaciones de difícil cobertura, para cada provincia así como para Ceuta y Melilla, excepto en las provincias insulares, donde el catálogo podrá establecerse para cada isla o agrupación de ellas, de acuerdo con la información suministrada por servicios públicos de empleo autonómicos. Este catálogo estará basado en la información disponible sobre la gestión de las ofertas presentadas por los empleadores en los servicios públicos de empleo, y se considerarán como ocupaciones las consignadas en la Clasificación Nacional de Ocupaciones en vigor.

⇒ Por Res. 14 noviembre 2005 del Servicio Público de Empleo Estatal se establece un nuevo procedimiento de elaboración del Catálogo de Ocupaciones de difícil cobertura. Dicho procedimiento sustituye al establecido por Res. de 8 febrero 2005. La Res. 22 diciembre 2005, del Servicio de Empleo Estatal, publica el catálogo de ocupaciones de difícil cobertura para el primer trimestre de 2006; la Res. 28 marzo 2006, publica las del segundo trimestre del citado año. La Res. 27 junio 2006 publica las del tercer trimestre del mismo y la de 28 diciembre 2006 las del primer trimestre de 2007.

La calificación de una ocupación como de difícil cobertura implica la posibilidad de tramitar la autorización para residir y trabajar dirigida al extranjero. Asimismo, se considerará que la situación nacional de empleo permite la contratación en las ocupaciones no calificadas como de difícil cobertura cuando el empleador acredite la dificultad de contratación del puesto que pretende cubrirse, mediante la gestión de la oferta de empleo presentada ante el servicio público de empleo concluida con resultado negativo. A este efecto, el servicio público de empleo encargado de la gestión emitirá, en el plazo máximo de 15 días, una certificación en la que se exprese que de la gestión de la oferta se concluye la insuficiencia de demandantes de empleo adecuados y disponibles para aceptar la oferta.

⇒ La indicada certificación se regula por Orden TAS/1745/2005, de 3 junio.

b) Que se garantice al trabajador una actividad continuada durante el período de vigencia de la autorización para residir y trabajar.

c) Que las empresas solicitantes hayan formalizado su inscripción en el correspondiente régimen del sistema de Seguridad Social y se encuentren al corriente del cumplimiento de sus obligaciones tributarias y frente a la Seguridad Social. En los términos establecidos en el artículo siguiente, se podrá requerir, además, al empresario que acredite los medios económicos, materiales y personales de los que dispone para su proyecto empresarial.

d) Que las condiciones fijadas en la en la oferta de empleo se ajusten a las establecidas por la normativa vigente para la misma actividad, categoría profesional y localidad.

e) Que se posea la titulación, en su caso, debidamente homologada o que se acredite la capacitación exigida para el ejercicio de la profesión.

f) Que los trabajadores extranjeros que se pretenda contratar carezcan de antecedentes penales en España y en sus países anteriores de residencia por delitos existentes en el ordenamiento español.

g) Que los trabajadores extranjeros no se encuentren irregularmente en territorio español.

Sin perjuicio de lo previsto en el párrafo a), no se tendrá en cuenta la situación nacional de empleo en los supuestos establecidos en el artículo 40 de la Ley Orgánica 4/2000, de 11 de enero. Igualmente, se autorizará a trabajar sin atender a la situación nacional de empleo a los nacionales de Estados con los que se hayan suscrito convenios internacionales a tal efecto, así como a los nacionales de Estados no pertenecientes a la Unión Europea ni al Espacio Económico Europeo enrolados en buques españoles en virtud de acuerdos internacionales de pesca marítima. En este caso, se concederá validez de autorización para trabajar al duplicado de la notificación de embarque o renovación del contrato de tripulantes extranjeros en buques españoles.

Artículo 51. Procedimiento.

1. El empleador o empresario que pretenda contratar a un trabajador extranjero no residente en España deberá presentar, personalmente o a través de quien válidamente tenga atribuida la representación legal empresarial, la correspondiente solicitud de autorización de residencia y trabajo por cuenta ajena ante el registro del órgano competente para su tramitación, correspondiente a la provincia donde se vaya a ejercer la actividad laboral.

2. Con la solicitud de autorización de residencia y trabajo por cuenta ajena en modelo oficial deberá acompañarse la siguiente documentación:

a) El NIF y documento de inscripción de la empresa en la Seguridad Social, o documento acreditativo de hallarse exento; y en el caso de que la empresa esté constituida como persona jurídica, documento público que otorgue su representación legal en favor de la persona física que formule la solicitud.

b) El contrato de trabajo o la oferta de empleo en el modelo oficial establecido.

c) Cuando la autoridad competente lo considere necesario para asegurar que el empresario podrá hacer frente a las obligaciones dimanantes del contrato de trabajo, éste deberá acreditar, con los documentos que expresa y motivadamente se le requieran, los medios económicos, materiales o personales de los que dispone para su proyecto empresarial y para hacer frente a dichas obligaciones.

d) Copia del pasaporte, o documento de viaje, en vigor, del trabajador extranjero.

e) Aquellos documentos que justifiquen, si son alegados por el interesado, alguno de los supuestos específicos establecidos en el artículo 40 de la Ley Orgánica 4/2000, de 11 de enero.

f) La titulación o acreditación de que se posee la capacitación exigida para el ejercicio de la profesión, cuando proceda, debidamente homologada.

g) Otros documentos que se hayan determinado mediante orden del Ministro de Trabajo y Asuntos Sociales para evaluar el cumplimiento de los requisitos establecidos en el artículo 50.

3. Recibida la solicitud, la autoridad competente procederá a la instrucción del procedimiento y a su inmediata tramitación, y recabará de oficio el informe al respecto de la Agencia Estatal de la Administración Tributaria, de la Tesorería General de la Seguridad Social, de los servicios competentes de la Dirección General de la Policía y del Registro Central de Penados y Rebeldes. Estos informes deberán ser emitidos en el plazo de 10 días.

4. En el supuesto de que no se presenten los documentos recogidos en el apartado 2, o no se acredite estar al corriente en el cumplimiento de las obligaciones tributarias y de Seguridad Social, se requerirá al interesado con la advertencia expresa de que, de no aportar los documentos o acreditar el cumplimiento de las citadas obligaciones en el plazo de 10 días, se le tendrá por desistido de la petición y se producirá el archivo del expediente.

5. La autoridad competente, a la vista de la documentación presentada y de los informes obtenidos, resolverá de forma motivada, atendiendo a los requisitos previstos en esta sección, y notificará al

empleador la resolución sobre la autorización de residencia y trabajo solicitada, a los efectos de que, en su caso, proceda al abono de las tasas en el plazo correspondiente.

Cuando la resolución fuese favorable, se suspenderá su eficacia hasta la expedición, en su caso, del visado y hasta la efectiva entrada del extranjero en territorio nacional. En la comunicación al interesado se hará mención expresa a que la autorización no desplegará sus efectos hasta que no se produzca la obtención del visado y la posterior entrada en España de su titular.

La autoridad competente comunicará la resolución favorable, por medios telemáticos y de manera simultánea cuando sea posible, al Ministerio de Asuntos Exteriores y de Cooperación y a la misión diplomática u oficina consular española correspondiente al lugar de residencia del trabajador.

6. En el plazo de un mes desde la notificación al empleador o empresario interesado, el trabajador deberá solicitar personalmente el visado en la misión diplomática u oficina consular en cuya demarcación resida. El Ministerio de Asuntos Exteriores y de Cooperación, si media causa que lo justifique, podrá determinar la misión diplomática u oficina consular diferente a la anterior en la que corresponda presentar la solicitud de visado. De acuerdo con lo previsto por la disposición adicional tercera de la Ley Orgánica 4/2000, de 11 de enero, podrá realizarse la presentación por un representante legalmente acreditado cuando existan motivos fundados que obstaculicen el desplazamiento del solicitante, como la lejanía de la misión u oficina, dificultades de transporte que hagan el viaje especialmente gravoso o razones acreditadas de enfermedad o condición física que dificulten sensiblemente su movilidad, o cuando se trate de un menor.

Sin perjuicio de lo anterior, cuando a través del poder de representación, de otros documentos aportados en la solicitud o de datos que consten en la Administración, se evidenciase que el extranjero para el que se solicita el visado se halla en España en situación irregular, se inadmitirá a trámite o, si tal circunstancia se advirtiera en un momento posterior, se denegará la solicitud de visado.

7. La solicitud de visado deberá ir acompañada de:

a) Pasaporte ordinario o título de viaje, reconocido como válido en España, con una vigencia mínima de cuatro meses.

b) Certificado de antecedentes penales, que debe ser expedido por las autoridades del país de origen o del país o países en que haya residido durante los últimos cinco años, en el que no debe constar condenas por delitos existentes en el ordenamiento español.

c) Certificado médico con el fin de acreditar que no padece ninguna de las enfermedades susceptibles de cuarentena previstas en el Reglamento sanitario internacional.

d) Copia de la autorización de residencia y trabajo condicionada.

8. Durante la sustanciación del trámite del visado, la misión diplomática u oficina consular podrá requerir la comparecencia del solicitante y, cuando se estime necesario, mantener una entrevista personal, para comprobar su identidad, la validez de la documentación aportada y la veracidad del motivo de solicitud del visado. La incomparecencia, salvo fuerza mayor, en el plazo fijado, que no podrá exceder de 15 días, producirá el efecto de considerar al interesado desistido en el procedimiento.

Cuando se determine la celebración de la entrevista, en ella deberán estar presentes, al menos, dos representantes de la Administración española, además del intérprete, en caso necesario, y quedará constancia de su contenido mediante un acta firmada por los presentes, de la que se entregará una copia al interesado.

9. Si los representantes de la Administración llegaran al convencimiento de que existen indicios suficientes para dudar de la identidad de las personas, de la validez de los documentos o de la veracidad de los motivos alegados para solicitar el visado, se denegará su concesión de forma motivada y, en caso de haberse celebrado una entrevista, se remitirá copia del acta al organismo que hubiera concedido inicialmente la autorización.

10. Notificada la concesión del visado, el trabajador deberá recogerlo personalmente en el plazo de un mes desde la fecha de notificación. De no efectuarse la recogida en el plazo mencionado, se entenderá que el interesado ha renunciado al visado concedido, y se producirá el archivo del expediente.

11. Asimismo, una vez recogido el visado, el trabajador deberá entrar en el territorio español, de conformidad con lo establecido en el título I, en el plazo de vigencia del visado, que no será superior a tres meses.

12. A partir de la entrada legal en España del trabajador, podrá comenzar su actividad y se producirá su afiliación, alta y posterior cotización en los términos establecidos por la normativa de Seguridad Social que resulte de aplicación.

13. En el plazo de un mes desde la entrada en España, el extranjero deberá solicitar la tarjeta de

identidad de extranjero, personalmente y ante la oficina correspondiente. Dicha tarjeta será expedida por el plazo de validez de la autorización de residencia temporal y será retirada por el extranjero.

14. Si en el momento de la solicitud de la tarjeta de identidad de extranjero, o transcurrido un mes desde su entrada en España, no existiera constancia de que el trabajador autorizado inicialmente a residir y trabajar ha sido afiliado y/o dado de alta en la Seguridad Social, la autoridad competente podrá resolver la extinción de la autorización, de conformidad con lo dispuesto por el artículo 75.

Asimismo, la autoridad competente requerirá al empresario o empleador que solicitó la autorización para que indique las razones por las que no se ha iniciado la relación laboral, con la advertencia de que, si no alegase ninguna justificación o si las razones aducidas se considerasen insuficientes, podrán denegarse ulteriores solicitudes de autorización que presente por considerar que no se garantiza la actividad continuada de los trabajadores.

Artículo 52. Efectos del visado de residencia y trabajo por cuenta ajena.

El visado de residencia y trabajo por cuenta ajena incorporará la autorización inicial de residencia y trabajo por cuenta ajena, y la vigencia de ésta comenzará desde la fecha en que se efectúe la entrada en España, la cual deberá hacerse constar obligatoriamente en el pasaporte o título de viaje.

Artículo 53. Denegación de las autorizaciones de residencia y trabajo por cuenta ajena.

1. La autoridad competente denegará las autorizaciones de residencia y trabajo por cuenta ajena en los supuestos siguientes:

a) Cuando consten antecedentes penales del trabajador en España o en sus países anteriores de residencia por delitos existentes en el ordenamiento español.

b) Cuando lo exija la situación nacional de empleo, sin perjuicio de los supuestos específicos establecidos en el artículo 40 de la Ley Orgánica 4/2000, de 11 de enero.

c) Cuando las condiciones fijadas en el contrato de trabajo u oferta de empleo fueran inferiores a las establecidas por la normativa vigente para la misma actividad, categoría profesional y localidad. También se denegará en el caso de que la contratación fuera a tiempo parcial, cuando, por la duración de la prestación de servicios, la retribución sea inferior al salario mínimo interprofesional, en cómputo anual, en proporción al tiempo de trabajo efectivo, salvo que se tratase del cónyuge no separado de hecho o de derecho de residente legal, o de hijo en edad laboral y menor de 18 años, previamente reagrupados, de acuerdo con lo previsto en el artículo 41.6.

d) Cuando en los 12 meses inmediatamente anteriores a la fecha de solicitud la empresa haya amortizado los puestos de trabajo que pretende cubrir por despido improcedente o nulo, declarado por sentencia o reconocido como tal en acto de conciliación, o por las causas previstas en los artículos 50, 51 y 52.c) del Estatuto de los Trabajadores, excepto en los supuestos de fuerza mayor.

e) Cuando el empleador solicitante haya sido sancionado mediante resolución firme en los últimos 12 meses por infracciones calificadas como muy graves en la Ley Orgánica 4/2000, de 11 de enero, o por infracciones en materia de extranjería calificadas como graves o muy graves en el Texto Refundido de la Ley sobre Infracciones y Sanciones en el Orden Social, aprobada por el Real Decreto Legislativo 5/2000, de 4 de agosto.

f) Cuando el empresario o empleador no garantice al trabajador la actividad continuada durante la vigencia de la autorización de residencia y trabajo, o bien cuando, siendo requerido para ello en los términos establecidos en el artículo 51, no acredite los medios económicos, materiales y personales de los que dispone para su proyecto empresarial y para hacer frente a las obligaciones dimanantes del contrato de trabajo.

g) Cuando, para fundamentar la petición, se hayan presentado documentos falsos o formulado alegaciones inexactas, y medie mala fe.

h) Cuando se carezca de la titulación especial exigida para el ejercicio de la concreta profesión o de la homologación o de la colegiación cuando así se requiera.

i) Cuando conste un informe gubernativo previo desfavorable.

j) Cuando concurra una causa prevista legalmente de inadmisión a trámite que no hubiera sido apreciada en el momento de la recepción de la solicitud.

k) Cuando el empresario solicitante haya sido condenado mediante sentencia firme por delitos contra los derechos de los trabajadores o contra ciudadanos extranjeros, salvo que los antecedentes penales hubieran sido cancelados.

2. La denegación habrá de ser motivada y expresará los recursos que contra ella procedan, el órgano administrativo o judicial ante el que hubieran de presentarlo y el plazo para interponerlos.

Artículo 54. Renovación de las autorizaciones de residencia y trabajo por cuenta ajena.

1. La renovación de las autorizaciones de residencia y trabajo por cuenta ajena deberá solicitarse, en modelo oficial, durante los 60 días naturales previos a la fecha de expiración de la vigencia de su autorización. La presentación de la solicitud en este plazo prorrogará la validez de la autorización anterior hasta la resolución del procedimiento. También se prorrogará hasta la resolución del procedimiento en el supuesto en que la solicitud se presentase dentro de los tres meses posteriores a la fecha en que hubiera finalizado la vigencia de la anterior autorización, sin perjuicio de la incoación del correspondiente procedimiento sancionador por la infracción en la que se hubiese incurrido.

2. Junto con la solicitud de renovación deberán presentarse los documentos acreditativos de que se reúnen las condiciones para su concesión, de acuerdo con lo establecido en los apartados siguientes.

3. La autorización de residencia y trabajo por cuenta ajena se renovará a su expiración, en el supuesto de que se acredite la continuidad en la relación laboral que dio lugar a la concesión de la autorización cuya renovación se pretende.

Asimismo, se procederá a la renovación cuando el trabajador acredite la realización habitual de la actividad para la que se concedió la autorización durante un mínimo de seis meses por año y se encuentre en alguna de las siguientes situaciones:

a) Haya suscrito un contrato de trabajo con un nuevo empleador acorde con las características de su autorización para trabajar, y figure en situación de alta o asimilada al alta en el momento de solicitar la renovación.

b) Disponga de una nueva oferta de empleo que reúna los requisitos establecidos en el artículo 50, con excepción del párrafo a).

4. Se renovará la autorización del trabajador que haya tenido un período de actividad de al menos tres meses por año, siempre y cuando acredite:

a) Que la relación laboral que dio lugar a la autorización cuya renovación se pretende se interrumpió por causas ajenas a su voluntad.

b) Que ha buscado activamente empleo, participando en las acciones que se determinen por el servicio público de empleo o bien en programas de inserción sociolaboral de entidades públicas o privadas que cuenten con subvenciones públicas.

c) Que en el momento de solicitud de la renovación tenga un contrato de trabajo en vigor.

5. También se renovará la autorización cuando el trabajador se encuentre en alguna de las situaciones previstas en el artículo 38.3.b) y c) de la Ley Orgánica 4/2000, de 11 de enero.

6. Los descubiertos en la cotización a la Seguridad Social no impedirán la renovación de la autorización, siempre que se acredite la realización habitual de la actividad. La autoridad competente pondrá en conocimiento de la Inspección de Trabajo y Seguridad Social la situación de descubierto de cotización, a los efectos de que se lleven a cabo las actuaciones que procedan.

7. Cuando proceda, la renovación de la autorización de residencia y trabajo por cuenta ajena se hará por un período de dos años, salvo que corresponda una autorización de residencia permanente, y permitirá el ejercicio de cualquier actividad en cualquier parte del territorio nacional. Los efectos de la autorización renovada se retrotraerán al día inmediatamente siguiente al de la caducidad de la autorización anterior.

8. Notificada la resolución favorable, el extranjero deberá solicitar en el plazo de un mes la tarjeta de identidad de extranjero.

9. Será causa de denegación de las solicitudes de renovación, además del incumplimiento de algunos de los requisitos previstos en este artículo, la concurrencia de alguno de los supuestos de denegación previstos en esta sección, excepto el recogido en el apartado 1.b) del artículo anterior. Se valorará, en función de las circunstancias de cada supuesto, la posibilidad de renovar la autorización de residencia y trabajo a los extranjeros que hubieran sido condenados por la comisión de un delito y hayan cumplido la condena, los que han sido indultados o que se encuentren en la situación de remisión condicional de la pena.

10. Transcurrido el plazo para resolver sobre una solicitud de renovación de autorización de residencia y trabajo por cuenta ajena, ésta se entenderá estimada. La autoridad competente para conceder la autorización vendrá obligada, previa solicitud por parte del interesado, a expedir el certificado que acredite la renovación por este motivo y, en el plazo de un mes desde su notificación del mismo, su titular deberá solicitar la renovación de la tarjeta de identidad de extranjero.

Sección 2ª Residencia temporal y trabajo por cuenta ajena de duración determinada

Artículo 55. Autorización de residencia temporal y trabajo por cuenta ajena de duración determinada.

1. La autorización de residencia y trabajo por cuenta ajena de duración determinada se tramitará por el procedimiento previsto para las autorizaciones de residencia y trabajo por cuenta ajena, con las especialidades previstas en esta sección.

2. Esta autorización permite el desarrollo de las siguientes actividades:

a) De temporada o campaña. Su duración coincidirá con la del contrato o contratos de trabajo, con el límite máximo de nueve meses, dentro de un período de 12 meses consecutivos.

b) De obras o servicios para el montaje de plantas industriales o eléctricas, construcción de infraestructuras, edificaciones y redes de suministro eléctrico, gas, ferrocarriles y telefónicos, instalaciones y mantenimientos de equipos productivos, así como su puesta en marcha y reparaciones, entre otros.

c) De carácter temporal realizadas por personal de alta dirección, deportistas profesionales, artistas en espectáculos públicos, así como otros colectivos que se determinen mediante orden del Ministro de Trabajo y Asuntos Sociales a los exclusivos efectos de posibilitar la concesión de este tipo de autorización.

d) Para la formación y realización de prácticas profesionales.

3. La duración de la autorización coincidirá con la del contrato de trabajo, con el límite máximo de un año, en los supuestos previstos en los párrafos b), c) y d), y no será susceptible de renovación, sin perjuicio de las posibilidades de prórroga previstas en la legislación laboral.

Artículo 56. Requisitos.

1. Para obtener la autorización para trabajar en el caso de los supuestos recogidos en los párrafos a) y b) del artículo 55.2, es necesario cumplir, además de las condiciones del artículo 50, los siguientes requisitos:

a) Disponer de un alojamiento adecuado, que reúna las condiciones previstas en la normativa en vigor en la materia y siempre que quede garantizada, en todo caso, la dignidad e higiene adecuadas del alojamiento. La obligación de proporcionar alojamiento podrá exceptuarse en virtud de las condiciones de la actividad laboral, salvo en el supuesto previsto en el artículo 55.2.a).

b) Organizar los viajes de llegada a España y de regreso al país de origen y asumir, como mínimo, el coste del primero de tales viajes y los gastos de traslado de ida y vuelta entre el puesto de entrada a España y el lugar del alojamiento, así como haber actuado diligentemente en orden a garantizar el regreso de los trabajadores a su país de origen en anteriores ocasiones.

c) Que el trabajador extranjero se comprometa a retornar al país de origen, una vez concluida la relación laboral. A los efectos de verificarse el retorno de aquél, deberá presentarse en la misión diplomática o en la oficina consular que le expidió el visado en el plazo de un mes desde el término de su autorización de trabajo en España. La misión u oficina dará traslado de esta circunstancia, por medios telemáticos y de manera simultánea cuando sea posible, al Ministerio de Asuntos Exteriores y de Cooperación y al Ministerio del Interior, para su anotación en el Registro Central de Extranjeros. El incumplimiento de esta obligación podrá ser causa de denegación de ulteriores solicitudes de autorizaciones para trabajar, durante los tres años siguientes al término de la autorización concedida.

El cumplimiento por parte del trabajador de sus obligaciones, así como la acreditación de su regreso ante la autoridad diplomática o consular competente, le facultará para cubrir otras posibles ofertas de empleo que se generen en la misma actividad.

d) No se tendrá en cuenta la situación nacional de empleo en los supuestos previstos en los párrafos d) y l) del artículo 40 de la Ley Orgánica 4/2000, de 11 de enero.

2. Para obtener la autorización para trabajar en el caso del supuesto recogido en el artículo 55.2.c), es necesario cumplir, además de las condiciones del artículo 50, las siguientes:

a) Poseer las licencias administrativas que, en su caso, se exijan para el desarrollo de la actividad profesional.

b) Que el trabajador extranjero se comprometa a regresar a su país de origen, una vez finalizado el contrato de trabajo. El incumplimiento de esta obligación podrá ser causa de denegación de ulteriores solicitudes de autorizaciones para trabajar, durante los tres años siguientes al término de la autorización concedida.

3. Para obtener la autorización para trabajar en el caso del supuesto recogido en el artículo

55.2.d), es necesario cumplir, además de las condiciones del artículo 50, a excepción de la recogida en su párrafo b), las siguientes:

a) Que se formalicen contratos de trabajo en prácticas o para la formación, en los términos establecidos en la normativa española que regula estas modalidades contractuales.

b) Que el trabajador extranjero se comprometa a regresar a su país de origen, una vez finalizado el contrato de trabajo. El incumplimiento de esta obligación podrá ser causa de denegación de ulteriores solicitudes de autorizaciones para trabajar, durante los tres años siguientes al término de la autorización concedida.

4. En todo caso, los contratos de trabajo deberán contener, al menos, los aspectos previstos en el artículo 2.2 del Real Decreto 1659/1998, de 24 de julio, así como una previsión del salario neto que percibirá el trabajador.

Artículo 57. Procedimiento.

1. La solicitud se tramitará por el procedimiento previsto en este Reglamento para las autorizaciones de residencia y trabajo por cuenta ajena de carácter estable, con las especialidades previstas en este artículo para los supuestos recogidos en el artículo 55.2.a) y b).

2. Las ofertas de empleo serán puestas a disposición del Servicio Público de Empleo Estatal y de los servicios públicos de empleo de las Comunidades Autónomas para que puedan ser publicadas durante quince días, a los efectos de que los trabajadores que residan en cualquier parte del territorio nacional puedan concurrir a su cobertura, previamente a que sean tramitadas para su cobertura por trabajadores que se hallen en el extranjero.

3. Las solicitudes para cubrir los puestos para los que no hayan concurrido trabajadores residentes se presentarán por las empresas o por las organizaciones empresariales, que para estos supuestos tendrán atribuidas la representación legal empresarial, con una antelación mínima de tres meses al inicio de la actividad laboral.

4. La autoridad competente comprobará que las solicitudes presentadas cumplen los requisitos exigidos para la contratación previstos en este Reglamento y, en particular, lo dispuesto en el artículo 56.1. De las resoluciones adoptadas se dará traslado a las organizaciones sindicales y empresariales de ámbito provincial, las cuales podrán transmitir a la autoridad competente las eventuales consideraciones en relación con ellas.

5. Cuando la resolución fuese favorable, se notificará al empleador la autorización de residencia y trabajo cuya eficacia quedará suspendida hasta la expedición, en su caso, del visado y hasta la efectiva entrada del extranjero en territorio nacional. La notificación surtirá efectos para el abono de las tasas correspondientes en el plazo en que proceda.

6. En el momento en que la autoridad competente disponga de los contratos firmados por los empresarios, procederá a hacer constar en éstos la diligencia aprobatoria de la autorización de residencia y trabajo, e indicará el sector de actividad, el ámbito territorial y la duración autorizados. Los ejemplares de los contratos serán remitidos de nuevo a los empresarios para que puedan ser firmados por el trabajador en el país de origen, ante la oficina consular competente para la expedición del visado.

7. Con carácter general, para todos los supuestos recogidos en el artículo 55.2, no será precisa la obtención de la tarjeta de identidad de extranjero ni el abono de la tasa cuando la contratación de los trabajadores sea para un período inferior a seis meses.

8. En los supuestos en que las autorizaciones sean susceptibles de prórroga, el empleador deberá acreditar que ésta se solicita para continuar con la realización de la misma obra, servicio o actividad especificados en el contrato. La duración de la autorización de la prórroga coincidirá con la finalización de la obra, servicio o actividad con el límite de un año, y podrá ser objeto de otras prórrogas en las mismas condiciones. Las autorizaciones de temporada o campaña se podrán prorrogar hasta seis o nueve meses en función del tipo de visado y del período de contratación inicial.

9. El visado de residencia y trabajo para actividades de duración determinada se tramitará por el procedimiento establecido en la sección 1ª de este capítulo e incorporará la autorización de residencia y trabajo, haciendo constar su naturaleza temporal, y la vigencia de ésta comenzará desde la fecha en que se efectúe la entrada en España, la cual se hará constar obligatoriamente en el pasaporte o título de viaje.

10. Cuando en el plazo de un mes desde su entrada en España no exista constancia de que el trabajador autorizado inicialmente a residir y trabajar ha sido afiliado y/o dado de alta en la Seguridad Social, la autoridad competente podrá resolver la extinción de la autorización de conformidad con lo dispuesto por el artículo 75. Asimismo, la autoridad competente requerirá al empresario o empleador

para que indique las razones por las que no se ha iniciado la relación laboral, con la advertencia de que, si no alegase ninguna justificación o si las razones aducidas se considerasen insuficientes, podrán denegarse ulteriores solicitudes de autorización que presente por considerar que no se garantiza la actividad continuada de los trabajadores.

Sección 3ª Residencia temporal y trabajo por cuenta propia

Artículo 58. Requisitos.

Son requisitos para la concesión de la autorización de residencia temporal y trabajo por cuenta propia:

a) Cumplir los requisitos que la legislación vigente exige a los nacionales para la apertura y funcionamiento de la actividad proyectada.

b) Poseer la cualificación profesional exigible o experiencia acreditada suficiente en el ejercicio de la actividad profesional, así como la titulación necesaria para las profesiones cuyo ejercicio exija homologación específica y, en su caso, la colegiación cuando así se requiera.

c) Acreditar que la inversión prevista para la implantación del proyecto sea suficiente y la incidencia, en su caso, en la creación de empleo, en los términos que se establezcan mediante orden del Ministro de Trabajo y Asuntos Sociales.

d) La certificación que demuestre la colegiación, en el caso del ejercicio de actividades profesionales independientes que la exijan.

e) La previsión de que el ejercicio de la actividad producirá desde el primer año recursos económicos suficientes al menos para la manutención y alojamiento del interesado, una vez deducidos los necesarios para el mantenimiento de la actividad.

f) Carecer de antecedentes penales en España y en sus países anteriores de residencia por delitos existentes en el ordenamiento español.

g) No hallarse irregularmente en España.

Artículo 59. Procedimiento.

1. El trabajador extranjero no residente que pretenda trabajar por cuenta propia en España deberá presentar, personalmente, en modelo oficial, la solicitud de autorización de residencia y trabajo por cuenta propia ante la oficina consular española correspondiente a su lugar de residencia, salvo que, excepcionalmente, le fuese de aplicación lo dispuesto en el primer párrafo del apartado 2 de la disposición adicional tercera de la Ley Orgánica 4/2000, de 11 de enero. El Ministerio de Asuntos Exteriores y de Cooperación, si media causa que lo justifique, podrá determinar la misión diplomática u oficina consular diferente a la anterior en la que corresponda presentar la solicitud de visado.

2. La solicitud de autorización de residencia y trabajo por cuenta propia deberá acompañarse de la siguiente documentación:

a) Copia del pasaporte, o documento de viaje, en vigor, del solicitante.

b) Certificado de antecedentes penales o documento equivalente, que debe ser expedido por las autoridades del país de origen o del país o países en que haya residido durante los últimos cinco años en el que no deben constar condenas por conductas tipificadas en la legislación penal española.

c) Certificado sanitario con el fin de acreditar que no padece ninguna de las enfermedades susceptibles de cuarentena previstas en el Reglamento sanitario internacional.

d) La titulación o acreditación de que se posee la capacitación exigida para el ejercicio de la profesión, cuando proceda, debidamente homologada.

e) Acreditación de que se cuenta con la inversión económica necesaria a la que se hace referencia en el artículo anterior, o bien compromiso suficiente de apoyo por parte de instituciones financieras u otras.

f) Proyecto de establecimiento o actividad a realizar, con indicación de la inversión prevista, su rentabilidad esperada y, en su caso, puestos de trabajo cuya creación se prevea.

g) Relación de las autorizaciones o licencias que se exijan para la instalación, apertura o funcionamiento de la actividad proyectada o para el ejercicio profesional, que indique la situación en la que se encuentren los trámites para su consecución, incluyendo, en su caso, las certificaciones de solicitud ante los organismos correspondientes.

3. La misión diplomática u oficina consular registrará la solicitud y entregará al interesado la comunicación de inicio de procedimiento o, en su caso, resolverá la inadmisión a trámite.

En el supuesto de que no se presenten los documentos recogidos en el apartado 2 de este artículo, la misión diplomática u oficina consular requerirá al interesado y le advertirá expresamente que, de no aportarlos en el plazo de diez días, se le tendrá por desistido de la petición y se procederá el archivo del expediente.

4. Presentada en forma o subsanada la solicitud de autorización de residencia y trabajo por cuenta propia, la misión diplomática u oficina consular dará traslado de ella, acompañada de la documentación correspondiente, al órgano competente en cuya demarcación solicite la residencia el extranjero, directamente o a través de los órganos centrales del Ministerio de Asuntos Exteriores y de Cooperación, para que éste resuelva lo que proceda sobre la autorización de residencia y trabajo.

5. El órgano competente impulsará su inmediata tramitación, verificará que los solicitantes carecen de antecedentes penales y no se encuentran residiendo ilegalmente en España y recabará de oficio el informe previo policial, el informe del Registro Central de Penados y Rebeldes, así como informes de otros organismos sobre los respectivos ámbitos de su competencia. Estos informes deberán ser emitidos en el plazo de diez días.

6. La autoridad competente, a la vista de la documentación presentada y de los informes obtenidos, resolverá lo que proceda sobre la solicitud.

7. En caso de concesión, la autoridad competente dará traslado de dicha resolución, por medios telemáticos y de manera simultánea cuando sea posible, al Ministerio de Asuntos Exteriores y de Cooperación y a la misión diplomática u oficina consular, y condicionará su vigencia a la solicitud y, en su caso, a la expedición del visado y efectiva entrada del trabajador en territorio nacional.

Igualmente, notificará al interesado la autorización de residencia y trabajo por cuenta propia, con indicación del hecho imponible de la tasa para su abono previo a la solicitud de visado.

8. El interesado presentará, personalmente, salvo que, excepcionalmente, le fuese de aplicación lo dispuesto en el primer párrafo del apartado 2 de la disposición adicional tercera de la Ley Orgánica 4/2000, de 11 de enero, la solicitud de visado en modelo oficial, en el plazo de un mes desde la fecha de la notificación de la concesión de la autorización de residencia y trabajo por cuenta propia, a la que acompañará copia de ésta, ante la misión diplomática u oficina consular española correspondiente a su lugar de residencia.

9. La misión diplomática u oficina consular, en atención al cumplimiento del resto de los requisitos exigidos, resolverá sobre la solicitud y expedirá, en su caso, el visado de residencia y trabajo, en el plazo máximo de un mes.

10. Notificada, en su caso, la concesión del visado, el solicitante deberá recogerlo personalmente en el plazo de un mes desde la notificación. De no efectuarse la recogida en el plazo mencionado, se entenderá que el interesado ha renunciado al visado concedido, y se producirá el archivo del expediente.

11. A partir de la entrada legal en España del trabajador por cuenta propia, podrá comenzar su actividad y producirse su afiliación, alta y posterior cotización en los términos establecidos por la normativa de Seguridad Social que resulte de aplicación. Recogido el visado, el solicitante deberá entrar en el territorio español durante su plazo de vigencia, que en ningún caso será superior a tres meses.

12. En el plazo de un mes desde la entrada, el extranjero deberá solicitar personalmente la tarjeta de identidad de extranjero. Si en el momento de la solicitud de la tarjeta de identidad de extranjero, o transcurrido un mes desde su entrada en España, no existiera constancia de que el trabajador autorizado inicialmente a residir y trabajar se ha afiliado y/o dado de alta en la Seguridad Social, la autoridad competente podrá resolver la extinción de la autorización, de conformidad con lo dispuesto por el artículo 75.

Artículo 60. Efectos del visado de residencia y trabajo por cuenta propia.

1. El visado de residencia y trabajo por cuenta propia que se expida en los supuestos a los que se refiere esta sección incorporará la autorización inicial de residencia y trabajo, y la vigencia de ésta comenzará desde la fecha en que se efectúe la entrada, la cual se hará constar obligatoriamente en el pasaporte o título de viaje.

2. La autorización inicial de residencia tendrá una duración de un año.

Artículo 61. Denegación de la autorización de residencia y trabajo por cuenta propia.

La autoridad competente denegará las autorizaciones iniciales de residencia y trabajo por cuenta propia cuando no se cumplan los requisitos establecidos en esta sección para su concesión, o se dé la concurrencia de alguna circunstancia prevista en los párrafos a), f), g), h), i) o j) del artículo 53.

Artículo 62. Renovación de la autorización de residencia y trabajo por cuenta propia.

1. La autorización de residencia y trabajo por cuenta propia podrá ser renovada a su expiración cuando se acredite tanto la continuidad en la actividad que dio lugar a la autorización que se renueva como el cumplimiento de las obligaciones tributarias y de Seguridad Social.

2. El extranjero que desee renovar su autorización de residencia y trabajo por cuenta propia deberá solicitarlo ante el órgano competente para su tramitación, durante los sesenta días naturales previos a la fecha de expiración de la vigencia de su autorización. La presentación de la solicitud en este plazo prorroga la validez de la autorización anterior hasta la resolución del procedimiento. También se prorrogará hasta la resolución del procedimiento en el supuesto de que la solicitud se presentase dentro de los tres meses posteriores a la fecha en que hubiera finalizado la vigencia de la anterior autorización, sin perjuicio de la incoación del correspondiente procedimiento sancionador por la infracción en la que se hubiese incurrido.

3. A la solicitud, en modelo oficial, deberá acompañar la documentación que acredite que sigue cumpliendo los requisitos que se exigen para la concesión inicial y de estar al corriente en el cumplimiento de sus obligaciones fiscales y de Seguridad Social.

4. La oficina competente para la tramitación del procedimiento recabará de oficio el certificado de antecedentes penales y resolverá.

5. La autorización de residencia y trabajo por cuenta propia renovada tendrá una vigencia de dos años, salvo que corresponda una autorización de residencia permanente.

6. Se entenderá que la resolución es favorable, en el supuesto de que la Administración no resuelva expresamente en el plazo de tres meses desde la presentación de la solicitud. La autoridad competente para conceder la autorización vendrá obligada a expedir el certificado que acredite la renovación por este motivo y, en el plazo de un mes desde su notificación del mismo, su titular deberá solicitar la renovación de la tarjeta de identidad de extranjero.

Sección 4ª Residencia temporal y trabajo en el marco de prestaciones transnacionales de servicios

Artículo 63. Definición.

Se halla en situación de residencia temporal y trabajo en el marco de prestaciones transnacionales de servicio el trabajador extranjero que dependa, mediante expresa relación laboral, de una empresa establecida en un Estado no perteneciente a la Unión Europea ni al Espacio Económico Europeo, en los siguientes supuestos:

a) Cuando el desplazamiento temporal se produzca por cuenta y bajo la dirección de la empresa extranjera, en ejecución de un contrato celebrado entre ésta y el destinatario de la prestación de servicios que esté establecido o que ejerza su actividad en España, en el supuesto establecido en la disposición adicional cuarta de la Ley 45/1999, de 29 de noviembre, sobre desplazamiento de trabajadores en el marco de una prestación de servicios transnacional.

b) Cuando se trate del desplazamiento temporal de trabajadores desde centros de trabajo de empresas establecidas fuera de España a centros de trabajo en España de esta misma empresa o de otra empresa del grupo de que forme parte.

c) Cuando se trate del desplazamiento temporal de trabajadores altamente cualificados para la supervisión o asesoramiento de obras o servicios que empresas radicadas en España vayan a realizar en el exterior.

Artículo 64. Requisitos.

1. Para la concesión de esta autorización de residencia y trabajo se valorará el cumplimiento de las siguientes condiciones:

a) Que la residencia del trabajador extranjero en el país donde radica la empresa que le desplaza es estable y regular.

b) Que la actividad profesional del trabajador extranjero en el país en el que radica la empresa que le desplaza tiene carácter habitual, y que se ha dedicado a dicha actividad como mínimo durante un año y ha estado al servicio de tal empresa, al menos, nueve meses.

c) Que la empresa que le desplaza garantiza a sus trabajadores desplazados temporalmente a España los requisitos y condiciones de trabajo aplicables, de acuerdo con lo establecido en la Ley 45/1999, de 29 de noviembre.

2. Quedan expresamente excluidos de este tipo de autorización de residencia y trabajo los desplazamientos realizados con motivo del desarrollo de actividades formativas en los supuestos previstos

en los párrafos a) y c) del artículo anterior y del personal navegante respecto de las empresas de la marina mercante.

3. Esta autorización de residencia y trabajo se limitará a una actividad y ámbito territorial concretos. Su duración coincidirá con el tiempo del desplazamiento del trabajador con el límite de un año, prorrogable por el mismo período si se acreditan idénticas condiciones.

Artículo 65. Procedimiento.

El procedimiento de tramitación de la autorización de residencia y trabajo en el marco de prestaciones transnacionales de servicios será el establecido en este capítulo, con las siguientes especialidades:

a) El empleador que pretenda desplazar a un trabajador extranjero a España deberá presentar, personalmente o a través de quien válidamente tenga atribuida la representación legal empresarial, la correspondiente solicitud de autorización de residencia y trabajo en el marco de prestaciones transnacionales de servicios ante la Delegación o Subdelegación del Gobierno del lugar en donde se vayan a prestar los servicios o ante la misión diplomática u oficina consular correspondiente a su lugar de residencia, y será de aplicación para este último caso, el procedimiento establecido para las autorizaciones de residencia y trabajo por cuenta propia.

b) A la solicitud de autorización de residencia y trabajo en el marco de prestaciones transnacionales de servicios deberá acompañarse la siguiente documentación:

1º Los documentos necesarios para acreditar el cumplimiento de los requisitos establecidos en el artículo anterior.

2º Una copia del pasaporte o documento de viaje en vigor del trabajador extranjero.

3º Aquellos documentos que justifiquen la concurrencia, si son alegados por el interesado, de alguno o algunos de los supuestos específicos establecidos en el artículo 40 de la Ley Orgánica 4/2000, de 11 de enero.

4º La titulación o acreditación de que se posee la capacitación exigida para el ejercicio de la profesión, cuando proceda, debidamente homologada.

5º La documentación acreditativa que identifica a la empresa que desplaza al trabajador extranjero y su domicilio fiscal.

6º El contrato de trabajo del trabajador extranjero con la empresa que le desplaza.

7º El certificado de desplazamiento de la autoridad o institución competente del país de origen que acredite que el trabajador continúa sujeto a su legislación en materia de Seguridad Social si existe instrumento internacional de Seguridad Social aplicable.

En el caso de inexistencia de instrumento internacional de Seguridad Social aplicable al respecto, un documento público sobre nombramiento de representante legal de la empresa que desplaza al trabajador, a los efectos del cumplimiento de las obligaciones de Seguridad Social.

8º Una copia del contrato de prestación de servicios en el supuesto previsto en el apartado 1.a) del artículo 63.

9º Escritura o documento público que acredite que las empresas pertenecen al mismo grupo en el supuesto previsto en el apartado 1.b) del artículo 63.

10º La documentación que acredite el supuesto previsto en el apartado 1.c) del artículo 63.

c) El trámite del abono de la tasa no se realizará cuando la autorización de residencia y trabajo sea inferior a seis meses.

Artículo 66. Denegación de las autorizaciones de residencia y trabajo en el marco de prestaciones transnacionales de servicios.

Será causa de denegación de esta autorización, además del incumplimiento de alguno de los requisitos previstos en esta sección, la concurrencia de alguna circunstancia prevista en el artículo 53, con excepción del párrafo b).

Artículo 67. Efectos del visado de residencia y trabajo en el marco de prestaciones transnacionales de servicios.

El visado de residencia y trabajo que se expida en los supuestos a los que se refiere esta sección, y que seguirá la tramitación prevista en la sección 2ª de este capítulo, tendrá la consideración de autorización inicial de residencia y trabajo en el marco de prestaciones transnacionales de servicios, cuya vigencia comenzará desde la fecha en que se efectúe la entrada y así se haga constar en el visado, pasaporte o título de viaje.

Artículo 68. Excepciones a la autorización de trabajo.

Están exceptuados de la obligación de obtener autorización de trabajo para el ejercicio de una actividad lucrativa, laboral o profesional los extranjeros que estén incluidos en el artículo 41 de la Ley Orgánica 4/2000, de 11 de enero, y cumplan las siguientes condiciones:

a) Técnicos, investigadores y científicos extranjeros, invitados o contratados por la Administración General del Estado, las Comunidades Autónomas, las universidades, los entes locales o los organismos que tengan por objeto la promoción y el desarrollo de la investigación promovidos o participados mayoritariamente por las anteriores.

Tendrán esta consideración los profesionales extranjeros que por sus conocimientos, especialización, experiencia o prácticas científicas sean invitados o contratados por cualesquiera de las Administraciones citadas para el desarrollo de una actividad o programa técnico, científico o de interés general.

Esta circunstancia quedará acreditada con la presentación de la invitación o contrato de trabajo suscritos por quien tenga atribuida la representación legal del órgano correspondiente, donde conste la descripción del proyecto y el perfil profesional que se requiere para su desarrollo.

b) Profesores, técnicos, investigadores y científicos extranjeros invitados o contratados por una universidad española. Se considera como tales a los docentes extranjeros que sean invitados o contratados por una universidad española para desarrollar tareas lectivas u otras tareas académicas.

Esta circunstancia quedará acreditada con la presentación de la invitación o contrato de trabajo para el ejercicio de actividades lectivas u otras actividades académicas, suscritos por quien tenga atribuida la representación legal de la universidad española correspondiente.

c) Personal directivo o profesorado extranjero de instituciones culturales o docentes dependientes de otros Estados, o privadas, de acreditado prestigio, oficialmente reconocidas por España, que desarrollen en nuestro país programas culturales y docentes de sus países respectivos, en tanto limiten su actividad a la ejecución de tales programas. Podrán beneficiarse de la excepción los extranjeros en quienes concurran las circunstancias siguientes:

1ª Ocupar puestos de dirección, de docencia o de investigación y limitar su ocupación al ejercicio de la indicada actividad en instituciones culturales o docentes extranjeras radicadas en España.

2ª Cuando se trate de instituciones culturales o docentes dependientes de otros Estados, deberán desarrollar en España su actividad de forma que los estudios cursados, programas desarrollados y los títulos o diplomas expedidos tengan validez y sean reconocidos por los países de los que dependan.

3ª Si se trata de instituciones privadas extranjeras, se considerará acreditado el prestigio cuando la entidad y las actividades realizadas hayan sido oficialmente reconocidas y autorizadas por las autoridades competentes, y los títulos o diplomas que expidan tengan validez y reconocimiento por los países de los que dependan.

Estas circunstancias quedarán acreditadas con la presentación de la documentación que justifique la validez en el país de origen a los títulos o diplomas expedidos en España, del contrato de trabajo o designación para el ejercicio de actividades de dirección o docencia y, en el caso de las entidades privadas, también de la documentación que justifique su reconocimiento oficial en España.

d) Los funcionarios civiles o militares de las Administraciones estatales extranjeras que vengan a España para desarrollar actividades en virtud de acuerdos de cooperación con la Administración española.

Esta situación quedará acreditada con la presentación del certificado emitido por la Administración estatal extranjera competente y la justificación de tales aspectos.

e) Corresponsales de medios de comunicación extranjeros. Tendrán esta consideración los profesionales de la información al servicio de medios de comunicación extranjeros que desarrollen su actividad informativa en España, debidamente acreditados por las autoridades españolas, ya sea como corresponsales ya sea como enviados especiales.

Esta situación quedará acreditada con la presentación de la acreditación emitida por el Ministerio de la Presidencia a este respecto.

f) Miembros de misiones científicas internacionales que realicen trabajos e investigaciones en España autorizados por el Ministerio de Educación y Ciencia o por el Ministerio de Industria, Turismo y Comercio. Tendrán esta consideración los extranjeros que formen parte de una misión científica internacional que se desplace a España para realizar actividades de estudio o investigación programadas por un organismo o agencia internacional, y autorizadas por las autoridades competentes.

Esta situación quedará acreditada con la presentación de la autorización del Ministerio de Educación y Ciencia o del Ministerio de Industria, Turismo y Comercio de formar parte de misión científica internacional.

g) Los artistas que vengan a España a realizar actuaciones concretas que no supongan una actividad continuada. Estarán incluidas en este supuesto las personas que, de forma individual o colectiva, se desplacen a España para realizar una actividad artística, directamente ante el público o destinada a la grabación de cualquier tipo para su difusión, en cualquier medio o local destinado habitual o accidentalmente a espectáculos públicos o actuaciones de tipo artístico. Las actividades que se realicen no podrán superar cinco días continuados de actuación o veinte días de actuación en un período inferior a seis meses.

Esta situación quedará acreditada con la presentación del documento nacional de identidad y del contrato de trabajo para el desarrollo de las actividades artísticas.

h) Ministros religiosos y miembros de la jerarquía de las diferentes iglesias, confesiones y comunidades religiosas, así como religiosos profesos de órdenes religiosas. Tendrán esta consideración las personas en quienes concurran los siguientes requisitos:

1º Que pertenezcan a una iglesia, confesión, comunidad religiosa u orden religiosa que figure inscrita en el Registro de Entidades Religiosas del Ministerio de Justicia.

2º Que tengan, efectiva y actualmente, la condición de ministro de culto, miembro de la jerarquía o de religioso profeso, por cumplir los requisitos establecidos en sus normas estatutarias.

3º Que las actividades que vayan a desarrollar en España sean estrictamente religiosas o, en el caso de religiosos profesos, sean meramente contemplativas o respondan a los fines estatutarios propios de la orden; quedan expresamente excluidas las actividades retribuidas que no se realicen en este ámbito.

4º Que la entidad de la que dependan se comprometa a hacerse cargo de los gastos ocasionados por su manutención.

El extremo indicado en el párrafo 1º se acreditará mediante certificación del Ministerio de Justicia; los expresados en los párrafos 2º a 4º, se acreditarán mediante certificación expedida por la entidad, con la conformidad del Ministerio de Justicia.

Quedan expresamente excluidos de este artículo los seminaristas y personas en preparación para el ministerio religioso, aunque temporalmente realicen actividades de carácter pastoral, así como las personas vinculadas con una orden religiosa en la que aún no hayan profesado, aunque realicen una actividad temporal en cumplimiento de sus estatutos religiosos.

i) Los extranjeros que formen parte de los órganos de representación, gobierno y administración de los sindicatos y organizaciones empresariales reconocidos internacionalmente, siempre que su actividad se limite estrictamente al desempeño de las funciones inherentes a dicha condición.

j) Los españoles de origen que hubieran perdido la nacionalidad española. Esta situación se acreditará mediante certificación literal de nacimiento o, en su defecto, mediante el medio de prueba adecuado admitido en derecho.

k) Los menores extranjeros en edad laboral tutelados por entidad de protección de menores competente, para aquellas actividades que, a propuesta de la mencionada entidad, mientras permanezcan en esa situación, favorezcan su integración social.

Esta situación quedará probada con la acreditación de que la entidad citada ejerce la tutela del menor y la presentación por parte de ésta de la propuesta de actividad que favorezca la integración social del menor.

Artículo 69. Procedimiento.

1. En el caso de que no sea residente en España, el extranjero deberá solicitar el correspondiente visado de residencia ante la oficina consular española correspondiente a su lugar de residencia, acompañando a la solicitud la documentación que proceda para cada uno de los supuestos de excepción a la autorización de trabajo previstos en el artículo 68. El Ministerio de Asuntos Exteriores y de Cooperación, si media causa que lo justifique, podrá determinar la misión diplomática u oficina consular diferente a la anterior en la que corresponda presentar la solicitud de visado. La oficina consular verificará la excepción y tramitará el visado de residencia conforme a lo dispuesto en el artículo 35, si bien se reducirá el plazo previsto en el apartado 5 de dicho artículo a siete días, y se deberá considerar la ausencia de respuesta, prevista en el apartado 6 de dicho artículo, como resolución favorable.

2. En el caso de que sea residente en España, el extranjero deberá solicitar el reconocimiento de la excepción, y alegar que reúne estas condiciones ante la Subdelegación del Gobierno o Delegación

del Gobierno en las Comunidades Autónomas uniprovinciales, correspondiente a la provincia donde se encuentre el centro de trabajo, aportando la documentación que lo justifique. Esta situación se entenderá denegada si en el plazo de tres meses la Subdelegación o Delegación del Gobierno no se pronuncia sobre ella. La Delegación del Gobierno o Subdelegación del Gobierno correspondiente podrá solicitar la presentación de la documentación adicional que se estime pertinente para acreditar que el extranjero se encuentra en alguno de los supuestos previstos en el artículo 68, así como los informes que sean precisos a otros órganos administrativos.

3. La vigencia del reconocimiento de la excepción se adaptará a la duración de la actividad o programa que se desarrolle, con el límite de un año en el reconocimiento inicial, de dos en la primera renovación y de otros dos años en la siguiente renovación, si subsisten las circunstancias que motivaron la excepción.

4. El hecho de haber sido titular de una excepción de autorización de trabajo no generará derechos para la obtención de una autorización de trabajo por cuenta propia o ajena de carácter inicial.

Artículo 70. Efectos del visado.

1. El visado de residencia que se expida en los supuestos a los que se refiere esta sección incorporará la autorización inicial de residencia con la excepción a la autorización de trabajo y su vigencia comenzará desde la fecha en que se efectúe la entrada, y así se haga constar en el visado, pasaporte o título de viaje. El trabajador deberá solicitar personalmente, en el plazo de un mes, ante la oficina correspondiente la tarjeta de identidad de extranjero.

2. Asimismo, una vez recogido el visado, el trabajador deberá entrar en el territorio español, de conformidad con lo establecido en el título I, durante la vigencia del visado, no superior a tres meses.

CAPÍTULO III

Residencia permanente

Artículo 71. Definición.

Se halla en situación de residencia permanente el extranjero que haya sido autorizado a residir en España indefinidamente y a trabajar en igualdad de condiciones que los españoles.

Artículo 72. Supuestos.

1. Tendrán derecho a obtener una autorización de residencia permanente los extranjeros que acrediten haber residido legalmente y de forma continuada en el territorio español durante cinco años.

2. La continuidad a que se refiere el apartado anterior no quedará afectada por ausencias del territorio español de hasta seis meses, siempre que la suma de éstas no supere el total de un año dentro de los cinco años referidos en el apartado 1, salvo que las correspondientes salidas se hubieran efectuado de manera irregular.

3. La autorización de residencia permanente también se concederá a los extranjeros que acrediten que se encuentran en cualquiera de los siguientes supuestos:

a) Residentes que sean beneficiarios de una pensión de jubilación, en su modalidad contributiva, incluida dentro de la acción protectora del sistema español de la Seguridad Social.

b) Residentes que sean beneficiarios de una pensión de incapacidad permanente absoluta o de gran invalidez, en su modalidad contributiva, incluida dentro de la acción protectora del sistema español de la Seguridad Social o de prestaciones análogas a las anteriores obtenidas en España y consistentes en una renta vitalicia, no capitalizable, suficiente para su sostenimiento.

c) Que hayan nacido en España y al llegar a la mayoría de edad acrediten haber residido en España de forma legal y continuada durante, al menos, los tres años consecutivos inmediatamente anteriores a la solicitud.

d) Que hayan sido españoles de origen y hayan perdido la nacionalidad española.

e) Que al llegar a la mayoría de edad hayan estado bajo la tutela de una entidad pública española durante los cinco años inmediatamente anteriores de forma consecutiva.

f) Apátridas o refugiados que se encuentren en territorio español y a quienes se les haya reconocido el respectivo estatuto en España.

g) Extranjeros que hayan contribuido de forma notoria al progreso económico, científico o cultural de España, o a la proyección de España en el exterior. En estos supuestos, corresponderá al Ministro de Trabajo y Asuntos Sociales la concesión de la autorización de residencia permanente, previo informe del Ministro del Interior.

Artículo 73. Procedimiento.

1. Los extranjeros que se encuentren en territorio español y se hallen en alguno de los supuestos recogidos en el artículo anterior deberán solicitar, en modelo oficial, la autorización de residencia permanente.

Los extranjeros que no se encuentren en territorio nacional deberán presentar personalmente la solicitud de autorización de residencia permanente ante la oficina diplomática o consular en cuya demarcación resida, que se tramitará en los mismos términos que la residencia temporal recogida en la sección 1ª del capítulo I del título IV.

2. A la solicitud de autorización de residencia permanente deberá acompañarse la documentación que acredite la residencia legal previa en España durante cinco años o, en su caso, que el extranjero se encuentra en alguno de los supuestos recogidos en el artículo 72.3.

3. Recibida la solicitud, o subsanada ésta, el órgano competente recabará de oficio el correspondiente certificado de antecedentes penales, así como aquellos informes que estime pertinentes para la tramitación y resolución del procedimiento.

4. En el plazo máximo de tres meses desde la recepción de la solicitud, y sin perjuicio de lo dispuesto en la letra g) del artículo 72.3.g), el Delegado o Subdelegado del Gobierno, según corresponda, resolverá.

5. Se entenderá que la resolución es favorable, en el supuesto de que la Administración no resuelva expresamente en el plazo de tres meses desde la presentación de la solicitud, siempre y cuando ésta se fundamente en los supuestos recogidos en el apartado 1 o en los párrafos a) y b) del apartado 3 del artículo 72.

6. Resuelta, en su caso, la concesión de la autorización de residencia permanente, el extranjero deberá solicitar personalmente la tarjeta de identificación de extranjero, en el plazo de un mes desde su notificación.

Artículo 74. Renovación de la tarjeta de identidad de extranjero de los residentes permanentes.

1. Los extranjeros que sean titulares de una autorización de residencia permanente deberán solicitar la renovación de la tarjeta de identidad de extranjero cada cinco años.

2. La solicitud de renovación deberá presentarse durante los sesenta días inmediatamente anteriores a la fecha de expiración de la vigencia de la tarjeta. Para proceder a la renovación el solicitante deberá aportar la anterior tarjeta de identidad de extranjero, así como proceder al abono de las correspondientes tasas. La presentación de la solicitud en este plazo prorrogará la validez de la autorización anterior hasta la resolución del procedimiento. También se prorrogará hasta la resolución del procedimiento en el supuesto de que la solicitud se presentase dentro de los tres meses posteriores a la fecha en que hubiera finalizado la vigencia de la anterior autorización, sin perjuicio de la incoación del correspondiente procedimiento sancionador por la infracción en la que se hubiese incurrido.

CAPÍTULO IV

Extinción de las autorizaciones de residencia y/o trabajo

Artículo 75. Extinción de la autorización de residencia temporal.

1. La vigencia de las autorizaciones de residencia temporal se extinguirá sin necesidad de pronunciamiento administrativo:

a) Por el transcurso del plazo para el que se hayan expedido.

b) Por renuncia expresa o tácita de su titular. Se entenderá que ha habido renuncia tácita cuando el interesado, tras haber sido requerido para comparecer en la oficina de extranjeros o en la comisaría de policía que hubiese seguido el expediente con el fin de tramitar o hacerse entrega de la tarjeta de identidad de extranjero, no se persone en ella en el plazo de tres meses desde que se practicó aquel requerimiento, salvo que el interesado acredite que la incomparecencia fue debida a una causa justificada.

c) Por venir obligado el residente extranjero a la renovación extraordinaria de la autorización, en virtud de lo dispuesto por las autoridades competentes en estados de excepción o de sitio, de acuerdo con lo dispuesto en el artículo 24 de la Ley Orgánica 4/1981, de 1 de junio, Reguladora de los Estados de Alarma, Excepción y Sitio.

d) Por la inclusión en alguno de los supuestos de prohibición de entrada previstos en este Reglamento, bien por no haberse conocido dicha circunstancia en el momento de su entrada, bien por haberse producido durante su permanencia en España.

2. La autorización de residencia temporal se extinguirá por resolución motivada de la autoridad competente para su concesión, conforme a los trámites previstos en la normativa vigente para los procedimientos de otorgamiento, modificación y extinción de autorizaciones, cuando se constate la concurrencia de alguna de las siguientes circunstancias:

a) Cuando el extranjero deje de disponer de recursos económicos o medios de vida suficientes, de asistencia sanitaria garantizada, teniendo en cuenta lo previsto en el artículo 12 de la Ley Orgánica 4/2000, de 11 de enero, o de vivienda adecuada, sin que pueda disponer de ellos en un plazo de tres meses contados a partir de la notificación en relación con tal circunstancia.

b) Cuando el extranjero cambie o pierda su nacionalidad, sin perjuicio de que pueda adquirir otra autorización de residencia en atención a las nuevas circunstancias.

c) Cuando desaparezcan las circunstancias que sirvieron de base para su concesión. Sin perjuicio de otros casos, se entenderá que concurre este supuesto cuando en las autorizaciones iniciales de residencia temporal y trabajo por cuenta ajena, en el plazo de un mes desde la entrada en España del extranjero y, en todo caso, en el momento de su solicitud de la tarjeta de identidad de extranjero, no exista constancia de que la persona autorizada inicialmente a residir y trabajar ha sido afiliada y/o dada de alta en la Seguridad Social.

d) Cuando se compruebe la inexactitud grave de las alegaciones formuladas por el titular para obtener dicha autorización de residencia.

e) Cuando deje de poseer pasaporte, documento análogo o, en su caso, cédula de inscripción, válidos y en vigor, salvo que pueda justificar que ha realizado los trámites necesarios para la renovación o recuperación del pasaporte o documento análogo.

f) Por la permanencia fuera de España durante más de seis meses en un período de un año.

Esta circunstancia no será de aplicación a los titulares de una autorización de residencia temporal y trabajo vinculados mediante una relación laboral a organizaciones no gubernamentales, fundaciones o asociaciones, inscritas en el registro general correspondiente y reconocidas oficialmente de utilidad pública como cooperantes, y que realicen para aquéllas proyectos de investigación, cooperación al desarrollo o ayuda humanitaria, llevados a cabo en el extranjero. Tampoco será de aplicación a los titulares de una autorización de residencia que permanezcan en el territorio de otro Estado miembro de la Unión Europea para la realización de programas temporales de estudios promovidos por la propia Unión.

Artículo 76. Extinción de la autorización de residencia permanente.

La vigencia de las autorizaciones de residencia permanente se extinguirá:

a) Por venir obligado el residente extranjero a la renovación extraordinaria de las autorizaciones, en virtud de lo dispuesto por las autoridades competentes, en estados de excepción o de sitio, de acuerdo con lo dispuesto en el artículo 24 de la Ley Orgánica 4/1981, de 1 de junio, Reguladora de los Estados de Alarma, Excepción y Sitio.

b) Por resolución motivada del órgano competente para su concesión, conforme a los trámites previstos en la normativa vigente para los procedimientos de otorgamiento, modificación y extinción de autorizaciones, cuando se compruebe la inexactitud grave de las alegaciones formuladas por el titular para obtener dicha autorización de residencia.

c) Por resolución motivada del órgano competente, conforme a los trámites previstos en la normativa vigente para los procedimientos de otorgamiento, modificación y extinción de autorizaciones, cuando se encuentre incluido en alguno de los supuestos de prohibición de entrada previstos en este Reglamento, puesto este supuesto en relación con lo establecido en el artículo 57.5 de la Ley Orgánica 4/2000, de 11 de enero.

d) Por la permanencia fuera de España durante más de 12 meses consecutivos o más de treinta meses en el cómputo global de los cinco años de residencia.

TÍTULO V

CONTINGENTE

Artículo 77. Contingente de trabajadores extranjeros.

1. De conformidad con lo dispuesto en el artículo 39 de la Ley Orgánica 4/2000, de 11 de enero, el Gobierno podrá aprobar con carácter anual, por acuerdo del Consejo de Ministros, un contingente de trabajadores extranjeros.

⇒ La Res. 26 diciembre 2006, de la Secretaria de Estado de Inmigración y Emigración publica el Acuerdo del Consejo de Ministros que regula el contingente de trabajadores extranjeros no comunitarios para el año 2007.

2. El contingente permitirá la contratación programada de trabajadores que no se hallan ni residen en España, llamados a desempeñar empleos con vocación de estabilidad y que serán seleccionados en sus países de origen a partir de las ofertas genéricas presentadas por los empresarios.

3. El acuerdo del Consejo de Ministros establecerá los supuestos en los que será posible tramitar ofertas nominativas a través del contingente.

Artículo 78. Contenido del contingente.

1. El acuerdo por el que se apruebe el contingente comprenderá una cifra provisional, así como las características de las ofertas de empleo de carácter estable para un año natural que puedan ser cubiertas a través de este procedimiento por trabajadores extranjeros que no se hallen ni residan en España.

2. Asimismo, el acuerdo de contingente podrá establecer un número de visados para búsqueda de empleo dirigidos a hijos o nietos de español de origen, así como un número de visados para búsqueda de empleo limitados a determinados sectores de actividad u ocupaciones en un ámbito territorial concreto.

3. El acuerdo del Consejo de Ministros que apruebe el contingente podrá regular, de manera diferenciada respecto a las ofertas estables a las que se refiere, particularidades en el procedimiento de contratación de trabajadores de temporada regulados en la sección 2ª del capítulo II del título IV.

4. A lo largo del año se podrá revisar el número y la distribución de las ofertas de empleo admisibles en el marco del contingente, para adaptarlo a la evolución del mercado de trabajo.

5. Las ofertas de empleo genéricas presentadas a través del contingente se orientarán preferentemente hacia los países con los que España haya firmado acuerdos sobre regulación y ordenación de flujos migratorios.

Artículo 79. Elaboración del contingente.

1. Corresponderá a la Secretaría de Estado de Inmigración y Emigración la elaboración de la propuesta de contingente, previa consulta de la Comisión Laboral Tripartita de Inmigración, que tendrá en cuenta, en todo caso, la información sobre la situación nacional de empleo suministrada por el Servicio Público de Empleo Estatal y las propuestas que eleven las Comunidades Autónomas. Dichas propuestas se realizarán tras haber recibido las solicitudes de las organizaciones empresariales de ámbito provincial, y, en su caso, las consideraciones que les hubieran hecho llegar las organizaciones sindicales de idéntico ámbito.

2. Asimismo, se tendrá en cuenta el informe elaborado por el Consejo Superior de Política de Inmigración sobre la situación de empleo e integración social de los inmigrantes previsto por el artículo 68.2 de la Ley Orgánica 4/2000, de 11 de enero.

3. Elaborada la propuesta, será presentada por la Secretaría de Estado de Inmigración y Emigración ante la Comisión Interministerial de Extranjería para que informe sobre la procedencia de elevarla al Gobierno.

4. Las diferentes actuaciones de gestión, selección, intervención social y concesión de autorizaciones de residencia y trabajo, entre otras que sean consecuencia de la ejecución del contingente, se desarrollarán en los términos que el Gobierno establezca en el acuerdo adoptado.

Artículo 80. Procedimiento.

1. El acuerdo del Consejo de Ministros por el que se apruebe el contingente establecerá el procedimiento para la contratación de los trabajadores extranjeros. En todo caso, los contratos de trabajo que se gestionen a través del contingente deberán ser firmados por extranjeros que no se hallen ni sean residentes en territorio español, y deberán contener, al menos, los aspectos previstos en el artículo 2.2 del Real Decreto 1659/1998, de 24 de julio, por el que se desarrolla el artículo 8.5 de la Ley del Estatuto de los Trabajadores, en materia de información al trabajador sobre los elementos esenciales del contrato de trabajo, así como una previsión del salario neto que percibirá el trabajador.

2. Los empresarios que pretendan contratar a través del contingente deberán presentar las solicitudes personalmente, o a través de quien válidamente tenga atribuida la representación legal empresarial que, para estos supuestos, podrán ser las organizaciones empresariales.

3. En los procesos de selección en origen de los trabajadores, realizados, en su caso, conforme a los procedimientos previstos en los acuerdos de regulación de flujos migratorios, podrán participar los empresarios, directa o indirectamente, siempre que lo soliciten, así como los representantes de la Dirección General de Inmigración encargados específicamente de estas tareas.

4. Teniendo en cuenta las características del puesto de trabajo que se vaya a desempeñar, se podrán desarrollar cursos de formación, en España o en los países de origen, dirigidos a los trabajadores

que hayan sido seleccionados o preseleccionados. A través del medio más adecuado, se procurará el suministro de la información suficiente al trabajador sobre sus derechos y deberes como tal.

5. En atención a la celeridad del procedimiento, se podrá admitir que la presentación de solicitud de visado para los trabajadores seleccionados se realice a través del organismo de selección de manera conjunta para los trabajadores cuya contratación se pretende para el mismo período.

6. Concedido el visado por la autoridad consular, éste incorporará la autorización inicial de residencia y trabajo por cuenta ajena de un año de duración, contado desde la fecha en que se efectúe la entrada en España, la cual deberá hacerse constar obligatoriamente en el pasaporte o título de viaje. La autorización inicial de residencia y trabajo se limitará a un ámbito territorial y sector de actividad determinado y permitirá la incorporación inmediata de los trabajadores a la empresa, así como su afiliación y/o alta en la Seguridad Social.

7. En el plazo de un mes desde su entrada en España, los trabajadores vendrán obligados a solicitar personalmente la correspondiente tarjeta de identidad de extranjero. Dicha tarjeta será expedida por el plazo de validez de la autorización de residencia temporal y será retirada, salvo que concurran circunstancias excepcionales que lo impidan, personalmente por el extranjero.

Artículo 81. Visados para la búsqueda de empleo.

1. Los visados para búsqueda de empleo autorizarán a desplazarse al territorio español, para buscar trabajo durante el período de estancia de tres meses. Si, transcurrido dicho plazo, no hubiera obtenido un contrato, el extranjero quedará obligado a salir del territorio nacional, en caso contrario, incurrirá, en la infracción prevista en el artículo 53.a) de la Ley Orgánica 4/2000, de 11 de enero.

2. A los efectos de verificar la salida del territorio nacional, el extranjero deberá presentarse ante los responsables del control fronterizo por el que se efectuase la salida, para que se estampe sobre su pasaporte un sello de salida. Esta circunstancia será anotada en el Registro Central de Extranjeros y comunicada, por medios telemáticos cuando sea posible, al Ministerio de Asuntos Exteriores y de Cooperación.

Artículo 82. Visados para la búsqueda de empleo dirigidos a hijos o nietos de español de origen.

El número de visados de búsqueda de empleo dirigido a los hijos y nietos de español de origen, quienes, de acuerdo con lo dispuesto por el artículo 40 de la Ley Orgánica 4/2000, de 11 de enero, se encuentran exentos de la valoración de la situación nacional de empleo, así como los mecanismos de selección de los destinatarios y las fórmulas de presentación de las solicitudes, se regularán en el acuerdo de contingente.

Artículo 83. Visados para búsqueda de empleo para determinados sectores de actividad u ocupaciones.

1. El contingente podrá aprobar un número de visados de búsqueda de empleo limitados a un ámbito territorial y a un sector de actividad donde existan puestos de trabajo de difícil cobertura y las circunstancias específicas del mercado laboral concernido determinen que los puestos puedan cubrirse de manera más adecuada a través de este sistema.

2. En cada país, el organismo de selección previsto en el acuerdo de regulación de flujos correspondiente realizará la selección de los extranjeros entre quienes acrediten cumplir con los requisitos y cualificaciones profesionales que se determinen en función de los sectores de actividad.

3. El visado para búsqueda de empleo autorizará a su titular a permanecer legalmente en España durante tres meses. El trabajador deberá buscar un empleo en el sector de actividad y en el ámbito territorial para el que se haya previsto la concesión de la autorización y las Oficinas de Extranjeros o Áreas de Trabajo y Asuntos Sociales inadmitirán a trámite o denegarán, en su caso, las solicitudes que se presenten para otra ocupación o ámbito territorial distintos a los previstos para su autorización conforme a lo previsto por la Ley Orgánica 4/2000, de 11 de enero.

Excepcionalmente, cuando se produzcan circunstancias imprevistas en el mercado laboral, la Dirección General de Inmigración podrá disponer que la autorización de residencia y trabajo sea concedida en otro ámbito territorial o sector de actividad distintos a los inicialmente previstos.

4. El empleador que pretenda la contratación del extranjero en estas condiciones presentará un contrato de trabajo-solicitud de autorización, firmado por ambas partes, así como aquellos documentos reflejados en el artículo 51.2, en la Oficina de Extranjeros o en el Área o Dependencia de Trabajo y Asuntos Sociales de la Delegación o Subdelegación del Gobierno.

5. La autoridad competente deberá pronunciarse en el plazo máximo de diez días sobre la concesión de la autorización de residencia y trabajo, y notificará al solicitante la resolución de manera inmediata.

6. La eficacia de la autorización concedida estará condicionada a la posterior afiliación y/o alta del trabajador en la Seguridad Social en el plazo de un mes desde la notificación realizada al solicitante. Cumplida la condición, la autorización adquirirá vigencia y tendrá la consideración de autorización inicial de residencia y trabajo por cuenta ajena.

7. En el plazo de un mes desde la entrada en vigor de la autorización, los trabajadores vendrán obligados a solicitar personalmente la correspondiente tarjeta de identidad de extranjero. Dicha tarjeta será expedida por el plazo de validez de la autorización de residencia temporal y será retirada, salvo que concurran circunstancias excepcionales que lo impidan, personalmente por el extranjero.

TÍTULO VI

TRABAJADORES TRANSFRONTERIZOS

Artículo 84. Autorización de trabajo por cuenta propia o ajena para trabajadores transfronterizos.

1. Se concederá este tipo de autorización a los trabajadores que residan en la zona fronteriza de un Estado limítrofe al que regresan diariamente, desarrollan actividades lucrativas, laborales o profesionales por cuenta propia o ajena en las zonas fronterizas del territorio español. Su validez estará limitada a este ámbito territorial, tendrá una vigencia máxima de cinco años y será renovable.

2. En su concesión inicial y sucesivas renovaciones se estará a lo dispuesto en los artículos que establecen las condiciones para la concesión de la autorización de trabajo que proceda y su renovación.

3. El hecho de haber sido titular de una autorización de trabajo por cuenta propia o ajena para trabajadores transfronterizos no generará derecho para la obtención de una autorización de residencia y trabajo por cuenta propia o ajena, sin perjuicio de que sea tenida en cuenta para la valoración de las solicitudes que pudieran presentarse por el titular.

4. El extranjero deberá solicitar y obtener la correspondiente tarjeta de trabajador transfronterizo a la que se refiere el título X. Esta tarjeta acreditará la condición de trabajador transfronterizo y permitirá la entrada y salida de territorio nacional para la realización de la actividad a la que se refiera.

5. Esta autorización de trabajo se renovará a su expiración en tanto el titular continúe en activo y subsistan las circunstancias que motivaron su concesión.

6. Se denegarán las autorizaciones de trabajo por cuenta propia o ajena para trabajadores transfronterizos, además de por la concurrencia de alguna de las causas generales de denegación establecidas en este Reglamento para las autorizaciones de residencia y trabajo por cuenta ajena, por la pérdida de la condición de trabajador transfronterizo.

7. Las autorizaciones se extinguirán cuando concurran las causas previstas para el resto de autorizaciones reguladas en este Reglamento, cuando sean aplicables.

TÍTULO VII

AUTORIZACIÓN PARA INVESTIGACIÓN Y ESTUDIOS

Artículo 85. Definición.

1. Los extranjeros que deseen realizar trabajos de investigación o formación no remunerados laboralmente, o cursar o ampliar estudios, en cualesquiera centros docentes o científicos españoles públicos o privados oficialmente reconocidos, deberán disponer del correspondiente visado de estudios.

2. El visado de estudios habilita al extranjero a permanecer en España en situación de estancia para la realización de cursos, estudios, trabajos de investigación o formación. La duración de dicha estancia será igual a la del curso para el que esté matriculado o, en su caso, del trabajo de investigación que desarrolle. Será causa de la extinción de su vigencia el cese en la actividad para la que fue concedido.

Artículo 86. Requisitos.

Son requisitos para la obtención del visado de estudios:

a) Cumplir todos los requisitos para la entrada establecidos en el título I.

b) Haber sido reglamentariamente admitido en cualesquiera centros docentes o científicos españoles, públicos o privados, oficialmente reconocidos, para cursar o ampliar estudios o realizar trabajos de investigación o formación, no remunerados laboralmente, con indicación, según corresponda, de un horario que implique asistencia y/o de un plan de estudios, investigación o formación aprobado.

c) En los supuestos de estudiantes menores de edad, cuando no vengan acompañados de sus padres o tutores y no se encuentren bajo el supuesto del artículo 92, se requerirá, además, la autorización de éstos para el desplazamiento a España para realizar los estudios, en la que conste el centro y el período de estancia previsto.

d) Tener garantizados los medios económicos necesarios para sufragar el coste de sus estudios, así como los gastos de estancia y regreso a su país, y, en su caso, los de sus familiares. Salvo que la convocatoria excluya como beneficiarios a los estudiantes o investigadores en situación de estancia, se entenderá que tienen derecho al acceso al sistema público de becas y ayudas en las mismas condiciones que los españoles.

Artículo 87. Procedimiento.

1. La solicitud de visado de estudios deberá presentarse personalmente, en modelo oficial, en la misión diplomática u oficina consular española en cuya demarcación resida el extranjero, salvo que, excepcionalmente, le fuese de aplicación lo dispuesto en el primer párrafo del apartado 2 de la disposición adicional tercera de la Ley Orgánica 4/2000, de 11 de enero. El Ministerio de Asuntos Exteriores y de Cooperación, si media causa que lo justifique, podrá determinar la misión diplomática u oficina consular diferente a la anterior en la que corresponda presentar la solicitud de visado. Si se tratara de menores de edad, la solicitud deberá ser presentada personalmente por sus padres o tutores o por un representante debidamente acreditado.

2. A la solicitud de visado de estudios se acompañarán los documentos que acrediten:

a) La vigencia del pasaporte o documento de viaje del solicitante para todo el período para el que se solicita el visado.

b) La admisión en un centro docente, público o privado, oficialmente reconocidos, para cursar o ampliar estudios o realizar trabajos de investigación o formación, en la que deberá constar, cuando proceda, el número de código asignado a dicho centro en el Registro nacional de universidades, centros y enseñanzas o en el Registro estatal de centros docentes no universitarios, ambos dependientes del Ministerio de Educación y Ciencia, así como a los centros de investigación reconocidos como tales por el Ministerio de Industria, Turismo y Comercio o por el Ministerio de Educación y Ciencia.

c) El contenido del plan de estudios, formación o investigación que se vaya a realizar.

d) Un seguro médico que cubra, durante todo el tiempo de su estancia en España, los gastos médicos y la repatriación asociados a un accidente o a una enfermedad repentina.

e) La disposición de medios de subsistencia y alojamiento para el período que se solicita y, en su caso, para garantizar el retorno al país de procedencia.

f) En el caso de estudiantes menores de edad, la correspondiente autorización de los padres o tutores.

Cuando la duración de los estudios o de la investigación supere los seis meses, se requerirá, además:

g) Un certificado médico con el fin de acreditar que no padece ninguna de las enfermedades susceptibles de cuarentena previstas en el Reglamento sanitario internacional.

h) Cuando se trate de solicitantes mayores de edad penal, carecer de antecedentes penales, circunstancia que se acreditará mediante un certificado de antecedentes penales o documento equivalente expedido por las autoridades del país de origen o del país en que haya residido durante los últimos cinco años y en el que no deben constar condenas por delitos existentes en el ordenamiento español.

3. La misión diplomática u oficina consular podrá requerir la comparecencia del solicitante y, cuando se estime necesario, mantener una entrevista personal, para comprobar su identidad, la validez de la documentación personal o demás documentación aportada, la regularidad de la estancia o residencia en el país de solicitud, la naturaleza de los estudios o la investigación que se vaya a realizar y las garantías de retorno al país de residencia. La incomparecencia en el plazo fijado, que no podrá exceder de quince días, producirá el efecto de considerar al interesado desistido en la solicitud y se producirá el archivo del procedimiento.

4. Cuando el solicitante acredite las condiciones personales exigidas, la oficina consular requerirá, por medios telemáticos cuando sea posible, directamente o a través del Ministerio de Asuntos Exteriores y de Cooperación, informe favorable de la Delegación o Subdelegación del Gobierno correspondiente sobre el cumplimiento de los requisitos para la permanencia del estudiante en España. El plazo máximo para la comunicación del citado informe, a través de los órganos centrales del Ministerio de Asuntos Exteriores y de Cooperación, a la oficina consular solicitante será de siete días desde la recepción de la solicitud del informe, transcurridos los cuales sin haber obtenido respuesta se entenderá que su sentido es favorable.

5. Con carácter añadido, y sólo cuando el centro en el que fuesen a realizarse los estudios no se encontrara recogido en el registro previsto en el artículo 87.2.b), la oficina consular requerirá, directamente o a través del Ministerio de Asuntos Exteriores y de Cooperación, el informe favorable de la Delegación o Subdelegación del Gobierno en el territorio donde radique dicho centro de estudios. El plazo máximo para la comunicación del citado informe, a través de los órganos centrales del Ministerio de Asuntos y de Cooperación, a la oficina consular solicitante será de quince días desde la recepción de la solicitud del informe, transcurridos los cuales sin haber obtenido respuesta se entenderá que su sentido es favorable.

La misión diplomática u oficina consular, en atención al cumplimiento del resto de los requisitos exigidos, resolverá sobre la solicitud y expedirá, en su caso, el visado de estudios, en el plazo máximo de un mes.

6. En el supuesto de concesión del visado, el extranjero deberá recogerlo en el plazo de dos meses desde su notificación. De no efectuarse en el plazo mencionado la recogida, se entenderá que el interesado ha renunciado al visado concedido y se producirá el archivo del procedimiento.

7. Si la estancia por estudios tuviera una duración superior a seis meses, el extranjero deberá solicitar la correspondiente tarjeta de estudiante extranjero en el plazo de un mes desde la entrada efectiva en España.

Artículo 88. Renovación.

1. La autorización de estancia por estudios podrá prorrogarse anualmente cuando el interesado acredite:

a) Que sigue reuniendo los requisitos establecidos en el artículo 86 para la obtención del visado de estudios.

b) Que ha superado las pruebas o requisitos pertinentes para la continuidad de sus estudios o, en su caso, que la investigación desarrollada por el extranjero progresa adecuadamente. Este requisito podrá acreditarse igualmente a través de la realización de estudios o investigaciones en el territorio de otro Estado miembro de la Unión Europea, en el marco de programas temporales promovidos por la propia Unión.

2. La prórroga de la autorización deberá solicitarse en el plazo de sesenta días previos a su expiración. Su tramitación se realizará de conformidad con lo establecido para la prórroga de estancia en el artículo 29. La solicitud podrá presentarse en el registro del órgano competente para su tramitación o ante cualquier otro registro oficial. En caso necesario, la autoridad competente para resolver sobre la solicitud de renovación podrá requerir la comparecencia personal del interesado. La incomparecencia en el plazo fijado producirá el efecto de considerar al interesado desistido en la solicitud y el archivo del procedimiento.

Artículo 89. Familiares de los estudiantes e investigadores extranjeros.

1. Los extranjeros que hayan solicitado un visado de estudios o que se encuentren en España en el régimen de estudios regulado en este título podrán solicitar los correspondientes visados de estancia para que sus familiares entren y permanezcan legalmente en España durante la duración de dichos estudios o investigación, sin que se exija un período previo de estancia al estudiante o investigador extranjero, y podrán solicitarse dichos visados de manera simultánea con la solicitud del visado de estudios por el estudiante o investigador, o en cualquier momento posterior, durante el período de vigencia de la autorización de estancia por estudios.

2. El término familiar se entenderá referido, a estos efectos, al cónyuge e hijos menores de dieciocho años o sometidos a su patria potestad o tutela.

3. Los familiares del estudiante o investigador extranjero dotados del visado referido podrán permanecer legalmente en territorio español durante el mismo período, con idéntico estatuto que el estudiante o investigador, y su permanencia estará en todo caso vinculada a dicho estatuto. Si su estancia fuera superior a seis meses, deberán solicitar la correspondiente tarjeta de estudiante extranjero en el plazo de un mes desde su entrada en España.

4. Los familiares del estudiante o investigador no tendrán derecho a la autorización para la realización de actividades lucrativas laborales a la que se refiere el artículo siguiente.

Artículo 90. Trabajo de estudiantes o investigadores.

1. Los extranjeros que dispongan del correspondiente visado de estudios podrán ser autorizados a realizar actividades lucrativas laborales, en instituciones públicas o entidades privadas, cuando el empleador como sujeto legitimado presente la solicitud de autorización de trabajo y se cumplan, con carácter general, los requisitos previstos en el artículo 50, excepto sus párrafos a) y f).

Dichas actividades deberán ser compatibles con la realización de los estudios, y los ingresos obtenidos no podrán tener el carácter de recurso necesario para su sustento o estancia.

No será preciso solicitar autorización para aquellas prácticas en entidades públicas o privadas que formen parte del plan de estudios para el que se otorgó el visado de estudios y se produzcan en el marco de los correspondientes convenios de colaboración entre dichas entidades y el centro docente de que se trate.

2. Los contratos deberán formalizarse por escrito y se ajustarán a la modalidad de contrato de trabajo a tiempo parcial. En el supuesto de ser a jornada completa, su duración no podrá superar los tres meses ni coincidir con los períodos lectivos.

3. La autorización que se conceda no tendrá limitaciones geográficas, salvo que la actividad lucrativa coincida con períodos lectivos; en tal caso, se limitará al ámbito territorial de residencia de su titular.

4. La vigencia de la autorización coincidirá con la duración del contrato de trabajo y no podrá ser superior a la de la duración del visado o autorización de estudios, cuya pérdida de vigencia será causa de extinción de la autorización.

Las autorizaciones para trabajar se renovarán si subsisten las circunstancias que motivaron la concesión anterior, siempre y cuando se haya obtenido la renovación de la estancia por investigación o estudios.

Artículo 91. Régimen especial de los estudios de especialización en el ámbito sanitario.

Los licenciados extranjeros en Medicina y Cirugía, Farmacia, Psicología, Ciencias Químicas y Ciencias Biológicas que estén en posesión del correspondiente título español o extranjero debidamente homologado y realicen estudios de especialización en España, según regulación específica, podrán realizar las actividades lucrativas laborales derivadas o exigidas por dichos estudios de especialización, sin que sea necesario que dispongan de la correspondiente autorización de trabajo, sin perjuicio de la necesidad de comunicación de esta circunstancia a la autoridad competente.

La oficina consular de su lugar de residencia podrá expedir el visado de estudios tras la verificación de que se encuentra realizando los estudios de especialización mencionados en el párrafo anterior.

TÍTULO VIII

MENORES EXTRANJEROS

Artículo 92. Menores extranjeros no acompañados.

1. En los supuestos en que las Fuerzas y Cuerpos de Seguridad del Estado tengan conocimiento de, o localicen en España a un extranjero indocumentado cuya minoría de edad no pueda ser establecida con seguridad, informará a los servicios de protección de menores para que, en su caso, le presten la atención inmediata que precise, de acuerdo con lo establecido en la legislación de protección jurídica del menor. Con carácter inmediato, se pondrá el hecho en conocimiento del Ministerio Fiscal, que dispondrá la determinación de su edad, para lo que colaborarán las instituciones sanitarias oportunas que, con carácter prioritario y urgente, realizarán las pruebas necesarias.

2. Determinada la edad, si se tratase de un menor, el Ministerio Fiscal lo pondrá a disposición de los servicios competentes de protección de menores.

3. Si durante el procedimiento de determinación de la edad el menor precisara atención inmediata, las Fuerzas y Cuerpos de Seguridad del Estado lo solicitarán a los servicios competentes de protección de menores.

4. La Administración General del Estado, conforme al principio de reagrupación familiar del menor, después de haber oído al menor, y previo informe de los servicios de protección de menores, resolverá lo que proceda sobre la repatriación a su país de origen, o a aquel donde se encontrasen sus familiares, o, en su defecto, sobre su permanencia en España. De acuerdo con el principio del interés superior del menor, la repatriación a su país de origen solamente se acordará si se dieran las condiciones para la efectiva reagrupación familiar del menor, o para la adecuada tutela por parte de los servicios de protección de menores del país de origen.

El procedimiento se iniciará de oficio por la Administración General del Estado o, en su caso, a propuesta de la entidad pública que ejerce la tutela del menor. El órgano encargado de la tutela del menor facilitará a la autoridad gubernativa cualquier información que conozca relativa a la identidad del menor, su familia, su país o su domicilio, y pondrá en su conocimiento las gestiones que haya podido realizar para localizar a la familia del menor.

La autoridad gubernativa pondrá en conocimiento del Ministerio Fiscal todas las actuaciones llevadas a cabo en este procedimiento.

La Administración General del Estado, competente para llevar a cabo los trámites relativos a la repatriación desde España de un menor extranjero en situación de desamparo, actuará a través de las Delegaciones y Subdelegaciones del Gobierno, las cuales solicitarán de la Comisaría General de Extranjería y Documentación la realización de las gestiones necesarias ante las embajadas y consulados correspondientes, para localizar a los familiares de los menores o, en su defecto, los servicios de protección de menores de su país de origen que se hicieren responsables de ellos. Si no existiera representación diplomática en España, estas gestiones se canalizarán a través del Ministerio de Asuntos Exteriores y de Cooperación.

Una vez localizada la familia del menor o, en su defecto, los servicios de protección de menores de su país, se procederá a la repatriación mediante su entrega a las autoridades de fronteras del país al que se repatríe. No procederá esta medida cuando se hubiera verificado la existencia de riesgo o peligro para la integridad del menor, de su persecución o la de sus familiares.

En el caso de que el menor se encontrase incurso en un proceso judicial, la repatriación quedará condicionada a la autorización judicial. En todo caso deberá constar en el expediente la comunicación al Ministerio Fiscal.

La repatriación del menor será acordada por el Delegado del Gobierno o por el Subdelegado del Gobierno, y ejecutada por los funcionarios del Cuerpo Nacional de Policía.

La repatriación se efectuará a costa de la familia del menor o de los servicios de protección de menores de su país. En caso contrario, se comunicará al representante diplomático o consular de su país a estos efectos. Subsidiariamente, la Administración General del Estado se hará cargo del coste de la repatriación.

5. Transcurridos nueve meses desde que el menor haya sido puesto a disposición de los servicios competentes de protección de menores, de acuerdo con el apartado 2, y una vez intentada la repatriación con su familia o al país de origen, si ésta no hubiera sido posible, se procederá a otorgarle la autorización de residencia a la que se refiere el artículo 35.4 de la Ley Orgánica 4/2000, de 11 de enero. En todo caso, el hecho de no contar con autorización de residencia no supondrá obstáculo para el acceso del menor a aquellas actividades o programas de educación o formación que, a criterio de la entidad de protección de menores competente, redunden en su beneficio.

El hecho de que se haya autorizado la residencia no será impedimento para la repatriación del menor, cuando posteriormente pueda realizarse conforme a lo previsto en este artículo.

En el caso de menores tutelados por la entidad de protección de menores competente que alcancen la mayoría de edad sin haber obtenido la citada autorización de residencia y hayan participado adecuadamente en las acciones formativas y actividades programadas por dicha entidad para favorecer su integración social, ésta podrá recomendar la concesión de una autorización temporal de residencia por circunstancias excepcionales, a la que se hará extensivo lo dispuesto en el artículo 40.j) de la Ley Orgánica 4/2000, de 11 de enero.

6. Si se trata de menores solicitantes de asilo, se estará a lo dispuesto en el artículo 15.4 del Reglamento de ejecución de la Ley 5/1984, de 26 de marzo, Reguladora del Derecho de Asilo y de la Condición de Refugiado, aprobado por el Real Decreto 203/1995, de 10 de febrero.

Artículo 93. Desplazamiento temporal de menores extranjeros.

1. El desplazamiento de menores extranjeros a España, en programas promovidos y financiados por las Administraciones públicas, asociaciones sin ánimo de lucro o fundaciones u otras entidades o personas ajenas a quienes ejercen su patria potestad o tutela, para estancias temporales con fines de escolarización, tratamiento médico o disfrute de vacaciones, necesitará la autorización expresa de quien ejerza la patria potestad o tutela, así como el informe previo favorable del Subdelegado del Gobierno o Delegado del Gobierno en las Comunidades Autónomas uniprovinciales, en cuyo territorio vayan a permanecer. A estos efectos, el Delegado o Subdelegado del Gobierno podrá solicitar el informe del órgano de la comunidad o Comunidades Autónomas competente en materia de protección de menores, emitido a iniciativa de la entidad promotora del programa.

2. Los Ministerios de Asuntos Exteriores y de Cooperación, de Trabajo y Asuntos Sociales y del Interior coordinarán el desplazamiento y estancia de estos menores, y por este último departamento se controlará su regreso al país de origen o de procedencia.

3. En todos los casos, si los menores van a ser acogidos por familias o personas individuales, éstas deberán expresar por escrito su conocimiento de que la acogida del menor no tiene por objeto la adopción y su compromiso de favorecer el regreso a su país de origen o procedencia.

4. La estancia temporal con fines de escolarización se tramitará de conformidad con lo establecido para el régimen de los estudiantes previsto en este Reglamento y acabará al finalizar el curso académico, en cuyo momento, salvo que razones excepcionales lo impidan, el menor deberá regresar a su país.

En el caso de que desee continuar los estudios por más de un curso académico, se deberá incluir al menor en un nuevo programa.

5. Los requisitos y exigencias de este artículo se entenderán cumplidos, a los efectos de la concesión del visado, a través del informe favorable del Subdelegado del Gobierno o Delegado del Gobierno en las Comunidades Autónomas uniprovinciales, a que se refiere el apartado 1. El informe se referirá al cumplimiento, por parte del programa, de los requisitos y autorizaciones exigibles en España, proporcionados para el fin de la estancia y su duración, tanto en materia sanitaria o de escolarización como de protección jurídica del menor en relación con la finalidad expuesta y de esa duración, que no podrá exceder de un curso académico, en orden a garantizar la ausencia de riesgo de desprotección de éste. Asimismo, se habrá de verificar la existencia de compromiso escrito de facilitar el regreso al país de origen de los menores, y el conocimiento de que la acogida del menor no tiene por objeto la adopción, según lo referido en el apartado 3, y que el mencionado regreso no implica coste para el erario público, salvo que dicho coste haya sido asumido expresa y previamente por la autoridad competente.

La oficina consular en el país de origen del menor deberá, no obstante, comprobar la autorización expresa de quien ejerza la patria potestad o tutela, así como todo lo relativo a los requisitos de los pasaportes individuales o colectivos, salvoconductos u otra documentación de viaje de los menores.

Artículo 94. Residencia del hijo de residente legal.

1. Los hijos nacidos en España de extranjero que se encuentre residiendo legalmente en España adquirirán automáticamente la misma autorización de residencia de la que sea titular cualquiera de sus progenitores. A estos efectos, el padre o la madre deberán solicitar personalmente la autorización de residencia para el hijo desde que tuviera lugar el nacimiento o desde que alguno de sus progenitores acceda a la situación de residencia legal, acompañando original y copia de la partida de nacimiento, así como copia de la autorización de residencia de la que sea titular cualquiera de sus progenitores. Si el hijo nacido en España es de padre o madre reconocidos como refugiados, éstos podrán optar entre solicitar para él la extensión familiar del derecho de asilo o una autorización de residencia, en función del interés superior del menor.

2. Los extranjeros menores de edad o incapacitados no nacidos en España que o bien sean hijos de españoles o de extranjeros residentes legales en España, o bien estén sujetos legalmente a la tutela de un ciudadano o institución españoles o de un extranjero residente legal en España podrán obtener autorización de residencia cuando se acredite su permanencia continuada en España durante un mínimo de dos años y sus padres o tutores cumplan los requisitos de medios de vida y alojamiento exigidos en este Reglamento para ejercer el derecho a la reagrupación familiar. Cuando los menores se encuentren en edad de escolarización obligatoria, se deberá acreditar adicionalmente que han estado matriculados en un centro de enseñanza y asistido regularmente a clase, salvo ausencias justificadas, durante su permanencia en España. La vigencia de las autorizaciones concedidas por este motivo estará vinculada, en su caso, a la de la autorización de residencia del padre, la madre o el tutor del interesado.

3. Para las renovaciones de las autorizaciones de residencia reguladas en este artículo se seguirán los trámites y el procedimiento establecido para las autorizaciones de residencia de los familiares reagrupados.

TÍTULO IX

MODIFICACIÓN DE LAS SITUACIONES DE LOS EXTRANJEROS EN ESPAÑA

Artículo 95. De la situación de estancia por estudios a la situación de residencia y trabajo.

1. Los extranjeros que se encuentren en España en situación de estancia por estudios podrán acceder a la situación de residencia y trabajo sin necesidad de solicitar visado cuando el empleador, como sujeto legitimado, presente la solicitud de autorización para residir y trabajar y se cumplan los requisitos laborales exigidos en el artículo 50, excepto el párrafo a), y se acredite, además, que el extranjero:

a) Ha permanecido en España durante, al menos, tres años en la situación de estancia por estudios.

b) Ha realizado los estudios o el trabajo de investigación con aprovechamiento.

c) No ha sido becado o subvencionado por organismos públicos o privados dentro de programas de cooperación o de desarrollo del país de origen.

El estudiante o investigador que se acoja a esta posibilidad podrá igualmente solicitar una autorización de residencia a favor de los familiares en situación de estancia previstos en el artículo 89 que se encuentren conviviendo con él en el momento de la solicitud, siempre y cuando acredite suficiencia económica y disponibilidad de vivienda adecuada, en los términos establecidos para la reagrupación familiar en el artículo 42.2.d) y e).

2. La autorización de residencia o residencia y trabajo concedida tendrá la consideración de autorización inicial. La eficacia de la autorización de residencia y trabajo concedida estará condicionada a la posterior afiliación y alta del trabajador en la Seguridad Social en el plazo de un mes desde la notificación realizada al solicitante. Cumplida la condición, la autorización comenzará su período de vigencia, y en el plazo de un mes desde su entrada en vigor el trabajador deberá solicitar la tarjeta de identidad de extranjero. En el caso de los familiares, la autorización de residencia concedida se regirá por lo dispuesto en la sección 2ª del capítulo I del título IV.

3. Excepcionalmente y previo informe favorable de la Secretaría de Estado de Inmigración y Emigración podrá reducirse el plazo de tres años recogido en el apartado 1, cuando se trate de extranjeros cuya residencia en España se considere oportuna por razón de la relevancia excepcional de los méritos profesionales y científicos acreditados por aquéllos.

4. La autorización de residencia y trabajo, así como, en su caso, la autorización de residencia para los familiares, deberá solicitarse durante los tres meses anteriores a la extinción de la autorización de estancia por estudios. La solicitud realizada en este plazo prorrogará la vigencia de la autorización de estancia del estudiante o investigador y, en su caso, de los familiares contemplados en el artículo 89, hasta que recaiga resolución sobre ella.

Artículo 96. De la situación de residencia a la situación de residencia y trabajo por cuenta propia o ajena.

1. Los extranjeros que se encuentren en España durante, al menos, un año en situación de residencia legal, podrán acceder a la situación de residencia y trabajo por cuenta ajena cuando el empleador, como sujeto legitimado, presente la solicitud de autorización para residir y trabajar y se cumplan los requisitos laborales exigidos en el artículo 50, excepto los párrafos a) y f). Excepcionalmente podrá acceder a la situación de residencia y trabajo, sin necesidad de que haya transcurrido el plazo de un año, el extranjero que acredite una necesidad por circunstancias sobrevenidas de trabajar para garantizar su subsistencia.

2. En el caso de que se pretenda ejercer una actividad por cuenta propia, se requerirá el cumplimiento de los requisitos del artículo 58, excepto su párrafo f).

3. Los extranjeros en situación de residencia por haber sido reagrupados, así como el cónyuge que accede a una autorización de residencia temporal independiente por la vía prevista en el artículo 41.2, podrán acceder a la autorización de residencia y trabajo sin necesidad de que se cumpla el plazo de residencia legal establecido en el apartado 1 de este artículo.

4. La eficacia de la autorización de trabajo concedida estará condicionada a la posterior afiliación y/o alta del trabajador en la Seguridad Social en el plazo de un mes desde la notificación realizada al solicitante. Cumplida la condición, la autorización comenzará su período de vigencia.

5. Los extranjeros titulares de una autorización de residencia como ciudadano comunitario o familiar de comunitario, cuando hayan cesado en tal condición, podrán obtener, si cumplen los requisitos establecidos al efecto, a excepción del visado, una autorización de residencia y trabajo por cuenta ajena o cuenta propia, del tiempo que corresponda, en función de la duración de la autorización anterior de la que fuera titular.

Artículo 97. Compatibilidad de situación de residencia y trabajo por cuenta ajena y la residencia y trabajo por cuenta propia.

1. Los extranjeros que deseen realizar simultáneamente actividades lucrativas por cuenta propia y ajena habrán de obtener las correspondientes autorizaciones para trabajar, de conformidad con los requisitos generales establecidos para la obtención de cada una de ellas en este Reglamento, previa acreditación de la compatibilidad del ejercicio de ambas actividades lucrativas, en relación con su objeto y características, duración y jornada laboral.

2. La autorización administrativa mediante la que se conceda la compatibilidad del ejercicio de actividades laborales y profesionales tendrá una duración equivalente al período de vigencia de la autorización de trabajo de la que fuera titular el trabajador extranjero, excepto en el caso de que se conceda sobre la base de una oferta de empleo de duración inferior.

Artículo 98. De la situación de residencia por circunstancias excepcionales a la situación de residencia y trabajo por cuenta propia o ajena.

1. Los extranjeros que se encuentren en España durante, al menos, un año en situación de residencia por circunstancias excepcionales, en los supuestos que determina el artículo 47, podrán acceder a la situación de residencia o de residencia y trabajo sin necesidad de visado.

2. Cuando el extranjero autorizado a residir por circunstancias excepcionales estuviera habilitado para trabajar por cuenta ajena, presentará por sí mismo la solicitud de autorización de residencia y trabajo, que será concedida si cumple los requisitos previstos por el artículo 54.

3. En los demás casos, el empleador será el sujeto legitimado para presentar la solicitud de autorización de residencia y trabajo y se exigirán los requisitos laborales previstos en el artículo 50, excepto los párrafos a) y f). La eficacia de la autorización de trabajo concedida estará condicionada a la posterior afiliación y alta del trabajador en la Seguridad Social en el plazo de un mes desde la notificación realizada al solicitante. Cumplida la condición, la autorización comenzará su período de vigencia.

4. La duración de la autorización estará en función del tiempo que hayan residido previamente en España.

5. En el caso de que se pretenda ejercer una actividad por cuenta propia, se requerirá el cumplimiento de los requisitos del artículo 58, excepto el párrafo f).

Artículo 99. Modificaciones de la autorización de residencia y trabajo.

1. En el caso de las autorizaciones iniciales, el órgano competente que concedió la autorización inicial para residir y trabajar por cuenta ajena o cuenta propia podrá modificar su alcance en cuanto a la actividad laboral y ámbito territorial autorizados, siempre a petición de su titular.

En el caso de que se trate de una modificación de actividad laboral, se tendrá en cuenta lo previsto en el artículo 50.a).

2. Las autorizaciones de residencia y trabajo por cuenta propia y por cuenta ajena podrán mutarse, respectivamente, en autorizaciones de trabajo por cuenta ajena y por cuenta propia, a solicitud del interesado, siempre que se le haya renovado ya su autorización inicial o que presente la solicitud en el momento en el que corresponda solicitar la renovación de la autorización de la que es titular y reúna las condiciones siguientes:

a) En el caso de las modificaciones de cuenta ajena a cuenta propia, se autorizarán si se reúnen los requisitos establecidos en el artículo 58 y se tiene constancia de la realización habitual de actividad laboral durante el período de vigencia de la autorización por un período igual al que correspondería si pretendiera su renovación.

b) En el caso de las modificaciones de cuenta propia a cuenta ajena, se autorizarán si se ha suscrito un contrato de trabajo que justifique la nueva actividad laboral del trabajador, siempre que se tenga constancia del cumplimiento de las obligaciones tributarias y de Seguridad Social de su anterior actividad profesional.

3. La nueva autorización no ampliará la vigencia de la autorización modificada.

Cuando se trate de modificaciones solicitadas en el momento de la renovación de la autorización del que es titular, su vigencia será la que correspondería a su renovación.

TÍTULO X
DOCUMENTACIÓN DE LOS EXTRANJEROS

CAPÍTULO I
Derechos y obligaciones relativos a la documentación

Artículo 100. Derechos y obligaciones.

1. Los extranjeros que se encuentren en territorio español tienen el derecho y la obligación de conservar, en vigor, la documentación con la que hubieran efectuado su entrada en España, la que acredite su identidad, expedida por las autoridades competentes del país de origen o de procedencia, así como la que acredite su situación en España.

2. Los extranjeros están obligados a exhibir los documentos referidos en el apartado anterior cuando fueran requeridos por las autoridades o sus agentes.

3. Los extranjeros no podrán ser privados de su documentación, salvo en los supuestos y con los

requisitos previstos en la Ley Orgánica 4/2000, de 11 de enero, y en la Ley Orgánica 1/1992, de 21 de febrero, sobre Protección de la Seguridad Ciudadana.

Artículo 101. Número de identidad de extranjero.

1. Los extranjeros que obtengan un documento que les habilite para permanecer en territorio español, aquellos a los que se les haya incoado un expediente administrativo en virtud de lo dispuesto en la normativa sobre extranjería y aquellos que por sus intereses económicos, profesionales o sociales, se relacionen con España serán dotados, a los efectos de identificación, de un número personal, único y exclusivo, de carácter secuencial.

2. El número personal será el identificador del extranjero, que deberá figurar en todos los documentos que se le expidan o tramiten, así como en las diligencias que se estampen en su pasaporte o documento análogo.

3. El número de identidad del extranjero (NIE) deberá ser otorgado de oficio, por la Dirección General de la Policía, en los supuestos mencionados en el apartado 1, salvo en el caso de los extranjeros que se relacionen con España por razón de sus intereses económicos, profesionales o sociales; que deberán interesar de dicho órgano la asignación del indicado número, siempre que concurran los siguientes requisitos:

a) Que no se encuentren en España en situación irregular.

b) Que justifiquen documentalmente los motivos por los que solicitan la asignación de dicho número.

Los extranjeros que se relacionen con España por razón de sus intereses económicos, profesionales o sociales podrán solicitar el NIE a la Dirección General de la Policía a través de las oficinas consulares de España en el exterior.

4. Lo dispuesto en el apartado anterior será también de aplicación para la solicitud de los certificados de residente y de no residente.

CAPÍTULO II

Acreditación de la situación de los extranjeros en España

Artículo 102. Acreditación.

Las diferentes situaciones de los extranjeros en España podrán acreditarse, según corresponda, mediante el pasaporte o documento de viaje que acredite su identidad, visado o tarjeta de identidad de extranjero. Excepcionalmente podrá acreditarse dicha situación mediante otras autorizaciones o documentos válidamente expedidos a tal fin por las autoridades españolas.

Artículo 103. El pasaporte o documento de viaje.

El pasaporte o documento de viaje en el que conste el sello de entrada, acreditará, además de la identidad, la situación de estancia en España en aquellos supuestos de extranjeros que no precisen de la obtención de un visado de estancia.

Artículo 104. El visado.

El visado válidamente obtenido acredita la situación para la que hubiese sido otorgado. La validez de dicha acreditación se extenderá desde la efectiva entrada de su titular en España, hasta la obtención de la correspondiente tarjeta de identidad de extranjero o hasta que se extinga la vigencia del visado.

Artículo 105. La tarjeta de identidad de extranjero.

1. Todos los extranjeros a los que se haya expedido un visado o una autorización para permanecer en España por un período superior a seis meses tienen el derecho y la obligación de obtener la tarjeta de identidad de extranjero, que deberán solicitar personalmente en el plazo de un mes desde su entrada en España o desde que se conceda la correspondiente autorización, respectivamente.

2. La tarjeta de identidad de extranjero es el documento destinado a identificar al extranjero a los efectos de acreditar su situación legal en España.

3. La tarjeta de identidad de extranjero es personal e intransferible, y corresponde a su titular cumplimentar las actuaciones que se establezcan para su obtención y entrega, así como la custodia y conservación del documento.

4. El incumplimiento de las obligaciones relativas a la tarjeta de identidad de extranjero conllevará la aplicación del régimen sancionador previsto en la Ley Orgánica 4/2000, de 11 de enero.

5. El titular de la tarjeta de identidad de extranjero no podrá ser privado del documento, salvo

en los supuestos y con los requisitos previstos en la Ley Orgánica 4/2000, de 11 de enero, y en la Ley Orgánica 1/1992, de 21 de febrero, sobre Protección de la Seguridad Ciudadana.

6. El Ministerio del Interior, en el marco de los acuerdos sobre documentación de extranjeros de carácter internacional en los que España sea parte, dictará las disposiciones necesarias para determinar las características de dicho documento, previo informe de la Comisión Interministerial de Extranjería.

7. La tarjeta de identidad de extranjero tendrá idéntico período de vigencia que la autorización o el reconocimiento del derecho que justifique su expedición, y perderá su validez cuando se produzca la de la citada autorización, por cualesquiera de las causas reglamentariamente establecidas a este efecto o, en su caso, por la pérdida del derecho para permanecer en territorio español.

8. Cuando haya finalizado el plazo de vigencia de la tarjeta, se haya acordado la renovación de la autorización o, en su caso, del reconocimiento a permanecer en territorio español, o se haya perdido el derecho que justificó su expedición, los extranjeros titulares de ella están obligados a entregar el documento en la comisaría de policía o en los servicios policiales de las Oficinas de Extranjeros correspondientes al lugar donde residan.

En el caso de los extranjeros a los que sea aplicable el régimen de asilo y que estén domiciliados en Madrid, la entrega del documento deberá realizarse en la oficina de asilo y refugio.

9. El extravío, destrucción o inutilización de la tarjeta de Identidad de Extranjero, tarjeta de identidad de extranjero, ya sean de carácter personal, laboral o familiar, llevarán consigo la expedición de nueva tarjeta, a instancia del interesado, que no se considerará renovación y tendrá vigencia por el tiempo que le falte por caducar a la que sustituya.

10. Las modificaciones que impliquen alteración de la situación legal en España del titular de la tarjeta de identidad de extranjero, así como de su situación laboral, incluidas las renovaciones, determinarán la expedición de nueva tarjeta adaptada al cambio o alteración producido, con la vigencia que determine la resolución que conceda dichas modificaciones.

11. Corresponderá a la Dirección General de la Policía, conforme a los criterios de coordinación marcados por la Secretaría de Estado de Seguridad, de acuerdo con la Secretaría de Estado de Inmigración y Emigración, la organización y gestión de los servicios de expedición de las tarjetas de identidad de extranjeros en las comisarías de policía u Oficinas de Extranjeros en las que se hubiese tramitado el expediente administrativo o practicado la notificación por la que se reconoce el derecho o se le autoriza a permanecer en España, así como su expedición y entrega al interesado, quien habrá de acreditar ante ellas ser el destinatario del documento y haber realizado el pago de las tasas fiscales legalmente establecidas. Asimismo, en los casos en que la eficacia de la autorización otorgada se encuentre condicionada al requisito de la afiliación y/o alta del extranjero en la Seguridad Social, deberá quedar acreditada dicha circunstancia en el momento de solicitar la tarjeta.

12. Será aplicable a los documentos mencionados la normativa vigente sobre presentación y anotación en las oficinas públicas del documento nacional de identidad, cuya normativa tendrá carácter supletorio de las normas sobre utilización en España de los documentos de identidad de los extranjeros.

Artículo 106. Tarjetas de trabajador transfronterizo y de estudiante.

1. Los extranjeros que se encuentren en España en situación de estancia por estudios o investigación de duración superior a seis meses, así como los trabajadores transfronterizos, deberán solicitar y obtener la tarjeta de estudiante y de trabajador transfronterizo, respectivamente, para acreditar su condición. Dichas tarjetas deberán solicitarse en los términos establecidos en este Reglamento para la tarjeta de identidad de extranjero.

2. El Ministerio del Interior dictará las disposiciones necesarias para determinar las características de dichos documentos, previo informe de la Comisión Interministerial de Extranjería.

CAPÍTULO III
Indocumentados

Artículo 107. Indocumentados.

1. En los supuestos de extranjeros indocumentados, previstos en el artículo 34.2 de la Ley Orgánica 4/2000, de 11 de enero, se procederá en la forma prevista en este capítulo.

2. La petición de documentación deberá efectuarse tan pronto como se hubiera producido la indocumentación y habrá de presentarse, personalmente y por escrito, en las comisarías de policía u Oficinas de Extranjeros que correspondan.

3. En las dependencias policiales u Oficinas de Extranjeros en que efectúe su presentación, el interesado exhibirá los documentos de cualquier clase, aunque estuvieren caducados, que pudieran

constituir indicios o pruebas de identidad, procedencia y nacionalidad, en su caso, para que sean incorporados a la información que se esté llevando a cabo. Asimismo, acreditará que no puede ser documentado por la misión diplomática u oficina consular correspondiente mediante acta notarial que permita dejar constancia del requerimiento efectuado y no atendido, sin perjuicio de lo dispuesto en el apartado 5.

4. El interesado, igualmente, deberá aportar los documentos, declaraciones o cualquier otro medio de prueba oportuno que sirvan para acreditar la concurrencia de razones excepcionales de índole humanitaria, interés público o, en su caso, el cumplimiento de compromisos de España, que justifiquen su documentación, por parte de las autoridades españolas.

5. En el caso de los solicitantes de autorización de residencia temporal por circunstancias excepcionales, se eximirá al solicitante de la presentación de acta notarial para acreditar que no puede ser documentado por la misión diplomática u oficina consular correspondiente, en los casos en que se alegasen razones graves que impidan su comparecencia en aquéllas, a cuyos efectos podrá recabarse el informe de la oficina de asilo y refugio.

6. A los efectos de realización de la información referida en el apartado 3, el interesado deberá colaborar diligentemente con las dependencias policiales instructoras, especialmente en lo relativo a la comprobación de los datos, documentos o medios de prueba de que se dispusiera.

7. Una vez realizada la información inicial, siempre que el extranjero no esté incurso en ninguno de los supuestos de prohibición de entrada en España a que se refiere el artículo 26 de la Ley Orgánica 4/2000, de 11 de enero, o se haya dictado contra él una orden de expulsión del territorio español, si desea permanecer en territorio español, se le otorgará por el Subdelegado del Gobierno, o Delegado del Gobierno en las Comunidades Autónomas uniprovinciales, en la provincia o Comunidad Autónoma en que se encuentre, un documento de identificación provisional, que le habilitará para permanecer en España durante tres meses, período durante el cual se procederá a completar la información sobre sus antecedentes.

8. Excepcionalmente, por razones de seguridad pública, de forma individualizada, motivada y en proporción a las circunstancias que concurran en cada caso, por resolución del Ministro del Interior adoptada a propuesta de la Dirección General de la Policía, de acuerdo con las garantías jurídicas del procedimiento sancionador previsto en la Ley, se podrá establecer alguna de las medidas limitativas previstas en el apartado 2 del artículo 5 de la Ley Orgánica 4/2000, de 11 de enero, sobre derechos y libertades de los extranjeros en España y su integración social.

9. Completada la información, salvo que el extranjero se encontrase incurso en alguno de los supuestos de prohibición de entrada o se haya dictado contra él una orden de expulsión, previo abono de las tasas fiscales que legalmente correspondan, el Subdelegado del Gobierno, Delegado del Gobierno en las Comunidades Autónomas uniprovinciales o el Comisario General de Extranjería y Documentación dispondrán su inscripción en una sección especial del Registro de Extranjeros y le dotarán de una cédula de inscripción en un documento impreso, que deberá renovarse anualmente y cuyas características se determinarán por el Ministerio del Interior. La Dirección General de la Policía expedirá certificaciones o informes sobre los extremos que figuren en dicha sección especial para su presentación ante cualquier otra autoridad española.

10. El extranjero al que le haya sido concedida la cédula de inscripción podrá solicitar la correspondiente autorización de residencia por circunstancias excepcionales si reúne los requisitos para ello. Dicha solicitud podrá presentarse y resolverse de manera simultánea con la solicitud de cédula de inscripción.

11. En caso de denegación de la solicitud, una vez notificada ésta formalmente, se procederá a su devolución al país de procedencia o a su expulsión del territorio español, en la forma prevista en la Ley Orgánica 4/2000, de 11 de enero, y en este Reglamento.

12. La cédula de inscripción perderá vigencia, sin necesidad de resolución expresa, cuando el extranjero sea documentado por algún país o adquiera la nacionalidad española u otra distinta.

Artículo 108. Título de viaje para salida de España.

1. A los extranjeros que se encuentren en España que acrediten una necesidad excepcional de salir del territorio español y no puedan proveerse de pasaporte propio, por encontrarse en alguno de los casos expresados en el artículo 34.2 de la Ley Orgánica 4/2000, de 11 de enero, una vez practicados los trámites regulados en el artículo anterior, la Dirección General de la Policía les podrá expedir un título de viaje con destino a los países que se especifiquen, previendo el regreso a España, salvo que el objeto del título de viaje sea exclusivamente posibilitar el retorno del solicitante al país de nacionalidad o residencia de éste; en tal caso, el documento no contendrá autorización de regreso a España.

2. En el título de viaje constarán la vigencia máxima y las limitaciones que en cada caso concreto se determinen para su utilización.

3. El título de viaje se expedirá con arreglo al modelo que se determine por orden del Ministro del Interior.

CAPÍTULO IV
Registro Central de Extranjeros

Artículo 109. Registro Central de Extranjeros.

1. Existirá, en la Dirección General de la Policía, un Registro Central de Extranjeros en el que se anotarán:

a) Declaración de entrada.

b) Documentos de viaje.

c) Prórrogas de estancia.

d) Cédulas de inscripción.

e) Autorizaciones de entrada y estancia.

f) Autorización de estancia por estudios.

g) Autorizaciones de residencia.

h) Autorizaciones para trabajar.

i) Inadmisiones a trámite, concesiones y denegaciones de asilo.

j) Concesiones y denegaciones del estatuto de apátrida y de desplazado.

k) Cambios de nacionalidad, domicilio o estado civil.

l) Limitaciones de estancia.

m) Medidas cautelares adoptadas, infracciones administrativas cometidas y sanciones impuestas en el marco de la Ley Orgánica 4/2000, de 11 de enero, y de este Reglamento.

n) Denegaciones y prohibiciones de entrada en el territorio nacional y sus motivos.

ñ) Devoluciones.

o) Prohibiciones de salida.

p) Expulsiones administrativas o judiciales.

q) Salidas obligatorias.

r) Autorizaciones de regreso.

s) Certificaciones de número de identidad de extranjero.

t) Retorno de trabajadores de temporada.

u) Cartas de invitación.

v) Cualquier otra resolución o actuación que pueda adoptarse en aplicación de este Reglamento.

2. La información contenida en el registro será puesta a disposición de la Secretaría de Estado de Inmigración y Emigración y de los órganos de las Administraciones públicas para el ejercicio de sus competencias en materia de inmigración, así como de los interesados, de conformidad con lo dispuesto en la Ley Orgánica 15/1999, de 13 de diciembre, de Protección de Datos de Carácter Personal en la Ley 30/1992, de 26 de noviembre, de Régimen Jurídico de las Administraciones Públicas y del Procedimiento Administrativo Común, y en sus normas de desarrollo.

3. Los órganos que adopten las resoluciones y otorguen los documentos a que se refiere el apartado 1 deberán dar cuenta de ello, a efectos de su anotación en este registro.

Artículo 110. Comunicación al Registro Central de Extranjero de los cambios y alteraciones de situación.

1. Los extranjeros autorizados a permanecer en España estarán obligados a poner en conocimiento de la Oficina de Extranjeros o comisaría de policía correspondiente al lugar donde residan los cambios de nacionalidad, de domicilio habitual y de estado civil. Dicha comunicación deberá realizarse en el plazo máximo de un mes desde que se produjese el cambio o modificación y deberá ir acompañada de los documentos que acrediten dichos cambios.

2. Los órganos competentes darán traslado de los referidos cambios al Registro Central de Extranjeros para su correspondiente anotación.

CAPÍTULO V

Registro de menores extranjeros no acompañados

Artículo 111. Registro de menores extranjeros no acompañados.

1. En la Dirección General de la Policía existirá un Registro de menores extranjeros no acompañados a los solos efectos de identificación, que contendrá:

a) Nombre y apellidos, nombre de los padres, lugar de nacimiento, nacionalidad, última residencia en el país de procedencia.

b) Su impresión decadactilar.

c) Fotografía.

d) Centro de acogida donde resida.

e) Organismo público bajo cuya protección se halle.

f) Resultado de la prueba médica de determinación de la edad, según informe de la clínica médico forense.

g) Cualesquiera otros datos de relevancia a los citados efectos de identificación, incluidos los que puedan facilitar la escolarización del menor.

2. Los servicios competentes de protección de menores a los que se refiere el artículo 35 de la Ley Orgánica 4/2000, de 11 de enero, cuando tengan conocimiento de que un menor se halle en situación de desamparo, deberán comunicar, con la mayor brevedad, a la Dirección General de la Policía, a través de sus órganos periféricos, los datos que conozcan relativos a la identidad del menor conforme lo dispuesto en el apartado anterior.

TÍTULO XI

INFRACCIONES EN MATERIA DE EXTRANJERÍA Y SU RÉGIMEN SANCIONADOR

CAPÍTULO I

Normas comunes del procedimiento sancionador

Artículo 112. Normativa aplicable.

1. El ejercicio de la potestad sancionadora por la comisión de las infracciones administrativas previstas en la Ley Orgánica 4/2000, de 11 de enero, se ajustará a lo dispuesto en ella y en la Ley 30/1992, de 26 de noviembre, de Régimen Jurídico de las Administraciones Públicas y del Procedimiento Administrativo Común.

2. No se impondrá sanción alguna por infracciones a los preceptos establecidos en la Ley Orgánica 4/2000, de 11 de enero, sino en virtud de procedimiento instruido al efecto.

3. Cuando se trate de los supuestos calificados como infracción leve del artículo 52.c), grave del artículo 53.b), cuando se trate de trabajadores por cuenta propia, y muy grave del artículo 54.1.d) de la citada Ley Orgánica 4/2000, de 11 de enero, el procedimiento aplicable será el previsto en los artículos 148 y 149 de este Reglamento.

4. En todo aquello no previsto en este Reglamento será de aplicación supletoria el procedimiento regulado en el Reglamento de procedimiento para el ejercicio de la potestad sancionadora, aprobado por el Real Decreto 1398/1993, de 4 de agosto.

Artículo 113. Modalidades del procedimiento sancionador.

El ejercicio de la potestad sancionadora por la comisión de las infracciones administrativas previstas en la Ley Orgánica 4/2000, de 11 de enero, se tramitará por los procedimientos ordinario, preferente y simplificado, según proceda conforme a lo dispuesto en dicha Ley Orgánica y en este Reglamento.

Artículo 114. Actuaciones previas.

Con anterioridad a la iniciación del procedimiento, se podrán realizar actuaciones previas para determinar con carácter preliminar si concurren circunstancias que justifiquen tal iniciación. En especial, estas actuaciones se orientarán a determinar, con la mayor precisión posible, los hechos susceptibles de motivar la incoación del procedimiento, la identificación de la persona o personas que pudieran resultar responsables y las circunstancias relevantes que concurran en unos y otros.

Artículo 115. Iniciación del procedimiento sancionador. Competencia.

1. El procedimiento se iniciará de oficio por acuerdo del órgano competente, bien por propia iniciativa bien como consecuencia de orden superior, a petición razonada de otros órganos o por denuncia.

2. Serán competentes para ordenar la incoación del procedimiento sancionador los Delegados del Gobierno en las Comunidades Autónomas uniprovinciales, los Subdelegados del Gobierno, el Comisario General de Extranjería y Documentación, el Jefe Superior de Policía, los Comisarios Provinciales y los titulares de las comisarías locales y puestos fronterizos.

Artículo 116. Instructor y secretario.

En el acuerdo de incoación del procedimiento se nombrarán instructor y secretario, que deberán ser funcionarios del Cuerpo Nacional de Policía, sin perjuicio de que tales nombramientos puedan recaer en otros funcionarios de las Oficinas de Extranjeros cuando se trate de procedimientos sancionadores que se tramiten por las infracciones leves e infracciones graves de los párrafos e) y h) del artículo 53 de la Ley Orgánica 4/2000, de 11 de enero.

Artículo 117. Colaboración contra redes organizadas.

1. Cuando se encuentre en curso un expediente sancionador y el expedientado fuera extranjero, el instructor, antes de efectuar la propuesta definitiva al órgano competente, si tiene conocimiento de la posible concurrencia de circunstancias de colaboración con la Justicia, especialmente las previstas en el artículo 59 de la Ley Orgánica 4/2000, de 11 de enero, podrá proponer la exención de responsabilidad y la no expulsión de las personas a las que se alude en aquél, en consideración a su colaboración o cooperación con las autoridades o sus agentes, proporcionando datos esenciales o declarando en los procesos correspondientes, como víctima, perjudicado o testigo, o denunciando a las autoridades competentes a los autores y cooperadores de los tráficos ilícitos de seres humanos a los que el indicado artículo 59 se refiere.

Si se dictase resolución por la que se declare al expedientado exento de responsabilidad administrativa, la autoridad gubernativa competente podrá conceder, a elección del extranjero, y para facilitarle su integración social, autorización de residencia temporal por circunstancias excepcionales de acuerdo con el artículo 31 de la Ley Orgánica 4/2000, de 11 de enero, así como autorización para trabajar, o facilitarle el retorno a su país de procedencia. La concesión de dicha documentación podrá ser revocada si el titular, durante el tiempo que dure el procedimiento en el que es víctima, perjudicado o testigo, cesa en su cooperación o colaboración con las autoridades policiales o judiciales.

2. Durante el período de cooperación o colaboración, la Administración competente que corresponda proporcionará al extranjero la atención social y jurídica necesaria, sin perjuicio de las medidas de protección que pueda acordar el juez instructor según lo establecido en la Ley Orgánica 19/1994, de 23 de diciembre, de Protección a Testigos y Peritos en Causas Criminales.

3. Cuando el Ministerio Fiscal tenga conocimiento de que un extranjero, contra el que se ha dictado una resolución de expulsión, aparezca en un procedimiento penal como víctima, perjudicado o testigo, y considere imprescindible su presencia para la práctica de diligencias judiciales, lo pondrá de manifiesto a la autoridad gubernativa a los efectos de que valore la inejecución de su expulsión durante el tiempo necesario. En caso de que ya hubiera sido expulsado, se procederá de igual forma a los efectos de que autorice su regreso a España durante el tiempo necesario para poder practicar las diligencias precisas, todo ello sin perjuicio de que se adopte alguna de las medidas previstas en la Ley Orgánica 19/1994, de 23 de diciembre, de Protección a Testigos y Peritos en Causas Criminales.

Artículo 118. El decomiso.

1. De conformidad con lo dispuesto en el artículo 55.5 de la Ley Orgánica 4/2000, de 11 de enero, en los supuestos de infracción del párrafo b) del artículo 54.1 de dicha Ley, serán objeto de decomiso los vehículos, embarcaciones, aeronaves y cuantos bienes muebles o inmuebles, de cualquier naturaleza que sean, hayan servido de instrumento para la comisión de la citada infracción.

2. Para garantizar la efectividad del comiso, los agentes de la autoridad podrán proceder, desde las primeras investigaciones practicadas, a la aprehensión y puesta a disposición de la autoridad competente de los bienes, efectos e instrumentos a que se refiere el apartado anterior, y quedará a expensas del expediente sancionador, en el que se resolverá lo pertinente en relación con ellos.

3. Los bienes, efectos e instrumentos definitivamente decomisados por resolución administrativa o judicial firme se adjudicarán al Estado, en los términos fijados por la Ley 33/2003, de 4 de noviembre, del Patrimonio de las Administraciones Públicas.

4. La autoridad judicial podrá acordar que, con las debidas garantías para su conservación y mientras se sustancie el procedimiento, los bienes, objetos o instrumentos de lícito comercio puedan ser utilizados provisionalmente por las unidades de extranjería en la lucha contra la inmigración ilegal.

Artículo 119. Resolución.

1. Los Delegados del Gobierno en las Comunidades Autónomas uniprovinciales y los Subdelegados del Gobierno dictarán resolución motivada que confirme, modifique o deje sin efecto la propuesta de sanción, y decidirá todas las cuestiones planteadas por los interesados y aquellas otras derivadas del procedimiento.

2. La resolución no podrá tener en cuenta hechos distintos de los determinados en la fase de instrucción del procedimiento, sin perjuicio de su diferente valoración jurídica.

3. Para la determinación de la sanción que se imponga, además de los criterios de graduación a que se refieren los apartados 3 y 4 del artículo 55 de la Ley Orgánica 4/2000, de 11 de enero, se valorarán también, a tenor de su artículo 57, las circunstancias de la situación personal y familiar del infractor.

Artículo 120. Ejecución de las resoluciones sancionadoras.

1. La ejecución de las resoluciones sancionadoras se efectuará de conformidad con lo dispuesto en el capítulo III de este título, sin perjuicio de las particularidades establecidas para el procedimiento preferente.

2. En la resolución se adoptarán, en su caso, las disposiciones cautelares precisas para garantizar su eficacia en tanto no sea ejecutiva. Las mencionadas disposiciones podrán consistir en el mantenimiento de las medidas provisionales que, en su caso, se hubieran adoptado de conformidad con el artículo 61 de la Ley Orgánica 4/2000, de 11 de enero.

3. Las resoluciones administrativas sancionadoras serán recurribles con arreglo a lo dispuesto en las leyes. Su régimen de ejecutividad será el previsto con carácter general.

4. En todo caso, cuando el extranjero no se encuentre en España, podrá cursar los recursos procedentes, tanto en vía administrativa como jurisdiccional, a través de las representaciones diplomáticas o consulares correspondientes, las cuales los remitirán al organismo competente.

Artículo 121. Caducidad y prescripción.

1. El plazo máximo en que debe dictarse y notificarse la resolución que resuelva el procedimiento será de seis meses desde que se acordó su iniciación, sin perjuicio de lo dispuesto para el procedimiento simplificado en el artículo 135.

Transcurrido dicho plazo sin haberse resuelto y notificado la expresada resolución, se producirá la caducidad del procedimiento y se procederá al archivo de las actuaciones, a solicitud de cualquier interesado o de oficio por el propio órgano competente para dictar la resolución, excepto en los casos en que el procedimiento se hubiera paralizado por causa imputable a los interesados, o en aquellos supuestos en que se hubiese acordado su suspensión.

2. La acción para sancionar las infracciones previstas en la Ley Orgánica 4/2000, de 11 de enero, prescribe a los tres años si la infracción fuera muy grave; a los dos años si fuera grave, y a los seis meses si fuera leve, contados a partir del día en que los hechos se hubiesen cometido.

La prescripción se interrumpe por cualquier actuación de la Administración de la que tenga conocimiento el denunciado.

El plazo de prescripción se reanudará si el procedimiento estuviere paralizado durante más de un mes por causa no imputable al expedientado.

3. El plazo de prescripción de la sanción será de cinco años si la sanción impuesta lo fuera por infracción muy grave; de dos años si lo fuera por infracción grave, y de un año si lo fuera por infracción de carácter leve.

Si la sanción impuesta fuera la expulsión del territorio nacional, la prescripción no empezará a contar hasta que haya transcurrido el período de prohibición de entrada fijado en la resolución. Dicho plazo no podrá exceder de un máximo de 10 años.

El plazo de prescripción de la sanción comenzará a contarse desde el día siguiente a aquel en que adquiera firmeza la resolución por la que se imponga la sanción.

4. La prescripción, tanto de la infracción como de la sanción, se aplicará de oficio por los órganos competentes en las diversas fases de tramitación del expediente.

5. Tanto la prescripción como la caducidad exigirán resolución en la que se mencione tal circuns-

tancia como causa de terminación del procedimiento, con indicación de los hechos producidos y las normas aplicables, según lo establecido en el artículo 42.1 de la Ley 30/1992, de 26 de noviembre.

CAPÍTULO II

Modalidades de tramitación del procedimiento sancionador

Sección 1ª El procedimiento ordinario

Artículo 122. Supuestos en que procede el procedimiento ordinario.

Cuando la infracción imputada sea alguna de las previstas en los artículos 53 o 54, o la conducta a que se refiere el apartado 2 del artículo 57 de la Ley Orgánica 4/2000, de 11 de enero, el procedimiento seguido será el ordinario, salvo en los supuestos especificados en el artículo 130, que se tramitarán por el procedimiento preferente.

Artículo 123. Iniciación del procedimiento ordinario.

1. Excepto en los supuestos calificados como infracción grave del artículo 53.b), cuando se trate de trabajadores por cuenta propia, o muy grave del artículo 54.1.d) de la Ley Orgánica 4/2000, de 11 de enero, en los que se estará a lo dispuesto en su artículo 55.2, el acuerdo de iniciación del procedimiento se formalizará con el contenido mínimo siguiente:

a) Identificación de la persona o personas presuntamente responsables.

b) Los hechos sucintamente expuestos que motivan la incoación del procedimiento, su posible calificación y las sanciones que pudieran corresponder, sin perjuicio de lo que resulte de la instrucción.

c) Instructor y, en su caso, secretario del procedimiento, con expresa indicación del régimen de recusación de éstos.

d) Órgano competente para la resolución del expediente y norma que le atribuya tal competencia.

e) Indicación de la posibilidad de que el presunto responsable pueda reconocer voluntariamente su responsabilidad.

f) Medidas de carácter provisional que se hayan acordado por el órgano competente para iniciar el procedimiento sancionador, sin perjuicio de las que se puedan adoptar durante éste de conformidad con los artículos 55 y 61 de la Ley Orgánica 4/2000, de 11 de enero.

g) Indicación del derecho a formular alegaciones y a la audiencia en el procedimiento y de los plazos para su ejercicio.

2. El acuerdo de iniciación se comunicará al instructor, con traslado de cuantas actuaciones existan al respecto, y se notificará a los interesados, entendiendo en todo caso por tal al expedientado.

En la notificación se advertirá a los interesados que, de no efectuar alegaciones sobre el contenido de la iniciación del procedimiento en el plazo previsto en el artículo siguiente, la iniciación podrá ser considerada propuesta de resolución cuando contenga un pronunciamiento preciso acerca de la responsabilidad imputada, con los efectos previstos en los artículos 127 y 128.

Artículo 124. Actuaciones y alegaciones en el procedimiento ordinario.

1. Sin perjuicio de lo dispuesto en el artículo anterior, los interesados dispondrán de un plazo de 15 días para aportar cuantas alegaciones, documentos o informaciones estimen convenientes y, en su caso, proponer las pruebas y concretar los medios de que pretendan valerse.

2. Cursada la notificación a que se refiere el apartado anterior, el instructor del procedimiento realizará de oficio cuantas actuaciones resulten necesarias para el examen de los hechos, y recabará los datos e informaciones que sean relevantes para determinar, en su caso, la existencia de responsabilidades susceptibles de sanción.

3. Si como consecuencia de la instrucción del procedimiento resultase modificada la determinación inicial de los hechos, de su posible calificación, de las sanciones imponibles o de las responsabilidades susceptibles de sanción, se notificará todo ello al expedientado en la propuesta de resolución.

Artículo 125. Prueba en el procedimiento ordinario.

1. Recibidas las alegaciones o transcurrido el plazo señalado en el artículo anterior, el órgano instructor podrá acordar la apertura de un período de prueba, por un plazo no superior a 30 días ni inferior a 10 días.

2. En el acuerdo, que se notificará a los interesados, se podrá rechazar de forma motivada la práctica de aquellas pruebas que, en su caso, hubiesen propuesto aquéllos, cuando por su relación con los hechos se consideren improcedentes.

3. La práctica de las pruebas que el órgano instructor estime pertinentes, entendiéndose por tales aquellas distintas de los documentos que los interesados puedan aportar en cualquier momento de la tramitación del procedimiento, se realizará de conformidad con lo establecido en el artículo 81 de la Ley 30/1992, de 26 de noviembre.

4. Cuando la prueba consista en la emisión de un informe de un órgano administrativo o entidad pública, y sea admitida a trámite, éste tendrá los efectos previstos en el artículo 83 de la citada Ley 30/1992, de 26 de noviembre.

5. Cuando la valoración de las pruebas practicadas pueda constituir el fundamento básico de la decisión que se adopte en el procedimiento, por ser pieza imprescindible para la evaluación de los hechos, deberá incluirse en la propuesta de resolución.

Artículo 126. Colaboración de otras Administraciones públicas en el procedimiento ordinario.

El órgano instructor recabará de los órganos y dependencias administrativas pertenecientes a cualquiera de las Administraciones públicas la información que fuera necesaria para el eficaz ejercicio de sus propias competencias, incluyendo, la petición de la información necesaria al Registro central de penados y rebeldes.

Artículo 127. Propuesta de resolución en el procedimiento ordinario.

Concluida, en su caso, la prueba, el órgano instructor del procedimiento formulará la propuesta de resolución en la que se fijarán de forma motivada los hechos, y se especificarán los que se consideren probados y su exacta calificación jurídica, se determinará la infracción que, en su caso, aquéllos constituyan y la persona o personas que resulten responsables, y se fijará la sanción que propone que se imponga y las medidas provisionales que se hubieran adoptado, en su caso, por el órgano competente para iniciar el procedimiento o por su instructor, o bien se propondrá la declaración de inexistencia de infracción o responsabilidad.

Artículo 128. Trámite de audiencia en el procedimiento ordinario.

1. La propuesta de resolución se notificará a los interesados.

A la notificación se acompañará una relación de los documentos que obren en el procedimiento para que los interesados puedan obtener las copias de los que estimen convenientes, y se les concederá un plazo de 15 días para formular alegaciones y presentar los documentos e informaciones que estimen pertinentes ante el instructor del procedimiento.

2. Salvo en el supuesto previsto por el párrafo final del artículo 123.2, se podrá prescindir del trámite de audiencia cuando no figuren en el procedimiento ni sean tenidos en cuenta otros hechos ni otras alegaciones y pruebas que las aducidas, en su caso, por el interesado, de conformidad con lo previsto en el artículo 124.1.

3. La propuesta de resolución se cursará inmediatamente al órgano competente para resolver el procedimiento, junto a todos los documentos, alegaciones e informaciones que obren en aquél.

Artículo 129. Resolución del procedimiento ordinario.

1. Antes de dictar la resolución, el órgano competente para resolver podrá decidir, mediante acuerdo motivado, la realización de las actuaciones complementarias indispensables para resolver el procedimiento.

El acuerdo de realización de actuaciones complementarias se notificará a los interesados, a quienes se concederá un plazo de siete días para formular las alegaciones que tengan por pertinentes. Las actuaciones complementarias deberán practicarse en un plazo no superior a 15 días. El plazo para resolver el procedimiento quedará suspendido hasta la terminación de las actuaciones complementarias. No tendrán la consideración de actuaciones complementarias los informes que preceden inmediatamente a la resolución final del procedimiento.

2. El órgano competente dictará resolución que será motivada y decidirá todas las cuestiones planteadas por los interesados y aquellas otras derivadas del procedimiento.

La resolución se adoptará en el plazo de 10 días desde la recepción de la propuesta de resolución y los documentos, alegaciones e informaciones que obren en el procedimiento, salvo lo dispuesto en los apartados 1 y 3.

3. En la resolución no se podrán aceptar hechos distintos de los determinados en la fase de instrucción del procedimiento, salvo los que resulten, en su caso, de la aplicación de lo previsto en el apartado 1, con independencia de su diferente valoración jurídica. No obstante, cuando el órgano competente para resolver considere que la infracción reviste mayor gravedad que la determinada en la propuesta de resolución, se notificará al interesado para que aporte cuantas alegaciones estime convenientes, a cuyos efectos se le concederá un plazo de 15 días.

4. Las resoluciones de los procedimientos sancionadores, además de contener los elementos previstos en el artículo 89.3 de la Ley 30/1992, de 26 de noviembre, incluirán la valoración de las pruebas practicadas y, especialmente, de aquellas que constituyan los fundamentos básicos de la decisión, fijarán los hechos y, en su caso, la persona o personas responsables, la infracción o infracciones cometidas y la sanción o sanciones que se imponen, o bien la declaración de inexistencia de infracción o responsabilidad.

5. Las resoluciones se notificarán al interesado y si el procedimiento se hubiese iniciado como consecuencia de orden superior, se dará traslado de la resolución al órgano administrativo autor de aquélla.

Sección 2ª El procedimiento preferente

Artículo 130. Supuestos en que procede el procedimiento preferente.

La tramitación de los expedientes de expulsión se realizará por el procedimiento preferente cuando la infracción imputada sea alguna de las previstas en los párrafos a) y b) del artículo 54.1, así como en los párrafos a), d) y f) del artículo 53 de la Ley Orgánica 4/2000, de 11 de enero.

Artículo 131. Iniciación y tramitación del procedimiento preferente.

1. Cuando de las investigaciones se deduzca la oportunidad de decidir la expulsión, se dará traslado del acuerdo de iniciación motivado por escrito al interesado, para que alegue lo que considere adecuado, en el plazo de 48 horas, y se le advertirá que de no efectuar alegaciones por sí mismo o por su representante sobre el contenido de la propuesta, o si no se admitiesen, de forma motivada, por improcedentes o innecesarias, el acuerdo de iniciación del expediente será considerado como propuesta de resolución.

2. En estos supuestos, el extranjero tendrá derecho a la asistencia letrada que se le proporcionará de oficio, en su caso, y a ser asistido por intérprete, si no comprende o no habla castellano, y de forma gratuita en el caso de que careciese de medios económicos.

3. En la notificación del acuerdo de iniciación se advertirá al interesado que, de no efectuar alegaciones sobre el contenido del acuerdo en el plazo previsto en el apartado 1, dicho acuerdo será considerado como propuesta de resolución con remisión del expediente a la autoridad competente para resolver.

4. Si el interesado o su representante formulasen alegaciones y realizaran proposición de prueba dentro del plazo establecido, el órgano instructor valorará la pertinencia o no de aquélla.

Si no se admitiesen las pruebas propuestas, por improcedentes o innecesarias, se le notificará al interesado de forma motivada y se le dará trámite de audiencia, conforme a lo previsto en el párrafo siguiente. En este supuesto, el acuerdo de iniciación del expediente, sin cambiar la calificación de los hechos, será considerado como propuesta de resolución con remisión a la autoridad competente para resolver.

De estimarse por el instructor la pertinencia de la realización de prueba propuesta, ésta se realizará en el plazo máximo de tres días.

Practicada la prueba, en su caso, el instructor formulará propuesta de resolución que se notificará al interesado, y le dará trámite de audiencia en el que se le concederá un plazo de 48 horas para formular alegaciones y presentar los documentos que estime pertinentes. Transcurrido dicho plazo, se procederá a elevar la propuesta de resolución, junto con el expediente administrativo, a la autoridad competente para resolver.

5. En tanto se realiza la tramitación del expediente, el instructor podrá solicitar al juez de instrucción competente que disponga el ingreso del extranjero expedientado en un centro de internamiento de extranjeros. La solicitud de internamiento deberá ser motivada.

El período de internamiento se mantendrá por el tiempo imprescindible para los fines del expediente, y no podrá exceder en ningún caso de 40 días.

La decisión judicial que lo autorice, atendiendo a las circunstancias concurrentes en cada caso, podrá establecer un período máximo de duración del internamiento inferior al citado.

No podrá acordarse un nuevo internamiento por cualquiera de las causas previstas en el mismo expediente.

6. Cuando el instructor solicite el internamiento y la autoridad judicial lo deniegue, el instructor, con el fin de asegurar la eficacia de la resolución final que pudiera recaer, podrá adoptar alguna o algunas de las siguientes medidas cautelares:

a) Retirada del pasaporte o documento acreditativo de su nacionalidad, previa entrega al interesado de recibo acreditativo de tal medida.

b) Presentación periódica ante el instructor del expediente o ante otra autoridad que éste determine en los días que, en atención a las circunstancias personales, familiares o sociales del expedientado, se considere aconsejable.

c) Residencia obligatoria en lugar determinado.

Artículo 132. La resolución en el procedimiento preferente. Ejecutividad.

1. La resolución, en atención a la naturaleza preferente y sumaria del procedimiento, se dictará de forma inmediata, deberá ser motivada y resolverá todas las cuestiones planteadas en el expediente, y no podrá aceptar hechos distintos de los determinados en el curso del procedimiento, con independencia de su diferente valoración jurídica, la cual será notificada al interesado.

2. La ejecución de la orden de expulsión recaída en estos procedimientos, una vez notificada al interesado, se efectuará de forma inmediata.

De no haber sido puesto en libertad el extranjero por la autoridad judicial dentro del plazo de 40 días a que se refiere el apartado 6 del artículo 131, deberá interesarse de la propia autoridad judicial el cese del internamiento para poder llevar a cabo la conducción al puesto de salida.

3. La excepción de la aplicación del régimen general de ejecutividad de los actos administrativos, en el caso de la resolución que ponga fin al procedimiento de expulsión con carácter preferente, establecida en el artículo 21.2 de la Ley Orgánica 4/2000, de 11 de enero, no excluirá el derecho de recurso por los legitimados para ejercerlo, sin perjuicio de la inmediatez de la expulsión y de la improcedencia de declarar administrativamente efecto suspensivo alguno en contra de ella. En la resolución, además de la motivación que la fundamente, se harán constar los recursos que frente a ella procedan, el órgano ante el que hubieran de presentarse y plazo para interponerlos.

Artículo 133. Comunicaciones en el procedimiento preferente.

La incoación del expediente, las medidas cautelares de detención y de internamiento y la resolución de expulsión serán comunicadas a la embajada o consulado del país del extranjero y se procederá a su anotación en el Registro Central de Extranjeros de la Dirección General de la Policía. Esta comunicación se dirigirá al Ministerio de Asuntos Exteriores y de Cooperación cuando no se haya podido notificar al consulado o éste no radique en España.

Artículo 134. Concurrencia de procedimientos.

Si durante la tramitación del expediente seguido por el procedimiento preferente y por la causa prevista en el párrafo a) del artículo 53 de la Ley Orgánica 4/2000, de 11 de enero, el extranjero expedientado acreditase haber solicitado, con anterioridad a su iniciación, la autorización de residencia temporal por circunstancias excepcionales de conformidad con lo dispuesto en los artículos 31.3 de la citada Ley Orgánica y 45 de este Reglamento, el instructor recabará informe de la autoridad competente sobre el estado de tramitación de dicha solicitud. En caso de que el interesado no reuniera, de acuerdo con este informe, los requisitos previstos para la obtención de la autorización de residencia, el instructor decidirá la continuación del expediente de expulsión y, en caso contrario, procederá su archivo. De entender procedente la prosecución del expediente y previo acuerdo dictado al efecto, continuará por los trámites del procedimiento ordinario regulado en este Reglamento.

Sección 3ª El procedimiento simplificado

Artículo 135. Supuestos e iniciación del procedimiento simplificado.

Este procedimiento se tramitará cuando los hechos denunciados se califiquen como infracción de carácter leve prevista en alguno de los supuestos contemplados en el artículo 52 de la Ley Orgánica 4/2000, de 11 de enero.

Este procedimiento se iniciará de oficio, por acuerdo dictado al efecto por alguno de los órganos competentes establecidos en el artículo 115.2 de este Reglamento, o por denuncia formulada por los agentes del Cuerpo Nacional de Policía, excepto cuando la infracción imputada sea la establecida en el párrafo c) del citado artículo 52, en que se estará a lo dispuesto en el artículo 55.2 de la mencionada Ley Orgánica 4/2000, de 11 de enero.

Este procedimiento simplificado deberá resolverse en el plazo máximo de dos meses desde que se inició.

Artículo 136. Procedimiento simplificado.

1. El órgano competente, al dictar el acuerdo de iniciación, especificará en éste el carácter simplificado del procedimiento. Dicho acuerdo se comunicará al órgano instructor y simultáneamente será notificado a los interesados. En el plazo de 10 días, a partir de la comunicación y notificación del acuerdo de iniciación, el órgano instructor y los interesados efectuarán, respectivamente, las actuaciones pertinentes,

la aportación de cuantas alegaciones, documentos o informaciones estimen convenientes y, en su caso, la proposición y práctica de prueba.

Transcurrido dicho plazo, el instructor formulará una propuesta de resolución en la que se fijarán de forma motivada los hechos, especificará los que se consideren probados y su exacta calificación jurídica, con determinación de la infracción, de la persona o personas responsables, y la sanción que propone, así como las medidas provisionales que se hubieren adoptado, o bien se propondrá la declaración de inexistencia de infracción o responsabilidad.

Si el órgano instructor apreciara que los hechos pueden ser constitutivos de infracción grave o muy grave, acordará que continúe el expediente por los trámites del procedimiento ordinario de este Reglamento, y lo notificará a los interesados para que, en el plazo de cinco días, formulen alegaciones si lo estiman conveniente.

2. La iniciación por denuncia formulada por funcionarios del Cuerpo Nacional de Policía se atendrá a las siguientes normas:

a) Las denuncias formuladas por funcionarios del Cuerpo Nacional de Policía se extenderán por ejemplar duplicado. Uno de ellos se entregará al denunciado, si fuera posible, y el otro se remitirá al órgano correspondiente con competencia para acordar la iniciación del procedimiento. Dichas denuncias serán firmadas por el funcionario y por el denunciado, sin que la firma de este último implique conformidad con los hechos que motivan la denuncia, sino únicamente la recepción del ejemplar a él destinado. En el caso de que el denunciado se negase a firmar o no supiera hacerlo, el funcionario así lo hará constar.

b) Las denuncias se notificarán en el acto a los denunciados haciendo constar los datos a que hace referencia este artículo. En el escrito de denuncia se hará constar que con ella queda incoado el correspondiente expediente y que el denunciado dispone de un plazo de 10 días para alegar cuanto considere conveniente a su defensa y proponer las pruebas que estime oportunas ante los órganos de instrucción ubicados en la dependencia policial del lugar en que se haya cometido la infracción.

c) Recibida la denuncia en la dependencia policial de la Dirección General de la Policía, se procederá a la calificación de los hechos y graduación de la multa, se impulsará la ulterior tramitación o se propondrá por el órgano instructor a la autoridad competente la correspondiente resolución que declare la inexistencia de infracción en los casos de que los hechos denunciados no fuesen constitutivos de aquélla.

Artículo 137. Resolución del procedimiento simplificado.

En el plazo de tres días desde que se reciba el expediente, el órgano competente para resolver dictará resolución en la forma y con los efectos procedentes que para las resoluciones de sanción de multa se prevén en el procedimiento ordinario de este Reglamento.

CAPÍTULO III

Aspectos específicos en los procedimientos sancionadores para la imposición de las infracciones de expulsión y multa

Sección 1ª Normas procedimentales para la imposición de la expulsión

Artículo 138. Supuestos en que procede el procedimiento de expulsión.

Sin perjuicio de lo dispuesto en el artículo 57.5 y 6 de la Ley Orgánica 4/2000, de 11 de enero, cuando el infractor sea extranjero y realice alguna o algunas de las conductas tipificadas como muy graves o conductas graves de las previstas en los párrafos a), b), c), d) y f) del artículo 53 de esta Ley Orgánica, podrá aplicarse en lugar de la sanción de multa la expulsión del territorio español. Asimismo, constituirá causa de expulsión la condena, dentro o fuera de España, por una conducta dolosa que constituya en nuestro país un delito sancionado con pena privativa de libertad superior a un año, salvo que los antecedentes penales hubieran sido cancelados.

Artículo 139. Contenido del acuerdo de iniciación del procedimiento de expulsión.

Además del contenido mínimo que ha de incluir el acuerdo de iniciación conforme lo dispuesto en el artículo 123.1 en él se indicarán expresamente los siguientes particulares:

a) El derecho del interesado a la asistencia jurídica gratuita, en el caso de que carezca de recursos económicos suficientes.

b) El derecho del interesado a la asistencia de intérprete si no comprende o habla las lenguas oficiales que se utilicen.

c) Que el acuerdo de expulsión que pueda dictarse conllevará la prohibición de entrada en España por un período mínimo de tres años y máximo de 10, que será extensiva a los territorios de los Estados con los que España haya suscrito acuerdo en ese sentido.

Artículo 140. Medidas cautelares en el procedimiento de expulsión.

1. De conformidad con lo previsto en los artículos 55 y 61 de la Ley Orgánica 4/2000, de 11 de enero, el instructor podrá adoptar en cualquier momento, mediante acuerdo motivado, las medidas de carácter provisional que resulten necesarias para asegurar la eficacia de la resolución que pudiera recaer.

2. En iguales términos que los establecidos en el artículo 118 de este Reglamento, el instructor podrá mantener la aprehensión de los bienes, efectos o instrumentos que hayan servido para la comisión de la infracción prevista en el artículo 54.1.b) de la Ley Orgánica 4/2000, de 11 de enero.

Artículo 141. La resolución del procedimiento de expulsión, sus efectos y ejecución.

1. La resolución que ponga fin al procedimiento habrá de ser motivada, con indicación de los recursos que contra ella puedan interponerse, órgano ante el que hubiera de presentarse y plazo para su presentación, de conformidad con lo establecido en el artículo 119.

2. La resolución que acuerde la expulsión llevará consigo la prohibición de entrada al territorio español por un período mínimo de tres años y máximo de diez. Dicha prohibición de entrada se hará extensiva a los territorios de los Estados con los que España haya suscrito acuerdo en ese sentido.

3. Igualmente, la resolución conllevará, en todo caso, la extinción de cualquier autorización para permanecer en España de la que fuese titular el extranjero expulsado, así como el archivo de cualquier procedimiento que tuviera por objeto la autorización para residir o trabajar en España.

4. Si la resolución se adoptase en aplicación de la infracción prevista en el artículo 54.1.b) de la Ley Orgánica 4/2000, de 11 de enero, y se hubiese procedido a la aprehensión de bienes, efectos o instrumentos que hubiesen sido utilizados para la comisión de la citada infracción, aquélla conllevará el decomiso de dichos bienes o efectos, salvo cuando haya quedado acreditado que los expresados bienes pertenecen a un tercero de buena fe no responsable de la infracción que los haya adquirido legalmente.

Los bienes, efectos e instrumentos definitivamente decomisados por resolución administrativa o judicial firme se adjudicarán al Estado, en los términos fijados por la Ley 33/2003, de 3 de noviembre, del Patrimonio de las Administraciones Públicas.

5. Si la resolución se adoptase en aplicación de la infracción prevista en el artículo 54.1.d) de la Ley Orgánica 4/2000, de 11 de enero, y sin perjuicio de la expulsión acordada, podrá contener pronunciamiento por el que se adopte la clausura del establecimiento o local desde seis meses a cinco años.

6. Las resoluciones de expulsión del territorio nacional que se dicten en procedimientos de tramitación preferente se ejecutarán de forma inmediata de acuerdo con las normas específicas previstas en este Reglamento y en la Ley Orgánica 4/2000, de 11 de enero.

7. Las resoluciones de expulsión del territorio nacional que se dicten en procedimientos que no sean de tramitación preferente contendrán el plazo en que el extranjero vendrá obligado a abandonar el territorio nacional, que en ningún caso podrá ser inferior a setenta y dos horas.

Transcurrido dicho plazo sin haber abandonado el extranjero el territorio nacional, los funcionarios policiales competentes en materia de extranjería procederán a su detención y conducción hasta el puesto de salida por el que haya de hacerse efectiva la expulsión. Si la expulsión no se pudiera ejecutar en el plazo de setenta y dos horas desde el momento de la detención, el instructor o el responsable de la unidad de extranjería del Cuerpo Nacional de Policía ante la que se presente el detenido podrá solicitar de la autoridad judicial el ingreso del extranjero en los centros de internamiento establecidos al efecto. El período de internamiento se mantendrá por el tiempo imprescindible para ejecutar la expulsión, que no podrá prolongarse en ningún caso más allá de cuarenta días, o hasta que se constate la imposibilidad de ejecutarla en dicho plazo. No podrá acordarse un nuevo internamiento sobre la base del mismo expediente de expulsión.

8. La ejecución de la resolución de expulsión se efectuará a costa del extranjero si éste dispusiera de medios económicos. En caso contrario, se comunicará dicha circunstancia al representante diplomático o consular de su país, a los efectos oportunos.

En caso de que el extranjero dispusiera de medios económicos y asumiera el coste de la repatriación de manera voluntaria, el Delegado o Subdelegado del Gobierno que hubiera dictado dicha resolución podrá acordar su sustitución por la salida obligatoria, de oficio o a instancia de parte, si se cumplieran las siguientes condiciones:

a) Que la infracción que haya motivado la resolución de expulsión sea la contenida en el artículo 53.a) de la Ley Orgánica 4/2000, de 11 de enero.

b) Que existan garantías suficientes o pueda comprobarse la realización de la oportuna salida obligatoria prevista en el artículo 28.3.c) de la Ley Orgánica, y

c) Que el extranjero esté, por su nacionalidad, sometido a la obligación de visado para cruzar las fronteras exteriores en aplicación de un acuerdo de régimen común de visados, de carácter internacional, en el que España sea parte.

9. Si el extranjero formulase petición de asilo, se suspenderá la ejecución de la resolución de expulsión hasta que se haya inadmitido a trámite o resuelto, de conformidad con lo establecido en la normativa de asilo.

Igualmente, se suspenderá la ejecución de la expulsión en los casos de mujeres embarazadas cuando suponga un riesgo para la gestación o para la vida o la integridad física de la madre.

Artículo 142. Extranjeros procesados o inculpados en procedimientos por delitos o faltas.

De conformidad con lo dispuesto en el artículo 57.7 de la Ley Orgánica 4/2000, de 11 de enero, cuando el extranjero se encuentre procesado o inculpado en un procedimiento judicial por delito o falta para el que la ley prevea una pena privativa de libertad inferior a seis años o una pena de distinta naturaleza, y conste este hecho acreditado en el expediente administrativo de expulsión, la autoridad gubernativa someterá al juez que, previa audiencia del Ministerio Fiscal, oído el interesado y las partes personadas, autorice, en el plazo más breve posible y en todo caso no superior a tres días, su expulsión, salvo que, de forma motivada, aprecie la existencia de circunstancias excepcionales que justifiquen su denegación.

En el caso de que el extranjero se encuentre sujeto a varios procesos penales tramitados en diversos juzgados y consten estos hechos acreditados en el expediente administrativo de expulsión, la autoridad gubernativa instará de todos ellos la autorización a que se refiere el párrafo anterior.

A los efectos de lo dispuesto en este artículo, se considerará que consta acreditado en el expediente administrativo de expulsión la existencia de procesos penales en contra del expedientado, cuando sea el propio interesado quien lo haya acreditado documentalmente, o cuando haya existido comunicación judicial o del Ministerio Fiscal a los organismos policiales.

Artículo 143. Comunicaciones en el procedimiento de expulsión.

La resolución de expulsión será comunicada a la embajada o consulado del país del extranjero, así como a la Secretaría de Estado de Inmigración y Emigración, y anotada en el Registro Central de Extranjeros de la Dirección General de la Policía. Esta comunicación se dirigirá al Ministerio de Asuntos Exteriores y de Cooperación cuando no se haya podido notificar al consulado del país del extranjero o éste no radique en España.

Sección 2ª Normas procedimentales para la imposición de multas

Artículo 144. Supuestos de aplicación del procedimiento para imposición de sanción de multa.

Las normas procedimentales recogidas en esta sección serán de aplicación cuando el infractor, cualquiera que sea su nacionalidad, realice alguna de las conductas tipificadas como graves o muy graves de las previstas en los artículos 53 y 54 de la Ley Orgánica 4/2000, de 11 de enero, sin perjuicio de los supuestos en que se pueda imponer la expulsión según lo dispuesto en este título.

En el supuesto de comisión de conductas tipificadas como leves, se aplicará lo dispuesto para el procedimiento simplificado.

Para la determinación de la cuantía de la sanción se tendrá especialmente en cuenta la capacidad económica del infractor.

Artículo 145. Contenido del acuerdo de iniciación del procedimiento para imposición de sanción de multa.

El contenido mínimo del acuerdo de iniciación del procedimiento para la imposición de sanción de multa será conforme a lo dispuesto en el artículo 123.

Los demás trámites procedimentales, salvo lo dispuesto en los artículos siguientes, serán los establecidos para el procedimiento ordinario contenidos en la sección 1ª del capítulo II de este título.

Artículo 146. Medidas cautelares en el procedimiento para imposición de sanción de multa.

1. En iguales términos que los establecidos en el artículo 118 de este Reglamento se podrá proceder a la aprehensión de los bienes, efectos o instrumentos que hayan sido utilizados para la comisión de la infracción prevista en el artículo 54.1.b) de la Ley Orgánica 4/2000, de 11 de enero.

2. Cuando se siga expediente sancionador por alguna de las infracciones previstas en el artículo 54.2.b) y c) de la Ley Orgánica 4/2000, de 11 de enero, y los transportistas infrinjan la obligación de tomar a cargo al extranjero transportado ilegalmente, la autoridad gubernativa podrá acordar alguna de las siguientes medidas:

a) Suspensión temporal de sus actividades, que no podrá exceder de un período de seis meses.

b) Prestación de fianza o avales, en atención al número de afectados y el perjuicio ocasionado.

c) Inmovilización del medio de transporte utilizado hasta el cumplimiento de la referida obligación.

Artículo 147. Resolución del procedimiento para imposición de sanción de multa. Efectos y ejecutividad.

1. La resolución que ponga fin al procedimiento habrá de ser motivada, con indicación de los recursos que contra ella puedan interponerse, el órgano ante el que hubiera de presentarse y el plazo para su presentación, y ajustarse a lo dispuesto en el artículo 119.

2. Si la resolución se adoptase en aplicación de la infracción prevista en el artículo 54.1.b) de la Ley Orgánica 4/2000, de 11 de enero, y se hubiese procedido a la aprehensión de bienes, efectos o instrumentos que hubiesen sido utilizados para la comisión de la citada infracción, aquélla conllevará el decomiso de dichos bienes o efectos, salvo cuando haya quedado acreditado que los expresados bienes pertenecen a un tercero de buena fe no responsable de la infracción que los haya adquirido legalmente.

Los bienes, efectos e instrumentos definitivamente decomisados por resolución se adjudicarán al Estado, en los términos fijados por la Ley 33/2003, de 3 de noviembre, del Patrimonio de las Administraciones Públicas.

3. Si la resolución se adoptase en aplicación de la infracción prevista en el artículo 54.1.d) de la Ley Orgánica 4/2000, de 11 de enero, y sin perjuicio de la sanción de multa acordada, podrá contener pronunciamiento por el que se adopte la clausura del establecimiento o local desde seis meses a cinco años.

4. Las resoluciones administrativas de imposición de sanción de multa dictadas en aplicación de la Ley Orgánica 4/2000, de 11 de enero, serán inmediatamente ejecutivas una vez que hayan adquirido firmeza en vía administrativa, salvo que la autoridad competente acuerde su suspensión.

5. Las multas deberán hacerse efectivas a los órganos de recaudación de la Administración gestora, directamente o a través de entidades de depósitos, dentro de los quince días hábiles siguientes a la fecha de su firmeza en vía administrativa.

Vencido el plazo de ingreso establecido en el párrafo anterior sin que se hubiese satisfecho la multa, la exacción se llevará a cabo por el procedimiento de apremio. A tal efecto, será título ejecutivo la certificación de descubierto expedida por el órgano competente de la Administración gestora.

Los órganos y procedimientos de la recaudación ejecutiva serán los establecidos en el Reglamento General de Recaudación y demás normas de aplicación.

Los actos de gestión recaudatoria en vía de apremio dictados por los órganos de la Administración General del Estado respecto de las sanciones de multas impuestas en aplicación de la Ley Orgánica 4/2000, de 11 de enero, serán impugnables en la vía económico-administrativa.

CAPÍTULO IV

Infracciones y sanciones en el orden social y vigilancia laboral

Artículo 148. Vigilancia laboral.

La inspección en materia de trabajo de extranjeros se ejercerá a través de la Inspección de Trabajo y Seguridad Social, que desarrolla las funciones y competencias que tiene atribuidas en su normativa específica, de conformidad con lo dispuesto en la Ley 42/1997, de 14 de noviembre, Ordenadora de la Inspección de Trabajo y Seguridad Social, y sus normas de aplicación.

Artículo 149. Infracciones y sanciones en el orden social.

1. Las infracciones tipificadas en los artículos 52.c), 53.b), cuando se trate de trabajadores por cuenta propia, y 54.1.d) de la Ley Orgánica 4/2000, de 11 de enero, serán sancionadas de conformidad con el procedimiento para la imposición de sanciones por infracciones de orden social, y por lo dispuesto en este artículo.

2. Las sanciones por las infracciones a las que se refiere el apartado anterior podrán imponerse en los grados de mínimo, medio y máximo, atendiendo a los criterios expresados a continuación y aplicando el principio de proporcionalidad.

3. Calificadas las infracciones, en la forma y conforme a los tipos previstos en la Ley Orgánica 4/2000, de 11 de enero, las sanciones se graduarán en atención al grado de culpabilidad del sujeto infractor, daño producido o riesgo derivado de la infracción y trascendencia de ésta.

4. Las infracciones se sancionarán:

a) Las leves, en su grado mínimo, con multa de 30 a 60 euros; en su grado medio, de 60 a 150 euros, y en su grado máximo, de 151 a 300 euros.

b) Las graves, en su grado mínimo, con multa de 301 a 1.200 euros; en su grado medio, de 1.201 a 3.000 euros, y en su grado máximo, de 3.001 a 6.000 euros.

c) Las muy graves, en su grado mínimo, con multa de 6.001 a 12.000 euros; en su grado medio, de 12.001 a 30.000 euros, y en su grado máximo, de 30.001 a 60.000 euros.

5. La ordenación de la tramitación de los expedientes sancionadores corresponderá a las Jefaturas de la Inspección de Trabajo y Seguridad Social competentes por razón del territorio.

La iniciación, contenido de las actas, notificación y alegaciones se ajustará a lo dispuesto en el Reglamento general sobre procedimientos para la imposición de sanciones por infracciones de orden social y para los expedientes liquidatorios de cuotas de la Seguridad Social, aprobado por el Real Decreto 928/1998, de 14 de mayo.

En los casos de infracción prevista en el artículo 53.b), cuando se trate de trabajadores por cuenta propia, y del artículo 54.1.d), cuando el empresario infractor sea extranjero, de la Ley Orgánica 4/2000, de 11 de enero, en el acta de infracción se hará constar expresamente que, en virtud de lo establecido en el artículo 57 de la referida Ley Orgánica, el órgano competente para resolver podrá aplicar la expulsión de territorio español en lugar de la sanción de multa.

6. Las actas de infracción de extranjeros serán notificadas por las Jefaturas de Inspección de Trabajo y Seguridad Social competentes, al sujeto o sujetos responsables, en las que se hará constar que se podrán formular alegaciones contra ellas en el plazo de quince días.

7. Si no se formulase escrito de alegaciones, continuará la tramitación del procedimiento hasta dictar la resolución.

8. Si se formulasen alegaciones, a la vista de ellas, la Jefatura de la Inspección de Trabajo y Seguridad Social podrá solicitar el informe ampliatorio al inspector o subinspector que practicó el acta; dicho informe se emitirá en el plazo de quince días. El citado informe será preceptivo si en las alegaciones se invocan hechos o circunstancias distintos a los consignados en el acta, insuficiencia del relato fáctico de ésta o indefensión por cualquier causa.

9. Instruido el expediente, el Jefe de la Inspección de Trabajo y Seguridad Social competente por razón del territorio lo elevará, con la propuesta de resolución, al Delegado o Subdelegado del Gobierno competente para resolver, de conformidad con lo establecido en el artículo 55.2 de la Ley Orgánica 4/2000, de 11 de enero.

En la propuesta de resolución se fijarán de forma motivada los hechos probados, su calificación jurídica y la cuantía de la sanción que se propone imponer y, en el caso de que el acta de infracción incluyese la sanción accesoria a que se refiere el artículo 55.6 de la Ley Orgánica 4/2000, de 11 de enero, también se efectuará propuesta de resolución sobre aquélla.

10. El órgano competente para resolver, previas las diligencias que estime necesarias, dictará la resolución en el plazo de diez días desde la finalización de la tramitación del expediente, de conformidad con lo establecido para las resoluciones sancionadoras por el Reglamento regulador del procedimiento para la imposición de sanciones por infracciones de orden social, y para los expedientes liquidatorios de cuotas de la Seguridad Social, aprobado por el Real Decreto 928/1998, de 14 de mayo.

En el caso de que el órgano competente para resolver decida aplicar la sanción de expulsión del territorio español, en lugar de la sanción de multa, dictará resolución de expulsión, que tendrá los requisitos y efectos establecidos en el artículo 141.

11. Las resoluciones sancionadoras que dicten los Subdelegados del Gobierno o los Delegados del Gobierno en las Comunidades Autónomas uniprovinciales en relación con este tipo de infracciones quedarán sometidas al régimen común de recursos previsto en este Reglamento.

12. En lo no previsto por el procedimiento especial, regulado por el Real Decreto 928/1998, de 14 de mayo, regirá el procedimiento común de conformidad con lo establecido en la disposición adicional séptima de la Ley 30/1992, de 26 de noviembre, de Régimen Jurídico de las Administraciones Públicas y del Procedimiento Administrativo Común.

CAPÍTULO V

Infracciones, sanciones y obligación de su comunicación interorgánica

Artículo 150. Otras infracciones y sanciones.

Los extranjeros que incumplan los deberes, obligaciones y cargas impuestos por el ordenamiento jurídico general serán sancionados con arreglo a la legislación específicamente aplicable en cada caso.

Artículo 151. Comunicación interorgánica de infracciones.

1. La Dirección General de Inmigración, la Inspección de Trabajo y Seguridad Social y las Áreas y Dependencias Provinciales de Trabajo y Asuntos Sociales darán cuenta a la autoridad gubernativa y a los servicios policiales correspondientes de los supuestos de infracciones, relativas a la entrada y permanencia de extranjeros en España, de que tuviera conocimiento en el ejercicio de sus competencias.

2. Igualmente, las autoridades gubernativas y los servicios policiales comunicarán a la Dirección General de Inmigración, a la Inspección de Trabajo y Seguridad Social o a las Áreas y Dependencias Provinciales de Trabajo y Asuntos Sociales los hechos que conozcan y que pudieran constituir infracciones laborales contra lo dispuesto en este Reglamento. Cuando la expulsión hubiera sido autorizada judicialmente, las autoridades gubernativas y los servicios policiales comunicarán de modo inmediato la práctica de la expulsión o las razones que, en su caso, imposibilitan su realización a la autoridad judicial que la hubiese autorizado y al Ministerio Fiscal.

3. Cuando el Ministerio Fiscal conozca que un extranjero se encuentre imputado en un procedimiento por delito menos grave y pudiera estar incurso en alguna de las causas de expulsión previstas en la Ley Orgánica 4/2000, de 11 de enero, sin que hubiera sido incoado el correspondiente expediente administrativo sancionador, informará sobre tal imputación a la autoridad gubernativa para que ésta compruebe si procede o no la incoación de expediente de expulsión, a los efectos oportunos.

4. Los directores de los establecimientos penitenciarios notificarán a la comisaría provincial de policía respectiva de su demarcación, con tres meses de anticipación, la excarcelación de extranjeros que hubieran sido condenados en virtud de sentencia judicial por delito, a los efectos de que, en su caso, se proceda a la expulsión, de conformidad con lo establecido en la Ley Orgánica 4/2000, de 11 de enero. A estos efectos, en los expedientes personales de los extranjeros condenados se hará constar si les ha sido incoado expediente de expulsión, así como, en su caso, el estado de tramitación en que se halle.

5. El Registro central de penados y rebeldes comunicará, de oficio o a instancia de la comisaría provincial de policía, los antecedentes penales de los extranjeros que hayan sido condenados por delito doloso que tenga señalada pena superior a un año de prisión, a los efectos de la incoación del correspondiente expediente de expulsión, a cuyo fin remitirá un certificado de aquéllos.

Artículo 152. Comunicaciones de los órganos judiciales a la autoridad gubernativa en relación con extranjeros.

1. De conformidad con lo establecido en la disposición adicional decimoséptima de la Ley Orgánica 19/2003, de 23 de diciembre, de modificación de la Ley Orgánica 6/1985, de 1 de julio, del Poder Judicial, los órganos judiciales comunicarán a la autoridad gubernativa la finalización de los procesos judiciales en los que concurra la comisión de infracciones administrativas a las normas sobre extranjería, a los efectos de que por las autoridades administrativas pueda reanudarse, iniciarse o archivarse, si procede, según los casos, el procedimiento administrativo sancionador. Del mismo modo, comunicarán aquellas condenas impuestas a extranjeros por delito doloso castigado con pena privativa de libertad superior a un año, a los efectos de la incoación del correspondiente expediente sancionador.

2. Igualmente, comunicarán las sentencias en las que acuerden la sustitución de las penas privativas de libertad impuestas o de las medidas de seguridad que sean aplicables a los extranjeros no residentes legalmente en España por su expulsión del territorio nacional. En estos casos, la sentencia que acuerde la sustitución dispondrá la ejecución de la pena privativa de libertad o medida de seguridad originariamente impuesta hasta tanto la autoridad gubernativa proceda a materializar la expulsión. A estos efectos, la autoridad gubernativa deberá hacer efectiva la expulsión en el plazo más breve posible y, en todo caso, dentro de los 30 días siguientes, salvo causa justificada que lo impida, que deberá ser comunicada a la autoridad judicial.

CAPÍTULO VI

Centros de internamiento de extranjeros

Artículo 153. Centros de internamiento de extranjeros.

1. El juez de instrucción del lugar en que hubiese sido detenido el extranjero, a petición del instructor del procedimiento, del responsable de la unidad de extranjería del Cuerpo Nacional de Policía ante la que se presente el detenido o de la autoridad gubernativa que por sí misma o por sus agentes hubiera acordado dicha detención, en el plazo de 72 horas desde aquélla, podrá autorizar su ingreso en centros de internamiento de extranjeros que no tengan carácter penitenciario, en los casos a que se refiere el apartado 2 siguiente.

2. Sólo se podrá acordar el internamiento del extranjero cuando concurra alguno de los siguientes supuestos:

a) Que haya sido detenido por encontrarse incurso en alguno de los supuestos de expulsión de los párrafos a) y b) del apartado 1 del artículo 54, así como los párrafos a), d) y f) del artículo 53 de la Ley Orgánica 4/2000, de 11 de enero.

b) Que se haya dictado resolución de retorno y éste no pueda ejecutarse dentro del plazo de 72 horas, cuando la autoridad judicial así lo determine.

c) Cuando se haya dictado acuerdo de devolución de conformidad con lo establecido en este Reglamento.

d) Que se haya dictado resolución de expulsión y el extranjero no abandone el territorio nacional en el plazo que se le haya concedido para ello.

3. El ingreso del extranjero en un centro de internamiento de carácter no penitenciario no podrá prolongarse por más tiempo del imprescindible para la práctica de la expulsión, devolución o retorno, y la autoridad gubernativa deberá proceder a realizar las gestiones necesarias para la obtención de la documentación que fuese necesaria con la mayor brevedad posible.

4. La detención de un extranjero a efectos de expulsión, devolución o retorno será comunicada al consulado competente, al que se le facilitarán los datos sobre la personalidad del extranjero y la medida de internamiento. Esta comunicación se dirigirá al Ministerio de Asuntos Exteriores y de Cooperación cuando no se haya podido notificar al consulado o éste no radique en España. Si así lo solicitase el extranjero, se comunicará el internamiento a sus familiares u otras personas residentes en España.

5. La duración máxima del internamiento no podrá exceder de 40 días, y deberá solicitarse de la autoridad judicial la puesta en libertad del extranjero cuando con anterioridad al transcurso de este plazo se tenga constancia de que la práctica de la expulsión no podrá llevarse a cabo.

6. El extranjero, durante su internamiento, estará en todo momento a disposición del órgano jurisdiccional que lo autorizó, y la autoridad gubernativa deberá comunicar a aquél cualquier circunstancia en relación con la situación de dicho extranjero internado.

7. Las personas ingresadas en centros de internamiento de carácter no penitenciario gozarán durante éste de los derechos no afectados por la medida judicial de internamiento y, en especial, de aquellos recogidos en los artículos 62 bis y 62 quáter de la Ley Orgánica 4/2000, de 11 de enero.

Igualmente, estarán a obligados a cumplir y respetar los deberes y obligaciones derivados de la condición de internamiento, en los términos establecidos en la Ley Orgánica 4/2000, de 11 de enero, y sus normas de desarrollo.

8. Los menores extranjeros no podrán ser ingresados en dichos centros, y deberán ser puestos a disposición de los servicios competentes de protección de menores, salvo que el juez de primera instancia lo autorice, previo informe favorable del Ministerio Fiscal, y sus padres o tutores se encuentren ingresados en el mismo centro, manifiesten su deseo de permanecer juntos y existan módulos que garanticen la unidad e intimidad familiar.

Artículo 154. Competencia.

1. La inspección, dirección, coordinación, gestión y control de los centros corresponden al Ministerio del Interior y serán ejercidos a través de la Dirección General de la Policía, sin perjuicio de las facultades del juez de instrucción a que se refieren los apartados 1 y 6 del artículo 153.

2. En cada centro de internamiento de extranjeros habrá un director responsable de su funcionamiento para lo cual deberá adoptar las directrices de organización necesarias, coordinar y supervisar su ejecución. Asimismo, será el responsable de adoptar las medidas necesarias para asegurar el orden y la correcta convivencia entre los extranjeros y asegurar el cumplimiento de sus derechos, y de la imposición de medidas a los internos que no respeten las normas de correcta convivencia o régimen interior, que deberán ser comunicadas a la autoridad judicial que autorizó el internamiento.

3. El Director General de la Policía será el competente para nombrar al director del centro, previo informe del Delegado del Gobierno en la Comunidad Autónoma, entre funcionarios de las Administraciones públicas del grupo A, y dependerá funcionalmente de la Comisaría General de Extranjería y Documentación.

4. La coordinación de los ingresos en los centros de internamiento de extranjeros, para optimizar su ocupación, en atención a las circunstancias familiares o de arraigo del extranjero en España, corresponde a la Comisaría General de Extranjería y Documentación.

5. La custodia y vigilancia de los centros será competencia de la Dirección General de la Policía.

6. La prestación de asistencia sanitaria y servicios sociales que se facilite en estos centros podrá ser concertada por el Ministerio del Interior con otros ministerios o con otras entidades públicas o privadas,

sin ánimo de lucro, con cargo a los programas de ayuda legalmente establecidos en las correspondientes partidas presupuestarias.

Artículo 155. Creación y normas sobre régimen interno de los centros.

1. La creación de centros de internamiento de extranjeros se establecerá por orden del Ministerio de la Presidencia, a propuesta de los Ministros del Interior y de las Administraciones Públicas.

2. Igualmente, mediante orden del Ministro del Interior, se establecerán las normas técnicas y organizativas que se consideren necesarias para establecer, en desarrollo de lo dispuesto en la Ley Orgánica 4/2000, de 11 de enero, y en este Reglamento, el funcionamiento y régimen interior de los centros de internamiento de extranjeros, especialmente en lo relativo a las condiciones de ingreso, las medidas de seguridad y de otro tipo aplicables, así como lo referente a la prestación de la asistencia sanitaria, asistencia social y a la formación específica de los funcionarios.

TÍTULO XII

RETORNO, DEVOLUCIÓN Y SALIDAS OBLIGATORIAS

Artículo 156. Retorno.

1. Se acordará el retorno cuando el extranjero se presente en un puesto fronterizo habilitado y no se le permita la entrada en el territorio nacional por no reunir los requisitos previstos al efecto en este Reglamento.

2. La resolución de retorno se dictará como consecuencia de la resolución de denegación de entrada dictada por los funcionarios policiales responsables del control de entrada, mediante el procedimiento oportuno, en donde consten acreditados, entre otros, los siguientes trámites:

a) La información al interesado de su derecho a la asistencia jurídica, que será gratuita en el caso de que el interesado carezca de recursos económicos suficientes, así como a la asistencia de intérprete, si no comprende o habla las lenguas oficiales que se utilicen, a partir del momento en que se dicte el acuerdo de iniciación del procedimiento.

b) La información al interesado de que el efecto que puede conllevar la denegación de entrada es el retorno.

c) La determinación expresa de la causa por la que se deniega la entrada.

3. El retorno se ejecutará de forma inmediata y, en todo caso, dentro del plazo de 72 horas desde que se hubiese acordado. Si no pudiera ejecutarse dentro de dicho plazo, la autoridad gubernativa o, por delegación de ésta, el responsable del puesto fronterizo habilitado se dirigirá al juez de instrucción para que determine el lugar donde haya de ser internado el extranjero, que no podrá tener carácter penitenciario, hasta que llegue el momento del retorno, de conformidad con lo establecido en la Ley Orgánica 4/2000, de 11 de enero.

4. Durante el tiempo en que el extranjero permanezca detenido en las instalaciones del puesto fronterizo o en el lugar en que se haya acordado su internamiento, todos los gastos de mantenimiento que se ocasionen serán a cargo de la compañía o transportista que lo hubiese transportado, siempre que no concurra el supuesto previsto en el apartado 3 del artículo 54 de la Ley Orgánica 4/2000, de 11 de enero, y sin perjuicio de la sanción que pueda llegar a imponerse.

Igualmente, la compañía o transportista se hará cargo inmediatamente del extranjero al que se le haya denegado la entrada y serán a cuenta de ella todos los gastos que se deriven del transporte para ejecutar el retorno, que será realizado directamente por aquélla o por medio de otra empresa de transporte con dirección al Estado a partir del cual le haya transportado, al Estado que haya expedido el documento de viaje con el que haya viajado el extranjero o a cualquier otro Estado donde esté garantizada su admisión.

5. La detención del extranjero a efectos de retorno se comunicará a la embajada o consulado de su país. Esta comunicación se dirigirá al Ministerio de Asuntos Exteriores y de Cooperación cuando no se haya podido notificar al consulado o éste no radique en España.

6. La resolución de retorno no agota la vía administrativa y será recurrible con arreglo a lo dispuesto en las leyes. Si el extranjero no se hallase en España, podrá interponer los recursos que correspondan, tanto administrativos como jurisdiccionales, a través de las representaciones diplomáticas o consulares correspondientes, las cuales los remitirán al organismo competente.

Artículo 157. Devoluciones.

1. De conformidad con lo establecido en el artículo 58.2 de la Ley Orgánica 4/2000, de 11 de enero, no será necesario un expediente de expulsión para la devolución, en virtud de orden del Subdelegado del

Gobierno, o del Delegado del Gobierno en las Comunidades Autónomas uniprovinciales, de los extranjeros que se hallaran en alguno de los siguientes supuestos:

a) Los extranjeros que tras haber sido expulsados contravengan la prohibición de entrada en España.

A estos efectos, se considerará contravenida la prohibición de entrada en España cuando así conste, independientemente de si fue adoptada por las autoridades españolas o por las de alguno de los Estados con los que España tenga suscrito convenio en ese sentido.

b) Los extranjeros que pretendan entrar ilegalmente en el país; se considerarán incluidos, a estos efectos, a los extranjeros que sean interceptados en la frontera o en sus inmediaciones.

2. En el supuesto del párrafo b) del apartado anterior, las Fuerzas y Cuerpos de Seguridad del Estado encargadas de la custodia de costas y fronteras que hayan interceptado a los extranjeros que pretenden entrar ilegalmente en España, para que pueda procederse a su identificación y, en su caso, a su devolución, los conducirán con la mayor brevedad posible a la correspondiente comisaría del Cuerpo Nacional de Policía.

3. En cualquiera de los supuestos del apartado 1, el extranjero respecto del cual se sigan trámites para adoptar una orden de devolución tendrá derecho a la asistencia jurídica, que será gratuita en el caso de que el interesado carezca de recursos económicos suficientes, así como a la asistencia de intérprete, si no comprende o habla las lenguas oficiales que se utilicen.

4. Cuando la devolución no se pudiera ejecutar en el plazo de 72 horas, se solicitará de la autoridad judicial la medida de internamiento prevista para los expedientes de expulsión.

5. La ejecución de la devolución conllevará el nuevo inicio del cómputo del plazo de prohibición de entrada contravenida, cuando se hubiese adoptado en virtud de una orden de expulsión dictada por las autoridades españolas.

Asimismo, toda devolución acordada en aplicación del párrafo b) del artículo 58.2 de la Ley Orgánica 4/2000, de 11 de enero, llevará consigo la prohibición de entrada en territorio español por un plazo máximo de tres años.

6. Aun cuando se haya adoptado una orden de devolución, ésta no podrá llevarse a cabo y quedará en suspenso su ejecución cuando:

a) Se trate de mujeres embarazadas y la medida pueda suponer un riesgo para la gestación o para la salud de la madre.

b) Se formalice una solicitud de asilo, hasta que se haya decidido la inadmisión a trámite de la petición, o bien su admisión a trámite, que llevará aparejada la autorización de la entrada y permanencia provisional del solicitante de conformidad con lo dispuesto en el artículo 4.2 de la Ley 5/1984, de 26 de marzo.

Artículo 158. Salidas obligatorias.

1. En los supuestos de falta de autorización para encontrarse en España, en especial por no cumplir o haber dejado de cumplir los requisitos de entrada o de estancia, o en los de denegación administrativa de solicitudes de prórrogas de estancia, de autorizaciones de residencia o de cualquier otro documento necesario para la permanencia de extranjeros en territorio español, así como de las renovaciones de las propias autorizaciones o documentos, la resolución administrativa dictada al efecto contendrá la advertencia al interesado de la obligatoriedad de su salida del país, sin perjuicio de que, igualmente, se materialice dicha advertencia mediante diligencia en el pasaporte o documento análogo o en documento aparte, si se encontrase en España amparado en documento de identidad en el que no se pueda estampar dicha diligencia.

No contendrán orden de salida obligatoria las resoluciones de inadmisión a trámite de solicitudes dictadas de conformidad con lo dispuesto en la disposición adicional cuarta de la Ley Orgánica 4/2000, de 11 de enero.

2. La salida obligatoria habrá de realizarse dentro del plazo establecido en la resolución denegatoria de la solicitud formulada, o, en su caso, en el plazo máximo de quince días contado desde el momento en que se notifique la resolución denegatoria, salvo que concurran circunstancias excepcionales y se justifique que se cuenta con medios de vida suficientes; en tal caso, se podrá prorrogar el plazo hasta un máximo de noventa días. Una vez transcurrido el plazo indicado sin que se haya efectuado la salida, se aplicará lo previsto en este Reglamento para los supuestos a que se refiere el artículo 53.a) de la Ley Orgánica 4/2000, de 11 de enero.

3. Si los extranjeros a que se refiere este artículo realizasen efectivamente su salida del territorio español conforme a lo dispuesto en los apartados anteriores, no serán objeto de prohibición de entrada en

el país y eventualmente podrán volver a España, con arreglo a las normas que regulan el acceso al territorio español.

4. Se exceptúan del régimen de salidas obligatorias los casos de los solicitantes de asilo que hayan visto inadmitida a trámite o denegada su solicitud en aplicación de lo dispuesto en el párrafo e) del artículo 5.6 de la Ley 5/1984, de 26 de marzo, reguladora del derecho de asilo y de la condición de refugiado, por no corresponder a España su examen. Una vez notificada la resolución de inadmisión a trámite o de denegación, se podrá proceder a su traslado, escoltado por funcionarios, al territorio del Estado responsable del examen de su solicitud de asilo, sin necesidad de incoar expediente de expulsión, siempre y cuando dicho traslado se produzca dentro de los plazos en los que el Estado responsable tiene la obligación de proceder al examen de dicha solicitud.

TÍTULO XIII

OFICINAS DE EXTRANJEROS Y CENTROS DE MIGRACIONES

CAPÍTULO I

Las Oficinas de Extranjeros

Artículo 159. Creación.

1. Las Oficinas de Extranjeros son las unidades que integran los diferentes servicios de la Administración General del Estado competentes en materia de extranjería e inmigración en el ámbito provincial, al objeto de garantizar la eficacia y coordinación en la actuación administrativa.

2. La creación, supresión y modificación de Oficinas de Extranjeros se llevará a cabo mediante orden del Ministro de la Presidencia dictada a propuesta de los Ministros de Administraciones Públicas, del Interior y de Trabajo y Asuntos Sociales.

3. Previa consulta a los Ministerios del Interior y de Administraciones Públicas, la Secretaría de Estado de Inmigración y Emigración impulsará la creación, supresión y modificación de Oficinas de Extranjeros, basándose en la especial incidencia de la inmigración en la provincia.

4. Las Oficinas de Extranjeros estarán ubicadas en la capital de las provincias en las que se constituyan.

5. La Oficina de Extranjeros podrá disponer de oficinas delegadas, ubicadas en los distritos de la capital y en los municipios de la provincia, para facilitar las gestiones administrativas de los interesados.

Artículo 160. Dependencia.

1. Las Oficinas de Extranjeros dependerán orgánicamente de la correspondiente Delegación o Subdelegación del Gobierno, se encuadrarán en la Secretaría General y dependerán funcionalmente del Ministerio de Trabajo y Asuntos Sociales, a través de la Secretaría de Estado de Inmigración y Emigración, y del Ministerio del Interior, ambos en el ámbito de sus respectivas competencias.

2. Las Oficinas de Extranjeros se regirán por lo dispuesto en este Reglamento, así como por su normativa de creación y funcionamiento.

Artículo 161. Funciones.

1. Las Oficinas de Extranjeros ejercerán, en el ámbito provincial, las siguientes funciones, previstas en la normativa vigente en materia de extranjería y régimen comunitario:

a) La recepción de la declaración de entrada, la tramitación de las prórrogas de estancia, de la tarjeta de identidad de extranjeros y de las tarjetas de estudiantes extranjeros, autorizaciones de residencia, autorizaciones de trabajo y exceptuaciones a la obligación de obtener autorización de trabajo, autorizaciones de regreso, tarjetas de identificación de extranjeros y tarjetas de estudiantes extranjeros, así como la expedición y entrega de aquéllas.

b) La recepción de la solicitud de cédula de inscripción y de título de viaje para la salida de España, sin perjuicio de que la expedición y entrega de tales documentos, así como del documento de identificación provisional, corresponda a los servicios policiales de dichas oficinas.

c) La tramitación de los procedimientos sancionadores por infracciones a la normativa en materia de extranjería y en régimen comunitario. No obstante, las devoluciones, y los expedientes sancionadores que lleven a la expulsión del infractor extranjero, o a su detención e ingreso en un centro de internamiento de extranjeros, serán ejecutados por las Brigadas y Secciones de Extranjería y Documentación de las Comisarías de Policía.

d) La tramitación de los recursos administrativos que procedan.

e) La elevación a los órganos y autoridades competentes de las oportunas propuestas de resolución relativas a los expedientes a que se ha hecho referencia en los párrafos anteriores.

f) La asignación y comunicación del número de identidad de extranjero, por los servicios policiales de las propias Oficinas.

g) La información, recepción y tramitación de la solicitud de asilo y de las solicitudes del estatuto de apátrida; corresponderá a los servicios policiales la expedición y entrega de la documentación correspondiente.

h) La obtención y elaboración del conjunto de información estadística de carácter administrativo y demográfico sobre la población extranjera y en régimen comunitario de la provincia.

2. Las citadas funciones se ejercerán bajo la dirección de los Delegados y Subdelegados del Gobierno correspondientes, y sin perjuicio de las competencias que en materia de resolución de expedientes correspondan a otros órganos.

3. Las oficinas delegadas colaborarán en el desarrollo de las funciones de la correspondiente Oficina de Extranjeros, en especial, las referidas a la atención al ciudadano, recepción de solicitudes y escritos, notificación y entrega de resoluciones y documentos, y podrán ejercer las competencias que les sean delegadas.

Artículo 162. Personal.

1. Los diferentes servicios encargados de la tramitación de los expedientes en materia de extranjería se integrarán en la Oficina de Extranjeros, que actuará como un único centro de gestión.

2. El personal procedente de los servicios a que se hace referencia en el apartado 1 que no esté integrado orgánicamente en las Delegaciones del Gobierno, conforme a lo dispuesto por la Ley 6/1997, de 14 de abril, de Organización y Funcionamiento de la Administración General del Estado, y su normativa de desarrollo, se integrará en la Delegación del Gobierno o Subdelegación del Gobierno correspondiente.

3. Las Oficinas de Extranjeros que se constituyan contarán con una relación de puestos de trabajo y, en su caso, un catálogo del personal laboral para la respectiva integración del personal procedente de los servicios a que se hace referencia en el apartado 1 y sus correspondientes puestos de trabajo.

4. Las Oficinas de Extranjeros contarán con la adscripción de personal de la Dirección General de la Policía para la realización de las funciones que ésta tiene asignadas en materia de extranjería.

5. El Jefe de la Oficina de Extranjeros será nombrado y cesado por el Delegado del Gobierno, previo informe de la Secretaría de Estado de Inmigración y Emigración. Su nombramiento se realizará por el sistema de libre designación entre funcionarios de carrera de los grupos A o B de la Administración General del Estado, dentro de los límites establecidos en el Reglamento general de ingreso del personal al Servicio de la Administración General del Estado y de provisión de puestos de trabajo y promoción profesional de los funcionarios civiles de la Administración General del Estado, aprobado por el Real Decreto 364/1995, de 10 de marzo.

CAPÍTULO II
Los centros de migraciones

⇒ El RD 865/2006, de 14 julio, establece las normas reguladoras de las Subvenciones públicas a los beneficiarios de los Centros de Acogida a Refugiados integrados en la Red de Centros de Migraciones del MTAS.

Artículo 163. La red pública de centros de migraciones.

1. Para el cumplimiento de los fines de integración social que tiene encomendados, el Ministerio de Trabajo y Asuntos Sociales dispondrá de una red pública de centros de migraciones, que desempeñarán tareas de información, atención, acogida, intervención social, formación y, en su caso, derivación, dirigidas a la población extranjera. Igualmente podrán desarrollar o impulsar actuaciones de sensibilización relacionadas con la inmigración.

2. En particular, la red de centros de migraciones podrá desarrollar programas específicos dirigidos a extranjeros que tengan la condición de solicitantes de asilo o del estatuto de apátrida, refugiados, apátridas, beneficiarios de la protección dispensada por el artículo 17.2 de la Ley 5/1984, de 26 de marzo, Reguladora del Derecho de Asilo y de la Condición de Refugiado, inmigrantes que lleguen a España en virtud del contingente anual de trabajadores extranjeros, así como a extranjeros que se hallen en situación de vulnerabilidad o riesgo de exclusión social. Corresponderá a la Dirección General de Integración de los Inmigrantes determinar los programas que vayan a desarrollar por los centros de migraciones, así como sus destinatarios.

3. La red de centros de migraciones estará integrada por los centros de acogida a refugiados regulados en la Orden Ministerial de 13 de enero de 1989, los centros de estancia temporal de inmigrantes en

Ceuta y Melilla, así como, en su caso, por los centros de nueva creación. Los centros integrados en la red de centros de migraciones se regirán por un estatuto común, sin perjuicio de la posibilidad de que los distintos centros desarrollen programas destinados a colectivos determinados, de acuerdo con lo dispuesto en el apartado anterior.

Artículo 164. Régimen jurídico de los centros de migraciones.

Mediante orden del Ministro de la Presidencia, a propuesta conjunta de los Ministros de Administraciones Públicas y de Trabajo y Asuntos Sociales instada por el Secretario de Estado de Inmigración y Emigración, se podrá:

a) Acordar el establecimiento de nuevos centros de migraciones, la ampliación de los ya existentes o su clausura.

b) Aprobar los estatutos y normas de funcionamiento interno de los centros de migraciones.

c) Determinar las prestaciones que se dispensarán en ellos, así como el régimen jurídico al que se hallan sujetas.

Artículo 165. Ingreso en centros de migraciones.

1. Las normas de funcionamiento interno de los centros determinarán los requisitos y el procedimiento que se deba seguir para el ingreso de un extranjero en un centro de migraciones.

2. Cuando el extranjero carezca de un título que autorice su estancia en España, dicho ingreso llevará aparejada la expedición de un volante personal e intransferible que le autorice a permanecer en el centro, en el que junto a la fotografía del extranjero se harán constar sus datos de filiación, nacionalidad, número de identificación de extranjero, si lo tuviera asignado, así como la fecha de caducidad de la autorización de estancia en el centro.

3. Esta autorización de estancia se entiende sin perjuicio de las ulteriores decisiones que las autoridades competentes adopten en relación con la situación administrativa del extranjero en España.

DISPOSICIONES ADICIONALES

Primera. Atribución de competencias en materia de informes, resoluciones y sanciones.

1. Cuando las competencias en materia de informes, resoluciones y sanciones no estén expresamente atribuidas a un determinado órgano en este Reglamento, serán ejercidas por los Delegados del Gobierno en las Comunidades Autónomas uniprovinciales y por los Subdelegados del Gobierno en las provincias.

2. Cuando se trate de supuestos en los que se vaya a realizar una actividad laboral en distintas provincias, la competencia para la concesión de las autorizaciones para residir y trabajar corresponderá al Delegado del Gobierno en las Comunidades Autónomas uniprovinciales o al Subdelegado del Gobierno de la provincia en la que se vaya a iniciar la actividad laboral.

3. No obstante lo anterior, corresponde al Director General de Inmigración la competencia para conceder las autorizaciones de trabajo cuando las solicitudes sean presentadas por empresas que pretendan contratar trabajadores estables y que, teniendo diversos centros de trabajo en distintas provincias, cuenten con una plantilla superior a 500 trabajadores.

Igualmente, el Director General de Inmigración será el competente para conceder las autorizaciones de trabajo a los trabajadores de duración determinada previstos en el artículo 55.2.a) y b) cuando el número de puestos de trabajo ofertado en su conjunto supere una cifra que se determinará en el acuerdo de contingente anual o, en su defecto, mediante orden del Ministro de Trabajo y Asuntos Sociales. En estos casos, la Dirección General de Inmigración se pronunciará sobre la concesión de las autorizaciones oída la Comisión Laboral Tripartita de Inmigración.

En estos casos, la competencia para las autorizaciones de residencia corresponderá al Comisario General de Extranjería y Documentación de la Dirección General de la Policía.

4. Cuando circunstancias de naturaleza económica, social o laboral lo aconsejen y en supuestos no regulados de especial relevancia, a propuesta del Secretario de Estado de Inmigración y Emigración, previo informe del Secretario de Estado de Seguridad, el Consejo de Ministros podrá dictar instrucciones que determinen la concesión de autorizaciones de residencia temporal y/o trabajo, que podrán quedar vinculadas temporal, sectorial o territorialmente en los términos que se fijen en aquéllas. Las instrucciones establecerán la forma, los requisitos y los plazos para la concesión de dichas autorizaciones. Asimismo, el Secretario de Estado de Inmigración y Emigración, previo informe del Secretario de Estado de Seguridad, podrá otorgar autorizaciones individuales de residencia temporal cuando concurran circunstancias excepcionales no previstas en este Reglamento.

⇒ La Res. 28 febrero 2007, de la Secretaría de Estado de Inmigración y Emigración dispone la publicación del Acuerdo del Consejo de Ministros de 16 febrero, que determina el procedimiento para autorizar la entrada, residencia y trabajo en España de extranjeros en quienes concurren tales circunstancias.

5. En el ejercicio de las competencias de coordinación que tiene atribuidas, el Secretario de Estado de Inmigración y Emigración podrá proponer al Consejo de Ministros la aprobación de las instrucciones a las que haya de ajustarse la actuación de los diferentes departamentos ministeriales en cuanto ejerciten funciones relacionadas con los ámbitos de la extranjería y la inmigración.

Segunda. Normativa aplicable a los procedimientos.

1. En lo no previsto en materia de procedimientos en el Reglamento de la Ley Orgánica 4/2000, de 11 de enero, se estará a lo dispuesto en la Ley 30/1992, de 26 de noviembre, de Régimen Jurídico de las Administraciones Públicas y del Procedimiento Administrativo Común, y en su normativa de desarrollo, particularmente, en lo referido a la necesidad motivación de las resoluciones denegatorias de las autorizaciones.

2. De conformidad con lo establecido en la disposición adicional undécima de la referida Ley 30/1992, de 26 de noviembre, el procedimiento de visado se regirá por la normativa específica prevista en el artículo 27 de la Ley Orgánica 4/2000, de 11 de enero, desarrollada en este Reglamento, en la normativa de la Unión Europea y en las demás disposiciones que se dicten en cumplimiento de los compromisos internacionales asumidos por España, y se aplicará supletoriamente la Ley 30/1992, de 26 de noviembre.

Tercera. Lugares de presentación de las solicitudes.

1. De conformidad con la disposición adicional tercera de la Ley Orgánica 4/2000, de 11 de enero, cuando el sujeto legitimado se encuentre en territorio español las solicitudes relativas a las autorizaciones iniciales de residencia y de trabajo deberán presentarse ante los registros de los órganos competentes para su tramitación.

2. Cuando el sujeto legitimado se encuentre en territorio extranjero, la presentación de solicitudes de visado y su recogida se realizará ante la misión diplomática u oficina consular en cuya demarcación resida, salvo lo dispuesto de conformidad con la disposición adicional tercera de la Ley Orgánica 4/2000, de 11 de enero, en los procedimientos de solicitud de visado descritos en este Reglamento.

3. Las solicitudes de modificación o renovación de las autorizaciones de residencia y de trabajo se podrán presentar en cualquier otro registro de conformidad con el artículo 38.4 de la Ley 30/1992, de 26 de noviembre, de Régimen Jurídico de las Administraciones Públicas y del Procedimiento Administrativo Común.

Cuarta. Legitimación y representación.

1. De conformidad con la disposición adicional tercera de la Ley Orgánica 4/2000, de 11 de enero, cuando el sujeto legitimado se encuentre en territorio español habrá de presentar personalmente las solicitudes iniciales relativas a las autorizaciones de residencia y de trabajo. En aquellos procedimientos en los que el sujeto legitimado fuese un empleador, las solicitudes iniciales podrán ser presentadas por éste o por quien válidamente ejerza la representación legal empresarial.

2. Cuando el sujeto legitimado se encuentre en territorio extranjero, la presentación de solicitudes de visado y su recogida se realizarán personalmente. Cuando el interesado no resida en la población en que tenga su sede la misión diplomática u oficina consular y se acrediten razones que obstaculicen el desplazamiento, como la lejanía de la misión u oficina, dificultades de transporte que hagan el viaje especialmente gravoso o razones acreditadas de enfermedad o condición física que dificulten sensiblemente su movilidad, podrá acordarse que la solicitud de visado pueda presentarse por representante debidamente acreditado.

3. Sin perjuicio de lo dispuesto en el apartado anterior, en los supuestos de presentación de solicitudes y recogida de visado de estancia, tránsito y de residencia por reagrupación familiar de menores, ambos trámites podrán realizarse mediante un representante debidamente acreditado.

4. Asimismo, no se requerirá la comparecencia personal en los procedimientos de contratación colectiva de trabajadores, en los supuestos previstos en un convenio o acuerdo internacional; en tal caso, se estará a lo dispuesto en él.

5. Las solicitudes de modificación o renovación de las autorizaciones de residencia y de trabajo se podrán presentar personalmente, sin perjuicio de la existencia de fórmulas de representación voluntaria a través de actos jurídicos u otorgamientos específicos.

Quinta. Normas comunes para la resolución de visados.

1. La resolución de los visados corresponde a las misiones diplomáticas y oficinas consulares, sin perjuicio de lo dispuesto en los artículos 24 y 27.3 del Reglamento de la Ley Orgánica 4/2000, de 11 de enero.

2. En la resolución del visado se atenderá al interés del Estado y a la aplicación de los compromisos internacionales asumidos por el Reino de España en la materia. El visado se utilizará como instrumento orientado al cumplimiento de los fines de la política exterior del Reino de España y de otras políticas públicas españolas o de la Unión Europea, en especial la política de inmigración, la política económica y la de seguridad nacional, la salud pública o las relaciones internacionales de España.

3. No obstante lo dispuesto en este Reglamento, el Ministerio de Asuntos Exteriores y de Cooperación, para atender circunstancias extraordinarias y en atención a los intereses mencionados en el apartado anterior, podrá ordenar a una misión diplomática u oficina consular la expedición de un determinado tipo de visado, informará de ello inmediatamente a la Secretaría de Estado de Inmigración y Emigración y solicitará, en caso necesario, la concesión de una autorización de residencia.

Sexta. Procedimiento en materia de visados.

1. La misión diplomática u oficina consular receptora de la solicitud de visado devolverá una copia sellada de ella con indicación de la fecha y el lugar de recepción o remitirá el acuse de recibo al domicilio fijado a efectos de notificación en el ámbito de la demarcación consular.

2. La oficina consular y el solicitante, a tenor de las posibilidades técnicas existentes en el territorio, pueden convenir, dejando mención sucinta de ello en el expediente y en la copia de la solicitud que se devuelve como recibo, el domicilio –que ha de estar en todo caso dentro de la demarcación consular–y el medio para efectuar los requerimientos de subsanación o de aportación de documentos o certificaciones exigidos, así como para efectuar las citaciones de comparecencia y las notificaciones de resolución.

Las citaciones y requerimientos se realizarán a través del teléfono o del telefax de contacto proporcionado por el interesado o su representante legal, y se dejará constancia fehaciente de su realización en el expediente de visado.

Si la citación o requerimiento efectuado a través de llamada al teléfono de contacto convenido hubiera sido desatendido, se cursarán por escrito las citaciones, requerimientos o notificaciones al domicilio fijado a este efecto en la solicitud, el cual deberá encontrarse situado en el ámbito de la misma demarcación consular.

Sin perjuicio de lo establecido para los supuestos de comparecencia personal y entrevista de los solicitantes de visado, las citaciones o requerimientos cursados deberán atenderse en un plazo máximo de diez días.

Agotadas todas las posibilidades de notificación que se prevén en esta disposición adicional sin que aquélla se pueda practicar, cualquiera que fuese la causa, la notificación se hará mediante anuncio publicado durante diez días en el correspondiente tablón de la oficina consular, extremo del que será informado el solicitante en el momento de presentar la solicitud de visado.

De resultar desatendidos en su plazo los requerimientos o citaciones, se tendrá al solicitante por desistido, y se le notificará la resolución por la que se declara el desistimiento por el mismo procedimiento del párrafo anterior. La resolución consistirá en la declaración de la circunstancia que concurra en cada caso, con indicación de los hechos producidos y las normas aplicables.

Un extracto del procedimiento que se contempla en esta disposición adicional se recogerá en el impreso de solicitud para conocimiento del interesado.

3. La misión diplomática u oficina consular ante la que se presente la solicitud de visado, si mediara una causa que lo justifique, además de la documentación que sea preceptiva, podrá requerir los informes que resulten necesarios para resolver dicha solicitud.

4. Si el solicitante, en el momento de resolver, no figura en la lista de personas no admisibles, la misión diplomática u oficina consular valorará la documentación e informes incorporados al efecto junto, en su caso, con la autorización o autorizaciones concedidas, y resolverá la solicitud del visado.

5. La resolución denegatoria de un visado se notificará al solicitante de forma que le garantice la información sobre su contenido las normas que en derecho la fundamenten, el recurso que contra ella proceda, el órgano ante el que hubiera de presentarse y el plazo para interponerlo.

6. La denegación de un visado de residencia para reagrupación familiar o de residencia y trabajo por cuenta ajena deberá ser motivada, e informará al interesado de los hechos y circunstancias constatadas y, en su caso, de los testimonios recibidos y de los documentos e informes, preceptivos o no, incorporados, que, conforme a las normas aplicables, hayan conducido a la resolución denegatoria.

7. Sin perjuicio de la eficacia de la resolución denegatoria, y con independencia de que el interesado haya o no presentado recurso contra ella, el extranjero conocedor de una prohibición de entrada por su inclusión en la lista de personas no admisibles podrá encauzar a través de la oficina consular una solicitud escrita dirigida al Secretario de Estado de Seguridad del Ministerio del Interior si quisiera ejercer su dere-

cho de acceso a sus datos o a solicitar su rectificación o supresión de los mismos en el sistema de información de Schengen.

8. Las misiones diplomáticas u oficinas consulares, en el plazo máximo de quince días desde su expedición, deberán comunicar a la Dirección General de Inmigración, a través de los órganos centrales del Ministerio de Asuntos Exteriores y de Cooperación, las resoluciones sobre visados que hubiesen realizado, salvo los de tránsito y estancia por turismo.

Séptima. Exigencia, normativa y convenios en materia sanitaria.

1. Lo establecido en este Reglamento no excluye la vigencia y cumplimiento de lo dispuesto en los reglamentos y acuerdos sanitarios internacionales, en los artículos 38 y 39 y disposición final octava de la Ley 14/1986, de 25 de abril, General de Sanidad en el Real Decreto 1418/1986, de 13 de junio, sobre funciones del Ministerio de Sanidad y Consumo en materia de sanidad exterior, y en las demás disposiciones dictadas para su aplicación y desarrollo.

2. La Administración General del Estado, a los efectos de la realización de cuantas actuaciones y pruebas sanitarias pudieran derivarse de la aplicación de este Reglamento, suscribirá, a través de los departamentos ministeriales en cada caso competentes, los oportunos convenios con los correspondientes servicios de salud o instituciones sanitarias.

Octava. Plazos de resolución de los procedimientos.

1. El plazo general máximo para notificar las resoluciones sobre las solicitudes que se formulen por los interesados en los procedimientos regulados en este Reglamento será de tres meses contados a partir del día siguiente al de la fecha en que hayan tenido entrada en el registro del órgano competente para tramitarlas. Se exceptúan las peticiones de autorización de residencia por reagrupación familiar, de autorización de trabajo de temporada y de modificación de autorización de trabajo, cuyas resoluciones se notificarán en la mitad del plazo señalado.

2. En el procedimiento en materia de visados, el plazo máximo, y no prorrogable, para notificar las resoluciones sobre las solicitudes será de un mes, contado a partir del día siguiente al de la fecha en que la solicitud haya sido presentada en forma en la oficina consular competente para su tramitación, salvo en el caso de los visados de tránsito, estancia y residencia no lucrativa, en los que el plazo máximo será de tres meses. En el caso del visado de residencia no lucrativa, la solicitud de la pertinente autorización de residencia por parte de la Delegación o Subdelegación del Gobierno que corresponda interrumpirá el cómputo del plazo, hasta que se comunique la resolución.

3. La obligación formal de informar al solicitante de visado sobre el plazo máximo para la notificación de la resolución del procedimiento, los supuestos de suspensión del cómputo de dicho plazo y los efectos del silencio administrativo se entenderá cumplida mediante la inserción de una nota informativa sobre tales extremos en los impresos de solicitud.

Novena. Silencio administrativo.

Transcurrido el plazo para resolver las solicitudes, de conformidad con lo establecido en la disposición adicional anterior, éstas podrán entenderse desestimadas, de acuerdo con lo dispuesto en la disposición adicional primera de la propia Ley Orgánica 4/2000, de 11 de enero, y con las excepciones contenidas en dicha disposición adicional.

Décima. Recursos.

Las resoluciones que dicten los órganos competentes de los Ministerios de Asuntos Exteriores y de Cooperación, del Interior, y de Trabajo y Asuntos Sociales, los Delegados del Gobierno y Subdelegados del Gobierno, bajo la dependencia funcional de estos dos últimos ministerios, con base en lo dispuesto en este Reglamento, sobre concesión o denegación de visados, prórrogas de estancia o autorizaciones de residencia y de trabajo, cédulas de inscripción, así como sobre sanciones gubernativas y expulsiones de extranjeros, pondrán fin a la vía administrativa, y contra éstas podrán interponerse los recursos administrativos o jurisdiccionales legalmente previstos. Se exceptúan las resoluciones sobre solicitudes de prórroga de autorización de residencia, renovación y modificación de autorización de trabajo y devolución, denegación de entrada y retorno, las cuales no agotan la vía administrativa. En uno y otro caso, los actos y resoluciones administrativas adoptados serán recurribles con arreglo a lo dispuesto en las leyes, y su régimen de ejecutividad será el previsto con carácter general en la legislación vigente, salvo lo dispuesto en la Ley Orgánica 4/2000, de 11 de enero, para la tramitación de expedientes de expulsión con carácter preferente.

Undécima. Tratamiento preferente.

Las solicitudes de visados y autorizaciones de residencia por motivos de reagrupación familiar tendrán tratamiento preferente, para lo cual podrá exceptuarse el orden de incoación de expedientes previsto en el artículo 74.2 de la Ley 30/1992, de 26 de noviembre.

Duodécima. Cobertura de puestos de confianza.

⇒ V. nota a disp. adic. 1ª.1.4 de este RD.

A los efectos del artículo 40.a) de la Ley Orgánica 4/2000, de 11 de enero, se considera que ocupan puestos de confianza aquellos trabajadores que desempeñen únicamente actividades propias de alta dirección por cuenta de la empresa que los contrate, basadas en la recíproca confianza y que ejerzan legalmente la representación de la empresa o tengan extendido a su favor un poder general.

Tendrán la misma consideración los trabajadores altamente cualificados que tengan conocimiento esencial para la realización de la inversión y sean especialistas o desempeñen funciones relacionadas con la dirección, gestión y administración necesarias para el establecimiento, desarrollo o liquidación de la citada inversión. Estos trabajadores deben poseer acreditada experiencia en la realización de dichas funciones o haber realizado trabajos en puestos similares en la empresa inversora o en el grupo de empresas en el que puede estar integrada esta última.

Decimotercera. Cotización por la contingencia de desempleo.

En las contrataciones de los extranjeros titulares de las autorizaciones de trabajo para trabajadores transfronterizos, para actividades de duración determinada y para estudiantes, no se cotizará por la contingencia de desempleo.

Decimocuarta. Acceso de los menores a la enseñanza no obligatoria.

Sin perjuicio de lo dispuesto en el artículo 9.3 de la Ley Orgánica 4/2000, de 11 de enero, las Administraciones educativas, en el ejercicio de sus competencias en materia de educación, podrán facilitar el acceso de los extranjeros menores de edad que se hallen empadronados en un municipio a los niveles de enseñanza posobligatoria no universitarios y a la obtención de la titulación académica correspondiente en igualdad de condiciones que los españoles de su edad.

Decimoquinta. Comisión Laboral Tripartita de Inmigración.

1. Se crea la Comisión Laboral Tripartita de Inmigración, como órgano colegiado adscrito al Ministerio de Trabajo y Asuntos Sociales, a través de la Secretaría de Estado de Inmigración y Emigración, de la que formarán parte las organizaciones sindicales y empresariales más representativas de carácter estatal.

2. La Comisión a la que se refiere el apartado anterior será informada sobre la evolución de los movimientos migratorios en España y, en todo caso, será consultada sobre la propuesta trimestral de catálogo de ocupaciones de difícil cobertura y sobre la propuesta de contingente anual de trabajadores extranjeros, así como sobre las propuestas de contratación de trabajadores de temporada que se determinen.

3. Mediante orden ministerial se precisará su composición, forma de designación de sus miembros, competencias y régimen de funcionamiento.

⇒ Vid. la Orden TAS/1713/2005, de 3 junio, que contiene la citada regulación.

Decimosexta. Desconcentración de la competencia de cierre de puestos habilitados.

1. Se desconcentra a favor del Secretario de Estado de Seguridad la competencia para acordar, en los supuestos en los que lo requiera la seguridad del Estado o de los ciudadanos, el cierre temporal de los puestos fronterizos habilitados para el paso de personas a que se refiere el artículo 3 de este Reglamento.

2. El Secretario de Estado de Seguridad comunicará las medidas que vayan a adoptarse a la Secretaría de Estado de Inmigración y Emigración, a los departamentos afectados y, a través del Ministerio de Asuntos Exteriores y Cooperación, a aquellos países e instituciones con los que España esté obligada a ello como consecuencia de los compromisos internacionales suscritos.

Decimoséptima. Autorización de trabajo de los extranjeros solicitantes de asilo.

Los solicitantes de asilo estarán autorizados para trabajar en España una vez transcurridos seis meses desde la presentación de la solicitud, siempre que ésta hubiera sido admitida a trámite y no estuviera resuelta por causa no imputable al interesado. La autorización para trabajar se acreditará mediante la inscripción «autoriza a trabajar» en el documento de solicitante de asilo y, si procede, en sus sucesivas renovaciones, y estará condicionada a su validez. En caso de que no proceda esta inscripción porque no se cumplan los citados requisitos, la oficina de asilo y refugio hará constar tal hecho en resolución motivada y se lo notificará al interesado.

Decimoctava. Representantes de las organizaciones empresariales en el extranjero.

A los efectos de las previsiones contenidas en el artículo 39 de la Ley Orgánica 4/2000, de 11 de enero, y el título V de este Reglamento, en los correspondientes procesos de selección en origen de los trabajadores extranjeros podrán participar representantes de las organizaciones empresariales españolas.

A tal efecto, representantes de dichas organizaciones podrán quedar acreditados por la Secretaría de

Estado de Inmigración y Emigración ante las misiones diplomáticas u oficinas consulares de España en los países que hayan firmado acuerdos sobre regulación de flujos migratorios.

Decimonovena. Facilitación de la entrada y residencia de los familiares de ciudadano de un Estado miembro de la Unión Europea o de otro Estado parte en el Acuerdo sobre el Espacio Económico Europeo, no incluidos en el ámbito de aplicación del Real Decreto 240/2007, de 16 de febrero, sobre entrada, libre circulación y residencia en España de ciudadanos de los Estados miembros de la Unión Europea y de otros Estados parte en el Acuerdo sobre el Espacio Económico Europeo.

Las Autoridades competentes facilitarán, de acuerdo con lo dispuesto en la Ley Orgánica 4/2000, de 11 de enero, sobre derechos y libertades de los extranjeros en España y su integración social, y en el presente Reglamento, la obtención del visado de residencia o, en su caso, de una autorización de residencia por circunstancias excepcionales, a quien sin estar incluido en el artículo 2 del Real Decreto 240/2007, de 16 de febrero, sobre entrada, libre circulación y residencia en España de ciudadanos de los Estados miembros de la Unión Europea y de otros Estados parte en el Acuerdo sobre el Espacio Económico Europeo, acompañe a un ciudadano de la Unión o se reúna con él, y se halle en una de las siguientes circunstancias:

a) Sea otro familiar con parentesco hasta segundo grado, en línea directa o colateral, consanguínea o por afinidad, que, en el país de procedencia, esté a cargo o viva con el ciudadano de otro Estado miembro de la Unión Europea o de otro Estado parte en el Acuerdo sobre el Espacio Económico Europeo, o cuando por motivos graves de salud o discapacidad, sea estrictamente necesario que dicho ciudadano se haga cargo de su cuidado personal,

b) sea la pareja, ciudadano de un Estado no miembro de la Unión Europea ni parte en el Acuerdo sobre el Espacio Económico Europeo, con la que el ciudadano de la Unión mantiene una relación estable debidamente probada.

Las autoridades exigirán la presentación de acreditación, por parte de la autoridad competente del país de origen o procedencia, que certifique que está a cargo del ciudadano de la Unión o que vivía con él en ese país, o la prueba de la existencia de motivos graves de salud o discapacidad que requieran estrictamente que el ciudadano de la Unión se haga cargo del cuidado personal del miembro de la familia. Igualmente se exigirá prueba suficiente de la existencia de una relación estable con el ciudadano de la Unión.

Las autoridades competentes estudiarán detenidamente las circunstancias personales en las solicitudes de entrada, visado o autorizaciones de residencia presentadas y justificarán toda denegación de las misma.

✐ Añadida por disp. final 3ª.1 del RD 240/2007, de 16 febrero (§39.3).

Vigésima. Normativa aplicable a miembros de la familia de ciudadano español que no tengan la nacionalidad de un Estado miembro de la Unión Europea o de un Estado parte en el Acuerdo sobre el Espacio Económico Europeo.

1. El Real Decreto 240/2007, de 16 de febrero, sobre entrada, libre circulación y residencia en España de ciudadanos de los Estados miembros de la Unión Europea y de otros Estados parte en el Acuerdo sobre el Espacio Económico Europeo, será de aplicación, cualquiera que sea su nacionalidad, y en los términos previstos por éste, a los familiares de ciudadano español, cuando le acompañen o se reúnan con él, y estén incluidos en una de las siguientes categorías:

a) A su cónyuge, siempre que no haya recaído el acuerdo o la declaración de nulidad del vínculo matrimonial, divorcio o separación legal.

b) A la pareja con la que mantenga una unión análoga a la conyugal inscrita en un registro público establecido a esos efectos en un Estado miembro de la Unión Europea o en un Estado parte en el Espacio Económico Europeo, que impida la posibilidad de dos registros simultáneos en dicho Estado, y siempre que no se haya cancelado dicha inscripción, lo que deberá ser suficientemente acreditado. Las situaciones de matrimonio e inscripción como pareja registrada se considerarán, en todo caso, incompatibles entre sí.

c) A sus descendientes directos, y a los de su cónyuge o pareja registrada siempre que no haya recaído el acuerdo o la declaración de nulidad del vínculo matrimonial, divorcio o separación legal, o se haya cancelado la inscripción registral de pareja, menores de veintiún años, mayores de dicha edad que vivan a su cargo, o incapaces.

d) A sus ascendientes y a los de su cónyuge, siempre que no haya recaído el acuerdo o la declaración de nulidad del vínculo matrimonial, divorcio o separación legal, que vivan a su cargo, siempre que en la fecha de entrada en vigor del Real Decreto 240/2007, de 16 de febrero, sobre entrada, libre circulación y residencia en España de ciudadanos de los Estados miembros de la Unión Europea y de otros Estados parte en el Acuerdo sobre el Espacio Económico Europeo, fueran titulares de una tarjeta de familiar de residente comunitario en vigor o susceptible de ser renovada, obtenida al amparo del Real Decreto 178/

2003, de 14 de febrero, sobre entrada y permanencia en España de nacionales de Estados miembros de la Unión Europea y de otros Estados parte en el Acuerdo sobre el Espacio Económico Europeo.

2. La reagrupación familiar de ascendientes directos de ciudadano español, o de su cónyuge, se regirá por lo previsto en la sección 2ª del capítulo I del título IV del presente Reglamento.

✐ Añadida por disp. final 3ª.2 del RD 240/2007, de 16 febrero (§39.3).

§ 39.3 REAL DECRETO 240/2007, DE 16 FEBRERO. ENTRADA, LIBRE CIRCULACIÓN Y RESIDENCIA EN ESPAÑA DE CIUDADANOS DE LOS ESTADOS MIEMBROS DE LA UNIÓN EUROPEA Y DE OTROS ESTADOS PARTE EN EL ACUERDO SOBRE EL ESPACIO ECONÓMICO EUROPEO

(BOE núm. 51, de 28 febrero [RCL 2007, 407])

España se adhirió a las Comunidades Europeas como Estado miembro de pleno derecho el 1 de enero de 1986, siendo necesario en aquellos momentos dictar el Real Decreto 1099/1986, de 26 de mayo, sobre entrada, permanencia y trabajo en España de ciudadanos de los Estados miembros de las Comunidades Europeas, en el que se regulaban las formalidades administrativas para el ejercicio de los derechos de entrada y permanencia en España por parte de los ciudadanos de sus Estados miembros para la realización de actividades por cuenta ajena o por cuenta propia o para prestar o recibir servicios al amparo de lo establecido en el Tratado de la Comunidad Económica Europea.

Posteriormente, el Consejo de las Comunidades Europeas adoptó el Reglamento (CEE) 2194/1991, de 25 de junio de 1991, relativo al período transitorio aplicable a la libre circulación de los trabajadores entre España y Portugal y los restantes Estados miembros, y las Directivas 90/364/CEE, relativa al derecho de residencia; 90/365/CEE, relativa al derecho de residencia de los trabajadores por cuenta ajena o por cuenta propia que hayan dejado de ejercer una actividad profesional, y 93/96/CEE, relativa al derecho de residencia de los estudiantes, lo que motivó que se dictase el Real Decreto 766/1992, de 26 de junio, sobre entrada y permanencia en España de nacionales de Estados miembros de las Comunidades Europeas.

La entrada en vigor, el 1 de enero de 1994, del Acuerdo ratificado por España el 26 de noviembre de 1993, sobre el Espacio Económico Europeo, así como la necesaria adecuación del citado Real Decreto a la Jurisprudencia emanada del Tribunal de Justicia de las Comunidades Europeas (asunto 267/83, Diatta contra Land Berlin), obligaron a modificar el Real Decreto 766/1992, de 26 de junio, por el Real Decreto 737/1995, de 5 de mayo, y por el Real Decreto 1710/1997, de 14 de noviembre.

Debe también recordarse la vigencia, desde 1 de junio de 2002, del Acuerdo, de 21 de junio de 1999, entre la Comunidad Europea y la Confederación Suiza, sobre libre circulación de personas, por el que a los ciudadanos suizos y a los miembros de sus familias les es de aplicación el mismo tratamiento que a los ciudadanos de los Estados miembros de la Unión Europea y a sus familiares.

La firma, el 28 de julio de 2000, en Marsella, por los Ministros del Interior de Francia, Alemania, Italia y España, de una Declaración en la que se comprometían a suprimir la obligación de poseer una tarjeta de residencia en determinados supuestos, obligaba a introducir las correspondientes adaptaciones en el régimen contemplado en los Reales Decretos mencionados, por lo que se hizo necesario introducir la no exigencia de tarjeta de residencia para los ciudadanos de los Estados miembros de la Unión Europea y de otros Estados parte del Acuerdo sobre el Espacio Económico Europeo que fueran activos, beneficiarios del derecho a residir con carácter permanente, estudiantes o familiares de estas personas que sean a su vez ciudadanos de los mencionados Estados.

Por otra parte, se consideró necesaria la elaboración de un nuevo Texto Normativo que derogara los entonces aún vigentes Real Decreto 766/1992, de 26 de junio, sobre entrada y permanencia en España de nacionales de Estados miembros de las Comunidades Europeas; Real Decreto 737/1995, de 5 de mayo, que lo modificaba, así como el Real Decreto 1710/1997, de 14 de noviembre, y por ello se aprobó el Real Decreto 178/2003, de 14 de febrero, sobre entrada y permanencia en España de nacionales de Estados miembros de la Unión Europea y de otros Estados Parte en el Acuerdo sobre el Espacio Económico Europeo.

Posteriormente, el Parlamento Europeo y el Consejo de la Unión Europea han valorado la necesidad de codificar y revisar los instrumentos comunitarios existentes, con objeto de simplificar y reforzar el derecho de libre circulación y residencia de todos los ciudadanos de la Unión Europea, lo que ha hecho necesario un acto legislativo único, con el fin de facilitar el ejercicio de este derecho.

Dicho acto legislativo lo ha constituido la Directiva 2004/38/CE, del Parlamento Europeo y del Consejo, de 29 de abril de 2004, relativa al derecho de los ciudadanos de la Unión y de los miembros de sus familias a circular y residir libremente en el territorio de los Estados miembros por la que se modifica el Reglamento (CEE) núm. 1612/68 y se derogan las Directivas 64/221/CEE, 68/360/CEE, 72/194/CEE, 73/148/CEE, 75/34/CEE, 75/35/CEE, 90/364/CEE, 90/365/CEE y 93/96/CEE. Dicho instrumento comunitario ha modificado el Reglamento (CEE) 1612/68, relativo a la libre circulación de los trabajadores dentro de la Comunidad, y ha derogado diversas Directivas CEE en materia de desplazamiento y residencia, estancia de trabajadores de los Estados miembros y de sus familias dentro de la Comunidad, establecimiento y libre prestación de servicios, y residencia de los estudiantes nacionales de los Estados miembros.

La Directiva 2004/38/CE, del Parlamento Europeo y del Consejo, de 29 de abril de 2004, regula el derecho de entrada y salida del territorio de un Estado miembro, el derecho de residencia de los ciudadanos de la Unión y de los miembros de sus familias, y los trámites administrativos que deben realizar ante las Autoridades de los Estados miembros. Asimismo regula el derecho de residencia permanente, y finalmente establece limitaciones a los derechos de entrada y de residencia por razones de orden público, seguridad pública o salud pública.

En todo caso, la aprobación de la citada Directiva 2004/38/CE, de 29 de abril de 2004, ha hecho necesario proceder a incorporar su contenido al Ordenamiento jurídico español, todo ello de acuerdo a lo dispuesto por los artículos 17 y 18 del Tratado Constitutivo de la Comunidad Europea relativos a la ciudadanía de la Unión, así como a los derechos y principios inherentes a la misma, y al principio de no discriminación por razón de sexo, raza, color, origen étnico o social, características genéticas, lengua, religión o convicciones, opiniones políticas o de otro tipo, pertenencia a una minoría nacional, patrimonio, nacimiento, discapacidad, edad u orientación sexual.

Por otra parte, y de conformidad con lo dispuesto en el artículo 1.3 de la Ley Orgánica 4/2000, de 11 de enero, sobre derechos y libertades de los extranjeros en España y su integración social, en su redacción dada por las Leyes Orgánicas 8/2000, 11/2003 y 14/2003, debe recordarse que dicha Ley Orgánica es de aplicación para las personas incluidas en el ámbito de aplicación de este Real Decreto en aquellos aspectos que pudieran serles más favorables.

Igualmente, el derecho a la reagrupación familiar se determina como un derecho inherente al ciudadano de un Estado miembro, pero asociado necesariamente al ejercicio de su derecho de libre circulación y residencia en el territorio de los otros Estados miembros, todo ello de conformidad con la normativa comunitaria y con la Jurisprudencia del Tribunal de Justicia de las Comunidades Europeas. En este sentido, para regular la reagrupación familiar de ciudadanos españoles que no han ejercido el derecho de libre circulación, se introduce una Disposición final tercera que, a su vez, introduce dos nuevas Disposiciones adicionales, decimonovena y vigésima, en el Reglamento de la Ley Orgánica 4/2000, sobre derechos y libertades de los extranjeros en España y su integración social, aprobado por Real Decreto 2393/2004, de 30 de diciembre. Estas Disposiciones protegen especialmente al cónyuge o pareja de ciudadano español y a sus descendientes menores de veintiún años, mayores de dicha edad que vivan a su cargo, o incapaces.

El presente Real Decreto ha sido informado por el Foro para la Integración Social de los Inmigrantes, por la Comisión Permanente de la Comisión Laboral Tripartita de Inmigración y por la Comisión Interministerial de Extranjería.

En su virtud, a propuesta de los Ministros de Trabajo y Asuntos Sociales, de Asuntos Exteriores y de Cooperación, y del Interior, con la aprobación previa del Ministro de Administraciones Públicas, de acuerdo con el Consejo de Estado y previa deliberación del Consejo de Ministros, en su reunión del día 16 de febrero de 2007, dispongo:

CAPÍTULO I

Disposiciones generales

Artículo 1. Objeto.

1. El presente Real Decreto regula las condiciones para el ejercicio de los derechos de entrada y salida, libre circulación, estancia, residencia, residencia de carácter permanente y trabajo en España por parte de los ciudadanos de otros Estados miembros de la Unión Europea y de los restantes Estados parte en el Acuerdo sobre el Espacio Económico Europeo, así como las limitaciones a los derechos anteriores por razones de orden público, seguridad pública o salud pública.

2. El contenido del presente Real Decreto se entenderá sin perjuicio de lo dispuesto en leyes especiales y en los tratados internacionales en los que España sea parte.

Artículo 2. Aplicación a miembros de la familia del ciudadano de un Estado miembro de la Unión Europea o de otro Estado parte en el Acuerdo sobre el Espacio Económico Europeo.

El presente Real Decreto se aplica también, cualquiera que sea su nacionalidad, y en los términos previstos por éste, a los familiares de ciudadano de otro Estado miembro de la Unión Europea o de otro Estado parte en el Acuerdo sobre el Espacio Económico Europeo, cuando le acompañen o se reúnan con él, que a continuación se relacionan:

a) A su cónyuge, siempre que no haya recaído el acuerdo o la declaración de nulidad del vínculo matrimonial, divorcio o separación legal.

b) A la pareja con la que mantenga una unión análoga a la conyugal inscrita en un registro público establecido a esos efectos en un Estado miembro de la Unión Europea o en un Estado parte en el Espacio Económico Europeo, que impida la posibilidad de dos registros simultáneos en dicho Estado, y siempre que no se haya cancelado dicha inscripción, lo que deberá ser suficientemente acreditado. Las situaciones de matrimonio e inscripción como pareja registrada se considerarán, en todo caso, incompatibles entre sí.

c) A sus descendientes directos, y a los de su cónyuge o pareja registrada siempre que no haya recaído el acuerdo o la declaración de nulidad del vínculo matrimonial, divorcio o separación legal, o se haya cancelado la inscripción registral de pareja, menores de veintiún años, mayores de dicha edad que vivan a su cargo, o incapaces.

d) A sus ascendientes directos, y a los de su cónyuge o pareja registrada que vivan a su cargo, siempre que no haya recaído el acuerdo o la declaración de nulidad del vínculo matrimonial, divorcio o separación legal, o se haya cancelado la inscripción registral de pareja.

Artículo 3. Derechos.

1. Las personas incluidas en el ámbito de aplicación del presente Real Decreto tienen derecho a entrar, salir, circular y residir libremente en territorio español, previo el cumplimiento de las formalidades previstas por éste y sin perjuicio de las limitaciones establecidas en el mismo.

2. Asimismo, las personas incluidas en el ámbito de aplicación del presente Real Decreto, exceptuando a los descendientes mayores de veintiún años que vivan a cargo, y a los ascendientes a cargo contemplados en el artículo 2.d) del presente Real Decreto, tienen derecho a acceder a cualquier actividad, tanto por cuenta ajena como por cuenta propia, prestación de servicios o estudios, en las mismas condiciones que los españoles, sin perjuicio de la limitación establecida en el artículo 39.4 del Tratado Constitutivo de la Comunidad Europea.

No alterará la situación de familiar a cargo la realización por éste de una actividad laboral en la que se acredite que los ingresos obtenidos no tienen el carácter de recurso necesario para su sustento, y en los casos de contrato de trabajo a jornada completa con una duración que no supere los tres meses en cómputo anual ni tenga una continuidad como ocupación en el mercado laboral, o a tiempo parcial teniendo la retribución el citado carácter de recurso no necesario para el sustento. En caso de finalización de la situación de familiar a cargo y eventual cesación en la condición de familiar de ciudadano de la Unión, será aplicable el artículo 96.5 del Reglamento de la Ley Orgánica 4/2000.

⇒ La Ley 17/1993, de 23 diciembre, regula el acceso a determinados sectores de la función pública de los nacionales de los demás Estados miembros de la Comunidad Europea. Su art. 1, tras su modificación por Ley 55/1999, de 29 diciembre (art. 37), establece lo siguiente:

«1. De acuerdo con el derecho comunitario, los nacionales de los demás Estados miembros de la Unión Europea podrán acceder en igualdad de condiciones que los españoles a todos los empleos públicos, salvo que impliquen una participación directa o indirecta en el ejercicio del poder público y se trate de funciones que tienen por objeto la salvaguarda de los intereses del Estado o de las Administraciones públicas.

2. Lo establecido en el apartado anterior será asimismo de aplicación al cónyuge de los españoles y de los nacionales de otros Estados miembros de la Unión Europea, siempre que no estén separados de derecho, así como a sus descendientes y a los de su cónyuge, siempre que no estén separados de derecho, menores de 21 años o mayores de dicha edad que vivan a sus expensas.

Igualmente, se extenderá a las personas incluidas en el ámbito de aplicación de los Tratados internacionales celebrados por la Comunidad Europea y ratificados por España, en los que sea de aplicación la libre circulación de trabajadores.

3. El Gobierno o, en su caso, los órganos correspondientes de las Comunidades Autónomas o de las demás Administraciones públicas determinarán, en el ámbito de sus respectivas competencias, los Cuerpos, Escalas, plazas, empleos o puestos a los que no puedan acceder los nacionales de los demás Estados miembros de la Unión Europea».

Por su lado el RD 543/2001, de 18 mayo, procede a aplicar los anteriores preceptos del modo siguiente:

La Ley 17/1993, de 23 de diciembre, de acceso a determinados sectores de la función pública de los nacionales de los demás Estados miembros de la Unión Europea, modificada por la Ley 55/1999, de 29 de diciembre, de Medidas Fiscales, Administrativas y del Orden Social, establece que, de acuerdo con el derecho comunitario, los nacionales de los demás Estados miembros de la Unión Europea podrán acceder en igualdad de condiciones que los españoles a todos los empleos públicos, salvo que impliquen una participación directa o indirecta en el ejercicio del poder público y se trate de funciones que tengan por objeto la salvaguarda de los intereses del Estado o de las Administraciones públicas.

La Ley 17/1993, de 23 de diciembre, modificada por el artículo 37 de la Ley 55/1999, de 29 de diciembre, extiende su aplicación al cónyuge de los españoles y de los nacionales de otros Estados miembros de la Unión Europea, siempre que no estén separados de derecho, así como a sus descendientes y a los de su cónyuge, siempre que no estén separados de derecho, menores de veintiún años o mayores de dicha edad que vivan a sus expensas, al igual que se establece en el Real Decreto 766/1992, de 26 de junio, de entrada y permanencia en

España de nacionales de Estados miembros de las Comunidades Europeas parcialmente modificado por los Reales Decretos 737/1995, de 5 de mayo y 1710/1997, de 14 de noviembre.

El derecho de acceso al empleo público se extiende también a las personas incluidas en el ámbito de aplicación de Tratados internacionales celebrados por la Comunidad Europea y ratificados por España, en los que sea de aplicación la libre circulación de trabajadores.

El artículo 1.3 de la Ley 17/1993, de 23 de diciembre, prevé que el Gobierno o, en su caso, los órganos correspondientes de las Comunidades Autónomas o de las demás Administraciones públicas, en el ámbito de sus respectivas competencias, determinarán los Cuerpos, Escalas, plazas, empleos o puestos a los que no puedan acceder los nacionales de los demás Estados miembros de la Unión Europea.

A tal efecto, el presente Real Decreto recoge el principio de acceso al empleo público de los nacionales de otros Estados en condiciones de igualdad con los españoles, estableciendo el ámbito objetivo y subjetivo de aplicación de dicho principio, y aprueba la relación de Cuerpos y Escalas a los que no podrán acceder los nacionales de otros Estados y que figuran en el anexo, ordenados de acuerdo con su adscripción a los respectivos Departamentos ministeriales u Organismos públicos.

El Real Decreto regula igualmente la reserva en determinados casos de puestos de trabajo para los españoles, los criterios de acceso al empleo público y los requisitos que deben cumplir los nacionales de otros Estados, así como la exigencia del conocimiento del castellano como un contenido necesario de las pruebas selectivas.

En su virtud, a propuesta del Ministro de Administraciones Públicas, previo informe de la Comisión Superior de Personal, de acuerdo con el Consejo de Estado y previa deliberación del Consejo de Ministros en su reunión del día 18 de mayo de 2001, dispongo:

Artículo 1. Ámbito objetivo de aplicación.

1. El presente Real Decreto tiene por objeto regular el acceso y el desempeño u ocupación de puestos de trabajo por parte de nacionales de otros Estados en el siguiente ámbito:

a) La Administración General del Estado y sus Organismos públicos.

b) Las Entidades gestoras y Servicios comunes de la Seguridad Social.

c) La Administración de Instituciones Sanitarias del Sistema Nacional de Salud.

2. Quedan excluidos del ámbito de aplicación a que se refiere el apartado anterior:

a) Las Fuerzas Armadas.

b) Las Fuerzas y Cuerpos de Seguridad del Estado.

c) Los Órganos constitucionales, el Consejo de Estado y el Banco de España.

d) El Centro Superior de Información de la Defensa.

Artículo 2. Ámbito subjetivo.

1. El presente Real Decreto se aplicará a los nacionales de los demás Estados miembros de la Unión Europea.

2. También se aplicará a:

1° Los familiares de los españoles y de los nacionales de otros Estados miembros de la Unión Europea, cualquiera que sea su nacionalidad, que a continuación se relacionan:

a) A su cónyuge, siempre que no estén separados de derecho.

b) A sus descendientes y a los de su cónyuge, siempre que no estén separados de derecho, menores de veintiún años o mayores de dicha edad que vivan a sus expensas.

2° Las personas incluidas en el ámbito de aplicación de los Tratados internacionales celebrados por la Comunidad Europea y ratificados por España en los que sea de aplicación la libre circulación de trabajadores.

Artículo 3. Derecho de acceso al empleo público.

Las personas incluidas en el ámbito de aplicación señalado en el artículo 2 podrán acceder en igualdad de condiciones que los españoles a todos los empleos públicos, salvo que impliquen una participación directa o indirecta en el ejercicio del poder público y en las funciones que tienen por objeto la salvaguarda de los intereses del Estado o de las Administraciones públicas.

Artículo 4. Cuerpos y Escalas excluidos.

El acceso a los Cuerpos y Escalas de la función pública estatal que figuran en el anexo del presente Real Decreto exigirá en todo caso la posesión de la nacionalidad española al implicar una participación directa o indirecta en el ejercicio del poder público y en las funciones que tienen por objeto la salvaguarda de los intereses de los Estados o de las Administraciones públicas.

Artículo 5. Puestos de trabajo y empleos excluidos.

1. Los puestos de trabajo que impliquen la participación directa o indirecta en el ejercicio del poder público y en las funciones que tienen por objeto la salvaguarda de los intereses del Estado o de las demás Administraciones públicas quedarán reservados a los empleados públicos de nacionalidad española.

2. Los órganos competentes determinarán los puestos de trabajo para cuyo desempeño sea exigible la nacionalidad española. Dicha determinación se especificará en las relaciones de puestos de trabajo, catálogos o plantillas.

Artículo 6. Procedimiento de acceso.

El acceso se efectuará mediante la participación en las convocatorias y superación, en su caso, de los procesos selectivos correspondientes a los Cuerpos, Escalas, plazas y empleos en concurrencia e igualdad con los aspirantes nacionales.

Artículo 7. Requisitos de los aspirantes.

1. Los aspirantes extranjeros deberán cumplir los requisitos establecidos para los participantes nacionales en las convocatorias de pruebas selectivas.

2. Deberán acreditar su nacionalidad y no haber sido objeto de sanción disciplinaria o condena penal que impida, en su Estado, el acceso a la función pública.

3. En el supuesto previsto en el artículo 2.2.1° b deberán acreditar el vínculo de parentesco y, en su caso, el hecho de vivir a expensas o estar a cargo del nacional de un Estado miembro de la Unión Europea con el que tengan dicho vínculo.

4. La pérdida de cualquiera de los requisitos establecidos en el artículo 1, apartado 2, de la Ley 17/1993, de 23 de diciembre, dará lugar a la pérdida de la condición de funcionario de carrera, a no ser que el interesado cumpla cualquier otro de los requisitos previstos en el mencionado apartado.

Artículo 8. Acreditación de requisitos.

1. Los requisitos que deben reunir o cumplir los aspirantes extranjeros se acreditarán de acuerdo con lo que determinen las correspondientes convocatorias.

2. En el momento de presentación de la solicitud de participación en los procesos selectivos deberá acreditarse la nacionalidad y, en el supuesto previsto en el artículo 2.2.1° b, el vínculo de parentesco y, en su caso, el hecho de vivir a expensas o estar a cargo del nacional de un Estado miembro de la Unión Europea con el que tenga dicho vínculo.

3. A estos efectos, de acuerdo con lo establecido en el artículo 2.3 de la Ley 17/1993, de 23 de diciembre, en la redacción dada por la Ley 55/1999, de 29 de diciembre, el Ministro de Administraciones Públicas determinará el sistema de acreditación de los requisitos.

Artículo 9. Conocimiento del castellano.

Las convocatorias de procesos selectivos determinarán la forma de acreditar un conocimiento adecuado del castellano, pudiendo exigir la superación de pruebas con tal finalidad, salvo que las pruebas selectivas impliquen por sí mismas la demostración de dicho conocimiento.

DISPOSICIÓN ADICIONAL

Única. Plazo de determinación de los puestos de trabajo

La determinación de los puestos de trabajo a que se refiere el artículo 5 deberá realizarse en el plazo máximo de un año desde la entrada en vigor de este Real Decreto.

DISPOSICIÓN DEROGATORIA

Única. Derogación normativa

Quedan derogados el Real Decreto 800/1995, de 19 de mayo, por el que se regula el acceso a determinados sectores de la función pública de los nacionales de los demás Estados miembros de la Unión Europea, y cuantas disposiciones de igual o inferior rango se opongan al presente Real Decreto.

DISPOSICIÓN FINAL

Única. Entrada en vigor

El presente Real Decreto entrará en vigor el día siguiente al de su publicación en el «Boletín Oficial del Estado».

3. Los titulares de los derechos a que se refieren los apartados anteriores que pretendan permanecer o fijar su residencia en España durante más de tres meses estarán obligados a solicitar un certificado de registro o una tarjeta de residencia de familiar de ciudadano de la Unión, según el procedimiento establecido en la presente Norma.

⇒ La O. 7 febrero 1997 regula la llamada tarjeta de extranjeros, tanto para nacionales miembros de la UE como para los provenientes de terceros países.

4. Todos los ciudadanos de la Unión que residan en España conforme a lo dispuesto en el presente Real Decreto gozarán de igualdad de trato respecto de los ciudadanos españoles en el ámbito de aplicación del Tratado Constitutivo de la Comunidad Europea. Este derecho extenderá sus efectos a los miembros de la familia que no tengan la nacionalidad de un Estado miembro de la Unión Europea o de un Estado parte en el Acuerdo sobre el Espacio Económico Europeo, beneficiarios del derecho de residencia o del derecho de residencia permanente.

CAPÍTULO II

Entrada y salida

Artículo 4. Entrada.

1. La entrada en territorio español del ciudadano de la Unión se efectuará con el pasaporte o documento de identidad válido y en vigor y en el que conste la nacionalidad del titular.

2. Los miembros de la familia que no posean la nacionalidad de uno de los Estados miembros de la Unión Europea o de otro Estado parte en el Acuerdo sobre el Espacio Económico Europeo efectuarán su entrada con un pasaporte válido y en vigor, necesitando, además, el correspondiente visado de entrada cuando así lo disponga el Reglamento (CE) 539/2001, de 15 de marzo, por el que se establece la lista de terceros países cuyos nacionales están sometidos a la obligación de visado para cruzar las fronteras exteriores y la lista de terceros países cuyos nacionales están exentos de esa obligación. La expedición de dichos visados será gratuita y su tramitación tendrá carácter preferente cuando acompañen al ciudadano de la Unión o se reúnan con él.

La posesión de la tarjeta de residencia de familiar de ciudadano de la Unión, válida y en vigor, expedida por un Estado que aplica plenamente el Acuerdo de Schengen, de 14 de junio de 1985, relativo a la supresión gradual de los controles en las fronteras comunes, y su normativa de desarrollo, eximirá a dichos miembros de la familia de la obligación de obtener el visado de entrada y, a la presentación de dicha tarjeta, no se requerirá la estampación del sello de entrada o de salida en el pasaporte.

3. Cualquier resolución denegatoria de una solicitud de visado o de entrada, instada por una persona incluida en el ámbito de aplicación del presente Real Decreto deberá ser motivada. Dicha resolución denegatoria indicará las razones en que se base, bien por no acreditar debidamente los requisitos exigidos a tal efecto por el presente Real Decreto, bien por motivos de orden público, seguridad o salud públicas. Las razones serán puestas en conocimiento del interesado salvo que ello sea contrario a la seguridad del Estado.

4. En los supuestos en los que un ciudadano de un Estado miembro de la Unión Europea o de un Estado parte en el Acuerdo sobre el Espacio Económico Europeo, o un miembro de su familia, no dispongan de los documentos de viaje necesarios para la entrada en territorio español, o, en su caso, del visado, las Autoridades responsables del control fronterizo darán a estas personas, antes de proceder a su retorno, las máximas facilidades para que puedan obtener o recibir en un plazo razonable los documentos necesarios, o para que se pueda confirmar o probar por otros medios que son beneficiarios del ámbito de aplicación del presente Real Decreto, siempre que la ausencia del documento de viaje sea el único motivo que impida la entrada en territorio español.

Artículo 5. Salida.

Los ciudadanos de un Estado miembro de la Unión Europea o de otro Estado parte en el Acuerdo sobre el Espacio Económico Europeo, y los miembros de sus familias con independencia de su nacionalidad, tendrán derecho a salir de España para trasladarse a otro Estado miembro, ello con independencia de la presentación del pasaporte o documento de identidad en vigor a los funcionarios del control fronterizo si la salida se efectúa por un puesto habilitado, para su obligada comprobación, y de los supuestos legales de prohibición de salida por razones de seguridad nacional o de salud pública, o previstos en el Código Penal.

CAPÍTULO III

Estancia y residencia

Artículo 6. Estancia inferior a tres meses.

1. En los supuestos en los que la permanencia en España de un ciudadano de un Estado miembro de la Unión Europea o de otro Estado parte en el Acuerdo sobre el Espacio Económico Europeo, cualquiera que sea su finalidad, tenga una duración inferior a tres meses, será suficiente la posesión de pasaporte o documento de identidad en vigor, en virtud del cual se haya efectuado la entrada en territorio español, no computándose dicha permanencia a los efectos derivados de la situación de residencia.

2. Lo dispuesto en el apartado anterior será de aplicación para los familiares de los ciudadanos de un Estado miembro de la Unión Europea o de otro Estado parte en el Acuerdo sobre el Espacio Económico Europeo, que no sean nacionales de uno de estos Estados, y acompañen al ciudadano de uno de estos Estados o se reúnan con él, que estén en posesión de un pasaporte válido y en vigor, y que hayan cumplido los requisitos de entrada establecidos en el artículo 4 del presente Real Decreto.

Artículo 7. Residencia superior a tres meses de ciudadanos de un Estado miembro de la Unión Europea o de otro Estado parte en el Acuerdo sobre el Espacio Económico Europeo.

1. Los ciudadanos de un Estado miembro de la Unión Europea o de otro Estado parte en el Acuerdo sobre el Espacio Económico Europeo tienen derecho a residir en territorio español por un período superior a tres meses. Los interesados estarán obligados a solicitar personalmente ante la Oficina de Extranjeros de la provincia donde pretendan permanecer o fijar su residencia o, en su defecto, ante la Comisaría de Policía correspondiente, su inscripción en el Registro Central de Extranjeros. Dicha solicitud deberá presentarse en el plazo de tres meses contados desde la fecha de entrada en España, siéndole expedido de forma inmediata un certificado de registro en el que constará el nombre, nacionalidad y domicilio de la persona registrada, su número de identidad de extranjero, y la fecha de registro.

2. Junto con la solicitud de inscripción, deberá presentarse el pasaporte o documento nacional de identidad válido y en vigor del solicitante. En el supuesto de que dicho documento esté caducado, deberá aportarse copia de éste y de la solicitud de renovación.

Artículo 8. Residencia superior a tres meses con tarjeta de residencia de familiar de ciudadano de la Unión.

1. Los miembros de la familia de un ciudadano de un Estado miembro de la Unión Europea o de un Estado parte en el Acuerdo sobre el Espacio Económico Europeo especificados en el artículo 2 del presente Real Decreto, que no ostenten la nacionalidad de uno de dichos Estados, cuando le acompañen o se reúnan con él, podrán residir en España por un período superior a tres meses, estando sujetos a la obligación de solicitar y obtener una «tarjeta de residencia de familiar de ciudadano de la Unión».

2. La solicitud de la tarjeta de residencia de familiar de ciudadano de la Unión deberá presentarse en el plazo de tres meses desde la fecha de entrada en España, ante la Oficina de Extranjeros de la provincia donde el interesado pretenda permanecer o fijar su residencia o, en su defecto, ante la Comisaría de Policía correspondiente. En todo caso, se entregará de forma inmediata un resguardo

acreditativo de la presentación de la solicitud de la tarjeta, que será suficiente para acreditar su situación de estancia legal hasta la entrega de la tarjeta. La tenencia del resguardo no podrá constituir condición previa para el ejercicio de otros derechos o la realización de trámites administrativos, siempre que el beneficiario de los derechos pueda acreditar su situación por cualquier otro medio de prueba.

3. Junto con el impreso de solicitud de la tarjeta de residencia de familiar de ciudadano de la Unión, cumplimentado en el modelo oficial establecido al efecto, deberá presentarse la documentación siguiente:

a) Pasaporte válido y en vigor del solicitante. En el supuesto de que el documento esté caducado, deberá aportarse copia de éste y de la solicitud de renovación.

b) Documentación acreditativa, en su caso debidamente traducida y apostillada o legalizada, de la existencia del vínculo familiar, matrimonio o unión registrada que otorga derecho a la tarjeta.

c) Certificado de registro del familiar ciudadano de un Estado miembro de la Unión Europea o de otro Estado parte en el Acuerdo sobre el Espacio Económico Europeo al que acompañan o con el que van a reunirse.

d) Documentación acreditativa, en los supuestos en los que así se exija en el artículo 2 del presente Real Decreto, de que el solicitante de la tarjeta vive a cargo del ciudadano de un Estado miembro de la Unión Europea o de otro Estado parte en el Acuerdo sobre el Espacio Económico Europeo del que es familiar.

e) Tres fotografías recientes en color, en fondo blanco, tamaño carné.

4. La expedición de la tarjeta de residencia de familiar de ciudadano de la Unión deberá realizarse en el plazo de los tres meses siguientes a la presentación de la solicitud. La resolución favorable tendrá efectos retroactivos, entendiéndose acreditada la situación de residencia desde el momento de su solicitud.

5. La tarjeta de residencia de familiar de ciudadano de la Unión tendrá una validez de cinco años a partir de la fecha de su expedición, o por el período previsto de residencia del ciudadano de la Unión o de un Estado parte en el Acuerdo sobre el Espacio Económico Europeo, si dicho período fuera inferior a cinco años.

Artículo 9. Mantenimiento a título personal del derecho de residencia de los miembros de la familia, en caso de fallecimiento, salida de España, nulidad del vínculo matrimonial, divorcio, separación legal o cancelación de la inscripción como pareja registrada, en relación con el titular del derecho de residencia.

1. El fallecimiento del ciudadano de un Estado miembro de la Unión Europea o de un Estado parte en el Acuerdo sobre el Espacio Económico Europeo, su salida de España, o la nulidad del vínculo matrimonial, divorcio, separación legal o cancelación de la inscripción como pareja registrada, no afectará al derecho de residencia de los miembros de su familia ciudadanos de uno de dichos Estados.

2. El fallecimiento del ciudadano de un Estado miembro de la Unión Europea o de un Estado parte en el Acuerdo sobre el Espacio Económico Europeo, en el caso de miembros de la familia que no sean ciudadanos de uno de dichos Estados, tampoco afectará a su derecho de residencia, siempre que éstos hayan residido en España, en calidad de miembros de la familia, antes del fallecimiento del titular del derecho. Los familiares tendrán obligación de comunicar el fallecimiento a las autoridades competentes.

Transcurridos seis meses desde el fallecimiento salvo que haya adquirido el derecho a residir con carácter permanente, el familiar deberá solicitar una autorización de residencia, de conformidad con lo previsto en el artículo 96.5 del Reglamento de la Ley Orgánica 4/2000, de 11 de enero, sobre derechos y libertades de los extranjeros en España y su integración social. Para obtener la nueva autorización deberá demostrar que está en alta en el régimen correspondiente de Seguridad Social como trabajador, bien por cuenta ajena o bien por cuenta propia, o que disponen, para sí y para los miembros de su familia, de recursos suficientes, o que son miembros de la familia, ya constituida en el Estado miembro de acogida, de una persona que cumpla estos requisitos.

3. La salida de España o el fallecimiento del ciudadano de un Estado miembro de la Unión Europea o de un Estado parte en el Acuerdo sobre el Espacio Económico Europeo no supondrá la pérdida del derecho de residencia de sus hijos ni del progenitor que tenga atribuida la custodia efectiva de éstos, con independencia de su nacionalidad, siempre que dichos hijos residan en España y se encuentren matriculados en un centro de enseñanza para cursar estudios, ello hasta la finalización de éstos.

4. En el caso de nulidad del vínculo matrimonial, divorcio, separación legal o cancelación de la inscripción como pareja registrada, de un nacional de un Estado miembro de la Unión Europea o de

un Estado parte en el Acuerdo sobre el Espacio Económico Europeo, con un nacional de un Estado que no lo sea, éste tendrá obligación de comunicar dicha circunstancia a las autoridades competentes. Para conservar el derecho de residencia, deberá acreditarse uno de los siguientes supuestos:

a) Duración de al menos tres años del matrimonio o situación de pareja registrada, hasta el inicio del procedimiento judicial de nulidad del matrimonio, divorcio o separación legal, o de la cancelación de la inscripción como pareja registrada, de los cuales deberá acreditarse que al menos uno de los años ha transcurrido en España.

b) Otorgamiento por mutuo acuerdo o decisión judicial, de la custodia de los hijos del ciudadano comunitario, al ex cónyuge o ex pareja registrada que no sea ciudadano de un Estado miembro de la Unión Europea ni de un Estado parte en el Acuerdo sobre el Espacio Económico Europeo.

c) Cuando se acredite que han existido circunstancias especialmente difíciles como haber sido víctima de violencia doméstica durante el matrimonio o situación de pareja registrada, circunstancia que se considerará acreditada de manera provisional cuando exista una orden de protección a su favor o informe del Ministerio Fiscal en el que se indique la existencia de indicios de violencia doméstica, y con carácter definitivo cuando haya recaído sentencia en la que se declare que se han producido las circunstancias alegadas.

d) Resolución judicial o mutuo acuerdo entre las partes que determine el derecho de visita, al hijo menor, del ex cónyuge, cónyuge separado legalmente o ex pareja registrada que no sea ciudadano de un Estado miembro de la Unión Europea o de un Estado parte en el Acuerdo sobre el Espacio Económico Europeo, cuando dicho menor resida en España y dicha resolución o acuerdo se encuentre vigente.

Transcurridos seis meses desde que se produjera cualquiera de los supuestos anteriores, salvo que haya adquirido el derecho a residir con carácter permanente, el ex cónyuge o ex pareja registrada que no sea ciudadano de un Estado miembro de la Unión Europea o de un Estado parte en el Acuerdo sobre el Espacio Económico Europeo deberá solicitar una autorización de residencia, de conformidad con lo previsto en el artículo 96.5 del Reglamento de la Ley Orgánica 4/2000, de 11 de enero, sobre derechos y libertades de los extranjeros en España y su integración social. Dicho plazo de seis meses podrá ser prorrogado, en el supuesto de la letra c) anterior, hasta el momento en que recaiga resolución judicial en la que se declare que se han producido las circunstancias alegadas. Para obtener la nueva autorización deberá demostrar que está en alta en el régimen correspondiente de Seguridad Social como trabajador, bien por cuenta ajena o bien por cuenta propia, o que disponen, para sí y para los miembros de su familia, de recursos suficientes, o que son miembros de las familias, ya constituida en el Estado miembro de acogida, de una persona que cumpla estos requisitos.

CAPÍTULO IV
Residencia de carácter permanente

Artículo 10. Derecho a residir con carácter permanente.

1. Son titulares del derecho a residir con carácter permanente los ciudadanos de un Estado miembro de la Unión Europea o de un Estado parte en el Acuerdo sobre el Espacio Económico Europeo, y los miembros de la familia que no sean nacionales de uno de dichos Estados, que hayan residido legalmente en España durante un período continuado de cinco años. Este derecho no estará sujeto a las condiciones previstas en el capítulo III del presente Real Decreto.

A petición del interesado, la Oficina de Extranjeros de la provincia donde éste tenga su residencia o, en su defecto, la Comisaría de Policía correspondiente, expedirá, con la mayor brevedad posible y tras verificar la duración de la residencia, un certificado del derecho a residir con carácter permanente.

2. Asimismo, tendrán derecho a la residencia permanente, antes de que finalice el período de cinco años referido con anterioridad, las personas en las que concurra alguna de las siguientes circunstancias:

a) El trabajador por cuenta propia o ajena que, en el momento en que cese su actividad, haya alcanzado la edad prevista en la legislación española para acceder a la jubilación con derecho a pensión, o el trabajador por cuenta ajena que deje de ocupar la actividad remunerada con motivo de una jubilación anticipada, cuando hayan ejercido su actividad en España durante, al menos, los últimos doce meses y hayan residido en España de forma continuada durante más de tres años.

La condición de duración de residencia no se exigirá si el cónyuge o pareja registrada del trabajador es ciudadano español o ha perdido su nacionalidad española tras su matrimonio o inscripción como pareja registrada con el trabajador.

b) El trabajador por cuenta propia o ajena que haya cesado en el desempeño de su actividad como consecuencia de incapacidad permanente, habiendo residido en España durante más de dos años sin interrupción. No será necesario acreditar tiempo alguno de residencia si la incapacidad resultara de accidente de trabajo o de enfermedad profesional que dé derecho a una pensión de la que sea responsable, total o parcialmente, un organismo del Estado español.

La condición de duración de residencia no se exigirá si el cónyuge o pareja registrada del trabajador es ciudadano español o ha perdido su nacionalidad española tras su matrimonio o inscripción como pareja con el trabajador.

c) El trabajador por cuenta propia o ajena que, después de tres años consecutivos de actividad y de residencia continuadas en territorio español desempeñe su actividad, por cuenta propia o ajena, en otro Estado miembro y mantenga su residencia en España, regresando al territorio español diariamente o, al menos, una vez por semana. A los exclusivos efectos del derecho de residencia, los períodos de actividad ejercidos en otro Estado miembro de la Unión Europea se considerarán cumplidos en España.

3. Los miembros de la familia del trabajador por cuenta propia o ajena que residan con él en España tendrán, con independencia de su nacionalidad, derecho de residencia permanente cuando el propio trabajador haya adquirido para sí el derecho de residencia permanente por hallarse incluido en alguno de los supuestos del apartado 2 anterior, expidiéndoseles o renovándose, cuando fuera necesario, una tarjeta de residencia permanente de familiar de ciudadano de la Unión.

4. A los efectos contemplados en el apartado 2 anterior, los períodos de desempleo involuntario, debidamente justificados por el servicio público de empleo competente, los períodos de suspensión de la actividad por razones ajenas a la voluntad del interesado, y las ausencias del puesto de trabajo o las bajas por enfermedad o accidente se considerarán como períodos de empleo.

5. Si el titular del derecho a residir en territorio español hubiera fallecido en el curso de su vida activa, con anterioridad a la adquisición del derecho de residencia permanente en España, los miembros de su familia que hubieran residido con él en el territorio nacional tendrán derecho a la residencia permanente siempre y cuando concurra alguna de las siguientes circunstancias:

a) Que el titular del derecho a residir en territorio español hubiera residido, de forma continuada en España, en la fecha del fallecimiento durante, al menos, dos años.

b) Que el fallecimiento se haya debido a accidente de trabajo o enfermedad profesional.

c) Que el cónyuge supérstite fuera ciudadano español y hubiera perdido la nacionalidad española como consecuencia del matrimonio con el fallecido.

6. A los efectos del presente artículo, la continuidad de la residencia se valorará de conformidad con lo previsto en el presente Real Decreto.

7. Se perderá el derecho de residencia permanente por ausencia del territorio español durante más de dos años consecutivos.

Artículo 11. Tarjeta de residencia permanente para miembros de la familia que no tengan la nacionalidad de un Estado miembro de la Unión Europea o de otro Estado parte en el Acuerdo sobre el Espacio Económico Europeo.

1. Las autoridades competentes expedirán a los miembros de la familia con derecho de residencia permanente que no sean nacionales de otro Estado miembro de la Unión europea o de un Estado parte en el Acuerdo sobre el Espacio Económico Europeo, una tarjeta de residencia permanente, en el plazo de tres meses contados desde la fecha en que la correspondiente solicitud haya tenido entrada en el registro del órgano competente para su tramitación.

La solicitud deberá presentarse en el modelo oficial establecido al efecto, durante el mes anterior a la caducidad de la tarjeta de residencia, pudiendo también presentarse dentro de los tres meses posteriores a dicha fecha de caducidad sin perjuicio de la sanción administrativa que corresponda. Dicha tarjeta será renovable automáticamente cada diez años.

2. Junto con la solicitud de la citada tarjeta de residencia permanente, deberá presentarse la documentación siguiente:

a) Pasaporte válido y en vigor del solicitante. En el supuesto de que dicho documento esté caducado, deberá aportarse copia de éste y de la solicitud de renovación.

b) Documentación acreditativa del supuesto que da derecho a la tarjeta.

c) Tres fotografías recientes en color, en fondo blanco, tamaño carné.

3. Las interrupciones de residencia no superiores a dos años consecutivos, no afectarán a la vigencia de la tarjeta de residencia permanente.

CAPÍTULO V

Disposiciones comunes a los procedimientos de solicitud, tramitación, expedición y renovación de certificados de registro y tarjetas de residencia

Artículo 12. Tramitación y resolución de las solicitudes.

1. Las solicitudes de los certificados de registro y tarjetas de residencia previstos en el presente Real Decreto se presentarán personalmente en el modelo oficial establecido al efecto, se tramitarán con carácter preferente y se resolverán conforme a lo previsto en los artículos 7, 8 y 11 del presente Real Decreto.

2. La solicitud y tramitación del certificado de registro o de las tarjetas de residencia no supondrá obstáculo alguno a la permanencia provisional de los interesados en España, ni al desarrollo de sus actividades.

3. Las Autoridades competentes para tramitar y resolver las solicitudes de certificado de registro o de tarjetas de residencia que se regulan en el presente Real Decreto podrán, excepcionalmente, recabar información sobre posibles antecedentes penales del interesado a las autoridades del Estado de origen o a las de otros Estados.

4. Asimismo, cuando así lo aconsejen razones de salud pública y según lo previsto en al artículo 15 del presente Real Decreto, podrá exigirse al interesado la presentación de certificado médico acreditativo de su estado de salud.

Artículo 13. Renovación de las tarjetas de residencia.

En caso de que fuese necesaria la renovación de la tarjeta de residencia antes de la adquisición del derecho a residir con carácter permanente, dicha renovación se tramitará conforme a lo dispuesto en el presente Real Decreto, si bien en el caso de ascendientes y descendientes no se exigirá la aportación de la documentación acreditativa de la existencia del vínculo familiar que da derecho a la expedición de la tarjeta.

Artículo 14. Expedición y vigencia del certificado de registro y de la tarjeta de residencia.

1. La expedición del certificado de registro o de la tarjeta de residencia se realizará de conformidad con los modelos que determinen las Autoridades competentes y previo abono de la tasa correspondiente, de conformidad con la legislación vigente de tasas y precios públicos, cuya cuantía será la equivalente a la que se exige a los españoles para la obtención y renovación del documento nacional de identidad.

⇒ El RD 539/1993, de 12 abril, regula dicha tasa.

2. En todo caso, la vigencia de los certificados de registro y tarjetas de residencia contemplados en el presente Real Decreto, y el reemplazo de éstos por un documento acreditativo de la residencia permanente o una tarjeta de residencia permanente, respectivamente, estará condicionada al hecho de que su titular continúe encontrándose en alguno de los supuestos que dan derecho a su obtención. Los interesados deberán comunicar los eventuales cambios de circunstancias referidos a su nacionalidad, estado civil o domicilio a la Oficina de Extranjeros de la provincia donde residan o, en su defecto, a la Comisaría de Policía correspondiente.

3. La vigencia de la tarjeta de residencia de familiar de ciudadano de la Unión caducará por las ausencias superiores a seis meses en un año. No obstante, dicha vigencia no se verá afectada por las ausencias de mayor duración del territorio español que se acredite sean debidas al cumplimiento de obligaciones militares o, que no se prolonguen más de doce meses consecutivos y sean debidas a motivos de gestación, parto, posparto, enfermedad grave, estudios, formación profesional, o traslados por razones de carácter profesional a otro Estado miembro o a un tercer país.

Esta caducidad por ausencia no será de aplicación a los titulares de tarjeta de familiar de ciudadano de la Unión vinculados mediante una relación laboral a organizaciones no gubernamentales, fundaciones o asociaciones, inscritas en el registro general correspondiente y reconocidas oficialmente de utilidad pública como cooperantes, y que realicen para aquéllas proyectos de investigación, cooperación al desarrollo o ayuda humanitaria, llevados a cabo en el extranjero. Tampoco será de aplicación a los titulares de dicha tarjeta que permanezcan en el territorio de otro Estado miembro de la Unión Europea para la realización de programas temporales de estudios promovidos por la propia Unión.

CAPÍTULO VI

Limitaciones por razones de orden público, seguridad pública y salud pública

Artículo 15. Medidas por razones de orden público, seguridad y salud pública.

1. Cuando así lo impongan razones de orden público, de seguridad pública o de salud pública,

se podrá adoptar alguna de las medidas siguientes en relación con los ciudadanos de un Estado miembro de la Unión Europea o de otro Estado parte en el Acuerdo sobre el Espacio Económico Europeo, o con los miembros de su familia:

a) Impedir la entrada en España, aunque los interesados presenten la documentación prevista en el artículo 4 del presente Real Decreto.

b) Denegar la inscripción en el Registro Central de Extranjeros, o la expedición o renovación de las tarjetas de residencia previstas en el presente Real Decreto.

c) Ordenar la expulsión o devolución del territorio español.

Únicamente podrá adoptarse una decisión de expulsión respecto a ciudadanos de un Estado miembro de la Unión Europea o de otro Estado parte en el Acuerdo sobre el Espacio Económico Europeo, o a miembros de sus familias, con independencia de su nacionalidad, que hayan adquirido el derecho de residencia permanente en España, si existen motivos graves de orden público o seguridad pública. Asimismo, antes de adoptarse una decisión en ese sentido, se tendrán en cuenta la duración de la residencia e integración social y cultural del interesado en España, su edad, estado de salud, situación familiar y económica, y la importancia de los vínculos con su país de origen.

2. Aquellas personas que hayan sido objeto de una decisión de prohibición de entrada en España, podrán presentar, en un plazo no inferior a dos años desde dicha prohibición, una solicitud de levantamiento de la misma, previa alegación de los motivos que demuestren un cambio material de las circunstancias que justificaron la prohibición de entrada en España.

La Autoridad competente que resolvió dicha prohibición de entrada deberá resolver dicha solicitud en un plazo máximo de tres meses a partir de su presentación.

Durante el tiempo en el que dicha solicitud es examinada, el afectado no podrá entrar en España.

3. La continuidad de la residencia referida en el presente Real Decreto se verá interrumpida por cualquier resolución de expulsión ejecutada válidamente contra el interesado.

4. En los casos en los que una resolución de expulsión vaya a ejecutarse más de dos años después de haberse dictado, las autoridades competentes deberán comprobar y valorar posibles cambios de circunstancias que pudieran haberse producido desde el momento en el que se adoptó la decisión de expulsión, así como la realidad de la amenaza que el interesado representa para el orden público o la seguridad pública.

5. La adopción de una de las medidas previstas en los apartados anteriores 1 a 4 se atendrá a los siguientes criterios:

a) Habrá de ser adoptada con arreglo a la legislación reguladora del orden público y la seguridad pública y a las disposiciones reglamentarias vigentes en la materia.

b) Podrá ser revocada de oficio o a instancia de parte cuando dejen de subsistir las razones que motivaron su adopción.

c) No podrá ser adoptada con fines económicos.

d) Cuando se adopte por razones de orden público o de seguridad pública, deberán estar fundadas exclusivamente en la conducta personal de quien sea objeto de aquéllas, que, en todo caso, deberá constituir una amenaza real, actual y suficientemente grave que afecte a un interés fundamental de la sociedad, y que será valorada, por el órgano competente para resolver, en base a los informes de las Autoridades policiales, fiscales o judiciales que obren en el expediente. La existencia de condenas penales anteriores no constituirá, por sí sola, razón para adoptar dichas medidas.

6. No podrá adoptarse una decisión de expulsión o repatriación respecto a ciudadanos de un Estado miembro de la Unión Europea o de otro Estado parte en el Acuerdo sobre el Espacio Económico Europeo, salvo si existen motivos imperiosos de seguridad pública, en los siguientes casos:

a) Si hubiera residido en España durante los diez años anteriores, o

b) Si fuera menor de edad, salvo si la repatriación es conforme al interés superior del menor, no teniendo dicha repatriación, en ningún caso, carácter sancionador.

7. La caducidad del documento de identidad o del pasaporte con el que el interesado efectuara su entrada en España, o, en su caso, de la tarjeta de residencia, no podrá ser causa de expulsión.

8. El incumplimiento de la obligación de solicitar la tarjeta de residencia o del certificado de registro conllevará la aplicación de las sanciones pecuniarias que, en idénticos términos y para supuestos similares, se establezca para los ciudadanos españoles en relación con el Documento Nacional de Identidad.

9. Las únicas dolencias o enfermedades que pueden justificar la adopción de alguna de las medi-

das del apartado 1 del presente artículo serán las enfermedades con potencial epidémico, como se definen en los instrumentos correspondientes de la Organización Mundial de la Salud, así como otras enfermedades infecciosas o parasitarias contagiosas, de conformidad con la legislación española vigente.

Las enfermedades que sobrevengan tras los tres primeros meses siguientes a la fecha de llegada del interesado, no podrán justificar la expulsión de territorio español.

En los casos individuales en los que existan indicios graves que lo justifiquen, podrá someterse a la persona incluida en el ámbito de aplicación del presente Real Decreto, en los tres meses siguientes a la fecha de su llegada a España, a un reconocimiento médico gratuito para que se certifique que no padece ninguna de las enfermedades mencionadas en este apartado. Dichos reconocimientos médicos no podrán exigirse con carácter sistemático.

Artículo 16. Informe de la Abogacía del Estado.

1. La resolución administrativa de expulsión de un titular de tarjeta o certificado requerirá, con anterioridad a que se dicte, el informe previo de la Abogacía del Estado en la provincia, salvo en aquellos casos en que concurran razones de urgencia debidamente motivadas.

2. Sin perjuicio de los recursos administrativos y judiciales legalmente procedentes, la resolución de la Autoridad competente que ordene la expulsión de personas solicitantes de tarjeta de residencia o certificado de registro será sometida, previa petición del interesado, a examen de la Dirección del Servicio Jurídico del Estado o de la Abogacía del Estado en la provincia. El interesado podrá presentar personalmente sus medios de defensa ante el órgano consultivo, a no ser que se opongan a ello motivos de seguridad del Estado. El dictamen de la Abogacía del Estado será sometido a la autoridad competente para que confirme o revoque la anterior resolución.

Artículo 17. Garantías procesales.

1. Cuando la presentación de recurso administrativo o judicial contra la resolución de expulsión vaya acompañada de la solicitud de una medida cautelar de suspensión de la ejecución de dicha resolución, no podrá producirse la expulsión en sí hasta el momento en que se haya adoptado la decisión sobre la medida cautelar, excepto si se da una de las siguientes circunstancias:

a) Que la resolución de expulsión se base en una decisión judicial anterior.

b) Que las personas afectadas hayan tenido acceso previo a la revisión judicial.

c) Que la resolución de expulsión se base en motivos imperiosos de seguridad pública según lo señalado en el artículo 15.5.a) y d) del presente Real Decreto.

2. Durante la sustanciación del recurso judicial, el interesado no podrá permanecer en territorio español, salvo en el trámite de vista, en que podrá presentar personalmente su defensa, excepto que concurran motivos graves de orden público o de seguridad pública o cuando el recurso se refiera a una denegación de entrada en el territorio.

Artículo 18. Resolución.

1. Las resoluciones de expulsión serán dictadas por los Subdelegados del Gobierno o Delegados del Gobierno en las Comunidades Autónomas uniprovinciales.

2. Las resoluciones de expulsión fijarán el plazo en el que el interesado debe abandonar el territorio español. Excepto en casos de urgencia debidamente justificados, en los que la resolución se ejecutará de forma inmediata, en los demás supuestos se concederá al interesado un plazo para abandonarlo, que no podrá ser inferior a un mes a partir de la fecha de la notificación de la resolución. Las citadas resoluciones deberán ser motivadas, con información acerca de los recursos que se puedan interponer contra ella, plazo para hacerlo y autoridad ante quien se debe formalizar.

DISPOSICIONES ADICIONALES

Primera. Atribución de competencias.

Las competencias en materia de recepción de comunicaciones o resolución de solicitudes en el ámbito del presente Real Decreto no expresamente atribuidas serán ejercidas por el Jefe de la Oficina de Extranjeros de la provincia en la que el solicitante tenga su domicilio.

Segunda. Normativa aplicable a los procedimientos.

En lo no previsto en materia de procedimientos en el presente Real Decreto, se estará a lo dispuesto en la Ley Orgánica 4/2000, de 11 de enero, sobre derechos y libertades de los extranjeros en España y su integración social, en su Reglamento, aprobado por Real Decreto 2393/2004, de 30 de diciembre, en la Ley 30/1992, de 26 de noviembre, de Régimen Jurídico de las Administraciones Públicas y del

Procedimiento Administrativo Común, y en su normativa de desarrollo, con carácter supletorio y en la medida en que no se oponga a lo dispuesto en los Tratados constitutivos de las Comunidades Europeas y el derecho derivado de los mismos.

Tercera. Régimen especial de aplicación a los ciudadanos de algunos Estados no miembros de la Unión Europea ni Parte en el Acuerdo sobre el Espacio Económico Europeo.

1. En virtud del Acuerdo entre la Comunidad Europea y la Confederación Suiza sobre libre circulación de personas, firmado en Luxemburgo el 21 de junio de 1999, a los ciudadanos suizos y a los miembros de su familia les es de aplicación lo previsto en el presente Real Decreto.

2. En virtud de acuerdos celebrados entre la Comunidad y sus Estados miembros, por una parte, y Estados no miembros de la Unión Europea ni Parte en el Acuerdo sobre el Espacio Económico Europeo, por otra, a los ciudadanos de dichos Estados terceros y a los miembros de su familia les será de aplicación lo previsto en el presente Real Decreto para el ejercicio de los derechos de entrada y salida, libre circulación, estancia, residencia y trabajo en España, cuando ello sea conforme con lo establecido en dichos acuerdos.

DISPOSICIONES TRANSITORIAS

Primera. Solicitudes presentadas con anterioridad a la entrada en vigor de este Real Decreto.

Las solicitudes presentadas con anterioridad a la entrada en vigor de este Real Decreto se tramitarán y resolverán conforme a lo previsto en él, salvo que el interesado solicite la aplicación de la normativa vigente en el momento de la solicitud y siempre que ello sea compatible con las previsiones del presente Real Decreto.

Segunda. Atribución transitoria de competencias.

En las provincias en las que aún no haya sido creada la correspondiente Oficina de Extranjeros, las competencias en el ámbito del presente Real Decreto no expresamente atribuidas serán ejercidas por el Subdelegado del Gobierno o por el Delegado del Gobierno en las Comunidades Autónomas uniprovinciales.

Teercera. Régimen especial de los trabajadores por cuenta ajena nacionales de Estados miembros de la Unión Europea a los que se apliquen medidas transitorias para regular su acceso al mercado de trabajo español.

Los trabajadores por cuenta ajena nacionales de Estados miembros que se incorporen a la Unión Europea, podrán verse sometidos a determinadas limitaciones de acceso al mercado de trabajo español en virtud de lo establecido en las Actas de adhesión de dichos Estados y de acuerdo con las decisiones adoptadas por el Gobierno en cada caso respecto a la aplicación de un período transitorio sobre esta materia.

Las medidas transitorias que regulen su situación como trabajadores por cuenta ajena, que en ningún caso supondrán menoscabo alguno del resto de derechos contemplados en tanto que ciudadanos de la Unión Europea, determinarán la obligación de proveerse de la correspondiente autorización de trabajo por cuenta ajena. Las autorizaciones necesarias habrán de ser solicitadas y tramitadas según lo previsto en la Ley Orgánica 4/2000, de 11 de enero, sobre derechos y libertades de los extranjeros en España y su integración social, y su normativa de desarrollo, teniendo en cuenta lo establecido por las citadas Actas de adhesión y por el acervo comunitario aplicable.

DISPOSICIÓN DEROGATORIA

Única. Derogación normativa.

Queda derogado el Real Decreto 178/2003, de 14 de febrero, sobre entrada y permanencia en España de nacionales de Estados miembros de la Unión Europea y de otros Estados Parte en el Acuerdo sobre el Espacio Económico Europeo, así como todas aquellas normas de igual o inferior rango que contradigan lo dispuesto en el presente Real Decreto.

DISPOSICIONES FINALES

Primera. Incorporación de derecho de la Unión Europea.

Mediante el presente Real Decreto se incorpora al derecho español la Directiva 2004/38/CE, del Parlamento Europeo y del Consejo, de 29 de abril de 2004, relativa al derecho de los ciudadanos de la Unión y de los miembros de sus familias a circular y residir libremente en el territorio de los Estados miembros por la que se modifica el Reglamento (CEE) núm. 1612/68 y se derogan las Directivas 64/

221/CEE, 68/360/CEE, 72/194/CEE, 73/148/CEE, 75/34/CEE, 75/35/CEE, 90/364/CEE, 90/365/CEE y 93/96/CEE.

Segunda. Facultad de desarrollo.

1. El titular del Ministerio de la Presidencia, a propuesta del Ministerio de Trabajo y Asuntos Sociales, previo informe del Ministerio del Interior, podrá adoptar las medidas de desarrollo precisas para el cumplimiento y aplicación del presente Real Decreto que requieran la aprobación de la oportuna orden ministerial, y de las medidas de desarrollo precisas para el cumplimiento y aplicación del mismo que corresponden a los Centros directivos competentes del Ministerio de Trabajo y Asuntos Sociales, del Ministerio del Interior, y del Ministerio de Administraciones Públicas, en el ámbito de sus respectivas competencias.

2. Asimismo, el titular del Ministerio de Asuntos Exteriores y de Cooperación podrá adoptar las medidas de desarrollo precisas para el cumplimiento y aplicación del presente Real Decreto que requieran la aprobación de la oportuna orden ministerial, ello con independencia de la competencia del Ministerio de Trabajo y Asuntos Sociales para el desarrollo de la política del Gobierno en materia de extranjería e inmigración, y de las medidas de desarrollo precisas para el cumplimiento y aplicación del presente Real Decreto que corresponden a los centros directivos competentes del Ministerio de Asuntos Exteriores y de Cooperación en el ámbito de sus competencias.

Tercera. Modificación del Reglamento de la Ley Orgánica 4/2000, de 11 de enero, sobre derechos y libertades de los extranjeros en España y su integración social, aprobado por Real Decreto 2393/2004, de 30 de diciembre.

El Reglamento de la Ley Orgánica 4/2000, de 11 de enero, sobre derechos y libertades de los extranjeros en España y su integración social, aprobado por Real Decreto 2393/2004, de 30 de diciembre, queda modificado como sigue:

Uno. Se introduce una disposición adicional decimonovena:

«Disposición adicional decimonovena. Facilitación de la entrada y residencia de los familiares de ciudadano de un Estado miembro de la Unión Europea o de otro Estado parte en el Acuerdo sobre el Espacio Económico Europeo, no incluidos en el ámbito de aplicación del Real Decreto 240/2007, de 16 de febrero, sobre entrada, libre circulación y residencia en España de ciudadanos de los Estados miembros de la Unión Europea y de otros Estados parte en el Acuerdo sobre el Espacio Económico Europeo.

Las Autoridades competentes facilitarán, de acuerdo con lo dispuesto en la Ley Orgánica 4/2000, de 11 de enero, sobre derechos y libertades de los extranjeros en España y su integración social, y en el presente Reglamento, la obtención del visado de residencia o, en su caso, de una autorización de residencia por circunstancias excepcionales, a quien sin estar incluido en el artículo 2 del Real Decreto 240/2007, de 16 de febrero, sobre entrada, libre circulación y residencia en España de ciudadanos de los Estados miembros de la Unión Europea y de otros Estados parte en el Acuerdo sobre el Espacio Económico Europeo, acompañe a un ciudadano de la Unión o se reúna con él, y se halle en una de las siguientes circunstancias:

a) Sea otro familiar con parentesco hasta segundo grado, en línea directa o colateral, consanguínea o por afinidad, que, en el país de procedencia, esté a cargo o viva con el ciudadano de otro Estado miembro de la Unión Europea o de otro Estado parte en el Acuerdo sobre el Espacio Económico Europeo, o cuando por motivos graves de salud o discapacidad, sea estrictamente necesario que dicho ciudadano se haga cargo de su cuidado personal,

b) sea la pareja, ciudadano de un Estado no miembro de la Unión Europea ni parte en el Acuerdo sobre el Espacio Económico Europeo, con la que el ciudadano de la Unión mantiene una relación estable debidamente probada.

Las autoridades exigirán la presentación de acreditación, por parte de la autoridad competente del país de origen o procedencia, que certifique que está a cargo del ciudadano de la Unión o que vivía con él en ese país, o la prueba de la existencia de motivos graves de salud o discapacidad que requieran estrictamente que el ciudadano de la Unión se haga cargo del cuidado personal del miembro de la familia. Igualmente se exigirá prueba suficiente de la existencia de una relación estable con el ciudadano de la Unión.

Las autoridades competentes estudiarán detenidamente las circunstancias personales en las solicitudes de entrada, visado o autorizaciones de residencia presentadas y justificarán toda denegación de las mismas».

Dos. Se introduce una disposición adicional vigésima:

«Disposición adicional vigésima. Normativa aplicable a miembros de la familia de ciudadano español que no tengan la nacionalidad de un Estado miembro de la Unión Europea o de un Estado parte en el Acuerdo sobre el Espacio Económico Europeo.

1. El Real Decreto 240/2007, de 16 de febrero, sobre entrada, libre circulación y residencia en España de ciudadanos de los Estados miembros de la Unión Europea y de otros Estados parte en el Acuerdo sobre el Espacio Económico Europeo, será de aplicación, cualquiera que sea su nacionalidad, y en los términos previstos por éste, a los familiares de ciudadano español, cuando le acompañen o se reúnan con él, y estén incluidos en una de las siguientes categorías:

a) A su cónyuge, siempre que no haya recaído el acuerdo o la declaración de nulidad del vínculo matrimonial, divorcio o separación legal.

b) A la pareja con la que mantenga una unión análoga a la conyugal inscrita en un registro público establecido a esos efectos en un Estado miembro de la Unión Europea o en un Estado parte en el Espacio Económico Europeo, que impida la posibilidad de dos registros simultáneos en dicho Estado, y siempre que no se haya cancelado dicha inscripción, lo que deberá ser suficientemente acreditado. Las situaciones de matrimonio e inscripción como pareja registrada se considerarán, en todo caso, incompatibles entre sí.

c) A sus descendientes directos, y a los de su cónyuge o pareja registrada siempre que no haya recaído el acuerdo o la declaración de nulidad del vínculo matrimonial, divorcio o separación legal, o se haya cancelado la inscripción registral de pareja, menores de veintiún años, mayores de dicha edad que vivan a su cargo, o incapaces.

d) A sus ascendientes y a los de su cónyuge, siempre que no haya recaído el acuerdo o la declaración de nulidad del vínculo matrimonial, divorcio o separación legal, que vivan a su cargo, siempre que en la fecha de entrada en vigor del Real Decreto 240/2007, de 16 de febrero, sobre entrada, libre circulación y residencia en España de ciudadanos de los Estados miembros de la Unión Europea y de otros Estados parte en el Acuerdo sobre el Espacio Económico Europeo, fueran titulares de una tarjeta de familiar de residente comunitario en vigor o susceptible de ser renovada, obtenida al amparo del Real Decreto 178/2003, de 14 de febrero, sobre entrada y permanencia en España de nacionales de Estados miembros de la Unión Europea y de otros Estados parte en el Acuerdo sobre el Espacio Económico Europeo.

2. La reagrupación familiar de ascendientes directos de ciudadano español, o de su cónyuge, se regirá por lo previsto en la sección 2ª del capítulo I del título IV del presente Reglamento».

Cuarta. Normativa subsidiaria y supletoria.

1. La entrada, permanencia y trabajo en España de los familiares de los ciudadanos de los Estados miembros de la Unión Europea y de otros Estados parte en el Acuerdo sobre el Espacio Económico Europeo, incluidos en el ámbito de aplicación del presente Real Decreto, se regirán por la Ley Orgánica 4/2000, de 11 de enero, sobre derechos y libertades de los extranjeros en España y su integración social, en aquellos casos en que no quede acreditada la concurrencia de los requisitos previstos en el presente Real Decreto.

2. Las normas de carácter general contenidas en la citada Ley Orgánica 4/2000, de 11 de enero, sobre derechos y libertades de los extranjeros en España y su integración social, así como las normas reglamentarias vigentes sobre la materia, serán aplicables a los supuestos comprendidos en el ámbito de aplicación del presente Real Decreto, con carácter supletorio y en la medida en que pudieran ser más favorables y no se opongan a lo dispuesto en los Tratados constitutivos de las Comunidades Europeas, así como en el Derecho derivado de los mismos.

Quinta. Entrada en vigor.

El presente Real Decreto entrará en vigor al mes de su publicación en el «Boletín Oficial del Estado».

C) Infracciones y sanciones

a) Ámbito administrativo

§ 40.1 REAL DECRETO LEGISLATIVO 5/2000, DE 4 AGOSTO. APRUEBA EL TEXTO REFUNDIDO DE LA LEY SOBRE INFRACCIONES Y SANCIONES EN EL ORDEN SOCIAL

(BOE núm. 189, de 8 agosto; rect. BOE núm. 228, de 22 septiembre [RCL 2000, 1804 y 2136])

La sentencia del Tribunal Constitucional 195/1996, de 28 de noviembre, establece que corresponde al legislador estatal la tarea de reelaborar la Ley 8/1988, de 7 de abril, sobre Infracciones y Sanciones en el Orden Social, en aras del respeto y clarificación del orden constitucional de competencias y en beneficio de la seguridad jurídica, imprescindibles en materia sancionadora.

El legislador, a través de la disposición adicional primera de la Ley 55/1999, de 29 de diciembre, de Medidas Fiscales Administrativas y del Orden Social, autoriza al Gobierno para elaborar, en el plazo de nueve meses desde su entrada en vigor, un Texto Refundido de la Ley de Infracciones y Sanciones en el Orden Social, en el que se integren, debidamente regularizadas, aclaradas y sistematizadas, las distintas disposiciones legales que enumera.

En su virtud, a propuesta del Ministro de Trabajo y Asuntos Sociales, de acuerdo con el Consejo de Estado y previa deliberación del Consejo de Ministros en su reunión del día 4 de agosto de 2000, dispongo:

Artículo único.

Se aprueba el Texto Refundido de la Ley sobre Infracciones y Sanciones en el Orden Social, que se inserta a continuación.

DISPOSICIÓN FINAL

Única. Entrada en vigor.

El presente Real Decreto Legislativo y el Texto Refundido que aprueba entrarán en vigor el día 1 de enero de 2001.

TEXTO REFUNDIDO DE LA LEY SOBRE INFRACCIONES Y SANCIONES EN EL ORDEN SOCIAL

CAPÍTULO I

Disposiciones generales

Artículo 1. Infracciones en el orden social.

1. Constituyen infracciones administrativas en el orden social las acciones u omisiones de los distintos sujetos responsables tipificadas y sancionadas en la presente Ley y en las leyes del orden social.

2. Las infracciones no podrán ser objeto de sanción sin previa instrucción del oportuno expediente, de conformidad con el procedimiento administrativo especial en esta materia, a propuesta de la Inspección de Trabajo y Seguridad Social, sin perjuicio de las responsabilidades de otro orden que puedan concurrir.

3. Las infracciones se califican como leves, graves y muy graves en atención a la naturaleza del deber infringido y la entidad del derecho afectado, de conformidad con lo establecido en la presente Ley.

Artículo 2. Sujetos responsables de la infracción.

⇒ Cfr. el art. 3 del RD 928/1998, de 14 mayo (§40.2).

Son sujetos responsables de la infracción las personas físicas o jurídicas y las comunidades de bienes que incurran en las acciones u omisiones tipificadas como infracción en la presente Ley y, en particular, las siguientes:

1. El empresario en la relación laboral.

2. Los empresarios, trabajadores por cuenta propia o ajena o asimilados, perceptores y solicitantes de las prestaciones de Seguridad Social, las Mutuas de Accidentes de Trabajo y Enfermedades Profesionales y demás entidades colaboradoras en la gestión, en el ámbito de la relación jurídica de Seguridad Social, así como las entidades o empresas responsables de la gestión de prestaciones en cuanto a sus obligaciones en relación con el Registro de Prestaciones Sociales Públicas y demás sujetos obligados a facilitar información de trascendencia recaudatoria en materia de Seguridad Social.

3. Los empresarios, los trabajadores, los solicitantes de subvenciones públicas y, en general, las personas físicas o jurídicas, respecto de la normativa de colocación, fomento del empleo y de formación profesional ocupacional o continua.

✐ Ap. 3 modificado por el art. 5.1 de la Ley 45/2002, de 12 diciembre (§36.2).

4. Los transportistas, agentes consignatarios, representantes, trabajadores y, en general, las personas físicas o jurídicas que intervengan en movimientos migratorios.

✐ Ap. 4 modificado por disp. final 1ª.Uno de la Ley 40/2006, de 14 diciembre.

5. Los empresarios y trabajadores por cuenta propia respecto de la normativa sobre trabajo de extranjeros.

6. Las cooperativas con respecto a sus socios trabajadores y socios de trabajo, conforme a la Ley 27/1999, de 16 de julio, de Cooperativas.

7. Las agencias de colocación, las empresas de trabajo temporal y las empresas usuarias respecto de las obligaciones que se establecen en su legislación específica y en la de prevención de riesgos laborales, sin perjuicio de lo establecido en otros números de este artículo.

8. Los empresarios titulares de centro de trabajo, los promotores y propietarios de obra y los trabajadores por cuenta propia que incumplan las obligaciones que se deriven de la normativa de prevención de riesgos laborales.

✐ Apartado modificado por el art. 9.1 de la Ley 54/2003, de 12 diciembre.

9. Las entidades especializadas que actúen como servicios de prevención ajenos a las empresas, las personas o entidades que desarrollen la actividad de auditoría del sistema de prevención de las empresas y las entidades acreditadas para desarrollar y certificar la formación en materia de prevención de riesgos laborales que incumplan las obligaciones establecidas en la normativa sobre dicha materia.

10. Las personas físicas o jurídicas y las comunidades de bienes titulares de los centros de trabajo y empresas de dimensión comunitaria situadas en territorio español, respecto de los derechos de información y consulta de los trabajadores en los términos establecidos en su legislación específica.

11. Los empresarios incluidos en el ámbito de aplicación de la normativa legal que regula el desplazamiento de trabajadores en el marco de una prestación de servicios transnacional, respecto de las condiciones de trabajo que deben garantizar a dichos trabajadores desplazados temporalmente a España.

12. Las sociedades europeas y las sociedades cooperativas europeas con domicilio social en España, las sociedades, entidades jurídicas y, en su caso, las personas físicas domiciliadas en España que participen directamente en la constitución de una sociedad europea o de una sociedad cooperativa europea, así como las personas físicas o jurídicas o comunidades de bienes titulares de los centros de trabajo situados en España de las sociedades europeas y de las sociedades cooperativas europeas y de sus empresas filiales y de las sociedades y entidades jurídicas participantes, cualquiera que sea el Estado miembro en que se encuentren domiciliadas, respecto de los derechos de información, consulta y participación de los trabajadores, en los términos establecidos en su legislación específica.

✐ Ap. 12 añadido por disp. final 1ª.1 de la Ley 31/2006, de 18 octubre (§21.3).

Artículo 3. Concurrencia con el orden jurisdiccional penal.

⇒ Cfr. el art. 5 del RD 928/1998, de 14 mayo (§40.2).

1. No podrán sancionarse los hechos que hayan sido sancionados penal o administrativamente, en los casos en que se aprecie identidad de sujeto, de hecho y de fundamento.

2. En los supuestos en que las infracciones pudieran ser constitutivas de ilícito penal, la Administración pasará el tanto de culpa al órgano judicial competente o al Ministerio Fiscal y se abstendrá de seguir el procedimiento sancionador mientras la autoridad judicial no dicte sentencia firme o resolución que ponga fin al procedimiento o mientras el Ministerio Fiscal no comunique la improcedencia de iniciar o proseguir actuaciones.

3. De no haberse estimado la existencia de ilícito penal, o en el caso de haberse dictado resolución de otro tipo que ponga fin al procedimiento penal, la Administración continuará el expediente sancionador en base a los hechos que los Tribunales hayan considerado probados.

4. La comunicación del tanto de culpa al órgano judicial o al Ministerio Fiscal o el inicio de actuaciones por parte de éstos, no afectará al inmediato cumplimiento de las medidas de paralización de trabajos adoptadas en los casos de riesgo grave e inminente para la seguridad o salud del trabajador, a la efectividad de los requerimientos de subsanación formulados, ni a los expedientes sancionadores sin conexión directa con los que sean objeto de las eventuales actuaciones jurisdiccionales del orden penal.

Artículo 4. Prescripción de las infracciones.

⇒ V. art. 7 del RD 928/1998, de 14 mayo (§40.2).

1. Las infracciones en el orden social a que se refiere la presente Ley prescriben a los tres años contados desde la fecha de la infracción, salvo lo dispuesto en los números siguientes.

2. Las infracciones en materia de Seguridad Social prescribirán a los cuatro años, contados desde la fecha de la infracción.

✐ Ap. 2 modificado por el art. 25 de la Ley 14/2000, de 29 diciembre.

3. En materia de prevención de riesgos laborales, las infracciones prescribirán: al año las leves, a los tres años las graves y a los cinco años las muy graves, contados desde la fecha de la infracción.

4. Las infracciones a la legislación de sociedades cooperativas prescribirán: las leves, a los tres meses; las graves, a los seis meses; y las muy graves, al año, contados desde la fecha de la infracción.

CAPÍTULO II

Infracciones laborales

Artículo 5. Concepto.

⇒ V. STC 195/1996, de 28 noviembre (RTC 1996, 195).

1. Son infracciones laborales las acciones u omisiones de los empresarios contrarias a las normas legales, reglamentarias y cláusulas normativas de los convenios colectivos en materia de relaciones laborales, tanto individuales como colectivas, de colocación, empleo, formación profesional ocupacional y formación profesional continua y de trabajo temporal, tipificadas y sancionadas de conformidad con la presente Ley. Asimismo, tendrán dicha consideración las demás acciones u omisiones de los sujetos responsables y en las materias que se regulan en el presente capítulo.

✐ Ap. 1 modificado por el art. 5.2 de la Ley 45/2002, de 12 diciembre (§36.2).

2. Son infracciones laborales en materia de prevención de riesgos laborales las acciones u omisiones de los diferentes sujetos responsables que incumplan las normas legales, reglamentarias y cláusulas normativas de los convenios colectivos en materia de seguridad y salud en el trabajo sujetas a responsabilidad conforme a esta Ley.

✐ Apartado modificado por el art. 9.2 de la Ley 54/2003, de 12 diciembre.

3. Son infracciones laborales en materia de derechos de implicación de los trabajadores en las sociedades europeas las acciones u omisiones de los distintos sujetos responsables contrarias a la Ley sobre implicación de los trabajadores en las sociedades anónimas y cooperativas europeas, o a sus normas reglamentarias de desarrollo, a las disposiciones de otros Estados miembros con eficacia en España, a los acuerdos celebrados conforme a la Ley o a las disposiciones citadas, y a las cláusulas normativas de los convenios colectivos que complementan los derechos reconocidos en las mismas, tipificadas y sancionadas de conformidad con esta Ley.

✐ Ap. 3 añadido por disp. final 1ª.2 de la Ley 31/2006, de 18 octubre (§21.3).

Sección 1ª Infracciones en materia de relaciones laborales

⇒ V. disp. derog. única de este Real Decreto Legislativo.

Subsección 1ª Infracciones en materia de relaciones laborales individuales y colectivas

Artículo 6. Infracciones leves.

Son infracciones leves:

1. No exponer en lugar visible del centro de trabajo el calendario laboral vigente.

2. No entregar puntualmente al trabajador el recibo de salarios o no utilizar el modelo de recibo de salarios aplicable, oficial o pactado.

3. No poner a disposición de los trabajadores a domicilio el documento de control de la actividad laboral que realicen.

4. No informar por escrito al trabajador sobre los elementos esenciales del contrato y las principales condiciones de ejecución de la prestación laboral, en los términos y plazos establecidos reglamentariamente.

5. No informar a los trabajadores a tiempo parcial y con contratos de duración determinada o temporales sobre las vacantes existentes en la empresa, en los términos previstos en los artículos 12.4 y 15.7 del Estatuto de los Trabajadores.

✐ Ap. 5 redactado por el art. 14 de la Ley 12/2001, de 9 julio (§9).

6. Cualesquiera otros incumplimientos que afecten a obligaciones meramente formales o documentales.

✐ Ap. 6 añadido por el art. 14 de la Ley 12/2001, de 9 julio (§9).

Artículo 7. Infracciones graves.

Son infracciones graves:

1. No formalizar por escrito el contrato de trabajo cuando este requisito sea exigible o cuando lo haya solicitado el trabajador.

2. La transgresión de la normativa sobre modalidades contractuales, contratos de duración determinada y temporales, mediante su utilización en fraude de ley o respecto a personas, finalidades, supuestos y límites temporales distintos de los previstos legal, reglamentariamente, o mediante convenio colectivo cuando dichos extremos puedan ser determinados por la negociación colectiva.

3. No consignar en el recibo de salarios las cantidades realmente abonadas al trabajador.

4. El incumplimiento de las obligaciones establecidas en materia de tramitación de los recibos de finiquito.

5. La transgresión de las normas y los límites legales o pactados en materia de jornada, trabajo nocturno, horas extraordinarias, horas complementarias, descansos, vacaciones, permisos y, en general, el tiempo de trabajo a que se refieren los artículos 12, 23 y 34 a 38 del Estatuto de los Trabajadores.

✐ Ap. 5 redactado por el art. 14 de la Ley 12/2001, de 9 julio (§9).

6. La modificación de las condiciones sustanciales de trabajo impuesta unilateralmente por el empresario, según lo establecido en el artículo 41 del Estatuto de los Trabajadores.

7. La transgresión de los derechos de información, audiencia y consulta de los representantes de los trabajadores y de los delegados sindicales, en los términos en que legal o convencionalmente estuvieren establecidos.

8. La transgresión de los derechos de los representantes de los trabajadores y de las secciones sindicales en materia de crédito de horas retribuidas y locales adecuados para el desarrollo de sus actividades, así como de tablones de anuncios, en los términos en que legal o convencionalmente estuvieren establecidos.

9. La vulneración de los derechos de las secciones sindicales en orden a la recaudación de cuotas, distribución y recepción de información sindical, en los términos en que legal o convencionalmente estuvieren establecidos.

10. Establecer condiciones de trabajo inferiores a las establecidas legalmente o por convenio colectivo, así como los actos u omisiones que fueren contrarios a los derechos de los trabajadores reconocidos en el artículo 4 de la Ley del Estatuto de los Trabajadores, salvo que proceda su calificación como muy graves, de acuerdo con el artículo siguiente.

11. El incumplimiento del deber de información a los trabajadores en los supuestos de contratas al que se refiere el artículo 42.3 del Estatuto de los Trabajadores, así como del deber de información

a los trabajadores afectados por una sucesión de empresa establecido en el artículo 44.7 del mismo texto legal.

✐ Ap. 11 añadido por el art. 14 de la Ley 12/2001, de 9 julio (§9).

12. No disponer la empresa principal del libro registro de las empresas contratistas o subcontratistas que compartan de forma continuada un mismo centro de trabajo a que se refiere el artículo 42.4 del Estatuto de los Trabajadores, cuando ello comporte la ausencia de información a los representantes legales de los trabajadores.

✐ Ap. 12 añadido por art. 14 de la Ley 43/2006, de 29 diciembre (§27.2).

13. No cumplir las obligaciones que en materia de planes de igualdad establecen el Estatuto de los Trabajadores o el convenio colectivo que sea de aplicación.

✐ Ap. 13 añadido por disp. adic. 14.1 de la LO 3/2007, de 22 marzo, para la igualdad efectiva de mujeres y hombres.

Artículo 8. Infracciones muy graves.

Son infracciones muy graves:

1. El impago y los retrasos reiterados en el pago del salario debido.

2. La cesión de trabajadores en los términos prohibidos por la legislación vigente.

3. El cierre de empresa o el cese de actividades, temporal o definitivo, efectuados sin la autorización de la autoridad laboral, cuando fuere preceptiva.

4. La transgresión de las normas sobre trabajo de menores contempladas en la legislación laboral.

5. Las acciones u omisiones que impidan el ejercicio del derecho de reunión de los trabajadores, de sus representantes y de las secciones sindicales, en los términos en que legal o convencionalmente estuvieran establecidos.

6. La vulneración del derecho de asistencia y acceso a los centros de trabajo, en los términos establecidos por el artículo 9.1 c), de la Ley Orgánica 11/1985, de 2 de agosto, de Libertad Sindical, de quienes ostenten cargos electivos a nivel provincial, autonómico o estatal en las organizaciones sindicales más representativas.

7. La transgresión de los deberes materiales de colaboración que impongan al empresario las normas reguladoras de los procesos electorales a representantes de los trabajadores.

8. La transgresión de las cláusulas normativas sobre materia sindical establecidas en los convenios colectivos.

9. La negativa del empresario a la reapertura del centro de trabajo en el plazo establecido, cuando fuera requerida por la autoridad laboral competente en los casos de cierre patronal.

10. Los actos del empresario lesivos del derecho de huelga de los trabajadores consistentes en la sustitución de los trabajadores en huelga por otros no vinculados al centro de trabajo al tiempo de su ejercicio, salvo en los casos justificados por el ordenamiento.

11. Los actos del empresario que fueren contrarios al respeto de la intimidad y consideración debida a la dignidad de los trabajadores.

12. Las decisiones unilaterales de la empresa que impliquen discriminaciones directas o indirectas desfavorables por razón de edad o discapacidad o favorables o adversas en materia de retribuciones, jornadas, formación, promoción y demás condiciones de trabajo, por circunstancias de sexo, origen, incluido el racial o étnico, estado civil, condición social, religión o convicciones, ideas políticas, orientación sexual, adhesión o no a sindicatos y a sus acuerdos, vínculos de parentesco con otros trabajadores en la empresa o lengua dentro del Estado español, así como las decisiones del empresario que supongan un trato desfavorable de los trabajadores como reacción ante una reclamación efectuada en la empresa o ante una acción administrativa o judicial destinada a exigir el cumplimiento del principio de igualdad de trato y no discriminación.

✐ Ap. 12 modificado por disp. adic. 14.2 de la LO 3/2007, de 22 marzo, para la igualdad efectiva de mujeres y hombres.

13. El acoso sexual, cuando se produzca dentro del ámbito a que alcanzan las facultades de dirección empresarial, cualquiera que sea el sujeto activo de la misma.

13 bis. El acoso por razón de origen racial o étnico, religión o convicciones, discapacidad, edad y orientación sexual y el acoso por razón de sexo, cuando se produzcan dentro del ámbito a que alcanzan las facultades de dirección empresarial, cualquiera que sea el sujeto activo del mismo, siempre que, conocido por el empresario, éste no hubiera adoptado las medidas necesarias para impedirlo.

✐ Ap. 13 bis modificado por disp. adic. 14.2 de la LO 3/2007, de 22 marzo, para la igualdad efectiva de mujeres y hombres.

14. El incumplimiento por el empresario de la paralización de la efectividad del traslado, en los casos de ampliación del plazo de incorporación ordenada por la autoridad laboral a que se refiere el artículo 40.2 de la Ley del Estatuto de los Trabajadores.

15. El incumplimiento por la empresa de la obligación de instrumentar los compromisos por pensiones con el personal de la empresa en los términos establecidos en la normativa reguladora de los planes y fondos de pensiones.

16. El incumplimiento de la normativa sobre limitación de la proporción mínima de trabajadores contratados con carácter indefinido contenida en la Ley Reguladora de la Subcontratación en el Sector de la Construcción y en su reglamento de aplicación.

✐ Ap. 16 añadido por disp. adic. 1ª.1 de la Ley 32/2006, de 18 octubre (§24.6).

17. No elaborar o no aplicar el plan de igualdad, o hacerlo incumpliendo manifiestamente los términos previstos, cuando la obligación de realizar dicho plan responda a lo establecido en el apartado 2 del artículo 46 bis de esta Ley.

✐ Ap. 17 añadido por disp. adic. 14.2 de la LO 3/2007, de 22 marzo, para la igualdad efectiva de mujeres y hombres.

Subsección 2ª Infracciones en materia de derechos de información y consulta de los trabajadores en las empresas y grupos de empresas de dimensión comunitaria

⇒ V. disp. derog. única.2 e) de este Real Decreto Legislativo.

Artículo 9. Infracciones graves y muy graves.

1. Son infracciones graves, salvo que proceda su calificación como muy graves de conformidad con lo dispuesto en el apartado siguiente de este artículo:

a) No facilitar la información solicitada sobre el número de trabajadores a efectos de definir la existencia de una empresa o grupo de empresas de dimensión comunitaria con el fin de constituir un comité de empresa europeo o de establecer un procedimiento alternativo de información y consulta a los trabajadores.

b) No dar traslado a la dirección central de la petición de inicio de las negociaciones para la constitución de un comité de empresa europeo o el establecimiento de un procedimiento alternativo de información y consulta.

c) La transgresión de los derechos de reunión de la comisión negociadora, del comité de empresa europeo, y, en su caso, de los representantes de los trabajadores en el marco de un procedimiento alternativo de información y consulta, así como de su derecho a ser asistidos por expertos de su elección.

d) La transgresión de los derechos de la comisión negociadora, del comité de empresa europeo y, en su caso, de los representantes de los trabajadores en el marco de un procedimiento alternativo de información y consulta, en materia de recursos financieros y materiales para el adecuado funcionamiento y desarrollo de sus actividades.

e) La falta de convocatoria, en tiempo y forma, de las reuniones, ordinarias y extraordinarias, del comité de empresa europeo con la dirección central.

f) La transgresión de los derechos y garantías de los miembros de la comisión negociadora, del comité de empresa europeo y de los representantes de los trabajadores en el marco de un procedimiento alternativo de información y consulta, en los términos legal o convencionalmente establecidos.

2. Son infracciones muy graves:

a) Las acciones u omisiones que impidan el inicio y desarrollo de la negociación para la constitución de un comité de empresa europeo o el establecimiento de un procedimiento alternativo de información y consulta a los trabajadores.

b) Las acciones u omisiones que impidan el funcionamiento de la comisión negociadora, del comité de empresa europeo y del procedimiento alternativo de información y consulta, en los términos legal o convencionalmente establecidos.

c) Las acciones u omisiones que impidan el ejercicio efectivo de los derechos de información y consulta de los representantes de los trabajadores, incluido el abuso en el establecimiento de la obligación de confidencialidad en la información proporcionada o en el recurso a la dispensa de la obligación de comunicar aquellas informaciones de carácter secreto.

d) Las decisiones adoptadas en aplicación de la Ley 10/1997, de 24 de abril, sobre derechos de información y consulta de los trabajadores en las empresas y grupos de empresas de dimensión comunitaria, que contengan o supongan cualquier tipo de discriminación, favorable o adversa, por razón del sexo, nacionalidad, lengua, estado civil, condición social, ideas religiosas o políticas y adhesión o no a un sindicato, a sus acuerdos o al ejercicio, en general, de las actividades sindicales.

Subsección 3ª Infracciones de las obligaciones relativas a las condiciones de trabajo de los trabajadores desplazados temporalmente a España en el marco de una prestación transnacional

⇒ V. disp. derog. única.2 g) de este Real Decreto Legislativo. Sobre las citadas obligaciones, v. Ley 45/1999, de 29 noviembre (§15.3).

Artículo 10. Infracciones.

1. Constituyen infracciones leves los defectos formales de la comunicación de desplazamiento de trabajadores a España en el marco de una prestación de servicios transnacional, en los términos legalmente establecidos.

2. Constituye infracción grave la presentación de la comunicación de desplazamiento con posterioridad a su inicio.

3. Constituye infracción muy grave la ausencia de comunicación de desplazamiento, así como la falsedad o la ocultación de los datos contenidos en la misma.

4. Sin perjuicio de lo anterior, constituye infracción administrativa no garantizar a los trabajadores desplazados a España, cualquiera que sea la legislación aplicable al contrato de trabajo, las condiciones de trabajo previstas por la legislación laboral española en los términos definidos por el artículo 3 de la Ley 45/1999, de 29 de noviembre, sobre el desplazamiento de trabajadores en el marco de una prestación de servicios transnacional, disposiciones reglamentarias para su aplicación, y en los convenios colectivos y laudos arbitrales aplicables en el lugar y en el sector o rama de la actividad de que se trate. La tipificación de dichas infracciones, su calificación como leves, graves o muy graves, las sanciones y los criterios para su graduación, se ajustarán a lo dispuesto en la presente Ley.

Subsección 4ª. Infracciones en materia de derechos de información, consulta y participación de los trabajadores en las sociedades anónimas y sociedades cooperativas europeas

✐ Subsecc. 4ª añadida por disp. final 1ª.3 de la Ley 31/2006, de 18 octubre (§21.3).

Artículo 10 bis. Infracciones graves y muy graves.

1. Son infracciones graves, salvo que proceda su calificación como muy graves de conformidad con lo dispuesto en el apartado siguiente:

a) No facilitar a los representantes de los trabajadores las informaciones necesarias para la adecuada constitución de la comisión negociadora, en particular en lo relativo a la identidad de las sociedades o entidades jurídicas y, en su caso, personas físicas, participantes y de sus centros de trabajo y empresas filiales, el número de sus trabajadores, el domicilio social propuesto, así como sobre los sistemas de participación existentes en las sociedades o entidades jurídicas participantes, en los términos legalmente establecidos.

b) La trasgresión de los derechos de reunión de la comisión negociadora, del órgano de representación de los trabajadores de la SE o de la SCE o de los representantes de los trabajadores en el marco de un procedimiento de información y consulta, así como de su derecho a ser asistido por expertos de su elección.

c) La trasgresión de los derechos de la comisión negociadora, del órgano de representación y, en su caso, de los representantes de los trabajadores en el marco de un procedimiento de información y consulta, en materia de recursos financieros y materiales para el adecuado funcionamiento y desarrollo de sus actividades.

d) La falta de convocatoria, en tiempo y forma, de la comisión negociadora y de las reuniones, ordinarias y extraordinarias, del órgano de representación de los trabajadores con el órgano competente de la sociedad europea o de la sociedad cooperativa europea.

e) La trasgresión de los derechos y garantías de los miembros de la comisión negociadora, de los miembros del órgano de representación, de los representantes de los trabajadores que ejerzan sus funciones en el marco de un procedimiento de información y consulta y de los representantes de los trabajadores que formen parte del órgano de control o de administración de una sociedad europea, o de una sociedad cooperativa europea, en los términos legal o convencionalmente establecidos.

2. Son infracciones muy graves:

a) Las acciones u omisiones que impidan el inicio y desarrollo de la negociación con los representantes de los trabajadores sobre las disposiciones relativas a la implicación de los trabajadores en la sociedad europea o en la sociedad cooperativa europea.

b) Las acciones u omisiones que impidan el funcionamiento de la comisión negociadora, del órgano de representación de los trabajadores o, en su caso, del procedimiento de información y consulta acordado, en los términos legal o convencionalmente establecidos.

c) Las acciones u omisiones que impidan el ejercicio efectivo de los derechos de información, consulta y participación de los trabajadores en la sociedad europea, o en la sociedad cooperativa europea, incluido el abuso en el establecimiento de la obligación de confidencialidad en la información proporcionada o en el recurso a la dispensa de la obligación de comunicar aquellas informaciones de carácter secreto.

d) Las decisiones adoptadas en aplicación de la Ley sobre implicación de los trabajadores en las sociedades anónimas y cooperativas europeas, que contengan o supongan cualquier tipo de discriminaciones directas o indirectas desfavorables por razón de edad o discapacidad o favorables o adversas por razón de sexo, nacionalidad, origen, incluido el racial o étnico, estado civil, religión o convicciones, ideas políticas, orientación sexual, adhesión o no a un sindicato, a sus acuerdos o al ejercicio, en general, de las actividades sindicales, o lengua.

e) El recurso indebido a la constitución de una sociedad europea o de una sociedad cooperativa europea con el propósito de privar a los trabajadores de los derechos de información, consulta y participación que tuviesen, o de hacerlos ineficaces.

✐ Art. añadido por disp. final 1ª.3 de la Ley 31/2006, de 18 octubre (§21.3).

Sección 2ª Infracciones en materia de prevención de riesgos laborales

⇒ V. disp. derog. única.2 c) de este Real Decreto Legislativo. V. la Ley 31/1995, de 8 noviembre, de Prevención de Riesgos Laborales (§23), en especial su Cap. VII.

Artículo 11. Infracciones leves.

Son infracciones leves:

1. La falta de limpieza del centro de trabajo de la que no se derive riesgo para la integridad física o salud de los trabajadores.

2. No dar cuenta, en tiempo y forma, a la autoridad laboral competente, conforme a las disposiciones vigentes, de los accidentes de trabajo ocurridos y de las enfermedades profesionales declaradas cuando tengan la calificación de leves.

3. No comunicar a la autoridad laboral competente la apertura del centro de trabajo o la reanudación o continuación de los trabajos después de efectuar alteraciones o ampliaciones de importancia, o consignar con inexactitud los datos que debe declarar o cumplimentar, siempre que no se trate de industria calificada por la normativa vigente como peligrosa, insalubre o nociva por los elementos, procesos o sustancias que se manipulen.

4. Las que supongan incumplimientos de la normativa de prevención de riesgos laborales, siempre que carezcan de trascendencia grave para la integridad física o la salud de los trabajadores.

5. Cualesquiera otras que afecten a obligaciones de carácter formal o documental exigidas en la normativa de prevención de riesgos laborales y que no estén tipificadas como graves o muy graves.

6. No disponer el contratista en la obra de construcción del Libro de Subcontratación exigido por el artículo 8 de la Ley Reguladora de la Subcontratación en el Sector de la Construcción.

✐ Ap. 6 añadido por disp. adic. 1ª.2 de la Ley 32/2006, de 18 octubre (§24.6).

7. No disponer el contratista o subcontratista de la documentación o título que acredite la posesión de la maquinaria que utiliza, y de cuanta documentación sea exigida por las disposiciones legales vigentes.

✐ Ap. 7 añadido por disp. adic. 1ª.2 de la Ley 32/2006, de 18 octubre (§24.6).

Artículo 12. Infracciones graves.

Son infracciones graves:

1.a) Incumplir la obligación de integrar la prevención de riesgos laborales en la empresa a través de la implantación y aplicación de un plan de prevención, con el alcance y contenido establecidos en la normativa de prevención de riesgos laborales.

b) No llevar a cabo las evaluaciones de riesgos y, en su caso, sus actualizaciones y revisiones, así como los controles periódicos de las condiciones de trabajo y de la actividad de los trabajadores que procedan, o no realizar aquellas actividades de prevención que hicieran necesarias los resultados de las evaluaciones, con el alcance y contenido establecidos en la normativa sobre prevención de riesgos laborales.

✐ Apartado modificado por el art. 10 de la Ley 54/2003, de 12 diciembre.

⇒ V. art. 16 Ley 31/1995, de 8 noviembre (§23).

2. No realizar los reconocimientos médicos y pruebas de vigilancia periódica del estado de salud de los trabajadores que procedan conforme a la normativa sobre prevención de riesgos laborales, o no comunicar su resultado a los trabajadores afectados.

⇒ V. art. 22 Ley 31/1995, de 8 noviembre (§23).

3. No dar cuenta en tiempo y forma a la autoridad laboral, conforme a las disposiciones vigentes, de los accidentes de trabajo ocurridos y de las enfermedades profesionales declaradas cuando tengan la calificación de graves, muy graves o mortales, o no llevar a cabo una investigación en caso de producirse daños a la salud de los trabajadores o de tener indicios de que las medidas preventivas son insuficientes.

4. No registrar y archivar los datos obtenidos en las evaluaciones, controles, reconocimientos, investigaciones o informes a que se refieren los artículos 16, 22 y 23 de la Ley 31/1995, de 8 de noviembre, de Prevención de Riesgos Laborales.

5. No comunicar a la autoridad laboral competente la apertura del centro de trabajo o la reanudación o continuación de los trabajos después de efectuar alteraciones o ampliaciones de importancia, o consignar con inexactitud los datos que debe declarar o cumplimentar, siempre que se trate de industria calificada por la normativa vigente como peligrosa, insalubre o nociva por los elementos, procesos o sustancias que se manipulen.

6. Incumplir la obligación de efectuar la planificación de la actividad preventiva que derive como necesaria de la evaluación de riesgos, o no realizar el seguimiento de la misma, con el alcance y contenido establecidos en la normativa de prevención de riesgos laborales.

✐ Apartado modificado por el art. 10.2 de la Ley 54/2003, de 12 diciembre.

7. La adscripción de trabajadores a puestos de trabajo cuyas condiciones fuesen incompatibles con sus características personales o de quienes se encuentren manifiestamente en estados o situaciones transitorias que no respondan a las exigencias psicofísicas de los respectivos puestos de trabajo, así como la dedicación de aquéllos a la realización de tareas sin tomar en consideración sus capacidades profesionales en materia de seguridad y salud en el trabajo, salvo que se trate de infracción muy grave conforme al artículo siguiente.

⇒ V. art. 25 Ley 31/1995, de 8 noviembre (§23).

8. El incumplimiento de las obligaciones en materia de formación e información suficiente y adecuada a los trabajadores acerca de los riesgos del puesto de trabajo susceptibles de provocar daños para la seguridad y salud y sobre las medidas preventivas aplicables, salvo que se trate de infracción muy grave conforme al artículo siguiente.

⇒ V. art. 19 Ley 31/1995, de 8 noviembre (§23).

9. La superación de los límites de exposición a los agentes nocivos que, conforme a la normativa sobre prevención de riesgos laborales, origine riesgo de daños graves para la seguridad y salud de los trabajadores, sin adoptar las medidas preventivas adecuadas, salvo que se trate de infracción muy grave conforme al artículo siguiente.

10. No adoptar las medidas previstas en el artículo 20 de la Ley de Prevención de Riesgos Laborales en materia de primeros auxilios, lucha contra incendios y evacuación de los trabajadores.

11. El incumplimiento de los derechos de información, consulta y participación de los trabajadores reconocidos en la normativa sobre prevención de riesgos laborales.

⇒ V. art. 18 Ley 31/1995, de 8 noviembre (§23).

12. No proporcionar la formación o los medios adecuados para el desarrollo de sus funciones a los trabajadores designados para las actividades de prevención y a los delegados de prevención.

13. No adoptar los empresarios y los trabajadores por cuenta propia que desarrollen actividades en un mismo centro de trabajo, o los empresarios a que se refiere el artículo 24.4 de la Ley de Prevención de Riesgos Laborales, las medidas de cooperación y coordinación necesarias para la protección y prevención de riesgos laborales.

14. No adoptar el empresario titular del centro de trabajo las medidas necesarias para garantizar que aquellos otros que desarrollen actividades en el mismo reciban la información y las instrucciones adecuadas sobre los riesgos existentes y las medidas de protección, prevención y emergencia, en la forma y con el contenido establecidos en la normativa de prevención de riesgos laborales.

✐ Apartado modificado por el art. 10.3 de la Ley 54/2003, de 12 diciembre.

15. No designar a uno o varios trabajadores para ocuparse de las actividades de protección y prevención en la empresa o no organizar o concertar un servicio de prevención cuando ello sea preceptivo, o no dotar a los recursos preventivos de los medios que sean necesarios para el desarrollo de las actividades preventivas.

La falta de presencia de los recursos preventivos cuando ello sea preceptivo o el incumplimiento de las obligaciones derivadas de su presencia.

✐ Apartado modificado por el art. 10.4 de la Ley 54/2003, de 12 diciembre.

16. Las que supongan incumplimiento de la normativa de prevención de riesgos laborales, siempre que dicho incumplimiento cree un riesgo grave para la integridad física o la salud de los trabajadores afectados y especialmente en materia de:

a) Comunicación a la autoridad laboral, cuando legalmente proceda, de las sustancias, agentes físicos, químicos y biológicos, o procesos utilizados en las empresas.

b) Diseño, elección, instalación, disposición, utilización y mantenimiento de los lugares de trabajo, herramientas, maquinaria y equipos.

c) Prohibiciones o limitaciones respecto de operaciones, procesos y uso de agentes físicos, químicos y biológicos en los lugares de trabajo.

d) Limitaciones respecto del número de trabajadores que puedan quedar expuestos a determinados agentes físicos, químicos y biológicos.

e) Utilización de modalidades determinadas de muestreo, medición y evaluación de resultados.

f) Medidas de protección colectiva o individual.

g) Señalización de seguridad y etiquetado y envasado de sustancias peligrosas, en cuanto éstas se manipulen o empleen en el proceso productivo.

h) Servicios o medidas de higiene personal.

i) Registro de los niveles de exposición a agentes físicos, químicos y biológicos, listas de trabajadores expuestos y expedientes médicos.

17. La falta de limpieza del centro o lugar de trabajo, cuando sea habitual o cuando de ello se deriven riesgos para la integridad física y salud de los trabajadores.

18. El incumplimiento del deber de información a los trabajadores designados para ocuparse de las actividades de prevención o, en su caso, al servicio de prevención de la incorporación a la empresa de trabajadores con relaciones de trabajo temporales, de duración determinada o proporcionados por empresas de trabajo temporal.

19. No facilitar a los trabajadores designados o al servicio de prevención el acceso a la información y documentación señaladas en el apartado 1 del artículo 18 y en el apartado 1 del artículo 23 de la Ley de Prevención de Riesgos Laborales.

✐ Apartado modificado por el art. 10.5 de la Ley 54/2003, de 12 diciembre.

20. No someter, en los términos reglamentariamente establecidos, el sistema de prevención de la empresa al control de una auditoría o evaluación externa cuando no se hubiera concertado el servicio de prevención con una entidad especializada ajena a la empresa.

21. Facilitar a la autoridad laboral competente, las entidades especializadas que actúen como servicios de prevención ajenos a las empresas, las personas o entidades que desarrollen la actividad de auditoría del sistema de prevención de las empresas o las entidades acreditadas para desarrollar y certificar la formación en materia de prevención de riesgos laborales, datos de forma o con contenido inexactos, omitir los que hubiera debido consignar, así como no comunicar cualquier modificación de sus condiciones de acreditación o autorización.

22. Incumplir las obligaciones derivadas de actividades correspondientes a servicios de prevención ajenos respecto de sus empresarios concertados, de acuerdo con la normativa aplicable.

23. En el ámbito de aplicación del Real Decreto 1627/1997, de 24 de octubre, por el que se establecen las disposiciones mínimas de seguridad y salud en las obras de construcción: a) Incumplir la obligación de elaborar el plan de seguridad y salud en el trabajo con el alcance y contenido establecidos en la normativa de prevención de riesgos laborales, en particular por carecer de un contenido real y adecuado a los riesgos específicos para la seguridad y la salud de los trabajadores de la obra o por no adaptarse a las características particulares de las actividades o los procedimientos desarrollados o del entorno de los puestos de trabajo. b) Incumplir la obligación de realizar el seguimiento del plan de seguridad y salud en el trabajo, con el alcance y contenido establecidos en la normativa de prevención de riesgos laborales.

✐ Apartado añadido por el art. 10.6 de la Ley 54/2003, de 12 diciembre.

24. En el ámbito de aplicación del Real Decreto 1627/1997, de 24 de octubre, por el que se establecen las disposiciones mínimas de seguridad y salud en las obras de construcción, el incumplimiento de las siguientes obligaciones correspondientes al promotor:

a) No designar los coordinadores en materia de seguridad y salud cuando ello sea preceptivo.

b) Incumplir la obligación de que se elabore el estudio o, en su caso, el estudio básico de seguridad y salud, cuando ello sea preceptivo, con el alcance y contenido establecidos en la normativa de prevención de riesgos laborales, o cuando tales estudios presenten deficiencias o carencias significativas y graves en relación con la seguridad y la salud en la obra.

c) No adoptar las medidas necesarias para garantizar, en la forma y con el alcance y contenido previstos en la normativa de prevención, que los empresarios que desarrollan actividades en la obra reciban la información y las instrucciones adecuadas sobre los riesgos y las medidas de protección, prevención y emergencia.

d) No cumplir los coordinadores en materia de seguridad y salud las obligaciones establecidas en el artículo 9 del Real Decreto 1627/1997 como consecuencia de su falta de presencia, dedicación o actividad en la obra.

e) No cumplir los coordinadores en materia de seguridad y salud las obligaciones, distintas de las citadas en los párrafos anteriores, establecidas en la normativa de prevención de riesgos laborales cuando tales incumplimientos tengan o puedan tener repercusión grave en relación con la seguridad y salud en la obra.

✐ Apartado añadido por el art. 10.7 de la Ley 54/2003, de 12 diciembre.

25. Incumplir las obligaciones derivadas de actividades correspondientes a las personas o entidades que desarrollen la actividad de auditoría del sistema de prevención de las empresas, de acuerdo con la normativa aplicable.

✐ Apartado añadido por el art. 10.8 de la Ley 54/2003, de 12 diciembre.

26. Incumplir las obligaciones derivadas de actividades correspondientes a entidades acreditadas para desarrollar y certificar la formación en materia de prevención de riesgos laborales, de acuerdo con la normativa aplicable.

✐ Apartado añadido por el art. 10.9 de la Ley 54/2003, de 12 diciembre.

27. En el ámbito de la Ley Reguladora de la Subcontratación en el Sector de la Construcción, los siguientes incumplimientos del subcontratista:

a) El incumplimiento del deber de acreditar, en la forma establecida legal o reglamentariamente, que dispone de recursos humanos, tanto en su nivel directivo como productivo, que cuentan con la formación necesaria en prevención de riesgos laborales, y que dispone de una organización preventiva adecuada, y la inscripción en el registro correspondiente, o del deber de verificar dicha acreditación y registro por los subcontratistas con los que contrate, salvo que proceda su calificación como infracción muy grave, de acuerdo con el artículo siguiente.

b) No comunicar los datos que permitan al contratista llevar en orden y al día el Libro de Subcontratación exigido en la Ley Reguladora de la Subcontratación en el Sector de la Construcción.

c) Proceder a subcontratar con otro u otros subcontratistas o trabajadores autónomos superando los niveles de subcontratación permitidos legalmente, sin disponer de la expresa aprobación de la dirección facultativa, o permitir que en el ámbito de ejecución de su subcontrato otros subcontratistas o trabajadores autónomos incurran en el supuesto anterior y sin que concurran en este caso las circunstancias previstas en la letra c) del apartado 15 del artículo siguiente, salvo que proceda su calificación como infracción muy grave, de acuerdo con el mismo artículo siguiente.

✐ Ap. 27 añadido por disp. adic. 1ª.3 de la Ley 32/2006, de 18 octubre (§24.6).

28. Se consideran infracciones graves del contratista, de conformidad con lo previsto en la Ley Reguladora de la Subcontratación en el Sector de la Construcción:

a) No llevar en orden y al día el Libro de Subcontratación exigido, o no hacerlo en los términos establecidos reglamentariamente.

b) Permitir que, en el ámbito de ejecución de su contrato, intervengan empresas subcontratistas o trabajadores autónomos superando los niveles de subcontratación permitidos legalmente, sin disponer de la expresa aprobación de la dirección facultativa, y sin que concurran las circunstancias previstas en la letra c) del apartado 15 del artículo siguiente, salvo que proceda su calificación como infracción muy grave, de acuerdo con el mismo artículo siguiente.

c) El incumplimiento del deber de acreditar, en la forma establecida legal o reglamentariamente, que dispone de recursos humanos, tanto en su nivel directivo como productivo, que cuentan con la formación necesaria en prevención de riesgos laborales, y que dispone de una organización preventiva adecuada, y la inscripción en el registro correspondiente, o del deber de verificar dicha acreditación y registro por los subcontratistas con los que contrate, y salvo que proceda su calificación como infracción muy grave, de acuerdo con el artículo siguiente.

d) La vulneración de los derechos de información de los representantes de los trabajadores sobre las contrataciones y subcontrataciones que se realicen en la obra, y de acceso al Libro de Subcontratación, en los términos establecidos en la Ley Reguladora de la Subcontratación en el Sector de la Construcción.

✐ Ap. 28 añadido por disp. adic. 1ª.3 de la Ley 32/2006, de 18 octubre (§24.6).

29. En el ámbito de la Ley Reguladora de la Subcontratación en el Sector de la Construcción, es infracción grave del promotor de la obra permitir, a través de la actuación de la dirección facultativa, la aprobación de la ampliación excepcional de la cadena de subcontratación cuando manifiestamente no concurran las causas motivadoras de la misma prevista en dicha Ley, salvo que proceda su calificación como infracción muy grave, de acuerdo con el artículo siguiente.

⇒ Ap. 29 añadido por disp. adic. 1ª.3 de la Ley 32/2006, de 18 octubre (§24.6).

Artículo 13. Infracciones muy graves.

Son infracciones muy graves:

1. No observar las normas específicas en materia de protección de la seguridad y la salud de las trabajadoras durante los períodos de embarazo y lactancia.

⇒ V. art. 26 Ley 31/1995, de 8 noviembre (§23).

2. No observar las normas específicas en materia de protección de la seguridad y la salud de los menores.

⇒ V. art. 27 Ley 31/1995, de 8 noviembre (§23).

3. No paralizar ni suspender de forma inmediata, a requerimiento de la Inspección de Trabajo y Seguridad Social, los trabajos que se realicen sin observar la normativa sobre prevención de riesgos laborales y que, a juicio de la Inspección, impliquen la existencia de un riesgo grave e inminente para la seguridad y salud de los trabajadores, o reanudar los trabajos sin haber subsanado previamente las causas que motivaron la paralización.

⇒ V. art. 19.5 ET (§2) y art. 44 Ley 31/1995, de 8 noviembre (§23).

4. La adscripción de los trabajadores a puestos de trabajo cuyas condiciones fuesen incompatibles con sus características personales conocidas o que se encuentren manifiestamente en estados o situaciones transitorias que no respondan a las exigencias psicofísicas de los respectivos puestos de trabajo, así como la dedicación de aquéllos a la realización de tareas sin tomar en consideración sus capacidades profesionales en materia de seguridad y salud en el trabajo, cuando de ello se derive un riesgo grave e inminente para la seguridad y salud de los trabajadores.

⇒ V. art. 25 Ley 31/1995, de 8 noviembre (§23).

5. Incumplir el deber de confidencialidad en el uso de los datos relativos a la vigilancia de la salud de los trabajadores, en los términos previstos en el apartado 4 del artículo 22 de la Ley de Prevención de Riesgos Laborales.

6. Superar los límites de exposición a los agentes nocivos que, conforme a la normativa sobre prevención de riesgos laborales, originen riesgos de daños para la salud de los trabajadores sin adoptar las medidas preventivas adecuadas, cuando se trate de riesgos graves e inminentes.

7. No adoptar, los empresarios y los trabajadores por cuenta propia que desarrollen actividades en un mismo centro de trabajo, las medidas de cooperación y coordinación necesarias para la protección y prevención de riesgos laborales, cuando se trate de actividades reglamentariamente consideradas como peligrosas o con riesgos especiales.

8. No adoptar el promotor o el empresario titular del centro de trabajo, las medidas necesarias para garantizar que aquellos otros que desarrollen actividades en el mismo reciban la información y las instrucciones adecuadas, en la forma y con el contenido y alcance establecidos en la normativa de prevención de riesgos laborales, sobre los riesgos y las medidas de protección, prevención y emergencia cuando se trate de actividades reglamentariamente consideradas como peligrosas o con riesgos especiales.

La falta de presencia de los recursos preventivos cuando ello sea preceptivo o el incumplimiento de las obligaciones derivadas de su presencia, cuando se trate de actividades reglamentariamente consideradas como peligrosas o con riesgos especiales.

✐ Apartado modificado por el art. 11.1 de la Ley 54/2003, de 12 diciembre.

9. Las acciones u omisiones que impidan el ejercicio del derecho de los trabajadores a paralizar su actividad en los casos de riesgo grave e inminente, en los términos previstos en el artículo 21 de la Ley de Prevención de Riesgos Laborales.

10. No adoptar cualesquiera otras medidas preventivas aplicables a las condiciones de trabajo en

ejecución de la normativa sobre prevención de riesgos laborales de las que se derive un riesgo grave e inminente para la seguridad y salud de los trabajadores.

11. Ejercer sus actividades las entidades especializadas que actúen como servicios de prevención ajenos a las empresas, las personas o entidades que desarrollen la actividad de auditoría del sistema de prevención de las empresas o las que desarrollen y certifiquen la formación en materia de prevención de riesgos laborales, sin contar con la preceptiva acreditación o autorización, cuando ésta hubiera sido suspendida o extinguida, cuando hubiera caducado la autorización provisional, así como cuando se excedan en su actuación del alcance de la misma.

⇒ V. art. 31 Ley 31/1995, de 8 noviembre (§23) y arts. 14 a 22 del RD 39/1997, de 17 enero (§24.1).

12. Mantener las entidades especializadas que actúen como servicios de prevención ajenos a las empresas o las personas o entidades que desarrollen la actividad de auditoría del sistema de prevención de las empresas, vinculaciones comerciales, financieras o de cualquier otro tipo, con las empresas auditadas o concertadas, distintas a las propias de su actuación como tales, así como certificar, las entidades que desarrollen o certifiquen la formación preventiva, actividades no desarrolladas en su totalidad.

13. La alteración o el falseamiento, por las personas o entidades que desarrollen la actividad de auditoría del sistema de prevención de las empresas, del contenido del informe de la empresa auditada.

✐ Apartado añadido por el art. 11.2 de la Ley 54/2003, de 12 diciembre.

14. La suscripción de pactos que tengan por objeto la elusión, en fraude de ley, de las responsabilidades establecidas en el apartado 3 del artículo 42 de esta Ley.

✐ Apartado añadido por el art. 11.3 de la Ley 54/2003, de 12 diciembre.

15. En el ámbito de la Ley Reguladora de la Subcontratación en el Sector de la Construcción, los siguientes incumplimientos del subcontratista:

a) El incumplimiento del deber de acreditar, en la forma establecida legal o reglamentariamente, que dispone de recursos humanos, tanto en su nivel directivo como productivo, que cuentan con la formación necesaria en prevención de riesgos laborales, y que dispone de una organización preventiva adecuada, y la inscripción en el registro correspondiente, o del deber de verificar dicha acreditación y registro por los subcontratistas con los que contrate, cuando se trate de trabajos con riesgos especiales conforme a la regulación reglamentaria de los mismos para las obras de construcción.

b) Proceder a subcontratar con otro u otros subcontratistas o trabajadores autónomos superando los niveles de subcontratación permitidos legalmente, sin que disponga de la expresa aprobación de la dirección facultativa, o permitir que en el ámbito de ejecución de su subcontrato otros subcontratistas o trabajadores autónomos incurran en el supuesto anterior y sin que concurran en este caso las circunstancias previstas en la letra c) de este apartado, cuando se trate de trabajos con riesgos especiales conforme a la regulación reglamentaria de los mismos para las obras de construcción.

c) El falseamiento en los datos comunicados al contratista o a su subcontratista comitente, que dé lugar al ejercicio de actividades de construcción incumpliendo el régimen de la subcontratación o los requisitos legalmente establecidos.

✐ Ap. 15 añadido por disp. adic. 1ª.4 de la Ley 32/2006, de 18 octubre (§24.6).

16. En el ámbito de la Ley Reguladora de la Subcontratación en el Sector de la Construcción, los siguientes incumplimientos del contratista:

a) Permitir que, en el ámbito de ejecución de su contrato, intervengan subcontratistas o trabajadores autónomos superando los niveles de subcontratación permitidos legalmente, sin que se disponga de la expresa aprobación de la dirección facultativa, y sin que concurran las circunstancias previstas en la letra c) del apartado anterior, cuando se trate de trabajos con riesgos especiales conforme a la regulación reglamentaria de los mismos para las obras de construcción.

b) El incumplimiento del deber de acreditar, en la forma establecida legal o reglamentariamente, que dispone de recursos humanos, tanto en su nivel directivo como productivo, que cuentan con la formación necesaria en prevención de riesgos laborales, y que dispone de una organización preventiva adecuada, y la inscripción en el registro correspondiente, o del deber de verificar dicha acreditación y registro por los subcontratistas con los que contrate, cuando se trate de trabajos con riesgos especiales conforme a la regulación reglamentaria de los mismos para las obras de construcción.

✐ Ap. 16 añadido por disp. adic. 1ª.4 de la Ley 32/2006, de 18 octubre (§24.6).

17. En el ámbito de la Ley Reguladora de la Subcontratación en el Sector de la Construcción, es infracción muy grave del promotor de la obra permitir, a través de la actuación de la dirección facultativa, la aprobación de la ampliación excepcional de la cadena de subcontratación cuando manifiestamente no concurran las causas motivadoras de la misma previstas en dicha Ley, cuando se trate de

trabajos con riesgos especiales conforme a la regulación reglamentaria de los mismos para las obras de construcción.

✐ Ap. 17 añadido por disp. adic. 1ª.4 de la Ley 32/2006, de 18 octubre (§24.6).

Sección 3ª Infracciones en materia de empleo

Subsección 1ª Infracciones de los empresarios, de las agencias de colocación y de los beneficiarios de ayudas y subvenciones en materia de empleo, ayudas de fomento del empleo en general y formación profesional ocupacional y continua

✐ Título de la subsección modificado por ap. Uno del art. 46 de la Ley 62/2003.

Artículo 14. Infracciones leves.

Son infracciones leves:

1. No comunicar a la oficina de empleo las contrataciones realizadas en los supuestos en que estuviere establecida esa obligación.

⇒ V. arts. 16.1 del ET (§2) y 44.3 de la Ley Básica de Empleo (§27.1).

2. No comunicar a la oficina de empleo la terminación de los contratos de trabajo, en los supuestos en que estuviere prevista tal obligación.

⇒ V. para los contratos formativos, art. 15.3 del RD 2317/1993, de 29 diciembre (§8.2).

3. La falta de registro en la oficina de empleo del contrato de trabajo y de sus prórrogas en los casos en que estuviere establecida la obligación de registro.

⇒ V. art. 16.1 del ET (§2).

4. Incumplir, los empresarios y los beneficiarios de las ayudas y subvenciones públicas, las obligaciones de carácter formal o documental exigidas en la normativa específica sobre formación profesional continua u ocupacional, siempre que no estén tipificadas como graves o muy graves.

✐ Ap. añadido por ap. Dos del art. 46 de la Ley 62/2003, de 30 diciembre.

Artículo 15. Infracciones graves.

Son infracciones graves:

1. No informar las empresas de selección de sus tareas al servicio público de empleo.

2. El incumplimiento de las medidas de reserva, duración o preferencia en el empleo dictadas en virtud de lo dispuesto en el artículo 17, apartados 2 y 3, de la Ley del Estatuto de los Trabajadores.

3. El incumplimiento en materia de integración laboral de minusválidos de la obligación legal de reserva de puestos de trabajo para minusválidos, o de la aplicación de sus medidas alternativas de carácter excepcional.

4. No notificar a los representantes legales de los trabajadores las contrataciones de duración determinada que se celebren, o no entregarles en plazo la copia básica de los contratos cuando exista dicha obligación.

⇒ Cfr. art. 16.4 del ET (§2).

5. La publicidad por cualquier medio de difusión de ofertas de empleo que no respondan a las reales condiciones del puesto ofertado, o que contengan condiciones contrarias a la normativa de aplicación, sin perjuicio de lo establecido en el artículo siguiente.

6. Incumplir, los empresarios y los beneficiarios de ayudas y subvenciones públicas, las obligaciones establecidas en la normativa específica sobre formación profesional continua u ocupacional siguientes, salvo que haya dado lugar al disfrute indebido de bonificaciones en el pago de las cuotas sociales:

a) No ejecutar las acciones formativas en los términos, forma y plazos previamente preavisados cuando no se hubiera notificado en tiempo y forma su cancelación o modificación al órgano competente.

b) No establecer el debido control de asistencia de los participantes en las acciones formativas, o establecerlo de manera inadecuada.

c) Realizar subcontrataciones indebidas con otras entidades, tanto en lo que respecta a la gestión como a la ejecución de las acciones formativas.

d) Expedir certificaciones de asistencia o diplomas que no se ajusten a las acciones formativas aprobadas y/o realizadas o cuando no se hayan impartido dichas acciones, así como negar su entrega a los participantes en las acciones impartidas, a pesar de haber sido requerido en tal sentido por los órganos de vigilancia y control.

✐ Ap. añadido por el ap. Tres del art. 46 de la Ley 62/2003, de 30 diciembre.

Artículo 16. Infracciones muy graves.

Son infracciones muy graves:

1. Ejercer actividades de mediación con fines lucrativos, de cualquier clase y ámbito funcional, que tengan por objeto la colocación de trabajadores, así como ejercer actividades de mediación sin fines lucrativos, sin haber obtenido la correspondiente autorización administrativa o continuar actuando en la intermediación y colocación tras la finalización de la autorización, o cuando la prórroga se hubiese desestimado por el servicio público de empleo.

⇒ V. art. 43 ET (§2).

2. Establecer condiciones, mediante la publicidad, difusión o por cualquier otro medio, que constituyan discriminaciones favorables o adversas para el acceso al empleo por motivos de sexo, origen, incluido el racial o étnico, edad, estado civil, discapacidad, religión o convicciones, opinión política, orientación sexual, afiliación sindical, condición social y lengua dentro del Estado.

✐ Ap. modificado por ap. Tres del art. 41 de la Ley 62/2003, de 30 diciembre.

⇒ V. art. 14 CE (§1) y art. 17.1 ET (§2).

3. Obtener o disfrutar indebidamente de subvenciones, ayudas de fomento del empleo o cualesquiera establecidas en programas de apoyo a la creación de empleo o formación profesional ocupacional o continua concedidas, financiadas o garantizadas, en todo o en parte, por el Estado o por las Comunidades Autónomas en el marco de la ejecución de la legislación laboral, ajenas al régimen económico de la Seguridad Social.

✐ Ap. 3 modificado por el art. 5.4 de la Ley 45/2002, de 12 diciembre (§36.2).

4. La no aplicación o las desviaciones en la aplicación de las ayudas o subvenciones de fomento del empleo, de reinserción de demandantes de empleo, de la formación profesional ocupacional y de la formación profesional continua, concedidas, financiadas o garantizadas, en todo o en parte, por el Estado o por las Comunidades Autónomas en el marco de la ejecución de la legislación laboral, ajenas al régimen económico de la Seguridad Social.

✐ Ap. 4 modificado por el art. 5.4 de la Ley 45/2002, de 12 diciembre (§36.2).

5. Incumplir, los empresarios y los beneficiarios de ayudas y subvenciones públicas, las obligaciones establecidas en la normativa específica sobre formación profesional continua u ocupacional siguientes, salvo que haya dado lugar al disfrute indebido de bonificaciones en el pago de cuotas sociales:

a) Solicitar cantidades en concepto de formación a los participantes, cuando las acciones formativas sean financiables con fondos públicos y gratuitas para los mismos.

b) Simular la contratación laboral con la finalidad de que los trabajadores participen en programas formativos.

✐ Ap. añadido por ap. Cuatro del art. 46 de la Ley 62/2003, de 30 diciembre.

Subsección 2ª Infracciones de los trabajadores por cuenta ajena y propia

✐ Rúbrica modificada por ap. Cinco del art. 46 de la Ley 62/2003, de 30 diciembre.

Artículo 17. Infracciones de los trabajadores por cuenta ajena y propia.

✐ Título del artículo modificado por ap. 5 del art. 46 de la Ley 62/2003, de 30 diciembre.

Constituyen infracciones de los trabajadores:

1. Leves.

a) No comparecer, previo requerimiento, ante el servicio público de empleo, las agencias de colocación sin fines lucrativos o las entidades asociadas de los servicios integrados para el empleo, o no renovar la demanda de empleo en la forma y fechas que se determinen en el documento de renovación de la demanda salvo causa justificada.

⇒ V. art. 212.1 a) LGSS/1994 (§32.1).

b) No devolver en plazo, salvo causa justificada, al servicio público de empleo o, en su caso, a las agencias de colocación sin fines lucrativos, el correspondiente justificante de haber comparecido en el lugar y fecha indicados para cubrir las ofertas de empleo facilitadas por aquéllos.

⇒ V. art. 23.1 g) LGSS/1994 (§32.1) y art. 28 RD 625/1985 (§36.1).

c) ...

✐ Letra c) suprimida por el ap. Seis del art. 46 de la Ley 62/2003, de 30 diciembre.

2. Graves: rechazar una oferta de empleo adecuada, ya sea ofrecida por el servicio público de empleo o por las agencias de colocación sin fines lucrativos, o negarse a participar en programas de empleo, incluidos los de inserción profesional, o en acciones de promoción, formación o reconversión profesional, salvo causa justificada, ofrecidos por el servicio público de empleo o por las entidades asociadas de los servicios integrados para el empleo.

A los efectos previstos en esta Ley, se entenderá por colocación adecuada la que reúna los requisitos establecidos en el apartado 3 del artículo 231 del Texto Refundido de la Ley General de la Seguridad Social, aprobado por Real Decreto Legislativo 1/1994, de 20 de junio, en aquellos aspectos en los que sea de aplicación a los demandantes de empleo no solicitantes ni beneficiarios de prestaciones por desempleo.

✐ Ap. modificado por el ap. Siete del art. 46 de la Ley 62/2003, de 30 diciembre.

⇒ V. art. 213 b) LGSS/1994 (§32.1).

3. Muy graves: la no aplicación, o la desviación en la aplicación de las ayudas, en general, de fomento del empleo percibidas por los trabajadores, así como la connivencia con los empresarios y los beneficiarios de ayudas y subvenciones, para la acreditación o justificación de acciones formativas inexistentes o no realizadas.

✐ Ap. modificado por el ap. Ocho del art. 46 de la Ley 62/2003, de 30 diciembre.

Sección 4ª Infracciones en materia de empresas de trabajo temporal y empresas usuarias

⇒ V. disp. derog. única.2 f) de este Real Decreto Legislativo.

Artículo 18. Infracciones de las empresas de trabajo temporal.

1. Infracciones leves:

a) No cumplimentar, en los términos que reglamentariamente se determine, los contratos a que se refiere el artículo 10 de la Ley 14/1994, de 1 de junio, que regula las empresas de trabajo temporal y los contratos de puesta a disposición.

b) No incluir en la publicidad de sus actividades u ofertas de empleo su identificación como empresa de trabajo temporal y el número de autorización.

c) No entregar a la empresa usuaria la copia básica del contrato de trabajo o la orden de servicio de los trabajadores puestos a disposición de la misma; así como la restante documentación que esté obligada a suministrarle.

2. Infracciones graves:

a) No formalizar por escrito los contratos de trabajo o contratos de puesta a disposición, previstos en la Ley por la que se regulan las empresas de trabajo temporal.

b) No remitir a la autoridad laboral competente, en los términos que reglamentariamente se establezcan, la información a que se refiere el artículo 5 de la Ley por la que se regulan las empresas de trabajo temporal, o no comunicar la actualización anual de la garantía financiera.

c) Formalizar contratos de puesta a disposición para supuestos distintos de los previstos en el apartado 2 del artículo 6 de la Ley por la que se regulan las empresas de trabajo temporal, o para la cobertura de puestos de trabajo respecto de los que no se haya realizado previamente la preceptiva evaluación de riesgos.

d) No destinar a la formación de los trabajadores temporales las cantidades a que se refiere el artículo 12.2 de la Ley por la que se regulan las empresas de trabajo temporal.

e) Cobrar al trabajador cualquier cantidad en concepto de selección, formación o contratación.

f) La puesta a disposición de trabajadores en ámbitos geográficos para los que no se tiene autorización administrativa de actuación, salvo lo previsto en el apartado 3 del artículo 5 de la Ley por la que se regulan las empresas de trabajo temporal.

3. Infracciones muy graves:

a) No actualizar el valor de la garantía financiera, cuando se haya obtenido una autorización administrativa indefinida.

b) Formalizar contratos de puesta a disposición para la realización de actividades y trabajos que, por su especial peligrosidad para la seguridad o la salud se determinen reglamentariamente.

c) No dedicarse exclusivamente a la actividad constitutiva de la empresa de trabajo temporal.

d) La falsedad documental u ocultación de la información facilitada a la autoridad laboral sobre sus actividades.

e) Ceder trabajadores con contrato temporal a otra empresa de trabajo temporal o a otras empresas para su posterior cesión a terceros.

Artículo 19. Infracciones de las empresas usuarias.

1. Son infracciones leves:

a) No cumplimentar, en los términos que reglamentariamente se determine, el contrato de puesta a disposición.

b) No facilitar los datos relativos a la retribución total establecida en el convenio colectivo aplicable para el puesto de trabajo en cuestión, a efectos de su consignación en el contrato de puesta a disposición.

2. Son infracciones graves:

a) No formalizar por escrito el contrato de puesta a disposición.

b) Formalizar contratos de puesta a disposición para supuestos distintos de los previstos en el apartado 2 del artículo 6 de la Ley por la que se regulan las empresas de trabajo temporal, o para la cobertura de puestos de trabajo respecto de los que no se haya realizado previamente la preceptiva evaluación de riesgos.

c) Las acciones u omisiones que impidan el ejercicio por los trabajadores puestos a su disposición de los derechos establecidos en el artículo 17 de la Ley por la que se regulan las empresas de trabajo temporal.

d) La falta de información al trabajador temporal en los términos previstos en el artículo 16.1 de la Ley por la que se regulan las empresas de trabajo temporal, y en la normativa de prevención de riesgos laborales.

e) Formalizar contratos de puesta a disposición para la cobertura de puestos o funciones que, en los doce meses anteriores, hayan sido objeto de amortización por despido improcedente, despido colectivo o por causas objetivas, o para la cobertura de puestos que en los dieciocho meses anteriores hubieran estado ya cubiertos por más de doce meses, de forma continua o discontinua, por trabajadores puestos a disposición por empresas de trabajo temporal, entendiéndose en ambos casos cometida una infracción por cada trabajador afectado.

✐ Letra e) redactada por el art. 14 de la Ley 12/2001, de 9 julio (§9).

f) Permitir el inicio de la prestación de servicios de los trabajadores puestos a disposición sin tener constancia documental de que han recibido las informaciones relativas a los riesgos y medidas preventivas, poseen la formación específica necesaria y cuentan con un estado de salud compatible con el puesto de trabajo a desempeñar.

✐ Apartado añadido por el art. 12 de la Ley 54/2003, de 12 diciembre.

3. Son infracciones muy graves:

a) Los actos del empresario lesivos del derecho de huelga, consistentes en la sustitución de trabajadores en huelga por otros puestos a su disposición por una empresa de trabajo temporal.

b) La formalización de contratos de puesta a disposición para la realización de aquellas actividades y trabajos que por su especial peligrosidad para la seguridad o la salud se determinen reglamentariamente, entendiéndose cometida una infracción por cada contrato en tales circunstancias.

CAPÍTULO III

Infracciones en materia de Seguridad Social

⇒ Sobre «obligaciones, infracciones y sanciones en materia de desempleo», cfr. arts. 230, 231, 232 y 233 de la LGSS/1994 (§32.1).

Artículo 20. Concepto.

1. Son infracciones en materia de Seguridad Social las acciones y omisiones de los distintos sujetos responsables a que se refiere el artículo 2.2 de la presente Ley, contrarias a las disposiciones legales y reglamentarias que regulan el sistema de la Seguridad Social, tipificadas y sancionadas como tales en la presente Ley.

2. A los efectos de la presente Ley se asimilan a las infracciones y sanciones en materia de Seguridad Social las producidas respecto de otras cotizaciones que recaude el sistema de Seguridad Social.

Sección 1ª Infracciones de los empresarios, trabajadores por cuenta propia y asimilados

Artículo 21. Infracciones leves.

Son infracciones leves:

1. No conservar, durante cuatro años, la documentación o los registros o soportes informáticos en que se hayan transmitido los correspondientes datos que acrediten el cumplimiento de las obligaciones en materia de afiliación, altas, bajas o variaciones que, en su caso, se produjeran en relación con dichas materias, así como los documentos de cotización y los recibos justificativos del pago de salarios y del pago delegado de prestaciones.

✐ Ap. 1 modificado por Ley 24/2001, de 27 diciembre.

2. No exponer, en lugar destacado del centro de trabajo, o no poner a disposición de los trabajadores, dentro del mes siguiente al que corresponda el ingreso de las cuotas, el ejemplar del documento de cotización o copia autorizada del mismo o, en su caso, no facilitar la documentación aludida a los delegados de personal o comités de empresa.

3. No comunicar en tiempo y forma las bajas de los trabajadores que cesen en el servicio de la empresa así como las demás variaciones que les afecten o su no transmisión por los obligados o acogidos a la utilización de sistema de presentación por medios informáticos, electrónicos o telemáticos.

✐ Apartado modificado por el art. 24.1 de la Ley 52/2003, de 10 diciembre.

4. No facilitar a las entidades correspondientes los datos, certificaciones y declaraciones que estén obligados a proporcionar, u omitirlos, o consignarlos inexactamente.

5. No comunicar a la entidad correspondiente cualquier cambio en los documentos de asociación o de adhesión para la cobertura de las contingencias de accidentes de trabajo y enfermedades profesionales.

6. No remitir a la entidad correspondiente las copias de los partes médicos de baja, confirmación de la baja o alta de incapacidad temporal facilitadas por los trabajadores, o su no transmisión por los obligados o acogidos a la utilización del sistema de presentación de tales copias, por medios informáticos, electrónicos o telemáticos.

✐ Ap. añadido por ap. Once del art. 46 de la Ley 62/2003, de 30 diciembre.

Artículo 22. Infracciones graves.

Son infracciones graves:

1. Iniciar su actividad sin haber solicitado su inscripción en la Seguridad Social; no comunicar la apertura y cese de actividad de los centros de trabajo a efectos de su identificación; y las variaciones de datos u otras obligaciones establecidas reglamentariamente en materia de inscripción de empresas e identificación de centros de trabajo o su no transmisión por los obligados o acogidos a la utilización de sistemas de presentación por medios informáticos, electrónicos o telemáticos.

✐ Apartado modificado por el art. 24.2 de la Ley 52/2003, de 10 diciembre.

2. No solicitar, en tiempo y forma, la afiliación inicial o el alta de los trabajadores que ingresen a su servicio o su no transmisión por los obligados o acogidos a la utilización de sistemas de presentación por medios informáticos, electrónicos o telemáticos. A estos efectos, se considerará una infracción por cada uno de los trabajadores afectados.

✐ Apartado modificado por el art. 24.3 de la Ley 52/2003, de 10 diciembre.

3. No ingresar, en la forma y plazos reglamentarios, las cuotas correspondientes que por todos los conceptos recauda la Tesorería General de la Seguridad Social, habiendo presentado los documentos de cotización o utilizado los sistemas de presentación por medios informáticos, electrónicos o telemáticos, siempre que la falta de ingreso no obedezca a una situación extraordinaria de la empresa y que dicho impago de cuotas y conceptos de recaudación conjunta con ellas no sea constitutivo de delito conforme al artículo 307 del Código Penal.

✐ Apartado modificado por el art. 24.4 de la Ley 52/2003, de 10 diciembre. El art. 24.5 de la misma suprime los anteriores apartados 4 y 5 y procede a la renumeración del resto del artículo.

4. Incumplir las obligaciones económicas derivadas de su colaboración obligatoria en la gestión de la Seguridad Social.

✐ Ap. 4 renumerado por el art. 24.5 de la Ley 52/2003, de 10 diciembre. Su anterior numeración era ap. 6.

5. Formalizar la protección por accidentes de trabajo y enfermedades profesionales, y en su caso de la incapacidad temporal del personal a su servicio en entidad distinta de la que legalmente corresponda.

✐ Ap. 5 renumerado por el art. 24.5 de la Ley 52/2003, de 10 diciembre. Su anterior numeración era ap. 7.

6. No entregar al trabajador, en tiempo y forma, el certificado de empresa y cuantos documentos sean precisos para la solicitud y tramitación de cualesquiera prestaciones.

✐ Ap. 6 renumerado por el art. 24.5 de la Ley 52/2003, de 10 diciembre. Su anterior numeración era ap. 8.

7. No solicitar los trabajadores por cuenta propia, en tiempo y forma, su afiliación inicial o alta en el correspondiente régimen especial de la Seguridad Social cuando la omisión genere impago de la cotización que corresponda.

✐ Ap. 7 renumerado por el art. 24.5 de la Ley 52/2003, de 10 diciembre. Su anterior numeración era ap. 9.

8. No abonar a las entidades correspondientes las prestaciones satisfechas por éstas a los trabajadores cuando la empresa hubiera sido declarada responsable de la obligación.

✐ Ap. 8 renumerado por el art. 24.5 de la Ley 52/2003, de 10 diciembre. Su anterior numeración era ap. 10.

9. No proceder en tiempo y cuantía al pago delegado de las prestaciones que correspondan.

✐ Ap. 9 renumerado por el art. 24.5 de la Ley 52/2003, de 10 diciembre. Su anterior numeración era ap. 11.

10. Obtener o disfrutar indebidamente reducciones o bonificaciones en el pago de las cuotas sociales que correspondan, entendiendo producida una infracción por cada trabajador afectado, salvo que se trate de bonificaciones en materia de formación continua, en que se entenderá producida una infracción por empresa.

✐ Ap. 10 renumerado por el art. 24.5 de la Ley 52/2003, de 10 diciembre. Su anterior numeración era ap. 12. Posteriormenmte ha sido modificado por ap. Nueve del art. 46 de la Ley 62/2003, de 30 diciembre.

Artículo 23. Infracciones muy graves.

1. Son infracciones muy graves:

a) Dar ocupación como trabajadores a beneficiarios o solicitantes de pensiones u otras prestaciones periódicas de la Seguridad Social, cuyo disfrute sea incompatible con el trabajo por cuenta ajena, cuando no se les haya dado de alta en la Seguridad Social con carácter previo al inicio de su actividad.

b) No ingresar, en el plazo y formas reglamentarios, las cuotas correspondientes que por todos los conceptos recauda la Tesorería General de la Seguridad Social, no habiendo presentado los documentos de cotización ni utilizado los sistemas de presentación por medios informáticos, electrónicos o telemáticos, así como retener indebidamente, no ingresándola dentro de plazo, la parte de cuota de Seguridad Social descontada a sus trabajadores o efectuar descuentos superiores a los legalmente establecidos, no ingresándolos en el plazo reglamentario, siempre que, en uno y otro caso, no sean constitutivos de delito conforme al artículo 307 del Código Penal.

✐ Apartado modificado por el art. 24.6 de la Ley 52/2003, de 10 diciembre.

c) El falseamiento de documentos para que los trabajadores obtengan o disfruten fraudulentamente prestaciones, así como la connivencia con sus trabajadores o con los demás beneficiarios para la obtención de prestaciones indebidas o superiores a las que procedan en cada caso, o para eludir el cumplimiento de las obligaciones que a cualquiera de ellos corresponda en materia de prestaciones.

d) Pactar con sus trabajadores de forma individual o colectiva la obligación por parte de ellos de pagar total o parcialmente la prima o parte de cuotas a cargo del empresario, o bien su renuncia a los derechos que les confiere el sistema de la Seguridad Social.

e) Incrementar indebidamente la base de cotización del trabajador de forma que provoque un aumento en las prestaciones que procedan, así como la simulación de la contratación laboral para la obtención indebida de prestaciones.

f) Efectuar declaraciones o consignar datos falsos o inexactos en los documentos de cotización que ocasionen deducciones fraudulentas en las cuotas a satisfacer a la Seguridad Social.

g) No facilitar al Organismo público correspondiente, en tiempo y forma, los datos identificativos de titulares de prestaciones sociales económicas, así como, en cuanto determinen o condicionen el derecho a percibirlas, los de los beneficiarios, cónyuges y otros miembros de la unidad familiar, o los de sus importes, clase de las prestaciones y fecha de efectos de su concesión.

h) El falseamiento de documentos para la obtención o disfrute fraudulentos de bonificaciones en materia de formación continua.

✐ Letra añadida por ap. Diez del art. 46 de la Ley 62/2003, de 30 diciembre.

2. En el supuesto de infracciones muy graves, se entenderá que el empresario incurre en una infracción por cada uno de los trabajadores que hayan obtenido o disfruten fraudulentamente de las prestaciones de Seguridad Social.

En las infracciones señaladas en los párrafos a), c) y e) del apartado anterior el empresario responderá solidariamente de la devolución de las cantidades indebidamente percibidas por el trabajador.

Los empresarios que contraten o subcontraten la realización de obras o servicios correspondientes a la propia actividad, responderán solidariamente de las infracciones a que se refiere el apartado 1 a), anterior cometidas por el empresario contratista o subcontratista durante todo el período de vigencia de la contrata.

3. Las infracciones de este artículo, además de a las sanciones que correspondan por aplicación del Capítulo VI, darán lugar a las sanciones accesorias previstas en el artículo 46 de esta Ley.

Sección 2ª Infracciones de los trabajadores o asimilados, beneficiarios y solicitantes de prestaciones

Artículo 24. Infracciones leves.

Son infracciones leves:

1. No facilitar a la entidad correspondiente o a la empresa, cuando le sean requeridos, los datos necesarios para su afiliación o su alta en la Seguridad Social y, en su caso, las alteraciones que en ellos se produjeran, los de la situación de pluriempleo, y, en general, el incumplimiento de los deberes de carácter informativo.

2. No comparecer, previo requerimiento, ante la entidad gestora de las prestaciones en la forma y fecha que se determinen, salvo causa justificada.

3. En el caso de los solicitantes o beneficiarios de prestaciones por desempleo de nivel contributivo o asistencial:

a) No comparecer, previo requerimiento ante el servicio público de empleo, las agencias de colocación sin fines lucrativos o las entidades asociadas de los servicios integrados para el empleo, o no renovar la demanda de empleo en la forma y fechas que se determinen en el documento de renovación de la demanda, salvo causa justificada.

b) No devolver en plazo, salvo causa justificada, al servicio público de empleo o, en su caso, a las agencias de colocación sin fines lucrativos el correspondiente justificante de haber comparecido en el lugar y fecha indicados para cubrir las ofertas de empleo facilitadas por aquéllos.

c) No cumplir las exigencias del compromiso de actividad, salvo causa justificada, siempre que la conducta no esté tipificada como otra infracción leve o grave en los artículos 24 ó 25 de esta Ley.

A los efectos previstos en esta Ley, se entenderá por compromiso de actividad el que reúna los requisitos establecidos en el apartado 2 del artículo 231 del Texto Refundido de la Ley General de la Seguridad Social, aprobado por Real Decreto Legislativo 1/1994, de 20 de junio.

✐ Ap. añadido por el ap. Doce del art. 46 de la Ley 62/2003, de 30 diciembre.

Artículo 25. Infracciones graves.

Son infracciones graves:

1. Efectuar trabajos por cuenta propia o ajena durante la percepción de prestaciones, cuando exista incompatibilidad legal o reglamentariamente establecida, sin perjuicio de lo dispuesto en el apartado 2 del artículo siguiente.

2. No comparecer, salvo causa justificada, a los reconocimientos médicos ordenados por las entidades gestoras o colaboradoras, en los supuestos así establecidos, así como no presentar ante las mismas los antecedentes, justificantes o datos que no obren en la entidad, cuando a ello sean requeridos y afecten al derecho a la continuidad en la percepción de la prestación.

3. No comunicar, salvo causa justificada, las bajas en las prestaciones en el momento en que se produzcan situaciones determinantes de suspensión o extinción del derecho, o cuando se dejen de reunir los requisitos para el derecho a su percepción cuando por cualquiera de dichas causas se haya percibido indebidamente la prestación.

4. En el caso de solicitantes o beneficiarios de prestaciones por desempleo de nivel contributivo o asistencial:

a) Rechazar, una oferta de empleo adecuada, ya sea ofrecida por el servicio público de empleo o por las agencias de colocación sin fines lucrativos, salvo causa justificada.

b) Negarse a participar en los trabajos de colaboración social, programas de empleo, incluidos los de inserción profesional, o en acciones de promoción, formación o reconversión profesional, salvo causa justificada, ofrecidos por el servicio publico de empleo o por las entidades asociadas de los servicios integrados para el empleo.

A los efectos previstos en esta Ley, se entenderá por colocación adecuada y por trabajos de colaboración social, los que reúnan los requisitos establecidos, respectivamente, en el apartado 3 del artículo

231 y en el apartado 3 del artículo 213 del Texto Refundido de la Ley General de la Seguridad Social, aprobado por el Real Decreto Legislativo 1/1994, de 20 de junio.

✐ Ap. añadido por el ap. Trece del art. 46 de la Ley 62/2003, de 30 diciembre.

Artículo 26. Infracciones muy graves.

Son infracciones muy graves:

1. Actuar fraudulentamente con el fin de obtener prestaciones indebidas o superiores a las que correspondan, o prolongar indebidamente su disfrute mediante la aportación de datos o documentos falsos; la simulación de la relación laboral; y la omisión de declaraciones legalmente obligatorias u otros incumplimientos que puedan ocasionar percepciones fraudulentas.

2. Compatibilizar el percibo de prestaciones o subsidio por desempleo con el trabajo por cuenta propia o ajena, salvo en el caso del trabajo a tiempo parcial en los términos previstos en la normativa correspondiente. En el caso de subsidio por desempleo de los trabajadores eventuales agrarios, se entenderá que el trabajador ha compatibilizado el percibo de la prestación con el trabajo por cuenta ajena o propia cuando los días trabajados no hayan sido declarados en la forma prevista en su normativa específica de aplicación.

3. La connivencia con el empresario para la obtención indebida de cualesquiera prestaciones de la Seguridad Social.

4. La no aplicación o la desviación en la aplicación de las prestaciones por desempleo, que se perciban según lo que establezcan programas de fomento de empleo.

✐ Ap. añadido por el ap. Catorce del art. 46 de la Ley 62/2003, de 30 diciembre.

Sección 3ª Infracciones de las Mutuas de Accidentes de Trabajo y Enfermedades Profesionales de la Seguridad Social

⇒ V. arts. 67 a 76 LGSS/1994 (§32.1) y sus notas.

Artículo 27. Infracciones leves.

Son infracciones leves:

1. No cumplir las obligaciones formales relativas a diligencia, remisión y conservación de libros, registros, documentos y relaciones de trabajadores, así como de los boletines estadísticos.

2. Incumplir las obligaciones formales establecidas sobre inscripción, registro y conservación de documentos y certificados, en materia de reconocimientos médicos obligatorios.

3. No remitir al organismo competente, dentro del plazo y debidamente cumplimentados, los partes de accidentes de trabajo cuando éstos tengan carácter leve.

4. No informar a los empresarios asociados, trabajadores y órganos de representación del personal, y a las personas que acrediten un interés personal y directo, acerca de los datos a ellos referentes que obren en la entidad.

Artículo 28. Infracciones graves.

Son infracciones graves:

1. No llevar al día y en la forma establecida los libros obligatorios, así como los libros oficiales de contabilidad o sistema contable autorizado, de conformidad con el plan general de contabilidad y normas presupuestarias de la Seguridad Social.

2. Aceptar la asociación de empresas no incluidas en el ámbito territorial o funcional de la entidad sin estar autorizadas; no aceptar toda proposición de asociación que formulan las empresas comprendidas en su ámbito de actuación; concertar convenios de asociación de duración superior a un año; y no proteger a la totalidad de los trabajadores de una empresa asociada correspondientes a centros de trabajo situados en la misma provincia.

3. No observar las normas relativas a la denominación y su utilización, y a la constitución y funcionamiento de sus órganos de gobierno y de participación.

4. No remitir al organismo competente, dentro del plazo y debidamente cumplimentados, los partes de accidentes de trabajo y enfermedad profesional, cuando tengan carácter grave, muy grave o produzcan la muerte del trabajador.

5. No cumplir la normativa establecida respecto de constitución y cuantía en materia de fianza, gastos de administración, reservas obligatorias, así como la falta de remisión dentro de plazo al organismo competente del balance anual, memoria y cuenta de resultados, y presupuesto de ingresos y gastos debidamente aprobados y confeccionados.

6. No facilitar al organismo competente y, en todo caso, a los Servicios comunes y Entidades gestoras, cuantos datos soliciten en materia de colaboración, ni coordinar la actuación de la entidad con dichos organismos y con las Administraciones competentes en materia de gestión de servicios sociales u otras materias en las que colaboren las Mutuas de Accidentes de Trabajo y Enfermedades Profesionales, así como la negativa a expedir a los empresarios asociados los certificados del cese de la asociación.

7. Dar publicidad o difundir públicamente informaciones y datos referentes a su actuación, sin la previa autorización del órgano superior de vigilancia y tutela, cuando la misma se requiera.

8. No solicitar en tiempo y forma establecidos las autorizaciones preceptivas en materia de inversiones, contratación con terceros, revalorización de activos y actualización de balances, y cualesquiera otras en materia económico-financiera en que así lo exijan las disposiciones en vigor.

Artículo 29. Infracciones muy graves.

Son infracciones muy graves:

1. Llevar a cabo operaciones distintas a aquellas a las que deben limitar su actividad o insertar en los convenios de asociación condiciones que se opongan a las normas de la Seguridad Social y de las que regulan la colaboración en la gestión de las Mutuas de Accidentes de Trabajo y Enfermedades Profesionales.

2. No contribuir en la medida que proceda al sostenimiento económico de los Servicios comunes de la Seguridad Social y no cumplir las obligaciones que procedan en materia de reaseguro o del sistema establecido de compensación de resultados.

3. Aplicar epígrafes de la tarifa de primas o, en su caso, las adicionales que procedan, distintas de las que sean perceptivamente obligatorias, según las actividades y trabajos de cada empresa, así como promover u obtener el ingreso de cantidades equivalentes o sustitutorias de las cuotas de la Seguridad Social por procedimientos diferentes a los reglamentarios.

4. Concertar, utilizar o establecer servicios sanitarios, de prevención de accidentes, de recuperación o de rehabilitación propios o de terceros, sin la previa autorización del organismo competente.

5. Exigir a las empresas asociadas, al convenir la asociación, el ingreso de cantidades superiores al importe anticipado de un trimestre de las correspondientes cuotas en concepto de garantía, o bien exigir dicho ingreso más de una vez.

6. Ejercer la colaboración en la gestión con ánimo de lucro; no aplicar el patrimonio estrictamente al fin social de la entidad; distribuir beneficios económicos entre los asociados, con independencia de su naturaleza; afectar los excedentes anuales a fines distintos de los reglamentarios; continuar en el ejercicio de la colaboración cuando concurran causas de disolución obligatoria sin comunicarlo al órgano competente; y no diferenciar las actividades desarrolladas como servicios de prevención, o no imputar a las mismas los costes derivados de tales actividades.

7. Incumplir el régimen de incompatibilidades y prohibiciones establecido en el artículo 75 del Texto Refundido de la Ley General de la Seguridad Social.

Sección 4ª Infracciones de las empresas que colaboran voluntariamente en la gestión

⇒ V. art. 77 LGSS/1994 (§32.1) y sus notas.

Artículo 30. Infracciones leves.

Son infracciones leves:

1. No llevar en orden y al día la documentación reglamentariamente exigida.

2. No dar cuenta, semestralmente, al comité de empresa de la aplicación de las cantidades percibidas para el ejercicio de la colaboración.

Artículo 31. Infracciones graves.

Son infracciones graves:

1. No mantener las instalaciones sanitarias propias en las condiciones exigidas para la prestación de la asistencia.

2. No coordinar la prestación de asistencia sanitaria con los servicios sanitarios de la Seguridad Social.

3. Prestar la asistencia sanitaria con personal ajeno a los servicios de la Seguridad Social, salvo autorización al efecto.

4. Conceder prestaciones en tiempo, cuantía o forma distintos a los reglamentariamente establecidos.

5. No ingresar las aportaciones establecidas para el sostenimiento de los Servicios comunes.

6. No llevar en su contabilidad una cuenta específica que recoja todas las operaciones relativas a la colaboración.

Artículo 32. Infracciones muy graves.

Son infracciones muy graves:

1. Ejercer las funciones propias del objeto de la colaboración sin previa autorización.

2. Continuar en el ejercicio de la colaboración después de la pérdida de los requisitos mínimos exigibles.

3. Destinar los excedentes de la colaboración a fines distintos de la mejora de las prestaciones.

4. No aplicar a los fines exclusivos de la colaboración, incluyendo en ella la mejora de las prestaciones, las cantidades deducidas de la cuota reglamentaria.

CAPÍTULO IV

Infracciones en materia de movimientos migratorios y trabajo de extranjeros

✐ Rúbrica modificada por disp. final 1ª.Dos de la Ley 40/2006, de 14 diciembre.

⇒ V. Tít. III de la LO 4/2000, de 11 enero (§39.1) y arts. 112 y ss. de su Reglamento (§39.2).

Sección 1ª Infracciones en materia de movimientos migratorios

✐ Rúbrica modificada por disp. final 1ª.Tres de la Ley 40/2006, de 14 diciembre.

Artículo 33. Concepto.

Son infracciones en materia de movimientos migratorios laborales las acciones u omisiones de los sujetos a quienes se refiere el artículo 2.4 tipificadas y sancionadas de conformidad con la presente Ley.

✐ Art. modificado por disp. final 1ª.Tres de la Ley 40/2006, de 14 diciembre.

Artículo 34. Infracciones leves.

Constituye infracción leve la modificación de las condiciones de la oferta de trabajo para desplazarse al exterior, si no causa perjuicio grave para el trabajador.

✐ Art. modificado por disp. final 1ª.Tres de la Ley 40/2006, de 14 diciembre.

Artículo 35. Infracciones graves.

Son infracciones graves:

1. La modificación de las condiciones de la oferta de trabajo para desplazarse al exterior, si causa perjuicio grave para el trabajador.

2. La ocultación, falsificación o rectificación de cláusulas sustanciales de un contrato de trabajo para desplazarse al exterior.

3. El desplazamiento del trabajador al país de acogida sin la documentación necesaria o la retención injustificada por la empresa de dicha documentación.

4. La contratación de marinos españoles por cuenta de empresas armadoras extranjeras realizada por personas o entidades no autorizadas por la autoridad laboral para realizar ese cometido.

✐ Art. modificado por disp. final 1ª.Tres de la Ley 40/2006, de 14 diciembre.

Artículo 36. Infracciones muy graves.

Son infracciones muy graves:

1. El establecimiento de cualquier tipo de agencias de reclutamiento.

2. La simulación o engaño en la contratación de los trabajadores que se desplazan al exterior.

3. El abandono de trabajadores desplazados por parte del empresario contratante o de sus representantes autorizados.

4. El cobro a los trabajadores de comisión o precio por su contratación.

5. La obtención fraudulenta de ayudas a los movimientos migratorios, ya sean individuales o de reagrupación familiar, o la no aplicación o aplicación indebida de dichas ayudas.

✐ Art. modificado por disp. final 1ª.Tres de la Ley 40/2006, de 14 diciembre.

Sección 2ª Infracciones en materia de permisos de trabajo de extranjeros

Artículo 37. Infracciones.

Serán consideradas conductas constitutivas de infracción muy grave las de:

1. Los empresarios que utilicen trabajadores extranjeros sin haber obtenido con carácter previo el preceptivo permiso de trabajo, o su renovación, incurriendo en una infracción por cada uno de los trabajadores extranjeros que hayan ocupado.

2. Los extranjeros que ejerzan en España cualquier actividad lucrativa, laboral o profesional, por cuenta propia, sin haber obtenido el preceptivo permiso de trabajo, o no haberlo renovado.

3. Las de las personas físicas o jurídicas que promuevan, medien o amparen el trabajo de los extranjeros en España sin el preceptivo permiso de trabajo.

CAPÍTULO V
Infracciones en materia de sociedades cooperativas

⇒ V. disp. derog. única.2 f) de este Real Decreto Legislativo.

Artículo 38. Infracciones en materia de cooperativas.

Se sujetan a las prescripciones de este artículo, las infracciones de las sociedades cooperativas, cuando la legislación autonómica se remita al respecto a la legislación del Estado, cuando no se haya producido la referida legislación autonómica o cuando aquéllas desarrollen su actividad cooperativizada en el territorio de varias Comunidades Autónomas, de conformidad con lo establecido en la Ley 27/1999, de 16 de julio, de Cooperativas.

1. Son infracciones leves: El incumplimiento de las obligaciones o la vulneración de las prohibiciones impuestas por la Ley de Cooperativas, que no supongan un conflicto entre partes, no interrumpan la actividad social y no puedan ser calificadas de graves o muy graves.

2. Son infracciones graves:

a) No convocar la Asamblea General ordinaria en tiempo y forma.

b) Incumplir la obligación de inscribir los actos que han de acceder obligatoriamente al Registro.

c) No efectuar las dotaciones, en los términos legalmente establecidos, a los fondos obligatorios o destinarlos a finalidades distintas a las previstas.

d) La falta de auditoría de cuentas, cuanto ésta resulte obligatoria, legal o estatutariamente.

e) Incumplir, en su caso, la obligación de depositar las cuentas anuales.

f) La transgresión generalizada de los derechos de los socios.

3. Son infracciones muy graves:

a) La paralización de la actividad cooperativizada, o la inactividad de los órganos sociales durante dos años.

b) La transgresión de las disposiciones imperativas o prohibitivas de la Ley de Cooperativas, cuando se compruebe connivencia para lucrarse o para obtener ficticiamente subvenciones o bonificaciones fiscales.

CAPÍTULO VI
Responsabilidades y sanciones

Sección 1ª Normas generales sobre sanciones a los empresarios, y en general, a otros sujetos que no tengan la condición de trabajadores o asimilados

Artículo 39. Criterios de graduación de las sanciones.

1. Las sanciones por las infracciones tipificadas en los artículos anteriores podrán imponerse en los grados de mínimo, medio y máximo, atendiendo a los criterios establecidos en los apartados siguientes.

2. Calificadas las infracciones, en la forma dispuesta por esta Ley, las sanciones se graduarán en atención a la negligencia e intencionalidad del sujeto infractor, fraude o connivencia, incumplimiento de las advertencias previas y requerimientos de la Inspección, cifra de negocios de la empresa, número de trabajadores o de beneficiarios afectados en su caso, perjuicio causado y cantidad defraudada, como circunstancias que puedan agravar o atenuar la graduación a aplicar a la infracción cometida.

3. En las sanciones por infracciones en materia de prevención de riesgos laborales, a efectos de su graduación, se tendrán en cuenta los siguientes criterios:

a) La peligrosidad de las actividades desarrolladas en la empresa o centro de trabajo.

b) El carácter permanente o transitorio de los riesgos inherentes a dichas actividades.

c) La gravedad de los daños producidos o que hubieran podido producirse por la ausencia o deficiencia de las medidas preventivas necesarias.

d) El número de trabajadores afectados.

e) Las medidas de protección individual o colectiva adoptadas por el empresario y las instrucciones impartidas por éste en orden a la prevención de los riesgos.

f) El incumplimiento de las advertencias o requerimientos previos a que se refiere el artículo 43 de la Ley 31/1995, de 8 de noviembre, de Prevención de Riesgos Laborales.

Apartado modificado por el art. 13 de la Ley 54/2003, de 12 diciembre.

g) La inobservancia de las propuestas realizadas por los servicios de prevención, los delegados de prevención o el comité de seguridad y salud de la empresa para la corrección de las deficiencias legales existentes.

h) La conducta general seguida por el empresario en orden a la estricta observancia de las normas en materia de prevención de riesgos laborales.

4. Las infracciones en materia de sociedades cooperativas se graduarán, a efectos de su correspondiente sanción, atendiendo al número de socios afectados, repercusión social, malicia o falsedad y capacidad económica de la cooperativa.

5. Los criterios de graduación recogidos en los números anteriores no podrán utilizarse para agravar o atenuar la infracción cuando estén contenidos en la descripción de la conducta infractora o formen parte del propio ilícito administrativo.

6. El acta de la Inspección de Trabajo y Seguridad Social que inicie el expediente sancionador y la resolución administrativa que recaiga, deberán explicitar los criterios de graduación de la sanción tenidos en cuenta, de entre los señalados en los anteriores apartados de este artículo. Cuando no se considere relevante a estos efectos ninguna de las circunstancias enumeradas en dichos apartados, la sanción se impondrá en el grado mínimo en su tramo inferior.

7. Se sancionará en el máximo de la calificación que corresponda toda infracción que consista en la persistencia continuada de su comisión.

Artículo 40. Cuantía de las sanciones.

⇒ La Res. 16 octubre 2001, de la Subsecretaría del Ministerio de Trabajo y Asuntos Sociales, convierte en euros las cuantías de las sanciones previstas en esta ley en los siguientes términos:

«El Reglamento (CE) número 1103/97, del Consejo, de 17 de junio de 1997, sobre determinadas disposiciones relativas a la introducción del euro, y el Reglamento (CE) número 974/98 del Consejo, de 3 de mayo, sobre la introducción del euro, constituyen la legislación comunitaria básica para la introducción del euro. Especialmente el segundo de los citados Reglamentos conforma los aspectos básicos, sobre la introducción del euro, al disponer la sustitución de las monedas de los Estados miembros participantes en la tercera fase por el euro y recoger un conjunto de reglas para ordenar el período transitorio.

Específicamente el artículo 6 del citado Reglamento (CE) número 974/98, establece el denominado principio de fungibilidad, con arreglo al cual durante el período transitorio las referencias que en los instrumentos jurídicos se hagan a una unidad monetaria nacional tienen igual validez que las realizadas a la unidad euro al tipo de conversión aprobado.

Por su parte el artículo 14 del referido Reglamento especifica, por otro lado, que al término del período transitorio las referencias a las unidades monetarias nacionales que existan en los instrumentos jurídicos se entenderán hechas a la unidad euro, con arreglo a los tipos de conversión respectivos.

Si bien estas disposiciones son de aplicación directa en España, como en la mayoría de los países participantes en la Unión Monetaria, se ha considerado conveniente recogerlas también en el ordenamiento interno para facilitar la introducción del euro en nuestro sistema jurídico y evitar la afloración de elementos interpretativos que pudieran distorsionar la modificación del sistema monetario.

En consecuencia, tales disposiciones han quedado plasmadas en los artículos 5, 7, 11 y 26 de la Ley 46/1998, de 17 de diciembre, sobre Introducción del Euro, modificada por la Ley 9/2001, de 4 de junio, y en el artículo 2 de la Ley Orgánica 10/1998, de 17 de diciembre, complementaria de la Ley sobre Introducción del Euro, evitándose con su aplicación la necesidad de adaptar todas y cada una de las cuantías que figuran en pesetas en los instrumentos jurídicos.

No obstante lo expuesto, en aras de evitar dudas y posibles errores de cálculo, así como para facilitar tanto la labor de las Administraciones Públicas en la aplicación de la norma, como su conocimiento por los ciudadanos, garantizando aún más, si cabe, la seguridad jurídica de éstos, se ha considerado conveniente efectuar la conversión expresa de las cuantías de las sanciones por infracciones en el orden social, recogidas en el Real Decreto Legislativo 5/2000, de 4 de agosto, por el que se aprueba el Texto Refundido de la Ley de Infracciones y Sanciones en el Orden Social.

Procede, por tanto, fijar en euros las cuantías de las sanciones por infracciones en materia de relaciones laborales, empleo, Seguridad Social, emigración y movimientos migratorios, prevención de riesgos laborales, cooperativas, así como las infracciones por obstrucción.

Por todo ello, esta Subsecretaría acuerda lo siguiente:

Primero.

Las cuantías de las sanciones previstas en el apartado 1 del artículo 40 del Texto Refundido de la Ley de Infracciones y Sanciones en el Orden Social, por infracciones en materia de relaciones laborales, empleo, Seguridad Social, emigración, movimientos migratorios y obstrucción, quedan expresadas en euros del siguiente modo:

Graduación	Calificación - Euros
	Leves
Mínimo	De 30,05 a 60,10.
Medio	De 60,11 a 150,25.
Máximo	De 150,26 a 300,51.
	Graves
Mínimo	De 300,52 a 601,01.
Medio	De 601,02 a 1.502,53.
Máximo	De 1.502,54 a 3.005,06.
	Muy graves
Mínimo	De 3.005,07 a 12.020,24.
Medio	De 12.020,25 a 48.080,97.
Máximo	De 48.080,98 a 90.151,82.

Segundo.

Las cuantías de las sanciones previstas en el apartado 2 del artículo 40 del Texto Refundido de la Ley de Infracciones y Sanciones en el Orden Social, por infracciones en prevención de riesgos laborales, tienen la siguiente expresión en euros:

Graduación	Calificación - Euros
	Leves
Mínimo	De 30,05 a 300,51.
Medio	De 300,52 a 601,01.
Máximo	De 601,02 a 1.502,53.
	Graves
Mínimo	De 1.502,54 a 6.010,12.
Medio	De 6.010,13 a 15.025,30.
Máximo	De 15.025,31 a 30.050,61.
	Muy graves
Mínimo	De 30.050,62 a 120.202,42.
Medio	De 120.202,43 a 300.506,05.
Máximo	De 300.506,06 a 601.012,10.

Tercero.

Las cuantías de las sanciones previstas en el apartado 4 del artículo 40 del Texto Refundido de la Ley de Infracciones y Sanciones en el Orden Social, por infracciones en materia de cooperativas, tienen la siguiente expresión una vez convertidas a euros:

Calificación

Leves: De 300,51 a 601,01 euros.

Graves: De 601,02 a 3.005,06 euros.

Muy graves: De 3.005,07 a 30.050,61 euros».

1. Las infracciones en materia de relaciones laborales y empleo, en materia de Seguridad Social, sin perjuicio de lo dispuesto en el apartado 3 siguiente, en materia de movimientos migratorios y trabajo de extranjeros, así como las infracciones por obstrucción se sancionarán.

✐ Ap. 1 párr. 1º modificado por disp. final 1ª.Cuatro de la Ley 40/2006, de 14 diciembre.

⇒ Téngase en cuenta el art. 48 de la Ley 62/2003, de 30 diciembre, de Medidas Fiscales, Administrativas y de Orden Social, que dice lo siguiente:

«Artículo 48. Incremento de la multa a imponer a quien emplee a un trabajador extranjero sin la preceptiva autorización de trabajo.

1. Cuando se sancione a un empleador que utilice un trabajador extranjero sin la preceptiva autorización de trabajo, el importe de la multa establecido en la Ley Orgánica 4/2000, sobre Derechos y Libertades de los Extranjeros en España y su Integración Social, se incrementará en la cuantía que resulte de calcular lo que hubiera correspondido ingresar por cuotas de Seguridad Social y demás conceptos de recaudación conjunta, desde el comienzo de la prestación del trabajo del trabajador extranjero hasta el último día en que se constate dicha prestación de servicios.

2. En el acta de infracción que la Inspección de Trabajo y Seguridad Social levante al efecto, la propuesta de sanción especificará los parámetros utilizados para el cálculo de la cuantía total de la multa según lo indicado en el apartado anterior.

3. El importe correspondiente al incremento de esta sanción se hará efectivo en la Tesorería General de la Seguridad Social conforme al procedimiento reglamentariamente establecido en ejecución de la citada Ley Orgánica 4/2000».

a) Las leves, en su grado mínimo, con multas de 60 a 125 euros; en su grado medio, de 126 a 310 euros; y en su grado máximo, de 311 a 625 euros.

b) Las graves con multa, en su grado mínimo, de 626 a 1.250 euros; en su grado medio de 1.251 a 3.125 euros; y en su grado máximo de 3.126 a 6.250 euros.

c) Las muy graves con multa, en su grado mínimo, de 6.251 a 25.000 euros; en su grado medio de 25.001 a 100.005 euros; y en su grado máximo de 100.006 euros a 187.515 euros.

✐ Las cuantías de las letras a), b) y c) han sido actualizadas por RD 306/2007, de 2 marzo.

2. Las infracciones en materia de prevención de riesgos laborales se sancionarán:

a) Las leves, en su grado mínimo, con multa de 40 a 405 euros; en su grado medio, de 406 a 815 euros; y en su grado máximo, de 816 a 2.045 euros.

b) Las graves con multa, en su grado mínimo, de 2.046 a 8.195 euros; en su grado medio, de 8.196 a 20.490 euros; y en su grado máximo, de 20.491 a 40.985 euros.

c) Las muy graves con multa, en su grado mínimo, de 40.986 a 163.955 euros; en su grado medio, de 163.956 a 409.890 euros; y en su grado máximo, de 409.891 a 819.780 euros.

✐ Las cuantías de las letras a), b) y c) han sido actualizadas por RD 306/2007, de 2 marzo.

Las sanciones impuestas por infracciones muy graves, una vez firmes, se harán públicas en la forma que se determine reglamentariamente.

⇒ La publicidad de estas sanciones se establece en el RD 597/2007, de 4 mayo.

Las infracciones, por faltas graves y muy graves de las entidades especializadas que actúen como servicios de prevención ajenos a las empresas, de las personas o entidades que desarrollen la actividad de auditoría del sistema de prevención de las empresas y de las entidades acreditadas para desarrollar o certificar la formación en materia de prevención de riesgos laborales, podrán dar lugar, además de a las multas previstas en este artículo, a la cancelación de la acreditación otorgada por la autoridad laboral.

3. Las sanciones en materia de Seguridad Social cuando se deriven de actas de infracción y liquidación que se refieran a los mismos hechos y se practiquen simultáneamente, se reducirán automáticamente al 50 por 100 de su cuantía si el sujeto infractor manifiesta su conformidad con la liquidación practicada, ingresando su importe en el plazo procedente.

4. Las infracciones en materia de cooperativas se sancionarán:

a) Las leves, con multa de 375 a 755 euros.

b) Las graves, con multa de 756 a 3.790 euros.

c) Las muy graves, con multa de 3.791 a 37.920 euros.

✐ Las cuantías de las letras a), b) y c) han sido actualizadas por RD 306/2007, de 2 marzo.

Artículo 41. Reincidencia.

1. Existe reincidencia cuando se comete una infracción del mismo tipo y calificación que la que motivó una sanción anterior en el plazo de los 365 días siguientes a la notificación de ésta; en tal supuesto se requerirá que la resolución sancionadora hubiere adquirido firmeza.

2. Si se apreciase reincidencia, la cuantía de las sanciones consignadas en el artículo anterior podrá incrementarse hasta el duplo del grado de la sanción correspondiente a la infracción cometida, sin exceder, en ningún caso, de las cuantías máximas previstas en el artículo anterior para cada clase de infracción.

3. La reincidencia de la empresa de trabajo temporal en la comisión de infracciones tipificadas como muy graves en esta Ley podrá dar lugar a la suspensión de sus actividades durante un año.

Cuando el expediente sancionador lleve aparejada la propuesta de suspensión de actividades, será competente para resolver el Ministro de Trabajo y Asuntos Sociales o la autoridad equivalente de las Comunidades Autónomas con competencia de ejecución de la legislación laboral.

Transcurrido el plazo de suspensión, la empresa de trabajo temporal deberá solicitar nuevamente autorización administrativa que le habilite para el ejercicio de la actividad.

Sección 2ª Normas específicas

Subsección 1ª Responsabilidades empresariales en materia laboral y de prevención de riesgos laborales

Artículo 42. Responsabilidad empresarial.

1. Las infracciones a lo dispuesto en los artículos 42 a 44 del Estatuto de los Trabajadores determinarán la responsabilidad de los empresarios afectados en los términos allí establecidos.

2. Las responsabilidades entre empresas de trabajo temporal y empresas usuarias en materia salarial se regirán por lo dispuesto en el artículo 16.3 de la Ley 14/1994, de 1 de junio, por la que se regulan las empresas de trabajo temporal.

3. La empresa principal responderá solidariamente con los contratistas y subcontratistas a que se refiere el apartado 3 del artículo 24 de la Ley de Prevención de Riesgos Laborales del cumplimiento, durante el período de la contrata, de las obligaciones impuestas por dicha Ley en relación con los trabajadores que aquéllos ocupen en los centros de trabajo de la empresa principal, siempre que la infracción se haya producido en el centro de trabajo de dicho empresario principal.

En las relaciones de trabajo mediante empresas de trabajo temporal, y sin perjuicio de las responsabilidades propias de éstas, la empresa usuaria será responsable de las condiciones de ejecución del trabajo en todo lo relacionado con la protección de la seguridad y la salud de los trabajadores, así como del recargo de prestaciones económicas del sistema de Seguridad Social que puedan fijarse, en caso de accidente de trabajo o enfermedad profesional que tenga lugar en su centro de trabajo durante el tiempo de vigencia del contrato de puesta a disposición y traigan su causa de falta de medidas de seguridad e higiene.

Los pactos que tengan por objeto la elusión, en fraude de ley, de las responsabilidades establecidas en este apartado son nulos y no producirán efecto alguno.

✐ Párrafo añadido por el art. 14 de la Ley 54/2003, de 12 diciembre.

4. La corrección de las infracciones en materia de prevención de riesgos laborales, en el ámbito de las Administraciones públicas se sujetará al procedimiento y normas de desarrollo del artículo 45.1 y concordantes de la Ley 31/1995, de 8 de noviembre, de Prevención de Riesgos Laborales.

⇒ V. el art. 3.4 del RD 928/1998, de 14 mayo (§40.2).

5. La declaración de hechos probados que contenga una sentencia firme del orden jurisdiccional contencioso-administrativo, relativa a la existencia de infracción a la normativa de prevención de riesgos laborales, vinculará al orden social de la jurisdicción, en lo que se refiere al recargo, en su caso, de la prestación económica del sistema de Seguridad Social.

Subsección 2ª Responsabilidades en materia de Seguridad Social

Artículo 43. Responsabilidades empresariales.

1. Las sanciones que puedan imponerse a los distintos sujetos responsables, se entenderán sin perjuicio de las demás responsabilidades exigibles a los mismos, de acuerdo con los preceptos de la Ley General de la Seguridad Social y de sus disposiciones de aplicación y desarrollo.

2. Las responsabilidades entre empresas de trabajo temporal y empresas usuarias en materia de Seguridad Social se regirán por lo dispuesto en el artículo 16.3 de la Ley 14/1994, de 1 de junio, por la que se regulan las empresas de trabajo temporal.

Artículo 44. Mutuas de Accidentes de Trabajo y Enfermedades Profesionales de la Seguridad Social.

1. La Secretaría de Estado de la Seguridad Social, o el correspondiente órgano de Gobierno de las Comunidades Autónomas, en función de su competencia respectiva en orden a la imposición de sanciones, y siempre que las circunstancias que concurran en la infracción así lo aconsejen, podrán acordar, a propuesta de la Inspección de Trabajo y Seguridad Social, la aplicación a las Mutuas de Accidentes de Trabajo y Enfermedades Profesionales de la Seguridad Social de las medidas que a continuación se señalan, con independencia de las sanciones que puedan imponerse a las mismas de conformidad con lo previsto en el artículo 40.1:

a) La intervención temporal de la entidad, en caso de infracción calificada de grave.

b) La remoción de sus órganos de gobierno, juntamente con la intervención temporal de la entidad, o bien el cese de aquéllas en la colaboración, en caso de infracción calificada de muy grave.

2. Si los empresarios promotores de una Mutua de Accidentes de Trabajo y Enfermedades Profesionales de la Seguridad Social realizasen algún acto en nombre de la entidad antes de que su constitu-

ción haya sido autorizada por el órgano de la Administración pública competente y sin que figure inscrita en el correspondiente registro, o cuando falte alguna formalidad que le prive de existencia en derecho y de personalidad en sus relaciones jurídicas con terceros, los que de buena fe contraten con aquella Mutua no tendrán acción contra ésta, pero sí contra los promotores. En este supuesto, la responsabilidad de los promotores por dichos actos será ilimitada y solidaria. En tales casos, los empresarios promotores de la Mutua de Accidentes de Trabajo y Enfermedades Profesionales de la Seguridad Social serán sujetos responsables asimismo de las infracciones comprendidas en la Sección 3ª del Capítulo III de esta Ley.

Artículo 45. Sanciones a los empresarios que colaboren voluntariamente en la gestión.

Con independencia de las sanciones que correspondan de acuerdo con el artículo 40.1, y siempre que las circunstancias del caso lo requieran, en beneficio de la corrección de deficiencias observadas en la propuesta elevada al órgano directivo responsable de la vigilancia, dirección y tutela de la Seguridad Social, se podrán aplicar, además, las siguientes sanciones:

1. Suspensión temporal de la autorización para colaborar por plazo de hasta cinco años.

2. Retirada definitiva de la autorización para colaborar con la pérdida de la condición de Entidad colaboradora.

Subsección 3ª Sanciones accesorias a los empresarios en materia de empleo, ayudas de fomento del empleo, formación ocupacional y continua y protección por desempleo

Rúbrica modificada por el ap. Diecinueve del art. 46 de la Ley 62/2003, de 30 diciembre.

Artículo 46. Sanciones accesorias a los empresarios.

Sin perjuicio de las sanciones a que se refiere el artículo 40.1 y salvo lo establecido en el artículo 46 bis) de esta Ley, los empresarios que hayan cometido infracciones muy graves tipificadas en los artículos 16 y 23 de esta Ley en materia de empleo y de protección por desempleo:

1. Perderán automáticamente las ayudas, bonificaciones y, en general, los beneficios derivados de la aplicación de los programas de empleo, con efectos desde la fecha en que se cometió la infracción.

2. Podrán ser excluidos del acceso a tales beneficios por un período máximo de un año.

3. En los supuestos previstos en los apartados 3 y 4 del artículo 16, quedan obligados, en todo caso, a la devolución de las cantidades obtenidas indebidamente y las no aplicadas o aplicadas incorrectamente.

Párr. 1 modificado por disp. adic. 14.3 de la LO 3/2007, de 22 marzo, para la igualdad efectiva de mujeres y hombres.

Subsección 3ª bis. Responsabilidades en materia de igualdad

Subsección (art. 46 bis) añadida por disp. adic. 14.4 de la LO 3/2007, de 22 marzo, para la igualdad efectiva de mujeres y hombres.

Artículo 46 bis. Responsabilidades empresariales específicas.

1. Los empresarios que hayan cometido las infracciones muy graves tipificadas en los apartados 12, 13 y 13 bis) del artículo 8 y en el apartado 2 del artículo 16 de esta Ley serán sancionados, sin perjuicio de lo establecido en el apartado 1 del artículo 40, con las siguientes sanciones accesorias:

a) Pérdida automática de las ayudas, bonificaciones y, en general, de los beneficios derivados de la aplicación de los programas de empleo, con efectos desde la fecha en que se cometió la infracción, y

b) Exclusión automática del acceso a tales beneficios durante seis meses.

2. No obstante lo anterior, en el caso de las infracciones muy graves tipificadas en el apartado 12 del artículo 8 y en el apartado 2 del artículo 16 de esta Ley referidas a los supuestos de discriminación directa o indirecta por razón de sexo, las sanciones accesorias a las que se refiere el apartado anterior podrán ser sustituidas por la elaboración y aplicación de un plan de igualdad en la empresa, si así se determina por la autoridad laboral competente previa solicitud de la empresa e informe preceptivo de la Inspección de Trabajo y Seguridad Social, en los términos que se establezcan reglamentariamente, suspendiéndose el plazo de prescripción de dichas sanciones accesorias.

En el supuesto de que no se elabore o no se aplique el plan de igualdad o se haga incumpliendo manifiestamente los términos establecidos en la resolución de la autoridad laboral, ésta, a propuesta de la Inspección de Trabajo y Seguridad Social, sin perjuicio de la imposición de la sanción que corresponda por la comisión de la infracción tipificada en el apartado 17 del artículo 8, dejará sin efecto la sustitución de las sanciones accesorias, que se aplicarán de la siguiente forma:

a) La pérdida automática de las ayudas, bonificaciones y beneficios a la que se refiere la letra a) del apartado anterior se aplicará con efectos desde la fecha en que se cometió la infracción;

b) La exclusión del acceso a tales beneficios será durante seis meses a contar desde la fecha de la resolución de la autoridad laboral por la que se acuerda dejar sin efecto la suspensión y aplicar las sanciones accesorias.

Subsección 4ª Sanciones a los trabajadores, solicitantes y beneficiarios en materia de empleo y de Seguridad Social

Artículo 47. Sanciones a los trabajadores, solicitantes y beneficiarios.

1. En el caso de los solicitantes y beneficiarios de pensiones o prestaciones de Seguridad Social, incluidas las de desempleo, las infracciones se sancionarán:

a) Las leves con pérdida de pensión durante un mes. En el caso de las prestaciones por desempleo de nivel contributivo o asistencial, las infracciones leves tipificadas en los apartados 2 y 3 del artículo 24 se sancionarán conforme a la siguiente escala:

1ª Infracción. Pérdida de 1 mes de prestaciones.

2ª Infracción. Pérdida de 3 meses de prestaciones.

3ª Infracción. Pérdida de 6 meses de prestaciones.

4ª Infracción. Extinción de prestaciones.

Se aplicará esta escala a partir de la primera infracción y cuando entre la comisión de una infracción leve y la anterior no hayan transcurrido más de los 365 días que establece el artículo 41.1 de esta Ley, con independencia del tipo de infracción.

b) Las graves tipificadas en el artículo 25 con pérdida de la prestación o pensión durante un período de tres meses, salvo las de sus números 2 y 3, respectivamente, en las prestaciones por incapacidad temporal y en las prestaciones y subsidios por desempleo, en las que la sanción será de extinción de la prestación.

En el caso de las prestaciones por desempleo de nivel contributivo o asistencial las infracciones graves tipificadas en el apartado 4 del artículo 25 se sancionarán conforme a la siguiente escala:

1ª Infracción. Pérdida de 3 meses de prestaciones.

2ª Infracción. Pérdida de 6 meses de prestaciones.

3ª Infracción. Extinción de prestaciones.

Se aplicará esta escala a partir de la primera infracción y cuando entre la comisión de una infracción grave y la anterior no hayan transcurrido más de los 365 días que establece el artículo 41.1 de esta Ley, con independencia del tipo de infracción.

c) Las muy graves, con pérdida de la pensión durante un período de seis meses o con extinción de la prestación o subsidio por desempleo.

Igualmente, se les podrá excluir del derecho a percibir cualquier prestación económica y, en su caso, ayuda de fomento de empleo durante un año, así como del derecho a participar durante ese período en acciones formativas en materia de formación profesional ocupacional y continua.

d) No obstante las sanciones anteriores, en el supuesto de que la transgresión de las obligaciones afecte al cumplimiento y conservación de los requisitos que dan derecho a la prestación, podrá la entidad gestora suspender cautelarmente la misma hasta que la resolución administrativa sea definitiva.

2. En el caso de trabajadores por cuenta propia o ajena, y demandantes de empleo no solicitantes ni beneficiarios de prestaciones por desempleo, las infracciones se sancionarán:

a) En el caso de desempleados inscritos como demandantes de empleo en el servicio público de empleo, no solicitantes ni beneficiarios de prestaciones por desempleo, las infracciones leves, graves y muy graves tipificadas en el artículo 17 se sancionarán con el cambio de la situación administrativa de su demanda de empleo de la de alta a la de baja, situación en la que permanecerá durante uno, tres y seis meses respectivamente. En esta situación estos demandantes no participarán en procesos de intermediación laboral ni serán beneficiarios de las acciones de mejora de la ocupabilidad contempladas en las políticas activas de empleo.

No obstante lo establecido en el párrafo anterior, estos demandantes, cuando trabajen y queden en situación de desempleo, podrán inscribirse nuevamente en el servicio público de empleo y, en ese caso, solicitar las prestaciones y subsidios por desempleo si reúnen los requisitos exigidos para ello.

b) En el caso de trabajadores por cuenta propia o ajena que cometan las infracciones tipificadas en el artículo 17.3, se les excluirá del derecho a percibir ayudas de fomento de empleo y a participar en acciones formativas en materia de formación profesional ocupacional y continua durante seis meses.

3. Las sanciones a que se refiere este artículo se entienden sin perjuicio del reintegro de las cantidades indebidamente percibidas.

4. La imposición de las sanciones por las infracciones previstas en esta subsección se llevará a efecto de acuerdo con lo previsto en el artículo 48.4 de esta Ley, respetando la competencia respectiva del órgano sancionador y estableciendo la cooperación necesaria para la ejecución de la sanción impuesta, cuando la misma corresponda a la competencia de otro órgano.

✐ Artículo modificado por el ap. Dieciséis del art. 46 de la Ley 62/2003, de 30 diciembre.

CAPÍTULO VII

Disposiciones comunes

Artículo 48. Atribución de competencias sancionadoras.

⇒ V. art. 4 del RD 928/1998, de 14 mayo (§40.2), así como nota al art. 40 de esta Ley.

1. La competencia para sancionar las infracciones en el orden social, en el ámbito de la Administración General del Estado, corresponde, a propuesta de la Inspección de Trabajo y Seguridad Social, a la autoridad competente a nivel provincial, hasta 1.000.000 de pesetas; al Director general competente, hasta 5.000.000 de pesetas; al Ministro de Trabajo y Asuntos Sociales, hasta 10.000.000 de pesetas; y al Consejo de Ministros, a propuesta del de Trabajo y Asuntos Sociales, hasta 15.000.000 de pesetas.

2. En el ámbito de competencias de la Administración General del Estado, las infracciones en materia de prevención de riesgos laborales serán sancionadas, a propuesta de la Inspección de Trabajo y Seguridad Social, por la autoridad competente a nivel provincial, hasta 5.000.000 de pesetas; por el Director general competente, hasta 15.000.000 de pesetas; por el Ministro de Trabajo y Asuntos Sociales, hasta 50.000.000 de pesetas; y por el Consejo de Ministros, a propuesta del de Trabajo y Asuntos Sociales, hasta 100.000.000 de pesetas.

3. Las infracciones en materia de cooperativas tipificadas en la presente Ley serán sancionadas, a propuesta de la Inspección de Trabajo y Seguridad Social, por el órgano directivo del que dependa el Registro de Sociedades Cooperativas, hasta 1.000.000 de pesetas y por el Ministro de Trabajo y Asuntos Sociales, hasta 5.000.000 de pesetas y la descalificación.

4. La imposición de las sanciones por infracciones leves y graves a los trabajadores en materia de empleo, formación profesional y ayudas para el fomento del empleo, corresponde al servicio público de empleo competente; y en materia de Seguridad Social corresponde a la entidad gestora de la Seguridad Social competente, salvo que la sanción afecte a las prestaciones por desempleo, en cuyo caso la competencia corresponde a la entidad gestora de las mismas; la de las muy graves a la autoridad competente a propuesta de la Inspección de Trabajo y Seguridad Social.

Cuando la sanción impuesta consista en la extinción de la prestación por desempleo por la comisión de una infracción muy grave, la autoridad competente que haya impuesto la sanción dará traslado a la entidad gestora de dicha prestación a los efectos procedentes para su aplicación.

El servicio público de empleo comunicará, en el momento en que se produzcan o conozcan, las infracciones contenidas en los artículos 24.3 y 25.4 de esta Ley, a la entidad gestora de las prestaciones por desempleo, a los efectos sancionadores que a ésta le corresponden.

✐ Apartado modificado por el ap. Diecisiete del art. 46 de la Ley 62/2003, de 30 diciembre.

5. El ejercicio de la potestad sancionadora respecto de las infracciones del orden social, cuando corresponda a la Administración de las Comunidades Autónomas con competencia en materia de ejecución de la legislación del orden social, se ejercerá por los órganos y con los límites de distribución que determine cada Comunidad Autónoma.

6. La atribución de competencias a que se refieren los apartados anteriores no afecta al ejercicio de la potestad sancionadora que pueda corresponder a otras Administraciones por razón de las competencias que tengan atribuidas.

7. En los supuestos de acumulación de infracciones correspondientes a la misma materia en un solo procedimiento, será órgano competente para imponer la sanción por la totalidad de dichas infracciones, el que lo sea para imponer la de mayor cuantía, de conformidad con la atribución de competencias sancionadoras efectuada en los apartados anteriores.

8. La potestad para acordar las sanciones accesorias establecidas en esta Ley corresponderá a quien la ostente para imponer las de carácter principal de las que deriven aquéllas.

Artículo 49. Actuaciones de advertencia y recomendación.

No obstante lo dispuesto en el artículo anterior, la Inspección de Trabajo y Seguridad Social, de conformidad con lo previsto en los artículos 17.2 del Convenio 81 de la OIT y 22.2 del Convenio 129 de la OIT, ratificados por el Estado español por Instrumentos de 14 de enero de 1960 y 11 de marzo de 1971, respectivamente, cuando las circunstancias del caso así lo aconsejen y siempre que no se deriven daños ni perjuicios directos a los trabajadores, podrá advertir y aconsejar, en vez de iniciar un procedimiento sancionador; en estos supuestos dará cuenta de sus actuaciones a la autoridad laboral competente.

Artículo 50. Infracciones por obstrucción a la labor inspectora.

1. Las infracciones por obstrucción a la labor inspectora se califican como leves, graves y muy graves, en atención a la naturaleza del deber de colaboración infringido y de la entidad y consecuencias de la acción u omisión obstructora sobre la actuación de la Inspección de Trabajo y Seguridad Social, conforme se describe en los números siguientes.

2. Las acciones u omisiones que perturben, retrasen o impidan el ejercicio de las funciones que, en orden a la vigilancia del cumplimiento de las disposiciones legales, reglamentarias y convenios colectivos tienen encomendadas los Inspectores de Trabajo y Seguridad Social y los Subinspectores de Empleo y Seguridad Social, serán constitutivas de obstrucción a la labor inspectora que se calificarán como graves, excepto los supuestos comprendidos en los apartados 3 y 4 de este artículo.

Tendrán la misma consideración las conductas señaladas en el párrafo anterior que afecten al ejercicio de los cometidos asignados a los funcionarios públicos a que se refiere el artículo 9.2 de la Ley 31/1995, de 8 de noviembre, de Prevención de Riesgos Laborales, en sus actuaciones de comprobación en apoyo de la Inspección de Trabajo y Seguridad Social.

✐ Párrafo añadido por el art. 15 de la Ley 54/2003, de 12 diciembre.

3. Son infracciones leves:

a) Las que impliquen un mero retraso en el cumplimiento de las obligaciones de información, comunicación o comparecencia, salvo que dichas obligaciones sean requeridas en el curso de una visita de inspección y estén referidas a documentos o información que deban obrar o facilitarse en el centro de trabajo.

b) La falta del Libro de Visitas de la Inspección de Trabajo y Seguridad Social en el centro de trabajo.

4. Se calificarán como infracciones muy graves:

a) Las acciones u omisiones del empresario, sus representantes o personas de su ámbito organizativo, que tengan por objeto impedir la entrada o permanencia en el centro de trabajo de los Inspectores de Trabajo y Seguridad Social y de los Subinspectores de Empleo y Seguridad Social, así como la negativa a identificarse o a identificar o dar razón de su presencia sobre las personas que se encuentren en dicho centro realizando cualquier actividad.

b) Los supuestos de coacción, amenaza o violencia ejercida sobre los Inspectores de Trabajo y Seguridad Social y los Subinspectores de Empleo y Seguridad Social así como la reiteración en las conductas de obstrucción calificadas como graves.

c) El incumplimiento de los deberes de colaboración con los funcionarios del sistema de Inspección de Trabajo y Seguridad Social en los términos establecidos en el artículo 11.2 de la Ley Ordenadora de la Inspección de Trabajo y Seguridad Social.

d) El incumplimiento del deber de colaboración con los funcionarios del sistema de la Inspección de Trabajo y Seguridad Social al no entregar el empresario en soporte informático la información requerida para el control de sus obligaciones en materia de régimen económico de la Seguridad Social, cuando esté obligado o acogido a la utilización de sistemas de presentación de los documentos de cotización por medios informáticos, electrónicos o telemáticos.

✐ Letra d) añadida por el ap. Dieciocho del art. 46 de la Ley 62/2003, de 30 diciembre.

5. Las obstrucciones a la actuación inspectora serán sancionadas conforme a lo establecido en la presente Ley, por la autoridad competente en cada caso en función del orden material de actuación del que traiga causa o se derive la obstrucción.

6. Sin perjuicio de lo anterior, en caso necesario la Inspección de Trabajo y Seguridad Social podrá recabar de la autoridad competente o de sus agentes el auxilio oportuno para el normal ejercicio de sus funciones.

CAPÍTULO VIII

Procedimiento sancionador

Artículo 51. Normativa aplicable.

1. Corresponde al Gobierno dictar el Reglamento de procedimiento especial para la imposición de sanciones del orden social.

2. El procedimiento sancionador, común a todas las Administraciones públicas, se ajustará a lo previsto en la presente Ley y en la disposición adicional cuarta de la Ley 42/1997, de 14 de noviembre, Ordenadora de la Inspección de Trabajo y Seguridad Social, siendo de aplicación subsidiaria las disposiciones de la Ley 30/1992, de 26 de noviembre, que regula el Régimen Jurídico de las Administraciones Públicas y el Procedimiento Administrativo Común.

⇒ V. tales normas en §38.2 y §38.5.
V. asimismo el RD 928/1998, de 14 mayo (§40.2).

Artículo 52. Principios de tramitación.

1. El procedimiento se ajustará a los siguientes trámites:

a) Se iniciará, siempre de oficio, por acta de la Inspección de Trabajo y Seguridad Social, en virtud de actuaciones practicadas de oficio, por propia iniciativa o mediante denuncia, o a instancia de persona interesada.

b) El acta será notificada por la citada Inspección al sujeto o sujetos responsables, que dispondrá de un plazo de quince días para formular las alegaciones que estime pertinentes en defensa de su derecho, ante el órgano competente para dictar resolución.

c) Transcurrido el indicado plazo y previas las diligencias necesarias, si se hubieren formulado alegaciones se dará nueva audiencia al interesado por término de ocho días, siempre que de las diligencias practicadas se desprenda la existencia de hechos distintos a los incorporados en el acta.

d) A la vista de lo actuado, por el órgano competente se dictará la resolución correspondiente.

2. El procedimiento para la imposición de sanciones por infracciones leves y graves, a que se refiere el artículo 48.4 de esta Ley, se iniciará de oficio por la correspondiente entidad o por comunicación a la misma de la Inspección de Trabajo y Seguridad Social; la entidad o el órgano correspondiente de la Comunidad Autónoma notificarán los cargos al interesado, dándole audiencia, todo ello con sujeción al procedimiento que reglamentariamente se establezca.

⇒ V. art. 13.2 del RD 928/1998, de 14 mayo (§40.2).

3. Asimismo, el Ministerio Fiscal deberá notificar, en todo caso, a la autoridad laboral y a la Inspección de Trabajo y Seguridad Social la existencia de un procedimiento penal sobre hechos que puedan resultar constitutivos de infracción. Dicha notificación producirá la paralización del procedimiento hasta el momento en que el Ministerio Fiscal notifique a la autoridad laboral la firmeza de la sentencia o auto de sobreseimiento dictado por la autoridad judicial.

✐ Apartado añadido por el art. 16 de la Ley 54/2003, de 12 diciembre.

Artículo 53. Contenido de las actas y de los documentos iniciadores del expediente.

1. Las actas de infracción de la Inspección de Trabajo y Seguridad Social, reflejarán:

a) Los hechos constatados por el Inspector de Trabajo y Seguridad Social o Subinspector de Empleo y Seguridad Social actuante, que motivaron el acta, destacando los relevantes a efectos de la determinación y tipificación de la infracción y de la graduación de la sanción.

b) La infracción que se impute, con expresión del precepto vulnerado.

c) La calificación de la infracción, en su caso la graduación de la sanción, la propuesta de sanción y su cuantificación.

d) En los supuestos en que exista posible responsable solidario, se hará constar tal circunstancia, la fundamentación jurídica de dicha responsabilidad y los mismos datos exigidos para el responsable principal.

2. Los hechos constatados por los referidos funcionarios de la Inspección de Trabajo y Seguridad Social que se formalicen en las actas de infracción observando los requisitos establecidos en el apartado anterior, tendrán presunción de certeza, sin perjuicio de las pruebas que en defensa de los respectivos derechos e intereses puedan aportar los interesados.

El mismo valor probatorio se atribuye a los hechos reseñados en informes emitidos por la Inspección de Trabajo y Seguridad Social, en los supuestos concretos a que se refiere la Ley Ordenadora de la Inspección de Trabajo y Seguridad Social, consecuentes a comprobaciones efectuadas por la misma, sin perjuicio de su contradicción por los interesados en la forma que determinen las normas procedimentales aplicables.

3. Las actas de liquidación de cuotas de la Seguridad Social y las actas de infracción en dicha materia, cuando se refieran a los mismos hechos, se practicarán simultáneamente por la Inspección de Trabajo y Seguridad Social y se tramitarán conforme al procedimiento establecido en la correspondiente normativa.

4. En los documentos de inicio de expedientes sancionadores por las entidades gestoras o servicios correspondientes de las Comunidades Autónomas, se comunicarán a los interesados los hechos u omisiones que se les imputen, la infracción presuntamente cometida, su calificación y la sanción propuesta, con expresión del plazo para que puedan formular alegaciones.

5. Cuando el acta de infracción se practique como consecuencia de informe emitido por los funcionarios técnicos a que se refiere el artículo 9.2 de la Ley 31/1995, de 8 de noviembre, de Prevención de Riesgos Laborales, se incorporará a su texto el relato de hechos del correspondiente informe así como los demás datos relevantes de éste, con el carácter señalado en el artículo 9.3 de la citada Ley. La Inspección de Trabajo y Seguridad Social recabará de los funcionarios públicos referidos la subsanación de sus informes cuando considere que el relato de hechos contenido es insuficiente a efectos sancionadores, procediendo a su archivo si no se subsanase en término de 15 días y sin perjuicio de nuevas comprobaciones.

✐ Apartado añadido por el art. 17 de la Ley 54/2003, de 12 diciembre.

Artículo 54. Recursos.

⇒ Cfr. Cap. IV del RD 928/1998, de 14 mayo (§40.2) y art. 3.2 a) de la LPL (§41).

Contra las resoluciones recaídas en los procedimientos sancionadores se podrán interponer los recursos administrativos y jurisdiccionales que legalmente procedan.

DISPOSICIONES ADICIONALES

Primera. Actualización del importe de las sanciones.

La cuantía de las sanciones establecidas en el artículo 40 de la presente Ley podrá ser actualizada periódicamente por el Gobierno, a propuesta del Ministro de Trabajo y Asuntos Sociales, teniendo en cuenta la variación de los índices de precios al consumo.

Segunda. Cuerpo Superior de Inspectores de Trabajo y Seguridad Social.

La disposición adicional tercera de la Ley 8/1988, de 7 de abril, en su redacción vigente, quedará derogada en cada territorio autonómico cuando se logre el respectivo acuerdo con cada Comunidad Autónoma a que se refiere el art. 17 de la Ley 42/1997, de 14 noviembre, Ordenadora de la Inspección de Trabajo y Seguridad Social, de conformidad con lo previsto en el apartado dos de su disposición derogatoria.

⇒ La disp. adic. 3ª de la Ley 8/1988, de 7 abril, dice así:

«Se establece el carácter de Cuerpo Nacional para el Cuerpo Superior de Inspectores de Trabajo y Seguridad Social a los efectos previstos en los artículos 28 y 29 de la Ley 123/1983, de 14 de octubre, del proceso autonómico.

De acuerdo con las Comunidades Autónomas, se regularán las condiciones de participación de las mismas en la selección, formación y perfeccionamiento, así como la provisión de destinos, ascensos, situaciones administrativas y régimen disciplinario de los funcionarios de dicho Cuerpo Superior, e igualmente la asdcripción orgánica y funcional de dichos funcionarios a las Administraciones Autonómicas, en el número que de común acuerdo se fije.

Los funcionarios del Cuerpo Superior de Inspección de Trabajo y Seguridad Social, no obstante su adscripción orgánica y funcional, podrán desarrollar la totalidad de los cometidos que dicho Cuerpo tiene encomendados, cualquiera que fuere la Administración pública a la que estuvieren adscritos».

Tercera. Competencia sancionadora en materia de prestaciones por desempleo.

Lo dispuesto en el apartado 4 del artículo 48 de esta Ley se entiende sin perjuicio de las funciones en materia de empleo delimitadas por los Reales Decretos de traspasos a las Comunidades Autónomas de la gestión realizada por el Instituto Nacional de Empleo en materia de trabajo, empleo y formación, así como de la coordinación entre los servicios públicos de empleo de las Comunidades Autónomas y la entidad gestora de las prestaciones por desempleo.

La coordinación a la que se refiere el párrafo anterior se llevará a cabo en la Comisión de Coordinación y Seguimiento, de composición paritaria, contemplada en los Reales Decretos de traspasos a las Comunidades Autónomas de la gestión realizada por el Instituto Nacional de Empleo en materia de trabajo, empleo y formación, y constituida para la coordinación de la gestión del empleo y la gestión de las prestaciones por desempleo, sin perjuicio de los convenios que a tal efecto pudieran suscribirse entre los órganos y entidades competentes del Estado y de las Comunidades Autónomas.

✐ Disp. añadida por el ap. Quince del art. 46 de la Ley 62/2003, de 30 diciembre.

DISPOSICIÓN DEROGATORIA

Única. Derogación normativa.

1. Quedan derogadas cuantas disposiciones de igual o inferior rango se opongan a lo previsto en la presente Ley.

2. Quedan expresamente derogadas las siguientes disposiciones:

a) Ley 8/1988, de 7 de abril, sobre Infracciones y Sanciones en el Orden Social, sin perjuicio de lo dispuesto en la disposición adicional segunda de la presente Ley.

b) De la Ley del Estatuto de los Trabajadores, Texto Refundido aprobado por Real Decreto Legislativo 1/1995, de 24 de marzo, el Título IV, artículos 93 a 97.

c) De la Ley 31/1995, de 8 de noviembre, de Prevención de Riesgos Laborales, los apartados 2, 4 y 5 del artículo 42, y del artículo 45, excepto los párrafos tercero y cuarto de su apartado 1, al 52.

d) De la Ley 14/1994, de 1 de junio, por la que se regulan las empresas de trabajo temporal, el Capítulo V, artículos 18 a 21.

e) De la Ley 10/1997, de 24 de abril, sobre Derechos de Información y Consulta de los Trabajadores en las Empresas y Grupos de Dimensión Comunitaria, el Capítulo I del Título III, artículos 30 a 34.

f) De la Ley 27/1999, de 16 de julio, de Cooperativas, los artículos 114 y 115.

g) De la Ley 45/1999, de 29 de noviembre, sobre el Desplazamiento de Trabajadores en el Marco de la Prestación de Servicios Transnacionales, los artículos 10 a 13.

3. Las referencias contenidas en la normativa vigente a las disposiciones y preceptos que se derogan expresamente en el apartado anterior deberán entenderse efectuadas a la presente Ley y a los preceptos de ésta que regulan la misma materia.

DISPOSICIÓN FINAL

Única. Carácter de esta Ley.

La presente Ley, así como sus normas reglamentarias de desarrollo, constituyen legislación dictada al amparo del artículo 149.1.2ª, 7ª, 17ª y 18ª de la Constitución Española.

§ 40.2 REAL DECRETO 928/1998, DE 14 MAYO. APRUEBA EL REGLAMENTO GENERAL SOBRE PROCEDIMIENTOS PARA LA IMPOSICIÓN DE SANCIONES POR INFRACCIONES DE ORDEN SOCIAL Y PARA LOS EXPEDIENTES LIQUIDATORIOS DE CUOTAS DE LA SEGURIDAD SOCIAL

(BOE núm. 132, de 3 junio; rect. BOE núm. 151, de 25 junio [RCL 1998, 1373 y 1552])

La Ley 42/1997, de 14 de noviembre, ordenadora de la Inspección de Trabajo y Seguridad Social, en su disposición adicional cuarta, determina los principios rectores del procedimiento sancionador por infracciones en el orden social y de liquidación de cuotas de la Seguridad Social. Su disposición final única autoriza al Gobierno para dictar las disposiciones necesarias para el desarrollo y aplicación de dicha Ley.

⇒ V. dicha norma en §38.2.

En cumplimiento de dichas previsiones, la presente disposición aborda la regulación de dicha materia, con carácter general para las Administraciones públicas competentes en la materia, por tratarse de procedimientos administrativos para la aplicación de una legislación sustantiva estatal de aplicación general, en los términos de la disposición adicional cuarta de la Ley 42/1997, antes citada. A tal respecto, ha de consignarse que esta disposición asume lo dispuesto por la Ley 30/1992, de 26 de noviembre, de Régimen Jurídico de las Administraciones Públicas y del Procedimiento Administrativo Común, incorporando sus principios normativos fundamentales en orden a las garantías del administrado y a la eficacia de la acción administrativa, sin perjuicio de la especialidad de estos procedimientos, reconocida en su disposición adicional séptima.

De otro lado, la presente regulación ha de dar respuesta procedimental a los cambios que derivan de la nueva ordenación que establece la citada Ley 42/1997, y la Ley 66/1997, de Medidas Fiscales, Administrativas y de Orden Social, especialmente en lo que atañe a los procedimientos liquidatorios antes referidos, así como a las transformaciones orgánicas y funcionales introducidas por la Ley 6/1997, de 14 de abril, de Organización y Funcionamiento de la Administración General del Estado.

El Reglamento que se aprueba tiene en cuenta la más reciente doctrina jurisprudencial, en particular la contenida en las Sentencias 195/1996, de 28 de noviembre, y 124/1989, de 7 de julio, ambas del Tribunal Constitucional, y ha tomado en consideración la experiencia obtenida en la aplicación práctica de la normativa preexistente. Tras la necesaria regulación de aspectos referentes a la fase inspectora previa y anterior al inicio del procedimiento administrativo sancionador o liquidatorio, éste se regula, en base a su especialidad, mediante la aplicación de los principios de celeridad y de eficacia administrativas, al tiempo que se extreman las garantías de seguridad jurídica que merecen los ciudadanos. Asimismo, se incorporan normas derivadas de las innovaciones legislativas antes citadas, y se prescinde de fórmulas procedimentales que la experiencia ha mostrado como perturbadoras en la realidad práctica.

En su virtud, a propuesta del Ministro de Trabajo y Asuntos Sociales, en aplicación de lo dispuesto en la disposición adicional cuarta de la Ley 42/1997, de 14 de noviembre, con la aprobación previa del Ministro de Administraciones Públicas, de acuerdo con el Consejo de Estado, y previa deliberación del Consejo de Ministros en su reunión del día 14 de mayo de 1998, dispongo:

Artículo único. Aprobación del Reglamento.

Se aprueba el Reglamento general sobre procedimientos para la imposición de sanciones por infracciones de orden social y para los expedientes liquidatorios de cuotas de la Seguridad Social, común a las Administraciones públicas, que se inserta a continuación.

DISPOSICIÓN ADICIONAL

Única. Asunción de competencias.

Cuando se supriman las Direcciones Provinciales de Trabajo, Seguridad Social y Asuntos Sociales de conformidad con lo previsto en la disposición final primera del Real Decreto 1330/1997, de 1 de agosto, de integración de servicios periféricos y de estructura de las Delegaciones del Gobierno, la competencia para sancionar las infracciones en el orden social, atribuidas actualmente a los Directores provinciales de Trabajo, Seguridad Social y Asuntos Sociales, serán asumidas, en el ámbito de la Administración General del Estado, por los Jefes de las Inspecciones Provinciales de Trabajo y Seguridad Social y por la autoridad central para el desarrollo de las funciones previstas en el artículo 18.3.9 de la Ley 42/1997, de 14 de noviembre, ordenadora de la Inspección de Trabajo y Seguridad Social.

⇒ Dicha supresión ha tenido lugar por RD 2725/1998, de 18 diciembre, de Integración de las Direcciones Provinciales de Trabajo, Seguridad Social y Asuntos Sociales en las Delegaciones de Gobierno.

DISPOSICIÓN TRANSITORIA

Única. Expedientes en tramitación y atribución de competencias.

1. Los expedientes iniciados antes de la vigencia del presente Real Decreto, entendiéndose por fecha de iniciación la de extensión del acta o del escrito de iniciación de la entidad gestora, se tramitarán y resolverán con arreglo a las disposiciones anteriores hasta ahora en vigor.

2. El régimen de recursos de los procedimientos a que se refiere el apartado anterior será el establecido en los artículos 23 y 33.3 del Reglamento que se aprueba por el presente Real Decreto y, subsidiariamente, en el Capítulo II del Título VII de la Ley de Régimen Jurídico de las Administraciones Públicas y del Procedimiento Administrativo Común y, con carácter supletorio, en el Real Decreto 1398/1993, de 4 de agosto, por el que se aprueba el Reglamento del procedimiento para el ejercicio de la potestad sancionadora.

Cuando se trate de recursos contra resoluciones sobre actas de infracción y de liquidación que se refieran a los mismos hechos, dictadas en primera instancia por la Dirección General competente por razón de la materia, el recurso ordinario se resolverá por el Ministro de Trabajo y Asuntos Sociales.

3. Hasta tanto se dicten las normas de desarrollo organizativo de la Ley 42/1997, y se proceda a la provisión de las Jefaturas de las Unidades Especializadas de la Inspección en Seguridad Social, las funciones previstas para las mismas en el artículo 33.2 del Reglamento general adjunto serán ejercidas con el mismo carácter por el Jefe de la Unidad de la Inspección de Trabajo y Seguridad Social en la Dirección Provincial de la Tesorería General de la Seguridad Social o, en su caso, por el correspondiente órgano inspector de la Autoridad Central.

4. Las facultades de resolución del recurso ordinario derivado de expedientes originados por actas de liquidación a que se refiere el capítulo VI del Reglamento general que se aprueba, hasta tanto se desarrolle reglamentariamente la figura del Director territorial de la Inspección de Trabajo y Seguridad Social y se proceda a su cobertura, serán ejercidas por el Jefe de la Inspección Provincial en que radique la respectiva capitalidad autonómica, excepto las derivadas de acta formulada por la Unidad radicada en la autoridad central, y por las Inspecciones Provinciales radicadas en La Rioja, Ceuta y Melilla en que dichas facultades corresponderán a la autoridad central de la Inspección de Trabajo y Seguridad Social.

DISPOSICIÓN DEROGATORIA

Única. Derogación normativa.

Quedan derogados el Real Decreto 396/1996, de 1 de marzo, por el que se aprueba el Reglamento sobre procedimiento para la imposición de sanciones por infracciones en el orden social y para la extensión de actas de liquidación de cuotas de la Seguridad Social, y cuantas disposiciones de igual o inferior rango se opongan a lo preceptuado en el presente Real Decreto.

DISPOSICIÓN FINAL

Única. Entrada en vigor y facultades normativas.

1. El presente Real Decreto y el Reglamento que aprueba entrarán en vigor el día 1 del mes siguiente al de su publicación en el «Boletín Oficial del Estado».

2. Se faculta al Ministro de Trabajo y Asuntos Sociales para dictar las disposiciones de aplicación y ejecución de este Real Decreto.

REGLAMENTO GENERAL SOBRE PROCEDIMIENTOS PARA LA IMPOSICIÓN DE SANCIONES POR INFRACCIONES DE ORDEN SOCIAL Y PARA LOS EXPEDIENTES LIQUIDATORIOS DE CUOTAS DE LA SEGURIDAD SOCIAL

CAPÍTULO I
Disposiciones generales

Artículo 1. Objeto y forma de iniciación de los procedimientos.

1. Se regirán por el presente Reglamento los procedimientos administrativos, comunes a las Administraciones públicas, para la imposición de sanciones por incumplimiento de normas en el orden social, así como para la extensión de actas de liquidación y demás documentos liquidatorios de cuotas de la Seguridad Social y de otros conceptos de recaudación conjunta con las mismas, cualquiera que sea la Administración pública competente.

2. Ambos procedimientos, sancionador y liquidatorio, se iniciarán siempre de oficio por acta de la Inspección de Trabajo y Seguridad Social de conformidad con lo dispuesto en la disposición adicional cuarta.1 de la Ley 42/1997, de 14 de noviembre, y en la Ley 8/1988, de 7 de abril, de Infracciones y Sanciones en el Orden Social, sin perjuicio de los supuestos a que se refiere el número siguiente.

3. El procedimiento de imposición de sanciones, leves y graves, a los solicitantes y beneficiarios de prestaciones a que se refiere la Ley de Infracciones y Sanciones del Orden Social, se iniciará por la entidad gestora, de conformidad con lo dispuesto en el Capítulo VII de este Reglamento.

Artículo 2. Necesidad de expediente previo.

1. Para la imposición de sanciones por infracciones administrativas en el orden social será obligatoria la previa tramitación del oportuno expediente, en la que habrán de respetarse las garantías y observarse los requisitos establecidos en el presente Reglamento.

2. Las liquidaciones de cuotas a la Seguridad Social y demás conceptos de ingreso conjunto con éstas que practique la Inspección de Trabajo y Seguridad Social, se regirán por lo establecido en el Capítulo VI del presente Reglamento, de acuerdo con el carácter de los diferentes documentos liquidatorios.

Artículo 3. Sujetos responsables.

⇒ V. art. 2 RDLeg 5/2000, de 4 agosto (§40.1).

1. Son sujetos responsables del incumplimiento o infracción de las normas del orden social quienes puedan resultar imputados a tenor de lo establecido en la Ley de Infracciones y Sanciones del Orden Social, en la Ley ordenadora de la Inspección de Trabajo y Seguridad Social, y en cualesquiera otras leyes del orden social. Quedarán sometidos al procedimiento sancionador los sujetos referidos por razón de las acciones u omisiones en que incurran tipificadas como infracción en las disposiciones del orden social.

2. En materia de deudas por cuotas a la Seguridad Social y demás conceptos asimilados, son sujetos responsables los que resulten obligados a la cotización e ingreso de cuotas en aplicación de lo establecido en la correspondiente normativa específica reguladora de la materia.

3. La responsabilidad por infracciones administrativas en el orden social se extingue por fallecimiento de la persona física responsable, procediendo al archivo de las actuaciones sancionadoras, y sin perjuicio de la responsabilidad económica por deudas a la Seguridad Social.

4. Queda excluido del ámbito de aplicación de este Reglamento la corrección de infracciones en materia de prevención de riesgos laborales en el ámbito de las Administraciones públicas, que se sujetará al procedimiento y régimen previsto en el artículo 45 de la Ley 31/1995, de 8 de noviembre, de Prevención de Riesgos Laborales, y en su normativa de desarrollo.

Artículo 4. Atribución de competencias sancionadoras.

⇒ V. art. 48 RDLeg 5/2000, de 4 agosto (§40.1).

1. Las infracciones serán sancionadas en el ámbito de competencia de la Administración General del Estado, a propuesta de la Inspección de Trabajo y Seguridad Social, por los órganos a los que normativamente se haya atribuido la potestad sancionadora.

2. El ejercicio de la potestad sancionadora de las infracciones del orden social, cuando corresponda a la Administración de las Comunidades Autónomas con competencia en materia de ejecución de legislación laboral y de la Seguridad Social, se ejercerá por los órganos que determine cada Comunidad Autónoma, y con los límites de distribución que cada una de éstas establezca.

3. Será Administración pública competente para resolver el expediente sancionador iniciado por

un acta de infracción por obstrucción, el que lo fuera por razón de la materia objeto de la actuación concreta de la Inspección de Trabajo y Seguridad Social, en el marco de la distribución de competencias entre la Administración General del Estado y las Comunidades Autónomas. Cuando la materia sea competencia de la Administración General del Estado, si por razón de su cuantía correspondiera resolver a una Dirección General, la asumirá la autoridad central de la Inspección de Trabajo y Seguridad Social, lo mismo que en los supuestos de recurso ordinario.

4. El órgano competente para resolver el expediente sancionador lo será para acordar las sanciones accesorias que correspondan a tenor de la Ley de Infracciones y Sanciones en el Orden Social, salvo que se disponga lo contrario.

5. La competencia para resolver se determinará de acuerdo con la cuantía de la sanción propuesta en el acta de infracción. En los supuestos de acumulación de infracciones previstos en el artículo 16 de este Reglamento, será órgano sancionador competente de la totalidad de dichas infracciones el que lo sea para imponer la de mayor cuantía, a tenor de la Ley de Infracciones y Sanciones en el Orden Social, salvo que expresamente se disponga lo contrario.

6. La autoridad central de la Inspección de Trabajo y Seguridad Social podrá dirigirse al órgano de la Administración del Estado que en sus resoluciones se desvíe reiteradamente de los criterios interpretativos técnicos a que se refieren los artículos 18.3.7 y 18.3.12 de la Ley 42/1997, poniéndole de manifiesto lo que proceda. Asimismo, y mediante escrito razonado, podrá dirigirse a órganos de las Administraciones autonómicas con las sugerencias que estime convenientes.

Artículo 5. Concurrencia de sanciones con el orden jurisdiccional penal.

⇒ V. art. 3 RDLeg 5/2000, de 4 agosto (§40.1).

1. Cuando la inspección actuante o el órgano al que corresponda resolver el expediente sancionador entienda que las infracciones pueden ser constitutivas de delito, lo comunicará al Ministerio Fiscal y se abstendrá de seguir el procedimiento administrativo sancionador a que se refiere el Capítulo III y que corresponda a los mismos hechos, hasta que el Ministerio Fiscal, en su caso, resuelva no interponer acción, o sea firme la sentencia o auto de sobreseimiento que dicte la autoridad judicial y solicitará, de dicho órgano judicial, la notificación del resultado, que se efectuará en los términos previstos en el artículo 270 de la Ley Orgánica del Poder Judicial. Si se hubiere iniciado procedimiento sancionador, la decisión sobre la suspensión corresponderá al órgano competente para resolver.

El Inspector o Subinspector actuante, en el supuesto antes señalado, lo comunicará por su cauce orgánico al Jefe de la Inspección Provincial de Trabajo y Seguridad Social, con expresión de los hechos y circunstancias y de los sujetos que pudieran resultar afectados. Dicho Jefe, si estimase la eventual concurrencia de ilícito penal, lo comunicará al Ministerio Fiscal, teniendo en cuenta lo dispuesto en el párrafo primero respecto a la suspensión, y al órgano al que corresponda resolver.

También se suspenderá el procedimiento administrativo cuando, no mediando dicha comunicación, se venga en conocimiento de la existencia de actuaciones penales por los mismos hechos y fundamentos en relación al mismo presunto responsable.

2. La comunicación del apartado anterior no afectará al inmediato cumplimiento de la paralización de trabajos a que se refiere el artículo 44 de la Ley de Prevención de Riesgos Laborales, ni a la eficacia de los requerimientos formulados, cuyo incumplimiento se comunicará a través del órgano correspondiente al Juzgado competente, por si fuese constitutivo de ilícito penal, ni tampoco afectará a la exigencia de deudas que se apreciasen con el Sistema de Seguridad Social.

3. La condena por delito en sentencia firme excluirá la imposición de sanción administrativa por los mismos hechos que hayan sido considerados probados siempre que concurra, además, identidad de sujeto y fundamento, sin perjuicio de la liquidación de cuotas a la Seguridad Social y demás conceptos de recaudación conjunta, y de la exigencia de reintegro de las ayudas, bonificaciones o de las prestaciones sociales indebidamente percibidas, si procediese.

Artículo 6. Iniciación del procedimiento de oficio ante el orden jurisdiccional social.

⇒ V. art. 146 a) LPL (§41) y art. 7.12 de la Ley 42/1997 (§38.2).

1. De conformidad con lo establecido en la Ley ordenadora de la Inspección de Trabajo y Seguridad Social, los Inspectores de Trabajo y Seguridad Social podrán proponer al Jefe de la Inspección Provincial o al Jefe de la respectiva Unidad especializada la formulación de demandas de oficio ante los Juzgados de lo Social en la forma prevista por el texto refundido de la Ley de Procedimiento Laboral aprobado por Real Decreto Legislativo 2/1995, de 7 de abril. Si se formulase demanda, se dará cuenta al órgano competente para resolver, y se producirá la suspensión del expediente administrativo sancionador y, cuando exista, del procedimiento liquidatorio, con notificación a los interesados y al proponente, hasta tanto se dicte sentencia firme.

Los procedimientos de oficio iniciados mediante certificaciones de las resoluciones firmes derivadas de las actas de infracción de la Inspección de Trabajo y Seguridad Social en las que se aprecien perjuicios económicos para los trabajadores afectados, de conformidad con lo establecido en el artículo 146 a) del texto refundido de la Ley de Procedimiento Laboral, no impedirán la ejecución de las resoluciones administrativas sancionadoras que hayan adquirido firmeza.

2. Una vez comunicada la sentencia firme, se continuará la tramitación del expediente administrativo sancionador o liquidatorio, dictándose la correspondiente resolución, que respetará el pronunciamiento del orden jurisdiccional social sobre el fondo del asunto.

Artículo 7. Prescripción y cosa resuelta.

⇒ V. art. 4 RDLeg 5/2000, de 4 agosto (§40.1).

1. Las infracciones en el orden social prescriben a los tres años contados desde la fecha de la infracción, salvo en materia de Seguridad Social en que el plazo de prescripción es de cinco años, y en materia de prevención de riesgos laborales en que prescribirán al año las infracciones leves, a los tres años las graves y a los cinco años las muy graves, de acuerdo con su legislación específica.

2. Los plazos de prescripción para la imposición de sanciones en el orden social se interrumpen por cualquiera de las causas admitidas en Derecho, por acta de infracción debidamente notificada, requerimiento u orden de paralización de la Inspección de Trabajo y Seguridad Social. En las deudas por cuotas a la Seguridad Social se estará a lo dispuesto en el artículo 21, párrafo segundo, del Texto Refundido de la Ley General de la Seguridad Social aprobado por el Real Decreto Legislativo 1/1994, de 20 de junio. La prescripción también se interrumpirá por la iniciación del procedimiento de oficio señalado en el artículo 6 del presente Reglamento y, en todo caso, por el inicio de actuación administrativa con conocimiento formal del sujeto pasivo conducente a la comprobación de la infracción o de la deuda, por cualquier actuación del sujeto responsable que implique reconocimiento de los hechos constitutivos de la infracción o de la deuda, o por la interposición de reclamación o recurso de cualquier clase por parte de los afectados o sus representantes.

La comunicación trasladando el tanto de culpa al órgano judicial competente o al Ministerio Fiscal, cuando las infracciones pudieran ser constitutivas de delito, interrumpe la prescripción hasta que se notifique a la Administración la resolución judicial que recaiga, o hasta que el Ministerio Fiscal comunique su decisión de no ejercitar la acción penal.

3. Las sanciones impuestas prescribirán a los cinco años, a contar desde el día siguiente a aquel en que adquiera firmeza la resolución por la que se impone la sanción.

4. No podrán sancionarse los mismos hechos que hayan sido objeto de anterior resolución administrativa, cuando concurra identidad de sujeto, de hechos y de fundamentos, salvo que así lo disponga expresamente dicha resolución y persista el infractor de forma continuada en los hechos sancionados.

5. La caducidad declarada de un expediente administrativo sancionador, no impide la iniciación de otro nuevo con identidad de sujeto, hechos y fundamentos, cuando la infracción denunciada no haya prescrito, y mediante la práctica de nueva acta de infracción.

CAPÍTULO II
Actividades previas al procedimiento sancionador

Sección 1ª Iniciación de la actividad inspectora

Artículo 8. Objeto de la actividad inspectora previa.

1. Se entiende por actividad inspectora previa al procedimiento sancionador, a los efectos del presente Reglamento, el conjunto de actuaciones realizadas por la Inspección de Trabajo y Seguridad Social destinadas a comprobar el cumplimiento de las disposiciones legales, reglamentarias y convenidas en el orden social.

2. Tales actuaciones comprobatorias no se dilatarán por espacio de más de nueve meses salvo que la dilación sea imputable al sujeto a inspección; asimismo, no se podrán interrumpir por más de tres meses. Si se incumplen dichos plazos, no se interrumpirá el cómputo de la prescripción y decaerá la posibilidad de extender acta de infracción o de liquidación como consecuencia de tales actuaciones previas, sin perjuicio de la eventual responsabilidad en la que pudieran haber incurrido los funcionarios actuantes.

Ello no obstante, en los supuestos anteriormente citados, y siempre que no lo impida la prescripción, la Inspección de Trabajo y Seguridad Social podrá promover nuevas actuaciones de comprobación referentes a los mismos hechos y extender, en su caso, las actas correspondientes. Las comprobaciones efectuadas en las actuaciones inspectoras previas caducadas, tendrán el carácter de antecedente para las sucesivas, haciendo constar formalmente tal incidencia.

Artículo 9. Formas de iniciación.

1. La actividad previa de comprobación podrá iniciarse, de acuerdo con lo establecido en el artículo 13 de la Ley 42/1997, ordenadora de la Inspección de Trabajo y Seguridad Social, de cualquiera de las siguientes formas:

a) Por orden superior de autoridad competente, tanto de la Administración General del Estado como Autonómica, a través de la correspondiente Jefatura de Inspección Provincial o, en su caso, de sus Unidades especializadas.

b) Por orden de servicio de las Jefaturas de la Inspección Provincial, de sus Unidades especializadas, o del Inspector encargado del equipo, en aplicación de los planes, programas y directrices sobre actuación de la Inspección.

c) Por petición de cualquier órgano jurisdiccional cuando determine su objeto, amplitud y finalidad.

d) Por petición concreta de los organismos de la Seguridad Social, que colaborarán con la Inspección conforme dispone el artículo siguiente, o a solicitud de otra Administración pública.

e) Por propia iniciativa del Inspector de Trabajo y Seguridad Social según lo determinado en las disposiciones vigentes.

f) Por denuncia de hechos presuntamente constitutivos de infracción en el orden social. El escrito de denuncia deberá contener, además de los datos de identificación personal del denunciante y su firma, los hechos presuntamente constitutivos de infracción, fecha y lugar de su acaecimiento, identificación de los presuntamente responsables y demás circunstancias relevantes. No se tramitarán las denuncias anónimas, las que se refieran a materias cuya vigilancia no corresponde a esta Inspección, las que manifiestamente carezcan de fundamento o resulten ininteligibles, ni las que coincidan con asuntos de que conozca un órgano jurisdiccional.

El denunciante no tendrá la consideración de interesado en esta fase de actividad inspectora previa sin perjuicio de que, en su caso, tengan tal condición en los términos del artículo 31 de la Ley de Régimen Jurídico de las Administraciones Públicas y del Procedimiento Administrativo Común una vez que se inicie el expediente sancionador o liquidatorio.

2. Las actuaciones previas de los subinspectores de Empleo y Seguridad Social se efectuarán, en todo caso, en ejecución de las órdenes de servicio recibidas.

3. La Inspección de Trabajo y Seguridad Social podrá abrir un período de información previa con el fin de conocer las circunstancias del caso concreto y la conveniencia o no de iniciar la actuación inspectora.

4. Cuando la actuación inspectora se inicie según lo determinado en los párrafos a), c), d) y f) del apartado 1 de este artículo, se informará por escrito de su resultado.

Artículo 10. Colaboración y coordinación de órganos y autoridades administrativas.

1. Las entidades gestoras y colaboradoras y los servicios comunes de la Seguridad Social prestarán su colaboración a la Inspección de Trabajo y Seguridad Social en la forma dispuesta en los artículos 9.2 de la Ley ordenadora de la Inspección de Trabajo y Seguridad Social y 79 del texto refundido de la Ley General de la Seguridad Social. A tal objeto, cederán o facilitarán a dicha Inspección, cuando les sea solicitado por el cauce orgánico que señale su autoridad central, la información, antecedentes y datos con relevancia para el buen fin de la acción inspectora, incluso los de carácter personal objeto de tratamiento automatizado sin necesidad de consentimiento del interesado.

Del mismo modo, las entidades gestoras y servicios comunes podrán recabar la actuación inspectora y encomendar a la Inspección las comprobaciones que resulten necesarias para su gestión cuando correspondan al ámbito de la acción inspectora. Podrán establecerse programas de coordinación y se intensificará la conexión mutua.

2. El Instituto Nacional de Seguridad e Higiene en el Trabajo colaborará con la Inspección de Trabajo y Seguridad Social en la forma determinada por la Ley de Prevención de Riesgos Laborales, y le facilitará periódicamente los datos y estudios sobre evolución de la siniestralidad laboral.

3. Los servicios técnicos de prevención de riesgos laborales dependientes de las Administraciones públicas comunicarán, por conducto de la autoridad competente, a la Inspección, las irregularidades que observen cuando ofrezcan especial peligrosidad o sean reiteradas, y le prestarán la colaboración técnica y pericial referida en los artículos 9.2 de la Ley de Prevención de Riesgos Laborales y 2.3 de la Ley ordenadora de la Inspección de Trabajo y Seguridad Social, según los programas de inspección que se establezcan o cuando lo exija la comprobación inspectora.

4. La Administración tributaria cederá sus datos y antecedentes a la Inspección de Trabajo y

Seguridad Social en los términos establecidos en el párrafo c) del apartado 1 del artículo 113 de la Ley General Tributaria, incluso estableciendo las conexiones que convengan a tal fin. Mediante programas de coordinación e información, se establecerá la colaboración general y territorial entre las Inspecciones Tributaria y de Trabajo y Seguridad Social. La Dirección General de la Agencia Estatal de Administración Tributaria y la autoridad central de la Inspección de Trabajo y Seguridad Social acordarán las normas para la aplicación de dicha colaboración; asimismo, y por acuerdo, podrá establecerse la colaboración entre la citada Inspección y las Administraciones tributarias forales y autonómicas.

5. Las Fuerzas y Cuerpos de Seguridad competentes estarán obligadas a prestar su auxilio y colaboración a la Inspección de Trabajo y Seguridad Social para el normal ejercicio de sus funciones. Cuando sea presumible la obstrucción, esta colaboración podrá recabarse con anterioridad, a través de los mandos designados al efecto por la autoridad competente, sin perjuicio de que en situaciones de necesidad se recabe directamente al centro o puesto de seguridad más próximo. En todos los supuestos la colaboración de las Fuerzas y Cuerpos de Seguridad se ajustará a lo dispuesto en su legislación específica.

6. Las obligaciones de auxilio y colaboración establecidas en los apartados anteriores sólo tendrán las limitaciones legalmente establecidas referentes a la intimidad de la persona, al secreto de la correspondencia, del protocolo notarial, o de las informaciones suministradas a las Administraciones públicas con finalidad exclusivamente estadística.

Sección 2ª Consecuencias de la actividad inspectora previa al procedimiento sancionador

Artículo 11. Medidas a adoptar por los inspectores de Trabajo y Seguridad Social.

1. El Inspector de Trabajo y Seguridad Social actuante, una vez finalizadas las actuaciones inspectoras previas y valorados sus resultados, podrá adoptar las medidas establecidas por el artículo 7 de la Ley ordenadora de la Inspección de Trabajo y Seguridad Social.

2. Cuando el Inspector de Trabajo y Seguridad Social comprobase infracción a la normativa sobre prevención de riesgos laborales requerirá al empresario para la subsanación de las deficiencias observadas, mediante escrito o en diligencia en el Libro de Visitas en los términos del artículo 43 de la Ley de Prevención de Riesgos Laborales. Su incumplimiento persistiendo los hechos infractores dará lugar a la práctica de la correspondiente acta de infracción por tales hechos, si no la hubiere practicado inicialmente.

3. El Inspector de Trabajo y Seguridad Social podrá ordenar la inmediata paralización de los trabajos o tareas que impliquen un riesgo grave e inminente para la seguridad y la salud de los trabajadores. En tal supuesto, lo comunicará a la empresa por escrito mediante notificación formal o diligencia en el Libro de Visitas, señalando el alcance y causa de la medida y dando cuenta inmediata de la misma a la autoridad laboral competente.

La empresa responsable lo pondrá en conocimiento inmediato de los trabajadores afectados, del Comité de Seguridad y Salud, del Delegado de Prevención o, en su ausencia, de los representantes del personal y hará efectiva la paralización ordenada. La empresa, sin perjuicio del cumplimiento inmediato de la paralización, podrá impugnarla en el plazo de tres días hábiles ante la autoridad laboral competente, que resolverá en el plazo máximo de veinticuatro horas, con posibilidad de recurso ordinario correspondiente, sin perjuicio de su inmediata ejecutividad.

4. La paralización o suspensión de los trabajos se levantará por la Inspección de Trabajo y Seguridad Social que la hubiera decretado, o por el empresario cuando concurran las circunstancias y en la forma establecidas en la Ley 31/1995, de Prevención de Riesgos Laborales. El incumplimiento en esta materia de las decisiones de la Inspección o de la autoridad laboral producirá las responsabilidades previstas en la normativa aplicable.

5. El funcionario de la Inspección actuante podrá advertir o requerir, en vez de iniciar el procedimiento sancionador, cuando las circunstancias del caso así lo aconsejen y no se deriven perjuicios directos a los trabajadores. Tal advertencia o requerimiento se comunicará por escrito o mediante diligencia en el Libro de Visitas al sujeto responsable, señalando las irregularidades o deficiencias apreciadas con indicación del plazo para su subsanación bajo el correspondiente apercibimiento.

6. Los Subinspectores de Empleo y Seguridad Social podrán proceder en cualquiera de las formas a que se refiere el artículo 8.4 de la Ley ordenadora de la Inspección de Trabajo y Seguridad Social, en las actuaciones que realicen en el ámbito de sus competencias.

Artículo 12. Extensión de acta de infracción.

1. La extensión de actas de infracción, cuando se constaten hechos constitutivos de infracción en el orden social, se realizará en los términos y condiciones establecidos en este artículo y en el Capítulo III de este Reglamento.

Los Jefes de las Inspecciones Provinciales y de sus Unidades especializadas podrán devolver las actas incompletas o defectuosas o que contraríen los criterios técnicos e interpretativos comunes establecidos para el desarrollo de la función inspectora, para que se corrija el defecto; en cualquier momento, dichos Jefes podrán rectificar los errores materiales y de hecho y los aritméticos, de acuerdo con el artículo 105.2 de la Ley de Régimen Jurídico de las Administraciones Públicas y del Procedimiento Administrativo Común.

2. Cuando como consecuencia del desarrollo de sus funciones se practicasen actas por los Subinspectores de Empleo y Seguridad Social, serán supervisadas en cuanto a su corrección técnica por el Inspector de Trabajo y Seguridad Social al que estén adscritos, que podrá devolverlas si se formulasen incompletas, defectuosas o en contradicción con los criterios técnicos e interpretativos referidos en el apartado 1, para que se corrijan las deficiencias observadas, sin perjuicio del visado, si procediera.

3. Procederá el visado de las actas de infracción y de liquidación extendidas por los Subinspectores de Empleo y Seguridad Social en los supuestos que se determinen en la normativa dictada al amparo del artículo 8.4 de la Ley ordenadora de la Inspección de Trabajo y Seguridad Social, y constará en el acta que se notifique al presunto responsable.

CAPÍTULO III

Procedimiento sancionador

⇒ V. Cap. VIII del RDLeg 5/2000, de 4 agosto (§40.1).

Sección 1ª Disposiciones preliminares

Artículo 13. Iniciación del procedimiento sancionador.

1. El procedimiento sancionador se iniciará de oficio, como resultado de la actividad inspectora previa, por acta de infracción de la Inspección de Trabajo y Seguridad Social, que se extenderá y tramitará de acuerdo con lo establecido en este Capítulo.

2. El procedimiento de imposición de sanciones leves y graves a los solicitantes y beneficiarios de prestaciones de Seguridad Social, a que se refiere la Ley de Infracciones y Sanciones del Orden Social, se iniciará por la correspondiente entidad gestora, de conformidad con lo dispuesto en el Capítulo VII de este Reglamento.

⇒ V. art. 52.1 del RDLeg 5/2000, de 4 agosto (§40.1).

Artículo 14. Contenido de las actas de infracción.

1. Las actas de infracción de la Inspección de Trabajo y Seguridad Social habrán de reflejar:

a) Nombre y apellidos o razón social, domicilio, actividad, documento nacional de identidad, número de identificación fiscal, código de cuenta de cotización a la Seguridad Social y, en su caso, número de identificación de autónomos, del presunto sujeto infractor. Si se comprobase la concurrencia de responsable subsidiario o solidario, se hará constar tal circunstancia, fundamentación fáctica y jurídica de su presunta responsabilidad y los mismos datos exigidos para el sujeto responsable directo.

b) Los hechos comprobados por el Inspector de Trabajo y Seguridad Social o por el Subinspector de Empleo y Seguridad Social actuante, con expresión de los relevantes a efectos de la tipificación de la infracción, los medios utilizados para la comprobación de los hechos que fundamentan el acta, y los criterios en que se fundamenta la graduación de la propuesta de sanción; asimismo, consignará si la actuación ha sido mediante visita, comparecencia o por expediente administrativo.

c) La infracción o infracciones presuntamente cometidas, con expresión del precepto o preceptos vulnerados, y su calificación.

d) Número de trabajadores de la empresa y número de trabajadores afectados por la infracción, cuando tal requisito sirva para graduar la sanción o, en su caso, calificar la infracción.

e) La propuesta de sanción, su graduación y cuantificación, que será el total de las sanciones propuestas si se denunciara más de una infracción. Se incluirán expresamente la propuesta de las sanciones accesorias que procedan como vinculadas a la sanción principal.

f) Órgano competente para resolver y plazo para la interposición de alegaciones ante el mismo.

g) Indicación del funcionario que levanta el acta de infracción y firma del mismo y, en su caso, visado del Inspector de Trabajo y Seguridad Social con su firma e indicación del que la efectúe.

h) Fecha del acta de infracción.

2. El Inspector actuante determinará en el acta las medidas que estimase necesario establecer con carácter provisional para asegurar la eficacia de la resolución y evitar el mantenimiento de los efectos

de la infracción, de conformidad con los artículos 72 y 136 de la Ley de Régimen Jurídico de las Administraciones Públicas y del Procedimiento Administrativo Común, y artículo 15 del Reglamento para el ejercicio de la potestad sancionadora, aprobado por Real Decreto 1398/1993, de 4 de agosto, y demás normativa de aplicación a cada caso; dichas medidas deben ser proporcionadas al caso.

3. Cuando el Inspector de Trabajo y Seguridad Social que levante el acta considere que de la presunta infracción se derivan perjuicios económicos para los trabajadores afectados, y a los efectos de lo previsto en el artículo 146.a) del texto refundido de la Ley de Procedimiento Laboral, podrá incluirlos en el acta consignándolos, en tal caso, con los requisitos exigidos para la validez de las demandas.

4. Las actas de infracción por infracciones graves que conlleven la expedición de actas o propuestas de liquidación por los mismos hechos, se formalizarán simultáneamente con las liquidaciones.

5. La aplicación de la reincidencia exige que se señale tal circunstancia y su causa, y que se trate de infracciones del mismo tipo y calificación, que la resolución sancionadora de la primera infracción haya adquirido firmeza en vía administrativa, y que entre la fecha de dicha firmeza de la primera infracción y la comprobación de la segunda infracción no haya transcurrido más de un año. Si se apreciase reincidencia, la cuantía de las sanciones podrá incrementarse en la forma establecida por la legislación aplicable.

Artículo 15. Valor probatorio de las actas de los funcionarios de la Inspección de Trabajo y Seguridad Social.

Las actas extendidas por la Inspección de Trabajo y Seguridad Social tienen naturaleza de documentos públicos. Las actas formalizadas con arreglo a los requisitos establecidos en el artículo anterior estarán dotadas de presunción de certeza de los hechos y circunstancias reflejados en la misma que hayan sido constatados por el funcionario actuante, salvo prueba en contrario, de conformidad con lo establecido en la disposición adicional cuarta.2 de la Ley 42/1997, de 14 de noviembre, ordenadora de la Inspección de Trabajo y Seguridad Social.

⇒ V. art. 9.2 y 9.3 de la Ley 31/1995, de 8 noviembre, de Prevención de Riesgos Laborales (§23) sobre actuación de funcionarios públicos de las Administraciones Central y autonómicas que colaboran con la Inspección de Trabajo y Seguridad Social en esa materia.

Artículo 16. Acumulación.

En el caso de que en la misma actuación inspectora se estimasen varias presuntas infracciones, deberán acumularse en una sola acta las correspondientes a una misma materia, entendiendo por tales las infracciones en materia de relación laboral, de prevención de riesgos laborales, de Seguridad Social, en materia de colocación y empleo, en materia de emigración, de movimientos migratorios y de trabajo de extranjeros, y las motivadas por obstrucción. No procederá la acumulación en los casos de tramitación simultánea de actas de infracción y liquidación por los mismos hechos, cuando concurran supuestos de responsabilidad solidaria o subsidiaria, o en las infracciones relacionadas causalmente con un accidente de trabajo o enfermedad profesional. En todo caso, la acumulación de infracciones respetará la distribución de competencias entre la Administración General del Estado y la de la Comunidad Autónoma respectiva.

Sección 2ª Tramitación y resolución del procedimiento

Artículo 17. Notificación de las actas de infracción y alegaciones.

1. Las actas de infracción serán notificadas al presunto sujeto o sujetos responsables en el plazo de diez días hábiles contados a partir del término de la actuación inspectora, entendiéndose por ésta la de la fecha del acta, advirtiéndoles que podrán formular escrito de alegaciones en el plazo de quince días hábiles contados desde el siguiente a su notificación, acompañado de la prueba que estimen pertinente, ante el órgano competente para resolver el expediente.

2. Cuando el acta de infracción afecte a solicitantes y beneficiarios de prestaciones, se comunicará a las correspondientes entidades gestoras, a efectos de la adopción de la suspensión cautelar prevista en la normativa aplicable.

3. Las actas de infracción y las de liquidación por los mismos hechos, se notificarán al presunto sujeto o sujetos responsables simultáneamente; en tal supuesto, el plazo de impugnación será conjunto al de impugnación de la liquidación en los términos del artículo 34 de este Reglamento.

4. El sujeto o sujetos imputados que formulen alegaciones frente al acta, tendrán derecho a vista de los documentos obrantes en el expediente, sin más excepciones que las necesarias para asegurar la confidencialidad del origen de cualquier queja, de conformidad con el artículo 15 c) del Convenio número 81 de la Organización Internacional del Trabajo y el artículo 12.1 de la Ley ordenadora de la Inspección de Trabajo y Seguridad Social. El escrito de alegaciones y los medios de prueba de que

intente valerse el sujeto o sujetos responsables se presentará ante el órgano competente para resolver el expediente.

Artículo 18. Tramitación e instrucción del expediente.

1. La ordenación de la tramitación del expediente sancionador corresponderá al órgano que disponga de competencia para su resolución, con sujeción a lo establecido en este artículo y en las normas que rigen el procedimiento administrativo.

2. Si no se formalizase escrito de alegaciones, continuará la tramitación del procedimiento hasta dictar la resolución que corresponda, cumplimentándose, con carácter previo, el trámite de audiencia en favor del presunto responsable.

3. Si se formulasen alegaciones en plazo contra el acta de infracción, el órgano al que corresponda resolverlas podrá recabar informe ampliatorio, que se emitirá en quince días, del Inspector o Subinspector que practicó el acta, *que asumirá las funciones de instructor del expediente*. El citado informe será preceptivo si en las alegaciones se invocan hechos o circunstancias distintos a los consignados en el acta, insuficiencia del relato fáctico de la misma, o indefensión por cualquier causa.

✐ La STC 51/2006, de 16 febrero (RTC 2006, 51), declara contrario a la Constitución el inciso que atribuye al Inspector la condición de instructor del expediente cuando se trate de procedimientos cuya resolución competa a una Comunidad Autónoma, pues serán sus propias normas las que determinen cómo y quién debe instruirlo.

Dicho informe valorará expresamente las pruebas aportadas o que se hubiesen practicado, y las alegaciones producidas, y contendrá propuesta definitiva de resolución. Si el expediente derivara de acta visada por Inspector, el informe del Subinspector que la practicó será objeto de conformidad por el Inspector que visó el acta originadora de actuaciones, en los términos que establece el artículo 12.2 y 3 de este Reglamento.

4. Terminada la instrucción y antes de dictar resolución, si se hubiesen formulado alegaciones, el órgano competente para resolver el expediente dará audiencia al supuesto responsable por término de ocho días con vista a lo actuado, siempre que de las diligencias practicadas se desprenda la invocación o concurrencia de hechos distintos a los reseñados en el acta, pudiendo formular nuevas alegaciones por término de otros tres días, a cuyo término quedará visto para resolución.

5. Si el acta de infracción se hubiere practicado por los mismos hechos que motiven acta de liquidación, la presentación de alegaciones o de recurso contra una de ellas se entenderá como formulado también contra la otra, salvo que expresamente se manifieste lo contrario, procediéndose en tal supuesto en la forma establecida en el capítulo VI de este Reglamento.

Artículo 19. Procedimiento de oficio ante el orden jurisdiccional social, derivado de comunicaciones de la autoridad laboral.

⇒ V. arts. 146-150 del TR de la LPL (§41).

1. Cuando el acta de infracción haya sido impugnada por el sujeto responsable con base en argumentos y pruebas que razonablemente puedan desvirtuar la naturaleza jurídica de la relación objeto de la propuesta inspectora, el Inspector de Trabajo y Seguridad Social podrá proponer al respectivo Jefe de la Inspección Provincial o el órgano competente de la Comunidad Autónoma que se formalice demanda de oficio ante la Jurisdicción de lo Social que, de formalizarse, motivará la suspensión de la práctica del acta con notificación al interesado.

2. En los casos que el acta de infracción se refiera a supuestos tipificados en los apartados 5, 6 y 10 del artículo 95 y en los 2, 11 y 12 del artículo 96 del Texto Refundido del Estatuto de los Trabajadores aprobado por el Real Decreto Legislativo 1/1995, de 24 de marzo, y concurran las circunstancias establecidas por la Ley de Procedimiento Laboral, podrá procederse en la forma establecida en el apartado anterior.

⇒ V. nota al art. 149.2 LPL (§41).

3. Las propuestas a que se refieren los apartados anteriores contendrán los requisitos generales exigidos para las demandas de los procesos ordinarios. Si el respectivo Jefe de la Inspección Provincial o la autoridad competente formulase demanda de oficio, observará en la misma los requisitos indicados acompañando copia del expediente sancionador, y suspenderá el procedimiento sancionador. Una vez recaída sentencia firme y comunicada la misma, de conformidad con el artículo 270 de la Ley Orgánica del Poder Judicial, continuará la tramitación del expediente administrativo.

4. La autoridad competente, una vez haya tenido notificación de la sentencia firme derivada del procedimiento judicial social, ordenará que se continúe la tramitación del expediente administrativo sancionador y que el funcionario actuante elabore la correspondiente propuesta de resolución.

Artículo 20. Resolución.

1. El órgano competente para resolver, previas las diligencias que estime necesarias, dictará la

resolución motivada que proceda en el plazo de diez días desde el momento en que finalizó la tramitación del expediente, bien confirmando, modificando o dejando sin efecto la propuesta del acta. Si se dejase sin efecto el acta se ordenará el archivo del expediente y, en su caso, el levantamiento de las medidas de carácter provisional adoptadas a que se refiere el artículo 14.2 de este Reglamento.

La resolución acordará la anulación del acta cuando ésta carezca de los requisitos imprescindibles para alcanzar su fin, o cuando dé lugar a la indefensión de los interesados y no se hubiese subsanado en la tramitación previa a la resolución.

2. La resolución decidirá de forma expresa, en su caso, sobre la propuesta de sanciones accesorias previstas en la Ley de Infracciones y Sanciones del Orden Social.

3. Si no hubiese recaído resolución transcurridos seis meses desde la fecha del acta, sin cómputo de las interrupciones por causas imputables a los interesados o de la suspensión del procedimiento a que se refiere este Reglamento, se iniciará el cómputo del plazo de treinta días establecido en el artículo 43.4 de la Ley de Régimen Jurídico de las Administraciones Públicas y del Procedimiento Administrativo Común. Transcurrido el plazo de caducidad el órgano competente emitirá, a solicitud del interesado, certificación en la que conste que ha caducado el procedimiento y se ha procedido al archivo de actuaciones.

⇒ V. la disp. adic. única del RD 1125/2001, que dice:

Disposición adicional única. Plazo máximo para resolver en los expedientes sancionadores por infracciones de orden social y de liquidación de cuotas por débitos a la Seguridad Social.

El plazo máximo para resolver los expedientes sancionadores y liquidatorios por infracciones de orden social y débitos por cuotas a la Seguridad Social, a los que se refieren los artículos 20.3 y 33.2 del Real Decreto 928/1998, de 14 de mayo, será de seis meses, produciéndose en caso de falta de resolución en dicho plazo la caducidad del expediente. Cuando concurran circunstancias excepcionales, podrá acordarse la ampliación de dicho plazo máximo, en los términos previstos en el artículo 42.6 de la Ley 30/1992, de Régimen Jurídico de las Administraciones Públicas y del Procedimiento Administrativo Común.

Artículo 21. Notificación de la resolución.

1. Las resoluciones recaídas en los procedimientos sancionadores por infracciones de orden social serán notificadas a los interesados, advirtiéndoles de los recursos que correspondan contra ellas, órgano administrativo o judicial ante el que hubieran de presentarse y plazo para interponerlas. Asimismo, se remitirá copia del acto al funcionario que hubiere promovido el expediente.

Si se imponen sanciones pecuniarias, la notificación contendrá además:

a) El importe a ingresar.

b) El plazo, lugar y forma de ingreso en período voluntario.

c) La prevención de que, transcurrido dicho período sin efectuarse el ingreso y de no haberse interpuesto, en su caso, el correspondiente recurso ordinario, se devengará inmediatamente el recargo de apremio e intereses de demora y se procederá al cobro y, en su caso, ejecución, por el procedimiento administrativo de apremio que corresponda, salvo en los supuestos del apartado 2 del artículo 25.

2. Cuando el acta de infracción se haya comunicado a las correspondientes entidades gestoras o servicios comunes de la Seguridad Social, de acuerdo con lo establecido en este Reglamento, se les remitirá, asimismo, copia de la resolución que recaiga.

3. Cuando la resolución imponga sanciones accesorias o declare la responsabilidad solidaria del empresario respecto de la devolución de las cantidades indebidamente percibidas por el trabajador, se comunicará a los correspondientes organismos y entidades gestoras al día siguiente de la fecha en que se dicte.

4. Las resoluciones firmes que aprecien la existencia de perjuicios económicos a los trabajadores afectados podrán comunicarse al órgano judicial competente a los efectos de la iniciación del procedimiento de oficio regulado en el artículo 146.a) del texto refundido de la Ley de Procedimiento Laboral.

5. Cuando el acta de infracción se haya levantado con ocasión de accidente de trabajo o enfermedad profesional, se trasladará copia de la resolución confirmatoria a los trabajadores afectados, o a sus derechohabientes en caso de fallecimiento del trabajador.

6. Si la infracción recogida en el acta constituye vulneración del derecho a la libertad sindical o de los derechos de representación de los trabajadores, se trasladará copia de la resolución recaída a los representantes legales de los trabajadores.

CAPÍTULO IV
Recursos, ejecución de resoluciones y recaudación

⇒ V. art. 54 del RDLeg 5/2000, de 4 agosto (§40.1).

Artículo 22. Del cómputo de los términos y plazos.

El cómputo de los términos y plazos establecidos en el presente Reglamento, y el régimen de notificaciones y comunicaciones se ajustará a lo dispuesto en la Ley de Régimen Jurídico de las Administraciones Públicas y del Procedimiento Administrativo Común.

Artículo 23. Recurso ordinario.

1. Contra las resoluciones previstas en el capítulo anterior, se podrá interponer recurso ordinario en el plazo de un mes ante el órgano superior competente por razón de la materia, de acuerdo con lo dispuesto en el artículo 4 de este Reglamento, cuya resolución agotará la vía administrativa.

Las resoluciones dictadas por los Directores generales competentes por razón de la cuantía que no pongan fin a la vía administrativa y las dictadas por el Secretario de Estado de la Seguridad Social, podrán ser objeto de recurso ordinario ante el Ministro de Trabajo y Asuntos Sociales. Las resoluciones del Ministro de Trabajo y Asuntos Sociales y del Consejo de Ministros agotan la vía administrativa.

En el ámbito de competencia de las Comunidades Autónomas corresponderá a éstas la determinación de los órganos competentes para la resolución del recurso ordinario.

2. El recurso ordinario se regirá por lo establecido por la Ley de Régimen Jurídico de las Administraciones Públicas y del Procedimiento Administrativo Común en lo no regulado por el apartado anterior. Transcurridos tres meses desde la interposición del recurso ordinario sin que recaiga resolución, se podrá entender desestimado y quedará expedita la vía jurisdiccional contencioso-administrativa.

Artículo 24. Ejecución.

1. Las resoluciones sancionadoras firmes en vía administrativa serán inmediatamente ejecutivas.

2. Las medidas de intervención temporal y remoción de órganos de gobierno de las Mutuas de Accidentes de Trabajo y Enfermedades Profesionales de la Seguridad Social, las sanciones a los empresarios que colaboren voluntariamente en la gestión de la Seguridad Social, las sanciones accesorias previstas en el artículo 45 de la Ley de Infracciones y Sanciones en el Orden Social y el reintegro de prestaciones indebidas se ejecutarán por la Secretaría de Estado para la Seguridad Social o por la entidad gestora competente, una vez que sea firme en vía administrativa la resolución que las impone.

3. Las medidas cautelares previstas en el artículo 74.2 del texto refundido de la Ley General de la Seguridad Social respecto de las Mutuas de Accidentes de Trabajo y Enfermedades Profesionales, podrán adoptarse de forma inmediata previa audiencia de la entidad.

Artículo 25. Recaudación del importe de las sanciones.

1. Las sanciones pecuniarias a que se refiere este Reglamento, impuestas por órganos de la Administración General del Estado, excepto por infracciones en materia de Seguridad Social, serán recaudadas por el procedimiento establecido en el Reglamento General de Recaudación con las particularidades siguientes:

a) La recaudación en período voluntario se efectuará por los órganos del Ministerio de Trabajo y Asuntos Sociales, sin perjuicio de las fórmulas de colaboración y recaudación que autorice el Ministerio de Economía y Hacienda.

b) El plazo de ingreso será de treinta días desde la fecha de notificación de la resolución que imponga la sanción. Si la resolución que imponga la sanción es recurrida en vía administrativa, en la resolución del recurso se concederá, en su caso, un nuevo plazo de quince días para ingreso.

c) La recaudación en período ejecutivo se efectuará por los órganos de recaudación del Ministerio de Economía y Hacienda por el procedimiento administrativo de apremio.

2. Las sanciones pecuniarias impuestas por órganos de la Administración General del Estado por infracciones en materia de Seguridad Social, serán hechas efectivas en la Tesorería General de la Seguridad Social que procederá a su reclamación a los solos efectos recaudatorios en los términos establecidos en el Reglamento General de Recaudación de los Recursos del Sistema de la Seguridad Social. A tal efecto se le remitirá certificación del acto firme para que, a los solos efectos recaudatorios y sin posibilidad de revisión, proceda a su reclamación.

De la efectividad del pago, se dará cuenta por dicha Tesorería General de la Seguridad Social, en el plazo de diez días hábiles, al Jefe de la Inspección Provincial de Trabajo y Seguridad Social que haya tramitado el expediente sancionador. De no efectuarse el ingreso en los plazos señalados, se instará la recaudación en vía ejecutiva por los órganos y procedimientos establecidos en el Reglamento General de Recaudación de los Recursos del Sistema de la Seguridad Social.

3. Las sanciones impuestas en el ámbito de sus competencias por órganos de las Comunidades Autónomas serán recaudadas por los órganos y procedimientos establecidos en las normas que regulan la recaudación de los ingresos de derecho público de cada una de dichas Comunidades.

4. El ingreso de las sanciones a que se refieren los apartados anteriores, se comunicará a la Jefatura de la Inspección Provincial de Trabajo y Seguridad Social que emitió las actas originadoras del expediente sancionador, con la periodicidad que establezca la Conferencia Sectorial de Asuntos Laborales.

CAPÍTULO V
Normas específicas

Artículo 26. Suspensión de actividades o cierre de centro de trabajo.

Cuando concurran circunstancias de excepcional gravedad en las infracciones referidas a la seguridad e higiene y salud laborales el Jefe de la Inspección Provincial de Trabajo y Seguridad Social lo pondrá en conocimiento del órgano correspondiente de la Comunidad Autónoma o de la Administración del Estado si no se hubiere transferido la competencia y, en su caso, de la autoridad central de la Inspección, al objeto de que se someta la suspensión temporal o el cierre del establecimiento a la aprobación del Gobierno o del órgano competente de la Comunidad Autónoma, de conformidad con lo previsto en el artículo 53 de la Ley de Prevención de Riesgos Laborales.

Artículo 27. Recargo de prestaciones en caso de accidente de trabajo o enfermedad profesional por falta de medidas de seguridad.

La Inspección de Trabajo y Seguridad Social está legitimada para iniciar el procedimiento administrativo para declarar la responsabilidad empresarial por falta de medidas de seguridad e higiene en el trabajo proponiendo el porcentaje de incremento que estime procedente, en aplicación del artículo 123 del Texto Refundido de la Ley General de la Seguridad Social, que es compatible con la responsabilidad administrativa, penal o civil que derive de los hechos constitutivos de la infracción.

El informe-propuesta de dicha Inspección recogerá los hechos y circunstancias concurrentes, disposiciones infringidas, la causa concreta de las enumeradas en el artículo 123.1 del Texto Refundido citado que motive la propuesta y el porcentaje que considere procedente aplicar. Si se hubiese practicado acta de infracción y hubiese recaído resolución de la autoridad laboral sobre la misma, dicha resolución se aportará al expediente de iniciación. Si no se hubiere practicado previamente acta de infracción, en el informe-propuesta se justificará razonadamente tal circunstancia.

Artículo 28. Medidas cautelares sobre entidades colaboradoras en la gestión del sistema de la Seguridad Social.

1. Cuando la Inspección de Trabajo y Seguridad Social considere que los hechos y circunstancias concurrentes en una infracción cometida por una Mutua de Accidentes de Trabajo y Enfermedades Profesionales de la Seguridad Social puedan dar lugar a la adopción de alguna de las medidas cautelares previstas en el artículo 74 del texto refundido de la Ley General de la Seguridad Social, lo propondrá a la Secretaría de Estado de la Seguridad Social u órgano competente que iniciará el correspondiente procedimiento administrativo.

2. Cuando la Inspección de Trabajo y Seguridad Social estime que las deficiencias observadas en las infracciones cometidas por los empresarios que colaboran voluntariamente en la gestión de la Seguridad Social impiden el mantenimiento del régimen económico y presupuestario de colaboración establecido, y las circunstancias del caso lo requieran propondrá a la Secretaría de Estado de la Seguridad Social la aplicación de las sanciones previstas en la Ley de Infracciones y Sanciones en el Orden Social, sin perjuicio de iniciar el procedimiento sancionador ordinario.

3. En los casos a que se refieren los apartados anteriores, además del acta de infracción, se emitirá escrito propuesta que se remitirá a la Secretaría de Estado de la Seguridad Social u órgano competente a través de la autoridad central de la Inspección de Trabajo y Seguridad Social, a la que se comunicará la resolución que se adopte.

CAPÍTULO VI
De los expedientes de liquidación

Artículo 29. Procedimiento administrativo para la tramitación de expedientes liquidatorios por deudas a la Seguridad Social.

1. La Inspección de Trabajo y Seguridad Social, en relación con las deudas por cuotas a la

Seguridad Social y conceptos de ingreso conjunto con éstas, podrá formular propuestas de liquidación, actas de liquidación y requerimientos en los supuestos y con alcance que se establece en este Capítulo.

2. El procedimiento administrativo para la práctica de actas de liquidación y demás documentos liquidatorios de cuotas a la Seguridad Social y conceptos de ingreso conjunto, se ajustará a las disposiciones del presente capítulo y, subsidiariamente, a lo dispuesto en la Ley 30/1992, de 26 de noviembre, de Régimen Jurídico de las Administraciones Públicas y del Procedimiento Administrativo Común. Serán sujetos responsables quienes así resulten por aplicación de las normas reguladoras del Sistema de Seguridad Social.

3. La Inspección de Trabajo y Seguridad Social, sin perjuicio de su estructura y ámbito territorial de actuación, y de conformidad con la habilitación nacional reconocida por el artículo 2.1 de la Ley 42/1997, ordenadora de la Inspección de Trabajo y Seguridad Social, podrá desarrollar actuaciones inspectoras de alcance supraprovincial, relativas a deudas por cuotas a que se refiere este capítulo y el Capítulo III, pudiendo iniciar expedientes liquidatorios y sancionadores del mismo alcance, atribuyendo su resolución al órgano en cuyo ámbito funcional se hayan efectuado las actuaciones o, en su caso, a la autoridad central, cuando corresponda al ejercicio de las competencias previstas en el artículo 18.3.9 de la Ley 42/1997, de 14 de noviembre, ordenadora de la Inspección de Trabajo y Seguridad Social, que, a estos efectos, tendrá la consideración de Inspección Provincial, siéndole de aplicación las atribuciones y cometidos establecidos para dichos órganos periféricos.

4. La Inspección de Trabajo y Seguridad Social extenderá las propuestas de liquidación y las actas de liquidación en modelos oficiales aprobados al efecto por el Subsecretario del Ministerio de Trabajo y Asuntos Sociales, a propuesta de la autoridad central, que podrá establecer las instrucciones internas para su cumplimentación.

⇒ La Res. 10 noviembre 2004 de la Subsecretaría del Ministerio de Trabajo y Asuntos Sociales, que, aprueba los modelos de actas y propuestas de liquidación de la Inspección de Trabajo y Seguridad Social.

Artículo 30. Propuestas de liquidación.

⇒ V. nota al art. 29.4.

1. Procederá propuesta de liquidación de la Inspección de Trabajo y Seguridad Social, cuando la Inspección compruebe la falta total de cotización respecto de trabajadores dados de alta, y no se hubieran presentado los documentos de cotización en plazo reglamentario, así como por trabajadores en alta no figurados en tales documentos aunque éstos se presenten dentro de dicho plazo.

2. La propuesta de liquidación determinará, al menos, el sujeto obligado con sus datos de identificación, período de liquidación y circunstancias del descubierto, número de trabajadores afectados y su identificación, y forma en que se efectuó la comprobación inspectora. La propuesta contendrá la determinación de las bases de cotización y tipos aplicables por contingencias generales, profesionales, horas extraordinarias y cuantas otras sean aplicables, el recargo por mora, y el importe total de la liquidación, y será firmada por el Inspector o Subinspector actuante.

3. Las propuestas de liquidación de la Inspección se comunicarán a la Tesorería General de la Seguridad Social, que formalizará las correspondientes reclamaciones de deuda previstas en el artículo 30.1 del Texto Refundido de la Ley General de la Seguridad Social.

4. Si simultáneamente a la comprobación de descubiertos que den lugar a la práctica de propuestas de liquidación, la Inspección comprobase en el mismo sujeto la concurrencia de deuda originada por los supuestos contemplados en el artículo 31 de este Reglamento, extenderá acta de liquidación en lo que se refiere a estos últimos, sin perjuicio de proceder en la forma dispuesta en el apartado 1 respecto de los primeros.

5. En los supuestos en que se practique propuesta de liquidación de deudas de forma simultánea a la extensión de acta de infracción al mismo sujeto, la Tesorería General de la Seguridad Social comunicará al Jefe de Inspección Provincial la formalización de la reclamación de deuda para coordinar la tramitación de ambos expedientes y, en su caso, de los sancionadores que concurrieren por los mismos hechos que motiven la propuesta de liquidación.

Artículo 31. Actas de liquidación de cuotas.

⇒ V. nota al art. 29.4.

1. Procederá la extensión de actas de liquidación en las deudas por cuotas originadas por:

a) Falta de afiliación o de alta de trabajadores en cualquiera de los Regímenes del Sistema de la Seguridad Social.

b) Diferencias de cotización por trabajadores dados de alta cuando dichas diferencias no resulten directamente de los documentos de cotización presentados dentro o fuera del plazo reglamentario.

c) Por derivación de la responsabilidad del sujeto obligado al pago, cualquiera que sea su causa y Régimen de la Seguridad Social aplicable.

2. En los supuestos en que se compruebe la concurrencia de presuntos responsables solidarios, la Inspección de Trabajo y Seguridad Social podrá extender acta a todos los sujetos responsables o a uno de ellos, que se tramitarán en el mismo expediente.

Artículo 32. Requisitos de las actas de liquidación.

1. Las actas de liquidación contendrán los siguientes requisitos:

a) Determinación del Régimen de Seguridad Social de aplicación.

b) Nombre y apellidos o razón social, domicilio, actividad, documento nacional de identidad o número de identificación fiscal, el código de cuenta de cotización en la Seguridad Social y, en su caso, número de identificación del Régimen Especial de Trabajadores Autónomos, del sujeto o sujetos responsables. Estos últimos datos podrán exceptuarse cuando la empresa no estuviera regularmente constituida o debidamente inscrita. En los supuestos que se compruebe la existencia de presunto responsable solidario o subsidiario, se hará constar tal circunstancia, así como el motivo de su presunta responsabilidad, señalándose también los datos anteriormente mencionados del supuesto responsable solidario o subsidiario.

c) Los hechos comprobados por el funcionario actuante como motivadores de la liquidación y los elementos de convicción de que ha dispuesto en la labor inspectora, describiendo con la suficiente precisión tales hechos y los medios utilizados para su esclarecimiento; y las disposiciones infringidas con expresión del precepto o preceptos vulnerados. Los hechos así consignados gozan de presunción de certeza, salvo prueba en contrario.

d) Los datos que hayan servido de base para calcular el débito: período de descubierto, relación nominal y grupo de cotización de los trabajadores afectados o, en su caso, relaciones contenidas en las declaraciones oficiales formuladas por el presunto responsable, referencia suficientemente identificadora al contenido de tales declaraciones, o relaciones nominales y de datos facilitadas y suscritas por el sujeto responsable; bases y tipos de cotización aplicados; y cuantos otros datos pueda el funcionario actuante obtener o deducir a los fines indicados.

e) El importe principal del débito, el recargo de mora que proceda y el total de ambos.

f) La indicación de la entidad con la que tuviese concertada la contingencia de accidentes de trabajo y enfermedades profesionales.

g) Indicación de si, por los mismos hechos, se practica o no acta de infracción.

h) Indicación del funcionario que extiende el acta de liquidación con su firma y, en su caso, firma del inspector que la conforme con su visado.

i) Indicación expresa de la posibilidad de alegaciones ante el correspondiente Jefe de la Unidad de la Inspección especializada en Seguridad Social, a las que se podrán acompañar las pruebas de que se disponga.

j) Fecha del acta de liquidación.

2. La base de cotización se determinará de acuerdo con las normas que la regulan. Cuando la Inspección de Trabajo y Seguridad Social se vea en la imposibilidad de conocer el importe de las remuneraciones percibidas por el trabajador, se estimará como base de cotización la media entre la base mínima y máxima correspondiente al último grupo de cotización conocido en que estuviese encuadrada la categoría de cada trabajador comprendido en el acta de liquidación, haciendo constar expresamente dicha circunstancia en el acta.

3. Si la categoría profesional del trabajador no fuere conocida, se tomará como tal la que determine el Inspector de Trabajo y Seguridad Social, en función de las actividades del trabajador en la empresa, en aplicación de la normativa laboral que en cada caso corresponda. En los casos de polivalencia funcional o de realización de actividades propias de dos o más categorías profesionales, se estará a las que resulten preferentes en la forma antes indicada.

4. Las actas de liquidación extendidas por los Subinspectores de Empleo y Seguridad Social se formalizarán con el requisito esencial de su visado por el Inspector de Trabajo y Seguridad Social que corresponda, de conformidad con el artículo 8.4 de la Ley ordenadora de la Inspección de Trabajo y Seguridad Social y sus normas de aplicación en los términos y condiciones establecidos al respecto por el artículo 12 del presente Reglamento.

Artículo 33. Notificación y resolución de las actas de liquidación.

1. Las actas de liquidación de cuotas serán notificadas por la Inspección de Trabajo y Seguridad Social al sujeto responsable así como, en su caso, a los responsables subsidiarios o solidarios, haciéndo-

les constar que podrán formular alegaciones en la forma establecida en el artículo anterior en el término de quince días a contar desde la fecha de la notificación. En el supuesto de responsabilidad solidaria las actas se tramitarán en el mismo expediente administrativo liquidatorio.

También se notificará el acta de liquidación a los trabajadores interesados; si afectase a un colectivo de trabajadores, la notificación se efectuará a su representación unitaria o, en su defecto, al primero de los afectados por el orden alfabético de apellidos y nombre. Los trabajadores no conformes con los períodos y bases de cotización recogidas en el acta o con la procedencia de la liquidación, podrán formular alegaciones en las mismas condiciones que el presunto responsable. Asimismo, el acta se comunicará de inmediato a la Tesorería General de la Seguridad Social.

Antes del vencimiento del plazo señalado para formular alegaciones, los interesados podrán ingresar el importe de la deuda figurada en el acta de liquidación, justificando el pago ante la Inspección de Trabajo y Seguridad Social en idéntico plazo. La liquidación provisional cuyo importe se haya hecho efectivo por el sujeto responsable, adquirirá el carácter de liquidación definitiva.

2. Si los obligados al pago y demás interesados a que se refiere el apartado anterior formulasen alegaciones, podrá solicitarse informe ampliatorio al Inspector o Subinspector que formuló el acta, y se dará vista y audiencia al alegante por plazo de diez días en que podrá alegar y probar nuevamente lo que estime conveniente.

Transcurrido el plazo de alegaciones sin que se hayan formulado las mismas, o el de la audiencia y segundas alegaciones, por el Jefe de la Unidad especializada de Seguridad Social de la Inspección de Trabajo se dictará resolución, acto administrativo que eleva a definitiva la liquidación que proceda, o bien se modificará, o dejará sin efecto el acta practicada, que será notificada a los interesados y a la Tesorería General de la Seguridad Social.

En los supuestos de derivación de responsabilidad, la resolución que se dicte determinará quién resulte ser el deudor principal y, en su caso, los restantes deudores solidarios y subsidiarios, entre los sujetos obligados al pago de la deuda, confiriendo al primero, desde dicho instante, los derechos y obligaciones de tal condición, en el mismo acto administrativo liquidatorio. En caso de insolvencia del deudor principal, el procedimiento de apremio podrá dirigirse directamente contra cualquiera de los deudores solidarios restantes recogidos en la resolución administrativa ejecutiva, o contra los subsidiarios si concurriesen los supuestos legales para su exigencia.

⇒ V. nota al art. 20.3 de este Real Decreto.

3. Contra tales resoluciones cabe recurso ordinario ante el Director territorial de la Inspección de Trabajo y Seguridad Social correspondiente.

Los importes figurados en las resoluciones del apartado anterior, sean o no objeto de recurso ordinario, deberán hacerse efectivos en la Tesorería General de la Seguridad Social, hasta el último día del mes siguiente al de su notificación, iniciándose automáticamente, en otro caso, el procedimiento de apremio a que se refieren los artículos 33 y siguientes del texto refundido de la Ley General de la Seguridad Social, salvo que se garantice con aval bancario suficiente o se consigne el importe en los términos reglamentariamente establecidos en la Tesorería General de la Seguridad Social, *no admitiéndose a trámite los recursos en que no concurran tales requisitos.* De la efectividad de estos pagos y, en su caso, de los avales y garantías y de su suficiencia se dará cuenta, por la Tesorería General de la Seguridad Social, en el plazo de diez días hábiles, a la Jefatura Provincial de la Inspección de Trabajo y Seguridad Social que tramitó el expediente.

✐ La frase en cursiva ha sido anulada por STS 21 julio 2000 (RJ 2000, 7096).

Si se hubiese interpuesto recurso ordinario contra el acto administrativo liquidatorio, y se hubiese garantizado su importe con aval suficiente o consignado el mismo, se suspenderá el procedimiento recaudatorio hasta los quince días siguientes a aquel en que se notifique la resolución recaída sobre el recurso ordinario, en los términos establecidos en el Reglamento General de Recaudación de la Seguridad Social.

Tales resoluciones agotan la vía administrativa y son susceptibles de recurso ante la Jurisdicción Contencioso-Administrativa.

4. Los funcionarios de la Inspección de Trabajo y Seguridad Social que hayan iniciado expedientes liquidatorios sobre los que hayan recaído resolución administrativa firme, podrán promover ante su superior jerárquico correspondiente, la revisión de dichas resoluciones cuando estimen razonada y fundadamente que son manifiestamente ilegales y lesivas a los intereses generales, entendiendo que se dan dichos supuestos cuando las mismas infrinjan gravemente normas de rango legal o reglamentario y atenten también gravemente a los intereses económicos de la Seguridad Social. Si los documentos liquidatorios hubieran, necesitado el trámite de visado por un Inspector de Trabajo y Seguridad Social la propuesta de revisión requerirá el mismo requisito.

La autoridad central, en su caso, o a su instancia el órgano superior jerárquico del que dictó la resolución, previo dictamen favorable del Consejo de Estado, podrán declarar de oficio la nulidad de tales resoluciones, o revisar las mismas, de acuerdo con el procedimiento regulado en el Título VII y en el artículo 103.1 de la Ley 30/1992, de 26 de noviembre.

Artículo 34. Actas de liquidación concurrentes con actas de infracción por los mismos hechos.

1. Cuando se practiquen acta de infracción y acta de liquidación de cuotas por los mismos hechos, se procederá de la forma siguiente:

a) Las actas de infracción y liquidación por los mismos hechos tendrán los requisitos formales exigidos para las mismas en el presente Reglamento. El acta de infracción podrá remitirse en cuanto a relato de hechos y demás circunstancias fácticas al contenido del acta de liquidación y sus anexos, haciéndolo constar expresamente.

b) Ambas actas se practicarán con la misma fecha y se notificarán simultáneamente.

c) En las actas de infracción a que se refiere este artículo, sólo cabrá la acumulación de infracciones que se refieran a hechos con efecto liquidatorio en la correspondiente acta de liquidación.

d) El procedimiento aplicable a ambas será conjunto, y responderá al establecido para las actas de liquidación. La resolución será única para ambas actas, y corresponderá al Jefe de la Unidad especializada de Seguridad Social de la Inspección Provincial de Trabajo y Seguridad Social.

2. Si el sujeto infractor diese su conformidad a la liquidación practicada, ingresando su importe en el plazo establecido en el artículo 31.4 del Texto Refundido de la Ley General de la Seguridad Social, y, en su caso, en el señalado en el artículo 33.1, párrafo tercero, de este Reglamento, las sanciones por infracción por los mismos hechos se reducirán automáticamente al 50 por 100 de su cuantía.

3. Las resoluciones que recaigan se comunicarán a la Tesorería General de la Seguridad Social, al funcionario de la Inspección que haya practicado el acta, y se notificarán en forma a los interesados.

4. Contra las resoluciones unificadas a que se refiere el párrafo d) del anterior apartado 1, cabrá recurso ordinario ante el respectivo Director territorial de la Inspección de Trabajo y Seguridad Social, en las condiciones y con los requisitos establecidos en el artículo 33.3.

Artículo 35. Requerimientos de pago de cuotas.

1. Cuando en el ejercicio de su función, la Inspección de Trabajo y Seguridad Social comprobase la existencia de deudas por cuotas a la Seguridad Social o conceptos asimilados, podrá requerir a quien estime sujeto responsable de su pago para que proceda a su ingreso efectivo, absteniéndose de iniciar expedientes sancionador y liquidatorio a resultas de su cumplimiento.

2. En el requerimiento, que podrá formularse mediante diligencia en el Libro de Visitas a que se refiere el artículo 14.3 de la Ley 42/1997, o mediante notificación de escrito ordinario, se determinarán o referirán los elementos sustanciales de la deuda para su regularización, el plazo o plazos para su ingreso efectivo en la Seguridad Social, y la obligación de justificación documental ante la Inspección de cada uno de los ingresos efectuados en los plazos establecidos al efecto en el requerimiento.

3. Si se incumpliese el requerimiento, se procederá a la práctica de las actas de liquidación y de infracción que procedan, en los términos establecidos en los artículos precedentes y, en su caso, se actuará en la forma establecida en el artículo 36 de este Reglamento si hubiese base para ello.

Artículo 36. Deudas con la Seguridad Social o con los sistemas públicos de protección social constitutivas de presunto delito.

Cuando en el ejercicio de su función los Inspectores o Subinspectores comprobasen deudas por cuotas a la Seguridad Social y conceptos asimilados, o por disfrute indebido de prestaciones sociales o subvenciones públicas, si se apreciase la concurrencia de indicios racionales de posible comisión de delito, se procederá en la forma dispuesta en el artículo 5 de este Reglamento en cuanto a dación de cuenta al Ministerio Fiscal. Tal comunicación no suspenderá la tramitación y finalización de los expedientes liquidatorios o de exigencia de devolución de cantidades indebidamente percibidas en el ámbito de los sistemas públicos de protección social, ni a las eventuales actuaciones administrativas posteriores para su exacción.

CAPÍTULO VII

Procedimiento sancionador de las infracciones leves y graves en materia de prestaciones del Sistema de Seguridad Social

Artículo 37. Procedimiento sancionador aplicable.

1. Los Directores provinciales del Instituto Nacional de la Seguridad Social, del Instituto Social

de la Marina o del Instituto Nacional de Empleo, en función de la naturaleza de la prestación serán órganos competentes para sancionar las infracciones leves y graves de los solicitantes o beneficiarios de prestaciones de la Seguridad Social.

2. El procedimiento se iniciará por comunicación de la Inspección de Trabajo y Seguridad Social a la respectiva entidad gestora, o como resultado de los antecedentes o datos obrantes en la propia entidad.

3. El acta de infracción o el escrito de iniciación del procedimiento sancionador deberá exponer los hechos constatados, forma de su comprobación, la infracción presuntamente cometida con expresión del precepto vulnerado, la reincidencia, en su caso, y la propuesta de sanción. Iniciado el procedimiento sancionador, se podrá proceder a la suspensión cautelar del disfrute de la prestación en los términos establecidos en la Ley de Infracciones y Sanciones en el Orden Social, que en el supuesto de prestaciones o subsidios por desempleo, tendrá efectos desde el mes en el que se inicia el procedimiento sancionador, con interrupción del abono de la prestación económica y de la cotización a la Seguridad Social.

4. El documento iniciador del procedimiento sancionador y, en su caso, la suspensión cautelar, se notificará por la entidad gestora al inculpado, concediéndole un plazo de quince días hábiles para que alegue por escrito lo que a su derecho convenga y aporte las pruebas que considere necesarias, pudiendo solicitar el examen de la documentación que fundamente la iniciación del procedimiento sancionador en el plazo para alegaciones y pruebas.

5. A la vista de lo actuado el órgano competente dictará la resolución correspondiente que pondrá fin a la vía administrativa, deberá notificarse al inculpado, y será inmediatamente ejecutiva y recurrible ante los órganos jurisdiccionales del orden social, de conformidad con lo establecido en el artículo 2 del Texto Refundido de la Ley de Procedimiento Laboral y artículo 233 de la Ley General de la Seguridad Social.

6. La sanción impuesta sustituirá a la suspensión cautelar si ésta se hubiese adoptado; si se impusiera sanción de suspensión de la prestación o subsidio por desempleo supondrá la reducción del período de cotización a la Seguridad Social por tiempo igual al de la suspensión acordada. Si no se impusiese sanción, se reanudará de oficio la percepción de las prestaciones suspendidas cautelarmente, incluso con atrasos, siempre que el beneficiario reúna los requisitos para ello, o desde o hasta el momento en que éstos concurran.

7. A los efectos previstos en la Ley de Infracciones y Sanciones en el Orden Social existirá reincidencia cuando el sujeto responsable cometa una infracción del mismo tipo y calificación que otra ya sancionada en firme en el plazo de un año anterior al de comisión de la que se examine conforme a lo previsto en el artículo 21 de este Reglamento. Si no se apreciase reincidencia, la comisión de posterior infracción será objeto de la sanción prevista en su calificación ordinaria.

Artículo 38. Procedimiento de suspensión cautelar y de imposición de sanciones por infracciones muy graves.

Cuando la Inspección de Trabajo y Seguridad Social levante acta de infracción por infracción muy grave con propuesta de extinción de las prestaciones del Sistema de Seguridad Social, remitirá copia del acta a la Dirección Provincial del Instituto Nacional de Empleo, o del Instituto Nacional de la Seguridad Social o del Instituto Social de la Marina, o de la correspondiente entidad gestora para que proceda, en su caso, a la suspensión cautelar de las prestaciones o subsidios que se notificará al interesado, y que se mantendrá hasta la resolución definitiva del procedimiento sancionador. Agotada la vía administrativa con imposición de sanción muy grave, la entidad gestora, reclamará los importes indebidamente percibidos conforme a la normativa de aplicación. El régimen de recursos de estas resoluciones es el establecido en el Capítulo IV de este Reglamento general.

CAPÍTULO VIII

Procedimiento sancionador derivado de la actuación previa de funcionarios técnicos habilitados por las Comunidades Autónomas con competencias en ejecución de la legislación laboral, y del Instituto Nacional de Seguridad e Higiene en el Trabajo en las Ciudades de Ceuta y Melilla

✐ Añadido por art. 2 de Real Decreto 689/2005, de 10 junio.

Artículo 39. Actuaciones comprobatorias de los funcionarios técnicos en prevención de riesgos laborales e inicio del procedimiento sancionador.

1. Conforme a lo establecido en el artículo 9.2 y 3 de la Ley 31/1995, de 8 de noviembre de Prevención de Riesgos Laborales, según su redacción dada por la Ley 54/2003, de 12 de diciembre, de Reforma del Marco Normativo de Prevención de Riesgos Laborales, los funcionarios públicos,

técnicos en prevención de riesgos laborales, dependientes de las Comunidades Autónomas, así como los técnicos del Instituto Nacional de Seguridad e Higiene en el Trabajo, cuando se trate de lugares o centros en las Ciudades de Ceuta y Melilla, en el ejercicio de acciones de colaboración con la Inspección de Trabajo y Seguridad Social, pueden realizar actuaciones comprobatorias de las condiciones técnicas y materiales de seguridad de las empresas y centros de trabajo.

Para ello deben contar con la debida habilitación de las autoridades autonómicas competentes, conforme a lo establecido en la disposición adicional decimoquinta de la Ley 31/1995, de 8 de noviembre, de Prevención de Riesgos Laborales, y sus actuaciones comprobatorias deberán corresponderse con los planes de acción programados establecidos por la respectiva comisión territorial, conforme al artículo 17.2 de la Ley 42/1997, de 14 de noviembre, Ordenadora de la Inspección de Trabajo y Seguridad Social. En el caso de los funcionarios del Instituto Nacional de Seguridad e Higiene, dicha habilitación será expedida por la autoridad central de la Inspección de Trabajo y Seguridad Social, a propuesta del referido Instituto.

2. Cuando los técnicos habilitados referidos en el apartado anterior, como consecuencia de las actuaciones de comprobación, hubieran extendido un requerimiento de subsanación de las deficiencias observadas, y en posterior visita de comprobación se deduzca la existencia de infracción por incumplimiento del requerimiento previo, lo pondrán en conocimiento de la Inspección de Trabajo y Seguridad Social, mediante informe, en el que se recogerán los hechos comprobados, a los efectos de que se levante la correspondiente acta de infracción, conforme a lo previsto en el artículo 9.3 de la Ley 31/1995, de 8 de noviembre, de Prevención de Riesgos Laborales.

✐ Añadido por art. 2 de Real Decreto 689/2005, de 10 junio.

Artículo 40. Naturaleza y contenido del acta de infracción.

1. Cuando el acta de infracción en materia de prevención de riesgos laborales se extienda a la vista del informe emitido como consecuencia de las actuaciones practicadas previamente por funcionarios técnicos, habilitados por las Administraciones públicas a que se refiere este capítulo, se hará en el acta expresa mención de tal circunstancia y se indicará que se actúa por expediente administrativo.

2. En este supuesto, el acta de infracción deberá reflejar el contenido del apartado 1 del artículo 14, y se harán constar los elementos suficientes de comprobación y de convicción para efectuar la propuesta sancionadora, con las siguientes particularidades:

a) La identificación del empresario o sujeto responsable será la prevista en el apartado 1.a) del artículo 14, si bien no exigirá el reflejo del código de cuenta de cotización o del número de identificación de autónomos, al tratarse de un acta de infracción en prevención de riesgos laborales.

b) Deberá consignarse la identificación del técnico habilitado actuante que emitió el informe con expresión de su habilitación.

c) El relato de los hechos será el del correspondiente informe sobre éstos, conforme a la comprobación realizada por el citado técnico habilitado, y se consignarán igualmente los demás datos contenidos en el informe que tengan relevancia para la tipificación y calificación de la infracción, y de graduación de la propuesta de sanción que el inspector considere procedentes.

d) Los medios utilizados por el funcionario técnico habilitado en su comprobación.

e) La fecha y el contenido del requerimiento de subsanación de la infracción observada, emitido por el técnico habilitado actuante, así como la fecha en que comprobó e hizo constar documentalmente su incumplimiento.

En los supuestos en que el funcionario técnico actuante fuese objeto de obstrucción en las funciones para las que está habilitado, el acta de infracción dará cumplimiento, en lo que corresponda, a lo dispuesto en los párrafos a) y c).

✐ Añadido por art. 2 de Real Decreto 689/2005, de 10 junio.

Artículo 41. Valor probatorio de las actas de infracción extendidas como consecuencia de informes emitidos por funcionarios técnicos habilitados.

Las actas de infracción formalizadas con arreglo a los requisitos establecidos en el artículo 40 tendrán presunción de certeza respecto de los hechos reflejados en ellas que se correspondan con los que hayan sido constatados y reflejados en su informe por los funcionarios técnicos habilitados de las Administraciones públicas, salvo prueba en contrario, conforme a lo establecido en el artículo 9.3 de la Ley 31/1995, de 8 de noviembre, de Prevención de Riesgos Laborales, y en el artículo 53.5 del Texto Refundido de la Ley de Infracciones y Sanciones en el Orden Social, aprobado por el Real Decreto Legislativo 5/2000, de 4 de agosto.

✐ Añadido por art. 2 de Real Decreto 689/2005, de 10 junio.

Artículo 42. Tramitación e instrucción de este tipo de expedientes sancionadores.

En la tramitación de los expedientes iniciados por las actas de infracción a que se refiere este capítulo, se seguirá la misma tramitación e instrucción de carácter general prevista en el artículo 18, con la única particularidad de que si se formulasen alegaciones que afecten al relato fáctico de aquélla, el órgano competente para resolver podrá recabar informe ampliatorio del técnico habilitado que realizó las actuaciones comprobatorias, que lo emitirá en quince días.

✐ Añadido por art. 2 de Real Decreto 689/2005, de 10 junio.

§ 40.3 REAL DECRETO 707/2002, DE 19 JULIO. APRUEBA EL REGLAMENTO SOBRE EL PROCEDIMIENTO ADMINISTRATIVO ESPECIAL DE ACTUACIÓN DE LA INSPECCIÓN DE TRABAJO Y SEGURIDAD SOCIAL Y PARA LA IMPOSICIÓN DE MEDIDAS CORRECTORAS DE INCUMPLIMIENTOS EN MATERIA DE PREVENCIÓN DE RIESGOS LABORALES EN EL ÁMBITO DE LA ADMINISTRACIÓN GENERAL DEL ESTADO

(BOE núm. 182, de 31 julio [RCL 2002, 1929])

La Ley 31/1995, de 8 de noviembre, de Prevención de Riesgos Laborales, extendió la aplicación de su normativa a las relaciones de carácter administrativo o estatutario del personal civil al servicio de las Administraciones públicas, y por tanto al personal con relación de derecho administrativo o estatutario de la Administración General del Estado.

El objeto de este Reglamento es regular las peculiaridades establecidas en la propia Ley de Prevención de Riesgos Laborales y en sus normas de desarrollo, en lo que se refiere al procedimiento para la corrección de los incumplimientos que la Inspección de Trabajo y Seguridad Social detecte en los centros de la Administración General del Estado.

El artículo 45.1 de la Ley 31/1995, de 8 de noviembre, preceptúa que «en el ámbito de las relaciones del personal civil al servicio de las Administraciones públicas, las infracciones serán objeto de responsabilidad a través de la imposición, por resolución de la autoridad competente, de la realización de las medidas correctoras de los correspondientes incumplimientos, conforme al procedimiento que al efecto se establezca».

De conformidad con dicho mandato legal, se dicta la presente disposición reglamentaria de la que se excluye a las entidades públicas empresariales –que se rigen por el derecho privado, salvo cuando ejercen potestades administrativas– respecto de los incumplimientos que afecten a su personal, dado que dicho personal queda sometido al derecho laboral común, de conformidad con lo dispuesto en los artículos 53 y 55 de la Ley 6/1997, de 14 de abril, de Organización y Funcionamiento de la Administración General del Estado.

Asimismo, este Reglamento no será de aplicación a las obras de construcción en las que cualquier órgano de la Administración General del Estado actúe en la condición de promotor conforme al Real Decreto 1627/1997, de 24 de octubre, por el que se establecen disposiciones mínimas de seguridad y salud en las obras de construcción, por cuanto que en estos casos no está presente la relación jurídica existente entre aquélla y el personal civil dependiente de la misma, sino que la Administración actúa como una entidad empresarial común.

De otro lado, si bien este Reglamento se refiere al ámbito de la Administración General del Estado, en relación con la actuación en materia de prevención de riesgos laborales con respecto al personal civil de las restantes Administraciones públicas, se incluye una disposición adicional para la aplicación del presente Reglamento en dichos ámbitos, si bien las referencias a los órganos del gobierno de la Administración General del Estado se entenderán referidas a los correspondientes de dichas Administraciones.

En virtud del citado mandato legal, a propuesta del Ministro de Trabajo y Asuntos Sociales, previo informe de la Comisión Nacional de Seguridad y Salud en el Trabajo y de la aprobación del Ministro de Administraciones Públicas, de acuerdo con el Consejo de Estado, y previa deliberación del Consejo de Ministros en su reunión del día 19 de julio de 2002, dispongo:

Artículo único.

Se aprueba el Reglamento sobre el Procedimiento Administrativo Especial de actuación de la Inspección de Trabajo y Seguridad Social y para la imposición de medidas correctoras de incumplimientos en materia de prevención de riesgos laborales en el ámbito de la Administración General del Estado, que se inserta a continuación.

DISPOSICIÓN DEROGATORIA

Única. Alcance de la derogación normativa.

Quedan derogadas cuantas disposiciones de igual o inferior rango se opongan a lo dispuesto en el presente Real Decreto.

DISPOSICIONES FINALES

Primera. Título competencial.

De conformidad con lo establecido en la disposición adicional tercera de la Ley 31/1995, de Prevención de Riesgos Laborales, el presente Reglamento constituye legislación laboral dictada al amparo del artículo 149.1.7ª de la Constitución, *así como norma básica en el sentido previsto en el artículo 149.1.18ª de la misma, respecto del personal civil con relación de carácter administrativo o estatutario al servicio de las Administraciones públicas.*

✐ Inciso destacado suprimido por RD 464/2003, de 25 abril.

Segunda. Entrada en vigor.

El presente Real Decreto y el Reglamento que aprueba entrarán en vigor el primer día del mes siguiente al de su publicación en el «Boletín Oficial del Estado».

REGLAMENTO SOBRE EL PROCEDIMIENTO ADMINISTRATIVO ESPECIAL DE ACTUACIÓN DE LA INSPECCIÓN DE TRABAJO Y SEGURIDAD SOCIAL Y PARA LA IMPOSICIÓN DE MEDIDAS CORRECTORAS DE INCUMPLIMIENTOS EN MATERIA DE PREVENCIÓN DE RIESGOS LABORALES EN EL ÁMBITO DE LA ADMINISTRACIÓN GENERAL DEL ESTADO

Artículo 1. Objeto.

Se regirá por el presente Reglamento el procedimiento administrativo especial de actuación de la Inspección de Trabajo y Seguridad Social y para la imposición de medidas correctoras de los incumplimientos en materia de prevención de riesgos laborales en la Administración General del Estado, de conformidad con lo establecido en el artículo 45.1, párrafos tercero y cuarto de la Ley 31/1995, de 8 de noviembre, de Prevención de Riesgos Laborales.

Artículo 2. Ámbito de aplicación.

1. El presente Real Decreto será de aplicación a los órganos centrales y órganos territoriales de la Administración General del Estado, así como a sus Organismos autónomos y otros entes dependientes de aquélla, y afectará a todo el personal empleado en los distintos centros, dependencias o lugares de trabajo de los mismos, con independencia de que la relación que se mantenga sea de naturaleza laboral, estatutaria o funcionarial.

2. No obstante lo anterior, a las entidades públicas empresariales no les será de aplicación el presente reglamento, quedando, en consecuencia, excluidas de este procedimiento y sometidas al régimen ordinario derivado de la plena aplicación del Real Decreto Legislativo 5/2000, de 4 de agosto, por el que se aprueba el Texto Refundido de la Ley de Infracciones y Sanciones de Orden Social.

3. Los centros y establecimientos militares y las actividades a que se refiere el artículo 3.2 de la Ley de Prevención de Riesgos Laborales quedan excluidos del ámbito de aplicación del presente Reglamento y respecto de los mismos se estará a lo previsto en su normativa específica, conforme a lo dispuesto en su artículo 4.2 de la Ley 42/1997, de 14 de noviembre, ordenadora de la Inspección de Trabajo y Seguridad Social.

4. El presente procedimiento especial de actuación no es de aplicación a las cuestiones de prevención de riesgos laborales que se susciten respecto del personal de los contratistas, subcontratistas de obras o servicios o concesionarios de cualquier índole que realicen su actividad en instalaciones de la Administración General del Estado o de sus Organismos autónomos, respecto de los cuales se aplicará el procedimiento ordinario.

No obstante lo anterior, si de las actuaciones inspectoras realizadas o de la información previamente recabada se infiere que, de alguna forma puede resultar afectado el órgano administrativo correspondiente, como titular de las instalaciones o en virtud de las responsabilidades de coordinación a que hace referencia el artículo 24 de la Ley de Prevención de Riesgos Laborales, se le pondrá en su conocimiento, tan pronto como sea posible, a los efectos que procedan.

5. Igualmente no será de aplicación el presente Reglamento a los órganos de la Administración General del Estado cuando actúen en la condición de promotor de obras de construcción, conforme al

Real Decreto 1627/1997, de 24 de octubre, por el que se establecen disposiciones mínimas de seguridad y salud en las obras de construcción, que se regirán por sus normas específicas.

Artículo 3. Iniciación del procedimiento.

1. El procedimiento especial de actuación de la Inspección de Trabajo y Seguridad Social y para la imposición de medidas correctoras de los incumplimientos en materia de prevención de riesgos laborales en la Administración General del Estado, se iniciará siempre de oficio por el órgano competente de la Inspección de Trabajo y Seguridad Social, bien por orden superior, bien por propia iniciativa o a petición de los representantes del personal.

2. El órgano competente a tales efectos será el Jefe de la Inspección de Trabajo y Seguridad Social respecto de la organización territorial de la Administración General del Estado, o el Director Especial de la Inspección de Trabajo y Seguridad Social adscrita a la Autoridad Central, si se trata de órganos centrales de la Administración General del Estado o de sus Organismos autónomos.

3. Si la actuación de la Inspección de Trabajo y Seguridad Social hubiese sido instada por los representantes del personal de dichos organismos o centros, conforme a lo dispuesto en el artículo 45.1 de la Ley 31/1995, de 8 de noviembre, a la petición de actuación de la Inspección deberán acompañarse relación de actuaciones realizadas sobre la cuestión por los delegados de prevención ante la jefatura del centro administrativo de que se trate, así como, en su caso, informe del Comité de Seguridad y Salud Laboral correspondiente.

Artículo 4. Desarrollo de la actuación inspectora.

1. En las visitas a los centros de trabajo para la comprobación del cumplimiento de la normativa sobre prevención de riesgos laborales, el inspector de Trabajo y Seguridad Social procederá conforme a lo dispuesto en el artículo 40.2 de la Ley de Prevención de Riesgos Laborales.

2. La Inspección de Trabajo y Seguridad Social podrá recabar en su actuación la colaboración y asesoramiento técnico necesario del Instituto Nacional de Seguridad e Higiene en el Trabajo, de conformidad con lo establecido en el artículo 9.2, párrafo segundo, de la Ley de Prevención de Riesgos Laborales.

3. El inspector de Trabajo y Seguridad Social actuante podrá solicitar informe al Comité de Seguridad y Salud Laboral competente de la provincia o del departamento al que pertenezca la unidad administrativa inspeccionada o del órgano delegado de aquél.

4. Una vez concluidas las comprobaciones, si como resultado de éstas el inspector de Trabajo y Seguridad Social actuante considerara que existen incumplimientos o irregularidades en el cumplimiento de la normativa de prevención de riesgos laborales, emitirá una propuesta de requerimiento sobre las cuestiones planteadas en dicha materia, en el que se recogerán las irregularidades detectadas, las medidas que deben adoptarse para subsanarlas y el plazo que considera necesario para su ejecución.

✐ Artículo modificado por art. 2.1 del Real Decreto 464/2003, de 25 abril.

Artículo 5. Comunicación de la propuesta de requerimiento, trámite de alegaciones y requerimiento definitivo.

1. El inspector actuante dará traslado de la propuesta de requerimiento establecida en el artículo anterior a la unidad administrativa inspeccionada, al órgano que ordenó la actuación y a los representantes del personal. Tanto la unidad administrativa como los representantes del personal podrán formular alegaciones en el plazo de quince días hábiles desde la notificación de la propuesta de requerimiento.

2. Si la unidad administrativa sujeta a inspección o los representantes de los trabajadores no formulasen alegaciones en el plazo señalado en el apartado anterior, por no mantener discrepancia sobre la existencia de las anomalías en materia de prevención, ni sobre las medidas precisas para la subsanación de las mismas, la propuesta de requerimiento adquirirá automáticamente carácter definitivo. En estos casos, la unidad administrativa procederá a efectuar los trámites necesarios para que las medidas requeridas se lleven a cabo.

Realizada la subsanación, se dará cuenta a la Inspección de Trabajo y Seguridad Social actuante.

3. En caso de discrepancias con la propuesta de requerimiento, si la jefatura de la unidad administrativa inspeccionada o los representantes del personal formularan alegaciones en el referido plazo de quince días hábiles, el Inspector actuante, a la vista de las alegaciones formuladas y de los informes técnicos que estime necesarios, podrá efectuar requerimiento definitivo sobre las medidas a adoptar y el plazo de ejecución de las mismas.

4. El requerimiento definitivo a que hace referencia el apartado anterior, se comunicará al jefe de la unidad administrativa inspeccionada y a los representantes del personal. Dicha comunicación no

será necesaria cuando el requerimiento haya devenido en definitivo por el transcurso del plazo de quince días sin haber formulado alegaciones.

5. Transcurrido el plazo fijado en el requerimiento definitivo sin que se hayan adoptado las medidas recogidas en el mismo, el inspector actuante elevará dicho requerimiento con el expediente tramitado al Delegado del Gobierno correspondiente, si se trata de órganos territoriales de la Administración General del Estado, o a la Autoridad Central de la Inspección de Trabajo y Seguridad Social si se trata de órganos centrales de la Administración General del Estado o de sus Organismos autónomos.

6. El Delegado del Gobierno o la Autoridad Central de la Inspección, previo los informes que estime pertinentes recabar y dando conocimiento a la Dirección General de la Función Pública, elevará el expediente con su propuesta, confirmatoria o revocatoria, al Subsecretario del Ministerio de Trabajo y Asuntos Sociales al objeto de que éste, cuando proceda, dé traslado del mismo al Subsecretario del Departamento ministerial competente por razón del órgano inspeccionado, quien, en caso de conformidad con las medidas requeridas, procederá a efectuar los trámites oportunos para que se lleven a cabo o, en caso de discrepancia, elevará el expediente al Ministro respectivo que comunicará al titular del Ministerio de Trabajo y Asuntos Sociales, junto con dicha discrepancia, la elevación de las actuaciones al Consejo de Ministros para la decisión final.

7. Contra la decisión final adoptada por parte del Consejo de Ministros, como igualmente cuando se revoque total o parcialmente el requerimiento realizado por parte de la Subsecretaría del Ministerio de Trabajo y Asuntos Sociales, en base a los informes señalados en el apartado anterior, procederá la interposición por los interesados del correspondiente recurso contencioso-administrativo.

Artículo 6. Supuestos de paralización.

1. En los casos en que el Inspector de Trabajo y Seguridad Social competente comprobase la existencia de riesgo grave e inminente para la seguridad y salud del personal del centro de la Administración General del Estado inspeccionado ordenará la paralización de la actividad del centro, dependencia o lugar de trabajo afectado, que será inmediatamente ejecutiva, y elevará informe urgente sobre las circunstancias determinantes del riesgo al Delegado del Gobierno o, en su caso, a la Autoridad Central de la Inspección.

El Delegado del Gobierno o, en su caso, la Autoridad Central de la Inspección, si estimasen la concurrencia de circunstancias de tal naturaleza, mantendrá la paralización o, por el contrario, la levantará si no apreciase tales circunstancias, comunicándolo, a través del cauce orgánico, a la Subsecretaría del Departamento del que dependa la unidad administrativa así como a la Dirección General de la Función Pública a los efectos que proceda.

2. Si en uso de las facultades que les otorga el artículo 21.3 de la Ley de Prevención de Riesgos Laborales, la paralización de la actividad hubiese sido acordada por la representación del personal, dicha paralización será comunicada de inmediato a la Dirección de la unidad administrativa correspondiente y al Delegado del Gobierno o, en el caso de que se trate de órganos centrales de la Administración General del Estado o de sus Organismos autónomos, a la Autoridad Central de la Inspección de Trabajo y Seguridad Social que, en el plazo de veinticuatro horas, resolverán en el sentido de ratificar o anular la paralización.

DISPOSICIONES ADICIONALES

Primera. Régimen aplicable a la Agencia Estatal de Administración Tributaria.

Respecto a la Agencia Estatal de Administración Tributaria, las competencias asignadas en el presente Reglamento a los Delegados del Gobierno y a los Subsecretarios de los Departamentos ministeriales corresponderán, en todo caso, al Director general de la Agencia o a los órganos que se determinen en su normativa específica.

Segunda. Régimen del personal civil de las restantes Administraciones públicas.

Respecto del personal civil al servicio de las restantes Administraciones públicas y en defecto de normativa propia, se aplicará el procedimiento establecido en este Reglamento, si bien las competencias asignadas en éste a los delegados del Gobierno a los Subsecretarios de los departamentos ministeriales y al Consejo de Ministros corresponderán, en todo caso, a los respectivos órganos de Gobierno de las citadas Administraciones públicas.

✐ Disposición modificada por art. 2.2 del Real Decreto 464/2003, de 25 abril.

b) *Ámbito penal*

§ 40.4 LEY ORGÁNICA 10/1995, DE 23 NOVIEMBRE. CÓDIGO PENAL

(BOE núm. 281, de 24 noviembre; rect. BOE núm. 54, de 2 marzo 1996 [RCL 1995, 3170 y RCL 1996, 777]) (fragmento)

EXPOSICIÓN DE MOTIVOS

Si se ha llegado a definir el ordenamiento jurídico como conjunto de normas que regulan el uso de la fuerza, puede entenderse fácilmente la importancia del Código Penal en cualquier sociedad civilizada. El Código Penal define los delitos y faltas que constituyen los presupuestos de la aplicación de la forma suprema que puede revestir el poder coactivo del Estado: la pena criminal. En consecuencia, ocupa un lugar preeminente en el conjunto del ordenamiento, hasta el punto de que, no sin razón, se ha considerado como una especie de «Constitución negativa». El Código Penal ha de tutelar los valores y principios básicos de la convivencia social. Cuando esos valores y principios cambian, debe también cambiar. En nuestro país, sin embargo, pese a las profundas modificaciones de orden social, económico y político, el texto vigente data, en lo que pudiera considerarse su núcleo básico, del pasado siglo. La necesidad de su reforma no puede, pues, discutirse.

A partir de los distintos intentos de reforma llevados a cabo desde la instauración del régimen democrático, el Gobierno ha elaborado el proyecto que somete a la discución y aprobación de las Cámaras. Debe, por ello, exponer, siquiera sea de modo sucinto, los criterios en que se inspira, aunque éstos puedan deducirse con facilidad de la lectura de su texto.

El eje de dichos criterios ha sido, como es lógico, el de la adaptación positiva del nuevo Código Penal a los valores constitucionales. Los cambios que introduce en esa dirección el presente proyecto son innumerables, pero merece la pena destacar algunos.

En primer lugar, se propone una reforma total del actual sistema de penas, de modo que permita alcanzar, en lo posible, los objetivos de resocialización que la Constitución le asigna. El sistema que se propone simplifica, de una parte, la regulación de la penas privativas de libertad, ampliando, a la vez, las posibilidades de sustituirlas por otras que afecten a bienes jurídicos menos básicos, y, de otra, introduce cambios en las penas pecuniarias, adoptando el sistema de días-multa y añade los trabajos en beneficio de la comunidad.

En segundo lugar, se ha afrontado la antinomia existente entre el principio de intervención mínima y las crecientes necesidades de tutela en una sociedad cada vez más compleja, dando prudente acogida a nuevas formas de delincuencia, pero eliminando a la vez, figuras delictivas que han perdido razón de ser. En el primer sentido, merece destacarse la introducción de los delitos contra el orden socioeconómico o la nueva regulación de los delitos relativos a la ordenación del territorio y de los recursos naturales; en el segundo, la desaparición de las figuras complejas de robo con violencia e intimidación en las personas que, surgidas en el marco de la lucha contra el bandolerismo, deben desaparecer dejando paso a la aplicación de las reglas generales.

En tercer lugar, se ha dado especial relieve a la tutela de los derechos fundamentales y se ha procurado diseñar con especial mesura el recurso al instrumento punitivo allí donde está en juego el ejercicio de cualquiera de ellos: sirva de ejemplo, de una parte, la tutela específica de la integridad moral y, de otra, la nueva regulación de los delitos contra el honor. Al tutelar específicamente la integridad moral, se otorga al ciudadano una protección más fuerte frente a la tortura, y al configurar los delitos contra el honor del modo en que se propone, se otorga a la libertad de expresión toda la relevancia que puede y debe reconocerle un régimen democrático.

En cuarto lugar, y en consonancia con el objetivo de tutela y respeto a los derechos fundamentales, se ha eliminado el régimen de privilegio de que hasta ahora han venido gozando las injerencias ilegítimas de los funcionarios públicos en el ámbito de los derechos y libertades de los ciudadanos. Por tanto, se propone que las detenciones, entradas y registros en el domicilio llevadas a cabo por autoridad o funcionario fuera de los casos permitidos por la Ley, sean tratadas como formas agravadas de los correspondientes delitos comunes, y no como hasta ahora lo han venido siendo, esto es, como delitos especiales incomprensible e injustificadamente atenuados.

En quinto lugar, se ha procurado avanzar en el camino de la igualdad real y efectiva, tratando de cumplir la tarea que, en ese sentido, impone la Constitución a los poderes públicos. Cierto que no es el Código Penal el instrumento más importante para llevar a cabo esa tarea; sin embargo, puede contribuir a ella, eliminando regulaciones que son un obstáculo para su realización o introduciendo medidas de tutela frente a situaciones discriminatorias. Además de las normas que otorgan una protección específica frente a las actividades tendentes a la discriminación, ha de mencionarse aquí la nueva regulación de los delitos contra la libertad sexual. Se pretende con ella adecuar los tipos penales al bien jurídico protegido, que no es ya, como fuera históricamente, la honestidad de la mujer, sino la libertad sexual de todos. Bajo la tutela de la honestidad de la mujer se escondía una intolerable situación de agravio, que la regulación que se propone elimina totalmente. Podrá sorprender la novedad de las técnicas punitivas utilizadas; pero, en este caso, alejarse de la tradición parece un acierto.

Dejando el ámbito de los principios y descendiendo al de las técnicas de elaboración, el presente proyecto difiere de los anteriores en la pretensión de universalidad. Se venía operando con la idea de que el Código Penal constituyese una regulación completa del poder punitivo del Estado. La realización de esa idea partía ya de un déficit, dada la importancia que en nuestro país reviste la potestad sancionadora de la Administración; pero, además resultaba innecesaria y perturbadora.

Innecesaria, porque la opción decimonónica a favor del Código Penal y en contra de la leyes especiales se basaba en el hecho innegable de que el legislador, al elaborar un Código se hallaba constreñido, por razones externas de trascendencia social, a respetar los principios constitucionales, cosa que no ocurría, u ocurría en menor medida, en el caso de una ley particular. En el marco de un constitucionalismo flexible, era ése un argumento de especial importancia para fundamentar la pretensión de universalidad absoluta del Código. Hoy, sin embargo, tanto el Código Penal como las leyes especiales se hallan jerárquicamente subordinados a la Constitución y obligados a someterse a ella, no sólo por esa jerarquía, sino también por la existencia de un control jurisdiccional de la constitucionalidad. Consiguientemente, la leyes especiales no pueden suscitar la prevención que históricamente provocaban.

Perturbadora, porque, aunque es innegable que un Código no merecería ese nombre si no contuviese la mayor parte de las normas penales y, desde luego los principios básicos informadores de toda la regulación, lo cierto es que hay materias que difícilmente pueden introducirse en él. Pues, si una pretensión relativa de universalidad es inherente a la idea de Código, también lo son las de estabilidad y fijeza, y existen ámbitos en que, por la especial situación del resto del ordenamiento, o por la naturaleza misma de las cosas, esa estabilidad y fijeza son imposibles. Tal es, por ejemplo, el caso de los delitos relativos al control de cambios. En ellos, la modificación constante de las condiciones económicas y del contexto normativo, en el que quiérase o no, se integran tales delitos, aconseja situar las normas penales en dicho contexto y dejarlas fuera del Código: por lo demás, ésa es nuestra tradición, y no faltan, en los países de nuestro entorno, ejemplos caracterizados de un proceder semejante.

Así pues, en ese y en otros parecidos, se ha optado por remitir a las correspondientes leyes especiales la regulación penal de las respectivas materias. La misma técnica que se ha utilizado para las normas reguladoras de la despenalización de la interrupción voluntaria del embarazo. En este caso, junto a razones semejantes a las anteriormente expuestas, podría argüirse que no se trata de normas incriminadoras, sino de normas que regulan supuestos de no incriminación. El Tribunal Constitucional exigió que, en la configuración de dichos supuestos, se adoptasen garantías que no parecen propias de un Código Penal, sino más bien de otro tipo de norma.

En la elaboración del proyecto se han tenido muy presentes las discusiones parlamentarias del de 1992, el dictamen del Consejo General del Poder Judicial, el estado de la jurisprudencia y las opiniones de la doctrina científica. Se ha llevado a cabo desde la idea, profundamente sentida, que el Código Penal ha de ser de todos y de que, por consiguiente, han de escucharse todas las opiniones y optar por las soluciones que parezcan más razonables, esto es, por aquellas que todo el mundo debería poder aceptar.

No se pretende haber realizado una obra perfecta, sino, simplemente, una obra útil. El Gobierno no tiene aquí la última palabra, sino solamente la primera. Se limita, pues, con este proyecto, a pronunciarla, invitando a todas las fuerzas políticas y a todos los ciudadanos a colaborar en la tarea de su perfeccionamiento. Solamente si todos deseamos tener un Código Penal mejor y contribuimos a conseguirlo podrá lograrse un objetivo cuya importancia para la convivencia y el pacífico disfrute de los derechos y libertades que la Constitución proclama difícilmente podría exagerarse.

[...]

LIBRO I

DISPOSICIONES GENERALES SOBRE LOS DELITOS Y LAS FALTAS, LAS PERSONAS RESPONSABLES, LAS PENAS, MEDIDAS DE SEGURIDAD Y DEMÁS CONSECUENCIAS DE LA INFRACCIÓN PENAL

[...]

TÍTULO III

DE LAS PENAS

CAPÍTULO I

De las penas, sus clases y efectos

[...]

Sección 3ª De las penas privativas de derechos

Artículo 39.

Son penas privativas de derechos:

Son penas privativas de derechos:

a) La inhabilitación absoluta.

b) Las de inhabilitación especial para empleo o cargo público, profesión, oficio, industria o comercio, u otras actividades determinadas en este Código, o de los derechos de patria potestad, tutela, guarda o curatela, derecho de sufragio pasivo o de cualquier otro derecho.

⇒ Cfr. arts. 4.1 a) del ET (§2) y 35.1 de la CE (§1).
V. art. 45 del propio CP.

c) La suspensión de empleo o cargo público.

d) La privación del derecho a conducir vehículos a motor y ciclomotores.

e) La privación del derecho a la tenencia y porte de armas.

f) La privación del derecho a residir en determinados lugares o acudir a ellos.

g) La prohibición de aproximarse a la víctima o a aquellos de sus familiares u otras personas que determine el juez o tribunal.

h) La prohibición de comunicarse con la víctima o con aquellos de sus familiares u otras personas que determine el juez o tribunal.

i) Los trabajos en beneficio de la comunidad.

✐ Artículo modificado por el art. único.6 de la LO 15/2003, de 25 noviembre.

⇒ V. art. 1.3 b) del ET (§2).
V. art. 49 del propio CP, así como RD 690/1996, de 26 abril, que establece las circunstancias de ejecución de las penas de trabajo en beneficio de la comunidad y arresto de fin de semana.

[...]

Artículo 45.

La inhabilitación especial para profesión, oficio, industria o comercio o cualquier otro derecho, que ha de concretarse expresa y motivadamente en la sentencia, priva al penado de la facultad de ejercerlos durante el tiempo de la condena.

[...]

Artículo 49.

Los trabajos en beneficio de la comunidad, que no podrán imponerse sin el consentimiento del penado, le obligan a prestar su cooperación no retribuida en determinadas actividades de utilidad pública, que podrán consistir, en relación con delitos de similar naturaleza al cometido por el penado, en labores de reparación de los daños causados o de apoyo o asistencia a las víctimas. Su duración diaria no podrá exceder de ocho horas y sus condiciones serán las siguientes:

1ª La ejecución se desarrollará bajo el control del Juez de Vigilancia Penitenciaria, que, a tal efecto, requerirá los informes sobre el desempeño del trabajo a la Administración, entidad pública o asociación de interés general en que se presten los servicios.

2ª No atentará a la dignidad del penado.

3ª El trabajo en beneficio de la comunidad será facilitado por la Administración, la cual podrá establecer los convenios oportunos a tal fin.

4ª Gozará de la protección dispensada a los penados por la legislación penitenciaria en materia de Seguridad Social.

⇒ V. art. 26 g) de la LO 1/1979, General Penitenciaria (§16.3); también art. 207 y ss. del RD 190/1996, por el que se aprueba el Reglamento Penitenciario.

5ª No se supeditará al logro de intereses económicos.

6ª Los servicios sociales penitenciarios, hechas las verificaciones necesarias, comunicarán al Juez de Vigilancia Penitenciaria las incidencias relevantes de la ejecución de la pena y, en todo caso, si el penado:

a) Se ausenta del trabajo durante al menos dos jornadas laborales, siempre que ello suponga un rechazo voluntario por su parte al cumplimiento de la pena.

b) A pesar de los requerimientos del responsable del centro de trabajo, su rendimiento fuera sensiblemente inferior al mínimo exigible.

c) Se opusiera o incumpliera de forma reiterada y manifiesta las instrucciones que se le dieren por el responsable de la ocupación referidas al desarrollo de la misma.

d) Por cualquier otra razón, su conducta fuere tal que el responsable del trabajo se negase a seguir manteniéndolo en el centro.

Una vez valorado el informe, el Juez de Vigilancia Penitenciaria podrá acordar su ejecución en el mismo centro, enviar al penado para que finalice la ejecución de la misma en otro centro o entender que el penado ha incumplido la pena. En caso de incumplimiento, se deducirá testimonio para proceder de conformidad con el artículo 468.

7ª Si el penado faltara del trabajo por causa justificada no se entenderá como abandono de la actividad. No obstante, el trabajo perdido no se le computará en la liquidación de la condena, en la que se deberán hacer constar los días o jornadas que efectivamente hubiese trabajado del total que se le hubiera impuesto.

✐ Artículo modificado por el art. único.11 de la LO 15/2003, de 25 noviembre.

Sección 4ª De la pena de multa

[...]

Artículo 53.

1. Si el condenado no satisficiere, voluntariamente o por vía de apremio, la multa impuesta, quedará sujeto a una responsabilidad personal subsidiaria de un día de privación de libertad por cada dos cuotas diarias no satisfechas, que, tratándose de faltas, podrá cumplirse mediante localización permanente. En este caso, no regirá la limitación que en su duración establece el artículo 37.1 de este Código.

También podrá el juez o tribunal, previa conformidad del penado, acordar que la responsabilidad subsidiaria se cumpla mediante trabajos en beneficio de la comunidad. En este caso, cada día de privación de libertad equivaldrá a una jornada de trabajo.

✐ Artículo modificado por el art. único.15 de la LO 15/2003, de 25 noviembre.

[...]

TÍTULO V

DE LA RESPONSABILIDAD DERIVADA DE LOS DELITOS Y FALTAS DE LAS COSTAS PROCESALES

[...]

CAPÍTULO II

De las personas civilmente responsables

[...]

Artículo 120.

Son también responsables civilmente, en defecto de los que lo sean criminalmente:

1º Los padres o tutores, por los daños y perjuicios causados por los delitos o faltas cometidos por los mayores de dieciocho años sujetos a su patria potestad o tutela y que vivan en su compañía, siempre que haya por su parte culpa o negligencia.

2º Las personas naturales o jurídicas titulares de editoriales, periódicos, revistas, estaciones de radio o televisión o de cualquier otro medio de difusión escrita, hablada o visual, por los delitos o faltas cometidos utilizando los medios de los que sean titulares, dejando a salvo lo dispuesto en el artículo 212 de este Código.

3º Las personas naturales o jurídicas, en los casos de delitos o faltas cometidos en los establecimientos de los que sean titulares, cuando por parte de los que los dirijan o administren, o de sus dependientes o empleados, se hayan infringido los reglamentos de policía o las disposiciones de la autoridad que estén relacionados con el hecho punible cometido, de modo que éste no se hubiera producido sin dicha infracción.

4º La personas naturales o jurídicas dedicadas a cualquier género de industria o comercio, por los delitos o faltas que hayan cometido sus empleados o dependientes, representantes o gestores en el desempeño de sus obligaciones o servicios.

⇒ Cfr. arts. 1.1; 8.1; 20.1; 22 y 39 del ET (§2).

5º Las personas naturales o jurídicas titulares de vehículos susceptibles de crear riesgos para terceros, por los delitos o faltas cometidos en la utilización de aquéllos por sus dependientes o representantes o personas autorizadas.

[...]

LIBRO II

DELITOS Y SUS PENAS

[...]

TÍTULO VIII

DELITOS CONTRA LA LIBERTAD E INDEMNIDAD SEXUALES

✐ Rúbrica redactada por el art. 1 de la LO 11/1999, de 30 abril.

[...]

CAPÍTULO III

Del acoso sexual

Artículo 184.

1. El que solicitare favores de naturaleza sexual, para sí o para un tercero, en el ámbito de una relación laboral, docente o de prestación de servicios, continuada o habitual, y con tal comportamiento provocare a la víctima una situación objetiva y gravemente intimidatoria, hostil o humillante, será castigado, como autor de acoso sexual, con la pena de prisión de tres a cinco meses o multa de seis a 10 meses.

2. Si el culpable de acoso sexual hubiera cometido el hecho prevaliéndose de una situación de superioridad laboral, docente o jerárquica, o con el anuncio expreso o tácito de causar a la víctima un

mal relacionado con las legítimas expectativas que aquélla pueda tener en el ámbito de la indicada relación, la pena será de prisión de cinco a siete meses o multa de 10 a 14 meses.

3. Cuando la víctima sea especialmente vulnerable, por razón de su edad, enfermedad o situación, la pena será de prisión de cinco a siete meses o multa de 10 a 14 meses en los supuestos previstos en el apartado 1, y de prisión de seis meses a un año en los supuestos previstos en el apartado 2 de este artículo.

✐ Artículo modificado por el art. único.66 de la LO 15/2003, de 25 noviembre.

⇒ V. art. 4.2 e) del ET (§2).

[...]

TÍTULO X

DELITOS CONTRA LA INTIMIDAD, EL DERECHO A LA PROPIA IMAGEN Y LA INVIOLABILIDAD DEL DOMICILIO

CAPÍTULO I

Del descubrimiento y revelación de secretos

[...]

Artículo 199.

1. El que revelare secretos ajenos, de los que tenga conocimiento por razón de oficio o sus relaciones laborales, será castigado con la pena de prisión de uno a tres años y multa de seis a doce meses.

⇒ V. arts. 4.2 h) y 5 e) del ET (§2).

2. El profesional que, con incumplimiento de su obligación de sigilo o reserva, divulgue los secretos de otra persona, será castigado con la pena de prisión de uno a cuatro años, multa de doce a veinticuatro meses e inhabilitación especial para dicha profesión por tiempo de dos a seis años.

[...]

TÍTULO XIII

DELITOS CONTRA EL PATRIMONIO Y CONTRA EL ORDEN SOCIOECONÓMICO

[...]

CAPÍTULO VII

De las insolvencias punibles

Artículo 257.

1. Será castigado con las penas de prisión de uno a cuatro años y multa de doce a veinticuatro meses:

1º El que se alce con sus bienes en perjuicio de sus acreedores.

2º Quien con el mismo fin, realice cualquier acto de disposición patrimonial o generador de obligaciones que dilate, dificulte o impida la eficacia de un embargo o de un procedimiento ejecutivo o de apremio, judicial, extrajudicial o administrativo, iniciado o de previsible iniciación.

2. Lo dispuesto en el presente artículo será de aplicación cualquiera que sea la naturaleza y origen de la obligación o deuda cuya satisfacción o pago se intente eludir, incluidos los derechos económicos de los trabajadores, y con independencia de que el acreedor sea un particular o cualquier persona jurídica, pública o privada.

⇒ Cfr. los arts. 32 y 33 del ET (§2).

3. Este delito será perseguido aun cuando tras su comisión se iniciara una ejecución concursal.

[...]

CAPÍTULO XI

De los delitos relativos a la propiedad intelectual e industrial, al mercado y a los consumidores

[...]

Sección 3ª De los delitos relativos al mercado y a los consumidores

[...]

Artículo 279.

La difusión, revelación o cesión de un secreto de empresa llevada a cabo por quien tuviere legal o contractualmente obligación de guardar reserva, se castigará con la pena de prisión de dos a cuatro años y multa de doce a veinticuatro meses.

Si el secreto se utilizara en provecho propio, las penas se impondrán en su mitad inferior.

⇒ V. art. 5 del ET (§2).
Cfr. con art. 199 del propio CP.

[...]

TÍTULO XIV

DE LOS DELITOS CONTRA LA HACIENDA PÚBLICA Y CONTRA LA SEGURIDAD SOCIAL

[...]

Artículo 307.

1. El que, por acción u omisión, defraude a la Seguridad Social eludiendo el pago de las cuotas de ésta y conceptos de recaudación conjunta, obteniendo indebidamente devoluciones de las mismas o disfrutando de deducciones por cualquier concepto asimismo de forma indebida, siempre que la cuantía de las cuotas defraudadas o de las devoluciones o deducciones indebidas exceda de 120.000 euros será castigado con la pena de prisión de uno a cuatro años y multa del tanto al séxtuplo de la citada cuantía. Las penas señaladas en el párrafo anterior se aplicarán en su mitad superior cuando la defraudación se cometa concurriendo alguna de las circunstancias siguientes:

a) La utilización de persona o personas interpuestas de manera que quede oculta la identidad del verdadero obligado frente a la Seguridad Social.

b) La especial trascendencia y gravedad de la defraudación atendiendo al importe de lo defraudado o a la existencia de una estructura organizativa que afecte o pueda afectar a una pluralidad de obligados frente a la Seguridad Social.

✐ Apartado 1 modificado por el art. único.112 de la LO 15/2003, de 25 noviembre.

2. A los efectos de determinar la cuantía mencionada en el apartado anterior, se estará a lo defraudado en cada liquidación, devolución o deducción, refiriéndose al año natural el importe de lo defraudado cuando aquéllas correspondan a un período inferior a doce meses.

3. Quedará exento de responsabilidad penal el que regularice su situación ante la Seguridad Social, en relación con las deudas a que se refiere el apartado primero de este artículo, antes de que se le haya notificado la iniciación de actuaciones inspectoras dirigidas a la determinación de dichas deudas o, en caso de que tales actuaciones no se hubieran producido, antes de que el Ministerio Fiscal o el Letrado de la Seguridad Social interponga querella o denuncia contra aquél dirigida.

La exención de responsabilidad penal contemplada en el párrafo anterior alcanzará igualmente a dicho sujeto por las posibles falsedades instrumentales que, exclusivamente en relación a la deuda objeto de regularización, el mismo pudiera haber cometido con carácter previo a la regularización de su situación.

Artículo 308.

1. El que obtenga una subvención, desgravación o ayuda de las Administraciones públicas de más de 80.000 euros falseando las condiciones requeridas para su concesión u ocultando las que la hubiesen impedido, será castigado con la pena de prisión de uno a cuatro años y multa del tanto al séxtuplo de su importe.

✐ Apartado modificado por el art. único.113 de la LO 15/2003, de 25 noviembre.

2. Las mismas penas se impondrán al que, en el desarrollo de una actividad subvencionada con

fondos de las Administraciones públicas cuyo importe supere los 80.000 euros, incumpla las condiciones establecidas alterando sustancialmente los fines para los que la subvención fue concedida.

✐ Apartado modificado por el art. único.113 de la LO 15/2003, de 25 noviembre.

3. Además de las penas señaladas, se impondrá al responsable la pérdida de la posibilidad de obtener subvenciones o ayudas públicas y del derecho a gozar de beneficios o incentivos fiscales o de la Seguridad Social durante un período de tres a seis años.

4. Quedará exento de responsabilidad penal, en relación con las subvenciones, desgravaciones o ayudas a que se refieren los apartados primero y segundo de este artículo, el que reintegre las cantidades recibidas, incrementadas en un interés anual equivalente al interés legal del dinero aumentado en dos puntos porcentuales, desde el momento en que las percibió, antes de que se la haya notificado la iniciación con dichas subvenciones, desgravaciones o ayudas o, en el caso de que tales actuaciones no se hubieran producido, antes de que el Ministerio Fiscal, el Abogado del Estado o el representante de la Administración autonómica o local de que se trate interponga querella o denuncia contra aquél dirigida.

La exención de responsabilidad penal contemplada en el párrafo anterior alcanzará igualmente a dicho sujeto por las posibles falsedades instrumentales que, exclusivamente en relación a la deuda objeto de regularización, el mismo pudiera haber cometido con carácter previo a la regularización de su situación.

Artículo 309.

El que obtenga indebidamente fondos de los presupuestos generales de la Comunidad Europea u otros administrados por ésta, en cuantía superior a 50.000 euros, falseando las condiciones requeridas para su concesión u ocultando las que la hubieran impedido, será castigado con la pena de prisión de uno a cuatro años y multa del tanto al séxtuplo de la citada cuantía.

✐ Artículo modificado por el art. único.114 de la LO 15/2003, de 25 noviembre.

[...]

TÍTULO XV

DE LOS DELITOS CONTRA LOS DERECHOS DE LOS TRABAJADORES

⇒ La disp. adic. 1ª de la LO 8/2000, de 22 diciembre, de reforma de la LO 4/2000, de 11 enero (§39.1), ordena a los Ministerios de Justicia y del Interior adoptar «las medidas necesarias para que la Comisión Técnica constituida en el Ministerio de Justicia para el estudio de la reforma del sistema de penas del Código Penal, examine las modificaciones necesarias en relación con los delitos de tráfico ilegal de personas, en particular en los casos en que intervengan organizaciones que, con ánimo de lucro, favorezcan dicho tráfico».

Artículo 311.

Serán castigados con las penas de prisión de seis meses a tres años y multa de seis a doce meses:

1º Los que, mediante engaño o abuso de situación de necesidad impongan a los trabajadores a su servicio condiciones laborales o de Seguridad Social que perjudiquen, supriman o restrinjan los derechos que tengan reconocidos por disposiciones legales, convenios colectivos o contrato individual.

⇒ V. art. 3.5 del ET (§2).
Concordar con art. 7.10 del RDLeg 5/2000, de 4 agosto (§40.1).

2º Los que en el supuesto de transmisión de empresas, con conocimiento de los procedimientos descritos en el apartado anterior, mantengan las referidas condiciones impuestas por otro.

⇒ V. art. 44 del ET (§2).

3º Si las conductas reseñadas en los apartados anteriores se llevaren a cabo con violencia o intimidación se impondrán las penas superiores en grado.

Artículo 312.

1. Serán castigados con las penas de prisión de dos a cinco años y multa de seis a doce meses, los que trafiquen de manera ilegal con mano de obra.

✐ Redactado por la disp. final 1ª de la LO 4/2000, de 11 enero, de los derechos y libertades de los extranjeros en España y su integracion social.

2. En la misma pena incurrirán quienes recluten personas o las determinen a abandonar su puesto de trabajo ofreciendo empleo o condiciones de trabajo engañosas o falsas, y quienes empleen a súbditos extranjeros sin permiso de trabajo en condiciones que perjudiquen, supriman o restrinjan los derechos que tuviesen reconocidos por disposiciones legales, convenios colectivos o contrato individual.

⇒ V. art. 16.2 del ET (§2).

V. también las normas sobre trabajo de los no nacionales (§39.1 y §39.3).
V. el art. 89.4 del CP.

Artículo 313.

1. El que promoviere o favoreciere por cualquier medio la inmigración clandestina de trabajadores a España, será castigado con la pena prevista en el artículo anterior.

⇒ V. las normas sobre trabajo de los no nacionales (§39.1 a §39.3).

2. Con la misma pena será castigado el que, simulando contrato o colocación, o usando de otro engaño semejante, determinare o favoreciere la emigración de alguna persona a otro país.

Artículo 314.

Los que produzcan una grave discriminación en el empleo, público o privado, contra alguna persona por razón de su ideología, religión o creencias, su pertenencia a una etnia, raza o nación, su sexo, orientación sexual, situación familiar, enfermedad o minusvalía, por ostentar la representación legal o sindical de los trabajadores, por el parentesco con otros trabajadores de la empresa o por el uso de alguna de las lenguas oficiales dentro del Estado español, y no restablezcan la situación de igualdad ante la Ley tras requerimiento o sanción administrativa, reparando los daños económicos que se hayan derivado, serán castigados con la pena de prisión de seis meses a dos años o multa de 12 a 24 meses.

✐ Artículo modificado por el art. único.116 de la LO 15/2003, de 25 noviembre.
⇒ V. art. 17 del ET (§2), así como sus notas.

Artículo 315.

1. Serán castigados con las penas de prisión de seis meses a tres años y multa de seis a doce meses los que mediante engaño o abuso de situación de necesidad impidieren o limitaren el ejercicio de la libertad sindical o el derecho de huelga.

⇒ V. arts. 15 y concordantes de la LOLS (§20.1).

2. Si las conductas reseñadas en el apartado anterior se llevaren a cabo con fuerza, violencia o intimidación se impondrán las penas superiores en grado.

3. Las mismas penas del apartado segundo se impondrán a los que, actuando en grupo, o individualmente pero de acuerdo con otros, coaccionen a otras personas a iniciar o continuar una huelga.

Artículo 316.

Los que con infracción de las normas de prevención de riesgos laborales y estando legalmente obligados, no faciliten los medios necesarios para que los trabajadores desempeñen su actividad con las medidas de seguridad e higiene adecuadas, de forma que pongan así en peligro grave su vida, salud o integridad física, serán castigados con las penas de prisión de seis meses a tres años y multa de seis a doce meses.

⇒ V. la Ley 31/1995, de Prevención de Riegos Laborales (§23), especialmente arts. 14, 17 y 42.
La STC 80/2006, de 13 marzo, advierte que la sentencia dictada en segunda instancia no puede basar su signo condenatorio cuando se fundamenta en una prueba testifical sin inmediación (por haberse practicado sólo en la primera instancia).

Artículo 317.

Cuando el delito a que se refiere el artículo anterior se cometa por imprudencia grave, será castigado con la pena inferior en grado.

Artículo 318.

Cuando los hechos previstos en los artículos de este título se atribuyeran a personas jurídicas, se impondrá la pena señalada a los administradores o encargados del servicio que hayan sido responsables de los mismos y a quienes, conociéndolos y pudiendo remediarlo, no hubieran adoptado medidas para ello. En estos supuestos la autoridad judicial podrá decretar, además, alguna o algunas de las medidas previstas en el artículo 129 de este Código.

✐ Artículo modificado por el art. 1 de la LO 11/2003, de 29 septiembre.

TÍTULO XV BIS

DELITOS CONTRA LOS DERECHOS DE LOS CIUDADANOS EXTRANJEROS

Artículo 318 bis.

1. El que, directa o indirectamente, promueva, favorezca o facilite el tráfico ilegal o la inmigración clandestina de personas desde, en tránsito o con destino a España, será castigado con la pena de cuatro a ocho años de prisión.

2. Si el propósito del tráfico ilegal o la inmigración clandestina fuera la explotación sexual de las personas, serán castigados con la pena de cinco a 10 años de prisión.

3. Los que realicen las conductas descritas en cualquiera de los dos apartados anteriores con ánimo de lucro o empleando violencia, intimidación, engaño, o abusando de una situación de superioridad o de especial vulnerabilidad de la víctima, o siendo la víctima menor de edad o incapaz o poniendo en peligro la vida, la salud o la integridad de las personas, serán castigados con las penas en su mitad superior.

4. En las mismas penas del apartado anterior y además en la de inhabilitación absoluta de seis a 12 años, incurrirán los que realicen los hechos prevaliéndose de su condición de autoridad, agente de ésta o funcionario público.

5. Se impondrán las penas superiores en grado a las previstas en los apartados 1 a 4 de este artículo, en sus respectivos casos, e inhabilitación especial para profesión, oficio, industria o comercio por el tiempo de la condena, cuando el culpable perteneciera a una organización o asociación, incluso de carácter transitorio, que se dedicase a la realización de tales actividades.

Cuando se trate de los jefes, administradores o encargados de dichas organizaciones o asociaciones, se les aplicará la pena en su mitad superior, que podrá elevarse a la inmediatamente superior en grado.

En los supuestos previstos en este apartado la autoridad judicial podrá decretar, además, alguna o algunas de las medidas previstas en el artículo 129 de este Código.

6. Los tribunales, teniendo en cuenta la gravedad del hecho y sus circunstancias, las condiciones del culpable y la finalidad perseguida por éste, podrán imponer la pena inferior en un grado a la respectivamente señalada.

✐ Artículo modificado por el art. 1 de la LO 11/2003, de 29 septiembre.

⇒ V. art. 89.4 del CP.

[...]

TÍTULO XVIII

DE LAS FALSEDADES

[...]

CAPÍTULO V

De la usurpación de funciones públicas y del intrusismo

[...]

Artículo 403.

El que ejerciere actos propios de una profesión sin poseer el correspondiente título académico expedido o reconocido en España de acuerdo con la legislación vigente, incurrirá en la pena de multa de seis a doce meses. Si la actividad profesional desarrollada exigiere un título oficial que acredite la capacitación necesaria y habilite legalmente para su ejercicio, y no se estuviere en posesión de dicho título, se impondrá la pena de multa de tres años a cinco meses.

Si el culpable, además, se atribuyese públicamente la cualidad de profesional amparada por el título referido, se le impondrá la pena de prisión de seis meses a dos años.

[...]

TÍTULO XXI

DELITOS CONTRA LA CONSTITUCIÓN

[...]

CAPÍTULO IV

De los delitos relativos al ejercicio de los derechos fundamentales y libertades públicas

⇒ Rúbrica modificada por el art. 1 de la LO 3/2002, de 22 mayo.

Sección 1ª De los delitos cometidos con ocasión del ejercicio de los derechos fundamentales y de las libertades públicas garantizados por la Constitución

[...]

Artículo 512.

Los que en el ejercicio de sus actividades profesionales o empresariales denegaren a una persona una prestación a la que tenga derecho por razón de su ideología, religión o creencias, su pertenencia a una etnia, raza o nación, su sexo, orientación sexual, situación familiar, enfermedad o minusvalía, incurrirán en la pena de inhabilitación especial para el ejercicio de profesión, oficio, industria o comercio, por un período de uno a cuatro años.

[...]

Artículo 515.

Son punibles las asociaciones ilícitas, teniendo tal consideración:

1º Las que tengan por objeto cometer algún delito o, después de constituidas, promuevan su comisión, así como las que tengan por objeto cometer o promover la comisión de faltas de forma organizada, coordinada y reiterada.

✐ Apartado modificado por el art. 1 de la LO 11/2003, de 29 septiembre.

2º Las bandas armadas, organizaciones o grupos terroristas.

3º Las que, aun teniendo por objeto un fin lícito, empleen medios violentos o de alteración o control de la personalidad para su consecución.

4º Las organizaciones de carácter paramilitar.

5º Las que promuevan la discriminación, el odio o la violencia contra personas, grupos o asociaciones por razón de su ideología, religión o creencias, la pertenencia de sus miembros o de alguno de ellos a una etnia, raza o nación, su sexo, orientación sexual, situación familiar, enfermedad o minusvalía, o inciten a ello.

6º ...

✐ Ap. 6 suprimido por el art. único.151 de la LO 15/2003, de 25 noviembre.

⇒ V. art. 89.4 del CP.

[...]

Artículo 517.

En los casos previstos en los números 1 y 3 al 6 del artículo 515 se impondrán las siguientes penas:

1º A los fundadores, directores y presidentes de las asociaciones, las de prisión de dos a cuatro años, multa de doce a veinticuatro meses e inhabilitación especial para empleo o cargo público por tiempo de seis a doce años.

2º A los miembros activos, las de prisión de uno a tres años y multa de doce a veinticuatro meses.

✐ Párr. 1 modificado por la disp. final 3ª de la LO 4/2000, de 11 enero (§39.1).

⇒ V. art. 89.4 del CP.

Artículo 518.

Los que con su cooperación económica o de cualquier otra clase, en todo caso relevante, favorezcan la fundación, organización o actividad de las asociaciones comprendidas en los números 1 y 3 al 6 del artículo 515, incurrirán en la pena de prisión de uno a tres años, multa de doce a veinticuatro meses, e inhabilitación para empleo o cargo público por tiempo de uno a cuatro años.

✐ Modificado por la disp. final 3ª de la LO 4/2000, de 11 enero (§39.1).

⇒ V. art. 89.4 del CP.

[...]

CAPÍTULO IV

De los delitos relativos al ejercicio de los derechos fundamentales y libertades públicas

= Rúbrica modificada por el art. 1 de la LO 9/2002, de 22 de mayo.

Sección 1.ª De los delitos cometidos con ocasión del ejercicio de los derechos fundamentales y de las libertades públicas garantizados por la Constitución

[...]

Artículo 512.

Los que en el ejercicio de sus actividades profesionales o empresariales denegaren a una persona una prestación a la que tenga derecho por razón de su ideología, religión o creencias, su pertenencia a una etnia, raza o nación, su sexo, orientación sexual, situación familiar, enfermedad o minusvalía, incurrirán en la pena de inhabilitación especial para el ejercicio de profesión, oficio, industria o comercio, por un período de uno a cuatro años.

[...]

Artículo 515.

Son punibles las asociaciones ilícitas, teniendo tal consideración:

1.º Las que tengan por objeto cometer algún delito o, después de constituidas, promuevan su comisión, así como las que tengan por objeto cometer o promover la comisión de faltas de forma organizada, coordinada y reiterada.

= Apartado modificado por el art. 1 de la LO 11/2003, de 29 septiembre.

2.º Las bandas armadas, organizaciones o grupos terroristas.

3.º Las que, aun teniendo por objeto un fin lícito, empleen medios violentos o de alteración o control de la personalidad para su consecución.

4.º Las organizaciones de carácter paramilitar.

5.º Las que promuevan la discriminación, el odio o la violencia contra personas, grupos o asociaciones por razón de su ideología, religión o creencias, la pertenencia de sus miembros o de alguno de ellos a una etnia, raza o nación, su sexo, orientación sexual, situación familiar, enfermedad o minusvalía, o inciten a ello.

6.º [...]

= Apartado suprimido por el art. único 151 de la LO 15/2003, de 25 noviembre.

= V. art. 22 de la CE.

[...]

Artículo 517.

En los casos previstos en los números 1.º y 3.º al 6.º del artículo 515 se impondrán las siguientes penas:

1.º A los fundadores, directores y presidentes de las asociaciones, las de prisión de dos a cuatro años, multa de doce a veinticuatro meses e inhabilitación especial para empleo o cargo público por tiempo de seis a doce años.

2.º A los miembros activos, las de prisión de uno a tres años y multa de doce a veinticuatro meses.

= Párr. 2 modificado por la disp. final 3.ª de la LO 2/2000, de 11 enero (1989 D).

= V. art. 56.4 del CP.

Artículo 518.

Los que con su cooperación económica o de cualquier otra clase, en todo caso relevante, favorezcan la fundación, organización o actividad de las asociaciones comprendidas en los números 1.º y 3.º al 6.º del artículo 515, incurrirán en la pena de prisión de uno a tres años, multa de doce a veinticuatro meses, e inhabilitación para empleo o cargo público por tiempo de uno a cuatro años.

= Modificado por la disp. final 3.ª de la LO 2/2000, de 11 enero (1989 D).

= V. art. 56.4 del CP.

X

NORMAS PROCESALES Y DE SOLUCIÓN DE CONFLICTOS

A) Procedimiento laboral

§ 41 REAL DECRETO LEGISLATIVO 2/1995, DE 7 ABRIL. APRUEBA EL TEXTO REFUNDIDO DE LA LEY DE PROCEDIMIENTO LABORAL

(BOE núm. 86, de 11 abril; rect. BOE núm. 125, de 26 mayo [RCL 1995, 1144 y 1563])

La Ley 42/1994, de 30 de diciembre, de Medidas Fiscales, Administrativas y de Orden Social, autorizó al Gobierno en su disposición final sexta para que, en el plazo de tres meses desde la entrada en vigor de la misma, elabore un Texto refundido del Real Decreto Legislativo 521/1990, de 27 de abril, por el que se aprueba el texto articulado de la Ley de Procedimiento Laboral, incorporando al mismo las modificaciones introducidas por la propia Ley antes citada, por la Ley 11/1994, de 19 de mayo, por la que se modifican determinados artículos del Estatuto de los Trabajadores, del texto articulado de la Ley de Procedimiento Laboral y de la Ley sobre Infracciones y Sanciones de Orden Social; por la Ley 14/1994, de 1 de junio, por la que se regulan las empresas de trabajo temporal, y por la Ley 18/1994, de 30 de junio, por la que se modifica la normativa de elecciones a los órganos de representación del personal al servicio de las Administraciones públicas, de la Ley 9/1987, de 12 de junio, modificada por la Ley 7/1990, de 19 de julio.

A tal fin responde el presente Real Decreto Legislativo al que se incorpora, según el mandato recibido, un Texto Refundido de la Ley de Procedimiento Laboral en el que se recogen las modificaciones que en el apartado anterior se detallan.

En su virtud, a propuesta del Ministro de Justicia e Interior, previo informe del Consejo General del Poder Judicial, de acuerdo con el Consejo de Estado y previa deliberación del Consejo de Ministros en su reunión del día 31 de marzo de 1995, dispongo:

Artículo único.

Se aprueba el Texto Refundido de la Ley de Procedimiento Laboral que se inserta a continuación.

DISPOSICIÓN DEROGATORIA

Única.

Quedan derogados el texto articulado de la Ley de Procedimiento Laboral, aprobado por Real Decreto Legislativo 521/1990, de 27 de abril; el Capítulo II de la Ley 11/1994, de 19 de mayo, sobre modificación de determinados artículos del Estatuto de los Trabajadores, del texto articulado de la Ley de Procedimiento Laboral y de la Ley sobre Infracciones y Sanciones en el Orden Social; la disposición adicional segunda de la Ley 14/1994, de 1 de junio, por la que se regulan las empresas de trabajo temporal; la disposición adicional única de la Ley 18/1994, de 30 de junio, por la que se modifica la normativa de elecciones a los órganos de representación del personal al servicio de las Administraciones públicas de la Ley 9/1987, de 12 de junio, modificada por la Ley 7/1990, de 19 de julio, y el Capítulo V de la Ley 42/1994, de 30 de diciembre, de Medidas Fiscales, Administrativas y de Orden Social.

DISPOSICIÓN FINAL

Única.

El presente Real Decreto Legislativo y el Texto Refundido que aprueba entrarán en vigor el día 1 de mayo de 1995.

ANEXO

TEXTO REFUNDIDO DE LA LEY DE PROCEDIMIENTO LABORAL

LIBRO I

PARTE GENERAL

TÍTULO I

DEL EJERCICIO DE LA POTESTAD JURISDICCIONAL

CAPÍTULO I

De la jurisdicción

Artículo 1.

Los órganos jurisdiccionales del orden social conocerán de las pretensiones que se promuevan dentro de la rama social del Derecho en conflictos tanto individuales como colectivos.

⇒ V. arts. 9.5 y 25 de la LOPJ.

Artículo 2.

Los órganos jurisdiccionales del orden social conocerán de las cuestiones litigiosas que se promuevan:

a) Entre empresarios y trabajadores como consecuencia del contrato de trabajo, salvo lo dispuesto en la Ley Concursal.

✐ Letra a) modificada por la disp. final 15ª.1 de la Ley 22/2003, de 9 julio, Concursal.

⇒ V. arts. 1.1 y concordantes del ET (§2).
V. también arts. 25.1 LOPJ y 4.2 g) ET (§2).

b) En materia de Seguridad Social, incluida la protección por desempleo.

⇒ V. los arts. 139 y ss. de esta Ley. Cfr. disp. adic. 6ª de la Ley 30/1992, de 26 noviembre (§38.5).
V. art. 3 b) de este TRLPL.

c) En la aplicación de los sistemas de mejoras de la acción protectora de la Seguridad Social incluidos los planes de pensiones y contratos de seguro siempre que su causa derive de un contrato de trabajo o Convenio Colectivo.

⇒ V. arts. 191 y ss. LGSS/1994 (§32.1) sobre mejoras voluntarias y RDLeg. 1/2002, de 29 noviembre, que aprueba el Texto Refundido de la Ley de Regulación de los Planes y Fondos de Pensiones, modificado por Ley 11/2006, de 16 mayo.

d) Entre los asociados y las Mutualidades, excepto las establecidas por los Colegios Profesionales, en los términos previstos en los artículos 64 y siguientes y en la disposición adicional decimoquinta de la Ley 30/1995, de 8 de noviembre, de Ordenación y Supervisión de los Seguros Privados, así como entre las fundaciones laborales o entre éstas y sus beneficiarios, sobre cumplimiento, existencia o declaración de sus obligaciones específicas y derechos de carácter patrimonial, relacionados con los fines y obligaciones propios de esas entidades.

✐ Letra d) redactada por la disp. final 11ª.1 de la Ley 1/2000, de 7 enero, de Enjuiciamiento Civil.

⇒ Las Mutualidades de Previsión Social fueron reguladas por Ley 6 diciembre 1941. Dicha norma fue derogada por la Ley 33/1984, de 2 agosto, sobre Ordenación del Seguro Privado, a su vez derogada por Ley 30/1995, de 8 noviembre, de Ordenación y Supervisión de los Seguros Privados. Cfr. sus arts. 64 a 68, así como sus disps. transits. 5ª y 11ª; su Reglamento lo establece el RD 1430/2002, de 27 diciembre.
Las Fundaciones Laborales se regulan por D. 446/1961, de 3 marzo y O. 25 enero 1962.

e) Contra el Estado cuando le atribuya responsabilidad la legislación laboral.

⇒ V. arts. 116, 117, 118 y 119 de esta Ley y el RD 924/1982, de 17 abril, sobre reclamaciones al Estado por salarios de tramitación en juicios por despido (§15.2).

f) Contra el Fondo de Garantía Salarial, en los casos en que le atribuya responsabilidad la legislación laboral.

⇒ V. art. 33 del ET (§2), art. 29 del RD 505/1985 (§13.1) y arts. 23 y 24 de esta Ley.

g) Sobre constitución y reconocimiento de la personalidad jurídica de los Sindicatos, impugnación de sus Estatutos y su modificación.

⇒ V. arts. 165 y ss. y disp. adic. 6ª de esta Ley, así como art. 4.6 de la LOLS (§20.1).

h) En materia de régimen jurídico específico de los Sindicatos, tanto legal como estatutario, en lo relativo a su funcionamiento interno y a las relaciones con sus afiliados.

i) Sobre constitución y reconocimiento de la personalidad jurídica de las Asociaciones empresariales en los términos referidos en la disposición derogatoria de la Ley Orgánica 11/1985, de 2 de agosto, de Libertad Sindical, impugnación de sus Estatutos y su modificación.

j) Sobre la responsabilidad de los Sindicatos y de las Asociaciones empresariales por infracción de normas de la rama social del Derecho.

⇒ V. art. 5 de la LOLS (§20.1).

k) Sobre tutela de los derechos de libertad sindical.

⇒ V. arts. 175 y ss. y 301 de esta Ley.

l) En procesos de conflictos colectivos.

⇒ V. arts. 151 y ss. y 301 de esta Ley.

m) Sobre impugnación de Convenios Colectivos.

⇒ V. arts. 161 y ss. y 301 de esta Ley.

n) En procesos sobre materias electorales, incluida la denegación de registro de actas electorales, también cuando se refieran a elecciones a órganos de representación del personal al servicio de las Administraciones públicas.

✐ La redacción de este apartado procede de la Ley 18/1994, de 30 junio.

⇒ V. arts. 127 y ss. de esta Ley.

ñ) Entre las Sociedades cooperativas de trabajo asociado o anónimas laborales y sus socios trabajadores, por su condición de tales.

⇒ V. disp. adic. 5ª de esta Ley.

V. asimismo art. 87 de la Ley 27/1999, de 16 julio, de Cooperativas:

«Artículo 87. Cuestiones contenciosas.

1. Las cuestiones contenciosas que se susciten entre las cooperativas y sus socios trabajadores, por su condición de tales, se resolverán aplicando, con carácter preferente, esta Ley, los Estatutos y el Reglamento de régimen interno de las cooperativas, los acuerdos válidamente adoptados por los árganos sociales de la cooperativa y los principios cooperativos. Las citadas cuestiones se someterán ante la Jurisdicción del Orden Social de conformidad con lo que se dispone en el artículo 2 ñ) del Real Decreto Legislativo 2/1995, de 7 de abril, por el que aprueba el texto refundido de la Ley de Procedimiento Laboral.

La remisión a la jurisdicción del Orden Social, atrae competencias de sus órganos jurisdiccionales, en todos sus grados, para conocimiento de cuantas cuestiones contenciosas se susciten entre la Cooperativa de Trabajo Asociado y el socio trabajador relacionadas con los derechos y obligaciones derivados de la actividad cooperativizada.

2. Los conflictos no basados en la prestación del trabajo, o sus efectos, ni comprometidos sus derechos en cuanto aportante de trabajo y que puedan surgir entre cualquier clase de socio y las cooperativas de trabajo asociado, estarán sometidos a la Jurisdicción del Orden Civil.

3. El planteamiento de cualquier demanda por parte de un socio en las cuestiones a que se refiere el anterior apartado 1 exigirá el agotamiento de la vía cooperativa previa, durante la cual quedará en suspenso el cómputo de plazos de prescripción o caducidad para el ejercicio de acciones o de afirmación de derechos».

Y la disp. adic. 4ª de la Ley 4/1997, de 24 marzo, de Sociedades Laborales:

«DISPOSICIÓN ADICIONAL

Cuarta.

Las referencias contenidas en el texto refundido de la Ley de Procedimiento Laboral, aprobado por Real Decreto Legislativo 2/1995, de 7 abril, así como en las diferentes normativas sobre fomento de las sociedades anónimas laborales se entenderán hechas, en lo sucesivo, a las Sociedades Laborales.

Asimismo, lo dispuesto en el artículo 11, apartado 2, letra a), de la Ley 43/1995, del Impuesto de Sociedades, respecto de las Sociedades Anónimas Laborales se aplicará a las Sociedades Limitadas Laborales, en los mismos términos y condiciones».

o) Entre los empresarios y trabajadores como consecuencia del contrato de puesta a disposición.

⇒ V. arts. 6 y ss. de la Ley 14/1994, de 1 junio (§3.1).

p) En relación con el régimen profesional, tanto en su vertiente individual como colectiva, de los trabajadores autónomos económicamente dependientes a los que se refiere la Ley del Estatuto del Trabajo Autónomo.

✐ Letra p) modificada por disp. adic. 1ª.1 de la Ley 20/2007, de 11 julio (§26).

⇒ V. art. 35 de la Ley 10/1997, de 24 abril (§21.2).

q) Respecto de cualesquiera otras cuestiones que les sean atribuidas por normas con rango de Ley.

✐ Letra q) añadida por disp. adic. 1ª.2 de la Ley 20/2007, de 11 julio (§26).

Artículo 3.

1. No conocerán los Órganos Jurisdiccionales del Orden Social:

a) De la tutela de los derechos de libertad sindical y del derecho a huelga relativa a los funcionarios públicos y al personal al que se refiere el artículo 1.3 a) del Texto Refundido de la Ley del Estatuto de los Trabajadores.

b) De las resoluciones y actos dictados en materia de inscripción de empresas, formalización de la protección frente a riesgos profesionales, tarifación, cobertura de la prestación de incapacidad temporal, afiliación, alta, baja y variaciones de datos de trabajadores, así como en materia de liquidación y gestión recaudatoria y demás actos administrativos distintos de los de la gestión de prestaciones de la Seguridad Social.

Asimismo, quedan excluidas de su conocimiento las resoluciones en materia de gestión recaudatoria dictadas por su respectiva entidad gestora en el supuesto de cuotas de recaudación conjunta con las cuotas de Seguridad Social, así como las relativas a las actas de liquidación y de infracción.

✐ Párrafo modificado por el art. 23 de la Ley 52/2003, de 10 diciembre.

c) De las pretensiones que versen sobre la impugnación de las disposiciones generales y actos de las Administraciones Públicas sujetos al Derecho administrativo en materia laboral, salvo los que se expresan en el apartado siguiente.

d) De las pretensiones cuyo conocimiento y decisión esté reservado por la Ley Concursal a la jurisdicción exclusiva y excluyente del Juez del concurso.

✐ Letra d) añadida por la disp. final 15ª.2 de la Ley 22/2003, de 9 julio, Concursal.

2. Los Órganos Jurisdiccionales del Orden Social conocerán de las pretensiones sobre:

a) Las resoluciones administrativas relativas a la imposición de cualesquiera sanciones por todo tipo de infracciones de orden social, con las excepciones previstas en la letra b) del apartado 1 de este artículo.

b) Las resoluciones administrativas relativas a regulación de empleo y actuación administrativa en materia de traslados colectivos.

3. En el plazo de nueve meses desde la entrada en vigor de esta Ley, el Gobierno remitirá a las Cortes Generales un proyecto de ley para incorporar a la Ley de Procedimiento Laboral las modalidades y especialidades procesales correspondientes a los supuestos del anterior número 2. Dicha Ley determinará la fecha de entrada en vigor de la atribución a la Jurisdicción del Orden social de las materias comprendidas en el número 2 de este artículo.

✐ El art. 3 de la LPL fue inicialmente modificado por la disp. adic. 5ª de la Ley 29/1998, de 13 julio, reguladora de la Jurisdicción Contencioso-Administrativa, a su vez redactada por la disp. adic. 24ª.2 de la Ley 50/1998, de 30 diciembre, de Medidas Fiscales, Administrativas y de Orden Social.

⇒ Cfr. la disp. final 3ª de la citada Ley 29/1998, de 13 julio, en la redacción dada por la disp. adic. 24ª de la Ley 50/1998, de 30 diciembre.

Téngase en cuenta que el plazo previsto en el número 3 ha transcurrido sin que el Gobierno haya cumplido el mandato del legislador. Consecuentemente los supuestos del número 2 siguen siendo atribuidos al orden contencioso.

CAPÍTULO II

De la competencia

Artículo 4.

1. La competencia de los órganos jurisdiccionales del orden social se extenderá al conocimiento y decisión de las cuestiones previas y prejudiciales no pertenecientes a dicho orden, que estén directamente relacionadas con las atribuidas al mismo, salvo lo previsto en el apartado 3 de este artículo y en la Ley Concursal.

✐ Ap. 1 modificado por la disp. final 15ª.3 de la Ley 22/2003, de 9 julio, Concursal.

⇒ V. art. 10 de la LOPJ, así como art. 34 de la Ley 10/1997, de 24 abril (§21.2).

2. Las cuestiones previas y prejudiciales serán decididas en la resolución judicial que ponga fin al proceso. La decisión que se pronuncie no producirá efecto fuera del proceso en que se dicte.

3. Hasta que las resuelva el órgano judicial competente, las cuestiones prejudiciales penales sus-

penderán el plazo para adoptar la debida decisión sólo cuando se basen en falsedad documental y su solución sea de todo punto indispensable para dictarla.

⇒ V. arts. 10.2 y 44 LOPJ, así como art. 514 LECiV/2000.

Sobre relación entre las jurisdicciones laboral y penal, cfr. SSTC 24/1984, de 23 febrero (RTC 1984, 24); 62/1984, de 21 mayo (RTC 1984, 62); 36/1985, de 8 marzo (RTC 1985, 36) y 158/1985, de 26 noviembre (RTC 1985, 158).

4. La suspensión de la ejecución por existencia de una cuestión prejudicial penal sólo procederá si la falsedad documental en que se base se hubiere producido después de constituido el título ejecutivo y se limitará a las actuaciones ejecutivas condicionadas directamente por la resolución de aquélla.

⇒ V. art. 86.2 de esta Ley.

Artículo 5.

1. Si los órganos jurisdiccionales se estimaren incompetentes para conocer de la demanda por razón de la materia o de la función, acto seguido de su presentación dictarán auto declarándolo así y previniendo al demandante ante quién y cómo puede hacer uso de su derecho.

2. Igual declaración deberán hacer al dictar sentencia, si se estimasen incompetentes, absteniéndose de entrar en el conocimiento del fondo del asunto.

3. La declaración de oficio de la incompetencia en los casos de los dos párrafos anteriores requerirá previa audiencia de las partes y del Ministerio Fiscal en plazo común de tres días.

4. Contra el auto de declaración de incompetencia podrán ejercitarse los recursos previstos en la presente Ley.

⇒ V. arts. 184, 185, 189.4 y 204.3 de esta LPL.

Artículo 6.

Los Juzgados de lo Social conocerán en única instancia de todos los procesos atribuidos al orden jurisdiccional social, salvo lo dispuesto en los artículos 7 y 8 de esta Ley y en la Ley Concursal.

✐ Artículo modificado por la disp. final 15ª.4 de la Ley 22/2003, de 9 julio, Concursal.

Artículo 7.

Las Salas de lo Social de los Tribunales Superiores de Justicia conocerán:

⇒ V. art. 75 LOPJ.

a) En única instancia de los procesos sobre las cuestiones a que se refieren los apartados g), h), i), k), l) y m) del artículo 2 cuando extiendan sus efectos a un ámbito territorial superior al de la circunscripción de un Juzgado de lo Social y no superior al de la Comunidad Autónoma, así como de todos aquellos que expresamente les atribuyan las leyes.

b) De los recursos de suplicación establecidos en esta Ley contra las resoluciones dictadas por los Juzgados de lo Social de su circunscripción.

c) De las cuestiones de competencia que se susciten entre los Juzgados de lo Social de su circunscripción.

Artículo 8.

La Sala de lo Social de la Audiencia Nacional conocerá en única instancia de los procesos a que se refieren los apartados g), h), i), k), l) y m) del artículo 2, cuando extiendan sus efectos a un ámbito territorial superior al de una Comunidad Autónoma.

⇒ V. art. 67 LOPJ.

Artículo 9.

La Sala de lo Social del Tribunal Supremo conocerá:

⇒ V. art. 59 LOPJ.

a) De los recursos de casación establecidos en la Ley.

b) Del recurso de revisión contra sentencias firmes dictadas por los órganos jurisdiccionales del orden social.

c) De las cuestiones de competencia suscitadas entre órganos del orden jurisdiccional social que no tengan otro superior jerárquico común.

Artículo 10.

La competencia de los Juzgados de lo Social se determinará de acuerdo con las siguientes reglas:

1. Con carácter general será Juzgado competente el del lugar de prestación de los servicios o el del domicilio del demandado, a elección del demandante.

⇒ V. arts. 50 y 51 LECiv/2000.

Si los servicios se prestaran en lugares de distintas circunscripciones territoriales, el trabajador podrá elegir entre aquel de ellos en que tenga su domicilio, el del contrato, si hallándose en él el demandado pudiera ser citado, o el del domicilio del demandado.

En el caso de que sean varios los demandados, y se optare por el fuero del domicilio, el actor podrá elegir el de cualquiera de los demandados.

⇒ V. art. 53 LECiv/2000.

En las demandas contra las Administraciones Públicas será Juzgado competente el del lugar de prestación de los servicios o el del domicilio del demandante, a elección de éste.

2. En los procesos que se indican en los párrafos siguientes será en cada caso Juzgado competente:

a) En los que versen sobre la materia referida en el párrafo b) del artículo 2, aquel en cuya circunscripción se haya producido la resolución, expresa o presunta, impugnada en el proceso, o el del domicilio del demandante, a elección de éste.

⇒ V. STC 205/1993, de 17 junio (RTC 1993, 205), desestimatoria de cuestión de inconstitucionalidad respecto de este apartado.

b) En los que versen sobre las materias referidas en los párrafos c) y d) del artículo 2, el del domicilio del demandado o el del demandante, a elección de éste, salvo en los procesos entre Mutualidades de Previsión, en los que regirá el fuero de la demandada.

c) En los de reclamación de salarios de tramitación frente al Estado, el que dictó la sentencia de despido.

d) En los que versen sobre las materias referidas en los apartados g) e i) del artículo 2, el de la sede del sindicato o de la asociación empresarial.

e) En los que versen sobre la materia referida en los párrafos h) y j) del artículo 2, el del lugar en que se produzcan los efectos del acto o actos que dieron lugar al proceso.

f) En los que versen sobre la materia referida en el párrafo k) del artículo 2, el del lugar donde se produjo la lesión respecto de la que se demanda la tutela.

g) En los procesos electorales regulados en la Sección II, Capítulo V, Título II del Libro II de esta Ley, el del lugar en cuya circunscripción esté situada la Empresa o centro de trabajo; y si los centros están situados en municipios distintos, en que ejerzan jurisdicción Juzgados diferentes, con unidad de Comité de Empresa, el del lugar en que inicialmente se hubiera constituido la mesa electoral.

h) En los de impugnación de Convenios Colectivos y en los de conflictos colectivos, el de la circunscripción a que se refiera el ámbito de aplicación del Convenio impugnado o en que se produzcan los efectos del conflicto, respectivamente.

Artículo 11.

1. La competencia territorial para el conocimiento de los procesos atribuidos en instancia a las Salas de lo Social de los Tribunales Superiores de Justicia corresponderá:

a) En los de conflicto colectivo o en los de impugnación de Convenios Colectivos, a la del Tribunal en que se produzcan los efectos del conflicto o a la de aquel a cuya circunscripción se extienda el ámbito de aplicación de las cláusulas del Convenio impugnado, respectivamente.

b) En los que versen sobre la materia referida en los párrafos g) e i) del artículo 2, a la del Tribunal en cuya circunscripción tengan su sede el Sindicato y la Asociación empresarial.

c) En los que versen sobre la materia referida en el párrafo h) del artículo 2, a la del Tribunal en cuya circunscripción se produzcan los efectos del acto o actos que dieron lugar al proceso.

d) En los que versen sobre la materia referida en el párrafo k) del artículo 2, a la del Tribunal en cuya circunscripción se produzca la lesión respecto de la que se demanda la tutela.

2. Cuando existan varias Salas de lo Social en un mismo Tribunal Superior, la competencia territorial de cada una de ellas se determinará por aplicación de las reglas establecidas en el número anterior, referida a la circunscripción territorial de la Sala.

3. En el caso de que los efectos de la cuestión litigiosa se extiendan a las circunscripciones de varias Salas, sin exceder del ámbito territorial de una Comunidad Autónoma, conocerá la que corresponda según las reglas de reparto que al efecto haya aprobado la Sala de Gobierno del Tribunal Superior de Justicia.

CAPÍTULO III
De los conflictos de competencia y de las cuestiones de competencia

Artículo 12.

Los conflictos de competencia entre los órganos jurisdiccionales del orden social y los de otros órdenes de la Jurisdicción se regirán por lo dispuesto en la Ley Orgánica del Poder Judicial.

⇒ V. los arts. 38 y ss. de la LOPJ.

Artículo 13.

1. No podrán suscitarse cuestiones de competencia entre Jueces y Tribunales subordinados entre sí, estándose al respecto a lo dispuesto en el artículo 52 de la Ley Orgánica del Poder Judicial.

2. Las cuestiones de competencia que se susciten entre órganos del orden social de la Jurisdicción serán decididas por el inmediato superior común.

Artículo 14.

Las cuestiones de competencia se sustanciarán y decidirán con sujeción a lo dispuesto en la Ley de Enjuiciamiento Civil, salvo lo dispuesto en las siguientes reglas:

⇒ V. arts. 63 y ss. LECiv/2000.

a) Las declinatorias se propondrán como excepciones perentorias y serán resueltas previamente en la sentencia, sin suspender el curso de los autos.

Si se estimase la declinatoria, el demandante podrá deducir su demanda ante el órgano territorialmente competente, y si la acción estuviese sometida a plazo de caducidad, se entenderá suspendida desde la presentación de la demanda hasta que la sentencia que estime la declinatoria quede firme.

b) Formulada inhibitoria, el órgano ante el que se plantee lo comunicará por el medio más rápido posible al órgano ante el que penda el proceso, que suspenderá su tramitación a las resultas de aquélla.

Una vez que haya quedado firme el auto en que se declare no haber lugar el requerimiento de inhibición se comunicará por el medio más rápido posible al órgano que conociera del proceso, que alzará la suspensión y continuará su trámite.

Si de lo actuado se apreciase que el planteamiento de la cuestión tenía una exclusiva finalidad dilatoria, en la resolución en la que se declare no haber lugar al requerimiento de inhibición se impondrá motivadamente al que la formuló la multa prevista en el artículo 97.3.

CAPÍTULO IV
De la abstención y de la recusación

Artículo 15.

✐ Artículo que, según dispone la disp. final 17ª LECiv/2000 no se aplicará hasta que se reforme la LOPJ.

⇒ V. arts. 217 y ss. de ésta.

1. La abstención y la recusación se regirán, en cuanto a sus causas, por la Ley Orgánica del Poder Judicial, y en cuanto al procedimiento, por lo dispuesto en la Ley de Enjuiciamiento Civil.

No obstante lo anterior, la recusación habrá de proponerse en instancia con anterioridad a la celebración de los actos de conciliación y juicio y, en recursos, antes del día señalado para la votación y fallo o, en su caso, para la vista.

En cualquier caso, la proposición de la recusación no suspenderá la ejecución.

2. Instruirán los incidentes de recusación:

a) Cuando el recusado sea el Presidente o uno o más Magistrados de la Sala de lo Social del Tribunal Supremo, de la Sala de lo Social de los Tribunales Superiores de Justicia, o de la Sala de lo Social de la Audiencia Nacional, un Magistrado de la Sala a la que pertenezca el recusado, designado en virtud de un turno establecido por orden de antigüedad.

b) Cuando se recusare a todos los Magistrados de una Sala de Justicia, el Magistrado que corresponda por turno de antigüedad de los que integren el Tribunal correspondiente, siempre que no estuviere afectado por la recusación, y si se recusare a todos los Magistrados que integran la Sala de lo Social del Tribunal correspondiente, un Magistrado de la Sala de lo Contencioso-Administrativo designado por sorteo entre todos sus integrantes.

c) Cuando el recusado sea un Juez de lo Social, un Magistrado de la Sala de lo Social del Tribunal Superior de Justicia, designado en virtud de un turno establecido por orden de antigüedad.

La antigüedad se regirá por el orden de escalafón en la carrera judicial.

En los casos en que no fuere posible cumplir lo prevenido en los párrafos anteriores, la Sala de Gobierno del Tribunal correspondiente designará al instructor, procurando que sea de mayor categoría o, al menos, de mayor antigüedad que el recusado o recusados.

3. Decidirán los incidentes de recusación:

a) La Sala prevista en el artículo 61 de la Ley Orgánica del Poder Judicial cuando el recusado sea el Presidente de la Sala de lo Social o dos o más de los Magistrados de dicha Sala.

b) La Sala de lo Social del Tribunal Supremo, cuando se recuse a uno de los Magistrados que la integran.

c) La Sala a que se refiere el artículo 77 de la Ley Orgánica del Poder Judicial, cuando se hubiera recusado al Presidente de la Sala de lo Social de dicho Tribunal Superior.

d) La Sala a que se refiere el artículo 69 de la Ley Orgánica del Poder Judicial, cuando se hubiera recusado al Presidente de la Sala de lo Social de la Audiencia Nacional o a más de dos Magistrados de una Sección de dicha Sala.

e) Cuando se recusare a uno o dos Magistrados de la Sala de lo Social de la Audiencia Nacional, la Sección en la que no se encuentre integrado el recusado o la Sección que siga en orden numérico a aquella de la que el recusado forme parte.

f) Cuando se recusare a uno o dos Magistrados de la Sala de lo Social de los Tribunales Superiores de Justicia, la Sala en Pleno si no estuviera dividida en Secciones o, en caso contrario, la Sección en la que no se encuentre integrado el recusado o la Sección que siga en orden numérico a aquella de la que el recusado forme parte.

g) Cuando el recusado sea un Juez de lo Social, la Sala de lo Social del Tribunal Superior de Justicia correspondiente, en Pleno, si no estuviera dividida en Secciones o, en caso contrario, la Sección primera.

✐ Artículo redactado por la disp. final 11ª.2 de la Ley 1/2000, de 7 enero, de Enjuiciamiento Civil.

TÍTULO II
DE LAS PARTES PROCESALES

CAPÍTULO I
De la capacidad y legitimación procesal

⇒ V. art. 6 y ss. de la LECiv/2000. V. asimismo art. 37 de la Ley 10/1997, de 24 abril (§21.2).

Artículo 16.

1. Podrán comparecer en juicio en defensa de sus derechos e intereses legítimos quienes se encuentren en el pleno ejercicio de sus derechos civiles.

2. Tendrán capacidad procesal los trabajadores mayores de dieciséis años y menores de dieciocho respecto de los derechos e intereses legítimos derivados de sus contratos de trabajo y de la relación de Seguridad Social cuando legalmente no precisen para la celebración de dichos contratos autorización de sus padres, tutores o de la persona o institución que los tenga a su cargo, o hubieran obtenido autorización para contratar de sus padres, tutores o persona o institución que los tenga a su cargo conforme a la legislación laboral o la legislación civil o mercantil respectivamente. Igualmente tendrán capacidad procesal los trabajadores autónomos económicamente dependientes mayores de dieciséis años.

✐ Ap. 2 modificado por disp. adic. 1ª.3 de la Ley 20/2007, de 11 julio (§26).

⇒ V. arts. 7 y 6.4 ET (§2).

3. En los supuestos previstos en el número anterior, los trabajadores mayores de dieciséis años y menores de dieciocho tendrán igualmente capacidad procesal respecto de los derechos de naturaleza sindical y de representación.

4. Por quienes no se hallaren en el pleno ejercicio de sus derechos civiles comparecerán sus representantes legítimos o los que deban suplir su incapacidad conforme a Derecho.

5. Por las personas jurídicas comparecerán quienes legalmente las representen. Por las comunidades de bienes y grupos comparecerán quienes aparezcan como organizadores, directores o gestores de los mismos.

Artículo 17.

1. Los titulares de un derecho subjetivo o un interés legítimo podrán ejercitar acciones ante los órganos jurisdiccionales del orden social, en los términos establecidos en las Leyes.

2. Los Sindicatos de trabajadores y las Asociaciones empresariales tendrán legitimación para la defensa de los intereses económicos y sociales que les son propios.

3. Las organizaciones de trabajadores autónomos tendrán legitimación para la defensa de los acuerdos de interés profesional por ellas firmados.

✐ Ap. 3 añadido por disp. adic. 1ª.4 de la Ley 20/2007, de 11 julio (§26).

CAPÍTULO II

De la representación y defensa procesales

⇒ V. arts. 436 y ss. de la LOPJ y arts. 23 y ss. de la LECiv/2000.

Artículo 18.

1. Las partes podrán comparecer por sí mismas o conferir su representación a Procurador, Graduado Social colegiado o a cualquier persona que se encuentre en el pleno ejercicio de sus derechos civiles. La representación podrá conferirse mediante poder otorgado por comparecencia ante Secretario judicial o por escritura pública.

⇒ Cfr. art. 281.3 LOPJ, que exige que la comparecencia para otorgar poder se efectúe «ante el Secretario del Juzgado o Tribunal que haya de conocer el asunto». Sobre denegación de comparecencia mediante poder otorgado «apud acta» ante la Secretaría del Juzgado Decano. V. STC 79/2001, de 26 marzo (RTC 2001, 79), con apoyo, entre otras, en STC 285/2000, de 27 noviembre (RTC 2000, 285).

2. En el caso de otorgarse la representación a Abogado, deberán seguirse los trámites previstos en el artículo 21.3 de esta Ley.

Artículo 19.

1. En los procesos en los que demanden de forma conjunta más de 10 actores, éstos deberán designar un representante común, con el que se entenderán las sucesivas diligencias del litigio. Este representante deberá ser necesariamente Abogado, Procurador, Graduado Social colegiado, uno de los demandantes o un Sindicato. Dicha representación podrá conferirse mediante poder otorgado por comparecencia ante Secretario judicial, por escritura pública o mediante comparecencia ante el servicio administrativo que tenga atribuidas las competencias de conciliación, mediación o arbitraje o el órgano que asuma estas funciones. Junto con la demanda se deberá aportar el documento correspondiente de otorgamiento de esta representación.

2. Cuando el Juzgado o Tribunal, conforme al artículo 29, acuerde de oficio o a instancia de parte la acumulación de autos correspondientes a varias demandas presentadas contra un mismo demandado, afectando de este modo el proceso a más de 10 actores, los requerirá para que designen un representante común, pudiendo recaer dicha designación en cualquiera de los sujetos mencionados en el apartado anterior. A tal efecto, junto con la comunicación a los actores de la resolución de acumulación, les citará de comparecencia ante el Secretario judicial dentro de los cuatro días siguientes para el nombramiento del representante común; si el día de la comparecencia no asistiese alguno de los citados en forma, se procederá a la designación del representante común, entendiéndose que quien no comparezca acepta el nombramiento efectuado por el resto.

3. En todo caso, cualquiera de los demandantes podrá expresar su voluntad justificada de comparecer por sí mismo o de designar un representante propio, diferenciado del designado de forma conjunta por los restantes actores.

Artículo 20.

1. Los Sindicatos podrán actuar en un proceso en nombre e interés de los trabajadores afiliados a ellos que así se lo autoricen, defendiendo sus derechos individuales y recayendo en dichos trabajadores los efectos de aquella actuación.

2. En la demanda, el Sindicato habrá de acreditar la condición de afiliado del trabajador y la existencia de la comunicación al trabajador de su voluntad de iniciar el proceso. La autorización se presumirá concedida salvo declaración en contrario del trabajador afiliado. En el caso de que no se hubiese otorgado esta autorización, el trabajador podrá exigir al Sindicato la responsabilidad que proceda, que habrá de decidirse en proceso laboral independiente.

3. Si en cualquier fase del proceso el trabajador expresara a presencia judicial, que no había recibido la comunicación del Sindicato o que habiéndola recibido hubiera negado la autorización de actuación en su nombre, el Juez o Tribunal, previa audiencia del Sindicato, acordará el archivo de las actuaciones sin más trámite.

Artículo 21.

1. La defensa por abogado tendra carácter facultativo en la instancia, con excepción de lo previsto en el artículo siguiente, pero podrá utilizarla cualquiera de los litigantes, en cuyo caso será de su cuenta el pago de los honorarios o derechos respectivos, con las excepciones fijadas en el artículo 2,d), de la Ley de Asistencia Jurídica Gratuita.

⇒ Tras su modificación mediante RDley 6/2000, de 23 junio, el art. 3.2 de la Ley 2/1974, de Colegios Profesionales, establece lo siguiente:

«Es requisito indispensable para el ejercicio de las profesiones colegiadas hallarse incorporado al Colegio correspondiente. Cuando una profesión se organice por Colegios Territoriales, bastará la incorporación a uno solo de ellos, que será el del domicilio profesional único o principal, para ejercer en todo el territorio del Estado, sin que pueda exigirse por los Colegios en cuyo ámbito territorial no radique dicho domicilio habilitación alguna ni el pago de contraprestaciones económicas distintas de aquellas que exijan habitualmente a sus colegiados por la prestación de los servicios de los que sean beneficiarios y que no se encuentren cubiertos por la cuota colegial. Lo anterior se entiende sin perjuicio de que los Estatutos Generales o, en su caso, los autonómicos puedan establecer la obligación de los profesionales que ejerzan en un territorio diferente al de colegiación de comunicar a los Colegios distintos a los de su inscripción la actuación en su ámbito territorial».

2. Si el demandante pretendiese comparecer en el juicio asistido de abogado o representado por procurador o graduado social colegiado, lo hará constar en la demanda. Asimismo, el demandado pondrá esta circunstancia en conocimiento del Juzgado o Tribunal por escrito, dentro de los dos días siguientes al de su citación para el juicio, con objeto de que, trasladada tal intención al actor, pueda éste estar representado por procurador o graduado social colegiado, designar abogado en otro plazo igual o solicitar su designación a través del turno de oficio. La falta de cumplimiento de estos requisitos supone la renuncia de la parte al derecho de valerse en el acto de juicio de abogado, procurador o graduado social colegiado.

3. Si en cualquier otra actuación, diversa a acto de juicio, cualquiera de las partes pretendiese actuar asistido de Letrado, el Juez o Tribunal adoptará las medidas oportunas para garantizar la igualdad de las partes.

4. La solicitud de designación de abogado por el turno de oficio por los trabajadores y los beneficiarios del Sistema de Seguridad Social comportará la suspensión de los plazos de caducidad o la interrupción de la prescripción de acciones.

✎ Nueva redacción de este artículo, por Ley 1/1996, de 10 enero, de Asistencia Jurídica Gratuita.

⇒ V. su disp. adic. 5ª

Artículo 22.

1. La representación y defensa del Estado y de sus Organismos autónomos, de los Organos Constitucionales, de las Comunidades Autónomas, de las Entidades Locales y demás Entidades públicas se regirán por lo dispuesto en el artículo 447 de la Ley Orgánica del Poder Judicial y demás normas de aplicación.

⇒ V. Ley 52/1997, de 27 noviembre, reguladora del Régimen de Asistencia Jurídica al Estado e Instituciones Públicas.

2. La representación y defensa de las Entidades gestoras y de la Tesorería General de la Seguridad Social corresponderá a los Letrados de la Administración de la Seguridad Social, sin perjuicio de que para supuestos determinados pueda conferirse la representación conforme a las reglas generales del artículo 18 o designarse abogado al efecto.

⇒ V. el RD 692/2000, de 12 mayo, que regula determinados aspectos del asesoramiento jurídico y representación en juicio de las Entidades Gestoras y Servicios Comunes de la Seguridad Social. Norma que se complementa provisionalmente por Res. 16 mayo 2001, de la Secretaría de Estado de la Seguridad Social, «en tanto no se produzca el desarrollo reglamentario de la Ley 52/1997, de 27 noviembre».

CAPÍTULO III

De la intervención y llamada a juicio del Fondo de Garantía Salarial

Artículo 23.

1. El Fondo de Garantía Salarial podrá comparecer como parte en cualquier fase o momento de su tramitación, en aquellos procesos de los que se pudiera derivar posteriormente una responsabilidad de abono de salarios o indemnizaciones a los trabajadores litigantes, sin que tal intervención haga retroceder ni detener el curso de las actuaciones.

⇒ V. art. 33 del ET (§2) y art. 274.1 de esta Ley. V. asimismo RD 505/1985, de 6 marzo (§13.1).

2. En supuestos de Empresas incursas en procedimientos concursales, así como de las ya declaradas insolventes o desaparecidas, el Juez, de oficio o a instancia de parte, citará como parte al Fondo de Garantía Salarial, dándole traslado de la demanda a fin de que éste pueda asumir sus obligaciones legales e instar lo que convenga en Derecho.

3. En los procedimientos seguidos contra el Fondo de Garantía Salarial al amparo de la legisla-

ción laboral, las afirmaciones de hecho contenidas en el expediente y en las que se haya fundamentado la resolución del mismo harán fe, salvo prueba en contrario.

⇒ Sobre la no inconstitucionalidad de este apartado v. STC 90/1994, de 17 marzo (RTC 1994, 90).

Artículo 24.

1. Si el pago de las prestaciones legalmente a cargo del Fondo de Garantía Salarial se hubiere producido con anterioridad al inicio de la ejecución, al instarse ésta, en subrogación de los derechos y acciones de los trabajadores que figuren en el título ejecutivo, deberá acreditarse fehacientemente el abono de las cantidades satisfechas y que éstas corresponden, en todo o en parte, a las reconocidas en el título.

2. Despachada ejecución, se hará constar en el auto la subrogación producida, notificándose a los trabajadores afectados o a sus representantes, a quienes, si pudieren conservar créditos derivados del propio título frente a la Empresa ejecutada por la parte no satisfecha por el Fondo, se les ofrecerá la posibilidad de constituirse como ejecutantes en el término de quince días como máximo hasta el momento de abono de las cantidades obtenidas si, de ser insuficientes, pretendieren el abono o prorrata con el Fondo de los respectivos importes de sus créditos.

CAPÍTULO IV
Del beneficio de justicia gratuita

Artículos 25 y 26. ...

✐ Los arts. 25 y 26 han sido expresamente derogados por la disp. derog. única de la Ley 1/1996, de 10 enero, de Asistencia Jurídica Gratuita.

⇒ Cfr. su art. 2, que se transcribe a continuación, con las modificaciones incorporadas en el apartado d) por la LO 8/2003, de 9 julio, para la Reforma Concursal (disp. final 4ª):

«Artículo 2. Ámbito personal de aplicación.

En los términos y con el alcance previstos en esta Ley y en los Tratados y Convenios internacionales sobre la materia en los que España sea parte, tendrán derecho a la asistencia jurídica gratuita:

a) Los ciudadanos españoles, los nacionales de los demás Estados miembros de la Unión Europea y los extranjeros que residan legalmente en España, cuando acrediten insuficiencia de recursos para litigar.

b) Las Entidades Gestoras y Servicios Comunes de la Seguridad Social, en todo caso.

c) Las siguientes personas jurídicas cuando acrediten insuficiencia de recursos para litigar:

1º Asociaciones de utilidad pública, previstas en el artículo 4 de la Ley 191/1964, de 24 de diciembre, reguladora de las Asociaciones.

2º Fundaciones inscritas en el Registro administrativo correspondiente.

d) En el orden jurisdiccional social, además, los trabajadores y beneficiarios del sistema de Seguridad Social, tanto para la defensa en juicio como para el ejercicio de acciones para la efectividad de los derechos laborales en los procedimientos concursales.

e) ...

f) ...».

V. asimismo el Reglamento de dicha Ley aprobado por RD 996/2003, de 25 julio.

TÍTULO III
DE LAS ACUMULACIONES

⇒ V. arts. 71 y ss. de la LECiv/2000.

CAPÍTULO I
De la acumulación de acciones, autos y recursos

Sección 1ª Acumulación de acciones

Artículo 27.

1. El actor podrá acumular en su demanda cuantas acciones le competan contra el demandado, aunque procedan de diferentes títulos.

2. No obstante y sin perjuicio de lo dispuesto en los artículos 32 y 33 de esta Ley, no podrán acumularse a otras en un mismo juicio, ni siquiera por vía de reconvención, las acciones de despido, las de extinción del contrato de trabajo de los artículos 50 y 52 del texto refundido de la Ley del Estatuto de los Trabajadores, las que versen sobre materia electoral, las de impugnación de convenios colectivos, las de impugnación de estatutos de los sindicatos y las de tutela de la libertad sindical y demás derechos fundamentales.

Lo anterior se entiende sin perjuicio de la posibilidad de reclamar, en los anteriores juicios, la indemnización derivada de discriminación o lesión de derechos fundamentales conforme a los artículos 180 y 181 de esta Ley.

✐ Párr. 2 añadido por disp. adic. 13.1 de la LO 3/2007, de 22 marzo, para la igualdad efectiva de mujeres y hombres.

3. Tampoco serán acumulables entre sí las reclamaciones en materia de Seguridad Social, salvo cuando tengan la misma causa de pedir.

Artículo 28.

1. Si se ejercitaran acciones indebidamente acumuladas, el Juez o Tribunal requerirá al demandante para que, en el plazo de cuatro días subsane el defecto, eligiendo la acción que pretende mantener. En caso de que no lo hiciera, se acordará el archivo de la demanda, notificándose la resolución.

2. No obstante, cuando se trate de una demanda de despido a la que indebidamente se hubiera acumulado otra acción, aunque el actor no opte, se seguirá la tramitación del juicio de despido y se tendrá por no formulada la otra acción acumulada, advirtiéndose al demandante de su derecho a ejercitarla por separado.

Sección 2ª Acumulación de autos

⇒ V. arts. 74 y ss. LECiv/2000.

Artículo 29.

Si en el mismo Juzgado o Tribunal se tramitaran varias demandas contra un mismo demandado, aunque los actores sean distintos, y se ejercitasen en ella idénticas acciones, podrá acordarse, de oficio o a instancia de parte, la acumulación de los autos.

Artículo 30.

Si en el caso del artículo anterior las demandas pendieran ante dos o más Juzgados de lo Social de una misma circunscripción, también podrá acordarse la acumulación de todas ellas, de oficio o a petición de parte. Esta petición habrá de formularse ante el Juez que conociese de la demanda que hubiera tenido entrada antes en el Registro.

Artículo 31.

A los procesos de oficio iniciados a virtud de comunicación de la Autoridad Laboral regulados en el artículo 146 de esta Ley, se acumularán, de acuerdo con las reglas anteriores, las demandas individuales en que concurran identidad de personas y de causa de pedir respecto de la demanda de oficio, aunque pendan en distintos Juzgados de la misma circunscripción.

Artículo 32.

Cuando el trabajador formule demandas por alguna de las causas previstas en el artículo 50 del texto refundido de la Ley del Estatuto de los Trabajadores y por despido, la demanda que se promueva posteriormente se acumulará a la primera de oficio o a petición de cualquiera de las partes, debiendo debatirse todas las cuestiones planteadas en un solo juicio. A estos efectos, el trabajador deberá hacer constar en la segunda demanda la pendencia del primer proceso y el Juzgado que conoce del asunto.

Sección 3ª Acumulación de recursos

Artículo 33.

En las Salas de lo Social de los Tribunales Superiores de Justicia y del Tribunal Supremo se podrá acordar de oficio o a instancia de parte la acumulación de recursos pendientes, cuando entre ellos exista identidad de objeto y de alguna de las partes, previa audiencia de los comparecidos en todo caso y del Ministerio Fiscal en los recursos de casación.

Sección 4ª Disposiciones comunes

Artículo 34.

1. La acumulación de acciones y autos deberá formularse y acordarse antes de la celebración de los actos de conciliación, en su caso, y de juicio, salvo que se proponga por vía de reconvención.

2. La acumulación de recursos podrá acordarse en cualquier momento anterior al señalamiento para votación y fallo y, en su caso, vista.

3. Acordada la acumulación de autos, podrá ésta dejarse sin efecto respecto de uno o varios de ellos, si concurren causas que justifiquen su tramitación separada.

Artículo 35.

La acumulación de acciones, autos y recursos cuando proceda producirá el efecto de discutirse conjuntamente y resolverse en una sola resolución todas las cuestiones planteadas.

CAPÍTULO II
De la acumulación de ejecuciones

⇒ V. art. 555 LECiv/2000.

Artículo 36.

1. En las ejecuciones de sentencias y demás títulos ejecutivos contra un mismo deudor y ante un mismo órgano podrá disponerse de oficio o a instancia de parte la acumulación de los mismos, en los términos establecidos en esta Ley.

2. Igual regla regirá en las ejecuciones seguidas contra un mismo deudor y ante Juzgados de lo Social distintos de la misma o de diversa circunscripción.

Artículo 37.

1. Cuando las acciones ejercitadas tiendan a obtener la entrega de una cantidad de dinero y existan indicios de que los bienes del deudor o deudores pudieran ser insuficientes para satisfacer la totalidad de los créditos que se ejecuten, deberá acordarse la acumulación de ejecuciones, de oficio o a instancia de parte, de seguirse ante un mismo Juzgado, o a instancia de parte, de conocer de ellas Juzgados distintos.

2. En los demás supuestos, el órgano judicial podrá acordar la acumulación, de oficio o a instancia de parte, si así procede, atendiendo a criterios de economía y de conexión entre las diversas obligaciones cuya ejecución se pretenda.

Artículo 38.

1. La acumulación será decretada, en su caso, por el órgano judicial que haya iniciado con anterioridad la ejecución, al que también corresponderá, en los términos establecidos en esta Ley, adoptar cuantas medidas sean necesarias para la efectividad de las ejecuciones acumuladas.

2. Si las ejecuciones cuya acumulación se pretenda se tramitaran ante órganos judiciales de diversa circunscripción, y en la iniciada con anterioridad no figurase incluida la mayor parte de los trabajadores y créditos afectados ni embargada con prioridad la mayor parte de los bienes del deudor común, la acumulación corresponderá decretarla en su caso, al órgano judicial que con prioridad trabó embargo sobre la totalidad o mayor parte de los referidos bienes.

Artículo 39.

1. El incidente de acumulación podrá plantearse por o ante el órgano judicial competente para decretar la acumulación de las ejecuciones, en los términos indicados en el artículo anterior, de oficio o a instancia de cualquiera de las partes.

2. De estimar procedente la acumulación, el órgano judicial dictará auto, oídas las partes, reclamando la remisión de las ejecuciones a acumular a los órganos judiciales ante los que se tramiten.

3. Si el Juez requerido estima procedente el requerimiento, dictará auto accediendo a ello y acordando la remisión de lo actuado.

4. En el supuesto de acumulación preceptiva establecido en el artículo 37.1 de esta Ley, si el Juez competente para decretar la acumulación la estimara improcedente o si el Juez requerido no accediere a ella, tras dictar el auto correspondiente, elevará seguidamente a la Sala de lo Social del Tribunal superior inmediato común testimonio suficiente de sus actuaciones y, en su caso, de todas las realizadas en el incidente de acumulación, comunicándolo al otro Juez afectado para que por éste se haga lo propio y remita, de no haber aún intervenido, el oportuno informe. La Sala resolverá sobre la procedencia de la acumulación y determinará el Juzgado competente para conocer de las ejecuciones.

Artículo 40.

El incidente de acumulación no suspenderá la tramitación de las ejecuciones afectadas salvo las actuaciones relativas al pago a los ejecutantes de las cantidades obtenidas con posterioridad al planteamiento de dicho incidente.

Artículo 41.

1. La acumulación podrá instarse o acordarse mientras no quede cumplida la obligación que se ejecute o hasta que, en su caso, se declare la insolvencia del ejecutado.

2. La acumulación no altera las preferencias que para el cobro de sus créditos puedan ostentar legalmente los diversos acreedores.

TÍTULO IV
DE LOS ACTOS PROCESALES

CAPÍTULO I
De las actuaciones procesales

⇒ Cfr. arts. 129 a 235 LECiv/2000.

Artículo 42.

Las actuaciones judiciales han de ser autorizadas por el Secretario o por el Oficial de la Administración de Justicia a quien aquél habilite o que legalmente le sustituya.

⇒ Cfr. arts. 279 y 282 LOPJ.

Artículo 43.

1. Las actuaciones judiciales deberán practicarse en días y horas hábiles.

⇒ V. arts. 179 y 182, 183, 184 y 185 LOPJ y 130 y 131 LECiv/2000.

2. Las actuaciones se realizarán en el término o dentro del plazo fijado para su práctica. Transcurridos éstos, se dará de oficio al proceso el curso que corresponda.

⇒ Cfr. arts. 237 y 241 LOPJ.

3. Salvo los plazos señalados para dictar resolución judicial, todos los plazos y términos son perentorios e improrrogables, y sólo podrán suspenderse y abrirse de nuevo en los casos taxativamente establecidos en las Leyes.

4. Los días del mes de agosto serán inhábiles, salvo para las modalidades procesales de despido, extinción del contrato de trabajo de los artículos 50 y 52 del texto refundido de la Ley del Estatuto de los Trabajadores, vacaciones, materia electoral, conflictos colectivos, impugnación de Convenios Colectivos y tutela de la libertad sindical y demás derechos fundamentales.

⇒ Cfr. SSTC 89/1992, de 8 junio (RTC 1992, 89) y 151/1993, de 3 mayo (RTC 1993, 151).

Tampoco serán inhábiles dichos días para las actuaciones que tiendan directamente a asegurar la efectividad de los derechos reclamados o para las de aquellas que, de no adoptarse, puedan producir un perjuicio de difícil reparación.

5. El Juez o Tribunal podrá habilitar días y horas inhábiles para la práctica de actuaciones cuando no fuera posible practicarlas en tiempo hábil, o sean necesarias para asegurar la efectividad de una resolución judicial. Iniciada una actuación en tiempo hábil podrá continuar hasta su conclusión sin necesidad de habilitación.

6. A los efectos del plazo para interponer recursos, cuando en las actuaciones medie una fiesta oficial de carácter local o autonómico, se hará constar por diligencia.

Artículo 44.

Las partes habrán de presentar todos los escritos y documentos en los Registros de los Juzgados y Salas de lo Social.

Artículo 45.

1. La presentación de escritos o documentos el último día de un plazo, podrá efectuarse ante el Juzgado de Guardia de la sede del Juzgado o Sala de lo Social competente, si tiene lugar en horas en que no se halle abierto el Registro de entrada de dichos órganos. A tal efecto se habrá de expresar la hora en la oportuna diligencia de presentación en el Juzgado de Guardia, debiendo el interesado dejar constancia de ello en el Juzgado o Sala de lo Social al día siguiente hábil, por el medio de comunicación más rápido.

⇒ V. art. 185 LOPJ; cfr. SSTC 54/1984, de 4 mayo (RTC 1984, 54); 3/1986, de 14 enero (RTC 1986, 3); 20/1986, de 12 febrero (RTC 1986, 20); 185/1987, de 18 noviembre (RTC 1987, 185); 175/1988, de 3 octubre (RTC 1988, 175); 113/1990, de 18 junio (RTC 1990, 113); 129/1990, de 16 julio (RTC 1990, 129); 109/1991, de 20 mayo (RTC 1991, 109); 107/1993, de 22 marzo (RTC 1993, 107) y 121/1993, de 19 abril (RTC 1993, 121). La STC 125/1994, de 25 abril (RTC 1994, 125), eleva al Pleno cuestión de Constitucionalidad sobre este precepto y la STC 48/1995, de 14 febrero (RTC 1995, 48), confirmó la constitucionalidad del precepto bien que por referencia al idéntico incorporado a la Ley de Procedimiento Laboral de 1990. V. asimismo SSTC 68/1995, de 9 mayo (RTC 1995, 68); 87/1995, de 8 julio (RTC 1995, 87); 116/1996, de 25 junio (RTC 1996, 116); 165/1996, de 28 octubre (RTC 1996, 165) y 167/1996, de 28 octubre (RTC 1996, 167).

2. En las islas en las que no tengan sede los Juzgados de lo Social, la presentación de escritos y documentos podrá efectuarse, con las mismas condiciones del apartado anterior, en cualquiera de los Juzgados de la isla que asuma las funciones de Juzgado de Guardia.

Artículo 46.

1. El Secretario, o quien desempeñe sus funciones pondrá diligencia para hacer constar el día y hora de la presentación de los escritos y documentos y, en todo caso, dará al interesado recibo con tal indicación. Dicho recibo puede consistir en una diligencia extendida en la copia que la parte presente al efecto.

2. En el mismo día o en el siguiente día hábil, el Secretario o quien desempeñe sus funciones dará cuenta al Juez o Presidente o, en su caso, efectuará la diligencia de ordenación o propuesta de resolución oportuna.

Artículo 47.

1. Los autos permanecerán en los Juzgados y Salas de lo Social bajo la custodia del Secretario, donde podrán ser examinados por los interesados que acrediten interés legítimo, a quienes deberá entregárseles testimonios, certificaciones o copias simples cuando lo soliciten.

2. Todo interesado podrá tener acceso al libro de sentencias a que se refiere el artículo 213 de la Ley de Enjuiciamiento Civil.

✐ Ap. 2 redactado por la disp. final 11ª.3 de la Ley 1/2000, de 7 enero, de Enjuiciamiento Civil.

Artículo 48.

1. Sólo se entregarán los autos cuando la Ley lo ordene expresamente y por el plazo señalado. Se entenderá que el plazo empieza a transcurrir desde que se notifique al interesado que los autos están a su disposición.

2. Si transcurrido el plazo concedido para su examen no fueren devueltos los autos, incurrirá el responsable de ello, salvo que la entrega se hubiere efectuado por testimonio, en multa de 2.000 a 20.000 pesetas diarias. Pasados dos días sin que los mismos hayan sido devueltos, procederá el Secretario a su recogida; si al intentarlo no le fueran entregados en el acto, dará cuenta al Juez para que disponga lo que proceda por retraso en la devolución.

CAPÍTULO II

De las resoluciones y diligencias de ordenación

⇒ V. arts. 244 y ss. LOPJ y 206 y ss. LECiv/2000.

Artículo 49.

1. Los Juzgados y Tribunales de lo Social adoptarán sus decisiones por medio de providencias, autos y sentencias en los casos y con las formalidades legalmente previstos.

2. También dictarán resoluciones verbales durante la celebración del juicio u otros actos a presencia judicial, reseñándose en el acta.

Artículo 50.

1. El Juez, en el momento de terminar el juicio, podrá pronunciar sentencia de viva voz, que se consignará en el acta con el contenido y requisitos establecidos en la Ley de Enjuiciamiento Civil. También podrá limitarse a pronunciar el fallo, que se documentará en el acta mediante la fe del Secretario Judicial, sin perjuicio de la redacción posterior de la sentencia dentro del plazo y en la forma legalmente previstos.

✐ Ap.1 redactado por la disp. final 11ª.4 de la Ley 1/2000, de 7 enero, de Enjuiciamiento Civil.

2. No podrán pronunciarse sentencias de viva voz en los procesos por despido disciplinario y de extinción del contrato de trabajo de los artículos 50 y 52 del texto refundido de la Ley del Estatuto de los Trabajadores, en los que versen sobre reconocimiento o denegación del derecho a obtener prestaciones de Seguridad Social, incluidas las de desempleo, en los de conflicto colectivo, en los de impugnación de convenios colectivos, en los de impugnación de estatutos de los sindicatos y en los de tutela de la libertad sindical y demás derechos fundamentales.

3. Las partes quedarán notificadas de las sentencias dictadas oralmente mediante su lectura y la firma del acta. Si, conocido el fallo las partes expresaran su decisión de no recurrir, el Juez, en el mismo acto, declarará la firmeza de la sentencia.

4. Si alguna de las partes no hubiera comparecido se le hará la oportuna notificación.

5. En los mismos supuestos y condiciones establecidos en el presente artículo, el Juez podrá

dictar verbalmente autos al término de la comparecencia celebrada en cualquier incidente suscitado durante el proceso.

Artículo 51.

1. A los Secretarios corresponde proponer al Juez o a la Sala de lo Social las resoluciones que deban revestir la forma de providencia o auto. Se exceptúan las providencias que revisen las diligencias de ordenación y los autos decisorios de cuestiones incidentales sobre recursos o sobre asuntos en que se haya suscitado contienda así como los limitativos de derechos.

2. Las propuestas deberán adoptarse en el tiempo y con la forma previstos legalmente para la resolución de que se trate. Deberán ser suscritas por el Secretario proponente y el Juez o la Sala podrá aceptarlas con la expresión de «conformes» o dictar la resolución que proceda.

Artículo 52.

1. Corresponde a los Secretarios dictar diligencias de ordenación que tengan por objeto dar a los autos el curso ordenado por la Ley, así como impulsar formalmente el procedimiento en sus distintos trámites.

2. Su forma se limitará a la expresión de lo que se disponga, con el nombre del Secretario, la fecha y su firma.

3. Las diligencias de ordenación serán revisables de oficio por el Juez o por el Magistrado Ponente de la Sala de lo Social.

4. Las partes podrán pedir la revisión de las diligencias de ordenación en el día siguiente a su notificación, en escrito motivado dirigido al Juez o al Ponente, quienes resolverán de plano, salvo que consideren necesario dar traslado a la parte contraria para que en el plazo de dos días, comunes si fuesen varias, aleguen lo conveniente. En este caso habrá de dictarse la providencia resolutoria en término de una audiencia.

CAPÍTULO III
De los actos de comunicación

⇒ V. arts. 149 y ss. LECiv/2000.

Artículo 53.

1. Los actos de comunicación se efectuarán en forma que se garanticen el derecho a la defensa y los principios de igualdad y de contradicción. Habrán de practicarse por los medios más rápidos y eficaces que permitan su adecuada constancia y las circunstancias esenciales de la misma.

⇒ Cfr. art. 271 LOPJ.

2. En el primer escrito o comparecencia ante el órgano judicial, las partes señalarán un domicilio para la práctica de actos de comunicación.

3. Si las partes comparecieren con representación o asistencia de profesionales, el domicilio de éstos será el indicado para la práctica de los actos de comunicación, salvo que señalen otro.

Artículo 54.

1. Las providencias, autos, sentencias y diligencias de ordenación del Secretario se notificarán en el mismo día de su fecha, o de la publicación, en su caso, a todos los que sean parte en el juicio, y no siendo posible, en el día hábil siguiente.

2. También se notificarán, cuando así se mande, a las personas y Entidades a quienes se refieran o puedan parar perjuicio u ostentaren interés legítimo en el asunto debatido.

3. Si durante el proceso hubieran de adoptarse medidas tendentes a garantizar los derechos que pudieran corresponder a las partes o a asegurar la efectividad de la resolución judicial, y la notificación inmediata al afectado de las actuaciones procesales o de la medida cautelar, preventiva o ejecutiva adoptada pudiera poner en peligro su efectividad, el órgano judicial podrá, motivadamente, acordar la demora en la práctica de la notificación durante el tiempo indispensable para lograr dicha efectividad.

Artículo 55.

Las citaciones, notificaciones, emplazamientos y requerimientos se harán por el Secretario o por quien desempeñe sus funciones, en el local del Juzgado o Tribunal o en el servicio común, si allí comparecieren por propia iniciativa los interesados y, en otro caso, en el domicilio señalado a estos efectos.

⇒ V. art. 272 LOPJ; cfr. STC 156/1985, de 15 noviembre (RTC 1985, 156), con apoyo, entre otras, en la STC 37/1984, de 14 marzo (RTC 1984, 37).

Artículo 56.

1. Las citaciones, notificaciones y emplazamientos que se practiquen fuera de la sede del Juzgado o Tribunal se harán, cualquiera que sea el destinatario, por correo certificado con acuse de recibo, dando fe el Secretario en los autos del contenido del sobre remitido, y uniéndose a ellos el acuse de recibo.

⇒ Cfr. SSTC 1/1983, de 13 enero (RTC 1983, 1); 157/1987, de 15 octubre (RTC 1987, 157) y 171/1987, de 3 noviembre (RTC 1987, 171).

2. En el exterior del sobre deberán constar las advertencias contenidas en el artículo 57.3 de la presente Ley dirigidas al receptor para el caso de que no fuera el interesado.

3. En el documento de acuse de recibo se hará constar la fecha de la entrega, y será firmado por el funcionario de Correos y el receptor. En el caso de que éste no fuera el interesado se consignará su nombre, documento de identificación, domicilio y su relación con el destinatario.

4. Se podrá disponer que la comunicación se practique por el servicio de telégrafo o por cualquier otro medio idóneo de comunicación o de transmisión de textos si los interesados facilitaran los datos indicativos para utilizarlos. Se adoptarán las medidas oportunas para asegurar la recepción del acto comunicado del cual quedará constancia en autos.

Artículo 57.

1. Si las diligencias de comunicación no pudieran efectuarse en la forma indicada se practicarán mediante la entrega de cédula al destinatario; si no fuese hallado se entregará aquélla al pariente más cercano o familiar o empleado, mayores de dieciséis años que se hallaren en el domicilio y, en su defecto, al vecino más próximo o al portero o conserje de la finca.

2. Sin necesidad de constituirse en el domicilio del interesado se podrá entregar la cédula a cualquiera de las personas antes mencionadas y a quien por su relación con el destinatario pueda garantizar el eficaz cumplimiento del acto de comunicación.

3. Se hará saber al receptor: que ha de cumplir el deber público que se le encomienda; que puede ser sancionado con multa de 2.000 a 20.000 pesetas si se niega a la recepción, o no hace la entrega a la mayor brevedad; que ha de comunicar al órgano judicial la imposibilidad de entregar la comunicación al interesado, y que tiene derecho al resarcimiento de los gastos que se le ocasionen.

Artículo 58.

1. Las cédulas, a las que se acompañará copia literal del acuerdo, contendrán los siguientes requisitos:

a) El Juzgado o Tribunal que haya dictado el acuerdo, la fecha de éste y el asunto en que haya recaído.

b) El nombre de la persona a quien se dirige.

c) Fecha de expedición de la cédula y firma del Secretario.

2. En las cédulas de citación a las partes para prestar confesión judicial, en las de testigos, peritos y asesores, se consignarán, además de los requisitos mencionados en el número anterior, los siguientes:

a) El objeto de la citación.

b) El lugar, día y hora en que deba comparecer el citado.

c) La prevención de que si no comparece le parará el perjuicio a que hubiere lugar en derecho. En esta cédula no se insertará copia de la resolución que hubiere acordado la citación.

3. Para constancia de las diligencias de citación, notificación, emplazamiento y requerimiento se unirá a los autos un duplicado de la cédula, que contendrá los siguientes extremos:

a) Fecha de la diligencia.

b) Firma de la persona a quien se haya entregado la cédula y, si no fuere el interesado, su nombre, documento de identificación, domicilio y relación con el destinatario.

c) Firma del Secretario, haciendo constar, en su caso, si el notificado no quisiera o no pudiera firmar.

Artículo 59.

Cuando una vez intentada la comunicación utilizando los medios razonables, no conste el domicilio del interesado, o se ignore su paradero, se consignará por diligencia y el Juzgado o Tribunal mandará que se haga la notificación, citación o emplazamiento, por medio de edictos, insertando un extracto suficiente de la cédula en el «Boletín Oficial» correspondiente, con la advertencia de que las siguientes comunicaciones se harán en estrados salvo las que deban revestir forma de auto o sentencia o se trate de emplazamiento.

⇒ V. art. 236 LOPJ y art. 156 LECiv/2000.
V. STC 103/1993, de 22 marzo (RTC 1993, 103).

Artículo 60.

1. En las notificaciones, citaciones y emplazamientos no se admitirá ni consignará respuesta alguna del interesado, a no ser que se hubiera mandado en la resolución. En los requerimientos se admitirá la respuesta que diera el requerido, consignándolo sucintamente en la diligencia.

2. Cuando estas diligencias deban entenderse con una persona jurídica se practicarán, en su caso en las Delegaciones, sucursales, representaciones o agencias establecidas en la población donde radique el Juzgado o Tribunal que conozca del asunto aunque carezcan de poder para comparecer en juicio las personas que estén al frente de las mismas.

3. Los actos de comunicación con el Abogado del Estado, así como con los Letrados de la Administración de la Seguridad Social, se practicarán en su despacho oficial.

Estas diligencias se entenderán, respecto de las Comunidades Autónomas, con quien establezca su legislación propia.

4. Cuando se trate de comités de empresa, las diligencias antedichas se entenderán con su presidente o secretario y, en su defecto, con cualquiera de sus miembros.

5. Cuando la citación o emplazamiento haya de hacerse por medio de exhorto se acompañará la cédula correspondiente.

Artículo 61.

Serán nulas las notificaciones, citaciones y emplazamientos que no se practiquen con arreglo a lo dispuesto en este capítulo. No obstante, si el interesado se hubiere dado por enterado, la diligencia surtirá efecto desde ese momento.

Artículo 62.

1. El secretario deberá expedir oficios, exhortos, mandamientos y recordatorios interesando la práctica de actuaciones que dimanen de su ámbito de competencia.

2. En cualquier caso, el Juez o la Sala podrá encomendar al secretario que practique estos actos de cooperación judicial.

TÍTULO V

DE LA EVITACIÓN DEL PROCESO

CAPÍTULO I

De la conciliación previa

⇒ Cfr. el RD 2756/1979, de 23 noviembre (§42.2).

Artículo 63.

Será requisito previo para la tramitación del proceso el intento de conciliación ante el servicio administrativo correspondiente o ante el órgano que asuma estas funciones que podrá constituirse mediante los acuerdos interprofesionales o los convenios colectivos a los que se refiere el artículo 83 del Texto Refundido de la Ley del Estatuto de los Trabajadores, así como los acuerdos de interés profesional a los que se refiere el artículo 13 de la Ley del Estatuto del Trabajo Autónomo.

✐ Artículo modificado por disp. adic. 1ª.5 de la Ley 20/2007, de 11 julio (§26).

⇒ Sobre la exigencia de agotamiento de la llamada «vía cooperativa previa», v. art. 87.3 de la Ley 27/1999, de 16 julio, de Cooperativas.

Artículo 64.

1. Se exceptúan de este requisito los procesos que exijan la reclamación previa en vía administrativa, los que versen sobre Seguridad Social, los relativos al disfrute de vacaciones y a materia electoral, los iniciados de oficio, los de impugnación de Convenios Colectivos, los de impugnación de los Estatutos de los Sindicatos o de su modificación y los de tutela de la libertad sindical.

2. Igualmente, quedan exceptuados:

a) Aquellos procesos en los que siendo parte demandada el Estado u otro ente público también lo fueren personas privadas, siempre que la pretensión hubiera de someterse al trámite de reclamación previa y en éste pudiera decidirse el asunto litigioso.

b) Los supuestos en que, iniciado el proceso, fuere necesario dirigir la demanda frente a personas distintas de las inicialmente demandadas.

Artículo 65.

1. La presentación de la solicitud de conciliación suspenderá los plazos de caducidad e interrumpirá los de prescripción. El cómputo de la caducidad se reanudará al día siguiente de intentada la conciliación o transcurridos quince días desde su presentación sin que se haya celebrado.

2. En todo caso, transcurridos treinta días sin celebrarse el acto de conciliación se tendrá por terminado el procedimiento y cumplido el trámite.

3. También se suspenderán los plazos de caducidad y se interrumpirán los de prescripción por la suscripción de un compromiso arbitral, celebrado en virtud de los acuerdos interprofesionales y los Convenios Colectivos a que se refiere el artículo 83 del texto refundido de la Ley del Estatuto de los Trabajadores. En estos casos el cómputo de la caducidad se reanudará al día siguiente de que adquiera firmeza el laudo arbitral; de interponerse un recurso judicial de anulación del laudo, la reanudación tendrá lugar desde el día siguiente a la firmeza de la sentencia que se dicte.

✐ Apartado adicionado, en su día, por Ley 11/1994, de 19 mayo.

⇒ V. art. 91 del ET (§2).

Artículo 66.

1. La asistencia al acto de conciliación es obligatoria para los litigantes.

2. Cuando estando debidamente citadas las partes para el acto de conciliación no compareciese el solicitante ni alegase justa causa, se tendrá por no presentada la papeleta, archivándose todo lo actuado.

3. Si no compareciera la otra parte, se tendrá la conciliación por intentada sin efecto, y el Juez o Tribunal deberá apreciar temeridad o mala fe si la incomparecencia fuera injustificada, imponiendo la multa señalada en el artículo 97.3 si la sentencia que en su día dicte coincidiera esencialmente con la pretensión contenida en la papeleta de conciliación.

Artículo 67.

1. El acuerdo de conciliación podrá ser impugnado por las partes y por quienes pudieran sufrir perjuicio por aquél, ante el Juzgado o Tribunal competente para conocer del asunto objeto de la conciliación, mediante el ejercicio de la acción de nulidad por las causas que invalidan los contratos.

2. La acción caducará a los treinta días de aquel en que se adoptó el acuerdo. Para los posibles perjudicados el plazo contará desde que lo conocieran.

Artículo 68.

Lo acordado en conciliación tendrá fuerza ejecutiva entre las partes intervinientes sin necesidad de ratificación ante el Juez o Tribunal, pudiendo llevarse a efecto por el trámite de ejecución de sentencias.

CAPÍTULO II

De la reclamación previa a la vía judicial

⇒ Ténganse en cuenta las disposiciones de la Ley 30/1992, de 26 noviembre (§38.5).
V. las SSTC 60/1989, de 16 marzo (RTC 1989, 60) (y las en ella citadas); 122/1993, de 19 abril (RTC 1993, 122) y 194/1997, de 11 noviembre (RTC 1997, 194) y las en ellas citadas.

Artículo 69.

1. Para poder demandar al Estado, Comunidades Autónomas, Entidades locales u Organismos autónomos dependientes de los mismos será requisito previo haber reclamado en vía administrativa en la forma establecida en las leyes.

⇒ Para la reclamación previa a la vía judicial laboral v. Tít. VIII de la Ley 30/1992, de 26 noviembre, del Régimen Jurídico de las Administraciones Públicas y del Procedimiento Administrativo Común (§38.5).
V. las SSTC 162/1989, de 16 octubre (RTC 1989, 162); 217/1991, de 14 noviembre (RTC 1991, 217) y 14/1993, de 18 enero (RTC 1993, 14).

2. Denegada la reclamación o transcurrido un mes sin haber sido notificada la resolución, el interesado podrá formalizar la demanda ante el Juzgado o la Sala competente, a la que acompañará copia de la resolución denegatoria o documento acreditativo de la presentación de la reclamación uniendo copia de todo ello para la entidad demandada.

3. No surtirá efecto la reclamación si la resolución fuese denegatoria y el interesado no presentare la demanda ante el Juzgado en el plazo de dos meses, a contar de la notificación o desde el transcurso del plazo en que deba entenderse desestimada, salvo en las acciones derivadas de despido, en las que el plazo de interposición de la demanda será de veinte días.

Artículo 70.

Se exceptúan de este requisito los procesos relativos al disfrute de vacaciones y a materia electoral, los iniciados de oficio, los de conflicto colectivo, los de impugnación de convenios colectivos, los de impugnación de estatutos de los sindicatos o de su modificación, los de tutela de la libertad sindical y las reclamaciones contra el Fondo de Garantía Salarial, al amparo de lo prevenido en el artículo 33 del texto refundido de la Ley del Estatuto de los Trabajadores.

Artículo 71.

1. Será requisito necesario para formular demanda en materia de Seguridad Social que los interesados interpongan reclamación previa ante la Entidad gestora o Tesorería General de la Seguridad Social correspondiente.

2. La reclamación previa deberá interponerse, ante el órgano que dictó la resolución, en el plazo de treinta días desde la notificación de la misma, si es expresa, o desde la fecha en que, conforme a la normativa reguladora del procedimiento de que se trate, deba entenderse producido el silencio administrativo.

Si la resolución, expresa o presunta, hubiera sido dictada por una entidad colaboradora, la reclamación previa se interpondrá, en el mismo plazo, ante el órgano correspondiente de la Entidad gestora o Servicio común cuando resulte competente.

3. Cuando en el reconocimiento inicial o la modificación de un acto o derecho en materia de Seguridad Social la Entidad correspondiente esté obligada a proceder de oficio, en el caso de que no se produzca acuerdo o resolución, el interesado podrá solicitar que se dicte, teniendo esta solicitud valor de reclamación previa.

4. Formulada reclamación previa en cualquiera de los supuestos mencionados en el presente artículo, la Entidad deberá contestar expresamente a la misma en el plazo de cuarenta y cinco días. En caso contrario se entenderá denegada la reclamación por silencio administrativo.

5. La demanda habrá de formularse en el plazo de treinta días, a contar desde la fecha en que se notifique la denegación de la reclamación previa o desde el día en que se entienda denegada por silencio administrativo.

6. Las entidades gestoras y la Tesorería General de la Seguridad Social expedirán recibo de presentación o sellarán debidamente, con indicación de la fecha, las copias de las reclamaciones que se dirijan en cumplimiento de lo dispuesto en la presente Ley. Este recibo o copia sellada deberá acompañar inexcusablemente la demanda.

✐ Artículo modificado por el art. 42 de la Ley 24/2001, de 27 diciembre.

Artículo 72.

1. En el proceso no podrán introducir las partes variaciones sustanciales de tiempo, cantidades o conceptos respecto de los formulados en la reclamación previa y en la contestación a la misma.

2. La parte demandada que no hubiera contestado a la reclamación previa no podrá fundar su oposición en hechos distintos a los aducidos en el expediente administrativo, si lo hubiere, salvo que los mismos se hubieran producido con posterioridad.

Artículo 73.

La reclamación previa interrumpirá los plazos de prescripción y suspenderá los de caducidad, reanudándose estos últimos al día siguiente al de la notificación de la resolución o del transcurso del plazo en que deba entenderse desestimada.

TÍTULO VI

DE LOS PRINCIPIOS DEL PROCESO Y DE LOS DEBERES PROCESALES

Artículo 74.

1. Los Jueces y Tribunales del orden jurisdiccional social interpretarán y aplicarán las normas reguladoras del proceso laboral ordinario según los principios de inmediación, oralidad, concentración y celeridad.

2. Los principios indicados en el número anterior orientarán la interpretación y aplicación de las normas procesales propias de las modalidades procesales reguladas en la presente Ley.

Artículo 75.

1. Los órganos judiciales rechazarán de oficio en resolución fundada las peticiones, incidentes y excepciones formuladas con finalidad dilatoria o que entrañen abuso de derecho. Asimismo, corregirán los actos que, al amparo del texto de una norma, persigan un resultado contrario al previsto en la Constitución y en las leyes para el equilibrio procesal, la tutela judicial y la efectividad de las resoluciones.

2. Quienes no sean parte en el proceso deben cumplir las obligaciones que les impongan los Jueces y Tribunales ordenadas a garantizar los derechos que pudieran corresponder a las partes y a asegurar la efectividad de las resoluciones judiciales.

3. Si se produjera un daño evaluable económicamente, el perjudicado podrá reclamar la oportuna indemnización ante el Juzgado o Tribunal que estuviere conociendo o hubiere conocido el asunto principal.

LIBRO II

DEL PROCESO ORDINARIO Y DE LAS MODALIDADES PROCESALES

TÍTULO I

DEL PROCESO ORDINARIO

CAPÍTULO I

De los actos preparatorios y medidas precautorias

⇒ V. arts. 256 y ss. de la LECiv/2000.

Sección 1ª Actos preparatorios

Artículo 76.

1. Quien pretenda demandar podrá solicitar del órgano judicial que aquel contra quien se proponga dirigir la demanda preste declaración acerca de algún hecho relativo a la personalidad de éste y sin cuyo conocimiento no pueda entrarse en juicio.

2. Asimismo, quien pretenda demandar o presuma que va a ser demandado podrá solicitar previamente examen de testigos cuando por la edad avanzada de alguno de éstos, peligro inminente de su vida, proximidad de una ausencia a lugar con el que sean imposibles o difíciles las comunicaciones, o cualquier otro motivo grave y justificado, sea presumible que no va a ser posible mantener su derecho por falta de justificación.

3. Contra la resolución judicial denegando la práctica de estas diligencias no cabrá recurso alguno, sin perjuicio del que en su día pueda interponerse contra la sentencia.

Artículo 77.

1. En todos aquellos supuestos en que el examen de libros y cuentas o la consulta de cualquier otro documento se demuestre imprescindible para fundamentar su demanda, quien pretenda demandar podrá solicitar del órgano judicial la comunicación de dichos documentos. Cuando se trate de documentos contables podrá aquél acudir asesorado por un experto en la materia, que estará sometido a los deberes que puedan incumbirle profesionalmente en relación con la salvaguardia del secreto de la contabilidad. Las costas originadas por el asesoramiento del experto correrán a cargo de quien solicite sus servicios.

2. El órgano judicial resolverá por auto, dentro del segundo día, lo que estime procedente, adoptando, en su caso, las medidas necesarias para que el examen se lleve a efecto sin que la documentación salga del poder de su titular.

Sección 2ª Medidas precautorias

⇒ V. arts. 293 y ss. LECiv/2000.

Artículo 78.

Si las partes solicitasen la práctica anticipada de pruebas que no puedan ser realizadas en el acto del juicio, o cuya realización presente graves dificultades en dicho momento, el Juez o Tribunal decidirá lo pertinente para su práctica en los términos previstos por la norma que regule el medio de prueba correspondiente. Contra la resolución denegatoria no cabrá recurso alguno, sin perjuicio del que, por este motivo, pueda interponerse en su día contra la sentencia.

Artículo 79.

1. El órgano judicial, de oficio o a instancia de parte interesada o del Fondo de Garantía Salarial, en los casos en que pueda derivarse su responsabilidad, podrá decretar el embargo preventivo de bienes del demandado en cuantía suficiente para cubrir lo reclamado en la demanda y lo que se calcule para las costas de ejecución, cuando por aquél se realicen cualesquiera actos de los que pueda presumirse que pretende situarse en estado de insolvencia o impedir la efectividad de la sentencia.

2. El órgano judicial podrá requerir al solicitante del embargo, en el término de una audiencia para que presente documentos, información testifical o cualquier otra prueba que justifique la situación alegada. En los casos en que pueda derivarse responsabilidad del Fondo de Garantía Salarial, éste deberá ser citado a fin de señalar bienes.

3. La solicitud de embargo preventivo podrá ser presentada en cualquier momento del proceso antes de la sentencia, sin que por ello se suspenda el curso de las actuaciones.

CAPÍTULO II
Del proceso ordinario

Sección 1ª Demanda

Artículo 80.

1. La demanda se formulará por escrito y habrá de contener los siguientes requisitos generales:

⇒ V. art. 399 LECiv/2000.
Sobre derecho a la tutela judicial efectiva y control de los requisitos formales de la demanda, v. entre otras SSTC 118/1997, de 23 junio (RTC 1997, 118) y 216/1989, de 21 diciembre (RTC 1989, 216).

a) La designación del órgano ante quien se presente.

b) La designación del demandante, con expresión del número del documento nacional de identidad, y de aquellos otros interesados que deban ser llamados al proceso y sus domicilios, indicando el nombre y apellidos de las personas físicas y la denominación social de las personas jurídicas. Si la demanda se dirigiese contra un grupo carente de personalidad, habrá de hacerse constar el nombre y apellidos de quienes aparezcan como organizadores, directores o gestores de aquél, y sus domicilios.

⇒ Sobre constitucionalidad del precepto correspondiente de la LPL/1980, v. STC 154/1992, de 19 octubre (RTC 1992, 154).

c) La enumeración clara y concreta de los hechos sobre los que verse la pretensión y de todos aquellos que, según la legislación sustantiva, resulten imprescindibles para resolver las cuestiones planteadas. En ningún caso podrán alegarse hechos distintos de los aducidos en conciliación o en la reclamación administrativa previa, salvo que se hubieran producido con posterioridad a la sustanciación de aquéllas.

d) La súplica correspondiente, en los términos adecuados al contenido de la pretensión ejercitada.

⇒ Sobre la admisibilidad de acciones declarativas, véanse las SSTC 39/1984, de 20 marzo (RTC 1984, 39); 71/1991, de 8 abril (RTC 1991, 71); 210/1992, de 30 noviembre (RTC 1992, 210); 20/1993, de 18 enero (RTC 1993, 20) y 65/1995, de 8 mayo (RTC 1995, 65).

e) Si el demandante litigase por sí mismo designará un domicilio en la localidad donde resida el Juzgado o Tribunal, en el que se practicarán todas las diligencias que hayan de entenderse con él.

f) Fecha y firma.

2. De la demanda y documentos que la acompañen se presentarán por el actor tantas copias como demandados y demás interesados en el proceso haya, así como para el Ministerio Fiscal, en los casos en que legalmente deba intervenir.

Artículo 81.

1. El órgano judicial advertirá a la parte de los defectos, omisiones o imprecisiones en que haya

2. En los procedimientos iniciados a solicitud de los interesados, una vez transcurrido el plazo máximo para dictar resolución y notificarla fijado por la norma reguladora del procedimiento de que se trate sin que haya recaído resolución expresa, se entenderá desestimada la petición por silencio administrativo.

⇒ El RD 286/2003, de 7 marzo, establece la duración de los plazos para la resolución de los procedimientos administrativos para el reconocimiento de prestaciones en materia de Seguridad Social.

Se exceptan de lo dispuesto en el párrafo anterior los procedimientos relativos a la inscripción de empresas y a la afiliación, altas y bajas y variaciones de datos de los trabajadores iniciados a solicitud de los interesados, así como los de convenios especiales, en los que la falta de resolución expresa en el plazo previsto tendrá como efecto la estimación de la respectiva solicitud por silencio administrativo.

✐ Disposición añadida por el art. 34.11 de la Ley 24/2001, de 27 diciembre.

Vigesimosexta.

El Gobierno podrá otorgar desgravaciones, o deducciones de cotizaciones sociales, en aquellos supuestos en que el trabajador opte por permanecer en activo, una vez alcanzada la edad de sesenta y cinco años, con suspensión proporcional al percibo de la pensión. La regularización de los mismos se hará previa consulta a las organizaciones sindicales y asociaciones empresariales más representativas.

✐ Nueva disposición adicional por Ley 24/1997, de 15 julio, de Consolidación y Racionalización del Sistema de Seguridad Social (art. 12).

Vigesimoséptima. Campo de aplicación del Régimen Especial de la Seguridad Social de los trabajadores por cuenta propia o autónomos.

1. Estarán obligatoriamente incluidos en el Régimen Especial de la Seguridad Social de los trabajadores por cuenta propia o autónomos quienes ejerzan las funciones de dirección y gerencia que conlleva el desempeño del cargo de consejero o administrador, o presten otros servicios para una sociedad mercantil capitalista, a título lucrativo y de forma habitual, personal y directa, siempre que posean el control efectivo, directo o indirecto, de aquélla. Se entenderá, en todo caso, que se produce tal circunstancia, cuando las acciones o participaciones del trabajador supongan, al menos, la mitad del capital social.

Se presumirá, salvo prueba en contrario, que el trabajador posee el control efectivo de la sociedad cuando concurran algunas de las siguientes circunstancias:

1ª Que, al menos, la mitad del capital de la sociedad para la que preste sus servicios esté distribuido entre socios, con los que conviva, y a quienes se encuentre unido por vínculo conyugal o de parentesco, por consanguinidad, afinidad o adopción, hasta el segundo grado.

2ª Que su participación en el capital social sea igual o superior a la tercera parte del mismo.

3ª Que su participación en el capital social sea igual o superior a la cuarta parte del mismo, si tiene atribuidas funciones de dirección y gerencia de la sociedad.

En los supuestos en que no concurran las circunstancias anteriores, la Administración podrá demostrar, por cualquier medio de prueba, que el trabajador dispone del control efectivo de la sociedad.

⇒ V. el fallo de la STS 10 junio 2003 (BOE 11 agosto), que fija doctrina legal acerca de la no retroactividad de efectos del alta en el Régimen Especial de Trabajadores Autónomos de los socios y administradores de sociedades mercantiles que no ostenten una participación accionarial mayoritaria.

2. No estarán comprendidos en el Sistema de Seguridad Social los socios, sean o no administradores, de sociedades mercantiles capitalistas cuyo objeto social no esté constituido por el ejercicio de actividades empresariales o profesionales, sino por la mera administración del patrimonio de los socios.

3. Lo establecido en el apartado 1 no afectará a los trabajadores recogidos en los artículos 2 b), 3 y 4 del Texto Refundido de las Leyes 116/1969, de 30 de diciembre, y 24/1972, de 21 de junio, por las que se regula el Régimen Especial de la Seguridad Social de los Trabajadores del Mar, aprobado por Decreto 2864/1974, de 30 de agosto.

✐ Redactado por el art. 22.Ocho de la Ley 55/1999, de 29 diciembre, de Medidas Fiscales, Administrativas y del Orden Social.

Vigesimoctava.

Las cotizaciones efectuadas por la Entidad Gestora por la contingencia de jubilación, conforme a lo previsto en el apartado 2 del artículo 218 de esta Ley, tendrán efecto para el cálculo de la base reguladora de la pensión de jubilación y porcentaje aplicable a aquélla. En ningún caso dichas cotizaciones tendrán validez y eficacia jurídica para acreditar el período mínimo de cotización exigido en el artículo 161.1 b) de esta Ley, que, de conformidad con lo dispuesto en el artículo 215.1.3 ha debido quedar acreditado en el momento de la solicitud del subsidio por desempleo para mayores de 52 años.

✐ Disposición añadida por la disp. adic. 21ª de la Ley 50/1998, de 30 diciembre, de Medidas Fiscales, Administrativas y de Orden Social.

incurrido al redactar la demanda, a fin de que los subsane dentro del plazo de cuatro días, con apercibimiento de que, si no lo efectuase, se ordenará su archivo.

⇒ V. las SSTC 25/1991, de 11 febrero (RTC 1991, 25); 335/1994, de 19 diciembre (RTC 1994, 335); 84/1997, de 22 abril (RTC 1997, 84); 154/1992, de 19 octubre (RTC 1992, 154); 112/1997, de 3 junio (RTC 1997, 112) y 207/1998, de 26 octubre (RTC 1998, 207).

2. El Juez admitirá provisionalmente toda demanda aunque no se acompañe certificación del acto de conciliación previa. Deberá, no obstante, advertir al demandante que ha de acreditar la celebración o el intento del expresado acto en el plazo de quince días, contados a partir del día siguiente a la recepción de la notificación, bajo apercibimiento de que de no hacerse así se archivará la demanda sin más trámite.

⇒ V. las SSTC 65/1993, de 1 marzo (RTC 1993, 65); 120/1993, de 19 abril (RTC 1993, 120); 10/2001, de 29 enero (RTC 2001, 10) y 75/2001, de 26 marzo (RTC 2001, 75).

Artículo 82.

1. Si la demanda fuese admitida, el Juez o Tribunal señalará, dentro de los diez días siguientes al de su presentación, el día y la hora en que hayan de tener lugar los actos de conciliación y juicio, debiendo mediar, en todo caso, un mínimo de cuatro días entre la citación y la efectiva celebración de dichos actos.

2. La celebración de los actos de conciliación y juicio tendrá lugar en única convocatoria, debiendo hacerse a este efecto la citación en forma, con entrega a los demandados, a los interesados y, en su caso, al Ministerio Fiscal, de copia de la demanda y demás documentos. En las cédulas de citación se hará constar que los actos de conciliación y juicio no podrán suspenderse por incomparecencia del demandado, así como que los litigantes han de concurrir al juicio con todos los medios de prueba de que intenten valerse.

3. Deberá señalarse un plazo mayor al establecido en el apartado 1 de este artículo:

a) Cuando la citación se practique con persona jurídica, pública o privada, o con un grupo sin personalidad, en cuyo caso deberá efectuarse con quince días de antelación a la fecha señalada para la celebración de los actos de conciliación y juicio.

b) Cuando la representación y defensa en juicio sea atribuida al Abogado del Estado, en cuyo caso se le concederá un plazo de veintidós días para la consulta a la Dirección General del Servicio Jurídico del Estado. El señalamiento del juicio se hará de modo que tenga lugar en fecha posterior al indicado plazo.

Sección 2ª Conciliación y juicio

Artículo 83.

1. Sólo a petición de ambas partes o por motivos justificados, acreditados ante el órgano judicial, podrán suspenderse por una sola vez los actos de conciliación y juicio, señalándose nuevamente dentro de los diez días siguientes a la fecha de la suspensión. Excepcionalmente y por circunstancias graves adecuadamente probadas, podrá acordarse una segunda suspensión.

⇒ V. STC 137/1996, de 16 septiembre (RTC 1996, 137), que entiende que por diligencia procesal, quien insta la suspensión y no obtiene respuesta ha de comparecer en la fecha señalada.

2. Si el actor, citado en forma, no compareciese ni alegase justa causa que motive la suspensión del juicio, se le tendrá por desistido de su demanda.

⇒ V. las SSTC 21/1989, de 31 enero (RTC 1989, 21); 9/1993, de 18 enero (RTC 1993, 9); 218/1993, de 30 junio (RTC 1993, 218) y 304/1994, de 14 noviembre (RTC 1994, 304).

3. La incomparecencia injustificada del demandado no impedirá la celebración del juicio, que continuará sin necesidad de declarar su rebeldía.

Artículo 84.

1. El órgano judicial, constituido en audiencia pública, intentará la conciliación, advirtiendo a las partes de los derechos y obligaciones que pudieran corresponderles, sin prejuzgar el contenido de la eventual sentencia. Si el órgano judicial estimare que lo convenido es constitutivo de lesión grave para alguna de las partes, de fraude de ley o de abuso de derecho, no aprobará el acuerdo.

2. Se podrá aprobar la avenencia en cualquier momento antes de dictar sentencia.

3. Del acto de conciliación se extenderá la correspondiente acta.

4. El acuerdo se llevará a efecto por los trámites de la ejecución de sentencias.

5. La acción para impugnar la validez de la avenencia se ejercitará ante el mismo Juzgado o

Tribunal, por los trámites y con los recursos establecidos en esta Ley. La acción caducará a los quince días de la fecha de su celebración.

Artículo 85.

1. Si no hubiera avenencia en conciliación, se pasará seguidamente a juicio, dando cuenta el Secretario de lo actuado. Acto seguido, el demandante ratificará o ampliará su demanda aunque en ningún caso podrá hacer en ella variación sustancial.

2. El demandado contestará afirmando o negando concretamente los hechos de la demanda, y alegando cuantas excepciones estime procedentes. En ningún caso podrá formular reconvención, salvo que la hubiese anunciado en la conciliación previa al proceso o en la contestación a la reclamación previa, y hubiese expresado en esencia los hechos en que se funda y la petición en que se concreta. Formulada la reconvención, se abrirá trámite para su contestación en los términos establecidos en la demanda. El mismo trámite de contestación se abrirá para las excepciones procesales, caso de ser alegadas.

3. Las partes harán uso de la palabra cuantas veces el Juez o Tribunal lo estime necesario.

4. Asimismo, en este acto las partes podrán alegar cuanto estimen conveniente a efectos de lo dispuesto en el artículo 189.1 b) de esta Ley, ofreciendo, para el momento procesal oportuno, los elementos de juicio necesarios para fundamentar sus alegaciones. No será preciso aportar prueba sobre esta concreta cuestión cuando el hecho de que el proceso afecta a muchos trabajadores o beneficiarios sea notorio por su propia naturaleza.

⇒ V. las SSTC 79/1985, de 3 julio (RTC 1985, 79); 59/1986, de 29 mayo (RTC 1986, 59); 143/1987, de 23 septiembre (RTC 1987, 143); 108/1992, de 14 septiembre (RTC 1992, 108); 58/1993, de 15 febrero (RTC 1993, 58) y las en ellas citadas.

Artículo 86.

1. En ningún caso se suspenderá el procedimiento por seguirse causa criminal sobre los hechos debatidos.

⇒ Cfr. SSTC 24/1984, de 23 febrero (RTC 1984, 24); 62/1984, de 21 mayo (RTC 1984, 62); 36/1985, de 8 marzo (RTC 1985, 36) y 158/1985, de 26 noviembre (RTC 1985, 158). Sobre presunción de inocencia, v. SSTC 6/1988, de 21 enero (RTC 1988, 6) y 27/1993, de 25 enero (RTC 1993, 27).

2. En el supuesto de que fuese alegada por una de las partes la falsedad de un documento que pueda ser de notoria influencia en el pleito, porque no pueda prescindirse de la resolución de la causa criminal para la debida decisión o condicione directamente el contenido de ésta, continuará el acto de juicio, hasta el final, y con suspensión de las actuaciones posteriores, el órgano judicial concederá un plazo de ocho días al interesado, para que aporte el documento que acredite haber presentado la querella. La suspensión durará hasta que se dicte sentencia o auto de sobreseimiento en la causa criminal, hecho que deberá ser puesto en conocimiento del Juez o Tribunal por cualquiera de las partes.

⇒ Cfr. las SSTC núms. 24/1984, de 23 febrero (RTC 1984, 24) y 62/1984, de 21 mayo (RTC 1984, 62).

3. Si cualquier otra cuestión prejudicial penal diera lugar a sentencia absolutoria por inexistencia del hecho o por no haber participado el sujeto en el mismo, quedará abierta contra la sentencia dictada por el Juez o Sala de lo Social la vía del recurso de revisión regulado en la Ley de Enjuiciamiento Civil.

⇒ V. arts. 509 y ss. de la LECiv/2000.

Artículo 87.

1. Se admitirán las pruebas que se formulen y puedan practicarse en el acto, respecto de los hechos sobre los que no hubiere conformidad. Podrán admitirse también aquellas que requieran la traslación del Juez o Tribunal fuera del local de la audiencia, si se estimasen imprescindibles. En este caso, se suspenderá el juicio por el tiempo estrictamente necesario.

2. La pertinencia de las pruebas y de las preguntas que puedan formular las partes se resolverá por el Juez o Tribunal, y si el interesado protestase en el acto contra la inadmisión, se consignará en el acta la pregunta o la prueba solicitada, la resolución denegatoria, la fundamentación razonada de la denegación y la protesta, todo a efectos del correspondiente recurso contra la sentencia. Una vez comenzada la práctica de una prueba admitida, si renunciase a ella la parte que la propuso, podrá el órgano judicial, sin ulterior recurso, acordar que continúe.

3. El órgano judicial podrá hacer, tanto a las partes como a los Peritos y testigos, las preguntas que estime necesarias para esclarecimiento de los hechos.

Los litigantes y los defensores podrán ejercitar el mismo derecho.

4. Practicada la prueba, las partes o sus defensores, en su caso, formularán oralmente sus conclusiones de un modo concreto y preciso, determinando en virtud del resultado de la prueba, de manera

líquida y sin alterar los puntos fundamentales y los motivos de pedir invocados en la demanda o en la reconvención, si la hubiere, las cantidades que por cualquier concepto sean objeto de petición de condena principal o subsidiaria; o bien, en su caso, la solicitud concreta y precisa de las medidas con que puede ser satisfecha la pretensión ejercitada. Si las partes no lo hicieran en este trámite, el Juez o Tribunal deberá requerirles para que lo hagan, sin que en ningún caso pueda reservarse tal determinación para la ejecución de sentencia.

⇒ Sobre condena de futuro, v. STC 194/1993, de 14 junio (RTC 1993, 194).

5. Si el órgano judicial no se considerase suficientemente ilustrado sobre las cuestiones de cualquier género objeto del debate, concederá a ambas partes el tiempo que crea conveniente, para que informen o den explicaciones sobre los particulares que les designe.

Artículo 88.

1. Terminado el juicio, y dentro del plazo para dictar sentencia, el Juez o Tribunal podrá acordar la práctica de cuantas pruebas estime necesarias, para mejor proveer, con intervención de las partes. En la misma providencia se fijará el plazo dentro del que haya de practicarse la prueba, durante el cual se pondrá de manifiesto a las partes el resultado de las diligencias a fin de que las mismas puedan alegar por escrito cuanto estimen conveniente acerca de su alcance o importancia. Transcurrido ese plazo sin haberse podido llevar a efecto, el órgano judicial dictará un nuevo proveído, fijando otro plazo para la ejecución del acuerdo, librando las comunicaciones oportunas. Si dentro de éste tampoco se hubiera podido practicar la prueba, el Juez o Tribunal, previa audiencia de las partes, acordará que los autos queden definitivamente conclusos para sentencia.

⇒ V. arts. 435 y 436 LECiv/2000. Cfr. la STC 98/1987, de 10 junio (RTC 1987, 98).

2. Si la diligencia consiste en la confesión judicial o en pedir algún documento a una parte y ésta no comparece o no lo presenta sin causa justificada en el plazo que se haya fijado, podrán estimarse probadas las alegaciones hechas por la contraria en relación con la prueba acordada.

Artículo 89.

1. Durante la celebración del juicio se irá extendiendo la correspondiente acta, en la que se hará constar:

a) Lugar, fecha, Juez o Tribunal que preside el acto, partes comparecientes, representantes y defensores que les asisten, y breve referencia al acto de conciliación.

b) Breve resumen de las alegaciones de las partes, medios de prueba propuestos por ellas, declaración expresa de su pertinencia o impertinencia, razones de la negación y protesta, en su caso.

c) En cuanto a las pruebas admitidas y practicadas:

1º Resumen suficiente de las de confesión y testifical.

2º Relación circunstanciada de los documentos presentados, o datos suficientes que permitan identificarlos, en el caso de que su excesivo número haga desaconsejable la citada relación.

3º Relación de las incidencias planteadas en el juicio respecto a la prueba documental.

4º Resumen suficiente de los informes periciales, así como también de la resolución del Juez o Tribunal en torno a las recusaciones propuestas de los peritos.

5º Resumen de las declaraciones de los asesores, en el caso de que el dictamen de éstos no haya sido elaborado por escrito e incorporado a los autos.

d) Conclusiones y peticiones concretas formuladas por las partes; en caso de que fueran de condena a cantidad, deberán expresarse en el acta las cantidades que fueran objeto de ella.

e) Declaración hecha por el Juez o Tribunal de conclusión de los autos, mandando traerlos a la vista para sentencia.

2. El Juez o Tribunal resolverá, sin ulterior recurso, cualquier observación que se hiciera sobre el contenido del acta, firmándola seguidamente en unión de las partes o de sus representantes o defensores y de los Peritos, haciendo constar si alguno de ellos no firma por no poder, no querer hacerlo o no estar presente, firmándola, por último el Secretario, que dará fe.

3. El acta del juicio podrá ser extendida también a través de medios mecánicos de reproducción del mismo. En tal caso, se exigirán los mismos requisitos expresados en el número anterior.

4. Del acta del juicio deberá entregarse copia a quienes hayan sido partes en el proceso, si lo solicitaren.

Sección 3ª Pruebas

Artículo 90.

1. Las partes podrán valerse de cuantos medios de prueba se encuentren regulados en la Ley, admitiéndose como tales los medios mecánicos de reproducción de la palabra, de la imagen y del sonido, salvo que se hubieran obtenido, directa o indirectamente, mediante procedimientos que supongan violación de derechos fundamentales o libertades públicas.

⇒ V. la STC 114/1984, de 29 noviembre (RTC 1984, 114).

2. Podrán, asimismo, solicitar, al menos con tres días de antelación a la fecha del juicio, aquellas pruebas que, habiendo de practicarse en el mismo, requieran diligencias de citación o requerimiento.

⇒ V. art. 289 LECiv/2000.

Artículo 91.

1. Las posiciones para la prueba de confesión se propondrán verbalmente, sin admisión de pliegos.

⇒ La que la LPL sigue denominando prueba de confesión se califica de «interrogatorio de las partes» por la LECiv/2000. V. sus arts. 301 y ss.

2. Si el llamado a confesar no comparece sin justa causa a la primera citación, rehusase declarar o persistiese en no responder afirmativa o negativamente, a pesar del apercibimiento que se le haya hecho, podrá ser tenido por confeso en la sentencia.

⇒ Cfr. art. 307 LECiv/2000.

3. La confesión de las personas jurídicas privadas se practicará por quien legalmente las represente y tenga facultades para absolver posiciones.

4. En caso de que la confesión no se refiera a hechos personales, se admitirá la absolución de posiciones por un tercero que conozca personalmente los hechos, si la parte así lo solicita y acepta la responsabilidad de la declaración.

⇒ V. art. 308 LECiv/2000.

Artículo 92.

1. No se admitirán escritos de preguntas y repreguntas para la prueba testifical. Cuando el número de testigos fuese excesivo y, a criterio del órgano judicial, sus manifestaciones pudieran constituir inútil reiteración del testimonio sobre hechos suficientemente esclarecidos, aquél podrá limitarlos discrecionalmente.

⇒ V. arts. 360 y ss. de la LECiv/2000, que redenominan esta prueba como «interrogatorio de testigos».
Sobre declaración testifical y derecho constitucional a la libertad de información. V. STC 197/1998, de 13 octubre (RTC 1998, 197) y las en ella citadas.

2. Los testigos no podrán ser tachados, y únicamente en conclusiones, las partes podrán hacer las observaciones que sean oportunas respecto de sus circunstancias personales y de la veracidad de sus manifestaciones.

Artículo 93.

1. En la práctica de la prueba pericial no serán de aplicación las reglas generales sobre insaculación de Peritos.

⇒ V. art. 341 de la LECiv/2000. La LECiv/2000, denomina esta prueba bajo el rótulo «Del dictámen de peritos», refulándola en sus arts. 335 y ss.

2. El órgano judicial, de oficio o a petición de parte, podrá requerir la intervención de un Médico forense, en los casos en que sea necesario su informe.

Artículo 94.

1. De la prueba documental que se presente, se dará traslado a las partes en el acto del juicio, para su examen.

⇒ V. arts. 317 y ss. de la LECiv/2000.

2. Los documentos pertenecientes a las partes deberán aportarse al proceso, si hubieran sido propuestos como medio de prueba por la parte contraria y admitida ésta por el Juez o Tribunal. Si no se presentaren sin causa justificada, podrán estimarse probadas las alegaciones hechas por la contraria en relación con la prueba acordada.

Artículo 95.

1. Podrá el Juez o Tribunal, si lo estima procedente, oír el dictamen de una o varias personas

expertas en la cuestión objeto del pleito, en el momento del acto del juicio o, terminado éste, para mejor proveer.

2. Cuando en un proceso se discuta sobre la interpretación de un Convenio Colectivo, el órgano judicial podrá oír o recabar informe de la Comisión Paritaria del mismo.

3. Cuando en el proceso se haya suscitado una cuestión de discriminación por razón de sexo, el Juez o Tribunal podrá recabar el dictamen de los Organismos públicos competentes.

Artículo 96.

En aquellos procesos en que de las alegaciones de la parte actora se deduzca la existencia de indicios fundados de discriminación por razón de sexo, origen racial o étnico, religión o convicciones, discapacidad, edad u orientación sexual, corresponderá al demandado la aportación de una justificación objetiva y razonable, suficientemente probada, de las medidas adoptadas y de su proporcionalidad.

✐ Art. modificado por el ap. Uno del art. 40 de la Ley 62/2003, de 30 diciembre.

⇒ V. art. 179.2 de esta Ley.

V. asimismo SSTC 82/1997, de 22 abril (RTC 1997, 82) y 90/1997, de 6 mayo (RTC 1997, 90) y las muchas en ellas citadas, así como STC 41/1999, de 22 marzo (RTC 1999, 41).

Sección 4ª Sentencia

Artículo 97.

1. El Juez o Tribunal dictará sentencia en el plazo de cinco días, publicándose inmediatamente y notificándose a las partes o a sus representantes dentro de los dos días siguientes.

2. La sentencia deberá expresar, dentro de los antecedentes de hecho, resumen suficiente de los que hayan sido objeto de debate en el proceso. Asimismo, y apreciando los elementos de convicción, declarará expresamente los hechos que estime probados, haciendo referencia en los fundamentos de derecho a los razonamientos que le han llevado a esta conclusión. Por último, deberá fundamentar suficientemente los pronunciamientos del fallo.

⇒ Sobre el derecho fundamental a la motivación de las sentencias, v. STC 184/1998, de 28 septiembre (RTC 1998, 184), y las en ella citadas.

Sobre congruencia, cfr. STC 171/1993 (RTC 1993, 171), con apoyo, entre otras, en las SSTC 67/1993 (RTC 1993, 67); 88/1992 (RTC 1992, 88); 97/1987 (RTC 1987, 97) y 20/1982 (RTC 1982, 20). V. asimismo SSTC 59/1983 (RTC 1983, 59); 14/1984 (RTC 1984, 14); 191/1997 (RTC 1997, 191); 169/1998 (RTC 1998, 169); 61/1989 (RTC 1989, 61); 144/1991 (RTC 1991, 144); 225/1991 (RTC 1991, 225); 124/1992 (RTC 1992, 124); 224/1997 (RTC 1997, 224) y 153/1998 (RTC 1998, 153).

3. La sentencia, motivadamente, podrá imponer al litigante que obró de mala fe o con notoria temeridad una sanción pecuniaria cuya cuantía máxima, en la instancia, no excederá de cien mil pesetas. En tales casos, y cuando el condenado fuera el empresario deberá abonar también los honorarios de los abogados.

Artículo 98.

1. Si el Juez que presidió el acto del juicio no pudiese dictar sentencia, deberá celebrarse éste nuevamente.

⇒ Sobre denegación de solicitud de aclaración de sentencia por haber sido dictado por Juez distinto, v. STC 32/1998, de 11 febrero (RTC 1998, 32).

2. En cuanto a las Salas de lo Social se estará a lo dispuesto en la Ley Orgánica del Poder Judicial.

⇒ V. arts. 196 y ss. de la LOPJ.

Artículo 99.

En las sentencias en que se condene al abono de una cantidad, el Juez o Tribunal la determinará expresamente, sin que en ningún caso pueda reservarse tal determinación para la ejecución.

Artículo 100.

Al notificarse la sentencia a las partes, se indicará si la misma es o no firme y, en su caso, los recursos que procedan, órgano ante el que deben interponerse y plazo y requisitos para ello, así como los depósitos y las consignaciones que sean necesarios y forma de efectuarlos.

Artículo 101.

Si la sentencia fuese condenatoria para el empresario, éste vendrá obligado a abonar al demandante que personalmente hubiese comparecido, el importe de los salarios correspondientes a los días en que se hubiesen celebrado los actos de conciliación y juicio ante el Juzgado o Tribunal y en su caso, la conciliación previa ante el órgano correspondiente.

⇒ Sobre inmodificabilidad de sentencias firmes al margen de los cauces previstos legalmente, v. STC 3/1998, de 12 enero (RTC 1998, 3) y las muchas en ella citadas.

TÍTULO II
DE LAS MODALIDADES PROCESALES

CAPÍTULO I
Disposición general

Artículo 102.

En todo lo que no esté expresamente previsto en el presente Título, regirán las disposiciones establecidas para el proceso ordinario.

CAPÍTULO II
De los despidos y sanciones

⇒ V. art. 38.3 de la Ley 10/1997, de 24 abril (§21.2).

Sección 1ª Despido disciplinario

Artículo 103.

1. El trabajador podrá reclamar contra el despido, dentro de los veinte días hábiles siguientes a aquel en que se hubiera producido. Dicho plazo será de caducidad a todos los efectos.

⇒ V. art. 59.3 del ET (§2). Cfr. STC 21/1982, de 12 mayo (RTC 1982, 21) y STC 104/1997, de 2 junio (RTC 1997, 104) y las en ellas citadas.

2. Si se promoviese demanda por despido contra una persona a la que erróneamente se hubiere atribuido la cualidad de empresario, y se acreditase en el juicio que lo era un tercero, el trabajador podrá promover nueva demanda contra éste, sin que comience el cómputo del plazo de caducidad hasta el momento en que conste quién sea el empresario.

Artículo 104.

Las demandas por despido, además de los requisitos generales previstos en esta Ley, deberán contener los siguientes:

a) Lugar de trabajo; categoría profesional; características particulares, si las hubiera, del trabajo que se realizaba antes de producirse el despido; salario, tiempo y forma de pago y antigüedad del despedido.

b) Fecha de efectividad del despido y forma en que se produjo y hechos alegados por el empresario.

c) Si el trabajador ostenta, o ha ostentado en el año anterior al despido, la cualidad de representante legal o sindical de los trabajadores.

⇒ V. STC 118/1987, de 8 julio (RTC 1987, 118).

d) Si el trabajador se encuentra afiliado a algún sindicato, en el supuesto de que alegue la improcedencia del despido por haberse realizado éste sin la previa audiencia de los delegados sindicales si los hubiera.

✐ Nueva redacción dada en su día por Ley 11/1994, de 19 mayo.

Artículo 105.

1. Ratificada, en su caso, la demanda, tanto en la fase de alegaciones como en la práctica de la prueba, y en la fase de conclusiones corresponderá al demandado exponer sus posiciones en primer lugar. Asimismo, le corresponderá la carga de probar la veracidad de los hechos imputados en la carta de despido como justificativos del mismo.

2. Para justificar el despido, al demandado no se le admitirán en el juicio otros motivos de oposición a la demanda que los contenidos en la comunicación escrita de dicho despido.

⇒ V. SSTC 47/1985, de 27 marzo (RTC 1985, 47) y 114/1989, de 22 junio (RTC 1989, 114).

Artículo 106.

1. En los supuestos previstos en el artículo 32 de esta Ley habrán de respetarse las garantías

que, respecto de las alegaciones, prueba y conclusiones, se establecen para el proceso de despido disciplinario.

2. En los despidos de miembros de comité de empresa, delegados de personal o delegados sindicales habrá de aportarse por la demandada el expediente contradictorio legalmente exigido.

⇒ V. art. 68 a) del ET (§2) y art. 10.3 de la LOLS (§20.1).

Artículo 107.

En los hechos que se estimen probados en la sentencia deberán hacerse constar las siguientes circunstancias:

a) Fecha de despido.

b) Salario del trabajador.

c) Lugar de trabajo; categoría profesional; antigüedad, concretando los períodos en que sean prestados los servicios; características particulares, si las hubiere, y el trabajo que realizaba el demandante antes de producirse el despido.

d) Si el trabajador ostenta o ha ostentado en el año anterior al despido la condición de delegado de personal, miembro del comité de empresa o delegado sindical.

Artículo 108.

1. En el fallo de la sentencia, el Juez calificará el despido como procedente, improcedente o nulo.

Será calificado como procedente cuando quede acreditado el incumplimiento alegado por el empresario en el escrito de comunicación. En caso contrario, o en el supuesto en que se hubieren incumplido los requisitos de forma, establecidos en el número uno del artículo 55 del Texto Refundido de la Ley del Estatuto de los Trabajadores, será calificado como improcedente.

2. Será nulo el despido que tenga como móvil alguna de las causas de discriminación prevista en la Constitución y en la Ley, o se produzca con violación de derechos fundamentales y libertades públicas del trabajador.

⇒ V. SSTC 38/1981, de 23 noviembre (RTC 1981, 38); 47/1985, de 27 marzo (RTC 1985, 47); 88/1985, de 19 julio (RTC 1985, 88); 104/1987, de 17 junio (RTC 1987, 104); 166/1988, de 26 septiembre (RTC 1988, 166); 114/1989, de 22 junio (RTC 1989, 114); 7/1993, de 18 enero (RTC 1993, 7); 14/1993 de la misma fecha (RTC 1993, 14); 136/1996, de 23 julio (RTC 1996, 136) y 1/1998, de 12 enero (RTC 1998, 1), entre otras.

Será también nulo el despido en los siguientes supuestos:

a) El de los trabajadores durante el período de suspensión del contrato de trabajo por maternidad, riesgo durante el embarazo, riesgo durante la lactancia natural, enfermedades causadas por embarazo, parto o lactancia natural, adopción o acogimiento o paternidad al que se refiere la letra d) del apartado 1 del artículo 45 del Texto Refundido de la Ley del Estatuto de los Trabajadores, o el notificado en una fecha tal que el plazo de preaviso concedido finalice dentro de dicho período.

b) El de las trabajadoras embarazadas, desde la fecha de inicio del embarazo hasta el comienzo del período de suspensión a que se refiere la letra a), y el de los trabajadores que hayan solicitado uno de los permisos a los que se refieren los apartados 4, 4 bis y 5 del artículo 37 del Estatuto de los Trabajadores, o estén disfrutando de ellos, o hayan solicitado o estén disfrutando la excedencia prevista en el apartado 3 del artículo 46 del Estatuto de los Trabajadores; y el de las trabajadoras víctimas de violencia de género por el ejercicio de los derechos de reducción o reordenación de su tiempo de trabajo, de movilidad geográfica, de cambio de centro de trabajo o de suspensión de la relación laboral en los términos y condiciones reconocidos en el Estatuto de los Trabajadores.

c) El de los trabajadores después de haberse reintegrado al trabajo al finalizar los períodos de suspensión del contrato por maternidad, adopción o acogimiento o paternidad, siempre que no hubieran transcurrido más de nueve meses desde la fecha de nacimiento, adopción o acogimiento del hijo.

Lo establecido en las letras anteriores será de aplicación, salvo que, en esos casos, se declare la procedencia del despido por motivos no relacionados con el embarazo o con el ejercicio del derecho a los permisos y excedencias señalados.

✐ Ap. 2 modificado por disp. adic. 13.2 de la LO 3/2007, de 22 marzo, para la igualdad efectiva de mujeres y hombres.

3. Si se acreditara que el móvil del despido obedeciera a alguna de las causas del número anterior, el Juez se pronunciará sobre ella, con independencia de cuál haya sido la forma del mismo.

✐ Nueva redacción de este artículo dada en su día por Ley 11/1994, de 19 mayo.

⇒ V. art. 55 del ET (§2).

Artículo 109.

Si se estima el despido procedente se declarará convalidada la extinción del contrato que aquél produjo, sin derecho a indemnización ni a salarios de tramitación.

✐ Nueva redacción otorgada en su día por Ley 11/1994, de 19 mayo.

Artículo 110.

1. Si el despido se declara improcedente, se condenará al empresario a la readmisión del trabajador en las mismas condiciones que regían antes de producirse el despido o, a elección de aquél, a que le abone una indemnización, cuya cuantía se fijará de acuerdo con lo previsto en el apartado 1, párrafo a), del artículo 56 del Texto Refundido de la Ley del Estatuto de los Trabajadores. La condena comprenderá, también, el abono de la cantidad a que se refiere el párrafo b) del propio apartado 1, con las limitaciones, en su caso, previstas por el apartado 2 de dicho artículo y sin perjuicio de lo establecido en su artículo 57.

En los despidos improcedentes de trabajadores cuya relación laboral sea de carácter especial, la cuantía de la indemnización será la establecida, en su caso, por la norma que regule dicha relación especial.

✐ Ap. 1 modificado por el art. 6.1 de la Ley 45/2002, de 12 diciembre (§36.2).

⇒ V. art. 279.2 b) de esta Ley. Sobre exención de estas indemnizaciones a efectos de IRPF cfr. disp. adic. 12ª Ley 45/2002 (§36.2).

2. En caso de que se declarase improcedente el despido de un representante legal o sindical de los trabajadores, la opción prevista en el número anterior corresponderá al trabajador.

⇒ V. art. 56.3 del ET (§2) y art. 10.3 de la LOLS (§20.1). Cfr. STC 142/1985, de 23 octubre (RTC 1985, 142).

3. La opción deberá ejercitarse mediante escrito o comparecencia ante la Secretaría del Juzgado de lo Social, dentro del plazo de cinco días desde la notificación de la sentencia que declare el despido improcedente, sin esperar a la firmeza de la misma, si fuera la de instancia.

4. Cuando el despido fuese declarado improcedente por incumplimiento de los requisitos de forma establecidos y se hubiese optado por la readmisión podrá efectuarse un nuevo despido dentro del plazo de siete días desde la notificación de la sentencia. Dicho despido no constituirá una subsanación del primitivo acto extintivo, sino un nuevo despido, que surtirá efectos desde su fecha.

✐ Párrafo añadido, en su momento, por Ley 11/1994, de 19 mayo.

Artículo 111.

1. Si la sentencia que declarase la improcedencia del despido fuese recurrida, la opción ejercitada por el empresario tendrá los siguientes efectos:

a) Si se hubiere optado por la readmisión, cualquiera que fuera el recurrente, ésta se llevará a efecto de forma provisional en los términos establecidos por el artículo 295 de esta Ley.

b) Cuando la opción del empresario hubiera sido por la indemnización, tanto en el supuesto de que el recurso fuere interpuesto por éste como por el trabajador, no procederá la ejecución provisional de la sentencia, si bien durante la tramitación del recurso el trabajador se considerará en situación legal de desempleo involuntario. Si la sentencia que resuelva el recurso que hubiera interpuesto el trabajador elevase la cuantía de la indemnización, el empresario, dentro de los cinco días siguientes al de su notificación, podrá cambiar el sentido de su opción y, en tal supuesto, la readmisión retrotraerá sus efectos económicos a la fecha en que tuvo lugar la primera elección, deduciéndose de las cantidades que por tal concepto se abonen las que, en su caso, hubiera percibido el trabajador en concepto de prestación por desempleo. La citada cantidad, así como la correspondiente a la aportación empresarial a la Seguridad Social por dicho trabajador, habrá de ser ingresada por el empresario en la Entidad Gestora.

A efectos del reconocimiento de un futuro derecho a la protección por desempleo el período al que se refiere el párrafo anterior se considerará de ocupación cotizada.

✐ Apartado procedente de nueva redacción por Ley 11/1994, de 19 mayo.

⇒ V. art. 208.3 LGSS/1994 (§32.1).

2. Cualquiera que sea el sentido de la opción ejercitada, ésta se tendrá por no hecha si el Tribunal Superior, al resolver el recurso, declarase nulo el despido. Cuando se confirme la sentencia recurrida, el sentido de la opción no podrá ser alterado.

Artículo 112.

1. Cuando la sentencia que declarase la improcedencia del despido de un representante legal o sindical de los trabajadores fuese recurrida, la opción ejercitada por dichos representantes tendrá las siguientes consecuencias:

a) Cuando el trabajador hubiese optado por la readmisión, cualquiera que sea la parte que recurra, habrá de estarse a lo dispuesto por el artículo 295 de esta Ley.

b) De haberse optado por la indemnización, tanto recurra el trabajador como el empresario, no procederá la ejecución provisional de la sentencia si bien durante la sustanciación del recurso el trabajador se considerará en situación legal de desempleo involuntario. Si la sentencia que resuelva el recurso interpuesto por el empresario disminuyera la cuantía de la indemnización, el trabajador, dentro de los cinco días siguientes al de su notificación, podrá cambiar el sentido de su opción y, en tal caso, la readmisión retrotraerá sus efectos económicos a la fecha en que tuvo lugar la primera elección, deduciéndose de las cantidades que por tal concepto se abonen las que, en su caso, hubiera percibido el trabajador en concepto de prestación por desempleo. La citada cantidad, así como la correspondiente a la aportación empresarial a la Seguridad Social por dicho trabajador, habrá de ser ingresada por el empresario en la Entidad Gestora.

A efectos del reconocimiento de un futuro derecho a la protección por desempleo el período al que se refiere el párrafo anterior se considerará de ocupación cotizada.

✐ Apartado procedente de nueva redacción por Ley 11/1994, de 19 mayo.

2. Cualquiera que sea el sentido de la opción ejercitada, ésta se tendrá por no hecha si el Tribunal Superior, al resolver el recurso, declarase nulo el despido. Cuando se confirme la sentencia recurrida, el sentido de la opción no podrá ser alterado.

Artículo 113.

Si el despido fuera declarado nulo se condenará a la inmediata readmisión del trabajador con abono de los salarios dejados de percibir. La sentencia será ejecutada de forma provisional en los términos establecidos por el artículo 295, tanto cuando fuera recurrida por el empresario como por el trabajador.

✐ Nueva redacción dada en su día por Ley 11/1994, de 19 mayo.

⇒ Sobre el mantenimiento de la cualidad de elegible como representante del personal de los trabajadores cuyo despido fuera declarado nulo, v. STC 44/2001, de 12 febrero (RTC 2001, 44).

Sección 2ª Proceso de impugnación de sanciones

Artículo 114.

1. El trabajador podrá impugnar la sanción que le hubiere sido impuesta mediante demanda que habrá de ser presentada dentro del plazo señalado en el artículo 103 de esta Ley.

⇒ V. art. 58 del ET (§2).
V. STC 135/1996, de 23 julio (RTC 1996, 135).

2. En los procesos de impugnación de sanciones por faltas graves o muy graves a los trabajadores que ostenten la condición de representante legal o sindical, la parte demandada habrá de aportar el expediente contradictorio legalmente establecido.

3. Corresponderá al empresario probar la realidad de los hechos imputados al trabajador, y su entidad, sin que puedan ser admitidos otros motivos de oposición a la demanda que los alegados en su momento para justificar la sanción. Las alegaciones, pruebas y conclusiones deberán ser realizadas por las partes en el orden establecido para los despidos disciplinarios.

Artículo 115.

1. La sentencia contendrá alguno de los pronunciamientos siguientes:

a) Confirmar la sanción, cuando se haya acreditado el cumplimiento de las exigencias de forma y la realidad del incumplimiento imputado al trabajador, así como su entidad, valorada según la graduación de faltas y sanciones prevista en las disposiciones legales o en el convenio colectivo aplicable.

b) Revocarla totalmente cuando no haya sido probada la realidad de los hechos imputados al trabajador o éstos no sean constitutivos de falta.

c) Revocarla en parte, cuando la falta cometida no haya sido adecuadamente calificada. En este caso el Juez podrá autorizar la imposición de una sanción adecuada a la gravedad de la falta.

d) Declararla nula, si hubiese sido impuesta sin observar los requisitos formales establecidos legal o convencionalmente, o cuando éstos presenten defectos de tal gravedad que no permitan alcanzar la finalidad para la que fueron requeridos.

2. A los efectos de lo previsto en el número anterior serán nulas las sanciones impuestas a los representantes legales de los trabajadores o a los Delegados sindicales por faltas graves o muy graves, sin la previa audiencia de los restantes integrantes de la representación a que el trabajador perteneciera así como a los trabajadores afiliados a un Sindicato, sin dar audiencia a los Delegados sindicales.

También será nula la sanción cuando consista en alguna de las legalmente prohibidas o no estuviera tipificada en las disposiciones legales o en el convenio colectivo aplicable.

⇒ V. arts. 68 a) del ET (§2) y 10.3 de la LOLS (§20.1).

3. Contra las sentencias dictadas en estos procesos no cabrá recurso alguno, salvo en los casos de sanciones por faltas muy graves, apreciadas judicialmente.

⇒ La STC 125/1995, de 24 julio (RTC 1995, 125), desestima cuestión de inconstitucionalidad contra idéntico precepto del Texto Articulado de la LPL/1990.

CAPÍTULO III

De la reclamación al Estado del pago de salarios de tramitación en juicios por despido

⇒ V. art. 121 de la CE (§1) y el RD 924/1982, de 17 abril (§15.2).

Artículo 116.

1. Si, desde la fecha en que se tuvo por presentada la demanda por despido, hasta la sentencia del Juzgado o Tribunal que por primera vez declare su improcedencia, hubiesen transcurrido más de sesenta días hábiles, el empresario una vez firme la sentencia, podrá reclamar al Estado los salarios pagados al trabajador que excedan de dicho plazo.

2. En el supuesto de insolvencia provisional del empresario, el trabajador podrá reclamar directamente al Estado los salarios a los que se refiere el número anterior, que no le hubieran sido abonados por aquél.

Artículo 117.

1. Para demandar al Estado por los salarios de tramitación, será requisito previo haber reclamado en vía administrativa en la forma y plazos establecidos, contra cuya denegación el empresario, o en su caso el trabajador, podrá promover la oportuna acción ante el Juzgado que conoció en la instancia del proceso de despido.

2. A la demanda habrá de acompañarse copia de la resolución administrativa denegatoria o de la instancia de solicitud de pago.

Artículo 118.

1. Admitida la demanda, se señalará día para el juicio en los cinco siguientes, citando al efecto al trabajador, al empresario y al Abogado del Estado, sin que se suspenda el procedimiento para que éste pueda elevar consulta a la Dirección General del Servicio Jurídico del Estado.

2. El juicio versará tan sólo sobre la procedencia y cuantía de la reclamación, y no se admitirán pruebas encaminadas a revisar las declaraciones probadas en la sentencia de despido.

Artículo 119.

1. A efectos del cómputo de tiempo que exceda de los sesenta días hábiles a que se refiere el artículo 116, serán excluidos del mismo los períodos siguientes:

a) El tiempo invertido en la subsanación de la demanda, por no haber acreditado la celebración de la conciliación o de la reclamación administrativa previa, o por defectos, omisiones o imprecisiones en aquélla.

b) El período en que estuviesen suspendidos los autos, a petición de parte, por suspensión del acto del juicio en los términos previstos en el artículo 83 de esta Ley.

c) El tiempo que dure la suspensión para acreditar la presentación de la querella, en los casos en que cualquiera de las partes alegase la falsedad de un documento que pueda ser de notoria influencia en el pleito.

2. En los supuestos enunciados anteriormente el Juez, apreciando las pruebas aportadas, decidirá si los salarios correspondientes al tiempo invertido han de correr a cargo del Estado o del empresario. Excepcionalmente, podrá privar al trabajador de su percepción, si apreciase que en su actuación procesal ha incurrido en manifiesto abuso de derecho.

CAPÍTULO IV
De la extinción del contrato por causas objetivas y otras causas de extinción

Sección 1ª Extinción por causas objetivas

⇒ V. arts. 52 y 53 del ET (§2) y art. 38.3 de la Ley 10/1997, de 24 abril (§21.2).

Artículo 120.

Los procesos derivados de la extinción del contrato de trabajo por causas objetivas, se ajustarán a las normas contenidas en el capítulo relativo a los procesos por despidos y sanciones sin perjuicio de las especialidades que se enuncian en los artículos siguientes.

Artículo 121.

1. El plazo para ejercitar la acción de impugnación de la decisión extintiva será de veinte días, que en todo caso comenzará a contarse a partir del día siguiente a la fecha de extinción del contrato de trabajo. El trabajador podrá anticipar el ejercicio de su acción a partir del momento en que reciba la comunicación empresarial de preaviso.

2. La percepción por el trabajador de la indemnización ofrecida por el empresario o el uso del permiso para buscar nuevo puesto de trabajo no enervan el ejercicio de la acción ni suponen conformidad con la decisión empresarial.

Artículo 122.

1. Se declarará procedente la decisión extintiva cuando el empresario, habiendo cumplido los requisitos formales exigibles, acredite la concurrencia de la causa legal indicada en la comunicación escrita. Si no la acreditase, se calificará de improcedente.

2. La decisión extintiva será nula cuando:

a) No se hubieren cumplido las formalidades legales de la comunicación escrita, con mención de causa.

b) No se hubiese puesto a disposición del trabajador la indemnización correspondiente, salvo en aquellos supuestos en los que tal requisito no viniera legalmente exigido.

c) Resulte discriminatoria o contraria a los derechos fundamentales y libertades públicas del trabajador.

d) Se haya efectuado en fraude de ley eludiendo las normas establecidas por los despidos colectivos, en los casos a que se refiere el último párrafo del artículo 51.1 del Texto Refundido de la Ley del Estatuto de los Trabajadores.

Será también nula la decisión extintiva en los siguientes supuestos:

a) La de los trabajadores durante el período de suspensión del contrato de trabajo por maternidad, riesgo durante el embarazo, riesgo durante la lactancia natural, enfermedades causadas por embarazo, parto o lactancia natural, adopción o acogimiento o paternidad al que se refiere la letra d) del apartado 1 de artículo 45 del Texto Refundido de la Ley del Estatuto de los Trabajadores, o el notificado en una fecha tal que el plazo de preaviso concedido finalice dentro de dicho período.

b) La de las trabajadoras embarazadas, desde la fecha de inicio del embarazo hasta el comienzo del período de suspensión a que se refiere la letra a), y la de los trabajadores que hayan solicitado uno de los permisos a los que se refieren los apartados 4, 4 bis y 5 del artículo 37 del Estatuto de los Trabajadores, o estén disfrutando de ellos, o hayan solicitado o estén disfrutando la excedencia prevista en el apartado 3 del artículo 46 del Estatuto de los Trabajadores; y la de las trabajadoras víctimas de violencia de género por el ejercicio de los derechos de reducción o reordenación de su tiempo de trabajo, de movilidad geográfica, de cambio de centro de trabajo o de suspensión de la relación laboral, en los términos y condiciones reconocidos en el Estatuto de los Trabajadores.

c) La de los trabajadores después de haberse reintegrado al trabajo al finalizar los períodos de suspensión del contrato por maternidad, adopción o acogimiento o paternidad, siempre que no hubieran transcurrido más de nueve meses desde la fecha de nacimiento, adopción o acogimiento del hijo.

Lo establecido en las letras anteriores será de aplicación, salvo que, en esos casos, se declare la procedencia de la decisión extintiva por motivos no relacionados con el embarazo o con el ejercicio del derecho a los permisos y excedencias señalados.

✐ Ap. 2 modificado por disp. adic. 13.3 de la LO 3/2007, de 22 marzo, para la igualdad efectiva de mujeres y hombres.

3. No procederá la declaración de nulidad por haberse omitido el plazo de preaviso, o por haber existido error excusable en el cálculo de la indemnización puesta a disposición del trabajador.

⇒ Cfr. STC 60/1984, de 16 mayo (RTC 1984, 60).

Artículo 123.

1. Si la sentencia estimase procedente la decisión del empresario, se declarará extinguido el contrato de trabajo condenando al empresario, en su caso, a satisfacer al trabajador las diferencias que pudieran existir, tanto entre la indemnización que ya hubiese percibido y la que legalmente le corresponda, como las relativas a los salarios del período de preaviso, en los supuestos en que éste no se hubiera cumplido.

2. Cuando se declare improcedente o nula la decisión extintiva, se condenará al empresario en los términos previstos para el despido disciplinario sin que los salarios de tramitación puedan deducirse de los correspondientes al período de preaviso.

3. En los supuestos en que proceda la readmisión, el trabajador habrá de reintegrar la indemnización recibida.

4. El Juez acordará, en su caso, la compensación entre la indemnización percibida y la que fije la sentencia.

⇒ V. art. 53 del ET (§2).

Sección 2ª Despidos colectivos por causa económicas, organizativas, técnicas o de producción

⇒ V. art. 51 del ET (§2) y RD 43/1996, de 19 enero (§15.1).

Artículo 124.

El órgano judicial declarará nulo, de oficio o a instancia de parte, el acuerdo empresarial de extinción colectiva de contratos de trabajo por causas económicas, técnicas, organizativas o de producción, fuerza mayor o extinción de la personalidad jurídica del empresario si no se hubiese obtenido la previa autorización administrativa, en los supuestos en que esté legalmente prevista. En tal caso la condena a imponer será la que establece el artículo 113 de esta Ley.

✐ Redactado por Ley 11/1994, de 19 mayo, que modificó tanto el art. 124 como el Título de la Secc. 2ª.

CAPÍTULO V

Vacaciones, materia electoral, clasificaciones profesionales, movilidad geográfica, modificaciones sustanciales de condiciones de trabajo, permisos por lactancia y reducción de jornada por motivos familiares

✐ Rúbrica redactada por art. 9.1 de la Ley 39/1999, de 5 noviembre, de conciliación de la vida familiar y laboral de las personas trabajadoras.

Sección 1ª Vacaciones

⇒ V. art. 38 del ET (§2).

Artículo 125.

El procedimiento para la fijación individual o plural de la fecha de disfrute de las vacaciones se regirá por las reglas siguientes:

a) Cuando la fecha esté precisada en convenio colectivo, o por acuerdo entre el empresario y los representantes de los trabajadores, o hubiera sido fijada unilateralmente por aquél, el trabajador dispondrá de un plazo de veinte días, a partir del en que tuviera conocimiento de dicha fecha, para presentar la demanda en el Juzgado de lo Social.

b) Cuando no estuviera señalada la fecha de disfrute de las vacaciones, la demanda deberá presentarse, al menos, con dos meses de antelación a la fecha de disfrute pretendida por el trabajador.

c) Si una vez iniciado el proceso se produjera la fijación de las fechas de disfrute de conformidad con lo previsto en el artículo 38 del texto refundido de la Ley del Estatuto de los Trabajadores, no se interrumpirá la continuación del procedimiento.

d) Cuando el objeto del debate verse sobre preferencias atribuidas a determinados trabajadores, éstos también deberán ser demandados.

Artículo 126.

El procedimiento será urgente y se le dará tramitación preferente. El acto de la vista habrá de señalarse dentro de los cinco días siguientes al de la admisión de la demanda. La sentencia que no tendrá recurso, deberá ser dictada en el plazo de tres días.

Sección 2ª Materia electoral

✐ Arts. 127 a 136 redactados por Ley 11/1994, de 19 mayo.

Subsección 1ª Impugnación de los laudos

Artículo 127.

1. Los laudos arbitrales previstos en el artículo 76 del texto refundido de la Ley del Estatuto de los Trabajadores podrán ser impugnados a través del proceso previsto en los artículos siguientes.

⇒ La impugnación del laudo no tiene acceso al proceso de amparo constitucional por ser «acto no referible a ningún tipo de poder público» (STC 13/1997, de 27 enero [RTC 1997, 13], con apoyo en la STC 176/1996 [RTC 1996, 176]).

2. La impugnación podrá plantearse por quienes tengan interés legítimo, incluida la empresa cuando en ella concurra dicho interés, en el plazo de tres días, contados desde que tuvieron conocimiento del mismo.

⇒ V. SSTC 285/1993, de 4 octubre (RTC 1993, 285); 200/1988, de 26 octubre (RTC 1988, 200) y 232/1988, de 2 diciembre (RTC 1988, 232).

Artículo 128.

La demanda sólo podrá fundarse en:

a) Indebida apreciación o no apreciación de cualquiera de las causas contempladas en el artículo 76.2 del texto refundido de la Ley del Estatuto de los Trabajadores, siempre que la misma haya sido alegada por el promotor en el curso del arbitraje.

b) Haber resuelto el laudo aspectos no sometidos al arbitraje o que, de haberlo sido, no puedan ser objeto del mismo. En estos casos la anulación afectará sólo los aspectos no sometidos a decisión o no susceptibles de arbitraje, siempre que los mismos tengan sustantividad propia y no aparezcan indisolublemente unidos a la cuestión principal.

c) Promover el arbitraje fuera de los plazos estipulados en el artículo 76 del texto refundido de la Ley del Estatuto de los Trabajadores.

d) No haber concedido el árbitro a las partes la oportunidad de ser oídas o de presentar pruebas.

Artículo 129.

1. La demanda deberá dirigirse contra las personas y sindicatos que fueron partes en el procedimiento arbitral, así como frente a cualesquiera otros afectados por el laudo objeto de la impugnación.

2. En ningún caso tendrán la consideración de demandados los comités de empresa, los delegados de personal, o la mesa electoral.

⇒ Cfr. AATC 209 y 210/1991, de 2 julio (RTC 1991, 209 y 210 AUTOS), mediante los que el TC inadmitió sendas cuestiones de inconstitucionalidad contra idéntico apartado de la LPL/1990.
V. asimismo STC 52/1997, de 17 marzo (RTC 1997, 52).

Artículo 130.

Si examinada la demanda el Juez estima que puede no haber sido dirigida contra todos los afectados, citará a las partes para que comparezcan, dentro del día siguiente, a una audiencia preliminar en la que, oyendo a las partes sobre la posible situación de litisconsorcio pasivo necesario, resolverá sobre la misma en el acto.

⇒ V. STC 52/1997, de 17 marzo (RTC 1997, 52).

Artículo 131.

En estos procesos podrán comparecer como parte, cuando tengan interés legítimo, los sindicatos, el empresario y los componentes de candidaturas no presentadas por sindicatos.

Artículo 132.

1. Este proceso se tramitará con urgencia y tendrá las siguientes especialidades:

a) Al admitir la demanda, el Juez recabará de la oficina pública texto del laudo arbitral, así como copia del expediente administrativo relativo al proceso electoral. La documentación referida deberá ser enviada por el requerido dentro del día siguiente.

b) El acto del juicio habrá de celebrarse dentro de los cinco días siguientes a la admisión de la demanda. La sentencia, contra la que no cabe recurso, habrá de dictarse en el plazo de tres días, debiendo ser comunicada a las partes y a la oficina pública.

c) La sustanciación de este proceso no suspenderá el desarrollo del procedimiento electoral, salvo que se acuerde motivadamente por el Juez, a petición de parte, caso de concurrir causa justificativa.

2. Cuando el demandante hubiera sido la empresa, y el Juez apreciase que la demanda tenía por objeto obstaculizar o retrasar el proceso electoral, la sentencia que resuelve la pretensión impugnatoria podrá imponerle la sanción prevista en el artículo 97.3.

Subsección 2ª Impugnación de la resolución administrativa que deniegue el registro

Artículo 133.

1. Ante el Juzgado de lo Social en cuya circunscripción se encuentre la oficina pública se podrá impugnar la denegación por ésta del registro de las actas relativas a elecciones de delegados de personal y miembros de Comités de Empresa. Podrán ser demandantes quienes hubiesen obtenido algún representante en el acta de elecciones.

2. La oficina pública será siempre parte, dirigiéndose la demanda también contra quienes hayan presentado candidatos a las elecciones objeto de la resolución administrativa.

Artículo 134.

El plazo de ejercicio de la acción de impugnación será de diez días, contados a partir de aquel en que se reciba la notificación.

Artículo 135.

1. Este proceso se tramitará con urgencia. Dentro de las cuarenta y ocho horas siguientes a la admisión de la demanda, el Juez requerirá a la oficina pública competente el envío del expediente administrativo, que habrá de ser remitido en el plazo de dos días.

2. El acto del juicio habrá de celebrarse dentro de los cinco días siguientes a la recepción del expediente.

Artículo 136.

La sentencia, contra la que no cabe recurso, habrá de dictarse en el plazo de tres días, debiendo ser comunicada a las partes y a la oficina pública. De estimar la demanda, la sentencia ordenará de inmediato el registro del acta electoral.

Sección 3ª Clasificación profesional

Artículo 137.

1. La demanda que inicie este proceso será acompañada de informe emitido por el comité de empresa o, en su caso, por los delegados de personal. En el caso de que estos órganos no hubieran emitido el informe en el plazo de quince días, al demandante le bastará acreditar que lo ha solicitado.

⇒ V. STC 172/1987, de 3 noviembre (RTC 1987, 172), sobre informe del Comité de empresa en pleitos sobre clasificación profesional.

2. En la providencia en que se tenga por presentada la demanda, el Juez ordenará recabar informe de la Inspección de Trabajo y Seguridad Social, remitiéndole copia de la demanda y documentos que la acompañen. El informe versará sobre los hechos invocados y circunstancias concurrentes relativas a la actividad del actor y deberá emitirse en el plazo de quince días.

3. Contra la sentencia que recaiga no se dará recurso alguno.

⇒ V. lo dispuesto en el art. 22 del ET (§2), así como las SSTC 51/1982, de 19 julio (RTC 1982, 51) y 47/1984, de 4 abril (RTC 1984, 47), sobre constitucionalidad de la inexistencia de recurso, así como la Base 24ª.3 de la LBPL. Cfr. STC 20/1991, de 30 enero (RTC 1991, 20).

Sección 4ª Movilidad geográfica y modificaciones sustanciales de condiciones de trabajo

✐ Sección adicionada en su día por Ley 11/1994, de 19 mayo.

Artículo 138.

1. El proceso se iniciará por demanda de los trabajadores afectados por la decisión empresarial, que deberá presentarse en el plazo de los veinte días hábiles siguientes a la notificación de la decisión.

2. Cuando el objeto del debate verse sobre preferencias atribuidas a determinados trabajadores, éstos también deberán ser demandados. Igualmente deberán ser demandados los representantes de los trabajadores cuando, tratándose de traslados o modificaciones de carácter colectivo, la medida cuente con la conformidad de aquéllos.

3. Si una vez iniciado el proceso se plantease demanda de conflicto colectivo contra la decisión empresarial, aquel proceso se suspenderá hasta la resolución de la demanda de conflicto colectivo.

No obstante, el acuerdo entre el empresario y los representantes legales de los trabajadores una vez iniciado el proceso no interrumpirá la continuación del procedimiento.

4. El procedimiento será urgente y se le dará tramitación preferente. El acto de la vista habrá de señalarse dentro de los cinco días siguientes al de la admisión de la demanda.

La sentencia, que no tendrá recurso y será inmediatamente ejecutiva, deberá ser dictada en el plazo de diez días.

5. La sentencia declarará justificada o injustificada la decisión empresarial, según hayan quedado acreditadas o no, respecto de los trabajadores afectados, las razones invocadas por la empresa.

La sentencia que declare injustificada la medida reconocerá el derecho del trabajador a ser repuesto en sus anteriores condiciones de trabajo.

Se declarará nula la decisión adoptada en fraude de ley, eludiendo las normas establecidas para las de carácter colectivo en el último párrafo del apartado 1 del artículo 40 del texto refundido de la Ley del Estatuto de los Trabajadores, y en el último párrafo del apartado 3 del artículo 41 del mismo texto legal.

6. Cuando el empresario no procediere a reintegrar al trabajador en sus anteriores condiciones de trabajo o lo hiciere de modo irregular, el trabajador podrá solicitar la ejecución del fallo ante el Juzgado de lo Social y la extinción del contrato por causa de lo previsto en el artículo 50.1 c) del texto refundido de la Ley del Estatuto de los Trabajadores conforme a lo establecido en los artículos 277, 278 y 279 de la presente Ley.

7. Si la sentencia declarara la nulidad de la medida empresarial, su ejecución se efectuará en sus propios términos, salvo que el trabajador inste la ejecución prevista en el apartado anterior. En todo caso serán de aplicación los plazos establecidos en el mismo.

✐ Núm. 7 añadido en su día por Ley 42/1994, de 30 diciembre, de Medidas Fiscales, Administrativas y de Orden Social.

Sección 5ª Permisos por lactancia y reducción de jornada por motivos familiares

✐ Sección añadida por el art. 9.2 de la Ley 39/1999, de 5 noviembre, de conciliación de la vida familiar y laboral de las personas trabajadoras.

Artículo 138 bis.

El procedimiento para la concreción horaria y la determinación del período de disfrute en los permisos por lactancia y por reducción de jornada por motivos familiares se regirán por las siguientes reglas:

a) El trabajador dispondrá de un plazo de veinte días, a partir de que el empresario le comunique su disconformidad con la concreción horaria y el período de disfrute propuesto por aquél, para presentar demanda ante el Juzgado de lo Social.

b) El procedimiento será urgente y se le dará tramitación preferente. El acto de la vista habrá de señalarse dentro de los cinco días siguientes al de la admisión de la demanda. La sentencia, que será firme, deberá ser dictada en el plazo de tres días.

✐ Artículo añadido por el art. 9.2 de la Ley 39/1999, de 5 noviembre, de conciliación de la vida familiar y laboral de las personas trabajadoras.

⇒ Sobre la no recurribilidad de la sentencia, vid. art. 189.1 de este TRLPL.

CAPÍTULO VI

De la Seguridad Social

Artículo 139.

En las demandas formuladas en materia de Seguridad Social contra las Entidades gestoras o servicios comunes, incluidas aquéllas en las que se invoque la lesión de un derecho fundamental, se acreditará haber cumplido el trámite de la reclamación previa regulado en el artículo 71 de esta Ley. En caso de omitirse, el Juez dispondrá que se subsane el defecto en el plazo de cuatro días y transcurrido éste sin hacerlo, ordenará el archivo de la demanda sin más trámite.

Artículo 140.

Las Entidades gestoras y la Tesorería General de la Seguridad Social podrán personarse y ser tenidas por parte en los pleitos en materia de Seguridad Social en los que tengan interés, sin que tal intervención haga retroceder ni detener el curso de las actuaciones.

Artículo 141.

1. Si en las demandas por accidente de trabajo o enfermedad profesional no se consignara el nombre de la Entidad Gestora o, en su caso de la Mutua Patronal, el Juez, antes del señalamiento para el juicio, requerirá al empresario demandado para que en plazo de cuatro días presente el documento acreditativo de la cobertura de riesgo. Si transcurrido este plazo no lo presentara, vistas las circunstancias que concurran y oyendo a la Tesorería General de la Seguridad Social, acordará el embargo de bienes del empresario en cantidad suficiente para asegurar el resultado del juicio.

2. En los procesos por accidentes de trabajo, el Juez, antes de la celebración del juicio, deberá interesar de la Inspección Provincial de Trabajo y Seguridad Social, si no figurase ya en los autos, informe relativo a las circunstancias en que sobrevino el accidente, trabajo que realizaba el accidentado, salario que percibía y base de cotización, que será expedido necesariamente en el plazo máximo de diez días.

Artículo 142.

1. Al admitir a trámite la demanda el Juez reclamará de oficio a la Entidad Gestora o servicio común la remisión del expediente original o copia del mismo o de las actuaciones y, en su caso, informe de los antecedentes que posea en relación con el contenido de la demanda, en plazo de diez días. Si se remitiera el expediente original, será devuelto a la Entidad de procedencia, firme que sea la sentencia, dejándose en los autos nota de ello.

2. En el proceso no podrán aducirse por ninguna de las partes hechos distintos de los alegados en el expediente administrativo.

⇒ V. lo dispuesto en el art. 72 de esta Ley. Cfr. STC 41/1989 (RTC 1989, 41).

Artículo 143.

1. El juicio se celebrará en el día señalado, aunque la Entidad correspondiente no hubiera remitido el expediente o su copia, salvo que justificara suficientemente la omisión.

2. Si al demandante le conviniera la aportación del expediente a sus propios fines, podrá solicitar la suspensión del juicio, para que se reitere la orden de remisión del expediente en un nuevo plazo de diez días.

3. Si llegada la fecha del nuevo señalamiento no se hubiera remitido el expediente, podrán tenerse por probados aquellos hechos alegados por el demandante cuya prueba fuera imposible o de difícil demostración por medios distintos de aquél.

Artículo 144.

La falta de remisión del expediente se notificará al Director de la Entidad gestora o del servicio común, a los efectos de la posible exigencia de responsabilidad disciplinaria al funcionario.

Artículo 145.

1. Las Entidades gestoras o los servicios comunes no podrán revisar por sí mismos sus actos declarativos de derechos en perjuicio de sus beneficiarios, debiendo, en su caso, solicitar la revisión ante el Juzgado Social competente, mediante la oportuna demanda que se dirigirá contra el beneficiario del derecho reconocido.

⇒ Sobre los presupuestos necesarios para efectuar dicha revisión, v. STC 155/1992, de 19 octubre (RTC 1992, 155).

2. Se exceptúan de lo dispuesto en el número anterior la rectificación de errores materiales o de hecho y los aritméticos, así como las revisiones motivadas por la constatación de omisiones o inexactitudes en las declaraciones del beneficiario.

3. La acción de revisión a la que se refiere el número uno prescribirá a los cinco años.

4. La sentencia que declare la revisión del acto impugnado será inmediatamente ejecutiva.

Artículo 145 bis.

1. Cuando la Entidad Gestora de las prestaciones por desempleo constate que, en los cuatro años inmediatamente anteriores a una solicitud de prestaciones, el trabajador hubiera percibido prestaciones por finalización de varios contratos temporales con una misma empresa, podrá dirigirse de oficio a la autoridad judicial demandando que el empresario sea declarado responsable del abono de las mismas, salvo de la prestación correspondiente al último contrato temporal, si la reiterada contratación temporal fuera abusiva o fraudulenta, así como la condena al empresario a la devolución a la Entidad Gestora de aquellas prestaciones junto con las cotizaciones correspondientes.

A la comunicación, que tendrá la consideración de demanda, deberá acompañarse copia del expediente o expedientes administrativos en que se fundamente, y en la misma se consignarán los requisitos generales exigidos por la presente Ley para las demandas de los procesos ordinarios.

La comunicación podrá dirigirse a la autoridad judicial en el plazo de los tres meses siguientes a la fecha en que se hubiera formulado la última solicitud de prestaciones en tiempo y forma.

Lo dispuesto en este apartado no conllevará la revisión de las resoluciones que hubieran reconocido el derecho a las prestaciones por desempleo derivadas de la finalización de los reiterados contratos temporales, que se considerarán debidas al trabajador.

⇒ V. la disp. transit. 9ª de la Ley 45/2002, de 30 diciembre (§36.2).

2. El Juez examinará la demanda antes de decretar su admisión, al efecto de comprobar si rene todos los requisitos exigidos, advirtiendo a la Entidad Gestora, en su caso, los defectos u omisiones de que adolezca, a fin de que sean subsanados en el término de diez días.

3. Admitida a trámite la demanda, continuará el procedimiento con arreglo a las normas generales de la presente Ley, con las especialidades siguientes:

a) El empresario y el trabajador que hubieran celebrado los reiterados contratos temporales tendrán la consideración de parte en el proceso, si bien no podrán solicitar la suspensión del proceso ni el trabajador desistir. Aun sin su asistencia, el procedimiento se seguirá de oficio.

b) Las afirmaciones de hechos que se contengan en la comunicación base del proceso harán fe, salvo prueba en contrario, incumbiendo la carga de la prueba al empresario demandado.

4. La sentencia que estime la demanda de la Entidad Gestora será inmediatamente ejecutiva.

5. Cuando la sentencia adquiera firmeza se comunicará a la Inspección de Trabajo y Seguridad Social.

En el supuesto de que con base en la declaración de hechos probados que figure en la sentencia se extienda, en su caso, acta de infracción por la Inspección de Trabajo y Seguridad Social, no será de aplicación lo dispuesto en el artículo 149.2 de la presente Ley.

✐ Añadido por el art. 6.2 de la Ley 45/2002, de 12 diciembre (§36.2).

CAPÍTULO VII
Del procedimiento de oficio

Artículo 146.

El proceso podrá iniciarse de oficio como consecuencia:

a) De las certificaciones de las resoluciones firmes que dicte la autoridad laboral derivadas de las actas de infracción de la Inspección de Trabajo y de Seguridad Social en las que se aprecien perjuicios económicos para los trabajadores afectados.

⇒ V. art. 6 RD 928/1998, de 14 mayo (§40.2).

b) De los acuerdos de la autoridad laboral competente, cuando ésta apreciara, dolo, coacción o abuso de derecho en la conclusión de los acuerdos de suspensión o extinción a que se refieren los artículos 47 y 51.5 del Estatuto de los Trabajadores.

✐ Letra b) redactada en su día por Ley 42/1994, de 30 diciembre, de Medidas Fiscales, Administrativas y de Orden Social.

c) De las comunicaciones de la autoridad laboral a la que se refiere el artículo 149 de esta Ley.

⇒ V. art. 19 del RD 928/1998, de 14 mayo (§40.2).

d) De las comunicaciones de la Inspección de Trabajo y Seguridad Social acerca de la constatación de una discriminación por razón de sexo y en las que se recojan las bases de los perjuicios estimados para el trabajador, a los efectos de la determinación de la indemnización correspondiente.

En este caso, la Jefatura de Inspección correspondiente habrá de informar sobre tal circunstancia a la autoridad laboral competente para conocimiento de ésta, con el fin de que por la misma se dé traslado al órgano jurisdiccional competente a efectos de la acumulación de acciones si se iniciara con posterioridad el procedimiento de oficio a que se refiere el apartado 2 del artículo 149 de esta Ley.

✐ Letra d) añadida por disp. adic. 13.4 de la LO 3/2007, de 22 marzo, para la igualdad efectiva de mujeres y hombres.

Artículo 147.

1. En los documentos por virtud de los cuales se inicia el proceso se consignarán los requisitos generales exigidos por la presente Ley para las demandas de los procesos ordinarios.

2. Siempre que las expresadas demandas afecten a más de diez trabajadores, el órgano judicial les requerirá para que designen representantes en la forma prevista en el artículo 19 de esta Ley.

Artículo 148.

1. El Juez examinará la demanda antes de decretar su admisión, al efecto de comprobar si reúne

todos los requisitos exigidos, advirtiendo a la autoridad laboral, en su caso, los defectos u omisiones de que adolezca a fin de que sean subsanados en el término de diez días.

2. Admitida a trámite la demanda, continuará el procedimiento con arreglo a las normas generales del presente texto, con las especialidades siguientes:

a) El procedimiento se seguirá de oficio, aun sin asistencia de los trabajadores perjudicados, que tendrán la consideración de parte, si bien no podrán desistir ni solicitar la suspensión del proceso.

b) La conciliación tan sólo podrá autorizarse por el órgano judicial cuando fuera cumplidamente satisfecha la totalidad de los perjuicios causados por la infracción.

c) Los pactos entre trabajadores y empresarios posteriores al acta de infracción tan sólo tendrán eficacia en el supuesto de que hayan sido celebrados a presencia del Inspector de Trabajo que levantó el acta, o de la autoridad laboral.

d) Las afirmaciones de hechos que se contengan en la resolución o comunicación base del proceso harán fe salvo prueba en contrario, incumbiendo toda la carga de la prueba a la parte demandada.

e) Las sentencias que se dicten en estos procesos habrán de ejecutarse siempre de oficio.

Artículo 149.

1. También se podrá iniciar el proceso de oficio a virtud de comunicación que deberá dirigir la autoridad laboral al Juzgado, cuando cualquier acta de infracción levantada por la Inspección de Trabajo y de Seguridad Social haya sido impugnada por el sujeto responsable con base en alegaciones y pruebas que puedan desvirtuar la naturaleza laboral de la relación jurídica objeto de la actuación inspectora.

2. Asimismo, en el caso de que las actas de infracción versen sobre alguna de las materias contempladas en los apartados 2, 6 y 10 del artículo 7 y 2, 11 y 12 del artículo 8 del Texto Refundido de la Ley sobre Infracciones y Sanciones del Orden Social, aprobado por Real Decreto Legislativo 5/2000, de 4 de agosto, y el sujeto responsable las haya impugnado con base en alegaciones y pruebas de las que se deduzca que el conocimiento del fondo de la cuestión está atribuido al orden social de la jurisdicción según el artículo 9.5 de la Ley Orgánica del Poder Judicial.

✐ Ap. 2 modificado por disp. adic. 13.5 de la LO 3/2007, de 22 marzo, para la igualdad efectiva de mujeres y hombres.

Artículo 150.

1. A la demanda de oficio a la que se refiere el artículo anterior, la autoridad laboral acompañará copia del expediente administrativo.

2. La admisión de la demanda producirá la suspensión del expediente administrativo.

3. A este proceso de oficio le serán aplicables las reglas de los párrafos a) y d) del artículo 148.2 de la presente Ley.

4. Cuando se entienda que las alegaciones del sujeto responsable pretenden la dilación de la actuación administrativa, el órgano judicial impondrá en la sentencia la multa por temeridad prevista en el artículo 97.3 en su máxima cuantía.

5. La sentencia firme se comunicará a la autoridad laboral.

CAPÍTULO VIII

Del proceso de conflictos colectivos

⇒ V. el Tít. II del RDley 17/1977, de 4 marzo, de Relaciones de Trabajo (§22), así como el art. 38 de la Ley 10/1997, de 24 abril (§21.2).

Artículo 151.

1. Se tramitarán a través del presente proceso las demandas que afecten a intereses generales de un grupo genérico de trabajadores y que versen sobre la aplicación e interpretación de una norma estatal, Convenio Colectivo, cualquiera que sea su eficacia, y decisión o práctica de Empresa.

⇒ Sobre la finalidad de este proceso cfr. STC 178/1996, de 12 noviembre (RTC 1996, 178) y las en ella citadas.

2. También se tramitará en este proceso la impugnación de Convenios Colectivos de conformidad con lo dispuesto en el Capítulo IX del presente Título.

Artículo 152.

Estarán legitimados para promover procesos sobre conflictos colectivos:

a) Los sindicatos cuyo ámbito de actuación se corresponda o sea más amplio que el del conflicto.

b) Las asociaciones empresariales cuyo ámbito de actuación se corresponda o sea más amplio que el del conflicto, siempre que se trate de conflictos de ámbito superior a la empresa.

c) Los empresarios y los órganos de representación legal o sindical de los trabajadores, cuando se trate de conflictos de empresa o de ámbito inferior.

Artículo 153.

En todo caso, los sindicatos representativos, de conformidad con los artículos 6 y 7 de la Ley Orgánica de Libertad Sindical; las asociaciones empresariales representativas en los términos del artículo 87 del texto refundido de la Ley del Estatuto de los Trabajadores y los órganos de representación legal o sindical podrán personarse como partes en el proceso, aun cuando no lo hayan promovido, siempre que su ámbito de actuación se corresponda o sea más amplio que el del conflicto.

Artículo 154.

1. Será requisito necesario para la tramitación del proceso el intento de conciliación ante el servicio administrativo correspondiente o ante los órganos de conciliación que puedan establecerse a través de los acuerdos interprofesionales o los convenios colectivos a que se refiere el artículo 83 del texto refundido de la Ley del Estatuto de los Trabajadores.

⇒ Cfr. STC 217/1991, de 14 noviembre (RTC 1991, 217).
V. art. 6 del ASEC-II.

2. Lo acordado en conciliación tendrá la misma eficacia atribuida a los convenios colectivos por el artículo 82 del texto refundido de la Ley del Estatuto de los Trabajadores, siempre que las partes que concilien ostenten la legitimación y adopten el acuerdo conforme a los requisitos exigidos por la citada norma. En tal caso se enviará copia de la misma a la autoridad laboral.

Artículo 155.

1. El proceso se iniciará mediante demanda dirigida al Juzgado o Tribunal competente que contendrá, además de los requisitos generales, la designación general de los trabajadores y Empresas afectados por el conflicto, así como una referencia sucinta a los fundamentos jurídicos de la pretensión formulada.

2. A la demanda deberá acompañarse certificación de haberse intentado la conciliación previa a la que se refiere el artículo anterior o alegación de no ser necesaria ésta.

Artículo 156.

El proceso podrá iniciarse también mediante comunicación de la autoridad laboral, a instancia de las representaciones referidas en el artículo 152. En dicha comunicación se contendrán idénticos requisitos a los exigidos para la demanda en el artículo anterior. El Juez o la Sala, en su caso advertirá a la autoridad laboral de los defectos, omisiones o imprecisiones que pudiera contener la comunicación, a fin de que se subsane en el plazo de diez días.

Artículo 157.

Este proceso tendrá carácter urgente. La preferencia en el despacho de estos asuntos será absoluta sobre cualesquiera otros, salvo los de tutela de la libertad sindical y demás derechos fundamentales.

Artículo 158.

1. Una vez recibida la demanda o la comunicación de la autoridad laboral, el Juez o la Sala citará a las partes para la celebración del acto del juicio, que deberá tener lugar, en única convocatoria, dentro de los cinco días siguientes al de la admisión a trámite de la demanda.

2. La sentencia se dictará dentro de los tres días siguientes, notificándose, en su caso, a la autoridad laboral competente. La sentencia será ejecutiva desde el momento en que se dicte, no obstante el recurso que contra la misma pueda interponerse.

⇒ V. la STC 92/1988, de 23 mayo (RTC 1988, 92).
V. art. 39 de la Ley 10/1997, de 24 abril (§21.2).

3. La sentencia firme producirá efectos de cosa juzgada sobre los procesos individuales pendientes de resolución o que puedan plantearse, que versen sobre idéntico objeto.

⇒ V. STC 3/1994, de 17 enero (RTC 1994, 3).

Artículo 159.

Contra las providencias y autos que se dicten en su tramitación no cabrá recurso, salvo el de declaración inicial de incompetencia.

Artículo 160.

De recibirse en el Juzgado o Tribunal comunicación de las partes de haber quedado solventado el conflicto, se procederá sin más al archivo de las actuaciones cualquiera que sea el estado de su tramitación anterior a la sentencia.

CAPÍTULO IX
De la impugnación de Convenios Colectivos

⇒ Cfr. art. 38.2 de la Ley 10/1997, de 24 abril (§21.2).

Artículo 161.

1. La impugnación de un convenio colectivo de los regulados en el Título III del texto refundido de la Ley del Estatuto de los Trabajadores por considerar que conculca la legalidad vigente o lesiona gravemente el interés de terceros podrá promoverse de oficio ante el Juzgado o Sala competente mediante comunicación remitida por la autoridad laboral correspondiente.

⇒ V. art. 90.5 del ET (§2).

2. Si el convenio colectivo no hubiera sido aún registrado, los representantes legales o sindicales de los trabajadores o los empresarios que sostuvieran la ilegalidad del mismo o los terceros lesionados que así lo invocaran deberán solicitar previamente de la autoridad laboral que curse al Juzgado o Sala su comunicación de oficio.

3. Si la autoridad laboral no contestara la solicitud a la que se refiere el apartado anterior en el plazo de quince días, la desestimara o el convenio colectivo ya hubiere sido registrado, la impugnación de éste podrá instarse directamente por los legitimados para ello por los trámites del proceso de conflicto colectivo.

Artículo 162.

1. La comunicación de oficio que sostenga la ilegalidad del convenio habrá de contener los requisitos siguientes:

a) La concreción de la legislación y los extremos de ella que se consideren conculcados por el convenio.

b) Una referencia sucinta a los fundamentos jurídicos de la ilegalidad.

c) La relación de las representaciones integrantes de la comisión negociadora del convenio impugnado.

2. La comunicación de oficio que sostenga la lesividad del Convenio habrá de contener, además del requisito mencionado en el párrafo c) del apartado anterior, relación de los terceros reclamantes, presuntamente lesionados, e indicación del interés de los mismos que se trata de proteger.

3. El Juez o la Sala advertirá a la autoridad laboral de los defectos, omisiones o imprecisiones que pudiera contener la comunicación, a fin de que se subsane en el plazo de diez días.

4. El proceso se seguirá, además de con las representaciones integrantes de la comisión negociadora del convenio, con los terceros reclamantes presuntamente lesionados, en su caso, y, si los hubiere, con los denunciantes ante la autoridad laboral de la ilegalidad o lesividad del convenio.

5. Cuando la impugnación procediera de la autoridad laboral y no hubiera denunciantes, también será citado el Abogado del Estado.

6. El Ministerio Fiscal será parte siempre en estos procesos.

7. A la comunicación de oficio se acompañará el convenio impugnado y copias del mismo para cuantos sean parte en el proceso.

Artículo 163.

1. La legitimación activa para impugnar un convenio colectivo, cualquiera que sea su eficacia, por los trámites del proceso de conflicto colectivo corresponde:

a) Si la impugnación se fundamenta en la ilegalidad del convenio, a los órganos de representación legal o sindical de los trabajadores, Sindicatos y Asociaciones empresariales interesadas.

b) Si el motivo de la impugnación fuera la lesividad del convenio, a los terceros cuyo interés haya resultado gravemente lesionado. No se tendrá por terceros a los trabajadores y empresarios incluidos en el ámbito de aplicación del convenio.

⇒ V. las SSTC 4/1987, de 23 enero (RTC 1987, 4); 47/1988, de 21 marzo (RTC 1988, 47); 65/1988, de 13 abril (RTC 1988, 65); 124/1988, de 23 junio (RTC 1988, 124); 81/1990, de 4 mayo (RTC 1990, 81); 10/1996 y 12/1996, ambas de 29 enero (RTC 1996, 10 y 12). Sobre no consideración como «terceros» de los jubilados incluidos en el ámbito de aplicación de un convenio, v. últimamente SSTC 87/2001 (RTC 2001, 87), 89/2001 (RTC 2001, 89) y 90/2001 (RTC 2001, 90), todas de 2 abril.

2. Estarán pasivamente legitimadas todas las representaciones integrantes de la comisión negociadora del Convenio.

3. La demanda contendrá, además de los requisitos generales, los particulares que para la comunicación de oficio se prevén en el artículo anterior, debiendo, asimismo, acompañarse el convenio y sus copias.

4. El Ministerio Fiscal será parte siempre en estos procesos.

Artículo 164.

1. Recibida la comunicación de oficio o la demanda, el Juez o la Sala señalará para juicio, con citación del Ministerio Fiscal y, en su caso, de las partes a las que se refiere el apartado 4 del artículo 162 de esta Ley. En su comparecencia a juicio, dichas partes alegarán en primer término la postura procesal que adopten, de conformidad u oposición, respecto de la pretensión interpuesta.

2. La sentencia, que se dictará dentro de los tres días siguientes, se comunicará a la autoridad laboral y será ejecutiva desde el momento en que se dicte, no obstante el recurso que contra ella pudiera interponerse.

3. Cuando la sentencia sea anulatoria, en todo o en parte, del convenio colectivo impugnado y éste hubiera sido publicado, también se publicará en el «Boletín Oficial» en que aquél se hubiere insertado.

CAPÍTULO X

De la impugnación de los Estatutos de los Sindicatos o de su modificación

⇒ V. art. 4 de la LOLS (§20.1) y art. 2 g) de esta LPL, así como su disp. adic. 6ª.

Sección 1ª Impugnación de la resolución administrativa que deniegue el depósito

Artículo 165.

1. Los promotores de los Sindicatos de trabajadores en fase de constitución, y los firmantes del acta de constitución de los mismos, podrán impugnar las resoluciones de las oficinas públicas que rechacen el depósito de los Estatutos presentados para su publicidad.

2. El Ministerio Fiscal será siempre parte en estos procesos.

Artículo 166.

El plazo para el ejercicio de la acción de impugnación será de diez días hábiles, contados a partir de aquel en que sea recibida la notificación de la resolución denegatoria expresa o transcurra un mes desde la presentación de los Estatutos sin que hubieren notificado a los promotores defectos a subsanar.

Artículo 167.

A la demanda deberán acompañarse copias de los Estatutos y de la resolución denegatoria, de haber ésta recaído expresamente, o bien copia acreditativa de la presentación de dichos estatutos.

Artículo 168.

Dentro del siguiente día hábil a la admisión de la demanda, el Juez o Sala requerirá de la oficina pública competente el envío del expediente, que habrá de ser remitido en el plazo de cinco días.

Artículo 169.

La sentencia, de estimar la demanda ordenará de inmediato el depósito del estatuto sindical en la correspondiente oficina pública.

Artículo 170.

1. Las reglas establecidas en la presente sección serán de aplicación a los procesos de impugnación de la resolución denegatoria del depósito de los estatutos de los sindicatos, en los casos de modificación de los mismos.

2. Estarán legitimados para impugnar la resolución administrativa los representantes del sindicato, pudiendo comparecer como coadyuvantes sus afiliados.

Sección 2ª Impugnación de los estatutos de los sindicatos

Artículo 171.

1. El Ministerio Fiscal y quienes acrediten un interés directo, personal y legítimo podrán solicitar la declaración judicial de no ser conformes a Derecho los estatutos de los sindicatos que hayan sido objeto de depósito y publicación, tanto en el caso de que estén en fase de constitución como en el de que hayan adquirido personalidad jurídica.

2. Estarán pasivamente legitimados los promotores del sindicato y los firmantes del acta de constitución, así como quienes legalmente representen al Sindicato, caso de haber ya adquirido éste personalidad jurídica.

3. El Ministerio Fiscal será siempre parte en estos procesos.

Artículo 172.

Admitida la demanda, el órgano judicial requerirá a la oficina pública correspondiente la remisión de la copia autorizada del expediente debiendo dicha oficina enviarla en el plazo de cinco días.

Artículo 173.

1. Caso de ser estimatoria, la sentencia declarará la nulidad de las cláusulas estatutarias que no sean conformes a Derecho o de los estatutos en su integridad.

2. La sentencia deberá ser comunicada a la oficina pública correspondiente.

Artículo 174.

Las reglas establecidas en la presente sección serán de aplicación a los procesos sobre modificaciones de los estatutos de los sindicatos que ya tuvieran personalidad jurídica.

CAPÍTULO XI

De la tutela de los derechos de libertad sindical

⇒ V. art. 28.1 de la CE (§1); art. 4.1 b) del ET (§2); LOLS (§20.1) y art. 38.4 de la Ley 10/1997, de 24 abril (§21.2).

Artículo 175.

1. Cualquier trabajador o sindicato que, invocando un derecho o interés legítimo considere lesionados los derechos de libertad sindical podrá recabar su tutela a través de este proceso cuando la pretensión sea de las atribuidas al orden jurisdiccional social.

2. En aquellos casos en los que corresponda al trabajador como sujeto lesionado, la legitimación activa como parte principal, el sindicato al que éste pertenezca, así como cualquier otro sindicato que ostente la condición de más representativo, podrán personarse como coadyudantes. Estos no podrán recurrir ni continuar el proceso con independencia de las partes principales.

3. El Ministerio Fiscal será siempre parte en estos procesos, adoptando, en su caso, las medidas necesarias para la depuración de las conductas delictivas.

Artículo 176.

El objeto del presente proceso queda limitado al conocimiento de la lesión de la libertad sindical, sin posibilidad de acumulación con acciones de otra naturaleza o con idéntica pretensión basada en fundamentos diversos a la tutela de la citada libertad.

⇒ Sobre libertad sindical y protección de datos informáticos, cfr. SSTC 94/1998, de 4 mayo (RTC 1998, 94), 104/1998 (RTC 1998, 104), 105/1998 (RTC 1998, 105) y 106/1998 (RTC 1998, 116), todas de 18 mayo (todas con voto particular del Magistrado D. Fernando García-Mon).
V. asimismo SSTC 11/1998, de 13 enero (RTC 1998, 11); 33/1998, de 11 febrero (RTC 1998, 33) y 35/1998, de la misma fecha (RTC 1998, 35) y 45/1998, de 24 febrero (RTC 1998, 45), 123/1998 (RTC 1998, 123), 124/1998 (RTC 1998, 124), 125/1998 (RTC 1998, 125), 126/1998 (RTC 1998, 126), todas de 15 junio; 158/1998, de 13 julio (RTC 1998, 158); 198/1998, de 13 octubre (RTC 1998, 198); 223/1998, de 24 noviembre (RTC 1998, 223); 30/1999, de 8 marzo (RTC 1999, 30) y 44/1999 (RTC 1999, 44) y 45/1999 (RTC 1999, 45), ambas de 22 marzo.

Artículo 177.

1. La tramitación de estos procesos tendrá carácter urgente a todos los efectos, siendo preferente respecto de todos los que se sigan en el Juzgado o Tribunal. Los recursos que se interpongan se resolverán por el Tribunal con igual preferencia.

2. La demanda habrá de interponerse dentro del plazo general de prescripción o caducidad de la acción previsto para las conductas o actos sobre los que se concrete la lesión a la libertad sindical.

3. La demanda, además de los requisitos generales establecidos en la presente Ley, deberá expresar con claridad los hechos constitutivos de la vulneración alegada.

4. Sin perjuicio de lo dispuesto en el artículo 81.1 de esta Ley, el Juez o la Sala rechazará de plano las demandas que no deban tramitarse con arreglo a las disposiciones de este capítulo, advirtiendo al demandante del derecho que le asiste a promover la acción por el cauce procesal correspondiente. No obstante, el Juez o la Sala podrá dar a la demanda la tramitación ordinaria o especial si para una u otra fuese competente y dicha demanda reuniese los requisitos exigidos por la Ley.

Artículo 178.

1. En el mismo escrito de interposición de la demanda el actor podrá solicitar la suspensión de los efectos del acto impugnado. Sólo se podrá deducir esta petición cuando se trate de presuntas lesiones que impidan la participación de candidatos en el proceso electoral o el ejercicio de la función representativa o sindical respecto de la negociación colectiva, reestructuración de plantillas u otras cuestiones de importancia trascendental que afecten al interés general de los trabajadores y que puedan causar daños de imposible reparación.

2. Dentro del día siguiente a la admisión de la demanda, el Juzgado o Tribunal citará a las partes y al Ministerio Fiscal para que, en el día y hora que se señale dentro de las cuarenta y ocho horas siguientes, comparezcan a una audiencia preliminar, en la que sólo se admitirán alegaciones y pruebas sobre la suspensión solicitada.

3. El órgano judicial resolverá en el acto mediante auto dictado de viva voz, adoptando, en su caso, las medidas oportunas para reparar la situación.

Artículo 179.

1. Admitida a trámite la demanda, el Juez o Tribunal citará a las partes para los actos de conciliación y juicio, que habrán de tener lugar dentro del plazo improrrogable de los cinco días siguientes al de la admisión de la demanda. En todo caso, habrá de mediar un mínimo de dos días entre la citación y la efectiva celebración de aquellos actos.

2. En el acto del juicio, una vez constatada la concurrencia de indicios de que se ha producido violación de la libertad sindical, corresponderá al demandado la aportación de una justificación objetiva y razonable, suficientemente probada, de las medidas adoptadas y de su proporcionalidad.

⇒ V. art. 96 de esta Ley.
V. SSTC 82/1997, de 22 abril (RTC 1997, 82) y 90/1997, de 6 mayo (RTC 1997, 90) y las muchas en ellas citadas.
V. asimismo SSTC 11/1998, de 13 enero (RTC 1998, 11) y 74/1998, de 31 marzo (RTC 1998, 74).

3. El Juez o la Sala dictará sentencia en el plazo de tres días desde la celebración del acto del juicio publicándose y notificándose inmediatamente a las partes o a sus representantes.

Artículo 180.

1. La sentencia declarará la existencia o no de la vulneración denunciada. En caso afirmativo y previa la declaración de nulidad radical de la conducta del empleador, asociación patronal, Administración pública o cualquier otra persona, entidad o corporación pública o privada, ordenará el cese inmediato del comportamiento antisindical y la reposición de la situación al momento anterior a producirse el mismo, así como la reparación de las consecuencias derivadas del acto, incluida la indemnización que procediera, que será compatible, en su caso, con la que pudiera corresponder al trabajador por la modificación o extinción del contrato de trabajo de acuerdo con lo establecido en el Estatuto de los Trabajadores.

✐ Ap. 1 modificado por disp. adic. 13.6 de la LO 3/2007, de 22 marzo, para la igualdad efectiva de mujeres y hombres.

2. De estimarse que no concurren en la conducta del demandado las circunstancias antedichas, el Juez o la Sala resolverá en la propia sentencia el levantamiento de la suspensión de la decisión o acto impugnado o de la medida cautelar que, en su momento, pudiera haber acordado.

Artículo 181.

Las demandas de tutela de los demás derechos fundamentales y libertades públicas, incluida la prohibición de tratamiento discriminatorio y del acoso, que se susciten en el ámbito de las relaciones jurídicas atribuidas al conocimiento del orden jurisdiccional social, se tramitarán conforme a las disposiciones establecidas en este capítulo. En dichas demandas se expresarán el derecho o derechos fundamentales que se estimen infringidos.

Cuando la sentencia declare la existencia de vulneración, el Juez deberá pronunciarse sobre la cuantía de la indemnización que, en su caso, le correspondiera al trabajador por haber sufrido discriminación, si hubiera discrepancia entre las partes. Esta indemnización será compatible, en su caso, con la que pudiera corresponder al trabajador por la modificación o extinción del contrato de trabajo de acuerdo con lo establecido en el Estatuto de los Trabajadores.

✐ Art. modificado por disp. adic. 13.7 de la LO 3/2007, de 22 marzo, para la igualdad efectiva de mujeres y hombres.

Artículo 182.

No obstante lo dispuesto en los artículos anteriores, las demandas por despido y por las demás causas de extinción del contrato de trabajo, las de disfrute de vacaciones, las de materia electoral, las de impugnación de Estatutos de los Sindicatos o de su modificación y las de impugnación de convenios colectivos en que se invoque lesión de la libertad sindical u otro derecho fundamental se tramitarán inexcusablemente, con arreglo a la modalidad procesal correspondiente.

TÍTULO III
DE LA AUDIENCIA AL DEMANDADO REBELDE

⇒ V. SSTC 310/1993, de 25 octubre (RTC 1993, 310), 134/1995, de 25 septiembre (RTC 1995, 134) y 15/1996, de 30 enero (RTC 1996, 15).

Artículo 183.

A los procesos seguidos sin que haya comparecido el demandado, les serán de aplicación las normas contenidas en el Título V del Libro II de la Ley de Enjuiciamiento Civil, con las especialidades siguientes:

✐ Párrafo redactado por la disp. final 11ª.5 de la Ley 1/2000, de 7 enero, de Enjuiciamiento Civil.

1ª No será necesaria la declaración de rebeldía del demandado que, citado en forma, no comparezca al juicio.

2ª A petición del demandante se podrá decretar el embargo de bienes muebles e inmuebles en lo necesario para asegurar el suplico.

3ª El plazo para solicitar la audiencia será de tres meses desde la notificación de la sentencia en el «Boletín Oficial» correspondiente en los supuestos y condiciones previstos en el artículo 501 de la Ley de Enjuiciamiento Civil.

✐ Regla 3ª redactada por la disp. final 11ª.6 de la Ley 1/2000, de 7 enero, de Enjuiciamiento Civil.

4ª La petición se formulará ante la Sala de lo Social del Tribunal Superior de Justicia correspondiente o del Tribunal Supremo, en su caso.

5ª La audiencia al demandado se sustanciará ante el órgano que conoció del litigio en instancia.

6ª En ambos supuestos se seguirán los trámites del proceso ordinario.

LIBRO III
DE LOS MEDIOS DE IMPUGNACIÓN

CAPÍTULO I

De los recursos contra providencias y autos

⇒ Cfr. la STC 69/1987, de 22 mayo (RTC 1987, 69).
Sobre el derecho a los recursos como integrante de la tutela judicial efectiva, v. STC 168/1998, de 21 julio (RTC 1998, 168) y las en ella citadas.

Artículo 184.

1. Contra las providencias y autos que dicten los Jueces de lo Social podrá interponerse recurso de reposición, sin perjuicio del cual se llevará a efecto la resolución impugnada.

2. Contra el auto resolutorio del recurso de reposición no se dará nuevo recurso, salvo en los supuestos expresamente establecidos en la presente Ley, sin perjuicio de la responsabilidad civil que en su caso proceda.

3. No habrá lugar al recurso de reposición contra las providencias y autos que se dicten en los procesos de conflictos colectivos y en los de impugnación de convenios colectivos.

Artículo 185.

1. Contra las providencias que no sean de mera tramitación y los autos que dicten las Salas de lo Social podrá interponerse recurso de súplica ante la misma Sala, sin perjuicio del cual se llevará a efecto la resolución impugnada.

2. Contra el auto resolutorio del recurso de súplica no se dará nuevo recurso, salvo en los supuestos expresamente establecidos en la presente Ley, sin perjuicio de la responsabilidad civil que en su caso proceda.

3. No habrá lugar al recurso de súplica contra las providencias y autos que se dicten en los procesos de conflictos colectivos y en los de impugnación de convenios.

Artículo 186.

Los recursos de reposición y de súplica se sustanciarán de conformidad con lo prevenido para el recurso de reposición en la Ley de Enjuiciamiento Civil.

✐ Redactado por la disp. final 11ª.7 de la Ley 1/2000, de 7 enero, de Enjuiciamiento Civil.

⇒ V. arts. 452, 453 y 454 LECiv/2000.

Artículo 187.

Los recursos de queja que conozcan las Salas de lo Social de los Tribunales Superiores de Justicia o la Sala de lo Social del Tribunal Supremo, según los casos, se tramitarán siempre de conformidad con lo dispuesto en la Ley de Enjuiciamiento Civil para recurrir en queja ante el Tribunal Supremo.

⇒ V. arts. 494 y 495 de la LECiv/2000.

CAPÍTULO II
Del recurso de suplicación

Artículo 188.

Las Salas de lo social de los Tribunales Superiores de Justicia conocerán de los recursos de suplicación que se interpongan contra las resoluciones dictadas por los Juzgados de lo social de su circunscripción, así como contra los autos y sentencias que puedan dictar los jueces de lo mercantil que se encuentren en su circunscripción y que afecten al derecho laboral.

✐ Ap. 1 modificado por la disp. final 15ª.5 de la Ley 22/2003, de 9 julio, Concursal.

⇒ V. el art. 75 de la LOPJ.

2. Procederá dicho recurso contra las resoluciones que se determinan en esta Ley y por los motivos que en ella se establecen.

Artículo 189.

Son recurribles en suplicación:

1. Las sentencias que dicten los Juzgados de lo Social en los procesos que ante ellos se tramiten, cualquiera que sea la naturaleza del asunto, salvo las que recaigan en los procesos relativos a la fecha de disfrute de las vacaciones, concreción horaria y determinación del período de disfrute en permisos por lactancia y reducción de la jornada por motivos familiares, en los de materia electoral, en los de clasificación profesional, en los de impugnación de sanción por falta que no sea muy grave, así como por falta muy grave no confirmada judicialmente, y las dictadas en reclamaciones cuya cuantía litigiosa no exceda de 300.000 pesetas (1.803 euros). Procederá en todo caso la suplicación.

✐ Redactado por el art. 9.3 de la Ley 39/1999, de 5 noviembre, de conciliación de la vida familiar y laboral de las personas trabajadoras.

⇒ Sobre determinación del importe litigioso v. STC 312/1994, de 21 noviembre (RTC 1994, 312). La STC 125/1995, de 24 julio (RTC 1995, 125), desestima cuestión de inconstitucionalidad contra el precepto equivalente (art. 188.1) del Texto Articulado de la LPL/1990.

a) En los procesos por despido.

b) En los seguidos por reclamaciones, acumuladas o no, en los que la cuestión debatida afecte a todos o a un gran número de trabajadores o de beneficiarios de la Seguridad Social, siempre que tal circunstancia de afectación general fuera notoria o haya sido alegada y probada en juicio o posea claramente un contenido de generalidad no puesto en duda por ninguna de las partes.

⇒ V. las SSTC 79/1985, de 3 julio (RTC 1985, 79); 59/1986, de 29 mayo (RTC 1986, 59); 143/1987, de 23 septiembre (RTC 1987, 143); 108/1992, de 14 septiembre (RTC 1992, 108); 162/1992, de 26 octubre (RTC 1992, 162); 58/1993, de 15 febrero (RTC 1993, 58) y las en ella citadas.

c) En los procesos que versen sobre reconocimiento o denegación del derecho a obtener prestaciones de la Seguridad Social, incluidas las de desempleo, así como sobre el grado de invalidez aplicable.

d) Contra las sentencias dictadas por reclamaciones que tengan por objeto subsanar una falta esencial del procedimiento o la omisión del intento de conciliación obligatoria previa, siempre que se haya formulado la protesta en tiempo y forma y hayan producido indefensión.

e) Contra las sentencias que decidan sobre la competencia de Juzgado por razón de la materia.

Si el fondo del asunto no estuviera comprendido dentro de los límites de la suplicación la sentencia resolverá sólo sobre la competencia.

Las sentencias que decidan sobre la competencia por razón del lugar sólo serán recurribles en suplicación si la reclamación debatida estuviera comprendida dentro de los límites de este artículo.

f) Contra las sentencias dictadas en materias de conflictos colectivos, impugnación de convenios colectivos, impugnación de los estatutos de los sindicatos y tutela de la libertad sindical y demás derechos fundamentales y libertades públicas.

2. Los autos que decidan el recurso de reposición interpuesto contra los que en ejecución de sentencia dicten los Juzgados de lo Social siempre que la sentencia ejecutoria hubiere sido recurrible en suplicación, cuando resuelvan puntos sustanciales no controvertidos en el pleito, no decididos en la sentencia o que contradigan lo ejecutoriado.

3. Los autos que declaren no haber lugar al requerimiento de inhibición, respecto de asunto que, según lo prevenido en este artículo, hubiere podido ser recurrido en suplicación.

4. Los autos que resuelvan el recurso de reposición interpuesto contra la resolución en que el Juez, acto seguido de la presentación de la demanda, se declare incompetente por razón de la materia.

5. Los autos y sentencias que se dicten por los Juzgados de lo Mercantil en el proceso concursal y que resuelvan cuestiones de carácter laboral.

✐ Párr. 5º añadido por la disp. final 15ª.6 de la Ley 22/2003, de 9 julio, Concursal.

Artículo 190.

1. Si fuesen varios los demandantes o algún demandado reconviniese, la cuantía litigiosa, a efectos de la procedencia o no del recurso, la determinará la reclamación cuantitativa mayor.

2. Si el actor formulase varias pretensiones y reclamare cantidad por cada una de ellas, se sumarán todas para establecer la cuantía.

Artículo 191.

El recurso de suplicación tendrá por objeto:

a) Reponer los autos al estado en que se encontraban en el momento de haberse infringido normas o garantías del procedimiento que hayan producido indefensión.

b) Revisar los hechos declarados probados, a la vista de las pruebas documentales y periciales practicadas.

⇒ Sobre la fijación judicial de los hechos, v., entre otras, SSTC 49/1982, de 14 julio (RTC 1982, 49); 49/1985, de 28 marzo (RTC 1985, 49); 108/1988, de 8 junio (RTC 1988, 108); 200/1989, de 30 noviembre (RTC 1989, 200); 140/1992, de 13 octubre (RTC 1992, 140) y 53/1995, de 23 febrero (RTC 1995, 53).

c) Examinar las infracciones de normas sustantivas o de la jurisprudencia.

⇒ Es doctrina constitucional consolidada que «no contestar a uno de los motivos del recurso de suplicación, aun cuando fuera para decidir su inadmisión, puede entrañar una incongruencia omisiva que lesiona el art. 24.1 de la CE»: STC 57/1997, de 18 marzo (RTC 1997, 57) y las en ella citadas.

Artículo 192.

1. El recurso de suplicación deberá anunciarse dentro de los cinco días siguientes a la notificación de la sentencia, bastando para ello la mera manifestación de la parte o de su abogado o representante, al hacerle la notificación de aquélla, de su propósito, de entablarlo. También podrá anunciarse por comparecencia o por escrito de las partes o de su abogado o representante ante el Juzgado que dictó la resolución impugnada, dentro del indicado plazo.

⇒ Cfr. las SSTC 163/1985, de 2 diciembre (RTC 1985, 163); 117/1986, de 13 octubre (RTC 1986, 117); 105/1989, de 8 junio (RTC 1989, 105); 134/1989, de 19 julio (RTC 1989, 134) y 202/1989, de 30 noviembre (RTC 1989, 202). Sobre la falta de habilitación del Letrado y su subsanación, cfr. STC 4/1995, de 10 enero (RTC 1995, 4) y las en ella citadas.

2. En las sentencias dictadas en materia de Seguridad Social que reconozcan al beneficiario el derecho a percibir prestaciones, para que pueda recurrir el condenado al pago de dicha prestación será necesario que haya ingresado en la Tesorería General de la Seguridad Social correspondiente el capital importe de la prestación declarada en el fallo, con objeto de abonarla a los beneficiarios durante la sustanciación del recurso, presentando en el Juzgado el oportuno resguardo que se testimoniará en autos, quedando bajo la custodia del Secretario.

⇒ V. art. 89 del RD 1426/1997, de 15 septiembre, Reglamento General de Recaudación de los Recursos del Sistema de la Seguridad Social.

3. En el supuesto referido en el número anterior y una vez anunciado el recurso, el Juez dictará providencia ordenando que se dé traslado a la Entidad gestora o Servicio común para que se fije el

capital importe de la pensión a percibir. Recibida esta comunicación, la notificará al recurrente para que en el plazo de cinco días efectúe la consignación requerida en la Tesorería General de la Seguridad Social, bajo apercibimiento de que de no hacerlo así se pondrá fin al trámite del recurso.

4. Si en la sentencia se condenara a la Entidad gestora, ésta quedará exenta del ingreso prevenido en el número 2, pero deberá presentar ante el Juzgado, al anunciar su recurso, certificación acreditativa de que comienza el abono de la prestación de pago periódico y que lo proseguirá puntualmente durante la tramitación del recurso. De no cumplirse efectivamente este abono se pondrá fin al trámite del recurso.

⇒ Sobre el carácter subsanable de los defectos conectados con este requisito legal, cfr. STC 89/1998, de 21 abril (RTC 1998, 89) y las en ella citadas.

Artículo 193.

1. Si la resolución fuera recurrible en suplicación y la parte hubiera anunciado el recurso en tiempo y forma y cumplido las demás prevenciones establecidas en esta Ley, el Juez tendrá por anunciado el recurso, y acordará poner los autos a disposición del Letrado designado para que en el plazo de una audiencia se haga cargo de aquéllos e interponga el recurso en el de los diez días siguientes al del vencimiento de dicha audiencia. Este plazo correrá cualquiera que sea el momento en que el Letrado recogiera los autos puestos a su disposición.

2. Si la resolución impugnada no fuera recurrible en suplicación; si el recurrente infringiera su deber de consignar o de asegurar la cantidad objeto de condena; o si el recurso no se hubiera anunciado en tiempo, el órgano judicial declarará, mediante auto motivado, tener por no anunciado el recurso. Igual regla se aplicará cuando el recurso verse sobre prestaciones de la Seguridad Social y se omitieran las prevenciones contenidas en el artículo anterior. Contra este auto podrá recurrirse en queja ante la Sala.

⇒ Sobre la constitucionalidad de la consignación para recurrir, cfr. las SSTC 3/1983, de 25 enero (RTC 1983, 3); 9/1983, de 21 febrero (RTC 1983, 9) y 14/1983, de 28 febrero (RTC 1983, 14), entre otras muchas. V. la nota al art. 227.1. Sobre la inadmisión del recurso de queja, cfr. STC 96/1993, de 22 marzo (RTC 1993, 96).

3. Si el recurrente hubiera incurrido en defectos u omisiones consistentes en la insuficiencia de consignar la condena o de asegurarla, de presentar el resguardo del depósito al que se refiere el artículo 227 de esta Ley, o no se acreditase la representación debida por el que anuncia el recurso, el Juez concederá a la parte el tiempo que considere pertinente para la aportación de los documentos omitidos o para la subsanación de los defectos apreciados, que en ningún caso será superior a cinco días. De no efectuarlo, dictará auto que ponga fin al trámite del recurso, quedando firme la sentencia impugnada. Contra dicho auto podrá recurrirse en queja ante la Sala.

Artículo 194.

1. El escrito interponiendo el recurso de suplicación se presentará ante el Juzgado que dictó la resolución impugnada, con tantas copias cuantas sean las partes recurridas.

2. En el escrito de interposición del recurso se expresarán, con suficiente precisión y claridad, el motivo o los motivos en que se ampare, citándose las normas del ordenamiento jurídico o la jurisprudencia que se consideren infringidas. En todo caso se razonará la pertinencia y fundamentación de los motivos.

3. También habrán de señalarse de manera suficiente para que sean identificados, los documentos o pericias en que se base el motivo de la revisión de los hechos probados que se aduzca.

Artículo 195.

Interpuesto el recurso en tiempo y forma o subsanados sus defectos u omisiones, el Juez proveerá en el plazo de dos días dando traslado del mismo a la parte o partes recurridas por un plazo único de cinco días para todas. Transcurrido este plazo, háyanse presentado o no escritos de impugnación, se elevarán los autos a la Sala de lo Social del Tribunal Superior de Justicia, junto con el recurso y con aquellos escritos, dentro de los dos días siguientes.

Artículo 196.

Las partes recurrentes y recurridas deberán hacer constar, en los escritos de interposición del recurso y de impugnación del mismo, un domicilio en la sede de la Sala de lo Social del Tribunal Superior a efectos de notificación.

Artículo 197.

Si la Sala apreciara, recibidos los autos, defectos u omisiones subsanables en el recurso, concederá a la parte el plazo que estime suficiente y en ningún caso superior a ocho días, para que se aporten los documentos omitidos o se subsanen los defectos apreciados. De no efectuarse, la Sala dictará auto declarando la inadmisión del recurso y la firmeza de la resolución recurrida, con devolución del depósito constituido y remisión de las actuaciones al Juzgado de procedencia. Contra dicho auto sólo cabe recurso de súplica.

Artículo 198.

1. Instruido de los autos por tres días el Magistrado ponente, dará cuenta a la Sala del recurso interpuesto y ésta podrá acordar la inadmisión del mismo, con audiencia del recurrente, por haber ya desestimado la Sala en el fondo otros recursos en supuestos sustancialmente iguales.

2. La audiencia al recurrente se ajustará a las siguientes reglas:

a) El Tribunal, en los cinco días siguientes en que quedó instruido el Magistrado ponente, identificará, mediante relación sucinta, los precedentes jurisdiccionales de igualdad que constituyan una doctrina consolidada, así como el precepto o preceptos legales de referencia aplicables a dichas situaciones iguales y las razones que justifiquen la adopción del criterio ya seguido por la Sala, notificándoselo al recurrente.

b) Dentro de los cinco días siguientes a la notificación, el recurrente evacuará sus alegaciones sobre los extremos contenidos en el acuerdo de la Sala.

3. La resolución de inadmisión del recurso deberá dictarse motivadamente dentro de los tres días siguientes al transcurso de plazo de audiencia concedido a la parte, háyanse evacuado o no las alegaciones. Contra el auto de inadmisión no cabe recurso de súplica y se notificará a las partes y a la Fiscalía del Tribunal Superior de Justicia.

4. La inadmisión del recurso determinará la imposición de costas al recurrente en los términos establecidos en la presente Ley, así como la devolución del depósito de la cantidad fija y necesaria para recurrir, lo que se llevará a cabo cuando el auto sea firme.

Artículo 199.

1. De admitirse el recurso, la Sala dictará sentencia dentro del plazo de diez días, que se notificará a las partes y a la Fiscalía del Tribunal Superior de Justicia.

2. Firme que sea la sentencia, la Sala devolverá los autos, junto con la certificación de aquélla, al Juzgado de procedencia para su ejecución.

Artículo 200.

Cuando la revocación de la resolución de instancia se funde en haberse infringido normas o garantías del procedimiento que hayan producido indefensión, la Sala, sin entrar en el fondo de la cuestión, mandará reponer los autos al estado en que se encontraban en el momento de cometerse la infracción; y si ésta se hubiera producido en el acto del juicio, al momento de su señalamiento.

Artículo 201.

1. Cuando la Sala revoque totalmente la sentencia de instancia y el recurrente haya consignado en metálico la cantidad importe de la condena o asegurado la misma conforme a lo prevenido en esta Ley, así como constituido el depósito necesario para recurrir, el fallo dispondrá la devolución de todas las consignaciones y del depósito y la cancelación de los aseguramientos prestados, una vez firme la sentencia.

2. Si estimado el recurso de suplicación se condenara a una cantidad inferior a la resolución recurrida, el fallo dispondrá la devolución parcial de las consignaciones, en la cuantía que corresponda a la diferencia de las dos condenas, y la cancelación también parcial de los aseguramientos prestados, una vez firme la sentencia.

3. En todos los supuestos de estimación parcial del recurso de suplicación, el fallo dispondrá la devolución de la totalidad del depósito.

Artículo 202.

1. Cuando la Sala confirme la sentencia y el recurrente haya consignado las cantidades a las que se refiere la presente Ley, el fallo condenará a la pérdida de las consignaciones, a las que se dará el destino que corresponda cuando la sentencia sea firme.

2. En el caso de que el Juez haya impuesto a la parte que obró con mala fe o temeridad notoria la multa que señala el artículo 97.3 de esta Ley, la sentencia de la Sala confirmará o no, en todo o en parte, también motivadamente, dicha multa, pronunciándose, asimismo, y, cuando el condenado fuere el empresario, sobre los honorarios de los Abogados impuestos en la sentencia recurrida.

3. Si el recurrente hubiera asegurado el importe de la condena conforme a lo prevenido en esta Ley mandará la Sala en su fallo confirmatorio que se mantengan los aseguramientos prestados, hasta que el condenado cumpla la sentencia o hasta que en cumplimiento de la sentencia resuelva la realización de dichos aseguramientos.

4. Si el recurrente hubiera constituido el depósito necesario para recurrir, la sentencia confirmatoria dispondrá su pérdida, lo que se realizará cuando la sentencia sea firme.

CAPÍTULO III
Del recurso de casación

Artículo 203.

1. La Sala Cuarta del Tribunal Supremo conocerá de los recursos de casación interpuestos contra las sentencias dictadas en única instancia por las Salas de lo Social de los Tribunales Superiores de Justicia y por la Sala de lo Social de la Audiencia Nacional.

⇒ V. arts. 55 y 59 de la LOPJ. Cfr. STC 17/1985, de 9 febrero (RTC 1985, 17).

2. Procederá dicho recurso contra las resoluciones que se determinan en esta Ley y por los motivos que en ella se establecen.

Artículo 204.

Son recurribles en casación:

Primero. Las sentencias dictadas en única instancia por las Salas a las que se refiere el artículo anterior.

Segundo. Los autos que decidan el recurso de súplica interpuesto contra los que en ejecución de sentencia dicten dichas Salas, cuando resuelvan puntos sustanciales no controvertidos en el pleito, no decididos en la sentencia o que contradigan lo ejecutoriado.

⇒ Cfr. corrección de erratas de este TRLPL, publicada en BOE de 26 mayo 1995.

Tercero. Los autos que resuelvan el recurso de súplica interpuesto contra la resolución en que la Sala, acto seguido a la presentación de la demanda, se declare incompetente por razón de la materia.

Artículo 205.

El recurso de casación habrá de fundarse en alguno de los siguientes motivos:

a) Abuso, exceso o defecto en el ejercicio de la Jurisdicción.

b) Incompetencia o inadecuación de procedimiento.

c) Quebrantamiento de las formas esenciales del juicio por infracción de las normas reguladoras de la sentencia o de las que rigen los actos y garantías procesales, siempre que, en este último caso, se haya producido indefensión para la parte.

d) Error en la apreciación de la prueba basado en documentos que obren en autos que demuestren la equivocación del juzgador, sin resultar contradichos por otros elementos probatorios.

⇒ Sobre error patente y tutela judicial efectiva, v. STC 180/1998 (RTC 1998, 180) y las muchas en ella citadas.

e) Infracción de las normas del ordenamiento jurídico o de la jurisprudencia que fueren aplicables para resolver las cuestiones objeto de debate.

⇒ Cfr. STC 17/1985, de 9 febrero (RTC 1985, 17).

Artículo 206.

1. El recurso de casación deberá prepararse en el plazo de diez días siguientes a la notificación de la sentencia, bastando para considerarlo preparado la mera manifestación de las partes o de su Abogado o representante, al hacerle la notificación de aquélla, de su propósito de entablarlo.

2. También podrá prepararse por comparecencia o por escrito de las partes o de su Abogado o representante, dentro del mismo plazo señalado en el número anterior, ante la Sala que dictó la resolución que se impugna.

Artículo 207.

1. Cumplidos los requisitos establecidos para recurrir, la Sala tendrá por preparado el recurso o los recursos de casación y emplazará a las partes para que comparezcan personalmente o por medio de Abogado o representante ante la Sala de lo Social del Tribunal Supremo en el plazo de quince días hábiles, si tuviesen su domicilio en la Península, o de veinte cuando residan fuera de ella, remitiéndose los autos dentro de los cinco días siguientes al del emplazamiento.

2. Si la resolución impugnada no fuera recurrible en casación, si el recurrente infringiera su deber de consignar o de asegurar la cantidad objeto de condena o si el recurso no se hubiera preparado en tiempo, la Sala declarará, mediante auto motivado, tener por no preparado el recurso. Contra este auto podrá recurrirse en queja.

3. Si el recurrente hubiera incurrido en defectos u omisiones subsanables, la Sala le concederá el tiempo suficiente para que se subsanen los defectos apreciados, que en ningún caso será superior a diez días. De no efectuarlo, la Sala dictará auto que ponga fin al trámite del recurso, quedando firme la sentencia impugnada. Contra dicho auto podrá recurrirse en queja.

Artículo 208.

1. Si el recurrente compareciera ante la Sala Cuarta personalmente o por medio de representante dentro del plazo establecido se le tendrá por parte a todos los efectos.

2. La petición de Abogado de oficio hecha por el recurrente al preparar la casación le exime de comparecer ante la Sala Cuarta, sin perjuicio de que se entiendan las diligencias con dicho Abogado.

3. Si el recurrente no comprendido en el número anterior dejase transcurrir el tiempo concedido para el emplazamiento sin comparecer ante la Sala de lo Social, ésta declarará desierto el recurso y devolverá las actuaciones a la Sala de procedencia.

Artículo 209.

De no haberse presentado los poderes que acrediten la representación de la parte o el resguardo de haber constituido el depósito legalmente exigido, o de apreciarse en ellos algún defecto, la Sala concederá a la parte el plazo que estime pertinente, sin que exceda de diez días, para que se aporten los documentos omitidos o subsane los defectos apreciados. De no efectuarse, la Sala dictará auto declarando la inadmisión del recurso y la firmeza de la resolución recurrida, con devolución del depósito constituido y remisión de las actuaciones a la Sala de procedencia. Contra dicho auto sólo cabe recurso de súplica.

Artículo 210.

Recibidos los autos en la Sala Cuarta, ésta acordará su entrega al Abogado designado por el recurrente o nombrado de oficio para que formalice el recurso en el plazo de veinte días, plazo que empezará a correr, cualquiera que sea el momento en que los retire, a partir de la fecha en que se le notifique que están los autos en la Secretaría de la Sala y a su disposición.

Artículo 211.

1. Instruido de los autos por tres días el Magistrado ponente, dará cuenta a la Sala del recurso interpuesto y ésta podrá acordar oír al recurrente sobre la inadmisión del recurso.

2. Son causas de inadmisión el incumplimiento de manera manifiesta e insubsanable de los requisitos para recurrir, la falta de contenido casacional de la pretensión y el haberse ya desestimado en el fondo otros recursos en supuestos sustancialmente iguales.

3. La audiencia sobre la inadmisión del recurso la evacuará la parte dentro de los tres días siguientes a aquel en que le fue notificada la resolución de la Sala; y se conferirá traslado de los autos al Ministerio Fiscal por plazo de ocho días para que informe sobre la inadmisión de todos los motivos del recurso o de alguno de ellos.

4. Si la Sala estimara que concurre alguna de las causas de inadmisión referidas, dictará en plazo de tres días auto motivado declarando la inadmisión del recurso y la firmeza de la resolución recurrida con imposición de costas al recurrente en los términos establecidos en esta Ley, con devolución del depósito necesario para recurrir, sin que quepa recurso contra dicha resolución. Si la inadmisión no fuera de todos los motivos aducidos, así lo resolverá la Sala mediante el auto motivado que dicte, igualmente irrecurrible, continuando la tramitación del recurso respecto de los motivos no afectados por el auto de inadmisión parcial.

Artículo 212.

1. De admitirse parcial o totalmente el recurso, se entregarán los autos por plazo de diez días a la parte o partes recurridas y personadas, para que formalicen escrito de impugnación, plazo que empezará a correr, cualquiera que sea el momento en que se retire, a partir de la fecha en que se las notifique que están los autos en la Secretaría de la Sala y a su disposición.

2. Si el Ministerio Fiscal no hubiera sido parte en el pleito, pasarán a él seguidamente los autos para que en el plazo de diez días informe sobre la procedencia o improcedencia de la casación pretendida.

3. Devueltos los autos por el Ministerio Fiscal, junto con su informe, la Sala, si lo estima necesario, señalará día y hora para la celebración de la vista o, en otro caso, para votación y fallo, debiendo celebrarse una u otros dentro de los diez días siguientes.

4. La Sala dictará sentencia en el plazo de diez días, contados desde el siguiente al de la terminación de la vista o al de la celebración de la votación.

Artículo 213.

Si se estimare el recurso por todos o algunos de los motivos, la Sala, en una sola sentencia casando la resolución recurrida, resolverá conforme a Derecho, teniendo en cuenta lo siguiente:

a) De estimarse la falta de jurisdicción, la incompetencia o la inadecuación del procedimiento, se anulará la sentencia y se dejará a salvo el derecho de ejercitar las pretensiones ante quien corresponda o por el procedimiento adecuado.

b) De estimarse las infracciones procesales previstas en el párrafo c) del artículo 205 de esta Ley, se mandarán reponer las actuaciones al estado y momento en que se hubiera incurrido en la falta salvo que la infracción se hubiera producido durante la celebración del juicio, en cuyo caso se mandarán reponer al momento de su señalamiento.

Si la infracción cometida versara sobre las reglas reguladoras de la sentencia, la estimación del motivo obligará a la Sala a resolver lo que corresponda, dentro de los términos en que aparezca planteado el debate. Pero si no pudiera hacerlo, por ser insuficiente el relato de hechos probados de la resolución recurrida, acordará la nulidad de dicha resolución y de las siguientes actuaciones procesales y mandará reponer las mismas al momento de dictar sentencia, para que se salven las insuficiencias advertidas y sigan los autos su curso legal.

c) De estimarse alguno de los restantes motivos comprendidos en el artículo 205, la Sala resolverá lo que corresponda dentro de los términos en que aparezca planteado el debate.

Artículo 214.

1. Siempre que el recurso de casación sea estimado, si el recurrente hubiera consignado en metálico la cantidad importe de la condena o asegurado ésta conforme a lo prevenido en esta Ley, así como constituido el depósito necesario para recurrir, el fallo dispondrá la devolución de todas las consignaciones y del depósito y la cancelación de los aseguramientos prestados.

2. Si estimado el recurso de casación se condenara a una cantidad inferior a la fijada en la resolución recurrida, el fallo dispondrá la devolución parcial de las consignaciones, en la cuantía que corresponda a la diferencia de las dos condenas, y la cancelación también parcial de los aseguramientos realizados.

3. En todos los supuestos de estimación parcial del recurso de casación, el fallo dispondrá la devolución de la totalidad del depósito.

Artículo 215.

Si el recurso fuese desestimado y el recurrente hubiese tenido que consignar en metálico la cantidad importe de la condena o asegurar la misma y constituir el depósito, el fallo dispondrá la pérdida de las consignaciones, así como la necesidad de que se mantengan los aseguramientos prestados hasta que se cumpla la sentencia o se resuelva, en su caso, la realización de los mismos y la pérdida de la cantidad objeto del citado depósito.

CAPÍTULO IV
Del recurso de casación para la unificación de doctrina

Artículo 216.

Son recurribles en casación para la unificación de doctrina las sentencias dictadas en suplicación por las Salas de lo Social de los Tribunales Superiores de Justicia.

⇒ Sobre la necesidad de su utilización antes de impetrar el amparo constitucional, cfr. SSTC 191/1996, de 26 noviembre (RTC 1996, 191) y 183/1998, de 17 septiembre (RTC 1998, 183) y las en ellas citadas. Sobre subsidiariedad del amparo v. asimismo STC 93/1997, de 8 mayo (RTC 1997, 93) y las en ella citadas.

Artículo 217.

El recurso tendrá por objeto la unificación de doctrina con ocasión de sentencias dictadas en suplicación por las Salas de lo Social de los Tribunales Superiores de Justicia, que fueran contradictorias entre sí, con la de otra u otras Salas de los referidos Tribunales Superiores o con sentencias del Tribunal Supremo, respecto de los mismos litigantes u otros diferentes en idéntica situación donde, en mérito a hechos, fundamentos y pretensiones sustancialmente iguales, se hubiere llegado a pronunciamientos distintos.

⇒ Cfr., entre otras, SSTC 141/1994, de 9 mayo (RTC 1994, 141); 17/1995, de 24 enero (RTC 1995, 17); 31/1995, de 6 febrero (RTC 1995, 31) y 63/1998, de 17 marzo (RTC 1998, 63).

Artículo 218.

El recurso podrá prepararlo cualquiera de las partes o el Ministerio Fiscal dentro de los diez días siguientes a la notificación de la sentencia impugnada.

Artículo 219.

1. El recurso se preparará mediante escrito dirigido a la Sala de lo Social del Tribunal Superior de Justicia que dictó la sentencia de suplicación.

2. El escrito deberá ir firmado por Abogado y expresará el propósito de la parte de formalizar el recurso con exposición sucinta de la concurrencia de los requisitos exigidos.

⇒ Sobre que la exigencia de habilitación del Letrado no es requisito estrictamente procesal, cfr. STC 209/1996, de 17 diciembre (RTC 1996, 209) y las en ella citadas.

3. Si la sentencia de suplicación reconociera el derecho a percibir pensiones y subsidios se harán los ingresos o aportarán las certificaciones que para recurrir en suplicación exige el artículo 192 de esta Ley, en el modo que en él se establece, debiendo entenderse hechas a la Sala de lo Social del Tribunal Superior de Justicia las menciones que al Juzgado se contienen en dicho precepto.

Artículo 220.

Cumplidos los requisitos para recurrir, la Sala tendrá por preparado el recurso siguiéndose los trámites establecidos en los artículos 207, 208 y 209 de la presente Ley.

Artículo 221.

1. La parte que hubiera preparado el recurso presentará ante la Sala de lo Social del Tribunal Supremo, dentro de los veinte días siguientes a la fecha en que se le hizo el emplazamiento, el escrito de interposición del recurso. De no hacerlo así, la Sala dictará auto poniendo fin al trámite del recurso.

2. Salvo que se trate de Abogado designado por el turno de oficio o del libremente designado por la parte después del resultado infructuoso del nombramiento de oficio, no será necesaria la entrega de los autos al Abogado recurrente para que formalice el recurso, a menos que así lo pidiera éste expresamente, sin que dicha petición altere el transcurso del plazo de interposición.

Artículo 222.

El escrito de interposición del recurso deberá contener una relación precisa y circunstanciada de la contradicción alegada, con aportación certificada de la sentencia o sentencias contrarias y con fundamentación de la infracción legal cometida en la sentencia impugnada, así como del quebranto producido en la unificación de la interpretación del derecho y la formación de la jurisprudencia. La no aportación de la certificación de la sentencia o sentencias contrarias deberá subsanarse en el plazo de diez días, a menos que la parte acredite haberla solicitado en tiempo oportuno y no habérsele expedido, en cuyo caso la Sala Cuarta del Tribunal Supremo la reclamará de oficio.

Artículo 223.

1. Cuando la parte hubiera incumplido de manera manifiesta e insubsanable los requisitos procesales para recurrir o cuando la pretensión carezca de contenido casacional, el Magistrado ponente dará cuenta a la Sala en tres días de la causa de inadmisión existente y ésta acordará oír al recurrente sobre la inadmisión referida, audiencia que tendrá lugar dentro de igual plazo de tres días. Cuando el Ministerio Fiscal no hubiere interpuesto el recurso, se le dará traslado para que informe en el plazo de ocho días sobre la inadmisión del recurso.

2. Si la Sala estimase que concurre alguna de las causas de inadmisión referidas dictará en el plazo de tres días auto motivado declarando la inadmisión y la firmeza de la resolución recurrida, con imposición al recurrente de las costas causadas, en los términos establecidos en esta Ley. Contra dicho auto no cabe recurso alguno. El auto de inadmisión acarreará, en su caso, la pérdida del depósito constituido, dándose a las consignaciones y aseguramientos prestados el destino que corresponda, de acuerdo con la sentencia de suplicación.

3. Cuando la Sala entendiera que el recurso se interpuso con propósito dilatorio, podrá imponer además al recurrente una sanción pecuniaria que no podrá exceder de 150.000 pesetas.

4. Para el despacho ordinario y resolución de la inadmisión de este recurso, la Sala se constituirá con tres Magistrados.

Artículo 224.

1. De admitirse el recurso, la Sala dará traslado del escrito de interposición a la parte o partes personadas para que formalicen su impugnación dentro del plazo de diez días, que empezará a correr, cualquiera que sea el momento en que se retiren, a partir de la fecha en que se le notifique que están los autos en la Secretaría de la Sala y a su disposición.

2. Si el Ministerio Fiscal no fuera el recurrente, pasarán a él seguidamente los autos para que en el plazo de diez días informe sobre la procedencia o improcedencia de la casación pretendida.

Artículo 225.

1. Devueltos los autos por el Ministerio Fiscal, junto con su informe, la Sala acordará convocar, dentro de los diez días siguientes, para votación y fallo. La sentencia deberá dictarse en el plazo de diez días, contados desde el siguiente al de la celebración de la votación.

2. Si la trascendencia o complejidad del asunto lo aconsejara, el Presidente o la mayoría de la Sala podrá acordar que ésta se constituya con cinco Magistrados.

Artículo 226.

1. Los pronunciamientos de la Sala Cuarta del Tribunal Supremo al resolver estos recursos, en ningún caso alcanzarán a las situaciones jurídicas creadas por las resoluciones precedentes a la impugnada.

2. Si la sentencia del Tribunal Supremo declarara que la recurrida quebranta la unidad de doctrina, casará y anulará esta sentencia y resolverá el debate planteado en suplicación con pronunciamientos ajustados a dicha unidad de doctrina, alcanzando a las situaciones jurídicas particulares creadas por la sentencia impugnada. En la sentencia de la Sala de lo Social del Tribunal Supremo se resolverá lo que proceda sobre consignaciones, aseguramientos, costas, honorarios y multas, en su caso, derivados del recurso de suplicación de acuerdo con lo prevenido en esta Ley. Si se hubiere constituido depósito para recurrir, se acordará la devolución de su importe.

3. La sentencia desestimatoria por considerar que la sentencia recurrida contiene la doctrina ajustada acarreará la pérdida del depósito para recurrir. El fallo dispondrá la cancelación o el mantenimiento de las consignaciones o aseguramientos prestados, de acuerdo con sus pronunciamientos.

CAPÍTULO V

De las disposiciones comunes a los recursos de suplicación y casación

Artículo 227.

1. Todo el que sin tener la condición de trabajador o causahabiente suyo o beneficiario del régimen público de la Seguridad Social intente interponer recurso de suplicación o casación, consignará como depósito:

a) 25.000 pesetas, si se trata de recurso de suplicación.

b) 50.000 pesetas, si el recurso fuera el de casación incluido el de casación para la unificación de doctrina.

⇒ Sobre depósitos para recurrir existe una larga serie de Sentencias dictadas por el Tribunal Constitucional, que pueden verse en ALONSO OLEA, *Jurisprudencia Constitucional sobre Trabajo y Seguridad Social*, tomo I (referencias núms. 36, 40, 43, 45, 50, 51, 52, 55, 59, 64, 68, 71, 72, 75, 79 y 80); tomo II (referencias núms. 92, 99, 109 y 121); tomo III (referencias núms. 156, 166 y 174); tomo IV (referencias núms. 182 y 219); tomo V (referencias núms. 255 y 269); tomo VI (referencias núms. 282, 289, 290, 299, 305, 308, 309, 311, 324, 374 y 379); tomo VII (referencias núms. 380, 391, 398, 399, 404, 406, 428 y 436), etcétera.

2. Los depósitos se constituirán en la entidad de crédito correspondiente, debiendo el recurrente hacer entrega del resguardo acreditativo en la Secretaría del Juzgado, al tiempo de interponer el recurso de suplicación, o en la Secretaría de la Sala al tiempo de personarse en ella.

Si no se constituyesen estos depósitos en la forma indicada, se estará a lo establecido en esta Ley en los artículos correspondientes.

3. Los depósitos cuya pérdida hubiere sido acordada por sentencia se ingresarán en el Tesoro Público.

4. El Estado, las Comunidades Autónomas, las Entidades Locales, los Organismos autónomos dependientes de todos ellos y quienes tuvieren reconocido el beneficio de justicia gratuita quedarán exentos de constituir el depósito referido y las consignaciones que para recurrir vienen exigidas en esta Ley.

Artículo 228.

Cuando la sentencia impugnada hubiere condenado al pago de cantidad, será indispensable que el recurrente que no gozare del beneficio de justicia gratuita acredite, al anunciar el recurso de suplicación o al preparar el recurso de casación, haber consignado en la oportuna entidad de crédito y en la «Cuenta de Depósitos y Consignaciones» abierta a nombre del Juzgado o de la Sala de instancia, la cantidad objeto de la condena, pudiendo sustituirse la consignación en metálico por el aseguramiento mediante aval bancario, en el que deberá hacerse constar la responsabilidad solidaria del avalista. El resguardo de consignación en metálico o, en su caso, el documento de aseguramiento quedará bajo custodia del Secretario, que expedirá testimonio de los mismos para su unión a los autos facilitando el oportuno recibo.

⇒ El RD 467/2006, de 21 abril, regula los depósitos y consignaciones judiciales en metálico, de efectos o valores.

Artículo 229.

1. Si el recurso que se entabla es el de suplicación, el nombramiento de Letrado se hará ante el

Juzgado en el momento de anunciarlo. Si el recurso es el de casación, tanto ordinario como para la unificación de doctrina, se realizará ante la Sala de lo Social de procedencia si se verifica dentro del plazo señalado para prepararlo o ante la Sala de lo Social del Tribunal Supremo dentro del de emplazamiento.

⇒ Cfr. las SSTC 163/1985, de 2 diciembre (RTC 1985, 163); 168/1985, de 13 diciembre (RTC 1985, 168); 132/1987, de 21 julio (RTC 1987, 132); 140/1987, de 23 julio (RTC 1987, 140); 105/1989, de 8 junio (RTC 1989, 105) y 134/1989, de 19 julio (RTC 1989, 134).

2. La designación se podrá hacer por comparecencia o por escrito. En este caso, y de no acompañarse poder notarial, no habrá necesidad de ratificarse.

3. Si no hubiere designación expresa de representante, se entenderá que el Letrado lleva también la representación de su defendido.

4. Cuando el recurrente no hiciere designación expresa de Letrado, si es un trabajador o un empresario que goce del beneficio de justicia gratuita, se le nombrará de oficio por el Juzgado, en el día siguiente a aquel en que concluya el plazo para anunciar el recurso, o por la Sala Cuarta del Tribunal Supremo, dentro del día siguiente al que venza el tiempo de emplazamiento.

Artículo 230.

1. Si el Letrado recurrente hubiera sido designado de oficio, se le entregarán los autos con el fin de que interponga el recurso de suplicación o formalice el de casación dentro del plazo de diez o veinte días, respectivamente. Estos plazos empezarán a correr desde la fecha en que se le notifique que están los autos en la Secretaría y a su disposición.

2. Si el defensor de oficio estimase improcedente el recurso, lo expondrá por escrito sin razonar su opinión, en el plazo de tres días. En este caso dentro de los dos siguientes, se nombrará nuevo Letrado y si éste opinare como el anterior, lo que expondrá en la forma y en el plazo antes indicados, se hará saber a la parte el resultado habido para que dentro de los tres días siguientes pueda valerse, si así lo deseara, de Abogado de su libre designación que habrá de formalizar dicho recurso dentro del plazo señalado en la Ley. La parte comunicará la designación de Abogado al Juzgado o a la Sala dentro del mismo plazo de tres días acordando éstos la entrega de los autos al designado, en la forma que se dispone en el apartado anterior. En otro caso, se pondrá fin al trámite del recurso.

3. El Letrado designado de oficio que no devuelva los autos dentro del plazo de tres días referido en el apartado anterior, manifestando su opinión de ser improcedente el recurso, quedará obligado a interponerlo en el plazo legalmente establecido.

Artículo 231.

1. La Sala no admitirá a las partes documento alguno ni alegaciones de hechos que no resulten de los autos. No obstante, si el recurrente presentara algún documento de los comprendidos en el artículo 506 de la Ley de Enjuiciamiento Civil o escrito que contuviese elementos de juicio necesarios para evitar la vulneración de un derecho fundamental, la Sala, oída la parte contraria dentro del plazo de tres días, dispondrá en los dos días siguientes lo que proceda, mediante auto motivado contra el que no cabrá recurso de súplica.

2. El trámite al que se refiere el apartado anterior interrumpirá el que, en su caso, acuerde la Sala sobre la inadmisión del propio recurso.

Artículo 232.

1. La Sala podrá acordar, de oficio o a instancia de parte, antes del señalamiento para votación y fallo o para vista, en su caso, la acumulación de los recursos en trámite en los que exista identidad de objeto y de alguna de las partes. Antes de acordar lo que proceda sobre la acumulación, la Sala oirá, dentro del plazo único y común de cinco días, a las partes comparecidas en los recursos a acumular. La audiencia versará sobre la existencia o no de identidad objetiva.

2. Se designará Magistrado ponente de los recursos acumulados al que de ellos hubiera sido primeramente nombrado, y en igualdad de fechas, al más moderno.

3. El acuerdo de la Sala sobre la acumulación se adoptará por auto motivado.

Artículo 233.

1. La sentencia impondrá las costas a la parte vencida en el recurso, excepto cuando goce del beneficio de justicia gratuita. Las costas incluirán los honorarios del Abogado de la parte contraria que hubiera actuado en el recurso, sin que dichos honorarios puedan superar la cantidad de 100.000 pesetas, en recursos de suplicación, y de 150.000 en recursos de casación.

2. La regla establecida en el apartado anterior no se aplicará cuando se trate de proceso sobre conflicto colectivo, en el que cada parte se hará cargo de las costas causadas a su instancia. Ello no

obstante, la Sala podrá imponer el pago de las costas a la parte que en dicho proceso hubiera recurrido con temeridad.

CAPÍTULO VI
Del recurso de revisión

⇒ Cfr. la STC 158/1987, de 20 octubre (RTC 1987, 158).

Artículo 234.

Contra cualquier sentencia dictada por los órganos del orden jurisdiccional social procederá el recurso de revisión previsto en la Ley de Enjuiciamiento Civil. El recurso se interpondrá ante la Sala de lo Social del Tribunal Supremo, que habrá de resolverlo con arreglo a lo dispuesto en dicha Ley de Enjuiciamiento, si bien el depósito para recurrir tendrá la cuantía que en la presente Ley se señala para los recursos de casación.

✐ Redactado por la disp. final 11ª.8 de la Ley 1/2000, de 7 enero, de Enjuiciamiento Civil.

⇒ Cfr. sus arts. 509 a 516.

LIBRO IV
DE LA EJECUCIÓN DE SENTENCIAS

⇒ Vid. disp. adic. 7ª de este TRLPL.

TÍTULO I
DE LA EJECUCIÓN DEFINITIVA

CAPÍTULO I
Disposiciones de carácter general

Artículo 235.

1. Las sentencias firmes se llevarán a efecto en la forma establecida en la Ley de Enjuiciamiento Civil para la ejecución de sentencias, con las especialidades previstas en esta Ley.

✐ Ap. 1 redactado por la disp. final 11ª.9 de la Ley 1/2000, de 7 enero, de Enjuiciamiento Civil.

2. La ejecución se llevará a efecto por el órgano judicial que hubiere conocido del asunto en instancia. Cuando en la constitución del título no hubiere mediado intervención judicial, será competente el Juzgado en cuya circunscripción se hubiere constituido.

3. En los supuestos de acumulación de ejecuciones y en los de atribución en exclusiva del conocimiento de la ejecución a determinados Juzgados de lo Social en el ámbito de una misma circunscripción, se estará a su regulación específica.

4. Donde hubiere varios Juzgados de lo Social podrá establecerse, en los términos previstos en la Ley Orgánica del Poder Judicial, que el conocimiento de las ejecuciones se asuma en exclusiva por determinados Juzgados de la misma circunscripción, con exclusión total o parcial del reparto de otros asuntos.

5. En caso de concurso, se estará a lo establecido en la Ley Concursal.

✐ Ap. 5 añadido por la disp. final 15ª.6 de la Ley 22/2003, de 9 julio, Concursal.

Artículo 236.

Las cuestiones incidentales que se promuevan en ejecución se sustanciarán citando de comparecencia, en plazo de cinco días, a las partes que podrán alegar y probar cuanto a su derecho convenga, concluyendo por auto que habrá de dictarse en el plazo de tres días.

Artículo 237.

1. La ejecución de las sentencias firmes se iniciará a instancia de parte, salvo las que recaigan en los procedimientos de oficio, cuya ejecución se iniciará de este modo.

2. Iniciada la ejecución, la misma se tramitará de oficio, dictándose al efecto las resoluciones y diligencias necesarias.

Artículo 238.

Quienes, sin figurar como acreedores o deudores en el título ejecutivo o sin haber sido declarados sucesores de unos u otros, aleguen un derecho o interés legítimo y personal que pudiera resultar afectado por la ejecución que se trate de llevar a cabo, tendrán derecho a intervenir en condiciones de igualdad con las partes en los actos que les afecten.

Artículo 239.

1. La ejecución se llevará a efecto en los propios términos establecidos en la sentencia.

⇒ V. STC 163/1998, de 14 julio (RTC 1998, 163) y las en ella citadas.

2. Frente a la parte que, requerida al efecto dejare transcurrir, injustificadamente, el plazo concedido sin efectuar lo ordenado y mientras no cumpla o no acredite la imposibilidad de su cumplimiento específico, el Juzgado o Tribunal, con el fin de obtener y asegurar el cumplimiento de la obligación que ejecute, podrá, tras audiencia de las partes, imponer apremios pecuniarios, cuando ejecute obligaciones de dar, hacer o no hacer o para obtener el cumplimiento de las obligaciones legales impuestas en una resolución judicial. Para fijar la cuantía de dichos apremios se tendrá en cuenta su finalidad, la resistencia al cumplimiento y la capacidad económica del requerido, pudiendo modificarse o dejarse sin efecto, atendidas la ulterior conducta y la justificación que sobre aquellos extremos pudiera efectuar el apremiado. La cantidad fijada, que se ingresará en el Tesoro, no podrá exceder, por cada día de atraso en el cumplimiento de la cuantía máxima prevista para las multas en el Código Penal como pena correspondiente a las faltas.

⇒ V. arts. 50, 51, 52 y 53 de la LO 10/1995, de 23 noviembre, del Código Penal (§40.4).

3. De la misma forma y con idénticos trámites, el órgano judicial podrá imponer multas coercitivas a quienes, no siendo parte en la ejecución, incumplan injustificadamente sus requerimientos tendentes a lograr la debida y completa ejecución de lo resuelto o para obtener el cumplimiento de las obligaciones legales impuestas en una resolución judicial.

Artículo 240.

Podrá ejecutarse parcialmente la sentencia, aunque se hubiere interpuesto recurso contra ella, respecto de los pronunciamientos de la misma que no hubieren sido impugnados.

Artículo 241.

1. Sin perjuicio de lo dispuesto en el artículo 277, el plazo para instar la ejecución será igual al fijado en las leyes sustantivas para el ejercicio de la acción tendente al reconocimiento del derecho cuya ejecución se pretenda. Dicho plazo será de prescripción a todos los efectos.

2. En todo caso, el plazo para reclamar el cumplimiento de las obligaciones de entregar sumas de dinero será de un año. No obstante, cuando se trate del pago de prestaciones periódicas de la Seguridad Social, el plazo para instar la ejecución será el mismo que el fijado en las leyes sustantivas para el ejercicio de la acción para el reconocimiento del derecho a la prestación de que se trate o será imprescriptible si dicho derecho tuviese este carácter en tales leyes.

Si la Entidad Gestora o Colaboradora de la Seguridad Social hubiese procedido por aplicación del artículo 126 del Texto Refundido de la Ley General de la Seguridad Social, al pago de las prestaciones económicas de las que haya sido declarada responsable la empresa, podrá instar la ejecución de la sentencia en los plazos establecidos en el párrafo anterior a contar a partir de la fecha de pago por parte de la Entidad que hubiera anticipado la prestación.

✎ Ap. 2 redactado por la disp. adic. 3ª de la Ley 50/1998, de 30 diciembre, de Medidas Fiscales, Administrativas y de Orden Social.

3. Iniciada la ejecución, no se interrumpirá la prescripción mientras no esté cumplida en su integridad la obligación que se ejecute, incluso si las actuaciones hubieren sido archivadas por declaración de insolvencia provisional del ejecutado.

Artículo 242.

1. La ejecución únicamente podrá ser suspendida en los siguientes casos:

a) Cuando así lo establezca la Ley.

b) A petición del ejecutante, salvo que la ejecución derive de un procedimiento de oficio.

2. Suspendido o paralizado el proceso a petición o por causa imputable al ejecutante y transcurrido un mes sin que haya instado su continuación, el órgano judicial requerirá a éste a fin de que manifieste, en el término de cinco días, si la ejecución ha de seguir adelante y solicite lo que a su derecho convenga, con la advertencia de que transcurrido este último plazo se archivarán provisionalmente las actuaciones.

Artículo 243.

1. Si el cumplimiento inmediato de la obligación que se ejecuta pudiera ocasionar a trabajadores dependientes del ejecutado perjuicios desproporcionados en relación a los que al ejecutante se derivarían del no cumplimiento exacto, por poner en peligro cierto la continuidad de las relaciones laborales subsistentes en la empresa deudora, el órgano judicial ejecutor podrá, previa audiencia de los interesados y en las condiciones que establezca, conceder un aplazamiento por el tiempo imprescindible.

2. El incumplimiento de las condiciones que se establezcan comportará, sin necesidad de declaración expresa ni de previo requerimiento, la pérdida del beneficio concedido.

Artículo 244.

1. Salvo en los casos expresamente establecidos en la Ley, las resoluciones dictadas en ejecución se llevarán a efecto no obstante su impugnación y no será necesario efectuar consignaciones para recurrirlas.

2. No obstante, el órgano ejecutor podrá durante un mes, excepcionalmente prorrogable por otro, suspender cautelarmente, con o sin exigencia de fianza, la realización de los actos ejecutivos que pudieran producir un perjuicio de difícil reparación. Igual facultad tendrá la Sala que conozca del recurso interpuesto contra las resoluciones del órgano ejecutor y por el tiempo de tramitación del recurso.

3. La suspensión o su denegación podrá ser modificada en virtud de circunstancias sobrevenidas o que no pudieron conocerse al tiempo de haberse resuelto sobre la suspensión.

Artículo 245.

Se prohíbe la transacción o renuncia de los derechos reconocidos por sentencias favorables al trabajador.

⇒ V. art. 3.5 del ET (§2).

CAPÍTULO II
De la ejecución dineraria

⇒ V. arts. 571 y ss. LECiv/2000.

Sección 1ª Normas generales

Artículo 246.

1. En caso de concurrencia de embargos decretados por órganos judiciales del orden jurisdiccional social sobre unos mismos bienes, la preferencia para seguir la vía de apremio contra ellos corresponde, sin perjuicio de lo establecido en esta Ley en los supuestos de acumulación de ejecuciones, al órgano que con prioridad trabó dichos bienes.

No obstante, el embargante posterior podrá continuar la vía de apremio si quedan garantizados los derechos de los embargantes anteriores.

2. La regla anterior no afectará a la prelación de créditos entre diversos acreedores.

3. En caso de concurso, las acciones de ejecución que puedan ejercitar los trabajadores para el cobro de los salarios que les puedan ser adeudados quedan sometidas a lo establecido en la Ley Concursal.

✐ Ap. 3 modificado por la disp. final 15ª.8 de la Ley 22/2003, de 9 julio, Concursal.

Artículo 247.

1. El ejecutado está obligado a efectuar, a requerimiento del órgano judicial, manifestación sobre sus bienes o derechos, con la precisión necesaria para garantizar sus responsabilidades. Deberá, asimismo, indicar las personas que ostenten derechos de cualquier naturaleza sobre sus bienes y de estar sujetos a otro proceso, concretar los extremos de éste que puedan interesar a la ejecución.

2. Esta obligación incumbirá, cuando se trate de personas jurídicas, a sus administradores o a las personas que legalmente las representen; cuando se trate de comunidades de bienes o grupos sin personalidad, a quienes aparezcan como sus organizadores, directores o gestores.

⇒ Sobre embargo a Embajadas extranjeras, cfr. SSTC 107/1992 (RTC 1992, 107), 292/1994 (RTC 1994, 292) y 18/1997 (RTC 1997, 18).

3. En el caso de que los bienes estuvieran gravados con cargas reales, el ejecutado estará obligado a manifestar el importe del crédito garantizado y, en su caso, la parte pendiente de pago en esa fecha.

Esta información podrá reclamarse al titular del crédito garantizado, de oficio o a instancia de parte o de tercero interesado.

Artículo 248.

1. Si no se tuviere conocimiento de la existencia de bienes suficientes, el órgano judicial deberá dirigirse a los pertinentes organismos y registros públicos a fin de que faciliten la relación de todos los bienes o derechos del deudor de los que tengan constancia, tras la realización por éstos, si fuere preciso, de las averiguaciones legalmente posibles.

2. También podrá el órgano judicial, dentro de los límites del derecho a la intimidad personal, dirigirse o recabar la información precisa, para lograr la efectividad de la obligación pecuniaria que ejecute, de entidades financieras o depositarias o de otras personas privadas que por el objeto de su normal actividad o por sus relaciones jurídicas con el ejecutado deban tener constancia de los bienes o derechos de éste o pudieran resultar deudoras del mismo.

Artículo 249.

Salvo que motivadamente se disponga otra cosa, la cantidad por la que se despache ejecución en concepto provisional de intereses de demora y costas no excederá, para los primeros, del importe de los que se devengarían durante un año y, para las costas, del 10 por 100 de la cantidad objeto de apremio en concepto de principal.

Artículo 250.

Atendida la cantidad objeto de apremio, los autos en que se despache la ejecución o demás resoluciones en que se decreten embargos, se notificarán a los representantes de los trabajadores de la empresa deudora, a efectos de que puedan comparecer en el proceso.

Artículo 251.

1. El Fondo de Garantía Salarial y las Entidades Gestoras o Servicios Comunes de la Seguridad Social, cuando estén legitimados para intervenir en el proceso, quedan obligados a asumir el depósito, la administración, intervención o peritación de los bienes embargados, designando a tal fin persona idónea, desde que se les requiera judicialmente. De tal obligación podrán liberarse con autorización judicial, si justifican la imposibilidad de cumplirla o su desproporcionada gravosidad.

2. Igual obligación y con los mismos límites puede, motivadamente, imponerse a cualquier persona o Entidad que por su actividad y medios pueda hacerse cargo de la misma, sin perjuicio del resarcimiento de gastos y abono de las remuneraciones procedentes conforme a la ley.

3. Las actuaciones materiales relativas al depósito, conservación, transporte, administración y publicidad para su venta de los bienes judicialmente embargados podrá encomendarse a entidades autorizadas administrativamente con tal fin, si así lo acordara el órgano judicial.

Sección 2ª El embargo

⇒ V. arts. 584 y ss. de la LECiv/2000.

Artículo 252.

De constar la existencia de bienes suficientes, el embargo que se decrete se ajustará al orden legalmente establecido. En caso contrario y al objeto de asegurar la efectividad de la resolución judicial cuya ejecución se insta, se efectuará la adecuación a dicho orden una vez conocidos tales bienes.

Artículo 253.

1. Si los bienes embargados fueren inmuebles u otros inscribibles en registros públicos, el órgano judicial ordenará de oficio que se libre y remita directamente al Registrador mandamiento para que practique el asiento que corresponda relativo al embargo trabado, expida certificación de haberlo hecho, de la titularidad de los bienes y, en su caso, de sus cargas y gravámenes.

2. El Registrador deberá comunicar al órgano judicial la existencia de ulteriores asientos que pudieren afectar al embargo anotado.

Artículo 254.

1. Podrá constituirse una administración o una intervención judicial cuando por la naturaleza de los bienes o derechos embargados fuera preciso.

2. Con tal fin, el órgano judicial citará de comparecencia a las partes para que lleguen a un acuerdo o, en su caso, efectúen las alegaciones y pruebas que estimen oportunas sobre la necesidad o no de nombramiento de administrador o interventor, persona que deba desempeñar tal cargo, exigencia o no de fianza, forma de actuación, rendición de cuentas y retribución procedente.

3. El administrador o, en su caso, el interventor nombrado deberá rendir cuenta final de su gestión.

Artículo 255.

Puede ser designado depositario el ejecutante o el ejecutado, salvo oposición justificada de la parte contraria. También podrá el órgano judicial aprobar la designación como depositario de un tercero, de existir común acuerdo de las partes o a propuesta de una de ellas, sin oposición justificada de la contraria.

Artículo 256.

1. De estar previamente embargados los bienes, el órgano judicial reembargante adoptará las medidas oportunas para su efectividad.

2. El órgano judicial o administrativo al que se comunique el reembargo acordará lo procedente para garantizarlo y, en el plazo máximo de diez días, informará al reembargante sobre las circunstancias y valor de los bienes, cantidad objeto de apremio de la que respondan y estado de sus actuaciones.

3. Deberá, asimismo, comunicar al órgano que decretó el reembargo las ulteriores resoluciones que pudieren afectar a los acreedores reembargantes.

Artículo 257.

1. El órgano judicial, tras la dación de cuenta de la diligencia de embargo positiva ratificará o modificará lo efectuado por la Comisión Ejecutiva, acordando, en su caso, la adopción de las garantías necesarias para asegurar la traba según la naturaleza de los bienes embargados.

2. Podrá también, en cualquier momento, atendida la suficiencia de los bienes embargados, acordar la mejora, reducción o alzamiento de los embargos trabados.

Artículo 258.

1. El tercero que invoque el dominio sobre los bienes embargados, adquirido con anterioridad a su traba, podrá pedir el levantamiento del embargo ante el órgano del orden jurisdiccional social que conozca la ejecución, que a los meros efectos prejudiciales resolverá sobre el derecho alegado, alzando en su caso el embargo.

2. La solicitud, a la que se acompañará el título en que se funde la pretensión, deberá formularse por el tercerista con una antelación a la fecha señalada para la celebración de la primera subasta no inferior a quince días.

3. Admitida la solicitud, se seguirá el trámite incidental regulado en esta Ley. El órgano judicial sólo suspenderá las actuaciones relativas a la liquidación de los bienes discutidos hasta la resolución del incidente.

Sección 3ª Realización de los bienes embargados

Artículo 259.

1. Cuando fuere necesario tasar los bienes embargados previamente a su realización, el órgano judicial designará el perito tasador que corresponda de entre los que presten servicio en la Administración de Justicia, y además o en su defecto, podrá requerir la designación de persona idónea a las entidades obligadas legalmente a asumir la peritación.

2. El nombramiento efectuado se pondrá en conocimiento de las partes o terceros que conste tengan derechos sobre los bienes a tasar para que, dentro del segundo día, puedan designar otros por su parte, con la prevención de que, si no lo hicieran, se les tendrá por conformes.

Artículo 260.

Si los bienes o derechos embargados estuvieren afectos con cargas o gravámenes que debieran quedar subsistentes tras la venta o adjudicación judicial, el Secretario, con la colaboración pericial y recabando los datos que estime oportunos, practicará la valoración de aquéllos y deducirá su importe del valor real de los bienes, con el fin de determinar el justiprecio.

Artículo 261.

1. Para la liquidación de los bienes embargados, podrán emplearse estos procedimientos:

a) Por venta en entidad autorizada administrativamente con tal fin, si así lo acordara el órgano judicial, cualquiera que fuere el valor de los bienes.

b) Por subasta ante fedatario público en los términos que se establezcan reglamentariamente.

c) Mediante subasta judicial, en los casos en que no se empleen los procedimientos anteriores.

2. Si lo embargado fueren valores, se venderán en la forma establecida para ellos en la Ley de Enjuiciamiento Civil.

✐ Ap. 2 redactado por la disp. final 11ª.10 de la Ley 1/2000, de 7 enero, de Enjuiciamiento Civil.

⇒ V. su art. 635.

3. A fin de dotarla de mayor efectividad, la venta de los bienes podrá realizarse por lotes o por unidades.

Artículo 262.

La realización de los bienes embargados mediante subasta judicial se ajustará a lo dispuesto en la legislación procesal civil, con las modalidades siguientes:

a) En la tercera subasta no se admitirán posturas que no excedan del 25 por 100 de la cantidad en que se hubieren justipreciado los bienes. Si hubiere postor que ofrezca suma superior, se aprobará el remate.

b) De resultar desierta la tercera subasta, tendrán los ejecutantes o en su defecto los responsables legales solidarios o subsidiarios el derecho a adjudicarse los bienes, por el 25 por 100 del avalúo, dándoseles a tal fin el plazo común de diez días. De no hacerse uso de este derecho, se alzará el embargo.

Artículo 263.

Si la adquisición en subasta o la adjudicación en pago se realiza en favor de parte de los ejecutantes y el precio de adjudicación no es suficiente para cubrir todos los créditos de los restantes acreedores, los créditos de los adjudicatarios sólo se extinguirán hasta la concurrencia de la suma que sobre el precio de adjudicación debería serles atribuida en el reparto proporcional. De ser inferior al precio deberán los acreedores adjudicatarios abonar el exceso en metálico.

Artículo 264.

Sólo la adquisición o adjudicación practicada en favor de los ejecutantes o de los responsables legales solidarios o subsidiarios podrá efectuarse en calidad de ceder a tercero.

Artículo 265.

1. No será preceptivo documentar en escritura pública el auto de adjudicación.

2. Será título bastante para la inscripción del auto de adjudicación el testimonio expedido por el Secretario del Juzgado o Tribunal, comprensivo del referido auto y de las circunstancias necesarias para verificar aquélla.

Sección 4ª Pago a los acreedores

Artículo 266.

1. Las cantidades que se obtengan en favor de los ejecutantes se aplicarán, por su orden, al pago del principal, intereses y costas una vez liquidados aquéllos y tasadas éstas.

2. Si lo hubiere aprobado previamente el órgano judicial, podrá anticiparse al pago del principal el abono de los gastos que necesariamente hubiere requerido la propia ejecución y el de los acreditados por terceros obligados a prestar la colaboración judicialmente requerida.

Artículo 267.

1. Cubierta la cantidad objeto de apremio en concepto de principal, el Secretario practicará diligencia de liquidación de los intereses devengados.

2. La liquidación de intereses podrá formularse al tiempo que se realice la tasación de costas y en la propia diligencia. Si se impugnaran ambas operaciones, su tramitación podrá acumularse.

3. Los honorarios o derechos de Abogados incluidos los de las Administraciones Públicas, Procuradores y Graduados Sociales colegiados devengados en la ejecución podrán incluirse en la tasación de costas.

Artículo 268.

De estar acumuladas las ejecuciones seguidas contra un mismo deudor y ser insuficientes los bienes embargados para satisfacer la totalidad de los créditos laborales, se aplicarán soluciones de proporcionalidad, con respeto, en todo caso, a las preferencias de crédito establecidas en las leyes.

⇒ V. art. 32 del ET (§2); arts. 1921 y ss. del CC; 340 y 704 del CCom. V. también art. 121.2 y 3 de la LGSS/1994 (§32.1).

Artículo 269.

1. Entre los créditos concurrentes de igual grado, se repartirán proporcionalmente las cantidades obtenidas, sin tener en cuenta ningún tipo de prioridad temporal.

2. Si las cantidades obtenidas no son suficientes para cubrir la totalidad de los créditos, se procederá del siguiente modo:

a) Si ninguno de los acreedores concurrentes alegare preferencia para el cobro, el órgano judicial dispondrá la distribución proporcional de cantidades conforme se vayan obteniendo.

b) Si alguno de ellos alega preferencia podrán presentar los acreedores o requerírseles para que lo hagan, en el plazo que se les fije, una propuesta común de distribución.

3. No presentándose o no coincidiendo las propuestas formuladas, el órgano judicial, en el plazo de cinco días, dictará providencia estableciendo provisionalmente los criterios de distribución y ordenando al Secretario que practique, conforme a ellos, diligencia de distribución concretando las cantidades correspondientes a cada acreedor.

Artículo 270.

1. De la propuesta común o de la formulada por el Juzgado o Tribunal, se dará traslado en su caso, a los acreedores no proponentes, al ejecutado y al Fondo de Garantía Salarial, para que manifiesten su conformidad o disconformidad en el plazo de tres días.

2. Si no se formulara oposición, el órgano judicial deberá aprobar la propuesta común presentada o se entenderá definitiva la diligencia de distribución practicada. De formularse aquélla, se convocará a todos los interesados a una comparecencia, dándose traslado de los escritos presentados.

Artículo 271.

1. Si en la comparecencia se lograre un acuerdo de distribución, podrá aprobarse en el mismo acto. A los interesados que no comparezcan injustificadamente se les tendrá por conformes con lo acordado por los comparecientes.

2. De no lograrse acuerdo, continuará el incidente, efectuándose las alegaciones y pruebas relativas, en su caso, a la existencia o subsistencia de las preferencias invocadas. Se resolverán, mediante auto, las cuestiones planteadas y se establecerá la forma de distribución.

Artículo 272.

Podrán participar en la distribución proporcional los que, hasta el momento de obtenerse las cantidades a repartir, ostenten la condición de ejecutantes de los procesos acumulados, con auto firme despachando ejecución a su favor.

Artículo 273.

1. Las tercerías fundadas en el derecho del tercero, sea o no acreedor laboral del ejecutado, a ser reintegrado de su crédito con preferencia al acreedor ejecutante, deberán deducirse ante el órgano judicial del orden social que esté conociendo de la ejecución, sustanciándose por el trámite incidental regulado en esta Ley.

2. La tercería así promovida no suspenderá la ejecución tramitada, continuándose la misma hasta realizar la venta de los bienes embargados y su importe se depositará en la entidad de crédito correspondiente.

⇒ V. arts. 614, 615 y 616 LECiv/2000.

Sección 5ª Insolvencia empresarial

Artículo 274.

1. Previamente a la declaración de insolvencia, si el Fondo de Garantía Salarial no hubiere sido llamado con anterioridad, se le dará audiencia, por un plazo máximo de quince días, para que pueda instar la práctica de las diligencias que a su derecho convenga y designe los bienes del deudor principal que le consten.

⇒ V. art. 33.3 del ET (§2); art. 15 del RD 505/1985, de 6 marzo, sobre Organización y Funcionamiento del FGS (§13.1) y arts. 23 y 24 de esta Ley.

2. Dentro de los treinta días siguientes a la práctica de las diligencias instadas por el Fondo de Garantía Salarial, el órgano judicial dictará auto declarando, cuando proceda, la insolvencia total o parcial del ejecutado, fijando en este caso el valor pericial dado a los bienes embargados. La insolvencia se entenderá a todos los efectos como provisional hasta que se conozcan bienes al ejecutado o se realicen los bienes embargados.

3. Declarada judicialmente la insolvencia de una empresa, ello constituirá base suficiente para estimar su pervivencia en otras ejecuciones, pudiéndose dictar el auto de insolvencia sin necesidad de reiterar los trámites de averiguación de bienes establecidos en el artículo 248 de esta Ley, si bien en todo caso se deberá dar audiencia previa a la parte actora y al Fondo de Garantía Salarial para que puedan señalar la existencia de nuevos bienes.

4. De estar determinadas en la sentencia que se ejecute las cantidades legalmente a cargo del Fondo de Garantía Salarial, firme la declaración de insolvencia, se le requerirá en su caso de abono, en el plazo de diez días y, de no efectuarlo, continuará la ejecución contra el mismo.

5. La declaración de insolvencia del ejecutado se publicará en el Boletín Oficial del Registro Mercantil.

✐ Ap. 5 añadido por la disp. final 15ª.9 de la Ley 22/2003, de 9 julio, Concursal.

Artículo 275.

1. Cuando los bienes susceptibles de embargo se encuentren afectos al proceso productivo de la empresa deudora y ésta continúe su actividad, el Fondo de Garantía Salarial podrá solicitar la suspensión de la ejecución, por el plazo de treinta días, a fin de valorar la imposibilidad de satisfacción de los créditos laborales, así como los efectos de la enajenación judicial de los bienes embargados sobre la continuidad de las relaciones laborales subsistentes en la empresa deudora.

2. Constatada por el Fondo de Garantía Salarial la imposibilidad de satisfacer los créditos laborales por determinar ello la extinción de las relaciones laborales subsistentes, lo pondrá de manifiesto motivadamente, solicitando la declaración de insolvencia a los solos efectos de reconocimiento de prestaciones de garantía salarial.

CAPÍTULO III
De la ejecución de las sentencias firmes de despido

Artículo 276.

Cuando el empresario haya optado por la readmisión deberá comunicar por escrito al trabajador, dentro de los diez días siguientes a aquel en que se le notifique la sentencia, la fecha de su reincorporación al trabajo, para efectuarla en un plazo no inferior a los tres días siguientes al de la recepción del escrito. En este caso, serán de cuenta del empresario los salarios devengados desde la fecha de notificación de la sentencia que por primera vez declare la improcedencia hasta aquella en la que tenga lugar la readmisión, salvo que, por causa imputable al trabajador, no se hubiera podido realizar en el plazo señalado.

Artículo 277.

1. Cuando el empresario no procediere a la readmisión del trabajador, podrá éste solicitar la ejecución del fallo ante el Juzgado de lo Social:

a) Dentro de los veinte días siguientes a la fecha señalada para proceder a la readmisión, cuando ésta no se hubiere efectuado.

⇒ Cfr. STC 151/1993, de 3 mayo (RTC 1993, 151).

b) Dentro de los veinte días siguientes a aquel en el que expire el de los diez días a que se refiere el artículo anterior, cuando no se hubiera señalado fecha para reanudar la prestación laboral.

c) Dentro de los veinte días siguientes a la fecha en la que la readmisión tuvo lugar, cuando ésta se considerase irregular.

2. No obstante, y sin perjuicio de que no se devenguen los salarios correspondientes a los días transcurridos entre el último de cada uno de los plazos señalados en los párrafos a, b y c y aquel en el que se solicite la ejecución del fallo, la acción para instar esta última habrá de ejercitarse dentro de los tres meses siguientes a la firmeza de la sentencia.

3. Todos los plazos establecidos en este artículo son de prescripción.

Artículo 278.

Instada la ejecución del fallo, el Juez citará de comparecencia a las partes dentro de los cuatro días siguientes. El día de la comparecencia, si los interesados hubieran sido citados en forma y no asistiese el trabajador o persona que lo represente, se le tendrá por desistido de su solicitud; si no compareciese el empresario o su representante, se celebrará el acto sin su presencia.

Artículo 279.

1. En la comparecencia, la parte o partes que concurran serán examinadas por el Juez sobre los

hechos de la no readmisión o de la readmisión irregular alegada, aportándose únicamente aquellas pruebas que, pudiéndose practicar en el momento, el Juez estime pertinentes. De lo actuado se extenderá la correspondiente acta.

⇒ Cfr. STC 73/1991, de 8 abril (RTC 1991, 73).

2. Dentro de los tres días siguientes, el Juez dictará auto en el que, salvo en los casos donde no resulte acreditada ninguna de las dos circunstancias alegadas por el ejecutante:

a) Declarará extinguida la relación laboral en la fecha de dicha resolución.

b) Acordará se abone al trabajador la indemnización a la que se refiere el apartado uno del artículo 110 de esta Ley. En atención a las circunstancias concurrentes y a los perjuicios ocasionados por la no readmisión o por la readmisión irregular, podrá fijar una indemnización adicional de hasta quince días de salario por año de servicio y un máximo de doce mensualidades. En ambos casos, se prorratearán los períodos de tiempo inferiores a un año y se computarán, como tiempo de servicios, el transcurrido hasta la fecha del auto.

⇒ V. las SSTC 58/1983, de 29 junio (RTC 1983, 58); 69/1983, de 26 julio (RTC 1983, 69) y 205/1987, de 21 diciembre (RTC 1987, 205).

c) Condenará al empresario al abono de los salarios dejados de percibir desde la fecha de la notificación de la sentencia que por primera vez declare la improcedencia hasta la de la mencionada solución.

Artículo 280.

1. La sentencia será ejecutada en sus propios términos cuando:

a) El trabajador despedido fuera delegado de personal, miembro del comité de empresa o delegado sindical y, declarada la improcedencia del despido, optare por la readmisión.

b) Declare la nulidad del despido.

✐ Nueva redacción dada en su día por Ley 11/1994, de 19 mayo.

⇒ V. la nota al art. 108.2 de esta Ley y art. 55.5 ET (§2).

2. A tal fin, en cualesquiera de los supuestos mencionados en el número anterior, el Juez, una vez solicitada la readmisión, requerirá al empresario para que reponga al trabajador en su puesto en el plazo de tres días, sin perjuicio de que adopte, a instancia de parte, las medidas que dispone el artículo 282.

Artículo 281.

1. En los supuestos a que se refiere el artículo anterior, si el empresario no procediera a la readmisión o lo hiciera en condiciones distintas a las que regían antes de producirse el despido, el trabajador podrá acudir ante el Juzgado de lo Social, solicitando la ejecución del fallo, dentro de los veinte días siguientes al tercero que, como plazo máximo para la reincorporación, dispone el artículo precedente.

2. El Juez oirá a las partes en comparecencia, que se ajustará a lo dispuesto en el artículo 278 y apartado 1 del artículo 279, y dictará auto sobre si la readmisión se ha efectuado o no y, en su caso, si lo fue en debida forma. En el supuesto de que se estimara que la readmisión no tuvo lugar o no lo fue en forma regular, ordenará reponer al trabajador a su puesto dentro de los cinco días siguientes a la fecha de dicha resolución, apercibiendo al empresario que, de no proceder a la reposición o de no hacerlo en debida forma, se adoptarán las medidas que establece el artículo siguiente.

✐ Párrafo de nueva redacción dado en su día por Ley 11/1994, de 19 mayo.

Artículo 282.

Cuando el empresario no diese cumplimiento a la orden de reposición a que se refiere el artículo anterior, el Juez acordará las medidas siguientes:

a) Que el trabajador continúe percibiendo su salario con la misma periodicidad y cuantía que la declarada en la sentencia, con los incrementos que por vía de Convenio Colectivo o mediante norma estatal se produzcan hasta la fecha de la readmisión en debida forma. A tal fin, el Juez despachará ejecución, en tantas ocasiones como fuese necesario, por una cantidad equivalente a seis meses de salario, haciéndose efectivas al trabajador con cargo a la misma las retribuciones que fueran venciendo, hasta que, una vez efectuada la readmisión en forma regular, acuerde la devolución al empresario del saldo existente en esa fecha.

b) Que el trabajador continúe en alta y con cotización en la Seguridad Social, lo que pondrá en conocimiento de la Entidad Gestora a los efectos procedentes.

c) Que el Delegado de personal, miembro del Comité de Empresa o Delegado sindical continúe desarrollando, en el seno de la empresa, las funciones y actividades propias de su cargo, advirtiendo al empresario que, de impedir u oponer algún obstáculo a dicho ejercicio, se pondrán los hechos en conocimiento de la autoridad laboral a los efectos de sancionar su conducta de acuerdo con lo que dispone el artículo 97 del texto refundido de la Ley del Estatuto de los Trabajadores.

⇒ La referencia se entiende hecha a los arts. 39 y ss. del RDLeg 5/2000, de 4 agosto (§40.1).

Artículo 283.

1. Cuando recaiga resolución firme en que se declare la extinción del contrato de trabajo, si el trabajador ocupare vivienda por razón del mismo deberá abandonarla en el plazo de un mes. El órgano judicial, si existe motivo fundado, podrá prorrogar dicho plazo por dos meses más.

⇒ De conformidad con la Ley 40/2003, de protección a las familias numerosas, para los trabajadores que formen parte de unidades familiares que tengan reconocida dicha consideración, «se duplicarán los plazos señalados legalmente para desalojar la vivienda que ocupen por razón de trabajo cuando quede extinguida la relación laboral» (art. 10.2).

2. Una vez transcurridos los plazos del número anterior, el empresario podrá solicitar del Juzgado la ejecución mediante el oportuno lanzamiento, que se practicará seguidamente observando las normas previstas en la Ley de Enjuiciamiento Civil.

⇒ V. su art. 704.1 LECiv/2000.

Artículo 284.

Sin perjuicio de lo dispuesto en los artículos anteriores, cuando se acreditase la imposibilidad de readmitir al trabajador por cese o cierre de la Empresa obligada, el Juez dictará auto en el que declarará extinguida la relación laboral en la fecha de dicha resolución y acordará se abonen al trabajador las indemnizaciones y los salarios dejados de percibir que señala el apartado 1 del artículo 279.

⇒ La referencia al art. 279 debe entenderse realizada a su ap. 2.

CAPÍTULO IV

De la ejecución de sentencias frente a Entes públicos

⇒ El art. 76 de la Ley 13/1996, de 30 diciembre, de Medidas Fiscales, Administrativas y del Orden Social autoriza al Gobierno para establecer un procedimiento que permita la retención a favor de la Seguridad Social de los importes adeudados a la misma por las Administraciones Públicas, empresas públicas y entes públicos, respecto de los importes que con cargo a los PGE deban transferirse a la Administración, empresa o ente deudor de la Seguridad Social. Por su lado, el art. 38 de la Ley 66/1997, de 30 diciembre, de Medidas Fiscales, Administrativas y del Orden Social, extiende dicho procedimiento a la retención de importes adeudados por las empresas privadas que reciban subvenciones o cualquier otra ayuda pública.

Artículo 285.

1. En las ejecuciones seguidas frente al Estado, Entidades Gestoras o Servicios Comunes de la Seguridad Social y demás entes públicos, mientras no conste la total ejecución de la sentencia, el órgano judicial, de oficio o a instancia de parte, adoptará cuantas medidas sean adecuadas para promoverla y activarla.

2. Con tal fin, previo requerimiento de la Administración condenada y citando, en su caso, de comparecencia a las partes, podrá decidir cuantas cuestiones se planteen en la ejecución y especialmente las siguientes:

a) Órgano administrativo y funcionarios que han de responsabilizarse de realizar las actuaciones.

b) Plazo máximo para su cumplimiento, en atención a las circunstancias que concurran.

c) Medios con que ha de llevarse a efecto y procedimiento a seguir.

d) Medidas necesarias para lograr la efectividad de lo mandado, en los términos establecidos en esta Ley, salvo lo previsto en el artículo 239, que no será de aplicación.

Artículo 286.

1. En los procesos seguidos por prestaciones de pago periódico de la Seguridad Social, una vez sea firme la sentencia condenatoria a la constitución de capital, se remitirá por el Juzgado copia certificada a la Entidad Gestora o Servicio Común competente.

2. El indicado Organismo deberá, en el plazo máximo de diez días, comunicar al Juzgado el importe del capital a ingresar, lo que se notificará a las partes, requiriendo a la condenada para que lo ingrese en el plazo de diez días.

TÍTULO II
DE LA EJECUCIÓN PROVISIONAL

⇒ V. arts. 524, 525, 526 y 527 LECiv/2000.

CAPÍTULO I
De las sentencias condenatorias al pago de cantidades

Artículo 287.

1. Cuando el trabajador tuviere a su favor una sentencia en la que se hubiere condenado al empresario al pago de una cantidad y se interpusiere recurso contra ella, tendrá derecho a obtener anticipos a cuenta de aquélla, garantizando el Estado su reintegro y realizando, en su caso, su abono, en los términos establecidos en esta Ley.

2. El anticipo alcanzará, como máximo total, hasta el 50 por 100 del importe de la cantidad reconocida en la sentencia, pudiendo abonarse en períodos temporales durante la tramitación del recurso, desde la fecha de la solicitud y hasta que recaiga sentencia definitiva o por cualquier causa quede firme la sentencia recurrida.

3. La cantidad no podrá exceder anualmente del doble del salario mínimo interprofesional fijado para trabajadores mayores de dieciocho años, incluida la parte proporcional de gratificaciones extraordinarias, vigente durante su devengo.

⇒ Téngase en cuenta lo dispuesto en el art. 1.2 f) del RDley 3/2004, de 25 junio (§12.2).

Artículo 288.

1. La ejecución provisional podrá instarse por la parte interesada ante el órgano judicial que dictó la sentencia. El solicitante asumirá, solidariamente con el Estado, la obligación de reintegro, cuando proceda, de las cantidades percibidas.

2. Si para recurrir la sentencia que provisionalmente se ejecute se hubiere efectuado consignación, el órgano judicial dispondrá el anticipo con cargo a ella, garantizándose por el Estado la devolución, al empresario, en su caso, de las cantidades que se abonen al trabajador.

3. De no haber sido preceptivo consignar para recurrir, el anticipo se abonará al trabajador directamente por el Estado. En este supuesto, el órgano judicial remitirá al organismo gestor testimonio suficiente de lo actuado y le requerirá para que en el plazo de diez días, efectúe el abono al trabajador.

Artículo 289.

1. Si la sentencia impugnada queda firme, el trabajador tendrá derecho al percibo de la diferencia entre el importe de la condena y la cantidad anticipada, haciéndose efectiva con cargo a la consignación, si de ella se hubiera detraído el anticipo.

2. De haberse efectuado el anticipo por el Estado, el trabajador podrá reclamar la diferencia al empresario, y el Estado se subrogará en los derechos de aquél frente al empresario por el importe de la cantidad anticipada.

Artículo 290.

1. Si la sentencia impugnada fuera revocada por el Tribunal Superior y el trabajador resultare deudor en todo o en parte de la cantidad anticipada, habrá de reintegrar esta cantidad al empresario si se hubiera detraído el anticipo de la consignación, quedando en este caso el Estado responsable solidario con el trabajador respecto del empresario.

2. Cuando el Estado hubiera abonado directamente el anticipo o, en virtud de la responsabilidad solidaria contraída, hubiera respondido frente al empresario, aquél podrá reclamar al trabajador el reintegro de la cantidad anticipada.

Artículo 291.

1. Si se incumple la obligación de reintegro, será título bastante para iniciar la ejecución destinada a hacerla efectiva la resolución firme en que se acordaba la ejecución provisional junto con la certificación, librada por el Secretario del Juzgado o por el organismo gestor, en la que se determinarán las cantidades abonadas.

2. Cuando la realización forzosa inmediata de la cantidad adeudada pudiera causar perjuicio grave al trabajador, el Juez podrá conceder aplazamiento hasta por un año de la obligación de pago, adoptando las medidas de aseguramiento oportunas para garantizar la efectividad de la ejecución.

CAPÍTULO II

De las sentencias condenatorias en materia de Seguridad Social

Artículo 292.

1. Las sentencias recurridas, condenatorias al pago de prestaciones de pago periódico de Seguridad Social, serán ejecutivas, quedando el condenado obligado a abonar la prestación, hasta el límite de su responsabilidad, durante la tramitación del recurso.

2. Si la sentencia favorable al beneficiario fuere revocada, en todo o en parte, no estará obligado al reintegro de las cantidades percibidas durante el período de ejecución provisional y conservará el derecho a que se le abonen las prestaciones devengadas durante la tramitación del recurso y que no hubiere aún percibido en la fecha de firmeza de la sentencia, sin perjuicio de lo dispuesto en el artículo 192.3 de esta Ley.

Artículo 293.

El beneficiario del régimen público de la Seguridad Social que tuviera a su favor una sentencia recurrida en la que hubiere condenado al demandado al pago de una prestación de pago único, tendrá derecho a solicitar su ejecución provisional y obtener anticipos a cuenta de aquélla, en los términos establecidos en la sección anterior.

Artículo 294.

A petición del beneficiario favorecido por ellas y a criterio judicial, serán igualmente ejecutables provisionalmente, sin exigencia de fianza, las sentencias condenatorias a obligaciones de hacer o no hacer en materia de Seguridad Social.

CAPÍTULO III

De las sentencias de despido

Artículo 295.

1. Cuando en los procesos donde se ejerciten acciones derivadas de despido o de decisión extintiva de la relación de trabajo la sentencia declare su improcedencia y el empresario que hubiera optado por la readmisión interpusiera alguno de los recursos autorizados por la Ley, éste vendrá obligado, mientras dure la tramitación del recurso, a satisfacer al recurrido la misma retribución que venía percibiendo con anterioridad a producirse aquellos hechos y continuará el trabajador prestando servicios, a menos que el empresario prefiera hacer el abono aludido sin compensación alguna.

Lo anteriormente dispuesto también será aplicable cuando, habiendo optado el empresario por la readmisión, el recurso lo interpusiera el trabajador.

2. La misma obligación tendrá el empresario si la sentencia hubiera declarado la nulidad del despido o de la decisión extintiva de la relación de trabajo.

3. Si el despido fuera declarado improcedente y la opción, correspondiente al trabajador, se hubiera producido en favor de la readmisión, se estará a lo dispuesto por el apartado 1 de este artículo.

✐ Nueva redacción dada en su día por Ley 11/1994, de 19 mayo.

4. En los supuestos a que se refieren los apartados anteriores se suspenderá el derecho a la prestación por desempleo en los términos previstos en la Ley General de la Seguridad Social.

✐ Ap. 4 añadido por el art. 6.3 de la Ley 45/2002, de 12 diciembre (§36.2).

Artículo 296.

Si en virtud de lo dispuesto en el artículo anterior se presentase petición del trabajador, por escrito o por comparecencia, con el fin de exigir del empresario el cumplimiento de aquella obligación o solicitud de éste para que aquél reanude la prestación de servicios, el Juez o Sala, oídas las partes, resolverá lo que proceda.

Artículo 297.

El incumplimiento injustificado por parte del trabajador del requerimiento empresarial de reanudación de la prestación de servicios acarreará la pérdida definitiva de los salarios a que se refieren los artículos anteriores.

Artículo 298.

Si la sentencia favorable al trabajador fuere revocada en todo o en parte, éste no vendrá obligado al reintegro de los salarios percibidos durante el período de ejecución provisional y conservará el derecho a que se le abonen los devengados durante la tramitación del recurso y que no hubiere aún percibido en la fecha de la firmeza de la sentencia.

Artículo 299.

En los casos en que no proceda la aplicación de las normas de ejecución provisional establecidas en este capítulo, si concurren los presupuestos necesarios, podrán concederse anticipos reintegrables, en los términos establecidos en esta Ley, cuando la sentencia recurrida declare la nulidad o improcedencia del despido o de las decisiones extintivas de las relaciones de trabajo.

Artículo 300.

Cuando el despido o la decisión extintiva hubiera afectado a un representante legal de los trabajadores o a un representante sindical y la sentencia declarara la nulidad o improcedencia del despido, con opción, en este último caso por la readmisión, el órgano judicial deberá adoptar, en los términos previstos en el párrafo c) del artículo 281 las medidas oportunas a fin de garantizar el ejercicio de sus funciones representativas durante la sustanciación del correspondiente recurso.

✐ Nueva redacción conferida en su día por Ley 11/1994, de 19 mayo.

CAPÍTULO IV

De las sentencias condenatorias recaídas en otros procesos

Artículo 301.

Las sentencias que recaigan en los procesos de conflictos colectivos, en los de impugnación de los Convenios Colectivos y en los de tutela de los derechos de libertad sindical y demás derechos fundamentales, serán ejecutivas desde que se dicten, según la naturaleza de la pretensión reconocida, no obstante, el recurso que contra ellas pudiera interponerse.

⇒ V. las SSTC 92/1988, de 23 mayo (RTC 1988, 92) y 105/1997, de 2 junio (RTC 1997, 105). Cfr. arts. 158.2, 164.2 y 180 de esta Ley.

CAPÍTULO V

Normas comunes a la ejecución provisional

Artículo 302.

Frente a las resoluciones dictadas en ejecución provisional sólo procederán, en su caso los recursos de reposición o súplica.

Artículo 303.

Las sentencias favorables al trabajador o beneficiario que no puedan ser ejecutadas provisionalmente conforme a esta Ley podrán serlo en la forma y condiciones establecidas en la legislación procesal civil.

⇒ V. arts. 526 a 537 LECiv/2000.

DISPOSICIONES ADICIONALES

Primera.

1. En lo no previsto en esta Ley regirá como supletoria la de Enjuiciamiento Civil.

2. El recurso en interés de la Ley, regulado en la de Enjuiciamiento Civil, no será de aplicación en el proceso laboral.

⇒ V. arts. 490, 491, 492 y 493 LECiv/2000.

Segunda.

1. El Gobierno, previo informe del Consejo General del Poder Judicial y la audiencia del Consejo de Estado, podrá modificar la cuantía que establece esta Ley para la procedencia del recurso de suplicación.

2. Igualmente, y tras los informes mencionados, podrá modificar las cantidades que se establecen en esta Ley respecto de los honorarios a que tienen derecho los Letrados de las partes recurridas, de las sanciones pecuniarias y multas y de la cuantía de los depósitos para recurrir en suplicación, casación y revisión.

Tercera.

El Gobierno, previo informe del Consejo General del Poder Judicial, podrá autorizar a entidades públicas o privadas, que reúnan las garantías que se establezcan, la realización de las actuaciones materiales relativas al depósito, conservación, transporte, administración, publicidad y venta de los bienes judicialmente embargados.

Cuarta.

Podrá encomendarse al Fondo de Garantía Salarial la gestión de las partidas presupuestarias destinadas a anticipar a los trabajadores y beneficiarios del régimen público de la Seguridad Social la ejecución provisional de las sentencias recurridas que les hayan sido favorables, y en las que hubiere sido condenado el demandado al pago de una cantidad o prestación de pago único.

Quinta.

El proceso ordinario regulado en la presente Ley será de aplicación supletoria en la tramitación de las cuestiones contenciosas a las que se refiere el artículo 125 de la Ley 3/1987, de 2 de abril, General de Sociedades Cooperativas, en los términos establecidos en el artículo 126 de esta misma Ley.

⇒ La Ley 3/1987 ha sido derogada por Ley 27/1999, de 16 julio, que le sustituye. Cfr. su art. 87.

Sexta.

Los procesos de impugnación de las resoluciones administrativas que denieguen el depósito de los estatutos de las asociaciones empresariales así como las de declaración de no ser conforme a Derecho dichos estatutos, se sustanciarán por los trámites de la modalidad procesal regulada en el Capítulo X, Título II, Libro II de la presente Ley. El Ministerio Fiscal será parte en estos procesos.

Séptima.

A todos los efectos del Libro IV de la presente Ley se entenderán equiparados a las sentencias firmes los laudos arbitrales igualmente firmes, dictados por el órgano que pueda constituirse mediante los acuerdos interprofesionales y los convenios colectivos a que se refiere el artículo 83 del Texto Refundido de la Ley del Estatuto de los Trabajadores.

✐ Adicionada en su día por Ley 11/1994, de 19 mayo.

Octava.

Las disposiciones de la presente Ley no resultarán de aplicación en las cuestiones litigiosas sociales que se planteen en caso de concurso y cuya resolución corresponda al Juez del concurso conforme a la Ley Concursal, con las excepciones expresas que se contienen en dicha Ley.

✐ Disposición añadida por la disp. final 15ª.10 de la Ley 22/2003, de 9 julio, Concursal.

DISPOSICIONES TRANSITORIAS

Primera.

Los recursos contra las resoluciones judiciales que recaigan en procesos iniciados con anterioridad a la entrada en vigor del Real Decreto Legislativo 521/1990, de 27 de abril, por el que se aprueba el texto articulado de la Ley de Procedimiento Laboral, serán los contemplados en ésta y se tramitarán con arreglo a la misma.

Los procesos que al entrar en vigor el Real Decreto Legislativo 521/1990, de 27 de abril, estén en trámite, continuarán rigiéndose por la normativa que se modifica.

Segunda.

No obstante lo establecido en la disposición anterior, toda extinción de la relación laboral producida con anterioridad a la entrada en vigor del Real decreto Legislativo 1/1995, de 24 de marzo, por el que se aprueba el texto refundido de la Ley del Estatuto de los Trabajadores, se regirá en su aspecto procesal por las normas vigentes en la fecha en que aquélla hubiera tenido lugar.

Tercera.

Los procesos de impugnación de convenios colectivos y los de conflictos colectivos iniciados ante los órganos judiciales correspondientes después de la entrada en vigor del Real Decreto Legislativo 521/1990, de 27 de abril, por el que se aprueba el texto articulado de la Ley de Procedimiento Laboral, se sustanciarán de conformidad con lo en ella dispuesto, aunque las actuaciones administrativas se hubieran tramitado antes de la vigencia de la misma.

Cuarta.

La presente Ley será aplicable a las ejecuciones en trámite a la entrada en vigor del Real Decreto Legislativo 521/1990, de 27 de abril, por el que se aprueba el texto articulado de la Ley de Procedimiento Laboral, siendo válidas sin embargo las actuaciones realizadas al amparo de la legislación anterior.

B) Procedimientos extrajudiciales

§ 42.1 REAL DECRETO-LEY 5/1979, DE 26 ENERO. CREA EL INSTITUTO DE MEDIACIÓN, ARBITRAJE Y CONCILIACIÓN

(BOE núm. 32, de 6 febrero; rect. BOE núm. 40, de 15 febrero [RCL 1979, 363 y 450])

✐ El RDley 5/1979 fue convalidado por Res. 7 marzo 1979, de la Diputación Permanente del Congreso de Diputados, que recoge el acuerdo de la Diputación Permanente del Congreso en dicho sentido.

⇒ La estructura orgánica del IMAC se estableció por RD 998/1979, de 27 abril, modificado por RD 1303/1981, de 3 julio, desarrollado por O. 16 abril 1982. La supresión del IMAC fue ordenada por el art. 85 de la Ley 50/1984, de 30 diciembre, de Presupuestos Generales del Estado para 1985, efectuándose dicha supresión por la disp. adic. 2ª.1 del hoy derogado RD 530/1985, de 8 abril. Sus funciones han sido asumidas por la Subdirección General de Relaciones Laborales y correspondientes órganos de las Comunidades Autónomas. Cfr. art. 9.3.2ª del RD 1600/2004, de 2 julio, de estructura orgánica básica del Ministerio de Trabajo y Asuntos Sociales (§38.1).

Los conflictos laborales, por su propia naturaleza y por los intereses que en los mismos se enjuician, necesitan una rápida solución, teniendo en cuenta que tanto para el trabajador como para el empresario la prolongación de situaciones de incertidumbre constituyen una grave lesión y a veces un perjuicio difícilmente reparable. No es admisible, en un orden social que se quiere justo, que la decisión sobre situaciones muchas veces vitales se prolongue durante largos períodos de tiempo.

Por otra parte, la conflictividad laboral presenta una estructura muy compleja y unas peculiaridades muy acusadas que aconsejan ofrecer a los interesados un conjunto de institutos jurídicos diferenciados que, haciendo frente a la pluralidad de situaciones conflictivas, constituyan un sistema de decisiones rápido y justo.

La mediación es una figura conveniente; su eficacia está demostrada en la realidad diaria, haciéndose aconsejable su institucionalización sobre los presupuestos de imparcialidad del mediador y la libre aceptación de su actuación por los interesados.

La creación de Tribunales Arbitrales Laborales viene avalada por la fructífera experiencia en otros países y por la propia Organización Internacional del Trabajo (OIT), que en su recomendación número noventa y dos, propugna el establecimiento de arbitrajes voluntarios. Estos órganos que se crean unen a la garantía de la necesaria formación jurídica de su Presidente, la presencia en los mismos de Vocales designados por trabajadores y empresarios.

La conciliación es igualmente una institución que se ha revelado siempre eficaz y si se limita a las materias donde la transacción es posible no merma en absoluto los derechos y garantías de los interesados, proporciona en ocasiones soluciones inmediatas y, aunque no las consiga, organizada debidamente no supone ningún retraso apreciable en el proceso laboral.

Por cuanto antecede, la necesidad de contar de inmediato con los cauces que este Real Decreto-ley constituye, y el dar respuesta a las aspiraciones de Sindicatos de Trabajadores y Asociaciones Empresariales, justifica la urgencia de esta disposición.

En su virtud, y previa deliberación del Consejo de Ministros en su reunión del día 26 de enero de 1979, en uso de la autorización contenida en el artículo 86 de la Constitución, dispongo:

Artículo 1. Creación y funciones.

Se crea el Instituto de Mediación, Arbitraje y Conciliación, con el carácter de Organismo autónomo adscrito al Ministerio de Trabajo. Se regirá por la Ley de 26 de diciembre de 1958 sobre Régimen Jurídico de las Entidades Estatales Autónomas, la Ley General Presupuestaria de 4 de enero de 1977, disposiciones de general aplicación a los Organismos autónomos y las contenidas en el presente Real Decreto-ley y normas que lo desarrollen.

El Instituto tendrá las funciones de mediación, arbitraje y conciliación a que se refieren los artículos siguientes.

Serán asimismo funciones del Instituto:

a) El depósito de Estatutos de los Sindicatos de Trabajadores y de las Asociaciones Empresariales.

b) El depósito de las actas relativas a elecciones de Organos de Representación de Trabajadores en la Empresa y de los datos relativos a representatividad de las Asociaciones Empresariales.

c) El depósito de los Convenios y demás acuerdos colectivos concluidos entre empresarios y trabajadores o entre Sindicatos y Asociaciones Empresariales.

d) Las inherentes a la expedición de certificaciones de la documentación en depósito.

Artículo 2. Órganos.

Los órganos directivos colegiados estarán integrados paritariamente por representantes de la Administración Pública, de los Sindicatos de Trabajadores y de las Asociaciones Empresariales.

Artículo 3. Principios de actuación.

El Instituto sujetará su actuación a los siguientes principios:

a) Libertad. La actuación del Instituto no limitará ni interferirá el libre ejercicio de los derechos laborales o sindicales.

b) Rogación. El Instituto actuará a solicitud de las partes, trabajadores y empresarios o sus Sindicatos y Asociaciones.

El Instituto podrá actuar a iniciativa propia en los casos de carácter general o grave trascendencia.

c) Neutralidad. La actuación del Instituto tendrá siempre un carácter profesional, técnico e imparcial.

d) Gratuidad. Los servicios prestados por el Instituto serán gratuitos, salvo los expresamente exceptuados.

Artículo 4. Creación de Tribunales Arbitrales Laborales.

Con sede en las capitales de provincia y localidades donde haya Magistratura de Trabajo, se crean, dentro del Instituto de Mediación, Arbitraje y Conciliación, Tribunales de Arbitraje Laboral, integrados por un Presidente y dos Vocales. Todos ellos actuarán conjuntamente. El Presidente será un funcionario público, Licenciado en Derecho, y los Vocales serán designados, uno, por los Sindicatos de Trabajadores, y otro, por las Asociaciones de Empresarios.

Será designado Secretario un funcionario público, que actuará sin voto.

Los empresarios y trabajadores podrán someter a los Tribunales Arbitrales Laborales todas las controversias, tanto individuales como colectivas de trabajo, que surjan entre ellos, sin otras limitaciones que las que se establezcan reglamentariamente.

En los casos y por los motivos que reglamentariamente se determinen, contra el laudo que dicten los Arbitros, cabrá recurso en los conflictos individuales ante la Magistratura de Trabajo de la localidad, cuya sentencia será firme, y ante el Tribunal Central de Trabajo en los conflictos colectivos.

Firme la decisión arbitral, podrá ejecutarse ante la Magistratura de Trabajo del lugar donde se haya efectuado el arbitraje. Esta ejecución se llevará a efecto del modo que la Ley de Procedimiento Laboral establece para las sentencias.

El Gobierno aprobará el procedimiento de actuación de los Tribunales Arbitrales, que se ajustará, en todo caso, a los principios de rogación, oralidad, concentración, celeridad y gratuidad. Asimismo regulará el régimen de recursos.

Podrán crearse Tribunales a los que se refiere este artículo, en localidades donde no exista Magistratura de Trabajo, cuando el volumen de asuntos lo aconseje.

Artículo 5. Conciliación obligatoria.

Será requisito previo para la tramitación de cualquier procedimiento laboral ante la Magistratura de Trabajo el intento de celebración del acto de conciliación en el Instituto de Mediación, Arbitraje y Conciliación, ante un funcionario Licenciado en Derecho. La asistencia al mismo es obligatoria para ambas partes litigantes. Para su régimen, efectos y excepciones se estará a lo que preceptúan los artículos 50, siguientes y concordantes de la Ley de Procedimiento Laboral, en lo que resulten aplicables.

⇒ Hoy arts. 63 y ss. del Texto Articulado de la Ley de Procedimiento Laboral, aprobado por RDLeg 2/1995, de 7 abril (§41).

Artículo 6. Mediación.

Los trabajadores y empresarios podrán solicitar del Instituto la designación de un mediador imparcial en cualquier momento de una negociación o de una controversia colectiva.

La Administración laboral podrá exigir al Instituto la designación de un mediador, cuando las circunstancias lo demanden y previa audiencia de los interesados.

Todo ello sin perjuicio de las facultades que en materia de mediación tiene atribuidas la Inspección de Trabajo.

DISPOSICIONES FINALES

Primera.

Queda derogado el artículo 35 del Real Decreto-ley de 4 de marzo de 1977, en lo que se refiere a la supresión de la conciliación obligatoria.

Segunda.

El Gobierno y el Ministerio de Trabajo, en el ámbito de sus respectivas competencias, dictarán las normas de aplicación y desarrollo del presente Real Decreto-ley, que entrará en vigor en el siguiente día al de su publicación en el BOE, excepto en cuanto a la conciliación obligatoria y Tribunales Arbitrales Laborales hasta que se dicten las normas reglamentarias. Asimismo, determinarán la organización, régimen de actuación y del personal del Instituto y sus Organos.

Tercera.

El Ministerio de Trabajo someterá a la aprobación del Gobierno en el plazo de seis meses, previo dictamen del Consejo de Estado, un nuevo Texto Refundido de la Ley de Procedimiento Laboral, en que se contengan las modificaciones derivadas de la legislación posterior a la misma, se establezcan las condiciones adecuadas en orden a una perfecta y eficaz regulación del procedimiento laboral y se eleven las cuantías de los depósitos y sanciones que en dicho texto se prevén, regularizando, armonizando y aclarando los textos legales que han de ser refundidos.

§ 42.2 REAL DECRETO 2756/1979, DE 23 NOVIEMBRE. ASUNCIÓN DE FUNCIONES POR EL INSTITUTO DE MEDIACIÓN, ARBITRAJE Y CONCILIACIÓN

(BOE núm. 291, de 5 diciembre; rect. BOE núm. 306, de 22 diciembre [RCL 1979, 2881 y 3031])

⇒ V. la nota al RDley 5/1979, de 26 enero (§42.1).
V. nota al art. 3 de este Real Decreto.

Creado el Instituto de Mediación, Arbitraje y Conciliación por Real Decreto-ley 5/1979, de 26 de enero y establecida su estructura orgánica por Real Decreto 998/1979, de 27 de abril, es el momento de que se haga realidad su actuación, asumiendo parte de las funciones que el Real Decreto-ley citado le encomienda, dejando para una etapa posterior otras que el Instituto ha de desarrollar.

Asimismo se evidencia la necesidad de que se pueda practicar en el seno del Instituto la designación de representantes a que se refieren los artículos 10, 134 y 146 del Texto Refundido de la Ley de Procedimiento Laboral.

En su virtud a propuesta del Ministro de Trabajo, previa deliberación del Consejo de Ministros en su reunión del día 23 de noviembre de 1979, dispongo:

Sección 1ª Del depósito de estatutos, actas de elecciones, convenios y demás acuerdos colectivos

⇒ V. RD 873/1977, de 22 abril (§20.3).

Artículo 1.

1. El Instituto de Mediación, Arbitraje y Conciliación se hará cargo de los siguientes depósitos:

a) Estatutos de los Sindicatos de Trabajadores y de las Asociaciones Empresariales creados al amparo de la Ley 19/1977, de 1 de abril, sobre regulación del derecho de asociación sindical y de los adaptados a la misma, de conformidad con su disposición transitoria.

b) Documentación relativa a las elecciones efectuadas conforme al Real Decreto 3149/1977, de 6 de diciembre.

c) Convenios y demás acuerdos colectivos concluidos entre empresarios y trabajadores o entre Sindicatos y Asociaciones y Organizaciones Empresariales.

2. Asimismo, asumirá la expedición de certificaciones de la documentación en depósito.

Sección 2ª De la Mediación

⇒ V. arts. 10 y ss. del ASEC-II y 12 y ss. de su Reglamento.

Artículo 2.

La mediación prevista en el artículo 6 del citado Real Decreto-ley, solicitada por los comparecientes en conflicto u ofrecida por el Instituto de Mediación, Arbitraje y Conciliación, y aceptada por las partes, se realizará con carácter inmediato.

Solicitada o aceptada la mediación a que se refiere dicho artículo, el Instituto de Mediación, Arbitraje y Conciliación convocará y oirá a las partes sobre las condiciones y características que debe reunir el mediador y someterá a su consideración los nombres de las personas que pudieran reunirlas, designando a aquella en la que coincidiere el parecer de ambos interesados. Seguidamente se recabará la aceptación del designado.

El mediador tiene facultad para convocar a las partes, que estarán obligadas a comparecer personalmente cuantas veces se estime pertinente y podrá solicitar datos e informes necesarios para el cumplimiento de su misión. El mediador queda obligado a guardar secreto profesional, incurriendo, en caso de transgredirlo, en las responsabilidades y sanciones a que hubiere lugar.

En el plazo más breve posible, el mediador someterá a las partes la propuesta de solución que considere justa.

La aceptación por las partes de las propuestas del mediador tendrá la eficacia de un convenio colectivo, si legalmente pudiera concertarse.

Los mismos trámites serán observados en los casos en que la autoridad laboral exija del Instituto la designación de un mediador cuando las circunstancias lo demanden y previa audiencia de los interesados.

Lo establecido en los anteriores preceptos se entiende sin perjuicio de las facultades de mediación que corresponden a la Inspección de Trabajo.

Sección 3ª De la representación

Artículo 3.

La Magistratura de Trabajo podrá dirigirse al Instituto de Mediación, Arbitraje y Conciliación, en cumplimiento de lo dispuesto en los artículos 10, 134 y 146 de la Ley de Procedimiento Laboral, a los efectos de que en los plazos legales los interesados designen, ante un Letrado conciliador, su representación.

⇒ Hoy la referencia a los preceptos de la LPL que cita el texto debe entenderse hecha a los arts. 19.1 y 147.2 del TR de la LPL aprobado por RDLeg 2/1995, de 7 abril (§41).

La citación para la pertinente comparecencia se efectuará, por medio de correo certificado con acuse de recibo, en los domicilios que figuren en el escrito correspondiente.

Los interesados presentes en el acto designarán su representación. Los que no hubieren comparecido por cualquier causa, se presumirá que aceptan la designación efectuada por los que asistieren.

Si no compareciese ninguno, no obstante haberse cursado las citaciones, se practicará una segunda con la advertencia de que si no acudieran se entenderá hecha la designación, a efectos meramente procesales, a favor de los tres primeros que figuren en el documento remitido por la Magistratura de Trabajo, pudiendo actuar indistintamente cualquiera de ellos; todo ello se hará constar en el acta que se levante.

Sección 4ª De la conciliación obligatoria en conflicto individual

Artículo 4.

1. Será requisito previo para la tramitación de cualquier procedimiento laboral, el intento de celebración del acto de conciliación ante el Instituto de Mediación, Arbitraje y Conciliación, conforme al artículo quinto del Real Decreto-ley 5/1979, de 26 de enero, inclusive en los supuestos a que se refieren los artículos 52, 53 y 56 de la Ley de Procedimiento Laboral.

⇒ V. arts. 63 y ss. del vigente TR de la PL (§41).

2. La asistencia al mismo es obligatoria para ambas partes.

3. Para su régimen y excepciones se estará a lo dispuesto en el artículo 50, siguientes y concordantes de la Ley de Procedimiento Laboral en lo que no haya sido modificado por el Real Decreto-ley 5/1979, de 26 de enero.

⇒ Entiéndase la referencia hecha a los arts. 63 y ss. del TR de la LPL aprobado por RDLeg 2/1995, de 7 abril (§41).

Artículo 5.

1. La celebración del acto de conciliación se interesará ante los órganos del Instituto de Mediación, Arbitraje y Conciliación del lugar de la prestación de los servicios o del domicilio de los interesados, a elección del solicitante.

2. El acto de conciliación se efectuará ante el Director, Presidente del Tribunal Arbitral, Secretario u otro funcionario del Instituto, siempre que reúnan la condición de licenciado en derecho.

La capacidad de los interesados para la celebración del acto de conciliación será la exigida a los litigantes en el proceso laboral.

Artículo 6.

La conciliación se promoverá mediante papeleta, en la que deberán constar los siguientes extremos:

1. Los datos personales del que la presente y de los demás interesados y sus domicilios respectivos.

2. Lugar y clase de trabajo, categoría profesional u oficio, antigüedad, salario y demás remuneraciones, con especial referencia a la que, en su caso, sea objeto de reclamación.

3. Enumeración clara y concreta de los hechos sobre los que verse su pretensión y cuantía económica, si fuere de esta naturaleza.

4. Si se trata de reclamación por despido, se hará constar la fecha de éste y los motivos alegados por la Empresa.

5. Fecha y firma.

Se presumirá autorizado para recibir citaciones el que presente la papeleta aunque no fuese el interesado.

El solicitante aportará tantas copias como partes interesadas y dos más.

Artículo 7.

La presentación de la papeleta interrumpirá los plazos de caducidad de acciones y se reanudará su cómputo a partir del día siguiente de intentada la conciliación o transcurridos quince días sin que se haya celebrado.

Artículo 8.

1. Recibida la papeleta, que se registrará en los libros que se lleven al efecto, se examinará para determinar si reúne o no los requisitos exigidos, solicitando las aclaraciones necesarias, en su caso, para que las citaciones de los interesados sean hechas correctamente, devolviendo al compareciente una de las copias debidamente sellada y fechada, haciéndole saber el lugar, día y hora de la celebración de la conciliación, que deberá efectuarse dentro de los plazos legales, firmando a tal efecto la correspondiente diligencia. Si el compareciente fuese persona distinta del solicitante y rechazase la citación se practicará como la de los otros interesados.

2. Con la papeleta presentada se iniciará el oportuno expediente, al que se incorporarán, además de las diligencias de citación, todas las demás actuaciones posteriores.

3. De las copias aportadas se dará traslado a los demás interesados, con indicación del lugar, día y hora en que ha de celebrarse el acto. Las citaciones se harán por correo certificado con acuse de recibo, oficio, telegrama o cualquier medio del que quede la debida constancia.

Artículo 9.

Los interesados podrán comparecer al acto de conciliación por sí mismos o por medio de representante, otorgándose esta representación mediante poder notarial, por comparecencia ante los órganos judiciales a que se refiere el artículo 10 de la Ley de Procedimiento Laboral, o ante las oficinas del Instituto de Mediación, Arbitraje y Conciliación.

⇒ La referencia al art. 10 de la LPL debe entenderse al art. 18 del TR de la LPL aprobado por RDLeg 2/1995, de 7 abril (§41).

También podrá admitirse la representación mediante aportación de escrito del interesado designando específicamente al que comparece como representante, facultándole para obligarse en dicho acto, o por simple comparecencia y manifestación del representante siempre que en estos supuestos sea reconocido como tal por la otra parte y se considere suficiente a juicio del conciliador, quien advertirá al representante de las responsabilidades en que pueda incurrir caso de no existir tal representación e incumplirse las obligaciones contraídas por tal motivo.

Artículo 10.

Abierto el acto, el Letrado conciliador, después de llamar a las partes, que podrán acudir acompañadas de un hombre bueno, comprobará su identidad, capacidad y representación y, previa ratificación del solicitante, les concederá la palabra para que expongan sus pretensiones y las razones en que se fundan, siendo facultativa la exhibición de documentos y otros justificantes.

Seguidamente invitará a los interesados a que lleguen a un acuerdo, con el auxilio, en su caso, de los hombres buenos, concediéndoles cuantas intervenciones sean pertinentes a tal fin, y pudiendo sugerirles soluciones equitativas. Mantendrá el orden en la discusión, con facultad para darla por terminada, tanto en caso de alteración de aquél como en el de imposibilidad de llegar a un acuerdo, teniendo en ambos supuestos por celebrado el acto sin avenencia.

Levantará acta de la sesión celebrada, y recogerá con la máxima claridad los acuerdos adoptados por los interesados. Si no existiera avenencia lo hará así constar expresamente.

El acta será firmada por los interesados y el Letrado conciliador y si alguno de aquéllos no sabe o no puede firmar, se hará así constar, pudiéndolo hacer el hombre bueno en su nombre, si le acompañase. Igualmente se consignará su negativa a firmar, con expresión de los motivos, si fuesen conocidos, dándose por celebrada la conciliación sin avenencia.

Inmediatamente después de celebrada la conciliación, el Letrado entregará a los interesados una copia certificada del acta.

Artículo 11.

Lo acordado en conciliación ante el Instituto de Mediación, Arbitraje y Conciliación tendrá fuerza ejecutiva, que podrá hacerse efectiva ante la Magistratura de Trabajo.

⇒ V. art. 68 TR de la LPL (§41).

La conciliación celebrada ante el Instituto de Mediación, Arbitraje y Conciliación en la que expresamente se reconozca por ambas partes que ha existido despido improcedente del trabajador y se establezca a cargo de la Empresa y, por tal despido, una indemnización de cuantía no inferior a treinta días del importe del salario correspondiente al trabajador, faculta a éste para solicitar la declaración de la situación de desempleo a tenor del artículo 10.1.C, de la Orden Ministerial de 5 de mayo de 1967.

Si el solicitante citado en debida forma no compareciese el día y la hora señalados ni alegase justa causa, se tendrá por no presentada la papeleta de conciliación, archivándose lo actuado. Alegada y justificada justa causa, se hará nuevo señalamiento si existieran términos hábiles para ello.

Si no comparecieren los demás interesados se tendrá por intentada la conciliación sin efecto.

DISPOSICIÓN ADICIONAL

La documentación a que se refieren los apartados a) y b) del artículo 1 de este Real Decreto, que a su entrada en vigor se encuentre en poder de la autoridad laboral, será remitida por ésta al Instituto de Mediación, Arbitraje y Conciliación.

DISPOSICIÓN FINAL

Se autoriza al *Ministerio de Trabajo* para dictar las normas de aplicación y desarrollo del presente Real Decreto, que entrará en vigor el 15 de diciembre de 1979.

⇒ Hoy Ministerio de Trabajo y Asuntos Sociales.

§ 42.3 RESOLUCIÓN 12 ENERO 2005, DE LA DIRECCIÓN GENERAL DE TRABAJO. DISPONE LA INSCRIPCIÓN EN EL REGISTRO Y PUBLICACIÓN DEL III ACUERDO SOBRE SOLUCIÓN EXTRAJUDICIAL DE CONFLICTOS LABORALES (ASEC-III)

(BOE núm. 25, de 29 enero [RCL 2005, 194])

Visto el texto del III Acuerdo sobre Solución Extrajudicial de Conflictos Laborales (ASEC III) que fue suscrito el día 29 de diciembre de 2004, de una parte, por la Unión General de Trabajadores (UGT) y la Confederación Sindical de Comisiones Obreras (CC OO), y de otra, por la Confederación Española de Organizaciones Empresariales (CEOE) y la Confederación Española de la Pequeña y Mediana Empresa (CEPYME), y de conformidad con lo dispuesto en el artículo 83.3 en relación con el 90, apartados 2 y 3, del Real Decreto Legislativo 1/1995, de 24 de marzo, por el que se aprueba el Texto Refundido de la Ley del Estatuto de los Trabajadores y en el Real Decreto 1040/1981, de 22 mayo, sobre registro y depósito de Convenios Colectivos de Trabajo.

Esta Dirección General de Trabajo, resuelve:

Primero.

Ordenar la inscripción del citado Acuerdo en el correspondiente registro de este Centro Directivo.

Segundo.

Disponer su publicación en el «Boletín Oficial del Estado».

III ACUERDO SOBRE SOLUCIÓN EXTRAJUDICIAL DE CONFLICTOS LABORALES (ASEC III)

TÍTULO I

CAPÍTULO I
Disposiciones generales

Artículo 1. Objeto.

1. El presente Acuerdo tiene por objeto el mantenimiento y desarrollo de un sistema de solución de los conflictos colectivos laborales surgidos entre empresarios y trabajadores o sus respectivas organizaciones representativas.

2. Se excluyen del presente Acuerdo:

Los conflictos que versen sobre Seguridad Social.

No obstante ello, sí quedarán sometidos al presente acuerdo los conflictos colectivos que recaigan sobre Seguridad Social complementaria, incluidos los planes de pensiones.

Los conflictos en que sea parte el Estado, Comunidades Autónomas, entidades locales u organismos autónomos dependientes de los mismos, a que se refiere el artículo 69 del Texto Refundido de la Ley de Procedimiento Laboral.

Artículo 2. Ámbito territorial y temporal.

1. El presente Acuerdo será de aplicación en la totalidad del territorio nacional para los conflictos contemplados en el artículo 4.

2. El Acuerdo entrará en vigor al día siguiente de su publicación en el BOE y finalizará el día 31 de diciembre del año 2008, prorrogándose, a partir de tal fecha, por sucesivos períodos de cinco años en caso de no mediar denuncia expresa de alguna de las partes con una antelación mínima de seis meses a la terminación de cada período.

La denuncia deberá realizarse mediante escrito dirigido por cualquiera de las partes que suscribieron el Acuerdo a las restantes partes firmantes. En tal caso, el Comité Paritario Interconfederal someterá a las partes la propuesta que considere oportuna sobre la terminación, reelaboración o continuidad del Acuerdo si éste puede subsistir con igual naturaleza y eficacia. En todo caso, producida la denuncia del Acuerdo, éste prorrogará su vigencia por un período de doce meses.

Artículo 3. Naturaleza y eficacia jurídicas.

1. El presente Acuerdo se suscribe al amparo de lo establecido en el título III del Texto Refundido de la Ley del Estatuto de los Trabajadores, en los artículos 6 y 7 de la Ley Orgánica de Libertad Sindical y en el artículo 154.1 del Texto Refundido de la Ley de Procedimiento Laboral.

2. Al versar sobre una materia concreta cual es la solución extrajudicial de los conflictos colectivos laborales, constituye uno de los acuerdos previstos por el artículo 83.3 del Texto Refundido de la Ley del Estatuto de los Trabajadores y está dotado, en consecuencia, de la naturaleza jurídica y eficacia que la Ley atribuye a los mismos.

3. Sin perjuicio de lo anterior, la aplicabilidad del Acuerdo en cada uno de los sectores o empresas afectados por el mismo se producirá a partir del momento en que los representantes de los trabajadores y los empresarios o sus organizaciones representativas, con legitimación suficiente para obligar en el correspondiente ámbito, suscriban algunos de los siguientes instrumentos de ratificación o adhesión, sin perjuicio de lo establecido en la Disposición Transitoria Primera del ASEC-III:

a) Acuerdo sobre materias concretas, al amparo del artículo 83.3 del Texto Refundido de la Ley del Estatuto de los Trabajadores, suscrito por las organizaciones empresariales y sindicales representativas en el ámbito sectorial o subsectorial correspondiente. El Acuerdo podrá incluir el texto del ASEC-III o remitirse expresamente a él.

b) Adhesión expresa al Acuerdo en un Convenio Colectivo sectorial o subsectorial de ámbito nacional o superior a una Comunidad Autónoma, o en un Convenio de empresa que cuente con centros de trabajo en más de una Comunidad Autónoma.

c) Inserción del Acuerdo de manera expresa en un Convenio Colectivo sectorial o subsectorial de ámbito nacional o superior a una Comunidad Autónoma, o en un Convenio de empresa que cuente con centros de trabajo en más de una Comunidad Autónoma.

d) Suscripción de acta en que conste el acuerdo entre la dirección de la empresa y el comité intercentros o los comités o delegados de personal de los centros de trabajo de dicha empresa, o los sindicatos que en su conjunto sumen la mayoría de los representantes de los trabajadores, en aquellas empresas que cuenten con centros de trabajo en más de una Comunidad Autónoma.

La adhesión o ratificación habrá de ser incondicionada y a la totalidad del presente Acuerdo.

4. Las organizaciones firmantes del presente Acuerdo se comprometen a promover la adhesión o ratificación a que se refiere el número anterior.

5. A los sectores y empresas adheridos antes del 31 de diciembre del 2004, les será de aplicación la Disposición Transitoria Primera.

Artículo 4. Conflictos afectados.

1. Serán susceptibles de someterse a los procedimientos previstos en este Acuerdo, y en el caso de suscitarse en los ámbitos a que se refiere el número 2 de este artículo, los siguientes tipos de conflictos laborales:

a) Los conflictos colectivos de interpretación y aplicación definidos de conformidad con lo establecido en el artículo 151 del Texto Refundido de la Ley de Procedimiento Laboral.

b) Los conflictos surgidos durante la negociación de un Convenio Colectivo u otro acuerdo o pacto colectivo, que conlleven el bloqueo de la negociación correspondiente, por un período de cinco meses a contar desde la constitución de la mesa negociadora. La/s parte/s deberá/n manifestar las diferencias sustanciales que han determinado tal bloqueo. No será preciso el transcurso de este período cuando la mediación sea solicitada conjuntamente por quienes tengan capacidad para suscribir el Convenio con efectos generales.

c) Los conflictos que den lugar a la convocatoria de una huelga o que se susciten sobre la determinación de los servicios de seguridad y mantenimiento en caso de huelga.

d) Los conflictos derivados de discrepancias surgidas en el período de consultas exigido por los artículos 40, 41, 47 y 51 del Texto Refundido de la Ley del Estatuto de los Trabajadores.

e) Las controversias colectivas que surjan con ocasión de la aplicación e interpretación de un convenio colectivo a causa de la existencia de diferencias sustanciales que conlleven el bloqueo en la adopción del correspondiente acuerdo en la Comisión Paritaria. La iniciativa de sometimiento a los procedimientos previstos en este Acuerdo deberá instarse por la mayoría de ambas representaciones de dicha Comisión Paritaria.

2. Los anteriores conflictos podrán someterse a los procedimientos previstos en este Acuerdo, siempre que se susciten en alguno de los siguientes ámbitos:

a) Sector o subsector de actividad que exceda del ámbito de una Comunidad Autónoma.

b) Empresa, cuando el conflicto afecte a varios centros de trabajo radicados en diferentes Comunidades Autónomas.

En este supuesto, y cuando se trate de un conflicto colectivo de interpretación y aplicación de un Convenio, será preciso que este último sea un Convenio de empresa o de ámbito inferior a la empresa pero superior a cada uno de los centros de trabajo afectados.

c) Empresas o centros de trabajo que se encuentren radicados en una Comunidad Autónoma cuando estén en el ámbito de aplicación de un Convenio Colectivo sectorial nacional, y de la resolución del conflicto puedan derivarse consecuencias para empresas y centros de trabajo radicados en otras Comunidades Autónomas. En estos supuestos será preciso que el referido Convenio prevea expresamente esta posibilidad.

3. El presente Acuerdo no incluye la solución de conflictos individuales ni cubre los conflictos y ámbitos distintos a los previstos en este artículo, que podrán someterse a los procedimientos previstos por acuerdos suscritos, o que puedan suscribirse, en los distintos ámbitos autonómicos, o que estén establecidos en los Convenios Colectivos de aplicación.

⇒ En ámbitos autonómicos cuentan con procedimientos de solución extrajudicial de conflictos: el País Vasco, cuyo Acuerdo sobre Procedimientos voluntarios de Resolución de Conflictos (PRECO II) fue publicado por Res. 28 junio 1990, de la DGT del País Vasco y sustituye a uno anterior (PRECO I) de 26 julio 1984; el 14 abril 1994 se publicó el texto revisado del PRECO II, luego sustituido por el actual PRECO III, de 16 febrero 2000. Cataluña, donde existe un Ac. 28 noviembre 1990, de la Dirección General de Relaciones Laborales, no exclusivamente limitado a procedimientos de solución de conflictos, sino que se extiende a Seguridad e Higiene, Salud laboral y formación profesional. El citado Acuerdo instituyó un Tribunal Arbitral Laboral cuyo Reglamento de Funcionamiento fue publicado por la Res. 30 junio 1999; Valencia, cuyo Acuerdo sobre solución extrajudicial de Conflictos Colectivos se publicó el 13 mayo 1997; Galicia, donde la Res. de la DGT de Relaciones Laborales de la Xunta de 15 marzo 1995 publica el Texto revisado del Acuerdo Interprofesional Gallego sobre procedimientos extrajudiciales de solución de conflictos que sustituye a otro anterior de 9 marzo 1992; Canarias ha adoptado un Acuerdo similar, publicado por Res. 7 mayo 1995 de la DGT de la Consejería de Trabajo y Función Pública posteriormente modificado por Res. 22 abril 1997. El Primer Acuerdo (ASECMUR-I) de Murcia fue adoptado el 30 octubre 1996, hoy sustituido por el II Acuerdo (ASECMUR-II) publicado en el BORM de 15 junio 2005, con vigencia hasta 31 diciembre 2006.

De los citados Acuerdos, el de Cataluña y el de Canarias incluyen expresamente los conflictos tanto colectivos como individuales. El gallego, por su parte recoge el compromiso de las organizaciones firmantes de elaborar una «propuesta de procedimientos extrajudiciales de solución de conflictos individuales de trabajo» (v. su disp. final 1ª). El de Murcia prevé que las partes pueden «en un futuro establecer procedimientos de solución de conflictos individuales» (art. 4.3).

Los acuerdos de las restantes Comunidades Autónomas son las siguientes: Andalucía 3 abril 1996 (Reglamento de 11 mayo 1998); Aragón: 6 julio 1999 (Acuerdo y Reglamento); Baleares: 20 diciembre 1995 (Acuerdo, renovado en 15 julio 1999); Cantabria: Acuerdo 20 diciembre 2000 (modificado por Acta de 25 septiembre 2002); Castilla-La Mancha: Acuerdo de 10 julio 1996; Castilla y León: Acuerdo y Reglamento de 30 septiembre 1996; Extremadura: Acuerdo y Reglamento de 16 marzo 1998, entrado en vigor en 1999, tras un período de suspensión; La Rioja: Acuerdo de 23 noviembre 1994, Reglamento de 17 septiembre 1996; Madrid: Acuerdo y Reglamento de 22 noviembre 1994, modificados en 1998 y en 2000 por la Res. 31 agosto 2000; Navarra: tiene un Acuerdo intersectorial sobre relaciones laborales de 8 junio 1995 y un Tribunal Laboral, constituido por Res. 30 septiembre 1996. Por Res. 2 octubre 1997 se procedió a la ampliación del Colegio Arbitral.

CAPÍTULO II

El Servicio Interconfederal de Mediación y Arbitraje (SIMA)

Artículo 5. Naturaleza jurídica y funciones.

1. El Servicio Interconfederal de Mediación y Arbitraje es una institución paritaria constituida a partes iguales por las organizaciones sindicales y empresariales más representativas firmantes del ASEC-III. Tiene personalidad jurídica y capacidad de obrar y reviste, desde el punto de vista jurídico-formal las características de una fundación tutelada por el Ministerio de Trabajo y Asuntos Sociales. Sus recursos tienen naturaleza pública y sus actuaciones tienen carácter gratuito.

2. El SIMA está regido por un Patronato, compuesto en número igual por representantes de las partes firmantes del ASEC-III y por un Presidente que podrá formar parte de dichas representaciones o ser designado de mutuo acuerdo para facilitar la composición de sus decisiones por consenso.

3. El Servicio Interconfederal de Mediación y Arbitraje, tendrá las funciones, composición y funcionamiento que se establecen en este Acuerdo y en las restantes disposiciones de desarrollo. Constituye el soporte administrativo y de gestión de los procedimientos de solución de los conflictos, a quien se encomienda la aplicación de las disposiciones del ASEC-III.

4. El SIMA velará para que en el desarrollo de los procedimientos de mediación y arbitraje y en la resolución de los mismos se contemple la perspectiva de género cuando la naturaleza del conflicto así lo requiera.

Artículo 6. Funcionamiento del Servicio.

1. El Servicio tiene sus propias normas de régimen interior. Éstas regulan el funcionamiento diario del Servicio, la distribución de las tareas, la resolución de los conflictos de concurrencia, si los hubiere, el procedimiento de citación y notificación, y la publicidad de sus actuaciones.

2. El Servicio recibirá los escritos a que den lugar los procedimientos, efectuará las citaciones y notificaciones, registrará y certificará los documentos oportunos y, en general, se encargará de cuantas tareas sean precisas para posibilitar y facilitar el adecuado desarrollo de los procedimientos, de conformidad con lo que se dispone en este Acuerdo y en sus disposiciones de funcionamiento.

3. Las actas de las reuniones y actuaciones celebradas serán suscritas por quien actúe como secretario en las mismas.

4. En el supuesto en que los Convenios Colectivos o acuerdos sectoriales hayan establecido órganos específicos de mediación o arbitraje, quedarán integrados en el Servicio, siempre que en su ámbito hayan asumido el presente Acuerdo y respeten en su tramitación los principios establecidos en él.

5. El SIMA sólo acogerá las solicitudes de mediación y arbitraje que se deriven de lo pactado en el presente Acuerdo.

Artículo 7. Designación de mediadores y árbitros.

1. El SIMA elaborará una lista de mediadores y árbitros que facilitará a los demandantes de sus servicios.

Dicha lista está compuesta por los mediadores y árbitros propuestos por las partes firmantes del ASEC-III, y en ella se integrarán los procedentes de los órganos constituidos por los Convenios o Acuerdos a que se refiere el artículo 6.4 de este Acuerdo y a los efectos de dicho precepto.

2. Corresponde a las partes de un conflicto sometido al ASEC-III la designación del mediador o mediadores así como del árbitro o árbitros de entre los comprendidos en la lista. En el supuesto de que no efectúen dicha designación, la misma podrá ser realizada por el Servicio.

Las partes en conflicto podrán designar de mutuo acuerdo un solo mediador no incorporado a las listas del Servicio Interconfederal de Mediación y Arbitraje. En estos casos, la mediación deberá ajustarse a los criterios fijados en las normas de funcionamiento y procedimiento del servicio.

TÍTULO II

PROCEDIMIENTOS DE SOLUCIÓN DE CONFLICTOS

CAPÍTULO I

Disposiciones comunes a los procedimientos de solución de conflictos

Artículo 8. Procedimientos.

Los procedimientos que se establecen en el presente Acuerdo para la solución de los conflictos son:

La mediación, que será obligatoria en los supuestos que posteriormente se determinan y, en todo caso, siempre que la demande una de las partes del conflicto. La mediación ante el SIMA sustituye a la conciliación administrativa previa a los efectos previstos en los artículos 63 y 154 de la Ley de Procedimiento Laboral.

El arbitraje, que sólo será posible cuando ambas partes, de mutuo acuerdo, lo soliciten por escrito.

Artículo 9. Principios rectores de los procedimientos.

Los procedimientos previstos en el presente Acuerdo se regirán por los principios de gratuidad, celeridad, igualdad procesal, audiencia de las partes, contradicción e imparcialidad, respetándose, en todo caso, la legislación vigente y los principios constitucionales.

Los procedimientos se ajustarán a las formalidades y plazos previstos en este Acuerdo y en las disposiciones generales de interpretación que adopte el Comité Paritario Interconfederal del ASEC-III.

Artículo 10. Intervención previa de la Comisión Paritaria del Convenio Colectivo.

1. En los conflictos derivados de la interpretación y aplicación de un Convenio Colectivo será preceptiva la intervención previa de la Comisión Paritaria del mismo, sin la cual no podrá dársele

trámite. La misma norma regirá para los conflictos de interpretación y aplicación de otros acuerdos o pactos colectivos si tienen establecida una Comisión Paritaria.

Se entenderá agotado el trámite de sumisión previa a la Comisión Paritaria, al que hace referencia el párrafo anterior, cuando transcurra el plazo establecido para ello en el propio Convenio o, en defecto de regulación expresa, 15 días desde la presentación de la solicitud.

2. En aquellos ámbitos en que, existiendo una Comisión Paritaria, ésta tenga encomendada funciones de mediación en los conflictos de interpretación y aplicación del Convenio, acuerdo o pacto colectivo, la controversia deberá someterse a la misma.

A falta de normas de procedimiento contenidas en el propio Convenio, acuerdo o pacto colectivo, la intervención de la Comisión Paritaria será solicitada por cualquiera de las partes de aquéllos, o por los legitimados para promover los procedimientos del ASEC-III, mediante escrito dirigido al Servicio Interconfederal de Mediación y Arbitraje conforme a lo previsto en este Acuerdo.

3. En caso de que la Comisión Paritaria no tenga atribuidas competencias en materia de solución de conflictos, la parte promotora de la mediación o el arbitraje podrá solicitarlos directamente ante el SIMA, acreditando que ha agotado el trámite previsto en el número 1 ante la Comisión Paritaria correspondiente.

Artículo 11. Eficacia de las soluciones alcanzadas.

Será exigible la concurrencia de los requisitos de legitimación previstos en los artículos 87, 88, 89.3 y 91 del Texto Refundido de la Ley del Estatuto de los Trabajadores y 152 y 154 del Texto Refundido de la Ley de Procedimiento Laboral para que los acuerdos que pudieran alcanzarse en la mediación o el arbitraje posean eficacia general o frente a terceros.

En caso contrario, los compromisos o estipulaciones contraídos sólo surtirán efecto entre los trabajadores o empresas directamente representados por los sindicatos, organizaciones empresariales o empresas promotores del conflicto que hayan suscrito los acuerdos en que concluye el procedimiento de mediación o aceptado estar a resultas del compromiso arbitral correspondiente.

CAPÍTULO II

Procedimiento de mediación

Artículo 12. Cuestiones generales.

1. La mediación será desarrollada por un órgano unipersonal o colegiado que, de conformidad con lo prevenido en este Acuerdo, procurará de manera activa solventar las diferencias que dieron lugar al conflicto.

2. Las partes del procedimiento de mediación harán constar documentalmente las divergencias existentes, designando cada una un mediador y señalando la cuestión o cuestiones sobre las que versará la función de éstos.

3. El procedimiento de mediación no estará sujeto a ninguna tramitación preestablecida, salvo la designación del mediador (individual o colegiado) y la formalización del acuerdo que, en su caso, se alcance. Los datos e informaciones aportados serán tratados de forma confidencial.

4. Dentro del ámbito del presente Acuerdo el procedimiento de mediación será obligatorio cuando lo solicite una de las partes legitimadas.

No obstante ello, la mediación será preceptiva como requisito preprocesal para la interposición de demandas de conflicto colectivo ante la jurisdicción laboral por cualquiera de las partes y sustituye, por tanto, a la conciliación administrativa previa.

Igualmente, la convocatoria de la huelga requerirá, con anterioridad a su comunicación formal, haber agotado el procedimiento de mediación.

En los supuestos a que se refieren los artículos 40, 41, 47 y 51 del Texto Refundido de la Ley del Estatuto de los Trabajadores, y a fin de resolver las discrepancias que hubieran surgido en el período de consultas, deberá agotarse el procedimiento de mediación si así lo solicita, al menos, una de las partes. Ello no implicará la ampliación por esta causa de los plazos previstos en la Ley.

5. Efectos de la iniciación del procedimiento. El procedimiento de mediación desarrollado conforme a este Acuerdo sustituye el trámite obligatorio de conciliación previsto en el artículo 154.1 del Texto Refundido de la Ley de Procedimiento Laboral, dentro de su ámbito de aplicación y para los conflictos a que se refiere.

La iniciación del procedimiento de mediación impedirá la convocatoria de huelgas y la adopción de medidas de cierre patronal, así como el ejercicio de acciones judiciales o administrativas, o cualquier otra dirigida a la solución del conflicto, por el motivo o causa objeto de la mediación, en tanto dure ésta y de conformidad, en su caso, con los términos previstos en el artículo 10.4 de este Acuerdo.

6. En todo caso, las partes podrán acordar someterse voluntariamente al procedimiento de arbitraje regulado en el capítulo III de este Acuerdo sin necesidad de acudir al trámite de mediación.

Artículo 13. Sujetos legitimados para solicitar la mediación.

De acuerdo con el tipo de conflictos que pueden someterse al procedimiento, y siempre que se susciten en los ámbitos previstos por el ASEC-III y de conformidad con la aplicabilidad del mismo a los distintos sectores, subsectores y empresas, estarán legitimados para instar la mediación los siguientes sujetos:

a) En los conflictos a que se refieren los apartados a) y c) del número 1 del artículo 4 del ASEC-III, estarán legitimados todos los sujetos que, de acuerdo con la legalidad, estén capacitados para promover una demanda de conflicto colectivo en vía jurisdiccional o para convocar una huelga.

En estos supuestos, el Servicio deberá notificar la solicitud de mediación a las restantes organizaciones sindicales y empresariales representativas del ámbito en que se suscite el conflicto a efectos de su participación, si así lo consideran conveniente, en el procedimiento.

b) En los conflictos previstos en el apartado b) del número 1 del artículo 4, estarán legitimadas las respectivas representaciones de empresarios y trabajadores que participan en la correspondiente negociación. La decisión de instar la mediación deberá contar con la mayoría de la representación que la promueva.

c) Cuando el conflicto se suscite sobre la determinación de los servicios de seguridad y mantenimiento en caso de huelga estarán legitimados el comité de huelga y el empresario.

d) En los conflictos a que se refiere el apartado d) del artículo 4.1 de este Acuerdo estarán legitimados el empresario y la representación de los trabajadores que participe en las consultas correspondientes. La decisión de instar la mediación deberá contar con la mayoría de la representación que la promueva.

e) En los conflictos regulados en el apartado e) del artículo 4.1 de este Acuerdo estarán legitimadas las Comisiones Paritarias, por acuerdo mayoritario de ambas representaciones.

Artículo 14. Solicitud de la mediación.

1. La promoción de la mediación se iniciará con la presentación de un escrito dirigido al Servicio Interconfederal de Mediación y Arbitraje.

2. La solicitud de mediación deberá contener los siguientes extremos:

a) La identificación del empresario o de los sujetos colectivos que ostentan legitimación para acogerse al procedimiento, en el ámbito del conflicto.

En los supuestos en que resulte procedente deberá incluirse también la identificación de las restantes organizaciones empresariales y sindicales representativas en dicho ámbito.

b) El objeto del conflicto, con especificación de su génesis y desarrollo, de la pretensión y de las razones que la fundamenten.

c) El colectivo de trabajadores afectado por el conflicto y el ámbito territorial del mismo.

d) En caso de tratarse de un conflicto de interpretación y aplicación de un Convenio Colectivo, la acreditación de la intervención de la Comisión Paritaria, o de haberse dirigido a ella sin efecto, y el dictamen emitido en su caso.

Igual exigencia existirá en caso de conflictos de interpretación y aplicación de otro acuerdo o pacto colectivo, si existe en su seno una Comisión Paritaria.

e) Domicilio, fecha y firma del empresario o del sujeto colectivo que inicia el procedimiento.

3. Instada la mediación ante el Servicio Interconfederal de Mediación y Arbitraje, se agotará tal trámite en el plazo de diez días. Durante los tres primeros días hábiles de dicho período, el Servicio Interconfederal de Mediación y Arbitraje deberá atender la solicitud de mediador o mediadores y convocarlos para llevar a cabo la mediación. Si las partes no hubieran designado mediador o mediadores, el SIMA se dirigirá a aquéllas para que los designen y, en caso de no hacerlo, los designará el propio Servicio Interconfederal de Mediación y Arbitraje.

Las partes, de común acuerdo, podrán delegar en el SIMA la designación del mediador o mediadores.

4. La designación del mediador o mediadores prevista en el número anterior se producirá entre las personas incluidas en las listas que apruebe el Patronato del Servicio Interconfederal de Mediación

y Arbitraje, que serán periódicamente actualizadas. Tales listas comprenderán los mediadores propuestos por las organizaciones firmantes. De conformidad con lo previsto en el artículo 6.4, las partes podrán recurrir, en su caso, al órgano de mediación específico incorporado al Servicio.

5. El mediador o mediadores deberán ser ajenos al conflicto concreto en que actúan sin que puedan concurrir intereses personales o profesionales directos susceptibles de alterar o condicionar su actividad mediadora.

A este efecto se considerarán los siguientes supuestos:

a) Si el conflicto fuera de sector, serán incompatibles para ser mediadores los asesores de cada parte que hayan intervenido en el conflicto como tales, así como los integrantes del órgano directivo del sindicato/s o de la asociación empresarial/es afectados.

b) Si el conflicto fuera de empresa, tenga ésta Convenio Colectivo propio o no, serán incompatibles los miembros del comité de empresa o, en su caso, los delegados de personal, los miembros de los órganos directivos de las secciones sindicales, la dirección de la empresa, así como los asesores de una u otra parte que hayan participado en la negociación origen del conflicto.

En los conflictos planteados en las empresas con ocasión de la interpretación y aplicación de un convenio, acuerdo o pacto colectivo sectoriales cuya Comisión Paritaria tenga encomendadas funciones de mediación, podrán ser designados como mediadores los miembros de la misma, sin que por ello les afecte ningún tipo de incompatibilidad.

7. Promovida la mediación y durante su tramitación, las partes se abstendrán de adoptar cualquier otra medida dirigida a la solución del conflicto.

Artículo 15. Actuación de los mediadores.

1. La actividad del mediador o mediadores comenzará inmediatamente después de su designación. El procedimiento se desarrollará según los trámites que el órgano de mediación considere apropiado. El mediador o mediadores recabarán la información que consideren precisa para su función, garantizando, en todo caso, la confidencialidad de la información.

El SIMA facilitará la comunicación entre los mediadores siempre que éstos lo estimen oportuno.

2. Durante la comparecencia, el órgano de mediación intentará el acuerdo de las partes, moderando el debate y concediendo a las partes cuantas intervenciones considere oportunas. Se garantizará, en todo caso, el derecho de audiencia de los personados, así como el principio de igualdad y contradicción, sin que se produzca indefensión.

3. El mediador o mediadores formularán propuestas para la solución del conflicto, que podrán incluir el sometimiento de las discrepancias a arbitraje. Las partes aceptarán o rechazarán de manera expresa las propuestas formuladas.

Asimismo tras la comparecencia y dentro del plazo de diez días, el mediador o mediadores podrán formular propuestas para la solución del conflicto que deberán tenerse por no puestas en caso de no ser aceptadas por las partes.

4. El acuerdo de las partes de someter la cuestión a arbitraje termina la mediación sin necesidad de agotamiento de los plazos.

Artículo 16. Finalización de la mediación.

1. El acuerdo conseguido en mediación tendrá la misma eficacia que lo pactado en Convenio Colectivo, siempre que se den los requisitos de legitimación legalmente establecidos y dentro del ámbito al que se refiera, así como a los efectos previstos en el artículo 68 del Texto Refundido de la Ley de Procedimiento Laboral. En tal caso, será objeto de depósito, registro y publicación.

El acuerdo, si se produjera, se formalizará por escrito, presentándose copia a la autoridad laboral competente a los efectos previstos en el artículo 90 del Texto Refundido de la Ley del Estatuto de los Trabajadores.

2. En caso de no obtenerse acuerdo, el mediador o mediadores levantarán acta en ese mismo instante, registrando la propuesta o propuestas formuladas, la ausencia de acuerdo y las razones alegadas por cada una de las partes.

3. Si los órganos intervinientes en la mediación fueren los propios constituidos en el ámbito del convenio colectivo o acuerdo, éstos darán cuenta al Servicio Interconfederal de Mediación y Arbitraje de la solución habida, a efectos de registro.

Artículo 17. Procedimiento específico en los supuestos de huelga.

1. Antes de la comunicación formal de una huelga, la mediación deberá producirse a solicitud de los convocantes. Éstos deberán formular por escrito su solicitud incluyendo los objetivos de la

huelga, las gestiones realizadas y la fecha prevista para el inicio de la huelga. De dicho escrito, se enviará copia al empresario.

2. Entre la solicitud de mediación y la comunicación formal de la huelga deberán transcurrir, al menos, setenta y dos horas desde su inicio, salvo que las partes, de común acuerdo, prorroguen dicho plazo. El SIMA deberá, en el plazo de veinticuatro horas, atender la solicitud de mediador o mediadores, designarlos si no lo hubieran hecho las partes y convocarlas para llevar a cabo la mediación.

Ello no implicará la ampliación por esta causa de los plazos previstos en la legislación vigente.

3. Será posible, igualmente, la sumisión voluntaria y concorde de las partes al procedimiento de arbitraje.

4. La comparecencia a la correspondiente instancia mediadora es obligatoria para ambas partes, como consecuencia del deber de negociar implícito a la naturaleza de esta mediación.

El mediador o mediadores podrán formular propuestas para la solución del conflicto que deberán tenerse por no puestas en caso de no ser aceptadas por las partes.

5. El escrito de comunicación formal de la convocatoria de huelga deberá especificar que se ha intentado la mediación en los plazos anteriormente indicados o que, llevada a cabo, ésta se ha producido sin acuerdo. De no acreditarse por los convocantes tal circunstancia, se entenderá que la huelga no se encuentra debidamente convocada.

6. Cuando se plantee la mediación en relación con la concreción de los servicios de seguridad y mantenimiento, ésta se iniciará a solicitud de cualquiera de las partes si se plantea dentro de las veinticuatro horas siguientes a la comunicación formal de la huelga. Este procedimiento también tendrá una duración de setenta y dos horas.

CAPÍTULO III

Procedimiento de arbitraje

Artículo 18. Cuestiones generales.

1. Mediante el procedimiento de arbitraje, las partes acuerdan voluntariamente encomendar a un tercero y aceptar de antemano la solución que éste dicte sobre el conflicto suscitado.

Requerirá la manifestación expresa de voluntad de las partes en conflicto de someterse a la decisión imparcial de un árbitro o árbitros, que tendrá carácter de obligado cumplimiento.

2. Las partes podrán promover el arbitraje sin necesidad de acudir previamente al procedimiento de mediación previsto en el capítulo precedente, o hacerlo con posterioridad a su agotamiento o durante su transcurso conforme a los apartados 3 y 4 del artículo 15.

3. Una vez formalizado el compromiso arbitral las partes se abstendrán de instar otros procedimientos sobre cualquier cuestión o cuestiones sometidas al arbitraje, así como de recurrir a la huelga o cierre patronal.

Artículo 19. Sujetos legitimados para solicitar el arbitraje.

Están legitimados para instar el procedimiento arbitral, de mutuo acuerdo conforme al tipo de conflicto y al ámbito afectado, los mismos sujetos a que se refiere el artículo 13 de este Acuerdo.

Artículo 20. Solicitud del arbitraje.

1. La promoción del procedimiento requerirá la presentación de un escrito ante el Servicio Interconfederal de Mediación y Arbitraje suscrito por los sujetos legitimados que deseen someter la cuestión a arbitraje.

El escrito de promoción deberá expresar el árbitro o árbitros que se solicitan para dirimir la cuestión suscitada o la decisión de delegar en el Servicio Interconfederal de Mediación y Arbitraje la designación de los mismos.

Asimismo, deberá contener:

a) La identificación del empresario o de los sujetos colectivos que ostentan legitimación para acogerse al procedimiento, en el ámbito del conflicto.

En los supuestos en que resulte procedente, deberá incluirse también la identificación de las restantes organizaciones empresariales y sindicales representativas en dicho ámbito, a efectos de notificarles el compromiso arbitral por si desean adherirse a él.

b) Las cuestiones concretas sobre las que ha de versar el arbitraje, con especificación de su génesis y desarrollo, de la pretensión y de las razones que la fundamenten y el plazo para dictar el laudo arbitral.

c) El compromiso de aceptación de la decisión arbitral.

d) Si el laudo que se solicita debe de ser dictado en derecho o en equidad.

e) Domicilio de las partes afectadas.

f) Fecha y firma de las partes.

2. Se remitirán copias del compromiso arbitral a la Secretaría del SIMA, así como a la autoridad laboral competente a efectos de constancia y posterior publicidad del laudo.

3. La designación de árbitro o árbitros será libre y recaerá en expertos imparciales. El Servicio Interconfederal de Mediación y Arbitraje podrá poner a disposición de las partes una lista de árbitros para que, de entre ellos, designen aquel o aquellos que consideren procedentes.

En el supuesto de no llegarse a un acuerdo en la designación del árbitro o árbitros y cuando no se ha delegado en el Servicio esta designación, éste presentará a las partes promotoras del arbitraje, en el plazo máximo de tres días hábiles desde la iniciación del procedimiento, una propuesta de órgano arbitral. Si no se lograra el acuerdo de ambas partes, el SIMA presentará una lista impar de árbitros, de la que una y otra parte por mayoría descartará sucesiva y alternativamente los nombres que estime conveniente hasta que quede un solo nombre.

Artículo 21. Actuación de los árbitros.

1. La actividad del árbitro o árbitros comenzará inmediatamente después de su designación. El procedimiento se desarrollará según los trámites que el órgano arbitral considere apropiados, pudiendo requerir la comparecencia de las partes, solicitar documentación complementaria o recabar el auxilio de expertos si lo estimara necesario.

Se garantizará, en todo caso, el derecho de audiencia de los personados, así como el principio de igualdad y contradicción, sin que se produzca indefensión. El árbitro o árbitros podrán pedir el auxilio de expertos, si fuera preciso. De la sesión o sesiones que se celebren se levantará acta certificada por el árbitro o árbitros.

2. El árbitro o árbitros, que siempre actuarán conjuntamente, comunicarán a las partes la resolución adoptada dentro del plazo fijado en el compromiso arbitral, notificándolo igualmente a la Secretaría del Servicio Interconfederal de Mediación y Arbitraje y a la autoridad laboral competente. Si las partes no acordaran un plazo para la emisión del laudo, éste deberá emitirse en el plazo máximo de diez días hábiles a partir de la designación del árbitro o árbitros.

Excepcionalmente, atendiendo a las dificultades del conflicto y a su trascendencia, el árbitro podrá prorrogar el mencionado plazo de diez días mediante resolución motivada, debiendo, en todo caso, dictarse el laudo antes del transcurso de cuarenta días hábiles.

3. El laudo arbitral habrá de ser motivado y notificarse a las partes inmediatamente.

4. La resolución arbitral será vinculante e inmediatamente ejecutiva.

5. La resolución arbitral será objeto de depósito en el SIMA y remitido a la autoridad laboral para su depósito, registro y publicación cuando ello proceda.

Artículo 22. Eficacia del laudo arbitral.

1. La resolución arbitral tendrá la misma eficacia que lo pactado en Convenio Colectivo, siempre que se den los requisitos de legitimación legalmente establecidos y dentro del ámbito al que se refiera. En tal caso será objeto de depósito, registro y publicación en los términos previstos en el artículo 90 del Texto Refundido de la Ley del Estatuto de los Trabajadores.

En su caso, poseerá los efectos de sentencia firme de acuerdo con la disposición adicional séptima del Texto Refundido de la Ley de Procedimiento Laboral.

2. El laudo arbitral excluye cualquier otro procedimiento, demanda de conflicto colectivo o huelga sobre la materia resuelta y en función de su eficacia.

3. El laudo arbitral sólo podrá ser recurrido en el plazo de treinta días que prevé el artículo 67.2 del Texto Refundido de la Ley de Procedimiento Laboral cuando el árbitro o árbitros se hayan excedido de sus competencias resolviendo cuestiones ajenas al compromiso arbitral, hayan vulnerado notoriamente los principios que han de animar el procedimiento arbitral, rebasen el plazo establecido para dictar resolución o ésta contradiga normas constitucionales o legales. En estos casos procederá el recurso de anulación previsto en el artículo 65.3 del Texto Refundido de la Ley de Procedimiento Laboral.

4. El laudo firme se ejecutará en los términos previstos por la Disposición Adicional Séptima del Texto Refundido de la Ley de Procedimiento Laboral.

TÍTULO III

Artículo 23. Comité Paritario Interconfederal.

1. El Comité Paritario Interconfederal, estará compuesto por seis miembros por parte sindical y seis por parte empresarial, teniendo competencia de interpretación, aplicación y seguimiento del presente Acuerdo, así como el registro de los instrumentos de ratificación o adhesión del mismo. De entre sus miembros serán designadas la Presidencia y dos Secretarías, que podrán ser renovadas anualmente.

El Comité Paritario tendrá su propio Reglamento de Funcionamiento.

2. La sede del Comité Paritario Interconfederal estará ubicada en los locales del SIMA en Madrid calle San Bernardo, núm. 20, 5ª planta.

DISPOSICIONES ADICIONALES

Primera.

En el supuesto de que un conflicto colectivo de los afectados por este Acuerdo pudiera someterse igualmente a otro procedimiento extrajudicial vigente en el ámbito de una Comunidad Autónoma, corresponderá a las partes afectadas elegir, mediante acuerdo, el procedimiento al que se someten.

Segunda.

Las organizaciones firmantes del presente ASEC III expresan su deseo de dirigirse al Gobierno a efectos de que, mediante el correspondiente acuerdo tripartito y por el procedimiento legalmente oportuno, puedan habilitarse medidas que posibiliten la financiación y ejecución del mismo.

⇒ La Resolución de 22 abril 2005, de la Dirección General de Trabajo, dispone el depósito y publicación del Acuerdo Tripartito en materia de solución extrajudicial de conflictos laborales.

DISPOSICIONES TRANSITORIAS

Primera.

En atención a lo dispuesto en el artículo 3 se entenderá que este Acuerdo incluye en su ámbito de aplicación a todos los sectores y empresas que a fecha 31 de diciembre de 2004 se encuentren adheridos, o incorporados por convenio o acuerdo o hayan ratificado el sistema de solución de conflictos establecidos en el anterior ASEC. No obstante, en el plazo de tres meses a partir de la publicación de este Acuerdo en el BOE podrán manifestar por escrito su decisión en contrario al Comité Paritario de este ASEC III.

Segunda.

Se tramitarán conforme al ASEC anterior las mediaciones y arbitrajes cuya fecha de registro en el SIMA sea anterior a la publicación en el BOE del presente Acuerdo.

DISPOSICIÓN FINAL

En virtud de la naturaleza y eficacia reconocidas al presente Acuerdo, éste se remitirá a la autoridad laboral para su depósito, registro y publicación.

XI

NORMAS INTERNACIONALES Y COMUNITARIAS

A) Normas internacionales genéricas

§ 43.1 CONSTITUCIÓN 28 JUNIO 1919. ORGANIZACIÓN INTERNACIONAL DEL TRABAJO

(BOE núm. 226, de 21 septiembre 1982 [RCL 1982, 2472])

PREÁMBULO

Considerando que la paz universal y permanente sólo puede basarse en la justicia social;

Considerando que existen condiciones de trabajo que entrañan tal grado de injusticia, miseria y privaciones para gran número de seres humanos, que el descontento causado constituye una amenaza para la paz y armonía universales; y considerando que es urgente mejorar dichas condiciones, por ejemplo, en lo concerniente a reglamentación de las horas de trabajo, fijación de la duración máxima de la jornada y de la semana de trabajo, contratación de la mano de obra, lucha contra el desempleo, garantía de un salario vital adecuado, protección del trabajador contra las enfermedades, sean o no profesionales, y contra los accidentes del trabajo, protección de los niños, de los adolescentes y de las mujeres, pensiones de vejez y de invalidez, protección de los intereses de los trabajadores ocupados en el extranjero, reconocimiento del principio de salario igual por un trabajo de igual valor y del principio de libertad sindical, organización de la enseñanza profesional y técnica y otras medidas análogas;

Considerando que si cualquier nación no adoptare un régimen de trabajo realmente humano, esta omisión constituiría un obstáculo a los esfuerzos de otras naciones que deseen mejorar la suerte de los trabajadores en sus propios países:

Las Altas Partes Contratantes, movidas por sentimientos de justicia y de humanidad y por el deseo de asegurar la paz permanente en el mundo, y a los efectos de alcanzar los objetivos expuestos en este preámbulo, convienen en la siguiente Constitución de la Organización Internacional del Trabajo.

CAPÍTULO I

Artículo 1. Organización.

1. Se funda una organización permanente encargada de trabajar por la realización del programa expuesto en el preámbulo a esta Constitución y en la Declaración relativa a los fines y objetivos de la Organización Internacional del Trabajo, adoptada en Filadelfia el 10 de mayo de 1944, cuyo texto figura como anexo a esta Constitución.

2. Serán Miembros de la Organización Internacional del Trabajo los Estados que eran Miembros de la Organización el 1 de noviembre de 1945 y cualquier otro Estado que adquiera la calidad de Miembro de conformidad con las disposiciones de los párrafos 3 y 4 de este artículo.

3. Cualquier Miembro originario de las Naciones Unidas y cualquier Estado admitido como Miembro de las Naciones Unidas por decisión de la Asamblea General, de acuerdo con las disposiciones de la Carta, podrán adquirir la calidad de Miembro de la Organización Internacional del Trabajo comunicando al Director general de la Oficina Internacional del Trabajo la aceptación formal de las obligaciones que emanan de la Constitución de la Organización Internacional del Trabajo.

4. La Conferencia General de la Organización Internacional del Trabajo podrá también admitir a un Estado en calidad de Miembro de la Organización por mayoría de dos tercios de los delegados presentes en la reunión, incluidos dos tercios de los delegados gubernamentales presentes y votantes. Esta admisión surtirá efecto cuando el gobierno del nuevo Miembro comunique al Director General de la Oficina Internacional del Trabajo la aceptación formal de las obligaciones que emanan de la Constitución de la Organización Internacional del Trabajo.

5. Ningún Miembro de la Organización Internacional del Trabajo podrá retirarse de la Organización sin dar aviso previo de su intención al Director General de la Oficina Internacional de Trabajo.

Dicho aviso surtirá efecto dos años después de la fecha de su recepción por el Director General, a reserva de que en esta última fecha el Miembro haya cumplido todas las obligaciones financieras que se deriven de su calidad de Miembro. Cuando un Miembro haya ratificado un convenio internacional del trabajo, su retiro no menoscabará la validez de todas las obligaciones que se deriven del convenio o se refieran a él, respecto del período señalado en dicho convenio.

6. En caso de que un Estado hubiera dejado de ser Miembro de la Organización, su readmisión como Miembro se regirá por las disposiciones de los párrafos 3 ó 4 de este artículo.

Artículo 2.

La Organización permanente comprende:

a) La Conferencia General de los representantes de los Miembros;

b) El Consejo de Administración, compuesto como lo indica el art. 7; y

c) La Oficina Internacional del Trabajo, que estará bajo la dirección del Consejo de Administración.

Artículo 3.

1. La Conferencia General de los representantes de los Miembros celebrará reuniones cada vez que sea necesario y, por lo menos, una vez al año; se compondrá de cuatro representantes de cada uno de los Miembros, dos de los cuales serán delegados del gobierno y los otros dos representantes delegados del gobierno y los otros dos representarán, respectivamente, a los empleadores y a los trabajadores de cada uno de los Miembros.

2. Cada delegado podrá estar acompañado de dos consejeros técnicos, como máximo, por cada uno de los puntos que figuren en el orden del día de la reunión. Cuando en la Conferencia deban discutirse cuestiones de especial interés para las mujeres, entre las personas designadas como consejeros técnicos una, por lo menos, deberá ser mujer.

3. Todo Miembro que sea responsable de las relaciones internacionales de territorios no metropolitanos podrá designar como consejeros técnicos adicionales para acompañar a cada uno de sus delegados:

a) A personas nombradas por dicho Miembro en calidad de representantes de cualquiera de esos territorios para los asuntos que sean de la competencia de las autoridades de tales territorios; y

b) A personas nombradas por dicho Miembro para asesorar a sus delegados en los asuntos relativos a territorios no autónomos.

4. Cuando un territorio esté bajo la autoridad conjunta de dos o más Miembros, podrán designarse personas para asesorar a los delegados de dichos Miembros.

5. Los Miembros se obligan a designar a los delegados y consejeros técnicos no gubernamentales de acuerdo con las organizaciones profesionales más representativas de empleadores o de trabajadores, según sea el caso, siempre que tales organizaciones existan en el país de que se trate.

6. Los consejeros técnicos sólo podrán hacer uso de la palabra a petición del delegado a quien acompañen y con autorización especial del Presidente de la Conferencia; no podrán participar en las votaciones.

7. Cualquier delegado podrá, por nota escrita dirigida al Presidente, designar como suplente a uno de sus consejeros técnicos, quien, en tal caso, podrá participar en los debates y en las votaciones.

8. Los nombres de los delegados y de sus consejeros técnicos serán comunicados a la Oficina Internacional de Trabajo por el gobierno de cada uno de los Miembros.

9. Los poderes de los delegados y de sus consejeros técnicos serán examinados por la Conferencia, la cual podrá, por mayoría de dos tercios de los votos de los delegados presentes, rechazar la admisión de cualquier delegado o consejero técnico que en opinión de la misma no haya sido designado de conformidad con el presente artículo.

Artículo 4.

1. Cada delegado tendrá derecho a votar individualmente en todas las cuestiones sometidas a la Conferencia.

2. En caso de que uno de los Miembros no hubiere designado a uno de los delegados no gubernamentales a que tiene derecho, el otro delegado no gubernamental tendrá derecho a participar en los debates de la Conferencia, pero no a votar.

3. En caso de que la Conferencia, en virtud de las facultades que le confiere el artículo 3,

rechazare la admisión de un delegado de uno de los Miembros, las disposiciones del presente artículo se aplicarán como si dicho delegado no hubiere sido designado.

Artículo 5.

Las reuniones de la Conferencia se celebrarán, a reserva de las decisiones que pueda haber tomado la propia Conferencia en una reunión anterior, en el lugar que decida el Consejo de Administración.

Artículo 6.

Cualquier cambio en la sede de la Oficina Internacional del Trabajo lo decidirá la Conferencia por mayoría de dos tercios de los votos emitidos por los delegados presentes.

Artículo 7.

1. El Consejo de Administración se compondrá de cincuenta y seis personas:

Veintiocho representantes de los gobiernos;

Catorce representantes de los empleadores, y

Catorce representantes de los trabajadores.

⇒ La 72ª Reunión de la Conferencia General (Ginebra, 1986) aprobó un Instrumento de Enmienda a la Constitución de la OIT, 1986.

De acuerdo con dicho Instrumento, el Consejo de Administración pasa a estar constituido por 56 representantes de los Gobiernos, 28 de los empresarios y 28 de los trabajadores.

Dicha modificación debe entrar en vigor cuando se cumplan las condiciones que establece el art. 36. V. nota al mismo.

2. De los veintiocho representantes de los gobiernos, diez serán nombrados por los Miembros de mayor importancia industrial, y los dieciocho restantes, por los Miembros designados al efecto por los delegados gubernamentales a la Conferencia, con exclusión de los delegados de los diez Miembros primeramente mencionados.

3. El Consejo de Administración determinará, cada vez que sea necesario, cuáles son los Miembros de la Organización de mayor importancia industrial y fijará las normas para que todas las cuestiones relacionadas con la designación de dichos Miembros sean examinadas por una comisión imparcial antes de que el Consejo de Administración adopte una decisión al respecto. Toda apelación interpuesta por un Miembro contra la decisión del Consejo de Administración por la que determine cuáles son los Miembros de mayor importancia industrial será resuelta por la Conferencia; pero dicha apelación no suspenderá la aplicación de la decisión mientras la Conferencia no se haya pronunciado.

4. Los representantes de los empleadores y los de los trabajadores serán elegidos, respectivamente, por los delegados empleadores y los delegados trabajadores a la Conferencia.

5. El Consejo de Administración se renovará cada tres años. Si por cualquier razón las elecciones del Consejo de Administración no pudieren celebrarse al expirar este plazo, el Consejo de Administración continuará en funciones hasta que puedan realizarse.

6. La forma de proveer los puestos vacantes y de designar los suplentes, y otras cuestiones análogas, podrán ser resueltas por el Consejo, a reserva de la aprobación de la Conferencia.

7. El Consejo de Administración elegirá entre sus miembros un presidente y dos vicepresidentes. Uno de estos tres cargos deberá ser desempeñado por una persona que represente a un gobierno y los otros dos por personas que representen, respectivamente, a los empleadores y a los trabajadores.

8. El Consejo de Administración fijará su propio reglamento, así como las fechas de sus reuniones. Se celebrará reunión extraordinaria cuando lo soliciten por escrito por lo menos dieciséis miembros del Consejo de Administración.

Artículo 8.

1. El Director General de la Oficina Internacional del Trabajo será nombrado por el Consejo de Administración, del que recibirá instrucciones y ante el cual será responsable de la buena marcha de la Oficina y de la ejecución de cualesquiera otras funciones que pudieren serle confiadas.

2. El Director General o su suplente asistirá a todas las sesiones del Consejo de Administración.

Artículo 9.

1. El personal de la Oficina Internacional del Trabajo será nombrado por el Director General, de acuerdo con las reglas aprobadas por el Consejo de Administración.

2. Los nombramientos que efectúe el Director general deberán recaer en personas de diferentes nacionalidades, siempre que ello sea compatible con la eficacia de las labores de la Oficina.

3. Algunas de estas personas deberán ser mujeres.

4. Las funciones del Director general y del personal serán exclusivamente de carácter internacional. En el cumplimiento de sus funciones, el Director general y el personal no solicitarán ni aceptarán instrucciones de ningún gobierno ni de ninguna autoridad ajena a la Organización. Se abstendrán de toda acción incompatible con su condición de funcionarios internacionales, responsables únicamente ante la Organización.

5. Todo Miembro de la Organización se obliga a respetar el carácter exclusivamente internacional de las funciones del Director general y del personal y no tratará de ejercer influencia sobre ellos en el cumplimiento de sus funciones.

Artículo 10.

1. Las funciones de la Oficina Internacional del Trabajo comprenderán la compilación y distribución de todas las informaciones concernientes a la reglamentación internacional de las condiciones de vida y de trabajo de los trabajadores y, en particular, el estudio de las cuestiones que hayan de someterse a la Conferencia con miras a la adopción de convenios internacionales, así como la realización de encuestas especiales ordenadas por la Conferencia o por el Consejo de Administración.

2. A reserva de las instrucciones que pueda darle el Consejo de Administración, la Oficina:

a) Preparará los documentos sobre los diversos puntos del orden del día de las reuniones de la Conferencia;

b) Prestará a los gobiernos, cuando éstos la soliciten, toda la ayuda posible para elaborar una legislación basada en las decisiones de la Conferencia y para mejorar las prácticas administrativas y los sistemas de inspección;

c) Cumplirá, de conformidad con las disposiciones de esta Constitución, los deberes que le incumban en relación con la aplicación efectiva de los convenios;

d) Redactará y editará, en los idiomas que el Consejo de Administración considere convenientes, publicaciones sobre cuestiones relativas a la industria y al trabajo que tengan interés internacional.

3. De un modo general, la Oficina tendrá cualesquiera otras facultades y obligaciones que la Conferencia o el Consejo de Administración considere conveniente encomendarle.

Artículo 11.

Las dependencias gubernamentales de los Estados Miembros que se ocupen de cuestiones de trabajo podrán comunicarse directamente con el Director General por conducto del representante de su gobierno en el Consejo de Administración de la Oficina Internacional del Trabajo, o, en su defecto, por conducto de cualquier otro funcionario debidamente calificado y designado al respecto por el gobierno interesado.

Artículo 12.

1. La Organización Internacional del Trabajo colaborará, de acuerdo con lo dispuesto en esta Constitución, con cualquier organización internacional de carácter general encargada de coordinar las actividades de las organizaciones de derecho internacional público que tengan funciones especializadas, y con las organizaciones de derecho internacional público que tengan funciones especializadas en esferas afines.

2. La Organización Internacional del Trabajo podrá adoptar medidas apropiadas para que los representantes de las organizaciones de derecho internacional público participen, sin voto, en sus debates.

3. La Organización Internacional del Trabajo podrá adoptar cuantas medidas estime necesarias para efectuar consultas, cuando lo considere conveniente, con las organizaciones internacionales no gubernamentales reconocidas, comprendidas las organizaciones internacionales de empleadores, de trabajadores, de agricultores y de cooperativistas.

Artículo 13.

1. La Organización Internacional del Trabajo podrá celebrar con las Naciones Unidas los acuerdos financieros y presupuestarios que considere apropiados.

2. Mientras no se hayan concluido tales acuerdos, o si en un momento dado no estuvieren en vigor:

a) Cada uno de los Miembros pagará los gastos de viaje y estancia de sus delegados y consejeros técnicos, así como los de sus representantes que participen en las reuniones de la Conferencia o del Consejo de Administración, según sea el caso;

b) Todos los demás gastos de la Oficina Internacional del Trabajo y de las reuniones de la Conferencia o del Consejo de Administración serán sufragados por el Director General de la Oficina

Internacional del Trabajo, con cargo al presupuesto general de la Organización Internacional del Trabajo;

c) Las disposiciones relativas a la aprobación del presupuesto de la Organización Internacional del Trabajo, así como las concernientes al prorrateo y recaudación de las contribuciones, las fijará la Conferencia por mayoría de dos tercios de los votos emitidos por los delegados presentes, y en dichas disposiciones se establecerá que el presupuesto y las reglas concernientes al prorrateo de los gastos entre los Miembros de la Organización serán aprobados por una comisión de representantes gubernamentales.

3. Los gastos de la Organización Internacional del Trabajo correrán a cargo de los Miembros, conforme a las disposiciones vigentes en virtud del párrafo 1 o del apartado c) del párrafo 2 de este artículo.

4. El miembro de la Organización que esté atrasado en el pago de su contribución financiera a la Organización no podrá votar en la Conferencia, en el Consejo de Administración, en ninguna comisión, ni en las elecciones de miembros del Consejo de Administración, si la suma adeudada fuere igual o superior al total de la contribución que deba pagar por los dos años anteriores completos. Sin embargo, la Conferencia podrá, por mayoría de dos tercios de los votos emitidos por los delegados presentes, permitir que dicho Miembro vote, si llegare a la conclusión de que el retraso se debe a circunstancias ajenas a la voluntad del Miembro.

5. El Director General de la Oficina Internacional del Trabajo será responsable ante el Consejo de Administración, del empleo de fondos de la Organización Internacional del Trabajo.

CAPÍTULO II

Funcionamiento

Artículo 14.

1. El Consejo de Administración fijará el orden del día de las reuniones de la Conferencia, después de examinar todas las proposiciones presentadas al respecto por los gobiernos de los Miembros, por cualquiera de las organizaciones representativas a que se hace referencia en el artículo 3, o por cualquier organización de derecho internacional público.

2. El Consejo de Administración fijará reglas para lograr que se efectúe una preparación técnica y cabal y se consulte adecuadamente a los Miembros principalmente interesados, por medio de una conferencia preparatoria o de cualquier otro modo, antes de la adopción de un convenio o de una recomendación por la Conferencia.

Artículo 15.

1. El Director General actuará como Secretario General de la Conferencia y cuatro meses antes de la sesión de apertura, pondrá el orden del día de cada reunión en conocimiento de los Miembros y, por conducto de éstos, en conocimiento de los delegados no gubernamentales, una vez que haya sido designados.

2. Los informes sobre cada punto del orden del día serán enviados a los Miembros en tiempo oportuno a fin de que puedan ser examinados adecuadamente antes de la reunión de la Conferencia. El Consejo de Administración fijará las reglas para la aplicación de esta disposición.

Artículo 16.

1. Cada uno de los gobiernos de los Miembros tendrá derecho a oponerse a la inscripción de una o varias cuestiones propuestas en el orden del día de la reunión. Los motivos que justifiquen dicha oposición deberán ser expuestos en una nota dirigida al Director General, quien deberá comunicarla a los Miembros de la Organización.

2. Sin embargo, las cuestiones que hayan sido objeto de oposición continuarán inscritas en el orden del día si la Conferencia así lo decidiere por mayoría de dos tercios de los votos emitidos por los delegados presentes.

3. Cuando la Conferencia decida, por la misma mayoría de dos tercios, que una cuestión deba ser examinada (y no se trate del caso previsto en el párrafo precedente), dicha cuestión será inscrita en el orden del día de la reunión siguiente.

Artículo 17.

1. La Conferencia elegirá un presidente y tres vicepresidentes. De los tres vicepresidentes, uno será delegado gubernamental, otro delegado de los empleadores y el otro delegado de los trabajadores.

La Conferencia reglamentará su propio funcionamiento y nombrará comisiones encargadas de informar sobre todas las cuestiones que a su juicio deban estudiarse.

2. Las decisiones de la Conferencia se adoptarán por simple mayoría de los votos emitidos por los delegados presentes, en todos aquellos casos en que no se requiera mayor número de votos por disposición expresa de esta Constitución, de cualquier convenio u otro instrumento que confiera facultades a la Conferencia, o de los acuerdos financieros y presupuestarios que se adopten en virtud del artículo 13.

3. Ninguna votación surtirá efecto si el total de votos emitidos fuere inferior a la mitad del número de delegados presentes en la reunión.

Artículo 18.

La Conferencia podrá agregar expertos técnicos, sin derecho a voto, a las comisiones que constituya.

Artículo 19.

1. Cuando la Conferencia se pronuncie a favor de la adopción de proposiciones relativas a una cuestión del orden del día, tendrá que determinar si dichas proposiciones han de revestir la forma: a) de un convenio internacional, o b) de una recomendación, si la cuestión tratada, o uno de sus aspectos, no se prestare en ese momento para la adopción de un convenio.

2. En ambos casos, para que la Conferencia adopte en votación final el convenio o la recomendación será necesaria una mayoría de dos tercios de los votos emitidos por los delegados presentes.

3. Al elaborar cualquier convenio o recomendación de aplicación general, la Conferencia deberá tener en cuenta aquellos países donde el clima, el desarrollo incompleto de la organización industrial u otras circunstancias particulares hagan esencialmente diferentes las condiciones de trabajo, y deberá proponer las modificaciones que considere necesarias de acuerdo con las condiciones peculiares de dichos países.

4. El Presidente de la Conferencia y el Director General autenticarán, con sus firmas, dos copias del convenio o de la recomendación. De estas copias, una se depositará en los archivos de la Oficina Internacional del Trabajo y la otra se enviará al Secretario General de las Naciones Unidas. El Director General remitirá una copia certificada del convenio o de la recomendación a cada uno de los Miembros.

5. En el caso de un convenio:

a) El convenio se comunicará a todos los Miembros para su ratificación;

b) Cada uno de los Miembros se obliga a someter el convenio, en el término de un año a partir de la clausura de la reunión de la Conferencia (o, cuando por circunstancias excepcionales no pueda hacerse en el término de un año, tan pronto sea posible, pero nunca más de dieciocho meses después de clausurada la reunión de la Conferencia), a la autoridad o autoridades a quienes competa el asunto, al efecto de que le den forma de ley o adopten otras medidas;

c) Los Miembros informarán al Director General de la Oficina Internacional del Trabajo sobre las medidas adoptadas de acuerdo con este artículo para someter el convenio a la autoridad o autoridades competentes, comunicándole, al mismo tiempo, los datos relativos a la autoridad o autoridades consideradas competentes y a las medidas por ellas adoptadas;

d) Si el Miembro obtuviere el consentimiento de la autoridad o autoridades a quienes competa el asunto, comunicará la ratificación formal del convenio al Director General y adoptará las medidas necesarias para hacer efectivas las disposiciones de dicho convenio;

e) Si el Miembro no obtuviere el consentimiento de la autoridad o autoridades a quienes competa el asunto, no recaerá sobre dicho Miembro ninguna otra obligación, a excepción de la de informar al Director General de la Oficina Internacional del Trabajo, con la frecuencia que fije el Consejo de Administración, sobre el estado de su legislación y la práctica en lo que respecta a los asuntos tratados en el convenio, precisando en qué medida se ha puesto o se propone poner en ejecución cualquiera de las disposiciones del convenio, por vía legislativa o administrativa, por medio de contratos colectivos, o de otro modo, e indicando las dificultades que impiden o retrasan la ratificación de dicho convenio.

6. En el caso de una recomendación:

a) La recomendación se comunicará a todos los Miembros para su examen, a fin de ponerla en ejecución por medio de la legislación nacional o de otro modo;

b) Cada uno de los Miembros se obliga a someter la recomendación, en el término de un año a partir de la clausura de la reunión de la Conferencia (o, cuando por circunstancias excepcionales, no pueda hacerse en el término de un año, tan pronto sea posible, pero nunca más de 18 meses después de clausurada la reunión de la Conferencia), a la autoridad o autoridades a quienes competa el asunto, al efecto de que le den forma de ley o adopten otras medidas;

c) Los Miembros informarán al Director General de la Oficina Internacional del Trabajo sobre las medidas adoptadas de acuerdo con este artículo para someter la recomendación a la autoridad o autoridades competentes, comunicándole, al mismo tiempo, los datos relativos a la autoridad o autoridades consideradas competentes y a las medidas por ellas adoptadas;

d) Salvo la obligación de someter la recomendación a la autoridad o autoridades competentes, no recaerá sobre los Miembros ninguna otra obligación, a excepción de la de informar al Director General de la Oficina Internacional del Trabajo, con la frecuencia que fije el Consejo de Administración, sobre el estado de su legislación y la práctica en lo que respecta a los asuntos tratados en la recomendación, precisando en qué medida se ha puesto o se propone poner en ejecución las disposiciones de la recomendación y las modificaciones que se considere o pueda considerarse necesario hacer a estas disposiciones para adoptarlas o aplicarlas.

7. En el caso de un Estado federal, se aplicarán las siguientes disposiciones:

a) Respecto a los convenios y recomendaciones que el gobierno federal considere apropiados de acuerdo con su sistema constitucional para la adopción de medidas en el ámbito federal las obligaciones del Estado federal serán las mismas que las de los Miembros que no sean Estados federales;

b) Respecto a los convenios y recomendaciones que el gobierno federal considere más apropiados, total o parcialmente, de acuerdo con su sistema constitucional, para la adopción de medidas por parte de los Estados, provincias o cantones constitutivos que por parte del Estado federal, el gobierno federal:

i) Adoptará, de acuerdo con su constitución o las constituciones de los Estados, provincias o cantones interesados, medidas efectivas para someter tales convenios y recomendaciones, a más tardar 18 meses después de clausurada la reunión de la Conferencia, a las autoridades federales, estatales, provinciales o cantonales apropiadas, al efecto de que les den forma de ley o adopten otras medidas;

ii) Adoptará medidas, condicionadas al acuerdo de los gobiernos de los Estados, provincias o cantones interesados, para celebrar consultas periódicas entre las autoridades federales y las de los Estados, provincias o cantones interesados, a fin de promover, dentro del Estado federal, medidas coordinadas para poner en ejecución las disposiciones de tales convenios y recomendaciones;

iii) Informará al Director General de la Oficina Internacional del Trabajo sobre las medidas adoptadas de acuerdo con este artículo para someter tales convenios y recomendaciones a las autoridades federales, estatales, provinciales o cantonales apropiadas, comunicándole al mismo tiempo los datos relativos a las autoridades consideradas apropiadas y a las medidas por ellas adoptadas;

iv) Informará al Director General de la Oficina Internacional del Trabajo respecto a cada uno de esos convenios que no haya ratificado, con la frecuencia que fije el Consejo de Administración, sobre el estado de la legislación y a la práctica de la federación y sus Estados, provincias o cantones constitutivos, precisando en qué medida se ha puesto o se propone poner en ejecución cualquiera de las disposiciones del convenio, por vía legislativa o administrativa, por medio de contratos colectivos, o de otro modo;

v) Informará al Director General de la Oficina Internacional del Trabajo respecto a cada una de esas recomendaciones, con la frecuencia que fije el Consejo de Administración, sobre el estado de la legislación y la práctica de la federación y sus Estados, provincias o cantones constitutivos, precisando en qué medida se han puesto o se propone poner en ejecución las disposiciones de la recomendación y las modificaciones que se considere o pueda considerarse necesario hacer a estas disposiciones para adoptarlas o aplicarlas.

8. En ningún caso podrá considerarse que la adopción de un convenio o de una recomendación por la Conferencia, o la ratificación de un convenio por cualquier Miembro, menoscabará cualquier ley, sentencia, costumbre o acuerdo que garantice a los trabajadores condiciones más favorables que las que figuren en el convenio o en la recomendación.

⇒ La 85ª Reunión de la Conferencia Internacional del Trabajo, enmendó el art. 19, añadiendo un apartado 9 que prevé que, por iniciativa del Consejo de Administración de la OIT, la Conferencia podrá derogar, por mayoría de dos tercios todo Convenio que considere que «ha perdido su objeto, o que ya no representa una contribución útil a la consecución de los objetivos de la Organización». La enmienda entrará en vigor cuando sea ratificada de conformidad con lo dispuesto en el art. 36.

Artículo 20.

Todo convenio así ratificado será comunicado por el Director General de la Oficina Internacional del Trabajo al Secretario General de las Naciones Unidas, para ser registrado de acuerdo con las disposiciones del artículo 102 de la Carta de las Naciones Unidas, pero sólo obligará a los Miembros que lo hayan ratificado.

Artículo 21.

1. Cualquier proyecto de convenio sometido a la Conferencia que en la votación final no obtuviere una mayoría de dos tercios de los votos emitidos por los Miembros presentes podrá ser objeto de un convenio particular entre los Miembros de la Organización que así lo deseen.

2. Todo convenio concertado en esta forma deberá ser comunicado por los gobiernos interesados al Director General de la Oficina Internacional del Trabajo y al Secretario General de las Naciones Unidas, para ser registrado de acuerdo con las disposiciones del artículo 102 de la Carta de las Naciones Unidas.

Artículo 22.

Cada uno de los Miembros se obliga a presentar a la Oficina Internacional del Trabajo una memoria anual sobre las medidas que haya adoptado para poner en ejecución los convenios a los cuales se haya adherido. Estas memorias serán redactadas en la forma que indique el Consejo de Administración y deberán contener los datos que éste solicite.

Artículo 23.

1. El Director General presentará en la siguiente reunión de la Conferencia un resumen de las informaciones y memorias que le hayan comunicado los Miembros en cumplimiento de los artículos 19 y 22.

2. Todo Miembro comunicará a las organizaciones representativas reconocidas, a los efectos del artículo 3, copia de las informaciones y memorias que haya enviado al Director General en cumplimiento de los artículos 19 y 22.

Artículo 24.

Toda reclamación dirigida a la Oficina Internacional del Trabajo por una organización profesional de empleadores o de trabajadores en la que se alegue que cualquiera de los Miembros no ha adoptado medidas para el cumplimiento satisfactorio, dentro de su jurisdicción, de un convenio en el que dicho Miembro sea parte podrá ser comunicada por el Consejo de Administración al gobierno contra el cual se presente la reclamación y podrá invitarse a dicho gobierno a formular sobre la materia la declaración que considere conveniente.

Artículo 25.

Si en un plazo prudencial no se recibiere ninguna declaración del gobierno contra el cual se haya presentado la reclamación, o si la declaración recibida no se considerare satisfactoria por el Consejo de Administración, éste podrá hacer pública la reclamación, y en su caso, la respuesta recibida.

Artículo 26.

1. Cualquier Miembro podrá presentar ante la Oficina Internacional del Trabajo una queja contra otro Miembro que, a su parecer, no haya adoptado medidas para el cumplimiento satisfactorio de un convenio que ambos hayan ratificado en virtud de los artículos precedentes.

2. El Consejo de Administración podrá, si lo considerare conveniente y antes de referir el asunto a una comisión de encuesta, según el procedimiento que más adelante se indica, ponerse en relación con el gobierno contra el cual se presente la queja, en la forma prevista en el artículo 24.

3. Si el Consejo de Administración no considerare necesario comunicar la queja al gobierno contra el cual se haya presentado, o si hecha la comunicación, no se recibiere dentro de un plazo prudencial una respuesta que le satisfaga, el consejo de Administración podrá nombrar una comisión de encuesta encargada de estudiar la cuestión planteada e informará al respecto.

4. El Consejo podrá seguir el mismo procedimiento de oficio o en virtud de una queja presentada por un Delegado de la Conferencia.

5. Cuando el Consejo de Administración examine una cuestión suscitada por la aplicación de los artículos 25 ó 26, el gobierno interesado, si no estuviere ya representado en el Consejo de Administración, tendrá derecho a designar un delegado para que participe en las deliberaciones del Consejo relativas a dicha cuestión. La fecha en que deban efectuarse las deliberaciones se notificará en tiempo oportuno al gobierno interesado.

Artículo 27.

En caso de que se decidiera someter una comisión de encuesta una queja recibida en virtud del artículo 26, cada Miembro, le concierna o no directamente la queja, se obliga a poner a disposición de la comisión todas las informaciones que tuviere en su poder relacionadas con el objeto de dicha queja.

Artículo 28.

La comisión de encuesta, después de examinar detenidamente la queja, redactará un informe en el cual expondrá el resultado de sus averiguaciones sobre todos los hechos concretos que permitan precisar el alcance del litigio, así como las recomendaciones que considere apropiado formular con respecto a las medidas que debieran adoptarse para dar satisfacción al gobierno reclamante, y a los plazos dentro de los cuales dichas medidas debieran adoptarse.

Artículo 29.

1. El Director General de la Oficina Internacional del Trabajo comunicará el informe de la comisión de encuesta al Consejo de Administración y a los gobiernos a los cuales concierna la queja, y procederá a su publicación.

2. Cada uno de los gobiernos interesados deberá comunicar al Director General de la Oficina Internacional del Trabajo, dentro de un plazo de tres meses, si acepta o no las recomendaciones contenidas en el informe de la comisión y, en caso de que no las acepte, si desea someter la queja a la Corte Internacional de Justicia.

Artículo 30.

En caso de que uno de los Miembros no adoptare, para la aplicación de un convenio o de una recomendación, las medidas prescritas por los párrafos 5 b), 6 b) o 7 b) i) del artículo 19, cualquier otro Miembro podrá someter la cuestión al Consejo de Administración. Si el Consejo de Administración reconociere que el Miembro no ha adoptado dichas medidas, informará a la Conferencia sobre el particular.

Artículo 31.

La decisión de la Corte Internacional de Justicia sobre cualquier reclamación o cuestión que se le haya sometido en virtud del artículo 29 será inapelable.

Artículo 32.

La Corte Internacional de Justicia podrá confirmar, modificar o anular las conclusiones o recomendaciones que pudiere haber formulado la comisión de encuesta.

Artículo 33.

En caso de que un Miembro no dé cumplimiento dentro del plazo prescrito a las recomendaciones que pudiere contener el informe de la comisión de encuesta o la decisión de la Corte Internacional de Justicia, según sea el caso, el Consejo de Administración recomendará a la Conferencia las medidas que estime convenientes para obtener el cumplimiento de dichas recomendaciones.

Artículo 34.

El gobierno acusado de incumplimiento podrá informar en cualquier momento al Consejo de Administración que ha adoptado las medidas necesarias para cumplir las recomendaciones de la comisión de encuesta o las contenidas en la decisión de la Corte Internacional de Justicia, y podrá pedir que se constituya una comisión de encuesta encargada de comprobar sus aseveraciones. En este caso, serán aplicables las disposiciones de los artículos 27, 28, 29, 31 y 32, y si el informe de la comisión de encuesta o la decisión de la Corte Internacional de Justicia fueren favorables al gobierno acusado de incumplimiento, el Consejo de Administración deberá recomendar que cese inmediatamente cualquier medida adoptada de conformidad con el artículo anterior.

CAPÍTULO III
Prescripciones generales

Artículo 35.

1. Los Miembros se obligan a aplicar los convenios que hayan ratificado, de conformidad con las disposiciones de esta Constitución a los territorios no metropolitanos de cuyas relaciones internacionales sean responsables, incluidos los territorios en fideicomiso de los cuales sean la autoridad administrativa, excepto cuando las cuestiones tratadas, en el convenio caigan dentro de la competencia de las autoridades del territorio, o cuando el convenio sea inaplicable debido a las condiciones locales, o a reserva de las modificaciones que se requieran para adaptarlo a las condiciones locales.

2. Todo Miembro que ratifique un convenio deberá comunicar al Director General de la Oficina Internacional del Trabajo, tan pronto sea posible después de la ratificación, una declaración en la que

indique, respecto a los territorios que no estén comprendidos en los párrafos 4 y 5 de este artículo, en qué medida se obliga a que se apliquen las disposiciones del convenio y en la que proporcione las informaciones prescritas en tal convenio.

3. Todo Miembro que haya comunicado una declaración en virtud del párrafo precedente podrá comunicar periódicamente, de acuerdo con las disposiciones del convenio, una nueva declaración que modifique los términos de cualquiera otra anterior y dé a conocer la situación en lo que concierne a tales territorios.

4. Cuando las cuestiones tratadas en el convenio caigan dentro de la competencia de las autoridades de cualquier territorio no metropolitano, el Miembro responsable de las relaciones internacionales de dicho territorio deberá comunicar el convenio al gobierno del territorio, tan pronto sea posible, a fin de que ese gobierno promulgue la legislación pertinente o adopte otras medidas. Posteriormente el Miembro, de acuerdo con el gobierno del territorio, podrá comunicar al Director General de la Oficina Internacional del Trabajo una declaración por la que acepte las obligaciones del convenio en nombre de dicho territorio.

5. Cualquier declaración en virtud de la cual se acepten las obligaciones de un convenio podrá ser comunicada al Director General de la Oficina Internacional del Trabajo:

a) Por dos o más Miembros de la Organización, respecto a cualquier territorio que esté bajo su autoridad conjunta; o

b) Por cualquier autoridad internacional responsable de la administración de un territorio en virtud de las disposiciones de la Carta de las Naciones Unidas o de cualquier otra disposición vigente para dicho territorio.

6. La aceptación de las obligaciones de un convenio en virtud de los párrafos 4 ó 5 implicará la aceptación, en nombre del territorio interesado, de las obligaciones establecidas en el convenio y de las obligaciones que según la Constitución de la Organización se apliquen a los convenios ratificados. En la declaración de aceptación se podrán especificar las modificaciones a las disposiciones del convenio que sean necesarias para adaptarlo a las condiciones locales.

7. Todo Miembro o autoridad nacional que haya comunicado una declaración en virtud de los párrafos 4 ó 5 de este artículo podrá comunicar periódicamente, de acuerdo con las disposiciones del convenio, una nueva declaración por la que modifique los términos de cualquier declaración anterior o por la que deje sin efecto la aceptación de las obligaciones de cualquier convenio en nombre del territorio interesado.

8. Si no se aceptaren las obligaciones de un convenio en nombre de un territorio al que se refieren los párrafos 4 ó 5 de este artículo, el Miembro o los Miembros o la autoridad internacional, según sea el caso, deberán informar al Director general de la Oficina Internacional del Trabajo sobre la legislación y la práctica que rigen en ese territorio respecto a las cuestiones tratadas en el convenio, y el informe deberá señalar en qué medida se ha puesto o se propone poner en ejecución cualquiera de las disposiciones del convenio, por vía legislativa o administrativa, por medio de contratos colectivos, o de otro modo. También deberán exponer en el informe las dificultades que impiden o retrasan la aceptación de tal convenio.

Artículo 36.

Las enmiendas a la presente Constitución que adopte la Conferencia por mayoría de dos tercios de los votos emitidos por los delegados presentes surtirán efecto cuando sean ratificadas o aceptadas por dos tercios de los Miembros de la Organización, incluidos cinco de los diez Miembros representados en el Consejo de Administración como Miembros de mayor importancia industrial, de conformidad con las disposiciones del párrafo 3 del artículo 7 de esta Constitución.

⇒ Según Instrumento de Enmienda a la Constitución de la OIT, 1986, aprobado en la 72ª reunión de la Conferencia General (Ginebra, 1986) este artículo resulta modificado en el sentido de desaparecer la referencia a los «Miembros de mayor importación industrial» y a las ratificaciones requeridas para ulteriores enmiendas (dos tercios o tres cuartos de los Estados miembros, según el tipo de enmienda). V. nota al art. 7.

Artículo 37.

1. Todas las cuestiones o dificultades relativas a la interpretación de esta Constitución y de los convenios ulteriormente concluidos por los Miembros en virtud de las disposiciones de esta Constitución serán sometidas a la Corte Internacional de Justicia para su resolución.

2. Sin perjuicio de lo dispuesto en el párrafo 1 del presente artículo, el Consejo de Administración podrá formular y someter a la aprobación de la Conferencia reglas para establecer un tribunal encargado, de solucionar rápidamente cualquier cuestión o dificultad relacionada con la interpretación de un convenio que le fuere referida por el Consejo de Administración o en virtud de los términos de dicho convenio. Cualquier fallo u opinión consultiva de la Corte Internacional de Justicia obligará a

cualquier tribunal establecido en virtud del presente párrafo. Toda sentencia dictada por tal tribunal deberá ser comunicada a los Miembros de la Organización y cualquier observación que éstos formulen al respecto deberá someterse a la Conferencia.

Artículo 38.

1. La Organización Internacional del Trabajo podrá convocar las conferencias regionales y establecer los organismos regionales que considere convenientes para la consecución de los fines y objetivos de la Organización.

2. Las facultades, funciones y procedimiento de las conferencias regionales se regirán por reglas establecidas por el Consejo de Administración y sometidas a la Conferencia para su confirmación.

CAPÍTULO IV

Disposiciones diversas

Artículo 39.

La Organización Internacional del Trabajo gozará de completa personalidad jurídica y especialmente de capacidad para:

a) Contratar;

b) Adquirir bienes muebles e inmuebles y disponer de ellos;

c) Comparecer en juicio.

Artículo 40.

1. La Organización Internacional del Trabajo, gozará en el territorio de cada uno de sus miembros, de los privilegios e inmunidades que sean necesarios para la consecución de sus fines.

2. Los delegados a la Conferencia, los miembros del Consejo de Administración, así como el Director General y los funcionarios de la oficina, gozarán igualmente de los privilegios e inmunidades que sean necesarios para ejercer con toda independencia las funciones relacionadas con la Organización.

3. Estos privilegios e inmunidades serán determinados en un acuerdo separado que preparará la Organización para su aceptación por los Estados Miembros.

ANEXO

Declaración relativa a los fines y objetivos de la Organización Internacional del Trabajo

La Conferencia General de la Organización Internacional del Trabajo, congregada en Filadelfia en su vigésima sexta reunión, adopta, el día 10 de mayo de 1944, la presente Declaración de los fines y objetivos de la Organización Internacional del Trabajo y de los principios que debieran inspirar la política de sus Miembros.

I

La Conferencia reafirma los principios fundamentales sobre los cuales está basada la Organización y, en especial, los siguientes:

a) El trabajo no es una mercancía;

b) La libertad de expresión y de asociación es esencial para el progreso constante;

c) La pobreza, en cualquier lugar, constituye un peligro para la prosperidad de todos;

d) La lucha contra la necesidad debe proseguirse con incesante energía dentro de cada nación y mediante un esfuerzo internacional, continuo y concertado, en el cual los representantes de los trabajadores y de los empleadores, colaborando en un pie de igualdad con los representantes de los gobiernos, participen en discusiones libres y en decisiones de carácter democrático, a fin de promover el bienestar común.

II

La Conferencia, convencida de que la experiencia ha demostrado plenamente cuán verídica es la declaración contenida en la Constitución de la Organización Internacional del Trabajo, según la cual la paz permanente sólo puede basarse en la justicia social, afirma que:

a) Todos los seres humanos, sin distinción de raza, credo o sexo, tienen derecho a perseguir su bienestar material y su desarrollo espiritual en condiciones de libertad y dignidad, de seguridad económica y en igualdad de oportunidades;

b) El logro de las condiciones que permitan llegar a este resultado debe constituir el propósito central de la política nacional e internacional;

c) Cualquier política y medida de índole nacional e internacional, particularmente de carácter económico y financiero, deben juzgarse desde este punto de vista y aceptarse solamente cuando favorezcan, y no entorpezcan, el cumplimiento de este objetivo fundamental;

d) Incumbe a la Organización Internacional del Trabajo examinar y considerar, teniendo en cuenta este objetivo fundamental, cualquier programa o medida internacional de carácter económico y financiero; y

e) Al cumplir las tareas que se le confíen, la Organización Internacional del Trabajo, después de tener en cuenta todos los factores económicos y financieros pertinentes, puede incluir, en sus decisiones y recomendaciones, cualquier disposición que considere apropiada.

III

La Conferencia reconoce la obligación solemne de la Organización Internacional del Trabajo, de fomentar, entre todas las naciones del mundo, programas que permitan:

a) Lograr el pleno empleo y la elevación del nivel de vida;

b) Emplear trabajadores en ocupaciones en que puedan tener la satisfacción de utilizar en la mejor forma posible sus habilidades y conocimiento y de contribuir al máximo al bienestar común;

c) Conceder, como medio para lograr este fin y con garantías adecuadas para todos los interesados, oportunidades de formación profesional y medios para el traslado de trabajadores, incluidas las migraciones de mano de obra y de colonos;

d) Adoptar, en materia de salarios y ganancias y de horas y otras condiciones de trabajo, medidas destinadas a garantizar a todos una justa distribución de los frutos del progreso y un salario mínimo vital para todos los que tengan empleo y necesiten esta clase de protección;

e) Lograr el reconocimiento efectivo del derecho de negociación colectiva, la cooperación de empleadores y de trabajadores para mejorar continuamente la eficiencia en la producción, y la colaboración de trabajadores y empleadores en la preparación y aplicación de medidas sociales y económicas;

f) Extender las medidas de Seguridad Social para garantizar ingresos básicos a quienes los necesiten y prestar asistencia médica completa;

g) Proteger adecuadamente la vida y la salud de los trabajadores en todas las ocupaciones;

h) Proteger a la infancia y a la maternidad;

i) Suministrar alimentos, vivienda y medios de recreo y cultura adecuados;

j) Garantizar iguales oportunidades educativas y profesionales.

IV

La Conferencia, convencida de que la utilización más completa y amplia de los recursos productivos del mundo, necesaria para el cumplimiento de los objetivos enunciados en esta Declaración, puede obtenerse mediante una acción eficaz en el ámbito internacional y nacional, que incluya medidas para aumentar la producción y el consumo, evitar fluctuaciones económicas graves, realizar el progreso económico y social de las regiones menos desarrolladas, asegurar mayor estabilidad de los precios mundiales de materias primas y productos alimenticios básicos y fomentar un comercio internacional de considerable y constante volumen, ofrece la entera colaboración de la Organización Internacional del Trabajo a todos los organismos internacionales a los que pudiere confiarse parte de la responsabilidad en esta gran tarea, así como en el mejoramiento de la salud, de la educación y del bienestar de todos los pueblos.

V

La Conferencia afirma que los principios enunciados en esta Declaración son plenamente aplicables a todos los pueblos, y que si bien en las modalidades de su aplicación hay que tener debidamente en cuenta el grado de desarrollo social y económico de cada pueblo, su aplicación progresiva a los pueblos que todavía son dependientes y a los que ya han llegado a gobernarse por sí mismos interesa a todo el mundo civilizado.

§ 43.2 CONVENIO 18 MAYO 1992. CONVENIO RELATIVO A LA ADHESIÓN DEL REINO DE ESPAÑA Y LA REPÚBLICA PORTUGUESA AL CONVENIO SOBRE LA LEY APLICABLE A LAS OBLIGACIONES CONTRACTUALES, ABIERTO A LA FIRMA EN ROMA EL 19 DE JUNIO 1980, HECHO EN FUNCHAL (MADEIRA). INSTRUMENTO DE RATIFICACIÓN 7 MAYO 1993

(BOE núm. 171, de 19 julio 1993; rect. BOE núm. 189, de 9 agosto [RCL 1993, 2205 y 2400]) (fragmento)

⇒ En vigor para España desde el 1 de septiembre de 1993. Téngase en cuenta que España ha ratificado asimismo –por sendos Instrumentos de 29 octubre 1990 y de 9 agosto 1994– los Convenios de Bruselas (de 27 septiembre 1968) y de Lugano (de 16 septiembre 1988), relativos a la competencia judicial y a la ejecución de resoluciones judiciales en materia civil y mercantil. Los citados Convenios han sido sustituidos, con efectos 1 marzo 2002, por el Reglamento (CE) núm. 44/2001, de 22 diciembre 2000, del Consejo, relativo a la competencia judicial, el reconocimiento y la ejecución de resoluciones judiciales en materia civil y mercantil. El citado Reglamento, al igual que los Convenios que sustituye, es aplicable en materia laboral, no así en materia de Seguridad Social (v. su art. 1 y su art. 5).

Por cuanto el día 18 de mayo de 1992, el Plenipotenciario de España, nombrado en buena y debida forma al efecto, firmó en Funchal (Madeira) el Convenio relativo a la Adhesión del Reino de España y de la República Portuguesa al Convenio sobre la Ley aplicable a las Obligaciones Contractuales, abierto a la firma en Roma el 19 de junio de 1980, hecho en Funchal el 18 de mayo de 1992,

Vistos y examinados los siete artículos de dicho Convenio,

Concedida por las Cortes Generales la autorización prevista en el artículo 94.1 de la Constitución,

Vengo en aprobar y ratificar cuanto en él se dispone, como en virtud del presente lo apruebo y ratifico, prometiendo cumplirlo, observarlo y hacer que se cumpla y observe puntualmente en todas sus partes, a cuyo fin, para su mayor validación y firmeza, Mando expedir este Instrumento de Ratificación firmado por Mí, debidamente sellado y refrendado por el infrascrito Ministro de Asuntos Exteriores, con la siguiente declaración:

«En el momento de la firma del Convenio de Adhesión del Reino de España y la República Portuguesa al Convenio sobre la Ley aplicable a las Obligaciones Contractuales, abierto para la firma en Roma el 19 de junio de 1980, el Gobierno del Reino de España y el Gobierno de la República Portuguesa se asocian a la primera Declaración Común formulada por los Gobiernos de los Estados miembros de las Comunidades Europeas en el momento de la firma del Convenio sobre la Ley aplicable a las Obligaciones Contractuales».

[...]

CONVENIO SOBRE LA LEY APLICABLE A LAS OBLIGACIONES CONTRACTUALES, ABIERTO A LA FIRMA EN ROMA EL 19 DE JUNIO DE 1980

PREÁMBULO

Las Altas Partes Contratantes del Tratado constitutivo de la Comunidad Económica Europea,

Preocupados por proseguir, en el ámbito del Derecho internacional privado, la obra de unificación jurídica ya emprendida en la Comunidad, especialmente en materia de competencia judicial y de ejecución de resoluciones judiciales,

Deseando establecer unas normas uniformes relativas a la Ley aplicable a las Obligaciones Contractuales,

Han convenido las disposiciones siguientes:

TÍTULO I

ÁMBITO DE APLICACIÓN

Artículo 1. Ámbito de aplicación.

1. Las disposiciones del presente Convenio serán aplicables, en las situaciones que impliquen un conflicto de leyes, a las obligaciones contractuales.

2. No se aplicarán:

a) Al estado civil y a la capacidad de las personas físicas, sin perjuicio de lo dispuesto en el artículo 11.

b) A las obligaciones contractuales relativas a:

–Los testamentos y sucesiones.

–Los regímenes matrimoniales.

–Los derechos y deberes derivados de relaciones de familia, de parentesco, de matrimonio o de afinidad, incluidas las obligaciones de dar alimentos respecto a los hijos no matrimoniales.

c) A las obligaciones derivadas de letras de cambio, cheques y pagarés, así como de otros instrumentos negociables en la medida en que las obligaciones surgidas de estos otros instrumentos se deriven de su carácter negociable.

d) A los convenios de arbitraje y de elección de foro.

e) A las cuestiones pertenecientes al Derecho de sociedades, asociaciones y personas jurídicas, tales como la constitución, la capacidad jurídica, el funcionamiento interno y la disolución de las sociedades, asociaciones y personas jurídicas, así como la responsabilidad personal legal de los socios y de los órganos por las deudas de la sociedad, asociación o persona jurídica.

f) A la cuestión de saber si un intermediario puede obligar frente a terceros a la persona por cuya cuenta pretende actuar, o si un órgano de una sociedad, de una asociación o una persona jurídica puede obligar frente a terceros a esta sociedad, asociación o persona jurídica.

g) A la constitución de «trusts», a las relaciones que se creen entre quienes lo constituyen, los «trustess» y los beneficiarios.

h) A la prueba y al proceso, sin perjuicio del artículo 14.

3. Las disposiciones del presente Convenio no se aplicarán a los contratos de seguros que cubran riesgos situados en los territorios de los Estados miembros de la Comunidad Económica Europea. Para determinar si un riesgo está situado en estos territorios, el Juez aplicará su ley interna.

4. El apartado precedente no se refiere a los contratos de reaseguro.

Artículo 2. Carácter universal.

La Ley designada por el presente Convenio se aplicará incluso si tal ley es la de un Estado no contratante.

TÍTULO II

NORMAS UNIFORMES

Artículo 3. Libertad de elección.

1. Los contratos se regirán por la ley elegida por las partes. Esta elección deberá ser expresa o resultar de manera cierta de los términos del contrato o de las circunstancias del caso. Para esta elección, las Partes podrán designar la ley aplicable a la totalidad o solamente a una parte del contrato.

2. Las partes podrán, en cualquier momento, convenir que se rija el contrato por una ley distinta de la que lo regía con anterioridad bien sea en virtud de una elección anterior según el presente artículo, o bien en virtud de otras disposiciones del presente Convenio. Toda modificación relativa a la determinación de la ley aplicable, posterior a la celebración del contrato, no obstará a la validez formal del contrato a efectos del artículo 9 y no afectará a los derechos de terceros.

3. La elección por las partes de una ley extranjera, acompañada o no de la de un Tribunal extranjero, no podrá afectar, cuando todos los demás elementos de la situación estén localizados en el momento de esta elección en un solo país, a las disposiciones que la ley de ese país no permita derogar por contrato, denominadas en lo sucesivo «disposiciones imperativas».

4. La existencia y la validez del consentimiento de las partes en cuanto a la elección de la ley aplicable se regirán por las disposiciones establecidas en los artículos 8, 9 y 11.

Artículo 4. Ley aplicable a falta de elección.

1. En la medida en que la ley aplicable al contrato no hubiera sido elegida conforme a las disposiciones del artículo 3, el contrato se regirá por la ley del país con el que presente los vínculos más estrechos. No obstante, si una parte del contrato fuera separable del resto del contrato y presenta una vinculación más estrecha con otro país, podrá aplicarse, con carácter excepcional, a esta parte del contrato la ley de este otro país.

2. Sin perjuicio del apartado 5, se presumirá que el contrato presenta los vínculos más estrechos con el país en que la parte que deba realizar la prestación característica tenga, en el momento de la celebración del contrato, su residencia habitual o, si se tratare de una sociedad, asociación o persona jurídica, su administración central. No obstante, si el contrato se celebrare en el ejercicio de la actividad profesional de esta parte, este país será aquel en que esté situado su establecimiento principal o si, según el contrato, la prestación tuviera que ser realizada por un establecimiento distinto del establecimiento principal, aquel en que esté situado este otro establecimiento.

3. No obstante lo dispuesto en el apartado 2, en la medida en que el contrato tenga por objeto un derecho real inmobiliario o un derecho de utilización de un inmueble, se presumirá que el contrato presenta los vínculos más estrechos con el país en que estuviera situado el inmueble.

4. El contrato de transporte de mercancías no estará sometido a la presunción del apartado 2. En este contrato, si el país en el que el transportista tiene su establecimiento principal en el momento de la celebración del contrato fuere también aquel en que esté situado el lugar de carga o de descarga o el establecimiento principal del expedidor, se presumirá que el contrato tiene sus vínculos más estrechos con este país. Para la aplicación del presente apartado, se considerarán como contratos de transporte de mercancías los contratos de fletamento para un solo viaje u otros contratos cuyo objeto principal sea el de realizar un transporte de mercancías.

5. No se aplicará el apartado 2 cuando no pueda determinarse la prestación característica. Las presunciones de los apartados 2, 3 y 4 quedan excluidas cuando resulte del conjunto de circunstancias que el contrato presenta vínculos más estrechos con otro país.

[...]

Artículo 6. Contrato individual de trabajo.

1. No obstante lo dispuesto en el artículo 3, en el contrato de trabajo la elección por las partes de la ley aplicable no podrá tener por resultado el privar al trabajador de la protección que le proporcionen las disposiciones imperativas de la ley que sería aplicable, a falta de elección, en virtud del apartado 2 del presente artículo.

2. No obstante lo dispuesto en el artículo 4 y a falta de elección realizada de conformidad con el artículo 3, el contrato de trabajo se regirá:

⇒ V. art. 3 de la Dir. 96/71/CE, de 16 diciembre 1996, del Parlamento Europeo y del Consejo, sobre el desplazamiento de trabajadores efectuado en el marco de una prestación de servicios (§46.2).

a) Por la ley del país en que el trabajador, en ejecución del contrato, realice habitualmente su trabajo, aun cuando, con carácter temporal, haya sido enviado a otro país, o

b) Si el trabajador no realiza habitualmente su trabajo en un mismo país, por la ley del país en que se encuentre el establecimiento que haya contratado al trabajador,

a menos que, del conjunto de circunstancias, resulte que el contrato de trabajo tenga vínculos más estrechos con otro país, en cuyo caso será aplicable la ley de este otro país.

⇒ Cfr. el art. 10.6 del CC, que dice lo siguiente: «A las obligaciones del contrato de trabajo, en defecto de sometimiento expreso de las partes y sin perjuicio de lo dispuesto en el apartado 1 del artículo 8, les será de aplicación la ley del lugar donde se presten los servicios». Cfr., asimismo, el art. 1.4 del ET (§2).

Cfr., igualmente, el art. 8.1 del citado Código, que dice: «Las leyes penales, las de policía y las de seguridad pública obligan a todos los que se hallen en territorio español».

Artículo 7. Leyes de policía.

1. Al aplicar, en virtud del presente Convenio, la ley de un país determinado, podrá darse efecto a las disposiciones imperativas de la ley de otro país con el que la situación presente un vínculo estrecho, si y en la medida en que, tales disposiciones, según el derecho de este último país, son aplicables cualquiera que sea la ley que rija el contrato. Para decidir si se debe dar efecto a estas disposiciones imperativas, se tendrá en cuenta su naturaleza y su objeto, así como las consecuencias que se derivarían de su aplicación o de su inaplicación.

2. Las disposiciones del presente Convenio no podrán afectar a la aplicación de las normas de la ley del país del Juez que rijan imperativamente la situación, cualquiera que sea la ley aplicable al contrato.

Artículo 8. Consentimiento y validez de fondo.

1. La existencia y la validez del contrato, o de cualquiera de sus disposiciones, estarán sometidas a la ley que sería aplicable en virtud del presente Convenio si el contrato o la disposición fueran válidos.

2. Sin embargo, para establecer que no ha dado su consentimiento, cualquiera de las partes podrá referirse a la ley del país en que tenga su residencia habitual si de las circunstancias resulta que no sería razonable determinar el efecto del comportamiento de tal parte según la ley prevista en el apartado precedente.

Artículo 9. Forma.

1. Un contrato celebrado entre personas que se encuentren en un mismo país será válido en cuanto a la forma si reúne las condiciones de forma de la ley que lo rija en cuanto al fondo en virtud del presente Convenio o de la ley del país en el que se haya celebrado.

2. Un contrato celebrado entre personas que se encuentren en países diferentes será válido en cuanto a la forma si reúne las condiciones de forma de la ley que lo rija en cuanto al fondo en virtud del presente Convenio o de la ley de uno de estos países.

3. Cuando se celebre el contrato por medio de un representante, el país en el que se encuentre el representante en el momento de actuar será el que se considere para la aplicación de los apartados 1 y 2.

4. Un acto jurídico unilateral relativo a un contrato celebrado o por celebrar será válido en cuanto a la forma si reúne las condiciones de forma de la ley que rija o regirá el fondo del contrato en virtud del presente Convenio o de la ley del país en el que se efectúe dicho acto.

5. Las disposiciones de los apartados precedentes no se aplicarán a los contratos que entren en el ámbito de aplicación del artículo 5 celebrados en las circunstancias descritas en su apartado 2. La forma de estos contratos se regirá por la ley del país en el que tenga su residencia habitual el consumidor.

6. No obstante lo dispuesto en los cuatro primeros apartados del presente artículo, todo contrato que tenga por objeto un derecho real inmobiliario o un derecho de utilización de un inmueble estará sometido, en cuanto a la forma, a las normas imperativas de la ley del país en que el inmueble esté sito, siempre que según esta ley sean aplicables independientemente del lugar de celebración del contrato y de la ley que lo rija en cuanto al fondo.

Artículo 10. Ámbito de la Ley del contrato.

1. La Ley aplicable al contrato en virtud de los artículos 3 a 6 y del artículo 12 del presente Convenio regirá en particular:

a) Su interpretación.

b) El cumplimiento de las obligaciones que genere.

c) Dentro de los límites de los poderes atribuidos al Tribunal por sus leyes procesales, las consecuencias del incumplimiento total o parcial de estas obligaciones, incluida la evaluación del daño en la medida en que la gobiernen normas jurídicas.

d) Los diversos modos de extinción de las obligaciones, así como la prescripción y la caducidad basadas en la expiración de un plazo.

e) Las consecuencias de la nulidad del contrato.

2. En lo que se refiere a las modalidades del cumplimiento y a las medidas que debe tomar el acreedor en caso de cumplimiento defectuoso, se tendrá en cuenta la Ley del país donde tenga lugar el cumplimiento.

Artículo 11. Incapacidad.

En los contratos celebrados entre personas que se encuentren en un mismo país, las personas físicas que gocen de capacidad de conformidad con la Ley de ese país sólo podrán invocar su incapacidad resultante de otra Ley si, en el momento de la celebración del contrato, la otra parte hubiera conocido tal incapacidad o la hubiera ignorado en virtud de imprudencia por su parte.

[...]

Artículo 14. Prueba.

1. La Ley que rija el contrato en virtud del presente Convenio se aplicará en la medida en que, en materia de obligaciones contractuales, establezca presunciones legales o reparta la carga de la prueba.

2. Los actos jurídicos podrán ser acreditados por cualquier medio de prueba admitido bien por la Ley del Foro, o bien por cualquiera de las leyes contempladas en el artículo 9, conforme a la cual el acto sea válido en cuanto a la forma, siempre que tal medio de prueba pueda ser empleado ante el Tribunal que esté en conocimiento del asunto.

Artículo 15. Exclusión del reenvío.

Cuando el presente Convenio prescriba la aplicación de la Ley de un país, se entenderá por tal las normas jurídicas en vigor en ese país, con exclusión de las normas de Derecho internacional privado.

Artículo 16. Orden público.

No podrá excluirse la aplicación de una disposición de la Ley designada por el presente Convenio salvo cuando sea manifiestamente incompatible con el orden público del foro.

Artículo 17. Aplicación en el tiempo.

El Convenio se aplicará en cada Estado contratante a los contratos celebrados después de su entrada en vigor en tal Estado.

Artículo 18. Interpretación uniforme.

Para la interpretación y la aplicación de las reglas uniformes que preceden, se tendrán en cuenta su carácter internacional y la conveniencia de conseguir que se interpreten y apliquen de manera uniforme.

Artículo 19. Sistemas no unificados.

1. Cuando un Estado comprenda varias unidades territoriales y cada una de ellas tenga sus propias normas en materia de obligaciones contractuales, cada unidad territorial se considerará como un país para la determinación de la Ley aplicable según el presente Convenio.

2. Un Estado cuyas diferentes unidades territoriales tengan sus propias normas jurídicas en materia de obligaciones contractuales no estará obligado a aplicar el presente Convenio a los conflictos de leyes que interesen únicamente a esas unidades territoriales.

Artículo 20. Prioridad del Derecho comunitario.

El presente Convenio se entiende sin perjuicio de la aplicación de las disposiciones que, en materias específicas, regulen los conflictos de leyes en materia de obligaciones contractuales y que estén o estarán contenidas en los actos derivados de las instituciones de las Comunidades Europeas o en las legislaciones nacionales armonizadas en ejecución de estos actos.

Artículo 21. Relaciones con otros convenios.

El presente Convenio no afectará a la aplicación de los convenios internacionales de los que un Estado contratante sea o pase a ser parte.

Artículo 22. Reservas.

1. Cualquier Estado contratante, en el momento de la firma, de la ratificación, de la aceptación o de la aprobación, podrá reservarse el derecho de no aplicar:

a) El apartado 1 del artículo 7.

b) La letra e) del apartado 1 del artículo 10.

2. Cualquier Estado contratante podrá hacer igualmente, notificando una ampliación del Convenio de conformidad con el apartado 2 del artículo 27, una o varias de estas reservas con efecto limitado a los territorios o a ciertos territorios mencionados en la ampliación.

3. Cualquier Estado contratante podrá retirar, en cualquier momento, una reserva que hubiera efectuado; el efecto de la reserva cesará el primer día del tercer mes natural siguiente a la notificación de la retirada.

[...]

B) Derecho comunitario originario

§ 44 TRATADO 25 MARZO 1957. CONSTITUTIVO DE LA COMUNIDAD EUROPEA. VERSIÓN CONSOLIDADA TRAS LAS MODIFICACIONES DEL TRATADO DE AMSTERDAM, DE 2 OCTUBRE 1997 Y DEL TRATADO DE NIZA, DE 26 FEBRERO 2001

(DOC núm. 325, de 24 diciembre 2002 [RCL 1999, 1205 ter y LCEur 1997, 3695]) (fragmento)

⇒ Reproducimos fragmentadamente la versión consolidada del Tratado CEE acordada en Amsterdam el 2 de octubre de 1997, que incorpora las modificaciones introducidas por el Tratado de Amsterdam, de dicha fecha y por el Tratado de Niza, de 26 febrero 2001, en vigor con carácter general y para España desde el 1 febrero 2003. Ni la LO 9/1998, de 16 diciembre, que autoriza la ratificación del Tratado de Amsterdam por España (BOE 17 diciembre 1998), ni el posterior Instrumento de Ratificación del mismo (BOE de 7 mayo 1999) reproducen la versión consolidada del Tratado de la Unión Europea o del Tratado de la Comunidad Económica Europea, como tampoco la LO 3/2001, de 6 noviembre (BOE del 7), que autoriza la ratificación por España del Tratado de Niza y publica su texto. El fragmento que se reproduce incorpora, aparte de los principios que inspiran la Comunidad, aquellos preceptos más directamente relacionados con los aspectos sociales. En los mismos, se hacen figurar en nota las alteraciones introducidas por el Tratado de Niza, por el que se modifican el Tratado de la Unión Europea, los Tratados constitutivos de las Comunidades Europeas y determinados actos conexos.

SU MAJESTAD EL REY DE LOS BELGAS, EL PRESIDENTE DE LA REPÚBLICA FEDERAL DE ALEMANIA, EL PRESIDENTE DE LA REPÚBLICA FRANCESA, EL PRESIDENTE DE LA REPÚBLICA ITALIANA, SU ALTEZA REAL LA GRAN DUQUESA DE LUXEMBURGO, SU MAJESTAD LA REINA DE LOS PAÍSES BAJOS,[1]

RESUELTOS a sentar las bases de una unión cada vez más estrecha entre los pueblos europeos,

DECIDIDOS a asegurar, mediante una acción común, el progreso económico y social de sus respectivos países, eliminando las barreras que dividen Europa,

FIJANDO como fin esencial de sus esfuerzos la constante mejora de las condiciones de vida y de trabajo de sus pueblos,

RECONOCIENDO que la eliminación de los obstáculos existentes exige una acción concertada para garantizar un desarrollo económico estable, un intercambio comercial equilibrado y una competencia leal,

PREOCUPADOS por reforzar la unidad de sus economías y asegurar su desarrollo armonioso, reduciendo las diferencias entre las diversas regiones y el retraso de las menos favorecidas,

DESEOSOS de contribuir, mediante una política comercial común, a la progresiva supresión de las restricciones a los intercambios internacionales,

PRETENDIENDO reforzar la solidaridad de Europa con los países de ultramar y deseando asegurar el desarrollo de su prosperidad, de conformidad con los principios de la Carta de las Naciones Unidas,

RESUELTOS a consolidar, mediante la constitución de este conjunto de recursos, la defensa de la paz y la libertad e invitando a los demás pueblos de Europa que participan de dicho ideal a asociarse a su esfuerzo,

DECIDIDOS a promover el desarrollo del nivel de conocimiento más elevado posible para sus pueblos mediante un amplio acceso a la educación y mediante su continua actualización,

---

1. Posteriormente, el Reino de Dinamarca, la República Helénica, el Reino de España, Irlanda, la República de Austria, la República Portuguesa, la República de Finlandia, el Reino de Suecia y el Reino Unido de Gran Bretaña e Irlanda del Norte pasaron a ser miembros de la Comunidad Europea.
El 16 de abril de 2003 se firmó en Atenas el Tratado de Adhesión de República Checa; República de Estonia; República de Chipre; República de Letonia; República de Lituania; República de Hungría; República de Malta; República de Polonia; República de Eslovenia y República Eslovaca. El Tratado y el Acta adjunta al mismo sobre las condiciones de adhesión de los nuevos Estados miembros se publicó en el DOUE 236, de 23 septiembre 2003. El Instrumento de Ratificación por España de dicho tratado se publicó en el BOE de 1 mayo de 2004 y su corrección de errores en el BOE de 7 marzo 2007.

HAN DECIDIDO crear una COMUNIDAD EUROPEA y han designado con tal fin como plenipotenciarios:

(no se reproduce la lista de los plenipotenciarios)

QUIENES, después de haber intercambiado sus plenos poderes, reconocidos en buena y debida forma, han convenido las disposiciones siguientes.

PRIMERA PARTE

PRINCIPIOS

Artículo 1.

Por el presente Tratado, las ALTAS PARTES CONTRATANTES constituyen entre sí una COMUNIDAD EUROPEA.

Artículo 2.

La Comunidad tendrá por misión promover, mediante el establecimiento de un mercado común y de una unión económica y monetaria y mediante la realización de las políticas o acciones comunes contempladas en los artículos 3 y 4, un desarrollo armonioso, equilibrado y sostenible de las actividades económicas en el conjunto de la Comunidad, un alto nivel de empleo y de protección social, la igualdad entre el hombre y la mujer, un crecimiento sostenible y no inflaccionista, un alto grado de competitividad y de convergencia de los resultados económicos, un alto nivel de protección y de mejora de la calidad del medio ambiente, la elevación del nivel y de la calidad de vida, la cohesión económica y social y la solidaridad entre los Estados miembros.

Artículo 3.

1. Para alcanzar los fines enunciados en el artículo 2, la acción de la Comunidad implicará, en las condiciones y según el ritmo previstos en el presente Tratado:

a) la prohibición, entre los Estados miembros, de derechos de aduana y de restricciones cuantitativas a la entrada y salida de las mercancías, así como de cualesquiera otras medidas de efecto equivalente;

b) una política comercial común;

c) un mercado interior caracterizado por la supresión, entre los Estados miembros, de los obstáculos a la libre circulación de mercancías, personas, servicios y capitales;

d) medidas relativas a la entrada y circulación de personas, conforme a las disposiciones del título IV;

e) una política común en los ámbitos de la agricultura y de la pesca;

f) una política común en el ámbito de los transportes;

g) un régimen que garantice que la competencia no será falseada en el mercado interior;

h) la aproximación de las legislaciones nacionales en la medida necesaria para el funcionamiento del mercado común;

i) el fomento de la coordinación entre las políticas en materia de empleo de los Estados miembros, con vistas a aumentar su eficacia mediante el desarrollo de una estrategia coordinada para el empleo;

j) una política en el ámbito social que incluya un Fondo Social Europeo;

k) el fortalecimiento de la cohesión económica y social;

l) una política en el ámbito del medio ambiente;

m) el fortalecimiento de la competitividad de la industria de la Comunidad;

n) el fomento de la investigación y del desarrollo tecnológico;

o) el fomento de la creación y del desarrollo de redes transeuropeas;

p) una contribución al logro de un alto nivel de protección de la salud;

q) una contribución a una enseñanza y a una formación de calidad, así como al desarrollo de las culturas de los Estados miembros;

r) una política en el ámbito de la cooperación al desarrollo;

s) la asociación de los países y territorios de ultramar, a fin de incrementar los intercambios y continuar en común el esfuerzo por el desarrollo económico y social;

t) una contribución al fortalecimiento de la protección de los consumidores;

u) medidas en los ámbitos de la energía, de la protección civil y del turismo.

2. En todas las actividades contempladas en el presente artículo, la Comunidad se fijará el objetivo de eliminar las desigualdades entre el hombre y la mujer y promover su igualdad.

Artículo 4.

1. Para alcanzar los fines enunciados en el artículo 2, la acción de los Estados miembros y de la Comunidad incluirá, en las condiciones y según el ritmo previstos en el presente Tratado, la adopción de una política económica que se basará en la estrecha coordinación de las políticas económicas de los Estados miembros, en el mercado interior y en la definición de objetivos comunes, y que se llevará a cabo de conformidad con el respeto al principio de una economía de mercado abierta y de libre competencia.

2. Paralelamente, en las condiciones y según el ritmo y procedimientos previstos en el presente Tratado, dicha acción implicará la fijación irrevocable de tipos de cambio con vistas al establecimiento de una moneda única, el ecu, la definición y la aplicación de una política monetaria y de tipos de cambio única cuyo objetivo primordial sea mantener la estabilidad de precios y, sin perjuicio de dicho objetivo, el apoyo a la política económica general de la Comunidad, de conformidad con los principios de una economía de mercado abierta y de libre competencia.

3. Dichas acciones de los Estados miembros y de la Comunidad implican el respeto de los siguientes principios rectores: precios estables, finanzas públicas y condiciones monetarias sólidas y balanza de pagos estable.

Artículo 5.

La Comunidad actuará dentro de los límites de las competencias que le atribuye el presente Tratado y de los objetivos que éste le asigna.

En los ámbitos que no sean de su competencia exclusiva, la Comunidad intervendrá, conforme al principio de subsidiariedad, sólo en la medida en que los objetivos de la acción pretendida no puedan ser alcanzados de manera suficiente por los Estados miembros, y, por consiguiente, puedan lograrse mejor, debido a la dimensión o a los efectos de la acción contemplada, a nivel comunitario.

Ninguna acción de la Comunidad excederá de lo necesario para alcanzar los objetivos del presente Tratado.

Artículo 6.

Las exigencias de la protección del medio ambiente deberán integrarse en la definición y en la realización de las políticas y acciones de la Comunidad a que se refiere el artículo 3, en particular con objeto de fomentar un desarrollo sostenible.

Artículo 7.

1. La realización de las funciones asignadas a la Comunidad corresponderá a:

–un PARLAMENTO EUROPEO,

–un CONSEJO,

–una COMISIÓN,

–un TRIBUNAL DE JUSTICIA,

–un TRIBUNAL DE CUENTAS.

Cada institución actuará dentro de los límites de las competencias atribuidas por el presente Tratado.

2. El Consejo y la Comisión estarán asistidos por un Comité Económico y Social y por un Comité de las Regiones, con funciones consultivas.

Artículo 8.

Con arreglo a los procedimientos previstos en el presente Tratado, se crean un Sistema Europeo de Bancos Centrales (denominado en lo sucesivo «SEBC») y un Banco Central Europeo (denominado en lo sucesivo «BCE»), que actuarán dentro de los límites de las atribuciones que les confieren el presente Tratado y los Estatutos del SEBC y del BCE anejos (denominados en lo sucesivo «Estatutos del SEBC»).

Artículo 9.

Se crea un Banco Europeo de Inversiones que actuará dentro de los límites de las competencias que le atribuyen el presente Tratado y los Estatutos anejos.

Artículo 10.

Los Estados miembros adoptarán todas las medidas generales o particulares apropiadas para asegurar el cumplimiento de las obligaciones derivadas del presente Tratado o resultantes de los actos de las instituciones de la Comunidad. Facilitarán a esta última el cumplimiento de su misión.

Los Estados miembros se abstendrán de todas aquellas medidas que puedan poner en peligro la realización de los fines del presente Tratado.

⇒ El Tratado de Niza incluye como núm. 3 la siguiente declaración relativa al art. 10 del Tratado constitutivo de la Comunidad Europea:

«La Conferencia recuerda que el deber de cooperación leal que se deriva del artículo 10 del Tratado constitutivo de la Comunidad Europea y que rige las relaciones entre los Estados miembros y las instituciones comunitarias, rige también las relaciones entre las propias instituciones comunitarias. Por lo que respecta a las relaciones entre las instituciones, cuando en el marco de dicho deber de cooperación leal sea necesario facilitar la aplicación de las disposiciones del Tratado constitutivo de la Comunidad Europea, el Parlamento Europeo, el Consejo y la Comisión podrán celebrar acuerdos interinstitucionales. Estos acuerdos no podrán modificar ni completar las disposiciones del Tratado y sólo podrán celebrarse con el consentimiento de esas tres instituciones».

Artículo 11.

✐ Artículo modificado por el Tratado de Niza.

1. Los Estados miembros que se propongan establecer entre sí una cooperación reforzada en cualquiera de los ámbitos contemplados en el presente Tratado dirigirán una solicitud a la Comisión, que podrá presentar al Consejo una propuesta en tal sentido. Si no presenta ninguna propuesta, la Comisión comunicará los motivos a los Estados miembros interesados.

2. La autorización para llevar a cabo una cooperación reforzada a que se refiere el apartado 1 será concedida por el Consejo, dentro del respeto a los artículos 43 a 45 del Tratado de la Unión Europea, por mayoría cualificada, a propuesta de la Comisión y previa consulta al Parlamento Europeo. Cuando la cooperación reforzada se refiera a un ámbito que se rija por el procedimiento previsto en el artículo 251 del presente Tratado, se requerirá el dictamen conforme del Parlamento Europeo.

Cualquier miembro del Consejo podrá solicitar que el asunto se remita al Consejo Europeo. Una vez suscitado dicho asunto ante este último, el Consejo podrá decidir de conformidad con lo dispuesto en el primer párrafo del presente apartado.

3. Los actos y decisiones necesarios para el desarrollo de las acciones de cooperación reforzada deberán ajustarse a todas las disposiciones pertinentes del presente Tratado, salvo disposición en contrario del presente artículo y de los artículos 43 a 45 del Tratado de la Unión Europea.

Artículo 11 A.

✐ Artículo insertado por el Tratado de Niza (antiguo apartado 3 del artículo 11).

Cualquier Estado miembro que desee participar en una operación reforzada establecida en virtud del artículo 11 notificará su intención al Consejo y a la Comisión, que transmitirá su dictamen al Consejo en un plazo de tres meses a partir de la fecha de recepción de la notificación. En un plazo de cuatro meses a partir de la fecha de recepción de la notificación, la Comisión se pronunciará al respecto, así como sobre las posibles disposiciones particulares que pueda considerar necesarias.

Artículo 12.

En el ámbito de aplicación del presente Tratado, y sin perjuicio de las disposiciones particulares previstas en el mismo, se prohibirá toda discriminación por razón de la nacionalidad.

El Consejo, con arreglo al procedimiento previsto en el artículo 251, podrá establecer la regulación necesaria para prohibir dichas discriminaciones.

Artículo 13.

✐ Artículo modificado por el Tratado de Niza.

1. Sin perjuicio de las demás disposiciones del presente Tratado y dentro de los límites de las competencias atribuidas a la Comunidad por el mismo, el Consejo, por unanimidad, a propuesta de la Comisión y previa consulta al Parlamento Europeo, podrá adoptar acciones adecuadas para luchar contra la discriminación por motivos de sexo, de origen racial o étnico, religión o convicciones, discapacidad, edad u orientación sexual.

2. No obstante lo dispuesto en el apartado 1, cuando el Consejo adopte medidas comunitarias de estímulo, con exclusión de toda armonización de las disposiciones legales y reglamentarias de los Estados miembros, para apoyar las acciones de los Estados miembros emprendidas con el fin de contribuir a la consecución de los objetivos enunciados en el apartado 1, decidirá de conformidad con el procedimiento previsto en el artículo 251.

Artículo 14.

1. La Comunidad adoptará las medidas destinadas a establecer progresivamente el mercado interior en el transcurso de un período que terminará el 31 de diciembre de 1992, de conformidad con las disposiciones del presente artículo, de los artículos 15 y 26, del apartado 2 del artículo 47 y de los artículos 49, 80, 93 y 95 y sin perjuicio de lo establecido en las demás disposiciones del presente Tratado.

2. El mercado interior implicará un espacio sin fronteras interiores, en el que la libre circulación de mercancías, personas, servicios y capitales estará garantizada de acuerdo con las disposiciones del presente Tratado.

3. El Consejo, por mayoría cualificada y a propuesta de la Comisión, definirá las orientaciones y condiciones necesarias para asegurar un progreso equilibrado en el conjunto de los sectores considerados.

Artículo 15.

En el momento de formular sus propuestas encaminadas a la consecución de los objetivos enunciados en el artículo 14, la Comisión tendrá en cuenta la importancia del esfuerzo que determinadas economías, que presenten un nivel de desarrollo diferente, tendrán que realizar durante el período de establecimiento del mercado interior, y podrá proponer las disposiciones adecuadas.

Si dichas disposiciones adoptaren la forma de excepciones, deberán tener carácter temporal y perturbar lo menos posible el funcionamiento del mercado común.

Artículo 16.

Sin perjuicio de los artículos 73, 86 y 87, y a la vista del lugar que los servicios de interés económico general ocupan entre los valores comunes de la Unión, así como de su papel en la promoción de la cohesión social y territorial, la Comunidad y los Estados miembros, con arreglo a sus competencias respectivas y en el ámbito de aplicación del presente Tratado, velarán por que dichos servicios actúen con arreglo a principios y condiciones que les permitan cumplir su cometido.

SEGUNDA PARTE

CIUDADANÍA DE LA UNIÓN

[...]

Artículo 22.

Cada tres años la Comisión informará al Parlamento Europeo, al Consejo y al Comité Económico y Social sobre la aplicación de las disposiciones de la presente parte. Dicho informe tendrá en cuenta el desarrollo de la Unión.

Sobre dicha base, y sin perjuicio de las restantes disposiciones del presente Tratado, el Consejo, por unanimidad, a propuesta de la Comisión y previa consulta al Parlamento Europeo, podrá adoptar disposiciones encaminadas a completar los derechos previstos en la presente parte y recomendar su adopción a los Estados miembros con arreglo a sus respectivas normas constitucionales.

TERCERA PARTE

POLÍTICAS DE LA COMUNIDAD

[...]

TÍTULO III

LIBRE CIRCULACIÓN DE PERSONAS, SERVICIOS Y CAPITALES

CAPÍTULO I

Trabajadores

Artículo 39.

1. Quedará asegurada la libre circulación de los trabajadores dentro de la Comunidad.

⇒ V. Reglamento (CEE) 1612/68, de 15 octubre, del Consejo, relativo a la libre circulación de los trabajadores dentro de la Comunidad (§51.1) y Directiva 2004/38/CE, de 29 abril 2004.

2. La libre circulación supondrá la abolición de toda discriminación por razón de la nacionalidad

entre los trabajadores de los Estados miembros, con respecto al empleo, la retribución y las demás condiciones de trabajo.

⇒ La STJCE de 8 mayo 2003 (C-438/00), caso Kolpak, aplica la no discriminación por razón de nacionalidad, en las condiciones de empleo, a un trabajador (deportista profesional) perteneciente a Estado (Eslovaquia) que tiene suscrito Acuerdo de asociación con la UE en el que se recoge tal principio.

3. Sin perjuicio de las limitaciones justificadas por razones de orden público, seguridad y salud públicas, la libre circulación de los trabajadores implicará el derecho:

⇒ V. a este respecto la Directiva del Consejo 2004/38/CE, de 29 abril 2004.

a) de responder a ofertas efectivas de trabajo;

b) de desplazarse libremente para este fin en el territorio de los Estados miembros;

c) de residir en uno de los Estados miembros con objeto de ejercer en él un empleo, de conformidad con las disposiciones legales, reglamentarias y administrativas aplicables al empleo de los trabajadores nacionales;

d) de permanecer en el territorio de un Estado miembro después de haber ejercido en él un empleo, en las condiciones previstas en los reglamentos de aplicación establecidos por la Comisión.

⇒ V. Reglamento 1251/70/CEE de 29 junio y Directiva 2004/38/CE, de 29 abril 2004.

4. Las disposiciones del presente artículo no serán aplicables a los empleos en la administración pública.

⇒ La STJCE 17 marzo 2005 (TJCE 2005, 76) (caso *Kart R.* Kranemann) advierte que se opone a este precepto una disposición nacional que, en el supuesto de una persona que ha efectuado (en el marco de unas prácticas preparatorias) una actividad real y efectiva en un Estado miembro distinto de su Estado miembro de origen, solamente concede el reembolso de sus gastos de viaje en la cuantía correspondiente a la parte del trayecto realizada en el territorio nacional, mientras que el reembolso sería total si la actividad hubiera discurrido en territorio nacional.

Por su parte, la STJCE de 23 febrero 2006 (TJCE 2006, 55) (caso C 205/04) declara que España ha incumplido las obligaciones derivadas de este art. 39 (y del Reglamento 1612/68, relativo a la libre circulación de trabajadores) al no haber adoptado disposiciones legales que establezcan explícitamente en la función pública española el reconocimiento, a efectos económicos, de los servicios prestados en la función pública de otro Estado miembro.

La STJCE de 26 octubre 2006 (TJCE 2006, 314) precisa que el reconocimiento de los servicios prestados en la función pública de otro estado miembro es inexcusable, incluso si para ellos no se exigió la realización de previas pruebas públicas que garantizasen la igualdad en el acceso.

Artículo 40.

El Consejo, con arreglo al procedimiento previsto en el artículo 251 y previa consulta al Comité Económico y Social, adoptará, mediante directivas o reglamentos, las medidas necesarias a fin de hacer efectiva la libre circulación de los trabajadores, tal como queda definida en el artículo 39, en especial:

a) asegurando una estrecha colaboración entre las administraciones nacionales de trabajo;

b) eliminando aquellos procedimientos y prácticas administrativos, así como los plazos de acceso a los empleos disponibles, que resulten de la legislación nacional o de acuerdos celebrados con anterioridad entre los Estados miembros, cuyo mantenimiento suponga un obstáculo para la liberalización de los movimientos de los trabajadores;

c) eliminando todos los plazos y demás restricciones previstos en las legislaciones nacionales o en los acuerdos celebrados con anterioridad entre los Estados miembros, que impongan a los trabajadores de los demás Estados miembros condiciones distintas de las impuestas a los trabajadores nacionales para la libre elección de un empleo;

d) estableciendo los mecanismos adecuados para poner en relación las ofertas y las demandas de empleo y facilitar su equilibrio en condiciones tales que no se ponga en grave peligro el nivel de vida y de empleo en las diversas regiones e industrias.

Artículo 41.

Los Estados miembros facilitarán, en el marco de un programa común, el intercambio de trabajadores jóvenes.

Artículo 42.

El Consejo, con arreglo al procedimiento previsto en el artículo 251, adoptará, en materia de seguridad social, las medidas necesarias para el establecimiento de la libre circulación de los trabajadores, creando, en especial, un sistema que permita garantizar a los trabajadores migrantes y a sus derechohabientes:

a) la acumulación de todos los períodos tomados en consideración por las distintas legislaciones nacionales para adquirir y conservar el derecho a las prestaciones sociales, así como para el cálculo de éstas;

b) el pago de las prestaciones a las personas que residan en los territorios de los Estados miembros.

El Consejo se pronunciará por unanimidad durante todo el procedimiento previsto en el artículo 251.

⇒ V. los sucesivamente modificados Reglamento 1408/1971, del Consejo, de 14 junio y Reglamento 574/1972/CEE, de 21 marzo, asimismo del Consejo.

CAPÍTULO II
Derecho de establecimiento

Artículo 43.

En el marco de las disposiciones siguientes, quedarán prohibidas las restricciones a la libertad de establecimiento de los nacionales de un Estado miembro en el territorio de otro Estado miembro. Dicha prohibición se extenderá igualmente a las restricciones relativas a la apertura de agencias, sucursales o filiales por los nacionales de un Estado miembro establecidos en el territorio de otro Estado miembro.

⇒ La STJCE 26 enero 2006, asunto C-514/03, declaró que colisionaba con este precepto la normativa española sobre seguridad privada (Ley 23/1992 y RD 2364/1994) por imponer una serie de requisitos (sobre forma jurídica, plantilla mínima, fianza, cualificación del personal) a las empresas extranjeras que desarrollen esa actividad en otro Estado comunitario y quieran ejercerla en España.

La libertad de establecimiento comprenderá el acceso a las actividades no asalariadas y su ejercicio, así como la constitución y gestión de empresas y, especialmente, de sociedades, tal como se definen en el segundo párrafo del artículo 48, en las condiciones fijadas por la legislación del país de establecimiento para sus propios nacionales, sin perjuicio de las disposiciones del capítulo relativo a los capitales.

Artículo 44.

1. A efectos de alcanzar la libertad de establecimiento en una determinada actividad, el Consejo decidirá, mediante directivas, con arreglo al procedimiento previsto en el artículo 251 y previa consulta al Comité Económico y Social.

2. El Consejo y la Comisión ejercerán las funciones que les atribuyen las disposiciones precedentes, en particular:

a) ocupándose, en general, con prioridad, de las actividades en las que la libertad de establecimiento contribuya de manera especialmente útil al desarrollo de la producción y de los intercambios;

b) asegurando una estrecha colaboración entre las administraciones nacionales competentes a fin de conocer las situaciones particulares, dentro de la Comunidad, de las distintas actividades afectadas;

c) eliminando aquellos procedimientos y prácticas administrativos que resulten de la legislación nacional o de acuerdos celebrados con anterioridad entre los Estados miembros, cuyo mantenimiento suponga un obstáculo para la libertad de establecimiento;

d) velando por que los trabajadores asalariados de uno de los Estados miembros, empleados en el territorio de otro Estado miembro, puedan permanecer en dicho territorio para emprender una actividad no asalariada, cuando cumplan las condiciones que les serían exigibles si entraran en el citado Estado en el momento de querer iniciar dicha actividad;

e) haciendo posible la adquisición y el aprovechamiento de propiedades inmuebles situadas en el territorio de un Estado miembro por un nacional de otro Estado miembro, en la medida en que no se contravengan los principios establecidos en el apartado 2 del artículo 33;

f) aplicando la supresión progresiva de las restricciones a la libertad de establecimiento, en cada rama de actividad contemplada, tanto en lo que respecta a las condiciones de apertura, en el territorio de un Estado miembro, de agencias, sucursales o filiales, como a las condiciones de admisión del personal de la sede central en los órganos de gestión o de control de aquéllas;

g) coordinando, en la medida necesaria y con objeto de hacerlas equivalentes, las garantías exigidas en los Estados miembros a las sociedades definidas en el segundo párrafo del artículo 48, para proteger los intereses de socios y terceros;

h) asegurándose de que las condiciones para el establecimiento no resultan falseadas mediante ayudas otorgadas por los Estados miembros.

Artículo 45.

Las disposiciones del presente capítulo no se aplicarán, en lo que respecta al Estado miembro interesado, a las actividades que, en dicho Estado, estén relacionadas, aunque sólo sea de manera ocasional, con el ejercicio del poder público.

El Consejo, por mayoría cualificada y a propuesta de la Comisión, podrá excluir determinadas actividades de la aplicación de las disposiciones del presente capítulo.

Artículo 46.

1. Las disposiciones del presente capítulo y las medidas adoptadas en virtud de las mismas no prejuzgarán la aplicabilidad de las disposiciones legales, reglamentarias y administrativas que prevean un régimen especial para los extranjeros y que estén justificadas por razones de orden público, seguridad y salud públicas.

2. El Consejo, con arreglo al procedimiento previsto en el artículo 251, adoptará directivas para la coordinación de las mencionadas disposiciones.

Artículo 47.

1. A fin de facilitar el acceso a las actividades no asalariadas y su ejercicio, el Consejo, con arreglo al procedimiento previsto en el artículo 251, adoptará directivas para el reconocimiento mutuo de diplomas, certificados y otros títulos.

2. Con el mismo fin, el Consejo, con arreglo al procedimiento previsto en el artículo 251, adoptará directivas para la coordinación de las disposiciones legales, reglamentarias y administrativas de los Estados miembros relativas al acceso y ejercicio de las actividades no asalariadas. Será necesaria la unanimidad durante todo el procedimiento previsto en el artículo 251 para aquellas directivas cuya ejecución en un Estado miembro al menos implique una modificación de los principios legales vigentes relativos al régimen de las profesiones en lo que se refiere a la formación y a las condiciones de acceso a las mismas de las personas físicas. En los demás casos, el Consejo decidirá por mayoría cualificada.

3. En cuanto a las profesiones médicas, paramédicas y farmacéuticas, la progresiva supresión de las restricciones quedará subordinada a la coordinación de las condiciones exigidas para su ejercicio en los diferentes Estados miembros.

Artículo 48.

Las sociedades constituidas de conformidad con la legislación de un Estado miembro y cuya sede social, administración central o centro de actividad principal se encuentre dentro de la Comunidad quedarán equiparadas, a efectos de aplicación de las disposiciones del presente capítulo, a las personas físicas nacionales de los Estados miembros.

Por sociedades se entiende las sociedades de Derecho civil o mercantil, incluso las sociedades cooperativas, y las demás personas jurídicas de Derecho público o privado, con excepción de las que no persigan un fin lucrativo.

CAPÍTULO III
Servicios

⇒ Vid. Directiva 2006/123/CE del Parlamento Europeo y del Consejo, de 12 diciembre 2006, relativa a los Servicios en el mercado interior.

Vid. asimismo Directiva 96/71/CE, del Parlamento Europeo y del Consejo, de 16 diciembre, sobre desplazamiento de trabajadores efectuado en el marco de una prestación de servicios (§46.2) y la Ley 45/1999, de 29 noviembre, que la incorpora a nuestro ordenamiento (§15.3).

Artículo 49.

En el marco de las disposiciones siguientes, quedarán prohibidas las restricciones a la libre prestación de servicios dentro de la Comunidad para los nacionales de los Estados miembros establecidos en un país de la Comunidad que no sea el del destinatario de la prestación.

El Consejo, por mayoría cualificada y a propuesta de la Comisión, podrá extender el beneficio de las disposiciones del presente capítulo a los prestadores de servicios que sean nacionales de un tercer Estado y se hallen establecidos dentro de la Comunidad.

Artículo 50.

Con arreglo al presente Tratado, se considerarán como servicios las prestaciones realizadas normalmente a cambio de una remuneración, en la medida en que no se rijan por las disposiciones relativas a la libre circulación de mercancías, capitales y personas.

Los servicios comprenderán, en particular:

a) actividades de carácter industrial;

b) actividades de carácter mercantil;

c) actividades artesanales;

d) actividades propias de las profesiones liberales.

⇒ La STJCE de 13 mayo 2003 (C-385/99), caso Müller-Fauré, extiende esta libertad a la asistencia sanitaria extrahospitalaria que se recibe en el ámbito de la Seguridad Social y la declara incompatible con la previa exigencia de autorización para poder prestarla.

Sin perjuicio de las disposiciones del capítulo relativo al derecho de establecimiento, el prestador de un servicio podrá, con objeto de realizar dicha prestación, ejercer temporalmente su actividad en el Estado donde se lleve a cabo la prestación, en las mismas condiciones que imponga ese Estado a sus propios nacionales.

Artículo 51.

1. La libre prestación de servicios, en materia de transportes, se regirá por las disposiciones del título relativo a los transportes.

2. La liberalización de los servicios bancarios y de seguros vinculados a los movimientos de capitales se realizará en armonía con la liberalización de la circulación de capitales.

Artículo 52.

1. A efectos de alcanzar la liberalización de un servicio determinado, el Consejo, a propuesta de la Comisión y previa consulta al Comité Económico y Social y al Parlamento Europeo, decidirá mediante directivas, por mayoría cualificada.

2. Las directivas previstas en el apartado 1 se referirán, en general, con prioridad, a los servicios que influyan de forma directa en los costes de producción o cuya liberalización contribuya a facilitar los intercambios de mercancías.

Artículo 53.

Los Estados miembros se declaran dispuestos a proceder a una liberalización de los servicios más amplia que la exigida en virtud de las directivas adoptadas en aplicación del apartado 1 del artículo 52, si su situación económica general y la del sector afectado se lo permiten.

La Comisión dirigirá, a este fin, recomendaciones a los Estados miembros interesados.

Artículo 54.

En tanto no se supriman las restricciones a la libre prestación de servicios, cada uno de los Estados miembros aplicará tales restricciones, sin distinción de nacionalidad o residencia, a todos los prestadores de servicios a que se refiere el primer párrafo del artículo 49.

Artículo 55.

Las disposiciones de los artículos 45 a 48, ambos inclusive, serán aplicables a las materias reguladas por el presente capítulo.

[...]

TÍTULO IV

VISADOS, ASILO, INMIGRACIÓN Y OTRAS POLÍTICAS RELACIONADAS CON LA LIBRE CIRCULACIÓN DE PERSONAS

Artículo 61.

A fin de establecer progresivamente un espacio de libertad, de seguridad y de justicia, el Consejo adoptará:

a) en un plazo de cinco años a partir de la entrada en vigor del Tratado de Amsterdam, medidas destinadas a garantizar la libre circulación de personas de conformidad con el artículo 14, conjuntamente con las medidas de acompañamiento directamente vinculadas con aquélla y relativas a los controles en las fronteras exteriores, el asilo y la inmigración, de conformidad con lo dispuesto en los puntos 2 y 3 del artículo 62, en la letra a) del punto 1 y en la letra a) del punto 2 del artículo 63, así como medidas para prevenir y luchar contra la delincuencia de conformidad con lo dispuesto en la letra e) del artículo 31 del Tratado de la Unión Europea;

b) otras medidas en los ámbitos del asilo, la inmigración y la protección de los derechos de los nacionales de terceros países, de conformidad con lo dispuesto en el artículo 63;

c) medidas en el ámbito de la cooperación judicial en materia civil, de conformidad con el artículo 65;

d) medidas adecuadas para fomentar e intensificar la cooperación administrativa, de conformidad con el artículo 66;

e) medidas en el ámbito de la cooperación policial y judicial en materia penal destinadas a garantizar un alto grado de seguridad mediante la prevención y la lucha contra la delincuencia dentro de la Unión, de conformidad con lo dispuesto en el Tratado de la Unión Europea.

Artículo 62.

El Consejo, con arreglo al procedimiento previsto en el artículo 67, adoptará, en el plazo de cinco años a partir de la fecha de entrada en vigor del Tratado de Amsterdam:

1) medidas encaminadas a garantizar, de conformidad con el artículo 14, la ausencia de controles sobre las personas en el cruce de las fronteras interiores, tanto de los ciudadanos de la Unión como de los nacionales de terceros países;

2) medidas sobre el cruce de las fronteras exteriores de los Estados miembros en las que se establezcan:

a) las normas y los procedimientos que deben aplicar los Estados miembros para la realización de controles sobre las personas en dichas fronteras;

b) las normas sobre visados aplicables a las estancias cuya duración no supere los tres meses, que incluirán:

i) la lista de los terceros países cuyos nacionales tengan la obligación de ser titulares de visado para cruzar una frontera exterior, y de aquéllos cuyos nacionales estén exentos de esa obligación,

ii) los procedimientos y las condiciones para la expedición de visados por los Estados miembros,

iii) un modelo uniforme de visado,

iv) normas para un visado uniforme;

3) medidas que establezcan las condiciones en las que los nacionales de terceros países puedan viajar libremente en el territorio de los Estados miembros durante un período no superior a tres meses.

Artículo 63.

El Consejo, con arreglo al procedimiento previsto en el artículo 67, adoptará, en el plazo de cinco años a partir de la fecha de entrada en vigor del Tratado de Amsterdam:

1) medidas en materia de asilo, con arreglo a la Convención de Ginebra de 28 de julio de 1951 y al Protocolo de 31 de enero de 1967 sobre el estatuto de los refugiados y a otros tratados pertinentes, en los siguientes ámbitos:

a) criterios y mecanismos para determinar el Estado miembro que asume la responsabilidad de examinar una solicitud de asilo presentada en uno de los Estados miembros por un nacional de un tercer país;

b) normas mínimas para la acogida de los solicitantes de asilo en los Estados miembros;

c) normas mínimas para la concesión del estatuto de refugiado a nacionales de terceros países;

d) normas mínimas para los procedimientos que deben aplicar los Estados miembros para conceder o retirar el estatuto de refugiado;

2) medidas relativas a los refugiados y personas desplazadas, en los siguientes ámbitos:

a) normas mínimas para conceder protección temporal a las personas desplazadas procedentes de terceros países que no pueden volver a su país de origen y para las personas que por otro motivo necesitan protección internacional;

b) fomento de un esfuerzo equitativo entre los Estados miembros en la acogida de refugiados y personas desplazadas y en la asunción de las consecuencias de dicha acogida;

3) medidas sobre política de inmigración en los siguientes ámbitos:

a) condiciones de entrada y de residencia, y normas sobre procedimientos de expedición por los Estados miembros de visados de larga duración y de permisos de residencia, incluidos los destinados a la reagrupación familiar;

b) la inmigración y la residencia ilegales, incluida la repatriación de residentes ilegales;

4) medidas que definan los derechos y las condiciones con arreglo a los cuales los nacionales de terceros países que residan legalmente en un Estado miembro pueden residir en otros Estados miembros.

Las medidas adoptadas por el Consejo en virtud de los puntos 3 y 4 no impedirán a cualquier

Estado miembro mantener o introducir en los ámbitos de que se trate disposiciones nacionales que sean compatibles con el presente Tratado y con los acuerdos internacionales.

Las medidas que deban adoptarse con arreglo a la letra b) del punto 2, a la letra a) del punto 3 y al punto 4 no estarán sometidas al plazo de cinco años mencionado.

Artículo 64.

1. El presente título se entenderá sin perjuicio del ejercicio de las responsabilidades que incumben a los Estados miembros en materia de mantenimiento del orden público y salvaguardia de la seguridad interior.

2. En el caso de que uno o más Estados miembros se enfrenten a una situación de emergencia caracterizada por la llegada repentina de nacionales de terceros países, y sin perjuicio del apartado 1, el Consejo podrá adoptar, por mayoría cualificada y a propuesta de la Comisión, medidas provisionales por un período máximo de seis meses en beneficio de los Estados miembros afectados.

Artículo 65.

Las medidas en el ámbito de la cooperación judicial en materia civil con repercusión transfronteriza que se adopten de conformidad con lo dispuesto en el artículo 6 7 y en la medida necesaria para el correcto funcionamiento del mercado interior, incluirán:

a) mejorar y simplificar:

–el sistema de notificación o traslado transfronterizo de documentos judiciales y extrajudiciales,

–la cooperación en la obtención de pruebas,

–el reconocimiento y la ejecución de resoluciones en asuntos civiles y mercantiles, incluidos los extrajudiciales;

b) fomentar la compatibilidad de las normas aplicables en los Estados miembros sobre conflictos de leyes y de jurisdicción;

c) eliminar obstáculos al buen funcionamiento de los procedimientos civiles fomentando, sí fuera necesario, la compatibilidad de las normas de procedimiento civil aplicables en los Estados miembros.

Artículo 66.

El Consejo, con arreglo al procedimiento previsto en el artículo 67, tomará las medidas necesarias para garantizar la cooperación entre los servicios pertinentes de las administraciones de los Estados miembros en los ámbitos previstos en el presente título, así como entre dichos servicios y la Comisión.

Artículo 67.

✐ Artículo modificado por el Tratado de Niza.

1. Durante un período transitorio de cinco años a partir de la entrada en vigor del Tratado de Amsterdam, el Consejo decidirá por unanimidad, a propuesta de la Comisión o a iniciativa de un Estado miembro y previa consulta al Parlamento Europeo.

2. Tras dicho período de cinco años:

–el Consejo decidirá a propuesta de la Comisión; ésta estudiará cualquier petición que le haga un Estado miembro para que presente una propuesta al Consejo,

–el Consejo, por unanimidad y previa consulta al Parlamento Europeo, adoptará una decisión con vistas a que todos o parte de los ámbitos cubiertos por el presente título se rijan por el procedimiento previsto en el artículo 251 y a adaptar las disposiciones relativas a las competencias del Tribunal de justicia.

3. Como excepción a lo dispuesto en los apartados 1 y 2, a partir de la entrada en vigor del Tratado de Amsterdam, el Consejo, por mayoría cualificada, a propuesta de la Comisión y previa consulta al Parlamento Europeo, adoptará las medidas mencionadas en los incisos i) e iii) de la letra b) del punto 2 del artículo 62.

4. Como excepción a lo dispuesto en el apartado 2, transcurrido un período de cinco años a partir de la entrada en vigor del Tratado de Amsterdam, el Consejo, con arreglo al procedimiento previsto en el artículo 251, adoptará las medidas mencionadas en los incisos ii) y iv) de la letra b) del punto 2 del artículo 62.

5. Como excepción a lo dispuesto en el apartado 1, el Consejo adoptará de conformidad con el procedimiento establecido en el artículo 251:

–las medidas previstas en el punto 1 y en la letra a) del punto 2 del artículo 63, siempre y cuando el Consejo haya adoptado previamente y de conformidad con lo dispuesto en el apartado 1 del presente artículo una legislación comunitaria que defina las normas comunes y los principios esenciales que rijan estas materias,

–las medidas previstas en el artículo 651 con exclusión de los aspectos relativos al Derecho de familia.

⇒ El Protocolo sobre el art. 67 del Tratado constitutivo de la Comunidad Europea incluido en el Tratado de Niza, establece lo siguiente:

«Artículo único.

A partir del 1 de mayo de 2004, el Consejo decidirá por mayoría cualificada, a propuesta de la Comisión y previa consulta al Parlamento Europeo, para adoptar las medidas mencionadas en el artículo 66 del Tratado constitutivo de la Comunidad Europea».

El Tratado de Niza incluye asimismo, con el núm. 5, la siguiente declaración relativa al artículo 67 del tratado constitutivo de la Comunidad Europea:

«Las Altas Partes Contratantes manifiestan su acuerdo en que el Consejo, en la decisión que deberá tomar en virtud del segundo guión del apartado 2 del artículo 67:

–decida, a partir del 1 de mayo de 2004, de conformidad con el procedimiento previsto, en el artículo 251 para adoptar las medidas mencionadas en el punto 3 del artículo 62 y en la letra b) del punto 3 del artículo 63;

–decida, a partir de la fecha en que exista un acuerdo sobre el ámbito de aplicación de las medidas relativas a cruce de personas por las fronteras exteriores de los Estados miembros, de conformidad con el procedimiento previsto en el artículo 251 para adoptar las medidas mencionadas en la letra a) del punto 2 del artículo 62.

El Consejo se esforzará, además, en lograr que el procedimiento previsto en el artículo 251 sea aplicable, a partir del 1 de mayo de 2004, o tan pronto como sea posible después de esta fecha, a los demás ámbitos cubiertos por el título IV o algunos de ellos».

Artículo 68.

1. El artículo 234 será de aplicación al presente título en las siguientes circunstancias y condiciones: cuando una cuestión sobre la interpretación del presente título o sobre la validez o la interpretación de actos de las instituciones comunitarias basados en el presente título se plantee en un asunto pendiente ante un órgano jurisdiccional nacional, cuyas decisiones no sean susceptibles de ulterior recurso judicial de Derecho interno, dicho órgano jurisdiccional pedirá al Tribunal de justicia que se pronuncie sobre la misma, si estima necesaria una decisión al respecto para poder emitir su fallo.

2. El Tribunal de justicia no tendrá en ningún caso competencia alguna sobre las medidas o decisiones adoptadas con arreglo al punto 1 del artículo 62 relativas al mantenimiento del orden público y a la salvaguardia de la seguridad interior.

3. El Consejo, la Comisión o un Estado miembro podrá pedir al Tribunal de justicia que se pronuncie sobre una cuestión de interpretación del presente título o de actos de las instituciones comunitarias basados en el presente título. El fallo emitido por el Tribunal de justicia en respuesta a tal petición no se aplicará a sentencias de órganos jurisdiccionales de los Estados miembros que tengan fuerza de cosa juzgada.

Artículo 69.

La aplicación del presente título quedará sometida a lo dispuesto en el Protocolo sobre la posición del Reino Unido y de Irlanda así como al Protocolo sobre la posición de Dinamarca, y se entenderá sin perjuicio del Protocolo sobre la aplicación de determinados aspectos del artículo 14 del Tratado constitutivo de la Comunidad Europea al Reino Unido y a Irlanda.

[...]

TÍTULO VI
NORMAS COMUNES SOBRE COMPETENCIA, FISCALIDAD Y APROXIMACIÓN DE LAS LEGISLACIONES

[...]

CAPÍTULO III
Aproximación de las legislaciones

⇒ V. Directivas 2006/54/CE de 5 julio (§45.3); 98/59/CE, de 20 julio (§48.3) y 2001/23/CE, de 12 marzo (§48.1). V. asimismo Directiva 80/987/CE de 20 octubre (§48.2).

Artículo 94.

El Consejo adoptará por unanimidad, a propuesta de la Comisión y previa consulta al Parlamento Europeo y al Comité Económico y Social, directivas para la aproximación de las disposiciones legales, reglamentarias y administrativas de los Estados miembros que incidan directamente en el establecimiento o funcionamiento del mercado común.

Artículo 95.

1. No obstante lo dispuesto en el artículo 94 y salvo que el presente Tratado disponga otra cosa, se aplicarán las disposiciones siguientes para la consecución de los objetivos enunciados en el artículo 14. El Consejo, con arreglo al procedimiento previsto en el artículo 251 y previa consulta al Comité Económico y Social, adoptará las medidas relativas a la aproximación de las disposiciones legales, reglamentarias y administrativas de los Estados miembros que tengan por objeto el establecimiento y el funcionamiento del mercado interior.

2. El apartado 1 no se aplicará a las disposiciones fiscales, a las disposiciones relativas a la libre circulación de personas ni a las relativas a los derechos e intereses de los trabajadores por cuenta ajena.

3. La Comisión, en sus propuestas previstas en el apartado 1 referentes a la aproximación de las legislaciones en materia de salud, seguridad, protección del medio ambiente y protección de los consumidores, se basará en un nivel de protección elevado, teniendo en cuenta especialmente cualquier novedad basada en hechos científicos. En el marco de sus respectivas competencias, el Parlamento Europeo y el Consejo procurarán también alcanzar ese objetivo.

4. Si, tras la adopción por el Consejo o por la Comisión de una medida de armonización, un Estado miembro estimare necesario mantener disposiciones nacionales, justificadas por alguna de las razones importantes contempladas en el artículo 30 o relacionadas con la protección del medio de trabajo o del medio ambiente, dicho Estado miembro notificará a la Comisión dichas disposiciones así como los motivos de su mantenimiento.

5. Asimismo, sin perjuicio del apartado 4, si tras la adopción de una medida de armonización por el Consejo o la Comisión, un Estado miembro estimara necesario establecer nuevas disposiciones nacionales basadas en novedades científicas relativas a la protección del medio de trabajo o del medio ambiente y justificadas por un problema específico de dicho Estado miembro surgido con posterioridad a la adopción de la medida de armonización, notificará a la Comisión las disposiciones previstas así como los motivos de su adopción.

6. La Comisión aprobará o rechazará, en un plazo de seis meses a partir de las notificaciones a que se refieren los apartados 4 y 5, las disposiciones nacionales mencionadas, después de haber comprobado si se trata o no de un medio de discriminación arbitraria o de una restricción encubierta del comercio entre Estados miembros y si constituyen o no un obstáculo para el funcionamiento del mercado interior.

Si la Comisión no se hubiera pronunciado en el citado plazo, las disposiciones nacionales a que se refieren los apartados 4 y 5 se considerarán aprobadas.

Cuando esté justificado por la complejidad del asunto y no haya riesgos para la salud humana, la Comisión podrá notificar al Estado miembro afectado que el plazo mencionado en este apartado se amplía por un período adicional de hasta seis meses.

7. Cuando, de conformidad con el apartado 6, se autorice a un Estado miembro a mantener o establecer disposiciones nacionales que se aparten de una medida de armonización, la Comisión estudiará inmediatamente la posibilidad de proponer una adaptación a dicha medida.

8. Cuando un Estado miembro plantee un problema concreto relacionado con la salud pública en un ámbito que haya sido objeto de medidas de armonización previas, deberá informar de ello a la Comisión, la cual examinará inmediatamente la conveniencia de proponer al Consejo las medidas adecuada,

9. Como excepción al procedimiento previsto en los artículos 226 y 227, la Comisión y cualquier Estado miembro podrá recurrir directamente al Tribunal de justicia si considera que otro Estado miembro abusa de las facultades previstas en el presente artículo.

10. Las medidas de armonización anteriormente mencionadas incluirán, en los casos apropiados, una cláusula de salvaguardia que autorice a los Estados miembros a adoptar, por uno o varios de los motivos no económicos indicados en el artículo 30, medidas provisionales sometidas a un procedimiento comunitario de control.

Artículo 96.

En caso de que la Comisión compruebe que una divergencia entre las disposiciones legales, reglamentarias o administrativas de los Estados miembros falsea las condiciones de competencia en el mercado común y provoca, por tal motivo, una distorsión que deba eliminarse, procederá a celebrar consultas con los Estados miembros interesados.

Si tales consultas no permitieren llegar a un acuerdo para suprimir dicha distorsión, el Consejo, a propuesta de la Comisión, adoptará, por mayoría cualificada, las directivas necesarias a este fin. La

Comisión y el Consejo podrán adoptar cualesquiera otras medidas apropiadas previstas en el presente Tratado.

Artículo 97.

1. Cuando exista motivo para temer que la adopción o la modificación de una disposición legal, reglamentaria o administrativa pueda provocar una distorsión en el sentido definido en el artículo 96, el Estado miembro que pretenda adoptar tales medidas consultará a la Comisión. Después de haber consultado a los Estados miembros, la Comisión recomendará a los Estados interesados las medidas apropiadas para evitar tal distorsión.

2. Si el Estado que pretendiere adoptar o modificar disposiciones nacionales no se atiene a la recomendación que la Comisión le haya dirigido, no podrá pedirse a los demás Estados miembros, en aplicación del artículo 96, que modifiquen sus disposiciones nacionales para eliminar dicha distorsión. Si el Estado miembro que no ha tenido en cuenta la recomendación de la Comisión provocare una distorsión únicamente en perjuicio propio, no serán aplicables las disposiciones del artículo 96.

[...]

TÍTULO VIII
EMPLEO

Artículo 125.

Los Estados miembros y la Comunidad se esforzarán, de conformidad con el presente título, por desarrollar una estrategia coordinada para el empleo, en particular para potenciar una mano de obra cualificada, formada y adaptable y mercados laborales con capacidad de respuesta al cambio económico, con vistas a lograr los objetivos definidos en el artículo 2 del Tratado de la Unión Europea y en el artículo 2 del presente Tratado.

Artículo 126.

1. Los Estados miembros, mediante sus políticas de empleo, contribuirán al logro de los objetivos contemplados en el artículo 125, de forma compatible con las orientaciones generales de las políticas económicas de los Estados miembros y de la Comunidad adoptadas con arreglo al apartado 2 del artículo 99.

2. Teniendo en cuenta las prácticas nacionales relativas a las responsabilidades de los interlocutores sociales, los Estados miembros considerarán el fomento del empleo como un asunto de interés común y coordinarán sus actuaciones al respecto en el seno del Consejo, de conformidad con lo dispuesto en el artículo 128.

Artículo 127.

1. La Comunidad contribuirá a un alto nivel de empleo mediante el fomento de la cooperación entre los Estados miembros, así como apoyando y, en caso necesario, complementando sus respectivas actuaciones. Al hacerlo, se respetarán las competencias de los Estados miembros.

2. Al formular y aplicar las políticas y medidas comunitarias deberá tenerse en cuenta el objetivo de un alto nivel de empleo.

Artículo 128.

1. El Consejo Europeo examinará anualmente la situación del empleo en la Comunidad y adoptará conclusiones al respecto, basándose en un informe conjunto anual elaborado por el Consejo y la Comisión.

2. Basándose en las conclusiones del Consejo Europeo, el Consejo, por mayoría cualificada y a propuesta de la Comisión, previa consulta al Parlamento Europeo, al Comité Económico y Social, al Comité de las Regiones y al Comité de Empleo previsto en el artículo 130, elaborará anualmente orientaciones que los Estados miembros tendrán en cuenta en sus respectivas políticas de empleo. Dichas orientaciones serán compatibles con las orientaciones generales adoptadas con arreglo a lo dispuesto en el apartado 2 del artículo 99.

3. Cada Estado miembro facilitará al Consejo y a la Comisión un informe anual sobre las principales medidas adoptadas para aplicar su política de empleo, a la vista de las orientaciones referentes al empleo contempladas en el apartado 2.

4. El Consejo, basándose en los informes a que se refiere el apartado 3 y tras recibir las opiniones del Comité de Empleo, efectuará anualmente un examen de la aplicación de las políticas de empleo de los Estados miembros a la vista de las orientaciones referentes al empleo. El Consejo, por mayoría

cualificada y sobre la base de una recomendación de la Comisión, podrá formular recomendaciones a los Estados miembros, si lo considera pertinente a la vista de dicho examen.

5. Sobre la base del resultado de dicho examen, el Consejo y la Comisión prepararán un informe anual conjunto para el Consejo Europeo sobre la situación del empleo en la Comunidad y sobre la aplicación de las orientaciones para el empleo.

Artículo 129.

El Consejo, con arreglo al procedimiento previsto en el artículo 251 y previa consulta al Comité Económico y Social y al Comité de las Regiones, podrá adoptar medidas de fomento para alentar la cooperación entre los Estados miembros y apoyar la actuación de estos últimos en el ámbito del empleo, a través de iniciativas destinadas a desarrollar los intercambios de información y buenas prácticas, facilitar análisis comparativos y asesoramiento, así como promover planteamientos innovadores y evaluar experiencias, en particular recurriendo a proyectos piloto.

Estas medidas no incluirán armonización alguna de las disposiciones legales y reglamentarias de los Estados miembros.

Artículo 130.

El Consejo, previa consulta al Parlamento Europeo, creará un Comité de Empleo de carácter consultivo para fomentar la coordinación entre los Estados miembros en materia de políticas de empleo y del mercado laboral. Las tareas de dicho Comité serán las siguientes:

–supervisar la situación del empleo y las políticas en materia de empleo de los Estados miembros y de la Comunidad,

–elaborar, sin perjuicio de lo dispuesto en el artículo 207, dictámenes a petición del Consejo, de la Comisión o por propia iniciativa, y contribuir a la preparación de las medidas del Consejo a las que se refiere el artículo 128.

Para llevar a cabo su mandato, el Comité deberá consultar a los interlocutores sociales. Cada uno de los Estados miembros y la Comisión designarán dos miembros del Comité.

[...]

TÍTULO XI

POLÍTICA SOCIAL, DE EDUCACIÓN, DE FORMACIÓN PROFESIONAL Y DE JUVENTUD

CAPÍTULO I

Disposiciones sociales

Artículo 136.

La Comunidad y los Estados miembros, teniendo presentes derechos sociales fundamentales como los que se indican en la Carta Social Europea, firmada en Turín el 18 de octubre de 1961, y en la Carta comunitaria de los derechos sociales fundamentales de los trabajadores, de 1989, tendrán como objetivo el fomento del empleo, la mejora de las condiciones de vida y de trabajo, a fin de conseguir su equiparación por la vía del progreso, una protección social adecuada, el diálogo social, el desarrollo de los recursos humanos para conseguir un nivel de empleo elevado y duradero y la lucha contra las exclusiones.

A tal fin, la Comunidad y los Estados miembros emprenderán acciones en las que se tenga en cuenta la diversidad de las prácticas nacionales, en particular en el ámbito de las relaciones contractuales, así como la necesidad de mantener la competitividad de la economía de la Comunidad.

Consideran que esta evolución resultará tanto del funcionamiento del mercado común, que favorecerá la armonización de los sistemas sociales, como de los procedimientos previstos en el presente Tratado y de la aproximación de las disposiciones legales, reglamentarias y administrativas.

Artículo 137.

✐ Artículo modificado por el Tratado de Niza.

⇒ El mismo Tratado incluye, con el núm. 8 la siguiente declaración relativa al art. 137 del Tratado constitutivo de la Comunidad Europea:

«La Conferencia acuerda que todo gasto que se realice en virtud del art. 137 se imputará a la rúbrica 3 de las perspectivas financieras».

1. Para la consecución de los objetivos del artículo 136, la Comunidad apoyará y completará la acción de los Estados miembros en los siguientes ámbitos:

a) la mejora, en concreto, del entorno de trabajo, para proteger la salud y la seguridad de los trabajadores;

b) las condiciones de trabajo;

c) la seguridad social y la protección social de los trabajadores;

d) la protección de los trabajadores en caso de rescisión del contrato laboral;

e) la información y la consulta a los trabajadores;

f) la representación y la defensa colectiva de los intereses de los trabajadores y de los empresarios, incluida la cogestión, sin perjuicio de lo dispuesto en el apartado 5;

g) las condiciones de empleo de los nacionales de terceros países que residan legalmente en el territorio de la Comunidad;

h) la integración de las personas excluidas del mercado laboral, sin perjuicio del artículo 150;

i) la igualdad entre hombres y mujeres por lo que respecta a las oportunidades en el mercado laboral y al trato en el trabajo;

j) la lucha contra la exclusión social;

k) la modernización de los sistemas de protección social, sin perjuicio de la letra c).

2. A tal fin, el Consejo:

a) podrá adoptar medidas destinadas a fomentar la cooperación entre los Estados miembros mediante iniciativas para mejorar los conocimientos, desarrollar el intercambio de información y de buenas prácticas, promover fórmulas innovadoras y evaluar experiencias, con exclusión de toda armonización de as disposiciones legales y reglamentarias de los Estados miembros;

b) podrá adoptar, en los ámbitos mencionados en las letras a) a i) del apartado 1, mediante directivas, las disposiciones mínimas que habrán de aplicarse progresivamente, teniendo en cuenta las condiciones y reglamentaciones técnicas existentes en cada uno de los Estados miembros. Tales directivas evitarán establecer trabas de carácter administrativo, financiero y jurídico que obstaculicen la creación y el desarrollo de pequeñas y medianas empresas.

⇒ V. el elenco de Directivas que se recogen en los §45.3 y ss.

El Consejo decidirá con arreglo al procedimiento previsto en el artículo 251 y previa consulta al Comité Económico y Social y al Comité de las Regiones, excepto en los ámbitos mencionados en las letras c), d), f) y g) del apartado 1 del presente artículo, en que el Consejo decidirá por unanimidad, a propuesta de la Comisión y previa consulta al Parlamento Europeo y a dichos Comités. El Consejo, por unanimidad, a propuesta de la Comisión y previa consulta al Parlamento Europeo, podrá decidir que el procedimiento previsto en el artículo 251 sea aplicable a las letras d), f y g) del apartado 1 del presente artículo.

3. Todo Estado miembro podrá confiar a los interlocutores sociales, a petición conjunta de estos últimos, la aplicación de las directivas adoptadas en virtud del apartado 2.

En tal caso se asegurará de que, a más tardar en la fecha en la que deba estar transpuesta una directiva con arreglo al artículo 249, los interlocutores sociales hayan establecido, mediante acuerdo, las disposiciones necesarias; el Estado miembro interesado deberá tomar todas las disposiciones necesarias para poder garantizar, en todo momento, los resultados fijados por dicha directiva.

4. Las disposiciones adoptadas en virtud del presente artículo:

–no afectarán a la facultad reconocida a los Estados miembros de definir los principios fundamentales de su sistema de seguridad social, ni deberán afectar de modo sensible al equilibrio financiero de éste,

–no impedirán a los Estados miembros mantener o introducir medidas de protección más estrictas compatibles con el presente Tratado.

5. Las disposiciones del presente artículo no se aplicarán a las remuneraciones, al derecho de asociación y sindicación, al derecho de huelga ni al derecho de cierre patronal.

Artículo 138.

1. La Comisión tendrá como cometido fomentar la consulta a los interlocutores sociales a nivel comunitario y adoptar todas las disposiciones necesarias para facilitar su diálogo, velando por que ambas partes reciban un apoyo equilibrado.

2. A tal efecto, antes de presentar propuestas en el ámbito de la política social, la Comisión consultará a los interlocutores sociales sobre la posible orientación de una acción comunitaria.

3. Si, tras dicha consulta, la Comisión estimase conveniente una acción comunitaria, consultará a los interlocutores sociales sobre el contenido de la propuesta contemplada. Los interlocutores sociales remitirán a la Comisión un dictamen o, en su caso, una recomendación.

4. Con ocasión de dicha consulta, los interlocutores sociales podrán informar a la Comisión sobre su voluntad de iniciar el proceso previsto en el artículo 139. La duración del procedimiento previsto en el presente artículo no podrá exceder de nueve meses, salvo si los interlocutores sociales afectados decidieran prolongarlo de común acuerdo con la Comisión.

Artículo 139.

✐ Artículo modificado por el Tratado de Niza.

1. El diálogo entre interlocutores sociales en el ámbito comunitario podrá conducir, si éstos lo desean, al establecimiento de relaciones convencionales, acuerdos incluidos.

2. La aplicación de los acuerdos celebrados nivel comunitario se realizará, ya sea según los procedimientos y prácticas propios de los interlocutores sociales y de los Estados miembros, ya sea, en los ámbitos sujetos al artículo 137, y a petición conjunta de las partes firmantes, sobre la base de una decisión del Consejo adoptada a propuesta de la Comisión.

⇒ V. Directivas 96/34/CE, de 3 junio (§46.1), 97/81/CE, de 15 diciembre (§47.2) y 99/70/CE, de 28 junio (§47.1).

El Consejo decidirá por mayoría cualificada, a no ser que el acuerdo en cuestión contenga una o más disposiciones relativas a alguno de los ámbitos para los que se requiera la unanimidad en virtud del apartado 2 del artículo 137. En este caso, el Consejo decidirá por unanimidad.

⇒ El Tratado de Amsterdam incluye, con el núm. 27, la siguiente declaración sobre el ap. 2 del antiguo art. 118 B del Tratado constitutivo de la Comunidad Europea (hoy art. 139.2).

«Las Altas Partes Contratantes declaran que la Primera modalidad de aplicación de los acuerdos celebrados entre interlocutores sociales a escala comunitaria –a la que se hace referencia en el apartado 2 del artículo 118 B del Tratado constitutivo de la Comunidad Europea– consistirá en desarrollar el contenido de dichos acuerdos mediante negociación colectiva y con arreglo a las normas de cada Estado miembro, y que, por consiguiente, dicha modalidad no implica que los Estados miembros estén obligados a aplicar de forma directa dichos acuerdos o a elaborar normas de transposición de los mismos, ni a modificar la legislación nacional vigente para facilitar su ejecución».

Artículo 140.

Con el fin de alcanzar los objetivos expuestos en el artículo 136, y sin perjuicio de las demás disposiciones del presente Tratado, la Comisión fomentará la colaboración entre los Estados miembros y facilitará la coordinación de sus acciones en los ámbito de la política social tratados en el presente capítulo, particularmente en las materias relacionadas con:

–el empleo,

–el derecho del trabajo y las condiciones de trabajo,

–la formación y perfeccionamiento profesionales,

–la seguridad social,

–la protección contra los accidentes de trabajo y las enfermedades profesionales, la higiene del trabajo,

–el derecho de sindicación y las negociaciones colectivas entre empresarios y trabajadores.

A tal fin, la Comisión actuará en estrecho contacto con los Estados miembros, mediante estudios, dictámenes y la organización de consultas, tanto p a los problemas que se planteen a nivel nacional como para aquellos que interesen a las organizaciones internacionales.

Antes de emitir los dictámenes previstos en presente artículo, la Comisión consultará al Comité Económico y Social.

Artículo 141.

1. Cada Estado miembro garantizará la aplicación del principio de igualdad de retribución entre trabajadores y trabajadoras para un mismo trabajo o para un trabajo de igual valor.

⇒ La STJCE 7 enero 2004 (asunto 117/01) considera contraria al precepto la legislación que impide a un transexual contraer matrimonio con arreglo a su nuevo sexo y devengar así la pensión de viudedad condicionada a tal vínculo.

2. Se entiende por retribución, a tenor del presente artículo, el salario o sueldo normal de base o mínimo, y cualesquiera otras gratificaciones satisfechas, directa o indirectamente, en dinero o en especie, por el empresario al trabajador en razón de la relación de trabajo.

La igualdad de retribución, sin discriminación por razón de sexo, significa:

a) que la retribución establecida para un mismo trabajo remunerado por unidad de obra realizada se fija sobre la base de una misma unidad de medida;

b) que la retribución establecida para un trabajo remunerado por unidad de tiempo es igual para un mismo puesto de trabajo.

3. El Consejo, con arreglo al procedimiento previsto en el artículo 251 y previa consulta al Comité Económico y Social, adoptará medidas para garantizar la aplicación del principio de igualdad de oportunidades e igualdad de trato para hombres y mujeres en asuntos de empleo y ocupación, incluido el principio de igualdad de retribución para un mismo trabajo o para un trabajo de igual valor.

⇒ V. Directivas 2006/54/CE de 5 julio (§45.3), 2000/43/CE, de 29 junio (§45.2) y 2000/78/CE, de 27 noviembre (§45.1).

4. Con objeto de garantizar en la práctica la plena igualdad entre hombres y mujeres en la vida laboral, el principio de igualdad de trato no impedirá a ningún Estado miembro mantener o adoptar medidas que ofrezcan ventajas concretas destinadas a facilitar al sexo menos representado el ejercicio de actividades profesionales o a evitar o compensar desventajas en sus carreras profesionales.

⇒ El Tratado de Amsterdam incluye como núm. 28 la siguiente declaración sobre el ap. 4 del antiguo art. 119 del Tratado constitutivo de la Comunidad Europea (hoy art. 141.4).

«Al adoptar las medidas mencionadas en el apartado 4 del artículo 119 del Tratado constitutivo de la Comunidad Europea, los Estados miembros deberán, en primer término aspirar a mejorar la situación de las mujeres en la vida laboral».

Artículo 142.

Los Estados miembros procurarán mantener la equivalencia existe te entre los regímenes de vacaciones retribuidas.

Artículo 143.

La Comisión elaborará un informe anual sobre la evolución en a consecución de los objetivos del artículo 136, que incluirá la situación demográfica en la Comunidad. La Comisión remitirá dicho informe al Parlamento Europeo, al Consejo y al Comité Económico y Social.

El Parlamento Europeo podrá invitar a la Comisión a que elaboro informes sobre problemas específicos relativos a la situación social.

Artículo 144.

✐ Artículo modificado por el Tratado de Niza.

El Consejo, previa consulta al Parlamento Europea, crear, un Comité de Protección Social, de carácter consultivo, para fomentar la cooperación en materia de protección social entre los Estados miembros y con la Comisión. El Comité tendrá por misión:

–supervisar la situación al y la evolución de las políticas de protección social de los Estados miembros y de la Comunidad,

–facilitar el intercambio de información, experiencias y buenas prácticas entre los Estados miembros y con la Comisión,

–sin perjuicio de lo dispuesto en el artículo 207, elaborar informes, emitir dictámenes o emprender otras actividades en los ámbitos que sean de su competencia, ya sea a petición del Consejo o de la Comisión, ya por propia iniciativa.

Para llevar a cabo su mandato, el Comité entablará los contactos adecuados con los interlocutores sociales.

Cada uno de los Estados miembros y la Comisión designarán dos miembros del Comité.

Artículo 145.

La Comisión dedicará un capítulo especial de su informe anual al Parlamento Europeo a la evolución de la situación social en la Comunidad.

El Parlamento Europeo podrá invitar a la Comisión a elaborar informes sobre problemas particulares relativos a la situación social.

CAPÍTULO II

El fondo social europeo

Artículo 146.

Para mejorar las posibilidades de empleo de los trabajadores en el mercado interior y contribuir así a la elevación del nivel de vida, se crea, en el marco de las disposiciones siguientes, un Fondo Social Europeo destinado a fomentar, dentro de la Comunidad, las oportunidades de empleo y la movilidad geográfica y profesional de los trabajadores, así como a facilitar su adaptación a las transformaciones industriales y a los cambios de los sistemas de producción, especialmente mediante la formación y la reconversión profesionales.

Artículo 147.

La administración del Fondo corresponderá a la Comisión.

En dicha tarea, la Comisión estará asistida por un Comité, presidido por un miembro de la Comisión y compuesto por representantes de los Gobiernos, de las organizaciones sindicales de trabajadores y de las asociaciones empresariales.

Artículo 148.

El Consejo adoptará, con arreglo al procedimiento previsto en el artículo 251 y previa consulta al Comité Económico y Social y al Comité de las Regiones, las decisiones de aplicación relativas al Fondo Social Europeo.

CAPÍTULO III
Educación, formación profesional y juventud

Artículo 149.

1. La Comunidad contribuirá al desarrollo de una educación de calidad fomentando la cooperación entre los Estados miembros y, si fuere necesario, apoyando y completando la acción de éstos en el pleno respeto de sus responsabilidades en cuanto a los contenidos de la enseñanza y a la organización del sistema educativo, así como de su diversidad cultural y lingüística.

2. La acción de la Comunidad se encaminará a:

–desarrollar la dimensión europea en la enseñanza, especialmente a través del aprendizaje y de la difusión de las lenguas de los Estados miembros,

–favorecer la movilidad de estudiantes y profesores, fomentando en particular el reconocimiento académico de los títulos y de los períodos de estudios,

–promover la cooperación entre los centros docentes,

–incrementar el intercambio de información y de experiencias sobre las cuestiones comunes a los sistemas de formación de los Estados miembros,

–favorecer el incremento de los intercambios de jóvenes y de animadores socioeducativos,

–fomentar el desarrollo de la educación a distancia.

3. La Comunidad y los Estados miembros favorecerán la cooperación con terceros países y con las organizaciones internacionales competentes en materia de educación y, en particular, con el Consejo de Europa.

4. Para contribuir a la realización de los objetivos contemplados en el presente artículo, el Consejo adoptará:

–con arreglo al procedimiento previsto en el artículo 251 y previa consulta al Comité Económico y Social y al Comité de las Regiones, medidas de fomento, con exclusión de toda armonización de las disposiciones legales y reglamentarias de los Estados miembros,

–por mayoría cualificada y a propuesta de la Comisión, recomendaciones.

Artículo 150.

1. La Comunidad desarrollará una política de formación profesional que refuerce y complete las acciones de los Estados miembros, respetando plenamente la responsabilidad de los mismos en lo relativo al contenido y a la organización de dicha formación.

2. La acción de la Comunidad se encaminará a:

–facilitar la adaptación a las transformaciones industriales, especialmente mediante la formación y la reconversión profesionales,

–mejorar la formación profesional inicial y permanente, para facilitar la inserción y la reinserción profesional en el mercado laboral, facilitar el acceso a la formación profesional y favorecer la movilidad de los educadores y de las personas en formación, especialmente de los jóvenes,

–estimular la cooperación en materia de formación entre centros de enseñanza y empresas,

–incrementar el intercambio de información y de experiencias sobre las cuestiones comunes a los sistemas de formación de los Estados miembros.

3. La Comunidad y los Estados miembros favorecerán la cooperación con terceros países y con las organizaciones internacionales competentes en materia de formación profesional.

4. El Consejo, con arreglo al procedimiento previsto en el artículo 251 y previa consulta al

Comité Económico y Social y al Comité de las Regiones, adoptará medidas para contribuir a la realización de los objetivos establecidos en el presente artículo, con exclusión de toda armonización de las disposiciones legales y reglamentarias de los Estados miembros.

[...]

TÍTULO XVI

INDUSTRIA

Artículo 157.

✐ Artículo modificado por el Tratado de Niza.

1. La Comunidad y los Estados miembros asegurará la existencia de las condiciones necesarias para la competitividad de la industria comunitaria.

A tal fin, dentro de un sistema de mercados abiertos y competitivos, su acción estará encaminada a:

–acelerar la adaptación de la industria a lo cambios estructurales,

–fomentar un entorno favorable a la iniciativa y al desarrollo de las empresas en el conjunto de la Comunidad, y, en particular, de las pequeñas y medianas empresas,

–fomentar un entorno favorable a la cooperación entre empresas,

–favorecer un mejor aprovechamiento del potencial industrial de las políticas de innovación, de investigación y de desarrollo tecnológico.

2. Los Estados miembros se consultarán mutuamente en colaboración con la Comisión y, siempre que sea necesario, coordinarán sus acciones. La Comisión podrá adoptar cualquier iniciativa adecuada para fomentar dicha coordinación.

3. La Comunidad, contribuirá a alcanzar los objetivos estipulados en el apartado 1 mediante las políticas y actividades que lleva a cabo en virtud de otras disposiciones del presente Tratado. El Consejo, de conformidad con el procedimiento previsto en el artículo 251 y previa consulta al Comité Económico y Social, podrá tomar medidas específicas destinadas a apoyar las acciones que se lleven a cabo en los Estados miembros a fin de realizar los objetivos contemplados en el apartado 1.

Este título no constituirá una base para el establecimiento por parte de la Comunidad de medidas que puedan falsear la competencia o incluyan disposiciones fiscales o relativas a los derechos e intereses de los trabajadores asalariados.

TÍTULO XVII

COHESIÓN ECONÓMICA Y SOCIAL

Artículo 158.

A fin de promover un desarrollo armonioso del conjunto de la Comunidad, ésta desarrollará y proseguirá su acción encaminada a reforzar su cohesión económica y social.

La Comunidad se propondrá, en particular, reducir las diferencias entre los niveles de desarrollo de las diversas regiones y el retraso de las regiones o islas menos favorecidas, incluidas las zonas rurales.

Artículo 159.

✐ Artículo modificado por el Tratado de Niza.

Los Estados miembros conducirán su política económica y la coordinarán con miras a alcanzar también los objetivos enunciados en el artículo 158. Al formular y desarrollar las políticas y acciones de la Comunidad y al desarrollar el mercado interior, se tendrán en cuenta los objetivos enunciados en el artículo 158, participando en su consecución. La Comunidad apoyará asimismo dicha consecución a través de la actuación que realiza mediante 1 fondos con finalidad estructural (Fondo Europeo de Orientación y de Garantía Agrícola, sección «Orientación»; Fondo Social Europeo; Fondo Europeo de Desarrollo Regional), el Banco Europeo de Inversiones y los otros instrumentos financieros existentes.

Cada tres años, la Comisión presentará un informe al Parlamento Europeo, al Consejo, al Comité Económico y Social y al Comité de las Regiones sobre los avances realizados en la consecución de la cohesión económica y social y sobre la forma en que los distintos medios establecidos en el presente artículo hayan contribuido a ellos. En caso necesario, dicho informe deberá ir acompañado de propuestas adecuadas.

Si se manifestare la necesidad acciones específicas al margen de los fondos y sin perjuicio de las medidas decididas en el marco de las demás políticas comunitarias, el Consejo podrá adoptar dichas acciones de conformidad con el procedimiento previsto en el artículo 251 y previa consulta al Comité Económico y Social y al Comité de las Regiones.

Artículo 160.

El Fondo Europeo de Desarrollo Regional estará destinado a contribuir a la corrección de los principales desequilibrios regionales dentro de la Comunidad mediante una participación en el desarrollo y en el ajuste estructural las regiones menos desarrolladas y en la reconversión de las regiones industriales en declive.

Artículo 161.

✐ Artículo modificado por el Tratado de Niza.

Sin perjuicio de lo establecido en el artículo 162, 1 Consejo, por unanimidad, a propuesta de la Comisión, previo dictamen conforme del Parlamento Europeo y tras consultar al Comité Económico y Social y al Comité de las Regiones, determinará las funciones, los objetivos prioritarios y la organización d. los fondos con finalidad estructural, lo que podrá suponer la agrupación de los fondos. El Consejo mediante el mismo procedimiento, determinará asimismo las normas generales aplicables a los fondos así como las disposiciones necesarias para garantizar su eficacia y la coordinación de los fondos entre sí y con los demás instrumentos financieros existentes.

Un Fondo de Cohesión, creado por el Consejo con arreglo al mismo procedimiento, proporcionará una contribución financiera: proyectos en los sectores del medio ambiente y de las redes transeuropeas en materia de infraestructuras del transporte.

A partir del 1 de enero de 2007, el Consejo decidirá por mayoría cualificada, a propuesta de la Comisión, previo dictamen conforme del Parlamento Europeo y tras consultar al Comité Económico Social y el Comité de las Regiones, en el caso de que en dicha fecha se hayan adoptado las perspectivas financieras plurianuales aplicables a partir del 1 de enero de 2007 y el correspondiente acuerdo interinstitucional. De no ser así, el procedimiento previsto en el presente párrafo será aplicable a partir de la fecha de su adopción.

Artículo 162.

Las decisiones de aplicación relativas al Fondo Europeo de Desarrollo Regional serán tomadas por el Consejo, con arreglo al procedimiento previsto en el artículo 251 y previa consulta al Comité Económico y Social y al Comité de las Regiones.

En cuanto al Fondo Europeo de Orientación y de Garantía Agrícola, sección «Orientación», y al Fondo Social Europeo, seguirán siendo aplicables, respectivamente, las disposiciones de los artículos 37 y 148.

[...]

C) Derecho comunitario derivado

a) Principio de igualdad

§ 45.1 DIRECTIVA 2000/78/CE, DE 27 NOVIEMBRE 2000, DEL CONSEJO. ESTABLECIMIENTO DE UN MARCO GENERAL PARA LA IGUALDAD DE TRATO EN EL EMPLEO Y LA OCUPACIÓN

(DOL núm. 303, de 2 diciembre [LCEur 2000, 3383])

EL CONSEJO DE LA UNIÓN EUROPEA,

Visto el Tratado constitutivo de la Comunidad Europea, y en particular, su artículo 13,

Vista la propuesta de la Comisión,

Visto el dictamen del Parlamento Europeo,

Visto el dictamen del Comité Económico y Social,

Visto el dictamen del Comité de las Regiones,

Considerando lo siguiente:

1. De conformidad con el artículo 6 del Tratado de la Unión Europea, la Unión Europea se basa en los principios de libertad, democracia, respeto de los derechos humanos y de las libertades fundamentales y el Estado de Derecho, principios que son comunes a todos los Estados miembros y respeta los derechos fundamentales tal y como se garantizan en el Convenio Europeo para la Protección de los Derechos Humanos y de las Libertades Fundamentales y tal como resultan de las tradiciones constitucionales comunes a los Estados miembros, como principios generales del Derecho comunitario.

2. El principio de igualdad de trato entre mujeres y hombres está firmemente establecido en un amplio conjunto de normas comunitarias, en especial en la Directiva 76/207/CEE del Consejo, de 9 de febrero de 1976, relativa a la aplicación del principio de igualdad de trato entre hombres y mujeres en lo que se refiere al empleo, a la formación y a la promoción profesionales, y a las condiciones de trabajo.

3. En la aplicación del principio de igualdad de trato, la Comunidad, en virtud del apartado 2 del artículo 3 del Tratado CE, debe proponerse la eliminación de las desigualdades y el fomento de la igualdad entre hombres y mujeres, en particular considerando que, a menudo, las mujeres son víctimas de discriminaciones múltiples.

4. El derecho de toda persona a la igualdad ante la ley y a estar protegida contra la discriminación constituye un derecho universal reconocido en la Declaración Universal de Derechos Humanos, la Convención de las Naciones Unidas sobre la eliminación de todas las formas de discriminación contra la mujer, los Pactos de las Naciones Unidas de Derechos Civiles y Políticos y sobre Derechos Económicos, Sociales y Culturales, así como en el Convenio Europeo para la Protección de los Derechos Humanos y de las Libertades Fundamentales, de los que son partes todos los Estados miembros. El Convenio núm. 111 de la Organización Internacional del Trabajo prohíbe la discriminación en el ámbito del empleo y la ocupación.

5. Es importante respetar estos derechos y estas libertades fundamentales. La presente Directiva se entenderá sin perjuicio de la libertad de asociación, incluido el derecho de fundar, con otros, sindicatos y a afiliarse a éstos para defender sus intereses.

6. La Carta comunitaria de los derechos sociales fundamentales de los trabajadores reconoce la importancia de combatir toda forma de discriminación y, especialmente, la necesidad de adoptar medidas adecuadas para la integración social y económica de las personas mayores y de las personas con discapacidad.

7. El Tratado CE incluye entre sus objetivos el fomento de la coordinación de las políticas de empleo de los Estados miembros. A tal efecto, se ha incorporado al Tratado CE un nuevo título sobre empleo como medio para desarrollar una estrategia europea coordinada para el empleo, con el fin de potenciar una mano de obra cualificada, formada y adaptable.

8. Las Directrices para el empleo del año 2000, aprobadas por el Consejo Europeo de Helsinki los días 10 y 11 de diciembre de 1999, subrayan la necesidad de promover un mercado de trabajo favorable a la integración social, mediante la formulación de una serie coherente de políticas dirigidas a combatir la discriminación respecto de grupos como las personas con discapacidad. Subrayan asimismo la necesidad de prestar especial atención al apoyo concedido a los trabajadores de más edad, a fin de prolongar su participación en la población activa.

9. El empleo y la ocupación son elementos esenciales para garantizar la igualdad de oportunidades para todos y contribuyen decisivamente a la participación plena de los ciudadanos en la vida económica, cultural y social, así como a su desarrollo personal.

10. El Consejo adoptó, el 29 de junio de 2000, la Directiva 2000/43/CE relativa a la aplicación del principio de igualdad de trato de las personas independientemente de su origen racial o étnico, que garantiza ya una protección contra dichas discriminaciones en el ámbito del empleo y la ocupación.

11. La discriminación por motivos de religión o convicciones, discapacidad, edad u orientación sexual puede poner en peligro la consecución de los objetivos del Tratado CE, en particular el logro de un alto nivel de empleo y de protección social, la elevación del nivel y de la calidad de vida, la cohesión económica y social, la solidaridad y la libre circulación de personas.

12. A tal fin, se deberá prohibir en toda la Comunidad cualquier discriminación directa o indirecta por motivos de religión o convicciones, discapacidad, edad u orientación sexual en los ámbitos a que se refiere la presente Directiva. Esta prohibición de discriminación se aplicará asimismo a los nacionales de terceros países, pero no se refiere a las diferencias de trato basadas en la nacionalidad y se entiende sin perjuicio de las disposiciones que regulan la entrada y la residencia de los nacionales de terceros países y su acceso al empleo y la ocupación.

13. Las disposiciones de la presente Directiva no se aplicarán a los regímenes de seguridad social y de protección social cuyas ventajas no están equiparadas a una retribución en el sentido conferido a este término para la aplicación del artículo 141 del Tratado CE ni a los pagos de cualquier naturaleza efectuados por el Estado cuyo objetivo es el acceso al empleo o el mantenimiento de los trabajadores en el empleo.

14. La presente Directiva se entiende sin perjuicio de las disposiciones nacionales que establecen la edad de jubilación.

15. La apreciación de los hechos de los que pueda resultar la presunción de haberse producido una discriminación directa o indirecta corresponde a los órganos judiciales u otros órganos competentes nacionales, con arreglo a las legislaciones o prácticas nacionales. Estas normas podrán disponer que la discriminación indirecta se establezca por cualquier medio, incluso a partir de pruebas estadísticas.

16. La adopción de medidas de adaptación a las necesidades de las personas con discapacidad en el lugar de trabajo desempeña un papel importante a la hora de combatir la discriminación por motivos de discapacidad.

17. La presente Directiva no obliga a contratar, ascender, mantener en un puesto de trabajo o facilitar formación a una persona que no sea competente o no esté capacitada o disponible para desempeñar las tareas fundamentales del puesto de que se trate o para seguir una formación dada, sin perjuicio de la obligación de realizar los ajustes razonables para las personas con discapacidad.

18. Concretamente, la presente Directiva no puede tener el efecto de obligar a las fuerzas armadas, como tampoco a los servicios de policía, penitenciarios, o de socorro, a contratar o mantener en su puesto de trabajo a personas que no tengan las capacidades necesarias para desempeñar cuantas funciones puedan tener que ejercer en relación con el objetivo legítimo de mantener el carácter operativo de dichos servicios.

19. Además, para que los Estados miembros puedan seguir manteniendo la capacidad de sus fuerzas armadas, podrán optar por no aplicar las disposiciones de la presente Directiva relativas a la discapacidad y a la edad a todas o parte de sus fuerzas armadas. Los Estados miembros que ejerzan esta opción deberán determinar el ámbito de aplicación de esta excepción.

20. Es preciso establecer medidas adecuadas, es decir, medidas eficaces y prácticas para acondicionar el lugar de trabajo en función de la discapacidad, por ejemplo, adaptando las instalaciones, equipamientos, pautas de trabajo, asignación de funciones o provisión de medios de formación o encuadre.

21. Para determinar si las medidas en cuestión dan lugar a una carga desproporcionada, deberían tenerse en cuenta, particularmente, los costes financieros y de otro tipo que éstas impliquen, el tamaño, los recursos financieros y el volumen de negocios total de la organización o empresa y la disponibilidad de fondos públicos o de otro tipo de ayuda.

22. Lo dispuesto en la presente Directiva se entiende sin perjuicio de la legislación nacional sobre el estado civil y de las prestaciones que dependen del estado civil.

23. En muy contadas circunstancias, una diferencia de trato puede estar justificada cuando una característica vinculada a la religión o convicciones, a una discapacidad, a la edad o a la orientación sexual constituya un requisito profesional esencial y determinante, cuando el objetivo sea legítimo y el requisito, proporcionado. Dichas circunstancias deberán figurar en la información que facilitarán los Estados miembros a la Comisión.

24. La Unión Europea, en su Declaración núm. 11 sobre el estatuto de las iglesias y las organizaciones no confesionales, adjunta al Acta final del Tratado de Amsterdam, ha reconocido explícitamente que respeta y no prejuzga el estatuto reconocido, en virtud del Derecho nacional, a las iglesias y las asociaciones o comunidades religiosas en los Estados miembros, que respeta asimismo el estatuto de las organizaciones filosóficas y no confesionales. Desde esta perspectiva, los Estados miembros pueden mantener o establecer disposiciones específicas sobre los requisitos profesionales esenciales, legítimos y justificados que pueden exigirse para ejercer una actividad profesional.

25. La prohibición de discriminación por razones de edad constituye un elemento fundamental para alcanzar los objetivos establecidos por las directrices sobre el empleo y para fomentar la diversidad en el mismo. No obstante, en determinadas circunstancias se pueden justificar diferencias de trato por razones de edad, y requieren por lo tanto disposiciones específicas que pueden variar según la situación de los Estados miembros. Resulta pues esencial distinguir las diferencias de trato justificadas, concretamente por objetivos legítimos de las políticas de empleo, del mercado laboral y de la formación profesional, y debe prohibirse la discriminación.

26. La prohibición de discriminación no debe obstar al mantenimiento o la adopción de medidas concebidas para prevenir o compensar las desventajas sufridas por un grupo de personas con una religión o convicciones, una discapacidad, una edad o una orientación sexual determinadas, y dichas medidas pueden permitir la existencia de organizaciones de personas de una religión o convicciones, una discapacidad, una edad o una orientación sexual determinadas organizarse cuando su finalidad principal sea promover de las necesidades específicas de esas personas.

27. El Consejo, en su Recomendación 86/379/CEE, de 24 de julio de 1986, sobre el empleo de los minusválidos en la Comunidad, estableció un marco de orientación que enumera ejemplos de acciones positivas para el fomento del empleo y de la formación profesional de los minusválidos, y en su Resolución de 17 de junio de 1999 relativa a la igualdad de oportunidades laborales de las personas con minusvalías afirmó la importancia de prestar una atención específica, en particular, a la contratación, al mantenimiento de los trabajadores en el empleo y a la formación y formación permanente de los minusválidos.

28. Las disposiciones de la presente Directiva establecen requisitos mínimos, reconociendo a los Estados miembros la facultad de introducir o mantener disposiciones más favorables. La aplicación de la presente Directiva no puede servir para justificar retroceso alguno con respecto a la situación ya existente en cada Estado miembro.

29. Las personas que hayan sido objeto de discriminación basada en la religión o convicciones, la discapacidad, la edad o la orientación sexual deben disponer de medios de protección jurídica adecuados. A fin de asegurar un nivel de protección más efectivo, también se debe facultar a las asociaciones o personas jurídicas para que puedan iniciar procedimientos, con arreglo a lo que dispongan los Estados miembros, en nombre de cualquier víctima o en su apoyo, sin perjuicio de la normativa nacional de procedimiento en cuanto a la representación y defensa ante los tribunales.

30. La aplicación efectiva del principio de igualdad exige una protección judicial adecuada contra las represalias.

31. Las normas relativas a la carga de la prueba deben modificarse cuando haya un caso de presunta discriminación y en el caso en que se verifique tal situación a fin de que la carga de la prueba recaiga en la parte demandada. No obstante, no corresponde a la parte demandada probar que la parte demandante pertenece a una determinada religión, posee determinadas convicciones, presenta una determinada discapacidad, es de una determinada edad o tiene una determinada orientación sexual.

32. Los Estados miembros no estarán obligados a aplicar las normas sobre la carga de la prueba a los procedimientos en los que corresponda a los tribunales o a otro órgano competente investigar los hechos. Se considerarán procedimientos de esta índole aquellos en que el demandante no está

obligado a probar sus alegaciones sino que corresponde al tribunal o al órgano competente investigarlas.

33. Los Estados miembros deben fomentar el diálogo entre los interlocutores sociales y, según las prácticas propias de cada país, con las organizaciones no gubernamentales, para estudiar y combatir las distintas formas de discriminación en el lugar de trabajo.

34. La necesidad de promover la paz y la reconciliación entre las principales comunidades de Irlanda del Norte exige la inclusión de disposiciones especiales en la presente Directiva.

35. Los Estados miembros deben prever sanciones efectivas, proporcionadas y disuasorias en caso de que se contravengan las obligaciones derivadas de la presente Directiva.

36. Los Estados miembros podrán confiar la aplicación de la presente Directiva a los interlocutores sociales, a petición conjunta de éstos, en lo relativo a las disposiciones que entran en el ámbito de los convenios colectivos, siempre y cuando los Estados miembros tomen todas las disposiciones necesarias para poder garantizar en todo momento los resultados establecidos por la presente Directiva.

37. De conformidad con el principio de subsidiariedad contemplado en el artículo 5 del Tratado CE, los objetivos de la presente Directiva, en particular el establecimiento en la Comunidad de un marco para la igualdad en el empleo y la ocupación, no pueden alcanzarse de manera suficiente por los Estados miembros. Por consiguiente, pueden lograrse mejor, debido a la dimensión y repercusión de la acción propuesta, en el ámbito comunitario. Conforme al principio de proporcionalidad tal y como se enuncia en el mencionado artículo, la presente Directiva no excede de lo necesario para alcanzar dicho objetivo.

HA ADOPTADO LA PRESENTE DIRECTIVA:

CAPÍTULO I

Disposiciones generales

Artículo 1. Objeto.

La presente Directiva tiene por objeto establecer un marco general para luchar contra la discriminación por motivos de religión o convicciones, de discapacidad, de edad o de orientación sexual en el ámbito del empleo y la ocupación, con el fin de que en los Estados miembros se aplique el principio de igualdad de trato.

⇒ Vid. las medidas para la aplicación del principio de igualdad de trato que en nuestro ordenamiento interno establece la Ley 62/2003, de 30 diciembre, que se reproducen como nota en el art. 14 CE (§1).
Vid. asimismo LO 3/2007, de 22 marzo, para la igualdad efectiva de mujeres y hombres (§31.1).

Artículo 2. Concepto de discriminación.

1. A efectos de la presente Directiva, se entenderá por principio de igualdad de trato la ausencia de toda discriminación directa o indirecta basada en cualquiera de los motivos mencionados en el artículo 1.

⇒ V. art. 17.1 ET (§2) tras su modificación por Ley 62/2003, de 30 diciembre (art. 37).

2. A efectos de lo dispuesto en el apartado 1:

a) existirá discriminación directa cuando una persona sea, haya sido o pudiera ser tratada de manera menos favorable que otra en situación análoga por alguno de los motivos mencionados en el artículo 1;

b) existirá discriminación indirecta cuando una disposición, criterio o práctica aparentemente neutros pueda ocasionar una desventaja particular a personas con una religión o convicción, con una discapacidad, de una edad, o con una orientación sexual determinadas, respecto de otras personas, salvo que:

i) dicha disposición, criterio o práctica pueda justificarse objetivamente con una finalidad legítima y salvo que los medios para la consecución de esta finalidad sean adecuados y necesarios; o que

ii) respecto de las personas con una discapacidad determinada, el empresario o cualquier persona u organización a la que se aplique lo dispuesto en la presente Directiva, esté obligado, en virtud de la legislación nacional, a adoptar medidas adecuadas de conformidad con los principios contemplados en el artículo 5 para eliminar las desventajas que supone esa disposición, ese criterio o esa práctica.

⇒ Cfr. en nuestro ordenamiento interno, la Ley 51/2003, de 2 diciembre, de igualdad de oportunidades, no discriminación y accesibilidad universal de las personas con discapacidad. V. asimismo, la Ley 53/2003, de 10 diciembre, sobre empleo público de discapacitados y RD 2271/2004, de 3 diciembre, por el que se regula el acceso al empleo público y la provisión de puestos de trabajo de las personas con discapacidad.

3. El acoso constituirá discriminación a efectos de lo dispuesto en el apartado 1 cuando se pro-

duzca un comportamiento no deseado relacionado con alguno de los motivos indicados en el artículo 1 que tenga como objetivo o consecuencia atentar contra la dignidad de la persona y crear un entorno intimidatorio, hostil, degradante, humillante u ofensivo. A este respecto, podrá definirse el concepto de acoso de conformidad con las normativas y prácticas nacionales de cada Estado miembro.

4. Toda orden de discriminar a personas por alguno de los motivos indicados en el artículo 1 se considerará discriminación con arreglo a lo dispuesto en el apartado 1.

5. La presente Directiva se entenderá sin perjuicio de las medidas establecidas en la legislación nacional que, en una sociedad democrática, son necesarias para la seguridad pública, la defensa del orden y la prevención de infracciones penales, la protección de la salud y la protección de los derechos y libertades de los ciudadanos.

Artículo 3. Ámbito de aplicación.

1. Dentro del límite de las competencias conferidas a la Comunidad, la presente Directiva se aplicará a todas las personas, por lo que respecta tanto al sector público como al privado, incluidos los organismos públicos, en relación con:

a) las condiciones de acceso al empleo, a la actividad por cuenta propia y al ejercicio profesional, incluidos los criterios de selección y las condiciones de contratación y promoción, independientemente de la rama de actividad y en todos los niveles de la clasificación profesional, con inclusión de lo relativo a la promoción;

b) el acceso a todos los tipos y niveles de orientación profesional, formación profesional, formación profesional superior y reciclaje, incluida la experiencia laboral práctica;

c) las condiciones de empleo y trabajo, incluidas las de despido y remuneración;

d) la afiliación y participación en una organización de trabajadores o de empresarios, o en cualquier organización cuyos miembros desempeñen una profesión concreta, incluidas las prestaciones concedidas por las mismas.

2. La presente Directiva no afectará a la diferencia de trato por motivos de nacionalidad y se entenderá sin perjuicio de las disposiciones y condiciones por las que se regulan la entrada y residencia de nacionales de terceros países y de apátridas en el territorio de los Estados miembros y del trato que se derive de la situación jurídica de los nacionales de terceros países y de los apátridas.

3. La presente Directiva no se aplicará a los pagos de cualquier tipo efectuados por los regímenes públicos o asimilados, incluidos los regímenes públicos de seguridad social o de protección social.

4. Los Estados miembros podrán prever la posibilidad de que la presente Directiva no se aplique a las fuerzas armadas por lo que respecta a la discriminación basada en la discapacidad y en la edad.

Artículo 4. Requisitos profesionales.

1. No obstante lo dispuesto en los apartados 1 y 2 del artículo 2, los Estados miembros podrán disponer que una diferencia de trato basada en una característica relacionada con cualquiera de los motivos mencionados en el artículo 1 no tendrá carácter discriminatorio cuando, debido a la naturaleza de la actividad profesional concreta de que se trate o al contexto en que se lleve a cabo, dicha característica constituya un requisito profesional esencial y determinante, siempre y cuando el objetivo sea legítimo y el requisito, proporcionado.

2. Los Estados miembros podrán mantener en su legislación nacional vigente el día de adopción de la presente Directiva, o establecer en una legislación futura que incorpore prácticas nacionales existentes el día de adopción de la presente Directiva, disposiciones en virtud de las cuales en el caso de las actividades profesionales de iglesias y de otras organizaciones públicas o privadas cuya ética se base en la religión o las convicciones de una persona, por lo que respecta a las actividades profesionales de estas organizaciones, no constituya discriminación una diferencia de trato basada en la religión o las convicciones de una persona cuando, por la naturaleza de estas actividades o el contexto en el que se desarrollen, dicha característica constituya un requisito profesional esencial, legítimo y justificado respecto de la ética de la organización. Esta diferencia de trato se ejercerá respetando las disposiciones y principios constitucionales de los Estados miembros, así como los principios generales del Derecho comunitario, y no podrá justificar una discriminación basada en otro motivo.

Siempre y cuando sus disposiciones sean respetadas, las disposiciones de la presente Directiva se entenderán sin perjuicio del derecho de las iglesias y de las demás organizaciones públicas o privadas cuya ética se base en la religión o las convicciones, actuando de conformidad con las disposiciones constitucionales y legislativas nacionales, podrán exigir en consecuencia a las personas que trabajen para ellas una actitud de buena fe y de lealtad hacia la ética de la organización.

⇒ Vid. RD 696/2007, de 1 junio, por el que se regula con apoyo en este precepto de la Directiva la relación laboral de los profesores de religión prevista en la disposición adicional tercera de la LO 2/2006, de 3 mayo, de Educación (§16.15).

Artículo 5. Ajustes razonables para las personas con discapacidad.

A fin de garantizar la observancia del principio de igualdad de trato en relación con las personas con discapacidades, se realizarán ajustes razonables. Esto significa que los empresarios tomarán las medidas adecuadas, en función de las necesidades de cada situación concreta, para permitir a las personas con discapacidades acceder al empleo, tomar parte en el mismo o progresar profesionalmente, o para que se les ofrezca formación, salvo que esas medidas supongan una carga excesiva para el empresario. La carga no se considerará excesiva cuando sea paliada en grado suficiente mediante medidas existentes en la política del Estado miembro sobre discapacidades.

Artículo 6. Justificación de diferencias de trato por motivos de edad.

1. No obstante lo dispuesto en el apartado 2 del artículo 2, los Estados miembros podrán disponer que las diferencias de trato por motivos de edad no constituirán discriminación si están justificadas objetiva y razonablemente, en el marco del Derecho nacional, por una finalidad legítima, incluidos los objetivos legítimos de las políticas de empleo, del mercado de trabajo y de la formación profesional, y si los medios para lograr este objetivo son adecuados y necesarios.

Dichas diferencias de trato podrán incluir, en particular:

a) el establecimiento de condiciones especiales de acceso al empleo y a la formación profesional, de empleo y de trabajo, incluidas las condiciones de despido y recomendación, para los jóvenes, los trabajadores de mayor edad y los que tengan personas a su cargo, con vistas a favorecer su inserción profesional o garantizar la protección de dichas personas;

b) el establecimiento de condiciones mínimas en lo que se refiere a la edad, la experiencia profesional o la antigüedad en el trabajo para acceder al empleo o a determinadas ventajas vinculadas al mismo;

⇒ Cfr. el art. 6 ET (§2).

c) el establecimiento de una edad máxima para la contratación, que esté basada en los requisitos de formación del puesto en cuestión o en la necesidad de un período de actividad razonable previo a la jubilación.

⇒ Cfr. disp. adic. 10ª ET (§2).

2. No obstante lo dispuesto en el apartado 2 del artículo 2, los Estados miembros podrán disponer que no constituirán discriminación por motivos de edad, la determinación, para los regímenes profesionales de seguridad social, de edades para poder beneficiarse de prestaciones de jubilación o invalidez u optar a las mismas, incluidos el establecimiento para dichos regímenes de distintas edades para trabajadores o grupos o categorías de trabajadores y la utilización, en el marco de dichos regímenes, de criterios de edad en los cálculos actuariales, siempre que ello no suponga discriminaciones por razón de sexo.

Artículo 7. Acción positiva y medidas específicas.

1. Con el fin de garantizar la plena igualdad en la vida profesional, el principio de igualdad de trato no impedirá que un Estado miembro mantenga o adopte medidas específicas destinadas a prevenir o compensar las desventajas ocasionadas por cualquiera de los motivos mencionados en el artículo 1.

2. Por lo que respecta a las personas con discapacidad, el principio de igualdad de trato no constituirá un obstáculo al derecho de los Estados miembros de mantener o adoptar disposiciones relativas a la protección de la salud y la seguridad en el lugar de trabajo, ni para las medidas cuya finalidad sea crear o mantener disposiciones o facilidades con objeto de proteger o fomentar la inserción de dichas personas en el mundo laboral.

Artículo 8. Requisitos mínimos.

1. Los Estados miembros podrán adoptar o mantener disposiciones más favorables para la protección del principio de igualdad de trato que las previstas en la presente Directiva.

2. La aplicación de la presente Directiva no constituirá en ningún caso motivo para reducir el nivel de protección contra la discriminación ya garantizado por los Estados miembros en los ámbitos cubiertos por la misma.

CAPÍTULO II

Recursos y cumplimiento

Artículo 9. Defensa de derechos.

1. Los Estados miembros velarán por la existencia de procedimientos judiciales o administrativos, e incluso, cuando lo consideren oportuno, procedimientos de conciliación, para exigir el cumplimiento

de las obligaciones establecidas mediante la presente Directiva para todas las personas que se consideren perjudicadas por la no aplicación, en lo que a ellas se refiere, del principio de igualdad de trato, incluso tras la conclusión de la relación en la que supuestamente se ha producido la discriminación.

2. Los Estados miembros velarán por que las asociaciones, organizaciones u otras personas jurídicas que, de conformidad con los criterios establecidos en el Derecho nacional, tengan un interés legítimo en velar por el cumplimiento de lo dispuesto en la presente Directiva, puedan iniciar, en nombre del demandante o en su apoyo, y con su autorización, cualquier procedimiento judicial o administrativo previsto para exigir el cumplimiento de las obligaciones derivadas de la presente Directiva.

3. Los apartados 1 y 2 se entenderán sin perjuicio de las normas nacionales en materia de plazos de interposición de recursos en relación con el principio de igualdad de trato.

Artículo 10. Carga de la prueba.

1. Los Estados miembros adoptarán con arreglo a su ordenamiento jurídico nacional, las medidas necesarias para garantizar que corresponda a la parte demandada demostrar que no ha habido vulneración del principio de igualdad de trato, cuando una persona que se considere perjudicada por la no aplicación, en lo que a ella se refiere, de dicho principio alegue, ante un tribunal u otro órgano competente, hechos que permitan presumir la existencia de discriminación directa o indirecta.

2. Lo dispuesto en el apartado 1 se entenderá sin perjuicio de que los Estados miembros adopten normas sobre la prueba más favorables a la parte demandante.

3. Lo dispuesto en el apartado 1 no se aplicará a los procedimientos penales.

4. Lo dispuesto en los apartados 1, 2 y 3 se aplicarán asimismo a toda acción judicial emprendida de conformidad con el apartado 2 del artículo 9.

5. Los Estados miembros no estarán obligados a aplicar lo dispuesto en el apartado 1 a los procedimientos en los que la instrucción de los hechos relativos al caso corresponda a los órganos jurisdiccionales o a otro órgano competente.

Artículo 11. Protección contra las represalias.

Los Estados miembros adoptarán en sus ordenamientos jurídicos las medidas que resulten necesarias para proteger a los trabajadores contra el despido o cualquier otro trato desfavorable adoptado por parte del empresario como reacción ante una reclamación efectuada en la empresa o ante una acción judicial destinada a exigir el cumplimiento del principio de igualdad de trato.

⇒ V. el art. 17.1 ET (§2) tras su modificación por Ley 62/2003, de 30 diciembre (art. 37).

Artículo 12. Divulgación de información.

Los Estados miembros velarán por que las disposiciones adoptadas en virtud de la presente Directiva, además de las disposiciones correspondientes ya en vigor, sean puestas en conocimiento de las personas a las que sea aplicable, por todos los medios apropiados, por ejemplo, en el lugar de trabajo, y en todo su territorio.

Artículo 13. Diálogo social.

1. Los Estados miembros, con arreglo a sus respectivas tradiciones y prácticas nacionales, adoptarán las medidas adecuadas para fomentar el diálogo entre los interlocutores sociales, a fin de promover la igualdad de trato, incluido el control de las prácticas en el lugar de trabajo, convenios colectivos, códigos de conducta, y mediante la investigación o el intercambio de experiencias y buenas prácticas.

2. Siempre que ello sea coherente con sus respectivas tradiciones y prácticas nacionales, los Estados miembros fomentarán entre empresarios y trabajadores, sin perjuicio de su autonomía, la celebración al nivel apropiado, de convenios que establezcan normas antidiscriminatorias en los ámbitos mencionados en el artículo 3 que entren dentro de las competencias de la negociación colectiva. Estos convenios respetarán los requisitos mínimos establecidos en la presente Directiva y las correspondientes medidas nacionales de aplicación.

Artículo 14. Diálogo con las organizaciones no gubernamentales.

Los Estados miembros fomentarán el diálogo con las correspondientes organizaciones no gubernamentales que tengan, con arreglo a las legislaciones y prácticas nacionales, un interés legítimo en contribuir a la lucha contra la discriminación basada en alguno de los motivos contemplados en al artículo 1, con el fin de promover el principio de igualdad de trato.

CAPÍTULO III
Disposiciones particulares

Artículo 15. Irlanda del Norte.

1. Para hacer frente a la infrarrepresentación de una de las principales comunidades religiosas en los servicios policiales de Irlanda del Norte, las diferencias de trato en materia de contratación en dichos servicios, incluido el personal de apoyo, no constituirán discriminación, en la medida en que dichas diferencias de trato estén explícitamente autorizadas por la legislación nacional.

2. Con objeto de mantener el equilibrio de las posibilidades de empleo para el cuerpo docente en Irlanda del Norte, contribuyendo al mismo tiempo a superar las divisiones históricas entre las principales comunidades religiosas existentes, las disposiciones de la presente Directiva en materia de religión o de convicciones no se aplicarán a la contratación de cuerpo docente en las escuelas de Irlanda del Norte, en la medida en que ello esté explícitamente autorizado por la legislación nacional.

CAPÍTULO IV
Disposiciones finales

Artículo 16. Cumplimiento.

Los Estados miembros adoptarán las medidas necesarias para velar por que:

a) se supriman las disposiciones legales, reglamentarias y administrativas contrarias al principio de igualdad de trato;

b) se declaren o puedan declararse nulas e inválidas o se modifiquen todas las disposiciones contrarias al principio de igualdad de trato que figuren en los contratos o convenios colectivos, en los reglamentos internos de las empresas o en los estatutos de las profesiones independientes y de las organizaciones sindicales y empresariales.

Artículo 17. Sanciones.

Los Estados miembros establecerán el régimen de sanciones aplicables en caso de incumplimiento de las disposiciones nacionales adoptadas en aplicación de la presente Directiva y adoptarán todas las medidas necesarias para garantizar su cumplimiento. Dichas sanciones, que podrán incluir la indemnización a la víctima, serán efectivas, proporcionadas y disuasorias. Los Estados miembros comunicarán dichas disposiciones a la Comisión a más tardar el 2 de diciembre de 2003 y le notificarán, sin demora, cualquier modificación de aquéllas.

Artículo 18. Aplicación.

Los Estados miembros adoptarán las disposiciones legales, reglamentarias y administrativas necesarias para dar cumplimiento a lo establecido en la presente Directiva a más tardar el 2 de diciembre de 2003 o bien podrán confiar su aplicación, por lo que se refiere a las disposiciones que dependen de los convenios colectivos, a los interlocutores sociales, a petición conjunta de éstos. En tal caso, los Estados miembros se asegurarán de que, a más tardar el 2 de diciembre de 2003, los interlocutores sociales hayan establecido de mutuo acuerdo las disposiciones necesarias; los Estados miembros interesados deberán tomar todas las disposiciones necesarias para poder garantizar, en todo momento, los resultados fijados por la presente Directiva. Informarán inmediatamente de ello a la Comisión.

A fin de tener en cuenta condiciones particulares, los Estados miembros podrán disponer, cuando sea necesario, de un plazo adicional de tres años a partir del 2 de diciembre de 2003, es decir, de un máximo de 6 años en total, para poner en aplicación las disposiciones de la presente Directiva relativas a la discriminación por motivos de edad y discapacidad. En este caso, lo comunicarán de inmediato a la Comisión. Los Estados miembros que opten por recurrir a este período adicional informarán anualmente a la Comisión sobre las medidas que adopten para luchar contra la discriminación por motivos de edad y discapacidad, y sobre los progresos realizados para la aplicación de la presente Directiva. La Comisión informará anualmente al Consejo.

Cuando los Estados miembros adopten dichas disposiciones, éstas harán referencia a la presente Directiva o irán acompañadas de dicha referencia en su publicación oficial. Los Estados miembros establecerán las modalidades de la mencionada referencia.

Artículo 19. Informe.

1. Los Estados miembros comunicarán a la Comisión, a más tardar el 2 de diciembre de 2005 y, posteriormente, cada cinco años, toda la información necesaria para que la Comisión elabore un informe dirigido al Parlamento Europeo y al Consejo sobre la aplicación de la presente Directiva.

2. El informe de la Comisión tendrá en cuenta, cuando proceda, los puntos de vista de los interlo-

cutores sociales y de las organizaciones no gubernamentales correspondientes. Con arreglo a la consideración sistemática del principio de igualdad de oportunidades entre el hombre y la mujer, dicho informe facilitará, entre otras cosas, una evaluación de la incidencia de las medidas tomadas sobre mujeres y hombres. A la luz de la información recibida, el informe incluirá, en caso necesario, propuestas de revisión y actualización de la presente Directiva.

Artículo 20. Entrada en vigor.

La presente Directiva entrará en vigor el día de su publicación en el Diario Oficial de las Comunidades Europeas.

Artículo 21. Destinatarios.

Los destinatarios de la presente Directiva serán los Estados miembros.

§ 45.2 DIRECTIVA 2000/43/CE, DE 29 JUNIO 2000, DEL CONSEJO. APLICACIÓN DEL PRINCIPIO DE IGUALDAD DE TRATO DE LAS PERSONAS INDEPENDIENTEMENTE DE SU ORIGEN RACIAL O ÉTNICO

(DOL núm. 180, de 19 julio [LCEur 2000, 1850])

⇒ Esta directiva fue traspuesta al Ordenamiento interno por Ley 62/2003, de 30 diciembre, de Medidas Fiscales, Administrativas y de Orden Social. V. nota al art. 14 Constitución Española (§1).

EL CONSEJO DE LA UNIÓN EUROPEA,

Visto el Tratado constitutivo de la Comunidad Europea y, en particular, su artículo 13,

Vista la propuesta de la Comisión,

Visto el dictamen del Parlamento Europeo,

Visto el dictamen del Comité Económico y Social,

Visto el dictamen del Comité de las Regiones,

Considerando lo siguiente:

1. El Tratado de la Unión Europea constituye una nueva etapa en el proceso creador de una unión cada vez más estrecha entre los pueblos de Europa.

2. De conformidad con el artículo 6 del Tratado de la Unión Europea, la Unión Europea se basa en los principios de libertad, democracia, respeto de los derechos humanos y de las libertades fundamentales y el Estado de Derecho, principios que son comunes a los Estados miembros y respeta los derechos fundamentales tal y como se garantizan en el Convenio Europeo para la Protección de los Derechos Humanos y de las Libertades Fundamentales tal como resultan de las tradiciones constitucionales comunes a los Estados miembros, como principios generales del Derecho comunitario.

3. El derecho a la igualdad ante la ley y a que toda persona esté protegida contra la discriminación constituye un derecho universal reconocido en la Declaración Universal de Derechos Humanos, la Convención de las Naciones Unidas sobre la eliminación de todas las formas de discriminación contra la mujer, la Convención internacional sobre la eliminación de todas las formas de discriminación racial y los Pactos de las Naciones Unidas de Derechos Civiles y Políticos y sobre Derechos Económicos, Sociales y Culturales, así como en el Convenio Europeo para la Protección de los Derechos Humanos y de las Libertades Fundamentales, de los que son signatarios todos los Estados miembros.

4. Es importante respetar estos derechos y libertades fundamentales, incluido el derecho a la libertad de asociación. En el contexto del acceso al suministro de bienes y servicios y la oferta de los mismos, es asimismo importante respetar la protección de la intimidad y de la vida familiar y las transacciones realizadas en dicho contexto.

5. El Parlamento Europeo ha adoptado varias resoluciones relativas a la lucha contra el racismo en la Unión Europea.

6. La Unión Europea rechaza las teorías que tratan de establecer la existencia de las razas humanas. El uso, en la presente Directiva, del término «origen racial» no implica el reconocimiento de dichas teorías.

7. El Consejo Europeo, en Tampere los días 15 y 16 de octubre de 1999, invitó a la Comisión a presentar cuanto antes propuestas para dar cumplimiento a lo dispuesto en el artículo 13 del Tratado CE en materia de lucha contra el racismo y la xenofobia.

8. Las Directrices para el empleo de 2000 aprobadas por el Consejo Europeo de Helsinki los días 10 y 11 de diciembre de 1999 subrayan la necesidad de promover las condiciones para un mercado de trabajo que propicie la integración social mediante la formulación de una serie coherente de políticas dirigidas a combatir la discriminación contra grupos tales como las minorías étnicas.

9. La discriminación basada en el origen racial o étnico puede poner en peligro la consecución de los objetivos del Tratado CE, en particular la consecución de un alto nivel de empleo y de protección social, la elevación del nivel y la calidad de vida, la cohesión económica y social y la solidaridad, y

también puede hipotecar el objetivo de desarrollar la Unión Europea como un espacio de libertad, seguridad y justicia.

10. La Comisión presentó una Comunicación sobre el racismo, la xenofobia y el antisemitismo en diciembre de 1995.

11. El Consejo adoptó el 15 de julio de 1996 la Acción común 96/443/JAI relativa a la acción contra el racismo y la xenofobia que contiene el compromiso de los Estados miembros de garantizar una cooperación judicial efectiva en lo que respecta a las infracciones basadas en comportamientos racistas y xenófobos.

12. Para garantizar el desarrollo de sociedades democráticas y tolerantes en las que toda persona pueda participar, con independencia de su origen racial o étnico, la actuación específica en el ámbito de la discriminación por estos motivos debe ir más allá del acceso a la actividad por cuenta propia o ajena y abarcar ámbitos como la educación, la protección social, incluida la seguridad social y la asistencia sanitaria, las ventajas sociales, la oferta de bienes y servicios y el acceso a los mismos.

13. A tal fin, se deberá prohibir en toda la Comunidad cualquier discriminación, directa o indirecta, por motivos de origen racial o étnico en los ámbitos a que se refiere la presente Directiva. Esta prohibición de discriminación se aplicará asimismo a los nacionales de terceros países, pero no se refiere a las diferencias de trato basadas en la nacionalidad y se entiende sin perjuicio de las disposiciones que regulan la entrada y la residencia de los nacionales de terceros países y su acceso al empleo y al ejercicio profesional.

14. En la aplicación del principio de igualdad de trato con independencia del origen racial o étnico, la Comunidad, en virtud del apartado 2 del artículo 3 del Tratado CE, debe proponerse la eliminación de las desigualdades y fomentar la igualdad entre hombres y mujeres, máxime considerando que, a menudo, las mujeres son víctimas de discriminaciones múltiples.

15. La estimación de los hechos de los que pueda resultar la presunción de haberse producido una discriminación directa o indirecta corresponde a los órganos judiciales u otros órganos competentes nacionales, con arreglo a las legislaciones o prácticas nacionales. Estas normas podrán disponer que la discriminación indirecta se establezca por cualquier medio, incluso basándose en pruebas estadísticas.

16. Es importante proteger a todas las personas físicas de toda discriminación por su origen racial o étnico. Los Estados miembros también deben proteger, de conformidad con sus respectivas tradiciones y prácticas nacionales, a las personas jurídicas en aquellos casos en los que sean discriminadas por el origen racial o étnico de sus miembros.

17. La prohibición de discriminación no debe obstar al mantenimiento o la adopción de medidas concebidas para prevenir o compensar las desventajas sufridas por un grupo de personas con un origen racial o étnico determinado y dichas medidas pueden permitir la existencia de organizaciones de personas de un origen racial o étnico concreto cuando su finalidad principal sea promover las necesidades específicas de esas personas.

18. En muy contadas circunstancias, una diferencia de trato puede estar justificada cuando una característica vinculada al origen racial o étnico constituya un requisito profesional esencial y determinante, siempre y cuando el objetivo sea legítimo y el requisito, proporcionado. Dichas circunstancias deberán figurar en la información que facilitarán los Estados miembros a la Comisión.

19. Las personas que hayan sido objeto de discriminación basada en el origen racial o étnico deben disponer de medios de protección jurídica adecuados. A fin de asegurar un nivel de protección más efectivo, también se debe facultar a las asociaciones o personas jurídicas para que puedan iniciar procedimientos, con arreglo a lo que dispongan los Estados miembros, en nombre de cualquier víctima o en su apoyo, sin perjuicio de la normativa nacional de procedimiento respecto a la representación y defensa ante los tribunales.

20. La aplicación efectiva del principio de igualdad exige una protección judicial adecuada contra las represalias.

21. Las normas relativas a la carga de la prueba deben modificarse cuando exista a primera vista un caso de presunta discriminación. Para la aplicación efectiva del principio de igualdad de trato, la carga de la prueba debe recaer en la parte demandada cuando se aporten indicios de dicha discriminación.

22. Los Estados miembros no estarán obligados a aplicar las normas sobre la carga de la prueba a los procedimientos en los que corresponda a los tribunales o a otro órgano competente investigar los hechos. Se considerarán procedimientos de esta índole aquellos en que el demandante no está obligado a probar sus alegaciones, sino que corresponde al tribunal o al órgano competente investigarlas.

23. Los Estados miembros deben fomentar el diálogo entre los interlocutores sociales y con las organizaciones no gubernamentales para estudiar las distintas formas de discriminación y combatirlas.

24. La protección contra la discriminación basada en el origen racial o étnico se vería reforzada con la existencia de uno o más organismos independientes en cada Estado miembro, con competencias para analizar los problemas existentes, estudiar las soluciones posibles y proporcionar asistencia específica a las víctimas.

25. La presente Directiva establece requisitos mínimos, reconociendo a los Estados miembros la facultad de introducir o mantener disposiciones más favorables. La aplicación de la presente Directiva no debe servir para justificar retroceso alguno con respecto a la situación ya existente en cada Estado miembro.

26. Los Estados miembros deben prever sanciones efectivas, proporcionadas y disuasorias aplicables en caso de que se contravengan las obligaciones impuestas por la presente Directiva.

27. Los Estados miembros podrán confiar la aplicación de la presente Directiva a los interlocutores sociales, a petición conjunta de éstos, en lo relativo a las disposiciones que entran en el ámbito de los convenios colectivos, siempre y cuando los Estados miembros tomen todas las disposiciones necesarias para poder garantizar en todo momento los resultados establecidos por la presente Directiva.

28. De conformidad con el principio de subsidiariedad y el principio de proporcionalidad contemplados en el artículo 5 del Tratado CE, el objetivo de la presente Directiva, consistente en garantizar un nivel elevado de protección contra la discriminación igual en todos los Estados miembros, no puede ser alcanzado de manera suficiente por los Estados miembros. Por consiguiente, puede lograrse mejor, debido a la dimensión y repercusión de la acción propuesta, en el ámbito comunitario. La presente Directiva se limita a lo estrictamente necesario para alcanzar dichos objetivos y no excede de lo necesario para ese propósito.

HA ADOPTADO LA PRESENTE DIRECTIVA:

CAPÍTULO I

Disposiciones generales

Artículo 1. Objeto.

La presente Directiva tiene por objeto establecer un marco para luchar contra la discriminación por motivos de origen racial o étnico, con el fin de que se aplique en los Estados miembros el principio de igualdad de trato.

⇒ V. los arts. 4.2.c), 4.2.e) y 17.1 del ET (§2) tras su modificación por Ley 62/2003, de 30 diciembre (art. 37).

Artículo 2. Concepto de discriminación.

1. A efectos de la presente Directiva, se entenderá por «principio de igualdad de trato» la ausencia de toda discriminación, tanto directa como indirecta, basada en el origen racial o étnico.

2. A efectos del apartado 1:

a) existirá discriminación directa cuando, por motivos de origen racial o étnico, una persona sea tratada de manera menos favorable de lo que sea, haya sido o vaya a ser tratada otra en situación comparable;

b) existirá discriminación indirecta cuando una disposición, criterio o práctica aparentemente neutros sitúe a personas de un origen racial o étnico concreto en desventaja particular con respecto a otras personas, salvo que dicha disposición, criterio o práctica pueda justificarse objetivamente con una finalidad legítima y salvo que los medios para la consecución de esta finalidad sean adecuados y necesarios.

3. El acoso constituirá discriminación a efectos de lo dispuesto en el apartado 1 cuando se produzca un comportamiento no deseado relacionado con el origen racial o étnico que tenga como objetivo o consecuencia atentar contra la dignidad de la persona y crear un entorno intimidatorio, hostil, degradante, humillante, u ofensivo. A este respecto, podrá definirse el concepto de acoso de conformidad con las normativas y prácticas nacionales de cada Estado miembro.

4. Toda orden de discriminar a personas por motivos de su origen racial o étnico se considerará discriminación con arreglo a lo dispuesto en el apartado 1.

Artículo 3. Ámbito de aplicación.

1. Dentro de los límites de las competencias atribuidas a la Comunidad la presente Directiva se aplicará a todas las personas, por lo que respecta tanto al sector público como al privado, incluidos los organismos públicos, en relación con:

a) las condiciones de acceso al empleo, a la actividad por cuenta propia y al ejercicio profesional, incluidos los criterios de selección y las condiciones de contratación y promoción, independientemente de la rama de actividad y en todos los niveles de la clasificación profesional;

b) el acceso a todos los tipos y niveles de orientación profesional, formación profesional, formación profesional superior y reciclaje, incluida la experiencia laboral práctica;

c) las condiciones de empleo y trabajo, incluidas las de despido y remuneración;

d) la afiliación y participación en una organización de trabajadores o de empresarios, o en cualquier organización cuyos miembros desempeñen una profesión concreta, incluidas las prestaciones concedidas por las mismas;

e) la protección social, incluida la seguridad social y la asistencia sanitaria;

f) las ventajas sociales;

g) la educación;

h) el acceso a bienes y servicios disponibles para el público y la oferta de los mismos, incluida la vivienda.

2. La presente Directiva no afecta a la diferencia de trato por motivos de nacionalidad y se entiende sin perjuicio de las disposiciones y condiciones por las que se regulan la entrada y residencia de nacionales de terceros países y de apátridas en el territorio de los Estados miembros y de cualquier tratamiento derivado de la situación jurídica de los nacionales de terceros países y de los apátridas.

Artículo 4. Requisitos profesionales esenciales y determinantes.

No obstante lo dispuesto en los apartados 1 y 2 del artículo 2, los Estados miembros podrán disponer que una diferencia de trato basada en una característica relacionada con el origen racial o étnico no tendrá carácter discriminatorio cuando, debido a la naturaleza de las actividades profesionales concretas o al contexto en que se lleven a cabo, dicha característica constituya un requisito profesional esencial y determinante, siempre y cuando el objetivo sea legítimo y el requisito, proporcionado.

Artículo 5. Acción positiva.

Con el fin de garantizar la plena igualdad en la práctica, el principio de igualdad de trato no impedirá que un Estado miembro mantenga o adopte medidas específicas para prevenir o compensar las desventajas que afecten a personas de un origen racial o étnico concreto.

Artículo 6. Requisitos mínimos.

1. Los Estados miembros podrán adoptar o mantener disposiciones más favorables para la protección del principio de igualdad de trato que las previstas en la presente Directiva.

2. La aplicación de la presente Directiva no constituirá en ningún caso motivo para reducir el nivel de protección contra la discriminación ya garantizado por los Estados miembros en los ámbitos cubiertos por la misma.

CAPÍTULO II
Recursos y cumplimiento

Artículo 7. Defensa de derechos.

1. Los Estados miembros velarán por la existencia de procedimientos judiciales y administrativos, e incluso, cuando lo consideren oportuno, procedimientos de conciliación, para exigir el cumplimiento de las obligaciones establecidas con arreglo a la presente Directiva, para todas las personas que se consideren perjudicadas por la no aplicación, en lo que a ellas se refiere, del principio de igualdad de trato, incluso tras la conclusión de la relación en la que supuestamente se ha producido la discriminación.

2. Los Estados miembros velarán por que las asociaciones, organizaciones u otras personas jurídicas que, de conformidad con los criterios establecidos en el Derecho nacional, tengan un interés legítimo en velar por el cumplimiento de lo dispuesto en la presente Directiva, puedan iniciar, en nombre del demandante o en su apoyo, y con su autorización, cualquier procedimiento judicial o administrativo previsto para exigir el cumplimiento de las obligaciones de la presente Directiva.

3. Los apartados 1 y 2 se entenderán sin perjuicio de las normas nacionales en materia de plazos de interposición de recursos en relación con el principio de igualdad de trato.

Artículo 8. Carga de la prueba.

1. Los Estados miembros adoptarán, con arreglo a su ordenamiento jurídico nacional, las medidas necesarias para garantizar que corresponda a la parte demandada demostrar que no ha habido vulnera-

ción del principio de igualdad de trato cuando una persona que se considere perjudicada por la no aplicación, en lo que a ella se refiere, de dicho principio alegue, ante un tribunal u otro órgano competente, hechos que permitan presumir la existencia de discriminación directa o indirecta.

2. Lo dispuesto en el apartado 1 se entenderá sin perjuicio de que los Estados miembros adopten normas sobre la prueba más favorables a la parte demandante.

3. Lo dispuesto en el apartado 1 no se aplicará a los procedimientos penales.

4. Lo dispuesto en los apartados 1, 2 y 3 se aplicará asimismo a todo procedimiento tramitado de conformidad con el apartado 2 del artículo 7.

5. Los Estados miembros no estarán obligados a aplicar lo dispuesto en el apartado 1 a los procedimientos en los que la instrucción de los hechos relativos al caso corresponda a los órganos jurisdiccionales o a otro órgano competente.

Artículo 9. Protección contra las represalias.

Los Estados miembros adoptarán en sus ordenamientos jurídicos las medidas que resulten necesarias para proteger a las personas contra cualquier trato adverso o consecuencia negativa que pueda producirse como reacción ante una reclamación o ante un procedimiento destinado a exigir el cumplimiento del principio de igualdad de trato.

Artículo 10. Divulgación de información.

Los Estados miembros velarán por que las disposiciones adoptadas en virtud de la presente Directiva, además de las disposiciones correspondientes ya en vigor, sean puestas en conocimiento de las personas a las que sea aplicable, por todos los medios adecuados, en todo su territorio, junto con otras disposiciones vigentes ya adoptadas.

Artículo 11. Diálogo social.

1. Los Estados miembros, con arreglo a sus respectivas tradiciones y prácticas, adoptarán las medidas adecuadas para fomentar el diálogo social entre los interlocutores sociales, a fin de promover la igualdad de trato entre otras vías mediante el control de las prácticas en el lugar de trabajo, convenios colectivos, códigos de conducta, la investigación o el intercambio de experiencias y buenas prácticas.

2. Siempre que ello sea coherente con sus respectivas tradiciones y prácticas nacionales, los Estados miembros fomentarán entre empresarios y trabajadores, sin perjuicio de su autonomía, la celebración en el nivel correspondiente de convenios que establezcan normas antidiscriminatorias en los ámbitos mencionados en el artículo 3 que entren dentro de las competencias de la negociación colectiva. Estos convenios respetarán los requisitos mínimos establecidos en la presente Directiva y las correspondientes medidas nacionales de desarrollo.

Artículo 12. Diálogo con las organizaciones no gubernamentales.

Los Estados miembros fomentarán el diálogo con las correspondientes organizaciones no gubernamentales que tengan, con arreglo a su legislación y práctica nacionales, un interés legítimo en contribuir a la lucha contra la discriminación por motivos de origen racial y étnico, con el fin de promover el principio de igualdad de trato.

CAPÍTULO III
Organismos de promoción de la igualdad de trato

Artículo 13.

1. Cada Estado miembro designará uno o más organismos responsables de la promoción de la igualdad de trato entre todas las personas sin discriminación por motivo de su origen racial o étnico. Dichos organismos podrán formar parte de los servicios responsables a nivel nacional de la defensa de los derechos humanos o de la salvaguardia de los derechos individuales.

2. Los Estados miembros velarán por que entre las competencias de estos organismos figuren las siguientes:

–sin perjuicio del derecho de víctimas y asociaciones, organizaciones u otras personas jurídicas contempladas en el apartado 2 del artículo 7, prestar asistencia independiente a las víctimas de discriminación a la hora de tramitar sus reclamaciones por discriminación,

–realizar estudios independientes sobre la discriminación,

–publicar informes independientes y formular recomendaciones sobre cualquier cuestión relacionada con dicha discriminación.

CAPÍTULO IV

Disposiciones finales

Artículo 14. Cumplimiento.

Los Estados miembros adoptarán las medidas necesarias para velar por que:

a) se deroguen las disposiciones legales, reglamentarias y administrativas contrarias al principio de igualdad de trato;

b) se declaren o puedan declararse nulas o se modifiquen todas las disposiciones contrarias al principio de igualdad de trato que figuren en los contratos individuales o en los convenios colectivos, en los reglamentos internos de las empresas, en las normas que rijan las asociaciones con o sin ánimo de lucro, así como en los estatutos de las profesiones independientes y de las organizaciones sindicales y empresariales.

Artículo 15. Sanciones.

Los Estados miembros establecerán el régimen de sanciones aplicables en caso de incumplimiento de las disposiciones nacionales adoptadas en aplicación de la presente Directiva y adoptarán todas las medidas necesarias para garantizar su cumplimiento. Dichas sanciones, que podrán incluir la indemnización a la víctima, serán efectivas, proporcionadas y disuasorias. Los Estados miembros comunicarán dichas disposiciones a la Comisión a más tardar el 19 de julio de 2003 y le notificarán sin demora cualquier modificación de aquéllas.

Artículo 16. Aplicación.

Los Estados miembros adoptarán las disposiciones legales, reglamentarias y administrativas necesarias para dar cumplimiento a lo establecido en la presente Directiva a más tardar el 19 de julio de 2003, o bien podrán confiar su aplicación a los interlocutores sociales, a petición conjunta de éstos, por lo que respecta a las disposiciones que corresponden al ámbito de los convenios colectivos. En tal caso, los Estados miembros se asegurarán de que, a más tardar el 19 de julio de 2003, los interlocutores sociales hayan establecido de mutuo acuerdo las disposiciones necesarias, debiendo los Estados miembros interesados tomar todas las disposiciones necesarias para poder garantizar, en todo momento, los resultados fijados por la presente Directiva. Informarán inmediatamente de ello a la Comisión.

Cuando los Estados miembros adopten dichas disposiciones, éstas harán referencia a la presente Directiva o irán acompañadas de dicha referencia en su publicación oficial. Los Estados miembros establecerán las modalidades de la mencionada referencia.

Artículo 17. Informe.

1. Los Estados miembros comunicarán a la Comisión, a más tardar el 19 de julio de 2005 y, a continuación, cada cinco años, toda la información necesaria para que la Comisión elabore un informe sobre su aplicación dirigido al Parlamento Europeo y al Consejo.

2. El informe de la Comisión tendrá en cuenta, cuando proceda, la opinión del Observatorio Europeo del Racismo y la Xenofobia, así como los puntos de vista de los interlocutores sociales y de las organizaciones no gubernamentales correspondientes. Con arreglo al principio de la integración de la igualdad entre los sexos, dicho informe facilitará, entre otras cosas, una evaluación de la incidencia de las medidas tomadas sobre las mujeres y los hombres. A la vista de la información recibida, el informe incluirá, en caso necesario, propuestas de revisión y actualización de la presente Directiva.

Artículo 18. Entrada en vigor.

La presente Directiva entrará en vigor el día de su publicación en el Diario Oficial de las Comunidades Europeas.

Artículo 19. Destinatarios.

Los destinatarios de la presente Directiva serán los Estados miembros.

§ 45.3 DIRECTIVA 2006/54/CE, DE 5 JULIO 2006, DEL PARLAMENTO EUROPEO Y DEL CONSEJO. RELATIVA A LA APLICACIÓN DEL PRINCIPIO DE IGUALDAD DE OPORTUNIDADES E IGUALDAD DE TRATO ENTRE HOMBRES Y MUJERES EN ASUNTOS DE EMPLEO Y OCUPACIÓN (REFUNDICIÓN)

(DOL núm. 204, de 26 julio [LCEur 2006, 1696])

⇒ V. arts. 69 y 70 del Acuerdo sobre el Espacio Económico Europeo, así como su Anexo XVIII.
En materia de igualdad, v., asimismo, las Dirs. 76/207/CEE, de 9 febrero (§42.4); 79/7/CEE, de 19 diciembre 1978; 86/378/CEE, de 24 julio 1986 (modificada por la 96/97/CE, de 20 diciembre 1996) y 86/613/CEE, de 11 diciembre 1986. Sobre no discriminación de los trabajadores a tiempo parcial, v. Dir. 97/81/CE, de 15 diciembre 1997, del Consejo (§47.2). V. asimismo sobre igualdad de trato las Dirs. 2000/43/CE (§45.2) y 2000/78/CE (§45.1).
V. LO 3/2007, de 22 marzo, para la igualdad efectiva de mujeres y hombres (§31.1).

EL PARLAMENTO EUROPEO Y EL CONSEJO DE LA UNIÓN EUROPEA, Visto el Tratado constitutivo de la Comunidad Europea y, en particular, su artículo 141, apartado 3,

Vista la propuesta de la Comisión,

Visto el dictamen del Comité Económico y Social Europeo (1),

De conformidad con el procedimiento establecido en el artículo 251 del Tratado (2),

Considerando lo siguiente:

(1) La Directiva 76/207/CEE del Consejo, de 9 de febrero de 1976, relativa a la aplicación del principio de igualdad de trato entre hombres y mujeres en lo que se refiere al acceso al empleo, a la formación y a la promoción profesionales, y a las condiciones de trabajo (3), y la Directiva 86/378/CEE del Consejo, de 24 de julio de 1986, relativa a la aplicación del principio de igualdad de trato entre hombres y mujeres en los regímenes profesionales de seguridad social (4), han sido modificadas de forma sustancial (5). La Directiva 75/117/CEE del Consejo, de 10 de febrero de 1975, relativa a la aproximación de las legislaciones de los Estados miembros que se refieren a la aplicación del principio de igualdad de retribución entre los trabajadores masculinos y femeninos (6), y la Directiva 97/80/CE del Consejo, de 15 de diciembre de 1997, relativa a la carga de la prueba en los casos de discriminación por razón de sexo (7), contienen también disposiciones cuya finalidad es la aplicación del principio de igualdad de trato entre hombres y mujeres. Dado que en dichas Directivas se han hecho modificaciones, conviene, en aras de la claridad, refundir las disposiciones correspondientes, reuniendo en un único texto las principales disposiciones existentes en este ámbito, así como ciertas novedades que se derivan de la jurisprudencia del Tribunal de Justicia de las Comunidades Europeas (en lo sucesivo denominado «el Tribunal de Justicia»).

(2) La igualdad entre hombres y mujeres es un principio fundamental del Derecho comunitario en virtud del artículo 2 y del artículo 3, apartado 2, del Tratado, así como de la jurisprudencia del Tribunal de Justicia. Dichas disposiciones del Tratado proclaman la igualdad entre hombres y mujeres como una «misión» y un «objetivo» de la Comunidad e imponen una obligación positiva de promover dicha igualdad en todas sus actividades.

(3) El Tribunal de Justicia ha sostenido que el ámbito de aplicación del principio de igualdad de trato entre hombres y mujeres no puede reducirse únicamente a la prohibición de las discriminaciones que se derivan de la pertenencia a uno u otro sexo. En atención a su objeto y a los derechos que pretende proteger, debe aplicarse igualmente a las discriminaciones que tienen lugar a consecuencia del cambio de sexo de una persona.

---

(1) DO C 157 de 28.6.2005, p. 83.
(2) Dictamen del Parlamento Europeo de 6 de julio de 2005 (no publicado aún en el Diario Oficial), Posición Común del Consejo de 10 de marzo de 2006 (DO C 126 E de 30.5.2006, p. 33) y Posición del Parlamento Europeo de 1 de junio de 2006 (no publicada aún en el Diario Oficial).
(3) DO L 39 de 14.2.1976, p. 40. Directiva modificada por la Directiva 2002/73/CE del Parlamento Europeo y del Consejo (DO L 269 de 5.10.2002, p. 15).
(4) DO L 225 de 12.8.1986, p. 40. Directiva modificada por la Directiva 96/97/CE (DO L 46 de 17.2.1997, p. 20).
(5) Véase el anexo I, parte A.
(6) DO L 45 de 19.2.1975, p. 19.
(7) DO L 14 de 20.1.1998, p. 6. Directiva modificada por la Directiva 98/52/CE (DO L 205 de 22.7.1998, p. 66).

(4) El artículo 141, apartado 3, del Tratado proporciona ahora una base jurídica específica para la adopción de medidas comunitarias destinadas a garantizar la aplicación del principio de igualdad de oportunidades y de igualdad de trato en asuntos de empleo y ocupación, incluido el principio de igualdad de retribución para un mismo trabajo o para un trabajo de igual valor.

(5) En los artículos 21 y 23 de la Carta de los Derechos Fundamentales de la Unión Europea se prohíbe también toda discriminación por razón de sexo y se consagra el derecho a la igualdad de trato entre hombres y mujeres en todos los ámbitos, inclusive en materia de empleo, trabajo y retribución.

(6) El acoso y el acoso sexual son contrarios al principio de igualdad de trato entre hombres y mujeres y constituyen discriminación por razón de sexo a efectos de la presente Directiva. Dichas formas de discriminación se producen no solo en el lugar de trabajo, sino también en el contexto del acceso al empleo, a la formación profesional y a la promoción. Por consiguiente, se deben prohibir estas formas de discriminación y deben estar sujetas a sanciones efectivas, proporcionadas y disuasorias.

(7) En este contexto, debe alentarse a los empresarios y a los responsables de la formación profesional a tomar medidas para combatir toda clase de discriminación por razón de sexo y, en particular, a tomar medidas preventivas contra el acoso y el acoso sexual en el lugar de trabajo y en el acceso al empleo, a la formación profesional y a la promoción, de conformidad con la legislación y la práctica nacionales.

(8) El principio de igualdad de retribución para un mismo trabajo o para un trabajo de igual valor establecido en el artículo 141 del Tratado y sostenido reiteradamente en la jurisprudencia del Tribunal de Justicia constituye un aspecto importante del principio de igualdad de trato entre hombres y mujeres y una parte esencial e indispensable del acervo comunitario, incluida la jurisprudencia del Tribunal, en lo que se refiere a la discriminación en razón de sexo, por lo que conviene adoptar disposiciones complementarias para su aplicación.

(9) De conformidad con la jurisprudencia consolidada del Tribunal de Justicia, para apreciar si unos trabajadores realizan un mismo trabajo o un trabajo al que se puede atribuir un mismo valor, debe comprobarse si, habida cuenta de un conjunto de factores, como la naturaleza del trabajo, las condiciones de formación y las condiciones laborales, puede considerarse que dichos trabajadores se encuentran en una situación comparable.

(10) El Tribunal de Justicia ha establecido que, en determinadas circunstancias, el principio de la igualdad de retribución no se limita a las situaciones en las que hombres y mujeres trabajan para un mismo empleador.

(11) Los Estados miembros deben seguir luchando, junto con los interlocutores sociales, contra el hecho de que las mujeres sigan percibiendo una retribución inferior a la de los hombres y de que exista una clara línea divisoria entre los sexos en el mercado laboral, por medios tales como reglamentaciones flexibles sobre la jornada laboral que permitan, tanto a hombres como a mujeres, una mejor conciliación de la vida laboral y familiar. Ello podría incluir también reglamentaciones adecuadas sobre permiso parental, que puedan solicitar tanto los padres como las madres, y la creación de instalaciones accesibles y asequibles para el cuidado de los niños y la asistencia a personas dependientes.

(12) Conviene adoptar medidas específicas para garantizar la aplicación del principio de igualdad de trato en los regímenes profesionales de seguridad social y precisar su alcance.

(13) En su sentencia de 17 de mayo de 1990, en el asunto C-262/88 (1), el Tribunal de Justicia determinó que todas las formas de pensiones de empresa constituyen un elemento de retribución a efectos del artículo 141 del Tratado.

(14) Aunque el concepto de retribución, según la definición que figura en el artículo 141 del Tratado, no incluya las prestaciones de seguridad social, está ya claramente establecido que el principio de igualdad de retribución es aplicable a un régimen de pensiones para los funcionarios públicos si las prestaciones devengadas en virtud de dicho régimen se abonan al trabajador en razón de su relación laboral con el empleador público, con independencia de que el régimen en cuestión forme parte de un régimen general obligatorio. De acuerdo con las sentencias dictadas por el Tribunal de Justicia en los asuntos C-7/93 (2) y C-351/00 (3), esta condición se cumplirá si la pensión solo afecta a una categoría particular de trabajadores y sus prestaciones están directamente en función de los años de servicio y se calculan basándose en el último sueldo del funcionario. En consecuencia, por razones de claridad conviene adoptar disposiciones específicas a dicho efecto.

---

(1) Sentencia de 17 de mayo de 1990 en el asunto C-262/88, Barber/Guardian Royal Exchange Assurance Group, Rec. 1990, p. I-1889.
(2) Sentencia de 28 de agosto de 1994 en el asunto C-7/93, Bestuur van het Algemeen Burgerlijk Pensioenfonds/G. A. Beune, Rec. 1994, p. I-4471.
(3) Sentencia de 12 de agosto de 2002 en el asunto C-351/00, Pirkko Niemi, Rec. 2002, p. I-7007.

(15) El Tribunal de Justicia ha confirmado que, si bien las cotizaciones de los trabajadores por cuenta ajena a un régimen de jubilación que consiste en garantizar una prestación final determinada están amparadas por el artículo 141 del Tratado, toda desigualdad de las cotizaciones patronales abonadas en el marco de los regímenes de prestaciones definidas financiadas por capitalización a causa de la utilización de factores actuariales distintos según el sexo no podría tenerse en cuenta en relación con la misma disposición.

(16) A título de ejemplo, en el caso de regímenes de prestaciones definidas, financiadas por capitalización, algunos elementos, tales como la conversión en capital de una parte de la pensión periódica, la transferencia de los derechos de pensión, la pensión de supervivencia reversible y pagadera a un derechohabiente, a cambio de la renuncia a una parte de la pensión o la pensión reducida si el trabajador opta por una jubilación anticipada, pueden ser desiguales en la medida en que la desigualdad de los importes se deba a las consecuencias de la utilización de factores actuariales diferentes según el sexo en el momento de la puesta en práctica de la financiación del régimen.

(17) Está ya bien establecido que las prestaciones devengadas en virtud de un régimen profesional de seguridad social no se considerarán retribución en la medida en que puedan asignarse a los períodos de empleo anteriores al 17 de mayo de 1990, excepto en el caso de los trabajadores o sus derechohabientes que hubieran incoado una acción ante los tribunales o presentado una reclamación equivalente según el Derecho nacional de aplicación antes de esa fecha. Por consiguiente, es necesario limitar la aplicación del principio de igualdad de trato en consecuencia.

(18) El Tribunal de Justicia ha mantenido de forma reiterada que el Protocolo de Barber (4) no tiene ninguna incidencia sobre el derecho a la participación en un plan de pensiones de empresa, y que la limitación de los efectos en el tiempo de la sentencia en el asunto C-262/88 no se aplica al derecho a la participación en un plan de pensiones de empresa. El Tribunal de Justicia ha decidido asimismo que las normas nacionales relativas a los plazos de recurso de Derecho interno son oponibles en el caso de los trabajadores que invoquen su derecho a afiliación a un plan de pensiones de empresa, a condición de que no sean menos favorables a dicho tipo de acción que a acciones semejantes de carácter nacional y no imposibiliten en la práctica el ejercicio de los derechos conferidos por el Derecho comunitario. Además, el Tribunal de Justicia ha decidido que el hecho de que un trabajador pueda pretender la afiliación retroactiva a un plan de pensiones de empresa no le permite sustraerse al pago de las cotizaciones relativas al período de afiliación de que se trate.

(19) Garantizar la igualdad de acceso al empleo y a la formación profesional capacitadora es esencial para la aplicación del principio de igualdad de trato entre hombres y mujeres en asuntos de empleo y ocupación, por lo que toda excepción a este principio debe limitarse a las actividades profesionales que requieren el empleo de una persona de un sexo determinado por su naturaleza o el contexto en que se realicen, siempre que el objetivo buscado sea legítimo y se respete el principio de proporcionalidad.

(20) La presente Directiva se entiende sin perjuicio de la libertad de asociación, incluido el derecho a fundar, con otros, sindicatos y a afiliarse a estos en defensa de sus intereses. Las medidas adoptadas de conformidad con el artículo 141, apartado 4, del Tratado podrán incluir la pertenencia o la continuación de la actividad de organizaciones o sindicatos cuyo objetivo principal sea la promoción, en la práctica, del principio de igualdad de trato entre hombres y mujeres.

(21) La prohibición de la discriminación debe entenderse sin perjuicio del mantenimiento o la adopción de medidas destinadas a evitar o compensar situaciones de desventaja sufridas por un grupo de personas del mismo sexo. Tales medidas permiten la existencia de organizaciones de personas del mismo sexo cuando su objetivo principal sea promover las necesidades especiales de tales personas y fomentar la igualdad entre hombres y mujeres.

(22) De conformidad con el artículo 141, apartado 4, del Tratado, y con objeto de garantizar en la práctica la plena igualdad entre hombres y mujeres en la vida laboral, el principio de igualdad de trato no impide a los Estados miembros mantener o adoptar medidas que prevean ventajas específicas para facilitar a las personas del sexo menos representado el ejercicio de actividades profesionales o para evitar o compensar las desventajas que sufran en sus carreras profesionales. Dada la situación actual, y teniendo en cuenta la Declaración no 28 del Tratado de Amsterdam, los Estados miembros deben, en primer lugar, aspirar a mejorar la situación de la mujer en la vida laboral.

(23) De la jurisprudencia del Tribunal de Justicia se desprende que el trato desfavorable a una mujer relacionado con el embarazo o la maternidad constituye discriminación directa por razón de sexo. Dicho trato debe por lo tanto figurar expresamente en la presente Directiva.

(24) El Tribunal de Justicia ha reconocido reiteradamente que, en lo que respecta al principio de

(4) Protocolo 17 sobre el artículo 141 del Tratado constitutivo de la Comunidad Europea (1992).

igualdad de trato, es legítimo proteger la condición biológica de una mujer durante el embarazo y la maternidad, así como prever medidas de protección de la maternidad con el fin de lograr una verdadera igualdad. Por consiguiente, la presente Directiva no debe afectar a lo dispuesto en la Directiva 92/85/CEE del Consejo, de 19 de octubre de 1992, relativa a la aplicación de medidas para promover la mejora de la seguridad y de la salud en el trabajo de la persona embarazada, que haya dado a luz o esté en período de lactancia (1). La presente Directiva tampoco debe afectar a lo dispuesto en la Directiva 96/34/CE del Consejo, de 3 de junio de 1996, relativa al Acuerdo marco sobre el permiso parental celebrado por la UNICE, el CEEP y la CES (2).

(25) Por razones de claridad, conviene asimismo adoptar expresamente disposiciones para la protección del derecho al trabajo de las mujeres en permiso de maternidad, en particular su derecho a reincorporarse al mismo puesto o a un puesto equivalente, a que sus condiciones laborales no se deterioren como resultado de dicho permiso, así como a beneficiarse de cualquier mejora en las condiciones de trabajo a las que hubieran podido tener derecho durante su ausencia.

(26) En la Resolución del Consejo y de los Ministros de Trabajo y Asuntos Sociales, reunidos en el seno del Consejo, de 29 de junio de 2000, relativa a la participación equilibrada de hombres y mujeres en la actividad profesional y en la vida familiar (3), se alienta a los Estados miembros a evaluar la posibilidad de que los respectivos ordenamientos jurídicos reconozcan a los hombres trabajadores un derecho individual e intransferible al permiso de paternidad, manteniendo al mismo tiempo sus derechos laborales.

(27) Deben aplicarse consideraciones análogas al reconocimiento por los Estados miembros a hombres y mujeres de un derecho individual e intransferible al permiso por adopción de hijos. Corresponde a los Estados miembros determinar la oportunidad de conceder tal derecho al permiso parental y al permiso por adopción, así como las condiciones, distintas del despido y la reincorporación laboral, que queden fuera del ámbito de aplicación de la presente Directiva.

(28) La aplicación efectiva del principio de igualdad de trato entre hombres y mujeres requiere que los Estados miembros establezcan procedimientos adecuados.

(29) La introducción de procedimientos judiciales o administrativos adecuados para el cumplimiento de las obligaciones que impone la presente Directiva es fundamental para la aplicación efectiva del principio de igualdad de trato.

(30) La adopción de normas sobre la carga de la prueba tiene una gran importancia para garantizar el respeto efectivo del principio de igualdad de trato. Por consiguiente, tal como sostiene el Tribunal de Justicia, deben adoptarse disposiciones para garantizar que la carga de la prueba recaiga en la parte demandada cuando a primera vista haya un caso de discriminación, excepto en relación con los procedimientos en que sea el Tribunal o el órgano nacional competente quien deba instruir los hechos. Sin embargo, es necesario precisar que la apreciación de los hechos de los que pueda resultar la presunción de haberse producido una discriminación directa o indirecta sigue correspondiendo al órgano nacional competente, con arreglo al Derecho nacional o a las prácticas nacionales. Más aún, los Estados miembros están facultados para introducir, en todas las fases de los procedimientos, un régimen probatorio que resulte más favorable a la parte demandante.

(31) Con el fin de aumentar el nivel de protección que ofrece la presente Directiva, también se debe facultar a las asociaciones, organizaciones u otras personas jurídicas para que puedan iniciar procedimientos, con arreglo a lo que dispongan los Estados miembros, en nombre o en apoyo de un demandante, sin perjuicio de la normativa procesal nacional en materia de representación y defensa.

(32) Dado el carácter fundamental del derecho a una tutela jurídica efectiva, conviene garantizar que los trabajadores continúen gozando de dicha protección incluso tras la extinción de la relación que haya dado lugar a la supuesta vulneración del principio de igualdad de trato. Un empleado que defienda o testifique a favor de una persona amparada por la presente Directiva debe tener derecho a idéntica protección.

(33) El Tribunal de Justicia ha establecido ya claramente que la eficacia del principio de igualdad de trato exige que la compensación reconocida por cualquier vulneración del mismo ha de ser adecuada al perjuicio sufrido. Por tanto, conviene excluir la fijación previa de un tope máximo para dicha compensación, excepto cuando el empresario pueda probar que el único perjuicio sufrido por el demandante como resultado de la discriminación en el sentido de la presente Directiva haya sido la negativa a tomar en consideración su solicitud de trabajo.

(34) Con el fin de impulsar la aplicación efectiva del principio de igualdad de trato, los Estados

(1) DO L 348 de 28.11.1992, p. 1.
(2) DO L 145 de 19.6.1996, p. 4. Directiva modificada por la Directiva 97/75/CE (DO L 10 de 16.1.1998, p. 24).
(3) DO C 218 de 31.7.2000, p. 5.

miembros deben fomentar el diálogo entre los interlocutores sociales y, en el marco de las prácticas nacionales, con las organizaciones no gubernamentales.

(35) Los Estados miembros deben establecer sanciones efectivas, proporcionadas y disuasorias en caso de incumplimiento de las obligaciones derivadas de la presente Directiva.

(36) Dado que los objetivos de la presente Directiva no pueden ser alcanzados de manera suficiente por los Estados miembros y, por consiguiente, pueden lograrse mejor a nivel comunitario, la Comunidad puede adoptar medidas de acuerdo con el principio de subsidiariedad consagrado en el artículo 5 del Tratado. De conformidad con el principio de proporcionalidad enunciado en dicho artículo, la presente Directiva no excede de lo necesario para alcanzar dichos objetivos.

(37) Para una mejor comprensión de las diferencias de trato entre hombres y mujeres por lo que se refiere al empleo y la ocupación, se deben seguir elaborando, analizando y facilitando a los niveles adecuados estadísticas comparables, específicas para cada sexo.

(38) La igualdad de trato de hombres y mujeres en asuntos de empleo y ocupación no puede limitarse a medidas de carácter legislativo. La Unión Europea y los Estados miembros deben seguir fomentando el proceso de toma de conciencia del problema de la desigualdad en la retribución así como un cambio en la forma de enfocarlo, haciendo participar en ello, en la medida de lo posible, a todos los sectores afectados tanto públicos como privados. En este sentido, el diálogo entre los interlocutores sociales puede aportar una contribución importante.

(39) La obligación de incorporar la presente Directiva al Derecho nacional debe limitarse a las disposiciones que constituyen una modificación sustancial en relación con las anteriores Directivas. La obligación de incorporar al Derecho nacional las disposiciones apenas modificadas se deriva de las anteriores Directivas.

(40) La presente Directiva no debe afectar a las obligaciones de los Estados miembros relativas a los plazos de incorporación al Derecho nacional y la aplicación de las directivas tal como se contempla en el anexo 1, parte B.

(41) De acuerdo con el punto 34 del Acuerdo interinstitucional «Legislar mejor» (1), se alienta a los Estados miembros a establecer, en su propio interés y en el de la Comunidad, sus propios cuadros, que muestren, en la medida de lo posible, la concordancia entre la presente Directiva y las medidas de transposición, y a hacerlos públicos.

HAN ADOPTADO LA PRESENTE DIRECTIVA:

TÍTULO I

DISPOSICIONES GENERALES

Artículo 1. Finalidad.

La presente Directiva tiene por objeto garantizar la aplicación del principio de igualdad de oportunidades e igualdad de trato entre hombres y mujeres en asuntos de empleo y ocupación.

A tal fin, contiene disposiciones destinadas a aplicar el principio de igualdad de trato en lo que se refiere a:

a) el acceso al empleo, incluida la promoción, y a la formación profesional;

b) las condiciones de trabajo, incluida la retribución;

c) los regímenes profesionales de seguridad social.

Contiene, además, disposiciones para garantizar que dicha aplicación sea más eficaz mediante el establecimiento de los procedimientos adecuados.

Artículo 2. Definiciones.

1. A efectos de la presente Directiva se entenderá por:

a) «discriminación directa»: la situación en que una persona sea, haya sido o pudiera ser tratada por razón de sexo de manera menos favorable que otra en situación comparable;

b) «discriminación indirecta»: la situación en que una disposición, criterio o práctica aparentemente neutros sitúan a personas de un sexo determinado en desventaja particular con respecto a personas del otro sexo, salvo que dicha disposición, criterio o práctica pueda justificarse objetivamente con una finalidad legítima y que los medios para alcanzar dicha finalidad sean adecuados y necesarios;

(1) DO C 321 de 31.12.2003, p. 1.

c) «acoso»: la situación en que se produce un comportamiento no deseado relacionado con el sexo de una persona con el propósito o el efecto de atentar contra la dignidad de la persona y de crear un entorno intimidatorio, hostil, degradante, humillante u ofensivo;

d) «acoso sexual»: la situación en que se produce cualquier comportamiento verbal, no verbal o físico no deseado de índole sexual con el propósito o el efecto de atentar contra la dignidad de una persona, en particular cuando se crea un entorno intimidatorio, hostil, degradante, humillante u ofensivo;

e) «retribución»: el salario o sueldo normal de base o mínimo y cualesquiera otras gratificaciones abonadas directa o indirectamente, en dinero o en especie, por el empresario al trabajador en razón de la relación de trabajo;

f) «regímenes profesionales de seguridad social»: los regímenes no regulados por la Directiva 79/7/CEE del Consejo, de 19 de diciembre de 1978, sobre la aplicación progresiva del principio de igualdad de trato entre hombres y mujeres en materias de seguridad social (1), cuya finalidad sea proporcionar a los trabajadores, por cuenta ajena o autónomos, agrupados en el marco de una empresa o de un grupo de empresas, de una rama económica o de un sector profesional o interprofesional, prestaciones destinadas a completar las prestaciones de los regímenes legales de seguridad social o a sustituirlas, tanto si la adscripción a dichos regímenes fuere obligatoria como si fuere facultativa.

2. A efectos de la presente Directiva, el concepto de discriminación incluirá:

a) el acoso y el acoso sexual, así como cualquier trato menos favorable basado en el rechazo de tal comportamiento por parte de una persona o su sumisión al mismo;

b) la orden de discriminar a personas por razón de su sexo;

c) el trato menos favorable a una mujer en relación con el embarazo o el permiso por maternidad en el sentido de la Directiva 92/85/CEE.

Artículo 3. Acción positiva.

Los Estados miembros podrán mantener o adoptar las medidas indicadas en el artículo 141, apartado 4, del Tratado con objeto de garantizar en la práctica la plena igualdad entre hombres y mujeres en la vida laboral.

TÍTULO II
DISPOSICIONES ESPECÍFICAS

CAPÍTULO 1
Igualdad de retribución

Artículo 4. Prohibición de la discriminación.

Para un mismo trabajo o para un trabajo al que se atribuye un mismo valor, se eliminará la discriminación directa e indirecta por razón de sexo en el conjunto de los elementos y condiciones de retribución.

En particular, cuando se utilice un sistema de clasificación profesional para la determinación de las retribuciones, este sistema se basará en criterios comunes a los trabajadores de ambos sexos, y se establecerá de forma que excluya las discriminaciones por razón de sexo.

CAPÍTULO 2
Igualdad de trato en los regímenes profesionales de seguridad social

Artículo 5. Prohibición de la discriminación.

Sin perjuicio de lo dispuesto en el artículo 4, en los regímenes profesionales de seguridad social no se ejercerá ninguna discriminación directa ni indirecta por razón de sexo, en particular en lo relativo a:

a) el ámbito de aplicación de dichos regímenes y las condiciones de acceso a los mismos;

b) la obligación de cotizar y el cálculo de las cotizaciones;

c) el cálculo de las prestaciones, incluidos los aumentos debidos por cónyuge y por persona a cargo, y las condiciones de duración y de mantenimiento del derecho a las prestaciones.

(1) DO L 6 de 10.1.1979, p. 24.

Artículo 6. Ámbito de aplicación personal.

El presente capítulo se aplicará a la población activa, incluidos los trabajadores autónomos, los trabajadores cuya actividad se vea interrumpida por enfermedad, maternidad, accidente o paro involuntario, y a las personas que busquen empleo, a los trabajadores jubilados y a los trabajadores inválidos, así como a los derechohabientes de dichos trabajadores, de conformidad con la legislación y/o a las prácticas nacionales.

Artículo 7. Ámbito de aplicación material.

1. El presente capítulo se aplicará a:

a) los regímenes profesionales de seguridad social que aseguren una protección contra los siguientes riesgos:

i) enfermedad,

ii) invalidez,

iii) vejez, incluido el caso de jubilaciones anticipadas,

iv) accidente laboral y enfermedad profesional,

v) desempleo;

b) los regímenes profesionales de seguridad social que prevean otras prestaciones sociales, en dinero o en especie, y, en particular, prestaciones de supervivientes y prestaciones familiares, si dichas prestaciones constituyeran gratificaciones pagadas por el empresario al trabajador en razón del empleo de este último.

2. El presente capítulo se aplicará también a los regímenes de pensión para una categoría particular de trabajadores, como los funcionarios públicos, si las prestaciones devengadas en virtud de dicho régimen se abonan al trabajador en razón de su relación laboral con el empleador público. El hecho de que el régimen en cuestión forme parte de un régimen general obligatorio no tendrá ningún efecto a este respecto.

Artículo 8. Exclusiones del ámbito de aplicación material.

1. El presente capítulo no se aplicará:

a) a los contratos individuales de los trabajadores autónomos;

b) a los regímenes de los trabajadores autónomos de un solo miembro;

c) en el caso de trabajadores por cuenta ajena, a los contratos de seguro en los que no participe el empresario;

d) a las disposiciones opcionales de los regímenes profesionales de seguridad social que se ofrezcan individualmente a los participantes con el fin de garantizarles:

i) bien prestaciones complementarias,

ii) bien la elección de la fecha inicial de percepción de las prestaciones normales de los trabajadores autónomos, o la elección entre varias prestaciones;

e) a los regímenes profesionales de seguridad social en la medida en que las prestaciones se financien a partir de las contribuciones abonadas por los trabajadores con carácter voluntario.

2. El presente capítulo no se opone a que un empresario conceda a personas que ya hayan alcanzado la edad de la jubilación para la obtención de una pensión con arreglo a un régimen profesional de seguridad social, pero que aún no hubieren alcanzado la edad de la jubilación para la obtención de una pensión de jubilación legal, un complemento de pensión con objeto de igualar o acercarse al importe de las prestaciones globales con relación a las personas del sexo opuesto en la misma situación que hubieren ya alcanzado la edad de la jubilación legal, hasta que los beneficiarios del complemento alcanzaren la edad de jubilación legal.

Artículo 9. Ejemplos de discriminación.

1. Deberán considerarse entre las disposiciones contrarias al principio de igualdad de trato las que se basen en el sexo, directa o indirectamente, para:

a) definir a las personas admitidas a participar en un régimen profesional de seguridad social;

b) establecer el carácter obligatorio o facultativo de la participación en un régimen profesional de seguridad social;

c) establecer normas diferentes en lo que se refiere a la edad de entrada en un régimen o a la duración mínima de empleo o de afiliación al régimen para la obtención de las prestaciones correspondientes;

d) prever normas diferentes, salvo en la medida prevista en las letras h) y j), para el reembolso de las cotizaciones cuando el trabajador abandone el régimen sin haber cumplido las condiciones que le garanticen un derecho diferido a las prestaciones a largo plazo;

e) establecer condiciones diferentes de concesión de prestaciones o reservar estas a los trabajadores de uno de los sexos;

f) imponer edades diferentes de jubilación;

g) interrumpir el mantenimiento o la adquisición de derechos durante los períodos de permiso por maternidad o por razones familiares, legal o convencionalmente prescritos y remunerados por el empresario;

h) establecer niveles diferentes para las prestaciones, salvo en la medida necesaria para tener en cuenta elementos de cálculo actuarial que sean diferentes según el sexo en el caso de los regímenes de cotización definida; en el caso de regímenes de prestaciones definidas, financiadas por capitalización, ciertos elementos pueden ser desiguales en la medida que la desigualdad de los importes se deba a las consecuencias de la utilización de factores actuariales diferentes según el sexo en el momento de la puesta en práctica de la financiación del régimen;

i) establecer niveles diferentes para las cotizaciones de los trabajadores;

j) establecer niveles diferentes para las cotizaciones de los empresarios, salvo:

i) en el caso de regímenes de cotización definida, si lo que se pretende es igualar o aproximar los importes de las prestaciones de pensión para ambos sexos,

ii) en el caso de regímenes de prestaciones definidas, financiadas por capitalización, cuando las cotizaciones patronales estén destinadas a completar la asignación financiera indispensable para cubrir los costes de dichas prestaciones definidas;

k) prever normas diferentes o normas aplicables solamente a los trabajadores de un sexo determinado, salvo en la medida prevista en las letras h) y j), en lo que se refiera a la garantía o al mantenimiento del derecho a prestaciones diferidas cuando el trabajador abandone el régimen.

2. Cuando la concesión de prestaciones dependientes del presente capítulo se deje a la discreción de los órganos de gestión del régimen, estos respetarán el principio de igualdad de trato.

Artículo 10. Aplicación en lo que se refiere a los trabajadores autónomos.

1. Los Estados miembros adoptarán las medidas necesarias para que las disposiciones de los regímenes profesionales de seguridad social de los trabajadores autónomos contrarias al principio de igualdad de trato sean revisadas con efecto anterior al 1 de enero de 1993, a más tardar, o, por lo que se refiere a los Estados miembros cuya adhesión tuvo lugar posteriormente, en la fecha en que la Directiva 86/378/CEE empezara a ser aplicable en su territorio.

2. El presente capítulo no será obstáculo para que los derechos y obligaciones correspondientes a un período de afiliación a un régimen profesional de seguridad social de los trabajadores autónomos anterior a la revisión de este régimen permanezcan regidos por las disposiciones del régimen en vigor a lo largo de dicho período.

Artículo 11. Posibilidad de aplazamiento en el caso de los trabajadores autónomos.

En cuanto al régimen profesional de seguridad social de los trabajadores autónomos, los Estados miembros podrán aplazar la aplicación obligatoria del principio de igualdad de trato en lo que se refiere a:

a) la fijación de la edad de jubilación para la concesión de pensiones de vejez y de jubilación, así como las consecuencias que puedan derivarse de ellas para otras prestaciones, a su criterio:

i) bien hasta la fecha en la que dicha igualdad se realiza en los regímenes legales,

ii) bien, como máximo, hasta que una directiva imponga dicha igualdad;

b) las pensiones de supervivencia hasta que el Derecho comunitario imponga el principio de igualdad de trato en los regímenes legales de seguridad social al respecto;

c) la aplicación del artículo 9, apartado 1, letra i), en relación con el uso de elementos de cálculo actuarial hasta el 1 de enero de 1999 o, en el caso de Estados miembros cuya adhesión tuvo lugar después de esta fecha, hasta la fecha en que la Directiva 86/378/CEE empezara a ser aplicable en su territorio.

Artículo 12. Efecto retroactivo.

1. Toda medida de aplicación del presente capítulo, en lo que se refiere a los trabajadores, cubrirá todas las prestaciones correspondientes a regímenes profesionales de seguridad social derivadas de

períodos de trabajo a partir del 17 de mayo de 1990 y se aplicará retroactivamente hasta esa fecha, sin perjuicio de los trabajadores o sus derechohabientes que, antes de esa fecha, hubieren incoado una acción ante los tribunales o presentado una reclamación equivalente según el Derecho nacional. En ese caso, las medidas de aplicación se aplicarán retroactivamente hasta el 8 de abril de 1976 y cubrirán todas las prestaciones derivadas de períodos de trabajo después de esa fecha. Para los Estados miembros que se hayan adherido a la Comunidad después del 8 de abril de 1976 y antes del 17 de mayo de 1990, la fecha se sustituirá por la fecha en la que empezara a ser aplicable en su territorio el artículo 141 del Tratado.

2. La segunda frase del apartado 1 no obsta a que las normas nacionales relativas a los plazos de recurso de Derecho interno se opongan a los trabajadores o sus derechohabientes que hubieren incoado una acción ante los tribunales en virtud del Derecho interno antes del 17 de mayo de 1990, a condición de que no sean menos favorables a dicho tipo de acción que a acciones semejantes de carácter nacional y no imposibiliten en la práctica el ejercicio de los derechos conferidos por el Derecho comunitario.

3. Para los Estados miembros cuya adhesión haya tenido lugar después del 17 de mayo de 1990, y que a 1 de enero de 1994 fueran Partes contratantes del Acuerdo sobre el Espacio Económico Europeo, la fecha de 17 de mayo de 1990 de la primera frase del apartado 1 se sustituirá por la de 1 de enero de 1994.

4. Para otros Estados miembros, cuya adhesión haya tenido lugar después del 17 de mayo de 1990, la fecha de 17 de mayo de 1990 que figura en los apartados 1 y 2 se sustituirá por la fecha en la que empezara a ser aplicable en su territorio el artículo 141 del Tratado.

Artículo 13. Flexibilidad de la edad de jubilación.

El hecho de que hombres y mujeres puedan exigir una edad de jubilación flexible según las mismas condiciones no deberá considerarse incompatible con el presente capítulo.

CAPÍTULO 3

Igualdad de trato en lo que se refiere al acceso al empleo, a la formación profesional, a la promoción y a las condiciones de trabajo

Artículo 14. Prohibición de discriminación.

1. No se ejercerá ninguna discriminación directa ni indirecta por razón de sexo en los sectores público o privado, incluidos los organismos públicos, en relación con:

a) las condiciones de acceso al empleo, al trabajo por cuenta propia o a la ocupación, incluidos los criterios de selección y las condiciones de contratación, cualquiera que sea el sector de actividad y en todos los niveles de la jerarquía profesional, incluida la promoción;

b) el acceso a todos los tipos y niveles de orientación profesional, formación profesional, formación profesional superior y reciclaje profesional, incluida la experiencia laboral práctica;

c) las condiciones de empleo y de trabajo, incluidas las de despido, así como las de retribución de conformidad con lo establecido en el artículo 141 del Tratado;

d) la afiliación y la participación en una organización de trabajadores o empresarios, o en cualquier organización cuyos miembros ejerzan una profesión concreta, incluidas las prestaciones concedidas por las mismas.

2. Los Estados miembros podrán disponer, por lo que respecta al acceso al empleo, incluida la formación pertinente, que una diferencia de trato basada en una característica relacionada con el sexo no constituirá discriminación cuando, debido a la naturaleza de las actividades profesionales concretas o al contexto en que se lleven a cabo, dicha característica constituya un requisito profesional esencial y determinante, siempre y cuando su objetivo sea legítimo y el requisito proporcionado.

Artículo 15. Reintegración tras un permiso de maternidad.

La mujer en permiso de maternidad tendrá derecho, una vez finalizado el período de permiso, a reintegrarse a su puesto de trabajo o a uno equivalente, en términos y condiciones que no le resulten menos favorables y a beneficiarse de cualquier mejora en las condiciones de trabajo a la que hubiera podido tener derecho durante su ausencia.

Artículo 16. Permiso de paternidad y de adopción.

La presente Directiva no afectará al derecho de los Estados miembros a reconocer derechos específicos al permiso de paternidad y/o de adopción. Los Estados miembros que reconozcan tales derechos tomarán las medidas necesarias para proteger a los trabajadores -hombres y mujeres- del despido motivado por el ejercicio de dichos derechos y garantizarán que, al término de dicho permiso, tengan derecho a reintegrarse a su puesto de trabajo o a uno equivalente, en condiciones que no les resulten menos favorables, y a beneficiarse de cualquier mejora en las condiciones de trabajo a las que hubieran podido tener derecho durante su ausencia.

TÍTULO III
DISPOSICIONES HORIZONTALES

CAPÍTULO 1
Recursos y cumplimiento

Sección 1ª Recursos

Artículo 17. Defensa de los derechos.

1. Los Estados miembros velarán por que, tras el posible recurso a otras autoridades competentes, incluidos, cuando lo consideren oportuno, procedimientos de conciliación, existan procedimientos judiciales para exigir el cumplimiento de las obligaciones establecidas con arreglo a la presente Directiva en favor de toda persona que se considere perjudicada por la no aplicación, en lo que a ella se refiera, del principio de igualdad de trato, incluso tras la terminación de la relación en la que supuestamente se haya producido la discriminación.

2. Los Estados miembros velarán por que las asociaciones, organizaciones u otras personas jurídicas que, de conformidad con los criterios establecidos en el Derecho nacional, tengan un interés legítimo en velar por el cumplimiento de lo dispuesto en la presente Directiva, puedan iniciar, en nombre o en apoyo del demandante, y con su autorización, cualquier procedimiento judicial y/o administrativo establecido para exigir el cumplimiento de las obligaciones derivadas de la presente Directiva.

3. Los apartados 1 y 2 se entenderán sin perjuicio de las normas nacionales en materia de plazos de interposición de recursos en relación con el principio de igualdad de trato.

Artículo 18. Indemnización o reparación.

Los Estados miembros introducirán en sus ordenamientos jurídicos nacionales las medidas necesarias para garantizar la indemnización o la reparación, según determinen los Estados miembros, real y efectiva del perjuicio sufrido por una persona a causa de una discriminación por razón de su sexo, de manera disuasoria y proporcional al perjuicio sufrido. Dicha indemnización o reparación no podrá estar limitada por un tope máximo fijado a priori, excepto en aquellos casos en que el empresario pueda probar que el único perjuicio sufrido por el demandante como resultado de la discriminación en el sentido de la presente Directiva sea la negativa a tomar en consideración su solicitud de trabajo.

Sección 2ª Carga de la prueba

Artículo 19. Carga de la prueba.

1. Los Estados miembros adoptarán con arreglo a sus sistemas judiciales nacionales las medidas necesarias para que, cuando una persona que se considere perjudicada por la no aplicación, en lo que a ella se refiere, del principio de igualdad de trato presente, ante un órgano jurisdiccional u otro órgano competente, hechos que permitan presumir la existencia de discriminación directa o indirecta, corresponda a la parte demandada demostrar que no ha habido vulneración del principio de igualdad de trato.

2. El apartado 1 se entenderá sin perjuicio del derecho de los Estados miembros a imponer un régimen probatorio más favorable a la parte demandante.

3. Los Estados miembros podrán abstenerse de aplicar el apartado 1 a los procedimientos en los que la instrucción de los hechos corresponda a los órganos jurisdiccionales o al órgano competente.

4. Los apartados 1, 2 y 3 se aplicarán también:

a) a las situaciones cubiertas por el artículo 141 del Tratado y, en la medida en que exista discriminación por razón de sexo, por las Directivas 92/85/CEE y 96/34/CE;

b) a cualquier procedimiento civil o administrativo relativo a los sectores público o privado que prevea un recurso con arreglo al Derecho nacional en aplicación de las disposiciones contempladas en la letra a), con excepción de los procedimientos extrajudiciales de carácter voluntario o previstos en el Derecho nacional.

5. El presente artículo no se aplicará a los procesos penales, salvo que los Estados miembros así lo dispusieren.

CAPÍTULO 2

Promoción de la igualdad de trato: diálogo

Artículo 20. Organismos de fomento de la igualdad.

1. Cada Estado miembro designará uno o más organismos responsables de la promoción, el análisis, el seguimiento y el apoyo de la igualdad de trato entre todas las personas, sin discriminación por razón de sexo, y adoptará en este sentido las disposiciones necesarias. Dichos organismos podrán formar parte de los órganos responsables a nivel nacional de la defensa de los derechos humanos o de la salvaguardia de los derechos individuales.

2. Los Estados miembros velarán por que entre las competencias de estos organismos figuren las siguientes:

a) sin perjuicio del derecho de víctimas y asociaciones, organizaciones u otras personas jurídicas contempladas en el artículo 17, apartado 2, prestar asistencia independiente a las víctimas de discriminación a la hora de tramitar sus reclamaciones por discriminación;

b) realizar estudios independientes sobre la discriminación;

c) publicar informes independientes y formular recomendaciones sobre cualquier cuestión relacionada con dicha discriminación;

d) intercambiar, al nivel adecuado, la información disponible con organismos europeos equivalentes, como el futuro Instituto europeo de igualdad de género.

Artículo 21. Diálogo social.

1. Los Estados miembros, con arreglo a sus respectivas tradiciones y prácticas nacionales, adoptarán las medidas adecuadas para fomentar el diálogo social entre los interlocutores sociales a fin de promover la igualdad de trato, incluido, por ejemplo, el seguimiento de las prácticas desarrolladas en el lugar de trabajo, en materia de acceso al empleo, de formación profesional y de promoción, así como mediante el seguimiento de los convenios colectivos, los códigos de conducta, la investigación o el intercambio de experiencias y buenas prácticas.

2. Siempre que ello sea coherente con sus tradiciones y prácticas nacionales, los Estados miembros alentarán a los interlocutores sociales, sin perjuicio de su autonomía, a promover la igualdad entre hombres y mujeres, a fomentar normativas laborales flexibles con el objetivo de facilitar la conciliación de la vida laboral y familiar, y a celebrar, en el nivel adecuado, convenios que establezcan normas antidiscriminatorias en los ámbitos mencionados en el artículo 1 que entren en el marco de la negociación colectiva. Dichos convenios respetarán las disposiciones de la presente Directiva y las correspondientes medidas nacionales de desarrollo.

3. Los Estados miembros, de conformidad con la legislación, los convenios colectivos y las prácticas nacionales, alentarán a los empresarios a que fomenten la igualdad de trato de hombres y mujeres de forma planificada y sistemática en el lugar de trabajo, en materia de acceso al empleo, en la formación profesional y la promoción.

4. A tal fin, deberá alentarse a los empresarios a presentar con una periodicidad adecuada a los empleados y/o a sus representantes información adecuada sobre la igualdad de trato de hombres y mujeres en la empresa.

Esta información podrá incluir un inventario sobre la proporción de hombres y mujeres en los diferentes niveles de la organización, los salarios y las diferencias salariales entre hombres y mujeres, así como posibles medidas para mejorar la situación, determinadas en cooperación con los representantes de los trabajadores.

Artículo 22. Diálogo con organizaciones no gubernamentales.

Los Estados miembros fomentarán el diálogo con las correspondientes organizaciones no gubernamentales que tengan, con arreglo a las prácticas y a las legislaciones nacionales, un interés legítimo en contribuir a la lucha contra la discriminación por razón de sexo con el fin de promover el principio de igualdad de trato.

CAPÍTULO 3
Disposiciones horizontales generales

Artículo 23. Cumplimiento.

Los Estados miembros adoptarán todas las medidas necesarias para garantizar que:

a) se derogue cualquier disposición legal, reglamentaria o administrativa contraria al principio de igualdad de trato;

b) se declare o pueda declararse nula o se modifique cualquier disposición contraria al principio de igualdad de trato en contratos o convenios individuales o colectivos, estatutos del personal, reglamentos internos de empresas, estatutos de profesiones independientes y de organizaciones sindicales y empresariales, o en cualquier otro acuerdo;

c) los regímenes profesionales de seguridad social que contengan tales disposiciones no puedan ser objeto de medidas administrativas de aprobación o de extensión.

Artículo 24. Victimización.

Los Estados miembros introducirán en sus ordenamientos jurídicos nacionales las medidas que resulten necesarias para proteger a los trabajadores, incluidos los que sean representantes de los trabajadores según las leyes y/o prácticas nacionales, contra el despido o cualquier otro trato desfavorable del empresario como reacción ante una reclamación efectuada en la empresa o ante una acción judicial destinada a exigir el cumplimiento del principio de igualdad de trato.

Artículo 25. Sanciones.

Los Estados miembros establecerán el régimen de sanciones aplicable en caso de incumplimiento de las disposiciones nacionales adoptadas en cumplimiento de la presente Directiva, y adoptarán todas las medidas necesarias para garantizar su aplicación. Las sanciones, que podrán incluir la indemnización a la víctima, serán efectivas, proporcionadas y disuasorias. Los Estados miembros notificarán a la Comisión las disposiciones adoptadas a más tardar el 5 de octubre de 2005 y comunicarán lo antes posible cualesquiera modificaciones ulteriores.

Artículo 26. Prevención de la discriminación.

Los Estados miembros, de conformidad con la legislación, los convenios colectivos o las prácticas nacionales, alentarán a los empresarios y a los responsables del acceso a la formación a adoptar medidas eficaces para prevenir todas las formas de discriminación por razón de sexo y, en particular, el acoso y el acoso sexual en el lugar de trabajo, así como en el acceso al empleo, en la formación profesional y en la promoción.

Artículo 27. Exigencias mínimas.

1. Los Estados miembros podrán adoptar o mantener disposiciones más favorables para la protección del principio de igualdad de trato que las establecidas en la presente Directiva.

2. La aplicación de las disposiciones de la presente Directiva no constituirá en ningún caso motivo suficiente para justificar la reducción del nivel de protección de los trabajadores en el ámbito regulado por ella, sin perjuicio del derecho de los Estados miembros a adoptar, habida cuenta de la evolución de la situación, disposiciones legales, reglamentarias o administrativas diferentes de las existentes en el momento de la notificación de la presente Directiva, siempre y cuando se respeten las disposiciones de la presente Directiva.

Artículo 28. Relación con las disposiciones comunitarias y nacionales.

1. La presente Directiva se entenderá sin perjuicio de las disposiciones relativas a la protección de la mujer, en particular referida al embarazo y la maternidad.

2. La presente Directiva no afectará a lo dispuesto en la Directiva 96/34/CE y en la Directiva 92/85/CEE.

Artículo 29. Transversalidad de la perspectiva de género.

Los Estados miembros tendrán en cuenta de manera activa el objetivo de la igualdad entre hombres y mujeres al elaborar y aplicar disposiciones legales, reglamentarias y administrativas, así como políticas y actividades, en los ámbitos contemplados en la presente Directiva.

Artículo 30. Difusión de la información.

Los Estados miembros velarán por que las medidas adoptadas en aplicación de la presente Directiva y las disposiciones ya en vigor en la materia se pongan en conocimiento de todos los interesados por todos los medios apropiados, y, en su caso, en el lugar de trabajo.

TÍTULO IV

DISPOSICIONES FINALES

Artículo 31. Informes.

1. A más tardar el 15 de febrero de 2011, los Estados miembros transmitirán a la Comisión toda la información necesaria con el fin de que esta pueda elaborar un informe, dirigido al Parlamento Europeo y al Consejo, sobre la aplicación de la presente Directiva.

2. Sin perjuicio de lo dispuesto en el apartado 1, los Estados miembros notificarán cada cuatro años a la Comisión los textos de las medidas adoptadas de conformidad con el artículo 141, apartado 4, del Tratado, así como la información sobre estas medidas y su aplicación. Basándose en esa información, la Comisión aprobará y publicará cada cuatro años un informe en el que se establezca una evaluación comparativa de dichas medidas a la luz de la Declaración no 28 anexa al Acta final del Tratado de Amsterdam.

3. Los Estados miembros procederán a un examen de las actividades profesionales indicadas en el artículo 14, apartado 2, con el fin de comprobar, teniendo en cuenta la evolución social, si está justificado mantener las exclusiones de que se trata. Deberán comunicar a la Comisión el resultado de tal examen periódicamente, pero como mínimo cada ocho años.

Artículo 32. Revisión.

A más tardar el 15 de febrero de 2013, la Comisión revisará el funcionamiento de la presente Directiva y, en su caso, propondrá las modificaciones que considere necesarias.

Artículo 33. Aplicación.

Los Estados miembros pondrán en vigor las disposiciones legales, reglamentarias y administrativas necesarias para dar cumplimiento a lo establecido en la presente Directiva a más tardar el 15 de agosto de 2008 o garantizarán que, a más tardar en dicha fecha, los interlocutores sociales hayan introducido las disposiciones requeridas mediante acuerdos. En caso de que resulte necesario para tener en cuenta dificultades específicas, los Estados miembros podrán disponer de un año adicional, como máximo, para cumplir la presente Directiva. Los Estados miembros adoptarán todas las medidas necesarias para poder garantizar los resultados que exige la presente Directiva. Comunicarán inmediatamente a la Comisión el texto de dicha disposiciones.

Cuando los Estados miembros adopten dichas disposiciones, estas harán referencia a la presente Directiva o irán acompañadas de dicha referencia en su publicación oficial. Incluirán igualmente una mención en la que se precise que las referencias hechas, en las disposiciones legales, reglamentarias y administrativas vigentes, a las Directivas derogadas por la presente Directiva se entenderán hechas a la presente Directiva. Los Estados miembros establecerán las modalidades de dicha referencia y el modo en que se formule la mención. La obligación de incorporar la presente Directiva al Derecho nacional debe limitarse a las disposiciones que constituyen una modificación sustancial en relación con las anteriores Directivas.

La obligación de incorporar las disposiciones apenas modificadas se deriva de las anteriores Directivas.

Los Estados miembros comunicarán a la Comisión el texto de las disposiciones básicas de Derecho interno que adopten en el ámbito regulado por la presente Directiva.

Artículo 34. Derogación.

1. Con efecto a partir del 15 de agosto de 2009, las Directivas 75/117/CEE, 76/207/CEE, 86/378/CEE y 97/80/CE quedarán derogadas sin perjuicio de las obligaciones que incumben a los Estados miembros en lo relativo a las fechas de incorporación a su Derecho interno y de aplicación de las directivas que figuran en el anexo I, parte B.

2. Las referencias a las Directivas derogadas se entenderán hechas a la presente Directiva con arreglo a la tabla de correspondencias que figura en el anexo II.

Artículo 35. Entrada en vigor.

La presente Directiva entrará en vigor a los veinte días de su publicación en el Diario Oficial de la Unión Europea.

Artículo 36. Destinatarios.

Los destinatarios de la presente Directiva son los Estados miembros.

ANEXO I

PARTE A

Directivas derogadas con sus sucesivas modificaciones

Directiva 75/117/CEE del Consejo	DO L 45 de 19.2.1975, p. 19
Directiva 76/207/CEE del Consejo	DO L 39 de 14.2.1976, p. 40
Directiva 2002/73/CE del Parlamento Europeo y del Consejo	DO L 269 de 5.10.2002, p. 15
Directiva 86/378/CEE del Consejo	DO L 225 de 12.8.1986, p. 40
Directiva 96/97/CE del Consejo	DO L 46 de 17.2.1997, p. 20
Directiva 97/80/CE del Consejo	DO L 14 de 20.1.1998, p. 6
Directiva 98/52/CE del Consejo	DO L 205 de 22.7.1998, p. 66

PARTE B

Lista de plazos de incorporación al Derecho nacional y fechas de aplicación

(contemplados en el artículo 34, apartado 1)

Directiva	Plazo de transposición	Fecha de aplicación
Directiva 75/117/CEE	19.2.1976	
Directiva 76/207/CEE	14.8.1978	
Directiva 86/378/CEE	1.1.1993	
Directiva 96/97/CE	1.7.1997	17.5.1990 en lo que se refiere a los trabajadores, salvo para los trabajadores o sus derechohabientes que antes de dicha fecha hubieran incoado una acción ante los tribunales o presentado una reclamación equivalente según el Derecho nacional aplicable Artículo 8 de la Directiva 86/378/CEE: a más tardar el 1.1.1993 Artículo 6, apartado 1, letra i), primer guión, de la Directiva 86/378/CEE: a más tardar el 1.1.1999
Directiva 97/80/CE	1.1.2001	Por lo que se refiere al Reino Unido de Gran Bretaña e Irlanda del Norte: 22.7.2001
Directiva 98/52/CE	22.7.2001	
Directiva 2002/73/CE	5.10.2005	

ANEXO II

Tabla de correspondencias

Directiva 75/117/CEE	Directiva 76/207/CEE	Directiva 86/378/CEE	Directiva 97/80/CE	La presente Directiva
–	Artículo 1, apartado 1	Artículo 1	Artículo 1	Artículo 1
–	Artículo 1, apartado 2	–	–	–
–	Artículo 2, apartado 2, primer guión	–	–	Artículo 2, apartado 1, letra a)
–	Artículo 2, apartado 2, segundo guión	–	Artículo 2, apartado 2	Artículo 2, apartado 1, letra b)

Directiva 75/117/CEE	Directiva 76/207/CEE	Directiva 86/378/CEE	Directiva 97/80/CE	La presente Directiva
–	Artículo 2, apartado 2, guiones tercero y cuarto	–	–	Artículo 2, apartado 1, letras c) y d)
–	–	–	–	Artículo 2, apartado 1, letra e)
–	–	Artículo 2, apartado 1	–	Artículo 2, apartado 1 letra f)
–	Artículo 2, apartados 3 y 4, y artículo 2, apartado 7, párrafo tercero	–	–	Artículo 2, apartado 2
–	Artículo 2, apartado 8	–	–	Artículo 3
Artículo 1	–	–	–	Artículo 4
–	–	Artículo 5, apartado 1	–	Artículo 5
–	–	Artículo 3	–	Artículo 6
–	–	Artículo 4	–	Artículo 7, apartado 1
–	–	–	–	Artículo 7, apartado 2
–	–	Artículo 2, apartado 2	–	Artículo 8, apartado 1
–	–	Artículo 2, apartado 3	–	Artículo 8, apartado 2
–	–	Artículo 6	–	Artículo 9
–	–	Artículo 8	–	Artículo 10
–	–	Artículo 9	Artículo 11	
–	–	(Artículo 2 de la Directiva 96/97/CE)	–	Artículo 12
–	–	Artículo 9 bis	–	Artículo 13
–	Artículo 2, apartado 1, y artículo 3, apartado 1	–	Artículo 2, apartado 1	Artículo 14, apartado 1
–	Artículo 2, apartado 6	–	–	Artículo 14, apartado 2
–	Artículo 2, apartado 7, párrafo segundo		–	Artículo 15
–	Artículo 2, apartado 7, párrafo cuarto, frases segunda y tercera	–	–	Artículo 16
Artículo 2	Artículo 6, apartado 1	Artículo 10	–	Artículo 17, apartado 1
–	Artículo 6, apartado 3	–	–	Artículo 17, apartado 2
–	Artículo 6, apartado 4	–	–	Artículo 17, apartado 3
–	Artículo 6, apartado 2	–	–	Artículo 18
–	–	Artículos 3 y 4	Artículo 19	
–	Artículo 8 bis	–	–	Artículo 20

Directiva 75/117/CEE	Directiva 76/207/CEE	Directiva 86/378/CEE	Directiva 97/80/CE	La presente Directiva
–	Artículo 8 ter	–	–	Artículo 21
–	Artículo 8 quater	–	–	Artículo 22
Artículos 3 y 6	Artículo 3, apartado 2, letra a)	–	–	Artículo 23, letra a)
Artículo 4	Artículo 3, apartado 2, letra b)	Artículo 7, letra a)	–	Artículo 23, letra b)
–	–	Artículo 7, letra b)	–	Artículo 23, letra c)
Artículo 5	Artículo 7	Artículo 11	–	Artículo 24
Artículo 6	–	–	–	–
–	Artículo 8 quinquies	–	–	Artículo 25
–	Artículo 2, apartado 5	–	–	Artículo 26
–	Artículo 8 sexies, apartado 1	–	Artículo 4, apartado 2	Artículo 27, apartado 1
–	Artículo 8 sexies, apartado 2	–	Artículo 6	Artículo 27, apartado 2
–	Artículo 2, apartado 7, párrafo primero	Artículo 5, apartado 2	–	Artículo 28, apartado 1
–	Artículo 2, apartado 7, párrafo cuarto, primera frase	–	–	Artículo 28, apartado 2
–	Artículo 1, apartado 1 bis	–	–	Artículo 29
Artículo 7	Artículo 8	–	Artículo 5	Artículo 30
Artículo 9	Artículo 10	Artículo 12, apartado 2	Artículo 7, párrafo cuarto	Artículo 31, apartados 1 y 2
–	Artículo 9, apartado 2	–	–	Artículo 31, apartado 3
–	–	–	–	Artículo 32
Artículo 8	Artículo 9, apartado 1, párrafo primero, y artículo 9, apartados 2 y 3	Artículo 12, apartado 1	Artículo 7, párrafos primero, segundo y tercero	Artículo 33
– Artículo 9, apartado 1, párrafo segundo	–	–	–	
–	–	–	–	Artículo 34
–	–	–	–	Artículo 35
–	–	–	–	Artículo 36
–	–	Anexo	–	–

b) Condiciones de trabajo

§ 46.1 DIRECTIVA 96/34/CE, DE 3 JUNIO 1996, DEL CONSEJO. ACUERDO MARCO SOBRE EL PERMISO PARENTAL CELEBRADO POR LA UNICE, EL CEEP Y LA CES

(DOL núm. 145, de 19 junio [LCEur 1996, 1756])

✐ Modificada y ampliada al Reino Unido de la Gran Bretaña e Irlanda del Norte por Dir. 97/75/CE, de 15 diciembre 1997, del Consejo.

EL CONSEJO DE LA UNIÓN EUROPEA,

Visto el Acuerdo sobre la política social, anejo al Protocolo (número 14) sobre la política social, anejo al Tratado constitutivo de la Comunidad Europea, y, en particular, el apartado 2 de su artículo 4,

Vista la propuesta de la Comisión,

1. Considerando que, sobre la base del Protocolo sobre la política social, los Estados miembros, con excepción del Reino Unido de Gran Bretaña e Irlanda del Norte, en lo sucesivo denominados «Estados miembros», con el deseo de seguir la vía iniciada por la Carta Social de 1989, han adoptado entre ellos un Acuerdo sobre la política social;

2. Considerando que los interlocutores sociales, de conformidad con el apartado 2 del artículo 4 del Acuerdo sobre la política social, pueden pedir conjuntamente la aplicación de los acuerdos a nivel comunitario mediante una decisión del Consejo a propuesta de la Comisión;

3. Considerando que el punto 16 de la Carta Comunitaria de los Derechos Sociales Fundamentales de los Trabajadores relativo a la igualdad de trato entre hombres y mujeres prevé entre otras cosas que «conviene, asimismo, arbitrar medidas que permitan a hombres y mujeres compaginar más fácilmente sus obligaciones profesionales y familiares»;

4. Considerando que el Consejo, a pesar de la existencia de un amplio consenso, no pudo pronunciarse sobre la propuesta de Directiva relativa a los permisos parentales y a los permisos por motivos familiares, modificada el 15 de noviembre de 1984;

5. Considerando que la Comisión, de conformidad con el apartado 2 del artículo 3 del Acuerdo sobre la política social, consultó a los interlocutores sociales sobre la posible orientación de una acción comunitaria en materia de conciliación entre la vida profesional y la vida familiar;

6. Considerando que la Comisión, apreciando tras dicha consulta que una acción comunitaria era deseable, consultó nuevamente a los interlocutores sociales sobre el contenido de la propuesta prevista, de conformidad con el apartado 3 del artículo 3 de dicho Acuerdo;

7. Considerando que las organizaciones interprofesionales de carácter general (UNICE, CEEP y CES) informaron a la Comisión, mediante carta conjunta de 5 de julio de 1995, de su voluntad de iniciar el proceso previsto en el artículo 4 de dicho Acuerdo;

8. Considerando que dichas organizaciones interprofesionales celebraron el 14 de diciembre de 1995 un Acuerdo marco sobre el permiso parental y que transmitieron a la Comisión su petición conjunta de aplicar el mencionado Acuerdo marco mediante una decisión del Consejo a propuesta de la Comisión, de conformidad con el apartado 2 del artículo 4 de dicho Acuerdo;

9. Considerando que el Consejo, en su Resolución de 6 de diciembre de 1994 sobre determinadas perspectivas de una política social de la Unión Europea: contribución a la convergencia económica y social de la Unión, invitó a los interlocutores sociales a aprovechar las posibilidades de celebrar convenios, puesto que por regla general están más cerca de la realidad social y los problemas sociales; que los miembros del Consejo Europeo cuyo Estado participa en el Acuerdo anejo al Protocolo sobre la política social del Tratado se congratularon en Madrid por la celebración de dicho Acuerdo marco;

10. Considerando que las Partes Contratantes expresaron el deseo de celebrar un acuerdo marco

para establecer disposiciones mínimas sobre el permiso parental y la ausencia de trabajo por motivos de fuerza mayor y para remitir a los Estados miembros y/o a los interlocutores sociales la definición de las condiciones de aplicación del permiso parental, a fin de tener en cuenta la situación incluida la situación de la política familiar existente en cada Estado miembro, en particular por lo que se refiere a las condiciones de concesión del permiso parental y de ejercicio del derecho del permiso parental;

11. Considerando que el acto adecuado para la aplicación de dicho Acuerdo marco es una Directiva con arreglo al artículo 189 del Tratado; que, por consiguiente, obligará a los Estados miembros en cuanto al resultado que deba conseguirse, dejándoles, sin embargo, la elección de la forma y de los medios;

12. Considerando que, de conformidad con el principio de subsidiariedad y el principio de proporcionalidad que se enuncian en el artículo 3 B) del Tratado, los Estados miembros no pueden realizar suficientemente los objetivos de la presente Directiva, por lo que pueden lograrse mejor a escala comunitaria; que la presente Directiva se limita al mínimo indispensable para alcanzar dichos objetivos y no excede de lo necesario para tal fin;

13. Considerando que la Comisión elaboró su propuesta de Directiva teniendo en cuenta el carácter representativo de las Partes Contratantes, su mandato, la legalidad de cada cláusula del Acuerdo marco y el respeto de las disposiciones pertinentes relativas a las pequeñas y medianas empresas;

14. Considerando que la Comisión, de conformidad con su comunicación de 14 de diciembre de 1993 relativa a la aplicación del Protocolo sobre la política social, informó al Parlamento Europeo, enviándole el texto del Acuerdo marco, acompañado de su propuesta de Directiva y de la exposición de motivos;

15. Considerando que la Comisión informó asimismo al Comité Económico y Social, enviándole el texto del Acuerdo marco, acompañado de su propuesta de Directiva y de la exposición de motivos;

16. Considerando que el punto 2 de la cláusula 4 del Acuerdo marco hace hincapié en que la aplicación de las disposiciones del presente Acuerdo no constituirá una justificación válida para la reducción del nivel general de protección de los trabajadores en el ámbito cubierto por el presente Acuerdo, y ellos sin perjuicio del derecho de los Estados miembros y/o de los interlocutores sociales a acordar, habida cuenta de la evolución de la situación (incluida la introducción del carácter no transferible), disposiciones legales, reglamentarias o contractuales distintas, siempre que se respeten los requisitos mínimos previstos en el presente Acuerdo;

17. Considerando que la Carta Comunitaria de los Derechos Sociales Fundamentales de los Trabajadores reconoce la importancia de la lucha contra las discriminaciones en todas sus formas, en particular por motivos de sexo, color, raza, opiniones y creencias;

18. Considerando que en el apartado 2 del artículo F del Tratado de la Unión Europea se estipula que «la Unión respetará los derechos fundamentales tal y como se garantizan en el Convenio Europeo para la Protección de los Derechos Humanos y de las Libertades Fundamentales firmado en Roma el 4 de noviembre de 1950, y tal y como resultan de las tradiciones constitucionales comunes a los Estados miembros como principios generales del Derecho comunitario»;

19. Considerando que los Estados miembros pueden confiar a los interlocutores sociales, a petición conjunta de éstos, la aplicación de la presente Directiva, a condición de que adopten todas las disposiciones necesarias para poder garantizar, en todo momento, los resultados fijados por la presente Directiva;

20. Considerando que la aplicación del Acuerdo marco contribuye a la realización de los objetivos contemplados en el artículo 1 del Acuerdo sobre la política social,

HA ADOPTADO LA PRESENTE DIRECTIVA:

Artículo 1. Aplicación del Acuerdo marco.

La presente Directiva tiene por objeto aplicar el Acuerdo marco sobre el permiso parental celebrado el 14 de diciembre de 1995 entre las organizaciones interprofesionales de carácter general (UNICE, CEEP y CES), que figura en el Anexo.

Artículo 2. Disposiciones finales.

1. Los Estados miembros podrán en vigor las disposiciones legales, reglamentarias y administrativas necesarias para dar cumplimiento a lo establecido en la presente Directiva y a más tardar el 3 de junio de 1998 o se asegurarán de que a más tardar en dicha fecha los interlocutores sociales establezcan las disposiciones necesarias mediante acuerdo, adoptando los Estados miembros todas las disposiciones

necesarias para poder garantizar en todo momento los resultados fijados por la presente Directiva. Informarán inmediatamente de ello a la Comisión.

1 bis. Por lo que respecta al Reino Unido de Gran Bretaña e Irlanda del Norte, la fecha de «3 de junio de 1998», en el apartado 1, se sustituirá por la de «15 de diciembre de 1997».

✐ Ap. 1 bis añadido por Dir. 97/75/CE, de 15 diciembre 1997 del Consejo.

2. Los Estados miembros, si fuera necesario para tener en cuenta dificultades particulares o la aplicación mediante convenio colectivo, podrán disponer como máximo de un año suplementario.

Informarán inmediatamente a la Comisión de tales circunstancias.

3. Cuando los Estados miembros adopten las disposiciones contempladas en el apartado 1, éstas harán referencia a la presente Directiva o irán acompañadas de dicha referencia en su publicación oficial. Los Estados miembros establecerán las modalidades de la mencionada referencia.

Artículo 3.

Los destinatarios de la presente Directiva serán los Estados miembros.

ANEXO

ACUERDO MARCO SOBRE EL PERMISO PARENTAL

PREÁMBULO

El Acuerdo marco adjunto representa un compromiso de la UNICE, el CEEP y las CES para establecer disposiciones mínimas sobre el permiso parental y la ausencia del trabajo por motivos de fuerza mayor como medio importante para conciliar la vida profesional y familiar y promover la igualdad de oportunidades y de trato entre hombres y mujeres.

La CES, la UNICE y la CEEP solicitan a la Comisión que someta el presente Acuerdo marco al Consejo para que, mediante una decisión, éste haga vinculantes estas disposiciones mínimas en todos los Estados miembros de la Comunidad Europea, con excepción del Reino Unido de Gran Bretaña e Irlanda del Norte.

I. CONSIDERACIONES GENERALES

1. Visto el Acuerdo sobre la política social, anejo al Protocolo sobre la política social, anejo al Tratado constitutivo de la Comunidad Europea, y, en particular, el apartado 4 de su artículo 3 y el apartado 2 de su artículo 4;

2. Considerando que el apartado 2 del artículo 4 del Acuerdo sobre la política social prevé que los acuerdos concluidos a nivel comunitario se apliquen, a petición conjunta de las partes firmantes, sobre la base de una decisión del Consejo a propuesta de la Comisión;

3. Considerando que la Comisión ha anunciado su intención de proponer una medida comunitaria sobre la conciliación de la vida profesional y familiar;

4. Considerando que la Carta Comunitaria de los Derechos Sociales Fundamentales de los Trabajadores, en su punto 16 relativo a la igualdad de trato para hombres y mujeres, prevé el establecimiento de medidas que permitan a éstos compaginar más fácilmente sus obligaciones profesionales y familiares;

5. Considerando que la Resolución del Consejo, de 6 de diciembre de 1994, reconoce que una verdadera política de igualdad de oportunidades presupone una estrategia global e integrada que permita organizar mejor los horarios de trabajo, una mayor flexibilidad, así como una vuelta más fácil a la vida profesional, y toma nota del importante papel de los interlocutores sociales en este ámbito y en la oferta a hombres y mujeres de una posibilidad de conciliar responsabilidades profesionales y obligaciones familiares;

6. Considerando que las medidas para conciliar la vida profesional y familiar deben fomentar la introducción de nuevos modos flexibles de organización del trabajo y del tiempo, más adaptados a las necesidades cambiantes de la sociedad y que deben tener en cuenta a la vez las necesidades de las empresas y de los trabajadores;

7. Considerando que la política familiar debe contemplarse en el contexto de los cambios demográficos, los efectos del envejecimiento de la población, el acercamiento entre generaciones y la promoción de la participación de las mujeres en la vida activa;

8. Considerando que debe animarse a los hombres a asumir una parte igual de las responsabilidades familiares, por ejemplo, solicitando un permiso parental mediante programas de sensibilización;

9. Considerando que el presente Acuerdo es un Acuerdo marco que enuncia disposiciones míni-

mas y disposiciones sobre el permiso parental, distinto del permiso de maternidad, y sobre la ausencia del trabajo por motivos de fuerza mayor y remite a los Estados miembros y/o a los interlocutores sociales para el establecimiento de las condiciones de acceso y las modalidades, con el fin de tener en cuenta la situación de cada Estado miembro;

10. Considerando que los Estados miembros deben prever el mantenimiento de las prestaciones en especie pagadas en concepto de seguro de enfermedad durante la duración mínima del permiso parental;

11. Considerando que los Estados miembros deberán, siempre que resulte apropiado por las condiciones nacionales y la situación presupuestaria, procurar el mantenimiento, sin modificaciones, de los derechos a las prestaciones de la Seguridad Social durante la duración mínima del permiso parental;

12. Considerando que el presente Acuerdo tiene en cuenta la necesidad de mejorar las disposiciones de la política social, fomentar la competitividad de la economía de la Comunidad y evitar trabas de carácter administrativo, financiero y jurídico que obstaculicen la creación y el desarrollo de pequeñas y medianas empresas;

13. Considerando que los interlocutores sociales son los mejores situados para hallar soluciones a las necesidades de empresarios y trabajadores y que, por consiguiente, se les debe conceder un papel particular en la aplicación del presente Acuerdo;

Las partes firmantes han celebrado el presente Acuerdo:

II. CONTENIDO

Cláusula 1: **Objeto y ámbito de aplicación**

1. El presente Acuerdo establece disposiciones mínimas cuyo objetivo es facilitar la conciliación de las responsabilidades profesionales y familiares de los padres que trabajan.

2. El presente Acuerdo se aplica a todos los trabajadores, hombres y mujeres, que tengan un contrato o una relación de trabajo definida por la legislación, los convenios colectivos o los usos vigentes en cada Estado miembro.

Cláusula 2: **Permiso parental**

⇒ V. el art. 48.3 del ET (§2).

1. En virtud del presente Acuerdo, y sin perjuicio de la cláusula 2.2, se concede un derecho individual del permiso parental a los trabajadores, hombres o mujeres, por motivo de nacimiento o adopción de un hijo, para poder ocuparse del mismo durante un mínimo de tres meses hasta una edad determinada que puede ser de hasta ocho años y que deberán definir los Estados miembros y/o los interlocutores sociales.

2. Para promover la igualdad de oportunidades y de trato entre hombres y mujeres, las partes firmantes del presente Acuerdo consideran que el derecho de permiso parental previsto en la cláusula 2.1 debe concederse, en principio, de manera no transferible.

3. Las condiciones de accesos y las modalidades del permiso parental se definirán por ley y/o convenios colectivos en los Estados miembros de conformidad con las disposiciones mínimas del presente Acuerdo. Los Estados miembros y/o los interlocutores sociales podrán en particular:

a) decidir si el permiso parental se concede en jornada completa, en jornada parcial, de forma fragmentada o en forma de un crédito de tiempo;

b) subordinar el derecho de permiso parental a un período de trabajo y/o a una antigüedad que no podrá ser superior a un año;

c) ajustar las condiciones de acceso y las modalidades del permiso parental o las circunstancias particulares de la adopción;

d) fijar los períodos de preaviso que debe dar al empresario el trabajador que ejerza su derecho de permiso parental, precisando el inicio y el final del período del permiso;

e) definir las circunstancias en que el empresario, previa consulta con arreglo a la legislación, los convenios colectivos y los usos nacionales, estará autorizado a posponer la concesión del permiso parental por motivos justificables relacionados con el funcionamiento de la empresa (por ejemplo, si el trabajo es de tipo estacional, si no se puede encontrar un sustituto durante el período objeto del preaviso, si una proporción significativa de la mano de obra solicita al mismo tiempo un permiso parental, si una función determinada es de importancia estratégica). Cualquier dificultad resultante de la aplicación de esta disposición deberá resolverse conforme a la legislación, a los convenios colectivos y a los usos nacionales;

f) además de la letra e), autorizar acuerdos particulares para responder a las necesidades de funcionamiento y organización de las pequeñas empresas.

4. Con el fin de garantizar que los trabajadores puedan ejercer su derecho al permiso parental, los Estados miembros y/o los interlocutores sociales adoptarán las medidas necesarias para proteger a los trabajadores contra el despido por haber solicitado la solicitud o cogido un permiso parental, conforme a la legislación, a los convenios colectivos y a los usos nacionales.

5. Al final del permiso parental el trabajador tendrá derecho a ocupar un mismo puesto de trabajo o, en caso de imposibilidad, un trabajo equivalente o similar conforme a su contrato o a su situación laboral.

6. Los derechos adquiridos o en curso de adquisición por el trabajador en la fecha de inicio del permiso parental se mantendrán sin modificaciones hasta el final del permiso parental. Al finalizar el permiso parental se aplicarán dichos derechos, incluidos los cambios derivados de la legislación, de los convenios colectivos o de los usos nacionales.

7. Los Estados miembros y/o los interlocutores sociales definirán el régimen del contrato o de la situación laboral para el período de permiso parental.

8. Todos los asuntos de Seguridad Social vinculados con el presente Acuerdo habrán de ser examinados y determinados por los Estados miembros de conformidad con la legislación nacional, teniendo en cuenta la importancia de la continuidad de los derechos a las prestaciones de Seguridad Social para los diferentes riesgos, y en particular los cuidados sanitarios.

Cláusula 3: **Ausencia del trabajo por motivos de fuerza mayor**

⇒ V. arts. 37.3 y 45, ambos del ET (§2).

1. Los Estados miembros y/o los interlocutores sociales adoptarán las medidas necesarias para autorizar a los trabajadores a ausentarse del trabajo, conforme a la legislación, los convenios colectivos y/o los usos nacionales, por motivos de fuerza mayor vinculados a motivos familiares urgentes en caso de enfermedad o accidente que hagan indispensable la presencia inmediata del trabajador.

2. Los Estados miembros y/o los interlocutores sociales podrán precisar las condiciones de acceso y las modalidades de aplicación de la cláusula 3.1 y limitar dicho derecho a una duración determinada por año y/o por caso.

Cláusula 4: **Disposiciones finales**

1. Los Estados miembros podrán mantener o introducir disposiciones más favorables que las previstas en el presente Acuerdo.

2. La aplicación de las disposiciones del presente Acuerdo no constituirá una justificación válida para la reducción del nivel general de protección de los trabajadores en el ámbito cubierto por el presente Acuerdo, y ello sin perjuicio del derecho de los Estados miembros y/o de los interlocutores sociales a decidir, habida cuenta de la evolución de la situación (incluida la introducción del carácter no transferible), disposiciones legales, reglamentarias o contractuales distintas, siempre que se respeten los requisitos mínimos previstos en el presente Acuerdo.

3. El presente Acuerdo no constituirá un obstáculo al derecho de los interlocutores sociales a celebrar, al nivel apropiado, incluido el europeo, convenios que adapten y/o completen sus disposiciones a fin de tener en cuenta circunstancias particulares.

4. Los Estados miembros adoptarán las disposiciones legales, reglamentarias y administrativas necesarias para dar cumplimiento a lo establecido en la presente Decisión del Consejo en el plazo de dos años, como máximo, desde la adopción de la misma o se asegurarán de que los interlocutores sociales establezcan, mediante acuerdo las disposiciones necesarias mediante acuerdo antes de que concluya el citado plazo. Los Estados miembros, si fuera necesario para tener en cuenta dificultades particulares o la aplicación mediante convenio colectivo, podrán disponer como máximo de un año suplementario para dar cumplimiento a dicha Decisión.

5. La prevención y resolución de litigios y reclamaciones que se deriven de la aplicación del Acuerdo se tratarán de conformidad con la legislación, con los convenios colectivos y con los usos nacionales.

6. Sin perjuicio de las funciones respectivas de la Comisión, de los tribunales nacionales y del Tribunal de Justicia, todos los asuntos relativos a la interpretación del presente Acuerdo a nivel europeo deberán, en primer lugar, ser remitidos por la Comisión a las partes firmantes, las cuales emitirán el dictamen pertinente.

7. Las partes firmantes revisarán la aplicación del presente Acuerdo a los cinco años a partir de la fecha de la Decisión del Consejo, si una de las partes del mismo así lo pidiera.

§ 46.2 DIRECTIVA 96/71/CE, DE 16 DICIEMBRE 1996, DEL PARLAMENTO EUROPEO Y DEL CONSEJO. DESPLAZAMIENTO DE TRABAJADORES EFECTUADO EN EL MARCO DE UNA PRESTACIÓN DE SERVICIOS

(DOL núm. 18, de 21 enero [LCEur 1997, 105])

⇒ V. el Convenio de Roma 19 junio 1980 (§43.2).
V. Ley 45/1999, de 29 noviembre, de incorporación al Ordenamiento español (§15.3).

EL PARLAMENTO EUROPEO Y EL CONSEJO DE LA UNIÓN EUROPEA

Visto el Tratado constitutivo de la Comunidad Europea y, en particular, el apartado 2 de su artículo 57 y su artículo 66,

Vista la propuesta de la Comisión,

Visto el dictamen del Comité Económico y Social,

De conformidad con el procedimiento establecido en el artículo 189 B del Tratado,

1. Considerando que, con arreglo a la letra c) del artículo 3 del Tratado, la supresión entre los Estados miembros de los obstáculos a la libre circulación de personas y servicios constituye uno de los objetivos de la Comunidad;

2. Considerando que, por lo que respecta a la prestación de servicios, toda restricción en razón de la nacionalidad o la residencia está prohibida por el Tratado a partir del final del período transitorio;

3. Considerando que la realización del mercado interior ofrece un entorno dinámico para la prestación de servicios transnacional al invitar a un número cada vez mayor de empresas a desplazar a sus trabajadores temporalmente para trabajar en el territorio de un Estado miembro distinto del Estado en que trabajan habitualmente;

4. Considerando que la prestación de servicios puede consistir ya sea en la ejecución de trabajos por una empresa, por cuenta de ésta y bajo su dirección, en el marco de un contrato celebrado entre dicha empresa y el destinatario de la prestación de servicios, ya sea en el suministro de trabajadores para su utilización por parte de una empresa, en el marco de un contrato público o privado;

5. Considerando que el fomento de la prestación transnacional de servicios requiere un clima de competencia leal y medidas que garanticen el respeto de los derechos de los trabajadores;

6. Considerando que la transnacionalización de las relaciones de trabajo plantea problemas sobre el Derecho aplicable a dicha relación y que la determinación de las condiciones de trabajo y empleo redunda en beneficio de las partes;

7. Considerando que el Convenio de Roma, de 19 junio 1980, sobre la ley aplicable a las obligaciones contractuales; firmado por doce Estados miembros, entró en vigor el 1 de abril de 1991 en la mayoría de los Estados miembros;

8. Considerando que en el artículo 3 de dicho Convenio se establece, como norma general, la libertad de elección de la ley por las Partes; que, a falta de elección, el contrato se regirá, de conformidad con el apartado 2 del artículo 6, por la ley del país en que el trabajador realice habitualmente su trabajo en ejecución del contrato, aun cuando se haya desplazado temporalmente a otro país, o si el trabajador no realiza habitualmente su trabajo en un mismo país, por la ley del país en que se encuentre el establecimiento que haya contratado al trabajador, a menos que del conjunto de circunstancias resulte que el contrato de trabajo tenga lazos más estrechos con otro país, en cuyo caso será aplicable la ley de ese otro país;

9. Considerando que, con arreglo al apartado 1 del artículo 6 de dicho Convenio, la elección por las Partes de la ley aplicable no podrá tener por resultado privar al trabajador de la protección que le proporcionen las disposiciones imperativas de la ley que fuera aplicable, a falta de elección, en virtud del apartado 2 del mencionado artículo;

10. Considerando que el artículo 7 de dicho Convenio dispone que en determinadas condiciones surtan efecto, junto con la ley declarada aplicable, las normas de policía de otra ley, en particular la del Estado miembro a cuyo territorio haya sido desplazado temporalmente el trabajador;

11. Considerando que, con arreglo al principio de prioridad del Derecho comunitario contemplado en su artículo 20, dicho Convenio no afectará a la aplicación de las disposiciones que, en materias particulares, regulen los conflictos de leyes en materia de obligaciones contractuales y que estén o vayan a estar contenidas en actos que emanen de las instituciones de las Comunidades Europeas o en legislaciones nacionales armonizadas en ejecución de estos actos;

12. Considerando que el Derecho comunitario no impide que los Estados miembros amplíen el ámbito de aplicación de su legislación o de los convenios colectivos celebrados por los interlocutores sociales a toda persona que realice un trabajo por cuenta ajena, incluso de carácter temporal, en su territorio, aunque su empresario se halle establecido en otro Estado miembro; que el Derecho comunitario no prohíbe a los Estados miembros garantizar el respeto de estas normas por los medios apropiados;

13. Considerando que las legislaciones de los Estados miembros deberán ser coordinadas a fin de establecer un núcleo de disposiciones imperativas de protección mínima que habrán de ser respetadas, en el país de acogida, por los empresarios que desplacen a trabajadores para la realización de un trabajo temporal en el territorio del Estado miembro de la prestación de servicios; que dicha coordinación sólo podrá llevarse a cabo mediante el Derecho comunitario;

14. Considerando que el proveedor de servicios deberá observar un «núcleo duro», de disposiciones de protección, claramente definidas, independientemente de la duración del desplazamiento del trabajador;

15. Considerando que resulta conveniente establecer que, en determinados casos delimitados de trabajos de montaje y/o de instalación de un bien, no se apliquen las disposiciones relativas a las cuantías de salario mínimo y a la duración mínima de las vacaciones anuales retribuidas;

16. Considerando que, además, conviene garantizar cierta flexibilidad en la aplicación de las disposiciones relativas a las cuantías de salario mínimo y a la duración mínima de las vacaciones anuales retribuidas; que, en caso de que la duración del desplazamiento no sea superior a un mes, los Estados miembros podrán, en determinadas condiciones establecer excepciones a las disposiciones relativas a las cuantías del salario mínimo o contemplar posibilidad de establecer excepciones a través de convenios colectivos; que, en caso de los trabajos que se vayan a efectuar sean de escasa importancia, los Estados miembros podrán establecer excepciones a las disposiciones relativas a las cuantías de salario mínimo y a la duración mínima o las vacaciones anuales retribuidas;

17. Considerando que las disposiciones imperativas de protección mínima vigentes en el país de acogida no deben impedir la aplicación de las condiciones de trabajo y de empleo que sean más favorables a los trabajadores;

18. Considerando que conviene respetar el principio de que las empresas establecidas fuera de la Unión Europea no deben obtener un trato más favorable que las empresas establecidas en el territorio de un Estado miembro;

19. Considerando, sin perjuicio de otras disposiciones de la normativa comunitaria, que la presente Directiva no obliga a reconocer legalmente la existencia de agencias de trabajo temporal ni menoscaba la aplicación por los Estados miembros de sus leyes relativas al suministro de mano de obra y de empresas de trabajo temporal a empresas no establecidas de su territorio pero que operan en él dentro del marco de la prestación de servicios;

20. Considerando que la presente Directiva no afecta a los convenios celebrados por la Comunidad con países terceros ni a las leyes de los Estados miembros relativas al acceso a su territorio de prestadores de servicios de países terceros; que la presente Directiva no irá tampoco en perjuicio de las leyes nacionales relativas a las condiciones para la entrada, la residencia y el acceso al empleo de trabajadores nacionales de países terceros;

21. Considerando que el Reglamento (CEE) 1408/1971, del Consejo, de 14 de junio de 1971, relativo a la aplicación de los regímenes de Seguridad Social a los trabajadores por cuenta ajena y a sus familias que se desplazan dentro de la Comunidad, fija las disposiciones aplicables en materia de prestaciones y de cotizaciones de Seguridad Social;

22. Considerando que la presente Directiva no afecta la situación de la normativa de los Estados miembros en materia de acción colectiva para la defensa de los intereses profesionales;

23. Considerando que las instancias competentes en los distintos Estados miembros deben colaborar entre sí en la aplicación de esta Directiva; que los Estados miembros deben prever las medidas oportunas en caso de incumplimiento de la presente Directiva;

24. Considerando que se debe garantizar una buena aplicación de la presente Directiva y, a ese efecto, entablar una colaboración estrecha entre la Comisión y los Estados miembros;

25. Considerando que, a más tardar cinco años después de la adopción de la presente Directiva,

la Comisión deberá reexaminar las normas de desarrollo de la presente Directiva con vistas a proponer, en su caso, las modificaciones necesarias,

HAN ADOPTADO LA PRESENTE DIRECTIVA:

Artículo 1. Ámbito de aplicación.

1. La presente Directiva se aplicará a las empresas establecidas en un Estado miembro que, en el marco de una prestación de servicios transnacional, desplacen a trabajadores, según lo dispuesto en el apartado 3, en el territorio de un Estado miembro.

2. La presente Directiva no se aplicará a las empresas de la marina mercante, por lo que se refiere al personal navegante.

3. La presente Directiva se aplicará en la medida en que las empresas a que se refiere el apartado 1 adopten una de las siguientes medidas transnacionales:

a) desplazar a un trabajador por su cuenta y bajo su dirección, en el marco de un contrato celebrado entre la empresa de procedencia y el destinatario de la prestación de servicios que opera en dicho Estado miembro, al territorio de un Estado miembro, siempre que exista una relación laboral entre la empresa de procedencia y el trabajador durante el período de desplazamiento; o

b) desplazar a un trabajador al territorio de un Estado miembro, en un establecimiento o en una empresa que pertenezca al grupo, siempre que exista una relación laboral entre la empresa de origen y el trabajador durante el período de desplazamiento; o

c) en su calidad de empresa de trabajo interino o en su calidad de empresa de suministro de mano de obra, desplazar a un trabajador a una empresa usuaria que esté establecida o ejerza su actividad en el territorio de un Estado miembro, siempre que exista una relación laboral entre la empresa de trabajo interino o la empresa de suministro de mano de obra y el trabajador durante el período de desplazamiento.

4. Las empresas establecidas en un Estado que no sea miembro no deberán obtener un trato más favorable que las empresas establecidas en un Estado miembro.

Artículo 2. Definición.

1. A efectos de la presente Directiva, se entenderá por «trabajador desplazado» todo trabajador que, durante un período limitado, realice su trabajo en el territorio de un Estado miembro distinto de aquél en cuyo territorio trabaje habitualmente.

2. A efectos de la presente Directiva, el concepto de trabajador es el que sea aplicable conforme al Derecho del Estado miembro en cuyo territorio el trabajador esté desplazado.

Artículo 3. Condiciones de trabajo y empleo.

1. Los Estados miembros velarán por que, cualquiera que sea la legislación aplicable a la relación laboral, las empresas mencionadas en el apartado 1 del artículo 1 garanticen a los trabajadores desplazados en su territorio las condiciones de trabajo y empleo relativas a las materias siguientes que, en el Estado miembro donde se efectúe el trabajo, estén establecidas:

–por disposiciones legales, reglamentarias o administrativas, y/o

–por convenios colectivos o laudos arbitrales declarados de aplicación general con arreglo al apartado 8 en la medida en que se refieran a las actividades contempladas en el Anexo;

a) los períodos máximos de trabajo así como los períodos mínimos de descanso;

b) la duración mínima de las vacaciones anuales retribuidas;

c) las cuantías de salario mínimo, incluidas las incrementadas por las horas extraordinarias; la presente letra no se aplicará a los regímenes complementarios de jubilación profesional;

d) las condiciones de suministro de mano de obra, en particular por parte de agencias de trabajo interino;

e) la salud, la seguridad y la higiene en el trabajo;

f) las medidas de protección aplicables a las condiciones de trabajo y de empleo de las mujeres embarazadas o que hayan dado a luz recientemente, así como de los niños y de los jóvenes;

g) la igualdad de trato entre hombres y mujeres y otras disposiciones en materia de no discriminación.

A los fines de la presente Directiva, la noción de cuantías de salario mínimo mencionada en la letra c) del párrafo primero se definirá mediante la legislación y/o el uso nacional del Estado miembro en cuyo territorio el trabajador se encuentre desplazado.

2. Las letras b) y c) del párrafo primero del apartado 1 no se aplicarán a los trabajos de montaje inicial o de primera instalación de un bien contemplados en un contrato de suministro de bienes, indispensables para la puesta en funcionamiento del bien suministrado y ejecutados por los trabajadores cualificados y/o especializados de la empresa proveedora, cuando la duración del desplazamiento no supere los ocho días.

Esta disposición no se aplicará a las actividades en el ámbito de la construcción mencionadas en el Anexo.

3. Los Estados miembros podrán decidir, previa consulta a los interlocutores sociales y de conformidad con los usos y costumbres de cada Estado miembro, que no se apliquen las disposiciones de la letra c) del párrafo primero del apartado 1 en los casos a que se refieren las letras a) y b) del apartado 3 del artículo 1 cuando la duración del desplazamiento de los trabajadores no sea superior a un mes.

4. Los Estados miembros podrán disponer, de conformidad con las legislaciones o usos nacionales, que podrán introducirse excepciones a las disposiciones de la letra c) del párrafo primero del apartado 1 en los casos a que se refieren las letras a) y b) del apartado 3 del artículo 1, así como a una decisión de un Estado miembro conforme a lo dispuesto en el apartado 3 del presente artículo, mediante convenios colectivos con arreglo al apartado 8 del presente artículo, relativos a uno o más sectores de actividad, cuando la duración del desplazamiento de los trabajadores no sea superior a un mes.

5. Los Estados miembros podrán establecer una excepción a lo dispuesto en las letras b) y c) del párrafo primero del apartado 1 en los casos mencionados en las letras a) y b) del apartado 3 del artículo 1, con motivo de la escasa importancia de los trabajos que deban efectuarse.

Los Estados miembros que hagan uso de la facultad mencionada en el párrafo primero establecerán las condiciones que deban cumplir los trabajos para ser considerados «de escasa importancia».

6. La duración del desplazamiento se calculará sobre un período de referencia de un año a partir de su comienzo.

Al calcular el período de un año, se incluirá en el cálculo el tiempo que en su caso haya estado desplazado el trabajador al que haya que sustituir.

7. Lo dispuesto en los apartados 1 a 6 no impedirá la aplicación de condiciones de empleo y trabajo más favorables para los trabajadores.

Se considerará que los complementos correspondientes al desplazamiento forman parte del salario mínimo, en la medida en que no se abonen como reembolso de los gastos efectivamente realizados originados por el desplazamiento, tales como gastos de viaje, alojamiento o manutención.

8. Por convenios colectivos o laudos arbitrales declarados de aplicación general se entenderán aquellos convenios colectivos o laudos arbitrales que deban respetar todas las empresas pertenecientes al sector o profesión de que se trate correspondientes al ámbito de aplicación territorial de éstos.

A falta de un sistema de declaración de aplicación general de convenios colectivos o laudos arbitrales en el sentido de lo dispuesto en el párrafo primero, los Estados miembros podrán basarse, si así lo deciden, en:

–los convenios colectivos o laudos arbitrales que surtan efecto general en todas las empresas similares pertenecientes a la profesión o al sector de que se trate y correspondientes al ámbito de aplicación territorial de éstos, y/o

–los convenios colectivos celebrados por las organizaciones de los interlocutores sociales más representativas a escala nacional y que sean ampliamente aplicados en el conjunto del territorio nacional, siempre que su aplicación a las empresas mencionadas en el apartado 1 del artículo 1 garantice igualdad de trato por lo que respecta a las materias enumeradas en el párrafo primero del apartado 1 del presente artículo entre dichas empresas y las demás empresas mencionadas en el presente párrafo que se hallen en una situación similar.

En el sentido de lo dispuesto en el presente artículo, se entenderá que existe igualdad de trato cuando las empresas nacionales que se encuentren en una situación similar:

–estén sometidas, en el lugar de actividad o en el sector de que se trate, a las mismas obligaciones que las empresas objeto de los desplazamientos, por lo que se refiere a las materias enumeradas en el apartado 1 del párrafo primero, y

–puedan serle exigidas dichas obligaciones con los mismos efectos.

9. Los Estados miembros podrán disponer que las empresas mencionadas en el apartado 1 del artículo 1 garanticen a los trabajadores, con arreglo a la letra c) del apartado 3 del artículo 1, el

beneficio de las condiciones que se apliquen a los trabajadores interinos en el Estado miembro en cuyo territorio se ejecute el trabajo.

10. La presente Directiva no impedirá que los Estados miembros, de conformidad con las disposiciones del Tratado, impongan a las empresas nacionales y a las empresas de otros Estados, por igual:

–condiciones de trabajo y empleo referidas a materias distintas de las enumeradas en el párrafo primero del apartado 1, en la medida en que se trate de disposiciones de orden público,

–condiciones de trabajo y empleo fijadas en convenios colectivos o laudos arbitrales de acuerdo con el apartado 8 que se refieran a actividades distintas de las contempladas en el Anexo.

Artículo 4. Cooperación en materia de información.

1. A efectos de la aplicación de la presente Directiva, los Estados miembros designarán, de acuerdo con las legislaciones y/o usos nacionales, uno o más centros de enlace o una o más instancias nacionales competentes.

2. Los Estados miembros establecerán una cooperación entre las administraciones públicas a las que, en virtud de la legislación nacional, competa la supervisión de las condiciones de trabajo y empleo contempladas en el artículo 3. Esta cooperación consistirá, en particular, en responder a las peticiones justificadas cursadas por dichas administraciones de información relativa al suministro transnacional de trabajadores, incluidos los casos de abuso manifiesto o los casos de actividades transnacionales presuntamente ilegales.

La Comisión y las administraciones públicas mencionadas en el párrafo primero colaborarán estrechamente con el fin de analizar las dificultades que pudieran surgir en la aplicación del apartado 10 del artículo 3.

La asistencia administrativa recíproca se prestará gratuitamente.

3. Cada Estado miembro tomará las medidas necesarias para que la información relativa a las condiciones de trabajo y de empleo contemplada en el artículo 3 sea generalmente accesible.

4. Cada Estado miembro comunicará a los demás Estados miembros y a la Comisión los centros de enlace y/o las instancias competentes a que se refiere el apartado 1.

Artículo 5. Medidas.

Los Estados miembros adoptarán las medidas oportunas en caso de incumplimiento de la presente Directiva.

En particular, velarán por que los trabajadores o sus representantes dispongan de procedimientos adecuados para que se cumplan las obligaciones establecidas en la presente Directiva.

Artículo 6. Competencia judicial.

A fin de salvaguardar el derecho a las condiciones de trabajo y de empleo garantizadas en el artículo 3, se podrá entablar una acción judicial en el Estado miembro en cuyo territorio esté o haya estado desplazado el trabajador, sin perjuicio, en su caso, de la facultad de entablar una acción judicial en otro Estado, de conformidad con los convenios internacionales vigentes en materia de competencia judicial.

Artículo 7. Aplicación.

Los Estados miembros adoptarán las disposiciones legales, reglamentarias y administrativas necesarias para dar cumplimiento a lo establecido en la presente Directiva a más tardar el 16 de diciembre de 1999. Informarán inmediatamente de ello a la Comisión.

Cuando los Estados miembros adopten dichas disposiciones, éstas harán referencia a la presente Directiva o irán acompañadas de dicha referencia en su publicación oficial. Los Estados miembros establecerán las modalidades de la mencionada referencia.

Artículo 8. Revisión por la Comisión.

El 16 de diciembre de 2001 a más tardar, la Comisión reexaminará las normas de desarrollo de la presente Directiva con objeto de proponer al Consejo, si fuera necesario, las modificaciones oportunas.

Artículo 9.

Los destinatarios de la presente Directiva serán los Estados miembros.

ANEXO

Las actividades contempladas en el párrafo primero del apartado 1 del artículo 3 comprenderán todas las actividades en el ámbito de la construcción relacionadas con la realización, la restauración, el mantenimiento, la modificación o la eliminación de construcciones y, en particular, las obras siguientes:

1. excavación,
2. nivelación,
3. construcción,
4. montaje y desmontaje de elementos prefabricados,
5. acondicionamiento o equipamiento,
6. transformación,
7. renovación,
8. reparación,
9. desmantelamiento,
10. derribo,
11. conservación,
12. mantenimiento (obras de pintura y limpieza),
13. saneamiento.

c) Modalidades contractuales

§ 47.1 DIRECTIVA 99/70/CE, DE 28 JUNIO 1999, DEL CONSEJO. ACUERDO MARCO CES-UNICE-CEEP SOBRE EL TRABAJO DE DURACIÓN DETERMINADA, DE 18 MARZO 1999

(DOL núm. 175, de 10 julio [LCEur 1999, 1692])

EL CONSEJO DE LA UNIÓN EUROPEA,

Visto el Tratado constitutivo de la Comunidad Europea, y, en particular, el apartado 2 de su artículo 139,

Vista la propuesta de la Comisión,

Considerando lo que sigue:

1. Tras la entrada en vigor del Tratado de Amsterdam, las disposiciones del Acuerdo sobre la política social anexo al Protocolo sobre la política social, a su vez anexo al Tratado constitutivo de la Comunidad Europea modificado por el Tratado de Amsterdam, han sido incorporadas a los artículos 136 a 139 del Tratado constitutivo de la Comunidad Europea;

2. Los interlocutores sociales, de conformidad con el apartado 2 del artículo 139 del Tratado, pueden pedir conjuntamente la aplicación de los acuerdos a nivel comunitario mediante una decisión del Consejo a propuesta de la Comisión;

3. El punto 7 de la Carta comunitaria de los derechos sociales fundamentales de los trabajadores prevé, entre otras cosas, que «la realización del mercado interior debe conducir a una mejora de las condiciones de vida y de trabajo de los trabajadores en la Comunidad Europea. Este proceso se efectuará mediante la aproximación, por la vía del progreso, de dichas condiciones, en particular en lo que respecta a las formas de trabajo distintas del trabajo por tiempo indefinido, como el trabajo de duración determinada, el trabajo a tiempo parcial, el trabajo interino y el trabajo de temporada»;

4. El Consejo no pudo pronunciarse sobre la propuesta de Directiva relativa a determinadas relaciones laborales por lo que respecta a las distorsiones de la competencia, ni sobre la propuesta de Directiva relativa a determinadas relaciones laborales por lo que respecta a las condiciones de trabajo;

5. Las conclusiones del Consejo Europeo de Essen destacaron la necesidad de adoptar medidas para «que, aumentando el crecimiento económico se intensifique la creación de empleo, en particular mediante una organización más flexible del trabajo, que corresponda a los deseos de los trabajadores y a los requisitos de la competencia»;

6. En la Resolución del Consejo de 9 de febrero de 1999 relativa a las directrices para el empleo de 1999 se invita a los interlocutores sociales, a todos los niveles apropiados, a negociar acuerdos para modernizar la organización del trabajo, incluidas las fórmulas flexibles de trabajo, con el fin de aumentar la productividad y la competitividad de las empresas y de alcanzar el equilibrio necesario entre flexibilidad y seguridad;

7. La Comisión, de conformidad con el apartado 2 del artículo 3 del Acuerdo sobre la política social, consultó a los interlocutores sociales sobre la posible orientación de una acción comunitaria en materia de flexibilidad del tiempo de trabajo y seguridad de los trabajadores;

8. La Comisión, estimando tras dicha consulta que una acción comunitaria era deseable, consultó nuevamente a los interlocutores sociales sobre el contenido de la propuesta prevista, de conformidad con el apartado 3 del artículo 3 de dicho Acuerdo;

9. Las organizaciones interprofesionales de carácter general, a saber, la Unión de Confederaciones de la Industria de la Europea (UNICE), el Centro Europeo de la Empresa Pública (CEEP) y la Confederación Europea de Sindicatos (CES), informaron a la Comisión, el 23 de marzo de 1998, de su voluntad de iniciar el proceso previsto en el artículo 4 de dicho Acuerdo, solicitaron de la Comisión,

mediante carta conjunta, un plazo suplementario de tres meses; la Comisión accedió a dicha petición, ampliando el plazo de negociación hasta el 30 de marzo de 1999;

10. Dichas organizaciones interprofesionales celebraron el 18 de marzo de 1999 un Acuerdo marco sobre el trabajo de duración determinada y que transmitieron a la Comisión su petición conjunta de aplicar el mencionado Acuerdo marco mediante una decisión del Consejo a propuesta de la Comisión, de conformidad con el apartado 2 del artículo 4 del Acuerdo sobre la política social;

11. El Consejo, en su Resolución de 6 de diciembre de 1994 «sobre determinadas perspectivas de una política social de la Unión Europea: contribución a la convergencia económica y social de la Unión», invitó a los interlocutores sociales a aprovechar las posibilidades de celebrar acuerdos, puesto que por regla general están más cerca de la realidad social y los problemas sociales;

12. Las partes contratantes, en el preámbulo del Acuerdo marco sobre el trabajo a tiempo parcial celebrado el 6 de junio de 1997, anunciaron su intención de examinar la necesidad de acuerdos similares para otras formas de trabajo flexible;

13. Los interlocutores sociales quisieron conceder una atención especial al trabajo de duración determinada, al tiempo que indicaban que tenían la intención de considerar la necesidad de un acuerdo similar para las empresas de trabajo temporal;

14. Las partes contratantes expresaron el deseo de celebrar un Acuerdo marco sobre el trabajo de duración determinada que establezca los principios generales y las condiciones mínimas para los contratos de trabajo de duración determinada y las relaciones laborales de este tipo; han manifestado su deseo de mejorar la calidad del trabajo de duración determinada garantizando la aplicación del principio de no discriminación, y su voluntad de establecer un marco para impedir los abusos derivados de la utilización de sucesivos contratos de trabajo de duración determinada o de relaciones laborales de este tipo;

15. El acto adecuado para la aplicación de dicho Acuerdo marco es una Directiva con arreglo al artículo 249 del Tratado; por consiguiente, obligará a los Estados miembros en cuanto al resultado que deba conseguirse, dejándoles, sin embargo, la elección de la forma y de los medios;

16. De conformidad con el principio de subsidiariedad y el principio de proporcionalidad establecidos en el artículo 5 del Tratado, los Estados miembros no pueden alcanzar de manera suficiente los objetivos de la presente Directiva, por lo que pueden lograrse mejor a escala comunitaria; la presente Directiva no excede de lo necesario para alcanzar dichos objetivos;

17. En lo referente a los términos empleados en el Acuerdo marco, no definidos en el mismo de manera específica, la presente Directiva permite que sean los Estados miembros quienes definan dichos términos en conformidad con el derecho y las prácticas nacionales, como ocurre con otras directivas adoptadas en el ámbito social que emplean términos similares, a condición de que dichas definiciones respeten el contenido del Acuerdo marco;

18. La Comisión elaboró su propuesta de Directiva, de conformidad con su Comunicación de 14 de diciembre de 1993 relativa a la aplicación del Protocolo sobre la política social, y su Comunicación de 20 de mayo de 1998, relativa a la adaptación y fomento del diálogo social a escala comunitaria, teniendo en cuenta el carácter representativo de las partes contratantes, su mandato y la legalidad de cada cláusula del Acuerdo marco; las partes signatarias poseen una representatividad acumulada suficiente;

19. La Comisión informó al Parlamento Europeo y al Comité Económico y Social enviándoles el texto del Acuerdo marco, acompañado de su propuesta de Directiva y de la exposición de motivos, de conformidad con su Comunicación relativa a la aplicación del Acuerdo sobre la política social;

20. El Parlamento Europeo adoptó, el 6 de mayo de 1999, una resolución sobre el Acuerdo marco de los interlocutores sociales;

21. La aplicación del Acuerdo marco contribuye a la realización de los objetivos contemplados en el artículo 136 del Tratado,

HA ADOPTADO LA PRESENTE DIRECTIVA:

Artículo 1.

La presente Directiva tiene por objeto aplicar el Acuerdo marco sobre el trabajo con contrato de duración determinada, que figura en el anexo, celebrado el 18 de marzo de 1999 entre las organizaciones interprofesionales de carácter general (UNICE, CEEP y CES).

Artículo 2.

Los Estados miembros pondrán en vigor las disposiciones legales, reglamentarias y administrativas necesarias para dar cumplimiento a lo establecido en la presente Directiva a lo más tardar el 10 de julio de 2001 o se asegurarán de que, como máximo en dicha fecha, los interlocutores sociales hayan establecido las disposiciones necesarias mediante acuerdo, adoptando los Estados miembros todas las disposiciones necesarias para poder garantizar en todo momento los resultados fijados por la presente Directiva. Informarán inmediatamente de ello a la Comisión.

Los Estados miembros, si fuera necesario para tener en cuenta dificultades particulares o la aplicación mediante convenio colectivo, y tras consultar con los interlocutores sociales, podrán disponer como máximo de un año suplementario. Informarán inmediatamente a la Comisión de tales circunstancias.

Cuando los Estados miembros adopten las disposiciones contempladas en el apartado 1, éstas harán referencia a la presente Directiva o irán acompañadas de dicha referencia en su publicación oficial. Los Estados miembros establecerán las modalidades de la mencionada referencia.

Artículo 3.

La presente Directiva entrará en vigor el día de su publicación en el «Diario Oficial de las Comunidades Europeas».

Artículo 4.

Los destinatarios de la presente Directiva serán los Estados miembros.

ANEXO

Acuerdo Marco de la CES, la UNICE y el CEEP sobre el trabajo de duración determinada

PREÁMBULO

El presente Acuerdo marco ilustra el papel que los agentes sociales pueden desempeñar en la estrategia europea para el empleo acordada en la Cumbre extraordinaria de Luxemburgo, celebrada en 1997, y, tras el Acuerdo marco sobre trabajo a tiempo parcial, representa una nueva contribución para la consecución de un mayor equilibrio entre «flexibilidad del tiempo de trabajo y seguridad para los trabajadores».

Las partes de este Acuerdo reconocen que los contratos de duración indefinida son, y seguirán siendo, la forma más común de relación laboral entre empresarios y trabajadores. También reconocen que los contratos de trabajo de duración determinada responden, en ciertas circunstancias, a las necesidades de los empresarios y de los trabajadores.

El presente Acuerdo establece los principios generales y los requisitos mínimos relativos al trabajo de duración determinada, reconociendo que su aplicación detallada debe tener en cuenta la realidad de las situaciones nacionales, sectoriales y estacionales específicas. Ilustra la voluntad de los interlocutores sociales de establecer un marco general para garantizar la igualdad de trato a los trabajadores con un contrato de duración determinada, protegiéndolos contra la discriminación, y con el fin de utilizar contratos laborales de duración determinada sobre una base aceptable para los empresarios y los trabajadores.

Este Acuerdo se aplica a los trabajadores que tienen un contrato de duración determinada, a excepción de los puestos a disposición de una empresa usuaria por una agencia de trabajo temporal. Las partes tienen la intención de estudiar la necesidad de un acuerdo similar para las agencias de trabajo temporal.

El presente Acuerdo tiene por objeto las condiciones de empleo de los trabajadores con un contrato de duración determinada, aunque reconoce que los asuntos relativos a los regímenes legales de seguridad social son competencia de los Estados miembros. A este respecto, los interlocutores sociales recuerdan la Declaración sobre el empleo del Consejo Europeo de Dublín, celebrado en 1996, que puso de relieve, entre otras cosas, la necesidad de desarrollar sistemas de seguridad social más favorables al empleo, «desarrollando regímenes de protección social capaces de adaptarse a los nuevos modelos de trabajo y que faciliten una protección adecuada a las personas que efectúan esos nuevos tipos de trabajo». Las partes de este Acuerdo reiteran la opinión expresada en el Acuerdo de 1997 sobre el trabajo a tiempo parcial, instando a los Estados miembros a poner en práctica esta declaración sin más demora.

Asimismo, se reconoce también que es necesario introducir innovaciones en los sistemas de protección social del trabajo, para adaptarlos a las condiciones actuales y, en especial, para prever la posibilidad de transferencia de derechos.

La CES, la UNICE y el CEEP solicitan a la Comisión que presente este Acuerdo marco al Consejo para que éste, mediante una Decisión, haga vinculantes estos requisitos en los Estados miembros firmantes del Acuerdo sobre la política social anexo al Protocolo (núm. 14) sobre la política social, anexo al Tratado constitutivo de la Comunidad Europea.

Las partes del presente Acuerdo ruegan a la Comisión que, en su propuesta para la aplicación del Acuerdo, pida a los Estados miembros que adopten las disposiciones legales, reglamentarias y administrativas necesarias para cumplir con lo dispuesto en la Decisión del Consejo, como máximo dos años después de su adopción, o que garanticen que los interlocutores sociales establecerán las disposiciones necesarias, mediante acuerdo, antes de que finalice este período. Los Estados miembros, en caso necesario y tras consultar con los interlocutores sociales, y a fin de tener en cuenta las dificultades específicas o para una aplicación por convenio colectivo, podrán disponer como máximo de un año suplementario para el cumplimiento de esta disposición.

Las partes firmantes de este Acuerdo piden que se consulte a los interlocutores sociales antes de que un Estado miembro adopte cualquier iniciativa legislativa, reglamentaria o administrativa para ajustarse al presente Acuerdo.

Sin perjuicio de la función de los tribunales nacionales y del Tribunal de Justicia, las partes firmantes del presente Acuerdo piden a la Comisión que les remita, en primera instancia, todo asunto relativo a la interpretación del Acuerdo a escala europea para que puedan emitir su opinión.

Consideraciones generales

1. Visto el Acuerdo sobre la política social anejo al Protocolo (núm. 14) sobre la política social, anexo al Tratado constitutivo de la Comunidad Europea, y, en particular, sus artículos 3.4 y 4.2;

2. Considerando que el apartado 2 del artículo 4 del Acuerdo sobre la política social establece que los acuerdos celebrados a nivel comunitario se aplicarán, a petición conjunta de las partes firmantes, sobre la base de una decisión del Consejo adoptada a propuesta de la Comisión;

3. Considerando que la Comisión, en su segundo documento de consulta sobre la flexibilidad del tiempo de trabajo y la seguridad de los trabajadores, anunció su intención de proponer una medida comunitaria jurídicamente vinculante;

4. Considerando que el Parlamento Europeo, en su informe sobre la propuesta de una directiva relativa al trabajo a tiempo parcial, invitaba a la Comisión a someter inmediatamente propuestas de directivas sobre otras formas de trabajo flexible, tales como el trabajo de duración determinada y el trabajo temporal;

5. Considerando que en las conclusiones de la Cumbre extraordinaria sobre el empleo de Luxemburgo el Consejo Europeo, ha invitado, a los interlocutores sociales a negociar acuerdos para «modernizar la organización del trabajo, incluidas las fórmulas fexibles de trabajo, para que las empresas sean más productivas, competitivas y alcanzar el equilibrio necesario entre flexibilidad y seguridad»;

6. Considerando que los contratos de trabajo de duración indefinida son la forma más común de relación laboral, y que contribuyen a la calidad de vida de los trabajadores afectados y a mejorar su rendimiento;

7. Considerando que la utilización de contratos de trabajo de duración determinada basados en razones objetivas es una forma de evitar abusos;

8. Considerando que los contratos de duración determinada son característicos del empleo en algunos sectores, ocupaciones y actividades y que pueden convenir tanto a los empresarios como a los trabajadores;

9. Considerando que más de la mitad de los trabajadores con contratos de duración determinada en la Unión Europea son mujeres, y que, por lo tanto, este Acuerdo puede contribuir a mejorar la igualdad de oportunidades entre las mujeres y los hombres;

10. Considerando que el presente Acuerdo remite a los Estados miembros y los interlocutores sociales para la aplicación de sus principios generales, requisitos y disposiciones mínimas, a fin de tener en cuenta la situación en cada Estado miembro y las circunstancias de algunos sectores y ocupaciones, incluidas las actividades de carácter estacional;

11. Considerando que el presente Acuerdo tiene en cuenta la necesidad de mejorar las exigencias de la política social, de favorecer la competitividad de la economía de la Comunidad y evitar la imposición de limitaciones administrativas financieras y jurídicas que pudieran obstaculizar la creación y el desarrollo de las pequeñas y medianas empresas;

12. Considerando que son los interlocutores sociales quienes se encuentran mejor situados para encontrar soluciones que se ajusten tanto a las necesidades de los empresarios como a las de los

trabajadores y que, por consiguiente, se les debe otorgar un papel especial en la puesta en práctica y la aplicación del presente Acuerdo,

LAS PARTES FIRMANTES HAN ACORDADO LO SIGUIENTE:

Objeto (cláusula 1)

El objeto del presente Acuerdo marco es:

a) mejorar la calidad del trabajo de duración determinada garantizando el respeto al principio de no discriminación;

b) establecer un marco para evitar los abusos derivados de la utilización de sucesivos contratos o relaciones laborales de duración determinada.

Ámbito de aplicación (cláusula 2)

1. El presente Acuerdo se aplica a los trabajadores con un trabajo de duración determinada cuyo contrato o relación laboral esté definido por la legislación, los convenios colectivos o las prácticas vigentes en cada Estado miembro.

2. Los Estados miembros, previa consulta con los interlocutores sociales, y/o los interlocutores sociales, podrán prever que el presente Acuerdo no se aplique a:

a) las relaciones de formación profesional inicial y de aprendizaje;

b) los contratos o las relaciones de trabajo concluidas en el marco de un programa específico de formación, inserción y reconversión profesionales, de naturaleza pública o sostenido por los poderes públicos.

Definiciones (cláusula 3)

A efectos del presente Acuerdo, se entenderá por

1. «trabajador con contrato de duración determinada»: el trabajador con un contrato de trabajo o una relación laboral concertados directamente entre un empresario y un trabajador, en los que el final del contrato de trabajo o de la relación laboral viene determinado por condiciones objetivas tales como una fecha concreta, la realización de una obra o servicio determinado o la producción de un hecho o acontecimiento determinado;

2. «trabajador con contrato de duración indefinida comparable»: un trabajador con un contrato o relación laboral de duración indefinido, en el mismo centro de trabajo, que realice un trabajo u ocupación idéntico o similar, teniendo en cuenta su cualificación y las tareas que desempeña.

En caso de que no exista ningún trabajador fijo comparable en el mismo centro de trabajo, la comparación se efectuará haciendo referencia al convenio colectivo aplicable o, en caso de no existir ningún convenio colectivo aplicable, y de conformidad con la legislación, a los convenios colectivos o prácticas nacionales.

Principio de no discriminación (cláusula 4)

1. Por lo que respecta a las condiciones de trabajo, no podrá tratarse a los trabajadores con un contrato de duración determinada de una manera menos favorable que a los trabajadores fijos comparables por el mero hecho de tener un contrato de duración determinada, a menos que se justifique un trato diferente por razones objetivas.

2. Cuando resulte adecuado, se aplicará el principio de «pro rata temporis».

3. Las disposiciones para la aplicación de la presente cláusula las definirán los Estados miembros, previa consulta con los interlocutores sociales, y/o los interlocutores sociales, según la legislación comunitaria y de la legislación, los convenios colectivos y las prácticas nacionales.

4. Los criterios de antigüedad relativos a determinadas condiciones de trabajo serán los mismos para los trabajadores con contrato de duración determinada que para los trabajadores fijos, salvo que criterios de antigüedad diferentes vengan justificados por razones objetivas.

Medidas destinadas a evitar la utilización abusiva (cláusula 5)

1. A efectos de prevenir los abusos como consecuencia de la utilización sucesiva de contratos o relaciones laborales de duración determinada los Estados miembros, previa consulta con los interlocutores sociales y conforme a la legislación, los acuerdos colectivos y las prácticas nacionales, y/o los interlocutores sociales, cuando no existan medidas legales equivalentes para prevenir los abusos, introducirán de forma que se tengan en cuenta las necesidades de los distintos sectores y/o categorías de trabajadores, una o varias de las siguientes medidas:

a) razones objetivas que justifiquen la renovación de tales contratos o relaciones laborales;

b) la duración máxima total de los sucesivos contratos de trabajo o relaciones laborales de duración determinada;

c) el número de renovaciones de tales contratos o relaciones laborales.

2. Los Estados miembros, previa consulta a los interlocutores sociales, y/o los interlocutores sociales, cuando resulte sea necesario, determinarán en qué condiciones los contratos de trabajo o relaciones laborales de duración determinada:

a) se considerarán «sucesivos»;

b) se considerarán celebrados por tiempo indefinido.

⇒ Vid. art. 15.5 ET (§2).

Información y oportunidades de empleo (cláusula 6)

1. Los empresarios informarán a los trabajadores con contrato de duración determinada de los puestos vacantes en la empresa o el centro de trabajo, para garantizarles que tengan las mismas oportunidades de acceder a puestos permanentes que los demás trabajadores. Esta información podrá facilitarse mediante un anuncio público en un lugar adecuado de la empresa o centro de trabajo.

2. En la medida de lo posible, los empresarios deberán facilitar el acceso de los trabajadores con contrato de duración determinada a las oportunidades de formación adecuadas para mejorar su cualificación profesional, el desarrollo de su carrera laboral y su movilidad profesional.

Información y consulta (cláusula 7)

1. Los trabajadores con contrato de duración determinada serán tenidos en cuenta para calcular el límite a partir del cual pueden constituirse en las empresas, conforme a las disposiciones nacionales, los órganos de representación de los trabajadores previstos en la legislación nacional y comunitaria.

2. Las disposiciones de aplicación de la presente cláusula serán definidas por los Estados miembros, previa consulta con los interlocutores sociales, y/o los interlocutores sociales, según las legislaciones, los convenios colectivos y las prácticas nacionales, y teniendo en cuenta lo dispuesto en la cláusula 4.1.

3. En la medida de lo posible, los empresarios deberán procurar facilitar la información adecuada a los órganos de representación de los trabajadores existentes sobre el trabajo de duración determinada en la empresa.

Disposiciones para la puesta en práctica (cláusula 8)

1. Los Estados miembros y/o los interlocutores sociales podrán mantener o introducir disposiciones más favorables para los trabajadores que las previstas en el presente Acuerdo.

2. El presente Acuerdo se aplicará sin perjuicio de otras disposiciones comunitarias más específicas y, en particular, de las disposiciones comunitarias relativas a la igualdad de trato y de oportunidades entre hombres y mujeres.

3. La aplicación de las disposiciones del presente Acuerdo no podrá constituir una justificación válida para la reducción del nivel general de protección de los trabajadores en el ámbito cubierto por el presente Acuerdo.

4. El presente Acuerdo no limita el derecho de los interlocutores sociales a celebrar convenios, al nivel apropiado, incluido el nivel europeo, que adapten o complementen sus disposiciones de manera que tengan en cuenta las necesidades específicas de los interlocutores sociales afectados.

5. La prevención y la resolución de los litigios y quejas que origine la aplicación del presente Acuerdo se resolverán de conformidad con la legislación, los convenios colectivos y las prácticas nacionales.

6. Las partes signatarias reexaminarán la aplicación del presente Acuerdo cinco años después de la fecha de la decisión del Consejo, si así lo solicita una de las partes del presente Acuerdo.

§ 47.2 DIRECTIVA 97/81/CE, DE 15 DICIEMBRE 1997, DEL CONSEJO. ACUERDO MARCO SOBRE EL TRABAJO A TIEMPO PARCIAL CONCLUIDO POR LA UNICE, EL CEEP Y LA CES

(DOL núm. 14, de 20 enero [LCEur 1998, 124])

✐ Modificada, en parte, por la Dir. 98/23/CE, de 7 abril 1988, del Consejo.

EL CONSEJO DE LA UNIÓN EUROPEA,

Visto el Acuerdo sobre la política social, anejo al Protocolo (número 14) sobre la política social, anejo al Tratado constitutivo de la Comunidad Europea, y, en particular, el apartado 2 de su artículo 4,

Vista la propuesta de la Comisión,

1. Considerando que, sobre la base del Protocolo número 14 sobre la política social, los Estados miembros, con excepción del Reino Unido de Gran Bretaña e Irlanda del Norte, en lo sucesivo denominados «Estados miembros», con el deseo de seguir la vía iniciada por la Carta Social de 1989, han adoptado entre ellos un Acuerdo sobre la política social;

2. Considerando que los interlocutores sociales, de conformidad con el apartado 2 del artículo 4 del Acuerdo sobre la política social, pueden pedir conjuntamente la aplicación de los acuerdos celebrados a nivel comunitario mediante una decisión del Consejo a propuesta de la Comisión;

3. Considerando que el punto 7 de la Carta Comunitaria de los Derechos Sociales Fundamentales de los Trabajadores dispone entre otras cosas que «la realización del mercado interior debe conducir a una mejora de las condiciones de vida y de trabajo de los trabajadores en la Comunidad. Este proceso se efectuará mediante la aproximación, por la vía del progreso, de dichas condiciones, en particular en lo que respecta a las formas de trabajo distintas del trabajo por tiempo indefinido, como el trabajo de duración determinada, el trabajo a tiempo parcial, el trabajo interino y el trabajo de temporada»;

4. Considerando que el Consejo no ha decidido sobre la propuesta de Directiva relativa a determinadas relaciones laborales en lo que respecta a las distorsiones de la competencia, tal y como ha sido modificada, ni sobre la propuesta de Directiva relativa a determinadas relaciones laborales en lo que respecta a las condiciones de trabajo;

5. Considerando que las conclusiones del Consejo Europeo de Essen destacaron la necesidad de adoptar medidas para promover el empleo y la igualdad de oportunidades entre mujeres y hombres, y llamaron a adoptar medidas tendentes a un aumento de la intensidad de creación de empleo del crecimiento, en particular mediante una organización más flexible del trabajo, que corresponda a los deseos de los trabajadores y a los requisitos de la competencia;

6. Considerando que la Comisión, de conformidad con el apartado 2 del artículo 3 del Acuerdo sobre la política social, consultó a los interlocutores sociales sobre la posible orientación de una acción comunitaria en materia de flexibilidad del tiempo de trabajo y seguridad de los trabajadores;

7. Considerando que la Comisión, que estimó tras dicha consulta que una acción comunitaria era deseable, ha consultado nuevamente a los interlocutores sociales a nivel comunitario sobre el contenido de la propuesta prevista, de conformidad con el apartado 3 del artículo 3 de dicho Acuerdo;

8. Considerando que las organizaciones interprofesionales de carácter general [Unión de Confederaciones de la Industria y de Organizaciones Empresariales de Europa (UNICE), Centro Europeo de la Empresa Pública (CEEP) y Confederación Europea de Sindicatos (CES)] informaron a la Comisión, mediante carta conjunta de 19 de junio de 1996, de su voluntad de iniciar el proceso previsto en el artículo 4 del Acuerdo sobre la política social; que solicitaron de la Comisión, mediante carta conjunta de 12 de marzo de 1997, un plazo suplementario de tres meses; que la Comisión les concedió dicho plazo;

9. Considerando que dichas organizaciones profesionales celebraron el 6 de junio de 1997 un Acuerdo marco sobre el trabajo a tiempo parcial y que transmitieron a la Comisión su petición conjunta de aplicar el mencionado acuerdo marco, de conformidad con el apartado 2 del artículo 4 del Acuerdo sobre la política social;

10. Considerando que el Consejo, en su Resolución de 6 de diciembre de 1994 sobre determinadas perspectivas de una política social de la Unión Europea: contribución a la convergencia económica y social de la Unión, invitó a los interlocutores sociales a aprovechar las posibilidades de celebrar convenios, puesto que por la regla general están más cerca de la realidad social y de los problemas sociales;

11. Considerando que las partes firmantes expresaron el deseo de celebrar un acuerdo marco sobre el trabajo a tiempo parcial que enuncie los principios generales y condiciones mínimas relativas al trabajo a tiempo parcial; que expresaron su voluntad de establecer un marco general para la eliminación de discriminaciones en relación con los trabajadores a tiempo parcial y contribuir al desarrollo de las posibilidades de trabajo a tiempo parcial sobre una base aceptable para los empresarios y los trabajadores;

12. Considerando que los interlocutores sociales quisieron conceder una atención especial al trabajo a tiempo parcial, al tiempo que indicaban que tenían la intención de considerar la necesidad de acuerdos similares por otras formas de trabajo;

13. Considerando que en las conclusiones del Consejo Europeo de Amsterdam, los Jefes de Estado o de Gobierno de la Unión Europea se felicitaron vivamente del acuerdo celebrado por los interlocutores sociales en materia de trabajo a tiempo parcial;

14. Considerando que el acto adecuado para la aplicación de dicho Acuerdo marco es una directiva con arreglo al artículo 189 del Tratado; que, por consiguiente, obligará a los Estados miembros en cuanto al resultado que deba conseguirse, dejando, sin embargo, a las autoridades nacionales la elección de la forma y de los medios;

15. Considerando que, de conformidad con el principio de subsidiariedad y el principio de proporcionalidad que se enuncian en el artículo 3 B del Tratado, los Estados miembros no pueden realizar en suficiente medida los objetivos de la presente Directiva, por lo que pueden lograrse mejor a escala comunitaria; que la presente Directiva no excede de lo necesario para alcanzar dichos objetivos;

16. Considerando que, por lo que se refiere a los términos empleados en el Acuerdo marco, al no estar definidos en él de manera específica, la presente Directiva deja a los Estados miembros el cometido de definir dichos términos de conformidad con el derecho y/o los usos nacionales, al igual que ocurre con otras directivas adoptadas en materia social que emplean términos similares, siempre que esas definiciones respeten el contenido del Acuerdo marco;

17. Considerando que la Comisión elaboró su propuesta de Directiva, de conformidad con su Comunicación de 14 de diciembre de 1993 relativa a la aplicación del Protocolo número 14 sobre la política social y su Comunicación de 18 de septiembre de 1996 relativa al desarrollo del diálogo social a escala comunitaria, teniendo en cuenta el carácter representativo de las partes firmantes y la legalidad de cada cláusula del Acuerdo marco;

18. Considerando que la Comisión elaboró su propuesta de Directiva respetando el apartado 2 del artículo 2 del Acuerdo sobre la política social, que dispone que la legislación en materia social «evitará establecer trabas de carácter administrativo, financiero y jurídico que obstaculicen la creación y el desarrollo de pequeñas y medianas empresas»;

19. Considerando que la Comisión, de conformidad con su Comunicación de 14 de diciembre de 1993 relativa a la aplicación del Protocolo número 14 sobre la política social, informó al Parlamento Europeo, enviándole el texto de su propuesta de Directiva que contenía el Acuerdo marco;

20. Considerando que la Comisión ha informado asimismo al Comité Económico y Social;

21. Considerando que el punto 1 de la cláusula 6 del Acuerdo marco dispone que los Estados miembros y/o los interlocutores sociales pueden mantener o introducir disposiciones más favorables;

22. Considerando que el punto 2 de la cláusula 6 del Acuerdo marco dispone que la aplicación de la Directiva no puede justificar un retroceso en relación con la situación existente en cada Estado miembro;

23. Considerando que la Carta comunitaria de los derechos sociales fundamentales de los trabajadores reconoce la importancia de la lucha contra las discriminaciones en todas sus formas, en particular por motivos de sexo, color, raza, opinión y creencias;

24. Considerando que en el apartado 2 del artículo F del Tratado de la Unión Europea se estipula que la Unión respetará los derechos fundamentales tal y como se garantizan en el Convenio europeo para la protección de los derechos humanos y de las libertades fundamentales y tal como resultan de las tradiciones constitucionales comunes a los Estados miembros como principios generales del Derecho comunitario;

25. Considerando que los Estados miembros pueden confiar a los interlocutores sociales, a peti-

ción conjunta de éstos, la aplicación de la presente Directiva, a condición de que adopten todas las disposiciones necesarias para poder garantizar, en todo momento, los resultados fijados por la presente Directiva;

26. Considerando que la aplicación del Acuerdo marco contribuye a la realización de los objetivos contemplados en el artículo 1 del Acuerdo sobre la política social,

HA ADOPTADO LA PRESENTE DIRECTIVA:

Artículo 1.

La presente Directiva tiene por objeto aplicar el Acuerdo marco sobre el trabajo a tiempo parcial celebrado el 6 de junio de 1997 entre las organizaciones interprofesionales de carácter general (UNICE, CEEP y CES), tal y como figura en el Anexo.

Artículo 2.

1. Los Estados miembros pondrán en vigor las disposiciones legales, reglamentarias y administrativas necesarias para dar cumplimiento a lo establecido en la presente Directiva a más tardar el 20 de enero de 2000 o se asegurarán de que, como máximo en dicha fecha, los interlocutores sociales establezcan las disposiciones necesarias mediante un acuerdo. Los Estados miembros deberán adoptar todas las disposiciones necesarias para poder garantizar en todo momento los resultados fijados por la presente Directiva. Informarán de ello inmediatamente a la Comisión.

Si fuera necesario para tener en cuenta dificultades particulares o la aplicación mediante convenio colectivo, los Estados miembros podrán disponer como máximo de un año más.

Informarán inmediatamente a la Comisión de tales circunstancias.

Cuando los Estados miembros adopten las disposiciones contempladas en el párrafo primero, éstas harán referencia a la presente Directiva o irán acompañadas de dicha referencia en su publicación oficial. Los Estados miembros establecerán las modalidades de la mencionada referencia.

1 bis. Por lo que respecta al Reino Unido de Gran Bretaña e Irlanda del Norte, la fecha de 20 de enero del 2000 que figura en el apartado 1 se sustituye por la del 7 de abril del 2000.

✐ Apartado añadido por la Dir. 98/23/CE, de 7 abril 1988, del Consejo (art. 2).

2. Los Estados miembros comunicarán a la Comisión el texto de las disposiciones básicas de Derecho interno que hayan adoptado en el ámbito regulado por la presente Directiva.

Artículo 3.

La presente Directiva entrará en vigor el día de su publicación el «Diario Oficial de las Comunidades Europeas».

Artículo 4.

Los destinatarios de la presente Directiva serán los Estados miembros.

ANEXO

UNIÓN DE CONFEDERACIONES DE LA INDUSTRIA Y DE ORGANIZACIONES EMPRESARIALES

CONFEDERACIÓN EUROPEA DE SINDICATOS

CENTRO EUROPEO DE LA EMPRESA PÚBLICA

ACUERDO MARCO SOBRE EL TRABAJO A TIEMPO PARCIAL

PREÁMBULO

El presente Acuerdo marco es una contribución a la estrategia europea general en favor del empleo. El trabajo a tiempo parcial ha tenido un importante impacto en el empleo durante los últimos años. Por este motivo, las Partes de este acuerdo han prestado una atención prioritaria a esta forma de trabajo, y tienen la intención de examinar la necesidad de acuerdos similares para otras formas de trabajo flexible.

Este acuerdo, al tiempo que reconoce la diversidad de las situaciones en los Estados miembros y que el trabajo a tiempo parcial es característica del empleo en determinados sectores y actividades, enuncia los principos generales y requisitos mínimos relativos al trabajo a tiempo parcial. Asimismo, ilustra la voluntad de los interlocutores sociales de establecer un marco general para la eliminación de la discriminación contra los trabajadores a tiempo parcial y de contribuir al desarrollo de las posibilidades de trabajo a tiempo parcial sobre una base aceptable para los empresarios y los trabajadores.

El presente Acuerdo tiene por objeto las condiciones de trabajo de los trabajadores a tiempo parcial, reconociendo que las decisiones relativas a los regímenes legales de seguridad social son competencia de los Estados miembros. En el marco del principio de no discriminación, las Partes de este acuerdo han tomado nota de la Declaración sobre el Empleo del Consejo Europeo de Dublín de diciembre de 1996, en la que el Consejo, entre otras cosas, subrayaba la necesidad de hacer que los sistemas de protección social favorezcan más la creación de empleo «desarrollando regímenes de protección social capaces de adaptarse a los nuevos modelos de trabajo y que faciliten una protección adecuada a las personas que efectúan esos nuevos tipos de trabajo». Las partes del presente acuerdo consideran que debería ponerse en práctica esta declaración.

La CES, la UNICE y el CEEP piden a la Comisión que someta el presente Acuerdo marco al Consejo para que éste, mediante una Decisión, haga vinculantes estos requisitos en los Estados miembros que son parte del Acuerdo sobre la política social, anejo al Protocolo número 14 sobre la política social, anexo al Tratado constitutivo de la Comunidad Europea.

Las Partes del presente acuerdo ruegan a la Comisión, en su propuesta para la aplicación del presente Acuerdo, que pida a los Estados miembros que adopten las disposiciones legales, reglamentarias y administrativas necesarias para ajustarse a la Decisión del Consejo, a más tardar, dos años después de la adopción de la Decisión, o que garanticen que los interlocutores sociales establecerán las disposiciones necesarias, mediante acuerdo, antes de que finalice este período. Los Estados miembros, en caso necesario y para tener en cuenta las dificultades específicas o para una aplicación por convenio colectivo, podrán disponer como máximo de un año suplementario para el cumplimiento de la presente disposición.

Sin perjuicio del papel de los tribunales nacionales y del Tribunal de Justicia, las Partes del presente acuerdo piden que la Comisión les remita, en primera instancia, todo asunto relativo a la interpretación del presente acuerdo a nivel europeo para que puedan emitir su opinión.

Consideraciones generales

1. Visto el Acuerdo sobre la política social, anejo al Protocolo número 14 sobre la política social, anejo al Tratado constitutivo de la Comunidad Europea, y, en particular, el apartado 4 de su artículo 3 y el apartado 2 de su artículo 4;

2. Considerando que el apartado 2 del artículo 4 del Acuerdo sobre la política social prevé que los acuerdos celebrados a nivel comunitario se aplicarán, a petición conjunta de las Partes firmantes, sobre la base de una decisión del Consejo adoptada a propuesta de la Comisión;

3. Considerando que la Comisión, en su segundo documento de consulta sobre la flexibilidad del tiempo de trabajo y la seguridad de los trabajadores, anunció su intención de proponer una medida comunitaria jurídicamente vinculante;

4. Considerando que en las conclusiones del Consejo Europeo de Essen se subrayó la necesidad de tomar medidas para promover el empleo y la igualdad de oportunidades de las mujeres y los hombres, y se exhortó a la adopción de medidas destinadas a «aumentar la intensidad de la creación de empleo del crecimiento, en particular mediante una organización más flexible del trabajo, que corresponda a los deseos de los trabajadores y a los requisitos de la competencia»;

5. Considerando que las Partes del presente Acuerdo consideran importantes las medidas que podrían facilitar el acceso al trabajo a tiempo parcial para los hombres y las mujeres con vistas a preparar la jubilación, compaginar la vida profesional y la vida familiar y aprovechar las posibilidades de educación y de formación, a fin de mejorar sus competencias y sus oportunidades profesionales, en el interés mutuo de los empresarios y los trabajadores, y de una manera que favorezca el desarrollo de las empresas;

6. Considerando que el presente Acuerdo remite a los Estados miembros y a los interlocutores sociales para la definición de las modalidades de aplicación de estos principios generales, requisitos y disposiciones mínimas, a fin de tener en cuenta la situación en cada Estado miembro;

7. Considerando que el presente Acuerdo tiene en cuenta la necesidad de mejorar las exigencias de la política social, favorecer la competitividad de la economía de la Comunidad y evitar la imposición de limitaciones administrativas, financieras y jurídicas que pudieran obstaculizar la creación y el desarrollo de las pequeñas y medianas empresas;

8. Considerando que los interlocutores sociales son quienes se encuentran mejor situados para encontrar soluciones que se ajusten a las necesidades de los empresarios y los trabajadores y que, por consiguiente, se les debe otorgar un papel especial en la puesta en práctica y la aplicación del presente Acuerdo,

LAS PARTES FIRMANTES HAN CELEBRADO EL PRESENTE ACUERDO:

Cláusula 1: **Objetivo**

El objetivo de este Acuerdo marco es:

a) garantizar la supresión de las discriminaciones contra los trabajadores a tiempo parcial y mejorar la calidad del trabajo a tiempo parcial;

b) facilitar el desarrollo del trabajo a tiempo parcial sobre una base voluntaria y contribuir a la organización flexible del tiempo de trabajo de una manera que tenga en cuenta las necesidades de los empresarios y de los trabajadores.

Cláusula 2: **Ámbito de aplicación**

1. El presente Acuerdo se aplica a los trabajadores a tiempo parcial que tengan un contrato o una relación de trabajo tal como se define en la legislación, los convenios colectivos o las prácticas vigentes en cada Estado miembro.

2. Los Estados miembros, previa consulta a los interlocutores sociales de conformidad con la legislación, los convenios colectivos o las prácticas nacionales, y/o los interlocutores sociales al nivel pertinente de conformidad con las prácticas nacionales de relaciones laborales, podrán, por razones objetivas, excluir total o parcialmente de las disposiciones del presente Acuerdo a los trabajadores a tiempo parcial que trabajan de manera ocasional. Deberían reexaminarse periódicamente estas exclusiones a fin de establecer si siguen siendo válidas las razones objetivas que las sustentan.

Cláusula 3: **Definiciones**

1. A efectos del presente Acuerdo, se entenderá por «trabajador a tiempo parcial» a un trabajador asalariado cuya jornada normal de trabajo, calculada sobre una base semanal o como media de un período de empleo de hasta un máximo de un año, tenga una duración inferior a la de un trabajador a tiempo completo comparable.

2. A efectos del presente Acuerdo, se entenderá por «trabajador a tiempo completo comparable» a un trabajador asalariado a tiempo completo del mismo establecimiento que tenga el mismo tipo de contrato o relación laboral y un trabajo o empleo idéntico o similar teniendo en cuenta otras consideraciones tales como la antigüedad y las cualificaciones o competencias.

En caso de que no exista ningún trabajador a tiempo completo comparable en el mismo establecimiento, la comparación se efectuará haciendo referencia al convenio colectivo aplicable o, en caso de no existir ningún convenio colectivo aplicable, y de conformidad con la legislación, a los convenios colectivos o prácticas nacionales.

Cláusula 4: **Principio de no discriminación**

1. Por lo que respecta a las condiciones de empleo, no podrá tratarse a los trabajadores a tiempo parcial de una manera menos favorable que a los trabajadores a tiempo completo comparables por el simple motivo de que trabajen a tiempo parcial, a menos que se justifique un trato diferente por razones objetivas.

2. Cuando resulte adecuado, se aplicará el principio de *pro rata temporis*.

3. Los Estados miembros y/o los interlocutores sociales definirán las modalidades de aplicación de la presente cláusula, habida cuenta de la legislación europea y de la legislación, los convenios colectivos y las prácticas nacionales.

4. Cuando existan razones objetivas que lo justifiquen, los Estados miembros, previa consulta a los interlocutores sociales de conformidad con la legislación, los convenios colectivos o las prácticas nacionales, y/o los interlocutores sociales, podrán, en su caso, subordinar el acceso a condiciones de empleo particulares, a un período de antigüedad, una duración del trabajo o condiciones salariales. Deberían reexaminarse periódicamente los criterios de acceso a los trabajadores a tiempo parcial a condiciones de trabajo particulares, habida cuenta del principio de no discriminación previsto en el punto 1 de la cláusula 4.

Cláusula 5: **Posibilidad de trabajo a tiempo parcial**

1. En el contexto de la cláusula 1 del presente Acuerdo y del principio de no discriminación entre trabajadores a tiempo parcial y a tiempo completo:

a) los Estados miembros, previa consulta a los interlocutores sociales de conformidad con las legislaciones o prácticas nacionales, deberían identificar y examinar los obstáculos de naturaleza jurídica o administrativas que pudieran limitar las posibilidades de trabajo a tiempo parcial y, en su caso, eliminarlos;

b) los interlocutores sociales, dentro de su ámbito de competencias y a través de los procedimientos previstos en los convenios colectivos, deberían identificar y examinar los obstáculos que pudieran limitar las posibilidades de trabajo a tiempo parcial y, en su caso, eliminarlos.

2. El rechazo de un trabajador a ser transferido de un trabajo a tiempo completo a un trabajo a tiempo parcial o viceversa, no debería por sí mismo constituir un motivo válido de despido, sin perjuicio de la posibilidad de realizar despidos, de conformidad con las legislaciones, convenios colectivos y prácticas nacionales, por otros motivos tales como los que pueden derivarse de las necesidades de funcionamiento del establecimiento considerado.

3. En la medida de lo posible, los empresarios deberían tomar en consideración:

a) las peticiones de transferencia de los trabajadores a tiempo completo a un trabajo a tiempo parcial que esté vacante en el establecimiento;

b) las peticiones de transferencia de los trabajadores a tiempo parcial a un trabajo a tiempo completo o de incremento de su tiempo de trabajo si se presenta esta posibilidad;

c) la transmisión de información a su debido tiempo sobre los puestos a tiempo parcial y a tiempo completo disponibles en el establecimiento, a fin de facilitar las transferencias de un trabajo a tiempo completo a un trabajo a tiempo parcial, o viceversa;

d) las medidas destinadas a facilitar el acceso al trabajo a tiempo parcial a todos los niveles de la empresa, incluidos los puestos cualificados y los puestos directivos y, en los casos apropiados, las medidas destinadas a facilitar el acceso de los trabajadores a tiempo parcial a la formación profesional a fin de favorecer la progresión y la movilidad profesionales;

e) la transmisión, a los órganos representativos de los trabajadores, de información apropiada sobre el trabajo a tiempo parcial en la empresa.

Cláusula 6: **Disposiciones de aplicación**

1. Los Estados miembros y/o los interlocutores sociales podrán mantener o introducir disposiciones más favorables que las previstas en el presente Acuerdo.

2. La aplicación de las disposiciones del presente Acuerdo no podrá constituir una justificación válida para la legislación del nivel general de protección de los trabajadores en el ámbito cubierto por el presente Acuerdo, y ello sin perjuicio del derecho de los Estados miembros y/o de los interlocutores sociales de desarrollar, habida cuenta de la evolución de la situación, disposiciones legales, reglamentarias o contractuales diferentes, y sin perjuicio de la aplicación del punto 1 de la cláusula 5, siempre y cuando se respete el principio de no discriminación contemplado en el punto 1 de la cláusula 4.

3. El presente Acuerdo no prejuzga el derecho de los interlocutores sociales a celebrar convenios, al nivel apropiado, incluido el nivel europeo, que adapten y/o completen sus disposiciones de una manera que tenga en cuenta las necesidades específicas de los interlocutores sociales afectados.

4. El presente Acuerdo no prejuzga las disposiciones comunitarias más específicas y, en particular, las disposiciones comunitarias relativas a la igualdad de trato y de oportunidad entre hombres y mujeres.

5. La prevención y resolución de los litigios y quejas que origine la aplicación del presente Acuerdo se abordarán de conformidad con la legislación, los convenios colectivos y las prácticas nacionales.

6. Las partes firmantes reexaminarán el presente Acuerdo cinco años después de la fecha de la Decisión del Consejo, si así lo solicita una de las Partes del presente Acuerdo.

d) Vicisitudes empresariales

§ 48.1 DIRECTIVA 2001/23/CE, DE 12 MARZO 2001, DEL CONSEJO. APROXIMACIÓN DE LAS LEGISLACIONES DE LOS ESTADOS MIEMBROS RELATIVAS AL MANTENIMIENTO DE LOS DERECHOS DE LOS TRABAJADORES EN CASO DE TRASPASOS DE EMPRESAS, DE CENTROS DE ACTIVIDAD O DE PARTES DE EMPRESAS O DE CENTROS DE ACTIVIDAD

(DOL núm. 82, de 22 marzo [LCEur 2001, 1026])

⇒ V. art. 68 del Acuerdo sobre el Espacio Económico Europeo, así como su Anexo XVIII.
V. art. 44 ET (§2).

EL CONSEJO DE LA UNIÓN EUROPEA,

Visto el Tratado constitutivo de la Comunidad Europea y, en particular, su artículo 94,

Vista la propuesta de la Comisión,

Visto el dictamen del Parlamento Europeo,

Visto el dictamen del Comité Económico y Social,

Considerando lo siguiente:

1. La Directiva 77/187/CEE del Consejo, de 14 de febrero de 1977, sobre la aproximación de las legislaciones de los Estados miembros relativas al mantenimiento de los derechos de los trabajadores en caso de traspasos de empresas, de centros de actividad o de partes de empresas o de centros de actividad, ha sido modificada de forma sustancial. Conviene, en aras de una mayor racionalidad y claridad, proceder a la codificación de la mencionada Directiva.

2. La evolución económica implica, en el plano nacional y comunitario, modificaciones de la estructura de las empresas, que se efectúan, entre otras formas, mediante traspasos a otros empresarios de empresas, de centros de actividad o de partes de empresas o de centros de actividad, como consecuencia de fusiones o de cesiones.

3. Son necesarias disposiciones para proteger a los trabajadores en caso de cambio de empresario, en particular para garantizar el mantenimiento de sus derechos.

4. Subsisten diferencias en los Estados miembros en lo que se refiere al alcance de la protección de los trabajadores en este ámbito y conviene reducir tales diferencias.

5. La Carta comunitaria de los derechos sociales fundamentales de los trabajadores, aprobada el 9 de diciembre de 1989, denominada en lo sucesivo «la Carta Social», dispone en sus puntos 7, 17 y 18, en particular, que: «La realización del mercado interior debe conducir a una mejora de las condiciones de vida y de trabajo de los trabajadores en la Comunidad Europea. Esta mejora deberá igualmente desarrollar, cuando sea necesario, ciertos aspectos de la reglamentación laboral, como los procedimientos de despido colectivo o los referentes a las quiebras. La información, la consulta y la participación de los trabajadores deben desarrollarse según mecanismos adecuados y teniendo en cuenta las prácticas vigentes en los diferentes Estados miembros. La información, la consulta y la participación deben llevarse a cabo en el momento oportuno, y en particular cuando se produzcan reestructuraciones o fusiones de empresas que afecten al empleo de los trabajadores».

6. En 1977, el Consejo adoptó la Directiva 77/187/CEE, a fin de promover la armonización de las legislaciones nacionales que garantizan la protección de los derechos de los trabajadores y exigen a los cedentes y a los cesionarios que informen y consulten a los representantes de los trabajadores con la suficiente antelación.

7. Dicha Directiva ha sido posteriormente modificada a la luz de las repercusiones del mercado interior, de las tendencias legislativas de los Estados miembros en lo que se refiere al rescate de las empresas en dificultades económicas, de la jurisprudencia del Tribunal de Justicia de las Comunidades Europeas, de la Directiva 75/129/CEE del Consejo, de 17 de febrero de 1975, relativa a la aproxima-

ción de las legislaciones de los Estados miembros que se refieren a los despidos colectivos y de las normas legales ya en vigor en la mayoría de los Estados miembros.

8. La seguridad y la transparencia jurídicas han requerido que se aclare el concepto de traspaso a la luz de la jurisprudencia del Tribunal de Justicia. Esta aclaración no ha supuesto una modificación del ámbito de aplicación de la Directiva 77/187/CEE de acuerdo con la interpretación del Tribunal.

9. La Carta Social reconoce la importancia de la lucha contra toda forma de discriminación, en particular de las basadas en el sexo, el color, la raza, las opiniones y las creencias.

10. La presente Directiva debe entenderse sin perjuicio de las obligaciones de los Estados miembros relativas a los plazos de transposición de las Directivas que figuran en la parte B del anexo I.

HA ADOPTADO LA PRESENTE DIRECTIVA:

CAPÍTULO I

Ámbito de aplicación y definiciones

Artículo 1.

1. a) La presente Directiva se aplicará a los traspasos de empresas, de centros de actividad o de partes de empresas o centros de actividad a otro empresario como resultado de una cesión contractual o de una fusión.

b) Sin perjuicio de lo dispuesto en la letra a) y de las siguientes disposiciones del presente artículo, se considerará traspaso a efectos de la presente Directiva el de una entidad económica que mantenga su identidad, entendida como un conjunto de medios organizados, a fin de llevar a cabo una actividad económica, ya fuere esencial o accesoria.

c) La presente Directiva será aplicable a empresas tanto públicas como privadas que ejerzan una actividad económica, con o sin ánimo de lucro. La reorganización administrativa de las autoridades públicas administrativas y el traspaso de funciones administrativas entre autoridades públicas administrativas no constituirán un traspaso a efectos de la presente Directiva.

2. La presente Directiva se aplicará cuando y en la medida en la que la empresa, el centro de actividad o la parte de éstos que haya de traspasarse se encuentre dentro del ámbito de aplicación territorial del Tratado.

3. La presente Directiva no se aplicará a los buques marítimos.

Artículo 2.

1. A efectos de la presente Directiva se entenderá por:

a) «cedente»: cualquier persona física o jurídica que, como consecuencia de un traspaso en el sentido del apartado 1 del artículo l, pierda la calidad de empresario con respecto a la empresa, el centro de actividad o la parte de éstos;

b) «cesionario»: cualquier persona física o jurídica que, como consecuencia de un traspaso en el sentido del apartado 1, del artículo 1, adquiera la calidad de empresario con respecto a la empresa, el centro de actividad o la parte de éstos;

c) «representantes de los trabajadores» y expresiones similares: los representantes de los trabajadores previstos por la legislación o la práctica de los Estados miembros;

d) «trabajador»: cualquier persona que esté protegida como tal en la legislación laboral del Estado miembro de que se trate.

2. La presente Directiva no afectará a la legislación nacional en lo que concierne a la definición de contrato de trabajo o de relación laboral.

No obstante, los Estados miembros no podrán excluir del ámbito de aplicación de la presente Directiva los contratos o relaciones de trabajo únicamente por:

a) el número de horas de trabajo realizadas o por realizar;

b) que se trate de relaciones laborales regidas por un contrato de trabajo de duración determinada tal como se define en el punto 1 del artículo 1 de la Directiva 91/383/CEE del Consejo, de 25 de junio de 1991, por la que se completan las medidas tendentes a promover la mejora de la seguridad y de la salud en el trabajo de los trabajadores con una relación laboral de duración determinada o de empresas de trabajo temporal, o

c) que se trate de relaciones laborales temporales tal como se definen en el punto 2 del artículo 1 de la Directiva 91/383/CEE y que la empresa, el centro de actividad o la parte de éstos que se haya traspasado sea la empresa de trabajo temporal que asuma las funciones de empresario o una parte de ella.

CAPÍTULO II
Mantenimiento de los derechos de los trabajadores

Artículo 3.

1. Los derechos y obligaciones que resulten para el cedente de un contrato de trabajo o de una relación laboral existente en la fecha del traspaso, serán transferidos al cesionario como consecuencia de tal traspaso.

Los Estados miembros podrán establecer que, después de la fecha del traspaso, el cedente y el cesionario sean responsables solidariamente de las obligaciones que tuvieran su origen, antes de la fecha del traspaso, en un contrato de trabajo o en una relación laboral existentes en la fecha del traspaso.

2. Los Estados miembros podrán adoptar las medidas necesarias para garantizar que el cedente notifique al cesionario todos los derechos y obligaciones que, en virtud del presente artículo, se transferirán al cesionario, en la medida en que en el momento del traspaso el cedente tenga o debiera haber tenido conocimiento de dichos derechos y obligaciones. En caso de que el cedente no notifique al cesionario alguno de estos derechos u obligaciones, ello no afectará al traspaso del derecho o de la obligación ni a los derechos de los trabajadores frente al cesionario o al cedente en relación con dicho derecho u obligación.

3. Después del traspaso, el cesionario mantendrá las condiciones de trabajo pactadas mediante convenio colectivo, en los mismos términos aplicables al cedente, hasta la fecha de extinción o de expiración del convenio colectivo, o de la entrada en vigor o de aplicación de otro convenio colectivo.

Los Estados miembros podrán limitar el período de mantenimiento de las condiciones de trabajo, pero éste no podrá ser inferior a un año.

4. a) Salvo disposición en contrario por parte de los Estados miembros, los apartados 1 y 3 no serán aplicables a los derechos de los trabajadores en materia de prestaciones de jubilación, invalidez o supervivencia al amparo de regímenes complementarios profesionales o interprofesionales fuera de los regímenes legales de seguridad social de los Estados miembros.

b) Aun cuando los Estados miembros no establezcan, de conformidad con la letra a), que los apartados 1 y 3 serán aplicables a tales derechos, adoptarán, no obstante, las medidas necesarias para proteger los intereses de los trabajadores, así como de las personas que hayan dejado ya el centro de actividad del cedente en el momento del traspaso, en lo que se refiere a sus derechos adquiridos, o en curso de adquisición, a prestaciones de jubilación, comprendidas las prestaciones para los supervivientes, con arreglo a los regímenes complementarios contemplados en la letra a).

Artículo 4.

1. El traspaso de una empresa, de un centro de actividad o de una parte de éstos no constituirá en sí mismo un motivo de despido para el cedente o para el cesionario. Esta disposición no impedirá los despidos que puedan producirse por razones económicas, técnicas o de organización que impliquen cambios en el plano del empleo.

Los Estados miembros podrán establecer que no se aplique el párrafo primero a determinadas categorías concretas de trabajadores que no estén cubiertas por la legislación o la práctica de los Estados miembros en materia de protección contra el despido.

2. Si el contrato de trabajo o la relación laboral se rescinde como consecuencia de que el traspaso ocasiona una modificación substancial de las condiciones de trabajo en perjuicio del trabajador, la rescisión del contrato de trabajo o de la relación laboral se considerará imputable al empresario.

Artículo 5.

1. Salvo disposición en contrario por parte de los Estados miembros, los artículos 3 y 4 no serán aplicables a los traspasos de empresas, centros de actividad, o partes de empresas o centros de actividad, cuando el cedente sea objeto de un procedimiento de quiebra o de un procedimiento de insolvencia análogo abierto con vistas a la liquidación de los bienes del cedente y éstos estén bajo la supervisión de una autoridad pública competente (que podrá ser un interventor de empresas autorizado por una autoridad pública competente).

2. En el supuesto de que los artículos 3 y 4 se apliquen a un traspaso durante un procedimiento de insolvencia abierto respecto de un cedente (independientemente de que dicho procedimiento se haya iniciado para liquidar los activos del cedente) y a condición de que dicho procedimiento esté

bajo la supervisión de una autoridad pública competente (que podrá ser un interventor de empresas determinado por la legislación nacional), un Estado miembro podrá disponer que:

a) no obstante lo dispuesto en el apartado 1 del artículo 3, no se transfieran al cesionario las obligaciones del cedente, derivadas de los contratos o de las relaciones laborales, que puedan existir antes de la fecha del traspaso o antes de la apertura del procedimiento de insolvencia, siempre y cuando dicho procedimiento dé lugar, en virtud de la legislación de ese Estado miembro, a una protección como mínimo equivalente a la que se establece para las situaciones cubiertas por la Directiva 80/987/CEE del Consejo, de 20 de octubre de 1980, sobre la aproximación de las legislaciones de los Estados miembros relativas a la protección de los trabajadores asalariados en caso de insolvencia del empresario, y, o alternativamente, que:

b) el cesionario, el cedente, o la persona o personas que ejerzan las funciones del cedente, por un lado, y los representantes de los trabajadores, por otro lado, puedan pactar, en la medida en que la normativa o la práctica en vigor lo permitan, cambios en las condiciones contractuales de empleo de los trabajadores, con la finalidad de mantener las oportunidades de empleo al garantizar la supervivencia de la empresa o del centro de actividad o de la parte de la empresa o del centro de actividad.

3. Un Estado miembro podrá aplicar la letra b) del apartado 2 a los traspasos cuando el cedente se encuentre en una situación de crisis económica grave, definida por la legislación nacional, siempre que la situación sea declarada por una autoridad pública competente y sea posible su control judicial, siempre que dicha disposición ya existiese en su ordenamiento jurídico el 17 de julio de 1998.

La Comisión presentará un informe sobre los efectos de la presente disposición antes del 17 de julio de 2003 y presentará al Consejo las propuestas que corresponda.

4. Los Estados miembros tomarán las medidas oportunas para evitar que se abuse de los procedimientos de insolvencia para privar a los trabajadores de los derechos resultantes que en virtud de la presente Directiva les asisten.

Artículo 6.

1. En la medida en que la empresa, el centro de actividad o una parte de éstos conserve su autonomía, el estatuto y la función de los representantes o de la representación de los trabajadores afectados por un traspaso subsistirán en los términos de las condiciones existentes antes de la fecha de traspaso según lo previsto por las disposiciones legales, reglamentarias y administrativas o por un acuerdo, siempre que se reúnan las condiciones necesarias para la formación de la representación de los trabajadores.

Lo dispuesto en el párrafo primero no se aplicará cuando, de acuerdo con las disposiciones legales, reglamentarias y administrativas o la práctica de los Estados miembros, o en virtud de un acuerdo celebrado con los representantes de los trabajadores, se reúnan las condiciones necesarias para la nueva designación de los representantes de los trabajadores o para la nueva formación de la representación de éstos.

Cuando el cedente sea objeto de un procedimiento de quiebra o de un procedimiento de insolvencia análogo abierto con vistas a la liquidación de los bienes del cedente y éstos estén bajo el control de una autoridad pública competente (que podrá ser un interventor de empresas autorizado por una autoridad pública competente), los Estados miembros podrán tomar las medidas necesarias para garantizar que los trabajadores traspasados estén representados adecuadamente hasta que tenga lugar una nueva elección o designación de los representantes de los trabajadores.

Si la empresa, el centro de actividad o una parte de éstos no conserva su autonomía, los Estados miembros adoptarán las medidas necesarias para garantizar que los trabajadores traspasados que estuvieran representados antes del traspaso se hallen debidamente representados, de conformidad con la legislación o prácticas nacionales vigentes, durante el período necesario para la constitución de una nueva formación o designación de la representación de los trabajadores.

2. Si el mandato de los representantes de los trabajadores afectados por un traspaso expirare como consecuencia de ese traspaso, los representantes continuarán beneficiándose de las medidas de protección previstas por las disposiciones legales, reglamentarias y administrativas, o por la práctica de los Estados miembros.

CAPÍTULO III
Información y consulta

Artículo 7.

1. El cedente y el cesionario deberán informar a los representantes de sus trabajadores respectivos afectados por un traspaso de los puntos siguientes:

–la fecha o la fecha prevista del traspaso,

–motivos del traspaso,

–consecuencias jurídicas, económicas y sociales del traspaso para los trabajadores,

–medidas previstas respecto de los trabajadores.

El cedente estará obligado a comunicar estas informaciones a los representantes de sus trabajadores con la suficiente antelación antes de la realización del traspaso.

El cesionario estará obligado a comunicar estas informaciones a los representantes de sus trabajadores con la suficiente antelación y, en todo caso, antes de que sus trabajadores se vean afectados directamente en sus condiciones de empleo y de trabajo por el traspaso.

2. Si el cedente o el cesionario previeren la adopción de medidas en relación con sus trabajadores respectivos, estarán obligados a consultar tales medidas, con la suficiente antelación, con los representantes de sus trabajadores respectivos, con el fin de llegar a un acuerdo.

3. Los Estados miembros cuyas disposiciones legales, reglamentarias o administrativas prevean la posibilidad de que los representantes de los trabajadores recurran a un arbitraje para obtener una decisión sobre las medidas que deban adoptarse respecto de los trabajadores, podrán limitar las obligaciones previstas en tos apartados 1 y 2 a los casos en que el traspaso realizado provoque una modificación en el centro de actividad que pueda ocasionar perjuicios sustanciales para una parte importante de los trabajadores.

La información y las consultas abarcarán al menos las medidas previstas en relación con los trabajadores.

La información se facilitará y las consultas tendrán lugar con la suficiente antelación antes de que se lleve a efecto en el centro de actividad el cambio citado en el párrafo primero.

4. Las obligaciones previstas en el presente artículo serán aplicables independientemente de que la decisión conducente al traspaso sea adoptada por el empresario o por una empresa que lo controle.

En lo que se refiere a las presuntas infracciones de las obligaciones de información y de consulta previstas en la presente Directiva, no podrá aducirse como justificación, que una empresa bajo cuyo control se halle el empresario no facilitó la información necesaria.

5. Los Estados miembros podrán limitar las obligaciones previstas en los apartados 1, 2 y 3 a las empresas o a los centros de actividad que, con respecto al número de trabajadores, cumplan las condiciones necesarias para la elección o designación de un órgano colegiado que represente a los trabajadores.

6. Los Estados miembros dispondrán que, en caso de que en una empresa o en un centro de actividad, por motivos ajenos a la voluntad de los trabajadores, no hubiere representantes de éstos, los trabajadores afectados sean informados previamente:

–de la fecha o la fecha prevista del traspaso,

–de los motivos del traspaso,

–de las consecuencias jurídicas, económicas y sociales del traspaso para los trabajadores,

–de las medidas previstas respecto de los trabajadores.

CAPÍTULO IV
Disposiciones finales

Artículo 8.

La presente Directiva no afectará a la facultad de los Estados miembros de aplicar o adoptar disposiciones legales, reglamentarias o administrativas más favorables para los trabajadores o de promover o permitir la aplicación de convenios colectivos o acuerdos celebrados entre interlocutores sociales más favorables para los trabajadores.

Artículo 9.

Los Estados miembros introducirán en su ordenamiento jurídico interno las medidas necesarias para permitir que los trabajadores y los representantes de éstos, que se consideren perjudicados por el incumplimiento de las obligaciones que se derivan de la presente Directiva, hagan valer sus derechos por la vía jurisdiccional, tras un eventual recurso a otras instancias competentes.

Artículo 10.

La Comisión presentará al Consejo un análisis de los efectos de la presente Directiva antes del 17 de julio de 2006. Propondrá asimismo cualquier modificación que considere necesaria.

Artículo 11.

Los Estados miembros comunicarán a la Comisión el texto de las disposiciones legales, reglamentarias y administrativas que adopten en el ámbito regulado por la presente Directiva.

Artículo 12.

Queda derogada la Directiva 77/187/CEE, modificada por la Directiva que figura en la parte A del anexo I, sin perjuicio de las obligaciones de los Estados miembros en cuanto a los plazos de transposición que figuran en la parte B del anexo I.

Las referencias hechas a la Directiva derogada se entenderán como hechas a la presente Directiva y deberán leerse con arreglo al cuadro de correspondencias que figura en el anexo II.

Artículo 13.

La presente Directiva entrará en vigor el vigésimo día siguiente al de su publicación en el Diario Oficial de las Comunidades Europeas.

Artículo 14.

Los destinatarios de la presente Directiva serán los Estados miembros.

ANEXO I

PARTE A

Directiva derogada y su modificación
(contempladas en el art. 12)

Directiva 77/187/CEE del Consejo (DOL 61 de 5 marzo 1977, pg. 26)
Directiva 98/50/CE del Consejo (DOL 201 de 17 julio 1998, pg. 88)

PARTE B

Plazos de transposición al Derecho nacional
(contemplado en el art. 12)

Directiva	Fecha límite de transposición
77/187/CEE	16 de febrero de 1979
98/50/CE	17 de julio de 2001

ANEXO II

CUADRO DE CORRESPONDENCIAS

Directiva 77/187/CEE	Presente Directiva
Artículo 1	Artículo 1
Artículo 2	Artículo 2
Artículo 3	Artículo 3
Artículo 4	Artículo 4
Artículo 4 bis	Artículo 5
Artículo 5	Artículo 6
Artículo 6	Artículo 7
Artículo 7	Artículo 8
Artículo 7 bis	Artículo 9
Artículo 7 ter	Artículo 10
Artículo 8	Artículo 11
–	Artículo 12
–	Artículo 13
–	Artículo 14
–	Anexo I
–	Anexo II

§ 48.2 DIRECTIVA 80/987/CEE, DE 20 OCTUBRE 1980, DEL CONSEJO. RELATIVA A LA PROTECCIÓN DE LOS TRABAJADORES ASALARIADOS EN CASO DE INSOLVENCIA DEL EMPRESARIO

(DOL núm. 283, de 28 octubre [LCEur 1980, 432])

✐ Esta Directiva fue modificada por la Dir. 87/164/CEE, de 2 marzo 1987, del Consejo, con motivo de la adhesión de España, en los términos expresados en el Anexo, hoy derogado. Ha sido recientemente modificada por Directiva 2002/74, de 23 septiembre (DOL núm. 270, de 8 octubre 2002). Sus disposiciones han sido incorporadas a los correspondientes preceptos.

⇒ V. por otra parte el art. 68 del Acuerdo sobre el Espacio Económico Europeo, así como su Anexo XVIII. V., asimismo, la disp. adic. 5ª del ET (§2).

EL CONSEJO DE LAS COMUNIDADES EUROPEAS,

Visto el Tratado constitutivo de la Comunidad Económica Europea y, en particular, su artículo 100,

Vista la propuesta de la Comisión,

Visto el dictamen del Parlamento Europeo,

Visto el dictamen del Comité Económico y Social,

Considerando que son necesarias normas para la protección de los trabajadores asalariados en caso de la insolvencia del empresario, especialmente para garantizar el pago de sus créditos impagados, teniendo en cuenta la necesidad de un desarrollo económico y social equilibrado en la Comunidad;

Considerando que subsisten diferencias entre los Estados miembros en cuanto al alcance de la protección de los trabajadores asalariados en este ámbito; que sería conveniente reducir esas diferencias, que pueden tener una incidencia directa sobre el funcionamiento del mercado común;

Considerando que por consiguiente procede promover la aproximación de las legislaciones en esta materia por vía del progreso, con arreglo al artículo 117 del Tratado;

Considerando que el mercado de trabajo en Groenlandia, en razón de la situación geográfica y de las estructuras profesionales actuales de esta región, difiere fundamentalmente del de otras regiones de la Comunidad;

Considerando que, en tanto la República Helénica llegue a ser miembro de la Comunidad Económica Europea de 1 enero 1981, conforme al Acta relativa a las condiciones de adhesión de la República Helénica y a las adaptaciones de los Tratados, conviene estipular en el Anexo de la Directiva, bajo el título de «Grecia», aquellas categorías de trabajadores asalariados cuyos créditos pueden ser excluidos con arreglo al apartado 2 del artículo 1,

HA ADOPTADO LA PRESENTE DIRECTIVA:

Sección 1ª Ámbito de aplicación y definiciones

Artículo 1.

1. La presente Directiva se aplicará a los créditos en favor de los trabajadores asalariados, derivados de contratos de trabajo o de relaciones laborales, frente a empresarios que se encuentren en estado de insolvencia, en el sentido del apartado 1 del artículo 2.

2. Los Estados miembros podrán excepcionalmente excluir del ámbito de aplicación de la presente Directiva los créditos de determinadas categorías de trabajadores asalariados, en razón de la existencia de otras formas de garantía que ofrezcan a los trabajadores afectados una protección equivalente a la que resulta de la presente Directiva.

3. Si ya se aplica en su legislación nacional respectiva una disposición en tal sentido, los Estados miembros podrán seguir excluyendo del ámbito de aplicación de la presente Directiva:

a) al personal doméstico al servicio de una persona física;

b) a los pescadores remunerados a la parte.

✐ Modificado por el art. 1 de la Directiva 2002/74/CE.

Artículo 2.

1. A efectos de la presente Directiva, un empresario será considerado insolvente cuando se haya solicitado la apertura de un procedimiento colectivo basado en la insolvencia del empresario, previsto por las disposiciones legales, reglamentarias y administrativas de un Estado miembro, que implique el desapoderamiento parcial o total de éste y el nombramiento de un síndico o persona que ejerza una función similar, y la autoridad competente, en virtud de dichas disposiciones:

a) haya decidido la apertura del procedimiento; o

b) haya comprobado el cierre definitivo de la empresa o del centro de trabajo del empresario, así como la insuficiencia del activo disponible para justificar la apertura del procedimiento.

2. La presente Directiva no afectará al Derecho nacional en lo que se refiere a la definición de los términos «trabajador asalariado», «empresario», «remuneración», «derecho adquirido» y «derecho en vías de adquisición».

No obstante, los Estados miembros no podrán excluir del campo de aplicación de la presente Directiva:

a) a los trabajadores a tiempo parcial en el sentido de la Directiva 97/81/CE;

b) a los trabajadores con un contrato de duración determinada en el sentido de la Directiva 1999/70/CE;

c) a los trabajadores con una relación de trabajo temporal en el sentido del apartado 2 del artículo 1 de la Directiva 91/383/CEE.

3. Los Estados miembros no podrán condicionar el derecho de los trabajadores a beneficiarse de las disposiciones de la presente Directiva a una duración mínima del contrato de trabajo o de la relación laboral.

4. La presente Directiva no impedirá a los Estados miembros extender la protección de los trabajadores asalariados a otras situaciones de insolvencia, como la suspensión de pagos de hecho y con carácter permanente, establecidas mediante otros procedimientos, distintos de los señalados en el apartado 1, previstos en el Derecho nacional respectivo.

Tales procedimientos no generarán, sin embargo, una obligación de garantía para las instituciones de los restantes Estados miembros, en los casos a que se refiere la sección III bis.

✐ Modificado por el art. 1 de la Directiva 2002/74/CE.

Sección 2ª Disposiciones relativas a las instituciones de garantía

Artículo 3.

Los Estados miembros adoptarán las medidas necesarias a fin de que las instituciones de garantía aseguren, sin perjuicio de lo dispuesto en el artículo 4, el pago de los créditos impagados de los trabajadores asalariados que resulten de los contratos de trabajo o de relaciones laborales, incluidas las indemnizaciones debidas al término de la relación laboral, cuando así lo disponga el Derecho interno.

Los créditos tenidos en cuenta por la institución de garantía serán las remuneraciones impagadas correspondientes a un período situado antes o, en su caso, después de una fecha determinada por los Estados miembros, o antes y después de la misma.

✐ Modificado por el art. 1 de la Directiva 2002/74/CE.

Artículo 4.

1. Los Estados miembros tendrán la facultad de limitar la obligación de pago de las instituciones de garantía prevista en el artículo 3.

2. Cuando los Estados miembros hagan uso de la facultad prevista en el apartado 1, establecerán la duración del período que dé lugar al pago de los créditos impagados por la institución de garantía. Esa duración no podrá, sin embargo, ser inferior a un período correspondiente a la remuneración de los tres últimos meses de la relación laboral situados antes y/o después de la fecha contemplada en el artículo 3. Los Estados miembros podrán incluir ese período mínimo de tres meses en un período de referencia cuya duración no podrá ser inferior a seis meses.

Los Estados miembros que establezcan un período de referencia de al menos dieciocho meses podrán limitar a ocho semanas el período que dé lugar al pago de los créditos impagados por la institución de garantía. En ese caso, para el cálculo del período mínimo se considerarán los períodos más favorables para el trabajador.

3. Además, los Estados miembros podrán establecer límites a los pagos efectuados por la institución de garantía. Esos límites no podrán ser inferiores a un umbral socialmente compatible con el objetivo social de la presente Directiva.

Cuando los Estados miembros hagan uso de esta facultad, comunicarán a la Comisión los métodos utilizados para establecer dicho límite.

✐ Modificado por el art. 1 de la Directiva 2002/74/CE.

Artículo 5.

Los Estados miembros fijarán las modalidades de la organización, de la financiación y del funcionamiento de las instituciones de garantía, observando en especial los principios siguientes:

a) el patrimonio de las instituciones deberá ser independiente del capital de explotación de los empresarios, y está constituido de tal forma que no pueda ser embargado en el curso de un procedimiento en caso de insolvencia;

b) los empresarios deberán contribuir a la financiación, a menos que ésta esté garantizada íntegramente por los poderes públicos;

c) la obligación de pago de las instituciones existirá independientemente del cumplimiento de las obligaciones de contribuir a la financiación.

Sección 3ª Disposiciones relativas a la Seguridad Social

Artículo 6.

Los Estados miembros podrán prever que los artículos 3, 4 y 5 no se apliquen a las cotizaciones debidas en virtud de los regímenes legales nacionales de Seguridad Social o de los regímenes complementarios de previsión profesionales o interprofesionales que existan independientemente de los regímenes legales nacionales de Seguridad Social.

Artículo 7.

Los Estados miembros adoptarán las medidas necesarias para garantizar que el impago de cotizaciones obligatorias adeudadas por el empresario a sus instituciones de seguros, antes de sobrevenir su insolvencia, en virtud de los regímenes legales nacionales de Seguridad Social, no tenga efectos perjudiciales en el derecho a prestaciones del trabajador asalariado respecto a tales instituciones de seguros, en la medida en que las cotizaciones salariales se hayan descontado previamente de los salarios abonados.

Artículo 8.

Los Estados miembros se asegurarán de que se adopten las medidas necesarias para proteger los intereses de los trabajadores asalariados y de las personas que ya han dejado la empresa o el centro de actividad del empresario, en la fecha en que se produce la insolvencia de éste, en lo que se refiere a sus derechos adquiridos, o a sus derechos en curso de adquisición a prestaciones de vejez, incluidas las prestaciones a favor de los supervivientes, en virtud de regímenes complementarios de previsión profesionales o interprofesionales que existan independientemente de los regímenes legales nacionales de Seguridad Social.

Sección 3ª bis Disposiciones relativas a las situaciones transnacionales

✐ Añadida por el art. 1 de la Directiva 2002/74/CE.

Artículo 8 bis.

1. Cuando una empresa con actividades en el territorio de al menos dos Estados miembros se encuentre en estado de insolvencia en el sentido del apartado 1 del artículo 2, la institución competente para el pago de los créditos impagados de los trabajadores será la del Estado miembro en cuyo territorio éstos ejerzan o ejercían habitualmente su trabajo.

2. La extensión de los derechos de los trabajadores asalariados vendrá determinada por el derecho por el que se rija la institución de garantía competente.

3. Los Estados miembros adoptarán las medidas necesarias a fin de garantizar que, en los casos previstos en el apartado 1, las decisiones adoptadas en el marco de un procedimiento de insolvencia previsto en el apartado 1 del artículo 2, cuya apertura se haya solicitado en otro Estado miembro, se

tengan en cuenta para determinar el estado de insolvencia del empresario en el sentido de la presente Directiva.

✐ Añadido por el art. 1 de la Directiva 2002/74/CE.

Artículo 8 ter.

1. A efectos de la aplicación del artículo 8 bis, los Estados miembros preverán el intercambio de información pertinente entre las administraciones pblicas competentes o entre las instituciones de garantía a las que se refiere el artículo 3, que permita, en particular, poner en conocimiento de la institución de garantía competente los créditos impagados de los trabajadores.

2. Los Estados miembros comunicarán a la Comisión y a los demás Estados miembros los datos relativos a sus administraciones públicas competentes o a sus instituciones de garantía. La Comisión pondrá esta información a disposición del público.

✐ Añadido por el art. 1 de la Directiva 2002/74/CE.

Sección 4ª Disposiciones generales y finales

Artículo 9.

La presente Directiva no afectará a la facultad de los Estados miembros de aplicar o establecer disposiciones legales, reglamentarias o administrativas más favorables para los trabajadores asalariados.

La aplicación de la presente Directiva no podrá constituir, en ningn caso, motivo para justificar una regresión respecto de la situación ya existente en los Estados miembros en lo relativo al nivel general de protección de los trabajadores en el ámbito cubierto por la misma.

✐ Párr. 2º añadido por el art. 1 de la Directiva 2002/74/CE.

Artículo 10.

La presente Directiva no afectará a la facultad de los Estados miembros:

a) de adoptar las medidas necesarias con el fin de evitar abusos;

b) de rechazar o de reducir la obligación de pago citada en el artículo 3, o la obligación de garantía citada en el artículo 7, si resulta que el cumplimiento de la obligación no se justifica en razón de la existencia de vínculos particulares entre el trabajador asalariado y el empresario y de intereses comunes concretados mediante una alusión entre ellos.

c) de rechazar o reducir la obligación de pago citada en el artículo 3 o la obligación de garantía citada en el artículo 7 en los casos en que los trabajadores asalariados, por sí mismos o junto con sus parientes próximos, sean propietarios de una parte esencial de la empresa o establecimiento del empresario y ejerzan una influencia considerable en sus actividades.

✐ Letra c) añadida por el art. 1 de la Directiva 2002/74/CE.

Artículo 10 bis.

Los Estados miembros notificarán a la Comisión y a los demás Estados miembros los tipos de procedimientos nacionales de insolvencia que entren en el ámbito de aplicación de la presente Directiva, así como todas las modificaciones relativas a los mismos. La Comisión procederá a la publicación de estas notificaciones en el *Diario Oficial de las Comunidades Europeas*.

✐ Añadido por el art. 1 de la Directiva 2002/74/CE.

Artículo 11.

1. Los Estados miembros establecerán las disposiciones legales, reglamentarias y administrativas necesarias para adecuarse a la presente Directiva en un plazo de treinta y seis meses a partir de su notificación. Dichos Estados miembros informarán inmediatamente de ello a la Comisión.

2. Los Estados miembros comunicarán a la Comisión el texto de las disposiciones legales, reglamentarias y administrativas que adopten en el ámbito regulado por la presente Directiva.

Artículo 12.

En un plazo de dieciocho meses a partir de la expiración del período de treinta y seis meses previsto en el apartado 1 del artículo 11, los Estados miembros transmitirán a la Comisión todos los datos útiles para que pueda redactar un informe, que presentará al Consejo, sobre la aplicación de la presente Directiva.

Artículo 13.

Los destinatarios de la presente Directiva serán los Estados miembros.

ANEXO

Categorías de trabajadores asalariados cuyos créditos pueden excluirse del ámbito de aplicación de la Directiva, según el apartado 2 del artículo 1

...

✐ Anexo suprimido por el art. 1 de la Directiva 2002/74/CE.

§ 48.3 DIRECTIVA 98/59/CE, DE 20 JULIO 1998, DEL CONSEJO. APROXIMACIÓN DE LAS LEGISLACIONES DE LOS ESTADOS MIEMBROS QUE SE REFIEREN A LOS DESPIDOS COLECTIVOS

(DOL núm. 225, de 12 agosto [LCEur 1998, 2531])

⇒ V. art. 51 ET (§2) y RD 43/1996, de 19 enero (§15.1).

EL CONSEJO DE LAS COMUNIDADES EUROPEAS,

Visto el Tratado constitutivo de la Comunidad Económica Europea y, en particular, su artículo 100,

Vista la propuesta de la Comisión,

Visto el dictamen del Parlamento Europeo,

Visto el dictamen del Comité Económico y Social,

1. Considerando que en aras a una mayor claridad y racionalidad, conviene proceder a la codificación de la Directiva 75/129/CEE, del Consejo, de 17 de febrero de 1975, referente a la aproximación de las legislaciones de los Estados miembros que se refieren a los dispidos colectivos.

2. Considerando que interesa reforzar la protección de los trabajadores en caso de despidos colectivos, teniendo en cuenta la necesidad de un desarrollo económico y social equilibrado en la Comunidad;

3. Considerando que, a pesar de una evolución convergente, subsisten diferencias entre las disposiciones en vigor en los Estados miembros en lo que se refiere a las modalidades y al procedimiento de los despidos colectivos, así como a las medidas capaces de atenuar las consecuencias de estos despidos para los trabajadores;

4. Considerando que estas diferencias pueden tener una incidencia directa en el funcionamiento del mercado interior;

5. Considerando que la Resolución del Consejo, de 21 de enero de 1974, relativa a un programa de acción social ha previsto una Directiva para la aproximación de las legislaciones de los Estados miembros sobre despidos colectivos;

6. Considerando que la Carta comunitaria de los Derechos sociales fundamentales de los trabajadores, adoptada en la reunión del Consejo Europeo, celebrada en Estrasburgo el 9 de diciembre de 1989, por los Jefes de Estado o de Gobierno de once Estados miembros señala en particular, en la primera frase del párrafo primero y en el párrafo segundo del punto 7, en el párrafo primero del punto 17 y en el tercer guión del punto 18, que:

«7. La realización del mercado interior debe conducir a una mejora de las condiciones de vida y de trabajo de los trabajadores en la Comunidad Europea [...].

Esta mejora lleva consigo igualmente el desarrollo, cuando sea necesario, de ciertos aspectos de la reglamentación laboral, como, por ejemplo, los procedimientos de despido colectivo o los relativos a las quiebras.

[...]

17. La información, la consulta y la participación de los trabajadores deben desarrollarse mediante la utilización de mecanismos adecuados y teniendo en cuenta las prácticas vigentes en los diferentes Estados miembros.

[...]

18. Esta información, consulta y participación deben llevarse a cabo en tiempo hábil y, en particular, en los siguientes casos:

[...]

–con motivo de los procedimientos de despido colectivo;

[...]»;

7. Considerando que es necesario, por consiguiente, promover esta aproximación por la vía del progreso, en el sentido del artículo 117 del Tratado;

8. Considerando que, con el fin de calcular el número de despidos previsto en la definición de despidos colectivos de la presente Directiva, conviene asimilar a los despidos otras formas de extinción del contrato de trabajo efectuadas por iniciativa del empresario, siempre y cuando los despidos sean como mínimo cinco;

9. Considerando que conviene disponer que la presente Directiva se aplique asimismo, en principio, a los despidos colectivos resultantes del cese de actividades del establecimiento declarado por una decisión judicial;

10. Considerando que conviene dar a los Estados miembros la facultad de disponer que los representantes de los trabajadores puedan recurrir a expertos debido a la complejidad técnica de los asuntos sobre los asuntos sobre los que se les pueda informar y consultar;

11. Considerando que conviene garantizar que las obligaciones de los empresarios en materia de información, de consulta y de notificación se apliquen con independencia de que la decisión relativa a los despidos colectivos sea tomada por el propio empresario o por una empresa que ejerza el control sobre él;

12. Considerando que conviene que los Estados miembros velen para que los representantes de los trabajadores y/o los propios trabajadores dispongan de procedimientos administrativos y/o jurisdiccionales para que se respeten las obligaciones establecidas en la presente Directiva;

13. Considerando que la presente Directiva ha de aplicarse sin perjuicio de las obligaciones de los Estados miembros relativas a los plazos de transposición de las Directivas indicados en la parte B del Anexo I,

HA ADOPTADO LA PRESENTE DIRECTIVA:

Sección 1ª Definiciones y ámbito de aplicación

Artículo 1.

1. A efectos de la aplicación de la presente Directiva:

a) se entenderá por «despidos colectivos», los despidos efectuados por un empresario, por uno o varios motivos no inherentes a la persona de los trabajadores, cuando el número de despidos producidos sea, según la elección efectuada por los Estados miembros:

⇒ Cfr. art. 51 ET (§2).

i) Para un período de 30 días:

–al menos igual a 10 en los centros de trabajo que empleen habitualmente más de 20 y menos de 100 trabajadores,

–al menos el 10% del número de los trabajadores, en los centros de trabajo que emplean habitualmente como mínimo 100 y menos de 300 trabajadores,

–al menos igual a 30 en los centros de trabajo que empleen habitualmente 300 trabajadores, como mínimo;

ii) o bien, para un período de 90 días, al menos igual a 20, sea cual fuere el número de los trabajadores habitualmente empleados en los centros de trabajo afectados;

b) Se entenderá por «representantes de los trabajadores», los representantes de los trabajadores previstos por la legislación o la práctica de los Estados miembros.

A efectos del cálculo del número de despidos previsto en la letra a) del párrafo anterior se asimilarán a los dispidos las extinciones del contrato de trabajo producidos por iniciativa de empresario en base a uno o varios motivos no inherentes a la persona de los trabajadores, siempre y cuando los despidos sean al menos 5.

2. La presente Directiva no se aplicará:

a) a los despidos colectivos efectuados en el marco de contratos de trabajo celebrados por una duración o para una tarea determinadas, salvo si estos despidos tienen lugar antes de la finalización o del cumplimiento de esos contratos;

b) a los trabajadores de las Administraciones públicas o de las instituciones de Derecho público (o las entidades equivalentes en los Estados miembros en que no conozcan esta noción);

c) a las tripulaciones de buques marítimos.

Sección 2ª Información y consulta

Artículo 2.

1. Cuando el empresario tenga la intención de efectuar despidos colectivos, deberá consultar, en tiempo hábil, a los representantes de los trabajadores con vistas a llegar a un acuerdo.

2. Las consultas versarán, como mínimo, sobre las posibilidades de evitar o reducir los despidos colectivos y de atenuar sus consecuencias, mediante el recurso a medidas sociales de acompañamiento destinadas, en especial, a la ayuda para la readaptación o la reconversión de los trabajadores despedidos.

Los Estados miembros podrán disponer que los representantes de los trabajadores puedan recurrir a expertos de conformidad con las legislaciones o prácticas nacionales.

3. A fin de permitir que los representantes de los trabajadores puedan formular propuestas constructivas, el empresario, durante el transcurso de las consultas y en tiempo hábil, deberá:

a) proporcionarles toda la información pertinente, y

b) comunicarles, en cualquier caso, por escrito:

i) los motivos del proyecto de despido;

ii) el número y las categorías de los trabajadores que vayan a ser despedidos;

iii) el número y las categorías de los trabajadores empleados habitualmente;

iv) el período a lo largo del cual está previsto efectuar los despidos;

v) los criterios tenidos en cuenta para designar a los trabajadores que vayan a ser despedidos, si las legislaciones o prácticas nacionales confieren al empresario competencias en tal sentido;

vi) el método de cálculo de las posibles indemnizaciones por despido distintas a las directivas de las legislaciones o prácticas nacionales.

El empresario deberá transmitir a la autoridad pública competente una copia de la comunicación escrita, que contenga, al menos, los elementos previstos en los incisos i) a v) de la letra b) del párrafo primero.

4. Las obligaciones establecidas en los apartados 1, 2 y 3 se aplicarán con independencia de que la decisión relativa a los despidos colectivos sea tomada por el propio empresario o por una empresa que ejerza el control sobre él.

En lo que se refiere a las infracciones alegadas de las obligaciones de información, consulta y notificación establecidas en la presente Directiva, cualquier justificación del empresario, basada en el hecho de que la empresa que tomó la decisión relativa a los despidos colectivos no le ha facilitado la información necesaria, no se podrá tomar en consideración.

Sección 3ª Procedimiento de despido colectivo

Artículo 3.

1. El empresario estará obligado a notificar por escrito cualquier proyecto de despido colectivo a la autoridad pública competente.

No obstante, los Estados miembros podrán establecer que, en el caso de un proyecto de despido colectivo producido por el cese de las actividades del establecimiento en virtud de decisión judicial, el empresario sólo deberá notificarlo por escrito a la autoridad pública competente a petición de ésta.

La notificación deberá contener todos los informes útiles referentes al proyecto de despido colectivo y a las consultas con los representantes de los trabajadores previstas en el artículo 2, especialmente los motivos del despido, el número de trabajadores que se va a despedir, el número de trabajadores habitualmente empleados y el período en el que se prevé que se van a efectuar los despidos.

2. El empresario estará obligado a transmitir a los representantes de los trabajadores una copia de la notificación prevista en el apartado 1.

Los representantes de los trabajadores podrán dirigir sus eventuales observaciones a la autoridad pública competente.

Artículo 4.

1. Los despidos colectivos cuyo proyecto haya sido notificado a la autoridad pública competente, surtirán efecto no antes de 30 días después de la notificación prevista en el apartado 1 del artículo 3, sin perjuicio de las disposiciones que regulan los derechos individuales en materia de plazos de preaviso.

Los Estados miembros podrán conceder a la autoridad pública competente la facultad de reducir el plazo contemplado en el párrafo anterior.

2. La autoridad pública competente aprovechará el plazo señalado en el apartado 1 para buscar soluciones a los problemas planteados por los despidos colectivos considerados.

3. En la medida en que el plazo inicial previsto en el apartado 1 sea inferior a 60 días, los Estados miembros podrán conceder a la autoridad pública competente la facultad de prorrogar el plazo inicial hasta 60 días después de la notificación, cuando los problemas planteados por los despidos colectivos considerados corran el riesgo de no encontrar solución en el plazo inicial.

Los Estados miembros podrán conceder a la autoridad pública competente facultades de prórroga más amplias.

El empresario deberá ser informado de la prórroga y de sus motivos, antes de la expiración del plazo inicial previsto en el apartado 1.

4. Los Estados miembros no estarán obligados a aplicar el presente artículo a los despidos colectivos producidos por el cese de las actividades del establecimiento cuando éste resulte de una decisión judicial.

Sección 4ª Disposiciones finales

Artículo 5.

La presente Directiva no afectará a la facultad de los Estados miembros de aplicar o de introducir disposiciones legales, reglamentarias o administrativas más favorables para los trabajadores o de permitir o de fomentar la aplicación de disposiciones convencionales más favorables para los trabajadores.

Artículo 6.

Los Estados miembros procurarán que los representantes de los trabajadores o los trabajadores dispongan de procedimientos administrativos y/o jurisdiccionales con objeto de hacer cumplir las obligaciones establecidas en la presente Directiva.

Artículo 7.

Los Estados miembros comunicarán a la Comisión el texto de las disposiciones esenciales de Derecho interno ya adoptadas o que adopten en el ámbito regulado por la presente Directiva.

Artículo 8.

1. Quedan derogadas las Directivas que figuran en la parte A del anexo I, sin perjuicio de las obligaciones de los Estados miembros relativas a los plazos de transposición que figuran en la parte B del mismo anexo.

2. Las referencias a las Directivas derogadas se entenderán hechas a la presente Directiva y deberán leerse con arreglo al cuadro de correspondencias que figura en el anexo II.

Artículo 9.

La presente Directiva entrará en vigor el vigésimo día siguiente al de su publicación en el «Diario Oficial de las Comunidades Europeas».

Artículo 10.

Los destinatarios de la presente Directiva serán los Estados miembros.

ANEXO I

PARTE A

Directivas derogadas

(contempladas en el artículo 8)

Directiva 75/129/CEE del Consejo y su modificación:

Directiva 92/56/CEE del Consejo.

PARTE B

Lista de los plazos de transposición al Derecho nacional

(contemplados en el artículo 8)

Directiva	Fecha límite de transposición
75/120/CEE (DOL 48 de 22-2-1975, p. 29)	19 de febrero de 1977
92/56/CEE (DOL 245 de 26-8-1992, p. 3)	24 de junio de 1994

ANEXO II

Cuadro de correspondencias

Directiva 75/129/CEE	Presente Directiva
Punto 1 del primer guión de la letra a) del párrafo primero del apartado 1 del artículo 1	Primer guión del inciso i) de la letra a) del párrafo primero del apartado 1 del artículo 1
Punto 2 del primer guión de la letra a) del párrafo primero del apartado 1 del artículo 1	Segundo guión del inciso i) de la letra a) del párrafo primero del apartado 1 del artículo 1
Punto 3 del primer guión de la letra a) del párrafo primero del apartado 1 del artículo 1	Tercer guión del inciso i) de la letra a) del párrafo primero del apartado 1 del artículo 1
Segundo guión de la letra a) del párrafo primero del apartado 1 del artículo 1	Inciso ii) de la letra a) del párrafo primero del apartado 1 del artículo 1
Letra b) del párrafo primero del apartado 1 del artículo 1	Letra b) del párrafo primero del apartado 1 del artículo 1
Segundo párrafo del apartado 1 del artículo 1	Segundo párrafo del apartado 1 del artículo 1
Apartado 2 del artículo 1	Apartado 2 del artículo 1
Artículo 2	Artículo 2
Artículo 3	Artículo 3
Artículo 4	Artículo 4
Artículo 5	Artículo 5
Artículo 5 *bis*	Artículo 6
Apartado 1 del artículo 6	–
Apartado 2 del artículo 6	Artículo 7
Artículo 7	–
–	Artículo 8
–	Artículo 9
–	Artículo 10
–	Anexo I
–	Anexo II

e) Derechos de información y participación

§ 49.1 DIRECTIVA 91/533/CEE, DE 14 OCTUBRE 1991, DEL CONSEJO. OBLIGACIÓN DEL EMPRESARIO DE INFORMAR AL TRABAJADOR ACERCA DE LAS CONDICIONES APLICABLES AL CONTRATO DE TRABAJO O A LA RELACIÓN LABORAL

(DOL núm. 288, de 18 octubre; rect. DOL núm. 172, de 27 junio 1992 y DOL núm. 188, de 8 julio [LCEur 1991, 1226 y LCEur 1992, 1854 y 2153])

⇒ V. art. 8 del ET (§2), así como el RD 1659/1998 (§5.1).

EL CONSEJO DE LAS COMUNIDADES EUROPEAS

Visto el Tratado constitutivo de la Comunidad Económica Europea y, en particular, su artículo 100,

Vista la propuesta de la Comisión,

Visto el dictamen del Parlamento Europeo,

Visto el dictamen del Comité Económico y Social,

Considerando que el desarrollo de nuevas formas de trabajo en los Estados miembros ha multiplicado los tipos de relaciones laborales;

Considerando que, ante tal desarrollo, determinados Estados miembros han estimado necesario establecer disposiciones que sometan las relaciones laborales a requisitos formales; que dichas disposiciones tienen por objeto proteger en mayor grado a los trabajadores por cuenta ajena contra una posible falta de reconocimiento de sus derechos y garantizar una mayor transparencia del mercado de trabajo;

Considerando que la legislación de los Estados miembros al respecto difiere considerablemente en puntos fundamentales como la obligación de informar por escrito a los trabajadores por cuenta ajena sobre los elementos esenciales del contrato o de la relación laboral;

Considerando que las diferencias en la legislación de los Estados miembros pueden repercutir directamente en el funcionamiento del mercado común;

Considerando que el artículo 117 del Tratado establece que los Estados miembros convienen en la necesidad de promover la mejora de las condiciones de vida y de trabajo de los trabajadores, a fin de conseguir su equiparación por la vía del progreso;

Considerando que la Carta comunitaria de los derechos sociales fundamentales de los trabajadores, adoptada en el Consejo Europeo de Estrasburgo, el 9 de diciembre de 1989, por los jefes de Estado y de Gobierno de once Estados miembros, declara en particular en su punto 9:

> «Todo asalariado de la Comunidad Europea tiene derecho a que se definan sus condiciones de trabajo por ley, por un convenio colectivo o por un contrato de trabajo según las modalidades propias de cada país»;

Considerando que conviene establecer en el ámbito comunitario la obligación general de que todo trabajador por cuenta ajena disponga de un documento con los elementos esenciales de su contrato o de su relación laboral;

Considerando que, habida cuenta de la oportunidad de mantener cierta flexibilidad en la relación laboral, conviene prever la posibilidad para los Estados miembros de excluir del ámbito de aplicación de la presente Directiva algunos casos limitados de relaciones laborales;

Considerando que puede darse cumplimiento a la obligación de información mediante un contrato escrito, una carta de contratación, uno o varios documentos más, o en su defecto una declaración firmada por el empresario;

Considerando que en caso de expatriación de trabajador por cuenta ajena, éste deberá cerciorarse de haber obtenido, además de los elementos esenciales de su contrato o de su relación de trabajo, las informaciones pertinentes relativas a su situación;

Considerando que, con el fin de salvaguardar los intereses de los trabajadores por cuenta ajena en obtener un documento, cualquier modificación de fondo de los elementos esenciales del contrato o de la relación laboral deberá serles comunicada por escrito;

Considerando que es necesario que los Estados miembros garanticen a los trabajadores por cuenta ajena la posibilidad de hacer valer sus derechos derivados de la presente Directiva;

Considerando que los Estados miembros deberán adoptar las disposiciones legales reglamentarias y administrativas necesarias para dar cumplimiento a la presente Directiva o cerciorarse de que los interlocutores sociales establezcan por vía convencional las disposiciones necesarias, debiendo adoptar el Estado miembro todas las disposiciones necesarias para poder garantizar en todo momento los resultados impuestos por la presente Directiva,

HA ADOPTADO LA PRESENTE DIRECTIVA:

Artículo 1. Ámbito de aplicación.

1. La presente Directiva se aplicará a todo trabajador por cuenta ajena que tenga un contrato de trabajo o mantenga una relación laboral definidos por el derecho vigente en un Estado miembro.

2. Los Estados miembros podrán disponer que la presente Directiva no se aplique a los trabajadores que tengan un contrato de trabajo o mantengan una relación laboral:

a) –cuya duración total no rebase un mes, y/o

–la duración de cuyo trabajo semanal no rebase 8 horas, o

b) de carácter ocasional y/o especial, a condición, en los casos en que existan razones objetivas que justifiquen la no aplicación.

Artículo 2. Obligación de información.

1. El empresario estará obligado a poner en conocimiento del trabajador por cuenta ajena a quien se aplica la presente Directiva, denominado en lo sucesivo el «trabajador», los elementos esenciales del contrato de trabajo o de la relación laboral.

2. La información contemplada en el apartado 1 se referirá, al menos, a los siguientes elementos:

a) la identidad de las partes;

b) el lugar de trabajo; a falta de lugar fijo o predominante de trabajo, el principio de que el trabajador efectúe su trabajo en diferentes lugares, así como la sede, o en su caso, el domicilio del empresario;

c) i) la denominación, el grado, la calidad o la categoría del puesto de trabajo que desempeña el trabajador, o

ii) la caracterización o la descripción resumidas del trabajo;

d) la fecha de comienzo del contrato o de la relación laboral;

e) en caso de que se trate de un contrato o de una relación laboral temporal, la duración previsible del contrato o de la relación laboral;

f) la duración de las vacaciones pagadas a las que el trabajador tenga derecho, o si no es posible facilitar este dato en el momento de la entrega de la información, las modalidades de atribución y de determinación de dichas vacaciones;

g) la duración de los plazos de preaviso que deban respetar el empresario y el trabajador en caso de terminación del contrato o de la relación laboral, o si no es posible facilitar este dato en el momento de la entrega de la información, las modalidades de determinación de dichos plazos de preaviso;

h) la retribución de base inicial, los demás elementos constitutivos, así como la periodicidad de pago, a que tenga derecho el trabajador;

i) la duración de la jornada o semana laboral normal del trabajador;

j) en su caso:

i) la mención de los convenios colectivos y/o acuerdos colectivos que regulen las condiciones laborales del trabajador, o

ii) si se trata de convenios colectivos celebrados fuera de la empresa por órgano o instituciones paritarias particulares, la mención del órgano competente o de la institución paritaria competente en cuyo seno se hayan celebrado dichos convenios.

3. La información sobre los elementos a que se alude en las letras f), g), h) e i) del apartado 2 podrá derivarse, en su caso, de una referencia a las disposiciones legales, reglamentarias, administrativas o estatutarias o a los convenios colectivos que regulen las correspondientes materias.

Artículo 3. Medios de información.

1. La información sobre los elementos a que se hace referencia en el apartado 2 del artículo 2 podrá derivarse de la entrega al trabajador, en el plazo máximo de dos meses tras el comienzo de su trabajo:

a) de un contrato de trabajo escrito, y/o

b) de una carta de contratación, y/o

c) de uno o más documentos escritos siempre que alguno de dichos documentos incluya al menos el conjunto de los elementos contemplados en las letras a), b), c), d), h) e i) del apartado 2 del artículo 2.

2. Cuando no se entregue al trabajador ninguno de los documentos contemplados en el apartado 1 dentro del plazo previsto, el empresario estará obligado a entregarle, a más tardar dos meses después de que haya comenzado a trabajar, una declaración escrita firmada por el propio empresario que contenga, como mínimo, los elementos mencionados en el apartado 2 del artículo 2.

En caso de que el documento o documentos a que se hace referencia en el apartado 1 sólo contenga una parte de los elementos requeridos, la declaración escrita prevista en el párrafo primero del presente apartado se referirá a los restantes elementos.

3. En caso de que el contrato o la relación laboral termine antes de la expiración del plazo de dos meses a partir del inicio de su trabajo, la información prevista en el artículo 2 y en el presente artículo deberá serle suministrada al trabajador, a más tardar a la expiración de dicho plazo.

Artículo 4. Trabajador expatriado.

1. En caso de que el trabajador tenga que ejercer normalmente su trabajo en uno o varios países distintos del Estado miembro a cuya legislación o práctica estén sujetos el contrato o la relación laboral, el documento o los documentos a que se hace referencia en el artículo 3 deberán estar en posesión del trabajador antes de su partida y deberán contener, al menos, la siguiente información adicional:

a) la duración del trabajo ejercido en el extranjero;

b) divisa en que se pagará la retribución;

c) en su caso, ventajas en metálico y en especie ligadas a la expatriación;

d) en su caso, condiciones de repatriación del trabajador.

2. La información sobre los elementos a que se hace referencia en las letras b) y c) del apartado 1 podrá derivarse, en su caso, de una referencia a las disposiciones legales, reglamentarias, administrativas o estatutarias o a los convenios colectivos que regulen las materias correspondientes.

3. Los apartados 1 y 2 no serán de aplicación en caso de que la duración del trabajo fuera del país a cuya legislación y/o práctica estén sujetos el contrato de trabajo o la relación laboral no rebase un mes.

Artículo 5. Modificación de elementos del contrato o de la relación laboral.

1. Cualquier modificación de los elementos a que se hace referencia en el apartado 2 del artículo 2 y en el apartado 1 del artículo 4 deberá ser objeto de un documento escrito que el empresario deberá entregar al trabajador a la mayor brevedad y en el plazo máximo de un mes a partir de la fecha de entrada en vigor de la modificación de que se trate.

2. El documento escrito a que se refiere el apartado 1 no será obligatorio en caso de modificación de las disposiciones legales, reglamentarias, administrativas o estatutarias o de los convenios colectivos a los que hacen referencia los documentos aludidos en el artículo 3, completados, en su caso, en aplicación de lo dispuesto en el apartado 1 del artículo 4.

Artículo 6. Disposiciones en materia de forma y de prueba del contrato o de la relación laboral y en materia de normas de procedimiento.

La presente Directiva no afectará a las legislaciones y prácticas nacionales en materia de:

–forma del contrato o de la relación laboral;

–la prueba de la existencia y del contenido del contrato o de la relación laboral;

–normas de procedimiento aplicables en la materia.

Artículo 7. Disposiciones más favorables.

La presente Directiva no constituirá obstáculo a la facultad de los Estados miembros de aplicar o introducir disposiciones legales, reglamentarias o administrativas más favorables para los trabajadores, o de favorecer o permitir la aplicación de disposiciones de convenios colectivos más favorables para los trabajadores.

Artículo 8. Defensa de derechos.

1. Los Estados miembros incorporarán a su ordenamiento jurídico interno las medidas necesarias para que todo trabajador que se considere perjudicado por el incumplimiento de las obligaciones derivadas de la presente Directiva pueda hacer valer sus derechos por vía judicial, en su caso, previo recurso a otras instancias competentes.

2. Los Estados miembros podrán establecer que los recursos contemplados en el apartado 1 sólo puedan ser interpuestos tras haber transcurrido quince días sin respuesta a partir del requerimiento que el trabajador deberá efectuar al empresario.

No obstante, la formalidad del requerimiento previo no será requisito en los casos contemplados en el artículo 4, ni para los trabajadores con un contrato o relación laboral temporal ni para los trabajadores que no estén cubiertos por alguno de los convenios colectivos relativos a la relación laboral.

Artículo 9. Disposiciones finales.

1. Los Estados miembros adoptarán las disposiciones legales, reglamentarias y administrativas necesarias para dar cumplimiento a la presente Directiva a más tardar el 30 de junio de 1993, o se cerciorarán a más tardar en esa misma fecha de que los interlocutores sociales establezcan las disposiciones necesarias mediante acuerdos, debiendo adoptar los Estados miembros todas las disposiciones necesarias para poder garantizar en todo momento los resultados impuestos por la presente Directiva.

Informarán de ello inmediatamente a la Comisión.

2. Los Estados miembros tomarán las medidas necesarias para garantizar que, en los contratos o en las relaciones laborales existentes en el momento de la entrada en vigor de las disposiciones que adopten en virtud de la presente Directiva, el empresario entregue al trabajador que lo solicite, en el plazo de dos meses a partir de la recepción de la solicitud, el documento o documentos a que se hace referencia en el artículo 3, completados, en su caso, en aplicación de lo dispuesto en el apartado 1 del artículo 4.

3. Cuando los Estados miembros adopten las disposiciones contempladas en el apartado 1, éstas harán referencia a la presente Directiva o irán acompañadas de dicha referencia en su publicación oficial. Los Estados miembros establecerán las modalidades de la mencionada referencia.

4. Los Estados miembros informarán inmediatamente a la Comisión de las medidas adoptadas en aplicación de la presente Directiva.

Artículo 10.

Los destinatarios de la presente Directiva son los Estados miembros.

§ 49.2 DIRECTIVA 94/45/CE, DE 22 SEPTIEMBRE 1994, DEL CONSEJO. CONSTITUCIÓN DE UN COMITÉ DE EMPRESA EUROPEO O DE UN PROCEDIMIENTO DE INFORMACIÓN Y CONSULTA A LOS TRABAJADORES EN LAS EMPRESAS Y GRUPOS DE EMPRESAS DE DIMENSIÓN COMUNITARIA

(DOL núm. 254, de 30 septiembre [LCEur 1994, 3069])

Ampliada al Reino Unido de Gran Bretaña e Irlanda del Norte por Dir. 97/74/CE, de 15 diciembre 1997, del Consejo.

⇒ V. Ley 10/1997, de 24 abril (§21.2).

EL CONSEJO DE LA UNIÓN EUROPEA,

Visto el Acuerdo sobre la política social anejo al Protocolo núm. 14 sobre la política social, anejo al Tratado constitutivo de la Comunidad Europea y, en particular, el apartado 2 de su artículo 2,

Vista la propuesta de la Comisión,

Visto el dictamen del Comité Económico y Social,

De conformidad con el procedimiento establecido en el artículo 189 C del Tratado,

Considerando que, basándose en el Protocolo sobre la política social anejo al Tratado constitutivo de la Comunidad Europea, el Reino de Bélgica, el Reino de Dinamarca, la República Federal de Alemania, la República Helénica, el Reino de España, la República Francesa, Irlanda, la República Italiana, el Gran Ducado de Luxemburgo, el Reino de los Países Bajos y la República Portuguesa (denominados en lo sucesivo «Estados miembros»), deseosos de aplicar la Carta Social de 1989, celebraron entre ellos un Acuerdo sobre la política social;

Considerando que el apartado 2 del artículo 2 del citado Acuerdo autoriza al Consejo a adoptar, mediante directrices, disposiciones mínimas;

Considerando que, de conformidad con el artículo 1 de dicho Acuerdo, uno de los objetivos de la Comunidad y de los Estados miembros es promover el diálogo social;

Considerando que el punto 17 de la Carta comunitaria de los derechos sociales fundamentales de los trabajadores establece que «la información, la consulta y la participación de los trabajadores deben desarrollarse según mecanismos adecuados y teniendo en cuenta las prácticas vigentes en los diferentes Estados miembros»; que «ello es especialmente aplicable en aquellas empresas o grupos de empresas que tengan establecimientos o empresas situados en varios Estados miembros»;

Considerando que el Consejo, a pesar de la existencia de un amplio consenso entre la mayoría de los Estados miembros, no ha podido decidir acerca de la propuesta de Directiva sobre la creación de comités de empresa europeos o grupos de empresas de dimensión comunitaria, a los efectos de la información y consulta a los trabajadores, tal como fue modificada el 3 de diciembre de 1991;

Considerando que la Comisión, de conformidad con el apartado 2 del artículo 3 del Acuerdo sobre la política social, consultó a los interlocutores sociales a nivel comunitario sobre la posible orientación de una acción comunitaria en materia de información y consulta a los trabajadores en las empresas y grupos de empresas de dimensión comunitaria;

Considerando que la Comisión, estimando tras dicha consulta la conveniencia de una acción comunitaria, consultó de nuevo a los interlocutores sociales sobre el contenido de la propuesta contemplada, de conformidad con el apartado 3 del artículo 3 del Acuerdo, y que éstos remitieron a la Comisión un dictamen;

Considerando que, al término de esta segunda fase de consultas, los interlocutores sociales no informaron a la Comisión sobre su voluntad de iniciar el proceso que podría conducir a la celebración de un acuerdo, tal como se prevé en el artículo 4 del Acuerdo;

Considerando que el funcionamiento del mercado interior lleva aparejado un proceso de concentraciones de empresas, fusiones transfronterizas, absorciones y asociaciones y, en consecuencia, una transnacionalización de las empresas y grupos de empresas; que, con objeto de asegurar que las actividades económicas se desarrollen de forma armoniosa, es preciso que las empresas y grupos de empresas que trabajen en varios Estados miembros informen y consulten a los representantes de los trabajadores afectados por sus decisiones;

Considerando que los procedimientos de información y consulta a los trabajadores previstos en las legislaciones o prácticas de los Estados miembros no se adaptan con frecuencia a la estructura transnacional de la entidad que adopta la decisión que afecta a dichos trabajadores; que esta situación puede dar lugar a un trato desigual de los trabajadores afectados por las decisiones dentro de una misma empresa o de un mismo grupo de empresas;

Considerando que deben adoptarse las disposiciones adecuadas para velar por que los trabajadores de empresas o grupos de empresas de dimensión comunitaria sean debidamente informados y consultados en caso de que las decisiones que les afecten sean adoptadas en un Estado miembro distinto de aquel donde trabajan;

Considerando que, a fin de asegurar que los trabajadores de empresas o grupos de empresas que trabajen en varios Estados miembros sean debidamente informados y consultados, debe constituirse un comité de empresa europeo, o establecerse otro procedimiento adecuado para la información y consulta transnacional a los trabajadores;

Considerando que, a tal fin, resulta necesario definir la noción de empresa que ejerce el control, exclusivamente a efectos de la presente Directiva y sin perjuicio de las definiciones de las nociones de grupo y de control que pudieran adoptarse en textos que se elaboren en el futuro;

Considerando que los mecanismos de información y consulta a los trabajadores de dichas empresas o grupos de empresas deben abarcar a todos los establecimientos o, según el caso, todas las empresas pertenecientes al grupo establecidas en los Estados miembros, con independencia de que la dirección central de la empresa o, en el caso de un grupo, de la empresa que ejerce el control esté o no situada en el territorio de los Estados miembros;

Considerando que, de acuerdo con el principio de autonomía de las partes, corresponde a los representantes de los trabajadores y a la dirección de la empresa, o de la empresa que ejerce el control de un grupo, determinar de común acuerdo la naturaleza, composición, atribuciones, modalidades de funcionamiento, procedimientos y recursos financieros del comité de empresa europeo o de cualquier otro procedimiento de información y consulta, de forma que se adapte a sus circunstancias particulares;

Considerando que, con arreglo al principio de subsidiariedad, corresponde a los Estados miembros determinar quiénes son los representantes de los trabajadores, y en particular disponer si lo estiman oportuno, una representación equilibrada de las diferentes categorías de trabajadores;

Considerando, no obstante, que conviene prever algunas disposiciones subsidiarias, que serán aplicables si las partes así lo deciden, en caso de que la dirección central se niegue a entablar negociaciones o en caso de falta de acuerdo al término de éstas;

Considerando además que los representantes de los trabajadores pueden decidir no solicitar la constitución de un comité de empresa europeo, o bien que las partes interesadas pueden acordar cualquier otro procedimiento de información y consulta transnacional a los trabajadores;

Considerando que, sin perjuicio de la facultad de las partes de acordar otra cosa, el comité de empresa europeo constituido a falta de acuerdo entre ellas debe ser informado y consultado, para llevar a la práctica el objetivo de la presente Directiva, sobre las actividades y proyectos de la empresa o grupo de empresas, de forma que pueda evaluar sus efectos eventuales sobre los intereses de los trabajadores de, al menos, dos Estados miembros diferentes; que, a tal fin, debe exigirse a la empresa o a la empresa que ejerce el control que comunique a los representantes designados por los trabajadores la información general relativa a los intereses de los trabajadores y la información relativa más específicamente a los aspectos de las actividades de la empresa o grupo de empresas que afecten a los intereses de los trabajadores; que el comité de empresa europeo deberá poder emitir un dictamen al término de esta reunión;

Considerando que una serie de decisiones que afecten considerablemente a los intereses de los trabajadores deben ser objeto de información y de consulta a los representantes designados por los trabajadores a la mayor brevedad;

Considerando que conviene prever que los representantes de los trabajadores que actúen en el marco de la presente Directiva tengan, en el ejercicio de sus funciones, la misma protección y garantías similares a las previstas para los representantes de los trabajadores por la legislación y/o la práctica de su país de origen; que no deben ser objeto de ninguna discriminación por causa del ejercicio legítimo de su actividad y deben tener una protección adecuada en materia de despido y otras sanciones;

Considerando que las disposiciones de la presente Directiva sobre información y consulta a los trabajadores deben ser aplicadas, en el caso de una empresa o de una empresa que ejerza el control de un grupo cuya dirección central esté situada fuera del territorio de los Estados miembros, por su representante en un Estado miembro, designado en su caso, o, en ausencia de dicho representante, por el establecimiento o empresa controlada que tenga el mayor número de trabajadores en los Estados miembros;

Considerando que conviene conceder un trato específico a las empresas y a los grupos de empresas de dimensión comunitaria que hayan suscrito, en la fecha de puesta en aplicación de la presente Directiva, un acuerdo aplicable al conjunto de los trabajadores que prevea un procedimiento de información y consulta transnacional a los trabajadores;

Considerando que, en caso de incumplimiento de las obligaciones previstas en la presente Directiva, los Estados miembros deben adoptar las medidas adecuadas,

HA ADOPTADO LA PRESENTE DIRECTIVA:

Sección 1ª Disposiciones generales

Artículo 1. Objeto.

1. La presente Directiva tiene por objeto la mejora del derecho de información y consulta a los trabajadores en las empresas y grupos de empresas de dimensión comunitaria.

2. A tal fin, en cada empresa de dimensión comunitaria y en cada grupo de empresas de dimensión comunitaria se constituirá un comité de empresa europeo o un procedimiento de información y consulta a los trabajadores, siempre que se haya formulado una petición en tal sentido de conformidad con el procedimiento previsto en el apartado 1 del artículo 5, a fin de informar y consultar a dichos trabajadores en las condiciones, según las modalidades y con los efectos previstos en la presente Directiva.

3. No obstante lo dispuesto en el apartado 2, cuando un grupo de empresas de dimensión comunitaria en el sentido de la letra c) del apartado 1 del artículo 2 incluya una o más empresas o grupos de empresas que sean empresas de dimensión comunitaria o grupos de empresas de dimensión comunitaria en el sentido de la letra a) o c) del apartado 1 del artículo 2, el comité de empresa europeo se constituirá a nivel del grupo, salvo disposición en sentido contrario de los acuerdos a que se refiere el artículo 6.4.

4. Salvo en el caso de que los acuerdos a que se refiere el artículo 6 prevean un ámbito de aplicación más amplio, los poderes y las competencias de los comités de empresa europeos y el alcance de los procedimientos de información y de consulta a los trabajadores, establecidos para alcanzar el objetivo mencionado en el apartado 1, se referirán, en el caso de una empresa de dimensión comunitaria, a todos los establecimientos situados en los Estados miembros y, en el caso de un grupo de empresas de dimensión comunitaria, a todas las empresas del grupo situadas en los Estados miembros.

5. Los Estados miembros podrán disponer que la presente Directiva no se aplique al personal que preste servicios a bordo de los buques de la marina mercante.

Artículo 2. Definiciones.

1. A efectos de la presente Directiva, se entenderá por:

a) «empresa de dimensión comunitaria»: toda empresa que ocupe 1.000 o más trabajadores en los Estados miembros y, por lo menos en dos Estados miembros diferentes, empleen 150 o más trabajadores en cada uno de ellos;

b) «grupo de empresas»: un grupo que comprenda una empresa que ejerce el control y las empresas controladas;

c) «grupo de empresa de dimensión comunitaria»: todo grupo de empresas que cumpla las siguientes condiciones:

–que empleen 1.000 o más trabajadores en los Estados miembros,

–que comprenda al menos dos empresas miembros del grupo en Estados miembros diferentes, y

–que al menos una empresa del grupo ocupe 150 o más trabajadores en un Estado miembro y que al menos otra de las empresas del grupo emplee 150 o más trabajadores en otro Estado miembro;

d) «representantes de los trabajadores»: los representantes de los trabajadores previstos en las legislaciones y/o las prácticas nacionales;

e) «dirección central»: la dirección central de la empresa de dimensión comunitaria o, en el caso de un grupo de empresas de dimensión comunitaria, de la empresa que ejerza el control;

f) «consulta»: el intercambio de opiniones y la apertura de un diálogo entre los representantes de los trabajadores y la dirección central o cualquier otro nivel de dirección más apropiado;

g) «comité de empresa europeo»: el comité constituido con arreglo al apartado 2 del artículo 1 o las disposiciones del Anexo, para llevar a cabo la información y la consulta a los trabajadores;

h) «comisión negociadora»: el grupo constituido con arreglo al apartado 2 del artículo 5 a fin de negociar con la dirección central la constitución de un comité de empresa europeo o el establecimiento de un procedimiento de información y consulta a los trabajadores con arreglo al apartado 2 del artículo 1.

2. A efectos de la presente Directiva, la plantilla mínima de los trabajadores se fijará con arreglo a la media de trabajadores, incluidos los trabajadores a tiempo parcial, contratados durante los dos años precedentes, calculada con arreglo a las legislaciones y/o las prácticas nacionales.

Artículo 3. Definición del concepto de «empresa que ejerce el control».

1. A efectos de la presente Directiva, se entenderá por «empresa que ejerce el control», la empresa que pueda ejercer una influencia dominante en otra empresa («empresa controlada»), por ejemplo, por motivos de propiedad, participación financiera o estatutos.

2. Se presumirá, salvo prueba en contrario, que una empresa puede ejercer una influencia dominante sobre otra cuando dicha empresa, directa o indirectamente:

a) posea la mayoría del capital suscrito de la empresa, o

b) disponga de la mayoría de los votos correspondientes a las acciones emitidas por la empresa, o

c) pueda nombrar a más de la mitad de los miembros del consejo de administración, de dirección o de control de la empresa.

3. A efectos del apartado 2, los derechos de voto y de nombramiento que ostente la empresa que ejerce el control incluirán los derechos de cualquier otra empresa controlada y los de toda persona u órgano que actúe en nombre propio pero por cuenta de la empresa que ejerce el control o de cualquier otra empresa controlada.

4. No obstante lo dispuesto en los apartados 1 y 2, una empresa no se considerará «empresa que ejerce el control» respecto de otra empresa de la que posea participaciones cuando se trate de una de las sociedades contempladas en las letras a) o c) del apartado 5 del artículo 3 del Reglamento (CEE) núm. 4064/89 del Consejo, de 21 de diciembre de 1989, sobre el control de las operaciones de concentración entre empresas.

5. No se presumirá que existe influencia dominante únicamente por el hecho de que un mandatario ejerza sus funciones, en virtud de la legislación de un Estado miembro relativa a la liquidación, la quiebra, la insolvencia, la suspensión de pagos, el convenio de acreedores u otro procedimiento análogo.

6. La legislación aplicable a fin de determinar si una empresa es una «empresa que ejerce el control» será la legislación del Estado miembro que regule a dicha empresa.

Cuando la legislación por la que se regule la empresa no sea la de un Estado miembro, la legislación aplicable será la del Estado miembro en cuyo territorio esté establecido su representante o, a falta de dicho representante, la del Estado miembro en cuyo territorio esté situada la dirección central de la empresa del grupo que tenga el mayor número de trabajadores.

7. Cuando, en caso de conflicto de leyes en la aplicación del apartado 2, dos o más empresas de un grupo cumplan uno o varios de los requisitos en dicho apartado 2, la empresa que cumpla el requisito establecido en la letra c) de dicho apartado tendrá la consideración de empresa que ejerce el control, salvo que se pruebe que otra empresa puede ejercer una influencia dominante.

Sección 2ª Constitución del comité de empresa europeo o de un procedimiento de información y consulta a los trabajadores

Artículo 4. Responsabilidad de la constitución de un comité de empresa europeo o establecimiento de un procedimiento de información y consulta a los trabajadores.

1. Incumbirá a la dirección central la responsabilidad de establecer las condiciones y medios necesarios para la constitución del comité de empresa europeo o de un procedimiento de información y consulta mencionados en el apartado 2 del artículo 1 para la empresa o el grupo de empresas de dimensión comunitaria.

2. Cuando la dirección central no esté situada en un Estado miembro, asumirá la responsabilidad

a que se refiere el apartado 1 el representante de la dirección central en el Estado miembro que, en su caso, se designe.

A falta de tal representante, asumirá dicha responsabilidad la dirección del establecimiento o la dirección central de la empresa del grupo que emplee el mayor número de trabajadores de un Estado miembro.

⇒ Conforme a la STSJCE de 13 enero 2004, caso Kühne, cuando la dirección central del grupo de empresas no radique en un Estado miembro, la responsabilidad de proporcionar a los representantes de los trabajadores la información imprescindible para iniciar las negociaciones a fin de constituir el comité corresponde a la dirección central presunta que este último párrafo configura.

3. A efectos de la presente Directiva, el representante o representantes o, en su defecto, la dirección a que se refiere el párrafo segundo del apartado 2 se considerarán como la dirección central.

Artículo 5. Comisión negociadora.

1. A fin de alcanzar el objetivo mencionado en el apartado 1 del artículo 1, la dirección central iniciará la negociación para la constitución de un comité de empresa europeo o de un procedimiento de información y consulta, por propia iniciativa o a solicitud escrita de un mínimo de 100 trabajadores, o de sus representantes, pertenecientes por lo menos a dos empresas o establecimientos situados en Estados miembros diferentes.

2. Con este fin, se constituirá una comisión negociadora con arreglo a las siguientes directrices:

a) los Estados miembros determinarán la forma de elegir o designar a los miembros de la comisión negociadora que hayan de ser elegidos o designados en su territorio.

Los Estados miembros deberán prever que los trabajadores de las empresas y/o establecimientos en los que no existan representantes de los trabajadores por motivos ajenos a su voluntad tengan derecho a elegir o designar miembros de la Comisión negociadora.

El párrafo segundo se entenderá sin perjuicio de las legislaciones y/o prácticas nacionales que fijen límites mínimos de plantilla para la creación de un órgano de representación de los trabajadores;

b) el grupo especial de negociación estará compuesto por un mínimo de 3 miembros y un máximo de 18;

✐ Ap. b) redactado por la Dir. 97/74/CE, de 15 diciembre 1997, del Consejo (art. 2).

c) en el momento de proceder a estas elecciones o designaciones, se deberá garantizar:

–en primer lugar, la existencia de un representante por cada Estado miembro en el que la empresa de dimensión comunitaria tenga uno o más establecimientos o en el que el grupo de empresas de dimensión comunitaria tenga la empresa que ejerce el control o una o más empresas controladas,

–en segundo lugar, la existencia de miembros suplementarios en proporción al número de trabajadores que tengan los establecimientos, la empresa que ejerce el control o las empresas controladas, con arreglo a lo dispuesto en la legislación del Estado miembro en cuyo territorio esté situada la dirección central;

d) se informará a la dirección central y a las direcciones locales de la composición de la comisión negociadora.

3. Corresponderá a la comisión negociadora fijar, junto con la dirección central, mediante un acuerdo escrito, el alcance, la composición, las atribuciones y la duración del mandato del (de los) comité(s) de empresa europeo(s) o las modalidades de aplicación de un procedimiento de información y consulta a los trabajadores.

4. Para la celebración de un acuerdo de conformidad con el artículo 6, la dirección central convocará una reunión con la comisión negociadora. Informará de ello a las direcciones locales.

Para las negociaciones, la comisión negociadora podrá estar asistida por expertos de su elección.

5. La comisión negociadora podrá decidir, por mayoría de dos tercios como mínimo de los votos, no iniciar negociaciones con arreglo al apartado 4 o anular las negociaciones en curso.

Tal decisión pondrá fin al procedimiento para la celebración del acuerdo a que se refiere el artículo 6. Cuando se haya tomado dicha decisión no serán aplicables las disposiciones del Anexo.

Deberá transcurrir un plazo mínimo de dos años desde la citada decisión hasta que pueda presentarse una nueva petición para convocar a la comisión negociadora, excepto si las partes interesadas acuerdan un plazo más corto.

6. Los gastos relativos a las negociaciones contempladas en los apartados 3 y 4 correrán a cargo de la dirección central, de manera que la comisión negociadora pueda cumplir su misión adecuadamente.

Respetando este principio, los Estados miembros podrán fijar las normas relativas a la financiación del funcionamiento de la comisión negociadora pudiendo en particular, limitar la financiación a un solo experto.

Artículo 6. Contenido del acuerdo.

1. La dirección central y la comisión negociadora deberán negociar con espíritu de colaboración para llegar a un acuerdo sobre la forma de llevar a cabo la información y la consulta a los trabajadores mencionadas en el apartado 1 del artículo 1.

2. Sin perjuicio de la autonomía de las partes, el acuerdo mencionado en el apartado 1 y consignado por escrito entre la dirección central y la comisión negociadora establecerá:

a) las empresas miembros del grupo de empresas de dimensión comunitaria o los establecimientos de la empresa de dimensión comunitaria afectados por el acuerdo;

b) la composición del comité de empresa europeo, el número de miembros, su distribución y la duración del mandato;

c) las atribuciones y el procedimiento de información y consulta al comité de empresa europeo;

d) el lugar, la frecuencia y la duración de las reuniones del comité de empresa europeo;

e) los recursos financieros y materiales que se asignarán al comité de empresa europeo;

f) la duración del acuerdo y el procedimiento de su renegociación.

3. La dirección central y la comisión negociadora podrán decidir por escrito establecer uno o más procedimientos de información y consulta en lugar de crear un comité de empresa europeo.

El acuerdo deberá prever las modalidades con arreglo a las cuales los representantes de los trabajadores tendrán derecho a reunirse para cambiar impresiones acerca de la información que les sea comunicada.

Esta información se referirá, en particular, a cuestiones transnacionales que puedan afectar considerablemente a los intereses de los trabajadores.

Los acuerdos a que se refieren los apartados 2 y 3 no estarán sujetos a las disposiciones subsidiarias establecidas en el Anexo, salvo disposición contraria en dichos acuerdos.

5. A efectos de celebración de los acuerdos a que se refieren los apartados 2 y 3, la comisión negociadora se pronunciará por mayoría de sus miembros.

Artículo 7. Disposiciones subsidiarias.

1. A fin de asegurar la consecución del objetivo mencionado en el apartado 1 del artículo 1, se aplicarán las disposiciones subsidiarias previstas por la legislación del Estado miembro en el que esté situada la dirección central:

–cuando la dirección central y la comisión negociadora así lo decidan, o

–cuando la dirección central rechazare la apertura de negociaciones en un plazo de seis meses a partir de la solicitud a la que hace referencia el apartado 1 del artículo 5, o

–cuando en un plazo de tres años a partir de dicha solicitud, no pudieren celebrar el acuerdo contemplado en el artículo 6, y la comisión negociadora no hubiere tomado la decisión a que se refiere el apartado 5 del artículo 5.

2. Las disposiciones subsidiarias a que se refiere el apartado 1 previstas por la legislación del Estado miembro deberán cumplir las normas que figuran en el Anexo.

Sección 3ª Disposiciones varias

Artículo 8. Información confidencial.

1. Los Estados miembros preverán que los miembros de la comisión negociadora y del comité de empresa europeo, así como los expertos que, en su caso, les asistan, no estarán autorizados para revelar a terceros la información que les haya sido expresamente comunicada con carácter confidencial.

Lo mismo regirá para los representantes de los trabajadores en el marco de un procedimiento de información y consulta.

Esta obligación subsistirá, independientemente del lugar en que se encuentren, incluso tras la expiración de su mandato.

2. Cada Estado miembro preverá que, en casos específicos y en las condiciones y límites establecidos por la legislación nacional, la dirección central que se halle en su territorio no estará obligada a comunicar información que, por su naturaleza, pudiere según criterios objetivos, crear graves obstácu-

los al funcionamiento de las empresas afectadas u ocasionar perjuicios a las empresas afectadas por dichas disposiciones.

El Estado miembro de que se trate podrá supeditar esta dispensa a una autorización previa de carácter administrativo o judicial.

3. Cada Estado miembro podrá establecer disposiciones especiales en favor de la dirección central de las empresas y establecimientos situados en su territorio que persigan, directa y sustancialmente, un objetivo de orientación ideológica relativo a la información y a la expresión de opiniones siempre que en la fecha de adopción de la presente Directiva dichas disposiciones particulares existieren ya en la legislación nacional.

Artículo 9. Funcionamiento del comité de empresa europeo y del procedimiento de información y consulta de los trabajadores.

La dirección central y el comité de empresa europeo trabajarán con espíritu de colaboración, respetando sus derechos y sus obligaciones recíprocos.

De igual forma se procederá respecto de la colaboración entre la dirección central y los representantes de los trabajadores en el marco de un procedimiento de información y consulta de los trabajadores.

Artículo 10. Protección de los representantes de los trabajadores.

Los miembros de la comisión negociadora, los miembros del comité de empresa europeo y los representantes de los trabajadores que ejerzan sus funciones en el marco del procedimiento a que se refiere el apartado 3 del artículo 6 gozarán, en el ejercicio de sus funciones, de la misma protección y de garantías similares a las previstas para los representantes de los trabajadores en la legislación nacional o las prácticas vigentes en su país de empleo.

Esto se refiere, en particular, a la participación en las reuniones de la comisión negociadora, del comité de empresa europeo o en cualquier otra reunión realizada en el marco del acuerdo a que se refiere el apartado 3 del artículo 6, así como al pago de su salario en el caso de los miembros pertenecientes a la plantilla de la empresa de dimensión comunitaria o del grupo de empresas de dimensión comunitaria durante el período de ausencia necesario para el ejercicio de sus funciones.

Artículo 11. Cumplimiento de la presente Directiva.

1. Cada Estado miembro velará por que la dirección de los establecimientos de una empresa de dimensión comunitaria y la dirección de las empresas pertenecientes a un grupo de empresas de dimensión comunitaria establecidos en su territorio y los representantes de los trabajadores o, en su caso, los propios trabajadores, observen las obligaciones establecidas en la presente Directiva, independientemente de que la dirección central esté o no situada en su territorio.

2. Los Estados miembros velarán por que, a petición de las partes interesadas en la aplicación de la presente Directiva, las empresas faciliten la información sobre el número de trabajadores contemplado en las letras a) y c) del apartado 1 del artículo 2.

3. Los Estados miembros preverán medidas adecuadas en caso de incumplimiento de la presente Directiva y, en particular, velarán por la existencia de procedimentos administrativos o judiciales que permitan la ejecución de las obligaciones derivadas de la presente Directiva.

4. Los Estados miembros, al proceder a la aplicación del artículo 8, preverán las vías de recurso administrativo o judicial a las que podrán recurrir los representantes de los trabajadores cuando la dirección central exija confidencialidad o no facilite información conforme a lo previsto en el referido artículo 8.

Estos procedimientos podrán incluir salvaguardias destinadas a mantener el carácter confidencial de la información de que se trate.

Artículo 12. Relación entre la presente Directiva y otras disposiciones.

1. La presente Directiva se aplicará sin perjuicio de las disposiciones adoptadas con arreglo a la Directiva 75/129/CEE del Consejo, de 17 de febrero de 1975, relativa a la aproximación de las legislaciones de los Estados miembros que se refieren a los despidos colectivos, y a la Directiva 77/187/CEE del Consejo,. de 14 de febrero de 1977, sobre la aproximación de las legislaciones de los Estados miembros relativas al mantenimiento de los derechos de los trabajadores en caso de traspasos de empresas, de centros de actividad o partes de centros de actividad.

⇒ La Dir. 75/129/CEE, de 17 febrero 1975, del Consejo, ha sido derogada por la Dir. 98/59/CE, de 20 julio 1998, del Consejo (§48.3).

La Dir. 77/187/CEE de 14 febrero 1977, del Consejo ha sido sustituida por la Dir. 2001/23/CE, de 12 marzo, del Consejo (§48.1).

2. La presente Directiva no afectará a los derechos de información y consulta de los trabajadores existentes en su legislación nacional.

Artículo 13. Acuerdos vigentes.

1. Sin perjuicio de lo dispuesto en el apartado 2, no estarán sometidas a las obligaciones que resultan de la presente Directiva las empresas y grupos de empresas de dimensión comunitaria en los que ya exista, bien en la fecha fijada en el apartado 1 del artículo 14 o bien en una fecha anterior, en el Estado miembro de que se trate, un acuerdo aplicable al conjunto de los trabajadores que prevea la información y consulta transnacional a los trabajadores.

2. En el momento de la expiración de los acuerdos a que se refiere el apartado 1, las partes en dichos acuerdos podrán decidir conjuntamente su prórroga.

De no ser así, se aplicarán, las disposiciones de la presente Directiva.

Artículo 14. Disposiciones finales.

1. Los Estados miembros adoptarán las disposiciones legales, reglamentarias y administrativas necesarias para dar cumplimiento a lo establecido en la presente Directiva a más tardar el 22 de septiembre de 1996, o garantizarán que, a más tardar en dicha fecha, los interlocutores sociales adopten las disposiciones necesarias por vía de acuerdo; los Estados miembros deberán adoptar todas las disposiciones necesarias para poder garantizar en todo momento los resultados que impone la presente Directiva. Informarán de ello inmediatamente a la Comisión.

2. Cuando los Estados miembros adopten dichas disposiciones éstas harán referencia a la presente Directiva o irán acompañadas de dicha referencia en su publicación oficial. Los Estados miembros establecerán las modalidades de la mencionada referencia.

Artículo 15. Reexamen por parte de la Comisión.

A más tardar el 22 de septiembre de 1999, la Comisión, en consulta con los Estados miembros y los interlocutores sociales a nivel europeo, revisará las modalidades de aplicación de la misma y estudiará, en particular, si los límites de la plantilla son adecuados, con el fin de proponer al Consejo, si fuere necesario, las modificaciones necesarias.

Artículo 16.

Los destinatarios de la presente Directiva serán los Estados miembros.

ANEXO

Requisitos subsidiarios contemplados en el artículo 7 de la Directiva

1. A fin de alcanzar el objetivo mencionado en el apartado 1 del artículo 1 de la Directiva y en los casos previstos en el apartado 1 del artículo 7, se constituye un comité de empresa europeo cuya composición y competencias se regularán por las normas siguientes:

a) las competencias del comité de empresa europeo se limitarán a la información y la consulta sobre las cuestiones que interesen al conjunto de la empresa o del grupo de empresas de dimensión comunitaria, o al menos a dos establecimientos o empresas miembros del grupo situados en Estados miembros distintos.

En el caso de las empresas o grupos de empresas a que se refiere el apartado 2 del artículo 4, las competencias del comité de empresa europeo se limitarán a las cuestiones que interesen a todos los establecimientos o todas las empresas del grupo situados dentro de la Comunidad o que interesen al menos a dos de sus establecimientos o empresas miembros del grupo situados en Estados miembros distintos;

b) el comité de empresa europeo estará compuesto por trabajadores de la empresa de dimensión comunitaria o del grupo de empresas de dimensión comunitaria elegidos o designados por y entre los representantes de los trabajadores o, en su defecto, por el conjunto de los trabajadores.

Los miembros del comité de empresa europeo serán elegidos o designados con arreglo a las legislaciones o prácticas nacionales;

c) el comité de empresa europeo constará de un mínimo de 3 miembros y un máximo de 30.

Si su dimensión lo justifica, elegirá en su seno un comité restringido compuesto de 3 miembros como máximo.

El comité de empresa europeo adoptará su reglamento interno;

d) en las elecciones o designaciones de los miembros del comité de empresa europeo se deberá garantizar:

–en primer lugar, la existencia de un representante por cada Estado miembro en el que la empresa de dimensión comunitaria tenga uno o más establecimientos o en el que el grupo de empresas de dimensión comunitaria tenga la empresa que ejerce el control o una o más empresas controladas,

–en segundo lugar, la existencia de miembros suplementarios en proporción al número de trabajadores que tengan los establecimientos, la empresa que ejerce el control o las empresas controladas, con arreglo a lo dispuesto en la legislación del Estado miembro en cuyo territorio esté situada la dirección central;

e) se informará a la dirección central y a cualquier otro nivel de dirección adecuado de la composición del comité de empresa europeo;

f) cuatro años después de la constitución del comité de empresa europeo, éste deliberará sobre si deben entablarse negociaciones con vistas a la celebración del acuerdo que se menciona en el artículo 6 de la Directiva o si deben mantenerse vigentes las disposiciones subsidiarias establecidas con arreglo al presente Anexo.

Los artículos 6 y 7 de la Directiva se aplicarán, «mutatis mutandis», si se decide negociar un acuerdo con arreglo a lo dispuesto en el artículo 6 de la Directiva, en cuyo caso la expresión «la comisión negociadora» se sustituirá por la de «el comité de empresa europeo».

2. El comité de empresa europeo tendrá derecho a mantener al menos una reunión anual con la dirección central para que se le informe y consulte, tomando como base un informe elaborado por la dirección central, sobre la evolución y perspectivas de las actividades de la empresa o grupo de empresas de dimensión comunitaria. Se informará de ello a las direcciones locales.

Esta reunión tratará sobre todo de la estructura, la situación económica y financiera, la evolución probable de las actividades, la producción y las ventas, la situación y evolución probable del empleo, las inversiones, los cambios sustanciales que afecten a la organización, la introducción de nuevos métodos de trabajo o de nuevos métodos de producción, los traslados de producción, las fusiones, la reducción del tamaño o el cierre de empresas, de establecimientos o de partes importantes de éstos, y los despidos colectivos.

3. Cuando concurran circunstancias excepcionales que afecten considerablemente a los intereses de los trabajadores, sobre todo en caso de traslados de empresas, de cierre de empresas o de establecimientos o de despidos colectivos, el comité restringido o, si éste no existe, el comité de empresa europeo tendrá derecho a ser informado. Asimismo, tendrá derecho a reunirse, a petición propia, con la dirección central o cualquier otro nivel de dirección más adecuado de la empresa o del grupo de empresas de dimensión comunitaria que tenga competencias para adoptar decisiones propias, para que se le informe y consulte sobre las medidas que afecten considerablemente a los intereses de los trabajadores.

En la reunión organizada con el comité restringido tendrán también derecho a participar los miembros del comité de empresa europeo elegidos o designados por los establecimientos y/o empresas directamente afectados por las medidas de que se trate.

Esta reunión de información y consulta se efectuará con la debida antelación basándose en un informe redactado por la dirección central o por cualquier otro nivel de dirección adecuado de la empresa de dimensión comunitaria del grupo de empresas de dimensión comunitaria, sobre el que podrá emitirse un dictamen al término de la reunión o en un plazo razonable.

Esta reunión no afectará a las prerrogativas de la dirección central.

4. Los Estados miembros podrán establecer normas sobre la presidencia de las reuniones de información y consulta.

El comité de empresa europeo o el comité restringido, ampliado, si procede, con arreglo al párrafo segundo del apartado 3, estarán facultados para reunirse previamente a cualquier reunión con la dirección central sin que esté presente la dirección interesada.

5. Sin perjuicio del artículo 8 de la Directiva, los miembros de comité de empresa europeo informarán a los representantes de los trabajadores de los establecimientos o de las empresas de un grupo de empresas de dimensión comunitaria o, en su defecto, al conjunto de los trabajadores, sobre el contenido y los resultados del procedimiento de información y consulta establecido de conformidad con el presente Anexo.

6. Siempre que sea necesario para el desempeño de sus funciones, el comité de empresa europeo o el comité restringido podrá solicitar el asesoramiento de expertos por él elegidos.

7. Los gastos de funcionamiento del comité de empresa europeo correrán a cargo de la dirección central.

La dirección central que corresponda proporcionará a los miembros del comité de empresa europeo los recursos financieros y materiales necesarios para que puedan cumplir convenientemente su cometido.

En particular, la dirección central se hará cargo, salvo que se convenga otra cosa, de los gastos de organización de reuniones y de interpretación, así como de los gastos de alojamiento y viaje de los miembros del comité de empresa europeo y de su comité restringido.

Respetando estos principios, los Estados miembros podrán fijar normas relativas a la financiación del funcionamiento del comité de empresa europeo, pudiendo, en particular, limitar la financiación a un solo experto.

§ 49.3 DIRECTIVA 2001/86/CE, DE 8 OCTUBRE 2001, DEL CONSEJO. COMPLETA EL ESTATUTO DE LA SOCIEDAD ANÓNIMA EUROPEA EN LO QUE RESPECTA A LA IMPLICACIÓN DE LOS TRABAJADORES

(DOL núm. 294, de 10 noviembre [LCEur 2001, 3912])

⇒ El Estatuto se regula por Reglamento (CE) núm. 2157/2001, del Consejo, de 8 octubre 2001 (DOL núm. 294, de 10 noviembre 2001, pgs. 1 y ss.).
Por Ley 19/2005, 14 noviembre, sobre la Sociedad Anónima Europea Domiciliada en España se adoptan las disposiciones precisas para garantizar en España la efectividad de las normas de aplicación directa contenidas en dicho Reglamento.
Por su parte, el Reglamento (CE) núm. 1435/2003, del Consejo, de 22 julio, regula el Estatuto de la Sociedad Cooperativa Europea. La Directiva 2003/72/CE, del Consejo, completa dicho Estatuto en lo que respecta a la implicación de los trabajadores.

EL CONSEJO DE LA UNIÓN EUROPEA,

Visto el Tratado constitutivo de la Comunidad Europea, y en particular su artículo 308, Vista la propuesta modificada de la Comisión,

⇒ DOC 138, de 29 mayo 1991, pg. 8.

Visto el dictamen del Parlamento Europeo,

⇒ DOC 342, de 20 diciembre 1993, pg. 15.

Visto el dictamen del Comité Económico y Social,

⇒ DOC 124, de 21 mayo 1990, pg. 34.

(1) Considerando que, para alcanzar los objetivos que establece el Tratado de la Comunidad Europea, el Consejo mediante el Reglamento (CE) núm. 2157/2001 aprobó el Estatuto de la Sociedad Anónima Europea (SE).

⇒ Véase la pg. 1 del presente Diario Oficial.

(2) Dicho Reglamento está destinado a establecer un marco jurídico uniforme en el que las sociedades de los distintos Estados miembros puedan planear y llevar a cabo la reestructuración de sus actividades a escala comunitaria.

(3) Para fomentar los objetivos sociales de la Comunidad deben fijarse disposiciones especiales, sobre todo en el ámbito de la implicación de los trabajadores, encaminadas a garantizar que el establecimiento de las SE no suponga la desaparición ni la reducción de las prácticas existentes de implicación de los trabajadores en las empresas que participen en la creación de las SE que ese objetivo debe perseguirse mediante el establecimiento de una serie de normas aplicables en este ámbito, que completen las disposiciones del Reglamento.

(4) Teniendo en cuenta que, en la medida en que se trata de establecer una normativa sobre la implicación de los trabajadores en la Sociedad Europea y que tal objetivo no puede ser alcanzado de manera suficiente por los Estados miembros, y, por consiguiente, puede lograrse mejor, debido a la dimensión o a los efectos de la acción contemplada, a nivel comunitario, la Comunidad puede adoptar medidas, de conformidad con el principio de subsidiariedad enunciado en el artículo 5 del Tratado. De conformidad con el principio de proporcionalidad, tal y como se enuncia en el mencionado artículo, el presente Reglamento no excede de lo necesario para alcanzar dichos objetivos.

(5) La gran diversidad de normas y de prácticas existentes en los Estados miembros respecto de la forma en que los representantes de los trabajadores están implicados en las decisiones de las empresas no aconseja que se establezca un modelo europeo único de implicación de los trabajadores aplicable a las SE.

(6) En todos los casos de constitución de SE deberán asegurarse los procedimientos de información y consulta a escala transnacional.

(7) Cuando en una o más de las sociedades participantes en una SE existan derechos de participación, dichos derechos deben preservarse mediante su transferencia a la SE, una vez creada ésta, salvo que las partes no decidan lo contrario.

(8) Los procedimientos concretos de información y consulta transnacional así como en su caso de participación de los trabajadores, aplicables a cada SE deberán definirse principalmente mediante

un acuerdo entre las partes afectadas o, a falta de éste, mediante la aplicación de una serie de normas subsidiarias.

(9) Los Estados miembros deben poder decidir no aplicar las disposiciones de referencia relativas a la participación en caso de fusión, teniendo en cuenta la diversidad de los sistemas nacionales de implicación de los trabajadores. La conservación de los sistemas y las prácticas de participación existentes en su caso a nivel de las sociedades participantes debe en dicho caso garantizarse mediante una adaptación de las normas de registro.

(10) Las reglas de voto de la Comisión negociadora que represente a los trabajadores a efectos de la negociación, sobre todo a la hora de celebrar acuerdos que establezcan un nivel de participación más bajo que el existente en una o varias de las empresas participantes, deben estar en relación con el riesgo de desaparición o de reducción de los sistemas y las prácticas de participación existentes. Ese riesgo es mayor cuando se trata de una SE constituida mediante transformación o fusión que cuando se hace mediante la creación de una sociedad holding o de una filial común.

(11) En ausencia de un acuerdo en la negociación entre los representantes de los trabajadores y los órganos competentes de las sociedades participantes, deben disponerse determinados requisitos estándar aplicables a las SE desde su constitución. Dichos requisitos estándar deberán garantizar la práctica eficaz de información y consulta transnacional a los trabajadores, así como su participación en los órganos correspondientes de la SE, cuando dicha participación exista antes de su constitución en las empresas participantes.

(12) Debe preverse que los representantes de los trabajadores que actúen en el marco de la Directiva disfruten en el ejercicio de sus funciones la misma protección y garantías que las previstas para los representantes de los trabajadores con arreglo a la legislación o la práctica del país en que trabajen. No deben estar sujetos a discriminación alguna como resultado del ejercicio legal de sus actividades, y deben tener una protección adecuada contra el despido y otras sanciones.

(13) Debe garantizarse que se preserve el carácter confidencial de las informaciones sensibles, incluso después de la expiración del mandato de los representantes de los trabajadores. Debe contemplarse una disposición que permita al órgano competente de la SE no divulgar aquella información que pudiera dañar gravemente el funcionamiento de la SE en caso de hacerse pública.

(14) Cuando una SE y sus filiales y establecimientos se hallen sujetos a la Directiva 94/45/CE del Consejo, de 22 de septiembre de 1994, sobre la constitución de un comité de empresa europeo o de un procedimiento de información y consulta a los trabajadores en las empresas y grupos de empresas de dimensión comunitaria, las disposiciones de esa Directiva, así como las disposiciones que la incorporen a la legislación nacional no deben aplicárseles, así como tampoco a sus filiales y establecimientos, salvo que la comisión negociadora decida no iniciar negociaciones o poner fin a las negociaciones ya iniciadas.

⇒ DOL 254, de 30 septiembre 1994, pg. 64. Directiva modificada cuya última modificación la constituye la Directiva 97/74/CE (DOL 10, de 16 enero 1998, pg. 22).

(15) Lo dispuesto en la presente Directiva no debe afectar a otros derechos de implicación de los trabajadores existentes ni afecta necesariamente a otras estructuras de representación existentes establecidas por legislaciones y prácticas comunitarias y nacionales.

(16) Los Estados miembros adoptarán las medidas adecuadas en caso de incumplimiento de las obligaciones que establece la presente Directiva.

(17) El Tratado no prevé para la adopción de la presente Directiva más poderes que los del artículo 308.

(18) La protección de los derechos adquiridos de los trabajadores en materia de implicación en las decisiones de la empresa es un principio fundamental y un objetivo declarado de la presente Directiva. Los derechos de los trabajadores existentes con anterioridad a la constitución de las SE representan también un punto de partida para la configuración de su derecho a la implicación en la SE (principio de antes-después). Esta consideración es válida en consecuencia no sólo para la nueva constitución de una SE sino también para las modificaciones estructurales de una sociedad europea ya constituida y para los procesos estructurales de modificación de las sociedades de que se trate.

(19) Los Estados miembros deben poder disponer que los representantes sindicales puedan ser miembros de una comisión negociadora independientemente de que sean o no trabajadores de una sociedad que participe en la constitución de una SE. En este contexto, los Estados miembros, deberían, en particular, poder reconocer este derecho en los casos en que los representantes sindicales tengan derecho de participación y de voto en los órganos de administración o de control de la sociedad, de conformidad con la legislación nacional.

(20) En varios Estados miembros la implicación de los trabajadores, así como otros aspectos de

las relaciones laborales, se basan tanto en la legislación como en la práctica nacionales, que, en este contexto, se considera que abarcan también los convenios colectivos a diferentes niveles, nacional, sectorial o de empresa.

HA ADOPTADO LA PRESENTE DIRECTIVA:

Sección 1ª Disposiciones generales

Artículo 1. Objeto.

1. La presente Directiva regula la implicación de los trabajadores en las sociedades anónimas europeas («Societas Europaea», denominada en lo sucesivo SE), contempladas en el Reglamento (CE) núm. 2157/2001.

2. A tal fin se establecerán disposiciones sobre la implicación de los trabajadores en cada SE según el procedimiento de negociación previsto en los artículos 3 a 6 o, en las circunstancias contempladas en el artículo 7, de conformidad con lo dispuesto en el anexo.

Artículo 2. Definiciones.

A efectos de la presente Directiva, se entenderá por:

a) SE: toda sociedad constituida con arreglo al Reglamento (CE) núm. 2157/2001;

b) sociedades participantes: toda sociedad que participe directamente en la constitución de una SE;

c) filial: de una sociedad, una empresa sobre la cual dicha sociedad ejerce una influencia dominante definida con arreglo a lo dispuesto en los apartados 2 a 7 del artículo 3 de la Directiva 94/45/CE;

d) filial o establecimiento afectado: una filial o establecimiento de una sociedad participante que según el proyecto vaya a pasar a ser filial o establecimiento de la SE en el momento de su constitución;

e) representantes de los trabajadores: los representantes de los trabajadores previstos en las legislaciones o en las prácticas nacionales;

f) órgano de representación: el órgano de representación de los trabajadores constituido mediante los acuerdos contemplados en el artículo 4 o con arreglo a lo dispuesto en el anexo, para llevar a cabo la información y consulta de los trabajadores de la SE y de sus filiales y establecimientos situados en la Comunidad y, en su caso, para ejercer los derechos de participación relativos a la SE;

g) comisión negociadora: el grupo constituido con arreglo al artículo 3 a fin de negociar con el órgano competente de las sociedades participantes el establecimiento de las disposiciones relativas a la implicación de los trabajadores en la SE;

h) implicación de los trabajadores: la información, la consulta y la participación, y cualquier otro mecanismo mediante el cual los representantes de los trabajadores pueden influir en las decisiones que se adopten en la empresa;

i) información: la transmisión, por el órgano competente de la SE al órgano de representación de los trabajadores o a los representantes de los trabajadores, de las informaciones relativas a las cuestiones que afecten a la propia SE y a cualquiera de sus filiales o establecimientos situado en otro Estado miembro o que excedan de las competencias de los órganos de decisión en un único Estado miembro, en un momento, de un modo y con un contenido que permitan a los representantes de los trabajadores evaluar en profundidad las posibles repercusiones y, en su caso, preparar la consulta con el órgano competente de la SE;

j) consulta: la apertura de un diálogo y el intercambio de opiniones entre el órgano de representación de los trabajadores o los representantes de los trabajadores y el órgano competente de la SE, en un momento, de un modo y con un contenido que permitan a los representantes de los trabajadores, a partir de la información facilitada, expresar una opinión sobre las medidas previstas por el órgano competente que pueda ser tenida en cuenta en el marco del proceso de toma de decisiones en la SE;

k) participación: la influencia del órgano de representación de los trabajadores o los representantes de los trabajadores en una sociedad mediante:

–el derecho de elegir o designar a determinados miembros del órgano de administración o de control de la sociedad; o

–el derecho de recomendar u oponerse a la designación de una parte o de todos los miembros del órgano de administración o de control de la sociedad.

Sección 2ª Procedimiento de negociación

Artículo 3. Constitución de la comisión negociadora.

1. Cuando los órganos de dirección o de administración de las sociedades participantes establezcan el proyecto de constitución de una SE, iniciarán lo antes posible, una vez publicado el proyecto de fusión o de constitución de una sociedad holding, o después de adoptarse un proyecto de crear una filial o de transformarse en una SE, las gestiones necesarias, incluida la comunicación de las informaciones relativas a la identidad de las sociedades participantes, filiales o establecimientos afectados, así como el número de sus trabajadores, para entablar negociaciones con los representantes de los trabajadores de las sociedades sobre las disposiciones relativas a la implicación de los trabajadores en la SE.

2. A tal fin, se constituirá una comisión negociadora representativa de los trabajadores de las sociedades participantes y sus filiales o establecimientos interesados, con arreglo a las disposiciones siguientes:

a) al elegir o designar los miembros de la comisión negociadora, se deberá garantizar:

i) que sus miembros sean elegidos o designados en proporción al número de trabajadores empleados en cada Estado miembro por las sociedades participantes y las filiales y establecimientos afectados, a razón en cada Estado miembro de un puesto por cada 10% o fracción del total de trabajadores empleados por las sociedades participantes y las filiales y establecimientos afectados en el conjunto de los Estados miembros;

ii) que en el caso de las SE constituidas mediante fusión, se incorporen otros miembros adicionales en representación de cada Estado miembro en la medida necesaria para garantizar que la comisión negociadora incluye al menos un miembro representante de cada una de las sociedades participantes que están registradas y emplean trabajadores en dicho Estado miembro y que vaya, según el proyecto, a dejar de existir, como entidad jurídica diferenciada tras la inscripción de la SE siempre que:

–el número de estos miembros adicionales no sea superior al 20% del número de miembros designados de conformidad con el inciso i); y

–la composición de la comisión negociadora no dé lugar a una doble representación de los trabajadores en cuestión.

Si el número de estas sociedades excede del número de puestos adicionales disponibles con arreglo al primer inciso, estos puestos adicionales se asignarán a sociedades de diferentes Estados miembros por orden decreciente del número de trabajadores que empleen;

b) los Estados miembros determinarán la forma de elegir o designar los miembros de la comisión negociadora que hayan de ser elegidos o designados en su territorio. Los Estados miembros adoptarán las medidas necesarias para lograr que, en la medida de lo posible, entre dichos miembros figure al menos un representante de cada una de las sociedades participantes que emplee a trabajadores en el Estado miembro afectado. Estas medidas no deberán suponer un aumento del número total de miembros.

Los Estados miembros podrán prever que entre dichos miembros figuren representantes sindicales, sean o no trabajadores de una empresa participante o de una filial o establecimiento interesado.

Sin perjuicio de las legislaciones o prácticas nacionales por las que se fijen umbrales para el establecimiento de un órgano de representación de los trabajadores, los Estados miembros deberán prever que los trabajadores de las empresas o establecimientos en los que no existan representantes de los trabajadores por motivos ajenos a su voluntad, tengan derecho a elegir o designar a miembros de la comisión negociadora.

3. Corresponderá a la comisión negociadora y a los órganos competentes de las sociedades participantes fijar, mediante acuerdo escrito, las disposiciones relativas a la implicación de los trabajadores en la SE.

A tal fin, el órgano competente de las sociedades participantes informará a la comisión negociadora del proyecto y del desarrollo del proceso real de constitución de la SE, hasta la inscripción de la misma.

4. Sin perjuicio de lo dispuesto en el apartado 6, la comisión negociadora decidirá por mayoría absoluta de sus miembros, siempre que dicha mayoría represente igualmente a una mayoría absoluta de los trabajadores. Cada miembro dispondrá de un voto. No obstante, cuando el resultado de las negociaciones pueda determinar una reducción de los derechos de participación, la mayoría necesaria para tomar tal acuerdo será la de los dos tercios de los miembros de la comisión negociadora, que representen al menos a dos tercios de los trabajadores, incluidos los votos de los miembros que representen a trabajadores contratados en, al menos, dos Estados miembros,

–en el caso de una SE constituida mediante fusión, si la participación afecta al menos al 25% del número total de trabajadores de las sociedades participantes, o

–en el caso de una SE constituida mediante la creación de una sociedad «holding» o de una filial, si la participación afecta al menos al 50% del número total de trabajadores de las sociedades participantes.

Se entenderá por reducción de los derechos de participación una proporción de miembros de los órganos de la SE, en el sentido de la letra k) del artículo 2, inferior a la proporción más alta existente en las sociedades participantes.

5. Para las negociaciones, la comisión negociadora podrá solicitar estar asistida por expertos de su elección, por ejemplo representantes de las organizaciones sindicales pertinentes a nivel europeo. Dichos expertos podrán estar presentes, como asesores, durante las reuniones de negociación, cuando así lo solicite la comisión negociadora, en su caso, para promover la coherencia a nivel comunitario. La comisión negociadora podrá decidir informar a los representantes de las organizaciones externas pertinentes, incluidos los sindicatos, acerca del inicio de las negociaciones.

6. La comisión negociadora podrá decidir, por la mayoría prevista más adelante, no iniciar negociaciones o terminar las negociaciones ya iniciadas y basarse en las disposiciones sobre información y consulta de los trabajadores que estén vigentes en los Estados miembros en que la SE tenga trabajadores. Dicha decisión pondrá fin al procedimiento destinado a la adopción del acuerdo previsto en el artículo 4. Cuando se haya tomado dicha decisión, no se aplicará ninguna de las disposiciones del anexo.

La mayoría necesaria para decidir que no se inicien o que se terminen unas negociaciones será la de los dos tercios de los miembros que representen al menos a dos tercios de los trabajadores, incluidos los votos de miembros que representen a trabajadores de al menos dos Estados miembros.

En el caso de una SE constituida mediante transformación, no será aplicable lo dispuesto en el presente apartado cuando exista participación en la empresa que vaya a transformarse.

La comisión negociadora volverá a ser convocada cuando así lo soliciten, por escrito, el 10% por lo menos de los trabajadores de la SE, de sus filiales y establecimientos o de sus representantes, siempre que hayan transcurrido al menos dos años desde la fecha de la citada decisión, salvo que las partes acuerden reiniciar las negociaciones con anterioridad. Si la comisión negociadora decide reanudar las negociaciones con la dirección, pero no se llega a un acuerdo como resultado de dichas negociaciones, no se aplicará ninguna de las disposiciones del anexo.

7. Los gastos de funcionamiento de la comisión negociadora y, en general, de las negociaciones correrán a cargo de las sociedades participantes de manera que la comisión negociadora pueda cumplir su misión adecuadamente.

Respetando estos principios, los Estados miembros podrán fijar las normas relativas a la financiación del funcionamiento de la comisión negociadora. En particular, podrán limitar la financiación a un solo experto.

Artículo 4. Contenido del acuerdo.

1. Los órganos competentes de las sociedades participantes y la comisión negociadora deberán negociar con espíritu de colaboración para llegar a un acuerdo sobre las normas de implicación de los trabajadores en la SE.

2. Sin perjuicio de la autonomía de las partes, y con sujeción a lo dispuesto en el apartado 4, el acuerdo mencionado en el apartado 1 entre los órganos competentes de las sociedades participantes y la comisión negociadora establecerá:

a) el ámbito de aplicación del acuerdo;

b) la composición, el número de miembros y la distribución de los puestos del órgano de representación que será el interlocutor del órgano competente de la SE en el marco de las disposiciones relativas a la información y consulta de los trabajadores de la SE y de sus filiales y establecimientos;

c) las atribuciones y el procedimiento previsto de información y consulta al órgano de representación;

d) la frecuencia de las reuniones del órgano de representación;

e) los recursos financieros y materiales que se asignarán al órgano de representación;

f) en caso de que, durante las negociaciones, las partes decidan establecer uno o más procedimientos de información y de consulta en lugar de establecer un órgano de representación, las modalidades de aplicación de tales procedimientos;

g) en caso de que, durante las negociaciones, las partes decidan establecer normas de participación, los aspectos sustanciales de dichas normas, incluido, en su caso, el número de miembros del órgano de administración o de control de la SE, que los trabajadores tendrán derecho a elegir, designar, recomendar u oponerse a su designación, los procedimientos a seguir por los trabajadores para elegir, designar, recomendar u oponerse a la designación de tales miembros, así como sus derechos;

h) la fecha de entrada en vigor del acuerdo, su duración, los casos en los que el acuerdo deberá renegociarse y el procedimiento para su renegociación.

3. El acuerdo no estará sujeto a las disposiciones de referencia establecidas en el anexo, salvo disposición contraria en el propio acuerdo.

4. Sin perjuicio de lo dispuesto en la letra a) del apartado 3 del artículo 13, cuando la SE se constituya mediante transformación, el acuerdo deberá estipular un nivel de implicación de los trabajadores que sea al menos equivalente al de todos los elementos de implicación existentes en la sociedad que vaya a transformarse en SE.

Artículo 5. Duración de las negociaciones.

1. Las negociaciones se iniciarán tan pronto como se haya constituido la comisión negociadora y podrán proseguir durante los seis meses siguientes.

2. Las partes podrán decidir de común acuerdo prolongar las negociaciones más allá del período contemplado en el apartado 1, hasta un máximo de un año, a contar desde la constitución de la comisión negociadora.

Artículo 6. Legislación aplicable al procedimiento de negociación.

Salvo disposición en contrario de la presente Directiva, la legislación aplicable al procedimiento de negociación contemplado en los artículos 3 a 5 será la del Estado miembro en que la SE vaya a tener su sede registrada.

Artículo 7. Disposiciones de referencia.

1. A fin de asegurar la consecución del objetivo descrito en el artículo 1, los Estados miembros establecerán. Sin perjuicio del apartado 3 siguiente, disposiciones de referencia sobre la implicación de los trabajadores, que deberán cumplir las disposiciones previstas en el anexo.

Las disposiciones de referencia previstas por la legislación del Estado miembro en el que vaya a situarse la sede social de la SE se aplicarán a partir de la fecha de inscripción de la SE:

a) cuando las partes así lo decidan; o

b) cuando no se haya alcanzado ningún acuerdo en el plazo establecido por el artículo 5 y

–los órganos competentes de cada una de las sociedades participantes decida aceptar la aplicación de las disposiciones de referencia relativas a la SE y continuar el procedimiento de registro de la SE; y

–la comisión negociadora no haya adoptado la decisión prevista en el apartado 6 del artículo 3.

2. Además, las disposiciones de referencia establecidas por la legislación nacional del Estado miembro de registro con arreglo a la Parte 3 del anexo sólo se aplicarán:

a) en el caso de una SE constituida por transformación, si las normas de un Estado miembro relativas a la participación de los trabajadores en el órgano de administración o de control se aplicaban a una sociedad transformada en SE;

b) en el caso de una SE constituida por fusión:

–si, antes de la inscripción de la SE, se aplicaban una o más formas de participación en una o más de las sociedades participantes que afectasen al menos a un 25% del número total de trabajadores empleados en el conjunto de las sociedades participantes; o

–si, antes del registro de la SE, se aplicaban una o más formas de participación en una o más de las sociedades participantes que afectasen a menos de un 25% del número total de trabajadores empleados en el conjunto de las sociedades participantes y la comisión negociadora así lo decide;

c) en el caso de una SE constituida mediante la creación de una sociedad «holding» o de una filial:

–si, antes de la inscripción de la SE, se aplicaban una o más formas de participación en una o más de las sociedades participantes que afectasen al menos al 50% del número total de trabajadores empleados en el conjunto de las sociedades participantes; o

–si, antes de la inscripción de la SE, se aplicaban una o más formas de participación en una o más de las sociedades participantes que afectasen a menos del 50% del número total de trabajadores empleados en el conjunto de las sociedades participantes y la comisión negociadora así lo decide;

Si hubiere habido más de una forma de participación en el seno de las diferentes sociedades participantes, la comisión negociadora decidirá cuál de estas formas debe ser establecida en la SE. Los Estados miembros podrán establecer las normas aplicables en ausencia de decisión en la materia para una sociedad registrada en su territorio. La comisión negociadora informará al órgano competente de las sociedades participantes sobre las decisiones adoptadas con arreglo al presente apartado.

3. Los Estados miembros podrán prever que las disposiciones de referencia contempladas en la Parte 3 del anexo no se apliquen en el caso, previsto en la letra b) del apartado 2.

Sección 3ª Disposiciones varias

Artículo 8. Reserva y confidencialidad.

1. Los Estados miembros preverán que los miembros de la comisión negociadora y del órgano de representación, así como los expertos que les asistan, no estarán autorizados para revelar a terceros la información que les haya sido comunicada con carácter confidencial.

Lo mismo regirá para los representantes de los trabajadores en el marco de un procedimiento de información y consulta.

Esta obligación subsistirá, independientemente del lugar en que se encuentren, incluso tras la expiración de su mandato.

2. Cada Estado miembro preverá que, en casos específicos y en las condiciones y límites establecidos por la legislación nacional, el órgano de control o de administración de la SE o de una sociedad participante establecida en su territorio no estará obligado a comunicar información que, por su naturaleza, pudiera, según criterios objetivos, crear graves obstáculos al funcionamiento de la SE (o, en su caso, de la sociedad participante), o de sus filiales y establecimientos u ocasionar perjuicios a los mismos.

Los Estados miembros podrán supeditar esta dispensa a una autorización previa de carácter administrativo o judicial.

3. Cada Estado miembro podrá establecer disposiciones especiales en favor de las SE establecidas en su territorio que persigan directa y sustancialmente un objetivo de orientación ideológica relativo a la información y a la expresión de opiniones, siempre que en la fecha de adopción de la presente Directiva dichas disposiciones existan ya en la legislación nacional.

4. Los Estados miembros, al proceder a la aplicación de los apartados 1, 2 y 3, preverán los recursos administrativos o judiciales que puedan interponer los representantes de los trabajadores cuando el órgano de control o de administración de la SE o de una sociedad participante exija confidencialidad o no facilite información.

Estos recursos podrán incluir dispositivos de protección del carácter confidencial de la información de que se trate.

Artículo 9. Funcionamiento del órgano de representación y procedimiento de información y consulta de los trabajadores.

El órgano competente de la SE y el órgano de representación trabajarán con espíritu de cooperación, respetando sus derechos y obligaciones recíprocos.

De igual forma se procederá respecto de la cooperación entre el órgano de control o de administración de la SE y los representantes de los trabajadores en el marco de un procedimiento de información y consulta de los trabajadores.

Artículo 10. Protección de los representantes de los trabajadores.

Los miembros de la comisión negociadora, los miembros del órgano de representación, los representantes de los trabajadores que ejerzan sus funciones en el marco de un procedimiento de información y consulta y los representantes de los trabajadores que formen parte del órgano de control o de administración de una SE que sean trabajadores de la SE, de sus filiales o establecimientos o de una sociedad participante gozarán, en el ejercicio de sus funciones, de la misma protección y garantías previstas para los representantes de los trabajadores en la legislación o en la práctica nacional vigente en su país de empleo.

De igual forma se procederá en particular respecto de la participación en las reuniones de la comisión negociadora o del órgano de representación, en cualquier otra reunión realizada en virtud del acuerdo contemplado en la letra f) del apartado 2 del artículo 4 o en cualquier otra reunión del órgano de administración o de control, así como al pago de su salario en el caso de los miembros pertenecientes a la plantilla de una sociedad participante o de la SE o de sus filiales o establecimientos de ésta durante el período de ausencia necesario para el ejercicio de sus funciones.

Artículo 11. Uso indebido de los procedimientos.

Los Estados miembros adoptarán las medidas adecuadas, de conformidad con el Derecho comunitario, para evitar que se recurra de forma indebida a la constitución de una SE con el propósito de privar a los trabajadores de los derechos de implicación que ostentasen o de hacer los mismos ineficaces.

Artículo 12. Cumplimiento de la presente Directiva.

1. Cada Estado miembro velará por que la dirección de los establecimientos de una SE y los órganos de control o administración de las filiales y de las sociedades participantes establecidos en su territorio y los representantes de sus trabajadores o, en su caso, los propios trabajadores cumplan las obligaciones establecidas en la presente Directiva, independientemente de que la SE tenga registrada o no su sede social en su territorio.

2. Los Estados miembros preverán medidas adecuadas para el caso de incumplimiento de la presente Directiva; en particular, velarán por la existencia de procedimientos administrativos o judiciales que permitan la ejecución de las obligaciones derivadas de la presente Directiva.

Artículo 13. Relación entre la presente Directiva y otras disposiciones.

1. Cuando una SE sea una empresa de dimensión comunitaria o una empresa de control de un grupo de empresas de dimensión comunitaria con arreglo a la Directiva 94/45/CE o de la Directiva 97/74/CE del Consejo, de 15 de diciembre de 1997 por la que se amplía al Reino Unido dicha Directiva, no se le aplicarán, ni a ella ni a sus filiales, las disposiciones de dichas Directivas ni las disposiciones que las incorporen a los Derechos nacionales que les afecten.

⇒ DOL 10, de 16 enero 1998, pg. 22.

No obstante, cuando la comisión negociadora decida, de conformidad con el apartado 6 del artículo 3, no iniciar las negociaciones o poner fin a las negociaciones ya iniciadas, se aplicarán la Directiva 94/45/CE o la Directiva 97/74/CE y las correspondientes disposiciones de incorporación a la legislación nacional.

2. Las disposiciones en materia de participación de los trabajadores en los órganos sociales previstas por la legislación o la práctica nacionales distintas de las de aplicación de la presente Directiva no se aplicarán a las sociedades constituidas con arreglo al Reglamento (CE) núm. 2157/2001 e incluidas en el ámbito de aplicación de la presente Directiva.

3. La presente Directiva no afectará:

a) a los actuales derechos de implicación de los trabajadores, previstos en los Estados miembros por la legislación y/o la práctica nacionales, de que gocen los trabajadores de la SE y de sus filiales y establecimientos, distintos de la participación en los órganos de la SE;

b) a las disposiciones en materia de participación en los órganos establecidas por la legislación o la práctica nacionales que afecten a las filiales de la SE.

4. Con el fin de salvaguardar los derechos mencionados en el apartado 3, los Estados miembros podrán adoptar las medidas necesarias para garantizar, después de la inscripción de la SE, el mantenimiento de las estructuras de representación de los trabajadores en las sociedades participantes que dejen de existir como entidades jurídicas diferenciadas.

Artículo 14. Disposiciones finales.

1. Los Estados miembros adoptarán las disposiciones legales, reglamentarias y administrativas necesarias para dar cumplimiento a lo establecido en la presente Directiva a más tardar el 8 de octubre de 2004 o garantizarán que, no más tarde de dicha fecha, los interlocutores sociales adopten las disposiciones necesarias por vía de acuerdo; los Estados miembros deberán adoptar todas las disposiciones necesarias para poder garantizar en todo momento los resultados que impone la presente Directiva. Informarán de ello inmediatamente a la Comisión.

2. Cuando los Estados miembros adopten dichas disposiciones, éstas harán referencia a la presente Directiva o irán acompañadas de dicha referencia en su publicación oficial. Los Estados miembros establecerán las modalidades de la mencionada referencia.

Artículo 15. Revisión por parte de la Comisión.

A más tardar el 8 de octubre de 2007, la Comisión, en consulta con los Estados miembros y los interlocutores sociales y nivel comunitario, revisará las modalidades de aplicación de la presente Directiva, con el fin de proponer al Consejo, si fuere necesario, las modificaciones oportunas.

Artículo 16. Entrada en vigor.

La presente Directiva entrará en vigor el día de su publicación en el Diario Oficial de las Comunidades Europeas.

Artículo 17. Destinatarios.

Los destinatarios de la presente Directiva serán los Estados miembros.

Hecho en Luxemburgo, el 8 de octubre de 2001.

Por el Consejo
El Presidente
L. Onkelinx

ANEXO

Disposiciones de referencia (contempladas en el art. 7 de la Directiva)

Parte 1: Composición del órgano de representación de los trabajadores.

A fin de alcanzar el objetivo mencionado en el artículo 1 y en los casos previstos en el artículo 7 de la Directiva, se constituye un órgano de representación con arreglo a las disposiciones siguientes:

a) el órgano de representación estará compuesto por trabajadores de la SE y de sus filiales y establecimientos elegidos o designados por y entre los representantes de los trabajadores o, en su defecto, por el conjunto de los trabajadores;

b) la elección o designación de los miembros del órgano de representación se llevará a cabo con arreglo a las legislaciones o prácticas nacionales.

Los Estados miembros adoptarán las disposiciones que garanticen que el número de miembros del órgano de representación y la asignación de los puestos se adapten para tener en cuenta los cambios producidos en la SE, sus filiales y establecimientos;

c) si su dimensión lo justifica, el órgano de representación elegirá en su seno un comité restringido compuesto por un máximo de tres miembros;

d) el órgano de representación aprobará su reglamento interno;

e) sus miembros serán elegidos o designados en proporción al número de trabajadores empleados en cada Estado miembro por las sociedades participantes y las filiales y establecimientos afectados, a razón en cada Estado miembro de un puesto por cada 10% o fracción del total de trabajadores empleados por las sociedades participantes y las filiales y establecimientos afectados en el conjunto de los Estados miembros;

f) el órgano competente de la SE estará informado de la composición del órgano de representación;

g) cuatro años después de la constitución del órgano de representación, éste deliberará sobre si deben entablarse negociaciones con vistas a la celebración del acuerdo que se menciona en los artículos 4 y 7 de la Directiva o si deben mantenerse vigentes las disposiciones de referencia establecidas con arreglo al presente anexo.

Los artículos 3 (aps. 4 a 7) y 4 a 6 de la Directiva se aplicarán, «mutatis mutandis», si se decide, negociar un acuerdo con arreglo a lo dispuesto en el artículo 4 de la Directiva, en cuyo caso la expresión «la comisión negociadora» se sustituirá por la expresión «el órgano de representación». Cuando, transcurrido el plazo en el cual las negociaciones deben terminar, no se haya llegado a un acuerdo, seguirán aplicándose las reglas adoptadas inicialmente conforme a las disposiciones de referencia.

Parte 2: Disposiciones de referencia sobre información y consulta.

La competencia y los poderes del órgano de representación constituido en la SE se regirán por las disposiciones siguientes:

a) la competencia del órgano de representación se limitará a las cuestiones que afecten a la SE en sí misma y a cualquiera de sus filiales o establecimientos situados en otros Estados miembros o a aquellos que excedan de la competencia de los órganos de decisión en un solo Estado miembro;

b) sin perjuicio de las reuniones que se celebren en aplicación de la letra c), el órgano de representación tendrá derecho a ser informado y consultado y, a tal efecto, a reunirse al menos una vez al año con el órgano competente de la SE, sobre la base de informes periódicos elaborados por el órgano competente, en relación con la evolución y perspectivas de las actividades de la SE. Se informará a las direcciones locales en consecuencia.

El órgano competente de la SE proporcionará al órgano de representación el orden del día de las reuniones del órgano de administración o, cuando proceda, del órgano de dirección y control, así como copia de todos los documentos presentados a la junta general de accionistas.

La reunión se referirá en particular a la estructura, la situación económica y financiera, la evolución probable de las actividades, de la producción y de las ventas, la situación y la evolución probable del empleo, las inversiones, los cambios sustanciales relativos a la organización, la introducción de nuevos métodos de trabajo o nuevos procesos de producción, los traslados de producción, las fusiones, reducciones de tamaño o cierres de empresas, de establecimientos o de partes importantes de éstos, y los despidos colectivos;

c) cuando concurran circunstancias excepcionales que afecten de modo considerable a los intereses de los trabajadores, y en particular en los casos de traslados, ventas, cierre de empresas o establecimientos o despidos colectivos, el órgano de representación tendrá derecho a ser informado. El órgano de representación o, cuando así lo decida –en particular por razones de urgencia–, el comité restringido tendrá derecho a reunirse, a petición propia, con el órgano competente de la SE o con cualquier otro nivel de dirección más adecuado de la SE que sea competente para adoptar decisiones propias, para que se les informe y consulte sobre las medidas que afecten considerablemente a los intereses de los trabajadores.

Cuando el órgano competente decida no seguir la opinión o el criterio manifestado por el órgano de representación, este último tendrá derecho a reunirse de nuevo con el órgano competente de la SE a fin de intentar llegar a un acuerdo.

En el caso de una reunión organizada con el comité restringido, los miembros del órgano de representación que representen a los trabajadores directamente afectados por las medidas en cuestión tendrán también derecho a participar.

Las reuniones mencionadas anteriormente no afectarán a las prerrogativas del órgano competente;

d) los Estados miembros podrán establecer normas sobre la presidencia de las reuniones de información y consulta.

Antes de cualquier reunión con el órgano competente de la SE, el órgano de representación o el comité restringido, ampliado en caso necesario de conformidad con lo indicado en el párrafo tercero de la letra c), estarán facultados para reunirse sin que estén presentes los representantes del órgano competente;

e) sin perjuicio de lo dispuesto en el artículo 8 de la Directiva, los miembros del órgano de representación informarán a los representantes de los trabajadores de la SE y de sus filiales y establecimientos acerca del contenido y del resultado de los procedimientos de información y consulta;

f) el órgano de representación o el comité restringido podrán estar asistidos por expertos de su elección;

g) en la medida en que sea necesario para el desempeño de sus funciones, los miembros del órgano de representación tendrán derecho a un permiso de formación sin pérdida de salario;

h) los gastos de funcionamiento del órgano de representación correrán a cargo de la SE, que dotará a los miembros del mismo de los recursos financieros y materiales necesarios para que puedan cumplir adecuadamente su cometido.

En particular, la SE se hará cargo, salvo que se convenga otra cosa, de los gastos de organización de las reuniones y de interpretación, así como de los gastos de alojamiento y viaje de los miembros del órgano de representación y del comité restringido.

Respetando estos principios, los Estados miembros podrán fijar normas relativas a la financiación del funcionamiento del órgano de representación. En particular, podrán limitar la financiación a un solo experto.

Parte 3: Disposiciones de referencia para la participación.

La participación de los trabajadores en la SE se regirá por las siguientes disposiciones:

a) en el caso de una SE constituida por transformación, si las normas de un Estado miembro relativas a la participación de los trabajadores en el órgano de administración o de control se aplican antes de la inscripción, todos los elementos de la participación de los trabajadores continuarán siendo de aplicación en la SE. La letra b) se aplicará «mutatis mutandis» a dichos efectos;

b) en los demás casos de constitución de una SE, los trabajadores de la SE, de sus filiales y establecimientos o sus órganos de representación tienen derecho a elegir, designar, recomendar u oponerse a la designación de un número de miembros del órgano de administración o de control de la

SE igual a la mayor de las proporciones vigentes en las sociedades participantes de que se trate antes de la inscripción de la SE.

Si ninguna de las sociedades participantes estuviera regida por las normas de participación antes de la inscripción de la SE, ésta no estará obligada a establecer disposiciones en materia de participación de los trabajadores.

El órgano de representación decidirá sobre el reparto de los puestos en el seno del órgano de administración o de control entre los miembros representantes de los trabajadores de los diferentes Estados miembros, o sobre la forma en que los trabajadores de la SE pueden recomendar el nombramiento de miembros de estos órganos u oponerse al mismo, en función de la proporción de trabajadores de la SE empleados en cada Estado miembro. Si los trabajadores de uno o más Estados miembros no están cubiertos por este criterio proporcional, el órgano de representación designará un miembro originario de uno de dichos Estados miembros, en particular del Estado miembro de la sede estatutaria de la SE cuando ello sea oportuno. Cada Estado miembro podrá determinar la forma de reparto de los puestos que le sean atribuidos en el seno del órgano de administración o de control.

Todo miembro del órgano de administración o, en su caso, del órgano de control de la SE que haya sido elegido, designado o recomendado por el órgano de representación o, según los casos, por los trabajadores, será miembro de pleno derecho, con los mismos derechos y obligaciones que los miembros que representen a los accionistas, incluido el derecho de voto.

§ 49.4 DIRECTIVA 2002/14/CE, DE 11 MARZO 2002, DEL CONSEJO Y PARLAMENTO EUROPEO. ESTABLECE UN MARCO GENERAL RELATIVO A LA INFORMACIÓN Y LA CONSULTA DE LOS TRABAJADORES DE LA COMUNIDAD EUROPEA

(DOL núm. 80, de 23 marzo [LCEur 2002, 802])

EL PARLAMENTO EUROPEO Y EL CONSEJO DE LA UNIÓN EUROPEA,

Visto el Tratado constitutivo de la Comunidad Europea, y en particular el apartado 2 de su artículo 137,

Vista la propuesta de la Comisión,

⇒ DOC 2, de 5 enero 1999, pg. 3.

Visto el dictamen del Comité Económico y Social,

⇒ DOC 258, de 10 septiembre 1999, pg. 24.

Visto el dictamen del Comité de las Regiones,

⇒ DOC 144, de 16 mayo 2001, pg. 58.

De conformidad con el procedimiento establecido en el artículo 251, a la vista del texto conjunto aprobado, el 23 de enero de 2002, por el Comité de conciliación, Posición común del Consejo de 27 de julio de 2001 (DOC 307, de 31 octubre 2001, pg. 16) y Decisión del Parlamento Europeo, de 23 de octubre de 2001 (no publicada aún en el Diario Oficial). Decisión del Parlamento Europeo de 5 de febrero de 2002 y Decisión del Consejo de 18 de febrero de 2002.

⇒ Dictamen del Parlamento Europeo de 14 abril 1999 (DOC 219, de 30 julio 1999, pg. 223) confirmado el 16 septiembre 1999 (DOC 54, de 25 febrero 2000, pg. 55);

Considerando lo siguiente:

(1) Con arreglo a lo dispuesto en el artículo 136 del Tratado, la Comunidad y los Estados miembros tienen como objetivo, en particular, promover el diálogo social entre los interlocutores sociales.

(2) El punto 17 de la Carta comunitaria de los derechos sociales fundamentales de los trabajadores prevé, entre otras cosas, que «la información, la consulta y la participación de los trabajadores deben desarrollarse según mecanismos adecuados y teniendo en cuenta las prácticas vigentes en los diferentes Estados miembros».

(3) La Comisión consultó a los interlocutores sociales comunitarios sobre la posible orientación de una Acción comunitaria en materia de información y consulta de los trabajadores en las empresas de la Comunidad.

(4) La Comisión, estimando tras dicha consulta que era conveniente una Acción comunitaria, volvió a consultar a los interlocutores sociales sobre el contenido de la propuesta contemplada y aquéllos transmitieron a la Comisión sus puntos de vista.

(5) Al concluir esta segunda fase de consultas, los interlocutores sociales no han informado a la Comisión de su voluntad de iniciar el proceso que podría dar lugar a la celebración de un acuerdo.

(6) La existencia de marcos jurídicos a nivel comunitario y nacional destinados a garantizar la participación de los trabajadores en la marcha de las empresas y en las decisiones que les conciernen no siempre ha impedido que se hayan adoptado y hecho públicas determinadas decisiones graves que afectan a los trabajadores sin que se hayan observado previamente procedimientos adecuados de información y de consulta.

(7) Es necesario reforzar el diálogo social y fomentar relaciones de confianza mutua en la empresa a fin de favorecer la prevención de los riesgos, flexibilizar la organización del trabajo y facilitar el acceso de los trabajadores a la formación dentro de la empresa en un marco de seguridad, concienciar a los trabajadores acerca de las necesidades de adaptación, aumentar la disponibilidad de los trabajadores para adoptar medidas y emprender acciones destinadas a reforzar sus posibilidades de empleo, promover la participación de los trabajadores en la marcha y el futuro de la empresa y fortalecer la competitividad de ésta.

(8) En particular, es necesario promover y reforzar la información y la consulta sobre la situación

y la evolución probable del empleo en la empresa, así como, cuando de la evaluación efectuada por el empresario se desprenda que el empleo en la empresa pueda estar amenazado, sobre las eventuales medidas preventivas previstas, sobre todo en lo referente a formación y la cualificación de los trabajadores, con el fin de contrarrestar estos efectos negativos o sus consecuencias, y de aumentar las posibilidades de empleo y de adaptación de los trabajadores que pudieran resultar afectados.

(9) La información y la consulta con la suficiente antelación constituyen una condición previa para el éxito de los procesos de reestructuración y adaptación de las empresas a las nuevas condiciones inducidas por la globalización de la economía, en particular a través del desarrollo de nuevos métodos de organización del trabajo.

(10) La Comunidad ha definido y está aplicando una estrategia para el empleo basada en los conceptos de «anticipación», «prevención» y «empleabilidad», que deben ser incorporados como elementos clave en todas las políticas públicas, incluidas las políticas de empresa, que pueden influir positivamente en el empleo, mediante la intensificación del diálogo social a fin de facilitar un cambio compatible con la salvaguardia del objetivo prioritario del empleo.

(11) El desarrollo del mercado interior debe hacerse de manera armoniosa preservando los valores esenciales en los que se basan nuestras sociedades y garantizando que todos los ciudadanos se beneficien del desarrollo económico.

(12) La entrada en la tercera fase de la unión económica y monetaria ha implicado la profundización y la aceleración de las presiones competitivas a nivel europeo. Ello supone la necesidad de reforzar las medidas de acompañamiento a nivel nacional.

(13) Los marcos jurídicos existentes a nivel comunitario y nacional en materia de información y consulta de los trabajadores están a menudo excesivamente orientados hacia el tratamiento a posteriori de los procesos de cambio, descuidan los factores económicos de las decisiones y no favorecen una auténtica previsión de la evolución del empleo en la empresa ni la prevención de los riesgos.

(14) El conjunto de esta evolución política, económica, social y jurídica hace necesaria la adaptación del marco jurídico existente mediante el establecimiento de instrumentos jurídicos y prácticos que permitan ejercer el derecho a la información y la consulta.

(15) La presente Directiva no afecta a los sistemas nacionales relativos al ejercicio de este derecho en la práctica en los casos en que se exige a los titulares del mismo que expresen su voluntad de manera colectiva.

(16) La presente Directiva no afecta a los sistemas que prevén medios de participación directa de los trabajadores, siempre que éstos tengan en todo caso la posibilidad de ejercer el derecho a la información y a la consulta a través de sus representantes.

(17) Dado que el objetivo de la acción propuesta, es decir, establecer un marco para la información y la consulta de los trabajadores adaptado al nuevo contexto europeo anteriormente descrito, no puede ser alcanzado de manera suficiente por los Estados miembros y por consiguiente puede lograrse mejor, debido a la dimensión y a los efectos de la acción, a nivel comunitario, la Comunidad puede adoptar medidas con arreglo al principio de subsidiariedad consagrado en el artículo 5 del Tratado. Con arreglo al principio de proporcionalidad, consagrado en el mencionado artículo, la presente Directiva no excede de lo necesario para alcanzar dicho objetivo.

(18) El presente marco general tiene por objetivo el establecimiento de disposiciones mínimas aplicables en toda la Comunidad y no impide a los Estados miembros prever disposiciones más favorables para los trabajadores.

(19) Este marco general tiene como finalidad asimismo evitar dificultades administrativas, financieras o jurídicas que pudieran obstaculizar la creación y el desarrollo de pequeñas y medianas empresas. Para ello, se debe limitar el ámbito de aplicación de la presente Directiva, a elección de los Estados miembros, a las empresas que empleen al menos a 50 trabajadores o a los centros de trabajo que empleen al menos a 20 trabajadores.

(20) Lo anterior toma en consideración otras medidas y prácticas nacionales destinadas a promover el diálogo social en las empresas no contempladas en la presente Directiva, así como en las administraciones públicas, sin afectar a dichas medidas y prácticas.

(21) No obstante, con carácter transitorio, los Estados miembros en los que no exista un sistema obligatorio de información y consulta de los trabajadores o de los representantes de los trabajadores podrán restringir aún más el ámbito de aplicación de la Directiva en lo que respecta al número de trabajadores.

(22) El marco comunitario de la información y consulta debe limitar al mínimo posible las cargas

impuestas a las empresas y centros de trabajo, al tiempo que debe garantizar el ejercicio efectivo de los derechos concedidos.

(23) El objetivo de la presente Directiva se debe lograr estableciendo un marco general que incluya los principios, las definiciones y las modalidades de la información y la consulta, marco que corresponderá a los Estados miembros cumplir y adaptar a sus realidades nacionales, concediendo a los interlocutores sociales, cuando proceda, un papel preponderante que les permita definir con total libertad, por medio de un acuerdo, las modalidades de información y de consulta de los trabajadores que consideren más adecuadas a sus necesidades y a sus deseos.

(24) Debe procurarse no incidir en determinadas normas específicas existentes en algunos Derechos nacionales en el ámbito de la información y la consulta de los trabajadores, y que van dirigidas a empresas o centros de trabajo que persiguen fines políticos, de organización profesional, confesionales, benéficos, educativos, científicos o artísticos, así como fines de información o de expresión de opiniones.

(25) Es preciso proteger a las empresas y a centros de trabajo contra la divulgación de determinadas informaciones especialmente sensibles.

(26) El empresario debe tener la posibilidad de no informar ni consultar cuando ello pueda ocasionar un perjuicio grave a la empresa o centro de trabajo o cuando deba cumplir de inmediato una orden dictada por un órgano de control o de supervisión.

(27) La información y la consulta implican tanto derechos como obligaciones para los interlocutores sociales a nivel de empresa o de centro de trabajo.

(28) Deben aplicarse procedimientos administrativos o judiciales, así como sanciones efectivas, disuasorias y proporcionales a la gravedad de las infracciones en caso de que se incumplan las obligaciones que emanan de la presente Directiva.

(29) La presente Directiva no debe afectar a las disposiciones más específicas de la Directiva 98/59/CE del Consejo, de 20 de julio de 1998, relativa a la aproximación de las legislaciones de los Estados miembros que se refieren a los despidos colectivos y de la Directiva 2001/23/CE del Consejo, de 12 de marzo de 2001, sobre la aproximación de las legislaciones de los Estados miembros relativas al mantenimiento de los derechos de los trabajadores en caso de traspasos de empresas, de centros de actividad o de partes de empresas o de centros de actividad.

⇒ DOL 225, de 12 agosto 1998, pg. 16.
DOL 82, de 22 marzo 2001, pg. 16.

(30) No deben resultar afectados por la presente Directiva otros derechos de información y consulta, incluidos los derivados de la Directiva 94/45/CE del Consejo, de 22 de septiembre de 1994, sobre la constitución de un Comité de empresa europeo o de un procedimiento de información y consulta a los trabajadores en las empresas y grupos de empresas de dimensión comunitaria.

⇒ DOL 254, de 30 septiembre 1994, pg. 64; Directiva modificada por la Directiva 97/74/CE (DOL 10, de 16 enero 1998, pg. 22).

(31) La aplicación de las disposiciones de la presente Directiva no debe constituir un motivo suficiente para justificar la reducción del nivel general de protección de los trabajadores en los ámbitos que son objeto de la misma.

HAN ADOPTADO LA PRESENTE DIRECTIVA:

Artículo 1. Objeto y principios.

1. La presente Directiva tiene por objeto establecer un marco general que fije unos requisitos mínimos para el ejercicio del derecho de información y consulta de los trabajadores en las empresas o centros de trabajo situados en la Comunidad.

2. Las modalidades prácticas de información y de consulta se determinarán y aplicarán conforme a la legislación nacional y las prácticas de las relaciones laborales en cada Estado miembro de modo que se garantice su eficacia.

3. En la definición o aplicación de las modalidades de información y de consulta, el empresario y los representantes de los trabajadores trabajarán con espíritu de cooperación en cumplimiento de sus derechos y obligaciones recíprocas, teniendo en cuenta tanto los intereses de la empresa o centro de trabajo como los de los trabajadores.

Artículo 2. Definiciones.

A efectos de la presente Directiva, se entenderá por:

a) «empresa»: las empresas públicas o privadas que ejercen una actividad económica, independientemente de que tengan o no ánimo de lucro, situadas en el territorio de los Estados miembros;

b) «centro de trabajo»: una unidad de actividad definida conforme a la legislación y la práctica nacionales, situada en el territorio de un Estado miembro, y en la que se desarrolla una actividad económica de forma continuada con medios humanos y materiales;

c) «empresario»: la persona física o jurídica que es parte en los contratos o relaciones de trabajo con los trabajadores, conforme a la legislación y la práctica nacionales;

d) «trabajador»: cualquier persona que esté protegida como tal en la legislación laboral nacional y con arreglo a las prácticas nacionales del Estado miembro de que se trate;

e) «representantes de los trabajadores»: los representantes de los trabajadores con arreglo a lo dispuesto en las legislaciones y/o prácticas nacionales;

f) «información»: la transmisión de datos por el empresario a los representantes de los trabajadores para que puedan tener conocimiento del tema tratado y examinarlo;

g) «consulta»: el intercambio de opiniones y la apertura de un diálogo entre los representantes de los trabajadores y el empresario.

Artículo 3. Ámbito de aplicación.

1. La presente Directiva será de aplicación, a elección de los Estados miembros:

a) a las empresas que empleen en un Estado miembro al menos a 50 trabajadores; o

b) a los centros de trabajo que empleen en un Estado miembro al menos a 20 trabajadores.

Los Estados miembros determinarán el modo de calcular el número de trabajadores empleados.

2. Dentro del respeto a los principios y objetivos a que se refiere la presente Directiva, los Estados miembros podrán aprobar disposiciones específicas aplicables a las empresas o centros de trabajo que persigan, directa y sustancialmente, fines políticos, de organización profesional, confesionales, benéficos, educativos, científicos o artísticos, así como fines de información o de expresión de opiniones, siempre que, el día de entrada en vigor de la presente Directiva, ya existan en el Derecho nacional disposiciones en la materia.

3. Los Estados miembros podrán establecer excepciones a la presente Directiva mediante disposiciones específicas aplicables a las tripulaciones de buques que naveguen en alta mar.

Artículo 4. Modalidades prácticas de la información y la consulta.

1. De acuerdo con los principios enunciados en el artículo 1 y sin perjuicio de las disposiciones y/o prácticas vigentes más favorables para los trabajadores, los Estados miembros determinarán las modalidades prácticas del ejercicio del derecho de información y de consulta al nivel que proceda, de conformidad con lo dispuesto en el presente artículo.

2. La información y la consulta abarcarán:

a) la información sobre la evolución reciente y la evolución probable de las actividades de la empresa o centro de trabajo y de su situación económica;

b) la información y la consulta sobre la situación, la estructura y la evolución probable del empleo en la empresa o en el centro de trabajo, así como sobre las eventuales medidas preventivas previstas, especialmente en caso de riesgo para el empleo;

c) la información y la consulta sobre las decisiones que pudieran provocar cambios sustanciales en cuanto a la organización del trabajo y a los contratos de trabajo, incluidas las previstas por las disposiciones comunitarias mencionadas en el apartado 1 del artículo 9.

3. La información se facilitará en un momento, de una manera y con un contenido apropiados, de tal modo que, en particular, permita a los representantes de los trabajadores proceder a un examen adecuado y preparar, en su caso, la consulta.

4. La consulta se efectuará:

a) en un momento, de una manera y con un contenido apropiados;

b) al nivel pertinente de dirección y de representación, en función del tema tratado;

c) con arreglo a las informaciones proporcionadas por el empresario, de conformidad con la letra f) del artículo 2, y al dictamen que los representantes de los trabajadores tienen derecho a formular;

d) de tal modo que permita a los representantes de los trabajadores reunirse con el empresario y obtener una respuesta justificada a su eventual dictamen;

e) con el fin de llegar a un acuerdo sobre las decisiones que se encuentren dentro de las potestades del empresario mencionadas en la letra c) del apartado 2.

Artículo 5. Información y consulta derivadas de un acuerdo.

Los Estados miembros podrán confiar a los interlocutores sociales al nivel apropiado, incluido el de la empresa o el centro de trabajo, la tarea de definir libremente y en cualquier momento, por medio de acuerdo, las modalidades de información y consulta de los trabajadores. Dichos acuerdos, y los acuerdos que existan en la fecha establecida en el artículo 11, así como cualquier posterior renovación de dichos acuerdos podrán prever, dentro del respeto de los principios enunciados en el artículo 1 y en las condiciones y límites establecidos por los Estados miembros, disposiciones diferentes de las previstas en el artículo 4.

Artículo 6. Información confidencial.

1. Los Estados miembros dispondrán que, en las condiciones y dentro de los límites fijados por las legislaciones nacionales, los representantes de los trabajadores, así como los expertos que en su caso les asistan, no estén autorizados a revelar a trabajadores ni a terceros la información que, en legítimo interés de la empresa o del centro de trabajo, les haya sido expresamente comunicada con carácter confidencial. Esta obligación subsistirá, independientemente del lugar en que se encuentren, incluso tras la expiración de su mandato. No obstante, un Estado miembro podrá autorizar a los representantes de los trabajadores o a cualquiera que les asista a que transmitan información confidencial a trabajadores o a terceros sujetos a una obligación de confidencialidad.

2. Los Estados miembros dispondrán que, en casos específicos y en las condiciones y dentro de los límites establecidos por las legislaciones nacionales, el empresario no esté obligado a facilitar información o a proceder a consultas que, por su naturaleza, pudieran según criterios objetivos crear graves obstáculos al funcionamiento de la empresa o centro de trabajo o perjudicarles.

3. Sin perjuicio de los procedimientos nacionales existentes, los Estados miembros preverán recursos administrativos o judiciales en caso de que el empresario exija confidencialidad o no facilite información con arreglo a lo dispuesto en los apartados 1 y 2. Podrán establecer además procedimientos destinados a salvaguardar la confidencialidad de la información en cuestión.

Artículo 7. Protección de los representantes de los trabajadores.

Los Estados miembros velarán por que los representantes de los trabajadores gocen, en el ejercicio de sus funciones, de la protección y las garantías suficientes que les permitan realizar de manera adecuada las tareas que les hayan sido encomendadas.

Artículo 8. Defensa de los derechos.

1. Los Estados miembros establecerán las medidas adecuadas en caso de incumplimiento de la presente Directiva por parte del empresario o de los representantes de los trabajadores. En particular, garantizarán que existan procedimientos administrativos o judiciales adecuados para hacer respetar las obligaciones derivadas de la presente Directiva.

2. Los Estados miembros establecerán las sanciones adecuadas aplicables en caso de incumplimiento de las disposiciones de la presente Directiva por el empresario o los representantes de los trabajadores. Estas sanciones deberán ser efectivas, proporcionadas y disuasorias.

Artículo 9. Relación entre la presente Directiva y otras disposiciones comunitarias y nacionales.

1. La presente Directiva no afectará a los procedimientos específicos de información y de consulta contemplados en el artículo 2 de la Directiva 98/59/CE y en el artículo 7 de la Directiva 2001/23/CE.

2. La presente Directiva no afectará a las disposiciones adoptadas de conformidad con las Directivas 94/45/CE y 97/74/CE.

3. La presente Directiva no supondrá menoscabo de otros derechos de información, consulta y participación existentes en las legislaciones nacionales.

4. La aplicación de las disposiciones de la presente Directiva no supondrá motivo suficiente para justificar regresiones respecto de la situación ya existente en los Estados miembros en lo relativo al nivel general de protección de los trabajadores en los ámbitos objeto de la misma.

Artículo 10. Disposiciones transitorias.

No obstante lo dispuesto en el artículo 3, todo Estado miembro que, en la fecha de entrada en vigor de la presente Directiva, no tenga establecido con carácter general, permanente y obligatorio un sistema de información y de consulta de los trabajadores, ni un sistema igualmente general, permanente y obligatorio de representación de los trabajadores en el lugar de trabajo que permita a los trabajadores estar representados a dichos efectos, podrá limitar la aplicación de las disposiciones nacionales de aplicación de la presente Directiva:

a) a empresas que empleen al menos a 150 trabajadores, o a centros de trabajo que empleen al menos a 100 trabajadores hasta el 23 de marzo de 2007; y

b) a empresas que empleen al menos a 100 trabajadores, o a centros de trabajo que empleen al menos a 50 trabajadores durante el año siguiente a la fecha contemplada en la letra a).

Artículo 11. Transposición.

1. Los Estados miembros adoptarán las disposiciones legales, reglamentarias y administrativas necesarias para dar cumplimento a lo establecido en la presente Directiva a más tardar el 23 de marzo de 2005, o garantizarán que los interlocutores sociales hayan adoptado para dicha fecha las disposiciones necesarias mediante acuerdo, debiendo adoptar los Estados miembros todas las medidas para poder garantizar en todo momento los resultados que impone la presente Directiva. Informarán de ello inmediatamente a la Comisión.

2. Cuando los Estados miembros adopten dichas disposiciones, éstas harán referencia a la presente Directiva o irán acompañadas de dicha referencia en su publicación oficial. Los Estados miembros establecerán las modalidades de la mencionada referencia.

Artículo 12. Revisión por parte de la Comisión.

A más tardar el 23 de marzo de 2007 la Comisión, en consulta con los Estados miembros y los interlocutores sociales a escala comunitaria, revisará la aplicación de la presente Directiva, a fin de proponer, en caso necesario, las modificaciones necesarias.

Artículo 13. Entrada en vigor.

La presente Directiva entrará en vigor el día de su publicación en el «Diario Oficial de las Comunidades Europeas».

Artículo 14. Destinatarios.

Los destinatarios de la presente Directiva serán los Estados miembros.

Hecho en Bruselas, el 11 de marzo de 2002.

Por el Parlamento Europeo
El Presidente
P. Cox

Por el Consejo
El Presidente
J. Piqué i Camps

Declaración conjunta del Parlamento Europeo, el Consejo y la Comisión relativa a la representación de los trabajadores

«A propósito de la representación de los trabajadores, el Parlamento Europeo, el Consejo y la Comisión recuerdan las sentencias del Tribunal de Justicia de las Comunidades Europeas de 8 de junio de 1994 en los Asuntos C-382/92 (mantenimiento de los derechos de los trabajadores en caso de transmisión de empresas) y C-383/92 (despidos colectivos)».

f) Seguridad y salud laborales

§ 50.1 DIRECTIVA 89/391/CEE, DE 12 JUNIO 1989, DEL CONSEJO. APLICACIÓN DE MEDIDAS PARA PROMOVER LA MEJORA DE LA SEGURIDAD Y DE LA SALUD DE LOS TRABAJADORES EN EL TRABAJO

(DOL núm. 183, de 29 junio [LCEur 1989, 854])

⇒ V. art. 67 del Acuerdo sobre el Espacio Económico Europeo, así como su Anexo XVIII.
V. Exp. Motivos de la Ley 31/1995, de 8 noviembre (§23), norma que procede a la transposición, entre otras, de la presente Directiva.

EL CONSEJO DE LAS COMUNIDADES EUROPEAS,

Visto el Tratado Constitutivo de la Comunidad Económica Europea y, en particular, su artículo 118 A),

Vista la propuesta de la Comisión, elaborada previa consulta al Comité consultivo para la seguridad, la higiene y la protección de la salud en el lugar de trabajo,

En cooperación con el Parlamento Europeo,

Visto el dictamen del Comité Económico y Social,

Considerando que el artículo 118 A) del Tratado obliga al Consejo a establecer, mediante directivas las disposiciones mínimas para promover la mejora, en particular, del medio de trabajo, con el fin de elevar el nivel de protección de la seguridad y de la salud de los trabajadores;

Considerando que la presente Directiva no puede justificar un posible descenso del nivel de protección ya alcanzado en cada Estado miembro, ya que los Estados miembros se comprometen incluso, en virtud del Tratado, a promover la mejora de las condiciones existentes en este ámbito y se fijan como objetivo su armonización en el progreso;

Considerando que se ha demostrado que los trabajadores pueden estar expuestos en su lugar de trabajo y a lo largo de toda su vida profesional a la influencia de factores ambientales peligrosos;

Considerando que el artículo 118 A) del Tratado establece que las directivas deben evitar trabas de carácter administrativo, financiero y jurídico que obstaculicen la creación y el desarrollo de las pequeñas y medianas empresas;

Considerando que la comunicación de la Comisión sobre su programa en el ámbito de la seguridad, la higiene y la salud en el lugar de trabajo prevé la adopción de directivas destinadas a garantizar la seguridad y la salud de los trabajadores;

Considerando que el Consejo en su Resolución de 21 de diciembre de 1987, relativa a la seguridad, la higiene y la salud en el lugar de trabajo, toma nota del propósito de la Comisión de presentar ante aquél, en breve plazo, una directiva relativa a la organización de la seguridad y de la salud de los trabajadores en el lugar de trabajo;

⇒ V. Dir. 89/654/CE, de 30 noviembre, relativa a las disposiciones mínimas de seguridad y de salud en los lugares de trabajo.

Considerando que en febrero de 1988, el Parlamento Europeo adoptó cuatro resoluciones en el marco del debate sobre el establecimiento del mercado interior y la protección en el lugar de trabajo; que estas resoluciones invitan en concreto a la Comisión a elaborar una directiva-marco que sirva de base de directivas específicas que cubran todos los riesgos relativos al ámbito de la seguridad y de la salud en el lugar de trabajo;

Considerando que incumbe a los Estados miembros promover la mejora, en su territorio, de la seguridad y de la salud de los trabajadores; que la adopción de medidas relativas a la seguridad y a la salud de los trabajadores en el trabajo contribuye en casos determinados a preservar la salud y, eventualmente, la seguridad de las personas que viven en su hogar;

Considerando que, en los Estados miembros, los sistemas legislativos en materia de seguridad y de salud sobre el lugar de trabajo son muy diferentes y que deben ser mejorados; que tales disposiciones nacionales en materia, a veces completadas por disposiciones técnicas y/o normas voluntarias, pueden conducir a niveles de protección de la seguridad y de la salud diferentes y permitir una competencia que vaya en detrimento de la seguridad y de la salud;

Considerando que hay que lamentar todavía demasiados accidentes de trabajo y enfermedades profesionales; que se deben tomar o mejorar, sin más tardar, medidas preventivas para preservar la seguridad y la salud de los trabajadores, de manera que se garantice un mejor nivel de protección;

Considerando que para garantizar un mayor grado de protección es necesario que los trabajadores y sus representantes estén informados de los riesgos para su seguridad y su salud, así como de las medidas necesarias para reducir o suprimir estos riesgos; que es igualmente indispensable que puedan contribuir con su participación equilibrada, de conformidad con las legislaciones y/o los usos nacionales, a que se tomen las medidas de protección necesarias;

Considerando que es necesario desarrollar la información, el diálogo y la participación equilibrada en materia de seguridad y de salud en el trabajo entre los empresarios y los trabajadores y/o sus representantes por medio de procedimiento e instrumentos adecuados, de conformidad con las legislaciones y/o los usos nacionales;

Considerando que la mejora de la seguridad, de la higiene y de la salud de los trabajadores en el trabajo representa un objeto que no podrá subordinarse a consideraciones de carácter puramente económico;

Considerando que los empresarios tienen la obligación de informarse de los progresos técnicos y de los conocimientos científicos sobre el diseño de los puestos de trabajo, habida cuenta los riesgos inherentes para sus empresas, y de informar a los representantes de los trabajadores que ejerzan sus funciones de participación en el marco de la presente Directiva, de manera que se pueda garantizar un mejor nivel de protección de la seguridad y de la salud de los trabajadores;

Considerando que las disposiciones de la presente Directiva se aplican, sin perjuicio de disposiciones comunitarias más rigurosas, existentes o futuras, a todos los riesgos y, entre otros, a los procedentes de la utilización durante el trabajo de los agentes químicos, físicos y biológicos mencionados en la Directiva 80/1107/CEE, modificada en último lugar por la Directiva 88/642/CEE;

Considerando que, en virtud de la Decisión 74/325/CEE, la Comisión consultará al Comité consultivo para la seguridad, la higiene y la protección de la salud en el lugar de trabajo con el fin de elaborar propuestas en este sector;

Considerando que procede crear un Comité cuyos miembros serán nombrados por los Estados miembros, que se encargue de asistir a la Comisión en las adaptaciones técnicas de las directivas específicas previstas por la presente Directiva,

HA ADOPTADO LA PRESENTE DIRECTIVA:

Sección 1ª Disposiciones generales

Artículo 1. Objeto.

⇒ Cfr. el art. 2 de la LPRL (§23).

1. El objeto de la presente Directiva es la aplicación de medidas para promover la mejora de la seguridad y de la salud de los trabajadores en el trabajo.

2. A tal efecto, la presente Directiva incluye principios generales relativos a la prevención de los riesgos profesionales y la protección de la seguridad y de la salud, la eliminación de los factores de riesgo y accidente, la información, la consulta, la participación equilibrada de conformidad con las legislaciones y/o los usos nacionales, la formación de los trabajadores y de sus representantes, así como las líneas generales para la aplicación de dichos principios.

3. La presente Directiva no afecta a las disposiciones nacionales y comunitarias, existentes o futuras, que sean más favorables para la protección de la seguridad y de la salud de los trabajadores en el trabajo.

Artículo 2. Ámbito de aplicación.

⇒ V. art. 3 de la LPRL (§23), así como la Dir. 2003/88/CE, de 4 noviembre 2003 (§50.2). V. art. 5 de la Dir. 94/33/CE, de 22 junio 1994, sobre trabajadores jóvenes.

1. La presente Directiva se aplicará a todos los sectores de actividades, públicas o privadas (actividades industriales, agrícolas, comerciales, administrativas, de servicios, educativas, culturales, de ocio, etc.).

2. La presente Directiva no será de aplicación cuando se opongan a ello de manera concluyente las particularidades inherentes a determinadas actividades específicas de la función pública, por ejemplo, en las fuerzas armadas o la policía, o a determinadas actividades específicas en los servicios de protección civil.

En este caso, será preciso velar para que la seguridad y la salud de los trabajadores queden aseguradas en la medida de lo posible, habida cuenta los objetivos de la presente Directiva.

Artículo 3. Definiciones.

⇒ Cfr. el art. 4 de la LPRL (§23).

A los efectos de la presente Directiva, se entenderá por:

a) trabajador: cualquier persona empleada por un empresario, incluidos los trabajadores en prácticas y los aprendices, con exclusión de los trabajadores al servicio del hogar familiar;

b) empresario: cualquier persona física o jurídica que sea titular de la relación laboral con el trabajador y tenga la responsabilidad de la empresa y/o establecimiento;

c) representante de los trabajadores con una función específica en materia de protección de la seguridad y de la salud de los trabajadores: cualquier persona elegida, nombrada o designada, de conformidad con las legislaciones y/o los usos nacionales, como delegado de los trabajadores para los problemas de la protección de la seguridad y de la salud de los trabajadores en el trabajo;

d) prevención: el conjunto de disposiciones o de medidas adoptadas o previstas en todas las fases de la actividad de la empresa, con el fin de evitar o de disminuir los riesgos profesionales.

Artículo 4.

1. Los Estados miembros adoptarán las disposiciones necesarias para garantizar que los empresarios, los trabajadores y los representantes de los trabajadores estén sujetos a las disposiciones jurídicas necesarias para la aplicación de la presente Directiva.

2. Los Estados miembros garantizarán, en particular, un control y una vigilancia adecuados.

Sección 2ª Obligaciones de los empresarios

⇒ Cfr. el Cap. III de la LPRL (§23).

Artículo 5. Disposición general.

1. El empresario deberá garantizar la seguridad y la salud de los trabajadores en todos los aspectos relacionados con el trabajo.

2. Si un empresario solicitare, en virtud del apartado 3 del artículo 7, las competencias (de personas o servicios) externas a la empresa y/o establecimiento, ello no le eximirá de sus responsabilidades en dicho ámbito.

3. Las obligaciones de los trabajadores en el ámbito de la seguridad y de la salud en el trabajo no afectarán al principio de la responsabilidad del empresario.

4. La presente Directiva no obstaculizará la facultad de los Estados miembros para establecer la exclusión o la disminución de la responsabilidad de los empresarios por hechos derivados de circunstancias que les sean ajenas, anormales e imprevisibles o acontecimientos excepcionales, cuyas consecuencias no hubieren podido ser evitadas a pesar de toda la diligencia desplegada.

No se exigirá a los Estados miembros el ejercicio de la facultad mencionada en el párrafo primero.

Artículo 6. Obligaciones generales de los empresarios.

1. En el marco de sus responsabilidades, el empresario adoptará las medidas necesarias para la protección de la seguridad y de la salud de los trabajadores, incluidas las actividades de prevención de los riesgos profesionales, de información y de formación, así como la constitución de una organización y de medios necesarios.

El empresario deberá velar para que se adapten estas medidas a fin de tener en cuenta el cambio de las circunstancias y tender a la mejora de las situaciones existentes.

2. El empresario aplicará las medidas previstas en el párrafo primero del apartado 1 con arreglo a los siguientes principios generales de prevención:

⇒ Cfr. el art. 15 de la LPRL (§23).

a) evitar los riesgos;

b) evaluar los riesgos que no se puedan evitar;

c) combatir los riesgos en su origen;

d) adaptar el trabajo a la persona, en particular en lo que respecta a la concepción de los puestos de trabajo, así como a la elección de los equipos de trabajo y los métodos de trabajo y de producción, con miras en particular, a atenuar el trabajo monótono y el trabajo repetitivo y a reducir los efectos de los mismos en la salud;

e) tener en cuenta la evolución de la técnica;

f) sustituir lo peligroso por lo que entraña poco o ningún peligro;

g) planificar la prevención buscando un conjunto coherente que integre en ella la técnica, la organización del trabajo, las condiciones de trabajo, las relaciones sociales y la influencia de los factores ambientales en el trabajo;

h) adoptar medidas que antepongan la protección colectiva a la individual;

i) dar las debidas instrucciones a los trabajadores.

3. Sin perjuicio de las demás disposiciones de la presente Directiva, el empresario deberá, habida cuenta del tipo de actividades de la empresa y/o del establecimiento:

a) evaluar los riesgos para la seguridad y la salud de los trabajadores, incluso en lo que se refiere a la elección de los equipos de trabajo, de las sustancias o preparados químicos y en el acondicionamiento de los lugares de trabajo.

Tras dicha evaluación, y en tanto sea necesario, las actividades de prevención, así como los métodos de trabajo y de producción aplicados por el empresario, deberán:

–garantizar un mayor nivel de protección de la seguridad y de la salud de los trabajadores;

–integrarse en el conjunto de actividades de la empresa y/o del establecimiento y en todos los niveles jerárquicos;

b) cuando confíe tareas a un trabajador, tomar en consideración las capacidades profesionales de dicho trabajador en materia de seguridad y de salud;

c) procurar que la planificación y la introducción de nuevas tecnologías sean objeto de consultas con los trabajadores y/o sus representantes, por lo que se refiere a las consecuencias para la seguridad y la salud de los trabajadores, relacionadas con la elección de los equipos, el acondicionamiento de las condiciones de trabajo y el impacto de los factores ambientales en el trabajo;

d) adoptar las medidas adecuadas para que sólo los trabajadores que hayan recibido información adecuada puedan acceder a las zonas de riesgo grave y específico.

4. Sin perjuicio de las demás disposiciones de la presente Directiva, cuando en un mismo lugar de trabajo estén presentes trabajadores de varias empresas, los empresarios deberán cooperar en la aplicación de las disposiciones relativas a la seguridad, la higiene y la salud, así como, habida cuenta el tipo de actividades, coordinarse con vistas a la protección y prevención de riesgos profesionales, informarse mutuamente de dichos riesgos, e informar a sus trabajadores respectivos y/o sus representantes.

⇒ Sobre seguridad y salud de los trabajadores con relación de duración determinada al servicio de ETT, v. Dir. 91/383/CE, de 25 junio 1991. Cfr. art. 28 de la LPRL (§23).

5. Las medidas relativas a la seguridad, la higiene y la salud en el trabajo no deberán suponer en ningún caso una carga financiera para los trabajadores.

Artículo 7. Servicios de protección y de prevención.

⇒ V. el RD 39/1997, de 17 enero (§24.1), así como el Cap. IV de la LPRL (§23).

1. Sin perjuicio de las obligaciones contempladas en los artículos 5 y 6, el empresario designará uno o varios trabajadores para ocuparse de actividades de protección y de actividades de prevención de los riesgos profesionales de la empresa y/o del establecimiento.

2. Los trabajadores designados no podrán sufrir un perjuicio derivado de sus actividades de protección y de sus actividades de prevención de los riesgos profesionales.

Con el fin de que puedan cumplir las obligaciones resultantes de la presente Directiva, los trabajadores designados deberán disponer de un tiempo apropiado.

3. Si las competencias en la empresa y/o establecimiento son insuficientes para organizar dichas actividades de protección y de prevención, el empresario deberá recurrir a competencias (personas o servicios) ajenas a la empresa y/o al establecimiento.

4. En el caso de que el empresario recurra a dichas competencias, las personas o servicios de que se trate deberán ser informadas por el empresario sobre los factores de los que se sabe o se

sospecha que tienen repercusiones en la seguridad y la salud de los trabajadores y deberán tener acceso a las informaciones mencionadas en el apartado 2 del artículo 10.

5. En todos los casos:

–los trabajadores designados deberán tener la capacidad necesaria y disponer de los medios necesarios,

–las personas o servicios exteriores consultados deben tener las aptitudes necesarias y disponer de los medios personales y profesionales necesarios, y

–los trabajadores designados y las personas o servicios exteriores consultados deberán constituir un número suficiente, para hacerse cargo de las actividades de protección y de prevención, teniendo en cuenta el tamaño de la empresa y/o del establecimiento y/o de los riesgos a que están expuestos los trabajadores, así como su distribución en el conjunto de la empresa y/o del establecimiento.

6. La protección y la prevención de los riesgos para la seguridad y la salud que son objeto del presente artículo se garantizarán por uno o varios trabajadores, mediante un solo servicio o mediante servicios diferentes, ya sea(n) interno(s) o externo(s) a la empresa y/o establecimiento.

El (los) trabajador(es) y/o el (los) servicio(s) deberán colaborar cuando sea necesario.

7. Habida cuenta el carácter de las actividades y el tamaño de la empresa, los Estados miembros podrán definir las categorías de empresas en las cuales el empresario, si tiene las capacidades necesarias, podrá asumir personalmente las funciones previstas en el apartado 1.

8. Los Estados miembros definirán las capacidades y aptitudes necesarias contempladas en el apartado 5.

Podrán definir el número suficiente a que hace referencia el apartado 5.

Artículo 8. Primeros auxilios, lucha contra incendios, evacuación de los trabajadores, riesgo grave e inminente.

⇒ Cfr. el art. 20 de la LPRL (§23).

1. El empresario deberá:

–adoptar, en materia de primeros auxilios, lucha contra incendios y evacuación de los trabajadores, las medidas necesarias, adaptadas al tamaño y al carácter de las actividades de la empresa y/o establecimiento y habida cuenta que otras personas pueden encontrarse presentes, y

–organizar las relaciones necesarias con los servicios exteriores, en particular en materia de primeros auxilios, de asistencia médica de urgencia, salvamento y lucha contra incendios.

2. En virtud del apartado 1, el empresario deberá, en particular, designar a los trabajadores encargados de poner en práctica los primeros auxilios, la lucha contra incendios y la evacuación de los trabajadores.

Dichos trabajadores deberán poseer la formación conveniente, ser suficientemente numerosos y disponer del material adecuado, teniendo en cuenta el tamaño y/o los riesgos específicos de la empresa y/o del establecimiento.

3. El empresario deberá:

⇒ V. el art. 21 LPRL (§23).

a) informar lo antes posible a todos los trabajadores que estén o puedan estar expuestos a riesgos de peligro grave e inminente de dicho riesgo y de las disposiciones adoptadas o que deberán adoptarse en materia de protección;

b) adoptar las medidas y dar instrucciones que, en caso de peligro grave, inminente y que no pueda evitarse, permitan a los trabajadores interrumpir su actividad y/o ponerse a salvo abandonando inmediatamente el lugar de trabajo;

c) salvo excepción debidamente justificada, abstenerse de *despedir* a los trabajadores que reanuden su actividad en una situación laboral en que persista un peligro grave e inminente.

⇒ Aunque en la versión oficial dice «despedir» debe entenderse quiere decir «pedir».

4. Un trabajador que, en caso de peligro grave, inminente y que no pueda evitarse, se aleje de su puesto de trabajo y/o de una zona peligrosa, no podrá sufrir por ello perjuicio alguno y deberá estar protegido contra cualesquiera consecuencias perjudiciales e injustificadas, de conformidad con las legislaciones y/o los usos nacionales.

5. En caso de peligro grave e inminente para su propia seguridad y/o la de otras personas, el empresario hará lo necesario para que todo trabajador que no pudiere ponerse en contacto con su

superior jerárquico competente, y habida cuenta sus conocimientos y medios técnicos, esté en condiciones de adoptar las medidas necesarias para evitar las consecuencias de dicho peligro.

Su actuación no le causará perjuicio alguno, a menos que hubiere obrado de forma inconsiderada o cometido una negligencia grave.

Artículo 9. Obligaciones varias de los empresarios.

⇒ V. el art. 16 de la LPRL (§23).

1. El empresario deberá:

a) disponer de una evaluación de los riesgos para la seguridad y la salud en el trabajo, incluidos los que se refieren a los grupos de trabajadores con riesgos especiales;

b) determinar las medidas de protección que deberán adoptarse y, si fuere necesario, el material de protección que haya de utilizarse;

c) elaborar una lista de los accidentes de trabajo que hayan causado al trabajador una incapacidad laboral superior a tres días de trabajo;

d) redactar informes, destinados a las autoridades competentes y de conformidad con las legislaciones y/o los usos nacionales sobre los accidentes laborales de que son víctimas sus trabajadores.

2. Habida cuenta el carácter de las actividades y el tamaño de las empresas, los Estados miembros definirán las obligaciones que deberán cumplir las diferentes categorías de empresas, relativas a la elaboración de los documentos previstos en las letras a) y b) del apartado 1 y en el momento de elaborar los documentos previstos en las letras c) y d) del apartado 1.

⇒ Cfr. el art. 23 de la LPRL (§23).

Artículo 10. Información de los trabajadores.

⇒ Cfr. arts. 18 y 21 de la LPRL (§23).

1. El empresario adoptará las medidas para que los trabajadores y/o sus representantes en la empresa y/o el establecimiento reciban, de conformidad con las legislaciones y/o los usos nacionales que pueden tener en cuenta en particular el tamaño de la empresa y/o del establecimiento, todas las informaciones necesarias correspondientes a:

a) los riesgos para la seguridad y la salud, así como las medidas y actividades de protección o de prevención que afecten tanto a la empresa y/o al establecimiento en general como a cada tipo de puesto de trabajo y/o de función;

b) las medidas adoptadas de conformidad con el apartado 2 del artículo 8.

2. El empresario adoptará las medidas necesarias adecuadas para que los empresarios de los trabajadores de las empresas y/o establecimientos exteriores que intervengan en su empresa o establecimiento reciban, de conformidad con las legislaciones y/o los usos nacionales, las informaciones adecuadas relativas a los puntos considerados en las letras a) y b) del apartado 1, destinados a los trabajadores en cuestión.

3. El empresario adoptará las medidas apropiadas para que los trabajadores que desempeñen una función específica en la protección de la seguridad y de la salud de los trabajadores, o los representantes de los trabajadores que tengan una función específica en materia de protección de la seguridad y de la salud de los trabajadores, tengan acceso, para el cumplimiento de sus funciones y de conformidad con las legislaciones y/o los usos nacionales:

a) a la evaluación de los riesgos y las medidas de protección previstos en las letras a) y b) del apartado 1 del artículo 9;

b) a la lista y los informes previstos en las letras c) y d) del apartado 1 del artículo 9;

c) a la información procedente tanto de las actividades de protección y de prevención, así como de los servicios de inspección y organismos competentes para la seguridad y la salud.

Artículo 11. Consulta y participación de los trabajadores.

⇒ V. arts. 18 y 33 a 40 de la LPRL (§23).

1. Los empresarios consultarán a los trabajadores y/o a sus representantes y permitirán su participación en el marco de todas las cuestiones que afecten a la seguridad y a la salud en el trabajo.

Ello implica:

–la consulta de los trabajadores;

–el derecho de los trabajadores y/o de sus representantes a formular propuestas;

–la participación equilibrada de conformidad con las legislaciones y/o los usos nacionales.

2. Los trabajadores o los representantes de los trabajadores que tengan una función específica en materia de protección de la seguridad y de la salud de los trabajadores participarán de forma equilibrada, de conformidad con las legislaciones y/o los usos nacionales, o serán consultados previamente y a su debido tiempo por el empresario sobre:

a) cualquier acción que pueda tener efectos sustanciales sobre la seguridad y la salud;

b) la designación de los trabajadores prevista en el apartado 1 del artículo 7 y en el apartado 2 del artículo 8, así como sobre las actividades previstas en el apartado 1 del artículo 7;

c) las informaciones previstas en el apartado 1 del artículo 9 y en el artículo 10;

d) el recurso, previsto en el apartado 3 del artículo 7, en su caso, a competencias (personas o servicios) ajenas a la empresa y/o al establecimiento;

e) la concepción y la organización de la formación prevista en el artículo 12.

3. Los representantes de los trabajadores que tengan una función específica en materia de protección de la seguridad y de la salud de los trabajadores tendrán derecho a solicitar del empresario que tome las medidas adecuadas y a presentarle propuestas en este sentido para paliar cualquier riesgo para los trabajadores y/o eliminar las fuentes de riesgo.

4. Los trabajadores a que se hace referencia en el apartado 2 y los representantes de los trabajadores contemplados en los apartados 2 y 3 no podrán sufrir perjuicios a causa de sus respectivas actividades contempladas en los apartados 2 y 3.

5. El empresario tendrá que conceder a los representantes de los trabajadores con una función específica en materia de protección de la seguridad y de la salud de los trabajadores una dispensa laboral suficiente sin pérdida de salario y poner a su disposición los medios necesarios para que dichos representantes puedan ejercer los derechos y las funciones resultantes de la presente Directiva.

6. Los trabajadores y/o sus representantes tendrán el derecho de recurrir, de conformidad con las legislaciones y/o los usos nacionales, a la autoridad competente en materia de seguridad y de salud en el trabajo, si consideran que las medidas adoptadas y los medios utilizados por el empresario no son suficientes para garantizar la seguridad y la salud en el trabajo.

Los representantes de los trabajadores deberán tener la posibilidad de presentar sus observaciones durante las visitas y verificaciones efectuadas por la autoridad competente.

Artículo 12. Formación de los trabajadores.

⇒ V. art. 19 de la LPRL (§23).

1. El empresario deberá garantizar que cada trabajador reciba una formación a la vez suficiente y adecuada en materia de seguridad y de salud y, en particular, en forma de informaciones e instrucciones, con motivo de:

–su contratación,

–una mutación o cambio de función,

–la introducción o cambio de un equipo de trabajo,

–la introducción de una nueva tecnología; y específicamente centrada en su puesto de trabajo o en su función.

Dicha formación deberá:

–adaptarse a la evolución de los riesgos y a la aparición de nuevos riesgos, y

–repetirse periódicamente si fuera necesario.

2. El empresario deberá garantizar que los trabajadores de las empresas exteriores que intervengan en su empresa o establecimiento hayan recibido las instrucciones pertinentes en lo que respecta a los riesgos para la seguridad y la salud durante su actividad en su empresa y/o establecimiento.

3. Los representantes de los trabajadores, que tengan una función específica en la protección de la seguridad y de la salud de los trabajadores, tendrán derecho a una formación adecuada.

4. La formación prevista en los apartados 1 y 3 no podrá correr a cargo de los trabajadores o de los representantes de los trabajadores.

La formación prevista en el apartado 1 deberá impartirse durante el tiempo de trabajo.

La formación prevista en el apartado 3 deberá impartirse durante el tiempo de trabajo o de conformidad con los usos nacionales, y sea dentro o fuera de la empresa y/o del establecimiento.

Sección 3ª Obligaciones de los trabajadores

⇒ V. arts. 5 b) y 19 ET (§2), así como el art. 29 de la LPRL (§23).

Artículo 13.

1. Competerá a cada trabajador velar, según sus posibilidades, por su seguridad y su salud, así como por la de las demás personas afectadas, a causa de sus actos u omisiones en el trabajo, de conformidad con su formación y las instrucciones de su empresario.

2. A fin de realizar dichos objetivos, los trabajadores con arreglo a su formación y a las instrucciones de su empresario, deberán en particular:

a) utilizar correctamente las máquinas, aparatos, herramientas, sustancias peligrosas, equipos de transporte y otros medios;

b) utilizar correctamente el equipo de protección individual puesto a su disposición y, después de su utilización, colocarlo en su sitio;

c) no poner fuera de funcionamiento, ni cambiar o desplazar arbitrariamente los correspondientes dispositivos de seguridad en las máquinas, aparatos, herramientas, instalaciones y edificios, y utilizar tales dispositivos de seguridad correctamente;

d) indicar inmediatamente al empresario y/o a los trabajadores que tengan una función específica en materia de protección de la seguridad y de la salud de los trabajadores, toda situación laboral que, por un motivo razonable, consideren que entraña un peligro grave e inminente para la seguridad y la salud, así como todo defecto que se haya comprobado en los sistemas de protección;

e) contribuir, de conformidad con los usos nacionales y durante el tiempo que fuere necesario, junto con el empresario y/o los trabajadores que tengan una función específica en materia de protección de la seguridad y de la salud de los trabajadores, a que puedan cumplirse todas las tareas o exigencias impuestas por la autoridad competente con el fin de proteger la seguridad y la salud de los trabajadores en el trabajo;

f) contribuir, de conformidad con los usos nacionales y durante el tiempo que fuere necesario, junto con el empresario y/o los trabajadores que tengan una función específica en materia de protección de la seguridad y de la salud de los trabajadores, a que el empresario pueda garantizar que el medio y las condiciones de trabajo sean seguros y no presenten riesgos para la seguridad y la salud dentro de su ámbito de actividad.

Sección 4ª Disposiciones varias

Artículo 14. Vigilancia de la salud.

⇒ V. art. 22 de la LPRL (§23).

1. Para garantizar la adecuada vigilancia de la salud de los trabajadores en función de los riesgos relativos a su seguridad y salud en el trabajo se fijarán medidas de conformidad con las legislaciones y/o los usos nacionales.

2. Las medidas contempladas en el apartado 1 permitirán que cada trabajador, si así lo deseare, pueda someterse a una vigilancia de salud a intervalos regulares.

3. La vigilancia de la salud puede ser parte de un sistema nacional de sanidad.

Artículo 15. Grupos expuestos a riesgos.

⇒ V. el art. 25 de la LPRL (§23).

Los grupos expuestos a riesgos especialmente sensibles deberán ser protegidos contra los peligros que les afecten de manera específica.

Artículo 16. Directivas específicas. Modificaciones. Alcance general de la presente Directiva.

1. A propuesta de la Comisión basada en el artículo 118 A) del Tratado, el Consejo adoptará directivas específicas relativas, entre otras cosas, a los ámbitos que se mencionan en el Anexo.

⇒ Con base en este apartado se han promulgado las siguientes Directivas específicas del Consejo de las Comunidades Europeas:

–Dir. 89/654/CEE, de 30 noviembre 1989, relativa a las disposiciones mínimas de seguridad y de salud en los lugares de trabajo.

–Dir. 89/655/CEE, de 30 noviembre 1989, relativa a las disposiciones mínimas de seguridad y de salud para la utilización por los trabajadores en el trabajo de los equipos de trabajo, modificada por Dir. 95/63/CEE y luego sustituida por Dir. 2000/54/CE, de 18 septiembre, del Parlamento y del Consejo.

–Dir. 89/656/CEE, de 30 noviembre 1989, relativa a las disposiciones mínimas de seguridad y de salud para la utilización por los trabajadores en el trabajo de equipos de protección individual.

–Dir. 90/269/CEE, de 29 mayo 1990, sobre las disposiciones mínimas de seguridad y de salud relativas a la manipulación manual de cargas que entrañe riesgos, en particular dorsolumbares, para los trabajadores.

–Dir. 90/270/CEE, de 29 mayo 1990, referente a las disposiciones mínimas de seguridad y de salud relativas al trabajo con equipos que incluyen pantallas de visualización.

–Dir. 90/394/CEE, de 28 junio 1990, relativa a la protección de los trabajadores contra los riesgos relacionados con la exposición a agentes carcinógenos durante el trabajo, modificada por Dir. 97/42/CE, de 27 junio 1997 y también por Dir. 99/38/CE, de 29 abril 1999.

–Dir. 90/679/CEE, de 26 noviembre 1990, sobre la protección de los trabajadores contra los riesgos relacionados con la exposición a agentes biológicos durante el trabajo, hoy derogada por la Dir. 2000/54/CE, de 18 septiembre, del Parlamento y el Consejo.

–Dir. 92/57/CEE, de 24 junio 1992, relativa a las disposiciones mínimas de seguridad y de salud que deben aplicarse en las obras de construcción temporales o móviles.

–Dir. 92/58/CEE, de 24 junio 1992, relativa a las disposiciones mínimas en materia de señalización de seguridad y de salud en el trabajo.

–Dir. 92/85/CEE, de 19 octubre 1992, relativa a la aplicación de medidas para promover la mejora de la seguridad y de la salud en el trabajo de la trabajadora embarazada, que haya dado a luz o en período de lactancia.

–Dir. 92/91/CEE, de 3 noviembre 1992, relativa a las disposiciones mínimas destinadas a mejorar la protección en materia de seguridad y de salud de los trabajadores de las industrias extractivas por sondeos.

–Dir. 92/104/CEE, de 3 diciembre 1992, relativa a las disposiciones mínimas destinadas a mejorar la protección en materia de seguridad y de salud de los trabajadores de las industrias extractivas a cielo abierto o subterráneas.

–Dir. 93/103/CE, de 23 noviembre 1993, relativa a las disposiciones mínimas de seguridad y de salud en el trabajo a bordo de los buques de pesca.

–Dir. 98/24/CE, de 7 abril 1998, relativa a la protección de la salud y la seguridad de los trabajadores contra los riesgos relacionados con los agentes químicos durante el trabajo. Esta Directiva deroga, con efectos 5 mayo 2001, la Directiva-marco 80/1107/CEE, de 27 noviembre, sobre protección de los trabajadores contra los riesgos relacionados con la exposición a agentes químicos, físicos y biológicos durante el trabajo, así como las Directivas 82/605/CEE, de 28 julio (plomo) y 88/364/CEE, de 9 junio (agentes específicos). La Directiva 98/24 modifica asimismo, las Directivas 83/477/CEE (amianto) y 86/188/CEE, de 12 mayo (ruido). En aplicación de la Dir. 98/24/CE, la Dir. 2000/39/CE, de la Comisión, de 8 junio, establece una primera lista de valores límite de exposición profesional.

–Dir. 1999/92/CE, de 16 diciembre 1999, del Parlamento Europeo y del Consejo relativa a las disposiciones mínimas para la mejora de la protección de la salud y la seguridad de los trabajadores expuestos a riesgos derivados de atmósferas explosivas.

–Dir. 2002/44/CE, del Parlamento Europeo y del Consejo, de 25 junio 2002, sobre las disposiciones mínimas de seguridad y de salud relativas a la exposición de los trabajadores a los riesgos derivados de los agentes físicos (vibraciones).

–Dir. 2003/10/CE del Parlamento Europeo y del Consejo, de 6 febrero 2002, sobre las disposiciones mínimas de Seguridad y de Salud relativas a la exposición de los trabajadores a los riesgos derivados de los agentes físicos (ruido).

–Dir. 2004/40/CE del Parlamento Europeo y del Consejo, de 29 abril 2004, sobre las disposiciones mínimas de seguridad y de salud relativas a la exposición de los trabajadores a los riesgos derivados de los agentes físicos (campos electromagnéticos).

Sobre trasposición de estas Directivas, cfr. nota al art. 6 Ley 31/1995, de 8 noviembre (§23).

Téngase en cuenta asimismo que el Tribunal de Justicia de las Comunidades condenó a España por falta de transposición de determinadas Directivas específicas (caso C-79/95, *Comisión v. Reino de España*, 26 septiembre 1996) cuya decisión se transcribe:

«En virtud de todo lo expuesto,

EL TRIBUNAL DE JUSTICIA (Sala Sexta)

decide:

1) Declarar que el Reino de España ha incumplido las obligaciones que le incumben en virtud del apartado 1 del artículo 10 de las Directivas 89/654/CEE del Consejo, de 30 noviembre 1989, relativa a las disposiciones mínimas de seguridad y de salud en los lugares de trabajo, 89/655/CEE del Consejo, de 30 noviembre 1989, relativa a las disposiciones mínimas de seguridad y de salud para la utilización en el trabajo de los equipos de trabajo, y 89/656/CEE del Consejo, de 30 noviembre 1989, relativa a las disposiciones mínimas de seguridad y de salud para la utilización por los trabajadores en el trabajo de equipos de protección individual; del apartado 1 del artículo 9 de la Directiva 90/269/CEE del Consejo, de 29 mayo 1990, sobre las disposiciones mínimas de seguridad y de salud relativas a la manipulación manual de cargas que entrañe riesgos, en particular, dorsolumbares, para los trabajadores; del apartado 1 del artículo 11 de la Directiva 90/270/CEE del Consejo, de 29 mayo 1990, referente a las disposiciones mínimas de seguridad y de salud relativas al trabajo con equipos que incluyen pantallas de visualización, y del apartado 1 del artículo 19 de la Directiva 90/394/CEE del Consejo, de 28 junio 1990, relativa a la protección de los trabajadores contra los riesgos relacionados con la exposición a agentes carcinógenos durante el trabajo, al no haber adoptado dentro del plazo señalado las disposiciones legales, reglamentarias y administrativas necesarias para dar cumplimiento a dichas Directivas.

2) Condenar en costas al Reino de España».

2. La presente Directiva y, sin perjuicio del procedimiento mencionado en el artículo 17 en lo referente a las adaptaciones técnicas, las directivas específicas podrán ser modificadas de conformidad con el procedimiento previsto en el artículo 188 A) del Tratado.

3. Las disposiciones de la presente Directiva se aplicarán plenamente al conjunto de los ámbitos cubiertos por las directivas específicas, sin perjuicio de las disposiciones más rigurosas y/o específicas contenidas en dichas directivas específicas.

Artículo 17. Comité.

1. Con vistas a la adaptación, de naturaleza estrictamente técnica, de las directivas específicas previstas en el apartado 1 del artículo 16, en función:

– de la adopción de directivas en materia de armonización técnica y de normalización, y/o

– del progreso técnico, de la evolución de las normativas o de las especificaciones internacionales y de los conocimientos, la Comisión estará asistida por un Comité.

2. Serán de aplicación los artículos 5 y 7 de la Decisión 1999/468/CE, observando lo dispuesto en su artículo 8.

✐ Decisión 1999/468/CE del Consejo, de 28 de junio de 1999, por la que se establecen los procedimientos para el ejercicio de las competencias de ejecución atribuidas a la Comisión.

El plazo contemplado en el apartado 6 del artículo 5 de la Decisión 1999/468/CE queda fijado en tres meses.

3. El Comité aprobará su reglamento interno.

✐ Artículo modificado por el art. 17 del Reglamento 1882/2003, de 29 septiembre.

Artículo 17 bis. Informes de aplicación.

1. Cada cinco años, los Estados miembros presentarán un único informe a la Comisión sobre la aplicación práctica de la presente Directiva, así como de las Directivas específicas a tenor de lo dispuesto en el artículo 16, apartado 1, que recogerá los puntos de vista de los interlocutores sociales. El informe incluirá una evaluación de los diversos aspectos relacionados con la aplicación práctica de las diferentes Directivas y suministrará datos desglosados por género, cuando se disponga de los mismos y resulte procedente.

2. La Comisión establecerá la estructura del informe, así como un cuestionario que especifique el contenido del mismo, en cooperación con el Comité consultivo para la seguridad y la salud en el trabajo.

El informe constará de una parte general que cubrirá las disposiciones de la presente Directiva relacionadas con los principios y aspectos comunes aplicables a todas las Directivas contempladas en el apartado 1.

La parte general se complementará con capítulos específicos sobre la aplicación de cada uno de los aspectos particulares de cada Directiva, e incluirá indicadores específicos, cuando se disponga de los mismos.

3. La Comisión facilitará a los Estados miembros la estructura del informe, junto con el cuestionario mencionado anteriormente, a más tardar seis meses antes de que finalice el período que abarque dicho informe. El informe se remitirá a la Comisión en el plazo de 12 meses a partir de la finalización del período de cinco años que abarque dicho informe.

4. Sobre la base de estos informes, la Comisión llevará a cabo una evaluación global de la aplicación de las Directivas en cuestión, habida cuenta, en particular, de su pertinencia, las investigaciones y los nuevos conocimientos científicos en los distintos ámbitos. La Comisión informará, en el plazo de 36 meses a partir de la finalización del período de cinco años, al Parlamento Europeo, al Consejo, al Comité Económico y Social Europeo y al Comité consultivo para la seguridad y la salud en el trabajo, acerca de los resultados de esta evaluación y, si procede, de toda iniciativa destinada a mejorar el funcionamiento del marco reglamentario.

5. El primer informe abarcará el período que va de 2007 a 2012, inclusive.

✐ Artículo añadido por art. 1 de la Directiva 2007/30/CE, del Consejo, de 20 junio 2007.

Artículo 18. Disposiciones finales.

1. Los Estados miembros pondrán en vigor las disposiciones legales, reglamentarias y administrativas necesarias para dar cumplimiento a lo dispuesto en la presente Directiva, a más tardar el 31 de diciembre de 1992.

Informarán de ello inmediatamente a la Comisión.

2. Los Estados miembros comunicarán a la Comisión el texto de las disposiciones de Derecho interno ya adoptadas o que adopten en el ámbito regulado por la presente Directiva.

3. Los Estados miembros presentarán un informe cada cinco años a la Comisión sobre la ejecución práctica de las disposiciones de la presente Directiva, indicando los puntos de vista de los interlocutores sociales.

La Comisión informará de ello al Parlamento Europeo, al Consejo y al Comité Europeo y Social, así como al Comité consultivo para la seguridad, la higiene y la protección de la salud en el lugar de trabajo.

4. La Comisión presentará periódicamente al Parlamento Europeo, al Consejo y al Comité Económico y Social un informe sobre la aplicación de la presente Directiva, teniendo en cuenta los apartados 1, 2 y 3.

Artículo 19.

Los destinatarios de la presente Directiva son los Estados miembros.

ANEXO

Lista de los ámbitos contemplados en el apartado 1 del artículo 16

–Lugares de trabajo.

⇒ V. RD 486/1997, de 14 abril.

–Equipos de trabajo.

⇒ V. RD 1215/1997, de 18 julio.

–Equipos de protección individual.

⇒ V. RR DD 773/1997, de 30 mayo, y 1407/1992, de 20 noviembre.

–Trabajo con equipos provistos de pantalla de visualización.

⇒ V. RD 488/1997, de 14 abril.

–Manipulación de cargas pesadas que entrañe riesgos lumbares.

⇒ V. RD 487/1997, de 14 abril.

–Obras temporales y móviles.

–Pesca y agricultura.

⇒ V. RD 1218/1997, de 18 julio.

§ 50.2 DIRECTIVA 2003/88/CE, DE 4 NOVIEMBRE, DEL PARLAMENTO EUROPEO Y DEL CONSEJO. REGULA DETERMINADOS ASPECTOS DE LA ORDENACIÓN DEL TIEMPO DE TRABAJO

(DOL núm. 299, de 18 noviembre [LCEur 2003, 3868])

EL PARLAMENTO EUROPEO Y EL CONSEJO DE LA UNIÓN EUROPEA,

Visto el Tratado constitutivo de la Comunidad Europea, y en particular el apartado 2 de su artículo 137,

Vista la propuesta de la Comisión,

Visto el dictamen del Comité Económico y Social Europeo 1,

⇒ DOC 61 de 14.3.2003, p. 123.

Previa consulta al Comité de las Regiones,

De conformidad con el procedimiento establecido en el artículo 251 del Tratado 2,

⇒ Dictamen del Parlamento Europeo de 17 de diciembre de 2002 (no publicado aún en el Diario Oficial) y Decisión del Consejo de 22 de septiembre de 2003.

Considerando lo siguiente:

(1) La Directiva 93/104/CE del Consejo, de 23 de noviembre de 1993, relativa a determinados aspectos de la ordenación del tiempo de trabajo, que establece las disposiciones mínimas de seguridad y salud en materia de ordenación del tiempo de trabajo en lo que se refiere a los períodos de descanso diario, de pausas, de descanso semanal, a la duración máxima de trabajo semanal, a las vacaciones anuales y a aspectos del trabajo nocturno, del trabajo por turnos y del ritmo de trabajo, ha sido modificada de forma significativa. En aras de una mayor claridad, conviene proceder, por tanto, a la codificación de las disposiciones en cuestión.

⇒ DOL 307 de 13.12.1993, p. 18; Directiva modificada por la Directiva 2000/34/CE del Parlamento Europeo y del Consejo (DOL 195 de 1.8.2000, p. 41).

(2) El artículo 137 del Tratado establece que la Comunidad apoyará y completará la acción de los Estados miembros, con vistas a mejorar el entorno de trabajo, para proteger la salud y la seguridad de los trabajadores. Las directivas adoptadas en virtud de lo dispuesto en dicho artículo habrán de evitar el establecimiento de trabas de carácter administrativo, financiero y jurídico que obstaculicen la creación y el desarrollo de pequeñas y medianas empresas.

(3) Las disposiciones de la Directiva 89/391/CEE del Consejo, de 12 de junio de 1989, relativa a la aplicación de medidas para promover la mejora de la seguridad y de la salud de los trabajadores en el trabajo 4, se continúan aplicando plenamente a los ámbitos que cubre la presente Directiva, sin perjuicio de disposiciones más rigurosas y/o específicas contenidas en la misma.

⇒ DOL 183 de 29.6.1989, p. 1.

(4) La mejora de la seguridad, de la higiene y de la salud de los trabajadores en el trabajo representa un objetivo que no puede subordinarse a consideraciones de carácter puramente económico.

(5) Todos los trabajadores deben tener períodos de descanso adecuados. El concepto de descanso debe expresarse en unidades de tiempo, es decir, días, horas o fracciones de los mismos. Los trabajadores de la Comunidad deben poder disfrutar de períodos mínimos de descanso diario, semanal y anual, y de períodos de pausa adecuados. En este contexto, es conveniente establecer, asimismo, un límite máximo de duración de la semana de trabajo.

(6) Conviene tener en cuenta los principios de la Organización Internacional del Trabajo por lo que respecta a la distribución del tiempo de trabajo, incluidos los que se refieren al trabajo nocturno.

(7) Ciertos estudios han demostrado que el organismo humano es especialmente sensible durante la noche a las perturbaciones ambientales, así como a determinadas modalidades penosas de organización del trabajo, y que los períodos largos de trabajo nocturno son perjudiciales para la salud de los trabajadores y pueden poner en peligro su seguridad en el trabajo.

(8) Es necesario limitar la duración del trabajo nocturno, con inclusión de las horas extraordina-

rias, y establecer que el empleador que recurra regularmente a trabajadores nocturnos informe de este hecho a las autoridades competentes, a petición de las mismas.

(9) Es importante que los trabajadores nocturnos disfruten de una evaluación gratuita de su salud, previa a su incorporación y, posteriormente, a intervalos regulares, y que los trabajadores nocturnos que padezcan problemas de salud, sean trasladados cuando ello sea posible a un trabajo diurno para el que sean aptos.

(10) La situación de los trabajadores nocturnos y de los trabajadores por turnos exige que el nivel de su protección en materia de seguridad y de salud esté adaptado a la naturaleza de sus trabajos respectivos, y que los servicios y medios de protección y de prevención tengan una organización y un funcionamiento eficaces.

(11) Determinadas características del trabajo pueden tener efectos perjudiciales para la seguridad y la salud de los trabajadores. La organización del trabajo con arreglo a cierto ritmo debe tener en cuenta el principio general de adecuación del trabajo a la persona.

(12) En virtud de la Directiva 1999/63/CE del Consejo, de 21 de junio de 1999, relativa al Acuerdo sobre la ordenación del tiempo de trabajo de la gente de mar suscrito por la Asociación de armadores de la Comunidad Europea (ECSA) y la Federación de Sindicatos del Transporte de la Unión Europea (FST) ha entrado en vigor, sobre la base del apartado 2 del artículo 139 del Tratado, un Acuerdo Europeo sobre la ordenación del tiempo de trabajo de la gente de mar; en consecuencia, las disposiciones de la presente Directiva no deben aplicarse a estos trabajadores.

⇒ DOL 167 de 2.7.1999, p. 33.

(13) En el caso de los pescadores «a la parte» que son trabajadores por cuenta ajena, corresponde a los Estados miembros la determinación, con arreglo a la presente Directiva, de las condiciones de obtención y concesión de vacaciones anuales, incluidas las modalidades de retribución.

(14) Las normas específicas establecidas por otros instrumentos comunitarios en lo que respecta, por ejemplo, a los períodos de descanso, el tiempo de trabajo, las vacaciones anuales y el trabajo nocturno de determinadas categorías de trabajadores, deben prevalecer sobre las disposiciones de la presente Directiva.

(15) Habida cuenta de las posibles repercusiones de la ordenación del tiempo de trabajo en las empresas, parece oportuno prever cierta flexibilidad en la aplicación de determinadas disposiciones de la presente Directiva, al tiempo que se garantiza el cumplimiento de los principios de protección de la seguridad y la salud de los trabajadores.

(16) Es necesario establecer que los Estados miembros o los interlocutores sociales, según los casos, puedan establecer excepciones a determinadas normas de la presente Directiva. Por norma general, en caso de excepción, deben concederse a los trabajadores de que se trate períodos equivalentes de descanso compensatorio.

(17) La presente Directiva no debe afectar a las obligaciones de los Estados miembros relativas a los plazos de transposición de las Directivas, indicados en la parte B del anexo I.

HAN ADOPTADO LA PRESENTE DIRECTIVA:

CAPÍTULO I

Ámbito de aplicación y definiciones

Artículo 1. Objeto y ámbito de aplicación.

1. La presente Directiva establece las disposiciones mínimas de seguridad y salud en materia de ordenación del tiempo de trabajo.

2. La presente Directiva se aplicará:

a) a los períodos mínimos de descanso diario, de descanso semanal y de vacaciones anuales, así como a las pausas y a la duración máxima de trabajo semanal, y

b) a determinados aspectos del trabajo nocturno, del trabajo por turnos y del ritmo de trabajo.

3. La presente Directiva se aplicará a todos los sectores de actividad, privados y públicos, en el sentido del artículo 2 de la Directiva 89/391/CEE, sin perjuicio de lo dispuesto en los artículos 14, 17, 18 y 19 de la presente Directiva.

Sin perjuicio de lo dispuesto en el apartado 8 del artículo 2 de la presente Directiva, la presente Directiva no se aplicará a la gente de mar, tal como se define en la Directiva 1999/63/CE.

4. Las disposiciones de la Directiva 89/391/CEE se aplicarán plenamente a las materias a que se

refiere el apartado 2, sin perjuicio de las disposiciones más exigentes y/o específicas contenidas en la presente Directiva.

Artículo 2. Definiciones.

A efectos de la presente Directiva, se entenderá por:

1) tiempo de trabajo: todo período durante el cual el trabajador permanezca en el trabajo, a disposición del empresario y en ejercicio de su actividad o de sus funciones, de conformidad con las legislaciones y/o prácticas nacionales;

2) período de descanso: todo período que no sea tiempo de trabajo;

3) período nocturno: todo período no inferior a siete horas, definido por la legislación nacional, y que deberá incluir, en cualquier caso, el intervalo comprendido entre las 24.00 horas y las 5.00 horas;

4) trabajador nocturno:

a) por una parte, todo trabajador que realice durante el período nocturno una parte no inferior a tres horas de su tiempo de trabajo diario, realizadas normalmente, y

b) por otra parte, todo trabajador que pueda realizar durante el período nocturno determinada parte de su tiempo de trabajo anual, definida a elección del Estado miembro de que se trate:

i) por la legislación nacional, previa consulta a los interlocutores sociales, o

ii) por convenios colectivos o acuerdos celebrados entre interlocutores sociales a nivel nacional o regional;

5) trabajo por turnos: toda forma de organización del trabajo en equipo por la que los trabajadores ocupen sucesivamente los mismos puestos de trabajo con arreglo a un ritmo determinado, incluido el ritmo rotatorio, y que podrá ser de tipo continuo o discontinuo, implicando para los trabajadores la necesidad de realizar un trabajo en distintas horas a lo largo de un período dado de días o semanas;

6) trabajador por turnos: todo trabajador cuyo horario de trabajo se ajuste a un régimen de trabajo por turnos;

7) trabajador móvil: todo trabajador empleado como miembro del personal de transporte de una empresa que realice servicios de transporte de pasajeros o mercancías por carretera, vía aérea o navegación interior;

8) trabajo off-shore: el trabajo realizado principalmente en instalaciones situadas en el mar o a partir de ellas (incluidas las plataformas de perforación), relacionado directa o indirectamente con la exploración, extracción o explotación de recursos minerales, incluidos los hidrocarburos, y la inmersión relacionada con tales actividades, tanto si éstas se realizan desde una instalación situada en el mar como desde un buque;

9) descanso adecuado: períodos regulares de descanso de los trabajadores, cuya duración se expresa en unidades de tiempo, suficientemente largos y continuos para evitar que, debido al cansancio o a ritmos de trabajo irregulares, aquellos se produzcan lesiones a sí mismos, a sus compañeros o a terceros, y que perjudiquen su salud, a corto o a largo plazo.

CAPÍTULO II

Períodos mínimos de descanso. Otros aspectos de la Ordenación del tiempo de trabajo

Artículo 3. Descanso diario.

Los Estados miembros adoptarán las medidas necesarias para que todos los trabajadores disfruten de un período mínimo de descanso diario de 11 horas consecutivas en el curso de cada período de 24 horas.

⇒ V. art. 34.3 del ET (§2).

Artículo 4. Pausas.

Los Estados miembros adoptarán las medidas necesarias para que los trabajadores cuyo tiempo de trabajo diario sea superior a seis horas tengan derecho a disfrutar de una pausa de descanso cuyas modalidades, incluida la duración y las condiciones de concesión, se determinarán mediante convenios colectivos o acuerdos celebrados entre interlocutores sociales o, en su defecto, mediante la legislación nacional.

⇒ V. art. 34.4 del ET (§2).

Artículo 5. Descanso semanal.

⇒ V. art. 37 del ET (§2).

Los Estados miembros adoptarán las medidas necesarias para que todos los trabajadores disfruten, por cada período de siete días, de un período mínimo de descanso ininterrumpido de 24 horas, a las que se añadirán las 11 horas de descanso diario establecidas en el artículo 3.

Cuando lo justifiquen condiciones objetivas, técnicas o de organización del trabajo, podrá establecerse un período mínimo de descanso de 24 horas.

Artículo 6. Duración máxima del tiempo de trabajo semanal.

Los Estados miembros adoptarán las medidas necesarias para que, en función de las necesidades de protección de la seguridad y de la salud de los trabajadores:

a) se limite la duración del tiempo de trabajo semanal por medio de disposiciones legales, reglamentarias o administrativas o de convenios colectivos o acuerdos celebrados entre interlocutores sociales;

b) la duración media del trabajo no exceda de 48 horas, incluidas las horas extraordinarias, por cada período de siete días.

Artículo 7. Vacaciones anuales.

⇒ V. art. 38 del ET (§2).

1. Los Estados miembros adoptarán las medidas necesarias para que todos los trabajadores dispongan de un período de al menos cuatro semanas de vacaciones anuales retribuidas, de conformidad con las condiciones de obtención y concesión establecidas en las legislaciones y/o prácticas nacionales.

2. El período mínimo de vacaciones anuales retribuidas no podrá ser sustituido por una compensación financiera, excepto en caso de conclusión de la relación laboral.

CAPÍTULO III

Trabajo nocturno. Trabajo por turnos. Ritmo de trabajo

⇒ V. art. 36 del ET (§2).

Artículo 8. Duración del trabajo nocturno.

Los Estados miembros adoptarán las medidas necesarias para que:

a) el tiempo de trabajo normal de los trabajadores nocturnos no exceda de ocho horas como media por cada período de 24 horas;

b) los trabajadores nocturnos cuyo trabajo implique riesgos especiales o tensiones físicas o mentales importantes no trabajen más de ocho horas en el curso de un período de 24 horas durante el cual realicen un trabajo nocturno.

A efectos de la letra b), el trabajo que implique riesgos especiales o tensiones físicas o mentales importantes será definido por las legislaciones y/o las prácticas nacionales, o por convenios colectivos o acuerdos celebrados entre interlocutores sociales, tomando en consideración los efectos y los riesgos inherentes al trabajo nocturno.

Artículo 9. Evaluación de la salud y traslado de los trabajadores nocturnos al trabajo diurno.

1. Los Estados miembros adoptarán las medidas necesarias para que:

a) los trabajadores nocturnos disfruten de una evaluación gratuita de su salud antes de su incorporación al trabajo y, posteriormente, a intervalos regulares;

b) los trabajadores nocturnos que padezcan problemas de salud, cuya relación con la prestación de un trabajo nocturno esté reconocida, sean trasladados, cuando ello sea posible, a un trabajo diurno para el que sean aptos.

2. La evaluación gratuita de la salud a que se refiere la letra a) del apartado 1 deberá respetar el secreto médico.

3. La evaluación gratuita de la salud a que se refiere la letra a) del apartado 1 podrá formar parte de un sistema nacional de salud.

Artículo 10. Garantías para el trabajo nocturno.

Los Estados miembros podrán supeditar el trabajo de ciertas categorías específicas de trabajadores nocturnos a determinadas garantías, con arreglo a las condiciones fijadas por las legislaciones y/o prácticas nacionales, cuando dicho trabajo nocturno implique un riesgo para la seguridad o la salud de los trabajadores que lo realicen.

Artículo 11. Información en caso de recurso regular a trabajadores nocturnos.

Los Estados miembros adoptarán las medidas necesarias para que el empresario que recurra regularmente a trabajadores nocturnos informe de este hecho a las autoridades competentes, a petición de las mismas.

Artículo 12. Protección en materia de seguridad y de salud.

Los Estados miembros adoptarán las medidas necesarias para que:

a) los trabajadores nocturnos y los trabajadores por turnos disfruten de un nivel de protección en materia de seguridad y de salud adaptado a la naturaleza de su trabajo;

b) los servicios o medios apropiados de protección y de prevención en materia de seguridad y de salud de los trabajadores nocturnos y de los trabajadores por turnos sean equivalentes a los aplicables a los demás trabajadores y estén disponibles en todo momento.

Artículo 13. Ritmo de trabajo.

Los Estados miembros adoptarán las medidas necesarias para que los empresarios que prevean organizar el trabajo con arreglo a cierto ritmo tengan en cuenta el principio general de adecuación del trabajo a la persona, con objeto, en particular, de atenuar el trabajo monótono y el trabajo acompasado, en función del tipo de actividad, y los requisitos en materia de seguridad y salud, especialmente en lo que se refiere a las pausas durante el tiempo de trabajo.

CAPÍTULO IV
Disposiciones varias

Artículo 14. Disposiciones comunitarias más específicas.

Las disposiciones de la presente Directiva no se aplicarán en la medida en que otros instrumentos comunitarios contengan prescripciones más específicas en materia de ordenación del tiempo de trabajo en lo referente a determinadas ocupaciones o actividades profesionales.

Artículo 15. Disposiciones más favorables.

La presente Directiva se entenderá sin perjuicio de la facultad de los Estados miembros de aplicar o establecer disposiciones legales, reglamentarias o administrativas más favorables a la protección de la seguridad y la salud de los trabajadores, o de favorecer o permitir la aplicación de convenios colectivos o acuerdos celebrados entre interlocutores sociales que sean más favorables a la protección de la seguridad y la salud de los trabajadores.

Artículo 16. Períodos de referencia.

Los Estados miembros podrán establecer:

a) para la aplicación del artículo 5 (descanso semanal), un período de referencia que no exceda de 14 días;

b) para la aplicación del artículo 6 (duración máxima del tiempo de trabajo semanal), un período de referencia que no exceda de cuatro meses.

Los períodos de vacaciones anuales pagadas, concedidas de conformidad con el artículo 7, y los períodos de bajas por enfermedad no se tendrán en cuenta o serán neutros para el cálculo del promedio;

c) para la aplicación del artículo 8 (duración del trabajo nocturno), un período de referencia definido previa consulta a los interlocutores sociales o mediante convenios colectivos o acuerdos celebrados a nivel nacional o regional entre interlocutores sociales.

Si el período mínimo de 24 horas de descanso semanal exigido por el artículo 5 quedare comprendido en este período de referencia, no se tomará en consideración para el cálculo del promedio.

CAPÍTULO V
Excepciones

Artículo 17. Excepciones.

⇒ V. RD 1561/1995, de 21 septiembre, sobre jornadas especiales de trabajo (§14.1).

1. Desde el respeto de los principios generales de protección de la seguridad y la salud de los trabajadores, los Estados miembros podrán establecer excepciones a lo dispuesto en los artículos 3 a 6, 8 y 16 cuando, a causa de las características especiales de la actividad realizada, la jornada de trabajo no tenga una duración medida y/o establecida previamente o cuando pueda ser determinada por los propios trabajadores, y en particular cuando se trate de:

a) ejecutivos dirigentes u otras personas con poder de decisión autónomo;

b) trabajadores en régimen familiar, o

c) trabajadores en actividades litúrgicas de iglesias y comunidades religiosas.

2. Mediante procedimientos legales, reglamentarios o administrativos o mediante convenios colectivos o acuerdos celebrados entre interlocutores sociales y siempre que se concedan períodos equivalentes de descanso compensatorio a los trabajadores de que se trate, o siempre que, en casos excepcionales en que por razones objetivas no sea posible la concesión de tales períodos equivalentes de descanso compensatorio, se conceda una protección equivalente a los trabajadores de que se trate, podrán establecerse las excepciones previstas en los apartados 3, 4 y 5.

3. De conformidad con el apartado 2 del presente artículo, podrán establecerse excepciones a los artículos 3, 4, 5, 8 y 16:

a) para las actividades laborales caracterizadas por un alejamiento entre el lugar de trabajo y el de residencia del trabajador, como el trabajo off-shore, o que se desarrollen en distintos lugares de trabajo del trabajador distantes entre sí;

b) para las actividades de guardia y vigilancia que exijan una presencia continua con el fin de garantizar la protección de bienes y personas, y en particular cuando se trate de guardianes, conserjes o empresas de seguridad;

c) para las actividades caracterizadas por la necesidad de garantizar la continuidad del servicio o de la producción, en particular cuando se trate de:

i) servicios relativos a la recepción, tratamiento y/o asistencia médica prestados por hospitales o centros similares (incluyendo las actividades de médicos en períodos de formación), instituciones residenciales y prisiones,

ii) personal que trabaje en los puertos o aeropuertos,

iii) servicios de prensa, radio, televisión, producciones cinematográficas, correos o telecomunicaciones, servicios de ambulancia, bomberos o protección civil,

iv) servicios de producción, de transmisión y de distribución de gas, agua o electricidad; servicios de recogida de basuras o instalaciones de incineración,

v) industrias cuyo proceso de trabajo no pueda interrumpirse por motivos técnicos,

vi) actividades de investigación y desarrollo,

vii) agricultura,

viii) trabajadores del sector de transporte de pasajeros, en servicios de transporte urbano regular;

d) en caso de aumento previsible de la actividad y, en particular:

i) en la agricultura,

ii) en el turismo,

iii) en los servicios postales;

e) en el caso de las personas que trabajen en el transporte ferroviario:

i) cuyas actividades sean intermitentes,

ii) cuyo tiempo de trabajo se desarrolle a bordo de trenes, o

iii) cuyas actividades estén ligadas a horarios de transporte y que deban garantizar la continuidad y la regularidad del tráfico;

f) en las circunstancias contempladas en el apartado 4 del artículo 5 de la Directiva 89/391/CEE;

g) en caso de accidente o riesgo de accidente inminente.

4. De conformidad con el apartado 2 del presente artículo, caben excepciones a los artículos 3 y 5:

a) para las actividades que requieran un trabajo por turnos, cuando el trabajador cambie de equipo y no pueda disfrutar de períodos de descanso diario y/o semanal entre el final de un equipo y el comienzo del siguiente;

b) para las actividades caracterizadas por el fraccionamiento de la jornada de trabajo, en particular del personal encargado de las actividades de limpieza.

5. De conformidad con el apartado 2 del presente artículo, caben excepciones al artículo 6 y a la letra b) del artículo 16, respecto de los médicos en periodo de formación, con arreglo a lo dispuesto en los párrafos segundo a séptimo del presente apartado.

Las excepciones a que se refiere el primer párrafo respecto de lo dispuesto en el artículo 6 se autorizarán durante un período transitorio de cinco años a partir del 1 de agosto de 2004.

Los Estados miembros podrán disponer de un plazo suplementario de hasta dos años, en caso necesario, con el fin de atender las dificultades que entrañe el cumplimiento de las disposiciones relativas al tiempo de trabajo por lo que respecta a su responsabilidad en la organización y prestación de servicios médicos y de salud. Al menos seis meses antes del fin del período transitorio el Estado miembro de que se trate deberá informar a la Comisión exponiendo sus motivos, de modo que la Comisión pueda emitir un dictamen, tras evacuar las consultas pertinentes, en los tres meses siguientes a la recepción de dicha información. Si el Estado miembro no sigue el dictamen de la Comisión, deberá motivar dicha decisión. La notificación y la motivación del Estado miembro, así como el dictamen de la Comisión, se publicarán en el Diario Oficial de la Unión Europea y se remitirán al Parlamento Europeo.

Los Estados miembros podrán disponer de hasta un año adicional, en caso necesario, con el fin de atender cualquier dificultad especial que entrañe el cumplimiento de las responsabilidades contempladas en el párrafo tercero. Actuarán de conformidad con el procedimiento establecido en dicho párrafo.

Los Estados miembros velarán por que el número de horas semanales de trabajo no supere en ningún caso una media de 58 horas durante los tres primeros años del período transitorio, una media de 56 horas durante los dos años siguientes y una media de 52 horas durante el período, en su caso, restante.

El empresario consultará a los representantes de los trabajadores con tiempo suficiente para alcanzar un acuerdo, siempre que sea posible, sobre el régimen que se aplicará durante el período transitorio. Dentro de los límites establecidos en el párrafo quinto, dicho acuerdo podrá incluir:

a) la media de horas semanales de trabajo durante el período transitorio, y

b) las medidas que deberán tomarse para reducir las horas semanales de trabajo a una media de 48 horas antes de que finalice el período transitorio.

Las excepciones contempladas en el párrafo primero respecto de lo dispuesto en la letra b) del artículo 16 se autorizarán siempre que el período de referencia no supere 12 meses, durante la primera parte del período transitorio especificado en el párrafo quinto, ni seis meses posteriormente.

Artículo 18. Excepciones mediante convenios colectivos.

Podrán establecerse excepciones a las disposiciones de los artículos 3, 4, 5, 8 y 16 mediante convenios colectivos o acuerdos celebrados entre interlocutores sociales a nivel nacional o regional o, de conformidad con las normas fijadas por dichos interlocutores sociales, mediante convenios colectivos o acuerdos celebrados entre interlocutores sociales a un nivel inferior.

Los Estados miembros en los que jurídicamente no exista un sistema que garantice la celebración de convenios colectivos o de acuerdos entre interlocutores sociales a nivel nacional o regional, en las materias de que trata la presente Directiva, o en los que exista un marco legislativo específico para tal fin y dentro de los límites del mismo, podrán, de conformidad con la legislación y/o prácticas nacionales, permitir excepciones a las disposiciones de los artículos 3, 4, 5, 8 y 16 mediante convenios colectivos o acuerdos celebrados entre interlocutores sociales al nivel colectivo apropiado.

Las excepciones previstas en los párrafos primero y segundo del presente apartado sólo se admitirán a condición de que se conceda a los trabajadores de que se trate períodos equivalentes de descanso compensatorio, o bien una protección adecuada en los casos excepcionales en que, por razones objetivas, resulte imposible la concesión de dichos períodos equivalentes de descanso compensatorio.

Los Estados miembros podrán establecer normas:

a) para la aplicación de lo dispuesto en el presente artículo por parte de los interlocutores sociales, y

b) para la extensión a otros trabajadores de las disposiciones de los convenios colectivos o acuerdos que se celebren con arreglo al presente artículo, de conformidad con las legislaciones y/o prácticas nacionales.

Artículo 19. Límites a las excepciones a los períodos de referencia.

La facultad de establecer excepciones a lo dispuesto en la letra b) del artículo 16, prevista en el apartado 3 del artículo 17 y en el artículo 18, no podrá tener como consecuencia el establecimiento de un período de referencia superior a seis meses.

No obstante, los Estados miembros, siempre que respeten los principios generales de protección de la seguridad y la salud de los trabajadores, tendrán la facultad de permitir que, por razones objetivas, técnicas o de organización del trabajo, los convenios colectivos o acuerdos celebrados entre interlocutores sociales establezcan períodos de referencia que en ningún caso excederán de 12 meses.

Antes del 23 de noviembre de 2003, el Consejo, basándose en una propuesta de la Comisión acompañada de un informe de evaluación, volverá a examinar las disposiciones del presente artículo y decidirá el curso que deberá dársele.

Artículo 20. Trabajadores móviles y trabajo off-shore.

1. Lo dispuesto en los artículos 3, 4, 5 y 8 no se aplicará a los trabajadores móviles.

No obstante, los Estados miembros adoptarán las medidas necesarias para garantizar que los trabajadores móviles tengan derecho a un descanso adecuado, salvo en las circunstancias previstas en las letras f) y g) del apartado 3 del artículo 17.

2. Siempre que se respeten los principios generales relativos a la protección de la seguridad y la salud de los trabajadores, y siempre que se recurra a la consulta de los interlocutores sociales implicados y se trate de fomentar todas las formas pertinentes de diálogo social, incluida la concertación si las partes así lo desean, los Estados miembros, por razones objetivas o técnicas o por razones relacionadas con la organización del trabajo, podrán ampliar el período de referencia al que se refiere la letra b) del artículo 16 a 12 meses para los trabajadores que realizan principalmente trabajo off-shore.

3. A más tardar el 1 de agosto de 2005, la Comisión, tras consultar a los Estados miembros y a los empresarios y trabajadores a nivel europeo, revisará el funcionamiento de las disposiciones relativas a los trabajadores off-shore desde el punto de vista de la salud y la seguridad con vistas a presentar, en caso necesario, las modificaciones apropiadas.

Artículo 21. Trabajadores que ejercen su actividad a bordo de buques de pesca marítima.

1. Lo dispuesto en los artículos 3 a 6 y 8 no se aplicará a los trabajadores que ejerzan su actividad a bordo de buques de pesca marítima que enarbolen pabellón de un Estado miembro.

No obstante, los Estados miembros adoptarán las medidas necesarias para garantizar que cualquier trabajador que ejerza su actividad a bordo de un buque de pesca marítima que enarbole pabellón de un Estado miembro tenga derecho al descanso adecuado y a que se limite el número de horas de trabajo a una media de 48 horas semanales calculadas sobre la base de un período de referencia que no podrá exceder de 12 meses.

2. Dentro de los límites establecidos en el párrafo segundo del apartado 1 y en los apartados 3 y 4, los Estados miembros, habida cuenta la necesidad de proteger la seguridad y la salud de dichos trabajadores, adoptarán las medidas necesarias para garantizar que,

a) las horas de trabajo se limiten a un número máximo que no se deberá sobrepasar en un período de tiempo determinado, o

b) se disfrute de un número mínimo de horas de descanso en un período de tiempo determinado.

El número máximo de horas de trabajo o el número mínimo de horas de descanso se establecerá mediante disposiciones legales, reglamentarias o administrativas o mediante convenios colectivos o acuerdos entre los interlocutores sociales.

3. Las horas de trabajo o descanso estarán sometidas a los límites siguientes:

a) el número máximo de horas de trabajo no excederá de:

i) 14 horas por cada período de 24 horas, ni de

ii) 72 horas por cada período de siete días, o bien

b) el número mínimo de horas de descanso no será inferior a:

i) diez horas por cada período de 24 horas, ni a

ii) 77 horas por cada período de siete días.

4. Las horas de descanso podrán dividirse en dos períodos como máximo, uno de los cuales será de al menos seis horas, y el intervalo entre períodos consecutivos de descanso no excederá de 14 horas.

5. De conformidad con los principios generales en materia de protección de la salud y la seguridad de los trabajadores, y por razones objetivas o técnicas, o por motivos relativos a la organización del trabajo, los Estados miembros podrán permitir excepciones, incluida la fijación de períodos de referencia, a los límites establecidos en el párrafo segundo del apartado 1 y en los apartados 3 y 4. Tales excepciones deberán ajustarse, en la medida de lo posible, a las normas establecidas, pero podrán tener en cuenta períodos de permiso más frecuentes o más largos o la concesión a los trabajadores de

permisos compensatorios. Dichas excepciones se podrán establecer mediante alguna de estas modalidades:

a) disposiciones legales, reglamentarias o administrativas, siempre que se consulte, cuando sea posible, a los representantes de los empresarios y los trabajadores interesados, y se realicen esfuerzos para fomentar todas las formas pertinentes de diálogo social;

b) convenios colectivos o acuerdos entre los interlocutores sociales.

6. El capitán de un buque de pesca marítima tendrá derecho a exigir a los trabajadores que ejerzan su actividad a bordo que trabajen cuantas horas sean necesarias para la seguridad inmediata del buque, de las personas a bordo del mismo o de su carga, o para socorrer a otros buques o personas que corran peligro en el mar.

7. Los Estados miembros podrán disponer que los trabajadores que ejerzan su actividad a bordo de buques de pesca marítima que, en virtud de la legislación o la práctica nacional, no estén autorizados a faenar durante un período específico del año civil superior a un mes, tomen sus vacaciones anuales con arreglo al artículo 7 dentro del período antes mencionado.

Artículo 22. Disposiciones varias.

1. Siempre que respete los principios generales de protección de la seguridad y la salud de los trabajadores, un Estado miembro podrá no aplicar el artículo 6, a condición de que adopte las medidas necesarias para garantizar que:

a) ningún empresario solicite a un trabajador que trabaje más de 48 horas en el transcurso de un período de siete días, calculado como promedio del período de referencia que se menciona en la letra b) del artículo 16, salvo que haya obtenido el consentimiento del trabajador para efectuar dicho trabajo;

b) ningún trabajador pueda sufrir perjuicio alguno por el hecho de no estar dispuesto a dar su consentimiento para efectuar dicho trabajo;

c) el empresario lleve registros actualizados de todos los trabajadores que efectúen un trabajo de este tipo;

d) los registros mencionados se pongan a disposición de las autoridades competentes, que podrán prohibir o restringir, por razones de seguridad y/o de salud de los trabajadores, la posibilidad de sobrepasar la duración máxima del tiempo de trabajo semanal;

e) el empresario facilite a las autoridades competentes, a petición de éstas, información sobre el consentimiento dado por los trabajadores para efectuar un trabajo que exceda de 48 horas en el transcurso de un período de siete días, calculado como promedio del período de referencia que se menciona en la letra b) del artículo 16.

Antes del 23 de noviembre de 2003, el Consejo, sobre la base de una propuesta de la Comisión, acompañada de un informe de evaluación, reexaminará las disposiciones del presente apartado y decidirá sobre el curso que deberá dárseles.

2. Por lo que respecta a la aplicación del artículo 7, los Estados miembros podrán hacer uso de un período transitorio de tres años como máximo, a contar desde el 23 de noviembre de 1996, siempre que durante dicho período transitorio:

a) los trabajadores disfruten de un período anual de tres semanas de vacaciones retribuidas, de conformidad con las condiciones de obtención y concesión establecidas en las legislaciones y/o las prácticas nacionales, y que

b) dicho período de tres semanas de vacaciones anuales retribuidas no pueda ser sustituido por una compensación financiera, salvo en caso de que concluya la relación laboral.

3. Cuando los Estados miembros hagan uso de las opciones previstas en el presente artículo informarán de ello inmediatamente a la Comisión.

CAPÍTULO VI

Disposiciones finales

Artículo 23. Nivel de protección.

Sin perjuicio del derecho de los Estados miembros de adoptar, habida cuenta de la evolución de la situación, disposiciones legales, reglamentarias y contractuales distintas en materia de tiempo de trabajo, siempre que se cumplan los requisitos mínimos establecidos en la presente Directiva, la aplicación de la presente Directiva no constituirá una justificación válida para la disminución del nivel general de protección de los trabajadores.

Artículo 24. Informes.

1. Los Estados miembros comunicarán a la Comisión el texto de las principales disposiciones de Derecho interno que ya hayan adoptado, o que vayan a adoptar, en el ámbito regulado por la presente Directiva.

2. Cada cinco años, los Estados miembros informarán a la Comisión de la aplicación efectiva de las disposiciones de la presente Directiva, con indicación de los puntos de vista de los interlocutores sociales.

La Comisión informará de ello al Parlamento Europeo, al Consejo, al Comité Económico y Social Europeo y al Comité consultivo sobre seguridad, higiene y protección de la salud en el lugar de trabajo.

3. A partir del 23 de noviembre de 1996, la Comisión presentará un informe cada cinco años al Parlamento Europeo, al Consejo y al Comité Económico y Social Europeo sobre la aplicación de la presente Directiva, teniendo en cuenta las disposiciones de los artículos 22 y 23 así como de los apartados 1 y 2 del presente artículo.

Artículo 25. Evaluación del funcionamiento de las disposiciones relativas a los trabajadores a bordo de buques de pesca marítima.

A más tardar el 1 de agosto de 2009, la Comisión, tras consultar a los Estados miembros y a los interlocutores sociales a escala europea, procederá al examen del funcionamiento de las disposiciones relativas a los trabajadores a bordo de buques de pesca marítima y, en particular, analizará si dichas disposiciones siguen siendo apropiadas, en particular en lo que se refiere a la salud y a la seguridad, para proponer, si hubiere lugar, las modificaciones oportunas.

Artículo 26. Evaluación del funcionamiento de las disposiciones relativas a los trabajadores del sector del transporte de pasajeros.

La Comisión, a más tardar el 1 de agosto de 2005 y tras consultar a los Estados miembros y a los empresarios y trabajadores a escala europea, evaluará el funcionamiento de las disposiciones relativas a los trabajadores del sector del transporte de pasajeros en los servicios de transporte urbano regular con vistas a presentar, en caso necesario, las oportunas modificaciones con el objetivo de garantizar un planteamiento coherente y adecuado para dicho sector.

Artículo 27. Derogación.

1. Queda derogada la Directiva 93/104/CE modificada por la Directiva que figura en la parte A del anexo I, sin perjuicio de las obligaciones de los Estados miembros en cuanto a los plazos de transposición que figuran en la parte B del anexo I.

2. Las referencias a la Directiva derogada se entenderán hechas a la presente Directiva y se leerán con arreglo a la tabla de correspondencias que figura en el anexo II.

Artículo 28. Entrada en vigor.

La presente Directiva entrará en vigor el 2 de agosto de 2004.

Artículo 29. Destinatarios.

Los destinatarios de la presente Directiva son los Estados miembros.

Hecho en Bruselas, el 4 de noviembre de 2003.

ANEXO I

PARTE A

Directiva derogada con sus modificaciones sucesivas

(art. 27)

Directiva 93/104/CE del Consejo (DOL 307 de 13.12.1993, p. 18).

Directiva 2000/34/CE del Parlamento Europeo y del Consejo (DOL 195 de 1.8.2000, p. 41).

PARTE B

Plazos de transposición en el Derecho nacional
(Artículo 27)

ANEXO II

TABLA DE CORRESPONDENCIAS

Directiva 93/104/CE	Presente Directiva
Artículos 1 a 5	Artículos 1 a 5
Parte introductoria del artículo 6	Parte introductoria del artículo 6
Apartado 1 del artículo 6	Letra a) del artículo 6
Apartado 2 del artículo 6	Letra b) del artículo 6
Artículo 7	Artículo 7
Parte introductoria del artículo 8	Parte introductoria del artículo 8
Apartado 1 del artículo 8	Letra a) del artículo 8
Apartado 2 del artículo 8	Letra b) del artículo 8
Artículos 9, 10 y 11	Artículos 9, 10 y 11
Parte introductoria del artículo 12	Parte introductoria del artículo 12
Apartado 1 del artículo 12	Letra a) del artículo 12
Apartado 2 del artículo 12	Letra b) del artículo 12
Artículos 13, 14 y 15	Artículos 13, 14 y 15
Parte introductoria del artículo 16	Parte introductoria del artículo 16
Apartado 1 del artículo 16	Letra a) del artículo 16
Apartado 2 del artículo 16	Letra b) del artículo 16
Apartado 3 del artículo 16	Letra c) del artículo 16
Apartado 1 del artículo 17	Apartado 1 del artículo 17
Parte introductoria del apartado 2 del artículo 17	Apartado 2 del artículo 17
Punto 2.1 del apartado 2 del artículo 17	Letras a) a e) del apartado 3 del artículo 17
Punto 2.2 del apartado 2 del artículo 17	Letras f) y g) del apartado 3 del artículo 17
Punto 2.3 del apartado 2 del artículo 17	Apartado 4 del artículo 17
Punto 2.4 del apartado 2 del artículo 17	Apartado 5 del artículo 17
Apartado 3 del artículo 17	Artículo 18
Apartado 4 del artículo 17	Artículo 19
Apartado 1 del artículo 17 bis	Párrafo primero del apartado del 1 artículo 20
Apartado 2 del artículo 17 bis	Párrafo segundo del apartado 1 del artículo 20
Apartado 3 del artículo 17 bis	Apartado 2 del artículo 20
Apartado 4 del artículo 17 bis	Apartado 3 del artículo 20
Apartado 1 del artículo 17 ter	Párrafo primero del apartado 1 del artículo 21
Apartado 2 del artículo 17 ter	Párrafo segundo del apartado 1 del artículo 21
Apartado 3 del artículo 17 ter	Apartado 2 del artículo 21
Apartado 4 del artículo 17 ter	Apartado 3 del artículo 21
Apartado 5 del artículo 17 ter	Apartado 4 del artículo 21
Apartado 6 del artículo 17 ter	Apartado 5 del artículo 21
Apartado 7 del artículo 17 ter	Apartado 6 del artículo 21
Apartado 8 del artículo 17 ter	Apartado 7 del artículo 21
Letra a) del apartado 1 del artículo 18	–
Inciso i) de la letra b) del apartado 1 del artículo 18	Apartado 1 del artículo 22
Inciso ii) de la letra b) del apartado 1 del artículo 18	Apartado 2 del artículo 22
Letra c) del apartado 1 del artículo 18	Apartado 3 del artículo 22
Apartado 2 del artículo 18	–
Apartado 3 del artículo 18	Artículo 23
Apartado 4 del artículo 18	Apartado 1 del artículo 24
Apartado 5 del artículo 18	Apartado 2 del artículo 24
Apartado 6 del artículo 18	Apartado 3 del artículo 24

Directiva 93/104/CE	Presente Directiva
–	Artículo 25 [(1)]
–	Artículo 26 [(2)]
–	Artículo 27
–	Artículo 28
Artículo 19	Artículo 29
–	Anexo I
–	Anexo II

(1) Artículo 3 de la Directiva 2000/34/CE.

(2) Artículo 4 de la Directiva 2000/34/CE.

g) Libre circulación de trabajadores

§ 51.1 REGLAMENTO (CEE) 1612/68, DE 15 OCTUBRE, DEL CONSEJO RELATIVO A LA LIBRE CIRCULACIÓN DE LOS TRABAJADORES DENTRO DE LA COMUNIDAD

(DOL núm. 257, de 19 octubre [LCEur 1968, 84])

⇒ V. la Directiva 2004/38/CE, de 29 abril 2004 que deroga los arts. 10 y 11 de este Reglamento y las Directivas 64/221/CEE, 68/360/CEE, 72/194/CEE, 73/148/CEE, 75/34/CEE, 75/35/CEE, 90/364/CEE, 90/365/CEE y 93/96/CEE, con efectos de 30 abril 2006.
En nuestro Derecho interno, cfr. el RD 240/2007, de 16 febrero (§39.3).

El Consejo de las Comunidades Europeas,

Visto el Tratado constitutivo de la Comunidad Económica Europea y, en particular, su artículo 49,

vista la propuesta de la Comisión,

visto el dictamen del Parlamento Europeo (DO núm. 268 de 6.11.1967, p. 9),

Visto el dictamen del Comité Económico y Social (DO núm. 298 de 7.12.1967, p. 10),

Considerando que la libre circulación de trabajadores dentro de la comunidad deberá quedar asegurada, a más tardar, al final del período transitorio; que la realización de este objetivo supone la abolición, entre los trabajadores de los Estados miembros de toda discriminación por razón de la nacionalidad con respecto al empleo, retribución y demás condiciones de trabajo, así como al derecho de estos trabajadores a desplazarse libremente dentro de la Comunidad para ejercer una actividad asalariada, sin perjuicio de las limitaciones justificadas por razones de orden público, seguridad y salud públicas:

Considerando que, debido a la celeridad con que se ha producido la puesta en práctica de la unión aduanera y para garantizar la realización simultánea de los fundamentos esenciales de la Comunidad, conviene adoptar las disposiciones que permitan alcanzar los objetivos fijados por los artículos 48 y 49 del Tratado en el ámbito de la libre circulación, y perfeccionar las medidas adoptadas sucesivamente en el marco del Reglamento núm. 15 sobre las primeras medidas para lograr la libre circulación de los trabajadores dentro de la Comunidad (DO núm. 57 de 26.8.1961, p. 1073/61) del Reglamento (CEE) núm. 38/64/CEE del Consejo, de 25 de marzo de 1964, relativo a la libre circulación de los trabajadores dentro de la Comunidad (DO núm. 62 de 17.4.1964, p. 965/64);

⇒ La referencia a los arts. 48 y 49 del Tratado CE deben entenderse realizadas a los actuales arts. 39 y 40.

Considerando que la libre circulación constituye un derecho fundamental para los trabajadores y su familia; que la movilidad de mano de obra en la Comunidad debe ser para el trabajador uno de los medios que le garanticen la posibilidad de mejorar sus condiciones de vida y de trabajo, y facilitar su promoción social, contribuyendo al mismo tiempo a satisfacer las necesidades de la economía de los Estados miembros; que conviene afirmar el derecho de todos los trabajadores de los Estados miembros a ejercer la actividad de su elección dentro de la Comunidad;

Considerando que tal derecho debe reconocerse indistintamente a los trabajadores «permanentes», de temporada, fronterizos o que ejerzan sus actividades con ocasión de una prestación de servicios;

Considerando que, para poder ejercitarlo en condiciones objetivas de libertad y dignidad, el derecho de libre circulación exige que la igualdad de trato en todo cuanto se relaciona con el ejercicio del mismo de una actividad por cuenta ajena y con el acceso a la vivienda,quede garantizada de hecho y de derecho, y asimismo que se eliminen los obstáculos que se oponen a la movilidad de los trabajadores, sobre todo en lo referente al derecho del trabajador de hacer venir a su familia, y a las condiciones de integración de dicha familia en el país de acogida;

Considerando que el principio de no discriminación entre trabajadores de la Comunidad implica que todos los nacionales de los Estados miembros tengan la misma prioridad en el empleo que la que disfrutan los trabajadores nacionales;

Considerando que, a fin de garantizar de modo general una mejor transparencia del mercado de trabajo, será necesario reforzar los mecanismos de contacto y compensación, especialmente mediante el desarrollo de la colaboración directa entre los servicios centrales de mano de obra, así como entre los servicios regionales, por medio de la intensificación y la coordinación de la acción informativa; que los trabajadores que deseen desplazarse deberán igualmente ser informados con regularidad sobre las condiciones de vida y de trabajo;que, por otra parte, conviene prever medidas para el caso en que un Estado miembro experimente o prevea perturbaciones en su mercado de trabajo que puedan ocasionar graves riesgos para el nivel de vida y de empleo en una región o industria; que, a tal efecto, la acción de información orientada a evitar la afluencia de los trabajadores a dicha región o industria constituye el medio que hay que aplicar en primer lugar, aunque llegado el caso, los resultados de esta acción podrán ser reforzados mediante una suspensión temporal de los mencionados mecanismos, decisión que se adoptará a nivel de la Comunidad;

Considerando que existe una estrecha vinculación entre la libre circulación de los trabajadores, el empleo y la formación profesional,en la medida en que esta última tienda a poner al trabajador en condiciones de responder a ofertas de empleo concretas hechas en otras regiones de la Comunidad; que tal vinculación obliga a estudiar los problemas relativos a estas materias, no ya aisladamente, sino en sus relaciones de interdependencia, teniendo en cuenta igualmente los problemas de empleo a nivel regional; y que, por tanto, es necesario orientar los esfuerzos de los Estados miembros hacia el establecimiento de una coordinación comunitaria de su política de empleo;

Considerando que, por Decisión de 15 de octubre de 1968 (DOL núm. 257 de 19.10.1968, p. 1), el Consejo extendió a los departamentos franceses de Ultramar la aplicabilidad de los artículos 48 y 49 del Tratado, así como las disposiciones adoptadas para su aplicación,

Ha adoptado el presente Reglamento:

PRIMERA PARTE
DEL EMPLEO Y DE LA FAMILIA DE LOS TRABAJADORES

TÍTULO I
DEL ACCESO AL EMPLEO

Artículo 1.

1. Todo nacional de un Estado miembro, sea cual fuere su lugar de residencia, tendrá derecho a acceder a una actividad por cuenta ajena a ejercerla en el territorio de otro Estado miembro, de conformidad con las disposiciones legales, reglamentarias y administrativas que regulan el empleo de los trabajadores nacionales de dicho Estado.

2. En particular se beneficiará en el territorio de otro Estado miembro de las mismas prioridades que los nacionales de dicho Estado en el acceso a los empleos disponibles.

Artículo 2.

Todo nacional de un Estado miembro y todo empresario que ejerzan una actividad en el territorio de un Estado miembro podrán intercambiar sus demandas y ofertas de empleos, formalizar contratos de trabajo y ejecutarlos de conformidad con las disposiciones legales, reglamentarias y administrativas en vigor, sin que de ello pueda resultar discriminación alguna.

Artículo 3.

1. En el marco del presente Reglamento, no serán aplicables las disposiciones legales, reglamentarias o administrativas, ni las prácticas administrativas de un Estado miembro:

– que limiten o subordinen a condiciones no previstas para los nacionales la oferta y la demanda de trabajo, el acceso al empleo y su ejercicio por los extranjeros; o

– que, aun siendo aplicables sin acepción de nacionalidad, tengan por finalidad o efecto exclusivo o principal, eliminar a los nacionales de otros Estados miembros de la oferta de empleo.

Esta disposición no se refiere a las condiciones relativas a los conocimientos lingüísticos exigidos en razón de la naturaleza del empleo a cubrir.

2. Entre las disposiciones o prácticas mencionadas en el párrafo primero del apartado 1, están comprendidas principalmente las que, en un Estado miembro:

a) hagan obligatorio el recurso a procedimientos especiales de contratación para los extranjeros;

b) limiten o subordinen a condiciones distintas de las que son aplicables a los empresarios que ejercen en el territorio de dicho Estado, la oferta de empleo por medio de la prensa o de cualquier otro modo;

c) subordinen el acceso al empleo a condiciones de inscripción en las oficinas de colocación u obstaculicen la contratación nominativa de trabajadores, cuando se trate de personas que no residan en el territorio de dicho Estado.

Artículo 4.

1. Las disposiciones legales, reglamentarias y administrativas de los Estados miembros que limiten el empleo de extranjeros en número o porcentaje, por empresa, rama de actividad, región o a escala nacional, no serán aplicables a los nacionales de los otros Estados miembros.

2. Cuando en un Estado miembro la concesión de beneficio de cualquier naturaleza a las empresas, esté subordinada al empleo de un porcentaje mínimo de trabajadores nacionales, los nacionales de otros Estados miembros se contarán como trabajadores nacionales, salvo lo dispuesto en la Directiva del Consejo de 15 de octubre de 1963 (DO núm. 159 de 2.11.1963, p. 2661/63).

Artículo 5.

El nacional de un Estado miembro que busque un empleo en el territorio de otro Estado miembro, recibirá allí la misma asistencia que la que las oficinas de empleo de ese Estado conceden a sus propios nacionales que busquen empleo.

Artículo 6.

1. La contratación y el reclutamiento de un nacional de un Estado miembro para un empleo en otro Estado miembro no podrá depender de criterios médicos, profesionales u otros discriminatorios en razón de la nacionalidad con respecto a los aplicados a los nacionales de otro Estado miembro que deseen ejercer la misma actividad.

No obstante, al nacional que posea una oferta nominativa hecha por un empresario de un Estado miembro que no sea el suyo propio, podrá sometérsele a un examen profesional si el empresario lo solicita expresamente en el momento de presentar su oferta.

TÍTULO II
DEL EJERCICIO DEL EMPLEO Y DE LA IGUALDAD DE TRATO

Artículo 7.

1. En el territorio de otros Estados miembros y por razón de la nacionalidad, el trabajador nacional de un Estado miembro no podrá ser tratado de forma diferente que los trabajadores nacionales, en cuanto se refiere a las condiciones de empleo y de trabajo, especialmente en materia de retribución, de despido y de reintegración profesional o de nuevo empleo, si hubiera quedado en situación de desempleo.

2. Se beneficiará de las mismas ventajas sociales y fiscales que los trabajadores nacionales.

3. También tendrá acceso a las escuelas de formación profesional y a los centros de readaptación de enseñanza, en base al mismo derecho y en las mismas condiciones que los trabajadores nacionales.

4. Toda cláusula de convenio colectivo o individual o de otra reglamentación colectiva referente al acceso al empleo, al empleo, a la retribución y a las demás condiciones de trabajo y despido, será nula de pleno derecho en la medida en que prevea o autorice condiciones discriminatorias para los trabajadores nacionales de otros Estados miembros.

Artículo 8.

1. El trabajador nacional de un Estado miembro empleado en el territorio de otro Estado miembro se beneficiará de la igualdad de trato en relación con la afiliación a organizaciones sindicales y el ejercicio de los derechos sindicales, incluyendo el derecho de voto y el acceso a los puestos de administración o de dirección de una organización sindical: podrá ser excluido de participar en la gestión de organismo de derecho público y del ejercicio de una función de derecho público. Además, se beneficiará del derecho de elegibilidad a los órganos de representación de los trabajadores en la empresa.

✐ Modificado por el art. 1.1 del Reglamento (CEE) núm. 312/1976, de 9 febrero, del Consejo.

Estas disposiciones no irán en detrimento de las legislaciones o reglamentaciones que, en determinados Estados miembros, concedan derechos más amplios a los trabajadores procedentes de otros Estados miembros.

2. ...

✐ Suprimido por el art. 1.2 del Reglamento (CEE) núm. 312/1976, de 9 febrero, del Consejo.

Artículo 9.

1. El trabajador nacional de un Estado miembro empleado en el territorio de otro Estado miembro, se beneficiará de todos los derechos y ventajas concedidos a los trabajadores nacionales en materia de alojamiento, incluyendo el acceso a la propiedad de la vivienda que necesite.

2. Dicho trabajador podrá, con el mismo derecho que los nacionales, inscribirse en las listas de solicitantes de viviendas en la región en la que esté empleado y donde se realicen tales listas; se beneficiará de las ventajas y prioridades resultantes.

Si su familia hubiese permanecido en el país de origen será considerada, a estos efectos, residente en dicha región siempre y cuando los trabajadores nacionales disfruten de una presunción análoga.

TÍTULO III

DE LA FAMILIA DE LOS TRABAJADORES

Artículo 10. ...

✐ Este artículo está derogado desde el 30 abril 2006, por la Directiva 2004/38/CE, de 29 abril.

Artículo 11. ...

✐ Este artículo está derogado desde el 30 abril 2006, por la Directiva 2004/38/CE, de 29 abril.

Artículo 12.

Los hijos de un nacional de un Estado miembro que esté o haya estado empleado en el territorio de otro Estado miembro serán admitidos en los cursos de enseñanza general, de aprendizaje y de formación profesional en las mismas condiciones que los nacionales de dicho Estado, si esos hijos residen en su territorio.

Los Estados miembros fomentarán las iniciativas que les permitan seguir los mencionados cursos en las mejores condiciones.

SEGUNDA PARTE

DE LA PUESTA EN RELACIÓN Y DE LA COMPENSACIÓN DE LAS OFERTAS Y DEMANDAS DE EMPLEO

⇒ Esta segunda parte ha sido fundamentalmente afectada por el Reglamento del Consejo 2434/92/CEE, de 27 julio.

TÍTULO I

DE LA COLABORACIÓN ENTRE LOS ESTADOS MIEMBROS Y CON LA COMISIÓN

Artículo 13.

1. Los Estados miembros o la Comisión promoverán o emprenderán en colaboración todo estudio en materia de empleo y de desempleo que consideren necesario para garantizar la libre circulación de los trabajadores dentro de la Comunidad.

Los servicios centrales de empleo de los Estados miembros cooperarán estrechamente entre sí y con la Comisión, con miras a conseguir una acción común en el campo de la compensación de las ofertas y demandas de empleo en la Comunidad y la colocación de trabajadores que de ella resulte.

2. Con este fin, los Estados miembros designarán servicios especializados que estarán encargados de organizar los trabajos en los campos mencionados anteriormente y de cooperar entre sí y con los servicios de la Comisión.

Los Estados miembros notificarán a la Comisión cualquier cambio que se produzca en la designación de estos servicios y la Comisión lo publicará, a efectos de información en el Diario Oficial de las Comunidades Europeas.

Artículo 14.

1. Los Estados miembros enviarán a la Comisión información sobre los problemas y datos relativos a la libre circulación y el empleo de los trabajadores así como también información de la situación y evolución del empleo.

✐ Modificado por art. 1.2 del Reglamento (CEE) núm. 2434/1992, de 27 julio, del Consejo.

2. Teniendo muy en cuenta el parecer del Comité técnico, la Comisión determinará la forma de establecer la información a que se refiere el apartado 1.

✐ Modificado por art. 1.2 del Reglamento (CEE) núm. 2434/1992, de 27 julio, del Consejo.

3. De conformidad con las modalidades establecidas por la Comisión, tomando en cuenta el dictamen del Comité técnico, el servicio especializado de cada Estado miembro enviará a los servicios especializados de los otros Estados miembros y a la Oficina Europea de Coordinación, las informaciones referentes a las condiciones de vida y de trabajo y la situación del mercado de trabajo que puedan servir de orientación a los trabajadores de los otros Estados miembros. Estas informaciones se irán actualizando con regularidad.

✐ Párr. 1º modificado por art. 1.2 del Reglamento (CEE) núm. 2434/1992, de 27 julio, del Consejo.
La Oficina Europea de Coordinación fue creada por el Reglamento 15/61/CEE, de 16 agosto.

Los servicios especializados de los otros Estados miembros garantizarán para dichas informaciones una extensa publicidad, especialmente por medio de su difusión entre los servicios de empleo apropiados y por cuantos medios de comunicación sirvan para informar a los trabajadores interesados.

TÍTULO II
DEL MECANISMO DE COMPENSACIÓN

⇒ La Decisión de la Comisión núm. 93/569/CEE, de 22 octubre, dictada en aplicación del Reglamento 2434/92/CEE, de 27 julio, ha procedido a derogar sus anteriores Decisiones de 8 y 14 diciembre 1972, que crearon el SEDOC (*Système européen de diffussion des offres et des demandes d'emploi en compensation internationale*), que sustituye por una red europea de Servicios de empleo, denominada EURES (*European Employment Services*).

Artículo 15.

1. El servicio especializado de cada Estado miembro remitirá regularmente a los servicios especializados de los demás Estados miembros y a la Oficina europea de coordinación:

a) las ofertas de empleo que puedan ser cubiertas por nacionales de otros Estados miembros;

b) las ofertas de empleo dirigidas a Estados no miembros;

c) las demandas de empleo presentadas por personas que hayan declarado formalmente que desean trabajar en otro Estado miembro;

d) información, por región y rama de actividad, relativa a los demandantes de empleo que hayan declarado estar efectivamente dispuestos a ocupar un puesto de trabajo en otro país.

El servicio especializado de cada Estado miembro remitirá lo antes posible estas informaciones a los servicios y organismos de empleo competentes.

2. Las ofertas y las demandas de empleo contempladas en el apartado 1 se difundirán según un sistema uniforme que establecerá la Oficina europea de coordinación en colaboración con el Comité técnico.

Si es necesario, la Oficina europea de coordinación podrá adaptar dicho sistema en colaboración con el Comité técnico.

✐ Artículo modificado por art. 1.3 del Reglamento (CEE) núm. 2434/1992, de 27 julio, del Consejo.

Artículo 16.

1. Todas las ofertas de empleo, tal como se definen en el artículo 15, dirigidas a los servicios de empleo de un Estado miembro, se comunicarán y serán objeto de tratamiento por los servicios de empleo competentes de los demás Estados miembros afectados.

Dichos servicios remitirán las candidaturas concretas y adecuadas a los servicios del primer Estado miembro.

2. Las demandas de empleo mencionadas en la letra c) del apartado 1 del artículo 15 deberán recibir una respuesta de los servicios implicados de los Estados miembros en un plazo razonable que no deberá ser superior a un mes.

3. Los servicios de empleo concederán la misma prioridad a los trabajadores de los demás Estados miembros que la que conceden las medidas pertinentes a los trabajadores de los Estados no miembros.

✐ Artículo modificado por art. 1.4 del Reglamento (CEE) núm. 2434/1992, de 27 julio, del Consejo.

Artículo 17.

1. Las operaciones definidas en el artículo 16 serán ejecutadas por los servicios especializados. No obstante, siempre que hayan recibido autorización de los servicios centrales y en la medida en que la organización de los servicios de empleo de un Estado miembro y las técnicas de colocación utilizadas se presten a ello,

a) los servicios regionales de empleo de los Estados miembros:

i) en base a los mensajes detallados que se mencionan en el artículo 15, sobre las que se adoptarán las acciones pertinentes, procederán directamente a las operaciones de relación y compensación de las ofertas y demandas de empleo;

✐ Inciso i) modificado por art. 1.5 del Reglamento (CEE) núm. 2434/1992, de 27 julio, del Consejo.

ii) establecerán relaciones directas de compensación:

– en el caso de ofertas nominativas,

– en el caso de demandas de empleo individuales dirigidas a un servicio de empleo determinado, o bien a un empresario que ejerza su actividad en el ámbito de las competencias de dicho servicio,

– cuando las operaciones de compensación afecten a la mano de obra de temporada, cuya contratación se deba efectuar a la mayor brevedad;

b) los servicios territorialmente responsables de las regiones limítrofes de dos o más Estados miembros intercambiarán regularmente los datos relativos a las ofertas y demandas de empleo de su ámbito según las modalidades de sus relaciones con los otros servicios de empleo de su país, procederán directamente entre ellos a unificar las operaciones de puesta en relación y de compensación de las ofertas y demandas de empleo.

Si es necesario, los servicios territorialmente responsables de las regiones limítrofes desarrollarán igualmente estructuras de cooperación y servicios a fin de ofrecer:

– a los usuarios, la mayor cantidad posible de datos prácticos sobre los diversos aspectos de la movilidad, y

– a los interlocutores sociales y económicos, a los servicios sociales (en particular públicos, privados y de utilidad pública) y al conjunto de las instituciones interesadas, un conjunto de medidas coordinadas en materia de movilidad;

✐ Letra b) modificada por art. 1.5 del Reglamento (CEE) núm. 2434/1992, de 27 julio, del Consejo.

c) los servicios oficiales de colocación especializados en determinadas profesiones o categorías específicas de personas establecerán entre sí una cooperación directa.

2. Los Estados miembros interesados remitirán a la Comisión la lista de los servicios mencionados en el apartado 1, adoptada de común acuerdo, y la Comisión publicará dicha lista, así como cualquier modificación de que sea de objeto, en el Diario Oficial de las Comunidades Europeas, a efectos de información.

Artículo 18.

No ser obligatorio recurrir a los procedimientos de contratación aplicados por los organismos de ejecución previstos en los acuerdos concluidos entre dos o más Estados miembros.

TÍTULO III

DE LAS MEDIDAS REGULADORAS EN FAVOR DEL EQUILIBRIO EN EL MERCADO DE TRABAJO

Artículo 19.

1. Sobre la base de un informe de la Comisión, elaborado a partir de las informaciones proporcionadas por los Estados miembros, estos últimos y la Comisión analizarán conjuntamente, al menos una vez al año, los resultados de los instrumentos comunitarios relativos a las ofertas y las demandas de empleo.

✐ Ap. 1 modificado por art. 1.6 del Reglamento (CEE) núm. 2434/1992, de 27 julio, del Consejo.

2. Los Estados miembros examinarán con la Comisión todas las posibilidades que tiendan a cubrir con prioridad los empleos disponibles por nacionales de los Estados miembros, con el fin de conseguir el equilibrio entre las ofertas y las demandas de empleo en la Comunidad. Adoptarán todas las medidas necesarias a este efecto.

3. Cada dos años, la Comisión presentará al Parlamento Europeo, al Consejo y al Comité Económico y Social un informe sobre la aplicación de la segunda parte del presente Reglamento en el que se resuma la información obtenida y los datos procedentes de los análisis e investigaciones efectuados, y en el que quede reflejado todo dato útil acerca de la evolución del mercado del trabajo en la Comunidad.

✐ Ap. 3 añadido por art. 1.6 del Reglamento (CEE) núm. 2434/1992, de 27 julio, del Consejo.

Artículo 20

✐ Artículo derogado por art. 1.7 del Reglamento (CEE) núm. 2434/1992, de 27 julio, del Consejo.

TÍTULO IV

DE LA OFICINA EUROPEA DE COORDINACIÓN

⇒ V. nota al art. 14.3.

Artículo 21.

La Oficina Europea para la Coordinación de la compensación de las ofertas y demandas de empleo, instituida en el seno de la Comisión y denominada en este Reglamento «Oficina Europea de Coordinación» tendrá por misión general favorecer, en la Comunidad, la relación y la compensación de las ofertas y demandas de empleo. Estará encargada,en particular, de todas las tareas técnicas que en este campo y en los términos del presente Reglamento incumban a la Comisión, y especialmente prestará asistencia a los servicios nacionales de empleo.

Sintetizará la información mencionada en los artículos 14 y 15 así como los datos que se extraigan de los estudios e investigaciones llevados a cabo en aplicación del artículo 13, de manera que pongan de relieve las informaciones útiles sobre la evolución previsible del mercado de trabajo en la Comunidad; estas informaciones se pondrán en conocimiento de los servicios especializados de los Estados miembros y de los Comités consultivo y técnico.

Artículo 22.

1. La Oficina Europea de Coordinación estará encargada especialmente de:

a) coordinar las operaciones prácticas necesarias para la relación y compensación de las ofertas y demandas de empleo en la Comunidad y analizar los movimientos de trabajadores que resulten de las mismas;

b) contribuir, en colaboración con el Comité técnico, a poner en práctica a nivel administrativo y técnico los medios de acción común para estos fines;

c) llevar a cabo, de acuerdo con los servicios especializados, si se produce una necesidad especial, la relación de las ofertas y demandas de empleo, cuya compensación vaya a ser realizada por estos servicios.

2. Enviará a los servicios especializados las ofertas y las demandas de empleo directamente dirigidas a la Comisión y recibirá información sobre las decisiones adoptadas en relación con las mismas.

Artículo 23.

La Comisión, de acuerdo con la autoridad competente de cada Estado miembro y según las condiciones y modalidades que determine previo dictamen del Comité técnico, podrá organizar visitas y misiones de funcionarios de otros Estados miembros, así como programas de perfeccionamiento del personal especializado.

TERCERA PARTE

DE LOS ORGANISMOS ENCARGADOS DE ASEGURAR UNA ESTRECHA COLABORACIÓN ENTRE LOS ESTADOS MIEMBROS EN MATERIA DE LIBRE CIRCULACIÓN Y DE EMPLEO DE LOS TRABAJADORES

TÍTULO I

DEL COMITÉ CONSULTIVO

Artículo 24.

El Comité consultivo se encargará de asistir a la Comisión en el examen de las cuestiones que plantee la ejecución del Tratado (LCEur 1986, 8) y de las medidas adoptadas para su aplicación, en materia de libre circulación y de empleo de los trabajadores.

Artículo 25.

El Comité consultivo estará encargado principalmente:

a) de examinar los problemas de la libre circulación y del empleo en el marco de las políticas nacionales de empleo, a fin de coordinar a nivel comunitario la política de empleo de los Estados miembros, contribuyendo así al desarrollo de las economías así como a un mejor equilibrio del mercado de empleo;

b) de estudiar, de manera general, los efectos de la aplicación del presente Reglamento y de las eventuales disposiciones complementarias;

c) de presentar a la Comisión, cuando proceda propuestas motivadas para la revisión del presente Reglamento;

d) de formular, a petición de la Comisión o por propia iniciativa, dictámenes motivados sobre cuestiones generales o de principio, en particular sobre los intercambios de información que se refieran a la evolución del mercado del empleo, a la circulación de los trabajadores entre los Estados miembros, a los programas o medidas adecuadas para desarrollar la orientación profesional y la formación profesional y para aumentar las posibilidades de la libre circulación y del empleo, así como cualquier forma de asistencia en favor de los trabajadores y de sus familias, comprendida la asistencia social, y la vivienda de los trabajadores.

Artículo 26.

1. El Comité consultivo se compondrá de seis vocales titulares por cada Estado miembro, de los cuales dos representarán al Gobierno, dos a las organizaciones sindicales de trabajadores y dos a las organizaciones de empresarios.

2. Por cada una de las categorías mencionadas en el apartado 1 se nombrará un vocal suplente por cada Estado miembro.

3. La duración del mandato de los vocales titulares y de los suplentes será de dos años. Su mandato será renovable.

A la expiración de su mandato, los vocales titulares y los suplentes seguirán en funciones hasta que se efectúe su sustitución o la renovación de su mandato.

Artículo 27.

Los vocales titulares y los vocales suplentes del Comité consultivo serán nombrados por el Consejo, el cual se esforzará en lograr que, en cuanto a los representantes de las organizaciones sindicales de trabajadores y de empresarios, la composición del Comité represente equitativamente a los distintos sectores económicos interesados.

La lista de los vocales titulares y de los vocales suplentes será publicada por el Consejo en el Diario Oficial de las Comunidades Europeas, a efectos de información.

Artículo 28.

El Comité consultivo estará presidido por un miembro de la Comisión o por su representante. El presidente no tendrá derecho a voto. El Comité se reunirá al menos dos veces al año. Será convocado por su presidente, bien sea a iniciativa de éste, bien a petición de un tercio, al menos, de los vocales.

Los servicios de la Comisión se encargarán de la organización del secretariado.

Artículo 29.

El presidente podrá invitar a participar en las reuniones, como observadores o expertos, a las personas o representantes de organismos que tengan experiencia amplia en el campo del empleo y de la circulación de los trabajadores. El presidente podrá ser asesorado por consejeros técnicos.

Artículo 30.

1. El Comité consultivo se pronunciará válidamente cuando los dos tercios de los vocales estén presentes.

2. Los dictámenes habrán de ser razonados; serán adoptados por mayoría absoluta de los votos válidamente emitidos; irán acompañados de una nota en la que constarán las opiniones expresadas por la minoría cuando ésta lo solicite.

Artículo 31.

El Comité consultivo establecerá sus métodos de trabajo por reglamento interior, el cual entrará en vigor una vez aprobado por el Consejo, previo dictamen de la Comisión. La entrada en vigor de las eventuales modificaciones que el Comité resuelva introducir estará sometida al mismo procedimiento.

TÍTULO II

DEL COMITÉ TÉCNICO

Artículo 32.

El Comité técnico estará encargado de asistir a la Comisión para preparar, promover y seguir en sus resultados todos los trabajos y medidas técnicas para la aplicación del presente Reglamento y de las eventuales disposiciones complementarias.

Artículo 33.

El Comité técnico estará encargado principalmente:

a) de promover y perfeccionar la colaboración entre las administraciones interesadas de los Estados miembros, para todas las cuestiones técnicas relativas a la libre circulación y al empleo de los trabajadores;

b) de elaborar los procedimientos relativos a la organización de las actividades comunes de las administraciones interesadas;

c) de facilitar la reunión de las informaciones útiles para la Comisión y la realización de los estudios y de las investigaciones previstas en el presente Reglamento, así como de facilitar intercambios de informaciones y experiencias entre las administraciones interesadas;

d) de estudiar en el plano técnico la armonización de los criterios según los cuales los Estados miembros aprecian la situación de sus mercados de empleo.

Artículo 34.

1. El Comité técnico estará compuesto por representantes de los Gobiernos de los Estados miembros. Cada Gobierno nombrará como vocal titular del Comité técnico a uno de los vocales titulares que lo representen en el Comité consultivo.

2. Cada Gobierno nombrará un suplente elegido entre sus demás representantes –vocales titulares o suplentes– en el Comité consultivo.

Artículo 35.

El Comité técnico estará presidido por un miembro de la Comisión o su representante. El Presidente no tendrá voto. El presidente y los vocales del Comité podrán estar asistidos por consejeros técnicos.

Los servicios de la Comisión desempeñarán las funciones de secretaría.

Artículo 36.

Las propuestas y los dictámenes emitidos por el Comité técnico serán elevados a la Comisión y puestos en conocimiento del Comité consultivo. Las propuestas y dictámenes irán acompañadas de una nota que indique las opiniones formuladas por los distintos miembros del Comité técnico, cuando éstos lo soliciten.

Artículo 37.

El Comité técnico establecerá sus métodos de trabajo por medio de un reglamento interior que entrará en vigor, una vez aprobado por el Consejo, previo dictamen de la Comisión. La entrada en vigor de las eventuales enmiendas que el Comité decida introducir estará sometida al mismo procedimiento.

CUARTA PARTE
DISPOSICIONES TRANSITORIAS Y FINALES

DISPOSICIONES TRANSITORIAS

Artículo 38.

Hasta que la Comisión adopte el sistema uniforme considerado en el apartado 2 del artículo 15, la Oficina Europea de Coordinación propondrá cualquier medida válida para la recogida y difusión de las relaciones a que se refiere el apartado 1 del artículo 15.

Artículo 39.

Los reglamentos interiores de los Comités consultivo y técnico, aplicable en el momento de la entrada en vigor del presente Reglamento, continuarán siendo aplicables.

Artículo 40.

Hasta la entrada en vigor de las medidas que deberán adoptar los Estados miembros en aplicación de la Directiva del Consejo, de 15 de octubre de 1968 (DOL núm. 257, de 19.10.1968, p. 13), y a tenor de las disposiciones adoptadas por los Estados miembros en aplicación de la Directiva del Consejo, de 25 de marzo de 1964 (DO núm. 62, de 17.4.1964, p. 981/64), en la medida en que el permiso de trabajo previsto por el artículo 22 del Reglamento (CEE) núm. 38/64/CEE sea necesario para determinar la duración de la validez y renovación del permiso de residencia, producirá equivalentes efectos una declaración de contratación del empresario o un certificado de trabajo que especifique la duración del empleo. Cualquier declaración del empresario o certificado de trabajo que haga constar que la contratación del trabajador se hace por período indefinido, surtirá los mismos efectos que el permiso de trabajo permanente.

Artículo 41.

Si, la causa de la supresión del permiso de trabajo, un Estado miembro no pudiera compilar ciertas estadísticas sobre el empleo de trabajadores extranjeros, este Estado miembro podrá, con fines estadísticos, mantener el permiso de trabajo de los nacionales de otros Estados miembros hasta que se hayan introducido nuevos métodos estadísticos y, a más tardar, hasta el 31 de diciembre de 1969. El permiso de trabajo deberá ser expedido automáticamente y tendrá validez hasta la supresión efectiva de los permisos de trabajo en ese Estado miembro.

TÍTULO II
DISPOSICIONES FINALES

Artículo 42.

1. El presente Reglamento no afectará a las disposiciones del Tratado constitutivo de la Comunidad Europea del Carbón y del Acero, relativas a los trabajadores de reconocida capacitación profesional en el campo del carbón y del acero, ni a las del Tratado constitutivo de la Comunidad Europea de Energía Atómica, relativas al acceso a empleos cualificados en el campo de la energía nuclear, ni tampoco a las disposiciones adoptadas en aplicación de estos Tratados.

No obstante, el presente Reglamento se aplicará a las categorías de trabajadores considerados en el primer párrafo, así como a los miembros de sus familias, en la medida en que su situación jurídica no venga regulada en los tratados o disposiciones antes mencionados.

2. El presente Reglamento no afectará a las disposiciones adoptadas de conformidad con el artículo 51 del Tratado.

3. El presente Reglamento no afectará a las obligaciones de los Estados miembros derivadas de:

– relaciones especiales o futuros acuerdos con determinados países o territorios no europeos, basados en las vinculaciones institucionales existentes en el momento de la entrada en vigor del presente Reglamento;

– acuerdos existentes en el momento de la entrada en vigor del presente Reglamento con determinados países o territorios no europeos,basados en vinculaciones institucionales entre los mismos.

Los trabajadores de estos países o territorios que, conforme a esta disposición, ejerzan una actividad por cuenta ajena en el territorio de uno de estos Estados miembros, no podrán invocar el beneficio de las disposiciones del presente Reglamento en el territorio de los demás Estados miembros.

Artículo 43.

Los Estados miembros, a efectos de información, comunicarán a la Comisión el texto de los acuerdos, convenios o pactos celebrados entre ellos en el campo de la mano de obra, entre la fecha de su firma y la de su entrada en vigor.

Artículo 44.

La Comisión adoptará las medidas de ejecución para la aplicación del presente Reglamento. Con esta finalidad, actuará en estrecha cooperación con las administraciones centrales de los Estados miembros.

Artículo 45.

La Comisión presentará al Consejo propuestas tendentes, en las condiciones previstas en el Tratado, a la supresión de las restricciones para el acceso al empleo de los trabajadores nacionales de los Estados miembros, en la medida en que la ausencia de mutuo reconocimiento de diplomas, certificados u otros títulos nacionales puedan obstaculizar la libre circulación de los trabajadores.

Artículo 46.

Los gastos administrativos de los Comités mencionados en la Parte III, se incluirán en el presupuesto de las Comunidades Europeas en la sección relativa a la Comisión.

Artículo 47.

El presente Reglamento se aplicará en los territorios de los Estados miembros y beneficiará a sus nacionales, sin perjuicio de las disposiciones de los artículos 2, 3, 10 y 11.

Artículo 48.

Las disposiciones del Reglamento núm. 38/64/CEE dejarán de aplicarse cuando el presente Reglamento entre en vigor.

El presente Reglamento será obligatorio en todos sus elementos y directamente aplicable a todos los Estados miembros.

PARTE FINAL

Hecho en Luxemburgo, el 15 de octubre de 1968.

ANEXO

...

✐ Anexo suprimido por art. 1.8 del Reglamento (CEE) núm. 2434/1992, de 27 julio, del Consejo.

§ 51.2 REGLAMENTO (CE) NÚM. 883/2004, DE 29 ABRIL, DEL PARLAMENTO EUROPEO Y DEL CONSEJO. COORDINACIÓN DE LOS SISTEMAS DE SEGURIDAD SOCIAL

(DOL núm. 166, de 30 abril 2004; rect. DOL núm. 200, de 7 junio [LCEur 2004, 2229 y 2662])

EL PARLAMENTO EUROPEO Y EL CONSEJO DE LA UNIÓN EUROPEA,

Visto el Tratado constitutivo de la Comunidad Europea, y en particular sus artículos 42 y 308,

Vista la propuesta de la Comisión, presentada previa consulta de los interlocutores sociales y de la Comisión administrativa para la seguridad social de los trabajadores migrantes[1],

Visto el dictamen del Comité Económico y Social Europeo[2],

De conformidad con el procedimiento establecido en el artículo 251 del Tratado[3],

Considerando lo siguiente:

(1) Las normas sobre coordinación de los sistemas nacionales de seguridad social forman parte del marco de la libre circulación de personas y deben contribuir a mejorar el nivel de vida y las condiciones de empleo de éstas.

(2) Para adoptar las medidas apropiadas en el ámbito de la seguridad social para las personas distintas de los trabajadores por cuenta ajena, el Tratado no prevé más poderes de acción que los mencionados en su artículo 308.

(3) El Reglamento (CEE) núm. 1408/71 del Consejo, de 14 de junio de 1971, relativo a la aplicación de los regímenes de seguridad social a los trabajadores por cuenta ajena, a los trabajadores por cuenta propia y a los miembros de sus familias que se desplazan dentro de la Comunidad[4] ha sido modificado en numerosas ocasiones para reflejar no ya sólo la evolución experimentada a nivel comunitario, incluidas las sentencias del Tribunal de Justicia, sino también los cambios que se han producido en las legislaciones nacionales. Este tipo de factores ha contribuido a que las normas de coordinación comunitarias resulten complejas y sumamente extensas. Por ello, para lograr el objetivo de la libre circulación de personas, se ha hecho imprescindible sustituirlas, a la vez que se lleva a cabo su modernización y simplificación.

⇒ La última de las modificaciones del Reglamento 1408/71, de 14 junio ha sido afectada por el Reglamento (CE) núm. 647/2005, del Parlamento Europeo y del Consejo, de 13 abril 2005, que modifica, así mismo, el Reglamento 574/72, que establece las modalidades de aplicación del citado Reglamento 1408/71 (DOL núm. 117, de 4 mayo).

(4) Es necesario respetar las características especiales de las legislaciones nacionales en materia de seguridad social y establecer únicamente un sistema de coordinación.

(5) En el marco de dicha coordinación, es preciso garantizar a las personas interesadas la igualdad de trato dentro de la Comunidad conforme a las diversas legislaciones nacionales.

(6) La estrecha relación entre la legislación en materia de seguridad social y las disposiciones convencionales que la complementan o sustituyen y que, por decisión de los poderes públicos, se han vuelto obligatorias o han visto ampliado su ámbito de aplicación, puede hacer necesaria, en lo que se refiere a la aplicación de dichas disposiciones, una protección similar a la que confiere el presente Reglamento. Como primera medida, podría evaluarse la experiencia de los Estados miembros que han notificado este tipo de regímenes.

(7) Habida cuenta de las importantes diferencias existentes entre la legislación nacional por lo que respecta a las personas a las que se aplica, es preferible sentar el principio de que el presente

1. DOC 38 de 12-2-1999, p. 10.
2. DOC 75 de 15-3-2000, p. 29.
3. Dictamen del Parlamento Europeo de 3 de septiembre de 2003 (no publicado aún en el Diario Oficial), Posición Común del Consejo de 26 de enero de 2004 (DOC 79 E de 30-3-2004, p. 15) y Posición del Parlamento Europeo de 20 de abril de 2004 (no publicada aún en el Diario Oficial). Decisión del Consejo de 26 de abril de 2004.
4. DOL 149 de 5-7-1971, p. 2. Reglamento cuya última modificación la constituye el Reglamento (CE) núm. 1386/2001 del Parlamento Europeo y del Consejo (DOL 187 de 10-7-2001, p. 1).

Reglamento se aplicará a los nacionales de un Estado miembro, a los apátridas y refugiados residentes en el territorio de un Estado miembro que estén o hayan estado sujetos a la legislación sobre seguridad social de uno o más Estados miembros, así como a los miembros de sus familias y a sus supérstites.

(8) El principio de igualdad de trato reviste una importancia especial para los trabajadores que no residen en el Estado miembro en el que trabajan, incluidos los trabajadores fronterizos.

(9) El Tribunal de Justicia se ha pronunciado en reiteradas ocasiones sobre la posibilidad de asimilación de prestaciones, ingresos y hechos. Resulta, pues, necesario recoger expresamente este principio y desarrollarlo, respetando en todo caso el contenido y la esencia de las resoluciones judiciales.

(10) Sin embargo, el principio de tratar determinados hechos o acontecimientos ocurridos en el territorio de otro Estado miembro como si hubieran ocurrido en el territorio del Estado miembro cuya legislación sea aplicable no debe interferir con el principio de la totalización de los períodos de seguro, de empleo, de actividad por cuenta propia o de residencia cumplidos con arreglo a la legislación de otro Estado miembro con aquellos cumplidos con arreglo a la legislación del Estado miembro competente. Por consiguiente, los períodos cumplidos con arreglo a la legislación de otro Estado miembro deberán tenerse en cuenta únicamente mediante la aplicación del principio de la totalización de períodos.

(11) La asimilación de hechos o acontecimientos que ocurran en un Estado miembro no puede en ningún caso otorgar competencia a otro Estado miembro o hacer que se aplique su legislación.

(12) Teniendo en cuenta la proporcionalidad, debe procurarse que el principio de asimilación de hechos o acontecimientos no conduzca a resultados objetivamente injustificados ni a la acumulación de prestaciones del mismo tipo para un mismo período.

(13) Las normas de la coordinación deben garantizar a las personas que se desplazan dentro de la Comunidad, a las personas a su cargo y a sus supérstites, el mantenimiento de los derechos y ventajas que hayan adquirido o estén adquiriendo.

(14) Estos objetivos deben conseguirse, en particular, mediante la totalización de todos los períodos considerados en las distintas legislaciones nacionales a efectos de la adquisición y la conservación del derecho a prestaciones y del cálculo de éstas, y mediante la concesión de prestaciones a las diversas categorías de personas incluidas en el ámbito del presente Reglamento.

(15) Es menester que las personas que circulan dentro de la Comunidad estén sujetas al sistema de seguridad social de un solo Estado miembro, a fin de evitar la concurrencia de diversas legislaciones nacionales aplicables y las complicaciones que ello podría entrañar.

(16) En principio, no está justificado que dentro de la Comunidad los derechos a prestaciones de seguridad social dependan del lugar de residencia del interesado; no obstante, en determinados casos, especialmente por lo que respecta a las prestaciones especiales vinculadas al contexto económico y social del interesado, podría tenerse en cuenta su lugar de residencia.

(17) Para garantizar del modo más eficaz posible la igualdad de trato de todas las personas que trabajen en el territorio de un Estado miembro, procede determinar como legislación aplicable, por norma general, la del Estado miembro en que el interesado realiza una actividad por cuenta ajena o propia.

(18) En determinadas situaciones que justifiquen otros criterios de aplicabilidad, será preciso establecer excepciones a esta norma general.

(19) Dado que en algunos supuestos las prestaciones de maternidad y de paternidad asimiladas pueden ser disfrutadas tanto por la madre como por el padre y que, en este último caso, la naturaleza de estas prestaciones es distinta de las prestaciones parentales y puede asimilarse a las prestaciones de maternidad *stricto sensu* por concederse durante los primeros meses de vida del recién nacido, resulta conveniente una regulación conjunta de las prestaciones de maternidad y de paternidad asimiladas.

(20) En el ámbito de las prestaciones de enfermedad, de maternidad y de paternidad asimiladas, debe brindarse protección a las personas aseguradas, y a los miembros de sus familias, que residan o se encuentren en un Estado miembro distinto del Estado miembro competente.

(21) Las disposiciones en materia de enfermedad, maternidad y paternidad asimiladas se elaboraron a la luz de la jurisprudencia del Tribunal de Justicia. Las disposiciones relativas a la autorización previa se han mejorado a la luz de las decisiones pertinentes del Tribunal de Justicia.

(22) La situación particular de los solicitantes de pensión y pensionistas y de los miembros de sus familias hace necesario adaptar a esta situación las disposiciones reguladoras del seguro de enfermedad.

(23) Dadas las diferencias entre los diversos sistemas nacionales, es conveniente que los Estados

miembros prevean, siempre que sea posible, que el tratamiento médico de los miembros de las familias de los trabajadores fronterizos se realice en el Estado miembro en que el trabajador desarrolla su actividad.

(24) Conviene establecer disposiciones específicas que regulen la no acumulación de las prestaciones por enfermedad en especie y de las prestaciones por enfermedad en metálico que sean de la misma naturaleza que las que han sido objeto de las sentencias del Tribunal de Justicia en los asuntos C-215/99, Jauch, y C-160/96, Molenaar, siempre que estas diferentes prestaciones cubran el mismo riesgo.

(25) Por lo que atañe a las prestaciones por accidente de trabajo y por enfermedad profesional, deben establecerse normas de protección que recojan la situación de las personas que residan o se encuentren en un Estado miembro distinto del Estado miembro competente.

(26) Para las prestaciones de invalidez, debe elaborarse un sistema de coordinación que respete las características especiales de las legislaciones nacionales, especialmente por lo que respecta al reconocimiento de la invalidez y de su agravación.

(27) Es necesario establecer un sistema para la concesión de prestaciones de vejez y de supervivencia en los casos en que el interesado haya estado sujeto a la legislación de uno o más Estados miembros.

(28) Es necesario determinar el importe de una pensión calculado con arreglo al método empleado para la totalización y el cálculo del importe prorrateado, y garantizado por el Derecho comunitario, siempre que la aplicación de la legislación nacional, incluidas las normas de reducción, suspensión o supresión, sea menos favorable que dicho método.

(29) A fin de proteger a los trabajadores migrantes y a sus supérstites contra una aplicación excesivamente estricta de las normas nacionales sobre reducción, suspensión o supresión, es preciso incluir disposiciones que rijan de forma rigurosa la aplicación de tales normas.

(30) Tal y como el Tribunal de Justicia ha venido reiterando, el Consejo no tiene facultades para adoptar normas que restrinjan la acumulación de dos o más pensiones adquiridas en distintos Estados miembros mediante la reducción del importe de una pensión adquirida exclusivamente con arreglo a una legislación nacional.

(31) Según el Tribunal de Justicia, corresponde al legislador nacional adoptar dichas normas, teniendo presente que es el legislador comunitario el que ha de fijar los límites dentro de los cuales han de aplicarse las disposiciones nacionales en materia de reducción, suspensión o supresión.

(32) Para fomentar la movilidad de los trabajadores, resulta especialmente oportuno facilitar la búsqueda de trabajo en los distintos Estados miembros. Por consiguiente, es menester velar por una coordinación más estrecha y eficaz entre los regímenes de seguro de desempleo y los servicios de empleo de todos los Estados miembros.

(33) Procede incluir en el ámbito de aplicación del presente Reglamento los regímenes legales de prejubilación con el fin de garantizar la igualdad de trato y la posibilidad de transferencia de prestaciones de prejubilación, así como la concesión de subsidios familiares y de atención sanitaria a las personas de que se trate, en virtud de las disposiciones del presente Reglamento. No obstante, la norma sobre totalización de períodos no debe ser incluida, dado que los regímenes legales de prejubilación sólo existen en un reducido número de Estados miembros.

(34) Habida cuenta de que las prestaciones familiares tienen un alcance muy amplio, al proteger tanto situaciones que se podrían calificar de clásicas como otras que se caracterizan por su especificidad, prestaciones estas últimas que han sido objeto de sentencias del Tribunal de Justicia en los asuntos acumulados C-245/94 y C-312/94, Hoever y Zachow, y en el asunto C-275/96, Kuusijärvi, conviene proceder a la regulación de todas ellas.

(35) Con objeto de evitar la acumulación injustificada de prestaciones, es preciso establecer normas de prioridad en caso de concurrencia de derechos a prestaciones familiares con arreglo a la legislación del Estado miembro competente y con arreglo a la legislación del Estado miembro de residencia de los miembros de la familia.

(36) Los anticipos de pensiones alimenticias son anticipos recuperables destinados a compensar la omisión de alguno de los padres de cumplir su obligación legal de sustento del propio hijo, obligación que emana del Derecho de familia. Por consiguiente, tales anticipos no deben considerarse una prestación directa procedente del apoyo colectivo en favor de la protección de las familias. Habida cuenta de estas peculiaridades, no se aplican las normas de coordinación a estas pensiones alimenticias.

(37) Como el Tribunal de Justicia ha señalado en repetidas ocasiones, las disposiciones que suponen una excepción al principio de la exportabilidad de las prestaciones de seguridad social han

de interpretarse en sentido estricto. Esto significa que sólo pueden aplicarse a las prestaciones que reúnen las condiciones especificadas. Por consiguiente, el capítulo 9 del título III del presente Reglamento únicamente puede aplicarse a las prestaciones que sean a la vez especiales y no contributivas y que se enumeren en el anexo X del presente Reglamento.

(38) Es necesario crear una Comisión Administrativa compuesta de un representante del Gobierno de cada uno de los Estados miembros, encargada, en particular, de responder a todas las cuestiones administrativas o de interpretación que se deriven de la aplicación del presente Reglamento, y de fomentar la máxima cooperación entre los Estados miembros.

(39) Se ha estimado que para el desarrollo y la utilización de servicios de tratamiento de datos con fines de intercambio de información es preciso crear una Comisión Técnica, dependiente de la Comisión Administrativa, con responsabilidades específicas en materia de tratamiento de datos.

(40) La utilización de servicios de tratamiento de datos para el intercambio de datos entre instituciones exige disposiciones que garanticen la aceptación de los documentos intercambiados o expedidos por medios electrónicos como equivalentes a los documentos en papel. Estos intercambios deben efectuarse de conformidad con las disposiciones comunitarias sobre protección de las personas físicas con respecto al tratamiento y la libre circulación de datos personales.

(41) Es necesario establecer disposiciones especiales que se ajusten a las características peculiares de las legislaciones nacionales a fin de facilitar la aplicación de las normas de coordinación.

(42) En consonancia con el principio de proporcionalidad, partiendo de la premisa de que el presente Reglamento se ha de aplicar a todos los ciudadanos de la Unión Europea y con el fin de hallar una solución que tenga en cuenta todas las limitaciones que puedan derivarse de las peculiaridades de los sistemas basados en la residencia, se ha considerado conveniente contemplar una excepción especial, mediante la inclusión en el anexo XI de un texto correspondiente a Dinamarca, limitada al derecho a una pensión social y sólo con respecto a la nueva categoría de personas no activas a las que ahora se aplica el Reglamento, debido a las peculiaridades del sistema danés y por ser estas pensiones exportables tras un período de residencia de diez años en virtud de la legislación danesa vigente (Ley de pensiones).

(43) En consonancia con el principio de igualdad de trato y debido a las peculiaridades de la legislación finlandesa en materia de seguridad social, se ha considerado conveniente aplicar una excepción especial, mediante la inclusión en el anexo XI de un texto correspondiente a Finlandia, limitada a las pensiones nacionales basadas en la residencia, cuyo objetivo es garantizar que el importe de la pensión nacional no pueda ser inferior al importe de la pensión nacional que resultaría de haberse cumplido en Finlandia todos los períodos de seguro cumplidos en otro Estado miembro.

(44) Es necesario introducir un nuevo Reglamento y derogar el Reglamento (CEE) núm. 1408/71. No obstante, es necesario que el citado Reglamento continúe en vigor y siga surtiendo efectos a los fines de determinados actos y acuerdos comunitarios de los que es parte la Comunidad, para salvaguardar la seguridad jurídica.

(45) Dado que los objetivos de la acción pretendida, a saber, la adopción de medidas de coordinación para garantizar que el derecho a la libre circulación de personas pueda ejercerse de forma efectiva, no pueden ser alcanzados de manera suficiente por los Estados miembros y, por consiguiente, debido a las dimensiones y los efectos de la acción, pueden lograrse mejor a nivel comunitario, la Comunidad puede adoptar medidas, de acuerdo con el principio de subsidiariedad consagrado en el artículo 5 del Tratado. De conformidad con el principio de proporcionalidad enunciado en dicho artículo, el presente Reglamento no excede de lo necesario para alcanzar dichos objetivos.

HAN ADOPTADO EL PRESENTE REGLAMENTO:

TÍTULO I
DISPOSICIONES GENERALES

Artículo 1. Definiciones.

Para los fines del presente Reglamento se entiende por:

a) «actividad por cuenta ajena»: toda actividad o situación asimilada considerada como tal a efectos de la legislación de seguridad social del Estado miembro en el que se ejerza dicha actividad o se produzca dicha situación;

b) «actividad por cuenta propia»: toda actividad o situación asimilada considerada como tal a efectos de la legislación de seguridad social del Estado miembro en el que se ejerza dicha actividad o se produzca dicha situación;

c) «persona asegurada»: en relación con las ramas de seguridad social contempladas en los capítulos 1 y 3 del título III, toda persona que reúna las condiciones requeridas por la legislación del Estado miembro competente con arreglo al título II para tener derecho a las prestaciones, habida cuenta de las disposiciones del presente Reglamento;

d) «funcionario»: la persona considerada como funcionario o asimilado por el Estado miembro del que depende la Administración que la ocupa;

e) «régimen especial para funcionarios»: todo régimen de seguridad social distinto del régimen general de la seguridad social aplicable a los trabajadores por cuenta ajena en el Estado miembro de que se trate al que estén directamente sometidos la totalidad o determinadas categorías de funcionarios o personal asimilado;

f) «trabajador fronterizo»: toda persona que realice una actividad por cuenta ajena o propia en un Estado miembro y resida en otro Estado miembro al que regrese normalmente a diario o al menos una vez por semana;

g) «refugiado»: el definido como tal en el artículo 1 de la Convención sobre el Estatuto de los Refugiados, firmada en Ginebra el 28 de julio de 1951;

h) «apátrida»: el definido como tal en el artículo 1 de la Convención sobre el Estatuto de los Apátridas, firmada en Nueva York el 28 de septiembre de 1954;

i) «miembro de la familia»:

1) i) toda persona definida o admitida como miembro de la familia o designada como miembro del hogar por la legislación en virtud de la cual se sirvan las prestaciones;

ii) con respecto a las prestaciones en especie con arreglo al capítulo 1 del título III sobre prestaciones de enfermedad, de maternidad y de paternidad asimiladas, toda persona definida o admitida como miembro de la familia o designada como miembro del hogar por la legislación del Estado miembro en el que resida.

2) Si la legislación de un Estado miembro aplicable con arreglo a lo dispuesto en el punto 1 no distingue entre miembros de la familia y otras personas a las que sea aplicable dicha legislación, se considerarán miembros de la familia el cónyuge, los hijos menores de edad y los hijos mayores de edad a cargo.

3) Si, en virtud de la legislación aplicable con arreglo a los puntos 1 y 2, sólo se considera miembro de la familia o del hogar a una persona que viva en el hogar de la persona asegurada o del titular de una pensión, esta condición se considerará cumplida cuando la persona de que se trate esté principalmente a cargo de la persona asegurada o del titular de una pensión.

j) «residencia»: el lugar en que una persona reside habitualmente;

k) «estancia»: la residencia temporal;

l) «legislación»: para cada Estado miembro, las leyes, los reglamentos, las disposiciones estatutarias y todas las demás medidas de aplicación que afecten a las ramas de seguridad social contempladas en el apartado 1 del artículo 3.

Este término excluye las disposiciones convencionales distintas de aquellas que sirvan para establecer una obligación de seguro derivada de las leyes o reglamentos mencionados en el párrafo anterior o de aquellas que, por decisión de los poderes públicos, se han vuelto obligatorias o han visto ampliado su campo de aplicación, siempre que el Estado interesado efectúe una declaración en este sentido, notificándola al Presidente del Parlamento Europeo y al Presidente del Consejo de la Unión Europea. Dicha declaración se publicará en el *Diario Oficial de la Unión Europea*;

m) «autoridad competente»: para cada Estado miembro, el ministro, los ministros o cualquier otra autoridad equivalente de la cual dependan, para el conjunto o parte del Estado miembro de que se trate, los regímenes de seguridad social;

n) «Comisión Administrativa»: la comisión mencionada en el artículo 71;

o) «Reglamento de aplicación»: el Reglamento a que se refiere el artículo 89;

p) «institución»: para cada Estado miembro, el organismo o la autoridad encargado de aplicar la totalidad o parte de la legislación;

q) «institución competente»:

i) la institución a la cual el interesado esté afiliado en el momento de la solicitud de prestaciones, o

ii) la institución de la cual el interesado tenga derecho a obtener prestaciones, o tendría derecho a ellas si él o uno o más miembros de su familia residieran en el Estado miembro donde se encuentra esta institución, o

iii) la institución designada por la autoridad competente del Estado miembro de que se trate, o

iv) si se trata de un régimen relativo a las obligaciones del empleador en relación con las prestaciones mencionadas en el apartado 1 del artículo 3, bien el empleador o el asegurador subrogado, bien, en su defecto, el organismo o la autoridad designada por la autoridad competente del Estado miembro de que se trate;

r) «institución del lugar de residencia» e «institución del lugar de estancia»: respectivamente, la institución habilitada para conceder las prestaciones en el lugar en que reside el interesado, y la institución habilitada para conceder las prestaciones en el lugar en que se encuentra, según la legislación que aplique esta institución o, si dicha institución no existe, la institución designada por la autoridad competente del Estado miembro de que se trate;

s) «Estado miembro competente»: el Estado miembro competente en el que se encuentra la institución competente;

t) «períodos de seguro»: los períodos de cotización, o de actividad por cuenta ajena o propia, tal como se definen o admiten como períodos de seguro por la legislación bajo la cual han sido cubiertos o se consideran cubiertos, así como todos los períodos asimilados en la medida en que sean reconocidos por esta legislación como equivalentes a los períodos de seguro;

u) «períodos de empleo» o «períodos de actividad por cuenta propia»: los períodos definidos o admitidos como tales por la legislación bajo la cual hayan sido cubiertos, así como todos los períodos asimilados en la medida en que sean reconocidos por esta legislación como equivalentes a los períodos de empleo o a los períodos de actividad por cuenta propia;

v) «períodos de residencia»: los períodos definidos o admitidos como tales por la legislación bajo la cual hayan sido cubiertos o sean considerados como cubiertos;

w) «pensión»: además de las pensiones propiamente dichas, las rentas, las entregas de capital que puedan sustituirlas y los ingresos efectuados en concepto de reembolso de cotizaciones así como, a reserva de lo dispuesto en el título III, los incrementos de revalorización o asignaciones suplementarias;

x) «prestaciones de prejubilación»: todas las prestaciones en metálico, distintas de las prestaciones de desempleo y de las prestaciones anticipadas de vejez, concedidas a partir de una edad determinada, al trabajador que haya reducido, cesado o suspendido sus actividades profesionales hasta la edad en que pueda acogerse a la pensión de vejez o a la pensión de jubilación anticipada, y cuyo disfrute no esté supeditado a la condición de estar a disposición de los servicios de empleo del Estado miembro competente; «prestación anticipada de vejez» una prestación concedida antes de alcanzar la edad normal para acceder al derecho a la pensión y que o bien continúa siendo concedida una vez que se ha alcanzado esta edad o bien es sustituida por otra prestación de vejez;

y) «subsidios de defunción»: toda suma abonada de una sola vez en caso de fallecimiento, con exclusión de las prestaciones consistentes en entrega de capital que se mencionan en la letra w);

z) «prestaciones familiares»: todas las prestaciones en especie o en metálico destinadas a hacer frente a los gastos familiares, con exclusión de los anticipos de pensiones alimenticias y los subsidios especiales de natalidad y adopción mencionados en el anexo I.

Artículo 2. Campo de aplicación personal.

1. El presente Reglamento se aplicará a las personas nacionales de uno de los Estados miembros y a los apátridas y refugiados residentes en uno de los Estados miembros, que estén o hayan estado sujetas a la legislación de uno o de varios Estados miembros, así como a los miembros de sus familias y a sus supérstites.

2. Asimismo, el presente Reglamento se aplicará a los supérstites de las personas que hayan estado sujetas a la legislación de uno o de varios Estados miembros, cualquiera que sea la nacionalidad de tales personas, cuando dichos supérstites sean nacionales de uno de los Estados miembros o apátridas o refugiados que residan en uno de los Estados miembros.

Artículo 3. Campo de aplicación material.

1. El presente Reglamento se aplicará a toda la legislación relativa a las ramas de seguridad social relacionadas con:

a) las prestaciones de enfermedad;

b) las prestaciones de maternidad y de paternidad asimiladas;

c) las prestaciones de invalidez;

d) las prestaciones de vejez;

e) las prestaciones de supervivencia;

f) las prestaciones de accidentes de trabajo y de enfermedad profesional;

g) los subsidios de defunción;

h) las prestaciones de desempleo;

i) las prestaciones de prejubilación;

j) las prestaciones familiares.

2. Salvo disposición en contrario del anexo XI, el presente Reglamento se aplicará a los regímenes de seguridad social generales y especiales, contributivos y no contributivos, así como a los regímenes relativos a las obligaciones del empleador o del armador.

3. El presente Reglamento también se aplicará a las prestaciones especiales en metálico no contributivas previstas en el artículo 70.

4. No obstante, las disposiciones del título III no afectarán a las disposiciones de la legislación de los Estados miembros relativas a las obligaciones del armador.

5. El presente Reglamento no se aplicará ni a la asistencia social y médica ni a los regímenes de prestaciones en favor de las víctimas de guerra o de sus consecuencias.

Artículo 4. Igualdad de trato.

Las personas a las cuales sean aplicables las disposiciones del presente Reglamento podrán acogerse a los beneficios y estarán sujetas a las obligaciones de la legislación de todo Estado miembro en las mismas condiciones que los nacionales de dicho Estado, salvo disposición en contrario del presente Reglamento.

Artículo 5. Asimilación de prestaciones, ingresos, hechos o acontecimientos.

Salvo disposición en contrario del presente Reglamento y habida cuenta de las disposiciones particulares de aplicación establecidas:

a) si, en virtud de la legislación del Estado miembro competente, el disfrute de prestaciones de seguridad social o de otros ingresos produce determinados efectos jurídicos, las disposiciones de que se trate de dicha legislación serán igualmente aplicables en caso de disfrute de prestaciones equivalentes adquiridas con arreglo a la legislación de otro Estado miembro o de ingresos adquiridos en el territorio de otro Estado miembro;

b) si, en virtud de la legislación del Estado miembro competente, se atribuyen efectos jurídicos a la concurrencia de determinados hechos o acontecimientos, dicho Estado tendrá en cuenta hechos o acontecimientos semejantes que guarden relación y hayan ocurrido en otro Estado miembro como si hubieran ocurrido en su propio territorio.

Artículo 6. Totalización de los períodos.

Salvo disposición en contrario del presente Reglamento, la institución competente de un Estado miembro cuya legislación subordine:

– la adquisición, la conservación, la duración o la recuperación del derecho a las prestaciones,

– la admisión a una legislación, o

– el acceso o la exención del seguro obligatorio, voluntario o facultativo continuado,

al requisito de haber cubierto períodos de seguro, de empleo, de actividad por cuenta propia o de residencia, tendrá en cuenta, en la medida necesaria, los períodos de seguro, de empleo, de actividad por cuenta propia o de residencia cubiertos bajo la legislación de cualquier otro Estado miembro, como si se tratara de períodos cubiertos bajo la legislación que dicha institución aplica.

Artículo 7. Supresión de las cláusulas de residencia.

Salvo disposición en contrario del presente Reglamento, las prestaciones en metálico debidas en virtud de la legislación de uno o de varios Estados miembros o del presente Reglamento no podrán sufrir ninguna reducción, modificación, suspensión, supresión o confiscación por el hecho de que el beneficiario o los miembros de su familia residan en un Estado miembro distinto de aquel en que se encuentra la institución deudora.

Artículo 8. Relaciones entre el presente Reglamento y otros instrumentos de coordinación.

1. En su ámbito de aplicación, el presente Reglamento sustituirá a cualquier otro convenio de seguridad social aplicable entre los Estados miembros. No obstante, continuarán siendo de aplicación determinadas disposiciones de convenios de seguridad social suscritos por los Estados miembros con anterioridad a la fecha de aplicación del presente Reglamento, siempre que resulten más favorables para los beneficiarios o deriven de circunstancias históricas específicas y tengan un efecto temporal

limitado. Para que estas disposiciones sigan siendo aplicables, deberán ser inscritas en el anexo II. Se especificará asimismo si por razones objetivas no es posible extender algunas de ellas a todas las personas a las que se aplica el Reglamento.

2. Dos o más Estados miembros podrán celebrar entre ellos, en caso necesario, convenios basados en los principios y el espíritu del presente Reglamento.

Artículo 9. Declaraciones de los Estados miembros sobre el campo de aplicación del presente Reglamento.

1. Los Estados miembros notificarán a la Comisión de las Comunidades Europeas por escrito las declaraciones a las que hace referencia la letra l) del artículo 1, las legislaciones y los regímenes mencionados en el artículo 3, los convenios suscritos a los que se hace mención en el apartado 2 del artículo 8 y las prestaciones mínimas mencionadas en el artículo 58, así como sobre las modificaciones sustanciales que se introduzcan posteriormente. En dichas notificaciones se indicará la fecha de entrada en vigor de las leyes y regímenes de que se trate o, en el caso de las declaraciones mencionadas en la letra l) del artículo 1, la fecha a partir de la cual el presente Reglamento será aplicable a los regímenes especificados en las declaraciones de los Estados miembros.

2. Dichas notificaciones se presentarán anualmente a la Comisión de las Comunidades Europeas y se publicarán en el Diario Oficial de la Unión Europea.

Artículo 10. No acumulación de prestaciones.

Salvo disposición en contrario, el presente Reglamento no podrá conferir ni mantener el derecho a disfrutar de varias prestaciones de la misma naturaleza relativas a un mismo período de seguro obligatorio.

TÍTULO II

DETERMINACIÓN DE LA LEGISLACIÓN APLICABLE

Artículo 11. Normas generales.

1. Las personas a las cuales sea aplicable el presente Reglamento estarán sometidas a la legislación de un único Estado miembro. Esta legislación será determinada con arreglo al presente título.

2. A efectos del presente título, se considerará que las personas que reciben una prestación en metálico por el hecho o como consecuencia de su actividad por cuenta ajena o propia serán consideradas como si ejercieran dicha actividad. Esto no se aplicará a las pensiones de invalidez, de vejez o de supervivencia, a las rentas por accidentes de trabajo o enfermedades profesionales, ni a las prestaciones por enfermedad en metálico que sean de duración ilimitada.

3. A reserva de lo dispuesto en los artículos 12 a 16:

a) la persona que ejerza una actividad por cuenta ajena o propia en un Estado miembro estará sujeta a la legislación de ese Estado miembro;

b) todo funcionario estará sujeto a la legislación del Estado miembro del que dependa la administración que le ocupa;

c) la persona que reciba una prestación de desempleo de conformidad con el artículo 65 en virtud de la legislación del Estado miembro de residencia estará sujeta a la legislación de dicho Estado miembro;

d) la persona llamada o vuelta a llamar al servicio militar o al servicio civil de un Estado miembro estará sujeta a la legislación de ese Estado miembro;

e) cualquier otra persona a la que no le sean aplicables las disposiciones de las letras a) a d) estará sujeta a la legislación del Estado miembro de residencia, sin perjuicio de otras disposiciones contenidas en el presente Reglamento que le garanticen prestaciones en virtud de la legislación de uno o varios de los demás Estados miembros.

4. A los efectos del presente título, una actividad por cuenta ajena o propia ejercida normalmente a bordo de un buque en el mar que enarbole pabellón de un Estado miembro se considerará una actividad ejercida en dicho Estado miembro. No obstante, la persona que ejerza una actividad por cuenta ajena a bordo de un buque que enarbole pabellón de un Estado miembro y que sea remunerada por esta actividad por una empresa o una persona que tenga su sede o su domicilio en otro Estado miembro estará sujeta a la legislación de este último Estado miembro si reside en dicho Estado. La empresa o persona que abone la remuneración será considerada como empresario a efectos de dicha legislación.

Artículo 12. Normas particulares.

1. La persona que ejerza una actividad asalariada en un Estado miembro por cuenta de un empleador que ejerce normalmente en él sus actividades y a la que este empleador envíe para realizar un trabajo por su cuenta en otro Estado miembro seguirá sujeta a la legislación del primer Estado miembro, a condición de que la duración previsible de dicho trabajo no exceda de veinticuatro meses y de que dicha persona no sea enviada en sustitución de otra persona.

2. La persona que ejerza normalmente una actividad por cuenta propia en un Estado miembro y que vaya a realizar una actividad similar en otro Estado miembro seguirá sujeta a la legislación del primer Estado miembro, a condición de que la duración previsible de esa actividad no exceda de veinticuatro meses.

Artículo 13. Ejercicio de actividades en dos o más Estados miembros.

1. La persona que ejerza normalmente una actividad por cuenta ajena en dos o más Estados miembros estará sujeta a:

a) la legislación del Estado miembro de residencia, si ejerce una parte sustancial de su actividad en dicho Estado miembro o si depende de varias empresas o de varios empresarios que tengan su sede o su domicilio en diferentes Estados miembros, o

b) la legislación del Estado miembro en el que la empresa o el empresario que la ocupa principalmente tenga su sede o su domicilio, siempre que dicha persona no ejerza una parte sustancial de sus actividades en el Estado miembro de residencia.

2. La persona que ejerza normalmente una actividad por cuenta propia en dos o más Estados miembros estará sujeta a:

a) la legislación del Estado miembro de residencia, si ejerce una parte sustancial de su actividad en dicho Estado miembro, o

b) la legislación del Estado miembro en el que se encuentra el centro de interés de sus actividades, si no reside en uno de los Estados miembros en los que ejerce una parte sustancial de su actividad.

3. La persona que ejerza normalmente una actividad por cuenta ajena y una actividad por cuenta propia en diferentes Estados miembros estará sujeta a la legislación del Estado miembro en el que ejerza una actividad por cuenta ajena o, si ejerce dicha actividad en dos o más Estados miembros, a la legislación determinada de conformidad con el apartado 1.

4. La persona empleada como funcionario en un Estado miembro y que ejerza una actividad por cuenta ajena y/o por cuenta propia en otro u otros Estados miembros estará sujeta a la legislación del Estado miembro a la que esté sujeta la Administración que le emplea.

5. Las personas a que se refieren los apartados 1 a 4 serán tratadas, a efectos de la legislación determinada de conformidad con estas disposiciones, como si ejercieran la totalidad de sus actividades por cuenta ajena o propia y percibieran la totalidad de sus ingresos en el Estado miembro de que se trate.

Artículo 14. Seguro voluntario o seguro facultativo continuado.

1. Los artículos 11 a 13 no serán aplicables en materia de seguro voluntario o de seguro facultativo continuado, salvo cuando para alguna de las ramas enunciadas en el apartado 1 del artículo 3 no exista en un Estado miembro más que un régimen de seguro voluntario.

2. Cuando, en virtud de la legislación de un Estado miembro, el interesado esté sujeto al seguro obligatorio en dicho Estado miembro, no podrá estar sujeto en otro Estado miembro a un régimen de seguro voluntario o facultativo continuado. En todos los demás casos en que se ofrezca para una rama determinada la opción entre varios regímenes de seguro voluntario o facultativo continuado, el interesado sólo podrá ser admitido al régimen por el que haya optado.

3. No obstante, en materia de prestaciones de invalidez, de vejez y de supervivencia, el interesado podrá ser admitido al seguro voluntario o facultativo continuado de un Estado miembro, incluso cuando esté obligatoriamente sometido a la legislación de otro Estado miembro, siempre que haya estado sometido, en un momento de su carrera en el pasado, a la legislación del primer Estado miembro por el hecho o como consecuencia de una actividad como trabajador por cuenta ajena o propia y a condición de que dicha acumulación esté admitida explícita o implícitamente en virtud de la legislación del primer Estado miembro.

4. Si la legislación de un Estado miembro supedita el derecho al seguro voluntario o facultativo continuado a la residencia del beneficiario en dicho Estado miembro, la asimilación de la residencia en otro Estado miembro con arreglo a la letra b) del artículo 5 únicamente se aplicará a las personas que en

un momento cualquiera en el pasado hayan estado sujetas a la legislación del primer Estado miembro por haber ejercido una actividad por cuenta ajena o propia.

Artículo 15. Agentes auxiliares de las Comunidades Europeas.

Los agentes auxiliares de las Comunidades Europeas podrán optar entre la aplicación de la legislación del Estado miembro en el que están ocupados y la aplicación de la legislación del Estado miembro al cual han estado sujetos en último lugar o del Estado miembro del que son nacionales, excepto en lo que se refiere a las disposiciones relativas a subsidios familiares, concedidos con arreglo al régimen aplicable a estos agentes. Este derecho de opción, que sólo podrá ejercerse una vez, surtirá efecto a partir de la fecha de entrada en servicio.

Artículo 16. Excepciones a los artículos 11 a 15.

1. Dos o más Estados miembros, las autoridades competentes de dichos Estados miembros o los organismos designados por dichas autoridades podrán prever de común acuerdo, y en beneficio de determinadas personas o categorías de personas, excepciones a los artículos 11 a 15.

2. La persona que reciba una o más pensiones o rentas en virtud de las legislaciones de uno o más Estados miembros, y que resida en otro Estado miembro, podrá quedar exenta, si así lo solicita, de la aplicación de la legislación de este último Estado, siempre que no esté sometido a esta legislación a causa del ejercicio de una actividad por cuenta ajena o propia.

TÍTULO III

DISPOSICIONES PARTICULARES PARA LAS DISTINTAS CATEGORÍAS DE PRESTACIONES

CAPÍTULO 1

Prestaciones de enfermedad, de maternidad y de paternidad asimiladas

Sección 1ª Personas aseguradas y miembros de sus familias, con excepción de los titulares de pensiones y miembros de sus familias

Artículo 17. Residencia en un Estado miembro distinto del Estado miembro competente.

La persona asegurada o los miembros de su familia que residan en un Estado miembro distinto del Estado miembro competente disfrutarán en el Estado miembro de residencia de las prestaciones en especie facilitadas, por cuenta de la institución competente, por la institución del lugar de residencia, según las disposiciones de la legislación que esta última aplique, como si estuvieran aseguradas en virtud de dicha legislación.

Artículo 18. Estancia en el Estado miembro competente cuando la residencia se encuentra en otro Estado miembro-Normas particulares para los miembros de las familias de los trabajadores fronterizos.

1. Salvo que en el apartado 2 se disponga lo contrario, la persona asegurada y los miembros de su familia que se indican en el artículo 17 también podrán obtener prestaciones en especie mientras se encuentren en el Estado miembro competente. Las prestaciones en especie serán facilitadas y sufragadas por la institución competente, según las disposiciones de la legislación que esta última aplique, como si los interesados residieran en dicho Estado miembro.

2. Los miembros de la familia de un trabajador fronterizo tendrán derecho a las prestaciones en especie durante su estancia en el Estado miembro competente, salvo que dicho Estado miembro figure en el anexo III. En este último caso, los miembros de la familia de un trabajador fronterizo tendrán derecho a las prestaciones en especie en el Estado miembro competente con arreglo a las condiciones establecidas en el apartado 1 del artículo 19.

Artículo 19. Estancia fuera del Estado miembro competente.

1. Salvo que en el apartado 2 se disponga lo contrario, la persona asegurada y los miembros de su familia que se hallen en un Estado miembro distinto del Estado miembro competente tendrán derecho a las prestaciones en especie necesarias, desde un punto de visto médico, durante su estancia, tomando en consideración la naturaleza de las prestaciones y la duración prevista de la estancia. La institución del lugar de estancia facilitará las prestaciones por cuenta de la institución competente, según las disposiciones de la legislación del lugar de estancia, como si los interesados estuvieran asegurados en virtud de dicha legislación.

2. La Comisión administrativa elaborará una lista de las prestaciones en especie que, para poder

ser otorgadas durante una estancia en otro Estado miembro, precisen, por motivos de orden práctico, un acuerdo previo entre el interesado y la institución que facilite la prestación.

Artículo 20. Desplazamientos para recibir prestaciones en especie-Autorización para recibir un tratamiento adecuado fuera del Estado miembro de residencia.

1. Salvo disposición en contrario del presente Reglamento, la persona asegurada que se desplace a otro Estado miembro para recibir prestaciones en especie durante su estancia deberá solicitar la autorización de la institución competente.

2. La persona asegurada autorizada por la institución competente a desplazarse a otro Estado miembro para recibir en éste un tratamiento adecuado a su estado de salud se beneficiará de las prestaciones en especie facilitadas, por cuenta de la institución competente, por la institución del lugar de estancia, según las disposiciones de la legislación que esta última aplique, como si estuviera asegurada en virtud de dicha legislación. La autorización deberá ser concedida cuando el tratamiento de que se trate figure entre las prestaciones previstas por la legislación del Estado miembro en que resida el interesado y cuando, habida cuenta de su estado de salud en ese momento y de la evolución probable de la enfermedad, dicho tratamiento no pueda serle dispensado en un plazo justificable desde el punto de vista médico.

⇒ Conforme a la STJCE 12 abril 2005 (TJCE 2005, 85) (caso *Anette Keller*) cuando la Entidad competente autoriza a recibir asistencia sanitaria en otro Estado queda vinculada por el diagnóstico de los médicos de éste en orden a la existencia de urgencia vital, así como a su dictamen acerca del tratamiento por hospital (incluso privado) radicado en tercer Estado. No es posible, en tales circunstancias que se exija el regreso del enfermo al Estado miembro de origen para someterle a control médico o que las decisiones en materia terapéutica de los médicos del Estado miembro de estancia se sometan a su autorización.

3. Los apartados 1 y 2 se aplicarán por analogía a los miembros de la familia de una persona asegurada.

4. Cuando los miembros de la familia de una persona asegurada residan en un Estado miembro distinto del Estado miembro de residencia de la persona asegurada, y dicho Estado miembro aplique un sistema de reembolso basado en cantidades a tanto alzado, el coste de las prestaciones en especie indicadas en el apartado 2 será asumido por la institución del lugar de residencia de los miembros de la familia. En este caso y a efectos del apartado 1, se considerará que la institución competente es la institución del lugar de residencia de los miembros de la familia.

Artículo 21. Prestaciones en metálico.

1. La persona asegurada y los miembros de su familia que residan o se encuentren en un Estado miembro distinto del Estado miembro competente tendrán derecho a prestaciones en metálico por parte de la institución competente de conformidad con la legislación que esta última aplica. No obstante y previo acuerdo entre la institución competente y la institución del lugar de residencia o estancia, tales prestaciones podrán ser facilitadas por la institución del lugar de residencia o estancia con cargo a la institución competente de conformidad con la legislación del Estado miembro competente.

2. La institución competente de un Estado miembro cuya legislación prevea que el cálculo de las prestaciones en metálico se efectúe en función de unos ingresos medios o de una base de cotización media, determinará dichos ingresos medios o dicha base de cotización media exclusivamente en función de los ingresos comprobados o de las bases de cotización aplicadas durante los períodos cubiertos bajo dicha legislación

3. La institución competente de un Estado miembro cuya legislación prevea que el cálculo de las prestaciones en metálico se efectúe sobre la base de los ingresos a tanto alzado, computará exclusivamente estos últimos o, llegado el caso, el promedio de los ingresos a tanto alzado correspondiente a los períodos cubiertos bajo dicha legislación.

4. Los apartados 2 y 3 se aplicarán por analogía a los casos en que la legislación que aplique la institución competente disponga un período de referencia concreto que corresponda, en el caso de que se trate, parcial o totalmente a los períodos que la persona interesada haya cumplido estando sujeta a la legislación de otro u otros Estados miembros.

Artículo 22. Solicitantes de pensión.

1. La persona asegurada que, al formular una solicitud de pensión o durante la tramitación de dicha solicitud pierda el derecho a las prestaciones en especie con arreglo a la legislación del último Estado miembro competente seguirá teniendo derecho a prestaciones en especie con arreglo a la legislación del Estado miembro en que resida, siempre que el solicitante de la pensión cumpla las condiciones sobre seguros de la legislación del Estado miembro a que se refiere el apartado 2. También tendrán derecho a prestaciones en especie en el Estado miembro de residencia los miembros de la familia del solicitante de pensión.

2. Las prestaciones en especie correrán a cargo de la institución del Estado miembro que, en el caso de la concesión de una pensión, pase a ser competente con arreglo a lo dispuesto en los artículos 23 a 25.

Sección 2ª Titulares de pensiones y miembros de sus familias

Artículo 23. Derecho a prestaciones en especie con arreglo a la legislación del Estado miembro de residencia.

La persona que reciba una o más pensiones con arreglo a la legislación de dos o más Estados miembros, uno de los cuales sea el Estado miembro de residencia, y que tenga derecho a prestaciones en especie con arreglo a la legislación de dicho Estado miembro, deberá, al igual que los miembros de su familia, recibir dichas prestaciones en especie de la institución del lugar de residencia y con cargo a la misma, como si fuese un titular de una pensión cuyo derecho a pensión derivara exclusivamente de la legislación de dicho Estado miembro.

Artículo 24. Ausencia de derecho a prestaciones en especie con arreglo a la legislación del Estado miembro de residencia.

1. La persona que reciba una o más pensiones con arreglo a la legislación de uno o más Estados miembros y no tenga derecho a prestaciones en especie en virtud de la legislación del Estado miembro de residencia recibirá, no obstante, dichas prestaciones en beneficio propio y de los miembros de su familia en la medida en que tenga derecho a ellas con arreglo a la legislación del Estado miembro, o de al menos uno de los Estados miembros, que sea competente en lo que respecta a sus pensiones, si residiera en dicho Estado miembro. Las prestaciones en especie serán facilitadas por la institución del lugar de residencia, con cargo a la institución a que se refiere el apartado 2, como si el interesado tuviese derecho a pensión y a dichas prestaciones en especie con arreglo a la legislación de dicho Estado miembro.

2. En los casos previstos en el apartado 1, el coste de las prestaciones en especie correrá a cargo de la institución que se determine conforme a las normas siguientes:

a) cuando el titular de una pensión tenga derecho a las prestaciones en especie con arreglo a la legislación de un solo Estado miembro, estos costes correrán a cargo de la institución competente de dicho Estado miembro;

b) cuando el titular de una pensión tenga derecho a las prestaciones en especie con arreglo a la legislación de dos o más Estados miembros, el coste de éstas correrá a cargo de la institución competente del Estado miembro a cuya legislación haya estado sujeta la persona durante el mayor período de tiempo; si de la aplicación de esta norma resultara que el coste de las prestaciones corriese a cargo de varias instituciones, el coste será sufragado por la institución que aplique la última legislación a que hubiera estado sujeto el titular de la pensión.

Artículo 25. Pensiones con arreglo a la legislación de uno o más Estados miembros distintos del Estado miembro de residencia cuando exista derecho a prestaciones en especie en el último Estado miembro.

Cuando la persona que reciba una o varias pensiones con arreglo a la legislación de uno o más Estados miembros resida en un Estado miembro en virtud de cuya legislación el derecho a recibir prestaciones en especie no dependa de condiciones de seguro ni de una actividad como trabajador por cuenta ajena o propia, y no se reciba pensión alguna de dicho Estado miembro, el coste de las prestaciones en especie otorgadas al titular de la pensión y a los miembros de su familia correrá a cargo de la institución de uno de los Estados miembros competentes con respecto a sus pensiones determinada de conformidad con el apartado 2 del artículo 24, en la medida en que el titular de la pensión y los miembros de su familia tuvieran derecho a tales prestaciones si residieran en dicho Estado miembro.

Artículo 26. Residencia de miembros de la familia en un Estado miembro distinto de aquel en que resida el titular de una pensión.

Los miembros de la familia de una persona que reciba una o varias pensiones con arreglo a la legislación de uno o más Estados miembros, que residan en un Estado miembro distinto de aquel en que reside el titular de la pensión, tendrán derecho a recibir prestaciones en especie de la institución de su lugar de residencia de conformidad con las disposiciones de la legislación que esta última aplique, siempre que el titular de la pensión tenga derecho a prestaciones en especie con arreglo a la legislación de un Estado miembro. Los costes correrán a cargo de la institución competente responsable del coste de las prestaciones en especie facilitadas al titular de una pensión en el Estado miembro de residencia.

Artículo 27. Estancia del titular de una pensión o de los miembros de su familia en un Estado miembro distinto del Estado miembro en que residan-Estancia en el Estado miembro competente-Autorización para un tratamiento adecuado fuera del Estado miembro de residencia.

1. El artículo 19 se aplicará por analogía a la persona que reciba una o varias pensiones con arreglo a la legislación de uno o más Estados miembros y tenga derecho a prestaciones en especie en virtud de la legislación de uno de los Estados miembros que le abone su pensión o pensiones, así como a los miembros de su familia que se hallen en un Estado miembro distinto de aquel en que residan.

2. El apartado 1 del artículo 18 se aplicará por analogía a las personas descritas en el apartado 1, cuando realicen una estancia en el Estado miembro donde se halla la institución competente responsable del coste de las prestaciones en especie otorgadas al titular de una pensión en su Estado de residencia, siempre que dicho Estado miembro haya optado por esta posibilidad y aparezca en la lista del anexo IV.

3. El artículo 20 se aplicará por analogía al titular de una pensión y a los miembros de su familia que se hallen en un Estado miembro distinto de aquel en que residen, para recibir allí el tratamiento que requiera su enfermedad.

4. Salvo que en el apartado 5 se disponga lo contrario, el coste de las prestaciones en especie a que se refieren los apartados 1 a 3 correrá a cargo de la institución competente responsable del coste de las prestaciones en especie otorgadas al titular de una pensión en el Estado miembro de residencia.

5. El coste de las prestaciones en especie a que se refiere el apartado 3 correrá a cargo de la institución del lugar de residencia del titular de una pensión o de los miembros de su familia, cuando estas personas residan en un Estado miembro que aplique un sistema de reembolso basado en cantidades a tanto alzado. En estos casos, se considerará a efectos del apartado 3 que la institución competente es la institución del lugar de residencia del titular de la pensión o de los miembros de la familia.

Artículo 28. Normas especiales para los trabajadores fronterizos jubilados.

1. El trabajador fronterizo jubilado tendrá derecho en caso de enfermedad a seguir recibiendo prestaciones en especie en el Estado miembro en el que haya ejercido su última actividad como trabajador por cuenta ajena o propia, siempre y cuando dichas prestaciones sean continuación de un tratamiento iniciado en dicho Estado miembro. Por «continuación del tratamiento» se entiende la continuación de las pruebas, el diagnóstico y el tratamiento de una enfermedad.

2. El titular de una pensión que en los cinco años anteriores a la fecha efectiva de una pensión de vejez o invalidez haya ejercido durante al menos dos años una actividad como trabajador fronterizo por cuenta ajena o propia tendrá derecho a prestaciones en especie en el Estado miembro en que ejerció dicha actividad como trabajador fronterizo, siempre que dicho Estado miembro y el Estado miembro en que se halla la institución competente responsable del coste de las prestaciones en especie facilitadas al titular de una pensión en su Estado miembro de residencia hayan optado por ello y ambos Estados figuren en el anexo V.

3. El apartado 2 se aplicará por analogía a los miembros de la familia del antiguo trabajador fronterizo o a sus supérstites si, durante los períodos a que se refiere el apartado 2, estas personas hubieran tenido derecho a las prestaciones en especie con arreglo al apartado 2 del artículo 18, aun cuando el trabajador fronterizo hubiera fallecido antes de comenzar su pensión, siempre que el mismo hubiera ejercido una actividad, por cuenta ajena o propia, como trabajador fronterizo durante un período de al menos dos años en los cinco años anteriores a su muerte.

4. Los apartados 2 y 3 serán de aplicación hasta que el interesado quede sujeto a la legislación de un Estado miembro por ejercer una actividad como trabajador por cuenta ajena o propia.

5. El coste de las prestaciones en especie a que se refieren los apartados 1 a 3 correrá a cargo de la institución competente responsable del coste de las prestaciones en especie facilitadas al titular de una pensión, o a sus supérstites en sus respectivos Estados miembros de residencia.

Artículo 29. Prestaciones en metálico para titulares de pensión.

1. Las prestaciones en metálico serán abonadas a la persona que reciba una o varias pensiones con arreglo a la legislación de uno o más Estados miembros por la institución competente del Estado miembro en el que se halle la institución competente responsable del coste de las prestaciones en especie facilitadas al titular de una pensión en su Estado miembro de residencia. El artículo 21 se aplicará por analogía.

2. El apartado 1 será aplicable también a los miembros de la familia del titular de una pensión.

Artículo 30. Cotizaciones de los titulares de pensiones.

1. La institución de un Estado miembro que sea responsable con arreglo a la legislación que aplica de las retenciones en concepto de cotizaciones por enfermedad, maternidad y paternidad asimiladas sólo podrá solicitar y recuperar dichas retenciones, calculadas con arreglo a la legislación que aplique, en la medida en que el coste de las prestaciones a que se refieren los artículos 23 a 26 corra a cargo de una institución de dicho Estado miembro.

2. Cuando, en los casos a que se refiere el artículo 25, la obtención de prestaciones por enfermedad, maternidad y paternidad asimiladas esté sujeta al pago de cotizaciones o a otro tipo de pagos similares con arreglo a la legislación de un Estado miembro en el que resida el titular de una pensión, dichas cotizaciones no serán exigibles en virtud de la residencia.

Sección 3ª Disposiciones comunes

Artículo 31. Disposición general.

Los artículos 23 a 30 no serán aplicables al titular de una pensión o a los miembros de su familia que tengan derecho a prestaciones con arreglo a la legislación de un Estado miembro en virtud de una actividad como trabajador por cuenta ajena o propia. En tal caso, se aplicará al interesado, a efectos del presente capítulo, lo dispuesto en los artículos 17 a 21.

Artículo 32. Prioridad del derecho a prestaciones en especie-Norma especial para el derecho de los miembros de la familia a prestaciones en el Estado miembro de residencia.

1. Un derecho propio a prestaciones en especie basado en la legislación de un Estado miembro o en el presente capítulo tendrá prioridad respecto a un derecho derivado a prestaciones en beneficio de los miembros de la familia. El derecho derivado a prestaciones en especie deberá en cualquier caso tener prioridad sobre los derechos propios cuando el derecho propio en el Estado miembro de residencia exista directa y únicamente con motivo de la residencia del interesado en dicho Estado miembro.

2. Cuando los miembros de la familia de una persona asegurada residan en un Estado miembro con arreglo a cuya legislación el derecho a prestaciones en especie no dependa de condiciones de seguro o de una actividad como trabajador por cuenta ajena o propia, las prestaciones en especie que les sean otorgadas correrán a cargo de la institución competente del Estado miembro en que residen, siempre y cuando el cónyuge o la persona que se haga cargo de los hijos de la persona asegurada ejerza una actividad como trabajador por cuenta ajena o propia en dicho Estado miembro o reciba una pensión de dicho Estado miembro por haber ejercido una actividad como trabajador por cuenta ajena o propia.

Artículo 33. Prestaciones en especie de gran importancia.

1. La persona asegurada a quien le sea reconocido, para sí misma o para algún miembro de su familia, el derecho a una prótesis, a un gran aparato o a otras prestaciones en especie de gran importancia por la institución de un Estado miembro antes de su nueva afiliación en virtud de la legislación aplicada por la institución de otro Estado miembro, disfrutará de esas prestaciones con cargo a la primera institución aunque se concedan cuando dicho trabajador se encuentre ya afiliado a la segunda institución con arreglo a la legislación que esta última aplique.

2. La Comisión Administrativa establecerá la lista de prestaciones cubiertas por el apartado 1.

Artículo 34. Acumulación de prestaciones asistenciales de duración indeterminada.

1. En caso de que un titular de prestaciones asistenciales en metálico de duración indeterminada que deban ser consideradas prestaciones de enfermedad y, por tanto, hayan de ser facilitadas por el Estado miembro que sea competente para las prestaciones en metálico en virtud del artículo 21 o del artículo 29 tenga, simultáneamente y con arreglo al presente capítulo, derecho a solicitar a la institución del lugar de residencia o estancia de otro Estado miembro prestaciones en especie con idénticos fines, y una institución del primer Estado miembro deba reembolsar asimismo el coste de estas prestaciones con arreglo a lo dispuesto en el artículo 35, será de aplicación la disposición general de no acumulación de prestaciones establecida en el artículo 10, únicamente con la siguiente restricción: si el interesado solicita y recibe la prestación en especie, se reducirá de la cuantía de la prestación en metálico el importe de la prestación en especie exigido o exigible a la institución del primer Estado miembro que deba reembolsar el coste.

2. La Comisión Administrativa establecerá la lista de prestaciones en metálico y en especie a las cuales serán aplicables las disposiciones del apartado 1.

3. Dos o más Estados miembros, o sus autoridades competentes, podrán convenir otras medidas o medidas complementarias que no sean menos ventajosas para los interesados que los principios expuestos en el apartado 1.

Artículo 35. Reembolso entre instituciones.

1. Las prestaciones en especie facilitadas por la institución de un Estado miembro por cuenta de la institución de otro Estado miembro, en virtud del presente capítulo, darán lugar a un reembolso íntegro.

2. Los reembolsos a que se refiere el apartado 1 se determinarán y efectuarán con arreglo al régimen establecido en el Reglamento de aplicación, ya sea previa justificación de los gastos reales, ya con arreglo a importes a tanto alzado para los Estados miembros cuyas estructuras jurídicas o administrativas no hagan adecuada la práctica del reembolso basado en el gasto real.

3. Dos o más Estados miembros, o sus autoridades competentes, podrán convenir otras formas de reembolso o renunciar al reembolso entre las instituciones que de ellos dependan.

CAPÍTULO 2
Prestaciones de accidentes de trabajo y de enfermedad profesional

Artículo 36. Derecho a las prestaciones en especie y en metálico.

1. Sin perjuicio de las disposiciones más favorables previstas en el apartado 2 del presente artículo, el artículo 17, el apartado 1 del artículo 18, el apartado 1 del artículo 19 y el apartado 1 del artículo 20 se aplicarán asimismo a las prestaciones por accidente de trabajo o por enfermedad profesional.

2. La persona que haya sufrido un accidente de trabajo o contraído una enfermedad profesional y que resida o efectúe una estancia en un Estado miembro que no sea el Estado miembro competente tendrá derecho a las prestaciones en especie específicas del régimen de accidentes de trabajo y enfermedades profesionales, concedidas, por cuenta de la institución competente, por la institución del lugar de estancia o de residencia, con arreglo a la legislación que ésta aplique, como si la persona estuviera asegurada en virtud de dicha legislación.

3. El artículo 21 se aplicará también a las prestaciones contempladas en el presente capítulo.

Artículo 37. Gastos de transporte.

1. La institución competente de un Estado miembro cuya legislación prevea la asunción de los gastos de transporte de la persona que ha sufrido un accidente de trabajo o contraído una enfermedad profesional, bien hasta su residencia o bien hasta un centro hospitalario, se hará cargo de dichos gastos hasta el lugar correspondiente del otro Estado miembro en que resida dicha persona, siempre que la institución mencionada autorice previamente el transporte, teniendo debidamente en cuenta los motivos que lo justifican. Esta autorización no será necesaria en el caso de los trabajadores fronterizos.

2. La institución competente de un Estado miembro cuya legislación prevea la asunción de los gastos de transporte del cuerpo de la persona fallecida en un accidente de trabajo hasta el lugar de la inhumación se hará cargo de dichos gastos hasta el lugar correspondiente del otro Estado miembro en que residiera la persona en el momento de ocurrir el accidente, según la legislación aplicada por dicha institución.

Artículo 38. Prestaciones por enfermedad profesional cuando la persona que padece la enfermedad haya estado expuesta a los mismos riesgos en varios Estados miembros.

Cuando la persona que ha contraído una enfermedad profesional haya ejercido, bajo la legislación de dos o más Estados miembros, una actividad que, por su propia naturaleza, pueda provocar dicha enfermedad, las prestaciones a las que la víctima o sus supérstites puedan aspirar se concederán exclusivamente en virtud de la legislación del último de dichos Estados cuyas condiciones se hayan satisfecho.

Artículo 39. Agravación de una enfermedad profesional.

En caso de agravación de una enfermedad profesional por la cual la persona que la padece ha recibido o está recibiendo prestaciones al amparo de la legislación de un Estado miembro, se aplicarán las normas siguientes:

a) si, desde que disfruta de las prestaciones, el interesado no ha ejercido bajo la legislación de otro Estado miembro una actividad por cuenta ajena o propia que pueda provocar o agravar la enfermedad de que se trata, la institución competente del primer Estado miembro se hará cargo de las prestaciones, teniendo en cuenta la agravación, con arreglo a lo dispuesto en la legislación que aplique;

b) si, desde que disfruta de las prestaciones, el interesado ha ejercido una actividad de la naturaleza antes indicada bajo la legislación de otro Estado miembro, la institución competente del primer Estado miembro se hará cargo de las prestaciones, sin tener en cuenta la agravación, con arreglo a lo dispuesto en la legislación que aplique. La institución competente del segundo Estado miembro concederá al interesado un complemento de cuantía igual a la diferencia existente entre la cuantía de las prestaciones a que el interesado tenga derecho después de la agravación y la cuantía de las prestaciones a que hubiera tenido derecho antes de la agravación, según la legislación aplicada por la institución del segundo Estado, en el supuesto de que la enfermedad hubiese sobrevenido bajo la legislación de dicho Estado miembro;

c) las cláusulas de reducción, de suspensión o de supresión contenidas en la legislación de un Estado miembro no podrán hacerse valer frente al beneficiario de prestaciones facilitadas por las instituciones de dos Estados miembros según lo dispuesto en la letra b).

Artículo 40. Normas para tener en cuenta las particularidades de algunas legislaciones.

1. Si en el Estado miembro donde el interesado resida o efectúe una estancia no existe un seguro contra los accidentes de trabajo o las enfermedades profesionales, o aun existiendo ese seguro no hay una institución encargada de conceder prestaciones en especie, estas prestaciones serán concedidas por la institución del lugar de estancia o de residencia responsable de facilitar las prestaciones en especie en caso de enfermedad.

2. Si en el Estado miembro competente no existe un seguro contra los accidentes de trabajo o las enfermedades profesionales, se aplicarán, no obstante, las disposiciones del presente capítulo sobre prestaciones en especie a la persona con derecho a las prestaciones correspondientes en caso de enfermedad, maternidad o paternidad asimiladas, con arreglo a la legislación de dicho Estado miembro, si la persona sufre un accidente de trabajo o contrae una enfermedad profesional durante su residencia o estancia en otro Estado miembro. Los costes correrán a cargo de la institución competente para las prestaciones en especie conforme a la legislación del Estado miembro competente.

3. Se aplicará el artículo 5 a la institución competente de un Estado miembro en lo referente a la equivalencia de accidentes de trabajo y enfermedades profesionales que, o bien hayan sobrevenido o bien se hayan reconocido posteriormente bajo la legislación de otro Estado miembro, cuando se evalúe el grado de incapacidad, el derecho a prestaciones o la cuantía de las mismas, a condición de que:

a) el accidente de trabajo o la enfermedad profesional anteriormente sobrevenidos o reconocidos bajo la legislación que ella aplique no hayan dado lugar a indemnización, y

b) el accidente de trabajo o la enfermedad profesional sobrevenidos o reconocidos con posterioridad no den lugar a indemnización en virtud de la legislación del otro Estado miembro bajo la cual hayan sobrevenido o hayan sido reconocidos.

Artículo 41. Reembolso entre instituciones.

1. El artículo 35 se aplicará también a las prestaciones indicadas en el presente capítulo y el reembolso se efectuará sobre la base de los gastos reales.

2. Dos o más Estados miembros, o sus autoridades competentes, podrán convenir otras formas de reembolso o renunciar a todo reembolso entre las instituciones que de ellos dependan.

CAPÍTULO 3
Subsidios de defunción

Artículo 42. Derecho a subsidio en caso de fallecimiento, o de residencia de la persona interesada, en un Estado miembro distinto del Estado miembro competente.

1. Cuando una persona asegurada o un miembro de su familia fallezca en un Estado miembro distinto del Estado miembro competente, se considerará el fallecimiento como ocurrido en el Estado miembro competente.

2. La institución competente estará obligada a conceder los subsidios de defunción debidos en virtud de la legislación que aplique, aunque el beneficiario resida en un Estado miembro distinto del Estado miembro competente.

3. Los apartados 1 y 2 también serán aplicables cuando el fallecimiento sobrevenga a causa de un accidente de trabajo o una enfermedad profesional.

Artículo 43. Abono de prestaciones en caso de fallecimiento del titular de una pensión.

1. En caso de fallecimiento del titular de una pensión con derecho a pensión en virtud de la legislación de un Estado miembro, o a pensiones en virtud de las legislaciones de dos o más Estados miembros, cuando dicho titular residiese en un Estado miembro distinto de aquel donde se halle la institución responsable del coste de las prestaciones en especie concedidas en virtud de los artículos

24 y 25, los subsidios de defunción debidos en virtud de la legislación que aplique dicha institución serán abonados y sufragados por ésta, como si el titular de la pensión estuviera residiendo, en el momento de su fallecimiento, en el Estado miembro en el que se halle dicha institución.

2. El apartado 1 se aplicará por analogía a los miembros de la familia del titular de la pensión.

CAPÍTULO 4
Prestaciones de invalidez

Artículo 44. Personas que hayan estado sujetas exclusivamente a legislaciones de tipo A.

1. A los efectos del presente capítulo, se entenderá por «legislaciones de tipo A» toda legislación con arreglo a la cual el importe de la prestación de invalidez sea independiente de la duración de los períodos de seguro o residencia y que haya sido incluida expresamente por el Estado miembro competente en el anexo VI, y por «legislaciones de tipo B» se entenderán todas las demás legislaciones.

2. La persona que haya estado sujeta sucesiva o alternativamente a las legislaciones de dos o más Estados miembros y haya cumplido períodos de seguro o de residencia exclusivamente bajo legislaciones de tipo A tendrá derecho tan sólo a prestaciones de la institución del Estado miembro cuya legislación se aplicase en el momento de producirse la incapacidad laboral conducente a la invalidez, teniendo en cuenta, en su caso, el artículo 45, y recibirá dichas prestaciones de conformidad con esta legislación.

3. La persona que no tenga derecho a prestaciones en aplicación de las disposiciones del apartado 2 recibirá las prestaciones a las que aún tenga derecho en virtud de la legislación de otro Estado miembro, teniendo en cuenta, si procede, las disposiciones del artículo 45.

4. Si la legislación a que se refieren los apartados 2 ó 3 incluye normas relativas a la reducción, suspensión o supresión de las prestaciones de invalidez en caso de acumulación de éstas con prestaciones de distinta naturaleza, con arreglo al apartado 2 del artículo 53, o con otros ingresos, se aplicará por analogía el apartado 3 del artículo 53 así como el apartado 3 del artículo 55.

Artículo 45. Disposiciones especiales sobre la totalización de los períodos.

La institución competente de un Estado miembro cuya legislación supedite la adquisición, conservación o recuperación del derecho a prestaciones al cumplimiento de períodos de seguro o residencia aplicará por analogía, en su caso, el apartado 1 del artículo 51.

Artículo 46. Personas que hayan estado sujetas exclusivamente a legislaciones de tipo B, o bien a legislaciones de tipo A y B.

1. La persona que haya estado sujeta sucesiva o alternativamente a las legislaciones de dos o más Estados miembros, de las cuales al menos una no sea de tipo A, tendrá derecho a prestaciones con arreglo al capítulo 5, que se aplicarán por analogía, teniendo en cuenta el apartado 3.

2. No obstante, si el interesado hubiera estado sujeto anteriormente a una legislación de tipo B y hubiera sufrido posteriormente una incapacidad laboral conducente a la invalidez mientras se encontraba sujeto a una legislación de tipo A, recibirá prestaciones de conformidad con el artículo 44, a condición de que:

– cumpla única y exclusivamente las condiciones de esta legislación o de otra del mismo tipo, teniendo en cuenta en su caso lo dispuesto en el artículo 45, sin recurrir a períodos de seguro o residencia cumplidos con arreglo a una legislación de tipo B, y

– no reclame ningún derecho a prestaciones de vejez, teniendo en cuenta lo dispuesto en el apartado 1 del artículo 50.

3. La decisión que adopte la institución competente de un Estado miembro sobre el grado de invalidez del interesado tendrá carácter vinculante para la institución de cualquier otro Estado miembro que se vea afectado, siempre que la concordancia entre la legislación de estos Estados miembros sobre las condiciones relativas al grado de invalidez esté reconocida en el anexo VII.

Artículo 47. Agravación de una invalidez.

1. En caso de agravación de una invalidez por la cual la persona estuviera recibiendo prestaciones con arreglo a la legislación de uno o más Estados miembros, se aplicarán las siguientes disposiciones, teniendo en cuenta la agravación:

a) las prestaciones se concederán con arreglo al capítulo 5, que se aplicarán por analogía;

b) sin embargo, cuando el interesado haya estado sujeto a dos o más legislaciones del tipo A y desde la percepción de prestaciones no haya estado sujeto a la legislación de otro Estado miembro, la prestación deberá concederse con arreglo al apartado 2 del artículo 44.

2. Si el importe total de la prestación o prestaciones que deban abonarse de conformidad con el apartado 1 es inferior al importe de la prestación percibida por el interesado con cargo a la anterior institución competente, esta institución deberá abonarle un complemento igual a la diferencia entre ambos importes.

3. Si el interesado no tuviera derecho a prestaciones con cargo a una institución de otro Estado miembro, la institución competente del Estado miembro previamente competente concederá las prestaciones, de conformidad con la legislación que aplique, teniendo en cuenta la agravación y, en su caso, el artículo 45.

Artículo 48. Transformación de las prestaciones de invalidez en prestaciones de vejez.

1. Las prestaciones de invalidez se convertirán, llegado el caso, en prestaciones de vejez con arreglo a las condiciones establecidas por la legislación o legislaciones en virtud de las cuales se concedan, y con arreglo al capítulo 5.

2. Toda institución que sea deudora de prestaciones de invalidez en virtud de la legislación de un Estado miembro continuará facilitando al beneficiario de prestaciones de invalidez que con arreglo al artículo 50 pueda reclamar prestaciones de vejez al amparo de la legislación de uno o varios de los demás Estados miembros, aquellas prestaciones de invalidez a las que el interesado tenga derecho en virtud de la legislación que dicha institución aplique, y ello hasta que llegue el momento en que le corresponda aplicar el apartado 1 o, de no ser así, mientras el interesado continúe reuniendo los requisitos necesarios para recibir dichas prestaciones.

3. Cuando las prestaciones de invalidez concedidas con arreglo a la legislación de un Estado miembro, de conformidad con el artículo 44, se transformen en prestaciones de vejez y el interesado no satisfaga aún las condiciones establecidas por la legislación de uno o más de los demás Estados miembros para disfrutar de estas prestaciones, el interesado recibirá de aquel o aquellos Estados miembros prestaciones de invalidez a partir de la fecha de la transformación.

Estas prestaciones de invalidez se concederán de conformidad con el capítulo 5, como si dicho capítulo hubiese sido aplicable en el momento de producirse la incapacidad laboral conducente a la invalidez, hasta que el interesado cumpla las condiciones necesarias para acogerse a las prestaciones de vejez establecidas por la legislación o legislaciones nacionales correspondientes o, cuando no esté prevista dicha transformación, mientras tenga derecho a prestaciones de invalidez con arreglo a dichas legislaciones.

4. Las prestaciones de invalidez concedidas con arreglo al artículo 44 se volverán a calcular conforme al capítulo 5 a partir del momento en que el beneficiario cumpla las condiciones requeridas para acogerse a las prestaciones de invalidez establecidas en virtud de una legislación de tipo B, o en cuanto disfrute de prestaciones de vejez con arreglo a la legislación de otro Estado miembro.

Artículo 49. Disposiciones particulares para funcionarios.

Los artículos 6 y 44, 46, 47, 48 y los apartados 2 y 3 del artículo 60 se aplicarán por analogía a las personas cubiertas por un régimen especial para funcionarios.

CAPÍTULO 5
Pensiones de vejez y de supervivencia

Artículo 50. Disposiciones generales.

1. Cuando se presente una solicitud de liquidación de prestaciones, todas las instituciones competentes determinarán el derecho a prestación, con arreglo a todas las legislaciones de los Estados miembros a las que haya estado sujeto el interesado, salvo si el interesado pide expresamente que se difiera la liquidación de las prestaciones de vejez con arreglo a la legislación de uno o varios Estados miembros.

2. Si en un momento determinado el interesado no reúne o deja de reunir las condiciones establecidas por todas las legislaciones de los Estados miembros a las que haya estado sujeto, las instituciones que apliquen una legislación cuyas condiciones reúna no tendrán en cuenta, en el cálculo efectuado con arreglo a las letras a) o b) del apartado 1 del artículo 52, los períodos cumplidos bajo las legislaciones cuyas condiciones no reúne o ha dejado de reunir, cuando este cómputo dé lugar a un importe de prestación menor.

3. El apartado 2 se aplicará por analogía cuando el interesado haya solicitado expresamente diferir la liquidación de las prestaciones de vejez.

4. Se efectuará un nuevo cálculo de oficio a medida que se cumplan las condiciones requeridas por las otras legislaciones o cuando una persona solicite que la liquidación de una prestación de vejez

diferida de acuerdo con el apartado 1, salvo si los períodos cumplidos bajo otras legislaciones ya se han tenido en cuenta en virtud de lo dispuesto en los apartados 2 ó 3.

Artículo 51. Disposiciones especiales sobre la totalización de períodos.

1. Cuando la legislación de un Estado miembro supedite la concesión de determinadas prestaciones al cumplimiento de períodos de seguro exclusivamente en una actividad determinada como trabajador por cuenta ajena o propia, u ocupación sujetas a un régimen especial para trabajadores por cuenta ajena o propia, la institución competente de ese Estado miembro computará los períodos cumplidos bajo la legislación de otros Estados miembros solamente si se han cubierto con arreglo a un régimen equivalente o, en su defecto, en la misma ocupación o, en su caso, en la misma actividad como trabajador por cuenta ajena o propia.

Si, teniendo en cuenta los períodos así cumplidos, el interesado no satisface las condiciones para disfrutar de las prestaciones de un régimen especial de un Estado miembro, estos períodos se computarán para la concesión de las prestaciones del régimen general o, en su defecto, del régimen aplicable a los trabajadores manuales o al personal de oficina, según el caso, siempre que el interesado haya estado afiliado a uno de estos regímenes.

2. Los períodos de seguro cumplidos dentro de un régimen especial de un Estado miembro se computarán para la concesión de las prestaciones del régimen general o, en su defecto, del régimen aplicable a los trabajadores manuales o al personal de oficina, según el caso, de otro Estado miembro a condición de que el interesado haya estado afiliado a uno o varios de estos regímenes, incluso si los períodos ya se han tenido en cuenta en el último Estado miembro en el contexto de un régimen especial.

3. En caso de que la legislación de un Estado miembro supedite la adquisición, conservación o recuperación del derecho a prestaciones a que el interesado haya estado asegurado en el momento de la materialización del riesgo, esta condición se considerará satisfecha cuando la persona haya estado asegurada en virtud de la legislación de otro Estado miembro, de conformidad con los procedimientos previstos en el anexo XI para cada Estado miembro interesado.

Artículo 52. Pago de las prestaciones.

1. La institución competente calculará el importe de la prestación potencialmente adeudada:

a) en virtud de la legislación que aplique, únicamente si las condiciones exigidas para tener derecho a las prestaciones se han cumplido exclusivamente con arreglo a la legislación nacional (prestación nacional);

b) calculando un importe teórico y posteriormente un importe real (prestación prorrateada), de la siguiente manera:

i) el importe teórico de la prestación será igual a la prestación que el interesado habría causado en el supuesto de que todos los períodos de seguro y/o de residencia cumplidos de acuerdo con las legislaciones de los demás Estados miembros se hubieran cumplido de acuerdo con la legislación que dicha institución aplique en la fecha en que se liquide la prestación. En caso de que, con arreglo a dicha legislación, el importe no dependa de la duración de los períodos cumplidos, se considerará que dicho importe constituye el importe teórico;

ii) la institución competente establecerá a continuación el importe real de la prestación prorrateada, aplicando al importe teórico la proporción entre la duración de los períodos cumplidos antes de la fecha de la materialización del riesgo de acuerdo con la legislación que la institución aplique y la duración total de los períodos cumplidos antes de la fecha de la materialización del riesgo de acuerdo con las legislaciones de todos los Estados miembros afectados.

2. Si procede, la institución competente aplicará al importe calculado de acuerdo con las letras a) y b) del apartado 1 todas las cláusulas de reducción, suspensión o supresión establecidas por la legislación que aplique, dentro de los límites establecidos por los artículos 53 a 55.

3. El interesado tendrá derecho a recibir de la institución competente de cada Estado miembro el importe más elevado de los calculados de acuerdo con lo dispuesto en las letras a) y b) del apartado 1.

4. Cuando el cálculo efectuado con arreglo a la letra a) del apartado 1 en un Estado miembro produzca siempre como resultado que la prestación nacional sea igual o superior a la prestación prorrateada calculada con arreglo a la letra b) del apartado 1, la institución competente podrá no efectuar el cálculo prorrateado, con arreglo a las condiciones establecidas en el Reglamento de aplicación. Dichas situaciones se exponen en el anexo VIII.

Artículo 53. Normas para impedir la acumulación.

1. Las acumulaciones de prestaciones de invalidez, de vejez y de supervivencia, calculadas o concedidas con arreglo a los períodos de seguro y/o de residencia cumplidos por una misma persona se considerarán acumulaciones de prestaciones de la misma naturaleza.

2. Las acumulaciones de prestaciones que no puedan considerarse de la misma naturaleza con arreglo a lo dispuesto en el apartado 1 se considerarán acumulaciones de prestaciones de distinta naturaleza.

3. A los efectos de las normas establecidas por las legislaciones de los Estados miembros para impedir la acumulación en los casos en que se acumule una prestación de invalidez, de vejez o de supervivencia con una prestación de la misma o de distinta naturaleza o con otros ingresos, se aplicarán las siguientes normas:

a) la institución competente tendrá en cuenta las prestaciones o los ingresos adquiridos en otro Estado miembro sólo cuando la legislación que aplique establezca que se tengan en cuenta las prestaciones o los ingresos adquiridos en el extranjero;

b) la institución competente tendrá en cuenta el importe de las prestaciones que ha de abonar otro Estado miembro antes de la deducción de los impuestos, cotizaciones a la seguridad social y otras retenciones o deducciones individuales, salvo que la legislación aplicada por dicha institución establezca normas para impedir la acumulación tras las citadas deducciones, con arreglo a las condiciones y los procedimientos que se establecen en el Reglamento de aplicación;

c) la institución competente no tendrá en cuenta el importe de las prestaciones adquiridas con arreglo a la legislación de otro Estado miembro en virtud de un seguro voluntario u optativo continuado;

d) si un único Estado miembro aplica cláusulas antiacumulación debido a que el interesado disfruta de prestaciones de la misma naturaleza o de naturaleza diferente en virtud de la legislación de otros Estados miembros, o bien disfruta de ingresos adquiridos en otros Estados miembros, la prestación debida podrá reducirse solamente en el importe de dichas prestaciones o de dichos ingresos.

Artículo 54. Acumulación de prestaciones de la misma naturaleza.

1. En caso de acumulación de prestaciones de la misma naturaleza con arreglo a la legislación de dos o más Estados miembros, las normas para impedir la acumulación establecidas por la legislación de un Estado miembro no serán aplicables a una prestación prorrateada.

2. Las normas antiacumulación se aplicarán a una prestación independiente únicamente cuando la prestación de que se trate constituya:

a) una prestación cuyo importe sea independiente de la duración de los períodos de seguro o residencia, o

b) una prestación cuyo importe se determine en función de un período acreditado que se considera cumplido entre la fecha de la materialización del riesgo y una fecha posterior, en caso de acumulación con:

i) una prestación del mismo tipo, salvo si entre dos o más Estados miembros se ha firmado un acuerdo para evitar que se computen más de una vez en el mismo período acreditado, o

ii) una prestación de las mencionadas en la letra a).

Las prestaciones y acuerdos a los que se alude en las letras a) y b) se enumeran en el anexo IX.

Artículo 55. Acumulación de prestaciones de distinta naturaleza.

1. Si el disfrute de prestaciones de distinta naturaleza o de otros ingresos exige la aplicación de cláusulas antiacumulación establecidas por la legislación de los Estados miembros interesados en lo referente a:

a) dos o más prestaciones independientes, las instituciones competentes dividirán las cuantías de la prestación o prestaciones u otros ingresos, tal y como hayan sido computados, por el número de prestaciones sujetas a dichas normas.

No obstante, la aplicación de la presente letra no podrá retirar a la persona en cuestión su condición de pensionista a los efectos de los demás capítulos del presente título en virtud de las condiciones y procedimientos que establece el Reglamento de aplicación;

b) una o más prestaciones prorrateadas, las instituciones competentes tendrán en cuenta la prestación o prestaciones u otros ingresos y todos los elementos previstos para la aplicación de las cláusulas antiacumulación en función del coeficiente entre los períodos de seguro o de residencia considerados para el cálculo contemplado en el inciso ii) de la letra b) del apartado 1 del artículo 52;

c) una o más prestaciones independientes y una o más prestaciones prorrateadas, las instituciones competentes aplicarán por analogía la letra a) para las prestaciones independientes y la letra b) para las prestaciones prorrateadas.

2. La institución competente no aplicará la división prevista para las prestaciones independientes si la legislación que aplica prevé el cómputo de las prestaciones de distinta naturaleza o de otros ingresos, así como todos los demás elementos del cálculo para una fracción de su importe determinada en función de la relación entre los períodos de seguro o residencia indicados en el inciso ii) de la letra b) del apartado 1 del artículo 52.

3. Los apartados 1 y 2 se aplicarán por analogía cuando la legislación de uno o varios Estados miembros establezca que no puede adquirirse el derecho a una prestación en caso de que el interesado perciba una prestación de distinta naturaleza debida en virtud de la legislación de otro Estado miembro, u otros ingresos.

Artículo 56. Disposiciones complementarias para el cálculo de las prestaciones.

1. Para el cálculo de los importes teórico y prorrateado señalados en la letra b) del apartado 1 del artículo 52, se aplicarán las normas siguientes:

a) cuando la duración total de los períodos de seguro y/o de residencia cumplidos antes de la fecha de la materialización del riesgo con arreglo a las legislaciones de todos los Estados miembros afectados sea superior al período máximo requerido por la legislación de uno de dichos Estados miembros para la obtención de una prestación completa, la institución competente de ese Estado miembro tendrá en cuenta el citado período máximo en lugar de la duración total de los períodos cumplidos; este método de cálculo no deberá dar lugar a que se imponga a la institución el coste de una prestación superior a la prestación completa establecida por la legislación que ésta aplique. Esta disposición no se aplicará a las prestaciones cuyo importe no dependa de la duración de los períodos de seguro;

b) las formas de cómputo de los períodos que se superpongan están fijadas en el Reglamento de aplicación;

c) si la legislación de un Estado miembro prevé que el cálculo de las prestaciones se base en los ingresos, cotizaciones, bases de cotización, aumentos, retribuciones, otros importes o una combinación de más de uno de estos elementos (promedios, proporciones, a tanto alzado o acreditados), la institución competente:

i) determinará la base de cálculo de las prestaciones únicamente en virtud de los períodos de seguro cumplidos con arreglo a la legislación que aplique;

ii) utilizará, para la determinación del importe que haya de calcularse en concepto de los períodos de seguro y/o residencia cumplidos con arreglo a la legislación de los otros Estados miembros, los mismos elementos determinados o acreditados para los períodos de seguro cumplidos con arreglo a la legislación que aplique;

de acuerdo con los procedimientos establecidos en el anexo XI para el Estado miembro de que se trate.

2. Las disposiciones de la legislación de un Estado miembro en materia de revalorización de los elementos considerados para el cálculo de las prestaciones se aplicarán, según proceda, a los elementos que ha de tener en cuenta la institución competente de ese Estado miembro, de conformidad con el apartado 1, en relación con los períodos de seguro o residencia cumplidos bajo la legislación de otros Estados miembros.

Artículo 57. Períodos de seguro o residencia inferiores a un año.

1. No obstante lo dispuesto en la letra b) del apartado 1 del artículo 52, la institución de un Estado miembro no estará obligada a conceder prestaciones en relación con períodos cumplidos bajo la legislación que aplique que se hayan acreditado en el momento de producirse la materialización del riesgo, si:

– la duración de los períodos mencionados es inferior a un año

y

– teniendo en cuenta tan sólo esos períodos, no se adquiere ningún derecho a prestaciones en virtud de esa legislación.

A efectos del presente artículo, se entenderá por «períodos» todo período de seguro, de empleo, de actividad por cuenta propia o de residencia, que, o bien da derecho a la prestación en cuestión, o bien aumenta directamente su cuantía.

2. La institución competente de cada Estado miembro afectado tendrá en cuenta los períodos a que se refiere el apartado 1, a efectos del inciso i) de la letra b) del apartado 1 del artículo 52.

3. Si la aplicación del apartado 1 tuviera como efecto que todas las instituciones de los Estados miembros afectados quedasen liberadas de sus obligaciones, las prestaciones sólo se concederán con arreglo a la legislación del último de esos Estados miembros cuyas condiciones se hayan satisfecho, como si todos los períodos de seguro y residencia cumplidos y computados de conformidad con el artículo 6 y los apartados 1 y 2 del artículo 51 se hubieran cumplido bajo la legislación de dicho Estado miembro.

Artículo 58. Asignación de un complemento.

1. El beneficiario de las prestaciones al que se aplique el presente capítulo no podrá percibir, en el Estado miembro de residencia y con arreglo a cuya legislación se le adeude una prestación, en concepto de prestaciones, una cuantía inferior a la de la prestación mínima fijada por dicha legislación para un período de seguro o de residencia igual al total de los períodos computados para la liquidación según el presente capítulo.

2. La institución competente de dicho Estado miembro le abonará, durante todo el período de residencia en su territorio, un complemento igual a la diferencia entre la suma de las prestaciones debidas en virtud del presente capítulo y la cuantía de la prestación mínima.

Artículo 59. Nuevo cálculo y revalorización de las prestaciones.

1. En caso de modificación del modo de establecimiento o de las reglas de cálculo de las prestaciones con arreglo a la legislación de un Estado miembro, o si la situación personal del interesado sufre un cambio relevante que, en virtud de dicha legislación, dé lugar a un ajuste del importe de la prestación, se efectuará un nuevo cálculo de conformidad con lo dispuesto en el artículo 52.

2. En cambio, cuando debido al aumento del coste de la vida, a la variación del nivel de ingresos o a otros motivos de adaptación, las prestaciones del Estado miembro afectado se modifiquen en una cuantía o porcentaje establecido, dicho porcentaje o cuantía establecido deberá aplicarse directamente a las prestaciones determinadas con arreglo a lo dispuesto en el artículo 52, sin que haya que proceder a un nuevo cálculo.

Artículo 60. Disposiciones particulares para funcionarios.

1. Los artículos 6 y 50, el apartado 3 del artículo 51 y de los artículos 52 a 59 se aplicarán por analogía a las personas cubiertas por un régimen especial de funcionarios.

2. Sin embargo, cuando la legislación de un Estado miembro competente supedite la adquisición, liquidación, conservación o recuperación del derecho a prestaciones con arreglo a un régimen especial de funcionarios a la condición de que todos los períodos de seguro se hayan cumplido en uno o varios regímenes especiales de funcionarios de este Estado miembro, o a que la legislación de este Estado miembro los considere equivalentes a tales períodos, la institución competente de dicho Estado sólo computará los períodos que puedan reconocerse con arreglo a la legislación que aplique.

Si, teniendo en cuenta los períodos cumplidos de este modo, el interesado no satisface las condiciones requeridas para disfrutar de dichas prestaciones, esos períodos se computarán para la concesión de las prestaciones del régimen general o, en su defecto, del régimen aplicable a los trabajadores manuales o al personal de oficina, según corresponda.

3. Si, de conformidad con la legislación del Estado miembro, las prestaciones correspondientes a un régimen especial de funcionarios se contabilizan en función del último sueldo o de los sueldos cobrados durante un período determinado, la institución competente de dicho Estado tendrá en cuenta para el cálculo exclusivamente los sueldos, debidamente revalorizados, que se hayan cobrado durante el período o los períodos durante los cuales la persona haya estado sujeta a esta legislación.

CAPÍTULO 6
Prestaciones de desempleo

Artículo 61. Normas especiales sobre totalización de períodos de seguro, de empleo o de actividad por cuenta propia.

1. La institución competente de un Estado miembro cuya legislación subordine la adquisición, la conservación, la duración o la recuperación del derecho a las prestaciones al requisito de haber cubierto períodos de seguro, de empleo o de actividad por cuenta propia tendrá en cuenta, en la medida necesaria, los períodos de seguro, de empleo o de actividad por cuenta propia cubiertos bajo la legislación de cualquier otro Estado miembro como si se hubieran cubierto bajo la legislación que dicha institución aplica.

No obstante, cuando la legislación aplicable supedite la concesión de determinadas prestaciones al cumplimiento de períodos de seguro, no se tendrán en cuenta los períodos de empleo o de actividad por cuenta propia cumplidos bajo la legislación de otro Estado miembro, salvo en caso de que dichos períodos se hubieran considerado períodos de seguro de haberse cumplido con arreglo a la legislación aplicable.

2. Salvo en los casos a que se refiere la letra a) del apartado 5 del artículo 65, la aplicación del apartado 1 del presente artículo estará supeditada a que el interesado haya cumplido en último lugar, con arreglo a la legislación en virtud de la cual solicita las prestaciones:

– períodos de seguro, si así lo requiere esa legislación

– períodos de empleo, si así lo requiere esa legislación, o

– períodos de actividad por cuenta propia, si así lo requiere esa legislación.

Artículo 62. Cálculo de las prestaciones.

1. La institución competente de un Estado miembro cuya legislación disponga que el cálculo de las prestaciones se base en la cuantía de la retribución o de los ingresos profesionales anteriores tendrá en cuenta exclusivamente el sueldo o los ingresos profesionales percibidos por el interesado con motivo de su última actividad como trabajador por cuenta ajena o propia con arreglo a dicha legislación.

2. El apartado 1 se aplicará igualmente en caso de que la legislación que aplique la institución competente prevea un período de referencia determinado para establecer la retribución que servirá de base al cálculo de las prestaciones, y de que el interesado haya estado sujeto durante la totalidad o una parte de ese período a la legislación de otro Estado miembro.

3. No obstante lo dispuesto en los apartados 1 y 2, por lo que respecta a los trabajadores fronterizos mencionados en la letra a) del apartado 5 del artículo 65, la institución del lugar de residencia tendrá en cuenta la retribución o los ingresos profesionales del interesado en el Estado miembro a cuya legislación haya estado sujeto durante su última actividad por cuenta ajena o propia, con arreglo al Reglamento de aplicación.

Artículo 63. Disposiciones especiales para la supresión de las cláusulas de residencia.

A efectos del presente capítulo, el artículo 7 se aplicará únicamente en los casos previstos en los artículos 64 y 65 y con las limitaciones que en ellos se establecen.

Artículo 64. Desplazamiento de desempleados a otro Estado miembro.

1. La persona desempleada que cumpla los requisitos de la legislación del Estado miembro competente para tener derecho a las prestaciones y que se desplace a otro Estado miembro para buscar trabajo en él conservará su derecho a prestaciones de desempleo en metálico en las siguientes condiciones y dentro de los siguientes límites:

a) la persona desempleada deberá haberse registrado como demandante de empleo antes de su salida del país y haber permanecido a disposición de los servicios de empleo del Estado miembro competente durante al menos cuatro semanas desde el inicio de su situación de desempleo. No obstante, los servicios o instituciones competentes podrán autorizar su salida antes de dicho plazo;

b) la persona desempleada deberá registrarse como demandante de empleo en los servicios de empleo del Estado miembro al que se haya trasladado, someterse al procedimiento de control organizado en éste y cumplir los requisitos que establezca la legislación de dicho Estado miembro. Se considerará cumplido este requisito durante el período previo al registro si el interesado se registra dentro de los siete días posteriores a la fecha en que haya dejado de estar a disposición de los servicios de empleo del Estado miembro del que proceda. En casos excepcionales, los servicios o instituciones competentes podrán prorrogar este plazo;

c) el interesado conservará el derecho a las prestaciones durante un período de tres meses a partir de la fecha en que haya dejado de estar a disposición de los servicios de empleo del Estado miembro del que proceda, a condición de que la duración total del período durante el cual se facilitan las prestaciones no supere la duración total del período de prestaciones a las que tenía derecho con arreglo a la legislación de dicho Estado; los servicios o instituciones competentes podrán prorrogar dicho período de tres meses hasta un máximo de seis meses;

d) las prestaciones serán facilitadas y sufragadas por la institución competente con arreglo a la legislación que aplique.

2. En caso de que el interesado regresara al Estado miembro competente en la fecha de expiración del período en el que tenga derecho a prestaciones con arreglo a la letra c) del apartado 1, o antes de esa fecha, seguirá teniendo derecho a prestaciones conforme a la legislación de dicho Estado miembro; si no regresara al Estado miembro en la fecha de expiración de dicho período o antes de la misma, perderá todo derecho a prestaciones conforme a la legislación de dicho Estado miembro, salvo que las disposiciones de esa legislación sean más favorables. En casos excepcionales, los servicios o institucio-

nes competentes podrán permitir a las personas interesadas el regreso en una fecha posterior sin pérdida de su derecho.

3. Salvo en caso de que la legislación del Estado miembro competente sea más favorable, entre dos períodos de actividad, el máximo período total durante el cual se mantendrá el derecho a prestaciones con arreglo al apartado 1 será de tres meses; la institución o los servicios competentes podrán prorrogar dicho período hasta un máximo de seis meses.

4. El Reglamento de aplicación establecerá las condiciones de intercambio de información, cooperación y asistencia recíproca entre las instituciones y servicios del Estado miembro competente y del Estado miembro al que la persona se traslade para buscar trabajo.

Artículo 65. Personas desempleadas que residen en un Estado miembro distinto del Estado miembro competente.

1. Las personas en situación de desempleo parcial o intermitente que durante su último período de actividad por cuenta ajena o propia hayan residido en un Estado miembro distinto del Estado miembro competente deberán ponerse a disposición de su empresario o de los servicios de empleo del Estado miembro competente. Recibirán prestaciones con arreglo a la legislación del Estado miembro competente como si residieran en dicho Estado miembro. Estas prestaciones serán otorgadas por la institución del Estado miembro competente.

2. Las personas en situación de desempleo total que durante su último período de actividad por cuenta ajena o propia hayan residido en un Estado miembro distinto del Estado miembro competente y sigan residiendo en dicho Estado miembro o regresen a él se pondrán a disposición de los servicios de empleo del Estado miembro de residencia. Sin perjuicio del artículo 64, las personas en situación de desempleo total podrán, como medida complementaria, ponerse a disposición de los servicios de empleo del Estado miembro en que haya transcurrido su último período de actividad por cuenta ajena o propia.

Las personas en situación de desempleo, salvo los trabajadores fronterizos, que no regresen a su Estado miembro de residencia se pondrán a disposición de los servicios de empleo del Estado miembro a cuya legislación hayan estado sujetas en último lugar.

3. Las personas desempleadas a que se refiere la primera frase del apartado 2 deberán registrarse como demandantes de empleo en los servicios de empleo del Estado miembro en que residan, someterse al procedimiento de control organizado en éste y cumplir los requisitos que establezca la legislación de dicho Estado miembro. Si optaran asimismo por registrarse como demandantes de empleo en el Estado miembro en el que haya transcurrido su último período de actividad por cuenta ajena o propia, deberán cumplir los requisitos aplicables en dicho Estado miembro.

4. El Reglamento de aplicación establecerá las normas de desarrollo de la segunda frase del apartado 2 y de la segunda frase del apartado 3, así como las condiciones de intercambio de información, cooperación y asistencia recíproca entre las instituciones y servicios del Estado miembro competente y del Estado miembro en el que haya transcurrido su último período de actividad.

5. a) Las personas desempleadas que se indican en la primera y en la segunda frases del apartado 2 recibirán prestaciones con arreglo a la legislación del Estado miembro de residencia como si hubieran estado sujetas a la legislación de éste durante su último período de actividad como trabajador por cuenta ajena o propia. Estas prestaciones serán otorgadas por la institución del lugar de residencia.

b) No obstante, el trabajador que no sea un trabajador fronterizo al que se hayan concedido prestaciones a cuenta de la institución competente del Estado miembro a cuya legislación haya estado sujeto en último lugar recibirá en primer lugar, al regresar al Estado miembro de residencia, prestaciones con arreglo al artículo 64, suspendiéndose la percepción de prestaciones con arreglo a la letra a) mientras perciba prestaciones con arreglo a la legislación a la que haya estado sujeto en último lugar.

6. Las prestaciones facilitadas por la institución del lugar de residencia con arreglo al apartado 5 seguirán corriendo a cargo de ésta. No obstante, a reserva de lo dispuesto en el apartado 7, la institución competente del Estado miembro a cuya legislación haya estado sujeto en último lugar reembolsará a la institución del lugar de residencia el importe total de las prestaciones facilitadas por esta última institución, durante los tres primeros meses. El importe del reembolso durante este período no podrá superar el importe que se haya de pagar, en caso de desempleo, con arreglo a la legislación del Estado miembro competente. En el caso indicado en la letra b) del apartado 5, el período durante el cual se otorgarán prestaciones en virtud del artículo 64 se deducirá del período previsto en la segunda frase del presente apartado. El Reglamento de aplicación establecerá las normas para el reembolso.

7. No obstante, el período de reembolso a que se refiere el apartado 6 se ampliará a cinco meses cuando el interesado haya completado, en los veinticuatro meses anteriores, períodos de actividad por cuenta ajena o propia por un total de al menos doce meses en el Estado miembro a cuya legislación

haya estado sujeto en último lugar, cuando dichos períodos puedan tenerse en cuenta para generar un derecho a prestaciones de desempleo.

8. A efectos de los apartados 6 y 7, dos o más Estados miembros, o sus autoridades competentes, podrán convenir otras formas de reembolso o renunciar a todo reembolso entre las instituciones que de ellos dependan.

CAPÍTULO 7

Prejubilación

Artículo 66. Prestaciones.

Cuando la legislación aplicable supedite la concesión de prestaciones de prejubilación al requisito de haber cubierto períodos de seguro, de empleo o de actividad por cuenta propia, no se aplicará el artículo 6.

CAPÍTULO 8

Prestaciones familiares

Artículo 67. Miembros de familia residentes en otro Estado miembro.

Cualquier persona tendrá derecho a prestaciones familiares con arreglo a la legislación del Estado miembro competente, que serán extensivas a los miembros de su familia que residan en otro Estado miembro, como si residieran en el Estado miembro competente. No obstante, los titulares de pensiones tendrán derecho a prestaciones familiares con arreglo a la legislación del Estado miembro competente respecto de sus pensiones.

Artículo 68. Normas de prioridad en caso de acumulación.

1. Siempre que, dentro del mismo período y para los mismos miembros de la familia, se prevean prestaciones familiares con arreglo a la legislación de más de un Estado miembro, serán de aplicación las siguientes normas de prioridad:

a) en el caso de prestaciones debidas por más de un Estado miembro por conceptos diferentes, el orden de prioridad será el siguiente: en primer lugar, los derechos adquiridos con motivo de una actividad por cuenta ajena o propia, en segundo lugar, los derechos adquiridos con motivo del cobro de una pensión, y por último, los derechos adquiridos por razón de la residencia;

b) en el caso de prestaciones debidas por más de un Estado miembro por el mismo concepto, el orden de prioridad se establecerá atendiendo a los siguientes criterios subsidiarios:

i) en el caso de derechos adquiridos con motivo de una actividad por cuenta ajena o propia: el lugar de residencia de los hijos, a condición de que exista tal actividad, y de forma subsidiaria, si procede, el importe superior de las prestaciones previstas por las legislaciones en conflicto. En este último caso, el coste de las prestaciones se compartirá con arreglo a criterios establecidos en el Reglamento de aplicación,

ii) en el caso de derechos adquiridos con motivo del cobro de pensiones: el lugar de residencia de los hijos, a condición de que exista pensión pagadera con arreglo a dicha legislación, y de forma subsidiaria, si procede, el más largo de los períodos de seguro o de residencia previstos por las legislaciones en conflicto,

iii) en el caso de derechos adquiridos por razón de la residencia: el lugar de residencia de los hijos.

2. En caso de acumulación de derechos, se concederán las prestaciones familiares con arreglo a la legislación que se haya determinado como prioritaria con arreglo al apartado 1. Quedará suspendido el derecho a prestaciones familiares en virtud de otra u otras legislaciones concurrentes hasta el importe previsto en la primera legislación y, en caso necesario, se otorgará un complemento diferencial, correspondiente a la cuantía que supere dicho importe. No obstante, no será obligatorio otorgar este complemento diferencial para los hijos que residan en otro Estado miembro cuanto el derecho a la prestación de que se trate se funde exclusivamente en la residencia.

3. Cuando se presente en virtud del artículo 67 una solicitud de prestaciones familiares a la institución competente de un Estado miembro cuya legislación sea aplicable pero sin derecho prioritario con arreglo a los apartados 1 y 2 del presente artículo:

a) esta institución trasladará la solicitud sin dilación a la institución competente del Estado miembro cuya legislación sea aplicable con carácter prioritario; informará de ello al interesado; y, sin perjuicio de lo dispuesto en el Reglamento de aplicación en materia de concesión provisional de prestaciones, otorgará, si fuere necesario, el complemento diferencial mencionado en el apartado 2;

b) la institución competente del Estado miembro cuya legislación sea aplicable con carácter prioritario tramitará la solicitud como si le hubiera sido presentada directamente, y tendrá en cuenta la fecha en que se presentó la solicitud a la primera institución como fecha de solicitud ante la institución prioritaria.

Artículo 69. Disposiciones adicionales.

1. Cuando, conforme a la legislación determinada en virtud de los artículos 67 y 68 no se adquiera derecho a prestaciones familiares complementarias o especiales de orfandad, tales prestaciones serán concedidas por defecto y como complemento a otras prestaciones familiares adquiridas con arreglo a la legislación arriba mencionada, por la legislación del Estado miembro a la que el trabajador fallecido hubiera estado sujeto durante más tiempo, en la medida en que hubiere adquirido el derecho con arreglo a dicha legislación. Si no existiere derecho adquirido con arreglo a dicha legislación, se examinarán las condiciones de adquisición de tal derecho en virtud de las legislaciones de los demás Estados miembros y se concederán prestaciones en orden decreciente de duración de los períodos de seguro o de residencia cumplidos con arreglo a la legislación de dichos Estados.

2. Las prestaciones abonadas en forma de pensiones o complementos de pensión se concederán y se calcularán con arreglo al capítulo 5.

CAPÍTULO 9
Prestaciones especiales en metálico no contributivas

Artículo 70. Disposiciones Generales.

1. El presente artículo se aplicará a las prestaciones especiales en metálico no contributivas previstas en la legislación que, por su alcance personal, objetivos y condiciones para su concesión presenten características tanto de legislación de seguridad social a que se refiere el apartado 1 del artículo 3 como de asistencia social.

2. A efectos del presente capítulo, se entenderá por «prestaciones especiales en metálico no contributivas» aquellas que:

a) tienen por objeto proporcionar:

i) cobertura adicional, sustitutoria o auxiliar de los riesgos cubiertos por las ramas de seguridad social mencionadas en el apartado 1 del artículo 3, que garantice a las personas en cuestión unos ingresos mínimos de subsistencia respecto a la situación económica y social en el Estado miembro de que se trate;

o

ii) únicamente la protección específica de las personas con discapacidad, en estrecha vinculación con el contexto social de cada una de esas personas en el Estado miembro de que se trate,

y

b) cuando la financiación proceda exclusivamente de la tributación obligatoria destinada a cubrir el gasto público general, y las condiciones de concesión y cálculo de las prestaciones, no dependan de ninguna contribución del beneficiario. No obstante, las prestaciones concedidas para completar una prestación contributiva no se considerarán prestaciones contributivas por este único motivo,

y

c) figuren en el anexo X.

3. El artículo 7 y los demás capítulos del presente título no se aplicarán a las prestaciones mencionadas en el apartado 2 del presente artículo.

4. Las prestaciones recogidas en el apartado 2 únicamente serán facilitadas en el Estado miembro en el que las personas interesadas residan, y de conformidad con su legislación. Esas prestaciones serán facilitadas y sufragadas por la institución del lugar de residencia.

TÍTULO IV
COMISIÓN ADMINISTRATIVA Y COMITÉ CONSULTIVO DE COORDINACIÓN DE LOS SISTEMAS DE SEGURIDAD SOCIAL

Artículo 71. Composición y funcionamiento de la Comisión Administrativa.

1. La Comisión Administrativa de Coordinación de los Sistemas de Seguridad Social, en lo

sucesivo denominada «Comisión Administrativa», estará vinculada a la Comisión de las Comunidades Europeas e integrada por un representante del Gobierno de cada uno de los Estados miembros, asistido, cuando sea necesario, por consejeros técnicos. Un representante de la Comisión de las Comunidades Europeas participará, con carácter consultivo, en las sesiones de la Comisión Administrativa.

2. Los estatutos de la Comisión Administrativa serán establecidos, de común acuerdo, por sus miembros.

Las decisiones sobre las cuestiones de interpretación a que se refiere la letra a) del artículo 72 se adoptarán según las normas de votación establecidas por el Tratado y serán objeto de la publicidad necesaria.

3. Las labores de secretaría de la Comisión Administrativa serán desempeñadas por los servicios de la Comisión de las Comunidades Europeas.

Artículo 72. Tareas de la Comisión Administrativa.

La Comisión Administrativa se encargará de:

a) resolver todas las cuestiones administrativas o de interpretación derivadas de las disposiciones del presente Reglamento, del Reglamento de aplicación, o de cualquier convenio o acuerdo celebrado dentro del marco de dichos Reglamentos, sin menoscabo del derecho que asista a las autoridades, instituciones y personas interesadas de recurrir a los procedimientos previstos y a las jurisdicciones señaladas por las legislaciones de los diversos Estados miembros, por el presente Reglamento y por el Tratado;

b) facilitar la aplicación uniforme del Derecho comunitario, en particular fomentando el intercambio de experiencia y de las mejores prácticas administrativas;

c) promover y desarrollar la colaboración entre los Estados miembros y sus instituciones en materia de seguridad social, en particular con vistas a resolver las situaciones específicas de determinadas categorías de personas; facilitar la realización de acciones encaminadas a la cooperación transfronteriza en el ámbito de la coordinación de los sistemas de seguridad social;

d) fomentar en todo lo posible el uso de las nuevas tecnologías para facilitar la libre circulación de personas, en particular mediante la modernización de los procedimientos necesarios para el intercambio de información y la adaptación a los intercambios electrónicos del flujo de informaciones entre las instituciones, habida cuenta de la evolución del tratamiento de datos en cada Estado miembro; la Comisión Administrativa adoptará las normas comunes de estructura para los servicios de tratamiento de datos, fundamentalmente en materia de seguridad y de uso de normas, y establecerá las modalidades de funcionamiento de la parte común de dichos servicios;

e) ejercer cualquier otra función que forme parte de sus competencias en virtud del presente Reglamento y del Reglamento de aplicación, o de todo convenio o acuerdo que pudiere celebrarse dentro del marco de dichos Reglamentos;

f) presentar a la Comisión de las Comunidades Europeas propuestas en materia de coordinación de los sistemas de seguridad social, con el fin de mejorar y modernizar el acervo comunitario mediante la elaboración de Reglamentos ulteriores o sirviéndose de otros instrumentos previstos en el Tratado;

g) determinar los elementos necesarios para definir las cuentas relativas a las cargas que han de asumir las instituciones de los Estados miembros como consecuencia de lo dispuesto en el presente Reglamento y aprobar las cuentas anuales entre las mencionadas instituciones a partir del informe de la Comisión de Cuentas contemplada en el artículo 74.

Artículo 73. Comisión Técnica de Tratamiento de la Información.

1. Se instituirá una Comisión Técnica de Tratamiento de la Información, en lo sucesivo denominada «Comisión Técnica», dentro de la Comisión Administrativa. La Comisión Técnica propondrá a la Comisión Administrativa las normas comunes de arquitectura para la gestión de los servicios de tratamiento de la información, fundamentalmente en materia de seguridad y de uso de normas; elaborará informes y emitirá un dictamen motivado antes de que la Comisión Administrativa adopte una decisión en virtud de lo dispuesto en la letra d) del artículo 72. La Comisión Administrativa establecerá la composición y los métodos de trabajo de la Comisión técnica.

2. Con este fin, la Comisión técnica:

a) reunirá los documentos técnicos pertinentes y realizará los estudios y los trabajos necesarios a efectos de la realización de sus tareas;

b) presentará a la Comisión Administrativa los informes y los dictámenes motivados citados en el apartado 1;

c) realizará todas las demás tareas y estudios sobre las cuestiones que le remita la Comisión Administrativa;

d) se encargará de la gestión de proyectos piloto comunitarios que utilicen los servicios de tratamiento de la información, y, para la parte comunitaria, de sistemas operativos que utilicen servicios de tratamiento de la información.

Artículo 74. Comisión de Cuentas.

1. En el seno de la Comisión Administrativa se creará una Comisión de Cuentas. La Comisión Administrativa determinará la composición y los métodos de trabajo de la Comisión de Cuentas.

La Comisión de Cuentas se encargará de:

a) comprobar el método de determinación y de cálculo de los costes medios anuales presentados por los Estados miembros;

b) reunir los datos pertinentes y proceder a los cálculos necesarios para determinar el estado anual de los créditos correspondientes a cada Estado miembro;

c) informar periódicamente a la Comisión Administrativa de los resultados de la aplicación del presente Reglamento y del Reglamento de aplicación, en particular en su aspecto financiero;

d) facilitar los datos y los informes necesarios para la toma de decisiones por parte de la Comisión Administrativa, con arreglo a la letra g) del artículo 72;

e) dirigir a la Comisión Administrativa cualquier sugerencia oportuna, incluso en lo que se refiere al presente Reglamento, en relación con las letras a), b) y c);

f) realizar todos los trabajos, estudios o misiones sobre los asuntos que le remita la Comisión Administrativa.

Artículo 75. Comité Consultivo de Coordinación de los Sistemas de Seguridad Social.

1. Se crea un Comité Consultivo de Coordinación de los Sistemas de Seguridad Social, en lo sucesivo denominado «Comité Consultivo», compuesto, para cada uno de los Estados miembros, de:

a) un representante del Gobierno;

b) un representante de las organizaciones sindicales de trabajadores;

c) un representante de las organizaciones empresariales.

Para cada una de las categorías mencionadas, se nombrará un miembro suplente por Estado miembro.

El Consejo nombrará a los miembros titulares y suplentes del Comité Consultivo. El Comité Consultivo estará presidido por un representante de la Comisión de las Comunidades Europeas. El Comité Consultivo establecerá su reglamento interno.

2. A petición de la Comisión de las Comunidades Europeas, de la Comisión Administrativa o por iniciativa propia, el Comité Consultivo estará facultado para:

a) examinar las cuestiones generales o de principio y los problemas que plantee la aplicación de las disposiciones comunitarias en materia de coordinación de los sistemas de seguridad social, en particular con respecto a determinadas categorías de personas;

b) emitir dictámenes sobre la misma materia, destinados a la Comisión Administrativa, así como propuestas con vistas a la revisión de las citadas disposiciones.

TÍTULO V
DISPOSICIONES VARIAS

Artículo 76. Cooperación.

1. Las autoridades competentes de los Estados miembros se comunicarán todas las informaciones relacionadas con:

a) las medidas adoptadas para la aplicación del presente Reglamento;

b) las modificaciones de sus respectivas legislaciones que puedan afectar a la aplicación del presente Reglamento.

2. A efectos del presente Reglamento, las autoridades y las instituciones de los Estados miembros se prestarán sus buenos oficios y actuarán como si se tratase de aplicar sus propias legislaciones. La asistencia administrativa facilitada por dichas autoridades e instituciones será, por regla general, gra-

tuita. No obstante, la Comisión Administrativa determinará la naturaleza de los gastos reembolsables y los umbrales por encima de los cuales está previsto el reembolso.

3. A efectos del presente Reglamento, las autoridades y las instituciones de los Estados miembros podrán comunicarse directamente entre ellas, y también con las personas interesadas o con sus representantes.

4. Las instituciones y las personas contempladas en el presente Reglamento tienen la obligación de informarse mutuamente y cooperar entre sí para garantizar la buena aplicación del presente Reglamento.

Las instituciones, conforme al principio de buena administración, responderán a todas las peticiones en un plazo razonable y, a tal efecto, comunicarán a las personas interesadas cualquier información necesaria para hacer valer los derechos que les otorga el presente Reglamento.

Las personas interesadas estarán obligadas a informar cuanto antes a las instituciones del Estado miembro competente y del Estado miembro de residencia de cualquier cambio en su situación personal o familiar que tenga incidencia en sus derechos a las prestaciones establecidas en el presente Reglamento.

5. El no respeto de la obligación de informar prevista en el párrafo tercero del apartado 4 podrá ser objeto de medidas proporcionadas con arreglo a la legislación nacional. No obstante, dichas medidas deberán ser equivalentes a las aplicables en situaciones similares de orden jurídico interno, y no deberán imposibilitar o dificultar en exceso el ejercicio de los derechos que el presente Reglamento concede a las personas interesadas.

6. En caso de dificultades de interpretación o de aplicación del presente Reglamento que pudieran poner en peligro los derechos de una persona cubierta por él, la institución del Estado miembro competente o del Estado miembro de residencia de la persona en cuestión se pondrá en contacto con las instituciones de los demás Estados miembros afectados. Si no se encontrara una solución en un plazo razonable, las autoridades interesadas podrán acudir a la Comisión Administrativa.

7. Las autoridades, las instituciones y los órganos jurisdiccionales de un Estado miembro no podrán rechazar las peticiones u otros documentos que les sean dirigidos por el hecho de que estén redactados en una lengua oficial de otro Estado miembro, reconocida como lengua oficial de las instituciones de la Comunidad de conformidad con el artículo 290 del Tratado.

Artículo 77. Protección de datos personales.

1. Cuando, en virtud del presente Reglamento o del Reglamento de aplicación, las autoridades o instituciones de un Estado miembro comuniquen datos de carácter personal a las autoridades o instituciones de otro Estado miembro, dicha comunicación se atendrá a la legislación en materia de protección de datos del Estado miembro que los transmita. Cualquier comunicación por parte de la autoridad o institución del Estado miembro que reciba los datos, así como el almacenamiento, la modificación y la supresión de datos por parte de dicho Estado estará sujeta a la legislación en materia de protección de datos del Estado miembro que los reciba.

2. Los datos necesarios para la aplicación del presente Reglamento y del Reglamento de aplicación se transmitirán por parte de un Estado miembro a otro Estado miembro respetando las disposiciones comunitarias en materia de protección de las personas físicas respecto al tratamiento y libre circulación de datos de carácter personal.

Artículo 78. Tratamiento de la información.

1. Los Estados miembros utilizarán progresivamente las nuevas tecnologías para el intercambio, el acceso y el tratamiento de los datos necesarios para la aplicación del presente Reglamento y del Reglamento de aplicación. La Comisión de las Comunidades Europeas concederá su apoyo a las actividades de interés común a partir del momento en que los Estados miembros instauren dichos servicios de tratamiento de la información.

2. Cada Estado miembro será responsable de gestionar su propia parte de los servicios de tratamiento de la información con arreglo a las disposiciones comunitarias en materia de protección de las personas físicas respecto al tratamiento y libre circulación de datos de carácter personal.

3. Un documento electrónico enviado o emitido por una institución de acuerdo con las disposiciones del presente Reglamento y del Reglamento de aplicación no podrá ser rechazado por una autoridad o una institución de otro Estado miembro por haber sido recibido por medios electrónicos, una vez que la institución destinataria se haya declarado en condiciones de recibir documentos electrónicos. La reproducción y el registro de tales documentos se considerarán una reproducción correcta y exacta del documento original o una representación de la información a la cual se refiere, en ausencia de prueba en contrario.

4. Un documento electrónico se considerará válido si el sistema informático sobre el cual se registra dicho documento incluye los elementos de seguridad necesarios para evitar toda alteración o comunicación de dicho registro o acceso no autorizado al mismo. La información registrada deberá poder reproducirse en todo momento de forma inmediatamente legible. Cuando se transmita un documento electrónico de una institución de seguridad social hacia otra, se adoptarán las medidas de seguridad convenientes de acuerdo con las disposiciones comunitarias en materia de protección de las personas físicas frente al tratamiento y libre circulación de los datos de carácter personal.

Artículo 79. Financiación de las acciones en el ámbito de la seguridad social.

En el contexto del presente Reglamento y del Reglamento de aplicación, la Comisión de las Comunidades Europeas podrá financiar en parte o en su totalidad:

a) acciones tendentes a mejorar los intercambios de información entre las autoridades y las instituciones de seguridad social de los Estados miembros, en particular el intercambio electrónico de datos;

b) cualquier otra acción tendente a proporcionar información a las personas a las que se aplica el presente Reglamento y a sus representantes, sobre los derechos y las obligaciones derivados del presente Reglamento, a través de los medios que se consideren más adecuados.

Artículo 80. Exenciones.

1. Las exenciones o reducciones de tasas, timbres y derechos judiciales o de registro, establecidos en la legislación de un Estado miembro para la expedición de los documentos exigidos por esa misma legislación, se extenderán a la expedición de los documentos análogos exigidos por la legislación de cualquier otro Estado miembro o por el presente Reglamento.

2. Los certificados y documentos de toda índole expedidos a cualquier efecto relacionado con la aplicación del presente Reglamento quedan dispensados de la legalización por parte de las autoridades diplomáticas y consulares.

Artículo 81. Peticiones, declaraciones o recursos.

Las peticiones, declaraciones o recursos que, según la legislación de un Estado miembro, deban ser presentados dentro de un plazo determinado ante una autoridad, una institución o un órgano jurisdiccional de dicho Estado miembro, serán admitidos siempre que sean presentados dentro del mismo plazo, ante la autoridad, la institución o el órgano jurisdiccional correspondiente de otro Estado miembro. En tal caso, la autoridad, la institución o el órgano jurisdiccional que lo haya recibido, trasladará sin demora las peticiones, declaraciones o recursos a la autoridad a la institución o al órgano jurisdiccional competente del primer Estado miembro, bien directamente, bien a través de las autoridades competentes de los Estados miembros afectados. La fecha en que las peticiones, declaraciones o recursos hayan sido presentados ante la autoridad, la institución o el órgano jurisdiccional del segundo Estado miembro será considerada como la fecha de presentación ante la autoridad, la institución o el órgano jurisdiccional competente para conocer del asunto.

Artículo 82. Reconocimientos médicos.

A requerimiento de la institución competente, los reconocimientos médicos previstos por la legislación de un Estado miembro podrán ser efectuados, en cualquier otro Estado miembro por la institución del lugar de estancia o de residencia del solicitante o del beneficiario de las prestaciones, con arreglo a las condiciones señaladas por el Reglamento de aplicación o concertadas entre las autoridades competentes de los Estados miembros interesados.

Artículo 83. Aplicación de la legislación.

En el anexo XI se mencionan las disposiciones particulares de aplicación de las legislaciones de ciertos Estados miembros.

Artículo 84. Recaudación de cotizaciones y devolución de prestaciones.

1. La recaudación de las cotizaciones debidas a una institución de cualquier Estado miembro así como la restitución de prestaciones indebidamente otorgadas por la institución de un Estado miembro podrán ser practicadas en otro Estado miembro, con arreglo a los procedimientos y con las garantías y privilegios aplicables a la recaudación de las cotizaciones debidas así como a la restitución de prestaciones otorgadas indebidamente por la institución correspondiente del segundo Estado miembro.

2. Las resoluciones ejecutorias de las autoridades judiciales y administrativas relativas a la recaudación de cotizaciones, intereses y cualquier otro tipo de gastos, o a la restitución de prestaciones otorgadas indebidamente en virtud de la legislación de un Estado miembro se reconocerán y ejecutarán a petición de la institución competente en otro Estado miembro, dentro de los límites y según los procedimientos previstos por la legislación y demás procedimientos aplicables a decisiones similares

de este último Estado miembro. Dichas resoluciones se declararán ejecutorias en el Estado miembro si así lo exige la legislación o cualquier otro procedimiento de este Estado miembro.

3. En caso de ejecución forzosa, de quiebra o de liquidación, los créditos de una institución de un Estado miembro disfrutarán, en otro Estado miembro, de privilegios idénticos a los que la legislación de este último Estado conceda a los créditos de igual naturaleza.

4. Las modalidades de aplicación del presente artículo, incluidos los gastos que deban reembolsarse, serán reguladas por el Reglamento de aplicación o, en la medida necesaria y de manera complementaria, por medio de acuerdos entre los Estados miembros.

Artículo 85. Derecho de las instituciones.

1. Si una persona está disfrutando de prestaciones en virtud de la legislación de un Estado miembro por los daños subsiguientes a hechos acaecidos en otro Estado miembro, los eventuales derechos de la institución deudora frente al tercero a quien incumba la obligación de reparar los daños quedan regulados del modo siguiente:

a) cuando, en virtud de la legislación que aplique, la institución deudora se subrogue en los derechos que tenga el beneficiario frente a terceros, tal subrogación será reconocida por todos y cada uno de los Estados miembros;

b) cuando la institución deudora tenga algún derecho directo frente a terceros, todos y cada uno de los Estados miembros reconocerán ese derecho.

2. Si una persona está disfrutando de prestaciones en virtud de la legislación de un Estado miembro por los daños subsiguientes a hechos acaecidos en otro Estado miembro, las disposiciones de dicha legislación que especifiquen los casos en que se excluye la responsabilidad civil de los empresarios o de sus trabajadores por cuenta ajena serán aplicables respecto de dicha persona o de la institución competente.

El apartado 1 será también aplicable a los eventuales derechos de la institución deudora frente a cualquier empresario o a sus trabajadores por cuenta ajena en los casos en que no esté excluida la responsabilidad de los mismos.

3. Cuando, de conformidad con el apartado 3 del artículo 35 y/o el apartado 2 del artículo 41, dos o más Estados miembros o sus autoridades competentes hayan concluido un acuerdo de renuncia al reembolso entre las instituciones de su competencia, o en caso de que el reembolso sea independiente de la cuantía de las prestaciones realmente concedidas, los posibles derechos frente a un tercer responsable se liquidarán de la manera siguiente:

a) cuando la institución del Estado miembro de estancia o de residencia otorgue a una persona prestaciones por un hecho acaecido en su territorio, esta institución ejercerá, conforme a lo dispuesto en la legislación que aplique, el derecho de subrogación o de acción directa frente al tercero responsable de la reparación del daño.

b) a los efectos de la aplicación de la letra a):

i) el beneficiario de prestaciones se considerará afiliado a la institución del lugar de estancia o de residencia, y

ii) dicha institución será considerada como la institución deudora.

c) los apartados 1 y 2 seguirán siendo aplicables para las prestaciones no comprendidas en el acuerdo de renuncia o en un reembolso independiente de la cuantía de las prestaciones realmente concedidas.

Artículo 86. Acuerdos bilaterales.

Por lo que respecta a las relaciones entre Luxemburgo, por una parte, y Francia, Alemania y Bélgica, por otra, la aplicación y duración del período a que se refiere el apartado 7 del artículo 65 estarán supeditadas a la celebración de acuerdos bilaterales.

TÍTULO VI

DISPOSICIONES TRANSITORIAS Y DISPOSICIONES FINALES

Artículo 87. Disposiciones transitorias.

1. El presente Reglamento no origina ningún derecho para un período anterior a la fecha de su aplicación.

2. Todo período de seguro y, en su caso, todo período de empleo, de actividad por cuenta propia o de residencia cubierto bajo la legislación de un Estado miembro antes de la fecha de aplicación del

presente Reglamento en el Estado miembro interesado se tomará en cuenta para la determinación de los derechos originados conforme al presente Reglamento.

3. A reserva del apartado 1, se originará un derecho en virtud del presente Reglamento, aunque se refiera a una eventualidad anterior a la fecha de su aplicación en el Estado miembro interesado.

4. Toda prestación que no haya sido liquidada o que haya sido suspendida a causa de la nacionalidad o de la residencia de la persona interesada será, a petición de ésta, liquidada o restablecida a partir de la fecha de aplicación del presente Reglamento en el Estado miembro interesado siempre y cuando los derechos anteriormente liquidados no hayan dado lugar a una liquidación a tanto alzado.

5. Los derechos de los interesados que hayan obtenido la liquidación de una pensión o de una renta con anterioridad a la fecha de aplicación del presente Reglamento en un Estado miembro podrán ser revisados si aquéllos así lo solicitan, teniendo en cuenta las disposiciones del presente Reglamento.

6. Cuando la petición a que se refieren los apartados 4 ó 5 sea presentada dentro de los dos años siguientes a la fecha de aplicación del presente Reglamento en un Estado miembro, los derechos originados en virtud del presente Reglamento serán adquiridos a partir de la fecha precitada, sin que pueda aplicarse a los interesados la legislación de los Estados miembros sobre caducidad o limitación de derechos.

7. Cuando la petición a que se refieren los apartados 4 ó 5 sea presentada después de haberse agotado el plazo de los dos años siguientes a la fecha de aplicación del presente Reglamento en el Estado miembro interesado, aquellos derechos que no estén afectados por la caducidad o por la prescripción serán adquiridos a partir de la fecha de su petición, salvo que resulte más beneficioso lo dispuesto en la legislación de cualquier Estado miembro.

8. Si, en virtud del presente Reglamento, fuese aplicable a una persona la legislación de un Estado miembro distinta de la determinada en virtud del título II del Reglamento (CEE) núm. 1408/71, se seguirá aplicando a dicha persona esta última legislación tanto tiempo como se mantenga la situación que haya prevalecido, salvo en caso de que el interesado presente una solicitud para que se le aplique la legislación determinada en virtud del presente Reglamento. Si se presenta la solicitud en un plazo de tres meses a partir de la fecha de aplicación del presente Reglamento ante la institución competente del Estado miembro cuya legislación sea aplicable en virtud del presente Reglamento, se le aplicará dicha legislación a partir de la fecha de entrada en vigor del presente Reglamento. Si se presenta la solicitud tras la expiración de dicho plazo, se le aplicará dicha legislación a partir del primer día del mes siguiente.

9. Lo dispuesto en el artículo 55 del presente Reglamento se aplicará exclusivamente a las pensiones a las que –en la fecha de aplicación del presente Reglamento– no les sea aplicable lo dispuesto en el artículo 46 quáter del Reglamento (CEE) núm. 1408/71.

10. Las disposiciones recogidas en la segunda frase de los apartados 2 y 3 del artículo 65, se aplicarán a Luxemburgo a más tardar dos años después de la fecha de aplicación del presente Reglamento.

11. Los Estados miembros velarán por que se suministre la información adecuada en lo referente a las modificaciones en los derechos y obligaciones introducidas por el presente Reglamento y por el Reglamento de aplicación.

Artículo 88. Actualización de los anexos.

Los anexos del presente Reglamento se revisarán periódicamente.

Artículo 89. Reglamento de aplicación.

Las normas de aplicación del presente Reglamento se fijarán en otro Reglamento.

Artículo 90. Derogaciones.

1. Queda derogado el Reglamento (CEE) núm. 1408/71 del Consejo a partir de la fecha de aplicación del presente Reglamento.

No obstante, el Reglamento (CEE) núm. 1408/71 se mantiene en vigor y se preservan sus efectos jurídicos a los efectos:

a) del Reglamento (CE) núm. 859/2003 del Consejo, de 14 de mayo de 2003, por el que se amplían las disposiciones del Reglamento (CEE) núm. 1408/71 y del Reglamento (CEE) núm. 574/72 a los nacionales de terceros países que, debido únicamente a su nacionalidad, no estén cubiertos por las mismas[5], en tanto que no se derogue o modifique dicho Reglamento;

5. DOL 124 de 20-5-2003, p. 1.

b) del Reglamento (CEE) núm. 1661/85, de 13 de junio de 1985, por el que se establecen las adaptaciones técnicas de la normativa comunitaria en materia de seguridad social de los trabajadores migrantes en lo que se refiere a Groenlandia[6], en tanto no se derogue o modifique dicho Reglamento;

c) del Acuerdo sobre el Espacio Económico Europeo[7] y el Acuerdo sobre la libre circulación de personas entre la Comunidad Europea y sus Estados miembros por una parte y la Confederación Suiza por otra[8], y otros acuerdos que contengan una referencia al Reglamento (CEE) núm. 1408/71, en tanto que dichos Acuerdos no se modifiquen a la luz del presente Reglamento.

2. Las referencias al Reglamento (CEE) núm. 1408/71 en la Directiva 98/49/CE del Consejo, de 29 de junio de 1998, relativa a la protección de los derechos de pensión complementaria de los trabajadores por cuenta ajena y los trabajadores por cuenta propia que se desplazan dentro de la Comunidad[9], se entienden hechas al presente Reglamento.

Artículo 91. Entrada en vigor.

El presente Reglamento entrará en vigor a los veinte días de su publicación en el *Diario Oficial de la Unión Europea.*

Será aplicable a partir de la fecha de entrada en vigor del Reglamento de aplicación.

ANEXO I

Anticipos de pensiones alimenticias y subsidios especiales de natalidad y adopción

[Letra z) del artículo 1]

I. Anticipos de pensiones alimenticias

A. BÉLGICA

Anticipos de pensiones alimenticias a que se refiere la Ley de 21 de febrero de 2003 que crea un servicio de créditos alimentarios en el servicio público federal, Departamento de Finanzas

B. DINAMARCA

Anticipo de la ayuda por niños establecida en la Ley de prestaciones infantiles

Anticipo de la ayuda por niños consolidado en la Ley núm. 765 de 11 de septiembre de 2002

C. ALEMANIA

Anticipos de pensiones alimenticias con arreglo a la Ley alemana de anticipos de pensiones alimenticias (*Unterhaltsvorschussgesetz*) de 23 de julio de 1979

D. FRANCIA

Prestación de ayuda a la familia, abonada a un niño uno de cuyos padres, al menos, sea insolvente o esté en la incapacidad de cumplir sus obligaciones alimenticias o de hacer frente al pago de una pensión alimenticia fijada por sentencia judicial

E. AUSTRIA

Anticipos de pensiones alimenticias conforme a la Ley de anticipos de pensiones alimenticias para la infancia (*Unterhaltsvorschussgesetz* 1958 - UVG)

F. PORTUGAL

Anticipos de pensiones alimenticias (Ley núm. 75/98, de 19 de noviembre, sobre la garantía de los alimentos para los menores)

G. FINLANDIA

Pensiones alimenticias conforme a la Ley sobre garantía de alimentos para la infancia (671/1998)

H. SUECIA

Pensiones alimenticias conforme a la Ley de pensiones alimenticias (1996:1030)

---

6. DOL 160 de 20-6-1985, p. 7.
7. DOL 1 de 3-1-1994, p. 1.
8. DOL 114 de 30-4-2002, p. 6. Acuerdo cuya última modificación la constituye la Decisión núm. 2/2003 del Comité EU-Suiza (DOL 87 de 26-7-2003, p. 55).
9. DOL 209 de 25-7-1998, p. 46.

II. Subsidios especiales de natalidad y adopción

A. BÉLGICA

Subsidio de natalidad y prima de adopción

B. ESPAÑA

Asignación de nacimiento de pago único

C. FRANCIA

Subsidios de natalidad o adopción dentro de las prestaciones «de acogida del niño» (*Prestations d'accueil au jeune enfant* PAJE)

D. LUXEMBURGO

Subsidios prenatales

Subsidios de natalidad

E. FINLANDIA

El paquete de maternidad, el subsidio uniforme de maternidad y la ayuda en forma de importe global para hacer frente a los costes de una adopción internacional, con arreglo a la Ley de subsidios de maternidad

ANEXO II

Disposiciones de los convenios que se mantienen en vigor, en su caso, restringidas a las personas cubiertas por dichas disposiciones

(Apartado 1 del artículo 8)

El contenido de este anexo será determinado cuanto antes por el Parlamento Europeo y por el Consejo de conformidad con el Tratado y, a más tardar, antes de la fecha de la aplicación del actual Reglamento mencionada en el artículo 91.

ANEXO III

Restricción de derechos a las prestaciones en especie para miembros de la familia de un trabajador fronterizo

(Apartado 2 del artículo 18)

DINAMARCA

ESPAÑA

IRLANDA

PAÍSES BAJOS

FINLANDIA

SUECIA

REINO UNIDO

ANEXO IV

Derechos adicionales para los pensionistas que regresan al Estado miembro competente

(Apartado 2 del artículo 27)

BÉLGICA

ALEMANIA

GRECIA

ESPAÑA

FRANCIA

ITALIA

LUXEMBURGO

AUSTRIA

SUECIA

ANEXO V

Derechos adicionales para los antiguos trabajadores fronterizos que regresan al Estado miembro donde realizaron anteriormente una actividad como trabajador por cuenta ajena o propia (solamente aplicable si el Estado miembro en que está situada la institución competente responsable de los costes de las prestaciones en especie proporcionadas al pensionista en su Estado miembro de residencia figura también en la lista)

(Apartado 2 del artículo 28)

BÉLGICA

ALEMANIA

ESPAÑA

FRANCIA

LUXEMBURGO

AUSTRIA

PORTUGAL

ANEXO VI

Identificación de la legislación de tipo A que debe beneficiarse de la coordinación especial

(Apartado 1 del artículo 44)

A. GRECIA

Legislación relativa al régimen de seguro agrícola (OGA), conforme a la Ley núm. 4169/1961

B. IRLANDA

Parte II, capítulo 15 de la Ley de Bienestar Social (consolidación), 1993

C. FINLANDIA

Pensiones de invalidez determinadas según la ley nacional de pensiones de 8 de junio de 1956 y concedidas bajo las normas transitorias de la ley nacional de pensiones (547/93)

Pensiones nacionales para personas con discapacidad de nacimiento o a una edad temprana Ley nacional de pensiones (547/93)

D. SUECIA

Prestación de enfermedad relacionada con la renta y compensación por pérdida de actividad (Ley 1962:381 modificada por la Ley 2001:489)

E. REINO UNIDO

(a) Gran Bretaña

Secciones 30A (5), 40, 41 y 68 de la Ley de contribuciones y prestaciones de 1992

(b) Irlanda del Norte

Secciones 30A (5), 40, 41 y 68 de la Ley de contribuciones y prestaciones de 1992 (Irlanda del Norte)

ANEXO VII

CONCORDANCIA ENTRE LAS LEGISLACIONES DE LOS ESTADOS MIEMBROS EN MATERIA DE CONDICIONES RELATIVAS AL GRADO DE INVALIDEZ

(Apartado 3 del artículo 46)

BÉLGICA

Estado miembro	Regímenes administrados por las instituciones de Estados miembros que han tomado una decisión que reconoce el grado de invalidez	Regímenes administrados por las instituciones belgas para las que la decisión es obligatoria en casos de concordancia				
		Régimen general	Régimen de mineros		Régimen de marinos	Ossom
			Invalidez general	Invalidez profesional		
FRANCIA	1. Régimen general:					
	–Grupo III (asistencia constante)	Concordancia	Concordancia	Concordancia	Concordancia	No hay concordancia
	–Grupo II	Concordancia	Concordancia	Concordancia	Concordancia	No hay concordancia
	–Grupo I	Concordancia	Concordancia	Concordancia	Concordancia	No hay concordancia
	2. Régimen agrícola:					
	–Invalidez total y general	Concordancia	Concordancia	Concordancia	Concordancia	No hay concordancia
	–Invalidez general de dos tercios	Concordancia	Concordancia	Concordancia	Concordancia	No hay concordancia
	–Asistencia constante	Concordancia	Concordancia	Concordancia	Concordancia	No hay concordancia
	3. Régimen de mineros:					
	–Invalidez parcial y general	Concordancia	Concordancia	Concordancia	Concordancia	No hay concordancia
	–Asistencia constante	Concordancia	Concordancia	Concordancia	Concordancia	No hay concordancia
	–Invalidez profesional	No hay concordancia	No hay concordancia	Concordancia	No hay concordancia	No hay concordancia
	4. Régimen de marinos:					
	–Invalidez general	Concordancia	Concordancia	Concordancia	Concordancia	No hay concordancia
	–Asistencia constante	Concordancia	Concordancia	Concordancia	Concordancia	No hay concordancia
	–Invalidez profesional	No hay concordancia	No hay concordancia	No hay concordancia	No hay concordancia	No hay concordancia
ITALIA	1. Régimen general:					
	–Invalidez-trabajadores manuales	No hay concordancia	Concordancia	Concordancia	Concordancia	No hay concordancia
	–Invalidez-personal de oficina	No hay concordancia	Concordancia	Concordancia	Concordancia	No hay concordancia
	2. Régimen de marinos:					
	–Incapacidad para la marinería	No hay concordancia	No hay concordancia	No hay concordancia	No hay concordancia	No hay concordancia
LUXEMBURGO (1)	Invalidez laboral-trabajadores manuales	Concordancia	Concordancia	Concordancia	Concordancia	No hay concordancia
	Invalidez-personal de oficina	Concordancia	Concordancia	Concordancia	Concordancia	No hay concordancia

(1) Las indicaciones relativas a la concordancia entre Luxemburgo, por una parte, y Francia y Bélgica, por otra, serán objeto de un nuevo examen técnico que tendrá en cuenta las modificaciones que se han producido en la legislación nacional luxemburguesa.

FRANCIA

Estado miembro	Regímenes administrados por las instituciones de Estados miembros que toman una decisión que reconoce el grado de invalidez	Regímenes administrados por las instituciones francesas para las cuales la decisión es obligatoria en casos de concordancias											
		Régimen general			Régimen agrícola			Régimen de mineros			Régimen de marinos		
		Grupo I	Grupo II	Grupo III asistencia constante	2/3 invalidez	Invalidez total	Asistencia constante	2/3 invalidez general	Asistencia constante	Invalidez profesional	2/3 invalidez general	Invalidez profesional total	Asistencia constante
BÉLGICA	1. Régimen general	Concordancia	No hay concordancia	No hay concordancia	Concordancia	No hay concordancia	No hay concordancia	Concordancia	No hay concordancia	No hay concordancia	No hay concordancia	No hay concordancia	No hay concordancia
	2. Régimen de mineros												
	–Invalidez general parcial	Concordancia	No hay concordancia	No hay concordancia	Concordancia	No hay concordancia	No hay concordancia	Concordancia	No hay concordancia	No hay concordancia	No hay concordancia	No hay concordancia	No hay concordancia
	–Invalidez profesional	No hay concordancia	No hay concordancia	No hay concordancia	No hay concordancia	No hay concordancia	No hay concordancia	No hay concordancia	No hay concordancia	Concordancia (2)			
	3. Régimen de marinos	Concordancia (1)	No hay concordancia	No hay concordancia	Concordancia (1)	No hay concordancia	No hay concordancia	Concordancia (1)	No hay concordancia	No hay concordancia	No hay concordancia	No hay concordancia	No hay concordancia
ITALIA	1. Régimen general												
	–Invalidez - trabajadores manuales	Concordancia	No hay concordancia	No hay concordancia	Concordancia	No hay concordancia	No hay concordancia	Concordancia	No hay concordancia	No hay concordancia	No hay concordancia	No hay concordancia	No hay concordancia
	–Invalidez - personal de oficina	Concordancia	No hay concordancia	No hay concordancia	Concordancia	No hay concordancia	No hay concordancia	Concordancia	No hay concordancia	No hay concordancia	No hay concordancia	No hay concordancia	No hay concordancia
	2. Régimen de marinos												
	–Incapacidad para la marinería	No hay concordancia	No hay concordancia	No hay concordancia	No hay concordancia	No hay concordancia	No hay concordancia	No hay concordancia	No hay concordancia	No hay concordancia	No hay concordancia	No hay concordancia	No hay concordancia
LUXEMBURGO (3)	Invalidez - trabajadores manuales	Concordancia	No hay concordancia	No hay concordancia	Concordancia	No hay concordancia	No hay concordancia	Concordancia	No hay concordancia	No hay concordancia	No hay concordancia	No hay concordancia	No hay concordancia
	Invalidez - personal de oficina	No hay concordancia	No hay concordancia	No hay concordancia	No hay concordancia	No hay concordancia	No hay concordancia	No hay concordancia	No hay concordancia	No hay concordancia	No hay concordancia	No hay concordancia	No hay concordancia

(1) Siempre que la invalidez reconocida por las instituciones belgas sea general.

(2) Solamente si la institución belga reconoce que el trabajador es impropio para el trabajo subterráneo o a nivel del suelo.

(3) Las indicaciones relativas a la concordancia entre Luxemburgo, por una parte, y Francia y Bélgica, por otra, serán objeto de un nuevo examen técnico que tendrá en cuenta las modificaciones que se han producido en la legislación nacional luxemburguesa.

ITALIA

Estado miembro	Regímenes administrados por las instituciones de Estados miembros que toman una decisión que reconoce el grado de invalidez	Regímenes administrados por las instituciones italianas para las cuales la decisión es obligatoria en casos de concordancia		
		Régimen general		Marinos incapacitados para la navegación
		Trabajadores manuales	Personal de oficina	
BÉLGICA	1. Régimen general	No hay concordancia	No hay concordancia	No hay concordancia
	2. Régimen de mineros			
	–Invalidez general parcial	Concordancia	Concordancia	No hay concordancia
	–Invalidez profesional	No hay concordancia	No hay concordancia	No hay concordancia
	3. Régimen de marinos	No hay concordancia	No hay concordancia	No hay concordancia
FRANCIA	1. Régimen general			
	–Grupo III (asistencia constante)	Concordancia	Concordancia	No hay concordancia
	–Grupo II	Concordancia	Concordancia	No hay concordancia
	–Grupo I	Concordancia	Concordancia	No hay concordancia
	2. Régimen agrícola			
	–Invalidez general total	Concordancia	Concordancia	No hay concordancia
	–Invalidez general parcial	Concordancia	Concordancia	No hay concordancia
	–Asistencia constante	Concordancia	Concordancia	No hay concordancia
	3. Régimen de mineros			
	–Invalidez general parcial	Concordancia	Concordancia	No hay concordancia
	–Asistencia constante	Concordancia	Concordancia	No hay concordancia
	–Invalidez profesional	No hay concordancia	No hay concordancia	No hay concordancia
	4. Régimen de marinos			
	–Invalidez general parcial	No hay concordancia	No hay concordancia	No hay concordancia
	–Asistencia constante	No hay concordancia	No hay concordancia	No hay concordancia
	–Invalidez profesional			

LUXEMBURGO[10]

Estado miembro	Regímenes administrados por las instituciones de Estados miembros que han tomado una decisión que reconoce el grado de invalidez	Regímenes administrados por instituciones luxemburguesas para las cuales la decisión es obligatoria en caso de concordancia	
		Invalidez-Trabajadores manuales	Invalidez-Personal de oficina
BÉLGICA	1. Régimen general	Concordancia	Concordancia
	2. Régimen de mineros		
	–Invalidez general parcial	No hay concordancia	No hay concordancia
	–Invalidez profesional	No hay concordancia	No hay concordancia
	3. Régimen de marinos	Concordancia (1)	No hay concordancia (1)
FRANCIA	1. Régimen general		
	–Grupo III (asistencia constante)	Concordancia	Concordancia
	–Grupo II	Concordancia	Concordancia
	–Grupo I	Concordancia	Concordancia
	2. Régimen agrícola		
	–Invalidez general total	Concordancia	Concordancia
	–Invalidez general de dos tercios	Concordancia	Concordancia
	–Asistencia constante	Concordancia	Concordancia
	3. Régimen de mineros		
	–Invalidez general de dos tercios	Concordancia	Concordancia
	–Asistencia constante	Concordancia	Concordancia
	–Invalidez profesional	No hay concordancia	No hay concordancia
	4. Régimen de marinos		
	–Invalidez general parcial	Concordancia	Concordancia
	–Asistencia constante	Concordancia	Concordancia
	–Invalidez profesional		

(1) En la medida en que la invalidez reconocida por las autoridades belgas sea general.

ANEXO VIII

Casos en los que la prestación independiente es igual o superior a la prestación prorrateada

(Apartado 4 del artículo 52)

A. DINAMARCA

Todas las solicitudes de pensión mencionadas en la Ley sobre pensiones sociales, a excepción de las pensiones mencionadas en el anexo IX

B. FRANCIA

Todas las solicitudes de prestación de pensión o de prestación de supérstite bajo regímenes complementarios de jubilación para empleados o trabajadores independientes, a excepción de solicitudes de pensiones de vejez o viudedad bajo el régimen complementario de jubilación para la tripulación profesional de cabina en la aviación civil

C. IRLANDA

Todas las solicitudes de pensiones de jubilación, pensiones (contributivas) de vejez, de pensión (contributiva) para viudas y de pensión (contributiva) para viudos

D. PAÍSES BAJOS

Cuando una persona tenga derecho a una pensión con arreglo a la Ley sobre el seguro general de vejez (AOW) de los Países Bajos

E. PORTUGAL

Los derechos de pensión de invalidez, de vejez y para supérstites, a excepción de los casos en que

10. Las indicaciones relativas a la concordancia entre Luxemburgo, por una parte, y Francia y Bélgica, por otra, serán objeto de un nuevo examen técnico que tendrá en cuenta las modificaciones que se han producido en la legislación nacional luxemburguesa.

los períodos totales de seguro cumplidos conforme a la legislación de más de un Estado miembro sean iguales o superiores a los 21 años civiles, los períodos nacionales de seguro sean iguales o inferiores a 20 años, y el cálculo se haga de conformidad con el artículo 11 del Decreto-ley núm. 35/2002, de 19 de febrero, que define las normas para la determinación de la cuantía de la pensión. En estos casos, aplicando índices más favorables de formación de pensión, la cantidad que resulta del cálculo prorrateado puede ser superior al resultado del cálculo independiente.

F. SUECIA

Pensión de vejez relacionada con los ingresos (Ley 1998:674), pensión de superviviente relacionada con los ingresos y subsidio de pensión infantil cuando la muerte haya sobrevenido antes del 1 de enero de 2003 y pensión de viudedad (Ley 2000:461 y Ley 2000:462)

G. REINO UNIDO

Todas las solicitudes de pensión de jubilación, viudedad y de primas por defunción determinadas de conformidad con las disposiciones del capítulo 5 del Título III, del Reglamento, a excepción de aquéllos para los cuales:

(a) durante un ejercicio fiscal que diera comienzo a partir del 6 de abril de 1975:

(i) la parte afectada haya cumplido períodos de seguro, empleo o residencia conforme a la legislación del Reino Unido y de otro Estado miembro; y

(ii) no se consideró válido al menos uno de los ejercicios fiscales mencionados en el inciso i) con arreglo a la legislación del Reino Unido;

(b) los períodos de seguro cumplidos conforme a la legislación en vigor en el Reino Unido durante los períodos anteriores al 5 de julio de 1948 serían tenidos en cuenta a efectos de la letra b) del apartado 1 del artículo 52 del Reglamento mediante la aplicación de los períodos de seguro, empleo o residencia bajo la legislación de otro Estado miembro.

ANEXO IX

Prestaciones y acuerdos que permiten la aplicación del artículo 54

I. Prestaciones mencionadas en la letra a del apartado 2 del artículo 54 del Reglamento, cuya cuantía sea independiente de la duración de los períodos de seguro o residencia cumplidos:

A. BÉLGICA

Las prestaciones del régimen general de invalidez, el régimen especial de invalidez de los trabajadores de la mina y el régimen especial de los marinos de la marina mercante.

Las prestaciones del seguro contra la invalidez laboral para trabajadores autónomos.

Las prestaciones de invalidez en el régimen de seguridad social de ultramar y en el régimen de invalidez de los antiguos empleados del Congo Belga y de Rwanda-Burundi.

B. DINAMARCA

La pensión nacional de vejez danesa completa adquirida después de una residencia de 10 años por las personas a quienes se haya concedido una pensión a más tardar el 1 de octubre de 1989

C. GRECIA

Prestaciones de la Ley núm. 4169/1961 relativas al régimen de seguro agrícola (OGA)

D. ESPAÑA

Pensiones de supérstites concedidas bajo los regímenes general y especiales, a excepción del régimen especial para funcionarios

E. FRANCIA

Pensión de invalidez bajo el régimen general de la seguridad social o bajo el régimen de los trabajadores agrícolas

Pensión de invalidez, de viudo o viuda bajo el régimen general de la seguridad social o bajo el régimen de trabajadores agrícolas cuando se calcule sobre la base de la pensión de invalidez del cónyuge difunto establecida de conformidad con la letra a del apartado 1 del artículo 52

F. IRLANDA

Pensión de invalidez de tipo A

G. PAÍSES BAJOS

La Ley sobre el seguro de invalidez para empleados de 18 de febrero de 1966, modificada (WAO)

La Ley sobre el seguro de invalidez para trabajadores autónomos de 24 de abril de 1997, modificada (WAZ)

La Ley sobre el seguro general para personas a cargo supérstites de 21 de diciembre de 1995 (ANW)

H. FINLANDIA

Pensiones nacionales para personas con discapacidad de nacimiento o a una edad temprana (Ley nacional de pensiones 547/93)

Pensiones nacionales determinadas con arreglo a la Ley nacional de pensiones del 8 de junio de 1956 y concedidas conforme a las normas transitorias de la Ley nacional de pensiones (547/93)

La cuantía adicional de la pensión infantil de conformidad con la Ley de pensiones para supérstites de 17 de enero de 1969

I. SUECIA

Pensión de supérstite relacionada con los ingresos bajo la forma de subsidio de pensión infantil y pensión de ajuste cuando la muerte haya sobrevenido a más tardar el 1 de enero de 2003 y el difunto haya nacido en 1938 o después de ese año (Ley 2000:461)

II. Prestaciones mencionadas en la letra b) del apartado 2 del artículo 54 del Reglamento, cuya cantidad se determine por referencia a un período acreditado que se considera cumplido entre la fecha de materialización del riesgo y una fecha posterior:

A. ALEMANIA

Invalidez y pensiones de supérstites, para las que se tiene en cuenta un período suplementario

Pensiones de vejez, para las que se tiene en cuenta un período suplementario ya adquirido

B. ESPAÑA

Las pensiones de jubilación o de jubilación por incapacidad permanente (invalidez) del régimen especial para funcionarios con arreglo al Título I del texto consolidado de la Ley de pensionistas del Estado si en el momento de la materialización del riesgo el beneficiario es un funcionario en activo o asimilado; pensiones de defunción y supérstites (viudas/viudos, huérfanos y padres), pensiones con arreglo al Título I del texto consolidado de la Ley de pensionistas del Estado si en el momento de la muerte el funcionario estaba en activo o en una situación asimilada

C. ITALIA

Pensiones italianas de incapacidad total para el trabajo (*inabilità*)

D. LUXEMBURGO

Pensiones de invalidez y para supérstites

E. FINLANDIA

Pensiones laborales para las cuales se tienen en cuenta períodos futuros según la legislación nacional

F. SUECIA

Prestación de enfermedad y compensación por pérdida de actividad bajo la forma de prestaciones de garantía (Ley 1962:381)

Pensión de superviviente calculada sobre la base de períodos de seguro presuntos (Ley 2000:461 y 2000:462)

Pensión de vejez bajo la forma de pensión de garantía calculada sobre la base de períodos presuntos previamente computados (Ley 1998:702)

III. Acuerdos mencionados en el inciso i) de la letra b) del apartado 2 del artículo 54 del Reglamento destinados a impedir que el mismo período acreditado se compute dos o más veces:

El Acuerdo de seguridad social de 28 de abril de 1997 entre la República de Finlandia y la República Federal de Alemania

El Acuerdo de seguridad social de 10 de noviembre de 2000 entre la República de Finlandia y el Gran Ducado de Luxemburgo

Convenio nórdico de 15 de junio de 1992 sobre seguridad social

ANEXO X

Prestaciones especiales en metálico no contributivas

[Letra c) del apartado 2 del artículo 70]

El contenido de este anexo será determinado cuanto antes por el Parlamento Europeo y por el Consejo de conformidad con el Tratado, y a más tardar antes de la fecha de aplicación del presente Reglamento mencionada en el artículo 91.

ANEXO XI

Disposiciones especiales para la aplicación de la legislación de los Estados miembros

(Apartado 3 del artículo 51, apartado 1 del artículo 56 y artículo 83)

El contenido de este anexo será determinado cuanto antes por el Parlamento Europeo y por el Consejo de conformidad con el Tratado, y a más tardar antes de la fecha de aplicación del presente Reglamento mencionada en el artículo 91.

ÍNDICE

CRONOLÓGICO

1881

– Real Decreto 3 febrero 1881. Ley de Enjuiciamiento Civil (GG. de 5 a 22 febrero; rect. G. de 5 marzo):
  §2, art. 37.3 d).

1882

– Real Decreto 14 septiembre 1882. Ley de Enjuiciamiento Criminal:
  §2, art. 37.3 d).

1885

– 22 agosto 1885. Código de Comercio:
  §2, arts. 32.3 y 64.1.3º.
  §41, art. 268.

1889

– 24 julio 1889. Código Civil:
  §1, art. 12.
  §2, arts. 1.1, 1.2, 1.3 e), 1.3 g), 1.4, 3.1, 7 a), 7 b) párr. 1, 7 b) párr. 2, 9.2, 29.4, 32.3, 33.4, 42.2, 49.1 d) y 49.1 h).
  §16.1, art. 2.
  §16.8, art. 3.
  §23, art. 42.3.
  §32.1, art. 174.3.
  §34, art. 100.1.
  §43.2, art. 6.2 b).

1919

– Constitución 28 junio 1919, del Ministerio de Asuntos Exteriores. Organización Internacional del Trabajo (BOE núm. 226, de 21 septiembre 1982 [RCL 1982, 2472]): (**§43.1**)

1934

– Convenio núm. 44, de 23 junio 1934, de la OIT. Indemnizaciones y subsidios a desempleados involuntarios. Instrumento de Ratificación 8 abril 1971 (BOE núm. 119, de 18 mayo 1972 [RCL 1972, 911]):
  §32.1, art. 231.1 párr. 1º.
  §36.1, art. 6.2.

1938

– Convenio núm. 63, de 20 junio 1938, de la OIT. Salarios y horas de trabajo en industrias mineras y manufactureras, construcción y agricultura. Instrumento de ratificación 29 abril 1971 (BOE núm. 125, de 25 mayo 1972 [RCL 1972, 964]):
  §17.1, cabeza.

1941

– Ley 6 diciembre 1941. Definición requisitos para la constitución y federación de las Mutualidades (BOE núm. 350, de 16 diciembre; rect. BOE núm. 9, de 9 enero 1942 [RCL 1941, 2142 y RCL 1942, 43]):
  §32.1, art. 193.1.
  §41, art. 2 d).

1944

– Decreto 2 marzo 1944. Indemnización, a familias de trabajadores, en fallecimiento de éstos (BOE núm. 76, de 16 marzo [RCL 1944, 416]):
  §2, art. 49.1 e).

1946

– Convenio núm. 79, de 9 octubre 1946, de la OIT. Limitación del trabajo nocturno de los menores en trabajos no industriales. Instrumento de ratificación 8 abril 1971 (BOE núm. 122, de 22 mayo 1972 [RCL 1972, 937]):
  §2, arts. 6.2 y 36.1.

1947

– Convenio núm. 81, de 11 julio 1947, de la OIT. Inspección de Trabajo en la Industria y el Comercio. Instrumento de ratificación 14 enero 1960 (BOE núm. 3, de 4 enero 1961; rect. BOE núm. 26, de 31 enero [RCL 1961, 6 y 144]):
  §38.2, cabeza.

1948

– Convenio núm. 87, de 9 julio 1948, de la OIT. Libertad sindical y protección del derecho de sindicación. Instrumento de ratificación 13 abril 1977 (BOE núm. 112, de 11 mayo [RCL 1977, 997]):
  §20.1, arts. 1.1 y 2.1.

– Convenio núm. 90, de 10 julio 1948, de la OIT. Trabajo nocturno de los menores en la industria. Instrumento de ratificación 8 marzo 1971 (BOE núm. 122, de 22 mayo 1972 [RCL 1972, 938]):
  §2, arts. 6.2 y 36.1.

– 10 diciembre 1948, de la Asamblea General de la ONU. Declaración Universal de Derechos Humanos (ApNDL 3626):
  §1, art. 10.

1967

1968

1969

1970

1971

1972

1973

1974

1975

1976

1977

1978

1979

1980

1981

1982

1983

1984

1985

1986

das de fomento del empleo (BOE núm. 214, de 6 septiembre [RCL 1986, 2785]):
§30.2, arts. 38.1 b), 38.1 c), 38.4 y 39.1 d).

– Directiva 86/378/CEE, de 24 julio 1986 del Consejo. Aplicación del principio de igualdad de trato entre hombres y mujeres en los regímenes profesionales de Seguridad Social (DOL núm. 225, de 12 agosto [LCEur 1986, 2880]):
§45.3, cabeza.

– Real Decreto 1671/1986, de 1 agosto. Aprueba el Reglamento de la Ley de Cesión de Bienes del Patrimonio Sindical Acumulado (BOE núm. 186, de 8 agosto [RCL 1986, 2619]):
§2, disp. adic. 6ª.
§20.4, disp. adic. 2ª.

– Orden 6 octubre 1986. Requisitos y datos de las comunicaciones de apertura previa o reanudación de Empresas y Centros de Trabajo (BOE núm. 241, de 8 octubre; rect. BOE núm. 261, de 31 octubre [RCL 1986, 3122 y 3326]):
§34, art. 187.1.

– Directiva 86/613/CEE, de 11 diciembre 1986, del Consejo. Aplicación del principio de igualdad de trato entre hombres y mujeres que ejerzan una actividad autónoma, incluidas las actividades agrícolas, así como sobre la protección de la maternidad (DOL núm. 359, de 19 diciembre [LCEur 1986, 4412]):
§45.3, cabeza.

– Real Decreto 2664/1986, de 19 diciembre. Homologación del régimen de los Funcionarios de la Administración de la Seguridad Social con el personal de la Administración Civil del Estado y ordenación de sus Cuerpos (BOE núm. 1, de 1 enero 1987 [RCL 1987, 1]):
§32.1, art. 66.1.
§34, art. 45.1.

– Ley 21/1986, de 23 diciembre. Presupuestos Generales del Estado para 1987 (BOE núm. 307, de 24 diciembre; rect. BOE núm. 41, de 17 febrero 1987 [RCL 1986, 3833 y RCL 1987, 479]):
§32.1, art. 38.1 d).

– Real Decreto 2621/1986, de 24 diciembre. Integración de los Regímenes Especiales de trabajadores ferroviarios, jugadores de fútbol, representantes de comercio, artistas y toreros en el Régimen General; y del Especial de escritores de libros en el Especial de trabajadores por cuenta propia o autónomos (BOE núm. 312, de 30 diciembre [RCL 1986, 3886]):
§32.1, art. 10.5.

1987

– Directiva 87/164/CEE, de 2 marzo 1987, del Consejo. Modifica, con motivo de la adhesión de España, la Directiva 80/987/CEE sobre la aproximación de las legislaciones de los Estados miembros relativas a la protección de los trabajadores (DOL núm. 66, de 11 marzo [LCEur 1987, 797]):
§48.2, cabeza.

– Orden 2 marzo 1987. Inclusión en el Régimen General de los Ministros de Culto de la Misión de Iglesias Cristianas Adventistas del Séptimo Día de España (BOE núm. 59, de 10 marzo [RCL 1987, 679]):
§32.1, art. 97.2 l).

– Real Decreto 371/1987, de 13 marzo. Aprueba el Reglamento de ejecución del Real Decreto-ley 23 mayo 1986, sobre el servicio público de estiba y desestiba de buques (BOE núm. 64, de 16 marzo [RCL 1987, 734]): **(§16.10)**
§2, art. 2.1 h).
§16.9, Tít. IV, Tít. V y disp. adic. 3ª.

– Orden 13 marzo 1987. Regula el modelo de contrato de trabajo de la relación laboral especial de estibadores (BOE núm. 64, de 16 de marzo; rect. BOE núm. 102, de 29 abril [RCL 1987, 735 y 1090]):
§16.9, art. 15.1.

– Ley 3/1987, de 2 abril. General de Cooperativas (BOE núm. 84, de 8 abril [RCL 1987, 918]):
§41, disp. adic. 5ª.

– Orden 9 abril 1987. Desarrolla el Reglamento de Entidades de Previsión Social (BOE núm. 95, de 21 abril; rect. BOE núm. 103, de 30 abril [RCL 1987, 1004 y 1094]):
§32.1, art. 193.1.

– Ley 8/1987, de 8 junio. Regulación de Planes y Fondos de Pensiones (BOE núm. 137, de 9 junio [RCL 1987, 1381]):
§32.1, art. 193.1.

– Ley 9/1987, de 12 junio. Regulación de los Órganos de Representación, Determinación de Condiciones de Trabajo y Participación de los Funcionarios Públicos (BOE núm. 144, de 17 junio; rect. BOE núm. 145, de 18 junio [RCL 1987, 1450]):
§25, disp. derog. única c).

– Orden 20 julio 1987. Desarrolla el Real Decreto 24 diciembre 1986, de integración en el Régimen General de los Especiales de Trabajadores Ferroviarios, Jugadores Profesionales de Fútbol, Representantes de Comercio, Artistas y Toreros y del de Escritores de Libros en el de Trabajadores por Cuenta Propia o Autónomos (BOE núm. 182, de 31 julio [RCL 1987, 1767]):
§32.1, art. 10.5.

– Ley 16/1987, de 30 julio. Ordenación de Transportes Terrestres (BOE núm. 182, de 31 julio [RCL 1987, 1764]):
§2, art. 1.3 g).

– Real Decreto 1258/1987, de 11 septiembre. Regula la inscripción de Empresas y la afiliación, altas, bajas y variaciones de las personas incluidas en el campo de aplicación del sistema (BOE

1988

1989

venio de 27 de septiembre de 1968, relativo a la competencia judicial y a la ejecución de resoluciones judiciales en materia civil y mercantil, así como al Protocolo de 3 junio 1971, relativo a su interpretación por el Tribunal de Justicia, con las adaptaciones introducidas por el Convenio de 9 octubre 1978, relativo a la adhesión del Reino de Gran Bretaña e Irlanda del Norte, y por el Convenio de 25 octubre 1982, relativo a la adhesión de la República Helénica. Instrumento de ratificación 29 octubre 1990 (BOE núm. 24, de 28 enero 1991; rect. BOE núm. 103, de 30 abril [RCL 1991, 217 y 1151]):
§43.2, cabeza.

– Directiva 89/391/CEE, de 12 junio 1989, del Consejo. Aplicación de medidas para promover la mejora de la seguridad y de la salud de los trabajadores en el trabajo (DOL núm. 183, de 29 junio [LCEur 1989, 854]): **(§50.1)**
§2, art. 19.1.
§23, arts. 3.2, 4, 15 y disp. adic. 4ª.
§24.1, arts. 1.1, 10, 11, 12, 13 y 16.
§50.2, art. 17.2.2 a).

– Real Decreto 1088/1989, de 8 septiembre. Extiende la cobertura de la asistencia sanitaria de la Seguridad Social a las personas sin recursos económicos suficientes (BOE núm. 216, de 9 septiembre [RCL 1989, 1996]):
§34, art. 100.2.

– Real Decreto 1346/1989, de 3 noviembre. Modifica el artículo 45 del Real Decreto 2001/1983, de 28 julio, sobre regulación de jornadas y descansos (BOE núm. 267, de 7 noviembre [RCL 1989, 2388]):
§14.2, cabeza.

– Orden 6 noviembre 1989. Establece un sistema especial de inscripción de empresas y de afiliación, altas y bajas en el Régimen General de la Seguridad Social para los trabajadores fijos discontinuos que prestan servicios de estudios de mercado y opinión pública, y regula las peculiaridades en orden a determinadas prestaciones (BOE núm. 274, de 15 noviembre [RCL 1989, 2466]):
§32.1, art. 11.

– Orden 13 noviembre 1989. Desarrolla el Real Decreto 1088/1989, de 8 septiembre, que extiende la cobertura a las personas sin recursos económicos suficientes (BOE núm. 273, de 14 noviembre [RCL 1989, 2454]):
§34, art. 100.2.

– Directiva 89/654/CEE, de 30 noviembre 1989, del Consejo. Disposiciones mínimas de seguridad y de salud en los lugares de trabajo (Primera Directiva específica con arreglo al apartado 1 del artículo 16 de la Directiva 89/391/CEE) (DOL núm. 393, de 30 diciembre [LCEur 1989, 1886]):
§50.1, Preámbulo y art. 16.1.

– Directiva 89/655/CEE, de 30 noviembre 1989, del Consejo. Disposiciones mínimas de seguridad y de salud para la utilización por los trabajadores en el trabajo de los equipos de trabajo (Segunda Directiva específica con arreglo al apartado 1 del artículo 16 de la Directiva 89/391/CEE) (DOL núm. 393, de 30 diciembre [LCEur 1989, 1887]):
§23, art. 17.
§50.1, art. 16.1.

– Directiva 89/656/CEE, de 30 noviembre 1989, del Consejo. Disposiciones mínimas de seguridad y de salud para la utilización por los trabajadores en el trabajo de equipos de protección individual (Tercera Directiva específica con arreglo al apartado 1 del artículo 16 de la Directiva 89/391/CEE) (DOL núm. 393, de 30 diciembre [LCEur 1989, 1888]):
§50.1, art. 16.1.

1990

– Real Decreto 270/1990, de 16 febrero. Incluye en su régimen a los alumnos que cursen el tercer ciclo de estudios universitarios conducentes al título de Doctor (BOE núm. 53, de 2 marzo [RCL 1990, 484]):
§32.1, art. 10.2 f).

– Real Decreto Legislativo 521/1990, de 27 abril. Texto Articulado de la Ley de Procedimiento Laboral (BOE núm. 105, de 2 mayo; rect. BOE núm. 123, de 23 mayo [RCL 1990, 922 y 1049]):
§41, arts. 115, 129 y 189.

– Real Decreto 571/1990, de 27 abril. Regula la estructura periférica de gestión de los servicios sanitarios (BOE núm. 112, de 10 mayo [RCL 1990, 984]):
§34, art. 104.2, Secc. 3ª Cap. IV Tít. II, arts. 110.1, 110.4, 111, 121 y 122.

– Directiva 90/269/CEE, de 29 mayo 1990, del Consejo. Disposiciones mínimas de seguridad y de salud relativas a la manipulación manual de cargas que entrañe riesgos, en particular dorsolumbares, para los trabajadores (Cuarta Directiva específica con arreglo al apartado 1 del artículo 16 de la Directiva 89/391/CEE) (DOL núm. 156, de 21 junio [LCEur 1990, 604]):
§50.1, art. 16.1.

– Directiva 90/270/CEE, de 29 mayo 1990, del Consejo. Disposiciones mínimas de seguridad y de salud relativas al trabajo con equipos que incluyen pantallas de visualización (quinta Directiva específica con arreglo al apartado 1 del artículo 16 de la Directiva 89/391/CEE) (DOL núm. 156, de 21 junio; rect. DOL núm. 171, de 4 julio [LCEur 1990, 605 y 2630]):
§50.1, art. 16.1.

– Directiva 90/365/CEE, de 28 junio 1990, del Consejo. Derecho de residencia de los trabajadores por cuenta ajena o por cuenta propia que hayan

dejado de ejercer su actividad profesional (DOL núm. 180, de 13 julio [LCEur 1990, 729]):
§44, art. 39.3 d).

– *País Vasco:* Resolución 28 junio 1990, de la Dirección General de Trabajo. Publica los Acuerdos Interconfederales sobre procedimientos voluntarios de resolución (BOPV núm. 131, de 3 julio [LPV 1990, 215]):
§42.3, Ac. art. 4.3.

– Directiva 90/394/CEE, de 28 junio 1990, del Consejo. Protección de los trabajadores contra los riesgos relacionados con la exposición a agentes carcinógenos durante el trabajo (Sexta Directiva específica con arreglo al apartado 1 del artículo 16 de la Directiva 89/391/CEE) (DOL núm. 196, de 26 julio [LCEur 1990, 791]):
§50.1, art. 16.1.

– Ley 4/1990, de 29 junio. Presupuestos Generales del Estado para 1990 (BOE núm. 156, de 30 junio; rect. BOE núm. 184, de 2 agosto [RCL 1990, 1336 y 1627]):
§32.1, arts. 38.1 d) y 69 a).
§34, arts. 45.3 y 110.2.
§36.1, Cap. III.

– Real Decreto 960/1990, de 13 julio. Integra en el Régimen General al personal interino al servicio de la Administración de Justicia (BOE núm. 177, de 25 julio [RCL 1990, 1539]):
§32.1, arts. 10.5 y 97.2 l).

– Real Decreto 1211/1990, de 28 septiembre. Aprueba el Reglamento de la Ley 16/1987, de 30 julio, de Ordenación de los Transportes Terrestres (BOE núm. 241, de 8 octubre [RCL 1990, 2072]):
§2, art. 1.3 g).

– Real Decreto 1387/1990, de 8 noviembre. Regula el subsidio por desempleo en favor de los trabajadores eventuales incluidos en el Régimen Especial Agrario de la Seguridad Social (BOE núm. 273, de 14 noviembre; rect. BOE núm. 297, de 12 diciembre [RCL 1990, 2325 y 2572]):
§32.1, Cap. III Tít. III.

– Directiva 90/679/CEE, de 26 noviembre 1990, del Consejo. Protección de los trabajadores contra los riesgos relacionados con la exposición a agentes biológicos durante el trabajo (Séptima Directiva específica con arreglo al apartado 1 del artículo 16 de la Directiva 89/391/CEE) (DOL núm. 374, de 31 diciembre [LCEur 1990, 1600]):
§50.1, art. 16.1.

– *Cataluña:* Acuerdo 28 noviembre 1990, de la Dirección General de Relaciones Laborales Acuerdo interprofesional de trabajo (DOGC núm. 1397, de 23 enero 1991 [LCAT 1991, 17]):
§42.3, Ac. art. 4.3.

– Real Decreto 1576/1990, de 7 diciembre. Regula la concesión en el sistema de la Seguridad Social de pensiones extraordinarias motivadas por actos de terrorismo (BOE núm. 294, de 8 diciembre [RCL 1990, 2557]):
§32.1, art. 38.1 d).

– Ley 26/1990, de 20 diciembre. Establece prestaciones no contributivas (BOE núm. 306, de 22 diciembre; rect. BOE núm. 27, de 31 de enero 1991 [RCL 1990, 2644 y RCL 1991, 253]):
§34, art. 100.1.

– Real Decreto 1636/1990, de 20 diciembre. Aprueba el Reglamento de Auditoría de Cuentas (BOE núm. 308, de 25 diciembre [RCL 1990, 2665]):
§4.1, art. 4.

1991

– Orden 17 enero 1991. Regula el procedimiento de consulta a las organizaciones sindicales y empresariales más representativas para la elaboración de los programas de actuación de la Inspección de Trabajo y Seguridad Social, relativos al control de la contratación laboral (BOE núm. 17, de 19 enero [RCL 1991, 149]):
§38.2, art. 10.2.

– Real Decreto 118/1991, de 25 enero. Regula la selección del personal estatutario y provisión de plazas en las Instituciones Sanitarias de la Seguridad Social (BOE núm. 33, de 7 febrero [RCL 1991, 351]):
§34, arts. 45.3 y 110.2 párr. 4º.

– Decreto 691/1991, de 12 abril. Regula el cómputo recíproco de cuotas entre regímenes (BOE núm. 104, de 1 mayo; rect. BOE núm. 123, de 23 mayo [RCL 1991, 1180 y 1321]):
§32.1, art. 9.2.

– Orden 30 mayo 1991. Regula los sistemas especiales de frutas y hortalizas e industria de conservas vegetales, dentro del régimen general (BOE núm. 137, de 8 junio; rect. BOE núm. 165, de 11 julio [RCL 1991, 1462]):
§32.1, art. 11.

– Ley 21/1991, de 17 junio. Creación del Consejo Económico y Social (BOE núm. 145, de 18 junio [RCL 1991, 1541]): (**§38.4**)
§23, art. 6.2.

– Convenio núm. 172, de 25 junio 1991, de la OIT. Condiciones de trabajo en la hostelería, cafés, bares y similares. Instrumento de ratificación 17 de mayo de 1993 (BOE núm. 53, de 3 marzo 1994 [RCL 1994, 640]):
§2, art. 34.7.

– Directiva 91/383/CEE, de 25 junio 1991, del Consejo. Contempla las medidas tendentes a promover la mejora de la seguridad y de la salud en el trabajo de los trabajadores con una relación laboral de duración determinada o de empresas de trabajo temporal (DOL núm. 206, de 29 julio [LCEur 1991, 923]):

1992

1993

1994

1995

§16.2, arts. 2.1, 4.2, 4.3, 5, 6.2, 7.2, 8.1 y 8.2.
§16.3, arts. 31.1, 33.1 a), 33.1 b) y 33.2.
§16.4, arts. 1.1, 7.2, 8, 9, 12, 16, 17 y 18.
§16.5, arts. 1.2, 3.1 y 3.3, 4.2, 5, 7.1, 8.2, 9.3, 10.3, 11.1, 12 y 17.2.
§16.6, arts. 1.2, 2.1, 3.1, 4, 5.2, 6.2, 6.3, 6.4, 7.1, 7.2, 8.2, 9.2, 10.5 y 12.2.
§16.7, arts. 1.1, 1.2 b), 2.1, 3.2, 3.3, 4.2, 8.3, 10.1 y 12.
§16.8, arts. 1.1, 2.1, 2.2, 7.2, 9, 11, 13, 18 y 20.
§16.9, arts. 10 y 16.
§16.10, cabeza.
§17.1, preámbulo, art. 3.
§17.2, art. 1.1.
§18, cabeza y art. 1.
§23, arts. 2.2, 3.1, 5.1 b), 9.1 f), Cap. III, 14.1, 15.2, 18.1, 18.2, 19.1, 21.3, 22.2, 22.4, 24.3, 26.3, 27.2, 29.1, 34.1, 34.2, 34.3 d), 35.1, 35.3, 36.1 d), 42.2 y 44.1.
§20.1, arts. 1.1, 2.2 d), 6.2 a), 6.3 b), 6.3 e), 8.1 b), 8.2 a), 8.2 b), 8.2 c), 9.1 a), 9.1 b), 9.1 c), 9.2, 10.3, 10.3.1º, 10.2º, 10.3º, 11.1, 12, disps. adics. 1ª.1 y 2ª.1.
§21.1, arts. 5 y 8.3.
§21.2, art. 26.
§22, arts. 1, 2, 6.2, 6.5, 8.1, 14, 16.1, 16.2 y 17.1.
§28.2, arts. 2.1, 2.2, 6.1 y 13.1.
§30.1, cabeza.
§30.2, cabeza.
§32.1, arts. 3, 7.2, 60, 70, 105, Secc. 2ª Cap. II, Tít. II, art. 133 bis, Secc. 2ª Cap. X Tít. II y disp. adic. 6ª.
§34, arts. 188 y 190.
§36.1, art. 21.4.
§40.1, arts. 13.3, 14.1, 14.3, 15.4, 16.1 y 16.2.
§40.4, arts. 39 b), 39 g), 120.4º, 184, 199.1, 257.2, 279, 311.1º, 311.2º, 312.2 y 314.
§41, arts. 2 a), 2 f), 16.2, 23.1, 65.3, 103.1, 106.2, 108.3, 110.2, 114.1, 115.2, Secc. 1ª, Cap. IV, Tít. II, Libro II, 123.4, Secc. 2ª, Cap. IV, Tít. II, Libro II, Secc. 1ª, Cap. V, Tít. II, Libro II, 137.3, 149, 161.1, Cap. XI, Tít. II, Libro II, 245, 268, 274 y 280.1 b).
§42.3, Ac. arts. 3.1, 4.1 d), 9 y 10.3; Regl. arts. 3, 4.2 a), 5.1, 9 y 12.
§43.2, art. 6.2 b).
§48.1, cabeza.
§48.2, cabeza y Anexo B.
§46.1, Anexo: II cláusulas 2 y 3.
§48.3, art. 1 a).
§45.2, art. 1.
§45.1, arts. 2.1, 6.1 b) y c) y 11.
§47.1, Anexo.
§48.3, cabeza.
§49.1, cabeza.
§50.1, Secc. 3ª.
§50.2, arts. 3, 4, 5, 7 y Cap. III.

– Orden 3 abril 1995. Gestión, modificación y seguimiento de los créditos del Presupuesto del Instituto Nacional de la Salud (BOE núm. 86, de 11 abril [RCL 1995, 1145]):
§32.1, arts. 86.1 e), 174.2 y disp. adic. 22ª.

– Real Decreto Legislativo 2/1995, de 7 abril. Aprueba el Texto Refundido de la Ley de Procedimiento Laboral (BOE núm. 86, de 11 abril; rect. BOE núm. 125, de 26 junio [RCL 1995, 1144 y 1563]): **(§41)**
§1, arts. 24.1 y 53.2.
§2, arts. 3.5, 4.2 g), 7 b) párr. 2º, 9.1, 15.5, 17.1, 20.3, 29.2, 33.2, 33.3, 33.6, 37.3 d), 38.2, 39.4, 40.1 párr. 5º, 40.1 párr. 6º, 40.2, 41.3, 41.4, 47, 47.1 párr. 2º, 47.2, 49.1 g), 50.1, 50.1 c), 51, 51.1 c), 51.5, 51.13, 53.3, 53.4, 53.5, 55.1, 55.2, 55.3, 55.4, 55.5, 55.5 b), 55.6, 55.7, 56.4, 57.1, 58.2, 58.3, 59.1, 59.3, 59.4, 65.1, 68 a), 68 c), 7.7, 76.1, 76.6, 90.5, 91 párr. 1º, 91 párr. 4º, disp. adic. 9ª y disp. transit. 7ª párr. 1º.
§3.1, disp. adic. 2ª.
§13.1, arts. 14.1 c), 15.1, 25 b).3 y 29.2.
§15.1, arts. 1.2, 11.1 y 16.
§15.2, arts. 1 a), 1 c), 2, 3 y 6.
§16.1, art. 13 párr. 1º.
§16.6, art. 2.1
§16.8, arts. 3 y 11.
§17.1, art. 4.
§23, art. 9.1 c).
§20.1, arts. 2.2 d), 4.3, 4.6, 5.1, 10.3.3º, 13 párr. 1º, 14 y 15.
§21.1, art. 42.
§21.2, arts. 35 y 40.
§22, arts. 17.1, 18.1, 19 b) y disp. adic. 2ª.
§32.1, Subsecc. 2ª Secc. 3ª Cap. VII y art. 208.2.3).
§36, art. 20.
§40.1, art. 54.
§40.2, arts. 6 y 19.2.
§42.1, art. 5.
§42.2, arts. 3, 4.1, 4.3, 9, 11 y 19.
§42.3, Ac. arts. 3.1, 4.1 a) y 9; Regl. arts. 3, 5.1 a), 9, 12.2, 16, 22 y 23.
§43.2, art. 6.2 b).

– Real Decreto 735/1995, de 5 mayo. Regula las agencias de colocación sin fines lucrativos y los servicios integrados para el empleo (BOE núm. 109, de 8 mayo [RCL 1995, 1380]): **(§4.1)**
§2, art. 16.2 y disp. final 5ª.
§16.2, art. 4.3.
§16.5, art. 3.3.

– *Islas Canarias:* Resolución 7 mayo 1995 de la Dirección General de Trabajo. Publica el Acuerdo Interprofesional sobre procedimientos extrajudiciales de solución de conflictos de trabajo (BOCAN núm. 75, de 16 junio [LCAN 1995, 200]):
§2, art. 1.3 a).
§42.3, Ac. art. 4.3.

– Real Decreto 797/1995, de 19 mayo. Establece directrices sobre los certificados de profesionalidad y los correspondientes contenidos mínimos (BOE núm. 138, de 10 junio; rect. BOE núm. 175, de 24 julio [RCL 1995, 1733 y 2185]):

1996

1998

§32.1, arts. 7.1 c), 10.2 d), Secc. 3ª Cap. III Tít. I, 48.Uno.3, 97.2 a), 97.2 k), 174.1, 176.1 párr. 2º, 201.2, 206.2, 211, 228.3, disp. adic. 4 y disp. adic. 28ª y disp. transit. 5ª bis.
§34, art. 121.
§36.1, art. 26.5.
§41, arts. 3 y 241.2.

1999

– Real Decreto 1/1999, de 8 enero. Selección de personal estatutario y provisión de plazas en las Instituciones Sanitarias (BOE núm. 8, de 9 enero [RCL 1999, 56]):
§34, arts. 45.3, 110.2, párrs. 3º y 4º, 113, 114 y 115.3.

– Real Decreto 4/1999, de 8 enero. Modifica el art. único del RD 1451/1983, de 11 mayo, que en cumplimiento de lo previsto en la Ley 13/1982, de 7 abril, regula el empleo selectivo y las medidas de fomento del empleo de los trabajadores minusválidos (BOE núm. 22, de 26 enero [RCL 1999, 202]):
§28.2, art. 7.1.
§38.5, art. 3.

– Ley 4/1999, de 13 enero. Modifica la Ley 30/1992, de 26 noviembre, de Régimen Jurídico de las Administraciones Públicas y del Procedimiento Administrativo Común (BOE núm. 12, de 14 enero; rect. BB OO del Estado núms. 16 y 30, de 19 enero y 4 febrero [RCL 1999, 114 y 329]):
§38.5, cabeza, art. 3, disp. adic. 12 y disp. final.

– Orden 20 enero 1999. Modifica la Orden 20 agosto 1985, sobre conclusión de acuerdos de devolución de cantidades satisfechas (BOE núm. 26, de 30 enero [RCL 1999, 275]):
§13.2, art. 4.

– Real Decreto 216/1999, de 5 febrero. Establece las disposiciones mínimas de seguridad y salud en el trabajo en el ámbito de las empresas de trabajo temporal (BOE núm. 47, de 24 febrero [RCL 1999, 508]): **(§3.3)**
§2, art. 19.4.
§3.1, arts. 6.3, 8 b), 12.3 y 16.1.
§3.2, art. 14 e).
§23, arts. 6.1 a), 6.1 f), 16, 28, 28.5 y 36.2.
§24.1, Cap. I.

– Real Decreto 258/1999, de 12 febrero. Establece las condiciones mínimas sobre la protección de la salud y la asistencia médica de los trabajadores del mar (BOE núm. 47, de 24 febrero [RCL 1999, 510]):
§23, art. 6.1 f).

– Real Decreto 369/1999, de 5 marzo. Términos y condiciones de inclusión en el Régimen General de los Ministros de Culto de las Iglesias pertenecientes a la Federación de Entidades Religiosas Evangélicas de España (BOE núm. 64, de 16 marzo [RCL 1999, 702]):
§32.1, art. 97.2 l).

– Real Decreto 427/1999, de 12 marzo. Modifica el Real Decreto 1368/1985, de 17 julio, que regula la relación laboral de carácter especial de los minusválidos que trabajen en los centros especiales de empleo (BOE núm. 73, de 26 marzo [RCL 1999, 804]):
§16.8, arts. 5, 7, 8.3, 10, 11, 12, 13, 16.2 y 18.

– Real Decreto 428/1999, de 12 marzo. Modifica el Real Decreto 2171/1994, de 4 noviembre, que crea y regula el Consejo Estatal de las Personas Mayores (BOE núm. 73, de 23 marzo [RCL 1999, 805]):
§1, art. 50.

– Real Decreto 432/1999, de 12 marzo. Adaptación de diversos organismos autónomos a las previsiones de la Ley 6/1997, de 14 abril, de organización y funcionamiento de la Administración General del Estado (BOE núm. 70, de 23 marzo; rect. BOE núm. 91, de 16 abril [RCL 1999, 771 y 947]):
§2, art. 33.1.
§13.1, art. 1.2.
§23, art. 8.1.

– Orden 30 marzo 1999. Establece el día 28 de abril de cada año como «Día de la Seguridad y la Salud en el Trabajo» (BOE núm. 88, de 13 abril [RCL 1999, 924]):
§23, art. 13.3.

– Real Decreto-ley 5/1999, de 9 abril. Modifica las disps. adics. 43 y 17 de la Ley 50/1998, de 30 diciembre y el art. 206.2 del Real Decreto Legislativo 1/1994, de 20 junio, del Texto Refundido de la Ley General de la Seguridad Social (BOE núm. 86, de 10 abril [RCL 1999, 901]):
§8.3, Preámbulo.
§30.1, art. 5.3.
§32.1, art. 206.2.

– Ley Orgánica 7/1999, de 21 abril. Modificación de la Ley Orgánica 2/1979, de 3 octubre, del Tribunal Constitucional (BOE núm. 96, de 22 abril [RCL 1999, 1006]):
§1, Tít. IX.

– Real Decreto 667/1999, de 23 abril. Modifica el Real Decreto 728/1993, de 14 mayo, que establece pensiones asistenciales por ancianidad en favor de los emigrantes españoles (BOE núm. 110, de 8 mayo [RCL 1999, 1229]):
§32.1, Cap. VI Tít. I y art. 167.1.

– Directiva 1999/38/CE, de 29 abril 1999, del Consejo. Modifica por segunda vez la Directiva 90/394/CEE, de 28 junio 1990, relativa a la protección de los trabajadores contra los riesgos relacionados con la exposición a agentes carcinógenos durante el trabajo y que amplía su ámbito de aplicación a los mutágenos (DOL núm. 138, de 1 junio; rect. DOL núm. 37, de 12 febrero 2000 [LCEur 1999, 1319 y LCEur 2000, 278]):

2000

ÍNDICE CRONOLÓGICO

313, de 30 diciembre; rect. BOE núm. 155, de 29 junio 2001 [RCL 2000, 3029 y RCL 2001, 1566]):
§**2**, arts. único y 8.3 a).
§**32.1**, arts. 21, 23, 206 y disp. adic. 30ª.
§**40.1**, art. 4.2.

– Real Decreto 3475/2000, de 29 diciembre 2000. Revalorización de pensiones para el ejercicio 2001 (BOE núm. 313, de 30 diciembre 2000 [RCL 2000, 3036]):
§**35.2**, art. 8.2.

2001

– *Cantabria:* Resolución 9 enero 2001, de la Dirección General de Trabajo. Dispone la inscripción en el Registro y publicación del IV Acuerdo Interprofesional de Cantabria sobre Procedimientos Extrajudiciales de Solución de Conflictos Laborales (BOC núm. 17, de 24 enero [LCTB 2001, 9]):
§**42.3**, art. 4.

– Resolución 11 enero 2001, de la Dirección General de la Tesorería General de la Seguridad Social. Aprueba los modelos normalizados para la afiliación a la Seguridad Social y altas, bajas y variaciones de datos de trabajadores por cuenta ajena o asimiladas en el régimen correspondiente a la misma (BOE núm. 26, de 31 enero [RCL 2001, 239]):
§**32.1**, Cap. II Tít. II.

– Resolución 2 febrero 2001, de la Dirección General de Trabajo. III Acuerdo Nacional de Formación Continua suscrito el día 13 de diciembre de 2000 (BOE núm. 47, de 23 febrero 2001 [RCL 2001, 495]):
§**2**, art. 83.

– Resolución 2 febrero 2001, de la Dirección General de Trabajo. Dispone la inscripción en el registro y publicación del II Acuerdo sobre Solución Extrajudicial de Conflictos Laborales (ASEC-II) y su Reglamento de Aplicación (RASEC-II), que fueron suscritos el día 31 de enero de 2001 (BOE núm. 49, de 26 febrero [RCL 2001, 507]):
§**2**, arts. 40.2, 41.4, 47.1, 51.6, 83.3, 91 párr. 1º y disp. adic. 13ª.
§**20.1**, art. 6.3 d).
§**21.2**, art. 41.
§**22**, art. 8.1.
§**41**, art. 154.1.
§**42.2**, Secc. 2ª.

– Tratado de Niza 26 febrero 2001. Modifica el Tratado de la Unión Europea, los Tratados constitutivos de las Comunidades Europeas y determinados actos conexos (DOC núm. 80, de 10 marzo [LCEur 2001, 905]):
§**44**, cabeza, arts. 10, 11, 11 A, 13, 67, 137, 139, 144, 157, 159 y 161.

– Real Decreto-ley 5/2001, de 2 marzo. Medidas Urgentes de Reforma del Mercado de Trabajo para el incremento del empleo y la mejora de su calidad (BOE núm. 54, de 3 marzo [RCL 2001, 568]):
§**2**, art. único.

– Directiva 2001/23/CE, de 12 marzo 2001, del Consejo. Aproximación de las legislaciones de los Estados miembros relativas al mantenimiento de los derechos de los trabajadores en caso de traspasos de empresas, de centros de actividad o de partes de empresas o de centros de actividad (DOL núm. 82, de 22 marzo [LCEur 2001, 1026]): (§**48.1**)
§**2**, arts. 44.1 y 64.1.5º.
§**9**, Parte Expositiva.
§**44**, Cap. III Tít. VI.
§**49.2**, art. 12.

– Real Decreto 309/2001, de 23 marzo. Modifica el Real Decreto 1879/1996, de 2 agosto, que regula la composición de la Comisión Nacional de Seguridad y Salud en el Trabajo (BOE núm. 82, de 5 abril [RCL 2001, 860]):
§**23**, art. 13.2 y disp. adic. 6ª.

– Resolución 28 marzo 2001, de la Dirección General del INSALUD. Revisión de las condiciones económicas aplicables en el año 2001 a la prestación de servicios concertados de asistencia sanitaria, en el ámbito de gestión del INSALUD (BOE núm. 89, de 13 abril [RCL 2001, 930]):
§**32.1**, art. 199.

– Directiva 2001/20/CE, de 4 abril 2001, del Parlamento Europeo y Consejo. Aproximación de las disposiciones legales reglamentarias y administrativas de los Estados miembros sobre la aplicación de buenas prácticas clínicas en la realización de ensayos clínicos de medicamentos de uso humano (DOL núm. 121, de 1 mayo [LCEur 2001, 1529]):
§**34**, art. 105.

– Real Decreto 344/2001, de 4 abril. Creación del Consejo Superior de Política de Inmigración (BOE núm. 83, de 6 abril [RCL 2001, 870]):
§**1**, art. 13.1

– Real Decreto 345/2001, de 4 abril. Regulación del Observatorio Permanente de la Inmigración (BOE núm. 83, de 6 abril [RCL 2001, 871]):
§**1**, art. 13.1.

– Real Decreto 367/2001, de 4 abril. Regula la composición, competencias y régimen de funcionamiento del Foro para la Integración Social de los Inmigrantes (BOE núm. 83, de 6 abril [RCL 2001, 872]):
§**1**, art. 13.1.
§**39.1**, art. 70.

– Real Decreto 372/2001, de 6 abril. Modifica el Real Decreto 505/1985, de 6 marzo, de organización y funcionamiento del Fondo de Garantía Salarial (BOE núm. 84, de 7 abril [RCL 2001, 884]):

2002

2003

2004

2005

trabajadores por cuenta ajena, los trabajadores por cuenta propia y los miembros de sus familias que se desplazan dentro de la Comunidad, y el Reglamento (CEE) núm. 574/72, de 21 marzo, que establece las modalidades de aplicación del Reglamento (CEE) núm. 1408/71 (DOL núm. 117, de 4 mayo [LCEur 2005, 878]):
§51.2, cabeza.

– Orden TAS/1040/2005, de 18 abril. Actualiza las cantidades a tanto alzado de las indemnizaciones por lesiones, mutilaciones y deformidades de carácter definitivo y no invalidantes (BOE núm. 96, de 22 abril [RCL 2005, 805]):
§32.1, art. 150.

– Ley 4/2005, de 22 abril. Efectos en las pensiones no contributivas de los complementos otorgados por las Comunidades Autónomas (BOE núm. 97, de 23 abril [RCL 2005, 819]):
§32.1, arts. 38.4, 145.2.

– Ley 6/2005, de 22 abril. Saneamiento y liquidación de las entidades de crédito (BOE núm. 97, de 23 abril [RCL 2005, 821]):
§15.4, disp. adic. 2ª.

– Resolución de 22 abril 2005, de la Dirección General de Trabajo. Dispone el depósito y publicación del Acuerdo Tripartito en materia de solución extrajudicial de conflictos laborales (BOE núm. 114, de 13 mayo [RCL 2005, 977]):
§42.3, disp. adic. 2ª.

– Orden TAS/1354/2005, de 10 mayo. Regula la Comisión de Información Administrativa del Ministerio de Trabajo y Asuntos Sociales (BOE núm. 117, de 17 mayo [RCL 2005, 989]).
§38.1, art. 13.5 e).

– Orden TAS/1562/2005, de 25 mayo. Establece normas para la aplicación y desarrollo del Reglamento General de Recaudación de la Seguridad Social, aprobado por el Real Decreto 1415/2004, de 11 junio (BOE núm. 130, de 1 junio [RCL 2005, 1109]):
§32.1, Secc. 3ª Cap. III Tít. I.

– Orden TAS/1713/2005, de 3 junio. Regula la composición, competencias y régimen de funcionamiento de la Comisión Laboral Tripartita de Inmigración (BOE núm. 138, de 10 junio [RCL 2005, 1177]).
§39.2, disp. adic. 15ª.

– Orden TAS/1745/2005, de 3 junio. Regula la certificación acreditativa del requisito establecido en el artículo 50 a) del Reglamento de la Ley Orgánica 4/2000, de 11 enero, sobre derechos y libertades de los extranjeros en España y su integración social, aprobado por Real Decreto 2393/2004, de 30 diciembre (BOE núm. 140, de 13 junio [RCL 2005, 1201]).
§39.2, art. 50 a).

– Ley 8/2005, de 6 junio. Ley para compatibilizar las pensiones de invalidez en su modalidad no contributiva con el trabajo remunerado (BOE núm. 135, de 7 junio [RCL 2005, 1144]):
§32.1, arts. 145.2, 147 párr. 2º, 189.3, disp. transit. 7ª.

– Ley 9/2005, de 6 junio. Ley para compatibilizar las pensiones del Seguro Obligatorio de Vejez e Invalidez (SOVI) con las pensiones de viudedad del sistema de la Seguridad Social (BOE núm. 135, de 7 junio [RCL 2005, 1145]):
§32.1, disp. transit. 7ª.

– Real Decreto 688/2005, de 10 junio. Regula el régimen de funcionamiento de las mutuas de accidentes de trabajo y enfermedades profesionales de la Seguridad Social como servicio de prevención ajeno (BOE núm. 139, de 11 junio [RCL 2005, 1195]): **(§24.2)**
§23, arts. 6 e) y 32.
§24.1, art. 22 párr. 1º, 22 párr. 2º.
§32.1, Subsecc. 2ª Secc. 4ª Cap. VII Tít. I.

– Real Decreto 689/2005, de 10 junio. Modifica el Reglamento de organización y funcionamiento de la Inspección de Trabajo y Seguridad Social, aprobado por el Real Decreto 138/2000, de 4 febrero y el Reglamento general sobre procedimientos para la imposición de sanciones por infracciones de orden social y para los expedientes liquidatorios de cuotas a la Seguridad Social, aprobado por el Real Decreto 928/1998, de 14 mayo, para regular la actuación de los técnicos habilitados en materia de prevención (BOE núm. 149, de 23 junio; rect. BOE núms. 205 y 248, de 27 agosto y 17 octubre [RCL 2005, 1294, 1754]:
§38.3, cabeza, art. 23.4, Tít. IV, Cap. I Tít. IV, arts. 58 bis, 59, 60, Cap. II Tít. IV, arts. 61, 62, Cap. II Tít. IV, 63, 64, 65, 66, 67.
§40.2, Cap. VIII, arts. 39, 40, 41 y 42.

– Real Decreto 718/2005, de 20 junio. Aprueba el procedimiento de extensión de convenios colectivos (BOE núm. 157, de 2 julio [RCL 2005, 1414]): **(§18)**
§2, art. 92.2 párr. 2º.
§17.1, art. 2 f).

– Ley 14/2005, de 1 julio. Cláusulas de los convenios colectivos de trabajo referidas al cumplimiento de la edad de jubilación (BOE núm. 157, de 2 julio [RCL 2005, 1408]):
§2, art. unico, disp. adic. 10ª.

– Orden TAS/2214/2005, de 4 julio. Regula la tramitación de las modificaciones de crédito en el Presupuesto de la Seguridad Social (BOE núm. 165, de 12 julio [RCL 2005, 1484]):
§32.1, art.90.
§38.1, art. 3.1 d).

– Real Decreto 822/2005, de 8 julio. Regula los términos y las condiciones de inclusión en el Régimen General de la Seguridad Social de los clérigos de la Iglesia Ortodoxa Rusa del Patriarcado

2006

de diciembre de 2006, por el que se regula el contingente de trabajadores extranjeros de régimen no comunitario en España para el año 2007 (BOE núm. 8, de 9 enero 2007 [RCL 2007, 45]):

§39.1, art. 39.

§39.2, art. 71.1.

– Ley 42/2006, de 28 diciembre. Presupuestos Generales del Estado para el año 2007 (BOE núm. 311, de 29 diciembre; rect. BOE núm. 52, de 1 marzo 2007 [RCL 2006, 2324 y RCL 2007, 418]): **(§33.1)**

§12.2, art. 2.

§27.1, art. 13 e).

§27.2, art. 4.1.

§28.1, art. 12.2 d).

§32.1, arts. 10.2 d), Secc. 1ª Cap. III Tít. I, 43.1, 46, 47, 48 rúbrica, 48.2, 49, 50, 51, 52, 108.1, 145.1, 182.1 c) párrs. 1º y 2º, 182 bis.2 b), 209.5 c), disps. adics. 40ª y 43ª.

§34, Cap. IV Tít. II.

§35.4, art. 2

– Orden SCO/3997/2006, de 28 diciembre. Determina los conjuntos de medicamentos y sus precios de referencia y por la que se regulan determinados aspectos para la aplicación de lo dispuesto por la Ley 29/2006, de 26 julio, de garantías y uso racional de los medicamentos y productos sanitarios (BOE núm. 312, de 30 diciembre; rect. BOE núm. 37, de 12 febrero 2007 [RCL 2006, 2362 y RCL 2007, 257]):

§34, art. 105.

– Ley 43/2006, de 29 diciembre. Mejora del crecimiento y del empleo (BOE núm. 213, de 30 diciembre [RCL 2006, 2338]): **(§10) (§27.2)**

§2, arts. 8.2, 11.2 a), 15 aps. 1 d), 5 y 6, 17.3 párr. 2º, 33 aps. 1 párr. 2º, 2, 5, 7 y 8 párr. 1º, 42 aps. 4, 6 y 7, 43, 49.1 c), 81, disps. adics. 2ª.1, 15ª y 16ª y disps. finales 2ª y 4ª.

§3.1, art. 8 c).

§9, disp. adic. 1ª aps. 2 b) y 4 párr. 2º.

§17.2, art. 1.1.

§28.2, art. 7.1 párr. 1º.

§28.3, art. 12.1 b).

§32.1, arts. 208.1 punto 4) y 215.1 puntos 1) b) y 4).

§36.2, disps. adics. 4ª y 11ª.

§40.1, art. 7.12.

– Real Decreto 1632/2006, de 29 diciembre. Fija el salario mínimo interprofesional para 2007 (BOE núm. 312, de 30 diciembre [RCL 2006, 2348]): **(§12.1)**

§1, art. 35.1.

§2, arts. 26.5, 27 rúbrica y ap. 1 y 31 párr. 1º.

§16.2, art. 6.

§16.6, art. 7.1.

2007

– Orden TAS/1/2007, de 2 enero. Establece el modelo de parte de enfermedad profesional, dicta normas para su elaboración y transmisión y crea el correspondiente fichero de datos personales (BOE núm. 4, de 4 enero [RCL 2007, 28]):

§23, arts. 6.1 g) y 23.3.

§32.1, art. 116 párr. 1º.

– Orden TAS/31/2007, de 16 enero. Desarrolla las normas de cotización a la Seguridad Social, Desempleo, Fondo de Garantía Salarial y Formación Profesional, contenidas en la Ley 42/2006, de 28 diciembre, de Presupuestos Generales del Estado para el año 2007 (BOE núm. 17, de 19 enero [RCL 2007, 108]): **(§33.2)**

§12.2, art. 5.

§32.1, arts. 16.2, 97.2 k), 106.2, 107 rúbrica, 107.2, 108 rúbrica, 109 rúbrica, 109 rúbrica, 110.2, 111 rúbrica y 112 rúbrica.

– Orden TAS/195/2007, de 2 febrero. Establece la concesión de subvenciones para financiar programas destinados a la formación e inserción de trabajadores inmigrantes (BOE núm. 32, de 6 febrero [RCL 2007, 211]):

§27.1, art. 13 d) 3º

– Orden TAS/234/2007, de 7 febrero. Establece para el año 2007 las bases de cotización a la Seguridad Social de los trabajadores del Régimen Especial del Mar incluidos en los grupos segundo y tercero (BOE núm. 35, de febrero [RCL 2007, 241]).

§33.2, art. 17.

– Resolución 9 febrero 2007, de la Dirección General Trabajo. Registra y publica el Acuerdo Interconfederal para la negociación colectiva 2007 (ANC- 2007) (BOE núm. 48, de 24 febrero [RCL 2007, 381]): **(§19.1)**

– Real Decreto 240/2007, de 16 febrero. Entrada, libre circulación y residencia en España de ciudadanos de los Estados Miembros de la Unión Europea y de otros Estados parte en el Acuerdo sobre el Espacio Económico Europeo (BOE núm. 51, de 28 febrero [RCL 2007, 407]): **(§39.3)**

§1, art. 13.1.

§2, arts. 7 c) y 69.2.

§16.2, art. 3.

§16.5, art. 2.

§16.6, art. 2.2.

§32.1, art. 7.5.

§39.2, disps. adics. 19ª y 20ª.

§40.4, art. 313.1.

§51.1, cabeza.

– Resolución 28 febrero 2007, de la Secretaría de Estado para la Inmigración. Dispone la publicación del Acuerdo de Consejo de Ministros, de 16 de febrero de 2007, por el que se aprueban las Instrucciones por las que se determina el procedimiento para autorizar la entrada, residencia y trabajo en España, de extranjeros en cuya actividad

ÍNDICE

ANALÍTICO

A

B

C

ÍNDICE ANALÍTICO

D

E

G

ÍNDICE ANALÍTICO

M

P

Q

R

S

U

V

Colección Códigos Básicos

1 **CÓDIGO CIVIL,**
por *Francisco Javier Fernández Urzainqui*, 2007

2 **CÓDIGO PENAL Y LEYES PENALES ESPECIALES,**
por *José Manuel Valle Muñiz, Oscar Morales García y Rosa Fernández Palma*, 2007

3 **LEY DE ENJUICIAMIENTO CIVIL Y OTRAS NORMAS PROCESALES,**
por *Faustino Cordón Moreno*, 2007

4 **LEY DE ENJUICIAMIENTO CRIMINAL Y OTRAS NORMAS PROCESALES,**
por *Julio Muerza Esparza*, 2007

5 **LEYES HIPOTECARIAS,**
por *Carmen Gómez Laplaza*, 2007

6 **CÓDIGO DE COMERCIO Y OTRAS NORMAS MERCANTILES,**
por *Ramón Bernabé García Luengo (dir), Mª del Carmen García Marrero, Francisco Javier Mulero Flores*, 2007

7 **LEGISLACIÓN LABORAL Y DE SEGURIDAD SOCIAL,**
por *Jesus Mª Galiana Moreno y Antonio V. Sempere Navarro*, 2007

8 **LEGISLACIÓN SOBRE TRÁFICO, CIRCULACIÓN Y SEGURIDAD VIAL Y NORMATIVA COMPLEMENTARIA,**
por *Francisco Javier García Gil*, 2005

9 **CÓDIGO TRIBUTARIO,**
por *Gabriel Casado Ollero, Ramón Falcón y Tella, Gaspar de la Peña Velasco y Eugenio Simón Acosta*, 2007

10 **CÓDIGO DE LAS HACIENDAS LOCALES,**
por *Gabriel Casado Ollero, Tomás Cobo Olvera, Elena Mª Estrada González, Rafael Cortés Sánchez, José Ignacio Rubio de Urquía y Eugenio Simón Acosta*, 2006

12 **LEYES ADMINISTRATIVAS,**
por *Luis Martín Rebollo*, 2007

13 **LEYES POLÍTICAS,**
por *Francesc de Carreras Serra y Juan Carlos Gavara de Cara*, 2007

14 **CÓDIGO DE LA SEGURIDAD SOCIAL,**
por *Antonio V. Sempere Navarro (dir.) y Guillermo Rodríguez Iniesta*, 2007

15 **CONSTITUCIÓN ESPAÑOLA,**
por *Luis Martín Rebollo*, 2003

17 **LEGISLACIÓN CONCURSAL,**
por *Ángel Rojo y Emilio Beltrán*, 2007

(continuación)

18 LEYES DE LA PROPIEDAD INDUSTRIAL,
por *Tomás de Las Heras Lorenzo*, 2007

19 LEGISLACIÓN SOBRE ARRENDAMIENTOS URBANOS, PROPIEDAD HORIZONTAL Y VIVIENDAS DE PROTECCIÓN OFICIAL. Y NORMAS COMPLEMENTARIAS,
por *Carmen Gómez Laplaza (dir.) y Rafael Ignacio Herrada Romero*, 2001

20 CÓDIGO DEL RÉGIMEN JURÍDICO DE LAS ADMINISTRACIONES PÚBLICAS Y PROCEDIMIENTO ADMINISTRATIVO,
por *Juan Manuel Herrero de Egaña Espinosa de los Monteros*, 2007

21 LEYES ORGÁNICAS PROCESALES,
por *Faustino Cordón Moreno*, 2002.

22 LEGISLACIÓN DE SEGURIDAD Y SALUD EN EL TRABAJO,
por *Jesús M. Galiana Moreno, Antonio V. Sempere Navarro, Ignacio Duréndez Sáez, Miguel Cardenal Carro y Francisco A. González Díaz*, 2001.

23 CÓDIGO DE SOCIEDADES MERCANTILES BÁSICAS,
por *Alberto Bercovitz Rodríguez Cano (dir.), Enrique Villa Vega y Esperanza López Cereceda*, 2004.

26 CÓDIGO DE LA JURISDICCIÓN CONTENCIOSO-ADMINISTRATIVA,
por *Luis Martín Rebollo*, 2001.

34 CÓDIGO DE RÉGIMEN LOCAL,
por *Tomás Cobo Olvera*, 2005.

35 CÓDIGO MILITAR. ORGANIZACIÓN Y RÉGIMEN JURÍDICO DISCIPLINARIO, PENAL Y PROCESAL,
por *Javier Medina Guijarro, Manuel Pacheco Manchado y Juan José Torres Fernández*, 1999.

36 LEGISLACIÓN ECLESIÁSTICA,
por *Juan Fornés, María Blanco, Beatriz Castillo y Francisca Pérez-Madrid*, 2007.

39 CÓDIGO DE COOPERATIVAS,
por *Juan José Marín López e Iván Jesús Trujillo Díez*, 2000.

40 CÓDIGO DE TURISMO,
por *Eduardo Roca Roca, Matilde Ceballos Martín y Raúl Pérez Guerra*, 2007.

41 CONTRATACIÓN ADMINISTRATIVA,
por *Javier Medina Guijarro y Juan José Torres Fernández*, 2005.

42 CÓDIGO DE EXPROPIACIÓN FORZOSA Y EXPROPIACIONES URBANÍSTICAS,
por *Francisco Sosa Wagner (dir.), Leopoldo Tolivar Alas, Tomás Quintana López y Mercedes Fuertes López*, 2001.

43 CÓDIGO DEL DEPORTE,
por *Luis María Cazorla Prieto y Mª Rosario García Fernández*, 2003.

Colección Códigos Básicos

(continuación)

44 LEGISLACIÓN GENERAL EN MATERIA DE URBANISMO,
por *Luciano Parejo Alfonso (dir), Marcos Vaquer Caballería, César González Ramos, Manuel Gámez Mejías y Pablo Tuduri Laboa*, 2001.

45 CÓDIGO DE LOS EXTRANJEROS,
por *Juan José Martín Arribas*, 2005.

47 CÓDIGO DE LA UNIÓN EUROPEA,
por *Luis Martín Rebollo*, 2002.

49 CÓDIGO DEL EMPLEO PÚBLICO,
por *Alberto Palomar Olmeda*, 2002.

50 CÓDIGO DE INTERNET,
por *DAVARA & DAVARA – Miguel Ángel Davara Rodríguez (dir.)*, 2007.

51 LEGISLACIÓN UNIVERSITARIA,
por *José Antonio Tardío Pato*, 2003.

52 LEGISLACIÓN BÁSICA DE ESPECTÁCULOS PÚBLICOS Y ACTIVIDADES RECREATIVAS,
por *Antonio Cano Murcia*, 2003.

53 CÓDIGO DE FUNDACIONES,
por *Equipo de Redacción de Editorial Aranzadi*, 2003.

54 CÓDIGO DE LA REFORMA DEL SISTEMA FINANCIERO,
por *Luis María Cazorla Prieto e Ignacio Gómez-Sancha*, 2004.

55 FISCALIDAD INTERNACIONAL,
por *José Manuel Calderón Carrero y Adolfo Martín Jiménez*, 2003.

56 TRIBUTACIÓN AUTONÓMICA,
por *Isacc Merino Jara*, 2003.

57 CÓDIGO DE AGUAS,
por *Francisco Delgado Piqueras*, 2005.

58 CÓDIGO DE DERECHO INTERNACIONAL PRIVADO,
por *José Luis Iriarte Ángel, José Antonio Pérez Beviá y Nicole Comte Guillemet*, 2007.

59 CÓDIGO DE MEDIO AMBIENTE,
por *Luciano Parejo Alfonso (dir.), Isabel Monjas Barrena (coord.), Cesar González Ramos, Manuel Gámez Mejías y Antonio Fortes Martín*, 2007.

60 LEGISLACIÓN DE MEDIACIÓN FAMILIAR,
por *Lorenzo Prats Albentosa, Gemma Pons García y Sonia Rodríguez LLamas*, 2003.

61 CÓDIGO DE ELECTRICIDAD Y GAS,
por *Pascual Sala Atienza y Sonsoles García Delgado*, 2004.

Colección Códigos Básicos

(continuación)

62 CÓDIGO DE PROCEDIMIENTO LABORAL,
por *Antonio V. Sempere Navarro y José Antonio Buendía Jiménez*, 2003.

63 CÓDIGO ELECTORAL,
por *Miguel Ángel Presno Linera*, 2003.

65 CÓDIGO DE ASOCIACIONES,
por *Ramón Durán Rivacoba y Gabriel de la Reina Tartière*, 2004.

66 LEY DE ENJUICIAMIENTO CRIMINAL,
por *Equipo de Redacción de Editorial Aranzadi*, 2004.

67 LA CONSTITUCIÓN EUROPEA,
por *Enrique Álvarez Conde*, 2005.

68 NORMAS URBANÍSTICAS DE CATALUÑA,
por *Bufete de Mier Abogados*, 2005.

69 LEGISLACIÓN SOBRE SEGUROS,
por *L. Fernando Reglero Campos y Salvador Moreno Sánchez-Gil*, 2005.

70 CÓDIGO DE ARBITRAJE,
por *David Arias y Félix J. Montero*, 2005.

71 LEGISLACIÓ D'URBANISME DE CATALUNYA,
por *Bufet de Mier Advocats*, 2005.

72 LEGISLACIÓN SOBRE DISCAPACIDAD,
por *Esperanza Alcaín Martínez*, 2005.

73 PROTECCIÓN SOCIAL COMPLEMENTARIA,
por *Antonio V. Sempere Navarro*, 2006.

74 TRIBUTACIÓN COMUNITARIA. VOLUMEN I.–IMPUESTOS DIRECTOS,
por *José Manuel Calderón Carrero y Adolfo Martín Jiménez*, 2006.

75 CÓDIGO TÉCNICO DE LA EDIFICACIÓN,
por *Equipo de Redacción de Editorial Aranzadi*, 2006.